lonely planet

Thailand

Anita Isalska, Austin Bush, Tim Bewer, Celeste Brash,
David Eimer, Damian Harper, Andy Symington

REISEPLANUNG

REISEZIELE IN THAILAND

MARK WEINS / LONELY PLANET ©
PFANNENGERÜHRTE NUDELN MIT CURRY S. 44

PRASIT CHANSAREEKORN / GETTY IMAGES ©
PHAYRE-BRILLENLANGUR, KAENG KRACHAN N. P. S. 525

SURIYA99 / SHUTTERSTOCK ©

Inhalt

YI PENG, PROVINZ UBON RATCHATHANI S. 448

REISEZIELE IN THAILAND

DAVID BUFFINGTON / BLEND IMAGES / GETTY IMAGES ©

TÚK-TÚK, BANGKOK S. 67

KAREN MASSIER / GETTY IMAGES ©

SCHWIMMENDER MARKT TALING CHAN S. 157

RMNUNES / GETTY IMAGES ©

WAT RONG KHUN S. 221, CHIANG RAI

Inhalt

THAILAND VERSTEHEN

PRAKTISCHE INFORMATIONEN

SONDER-SEITEN

Willkommen in Thailand

Freundlich, lebenslustig, exotisch, tropisch und voller Kultur und Geschichte – Thailand mit seinen glitzernden Tempeln und tollen Stränden scheint selbst ebenso zu strahlen wie seine herzlichen Bewohner.

Sand zwischen den Zehen

Die Küste ist lang (eigentlich zwei Küsten), grüne Inseln erheben sich aus dem azurblauen Meer, und zwischen Himmel und Meer ragen Kalksteinformationen auf. Das tropische Thailand ist ein Paradies für Genussmenschen wie Einsiedler, für Könige wie Bettler. Man kann sich austoben oder entspannen, z. B. in der sanften Brandung vor Ko Lipe, beim Tauchen vor Ko Tao, beim Klettern an den Klippen von Krabi, beim Kiteboarden in Hua Hin, beim Feiern in Ko Phi-Phi oder in einem Resort auf Ko Samui.

Reich gedeckter Tisch

Die thailändische Küche wird weltweit geliebt und spiegelt elementare Aspekte der thailändischen Kultur wider: Sie ist großzügig, einladend, stärkend und entspannt. Thai-Gerichte weisen frische heimische Zutaten auf, z. B. Zitronengras, Chilis oder Meeresfrüchte. Die vielfältige Küche basiert auf vier Geschmacksrichtungen: scharf, süß, salzig und sauer. Feinschmecker erkunden auf kulinarischen Touren Bangkoks Nudelbuden, die Meeresfrüchte-Pavillons auf Phuket und die birmanischen Marktstände in Mae Sot. Kochkurse enthüllen, wie einfach die Gerichte zubereitet werden – und sich auf Märkten zurechtzufinden, ist eine (überlebens-)wichtige Fertigkeit.

Heilige Stätten

In dem buddhistisch geprägten Land sind das Überirdische und spirituelle Andachten allgegenwärtig: Tempel und goldene Buddhas zieren ländliche Gegenden und moderne Landstriche, alte Banyanbäume werden feierlich in heilige Tücher gehüllt, Glück verheißende Schreine stehen in einfachen Häusern, aber auch in modernen Einkaufszentren, und girlandengeschmückte Anzeigetafeln sollen Unfälle abwenden. Auch Besucher können sich in diesen Dialog einklinken, etwa bei einem Meditationsseminar in Chiang Mai oder den religiösen Festen im Nordosten, in den Höhlenschreinen in Kanchanaburi und Phetchaburi oder in den Bergtempeln im Norden des Landes.

Felder & Wälder

Zwischen all den größeren und kleineren Städten liegt das ländliche Herz Thailands, das aus Reisfeldern, Regenwald und Dörfern besteht, wo die Landwirtschaft den Takt vorgibt. Im Norden stoßen Wälder und Felder an gezackte blaue Berge, von denen silbrige Wasserfälle stürzen. Im Süden ragen Sandsteinklippen aus der bebauten Landschaft wie prähistorische Wolkenkratzer. In der Regenzeit strahlt der ansonsten trockene Nordosten smaragdgrün, weil Reispflänzchen den Boden bedecken.

Warum ich Thailand liebe

Von Austin Bush, Autor

Ich bin versucht, einfach zu sagen, dass ich an Thailand vor allem das Essen mag. Doch dann muss ich an das Gefühl der Freiheit während einer Motorradtour quer durchs Land denken. Und an die Sinneseindrücke auf einem geschäftigen Morgenmarkt – oder an eine wilde Nacht in Bangkok. Auch an die vielen Begegnungen mit der Geschichte und der antiken und modernen Kultur, die einen praktisch an jeder Ecke erwarten, nicht zu vergessen die Sandstrände, die Urwälder, die uralten Ruinen und die Tempel. Sicher, das Essen ist spitze, doch auf den zweiten Blick hat Thailand so viel mehr zu bieten …

Mehr zu unseren Autoren gibt's auf S. 853.

Stupas am Doi Inthanon National Park (S. 381)

Thailand

0 — 200 km
Provinz Mae Hong Son
Berglandschaft, Trekking und Bergvölker (S. 296)
Chiang Mai
Relaxte Stadt mit Kultur und guter Küche (S. 322)
Geschichtspark Sukhothai
Zwischen den Ruinen herumradeln (S. 265)
Ayutthaya
Welterbestätte mit historisch bedeutsamen Ruinen (S. 176)
Kanchanaburi
Stadt am Flussufer voller
Provinz Chiang Rai
Wanderungen, Goldenes Dreieck und Flusstrips (S. 217)
Mekong
Dem Fluss von Chiang Khan (S. 391) nach Pha Taem (S. 457) folgen
Geschichtspark Phanom Rung
Ruinen inmitten von Reisfeldern (S. 439)
Khao Yai National Park
Die Bangkok am nächsten
MYANMAR (BIRMA)
LAOS
VIETNAM
YANGON (RANGOON)
Golf von Martaban
Golf von Tonkin
20° N
18° N
Mae Sai
Tha Ton
Chiang Saen
Chiang Khong
Chiang Rai
Fang
Luang Prabang
Pai
Mae Hong Son
Chiang Kham
Huay Kon
Phayao
Doi Inthanon (2565 m)
Chiang Mai
Nan
Vang Vieng
Doi Inthanon National Park
Lamphun
Lampang
Phrae
Mae Sariang
Den Chai
Kheuan Sirikit
Chiang Khan
VIENTIANE
Bueng Kan
Nong Khai
Kheuan Phumiphon
Uttaradit
Loei
Udon Thani
Nakhon Phanom
Tha Khaek
Sawankhalok
Sakhon Nakhon
Sukhothai
Phu Kradung National Park
Phu Phan National Park
Lang San National Park
Tak
Lom Sak
Kheuan Ubon Ratana
Kheuan Lam Pao
Myawaddy
Mae Sot
Phitsanulok
Kheuan Chulabhol
Nam Nao National Park
Savannakhet
Mukdahan
Mawlamyaing
Kamphaeng Phet
Phichit
Phetchaburi
Khon Kaen
Kalasin
Mahasarakham
Um Phang
Roi Et
Amnat Charoen
Chaiyaphum
Yasothon
Drei-Pagoden-Pass
Nakhon Sawan
Kheuan Mae Wong
Pha Taem National Park
Uthai Thani
Nakhon Ratchasima (Khorat)
Ubon Ratchathani
Chong Mek
Sangkhlaburi
Chainat
Phimai
Si Saket
Warin Chamrap
Pakse
Khao Laem Reservoir
Si Nakharin Reservoir
Singburi
Buriram
Lopburi
Surin
Ang Thong
Saraburi
Pak Thong Cha
Suphanburi
Prasat Phanom Rung
Khao Yai National Park
Ayutthaya
Nam Tok
Pathum Thani
Kanchanaburi
Prachinburi
Aranya Prathet
Nakhon Pathom
BANGKOK

Bangkok
Mega-Stadt, Mega-Spaß (S. 67)
Khao Sok National Park
Urzeitlicher Regenwald (S. 644)
Surin & Similan Islands Marine National Parks
Tolle Tauchspots (S. 642 & S. 651)
Phuket
Internationales Strand-Resort (S. 659)
Ko Lipe
Weißer Sand, intakte Korallen, brummende Kneipen (S. 742)
Ko Kut
Ruhiges Strandparadies (S. 512)
Ko Pha-Ngan
Vollmondpartys und in Hängematten abhängen (S. 579)
Railay
Urwald-Mekka für Kletterer mit Karstfelsen (S. 699)
KAMBODSCHA
MALAYSIA
ANDAMANEN-SEE
GOLF VON THAILAND
SÜDCHINESISCHES MEER
Tonlé Sap
PHNOM PENH
Ho-Chi-Minh-Stadt
Kaeng Krachan National Park
Cha-am
Hua Hin
Pattaya
Sattahip
Rayong
Ko Samet
Chanthaburi
Trat
Ko Chang
Ko Kut
Hat Lek
Prachuap Khiri Khan
Thap Sakae
Bang Saphan
Chumphon
Isthmus of Kra
Ko Tao
Ranong
Ang Thong Marine National Park
Ko Pha-Ngan
Ko Samui
Surin Islands
Chaiya
Khao Sok National Park
Surat Thani
Khao Lak
Similan Islands
Phang-Nga
Nakhon Si Thammarat
Thung Song
Krabi
Ko Yao Yai
Railay
Phuket Town
Ko Phi Phi
Ranot
Phatthalung
Ko Lanta
Kantang
Trang
Thaleh Luang
Songkhla
Thaleh Ban National Park
Hat Yai
Pattani
Ko Tarutao Marine National Park
Satun
Sadao
Yala
Narathiwat
Ko Lipe
Pulau Langkawi
Alor Setar
Sungai Petani
Sungai Kolok
Kota Bharu
Betong
12° N
10° N
8° N
6° N
96° O
98° O
100° O
104° O
105° O
HÖHENSTUFEN
1250 m
1000 m
750 m
500 m
250 m
0

Thailands Top 20

1

Bangkok

1 Glanzvolle Tempel, mächtige Wolkenkratzer, pulsierendes Nachtleben – und natürlich das Essen! Was könnte man an Bangkok (S. 67) nicht mögen? Abgesehen von Verkehrschaos, feuchtwarmem Klima und politischer Instabilität ist Thailands Hauptstadt heute sauberer und leichter zu entdecken als je zuvor. Wer hier zwischen den Schreinen, Märkten, Einkaufszentren und Museen pendelt, kann sich zwischendurch einen Imbiss an Straßenständen genehmigen oder sich in ein paar von Asiens besten Restaurants stärken. Für einen Überblick am ersten Abend empfiehlt sich eine Bar hoch oben in einem Wolkenkratzer – und dann nichts wie hinein in die Metropole. Khao San Road (S. 115)

Chiang Mai

2 Als Kulturhauptstadt des Nordens ist Chiang Mai (S. 322) bei Kulturfreaks, Tempelfans und Familien gleichermaßen beliebt. Viele der Tempel in der Altstadt stammen aus der Zeit des einst unabhängigen Königreichs Lan Na. Diese Gegend lässt sich am besten per Fahrrad erkunden. In der malerischen Umgebung warten Dschungelwanderungen, Begegnungen mit Elefanten, Dörfer ethnischer Minderheiten und viel traditionelles Kunsthandwerk. Die eigentliche Stadt punktet zudem mit tollem Essen – darunter ausländische Gerichte (z. B. japanisches Sushi, birmanische Currys), typische Spezialitäten des Nordostens und vegetarische Kost. Royal Park Rajapruek (S. 337)

HAFIZ JOHARI / SHUTTERSTOCK ©

2

APIGUIDE / SHUTTERSTOCK ©

3

Railay

3 Am Ende der Halbinsel Krabi ragen mit den Karstinseln von Railay (S. 699) ein paar der bekanntesten Naturwunder Thailands aus dem Meer empor. Der Sand ist weiß und weich wie Puderzucker, während das bewaldete Hinterland nur zu Fuß erkundet werden kann. Hier gibt's keine Autos – Besucher reisen per Langboot an und ab. Vor Ort kann man faulenzen, schwimmen, tauchen oder klettern. Kletteranfänger lernen die Grundlagen; manche von ihnen bleiben so lange, dass sie einen Free Solo an einer der Felsnadeln schaffen, um dann ungefährlich ins kobaltblaue Meer zu fallen.

Provinz Chiang Rai

4 Die Zeiten des Opiumhandels im Goldenen Dreieck liegen lange zurück. Dafür fasziniert Chiang Rai (S. 217) heute mit Spaß im Freien wie Trekking- oder Erkundungstouren. Zudem warten hier tolle, einzigartige kulturelle Erfahrungen: vom Besuch eines Akha-Dorfs bis hin zu Übernachtungen im yunnanesischen Dorf Mae Salong. Chiang Rai ist wohl Thailands schönste Provinz zwischen Mekong und Gebirge. Und wer größere Reisepläne hegt, kommt von hier aus auch gut nach Myanmar und Laos. Teeplantage, Doi Mae Salong (S. 227)

Ayutthaya

5 Ayutthaya (S. 176) war einst eine lebendige, glitzernde Hauptstadt mit Hunderten Tempeln. Seine frühere Pracht lässt sich bei Radtouren durch die gipsverputzten und zum UNESCO-Welterbe gehörenden Backsteinruinen aber nur noch erahnen. Und dennoch vermitteln sie einen guten Eindruck, wie sich die Metropole zu deren Blütezeit als internationales Handelszentrum präsentiert hat. Am Stadtrand liegen weitere Highlights wie ein großes Kunsthandwerkszentrum oder der wohl eklektischste Königspalast aller Zeiten. Wat Chai Wattanaram (S. 179)

4

5

Kanchanaburi

6 Kanchanaburi (S. 192) ermöglicht eine Reise in die Zeit des Zweiten Weltkriegs: Hier steht die berühmte Brücke am Kwai. Die wilde Seite der Region, in der sich Kalksteinberge über dichtem Dschungel erheben, lässt sich gut erwandern. In diesem bei Abenteuerfans beliebten Ausflugsziel werden jede Menge Aktivitäten angeboten, darunter Kajakfahren, Klettern, Wanderungen zu Wasserfällen oder Höhlenerkundungen. Übernachtet wird wahlweise in einem der tollen Resorts am Flussufer, in Baumhäusern oder in einem traditionellen Homestay unter indigener Leitung.

Similan Islands Marine National Park

7 Die weltberühmten Meeresparks rund um die Similan-Inseln (S. 651) haben Thailand als internationales Taucherziel etabliert. Von Khao Lak starten Touren mit Bordübernachtung, die mehr Zeit für das Beobachten von Unterwasserbewohnern wie Mantarochen, Walhaien und Weichkorallen lassen. Dichter Dschungel und weiße Sandstrände zwischen Korallenriffen machen auch die Inseln zur Attraktion. Auf Ko Miang (auch bekannt als Insel 4) gibt's Unterkünfte direkt im Nationalpark.

6

Pai

8 Man nehme ein schönes Bergtal und eine für eine thailändische Insel typische Partyszene – kombiniert mit altmodischem Hippie-Vibe und Nordthailands gelassener Art. Ergebnis ist Pai (S. 296) – bis heute das coolste Ziel im Norden und entsprechend beliebt. So kann es hier vor allem auf dem Höhepunkt des thailändischen „Winters" (Dez. & Jan.) recht voll werden. Doch die riesige Unterkunftsauswahl hat für jedes Budget etwas zu bieten. Außerdem sorgt ein großes Angebot an Outdoor-Aktivitäten sowie an erholsamen Optionen dafür, dass für jeden genau das Richtige dabei ist. Hot springs, Mae Hong Son (S. 307)

9

10

Geschichtspark Sukhothai

9 Eine der eindrucksvollsten historischen Stätten des Landes (S. 265) schickt ihre Besucher rund 800 Jahre in die Vergangenheit. Bei Radtouren durch die Ruinen der früheren Hauptstadt kurvt man an Tempeln, anmutigen Buddhastatuen und fischreichen Teichen vorbei. Tolle Museen und Unterkünfte mit super Preis-Leistungs-Verhältnis runden das Paket ab. Zudem wirkt Sukhothai fast nie überfüllt. Unbekannter ist der nahegelegene Geschichtspark Si Satchanalai-Chaliang: Dort erklimmt man uralte Treppen eventuell sogar ganz allein.

Mekong

10 Im Nordosten erstreckt sich der Mekong von Chiang Khans historischen Ladenzeilen bis zu den Wasserfälle im Pha Taem National Park (S. 457). Wer dem gewundenen Fluss folgt, entdeckt vi le Highlights: Thailändische und laotische Kultur befruchten sich hier gegenseitig, wovon z. B. die dortigen Fischerdörfer od der bizarre Skulpturenpark in Nong Khai (oben: S. 398) zeugen. Ebenfalls sehenswert sind die prähistorischen Felsbilder in Ubon Ratchathani. Die Region ist wenig besucht und liefert sicher Stoff für tolle Geschichten.

11

12

‹o Pha-Ngan

11 Ko Pha-Ngan (S. 579) ist für seine Vollmondpartys mit Techno-Beats ›rühmt. Schon vor längerer Zeit hat sich e einst alternativ angehauchte Insel in ıe Art asiatisches Ibiza verwandelt. Mit ren vielen Boutique-Unterkünften bietet e Luxusfans eine Alternative zu Ko Sa-ui. An der Nord- und Ostküste können ch Hängemattenasketen jedoch immer ›ch wie glückliche Schiffbrüchige fühlen. ›r küstennahe Sail Rock zählt zu den ›sten Tauchspots im Golf von Thailand. ıs Innere des Eilands wird größtenteils ›n Urwäldern bedeckt.

Phetchaburi

12 Diese Provinzhauptstadt (S. 520) bietet einen tollen Mix aus Natur und Kultur und ist eine hervorragende Zwischenstation bei der Rückkehr aus dem Süden. Highlights sind z. B. ein alter Bergpalast, heilige Höhlenschreine und belebte Tempel. Im alten Ladenviertel betreiben viele Thai-Tanten und -Omas noch eigenhändig ihre Geschäfte. Und der nahe Kaeng Krachan National Park ist die Heimat wild lebender Gibbons und exotischer Vögel. Tham Khao Luang (S. 520)

Ko Lipe

13 Auf Ko Lipe (S. 742) geht es entspannt zu. Die Insel ist nicht leicht zu erreichen, aber die wachsende Schar ihrer Anhänger ist sich einig, dass sich die Mühe lohnt. Die einsamen Tage sind zwar vorbei, besonders in der Hauptsaison ist die Insel überlaufen, aber sie bietet immer noch eine tolle Mischung aus weißen Stränden, authentischer Thai-Küche, schicken Gästehäusern, Boutiqueresorts und Naturerlebnissen im Nationalpark. Am besten tauchen und leben kann man hier zu Beginn der Regenzeit (Mitte April bis Juni).

Khao Sok National Park

14 Dichter und lichtarmer Dschungel säumt das Herz Südthailands. In diesen uralten Regenwäldern (S. 644) führen lange und anstrengende Wanderrouten hinauf auf spektakuläre Kalksteinformationen mit Traumaussicht. Neben Vögeln und Fledermäusen ist hier mit *Rafflesia kerrii* eine der größten und am übelsten riechenden Blumen der Welt heimisch. Wer sich im Tubing, Rafting oder Kajakfahren versucht hat, kann danach gemütlich am Flussufer zelten oder bei Chiaw Lan in schwimmenden Hütten auf einem See übernachten.

13

TAE208 / SHUTTERSTOCK ©

SOR1999 / SHUTTERSTOCK ©

:hao Yai National Park

.5 Nur ein paar Stunden von Bangkok entfernt sind Elefanten, Affen, ›bons, Nashornvögel, Pythons, Bären, ⁄lio. Fledermäuse und sogar ein paar heue Tiger in dieser UNESCO-Welterbe-ätte (S. 435) daheim. Sichtungen erfor-rn Glück; die Chancen stehen aber gut. ›ch selbst wenn sich kaum Großtiere zei-n, wird der Tag garantiert prima: Beim chungelwandern sorgen Orchideen, Vö-l und Wasserfälle für Abenteuer-Atmo-häre. Die Kombination aus landschaft-her Schönheit und guter Erreichbarkeit kaum zu überbieten. Schweinsaffen

Ko Kut

16 Wer auf der Suche nach einem Inselparadies mit wenig Menschen, aquamarinblauem Wasser und breiten Stränden ist, sollte nach Ko Kut (S. 512) kommen. Mit Hat Khlong Chao findet man hier einen der schönsten Strände Thailands, man kann schnorcheln oder zu Wasserfällen wandern. Am besten aber ist, dass das Leben auf Ko Kut weiter seinen gemütlichen Gang geht, dem sich Besucher gern anpassen. Nachtleben gibt es auf der Insel nicht, hier hört man nur dem Meeresrauschen zu. Aber genau deshalb ist man ja hier.

17

PHENITI PRASOMPHETHIRAN / SHUTTERSTOCK ©

18

Mae Hong Son

17 Die Provinz Mae Hong Son (S. 296) versteckt sich im äußersten Nordwesten und hat mehr mit Myanmar gemeinsam als mit dem übrigen Thailand. Die abgeschiedene Lage, die hohen Berge und die einzigartige Kultur bzw. Küche erwecken mitunter den Eindruck eines ganz anderen Landes. So geht's hier vor allem um Erkundungen, zu denen z. B. die vielen regionalen Höhlen einladen. Alternativ kann man auch mit dem Motorrad Serpentinen folgen oder auf eigene Faust von Mae La-Na nach Soppong wandern.

Phanom Rung Historical Park

18 Thailands größte und schönste Khmer-Ruinen (S. 439) hoch auf einem erloschenen Vulkan sind etwas Besonderes. Die Erwartung wächst, während man der Promenade folgt, Treppen steigt und Naga-Brücken überquert. Beim Betreten des restaurierten Tempels mit den vielen Hindu-Skulpturen scheint alles der Zeit entrückt zu sein. Phanom Rung ist zwar nicht so atemberaubend wie Angkor Wat (Kambodscha), aber dennoch eindrucksvoll. Am besten besucht man beides!

Phuket

19 Die Strandinsel Phuket (S. 659) spricht internationale Gäste jeden Alters an und ist z. B. ab Bangkok (oder sogar Dubai) direkt per Flieger erreichbar. Fünfsterne-Resorts und Boutiquehotels versprechen hier sorgenfreie Tropenferien. Schöne Sandstrände, erstklassige Spa ausgelassene Partys, Tagestrips zu Mangrovenwäldern, Rettungszentre für Elefanten und vielerle Wassersportarten sorge für Unterhaltung. Die Ins hauptstadt Phuket Town wartet mit viel Kultur auf und ist inzwischen eine Attraktion für sich. Hat Patong (S. 676)

:o Lanta

20 Ein entspannter Insel-Vibe und ırrliche Strände machen › Lanta (S. 715) zum Pa- dies. Gesellige Traveller hätzen die Partyszene der Nordküste. Wer es ısam mag, reist lieber in n Süden, wo schlichte randhütten in ruhiger At- ɔsphäre warten. Das gro- Angebot an Aktivitäten nfasst u. a. Wanderungen ırch Kalksteinhöhlen. Bei uchtouren vor Hin Muang d Hin Daeng sind manch- al Rochen und Walhaie zu nen. Für Kulturfreunde die charmante Old Town der Ostküste interes- nt: Dort gibt's eine mus- iische Gemeinde und bsche Cafés am Meer.

JUSTANOTHERWORLDTRIP / GETTY IMAGES ©

Gut zu wissen

Weitere Infos gibt's im Abschnitt „Praktische Informationen" (S. 801)

Währung
Baht (B)

Sprache
Thai

Visa
Bei touristischen Aufenthalten bis zu 30 Tagen benötigen Besucher gewöhnlich kein Visum.

Geld
In Thailand kann man überwiegend nur mit Bargeld bezahlen. Einige ausländische Kreditkarten werden in gehobeneren Einrichtungen akzeptiert.

Handys
Am besten besorgt man sich eine Prepaid-SIM-Karte – es ist die einfachste Option für Traveller: Sie sind weitreichend erhältlich und werden in 7-Eleven-Läden verkauft. Die Karten beinhalten normalerweise sowohl Gesprächs- als auch Datenpakete.

Zeit
MEZ+6 Std., während der europäischen Sommerzeit MEZ+5 Std.

Reisezeit

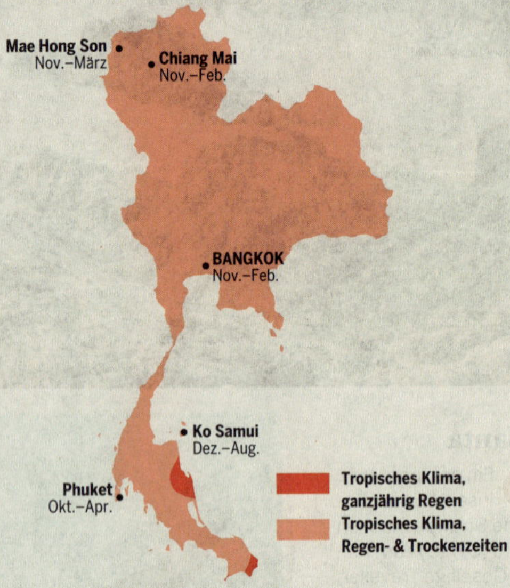

Hauptsaison
(Nov.–März)

➡ Nach dem Monsun folgt eine kühle und trockene Phase: Die Landschaft ist grün und die Temperaturen sind angenehm.

➡ Die Weihnachtsferien in westlichen Ländern sorgen für Besuchermassen und die Preise steigen.

Zwischensaison
(April–Juni, Sept. & Okt.)

➡ Von April bis Juni ist es sehr heiß und trocken, in Bangkok sind durchschnittlich 30 °C. Meerbrisen machen die Küstengebiete erträglicher.

➡ September und Oktober sind ideal für den Norden und die Golfküste.

Nebensaison
(Juli–Okt.)

➡ Monsunzeit: Von Schauern am Nachmittag bis zu Überschwemmungen ist alles möglich. Es regnet meist nur kurz, aber sehr stark.

➡ Auf einigen Inseln ist alles geschlossen; die Fähren fahren eingeschränkt – Reisepläne flexibel gestalten!

Infos im Internet

Thaivisa (www.thaivisa.com) Expat-Website mit Nachrichten und Diskussionen.

Lonely Planet (www.lonelyplanet.com/thailand) Infos zum Land und zu Sehenswertem.

Richard Barrow (www.richardbarrow.com) Ein auf Thailandreisen spezialisierter Blogger, der auch sehr aktiv auf Twitter ist.

Tourism Authority of Thailand (TAT; www.tourismthailand.org) Die Seite der nationalen Tourismusbehörde hält Infos, u. a. zu speziellen Events, bereit.

Thai Language (www.thai-language.com) Online-Wörterbuch und Thai-Lehrgänge.

Wichtige Telefonnummern

Landesvorwahl Thailand	☎66
Notruf	☎191
Vorwahl für internationale Gespräche	☎001, 007, 008, 009 (& andere spezielle Nummern)
Auslandsgespräche mit Vermittlung	☎100
Touristenpolizei	☎1155

Wechselkurse

Eurozone	1 €	38,97 B
	100 B	2,57 €
Schweiz	1 SFr	33,52 B
	100 B	2,98 SFr

Aktuelle Wechselkurse sind unter www.xe.com abrufbar.

Tagesbudget

Günstig – weniger als 1000 B

- Schlichtes Gästezimmer: 600–1000 B
- Essen vom Markt-/Imbissstand: 40–100 B
- Kleine Bierflasche: 100 B
- Städtischer ÖPNV: 20–50 B

Mittelteuer – 1000–4000 B

- Flashpacker-Pension oder Zi. im Mittelklassehotel: 1000–4000 B
- Westliches Mittagessen und Seafood-Dinner: 150–350 B
- Organisierte Tour oder Aktivität: 1000–1500 B
- Leihmotorrad: 150–250 B

Teuer – mehr als 4000 B

- Zi. im Boutiquehotel: 4000 B
- Abendessen in einem edlen Restaurant: 350–1000 B
- Individuelle Touren: 2000 B
- Mietwagen: ab 800 B/Tag

Öffnungszeiten

Banken und staatliche Einrichtungen schließen an nationalen Feiertagen. Einige Bars und Clubs haben während Wahlen und an bestimmten Feiertagen geschlossen, wenn kein Alkohol verkauft werden darf. In Einkaufszentren gibt es Banken, die spät öffnen.

Banken 8.30–16.30 Uhr; Geldautomaten 24 Std.

Bars 18–24 oder 1 Uhr

Clubs 20–2 Uhr

Läden 10–19 Uhr

Regierungsstellen Mo–Fr 8.30–16.30 Uhr; einige sind mittags geschlossen

Restaurants 8–22 Uhr

Ankunft am ...

Suvarnabhumi International Airport (Bangkok; S. 819) Airport Rail Link fährt von der Phaya Thai Station nach Suvarnabhumi und eine neue Buslinie verbindet Suvarnabhumi mit der Th Khao San; Fahrten mit Taxis sind rund um die Uhr möglich.

Don Mueang International Airport (Bangkok; S. 819) Es gibt vier Buslinien vom Flughafen in Bangkok aus, Taxis fahren rund um die Uhr, und ein kostenloser Shuttlebus bedient Suvarnabhumi.

Chiang Mai International Airport (S. 820) Taxifahrer berechnen für die Strecke ins Stadtzentrum einen Einheitstarif.

Phuket International Airport (S. 820) Taxis, die einen einheitlichen Preis verlangen, und Minivans fahren zu den Stränden und nach Phuket; Busse verbinden den Flughafen mit Phuket.

Unterwegs vor Ort

Auto & Motorrad Problemlos zu mieten, um in der Gegend herumzufahren.

Bus Umfassendes Netz, erschwinglich – ideal, um von Stadt zu Stadt zu kommen.

Flugzeug Günstige und häufige Inlandsflüge von Budget-Fluglinien.

Nahverkehr Es gibt überall gemeinsam genutzte und gemietete Taxis sowie Motorräder.

Zug Langsam, aber schön zwischen Bangkok, dem Norden, dem Nordosten und dem Süden.

Mehr zu **Verkehrsmitteln & -wegen** gibt's auf S. 819.

Thailand für Einsteiger

Weitere Infos gibt's im Abschnitt „Praktische Informationen" (S. 801).

Checkliste

- Gültigkeit des Reisepasses überprüfen (min. 6 Monate sind vorgeschrieben)
- Bei einem Aufenthalt von mehr als 30 Tagen Visum bei der Botschaft beantragen
- Reise- und Tauchversicherung abschließen, internationalen Führerschein besorgen
- Ärztliche Untersuchung fürs Tauchen machen
- Gegebenenfalls Bank und Kreditkartenunternehmen über die Reisepläne informieren

An alles gedacht?

- Führerschein, internationaler Führerschein
- Thailändisches Reisewörterbuch
- GSM-fähiges Handy und Ladegerät
- Sonnenhut und -brille
- Sandalen
- Ohrstöpsel
- Gegebenenfalls Regenkleidung und Schutzhüllen fürs Gepäck

Top-Tipps für die Reise

- Authentische Thai-Aromen gibt's auf Märkten und an Imbissen.
- Öffentliche Verkehrsmittel sind billig und gesellig.
- Ein paar Sätze auf Thai und ein Lächeln kommen immer gut an.
- Städte und Viertel erkundet man am besten mit dem Leihfahrrad.
- Vorsicht, Betrüger (S. 162): Juwelenverkäufe „nur heute" in Bangkok, „supergünstige" Transportpreise, windige Schneider usw.
- Man sollte wissen, wie man feilscht (S. 812), ohne fies zu sein.
- Thais nicht am Kopf berühren! Nicht mit dem Fuß auf etwas zeigen!
- Eher konservativ kleiden (Schultern bedeckt; nicht zu viel Bein). Beim Besuch buddhistischer Tempel die Schuhe ausziehen!
- Keine abfälligen Bemerkungen über ein Mitglied der thailändischen Königsfamilie machen – das steht unter Strafe!

Dresscode

Am besten in tropischer Hitze ist leichte, lockere Kleidung. Man sollte auch eine Jacke einpacken, die vor Regen schützt und in den Bergen und in klimatisierten Bussen (oder Kinos) wärmt. In Tempeln braucht man Kleidung, die Knie und Ellbogen bedeckt. Und für einen Club in Bangkok oder ein feines Restaurant in Phuket sollte was Schickes dabei sein.

Schlafen

In Thailand eine Unterkunft zu finden, ist einfach. Wer auf Nummer sicher gehen will, bucht für die erste Nacht im Voraus und sucht dann vor Ort. Nur an manchen Feiertagen und in der Hauptsaison ist es ratsam, zu reservieren.

Pensionen Familiengeführte Unterkünfte sind besonders empfehlenswert. Das Zimmerangebot reicht von extrem einfach (nur Bett und Ventilator) bis recht luxuriös (mit eigenem Bad und Klimaanlage).

Hotels Bequeme und meist moderne Zimmer. Frühstück und andere Extras sind im Preis inbegriffen.

Hostels Seit Standards und Preise in Thailands Pensionen gestiegen sind, stellen Hostels eine preiswerte Alternative dar.

Geld

Meistens muss man bar bezahlen. Gehobenere Einrichtungen akzeptieren mitunter auch Kreditkarten.

Mehr Infos gibt's auf S. 809.

Feilschen

Thais haben kein Problem mit Leuten, die gut im Feilschen sind. Dabei lässt man grundsätzlich den Verkäufer das erste Angebot machen. Dann fragt man, ob es nicht günstiger ginge. Das führt normalerweise zu einem Preisnachlass. Jetzt ist an einem selbst, ein Gegenangebot zu machen. Man setzt immer niedrig an, wobei man nicht anfangen sollte zu feilschen, wenn man gar nichts kaufen will. Wer mehrere Artikel erstehen will, hat natürlich größere Chancen auf einen niedrigeren Preis. Selbstverständlich ist es hilfreich, die Verhandlungen freundlich und entspannt anzugehen.

Trinkgeld

Trinkgeld wird im Allgemeinen nicht erwartet, ist aber gern gesehen. Eine Ausnahme stellt das Rückgeld bei einer hohen Restaurantrechnung dar: Kostet eine Mahlzeit 488 B und man begleicht sie mit einer 500 B Note, werden einige Thais die Differenz dem Servicepersonal überlassen. Auf diese Weise gibt man zu verstehen, dass man nicht so geldgierig ist, um sich auch noch den letzten Baht einzustecken. In vielen Hotel- und gehobenen Restaurants wird eine Servicegebühr in Höhe von 10% auf die Rechnung aufgeschlagen.

AUSTIN BUSH / LONELY PLANET ©

Markt in Bangkok

Etikette

Thais sind sehr gastfreundlich und verständnisvoll. Einige Tabus und Verhaltensregeln sollte man dennoch kennen:

Monarchie Keine abfälligen Bemerkungen über die Königsfamilie! Alles mit dem Bild des Königs, auch Geld, ist respektvoll zu behandeln.

Tempel Ellbogen und Knie bedecken. Vor Betreten eines Tempels Schuhe ausziehen! Mit untergeschlagenen Beinen sitzen, um die Füße zu verstecken. Frauen sollten nie Mönche oder deren Sachen berühren. Mönchen ausweichen, in Verkehrsmitteln Abstand halten.

Sittsamkeit Niemals nackt im Meer baden oder oben ohne sonnen.

Körpersprache Thais nicht am Kopf berühren und darauf achten, wohin die Füße zeigen.

Das Gesicht wahren Konflikte löst man mit einem Lächeln (S. 777). Verärgerung oder gar offener Streit gilt als beschämend.

SPRACHE

In Touristenorten sprechen viele Menschen Englisch, Busfahrer, Verkäufer auf Märkten und Taxifahrer aber oft nicht. Es hilft, wenn man die Zahlen und etwas Thai beherrscht. Weitere Infos gibt's im Kapitel „Sprache“ (S. 834).

Thailand hat eine eigene Schrift. Straßen- und Ortsnamen sind zwar in lateinischer Schrift angegeben, doch ist die Transkription uneinheitlich. Auch werden die Buchstaben nicht immer so ausgesprochen, wie man es erwarten würde: So wird z. B. „ph“ als behauchtes „p“ gesprochen.

Was gibt's Neues?

Chang Chui
Dieser seit Jahren ungewöhnlichste Veranstaltungsort in Bangkok ist schwer zu beschreiben: Von Bars über Ausstellungsflächen und Bühnen bis hin zu einem verlassenen Flugzeug dreht sich auf dem Gelände alles um Kunst und Unterhaltung. (S. 101)

Fähre von Hua Hin nach Pattaya
Diese neue Schiffsverbindung über die gelegentlich ziemlich unruhigen Gewässer des Golfs von Thailand verbindet die Strände und Inseln von Thailands Süden und Osten, ohne den langen Umweg über Bangkok. (S. 536)

Craft-Biere
Auch in Thailand scheint ein Gefallen an neuen Biersorten um sich zu greifen. Die guten alten Marken Singha und Chang werden zunehmend von allen möglichen Craft-Bieren verdrängt. Mit spaßigen Bars wie "Hair of the Dog" führt Bangkok zwar den Trend an, aber auch in Chiang Mai und Ko Samui gibt's inzwischen eine lebendige Craft-Bier-Szene. (S. 148)

E-Thong
Tolle Cafés, eine klasse Auswahl an gastfreundlichen Privatunterkünften und eine insgesamt entspannte Atmosphäre locken immer mehr thailändische Städter an Wochenenden in diesen von Wald umgebenen Grenzposten in der Provinz Kanchanaburi. Wenn jetzt noch diese „Straße" befestigt werden würde… (S. 208)

Neue Zugverbindungen
Die State Railway of Thailand hat einen Teil ihrer Züge modernisiert und setzt neue, schicke Waggons auf Strecken ein, die Bangkok mit Chiang Mai und Reisezielen im Nordosten verbinden. (S. 825)

Privatunterkünfte
Wer tiefer in die thailändische Kultur eintauchen möchte, als das mit einem klassischen Hotelaufenthalt möglich wäre, darf sich über ein zunehmendes Angebot an Privatunterkünften in fast jeder Ecke des Landes freuen. Das Angebot im charmanten Muang Pon in der Provinz Mae Hong Son ist besonders reizvoll. (S. 815)

Chanthaburi
Es gibt eigentlich nur wenig Neues über diese Stadt in Ostthailand zu berichten, aber das charmante Viertel am Wasser mit hippen Kaffeebars und modernen und künstlerisch anspruchsvollen Shoppingmöglichkeiten bildet einen interessanten Kontrast zum historischen Ambiente. (S. 493)

Bangkoks Nachtleben
Eine ganze Reihe neuer Bars, wie die an ein Speakeasy erinnernde Ku Bar, mit ihrer verführerischen Auswahl an ausgefallenen Cocktails und Craft-Bieren, verändern zügig die Bangkoker Kneipenzene von einer oberflächlichen in eine anspruchsvolle. (S. 144)

Angesagte Hostels
Hostels gehören nach wie vor zu den am schnellsten wachsenden Unterkünften Thailands. Ansprechende Zimmer und tolle Annehmlichkeiten, wie beispielsweise im Fin Hostel in Phuket, bedeuten, dass die gemeinsame Nutzung eines Badezimmers mitnichten eine Notlösung sein muss. (S. 683)

Weitere Empfehlungen und Beschreibungen gibt's unter lonelyplanet .com/thailand

Wie wär's mit ...

Fabelhaftes Essen

Currys Thai-Currys sind bunt und scharf. Bangkok, der Süden und der Norden des Landes bieten jeweils eigene Versionen. (S. 44)

Isan-Küche Das „Triumvirat" aus dem Nordosten – *gài yâhng* (Brathähnchen), *sôm·đam* (würziger Salat mit grüner Papaya) und *kôw nĕe·o* (Klebreis) – hat Fans im ganzen Land. (S. 436)

Meeresfrüchte Gegrillte Garnelen, gebratener Tintenfisch, Krabbencurrys, Muscheln – auf an die Küste und probieren!

Obst An Marktständen oder in Schaufenstern stapeln sich köstliche tropische Früchte. (S. 45)

Kochkurse In den Kochschulen in Bangkok, Chiang Mai, Ko Chang oder Ko Samui (S. 47) Tricks erlernen.

Tempel & Ruinen

Bangkok Die bedeutendste Buddha-Figur der Stadt thront im Wat Phra Kaew, dem Sitz des Thai-Buddhismus. (S. 71)

Ayutthaya Die Ruinen dieser Stadt sind ein Zeugnis aus Thailands Gründerjahren. (S. 176)

Sukhothai Diese alte Stätte war einst die Hauptstadt eines der ersten Thai-Königreiche. (S. 265)

Chiang Mai Innerhalb der ummauerten Altstadt Chiang Mais stehen alte Teaktempel. (S. 322)

Phanom Rung Dieser Außenposten der Khmer, erbaut im Angkor-Stil, wacht seit Jahrhunderten über die Umgebung. (S. 439)

Lopburi In der Vergangenheit regierten hier die Herrscher des Khmer- und des Dvaravati-Reiches; heute tollen Hunderte von Affen in den Ruinen herum. (S. 187)

Stränden

Railay Kletterkünstler erklimmen Kalkfelsen, Sonnenhungrige geben sich derweil dem superweichen Sand hin. (S. 699)

Ko Phi-Phi Entspannte Atmosphäre, beeindruckend schöne Umgebung ... Phi-Phi ist eigentlich unwiderstehlich. (S. 707)

Ko Lanta Klasse Ausgangspunkt für einige herausragende Tauchgründe und, dank seiner muslimischen Gemeinde, von besonderem Charakter. (S. 715)

Ko Tarutao Tarutao liegt so weit im Süden, man wähnt sich fast schon in Malaysia. Die Strände sind breit, es gibt kaum touristische Einrichtungen. Und genau das ist der Reiz. (S. 739)

Ko Chang Erstklassige Resorts und Spas und mehrere abgelegene Unterkünfte, die kaum mehr bieten als eine Hängematte, und atemberaubende Sonnenuntergänge. (S. 500)

Ko Samet An einigen der vor allem auch bei Flashpackern äußerst beliebten Stränden geht's lebhaft zur Sache. Weiter südlich von Samet ist es aber ruhiger. (S. 486)

Tierbegegnungen

Khao Yai National Park In Thailands ältestem Nationalpark leben Elefanten, Affen, Schlangen und allerlei Krabbeltiere. (S. 435)

Kaeng Krachan National Park Im dichtem Morgennebel aufstehen und eine Wanderung durch den kaum besuchten Park südlich von Bangkok machen, um Elefanten und Gibbons zu beobachten. (S. 525)

Ao Khanom In der schönen, und nur wenig besuchten Bucht südlich von Surat Thani tummeln sich Chinesische Weiße Delfine, eine seltene Albinorasse. (S. 618)

Kuiburi National Park Hier sind auf Safari Begegnungen mit wilden Elefanten so gut wie garantiert. (S. 538)

Nam Nao National Park Der Park ist einer der besten Plätze für Ornithologen und beherbergt auch Elefanten, Leoparden und Tiger. (S. 466)

Thong Pha Phum National Park Elefanten, Tiger und Bären bekommt man meist nur mit Glück zu Gesicht, aber Besucher, zumal solche, die im Park übernachten, werden ziemlich sicher Seraue, Rehe und jede Menge Vögel sehen. (S. 207)

Feste & Festivals

Songkran Bei Thailands größtem Fest geht's darum, mithilfe von Wasser anderen Respekt zu zollen. So finden in fast jedem Städtchen Wasserschlachten statt.

Musikfeste Musikfans sind hier gut versorgt: Es gibt ein Jazz-Festival in **Hua Hin** und internationale DJs in Bangkok und Ko Samui. (S. 532)

Loi Krathong Im November bitten Thailänder um Vergebung ihrer Sünden, indem sie selbstgebastelte Laternen auf den Flüssen aussetzen bzw. als schwebende Fackeln fliegen lassen. (S. 32)

Obstfeste Auf dem Land gibt's zu Ehren landwirtschaftlicher Produkte viele Feste. In Chiang Rai steht die Litschi im Mittelpunkt, in Chanthaburi die Stinkfrucht Durian. (S. 31)

Den Menschenmassen entfliehen

Ko Tarutao Mit seinen wilden Dschungeln und einsamen Stränden bietet Ko Tarutao perfekte Abgeschiedenheit. (S. 739)

Phu Wua Wildlife Sanctuary Ein wilder Außenposten im Nordosten Thailands. (S. 415)

Ko Ngai Ko Ngai ist eine der ruhigeren Inseln im Süden. Sie bietet Möglichkeiten zum Schnorcheln und tolle Strände. (S. 731)

Si Satchanalai-Chaliang Historical Park Ruinen, von deren Existenz kaum jemand zu wissen scheint. (S. 273)

Oben: Loi Krathong (S. 349), Chiang Mai Province.

Unten: Grünes Curry mit Schweinefleisch

Tauchen & Schnorcheln

Surin & Similan Islands National Marine Parks Diese Andamanen-Inseln bieten dramatische Felsschluchten, tolle Korallenriffe und unzählige Meereslebewesen. (S. 642; S. 651)

Ko Lanta Eine Vielzahl faszinierender Tauchspots umgeben diese Anamanen-Insel. Den Unterwasserbesucher erwarten Mantas, Walhaie und andere große pelagische Fische. (S. 715)

Ko Tao Dank günstiger Tauchschulen, flacher Gewässer und ganzjährig guter Tauchbedingungen ist Ko Tao nach wie vor das Ausbildungszentrum des Landes. (S. 598)

Ko Lipe Tauchspots mit gesunden Korallen, einem faszinierenden Riff und (Anfang der Regenzeit) guten Sichtverhältnissen. (S. 742)

Weltklasse-Verwöhnprogramme

Ko Samui Auf dieser Wellness-Rückzugsinsel speckt man ab und wird verschönert. (S. 558)

Bangkok Massagen sind in der Stadt der Engel eine alltägliche Angelegenheit, wie Wäsche aus der Reinigung zu holen oder zur Post zu gehen. (S. 67)

Phuket Die Fünf-Sterne-Spas auf dieser Urlaubsinsel bieten ganztägige Verwöhnprogramme. (S. 659)

Chiang Mai In dieser ruhigen Stadt gibt es Massagen für die breite Masse ohne das teure „Spa"-Etikett. (S. 322)

Ko Chang Wer nicht einfach nur am Strand herumliegen will, kann sich auf Ko Chang auch in erstklassigen Spas verwöhnen lassen. (S. 500)

Shoppen & Märkte

Bangkok Eine Shoppingtour durch die Mega-Einkaufszentren, die weitläufigen Märkte oder die schicken unabhängigen Läden machen. (S. 156)

Chiang Mai Der quirlige Nachtmarkt ist voller Souvenirs und Antiquitäten. Außerhalb der Stadt bieten die Kunsthandwerkszentren Seidenwaren und bunte Schirme an. (S. 403)

Phuket (Stadt) Boutiquen, Galerien und ein Wochenendmarkt lassen in Phuket Hipster-Herzen höher schlagen. (S. 670)

Mae Sot Myanmar oder Thailand? Schwer zu sagen. Auf jeden Fall einer der exotischsten Märkte des Landes. (S. 290)

Khon Kaen Auf einem der vielen Nachtmärkte dieser Stadt im Nordosten trennt man sich gern von seinen Baht. (S. 462)

Bergvölker

Chiang Mai Die Karen, die Lahu, die Hmong und verschiedene andere Bergvölker leben rund um Chiang Mai. (S. 322)

Chiang Rai Die Akha, die in den Bergen rund um Chiang Rai leben, haben uralte Traditionen, z. B. das Schaukelfest mit einer riesigen Schaukel. (S. 217)

Sangkhlaburi In dem Grenzstädtchen kann man bei Hilfsorganisationen arbeiten, die sich um Vertriebene aus Myanmar kümmern. (S. 209)

Mae Sot In der von Multikulti geprägten Stadt tummeln sich Hmong, Karen und Birmanen in den Straßen. (S. 286)

Nachtleben

Bangkok Internationale DJs legen regelmäßig in den großen Clubs der Hauptstadt auf, während in den Sky Bars der Stadt ein entspannteres Publikum Mojitos schlürft. Die Th Khao San ist und bleibt der beliebteste Backpackertreff. (S. 144)

Phuket Die vielen Clubs, Livemusikbars und Kabarettshows sorgen dafür, dass einen nach dem Strand noch jede Menge andere Action erwartet. (S. 631)

Pattaya Auch in Pattaya gibt's inzwischen Megaclubs, die vor allem ausländische Besucher anziehen. Immer mehr Fünfsternehotels betreiben ihre eigenen Bars mit Livemusik. (S. 480)

Ko Pha-Ngan Heimat der Full Moon Party mit eimerweise Whisky und Cocktails. (S. 579)

Outdoor-Abenteuer

Kanchanaburi Wasserfälle entdecken, Raften, Ziplinen – und alles nur einen Katzensprung von Bangkok entfernt. (S. 192)

Mae Hong Son Die bergige Grenze zwischen Thailand und Myanmar durchwandern und unterwegs in Bergdörfern Station machen. (S. 307)

Ko Chang Genug vom Meer? Wie wär's mit einer geführten Tour in die mit Dschungel bewaldeten Hügel? (S. 500)

Khao Sok National Park Mit dem Kanu und zu Fuß Thailands uralten Regenwald mit seinen Kalksteinbergen erkunden. (S. 644)

Railay Das Erklettern der Kalksteinfelsen in der Provinz Krabi wird mit einem atemberaubenden Meerblick belohnt. (S. 699)

Chiang Mai Mountainbiken, Kajakfahren, Abseilen, Trekken, Ziplinen – in dieser Stadt bleibt kaum ein Action-Wunsch unerfüllt. (S. 322)

Monat für Monat

TOP-EVENTS

Songkran, April

Loi Krathong, November

Khao Phansaa in Ubon Ratchathani, Juli

Vegetarian Festival, Oktober

Januar

Das Wetter ist trocken und kühl, die Touristenhauptsaison wird eingeläutet.

Chinesisches Neujahrsfest

Thais mit chinesischen Wurzeln feiern das chinesische neue Mondjahr *(đrùd jeen)* mit einer Woche Hausputz und Feuerwerk.

Februar

Immer noch Hauptsaison: Aus der winterlichen Heimat kommen sonnen- und vergnügungshungrige Touristenscharen nach Thailand.

Makha Bucha

Makha Bucha *(mah·kah buh·schah)* ist einer von drei Feiertagen, die wichtige Stationen in Buddhas Leben markieren. Das Festival erinnert an den Tag, an dem 1250 *arhant* (erleuchtete Buddhisten) von Buddha die Grundsätze des Buddhismus empfingen. Es fällt auf den Vollmond des dritten Mondmonats.

Blumenfest

Chiang Mai zeigt sich drei Tage lang in floraler Pracht. Höhepunkt ist die Parade der mit Blumen geschmückten Festwagen.

März

Die heiße und trockene Jahreszeit rückt näher, während die Strände leerer werden.

Pattaya International Music Festival

Bei diesem Gratis-Event treten in Pattaya Pop- und Rockbands aus ganz Asien auf und locken busseweise Studenten aus Bangkok an.

Drachenfest

Während der windigen Jahreszeit „kämpfen" Drachen über der Sanam Luang in Bangkok und überall im Land um die Lufthoheit.

Mangosaison

Mangos haben von März bis Juni Saison und werden vor den Augen der Kunden aufgeschnitten, mit Klebreis in eine Dose gepackt und mit einem Kokosmilch-Dressing garniert.

April

Das Wetter ist heiß und trocken; die Touristensaison neigt sich dem Ende zu. Man muss weit im Voraus reservieren, denn wegen Songkran ist das ganze Land unterwegs.

Songkran

Das Neujahrsfest (13.–15. April) beginnt respektvoll und wird dann zur Wasserschlacht. Zu den morgendlichen Tempelbesuchen gehören Prozessionen mit heiligen Buddha-Bildern, die zeremoniell mit Wasser besprengt werden. Nun füllen die Thais ihre Wasserpistolen und machen sich auf zur „Straßenschlacht". Chiang Mai und Bangkok sind die Epizentren.

Poy Sang Long

Während des buddhistischen Festivals (Ende März/ Anfang April in Mae Hong Son und Chiang Mai) werden junge männliche Shan (Tai Yai) zu Novizen geweiht. Bei den Prozessionen sind die Sieben- bis Vierzehnjährigen mit Kostü-

Oben: Blumenfest (S. 348), Chiang Mai.

Unten: Lopburi Monkey Festival (S. 189)

men, Kopfschmuck und Schminke herausgeputzt.

Mai

Kurz vor der Regenzeit bitten die Thais mit diversen Festen um viel Regen und eine reiche Ernte. Die Preise sind niedriger, und es sind weniger Touristen unterwegs, aber es ist immer noch erbarmungslos heiß.

Raketenfest

Im Nordosten, wo der Regen oft spärlich ist, basteln die Dorfbewohner Bambusraketen *(bâng fai)*, die in den Himmel geschossen werden und für Niederschlag sorgen sollen. Das Fest wird in Yasothon, Ubon Ratchathani und Nong Khai gefeiert.

Visakha Bucha

Visakha Bucha *(wí·săh·kà boo·chah)* fällt auf den 15. Tag des zunehmenden Mondes im sechsten Mondmonat und erinnert an Buddhas Geburt, Erleuchtung und *parinibbana* (Tod).

Juni

In einigen Landesteilen erkennt man die Regenzeit nur am Nachmittgsschauer. Der restliche Tag ist frei für Musik und Spaß. In diesem Monat ist Zwischensaison.

Früchte-Fest in Chanthaburi

Bei diesem Fest (Ende Mai/ Anfang Juni) kann man alle möglichen Obstsorten probieren – z. B. Mangostanen, Rambutanen, Longkongs,

Longanfrüchte, Salakfrüchte und die geruchsintensiven Durianfrüchte.

Phi Ta Khon

Der heilige buddhistische Tag Bun Phra Wet erlebt im Dörfchen Dan Sai in Nordostthailand eine karnevalistische Erneuerung. Gläubige hüllen sich in „Geister"-Kostüme und ziehen Holzphalli schwingend und Reiswhisky trinkend durch die Gassen. Im Juni oder Juli.

Juli

Mit dem Beginn der Regenzeit bereiten sich die Gläubigen auf das buddhistische Fasten vor. In den Ferien kommen die Touristen.

Asahna Bucha

Zum Vollmond des achten Mondmonats erinnert Asahna Bucha an Buddhas erste Predigt, in der er die vier edlen Wahrheiten der Religion beschrieb. Der Tag gilt als einer der höchsten Feiertage des Buddhismus.

Khao Phansaa

Der Tag nach Asahna Bucha kennzeichnet den Beginn der buddhistischen Fastenzeit (der erste Tag des abnehmenden Mondes im achten Mondmonat), in der Männer traditionell Mönche werden. In Ubon Ratchathani sind die traditionellen Kerzenopfer zu Wachsskulpturen geworden, die festlich präsentiert werden.

Geburtstag des Königs

Der 28. Juli ist ein Feiertag zu Ehren des Königs.

August

Bedeckter Himmel und tägliche Schauer prägen die Mitte der Regenzeit.

Geburtstag der Königin

Der Geburtstag der Königinmutter (12. Aug.) ist ein offizieller Feiertag und Thailands Muttertag.

September

In und um Bangkok ist der September der feuchteste Monat des Jahres;es kommen nur wenige Touristen.

Oktober

Die religiösen Vorbereitungen für das Ende der Regenzeit und der buddhistischen Fastenzeit beginnen. Der Monsun geht (fast überall im Land) zu Ende.

Vegetarian Festival (Vegetarierfest)

Das neuntägige Fest der Fleischesabkehr wird gemäß der chinesischen Überzeugung gefeiert, dies reinige Körper und Geist. In Phuket artet es etwas aus, wenn die Prozessionsteilnehmer völlig in Trance zu menschlichen Fleischspießen werden. Generell finden sie Ende September/ Anfang Oktober statt.

Tag von König Chulalongkorn

Rama V. wird an seinem Todestag im Königlichen Palast in Bangkoks Dusit Nachbarschaft die Aufwartung gemacht. Findet am 23. Oktober statt.

November

Die kühle Trockenzeit hat begonnen, und wer früh anreist, entgeht den Touristenmassen.

Loi Krathong

Eines der beliebtesten Feste Thailands ist Loi Krathong, das am Tag des ersten Vollmonds im zwölften Mondmonat gefeiert wird. Kleine, kunstvoll gefaltete Boote, die *kràthong* oder *grà·tong*, werden mit Blumen und Kerzen verziert auf den Gewässern ausgesetzt.

Lopburi Monkey Festival

In der letzten Novemberwoche werden die Makaken der Stadt mit einem Bankett verwöhnt, und beim Schlemmen von den Gläubigen beobachtet und gefeiert.

Dezember

Die Hauptsaison ist zurück: Der Himmel reißt wieder auf, die Strandresorts füllen sich und Ferienstimmung macht sich breit.

Chiang Mai Red Cross & Winter Fair

Das zehntägige Fest erinnert mit seinen kulturellen Veranstaltungen und gut besuchten (und zahlreichen) Imbissständen ein wenig an eine ländliche Kirmes.

Geburtstag von Rama IX

Mit Paraden und weiteren Veranstaltungen wird am 5. Dezember dem Geburtstag des verstorbenen Königs gedacht; auch Vatertag wird gefeiert.

Reiserouten

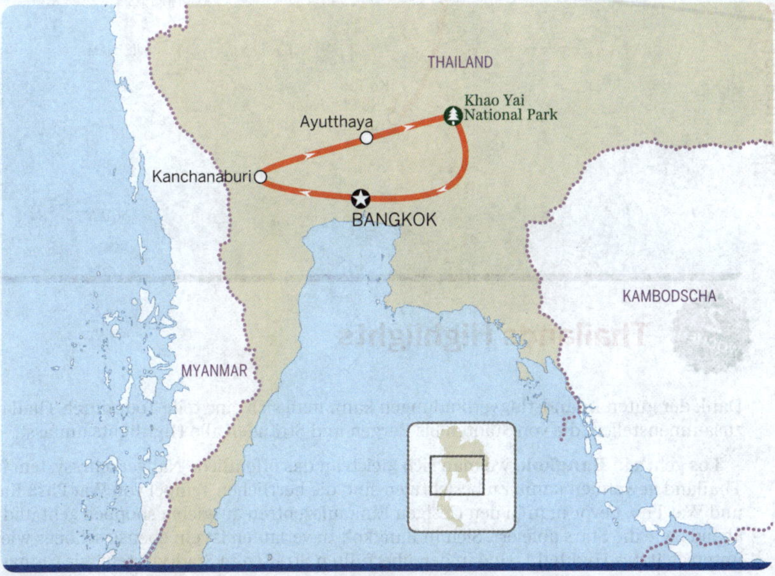

1 WOCHE Bangkok & Umgebung

Auch Traveller, die nur wenig Zeit haben, können Dschungel, Tempel und thailändische Kultur erkunden – und das in Bangkoks nächster Umgebung.

Nach der Besichtigung der wichtigsten Tempel der **Hauptstadt** sowie dem Besuch von Märkten und Spitzenrestaurants fährt man mit dem Zug durch die malerische Landschaft nach **Kanchanaburi**. Dort genießt man ein Bad im siebenstufigen Erawan-Wasserfall, bevor es zum Besuch des ergreifenden Hellfire Pass Memorial geht. Es erinnert an Tausende von Kriegsgefangenen, die hier beim Bau der berüchtigten Todesbahn im Zweiten Weltkrieg ums Leben kamen. In den Wäldern der Umgebung kann man kurze Wanderungen machen oder eines der vielen Abenteuer-Angebote nutzen wie z. B. an einer Seilrutsche durch die Baumwipfel „fliegen" oder den Fluss Kwai erkunden.

Im Minivan fährt man nach **Ayutthaya** und radelt dort zu den beeindruckenden Ruinen der ehemaligen Hauptstadt. Dann geht es über Pak Chong in den **Khao Yai National Park**. Bei einer Tageswanderung durch den Dschungel hält man Ausschau nach Elefanten und Tigern, bevor man nach einer Nacht unter dem Sternenzelt wieder zurück nach Bangkok fährt.

2 WOCHEN

Thailands Highlights

Dank der guten Inlandsflugverbindungen kann man sich eine tolle Tour durch Thailand zusammenstellen, die von Städten bis Bergen und Stränden alle Highlights umfasst.

Los geht's in **Bangkok**, wo man sich gleich an das öffentliche Nahverkehrssystem in Thailand gewöhnen kann. Zu besichtigen sind die herrlichen Tempel von Wat Phra Kaew und Wat Pho, bevor man in den riesigen Einkaufszentren ausgiebig shoppen geht und abends wie die Stars abfeiert. Sich in Bangkok zu verlaufen ist ein ebenso schönes wie unterschätztes Highlight. Und in den überfüllten Straßen in Stadtvierteln wie Chinatown gibt es unendlich viel Kurioses und Wunderbares zu entdecken.

Mit dem Flugzeug (oder der landschaftlich reizvolle Aussichten bietenden Eisenbahn) geht es nach **Chiang Mai**, wo man einige Tage mit Thai-Kochkursen, Tempelbesichtigungen, Plaudereien mit Mönchen, Marktbesuchen und fantastischem Essen verbringen kann. Oder man wandert zu den Dörfern der Bergvölker in der Umgebung und saust an einer Seilrutsche durch den Urwald. Nicht zu vergessen die kühlen Bergregionen von Doi Suthep und Doi Inthanon in Nordthailand.

Dann wird es Zeit für den Strand. Von Chiang Mai fliegt man direkt auf die tropische Insel **Ko Samui** und lässt sich entweder in einem Fünfsternehotel verwöhnen, mietet eine Luxusvilla oder quartiert sich in einer ruhigeren Ecke der Insel (die gibt es tatsächlich noch!) in einem einfachen Strandbungalow ein.

Einen Tag sollte man dem menschenleeren Ang Thong National Marine Park widmen, bevor man zur Nachbarinsel **Ko Pha-Ngan** übersetzt. Dort nimmt man an einer der berühmt-berüchtigten Vollmondpartys teil oder plant den Besuch so, dass man stattdessen ruhig in einer Hängematte faulenzen kann. Gleich daneben liegt das winzige Inselchen **Ko Tao**, Thailands Taucher-Hochburg. Die unzähligen Riffs im seichten Küstengewässer eignen sich aber auch hervorragend zum Schnorcheln.

Wieder zurück nach Ko Samui und von dort mit dem Flieger zur nächsten Insel oder nach Bangkok, um noch ein paar Einkäufe zu erledigen.

Oben: Chinatown (S. 87), Bangkok

Unten: Ang Thong National Marine Park (S. 614)

LKUNL / SHUTTERSTOCK ©

3 WOCHEN Inseln & Strände im Süden

Nur die besten und schönsten Strände Thailands bei einer einzigen Reise zu besuchen, ist nicht ganz einfach, aber bei geschickter Planung des Inselhoppings bleibt auch noch genügend Zeit für gemütliches Entspannen in der Hängematte. Bei der folgenden Tour wird nur zu Land und zu Wasser gereist, doch wer weniger Zeit hat, kann auch fliegen.

Von **Bangkok** geht's nach **Hua Hin**, einem noblen Ferienort mit unzähligen Kettenhotels direkt am Strand, und weiter nach **Prachuap Khiri Khan**. Dort mietet man ein Motorrad und kurvt an der Küste entlang zu kleinen Buchten und ruhigen Stränden.

Dann beginnt das Inselhopping. Von Chumphon schippert man nach **Ko Tao**. Dort macht man einen Tauchkurs oder schnorchelt ein paar Tage lang in den Küstenriffs, bevor man nach **Ko Pha-Ngan** übersetzt. Wer für Vollmondpartys nichts übrig hat, sucht sich ein ruhiges Plätzchen auf dieser hübschen Insel. Ausruhen und sich verwöhnen lassen (oder weiter Party machen) kann man dann auf **Ko Samui**. Mit der Fähre geht es zum Verkehrsknotenpunkt Surat Thani und weiter mit einem der stündlich abfahrenden Busse in den **Khao Sok National Park**. Das verschlafene Strandparadies Khao Lak ist ein idealer Ausgangspunkt für Tauchgänge vor den **Similan-Inseln** sowie den Surin Islands weiter nördlich. Bei den mehrtägigen Tauchtouren an Bord eines Schiffes hat man reichlich Gelegenheit, sich zwischen Rochen, Haien und Seepferdchen zu tummeln. Wieder aufgetaucht geht es weiter nach **Phuket**, der größten Insel Thailands mit ihren vielen Attraktionen. Ein Tagesausflug in den Nationalpark Ao Phang-Nga ist ein Muss!

Eine kurze Bootsfahrt von Phuket entfernt ist **Ko Phi-Phi**. Obwohl auf der Partyinsel die Nächte durchgefeiert werden, sieht sie am nächsten Morgen wieder fantastisch aus. Von hier aus kommt man gut aufs Festland und kann die tolle Küste von **Krabi** erkunden. Am besten fährt man mit einem Langboot zum Strand von Railay und/oder mit der Fähre direkt auf die idyllische Insel **Ko Lanta** und genießt die ruhige Einsamkeit. Ebenfalls mit der Fähre geht es weiter nach Süden an den herrlichen **Trang-Inseln** vorbei auf die immer beliebtere, aber trotzdem noch relativ ruhige Insel **Ko Lipe**. Von dort kann man mit dem Schnellboot zurück aufs Festland fahren, wenn es Zeit für die Heimreise wird.

4 WOCHEN Best of Thailand

Die komplette Thailand-Rundreise führt in fast jede Ecke des Königreichs. Wer Zeit sparen muss, nimmt das Flugzeug – es fliegt überall eines hin.

Start ist in **Bangkok**. Von dort fährt man mit dem Zug nach Norden in die ehemalige Hauptstadt **Ayutthaya**. Nach einem Abstecher in die „Affenstadt" **Lopburi** folgt man dem „Kulturpfad" weiter nach Norden bis in eine weitere frühere Hauptstadt: die Ruinen von **Sukhothai** erkundet man am besten mit dem Fahrrad. Dann geht es nach **Chiang Mai**, der „Rose des Nordens", zu deren uralten Tempeln man ebenfalls am besten mit dem Rad gelangt. Über kurvige Bergstraßen erreicht man das Partystädtchen **Pai**. Noch tiefer in den Bergen liegt das stark vom benachbarten Myanmar beeinflusste **Mae Hong Son**.

Wieder zurück in Chiang Mai locken nun die Strände der Inseln im Golf von Thailand: **Ko Samui** für exklusiven Badeurlaub, **Ko Pha-Ngan** zum Faulenzen am Strand und Party machen, **Ko Tao** zum Tauchen und Schnorcheln.

An der Andamanenküste auf der anderen Seite warten felsige Kalksteininseln. **Ko Phi-Phi** ist die schönste, teuerste und feierwütigste. Das kleine Ko Jum bewahrt noch das Strandhütten-Hippie-Flair, das ansonsten zügig verschwindet. Obwohl zu einer Hochburg des Pauschaltourismus geworden, ist **Ko Lanta** immer noch berühmt für seine tollen Tauchgründe. Kletterer bleiben auf dem Festland in Krabi und **Railay**.

Wer noch immer nicht genug von Strand und Meer hat, reist weiter zu den **Trang-Inseln**, den legendären Kalksteininseln, die wie riesige Felsen aus dem Wasser aufragen. Alternativ bieten sich die idyllischen Inseln vor Satun an: das aufstrebende, noch nicht so teure **Ko Bulon Leh**, das ländlich-rustikale **Ko Tarutao** und das entspannte **Ko Lipe**.

Oder man lässt die Strände südlich von Krabi aus und begibt sich auf einen Kulturtrip in den landwirtschaftlich geprägten Nordosten. Über Bangkok geht's durch den **Khao Yai National Park** nach Nakhon Ratchasima (Khorat), dem Startpunkt für Touren zu den Angkor-Ruinen in **Phimai**. Der Khmer-Pfad führt nach **Phanom Rung**, den eindrucksvollsten Angkor-Tempeln in Thailand – und rund herum gibt es weitere Tempel zu sehen.

Abseits der üblichen Pfade: Thailand

THA TON

Viele kommen in diese abgelegene Stadt, um mit dem Boot nach Chiang Rai zu fahren, bleiben dann aber, um zu den Bergvölkern zu trekken und zur Grenze vorzudringen. (S. 378)

PHAYAO

Auf der Reise nach Chiang Rai lohnt sich ein Abstecher in diese wenig besuchte Stadt im Norden. Am bergumrahmten See genießt man den Sonnenuntergang und diniert. (S. 242)

E-THONG

Der einstige Außenposten zum Zinnabbau liegt verschlafen im Dschungel an der Grenze zu Myanmar und ist ein Zufluchtsort am Ende der Welt. (S. 208)

PHRAE

Die Stadt erinnert an Luang Prabang und Chiang Mai, bloß ohne Touristen (und Infrastruktur), und ist ein Top-Ziel für Wanderer. Hier gibt es alte Teakhäuser, leckeres Essen und keine Kundenwerber. (S. 252)

BUENG KAN

Der Ort am Mekong wartet mit dem Wat Phu Tok auf, der auf einem Sandsteinfelsen thront und über unzählige Treppen zu erreichen ist. (S. 415)

PHU PHRABAT HISTORICAL PARK

Ein geheimnisvoller Park mit bizarren Felsformationen und uralten spirituellen Hinterlassenschaften. (S. 413)

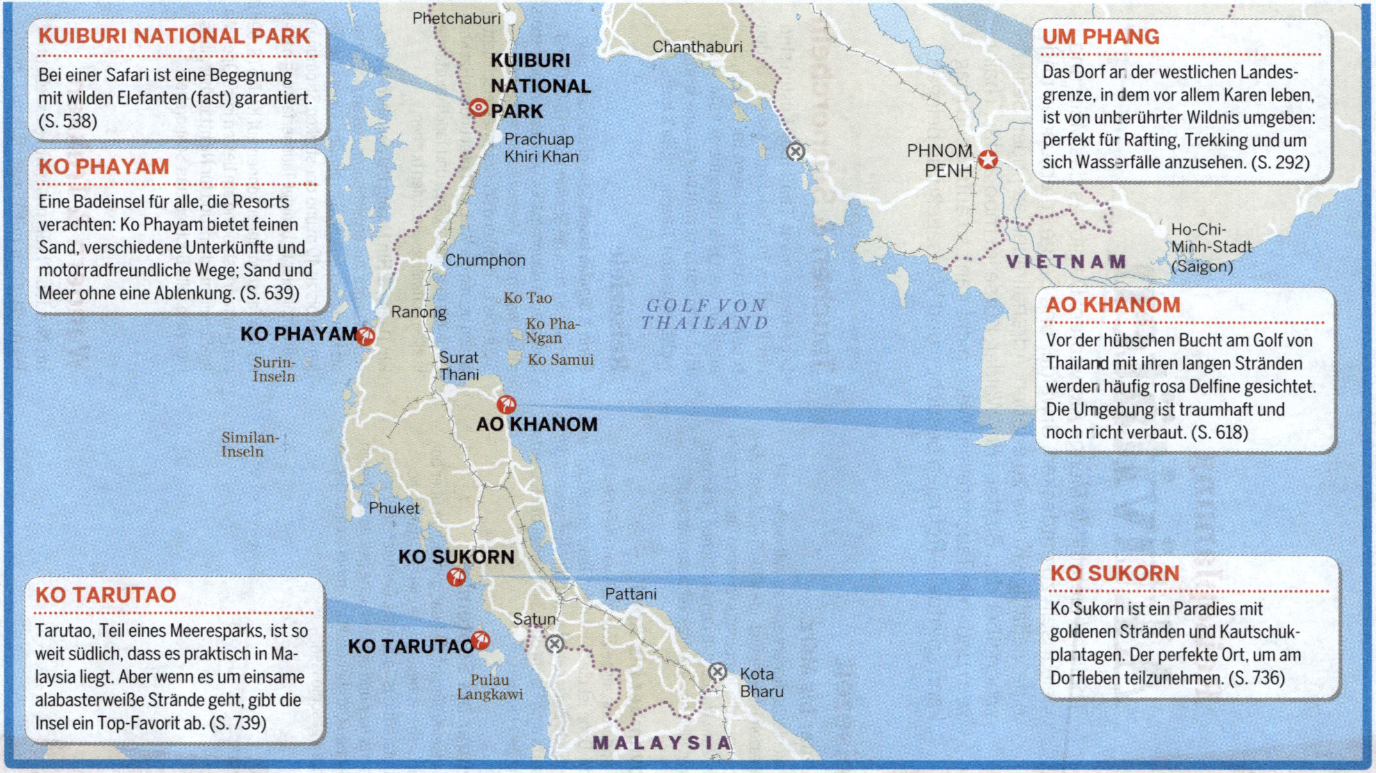

KUIBURI NATIONAL PARK

Bei einer Safari ist eine Begegnung mit wilden Elefanten (fast) garantiert. (S. 538)

KO PHAYAM

Eine Badeinsel für alle, die Resorts verachten: Ko Phayam bietet feinen Sand, verschiedene Unterkünfte und motorradfreundliche Wege; Sand und Meer ohne eine Ablenkung. (S. 639)

KO TARUTAO

Tarutao, Teil eines Meeresparks, ist so weit südlich, dass es praktisch in Malaysia liegt. Aber wenn es um einsame alabasterweiße Strände geht, gibt die Insel ein Top-Favorit ab. (S. 739)

UM PHANG

Das Dorf an der westlichen Landesgrenze, in dem vor allem Karen leben, ist von unberührter Wildnis umgeben: perfekt für Rafting, Trekking und um sich Wasserfälle anzusehen. (S. 292)

AO KHANOM

Vor der hübschen Bucht am Golf von Thailand mit ihren langen Stränden werden häufig rosa Delfine gesichtet. Die Umgebung ist traumhaft und noch nicht verbaut. (S. 618)

KO SUKORN

Ko Sukorn ist ein Paradies mit goldenen Stränden und Kautschukplantagen. Der perfekte Ort, um am Dorfleben teilzunehmen. (S. 736)

Reiseplanung

Aktivitäten

Thailand bietet jede Menge Aktivitäten: Da gibt es das Meer und viele Inseln zu entdecken, Urwälder und Berge zu erkunden und eine vielfältige Kultur zu erleben. Adrenalinjunkies finden Seilrutschen über den Blättern der Wälder, Kurse im moo·ay tai (Thaiboxen) und tolle Tauchstellen. Wer's nicht ganz so aufregend mag, kann spirituelle Refugien besuchen und Massagekurse belegen.

Reisezeit

Januar bis März

Die hier lächerlicherweise als kalt bezeichnete Jahreszeit ist eigentlich ideal für Freiluftaktivitäten, zumal die Temperaturen warm und erträglich sind. Zum Wandern in den nördlichen Provinzen eignet sich diese Jahreszeit besonders gut.

November bis April

Die Andamanensee zeigt sich von ihrer besten Seite. Dann ist die Sicht beim Tauchen einfach unglaublich. Zwischen Mai und Oktober erleben die Resorts eine Flaute oder sind wegen der Regenzeit ganz geschlossen.

Januar bis September

Die Insel Ko Tao ist fast das ganze Jahr über bei Tauchern das bevorzugte Ziel und damit die Hauptstadt des Tauchens. Dennoch sind viele Resorts hier und auf den nahe gelegenen Inseln zwischen Oktober und Dezember wegen der Regenzeit geschlossen.

Tauchen & Schnorcheln

Die Gewässer vor Thailands Küsten sind ein Paradies für Taucher. Fast alle bedeutenden Tauchspots liegen im Süden, doch auch an der Ostküste gibt es gute Plätze. Hinweise zum verantwortungs- und umweltbewussten Tauchen gibt's auf S. 804.

Reiseziele

Surin & Similan Inseln Sowohl die Surin-Inseln (S. 642) als auch die Similan-Inseln (S. 651) sind fantastische Nationalparks. Die hiesigen Tauchspots zählen wegen ihrer Meeresbewohner, der tollen Sicht (bis zu 35 m) und der Unterwasserschluchten zu den besten der Welt. In Phuket und am Hat Khao Lak kann man Tauchgänge und Tauchkreuzfahrten in allen Schwierigkeitsstufen buchen.

Hin Daeng & Hin Muang Bei den abgelegenen, von Ko Lanta aus erreichbaren Felsen sieht man oft Mantarochen und Barrakudas. Wegen der Tiefen von bis zu 40 m und der starken Strömungen sollte man hier unbedingt Taucherfahrung haben.

Ko Tao Tauchanfänger können auf Ko Tao (S. 598) am preiswertesten und am besten ihren Open-Water-Schein machen. Und für Nichttaucher gibt's hier viele tolle Buchten zum Schnorcheln.

Wandern & Trekken

Im Norden Thailands gibt es exzellente Wanderrouten mit Wasserfällen, Urwäl-

Oben: Schnorcheln vor Ao Phang-Nga (S. 653)

Unten: Wandern im Doi Chiang Dao Wildlife Sanctuary (S. 375)

HORIZONMAN / SHUTTERSTOCK

dern und Bergen. Übernachten kann man bei Bergvölkern oder im Zelt in der Wildnis. Neben Wanderungen kann man auch Radtouren, Kajaktrips und Rafting-ausflüge buchen. Es ist ratsam, einen umweltbewussten Anbieter zu wählen (S. 804).

Reiseziel

Chiang Mai (S. 339) ist der wichtigste Ausgangspunkt für Wanderungen, darunter Tagesausflüge zum Doi Inthanon (S. 381), dem höchsten Berg Thailands. Eingefleischte Wanderer zieht es zu abgelegenen Orten, wie dem Um Phang Wildlife Sanctuary (S. 293). Oder sie lassen sich von Guides Überlebenstechniken beibringen.

In **Loei** (S. 385) gibt's ein paar spektakuläre Wandermöglichkeiten. Dazu gehört auch der Phu Kradueng National Park (S. 397), wo man auf einem 5,5 km langen Trail zum Hochplateau gelangen und durch Kiefernwälder und Savannen wandern kann.

Meditation

Thais ziehen sich gern zur spirtuellen Erholung zurück. Man kann sich ihnen in Tempeln oder Meditationszentren anschließen.

Reiseziele

Bangkok Einige Tempel der Stadt bieten Tageskurse (S. 105) in Meditation für englischsprachige Anfänger.

Chiang Mai Gespräche mit Mönchen (S. 346), die in einigen Tempeln angeboten werden, können interessante Einblicke in den Buddhismus geben. Manche bieten auch Meditationsunterricht an.

Ubon Ratchathani Im Nordosten konzentrieren sich die in den Wäldern liegenden Meditationstempel (S. 456). Im Wat Pa Nanachat (S. 456) kann man das Leben der Mönche näher kennenlernen.

Moo·ay tai (Thaiboxen)

Wer schon mal davon geträumt hat, Thaiboxer zu werden, kann sich hier in einem Trainingslager in Sachen allgemeiner Fitness und Ring- und Fußarbeit im Moo-ay tai (auch Muay Thai) ausbilden lassen.

Reiseziele

Bangkok Die Hauptstadt Thailands beherbergt eine Reihe Schulen jeden Schwierigkeitgrades. Für Anfänger eignen sich besonders gut Fitnessstudios wie Jaroenthong Muay Thai Gym (S. 105) und Eight Limbs (S. 108).

Pattaya Der Fairtex Sports Club (☎038 253888; www.fairtexpattaya.com; 179/185-212 Mu 5, Th Pattaya Neua; Einheiten 800 B) hat tolle Einrichtungen und zielt auf ausländische Besucher ab – ungeachtet ihrer Fitness oder ihrer Kampferfahrung. Ab und an schauen auch Landesmeister und Kämpfer der gemischten Kampfkünste vorbei.

Chiang Mai Hier gibt es mehrere hervorragende Sportclubs im Thai-Boxen, z. B. das Lanna Muay Thai Boxing Camp (S. 345) und das Chai Yai Muay Thai (S. 345).

Klettern

Thailand bietet Klettermöglichkeiten in allen Schwiergkeitsgraden – für absolute Anfänger wie auch für solche, die Spiderman Konkurrenz machen könnten. Die meisten Stellen liegen im Süden, aber auch im Norden gibt es anspruchsvolle Gipfel.

Reiseziel

Railay Die Kalksteinklippen machen Railay (S. 699) zur besten Kletterstätte in Thailand. Mehr als 700 präparierte Routen kann man auf eigene Faust oder mit Führer in Angriff nehmen.

Lopburi Khao Chin Lae (S. 192) Der 240 m hohe Kalksteingipfel liegt inmitten von Sonnenblumenfeldern. Guides in Lopburi (S. 187) organisieren den Transport und erläutern die Routen.

Surfen & Kiteboarden

Mitte des Jahres sorgt der Monsun vor Phuket für Surf-Wellen. An der Ostküste schaffen böige Winde fast das ganze Jahr über gute Bedingungen für Kitesurfer.

Reiseziel

Phuket Die besten Wellen gibt's zwischen Juni und September. Dann finden auch die jährlichen Surfwettbewerbe am Hat Kata Yai und am Hat Kalim und Phuket (S. 659), gleich nördlich von Patong, statt.

Hua Hin Thailands Nummer eins in Sachen Kiteboarden und Kitesurfen (S. 528). Hier gibt's starke Winde, flaches Wasser und einen langen Strand.

Schwimmender Markt Damnoen Saduak (S. 157), Bangkok

Reiseplanung

Essen & Trinken wie die Thais

Feurige Currys, Nudeln, Meeresfrüchte und tropisches Obst, von dem man bisher nur träumen konnte – in der Thai-Küche ist all das vertreten. Wer Authentizität erleben will, muss sich mit den Speisen der verschiedenen Regionen und Volksgruppen vertraut machen.

Essen rund ums Jahr

Sommer (März–Juni)

In der heißesten Zeit des Jahres ist vor allem frisches Obst angesagt: Voll ausgereifte Durianfrüchte, Mangos, Mangostanfrüchte und Litschis bersten vor Süße und Geschmack.

Regenzeit (Juli–Okt.)

Kulinarischer Höhepunkt der Regenzeit ist jedes Jahr das Vegetarian Festival (üblicherweise Ende Sept. oder Anfang Okt.). Besonders ausgiebig wird das Fest in Städten mit großer chinesischer Bevölkerung wie Bangkok, Phuket und Trang gefeiert.

Winter (Nov.–Jan.)

In der sehr kurzen kühleren Jahreszeit öffnen in allen größeren Städten die Biergärten, die zumeist auch typisch thailändische Getränke ausschenken, die so reichhaltig sind, dass sie fast schon eine Zwischenmahlzeit darstellen.

Die vier Grundaromen

Thailands Küche wird oft mit feuriger Schärfe assoziiert. Die meisten Gerichte stehen jedoch für eine feine Balance zwischen vier Grundaromen: süß, sauer, salzig und scharf. Erreicht wird diese z. B. mit einem Schuss Limettensaft, einer Prise Zucker, etwas Fischsauce, einem Esslöffel fermentierter Sojabohnen oder einem gezielten Spritzer Essig. Bestandteil vieler landestypischer Rezepte sind auch Bitterstoffe, die häufig in Form von Gemüse oder Kräutern hinzugefügt werden. Unabhängig von den jeweiligen Zutaten ist das Ziel aber immer dasselbe: eine leckere Balance aus vier intensiven und deutlich unterscheidbaren Grundaromen.

Typisches & Spezialitäten

Currys & Suppen

Das Thai-Wort *gaang* wird etwa wie „Gang" (für „Bande") ausgesprochen und oft mit Curry übersetzt. Tatsächlich steht es aber für alle Gerichte mit viel Flüssigkeit – sowohl für Suppen (wie *gaang jèut*) als auch für klassische Currys auf Basis von Chilipasten. Für Letztere werden diverse frische Zutaten (oft z. B. Chilis, Galgant, Zitronengras, Schalotten, Knoblauch, Salz, Garnelenpaste, geriebene Schale der Kaffir-Limette) in einem Steinmörser zu aromatischem *krêu·ang gaang* zerstampft.

Sehr berühmt ist auch Thailands süßsaure *đôm-yam*-Suppe, deren oft samtige Konsistenz täuscht: Dahinter lauert feurige Schärfe, für die *prík kêe nŏo* (Mini-Chilis) oder ein halber Teelöffel *nám prík pŏw* (geröstete Chilipaste) verantwortlich sind.

Pikante Salate

Der landesweit verbreitete *yam* ist ebenso typisch für Thailand wie Currys. Der säuerlich-pikante Salat basiert meist auf Seafood, Fleisch oder Gemüse. Limettensaft sorgt dabei für die Säure, während die Schärfe von jeder Menge Chilis kommt. *Yam* wird meist auf Zimmertemperatur serviert; die Resthitze gekochter Zutaten macht manche Varianten jedoch lauwarm. Das Gericht eignet sich als Beilage und als *gàp glâam* (Snack bei nächtlichen Kneipentouren).

Reis & Nudeln

Reis ist für Thailands Esskultur so wichtig, dass *gin kôw* (wörtl. „Reis essen") hier das gebräuchlichste Wort für „essen" ist und *Gin kôw rĕu yang*? („Haben Sie schon Reis gegessen?") zu den häufigsten Grußformeln zählt. Landesweit wird das Getreide meist als Beilage zu Currys, Suppen und Kurzgebratenem serviert.

Viele thailändische Nudelgerichte werden absichtlich etwas fade serviert, damit man sie selbst noch individuell mit den vier wichtigsten Würzmitteln verfeinern kann: *prík nám sôm* (milde Chilischeiben in Essig), *nám plah* (Fischsauce), *prík bòn* (getrocknete rote Chilis, gerebelt oder gemahlen) und *nám·đahn* (einfacher weißer Zucker). Diese vier Nudelsorten sind in Thailand am weitesten verbreitet:

Bà·mèe Gelbliche Weizenmehlnudeln mit Eizusatz; werden ausschließlich frisch verkauft.

Kà·nŏm jeen Reismehlnudeln, deren Teig durch ein Sieb in kochendes Wasser gedrückt wird (ähnlich wie bei manchen italienischen Pasta-Sorten).

Sên gŏo·ay đĕe·o Für Thailands dominierende Nudelsorte wird zunächst ein Teig aus Reismehl und Wasser zu breiten, dünnen Platten geformt. Diese werden dann gedämpft und in unterschiedlich breite Streifen geschnitten.

Wún·sên Fast durchsichtige Glasnudeln, deren Teig aus Mungobohnenstärke und Wasser gemacht wird. Sie dienen gelegentlich als Suppenzutat, sind aber meistens Hauptbestandteil der säuerlich-scharfen Salatvariante *yam wún sên*.

Nám Prík

Die pikanten Dips auf Chilibasis werden in Thailand eher privat als in Restaurants kredenzt – meist mit Reis, Gemüse und Kräutern. Sie sind extrem regional geprägt: Anhand der jeweiligen *nám-prík*-Version lässt sich theoretisch feststellen, in welcher Provinz man gerade verweilt.

Kurzgebratenes & Frittiertes

Pàt-Gerichte (kurzgebratene Speisen aus dem Wok) wurden einst von Chinesen nach Thailand gebracht. Bis heute basieren sie oft auf chinesischen Originalrezepten – z. B. im Fall des allgegenwärtigen *pàt pàk bûng fai daang* (kurzgebratener Wasserspinat mit Knoblauch und Chili). Andere Varianten wie das *pàt pèt* (wörtl. „pikantes Kurzgebratenes") sind thailändisch-chinesische Kombinationen.

Tôrt (in Öl frittieren) kommt hauptsächlich bei Snacks wie *glôo·ay tôrt* (frittierte Bananen) oder *bò·bée·a* (Frühlingsrollen) zur Anwendung. Eine Ausnahme von dieser Regel ist der weit verbreitete *blah tôrt* (frittierter Fisch).

Früchte

Das tropische Thailand wartet mit vielen großartigen Früchten auf: Allein *má·môo·ang* (Mangos) gibt's hier in einem Dutzend Sorten, die alle in verschiedenen Reifestadien genossen werden. Ebenfalls weit verbreitet sind *sàp·bà·rót* (Ananas), *má·lá·gor* (Papayas) und *daang moh* (Wassermelonen), die überall von Straßenkarren verkauft werden (oft bestreut mit einem Mix aus Salz, Zucker und Chilipulver). Ein besonderes Highlight sind jedoch die zahlreichen einheimischen Obstsorten, von denen man eventuell noch nie gehört hat. Ein Großteil davon ist heutzutage ganzjährig erhältlich. Ein paar der beliebtesten Varietäten (z. B. Durianfrüchte, Mangos, Magostanen) haben jedoch Hochsaison im April und Mai.

NAIT029 / SHUTTERSTOCK ©

Mangostane

Weniger bekannte Beispiele für tropische Früchte sind:

Durian *(tú·ree·an)* Thailands König der Früchte ist wegen seines intensiven Aromas und Geruchs (je nach Wahrnehmung von Vanille bis Zwiebeln) auch das anrüchigste Obst des Landes.

Guave *(fa·ràng)* Grüne, apfelähnliche Frucht mit rosafarbenem oder weißem Fleisch, das süß und knackig schmeckt; stammt ursprünglich aus Südamerika und heißt auf Thai „westlicher Ausländer".

Jackbaumfrucht *(kà·nŭn)* Die grüne riesige Frucht – sie gilt als die größte der Welt – enthält wachsgelbe Spalten, die wie ein Mix aus Ananas und Banane schmecken und an Juicy-Fruit-Kaugummi erinnern.

Langsat *(long·gong)* Unter der gelblichen Schale verbergen sich Spalten aus duftendem, perlmuttartigem Fruchtfleisch (schmeckt ähnlich wie Litschi).

Litschi *(lín·jèe)* Das durchsichtige Fruchtfleisch unter der pinkfarbenen Schale erinnert an Weintrauben. Meist nur von April bis Juni erhältlich.

Longanfrucht *(lam yai)* Eine Art harte Mini-Litschi mit süßem, duftendem Fruchtfleisch; beim Essen nach dem Schälen die harten Kerne ausspucken!

Mangostane *(mang·kút)* Thailands Königin der Früchte hat eine harte, lilafarbene Schale. Diese

Kà·nŏm (süße Häppch

umhüllt Segmente aus weißem und wunderbar duftendem Fruchtfleisch (teils mit harten Kernen).

Pomelo *(sôm oh)* Diese „Grapefruit auf Steroiden" besteht aus süßlich-herben Segmenten unter einer dicken, markant grünen Schale. Diese einschneiden, die weiße Haut darunter abpellen und die Spalten auseinanderbrechen, um das Fruchtfleisch genießen zu können.

Rambutan *(ngó)* Manche Assoziationen zum Aussehen dieser Frucht sind in vornehmer Gesellschaft tabu. Das durchsichtige, süße Fruchtfleisch unter der haarigen Schale wird vom Kern abgeknabbert.

Salakfrucht *(sàlà)* Sieht aus wie eine mutierte Erdbeere und wird wegen der schuppigen Haut auch Schlangen(haut)frucht genannt. Das weiche Innere schmeckt wie eine unreife Banane.

Sternfrucht *(má·feu·ang)* Prunkt nach dem Aufschneiden mit aparter Sternform; das gelbe Fruchtfleisch mit süß-säuerlichem Aroma soll eine blutdrucksenkende Wirkung haben.

Wasserapfel *(chom·pôo)* Längliche Frucht mit glatter, glänzender Schale (rot oder rosafarben) und blassem, wässrigen Fleisch. Super Durstlöscher!

Zimtapfel *(nóy nàh)* Die grüne Schale mit Knubbeln verhüllt süßes, körnig-klebriges Fruchtfleisch mit harten, schwarzen Samenkernen.

Süßigkeiten

Süßes wird in Thailand generell nicht als Dessert nach einem Hauptgericht genossen, sondern nur zum Frühstück oder als Snack. *Kŏrng wăhn* („süße Sachen") sind kleine Kalorienbomben, die oft leicht salzig schmecken; die Hauptzutaten sind Kokosraspeln, Kokosmilch, Reismehl (aus weißem oder Klebreis), gekochter Klebreis, Tapioka, Mungobohnenstärke, gekochte Wasserbrotwurzel (Taro) und diverse Früchte.

Eher in Richtung europäisches Süßgebäck gehen Thailands *kà·nŏm* (etwa „süße Häppchen"). Davon sind wohl die Varianten im Bananenblatt am beliebtesten– vor allem *kôw đôm gà·tí* und *kôw đôm mát*, deren Klebreisfüllung jeweils mit *gà·tí* (Kokosmilch) gedämpft wird.

Kaffee

Die Thais trinken gern Kaffee. In den Hügelgebieten des Nordens und Südens wachsen hochwertiger Arabica und Robusta. Traditionell wird Kaffee in Thailand ganz schlicht gebraut: mit einem Filterbeutel aus Stoff, der an einem Stahlgriff befestigt ist. Das Ergebnis kommt meist im Glas mit

Chah tai (Tee im Thai-Stil)

Zucker und Kondensmilch auf den Tisch. Wer beides nicht möchte, bestellt *gah·faa dam* (schwarzen Kaffee) mit dem Zusatzhinweis *mâi sài nám·đahn* (ohne Zucker).

Lokale mit echtem Bohnenkaffee servieren meist auch einheimischen oder importierten Schwarztee. *Chah tai* (Tee auf thailändische Art) erhält die typisch orange-rote Farbe durch gemahlene Tamarindensamen, die nach dem Trocknen zugesetzt werden.

Zwecks Rehydrierung empfehlen sich *nám pŏn·lá·mái* (Fruchtsäfte bzw. Fruchtsaft-Getränke), die landesweit meist mit viel Eis, etwas Zucker und einer Prise Salz serviert werden. Das Salz ist vielen Ausländern zuwider, aber wichtig für den Stoffwechsel: Es hilft dem Körper, Thailands tropische Temperaturen auszuhalten.

Kulinarische Erfahrungen

Die besten Restaurants

Krua Apsorn (Bangkok; S. 134) Preisgekröntes Lokal mit zahllosen Köstlichkeiten der Bangkoker und der zentral-thailändischen Küche.

One Chun (Stadt Phuket; S. 668) Currys und Seafood à la Südthailand in einem Ladenhaus im chinesischen Barockstil, das sich seit den 1950er-Jahren kaum verändert hat.

Gai Yang Rabeab (Khon Kaen; S. 461) Ein paar von Isans besten *gài yâhng* (Brathähnchen) im luftigen und belebten Ambiente verspeisen.

Chanthorn (Chanthaburi; S. 495) In Ufernähe kann man hier prima traditionelle Speisen wie Schweinefleisch mit Chamung-Blättern probieren.

Larp Khom Huay Poo (Pai; S. 302) Hiesiges Highlight ist schlichter, aber köstlicher *lâhp* („Salat" aus Hackfleisch) im nordthailändischen Stil.

Khao Soi Lam Duan Fah Ham (Chiang Mai; S. 357) Verköstigt begeisterte Mittagsgäste mit der besten *kôw soy* (Nordthailands berühmte Curry-Nudelsuppe) der Stadt.

Koti (Hua Hin; S. 535) Ein thailändisches Restaurant ist garantiert gut, wenn die Warteschlange bis um die Ecke reicht – was auch hier gilt.

Blue Rice (Kanchanaburi; S. 199) Hier empfiehlt sich Grapefruit-Salat zur Spezialität des Hauses: Massaman-Curry mit dem namengebenden Reis (gefärbt mit den Blüten der Blauen Klitorie).

In Town Seafood (Prachuap Khiri Khan; S. 545) Lokalfavorit mit super Seafood und Buchtblick.

Krua Thara (Krabi; S. 706) Eins der besten Seafood-Restaurants des Landes; lockt einheimische Touristen aus ganz Thailand nach Krabi.

Kochkurse

Die eintägigen Kochkurse beginnen in der Regel mit dem Besuch des Marktes, wo die Zutaten eingekauft werden, bevor es dann mit der Zubereitung von Currypasten, Suppen, Currys, Salaten und Desserts losgeht.

Amita Thai Cooking Class (Bangkok; S. 108) Thai-Kochkurse in einer familiengeführten Schule am Kanalufer.

Small House Chiang Mai Thai Cooking School (Chiang Mai; S. 346) Lokalpatriotische Schule mit Kursen in nordthailändischer Küche.

Apple & Noi Thai Cooking (Kanchanaburi; S. 197) Kurse in ländlicher Umgebung.

Borderline Shop (Mae Sot; S. 291) Kurse mit Gerichten aus Thailands Nachbarland Myanmar.

Samui Institute of Thai Culinary Arts (Ko Samui; S. 562) Bietet auch Kurse im Obstschnitzen an.

Phuket Thai Cookery School (Ko Sireh; S. 673) Kurse mit täglich wechselnden Gerichten.

BLUR LIFE 1975 / SHUTTERSTOCK ©

Oben: Eintopf mit Schweinshaxe

Unten: Gekochtes Hühnerfleisch auf Thai-Art

Regionale Spezialitäten

Im Gegensatz zur landläufigen Meinung im Ausland ist die Thai-Küche alles andere als überall gleich, sondern besteht aus einem breiten Spektrum an Zutaten, verschiedensten Arten der Zubereitung und Gerichten, die es oft nur in einer einzigen Provinz oder sogar Stadt gibt.

Bangkok & Zentralthailand

Wenn Nicht-Thailänder von thailändischem Essen sprechen, meinen sie meist Gerichte aus der Küche Bangkoks (S. 131) und dem zentralen Tiefland (S. 173). Tatsächlich begünstigten die zahlreichen landwirtschaftlichen Erzeugnisse, der Zugang zum Meer und Einflüsse aus aller Welt die Entstehung einer raffinierten, vielseitigen Küche.

Nordthailand

Kôw soy (Currynudelsuppe) ist wohl allgemein bekannt, doch davon abgesehen dürfte es selbst Thais schwerfallen, weitere, typisch nordthailändische Gerichte zu nennen. Die am wenigsten bekannte, regionale Küche Thailands ist auch die mildeste und richtet sich wegen der Höhenlage und des Klimas auch mehr als alle anderen nach den jahreszeitlich verfügbaren Lebensmitteln.

Nordosten

Die Küche des Nordostens (S. 436) ist die rustikalste Regionalküche des Landes. Sie beruht noch immer auf dem, was die verschiedenen Thai-Völker seit Hunderten, wenn nicht Tausenden von Jahren essen. So ist die Küche des Nordostens geprägt von einfach zubereiteten, scharf gewürzten Grillgerichten und Suppen, zu denen praktisch immer Klebreis gegessen wird.

Südthailändische Küche

Bei dem Essen, das man in seiner Pension bekommt, fällt es einem vermutlich nicht auf, doch die Gerichte im Süden Thailands gehören zu den schärfsten im Land. Wer mal abseits der Touristenpfade etwas isst, findet eine ganze Palette feurig-scharfer Suppen, pikanter Currys und stark gewürzter Pfannengerichte.

Ethno-Küchen

Thailands Regionalküchen sind nicht nur von geografischer Lage geprägt: Einen so vielfältigen wie starken Einfluss darauf haben auch Chinesen und Muslime als größte ethnische Minderheiten des Landes.

Thailändisch-chinesisch

Vermutlich brachten chinesische Arbeiter und Händler einst den Wok plus diverse Nudelgerichte nach Thailand. Probiertipps:

Bà·mèe Chinesische Weizenmehlnudeln mit Eizusatz, die meist mit gegrillten Schweinefleischstreifen, etwas grünem Gemüse und/oder Wan-Tan-Teigtaschen serviert werden.

Gŏo·ay đĕe·o kôo·a gài Breite Reisnudeln, die mit Ei, Hühnerfleisch und Tintenfischstreifen in Knoblauchöl gebraten werden. In Bangkoks Chinesenviertel sehr beliebt.

ESSKULTUR

- Ausgewogene Balance zwischen Aromen und Texturen ist in Thailand sehr wichtig. So bestellen traditionelle Tischgesellschaften Curry, gedünsteten oder gebratenen Fisch, Gemüse aus dem Wok und Suppe – für den richtigen Mix aus kalt und warm, süß und sauer, salzig und ungewürzt.
- Ob zu Hause oder im Restaurant: Thailändisches Essen wird immer „familiär" auf großen Platten serviert. Von diesen nimmt man sich jeweils immer nur einen Löffel – wer seinen Teller wie im Westen vollhäuft, gilt bei Thais als gierig bzw. gefräßig.
- Traditionell verwenden Thais einen Servierlöffel oder den eigenen Löffel, um mundgerechte Portionen von den Gemeinschaftsplatten zu nehmen und über dem Reis auf ihrem Teller zu verteilen. Das Ergebnis befördern sie per Gabel zurück auf den Löffel und mit diesem schließlich in den Mund.
- Mit Stäbchen werden nur chinesische Gerichte aus Schüsseln sowie alle Gerichte in China-Restaurants gegessen. In beiden Fällen liegen die Stäbchen schon bereit.

Má·đà·bà (gefüllter Pfannkuche

Kôw kăh mŏo Geschmorte Schweinshaxe mit Reis (oft auch mit Grüngemüse und einem hartgekochten Ei). Typische Einzelmahlzeit à la China.

Kôw man gài Reis mit Hühnerfleisch; stammt ursprünglich von der chinesischen Insel Hainan, ist aber heute in fast ganz Thailand verbreitet.

Sah·lah·þow Beliebte Dampfnudeln, die es landesweit in chinesischen Traditionscafés gibt.

Thailändisch-muslimisch

Im späten 14. Jh. kamen die ersten Muslime aus Indien und dem Nahen Osten nach Thailand. Mit im Gepäck hatten sie eine Küche, die *halal* (islamischen Speisevorschriften entsprechend) war sowie auf Fleisch und getrockneten Gewürzen basierte. Fast 700 Jahre später ist dieser kulinarische Einfluss immer noch spürbar. Typische Gerichte im thailändisch-muslimischen Stil:

Gaang mát·sà·màn Das „muslimische Curry" wird mit viel Kokosmilch und, im Gegensatz zu den meisten thailändischen Currys, mit getrockneten Gewürzen zubereitet.

Kôw mòk Das als *biryani* in der muslimischen Welt verbreitete Gericht gibt's auch in Thailand (hier aber mit Hühnchen, einer Sauce und Hühnerbrühe).

Má·đà·bà Das in Malaysia und Indonesien unter dem Namen *murtabak* bekannte Gericht besteht aus Fladenbrot, das pikant oder auch süß gefüllt und knusprig gebraten wird.

Sà·đé (Satay) Die pikante Erdnusssauce, die zu diesen Grillspießen serviert wird, stammt nicht, wie oft vermutet, aus der Thai-Küche.

Sà·làt kàak Der „muslimische Salat" (wobei *kàak* eine etwas abwertende Bezeichnung für Menschen oder Dinge aus Südasien und/oder dem muslimischen Kulturbereich ist) besteht aus Salat, Tofu, Gurke, Eiern, Tomaten und Erdnusssauce.

Gut & günstig

MBK Food Island (Bangkok; S. 139) Günstige und leckere Einführung mit Klassikern der thailändischen bzw. thailändisch-chinesischen Küche.

Paa Suk (Chiang Rai; S. 223) Hat einige der besten Nudelgerichte des Nordens zu billigen Preisen.

Abdul's Roti Shop (Stadt Phuket; S. 667) Vorne im Laden brutzelt Abdul, eine lokale Legende, seit Jahren leckere *roh·đee* (eine Art Pfannkuchen) – sowohl süße mit klebrigem Bananenmus als auch pikante mit scharfen Fisch- oder Fleischcurrys.

Satay-Spieße

Nachtmarkt Bang (Ayuthaya; S. 183) Auf dem Markt gibt's u. a. leckeren Fisch vom Grill und *roh·đee săi măi* (Crêpes mit Zuckerwatte-Füllung).

Talat Pratu Chang Pheuak (Chiang Mai; S. 358) Hunger mitbringen: Auf dem Schlemmermarkt warten regionale Spezialitäten wie das berühmte *kôw kăh mŏo* (geschmorte Schweinshaxe mit Reis) der markanten „Dame mit dem Cowboyhut".

Jek Pia (Hua Hin; S. 534) Top-Restaurant, in dem mehrere von Hua Hins besten Köchen arbeiten.

Krua Talay (Nakhon Si Thammarat; S. 621) Exzellente Meeresfrüchte im reizvollen Garten-Ambiente.

Sai Ngam (Phimai; S. 434) Die *pàt mèe pímai* (lokaltypische Bratnudeln) der hiesigen Restaurants sind ein Muss.

Blues Blues Restaurant (Ko Chang; S. 510) Künstlerisch angehauchte Oase mit tollen Wok-Gerichten – prima, um sich vom Trubel zu erholen.

ESSEN: GLOSSAR

a·ròy – „lecker" auf Thai

bà·mèe – Weizenmehlnudeln mit Ei

đôm yam –Thailands bekannte Suppe mit säuerlich-scharfem Geschmack

gaang – Curry

gŏo·ay đĕe·o – allgemeines Wort für Nudelsuppe

gài – Hühnchen

kà·nŏm – thailändische Süßigkeiten

kôw – Reis

kôw nĕe·o – klebriger Reis

lâhp – „Salat" aus Hackfleisch

mŏo – Schweinefleisch

nám dèum – Trinkwasser

nám prík – Dips auf Chili-Basis

nám þlah – Fischsauce

pàk – Gemüse

pàt – gebraten

pàt see·éw – breite Reisnudeln, mit Gemüse und Schweinefleisch gebraten

pàt tai – dünne Reisnudeln, mit Ei und Gewürzen gebraten

pèt – pikant

pŏn·lá·mái – Frucht

prík – Chili

ráhn ah·hăhn – Restaurant

tôrt – frittiert

yam – thailändische Salatvariante

Vegetarier & Veganer

Vegetarismus ist in Thailand nicht sonderlich weit verbreitet. Viele Touristenlokale sind jedoch auf Vegetarier eingerichtet. Die Alternative sind die paar wenigen *ráhn ah·hăhn mang·sà·wí·rát* (vegetarische Restaurants), in denen sich Vegetarier günstiges Essen vom Büfett holen können. Die Gerichte sind dabei fast immer rein vegan (sprich: ohne jegliche Tierprodukte).

Auf Thai heißt „Ich bin Vegetarier/in" *pŏm gin jair* (für Männer) bzw. *dì·chăn gin jair* (für Frauen). Frei übersetzt bedeutet dies jeweils „Ich esse nur Vegetarisches" – und bezieht sich damit auch auf den Komplettverzicht von Tierprodukten.

Der Vegetarian Thai Food Guide (Download unter www.eatingthaifood.com/vegetarian-thai-food-guide) liefert praktische Tipps zur vegetarischen Ernährung vor Ort.

Kulinarische Highlights

Rezepte aus vier individuellen Regionen, Einflüsse aus Ländern von China bis zum Nahen Osten, viele Zutaten und verschiedene Schärfegrade: Bei Thailands Küche verliert man schnell den Überblick. Hilfreiche Anhaltspunkte liefert die Kurzübersicht mit Gerichten, die man unbedingt probieren sollte:

1. Đôm yam

Die „saure Thai-Suppe" steht auf vielen Speisekarten. Der Name beschreibt die saure und zugleich feurig-scharfe Kräuterbrühe aber nur unzureichend.

2. Pàt tai

Die gebratenen dünnen Reisnudeln mit Ei, Tofu und Garnelen, verfeinert mit Fischsauce, Tamarinde und getrocknetem Chili, sind zum Aushängeschild für die Thai-Küche geworden.

3. Gaang kĕe·o wăhn

Die Kombination aus cremiger Kokosmilch und pikanter Kräuterwürzpaste ist im Ausland als „grünes Curry" bekannt. Sie verkörpert Thailands einzigartige Aromen und Zutaten wie kaum etwas anderes.

4. Yam

Die Thai-„Salate" kombinieren Fleisch oder Seafood mit Kräutern und säuerlich-scharfem Dressing.

5. Lâhp

Der Hackfleisch-„Salat" mit geröstetem Reispulver, Limette, Fischsauce und frischen Kräutern ist ein Paradebeispiel für die rustikale Küche des Nordostens.

6. Bà·mèe

Die Weizen-Ei-Nudeln, meist mit gebratenem Schweine- und/oder Krabbenfleisch, sind Standard an den Imbissständen in Thailand, kommen aber aus China.

7. Kôw mòk

Thailands Biryani-Version aus goldgelbem Reis, Hühnerfleisch, pikanter Brühe und süß-saurem Dip.

8. Sôm·đam

„Papaya-Salat" trifft es nicht genau: Für das äußerst scharfe Gericht werden Streifen aus unreifen Papayas mit Tomaten, Spargelbohnen, Chili, Limettensaft und Fischsauce in einem Mörser zerstampft.

9. Kôw soy

Diese Suppe, eine cremige und komplex gewürzte Kokosmilch-Brühe mit Weizen-Ei-Bandnudeln, aus Thailands Norden ist auch anderswo sehr beliebt.

10. Pàt pàk bûng fai daang

Knackiges grünes Gemüse, das mit viel Chili und Knoblauch kurz angebraten wird, ist ein wahres „Essen für die Seele" nach Thai-Art.

NARIN NONTHAMAND / SHUTTERSTOCK ©

NENEULTIMATE / SHUTTERSTOCK ©

CHOCKDEE ROMKAEW / SHUTTERSTOCK ©

PAUL_BRIGHTON / SHUTTERSTOCK ©

MOXUMBIC / SHUTTERSTOCK ©

CBENJASUWAN / SHUTTERSTOCK ©

PIYATO / SHUTTERSTOCK ©

Reiseplanung

Für jeden der richtige Strand

Thailand hat zu viele schöne Strände, um nur einen zu wählen! Selbst wer zum wiederholten Mal kommt, steht vor der Qual der Wahl, zumal sich der Tourismus so rasant entwickelt, dass man die Strände nach einigen Jahren kaum wiedererkennt. Strände und Inseln werden hier kurz porträtiert, sodass jeder seinen Traumstrand finden kann.

Die besten Strände für ...

Ruhe und Action zugleich

Ko Mak Strandbarszene, leicht zu erkundende, breite Sandstrände.

Ko Phayam Mit dem Rad geht es über Nebenwege zu menschenleeren Stränden oder zur nächsten Party.

Hat Mae Nam Ruhiger Strand auf Ko Samui, doch ganz in der Nähe gibt's jede Menge Action.

Ko Bulon Leh Entspannte Stimmung und großes Freizeitprogramm.

Kulturelle Einblicke

Ko Yao Noi Die thailändisch-muslimische Fischerinsel hat eine schöne Karstlandschaft.

Ko Sukorn Eine von Landwirtschaft und Fischerei geprägte Insel voller Mangroven und Wasserbüffel.

Ko Phra Thong Mit den Moken (*chao leh*, „Leute der See") kann man seltene Orchideen entdecken.

Hua Hin In diesem urbanen Strandparadies kann man sich unter die Thais der Mittelschicht mischen.

Der Preis fürs Paradies

Der Charakter eines thailändischen Ferienortes hängt in erster Linie von dem dort vorherrschenden Preisgefüge ab. In Gegenden, in denen überwiegend Mittelklasse-Unterkünfte angeboten werden, trifft man vor allem Pauschaltouristen und Strandurlauber unter endlosen Reihen von Sonnenschirmen an – und vor der Küste kreuzen die riesigen Boote der Veranstalter von Schnorcheltouren.

In den teureren Ferienorten geht es hingegen wesentlich beschaulicher zu. Die noblen Bilderbuchstrände von Surin und Ao Bang Thao auf Phuket gehören zu den ruhigeren der Insel, bieten aber gute, stilvolle Restaurants und stylische Cocktailbars. Auf Ko Kut vor der Ostküste befinden sich einige hübsche Badeorte an weitgehend unberührten Stränden, während an den abgelegenen Stränden im Nordosten von Ko Samui einige der luxuriösesten Ferienanlagen in ganz Thailand stehen.

Es gilt also: Je kostspieliger eine Unterkunft, desto mehr Privatsphäre, Abgeschiedenheit und Ruhe wird den Gästen geboten.

Wer es ganz individuell und ursprünglich haben möchte, muss die abgelegensten Strände des Landes aufsuchen, denn nur hier findet man noch ein paar einsame Strandhütten.

Gut von Bangkok aus zu erreichen

Heutzutage sind die Strände in unmittelbarer Nähe zu Bangkok nicht mehr unbedingt auch die Badeorte, die am besten und schnellsten zu erreichen sind. Inzwischen steuern Fluggesellschaften aus aller Welt die Haupttouristenziele Phuket und Ko Samui natürlich auch direkt an – was einen Zwischenstopp in der Hauptstadt unnötig macht.

Und selbst von Bangkok (und vielen anderen Städten Südostasiens) kommt man mit dem Flugzeug bequem zu den zahlreichen Strandparadiesen im Süden.

Wer nicht fliegen möchte, aber nur wenig Zeit zur Verfügung hat, reist von Bangkok aus am besten nach Ko Samet (die Fahrt dauert alles in allem etwa 4 Std.) oder in die nächstgelegenen Ferienorte Bang Saen (1 Std. mit dem Bus) und Pattaya (1½ Std.).

Auf dem Festland sind die am nächsten gelegenen Strandorte Cha-am in zweieinhalb Stunden und Hua Hin in drei Stunden zu erreichen. In nur sechs Stunden ist man auf Ko Chang, während die Reise zu den Inseln in der südwestlichen Golfregion dagegen mindestens zehn Stunden dauert. Wer es eilig hat und mit dem Bus unterwegs ist, sollte die Andamanenküste möglichst meiden.

Aktivitäten

Viele Urlauber richten sich bei der Auswahl ihres Strandes danach, was man außer Faulenzen dort noch alles tun kann.

Tauchen & Schnorcheln

Thailand ist ein Paradies für Taucher und Schnorchler. Die schönste Unterwasserwelten im ganzen Land haben die Andamanenküste und Ko Tao am unteren Golf zu bieten. Auf manchen Inseln wie Ko Samui und Ko Lanta kann zwar an den Stränden nicht besonders gut geschnorchelt werden, zum Ausgleich gibt es allerdings Schnorcheltouren zu nahe gelegenen Spots, wo man einige Korallen und Fische und mit etwas Glück sogar eine Meeresschildkröte oder manchmal auch einen Hai zu Gesicht bekommt.

Kultur

Wer einen unverfälschten Einblick in die thailändische Kultur bekommen möchte, sollte die großen Touristenzentren hinter sich lassen und stattdessen kleinere Küstenortschaften wie Trang, Surat Thani oder Nakhon Si Thammarat, weniger bekannte Inseln wie Ko Si Chang oder Ko Sukorn oder auf den bekannteren kaum besuchte Ecken wie die Südküste von Ko Samui oder die Ostküste von Ko Lanta an-

REISEZEIT

REGION	JAN.–MÄRZ	APRIL–JUNI	JULI–SEPT.	OKT.–DEZ.
Bangkok	bis März wird's immer heißer	heiß & feucht	Regenzeit	bis Dez. kühlt es stetig ab
Ostküste	Hochsaison, die im März langsam zu Ende geht	die Regenzeit beginnt im Mai	auf den kleineren Inseln ist während des Monsuns alles geschlossen	kühleres Wetter, niedrigere Hotelpreise
Südliche Golfküste	heiß & trocken	heiß & trocken	gelegentlich Regen & starker Wind	gelegentlich Regen & starker Wind
Nördliche Golfküste	klar & sonnig	heiß & trocken	klar & sonnig, zunehmender Wind & Regen auf Ko Tao	Monsun & raue See
Nördliche Andamanenküste	Hochsaison, hohe Preise	Nebensaison mit wechselhaftem Wetter	Regenzeit & Surfsaison	die Hochsaison beginnt
Südliche Andamanenküste	Hochsaison	im Mai beginnt normalerweise der Monsun	einige Resorts schließen während der Regenzeit	mit der Sonne kommen die Touristenscharen

THAILANDS INSELN & STRÄNDE IM ÜBERBLICKS

STRÄNDE	PAUSCHAL-TOURISTEN	BACK-PACKER	FAMILIEN	PARTYS	TAUCHEN/SCHNOR-CHELN	BESONDERHEITEN
Ko Chang & Ostküste						
Ko Samet	✓	✓	✓	✓		hübsche Strände, gut von Bangkok aus zu erreichen
Ko Chang	✓	✓	✓	✓	✓	internationales Resort, mittelmäßige Strände, Urwald im Inselinneren
Ko Wai		✓	✓		✓	schlichtes Tagesausflugsziel, abends wie ausgestorben
Ko Mak	✓	✓	✓			mittelmäßige Strände, tolle Stimmung
Ko Kut	✓	✓	✓			hübsche, nur teilweise erschlossene Insel, ideal für Ruhe und Frieden
Hua Hin & nördliche Golfküste						
Hua Hin	✓	✓	✓			internationales Resort, von Bangkok aus gut zu erreichen
Pranburi Umgebung	✓		✓			ruhig, in der Nähe von Bangkok
Ban Krut			✓			zwanglos, bei Thais sehr beliebt
Bang Saphan Yai						preiswerter Festlandsstrand
Ko Samui & südliche Golfküste						
Ko Samui	✓	✓	✓	✓		internationales Resort für gesellige Strandfans
Ko Pha-Ngan	✓	✓	✓	✓	✓	beliebte Strände mit Saufgelagen am Hat Rin
Ko Tao	✓	✓	✓	✓	✓	jede Menge Tauchschulen
Ang Thong		✓	✓			Karstlandschaft, rustikal
Ao Khanom		✓	✓			ruhig, kaum bekannt
Phuket & die Andamanenküste						
Ko Chang (Ranong)		✓	✓		✓	rustikal und abgelegen
Ko Phayam		✓	✓			ruhig, wird zunehmend bekannter
Surin & Similan Islands			✓		✓	Tauchtouren mit Übernachtung an Bord
Ko Yao	✓	✓	✓			schlechte Strände aber nette Atmosphäre und tolle Landschaft
Phuket	✓	✓	✓	✓	✓	internationales Resort für gesellige Strandfans
Ao Nang	✓	✓	✓		✓	touristisch, in der Nähe von Railay

STRÄNDE	PAUSCHAL-TOURISTEN	BACK-PACKER	FAMILIEN	PARTYS	TAUCHEN/SCHNORCHELN	BESONDERHEITEN
Railay	✓	✓	✓			Kletterhochburg, mit einigen tollen Stränden
Ko Phi-Phi	✓	✓		✓	✓	nette Partyinsel
Ko Jum	✓	✓	✓			mittelmäßiger Strand, nette Atmosphäre
Ko Lanta	✓	✓	✓		✓	anständige Strände
Trang Islands	✓	✓	✓		✓	Ko Ngai ist prima für Kinder
Ko Bulon Leh		✓	✓		✓	schön, kaum bekannt
Ko Tarutao		✓	✓			entstehender Nationalpark
Ko Lipe	✓	✓	✓	✓	✓	immer was los, gute Strände, praktisch für Visaverlängerungen
Ko Adang		✓			✓	beliebt bei Tagesausflüglern

steuern. Doch selbst mitten im touristischen Patong oder auf Ko Phi-Phi kann man eine Vorstellung davon bekommen, was sich jenseits der großen Ferienanlagen verbirgt, indem man einfach mal an den Imbissbuden einen Snack zu sich nimmt und sich mit den Besitzern unterhält. Und ein freundliches Lächeln hilft fast immer, wenn man mit den Einheimischen ins Gespräch kommen möchte.

Klettern

Railay ist das bekannteste Kletter-Eldorado im Süden Thailands. Es bietet ausgezeichnete Bedingungen für Anfänger wie auch erfahrene Kletterer und darüber hinaus eine fröhliche, entspannte Stimmung. Auf Ko Phi-Phi gibt es neben der lebhaften Partyszene viele Aktivitäten an Land und auf dem Wasser sowie einige hervorragende Kletterareale (wobei die Veranstalter für Klettertouren ihren Sitz auf Railay haben). Ein paar weniger frequentierte, abgelegene Routen gibt's außerdem rund um das reizende Festlandstädtchen Krabi. Langsam aber sicher entwickeln sich auch die Ko-Yao-Inseln zu einem beliebten Ziel, vor allem für erfahrene Kletterer. Ko Tao zieht ebenfalls Sportkletterer an.

Wandern

In den auf dem Festland gelegenen Nationalparks wie Khao Sok gibt es die meisten Möglichkeiten, durch den Dschungel zu wandern. Aber auch auf den bewaldeten Inseln wie Ko Chang, Ko Pha-Ngan und sogar Phuket ist ein tolles Angebot an Wanderwegen zu finden; oft führen sie zu Wasserfällen oder Aussichtspunkten mit Blick auf das türkis-blaue Meer.

Gefahren

Tödliche Badeunfälle passieren leider immer wieder. Rote und gelbe Warnflaggen sollten unbedingt beachtet werden, denn an vielen Stränden gibt es keine Rettungsschwimmer. Gefährlich sind vor allem die tückischen und oft unterschätzten Strömungen, die einen aufs offene Meer hinaustreiben. Wird man in tieferem Wasser z. B. von einem Brandungsrückstrom erfasst, sollte man nicht versuchen, dagegen anzukämpfen, weil man so gefährlich schnell ans Ende seiner Kräfte kommt. Besser ist es, wenn man um Hilfe ruft und sich von der Strömung treiben lässt, um Kräfte zu sparen. Von weiter draußen ist es meist auch leichter möglich, wieder zurückzuschwimmen. Da die Strömungskanäle in der Regel recht schmal sind, kann man alternativ versuchen, parallel zur Küste zu schwimmen, um aus dem Sog zu kommen.

Die an manchen Stränden aufgestellten Warnhinweise vor Würfelquallen sollten unbedingt beachtet werden. Der Hautkontakt mit Würfelquallen kann lebensbe-

EFIRED / SHUTTERSTOCK ©

Oben: Phra Nang Beach, Railay (S. 699)

Unten: Ko Tao (S. 598)

MATT MUNRO / LONELY PLANET ©

drohlich sein; zwar sind tödliche Unfälle eher selten, doch gab es allein rund um die Insel Ko Pha-Ngan 2014/15 in einem Zeitraum von zwölf Monaten zwei Todesopfer.

Beim Schwimmen ist unbedingt auf Jetskis und Langheckboote zu achten – man sollte nicht wie selbstverständlich davon ausgehen, dass die Fahrer nach Schwimmern Ausschau halten, auch dann nicht, wenn sie das Ufer ansteuern.

Wer einen Motorroller oder ein Motorrad mietet, ist möglicherweise nicht versichert. Bei den meisten Vermietungen ist die Versicherung nicht inbegriffen – und im Falle eines Unfalls wird die Versicherung zu Hause vielleicht nicht für den entstandenen Schaden aufkommen. Es ist üblich, dass man für medizinische Ausgaben und für fällige Reparaturen an beschädigten Fahrzeugen haftbar gemacht wird. Wer keinen thailändischen oder internationalen Führerschein hat, macht sich zudem strafbar (viele Vermietungen kontrollieren den Führerschein nicht). Mit einem gemieteten Fahrzeug sollte man auf Sand oder Kies auf der Straße achten (vor allem beim Bremsen), langsam fahren (nicht mehr als 40 km/h) – vor allem nach Regenfällen – und am besten komplett auf Alkohol verzichten. Und nicht vergessen: Helm auf, bevor man sich mit Motor- oder Fahrrad auf den Weg macht.

NACHTLEBEN IM PARADIES

Partys feiern oder nicht feiern

Die meisten Traveller, die in den Süden Thailands fahren, wollen eigentlich nur eines: Partys feiern! Und die hiesige Tourismusbranche ist mit brummenden Bars an den großen Stränden voll darauf eingestellt. Glücklicherweise kann man dem Partywahnsinn ebenso leicht entkommen wie ihn mitmachen, sind doch die größten Partymeilen hinreichend bekannt. So ist es abseits der großen Touristenzentren ruhig und friedlich.

Anrüchige Bars

Bangkok, Pattaya und Patong in Phuket sind die Zentren der Push-up-BHs und kurzen Röcke, während sich vergleichbare Angebote in der südlichen Golfregion auf Hat Lamai auf Ko Samui beschränken. Auf Inseln wie Ko Chang sowie in mittelgroßen Badeorten wie Hat Yai und Ao Nang gibt's ebenfalls kleine Ansammlungen durchaus zwielichtiger Massagesalons und Bars, doch meistens geht es hier sehr diskret zu. Auf den kleineren Inseln und in den meisten Städten auf dem Festland sucht man derartige Etablissements vergebens.

Die Stufen der Partytauglichkeit

Stufe Eins: Tote Hose Surin- und Similan-Inseln, Laem Son National Park, Hat Pak Meng und Hat Chang Lang

Stufe Zwei: Ein kleiner Silberstreifen am Horizont Ko Tarutao, Ko Libong, Prachuap Khiri Khan

Stufe Drei: Es gibt eine Bar Ko Yao Islands, Ao Khanom, Ko Kut

Stufe Vier: Es gibt vielleicht mehrere Bars Hat Khao Lak, Ko Muk, Ao Thong Nai Pan (Ko Pha-Ngan)

Stufe Fünf: Es gibt überall Bars Hua Hin, Bo Phut (Ko Samui), Ao Nang

Stufe Sechs: Es gibt Partys am Strand Ko Yao Islands, Ao Khanom, Ko Kut

Stufe Sieben: Will jemand einen Magic Shake? Ko Lanta, Ko Chang, Ban Tai (Ko Pha-Ngan)

Stufe Acht: Habe ich vergessen Hat Lamai (Ko Samui), Ko Lipe, Ko Samet

Stufe Neun: Was war gestern Abend? Hat Chaweng (Ko Samui), Pattaya, Ko Tao

Stufe Zehn: Ich will nicht wissen, was gestern Abend war Patong (Phuket), Ko Phi-Phi, Hat Rin (Ko Pha-Ngan)

Reiseplanung

Mit Kindern reisen

Wer ein exotisches Ziel sucht, das sich auch für Kinder eignet, ist in Thailand genau richtig. Mit Stränden, Bergen, Elefanten, bunten Tempeln und Märkten ist für jede Altersgruppe etwas dabei. Zudem lieben die Thais alles, was niedlich ist – und exotisch aussehende Kinder finden sie noch schnuckeliger als Plüschtiere und Hundebabys.

Top-Ziele für Kids

Ostküste & Ko Chang

Das seichte Wasser ist ideal für Schwimmanfänger und dank des abendlichen Niedrigwassers findet man im Sand die tollsten Dinge. Ältere Kids finden den Urwald, Elefanten oder Kajaktouren spannend.

Nördliche Golfregion

Hua Hin hat Sandstrände mit viel Platz zum Toben, bei den Tempeln treiben Affen immer Unfug. In Phetchaburis Höhlentempeln leben Fledermäuse.

Ko Samui & südwestliche Golfregion

Die Strände von Ko Samui sind ideal für Kleinkinder, Hat Chaweng ist sehr trubelig und bei Teenies beliebt. Ältere Kinder können auf Ko Tao schnorcheln.

Phuket & Andamanen

Phuket hat viel Unterhaltung und gute Surfschulen zu bieten, die Partyszene sollte man meiden. Vor der Küste liegen Inseln mit flachen Stränden.

Chiang Mai

In den Sommerferien kommen europäische Familien in Scharen hierher, um ihren Kids – verbunden mit Spaß und Action – die thailändische Kultur nahezubringen..

Das Königreich für Kinder

Kleine Kinder von westlichen Urlaubern stehen überall sofort im Mittelpunkt des Interesses der Einheimischen und werden mit viel Begeisterung wie kleine Stars behandelt. Aber keine Sorge – Babys kommen mit dieser Star-Rolle im Allgemeinen erstaunlich gut zurecht und genießen die Aufmerksamkeit, beispielsweise wenn sich ein mürrischer Taxifahrer plötzlich in einen netten Onkel verwandelt und mit dem kleinen Fahrgast Kuckuck spielen möchte (auf Thailändisch *já ăir*). Holt man sich mit einem Baby auf dem Arm an einem Stand etwas zu essen, bieten die Verkäufer häufig an, das Kind auf den Arm zu nehmen, solange man isst, und zeigen es dann stolz bei den Nachbarn herum.

Mit Kindern, die etwas zurückhaltend und schüchtern sind, sollten Eltern besser in den touristischen Gegenden bleiben, anstatt in entlegene Gebiete zu reisen, in denen ein Ausländer generell, vor allem aber ihr Nachwuchs, die Aufmerksamkeit auf sich zieht.

Eine höfliche Art, mögliche Annäherungsversuche zu unterbinden, ist die Behauptung, das Kind sei etwas 'schüchtern' ('kîi ai'). Ältere Kinder dagegen erregen normalerweise kein besonderes Aufsehen.

Planung & Praktische Informationen

Annehmlichkeiten speziell für kleine Kinder – z. B. Kindersitze für Autos, Hochstühlchen in Restaurants oder Wickelräume in öffentlichen Toiletten – sucht man in Thailand in den allermeisten Fällen vergeblich. Deshalb müssen Eltern kreativ mit den begrenzten Mitteln umgehen und ab und zu einfach mal improvisieren.

In den größeren Orten und Städten bekommt man Milchpulver und Windeln in Supermärkten und 7-Eleven-Filialen; die thailändischen Windeln sind aber meist kleiner als die europäischen. Für Windeln ab Größe 3 sollte man es bei Tesco Lotus, Big C oder Tops Market versuchen.

Die Kleinen von A nach B zu transportieren, kann eine echte Herausforderung sein; häufig bieten die Bürgersteige keinen Platz für einen sperrigen Kinderwagen. Besser ist da ein kompakter Buggy, mit dem man sowohl an Hydranten als auch an Obstkarren vorbeikommt und der zusammengeklappt auch in ein *túk-túk* passt. Auch eine Tragehilfe kann praktisch sein, aber der eigene Kopf sollte den des Kindes stets überragen, weil erschreckend viele Gegenstände auf Stirnhöhe hängen.

Ausführlichere Informationen und Ratschläge gibt's im englischsprachigen *Travel with Children von Lonely Planet.*

Mit Kindern essen gehen

Die Suche nach kinderfreundlichem Essen ist bei einer Küche, die für ihre Schärfe bekannt ist, nicht gerade einfach. Glücklicherweise bekommen auch thailändische Kinder noch keine scharfen Chilis, und so gibt es eine Reihe kinderfreundlicher Gerichte, die das Personal in jedem Restaurant empfehlen kann. Wegen der großen Hitze müssen Eltern auch darauf achten, dass ihre Kinder genügend trinken, am besten Wasser oder Fruchtsaft wie den frischen Saft junger Kokosnüsse oder erfrischenden Limettensaft, der erstaunlich beliebt ist.

kài jee·o (Omelett) Eine sichere und garantiert nicht scharfe Option im Restaurant oder in der Garküche.

gài yâhng/tôrt (Grill- oder Brathühnchen) Gibt's auf Märkten und an Straßenständen.

kôw nĕe·o (Klebreis) Viele Kohlenhydrate, aber selbst mäkelige Esser können hier nicht widerstehen. Auf den Märkten gibt es ihn grundsätzlich zu gegrilltem oder gebratenem Hühnchen.

gài pàt mét má·môo·ang (Gebratenes Hühnchen mit Cashewkernen) Ein sehr beliebtes, mildes Kindergericht in Restaurants.

kôw man gài (Reis mit Hühnchen nach Hainan-Art) Beliebt am Morgen und Nachmittag.

REISEAPOTHEKE FÜR ELTERN

Reiseapotheken speziell für Kinder sollten Paracetamol oder Tylenol-Sirup gegen Fieber, ein Antihistaminikum, Creme gegen Juckreiz, die übliche Erste-Hilfe-Ausstattung, ein Mittel gegen Windelausschlag, sowie Sonnen- und Insektenschutzmittel enthalten. Ein Antibiotikum sollte ebenfalls nicht fehlen (idealerweise sollte es aber nur unter ärztlicher Aufsicht verabreicht werden) – Azithromycin eignet sich bei Kindern zur Behandlung von durch Bakterien verursachten Durchfall, sowie bei Ohren-, Brust- und Halsinfektionen.

Probleme der Großstadt

Es ist zu bedenken, dass manche Kinder vom allgemeinen Lärm und Chaos der thailändischen Großstädte sowie den ungewohnten Geräuschen, Gerüchen und Eindrücken überfordert sind. Am besten beteiligt man die Kinder aktiv an der Reiseplanung, drückt ihnen den Stadtplan in die Hand, lässt sie die Reiserouten mitbestimmen oder Wasserflaschen tragen. Denn schließlich sind sie die nächste Generation von Reisenden.

Thailändische Großstädte bieten kaum Gelegenheit, sich ausreichend zu bewegen, zumal sich kleine Energiebündel bei der großen Hitze ohnehin nicht richtig austoben können. Deshalb empfiehlt sich die Buchung eines Hotels oder Resorts mit Swimmingpool, damit die Kids ihre Energie beim Toben im Wasser und nicht an den Eltern auslassen.

Gesundheit & Sicherheit

Generell müssen sich Eltern im Thailand-Urlaub nicht allzu viele Sorgen um die Gesundheit ihrer Kinder machen.

➡ Regelmäßiges Händewaschen ist allerdings auf jeden Fall zu empfehlen.

➡ Thailändische Kinder werden mitunter zweimal am Tag gebadet und danach eingepudert, um Hautirritationen aufgrund der hohen Luftfeuchtigkeit zu vermeiden. Ausländische Besucher sollten zumindest einmal am Tag duschen.

➡ Man sollte seine Kinder eindringlich davor warnen, mit Tieren zu spielen, da Tollwut in Thailand recht verbreitet ist und manche Haustiere (vor allem wilde Affen) aggressiv sein können.

➡ Ein zunehmend großes Problem ist das Dengue-Fieber, das in den letzten Jahren Höchstzahlen erreichte. Daher sollten Eltern ihre Kinder unbedingt vor Mückenstichen schützen – was zugegebenermaßen sehr schwierig ist. Insektenabwehrcremes mit 12 % DEET sind von den 7-Eleven Filialen bis hin zu anderen Lebensmittelgeschäften überall erhältlich; dennoch ist es ratsam, eine Creme schon von zu Hause mitzubringen. Ist das Kind gestochen worden, gibt es eine Vielzahl thailändischer Salben, die den Juckreiz und die Schwellung abklingen lassen. Ansonsten sollte man die üblichen Gesundheitsvorkehrungen treffen.

➡ Die Städte Thailands sind sehr laut und können bei Kleinkindern zu akuter Reizüberflutung führen. Kinder sollten die Regeln für das richtige Verhalten im Straßenverkehr kennen, denn mitten im Trubel und Straßenlärm wird die Kommunikation schwierig.

Highlights für Kinder

Strände

➡ **Schwimmen, Trang Inseln & Ko Samui** Die flachen Buchten der Trang Inseln (S. 729) und die nördlichen Strände von Ko Samui (S. 558) sind ideal für Anfänger und jüngere Schwimmer.

➡ **Schnorcheln, Ko Lipe & Ko Wai** Ältere Kinder können sich auf Ko Lipe (S. 742) und Ko Wai (S. 515) eine Taucherbrille aufsetzen und in Ufernähe schnorcheln.

➡ **Surfen** (S. 681), **Hat Kata Yai** Die sanften Wellen bei Hat Kata Yai auf Phuket sind ideal für Anfänger. Ältere Kids können hier in Tageskursen Surfen lernen.

➡ **Tauchen** (S. 598), **Ko Tao** Für Kinder ab 10 Jahren gibt's Kurse im Meer. Dank der vielen angesehenen Tauchschulen und der flachen Tauchgründe ist Ko Tao ideal für alle, die Tauchen lernen wollen.

➡ **Kajakfahren** (S. 655), **Ao Phang-Nga Marine National Park** Das spektakuläre Schutzgebiet erlebt man am besten bei einer Kajaktour.

➡ **Resorts, Phuket, Ko Chang & Ko Samui** Die großen Resorts auf Phuket (S. 659), Ko Samui (S. 558) und Ko Chang (S. 500) bieten Wassersport jeglicher Art für Kinder ab sechs Jahren.

Tierischer Spaß

➡ **Queen Saovabha Memorial Institute** (S. 94), **Bangkok** Kinder lieben diese 'Schlangenfarm'.

➡ **Tierrettung, Ko Lanta & Ko Chang** Bei einigen Tierrettungsorganisationen – darunter Lanta Animal Welfare (S. 806) – und dem Koh Chang Animal Project (S. 806) kann man die Tiere nicht nur bestaunen: Wer will, kann auch mit einem Hund Gassi gehen oder mit den Kätzchen spielen.

➡ **Phuket Aquarium** (S. 672) In dem beeindruckenden Aquarium gibt's jede Menge bunte Fische, Haie und Zitteraale.

➡ **Phuket Elephant Sanctuary** (S. 806) Hier dürfen Kids die pensionierten Elefanten füttern und können ihnen beim Baden oder Spielen zuzusehen.

➡ **Phuket Gibbon Rehabilitation Project** (S. 693) Zwar dürfen Kinder den Gibbons nicht zu nahe kommen, aber allein sie zu beobachten macht Spaß.

➡ **Affen, Ko Phi-Phi, Railay & Phetchaburi** Affen gibt's am Strand von Ko Phi-Phi (S. 707), auf den Kalksteinfelsen in Railay (S. 699) und bei den Tempeln von Phetchaburi (S. 520).

Outdoor-Aktivitäten

➡ **Ancient City** (S. 171), **Region Bangkok** Freiluftmuseum außerhalb Bangkoks mit den berühmtesten Monumenten des Landes.

➡ **River Kwai Canoe Travel Services** (S. 197), **Kanchanaburi** Kajakspaß für Anfänger in Zentral-Thailand.

➡ **Lumphini-Park** (S. 93), **Bangkok** In Bangkoks größtem Park gibt's Paddelboote, Spielplätze und riesige Warane.

➡ **Vergnügungsparks, Phuket** Gibt's jede Menge auf Phuket. Wie wär's mit einem Besuch im Splash Jungle (S. 662) oder dem Phuket Wake Park (S. 662)?

➡ **Radfahren, Hua Hin & Phuket** Hua Hin Bike Tours (S. 531) und Amazing Bike Tours (S. 666) auf Phuket haben tolle Fahrradausflüge im Angebot.

➡ **Khao Sok National Park** (S. 644) Bei einer Wanderung durch den Regenwald lassen sich abgelegene Wasserfälle und Höhlen entdecken.

➡ **Klettern, Railay** Die besten Klettergebiete der Region liegen auf der beeindruckenden Halbinsel Railay (S. 699). Dank guter Ausbilder und vieler kinderfreundlicher Anfängerrouten ideal für Kids, die (richtig) Klettern lernen wollen.

➡ **Ziplinen, Ko Chang & Phuket** Kinder über sieben Jahre können auf Seilrutschen über den Baumkronen der Dschungelwälder von Ko Chang (S. 500) und Phuket (S. 659) durch die Luft sausen.

Indoor-Aktivitäten

➡ **Children's Discovery Museum** (S. 90), **Bangkok** Lernen mit Vergnügen.

➡ **KidZania** (S. 90), **Bangkok** Klasse Anlage im Zentrum der Stadt.

➡ **Museum of Siam** (S. 76), **Bangkok** Kindgerechte, gut aufgemachte Einführung in die thailändische Kultur.

➡ **Einkaufszentren, Hua Hin & Phuket** Die Einkaufszentren in größeren Städten wie Hua Hin (S. 528) und auf Phuket (S. 664) bieten Klimaanlagen, jede Menge Geschäfte sowie Restaurants und Kinos. Vor allem während des Monsuns praktisch.

Boots- & Zugfahrten

➡ **BTS** Kinder lieben Fahrten mit BTS durch Bangkok.

➡ **Chao Phraya Express Boat** (S. 166), **Bangkok** River Taxis sind die unterhaltsamste und ausgefallenste Art, sich durch die Stadt zu bewegen.

➡ **State Railways of Thailand** Viele Kids haben Spaß an Reisen mit dem Nachtzug. Von den unteren Betten aus lassen sich die Landschaft und die Bahnhöfe bestaunen.

Thailand im Überblick

Bangkok & Umgebung

Essen
Kultur
Nachtleben

Globale Küche

Die Bewohner der Tempel-Metropole lieben Essen. Man bekommt es überall – auf Schubkarren und aus fettverschmierten Woks, in feinen Restaurants und schicken Cafés. Jede Völkergruppe Bangkoks hat ihr eigenes kulinarisches Angebot, das sämtliche exotischen Genüsse bereithält.

Prächtige Tempel

Die Tempel am Fluss Chao Phraya sind nationale Pilgerstätten mit religiösen Symbolen und die größten Darstellungen klassischer Kunst und Architektur im Land.

Bier & Cocktails

Nach wie vor ist ein Tisch voller Gläser mit Chang-Bier der Inbegriff abendlicher Gemütlichkeit in Bangkok – Dachterrassen mit Brise und Cocktails kommen auf Instagram aber deutlich besser. In der Stadt wimmelt es von hippen Studenten, die die Indie-Clubs und Diskos füllen.

S. 67

Zentralthailand

Geschichte
Natur
Ausflugsziele

Imposante Ruinen

Die Ruinen von Ayutthaya, dem mächtigsten Königreich Thailands, gehören zum UNESCO-Welterbe. In den Überresten Lopburis regieren heute Affen. In Kanchanaburi finden sich Gedenkstätten für Kriegsgefangene, die an der „Todeseisenbahn“ arbeiteten.

Verwilderte Nationalparks

Kanchanaburi ist das Tor zu den nebelverhangenen, von Flüssen und Wasserfällen geformten Bergen im Westen Thailands. Dank der Nationalparks ist dies eine der urtümlichsten Ecken.

Faszinierende Zufluchtsorte

Sangkhlaburi und Thong Pha Phum sind unwiderstehliche Refugien. Die Anreise ist einfach, die Abreise fällt hingegen schwer.

S. 173

Nordthailand

Kultur
Berge
Essen

Alte Königreiche

Im Norden Thailands sind überall die Überreste alter Stadtstaaten mit ihren befestigten Mauern und buddhistischen Monumenten zu finden. Am eindrucksvollsten ist Sukhothai.

Atemberaubende Aussichten

Die Hügel und Berge hier bilden eine spektakuläre Kulisse. Die von Minderheiten bewohnte Bergdörfer sind die Highlights von Provinzen wie Chiang Rai und Mae Hong Son.

Einzigartige Küche

Das kühlere Klima des Nordens bestimmt die von sauren und bitteren Aromen geprägten Speisen der Region, die wiederum von der Thai-, Shan-, Burma- und Yunnan-Küche beeinflusst sind.

S. 213

Provinz Chiang Mai

Kultur
Essen
Outdoor-Abenteuer

Chiang Mai präsentiert mit seiner befestigten Altstadt die Geschichte und Kultur Nordthailands. Man genießt das Sightseeing und die Koch-, Sprach- und Massage-Kurse. Jenseits des Stadtrands wartet eine bergige Landschaft auf ihre Erkundung.

S. 321

Nordostthailand

Geschichte
Feste
Outdoor

In der südlichen Isan-Region lag die Fernstraße des antiken Khmer-Reiches. In Phanom Rung und Phimai kann man Ruinen aus jener Zeit sowie viele weitere imposante Tempel bewundern. Nicht entgehen lassen sollte man sich die wilden und unterhaltsamen Rocket Festivals und das Phi Ta Khon Festival.

S. 384

Ko Chang & Ostküste

Strände
Tauchen & Schnorcheln
Kleinstädte

Das von Dschungel bedeckte Ko Chang wird wegen des Tropen-Feelings, der Partys und seines Meeresparks geliebt. Das stille Ko Kut punktet mit Einsamkeit, Ko Mak versprüht relaxtes Insel-Flair und das kleine Ko Wai bietet die traumhaftesten Ausblicke.

S. 472

Hua Hin & nördliche Golfregion

Strände
Geschichte
Essen

Strandfans lieben Prachuap Khiri Khan – eine ruhige Stadt mit Karstbuchten – oder Hua Hin, ein Urlaubsort mit allen Annehmlichkeiten, ideal für Familien und Paare. Geschichtsfans erfreuen sich an Phetchaburi mit historischem Palast und Höhlenschreinen.

S. 518

Ko Samui & südwestliche Golfregion

Strände
Tauchen & Schnorcheln
Nachtleben

Die Inseln in der südwestlichen Golfregion stehen bei Insel-Hoppern hoch im Kurs. Samui wird für seine Resorts mit weißen Stränden, Ko Pha-Ngan für die lauschigen Buchten und Ko Tao für das warme Wasser und gute Preise geschätzt.

S. 555

Phuket & Andamanenküste

Landschaft
Strände
Tauchen & Schnorcheln

Kalksteinberge ragen aus dem Wasser auf. Dank der Freizeitsportveranstalter in Krabi, Trang und Ko Yao sind die Felsnadeln ein atemberaubender Abenteuerspielplatz. Strände gibt's hier für jeden Geschmack. Phuket hingegen bietet vor allem Spaß für die Massen.

S. 631

Reiseziele in Thailand

Bangkok & Umgebung

☎ 02 / 9,27 MIO. EW.

Inhalt ➡

Gut essen

- nahm (S. 137)
- Eat Me (S. 138)
- Krua Apsorn (S. 134)
- Jay Fai (S. 134)
- MBK Food Island (S. 139)

Schön übernachten

- AriyasomVilla (S. 128)
- Phra-Nakorn Norn-Len (S. 130)
- Siam Heritage (S. 125)
- Loy La Long (S. 121)
- Lamphu Treehouse (S. 118)

Auf nach Bangkok!

Same same, but different. Diese thai-englische Redewendung mit der Bedeutung „ganz gleich und doch anders" ziert mittlerweile viele T-Shirts und könnte als Sinnbild für Bangkok (กรุงเทพฯ) stehen: eine Stadt, in der Vertrautes und Exotisches zusammentreffen wie die verschiedenen Geschmacksrichtungen auf einem Teller *pàt tai*.

Hier findet man riesige klimatisierte Einkaufszentren direkt neben 200 Jahre alten dörflichen Behausungen, Tempel mit goldenen Türmen inmitten von neonbeleuchteten Rotlichtvierteln und einen zäh fließenden Verkehr, den Longtail-Boote auf dem königlichen Fluss überholen. Wer kulinarische Abenteuer nicht scheut und auf weiße Tischdecken verzichten kann, für den gibt's kein besseres Schlaraffenland. Und mit den Zuwanderern haben auch alle inländischen Regional- und viele ausländischen Landesküchen ihren Weg in die Hauptstadt gefunden. Für Vielfalt ist also gesorgt.

Mit so viel Alltagsleben in den Straßen wird jede Erkundungstour durch Bangkok reich belohnt – egal, ob man eine Bootsfahrt mit dem Besuch eines versteckten Markts verbindet, in den Gassen von Chinatown über eine Opernvorstellung stolpert oder abends in Sukhumvit das Nachtleben der kosmopolitischen, dynamischen Stadt auskostet.

Reisezeit

- Mit durchschnittlichen Höchsttemperaturen zwischen 32 °C und 34 °C ist Bangkok eine der heißesten Städte der Welt.
- Wettertechnisch ist die Hauptsaison (Nov.–März) eine der besten Zeiten für eine Reise nach Bangkok, da es relativ kühl und trocken ist, obwohl man dann mit Menschenmassen und Höchstpreisen zu kämpfen hat.
- Die Regenzeit dauert von Mai bis Oktober und beschert der Stadt oft mehr als 200 mm Regen pro Monat.
- Die einzige echte Verschnaufpause von der gnadenlosen Hitze und Luftfeuchtigkeit bietet der Winter, der im Dezember und Januar einige relativ kühle Wochen mit sich bringt.

Geschichte

Seit dem späten 18. Jh. ist die Geschichte Bangkoks praktisch mit der Geschichte Thailands identisch. Viele der Ereignisse, die die Geschicke des Landes prägten, haben hier stattgefunden, und heute stehen Sprache und Kultur der Stadt repräsentativ für das ganze Land. Einst wäre dies unvorstellbar gewesen, denn ursprünglich gab es hier kaum mehr als einen unbedeutenden chinesischen Handelsposten. Da aber heute annähernd 10 Mio. Menschen in Bangkok wohnen, wird die Stadt weiterhin Thailands Geschichte formen.

Die Verlegung der Hauptstadt

Ehe sie 1782 zur Hauptstadt Siams – wie Thailand damals genannt wurde – bestimmt wurde, war die winzige Siedlung Bang Makok nur ein unbedeutendes Dorf unweit des Golfs von Thailand am Ufer des Mae Nam Chao Phraya. Gegenüber der kleinen Siedlung lag das größere Thonburi Si Mahasamut am anderen Ufer.

Thonburi war unter der Herrschaft König Chakkraphats (reg. 1548–1568) von einer Gruppe wohlhabender Thais als ein wichtiger Umschlagshafen der See- und Flussschifffahrt zwischen dem Golf von Thailand und dem 86 km flussaufwärts gelegenen Ayutthaya gegründet worden. Ayutthaya war von 1350 bis 1767 die Hauptstadt Siams gewesen. Als die Birmanen 1767 Ayutthaya eroberten und plünderten, formierten sich die überlebenden Thais neu unter Phraya Taksin, einem General chinesischer und thailändischer Herkunft. Er beschloss, seine Hauptstadt am Mae Nam Chao Phraya weiter nach Süden, näher zum Golf von Thailand zu verlegen. Thonburi war damit die logische Wahl für die neue Hauptstadt.

Taksin wurde 1782 von einem anderen bedeutenden General, Chao Phraya Chakri, abgesetzt. Da er fürchtete, dass Thonburi von den Birmanen aus Westen angegriffen werden könnte, verlegte der neue König die Hauptstadt an das andere Flussufer nach Bang Makok. Als er 1809 starb und sein Sohn die Nachfolge antrat, war die heute noch regierende Chakri-Dynastie etabliert; ein Nachfolger des Sohnes wiederum verfügte, dass alle Könige der Dynastie im Westen mit dem Namen „Rama“, gefolgt von der jeweiligen Ordnungszahl, bezeichnet werden sollten. Chao Phraya Chakri wurde damit posthum zu Rama I.

Der Aufbau Bangkoks

Als erstes mussten die Planer der neuen Stadt einen Sakralbereich für die königlichen Paläste und buddhistischen Klöster schaffen. Rama I. ließ Bangkoks natürliches Kanal- und Flusssystems mit Hunderten künstlicher Wasserwege ausbauen, die Thailands lebenswichtige Wasserader, den breiten Mae Nam Chao Phraya, speisten. Rama I. ordnete darüber hinaus den Bau einer 10 km langen Stadtmauer und der *klorng rôrp grung* (Kanäle rund um die Stadt) an, um zwischen Mae Nam Chao Phraya und der Kanalschleife eine „Königsinsel“ – Ko Rattanakosin – zu schaffen. Die Stadt wurde schnell zu einem regionalen Zentrum für chinesische Handelsschiffe und übertraf an Bedeutung so allmählich sogar den britischen Hafen in Singapur.

Europäische Einflüsse

Im Verlauf des 19. Jhs. sickerten europäische Ästhetik und Technologien in den fernen Osten ein. Im Jahr 1855 unterschrieb König Rama IV. (König Mongkut; reg. 1851–1868) den Bowring-Vertrag mit dem Vereinigten Königreich, der die exklusive ökonomische Ausrichtung Siams auf China beendete. Die Unterzeichnung dieses Dokuments und die anschließende Herrschaftszeit Ramas V. (König Chulalongkorn; reg. 1868–1910) führten zu einer Periode verstärkten europäischen Einflusses auf Siam. Nach dem Vorbild der Straßenplanungen in Batavia (der Hauptstadt Niederländisch-Indiens, dem heutigen Jakarta), Kalkutta (heute Kolkata), Penang und Singapur ließ Rama V. in seiner Herrschaftszeit 120 neue Straßen in Bangkok bauen. Deutsche wurden zum Ent-

BANGKOK: ZWISCHENSTOPP ODER REISEZIEL?

Bangkok ist ein wichtiger Zwischenstopp bei Langstreckenflügen (und für Anschlussflüge zu den Inseln). Viele Traveller verbringen hier ein paar Tage, ehe sie weiterziehen. Wer mehr als die berühmtesten Tempel und die Einkaufszentren von Bangkok sehen will, sollte mindestens vier Tage bleiben. Dann hat man Zeit, in einigen der besten Restaurants zu essen, ein paar Dachterrassenbars zu besuchen, einen Morgen auf dem Chatuchak-Wochenendmarkt zu verbringen und noch einen Kochkurs sowie ein oder zwei Thai-Massagen in seinen Reiseplan hineinzuquetschen.

Highlights

1 Wat Pho (S. 71) Den riesigen liegenden Buddha erstaunt betrachten

2 Wat Phra Kaew & Großer Palast (S. 71) Im Glanz des Smaragd-Buddhas baden

3 Chatuchak-Wochenendmarkt (S. 159) Seine Baht für bunte Souvenirs, Vintage-Klamotten und jede Menge Essbares verprassen

4 Jim-Thompson-Haus (S. 95) Das Beste der thailändischen Architektur und Kunst bewundern

5 Thai-Massage (S. 102) Sich in einem der sehr günstigen Massagezentren herrlich durchkneten lassen

6 Chinatown (S. 136) An den Straßenimbissen von Chinatown in einen kulinarischen Rausch fallen

7 Dachterrassenbars (S. 145) Von einer Bar aus den Sternen und den Lichtern der Wolkenkratzer zuprosten

8 Kochschulen (S. 108) Bei einem Kochkurs die Zubereitung authentischer thailändischer Gerichte und den richtigen Einsatz der Gewürze erlernen

9 Thonburis Kanäle (S. 83) Bei einer Bootsfahrt von einer Sehenswürdigkeit zur nächsten schippern

10 Amphawa (S. 169) In dem Städtchen am Kanal außerhalb Bangkoks idyllische Holzgebäude erkunden

wurf und Bau der Eisenbahnen engagiert, die von der Hauptstadt ausgingen, und Italiener steuerten den Entwurf von Bangkoks Bahnhof Hua Lamphong bei, der heute als ein achtbares Werk der Ingenieurbaukunst des Art déco gilt.

1893 wurde Bangkoks erste Bahnlinie eröffnet, die auf 22 km von Bangkok nach Pak

Nam führte. Eine elektrische Straßenbahn mit einer Länge von 20 km wurde im folgenden Jahr eröffnet. US-Amerikaner schufen 1864 die erste Druckerpresse in Siam und begründeten die erste Zeitung im Land. Die erste Zeitung in thailändischer Sprache folgte 1874, und im Jahr 1900 erschienen in der siamesischen Hauptstadt drei verschiedene Zeitungen in englischer Sprache.

Das vorige Jahrhundert

Als Bangkok aufblühte, sandten viele wohlhabende Händlerfamilien ihre Söhne zum Studium nach Europa. Im Jahr 1927 gründeten einige thailändische Studenten in Paris die Khana Ratsadon (Volkspartei oder „Initiatoren des politischen Wandels"). Die Gruppe diskutierte Ideen zur Schaffung einer künftigen Staatsform nach dem Vorbild westlicher Demokratien.

Ein unblutiger Staatsstreich brachte 1932 die Khana Ratsadon an die Macht. König Rama VII. (König Prajadhipok; reg. 1925–1935) stimmte der Umwandlung des Landes von einer absoluten in eine konstitutionelle Monarchie zu.

In den 1950er-Jahren richtete das US-Militär im Austausch gegen Wirtschaftshilfe Stützpunkte in Thailand ein, die während des Vietnam-Kriegs von großer Bedeutung waren. Bangkok wurde in jener Zeit berühmt-berüchtigt als „Erholungsort" für in Südostasien stationierte ausländische Soldaten, die hier ihren Fronturlaub verbrachten.

Erst in den 1980er- und 1990er-Jahren entwickelte sich Bangkok dank eines Wirtschaftsbooms zu einer richtigen Metropole mit Wolkenkratzern, und die Betonwüste verdrängte Reisfelder und Grünflächen. Aber die extravagante Entwicklung wurde bald gedämpft, als 1997 die asiatische Finanz- und Wirtschaftskrise ausbrach. Die thailändische Währung geriet in eine Deflations-Spirale, und die Wirtschaft des Landes kam praktisch zum Stillstand.

In den letzten Jahren hat die Militärjunta mehrere Maßnahmen ergriffen und Projekte und Initiativen gestartet, die starke Auswirkungen auf Bangkok haben. Durch das Verbot des Straßenhandels in bestimmten Vierteln hat sich das Erscheinungsbild der Bürgersteige gewandelt. Bangkok erweitert geschwind sein öffentliches Verkehrsnetz. Aufgrund der geplanten 14 km langen Promenade am Mae Nam Chao Praya wurden bereits fast 300 Gebäude am Fluss abgerissen, von denen viele Jahrzehnte alt waren. So verändert sich Bangkok wegen dieser Maßnahmen und kommerzieller Interessen mit erstaunlicher Geschwindigkeit.

ZUNGENBRECHER

Bei der Fertigstellung des Königsbezirks von Ko Rattanakosin im Jahr 1785 erhielt die siamesische Hauptstadt einen neuen Namen: „Krung Thep Maha Nakhon Amon Rattanakosin Mahinthara Yutthaya Mahadilok Phop Noppharat Ratchathani Burirom Udom Ratchaniwet Maha Sathan Amon Phiman Awatan Sathit Sakkathattiya Witsanukam Prasit". Dieses Wortungetüm lässt sich wie folgt übersetzen: „Stadt der Devas, große Stadt [und] Residenz des heiligen Juwels Indras [Smaragd-Buddha], uneinnehmbare Stadt des Gottes, große Hauptstadt der Welt, geschmückt mit neun wertvollen Edelsteinen, reich an gewaltigen königlichen Palästen, die dem himmlischen Heim des wiedergeborenen Gottes gleichen, Stadt, die von Indra geschenkt und von Vishvakarman gebaut wurde".

Verständlicherweise nannten ausländische Händler die Hauptstadt weiterhin Bang Makok, was schließlich zu Bangkok verkürzt wurde. Heute wissen alle Thais, was mit „Bangkok" gemeint ist, verwenden aber selber die Kurzform Krung Thep (Stadt der Devas); die offizielle Bezeichnung der Stadt ist Krung Thep Maha Nakhon.

Sehenswertes

Ko Rattanakosin

Hier auf der künstlichen Insel Ko Rattanakosin stand vor mehr als 200 Jahren die Wiege Bangkoks. Die Zeugnisse der Geschichte und die größten Sehenswürdigkeiten Bangkoks locken fast jeden Besucher hierher. Die absoluten Highlights, der Wat Phra Kaew und der Große Palast mit dem Wat Pho, liegen in der Nähe der Chao-Phraya-Expressboot-Anlegestellen Chang Pier, Maharaj Pier und Tien Pier und auch in fußläufiger Entfernung zueinander, wobei die Hitze und die starke Sonne nicht leichtfertig unterschätzt werden sollten. Alternativ nimmt man eines der Túk-Túks (sprich: *đúk đúk;* eine Art Autorikscha), die es in der Gegend wie Sand am Meer gibt. Wer mehrere Male herkommen will, sollte das jeweils am frühen Morgen tun, wenn es noch etwas kühler ist und die Menschenmassen noch nicht da sind. Für Fotos eignet sich der Abend am besten, vor allem, wenn man auf das typische Fotomotiv vom Wat Arun im Sonnenuntergang hofft.

★ Wat Phra Kaew & Großer Palast BUDDHISTISCHER TEMPEL

(วัดพระแก้ว, พระบรมมหาราชวัง; Karte S. 84; Th Na Phra Lan; 500 B; ⌚8.30–15.30 Uhr; Tha Chang, Tha Maharaj, Tha Phra Chan Tai) Der Tempel des Smaragd-Buddhas, umgangssprachlich Wat Phra Kaew genannt, ist eine riesige, märchenhafte Anlage, in der u.a. der Große Palast, die ehemalige Residenz des thailändischen Monarchen, untergebracht ist.

Das Gelände wurde 1782, im ersten Jahr Bangkoks als Hauptstadt, geweiht und ist heute die größte Attraktion der Stadt und natürlich auch eine Pilgerstätte für ergebene Buddhisten und Nationalisten. Auf 94,5 ha stehen hier mehr als 100 Gebäude, die 200 Jahre königlicher Geschichte und architektonischer Experimente widerspiegeln.

Der **Smaragd-Buddha** ist in einer fantastisch dekorierten *bòht* (Kapelle) untergebracht und die Hauptattraktion des Tempels.

Von der einen oder anderen Empfangshalle einmal abgesehen, nutzt der König die Gebäude des Großen Palastes heute nur noch für bestimmte Zeremonien, etwa am Krönungstag. Sie sind Besuchern größtenteils nicht zugänglich. Früher waren die riesigen königlichen Harems im Bereich des Inneren Palastes untergebracht und wurden von kampferprobten Wächterinnen beschützt. Unter den Gebäuden des äußeren Palastbereichs, die Besuchern offenstehen, ist auch die **Borombhiman-Halle**, ein französisch angehauchtes Konstrukt, das ursprünglich Rama VI. (König Vajiravudh; reg. 1910–1925) als Residenz diente. Der Bau im Westen ist die **Amarindra-Halle** (Mo–Fr geöffnet). Ursprünglich als Gerichtshalle angelegt, wird sie nun für Krönungszeremonien genutzt und ist das einzige Palastgebäude, das von Besuchern betreten werden darf. Am größten unter den Palastbauten ist der **Chakri Mahaprasat**, die Halle des Großen Palastes. Ganz am Ende steht die **Dusit-Halle** im Ratanakosin-Stil, die früher als Ort für Audienzen diente und später zur königlichen Begräbnishalle umgemodelt wurde.

Am Kartenhäuschen können auch Guides angeheuert werden; Angebote, die irgendwo draußen gemacht werden, sollte man einfach ignorieren. Für 200 B kann man sich für zwei Stunden einen Audioguide holen.

Im Eintrittspreis für die Anlage ist auch der Zugang zum Park des Dusit-Palastes (S. 100) enthalten. Dort stehen der aus Teakholz gefertigte Wimanmek-Palast und der Abhisek-Dusit-Thronsaal.

WAT PHRA KAEW: KLEIDERORDNUNG & TICKET-TIPPS

- Man betritt den Wat Phra Kaew und den Komplex des Großen Palastes durch das deutlich markierte – von der Anlegestelle am Ufer aus gesehen dritte – Tor. Die Tickets werden in dem Komplex verkauft; Leute, die einem erzählen, die Anlage sei geschlossen, sind Schlepper von Edelsteinläden oder schlichtweg Betrüger.
- Auf dem Gelände des Wat Phra Kaew und des Großen Palastes gilt eine strikte Kleiderordnung. Wer zu viel Haut zeigt, wird in eine Garderobe gebracht und muss dort ein Hemd oder einen Sarong überziehen (die Ausleihe ist kostenlos, man muss aber ein Pfand von 200 B hinterlegen, das einem bei Rückgabe erstattet wird).
- Die Eintrittskarte für den Komplex gilt auch für den Park des Dusit-Palastes.

★ Wat Pho BUDDHISTISCHER TEMPEL

(วัดโพธิ์/วัดพระเชตุพน, Wat Phra Chetuphon; Karte S. 84; Th Sanam Chai; 100 B; ⌚8.30–18.30 Uhr; Tha Tien) Unter Bangkoks Hauptsehenswürdigkeiten ist der Wat Pho unser Favorit und (etwas) weniger überfüllt als der Wat Phra Kaew. Die Anlage kann einige Superlative für sich verbuchen: den größten liegenden Buddha der Stadt, Thailands größte Sammlung von Buddha-Darstellungen und das älteste Bildungszentrum im Königreich.

Das Highlight von Wat Pho ist der unglaublich eindrucksvolle **Liegende Buddha**, der beinahe zu groß für sein Zuhause ist.

Das weitläufige Gelände des Wat Pho umfasst 8 ha Land. Die wichtigsten Attraktionen liegen nördlich der Th Chetuphon, die Klosteranlagen südlich. Die Tempelanlage ist auch das nationale Zentrum für die Lehre und Erhaltung der traditionellen Thai-Medizin, zu der auch die Thai-Massage gehört. Rama III. hatte diese Einrichtung initiiert, als die Tradition vom Aussterben

Wat Phra Kaew & Großer Palast

BANGKOKS WICHTIGSTE RELIGIÖSE UND HERRSCHER-MONUMENTE ERKUNDEN

Der erste Bereich, den Traveller betreten, ist die als Wat Phra Kaew bezeichnete buddhistische Tempelanlage. Ein überdachter Weg führt rund um das Gelände, dessen Innenwände mit **1 2 Wandmalereien von Szenen aus dem *Ramakian*** geschmückt sind. Die 178 Bilder, die die Kämpfe Ramas bei der Befreiung seiner entführten Frau Sita zeigen, sind der thailändischen Fassung des indischen Hindu-Epos *Ramayana* entnommen und entstanden in der Herrschaftszeit Ramas I. (reg. 1782–1809).

Nachdem man die Bilder bewundert hat, geht es durch eines der von **3 Yaksha** bewachten Tore in den inneren Bereich. Das wichtigste Gebäude hier ist der **4 *bòht***, in dem der **5 Smaragd-Buddha** untergebracht ist.

ALINA_ZAINEA / GETTY IMAGES ©

Kinnari
Diese anmutigen Wesen, halb Schwan, halb Frau, stammen aus der hinduistisch-buddhistischen Mythologie. Sie stehen vor dem Prasat Phra Thep Bidon.

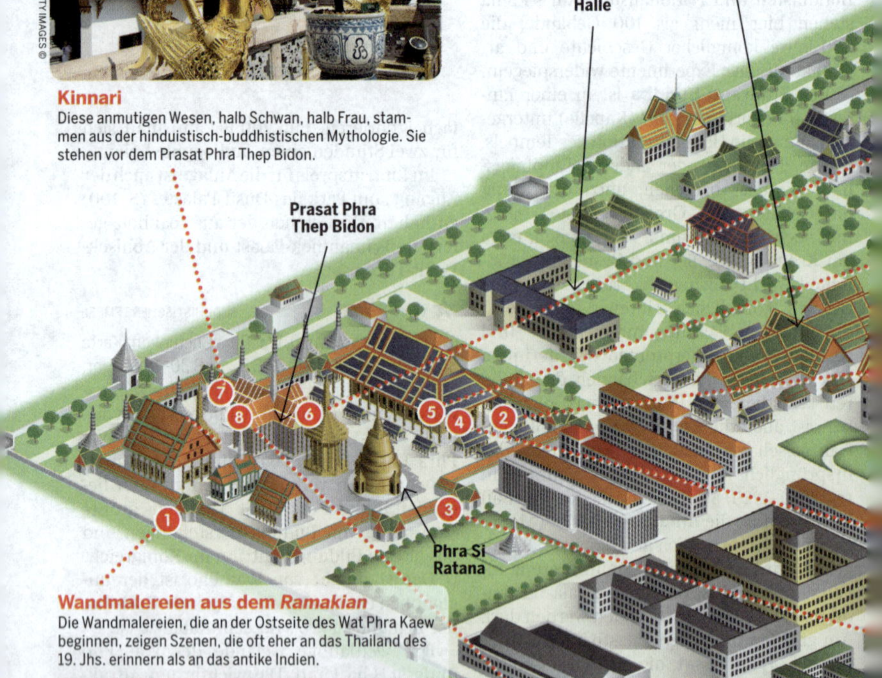

Wandmalereien aus dem *Ramakian*
Die Wandmalereien, die an der Ostseite des Wat Phra Kaew beginnen, zeigen Szenen, die oft eher an das Thailand des 19. Jhs. erinnern als an das antike Indien.

ANTONIO D'ALBORE / GETTY IMAGES ©

Hanumans
Reihen der spitzbübischen Affengottheiten aus der hinduistischen Mythologie stützen die unteren Geschosse zweier kleiner *chedi* nahe dem Prasat Phra Thep Bidon.

Östlich davon befindet sich die Obere Terrasse, der erhöhte Bereich mit den **6 Turmspitzen der drei Haupt-*chedi***. Das mittlere Gebäude, das Phra Mondop, beherbergt buddhistische Handschriften. Hier gibt es auch mehrere bemerkenswerte mythische Figuren, darunter winkende **7 Kinnaris** und Grimassen schneidende **8 Hanumans**.

Durch das Westtor gelangt man nun in den Bereich des Großen Palasts, wo nur wenige Gebäude für die Öffentlichkeit zugänglich sind. Das bedeutendste Bauwerk ist der 1882 errichtete **9 Chakri Mahaprasat**. Die Fassade dieser Halle zeichnet sich durch eine einzigartige Mischung aus westlicher und traditionell thailändischer Architektur aus.

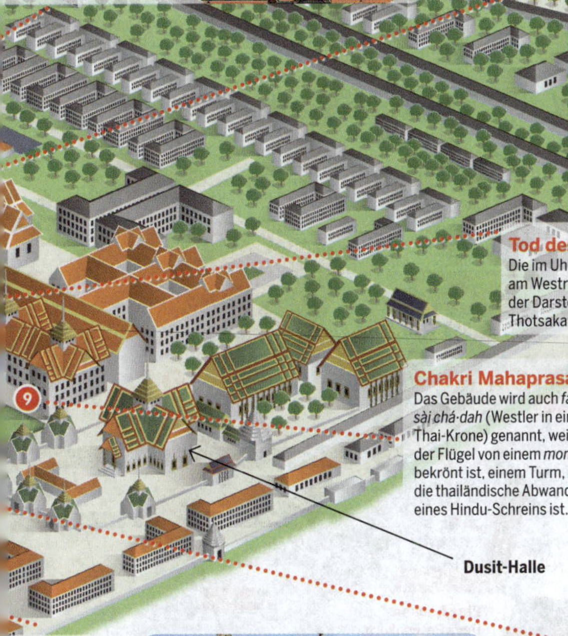

Drei Turmspitzen
Das siebenstufige Dach des Phra Mondop, der im Khmer-Stil gestaltete Turm des Prasat Phra Thep Bidon und der vergoldete *chedi* des Phra Si Ratana sind hier die höchsten Gebäude.

LEPNEVA IRINA / SHUTTERSTOCK ©

Smaragd-Buddha
Trotz ihres Namens besteht die nur 66 cm hohe Statue eigentlich aus Nephrit, einer Jade-Art.

ALEXEY STIOP / GETTY IMAGES ©

Tod des Thotsakan
Die im Uhrzeigersinn angeordneten Bilder finden am Westrand der Anlage ihren Höhepunkt mit der Darstellung des Todes von Sitas Entführer Thotsakan und seiner Begräbnisprozession.

Chakri Mahaprasat
Das Gebäude wird auch *fa·ràng sài chá·dah* (Westler in einer Thai-Krone) genannt, weil jeder Flügel von einem *mon·dòp* bekrönt ist, einem Turm, der die thailändische Abwandlung eines Hindu-Schreins ist.

DESIGN PICS / BLAKE KENT / GETTY IMAGES ©

***Bòht* (Ordinationshalle)**
Das Gebäude ist ein frühes Beispiel der Architektur der Rattanakosin-Schule, die traditionelle stilistische Reminiszenzen aus Ayutthaya mit modernen Neuerungen aus China und dem Westen verbindet.

Yaksha
Jeder Eingang zum Komplex des Wat Phra Kaew wird von einem Paar furchterregender, riesiger *yaksha* bewacht, mythischen Riesen des Hinduismus.

ZZVET / GETTY IMAGES ©

Wat Pho

RUNDGANG ZU DEN GROSSEN BUDDHAS DES WAT PHO

Der Rundgang beginnt am Haupt-*wí•hăhn* (Heiligtum), in dem sich das wichtigste Werk des Wat Pho befindet, der ❶ **Liegende Buddha**. Neben der monumentalen Größe sind auch die ❷ **Perlmuttintarsien** auf seinen Fußsohlen eindrucksvoll. Die Innenwände des *wí•hăhn* sind mit Wandmalereien geschmückt, die Szenen aus früheren Leben des Buddha darstellen. An der Südseite des Gebäudes erblick man 108 Mönchsschalen aus Bronze; für 20 B kann man 108 Münzen kaufen und eine in jede Schale werfen, was Glück bringen soll.

Aus dem *wí•hăhn* geht es nach Osten vorbei an den ❸ **Steinriesen**, die das Tor zum Rest der Anlage bewachen. Direkt südlich von ihnen sieht man die vier hohen ❹ **königlichen ched**

VICHAN SRISEANGNIL / GETTY IMAGES ©

Phra Ubosot
Der imposante *bòht* (Ordinationssaal) wurde unter Rama I. erbaut. Seine heutige Erscheinung erhielt er während der Renovierungsarbeiten unter Rama III. (reg. 1824–1851).

KISZON PASCAL / GETTY IMAGES ©

Buddha-Galerien
Die zwei überdachten Gänge rund um den Phra Ubosot beherbergen sage und schreibe 394 vergoldete Buddha-Figuren. Viele von ihnen weisen klassische Elemente der Ayutthaya- oder Sukhothai-Ära auf.

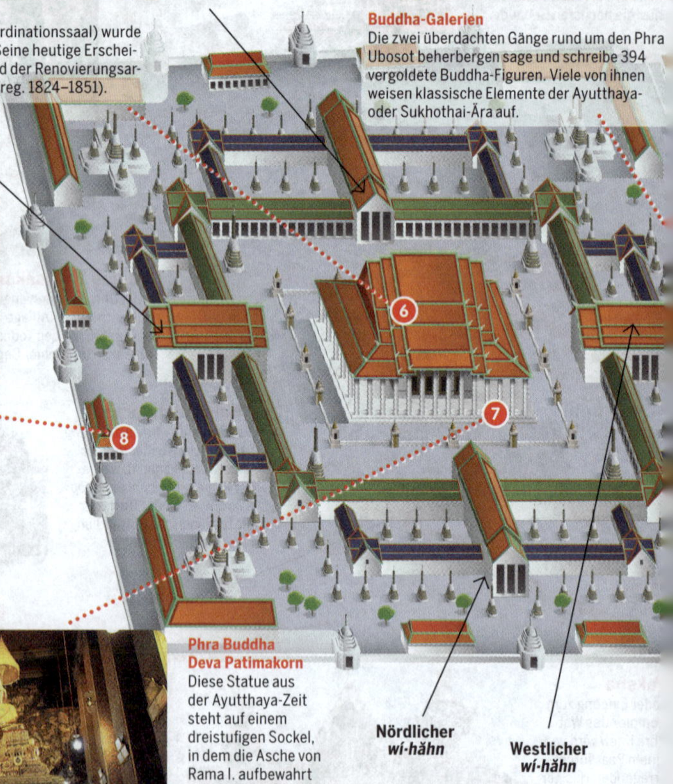

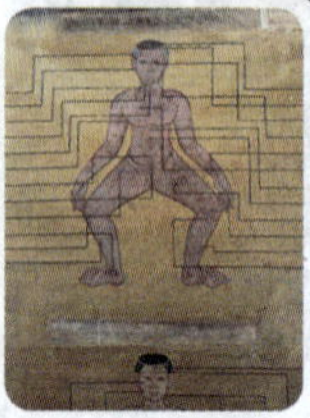

PIDJOE / GETTY IMAGES ©

Massagepavillons
Wenn es warm ist und die Füße schmerzen, sorgen die zwei klimatisierten Massagepavillons für willkommene Abkühlung bei einer hochwertigen und relativ günstigen Thai-Massage.

OASIZZ / GETTY IMAGES ©

Phra Buddha Deva Patimakorn
Diese Statue aus der Ayutthaya-Zeit steht auf einem dreistufigen Sockel, in dem die Asche von Rama I. aufbewahrt wird, und wurde vom König hergebracht.

Weiter östlich durchquert man zwei **5 Galerien mit Buddha-Statuen**, die vier *wí•hăhn* miteinander verbinden, von denen zwei besonders interessante Buddha-Figuren aus der Sukhothai-Zeit beherbergen. Sie bilden die Kulisse für den **6 Phra Ubosot**, den Ordinationssaal, das zweitwichtigste Bauwerk des *wát*. Der Sockel ist von diversen Basrelief-Inschriften umgeben, und drinnen befindet sich die außergewöhnliche Buddhafigur **7 Phra Buddha Deva Patimakorn**.

Wat Pho wird oft als Thailands erste Universität bezeichnet. Die Tradition wird mit der Schule für Thai-Medizin und den **8 Massagepavillons** am Ostrand fortgesetzt.

In der Osthälfte der Anlage finden sich mehrere kleinere *chedis* sowie Felsengärten.

TAKEPICSFORFUN / GETTY IMAGES ©

Königliche *chedi*
Die vier in klassischem Ratanakosin-Stil mit bunten Fliesen dekorierten *chedi* sollen die ersten vier Könige der Chakri-Dynastie repräsentieren.

SAMART BOONYANG / GETTY IMAGES ©

Liegender Buddha
Der imposante Liegende Buddha im Wat Pho wurde um einen 46 m langen und 15 m hohen Kern aus Ziegelsteinen modelliert, mit Gips verputzt und mit Blattgold überzogen. Er steht für den Übergang Buddhas ins Nirwana.

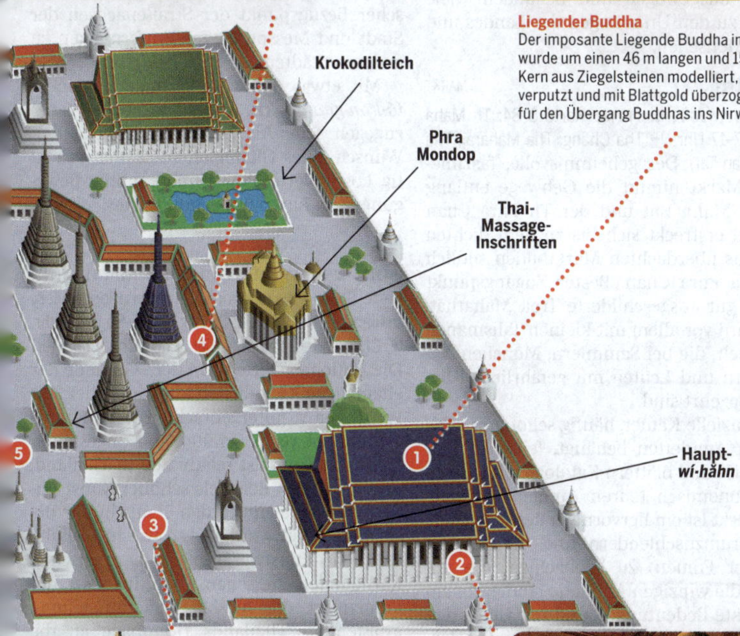

IMAGE SOURCE / GETTY IMAGES ©

Steinriesen
Die riesigen Granitfiguren – die Darstellungen reichen von Figuren aus der chinesischen Oper bis hin zu Marco Polo – kamen im 19. Jh. als Ballast chinesischer Dschunken nach Thailand.

Perlmuttintarsien
Die 108 glückverheißenden *lák•sà•nà*, körperliche Merkmale Buddhas, sind auf den Fußsohlen des Liegenden Buddha dargestellt.

KAMPEE PATISENA / GETTY IMAGES ©

bedroht war. Die berühmte Massageschule verfügt über zwei Massage-Pavillons (S. 103) auf dem Tempelgelände sowie zusätzliche Räume in der Ausbildungseinrichtung (S. 112) außerhalb des Tempels.

Museum of Siam MUSEUM

(สถาบันพิพิธภัณฑ์การเรียนรู้แห่งชาติ; Karte S. 84; www.museumsiam.org; Th Maha Rat; 300 B; Di–So 10–18 Uhr; ; Tien Pier) Das unterhaltsame Museum war zwar bei unserem letzten Besuch vorübergehend wegen Renovierungsarbeiten geschlossen, doch die Sammlung bedient sich verschiedener Medien, um die Wurzeln des thailändischen Volkes und seiner Kultur zu erkunden. Das Gebäude europäischen Stils aus dem 19. Jhs. beherbergte früher das Handelsministerium. Die Ausstellungen sind äußerst engagiert zusammengestellt und modern interaktiv aufbereitet, was für Thailands Museen nicht unbedingt üblich ist. Sie sind auch erfrischend ausgewogen und behandeln viele Fragen zu den Ursprüngen des Landes und seiner Menschen.

Amulettmarkt MARKT

(ตลาดพระเครื่องวัดมหาธาตุ; Karte S. 84; Th Maha Rat; 7–17 Uhr; Tha Chang, Tha Maharaj, Tha Phra Chan Tai) Der geheimnisvolle, faszinierende Markt nimmt die Gehwege entlang der Th Maha Rat und der Th Phra Chan ein und erstreckt sich bis zu dem dichten Netz aus überdachten Marktbuden südlich der Tha Phra Chan. Bester Zugangspunkt ist der gut ausgeschilderte Trok Mahathat. Hier wird vor allem mit kleinen Talismanen gehandelt, die bei Sammlern, Mönchen, Taxifahrern und Leuten mit gefährlichen Berufen begehrt sind.

Potenzielle Käufer, häufig schon mit zahlreichen Amuletten behängt, feilschen hier um Preise und blättern Kataloge mit teilweise astronomisch teuren Amuletten durch. Der Markt ist ein hervorragendes Plätzchen, um herumzuschlendern und die Männer (seltener Frauen) zu beobachten, die mit Lupen die winzigen Amulette studieren, um versteckte Bedeutungen und mit Glück den einen oder anderen echten Schatz zu finden.

Nationalmuseum MUSEUM

(พิพิธภัณฑสถานแห่งชาติ; Karte S. 84; 4 Th Na Phra That; 200 B; Mi–So 9–16 Uhr; Chang Pier, Maharaj Pier, Phra Chan Tai Pier) Das Nationalmuseum von Thailand wird oft als das größte Museum Südostasiens angepriesen und beherbergt eine eindrucksvolle, wenn auch teilweise angestaubte Sammlung, die man am besten bei der kostenlosen **Führung** (Mi & Do 9.30 Uhr), die zweimal pro Woche angeboten wird, kennenlernt.

Die meisten Gebäude der Museumsanlage wurden 1782 als Palast für den Prinzen Wang Na, Vizekönig von Rama I., erbaut. Rama V. wandelte den Palast 1874 in ein Museum um. Heute verteilen sich drei Dauerausstellungen über mehrere Gebäude. Bei unserem letzten Besuch wurden einige Ausstellungssäle renoviert.

Lak Meuang DENKMAL

(ศาลหลักเมือง; Karte S. 84; Ecke Th Sanam Chai & Th Lak Meuang; 6.30–18.30 Uhr; Tha Chang, Tha Maharaj, Tha Phra Chan Tai) Die Holzsäule in Phallusform wurde 1782 von Rama I. als spiritueller Grundpfeiler Bangkoks im Rahmen der Gründung der neuen Hauptstadt aufgestellt. In animistischer Tradition verkörpert die Säule den Schutzgeist der Stadt (Phra Sayam Thewathirat) und ist zudem praktischer Bezugspunkt der Straßenachsen der Stadt und Messpunkt für Entfernungen zu anderen Städten.

Mit etwas Glück kann man bei einem *lá·kon gâa bon* (in Auftrag gegebenen Tanz) zugegen sein: Als Dank für den erfüllten Wunsch eines Gläubigen vollführen prächtig kostümierte Tänzerinnen subtile Bewegungen zu Ehren des Schutzgeistes.

Nationalgalerie GALERIE

(พิพิธภัณฑ์สถานแห่งชาติหอศิลป/หอศิลปเจ้าฟ้า; Karte S. 84; www.facebook.com/thenationalgallerythailand; 4 Th Chao Fa; 200 B; Mi–So 9–16 Uhr; Chang Pier, Maharaj Pier, Phra Chan Tai Pier) Die Nationalgalerie ist in dem Gebäude der ehemaligen Königlichen Münze aus der Zeit von Rama V. untergebracht. Die Dauerausstellung ist recht veraltet und angestaubt. Weltliche Kunst ist relativ neu in Thailand, und die besten Beispiele schöner Kunst findet man vor allem in den Tempeln, für die sie angefertigt wurden – so wie historische westliche Kunstwerke oft in europäischen Kathedralen zu sehen sind. Insofern dokumentiert die hiesige Dauerausstellung größtenteils Thailands Hommage an die moderne Kunst.

Banglamphu

Das neben Ko Rattanakosin gelegene Banglamphu mit grünen Gassen, antiken Ladenhäusern, quirligen Nassmärkten und goldenen Tempeln könnte man problemlos als

Stadtspaziergang Ko Ratanakosin

START CHANG PIER
ZIEL WAT ARUN
LÄNGE/DAUER 4 KM; 3–5 STD.

Die meisten Top-Sehenswürdigkeiten Bangkoks liegen im ehemaligen Königsbezirk Ko Rattanakosin. Am besten startet man früh, um der Hitze und den Menschenmassen zu entgehen.

Vom Chang Pier geht's auf der Th Na Phra Lan Richtung Osten mit einem Abstecher zur **1 Silpakorn-Universität**, der bedeutendsten Kunsthochschule Thailands. Wenn man nicht schon dort gewesen ist, marschiert man weiter nach Osten zum Haupttor von **2 Wat Phra Kaew & Großem Palast** (S. 71), zwei der berühmtesten Attraktionen Bangkoks.

Nun geht man zurück zur Th Maha Rat und auf ihr Richtung Norden durch eine Gegend mit Kräuterapotheken und Amulettverkäufern. Direkt hinter dem (am Geruch erkennbaren) Zeitungsstand mit den vielen Katzen biegt man nach links in die **3 Trok Tha Wang** ein, eine schmale Gasse, die ein verstecktes Stück altes Bangkok darstellt. Zurück auf der Th Maha Rat geht's gen Norden; zur Rechten liegt der **4 Wat Mahathat**, eine der angesehensten buddhistischen Universitäten Thailands.

Auf der anderen Straßenseite biegt man links in die Trok Maha That ab, wo man den überfüllten **5 Amulettmarkt** (S. 76) erkundet. Weiter am Fluss entlang Richtung Norden weichen die Amulettverkäufer Straßenimbissen. Die schwarzweißen Uniformen sind ein Hinweis darauf, dass man sich der **6 Thammasat-Universität** mit den bekannten juristischen und politischen Fakultäten nähert.

Vom Phra Chan Pier überquert man die Th Maha Rat und läuft weiter nach Osten bis zum **7 Sanam Luang**, dem „Königlichen Feld". Nachdem man hindurch ist, geht es nach Süden auf der Th Ratchadamnoen Nai zum **8 Lak Meuang** (S. 76), wo Bangkoks Schutzgeist wohnt. Nachdem man diesem seinen Respekt erwiesen hat, läuft man auf der Th Sanam Chai nach Süden und biegt dann rechts in die Th Thai Wang ein, die einen zum Eingang des **9 Wat Pho** (S. 71) mit dem dem kolossalen Liegenden Buddha bringt.

Wer noch nicht müde ist, begibt sich zum Tien Pier und nimmt die Flussfähre hinüber zum **10 Wat Arun** (S. 82).

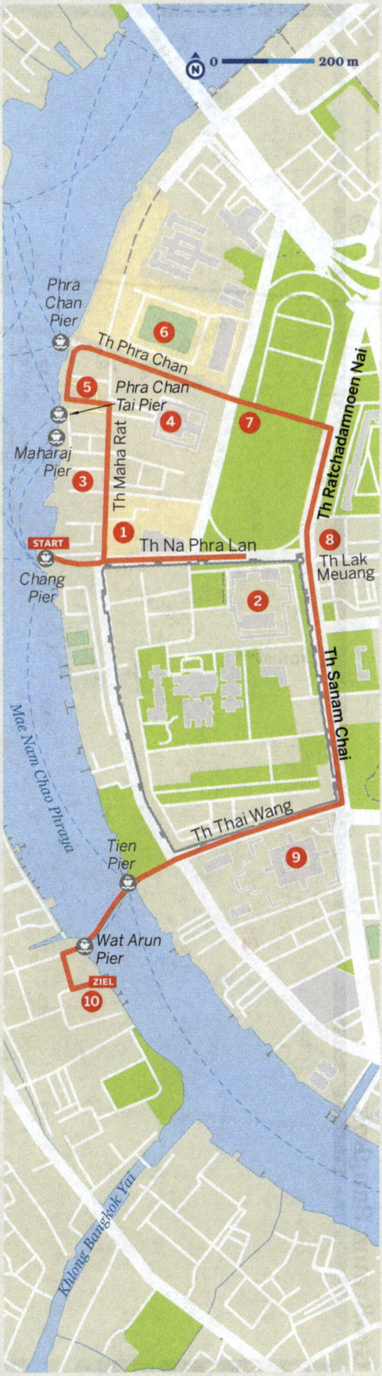

Großraum Bangkok

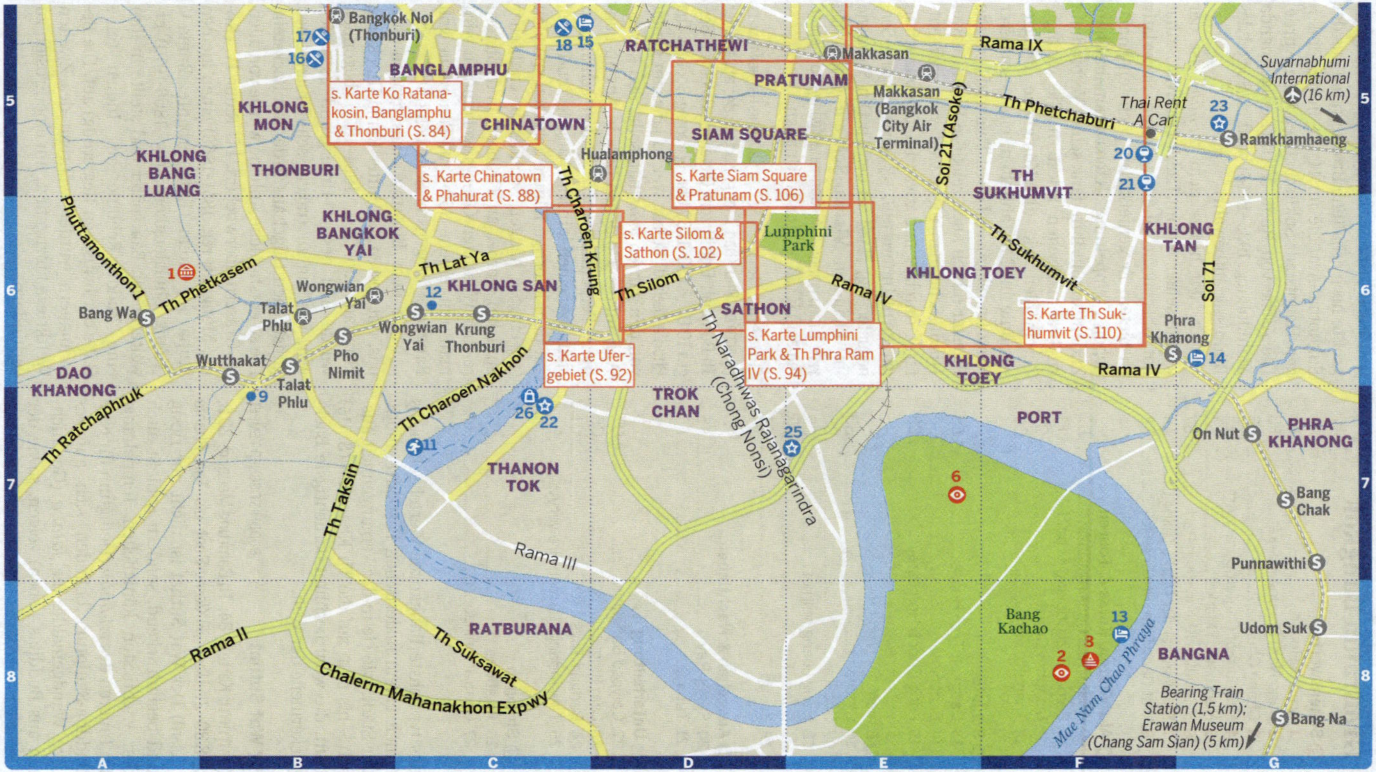
Bangkok Noi (Thonburi)
17
16
18 15
RATCHATHEWI
Makkasan
Rama IX
BANGLAMPHU
PRATUNAM
Makkasan (Bangkok City Air Terminal)
Soi 21 (Asoke)
Th Phetchaburi
Thai Rent A Car
23
Suvarnabhumi International (16 km)
Ramkhamhaeng
20
21
KHLONG MON
s. Karte Ko Ratanakosin, Banglamphu & Thonburi (S. 84)
CHINATOWN
SIAM SQUARE
TH SUKHUMVIT
KHLONG BANG LUANG
THONBURI
Hualamphong
s. Karte Chinatown & Phahurat (S. 88)
s. Karte Siam Square & Pratunam (S. 106)
KHLONG TAN
KHLONG BANGKOK YAI
s. Karte Silom & Sathon (S. 102)
Lumphini Park
Th Sukhumvit
Phuttamonthon I
Th Lat Ya
Th Charoen Krung
1
Th Phetkasem
Wongwian Yai
12
KHLONG SAN
Th Silom
Rama IV
KHLONG TOEY
Soi 71
Bang Wa
Talat Phlu
Wongwian Yai
Krung Thonburi
SATHON
s. Karte Th Sukhumvit (S. 110)
Phra Khanong
Pho Nimit
Th Naradhiwas Rajanagarindra (Chong Nonsi)
s. Karte Lumphini Park & Th Phra Ram IV (S. 94)
14
Wutthakat
Talat Phlu
9
Th Charoen Nakhon
s. Karte Ufergebiet (S. 92)
KHLONG TOEY
DAO KHANONG
26
22
TROK CHAN
PORT
On Nut
PHRA KHANONG
Th Ratchaphruk
11
25
THANON TOK
6
Bang Chak
Th Taksin
Rama III
Punnawithi
Bang Kachao
13
Udom Suk
RATBURANA
3
2
BANGNA
Rama II
Th Suksawat
Chalerm Mahanakhon Expwy
Mae Nam Chao Phraya
Bearing Train Station (1,5 km); Erawan Museum (Chang Sam Sian) (5 km)
Bang Na
A
B
C
D
E
F
G
5
6
7
8

Großraum Bangkok

Sehenswertes

1 Artist's House A6
2 Bang Nam Pheung Market F8
3 Chang Chui B3
4 Museum of Contemporary Art E1
5 Nonthaburi Market C1
6 Si Nakhon Kheun Khan Park E7
7 Schwimmender Markt Taling Chan A4
8 Wat Bang Nam Pheung Nok F8

Aktivitäten, Kurse & Touren

9 Amita Thai Cooking Class B7
10 Baipai Thai Cooking School F1
11 Manohra Cruises C7
12 Thanatharee C6

Schlafen

13 Bangkok Tree House F8
14 Beat Hotel G6
15 Loog Choob Homestay C5

Essen

16 Chawang B5
17 Dao Tai B5
18 Nang Loeng Market C5
Ruam Tai .... (siehe 16)
19 Yusup G1

Ausgehen & Nachtleben

20 Sugar Ray F5
21 Tuba F5

Unterhaltung

22 Calypso Bangkok C7
23 Lam Sing G5
24 Parking Toys G1
25 Tawandang German Brewery E7

Shoppen

26 Asiatique C7
27 Central Pinklao B4

das typischste Bangkoker Viertel sehen. Es ähnelt einem malerischen Postkartenmotiv der Stadt, wie sie in der Vergangenheit aussah – bis man auf die Th Khao San (S. 115) trifft, die wohl berühmt-berüchtigste Backpackermeile der Welt.

★ Wat Suthat — BUDDHISTISCHER TEMPEL

(วัดสุทัศน์; Karte S. 84; Th Bamrung Meuang; 20 B; 8.30–21 Uhr; Klorng-Boot bis Tha Phanfa Leelard) Der Wat Suthat ist nicht nur riesig und beeindruckend, sondern genießt auch den wichtigsten königlichen Tempelrang. Im Inneren des *wí·hăhn* (Heiligtum für eine Buddha-Skulptur) befinden sich aufwendige Wandgemälde, die *jataka* (Geschichten aus Buddhas Leben) zeigen, sowie der 8 m hohe **Phra Si Sakayamuni**, Thailands größte noch erhaltene Bronzestatue aus der Sukhothai-Ära, die im 14. Jh. in der einstigen Hauptstadt Sukhothai gegossen wurde. Die Asche von Rama VIII. (König Ananda Mahidol; reg. 1935–1946) wird im Sockel des Bildnisses aufbewahrt.

Der *bòht* hinter dem *wí·hăhn* ist der größte seiner Art im Land. Der Wat Suthat hat aber noch einen weiteren Superlativ zu bieten: Er genießt den höchsten königlichen Tempelrang Rachavoramahavihan. Zudem kommt ihm dank seiner Verbindung zu brahmanischen Priestern, die wichtige Zeremonien wie die Königliche Pflugzeremonie im Mai abhalten, ein besonderer Platz im religiösen Leben Thailands zu. Die Priester führen auch religiöse Riten in zwei Hindu-Schreinen nicht weit vom *wát* entfernt durch –, und zwar im **Dhevasathan** (เทวสถาน/โบสถพราหม; Sonnenaufgang–Sonnenuntergang) GRATIS an der Th Din So sowie im kleineren **Vishnu-Schrein** (ศาลเทวาลัย พระวิษณุนารายณ; Sonnenaufgang–Sonnenuntergang) GRATIS an der Th Unakan.

Goldener Berg — BUDDHISTISCHER TEMPEL

(ภูเขาทอง, Phu Khao Thong; Karte S. 84; abseits der Th Boriphat; Eintritt zum Gipfel des Goldenen Berges 10 B; 7.30–17.30 Uhr; Klorng-Boot bis Tha Phanfa Leelard) Selbst wer so langsam genug von den ganzen *wáts* hat, sollte den kurzen Weg auf den Goldenen Berg in Angriff nehmen. Serpentinenartige Stufen schlängeln sich über einen künstlich angelegten Hügel, auf dem knorrige Bäume Schatten spenden (an einigen hängen Schilder in englischer Sprache), vorbei an Gräbern und Bildern reicher Wohltäter. Oben angekommen wird man mit einem 360-Grad-Panorama von Bangkoks fotogenster Seite belohnt.

Nach dem Einsturz eines großen Stupas, mit dessen Bau unter Rama III. (König Phranangklao; reg. 1824–1851) begonnen wurde und dessen Untergrund zu weich war, um ihn zu tragen, schuf man einen künstlichen Hügel aus Erde und Backstein. Die so entstandene Anhöhe wurde von allerlei Gräsern überwuchert, bis Rama IV. (König Mongkut; reg. 1851–1868) einen kleinen Stupa auf ihrem Gipfel erbaute. Rama V. (König Chulalongkorn; reg. 1868-1910) erweiterte den Bau später und stellte in ihm eine Buddha-Reliquie aus Indien (eine Gabe der britischen Regierung) auf. Die Betonmauern wurden während des Zweiten Weltkriegs hinzugefügt, um eine Erosion zu verhindern.

INSIDERWISSEN

IN BANGKOK LOKALKOLORIT SCHNUPPERN

Keine Lust, sich wie ein Pauschaltourist zu fühlen? In Bangkok ist es ein Kinderspiel, sich unter die Einheimischen zu mischen, denn hier liegen die hektischen Touristenattraktionen gleich neben typischen Vierteln mit viel Lokalkolorit. Oft genügt ein kurzer Umweg um die großen Sehenswürdigkeiten.

Im Viertel Banglamphu (S. 144) befinden sich viele Bars, die von jungen Einheimischen besucht werden, die meisten Partygänger aus Bangkok treffen sich in den Tanzclubs an der Royal City Avenue (S. 149), und die örtliche LGBT-Gemeinde zieht es nach Silom (S. 146).

Zur Essenszeit am Abend gibt's mehr Lokalkolorit an den Imbissständen von Bangkoks Chinatown (S. 134). Alternativ fährt man in die nördlichen Viertel, z. B. in das Gebiet um das Victory Monument, das mit unprätentiöser Straßenkost lockt. Irgendwann während seines Aufenthalts sollte man einen Foodcourt, z. B. das MBK Food Island (S. 139), besuchen, um zu erfahren, wie die Einheimischen speisen.

BK (www.bk.asia-city.com) ist wahrscheinlich der beste englischsprachige Führer zu dem, was die Einheimischen so tun.

Jedes Jahr im November findet auf dem Gelände ein Festival statt, bei dem auch eine zauberhafte Prozession mit Kerzen zum Goldenen Berg zieht.

Wat Bowonniwet BUDDHISTISCHER TEMPEL
(วัดบวรนิเวศวิหาร; Karte S. 84; www.watbowon.org; Th Phra Sumen; ⌚8.30–17 Uhr; ⛴Tha Phra Athit (Banglamphu) GRATIS Der 1826 gegründete Wat Bowonniwet wird umgangssprachlich auch Wat Bowon genannt und ist der nationale Sitz der Klostersekte Thammayut, die eine reformierte Version des thailändischen Buddhismus praktiziert. Wer damit nichts anfangen kann, sollte den Tempel wenigstens wegen der bemerkenswerten Wandgemälde des *bòht* besuchen, darunter thailändische Darstellungen des westlichen Lebens im frühen 19. Jh. (vermutlich dienten Zeitschriftenillustrationen als Vorlage).

Aufgrund seines königlichen Status sollten Besucher auf angemessene Kleidung besonders achten. Wer kurze Hosen und ärmellose Oberteile trägt, dem wird der Zutritt verwehrt.

Rama IV. (König Mongkut; reg. 1851–1868), der als Gelehrter, nicht als König gesehen werden wollte, begründete diese Sekte und rief damit die königliche Tradition der Ordination in diesem Tempel ins Leben. Tatsächlich war Mongkut sogar mehrere Jahre lang Abt des Wat Bowon. Rama IX. (König Bhumibol Adulyadej; reg. 1946–2016) und Rama X. (König Maha Vajiralongkorn, reg. 2016–) sowie mehrere andere männliche Mitglieder der Königsfamilie waren hier als Mönche auf Zeit ordiniert.

Devotionalienläden an der Thanon Bamrung Meuang AREAL
(ถนนบำรุงเมือง; Karte S. 84; Th Bamrung Meuang; ⌚9–18 Uhr; ⛴Klorng-Boot bis Phanfa Leelard Pier) Der Abschnitt der Th Bamrung Meuang (eine der ältesten Straßen von Bangkok und ursprünglich der Elefantenweg in den Großen Palast) von der Th Mahachai bis zur Th Tanao ist gesäumt von Läden, die allen möglichen buddhistischen Krimskrams verkaufen. Wahrscheinlich braucht man keine Buddha-Statue von der Größe eines Autos oder eine unheimliche lebensgroße Gipsfigur eines berühmten Mönchs, aber das Rumstöbern macht richtig Spaß. Und wer weiß, ob man nicht doch irgendwann eine thailändische Segnung braucht?

King Prajadhipok Museum MUSEUM
(พิพิธภัณฑ์พระบาทสมเด็จพระปกเกล้าเจ้าอยู่หัว; Karte S. 84; www.kingprajadhipokmuseum.org; 2 Th Lan Luang; ⌚Di–So 9–16 Uhr; ⛴Klorng-Boot bis Phanfa Leelard Pier) GRATIS Das Museum illustriert mit alten Fotos und Erinnerungsstücken das Leben von Rama VII. (König Prajadhipok; reg. 1925–35), Thailands letztem absoluten Herrscher. Es befindet sich in einem Gebäude neokolonialen Stils, das auf Befehl von Rama V. für seine bevorzugte Firma unter den Bond-St-Händlern erbaut wurde – das einzige ausländische Unternehmen, das sich an der Königsstraße zwischen den zwei Palastvierteln Bangkoks niederlassen durfte.

Ban Baat STADTVIERTEL
(บ้านบาตร; Dorf der Bettelschalen; Karte S. 84; abseits der Soi Ban Bat; ⌚9–17 Uhr; ⛴Klorng-Boot bis Tha Phanfa Leelard) Rama I. (König Phraphutt-

hayotfa Chulalok; reg. 1782–1809) gründete in Bangkok einst drei Dörfer zur Herstellung von *bàhts*, charakteristischen Schalen, in denen die Mönche jeden Morgen von gläubigen Buddhisten Essen und Almosen erhalten. Ban Baat ist als letztes dieser Dörfer noch erhalten. Zu seinen Kunden zählen heute nicht mehr Tempel, sondern Touristen. Wer eine dieser Schalen kauft, dem wird auch gleich der Herstellungsprozess gezeigt.

Heute stammen die meisten Schalen aus billiger Massenproduktion und so beschränkt sich die handwerkliche Tradition auf eine einzige Großfamilie. Dieser kann man beim Zusammenhämmern der Schalen aus acht Stahlteilen, die für den Edlen Achtfachen Pfad des Buddhismus stehen, zuschauen. Die Verbindungsstellen werden dann durch geschmolzenen Kupferdraht miteinander verbunden. Anschließend wird die Schale behauen, poliert und mehrfach mit einem schwarzen Lack versiegelt.

Das Dorf, das heute eigentlich nur noch aus einer einzigen Gasse besteht, findet man, wenn man von der Th Bamrung Meuang in die Soi Ban Bat einbiegt und dann die erste Straße nach rechts geht.

Sao Ching-Cha DENKMAL

(เสาชิงช้า, Riesenschaukel; Karte S. 84; Th Bamrung Meuang; Klorng-Boot bis Tha Phanfa Leelard) Unter diesem dünnen roten Bogen – einem Wahrzeichen Bangkoks – fand früher ein brahmanisches Fest zu Ehren Shivas statt, bei dem die Teilnehmer immer höher und höher schaukelten, um an einen Beutel voll Gold zu gelangen, der an einem 15 m hohen Bambuspfahl hing. Wer es schaffte, das Gold zu greifen, durfte es behalten. Dies war jedoch kein einfaches Unterfangen und viele Wagemutige kamen dabei ums Leben. Am Ticketschalter im angrenzenden Wat Suthat (S. 80) ist ein Schwarz-Weiß-Foto zu sehen, auf dem das riskante Ritual abgebildet ist.

Wat Ratchanatdaram BUDDHISTISCHER TEMPEL

(วัดราชนัดดาราม; Karte S. 84; Th Mahachai; 8–17 Uhr; Klorng-Boot bis Phanfa Leelard Pier) GRATIS Der Tempel wurde in den 1840er-Jahren für Rama III. (König Phranangklao; reg. 1824–1851) errichtet. Die Bauweise soll von den Metalltempeln abgeleitet sein, die vor über 2000 Jahren in Indien und Sri Lanka entstanden.

Fort Phra Sumen & Santichaiprakan-Park GEBÄUDE, PARK

(ป้อมพระสุเมรุ, สวนสันติชัยปราการ; Karte S. 84; Th Phra Athit; 5–21 Uhr; Tha Phra Athit (Banglamphu) GRATIS Dort, wo früher eine Zuckerfabrik stand, befindet sich heute der Santichaiprakan-Park, ein winziges Fleckchen Grün mit einem tollen Blick auf den Fluss und viel Action am Abend, beispielsweise ulkigen kommunalen Aerobic-Kursen. Der Pfad am Fluss entlang nach Süden lädt zu einem ruhigen Spaziergang ein.

Das bekannteste Wahrzeichen des Parks ist das strahlend weiße **Fort Phra Sumen**, das 1783 zur Verteidigung gegen potenzielle Flottenangriffe erbaut wurde.

Der achteckige Bunker aus Ziegel und Gips, der nach dem mythischen Phra Sumen (Berg Meru) aus der hinduistisch-buddhistischen Kosmologie benannt ist, war einer der 14 städtischen Wachtürme an der alten Stadtmauer entlang dem Khlong Rop Krung (dem heutigen Khlong Banglamphu, der auf vielen Hinweisschildern aber noch immer als Khlong Rop Krung angeschrieben ist). Abgesehen vom **Fort Mahakan** (ป้อมมหากาฬ; Karte S. 84; Th Ratchadamnoen Klang; 24 Std.; Klorng-Boot bis Tha Phanfa Leelard) GRATIS ist dies der einzige noch stehende Turm.

Thonburi

Thonburi liegt direkt gegenüber von Banglamphu am Ufer des Mae Nam Chao Phraya. Fast vergessen scheint die durchaus lohnenswerte Gegend mit verschlafenen Wohngebieten, die durch *klorngs* (Kanäle; auch *khlong* geschrieben) miteinander verbunden sind. Hierher gelangt man für 3 B mit den Flussfähren ab Chang Pier und Tien Pier.

★ Wat Arun BUDDHISTISCHER TEMPEL

(วัดอรุณฯ; Karte S. 84; www.watarun.net; abseits der Th Arun Amarin; 50 B; 8–18 Uhr; Flussfähre ab Tien Pier) Nach dem Fall Ayutthayas übernahm König Taksin hier an einem Schrein feierlich die Macht und errichtete einen Königspalast sowie einen Tempel für den Smaragd-Buddha. Der Tempel wurde nach dem indischen Gott der Morgendämmerung (Aruna) benannt und stand für die wortwörtliche und symbolische Gründung eines neuen Ayutthaya. Heute ist der Tempel eines der größten Wahrzeichen Bangkoks und einer der wenigen buddhistischen Tempel, die man erklimmen darf.

Sein markantestes Merkmal – den 82 m hohen *prahng* (Turm im Khmer-Stil) – erhielt der Wat Arun aber erst, als sowohl die Hauptstadt als auch der Smaragd-Buddha nach Bangkok umzogen. Mit dem Bau

ABSTECHER

THONBURI: UNTERWEGS IM „VENEDIG DES OSTENS“

Bangkok wurde früher auch das „Venedig des Ostens“ genannt, da die Stadt von einem hochentwickelten Netz aus *klorng* (auch *khlong*) durchzogen war, künstlich angelegte Kanäle, die die Einwohner als Transportmittel für sich selbst und für ihre Waren nutzten. Heute haben Autos und Motorräder die Boote verdrängt und die Mehrzahl der Kanäle Bangkoks wurde aufgefüllt und in Straßen umgewandelt. Wo dies nicht geschehen ist, trocknen sie meist langsam aus und stinken vor sich hin. Am Westufer des Mae Nam Chao Phraya in Thonburi kann man jedoch einen Einblick in die von Wasser geprägte Vergangenheit der Stadt erhaschen.

Thonburis Netz aus Kanälen und Nebenflüssen wimmelt auch heute noch von einer bunten Flotte an Wasserfahrzeugen – von Kanus bis hin zu mit Reis beladenen Frachtkähnen – und die Vordertüren der auf Stelzen erbauten Wohnhäuser, Handelshäuser und Tempel öffnen sich zum Wasser hin. Die Anwohner sind davon überzeugt, dass diese Wasserwege sie vor den saisonalen Überflutungen schützen, von denen die Hauptstadt immer wieder heimgesucht wird. Der **Khlong Bangkok Noi** ist von Pflanzen und historischen Tempeln gesäumt, entlang des kleineren **Khlong Mon** stehen vorwiegend Wohnhäuser. Der **Khlong Bangkok Yai** verläuft dort, wo der Fluss früher auch verlief – bevor der Kanal gebaut wurde, um die Durchfahrt zu beschleunigen. Die Longtail-Boote, die überall auf diesen und den übrigen Kanälen Thonburis verkehren, kann man heutzutage chartern (am Tha Chang und Tha Tien, beide auf der Ko Ratanakosin). Die Preise an diesen Anlegestellen sind etwas höher als an anderen Orten und viel Verhandlungsspielraum gibt es auch nicht, aber die Wahrscheinlichkeit, dass man betrogen wird oder hinterher Trinkgelder oder andere unerwartete Gebühren erhoben werden, ist hier am geringsten.

Bei einer Bootstour fährt man meist über den Khlong Bangkok Noi und den Khlong Mon und kommt am Royal Barges National Museum (Nationalmuseum der königlichen Barkassen), am Wat Arun und einem Tempel am Wasser vorbei, an dem Fische gefüttert werden. Längere Ausflüge führen auch noch über den Khlong Bangkok Yai und schließen teilweise noch den Besuch einer Orchideenfarm ein. Am Wochenende besteht zudem die Möglichkeit, dem **Schwimmenden Markt Taling Chan** (S. 157) einen Besuch abzustatten. Man muss aber wissen, dass die am häufigsten angebotene einstündige Tour (1000 B, bis zu 6 Pers.) zeitlich einfach zu kurz ist, um auszusteigen und die Sehenswürdigkeiten zu erkunden. Sinnvoller ist es deshalb, eine längere Tour (1½/2 Std., 1300/1500 B jeweils) zu buchen. Die meisten Anbieter haben festgelegte Routen, wer aber ein bestimmtes Ziel im Kopf hat, kann sich auch dorthin schippern lassen. Die Touren werden im Allgemeinen zwischen 8 und 17 Uhr angeboten.

Wem der Sinn nach einem längeren und individuelleren Ausflug steht, dem bietet **Pandan Tour** (S. 113) eine ganze Reihe von Ausflügen (vorwiegend ganztägig) an. Und eine günstigere Alternative sind die **Longtail-Boote für Pendler** (Karte S. 84; Tha Chang, abseits der Th Maha Rat; 25 B; ⌚4.30–19.30 Uhr) vom Tha Chang bis nach Bang Yai am nördlichsten Ende des Khlong Bangkok Noi. Um wieder zurückzukommen, muss man allerdings umsteigen, und oft wird Ausländern davon abgeraten, mit diesen Booten zu fahren.

des Turms wurde in der ersten Hälfte des 19. Jhs. unter Rama II. (König Phraphutthaloetla Naphalai; reg. 1809–1824) begonnen; fertiggestellt wurde er erst später unter Rama III. (König Phranangklao; reg. 1824–1851). Steile Stufen führen hinauf zur Spitze, von wo sich ein atemberaubender Blick auf den Mae Nam Chao Phraya bietet. Von Weitem sind die kunstvollen **Blumenmosaike** nicht zu erkennen, die aus bunten Scherben chinesischen Porzellans gefertigt wurden – eine übliche Form der Tempelverzierung zu Beginn der Rattanakosin-Periode, als chinesische Schiffe im Hafen Bangkoks tonnenschwere Ladungen in Form von altem Porzellan abluden.

Auch ein Blick ins Innere des *bòht* ist durchaus lohnend. Die wichtigste Buddha-Darstellung hier wurde angeblich von Rama II. persönlich entworfen. Die **Wandmalereien** stammen aus der Zeit von Rama V. (König Chulalongkorn; reg.

Ko Ratanakosin, Banglamphu & Thonburi

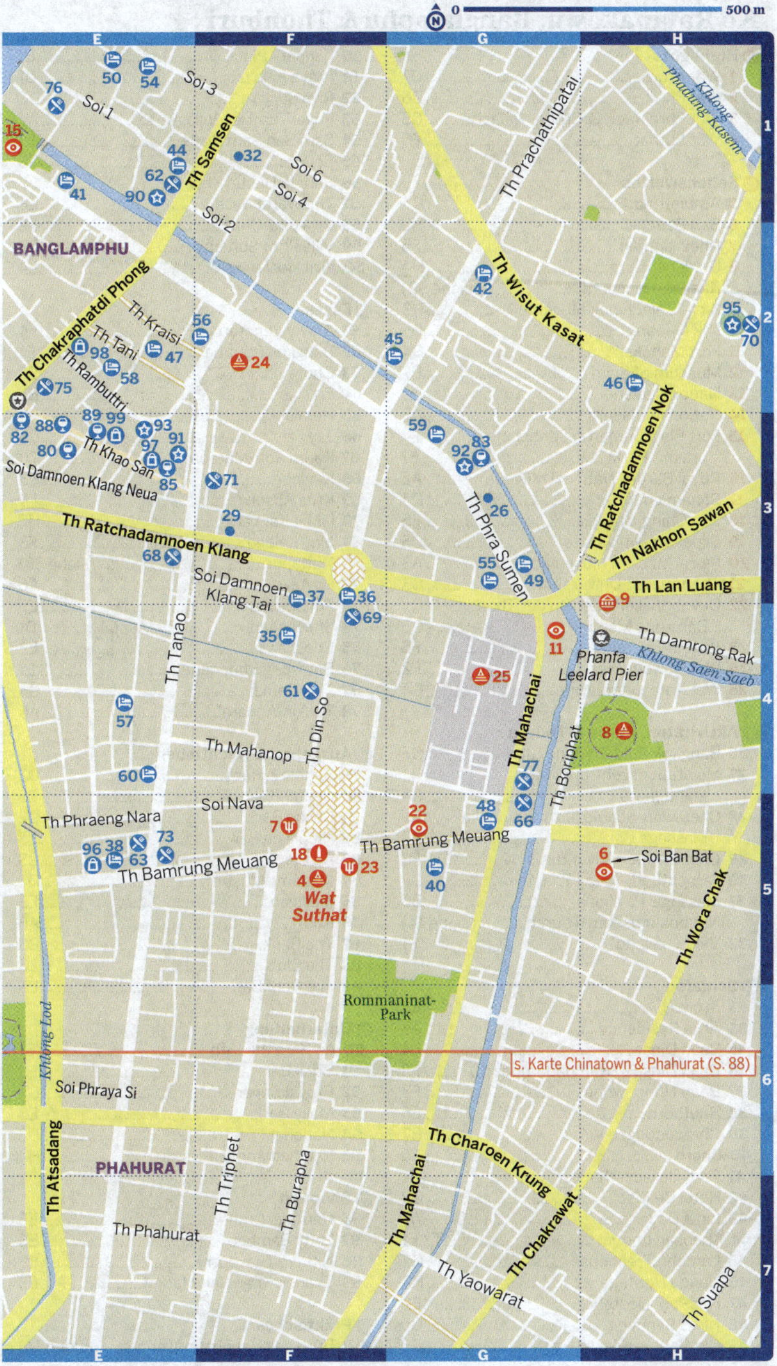
0
500 m
E
F
G
H
1
2
3
4
5
6
7
BANGLAMPHU
PHAHURAT
Soi 3
Soi 1
Soi 6
Soi 4
Soi 2
Th Samsen
Th Prachathipatai
Khlong Phadung Kasem
Th Wisut Kasat
Th Chakraphatdi Phong
Th Kraisi
Th Tani
Th Rambuttri
Th Khao San
Soi Damnoen Klang Neua
Th Ratchadamnoen Klang
Th Ratchadamnoen Nok
Th Nakhon Sawan
Th Lan Luang
Th Phra Sumen
Soi Damnoen Klang Tai
Th Damrong Rak
Khlong Saen Saeb
Phanfa Leelard Pier
Th Tanao
Th Din So
Th Mahanop
Th Mahachai
Th Boriphat
Soi Nava
Th Phraeng Nara
Th Bamrung Meuang
Soi Ban Bat
Wat Suthat
Th Wora Chak
Rommaninat-Park
s. Karte Chinatown & Phahurat (S. 88)
Khlong Lod
Soi Phraya Si
Th Atsadang
Th Triphet
Th Burapha
Th Charoen Krung
Th Chakrawat
Th Phahurat
Th Yaowarat
Th Suapa
50
54
76
15
44
32
62
41
90
56
47
98
58
24
75
42
45
95
70
46
82
88
89
99
93
97
91
80
85
71
59
92
83
26
29
68
55
49
37
36
69
9
35
11
25
61
57
8
77
60
48
66
22
7
73
96
38
63
18
23
6
4
40

Ko Ratanakosin, Banglamphu & Thonburi

Highlights
1 Wat Arun C7
2 Wat Pho B6
3 Wat Phra Kaew & Großer Palast C5
4 Wat Suthat F5

Sehenswertes
5 Amulettmarkt C4
6 Ban Baat H5
7 Dhevasathan F5
8 Goldener Berg H4
Khaosan Museum .... (siehe 99)
9 King Prajadhipok Museum H3
10 Lak Meuang D5
11 Fort Mahakan G4
12 Museum of Siam B7
13 Nationalgalerie D3
14 Nationalmuseum D3
15 Fort Phra Sumen & Santichai-prakan-Park E1
16 Royal Barges National Museum A2
17 Sanam Luang D4
18 Sao Ching-Cha F5
19 Silpakorn-Universität C5
20 Siriraj Medical Museum A3
21 Thammasat-Universität C3
22 Devotionalienläden an der Thanon Bamrung Meuang G5
23 Vishnu-Schrein F5
24 Wat Bowonniwet F2
25 Wat Ratchanatdaram G4

Aktivitäten, Kurse & Touren
26 Bangkok Bold Cooking Studio G3
27 Meditationszentrum Wat Mahadhatu C4
28 Chetawan-Schule für traditionelle Massage A7
29 Grasshopper Adventures F3
30 Jaroenthong Muay Thai Gym D2
31 Massage-Pavillons B6
Nationalmuseum-Touren .... (siehe 14)
32 Velo Thailand F1

Schlafen
33 Arom D A6
34 Arun Residence A7
35 Baan Dinso F4
36 Baan Dinso @ Ratchadamnoen F3
37 Baan Noppawong F3
38 Bhuthorn E5
39 Chakrabongse Villas B7
40 Chern G5
41 Fortville Guesthouse E1
42 Hotel Dé Moc G2
43 Inn a Day A7
44 Khaosan Immjai E1
45 Lamphu Treehouse G2
46 Nanda Heritage H2
47 NapPark Hostel E2
48 Niras Bangkoc G5
49 Old Capital Bike Inn G3
50 Penpark Place E1
51 Praya Palazzo D1
52 Riva Surya D2
53 Royal Tha Tien Village A7
54 Sam Sen Sam Place E1
55 Sourire G3
56 Suneta Hostel Khaosan F2
57 The Warehouse E4
58 Villa Cha-Cha E2
59 Villa Phra Sumen G3
60 Vivit Hostel E4

Essen
61 Arawy Vegetarian Food F4
62 Bangkok Poutine E1
63 Chote Chitr E5
64 Err B7
65 Hemlock D2
66 Jay Fai G5
67 Karim Roti-Mataba D1
68 Kimleng E3
69 Krua Apsorn F4
70 Likhit Kai Yang H2
71 May Kaidee's F3
Nuttaporn .... (siehe 38)
72 Pa Aew A6
73 Poj Spa Kar E5
74 Sheepshank D1
75 Shoshana E2
76 Somsong Phochana E1
77 Thip Samai G4
78 Tonkin-Annam A6

Ausgehen & Nachtleben
79 Babble & Rum D2
80 Center Khao Sarn E3
81 Gecko Bar D2
82 Hippie de Bar E3
83 Ku Bar G3
84 Madame Musur D2
85 Mulligans E3
86 Roof A6
87 The Bank D3
88 The Club E3
89 The Roof Bar E3

Unterhaltung
90 Ad Here the 13th E1
91 Brick Bar E3
92 Brown Sugar G3
93 Molly Bar E3
94 National Theatre D3
95 Ratchadamnoen-Stadion H2

Shoppen
96 Heritage Craft E5
97 Lofty Bamboo E3
98 Nittaya Thai Curry E2
99 Thanon Khao San Market E3

Praktisches
Büro des Nationalmuseums .... (siehe 14)

1868–1910). Am eindrucksvollsten ist eine Abbildung von Prinz Siddhartha, wie er außerhalb seiner Palastmauern Geburt, Alter, Krankheit und Tod begegnet – eine Erfahrung, die ihn dazu brachte, sein weltliches Leben aufzugeben. Die Asche von Rama II. ist im Fundament des hier vorherrschenden Buddha-Bildnisses begraben.

Nationalmuseum der Königlichen Barkassen (Royal Barges National Museum) MUSEUM
(พิพิธภัณฑสถานแห่งชาติ เรือพระราชพิธี/เรือพระที่นั่ง; Karte S. 84; Khlong Bangkok Noi od. 80/1 Th Arun Amarin; Eintritt 100 B, Erlaubnis zum Fotografieren 100 B; ⌚9–17 Uhr; ⛴ Phra Pin Klao Bridge Pier) Die königlichen Barkassen sind sehr schmale, besonders aufwendig verzierte Boote, die für zeremonielle Prozessionen eingesetzt werden. Diese Tradition reicht zurück bis in die Ayutthaya-Ära, als Reisen (sowohl vom gemeinen Volk als auch von der Königsfamilie) vorrangig per Boot unternommen wurden. Wenn sie gerade nicht im Einsatz sind, kann man die Barkassen in diesem interessanten Museum in Thonburi besichtigen.

Am bequemsten erreicht man das Museum vom Phra Pin Klao Bridge Pier aus mit dem Motorradtaxi (den Fahrer bitten, nach *reu·a prá têe nâ* zu fahren). Eine weitere Möglichkeit ist ein Ausflug mit dem Longtail-Boot durch Thonburis Kanäle. Auf Wunsch wird am Museum gehalten.

Das wichtigste der sechs hier ausgestellten Boote ist die *Suphannahong*, die persönliche Barkasse des Königs. Sie ist aus einem einzigen Holzstamm gefertigt und gilt als der größte Einbaum der Welt. Übersetzt bedeutet ihr Name „Goldener Schwan“, weshalb in den Bug ein riesiger Schwanenkopf geschnitzt wurde. Die Buge der weniger bedeutenden Boote sind mit Abbildungen aus der hinduistisch-buddhistischen Mythologie versehen, etwa mit einer *naga* (mythische Seeschlange) oder einer *garuda* (Vishnus Vogelreittier).

Alte Fotografien lassen die grandiosen Prozessionen lebendig werden, in denen die größte Barkasse eine Rudermannschaft von 50 Mann benötigte; hinzu kamen sieben Sonnenschirmhalter, zwei Steuermänner, zwei Navigatoren sowie ein Fahnenträger, ein Schlagmann und ein Sänger. Heute findet die königliche Barkassenprozession nur noch unregelmäßig statt, zuletzt im Jahr 2012 zum 85. Geburtstag des Königs Bhumibol Adulyadej.

Siriraj Medical Museum MUSEUM
(พิพิธภัณฑ์นิติเวชศาสตร์สงกรานต์นิยมเสน; Karte S. 84; 2. OG, Adulyadejvikrom Bldg, Siriraj Hospital; 200 B; ⌚Mi–Mo 10–16 Uhr; ⛴ Wang Lang/Siriraj Pier, Thonburi Railway Station Pier) Diese miteinander verbundenen Museen der Anatomie, Pathologie und Forensik – die zusammengefasst einfach „Museum des Todes“ genannt werden – zeigen verschiedene Gliedmaßen, Mordwaffen und Beweismittel von Tatorten, darunter ein blutbeflecktes T-Shirt eines Opfers, das mit einem Dildo erstochen wurde.

Der einfachste Weg zum Siriraj-Museum ist die Flussfähre vom Chang Pier zum Wang Lang/Siriraj Pier in Thonburi. Am Ausgang der Anlegestelle nach rechts (Norden) zum Siriraj Hospital abbiegen, dort hineingehen und dann den grünen Museumsschildern folgen.

Chinatown & Phahurat

Chinatown verkörpert alles, was in Bangkok hektisch, laut und schmutzig ist, aber gerade das macht es auch so faszinierend. Die großen Sehenswürdigkeiten der Gegend – der Wat Traimit (mit dem Goldenen Buddha) und die Straßenmärkte – lohnen einen Besuch. Man sollte darüber hinaus aber noch genügend Zeit mitbringen, um einen Bummel durch dieses Viertel mit neonbeleuchteten, goldenen Läden, versteckten Tempeln, verfallenen Schaufenstern und bleistiftdünnen Gassen, vor allem durch die schmalen, gewundenen Verästelungen der Soi Wanit 1 (alias Sampeng Lane), zu machen.

Jahrhundertelang war Chinatown von den schlimmsten Verkehrsstaus Bangkoks geplagt, doch seit 2005 lässt sich die Gegend dank der Anbindung an die MRT (Metro) in vernünftigem Rahmen besuchen. Allerdings ist die Metrostation von vielen Sehenswürdigkeiten rund 1 km entfernt, sodass man noch eine kurze Taxifahrt oder einen längeren Fußmarsch ins Auge fassen muss. Alternativ fährt man mit dem Chao-Phraya-Expressboot bis zum Zwischenstopp am Ratchawong Pier, von wo aus es nur ein kurzes Stück bis zu den meisten Restaurants und ein etwas längeres bis zu den meisten Sehenswürdigkeiten ist.

Am Westrand Chinatowns liegt Phahurat, das kleine, aber lebhafte indische Viertel.

★ Wat Traimit (Goldener Buddha) BUDDHISTISCHER TEMPEL
(วัดไตรมิตร; Tempel des Goldenen Buddha; Karte S. 88; Th Mittaphap Thai-China; 100 B; ⌚Di–So

Chinatown & Phahurat

Chinatown & Phahurat

8–17 Uhr; Ratchawong Pier, Ⓜ Hua Lamphong, Ausgang 1) Besuchermagnet des Wat Traimit ist zweifellos die eindrucksvolle, 3 m hohe und 5,5 t schwere **Buddhastatue aus massivem Gold**, die glänzt wie – nun ja, wie Gold eben. Die im anmutigen Sukhothai-Stil gearbeitete Statue wurde vor etwa 60 Jahren „entdeckt", als sie beim Umzug in ein neues Gebäude innerhalb der Tempelanlage vom Kran fiel und der Gipsmantel, der sie bis dahin verborgen hatte, zersprang.

Man vermutet, dass die Umhüllung hinzugefügt wurde, um die Statue vor marodierenden Horden, entweder gegen Ende der Sukhothai-Ära oder später, während der Ayutthaya-Ära, als die Stadt von den Birmanen belagert wurde, zu schützen. Der Tempel selbst soll aus dem frühen 13. Jh. stammen.

Zahlreiche Spenden und ein konstanter Touristenstrom haben dafür gesorgt, dass genügend Geld floss, und so ist die Statue nun in einem imposanten vierstöckigen Gebäude aus Marmor untergebracht. Das Obergeschoss beherbergt die **Phra-Buddha-Maha-Suwanna-Patimakorn-Ausstellung** (นิทรรศการพระพุทธมหาสุวรรณปฏิมากร; 40 B; ⌚Di–So 8–17 Uhr), in der man erfährt, wie die Statue geschaffen und entdeckt wurde und wie sie an ihren aktuellen Aufenthaltsort gelangt ist. Im dritten Stock findet sich das **Yaowarat Chinatown Heritage Center** (ศูนย์ประวัติศาสตร์เยาวราช; 40 B; ⌚Di–So 8–17 Uhr; Ratchawong Pier, Ⓜ Hua Lamphong, Ausgang 1), ein kleines, aber fesselndes Museum mit Multimedia-Exponaten über die Geschichte von Bangkoks Chinatown und ihrer Bewohner.

Talat Mai

MARKT

(ตลาดใหม่; Karte S. 88; Soi Yaowarat 6/Charoen Krung 16; ⌚6–18 Uhr; Tha Ratchawong, Ⓜ Hua Lamphong, Ausgang 1 & Taxi) Mit fast zwei Jahrhunderten Geschichte auf dem Buckel ist die Bezeichnung „Neuer Markt" für diesen Handelsplatz eigentlich nicht mehr ganz passend. Ungeachtet dessen ist dies der authentischste chinesische Markt Bangkoks, wenn nicht ganz Thailands. Jedem, der schon einmal in China war, werden die getrockneten Lebensmittel, Würzmischungen, Gewürze und Saucen bekannt vorkommen. Selbst wer sich nicht außerordentlich für Kulinarisches interessiert, wird in der hektischen Atmosphäre (Achtung vor Motorrädern, die sich zwischen den Fußgängern hindurchschlängeln!), die sich mit ungewohnten Anblicken und exotischen Düften vermischt, ein surreales Sinneserlebnis haben.

Während sich auf dem Großteil des Marktes alles um Kochzutaten dreht, ist der Teil nördlich der Th Charoen Krung (entspricht der Soi 21, Th Charoen Krung) für seine Stände mit Räucherstäbchen, aus Papier hergestellten Gegenständen und Naschwerk für feierliche Anlässe bekannt – allesamt wichtige Elemente einer traditionellen chinesischen Begräbniszeremonie.

BANGKOK MIT KINDERN

Kinder sind fast überall willkommen, und selten stößt man auf Augenrollen und die Verärgerung, auf die man manchmal in westlichen Ländern stößt.

Kinderfreundliche Museen

Das **Children's Discovery Museum** (พิพิธภัณฑ์เด็ก; Karte S. 124; Th Kamphaengphet 4, Queen Sirikit Park; ⏲Di–Fr 9–17, Sa & So 10–18 Uhr; 🚼; Ⓜ Chatuchak Park Ausgang 1, Ⓢ Mo Chit Ausgang 1) GRATIS hat interaktive Ausstellungen zu Themen wie Bauwesen und Kultur. Das **Museum of Siam** (S. 76) ist zwar nicht speziell auf Kinder ausgerichtet, hat aber viele interaktive Exponate, die auch jüngere Besucher begeistern. Im Siam Discovery gibt's eine Filiale des berühmten Wachsfigurenkabinetts **Madame Tussauds** (Karte S. 106; www.madametussauds.com; 4. OG, Siam Discovery, Ecke Rama I & Th Phayathai; Erw./Kind 990/790 B; ⏲10–21 Uhr; Ⓢ Siam Ausgang 1).

In der **Ancient City** (S. 171), einer Attraktion im Freien außerhalb der Stadt, sind die berühmtesten Monumente Thailands nachgebaut. Sie sind durch Radwege miteinander verbunden und laden förmlich dazu ein, auf ihnen herumzuklettern.

Parks, Spielplätze & Zoos

Der **Lumphini-Park** ist in den kühlen Morgen- und Abendstunden ein perfekter Ort, um Drachen steigen zu lassen, mit einem Schwanenboot zu fahren oder die Fische zu füttern. Im nahegelegenen **Queen Saovabha Memorial Institute** erleben Kinder, wie Giftschlangen nicht ganz freiwillig zur Gewinnung von Antiseren „gemolken" werden.

Der **Dusit-Zoo** (สวนสัตว์ดุสิต/เขาดิน; Karte S. 120; www.dusitzoo.org; Th Ratchawithi; Erw./Kind 150/70 B; ⏲8–18 Uhr; ⛴ Thewet Pier, Ⓢ Phaya Thai Ausgang 3 & Taxi) besitzt schattige Anlagen, einen See mit Tretbooten und einen Kinderspielplatz.

Von den speziell auf Kindern ausgerichteten Erlebniszentren kommen das **Fun-arium** (Karte S. 110; ☎02 665 6555; www.funarium.co.th; 111/1 Soi 26, Th Sukhumvit; 110–330 B; ⏲Mo–Do 9–18, Fr–So bis 19 Uhr; 🚼; Ⓢ Phrom Phong Ausgang 1 & Taxi), die größte Einrichtung dieser Art im Zentrum von Bangkok, oder das beeindruckende **KidZania** (Karte S. 106; ☎02 683 1888; www.bangkok.kidzania.com; 5. OG, Siam Paragon, 991/1 Rama I; Erw. 425–500 B, Kind 425–1000 B; ⏲Mo–Fr 10–17, Sa & So 10.30–20 Uhr; Ⓢ Siam Ausgangs 3 & 5) in Betracht. Alternativ bieten sich nördlich der Stadt die großen Vergnügungsparks **Siam Park City** (Karte

Wat Mangkon Kamalawat BUDDHISTISCHER TEMPEL

(วัดมังกรกมลาวาส; Karte S. 88; Ecke Th Charoen Krung & Th Mangkon; ⏲6–18 Uhr; ⛴ Tha Ratchawong, Ⓜ Hua Lamphong, Ausgang 1 & Taxi) GRATIS Weihrauchschwaden und Gesänge bilden die Kulisse in diesem Mahayana-Buddhisten-Tempel im chinesischen Stil. Rund um den Tempel bieten Verkäufer Speisen für die Götter an – gedünstete Teigtaschen in Lotusblütenform und Orangen –, die dem Tempel für verschiedene Verdienste gespendet werden. Der Tempel stammt von 1871 und ist das größte und wichtigste religiöse Gebäude in der Gegend. Während des jährlichen Vegetarierfests (S. 114) herrscht hier ein besonders lebendiges religiöses und kulinarisches Treiben.

Talat Noi STADTVIERTEL

(ตลาดน้อย; Karte S. 92; abseits der Th Charoen Krung; ⏲7–19 Uhr; ⛴ Tha Marine Department) Hier, abseits der Th Charoen Krung, offenbart sich dem Besucher ein Mikrokosmos des einheimischen Lebens. Das Viertel ist nach einem kleinen *(nóy)* Markt *(đà·làht)* benannt, der sich zwischen der Soi 22 und Soi 20 erstreckt. Wer hier umherschlendert, kann auf seinem Weg durch die strahlförmigen Gassen, die alle irgendwie miteinander verbunden scheinen, in Nudelshops, ölverschmierte Maschinenläden und die Wohnzimmer der Anwohner hineinspicken.

Phahurat STADTVIERTEL

(พาหุรัด; Karte S. 88; Th Chakkaraphet; ⏲9–17 Uhr; ⛴ Tha Saphan Phut (Memorial Bridge), Tha Pak Klong Taladd) Im kleinen, aber geschäftigen Little India Bangkoks gibt es Unmengen an winzigen Läden, in denen begeisterte Händler aus Südostasien alles Indische von Bollywood-Filmen bis hin zu Bindis verkaufen. Ein toller Ort, um einfach umherzuschlendern und hier und da einen Masala Chai oder eine Süßspeise aus dem Punjab zu probieren.

S. 168; ☎ 02 919 7200; www.siamparkcity.com; 203 Th Suansiam; Erw./Kind 30/25 US$; ⊙ 10–18 Uhr; M Chatuchak Park Ausgang 2 & Taxi, S Mo Chit Ausgang 1 & Taxi) und **Dream World** (Karte S. 168; ☎ 02 577 8666; www.dreamworld.co.th; 62 Mu 1, Th Rangsit-Nakornnayok, Pathum Thani; ab 1200 B; ⊙ Mo–Fr 10–17, Sa & So bis 19 Uhr; M Chatuchak Park Ausgang 2 & Taxi, S Mo Chit Ausgang 1 & Taxi) an.

Spaß an Regentagen

Bei einem Besuch mit Kindern während der Regenzeit (ca. Juni–Okt.) muss man unbedingt ein paar Optionen in geschützten Innenbereichen in der Hinterhand haben.

Sowohl im **MBK Center** (S. 158) als auch im **Siam Paragon** (Karte S. 106; www.siamparagon.co.th; 991/1 Rama I; ⊙ 10–22 Uhr; S Siam Ausgangs 3 & 5) gibt's Bowlingbahnen, auf denen sich größere Kinder austoben können. Letzteres hat außerdem ein IMAX-Kino und das Aquarium **Sea Life Ocean World** (Karte S. 106; www.sealifebangkok.com; UG, Siam Paragon, 991/1 Rama I; Erw./Kind ab 490/350 B; ⊙ 10–21 Uhr; S Siam Ausgangs 3 & 5) zu bieten. An sehr heißen Tagen ist die Eisbahn im **CentralWorld** (Karte S. 106; www.centralworld.co.th; Th Ratchadamri; ⊙ 10–22 Uhr; S Chit Lom Ausgang 9 zum Sky Walk, Siam Ausgang 6 zum Sky Walk) eine Alternative. Die meisten Einkaufszentren haben Vergnügungszonen mit Videospielen, kleinen Rides und Spielplätzen. Im **Gateway Ekamai** (Karte S. 110; www.gatewayekamai.com; 982/22 Th Sukhumvit; ⊙ 10–22 Uhr; ❄; S Ekkamai Ausgang 4) gibt's eine Spielhalle und einen Ableger von **Stanley MiniVenture** (Karte S. 110; www.stanleyminiventure.com; 2. OG, Gateway Ekamai, 982/22 Th Sukhumvit; Erw./Kind 500/400 B; ⊙ 10–20 Uhr), eine wie eine Modelleisenbahn anmutende Miniaturstadt.

Infos im Internet

Bambi (www.bambiweb.org) Eine nützliche Info-Adresse für Eltern in Bangkok.

Bangkok.com (www.bangkok.com/kids) Bietet eine schwindelerregende Liste von Aktivitäten für Kinder.

Thorn Tree Kids To Go forum (www.lonelyplanet.com/thorntree/forums/kids-to-go) Im Community-Forum von Lonely Planet findet man Fragen und Antworten von anderen Travellern, die mit Kindern unterwegs sind.

Am meisten ist in der nicht ausgeschilderten Soi ATM los, die entlang dem riesigen Einkaufszentrum **India Emporium** (⊙ 10–22 Uhr) verläuft.

Church of Santa Cruz KIRCHE

(โบสถ์ซางตาครู้ส; Karte S. 88; Soi Kuti Jiin; ⊙ Sa & So 7–12 Uhr; Flussfähre ab Atsadang Pier) Vor Jahrhunderten, ehe Sukhumvit zu Bangkoks internationalem Viertel wurde, stellten die Portugiesen auf einem Stück Land am Flussufer, das ihnen König Taksin als Dank für ihre Unterstützung nach dem Sturz von Ayutthaya geschenkt hatte, ihre Fahne auf. Auf diesem Konzessionsgebiet wurde 1913 die Church of Santa Cruz errichtet.

Ufergebiet

Im Ufergebiet kann man hervorragend ziellos inmitten alter Gebäude herumspazieren. Dieser Abschnitt des Mae Nam Chao Phraya war früher Bangkoks internationale Zone und hat sich bis heute ein besonderes chinesisches und muslimisches Flair erhalten. Die meisten Sehenswürdigkeiten kann man an einem Morgen besichtigen; ein guter Ausgangspunkt ist die BTS-Station Saphan Taksin.

★ **Bangkok-Museum** MUSEUM

(พิพิธภัณฑ์ชาวบางกอก; Karte S. 92; 273 Soi 43, Th Charoen Krung; Eintritt gegen Spende; ⊙ Mi–So 10–16 Uhr; Si Phraya/River City Pier) Das Bangkok-Museum beleuchtet in drei alten Gebäuden aus dem frühen 20. Jh. eine oft vernachlässigte Ära der Stadtgeschichte und vermittelt einen Blick auf das Bangkok, das heute in rasantem Tempo verschwindet.

Das Hauptgebäude wurde 1937 als Wohnhaus der Familie Surawadee erbaut und zwar, wie die Infotafeln verraten, von chinesischen Zimmermännern für weniger als die veranschlagten 2400 B (von denen man sich heute wohl nicht mal mehr einen Türgriff

Ufergebiet

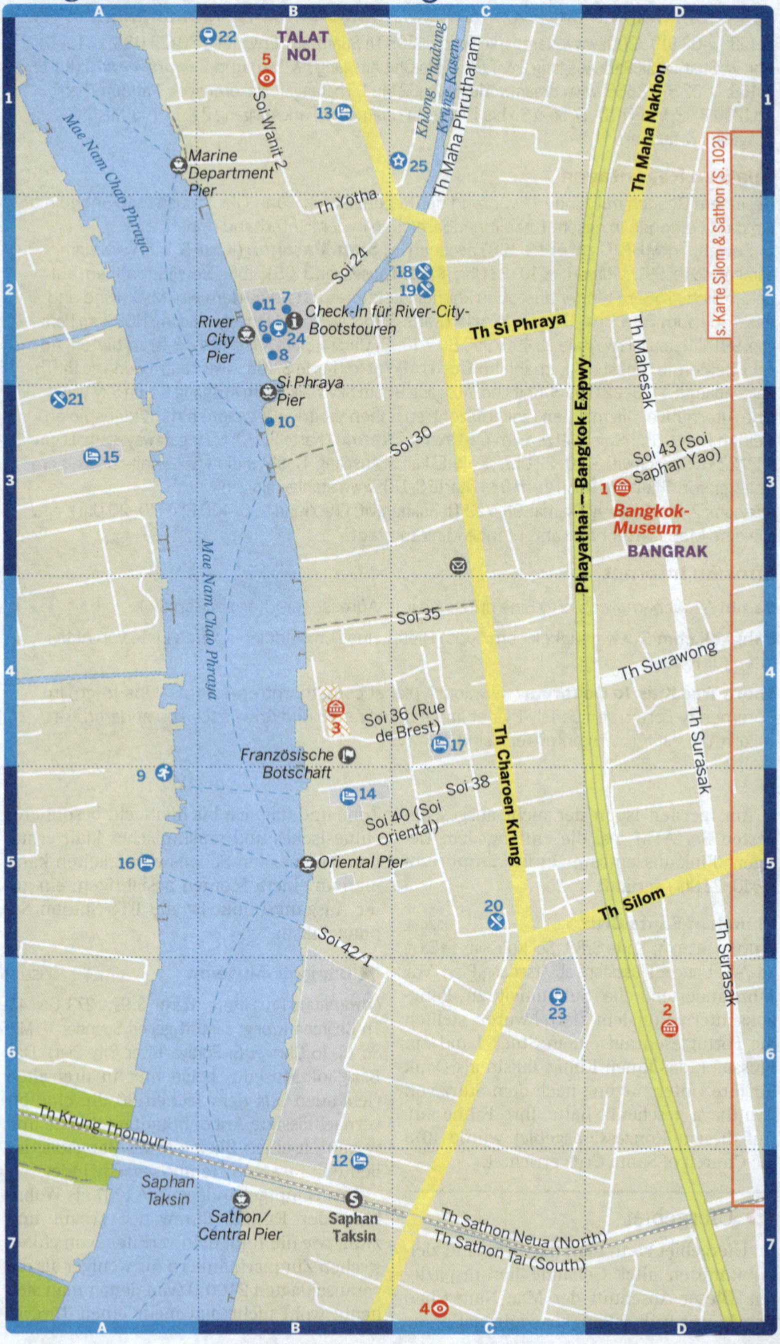

0
400 m
A
B
C
D
1
2
3
4
5
6
7
TALAT NOI
Soi Wanit 2
Marine Department Pier
Mae Nam Chao Phraya
Khlong Phadung Krung Kasem
Th Maha Phrutharam
Th Yotha
Soi 24
Th Maha Nakhon
s. Karte Silom & Sathon (S. 102)
Check-In für River-City-Bootstouren
River City Pier
Si Phraya Pier
Th Si Phraya
Th Mahesak
Soi 30
Phayathai – Bangkok Expwy
Soi 43 (Soi Saphan Yao)
Bangkok-Museum
BANGRAK
Soi 35
Th Surawong
Soi 36 (Rue de Brest)
Französische Botschaft
Th Charoen Krung
Th Surasak
Soi 38
Soi 40 (Soi Oriental)
Oriental Pier
Th Silom
Soi 42/1
Th Krung Thonburi
Saphan Taksin
Sathon/ Central Pier
Saphan Taksin
Th Sathon Neua (North)
Th Sathon Tai (South)
1
2
3
4
5
6
7
8
9
10
11
12
13
14
15
16
17
18
19
20
21
22
23
24
25

Ufergebiet

Highlights
1 Bangkok-Museum D3

Sehenswertes
2 Number 1 Gallery D6
3 Altes Zollhaus B4
4 Sathorn Unique Tower C7
5 Talat Noi B1

Aktivitäten, Kurse & Touren
6 Chao Phraya Princess B2
Chaophraya Cruise .... (siehe 6)
7 Co van Kessel Bangkok Tours B2
8 Grand Pearl B2
Oriental Hotel Thai Cooking School .... (siehe 9)
9 Oriental Spa A5
Supanniga Cruise .... (siehe 6)
10 Wan Fah B3
11 White Orchid B2

Schlafen
12 Glur Bangkok B7
13 Loftel 22 .... B1
14 Mandarin Oriental B5
15 Millennium Hilton A3
16 Peninsula Hotel A5
17 Swan Hotel C4

Essen
18 80/20 .... C2
Le Normandie .... (siehe 14)
19 Little Market C2
20 Muslim Restaurant C5
21 Never Ending Summer A3

Ausgehen & Nachtleben
22 River Vibe B1
23 Sky Bar C6
24 Viva & Aviv B2

Unterhaltung
Bamboo Bar .... (siehe 14)
25 SoulBar C1

kaufen könnte). Dieses Gebäude und das große Holzhaus rechts daneben – es wurde als Pension dazugebaut, um die Kosten besser stemmen zu können – sind bis oben hin mit Schnickschnack aus dem Nachkriegs-Alltag der Familie gefüllt und geben einen faszinierenden Einblick in jene Zeit. Das dritte Gebäude hinter dem Block entstand 1929 als Praxis für einen britischen Arzt, der jedoch schon kurz nach seiner Ankunft in Thailand starb.

Number 1 Gallery GALERIE
(Karte S. 92; www.number1gallery.com; 19 Soi 21, Th Silom; Mo–Sa 10–19 Uhr; S Surasak Ausgang 3) GRATIS Die Kunstgalerie hat sich mit publikumsträchtigen Ausstellungen zeitgenössischer thailändischer Künstler wie Vasan Sitthiket, Sutee Kunavichayanont und Thaweesak Srithongdee einen Namen gemacht.

Altes Zollhaus HISTORISCHES GEBÄUDE
(กรมศุลกากร; Karte S. 92; Soi 36, Th Charoen Krung; Tha Oriental) Das in den 1890er-Jahren erbaute, von einem italienischen Architekten entworfene ehemalige Zollhaus des Landes war einst das Tor nach Thailand. Hier wurden Händlern, die ins Königreich ein- oder ausreisen wollten, die Steuern abgeknöpft. Die Vordertür öffnet sich in Richtung der Haupteinnahmequelle (dem Fluss) und die großartige Fassade ist mit zeremoniellen Dekorationen wie Säulen und Oberlichtern geschmückt.

Sathorn Unique Tower HISTORISCHES GEBÄUDE
(Karte S. 92; Soi 51, Th Charoen Krung; Sathon/Central Pier, S Saphan Taksin) Der Bau des Sathorn Unique Tower – dieser wird allgemein nur Ghost Tower („Geister-Turm") genannt, weil den Einheimischen zufolge auf dem Grundstück früher ein Friedhof war – begann 1990. Als der Turm zu etwa 75 % fertig war, erreichte 1997 die Asienkrise ihren Höhepunkt. Die Gelder verschwanden und der Bau wurde ganz einfach auf Eis gelegt. Seitdem steht der Turm halbfertig in der Gegend herum.

Lumphini-Park & Rama IV

Mit 58 ha ist der Lumphini-Park der größte und beliebteste im Zentrum Bangkoks. Der einfachste Weg hierher führt über die BTS-Station Sala Daeng oder die MRT-Stationen Si Lom bzw. Lumphini.

★ **Lumphini-Park** PARK
(สวนลุมพินี; Karte S. 94; begrenzt durch Th Sarasin, Rama IV, Th Witthayu/Wireless Rd & Th Ratchadamri; 4.30–21 Uhr; M Lumphini, Ausgang 3, Si Lom, Ausgang 1, S Sala Daeng, Ausgang 3, Ratchadamri, Ausgang 2) Der nach Buddhas Geburtsort in Nepal benannte Lumphini-Park bietet die beste Möglichkeit, Bangkok zu entfliehen, ohne die Stadt zu verlassen. Schattige Wege, ein großer künstlicher See und gepflegte Rasenflächen lassen einen den dröhnenden Verkehr und die hoch aufragenden Betonklötze der Stadt für kurze Zeit vergessen.

Lumphini-Park & Th Phra Ram IV

Hier gibt's auch Paddelboote für Verliebte, Spielplätze für die Kinder und riesige Warane, die die gesamte Familie unterhalten. Am besten besucht man den Park vor 7 Uhr, wenn die Luft noch frisch ist (naja, zumindest für Bangkoker Verhältnisse) und sich Heerscharen von Thai-Chinesen dem Tai Chi widmen. In den kühleren Abendstunden erwacht der Park erneut zum Leben, wenn Aerobic-Fans gemeinsam zu Technobeats schwitzen. Spät am Abend werden die Parkränder von weiblichen und männlichen Prostituierten bevölkert.

Silom & Sathon

Die Th Silom mit ihren hoch aufragenden Hotels und Bürogebäuden ist sozusagen das Finanzviertel von Bangkok. An der angrenzenden Th Sathon liegen zahlreiche Botschaften, und im unteren Abschnitt der Th Silom befindet sich Bangkoks Schwulenviertel.

Die BTS-Station Sala Daeng und die MRT-Station Si Lom liegen an der unteren Th Silom. Sie sind perfekte Ausgangspunkte für eine Stippvisite in den Lumphini-Park oder in die Restaurants und zu den Sehenswürdigkeiten der Gegend.

Schlangenfarm Queen Saovabha Memorial Institute

ZOO

(สถานเสาวภา; Schlangenfarm; Karte S. 102; Ecke Rama IV & Th Henri Dunant; Erw./Kind 200/50 B; Mo–Fr 9.30–15.30, Sa & So bis 13 Uhr; M Si Lom, Ausgang 1, S Sala Daeng, Ausgang 3) Thailands Schlangenfarmen sind sehr häufig eher eine Art Karnevalsdarbietung als Einrichtungen zum Wohl der Tiere – das 1923 gegründete Queen Saovabha Memorial Institute stellt hier jedoch eine echte Ausnahme dar. Auf der Schlangenfarm werden Antiseren hergestellt. Dazu werden die Tiere „gemolken" und das so gewonnene Gift wird Pferden injiziert. Diese produzieren ein Gegengift, das entnommen, gereinigt und

Lumphini-Park & Th Phra Ram IV

Highlights
1 Lumphini-Park B2

Sehenswertes
2 Bangkok CityCity Gallery C3

Aktivitäten, Kurse & Touren
3 Babylon C4
4 Banyan Tree Spa B3

Schlafen
5 ETZzz Hostel D3
6 LUXX XL B1
7 Metropolitan by COMO B3
8 S1 Hostel C4
9 Sofitel So B3
10 Sukhothai Hotel B3
11 Urban House A3

Essen
12 Issaya Siamese Club D4
13 Kai Thort Jay Kee C1
14 nahm A3

Ausgehen & Nachtleben
15 Moon Bar B3
Park Society .... (siehe 9)
16 Smalls A4
17 Wong's Place C4

schließlich zur Behandlung von Menschen eingesetzt wird, die von Giftschlangen gebissen wurden. Im Amphitheater im Freien gibt es regelmäßiges Schaumelken (Mo–Fr 11 Uhr) sowie weitere Vorführungen mit Schlangen (Mo–Fr 14.30 und Sa & So 11 Uhr).

M.R.-Kukrit-Pramoj-Haus HISTORISCHES GEBÄUDE
(บ้านหมอมราชวงศ์คึกฤทธิ์ปราโมช; Karte S. 102; 02 286 8185; Soi 7, Th Naradhiwas Rajanagarindra/Chong Nonsi; Erw./Kind 50/20 B; 10–16 Uhr; S Chong Nonsi, Ausgang 2) Der charmante Gebäudekomplex, in dem einst der Schriftsteller und Staatsmann Mom Ratchawong Kukrit Pramoj (1911–1995) lebte, ist heute der Öffentlichkeit zugänglich. Umgeben von einem gepflegten Garten, gewähren die fünf Teakhäuser den Besuchern einen Einblick in die traditionelle thailändische Kunst und Architektur. Man erfährt auch einiges über den früheren Besitzer der Anlage, der von 1974 bis 1975 Ministerpräsident von Thailand war und über 150 Bücher schrieb und 20 Jahre darauf verwendete, dieses Anwesen auszuschmücken.

Sri-Mariamman-Tempel HINDU-TEMPEL
(วัดพระศรีมหาอุมาเทวี/วัดแขก; Wat Phra Si Maha Umathewi; Karte S. 102; Ecke Th Silom & Th Pan; Mo–Do 6–20, Fr bis 21, Sa & So bis 20.30 Uhr; S Surasak, Ausgang 3) GRATIS Der Sri-Mariamman-Tempel besticht durch seine atemberaubende Extravaganz. Er ist eine wilde Mischung aus Farben, Formen und Gottheiten. Er wurde in den 1860er-Jahren von tamilischen Einwanderern errichtet und seine 6 m hohe Fassade ist mit ineinandergreifenden Hindu-Gottheiten in bunten Farben geschmückt. Zwar stammt die Mehrheit der Menschen, die im Tempel arbeiten, vom indischen Subkontinent, dennoch sieht man hier oft auch thailändische und chinesische Gläubige, die ihre Gebete sprechen. Dies liegt daran, dass für viele von ihnen auch die Hindu-Götter eine wichtige Rolle spielen.

Der offizielle Name des Tempels ist Wat Phra Si Maha Umathewi, oft wird er aber einfach Wat Khaek genannt. Das Wort *kàak* ist eine umgangssprachliche Bezeichnung für Menschen indischer Abstammung und bedeutet „Gast" – ein Euphemismus für eine Gruppe, die man sich eigentlich nicht als Mitbürger wünscht. Daher mögen viele in Thailand lebende Inder diesen Ausdruck nicht.

Siam Square & Pratunam

Die mehrstöckigen Megamalls, Einkaufsmeilen unter freiem Himmel und nicht enden wollenden Märkte lassen keinen Zweifel offen, dass dies Bangkoks Einkaufsviertel ist. Wer wirklich auf Shoppingtour gehen will, sollte sich einen Großteil des Tages freihalten, um hier seine Baht zu verprassen. Am besten kommt man gegen 11 Uhr, wenn der Andrang am geringsten ist. Außerdem meidet man besser die Sonntage, wenn scheinbar halb Bangkok in den klimatisierten Einkaufszentren unterwegs ist.

Den Siam Sq erreicht man am einfachsten mit dem BTS (Skytrain).

★ **Jim-Thompson-Haus** HISTORISCHES GEBÄUDE
(เรือนไทยจิมทอมปสัน; Karte S. 106; www.jimthompsonhouse.com; 6 Soi Kasem San 2; Erw./Schüler 150/100 B; 9–18 Uhr, Besuch nur mit Führung, alle 20 Min.; Klorng-Boot bis Sapan Hua Chang Pier, S Nationalstadion, Ausgang 1) Das dschungelartig bewachsene Anwesen war einst das Heim des namensgebenden amerikanischen

DIE VERSINKENDE STADT

Große Teile Bangkoks liegen nur rund 1,5 m über dem Meeresspiegel, und die Stadt sinkt pro Jahr 2 cm tiefer ab. Manche Wissenschaftler fürchten, dass die Stadt aufgrund des steigenden Meeresspiegels innerhalb der nächsten 15 Jahre überflutet werden könnte.

Seidenhändlers und Kunstsammlers. Der 1906 in Delaware geborene Thompson war während des Zweiten Weltkriegs für kurze Zeit in Thailand für das Office of Strategic Services (den Vorgänger der CIA) tätig. Nach dem Krieg ließ er sich in Bangkok nieder, als er auf die von Hand hergestellte Seide seines Nachbarn aufmerksam wurde und sein Geschäftssinn geweckt worden war. Er schickte Muster des feinen Stoffes an Modehäuser in Mailand, London und Paris und baute sich allmählich weltweit einen festen Kundenstamm auf.

Neben Textilien sammelte Thompson auch Teile diverser abgebrochener alter Häuser, die er 1959 an ihrem heutigen Standort wieder aufbaute. Einige stammen aus der alten Hauptstadt Ayutthaya, andere – wie das erste Haus, das man bei der Führung betritt – stammen aus Baan Khrua und wurden mit Flößen über den *klorng* (Kanal; auch „khlong" ausgesprochen) geschafft. Beim Wiederaufbau wurden die Außenwände nach innen gekehrt, sodass die Fachwerkkonstruktion zu erkennen ist. Im Haupthaus sind auch Thompsons kleine, aber feine Sammlung asiatischer Kunst und seine persönlichen Habseligkeiten ausgestellt.

Thompsons Geschichte endet jedoch nicht mit seiner informellen Herrschaft als am besten angepasster Ausländer Bangkoks. Bei einem nachmittäglichen Spaziergang im Jahr 1967 in den Cameron Highlands im Westen Malaysias verschwand Thompson spurlos. Im selben Jahr wurde seine Schwester in den USA ermordet. Das lieferte Stoff für die unterschiedlichsten Verschwörungstheorien: Steckten kommunistische Spione dahinter? Oder geschäftliche Konkurrenten? Oder gar ein menschenfressender Tiger? Das Rätsel wurde zwar nie gelöst, aber die Hinweise des amerikanischen Journalisten Joshua Kurlantzick in seinem Porträt von Thompson, *The Ideal Man,* legen nahe, dass die lautstarke antiamerikanische Haltung, die Thompson in seinen späteren Jahren einnahm, ihn zu einem potenziellen Ziel der CIA machte.

Traveller sollten sich vor den gut gekleideten Schleppern in der *soi* nahe dem Thompson-Haus in Acht nehmen, die ihnen weismachen wollen, das Museum sei geschlossen, um sie in windige Läden zu locken.

Erawan-Schrein — DENKMAL

(ศาลพระพรหม; Karte S. 106; Ecke Th Ratchadamri & Th Phloen Chit; ⏲6–23 Uhr; Ⓢ Chit Lom, Ausgang 8) GRATIS Der Erawan-Schrein wurde ursprünglich 1956 erbaut und war ein letzter verzweifelter Versuch, eine Unglücksserie rund um den Bau eines damals als Erawan Hotel bekannten Hotels zu beenden.

Nach mehreren Zwischenfällen, von verletzten Bauarbeitern bis hin zum gesunkenen Schiff, das Marmor für das Hotel transportiert hatte, wurde ein Brahmanen-Priester um Rat gefragt. Da das Hotel nach der Elefanteneskorte Indras aus der Hindu-Mythologie benannt werden sollte, entschied der Priester, dass Erawan einen Passagier brauche, und schlug dafür den Gott Brahma vor. Eine Statue wurde errichtet – und die Unglücksserie war beendet.

Obwohl das ursprüngliche Erawan Hotel 1987 abgerissen wurde, gibt's den Schrein dazu immer noch und er ist bis heute eine wichtige Pilgerstätte für Thailänder, besonders für solche, die auf materielle Unterstützung hoffen. Wer an der Statue einen Wunsch loswerden möchte, sollte zwischen 7 und 8 Uhr oder zwischen 19 und 20 Uhr kommen und eine ganze Reihe bestimmter Dinge darbringen, darunter Kerzen, Räucherstäbchen, Zuckerrohr oder Bananen, die fast ausschließlich in Siebenerpacks offeriert werden. Besonders beliebt sind Elefanten aus Teakholz. Die Einnahmen vom Verkauf dieser Gaben werden einer gemeinnützigen Organisation gespendet, die vom gegenwärtigen Hotel, dem Grand Hyatt Erawan, geleitet wird. Ebenso ist es möglich (das lässt sich den Touristenbroschüren entnehmen), eine traditionelle Thai-Tanzaufführung zu buchen, was oft gemacht wird, wenn ein Wunsch in Erfüllung gegangen ist.

Im August 2015 explodierte in der Nähe des Schreins eine Bombe. Dabei wurden 20 Menschen getötet und der Schrein wurde leicht beschädigt. Er wurde ausgebessert und war zwei Tage später wieder geöffnet.

Lingam-Schrein — DENKMAL

(ศาลเจ้าแม่ทับทิม; Karte S. 106; Swissôtel Nai Lert Park, Th Witthayu/Wireless Rd; ⏲24 Std.;

UNRUHEN & TRAGÖDIEN AM ERAWAN-SCHREIN

Die aufwendig gekleideten Tänzerinnen, die am Hindu-Schrein vor dem Hotel Grand Hyatt Erawan klassische thailändische Tänze vorführen, sind ein touristisches Klischee in Bangkok. Das ist zwar – im Gegensatz zu vielen anderen Dingen in Thailand – kein für die Touristen veranstaltetes Spektakel, es steckt aber viel hinter der abgeklärten Fassade.

Nachdem er 50 Jahre lang ein weitgehend friedliches Dasein gefristet hatte, geriet der Erawan-Schrein ins Zentrum der Aufmerksamkeit, als am 21. März 2006 kurz nach Mitternacht der 27 Jahre alte geistesgestörte und unter Depressionen leidende Thanakorn Pakdeepol die hochverehrte vergoldete Gipsfigur Brahmas mit einem Hammer zerstörte. Zwei Thailänder, die in der Gegend Müll sammelten, stellten Thanakorn fast unmittelbar nach der Tat und prügelten ihn zu Tode. Die Regierung ordnete zwar eine schnelle Wiederherstellung der Statue an, aber der Vorfall wurde zu einem befeuernden Omen für die Protestbewegung gegen den damaligen Ministerpräsidenten Thaksin Shinawatra, die zu dieser Zeit schon in vollem Gange war. Bei einer Kundgebung am folgenden Tag unterstellte der Protestführer Sondhi Limthongkul dem Ministerpräsidenten, er habe die Zerstörung der Statue angeregt, weil er die Gottheit durch eine „dunkle Macht" ersetzen wolle. In der Hauptstadt machten Gerüchte die Runde, Thaksin hätte kambodschanische Schamanen angeheuert, die Thanakorn verhext hätten, damit er das Sakrileg begehen würde. Angesprochen auf Sondhis Unterstellungen erklärte Thaksin nur, diese seien absurd. Die neue Statue, in die Teile der alten eingearbeitet waren, wurde einen Monat später aufgestellt. Thaksin wurde noch im gleichen Jahr durch einen Militärputsch gestürzt und lebt seit 2008 im Exil.

Im Jahr 2010 wurde die Ratchaprasong-Kreuzung, an der sich der Schrein befindet, zum wichtigsten Schauplatz für Demonstrationen der regierungskritischen „Rothemden". Sie hielten das Gelände mehrere Monate besetzt. Die Bilder der vorwiegend armen, vom Land stammenden Demonstranten, die vor den Luxusläden an der Ratchaprasong campierten, gingen rund um die Welt. Als das Gelände schließlich am 19. Mai vom Militär geräumt wurde, kamen dabei fünf Personen zu Tode und fliehende Demonstranten steckten das nahegelegene Einkaufszentrum CentralWorld in Brand.

Das CentralWorld wurde 2012 renoviert, aber schon ein Jahr später wurde die Ratchaprasong-Kreuzung erneut Schauplatz großer Demonstrationen, dieses Mal von Gegnern der damaligen Ministerpräsidentin Yingluck Shinawatra, Thaksins Schwester. Diese Demonstrationen wurden allgemein als *Shutdown Bangkok* bezeichnet (auf Protest-Artikeln prangte das Computersymbol für Ausschalten). Die Bilder der Demonstranten, die dieses Mal hauptsächlich der städtischen Mittel- und Oberschicht angehörten, bildeten keinen so großen Kontrast zu den Fassaden der schicken Einkaufszentren. Am 20. Mai 2014 verhängte die thailändische Armee das Kriegsrecht und übernahm mit einem Staatsstreich die Macht, und die Demonstrationen lösten sich auf.

Das schlimmste Ereignis in der Geschichte des Schreins stand aber noch bevor. Am Abend des 17. August 2015 explodierte eine auf dem Gelände des Erawan-Schreins versteckte Bombe. Zwanzig Menschen wurden getötet und mehr als 120 verletzt. Ministerpräsident Prayut Chan-o-cha bezeichnete den Terrorakt als „den schlimmsten, der jemals in Thailand verübt wurde". Mehr als zwei Jahre nach der Tat sind inzwischen zwei Verdächtige verhaftet und stehen vor Gericht, aber ihre Motive sind unklar und ein Urteil steht noch aus.

Warum gibt es so viel Unruhe rund um einen Schrein, der doch positive Kräfte freisetzen soll? Manche Esoteriker meinen, der Erawan-Schrein stehe auf Land, auf dem übernatürliche Mächte schon seit Langem im Streit lägen. Andere meinen, das Gelände sei spirituell „überbelegt", weil andere Gebäude in der Gegend ebenfalls Hindu-Schreine besitzen, die untereinander um die Vorherrschaft konkurrieren. Auf jeden Fall sind in Thailand Politik, Religion, Glück und Unglück oft eng miteinander verbunden.

Klorng-Boot bis Wireless Pier, S Phloen Chit, Ausgang 1) GRATIS Jedes Viertel hat seinen eigenen lokalen Schrein, entweder in Form eines von bunten Tüchern umschlungenen heiligen Banyanbaums oder eines Geisterhauses (*san phra phum*). Ein Garten voller Phallus-

ABSTECHER

SEIDENWEBEREI IN BAAN KHRUA

Das am Kanal gelegene Viertel **Baan Khrua** (บ้านครัว; Karte S. 106; Klorng-Boot bis Sapan Hua Tha Chang, S Ratchathewi, Ausgang 1, National Stadium, Ausgang 1) stammt aus jenen turbulenten Jahren Ende des 18. Jhs., als muslimische Cham aus Kambodscha und Vietnam an der Seite des neuen thailändischen Königs kämpften und als Dank dafür dieses Stück Land östlich der neuen Hauptstadt erhielten. Die Einwanderer brachten die Tradition des Seidenwebens mit sich in die neue Heimat und nachdem sie den Khlong Saen Saeb ausgehoben hatten, um besser an den Fluss angebunden zu sein, stieg die Zahl der Bewohner immer weiter.

Die 1950er- und 1960er-Jahre waren für Baan Krua eine Blütezeit, nachdem Jim Thompson die Weber angestellt hatte und ihre Seide in alle Welt exportierte. In den letzten 50 Jahren hat sich die Situation jedoch immer mehr verschlechtert. Nachdem Thompson verschwunden war, wurde auch die Seidenproduktion an andere Standorte verlagert und die Bevölkerung kämpfte 15 Jahre lang erfolgreich gegen den Bau einer Schnellstraße mitten durch ihr Viertel. Im Laufe der Zeit sind viele Muslime aus der Gegend fortgezogen und Schätzungen besagen, dass mittlerweile nur noch etwa 30 % der Bevölkerung Muslime sind. Der Rest setzt sich vorwiegend aus Zuwanderern aus dem Nordosten Thailands zusammen.

Heute besteht Baan Khrua aus alten, nah aneinander gebauten Wohnhäusern, die durch winzige Gassen verbunden sind, auf denen kaum zwei Personen aneinander vorbeikommen. Es gibt eine Moschee und zwei Familienunternehmen, **Phamai Baan Krua** (ผ้าไหมบ้านครัว; Karte S. 106; www.phamaibaankrua.com; Soi 9, Soi Phaya Nak; 8.30–17 Uhr) und **Aood Bankrua Thai Silk** (ลุงอู๊ดบ้านครัวไหมไทย; Karte S. 106; 02 215 9864; Soi 9, Soi Phaya Nak; 9–20 Uhr). Die beiden Firmen sind bis heute in jeden Schritt der Seidenherstellung – vom Färben der Fäden bis zum Weben der Stoffe auf alten, hölzernen Webstühlen – involviert. Phamai Baan Krua erhebt den Anspruch, das ursprüngliche Unternehmen zu sein. Das von dem auch Deutsch und Englisch sprechenden Niphon Manuthas geführte Unternehmen produziert immer noch jene hochwertige, handgewebte Seide, die einst Jim Thompson begeisterte, und das zu wesentlich günstigeren Preisen als in einem gewissen berühmteren Laden jenseits des *klorng*.

Nach dem Besuch des Jim-Thompson-Haus (S. 95) liegt Baan Khrua gleich auf dem Weg: Man muss einfach nur die Brücke über den Kanal am Ende der Soi Kasem San 3 überqueren. Alternativ geht man von der BTS-Station Ratchathewi in die Soi Phaya Nak, biegt nach links in die dritte Gasse ab – sie führt zur **Da-Ru-Fa-Lah Mosque** (มัสยิดดารูลฟะละฮ; Karte S. 106; tagsüber; S Ratchathewi Ausgang 1) – und folgt der Gasse bis zum Kanal. Hier biegt man rechts ab und folgt der Ausschilderung.

symbole hingegen ist wahrlich nicht alltäglich, doch man findet einen solchen hinter den Angestelltenunterkünften des Swissôtel Nai Lert Park.

Um zum Lingam-Schrein zu kommen, folgt man einem kleinen betonierten Weg, der rechts am Hoteleingang vorbeiführt. Dieser windet sich hinunter bis ins Innere des Gebäudes, das gleich neben dem Parkplatz steht. Der Schrein befindet sich am Ende des Gebäudes und direkt am Kanal.

Der millionenschwere Geschäftsmann Nai Loet erbaute hier ein Geisterhaus mit Schrein, das von Phallussymbolen aus behauenem Stein und Holz umgeben ist. Die Stätte wurde zu Ehren der Göttin Jao Mae Thap Thim errichtet, die in dem alten Banyanbaum des Geländes wohnen soll. Kurz nachdem der Schrein gebaut wurde, bekam irgendeine Frau, die hier eine Opfergabe dargebracht hatte, ein Kind und seither wird der Schrein von einem regen Strom Gläubiger besucht – meist junge Frauen, die um Fruchtbarkeit bitten.

Sukhumvit

Japanische Enklaven, Burger-Lokale, Zonen des nahöstlichen Nachtlebens, schäbige Sextouristen-Treffs – all das prägt die Th Sukhumvit, Bangkoks inoffizielles internationales Viertel. Dort, wo einst Tempel und vorstädtische Reisfelder standen, findet man heute Shoppingcenter, Bars und viele andere Einrichtungen für die thailändische Mittelklasse und die hier lebenden Ausländer.

Der BTS (Skytrain) verläuft entlang der Th Sukhumvit, wodurch es ein Leichtes ist, fast jedes Ziel in der Gegend zu erreichen.

★ Siam Society & Kamthieng House MUSEUM

(สยามสมาคม & บ้านคำเที่ยง; Karte S. 110; www.siam-society.org; 131 Soi 21/Asoke, Th Sukhumvit; Erw./Kind 100 B/frei; ⌚Di–Sa 9–17 Uhr; Ⓜ Sukhumvit, Ausgang 1, Ⓢ Asok, Ausgang 3 od. 6) Kamthieng House entführt Besucher in ein Dorf des nördlichen Thailands. In einem traditionellen Holzhaus erfährt man anhand verschiedener Ausstellungen Wissenswertes über Alltagsrituale, Volksglaube und die alltäglichen Hausarbeiten. Das Museum wird von der Siam Society betrieben, mit der es sich auch die Räumlichkeiten teilt. Die Siam Society ist Herausgeber des renommierten *Journal of the Siam Society* und beherzter Hüter der thailändischen Kultur.

Khlong Toey Market MARKT

(ตลาดคลองเตย; Karte S. 110; Ecke Th Ratchadaphisek & Rama IV; ⌚5–10 Uhr; Ⓜ Khlong Toei Ausgang 1) Von diesem Großmarkt – einem der größten der Stadt – stammen die meisten Lebensmittel, die man während seines Bangkok-Aufenthalts verputzt. Am besten kommt man früh her und bringt eine Kamera mit. Auch wenn man manche Ecken des Markts nicht wirklich als fotogen bezeichnen kann, geben die munteren Fischhändler und die Haufen von Durianfrüchten tolle Motive für Schnappschüsse ab. Gegen 10 Uhr haben die meisten Händler schon ihren Kram zusammengepackt und sind weg.

Ratchathewi

Ratchathewi hat weit weniger zu bieten als die benachbarten Viertel – es sei denn, man will auch die alltägliche, vorstädtische Seite Bangkoks kennenlernen. Die Attraktionen in der Gegend kann man in ein paar Stunden abklappern; die meisten liegen in Gehweite zur BTS-Station Victory Monument.

★ Suan-Pakkad-Palastmuseum MUSEUM

(วังสวนผักกาด; Karte S. 116; Th Sri Ayuthaya; 100 B; ⌚9–16 Uhr; Phaya Thai, Ausgang 4) Das oft übersehene Suan Pakkad ist ein echtes Schmuckstück. Die acht traditionellen thailändischen Holzhäuser dienten einstmals als Residenz der Prinzessin Chumbon von Nakhon Sawan und waren davor eine Salatfarm (in Thai bedeutet Suan Pakkad „Salatfarm"). Im Innern der Pfahlbauten sind Kunst, Antiquitäten und weitere Einrichtungsgegenstände ausgestellt. Das sorgsam gepflegte Gelände mit seinen Enten, Schwänen und einem halb abgeschlossenen Garten gleicht einer wunderbar friedlichen Oase.

Der winzige **Lack-Pavillon** im hinteren Teil des Anwesens stammt aus der Ayutthaya-Ära. In seinem Inneren sind mit Blattgold bedeckte *Jataka*- und *Ramayana*-Wandbilder sowie verschiedene Szenen aus dem Alltag jener Zeit zu bestaunen. Das Gebäude war einst Teil einer Klosteranlage am Ufer des Mae Nam Chao Phraya, unmittelbar südlich von Ayutthaya. In den größeren Wohngebäuden im vorderen Teil des Geländes werden buddhistische und hinduistische Kunst im Khmer-Stil, Keramik aus Ban Chiang sowie eine äußerst interessante Sammlung historischer **Buddhas** einschließlich einer wunderschönen Darstellung im späten U-Thong-Stil ausgestellt.

Baiyoke Tower 2 GEBÄUDE

(ตึกใบหยก ๒; Karte S. 116; 22 Th Ratchaprarop; 300 B; ⌚9–23 Uhr; ⛴ Klorng-Boot bis Tha Pratunam) Der Baiyoke Tower 2, Bangkoks höchstes Gebäude (der Titel wird ihm jedoch von einem „Superturm" entrissen werden, der 2021 fertiggestellt werden soll), ist ebenso hoch wie kitschig. Hinauf geht's durch einen Korridor, der mit Aliens und Planeten zugepflastert ist und in dem als Hintergrundmusik die Titelmelodie von *Star Wars* gespielt wird. Ganz oben im 84. Stock findet man sich dann auf einer sich drehenden Freiluftplattform wieder, von der aus man die Stadt mit ihren nicht enden wollenden Ausläufern betrachten kann.

Thewet & Dusit

Thewet, vor allem die Gegend um die Th Samsen, ist von der hektischen, turbulenten Atmosphäre geprägt, die oft mit Bangkok assoziiert wird. Der Fluss nebenan ist die einzige Erholung von der Action. Er ist auch ein guter Startpunkt zur Erkundung der Gegend, zumal die meisten Sehenswürdigkeiten und Restaurants nur einen kurzen Fußweg von der Anlegestelle der Flussfähre entfernt liegen.

Dusit andererseits ist Bangkoks ordentlichster Stadtteil mit baumgesäumten Alleen und herrschaftlichen Monumenten, wie man sie auch in Paris erwarten könnte. Die Sehenswürdigkeiten in Dusit sind relativ weit voneinander entfernt – am besten fährt man mit dem Taxi oder dem Túk-Túk.

★ Dusit Palace Park

MUSEUM, HISTORISCHE STÄTTE

(วังสวนดุสิต; Karte S. 120; begrenzt durch Th Ratchawithi, Th U Thong Nai & Th Nakhon Ratchasima; Eintritt für alle Sehenswürdigkeiten im Palastpark Erw./Kind 100/20 B, mit Ticket für den Großen Palast frei; ⌚Di–So 9.30–16 Uhr; ⛴Thewet Pier, Ⓢ Phaya Thai Ausgang 2 & Taxi) Nach seiner ersten Europa-Rundreise kam Rama V. (König Chulalongkorn; reg. 1868–1910) 1897 begeistert von europäischen Schlössern nach Hause und machte sich im heutigen Dusit Palast Park daran, diese Architekturstile auf einmalig thailändische Art abzuwandeln. Heute befinden sich in dem Palastkomplex ein Hausmuseum und andere kulturelle Sammlungen, da der derzeitige König anderswo wohnt.

Bei unserem letzten Besuch war der Dusit Palace Park vorübergehend wegen Renovierungen geschlossen und sollte demnächst wiedereröffnet werden; am Kartenschalter des Großen Palasts (S. 71) nachfragen.

Der **Vimanmek-Herrenhaus** (พระที่นั่งวิมานเมฆ) wurde ursprünglich 1868 auf der Insel Ko Si Chang erbaut und 1910 an seinen heutigen Standort versetzt. Er umfasst 81 Zimmer, Säle und Vorräume und gilt als weltweit größtes Gebäude aus „goldenem" Teakholz. Angeblich wurde bei seinem Bau kein einziger Nagel verwendet. Die Villa war das erste dauerhafte Gebäude auf dem Gelände des Dusit-Palasts und diente Rama V. Anfang des 20. Jhs. als Residenz. Drinnen sind verschiedene Gebrauchsgegenstände des Königs und ein wahrer Schatz aus Kunstobjekten und Antiquitäten der frühen Ratanakosin-Ära zu sehen. Die Villa kann nur im Rahmen von (englischsprachigen) Führungen besichtigt werden; diese dauern etwa eine Stunde und werden zwischen 9.45 und 15.15 Uhr alle halbe Stunde angeboten.

Das nahegelegene **Museum für alte Stoffe** (พิพิธภัณฑ์ผ้าไทยโบราณ) präsentiert eine wunderschöne Sammlung traditioneller Seiden- und Baumwollstoffe, die Teil der königlichen Tuchsammlung sind.

Der kleinere **Abhisek-Dusit-Thronsaal** (พระที่นั่งอภิเศกดุสิต) wurde 1904 ursprünglich für Rama V. erbaut. Er ist ein typisches Beispiel für die bessere Architektur jener Zeit. Die durch die viktorianische Ära beeinflusste Zuckerbäckerarchitektur und die maurischen Säulenhallen verschmelzen miteinander und schaffen eine beeindruckende, typisch thailändische Fassade. Im Saal wird eine hervorragende Ausstellung regionalen Kunsthandwerks von Mitgliedern der Stiftung Promotion of Supplementary Occupations & Related Techniques (Support), gezeigt, einer von Königin Sirikit unterstützten wohltätigen Organisation.

In der Nähe des Eingangs an der Th U Thong Nai gibt es zwei große Ställe, in denen einst drei weiße Elefanten untergebracht waren – Albinismus gilt als glücksverheißend und macht betroffene Tiere automatisch zum Eigentum des Königshauses. Heute ist hier das **Königlich-Thailändische Elefantenmuseum** (พิพิธภัณฑ์ช้างต้น) untergebracht. In einem der Gebäude sind Artefakte und Fotos ausgestellt, die die Bedeutung von Elefanten in der Geschichte Thailands vergegenwärtigen und erklären, nach welchen körperlichen Merkmalen ihr unterschiedlicher Status festgelegt wird. Im zweiten Stall befindet sich eine lebensgroße Skulptur des ersten Albino-Elefanten des vorigen Königs. Thailändische Besucher behandeln die in königliche Gewänder gehüllte Statue fast schon wie einen Schrein.

Da man sich hier auf königlichem Boden befindet, sollte man langärmelige Oberteile und lange Hosen (keine Capri-Hosen) oder lange Röcke tragen.

Wat Benchamabophit

BUDDHISTISCHER TEMPEL

(วัดเบญจมบพิตร/วัดเบญจะฯ; Karte S. 120; Ecke Th Si Ayuthaya & Rama V; 20 B; ⌚8–18 Uhr; ⛴Tha Thewet, Ⓢ Phaya Thai, Ausgang 3 & Taxi) Man kennt diesen Tempel von der Rückseite der 5-Baht-Münze. Die auffällige *bòht* des allgemein nur Wat Ben genannten Tempels aus weißem, aus Italien importiertem Marmor, wurde im späten 19. Jh. unter Rama V. erbaut. Die Asche des Königs befindet sich im Sockel der zentralen Buddhafigur, einer Kopie des Phra Phuttha Chinnarat in Phitsanulok, Nordthailand.

Das Gebäude ist, von außen wie von innen, ein einzigartiges Beispiel moderner thailändischer Tempelarchitektur. Die Innenarchitektur vermischt thailändische Eigenheiten mit europäischen Einflüssen: Die roten Teppiche, die mit Gold auf weißem Hintergrund gemalten, sich wiederholenden Motive an den Wänden, die wie Buntglasfenster bemalten Tapeten und die königsblaue Wand hinter dem zentralen Buddhabildnis erinnern doch stark an einen europäischen Palast. Das überrascht auch nicht allzu sehr, bedenkt man, wie begeistert Rama V. von Europa war. Weitere Beweise dafür finden sich auf der gegenüberliegenden Straßenseite im Park des Dusit-Palasts.

GALERIEBUMMEL IN BANGKOK

Bangkok scheint zwar oft den Kunstbanausen anzusprechen, der in uns allen steckt, besitzt aber auch eine vielfältige und entspannte Kunstszene. Hier einige der besseren Galerien der Stadt:

Bangkok CityCity Gallery (Karte S. 94; 083 087 2725; www.bangkokcitycity.com; 13/3 Soi 1, Th Sathon Tai/South; Mi–So 13–19 Uhr; M Lumphini Ausgang 2) GRATIS Neue, nach Aufmerksamkeit heischende Galerie.

100 Tonson Gallery (Karte S. 106; www.100tonsongallery.com; 100 Th Ton Son; Do–So 11–19 Uhr; S Chit Lom Ausgang 4) GRATIS Eine zwanglose Adresse für zeitgenössische Kunst.

Kathmandu Photo Gallery (Karte S. 102; www.kathmanduphotobkk.com; 87 Th Pan; Di–So 11–19 Uhr; S Surasak Ausgang 3) GRATIS Die einzige Galerie Bangkoks, die sich ausschließlich der Fotografie widmet.

Subhashok the Arts Centre (SAC; Karte S. 110; www.sac.gallery; 160/3 Soi 33, Th Sukhumvit; Sa 10–17.30, So 12–18 Uhr; S Phrom Phong Ausgang 6 & Taxi) Eine der ambitioniertesten Galerien der Stadt.

H Gallery (Karte S. 102; www.hgallerybkk.com; 201 Soi 12, Th Sathon Neua/North; Mi–Sa 10–18 Uhr, Di nach Vereinbarung; S Chong Nonsi Ausgang 1) GRATIS Die elegante Galerie ist ein Sprungbrett für einheimische Künstler.

Jim Thompson Art Center (Karte S. 106; www.jimthompsonhouse.com; Jim Thompson House, Soi Kasem San 2, Rama I; 9–20 Uhr; Klorng-Boot bis Sapan Hua Chang Pier, S National Stadium Ausgang 1) GRATIS Wechselnde Kunstausstellungen, hauptsächlich mit Werken aus Südostasien.

Museum of Contemporary Art (MOCA; Karte S. 78; www.mocabangkok.com; 3 Th Viphawadee Rangsit; 250 B; Di–Fr 10–17, Sa & So 11–18 Uhr; M Chatuchak Park Ausgang 2 und Taxi, S Mo Chit Ausgang 1 & Taxi) Das ist zwar nicht das New Yorker MOMA, aber doch der beste Ort in Thailand, um sich mit zeitgenössischer Kunst vertraut zu machen.

Numthong Gallery (Karte S. 124; www.gallerynumthong.com; 72/3 Soi Ari 5; Mo–Sa 11–18 Uhr; S Ari Ausgang 3) Die alteingesessene Galerie mit Wechselausstellungen zu thailändischen Künstlern hat ein neues Zuhause im hippen Viertel Ari gefunden.

Im Hof hinter dem *bòht* gibt es 53 Buddha-Figuren (33 Originale, 20 Kopien), die alle *mudra* (Gesten) und Stile aus der Geschichte Thailands repräsentieren, sodass man hier hervorragend die buddhistische Ikonografie studieren kann. Wer sich nicht für religiöse Bilder begeistern kann, der sollte einen Spaziergang entlang der hübsch gestalteten Kanäle voll blühender Seerosen und vorbei an chinesischen Fußgängerbrücken machen.

Nördliches Bangkok

Es gibt unterschiedliche Gründe, die für einen Besuch im Großraum Bangkok sprechen. Die meisten Leute kommen wegen den Märkten wie dem Chatuchak-Wochenendmarkt (S. 159) hierher. Die Tagesmärkte besucht man am besten so früh am Tag wie möglich.

Die meisten Märkte befinden sich im Umkreis der nördlichen Ausläufer des BTS (Skytrain) und/oder der MRT (Metro). Will man andere Ziele in Bangkoks Vorstädten besuchen, braucht man von den BTS- oder MRT-Stationen oft noch ein Taxi und ein wenig Glück. Ein Smartphone mit Kartenfunktion ist unverzichtbar, um zur rechten Zeit am rechten Ort anzukommen.

Chang Chui MARKT

(ช่างชุ่ย; Karte S. 78; www.en.changchuibangkok.com; 460/8 Th Sirindhorn; 20–40 B; Di–So 11–23 Uhr) Ein verlassenes Flugzeug, Craft-Bier-Theken, ein hipper Friseurladen, Bühnen, ein Blumenladen in Totenkopfform, ein Insekten-Restaurant und vieles mehr – dieser schwer in Worte zu fassende Markt ist eine der buntesten und aufregendsten Neueröffnungen der letzten Jahre in Bangkok. Er umfasst 18 verschiedene Gebäude, die alle aus wiederverwerteten Materialien bestehen. Einige der Verkaufsstätten sind tagsüber geöffnet, doch die beste Zeit für einen Besuch ist am Wochenende abends, wenn der Ort die At-

Silom & Sathon

mosphäre des Chatuchak-Wochenendmarkts hat, nur künstlerischer und raffinierter.

Nonthaburi Market MARKT
(ตลาดนนทบุรี; Karte S. 78; Tha Nam Nonthaburi, Nonthaburi; ⏲5–9 Uhr; Nonthaburi Pier) Exotische Früchte, haufenweise getrocknetes Chili, Räuchergrills und die letzten in der Stadt verbliebenen Rikschas bilden die für Bangkok sehr untypische Kulisse dieses Obst- und Gemüsemarkts, der zu den weitläufigsten und stimmungsvollsten in der Gegend zählt. Man sollte früh herkommen, da die meisten Verkäufer um 9 Uhr schon wieder weg sind.

Um zum Markt zu gelangen, nimmt man das Chao-Phraya-Expressboot zum Nonthaburi Pier, der nördlichsten Anlegestelle der meisten Linien. Der Markt liegt zwei Gehminuten östlich der Anlegestelle an der Hauptstraße.

Aktivitäten

Massagen & Spas

Nach den Lehren der traditionellen Thai-Heilkunst sind Kräuter und Massagen fester Bestandteil der Gesundheitsvorsorge und Schönheitspflege. Mit anderen Worten: Um sich in Bangkok eine Massage zu gönnen, braucht man keine Entschuldigung.

Die am meisten verbreitete Variante ist die traditionelle Thai-Massage *(nôo·at păan boh·rahn)*. Das klingt zwar entspannend, doch manchmal erinnert das mehr an Thai-Boxen als an Shiatsu. Zum Einsatz kommen verschiedene Techniken wie Ziehen, Dehnen, Biegen und Akupressur. Bei guter Ausführung hat man nach der traditionellen Massage Schmerzen, fühlt sich aber belebt. Zu einer Ganzkörpermassage gehören in der Regel Kampfer-Balsam oder Kräuterwarmwickel. Vorsicht: „Ölmassage" ist manchmal ein Codewort für Sex-Massage.

Unter dem Begriff „Spa" kann sich vieles verbergen: Es gibt zwar viele Verwöhn-Einrichtungen, doch manche Spas konzentrieren sich heute eher auf den medizinischen als auf den sinnlichen Aspekt, während in den luxuriösen Resort-Spas eine ganze Palette anregender Schönheitskuren und Anwendungen im Angebot sind.

Oriental Spa SPA

(Karte S. 92; ☎ 02 659 9000; www.mandarinoriental.com; Mandarin Oriental, 48 Soi 40/Oriental, Th Charoen Krung; Massage- & Spa-Paket ab 2900 B; 🕘 9–22 Uhr; ⛴ Oriental Pier oder Hotel-Shuttleboot ab Sathon/Central Pier) Das Oriental gilt als eines der führenden Spas weltweit und setzt für Spa-Anwendungen asiatischen Stils hohe Maßstäbe. Wer einen langen Flug hinter sich hat, wird Gefallen an der Jetlag-Massage finden. Alle Anwendungen müssen allerdings vorab gebucht werden.

Health Land MASSAGEN

(Karte S. 110; ☎ 02 261 1110; www.healthlandspa.com; 55/5 Soi 21/Asoke, Th Sukhumvit; Thai-Massage 2 Std. 550 B; 🕘 9–23 Uhr; Ⓜ Sukhumvit Ausgang 1, Ⓢ Asok Ausgang 5) Dank der Kombi aus erschwinglichen Preisen, fachmännisch ausgeführten Anwendungen und hübscher Einrichtung konnte das Health Land ein kleines Imperium mit verschiedenen Zentren in ganz Bangkok aufbauen.

Massage Pavilions MASSAGEN

(Karte S. 84; Wat Pho, Th Sanam Chai; Thai-Massage 420 B/Std.; 🕘 9–16 Uhr; ⛴ Tien Pier) Die zwei klimatisierten *săh·lah* (Pavillons; oft *sala* geschrieben) nahe dem östlichen Zugang zur Tempelanlage werden von der Schule (S. 112) des Wat Pho betrieben, der das wichtigste Ausbildungszentrum für die traditionelle Thai-Massage ist. Das Angebot ist beschränkt, garantiert aber höchste Qualität. Nach der Erkundung des Tempels gibt es nicht besseres, um den Tag entspannt ausklingen zu lassen.

Yunomori Onsen & Spa ONSEN

(Karte S. 110; www.yunomorionsen.com; 120/5 Soi 26, Th Sukhumvit; Onsen 450 B, Massage 1 Std. 350 B; 🕘 10.30–23 Uhr; Ⓢ Phrom Phong Ausgang 3 & Taxi) Bangkok als Ganzes könnte man oft als einzige große Sauna betrachten, doch wer ein wenig raffinierter ins Schwitzen kommen will, sollte diesem *onsen* (japanisches Thermalbad) einen Besuch abstatten. Das Thermalwasser wird aus Süd-Thailand herangekarrt und in die offenen, nach Geschlechtern getrennten Becken gegossen. Neben Sauna, Dampfbad und Tauchbecken gibt's auch Massagen und andere Spa-Anwendungen.

Silom & Sathon

Sehenswertes
1 H Gallery ... C4
2 Kathmandu Photo Gallery ... B4
3 M.R.-Kukrit-Pramoj-Haus ... E5
4 Queen Saovabha Memorial Institute ... E1
5 Sri-Mariamman-Tempel ... B4

Aktivitäten, Kurse & Touren
6 Blue Elephant Thai Cooking School ... A5
7 Ruen-Nuad Massage Studio ... E4
8 Silom Thai Cooking School ... B4

Schlafen
9 Amber ... B3
10 kokotel ... B2
11 LUXX ... B3
12 Mad Cow Hostel ... C3
13 Mile Map Hostel ... B4
14 Rose Hotel ... D1
15 Siam Heritage ... D2
16 Silom Art Hostel ... B3
17 Smile Society ... D2

Essen
18 Bonita Cafe & Social Club ... A3
19 Chennai Kitchen ... B4
20 Eat Me ... E3
21 Jay So ... E3
22 L'Atelier de Joël Robuchon ... D4
23 Soi 10 Food Centres ... D2
24 Somboon Seafood ... C2
25 Sushi Tsukiji ... E2
26 Taling Pling ... A4

Ausgehen & Nachtleben
27 DJ Station ... F2
28 Namsaah Bottling Trust ... D3
29 Telephone Pub ... E2
30 The Stranger ... E2
31 Vesper ... E3

Unterhaltung
32 Patpong ... E2

Shoppen
33 House of Chao ... C3
34 July ... F2
35 Tamnan Mingmuang ... E2

Spa 1930 SPA
(Karte S. 106; ☎02 254 8606; www.spa1930.com; 42 Th Ton Son; Thai-Massage ab 1000 B, Spa-Pakete ab 3500 B; ⏰9.30–21.30 Uhr; S Chit Lom, Ausgang 4) Im unaufdringlichen und stilvollen Spa 1930 können sich Entspannungssuchende ganz ohne aufgesetzte Esoterikmusik oder Inhaltsstoffe, die man eher auf einer Dinnerparty erwarten würde, zurücklehnen. Das Angebot ist schlicht (Gesichts- und Körperpflege sowie Körpermassage), aber auch Peelings und Ölmassagen bekommt man hier.

Babylon SPA
(Karte S. 94; www.babylonbangkok.com; 34 Soi Nantha-Mozart; Sauna 230–350 B; ⏰10.30–22.30 Uhr; M Lumphini Ausgang 2) Bangkoks berühmteste Schwulensauna ist nach wie vor sehr beliebt bei Besuchern, viele davon kommen aus Singapur und Hong Kong. Es gibt auch eine Unterkunft im B&B-Stil.

Asia Herb Association MASSAGEN
(Karte S. 110; ☎02 392 3631; www.asiaherbassociation.com; 58/19–25 Soi 55/Thong Lor, Th Sukhumvit; Thai-Massage 1 Std. 500 B, mit Kräuterwickel 1½ Std. 1100 B; ⏰9–24 Uhr; S Thong Lo Ausgang 3) Diese Kette in japanischem Besitz betreibt mehrere Filialen an der Th Sukhumvit und hat sich auf Massagen mit *prà·kóp* (traditionelle thailändische Kräuterwickel), angereichert mit 18 verschiedenen Kräutern, spezialisiert.

Ruen-Nuad Massage Studio MASSAGE
(Karte S. 102; ☎02 632 2662; 42 Th Convent; Massage 350 B/Std.; ⏰10–21 Uhr; M Si Lom, Ausgang 2, S Sala Daeng, Ausgang 2) Dieser bezaubernde Salon befindet sich in einem umgebauten Holzhaus. Im Gegensatz zu den meisten anderen Massagesalons in Bangkok geht es hier weder kitschig noch esoterisch zu. Ebenfalls erfreulich: Auch die Preise sind erschwinglich.

Baan Dalah MASSAGEN
(Karte S. 110; ☎02 653 3358; www.baandalahmindbodyspa.com; 2 Soi 8, Th Sukhumvit; Thai-Massage 350 B/Std.; ⏰10–24 Uhr; S Nana Ausgang 4) Kleines Spa in günstiger Lage mit diversen Angeboten von Fußmassage bis hin zur Ganzkörper-Thai-Massage.

Coran MASSAGEN
(Karte S. 110; ☎02 726 9978; www.coranbangkok.com; 94–96/1 Soi Ekamai 10, Soi 63/Ekamai, Th Sukhumvit; Thai-Massage ab 600 B/Std.; ⏰11–22 Uhr; S Ekkamai Ausgang 4 & Taxi) Das erstklassige, unauffällige Spa befindet sich in einer thailändischen Villa. Angeboten werden auch Aromatherapie und Thai-Massage.

Thann Sanctuary SPA
(Karte S. 106; ☎02 658 6557; www.thannsanctuaryspa.info; 2. OG, CentralWorld, Th Ratchadamri; Thai-Massage ab 2000 B, Spa-Anwendung ab 2800 B; ⏰10–21 Uhr; S Chit Lom Ausgang 9 bis

Sky Walk, Siam Ausgang 6 bis Sky Walk) Diese lokale Marke für Kräuterkosmetik betreibt auch einige Spas in Einkaufszentren. So kann man nach dem Shoppen noch perfekt entspannen.

Banyan Tree Spa SPA
(Karte S. 94; ☎ 02 679 1052; www.banyantreespa.com; 21. OG, Banyan Tree Hotel, 21/100 Th Sathon Tai/South; Massage-/Spa-Paket ab 2800/6000 B; 🕒 9–22 Uhr; Ⓜ Lumphini Ausgang 2) Das Hotel-Spa verdankt seinen guten Ruf dem gut ausgebildeten Personal und der High-Tech-Ausstattung. Hier kann man sich mit Anwendungen auf Basis thailändischer Traditionen oder mit einzigartigen Kuren verwöhnen lassen.

Meditation & Yoga

Auch wenn Bangkok manchmal wie der unbuddhistischste Ort auf Erden wirkt, gibt es doch einige Anlaufstellen, wo sich Ausländer in theravada-buddhistischer Meditation üben können. Bei einigen, wie dem Meditationszentrum Wat Mahadhatu, kann man einfach einen Tag reinschnuppern, bei anderen, z. B. dem House of Dhamma, muss man sich vorher anmelden.

Mittlerweile sprießen die Yogastudios – und mit ihnen die unzähligen Tafeln mit lächelnden Gurus – schneller als Pilze bei einer Vollmondparty aus dem Boden. Man zahlt etwa 500 B für eine Sitzung.

Meditationszentrum Wat Mahadhatu MEDITATION
(Karte S. 84; ☎ 02 222 6011, 02 223 3813; Sektion 5, Wat Mahathat, Th Maha Rat; Spenden willkommen; 🕒 Unterricht 7, 13 & 18 Uhr; ⛴ Tha Chang, Tha Maharaj, Tha Phra Chan Tai) Dieses kleine Zentrum im Wat Mahathat bietet täglich dreistündige, ungezwungene Meditationskurse an. Der Kursleiter Prasuputh Chainikom (Kosalo) spricht Englisch. Längere Aufenthalte mit Unterricht, Unterkunft und Verpflegung können arrangiert werden, von den Teilnehmern wird allerdings erwartet, dass sie sich strikt an die Verhaltensregeln halten.

Yoga Elements Studio YOGA
(Karte S. 110; ☎ 02 255 9552; www.yogaelements.com; 7. OG, 185 Dhammalert Bldg, Th Sukhumvit; Kurs ab 600 B; Ⓢ Chit Lom Ausgang 5) Der Amerikaner Adrian Cox, der seine Ausbildung im Om in New York gemacht hat und vor allem Vinyasa und Ashtanga lehrt, betreibt das angesehenste Yogastudio der Stadt. Vielleicht hilft die Hochhauslage auch dabei, sich von allem zu lösen.

House of Dhamma MEDITATION
(Karte S. 124; ☎ 02 511 0439; www.houseofdhamma.com; 26/9 Soi 15, Th Lat Phrao; Eintritt gegen Spende; Ⓜ Lat Phrao, Ausgang 3) Helen Jandamit hat ihr Haus am Stadtrand als Rückzugsort für Meditationssuchende und für zweitägige *vipassana*-Kurse (Meditation zur Entfaltung der Einsicht) geöffnet. Auf der Website erhält man Infos zu aktuell angebotenen Workshops. Unbedingt mindestens eine Woche im Voraus einen Platz reservieren!

Absolute Yoga YOGA
(Karte S. 106; ☎ 02 252 4400; www.absoluteyogabangkok.com; 4. OG, Amarin Plaza, Th Phloen Chit; Kurs ab 750 B; Ⓢ Chit Lom Ausgang 6) Das größte Bangkoker Yogastudio lehrt Bikram-Hot-Yoga, aber auch viele andere Stile.

Pilates Studio GESUNDHEIT & FITNESS
(Karte S. 106; ☎ 02 650 7797; www.pilates.co.th; 888/58–59 Mahatun Plaza, Th Phloen Chit; Kurs ab 550 B; 🕒 8–19 Uhr; Ⓢ Phloen Chit Ausgang 2) Die erste Wahl für alle, die in Bangkok eine Einführung und Übung in Pilates suchen.

Thai-Boxen (Muay Thai)

Im letzten Jahrzehnt ist das Erlernen von *Muay Thai* (Thai-Boxen) bei Ausländern immer beliebter geworden, und überall im Land stellt man sich auf fremdsprachige Boxschüler beider Geschlechter ein. Für einen Aufpreis bieten die Camps oft auch Kost und Logis. Auf der Website Muay Thai Camps (www.muaythaicampsthailand.com) findet man detaillierte Infos zu den verschiedenen Trainingszentren in Thailand.

Jaroenthong Muay Thai Gym KAMPFSPORT
(Karte S. 84; ☎ 02 629 2313; www.jaroenthongmuaythaikhaosan.com; Th Phra Athit; Unterricht ab 600 B; 🕒 Schnupperkurs 10–11.30 & 14–21 Uhr; ⛴ Phra Athit/Banglamphu Pier) Das viel gepriesene Fitnesscenter hat überall im Land Filialen und nun auch eine in Gehweite zur Th Khao San. Anfänger können einfach reinschauen und im klimatisierten Center eine Trainingsstunde absolvieren, Fortgeschrittene dürfen auch längere Trainingsprogramme machen.

MuayThai Institute KAMPFSPORT
(Karte S. 167; ☎ 082 985 1115; www.muaythai-institute.net; Rangsit Stadion, 336/932 Th Prachatipat, Pathum Thani; einwöchiger Kurs ab 6900 B; Ⓜ Chatuchak Park Ausgang 2 & Taxi; Ⓢ Mo Chit, Ausgang 3 & Taxi) Dieses Institut ist an das angesehene World Muay Thai Council angeschlossen und bietet einen Grundlagenkurs im Thai-Boxen (bestehend aus drei Stufen) sowie die

Siam Square & Pratunam

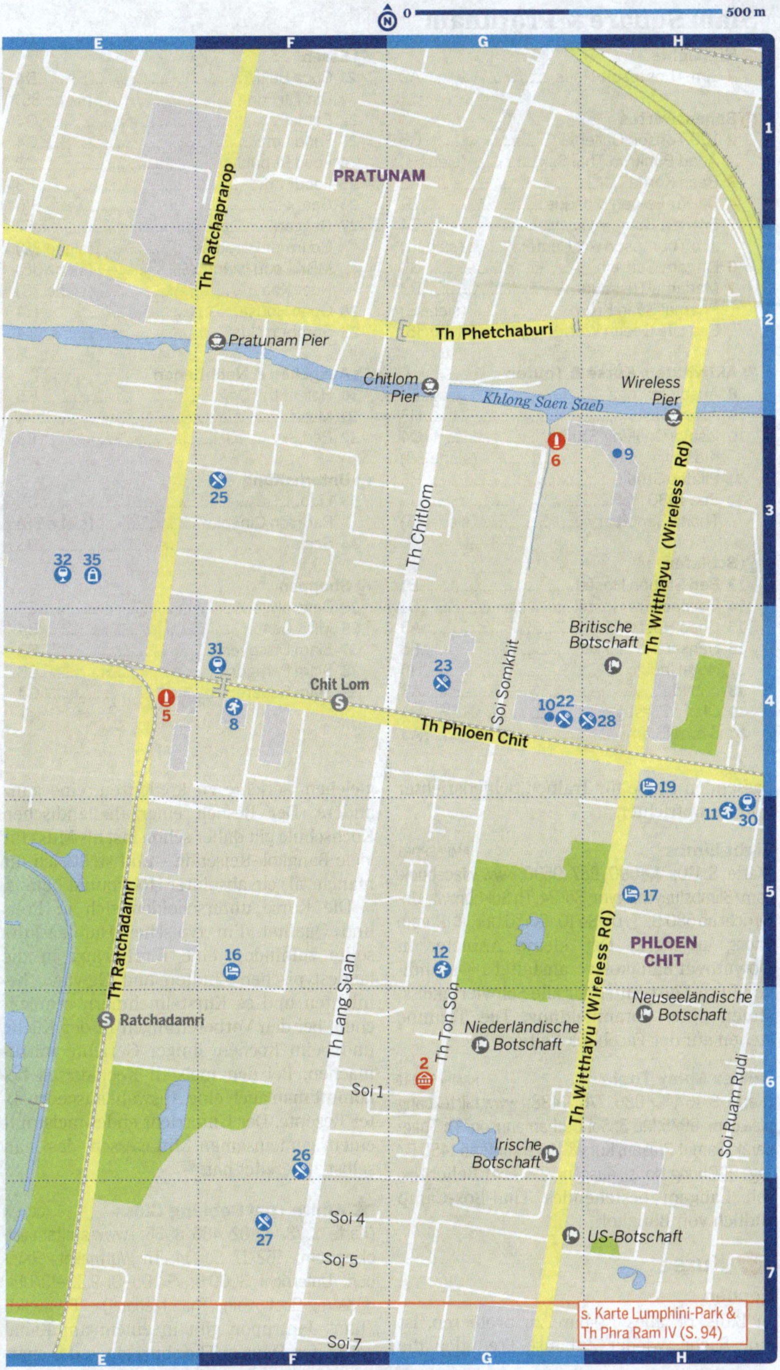

s. Karte Lumphini-Park & Th Phra Ram IV (S. 94)

Siam Square & Pratunam

passenden Kurse für Trainer, Schiedsrichter und Kampfrichter.

Eight Limbs KAMPFSPORT
(Karte S. 110; ☎090 987 9590; www.facebook.com/8limbsluaythaigym; Soi 24, Th Sukhumvit; Unterricht ab 580 B; ⏲Di–So 10–20.30 Uhr; S Phrom Phong Ausgang 2) Der kleine Anbieter in Downtown Bangkok veranstaltet 1½-stündige *Muay-Thai*-Kurse für alle Schwierigkeitsstufen ohne Voranmeldung. Die Termine stehen auf der Facebook-Seite.

Fairtex Muay Thai KAMPFSPORT
(Karte S. 167; ☎086 776 0488; www.fairtexbangplee.com; 99/5 Mu 3, Soi Buthamanuson, Th Thaeparak, Samut Prakan; Kurs & Unterkunft ab 1450 B/Tag; S Chong Nonsi, Ausgang 2 & Taxi) Beliebtes, seit Langem bestehendes Thai-Box-Camp südlich von Bangkok.

Kurse

Kochen

In Bangkok alles Essbare zu probieren, ist eine Sache, wieder Zuhause Freunden die gleichen Gerichte zu kredenzen, eine ganz andere. Der Besuch einer thailändischen Kochschule gilt daher schon fast als Muss für viele Bangkok-Reisende – und stellt sich für manche als ein absoluter Höhepunkt heraus.

Die Kurse unterscheiden sich in Preis und Qualität. Ein typischer Halbtagskurs sollte zumindest eine Einführung in die landestypischen Zutaten und Gewürze beinhalten und es Kursteilnehmern ermöglichen, bei den Vorbereitungen in der Küche und beim Kochen einiger Gerichte mitzumachen. Bei den meisten Kochkursen bekommt man auch eine Auswahl ausgedruckter Rezepte. Der Unterricht endet meist mit einem gemeinsamen Mittagessen, das man selbst zubereitet hat.

★ **Amita Thai Cooking Class** KOCHEN
(Karte S. 78; ☎02 466 8966; www.amitathaicooking.com; 162/17 Soi 14, Th Wutthakat, Thonburi; Unterricht 3000 B; ⏲Do–Di 9.30–13 Uhr; Klorng-Boot vom Tha Maharaj) Piyawadi „Tam" Jantrupon gibt in einem am Kanal gelegenen Haus in Thonburi einen der char-

mantesten Kochkurse der Stadt und legt dabei eine ansteckende Begeisterung an den Tag. Der Kurs beinhaltet einen Ausflug in einen Kräutergarten und die Anleitung zur Zubereitung von vier Gerichten. Im Preis inbegriffen ist auch die Anfahrt, in diesem Fall die Bootsfahrt ab dem Tha Maharaj.

★Cooking with Poo & Friends KOCHKURS
(080 434 8686; www.cookingwithpoo.com; Unterricht 1500 B; 8.30–13 Uhr) Diese beliebte Kochschule wurde von einer Bewohnerin der Khlong-Toey-Slums gegründet. Die Kurse werden noch immer in ihrem Viertel abgehalten und beinhalten die Zubereitung von drei Gerichten, einen Besuch auf dem Khlong Toey Market und den Transport zum und vom Emporium-Einkaufszentrum. Unbedingt im Voraus buchen!

Baipai Thai Cooking School KOCHEN
(Karte S. 78; 02 561 1404; www.baipai.com; 8/91 Soi 54, Th Ngam Wong Wan; Kurs 2200 B; 9.30–13.30 & 13.30–17.30 Uhr) Mit einer kleinen Armee an Personal veranstaltet diese Kochschule in einer attraktiven Villa eines Vorortes täglich zwei Kochkurse, bei denen jeweils vier Gerichte zubereitet werden. Der Transport hierher wird gestellt.

Bangkok Bold Cooking Studio KOCHEN
(Karte S. 84; 098 829 4310; www.facebook.com/bangkokboldcookingstudio; 503 Th Phra Sumen; Kurs 2500–4500 B; 11–14 Uhr; Klorng-Boot bis Phanfa Leelard Pier) Das Bold ist das neueste Projekt eines Teams, das früher eine beliebte Kochschule an der Th Khao San betrieb. Es gibt täglich Kurse, in denen man die Zubereitung von drei Thai-Gerichten mit verschiedenen Schwierigkeitsstufen von leicht bis mittelschwer erlernt. Das Ganze findet in einem schicken Ladenhaus statt.

Silom Thai Cooking School KOCHEN
(Karte S. 102; 084 726 5669; www.bangkokthaicooking.com; 68 Soi 13, Th Silom; Kurs ab 900 B; 9–12.20, 13.40–17 & 18–21 Uhr; S Chong Nonsi Ausgang 3) Die Kochschule ist in zwei schlichten, aber charmanten Räumen untergebracht. Im Rahmen der Kurse besucht man den lokalen Markt und erlernt innerhalb von vier Stunden die Zubereitung von sechs Gerichten. Nirgendwo bekommt man mehr für seine Baht. Wer im Zentrum von Bangkok wohnt, kann auch den Abholservice nutzen.

Issaya Cooking Studio KOCHEN
(Karte S. 106; 02 160 5636; www.issayastudio.com; Eatthai, UG, Central Embassy, 1031 Th Phloen Chit; Kurs 2000–3000 B; 11–14, 15–18 & 18–20 Uhr; S Phloen Chit Ausgang 5) Die vom Bangkoker Starkoch Pongtawat „Ian" Chalermkittichai ins Leben gerufene Kochschule bietet verschiedene Kurse im angeschlossenen Restaurant Issaya Siamese Club (S. 137). Im Morgenkurs erlernt man die Zubereitung von vier Gerichten, die Kurse am Nachmittag und am Abend konzentrieren sich eher auf Desserts und Cocktails. Ein Blick auf den Veranstaltungskalender zeigt, was gerade ansteht. Es können auch auf Kundenwünsche zugeschnittene Kurse und Privatstunden vereinbart werden.

ABSEITS DER ÜBLICHEN PFADE

KULTUR AM KANAL

Teils Kunstgalerie, teils Café, vor allem aber ein Kulturzentrum: Es fällt schwer, das **Artist's House** (บ้านศิลปิน; Karte S. 78; www.facebook.com/baansilapin; Khlong Bang Luang; 9–18 Uhr; S Wongwian Yai Ausgang 2), ein altes Holzhaus am Khlong Bang Luang in Thonburi, einer Kategorie zuzuweisen. An den Wochenenden gibt's hier was zu essen und eine kostenlose traditionelle thailändische Puppentheatervorstellung (14 Uhr), aber man kann auch einfach das altmodische Kanal-Ambiente genießen – und das ist der beste Grund für einen Besuch.

Das Artist's House ist am leichtesten über die Soi 3 an der Th Charansanitwong zu erreichen: Man überquert den Kanal an der Brücke beim 7-Eleven, biegt links ab und geht dann 100 m die Gasse hinunter.

Blue Elephant Thai Cooking School KOCHEN
(Karte S. 102; 02 673 9353; www.blueelephantcookingschool.com; 233 Th Sathon Tai/South; Kurs ab 3295 B; Mo–Sa 8.45–13 & 13.30–16.30 Uhe; S Surasak Ausgang 2) Bangkoks schickste Thai-Kochschule veranstaltet pro Tag zwei Kochkurse. Morgens besucht man dabei auch einen lokalen Markt, am Nachmittag gibt's eine detaillierte Einführung in die Zutaten der thailändischen Küche.

Oriental Hotel Thai Cooking School KOCHEN
(Karte S. 92; 02 659 9000; www.mandarinoriental.com; Mandarin Oriental, 48 Soi 40/Oriental, Th Charoen Krung; Kurs ab 3735 B; Mi–Mo 9–13,

Th Sukhumvit
0
1 km
Th Watthana Tham
RCA (Royal City Ave)
Kamphaeng Phet 7
Th Phetchaburi
Khlong Saen Saeb
Soi Thong Lor Pier
Soi Ekamai 21
Baan Don Mosque Pier
Wat Mai Chonglom Pier
Italthai Pier
Budget
Soi Phrom Si 2
Soi 39
Rama IX
Phra Ram 9
Soi 21 (Asoke)
Phetchaburi
Asoke-Phetchaburi Pier
Soi 31
Soi 23
Sukhumvit
Siam Society & Kamthieng House
Makkasan (Bangkok City Air Terminal)
Tourism Authority of Thailand
Nana Chard Pier
Chinesisches Visa-Zentrum
SUKHUMVIT
Soi 19
Soi 15
Soi 13
Soi 11
Soi 11/1
Nana
Soi 6
Soi 5
Soi 3 (Nana)
Soi 4
Soi 2
Soi 1
Nana Nua Pier
Bumrungrad International Hospital
Phloen Chit
Th Phetchaburi
1
2
3
4
32
53
54
47
49
4
26
41
46
29
48
11
1
25
13
31
44
7
60
15
43

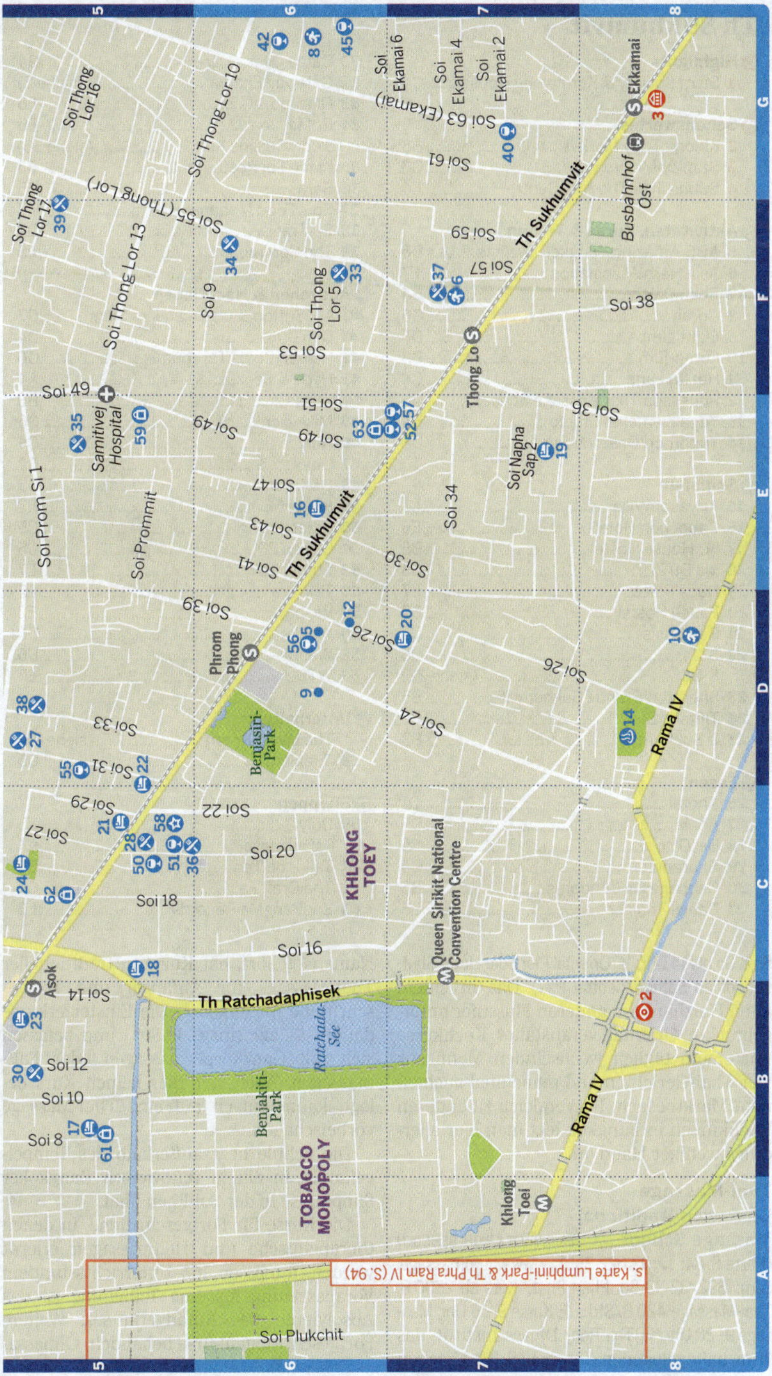
Th Sukhumvit
Th Ratchadaphisek
Rama IV
Asok
Phrom Phong
Thong Lo
Ekkamai
Queen Sirikit National Convention Centre
Khlong Toei
KHLONG TOEY
TOBACCO MONOPOLY
Benjakiti-Park
Ratchada-See
Benjasiri-Park
Samitivej Hospital
Busbahnhof Ost
Soi Prom Si 1
Soi Prommit
Soi Thong Lor 16
Soi Thong Lor 17
Soi Thong Lor 13
Soi Thong Lor 10
Soi Thong Lor 5
Soi 55 (Thong Lor)
Soi 63 (Ekamai)
Soi Ekamai 6
Soi Ekamai 4
Soi Ekamai 2
Soi Napha Sap 2
Soi Plukchit
Soi 8
Soi 10
Soi 12
Soi 14
Soi 16
Soi 18
Soi 20
Soi 22
Soi 24
Soi 26
Soi 27
Soi 29
Soi 30
Soi 31
Soi 33
Soi 34
Soi 36
Soi 38
Soi 39
Soi 41
Soi 43
Soi 47
Soi 49
Soi 51
Soi 53
Soi 57
Soi 59
Soi 61
Soi 9
s. Karte Lumphini-Park & Th Phra Ram IV (S. 94)

Th Sukhumvit

Highlights
1 Siam Society & Kamthieng House C4

Sehenswertes
2 Khlong Toey Market B8
3 Stanley MiniVenture G8
4 Subhashok The Arts Centre E4

Aktivitäten, Kurse & Touren
5 ABC Amazing Bangkok Cyclists D6
6 Asia Herb Association F7
7 Baan Dalah B4
8 Coran G6
9 Eight Limbs D6
10 Fun-arium D8
11 Health Land C4
12 Phussapa Thai Massage School D6
13 Yoga Elements Studio B4
14 Yunomori Onsen & Spa D8

Schlafen
15 AriyasomVilla A3
16 Cabochon Hotel E6
17 FU House Hostel B5
18 Ma Du Zi C5
19 Napa Place E7
20 Pause Hostel D7
21 RetrOasis C5
22 S31 .... D5
S-Box .... (siehe 22)
23 Sheraton Grande Sukhumvit B5
24 Tints of Blue C5
25 U Sukhumvit B3

Essen
26 Anotai D1
27 Appia D5
28 Bei Otto C5
29 Bharani C4
30 Cabbages & Condoms B5
31 Daniel Thaiger B3
32 Game Over G4
Gateway Ekamai .... (siehe 3)
33 Ginzado F6
34 Gokfayuen F6
Jidori Cuisine Ken .... (siehe 56)
35 Klang Soi Restaurant E5
36 Saras C5
37 Soul Food Mahanakorn F7
38 Sri Trat D5
39 The Commons F5

Ausgehen & Nachtleben
40 A R Sutton & Co Engineers Siam G7
41 Dim Dim D4
42 Golden Coins Taproom G6
43 Hyde & Seek A4
44 Levels B3
45 Mikkeller G6
46 Narz C4
47 Onyx E2
48 Q&A Bar C3
49 Route 66 .... E2
50 Scratch Dog C5
51 Sky on 20 .... C5
52 Studio Lam E7
53 Taksura E2
54 Vesbar E2
55 Walden D5
56 Waon D6
57 WTF E7

Unterhaltung
The Living Room .... (siehe 23)
58 Titanium C5

Shoppen
59 Duly E5
60 Rajawongse A4
61 Tailor on Ten B5
62 ThaiCraft Fair C5
63 ZudRangMa Records E6

Sa & So bis 14 Uhr; Oriental Pier oder Hotel-Shuttleboot ab Sathon/Central Pier) Das in einem alten Holzhaus am anderen Flussufer untergebrachte Oriental veranstaltet Kochkurse mit einem täglich wechselnden Menü aus vier Thai-Gerichten und manchmal auch einem Marktbesuch. Im Vergleich zu anderen Kochkursen in Bangkok legt man hier allerdings weniger Hand an.

Thai-Massage

Chetawan Traditional Massage School GESUNDHEIT & WOHLBEFINDEN
(Karte S. 84; 02 622 3551; www.watpomassage.com; 392/32-33 Soi Phen Phat; Kurs ab 2500 B, Thai-Massage 420 B/Std.; Kurse 9–16 Uhr, Massage 9–20 Uhr; Tha Tien) Dieses Institut, das zum nahegelegenen Tempel (S. 71) gleichen Namens gehört, hat Kurse in traditioneller Thai-Massage für Anfänger und Fortgeschrittene im Angebot. Die Einsteigerkurse dauern 5 Tage (insg. 30 Std.) und befassen sich mit Ganzkörpermassagen oder Fußmassagen. Auch wer hier keinen Kurs belegt, kann einfach auf eine Thai-Massage vorbeischauen.

Die Schule liegt außerhalb des Tempelgeländes in einem renovierten Bangkoker Shophouse in der Soi Phen Phat.

Die Kurse für Fortgeschrittene, in denen therapeutische und Heilmassagen erlernt werden, umfassen 165 Unterrichtsstunden; Voraussetzung für eine Teilnahme ist das Absolvieren des Anfängerkurses. Weitere Fortgeschrittenenkurse behandeln Ölmassagen und Aromatherapien oder Massagen für Kinder und Säuglinge.

Phussapa Thai Massage School GESUNDHEIT & WOHLBEFINDEN
(Karte S. 110; ☎ 02 204 2922; www.facebook.com/phussapa; 25/8 Soi 26, Th Sukhumvit; Unterricht ab 6000 B, Thai-Massage 250 B/Std.; ⏰ Unterricht 9–16 Uhr, Massage 11–23 Uhr; Ⓢ Phrom Phong Ausgang 4) Ein schon seit Langem in Bangkok lebender Japaner betreibt diese Massageschule. Der Grundkurs in Thai-Massage dauert insgesamt 30 Stunden über fünf Tagen hinweg. Es gibt auch kürzere Kurse für Fuß- und Eigenmassagen.

Geführte Touren

Bangkok ist groß und einschüchternd – kein Wunder, dass manche Besucher beim Erkunden der Stadt ein wenig an die Hand genommen werden wollen und lieber eine geführte Tour buchen. Aber auch wenn man sich hier auskennt, kann man bei einer Thementour mit einem privaten Führer oder bei einer Radtour die Stadt von einer anderen Seite kennenlernen.

Stadtspaziergänge & Thementouren

Obwohl Luftverschmutzung und Hitze nicht gerade zuträgliche Faktoren sind, lässt sich Bangkok dennoch gut zu Fuß erkunden – vor allem in Begleitung eines guten Führers bei einer Thementour.

Bangkok Food Tours STADTSPAZIERGANG
(☎ 095 943 9222; www.bangkokfoodtours.com; Tour ab 1150 B) Halbtägige kulinarische Führungen durch ältere Stadtteile Bangkoks.

Tour With Tong TOUR
(☎ 081 835 0240; Tour ab 1000 B) Etablierter Veranstalter von Touren in und rund um Bangkok.

Chili Paste Tours TOUR
(☎ 085 143 6779, 094 552 2361; www.foodtoursbangkok.com; Tour ab 2000 B) Kulinarische Führungen durch Bangkoks ältere Viertel.

Thai Private Tour Guide TOUR
(☎ 082 799 1099; www.thaitourguide.com; Tour ab 2000 B) Die Guides dieser Bangkok-Führungen erhalten massenweise positive Feedbacks.

Fluss- & Kanalfahrten

Am einfachsten und preiswertesten lassen sich die Attraktionen am Fluss mit den öffentlichen Chao-Phraya-Express-Booten (S. 166) erkunden. Die meisten Fähren Richtung Norden fahren bis zum Nonthaburi Pier, die meisten Richtung Süden zum Sathon Pier (auch Central Pier genannt) nahe dem BTS-Bahnhof Saphan Taksin (manche Boote fahren auch noch weiter nach Süden bis zum Wat Ratchasingkhon).

Wer die Kanäle (S. 83) hautnah erleben will, kann eines der Longtail-Boote chartern. Eine weitere Option sind die abendlichen Dinner-Rundfahrten (S. 141) auf dem Mae Nam Chao Phraya.

Flussfahrten von Bangkok Richtung Norden zu den Ruinen der früheren Hauptstadt Ayutthaya fangen die gesamte Romantik des Flusses ein und sind etwas schneller als die Segelschiffe zu jener Zeit. Normalerweise erlebt man bei der Bangkok-Ayutthaya-Tour einen Teil der Fahrt – entweder die Hin- oder Rückfahrt – per Boot, den anderen per Bus.

Asian Oasis BOOTSTOUR
(Karte S. 106; ☎ 088 809 7047, 081 496 4516; www.asian-oasis.com; 7. OG, Nai Lert Tower, 2/4 Th Witthayu/Wireless Rd; 2-Tages-Trip 7850–16 100 B; ⏰ Mo–Fr 9–17 Uhr; Ⓢ Phloen Chit Ausgang 1) An Bord einer Flotte aus restaurierten Reisbarkassen mit altmodischem Charme und modernen Annehmlichkeiten geht es auf dem Mae Nam Chao Phraya entweder flussauf- oder flussabwärts von bzw. nach Ayutthaya. Der Ausflug beinhaltet außerdem eine Busfahrt in die jeweils entgegengesetzte Richtung. Der Preis variiert je nach Saison und Richtung.

Pandan Tour BOOTSTOUR
(☎ 02 689 1232, 087 109 8873; www.thaicanaltour.com; Tour ab 2395 B) Der Veranstalter bietet diverse (meist ganztägige) Bootstouren durch die Kanäle von Thonburi.

Thanatharee BOOTSTOUR
(Karte S. 78; ☎ 02 440 1979; www.thanatharee.com; 21/8 Th Krung Thonburi; 2-Tages-Trip 11 900–16 200 B; Ⓢ Wongwian Yai Ausgang 1) Bootstour nach Ayutthaya mit Übernachtung auf einem restaurierten hölzernen Kahn mit sechs Kajüten.

Radtouren

Es scheint verwunderlich, dass man angesichts der permanenten Staus und den Zuständen ähnlich wie in einer Saune auf den Bangkoker Straßen noch radeln soll. Doch bei Radtouren kann man die Stadt von einer Seite kennenlernen, die einem sonst auf vier Rädern verborgen bliebe. Es gibt Radtouren auf ungewöhnlichen Rundstrecken durch Chinatown und Ko Rattanakosin, aber am besten sind die Trips über den Fluss nach Thonburi und vor allem zur Halbinsel Phra Pradaeng (S. 129), einer weitläufigen Fläche mit Mangroven sowie Bananen- und Kokosnussplantagen, die sich nur einen Steinwurf vom hektischen Stadtzentrum entfernt befinden.

Mehrere Anbieter veranstalten regelmäßig gut bewertete Radtouren ab etwa 1000 B für einen halben Tag.

Grasshopper Adventures RADTOUR
(Karte S. 84; ☎02 280 0832; www.grasshopperadventures.com; 57 Th Ratchadamnoen Klang; Tour halber/ganzer Tag ab 1350/2400 B; ⊙8.30–18.30 Uhr; Klorng-Boot bis Phanfa Leelard Pier) Der hoch gelobte Anbieter veranstaltet verschiedene einzigartige Radtouren in und rund um Bangkok, darunter eine Abendtour und eine Tour durch die historische Zone der Stadt.

ABC Amazing Bangkok Cyclists RADTOUR
(Karte S. 110; ☎081 812 9641; www.realasia.net; 10/5-7 Soi Aree, Soi 26, Th Sukhumvit; geführte Tour ab 1300 B; ⊙Tour tgl. um 8, 10, 13 & 18 Uhr; ; S Phrom Phong, Ausgang 4) Ein alteingesessener Anbieter von Radtouren (morgens, nachmittags oder ganztägig) durch Bangkok und seine Vororte.

Co van Kessel Bangkok Tours RADTOUR
(Karte S. 92; ☎02 639 7351; www.covankessel.com; EG, River City, 23 Th Yotha; Tour ab 950 B; ⊙6–19 Uhr; River City Pier) Die ursprünglich von einem Holländer betriebene Firma organisiert diverse Touren in Chinatown, Thonburi und Bangkoks grünen Zonen, bei denen oft auch eine Bootsfahrt mit dazu gehört. Start ist jeweils am Büro des Veranstalters im Einkaufszentrum River City.

Bangkok Bike Rides RADTOUR
(☎02 381 7490; www.bangkokbikerides.com; geführte Tour ab 1250 B;) Der Ableger des Tourveranstalters Spice Roads bietet Ausflüge sowohl in städtische als auch in ländliche Gebiete sowie eine Nachttour an. Wer möchte, wird vom Hotel abgeholt.

Velo Thailand RADTOUR
(Karte S. 84; ☎02 628 8628, 089 201 7782; www.velothailand.com; 29 Soi 4, Th Samsen; Tour ab 1000 B; ⊙10–19 Uhr; Phra Athit/Banglamphu Pier) Das Velo Thailand ist ein kleiner, freundlicher Radtourveranstalter mit Sitz in Banglamphu. Im Angebot stehen Tag- und Nachttouren nach Thonburi und weiter weg zur Auswahl.

Feste & Events

Viele thailändische Feste richten sich nach dem Mondkalender (einem komplexen System auf astrologischer Basis) und fallen daher jedes Jahr auf einen anderen Tag des Gregorianischen Kalenders. Genaue Termine erfährt man bei den örtlichen Touristeninformationen.

Januar bis März

Chinesisches Neujahr KULTUR
(⊙Jan. od. Feb.) Thai-Chinesen feiern den Beginn des neuen Mondjahrs eine Woche lang mit Hausputz, Löwentänzen und Feuerwerk. Die meisten Festivitäten finden in Chinatown statt. Der Termin variiert.

Drachenflug-Saison KULTUR
(⊙März) Während der windigen Jahreszeit tragen bunte Drachen ihre „Kämpfe" am Himmel über Sanam Luang und dem Lumphini-Park aus.

April & Mai

Songkran KULTUR
(⊙Mitte April) Die Feierlichkeiten um das thailändische Neujahrsfest sind zu einer Wasserschlacht geworden, in der *alle* Teilnehmer (ob gewollt oder nicht) mit Hochleistungswasserpistolen und Wasserbomben beschossen werden. Die heftigsten Schlachten finden auf der Th Silom und der Th Khao San statt.

Königliche Pflugzeremonie KULTUR
(⊙Mai) Der thailändische König eröffnet die Reisanbausaison mit einer Zeremonie auf dem Sanam Luang. Der Termin variiert.

August

Geburtstag von Königin Sirikit/ Muttertag KULTUR
(⊙12. Aug.) Der Geburtstag der früheren Königin wird im ganzen Land als Muttertag gefeiert. In Bangkok konzentrieren sich die Feierlichkeiten auf die Th Ratchadamnoen Klang und den Großen Palast.

September & Oktober

Vegetarierfest ESSEN & TRINKEN
(⊙Sept. od. Okt.) Ein zehntägiges chinesisch-buddhistisches Festival mit gelb beflaggten Straßenständen, die unzählige fleischlose Köstlichkeiten feilbieten. Die meisten Stände finden sich in Chinatown (S. 135). Der Termin für die Feierlichkeiten variiert von Jahr zu Jahr.

König-Chulalongkorn-Tag KULTUR
(⊙23. Okt.) Rama V. wird jedes Jahr an seinem Todestag auf der Royal Plaza in Dusit

DIE KHAO SAN ROAD VERSTEHEN

Die Th Khao San, besser bekannt als Khao San Road, ist anders als alles andere auf der Welt. Sie ist ein internationaler Sammelpunkt von Leuten, die entweder die Freiheit des Reisens in Südostasien genießen oder sich wieder die goldenen Fesseln des Lebens in der „wirklichen" Welt anlegen wollen. Sie alle treffen hier im Neonlicht des Schmelztiegels Banglamphu zusammen. Die Einzigartigkeit dieser Straße lässt sich vielleicht am besten mit folgender Frage verdeutlichen: Wo sonst, außer an Flughäfen, treffen Menschen aus Dutzenden Ländern zusammen – frischgebackene Backpacker, die Bananenpfannkuchen in sich hineinstopfen, Omas und Opas, die einen Gin Tonic nach dem anderen bestellen, Hippies, Hipsters, Nerds, Glamazons, Pauschaltouristen, Weltenbummler, Urlauber, Aussteiger, kurz: Menschen verschiedenster Hautfarbe und verschiedensten Glaubens, die einen beobachten, während man selbst wiederum sie und natürlich alles andere beobachtet?

Die Th Khao San (*kâw săhn* bedeutet „ungekochter Reis") ist eins der berühmtesten Kinder des Zeitalters der Individualreisen. Natürlich war das nicht immer so. In ihren ersten zwei Jahrhunderten war sie nur eine von vielen unscheinbaren Straßen im alten Bangkok – wenn man mehr über die frühere Zeit erfahren möchte, sollte man das neue **Khaosan Museum** (ข้าวสารมิวเซียม; Karte S. 84; EG, 201 Th Khao -San; ⌚9–21 Uhr; ⛴Phra Athit/Banglamphu-Pier) GRATIS besuchen. Die ersten Gästehäuser entstanden hier 1982, und je mehr Backpacker in den 1980er-Jahren herkamen, desto mehr wurden die alten Holzhäuser eines nach dem anderen in Billigabsteigen umgewandelt. Nach dem Erscheinen von Alex Garlands Roman *Der Strand* (1997), dessen Handlung in dem schäbigeren Abschnitt der Khao San einsetzt, wurde es für Backpacker, die nach Südostasien kamen, so etwas wie ein Initiationsritus, hier abzusteigen.

Der Erfolg von Garlands Roman und des darauf basierenden Films brachte die Khao San in Richtung Mainstream, wobei das Schäbige romantisiert wurde und das Klischee des ungewaschenen alternativen Backpackers aufkam. Auch die seit Langem schwelende Kontroverse über die Th Khao San rückte an die Spitze aller Backpackerunterhaltungen in der ganzen Region: Ist es cool oder uncool, auf der KSR abzusteigen? Ist das noch „echtes Reisen" oder nur ein internationales „Irgendwo", das westlichen Backpackern ein paar Baht erspart, bevor sie wieder nach Hause fliegen und ihre wohlverdiente Karriere beginnen? Ist das denn noch das echte Thailand?

Vielleicht hat es eine von Garlands Figuren genau auf den Punkt gebracht, als sie sagte: „Weißt du, Richard, eines Tages finde ich einen dieser Lonely Planet Schreiber, und dann frage ich ihn, was an der Khao San Road eigentlich so verdammt einsam sein soll."

Heute mehr denn je würde die Antwort lauten: nicht sehr viel. Durch all die Werbung hat sich die Khao San weiterentwickelt: Statt der von Wanzen verseuchten Absteigen gibt's heute Boutiquehotels und anstelle der massenkompatiblen TV-Bars, in denen Raubkopien von Filmen gezeigt wurden, existieren hippe Designerbars, in denen sich schicke Backpacker in Designerklamotten tummeln. Aber die interessanteste Veränderung ist wohl, wie die Thais die Khao San inzwischen sehen.

Einst als billiger, schmutziger Treff von *fa·ràng kêe ngók* (knausrigen Ausländern) abgeschrieben, ist Banglamphu heute das angesagteste Viertel der Stadt, das zu gewissen Teilen auch von den seit Langem verspotteten unabhängigen Travellern und ihren modernen Ideen geprägt wurde. Und auch die Bangkoker Gegenkultur-Kids blieben natürlich nicht fern, und sie brachten eine gute Auswahl kleiner Bars, Bio-Cafés und Läden mit sich. Tatsächlich erwies sich das Alternativ-Völkchen Bangkoks als die thailändische Würze, die dem Schmelztiegel zuvor noch gefehlt hatte.

Das bedeutet allerdings nicht, dass sich die Khao San von ihren Backpacker-Wurzeln verabschiedet hätte. Sie hat noch immer alles, was Traveller begehren: Essen, das einen das Heimweh vergessen lässt, Cafés und Bars, in denen man Reisegeschichten darüber, wie man am besten zur kambodschanischen Grenze kommt, austauschen kann, Schneider, Reisebüros, Zahnweißer, antiquarische Buchläden, Zopfflechter und natürlich die unvermeidlichen Akha-Frauen, die jedem ihre Holzfrösche andrehen wollen. Nein, hier ist wirklich überhaupt nichts einsam…

Ratchathewi

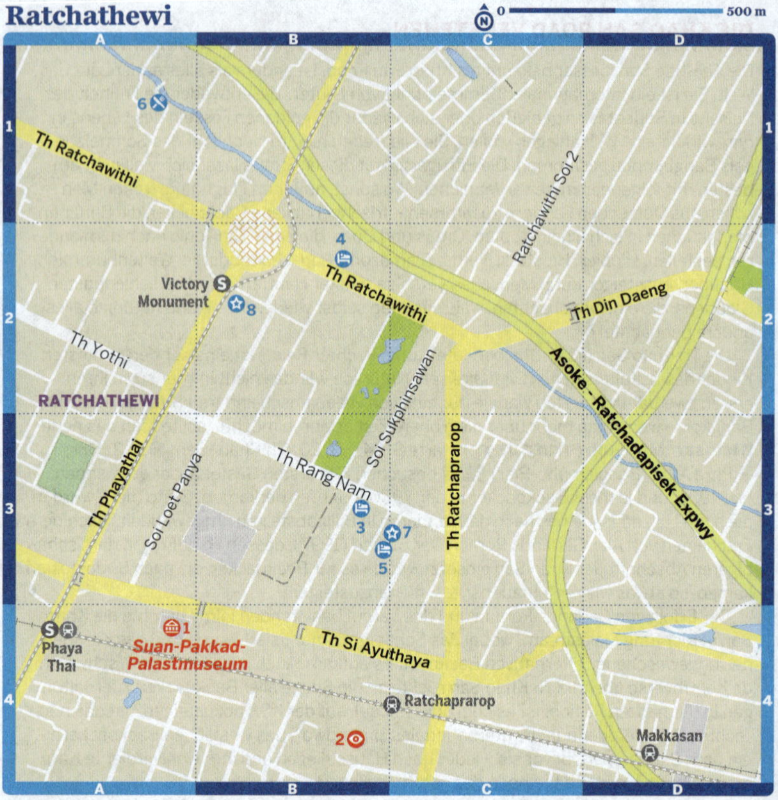

Ratchathewi

Highlights
1 Suan-Pakkad-Palastmuseum A4

Sehenswertes
2 Baiyoke Tower II B4

Schlafen
3 Bizotel B3
4 HI Mid Bangkok B2
5 K Maison B3

Essen
6 Toy A1

Unterhaltung
7 Raintree C3
8 Saxophone Pub & Restaurant B2

geehrt. Seine Bewunderer strömen dann scharenweise mit Räucherstäbchen und Blumengirlanden herbei, um ihm gebührend zu huldigen.

November & Dezember

Loi Krathong KULTUR

(Anfang Nov.) Ein wunderschönes Vollmondfestival, bei dem in der Nacht des ersten Vollmonds kleine Boote aus Bananenblättern auf dem Mae Nam Chao Phraya schwimmen. Sie haben die Form von Lotusblüten und werden mit Kerzen erleuchtet.

Wat-Saket-Fest VOLKSFEST

(Nov.) Das größte aller Bangkoker Tempelfeste (*ngahn wát*) findet im Wat Saket und am Goldenen Berg rund um Loi Krathong statt. Das Tempelgelände verwandelt sich in ein lärmendes Volksfest, bei dem Blumen, Räucherstäbchen, Glocken, gelbe Stoffe und unzählige Thai-Gerichte verkauft werden.

Geburtstag von König Bhumibol/ Vatertag KULTUR

(5. Dez.) Die Einheimischen begehen den Geburtstag des ehemaligen Monarchen mit vielen Umzügen und Feuerwerken.

Schlafen

Wer bei einem typischen Bangkoker Hotel unwillkürlich an den zweiten Teil von *Hangover* denken muss, wird sich freuen zu hören, dass es in der Stadt eine große Auswahl an modernen Hostels, Pensionen und Hotels gibt. Noch erfreulicher ist, dass die meisten Unterkünfte in Bangkok ein exzellentes Preis-Leistungs-Verhältnis bieten und der Wettbewerb so groß ist, dass man fast immer einen Preisnachlass rausschlagen kann. Und abgesehen von einigen kleineren Boutiquehotels muss man in der Regel nicht mal vorab buchen.

Ko Rattanakosin & Thonburi

Wer in Ko Rattanakosin oder Thonburi absteigt, hat die meisten berühmten Sehenswürdigkeiten Bangkoks gleich vor der Tür. Der Blick auf den Fluss und viele charmante Mittelklasseunterkünfte an der Th Maha Rat sind weitere Vorteile. Nachteilig ist allerdings, dass Bars und Restaurants hier relativ dünn gesät sind, sodass man sich in die neueren Teile Bangkoks schleppen muss.

Arom D HOSTEL $$
(Karte S. 84; ☎02 622 1055; www.aromdhostel.com; 336 Th Maha Rat; Zi. mit Frühstück 1200–1600 B; ❄@📶; ⛴Tien Pier) Die hübschen Zimmer haben alle ein gleiches Dekorationsschema. Darüber hinaus gibt's einladende Gemeinschafsbereiche, z. B. die Dachterrasse, Computer und ein Café im Erdgeschoss. Das Hostel bietet nicht viel Platz und könnte etwas mehr Zuwendung vertragen, hat aber auf jeden Fall Stil.

Royal Tha Tien Village HOTEL $$
(Karte S. 84; ☎095 151 5545; www.facebook.com/theroyalthatienvillage; 392/29 Soi Phen Phat; Zi. 1200 B; ❄@📶; ⛴Tha Tien) In zwei umgebauten Shophouses sind hier zwölf recht schlichte Zimmer untergebracht, aber es gibt viel Platz und die Ausstattung mit Fernseher, Kühlschrank, Klimaanlage und glänzendem Parkett sowie die gemütliche, heimelige Atmosphäre machen diese Bleibe empfehlenswert. Sie ist sehr beliebt – also am besten vorab buchen.

★ **Inn A Day** HOTEL $$$
(Karte S. 84; ☎02 221 0577; www.innaday.com; 57-61 Th Maha Rat; Zi./Suite inkl. Frühstück 3500–4200/7500–9000 B; ❄@📶; ⛴Tha Tien) Inn A Day besticht nicht nur durch sein hypercooles Retro- bzw. Industriedesign (das Hotel ist in einer ehemaligen Zuckerfabrik untergebracht), sondern auch durch seine außergewöhnliche Lage (es thront über dem Fluss sowie dem Wat Arun). Die elf Zimmer sind nicht gerade riesig, verfügen aber über ein paar einzigartige Extras wie saubere Neon-Duschkabinen. Die Suiten in der obersten Etage sind zweistöckig und überzeugen nicht zuletzt mit ihren riesigen Badewannen mit Löwenfüßen.

★ **Arun Residence** HOTEL $$$
(Karte S. 84; ☎02 221 9158; www.arunresidence.com; 36–38 Soi Pratu Nokyung; mit Frühstück Zi. 3500–4200 B, Suite/Villa 5800/12 000 B; ❄@📶; ⛴Tien Pier) Das mehrstöckige Holzhaus in strategisch guter Lage am anderen Flussufer direkt gegenüber vom Wat Arun hat viel mehr zu bieten als einen tollen Ausblick. Den sieben Zimmern gelingt es, gemütlich und stilvoll zu wirken (am besten sind die Suiten mit Balkon im obersten Stock). Es gibt auch einladende Gemeinschaftsbereiche, darunter eine Bibliothek, eine Dachbar und ein Restaurant. Reservierung unerlässlich!

Chakrabongse Villas HOTEL $$$
(Karte S. 84; ☎02 622 1900; www.chakrabongsevillas.com; 396/1 Th Maha Rat; Zi./Suite inkl. Frühstück 5000/10 000–25 000 B; ❄@📶🏊; ⛴Tha Tien) Die märchenhafte Anlage rund um einen immer noch genutzten Königspalast von 1908 umfasst drei luxuriöse, aber beengte Zimmer und vier größere Suiten und Villen, teilweise mit tollem Flussblick. Es gibt hier auch einen Pool, einen dschungelartigen Garten und eine erhöhte Terrasse, auf der man romantisch am Flussufer speisen kann. Reservierung erforderlich.

Banglamphu & Umgebung

Banglamphu hat noch immer die meisten Budgetunterkünfte Bangkoks. Andererseits ist hier inzwischen auch die gesamte Palette an Unterkünften vertreten, die Bangkok zu bieten hat. Auch die vielen Möglichkeiten zum Essen, Ausgehen und Shoppen sind gute Gründe für eine Bleibe in Banglamphu – auch wenn man sich irgendwie vom Rest Bangkoks abgeschnitten fühlt.

Suneta Hostel Khaosan HOSTEL $
(Karte S. 84; ☎02 629 0150; www.sunetahostel.com; 209–211 Th Kraisi; mit Frühstück B 470–570 B, Zi. 1180 B; ❄@📶; ⛴Phra Athit/Banglamphu Pier) Die nette, entspannte Atmosphäre, das einzigartige Retro-Design (manche Schlafsäle

sind wie Schlafwagenwaggons gestaltet), die zentrale Lage gleich abseits der Hauptstraße und der freundliche Service machen das Suneta zu einem hervorragenden Hostel.

Vivit Hostel HOSTEL $
(Karte S. 84; ☎ 02 224 5888; www.vivithostel.com; 510 Th Tanao; B/Zi. mit Frühstück 475/965 B; ❄ 📶; ⛴ Klorng-Boot bis Phanfa Leelard Pier) Vorhänge mit Blumenmuster, Bilder von Blumen und Standuhren verleihen diesem Hostel eine überwältigende altmodische Atmosphäre, obwohl es erst 2017 eröffnet wurde. Die Schlafsäle sind zwar etwas fade, haben aber ein exzellentes Preis-Leistungs-Verhältnis.

Fortville Guesthouse HOTEL $
(Karte S. 84; ☎ 02 282 3932; www.fortvilleguesthouse.com; 9 Th Phra Sumen; Zi. 820–1190 B; ❄ @ 📶; ⛴ Tha Phra Athit (Banglamphu)) Das Designkonzept dieses Hotels ist schwer zu beschreiben: Von außen sieht es aus wie eine moderne Kirche oder eine Burg, im Inneren wird auf Spiegel und industrielles Flair gesetzt. Die Zimmer selbst sind stilvoll minimalistisch und die teureren haben noch kleine Extras wie einen Kühlschrank oder einen Balkon.

Khaosan Immjai HOSTEL $
(Karte S. 84; ☎ 02 629 3088; www.khaosanimmjai.com; 240 Soi 1, Th Samsen; B inkl. Frühstück 300–350 B; ❄ @ 📶; ⛴ Tha Phra Athit (Banglamphu)) Besonders hübsch oder außergewöhnlich ist dieses Hostel nicht, mit seinem heimeligen Flair und den vielen guten Feedbacks hat es sich aber eine Empfehlung verdient. Die in Pastelltönen gehaltenen Schlafsäle sind sauber, hell und haben zwischen vier und 14 Betten. Zudem gibt's jede Menge praktischer Ausstattungsextras (Waschmaschinen, Computer etc.), die jedoch alle kostenpflichtig sind.

★ **Lamphu Treehouse** HOTEL $$
(Karte S. 84; ☎ 02 282 0991; www.lamphutreehotel.com; 155 Wanchat Bridge, abseits der Th Prachathipatai; mit Frühstück Zi. 1650–2500 B, Suite 3500–4500 B; ❄ @ 📶 🏊; ⛴ Klorng-Boot bis Phanfa Leelard Pier) Trotz seines Namens steht das attraktive Mittelklassehotel fest auf dem Boden und bietet dazu ein tolles Preis-Leistungs-Verhältnis. Die mit Holz verkleideten Zimmer sind attraktiv, einladend und gepflegt, und die Sonnenlounge auf dem Dach, der Pool, das Internetcafé, das Restaurant sowie die ruhige Lage am Kanal tun ihr Übriges, sodass man hier nicht mehr weg will. Die Erweiterung ein paar Blocks entfernt erhöht die Chance, dass es mit einer Reservierung klappt.

Baan Dinso HOSTEL $$
(Karte S. 84; ☎ 02 621 2808; www.baandinso.com; 113 Trok Sin; Zi. mit Frühstück 900–2500 B; ❄ @ 📶; ⛴ Klorng-Boot bis Phanfa Leelard Pier) Diese alte Holzvilla hat zwar nicht das beste Preis-Leistungs-Verhältnis in Bangkok, aber hinsichtlich ihres nostalgischen Ambientes und greifbaren Flairs ist die Unterkunft kaum zu toppen. Von den zehn kleinen, aber blitzblanken Zimmern haben nur fünf ein eigenes angeschlossenes Bad. Für alle Gäste stehen funktionale und einladende Gemeinschaftsbereiche zur Verfügung.

Baan Noppawong HOTEL $$
(Karte S. 84; ☎ 02 224 1047; www.facebook.com/baannoppawong; 112–114 Soi Damnoen Klang Tai; mit Frühstück Zi. 2500–3400 B, Suite 4400–5100 B; ❄ 📶; ⛴ Klorng-Boot bis Phanfa Leelard Pier) Dieses äußerst saubere alte Haus verfügt über sieben Zimmer, und hier fühlt man sich fast wie bei der Großmutter. Die Zimmer bieten nicht viel Platz, sind aber lichterfüllt, komfortabel und gemütlich. Sie wurden außerdem mit hübschen antiken Möbeln eingerichtet. Die abgeschiedene Lage verstärkt den Eindruck, man würde bei einer Gastfamilie wohnen.

Sourire HOTEL $$
(Karte S. 84; ☎ 02 280 2180; www.sourirebangkok.com; Soi Chao Phraya Si Phiphat; Zi. mit Frühstück 1500–3500 B; ❄ @ 📶; ⛴ Klorng-Boot bis Phanfa Leelard Pier) Mehr als nur ein Hotel: Die 38 Zimmer verströmen eine beruhigende, heimelige Atmosphäre. Sanfte Beleuchtung, komfortable, stabile Holzmöbel und freundliche, ältere Inhaber runden das Ganze ab. Um hierher zu gelangen, folgt man der Soi Chao Phraya Si Phiphat bis zum Ende und klopft an die hohe braune Holztür gleich links.

Nanda Heritage HOTEL $$
(Karte S. 84; ☎ 02 282 2900; www.nandaheritage.com; 632 Th Wisut Kasat; mit Frühstück Zi. 2500–4000 B, Suite 6000 B; ❄ 📶; ⛴ Klorng-Boot bis Phanfa Leelard Pier) Das neue Designerhotel orientiert sich an dem Teakhaus, das einst hier war, und den noch immer in der Umgebung stehenden Holzgebäuden. Die in dezenten Erdtönen gestalteten Zimmer sind gut ausgestattet und haben geräumige angeschlossene Badezimmer. Das Nanda ist eine clevere Wahl für alle, die es raffinierter mögen, aber auch die Action auf der Th Khao San in der Nähe wissen wollen.

GEWUSST WO: HOTELSUCHE IN BANGKOK

STADTVIERTEL	PRO	CONTRA
Ko Ratanakosin & Thonburi	Bangkoks berühmteste Sehenswürdigkeiten gleich vor der Tür; Flussblick; (relativ) frische Luft; Bangkok-Atmosphäre alter Schule.	Schwer zu erreichen; wenige Budget-Optionen; Schlepper.
Banglamphu	In der Nähe wichtiger Sehenswürdigkeiten und typischer Bangkoker Viertel; zahlreiche ordentliche Budgetunterkünfte; Atmosphäre eines Schmelztiegels; praktisch unbegrenzte kulinarische Auswahl; mit das beste Nachtleben vor Ort.	Der Weg von/zu diesem Gebiet kann mühsam sein; in der Th Khao San kann es laut werden; Budgetunterkünfte sind teilweise schlecht ausgestattet, aufdringliche Schlepper.
Chinatown & Phaturat	Einige interessante Budget- und Mittelklasse-Unterkünfte; abseits ausgetretener Pfade; leichter Zugang zu lohnenden Sehenswürdigkeiten und einigen der besten Restaurants der Stadt; Nähe zum Bangkoker Hauptbahnhof.	Lärm; Luftverschmutzung; Hektik.
Ufergebiet, Lumphini, Silom & Sathan	Einige der besten gehobenen Unterkünfte der Stadt; Flussboote und Flussblick; super bequemer Zugang zum BTS und zur MRT (Metro); zahlreiche Restaurants und viel Nachtleben; schwulenfreundlich.	Lärm und Luftverschmutzung können ein Problem sein; manche Budgetunterkünfte sind trostlos; abseits des Flusses hyperurbanes Ambiente.
Siam Square, Pratunam & Ratchathewi	Große Auswahl an Unterkünften; super bequemer Zugang zu Einkaufsmöglichkeiten; leichter Zugang zum BTS (Skytrain).	Schlepper; Umgebung ohne den Reiz von Authentizität; vergleichsweise wenige Restaurant- und Unterhaltungsangebote im unmittelbaren Umfeld; fehlende Eigenart.
Sukhumvit	Einige der elegantesten Hotels der Stadt; viele Mittelklasseoptionen; leichter Zugang zum BTS und zur MRT; internationale Restaurants; leichter Zugang zu einigen der besten Bars der Stadt; Sitz mehrerer angesehener Spas und Massagesalons.	Lästige Straßenhändler und Sextourismus; Lärm; übermäßig touristisch.
Thewet & Dusit	Gute Budgetunterkünfte; Atmosphäre eines Dorfs am Fluss; frische Luft; in der Nähe einiger lohnender Sehenswürdigkeiten.	Wenige Mittel- und Spitzenklasseunterkünfte; nicht besonders bequemer Zugang zum übrigen Bangkok; vergleichsweise wenig Restaurants und Bars; abends total verschlafen.
Nördliches Bangkok	Weniger hektisches Ambiente; gutes Preis-Leistungs-Verhältnis; bequeme Nähe zum Flughafen.	Teilweise unbequeme Transportoptionen; kaum Bars und Unterhaltungsangebote.

The Warehouse HOTEL $$
(Karte S. 84; ☎02 622 2935; www.thewarehousebangkok.com; 120 Th Bunsiri; Zi. inkl. Frühstück 2280–2580 B; ❄@📶; ⛴Klorng-Boot bis Tha Phanfa Leelard) Holzpaletten, die als Möbel dienen, gelbschwarze Kunst an den Wänden, freiliegende Armaturen und weitere industrielle Elemente tragen ihren Teil zum Fabrikflair des „Lagerhauses“ bei. Und dennoch erwarten die Gäste hier 36 tolle, funktionale und recht große, wenn auch nicht gerade günstige Zimmer.

Thewet & Dusit

Thewet & Dusit

Highlights
1 Dusit Palace Park C2

Sehenswertes
2 Abhisek-Dusit-Thronsaal C2
3 Museum für alte Stoffe D2
4 Dusit-Zoo D3
5 Königl.-thail. Elefantenmuseum C2
6 Vimanmek-Herrenhaus C2
7 Wat Benchamabophit D3
8 Wat Thevaratkunchong A2

Schlafen
9 Baan Manusarn B3
10 Phra-Nakorn Norn-Len B3
11 The Siam B1

Essen
12 Kaloang Home Kitchen A2
13 Khinlom Chom Sa-Phan A3
14 Krua Apsorn B2
15 Steve Café & Cuisine A2

Hotel Dé Moc HOTEL $$

(Karte S. 84; ☎ 02 282 2831; www.hoteldemoc.com; 78 Th Prachathipatai; Zi. mit Frühstück 2000–4000 B; ; Klorng-Boot bis Phanfa Leelard Pier) Mit ihren hohen Decken und den großen Fenstern wirken die Zimmer in diesem Hotel aus den 1960er-Jahren geräumig. Die Möblierung und die Fassade scheinen allerdings noch im vorigen Jahrhundert festzustecken. Auf dem Gelände gibt's auch einen einladenden, wunderbar altmodischen Pool mit Café. Zu den gut durchdachten Extras zählen der kostenlose Transport zur Th Khao San und Gratis-Fahrräder.

Baan Dinso @ Ratchadamnoen HOTEL $$

(Karte S. 84; ☎ 086 815 3300; www.baandinso.com; 78/3 Th Ratchadamnoen Klang; Zi. mit Frühstück 650–2520 B; ; Klorng-Boot bis Phanfa Leelard Pier) Das Hotel mit Blick auf die wohl berühmteste Kreuzung Bangkoks bietet 27 Zimmer. Das gesamte Spektrum an Unterkünften wird hier abgedeckt: von modernen, aber winzigen Einzelzimmern mit Gemeinschaftsbad bis hin zu den geräumigeren Grand-Zimmern, meistens mit Blick auf das Demokratiedenkmal.

Villa Phra Sumen HOTEL $$

(Karte S. 84; ☎ 080 085 0085; www.villaphrasumen.com; 457 Th Phra Sumen; Zi. mit Frühstück 2500–3700 B; ; Klorng-Boot bis Phanfa Leelard Pier) Direkt am Kanal liegt, umgeben von einem Garten, das Hotel Villa Phra Sumen, das von einer abgeschiedenen, geheimnisvollen Atmosphäre geprägt ist. Die 24 etwas beengten (und überteuerten) Zimmer sind alle mit Balkon und modernen Annehmlichkeiten ausgestattet. Das Personal ist zudem sehr aufmerksam.

Villa Cha-Cha HOTEL $$
(Karte S. 84; ☎ 02 280 1025; www.villachacha.com; 36 Th Tani; Zi. 2000–5500 B; ❄📶🏊; ⛴ Tha Phra Athit (Banglamphu) Balinesische Statuen, faulenzende Hotelgäste, ein großes Restaurant und ein winziger Pool – das alles verbirgt sich in diesem etwas versteckt liegenden, aber beliebten Hotel. Bei der Innenausstattung der Zimmer wurden einige unbeholfene Gestaltungsversuche unternommen (etwa die Aktportraits an den Wänden), der eigentliche Reiz geht hier vielmehr von der geselligen Urlaubsatmosphäre aus.

Old Capital Bike Inn HOTEL $$$
(Karte S. 84; ☎ 02 629 1787; www.oldcapitalbkk.com; 609 Th Phra Sumen; Zi. mit Frühstück 3200–7800 B; ❄@📶; ⛴ Klorng-Boot bis Phanfa Leelard Pier) Das alte Ladenhaus ist der Inbegriff eines Flitterwochen-Hotels. Es bietet zehn dekadente, opulente Zimmer mit intensivem Farbschema und Holzmöbeln. Wie der Name schon sagt, dreht sich hier alles um Drahtesel, die auch kostenlos verliehen werden.

Praya Palazzo HOTEL $$$
(Karte S. 84; ☎ 02 883 2998; www.prayapalazzo.com; 757/1 Somdej Prapinklao Soi 2; Zi./Suite inkl. Frühstück 6900–8900/11 900–18 900 B; ❄📶🏊; ⛴ Hoteleigenes Shuttleboot ab Tha Phra Athit (Banglamphu) Nachdem sie fast 30 Jahre vor sich hin geschlummert hatte, wurde diese am Fluss gelegene Villa aus dem 19. Jh. als attraktives Boutiquehotel wiedergeboren. Die 17 Zimmer sind ein bisschen klein und nicht von jedem hat man einen unverstellten Blick auf den Fluss, aber die sorgfältige Renovierung, die hübsche Möblierung mit Antiquitäten und die idyllisch anmutende Atmosphäre machen es zu einem Boutiquehotel mit echtem kolonialem Charme.

Riva Surya HOTEL $$$
(Karte S. 84; ☎ 02 633 5000; www.rivasuryabangkok.com; 23 Th Phra Athit; Zi. inkl. Frühstück 3500–5500 B; ❄@🏊; ⛴ Tha Phra Athit (Banglamphu) Das frühere Apartmentgebäude wurde in ein Hotel umgebaut, das in diesem Teil der Stadt zu den designorientierteren seiner Art zählt. Die 68 Zimmer in Grau- und Schwarztönen sind mit modernen Möbeln ausgestattet. Die Deluxe und Riva Rooms verfügen außerdem noch über einen tollen Flussblick, sie sind allerdings nicht immer geräumig.

🛏 Chinatown & Phahurat

In Chinatown gibt's ein paar preiswerte Budget- und Mittelklasseunterkünfte. Nachteile sind der Lärm, die Luftverschmutzung und die relativ weite Entfernung zu den öffentlichen Verkehrsmitteln und zum „neuen" Bangkok.

Wanderlust HOSTEL $
(Karte S. 88; ☎ 083 046 8647; www.facebook.com/onederlust; 149–151 Rama IV; B 450 B, Zi. 1300–1800 B; ❄📶; ⛴, Ⓜ Hua Lamphong Ausgang 1) Das neue Hostel ist von einem fast schon steril wirkenden Ambiente im Industrie-Stil geprägt. Es gibt Schlafsäle mit vier bis acht Betten, ein paar enge private Zimmer, wovon die billigsten ein Gemeinschaftsbad haben, und ein total schickes Café-Restaurant im Erdgeschoss. Das Wanderlust hat zwar nicht das beste Preis-Leistungs-Verhältnis in Chinatown, dafür aber den größten Image-Faktor.

Chic Hostel HOSTEL $
(Karte S. 88; ☎ 02 237 9989; www.chicth.com; 23/48–51 Th Traimit; mit Frühstück B 390 B, Zi. 800–1100 B; ❄@📶🏊; Ⓜ Hua Lamphong Ausgang 1) Das neue Hostel hat Schlafsäle mit zwei bis 14 Betten und eine Handvoll privater Zimmer. Letztere bieten nur wenige Annehmlichkeiten (nur die „Deluxe"-Zimmer haben ein angeschlossenes Bad), aber dafür herrscht hier eine bunt aufgeräumte Stimmung und es gibt einen Swimmingpool.

★ **Loy La Long** HOTEL $$
(Karte S. 88; ☎ 02 639 1390; www.loylalong.com; 1620/2 Th Songwat; Zi. mit Frühstück 2700–4900 B; ❄@📶; ⛴ Ratchawong Pier, Ⓜ Hua Lamphong Ausgang 1 & Taxi) Rustikaler Retro-Charme bestimmt die sechs Zimmer in dem 100 Jahre alten Holzhaus mit jeder Menge Charakter. Hinzu kommt noch die einzigartige Lage direkt auf dem Mae Nam Chao Phraya, was dem Hotel ein geheimnisvolles Flair verleiht.

Der einzige Haken ist, das Hotel zu finden: Man folgt der Th Songwat und geht dann durch den **Wat Patumkongka Rachaworawiharn** (วัดปทุมคงคาราชวรวิหาร) GRATIS zum Fluss hinunter.

Feung Nakorn Balcony HOTEL $$
(Karte S. 88; ☎ 02 622 1100; www.feungnakorn.com; 125 Th Fuang Nakhon; mit Frühstück Zi. 2200–4400 B, Suite 4300–4800 B; ❄@📶; ⛴ Saphan Phut/Memorial Bridge Pier, Pak Klong Taladd Pier) Das Hotel in einer ehemaligen Schule bietet 42 große, helle und luftige Zimmer rund um einen einladenden Garten im Innenhof. Zu den Annehmlichkeiten gehören die kostenlose Minibar, der Safe und der Flachbild-

FLUGHAFENHOTELS

Die meisten Bangkok-Besucher brauchen sich nicht mit den Flughafenhotels abzugeben, weil Taxis reichlich vorhanden und billig sind. Am frühen Morgen ist der Verkehr nicht so dicht und man kommt recht schnell ans Ziel. Wer sich trotzdem wegen eines sehr frühen Abflugs oder einer späten Ankunft sorgt, kann in einem der folgenden Hotels übernachten:

Novotel Suvarnabhumi Airport Hotel (Karte S. 168; ☎ 02 131 1111; www.novotelairportbkk.com; Zi. 4500–7300 B, Suite 9500–10 400 B jeweils mit Frühstück; ❄@📶; Ⓢ Phra Khanong Ausgang 3 & Taxi, Ⓡ Suvarnabhumi Airport & Hotel-Shuttlebus) Bietet mehr als 600 Luxuszimmer auf dem Gelände des Suvarnabhumi International Airport.

The Cottage (Karte S. 168; ☎ 02 727 5858; www.thecottagebangkokairport.com; 888/8 Th Lad Krabang; Zi. mit Frühstück 880–1379 B; ❄@📶🏊; Ⓢ Phra Khanong Ausgang 3 & Taxi, Ⓡ Suvarnabhumi Airport & Hotel-Shuttlebus) Solides Mittelklassehotel nahe dem Suvarnabhumi International Airport und in Gehweite zu Ess- und Shoppinggelegenheiten; verfügt über einen Flughafen-Shuttle.

Sleep Box (Karte S. 168; ☎ 02 535 7555; Terminal 2; Zi. 1800 B; ❄📶) Endlich gibt es eine Alternative zum Dösen im Wartebereich des Don Mueang International Airport. Die Zimmer sind zwar winzig, haben aber angeschlossene Bäder, Wasser, WLAN und sogar Verpflegungs-Coupons. Es gibt auch Kurzvermietungen (1000 B/3 Std.) und Duschen (300 B).

Amari Airport Hotel (Karte S. 168; ☎ 02 566 1020; www.amari.com/donmuang; 333 Th Choet Wutthakat; Zi. 1845–2205 B, Suite 2205–3105 B; ❄@📶🏊; Ⓜ Chatuchak Park Ausgang 2 & Taxi, Ⓢ Mo Chit Ausgang 3 & Taxi) Hotel mit internationalem Standard gleich gegenüber dem Don Mueang International Airport.

TV, die alle zur Standardausrüstung zählen. Darüber hinaus hat das Hotel eine ruhige, abgeschiedene Lage weit weg vom Strip und kompetente Angestellte. Alles in allem ist dies eine charmante und einladende (wenn auch nicht unbedingt preiswerte) Bleibe.

Shanghai Mansion HOTEL $$$
(Karte S. 88; ☎ 02 221 2121; www.shanghaimansion.com; 479-481 Th Yaowarat; Zi./Suite inkl. Frühstück 2500–4500 /4500B; ❄@📶; ⛴ Ratchawong Pier, Ⓜ Hua Lamphong, Ausgang 1 & Taxi) Dieses preisgekrönte Boutiquehotel ist mit Abstand die stilvollste Unterkunft in Chinatown (wenn nicht sogar in ganz Bangkok). Es erinnert mit dem Buntglas, den zahllosen Lampen, kräftigen Farben und seinem ironischen Chinatown-Kitsch unweigerlich an Shanghai um das Jahr 1935. Wer so richtig in die Vollen gehen möchte, lässt sich eines der größeren Zimmer zur Straße hin geben. Sie haben hohe Fenster und sind deshalb heller.

Asadang HOTEL $$$
(Karte S. 88; ☎ 085 180 7100; 94-94/1 Th Atsadang; Zi. inkl. Frühstück 3900–6000 B; ❄@📶; ⛴ Saphan Phut/Memorial Bridge Pier, Pak Klong Taladd Pier) Wie eine Reise in die Vergangenheit fühlt sich eine Übernachtung in diesem wunderschönen alten Shophouse in einem klassischen Bangkoker Viertel an. Die neun Zimmer sind nicht besonders groß, verfügen aber über viel Atmosphäre und sowohl antike Möblierung als auch moderne Annehmlichkeiten. Das Schwesterhotel **Bhuthorn** (Karte S. 84; ☎ 02 622 2270; www.thebhuthorn.com; 96-98 Th Phraeng Phuthon; Zi. inkl. Frühstück 5000–6300 B; ❄@📶) liegt ein paar Blocks entfernt und hat ein ganz ähnliches Angebot.

Ufergebiet

Hier gibt's Unterkünfte der Budget- und Luxusklasse (und relativ wenig dazwischen).

Glur Bangkok HOSTEL $
(Karte S. 92; ☎ 02 630 5595; www.glurbangkok.com; 45 Soi 50, Th Charoen Krung; mit Frühstück B 285–720 B, Zi. 1300–1600 B; ❄📶; ⛴ Sathon/Central Pier, Ⓢ Saphan Taksin Ausgang 1) Schmales Ladenhaus mit drei attraktiven und komfortablen Acht-Bett-Schlafsälen. Es gibt hier nicht viel Platz, aber das Glur macht mit witzigen und funktionellen Gemeinschaftsbereichen, wie dem Café im Erdgeschoss, das Beste daraus.

Swan Hotel HOTEL $$
(Karte S. 92; ☎ 02 235 9271; www.swanhotelbkk.com; 31 Soi 36/Rue de Brest, Th Charoen Krung; Zi. mit Frühstück 1200–2000 B; ❄@📶🏊; ⛴ Oriental Pier) Hier trifft 1960er-Jahre-Möblierung auf ein typisches Bangkoker Hotel – trotz der Renovierung. Die Zimmer sind aber luftig

und praktisch makellos. Zudem ist das altmodische Swan, vor allem der Poolbereich, von einer lustigen Atmosphäre geprägt.

Mandarin Oriental HOTEL $$$

(Karte S. 92; ☎ 02 659 9000; www.mandarinoriental.com; 48 Soi 40/Oriental, Th Charoen Krung; mit Frühstück Zi. 14 000–30 000 B, Suite 26 700–160 000 B; ❄ @ ☏ ≋; ⛴ Oriental Pier oder Hotel-Shuttleboot ab Sathon/Central Pier) Wer Bangkok richtig erleben will, sollte in diesem prächtigen alten Hotel am Fluss absteigen. Die meisten Zimmer liegen im modernen, kürzlich renovierten neuen Flügel, aber eigentlich sind die Zimmer im Gartenflügel und im Autorenflügel wegen des altmodischen Flairs vorzuziehen. Das Hotel beherbergt auch eines der angesehensten Spas der Region, ein legendäres feines Restaurant und eine Kochschule.

Peninsula Hotel HOTEL $$$

(Karte S. 92; ☎ 02 861 2888; www.peninsula.com; 333 Th Charoen Nakhon; mit Frühstück Zi. 7500–8100 B, Suite 10 600–130 000 B; ❄ @ ☏ ≋; ⛴ Hotel-Shuttleboot ab Sathon/Central Pier) Mit 20 Jahren auf dem Buckel scheint das Pen noch immer alles zu haben: eine tolle Lage (hoch über dem Fluss), einen perfekten Ruf (bei der Wahl der weltweit besten Luxushotels ist es stets vorne mit dabei) und eines der höchsten Serviceniveaus der Stadt. Wenn Geld keine Rolle spielt, mietet man sich am besten in einem der obersten Stockwerke ein. Hier liegt einem Bangkok im wahrsten Sinne des Wortes zu Füßen.

Millennium Hilton HOTEL $$$

(Karte S. 92; ☎ 02 442 2000; www.bangkok.hilton.com; 123 Th Charoen Nakhon; mit Frühstück Zi. 4000–5900 B, Suite 6500–7000 B; ❄ @ ☏ ≋; ⛴ Hotel-Shuttleboot ab Sathon/Central Pier) Schon beim Betreten des imposanten Foyers wird klar, dass dies eines der jüngsten und modernsten Hotels an Bangkoks Flussufer ist. Die Zimmer – allesamt mit Flusspanorama – sind dementsprechend mit flippigen Möbeln und Fotos mit landestypischen Motiven ausgestattet. Der gläserne Aufzug und der künstliche Strand sind nur zwei der abgefahrenen Elemente.

Lumphini-Park & Rama IV

ETZzz Hostel HOSTEL $

(Karte S. 94; ☎ 02 286 9424; www.etzhostel.com; 5/3 Soi Ngam Du Phli; B 180–350 B, Zi. 750–900 B; ❄ @ ☏; Ⓜ Lumphini Ausgang 1) In dem schmalen Ladenhaus sind Schlafsäle mit vier bis zwölf Betten sowie zwei private Zimmer mit jeweils eigenem Bad untergebracht. Ihnen gemein sind ein auf den Grundfarben basierendes Farbschema und die praktische Lage nahe der MRT.

Urban House HOTEL $$

(Karte S. 94; ☎ 081 492 7778; www.urbanh.com; 35/13 Soi Yommarat; mit Frühstück Zi. 800–2300 B, Suite 1580 B; ❄ ☏; Ⓜ Si Lom Ausgang 2, Ⓢ Sala Daeng Ausgang 4) An diesem Ladenhaus mit sechs Zimmern gibt's nichts Protziges – und genau das ist das Gute daran. Die relativ geräumigen Zimmer sind dezent und komfortabel gestaltet. Das ganze Haus verströmt eine friedliche, heimelige Atmosphäre, vor allem wegen dem freundlichen Gastgeber und der ruhigen Wohnstraße.

LUXX XL HOTEL $$

(Karte S. 94; ☎ 02 684 1111; www.staywithluxx.com; 82/8 Th Lang Suan; mit Frühstück Zi. 1500–2400 B, Suite 3700–7700 B; ❄ @ ☏ ≋; Ⓢ Ratchadamri Ausgang 2) Das LUXX bietet jede Menge zeitgenössischen, minimalistisch-hippen Charme, wie man ihn in London oder New York vermuten würde. Die bodenlangen Fenster lassen viel Licht hinein, die Suiten verfügen über Kochnischen und alle Zimmer sind entsprechend schick möbliert. Es gibt noch eine zweite, etwas billigere (und kleinere) Filiale an der **Th Decho** (Karte S. 102; ☎ 02 635 8844; 6/11 Th Decho; Zi. 1060–1445 B, Suite 1570 B; ❄ @ ☏; Ⓢ Chong Nongsi Ausgang 3), abseits der Th Silom.

Sukhothai Hotel HOTEL $$$

(Karte S. 94; ☎ 02 344 8888; www.sukhothai.com; 13/3 Th Sathon Tai/South; mit Frühstück Zi. 4000–5200 B, Suite 6000–80 000 B; ❄ @ ☏ ≋; Ⓜ Lumphini Ausgang 2) Dies ist eines der nobelsten Luxushotels Bangkoks. Wie der Name schon vermuten lässt, findet man hier Ziegelstupas, Innenhöfe und alte Skulpturen, die für eine friedliche, tempelartige Atmosphäre sorgen. Im krassen Kontrast dazu stehen die Zimmer mit hochmodernen Fernsehern, Telefonen und teilweise sogar Hightech-Toiletten.

Sofitel So HOTEL $$$

(Karte S. 94; ☎ 02 624 0000; www.sofitel.com; 2 Th Sathon Neua/North; mit Frühstück Zi. 8100–9100 B, Suite 13 000–48 000 B; ❄ @ ☏ ≋; Ⓜ Lumphini Ausgang 2) In den letzten Jahren wurde in Bangkok eine Handvoll großer und hipper Hotels bekannter Ketten eröffnet – das Sofitel ist eines davon. Es bietet einen tollen Blick auf den Lumphini-Park nebenan, der

Bangkok Nord

bei der Gestaltung des Hotels auch als Inspiration diente. Das Design basiert auf den vier Elementen, sodass es keine zwei Zimmer gibt, die völlig gleich sind. Alle Bleiben sind dennoch groß, stilvoll, modern und frisch.

Silom & Sathon

Die hektische und moderne Silom fungiert praktisch als Bangkoks Finanzmeile, während die von Botschaften gesäumte Th Sathon ruhiger ist.

Mile Map Hostel HOSTEL $

(Karte S. 102; ☎02 635 1212; 36/4 Th Pan; B 250–285 B, Zi. 600–900 B; ❄@📶; Ⓢ Chong Nonsi Ausgang 3) Trotz des angedeuteten Industriedesigns wirkt das Hostel einladend, warm und lustig. Die Zehn-Bett-Schlafsäle gehören zu den preiswertesten Bleiben der Stadt. Die privaten Zimmer haben eine funkige, minimalistische Atmosphäre, bekommen aber nicht viel Sonnenlicht ab.

Mad Cow Hostel HOSTEL $

(Karte S. 102; ☎087 972 0955; 18 Th Decho; B 150–180 B, Zi. mit Gemeinschaftsbad 440 B; ❄📶; Ⓢ Chong Nonsi Ausgang 3) Die mit Ventilatoren bestückten Schlafsäle hier sind sicher die billigsten in der Stadt. Insofern wäre es töricht, mehr als nur das Nötigste zu erwarten. Aber: Die Zimmer sind sauber, und der Service ist freundlich. Die winzigen privaten Zimmer teilen sich das Bad.

★ **Smile Society** HOTEL $$

(Karte S. 102; ☎081 442 5800, 081 444 1596; www.smilesocietyhostel.com; 30/3-4 Soi 6, Th Silom; B/Zi. inkl. Frühstück 450–600/1100–2200 B; ❄@📶; Ⓜ Si Lom, Ausgang 2, Ⓢ Sala Daeng, Ausgang 1) Teils Boutiquehotel, teils Hostel: Das vierstöckige Shophouse bietet kleine, aber komfortable und gut ausgestattete Zimmer sowie Schlafsäle mit makellosen Gemeinschaftsbädern. Hinzu kommen die zentrale Lage, das unfassbar gute Feedback der Gäste, hilfsbereite, englischsprachige Ange-

Bangkok Nord

Highlights
1 Chatuchak-Wochenend-Markt B2

Sehenswertes
2 Children's Discovery Museum B2
3 Numthong Gallery A3
4 Or Tor Kor Market B2

Aktivitäten, Kurse & Touren
5 House of Dhamma C1

Schlafen
6 Be My Guest Bed & Breakfast C4
7 Mystic Place A3
8 Siamaze D3
9 The Yard A4

Essen
10 Baan Pueng Chom A3
11 Fatbird A3
12 Kaobahn B4
13 Puritan A4

Ausgehen & Nachtleben
14 Aree A3
15 Fake Club The Next Gen D3
16 O'glee A4

Unterhaltung
17 Playhouse Magical Cabaret D1

stellte sowie ein paar weitere Extras. Durch den praktisch identischen Anbau nebenan kann nun auch die steigende Gästezahl des immer beliebter werdenden Hotels abgefangen werden.

★ kokotel HOTEL $$
(Karte S. 102; ☎ 02 235 7555; www.kokotel.com; 181/1–5 Th Surawong; Zi. 1400–3400 B; ❄@📶; S Chong Nonsi Ausgang 3) Die wohl familienfreundlichste Unterkunft der Stadt bietet große, sonnige Zimmer mit bauschigen Betten, einen großen Kinderspielplatz und ein Café (mit Rutsche!) im Erdgeschoss. Gute Preise und hervorragendes Preis-Leistungs-Verhältnis!

Amber HOTEL $$
(Karte S. 102; ☎ 02 635 7272; www.amberboutiquesilom.com; 200 Soi 14, Th Silom; Zi. mit Frühstück 1900–2400 B; ❄@📶; S Chong Nonsi Ausgang 3) Angesichts der allgegenwärtigen Designthemen – etwa marokkanisch, chinesisch-portugiesisch oder modern – könnte man meinen, das Amber lege mehr Wert auf Stil als auf Komfort. Aber nichts hier ist zu schrill oder übertrieben, und die 19 geräumigen, lichterfüllten Zimmer bieten mit ihren vielen Annehmlichkeiten und der ruhigen Lage ein exzellentes Preis-Leistungs-Verhältnis. Häufig gibt's Angebote zu noch kleineren Preisen als hier angegeben – ein echtes Schnäppchen!

Rose Hotel HOTEL $$
(Karte S. 102; ☎ 02 266 8268; www.rosehotelbkk.com; 118 Th Surawong; mit Frühstück Zi. 1900–2300 B, Suite 3300–3800 B; ❄@📶🏊; M Si Lom Ausgang 2, S Sala Daeng Ausgang 3) Man darf sich nicht vom unscheinbaren Äußeren täuschen lassen! Die günstige Lage, die modernen Zimmer, der Pool, der Fitnessraum und die Sauna machen diesen Veteran aus der Vietnamkriegszeit zu einer guten Wahl.

★ Siam Heritage HOTEL $$$
(Karte S. 102; ☎ 02 353 6101; www.thesiamheritage.com; 115/1 Th Surawong; Zi./Suite inkl. Frühstück 3500–3800/5000–6500 B; ❄@📶🏊; M Si Lom, Ausgang 2, S Sala Daeng, Ausgang 1) Etwas abseits der viel befahrenen Th Surawong versteckt sich dieses noble Boutiquehotel mit heimeligem thailändischem Charme – vermutlich weil die Besitzer im selben Gebäude wohnen. Die 73 Zimmer sind von Seide und dunklem Holz mit schicken Designelementen und durchdachten Annehmlichkeiten geprägt. Auf dem Dach befindet sich ein einladender Bereich mit Garten, Pool und Spa, und alles wird von einem Team aus zuvorkommenden und professionellen Angestellten in Schuss gehalten. Sehr zu empfehlen!

★ Metropolitan by COMO HOTEL $$$
(Karte S. 94; ☎ 02 625 3333; www.comohotels.com; 27 Th Sathon Tai/South; mit Frühstück Zi. 3500–5300 B, Suite 6200–27 000 B; ❄@📶🏊; M Lumphini Ausgang 2) Von außen hat sich das ehemalige Bangkoker YMCA kaum verändert, aber drinnen offenbart sich eines der schicksten, ansprechendsten Hotels der Stadt. Die 171 Zimmer sind in betörenden Farben mit Schwarz, Weiß und Gelb gestaltet. Die City-Zimmer sind allerdings etwas beengt, wogegen die zweistöckigen Penthouse-Suiten schon fast wie richtige Wohnungen wirken.

Siam Square & Pratunam

Gute Auswahl an Budget- und Mittelklasseunterkünften in zentraler Lage.

Boxpackers Hostel HOSTEL $
(Karte S. 106; ☎ 02 656 2828; www.boxpackershostel.com; 39/3 Soi 15, Th Phetchaburi; B/Zi.

BANGKOKS BESTE HOSTELS

Wer mit knappem Budget reist, findet in Bangkok unzählige Übernachtungsmöglichkeiten, von Hightech-Schlafsälen mit Etagenbetten in einem brandneuen Hostel bis zu gemütlichen Etagenbetten in einem renovierten Ladenhaus in Chinatown. (Wer mehr Privatsphäre wünscht, bekommt in fast allen Bangkoker Hostels auch Privatzimmer.)

Lub*d (Karte S. 106; ☎ 02 612 4999; www.siamsquare.lubd.com; Rama I; B 550 B, Zi. 1900–2500 B; ❄ @ 📶; S National Stadium Ausgang 1) Der Name ist ein Wortspiel mit dem thailändischen *làp dee*, was „schlaf gut" bedeutet. Aber die nette Stimmung in diesem modern anmutenden Hostel lässt viele wünschen, die ganze Nacht aufzubleiben. Zur Unterhaltung gibt's einen einladenden Gemeinschaftsbereich mit Spielen und einer Bar, außerdem durchdachte Extras von Waschmaschinen bis hin zu einem Kinosaal.

Chern (Karte S. 84; ☎ 02 621 1133; www.chernbangkok.com; 17 Soi Ratchasak; B 400 B, Zi. 1400–1900 B; ❄ @ 📶; ⛴ Klorng-Boot bis Phanfa Leelard Pier) Die großen, offenen Bereiche und die kräftigen Weißtöne lassen dieses Hostel fast überirdisch wirken.

Niras Bangkoc (Karte S. 84; ☎ 02 221 4442; www.nirasbankoc.com; 204–206 Th Mahachai; B 450–500 B, Zi. 1300–1500 B; ❄ 📶; ⛴ Klorng-Boot bis Phanfa Leelard Pier) Das in einem alten Lagerhaus in einer stimmungsvollen Ecke der Stadt residierende Niras verströmt eine bezaubernd altmodische Atmosphäre. Dunkles Holz und Stilmöbel prägen die Schlafsäle mit vier und sechs Betten. Das Personal ist freundlich; im Erdgeschoss gibt's ein gemütliches Café.

Silom Art Hostel (Karte S. 102; ☎ 02 635 8070; www.silomarthostel.com; 198/19–22 Soi 14, Th Silom; B 300–350 B, Zi. 1300–1500 B; ❄ @ 📶; S Chong Nonsi Ausgang 3) Das skurrile, künstlerisch angehauchte, bunte und lustige Silom Art Hostel kombiniert Recycling-Materialien, unkonventionelle Möblierung und farbenfrohe Wandmalereien zu einer für Bangkok einmaligen Unterkunft. Es dreht sich aber nicht alles nur um Stil: Die Betten sind funktional und komfortabel, und es gibt viele ansprechende Gemeinschaftsbereiche.

Loftel 22 (Karte S. 92; www.loftel22bangkok.com; 952 Soi 22, Th Charoen Krung; B 250–300 B, Zi. mit Gemeinschaftsbad 850–1300 B; ❄ @ 📶; ⛴ Marine Department Pier, M Hua Lamphong

inkl. Frühstück 390–570/1360–2000 B; ❄ 📶; S Ratchathewi, Ausgang 1 & Taxi) Das moderne schlichte Hostel hat in seinen Schlafsälen für vier bis zwölf Personen Etagenbetten stehen, einige davon sind auch Doppelbetten. Zu den gemütlichen Gemeinschaftsbereichen zählen im Erdgeschoss ein Café und ein Loungebereich mit Billardtisch. Das angeschlossene Hotel bietet 14 kleine, aber ähnlich ansprechende private Zimmer.

★ Siam@Siam HOTEL $$$
(Karte S. 106; ☎ 02 217 3000; www.siamatsiam.com; 865 Rama I; Zi. mit Frühstück 4500–7800 B; ❄ @ 📶 🏊; S National Stadium Ausgang 1) Ein scheinbar willkürlicher Mix aus Farben und industriellen bzw. recycelten Materialien im Foyer ergibt einen Stil, den man nur als „Schrottplatz-Chic" bezeichnen kann – im positiven Sinne natürlich. Die Zimmer, die sich auf die Etagen 14 bis 24 verteilen, sind überwiegend im selben Stil gehalten und bieten einen umwerfenden Blick auf die Stadt. Es gibt hier auch ein Restaurant auf dem Dach und einen Pool im 11. Stock. Nach der vor Kurzem abgeschlossenen Renovierung sieht alles hier besser denn je aus.

Hansar HOTEL $$$
(Karte S. 106; ☎ 02 209 1234; www.hansarbangkok.com; 3 Soi Mahadlekluang 2; Zi./Suite inkl. Frühstück 5800–24 000 B; ❄ @ 📶 🏊; S Ratchadamri, Ausgang 4) Das neue Hansar punktet mit Stil und einem guten Preis-Leistungs-Verhältnis. Alle 94 Zimmer sind hübsch mit riesigen Bädern und großen Schreibtischen ausgestattet. Das Top-Angebot des Hauses sind aber die kleinsten (und billigsten) Wohnstudios mit Kochnische, Waschmaschine, freistehender Badewanne und Gratis-WLAN. Zudem gehört, jedenfalls in den meisten Studios, auch ein Balkon dazu.

Hotel Indigo HOTEL $$$
(Karte S. 106; ☎ 02 207 4999; www.ihg.com; 81 Th Witthayu/Wireless Rd; Zi./Suite inkl. Frühstück 3300–4200/13 600 B; ❄ @ 📶 🏊; S Phloen Chit, Ausgang 5) Das Indigo ist zwar Teil einer internationalen Kette, doch das Hotel versprüht

Ausgang 1) Das Hostel bietet stilvolle, einladende Schlafsäle in zwei aneinandergrenzenden Ladenhäusern. Pluspunkte sind der freundliche Service und die Lage in einer der stimmungsvollsten Ecken von Chinatown.

NapPark Hostel (Karte S. 84; ☎02 282 2324; www.nappark.com; 5 Th Tani; B 440–600 B; ❄@📶; ⛴Phra Athit/Banglamphu Pier) Das beliebte Hostel bietet Schlafsäle, die unterschiedliche Größen haben: Die Palette fängt bei den kleinsten und teuersten mit sechs kojenartigen Betten an; diese Säle sind mit Stromanschluss, Mini-TV, Leselampe und WLAN ausgestattet.

Chao Hostel (Karte S. 106; ☎02 217 3083; www.chaohostel.com; 8. OG, 865 Rama I; mit Frühstück B 550 B, Zi. 1600–1800 B; ❄@📶; S National Stadium Ausgang 1) Mit modern-minimalistischer Einrichtung, thailändischen Design-Elementen sowie viel offenem Raum gehört das neue Chao zu den elegantesten Hostels in Bangkok.

Pause Hostel (Karte S. 110; ☎02 108 8855; www.onedaybkk.com; Oneday, 51 Soi 26, Th Sukhumvit; B 450–600 B, Zi. 1300–1500 B jeweils mit Frühstück; ❄@📶; S Phrom Phong Ausgang 4) Das moderne, offene Hostel ist an ein Café/Coworking-Büro angeschlossen. Die Schlafsäle im hübschem Industriedesign haben vier bis acht Betten, und es gibt einladende, sonnige Gemeinschaftsbereiche.

S1 Hostel (Karte S. 94; ☎02 679 7777; www.facebook.com/s1hostelbangkok; 35/1–4 Soi Ngam Du Phli; B 330–380 B, Zi. 700–1300 B; ❄@📶; M Lumphini Ausgang 1) Das riesige neue Hostel hat Schlafsäle, die schlicht, aber attraktiv in Primärfarben gestaltet sind. Es ist eine prima Option dank der vielen Einrichtungen (Waschküche, Küche, Dachgarten) und der bequemen Lage in Gehweite zur MRT.

Bed Station Hostel (Karte S. 106; ☎02 019 5477; www.bedstationhostel.com; 486/149–150 Soi 16, Th Phetchaburi; mit Frühstück B 500–650 B, Zi. 1350–1550 B; ❄@📶; S Ratchathewi Ausgang 3) Ein hübsches Designthema in Industrieschick verbindet die Schlafsäle in diesem modern anmutenden Hostel. Die Schlafsäle haben vier bis acht Betten, es gibt ordentliche Toiletten und eine Waschküche.

trotzdem jede Menge lokalen Charme und hat sich gut an die Geschichte und Kultur dieser Ecke Bangkoks angepasst. Es ist retro, modern, typisch Thai und künstlerisch angehaucht zugleich. Viele der 192 Zimmer bieten einen Blick auf die grüneren Teile des Botschaftsviertels und allesamt sind sie mit farbenfrohen Möbeln und zweckmäßigen Annehmlichkeiten ausgestattet.

Okura Prestige HOTEL $$$
(Karte S. 106; ☎02 687 9000; www.okurabangkok.com; 57 Th Witthayu/Wireless Rd; Zi./Suite inkl. Frühstück 6300–8500/29 000–110 000 B; P❄@📶≋; S Phloen Chit, Ausgang 5) Der Bangkoker Ableger einer japanischen Hotelkette – übrigens deren einziger im Ausland – ist, anders als die anderen in letzter Zeit eröffneten großen Hotels in Bangkok, bewusst nicht stylish. Aber die minimalistische, fast besinnlich-ruhige Atmosphäre und die feinen, durchdachten und ausgesprochen japanischen Details im Foyer und in den 240 Zimmern muss man einfach mögen. Online sind in der Regel beträchtliche Rabatte zu bekommen.

Sukhumvit

Die Th Sukhumvit beherbergt einen großen Anteil der Bangkoker Unterkünfte. Insofern gibt es hier ein wenig von allem, am meisten jedoch Kettenhotels der Spitzenklasse.

FU House Hostel HOSTEL $
(Karte S. 110; ☎098 654 5505; www.facebook.com/fuhouseghostel; 77 Soi 8, Th Sukhumvit; B/Zi. mit Frühstück 500/1650 B; ❄📶; S Nana Ausgang 4) Die zweistöckige Holzvilla in einer bewohnten Straße ist ideal für einen ruhigen, entspannten Aufenthalt. Zur Wahl stehen attraktive Etagenbetten in zwei geräumigen Schlafsälen, die wie private Zimmer wirken, und Zimmer mit eigenem Bad.

★**Tints of Blue** HOTEL $$
(Karte S. 110; ☎099 289 7744; www.tintsofblue.com; 47 Soi 27, Th Sukhumvit; Zi. mit Frühstück 1800–2000 B; ❄📶≋; M Sukhumvit Ausgang 2, S Asok Ausgang 6) Die friedliche Lage in einer grünen, ruhigen Straße spiegelt sich auch in den abgeschieden, heimelig und warm wir-

ZIMMER MIT AUSSICHT

Arun Residence (S. 117) Hübsche Zimmer direkt gegenüber dem Wat Arun.

Millennium Hilton (S. 123) Von diesem großen Hotel am Flussufer hat man einen der besten Ausblicke aufs Wasser in Bangkok.

Bangkok Tree House (S. 129) Von den erhöhten Bungalows in Bangkoks „grüner Lunge" genießt man eine tolle Aussicht auf das Grün und den Fluss.

Sofitel So (S. 123) Wenn man aus diesen Zimmern hier schaut, erwartet einen der Blick auf die städtische Oase des Lumphini-Park.

kenden Zimmern mit Kochnische, viel Platz, Sonnenlicht und Balkon wider. Für diesen Preis sind sie außerdem ein Schnäppchen.

S31 HOTEL $$

(Karte S. 110; ☎ 02 260 1111; www.s31hotel.com; 545 Soi 31, Th Sukhumvit; mit Frühstück Zi. 3700 B, Suite 4200–25000 B; ; S Phrom Phong Ausgang 5) Die frechen Muster und Grafiken – sowohl innen als auch außen – machen das S31 zu einer spaßigen und erfrischenden Wahl. Durchdachte Details wie Kochnischen mit großen Kühlschränken, übergroße Betten und Kurse (Thai-Boxen und Yoga) beweisen, dass Stil hier nicht nur eine leere Hülle ist. Wer online bucht, kann saftige Rabatte abgreifen. Zwei weitere Niederlassungen finden sich in der Soi 15 und Soi 33.

Beat Hotel HOTEL $$

(Karte S. 78; ☎ 02 178 0077; www.beathotelbangkok.com; 69/1 Th Sukhumvit; Zi. mit Frühstück 2000–2500 B; ; S Phra Khanong Ausgang 3) Die lebendige, jugendliche Atmosphäre dieses künstlerisch angehauchten Hotels ist schon im Foyer spürbar und setzt sich in den 54 Zimmern fort. Die Quartiere sind alle unterschiedlich gestaltet – die einen verfügen über bunte, bodenlange Wandmalereien, andere sind in einer auffallenden Farbe gestrichen. Der Aufpreis für die supergroßen Deluxe-Zimmer lohnt sich.

S-Box HOTEL $$

(Karte S. 110; ☎ 02 262 0991; www.sboxhotel.com; 4 Soi 31, Th Sukhumvit; Zi. inkl. Frühstück 1100–2200 B; ; S Phrom Phong, Ausgang 5) Der Name ist Programm: Die Zimmer dieses Hotels erinnern sehr stark an Boxen, wenn auch hübsche, moderne Boxen mit angesagten Möbeln und praktischen Annehmlichkeiten. Die günstigsten unter ihnen sind eher mit kleinen Kapseln vergleichbar und haben kein Tageslicht, während die teureren Zimmer Fenster vom Boden bis zur Decke haben.

RetrOasis HOTEL $$

(Karte S. 110; ☎ 02 665 2922; www.retroasishotel.com; 503 Th Sukhumvit; Zi. mit Frühstück 1400–2300 B; ; M Sukhumvit Ausgang 2, S Asok Ausgang 6) Das ehemalige Schäferstündchen-Hotel aus den 1960er-Jahren wurde in eine witzige Mittelklassebleibe umgewandelt. Der bunte Anstrich und der einladende zentrale Pool verleihen dem Hotel eine junge, frische Atmosphäre, während die altmodische Möblierung und die Architektur das wahre Alter des Hauses verraten.

Napa Place HOTEL $$

(Karte S. 110; ☎ 02 661 5525; www.napaplace.com; 11/3 Soi Napha Sap 2; Zi./Suite inkl. Frühstück 2200–2600/3400–4600 B; ; S Thong Lo, Ausgang 2) Versteckt in einem typischen Bangkoker Großstadtkomplex liegt die vielleicht heimeligste Unterkunft der Stadt. Die zwölf großen Zimmer sind mit dunklem Holz aus dem früheren von der Familie geführten Holzgeschäft sowie mit hellbraunen Stoffen von thailändischen Webern dekoriert. Die gemütlichen Gemeinschaftsbereiche dürften sich nur unbedeutend von heimischen Wohnzimmern unterscheiden.

U Sukhumvit HOTEL $$

(Karte S. 110; ☎ 02 651 3355; 81 Soi 15, Th Sukhumvit; Zi. mit Frühstück 2600–3200 B; ; M Sukhumvit Ausgang 3, S Asok Ausgang 5) Das moderne Hotel ist nach den thailändischen Regionen gestaltet. Die Zimmer sind farbenfroh, geräumig, gut ausgestattet und mit lebendigen rustikalen Elementen versehen. Eine solide Mittelklassebleibe.

★ **AriyasomVilla** HOTEL $$$

(Karte S. 110; ☎ 02 254 8880; www.ariyasom.com; 65 Soi 1, Th Sukhumvit; Zi. mit Frühstück 6900–10500 B; ; S Phloen Chit Ausgang 3) Die schöne, renovierte Villa aus den 1940er-Jahren liegt am Ende der Soi 1 hinter einem Wall aus tropischen Pflanzen und ist eines der offenkundigsten Geheimnisse Bangkoks. Die 24 geräumigen Zimmer sind sorgsam mit durchdachten thailändischen Designelementen und kostbaren, antiken Möbeln bestückt. Es gibt hier auch ein Spa und einen einladenden tropischen Pool. Weit im Voraus buchen!

Das vegetarische Frühstück wird in dem tollen verglasten Speiseraum serviert.

Cabochon Hotel BOUTIQUEHOTEL $$$
(Karte S. 110; 02 259 2871/3; www.cabochonhotel.com; 14/29 Soi 45, Th Sukhumvit; mit Frühstück Zi. 4900–6500 B, Suite 7200–13 000 B; ; Phrom Phong Ausgang 3) Das Cabochon, was „poliertes Juwel" bedeutet, ist tatsächlich ein Diamant im rauen Bangkok. Die lichterfüllten, schnörkellosen Zimmer sind voll mit durchdachten Kuriositäten, z. B. alten Telefonen, Schreibmaschinen, Schildkrötenpanzern, Modelflugzeugen und altem Teegeschirr. Darüber hinaus gibt's noch einen Pool auf dem Dach und das gemütliche Restaurant Thai Lao Yeh mit leckeren thailändischen und laotischen Gerichten im Straßenimbiss-Stil.

Sheraton Grande Sukhumvit HOTEL $$$
(Karte S. 110; 02 649 8888; www.sheratongrandesukhumvit.com; 250 Th Sukhumvit; Zi./Suite inkl. Frühstück 11 000–13 800/19 000–56 000 B; ; Sukhumvit, Ausgang 3, Asok, Ausgang 2) Die Zimmer dieses günstig gelegenen, auf Geschäftsreisende ausgerichteten Hotels gehören zu den größten der Stadt und sind zudem mit jeder Menge großzügiger Annehmlichkeiten ausgestattet. Das Feedback der Gäste ist überwältigend und die (mittlerweile vermutlich abgeschlossenen) Renovierungsarbeiten haben das bereits sehr gute Hotel noch einmal eine Stufe nach oben gebracht.

Ma Du Zi HOTEL $$$
(Karte S. 110; 02 615 6400; www.maduzihotel.com; Ecke Th Ratchadaphisek & Soi 16, Th Sukhumvit; Zi./Suite inkl. Frühstück 5100–5500/7700–11 700 B; ; Sukhumvit, Ausgang 3, Asok, Ausgang 6) Der thailändische Name bedeutet in etwa „schau doch mal rein", was angesichts der Tatsache, dass man hier nur mit Reservierung ein Zimmer bekommt und eben nicht einfach so reinschauen kann, nicht so richtig passen will. Aber wer einmal drin ist, findet hinter dem Tor ein modernes, gehobenes Hotel mittlerer Größe in dunklen, eleganten Farbtönen vor. Besonders toll sind die riesigen Badezimmer, in denen sich Badewannen mit Türen und minimalistische Duschen befinden.

Ratchathewi

HI Mid Bangkok HOSTEL $$
(Karte S. 116; 02 644 5744; www.midbangkok.com; 481/3 Th Ratchawithi; B 390 B, Zi. 1000–2400 B; ; Victory Monument Ausgang 4) Moderne Elemente (industrielle Einflüsse, glatter Beton) und altmodische Bangkoker Details (auf antik getrimmte Fliesen, Holz-

ABSTECHER

HALBINSEL PHRA PRADAENG: BANGKOKS GRÜNE LUNGE

Beim Ausblick von einer der Bangkoker Dachbars fällt gleich südöstlich vom Stadtzentrum ein ländlich anmutendes Gebiet ins Auge: Die Halbinsel Phra Pradaeng, ein grüner Finger, ist an drei Seiten vom Mae Nam Chao Phraya umgeben, was das Gebiet wahrscheinlich vor der Bebauung bewahrt hat.

Auf der Halbinsel finden sich ländliche Wohnhäuser, Obstgärten, Kanäle und viel feuchter, ungebändigter Dschungel. Die meisten Besucher kommen wegen des spaßigen, nur am Wochenende geöffneten **Bang Nam Pheung Market** (ตลาดบางน้ำผึ้ง; Karte S. 78; Bang Kachao; Sa & So 8–15 Uhr), auf dem vor allem Lebensmittel angeboten werden. Wenn man dort ist, sollte man sich auch gleich den **Wat Bang Nam Pheung Nok** (วัดบางน้ำผึ้งนอก; Karte S. 78; Bang Kachao; tagsüber), einen wunderbar verfallenen, 250 Jahre alten buddhistischen Tempel, anschauen.

Viele Anbieter von Fahrradtouren in Bangkok haben das Gebiet mit seinen erhöht gebauten Wegen im Programm. Alternativ bietet sich ein Besuch im **Si Nakhon Kheun Khan Park** (สวนศรีนครเขื่อนขันธ์; Karte S. 78; Bang Kachao; 6–19 Uhr) GRATIS an, einem weitläufigen botanischen Garten mit einem großen See und einem Turm zur Vogelbeobachtung.

Wer die Halbinsel ausführlich erkunden will, kann im **Bangkok Tree House** (Karte S. 78; 082 995 1150; www.bangkoktreehouse.com/cozy-nests.html; Bungalow mit Frühstück 6000–10 000 B;) nahe dem Wat Bang Na Nork übernachten.

Um nach Phra Pradaeng zu gelangen, nimmt man den BTS bis Bang Na und springt für die kurze Fahrt über die Th Sanphawut zum Pier am Wat Bang Na Nork in ein Taxi. Von dort überquert man den Fluss mit der Fähre (4 B). Am anderen Ufer bringt einen eine kurze Fahrt mit dem Motorradtaxi (10 B) zum Bang Nam Pheung Market.

möbel) kommen in diesem einladenden Hostel zusammen. Die Schlafsäle sind gemütlich und teilen sich saubere Badezimmer, die privaten Zimmer sind geräumig und lichterfüllt, wenn auch etwas kahl (nur die größeren Deluxe-Zimmer haben einen Fernseher).

Bizotel HOTEL $$
(Karte S. 116; ☎ 02 245 2424; www.bizotelbkk.com; 104/40 Th Rang Nam; Zi. mit Frühstück 1900–2100 B; ❄@📶; Ⓢ Victory Monument Ausgang 4) Hübsch und hell und voller nützlicher Annehmlichkeiten – die Zimmer hier könnten gut und gerne auch das Doppelte kosten. Die Lage in einem relativ ruhigen Teil der Stadt ist ein weiteres Plus. Hinzu kommen die hilfsbereiten, freundlichen Angestellten.

K Maison BOUTIQUEHOTEL $$
(Karte S. 116; ☎ 02 245 1953; www.kmaisonboutique.com; Soi Ruam Chit; mit Frühstück Zi. 2200–3500 B, Suite 6500 B; ❄📶; Ⓢ Victory Monument Ausgang 4) Das Foyer mit seinem unschuldigen Weiß, den geschwungenen Marmorverzierungen und den blauen Akzenten verrät, was einen in diesem Boutiquehotel erwartet. Die 21 Zimmer sind im selben Stil gehalten und auf eine feine, ansprechende Weise bescheiden. Und wer jetzt denkt, dass es hier nur ums Image geht, der sei beruhigt: Das K Maison ist zugleich auch zweckmäßig und komfortabel.

Thewet & Dusit

Gute Budgetunterkünfte, die Atmosphäre eines Uferdorfs und die Nähe zu sehenswerten Attraktionen sind alles Vorzüge eines Aufenthalts in Thewet und Dusit.

Penpark Place HOTEL $
(Karte S. 84; ☎ 02 628 8896; www.penparkplace.com; 22 Soi 3, Th Samsen; Zi. 300–1700 B, Suite 2200 B; ❄@📶; ⛴ Thewet Pier) Die ehemalige Fabrik wurde in ein Hotel mit gutem Preis-Leistungs-Verhältnis umgewandelt. Die Zimmer im Originalgebäude bieten kaum mehr als Bett und Ventilator, doch im Anbau gibt's eine Handvoll gut ausgestatteter Zimmer und Suiten, die Apartments ähneln.

★ Sam Sen Sam Place PENSION $$
(Karte S. 84; ☎ 02 628 7067; https://samsensam.com; 48 Soi 3, Th Samsen; Zi. mit Frühstück 600–2400 B; ❄@📶; ⛴ Thewet Pier) Die farbenfrohe, renovierte alte Villa ist eine der heimeligsten Unterkünfte in der Gegend, wenn nicht gar in ganz Bangkok, und erhält gute Kritiken für den freundlichen Service und die ruhige Lage. Es gibt hier 18 extrem ordentliche Zimmer, die billigsten verfügen über einen Ventilator und teilen sich das Bad.

★ Phra-Nakorn Norn-Len HOTEL $$
(Karte S. 120; ☎ 02 628 8188; www.phranakorn-nornlen.com; 46 Soi Thewet 1; Zi. mit Frühstück 2200–4200 B; ❄@📶; ⛴ Thewet Pier) Das helle, heitere Hotel inmitten einer großen, abgeschirmten Gartenanlage, die im Stil des alten Bangkoks gestaltet wurde, ist eine stimmungsvolle Bleibe, auch wenn nicht das beste Preis-Leistungs-Verhältnis geboten wird. Dafür sind die 31 Zimmer ansprechend mit Antiquitäten und Gemälden ausgestattet – und angesichts der angebotenen Massagen und den endlos vielen Möglichkeiten zum friedlichen Relaxen macht es auch nichts, dass sie keine Fernseher haben.

Baan Manusarn PENSION $$
(Karte S. 120; ☎ 02 281 2976; www.facebook.com/baanmanusarn; Th Krung Kasem; Zi. mit Frühstück 1400 B; ❄@📶; ⛴ Thewet Pier) Nur wenige Schritte vom Thewet Pier entfernt liegt dieses einladende alte Ladenhaus mit vier Zimmern. Alle haben schöne Holzböden und bieten viel Platz – vor allem die zwei Familienzimmer. Die Hälfte von ihnen hat einen Balkon und ein eigenes Bad.

Loog Choob Homestay PENSION $$
(Karte S. 78; ☎ 085 328 2475; www.loogchoob.com; 463/5-8 Th Luk Luang; mit Frühstück Zi. 2100 B, Suite 3800–4400 B; ❄@📶; ⛴ Thewet Pier, Ⓢ Phaya Thai Ausgang 3 & Taxi) Fünf Zimmer in einer früheren Schmuckfabrik außerhalb der Touristenzone – das klingt vielleicht nicht aufregend, aber die Zimmer sind stilvoll und einladend. Hinzu kommen eine große Palette an durchdachten Annehmlichkeiten und ein herzlicher Service.

The Siam HOTEL $$$
(Karte S. 120; ☎ 02 206 6999; www.thesiamhotel.com; 3/2 Th Khao; mit Frühstück Zi. 16 100–22 400 B, Villa 26 300–37 000 B; ❄@📶🏊; ⛴ Thewet Pier oder Hotel-Shuttleboot ab Sathon/Central Pier) Das moderne Hotel am Flussufer ist wie eine Zeitmaschine in die 1930er-Jahre, als Art-déco-Elemente, reichlich Marmor und wunderschöne Antiquitäten den Look bestimmten. Die Zimmer sind geräumig und gut ausgestattet, während die Villen mit Dachterrasse und Tauchbecken noch eins draufsetzen. Das Siam ist aber nicht nur schön, sondern hat auch einiges an Aktivitäten zu bieten, etwa Unterricht im Thai-Boxen oder ein eigenes Theater.

Nördliches Bangkok

Außerhalb von Bangkoks Zentrum findet man Unterkünfte mit hervorragendem Preis-Leistungs-Verhältnis, vor allem in der Budget- und Mittelklasse. Dank des verbesserten Nahverkehrs fühlt sich das auch nicht mehr wie eine Notlösung an.

The Yard HOSTEL $
(Karte S. 124; ☎089 677 4050; www.theyardhostel.com; 51 Soi 5, Th Phahonyothin; B/7i. inkl. Frühstück 550–650/1200–1900 B; ❄📶; Ⓢ Ari, Ausgang 1) Dieses flippige Hostel besteht aus zehn umfunktionierten Schiffscontainern. Da ist klar, dass weder die Schlafsäle noch die privaten Zimmer besonders groß sind (noch ein gutes Preis-Leistungs-Verhältnis bieten); sie sind aber dennoch hübsch und gemütlich und teilen sich so einladende Gemeinschaftsbereiche wie den Innenhof (der als Namensgeber diente und auch als Bar herhält) und eine Küche.

Siamaze HOSTEL $
(Karte S. 124; ☎02 693 6336; www.siamaze.com; Soi 17, Th Ratchadaphisek; mit Frühstück B 390–490 B, Zi. 1200–2000 B; ❄@📶; Ⓜ Sutthisan Ausgang 4) Das Siamaze ist ein unauffälliges, lässiges Budgethotel mit großen privaten Zimmern und technisch gut ausgestatteten Schlafsälen mit Etagenbetten. Letztere teilen sich große, saubere Gemeinschaftsbäder und durchdachte, praktische Einrichtungen. Wer nicht unbedingt an einer Haupttourismusader wohnen muss, ist mit dem Siamaze hervorragend bedient.

Mystic Place HOTEL $$
(Karte S. 124; ☎02 270 3344; www.mysticplacebkk.com; 224/5-9 Th Pradiphat; Zi. inkl. Frühstück 2200–2650 B; ❄@📶; Ⓢ Saphan Khwai, Ausgang 2 & Taxi) Das Hotel umfasst 36 Zimmer, die alle individuell und verspielt gestaltet sind. In einem der Zimmer steht z.B. ein Stuhl aus ausgestopften Tieren und die Wände sind mit Graffiti übersät, und ein anderes ist vollkommen mit Bildern von optischen Täuschungen bedeckt. Das Mystic verspricht jede Menge Spaß und ist äußerst beliebt – man sollte also im Voraus buchen!

Be My Guest Bed & Breakfast PENSION $$
(Karte S. 124; ☎02 692 4037; 212/4 Soi 1, Soi 7, Th Ratchadaphisek; Zi. mit Frühstück 900–1400 B; ❄@📶; Ⓜ Thailand Cultural Centre Ausgang 4 & Taxi) Mit nur vier Gästezimmern und den oben wohnenden Eigentümern fühlt man sich tatsächlich wie ein Gast in dieser freundlichen, ordentlichen Pension. Die Zimmer sind nett, aber schlicht, und es gibt benutzerfreundliche Gemeinschaftsbereiche, einen persönlichen Service und eine richtig heimelige Atmosphäre. Am besten meldet man sich im Voraus – zum einen, um nach leeren Zimmern zu fragen, und zum anderen, um genaue Infos zur Anfahrt zu erhalten.

Essen

Nirgendwo sonst ist die Liebe der Thailänder zum Essen so offensichtlich wie in Bangkok. Für Außenstehende sieht das Leben eines Bangkokers aus wie eine Aneinanderreihung von Mahlzeiten und Snacks, hin und wieder unterbrochen von den Abstechern zur Arbeit – nicht umgekehrt. Wer sich darauf einstellt, wird einen Urlaub mannigfacher Gaumenfreuden erleben.

Die Menschen im zentralen Thailand lieben süße, herzhafte und mit vielen Kräutern gewürzte Speisen, und viele Gerichte beinhalten Süßwasserfisch, Schweinefleisch, Kokosmilch und Palmzucker – alles weitverbreitete Zutaten in den Ebenen Zentralthailands. Da der Golf von Thailand nicht sehr weit entfernt ist, gibt es in den Restaurants im zentralen Thailand, vor allem in Bangkok, auch eine große Auswahl an Meeresfrüchten.

DIE BESTEN VEGETARISCHEN RESTAURANTS

Bonita Cafe & Social Club (Karte S. 102; www.bonitacafesocialclub.wordpress.com; 100 Soi 26, Th Silom; Hauptgerichte 100–300 B; ⏰Mi–Mo 9.30–21.30 Uhr; ❄📶🖊; Ⓢ Surasak Ausgang 3) Vegane Gerichte ausländischer Art.

Anotai (Karte S. 110; www.facebook.com/anotaigo; 976/17 Soi Rama 9 Hospital, Rama IX; Hauptgerichte 150–300 B; ⏰Do–Di 10–21.30 Uhr; ❄🖊; Ⓜ Phra Ram 9 Ausgang 3 & Taxi) Raffinierte, fleischfreie Gerichte.

Saras (S. 140) Fastfood ähnlich wie in Südindien.

Arawy Vegetarian Food (Karte S. 84; 152 Th Din So; Hauptgerichte ab 30 B; ⏰7–20 Uhr; 🖊; ⛴ Klorng-Boot bis Phanfa Leelard Pier) Alteingesessenes vegetarisches Thai-Restaurant.

Chennai Kitchen (S. 138) Südindische Hausmannskost.

Ko Rattanakosin

Im Gegensatz zum restlichen Bangkok gibt's in Ko Rattanakosin nicht viele Restaurants oder Imbisse – und die, die es hier gibt, servieren vor allem Thai-Gerichte. Wer etwas Internationales vorzieht, fährt besser nach Banglamphu, das eine kurze Taxifahrt entfernt ist.

Pa Aew THAILÄNDISCH $

(Karte S. 84; Th Maha Rat; Hauptgerichte 20–60 B; ⏲ Di–Sa 10–17 Uhr; ⛴ Tha Tien) Leckere Gerichte nach Bangkok-Art (vor allem mit Meeresfrüchten) genießt man hier auf einem der bereitgestellten Plastikstühle. Es handelt sich hierbei um einen absolut unscheinbaren Currywurst-Stand im Freien, dessen schmackhafte Gerichte es aber in sich haben. In dieser Gegend der Stadt zählt das Pa Aew zu den besten Essensoptionen.

Ein Schild in lateinischen Buchstaben gibt's hier nicht. Man erkennt den Stand an den offenen Essensauslagen direkt vor der Krung Thai Bank nahe der Ecke Soi Pratu Nokyung.

★ Tonkin-Annam VIETNAMESISCH $$

(Karte S. 84; ☎ 093 469 2969; www.facebook.com/tonkinannam; 69 Soi Tha Tien; Hauptgerichte 140–300 B; ⏲ Mi–Mo 10–22 Uhr; ❄; ⛴ Tien Pier) Die Einrichtung im minimalistischen Retro-Stil könnte man als No-Go einer hippen Ethno-Küche verstehen, doch das Tonkin-Annam serviert ein paar der besten vietnamesischen Gerichte Bangkoks. Wie wär's mit der leckeren Tarte oder einem pfeffrigen Bananenblütensalat? Einige der Gerichte findet man nirgendwo sonst, z.B. *bánh bèo* (gedämpftes Reismehl mit Schweinefleisch), eine Spezialität aus Hue.

Err THAI $$

(Karte S. 84; www.errbkk.com; abseits der Th Maha Rat; Hauptgerichte 65–360 B; ⏲ Di–So 11 Uhr–open end; ❄; ⛴ Tha Tien) Man denke an all die

BANGKOKS GESCHMACKSWELTEN

Man kann nicht behaupten, die thailändische Küche in Bangkok zu kennen, wenn man nicht wenigstens ein paar der folgenden Spezialitäten probiert hat:

Pàt tai Die dünnen Reisnudeln werden mit getrockneten und/oder frischen Shrimps, Bohnensprossen, Tofu, Eiern und Gewürzen kurz gebraten und traditionell mit Limettenscheiben und ein paar Stängeln Knoblauch-Schnittlauch und einer aufgeschnittenen Bananenblüte serviert. Das **Thip Samai** (S. 133) in Banglamphu ist wahrscheinlich die beste Adresse in Bangkok, um dieses Gericht zu probieren.

Yam blah dùk foo Gebratenes Wels-Hackfleisch mit Chili und Erdnüssen kommt mit einem süßsauren Mango-Dressing auf den Tisch. Versuchen kann man das Gericht im **Kimleng** (Karte S. 84; 158–160 Th Tanao; Hauptgerichte 60–150 B; ⏲ Mo–Sa 10–22 Uhr; ❄; ⛴ Klorng-Boot bis Phanfa Leelard Pier) im Bangkoker Stadtviertel Banglamphu.

Đôm yam Zitronengras, Kaffernlimettenblätter und Limettensaft geben dieser Suppe ihren charakteristischen Geschmack; frische Chilischoten oder eine ölige Chilipaste sorgen für die legendäre Schärfe. Das Gericht gibt's fast überall; eine besonders gute Variante hat das **Krua Apsorn** (S. 134).

Yen đah foh Das wohl einschüchterndste, aber auch beliebteste Nudelgericht Bangkoks besteht aus einer leicht süßlichen, purpurroten Brühe mit diversen Fleischbällchen, Blutwürfeln und knackigem Gemüse. Man bekommt es in den **Soi 10 Food Centres** (S. 138) und an vielen Straßenständen.

Gaang sôm Die berühmte „saure" Suppe aus Zentralthailand enthält oft Süßwasserfisch, Gemüse und/oder Kräuter in einer dicken, säuerlichen Brühe. Erhältlich ist sie bei **Poj Spa Kar** (Karte S. 84; 443 Th Tanao; Hauptgerichte 65–200 B; ⏲ 12.30–20.30 Uhr; ❄; ⛴ Klorng-Boot bis Phanfa Leelard Pier).

Gŏo•ay đĕe•o reu•a Sie werden auch „Bootsnudeln" genannt, weil das Gericht früher aus kleinen Booten an den Kanälen Zentralthailands verkauft wurde. Das in Schüsseln servierte Gericht mit Schweine- oder Rindfleisch gehört zu den geschmacksintensivsten thailändischen Nudelgerichten. Probieren kann man es im **Bharani** (Sansab Boat Noodle; Karte S. 110; 96/14 Soi 23, Th Sukhumvit; Hauptgerichte 60–250 B; ⏲ 11–22 Uhr; ❄; M Sukhumvit Ausgang 2, S Asok Ausgang 3).

verschiedenen würzigen, knusprigen und geräucherten Fleischleckereien, die man auf der Straße findet und stelle sich nun vor, dies alles würde auch in einem flippigen Retro-Lokal gepaart mit thailändischen Cocktails und Bieren aus lokalen Kleinbrauereien serviert – willkommen im Err. Das Err (ein umgangssprachlicher Ausdruck für eine Vereinbarung) scheint zu gut, um wahr zu sein, man darf es aber ruhig glauben: Es ist real!

Banglamphu

Banglamphu ist berühmt für die zentralthailändische Küche alter Schule, die in diesem Stadtteil überwiegt. Internationale Speisen gibt's an der Th Khao San, wo man ein paar Fast-Food-Ketten sowie ausländische und vegetarische Restaurants findet.

Somsong Phochana THAI $

(Karte S. 84; abseits der Th Lamphu; Hauptgerichte ab 30 B; ⌚9.30–16 Uhr; Phra Athit/Banglamphu Pier) Dies ist eines der wenigen Lokale in Bangkok, die *gŏo·ay đĕe·o sù·kŏh·tai* (Nudeln im Sukhothai-Stil) servieren: gegrilltes Schweinefleisch und dünne Reisnudeln in klarer Brühe mit etwas Zucker und dazu in Scheiben geschnittene grüne Bohnen als Beilage und gemahlene Erdnüsse als Verzierung.

Das Lokal hat kein englischsprachiges Schild: in die Th Lamphu rein, dann die erste links, gegenüber der Watsungwej School; das Restaurant liegt auf der rechten Seite.

Karim Roti-Mataba THAI $

(Karte S. 84; 136 Th Phra Athit; Hauptgerichte 40–130 B; ⌚Di–So 9–22 Uhr; Phra Athit/Banglamphu Pier) Das typische Bangkoker Lokal ist in den letzten Jahren etwas größenwahnsinnig geworden, serviert aber immer noch leckere thai-muslimische Gerichte wie Roti, *gaang mát·sà·màn* („muslimisches Curry"), säuerliches Fisch-Curry und *má·đà·bà* (eine Art von gefüllten Pfannkuchen). Es gibt noch einen klimatisierten Speiseraum oben und draußen ein paar kahle Tische für Stammgäste und neugierige Urlauber.

Nuttaporn THAI $

(Karte S. 84; 94 Th Phraeng Phuthon; Hauptgerichte ab 20 B; ⌚Mo–Sa 9–16 Uhr; Phra Athit/Banglamphu Pier) Das verfallene Ladenhaus liefert seit 70 Jahren das berühmteste Kokos-Eis Bangkoks – nach einer Schüssel voll mit scharfen Nudeln genau das Richtige! Weitere ortstypische Geschmacksrichtungen sind Mango, Thai-Tee und – für Wagemutige – Durian.

INSIDERWISSEN

SÜDTHAILÄNDISCHE GENÜSSE

Das Gebiet um das Siriraj Hospital in Thonburi gehört zu den besten Adressen in Bangkok für südthailändische Küche, die sich hier wohl wegen des nahegelegenen Bahnhofs, von dem vor allem Züge in den Süden fahren, festsetzen konnte. Insbesondere zwischen Soi 8 und Soi 13 der Th Wang Lang finden sich viele authentische Curryläden südthailändischer Art, darunter das **Dao Tai** (Karte S. 78; 508/26 Th Wang Lang, kein Schild in lateinischen Buchstaben; Hauptgerichte ab 30 B; ⌚7–20.30 Uhr; Wang Lang/Siriraj Pier), das **Ruam Tai** (Karte S. 78; 376/4 Th Wang Lang, kein Schild in lateinischen Buchstaben; Hauptgerichte ab 30 B; ⌚7–21 Uhr; Wang Lang/Siriraj Pier) und das **Chawang** (Karte S. 78; 375/5–6 Th Wang Lang; Hauptgerichte ab 30 B; ⌚7–19 Uhr; Wang Lang/Siriraj Pier). Auf eine Speisekarte kann man verzichten, weil es überall Schalen und Tröge mit vorbereiteten Currys, Suppen, Pfannengerichten und Würzsaucen gibt: Man deutet einfach auf das, was einem besonders lecker zu sein scheint. Wer bei der Schärfe der Speisen ins Schwitzen gerät, muss sich nicht schämen – selbst die Bangkoker halten die südthailändische Küche für besonders scharf.

Thip Samai THAI $

(Karte S. 84; 313 Th Mahachai; Hauptgerichte 50–250 B; ⌚17–2 Uhr; Klorng-Boot bis Phanfa Leelard Pier) Hier kommt die Wahrheit: Die gebratenen Nudeln von den Imbisswagen an der Th Khao San haben wenig mit dem *pàt tai* genannten Gericht zu tun. Zum Glück ist man mit dem Túk-Túk in weniger als fünf Minuten am Thip Samai, dessen gebratene Nudeln in der ganzen Stadt legendär sind.

An jedem zweiten Mittwoch ist das Thip Samai geschlossen.

Chote Chitr THAI $

(Karte S. 84; 146 Th Phraeng Phuthon; Hauptgerichte 60–200 B; ⌚11–22 Uhr; Klorng-Boot bis Phanfa Leelard Pier) Dieses in dritter Generation betriebene Ladenhaus-Restaurant mit nur sechs Tischen hat Kultstatus bei Bangkoker Feinschmeckern. Die Küche ist unbeständig und die Bedienung dauernd mürrisch, aber wenn alles gut läuft, sind die

Gerichte wie *mèe gròrp* (knusprig gebratene Nudeln) oder *yam tòo·a ploo* (Flügelbohnen-Salat) eine Klasse für sich.

May Kaidee's THAI $

(Karte S. 84; www.maykaidee.com; 59 Th Tanao; Hauptgerichte 80–120 B; 9–22 Uhr; ; Phra Athit/Banglamphu Pier) Das alteingesessene Restaurant tischt fleischlose Thai-Gerichte auf und hat auch eine vegetarische Thai-Kochschule.

★ **Krua Apsorn** THAI $$

(Karte S. 84; www.kruaapsorn.com; Th Din So; Hauptgerichte 100–450 B; Mo–Sa 10.30–20 Uhr; ; Klorng-Boot bis Phanfa Leelard Pier) Das Restaurant im Cafeteria-Stil ist sowohl bei Mitgliedern der thailändischen Königsfamilie als auch bei Restaurantkritikern sehr beliebt. Eigentlich sind alle angebotenen Gerichte aus Zentral- und Südthailand lecker, die Stammgäste schwören aber auf die dekadenten Krabben mit gelbem Chili aus der Pfanne und auf die *tortilla española*, also das Krabbenomelett.

Eine weitere Filiale (S. 143) gibt's an der Th Samsen in Thewet und Dusit.

Shoshana ISRAELISCH $$

(Karte S. 84; 88 Th Chakraphatdi Phong; Hauptgerichte 80–320 B; 10–24 Uhr; ; Tha Phra Athit (Banglamphu) Dies ist eines der am längsten bestehenden israelischen Restaurants auf der Khao San. Mit seiner Einrichtung, etwa den kitschigen Kunstwerken an den Wänden und den Tischsets aus Plastik, erinnert es irgendwie an ein großelterliches Wohnzimmer. Bei den frittierten Gerichten kann man nichts falsch machen; sie sind alle sehr lecker. Dazu sollte man unbedingt den köstlichen Auberginen-Knoblauch-Dip probieren.

Hemlock THAI $$

(Karte S. 84; 56 Th Phra Athit; Hauptgerichte 75–280 B; Mo–Sa 16–24 Uhr; ; Tha Phra Athit (Banglamphu) Dieses alteingesessene und sehr beliebte Restaurant in einem gemütlichen Shophouse besitzt genügend Stil, um hier einen ganz besonderen Abend verbringen zu können, aber auch bei Geschmack und Zubereitung werden keine Abstriche gemacht. Die umfangreiche Speisekarte des Hemlock gleicht einem Vermächtnis vergangener Zeiten, denn hier kommen auch uralte Rezepte aus den Kochbüchern des Adels wieder auf den Tisch, ganz zu schweigen von einigen vegetarischen Optionen.

> **MONTAGS RUHETAG**
>
> Die meisten Bangkoker Straßenimbisse bleiben montags geschlossen, man sollte also das geplante Essen in Chinatown auf einen anderen Tag verschieben.

Bangkok Poutine INTERNATIONAL $$

(Karte S. 84; www.facebook.com/bangkokpoutine; Th Samsen; Hauptgerichte 70–200 B; Di–So 12–24 Uhr; ; Phra Athit/Banglamphu Pier) Nachdem man den frittierten Skorpion bezwungen hat, geht's an die Poutine (Pommes mit Käsebruch und Bratensauce). Der Laden wird von Leuten aus Québec betrieben und ist die richtige Adresse, wenn man Lust auf frankofonen Pop oder auf das neueste Eishockeyspiel hat. Dazu gibt's Gerichte verschiedener Landesküchen: von thailändisch bis hin zu libanesisch; darunter finden sich ebenfalls viele vegetarische Speisen.

★ **Jay Fai** THAI $$$

(Karte S. 84; 327 Th Mahachai; Hauptgerichte 180–1000 B; Mo–Sa 15–2 Uhr; Klorng-Boot bis Phanfa Leelard Pier) Beim Anblick des kahlen Speiseraums fällt es schwer zu glauben, dass das Jay Fai für das teuerste *pàt kêe mow* („Säufernudeln", breite Reisnudeln mit frittierten Meeresfrüchten und thailändischen Kräutern) Bangkoks bekannt ist. Der Preis ist allerdings aufgrund der großen Menge an Meeresfrüchten und der besonderen Art des Frittierens, bei der das Gericht so gut wie kein Öl aufsaugt, durchaus berechtigt.

Das Restaurant befindet sich in einem so gut wie gar nicht gekennzeichneten Ladenhaus gegenüber einem 7-Eleven.

Chinatown & Phahurat

Beim Stichwort Chinatown denken die meisten Bangkoker sofort an Straßenimbisse, die vor allem gleich abseits der Th Yaowarat zu finden sind.

Im Westen des Viertels liegt Phahurat, das Bangkoker Little India, gespickt mit kleinen indischen und nepalesischen Restaurants, die sich in der winzigen Soi abseits der Th Chakkaraphet drängen.

Nay Hong STREET FOOD $

(Karte S. 88; abseits der Th Yukol 2, kein Schild in lateinischen Buchstaben; Hauptgerichte 35–50 B; 16–22 Uhr; Ratchawong Pier, M Hua Lamphong Ausgang 1 & Taxi) Zur Belohnung für das Aufspüren dieses winzigen Ladens gibt's hier eines der besten gebratenen Nudelgerichte Bangkoks: *gŏo·ay đĕe·o kôo·a gài* (in

INSIDERWISSEN

VEGETARIERFEST IN CHINATOWN

Während des jährlich stattfindenden Vegetarierfests im September/Oktober feiert Bangkoks Chinatown eine Orgie des fleischlosen Genusses. Die Feierlichkeiten konzentrieren sich auf Chinatowns Hauptstraße, die Th Yaowarat, und auf die Gegend Talat Noi (S. 90), aber auch im Rest der Stadt weisen Restaurants und Imbissstände anhand von gelben Fähnchen darauf hin, dass sie fleischlose Gerichte anbieten.

Neben den Feiernden chinesischer Abstammung freuen sich auch Thailänder auf die speziellen Gerichte, die es nur während dieses Festes gibt. Die meisten Restaurants legen ihr normales Speiseangebot auf Eis und bereiten stattdessen die üblichen Thai-Gerichte wie *dôm yam* (scharf-saure Suppe nach Thai-Art) und *gaang kĕe·o wăhn* (grünes Curry) mit einem auf Soja basierenden Fleischersatz zu. Selbst regionale Thai-Spezialitäten werden ohne Fleisch verkauft. Für die Zubereitung der speziellen Festgerichte werden oft gelbe Hokkien-Nudeln verwendet, meist in Pfannengerichten mit fleischartigen Pilzen und großen Gemüsestücken.

Von der Fleischabstinenz einmal abgesehen wird das zehntägige Fest auch mit Besuchen in einem Tempel gefeiert, bei denen die Gläubigen oft weiß gekleidet sein müssen.

Knoblauchöl gebratene flache Reisnudeln mit Hühnchen und Ei). Keine englischsprachige Karte!

Um hierher zu gelangen, geht's von der Ecke Th Suapa und Th Luang weiter nach Norden, dann rechts in die erste Seitenstraße; das Nay Hong liegt am Ende der schmalen Gasse.

Old Siam Plaza
SÜSSWAREN $

(Karte S. 88; Ecke Th Phahurat & Th Triphet; Hauptgerichte 30–90 B; ⌚10–19 Uhr; ❄; ⛴Saphan Phut/Memorial Bridge Pier, Pak Klong Taladd Pier) Zuckersüchtige sollten bei ihrer kulinarischen Tour durch Bangkok hier unbedingt einen Stopp einlegen. Das Erdgeschoss dieses Einkaufszentrums ist ein echtes Schlaraffenland voller traditioneller thailändischer Süßwaren und Snacks, bei deren Herstellung man sogar zusehen kann.

80/20
INTERNATIONAL $$

(Karte S. 92; ☎02 639 1135; www.facebook.com/8020bkk; 1052–1054 Th Charoen Krung; Hauptgerichte ab 240 B; ⌚Mi–Mo 18–24 Uhr; ❄; ⛴Ratchawong Pier, Ⓜ Hua Lamphong Ausgang 1) Die Küche hier ist mehr als nur Fusion: Das 80/20 nimmt thailändische und westliche Zutaten und Gerichte und mischt alles ordentlich, sodass etwas ganz Eigenes entsteht. Besonders die unter Aufsicht des japanischen Konditors zubereiteten und oftmals ins Herzhafte gehenden Desserts lohnen die Anfahrt. Ein erfrischender Luftzug in dem ansonsten konservativen Chinatown.

Little Market
AMERIKANISCH $$

(Karte S. 92; www.facebook.com/littlemarketbkk; 1056/7 Soi 28, Th Charoen Krung; Hauptgerichte 100–180 B; ⌚Di–So 10–22 Uhr; ⛴Ratchawong Pier, Ⓢ Hua Lamphong Ausgang 1) Sie sehen vielleicht nach nichts aus, aber die Burger hier gehören zu den besten der Stadt. Nimmt man zu dieser Mischung noch die knusprigen Pommes, das Frühstück nach amerikanischer Art und die witzige Retro-Atmosphäre in Begleitung der im Hintergrund hämmernden klassischen Rockmusik hinzu, könnte man den Little Market locker als authentischstes amerikanisches Lokal Bangkoks bezeichnen.

Meeresfrüchte-Stände an der Thanon Phadungdao
STREET FOOD $$

(Karte S. 88; Ecke Th Phadungdao & Th Yaowarat; Hauptgerichte 100–600 B; ⌚Di–So 16–24 Uhr; ⛴Ratchawong Pier, Ⓜ Hua Lamphong Ausgang 1 & Taxi) Nach Sonnenuntergang verwandeln sich die zwei gegenüberliegenden Stände – von denen jeder behauptet, das Original zu sein – in ein kulinarisches Gewimmel mit offenen Grills, lautstarken Verkäufern, Auslagen voller auf Eis gelegten Meeresfrüchte und chaotischen Sitzbereichen auf dem Bürgersteig. Die meisten Kunden sind zwar ausländische Touristen, aber das hat keinen Einfluss auf das heitere Ambiente, das witzige Erlebnis und die niedrige Rechnung.

Royal India
INDISCH $$

(Karte S. 88; 392/1 Th Chakkaraphet; Hauptgerichte 135–220 B; ⌚10–22 Uhr; ❄📝; ⛴Saphan Phut/Memorial Bridge Pier, Pak Klong Taladd Pier) Es ist uns durchaus bewusst, dass dieses winzige Lokal schon seit der ersten Ausgabe dieses Reiseführers zu unseren Empfehlungen zählt. Aber das mit gutem Grund: Nach all diesen Jahren ist es immer noch das zu-

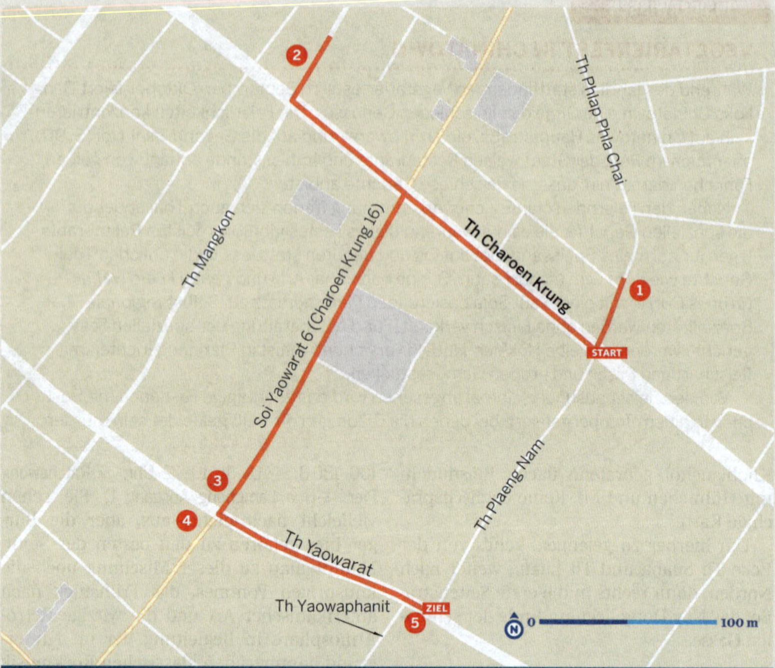

Stadtspaziergang
Kulinarisches Chinatown

START ECKE TH PLAENG NAM & TH CHAROEN KRUNG
ZIEL ECKE TH YAOWAPHANIT & TH YAOWARAT
LÄNGE/DAUER 1 KM, 2–3 STD.

Straßenimbisse sind ein fester Bestandteil von Chinatown, was das Viertel perfekt für kulinarische Abenteuer macht. Obwohl die meisten Straßenverkäufer lange offen haben, sind die Gerichte an den beliebteren Ständen oft schon früh ausverkauft. Die beste Zeit ist zwischen 19 und 21 Uhr. Montags sollte man nicht kommen, da die meisten Stände dann zu sind. Um so viele Gerichte wie möglich zu probieren, teilt man am besten miteinander.

Gestartet wird an der Kreuzung von Th Plaeng Nam und Th Charoen Krung. Auf der Th Phlap Phla Chai geht's nordwärts, wo man sich 50 m rechts hält, bis das 1 **Nai Mong Hoi Tho** erreicht ist, ein Restaurant, das für seine köstlichen *or hǒy tôrt* (frittierte Austern mit Ei und Teig) bekannt ist.

Dann zurück auf die Th Charoen Krung gehen und nach rechts abbiegen. An der Th Mangkon geht es nach rechts, wo gleich links das 2 **Jék Pûi** in Sicht kommt, eine Imbissbude ohne Tische, die mit ihren milden Thai-Currys nach chinesischer Art punktet.

Wieder überquert man die Th Charoen Krung und geht nach links gen Osten bis zur Soi Yaowarat 6/Charoen Krung 16 (auch Talat Mai genannt), der bekanntesten Marktgasse der Gegend. Am Ende der kleinen Straße bereitet ein Herr 3 **gŏo·ay đĕe·o kôo·a gài** (gebratene Reisnudeln mit Hühnchen, Ei und Knoblauchöl) zu.

Am Ende der Gasse findet man sich auf der Th Yaowarat wieder, überquert diese und landet mitten im geschäftigen Markt auf der gegenüberliegenden Straßenseite. Der erste Verkäufer rechts, 4 **Nay Lék Ûa**, macht *gŏo·ay jáp nám săi*, eine herzhaft gepfefferte Brühe mit Nudeln und Schweineinnereien.

Wieder zurück auf der Th Yaowarat geht's nach rechts und bis zur nächsten Kreuzung (Th Yaowarat Ecke Th Yaowaphanit). Dort steht 5 **Mangkorn Khă**, eine Bude mit *bà·mèe* (Weizennudeln nach chinesischer Art), Schweinefleisch vom Grill und Wan Tans.

verlässigste Lokal in Bangkoks Little India. Unbedingt probieren sollte man eine der leckeren Brotsorten oder eines der reichhaltigen Currys; zum Abschluss könnte man sich dann noch eine hausgemachte Süßspeise aus dem Punjab gönnen.

Ufergebiet

Le Normandie FRANZÖSISCH $$$

(Karte S. 92; ☎ 02 659 9000; www.mandarinoriental.com; Mandarin Oriental, 48 Soi 40/Oriental, Th Charoen Krung; Hauptgerichte 2100–3300 B; ⌚ Mo–Sa 12–14.30 & 19–23, So 19–23 Uhr; ❄; ⛴ Oriental Pier oder Hotel-Shuttleboot ab Sathon/Central Pier) Im heutigen Bangkok gibt's jede Menge gehobener Restaurants, dennoch hat sich das Le Normandie seine Nische erhalten und ist bis heute die einzige Adresse für ein gehobenes Diner „kontinentaler" Art. Ein ständig wechselndes Team aus Michelin-prämierten Gastköchen und einige der dekadentesten Zutaten halten das Niveau auf höchstem Stand. Kleiderordnung beachten (kein Einlass ohne Jackett!). Vorab reservieren.

Never Ending Summer THAI $$$

(Karte S. 92; ☎ 02 861 0953; www.facebook.com/theneverendingsummer; 41/5 Th Charoen Nakhon; Hauptgerichte 200–1000 B; ⌚ 11–23 Uhr; ❄; ⛴ Flussfähre ab Tha Si Phraya/River City) Sein kitschiger Name wird dem überraschend gehobenen Thai-Restaurant in einem ehemaligen Lagerhaus am Fluss nicht annähernd gerecht. Hier kann man sich unter elegante Einheimische mischen, die sich Thai-Gerichte wie Wassermelonen-Würfel mit Fisch, Zucker und frittierten Schalotten oder schmackhafte grüne Currys mit Schwein und frischem, extrascharfem Chili schmecken lassen.

Lumphini-Park & Rama IV

Kai Thort Jay Kee THAI $$

(Polo Fried Chicken; Karte S. 94; 137/1–3 Soi Sanam Khli/Polo; Hauptgerichte 50–350 B; ⌚ 11–21 Uhr; ❄; Ⓜ Lumphini Ausgang 3) Auch wenn das *sôm·đam* (scharfer grüner Papaya-Salat), der Klebereis und das *lâhp* (scharfer Hackfleisch-Salat) in diesem ehemaligen Straßenstand den Eindruck erwecken, es handele sich um ein nordostthailändisches Lokal, stammt das Brathähnchen, das dem Restaurant als Namensgeber diente, eher aus dem Süden des Landes. Bedeckt mit einer dicken Schicht knusprig gebratenen Knoblauchs ist es aber dann doch eine für Bangkok typische kulinarische Erfahrung.

★ **nahm** THAI $$$

(Karte S. 94; ☎ 02 625 3388; www.comohotels.com; EG, Metropolitan Hotel, 27 Th Sathon Tai/South; Mittagsmenü zum Festpreis 600–1600 B, Abendmenü zum Festpreis 2500 B, Gerichte 310–800 B; ⌚ Mo–Fr 12–14, tgl. 19–22.30 Uhr; ❄; Ⓜ Lumphini, Ausgang 2) Der australische Chefkoch und Autor David Thompson steht hinter einem der besten Thai-Restaurants in Bangkok (internationalen Kritikern zufolge sogar das beste weltweit). Inspiriert von alten Kochbüchern hat er vergessenen und exotisch klingenden Gerichten wieder neues Leben eingehaucht, z. B. Curry mit geräuchertem Fisch, Garnelen, Geflügelleber, Herzmuscheln, Chilischoten und schwarzem Pfeffer.

Issaya Siamese Club THAI $$$

(Karte S. 94; ☎ 02 672 9040; www.issaya.com; 4 Soi Sri Aksorn; Hauptgerichte 150–600 B; ⌚ 11.30–14.30 & 18–22.30 Uhr; ❄ ✎; Ⓜ Khlong Toei, Ausgang 1 & Taxi) Das in einer charmanten Villa aus den 1920er-Jahren untergebrachte Issaya ist der erste Versuch des thailändischen Starkochs Ian Kittichai, ganz auf die Küche seines Heimatlands zu setzen. Auf der Karte stehen in Sauce ertränkte Fleischspeisen und leichtere Gerichte mit Zutaten aus dem restauranteigenen Bio-Garten.

Das Restaurant ist schwierig zu finden; am besten nimmt man ein Taxi über die Soi Ngam Du Phli.

Silom & Sathon

An der Th Silom gibt es ein bisschen was von allem – von Thai-Gerichten, die nach alten Rezepten zubereitet werden, bis hin zu einigen der besten internationalen Luxusrestaurants der ganzen Stadt.

Jay So THAI $

(Karte S. 102; 146/1 Soi Phiphat 2; Hauptgerichte 45–80 B; ⌚ Mo–Sa 10–16 Uhr; Ⓜ Si Lom Ausgang 2, Ⓢ Sala Daeng Ausgang 2) Das Jay So hat keine Karte, doch Mörtel und Stößel und der große Grill sind verdächtige Anzeichen für feurig-scharfes *sôm·đam* (grüner Papaya-Salat), köstlichen gegrillten Wels mit Kräutfüllung und andere Spezialitäten aus dem Nordosten Thailands.

Es gibt kein Schild in Lateinschrift (und keine englischsprachige Karte), weshalb man am besten etwa in der Mitte der Soi Phiphat 2 nach dem klapprigen weiß-grünen Schuppen mit Coke-Werbung Ausschau hält.

Muslim Restaurant THAI $

(Karte S. 92; 1354–6 Th Charoen Krung; Hauptgerichte 40–140 B; 6.30–17.30 Uhr; Oriental Pier, S Saphan Taksin Ausgang 1) Wer sich in diesem uralten Lokal in irgendeine der Sitznischen aus Holz pflanzt, erhält einen Eindruck, wie die Restaurants in Bangkok früher mal waren. Wie die Einrichtung scheint sich auch die Karte in der 70-jährigen Geschichte des Restaurants kaum verändert zu haben. Die Biryanis, Currys und Samosas wirken eher indisch angehaucht als thailändisch.

Chennai Kitchen INDISCH $

(Karte S. 102; 107/4 Th Pan; Hauptgerichte 70–150 B; 10–15 & 18–21.30 Uhr; S Surasak Ausgang 3) Das winzige familiengeführte Restaurant tischt ein paar der besten südindischen Gerichte der Stadt auf. Die armlangen *dosai* (knuspriges südindisches Brot) sind immer eine gute Wahl. Wer sich nicht entscheiden kann (oder richtig Kohldampf hat), bestellt das Thali in Bananenblättern – bei diesem fixen Menü bekommt man so ziemlich alles, was die Küche hergibt.

Soi 10 Food Centres THAI $

(Karte S. 102; Soi 10, Th Silom; Hauptgerichte 20–60 B; Mo–Fr 8–15 Uhr; M Si Lom Ausgang 2, S Sala Daeng Ausgang 1) Die zwei nebeneinanderliegenden Gebäude hinter der Soi 10 ähneln einem Hangar und sind mittags die wichtigsten Anlaufstellen für die hungrigen Büroangestellten in der Gegend. Es gibt diverse Gerichte von *kôw gaang* (verschiedene Currys auf Reis, man deutet einfach mit dem Finger auf das Gewünschte) nach südthailändischer Art bis hin zu allen möglichen Arten von Thai-Nudeln.

Sushi Tsukiji JAPANISCH $$

(Karte S. 102; 62/19–20 Th Thaniya; Sushi 60–700 B/Stück; 11.30–14.30 & 17.30–22.30 Uhr; M Si Lom Ausgang 2, S Sala Daeng Ausgang 1) Unser Favorit unter den zahlreichen japanischen Lokalen an der Th Thaniya ist das nach dem berühmten Fischmarkt in Tokyo benannte Tsukiji. Das Abendessen in dem schicken Sushi-Laden hinterlässt ein großes Loch im Geldbeutel – daher kommt man besser mittags unter der Woche, wenn es großzügig portionierte Mittagsmenüs für gerade mal 300 B gibt.

Taling Pling THAI $$

(Karte S. 102; Baan Silom, Soi 19, Th Silom; Hauptgerichte 110–275 B; 11–22 Uhr; S Surasak, Ausgang 3) Vom protzigen Inneren dieses alteingesessenen Restaurants sollte man sich nicht abschrecken lassen, denn hier wird eine riesige Vielfalt an hausgemachten, geschmacksintensiven Thai-Gerichten serviert. Das Taling Pling ist eine gute Anlaufstelle für leckere Thai-Kost aus dem südlichen und zentralen Thailand: So gibt es etwa *gaang kôo·a* (Krebsfleisch mit Curry und wilden Betelblättern). Für den krönenden Abschluss werden auch köstliche Kuchen und Torten sowie erfrischende Drinks angeboten.

★ **Eat Me** INTERNATIONAL $$$

(Karte S. 102; 02 238 0931; www.eatmerestaurant.com; Soi Phiphat 2; Hauptgerichte 300–1400 B; 15–1 Uhr; M Si Lom, Ausgang 2, S Sala Daeng, Ausgang 2) Die Gerichte mit Beschreibungen wie „über Holzkohle gegrillter Chicorée- und Mozzarella-Salat mit kandierter Zitrone und trockengereiftem Cecina-Rind" klingen vielleicht etwas überkandidelt, wenn nicht sogar prätentiös, sie sind aber zweifelsohne lecker. Die lässig-elegante Atmosphäre, hervorragende Cocktails, eine Weinkarte, die sich sehen lassen kann, und einige der besten Desserts der Stadt tragen dazu bei, dass dies eine der empfehlenswertesten Adressen für ein gutes Abendessen in Bangkok ist.

L'Atelier de Joël Robuchon INTERNATIONAL $$$

(Karte S. 102; 02 001 0698; www.robuchon-bangkok.com; 5. OG, Mahanakorn Cube, 96 Th Naradhiwas Rajanagarindra/Chong Nonsi; Mittagsmenü 950–1950 B, Abendmenü 7500–11 500 B, Hauptgerichte 1350–3200 B; 11.30–14 & 18.30–22 Uhr; S Chong Nonsi Ausgang 3) Auch wenn man in Bangkok vermutlich vor allem Thailändisch essen wird, sollte dieses Restaurant nicht unerwähnt bleiben. Es wird von dem namensgebenden Starkoch betrieben, der mehr Michelin-Sterne als jeder andere hat, und ist eine der größten Neueröffnungen der letzten Jahre in der Stadt. Hier erwarten einen moderne, französisch inspirierte und teilweise ortstypisch angehauchte Gerichte, die in einem reizvoll sinnlichen Ambiente serviert werden. Am besten setzt man sich im „Atelier" an den Tresen.

Somboon Seafood CHINESISCH $$$

(Karte S. 102; 02 233 3104; www.somboonseafood.com; Ecke Th Surawong & Th Naradhiwas Rajanagarindra/Chong Nonsi; Hauptgerichte 120–900 B; 16–23 Uhr; S Chong Nonsi, Ausgang 3) Ein hektischer, gigantisch großer Speisesaal, in dem sich alles um Meeresfrüchte dreht und der bis über Bangkoks Stadt-

NICHT VERSÄUMEN

BANGKOKS BESTE FOODCOURTS

Rund um den Siam Square befinden sich viele Einkaufszentren mit zugehörigen Foodcourts. Das Essen ist generell günstig, die Speisekarten sind in Englisch verfasst und Klimaanlagen gibt es ebenfalls. Meist geht man zunächst an eine Kasse und kauft Gutscheine oder eine Karte mit Guthaben; das Wechselgeld erhält man dann später an der gleichen Kasse zurück.

MBK Food Island (Karte S. 106; 6. OG, MBK Center, Ecke Rama I & Th Phayathai; Hauptgerichte 35–150 B; ⏲10–21 Uhr; ❄✍; Ⓢ National Stadium Ausgang 4) Dutzende Anbieter verkaufen thailändisch-chinesische, regional-thailändische und internationale Speisen.

Food Republic (Karte S. 106; 4. OG, Siam Center, Ecke Rama I & Th Phayathai; Hauptgerichte 30–200 B; ⏲10–22 Uhr; ❄✍; Ⓢ Siam Ausgang 1) Eine gute Mischung aus thailändischen und internationalen (überwiegend asiatischen) Ständen in einem offenen, modernen Ambiente.

Eathai (Karte S. 106; www.facebook.com/eathaibycentral; UG, Central Embassy, 1031 Th Phloen Chit; Hauptgerichte 60–360 B; ⏲10–22 Uhr; ❄✍; Ⓢ Phloen Chit Ausgang 5) Der weitläufige Foodcourt bietet thailändische Kost aus fast allen Ecken des Landes.

Gourmet Paradise (Karte S. 106; EG, Siam Paragon, 991/1 Rama I; Hauptgerichte 35–500 B; ⏲10–22 Uhr; ❄✍; Ⓢ Siam Ausgang 3 & 5) Hier sind internationale Fastfoodketten, einheimische Restaurants und Stände im typischen Foodcourt-Stil vertreten; der Schwerpunkt liegt auf Süßwaren.

Food Loft (Karte S. 106; www.centralfoodloft.com; 6. OG, Central Chidlom, 1027 Th Phloen Chit; Hauptgerichte 65–950 B; ⏲10–22 Uhr; ❄✍; Ⓢ Chit Lom Ausgang 5) Der Vorreiter des Konzepts eines gehobenen Foodcourts.

FoodPark (Karte S. 106; 4. OG, Big C, 97/11 Th Ratchadamri; Hauptgerichte 30–90 B; ⏲9–21 Uhr; ❄; Ⓢ Chit Lom Ausgang 9 zum Sky Walk) Die Auswahl hier ist nicht unbedingt inspirierend, aber repräsentativ für die Art von Fastfood, die Thailänder mögen.

grenzen hinaus bekannt ist – nicht zuletzt für sein Krebscurry, das das beste der Stadt sein soll. Auch der in Soja geschmorte Seebarsch (*ɓlah grà·pong nêung see·éw*) zählt zu Somboons Spezialitäten und sollte, wie alle thailändischen Fischgerichte, mit einer großen Portion *kôw pàt ɓoo* (gebratener Reis mit Krebsfleisch) bestellt werden. Am besten schmeckt das alles, wenn man so viele Freunde wie möglich dazu einlädt.

Siam Square, Pratunam & Umgebung

Wer in diesem Teil des Zentrums vom Hunger übermannt wird, der ist hauptsächlich auf die Food-Courts und Kettenrestaurants in den Einkaufszentren angewiesen. Aber auch hier ist man in Thailand, und wenn man es schafft, die 08/15-Atmosphäre auszublenden, ist das Essen ganz ordentlich.

Open House CAFÉ
(Karte S. 106; ☎02 119 7777; www.centralembassy.com/anchor/open-house; 6. OG, Central Embassy, 1031 Th Phloen Chit; ⏲10–22 Uhr; ❄📶👪; Ⓢ Phloen Chit) Das Café im noblen Einkaufszentrum Central Embassy ist ein schicker, lichterfüllter Mehrzweckraum, gestaltet von demselben Team, das auch die Zentralen von YouTube und Google in Tokyo entwarf. Auf der offenen Fläche verteilen sich Restaurants, Galerien, ein Buchladen und ein luftiger Balkon zum Verweilen mit einem 180-Grad-Blick auf die quirlige Th Sukhumvit. Hier kann man sich mit einem Eis-Latte stärken und dank schnellem WLAN seine Mails checken.

Nuer Koo CHINESISCH $
(Karte S. 106; 4. Stock, Siam Paragon, 991/1 Rama I; Hauptgerichte 85–970 B; ⏲11.30–21.15 Uhr; ❄; Ⓢ Siam Ausgänge 3 & 5) Sieht so die Zukunft des Straßenstands aus? Das in einem Einkaufszentrum angesiedelte Nuer Koo serviert eine Luxusversion der bescheidenen Rindfleischnudeln. Sein Stück vom Rind sucht man selbst aus (auch vom Kobe-Rind aus Japan) und genießt es dann mit leckerer Brühe im klimatisierten Ambiente. Da geraten die guten alten Tage schnell in Vergessenheit.

Somtam Nua THAI $
(Karte S. 106; 392/14 Soi 5, Siam Sq; Hauptgerichte 75–120 B; ⏲10.45–21.30 Uhr; ❄; Ⓢ Siam, Aus-

gang 4) In puncto Geschmack oder Authentizität kann das Somtam zwar nicht mit den Straßenständen mithalten, wer aber Wert darauf legt, gesehen zu werden, für den ist diese klimatisierte, angesagte Location genau richtig, um Spezialitäten aus Nordostthailand zu kosten. Abends muss man sich auf Wartezeiten einstellen.

Gaa INTERNATIONAL $$$
(Karte S. 106; ☎ 091 419 2424; www.gaabkk.com; 68/4 Soi Langsuan; Menü 1800–2400 B; ⏲ 18–21.30 Uhr; ❄; S Ratchadamri) Das knallgelb und pink angemalte Ladenhaus gegenüber dem **Gaggan** (☎ 02 652 1700; www.eatatgaggan.com; 68/1 Th Langsuan; Menü 5000 B; ⏲ 18–23 Uhr; ❄✎) wird jetzt von Garima Arora, der früheren Sous-Chefin des Gaggan, geführt, die ihre Kunst im berühmten Noma in Kopenhagen gelernt hat. Die Spezialität hier sind klassische indische und thailändische Gerichte, die mit modernen Kochtechniken zur Perfektion gebracht und in kunstvollen, acht bis zwölf Gänge umfassenden Verkostungsmenüs aufgetischt werden. Unbedingt vorab reservieren!

Din Tai Fung CHINESISCH $$
(Karte S. 106; 7. Stock, CentralWorld, Th Ratchadamri; Hauptgerichte 65–350 B; ⏲ 11–22 Uhr; ❄✎; S Chit Lom, Ausgang 9 bis Sky Walk, Siam, Ausgang 6 bis Sky Walk) Die meisten Gäste dieses viel gelobten taiwanesischen Kettenrestaurants zieht es wegen der *xiao long bao* (mit Brühe gefüllte „Suppen"-Klöße) hierher. Aber nicht nur die sind lecker; die anderen nordchinesischen Gerichte sind ebenso gut und lohnen den Ausflug in die abgelegeneren Regionen der Speisekarte.

Coca Suki CHINESISCH, THAI $$
(Karte S. 106; 416/3-8 Th Henri Dunant; Hauptgerichte 100–800 B; ⏲ 11–23 Uhr; ❄✎; S Siam, Ausgang 6) Das Coca Suki ist beliebt bei einheimischen Familien. Die Spezialität ist *sù·gêe*, ein Eintopf auf Brühebasis, in den man rohe Zutaten tunkt. Das Coca bietet das Gericht schon lange an und die Filiale am Siam Square zeigt, dass man trotzdem modern sein möchte. Ein Tipp für alle, die es scharf mögen: Die würzige Brühe *tom yam* probieren.

Sukhumvit

Mit der größten Auswahl internationaler Restaurants in der Stadt ist diese schier endlose Straße der richtige Ort, wenn man für die Dauer einer Mahlzeit vergessen will, dass man in Thailand ist.

Gokfayuen CHINESISCH $
(Karte S. 110; www.facebook.com/wuntunmeen; 161/7 Soi Thong Lor 9; Hauptgerichte 70–140 B; ⏲ 11–23.30 Uhr; ❄; S Thong Lo Ausgang 3 & Taxi) Das Gokfayuen gibt sich alle Mühe, in Bangkok klassische Hongkong-Gerichte neu zu kreieren. Zu den hausgemachten Nudeln aus Weizenmehl und Ei passen gebratenes Schweinefleisch, gedämpftes Gemüse mit Austernsauce und ein Milchtee Hongkonger Art.

Saras INDISCH $
(Karte S. 110; www.saras.co.th; Soi 20, Th Sukhumvit; Hauptgerichte 90–200 B; ⏲ 9–22.30 Uhr; ❄✎; M Sukhumvit Ausgang 2, S Asok Ausgang 4) Das Restaurant als „Fast-Food-Schlemmerei" anzupreisen, mag nicht die geschickteste Werbestrategie sein, beschreibt aber gut, was einen in diesem indischen Restaurant erwartet. Man bestellt an der Theke und erhält *dosai* (knuspriges südindisches Brot), fleischfreie Menüs der regionalen Küche oder reichhaltige Currys; die Speisen werden an den Tisch gebracht. Wenn nur Fastfood immer so befriedigend wäre!

Klang Soi Restaurant THAI $
(Karte S. 110; Soi 49/9, Th Sukhumvit; Hauptgerichte 80–250 B; ⏲ Di–So 11–14.30 & 17–22 Uhr; ❄; S Phrom Phong Ausgang 3 & Taxi) In dieses Restaurant an der Sukhumvit geht die typische thailändische Großmutter essen. Auf der kopierten Karte stehen altbewährte Spezialitäten aus Zentral- und Südthailand sowie ein paar westliche Gerichte.

Das Restaurant befindet sich am Ende der Soi 49/9 im Komplex des Racquet Club.

★ Sri Trat THAI $$
(Karte S. 110; www.facebook.com/sritrat; 90 Soi 33, Th Sukhumvit; Hauptgerichte 180–450 B; ⏲ Mi–Mo 12–23 Uhr; ❄; S Phrom Phong Ausgang 5) Das neue Restaurant ist auf die einmalige Küche der ostthailändischen Provinzen Trat und Chanthaburi spezialisiert, die von starken, leicht süßlichen Kräuteraromen und frischen Meeresfrüchten bestimmt ist. Die hiesigen Gerichte wird man anderswo in der Stadt nicht finden. Sehr zu empfehlen!

★ Soul Food Mahanakorn THAI $$
(Karte S. 110; ☎ 02 714 7708; www.soulfoodmahanakorn.com; 56/10 Soi 55/Thong Lor, Th Sukhumvit; Hauptgerichte 140–290 B; ⏲ 17.30–24 Uhr; ❄✎; S Thong Lo Ausgang 3) In dem modernen, beliebten Lokal herrscht immer viel Betrieb, weil es zugleich ein einladendes Restaurant mit schmackhaften Versionen rus-

DINNER-KREUZFAHRTEN

Eine Dinner-Bootsfahrt auf dem Mae Nam Chao Phraya gilt als einzigartiges Bangkok-Erlebnis, und mehrere Unternehmen bieten solche Fahrten an. Allerdings wird dabei meist eine recht kitschige Atmosphäre mit lautem Unterhaltungsprogramm auf den riesigen, hell beleuchteten Booten geschaffen, sodass man kaum noch mitbekommt, dass man auf dem Wasser ist. Das Essen, das als Buffet aufgetischt wird, reicht von mittelmäßig bis nicht erwähnenswert. Andererseits macht der Blick vom dunklen Fluss auf die beleuchteten Tempel und Wolkenkratzer am Ufer und die kühle Brise all das wieder wett.

Eine gute Adresse für alle Fragen rund um eine Dinner-Bootsfahrt ist das **River City Boat Tour Check-In Center** (Karte S. 92; www.rivercity.co.th; EG, River City, 23 Th Yotha; 10–22 Uhr; Si Phraya/River City Pier, oder Shuttleboot ab Sathon/Central Pier), wo Tickets für **Grand Pearl** (Karte S. 92; 02 861 0255; www.grandpearlcruise.com; Bootsfahrt 2000 B; Bootsfahrt 19.30–21.30 Uhr), **Chaophraya Cruise** (Karte S. 92; 02 541 5599; www.chaophrayacruise.com; Bootsfahrt 1700 B; Bootsfahrt 19–21 Uhr), **Wan Fah** (Karte S. 92; 02 622 7657; www.wanfah.in.th; Bootsfahrt 1500 B; Bootsfahrt 19–21 Uhr), **Chao Phraya Princess** (Karte S. 92; 02 860 3700; www.thaicruise.com; Bootsfahrt 1500 B; Bootsfahrt 19–21.30 Uhr) und **White Orchid** (Karte S. 92; 02 438 8228; www.whiteorchidrivercruise.com; Bootsfahrt 1400 B; Bootsfahrt 19.20–21.45 Uhr) verkauft werden. Alle Touren starten am River City Pier; alle Details zu dem, was geboten wird, stehen auf den jeweiligen Websites.

Ein Erlebnis der gehobeneren Art versprechen **Manohra Cruises** (Karte S. 78; 02 476 0022; www.manohracruises.com; Bootsfahrt 2300 B; Hotel-Shuttleboot ab Sathon/Central Pier) und **Supanniga Cruise** (Karte S. 92; 02 714 7608; www.supannigacruise.com; Bootsfahrt 1250–3250 B; Bootsfahrt 16.45–17.45 & 18.15–20.30 Uhr; Si Phraya/River City Pier); hier geht es heimeliger zu, und auch das Essen wird von den Teilnehmern gelobt.

tikaler thailändischer Gerichte und eine Bar mit köstlichen, thailändisch abgewandelten Cocktails ist. Reservierung empfohlen.

★ Jidori Cuisine Ken JAPANISCH $$
(Karte S. 110; 02 661 3457; www.facebook.com/jidoriken; abseits der Soi 26, Th Sukhumvit; Hauptgerichte 60–350 B; Mo–Sa 17–24, So bis 22 Uhr; ; S Phrom Phong Ausgang 4) Das gemütliche japanische Restaurant serviert schmackhafte Tofu-Gerichte, leckere Salate und ausgezeichnete Desserts. Praktisch alles ist hier überdurchschnittlich, aber das Highlight sind die rauchigen, perfekt marinierten Hähnchenspieße. Reservierung empfohlen.

Daniel Thaiger AMERIKANISCH $$
(Karte S. 110; 084 549 0995; www.facebook.com/danielthaiger; Soi 11, Th Sukhumvit; Hauptgerichte ab 140 B; 11 Uhr–open end; S Nana Ausgang 3) Bangkoks beste Burger bietet dieser von US-Amerikanern geführte Stand, der zur Zeit der Recherche schon länger an der Soi 11 zu finden war. Auf der Facebook-Seite erfährt man den aktuellen Standort des Foodtrucks.

Game Over AMERIKANISCH $$
(Karte S. 110; www.gameover.co.th; Liberty Plaza, 1000/39 Soi 55/Thong Lor, Th Sukhumvit; Hauptgerichte 160–340 B; Di–Fr 17.30–2, Sa & So 11.30–2 Uhr; ; Soi Thong Lor Pier, S Thong Lo Ausgang 3 & Taxi) In diesem Videospiel-Center mit Restaurant werden bei *Call of Duty* Erinnerungen an die Teenagerzeit wach, während man Burger und Fritten mit Trüffelöl verdrückt. Ältere Gamer freuen sich über Scrabble und das große Sortiment importierter Craft-Biere.

Cabbages & Condoms THAI $$
(Karte S. 110; www.pda.or.th; Soi 12, Th Sukhumvit; Hauptgerichte 120–470 B; 11–23 Uhr; ; M Sukhumvit Ausgang 3, S Asok Ausgang 2) Das alteingesessene Gartenrestaurant ist eine sichere Adresse für beliebte thailändische Gerichte. Für Sicherheit wird hier auch auf andere Weise gesorgt: Statt Pfefferminz erhalten die Gäste nach dem Essen verpackte Kondome, und alle Einnahmen gehen an die Population and Community Development Association (PDA), eine Organisation zur Sexualaufklärung und AIDS-Prävention.

★ Appia ITALIENISCH $$$
(Karte S. 110; 02 261 2056; www.appia-bangkok.com; 20/4 Soi 31, Th Sukhumvit; Hauptgerichte 400–1000 B; Di–Sa 18.30–23, So 11.30–14.30 & 18.30–23 Uhr; ; S Phrom Phong Ausgang 5) Hausgemachte Pasta, langsam gegartes Fleisch und ein sorgsam ausgewähltes Sortiment relativ günstiger Weine sind die

Pluspunkte dieses Restaurants mit römischer Küche. Das Preis-Leistungs-Verhältnis für ein Abendessen zählt zu den besten unter den internationalen Restaurants in der Stadt. Reservierung empfohlen.

★ Ginzado JAPANISCH $$$
(Karte S. 110; ☎ 02 392 3247; Panjit Tower, 117 Soi 55/Thong Lor, Th Sukhumvit; Hauptgerichte 120–900 B; ⏲ 17–23 Uhr; ❄; S Thong Lo Ausgang 3) Das Lokal hat ausgezeichnetes *yakitori* (Rindfleisch, das man selber grillt) und hervorragendes *bibimbap* (Reisgericht, das in einem heißen Steintopf serviert wird). Das Ginzado liegt zwischen der Soi Thong Lor 3 und der Soi Thong Lor 5 hinter dem großen weißen Torbogen. Wer nicht reserviert, wird sich in der Warteschlange anstellen müssen.

The Commons MARKT $$$
(Karte S. 110; www.thecommonsbkk.com; 335 Soi 17, Soi 55/Thong Lor, Th Sukhumvit; Hauptgerichte 500–2000 B; ⏲ 8–24 Uhr; ❄ ✎; S Thong Lo Ausgang 3 & Taxi) Das trendige Thong wird durch dieses marktartige Lokal, in dem verlässliche Namen wie Soul Food 555, Peppina und Meat & Bones vertreten sind, noch cooler. Man findet hier auch einen Kaffeeröster, eine Bar mit Craft-Bier und einen Weinverkauf. Es ist ein idealer Ort, um einen entspannten Abend zu verbringen und zuzuhören, wie Leute Jack Johnson musikalisch nacheifern.

Bei Otto DEUTSCH $$$
(Karte S. 110; ☎ 02 260 0869; www.beiotto.com; 1 Soi 20, Th Sukhumvit; Hauptgerichte 200–1000 B; ⏲ 11–24 Uhr; ❄ ✎; M Sukhumvit, Ausgang 2, S Asok, Ausgang 4) Seit mehr als 30 Jahren ist das Bei Otto nun schon hier zu Hause. Sein kulinarischer Stolz sind seine Schweinshaxen, die angeblich die besten der Stadt sein sollen. Hinzu kommen eine gute Auswahl deutscher Biere und ein angeschlossener Feinkostladen mit himmlischem Brot und echter Wurst. Wer Heimweh hat, sollte also unbedingt hier vorbeischauen.

Ratchathewi

Toy THAI $
(Karte S. 116; Soi 18, Th Ratchawithi, kein Schild in lateinischen Buchstaben; Hauptgerichte ab 15 B; ⏲ 8–17 Uhr; S Victory Monument Ausgang 3) Im Gebiet rund um das Victory Monument gibt's jede Menge schlichte Restaurants, die reichhaltige, scharfe „Boot-Nudeln" anbieten – der Name stammt daher, weil diese Gerichte einst direkt von Booten aus verkauft wurden, die auf den Flüssen und Kanälen im zentralen Thailand herumschipperten. Wir empfehlen besonders das Toy, das am Rand des Kanals am nördlichen Ende der Soi 18 in der Th Ratchawithi zu finden ist. Es gibt hier keine englischsprachige Speisekarte.

Thewet & Dusit

Thewet lässt vielleicht kulinarische Vielfalt vermissen, trumpft dafür aber mit einem tollen Blick auf den Fluss auf. Dusit hat gastronomisch wenig zu bieten.

LGBT-SZENE IN BANGKOK

Bangkok besitzt eine LGBT-freundliche Atmosphäre. Von schrägen Läden für sexy Männerunterwäsche, die an den Straßenecken wie Pilze aus dem Boden schießen, bis hin zu Lesbentreffs können Schwule und Lesben hier nach Herzenslust essen, einkaufen und sich vergnügen, ohne je die Komfortzone schwulenfreundlicher Läden verlassen zu müssen. Anders als in vielen anderen Ländern Südostasiens wird Homosexualität in Thailand nicht kriminalisiert, und die allgemeine Haltung der Menschen ist sehr tolerant.

Bangkok Lesbian (www.bangkoklesbian.com) ist die wichtigste Website der Stadt für Frauen, die Frauen lieben; **BK** (www.bk.asia-city.com) und **Siam2nite** (www.siam2nite.com) sind gute Infoquellen für LGBT-Events in Bangkok. Die bekannten Pop-Parodisten **Trasher** (www.facebook.com/trasherbangkok) organisieren schwulenfreundliche Partys – auf der Website steht, ob gerade eine angesetzt ist.

Nicht versäumen sollte man **DJ Station** (S. 148), einen der berühmtesten Schwulen-Nachtclubs in Asien. Weitere Highlights sind der **Telephone Pub** (Karte S. 102; www.telephonepub.com; 114/11–13 Soi 4, Th Silom; ⏲ 18–1 Uhr; 📶; M Si Lom Ausgang 2, S Sala Daeng Ausgang 1), eine alteingesessene Bar mitten in Bangkoks Schwulenviertel, und die beste Drag-Show der Stadt, das **Playhouse Magical Cabaret** (Karte S. 124; ☎ 02 024 5522; www.playhousethailand.com; 5 Th Ratchadapisek, Chompol Sub-District, Chatuchak; 960 B; ⏲ Shows 20 & 21.30 Uhr; S Lat Phrao Ausgang 1).

Nang Loeng Market THAI $
(Karte S. 78; zw. Soi 8-10, Th Nakhon Sawan; Hauptgerichte 30–80 B; ⌚Mo–Fr 10–14 Uhr; Tha Thewet, S Phaya Thai, Ausgang 3 & Taxi) Den stimmungsvollen Markt mit frischen Auslagen gibt's schon seit 1899. Er bietet einen bezaubernden Einblick ins alte Bangkok und ist ganz nebenbei noch eine tolle Adresse für leckeres Essen. Nang Loeng ist vor allem für seine thailändischen Süßwaren bekannt, um die Mittagszeit bekommt man hier aber auch hervorragende Currys nach zentralthailändischer Art oder chinesische Nudelgerichte.

Kaloang Home Kitchen THAI $
(Karte S. 120; Th Si Ayuthaya; Hauptgerichte 80–300 B; ⌚10–22 Uhr; Thewet Pier) Die abblätternde Farbe und die verfallene Terrasse sollten einen nicht abschrecken – und die Stammgäste der Kaloang Home Kitchen lassen sich davon gewiss nicht verscheuchen. Die entspannte Atmosphäre und die vielen Meeresfrüchte auf der Karte zerstreuen alle Sorgen, vielleicht im Mae Nam Chao Phraya zu versinken, und bei einem Bier vergisst man in der Brise zeitweilig sogar den fürchterlichen Verkehr in Bangkok.

Um das Restaurant zu erreichen, folgt man der Th Si Ayuthaya bis hinunter zu ihrem gewundenen Ende am Fluss.

★ **Likhit Kai Yang** THAI $$
(Karte S. 84; abseits der Th Ratchadamnoen Nok, kein Schild in lateinischen Buchstaben; Hauptgerichte 50–300 B; ⌚9–21 Uhr; ❄; Thewet Pier, S Phaya Thai Ausgang 3 & Taxi) Das jahrzehntealte Restaurant gleich hinter dem Rajadamnern-Stadion (die schmuddelige Filiale direkt am Stadion sollte man meiden!) ist der Ort, wo sich die Einheimischen vor einem Muay-Thai-Kampf ein nordostthailändisches Mahl leisten. Der freundliche, Englisch sprechende Besitzer lotst einen durch den Bestellvorgang, man sollte sich aber nicht das köstliche, mit Kräutern abgeschmeckte „verkohlte Brathähnchen" entgehen lassen. Der Laden hat kein Schild in lateinischer Schrift, ist aber an dem großen gelben Banner zu erkennen.

★ **Krua Apsorn** THAI $$
(Karte S. 120; www.kruaapsorn.com; 503–505 Th Samsen; Hauptgerichte 100–450 B; ⌚Mo–Fr 10.30–19.30, Sa bis 18 Uhr; ❄; Thewet Pier) Dies ist das Stammhaus des gemütlichen, preisgekrönten und auch von der Königsfamilie besuchten Restaurants. Die Kundschaft besteht aus wählerischen Familien und Damen mittleren Alters mit aufwendigen Frisuren; in dem Restaurant bilden geschmacksintensive Meeresfrüchte- und Gemüsegerichte aus dem zentralen und südlichen Thailand den Mittelpunkt der Küche. Wer hier zu Abend essen will, muss die frühen Schließzeiten bedenken.

> ℹ Bei Bars und Restaurants ist das Rauchen in den Innenräumen verboten.

Khinlom Chom Sa-Phan THAI $$
(Karte S. 120; ☎02 628 8382; www.khinlomchomsaphan.com; 11/6 Soi 3, Th Samsen; Hauptgerichte 100–2500 B; ⌚11.30–24 Uhr; Thewet Pier) Einheimische zieht es dank dem Mix aus Flussblick und leckeren Gerichten mit Meeresfrüchten in dieses Freiluftrestaurant, das zugleich ein Pub ist. Da der Laden sehr beliebt ist, sollte man vorab telefonisch einen Tisch am Flussufer reservieren.

Steve Café & Cuisine THAI $$
(Karte S. 120; www.stevecafeandcuisine.com; 68 Soi 21, Th Si Ayuthaya; Hauptgerichte 180–1900 B; ⌚Mo–Fr 11.30–14.30, Sa & So bis 23 Uhr; Thewet Pier) Der schlecht gewählte Name ist offensichtlich nur ein Deckmantel für dieses gehobene Thai-Restaurant in einem Gebäude am Flussufer. Auf der Karte stehen viele gute Thai-Gerichte, und das Personal bleibt auch bei großem Andrang freundlich und effizient.

Um zum Steve Café & Cuisine zu kommen, geht man die Th Si Ayuthaya entlang durch den **Wat Thewaratkunchorn** (วัดเทวราชกุญชร) bis zum Fluss; die Einheimischen helfen einem dann gern weiter.

Nördliches Bangkok

Ein Ausflug in Bangkoks nördliche Vorstädte ist zwar zeitaufwendig, kann sich aber kulinarisch lohnen, da viele Restaurants hier ihre Speisen unverfälscht, d.h. ohne Anpassung an den Geschmack der Ausländer, zubereiten. Die Randgebiete der Stadt eignen sich auch gut, um die regionale thailändische Küche kennenzulernen.

Yusup THAI $
(Karte S. 78; 531/12 Kaset-Navamin Hwy; Hauptgerichte 50–120 B; ⌚8.30–15 Uhr; S Mo Chit Ausgang 3 & Taxi) Das thailändische Schild vor dem Restaurant verkündet stolz *rah·chah kôw mòk* (König des Biryani), und das Yusup bietet in der Tat hervorragendes Biryani und

außerdem saure Ochsenschwanzsuppe und leckeres *gaang mát·sà·màn* („muslimisches Curry"). Zum Dessert kann man *roh·đee wăhn* versuchen, einen knusprigen Pfannkuchen mit gesüßter Kondensmilch und Zucker – für kalorienbewusste Westler ein echter Graus!

Wer zum Yusup gelagen will, nimmt vom BTS Mo Chit ein Taxi Richtung Norden und erklärt dem Fahrer, man wolle bis zur Kreuzung Kaset und von dort nach rechts in die Th Kaset-Navamin. Das Yusup befindet sich auf der linken Seite, rund 1 km hinter der ersten Ampel.

Kaobahn THAI $

(Karte S. 124; www.facebook.com/kaobahn; Aran Bicicletta, 128/10 Soi, Th Phahonyothin; Hauptgerichte 50–120 B; ⌚ Fr–Mi 11–21 Uhr; Ⓢ Ari Ausgang 2) Kaobahn bedeutet Hausmannskost und das beschreibt gut die hier servierten schlichten, aber sehr aromatischen zentralthailändischen Gerichte. Es gibt keine englischsprachige Karte, aber ein iPad mit Bildern der Gerichte. Die Palette an Speisen reicht von einem reichhaltigen scharfen roten Curry mit Schweinefleisch und Kürbis bis zu einem Dip aus gegrillten Makrelen. Das Lokal hat kein Schild in Lateinschrift; es befindet sich hinter dem Café Aran Bicicletta.

Baan Pueng Chom THAI $$

(Karte S. 124; Soi Chua Chit, abseits der Soi 7/Ari, Th Phahonyothin; Hauptgerichte 90–250 B; ⌚ Mo–Sa 11–14 & 16–22 Uhr; ❄; Ⓢ Ari Ausgang 1) Heutzutage muss man sich in die Vorstädte aufmachen, um ein derartiges Thai-Restaurant alter Schule zu finden. Das Restaurant in einem von Wasserläufen durchzogenen Dschungelgarten hat eine dicke, illustrierte Speisekarte, auf der typisch geschmacksintensive, wohlriechende Thai-Gerichte stehen, die man anderswo kaum findet. Wer drinnen einen Platz haben möchte, sollte vorher anrufen.

Puritan DESSERTS $$

(Karte S. 124; 46/1 Soi Ari 5, Th Phahonyothin; Kuchen & Gebäck ab 120 B; ⌚ Di–Fr 13–22, Sa & So 11–22 Uhr; ❄; Ⓢ Ari Ausgang 1) Unsere Quelle beschrieb die Stimmung in diesem einmaligen bizarren Dessert-Café mit den Worten: „ein Ritter, der eine Tiara trägt". Seltsamerweise fasst das den Eindruck dieses Lokals sehr gut zusammen, obwohl man die mehr als 16 Kronleuchter, ausgestopften Tiere, Engelsfiguren und anderen antiquierten, europabegeisterten Details schon selber gesehen haben muss. Wichtiger ist natürlich nur, dass es hier auch ausgezeichnete, authentische Kuchen und Pies gibt.

Fatbird INTERNATIONAL $$

(Karte S. 124; ☎ 02 619 6609; www.facebook.com/fatbird; Soi 7/Ari, Th Phahonyothin; Hauptgerichte 160–300 B; ⌚ Di–So 17.30–24 Uhr; ❄; Ⓢ Ari, Ausgang 3) Als Abendessen sind die Gerichte hier – von frittierten Kartoffelbällchen bis hin zu scharfem Reis – nicht wirklich geeignet. Als Barsnacks taugen sie aber allemal, vor allem in Kombination mit einem der genialen Cocktails, der Shophouse-Atmosphäre und der guten Musik.

Ausgehen & Nachtleben

Wer beim Nachtleben in Bangkok nur an Go-Go-Bars denkt, ist schlecht unterrichtet: Wie in jeder Metropole reicht das Angebot von trashig bis hochklassig und deckt die gesamte Palette ab.

Im Jahr 2001 führte die Thaksin-Regierung eine Sperrstunde ein und ging auch sonst gegen die Exzesse vor, wegen der das Nachtleben der Stadt einst berühmt-berüchtigt war. Seit seiner Absetzung im Jahr 2006 wurden die Gesetze zunehmend umgangen oder nicht konsequent durchgesetzt. 2014 kam es zu einem Staatsstreich, und seither gibt es Anzeichen, dass eine Rückkehr zu der Regelung von 2001 mit strikt durchgesetzten Sperrstunden und Sperrzonen angestrebt wird.

Ko Rattanakosin, Thonburi & Banglamphu

Die raue Th Khao San gehört zu den besten Locations, wenn man abends in Bangkok ausgehen möchte. Wem diese Hauptstraße zu viel ist, der findet (etwas) ruhigere Lokale in der Soi Ram Buttri und in der Th Samsen.

Bars sind in Ko Rattanakosin selten, es gibt aber eine wachsende Zahl von Hotelbars am Flussufer.

Hippie de Bar BAR

(Karte S. 84; www.facebook.com/hippie.debar; 46 Th Khao San; ⌚ 15–2 Uhr; ⛴ Tha Phra Athit (Banglamphu) Das Hippie punktet mit einer abgefahrenen Retroatmosphäre und Sitzgelegenheiten drinnen und draußen. Dazu gibt's einen für Bangkok einzigartigen Mix aus Indie und Pop auf die Ohren. Trotz ihrer Lage auf der Th Khao San sieht man in der Bar überraschend wenige ausländische Gesichter. Ein toller Ort, um mit Einheimischen ins Gespräch zu kommen.

NICHT VERSÄUMEN

DACHTERRASSENBARS

In Bangkok scheint niemand etwas dagegen zu haben, Bars auf die Dächer von Wolkenkratzern zu setzen. Die Stadt ist bekannt für offene Dachterrassenbars und mit die besten finden sich im Areal um die Th Sathon und Th Silom. Viele bieten einen Ausblick auf den Fluss und auf die Lichter der hypermodernen Stadt.

Man muss aber wissen, dass nahezu alle Dachbars der Hotels in Bangkok eine strikte Kleiderordnung haben: Wer in Shorts und/oder mit Sandalen auftaucht, wird nicht hineingelassen.

Moon Bar (Karte S. 94; www.banyantree.com; 61. OG, Banyan Tree Hotel, 21/100 Th Sathon Tai/South; 17–1 Uhr; M Lumphini Ausgang 2) Nur ein beunruhigend niedriges Geländer trennt die Gäste der Dachbar auf dem Banyan Tree Hotel – die nach eigenen Angaben zu den höchsten Freiluftbars weltweit zählt – von der 61 Stockwerke tiefer liegenden Straße. Von hier aus hat man auch eine tolle Sicht auf die Halbinsel Phra Pradaeng, jene riesige Grünfläche, die allgemein als Bangkoks grüne Lunge bekannt ist.

Park Society (Karte S. 94; 29. OG, Sofitel So, 2 Th Sathon Neua/North; 17–2 Uhr; M Lumphini Ausgang 2) Beim Blick auf die grüne Weite des Lumphini-Parks, die an den meisten Seiten abrupt von Hochhäusern abgegrenzt ist, erscheint einem Bangkok fast wie Manhattan. Die Preise der Drinks in dieser Bar im 29. Stock erinnern ebenfalls an die in New York City, es gibt aber auch jeden Monat günstigere Specials.

Sky Bar (Karte S. 92; www.lebua.com; 63. OG, State Tower, 1055 Th Silom; 18–1 Uhr; Sathon/Central Pier, S Saphan Taksin Ausgang 3) Über eine an Hollywood erinnernde Freitreppe geht's hinunter in diese Bar, die über die Skyline der Stadt und den Mae Nam Chao Phraya hinausragt. Dies ist die klassische Bangkoker Dachbar – Szenen aus *The Hangover II* wurden hier gedreht. Die Aussicht ist hinreißend, aber die überzogenen Preise für Drinks und die vielen Leute, die Schnappschüsse machen, sorgen für immer mehr Hektik.

The Club CLUB
(Karte S. 84; www.facebook.com/theclubkhaosanbkk; 123 Th Khao San; Eintritt Fr & Sa 120 B; 21–2 Uhr; Phra Athit/Banglamphu Pier) Zu den Gästen des höhlenartigen Tanzlokals in der Mitte der Th Khao San zählen sowohl Einheimische als auch Backpacker; Infos zu anstehenden Events und Gast-DJs stehen auf der Facebook-Seite.

Madame Musur BAR
(Karte S. 84; www.facebook.com/madamemusur; 41 Soi Ram Buttri; 8–24 Uhr; Phra Athit/Banglamphu Pier) Das Madame Musur erspart einem die Fahrt Richtung Norden nach Pai, denn es bietet jene schwer fassbare Mischung aus Nordthailand, *The Beach* und Th Khao San. Hier kann man gut quatschen, trinken und die Leute beobachten. Dank einer kleinen Karte mit nordthailändischen Gerichten (100–200 B) kann man in der Bar auch ganz gut essen.

Ku Bar BAR
(Karte S. 84; www.facebook.com/ku.bangkok; 3. OG, 469 Th Phra Sumen; Do–So 19–24 Uhr) Wer von den Red-Bull-Cocktails die Nase voll hat, findet in der Ku Bar in fast jeder Hinsicht das genaue Gegenteil der Khao-San-Partyszene. Ein winziges Schild führt zu der drei Stockwerke hohen Treppe. Oben gelangt man in den fast komisch minimalistischen Raum. Die raffinierten Cocktails mit Obst und Gemüse (mit Namen wie Lychee, Tomato, Pineapple/Red Pepper) und die seltsame Musik verstärken die Underground-Atmosphäre.

Roof BAR
(Karte S. 84; www.salaresorts.com/rattanakosin; 5. OG, Sala Rattanakosin, 39 Th Maha Rat; Mo–Do 17–24, Fr–So bis 1 Uhr; Tien Pier) Die Freiluftbar auf dem Hotel Sala Rattanakosin hat die Chancen für einen Blick auf den Wat Arun bei Sonnenuntergang erhöht – wenn es einem denn gelingt, den Tempel durch den Wall aus Selfie-schießenden Touristen zu erspähen. Früh kommen, um einen guten Platz zu ergattern!

The Bank BAR
(Karte S. 84; 3. OG, 44 Th Chakraphatdi Phong; 18 Uhr–open end; Phra Athit/Banglamphu Pier) Diese vage nahöstlich aufgemachte Bar steht für das schicke Alter Ego der Th Khao San. Es gibt Livemusik, Lounges, in denen

man an der Shisha ziehen kann, und einen schummrigen Club. Dass die Bar weit oben untergebracht ist, scheint eine gewisse Großzügigkeit bei der Sperrstunde zu ermöglichen.

Chinatown & Phahurat

Durch ein paar neue, künstlerisch angehauchte Bars an der Soi Nana und der Th Charoen Krung ist Chinatown zu einer interessanten Adresse im Hinblick auf das Nachtleben geworden.

★ Tep Bar BAR
(Karte S. 88; www.facebook.com/tepbar; 69–71 Soi Nana; ⌚ Di–So 17–24 Uhr; Ⓜ Hua Lamphong Ausgang 1) Solch eine elegante und unterhaltsame Bar hätten wir in Chinatown nicht erwartet. Das Tep erreicht dies durch ein modernes Interieur mit thailändischen Akzenten, leckere Cocktails (das Aushängeschild der Bar), thailändische Snacks und laute thailändische Livemusik (Do–So).

Ba Hao BAR
(Karte S. 88; www.ba-hao.com; 8 Soi Nana; ⌚ Di–So 18–24 Uhr; ⛴ Ratchawong Pier, Ⓜ Hua Lamphong Ausgang 1) Viel Originales ist in diesem umgebauten Ladenhaus mit China-Retro-Aufmachung an der Soi Nana nicht erhalten geblieben, aber Craft-Bier, einfallsreiche Cocktails und wirklich ausgezeichnete Barsnacks chinesischer Art (hervorragend sind die chinesischen Pfannkuchen mit geschmortem Schweinebauch, Kräutern und Spiegelei) sichern dem Ba Hao seine herausragende Stellung.

Pijiu Bar BAR
(Karte S. 88; www.facebook.com/pijiubar; 16 Soi Nana; ⌚ Di–So 17–24 Uhr; ⛴ Ratchawong Pier, Ⓜ Hua Lamphong Ausgang 1) In dieser neuen, aber klassisch wirkenden Bar trifft der Wilde Westen auf das alte Shanghai. Der Schwerpunkt liegt mit vier wechselnden Craft-Bieren vom Fass eindeutig auf Bier (*pijiu* ist das chinesische Wort für Bier), aber vielleicht noch lockender sind die Wurstplatten (300 B) mit geräucherten und gepökelten Fleischwaren aus einigen der besten Läden in Chinatown.

Teens of Thailand BAR
(Karte S. 88; 76 Soi Nana; ⌚ Di–So 19–24 Uhr; Ⓜ Hua Lamphong Ausgang 1) Durch die winzige Holztür dieses umgebauten Lagerhaus gelangt man in die wohl trendigste Bar an der Soi Nana in Chinatown. In dem künstlerisch angehauchten Lagerhaus-Interieur servieren hippe Barkeeper kreative Gin-Cocktails. Das hochkant gestellte Klavier lässt vermuten, dass darauf nicht viel gespielt wird.

El Chiringuito BAR
(Karte S. 88; ☎ 086 340 4791; www.facebook.com/elchiringuitobangkok; 221 Soi Nana; ⌚ Do–So 18–24 Uhr; Ⓜ Hua Lamphong, Ausgang 1) Die Bar im Retrostil bietet Sangria, spanischen Gin und spanische Barsnacks, aber auch wechselnde Kunstausstellungen. Die Öffnungszeiten sind sehr variabel. Am besten ruft man vorher an oder schaut auf der Facebook-Seite vorbei.

Ufergebiet

River Vibe BAR
(Karte S. 92; 8. OG, River View Guesthouse, abseits der Soi Charoen Phanit; ⌚ 19.30–23 Uhr; ⛴ Marine Department Pier, Ⓜ Hua Lamphong Ausgang 1) Wer sich die überteuerten Cocktails in Bangkoks gehobenen Dachbars nicht leisten kann oder will, wird angesichts des ausgezeichneten Flussblicks vom Dach dieser Pension kaum den Eindruck haben, etwas versäumt zu haben. Zu Abend essen sollte man aber besser anderswo.

Viva & Aviv BAR
(Karte S. 92; www.vivaaviv.com; EG, River City, 23 Th Yotha; ⌚ 11–24 Uhr; ⛴ Si Phraya/River City Pier) Die beneidenswerte Lage am Fluss, der zwanglose Sitzbereich im Freien und eine unkonventionelle Atmosphäre machen diese restaurantähnliche Bar zu einer der besseren Adressen in Bangkok für einen Cocktail bei Sonnenuntergang.

Silom & Sathon

Der südliche Teil Siloms ist das Schwulenviertel Bangkoks; in der Gegend finden sich mehrere tolle Bars und Tanzclubs, in denen alle Gäste willkommen sind.

★ Smalls BAR
(Karte S. 94; www.facebook.com/smallsbkk; 186/3 Soi Suan Phlu; ⌚ 20.30 Uhr–open end; Ⓜ Lumphini Ausgang 2 & Taxi) Obwohl die Bar erst 2014 ihre Pforten öffnete, wirkt sie, als wäre sie schon immer da gewesen. Zu den Markenzeichen gehören ein ironisch-üppiges Interieur, eine einladende Dachterrasse, essensspezifische Themenabende (Infos auf der Facebook-Seite) und Live-Jazz am Mittwoch. Die Cocktails des Hauses sind stark, aber süß, und es gibt Barsnacks von Rillettes bis zu Quesadillas.

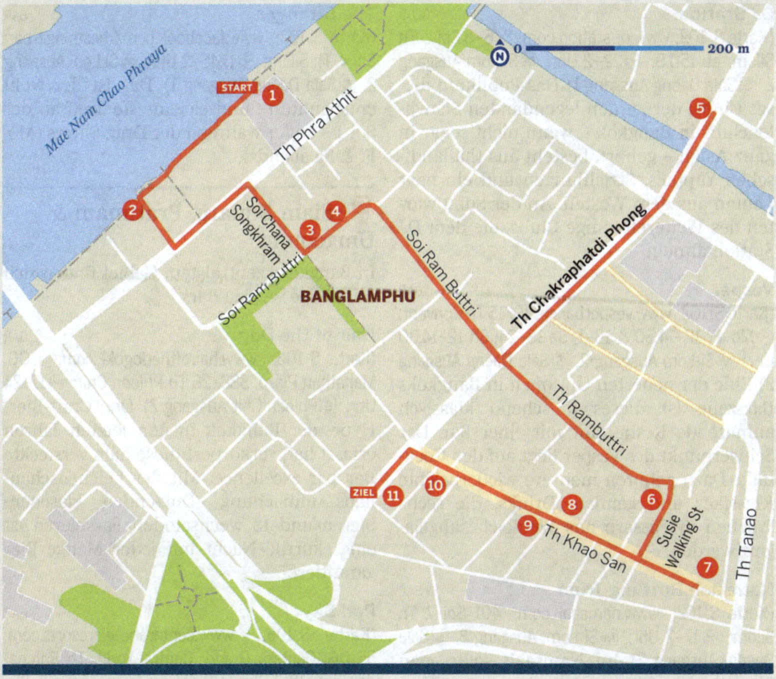

Stadtspaziergang Kneipentour in Banglamphu

START SHEEPSHANK
ZIEL THE BANK
LÄNGE/DAUER 1,5 KM; 3–6 STD.

Man braucht nicht weit zu gehen, um in Banglamphu eine Bar zu finden, aber warum sollte man sich auf eine beschränken? Wir haben eine Kneipentour zusammengestellt, die schöne Ausblicke auf den Fluss, die Gelegenheit, Leute zu beobachten, Livemusik und spätabendlichen Trubel zu bieten hat.

Los geht's im eleganten, komfortablen und klimatisierten 1 **Sheepshank**, einem Gastropub mit interessanten Barsnacks und klassischen Cocktails. Wer noch Platz für ein paar Tapas hat, folgt der Uferpromenade nach Westen zum 2 **Babble & Rum**, dem Freiluftrestaurant mit Bar des Hotels Riva Surya.

Von der Th Phra Athit geht's in die Soi Chana Songkhram und dann links in die Soi Ram Buttri, wo Phase 2 der Kneipentour beginnt: das Beobachten der Leute. Das kann man in in der lustigen, anspruchslosen 3 **Gecko Bar** oder im 4 **Madame Musur** ein paar Türen weiter tun; letztere ist etwas eleganter und es gibt leckere nordthailändische Gerichte.

Nun ist es Zeit für Phase 3, in der Livemusik hinzukommt. Auf der Th Chakraphatdi Phong geht's nordwärts zur alteingesessenen Bluesbar 5 **Ad Here the 13th** (S. 154) oder zu einer der Freiluft-Bars mit Livemusik an der Th Rambuttri, z. B. der 6 **Molly Bar**.

Nun sollte man genügend angeheitert sein, um sich dem Haupt-Event zu widmen: Nach der Überquerung der Susie Walking St erreicht man die Th Khao San. Wer auf die Toilette muss oder die Abkühlung einer Klimaanlage benötigt, legt einen Stopp im 7 **Mulligans** ein, der irischen Bar in der Buddy Lodge. Ansonsten genießt man den Aufmarsch der Passanten von oben aus der 8 **The Roof Bar** oder unten mitten im Getümmel im lauten, trubeligen 9 **Center Khao Sarn**.

Als guter Abschluss bietet sich die 10 **Hippie de Bar** an, eine der besten Bars in Banglamphu. Wer um 2 Uhr immer noch nicht genug hat, schwankt hinüber zu 11 **The Bank**. Der Nachtclub samt Lounge auf der Dachterrasse ist bis in die Morgenstunden geöffnet.

DJ Station CLUB

(Karte S. 102; www.dj-station.com; 8/6–8 Soi 2, Th Silom; ab 150 B; ⌚22–2 Uhr; Ⓜ Si Lom Ausgang 2, Ⓢ Sala Daeng Ausgang 1) Das Publikum dieses Clubs, der zu den legendärsten Schwulenclubs in Bangkok – wenn nicht sogar in ganz Asien – gehört, besteht aus thailändischen Yuppies, Strichjungen und ein paar Leuten aus dem Westen. An der Soi 2 warten des Weiteren einige Clubs, die dem DJ Station ähneln.

Vesper BAR

(Karte S. 102; www.vesperbar.co; 10/15 Th Convent; ⌚Mo–Fr 12–14.30 & 18–1, Sa 18–24, So 12–14.30 Uhr; Ⓜ Si Lom Ausgang 2, Ⓢ Sala Daeng Ausgang 2) Eine der neuesten Optionen in Bangkoks Barszene ist dieses täuschend klassisch anmutende Restaurant mit einer Bar. Der Schwerpunkt des Vesper liegt auf den Cocktails. Dazu gehören mehrere wiederbelebte Klassiker und gemixte Drinks, die sechs Wochen in Fässern aus Weißeiche abgelagert werden.

Namsaah Bottling Trust BAR

(Karte S. 102; www.namsaah.com; 401 Soi 7, Th Silom; ⌚17–2 Uhr; Ⓜ Si Lom, Ausgang 2, Ⓢ Sala Daeng, Ausgang 2) Im Namsaah sollte man überall das Unerwartete erwarten: Vom Gebäude (ein ehemaliges Herrenhaus, das nun in einem unpassenden grellen Pink angestrichen ist) bis hin zu den Cocktails (Klassiker mit ein oder zwei zusätzlichen Besonderheiten), Barsnacks und Gerichten (z. B. *pàt tai* mit Foie gras) ist hier alles mit der genau richtigen Menge an Verrücktheit ausgestattet.

The Stranger BAR

(Karte S. 102; www.facebook.com/thestrangerbar; Soi 4, Th Silom; ⌚17.45–2 Uhr; Ⓜ Si Lom Ausgang 2, Ⓢ Sala Daeng Ausgang 1) Das ist der wohl entspannteste und eleganteste Treff an der Soi 4 – außer während der Drag-Shows (Mo, Fr & Sa abends).

Siam Square, Pratunam & Umgebung

In Bangkoks zentralstem Gebiet finden sich nur einige wenige Bars.

Hair of the Dog BAR

(Karte S. 106; www.hairofthedogbkk.com; 1. OG, Mahathun Plaza, 888/26 Th Phloen Chit; ⌚17–24 Uhr; Ⓢ Phloen Chit Ausgang 2) Den Craft-Bier-Hype, der Bangkok in den letzten Jahren erfasst hat, verkörpert diese halb versteckte Bar par excellence. Mit der Leichenschauhaus-Aufmachung, Dutzenden Flaschenbieren und 13 wechselnden Fassbieren ist eine skurrile Nacht mit jeder Menge Bier garantiert.

Red Sky BAR

(Karte S. 106; www.centarahotelsresorts.com; 55. OG, Centara Grand, CentralWorld, Th Ratchadamri; ⌚18–1 Uhr; Ⓢ Chit Lom Ausgang 9 zum Sky Walk, Siam Ausgang 6 zum Sky Walk) Dank seiner Lage im 55. Stock eines Wolkenkratzers mitten im modernen Zentrum von Bangkok hat das Red Sky eine der tollsten Aussichten von einer Dachterrasse vor Ort zu bieten. Die spektakuläre Wölbung und das viele Glas sorgen für eine gehobenere Atmosphäre als in den anderen Dachbars in Bangkok.

BESTE NACHTLOKALE

Wong's Place (Karte S. 94; 27/3 Soi Si Bamphen; ⌚Di–So 21 Uhr–open end; Ⓜ Lumphini Ausgang 1) Der Laden bleibt geöffnet, bis der letzte Zecher aus der Tür schwankt.

The Bank (S. 145) Bis in die Morgenstunden kann man hier in der Th Kao San Shisha rauchen oder tanzen.

Narz (Karte S. 110; www.narzclubbangkok.net; 112 Soi 23, Th Sukhumvit; ab 400 B; ⌚21–2 Uhr; Ⓜ Sukhumvit Ausgang 2, Ⓢ Asok Ausgang 3) In drei großen Bereichen wird bis früh morgens getanzt und gefeiert.

Levels (Karte S. 110; www.levelsclub.com; 6. OG, Aloft, 35 Soi 11, Th Sukhumvit; 500 B; ⌚21 Uhr–open end; Ⓢ Nana Ausgang 3) Wenn die meisten Bars an der Soi 11 die Stühle hochstellen, geht es hier erst richtig los.

Mixx (Karte S. 106; www.mixx-discotheque.com; UG, InterContinental Hotel, 973 Th Phloen Chit; 300 B; ⌚22–2 Uhr; Ⓢ Chit Lom Ausgang 7) Nächtliche Keller-Disco.

Scratch Dog (Karte S. 110; UG, Windsor Suites Hotel, 8–10 Soi 20, Th Sukhumvit; 400 B; ⌚24 Uhr–open end; Ⓜ Sukhumvit Ausgang 2, Ⓢ Asok Ausgang 4) Wer noch feiern will und dafür auf gute Musik pfeift.

ABSTECHER

ROYAL CITY AVENUE

Tagesüber ist die Royal City Ave – die alle als RCA kennen – nur eine öde Geschäftsstraße, aber am Freitag- und Samstagabend verwandelt sie sich in eine der beliebtesten Vergnügungsmeilen der Stadt. Manche der größeren Clubs locken Tausende an, man sollte aber im Hinterkopf behalten, dass man oft seinen Ausweis braucht und die Kleiderordnung beachten muss – mit Shorts oder Sandalen bleibt man draußen.

Am bequemsten erreicht man die RCA per Taxi von der MRT-Haltestelle Phra Ram 9; da Taxis nicht in die RCA hineinfahren dürfen, lässt man dort den Fahrer wenden oder überquert die vielbefahrene Th Phet Uthai zu Fuß. Von der Th Phet Uthai kommend, finden sich hier dann folgende Stätten:

Onyx (Karte S. 110; www.facebook.com/onyxbkk; RCA/Royal City Ave; 500 B; ⌚20–2 Uhr) Dies ist der wahrscheinlich eleganteste Club an der RCA, wie schon die deftigen Eintrittspreise und das geschniegelte Klientel verraten. Anstehende DJ-Events werden auf der Facebook-Seite angekündigt.

Route 66 (Karte S. 110; www.route66club.com; 29/33–48 RCA/Royal City Ave; 300 B; ⌚20–2 Uhr) Der große Club ist so alt wie die RCA selber, hat aber dank häufiger Renovierungen und Erweiterungen nichts von seiner Beliebtheit eingebüßt. Der Hauptsaal wird mit den Top 40 der Hip-Hop-Charts beschallt, es gibt allerdings mehrere, unterschiedlich ausgerichtete „Levels", wo alles von Thai-Pop bis zu Livemusik gespielt wird.

Vesbar (Karte S. 110; www.facebook.com/govesbar; 29/68 RCA/Royal City Ave; ⌚Mo–Sa 11–24 Uhr) Das Barrestaurant mit Vespa-Thema serviert internationale Gerichte und Importbier. Es gibt außerdem jazzige Livemusik (Mi, Fr & Sa).

Taksura (Karte S. 110; 9 RCA/Royal City Avenue; ⌚18–2 Uhr) Das im Retrostil gestaltete Taksura ist ein Zwischending aus Restaurant und Pub. Wer sich für eine Clubnacht stärken will, ist mit den würzigen *gàp glâam* (thailändische Snacks zum Alkohol) gut bedient.

Hyde & Seek BAR
(Karte S. 110; www.hydeandseek.com; EG, Athenee Residence, 65/1 Soi Ruam Rudi; ⌚16.30–1 Uhr; Ⓢ Phloen Chit Ausgang 4) Dank der schmackhaften, sättigenden englischen Barsnacks und Gerichte darf das Hyde & Seek sich als Gastro-Bar bezeichnen. Wir glauben aber, die eigentlichen Gründe für einen Besuch sind die besonders große Spirituosenauswahl und Cocktails, die zu den leckersten und raffiniertesten vor Ort zählen.

Sukhumvit

An dieser langen Straße finden sich die elegantesten Bars und Nachtclubs in ganz Bangkok.

★ **WTF** BAR
(Karte S. 110; www.wtfbangkok.com; 7 Soi 51, Th Sukhumvit; ⌚Di–So 18–1 Uhr; 📶; Ⓢ Thong Lo, Ausgang 3) Das Wonderful Thai Friendship (oder hat jemand hinter der Abkürzung vielleicht etwas anderes vermutet?) ist eine unkonventionelle und freundliche Nachbarschaftsbar, die gleichzeitig auch noch eine Galerie beherbergt. Künstlerisch interessierte Einheimische und in Bangkok lebende Ausländer treffen sich hier zu klassischen Cocktails, Livemusik und DJ-Events, Lesungen, Kunstausstellungen und leckeren Barsnacks. Und in dieser Sache sind sich Gäste und Autoren auf jeden Fall einig: Das WTF ist die beste Bar Bangkoks.

★ **Q&A Bar** BAR
(Karte S. 110; www.q[illegible]co[illegible] 235/13 Soi 21/ Asoke, Th Sukhu[illegible]-2 Uhr) Das Interieur diese[illegible] einem modernistischen Sp[illegible]r 1950er-Jahre oder einer Flughafenlounge. Die kurze Cocktailkarte entspricht nicht ganz dem klassischen Muster, aber man legt Wert auf einen altmodischen Dresscode und entsprechende Manieren.

★ **Studio Lam** BAR, CLUB
(Karte S. 110; www.facebook.com/studiolambangkok; 3/1 Soi 51, Th Sukhumvit; ⌚Di–So 18–1 Uhr; Ⓢ Thong Lo Ausgang 3) Das Studio Lam ist ein Anbau des megahippen Plattenlabels ZudRangMa und prunkt mit einem Soundsystem jamaikanischer Art, das extra für die DJ-Sets (Weltmusik und Retro-Thai) und die gelegentlichen Liveshows aufgebaut wurde. Der Club ist die richtige Adresse für einen

PATPONG: TOURISTEN IN DER GO-GO-BAR-ZONE

Die Neonschilder lassen keinen Zweifel an dem vorherrschenden Gewerbe in Patpong, dem weltweit wohl berühmtesten und berüchtigtsten Straßenzug mit Go-Go-Bars und Erotikclubs.

Jahrelang war die Haltung zu **Patpong** (Karte S. 102; Th Phat Phong & Soi Phat Phong 2; ⏲16–2 Uhr; Ⓜ Si Lom Ausgang 2, Ⓢ Sala Daeng Ausgang 1) strikt geteilt: Die einen sahen darin einen Ort der sexuellen Ausbeutung, der Unmoral und des Lasters, die anderen reisten eigentlich nur nach Bangkok, um sich hier auszuleben. Mittlerweile ist Patpong aber zu einer solchen Karikatur seiner selbst geworden, dass eine dritte Kategorie hinzugekommen ist: die der neugierigen Touristen.

Prostitution ist offiziell in Thailand verboten, es gibt aber bis zu 2 Mio. Sexarbeiter, von denen die meisten – sowohl Frauen als auch Männer – ihre Dienste thailändischen Männern anbieten. Viele Prostituierte stammen aus ärmeren Regionen wie dem Isan im Nordosten, während sich andere vielleicht mit Sexarbeit ihr Studium finanzieren. Soziologen meinen, dass Thailänder Sex häufig weniger durch eine moralische oder romantische Brille betrachten als Menschen aus dem Westen. Das bedeutet aber natürlich nicht, dass thailändische Ehefrauen es gern sehen, wenn ihre Männer zu Prostituierten gehen. Aber erst seit Frauen zunehmend bessere Bildungs- und Arbeitschancen haben, wird diese sehr weit verbreitete Praxis ernsthaft in Frage gestellt.

Die unbeabsichtigte Folge eines Verbots der Prostitution ist die ungeregelte Lage derjenigen, die in diesem Gewerbe ihren Lebensunterhalt verdienen. Sexarbeitern werden die Rechte anderer Beschäftigter versagt; Bars können daher eigene Regeln festsetzen und Sexarbeiterinnen und Sexarbeiter dafür sanktionieren, dass sie z. B. nicht genügend lächeln, zu spät kommen oder nicht einen festgelegten Getränkeumsatz erbringen.

Patpong umfasst momentan zwei *soi*, die im Finanzviertel von Bangkok zwischen der Th Silom und der Th Surawong parallel verlaufen. Die beiden Straßen gehören der chinesisch-thailändischen Familie Patpongpanich, nach der das Viertel benannt ist. Die kaufte das Gelände in den 1940er-Jahren und ließ zunächst Th Phat Phong mit all den Shophouses bauen; Soi Phat Phong 2 kam dann später hinzu. Während des Vietnamkriegs wurden die ersten Bars und Clubs für amerikanische GIs auf „Fronturlaub" eröffnet. Die Szene wuchs während der 1970er-Jahre kräftig an und wurde dann nach und nach auch im Ausland immer bekannter. In den 1980er-Jahren stand das Geschäft schließlich in voller Blüte, als die „Attraktionen und Sehenswürdigkeiten" von Patpong sogar einen wichtigen Stützpfeiler offizieller Werbekampagnen der thailändischen Tourismusindustrie bildeten.

Heutzutage geht es in Patpong ruhiger und gesitteter zu. Nicht zuletzt wegen des beliebten Nachtmarkts, der nach 17 Uhr die Straße beherrscht, zieht das Viertel nun so viele Touristen an, dass es gewissermaßen zu einem Sex-Themenpark geworden ist. Natürlich gibt es hier immer noch die typischen Männer mittleren Alters, die den Tänzerinnen an der Stange zuschauen und eine „Vermittlungsgebühr" bezahlen, um Girls in ein Stundenhotel mitzunehmen. Aber daneben erblickt man auch normale Touristen und sogar Familien, die sich einfach nur mal das ganze Spektakel anschauen wollen.

Die meisten Traveller werfen allerdings nur verstohlene Blicke in die Go-go-Bars im Erdgeschoss, wo sich Frauen in Bikinis um Edelstahlstangen winden. Andere allerdings lassen sich von Schleppern, die tolle Sex-Shows versprechen, in die schummrigen Clubs in den Obergeschossen locken. Es muss an dieser Stelle aber gesagt sein, dass diese so genannten „Ping Pong"-Shows in der Regel vor allem darin bestehen, dass überaus gelangweilt dreinschauende Frauen Dinge tun, die sowohl für sie als auch für ihr Publikum erniedrigend sind. Manche dieser Clubs sind zudem auch wegen ihrer Abzockemaschen berüchtigt, wobei sich dann in der Regel das auch nur spärlich bekleidete Bedienungspersonal auf die staunenden Traveller stürzt wie Geier. Ehe man weiß, wie einem geschieht, hat man schon ein Dutzend Drinks bestellt und eine Zeche von Tausenden Baht angehäuft. Anschließend setzt es laute Zankereien unter den drohenden Blicken einschüchternder Rausschmeißer.

Tanzabend in Bangkok, bei dem sich nicht alles um die typischen Top 40 dreht.

★Tuba BAR

(Karte S. 78; www.facebook.com/tubabkk; 34 Room 11–12 A, Soi Thong Lor 20/Soi Ekamai 21; ⌚11–2 Uhr; Ⓢ Ekkamai Ausgang 1 & Taxi) Teils Lagerraum für abgedrehte Antiquitäten, teils Restaurant, teils freundliche Nachbarschaftskneipe: Dieser skurrilen Bar mangelt es weder an Vielfalt noch an Atmosphäre. Am besten bestellt man sich sein Getränk gleich flaschenweise (was übrig bleibt, wird für den nächsten Besuch aufgehoben) und gönnt sich die leckeren Chicken Wings oder das köstliche frittierte *lâhp* (würziger Salat aus Hackfleisch).

Waon KARAOKE

(Karte S. 110; 10/11 Soi 26, Th Sukhumvit; ⌚Mo–Sa 20–1 Uhr) Ist der vorgefertigte Soundtrack das Einzige, was einen davon abhält, zum Karaoke-Superstar zu werden? Im Waon gibt's statt Musikkonserven einen echten Klavierspieler. Die Musik und das Publikum sind vorwiegend japanisch, aber der freundliche Inhaber spielt auch gern bekannte westliche Musik. Und wer nicht singen kann, kann sich immer noch mit Rumbakugeln, Bongos oder Gitarre beteiligen.

Sky on 20 DACHBAR

(Karte S. 110; ☎02 009 4999; www.novotelbangkoksukhumvit20.com; 26. OG, Novotel, 19/9 Soi Sukhumvit 20; ⌚17–2 Uhr; 📶; Ⓢ Phrom Phong) Mit Drinks für durchschnittlich 250 B hat das Sky on 20 den Ruf, ein entspannter Ort für einen günstigen Drink bei Sonnenuntergang zu sein. Electro und House dröhnen durch die Freiluftbar mit kreisförmigen Sofas und Polstersesseln sowie mit Blick auf den Sirikit-See und den Benjasiri Park. Drinks, die mit dem Saft regionaler Früchte gemixt werden, stehen im Vordergrund. Das ausziehbare Schutzdach sorgt dafür, dass man es auch in der Regenzeit trocken hat.

Mikkeller BAR

(Karte S. 110; www.mikkellerbangkok.com; 26 Yaek 2, Soi Ekamai 10; ⌚17–24 Uhr; Ⓢ Ekkamai Ausgang 1 & Taxi) Die vielbesprochene dänische „Bohème"-Brauerei bietet in ihrer Bangkoker Filiale mehr als 30 Biere vom Fass. Man findet neben einer einladenden Atmosphäre und den guten Barsnacks sowohl einheimische Biersorten (Sukhumvit Brown Ale) als auch verrückte Biere; unter Letzteres fällt z. B. das Beer Geek, ein helles Stout mit 13 % Alkohol.

Dim Dim BAR

(Karte S. 110; ☎02 085 2788; www.facebook.com/dimdimbarbkk; 27/1 Soi 33, Th Sukhumvit; ⌚Mo–Sa 18.30–1.30 Uhr; Ⓢ Phrom Phong Ausgang 5) Bangkoks Vorliebe für chinesisch aufgemachte Bars erreicht ihren Höhepunkt im Dim Dim, einer mit Kerzen beleuchteten Cocktailbar in Phrom Phong. Rot, die chinesische Glücksfarbe, dominiert das Dekor, und goldene Grußkatzen laden ein, die Spezialität des Hauses (Chrysanthemen-Wodka) zu probieren und Oolong-Tee oder Orange Sour zu schlürfen, eine asiatische Version des Whiskey Sour mit Oolong-Tee und einem mit Orangenschale gewürzten Bourbon.

A R Sutton & Co Engineers Siam BAR

(Karte S. 110; Parklane, Soi 63/Ekamai, Th Sukhumvit; ⌚18–24 Uhr; Ⓢ Ekkamai Ausgang 2) Kupferne Rohrleitungen, beliebig verteilte einmalige Antiquitäten, Deckenplatten aus Zink und reihenweise Glasfläschchen und kugelförmige Gefäße geben der Bar ein schönes, fantastisches Ambiente, das in Bangkok und vielleicht weltweit einmalig ist. Die angeschlossene Destillerie liefert die Ausgangsprodukte für die hauptsächlich auf Gin basierenden Cocktails der Bar.

Sugar Ray BAR

(Karte S. 78; www.facebook.com/sugarraybkk; abseits der Soi Ekamai 21; ⌚Mi, Fr & Sa 20–2 Uhr; Ⓢ Ekkamai, Ausgang 1 & Taxi) Ein Team aus spaßigen und flippigen thailändischen Jungs führt diese ebenso spaßige und flippige, etwas versteckt liegende Bar, in der aromatisierter Sirup und spaßige und flippige Cocktails angeboten werden… Der Old Fashioned z. B. wird mit altem gelagertem Rum, Orangen- und Kardamomsirup gemischt und mit einer Scheibe karamellisiertem Bacon serviert.

Golden Coins Taproom KLEINBRAUEREI

(Karte S. 110; ☎082 675 9673; www.facebook.com/goldencoinstaproom; Ekamai Mall, Ekkamai Soi 10; ⌚17–24 Uhr; Ⓢ Ekkamai) Thailands Brauereivorschriften zwangen die Kleinbrauerei Golden Coins, ihren Vorposten in Chinatown, das Let the Boy Die, zu schließen und sich mit Brauereien in Vietnam zu verbünden. Gemeinsam produzieren sie nun die Ales, die in der Braustube in Ekkamai vom Fass angeboten werden. Zu den sechs Bieren gehören u. a. ein süffiges Stout und ein nicht zu strenges IPA, das perfekt zu den Grillspeisen nach amerikanischer Art passt.

Walden BAR
(Karte S. 110; 7/1 Soi 31, Th Sukhumvit; Mo–Sa 18.30–1 Uhr; S Phrom Phong Ausgang 5) Hinter der hyperminimalistischen Atmosphäre dieser Bar erkennt man die andächtigen japanischen Anklänge, die sie zu einem der einladendsten Lokale vor Ort machen. Auf der kurzen Karte stehen Longdrinks japanischer Art, Craft-Biere aus den USA und einfache, leckere Barsnacks.

Nördliches Bangkok

Das Zentrum des Nachtlebens hier ist der Abschnitt, der als Royal City Ave (S. 149) bekannt ist. In dem Gebiet, das allgemein Ari genannt wird, gibt es immer eleganter werdende Restaurants, die auch als Bars fungieren.

Fake Club The Next Gen CLUB, SCHWULE
(Karte S. 124; www.facebook.com/fakeclubthenextgen; 222/32 Th Ratchadaphisek; 21–3 Uhr; M Sutthisan Ausgang 3) Der alteingesessene beliebte Schwulentreff hat einen neuen Standort bezogen. Hier erwarten einen Livemusik, kitschige Choreographien und zahlreiche Laser.

Aree BAR
(Karte S. 124; Ecke Soi Ari 4/Nua & Soi 7/Ari, Th Phahonyothin; 18–1 Uhr; S Ari Ausgang 3) Freiliegende Ziegel, dicke Teppiche und warme Beleuchtung lassen das Aree gemütlicher wirken als eine durchschnittliche Bar in Bangkok. Es gibt Livemusik (Di–So ab 20 Uhr), zeitgemäße thailändische Häppchen und eine vergleichsweise raffinierte Auswahl an Drinks.

O'glee BAR
(Karte S. 124; www.facebook.com/ogleeari1; Soi Ari 1, Soi 7/Ari, Th Phahonyothin; 17.30–24 Uhr; S Ari Ausgang 3) Name und Dekor dieser Bar erinnern vage an einen irischen Pub. Aber statt Kleeblatt-Klischees serviert die charmante thailändische Betreiberfamilie eine erstaunliche Auswahl importierter Craft-Biere (teils als Flaschenbier, teils vom Fass).

Viva's BAR
(Karte S. 160; Section 26, Stall 161, Chatuchak Weekend Market, Th Phahonyothin; Sa & So 10–22 Uhr; M Chatuchak Park Ausgang 1, Kamphaeng Phet Ausgangs 1 & 2, S Mo Chit Ausgang 1) Dieses Café mit Bar auf dem Bangkoker Chatuchak-Wochenendmarkt bietet Livemusik und bleibt lange geöffnet.

> **KINDESMISSBRAUCH**
>
> Im Jahr 1996 verabschiedete Thailand ein Gesetz gegen die Kinderprostitution. Man kann etwas gegen den Kindersextourismus tun, indem man Verdachtsfälle einer eigens eingerichteten Hotline (1300) meldet oder Täter direkt bei der Botschaft seines Heimatlands anzeigt.

Unterhaltung

Wer sich in Bangkok langweilt, ist selber schuld. Mit traditionellen Kulturveranstaltungen, Tanz, Kunst, Livemusik und anrüchigen Go-Go-Bars umfasst das Unterhaltungsangebot vor Ort die gesamte Palette.

Gà-teu-i-Cabaret

In den letzten Jahren hat sich das *gà·teu·i-Cabaret* – Bühnenshows mit Transvestiten oder Transsexuellen, Broadway-Attitüde und Playback-Popsongs – zu einem unverzichtbaren Bestandteil des Unterhaltungsangebots für Urlauber entwickelt. Das Playhouse Magical Cabaret (S. 142) und das **Calypso Bangkok** (Karte S. 78; 02 688 1415; www.calypsocabaret.com; Asiatique, Soi 72–76, Th Charoen Krung; Erw./Kind 900/600 B; Shows 20.15 & 21.45 Uhr; Shuttlefähre ab Sathon/Central Pier) auf dem asiatischen Nachtmarkt bedienen diesen Trend.

Thai-Boxen (Muay Thai)

Typisch thailändisch: Beim *Muay Thai*, der Kampfkunst, die anderswo als Thai-Boxen oder Kickboxen bekannt ist, ist fast alles erlaubt. Wenn einen die Gewalt nicht stört, ist ein Thai-Boxkampf auf jeden Fall ein eindrucksvolles Spektakel mit zeremonieller Eröffnung, wilder Begleitmusik und frenetischen Wettkämpfen.

Die besten Kämpfe bekommt man in zwei Bangkoker Box-Arenen zu sehen. Das am Ende des Zweiten Weltkriegs auf Königsland im Art-déco-Stil errichtete **Rajadamnern Stadium** (สนามมวยราชดำเนิน; Karte S. 84; www.rajadamnern.com; abseits der Th Ratchadamnoen Nok; Tickets 3./2. Klasse/Ring 1000/1500/2500 B; Kämpfe Mo–Do 18.30–23, So 15 & 18.30 Uhr; Thewet Pier, S Phaya Thai Ausgang 3 & Taxi) ist das ursprüngliche Stadion mit einer vergleichsweise förmlichen Atmosphäre. Die zweite wichtige Arena, das **Lumpinee Boxing Stadium** (สนามมวยลุมพินี Karte S. 167; 02 282 3141; www.muaythailumpinee.net; 6 Th Ramintra; Tickets 3./2. Klasse/

Ringside 1000/1500/2500 B; ⌚Kämpfe Di & Fr 18.30–23, Sa 14–20.30 Uhr; Ⓜ Chatuchak Park Ausgang 2 & Taxi, Ⓢ Mo Chit Ausgang 3 & Taxi) ist aus dem namengebenden Viertel in ein modernes Stadion nördlich von Bangkok umgezogen.

Die Eintrittspreise variieren nach der Platzkategorie. Plätze am Ring (ab 2500 B) sind am teuersten; hier sitzen eher zurückhaltende VIPs. Traveller entscheiden sich in der Regel für die 2. Klasse (ab 1500 B), während echte *Muay-Thai*-Fans in der 3. Klasse (1000 B) wetten und Beifall klatschen. Diese Preise sind für durchschnittliche thailändische Boxfans (Taxifahrer sind große Fans und verdienen rund 600 B pro Tag) natürlich zu hoch. Die angegebenen Preise sind jene, die Ausländern abverlangt werden; Thais zahlen ein Vielfaches weniger.

Wir empfehlen die Plätze in der 2. oder 3. Kategorie. In der 2. Klasse rennen Laufburschen herum, die Wetten aus der lauten 3. Klasse annehmen, die vom übrigen Stadion abgezäunt ist. Neben der Wettannahmestelle werden die Quoten mit Handsignalen und Flaggen zu den Bereichen übermittelt. Die meisten Fans in der 3. Klasse folgen den Kämpfen (und ihren Wetteinsätzen) zu aufgeregt, um sich hinzusetzen – die Aufregung erreicht hier den Siedepunkt, und das Ganze ist sehr unterhaltsam.

Bei den meisten Veranstaltungen stehen acht bis zehn Kämpfe zu je fünf Runden auf dem Programm. Englisch sprechendes „Personal" steht vor dem Stadion bereit, händigt den Ankommenden eine Übersicht über die Kämpfe aus und lotst die Ankömmlinge zum Ticketschalter für Ausländer. Sie können auch sagen, welche Kämpfe voraussichtlich die besten sind (manche meinen, die Kämpfe im Weltergewicht zwischen 61,2 und 66,7 kg Körpergewicht). Um dem Schwarzmarkt keinen Vorschub zu leisten, kauft man seine Tickets am Schalter oder online und nicht bei irgendwelchen Leuten vor dem Stadion.

Livemusik

Als Thailands Medienhauptstadt ist Bangkok auch das Zentrum der thailändischen Musikindustrie, die Pop, Schnulzen, *lôok tûng* (thailändische Volksmusik) und neuerdings auch Indie-Bands vermarktet.

Musik ist ein Bestandteil fast aller thailändischer Festlichkeiten: Die männlichen und weiblichen Familienoberhäupter lieben Dinner mit einem eingängigen Soundtrack, der üblicherweise von einer Filipino-Band und einem Synthesizer geliefert wird. Die Gäste schreiben ihre Musikwünsche auf eine Papierserviette und reichen sie zur Bühne hinauf.

Bars und Clubs mit Livemusik dürfen bis 1 Uhr geöffnet bleiben, wenn die Polizei zustimmt. Das Mindestalter zum Trinken von Alkohol beträgt 20 Jahre.

BANGKOKS KINOS

Jedes Bangkoker Einkaufszentrum hat ein Kino, aber wenige können es mit dem **Paragon Cineplex** (Karte S. 106; ☎ 02 129 4635; www.paragoncineplex.com; 5. OG, Siam Paragon, 991/1 Rama I; Ⓢ Siam Ausgang 3 & 5) aufnehmen. Neben 16 Sälen, mehr als 3000 Plätzen und Thailands größtem IMAX-Kino gibt es hier noch das Blue Ribbon Screen, ein Kino mit maximal 72 Plätzen, wo man mit Kissen, Decken, kostenlosen Snacks und Getränken sowie einer 15-minütigen Massage verwöhnt wird, und das Enigma mit Sofas für verliebte Pärchen, Cocktails, Essen, Decken und einer Massage.

Wer statt Glitzer lieber ein stimmungsvolleres Ambiente bevorzugt, geht gleich gegenüber in einen der altmodischen Filmpaläste wie das **Scala** (Karte S. 106; ☎ 02 251 2861; Soi 1, Siam Sq; Ⓢ Siam Ausgang 2) oder das **Lido** (Karte S. 106; ☎ 02 252 6498; www.apexsiam-square.com; zw. Soi 2 & Soi 3, Siam Sq; Ⓢ Siam Ausgang 2).

Infos zum Spielplan der Kinos in ganz Bangkok findet man unter moveedoo (www.moveedoo.com).

★ Parking Toys LIVEMUSIK

(Karte S. 78; ☎ 02 907 2228; 17/22 Soi Mayalap, abseits des Kaset-Navamin Hwy; ⌚16–2 Uhr; Ⓜ Chatuchak Park Ausgang 2 & Taxi, Ⓢ Mo Chit Ausgang 3 & Taxi) Das Parking Toys ist einer der besten Bangkoker Livemusikschuppen und veranstaltet abwechslungsreiche Gigs mit Bands, deren Stile von Rockabilly bis hin zu Electro-Funk-Jam reichen.

Um zum Parking Toys zu kommen, nimmt man vom BTS Mo Chit (oder dem MRT Chatuchak Park) ein Taxi Richtung Norden und bittet den Fahrer, zur Kaset-Kreuzung zu fahren und dort rechts auf die Th Kaset-Navamin abzubiegen; das Parking Toys befindet sich gleich hinter der zweiten Verkehrsampel auf dieser Straße.

★ Brick Bar LIVEMUSIK

(Karte S. 84; www.brickbarkhaosan.com; UG, Buddy Lodge, 265 Th Khao San; Eintritt Sa & So 150 B; ⌚19–1.30 Uhr; ⛴ Phra Athit/Banglamphu Pier) In diesem Kellerclub, einer unserer Lieblings-Livemusikadressen in Bangkok, tritt jeden Abend eine andere Liveband vor einem fast ausschließlich thailändischen Publikum auf. Am Ende des Abends tanzen die Gäste gern mal auf den Tischen. Es kann extrem voll werden, daher sollte man früh kommen.

★ The Living Room LIVEMUSIK

(Karte S. 110; ☎02 649 8888; www.thelivingroomatbangkok.com; Ebene 1, Sheraton Grande Sukhumvit, 250 Th Sukhumvit; ⌚18–24 Uhr; M Sukhumvit Ausgang 3, S Asok Ausgang 2) Vom Äußeren sollte man sich nicht täuschen lassen: Die scheinbar langweilige Hotel-Lounge verwandelt sich jeden Abend in den besten Jazzschuppen der Stadt. Die bequemen Sofas, alle in Hörweite der Musik, machen dem Namen des Lokals alle Ehre. Am besten informiert man sich vorab, welcher Saxofonist oder Drummer gerade da ist. Nach 20.30 Uhr wird ein Eintritt von 300 B erhoben.

Lam Sing LIVEMUSIK

(Karte S. 78; www.facebook.com/isanlamsing; 57/5 Th Phet Phra Ram; ⌚21.30–4 Uhr; S Ekkamai, Ausgang 1 & Taxi) Nicht einmal David Bowie in seiner Zeit als Ziggy Stardust hätte mit diesem dunklen, dekadenten, mit Strass ausgeschmückten Schuppen mithalten können. Das Lam Sing ist eine der besten Locations der Stadt für *mŏr lam* und *lôok tûng*, Musikrichtungen, die ihre Wurzeln im ländlichen Nordosten Thailands haben. Hier gibt's klangstarke Livemusikauftritte, die von Backgroundtänzern in aufwendigen Kostümen und mit akkurater Choreografie begleitet werden.

Ein Schild in lateinischen Buchstaben sucht man hier vergebens, die meisten Taxifahrer kennen den Ort aber.

> **ⓘ ABZOCKE MIT EDELSTEINEN**
>
> Zahlreiche Reisende fallen auf eine weitverbreitete und genau erprobte Masche herein, bei der ein „hilfsbereiter" Fremder sie zu einem Schmuckladen führt. Hier werden die Urlauber dann zum Ankauf einer großen Menge Edelsteine mit dem Versprechen überredet werden, diese ließen sich im Heimatland mindestens zum doppelten Preis weiterverkaufen. Die ausgebufften Betrüger (die einem gut organisierten Kartell angehören) wirken vertrauenswürdig und machen den Reisenden vor, sie benötigten einen Bürger aus eben diesem Land, um komplizierte Zollbestimmungen zu umgehen. Aber natürlich funktioniert der Edelsteinhandel nicht so, und den meisten Travellern werden dabei einfach wertlose Glassteine angedreht. Wenn sie den Schwindel bemerken, ist der Laden längst geschlossen und hat seinen Namen geändert, und die Polizei kann Geschädigten auch nicht wirklich helfen.

Saxophone Pub & Restaurant LIVEMUSIK

(Karte S. 116; www.saxophonepub.com; 3/8 Th Phayathai; ⌚19.30–1.30 Uhr; S Victory Monument, Ausgang 2) Auch nach 30 Jahren bleibt das Saxophone die beste Adresse für Livemusik. Es ist ein dunkler Veranstaltungsort mit persönlichem Flair, in dem man seinen Stuhl einfach vor die Bühne stellt und der Band damit so nahe kommt, dass man die Schweißperlen zählen kann. Wer dann doch lieber etwas Abstand zu den Musikern hält, der schaut sich die Blues-, Jazz-, Reggae- und Rockauftritte vom Balkon aus an.

Tawandang German Brewery LIVEMUSIK

(Karte S. 78; www.tawandang.co.th; Ecke Rama III & Th Narathiwat Ratchanakharin/Chong Nonsi; ⌚17–1 Uhr; S Chong Nonsi, Ausgang 2 & Taxi) In der riesigen Musikhalle von der Größe eines Hangars herrscht das ganze Jahr über Oktoberfeststimmung. Das thailändisch-deutsche Essen ist lecker, und das hauseigene Gebräu durchaus trinkbar. Die allabendlichen Bühnenshows verleiten das Publikum zum Mitsingen. Die Musik beginnt gegen 20.30 Uhr.

Bamboo Bar LIVEMUSIK

(Karte S. 92; ☎02 236 0400; www.mandarinoriental.com; EG, Mandarin Oriental, 48 Soi 40/Oriental, Th Charoen Krung; ⌚So–Do 17–1, Fr & Sa bis 2 Uhr; ⛴ Oriental Pier oder Hotel-Shuttleboot ab Sathon/Central Pier) Nach mehr als 60 Jahren ist die Bamboo Bar im Mandarin Oriental immer noch eine der besten Spielstätten für Livejazz in der Stadt. Die Gastkünstler kommen aus aller Welt – wer da ist, steht auf der Website. Die Musik startet jeden Abend um 21 Uhr.

Ad Here the 13th LIVEMUSIK

(Karte S. 84; www.facebook.com/adhere13thbluesbar; 13 Th Samsen; ⌚18–24 Uhr; ⛴ Tha Phra Athit

(Banglamphu) Die winzige Blues-Bar hat alles, was eine echte Nachbarschaftskneipe haben sollte: viele Stammkunden, kaltes Bier und wärmende Musik von der meisterhaften hauseigenen Band (Beginn gegen 22 Uhr). Hier kennt jeder jeden, man muss also nicht schüchtern sein und mischt sich am besten einfach direkt unter die Leute.

Brown Sugar LIVEMUSIK
(Karte S. 84; www.brownsugarbangkok.com; 469 Th Phra Sumen; ⌚ Di–Do & So 17–1, Fr & Sa bis 2 Uhr; ⛴ Klorng-Boot bis Phanfa Leelard Pier, Phra Athit/Banglamphu Pier) Der alteingesessene Livemusikschuppen befindet sich in einem höhlenartigen Ladenhaus. Die Musik – von Funk bis Jazz – beginnt an den meisten Abenden um 20 Uhr und zieht vor allem am Wochenende viele Einheimische an.

Raintree LIVEMUSIK
(Karte S. 116; Soi Ruam Chit; ⌚ Mo–Sa 18–1 Uhr; S Victory Monument, Ausgang 2) Der rustikale Pub ist inzwischen einer der wenigen, in denen man noch „Lieder fürs Leben" zu hören bekommt, also thailändische Volksmusik, deren Wurzeln in der Zeit der politischen Bewegungen der 1960er- und 1970er-Jahre liegen. Mit seinen leckeren Barsnacks ist es auch eine gute Adresse, um einen Happen zu essen.

SoulBar LIVEMUSIK
(Karte S. 92; www.facebook.com/livesoulbarbangkok; 945 Th Charoen Krung; ⌚ Di–So 19–24 Uhr; ⛴ Marine Department Pier, M Hua Lamphong Ausgang 1) Das umgebaute Ladenhaus ist eine ungewöhnliche Adresse für Livemusik an unerwarteter Stelle. Fast jeden Abend wird hier ab 21 Uhr live Blues, Jazz und Soul gespielt.

Titanium LIVEMUSIK
(Karte S. 110; www.titaniumbangkok.com; 2/30 Soi 22, Th Sukhumvit; ⌚ 20–1 Uhr; S Phrom Phong Ausgang 6) Viele Gäste kommen in diese kitschige „Eisbar" wegen der eisig eingestellten Klimaanlage, der spärlich bekleideten Bedienungen und den aromatisierten Wodkas, wir aber wegen der hauseigenen Frauenband Unicorn, die hier montags bis samstags für Stimmung sorgt.

Go-Go Bars

Prostitution ist zwar eigentlich verboten, blüht aber in Bangkok. Wegen des Einflusses des organisierten Verbrechens und der Korruption wird es wohl noch lange dauern, bis die bestehenden Gesetze auch wirklich durchgesetzt werden. Aber anders als in westlichen Medien oft dargestellt, ist die Atmosphäre der Bangkoker Rotlichtviertel weniger von Kriminalität und Ausbeutung geprägt (obwohl diese Faktoren zweifellos vorhanden sind), sondern stärker von Vulgarität und Langeweile. Patpong (S. 150) ist seit den 1980er-Jahren für seine wilden Sex-Shows berüchtigt.

NICHT VERSÄUMEN

BESTE MÄRKTE

Pak Khlong Talat (ปากคลองตลาด, Flower Market; Karte S. 88; Th Chakkaraphet; ⌚ 24 Std.; ⛴ Pak Klong Taladd Pier, Saphan Phut/Memorial Bridge Pier) Den berühmten Blumenmarkt der Hauptstadt besucht man am besten spätabends – Fotoapparat nicht vergessen!

Talat Mai (S. 89) Der hektische Lebensmittelmarkt ist ein Stück China mitten in Bangkok.

Nonthaburi Market (S. 102) Ein authentischer Bauernmarkt ein paar Minuten außerhalb von Bangkok.

Khlong Toey Market (S. 99) Der größte Lebensmittelmarkt in der Stadt.

Theater

Sala Chalermkrung THEATER
(Karte S. 88; ☎ 02 224 4499; www.salachalermkrung.com; 66 Th Charoen Krung; Tickets 800–1200 B; ⌚ Vorstellung Do & Fr 19.30 Uhr; ⛴ Saphan Phut/Memorial Bridge Pier, M Hua Lamphong Ausgang 1 & Taxi) Dieses Bangkoker Art-déco-Wahrzeichen, ein 1933 erbautes ehemaliges Kino, ist eine der letzten verbliebenen Spielstätten, in denen man *kŏhn* erleben kann (ein Maskentanz-Drama, das auf den Geschichten des *Ramakian* beruht, der thailändischen Version des indischen *Ramayana*). Das traditionelle Tanztheater wird von Laser-Grafiken, einem Hightech-Soundsystem und englischen Untertiteln begleitet. Auch Konzerte und andere Veranstaltungen finden hier statt; detaillierte Infos erfährt man auf der Website.

National Theatre THEATER
(Karte S. 84; ☎ 02 224 1342; 2 Th Ratchini; Tickets 60–100 B; ⛴ Chang Pier, Maharaj Pier, Phra Chan Tai Pier) Das Nationaltheater zeigt von Januar bis September am jeweils ersten und zweiten Sonntag des Monats um 14 Uhr *kŏhn*-Vorstellungen. Zwischen Oktober und Dezember gibt es dann am ersten und zweiten Sonntag des Monats um 14 Uhr *lá·kon-*

Darbietungen (klassische Tanzdramen). Die Tickets gehen eine Stunde vor Vorstellungsbeginn in den Verkauf.

Shoppen

Kreditkarte und Baht bereithalten, denn Shoppen ist in Bangkok schwer angesagt. An praktisch jeder Straßenecke finden sich Verkäufer, Händler und improvisierte Stände, und darüber hinaus besitzt Bangkok einen der größten Freiluftmärkte der Welt und einige der größten Einkaufszentren in Südostasien.

Banglamphu & Chinatown

Das Shoppen in Banglamphu konzentriert sich auf Straßenmärkte und traditionelle Dinge. Chinatown ist zwar vielleicht das kommerziellste Viertel der Stadt, aber überwiegend wird hier Nützliches und Alltägliches verkauft, das für Traveller nicht besonders interessant ist.

★ Thanon Khao San Market GESCHENKE & SOUVENIRS
(Karte S. 84; Th Khao San; ⏲10–24 Uhr; ⛴Phra Athit/Banglamphu Pier) Die Straße mit den meisten Pensionen in Banglamphu ist Tag und Nacht ein Basar für die unverzichtbaren Dinge der Backpacker-Gemeinde: vulgäre T-Shirts, Raubkopien, Hanfklamotten, gefälschte Studentenausweise, unechte Designerkleidung, Selfie-Sticks, Orangensaft und die unvermeidlichen quakenden Holzfrösche.

Heritage Craft KUNSTHANDWERK
(Karte S. 84; 35 Th Bamrung Meuang; ⏲Mo–Fr 11–18 Uhr; ⛴Klorng-Boot bis Tha Phanfa Leelard) Hier gibt es Kunsthandwerk fürs gute Gewissen: Diese neue Boutique dient den qualitativ hochwertigen heimischen Waren von ThaiCraft (Karte S. 110; www.thaicraft.org; L fl, Jasmine City Bldg, Ecke Soi 23 & Th Sukhumvit; Ⓜ Sukhumvit Ausgang 2, Ⓢ Asok Ausgang 3) als stimmungsvoller Ausstellungsraum. Einigen der Produkte liegt der Herstellungsgrundsatz des Fair Trade zugrunde. Verkauft werden unter anderem Seide aus Thailands Nordosten, Körbe aus dem Süden und Schmuck aus dem Norden. Darüber hinaus ist das zugehörige Café ebenfalls äußerst einladend.

Lofty Bamboo KUNSTHANDWERK
(Karte S. 84; EG, Buddy Lodge, 265 Th Khao San; ⏲10.30–20 Uhr; ⛴Phra Athit/Banglamphu Pier) Keine Zeit für einen Abstecher ins nördliche Thailand? In diesem Laden findet man die gleichen farbenfrohen, vom Kunsthandwerk der Hügelvölker inspirierten Kleidungsstücke, Stoffe und andere Handarbeiten wie auf den Märkten in Chiang Mai und Chiang Rai. Mit einem Kauf unterstützt man zudem die wirtschaftliche Selbstversorgung von Dörfern im Hinterland.

Nittaya Thai Curry ESSEN & TRINKEN
(Karte S. 84; 136–40 Th Chakraphatdi Phong; ⏲Mo–Sa 9–19 Uhr; ⛴Phra Athit/Banglamphu Pier) Nur der Nase nach: Das Nittaya ist in ganz Thailand berühmt für seine starken, hochwertigen Curry-Pasten. Man nimmt sich ein paar Dosen für spätere Dinnerpartys und stöbert in der Snacks- und Geschenke-Abteilung, wo Bangkok-Besucher sich mit örtlichen Spezialitäten für die Freunde und Familien zu Hause in den Provinzen eindecken.

Ufergebiet, Silom & Sathon

Asiatique MARKT
(Karte S. 78; Soi 72–76, Th Charoen Krung; ⏲16–23 Uhr; ⛴Shuttleboot ab Sathon/Central Pier) Der Asiatique am Mae Nam Chao Phraya ist einer der beliebteren Nachtmärkte der Stadt und besteht aus einer Reihe von Lagerhäusern. Feilgeboten werden Kleidung, Kunsthandwerk und Souvenirs, und es gibt nicht wenige Ess- und Trinkgelegenheiten.

Zwischen 16 und 23.30 Uhr fahren häufig kostenlose Shuttleboote ab Sathon/Central Pier.

House of Chao ANTIQUITÄTEN
(Karte S. 102; 9/1 Th Decho; ⏲9.30–19 Uhr; Ⓢ Chong Nonsi, Ausgang 3) Dieser Antiquitätenladen auf drei Ebenen ist passenderweise in einem alten Geschäftsgebäude untergebracht. Hier gibt's alles für das kolonialzeitliche Herrenhaus, von dem man schon so lange träumt. Besonders interessant sind die verschiedenen verwitterten Türen, Torbögen, Pforten und Gitter, die hinter dem Ausstellungsraum in dem überdachten Bereich zu finden sind.

Tamnan Mingmuang KUNSTHANDWERK
(Karte S. 102; 2. OG, Thaniya Plaza, Th Thaniya; ⏲10–19 Uhr; Ⓜ Si Lom Ausgang 2, Ⓢ Sala Daeng Ausgang 1) Tritt man über die Schwelle dieses museumsartigen Ladens, umfängt einen der erdige Geruch nach getrocknetem Gras und gebeiztem Holz. Gewebte Gegenstände aus Rattan, *yahn li·pow* (ein farnartiges Wein-

ABSTECHER

SCHWIMMENDE MÄRKTE

Fotos von *đà·làht nám* (schwimmenden Märkten), deren Holzkanus voll mit farbenfrohen exotischen Früchten beladen sind, prägen seit Jahrzehnten das offizielle touristische Profil Thailands. Diese Märkte sind zwar ebensolche Wahrzeichen wie der Große Palast oder der Liegende Buddha, aber sie werden inzwischen fast nur noch für Touristen aus dem In- und Ausland abgehalten – von denen sie auch abhängig sind, denn dank der Straßen und Motorräder erledigen die Bangkoker ihre Besorgungen schon längst lieber trockenen Fußes. Trotzdem lohnen einige der schwimmenden Märkte in Thailand durchaus einen Besuch.

Schwimmender Markt Tha Kha (ตล“ดน้ำท่าค“; Karte S. 168; Tha Kha, Samut Songkhram; ⏲7–12 Uhr, 2., 7. & 12. Tag des zunehmenden & abnehmenden Mondes sowie Sa & So) Dieser Markt wirkt am „echtesten", ist aber auch am schwersten zu erreichen. Hier hat eine Handvoll Verkäufer am Ufer eines offenen, ländlichen *klorng* (Kanal, auch *Khlang* geschrieben), der von Kokospalmen und alten Holzhäusern gesäumt ist, angelegt. Es können **Bootsfahrten** (20 B/Pers., 45 Min.) auf dem Kanal arrangiert werden und überall werden leckere Snacks und Früchte verkauft. Infos zur nächsten Bootsfahrt erhält man beim **Touristenbüro** (☎034 752847; 71 Th Prachasret; ⏲8.30–16.30 Uhr) von Amphawa. Hin kommt man mit einem der morgendlichen *sŏrng·tăa·ou* (Sammel-Pickups, 20 B, 45 Min.) vom Marktplatz in Samut Songkhram aus.

Schwimmender Markt Amphawa (ตลาดน้ำอัมพวา; Amphawa; Gerichte 20–40 B; ⏲Fr–So 16–21 Uhr) Der Schwimmende Markt Amphawa in der Provinz Samut Songkhram wird nahe dem Wat Amphawa abgehalten. Hier gibt es vor allem Lebensmittel und Touri-Schnickschnack, und da der bei Besuchern aus Bangkok beliebte Markt nur am Wochenende stattfindet, kann es sehr hektisch zugehen.

Schwimmender Markt Taling Chan (ตล“ดน้ำตล‘งชัน; Karte S. 78; Khlong Bangkok Noi, Thonburi; ⏲Sa & So 7–16 Uhr; Ⓢ Wongwian Yai, Ausgang 3 & Taxi) Dieser Markt, außerhalb von Bangkok an der Zufahrtsstraße zum Khlong Bangkok Noi, sieht aus wie jeder andere Frischmarkt: Er ist voller Obst- und Gemüseverkäufer aus dem Umland. Die Überraschung erlebt man am Kanal, wo schwimmende Docks als Speisebereich dienen; die Küchen bilden die an den Docks festgebundenen Kanus. Taling Chan liegt in Thonburi und ist mit einem Taxi vom BTS-Bahnhof Wongwian Yai oder mit dem klimatisierten Bus 79 (16 B, 25 Min.) erreichbar, der an der Th Ratchadamnoen Klang hält. An jedem großen Pier in Bangkok kann man auch Boote nach Taling Chan und zum Khlong Chak Phra chartern.

Schwimmender Markt Damnoen Saduak (ตล“ดน้ำด”เน‘นสะดวก; Karte S. 168; Damnoen Saduak, Ratchaburi; ⏲7–12 Uhr) Der 100 Jahre alte schwimmende Markt ist der berühmteste des Landes – und inzwischen im Grunde ein schwimmender Souvenirstand, umringt von Pauschaltouristen. Aber auch dieser Aspekt bietet einen faszinierenden Einblick in die thailändische Kultur, denn der Großteil der hiesigen Touristen sind Thais, und ihren Umgang mit diesem kulturellen „Themenpark" zu beobachten, ist durchaus interessant. Unabhängig vom Markt sind aber auch die bewohnten Kanäle schön friedlich und können mit einem gemieteten Boot (100 B/Pers.) für eine längere Zeit erkundet werden. Unterwegs macht man Halt bei kleinen Familienbetrieben, etwa bei einem Süßwarenhersteller, einer Pomelo-Farm und einem Messerhersteller. Minivans fahren vom Süd-Busbahnhof in Thonburi zum Damnoen Saduak (80 B, 2 Std., 6–21 Uhr regelm.).

Don-Wai-Markt (ตล“ดดอนหว“ย; Karte S. 168; Don Wai, Nakhon Pathom; ⏲6–18 Uhr) Dieser Markt am Flussufer in der Provinz Nakhon Pathom schwimmt eigentlich gar nicht, war aber in seinen Anfangszeiten im frühen 20. Jh. ein schwimmender Markt für Pomelo- und Jackfruchtbauern und -händler. Wie bei vielen touristischen Attraktionen, die auf einheimische Besucher abzielen, ist das Essen hier der Hauptmagnet; es gibt z. B. Früchte, traditionelle Süßwaren und *bèt pah·lóh* (geschmorte Ente mit fünf Gewürzen). Man kann dann genüsslich an Bord großer Boote bei einer Fahrt auf dem Mae Nam Nakhorn Chaisi (60 B, 1 Std.) speisen. Am einfachsten kommt man mit einem Minivan (45 B, 35 Min.) vom **Central Pinklao** (Karte S. 78; Th Somdet Phra Pin Klao; ⏲10–22 Uhr; Ⓢ Talat Phlu Ausgang 3 & Taxi oder Victory Monument Ausgang 3 & Taxi) in Thonburi zum Don-Wai-Markt.

gewächs) oder Wasserhyazinthen sowie fein beschnitzte Kokosnussschalen sind exquisite Souvenirs, die langlebiger sind als viele schickere Dinge, die man draußen in den Straßen findet.

Siam Square, Pratunam & Umgebung

In dem Gebiet um den Siam Sq findet sich die höchste Konzentration von Einkaufszentren; wer auf edle Marken steht, ist hier richtig. Billiges Zeug, vornehmlich Klamotten, wird gleich nördlich in der Gegend von Pratunam angeboten.

★ Siam Discovery EINKAUFSZENTRUM
(Karte S. 106; www.siamdiscovery.co.th; Ecke Rama I & Th Phayathai; ⌚10–22 Uhr; S Siam Ausgang 1) Mit einem offenen, fast marktartigen Ambiente und einer eindrucksvollen Vielfalt einmaliger Artikel von Haushaltswaren bis zu Kleidung (darunter viele Stücke thailändischer Modeschöpfer) ist das kürzlich renovierte Siam Discovery mit Abstand das modebewussteste Einkaufszentrum der Stadt.

★ MBK Center EINKAUFSZENTRUM
(Karte S. 106; www.mbk-center.com; Ecke Rama I & Th Phayathai; ⌚10–22 Uhr; S National Stadium Ausgang 4) Der achtstöckige Markt in einem Einkaufszentrum ist zu einer von Bangkoks Top-Attraktionen geworden. Jedes Wochenende sind hier die Hälfte der Einwohner der Stadt (und die meisten ihrer Besucher) dabei anzutreffen, wie sie die unzähligen kleinen Stände und Läden durchkämmen und in den angebotenen Waren herumstöbern.

★ Siam Square EINKAUFSZENTRUM
(Karte S. 106; Rama I; ⌚11–21 Uhr; S Siam, Ausgang 2, 4 & 6) Die Shoppingzone unter freiem Himmel ist ein Paradies für Teenager. Popmusik dröhnt aus blechernen Lautsprechern, und haufenweise junger Leute in hippen Klamotten tummeln sich zwischen den Fast-Food-Restaurants und den winzigen Boutiquen. Ein toller Ort, um Marken- und Designersachen aufzuspüren, die man sonst nirgendwo findet, auch wenn man für die meisten Kreationen eine superschlanke Figur braucht.

Sukhumvit

Tailor on Ten KLEIDUNG
(Karte S. 110; ☎084 877 1543; www.tailoronten.com; 93 Soi 8, Th Sukhumvit; ⌚Mo–Sa 9.30–19 Uhr) Dieses Bekleidungsgeschäft ist nicht das billigste der Stadt, hat aber dank der Festpreise, einer ausländischen Geschäftsführung und vor allem der guten handwerklichen Qualität einen sehr guten Ruf und treue Stammkunden.

EINE NACHT IN BANGKOK … REICHT NICHT, UM SICH EINEN ANZUG SCHNEIDERN ZU LASSEN

Viele Reisende kommen nach Bangkok mit der Vorstellung, sie könnten sich hier Maßkleidung zum Schnäppchenpreis anfertigen lassen. Aber die goldene Regel lautet auch hier: Qualität hat ihren Preis. Ein Angebot mag auf den ersten Blick verlockend klingen, aber der Preis ändert sich mit dem Stoff, den man auswählt. Man sollte eine gute Vorstellung davon haben, was man möchte, ehe man den Laden betritt.

Für die Anfertigung von Maßkleidung muss man eine Woche einplanen. Hemden und Hosen lassen sich durchaus in rund 48 Stunden oder weniger mit nur einer Anprobe fertigstellen, aber für einen guten Anzug sind mehr als eine oder auch mehr als zwei Anproben erforderlich, was immer einem ein Schneider auch versprechen mag.

★ July (Karte S. 102; ☎02 233 0171; www.julytailor.com; 30/6 Th Sala Daeng; ⌚Mo–Sa 9–18 Uhr; M Si Lom Ausgang 2, S Sala Daeng Ausgang 4) Anzüge sind in dieser Schneiderei, die den Hof und die Elite beliefert, nicht billig. Die Schnitte mögen etwas konservativ sein, aber die Qualität ist unübertroffen.

Rajawongse (Karte S. 110; ☎02 255 3714; www.dress-for-success.com; 130 Th Sukhumvit; ⌚Mo–Sa 10.30–20 Uhr; S Nana Ausgang 2) Eine legendäre, alteingesessene Bangkoker Schneiderei. Jesses und Victors Kreationen sind besonders bei US-amerikanischen Einwohnern und Besuchern begehrt.

Duly (Karte S. 110; ☎02 662 6647; www.laladuly.co.th; Soi 49, Th Sukhumvit; ⌚10–19 Uhr; S Phrom Phong Ausgang 1) Hochwertige italienische Stoffe und erfahrene Schneider machen das Duly zu einer der besten Schneidereien in Bangkok für schicke Hemden.

ZudRangMa Records MUSIK
(Karte S. 110; www.zudrangmarecords.com; 7/1 Soi 51, Th Sukhumvit; ⌚ Di–So 14–21 Uhr; Ⓢ Thong Lo Ausgang 1) Die Zentrale dieses Retro- und Weltmusik-Labels ermöglicht wie zu Studienzeiten, das Stöbern in Platten mit dem Trinken zu kombinieren. Man bewundert abgeschmackte alte thailändische Platten-Cover oder leistet sich eine der hochangesehenen Zusammenstellungen von klassischem *mŏr lam* und *lôok tûng*.

Nördliches Bangkok

★ **Chatuchak-Wochenendmarkt** MARKT
(ตลาดนัดจตุจักร, Talat Nat Jatujak; Karte S. 124; www.chatuchakmarket.org; 587/10 Th Phahonyothin; ⌚ Mi & Do 7–18 (nur Pflanzen), Fr 18–24 (nur Großhandel) & So 9–18 Uhr; Ⓜ Chatuchak Park, Ausgang 1, Kamphaeng Phet, Ausgang 1 & 2, Ⓢ Mo Chit, Ausgang 1) Der Chatuchak zählt zu den größten Märkten der Welt und scheint alles zu haben, was man käuflich erwerben kann, von altmodischen Sneakern bis hin zu Babyeichhörnchen. Man sollte für den Besuch einen ganzen Tag einplanen, da es hier viel zu sehen, zu erleben und zu kaufen gibt. Wer den Massen und der Hitze entgehen möchte, kommt am besten schon recht früh – idealerweise gegen 10 Uhr.

Bei den **Chatuchak-Park-Büros** (Karte S. 160; ⌚ Sa & So 9–18 Uhr) in der Nähe der nördlichen Begrenzung der Markt-Sois 1, 2 und 3 gibt es ein Informationszentrum sowie eine Bank mit Geldautomaten und Wechselschaltern. Lagepläne und Toiletten befinden sich überall auf dem Markt.

Freitags von etwa 20–24 Uhr öffnen Verkäufer, vor allem diejenigen, die Kleidung, Accessoires und Essen verkaufen, auf dem Chatuchak ihre Stände. Auch werktags werden hier morgens ein paar Verkaufsstände und gegenüber der Südseite des Marktes täglich ein Gemüse-, Pflanzen- und Blumenmarkt aufgebaut. Ein Teil des letztgenannten Marktes ist auch als **Or Tor Kor Market** (องค์กรตลาดเพื่อเกษตรกร; Karte S. 124; Th Kamphaengphet 1; ⌚ 8–18 Uhr; Ⓜ Kamphaeng Phet, Ausgang 3) bekannt und verkauft fantastisches, riesengroßes Obst sowie Meeresfrüchte. Es gibt zudem einen ziemlich guten Food-Court.

Ist man erst einmal ins Innere des Chatuchak vorgedrungen, kommt es einem so vor, als gäbe es hier weder Ordnung noch einen Ausweg. Der Markt ist jedoch in ziemlich schlüssige Abschnitte aufgeteilt. Der Uhrenturm hilft ganz gut bei der Orientierung.

➡ *Antiquitäten, Kunsthandwerk & Souvenirs*

Abschnitt 1 ist der richtige Ort, um sich mit Buddha-Statuen, alten LPs und anderen Antiquitäten einzudecken. Mehr weltliche Kunst und Kunsthandwerk, darunter Musikinstrumente und Produkte der Bergvölker, sind in den Abschnitten 25 und 26 zu finden. **Baan Sin Thai** (Karte S. 160; Abschnitt 24, Stand 130, Soi 1; ⌚ Sa & So 9–18 Uhr) verkauft *kŏhn*-Masken und altes thailändisches Spielzeug; beides sind hervorragende und lustige Mitbringsel. **Kitcharoen Dountri** (Karte S. 160; Abschnitt 8, Stand 464; ⌚ Sa & So 9–18 Uhr) ist auf thailändische Musikinstrumente – z. B. Flöten, Pfeifen und Trommeln – sowie auf CDs mit klassischer thailändischer Musik spezialisiert. Skurrile Geschenke sind das täuschend echte Obst und Gemüse aus Plastik bei **Marché** (Karte S. 160; Abschnitt 17, Stand 254, Soi 1; ⌚ Sa & So 9–18 Uhr); das nahe gelegene **Papachu** (Karte S. 160; Abschnitt 17, Stand 23; ⌚ Sa & So 9–18 Uhr) verkauft das Gleiche, aber in Miniaturausführung.

➡ *Bekleidung & Accessoires*

Kleidung dominiert den Großteil des Chatuchak-Markts, angefangen von Abschnitt 8 bis hin zu Abschnitt 24, jeweils in den Abschnitten mit gerader Zahl. In den Abschnitten 5 und 6 sind Secondhand-Klamotten für jede nur denkbare thailändische Jugend-Subkultur von Punk bis Cowboy erhältlich. An der Soi 7, an der Grenze zwischen Abschnitt 12 und 14, findet man vor allem Underground-Hip-Hop- und Skatermode. Etwas anspruchsvollere unabhängige Labels sind in den Abschnitten 2 und 3 vertreten, während man in den Abschnitten 8 und 10 Bekleidung in Touristengrößen und andere Textilien erhält.

Wer auf der Suche nach Accessoires ist, findet mehrere Läden in den Abschnitten 24 und 26, z. B. **Orange Karen Silver** (Karte S. 160; Abschnitt 26, Stand 229, Soi 34/8; ⌚ Sa & So 9–18 Uhr), das sich auf klobigen Silberschmuck und ungeschliffene Halbedelsteine spezialisiert hat.

➡ *Essen & Trinken*

Bei akutem Chatuchak-Koller (unleidliches Verhalten aufgrund von Dehydrierung oder Hunger) sorgen die thailändischen Gerichte und Snacks der vielen Imbissstände zwischen den Abschnitten 6 und 8 für Abhilfe. Zu den altbewährten Favoriten gehören **Foontalop** (Karte S. 160; Abschnitt 26, Stand 319, kein Schild in lateinischen Buchstaben; Hauptgerichte 20–70 B; ⌚ Sa & So 10–18 Uhr), ein

Chatuchak-Markt

Chatuchak-Markt

Essen
1 Café Ice C1
2 Foontalop A4
3 Saman Islam B3
4 Toh-Plue B3
5 Viva 8 .... C1

Ausgehen & Nachtleben
6 Viva's A3

Shoppen
7 AnyaDharu Scent Library B4
8 Baan Sin Thai A4
9 D-narn B3
10 Kitcharoen Dountri C1
11 Marché B3
12 Meng A4
13 Orange Karen Silver A3
14 Papachu B2
15 Pariwat A-nantachina C1
16 PL Bronze B3
17 Spice Boom A4
18 Ton-Tan C2
19 Tuptim Shop C2

unglaublich beliebtes Isan-Restaurant, und das **Café Ice** (Karte S. 160; Abschnitt 7, Stand 267; Hauptgerichte 250–490 B; Sa & So 10–18 Uhr), ein westlich-thailändischer Fusion-Imbiss mit gutem, wenn auch überteuertem *pàt tai* und leckeren Früchteshakes. **Toh-Plue** (Karte S. 160; gegenüber Abschnitt 17; Hauptgerichte 150–400 B; Sa & So 12–20 Uhr) mit allen üblichen Thai-Gerichten und **Saman Islam** (Karte S. 160; Abschnitt 16, Stand 34, Soi 24; Hauptgerichte 40–100 B; Sa & So 10–18 Uhr), ein thailändisches-muslimisches Restaurant, das ein leckeres Hühnchen-Biryani auftischt, sind weitere gute Optionen, um einen Happen zu essen. **Viva 8** (Karte S. 160; www.facebook.com/viva8JJ; Abschnitt 8, Stand 371; Hauptgerichte 150–300 B; Sa & So 9–22 Uhr) hat einen DJ und, zumindest bei unserem

Besuch, einen Koch, der riesige Paella-Pfannen zubereitet. Gegen Abend lockt die Café-Bar Viva's (S. 152) mit Bier und Livemusik.

➡ *Haushaltswaren & Dekor*

In der westlichen Ecke des Marktes, vor allem in den Abschnitten 8 bis 26, findet man größtenteils Haushaltswaren jeder Art, von billigen Plastikeimern bis hin zu teuren Woks aus Messing. Hier ist ein besonders guter Ort, um sich mit günstiger thailändischer Keramik einzudecken, von Seladon-Ware bis hin zu traditionellen Schüsseln im Hahnendesign aus Lampang.

PL Bronze (Karte S. 160; Abschnitt 25, Stand 185, Soi 4; ⏲ Sa & So 9–18 Uhr) hat eine riesengroße Auswahl von Edelstahlbesteck, und **Ton-Tan** (Karte S. 160; Abschnitt 8, Stand 460, Soi 15/1; ⏲ Sa & So 9–18 Uhr) verkauft Teller, Schüsseln und andere Küchenutensilien, die aus Kokosnuss- und Zuckerpalmen hergestellt werden.

Wer seinem Haushalt etwas mehr Würze verleihen möchte, stattet dem **Spice Boom** (Karte S. 160; Abschnitt 26, Stand 246, Soi 8; ⏲ Sa & So 9–18 Uhr) einen Besuch ab. Dort gibt's getrocknete Kräuter und Gewürze sowohl zum Verzehr als auch zu Dekozwecken. Weitere Highlights für die feine Nase sind z. B. die handgemachten Seifen, Lotionen, Badesalz und Peelingcremes bei **D-narn** (Karte S. 160; Abschnitt 19, Stand 203, Soi 1; ⏲ Sa & So 9–18 Uhr) oder die wohlriechenden Parfums und Ölessenzen von **AnyaDharu Scent Library** (Karte S. 160; Abschnitt 3, Stand 3, Soi 43/2; ⏲ Sa & So 9–18 Uhr).

Wer keine Lust auf Verbrauchsgüter hat, findet in Abschnitt 7 eine wahre Open-Air-Galerie. Ein besonders guter Anbieter von Wandgemälden mit Bangkok als Motiv ist **Pariwat A-nantachina** (Karte S. 160; Abschnitt 7, Stand 117, Soi 63/3; ⏲ Sa & So 9–18 Uhr). Neue und alte birmanische Lackwaren gibt's in den Läden des Abschnitts 10, darunter auch den **Tuptim Shop** (Karte S. 160; Abschnitt 10, Laden 261, Soi 19; ⏲ Sa & So 9–18 Uhr). **Meng** (Karte S. 160; Abschnitt 26, Stand 195, Soi 8; ⏲ Sa & So 9–18 Uhr) bietet einen verstaubten Mischmasch von skurrilen Antiquitäten aus Thailand und Myanmar.

➡ *Haustiere*

Einen unterhaltsamen Schaufensterbummel versprechen die Welpen und Katzenbabys, die in den Abschnitten 13 und 15 angeboten werden. In der Soi 9 von Abschnitt 13 handeln mehrere Läden ausschließlich mit Bekleidung für Haustiere. Der Abschnitt war in der Vergangenheit für den illegalen Verkauf von Wildtieren berüchtigt, inzwischen ist dieses Geschäft aber größtenteils in den Untergrund verdrängt worden.

➡ *Pflanzen & Garten*

Der innere Teil der Abschnitte 2 bis 4 hat eine riesige Auswahl von Topfpflanzen, Blumen, Kräutern und Obst im Angebot und außerdem Zubehör, um dies alles angemessen zu hegen und zu pflegen. Viele dieser Läden haben auch werktags nachmittags geöffnet.

ℹ Praktische Informationen

GEFAHREN & ÄRGERNISSE

Die Sicherheitslage ist in Bangkok generell gut, ein paar Dinge sollten aber beachtet werden:

- In den letzten Jahren war Bangkok Schauplatz politischer Proteste, die gelegentlich gewalttätig verliefen; vor der Anreise sollte man daher die Reisehinweise und -warnungen seines Heimatlandes zur Kenntnis nehmen.
- Kritik an der thailändischen Monarchie ist ein schwerer Fauxpas, der sogar Anklagen nach sich ziehen kann. Man sollte darauf also unbedingt verzichten.
- Auf die üblichen Abzockmaschen sollte man achten. Beispiele sind „einmalige" Sonderangebote bei Edelsteinen, verdächtig niedrige Preise für Transportleistungen und zwielichtige Schneider.
- Bangkoks Straßen sind extrem gefährlich. Autofahrer weichen Fußgängern nur selten aus. Beim Überqueren einer Straße oder Gasse sollte man in beide Richtungen schauen und allem ausweichen, was einem motorisiert entgegenkommt.
- Bangkoks Regenzeit dauert von Mai bis Oktober. In diesen Monaten sind tägliche Wolkenbrüche – gelegentlich mit Überflutungen – der Normalfall.

Die Thailänder sind generell so freundlich und entspannt, dass sich bei Besuchern ein trügerisches Sicherheitsgefühl einstellen kann. Mit Gewaltverbrechen muss man in Thailand zwar kaum rechnen, aber mit Charme und Überredungskunst kann man um den Inhalt seiner Brieftasche gebracht oder Opfer eines Abzocke-Tricks (S. 162) werden.

GELD

Banken sind generell von 8.30 bis 15.30 Uhr geöffnet, Filialen in Gebieten mit viel Umsatz und in Einkaufszentren auch länger. Geldautomaten funktionieren rund um die Uhr und sind überall in Bangkok zu finden. Der Nachteil ist, dass thailändische Geldautomaten immer eine ausländische Transaktionsgebühr von 200 B aufschlagen, gleichgültig um welche Währung es sich handelt; zu diesem Betrag kommen außer-

GÄNGIGE ABZOCKE-TRICKS IN BANGKOK

Wer diese klassischen Tricks im Hinterkopf behält, kann mithelfen, Bangkoks ausgebufften Betrügern ihr Geschäft zu verhageln.

Abzocke mit Edelsteinen Wer kein Edelsteinhändler ist, sollte in Thailand keine ungefassten Steine kaufen. So einfach ist das!

Heute geschlossen Man sollte alle „freundlichen" Einheimischen ignorieren, die einem einreden wollen, eine Attraktion sei wegen eines buddhistischen Feiertags oder zwecks Reinigung geschlossen.

Túk-Túk-Fahrten für 20 B Diese angeblichen „Touren" übergehen alle Sehenswürdigkeiten und führen stattdessen zu allen windigen Juwelenläden und Schneidereien, die den Schleppern eine Kommission zahlen.

Taxifahrten zu einem Festpreis Man sollte sich nie auf eine Fahrt zu einem vorgeschlagenen Festpreis einlassen, denn der wird in der Regel dreimal so hoch sein wie der Preis bei Benutzung des Taxameters.

Freundliche Fremde Bei schick gekleideten Männern, die einen fragen, woher man kommt und wohin man will, ist äußerste Wachsamkeit geboten.

dem noch die Gebühren der eigenen Bank für Transaktionen außerhalb des eigenes Netzes.

Manche ausländische Kreditkarten werden in gehobenen Geschäften akzeptiert, an den meisten Orten muss aber bar bezahlt werden. 1000-B-Noten kann man in 7-Eleven-Filialen und bei anderen angesehenen Geschäften wechseln; Händler oder Taxifahrer werden eine Banknote zu 500 B oder höher kaum wechseln können.

INTERNET & TELEFON

WLAN ist in Pensionen und Cafés üblich. Die Signalstärke verschlechtert sich in den oberen Etagen mehrstöckiger Gebäude; man kann immer ein Zimmer in der Nähe eines Routers verlangen. Die Netze der Handyanbieter werden kontinuierlich ausgebaut und verstärkt.

Am einfachsten lässt es sich in Thailand telefonieren, wenn man ein Handy mit der SIM-Karte eines örtlichen Anbieters kauft. Eine Prepaid-SIM-Karte ist im Land so leicht zu finden wie ein 7-Eleven. Die SIM-Karten enthalten Gesprächs- und Datenvolumina und können mit einer Aufladekarte nachgeladen werden.

Ein praktischer Laden für alle Kommunikationsbedürfnisse im Zentrum von Bangkok ist **TrueMove** (Karte S. 106; www.truemove.com; Soi 2, Siam Sq; 7–22 Uhr; S Siam Ausgang 4). Der Laden hat Computer mit schnellem Internetzugang und Skype, er verkauft Telefone und Handy-Verträge und bietet auch Infos zum stadtweiten WLAN-Zugang für Computer und Telefone.

MEDIEN

- Die wichtigsten englischsprachigen Zeitungen in Bangkok sind die *Bangkok Post* (www.bangkokpost.com) und das Wirtschaftsblatt *Nation* (www.nationmultimedia.com).
- *Bangkok 101* (www.bangkok101.com) ist eine touristenfreundliche Zeitschrift mit Informationen zu Events und Veranstaltungen; *BK* (www.bk.asia-city.com) bietet einen etwas mehr in die Tiefe gehenden Veranstaltungskalender, während *Coconuts Bangkok* (https://bangkok.coconuts.co) Veranstaltungen auflistet und skurrile Nachrichten aus der Region meldet.
- Richard Barrow (@RichardBarrow) liefert auf Twitter tolle Infos für Traveller.

MEDIZINISCHE VERSORGUNG

Die medizinische Versorgung in Bangkok ist mit die beste in ganz Südostasien. Private Krankenhäuser sind teurer als andere medizinische Einrichtungen, sie bieten aber einen besseren Versorgungsstandard; ein weiterer Pluspunkt ist, dass die privaten Krankenhäuser Englisch sprechendes Personal haben. Die Kosten der Gesundheitsversorgung sind in Thailand geringer als in den meisten westlichen Staaten.

Die folgenden Krankenhäuser haben alle Englisch sprechende Ärzte:

Bangkok Christian Hospital (Karte S. 102; 02 625 9000; www.bch.in.th; 124 Th Silom; M Si Lom Ausgang 2, S Sala Daeng Ausgang 1) Modernes Krankenhaus im Zentrum von Bangkok.

BNH (Karte S. 102; 02 686 2700; www.bnhhospital.com; 9 Th Convent; M Si Lom Ausgang 2, S Sala Daeng Ausgang 2) Modernes, zentral gelegenes Krankenhaus.

Bumrungrad International Hospital (Karte S. 110; 02 667 1000; www.bumrungrad.com; 33 Soi 3, Th Sukhumvit; 24 Std.; S Phloen Chit Ausgang 3) International anerkanntes Krankenhaus.

Samitivej Hospital (Karte S. 110; 02 022 2222; www.samitivejhospitals.com; 133 Soi 49,

Th Sukhumvit; Ⓢ Phrom Phong Ausgang 3 & Taxi) Modernes Krankenhaus.

Apotheken sind reichlich vorhanden, und die meisten Apotheker in zentralen Gebieten verstehen auch Englisch. Falls man das Benötigte nicht in einer Boots- oder Watsons-Filiale oder in einer örtlichen Apotheke findet, sollte man sich an eines der Krankenhäuser wenden.

NOTFALL

Die Rufnummer für die Polizei fungiert in ganz Thailand als allgemeine Notrufnummer. Man kann über sie auch einen Krankenwagen rufen oder ein Feuer melden.

Gebietsvorwahl Bangkok	02
Landesvorwahl	66
Telefonauskunft (kostenlos)	1133
Vorwahl für Auslandsgespräche	001, 007
Vermittlung für Auslandsgespräche	100
Polizei	191
Touristenpolizei	1155

POST

Hauptpost (Karte S. 92; 02 233 1050; Th Charoen Krung; Mo–Fr 8–20, Sa & So bis 13 Uhr; Oriental Pier)

TOILETTEN

Asiatische Hocktoiletten sind in Thailand immer weniger die Regel, und Toiletten westlicher Art finden sich überall dort, wo ausländische Reisende hinkommen. Allerdings sind die Rohre auch dort, wo Sitztoiletten installiert sind, nicht immer auf die Aufnahme von Toilettenpapier ausgerichtet. In solchen Fällen steht ein Abfallbehälter bereit, in den benutztes Toilettenpapier oder weibliche Hygieneartikel entsorgt werden sollen. Wer in Bangkok eine öffentliche Toilette sucht, hält sich am besten an die Einkaufszentren und Fastfood-Restaurants.

TOURISTENINFORMATION

Bangkok Information Center (Karte S. 84; 02 225 7612-4; www.bangkoktourist.com; 17/1 Th Phra Athit; Mo–Fr 8–19, Sa & So 9–17 Uhr; Phra Athit/Banglamphu Pier) Spezifische Infos zur Stadt für Traveller.

Tourism Authority of Thailand (TAT; Karte S. 110; 02 250 5500, landesweit 1672; www.tourismthailand.org; 1600 Th Phetchaburi; 8.30–16.30 Uhr; Ⓜ Phetchaburi Ausgang 2) Die 1960 gegründete staatliche Behörde zur Förderung des Tourismus und Tourismusinformation produziert ausgezeichnete Broschüren für das Sightseeing; die Kontaktinformationen stehen auf der Website.

An- & Weiterreise

BUS

Bangkok ist das Zentrum für Busverbindungen in alle Ecken des Königreichs. Busse, die die staatlichen Busbahnhöfe nutzen, sind weitaus verlässlicher und weniger von Diebstählen geplagt als Busse, die von der Th Khao San oder anderen touristischen Zentren fahren.

Für die Fahrt zu den Busbahnhöfen muss man aus den meisten Teilen Bangkoks eine Stunde einplanen.

Eastern Bus Terminal (Karte S. 110; 02 391 2504; Soi 40, Th Sukhumvit; Ⓢ Ekkamai Ausgang 2) Von hier aus starten Busse nach Pattaya, Rayong, Chanthaburi und zu anderen Zielen im Osten, aber nicht zum Grenzübergang bei Aranya Prathet. Die meisten Einheimischen nennen ihn *sà·tăh·nie èk·gà·mai* (Busbahnhof Ekkamai). Er befindet sich nahe der BTS-Station Ekkamai.

Northern & Northeastern Bus Terminal (Mo Chit; Karte S. 124; Busse in den Nordosten 02 936 2852, Durchwahl 602/605, Busse in den Norden 02 936 2841, Durchwahl 325/614; Th Kamphaengphet; Ⓜ Kamphaeng Phet Ausgang 1 & Taxi, Ⓢ Mo Chit Ausgang 3 & Taxi) Der hektische Busbahnhof gleich nördlich des Chatuchak-Parks wird gemeinhin als *kŏn sòng mŏr chít* (Busbahnhof Mo Chit) bezeichnet – nicht mit der BTS-Station Mo Chit verwechseln! Busse fahren von hier zu allen Zielen im Norden und Nordosten sowie zu Zielen im Ausland, darunter Pakse (Laos; 900 B, 12 Std., 20.30 Uhr), Phnom Penh (Kambodscha; 750 B, 11 Std., 1.30 Uhr), Siem Reap (Kambodscha; 750 B, 7 Std., 9 Uhr) und Vientiane (Laos; 900 B, 10 Std., 20 Uhr). Um den Busbahnhof zu erreichen, nimmt man die BTS bis Mo Chit oder die MRT bis Kamphaeng Phet und steigt in die Stadtbusse 3, 77 oder 509 um oder nimmt ein Taxi oder Motorradtaxi.

Southern Bus Terminal (Sai Tai Mai; Karte S. 167; 02 422 4444, Callcenter 1490; Th Boromaratchachonanee) Der allgemein *săi đâi mài* genannte Busbahnhof liegt ein großes Stück westlich des Bangkoker Zentrums. Von hier aus fahren nicht nur alle Busse Richtung Süden, sondern auch die Busse nach Kanchanaburi und ins westliche Thailand. Am bequemsten erreicht man diesen Busbahnhof mit dem Taxi, alternativ nimmt man an der Th Ratchadamnoen Klang die Busse 79, 159, 201 oder 516.

Suvarnabhumi Public Transport Centre (Karte S. 167; 02 132 1888; Suvarnabhumi Airport) Von diesem Busbahnhof, der 3 km vom Suvarnabhumi International Airport entfernt ist, fahren relativ häufig Busse gen Osten und Nordosten, darunter nach Aranya Prathet (zur kambodschanischen Grenze), nach Chanthaburi, Ko Chang, Nong Khai (zur laotischen

Grenze), nach Pattaya, Rayong, Trat und Udon Thani. Vom Flughafen fährt ein kostenloser Shuttlebus hierher.

FLUGZEUG

Der **Suvarnabhumi International Airport** (☎ 02 132 1888; www.suvarnabhumiairport.com), ausgesprochen *sù·wan·ná·pum, liegt* 30 km östlich des Zentrums von Bangkok. Auf der Website des Flughafens stehen die aktuellen Ankunfts- und Abflugzeiten.

Bangkoks zweiter Flughafen, der **Don Mueang International Airport** (☎ 02 535 2111; www.donmueangairportthai.com), befindet sich 25 km nördlich des Zentrums von Bangkok und ist die Anlaufstelle der Billigflieger. Auslandsflüge nutzen den Terminal 1, Inlandsflüge den Terminal 2.

ZUG

Der Bahnhof **Hualamphong** (☎ 02 220 4334, Callcenter 1690; www.railway.co.th; abseits der Rama IV; Ⓜ Hua Lamphong Ausgang 2) ist der Hauptbahnhof der Stadt. Die hiesigen Schlepper sollte man ignorieren und die Reiseveranstalter meiden. Die Fahrpläne und Preise zu einzelnen Zielen findet man auf der Website der State Railway of Thailand (www.railway.co.th/main/index_en.html).

Der kleine, auch als Thonburi bekannte Bahnhof **Bangkok Noi** (☎ 02 418 4310, Callcenter 1690; www.railway.co.th; abseits der Th Itsaraphap; ⛴ Thonburi Railway Station, Wang Lang/Siriraj Pier, Ⓢ Wongwian Yai Ausgang 4 & Taxi) bietet (überteuerte) Fahrten nach Kanchanaburi. Der winzige Bahnhof **Wong Wian Yai** (☎ 02 465 2017, Callcenter 1690; www.railway.co.th; abseits der Th Phra Jao Taksin; Ⓢ Wongwian Yai Ausgang 4 & Taxi) liegt versteckt und ist der Ausgangspunkt für den Pendlerzug nach Samut Sakhon (auch Mahachai genannt).

ℹ Unterwegs vor Ort

Bangkok wirkt auf den ersten Blick chaotisch und undurchdringlich, aber das Verkehrssystem wird schrittweise verbessert. Obwohl man gewiss einmal in zähflüssigem Verkehr steckenbleibt, gehören die legendären Verkehrsstaus inzwischen der Vergangenheit an.

BTS Die Hochbahn verkehrt von 6 bis 24 Uhr. Tickets gibt's für 16 bis 44 B.

MRT Die Metro verkehrt von 6 bis 24 Uhr. Tickets kosten zwischen 16 und 42 B.

Taxi Außerhalb des Berufsverkehrs sind Bangkoks Taxis wirklich günstig. Die Grundgebühr liegt bei 35 B.

Chao-Phraya-Expressboot Verkehrt von 6 bis 20 Uhr. Die Preise reichen von 10 bis 40 B.

Klorng-Boot Bangkoks Kanalboote fahren an den meisten Tagen von 5.30 bis 20 Uhr. Für die Tickets bezahlt man zwischen 9 und 19 B.

Bus Die Busse in Bangkok sind langsam und das Netz ist unübersichtlich; die Kosten für die Tickets liegen zwischen 5 und 30 B.

VON/ZU DEN FLUGHÄFEN

Zug

➜ Der **Airport Rail Link** (☎ Callcenter 1690; www.srtet.co.th) verbindet den **Suvarnabhumi International Airport** mit der BTS-Haltestelle Phaya Thai (45 B, 30 Min., 6–24 Uhr) und dem MRT-Bahnhof Phetchaburi (45 B, 25 Min., 6–24 Uhr).

➜ Am **Don Mueang International Airport** hat man vom Gang, der vom Flughafen zum Amari Airport Hotel führt, auch Zugang zum Bahnhof Don Muang. Von diesem Bahnhof fahren Züge zum Bahnhof Hualamphong (5–10 B; 4–11.30 Uhr alle 1–1½ Std., 14–21.30 Uhr ca. stündl.).

Bus & Minivan

➜ Vom **Suvarnabhumi International Airport** 3 km entfernt liegt das öffentliche Transportzentrum mit einem Busbahnhof, von dem Busse in einige Provinzen sowie Busse und Minivans in die Stadt fahren. Ein kostenloser Airportshuttle verbindet die Passagierterminals mit dem Transportzentrum. Zu den Buslinien, die für Traveller, die in die Stadt wollen, interessant sind, zählen die Linien 551 zum BTS-Bahnhof Victory Monument (40 B, 5–22 Uhr häufig) und 552 zum BTS-Bahnhof On Nut (20 B, 5–22 Uhr häufig). Von diesen Punkten aus gelangt man mit öffentlichen Verkehrsmitteln oder einem Taxi zu seinem Hotel.

➜ Vor der Ankunftshalle des **Don Mueang International Airport** halten vier Buslinien: Der Bus A1 hält am BTS-Bahnhof Mo Chit (50 B, 7.30–23.30 Uhr häufig), der Bus A2 hält an den BTS-Bahnhöfen Mo Chit und Victory Monument (50 B, 7.30–23.30 Uhr alle 30 Min.), der Bus A3 hält in Pratunam und am Lumphini Park (50 B, 7.30–23.30 Uhr alle 30 Min.) und der Bus A4 an der Th Khao San und Sanam Luang (50 B, 7.30–23.30 Uhr alle 30 Min.). Öffentliche Busse halten am Highway vor dem Flughafen. Zu den nützlichen Linien zählen die 29, die am BTS-Bahnhof Victory Monument hält und weiter zum Bahnhof Hualamphong fährt (24 Std.), die Linie 59 mit einem Halt nahe der Th Khao San (24 Std.) und die Linie 538, die am BTS-Bahnhof Victory Monument einen Stopp einlegt (4–22 Uhr); der Preis liegt ungefähr bei 20 B.

Taxi

➜ Am **Suvarnabhumi International Airport** stehen Taxis mit Taxameter am Bordstein von Ebene 1 bereit – die „offiziellen Flughafentaxi"-Schlepper, die einen im Terminal ansprechen, sollte man ignorieren. Typische Preise für eine Fahrt vom Suvarnabhumi sind z. B. 200 bis 250 B zur Th Sukhumvit, 250 bis 300 B zur Th

Khao San oder 40 B nach Mo Chit. Die (von den Fahrgästen zu zahlenden) Mautkosten liegen zwischen 25 und 70 B. Für alle Fahrten, die am Flughafen starten, gilt ein Aufschlag von 50 B, der direkt dem Fahrer bezahlt wird.

➜ Vor beiden Ankunftshallen des **Don Mueang International Airport** stehen öffentliche Taxis; der Flughafenaufschlag von 50 B kommt noch zum Fahrpreis hinzu.

AUTO

Wer nur kurz in der Stadt ist, für den ist Autofahren (und Parken) eine größere Be- als Entlastung. Wer keine öffentlichen Verkehrsmittel nutzen kann oder möchte, kann sich über sein Hotel ein Auto mit Fahrer mieten oder einen Taxifahrer anheuern, der vertrauenswürdig erscheint. Ein seriöser Anbieter ist beispielsweise **Julie Taxi** (☎ 082 664 4789, 081 846 2014; www.facebook.com/tourwithjulietaxi) mit vielen verschiedenen Fahrzeugen und einem hervorragenden Service.

Wer dennoch lieber selbst fährt, kann in der ganzen Stadt Autos und Motorräder mieten, außerdem an Schaltern am Suvarnabhumi International Airport und am Don Mueang International Airport. Die Preise beginnen bei etwa 1000 B pro Tag für einen Kleinwagen. Für alle Mietfahrzeuge braucht man einen Pass sowie einen gültigen internationalen Führerschein.

BTS & MRT

Die Hochbahn **BTS** (☎ 02 617 6000, Touristeninformation 02 617 7341; www.bts.co.th), auch Skytrain (*rót fai fáa*) genannt, braust durch das „neue“ Bangkok (Silom, Sukhumvit und Siam Sq). Die Linien kreuzen sich am Bahnhof Siam und verkehren regelmäßig zwischen 6 und 24 Uhr. Eine Fahrkarte kostet 16 bis 44 B, eine Tageskarte 140 B. Die meisten Fahrkartenautomaten nehmen nur Münzen an, aber an den Infoschaltern kann man Geld wechseln.

Die Bangkoker Metro, die **MRT** (☎ 02 354 2000; www.bangkokmetro.co.th), ist am hilfreichsten für Traveller, die in der Gegend um die Th Sukhumvit oder Th Silom wohnen und zum Bahnhof Hualamphong wollen. Eine Fahrkarte kostet zwischen 16 und 42 B, eine Tageskarte 120 B. Die Züge fahren regelmäßig zwischen 6 und 24 Uhr.

BUS

Das öffentliche Bussystem der Stadt wird von der **Bangkok Mass Transit Authority** (☎ 02 246 0973, Zentrale 1348; www.bmta.co.th) betrieben.

➜ Da der Verlauf der Busrouten oft verwirrend ist und die Taxis hier so günstig sind, muss man wirklich extrem knapp bei Kasse sein, um den Bus zum Verkehrsmittel seiner Wahl zu machen.

➜ Für die Fahrt in einem klimatisierten Bus zahlt man 10 bis 23 B, Tickets für einen normalen Bus (mit Ventilatoren) beginnen bei 6,50 B.

➜ Die meisten Linien verkehren zwischen 5 und 22 oder 23 Uhr. Die Nachtbusse beginnen um 3 oder 4 Uhr ihre Fahrten und stellen den Betrieb dann am Vormittag ein.

➜ Um in dem Chaos durchzusteigen, holt man sich am besten den *Bangkok Bus Guide* von thinknet.

FAHRRAD

In den letzten Jahren ist das Radfahren in Bangkok ungeheuer beliebt geworden. Der Verkauf von Fahrrädern erlebt einen Boom, der 23 km lange Radweg um den Suvarnabhumi International Airport wurde zur Zeit der Recherche gerade ausgebessert, und Mitte 2015 gab es nahezu 40 000

PLASTIK IM ÜBERMASS

Kauft man in einem Bangkoker Laden bloß eine Dose Bier, wird sie in eine Plastiktüte gesteckt. Und in jedem Supermarkt werden die Einkäufe, nach Warengruppen sortiert, auf so viele Plastiktüten verteilt, dass es schon komisch wirkt und unpraktisch ist, wenn man die nach Hause tragen will.

Thailand ist ein großer Produzent von Plastikartikeln. Plastiktüten sind hier allgegenwärtig und sehr billig. Eine Erhebung des thailändischen Umweltministeriums kam zu dem Schluss, dass der durchschnittliche Thailänder acht Plastiktüten pro Tag verbraucht und dass Plastiktüten 20 % des gesamten im Land anfallenden Abfalls ausmachen.

Im letzten Jahrzehnt haben Handelsketten wie 7-Eleven und Tesco Lotus sowie städtische und staatliche Stellen zahlreiche freiwillige Initiativen gestartet, um die Verbreitung von Plastiktüten zu reduzieren. Eine Kampagne des thailändischen Ministeriums für natürliche Ressourcen und Umwelt wollte die Thailänder im Jahr 2015 davon überzeugen, auf ihre Plastiktüten wenigstens einen Tag im Monat zu verzichten.

Man kann zwar zum Verkäufer *mâi sài tǔng* („bitte keine Tüte“) sagen, aber meist wird er oder sie einen nur verständnislos anschauen und dann den Einkauf in eine Plastiktüte packen.

Teilnehmer bei einem Radsport-Event in Bangkok. Es gibt sogar ein Fahrrad-Sharing-Programm, das allerdings zum Recherchezeitpunkt kurz vor dem Aus zu stehen schien. Trotz alledem ist Bangkok aber wegen gefährlicher Straßen, dichtem Verkehr, Hitze, Luftverschmutzung und fehlenden Radwegen noch lange kein Ort, in dem man das Fahrrad sicher, geschweige denn bequem, als Transportmittel einsetzen kann.

MOTORRADTAXI

Motorradtaxis (sogenannte *motorsai*) dienen in Bangkok zwei Zwecken:

Am bekanntesten und beliebtesten sind sie als ein integraler Bestandteil des öffentlichen Verkehrs für die Verbindung von einer Hauptstraßenkreuzung, z. B. der Th Sukhumvit, bis zum Ende der dort ausgehenden Sois. Die Fahrer tragen bunte, nummerierte Westen und sammeln sich an beiden Enden der Sois. Die Fahrt kostet in der Regel 10 bis 20 B (einen Helm gibt's nur, wenn man fragt).

Der andere Zweck besteht darin, dem Verkehr ein Schnippchen zu schlagen und trotzdem an sein Ziel zu kommen. Man nennt dem Fahrer das Ziel, vereinbart den Preis (zwischen 20 B für eine kurze Strecke und bis zu 150 B für eine Fahrt quer durch die Stadt), setzt den Schutzhelm auf (bei längeren Strecken bestehen die Fahrer darauf) und spricht ein Stoßgebet zu dem Gott, an den man glaubt.

SCHIFF/FÄHRE

Eine Flotte von Booten, die auf dem Mae Nam Chao Phraya und auf den städtischen Kanälen fahren, dient Bangkoks Pendlern.

Kanallinien

Auf dem Khlong Saen Saep verkehren Kanaltaxis (Banglamphu nach Ramkhamhaeng); sie sind eine einfache Art, um von Banglamphu zum Jim-Thompson-Haus, in die Einkaufszentren am Siam Sq (für beides am Sapan Hua Tha Chang aussteigen) und zu anderen weiter östlich auf der Th Sukhumvit gelegenen Zielen zu kommen (allerdings muss man dafür am Tha Pratunam umsteigen).

Diese Boote werden hauptsächlich von Pendlern genutzt und legen nur wenige Sekunden am Pier an – entweder man springt sofort auf oder man bleibt zurück.

Eine Fahrkarte kostet zwischen 9 und 19 B; die Boote fahren unter der Woche ungefähr von 5.30 bis 19.15 Uhr (Sa 6–18.30, So 6–18 Uhr).

Flusslinien

Das Unternehmen **Chao Phraya Express Boat** (☎02 623 6001; www.chaophrayaexpress boat.com) bietet den wichtigsten Fährservice auf dem Mae Nam Chao Phraya. Die Hauptanlegestelle wird Tha Sathon, Saphan Taksin oder auch Sathon/Central Pier genannt und bietet einen Anschluss an den BTS (Station Saphan Taksin).

- Die Boote verkehren zwischen 6 und 20 Uhr und Tickets (10–40 B) sind an der Anlegestelle oder an Bord erhältlich. Die Fahrkarte muss übrigens immer als Beweis dafür aufgehoben werden, dass man bezahlt hat (es ist allerdings eine reine Formalität).
- Am häufigsten gibt es die mit orangefarbenen Flaggen gekennzeichneten Expressboote. Diese verkehren zwischen dem Wat Rajsingkorn im Süden Bangkoks und Nonthaburi im Norden und halten an den meisten Anlegestellen (15 B, 6–19 Uhr regelmäßig).
- Ein Touristenboot mit blauer Flagge (40 B, 9.30–17 Uhr alle 30 Min.) fährt vom Tha Sathon (Central Pier) zum Tha Phra Athit (Banglamphu) und hält unterwegs an den Anlegestellen acht wichtiger Sehenswürdigkeiten – die Kommentare auf Englisch sind allerdings kaum zu verstehen. Verkäufer am Tha Sathon (Central Pier) versuchen, Reisenden einen Tagespass für 150 B aufzuschwatzen. Sofern man aber nicht vorhat, an jenem Tag wirklich sehr viel mit dem Boot zu fahren, lohnt sich das Ticket nicht.
- Es gibt auch Dutzende Fähren, die über den Fluss setzen. Sie fahren bis spät in die Nacht alle paar Minuten; die Überfahrt kostet 3 B.
- Private Longtail-Boote können für Sightseeing-Touren am Phra Athit/Banglamphu Pier, am Chang Pier, am Tien Pier und am Oriental Pier gechartert werden.

TAXI

- Obwohl viele Besucher, die erstmals in Bangkok sind, ihre Zweifel haben, sind die Taxis der Stadt in der Regel neu und komfortabel und ihre Fahrer höflich und hilfsbereit. Taxis sind damit ein ausgezeichnetes Verkehrsmittel, um durch die Stadt zu kommen.
- Alle Taxis sind verpflichtet, den Taxameter zu benutzen. Der Grundpreis beträgt 35 B, und Fahrten zu den meisten Zielen im Zentrum von Bangkok kosten zwischen 60 und 90 B. Die Autobahnmaut von 25 bis 70 B (je nach Startpunkt der Fahrt) muss der Fahrgast bezahlen.
- **Taxi Radio** (☎1681; www.taxiradio.co.th) und weitere Taxiruf-Services sind rund um die Uhr erreichbar und stellen zusätzlich zum Taxameterpreis eine Gebühr von 20 B in Rechnung.
- Hat man etwas im Taxi vergessen, ist die beste (aber immer noch geringe) Chance, die Sachen zurückzubekommen, ein Anruf bei der Nummer 1644.

TAXI-APPS

App-basierte Alternativen zu traditionellen Taxis, die in Bangkok operieren, sind folgende:

All Thai Taxi (www.allthaitaxi.com)
GrabTaxi (www.grab.com/th)
Uber (www.uber.com/cities/bangkok)

TIPPS ZUM TAXIFAHREN IN BANGKOK

- Niemals ein Taxi nehmen, dessen Fahrer den Taxameter nicht anstellen will. Solche Taxifahrer parken meist vor Hotels und in touristischen Gebieten. Besser nimmt man ein Taxi, das gerade vorbeifährt.
- Bangkoker Taxifahrer versuchen in der Regel nicht, einen „auf eine Rundfahrt" mitzunehmen, wie das in manchen anderen Ländern vorkommt. Sie verdienen mehr durch einen guten Umschlag der Kunden.
- Man sollte wissen, dass viele Bangkoker Taxifahrer Saisonarbeiter vom Land sind und sich deshalb nicht unbedingt auskennen.
- Wenn ein Fahrer sich weigert, einen zu einem bestimmten Ziel zu bringen, ist der Grund meist, dass er das gemietete Taxi zu einem bestimmten Zeitpunkt abgeben muss. Ob er seinen Kunden sympathisch findet oder nicht, spielt dabei keine Rolle.
- Nur sehr wenige Taxifahrer in Bangkok sprechen einigermaßen Englisch, eine in thailändischer Schrift aufgeschriebene Adresse kann dabei helfen, Missverständnisse zu vermeiden.
- Ältere Taxis mögen weniger komfortabel sein, sie haben aber in der Regel erfahrenere Fahrer. Solche Taxis gehören nämlich meist ihren Fahrern, während die neuen in der Regel nur gemietet sind.

TÚK-TÚK

- Bangkoks berühmte Túk-Túks (ausgesprochen *đúk đúk*; eine Art motorisierte Rikscha) werden von den Thailändern für kurze Fahrten benutzt, für die sich der Grundpreis eines Taxis nicht lohnt. Für Ausländer gehören diese Erstickungsanfälle auslösenden Gefährte zum Bangkok-Erlebnis dazu. Fast alle quetschen sich irgendwann wenigstens einmal hinein, obwohl die Fahrt heftig überteuert ist und es wegen des niedrigen Dachs auch nichts zu sehen gibt.
- Túk-Túk-Fahrer sind berüchtigt für kleine „Abstecher" zu Juwelen- und Seidengeschäften oder Massagesalons, die ihnen eine Kommission zahlen. Auf dem Weg zu „besonderen" Tempeln trifft man auf „hilfsbereite" Einheimische, die einen noch zu weiteren Abzockestätten locken wollen. Daher sollte man alle ignorieren, die einem unglaublich günstige Fahrten für 20 B anbieten.
- Die meisten Túk-Túk-Fahrer nehmen Traveller überhöhte Preise ab; ortsansässige Ausländer nutzen dieses Verkehrsmittel nie. Für die selbst kürzesten Strecken fordern die Fahrer 100 B oder mehr. Man kann versuchen, sie auf 60 B für eine kurze Fahrt herunterzuhandeln. Am besten unternimmt man die Fahrt nachts, wenn die Luftverschmutzung (vielleicht) nicht so stark ist. Ist man einmal gefahren, wird man wissen, dass Taxis billiger, sauberer, kühler und ruhiger sind.

ZU FUSS GEHEN

Nur sehr wenige Thailänder gehen in Bangkok zu Fuß, und man begreift schnell, warum das so ist: Wegen der Hitze, der Luftverschmutzung, der unebenen oder gar nicht vorhandenen Bürgersteige, die zudem von Verkäufern und Motorrädern verstopft sind, und nicht zuletzt wegen der schieren Größe der Stadt gehört das Laufen in Bangkok zu den unbequemsten Formen, sich durch die Stadt zu bewegen.

RUND UM BANGKOK

Wer mal aus der Hauptstadt raus will, aber nicht übermäßig viel Zeit hat, für den bietet sich ein Tagesausflug in eine der benachbarten Städte und Provinzen an. Vor den Toren Bangkoks findet sich der ganze Charme der thailändischen Provinzen: Man muss nicht weit fahren, um antike religiöse Monumente, schwimmende Märkte, architektonische Schätze und entspannte Fischerdörfer zu entdecken.

Die Provinzen rund um Bangkok erreicht man am leichtesten mit dem Bus oder Zug. Busse fahren vom Southern Bus Terminal in Thonburi, und Züge kann man vom Bahnhof Wong Wian Yai, ebenfalls in Thonburi, nehmen.

Ko Kret

เกาะเกร็ด

Eines der von Bangkok aus am leichtesten zu erreichenden Ausflugsziele ist Ko Kret. Die künstliche „Insel" entstand, nachdem vor fast 300 Jahren als Abkürzung für eine langgezogene Biegung des Mae Nam Chao Praya ein Kanal ausgehoben wurde. In der Gegend finden sich einige der ältesten Siedlungen der Mon, die vom 6. bis 10. Jh. n. Chr. die

Rund um Bangkok

herrschende Kultur in Zentralthailand stellten. Heute ist Ko Kret ein sehr beliebtes Ziel für Wochenendausflüge und überdies bekannt für seine handgefertigten Terrakotta-Töpfe und den geschäftigen Wochenendmarkt.

Sehenswertes

Auf Ko Kret gibt es ein paar durchaus sehenswerte Tempel. Interessant ist beispielsweise der schiefe Stupa im **Wat Poramai Yikawat** (วัดปรมัยยิกาวาส; Karte S. 167; ⌚9–17 Uhr). GRATIS Doch das echte Highlight hier ist die wunderbar idyllische Atmosphäre am Flussufer. Ein 6 km langer gepflasterter Weg umrundet die Insel. Man kann ihn zu Fuß oder mit dem Rad erkunden. Leihfahrräder gibt's an der Anlegestelle (40 B/Tag). Alternativ kann man dort auch ein Boot für bis zu zehn Personen anmieten (500 B). Zur typischen **Inseltour** gehören unbedingt jeweils ein Zwischenstopp in einem Batik-Atelier und bei einer Süßwarenfabrik und am Wochenende der Besuch eines schwimmenden Marktes.

Ko Kret ist für seine **handgetöpferten Tonwaren** bekannt, die überall auf den Bangkoker Märkten verkauft werden. Übrigens: Bestellt man bei irgendeinem Verkäufer auf der Insel einen Eiskaffee, erhält man eine kleine Tasse als Souvenir. Vom Wat Poramai Yikawat braucht man nur in irgendeine Richtung zu gehen und man sieht sowohl an der Ost- als auch an der Nordküste verschiedene aufgegebene Brennöfen oder aber Töpfereien, in denen emsig gearbeitet wird.

Wer Ko Kret werktags besucht, wird vermutlich der einzige Traveller sein. Am Wochenende sieht die Sache ganz anders aus, denn Ko Kret ist ein extrem beliebtes Ausflugsziel der städtischen Thais. Dann gibt es auch viel mehr zu essen, zu trinken und zu kaufen – aber eben auch viel mehr Menschen.

Essen

An den Wochenenden strömen die Einheimischen scharenweise nach Ko Kret, wo sie gerne frittierte Snacks und typisch thailändische Süßwaren genießen. Ein Snack, den man sich keinesfalls entgehen lassen sollte, ist *khâw châa,* ein ungewöhnliches, aber wirklich leckeres Gericht der Mon-Küche mit pikanten Häppchen und kaltem Duftreis.

Pa Ka Lung THAI $
(Restaurant River Side; Karte S. 167; Hauptgerichte 30–60 B; ⌚Mo–Fr 8–16, Sa & So bis 18 Uhr) Der Foodcourt unter freiem Himmel mit englischsprachiger Karte ist ein guter Ort, um

Rund um Bangkok

Sehenswertes

1 Ancient City D3
2 Schwimm. Markt Damnoen Saduak ... A3
3 Don Wai Market B2
4 Dream World D1
5 Erawan Museum (Chang Sam Sian) .. C2
6 Phra Pathom Chedi A1
7 Phutthamonthon B2
8 Siam Park City D2
9 Schwimmender Markt Tha Kha A3
10 Wat Chawng Lom B3
11 Wat Poramai Yikawat C1

Aktivitäten, Kurse & Touren

12 Fairtex Muay Thai D2
13 MuayThai Institute C1

Schlafen

14 Amari Airport Hotel C1
15 Cottage D2
16 Novotel Suvarnabhumi Airport Hotel D2
Sleep Box .... (siehe 14)

Essen

Pa Ka Lung .... (siehe 11)
17 Seafood Restaurants A3

Unterhaltung

18 Lumpinee Boxing Stadium C1

Praktisches

19 Bangkok Immigration Office C1

Transport

20 Suvarnabhumi Public Transport Centre D2

khâw châa und andere örtliche Gerichte zu probieren. Er liegt am nördlichen Ufer der Insel unweit des Wat Poramai Yikawat.

An- & Weiterreise

Ko Kret befindet sich in Nonthaburi, rund 15 km nördlich vom Zentrum Bangkoks. Hierher gelangt man mit dem Bus 166 vom Victory Monument oder mit einem Taxi bis Pak Kret, bevor man am Wat Sanam Neua mit der Fähre (2 B, 5–21 Uhr) den Fluss überquert.

Amphawa อัมพวา

034 / 5000 EW.

Das Dorf am Kanal ist zu einem beliebten Ziel für Großstädter geworden, die die typische thailändische Szenerie lieben. Der Zustrom der Bangkoker bringt eine gewisse Gentrifizierung mit sich, aber die Kanäle, die alten Holzbauten, die stimmungsvollen Cafés und der dümpelnde Verkehr auf dem Wasser verbreiten immer noch jede Menge Charme und Atmosphäre. Am Wochenende (Fr–So) findet im Ort ein ungeheuer beliebter schwimmender Markt statt (S. 157). Wer aber werktags nach Amphawa kommt, wird wahrscheinlich der einzige Traveller vor Ort sein.

Sehenswertes & Aktivitäten

Ein paar Schritte von Amphawas zentralem Steg entfernt liegt der **Wat Amphawan Chetiyaram** (วัดอัมพวันเจติยาราม; Sonnenaufgang–Sonnenuntergang) GRATIS, ein anmutiger, mit wundervollen Wandgemälden geschmückter Tempel, der an eben jener Stelle stehen soll, wo sich einst das Wohnhaus Rama II. befunden hat. Ein kurzer Spaziergang vom Tempel führt zum **King Buddhalertla (Phuttha Loet La) Naphalai Memorial Park** (อุทยานพระบรมราชานุสรณ์พระบาทสมเด็จพระพุทธเลิศหล้านภาลัย/อุทยาน ร.๒; 20 B; 8.30–17 Uhr), einem Museum, das in einer Ansammlung traditioneller zentralthailändischer Häuser untergebracht ist. Diese stehen auf 1,5 ha landschaftsgärtnerisch gestaltetem Boden. Das Museum ist Rama II. gewidmet und verfügt sogar über eine Bibliothek mit antiken Büchern aus dem Siam des frühen 19. Jhs.

Nachts gleiten **Longtail-Boote** (Abenddämmerung) durch Amphawas ruhende Gewässer, auf denen man den sternenähnlichen Tanz der *hìng hôy* (Glühwürmchen) beobachten kann, die in der Regenzeit besonders zahlreich vertreten sind. Von Freitag bis Sonntag werden von den Piers aus Touren angeboten. Ein Platz im Boot kostet 60 B. An allen anderen Tagen zahlt man 500 B für eine zweistündige Fahrt.

Die zweitberühmteste Touristenattraktion im Gebiet um Amphawa ist **Don Hoi Lot** (ดอนหอยหลอด), eine Bank versteinerter Muscheln an der Mündung des Mae Nam Mae Klong unweit von Samut Songkhram. Die Muschelschalen stammen von *hŏy lòrt* (Muscheln mit einer röhrenartigen Schale). Die nahegelegenen Meeresfrüchterestaurants sind das ganze Jahr über bei den Städtern beliebt, die Muschelbank ist aber im April und Mai am besten zu sehen, weil dann der Wasserstand des Flusses am niedrigsten ist.

Schlafen & Essen

Amphawa ist bei Wochenendausflüglern aus Bangkok extrem populär, und fast jedes zweite Haus scheint Fremdenzimmer

ABSEITS DER ÜBLICHEN PFADE

DER LANGE WEG NACH AMPHAWA

Amphawa liegt zwar nur 80 km von Bangkok entfernt, allerdings kann es bis dorthin eine lange Reise mit Zügen, Booten, einem Motorrad und sogar einer kurzen Fahrt auf der Ladefläche eines Lastwagens werden. Und warum das Ganze? Ganz einfach: Weil die Reise zu einem Ort manchmal genauso interessant ist wie das Ziel selbst.

Das Abenteuer beginnt am Bahnhof Wong Wian Yai (S. 164) in Thonburi. Unmittelbar hinter dem Kreisverkehr Wongwian Yai befindet sich ein recht gewöhnlicher Markt mit Lebensmitteln, hinter dem sich der unspektakuläre Bahnhof der Pendlerlinie verbirgt. Hier steigt man in einen der stündlich verkehrenden Züge nach Samut Sakhon (10 B, 1 Std., 5.30–20.10 Uhr).

Nach 15 Minuten im ruckelnden Zug macht die dichte Bebauung der Stadt so langsam kleinen Ortschaften mit niedrigen Häusern Platz. Vom Fenster aus kann man in Wohnhäuser, Tempel und Läden hineinspicken, die gerade einmal eine Armlänge von den vorbeifahrenden Zügen trennt.

Die abgelegenen Höfe verschwinden aber schnell, sobald **Samut Sakhon**, eine geschäftige Hafenstadt, erreicht ist, wo auch der erste Teil der Zugstrecke endet. Vor dem 17. Jh. trug es den Namen Tha Jiin (chinesische Anlegestelle), da hier zahlreiche Dschunken aus China anlegten.

Nachdem man sich den Weg durch einen der hektischsten Frischmärkte des Landes gebahnt hat, erreicht man einen weitläufigen Hafen voller Wasserhyazinthen und Fischerboote aus Holz. Mit der Fähre geht es hinüber nach Baan Laem (3–5 B). Wenn man nicht mit der seltener verkehrenden Fähre für 5 B übergesetzt ist, steht nun noch eine Fahrt mit dem Motorradtaxi (10 B) für die 2 km zum **Wat Chawng Lom** (วัดช่องลม; Karte S. 168; ⏲ Sonnenaufgang–Sonnenuntergang) GRATIS an. Dort ist der **Jao Mae Kuan Im Shrine** untergebracht, ein 9 m hoher Springbrunnen in der Form der im Mahayana-Buddhismus verehrten Göttin der Barmherzigkeit. Neben dem Schrein befindet sich die Bahnstation Tha Chalong, an der dreimal täglich Züge nach Samut Songkhram abfahren (8.10, 12.05 & 16.40 Uhr, 10 B, 1 Std.). Der Zug rumpelt aus der Stadt hinaus und fährt dann durch einen Wald, der die Gleise nahezu verschlingt.

Der Dschungel lichtet sich aber bald und alle Illusionen, in ein Paralleluniversum ohne Asphalt und Beton eingetaucht zu sein, lösen sich bei der Einfahrt nach **Samut Songkhram** in Luft auf. Die Marktstände werden zwischen Ankunft und Abfahrt eines Zuges direkt auf den Bahngleisen aufgestellt und müssen natürlich wieder hastig weggeräumt werden, wenn ein Zug auf die Station zurollt. Eine ganz schön beeindruckende Szenerie.

Samut Songkhram, oder häufig auch Mae Klong genannt, ist die adrettere Version von Samut Sakhon und hat als Stadt auch viel mehr zu bieten. Dank des flachen Lands und der vielen Wasserquellen kann sich das Gebiet rund um die Hauptstadt der Provinz eine stete Bewässerung leisten, die für den Anbau von Guave, Litschis und Trauben unerlässlich ist. Am Tha-Mae-Klong-Markt (*tâh đà·làht mâa glorng*) kann man ein Boot chartern (1000 B) oder in eines der *sŏrng·tăa·ou* (Kleintransporter für Reisende; 8 B) hüpfen, die nicht weit vom Markt ablegen, und die 10-minütige Fahrt nach Amphawa antreten.

zu vermieten. Sie decken die ganze Palette von schlichten Zimmern, in denen kaum mehr als eine Matratze auf dem Boden und ein Moskitonetz vorhanden ist, bis hin zu gehobenen Unterkünften im Stil einer Pension ab. Zimmer mit Ventilator gibt's ab ca. 250 B, Zimmer mit Klimaanlage (oft mit Gemeinschaftsbad) ab rund 1000 B. Werktags sind die Zimmer um die Hälfte günstiger.

Neben vielen Restaurants am Kanal und dem nur am Wochenende geöffneten schwimmenden Markt (S. 157) besitzt Amphawa einen schlichten, jeden Abend geöffneten Nachtmarkt. Ein paar ausgezeichnete **Meeresfrüchterestaurants** (Karte S. 167; Hauptgerichte 70–200 B; ⏲ 10–22 Uhr) finden sich 20 km weiter östlich in Don Hoi Lot.

ChababaanCham Resort HOTEL $$$
(☎ 081 984 1000; www.chababaancham.com; Th Rim Khlong; Zi. inkl. Frühstück 1900–2400 B; ❄ 📶) Unmittelbar am Kanal liegt diese Unterkunft mit attraktiven, modernen und geräumigen Maisonette-Zimmern. Die teureren Optionen haben noch einen Loungebereich auf dem Dach.

Baan Ku Pu HOTEL $$$
(☎081 941 1249; Th Rim Khlong; Bungalows mit Frühstück 1600–2000 B; ❄📶) Das „Resort" im thailändischen Stil bietet Holzbungalows auf einem relativ ruhigen Gelände am Kanal.

Ploen Amphawa Resort HOTEL $$$
(☎081 458 9411; www.facebook.com/ploenamphawa; Th Rim Khlong; Zi. inkl. Frühstück 1400–3000 B; ❄📶) Dieses Hotel ist alles andere als ein Resort. In einem renovierten Holzhaus mittendrin im Tumult des Kanalufers werden hier einige Zimmer vermietet.

An- & Weiterreise

Vom **Southern Bus Terminal** (S. 163) in Thonburi steigt man in irgendeinen Bus Richtung Damnoen Saduak und lässt sich in Amphawa (80 B, 2 Std., 6–21 Uhr regelmäßig) absetzen. Alternativ fahren häufig Minivans nach Samut Songkhram (auch Mae Klong genannt; 70 B, 1½ Std, 6–21 Uhr regelmäßig). Dort kann man in der Nähe des Markts in einen *sŏrng·tăa·ou* (Passagier-Pickup; 8 B) steigen, der einen nach zehnminütiger Fahrt in Amphawa absetzt.

Nakhon Pathom นครปฐม

☎034 / 120 000 EW.

Nakhon Pathom ist eine typisch zentralthailändische Stadt mit dem Phra Pathom Chedi als sichtbarer Rechtfertigung für ihren Anspruch auf den Titel der ältesten Siedlung des Landes. Auch der Name der Stadt, der sich aus der Pali-Bezeichnung „Nagara Pathama" („erste Stadt") ableitet, scheint dieser Prahlerei etwas Legitimität zu verleihen.

Die moderne Stadt ist ziemlich verschlafen, aber an diesem Ort kann man den Alltag der Thais auf einfache Art und Weise kennenlernen und seine frisch erworbenen Sprachkenntnisse unter Leuten anwenden, die derartige Bemühungen auch wirklich zu schätzen wissen.

Sehenswertes

Phra Pathom Chedi BUDDHISTISCHER TEMPEL
(พระปฐมเจดีย์; Karte S. 167; gegen Spende; ⏲ Tempel Sonnenaufgang–Sonnenuntergang, Museum Mi–So 9–16 Uhr) Der Phra Pathom Chedi im Zentrum der Stadt Nakhon Pathom ist mit 127 m eines der höchsten buddhistischen Bauwerke der Welt.

Der Originalstupa wurde im frühen 6. Jh. von den Theravada-Buddhisten aus Dvaravati errichtet. Aber im frühen 11. Jh. eroberte der Khmer-König Suriyavarman I. von Angkor die Stadt und errichtete einen brahmanischen *prang* (Stupa im Hindu-/Khmer-Stil) über dem Heiligtum. Die Birmanen von Bagan unter König Anawrahta plünderten die Stadt im Jahr 1057, und der *prang* lag in Trümmern, bis ihn Rama IV. (König Mongkut) im Jahr 1860 restaurieren ließ.

Auf der Ostseite des Bauwerks, im *bòht*, befindet sich ein **Buddha im Dvaravati-Stil** und in europäischer Haltung, die der eines Buddhas im Wat Phra Meru in Ayutthaya ähnelt. Er könnte möglicherweise sogar von dort stammen.

Interessant sind auch die vielen chinesischen Skulpturen, die in grünlichen Stein gehauen sind und die als Ballast im Boden chinesischer Dschunken des 19. Jhs. nach Thailand kamen. Gegenüber vom *bòht* befindet sich ein **Museum** mit interessanten Dvaravati-Skulpturen und jeder Menge

ABSTECHER

ANCIENT CITY

Keine Zeit, sich die berühmtesten historischen Monumente Thailands anzuschauen? Dann kann man sich immer noch Miniatur-Versionen davon in der **Ancient City** (เมืองโบราณ, Muang Boran; Karte S. 168; www.ancientcitygroup.net/ancientsiam; 296/1 Th Sukhumvit, Samut Prakan; Erw./Kind 600/350 B; ⏲9–19 Uhr; Ⓢ Bearing Ausgang 1) anschauen, das von sich behauptet, das größte Freiluftmuseum der Welt zu sein. Da es hier in der Regel ruhig und nur selten überlaufen ist, lässt sich das Gelände prima mit dem Fahrrad (50 B/Tag) erkunden.

Auf dem Weg zur Ancient City liegt das vom gleichen Visionär geschaffene **Erawan Museum** (พิพิธภัณฑ์ช้างเอราวัณ/ช้างสามเศียร; Karte S. 168; www.ancientcitygroup.net/erawan; Soi 119, Th Sukhumvit; Erw./Kind 300/200 B; ⏲9–20 Uhr; Ⓢ Bearing Ausgang 1), eine fünf Geschosse hohe Skulptur, die Indras dreiköpfigen Reitelefanten aus der hinduistischen Mythologie darstellt. Drinnen finden sich antike Skulpturen, besonders beeindruckend ist aber die Buntglasdecke.

Ancient City befindet sich östlich von Bangkok außerhalb von Samut Prakan und ist am bequemsten mit dem Shuttlebus des Parks zu erreichen, der vom BTS-Bahnhof Bearing fährt; die Abfahrtszeiten stehen auf der Website.

altem Krimskrams. Innerhalb des Chedi-Komplexes befindet sich der **Lablae Cave**, ein künstlicher Tunnel, der einen Schrein mit mehreren Buddha-Figuren beherbergt.

Der **Wát**, der den Stupa umgibt, genießt den höchsten Tempelrang des Königreichs (Rachavoramahavihan) und ist einer von nur sechs Tempeln in Thailand, denen diese Ehre zuteil wird. Die Asche von König Rama VI. ist im Sockel des Phra Ruang Rochanarit begraben, einem großen, stehenden Buddha aus der Sukhothai-Ära, im nördlichen *wí·hăhn* (Altarraum) des *wát.*

Der Stupa befindet sich direkt südlich des Bahnhofs von Nakhon Pathom.

Phutthamonthon TEMPEL
(พุทธมณฑล; Karte S. 167; ⏲ Sonnenaufgang–Sonnenuntergang) GRATIS Südöstlich der Stadt findet sich der Phutthamonthon, ein stehender Buddha im Sukhothai-Stil, der von Corrado Feroci entworfen wurde. Mit seinen 15,8 m ist er angeblich der größte der Welt. Ihn umgibt ein 400 ha großer landschaftlich gestalteter Park mit Skulpturen, die die wichtigsten Etappen im Leben Buddhas darstellen.

Alle Busse, die zwischen Bangkok und Nakhon Pathom verkehren, passieren die Zufahrtsstraße zum Park bei Phra Phutthamonthon Sai 4. Von dort aus kann man in den Park laufen, trampen oder ein *sŏrng·tăa·o* anhalten. Von Nakhon Pathom aus kann man auch einen weiß-violetten Salaya-Bus nehmen. Die Haltestelle befindet sich in der Th Tesa gegenüber der Post.

Essen

Nakhon Pathom besitzt einen hervorragenden Markt (S. 157) an der Straße zwischen dem Bahnhof und dem Phra Pathom Chedi. Hier gibt es viele gute und günstige Straßenimbisse und Restaurants.

An- & Weiterreise

Nakhon Pathom liegt 64 km westlich von Bangkok. Die Stadt hat keinen zentralen Busbahnhof, aber die meisten Transportmittel kommen in der Nähe des Marktes und des Bahnhofs an und fahren dort auch ab.

Am bequemsten und schnellsten kommt man von Bangkok nach Nakhon Pathom mit dem Minivan, Abfahrt am südlichen Busterminal (60 B, 1 Std, normalerweise 6–18 Uhr).

Außerdem gibt's den ganzen Tag über regelmäßige Zugverbindungen von Bangkoks Bahnhof Hualamphong in Chinatown (14–60 B, 1 Std.).

Zentralthailand

Inhalt ➡

Gut essen

- Blue Rice (S. 199)
- Keeree Tara (S. 200)
- Sainam Pomphet (S. 183)
- On's Thai-Issan (S. 200)
- Toy's (S. 212)

Schön übernachten

- Oriental Kwai Resort (S. 199)
- River Kwai Resotel (S. 206)
- P Guesthouse (S. 211)
- Good Times Resort (S. 199)
- Ayothaya Riverside House (S. 182)
- Phu Chom Mork Resort (S. 211)

Auf nach Zentralthailand!

In den nebligen Tälern und an den urwaldgesäumten Flüssen Zentralthailands wird Geschichte spürbar. Das Juwel der Region ist Ayutthaya, die einstige Hauptstadt Siams. Ayutthaya ist im Grunde ein Freilichtmuseum mit Dutzenden atemberaubender Tempelruinen, bevölkert von steinernen Buddha-Figuren. Khmer-Tempel sind auch in Lopburi, 50 km weiter nördlich, eine Attraktion, wobei es in Thailands „Affenstadt" wesentlich weniger ruhig und würdevoll zugeht als in Ayutthaya.

Im Westen erzählen Kanchanaburis Museen von der dunklen Geschichte der Thailand-Birma-Eisenbahn, die auch als „Todeseisenbahn" bekannt ist. Mahnmale erinnern an den Zweiten Weltkrieg und die vielen Menschen, die hier gestorben sind. Die Landschaft wird feuchter und ungezähmter, je weiter man dem Mae Nam Khwae Yai Richtung Nordwesten folgt. Die Nebenflüsse dieses Flusses sind von ruhigen Dörfern (und dem einen oder anderen Flussresort) sowie von Nationalparks gesäumt, darunter die mit Wasserfällen gesprenkelten Nationalparks Erawan und Sai Yok.

Noch ruhiger fließt das Leben in Sangkhlaburi im multiethnischen Nordwesten, wo die Dörfer und Nationalparks an Birma grenzen.

Reisezeit

- In Zentralthailand kommen alle drei Jahreszeiten des Landes vor: Heiß ist es von Februar bis Juni, regnerisch von Juni bis Oktober, und (verhältnismäßig) kühl von Oktober bis Januar. Die einzige Konstante ist die Luftfeuchtigkeit.
- Wegen der Höhe ist es in Sangkhlaburi und den umliegenden Nationalparks kühler als anderswo (manchmal auch richtig kalt). Daher eignet sich die Region hervorragend für alle, die eine (relativ) erfrischende Erholung von den Städten in der Ebene brauchen – Regenschirm aber nicht vergessen!
- Ayutthaya und Lopburi liegen in einer weiten Ebene, die die gleichen Mengen Regen und Hitze abbekommt wie Bangkok.

Highlights

1 In **Ayutthaya** (S. 176) zwischen rätselhaften Ruinen und kolossalen Buddha-Figuren hindurchradeln und bei Sonnenuntergang zusehen, wie sie in all ihrer Pracht aufleuchten

2 In **Kanchanaburi** (S. 192) angesichts der schrecklichen Geschichte der Todeseisenbahn sprachlos werden

3 Im **Erawan National Park** (S. 202) die sieben Stufen des Wasserfalls nach oben klettern und in aquamarinblauen Pools planschen

4 Lopburis berühmtesten Tempel **Prang Sam Yot** (S. 187) aus dem 13. Jh. betrachten und dabei die Armee aus Affen in Schach halten

5 In die Wildnis der **Flussresorts** (S. 206) am Nam Tok entfliehen, die auf dem Fluss schweben oder im Wald verborgen liegen

6 Auf Thailands längster Holzbrücke **Saphan Mon** (S. 209) spazierengehen und den Ausblick auf Sangkhlaburis spiegelglatten See genießen

7 Auf dem Weg zu dem malerischen Grenzdorf **E-Thong** (S. 208) über eine schlaglochlädierte Straße hoppeln

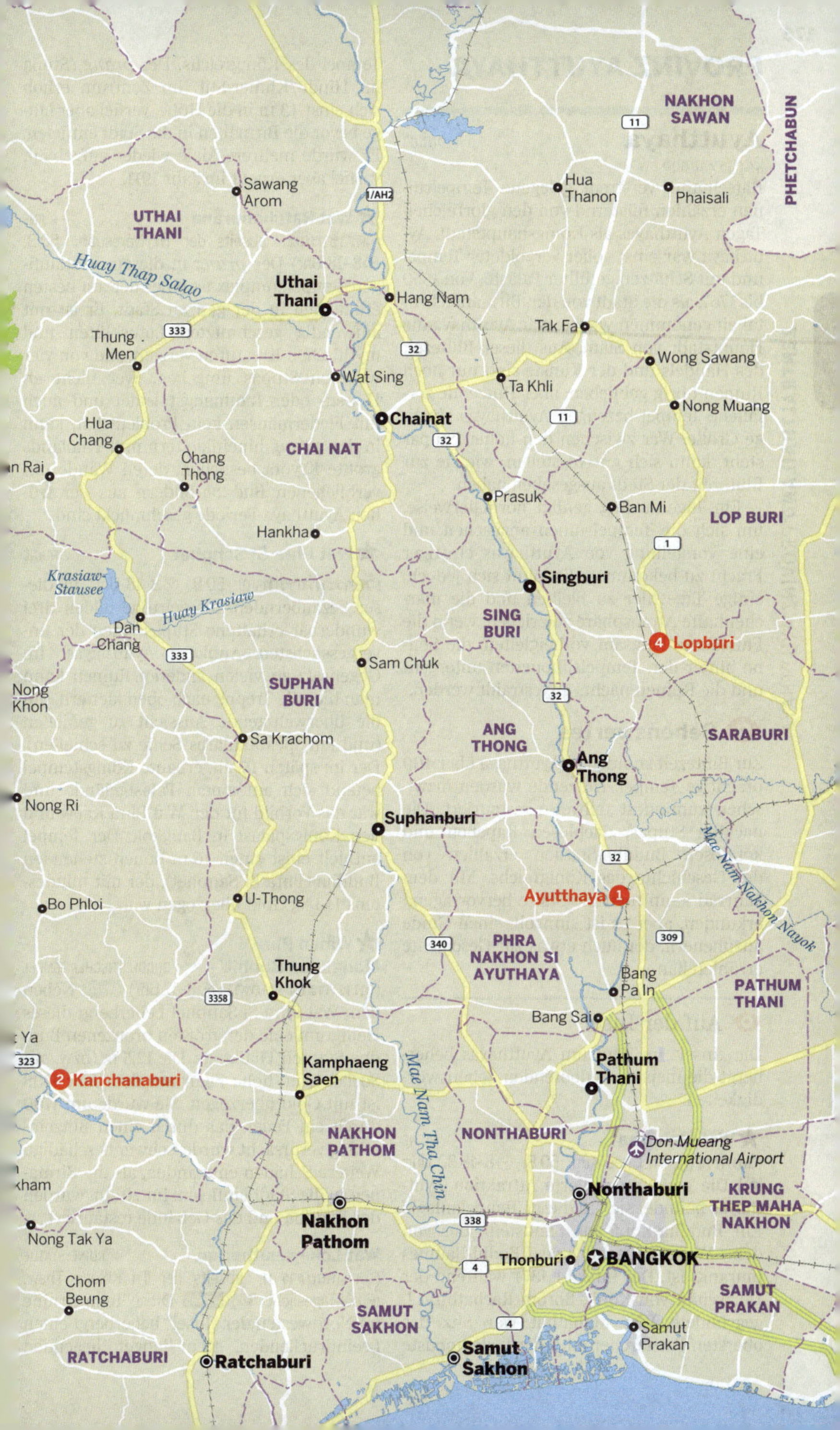

NAKHON SAWAN
PHETCHABUN
11
Hua Thanon
Phaisali
1/AH2
Sawang Arom
UTHAI THANI
Huay Thap Salao
Uthai Thani
Hang Nam
Tak Fa
333
Thung Men
32
Wong Sawang
Wat Sing
Ta Khli
Chainat
11
Nong Muang
Hua Chang
CHAI NAT
32
Chang Thong
Prasuk
Ban Mi
LOP BURI
Hankha
1
Krasiaw-Stausee
Singburi
Huay Krasiaw
SING BURI
Dan Chang
4 Lopburi
333
Sam Chuk
Nong Khon
SUPHAN BURI
32
ANG THONG
SARABURI
Sa Krachom
Ang Thong
Nong Ri
Suphanburi
Mae Nam Nakhon Nayok
32
Ayutthaya 1
U-Thong
Bo Phloi
340
309
PHRA NAKHON SI AYUTHAYA
Thung Khok
Bang Pa In
3358
PATHUM THANI
Bang Sai
323
Kamphaeng Saen
Pathum Thani
2 Kanchanaburi
Mae Nam Tha Chin
NAKHON PATHOM
NONTHABURI
Don Mueang International Airport
Nonthaburi
KRUNG THEP MAHA NAKHON
Nakhon Pathom
338
Nong Tak Ya
Thonburi
BANGKOK
4
SAMUT PRAKAN
Chom Beung
SAMUT SAKHON
4
Samut Prakan
RATCHABURI
Ratchaburi
Samut Sakhon

PROVINZ AYUTTHAYA

Ayutthaya อยุธยา

☎ 035 / 18 600 EW.

Rätselhafte, verstreut gelegene Tempelruinen erzählen flüsternd von den glorreichen Tagen Ayutthayas als Königshauptstadt. Ayutthaya war einst voller vergoldeter Tempel und mit Schätzen gefüllter Paläste. Von 1350 bis 1767, als die Stadt von den Birmanen brutal eingenommen wurde, war Ayutthaya die Hauptstadt von Siam. Aus dieser Blütezeit des Handels und der Künste sind nur noch Ruinen übrig geblieben, aber Dutzende zerfallene Tempel bezeugen Ayutthayas einstige Größe. Wer zwischen den hohen Stupas steht, kann sich gut vorstellen, wie sie zur Blütezeit der Stadt ausgesehen haben.

Ein Tagesausflug genügt normalerweise, um sich die Tempelruinen anzusehen und eine Vorstellung von Ayutthayas einstiger Pracht zu bekommen. Es lohnt sich jedoch, einige Tage hier zu bleiben und die märchenhafte Atmosphäre zu erleben, wenn die Flussboote langsam vorbeigleiten, die Sonne hinter den Tempelsilhouetten untergeht und die Ruinen nachts angestrahlt werden.

Sehenswertes

Zur Blütezeit standen in Ayutthaya über 400 prächtige Tempel. Dutzende wurden inzwischen zumindest teilweise restauriert. Die nackten Stupas, dachlosen Kapellen und kopflosen Buddha-Statuen erzählen von der Geschichte des Königreichs. Mit dem Fahrrad kann man die Stätte hervorragend erkunden, aber es ist sinnvoll, einen Guide anzuheuern, der auch etwas zur Geschichte erzählen kann.

Auf der Insel

Die „Insel" im Zentrum Ayutthayas beherbergt die meisten bedeutenden Sehenswürdigkeiten.

★ Wat Mahathat RUINE

(วัดมหาธาตุ; Th Chee Kun; 50 B; ⌚8–18.30 Uhr; P) Die meistfotografierte Attraktion Ayutthayas befindet sich in dieser Tempelanlage: Ein Buddha-Kopf aus Sandstein, der von dem Wurzelgeflecht eines Bodhi-Baumes umrankt ist. Der im Jahr 1374 während der Herrschaft von König Borom Rachathirat I. gegründete Wat Mahathat war Sitz des obersten Patriarchen und der bedeutendste Tempel des Königreichs. Der *prang* (Stupa im Hindi-/Khmer-Stil) im Zentrum erhob sich einst 43 m in die Höhe, verfiel aber lange bevor die Birmanen in die Stadt einfielen. Er wurde mehrere Male wieder aufgebaut, verfiel aber erneut im Jahr 1911.

★ Wat Ratchaburana RUINE

(วัดราชบูรณะ; abseits der Th Naresuan; 50 B; ⌚8–18 Uhr) Der *prang* in diesem weitläufigen Tempelkomplex ist einer der am besten erhaltenen in der ganzen Stadt. Er ist mit aufwendig geschnitzten Lotusblüten und mythischen Kreaturen verziert und von vier weiteren Stupas umgeben. Wer nicht an Höhen- oder Raumangst leidet und auch mit Fledermäusen kein Problem hat, kann in den *prang* hineinklettern und Thailands größte Krypta besuchen, deren Wände mit verblichenen Buddha-Bildern aus der frühen Ayutthaya-Periode geschmückt sind.

★ Wat Phra Si Sanphet RUINE

(วัดพระศรีสรรเพชญ์; 50 B; ⌚8–18 Uhr) In dieser bezaubernden Tempelruine bilden drei wunderbar erhaltene Stupas einen der unvergesslichsten Anblicke Ayutthayas. Im Gegensatz zu vielen anderen Ruinen kann man hier die Treppe nach oben klettern, um die überwältigende Aussicht zu genießen (und ein spektakuläres Selfie zu schießen). Der im späten 15. Jh. erbaute Königstempel befand sich auf einem Palastgelände und war das Vorbild für den Wat Phra Kaew und den Königspalast in Bangkok. Der Tempel enthielt einst einen 16 m hohen stehenden Buddha (Phra Si Sanphet), der mit mindestens 143 kg Gold überzogen war.

★ Wihan Phra Mongkhon Bophit BUDDHISTISCHER TEMPEL

(วิหารพระมงคลบพิตร; ⌚8–17 Uhr) GRATIS Neben dem Wat Phra Si Sanphet beherbergt dieses Heiligtum eine der größten bronzenen Buddha-Statuen Thailands. Die 12,5 m (bzw. mit Sockel 17 m) hohe Figur aus dem Jahr 1538 ist mit Gold überzogen. Sie wurde um 1700 durch ein Feuer, das durch einen Blitzeinschlag verursacht wurde, schwer beschädigt. Weitere Schäden entstanden, als die Birmanen in die Stadt einfielen. Im 20. Jh. wurden der Buddha und das Gebäude restauriert.

Wat Lokayasutharam RUINE, STATUE

(วัดโลกยสุธาราม; abseits der Th Khlong Thaw; ⌚bei Tageslicht; P) GRATIS Diese Tempelruine im Nordwesten der „Insel" beherbergt einen beeindruckenden, 42 m langen liegenden

Buddha, der angeblich aus der frühen Ayutthaya-Periode stammt. Die Ruine lohnt die kurze Anfahrt mit dem Fahrrad.

Schlepper, die Snacks und Touren anbieten, können hier ziemlich hartnäckig sein.

Wat Phra Ram RUINE

(วัดพระราม; abseits der Th Naresuan; 50 B; ⏲8–18 Uhr; P) Obwohl er nicht besonders gut erhalten ist, lohnt der hohe zentrale *prang* in diesem Wat einen Besuch. Der Tempel wurde vermutlich 1369 erbaut, an der Stelle, an der König U Thong (der erste Herrscher des Königreiches Ayutthaya) eingeäschert wurde. Einzelheiten der Tempelgeschichte sind jedoch unklar. Der Bau steht 500 m (zu Fuß) östlich des Wihan Phra Mongkhon Bophit.

Im Gegensatz zu einigen anderen Tempelruinen in Ayutthaya lockt diese Stätte nur sehr wenige Touristen an.

Chao Sam Phraya National Museum MUSEUM

(พิพิธภัณฑสถานแห่งชาติเจ้าสามพระยา; ☎035 244570; Ecke Th Rotchana & Th Si Sanphet; Erw./Kind 150 B/frei; ⏲Mi–So 9–16 Uhr; P) Der beeindruckendste Schatz in Ayutthayas größtem Museum ist die Beute aus königlichem Gold (Schmuck, Alltagsgegenständen, Schalen, Schmuckgefäßen), die aus den Krypten des Wat Mahathat und des Wat Ratchaburana stammt. Wunderschön geschnitzte Teak-Friese, einige mit Blattgold verziert, und zahlreiche Buddha-Statuen, einige aus dem 7. Jh., sind ebenfalls ausgestellt.

Million Toy Museum MUSEUM

(พิพิธภัณฑ์ล้านของเล่นเกริกยุ้นพันธ์; ☎081 890 5782; www.milliontoymuseum.com; Th U Thong; Erw./Kind 50/20 B; ⏲Di–So 9–16 Uhr; P) Tausende Spielzeuge aus allen Epochen sind in diesem Privatmuseum zu sehen. Viele Ausstellungsstücke sind nicht mit Erklärungen versehen, daher bleibt es ein Geheimnis, warum seltene Porzellan-Elefanten und Retro-Rennautos neben massenproduzierten Shrek- und Pikachu-Figuren stehen. Doch die Sammlung befindet sich in einem angenehm kühlen Atrium und ist eine erfrischende Abwechslung zur schweißtreibenden Erkundung der Tempelruinen.

Ayutthaya Tourist Center MUSEUM

(ศูนย์ท่องเที่ยวอยุธยา; ☎035 246076; abseits der Th Si Sanphet; ⏲8.30–16.30 Uhr) GRATIS In diesem imposanten, mit Militärstatuen geschmückten Gebäude wird Ayutthayas Geschichte durch historische Ausstellungen auf zwei Stockwerken zum Leben erweckt. Im Erdgeschoss befindet sich die Touristeninformation (S. 184).

> **ℹ KOMBITICKET**
>
> Ein Pass für die sechs größten Ruinen kostet 220 B, ist 30 Tage gültig und kann an jeder Ruine gekauft werden. Er gestattet den Eintritt zum:
>
> - Wat Ratchaburana
> - Wat Phra Si Sanphet
> - Wat Phra Ram
> - Wat Mahathat
> - Wat Maheyong
> - Wat Chai Wattanaram (S. 179)

Wat Maheyong RUINE

(วัดมเหยงค์; Han Tra; 50 B; ⏲8–16.30 Uhr) Obwohl hier eine Eintrittsgebühr verlangt wird, ist der Wat Maheyong kein besonders interessantes Gebäude. Der Gang, der zu einem großen *ubosot* (Kapelle) führt, ist jedoch außergewöhnlich.

Thai Boat Museum MUSEUM

(พิพิธภัณฑ์เรือไทย; ☎035 241195; www.thaiboatmuseum.com; Th Ho Rattanachai; Eintritt gegen Spende; ⏲9–12 & 13–17 Uhr) Wer glaubt, dass er einen Schlepper mit Rundboden von einem dreifach beplankten Fischerboot unterscheiden kann, sollte ich dieses interessante kleine Privatmuseum nicht entgehen lassen, das vollgestopft ist mit Holzbooten (echte und Modelle). Viele dieser Boote kann man heute noch auf Ayutthayas Flüssen sichten.

Wat Suwandararam BUDDHISTISCHER TEMPEL

(วัดสุวรรณดาราราม; ⏲bei Tageslicht) GRATIS Obwohl es hier in der Ayutthaya-Periode einen Tempel gab, stammen die jetzigen Gebäude aus der derzeitigen Regierungszeit. Der *bòht* (Zeremonienhalle) wurde unter König Rama I. erreichtet, der *wí·hăhn* (Heiligtum) nebenan unter König Rama IV. In beiden gibt es faszinierende Wandmalereien, die u.a. den damaligen Alltag zeigen und Geschichten aus dem Leben von König Naresuan erzählen. Der Wat befindet sich im südwestlichen Teil der Stadt, nördlich der Th U Thong.

Chantharakasem National Museum MUSEUM

(พิพิธภัณฑสถานแห่งชาติจันทรเกษม; ☎035 251586; Th U Thong; 100 B; ⏲Mi–Sa 9–16 Uhr) Dieses

Ayutthaya

0
1 km
A
B
C
D
E
F
G
1
2
3
4
Phu Khao Thong (900 m); König-Naresuan-Denkmal (1,2 km)
Th Ayutthaya – Pa Mok
Hua-Ro-Markt (300 m)
Ko Lai
Th Dusit
Mae Nam Lopburi
Mae Nam Chao Phraya
Th U Thong
ThPamaphrao
Alter Residenzpalast
Wat Thammikarat
Wat Ratchaburana
Ayuthaya Historical Park
Th Naresuan
Wat Phra Si Sanphet
Wat Mahathat
Beung Phra Ram
Th Chee Kun
Th Ho Rattanachai
Th Bang Ian
Th Khlong Makhamriang
Chao-Phrom-Markt
Chao Phrom Fähranleger
Bahnhof
Soi 2
Wihan Phra Mongkhon Bophit
Th Pa Thon
Th Rotchana
Saphan Pridi Damrong
Haupt-Terminal (5 km)
Th Watkluay
Th Khlong Thaw
Th Si Sanphet
Wat Phanan Choeng
Baan Hollanda
Bang Pa In (25 km)
Wat Chai Wattanaram
1
2
3
4
5
6
7
8
9
10
11
12
13
14
15
16
17
18
19
20
21
22
23
24
25
26
27
28
29
30
31
32
33
34
35
36
37
38
39
40
41
42
43
44
45
46
47
48
49
50

Ayutthaya

Highlights
1 Baan Hollanda F4
2 Wat Chai Wattanaram A4
3 Wat Mahathat D2
4 Wat Phanan Choeng F4
5 Wat Phra Si Sanphet C2
6 Wat Ratchaburana D2
7 Wihan Phra Mongkhon Bophit C2

Sehenswertes
8 Ayutthaya Tourist Center C3
9 Chantharakasem National Museum E1
10 Chao Sam Phraya National Museum D3
11 Million Toy Museum B1
12 St. Joseph B4
13 Thai Boat Museum E2
14 Wat Kudi Dao G1
15 Wat Lokayasutharam B2
16 Wat Na Phra Men C1
17 Wat Phra Ram C2
18 Wat Phutthai Sawan C4
19 Wat Suwandararam F3
20 Wat Tha Ka Rong A2

Aktivitäten, Kurse & Touren
21 Ayutthaya Boat & Travel E3

Schlafen
22 11:11 Hostel F3
23 Ayothaya Riverside House A3
24 Baan Lotus Guest House E1
25 Baan Thai House G2
26 Baifern C4
27 Chantana House F1
28 Promtong Mansion E2
29 Sala Ayutthaya C4
30 Tamarind Guesthouse E2
31 Tony's Place F1

Essen
32 Ban U Thong E3
33 Bang-Ian-Nachtmarkt E2
34 Bann Kun Pra F2
35 Coffee Old City D2
36 Lung Lek D1
37 Malakor D1
38 Roti-Săi-Măi-Stände C4
39 Sainam Pomphet F3
40 Sai-Thong E3
41 Talat Nam Wat Tha Ka Rong A2
Tony's Place .... (siehe 31)

Ausgehen & Nachtleben
42 Busaba D2
43 Coffee House E2

Praktisches
44 Einwanderungsbehörde F1
45 Krungthai Bank F1
46 Phra Nakorn Si Ayuthaya Hospital C4
47 Tour With Thai F1
Tourism Authority of Thailand .... (siehe 8)

Transport
48 Bushaltestelle F2
49 Busfahrkartenverkauf E2
50 Minivans nach Bangkok E2

Museum befindet sich auf dem Gelände des Wang Chan Kasem (Chan-Kasem-Palast), der für König Rama IV. an der Stelle eines Palastes erbaut wurde, den König Naresuan und sieben auf ihn folgende Könige Ayutthayas nutzten. Das Museum ist weitläufig, aber die Sammlung (bestehend aus buddhistischer Kunst, Keramiken, antiken Waffen, lackierten Schränken und Originalmobiliar) ist eher nicht besonders groß – die aufwendig dekorierten Gebäude selbst sind hier die Hauptattraktion.

Wat Thammikarat RUINE, TEMPEL

(วัดธรรมิกราช; abseits der Th U Thong; 20 B; ⏲8–19 Uhr; 🅿) Westlich des Wat Ratchaburana befindet sich dieser Wat, der sowohl ein noch aktiv genutzter Tempel ist, als auch ein hübsches Plätzchen, an dem man inmitten von Ruinen eine Weile sitzen und sich entspannen kann. Das dominierende Merkmal ist hier ein zentraler *chedi* (Stupa), der von 13 *singha*-Skulpturen (Schutzlöwen) umgeben ist.

Nicht auf der Insel

Auf der anderen Seite des Stadtgrabens, der das Zentrum Ayutthayas umgibt, finden sich mehrere bekannte Tempel. Einige der Stätten sind problemlos mit dem Fahrrad zu erreichen, für andere braucht man allerdings ein Motorrad, Auto oder ein *túk-túk*. Alternativ lassen sich die Sehenswürdigkeiten im Rahmen einer abendlichen Bootsfahrt um die Insel herum erkunden.

★ **Wat Chai Wattanaram** RUINE

(วัดไชยวัฒนาราม; Ban Pom; 50 B; ⏲8–18 Uhr; 🅿) Dieser Tempel ist Ayutthayas beeindruckendste Sehenswürdigkeit außerhalb der „Insel". Der 35 m hohe zentrale *prang* im

IN SACHEN TIERSCHUTZ

Travellern werden oft geführte Elefantenritte rund um die Tempel von Ayutthaya angeboten. Wir raten von dieser grausamen Aktivität unbedingt ab.

Khmer-Stil ist gut erhalten und bei Sonnenuntergang ein prächtiger Anblick. Die Relieftafeln sind stark erodiert, aber man kann die geschnitzten Szenen aus dem Leben des Buddhas noch gut erkennen.

★ Wat Phanan Choeng
BUDDHISTISCHE TEMPEL

(วัดพนัญเชิง; Khlong Suan Plu; 20 B; ⊙ bei Tageslicht) Dieser belebte Tempel, der angeblich von 1324 stammt, ist eine faszinierende Stätte, um Verdienstzeremonien zu beobachten, die sich unter dem Blick des 19 m hohen Phra-Phanan-Choeng-Buddha entfalten. Diese riesige Statue, die Seefahrer beschützen soll, steht der Fokus der meisten Besucher. Er sitzt in einem riesigen *wí·hăhn* (geöffnet 8–17 Uhr) und wird von 84 000 kleinen Buddha-Statuen flankiert, die die Wände säumen.

★ Wat Yai Chai Mongkhon
RUINE

(วัดใหญ่ชัยมงคล; 20 B; ⊙ 6–18 Uhr) Besucher dieser fotogenen Ruinen können die Stufen des glockenförmigen *chedi* erklimmen, um einen Blick auf die herrlichen Gärten und unzähligen Stein-Buddhas zu werfen. In der Nähe des Eingangs befindet sich ein 7 m langer liegender Buddha. Die Einheimischen glauben, dass der Glück haben wird,

NICHT VERSÄUMEN

AYUTTHAYAS AUSLÄNDISCHES VIERTEL

Zwei Gründe, warum Ayutthayas Herrscher so erfolgreich waren, waren ihre gewandte Diplomatie und ihre Toleranz gegenüber anderen Kulturen und Religionen. Zu Hochzeiten lebten hier mehr als 40 verschiedene ethnische Gruppen. Menschen aus umliegenden Orten – Mon, Lao und Khmer, aber auch Chinesen – lebten mehr oder weniger frei mitten unter den Einheimischen. Alle, die von weiter her kamen, etwa Inder, Perser, Javaner und Malaien, erhielten Land vom König (meist im Süden der Insel), damit sie eigene Siedlungen errichten konnten.

Die Portugiesen, die 1511 eintrafen, waren die ersten Europäer, die Siam erreichten. Auch ihnen wurde in den 1540ern Land gewährt, um sich hier anzusiedeln. Im folgenden Jahrhundert folgten ihnen Holländer, Engländer, Spanier und Franzosen. Die Europäer brachten Waffen und andere Luxusgüter und kehrten meist mit Gewürzen, Zinn, Tierfellen, Porzellan, Sappanholz und Reis wieder zurück.

1767 traf diese Siedlungen dasselbe Schicksal wie den Rest der Stadt, als sie von den Birmanen überrannt wurden. Drei Nationen gedenken ihrer uralten Verbindungen zu Thailand hier heute offiziell.

Baan Hollanda (บ้านฮอลันดา; ☎ 035 245683; www.baanhollanda.org; Soi Khan Rua, Mu 4; 50 B; ⊙ Mi–So 9–17 Uhr; P) Das helle und wunderschön kuratierte Holländische Haus birgt eine ausgezeichnete Ausstellung zur thailändisch-niederländischen Geschichte entlang ausgegrabener Fundamente jahrhundertealter holländischer Gebäude. Die Niederländische Ostindienkompanie (VOC) traf 1604 in Ayutthaya ein und gründete einen Handelsposten hier, in der Hoffnung, Thailand (damals Siam) könnte als Tor zu China dienen. Neben dem Museum liegt ein charmantes, mit Uhren geschmücktes Café, das *stroopwafels* und andere holländische Snacks sowie westliche und thailändische Kaffees und Tees anbietet.

Japanisches Dorf (หมู่บ้านญี่ปุ่น; ☎ 035 259867; 25/3 Mu 7, Tambon Kohrian; Erw./Kind 50/20 B; ⊙ 8–17 Uhr; P) Der in einem gepflegten, von Hibiskus eingerahmten Garten gelegene kleine Museumskomplex erzählt von dem Leben der rund 1500 Japaner, die im frühen 17. Jh. nach Ayutthaya kamen, um sich hier niederzulassen. Einige kamen, um Handel zu treiben, aber die meisten waren Christen, die vor der Verfolgung in Ihrem Heimatland flohen. Die beiden Ausstellungsräume zeigen eine Videopräsentation.

Portugiesisches Dorf (หมู่บ้านโปรตุเกส; Samphao Lom; ⊙ 9–16 Uhr) GRATIS Die Portugiesen, die im 16. Jh. hierher kamen, waren die ersten europäischen Siedler in Ayutthaya. Überreste einiger Skelette sind an dieser freigelegten Grabstätte ausgestellt. Mehr als 200 Portugiesen und christliche Konvertiten wurden hier begraben. Hinter der Begräbnisstätte befindet sich das Fundament der San-Petro-Kirche aus dem Jahr 1540, der ersten Kirche Thailands.

der es schafft, eine Münze auf den Füßen des Buddhas zu befestigen.

Der Wat liegt 2 km östlich der südöstlichen Ecke der „Insel".

Wat Na Phra Men BUDDHISTISCHER TEMPEL

(วัดหน้าพระเมรุ; Lum Phli; 20 B; bei Tageslicht; P) Dieser Tempel beherbergt einen herrlichen, 6 m hohen Buddha, der von kastanienbraunen Säulen flankiert wird. Er war einer der wenigen, die der Zerstörungswut der birmanischen Armee im Jahr 1767 entging. Er überdauerte, weil er den Eindringlingen als Basis und Waffenlager diente. Der *bòht* ist riesig, größer als die meisten modernen, und das Buddha-Abbild trägt königliche Kleidung, was in der späten Ayutthaya-Ära üblich war. Trotz der Aufschrift auf dem englischen Schild ist der Buddha aus Bronze, nicht aus Gold.

Wat Tha Ka Rong BUDDHISTISCHER TEMPEL

(วัดท่าการ้อง; bei Tageslicht; P) GRATIS Mit seinen lebendig anmutenden Skeletten, übergroßen Krähenskulpturen und armlosen Statuen ist der Wat ein schauerlicher und doch auch skurriler Ort. Der Tempel nordwestlich der „Insel" ist von buddhistischen, hinduistischen, animistischen und einfach nur lustigen Statuen bevölkert. Die Skelette, die den *wâi* zeigen (den traditionellen Thai-Gruß mit zusammengepressten Handflächen), sind mit Bewegungsmeldern ausgestattet.

Am Wochenende findet hier in der Nähe ein **schwimmender Markt** (Gerichte ab 20 B; Sa & So 8–17 Uhr) statt.

Wat Phutthai Sawan BUDDHISTISCHER TEMPEL

(วัดพุทไธศวรรย์; Samphao Lom; 8–17.30 Uhr) GRATIS Stimmungsvolle Ruinen und lebhaften Tempelkult kann man im Wat Phutthai Sawan erleben. König Ramathibodi I. gründete diesen Tempel im Jahr 1353; dieser war der erste, der auf der „Insel" Ayutthayas erbaut wurde. Der Wat ist einer der wenigen Orte, der von den birmanischen Eindringlingen verschont wurde. Der knochenweiße *prang* im Khmer-Stil erhebt sich noch immer hoch über dem Tempelkomplex. Besucher können auch das Innere erkunden.

St. Joseph KIRCHE

(วัดนักบุญยอแซฟ; Samphao Lom; Mo–Sa 8.30–12 & 13–16.30 Uhr; So 10.30–11.30 Uhr; P) GRATIS 1673 überließ König Narai den Franzosen das Land neben der christlich-vietnamesischen Siedlung und spendete Geld für den Erbau der ersten St.-Joseph-Kirche. Die schöne, senffarbene Kirche ist die modernde Nachbildung der ursprünglich Holzkonstruktion an derselben Stelle. Der Backsteinbau datiert aus dem Jahr 1695, wurde aber seitdem mit dekorativen Türmen und Säulen verziert.

Wat Kudi Dao RUINE

(วัดกุฎีดาว; Phai Ling) GRATIS Obwohl es hier noch nicht so aussieht wie bei *Indiana Jones*, so erobert sich der Wald diese schöne Ruine doch Stück für Stück zurück. Man weiß nur wenig über die Entstehung und die Geschichte des Bauwerks, aber der riesige glockenförmige Stupa und die beeindruckenden Wände sind einen Blick wert.

Geführte Touren

Die meisten Pensionen organisieren gern geführte Touren, aber mehr Auswahl und Flexibilität bieten Büros wie **Tour With Thai** (086 982 6265, 035 958226; http://tour-with-thai.business.site; Soi 2, Th Naresuan; 8–19 Uhr).

Die bekannteste Tour ist eine zweistündige Bootsfahrt (ca. 250 B) zum Wat Phanan Choeng (S. 180), Wat Phutthai Sawan und Wat Chai Wattanaram (S. 179); sie lohnt sich für alle, die nicht über ein eigenes Transportmittel verfügen. **Ayutthaya Boat & Travel** (081 733 5687; www.ayutthaya-boat.com; Ecke Th Chee Kun & Th Rotchana; Mo–Sa 9–17 Uhr) bietet Bootsfahrten mit Abendessen auf einem Reiskahn aus Teakholz sowie längere Rad- und Paddeltouren mit Übernachtung in privaten Unterkünften.

Feste & Events

Wai Kru Muay Thai Ceremony KULTUR

(Mitte März) Thaiboxer und ihre Fans pilgern für dieses eintägige Event in Scharen nach Ayutthaya. Interessierte können bei *moo·ay tai*-Wettkämpfen zusehen, Unterricht nehmen, die Herstellung von Schwertern und die Ausführung der uralten, heiligen Kunst des *yant*-Tätowierens beobachten und der heiligen Wai-Kru-Muay-Thai-Zeremonie beiwohnen, bei der Boxer vor dem Kampf ihren Meistern Respekt zollen und ihren Geist zur Ruhe bringen.

Ayutthaya World Heritage Fair LICHTSHOW

(Dez. od. Jan.) Die Sound-&-Light-Shows (500 B) am Wat Mahathat (S. 176) sind das Highlight dieses Events. Sie finden im Dezember oder Januar statt; das genaue Datum kennt die Tourism Authority of Thailand (S. 184).

Schlafen

Die meisten Backpacker übernachten in der Soi 2 in der Th Naresuan (bekannt als Foreigner Street bzw. Straße der Fremden). In der Gegend vor dem Bahnhof gibt es ebenfalls viele Budgetzimmer. Die Westseite der „Insel" ist schön, aber nicht besonders günstig gelegen. Die meisten Unterkünfte akzeptieren nur Bargeld.

★ Ayothaya Riverside House PENSION $
(081 644 5328; www.facebook.com/ayothayariversidehouse; 17/2 Mu 7, Tambon Banpom; DZ ohne Bad 400 B, DZ auf dem Boot 1500 B;) Am anderen Ufer des Mae Nam Chao Phraya auf der Westseite von Ayutthaya bietet diese wunderbare Pension verschiedene Zimmer mit Ventilatoren und Moskitonetzen sowie mit Satin und Holz dekorierte Quartiere auf einem Boot (mit Klimaanlage).

11:11 Hostel HOSTEL $
(035 950138; www.facebook.com/11.11hostel; Th U Thong; B inkl. Frühstück 200 B;) Wer moderne Schlafsäle lieber mag als Teakhäuser, wird sich über dieses fröhliche und effiziente Hostel freuen. Die Schlafsäle sind mit Metallstockbetten ausgestattet, von denen jedes ein eigenes Licht und eine eigene Steckdose hat. Zudem gibt es einen Essbereich und eine kleine Terrasse mit Flussblick.

Chantana House PENSION $
(035 323200; chantanahouse@yahoo.com; 12/22 Soi 2, Th Naresuan; DZ mit Ventilator/Klimaanlage inkl. Frühstück ab 400/500 B; P) Einfache, aber moderne Zimmer. Die Pension bietet zweifellos das beste Preis-Leistungsverhältnis im gesamten Backpackerviertel. Die Mitarbeiter sind freundlich, ihr Englisch ist allerdings mies.

Baan Lotus Guest House PENSION $
(035 251988; Th Pamaphrao; EZ 250 B, DZ & 2BZ 350–600 B; P) So nah und doch so fern vom Backpackerviertel: In diesem von der Hauptstraße abgelegenen umgebauten Schulhaus aus Teakholz mit großer Terrasse nach hinten herrscht eine entspannte Atmosphäre. Der Innenhof ist mit Lilien übersät und von Grillen bevölkert. Die Zimmer mit Holzlamellen sind sauber und gemütlich. Hier ist es so ruhig, dass ab 18 Uhr nichts mehr passiert (auch keine Check-ins).

★ Promtong Mansion PENSION $$
(089 165 6297; www.promtong.com; abseits der 23 Th Pa Thon; DZ 1100 B;) Den wohl herzlichsten Empfang in Ayutthaya bekommt man in dieser Pension, die mit wunderbaren Holzschnitzereien verziert ist. Die großen, komfortablen Zimmer sind mit elefantenförmigen Nachttischlampen und anderen Dekoelementen mit Lokalkolorit ausgestattet. Der Besitzer weiß jede Menge über die Region. Während des gesamten Aufenthalts gibt es kostenlose Obstteller. Die Lage ist ruhig, aber gut.

Baifern PENSION $$
(035 242051; www.baifernhomestay.com; Th Khlong Thaw; DZ inkl. Frühstück 1200–1750 B;) Eine der stilvollsten Pensionen in Ayutthaya. Die Zimmer bieten Platz für bis zu vier Personen; die Preise hängen von der Größe ab. Sie sind mit traditionellen Stoffen und antik wirkenden Möbeln ausgestattet. Es gibt einen einladenden Aufenthaltsraum und einen Garten, in dem Katzen leben (leider auch viele Moskitos). Vor Ort gibt es außerdem ein Restaurant (Hauptgerichte rund 120 B), das leckere Thaigerichte serviert.

Tamarind Guesthouse PENSION $$
(089 010 0196, 081 655 7937; tamarindthai2012@gmail.com; Ecke Th Chee Kun; DZ & 2BZ inkl. Frühstück 650–1200 B;) Der Service in dieser Pension, die sich in einem hübschen Holzgebäude befindet, könnte nicht freundlicher sein. Das Gebäude versteckt sich an einer zwielichtigen Straße gegenüber dem Wat Mahathat (S. 176) und verströmt trotz der Nähe zu bedeutenden Sehenswürdigkeiten das Flair eines heimeligen Rückzugsorts. Wie in vielen Holzhäusern knarzen die Böden, und die dünnen Wände eignen sich nicht unbedingt für Gäste mit leichtem Schlaf. Die traditionelle Deko (buntes Glas und Holz) ist aber mehr als ein Ausgleich.

Tony's Place PENSION $$
(035 252578; Soi 2, 8 Th Naresuan; DZ 850–1200 B, FZ 1500 B;) Tony's ist noch immer die erste Backpacker-Wahl – dank des riesigen Freiluft-**Restaurants** (Hauptgerichte 70–300 B; 8–22 Uhr;), in dem man ideal Kontakte knüpfen kann, des Minipools und der großen, charaktervollen Zimmer. (die oben sind am schönsten).

★ Sala Ayutthaya BOUTIQUE-HOTEL $$$
(035 242588; www.salaayutthaya.com; 9/2 Mu 4, Th U Thong; DZ inkl. Frühstück 4700–9400 B; P) Beim Eintreten erinnert das Sala Ayutthaya dank der labyrinthartigen Backsteinalkoven, die in schneeweiße, mit Holz dekorierte Zimmer führen, und des minimalistischen Pool- und Spa-Bereichs an einen

Wat. Das hervorragende (aber teure) Restaurant und auch einige Zimmer bieten Ausblick auf den Wat Phutthai Sawan (S. 181) auf der anderen Seite des Flusses. Besonders magisch ist der Ausblick nachts, wenn der Wat angestrahlt wird.

★ Baan Thai House RESORT $$$
(080 437 4555; www.baanthaihouse.com; Pai Ling; Villa 1900–2800 B, DZ/FZ inkl. Frühstück 2500/3800 B; P) Steinwege winden sich durch dieses friedvolle, üppig grüne Resort mit Teich und Springbrunnen. Die Villen im Thai-Stil sind mit Kühlschränken und TVs ausgestattet, die geräumigen, holzgetäfelten Doppel- und Familienzimmer sind behaglich und ähnlich gut ausgestattet.

Essen

Der jahrhundertelange Austausch mit ausländischen Händlern hat zu einem vielfältigen kulinarischen Angebot geführt. Die bedeutendsten Gerichte sind Flussgarnelen, Thai-Muslim-Snacks und „Bootsnudeln" (Nudeln in einer sojalastigen Fleischbrühe, die ursprünglich an Bootshändler verkauft wurden und angeblich aus Ayutthaya stammen).

★ Sainam Pomphet THAI $
(Th U Thong; Hauptgerichte 100–150 B; 10–22 Uhr;) Die Spezialität in diesem hervorragenden Restaurant am Fluss sind Spinnenkrabben, die hier entweder gedämpft oder mit gebratenem Reis serviert werden. Gedämpfte Fischgerichte (in einer Terrine) sind ebenfalls beliebt. Wer keine Meeresfrüchte mag, kann sich an verschiedenen anderen Thaigerichten gütlich tun (einen Versuch wert sind die Ananas-Spareribs).

★ Malakor THAI $
(www.facebook.com/malakorrestaurant; Th Chee Kun; Hauptgerichte 40–200 B; Restaurant 12–22 Uhr, Café 8–16 Uhr;) Touristisch, aber gut. Das Malakor hat eine umfangreiche Karte, und der hervorragende Koch überrascht mit Wels-Curry und *pàd gàprow gài* (Hühnchen mit Basilikum). Das alles wird entspannt in einer Holzhütte gegessen. Mit der Bedienung muss man etwas Geduld haben.

Das zugehörige Café serviert hervorragende Milch- und Eisgetränke, die man am besten mit einem Stück Grüner-Tee-Kuchen oder Erdbeer-Käse-Kuchen genießt.

Bang-lan-Nachtmarkt MARKT $
(Th Bang lan; Snacks ab 10 B, Hauptgerichte 30–100 B; 17–20.30 Uhr) Dieser große, belebte Nachtmarkt auf der namensgebenden Straße eignet sich hervorragend, um gegrillten Flussfisch, Glasnudeln, Curry- und Reisgerichte, regenbogenfarbige *kà·nŏm chan* (geschichtete Kokos-Götterspeise) und noch viel mehr zu kosten.

INSIDERWISSEN

DESSERT DOYENNE

Einer halb japanischen, halb portugiesischen Köchin aus Ayutthaya wird wegen ihres Beitrags zur köstlichen thailändischen Dessertwelt liebevoll gedacht: Madame Maria Guyomar de Pinha (aka Thao Thong Kip Ma) wurde als Köchin am Hof von König Narai dank ihrer von der portugiesischen Küche inspirierten Nachtischrezepte, die sie an die Damen am Hof verteilte, lokal bekannt. Guyomar kreierte angeblich zahlreiche klassische Desserts, man sollte sich also an diese Köchin aus dem 17. Jh. erinnern, wenn man *thong yot* (goldene Tropfen aus Mehl und Eiern) und *foi thong* (süße Fäden aus dem Eigelb von Enteneiern) schlemmt.

Lung Lek NUDELN $
(Th Chee Kun; Hauptgerichte 30–50 B; 8.30–16 Uhr) In diesem Nudelemporium, das von Einheimischen geliebt wird, gibt's einige der besten *gŏo·ay đĕe·o mŏo đŭn* (Nudeln in Fleischbrühe; „Bootsnudeln") der Stadt.

Roti-Săi-Măi-Stände DESSERTS $
(Th U Thong; Dessert ab 35 B; 8–20 Uhr) Das Dessert *roti săi măi* (Seidenfaden-*roti*) wurde in Ayutthaya erfunden und wird in der ganzen Stadt verkauft. Die Stände vor dem Krankenhaus sind jedoch die berühmtesten.

Gebrauchsanweisung: Man kauft eine Tüte, rollt die dünnen Bänder aus geschmolzenem Palmzucker zusammen und legt sie in ein süßes Fladenbrot.

Ban U Thong THAI $
(Th U Thong; Hauptgerichte 50–120 B; 12–21.30 Uhr) Dieses Lokal über dem Wasser bietet eine gute Karte mit Gerichten wie Hühnchen mit saurer Melone, Welssalat und köstliche saure *đôm yam gûng* (Garnelensuppe).

★ Coffee Old City CAFÉ, THAI $$
(Th Chee Kun; Hauptgerichte 100–200 B; Mo–Sa 8–17.30 Uhr;) Die Energie für Tempelerkundungen holt man sich in diesem freundlichen Café bei einer Garnelen-Reis-Suppe und

einer Tasse Kaffee. Korbstühle, Grünzeug, Backsteinwände und traditionelle Thai-Deko sorgen für eine relaxte Atmosphäre. Es gibt ausgezeichnetes *pàt tai* serviert.

Bann Kun Pra THAI $$
(☎ 035 241978; www.bannkunpra.com; Th U Thong; Hauptgerichte 70–350 B; ⏲ Mo 11–21.30 Uhr) Dieses 100 Jahre alte Teak-Lokal, familiärer als die meisten Flussrestaurants in Ayutthaya, eignet sich hervorragend, um zu entspannen und dem Leben am Fluss zuzuschauen. Der Service ist mal besser, mal schlechter, aber auf der Karte stehen leckere Meeresfrüchtegerichte, darunter zahlreiche Optionen mit einheimischen Flussgarnelen und frische, köstliche Garnelen-Omeletts. Natürlich gibt es auch andere Gerichte (z. B. Hühnchen mit Cashewnüssen).

Sai-Thong THAI $$
(Th U Thong; Hauptgerichte 60–350 B; ⏲ 10.30–21.30 Uhr; P 🖉) Eines von vielen Restaurants mit Terrasse an diesem Abschnitt des Mae Nam Chao Phraya. Das Sai-Thong hat dank der gelegentlichen Livemusik und zu Späßen aufgelegten Mitarbeitern die vielleicht fröhlichste Atmosphäre der Stadt. Die Karte ist facettenreicher als die der meisten Lokale und umfasst beliebte regionale Gerichte wie Flussgarnelen, leckere Thai-Köstlichkeiten aus dem Nordosten und alle möglichen vegetarischen Thai-Currys.

Ausgehen & Nachtleben

Die meisten Reisenden besuchen die Bars an der Soi 2, Th Naresuan.

Busaba CAFE
(Th Chee Kun; ⏲ 9–18 Uhr; 📶) Geeiste Mango-Smoothies und Kaffees, garniert mit essbaren Blüten, sowie Ayutthayas Lieblingsdessert *săi mài* (Palmzuckerfäden) gibt es in diesem hübschen Backstein-Café.

Coffee House BAR
(Th Naresuan; ⏲ 11–24 Uhr) Die Bar, der ihr Name nicht so recht steht, bietet eine Bühne und Außenbestuhlung und an den meisten Abenden Live-Rock und -Pop ab 20 Uhr.

Shoppen

Chao-Phrom-Markt MARKT
(Th Naresuan; ⏲ Öffnungszeiten variieren) Ayutthaya ist berühmt für seine süßen muslimischen Snacks, Currys und *nám prík* (scharfer Dip), und der geschäftige überdachte Chao-Phrom-Markt ist der Ort, an dem man diese Leckereien kosten sollte. Hier gibt es außerdem diverse thai-chinesische und andere muslimische Gerichte. Die Öffnungszeiten des Tagesmarkts hängen von den einzelnen Verkäufern ab, aber die Spitzenzeit ist der frühe Nachmittag.

Praktische Informationen

EINWANDERUNG

Einwanderungsbehörde (☎ 035 328411; Th U Thong; ⏲ Mo–Fr 8.30–12 & 13–16.30 Uhr) Hier kann man sein Visum verlängern lassen.

GEFAHREN & ÄRGERNISSE

Beim Radeln sollte man die Tasche am Körper tragen, statt sie in den Korb zu legen, aus dem sie geklaut werden könnten. Nachts streunen Hunde durch die Straßen – Abstand halten!

GELD

Alle großen Banken haben Filialen (und Geldautomaten) an der Th Naresuan, darunter einige ausländische Banken; die **Krungthai Bank** (KTB; ☎ 035 251663; Erdgeschoss, Amporn Department Store, Th Naresuan; ⏲ 10–13 & 14–17.30 Uhr) öffnet an den Wochenenden.

Bangkok Bank (Th U Thong)

Krungsri Bank (☎ 035 245718; Ecke Th Ho Ratthanchai & Th U Thong; ⏲ Mo–Fr 8.30–15.30 Uhr)

MEDIZINISCHE VERSORGUNG

Phra Nakorn Si Ayuthaya Krankenhaus (☎ 035 211888; www.ayhosp.go.th/ayh; Th U Thong) Hat eine Notaufnahme und englischsprachige Ärzte.

Rajthanee Krankenhaus (☎ 035 335555; www.rajthanee.com; abseits des Hwy 309) Privatkrankenhaus mit einigen englischsprachigen Ärzten; 5 km östlich der „Insel".

NOTFALL

Touristenpolizei (☎ 035 241446, 1155; Th Si Sanphet)

POST

Hauptpost (Th U Thong; ⏲ Mo–Fr 8.30–16.30, Sa 9–12 Uhr)

Post (Th Pa Thon; ⏲ Mo–Fr 8–18, Sa 8–12 Uhr)

TOURISTENINFORMATION

Tourism Authority of Thailand (TAT; Tourismusbehörde; ☎ 035 246076; tatyutya@tat.or.th; Th Si Sanphet; ⏲ 8.30–16.30 Uhr) Unterhält einen Schalter, an dem es Karten und Tipps gibt, im Ayutthaya Tourist Center (S. 177).

An- & Weiterreise

BUS

Die Minivan-Haltestelle (Th Naresuan) in Ayutthaya liegt gleich südlich des Backpackerviertels. Einfach nach der *đà·làht tâh rót jôw prom* fragen! Hier fahren Minivans nach Suphanburi (Umsteigemöglichkeit nach Kanchanaburi), Saraburi (Umsteigemöglichkeit nach Pak Chong und Khorat) und zu verschiedenen Zielen in Bangkok ab. Einen Block westlich gibt es eine zweite **Haltestelle** (Th Naresuan) nach Bangkok.

Wer weiter weg will, muss zum **Hauptbusbahnhof** (abseits des Hwy 32), 3 km östlich der „Insel"; Fahrkarten für Chiang Mai und Sukhothai kann man aber gegen eine Gebühr von 20 B an einem **Busfahrkartenschalter** (Th Naresuan; ⌚6.30–17 Uhr) im Zentrum kaufen. Ein *túk-túk* vom Terminal und der „Insel" kostet rund 100 B; in der Regel zahlt man aber 150 B (für ein Motorradtaxi die Hälfte). Alternativ fährt man mit einem lilafarbenen *sŏrng·tăa·ou* (Pick-up-Truck; 7 B).

Viele Reisende zahlen auch überhöhte Preise und buchen Fahrkarten in ihrem Hotel. Für den Aufschlag wird man jedoch kostenlos zum Bahnhof gefahren – oft kann man vor Abfahrt sogar noch duschen. Viele Pensionen verkaufen außerdem Sitzplätze in privaten Minivans nach Kanchanaburi (350–400 B, 2½–3½ Std.), Bangkoks Th Khao San (200–300 B, 1½ Std.), Hua Hin (750 B, 6 Std.) und Chiang Mai (540–990 B, 10 Std.); in den Preisen ist normalerweise die Abholung am Hotel enthalten.

SCHIFF/FÄHRE

Es verkehren keine öffentlichen Boote zwischen Bangkok und Ayutthaya. Die von Reisebüros in Bangkok angebotenen „Kreuzfahrten" sind normalerweise Bustouren mit kurzer Bootsfahrt durch Bangkok am Anfang oder Ende (oder man wird mit dem Bus hingefahren und fährt einen Teil des Rückweges mit dem Boot). Man sollte sich die Routen ganz genau ansehen.

ZUG

Ayutthayas Bahnhof liegt auf der anderen Seite des Flusses, gegenüber der „Insel". Züge sind normalerweise langsamer als Busse und Minivans; mit Ausnahme von denen zum Khao Yai

UNTERWEGS IM TÚK-TÚK

Túk-túks gibt es überall. Das erste Angebot des Fahrers ist grundsätzlich zu hoch, aber die meisten Fahrten auf der „Insel" kosten 50 bis 100 B. Pro Stunde zahlt man für eine *túk-túk*-Fahrt 200 bis 300 B, bei mehreren Stunden gibt es Rabatte. Ein *túk-túk* vom Busbahnhof zur Altstadt kostet ab 150 B. Falls die Preise niedrig erscheinen, bekommt man gerade den Preis pro Person genannt, nicht den Gesamtpreis.

Túk-túks in Ayutthaya unterscheiden sich aufgrund ihrer kuppelartigen Vorderseite vom klassischen thailändischen *túk-túk*-Design (und erinnern leicht an Darth Vaders berühmte Maske).

VERKEHRSMITTEL AB AYUTTHAYA

Busse

ZIEL	PREIS (B)	DAUER (STD.)	HÄUFIGKEIT
Bangkok (Rangsit)	40	¾	häufig (Minivan)
Bangkok, Nordbusbahnhof (Mo Chit)	55–70	1–1½	häufig (Minivan)
Chiang Mai	419–837	8½–10	min. 8-mal tgl.
Lopburi	80	1½–1¾	alle 30 Min. (Minivan)
Saraburi	45	1½	häufig
Sukhothai	266–342	7	min. 10-mal tgl.
Suphanburi	50–80	1½	min. stündl. (Minivan)

Züge

ZIEL	PREIS (B)	DAUER (STD.)	HÄUFIGKEIT
Bang Pa In	3–12	¼	16-mal tgl.
Bangkok, Bahnhof Hualamphong	20–65	1½–2½	häufig
Chiang Mai	396–1848	10–14	5-mal tgl.
Nong Khai	202–1750	9–11	3-mal tgl.
Pak Chong	53–465	2–3	12-mal tgl.

National Park (Bahnhof Pak Chong). Richtung Bangkok (20–65 B, 1½–2½ Std., häufig) halten die meisten Züge am Bahnhof Bang Sue, ehe sie in Hua Lamphong ankommen. Fünfmal täglich fahren Züge von Ayutthaya nach Chiang Mai (396–1848 B, 10–14 Std.).

Wer Ayutthaya im Rahmen einer Tagestour besuchen und danach den Nachtzug nehmen möchte, kann seine Sachen in der Gepäckaufbewahrung am Bahnhof lassen. In den meisten Pensionen kann man vor Abfahrt für rund 30 B duschen.

Unterwegs vor Ort

Radfahren ist die ideale Art die Stadt zu erkunden. Viele Pensionen verleihen Fahrräder (40–50 B/Tag) und Motorräder (250–300 B), und auch gegenüber vom Wat Mahathat (S. 176) und Wat Ratchaburana (S. 176) gibt es mehrere Verleihe. Tour with Thai (S. 181) vermietet ebenfalls Fahrräder. Normalerweise muss man seinen Ausweis als Pfand hinterlegen.

Fahrten mit Flussfähren kosten 5 B pro Nase zuzüglich 5 B für ein Fahrrad. Die **Fähre** (⏲5–19.30 Uhr) in der Nähe des Bahnhofs ist von 5 bis 19.30 Uhr in Betrieb; die ganz im Westen nimmt auch Motorräder mit.

Rund um Ayutthaya

★Bang Pa In Palast — PALAST

(พระราชวังบางปะอิน; 100 B; ⏲8–16 Uhr, letzter Einlass 15.15 Uhr; P) In den 19 ha großen Gärten des Bang-Pa-In-Palasts verteilen sich kunstvoll verzierte Gebäude. Er wurde erstmals im 17. Jh. genutzt und im 19. Jh. von den Königen Rama IV. und V. wiederbelebt, wobei Letzterer für die nachträglichen Zusätze im europäischen Stil verantwortlich war. Heute weisen die gepflegten Gärten eine bunte Mischung architektonischer Stile auf, u.a. im **Wehart Chamrun** im chinesischen Stil, im orange-rot gestreiften Observatorium **Ho Withun Thasana** (1881) und in einem thailändischen **Pavillon**, der auf dem Wasser zu schweben scheint. Um angemessene Kleidung wird gebeten.

Die Palastanlagen eignen sich hervorragend für einen Spaziergang; alternativ kann man einen elektrischen Buggy mieten (1 Std. 400 B, danach 100 B/Std.), in dem man zugleich der Sonne entkommt.

In einigen Gebäuden müssen Frauen vor dem Eintreten traditionelle Sarongs überziehen (frau bekommt sie kostenlos am Eingang).

Den Palast erreicht man mit dem Zug ab Ayutthaya (3–12 B, 15 Min., 6-mal tgl.). Von hier aus nimmt man ein Motorradtaxi (rund 20 B) oder *túk-túk* (ab 60 B) zum 1,7 km entfernten Palast. Wer mit dem eigenen Fahrzeug anreist, kann auf dem großen Parkplatz in der Nähe parken (30 B/Fahrzeug).

Private Taxifahrten von Ayutthaya kosten rund 1300 B (einfache Strecke).

BANG PA INS TRAGISCHE KÖNIGIN

Königin Sunanda Kumariratana ertrank, als im Jahr 1880 ihre königliche Barkasse auf dem Weg zum Bang Pa In Palast (S. 186) kenterte. Königliche und nichtkönigliche Personen durften keinen Körperkontakt haben, ein solcher Kontakt wurde mit dem Tod bestraft. Verzweifelte (nichtkönigliche) Zuschauer sahen daher hilflos dabei zu, wie die Königin ertrank. Der tragischen Königin und ihrer Kinder wird mit einem Marmorobelisken auf dem Palastgelände gedacht.

Wat Niwet Thamaprawat — BUDDHISTISCHER TEMPEL

(วัดนิเวศธรรมประวัติราชวรวิหาร; Bang Pa In; Eintritt gegen Spende; ⏲bei Tageslicht) Dieser einzigartige *ubosot* (Kapelle) auf einer Insel neben dem Palast wurde im Stil einer gotischen Kathedrale erbaut, samt Turm auf dem prunkvollen, butterblumengelben Gebäude. Innen kann an Kathedralenfenster, buntes Glas und filigrane Goldarbeiten bewundern – alles würde genauso gut in eine europäische Kirche passen.

Eine kostenlose, von einem Mönch betriebene **Seilbahn** gegenüber vom Palastparkplatz auf der anderen Seite des Flusses (Spendenbox) befordert Besucher.

Bang Sai Arts & Crafts Centre — KULTURZENTRUM

(ศูนย์ศิลปาชีพบางไทร; Erw./Kind 100/50 B; ⏲Di–So 9–17 Uhr) in diesem Kulturkomplex kann man beim Flechten von Körben, Bemalen von Porzellan und unzähligen anderen traditionellen thailändischen Handwerksarbeiten zusehen. Der Komplex liegt 30 km südlich von Ayutthaya. Egal ob man außergewöhnliche Seidenstoffe oder geschnitzte Holzmöbel sucht, hier kann man hervorragend nach handgefertigten Souvenirs stöbern. Um von Ayutthaya hierher zu kommen, muss man sich selbst um den Transport kümmern.

PROVINZ LOPBURI

Lopburi ลพบุรี

036 / 161 000 EW.

In Thailands „Affenstadt“ werden eindrucksvolle Khmer-Tempel von einer haarigen Armee bewacht. Die anbetungswürdigen Unruhestifter haben das Sagen in der Stadt und man kann ihnen schlichtweg nicht entkommen – und für viele Besucher sind die Affen in der Tat die wichtigste Attraktion in Lopburi.

Lopburi ist eine der ältesten Städte Thailands. Sie entstand während der Dvaravati-Periode (6.–10. Jh.), trug damals jedoch den Namen „Lavo“. König Narai, der von 1657 bis 1688 regierte, machte Lopburi zu einer zweiten Hauptstadt; viele ausländische Würdenträger übernachteten hier. Viele Paläste und Tempel aus der Zeit des Khmer- und des Ayutthaya-Reichs stehen noch heute, befinden sich allerdings in unterschiedlichen Stadien des Verfalls.

Um die Hauptattraktionen Lopburis zu sehen, braucht man nur 24 Stunden, aber es lohnt sich, einen zweiten Tag zu bleiben, um die Landschaft ringsherum zu erkunden. Von November bis Januar säumen Teppiche aus Sonnenblumen die Felder östlich der Stadt. Nadelförmige Kalksteinfelsen locken Kletterer an, während man von Tempeln wie dem Wat Khao Chin Lae (S. 192) atemberaubende Ausblicke hat.

Sehenswertes

Alle Hauptattraktionen in Lopburi liegen praktischerweise nah beieinander und können entspannt an einem Tag besichtigt werden. Wer über Nacht bleibt, kann nach Einbruch der Dunkelheit durch die Stadt spazieren und die ganz unterschiedlich angestrahlten Ruinen und Schreine (S. 187) bestaunen.

★ Prang Sam Yot RUINE

(ปรางค์สามยอด; Ecke Th Wichayen & Th Prang Sam Yot; 50 B; 8.30–18 Uhr) Lopburis berühmteste Attraktion ist für ihre Türme ebenso berühmt wie für ihre Affen. Die drei miteinander verbundenen Türme wurden von den Khmer im 13. Jh. als buddhistischer Tempel aus Laterit und Sandstein erbaut. Der Tempel wurde später in einen Shiva-Schrein verwandelt, aber von König Narai im 17. Jh. wieder dem Buddhismus gewidmet. Im Inneren befinden sich zwei verfallene kopflose Buddha-Statuen; ein dritter, besser erhaltener Buddha sitzt fotogen vor dem größten *prang* (Stupa im Hindi-/Khmer-Stil).

Besucher dürfen eintreten, aber eine schwere Metalltür sorgt dafür, dass die Affen draußen bleiben. Wer keine Makaken am Rucksack schwingen haben und seine Sonnenbrille noch länger behalten möchte, sollte Abstand zu den Tieren halten!

★ Phra Narai Ratchaniwet MUSEUM

(วังนารายณ์ราชนิเวศน์, Somdet Phra Narai National Museum; 036 414372; Eingang Th Sorasak; 150 B; Mi–So 8.30–16.30 Uhr) Ruinen eines Palasts aus dem 17. Jh. beherbergen dieses ausgezeichnete Museum. Es wurde ab 1665 mit der Hilfe französischer und italienischer Ingenieure errichtet und ursprünglich zum Empfang ausländischer Würdenträger genutzt. Ein gepflegter Spazierweg führt zwischen König Narais Elefantenställen, Bankettträumen, Brunnen und Dutzenden Lagergebäuden zum Somdet Phra Narai National Museum. Wer die 7 ha große historische Stätte innen und außen vollständig erkunden möchte, sollte einige Stunden Zeit mitbringen.

Wat Phra Si Ratana Mahathat RUINE

(วัดพระศรีรัตนมหาธาตุ; Th Na Phra Kan; 50 B; 8.30–16 Uhr) Wer einen stillen Wat im Khmer-Stil erleben möchte, der nicht von Affen bevölkert ist, sollte einen Spaziergang durch diese wunderhübsche Stätte gegenüber vom Bahnhof machen. Der im 12. Jh. erbaute Wat wurde über die Jahrhunderte stark verändert. Die Ruine besitzt den höchsten zentralen *prang* (Stupa im Hindi-/Khmer-Stil) in Lopburi, und ein Teil des ursprünglichen Stuckwerks ist erhalten, darunter herrliche lotusförmige Details und aufwendige Buddha-Bildnisse.

San Phra Kan SCHREIN

(ศาลพระกาฬ; Th Wichayen; 5.30–18 Uhr) GRATIS Lopburis heiligste Stätte liegt am Kreisverkehr in der Altstadt. Sie umfasst einen modernen Schrein (1951) vor dem Laterit-Fundament eines umgestürzten *prang* (Stupa im Hindi/Khmer-Style) aus der Khmer-Zeit, der als „der höchste Schrein“ bekannt war. Die Hauptstatue im Inneren ist ein vierarmiger Vishnu-Körper im Lopburi-Khmer-Stil, auf dem ein Buddha-Kopf aus der Ayutthaya-Zeit sitzt.

Ban Wichayen RUINEN

(บ้านว‘ช“เยนทร์, Chao Phraya Wichayen; Th Wichayen; 50 B; 8.30–16 Uhr) Diese Anlage, im

Lopburi

Lopburi

Highlights
1 Phra Narai Ratchaniwet B3
2 Prang Sam Yot C2

Sehenswertes
3 Ban Wichayen A2
4 Prang Khaek B2
5 San Phra Kan C2
6 Wat Nakhon Kosa C2
7 Wat Phra Si Ratana Mahathat C3

Schlafen
8 Noom Guesthouse C3
9 Pee Homestay D2

Essen
10 Baan Sahai B3
11 Matini C3
12 Nachtmarkt C2
Noom Restaurant .... (siehe 8)
13 Vietnamese Restaurant B4

Ausgehen & Nachtleben
14 Come On Bar C3
15 Sahai Phanta B3

Transport
16 Minivans nach Bangkok C2
17 Minivans nach Bangkok C3
18 Sŏrng·tăa·ou zum Busbahnhof B2

europäischen Stil von König Narai erbaut, diente als Residenz für ausländische Botschafter und beherbergte außerdem den Palast des griechischen Kaufmanns Constantine Phaulkon, der zu den wichtigsten Beratern des Königs zählte. Das mittlere der drei Gebäude war einst eine katholische Kirche.

Prang Khaek RUINE
(ปรางค์แขก; abseits der Th Wichayen) GRATIS Das älteste Bauwerk von Lopburi ist dieses

Turm-Trio aus dem 11. Jh., das im Khmer-Stil aus Ziegeln erbaut wurde. Der *prang* war womöglich einst ein Tempel für den Hindu-Gott Shiva. König Narai ließ ihn wieder aufbauen, nachdem er eingestürzt war. Heute sieht er etwas verloren aus, so eingeklemmt zwischen zwei Straßen.

Die Ruine befindet sich 100 m östlich des Ban Wichayen.

Wat Sao Thong Thong BUDDHISTISCHER TEMPEL
(วัดเสาธงทอง; Rue de France; ⌚bei Tageslicht) GRATIS Nördlich des Palasts (S. 187) befindet sich diese Tempelanlage mit ihrem ungewöhnlichen *wí·hăhn* (Heiligtum). Die Fenster im gotischen Stil wurden von König Narai hinzugefügt, damit der Wat auch als christliche Kapelle genutzt werden konnte.

Feste & Events

King Narai Fair KULTUR
(⌚Mitte Feb.) Das einwöchige Fest wird jährlich am Phra Narai Ratchaniwet (S. 187) abgehalten. Gefeiert wird der meist verehrte Monarch von Ayutthaya, der Lopburi in ein kulturelles und diplomatisches Zentrum verwandelte. Während der Feierlichkeiten werden traditionelle Zeremonien nachgestellt und andere kulturelle Aktivitäten veranstaltet, es gibt u.a. einen „Retro-Markt", auf dem alte Währung zum Einsatz kommt.

Außerdem findet eine Sound-&-Light-Show statt, hin und wieder auch eine Elefantenprozession.

Monkey Festival KULTUR
(⌚Ende Nov.) Für Lopburis pelzige Bewohner ist dies der beste Tag des Jahres: Wunderschöne Büfett-Tische werden mit Früchten und Süßigkeiten beladen und viermal täglich den Affen dargeboten. In der ganzen Stadt findet außerdem ein Straßenfest samt Tanzvorführungen statt.

Schlafen

Budgetzimmer sind in der Altstadt die einzige Alternative. In der Neustadt mangelt es überraschenderweise an guten Optionen. Wer seinen eigenen fahrbaren Untersatz hat, sollte sich für eine der Mittelklasse-Unterkünfte 5 km östlich der Stadt entscheiden.

★ **Noom Guesthouse** PENSION $
(☎036 427693; www.noomguesthouse.com; Th Phraya Kamjat; EZ/DZ/3BZ mit Gemeinschaftsbad

INSIDERWISSEN

AFFENZAUBER

Erwachsene Männer laden ihre Steinschleudern, alte Frauen schnappen sich zwei Meter lange Stangen, und Touristen schreien oder posieren für Fotos: willkommen in Lopburi, einer Stadt, die einen hoffnungslosen Kampf gegen die Herrschaft der Affen führt! Hunderte Rhesus- und Javaneraffen (und Kreuzungen der beiden Spezies) streifen durch die Altstadt, über Dächer und Stromleitungen. Sie klettern auf Autos, rutschen Markisen hinunter, streiten sich um Essensreste – und veranstalten auf diese Art und Weise eine ununterbrochene Unterhaltungsshow, die die „Stadt der Affen" zu einem Touristenmagneten gemacht hat.

Viele Einheimische verabscheuen die tierischen Nachbarn, aber den Affen wird nie ein Leid angetan, da man glaubt, dass sie Schüler des Hindu-Gottes Hanuman sind (in der thailändischen Version des Ramayana gab Rama dieses Land an Hanuman, der die Stadt gründete). Einen Affen zu verletzen, würde also richtig schlechtes Karma bedeuten. Man muss sich aber nur ein paar Minuten in der Stadt aufhalten, um zu verstehen, warum viele Einheimische dafür sind, zumindest einige Affen in einen Wald außerhalb der Stadt zu verfrachten.

Affen mögen niedlich sein, aber sie sind Wildtiere. Man sollte in der „Affenzone" kein Essen (oder irgendetwas, das wie Essen aussieht) offen tragen – sonst kann man mit einem Blitzdiebstahl rechnen. Wer beklaut wird – was am Prang Sam Yot (S. 187) und dem nahe gelegenen Bahnübergang oft der Fall ist –, sollte sich nicht wehren: Affen beißen, und wer gebissen wird, braucht medizinische Versorgung. Man sollt auch vermeiden, unter ihnen entlangzulaufen (es sei denn, man hat einen Regenschirm).

Die meisten Affen leben am Prang Sam Yot und am San Phra Kan. Wer lange genug stillsteht, läuft Gefahr, seines Huts verlustig zu gehen oder einen felligen Rucksack zu tragen. Wer der Aufmerksamkeit entkommen möchte, sollte Blickkontakt mit den Tieren meiden und sich langsam bewegen.

ABSEITS DER ÜBLICHEN PFADE

BUDDHAS FUSSABDRUCK

Ein Abdruck von Buddhas Fuß, geschützt von einem weißen Schrein, ist der Fokus der Verdienstrituale am erhabenen **Wat Phra Puttachai** (วัดพระพุทธบาท; Saraburi; ⏲ bei Tageslicht; P) GRATIS. Vor dem Abdruck stäuben Gläubige Blattgold auf einen symbolischen Umriss des Fußes. Außerhalb des Schreins befindet sich eine felsige Kontur, die Thailands Grenze darstellen soll. Der Tempel befindet sich 10 km südlich von Saraburi; der Zugang erfolgt über eine gewundene, von Affen bevölkerte Straße. Vom Parkplatz führt eine Treppe nach oben; links geht es zum Schrein.

Mit dem eigenen Fahrzeug kann man die Stätte im Rahmen eines Halbtagesausflugs ab Lopburi (60 km nordwestlich) oder Ayutthaya (50 km westlich) besuchen. Wer in Lopburi bleibt, für den bietet das Noom Guesthouse nachmittags geführte Touren an, die einen Halt in diesem Tempel beinhalten (Gruppe mit max. 5 Pers. 800–1250 B).

& Ventilator 250/350/450 B, DZ mit Klimaanlage 500 B; ❄ 📶) Müde Backpacker atmen bei der Ankunft in dem familienbetriebenen Noom mit Erleichterung auf. Das Noom ist zweifelsohne der *fa·ràng*-freundlichste Ort in der Stadt. Selbst wenn man nicht in einem der einfachen, aber sauberen Zimmer (oder den bequemen Gartenbungalows hinten) übernachtet, lohnt es sich, vorbeizuschauen und ein Motorrad zu mieten (ab 250 B), eine Klettertour zu buchen oder mit den Backpackern an der Bar Traveller-Geschichten auszutauschen.

Frühstück gibt es in dem hervorragenden zugehörigen **Restaurant** (☎036 427693; www.noomguesthouse.com; Th Phraya Kamjat; Hauptgerichte 50–150 B; ⏲ 8–21.30 Uhr; 📶 🖉).

Pee Homestay GASTFAMILIE $
(☎086 164 2184; www.lopburimassage.com; Soi Promachan; DZ mit Ventilator 280 B, DZ mit Klimaanlage 340–500 B; ❄ 📶) Hinter dem Bahnhof, auf der falschen Seite der Bahngleise (im positiven Sinne!), steht dieses Haus, das von der superfreundlichen Kanaree betrieben wird, einer Kosmetikerin und Masseurin. Die Übernachtung hier ist eine relaxte Thailand-Erfahrung. Die Preise der supersauberen Zimmer variieren je nach Größe.

Lopburi Inn Resort HOTEL $$
(☎036 420777; www.lopburiinnresort.com; abseits der Th Phrakiat; DZ/Suite inkl. Frühstück 1000/1400 B; P ❄ 📶 🏊) Wer im Schatten gigantischer Affenstatuen schlafen möchte, ist hier genau richtig. Das Lopburi Inn Resort hat das Affenthema der Stadt voll ausgenutzt: Die gesamte Anlage ist mit Affenbildern verziert. Die einfachen Zimmer sind in Vanille- und Beige-Tönen gehalten und mit Kühlschränken und guten Betten ausgestattet.

Das Resort liegt 7 km östlich der Altstadt.

Windsor Resort HOTEL $$
(☎036 411689; abseits des Hwy 3196; DZ inkl. Frühstück ab 650 B; P ❄ 📶) Das Resort mit den hellen Chalets und der Windmühle am Eingang ist eine fröhliche, kleine Enklave. Die Zimmer entsprechen nicht ganz dem freundlichen Äußeren der Gebäude (die pfirsichfarbenen Zimmer im Hauptgebäude sind besonders uninspiriert), aber das Resort erfüllt seinen Zweck, das Preis-Leistungs-Verhältnis passt, und der Service ist freundlich.

Das Resort legt 750 m südlich vom Bahnhof (S. 192).

Benjatara Boutique Place Resort RESORT $$
(☎089 904 2121, 036 422608; abseits der Th Phahonyothin; DZ inkl. Frühstück 750 B; P ❄ 📶) Die Bezeichnung „Boutique" ist angesichts der Lage in einem trostlosen Block vielleicht etwas übertrieben, aber die Zimmer sind modern und sauber (wenn auch etwas abgenutzt), und das Resort wird gut gemanagt.

Das Resort befindet sich 5,5 km östlich der Altstadt und eignet sich daher am besten für Reisende mit eigenem Auto.

Essen & Ausgehen

Lopburi ist nicht gerade für sein Nachtleben bekannt, dennoch gibt es einige Orte, an denen man den Abend bei ein paar Bier ausklingen lassen kann. Die Traveller-Enklaven Noom und Matini (S. 191) ziehen Touristen an, die vor allem wegen der Billardtische und Cocktails hierher kommen. Die Einheimischen bevorzugen das **Come On** (Th Wat Phra That; ⏲ Öffnungszeiten variieren) für Bier und das **Sahai Phanta** (Soi Sorasak; ⏲ 19–24 Uhr) für Whisky und Livemusik.

Nachtmarkt MARKT, THAI $
(Th Na Phra Kan; ⏲ 16–23 Uhr) Die beste Option, um ein günstiges Abendessen in der Altstadt

zu bekommen, sind die Stände, die parallel zu den Bahngleisen aufgebaut sind.

Merke: Je weiter südlich man sich aufhält, desto mehr Abstand schafft man zwischen sich und den Affen und reduziert so das Risiko, sein Huhn oder seinen Maiskolben an die furchtlosen Makaken zu verlieren.

Vietnamese Restaurant VIETNAMESISCH $
(☎036 411220; 43 Th Sorasak; Hauptgerichte 60–120 B; ⌚11–19.30 Uhr) Die Besitzer waren bei der Namensgebung vielleicht etwas einfallslos, aber dieses ungezwungene Restaurant ist hervorragend. Scharfes Schweinefleisch mit Zitronengras und Chili, vietnamesische Omeletts und frische, mit Minze gefüllte Frühlingsrollen gehören zu den Gerichten, die von lächelnden Mitarbeitern serviert werden.

Baan Sahai THAI $
(Soi Sorasak; Hauptgerichte 40–250 B; ⌚11–22 Uhr; 📶) Dieses kleine Bistro mit europäischen Flair serviert Thai-Gerichte und verschiedene französisch inspirierte Desserts. Hier kann man eine vollständige Mahlzeit genießen, aber auch einfach nur einen frischen, geeisten Ananas-Shake trinken.

Matini INTERNATIONAL, THAI $$
(18 Th Phraya Kamjat; Hauptgerichte 50–350 B; ⌚9 Uhr–open end; 📶🍸) Der kostenlos nutzbare Pool, das Blues-Brothers-Motiv an der Wand und das gute Essen (thailändisch und westlich) sorgen hier dafür, dass der Laden rege durch Backpacker frequentiert wird. Man kann innen und außen sitzen und sich großzügige Portionen gut gewürzter Currys (darunter einige vegetarische Optionen) schmecken lassen, Smoothies schlürfen oder bei ein paar späten Bierchen entspannen.

Bua Luang CHINESISCH, THAI $$
(☎036 413009; abseits der Th Phahonyothin; Hauptgerichte 80–200 B; ⌚10–23 Uhr; Ⓟ) Das beliebte Restaurant außerhalb der Stadt hat eine grünen Außenbereich und einen effizienten Service. Es gibt chinesische und thailändische Gerichte, beispielsweise *plaa salid tòrd* (frittierten gesalzenen Fisch) und gebratenen Tintenfisch mit Basilikum.

Der einzige Nachteil ist die Lage 7 km östlich der Altstadt.

About Coffee Garden KAFFEE
(☎063 597 9291; Th Phrakiat; ⌚7–17 Uhr) Der Kaffeestand 7 km östlich der Altstadt mit preisgekrönten Kaffees und charmant-schäbigem Ambiente ist eine tolle Abwechslung.

ℹ Praktische Informationen

Im Nordteil der Altstadt gibt es mehrere Banken entlang der Th Songkhram und der Th Ratchadamnoen, aber keine ist abends oder an den Wochenenden geöffnet. Die **Siam Commercial Bank** (Th Songkhram; ⌚Mo–Fr 8.30–15.30 Uhr) hat einen Geldautomaten (24 Std.).

Post (Th Prang Sam Yot; ⌚Mo–Fr 8.30–19, Sa & So 9–12 Uhr)

GEFAHREN & ÄRGERNISSE

Im von Makaken bevölkerten Lopburi ist ein Affenbiss eine durchaus reale Gefahr. Wer

VERKEHRSMITTEL AB LOPBURI

Busse & Minivans

ZIEL	PREIS (B)	DAUER (STD.)	HÄUFIGKEIT
Ayutthaya	80	1½	alle 30 Min. (Minivan)
Bangkok	110–120	2	häufig (Minivan)
Chiang Mai	502–582	9–12	4-mal tgl.
Nakhon Ratchasima (Khorat)	130–164	3½	alle 30 Min. (Bus & Minivan)
Pak Chong	70	2	alle 30 Min. (Minivan)

Zug

ZIEL	PREIS (B)	DAUER (STD.)	HÄUFIGKEIT
Ayutthaya	13–58	½–1½	18-mal tgl.
Bangkok, Hualamphong	28–123	2–3½	16-mal tgl.
Chiang Mai	236–1800	9–12	5-mal tgl.
Phitsanulok	49–1046	3–5	11-mal tgl.

NICHT VERSÄUMEN

KHAO CHIN LAE

Dieser zerklüftete Berg ist von Lopburi aus in der Ferne zu erkennen und lohnt einen Tagesausflug für Outdoor- und Tempel-Fans.

Für einen friedvollen Ausflug zum Berg fährt man zum **Wat Khao Chin Lae** (วัดเขาพุวัน, Pfauen-Tempel; Khao Chin Lae; bei Tageslicht; P) GRATIS, der am östlichen Rand des Berges liegt (15 km von Lopburi entfernt). 436 Stufen führen hinauf zu dem großen Buddha; von hier aus kann man die bewaldeten Berge und **Sonnenblumenfelder** (Nov.–Jan.) bewundern. Die Blumen sind – neben der Affenarmee – ein weiteres Highlight, das Lopburi zu Ruhm verholfen hat. Nur 5 km östlich des Berges liegt der Stausee **Ang Sap Lek** (อ่างเก็บน้ำซับเหล็ก), ein Reservoir, das von Restaurants auf Bambusstegen gesäumt ist, die sich hervorragend zum Mittag- oder Abendessen eignen.

Wer einen Adrenalinkick sucht, sollte eine Klettertour im Noom Guesthouse (S. 189) buchen. Das Hauptziel für Kletterer ist eine 240 m hohe, steile Wand, die auf dem Weg zum **Wat Pa Suwannahong** (nordöstlich vom Wat Khao Chin Lae) zu sehen ist. Einen weiteren Kick hält der **Kao Ta Kla** bereit, der eine große **Fledermaushöhle** beherbergt, von der aus kurz vor Sonnenuntergang Hunderttausende Fledermäuse zur Jagd aufbrechen. Noom bietet Nachmittagstouren (Gruppe mit max. 5 Pers. 800–1250 B), die zu all diesen Ausflugszielen führen sowie zum Wat Phra Puttachai (S. 190), dem berühmten Tempel mit dem Fußabdruck des Buddha in der nahen Provinz Saraburi.

Wer nur die Sonnenblumen sehen möchte, kann den Bus Richtung Wang Muang (15 B, 30 Min.) nehmen; die Sonnenblumenfelder erstrecken sich ab der Abzweigung Richtung Norden zum Wat Khao Chin Lae.

Essen oder Schmuck und andere Accessoires trägt, die das Licht reflektieren, ist besonders gefährdet. Streunende Hunde sind ebenfalls ein Problem, nachts sind sie besonders kühn. Wer von Affen oder Hunden gebissen wird, sollte sich medizinische behandeln lassen, selbst wenn nur eine kleine Verletzung entstanden ist. Am San Phra Kan (S. 187) gibt es eine Erste-Hilfe-Stelle. Falls die geschlossen ist, sollte man die Notrufnummer (1669) wählen oder ein **Krankenhaus** (036 785444; www.kingnaraihospital.go.th; Th Phahonyothin) aufsuchen.

An-& Weiterreise

BUS & MINIVAN

Lopburi liegt weit abseits des wichtigsten Nord-Süd-Highways und hat nur wenige direkte Busverbindungen. Wer nach Kanchanaburi möchte, sollte in Ayutthaya oder in Suphanburi (50 B, 2 Std.) umsteigen. Lopburis **Busbahnhof** (Sa Kaew Circle) befindet sich 2 km östlich der Altstadt. Wer nach Chiang Mai möchte, sollte sich die Tickets im Voraus im Noom Guesthouse (S. 189) besorgen.

Minivans nach Bangkok fahren von zwei Haltestellen an der Th Na Phra Kan ab: eine (Th Na Phra Kan) befindet sich in der Nähe des Bahnhofs, die andere (Ecke Th Wichayen & Th Na Phra Kan) etwas weiter nördlich. Minivans nach Ayutthaya starten am Busbahnhof. Wie anderorts in Thailand braucht man für einen großen Rucksack oder eine große Tasche eine separate Fahrkarte.

ZUG

Der **Bahnhof** (Th Na Phra Kan) liegt in der Altstadt. Je nach Taschengröße kostet die Gepäckaufbewahrung 10 bis 15 B pro Tag (24 Std.).

Unterwegs vor Ort

Sŏrng·tăa·ou fahren von der **Th Ratchadamnoen** (Th Ratchadamnoen) zum Busbahnhof (8 B/Fahrt). *Săhm·lór* (Fahrradrikschas; auch *săamláw*) und Motorradtaxis fahren für rund 20 B zu Zielen in der Altstadt.

PROVINZ KANCHANABURI

Angesichts der atemberaubenden Natur der Provinz Kanchanaburi scheint es paradox, dass diese Region vor allem für die schrecklichen Ereignisse rund um die „Todeseisenbahn“ bekannt ist. Ein Besuch der Kriegsdenkmäler in der Provinzhauptstadt ist jedoch ein Muss, ehe man ins Innere der Provinz vordringt, um die Parks und Schutzgebiete des Western Forest Complex, eines der größten Schutzgebiete Asiens, zu erkunden.

Kanchanaburi

กาญจนบุรี

034 / 94 600 EW.

Neben dem hektischen modernen Zentrum und den Ausblicken auf den Fluss birgt Kanchanaburi ein dunkles Geheimnis, über das hervorragende Gedenkstätten und Museen Auskunft geben.

Während des Zweiten Weltkrieges benutzten die Alliierten Kriegsgefangene und asiatische Zwangsarbeiter, um eine Eisenbahntrasse zwischen Thailand und Birma (Myanmar) zu bauen. Die grauenvolle Geschichte wurde nach der Herausgabe von Pierre Boulles Buch *Die Brücke am Kwai* weltweit bekannt. Die Erzählung beruht auf wahren Ereignissen und wurde 1957 verfilmt. Kriegsfriedhöfe, Museen und eine Fahrt auf einem Abschnitt der sogenannten „Todeseisenbahn" locken viele Besucher nach Kanchanaburi. Das Interesse an der Eisenbahn wurde durch Richard Flanagans Buch *Der schmale Pfad durchs Hinterland* (2013), für das er den Man-Booker-Preis gewann, wieder entflammt. Das Buch ist inspiriert von den Erlebnissen von Flanagans Vater als Kriegsgefangener.

Kanchanaburi eignet sich auch als Basis für Besuche der Nationalparks in Thailands wildem Westen, weil es hier viele Resorts am Fluss mit üppigen Anlagen gibt.

Sehenswertes

In der Stadt

★ Death Railway Bridge HISTORISCHE STÄTTE

(สะพานข้ามแม่น้ำแคว, Brücke am Kwai; ⏲24 Std.) GRATIS Diese 300 m lange Brücke ist eng mit der Geschichte der Thailand-Burma-Eisenbahn verbunden, deren Bau Tausende Zwangsarbeiter das Leben kostete. Ihr Mittelteil wurde 1945 von den Alliierten zerstört, nur die äußeren Bogen sind Originale. Man darf allein über die Brücke gehen; Sicherheitspunkte bieten Schutz, wenn Züge vorbeifahren. Rund um die Brücke gibt es Imbiss- und Souvenirstände, sodass hier oft Jahrmarktatmosphäre herrscht. Wer den ganzen Trubel vermeiden möchte, sollte frühmorgens oder spätabends hierher kommen.

Die drei alten Züge im Park in der Nähe des Bahnhofs wurden im Zweiten Weltkrieg eingesetzt. Auf der anderen Seite des Flusses befindet sich in der chinesischen Tempelanlage auf der rechten Seite ein herrlich ruhiger Garten, der einen Blick auf die Brücke bietet. Von der zweiten, hölzernen Brücke, die die Japaner 100 m weiter flussabwärts gebaut hatten, ist nichts mehr übrig.

Am letzten Wochenende im November und am ersten Wochenende im Dezember gibt es eine informative **Sound-&-Light-Show** (⏲Ende Nov./Anfang Dez.), die die Geschichte der Todeseisenbahn erzählt.

★ Thailand-Burma Railway Centre MUSEUM

(ศูนย์รถไฟไทย-พม่า; ☎034 512721; www.tbrconline.com; 73 Th Jaokannun; Erw./Kind 140/60 B; ⏲9–17 Uhr) Das ausgezeichnete Museum hat einen Mittelweg gefunden zwischen Geschichte und Statistiken auf der einen Seite und persönlichen Berichten auf der anderen Seite, in denen von den Zuständen die Rede ist, die die Kriegsgefangenen und andere Zwangsarbeiter aushalten mussten. Das Museum erklärt Kanchanaburis Rolle im Zweiten Weltkrieg, aber der Großteil der Ausstellung ist dem Leben der Bahnarbeiter gewidmet, angefangen mit ihrem Transport zusammengepfercht in Güterwaggons über ihr Leben in den von Krankheiten verseuchten Arbeiterlagern im Dschungel bis hin zum Schicksal der Überlebenden nach dem Zweiten Weltkrieg. Man sollte genug Zeit mitbringen, um sich das Video mit den Originalberichten der Kriegsgefangenen und auch der japanischen Soldaten anzusehen.

★ Kanchanaburi War Cemetery FRIEDHOF

(สุสานทหารพันธมิตรดอนรัก; Friedhof der Alliierten; Th Saengchuto; ⏲24 Std.) Der größere der beiden Kriegsfriedhöfe in Kanchanaburi, makellos erhalten von der Commonwealth War Graves Commission, liegt mitten in der Stadt. Von den 6982 hier begrabenen Soldaten war fast die Hälfte britisch, der Rest kam hauptsächlich aus Australien und den Niederlanden. Wenn man am Friedhofseingang steht, liegen rechts ausschließlich britische Opfer, vorn links sind die Gräber der Australier, und hinten links liegen niederländische und unbekannte Soldaten, während die Eingeäscherten ganz hinten links die letzte Ruhe fanden.

Alle sterblichen Überreste amerikanischer Kriegsgefangener wurden in die USA zurückgebracht. Wer nach einem bestimmten Grab sucht: Am Eingang gibt's ein Register.

JEATH War Museum MUSEUM

(พิพิธภัณฑ์สงคราม; Ecke Th Wisuttharangsi & Th Pak Phraek; 50 B; ⏲8.30–16.30 Uhr) Dieses kleine Freiluftmuseum zeigt eine Sammlung von Korrespondenz und Kunst ehemaliger Kriegsgefangener, die am Bau der Todeseisenbahn beteiligt waren. Ihre extrem harten Lebensumstände werden anhand der vielen Fotos deutlich, die hier neben persönlichen

Kanchanaburi

Gegenständen und Kriegsrelikten ausgestellt sind, darunter eine nicht explodierte Alliierten-Bombe, die auf die Brücke geworfen wurde. Eine von drei Galerien wurde aus Bambus im Stil der Unterkünfte *(attap)* errichtet, in denen die Kriegsgefangenen lebten; in einer weiteren kann man sich eine zehnminütige Videopräsentation anschauen.

Heritage Walking Street FLÄCHE
(ถนนปากแพรก; Th Pakprak) Ein Spaziergang entlang dieser bezaubernden Straße gewährt einen Einblick in das alte Kanchanaburi. Viele Gebäude stammen aus der Zeit zwischen den Weltkriegen. Obwohl die Zeit ihnen zugesetzt hat, sind ihre sino-portugiesischen, thailändischen, vietnamesischen und chinesischen Stilelemente erhalten. Gelbe Schilder beschreiben ihre Geschichte, Architektur und gegenwärtigen Eigentümer. Der Spaziergang beginnt an dem wieder aufgebauten Stadttor.

Zu den Highlights gehören die eleganten Brüstungen des **Sirichumsang Shophouse** (1932), das goldgesprenkelte ehemalige Schmuckgeschäft **Chansiri House** (1927) und das **Kanchanaburi Hotel** (1937) im chinesischen Stil, dessen ursprüngliches Buntglas erhalten ist.

WWII Museum MUSEUM
(พิพิธภัณฑ์สงครามโลกครั้งที่สอง; Th Mae Nam Khwae; 40 B; ⊙8–18 Uhr) Obwohl es sich in der Nähe der Brücke befindet, sollte dieses Museum nicht der erste Anlaufpunkt sein, wenn man etwas über die Geschichte Kanchanaburis im Zweiten Weltkrieg erfahren möchte. Das Museum hat eine gute Absicht, aber die unzusammenhängenden Ausstellungsstücke haben nur wenig Bildungswert. Dennoch sieht man hier Züge, japanische Motorräder, Anker und alte Helme; dazu bietet das Museum einen tollen Ausblick auf die Brücke (der Turm in der nordwestlichen Ecke ist der beste Aussichtspunkt).

Kanchanaburi

Highlights
1 Death Railway Bridge ... A1
2 Kanchanaburi War Cemetery ... C2
3 Thailand–Burma Railway Centre ... C2

Sehenswertes
4 Heritage Walking Street ... D3
5 JEATH War Museum ... D4
6 WWII Museum ... A1

Aktivitäten, Kurse & Touren
Apple & Noi Thai Cooking ... (siehe 10)
AS Mixed Travel ... (siehe 10)
7 Good Times Travel ... B4
8 River Kwai Canoe Travel Services ... B4
9 Toi's Tours ... B4

Schlafen
10 Apple's Retreat ... B2
11 Baan Ma Feung ... D3
12 Blue Star Guest House ... A4
13 Bridge Residence ... A3
14 Good Times Resort ... A4
15 Ploy Guesthouse ... A4
16 Pong Phen ... A4
17 River Kwai Bridge Resort ... A1
18 Sabai@Kan ... B1
19 Sugar Cane 2 Guesthouse ... A1
20 Tara Raft ... C2

Essen
Blue Rice ... (siehe 10)
21 JJ Market ... C2
22 Keeree Tara ... A1
23 Library Cafe ... B1
24 On's Thai-Issan ... B4

Ausgehen & Nachtleben
25 10 O'Clock ... B4
26 Sitthisang ... D3
27 Sugar Member ... B4

Praktisches
28 Apotheke ... A4

Transport
29 Hauptbahnhof ... C2

Außerhalb der Stadt

★ Wat Tham Seua BUDDHISTISCHER TEMPEL

(วัดถ้ำเสือ; Muang Chum; bei Tageslicht; P) GRATIS Das Herz dieses Tempels auf einem Berg ist ein imposanter 18 m hoher Buddha, der mit einem goldenen Mosaik bedeckt ist. Gläubige versuchen hier, Verdienste zu erwerben, indem sie Münzen auf kleine Tabletts auf dem Förderband werfen, das die Spenden zu einer Sammelschale in der Mitte führt, in die sie klingelnd und klirrend hineinfallen. Eine Fahrt mit der Seilbahn (20 B/Pers.) zum Tempel macht Spaß, aber man kann natürlich auch zu Fuß gehen.

Um den Haupt-Buddha gibt es mehrere Stupas in verschiedenen Stilen. Die größte ist neun Stockwerke (69 m) hoch und mit Wandgemälden übersät. Die Wandgemälde – die meisten mit Kriegsbezug – erzählen Kanchanaburis Geschichte oder zeigen Buddha-Abbildungen (darunter viele seltene Haltungen). Die namensgebende **Tigerhöhle**, deren Eingang von bunt gestrichenen Tigerstatuen flankiert wird, befindet sich am Sockel des Hügels, rechts von der Seilbahn. Der **Wat Tham Khao Noi** im chinesische Stil nebenan ist von außen interessanter als von innen.

Der Wat Tham Seua befindet sich 12 km südöstlich vom Stadtzentrum. Nachdem man die südlichste Brücke der Stadt überquert hat, nimmt man die erste links und folgt dann dem Fluss. Hier gibt es keine öffentlichen Verkehrsmittel.

★ Wat Tham Khao Pun BUDDHISTISCHER TEMPEL

(วัดถ้ำเขาปูน; Nong Ya; 30 B; 6–18 Uhr) Der Höhlentempel, der der Stadt am nächsten gelegen ist, ist ein faszinierendes Labyrinth aus Steingängen. Der markierte Pfad kann hier und da rutschig (und etwas eng) sein, aber sich unter Kalksteinvorsprüngen hindurch zu ducken, um die unterirdischen Schreine zu erkunden, ist ein Erlebnis wie aus einer anderen Welt. Mit Ausnahme vom Flattern der Fledermäuse ist es hier unten so still, dass man eine Stecknadel fallen hören würde. Der Tempel liegt 4 km südwestlich vom Stadtzentrum, jenseits des Chung Kai War Cemetery.

Wat Ban Tham BUDDHISTISCHER TEMPEL

(วัดบ้านถ้ำ; Tempel: bei Tageslicht; Treppe 8–17 Uhr; P) GRATIS In der Gegend um Kanchanaburi sind Höhlentempel fast so gewöhnlich wie Lebensmittelläden in der Stadt, aber dieser hier ist einer der interessantesten. Eine Treppe führt hinauf in den Mund des Drachen und weiter in die Haupthöhle.

Um zum Tempel zu kommen braucht man ein Auto oder ein Fahrrad. Er liegt 10 km östlich der Stadt am Südufer des Flusses, 4 km vor dem Wat Tham Seua.

DER BAU DER „TODESEISENBAHN“

Die sogenannte „Todeseisenbahn“ war ein erstaunliches Werk der Ingenieurskunst, für das ein hoher menschlicher Preis bezahlt wurde. Die Trasse wurde durch manuelle Arbeit, nicht durch moderne Maschinen, gebaut. Die Kriegsgefangenen und Zwangsarbeiter der Japaner waren nur mit einfachen Werkzeugen und Dynamit ausgestattet. Über 12 000 Kriegsgefangene und 90 000 Zwangsarbeiter (viele von ihnen Malaien, Chinesen und Inder) starben aufgrund von Krankheiten, schlechter Hygiene, mangelnder medizinischer Versorgung und der brutalen Behandlung durch die Lagerwächter. Viele Thais riskierten ihr Leben, um den Gefangenen – die meisten Australier, Amerikaner, Briten und Holländer –zu helfen, aber das zeigte kaum Wirkung.

Die 415 km lange Bahnstrecke wurde im Zweiten Weltkrieg während der japanischen Besetzung Thailands (1941–1945) mit dem Ziel erbaut, eine Versorgungsroute über Land nach Birma (Myanmar) zu sichern, damit der japanischen Eroberungen weiterer westasiatischer Länder nichts im Weg stand.

Mit dem Bau wurde im Oktober 1942 an bereits bestehenden Bahnhöfen in Thanbyuzayat in Myanmar und Nong Pladuk (Ban Pong) in Thailand begonnen. Am 16. Oktober 1943 wurden die Gleisabschnitte 18 km südlich des Drei-Pagoden-Passes vereint.

Die meisten Arbeiter waren bei ihrer Ankunft in den Arbeitslagern bereits durch ihre Gefangenschaft und die viertägige Anreise in vollgestopften, überheizten Waggons sowie den Fußmarsch zu den Lagern geschwächt. Die Arbeitsbedingungen waren zu Beginn nicht so schlecht, aber die Lebensmittelsituation war unzulänglich; Cholera, Malaria und Ruhr waren weit verbreitet und medizinische Versorgung quasi nicht vorhanden. Die japanischen und koreanischen Wärter verhängten drakonische Strafen gegen alle, die aus der Reihe tanzten. Je mehr die Japaner den Bau der Trasse vorantrieben, desto schlimmer wurden die Zustände. Der tödlichste Abschnitt der Strecke, ein riesiger Felsausschnitt in unzugänglichem Gelände, wurde Hellfire-Pass (Höllenpass) getauft. Eine Gedenkstätte (S. 203) erinnert heute an die Geschehnisse dort.

Aufgrund des bergigen Geländes wurden entlang der Strecke 688 Brücken gebaut. Die meisten waren Gerüstbrücken aus Holz, beispielsweise die oft besuchteTham Krasae. Die Brücke, die sich nahe der Stadt Kanchanaburi über den Fluss „Kwai“ spannt, erhielt den Beinamen Death Railway Bridge (S. 193) – sie war die einzige Stahlbrücke in ganz Thailand (in Birma gibt es sieben). Sie wurde von den Alliierten mehrfach bombardiert, aber die Kriegsgefangenen mussten sie immer wieder aufbauen. Als sich im Krieg das Blatt wendete, wurde die Eisenbahn zur Fluchtroute für die japanischen Truppen.

Auf thailändischer Seite übernahm die State Railway of Thailand (SRT) die Leitung und unterhält noch immer Züge auf der 130 km langen Originalstrecke zwischen Nong Pladuk, südöstlich von Kanchanaburi, und Nam Tok.

Chung Kai War Cemetery FRIEDHOF

(สุสานทหารพันธมิตรช่องไก่; Nong Ya; ⌚7–18 Uhr) GRATIS Der Chung Kai Cemetery ehrt 1400 Commonwealth- und 300 holländische Soldaten. Er ist kleiner und wird weniger besucht als der Kanchanaburi War Cemetery (S. 193) in der Stadt, ist aber genauso gepflegt. Hier befanden sich einst die größten Kriegsgefangenenlager der Alliierten. Die Gefangenen bauten ihr eigenes Krankenhaus und eine Kirche in der Nähe. Die meisten, die hier begraben liegen, starben in dem Krankenhaus.

Der Friedhof befindet sich in der Nähe des Flusses, 2,5 km südwestlich der Wat-Neua-Bücke, Hierher gelangt man leicht mit dem Fahrrad.

Aktivitäten

Geführte Touren, Wandern & Trekken

Geführte Touren sind eine praktische Art und Weise, die wichtigsten Sehenswürdigkeiten außerhalb der Stadt zu besuchen. Für alle, die in einer kleinen Gruppe unterwegs sind, könnte es jedoch günstiger sein, einen eigenen Fahrer anzuheuern und die Attraktionen auf eigene Faust zu erkunden. Tagesausflüge kosten in der Regel 800 bis 1100 B pro Person und beinhalten normalerweise die Eintrittsgebühren zu den Sehenswürdigkeiten und ein Mittagessen. Kanchanaburi ist reich an Naturschätzen, und viele Standardtouren beinhalten auch Bambus-Rafting-Touren und kurze Dschungelwanderungen.

Viele Veranstalter bieten ähnliche Touren an. Einer der beliebtesten Ausflüge ist eine Tagestour zu den Erawan-Wasserfällen (S. 202), zum Hellfire Pass Memorial (S. 203) und zu der „Holzbrücke" der Todeseisenbahn am Tham-Krasae-Viadukt. Abenteuerlichere Optionen – z. B. Radtouren und Dschungeltreks mit Übernachtungen in einem Karen-Dorf – können ebenfalls organisiert werden, wenn genug Leute Interesse haben. Als Faustregel gilt: Je weiter nach Norden man reist, desto wilder wird die Gegend. Die genannten Preise können oft noch nachverhandelt werden. Ausflüge werden manchmal storniert, falls nicht genug Leute interessiert sind, deshalb sollte man sich vor der Buchung genau erkundigen.

AS Mixed Travel (☎ 034 512017; www.applenoikanchanaburi.com/a-s-mixed-travel; Apple's Retreat; ab 950 B/Pers.), **Good Times Travel** (☎ 034 624441, 081 913 7758; www.good-times-travel.com; Th Mae Nam Khwae; Tagestour ab 800 B/Pers.; ⌚ Öffnungszeiten variieren) und **Toi's Tours** (☎ 081 856 5523, 034 514209; Th Mae Nam Khwae; Tagestour ab 890 B/Pers.; ⌚ Öffnungszeiten variieren) sind Agenturen mit gutem Ruf für Exkursionen rund um Kanchanaburi, aber es gibt noch viele andere (vor allem in der Th Mae Nam Khwae). Aufgepasst: Viele Elefantenritte, von denen wir abraten (!), sind in Kultur- oder anderen Outdoor-Touren enthalten. Man sollte sich das Programm genau anschauen, bevor man bucht, und klarstellen, dass man keine Lust hat, an dieser unschönen Praxis teilzunehmen.

Für einen tiefen Einblick in die Geschichte des Krieges und der Eisenbahn kann das Thailand–Burma Railway Centre (S. 193) halbtägige bis einwöchige Touren in und um Kanchanaburi organisieren. Infos gibt es auf der Website (unter „Railway Pilgrimages").

Kajakfahren

River Kwai Canoe Travel Services KAJAKFAHREN

(☎ 087 001 9137, 086 168 5995; riverkwaicanoe@yahoo.com; 11 Th Mae Nam Khwae; ⌚ Öffnungszeiten variieren) Teilnehmer werden aus der Stadt gebracht, sodass sie dorthin zurückpaddeln können. Die dreistündige, 15 km lange Tour (500 B/Pers.) ist die beliebteste, aber es gibt auch längere und kürzere Paddelausflüge.

Der Veranstalter bietet außerdem Elefantenritte, von denen wir aus Tierschutzgründen abraten.

Kurse

Apple & Noi Thai Cooking (☎ 034 512017; www.applenoikanchanaburi.com/apple-noi-cooking; Apple's Retreat; 1990 B/Pers.; ⌚ nach Vereinbarung) Einen Tageskurs in dieser freundlichen **Pension** (☎ 062 324 5879, 034 512017; www.applenoikanchanaburi.com; 153/4 Mu 4, Ban Tamakham; DZ/2BZ inkl. Frühstück 990 B; P ❄ 📶) am Fluss mit Restaurant sollte man im Voraus buchen.

Ons Thai-Issan (S. 200) ist ein vegetarisches Restaurant, das informelle zweistündige Kochkurse für 600 B anbietet.

Schlafen

Reisende zieht es normalerweise in eine der vielen Unterkünfte an der Th Mae Nam Khwae. Budget- und Mittelklasseoptionen gibt es am oder auf dem Fluss. Die besten Resorts befinden sich in der Umgebung (da empfiehlt sich ein Auto).

ETHISCH KORREKTE BEGEGNUNGEN MIT ELEFANTEN

Leider gibt es um Kanchanaburi einige Anbieter, die Elefantenritte anbieten, und viele Pensionen und Reisebüros empfehlen sie. Aus Tierschutzgründen raten wir von solchen Ritten dringend ab. Es lohnt sich, sich zu erkundigen, ob ein Ort, der als Elefantenschutzrevier ausgewiesen ist, nicht in Wahrheit ein etwas aufgehübschter Veranstalter von Elefantenritten ist.

Man kommt aber auch anders an die liebenswerten Dickhäuter heran: **Elephant Haven** (☎ 053 272855; www.elephantnaturepark.org; Sai Yok; halber/ganzer Tag 1500/2500 B; ⌚ nach Vereinbarung), einen Tagesausflug von Kanchanaburi oder Nam Tok entfernt, bietet Besuchern die Möglichkeit, Reisbälle vorzubereiten und per Hand an die Elefanten zu verfüttern – und sie so in ihrer natürlichen Umgebung im Wald zu erleben und ihnen bei einem Flussbad zuzusehen. Die Mitarbeiter behandeln diese intelligenten Geschöpfe, die zum größten Teil von Veranstaltern von Elefantenritten gerettet oder von diesen hierher in den Ruhestand überführt wurden, mit Sorgfalt und Liebe. Tagesausflüge beinhalten ein Mittagessen, Erfrischungen und den Transport von bzw. nach Kanchanaburi.

INSIDERWISSEN

SEI KEIN BÜFFEL!

Der Film *Die Brücke am Kwai* (1957) machte den Fluss weltweit berühmt, hinterließ jedoch auch eine ganze Generation, die seinen Namen falsch aussprach. Richtig heißt der Fluss Khwae (klingt wie das englische *square* ohne „s" und „r"), nicht Kwai (wie das englische *why*). Spricht man den Fluss aus wie im Film, spricht man in Wahrheit von einem Flussbüffel, was Thais sehr amüsant finden.

Während des Krieges führte die Brücke auch gar nicht über den Khwae. Obwohl die Eisenbahn auf dem Großteil ihrer Strecke am Fluss entlangfährt, spannte sich die Brücke tatsächlich über den Mae Khlong – Pierre Boulle hat sich geirrt, als er sein Buch schrieb.

Nach dem Film (er wurde in Sri Lanka gedreht, und die Brücke hat keinerlei Ähnlichkeit mit der echten) kamen immer mehr Touristen nach Kanchanaburi, um die Brücke zu besichtigen. Um Verwirrung und Enttäuschungen zu vermeiden, wurde Mae Khlong 1960 offiziell in Khwae Yai (*yai* bedeutet „groß") umbenannt.

In der Stadt

Blue Star Guest House PENSION $

(☎034 512161, 064 984 4329; www.bluestar-guesthouse.com; 241 Th Mae Nam Khwae; DZ mit Ventilator/Klimaanlage 350/450 B, Bungalow 550–750 B; P❄📶) Die Natur erobert sich die Hütten am Wasser Stück für Stück zurück. Die Pension bietet einfache Zimmer und strohgedeckte Hütten und solidere Unterkünfte in Bungalows. Die Dschungelatmosphäre und die freundlichen Mitarbeiter machen diese familienbetriebene Pension zu einer der besten Budgetoptionen in der Stadt.

Sugar Cane 2 Guesthouse PENSION $

(☎034 514988; Th Cambodia; DZ mit Ventilator/Klimaanlage 300/550 B; P❄📶) Auch wenn man das Gefühl hat, sich auf dem Land zu befinden: Das Sugar Cane 2 liegt nur zehn Minuten zu Fuß entfernt von den Restaurants und Bars an der Th Mae Nam Khwae. Die Pension könnte eine Renovierung vertragen, aber sowohl die Zimmer am Ufer als auch die Zimmer auf den Bambusflößen bieten ein gutes Preis-Leistungs-Verhältnis.

★ **Sabai@Kan** RESORT $$

(☎034 521559; www.sabaiatkan.com; 317/4 Th Mae Nam Khwae; DZ inkl. Frühstück 1400–1700 B, 3BZ 2100 B; P❄📶🏊) Freundliches und tadellos geführtes Boutique-Resort mit modernen Zimmern in Crème- und Mahagoni-Tönen um einen Swimmingpool. Die Zimmer haben riesige Fenster mit Blick auf den hübschen Garten am Pool. Obwohl sich das Resort in der Nähe des Touristenviertels befindet, hat man das Gefühl, dem ganzen Trubel entkommen zu sein.

Pong Phen PENSION $$

(☎034 512981; www.pongphen.com; Soi Bangladesh, Th Mae Nam Khwae; DZ inkl. Frühstück 650–1300 B, 3BZ 1300 B; P❄📶🏊) Pension mit Blick auf den Fluss und Mitarbeitern, die Gäste herzlich empfangen und alles organisieren können, von Motorrädern (200 B) bis zu geführten Touren: Das Pong Phen ist ein Allround-Talent. Die billigeren Zimmer sind tadellos sauber, wenngleich auch etwas zu beige; die teureren Zimmer sind geschmackvoll eingerichtet, mit polierten Holz- oder Fliesenböden ausgestattet, und bieten Ausblick auf den Fluss.

Ploy Guesthouse PENSION $$

(☎090 964 2653; www.ployresorts.com; 79/2 Th Mae Nam Khwae; DZ 680–1400 B, FZ 1850–2200 B, inkl. Frühstück; P❄@📶🏊) Diese elegante Pension bietet Zimmer im klassischen Stil mit cremefarbenen Wänden und dunklen Holzmöbeln. Die besten Zimmer sind die im Cottage-Stil mit Himmelbetten aus Bambus. Die Veranda hinten ist einer der schönsten Orte der Stadt, um am Fluss zu entspannen.

Tara Raft PENSION $$

(☎092 829 9419; www.tararoom.com; Th Rong Hip Oi; DZ & 2BZ 600–900 B; ❄📶) Obwohl sie nur 300 m vom geschäftigen Treiben auf der Th Mae Nam Khwae entfernt ist, herrscht an der Rong Hip Oi eine ganz andere Atmosphäre: friedlich und sehr lokal. Das Tara könnte etwas mehr Charakter haben, aber es bietet mit Abstand die besten Floßzimmer der Stadt (ab 700 B): Sie sind hell und hübsch eingerichtet und haben sogar einen Minikühlschrank und einen Safe.

Baan Ma Feung PENSION $$

(☎034 511090; www.facebook.com/baanmafeung; Th Saengchuto; DZ ab 650 B; ❄📶) In einer abgeschiedenen Ecke und ausgestattet mit einem kleinen Garten, bietet das Baan Ma Feung gemütliche und saubere Zimmer – eine nette Überraschung. Die Pension liegt nur 500 m vom Busbahnhof entfernt, wenngleich auch ein bisschen weit vom Fluss und dem Backpackergetümmel auf der Th Mae Nam Khwae.

★ Good Times Resort HOTEL $$$
(☎090 143 4925; www.good-times-resort.com; 265/5 Th Mae Nam Khwae; DZ inkl. Frühstück 1250–2700 B; P ❄ 📶 🏊) Diese palmengesäumte Flussoase beherbergt farbig dekorierte, lichtdurchflutete Zimmer. Die superfreundlichen Mitarbeiter sorgen für saubere Zimmer und geben viele Tipps; dank Besonderheiten wie einem Waschdienst und Schließfächern kriegen Traveller einen freien Kopf. Eine ausgezeichnete Wahl!

River Kwai Bridge Resort RESORT $$$
(☎034 514522; www.riverkwaibridgeresort.com; 8 Th Vietnam; DZ inkl. Frühstück 1500–1950 B; P ❄ 📶 🏊) Dieses Gartenresort befindet sich in fußläufiger Entfernung zur Death Railway Bridge (S. 193; vom **Restaurant** hat man einen Blick auf die eine Hälfte der Brücke). Das Resort ist nicht mehr ganz neu, aber die Zimmer und Bungalows sind sauber und bequem, und man wird von einem Froschchor in den Schlaf gequakt.

Bridge Residence HOTEL $$$
(☎034 515001; www.thebridgeresidence.com; 263/6 Th Mae Nam Khwae; DZ inkl. Frühstück ab 2600 B; P ❄ 📶 🏊) In der Bridge Residence sorgen monochrome Wände, geschmackvolle Möbel und Top-Annehmlichkeiten (Safe, Minibar, Kühlschrank) dafür, dass sich die gut betuchten Gäste stilvoll untergebracht fühlen. Die Qualität von Service und Frühstück variieren, aber die Zimmer sind sehr elegant und mit herrlich bequemen Betten ausgestattet.

Außerhalb der Stadt

★ Ban Sabai Sabai PENSION $$
(☎089 040 5268; www.bansabaisabai.com; 102/3 Mu 4, Nong Bua; DZ 400–800 B, FZ ab 1650 B; P ❄ 📶) Diese freundliche Pension auf dem Land, 7 km westlich der Stadt am Hwy 323, macht ihrem Namen alle Ehre: „Haus der Entspannung". Die Zimmer um einen Blumengarten sind einfach, aber gepflegt und mit Fliesen ausgestattet. Die Gastgeber organisieren alles, was man will, von Kochkursen bis zum Weitertransport.

Man kann im Voraus darum bitten, in der Stadt abgeholt zu werden, aber wer ein paar Tage bleibt, sollte für einen eigenen fahrbaren Untersatz sorgen.

★ Oriental Kwai Resort RESORT $$$
(☎616 730670; www.orientalkwai.com; 194/5 Mu 1, Tambon Lat Ya; Cottage inkl. Frühstück 2800–4900 B; ❄ 📶 🏊) Dieses Resort unter thai-niederländischer Leitung bietet eine exklusive Atmosphäre. Die vier Cottages in einem halbwilden Garten sind üppig mit thailändischen Skulpturen und Stoffen ausgestattet und haben ochsenblutfarbene Wände. Zu den Annehmlichkeiten gehören Kühlschränke und Flachbild-TVs. Zwei Cottages sind auf Familien ausgelegt und bieten Platz für bis zu sechs Personen. Das Resort befindet sich 13 km nordwestlich der Stadt, fast 2 km abseits der Straße zum Erawan Nationalpark (S. 202).

X2 River Kwai RESORT $$$
(☎034 552124; www.X2resorts.com; 138 Mu 4, Nong Ya; Suite inkl. Frühstück 3500–12 400 B; P ❄ 📶 🏊) Freundliche Mitarbeiter und viel Wasser dominieren in diesem schicken Resort an einem idyllischen Flussabschnitt 10 km südwestlich der Stadt. Das X2 bietet fantastische Designer-Zimmer mit schieferverzierten Wänden und moderner Kunst. Die Hütten sind besonders toll: Jede hat deckenhohe Fenster und eine private Dachterrasse zum Sonnen (die „Luxus"-Hütten verfügen über Kajaks für ihre Bewohner).

Essen

Besucher sollten Kanchanaburi nicht verlassen, ohne in einem der charmanten Flussrestaurants gegessen zu haben. Die Qualität der Lokale in der Th Mae Nam Khwae variiert, auf jede Touristenfalle kommt ein sehr gutes Restaurant. Hier findet man außerdem eine Fülle an Angeboten für den westlichen Gaumen, z. B. englisches Frühstück, australische Pies und italienische Pizzas. Eine authentische Option ist das **JJ Market** (Th Saengchuto; Snacks ab 15 B; ⏲17.30–22 Uhr).

★ Blue Rice THAI $
(www.applenoikanchanaburi.com; 153/4 Mu 4, Ban Tamakahm; Hauptgerichte ab 135 B; ⏲12–14 & 18–22 Uhr; P 📶 🖉) Meisterhafte Gewürzmischungen, eine kreative Karte und friedvolle Blicke auf den Fluss machen das Blue Rice zu einem der beliebtesten Restaurants in Kanchanaburi. Das Massaman-Curry, die Spezialität des Hauses, ist perfekt zubereitet. Auf der Karte stehen darüber hinaus viele neu interpretierte thailändische Klassiker, beispielsweise *yam sôm oh* (Pomelosalat) und Hühnchen-Kokosnusssuppe mit Bananenpflanzen. Das namensgebende Reis-

gericht ist mit Erbsen-Wicke-Blütenblättern verziert.

★ On's Thai-Issan VEGETARIISCH $

(☎ 087 364 2264; www.onsthaiissan.com; Th Mae Nam Khwae; Hauptgerichte ab 70 B; ⏲ 12–22 Uhr; ❄ ✎) Dieses ungezwungene Restaurant serviert vegetarische und vegane Gerichte im Isaan-Stil und neu aufgelegte thailändische Klassiker aus ausschließlich pflanzenbasierten Zutaten. Dazu wird brauner Reis serviert. Zu den zahlreichen Optionen gehören Bananenblütensalat, Ingwertofu und Morning Glory (pfannengebratenes Blattgemüse). Die Gerichte werden vor den Augen der Gäste auf Stövchen im Freien zubereitet und in großzügigen Portionen serviert.

★ Keeree Tara THAI $$

(☎ 034 513855; www.facebook.com/keereeTara; 431/1 Th Mae Nam Khwae; Hauptgerichte 150–400 B; ⏲ 11–23 Uhr) Das edle Flussrestaurant befindet sich weiter flussaufwärts, abseits des Trubels rund um die Brücke. Hier wird gehobene thailändische Küche serviert, z.B. Ente mit Lilienblüten und saftiger Wels mit rotem Curry. Noch hungrig? Zu den thailändischen Desserts gehören *đa·go peu·ak* (Taroperlen in Kokosnussmilch), französisch inspirierte Kuchen und weiße Mousse au Chocolat.

Library Cafe DESSERTS $$

(☎ 034 514300; Soi Singapore, Th Mae Nam Khwae; Süßes ab 170 B; ⏲ 9–22.30 Uhr; ❄ 📶) Das Café ist unfassbar teuer verglichen mit den Märkten in Kanchanaburis, aber ein Teller mit *bingsu* (gehobeltem Eis nach koreanischer Art) im üppig grünen Ambiente des Cafés ist eine sündige Freude. Die großzügige Portion *bingsu* wird mit Mango, Schokoladen-Brownies, roten Bohnen und mehr garniert.

Ausgehen & Nachtleben

Traveller und Auswanderer verbringen ihre Abende entlang der Th Mae Nam Khwae, in der sich eine Bar an die nächste reiht. Viele sind mit Billardtischen ausgestattet und zeigen Sportübertragungen (insbesondere die zahlreichen australischen und britischen Bars). Für die Mutigen bieten die Straßenbars hier Schnäpse für 10 B pro Stück.

In der Th Song Khwae, am Fluss im Stadtzentrum, gibt es mehrere Bars, in den meisten geht der Spaß erst spätabends los.

★ 10 O'Clock CAFÉ

(Abseits der Th Mae Nam Khwae; ⏲ 10–22 Uhr; 📶) Flankiert von einem Springbrunnen, der ebenso gut in einem venezianischen Palast stehen könnte, bietet das 10 O'Clock (das seinen Namen seinen Öffnungszeiten zu verdanken hat) Außentische unter schattenspendenden Bäumen. In dem mit Uhren geschmückten Café gibt es Maracuja-Frappés und guten Kaffee; dazu hört man Tastenklacken, weil sich die Gäste über das kostenlose WLAN freuen.

★ Sitthisang CAFÉ

(Th Pakprak; ⏲ 8–18 Uhr; 📶) In dem schlüsselblumengelben Gebäude in der geschichtsträchtigen Heritage Walking Street (S. 194) kann man bei einer Tasse gutem Kaffee und einem leckeren Stück Gebäck in Geschichte schwelgen. Das Haus aus dem Jahr 1920 gehört seit Generationen derselben Familie und ist eines der am besten erhaltenen Gebäude in dieser geschichtsträchtigen Straße.

Sugar Member BAR

(Th Mae Nam Khwae; ⏲ 18 Uhr–spätabends) „Trinken! Betrinken! Tanzen!", drängt das Schild über dem Sugar Member, und die Gäste folgen der Aufforderung nur zu gern. Die klassische Backpacker-Bar mit Reggae-Motiv und freundlichen Mitarbeitern versorgt ihre Gästen die ganze Nacht lang mit Whiskey-Eimern.

ℹ Praktische Informationen

EINWANDERUNG

Einwanderungsbehörde (☎ 034 564279; www.kan-immigration.com; Hwy 3429; ⏲ Mo–Fr 8.30–12 & 13–16.30pm) Hier kann man Visa verlängern lassen.

GELD

Die meisten Banken befinden sich in der Th Saengchuto nahe dem Busbahnhof. Drei Wechselstuben vor dem WW II Museum (S. 194) haben zu den normalen Geschäftszeiten geöffnet.

MEDIZINISCHE VERSORGUNG

Apotheke (Th Mae Nam Khwae; ⏲ 9–22 Uhr) Verkauft rezeptfreie Medikamente – und ja: Moskitospray.

Thanakarn-Krankenhaus (☎ 034 622366; abseits der Th Saengchuto) Dieses Krankenhaus ist am besten auf Ausländer eingestellt.

NOTFALL

Polizei (☎ 034 621040; Ecke Th Saengchuto & Th Lak Meuang)

Touristenpolizei (☎ 034 512795; Th Saengchuto)

Touristenpolizeistand (⏲ 9–16 Uhr) Nahe der Death Railway Bridge (S. 193).

POST

Hauptpost (Th Saengchuto; ⌚ Mo–Fr 8.30–16.30, Sa & So 9-12 Uhr)

TOURISTENINFORMATION

Tourism Authority of Thailand (TAT; ☎ 034 511200; www.tourismthailand.org/Kanchanaburi; Th Saengchuto; ⌚ 8.30–16.30 Uhr) Bietet kostenlose Karten der Stadt und Provinz sowie Busfahrpläne.

ℹ An-& Weiterreise

BUS

Kanchanaburis **Busbahnhof** (☎ 034 515907; Th Lak Meuang) befindet sich im Stadtzentrum gleich abseits der Th Saengchuto; mittlerweile fahren aber mehr Minivans als Busse (nicht vergessen: Bei einer Minivanfahrt muss man für große Rucksäcke oder Taschen eine zusätzliche Fahrkarte kaufen). Wer nach Ayutthaya will, muss zuerst nach Suphanburi fahren. Richtung Süden geht's schneller, in Ratchaburi statt in Bangkok umzusteigen, aber es fahren nur alte Busse ohne Klimaanlage dorthin. Minivans nach Bangkok fahren bis 22 Uhr ab.

Es gibt auch Minivans nach Bangkok, die auf Traveller ausgerichtet sind. Diese holen Passagiere in der Th Mae Nam Khwae ab. Fahrkarten werden in Dutzenden Geschäften verkauft und kosten 20 bis 60 B pro Person. Im Gegensatz zu den Gefährten, die am Busbahnhof abfahren, bieten diese Minivans direkte Verbindungen zum Suvarnabhumi Airport (500 B, 3 Std.) und nach Ayutthaya (400 B, 3½ Std.).

ZUG

Kanchanaburi liegt an der Eisenbahnlinie Bangkok Noi–Nam Tok (Züge halten nicht am Bahnhof Hualamphong), die auch eine Teilstrecke der Death Railway umfasst. Die SRT bewirbt die Strecke als historische Route und verlangt von Ausländern 100 B für jede einfache Fahrt, unabhängig von der Länge. Die Züge sind 3.-Klasse-Züge, sprich: Es gibt Holzbänke und keine Klimaanlage, und man sollte nicht erwarten, dass sie pünktlich fahren. Wer einen Tagesausflug nach Kanchanaburi plant und nur wenig Zeit hat, sollte lieber den Bus nehmen.

Der interessanteste Teil der Reise beginnt hinter Kanchanaburi, wenn der Zug die Death Railway Bridge (S. 193) überquert und in den Bahnhof Nam Tok einfährt (2 Std., Abfahrt ab Kanchanburis Hauptbahnhof (☎ 034 511285) um 6.07, 10.35 & 16.26 Uhr), in der Nähe des Hellfire-Pass (S. 203). Die meisten, die von Kanchanaburi nach Nam Tok reisen, steigen an dem kleinen **Bahnhof** neben der Death Railway Bridge in den Zug. Um sicherzugehen, dass man einen Sitzplatz ergattert (die linke Zugseite gewährt die beste Aussicht), sollte man deshalb in der Stadt einsteigen. Eine weitere Option ist ein „Spezialwagen". Touranbieter in der Nähe der Brücke verkaufen für 300 B ein Paket, das ein Kissen, einen Snack und einen garantierten Sitzplatz beinhaltet.

Züge nach Bangkok Noi (3 Std.) fahren um 7.19 und 14.48 Uhr ab.

ℹ Unterwegs vor Ort

FAHRRAD & MOTORRAD

Pensionen und Geschäfte entlang der Th Mae Nam Khwae vermieten Motorräder für ca. 200 B pro Tag, Fahrräder gibt's ab 50 B pro Tag.

ÖFFENTLICHE VERKEHRSMITTEL

Motorradtaxis, viele mit Beiwagen, in den mehrere Personen und große Gepäckstücke passen, sind viel praktischer als *túk-túks* (Sprich: *đúk đúk*). Eine Fahrt vom Busbahnhof in die Hotelgegend dürfte 50 B kosten.

VERKEHRSMITTEL AB KANCHANABURI

ZIEL	PREIS (B)	DAUER (STD.)	HÄUFIGKEIT
Bangkok, Khao San Rd	120	2½	häufig (Minivan)
Bangkok, Nordbusbahnhof (Mo Chit)	100–150	2½	häufig (Minivan)
Bangkok, Südbusbahnhof (Sai Tai Mai)	100	2½	alle 20 Min. (Minivan)
Chiang Mai	594	10–11	3-mal tgl. (8.30, 18, 19 Uhr)
Hua Hin	220	3½	alle 2 Std. (5–18 Uhr)
Nong Khai	495–829	11	1-mal tgl. (19 Uhr)
Ratchaburi	50	2½	alle 20 Min.
Sangkhlaburi (via Thong Pha Phum)	145–175	3½–5	alle 30 Min. (7–17 Uhr)
Suphanburi	48–65	2½	alle 30 Min.

GRENZÜBERGANG NACH MYANMAR: VON PHU NAM RON NACH HTEE KHEE

Dieser Grenzübergang ist etwas abenteuerlich. An der Grenze sind keine Visa für Myanmar erhältlich.

Anreise zur Grenze Es gibt täglich etwa sechs Busse (70–80 B, 2 Std.) und Minivans (100 B, 1½ Std.), die ab 9 Uhr vom Busbahnhof Kanchanaburi (S. 201) direkt zur Grenze fahren. Wer früh aufbricht, kann es in einem Tag nach Dawei schaffen, aber falls nötig, gibt's auch Pensionen in Phu Nam Ron.

An der Grenze Nachdem man in Thailand seinen Ausreisestempel erhalten hat, kann man auf einen der Shuttle-Busse (50 B) warten oder mit einem Motorradtaxi zur Einwanderungsbehörde Myanmars fahren. Die Formalitäten sind unkompliziert, wenn sie auch auf beiden Seiten ein bisschen langsam vonstatten gehen.

Weiterreise Nicht weit von der Einwanderungsbehörde wird man an Minivan-Fahrer verwiesen, die einen für 800 B pro Nase nach Dawei bringen, aber der Preis ist manchmal verhandelbar. Die Fahrt dauert fünf Stunden und führt durch wunderschöne Berglandschaft nach Dawei, größtenteils auf einer unbefestigten und manchmal sehr holprigen Straße – aber Verbesserungen sind geplant.

Gelbe und blaue *sŏrng·tăa·ou* (Geländewagen) fahren für 10 B pro Passagier die Th Saengchuto auf und ab (am Friedhof aussteigen, um in die Hotelgegend zu kommen!). Man kann am Westrand des Busbahnhofs (S. 201) einsteigen. Orangefarbene *sŏrng·tăa·ou* dienen eher als Taxis, als auf ihren regulären Routen zu verkehren.

SCHIFF/FÄHRE

Longtail-Boote können nahe der Death Railway Bridge (S. 193) und dem JEATH War Museum (S. 193) gechartert werden. Das Standardprogramm umfasst eine eineinhalbstündige Tour zum Chung Kai War Cemetery (S. 196), zum Wat Tham Khao Pun (S. 195) und – je nachdem, wo sie beginnt – entweder zur Brücke oder zum Museum. Der Fixpreis für bis zu sechs Personen beträgt 800 B, ist aber mitunter verhandelbar.

Rund um Kanchanaburi

Die Hauptattraktionen rund um Kanchanaburi könnte man an einem Tag besichtigen, wenn man durchhetzt, aber man braucht mindestens zwei Tage um ihnen gerecht zu werden. Alle außer Muang Sing sind leicht mit öffentlichen Verkehrsmittel zu erreichen. Wer am Wochenende eine Nacht in einem Nationalpark verbringen möchte, sollte im Voraus buchen.

Erawan National Park

อุทยานแห่งชาติเอราวัณ

★ **Erawan Nationalpark** NATIONALPARK
(☎034 574222; Erw./Kind 300/200 B, Auto/Motorrad 30/20 B; ⏰8–16.30 Uhr; P) Ein Bad in den himmelblauen Becken unterhalb der **Erawan-Wasserfälle** ist das Highlight in diesem 550 km² großen Park. Der siebenstufige Wasserfall donnert durch den Wald in die Tiefe, und das Baden unterhalb dieses kristallklaren Wasserfalls ist bei Einheimischen ebenso beliebt wie bei Besuchern. Die ersten drei Stufen erklimmt man leicht; wer weiter hinauf möchte, braucht jedoch Wanderschuhe und Ausdauer, um die 2 km lange, steile Wanderung zu bewältigen (die Anstrengung lohnt sich aber, um den Besuchermassen in den ersten beiden Becken zu entgehen).

Wasserratten sollten Badesachen (und ein T-Shirt) mitbringen und nicht vergessen, dass sie den Badebereich mit einer Armee knabbernder Fische teilen. Darüber hinaus haben Affen schon das eine oder andere Kleidungsstück der badenden Besucher entführt. Auf Ebene vier gibt es eine natürlich Steinrutsche und auf Ebene sechs die wenigsten Badegäste. Buggys (Erw./Kind 30/15 B) fahren Besucher mit eingeschränkter Mobilität zur ersten Stufe. Picknickfans sollten darauf achten, dass Essen und Getränke nicht auf Stufe drei und die darüberliegenden Stufen mitgenommen werden dürfen. Wasserflaschen sind erlaubt, aber um die Vermüllung zu vermeiden, werden Besucher gebeten, ihre Flaschen zu registrieren und 20 B Pfand zu hinterlassen (die bekommt man auf den Rückweg zurück, wenn man seine Wasserflasche vorzeigt).

Andernorts im Park befindet sich die **Tham Phra That** (ถ้ำพระธาตุ; ⏰8–16 Uhr; P), eine Höhle mit verschiedenen glänzenden

Kalksteinformationen. Geologen finden die Höhlen aufgrund einer deutlich sichtbaren Verwerfungslinie interessant. Man sollte das **Besucherzentrum** (☎ 034 574222; http://portal.dnp.go.th/; ⏰ 8–16 Uhr) kontaktieren, ehe man die 12 km lange Fahrt beginnt, ein Führer wartet dann mit einer Petroleumlampe. Es gibt mehrere weitere fantastische Höhlen im Park, aber diese sind gegenwärtig für Besucher geschlossen.

Der Park wurde nach Erawan benannt, dem dreiköpfigen Elefanten aus der Hindu-Mythologie, dem die oberste Stufe des Wasserfalls angeblich ähnlich sieht. Laubmischwald bedeckt über 80 % des Parks, aber es gibt auch trockene immergrüne Wälder und trockene Dipterocarp-Wälder sowie große Bambuswälder. Tiger, Elefanten, Sambare, Gibbons, Rote Riesengleithörnchen, Königskobras und Nashornvögel leben in dem Park, rund um den Wasserfall und auf den wenigen Wegen im Park sind sie jedoch nicht zu sehen.

Am Besucherzentrum beginnt der einstündige **Mong Lay Dry Trail**; wer etwas Anspruchsvolleres sucht, sollte den 5 km langen **Khao Hin Lan Pee Trail** in Angriff nehmen, eine dreistündige Wanderung, die zur fünften Stufe des Wasserfalls führt.

Park-**Bungalows** (☎ 02 562 0760; www.dnp.go.th; Bungalow 800–4000 B) bieten zwei bis acht Personen Platz. Für 150 bis 300 B kann man ein Zelt mieten, mit eigenem Zelt fällt eine Gebühr von 30 B an.

Ab Kanchanaburi fahren die Busse (50 B, 1½ Std.) stündlich von 8 bis 17 Uhr und zwar direkt zum Besucherzentrum. Der letzte Bus zurück in die Stadt fährt um 16 Uhr und ist am Wochenende proppenvoll. Kundenfänger versuchen am Busbahnhof, die Besucher zu überreden, einen privaten Fahrer anzuheuern statt den Bus zu nehmen, aber das ist nicht nötig.

Hellfire Pass Memorial ช่องเขาขาด

★Hellfire Pass Memorial MUSEUM
(☎ 034 919605; Hwy 323; ⏰ Museum 9–16 Uhr, Gelände 7.30–18 Uhr; P) GRATIS Ein bewegendes Museum und ein Erinnerungspfad zollen all

DIE REGION KANCHANABURI IN ...

... zwei Tagen

Los geht's in Kanchanaburi (Stadt), wo man im **Thailand-Burma Railway Centre** (S. 193) und auf dem nahe gelegenen **Kanchanaburi War Cemetery** (S. 193) in die Geschichte des Zweiten Weltkrieges eintauchen kann. Danach folgen ein Spaziergang über die charmante **Heritage Walking Street** (S. 194) und ein Mittagessen am Fluss im schicken **Keeree Tara** (S. 200) neben der **Death Railway Bridge** (S. 193).

Am zweiten Tag nimmt man den Bus zum **Erawan National Park**. Sein siebenstufiger Wasserfall geht in türkisfarbene Becken über, in denen man Baden kann. Je höher man klettert, desto weniger Besucher trifft man. Zurück in Kanchanaburi kann man in der Th Mae Nam Khwae von Bar zu Bar tingeln.

... vier Tagen

Am dritten Tag geht es frühmorgens los ins abgelegene **Sangkhlaburi** (S. 209). Wer es geschickt anstellt, kann einen Stopp am **Hellfire Pass Memorial** einlegen; in der Nähe fahren die Busse nach Sangkhlaburi ab. Im Ort kann man von der berühmten **Saphan Mon** (S. 209) aus den Sonnenuntergang bewundern.

Am vierten Tag genießt man eine morgendliche **Bootstour** (S. 209) im Nebel und macht sich dann auf zur **Baan Unrak Bäckerei** (S. 212), wo man vegane Köstlichkeiten vertilgen und lokales Kunsthandwerk kaufen kann.

... einer Woche

Am fünften Tag geht's über **Thong Pha Phum** (S. 208) weiter zum charmanten Dorf **E-Thong** (S. 208). Übernachtet wird heimelig bei einer Gastfamilie.

Am sechsten Tag stoppt man auf dem Rückweg nach Thong Pha Phum in dem noch wenig erkundeten **Thong Pha Phum National Park** (S. 207) und übernachtet in einem **Baumhaus** (S. 207).

Am letzten Tag mietet man sich in einem Flussresort (S. 206) nahe Nam Tok (S. 206) ein, um sich herrlich zu entspannen, ehe es zurück ins geschäftige Kanchanaburi geht.

Kanchanaburi (Provinz)

jenen Respekt, die beim Bau der Thailand-Burma-Eisenbahn im Zweiten Weltkrieg starben. Der Besuch beginnt im Museum, in dem kostenlose Audioguides zur Verfügung stehen, aus denen detaillierte historische Einzelheiten und faszinierende Geschichten von Überlebenden tönen. Anschließend kann man hinter dem Museum zu einem Pfad hinuntersteigen, der dem ursprünglichen Schienenbett folgt. Der berüchtigte Einschnitt, der als Hellfire-Pass bekannt ist, war der größte der gesamten Eisenbahnstrecke und der tödlichste für die Arbeiter, die ihn in den Felsen schlagen mussten.

Der bei den Einheimischen als Konyu Cutting bekannte 600 m lange Abschnitt verdiente sich seinen Spitznahmen Hellfire (Höllenfeuer) nach der letzten „Hochgeschwindigkeitsbauperiode", während der 500 Arbeiter in Schichten von 16 bis 18 Stunden pro Tag arbeiten mussten und sogar die Kranken gezwungen wurden, weiterzuarbeiten. Der Schein der brennenden Fackeln warf unheimliche Schatten auf die japanischen Wächter und die Gesichter der abgemagerten Gefangenen, sodass der Anblick angeblich an Dantes Inferno erinnerte. Während man an den imposanten Felswänden vorbeigeht, kann man hier und da Nägel erblicken, die aus der bearbeiteten Oberfläche herausstehen. Die Audioguides berichten von den Bedingungen, unter denen die Gefangenen leiden mussten.

Der komplette Spazierweg ist 4 km lang und endet am Compressor Cutting (3 Std.). Nach vorheriger Aussprache kann man sich in der Nähe der Hin Tok Station (1,5 km vor dem Compressor Cutting) abholen lassen.

Das Museum liegt 80 km nordwestlich von Kanchanaburi am Hwy 323 und ist mit Bussen in Richtung Sangkhlaburi und Thong Pha Phum (45–65 B, 2 Std., alle 30 Min.) zu erreichen. Der letzte Bus zurück nach Kanchanaburi fährt hier gegen 17 Uhr hier vorbei.

Muang Sing Historical Park

อุทยานประวัติศาสตร์เมืองสิงห์

Die restaurierten Ruinen der „Löwenstadt" im weitläufigen archäologischen **Muang Sing Historical Park** (☎ 034 591122; 100 B, Auto 50 B; ⏲ 8–16.30 Uhr) – einem Khmer-Außenposten aus dem 13. Jh. – sind von 880 m langen Lateritwänden eingefasst. Muang Sing liegt 40 km westlich von Kanchanaburi inmitten von Kalksteinhügeln und soll einst ein Umschlagplatz auf der Handelsroute entlang dem Mae Nam Khwae Noi gewesen sein. Die Ruinen (gedrungene mächtige Stadttore, Heiligtümer des Mahayana-Buddhismus) erinnern an den Bayon-Stil, einen dekorativen Khmer-Bildhauerstil aus dem 12. und 13. Jh.

Rund um die Mauer wurden außerdem Schutzwälle und Gräben hinzugefügt, die vor dem Haupteingang zu sehen sind. Die Teiche innerhalb der Mauer wurden wahrscheinlich für religiöse Zwecke genutzt.

Es gibt zwei große Hauptmonumente im Ort und die Überreste von zwei weiteren. Der wichtigste Schrein, **Prasat Muang Sing**, befindet sich im Zentrum und zeigt Richtung Osten (wie die meisten Angkor-Tempel). Im Inneren sind nachgebaute Statuen des achtarmigen Bodhisattva Avalokitesavara und der Göttin Prajnaparamita zu sehen; Letztere stand ursprünglich vermutlich in dem anderen großen Schrein.

NICHT VERSÄUMEN

LUXUS AM FLUSS

Zentralthailand bietet zahllose Resorts auf und Hotels am Fluss, aber die in Nam Tok sind am schicksten. Gäste gleiten auf Langbooten zum **River Kwai Resotel** (Buchen unter 02 642 5497, Hotel 081 734 5238; www.riverkwairesotel.net; 55 Mu 5, Tambol Wangkrajae; DZ inkl. Frühstück 1815–3300 B;) mit seinen strohgedeckten Chalets inmitten üppiger Gärten. Das Innere der Chalets ist wunderbar modern mit Bädern in Steinoptik. Drüben im Schwesterresort **FloatHouse** (02 642 5497; www.thefloathouseriverkwai.com; Wang Krachae; DZ inkl. Frühstück 5250–7300 B;) bewegen sich luxuriöse Bambuszimmer mit dem Flusswasser.

Beide Resorts sind nur mit dem Langboot (im Zimmerpreis inbegriffen) vom privaten **Phutakien Pier**, 2 km westlich es Hwy 323, zugänglich, wo man parken kann. Alles, was man jetzt noch tun muss, ist zu entscheiden, ob man sich von dem Wald-Soundtrack der zwitschernden Vögeln und der Zikaden oder vom leichten Wiegen des Wassers in den Schlaf lullen lassen möchte.

Außerhalb der Mauer, direkt am Fluss, befindet sich eine **Grabstätte**, die zwei Skelette, Tonwaren und Schmuck enthält und rund 2000 Jahre alt ist.

Muang Sing liegt 40 km westlich von Kanchanaburi. Den Bahnhof Tha Kilen (100 B) erreicht man nach nur 1,5 km zu Fuß, aber am besten kommt man ohnehin mit eigenem fahrbaren Untersatz, da die Züge nur selten fahren und das Gelände sehr groß ist.

Nam Tok

น้ำตก

Für Traveller, die die alte Strecke der Todeseisenbahn ab Kanchanaburi abfahren, ist Nam Tok das Endziel. Aber Nam Tok kann auch als Ausgangsbasis für den Besuch von geheimnisvollen Höhlen, friedvollen Flüssen und luxuriösen Flussresorts dienen.

Der Bahnhof Nam Tok gehört zum namensgebenden (und nicht besonders aufregenden) Ort. 1 km nördlich von hier säumen verschlafene Resorts den Fluss. Für viele Besucher sind ein oder zwei Tage Entspannung am Fluss ein guter Grund, Nam Tok zu besuchen. Andernfalls kann man den südlichen Teil des Sai Yok National Parks besuchen, z. B. die **Tham Lawa** (ถ้ำละว้า, Lawa-Höhle; Sai Yok National Park, Wang Krachae; 8–16.30 Uhr), oder sich zu den Einheimischen gesellen, die am **Wasserfall Sai Yok Noi** (น้ำตกไทรโยคน้อย, Nam Tok Sai Yok Noi; bei Tageslicht;) GRATIS picknicken.

Schlafen & Essen

Chokchai Hotel HOTEL $

(089 550 4361; www.facebook.com/chokchaihotel; Hwy 323; DZ 300–500 B, FZ 1000 B;) Einfache pastellfarbene Zimmer mit Kühlschränken am Highway zwischen dem Wasserfall Sai Yok Noi Falls und dem Dorf Nam Tok.

Yuk Coffee KAFFEE

(081 016 4253; Hwy 323; 9–18 Uhr) Ausgezeichneter Kaffee und leckere Desserts gibt es in diesem enorm freundlichen Straßencafé 15 km südöstlich vom Bahnhof Nam Tok.

An- & Weiterreise

Züge nach Kanchanaburi (100 B, 2 Std.) fahren am **Bahnhof Nam Tok** (Tha Sao) um 5.20, 12.55 und 15.30 Uhr ab. Busse zwischen Kanchanaburi (45–55 B, 1¼ Std.) und Thong Pha Phum (70 B, 1 Std.) fahren mindestens alle 30 Minuten. Sechs Busse tuckern (von nahe dem Bahnhof) bis nach Sangkhlaburi (80–90 B, 4 Std.); der letzte fährt gegen 14.30 Uhr ab.

Sai Yok National Park

อุทยานแห่งชาติไทรโยค

Im **Sai Yok National Park** (034 686024; www.dnp.go.th; Erw./Kind 300/200 B; bei Tageslicht) ragen die Berge bis zu 1125 m in die Höhe; unter der Oberfläche verstecken sich Kalksteinhöhlen. Die Wasserfälle in diesem vom Mae Nam Khwae Noi gesäumten, 958 km² großen Schutzgebiet sind nicht so beeindruckend wie die im Erawan National Park (S. 202), dafür kommt allerdings auch nur ein Bruchteil der Besucher hierher. Das Schutzgebiet beheimatet seltene Tierarten und bietet idyllische Wanderwege inmitten von Bambus, immergrünem Wald und Mischwald. Wer gänzlich in die Natur eintauchen möchte, sollte sein Lager in einem der einfachen Flussbungalows aufschlagen. Hier kann man bei Sonnenuntergang dem Chor der Vögel lauschen.

Die gut markierten und gepflegten Wege, die direkt am Besucherzentrum beginnen, machen es möglich, die Sehenswürdigkeiten (darunter Wasserfälle) des Nationalparks auf eigene Faust zu erkunden. Auf vielen Wegen ist auch Radfahren erlaubt. Wegen der Höhenlage des Parks sind die Temperaturen hier niedriger als in den umliegenden Orten, was das Wandern und Radfahren zu einer besonderen Freude macht.

Sehenswertes & Aktivitäten

Die bekanntesten Attraktionen im Park sind der **Wasserfall Sai Yok Yai** (Nam Tok Sai Yok Yai, น้ำตกไทรโยคใหญ่) und – auf der anderen Seite der Hängebrücke – der **Wasserfall Sai Yok Lek**. Beide sind klein, aber schön. Es lohnt sich außerdem, die **Tham Daowadung** (ถ้ำดาวดึงส์) zu besuchen, eine Höhle mit acht Kammern, in denen viele Felsformationen, Fledermäuse, Grillen und Schlangen zu sehen sind. Es gibt Beleuchtung, aber keine Treppen, und der Eingangsbereich kann nass und rutschig sein. Ein Ranger begleitet Besucher ins Innere (ein Trinkgeld wird nicht verlangt, ist aber wohl angemessen). Die Höhle liegt 6 km nordwestlich des Parkeingangs und ist auf der Straße oder auf dem Wasserweg (hin & zurück 1000 B) zu erreichen. Danach geht es 1,5 km steil hinauf zur Höhle.

Langboote (um die 400 B/30 Min.) fahren nahe der Hängebrücke, in der Nähe der Wasserfälle, ab.

Schlafen & Essen

Bei allen Unterkünften im Park muss man zu den Übernachtungskosten noch den Parkeintritt hinzurechnen. Die meisten Flussresorts hier sind einfach und haben keine Klimaanlagen und kein WLAN, aber Strom (der allerdings oft erst abends angeschaltet wird). Am Fluss gibt es außerdem schwimmende Restaurants: in der Nähe der Hängebrücke, kurz hinter dem Parkeingang, und auf dem kurzen Wanderweg zum Wasserfall Sai Yok Yai.

Das **Krit Raft House** (☎ 081 942 8107; DZ inkl. Frühstück 800–1000 B) bietet spartanische Bungalows über dem Fluss mit Ventilatoren. Sie sind nicht luxuriös, aber ideal, falls man schwimmen möchte. Außerdem haben sie Hängematten zum Relaxen. Der Service ist freundlich (allerdings spricht niemand Englisch). Die Unterkünfte des Nationalparks bestehen aus einfachen Stelzenhütten und **Bungalows** (☎ 02 562 0760; www.dnp.go.th; Bungalows 800–2100 B; P). Sie liegen leicht abseits der Straße zum Park. Am Hauptparkplatz gibt es einen Buchungsschalter, aber auch hier wird nur wenig Englisch gesprochen.

Praktische Informationen

Das **Besucherzentrum** liegt 1,5 km entfernt vom Parkeingangshäuschen an der Straße. Es wird wenig bis kein Englisch gesprochen, aber es gibt Broschüren.

An- & Weiterreise

Der Sai Yok National Park liegt auf halber Strecke zwischen Sangkhlaburi und Kanchanaburi. Busse (60 B, 1½ Std., alle 30 Min.) zwischen diesen Ziele fahren an der Abzweigung zum Park vorbei und halten auf Anfrage. Das Besucherzentrum liegt 3 km abseits des Highways. Motorradtaxis (ca. 20 B) warten in der Nähe, aber nicht direkt an der Kreuzung; man kann sie vom Besucherzentrum rufen lassen, wenn man den Park verlässt. Der letzte Bus nach Kanchanaburi fährt hier gegen 16.30 Uhr vorbei.

Thong Pha Phum National Park

อุทยานแห่งชาติทองผาภูมิ

Dieser wenig erkundete **Park** (☎ 034 532114; Erw./Kind 200/100 B, Auto/Motorrad 30/20 B) erstreckt sich über eine zerklüftete Bergkette entlang der birmanischen Grenze, eine anspruchsvolle 62 km lange Fahrt westlich von Thong Pha Phum. Der für Nebel und seinen kühlen Regenwald bekannte Park ist morgens ergreifend schön, vor allem wenn in der kalten Jahreszeit alles dunstverhangen ist. Hier stehen Gästen **Baumunterkünfte** (☎ Nationalparkservice 02 562 0760; Thong Pha Phum National Park; DZ 800–2000 B; P), einfache 6 bis 10 m hohe „Tarzan"-Zimmer, zur Verfügung.

Der Park beherbergt eine vielfältige Tierwelt, darunter Elefanten, Tiger, Bären, Marmorkatzen und Palmzibetkatzen, aber die meisten Tiere sind scheu. Seraue (asiatische Bergziegen) und Tenasserim-Muntjaks wandern jedoch oft am Besucherzentrum und den Unterkünften vorbei. Mit einem Allradantrieb kann man bis auf 300 m an den **Jokkadin-Wasserfall** heranfahren, der 30 m tosend in die Tiefe stürzt. Er liegt 2 km südwestlich des **Besucherzentrums**, von dort aus geht es noch 3 km eine steile Seitenstraße hinunter.

Thais mögen den Park wegen der von Rangern geführten Nachtwanderungen (Rundweg 16 km). Die Wanderungen führen auf der Route zum Berg Chang Pheuk

ZWISCHENSTOPP IN THONG PHA PHUM

Das Örtchen Thong Pha Phum (ทองผาภูมิ) vor einer Bergkulisse zwischen Kanchanaburi und Sangkhlaburis wildem Nordwesten ist das Tor zu dem gleichnamigen Nationalpark und zum hübschen Dörfchen E-Thong. Der Ort selbst ist reizlos, aber es lohnt sich, an den **Hin-Dat-Thermalquellen** (Erw./Kind 60/40 B; ⌚9–18 Uhr) 20 km südlich von Thong Pha Phum zu halten, um in den drei Wasserbecken oder im nahe gelegenen schnellen Strom zu baden. Die Quellen sind mit dem Bus, der zwischen Sangkhlaburi und Kanchanaburi auf dem Hwy 323 (Km 105) verkehrt, zu erreichen.

Wer über Nacht bleiben möchte, dem bietet das **ThongPhaphum Place** (☎034 599544; Th Thetsaban 14; Zi. 600–1200 B; P❄📶) picobello saubere Zimmer mit schnellem WLAN. Auf dem nahen **Markt** (Snacks ab 10 B; ⌚6–18 Uhr) gibt es Krabbencurry und Backwaren. Südlich von hier hält die **Touristeninformation** (Th Thetsaban; ⌚Öffnungszeiten variieren) praktische Infos bereit.

Busse fahren vom Markt Richtung Norden nach Sangkhlaburi (70–80 B, 2 Std., tgl.) oder Richtung Westen nach E-Thong (70 B, 2½ Std., meist 10.30 & 23.30 Uhr, aber besser im Voraus fragen!). Busse in südlicher Richtung nach Kanchanaburi (80–110 B, 3 Std.) fahren alle 30 Minuten 200 m nordwestlich des Hauptmarkts ab.

größtenteils durch Grasland und gewähren Panoramablicke auf Myanmar. Die Wanderungen finden zwischen Oktober und Januar statt und kosten 1200 B für bis zu zehn Personen. Träger stehen zur Verfügung. Die meisten Besucher benutzen denselben Wanderweg, aber die Ranger können Besucher auch durch den Wald zu den verschiedenen Wasserfällen und Aussichtspunkten führen.

Die zweite Hälfte der Strecke ab Thong Pha Phum ist eine der abgeschiedensten und kurvigsten Straßen Thailands. Sie ist befestigt, hat aber an vielen Stellen tiefe Schlaglöcher. Bei schlechten Wetter sollte sie gemieden werden. Auf jeden Fall lohnt sich ein Allradantrieb. Gelbe *sŏrng·tăa·ou* (Pick-up-Trucks) nach E-Thong fahren am Besucherzentrum vorbei.

E-Thong อีต่อง

☎034 / 300 EW.

Das auf allen Seiten von Dschungel und Nebel umgebene E-Thong ist märchenhaft gelegen und hat eine charmante Kleinstadtatmosphäre. Als Grenzdorf im Bezirk Pilok, nahe der Grenze zu Myanmar (Birma), war E-Thong einst ein florierender, multikultureller Außenposten für den Zinn- und Wolframabbau. Es bekam den Beinamen *mĕuang pĕe·lôrk* (Geistermine), weil so viele Menschen in den Minen starben. Die Industrie begann in den 1980er-Jahren, ihren Betrieb einzustellen.

Spuren der Hochzeit des Abbaus sind bis heute erhalten, aber das Dorf erfindet sich derzeit als Touristenziel ganz neu: Wegen seiner Kaffeekultur und der B&B-Unterkünfte ist E-Thong mittlerweile bei jenen Bewohnern Bangkoks beliebt, die ein Wochenendziel im Nirgendwo zu schätzen wissen.

Sehenswertes

Eine Fahrt nach E-Thong lohnt sich eher wegen der Natur als wegen irgendwelcher Sehenswürdigkeiten. Vom Parkplatz (und der Bushaltestelle) im Dorf führt die Straße bergauf zu einer hübschen Treppe, die zu einem rot-goldenen **Tempel** (วัดอีต่อง; ⌚bei Tageslicht) führt. Der große sitzende Buddha ist auch vom Dorf unten zu sehen.

Wenn man vom Parkplatz aus bergauf und dann nach links läuft, kommt man zu den Überbleibseln aus der Minenzeit (alte **Minenausrüstung**).

Die Grenze zu Myanmar ist geschlossen, auch für Einheimische, aber man kann bis zur thailändischen Flagge auf dem Bergkamm laufen.

Schlafen & Essen

Hill House GASTFAMILIE $$

(☎080 781 5702; www.pilokhillhouse.com; So–Fr EZ/DZ ab 700/900 B, Sa EZ/DZ ab 1000/1200 B; 📶) In dieser freundlichen Pension, die in einer grünen Ecke am Ostrand des Dorfes versteckt liegt, hat man den besten Aufenthalt, den man in einer Gastfamilie nur haben kann. Die gefliesten Zimmer sind luftig; die besten haben Balkone mit Blick auf den blumenübersäten Garten.

Am Ostende der Hauptstraße führen Schilder die Stufen hinunter zur Pension.

Che Ni Bistro THAI $
(Hauptgerichte 60–120 B; ⏲12–19.30 Uhr) Dieses relaxte Restaurant etwa in der Mitte der Fußgängerzone serviert eine Auswahl thailändischer Gerichte. Am besten sind die Meeresfrüchte, die aus Myanmar importiert werden. Einige Gerichte werden gedämpft (in einer Terrine) serviert. Thailändische Leibgerichte wie *pàd gàprow* (mit Basilikum und Chili gewürztes Schweinefleisch mit Spiegelei) kommen heiß und lecker auf den Tisch.

An- & Weiterreise

AUTO & MOTOTRRAD

Wer aus Thong Pha Phum kommt, sollte zweimal darüber nachdenken, ob er bei schlechtem Wetter losfährt, es sei denn, er hat einen Allradantrieb. Die Straße ist kurvig und hat an vielen Stellen Schlaglöcher. Die Fahrt dauert rund eindreiviertel Stunden pro Strecke. Man folgt den Schildern Richtung Pilok (dem Bezirk) und findet das Dorf E-Thong 8 km nach dem Eingang zum Thong Pha Phum National Park (S. 207).

Fahrzeuge, die nicht Einheimischen gehören, sind in dem winzigen Dorfkern nicht erlaubt. Daher sollte man das Auto abstellen, sobald man die Parkplätze sieht.

BUS

Minibusse (70 B, 2½ Std., meist 10.30 & 23.30 Uhr) fahren in Thong Pha Phum ab. Zurück geht's um 6.30 und 7 Uhr. Busse fahren nur bei Bedarf, daher sollte man sich vorher in Thong Pha Phum erkundigen.

Sangkhlaburi สังขละบุรี

☎034 / 8000 EW.

Das abgelegene Sangkhlaburi ist in mehr als nur einer Hinsicht ein Augenöffner. Das fast gänzlich vom Wald rund um den Stausee Khao Laem umgebene Städtchen verfügt sowohl über natürliche als auch menschengemachte Attraktionen. Thailands längste Holzbrücke, ein Juwel der Ingenieurskunst, verbindet das chaotische Stadtzentrum mit dem Dorf Mon. Besucher, die nur kurz hier sind, verbringen ihre Zeit normalerweise mit Kanufahren, Trekken oder dem Kauf lokaler Handwerkskunst. Sangkhlaburi hat durch eine kleine, aber aktive Gemeinde von NGO-Volontären internationales Flair.

Nur wenige Orte in Thailand sind so multikulturell wie dieses relaxte Städtchen, wo Thais, Karen und Mon sich mit Laoten und Birmanen vermischen. Die meisten wurden hier geboren, andere kamen über die Grenze aus Myanmar auf der Suche nach einem sicheren, stabilen Leben. Auf Reisende wirkt Sangkhlaburi oft wie das Ende der Welt, aber für viele seiner Bewohner ist es der Startpunkt einer neuen Reise.

Sehenswertes

★ **Saphan Mon** BRÜCKE
(สะพานมอญ) Sangkhlaburis legendäre 440 m lange Holzbrücke ist die größte in Thailand. Sie trägt den Spitznamen „Brücke des Glaubens", da sie größtenteils in Handarbeit erbaut wurde. Die Brücke verbindet das Hauptdorf, in dem vor allem Thais und Karen leben, mit der **Siedlung Mon**. Dieses bemerkenswerte Dorf lohnt eine Erkundung. Hier sieht man Stumpen rauchende Frauen, Sarong tragende Männer und mit *thanaka* verzierte Gesichter. Die gelbe Paste wird aus Baumrinde hergestellt und dient sowohl dem Schutz vor der Sonne, als auch der Verschönerung des Gesichts. Ein Teil der Brücke ist abschüssig, daher sollte man aufpassen, wo man hintritt.

Ein 70 m langer Abschnitt der Brücke stürzte während der sintflutartigen Regenfälle im Jahr 2013 ein und wurde ein Jahr später schnell wieder aufgebaut. Während der buddhistischen Feste werden Mönchen auf der Brücke Almosen dargeboten.

Am Ende der Brücke (auf der Mon-Seite) befindet sich ein typischer thailändischer **Souvenirmarkt**, der Karen-T-Shirts und -Kleider und andere Souvenirs verkauft. Wer die Straße von der Brücke aus bergauf geht und an der Hauptstraße links abbiegt, gelangt zum **Mon-Markt**, der traditionelle Speisen, Webstoffe und Souvenirs verkauft.

★ **Stausee Khao Laem** SEE
(เขื่อนเขาแหลม; ⏲6–18 Uhr) GRATIS Der vor einer Kulisse aus grünen Hügeln gelegene riesige See – einst bekannt als Vajiralongkorn-Damm – zieht sich um fast ganz Sangkhlaburi und wurde in den 1980ern angelegt. Zwei der Dörfer, die von dem neuen See geflutet wurden, hat man an ihren heutigen Standort umgesiedelt; die Saphan Mon wurde gebaut, um sie miteinander zu verbinden. Alles, was heute noch übrig ist, sind die Ruinen von drei Tempeln. Eine **Bootsfahrt** (Saphan Mon; 500 B/Pers.) ermöglicht es Besuchern, aus der Nähe einen Blick darauf zu werfen und das gemächliche Tempo des Lebens auf dem See zu erleben.

Der nächstgelegene Tempel, der von der Brücke aus gerade so sichtbar ist, ist der

Wat Wang Wiwekaram Gao (*gao* bedeutet „alt"). Dies war der Standort des Mon-Dorfes. Wenn der See seinen höchsten Stand erreicht hat, kann man nur noch die Spitze des *ubosot* (Kapelle) und den Glockenturm sehen. Der nahe gelegene **Wat Si Suwannaram Gao** war der Tempel des Thai-Karen-Dorfs. Er taucht auf, wenn der Wasserspiegel sehr niedrig ist. Der **Wat Somdet Gao** steht auf einem Hügel im Wald und bleibt das ganze Jahr über trocken. Der neue **Wat Somdet** (วัดสมเด็จ; Hwy 323) GRATIS befindet sich an einer Straße Richtung Stadt.

Chedi Phuttakhaya BUDDHISTISCHER TEMPEL

(เจดีย์พุทธคยา; bei Tageslicht; P) GRATIS Dieser auffallende Stupa 600 m südöstlich des Wat Wang Wiwekaram (S. 210) ragt 59 m in die Höhe. Er wurde im Stil der Mahabodhi-*chedi* (buddhistischer Stupa) in Bodhgaya (Indien) erbaut. Seine golden bemalte Art-déco-Oberfläche ist voller Nischen, in denen sich kleine Buddha-Abbilder befinden. Zwei Relikte des Daumens des Buddhas befinden sich drinnen in einem Schrein.

Sangkhlaburi Cultural Center KULTURZENTRUM

(ศูนย์วัฒนธรรมอำเภอสังขละบุรี; 086 178 4096; Th Sangkhlaburi; Mo–Fr 8–16 Uhr, Sa & So bis 12 Uhr) GRATIS Das kleine Kulturzentrum hat sich der Förderung der Kulturen der Karen, Mon und Thai unter den hiesigen Kindern verschrieben, aber Besucher dürfen sich gern die Privatsammlung von Trommeln, *rá·nâht èhk* (Bambus-Xylophone), Körben und altmodischen Farmerhüten anschauen.

Um zum Zentrum zu kommen, läuft man zum Ostrand der Stadt und dann in südlicher Richtung an der Schule vorbei. Es liegt gegenüber des Restaurants Toy's (S. 212).

Die Mitarbeiter sprechen kein Englisch, und auch die Schilder sind nicht auf Englisch abgefasst, aber der Besitzer stellt die Nutzung der einzelnen Objekte manchmal pantomimisch dar (und führt die Hüte vor).

Wat Wang Wiwekaram BUDDHISTISCHER TEMPEL

(วัดวังก์วิเวการาม; bei Tageslicht; P) GRATIS Auf der Südseite der Saphan Mon (S. 209) ragt dieser Tempel auf, das spirituelle Zentrum von Thailands Mon. Der Tempel wurde von Luang Phaw Uttama (1910–2006) errichtet; der *wí·hăhn* mit drei reich dekorierten Türmen in Grün und Gelb ist ein Schrein, der diesem respektierten Mönch gewidmet ist, dessen Leichnam sich im Inneren befindet.

Aktivitäten & Geführte Touren

★ **Villa Scenns Cookery** KOCHEN

(080 602 3184; www.scenns.com; Th Si Suwankhiri; 800–2950 B/Pers.; nach Vereinbarung) Die charmante Scenn veranstaltet professionelle thailändische Kochkurse sowohl für Vegetarier als auch für Personen mit anderen Ernährungsbedürfnissen oder -vorlieben. Die als klassische Tänzerin und Köchin ausgebildete Scenn vermittelt die Geheimnisse der Zubereitung von saisonalen Gerichten sowie Sojamilch und lehrt die Gäste diverse Menüs (von birmanisch bis nordthailändisch).

Individuell eingerichtete Zimmer stehen in der kleinen, familiengeführten Pension ebenfalls zur Verfügung.

Baan Unrak FREIWILLIGENARBEIT

(บ้านอุ่นรัก; www.baanunrak.org) Auf der Grundlage einer neohumanistischen Philosophie aus Vegetarismus, Liebe und Meditation betreibt das Baan Unrak dieses Heim, dass sich um rund 150 verwaiste oder verlassene Kinder kümmert, einschließlich junge Mon und Karen. Kost und Logis sind frei für Volontäre, die sechs Monate oder länger hier bleiben; Helfer, die kürzer hier bleiben, werden gebeten, 150 US$ pro Woche (bis max. 900 US$) für Unkosten zu spenden.

Viele der Kinder im Baan Unrak sind aus dem benachbarten Myanmar geflohen, weil sie dort verfolgt wurden, während andere im Grenzgebiet geboren wurden und keine Ausweispapiere haben. Neben dem Kinderheim hilft Baan Unrak alleinstehenden Müttern sowie HIV/AIDS-Patienten und betreibt eine Bäckerei und ein Souvenirgeschäft, um einheimischen Frauen ein Einkommen zu verschaffen.

Sangkhlaburi Jungle Trekking WANDERN & TREKKEN

(085 425 4434; jarunsaksri1@gmail.com) Der Wald rund um Sangkhlaburi ist wilder und weniger besucht als die meisten anderen Trekkingziele in Nordthailand. „Jack", der über jahrelange Erfahrung als Guide verfügt, kann Ausflüge für verschiedene Fitnesslevels und für Familiengruppen zusammenstellen, aber die abenteuerlichste Option ist die einwöchige Trekkingtour zur Grenze zu Myanmar – von Sangkhlaburi nach Um Phang (S. 292) – mit Übernachtungen in Karen-Dörfern entlang des Weges.

Die Preise hängen von der Größe der Gruppe und der Länge des Ausflugs ab. Ab

ABSEITS DER ÜBLICHEN PFADE

KHAO LAEM NATIONAL PARK

Im Zentrum der spektakulären Landschaft des 1497 km² großen **Khao Laem National Park** (อุทยานแหงชาติเขาแหลม; ☎034 510431; Erw./Kind 200/100 B) liegt inmitten von Kalksteinbergen der mächtige Stausee Khao Laem. Trotz der Größe und des Potenzials des Parks sehen sich die meisten Besucher nur den **Kroeng Krawia Wasserfall**, einen breiten, 5 m hohen Wasserfall an, der durch ein kleines Waldstück fließt. Man erreicht ihn nach einer 34 km langen Fahrt auf dem Hwy 323 nördlich von Thong Pha; anders als beim Rest des Parks ist der Eintritt hier kostenlos.

Ein Besucherzentrum (geöffnet meist 8–16 Uhr) befindet sich gegenüber der Straße, die vom Wasserfall hierher führt; man sollte unbedingt Park-Ranger kontaktieren, ehe man sich zu anderen Attraktionen aufmacht. Der **Wasserfall Kra Teng Chong** ist über einen hier und da anspruchsvollen, 4 km langen Wanderweg zu erreichen (3 Std., Beginn 4 km vom Besucherzentrum entfernt), und der **Kroeng-Krawia-Sumpf** ist in der kalten Jahreszeit für Vogelbeobachter einen Abstecher wert (2 Std., Beginn 5 km südlich des Besucherzentrums).

In der Nähe des Sumpfes kann man zelten, aber die Unterkünfte in **Pom Pee** (☎Nationalpark 02 562 0760; www.dnp.go.th; Bungalow 900 B; P) sind besser, denn von hier aus kann man den Sonnenuntergang über dem See beobachten (9 km nördlich vom Kroeng-Krawia-Wasserfall).

Von Thong Pha Phum fahren *sŏrng·tăa·ou* zum Kroeng-Krawia-Wasserfall (35 B, 1 Std., alle 30 Min.).

drei Personen muss man mit rund 1500 B pro Nase und Tag rechnen.

Schlafen

★ P Guesthouse PENSION $

(☎081 450 2783, 034 595061; www.p-guesthouse.com; abseits der Th Si Suwankhiri; DZ mit Ventilator 300 B, DZ/3BZ mit Klimaanlage 400/600 B; P❄📶) Nicht viele Budgetoptionen verfügen über eine derartige Aussicht. Aus den aus Stein und Holz errichteten Quartieren blickt man auf ruhiges Wasser. Der Familienbetrieb vermietet Zimmer mit Ventilator und Gemeinschaftsbädern (mit kaltem Wasser); die Zimmer mit Klimaanlage haben eigene Bäder und die beste Aussicht. Das **Restaurant** eignet sich hervorragend, um ein bisschen herumzulümmeln. Kanus können quasi vor der Haustür geliehen werden.

Die Besitzer organisieren gute Tagesausflüge in den umliegenden Wald.

J Family Homestay GASTFAMILIE $

(☎034 595511; DZ mit Gemeinschaftsbad 150 B; 📶) Die Zimmer haben lediglich Matratzen auf dem Fußboden und Gemeinschaftsbäder, aber diese freundliche Familienunterkunft sorgt für ein schönes Lokalkoloriterlebnis. Sie ist entlang der Straße aus Richtung Osten von dem Tempel in der Th Si Suwankhiri kommend ausgeschildert. Fahrräder und Motorräder können gemietet werden (ab 70/200 B pro Tag).

Villa Scenns PENSION $$

(☎080 602 3184; www.scenns.com; Th Si Suwankhiri; Zi. inkl. Frühstück 1000–2000 B; 📶) Mit Blick auf den nebligen Wald bieten die Zimmer in dieser familienbetriebenen Pension hohe Decken, Antikmöbel und bequeme Betten. Außerdem hat man Zugang zu einer Gemeinschaftsküche und einem Gemeinschaftsraum. Die Zimmer sind nur mit Ventilatoren ausgestattet (von Haus aus aber eher kühl); der Preis ist abhängig von der Größe des Zimmers.

Ban Thor Phan HOTEL $$

(☎081 824 3369; Hwy 323; DZ inkl. Frühstück ab 1000 B; P❄📶) Gleich nördlich der Straßenbrücke liegt dieses farbenfrohe, labyrinthartige Hotel, das eher wie ein Fantasiedorf wirkt als wie ein Hotel. Die Zimmer sind gemütlich und komfortabel und die Gemeinschaftsbereiche mit Grünzeug, Blumenkissen und Korblampen ausgestattet.

★ Phu Chom Mork Resort RESORT $$$

(☎064 964 7767; www.phuchommorkresort.com; 32/6 Mu 3, Nong Lu; DZ inkl. Frühstück 1500–2000 B; P❄📶) Super Service und eine tolle Lage machen das Phu Chom Mork zur besten Unterkunft in Sangkhlaburi. Die geräumigen, opulenten Zimmer in Steinoptik liegen in einem mit Bananenstauden übersäten Park, die einzigen Geräusche sind das Zirpen der Grillen und das Plätschern des Regens.

Essen & Trinken

In Sangkhlaburi gibt es eine beträchtliche Auswahl von Resorts, Restaurants und Imbissständen. Die Lokale sind meist schnörkellos und servieren tolles Essen. Ausschau halten sollte man nach *kà·nŏm jeen* (Reisnudeln mit Fischsauce), gegrilltem Seefisch und *yam Mon* (Salat aus Nudeln, Gurken und Kohl) sowie verschiedenen Variationen *sôm·đam* (köstlichem scharfen Salat aus grüner Papaya).

Tagsüber kann man sich im **Cath Coffee** (Th Si Suwankhiri; Getränke 40 B, Hauptgerichte 80–280 B; ⏲8–18 Uhr; 📶) vor der Hitze verstecken und Schoko-Frappés mit Sahne oder fruchtigen Eistee genießen. Nach Sonnenuntergang kann man ein Bier im schäbig-relaxten **Blue Rock** (Th Si Suwankhiri; ⏲16 Uhr–spätabends) genießen und Tipps einholen.

★ Baan Unrak Bakery VEGETARISCH, BÄCKEREI $
(☎034 595 006; www.baanunrak.org; Th Si Suwankhiri; Snacks 25–90 B, Hauptgerichte 80–150 B; ⏲Mo–Sa 8–19.30 Uhr; 📶✍) Dieses Café mit vorwiegend veganer Kost ist Teil der gemeinnützigen Organisation Baan Unrak und bei den Massen wegen des fleischlosen *pad thai*, des grünen Currys und der frisch gebackenen Pizza beliebt. Darüber hinaus gibt es hier Backwaren (von Bananenkuchen bis Schoko-Donuts).

★ Toy's THAI $
(Th Sangkhlaburi; Hauptgerichte 50–150 B; ⏲Sa–Do 9–10 Uhr) Im Toy's werden mit einem Lächeln hervorragende Gerichte im Isan-Stil serviert. Die Gerichte variieren je nach Jahreszeit, *gài tôrt* (knusprig frittiertes Hühnchen), *lâhp kôo·a* (scharfen Hackfleischsalat mit Kräutern) und ein leckeres, wunderbar gewürztes Massaman-Curry kommen eigentlich fast immer aus der Küche.

Barbecue Stall BARBECUE, THAI $
(Th Si Suwankhiri; Hauptgerichte 50–100 B; ⏲ca. 11–17 Uhr) Ein namenloser Imbissstand in der Nähe der Post (S. 212), der sensationellen *sôm·đam* (scharfen Salat aus grüner Papaya) und gegrillten Seefisch verkauft.

Er steht in der Nähe der Kreuzung zur Th Sam Prasob.

Nachtmarkt MARKT $
(Soi Thetsaban 1 & 2; ⏲16.30–21.30 Uhr) Auf dem Nachtmarkt gibt es genauso viel birmanisches wie thailändisches Essen. An den offenen Imbissständen im Stadtzentrum kriegt man die verschiedensten Gerichte. Unbedingt den regionalen Salat *yam Mon* mit Nudeln, Gurken und Kohl sowie die Nudelsuppe mit Brühe aus Bananenbaumrinde probieren!

Walking-Street-Markt MARKT $
(Th Sangkhlaburi; ⏲Sa ca. 18–22 Uhr) Abends öffnen einen Block östlich vom Nachtmarkt (S. 212, gegenüber vom Krankenhaus) Imbissstände. Während der Regenzeit sind sie geschlossen.

Shoppen

Feine Karen-Webstoffe, die von den Mitgliedern einer lokalen Frauenkooperative gewebt werden, verkauft der **Baan Unrak Shop** (www.baanunrak.org; Th Si Suwankhiri; ⏲Mo–Sa 8–19.30 Uhr) 🍃.

Praktische Informationen

Sangkhlaburi Hospital (☎034 595058; Th Sangkhlaburi; ⏲24 Std.) Am besten einen Einheimischen zum Übersetzen mitbringen!

Im winzigen Stadtzentrum gibt es einige wenige Geldautomaten und Banken, z. B. **SCB** (Soi Thetsaban 2; ⏲Mo–Fr 8.30–15.30 Uhr), wo man auch Geld wechseln kann.

Post (Th Si Suwankhiri; ⏲Mo–Fr 8.30–16.30 Uhr, Sa bis 12 Uhr)

An- & Weiterreise

Ein **Parkplatz** (am westlichen Ende der Thetsaban 1) westlich des Stadtzentrums dient als Busbahnhof. Alte rote Busse fahren nach Kanchanaburi (130 B, 4 Std., 6.30, 8, 9.30 & 13 Uhr), klimatisierte Busse rollen zum Mo-Chit-Terminal in Bangkok (281 B, 7 Std., 8.30 Uhr). Minivans nach Kanchanaburi (175 B, 3½ Std., fast stündl.) fahren in der Nähe des **Blend Cafe** (Soi Thetsaban 1; ⏲8–20 Uhr; 📶) ab, wo man an einem Kioskschalter Busfahrkarten kaufen und Fahrpläne einsehen kann.

Der einzige reguläre Halt der Minivans zwischen Sangkhlaburi und Kanchanaburi ist Thong Pha Phum. Wer woanders aussteigen möchte, z. B. am Sai Yok National Park (S. 206), muss den vollen Fahrpreis bis nach Kanchanaburi bezahlen.

Unterwegs vor Ort

J Family Homestay (S. 211) und **P Guesthouse** (S. 211) vermieten Fahrräder (70–100 B/Tag) und Motorräder (200 B), bei letzterem bekommt man auch Kanus.

Ein Motorradtaxi zwischen den Pensionen und dem Stadtzentrum oder der Brücke kostet rund 20 B.

Nordthailand

Inhalt ➡

Gut essen

- Larp Khom Huay Poo (S. 302)
- Muu Thup (S. 319)
- Khao Soi Pa Orn (S. 240)

Schön übernachten

- Boklua View (S. 251)
- Bamboo Nest de Chiang Rai (S. 226)
- Rai Saeng Arun (S. 242)

Auf nach Nordthailand!

Nordthailand hat mehr als genug zu bieten.

Hauptattraktion ist dabei die Natur: Das schroffe Terrain der Region ist ein Mekka für Outdoor-Aktivitäten – von Rafting in Um Phang bis zu Wanderungen inmitten der wilden Orchideen von Mae Hong Son.

Wer sich mehr für menschliche bzw. kulturelle Aspekte interessiert, kommt hier ebenfalls nicht zu kurz. Denn aus der Region stammt vieles, für das Thailands Kultur bekannt ist. So können Besucher z. B. buddhistische Tempel in Phrae erkunden oder Homestay-Aufenthalte im ländlichen Sukhothai genießen.

Zudem befriedigt der Norden auch ausgefallenere Wünsche: Entdeckungsfreudige können zu den Bergvölkern von Mae Sariang trekken oder Autotouren nach Phayao unternehmen. Der Sukhothai Historical Park versetzt Geschichtsfans zurück in die Vergangenheit. Und Pais Partyszene im Landesinneren überzeugt selbst leidenschaftlichste Strandfreaks.

Reisezeit

- Winter (ca. Nov.–Jan.) Beste Reisezeit mit recht angenehmen Tagestemperaturen (20–23 °C) im Hochland. Nachts kann das Themometer aber mancherorts fast bis zum Gefrierpunkt fallen.
- März–Mai In den heißesten Monaten herrschen tagsüber teilweise mehr als 40 °C, während oft Rauch von Brandrodungen die Luft vernebelt.
- Regenzeit (ca. Juni–Okt.) Generell am schlechtesten fürs Wandern, aber ansonsten trotzdem nicht übel – sofern man mit den starken, aber kurzen Schauern klarkommt.

Highlights

1 Phu Hin Rong Kla National Park (S. 281) Einen von Thailands unbekannteren Nationalparks erkunden

2 Nam Tok Thilawsu (S. 292) Den schönsten Wasserfall des Landes auf einer Wander- und Raftingtour besuchen

3 Doi Mae Salong (S. 227) In die einzigartige Kultur von Nordthailands abgeschiedenen chinesischen Außenposten eintauchen

4 Nan (S. 244) In einer der wenig besuchten Regionalstädte relaxen und sich mit Einheimischen anfreunden

5 Sukhothai Historical Park (S. 265) Eine Zeitreise in Thailands goldene Tage unternehmen

6 **Lampang** (S. 258) Coole Cafés, Designerhotels und den besten Markt der Region im „nordthailändischen Brooklyn" entdecken

7 **Von Chiang Khong nach Phayao** (S. 241) Einer von Thailands schönsten Routen mit einem Mietwagen folgen

8 **Ban Na Ton Chan** (S. 270) Den nordthailändischen Alltag direkt in kommunalen Homestays erleben

9 **Pai** (S. 296) Sich in dem früheren Winznest (heute eine Backpacker-Hochburg) an Livemusik, spaßigen Bars und Outdoor-Aktivitäten erfreuen

NORDTHAILAND: UNTERWEGS VOR ORT

Öffentliche Verkehrsmittel

Northailand ist am bequemsten mit dem Zug erreichbar, wobei aber nur eine einzige und vergleichsweise recht langsame Bahnlinie zur Verfügung steht.

Busse und zunehmend auch Minivans bedienen fast die ganze Region. Eine Ausnahme sind die Gemeinden an der birmanischen Grenze, wo hauptsächlich *sŏrng·tăa·ou* (auch: *songthaew*; umgebaute Pickup-Trucks) unterwegs sind.

Auto & Motorrad

Thailands Straßenverkehr birgt zweifellos gewisse Risiken. Dennoch lässt sich der Norden am leichtesten und flexibelsten mit einem Leihwagen erkunden. In den meisten Regionalstädten gibt's Auto- und Motorradvermieter.

In Chiang Mai kann man große Geländemotorräder ausleihen. Solche Maschinen sind aber zumeist unnötig, sofern keine Offroad-Touren oder Fahrten auf unbefestigten Straßen in der Regenzeit anstehen: Die landesweit zu sehenden Bikes mit Motorroller-Look (Hubraum 110–150 cm³) und Automatikgetriebe sind für die meisten Straßen der Region schnell bzw. stark genug.

Golden Triangle Rider (GT Rider; www.gt-rider.com) ist die beste Infoquelle zu Motorradtouren durch den Norden. Die Betreiber der Website geben tolle Routenkarten heraus und liefern viele Online-Infos zu Mietmotorrädern (inkl. Versicherung und empfehlenswerten Verleihern in Chiang Mai oder Chiang Rai). Die Plattform punktet zudem mit einem interaktiven Forum und Tourvorschlägen nebst Karten.

Flugzeug

Wer es eilig hat, findet in Nordthailand erstaunlich gute Flugverbindungen. Zum Zeitpunkt der Recherche hatte die THAI-Tochter **Nok Air** (☎ landesweit 1318; www.nokair.com) das größte Regionalnetz (inkl. Flüge zwischen mehreren Provinzhauptstädten und Bangkok oder Chiang Mai). Ziele im Norden bedienen ansonsten auch:

Air Asia (☎ landesweit 02 515 9999; www.airasia.com) Verbindet den Don Mueang International Airport (Bangkok) mit Chiang Rai, Nan und Phitsanulok.

Bangkok Airways (☎ landesweit 1771; www.bangkokair.com) Steuert z. B. Chiang Rai, Lampang, Mae Hong Son und Sukhothai an.

Thai Lion Air (☎ 02 529 9999; www.lionairthai.com) Fliegt u. a. nach Chiang Rai und Phitsanulok.

Thai Smile (☎ landesweit 02 118 8888; www.thaismileair.com) Flüge nach/ab Chiang Rai.

Geschichte

Einer der wichtigsten frühen kulturellen Einflüsse im Norden ging vom Mon-Königreich in Hariphunchai (heute Lamphun) aus, das vom späten 8. bis ins 13. Jh. das Sagen hatte.

Die Thais, die wahrscheinlich etwa seit dem 7. Jh. aus China einwanderten, vereinten im 13. Jh. mehrere Fürstentümer unter sich – es entstand Sukhothai, das den Mon schließlich Hariphunchai entriss. 1238 erklärte sich Sukhothai zu einem unabhängigen Königreich, das unter seinem ersten König Si Intharathit schnell seine Einflusssphäre ausweitete. Aus diesem Grund – und auch weil das Königreich die moderne thailändische Kunst und Kultur stark prägte – gilt Sukhothai als das erste wirkliche Thai-Königreich.

Im Jahr 1296 gründete König Mengrai die Stadt Chiang Mai, nachdem er Hariphunchai unterworfen hatte. Später wurde Chiang Mai, das im 14. und 15. Jh. eine Allianz mit Sukhothai bildete, ein Teil des größeren Königreichs Lan Na Thai (Land der Millionen Reisfelder), kurz Lan Na. Dieses Reich erstreckte sich im Süden bis nach Kamphaeng Phet, im Norden bis nach Luang Prabang in Laos. Das goldene Zeitalter Lannas war das 15. Jh. Für eine kurze Zeit wurde die Hauptstadt von Sukhothai nach Phitsanulok (1448–1486) verlegt, und Chiang Mai wurde ein wichtiges religiöses und kulturelles Zentrum. Doch im 16. Jh. schwand die Macht vieler Thai-Allianzen. Die Schwäche machten sich die Birmanen zunutze, die Chiang Mai 1556 eroberten und danach Lanna zwei Jahrhunderte lang beherrschten. Nachdem die Birmanen 1767 Ayutthaya erobert hatten, gruppierten sich die Thais neu und eroberten 1774 unter König Kawila Chiang Mai zurück, während die Birmanen in den Norden zurückgedrängt wurden.

Im späten 19. Jh. unternahm König Rama V. von Bangkok Anstrengungen, die Nordregion mit dem Kern Thailands zu verbinden, um so die koloniale Bedrohung abzuwehren. Die Fertigstellung der nördlichen Bahnlinie nach Chiang Mai im Jahr 1921 stärkte diese Verbindungen, sodass die Nordprovinzen schließlich im frühen 20. Jh. mit dem Königreich Siam verschmolzen.

Sprache

Die regionalen Dialekte Thailands unterscheiden sich stark und können sogar für Muttersprachler, die aus einer anderen Region stammen, unverständlich sein. *Găm méuang*, der Dialekt des Nordens, ist da keine Ausnahme. Außer einem ganz anderen Tonsystem als das Standard-Thai besitzt er eine Menge Wörter, die in anderen Dialekten nicht vorkommen. Allgemein hat das Nordthailändische einen langsameren Rhythmus als die drei Hauptdialekte, was gut zu der relaxten, lässigen Art der hier lebenden Menschen passt.

PROVINZ CHIANG RAI

จังหวัดเชียงราย

Die Provinz Chiang Rai, Thailands nördlichste Provinz, hat von allem etwas zu bieten: Während die Berge im äußersten Osten zu den spektakulärsten des Landes gehören, ähneln die tief gelegenen Flussebenen des Mekong im Nordosten denen, die man viel weiter südlich in Isan vorfindet. Ferner grenzt die Provinz an Myanmar und Laos. Was die Einwohner betrifft, gehört Chiang Rai wohl zu den ethnisch vielfältigsten thailändischen Provinzen. Es gibt hier eine beträchtliche Minderheit von Bergvölkern, Shan und anderen Tai-Völkern sowie, in neuester Zeit, mehr Zugewanderte aus China.

Chiang Rai

เชียงราย

☎053 / 70 000 EW.

In der Provinz Chiang Rai gibt es so viele Attraktionen, dass ihre Hauptstadt oft übersehen wird. Wer sich die Zeit nimmt, wird entdecken, dass Chiang Rai eine zwar kleine, aber hübsche Stadt mit entspannter Atmosphäre, ordentlichen Unterkünften und wundervollen kulinarischen Spezialitäten ist. Sie ist außerdem der logische Ausgangspunkt für Exkursionen in die abgelegeneren Ecken der Provinz oder ins Ausland.

Phaya Mangrai gründete Chiang Rai (เชียงราย) im Jahr 1262 als eine Stadt des laotisch-thailändischen Königreichs Lan Na. Erst 1786 wurde Chiang Rai dem Königreich Siam zugeschlagen und erhielt 1910 den Status einer Provinz.

Sehenswertes

★ Mae Fah Luang Art & Culture Park MUSEUM

(ไร่แม่ฟ้าหลวง; www.maefahluang.org/rmfl; 313 Mu 7, Ban Pa Ngiw; Erw./Kind 200 B/frei; ⌚Di–So 8.30–16.30 Uhr) Neben dem Museum, das eine der größten Sammlungen von Lan-Na-Artefakten in Thailand beherbergt, befinden sich auf dem großen, sorgsam gepflegten Gelände antike und zeitgenössische Kunstwerke, buddhistische Tempel und weitere Gebäude.

Die Anlage liegt rund 4 km westlich des Zentrums von Chiang Rai. Die Fahrt dorthin im Túk-Túk oder Taxi kostet bis um die 100 B.

★ Hilltribe Museum & Education Center MUSEUM

(พิพิธภัณฑ์และศูนย์การศึกษาชาวเขา; www.pdacr.org; 3. Stock, 620/25 Th Thanalai; 50 B; ⌚Mo–Fr 8.30–18, Sa & So 10–18 Uhr) Dieses Museum und Kulturzentrum sollte man besuchen, bevor man eine Trekkingtour zu den Bergvölkern unternimmt. Das Zentrum, das von der gemeinnützigen Population & Community Development Association (PDA) betrieben wird, macht zwar optisch eher wenig her, bietet aber jede Menge interessante Informationen über die verschiedenen Ethnien in Thailand und alles, was mit ihnen zusammenhängt.

Oub Kham Museum MUSEUM

(พิพิธภัณฑ์อูบคำ; www.oubkhammuseum.com; Th Nakhai; Erw./Kind inkl. Führung 300/200 B; ⌚8–17 Uhr) Das leicht skurrile private Museum beherbergt eine eindrucksvolle Sammlung von Utensilien aus buchstäblich jeder Ecke des früheren Lan-Na-Reichs. Die Gegenstände, von denen einige wahrhaft einzigartig sind, reichen von einem Vorkosterlöffel aus Affenknochen, den die Könige Lan Nas benutzten, bis hin zu einem bemerkenswert geschnitzten Thron aus Chiang Tung in Myanmar.

Das Museum liegt 2 km westlich des Stadtzentrums und ist etwas schwierig zu

Chiang Rai

Chiang Rai

Highlights

1 Hilltribe Museum & Education Center C2

Sehenswertes

2 Wat Phra Kaew A1
3 Wat Phra Singh A1

Aktivitäten, Kurse & Touren

PDA Tours & Travel ..... (siehe 1)

Schlafen

4 Baan Warabordee C4
5 Chok Dee Friend House B3
6 FUN-D Hostel D3
7 Golden Triangle Palace B3
8 Hi Chiangrai B4
9 Moon & Sun Hotel C2
10 Na-Rak-O Resort C4
11 Orchids Guest House B3
12 Wiang Inn B4

Essen

13 Khao Soi Phor Jai B3
14 Muang Thong B4
15 Namnigew Pa Nuan B4
16 Phu Lae C2

Ausgehen & Nachtleben

17 BaanChivitMai Bakery B4
18 Cat Bar B4
19 Chiang Rai Ramluek B3
20 Doi Chaang B2
21 Pangkhon Coffee B3
22 Prompt Cafe B4

Shoppen

23 Nachtmarkt B3
24 Straßenmarkt B2

Transport

25 Provinzübergreifender Busbahnhof C4

finden. Die Fahrt dorthin im Túk-Túk kostet um die 60 B.

Wat Phra Kaew BUDDHISTISCHER TEMPEL

(วัดพระแก้ว; Th Trairat; Spenden erwünscht; ⌚ Tempel 7–19 Uhr, Museum 9–17 Uhr) Der ehrwürdigste buddhistische Tempel der Stadt hieß im örtlichen Dialekt ursprünglich Wat Pa Yia (Bambuswaldkloster). Die Hauptgebetshalle ist eine mittelgroße, gut erhaltene Holzkonstruktion. Der achteckige *chedi* (Stupa) dahinter stammt aus dem späten 14. Jh. und ist typisch für den Lanna-Stil. Das angrenzende, zweistöckige Holzgebäude ist ein Museum, in dem diverse Lan-Na-Artefakte ausgestellt werden.

Wat Phra Singh BUDDHISTISCHER TEMPEL

(วัดพระสิงห์; Th Singhaclai; Spenden erwünscht; ⌚ Tageslichtstunden) GRATIS Der Tempel datiert bis ins späte 14. Jh. zurück; die ältesten erhaltenen Gebäude sind typisch nordthailändische Holzkonstruktionen mit niedrigen, geschwungenen Dächern. Die eindrucksvollen Holztüren des Haupt-*wí·hăhn* (Heiligtum) wurden angeblich von Künstlern aus der Gegend mit Schnitzereien verziert. Drinnen befindet sich eine Kopie des verehrten Phra-Singh-Buddhas aus Chiang Mai.

Tham Tu Pu & Buddha-Höhle BUDDHISTISCHER TEMPEL

(ถ้ำตุ๊ปู่/ถ้ำพระ; Th Ka Salong; ⌚ Tageslichtstunden) GRATIS Wenn man über die Mae-Fah-Luang-Brücke (befindet sich direkt nordöstlich vom Stadtzentrum) auf die Nordseite des Mae Nam Kok geht, gelangt man zur Abzweigung nach Tham Tu Pu und zur Buddha-Höhle. Beide Attraktionen sind für sich allein genommen nicht wirklich überwältigend. Aber die Landschaft ist wunderschön, so dass sich der Abstecher für eine gemütliche Fahrrad- oder Motorradtour anbietet.

Zunächst geht es 1 km die Straße entlang, dann biegt man auf einen unbefestigten Weg ab und folgt diesem 200 m bis zum Fuß einer Kalksteinklippe, wo steile Stufen zur Hauptkammer mit einer staubigen Buddha-Statue hinaufführen – das ist **Tham Tu Pu**.

Fährt man auf derselben Straße noch 3 km weiter (dem Schild „Buddha Images Cave“ folgen!), erreicht man die **Buddha-Höhle**, eine Höhle am Mae Nam Kok, in der sich ein winziger, aber regelmäßig genutzter buddhistischer Tempel befindet. Hier leben ein einsamer Mönch und zahlreiche Katzen. Der Tempel gehörte zu den Orten, die König Rama V. zu Beginn des 20. Jhs. bei einer Reise in diese Region seines Reiches besuchte.

Aktivitäten

Fast jede Pension und jedes Hotel in Chiang Rai bietet Trekking-Touren in das Gebiet der Bergvölker an, u. a. Touren mit Schwerpunkt auf Bodenbeständigkeit, Nachhaltigkeit oder Gemeinnützigkeit.

Die Preise für die Touren sind abhängig von der Art der Aktivitäten, der Dauer und der Teilnehmerzahl. Eine Wanderung mit zwei Teilnehmern und zwei Übernachtungen kostet pro Person zwischen 2300 und 6000 B. Meistens ist in diesem Preis alles enthalten: Übernachtung, Transport und Verpflegung.

★ **Rai Pian Karuna** WANDERN & TREKKEN

(☎ 062 246 1897; www.facebook.com/raipiankaruna) Kommunaler Veranstalter mit sozialer Ausrichtung, der u. a. Kochkurse, einwöchige Freiwilligenjobs und Wanderungen (ein- oder mehrtägig) organisiert. Hinzu kommen Homestay-Aufenthalte in Akha-, Lahu- und

NORDTHAILAND: MOTORRADTOUREN

Ein guter Einstieg für Motorradfahrer in Nordthailand ist der Samoeng Loop (100 km), der in einem halben Tag zu bewältigen ist. Ab Chiang Mai führt die Strecke über Rte 107, 1096 und 1269 Richtung Norden. Mit vielen Kurven in herrlicher Landschaft vermittelt sie einen guten Eindruck davon, was bei längeren Touren durch die Region zu erwarten ist. Der ebenfalls beliebte Chiang Rai Loop (470 km; Rte 107, 1089 und 118) passiert u. a. die malerischen Ortschaften Fang und Tha Ton auf dem Weg nach Chiang Rai, wo sich ein Aufenthalt empfiehlt.

Der Klassiker im Norden ist der Mae Hong Son Loop (600 km) ab Chiang Mai, der den 1864 Kurven der Rte 1095 folgt. Unterwegs kann in Pai, Mae Hong Son und Mae Sariang übernachtet werden. Über die Rte 108 geht's dann wieder zurück nach Chiang Mai. Ein vergleichsweise unbekannterer, aber gleichsam spaßiger Tagestrip folgt Rte 1155 und 1093 ab Chiang Khong (Provinz Chiang Rai) zur wenig besuchten Stadt Phayao. Dabei durchquert man ein paar der spektakulärsten Berglandschaften Thailands.

Lua-Dörfern im Bezirk Mae Chan nördlich von Chiang Rai.

Mirror Foundation WANDERN & TREKKEN
(☎053 737616; www.thailandecotour.org) Die Touren dieser NRO sind etwas teurer. Dafür unterstützen Kunden direkt die Ausbildung der einheimischen Guides. Die Treks (1–3 Tage) besuchen die Akha-, Karen- und Lahu-Dörfer im Bezirk Mae Yao nördlich von Chiang Rai.

Chiang Rai Bicycle Tours RADFAHREN
(☎053 774506, 085 662 4347; www.chiangraibicycletour.com; Touren ab 1450 B) Diverse geführte Radtouren in der Umgebung von Chiang Rai.

Thailand Hilltribe Holidays WANDERN & TREKKEN
(☎085 548 0884; www.thailandhilltribeholidays.com) Nachhaltig ausgerichtete Touren und Homestay-Aufenthalte im Gebiet von Chiang Rai.

PDA Tours & Travel WANDERN & TREKKEN
(☎053 740088; Hilltribe Museum & Education Center, 3. OG, 620/25 Th Thanalai; ⏲Mo–Fr 8.30–18, Sa & So 10–18 Uhr) Die NGO veranstaltet ein- bis dreitägige Treks; die Gewinne fließen in Gemeindeprojekte, z. B. in die AIDS-Prävention, in mobile Kliniken, in Ausbildungsstipendien und in den Aufbau dorfeigener Sparkassen.

Kurse

Suwannee KOCHKURS
(☎084 740 7119; www.suwanneethaicookingclasschiangrai.blogspot.com; Kurs 1250 B; ⏲Kurse 9.30–14 Uhr) Suwannees Kochkurse umfassen einen Marktbesuch und die Zubereitung von vier Gerichten. Ihr Haus liegt ca. 3 km außerhalb des Zentrums, sie holt die Kursteilnehmer aber normalerweise von den meisten zentral gelegenen Hotels und Pensionen ab.

Cook Thai Yourself KOCHEN
(☎081 844 9913; www.cookthaiyourself.wix.com/home; Kurse ab 1000 B; ⏲Kurse 9–15 Uhr) Ganztägige „Gastro-Abenteuer" (u. a. Thai-Kochkurse), die 20 Minuten von Chiang Rai entfernt in etwas ländlicher Umgebung stattfinden. Preise inklusive Shuttles.

Schlafen

Die meisten Budgetunterkünfte findet man im Zentrum rund um die Th Jetyod. Die meisten Mittelklassehotels sind ein paar Schritte von der Innenstadt entfernt. Die Luxushotels stehen vor allem außerhalb des Zentrums.

Zentrum

Baan Warabordee HOTEL $
(☎053 754488; baanwarabordee@hotmail.com; 59/1 Th Sanpanard; Zi. 500–600 B; ❄📶) Das fesche Hotel in einer umgebauten Thai-Villa (drei Stockwerke) hat ein gutes Preis-Leistungs-Verhältnis: Die klimatisierten Zimmer warten mit dunklem Holz, hellen Textilien, Kühlschränken und Warmwasser auf.

FUN-D Hostel HOSTEL $
(☎053 712123; www.facebook.com/fundhostelchiangrai; 753 Th Phahonyothin; B 200–300 B, Zi. 600 B, jeweils inkl. Frühstück; ❄@📶) Das belebte Hostel liegt passenderweise über einem Caférestaurant mit Bar. Die Schlafsäle (6–8 Betten) sind hell und geräumig. Die teureren Varianten haben semi-private Bäder.

Moon & Sun Hotel HOTEL $
(☎053 719279; 632 Th Singhaclai; Zi. 399–499 B, Suite 699 B; ❄📶) Das kleine, aber blitzsaubere Hotel vermietet geräumige und moderne Zimmer mit super Preis-Leistungs-Verhältnis. Hierfür sorgen Schreibtische, Kühlschränke, Kabel-TV und teils auch Himmelbetten. Die Suiten haben zusätzlich große und separate Wohnbereiche.

Orchids Guest House PENSION $
(☎053 718361; www.orchidsguesthouse.net; 1012/3 Th Jetyod; Zi. 400–500 B; ❄📶) Die blitzblanken Zimmer in einem Wohnkomplex sind eine gute Budgetoption. Zusätzlich zur Unterkunft gibt es hier auch noch diverse Serviceangebote, z. B. Internet, Wäscherei, Taxitransfer und Trekkingangebote.

Chok Dee Friend House PENSION $
(☎094 672 7921; Ecke Th Jetyod & Th Thaiviwat; B 100 B, Zi. 150–250 B; 📶) Die schlichte Pension liegt über einer oft lärmigen Bar mit angeschlossenem Tattoo-Shop. Wer eine gesellige Backpacker-Szene sucht, ist hier aber genau richtig.

Golden Triangle Palace HOTEL $$
(☎053 711 339; 590 Th Phahonyothin; Zi. inkl. Frühstück 13 000–1500 B; ❄📶) Seit der kürzlichen Renovierung wirkt die hiesige Lobby recht kitschig. Die 32 komfortablen Zimmer mit Holzmöbeln, Doppelbetten und Holz- oder Fliesenböden sind aber nach wie vor geschmackvoll gestaltet.

Na-Rak-O Resort HOTEL $$
(☎081 951 7801; www.facebook.com/narakoresort; an der Th Sanpanard; Zi. inkl. Frühstück 700–1100 B; P❄📶) *Nâh·rák* bedeutet „niedlich", und

NICHT VERSÄUMEN

HIMMEL & HÖLLE: TEMPEL RUND UM CHIANG RAI

Gleich außerhalb von Chiang Rai liegen zwei der skurrilsten, sehenswertesten und am stärksten beworbenen Attraktionen der Provinz: Der Wat Rong Khun und das Baandam.

Die meisten Buddhistentempel Thailands haben eine jahrhundertelange Geschichte. Der Bau des **Wat Rong Khun** (Weißer Tempel, วัดร่องขุ่น; abseits der Rte 1/AH2; ⌚Mo–Fr 8–17, Sa & So bis 17.30 Uhr) GRATIS begann jedoch erst 1997 nach einem Entwurf des einheimischen Stararchitekten Chalermchai Kositpipat (ursprünglich ein Kunstmaler). Hinein in den Schrein geht's über die Brücke der Wiedergeburt, die ein Wasserbecken überspannt und von emporragenden Armen bzw. Köpfen (Symbolen der Unterwelt) gesäumt wird. Das Innere zieren nicht die üblichen Szenen aus Buddhas Leben: Der Künstler stellt das *samsara* (Kreislauf von Werden und Vergehen) vielmehr mit modernen Bildern dar. An der einzigen fertigen Wand der ansonsten noch unvollendeten Anlage sind so z. B. ein Flugzeug beim Einschlag in die Twin Towers oder (seltsamerweise) Keanu Reeves als Neo im Film *Matrix* zu sehen. 2014 erlitt der Tempel leichte Erdbebenschäden.

Der Wat Rong Khun liegt rund 13 km südlich von Chiang Rai und ist ab dort mit Linienbussen Richtung Wiang Pa Pao (20 B, 6.15–18.10 Uhr stündl.) erreichbar.

Das bizarre **Baandam** (บ้านดำ, Schwarzes Haus; Nang Lae abseits der Rte 1/AH2; Erw./Kind 80 B/frei; ⌚9–17 Uhr) nach einem Entwurf des thailändischen Nationalkünstlers Thawan Duchanee ist ein recht düsteres Gegenstück zum Wat Rong Khun: Der Komplex besteht aus mehreren Gebäuden, die größtenteils schwarz gestrichen und unheilverkündend mit Tierfellen bzw. -knochen gestaltet sind.

Herzstück ist eine Art schwarzer Höhlentempel mit einem langen Esstisch aus Holz und Stühlen aus Hirschgeweihen – gewissermaßen der Speisesaal des Teufels. Die anderen Bauten beherbergen u. a. brustförmige weiße Schlafzimmer, dunkle Bäder mit Phallus-Elementen und eine „Kapelle", die ebenfalls mit Fellen und Knochen ausstaffiert ist.

Das Baandam liegt 13 km nördlich von Chiang Rai und ist ab dort mit allen Bussen in Richtung Mae Sai erreichbar (ca. 20 B).

das ist die goldrichtige Beschreibung für dieses kleine Hotel. Die hellen, luftigen Zimmer mit großen Bädern sind so farbenfroh, dass sie fast schon an eine Kita erinnern.

Baan Rub Aroon PENSION $$
(☎053 711827; www.baanrubaroon.net; 893 Th Ngummuang; Zi. inkl. Frühstück 650–2000 B; ❄@📶) Gleich westlich vom Zentrum steht diese Villa, deren Zimmer mit dem schicken Äußeren aber nicht ganz mithalten können. Die meisten Quartiere teilen sich Gemeinschaftsbäder. Dennoch prima für Fans von Ruhe und Behaglichkeit.

Wiang Inn HOTEL $$$
(☎053 711533; www.wianginn.com; 893 Th Phahonyothin; Zi. inkl. Frühstück 2400–3200 B, Suite inkl. Frühstück 6000–10 000 B; ❄@📶🏊) Das abgefahrene Äußere im 1970er-Jahre-Stil ist ein guter Indikator für das Alter dieses zentral gelegenen Business-Class-Hotels, das erst kürzlich renoviert wurde. Die Zimmer sind gut gepflegt und dezent landestypisch dekoriert.

Hi Chiangrai HOTEL $$$
(☎053 716699; www.hichiangrai.com; 902/3 Th Phahonyothin; Zi. inkl. Frühstück 1400–3400 B; ❄📶🏊) Hinter der pastellfarbenen Fassade des neuen Hotels verbirgt sich eine Lobby mit kitschigen Wandbildern und einem Hauch von Innendesign. Im Vergleich dazu wirken die Zimmer ziemlich schlicht. Das Ganze hat auch einen Minipool und erntet gute Kritiken von Gästen.

Außerhalb der Stadt

Ben Guesthouse PENSION $$
(☎053 716775; www.benguesthousechiangrai.com; 351/10 Soi 4, Th Sankhongnoi; Zi. 500–700 B, Suite 1000–1500 B; ❄@📶🏊) Es ist eine der besten Unterkünfte im Budget- und Mittelklassesektor in Nordthailand. In der makellosen Anlage gibt es alles: preiswerte Zimmer mit Ventilator, riesige Suiten und sogar einen Pool. Sie liegt 1,2 km vom Zentrum entfernt, am Ende der Soi 4 an der Th Sankhongnoi (an der Kreuzung mit der Th Phahonyothin heißt die Straße Th Sathanpayabarn).

Die Fahrt dorthin mit einem Túk-Túk kostet 60 B.

De Hug HOTEL $$
(☎053 711789; www.dehughotel.com; Rte 1211; Zi. inkl. Frühstück 1200–1400 B; ❄@📶) Die großen

Zimmer in dem vierstöckigen Hotelkomplex sind mit modernen Möbeln eingerichtet und bieten alle modernen Annehmlichkeiten. Obwohl es sich um ein relativ großes Hotel handelt, vermittelt das De Hug eine gewisse Gemütlichkeit.

Das Hotel liegt 2 km westlich vom Zentrum gegenüber vom Oub Kham Museum. Die Fahrt im Túk-Túk hierher kostet ca. 60 B.

Chezmoi PENSION $$

(☎ 089 747 5683, 089 148 5257; www.chezmoimyhome.com; 34/2 Th Sankhongnoi; Zi. inkl. Frühstück 500–700 B; ❄ 📶) Eine freundliche Familie führt das einladende Chezmoi in einem Wohnhaus mit angeschlossenem Künstleratelier. Die sieben Zimmer punkten mit sauberen Gemeinschaftsbädern und schickem Minimalismus.

Rund 1,5 km außerhalb vom Zentrum liegt die Pension am Westende der Th Sankhongnoi (alias Th Phahonyothin an der Kreuzung mit der Th Sathanpayabarn). Ein Túk-Túk ab der Innenstadt kostet 60 B.

Legend of Chiang Rai HOTEL $$$

(☎ 053 910400; www.thelegend-chiangrai.com; 124/15 Th Kohloy; Zi. 3000–10 000 B, Bungalow 7000–12 000 B, jeweils inkl. Frühstück; ❄ @ 📶 🏊) Das Nobelresort am Fluss hat die Atmosphäre eines traditionellen Lan-Na-Dorfs. Luxuriöses Understatement prägt die romantischen Zimmer mit Rattan-Elementen und beruhigenden Pastelltönen. Das Spa mit uferseitigem Horizontpool rundet das Verwöhnpaket ab. Kräftige Online-Rabatte.

Le Meridien Chiang Rai Resort HOTEL $$$

(☎ 053 603333; www.lemeridien.com; 221/2 Th Kwaewai; Zi. inkl. Frühstück 5000–7500 B, Suite inkl. Frühstück 18 000–20 000 B; ❄ @ 📶 🏊) Chiang Rais größte Luxusherberge steht ca. 2 km außerhalb des Zentrums an einem schönen Abschnitt des Flusses Mae Nam Kok. Die Zimmer sind riesig und in Grau, Weiß und Schwarz gehalten. Auf dem Gelände gibt's zwei Restaurants und einen Infinity Pool zusätzlich zu all den Extras, die man bei einem Hotel dieser Preisklasse erwarten darf.

Essen

Zur Essenszeit wird man in Chiang Rai mit ziemlicher Sicherheit zum Nachtmarkt geschickt. Aber eine Warnung: Das Essen dort ist nicht der Bringer! Wer am Wochenende in der Stadt ist, hält sich besser an die Verkäufer auf den Freiluftmärkten Thanon Khon Muan und dem Straßenmarkt, die eine gute Auswahl lokaler Gerichte bieten.

★ **Lung Eed** NORDTHAILÄNDISCH $

(Th Watpranorn; Hauptgerichte 40–100 B; ⏲ Mo–Sa 11.30–21, So 15–19 Uhr) In diesem einfachen Ladenrestaurant gibt's eines der leckersten

NICHT VERSÄUMEN

CAFÉ-KULTUR IN CHIANG RAI

Das relative kleine Chiang Rai hat beneidenswert viele Spitzencafés im westlichen Stil. Hauptgrund dafür: In den abgelegeneren Ecken der Provinz wird ein Großteil von Thailands besten Kaffeebohnen kultiviert.

BaanChivitMai Bakery (www.bcmthai.com/home; Th Prasopsook; ⏲ Mo–Fr 8–19, Sa & So bis 18 Uhr; 📶) Die beliebte Bäckerei serviert neben prima Kaffee aus regionalen Bohnen auch überraschend authentische Süßwaren à la Schweden und Gerichte bzw. Sandwiches auf westliche Art. Die Einnahmen gehen an die Organisation BaanChivitMai, die Wohnheime und Ausbildungsprojekte für vernachlässigte, verwaiste oder HIV-infizierte Kinder betreibt.

Prompt Cafe (www.facebook.com/promptcafedripcoffee; 417/4 Th Phahonyothin; ⏲ 7.30–17.30 Uhr) Das winzige Café ist das wohl eleganteste der Stadt. Hier gibt's u. a. Espresso und sortenreinen Filterkaffee (optional aus regionalen Bohnen).

Doi Chaang (Th Thanalai; ⏲ 8–20 Uhr; 📶) Der führende Kaffeeproduzent der Provinz verkauft seine Bohnen nunmehr bis nach Kanada und Europa.

Pangkhon Coffee (Th Sookathit; ⏲ 7–22 Uhr; 📶) Regionaler Kaffee plus Aussicht auf Chiang Rais vergoldeten Uhrenturm.

Roast (Th Sankhongluang; ⏲ 7.30–17 Uhr) Die „Filterkaffeebar" behandelt regionale Bohnen mit äußerstem Respekt. Rund 1,2 km vom Zentrum entfernt liegt die Th Sankhongluang einen Block südlich des Chiang Rai Technical College.

INSIDERWISSEN

NORDTHAILAND: REGIONALKÜCHE

Die Küche der thailändischen Nordprovinzen zeugt vom relativ kühlen Klima und den ausgeprägten Jahreszeiten in der Region – ebenso von einer Vorliebe für Schweinefleisch, Gemüse und Frittiertes aller Art. Im landesweiten Vergleich ist das hiesige Essen wohl am saisonalsten geprägt und am mildesten gewürzt. Eine häufige Zutat sind getrocknete Kräuter (teils bitter).

Paradoxerweise sind authentische Regionalgerichte außerhalb von Chiang Mai und den anderen nördlichen Großstädten leider oft recht rar bzw. werden generell nur von wenigen Restaurants serviert: Die meisten dieser Spezialitäten gibt's bei Ständen in Beuteln zum Mitnehmen. Unbedingt probieren:

Ðam sôm oh Regionale Version des *sôm·ðam* (pikanter Salat) mit Grapefruit statt grünen Papayas.

Ðôm yam Regionale Version der beliebten Thai-Suppe; enthält ein paar getrocknete Gewürze, die ansonsten auch für den *lâhp kôo·a* verwendet werden.

Gaang hang·lair Reichhaltiger Curry mit Schweinefleisch, der oft bei Festen und Zeremonien serviert wird; das Gericht ist birmanischen Ursprungs (*hang* ist eine Abwandlung des birmanischen Wortes *hin* für Curry) und wird idealerweise im **Phu Lae** (Chiang Rai) probiert.

Kà·nŏm jeen nám ngée·o Frische Reisnudeln in einer säuerlichen Brühe mit Tomaten und viel Schweinefleisch; am besten im **Paa Suk** (Chiang Rai) genießen.

Kâap mŏo Frittierte Schweineschwarte; eine häufige und leckere Beilage in Nordthailand.

Kôw gân jîn Mix aus Reis und Blut, der in Bananenblättern gedünstet und mit Knoblauchöl serviert wird – z. B. im **Paa Suk** (Chiang Rai).

Kôw soy Beliebter Nudelcurry, der eventuell aus Myanmar stammt und von chinesischen Händlern nach Nordthailand gebracht wurde; für eine milde, aber leckere Variante empfiehlt sich das **Khao Soi Phor Jai** (Chiang Rai).

Lâhp kôo·a Regionale Version (wörtl. „gebratener *lâhp*") des berühmten thailändischen Hackfleisch-„Salats", der hier mit einem einzigartigen Mix aus getrockneten Gewürzen gebrutzelt wird; am besten im **Pu Som Restaurant** (Nan; S. 249) verkosten.

Lôo Frittierte Innereien und knusprige Nudeln, die mit einem Mix aus Currypaste und frischem Blut garniert werden; wohl das gewöhnungsbedürftigste aller Regionalgerichte und vor allem in der Provinz Phrae zu finden.

Năam Vergorenes rohes Schweinefleisch – eine säuerliche Delikatesse, die viel besser schmeckt als erwartet.

Nám prík nùm Klebreis, halbgares Gemüse und frittierte Schweineschwarte mit einer klebrigen, pikanten Paste; für diese werden grüne Chilis, Schalotten und Knoblauch zuerst gegrillt und dann püriert. Auf fast allen Abendmärkten Nordthailands erhältlich.

Nám prík òrng Chili-Dip im Shan-Stil aus Tomaten und Hackfleisch – eine Art nordthailändische Bolognese.

Sâi òo·a Gegrillte Schweinswurst, mit vielen frischen Kräutern verfeinert; am besten im **Muu Thup** (Mae Sariang; S. 319) bestellen.

Gerichte Chiang Rais. An der Wand hängt zwar eine englischsprachige Speisekarte, man sollte sich aber auf keinen Fall das köstliche *lahp gai* (mit einheimischen Kräutern gebratenes Hähnchenhackfleisch, gekrönt von knusprig frittierter Hähnchenhaut, Schalotten und Knoblauch) entgehen lassen.

Das Restaurant befindet sich etwa 150 m östlich der Rte 1/AH2.

★ **Paa Suk** NORDTHAILÄNDISCH $

(Th Sankhongnoi; Hauptgerichte 10–25 B; ⏲ 8.30–15 Uhr) Das Paa Suk serviert reichhaltiges *kà·nŏm jeen nám ngée·o* (frische Reisnudeln mit einer Brühe aus Tomaten und Rind- oder Schweinefleisch) in großen Schüsseln.

Das Lokal liegt zwischen Soi 4 und 5 der Th Sankhongnoi (alias Th Sathanpayabarn an der Kreuzung mit dem Südende der Th

BUSSE AB CHIANG RAI

ZIEL	PREIS (B)	DAUER (STD.)	HÄUFIGKEIT
Bangkok	423–958	11–12	7–19 Uhr häufig (neuer Busbahnhof)
Bokeo (Laos)	240	3	16 Uhr 1-mal tgl. (neuer Busbahnhof)
Chiang Khong	65	2	6.30–16.30 Uhr häufig (interprovinzieller Busbahnhof)
Chiang Mai	129–258	3–7	6–19 Uhr häufig (interprovinzieller Busbahnhof)
Chiang Saen	37	1½	5.30–19 Uhr häufig (interprovinzieller Busbahnhof)
Lampang	98–137	4–5	12.45–16.30 Uhr 5-mal tgl. (neuer Busbahnhof)
Lampang	137	5	7–15.15 Uhr stündl. (interprovinzieller Busbahnhof)
Luang Prabang (Laos)	950	16	13 Uhr 1-mal tgl. (neuer Busbahnhof)
Mae Chan (für Mae Salong/Santikhiri)	25	45 Min.	5–19.30 Uhr häufig (interprovinzieller Busbahnhof)
Mae Sai	39	1½	6–18.30 Uhr häufig (interprovinzieller Busbahnhof)
Mae Sot	416	12	8.15 & 8.45 Uhr 2-mal tgl. (neuer Busbahnhof)
Nakhon Ratchasima (Khorat)	569–664	12–13	6.30–19.20 Uhr 6-mal tgl. (neuer Busbahnhof)
Phayao	43	1½–2	10–15.30 Uhr stündl. (neuer Busbahnhof)
Phayao	66	2	7.30–15.30 Uhr häufig (interprovinzieller Busbahnhof)
Phitsanulok	260–335	6–7	6.15–19.20 Uhr stündl. (neuer Busbahnhof)
Phrae	144	4	6–18 Uhr alle 30 Min. (neuer Busbahnhof)
Sukhothai	231	8	7.30–12 Uhr stündl. (neuer Busbahnhof)
Ubon Ratchathani	884	12	16 Uhr 1-mal tgl. (neuer Busbahnhof)

Phahonyothin). Keine Ausschilderung in lateinischen Buchstaben; auf das gelbe Schild achten.

Khao Soi Phor Jai NORDTHAILÄNDISCH $
(Th Jetyod; Hauptgerichte 40–50 B; ⌚7–16 Uhr) Das Phor Jai serviert neben Schüsseln mit dem namengebenden Nudelcurry (mild, aber lecker) noch ein paar weitere regionale Spezialitäten. Es gibt keine Ausschilderung in lateinischen Buchstaben – daher nach dem offenen Ladenhaus mit weiß-blauer Fassade Ausschau halten.

Namnigew Pa Nuan VIETNAMESISCH, THAI $
(Th Sanpanard; Hauptgerichte 10–120 B; ⌚9–17 Uhr) Das halboffene Restaurant ohne Ausschilderung in lateinischen Buchstaben kredenzt einen einzigartigen Mix aus vietnamesischen und nordthailändischen Gerichten. Im spaßigen Scheunen-Ambiente warten hier leckeres Essen und freundlicher Service – aber leider nur bis 17 Uhr.

Muang Thong CHINESISCH, THAI $
(Ecke Th Sanpanard & Th Phahonyothin; Hauptgerichte 30–100 B; ⌚24 Std.) Thais und Traveller schlagen gleichermaßen gern in diesem schon lange bestehenden Open-Air-Lokal zu, wo es die übliche Palette schmackhafter, salziger und würziger chinesisch-thailändischer Gerichte gibt.

Phu Lae THAI $
(673/1 Th Thanalai; Hauptgerichte 80–320 B; ⌚11.30–15 & 17.30–23 Uhr; ❄) Das Restaurant mit Klimaanlage ist wegen seiner schmackhaften, aber leicht „gezähmten" nordthailändischen Gerichte bei thailändischen Touristen beliebt. Zu den empfehlenswerten Gerichten aus der Region gehören *gaang hang·lair* (Schweinebauch mit einem gehaltvollen Curry auf birmanische Art) das mit eingelegten Knoblauchzehen serviert wird, und *sâi òo·a* (mit Kräutern gewürzte Schweinswürstchen).

Ausgehen & Nachtleben

Die Th Jetyod ist zwar eine recht schäbige Barmeile, dennoch finden sich hier ein paar von Chiang Rais Vorzeigelokalen.

Chiang Rai Ramluek BAR
(Th Phahonyothin; ⌚16–24 Uhr) Die beliebte Bar mit Restaurantbetrieb empfiehlt sich

für einen lokaltypischen Ausgeh-Abend. keine Ausschilderung in lateinischen Buchstaben; Livemusik und Freilufttische dienen daher als Erkennungszeichen.

Cat Bar BAR

(1013/1 Th Jetyod; ⌚17–1 Uhr) Alteingesessene Bar mit Pooltisch und Livemusik (ab 22.30 Uhr) an manchen Abenden.

Shoppen

Thanon Khon Muan MARKT

(Th Sankhongnoi; ⌚So 18–21 Uhr) Am Sonntagabend wird der Abschnitt der Th Sankhongnoi westlich der Soi 2 für den Verkehr gesperrt. An den Ständen wird Kleidung, Kunsthandwerk und ortstypisches Essen angeboten. An der Kreuzung mit dem südlichen Ende der Th Phahonyothin trägt die Th Sankhongnoi den Namen Th Sathanpayabarn.

Straßenmarkt MARKT

(Th Thanalai; ⌚Sa 16–22 Uhr) Wenn man an einem Samstagabend in der Stadt ist, sollte man sich diesen Straßenmarkt nicht entgehen lassen. Hier werden unter freiem Himmel alle möglichen für Chiang Rai typischen Dinge angeboten, von Kunsthandwerk bis zu regionalen Speisen. Der Markt erstreckt sich über die Th Thanalai vom Hilltribe Museum bis zum Morgenmarkt.

Nachtmarkt MARKT

(abseits der Th Phahonyothin; ⌚18–23 Uhr) Chiang Rais Abendmarkt liegt neben dem Busbahnhof hinter der Th Phahonyothin. Dieser Markt ist zwar viel kleiner als der in Chiang Mai, bietet aber auch ein recht gutes Sortiment von Kunsthandwerk und Tourissouvenirs.

Praktische Informationen

In der Th Phahonyothin und der Th Thanalai befinden sich mehrere Banken mit Wechselschalter und Geldautomaten.

An- & Weiterreise

BUS & MINIVAN

Der **interprovinzielle Busbahnhof** (☎053 715952; Th Prasopsook) im Zentrum bedient Ziele innerhalb der Provinz Chiang Rai. Zudem starten dort ein paar Minivans und (meist langsame) Busse mit Ventilatorkühlung zu einigen anderen Zielen im übrigen Nordthailand. Hinweis: Zum Zeitpunkt der Recherche wurde das Terminal gerade renoviert; der provisorische Ersatz befand sich ein paar Blocks weiter östlich.

Wer es eilig hat oder Ziele außerhalb von Chiang Rai besuchen will, muss 5 km südlich der Stadt den **neuen Busbahnhof** (☎053 773989; Rte 1/AH2) benutzen. *Sŏrng·tăa·ou* (Passagier-Pickups) pendeln zwischen den beiden Busbahnhöfen (15 B, 15 Min., 6–17.30 Uhr häufig).

Ab Chiang Rai fahren zudem internationale Direktbusse nach Luang Prabang und Bokeo (jeweils 1-mal tgl.) in Laos. Bokeo bietet wiederum Busanschluss nach Luang Nam Tha (Laos), Kunming (China) und Vang Vieng (Laos).

FLUGZEUG

Rund 8 km nördlich der Stadt liegt der **Chiang Rai International Airport** (Mae Fah Luang International Airport; ☎053 798 000; http://chiangraiairportthai.com) mit Fluglinienbüros, Restaurants, Autovermietern, Wechselstube und Post. Taxis fahren von hier aus für 200 B in die Stadt. In Gegenrichtung verlangt Chiang Rai Taxi (S. 226) rund 120 B nach Taxameter.

Vor Ort besteht Flugverbindung zum Don Mueang International Airport (ab 690 B, 1 Std. 20 Min., 13-mal tgl.) und Suvarnabhumi International Airport (ab 1290 B, 1 Std. 20 Min., 6-mal tgl.) in Bangkok. Zum Zeitpunkt der Recherche gab es auch Inlandsflüge nach Hat Yai und einen einzigen Auslandsflug nach Kunming (China).

SCHIFF/FÄHRE

Zwischen Chiang Rai und Tha Ton (Chiang Mai) verkehren Passagierboote auf dem Mae Nam Kok. Sie legen unterwegs in Ban Ruam Mit an und starten 2 km nordwestlich der Stadt am **CR Pier** (☎053 750009; ⌚7–16 Uhr). Ein Túk-Túk dorthin kostet ca. 80 B.

MINIVANS AB CHIANG RAI

ZIEL	PREIS (B)	DAUER (STD.)	HÄUFIGKEIT
Chiang Saen	45	1½	6.20–16.20 Uhr stündl. (interprovinzieller Busbahnhof)
Mae Sai	46	1½	6.30–18 Uhr häufig (interprovinzieller Busbahnhof)
Phayao	63	1	5–18 Uhr alle 30 Min. (interprovinzieller Busbahnhof)
Phrae	165	3½	5–18 Uhr alle 30 Min. (neuer Busbahnhof)
Sop Ruak (Goldenes Dreieck)	50	2	6.20–16.20 Uhr stündl. (interprovinzieller Busbahnhof)

Nach der Abfahrt (tgl. 10.30 Uhr) brauchen die Boote etwa eine Stunde bis nach Ruam Mit (100 B) und rund drei Stunden bis nach Tha Ton (400 B). Alternativ lassen sie sich auch privat mieten (ca. 800 B/3 Std.).

Unterwegs vor Ort

Im Zentrum von Chiang Rai geht's ganz gut zu Fuß voran. Für Stadtfahrten können Lauffaule auf Túk-Túks (ca. 20 B/Pers.) und die günstigen Taxis von **Chiang Rai Taxi** (☎ 053 773477; alle Fahrzeuge mit Gebührenzählern) zurückgreifen.

Am Chiang Rai International Airport sind diverse Autovermieter vertreten:

Avis Rent-A-Car (☎ 053 793827, landesweit 02 251 1131; www.avisthailand.com; ⌚7.30–21 Uhr)

Hertz (☎ 083 540 6157, landesweit 02 266 4666; www.hertzthailand.com; ⌚8–20 Uhr)

Thai Rent A Car (☎ 053 793 393, landesweit 1647; www.thairentacar.com; ⌚8–20 Uhr)

Ban Ruam Mit & Umgebung บ้านร่วมมิตร

☎ 053 / 3000 EW.

„Ruam Mit" bedeutet „gemischt", und das ist eine gute Beschreibung des am Fluss gelegenen Dorfes. Der Ort ist ein guter Ausgangspunkt für Ausflüge in die hügelige Umgebung, in der Volksgruppen wie Thai, Karen, Lisu und Akha leben. Über eine erst kürzlich befestigte Straße erreicht man von Chiang Rai aus nach nur 20 km Ban Ruam Mit mit seiner ethnischen Vielfalt und natürlichen Schönheit – einfacher geht's wirklich nicht.

Sehenswertes & Aktivitäten

Die meisten Besucher kommen wegen Elefantenritten nach Ban Ruam Mit. Wer das aus ethischen Gründen ablehnt, wandert stattdessen durch die schöne Umgebung: Dort warten Thermalquellen, diverse Dörfer und ein Nationalpark.

Pha Soet Hot Spring THERMALQUELLE

(บ่อน้ำพุร้อนผาเสริฐ; Ban Pha Soet; Erw./Kind 30/10 B; ⌚8–18 Uhr) Das heiße Wasser dieser Naturquelle wird in einen Gemeindepool geleitet. Wer es privater mag, für den stehen auch Zimmer zur Verfügung (50–100 B).

Ban Pha Soet liegt etwa 3 km westlich von Ban Ruam Mit.

Lamnamkok National Park NATURSCHUTZGEBIET

(อุทยานแห่งชาติลำน้ำกก; Ban Ruam Mit ⌚8–16.30 Uhr) Dieser erst 2002 gegründete Nationalpark ist einer der jüngsten Thailands. Er hat Wasserfälle und vor allem eine Thermalquelle zu bieten, die nur einen kurzen Fußmarsch vom Verwaltungsgebäude entfernt ist. Längere Exkursionen sind nur mit Führer möglich.

Die Parkverwaltung befindet sich ca. 3 km westlich von Ban Ruam Mit.

Schlafen & Essen

In Ban Ruam Mit gibt's ein paar einfache Lokale. Alle Hotels haben eigene Restaurants.

Akha Hill House HOTEL $

(☎ 089 997 5505; www.akhahill.com; Zi. 300–500 B, Bungalow 600–2000 B; ❄📶) Das wunderschön gelegene, aber wenig berauschende Hotel befindet sich an einem steilen Hang in Richtung des Dorfes Akha. Die Unterkünfte reichen von Zimmern mit Ventilator und Gemeinschaftsbad bis hin zu geräumigen Bungalows mit Klimaanlage. Die meisten Gäste übernachten hier im Rahmen von Trekking-Paketen, die unterschiedlich beurteilt werden. Das Hotel befindet sich 5 km südlich von Ban Pha Soet.

★ **Bamboo Nest de Chiang Rai** PENSION $$

(☎ 095 686 4755, 089 953 2330; www.bamboonest-chiangrai.com; Bungalows inkl. Frühstück 800–1600 B) Obwohl diese einzigartige Unterkunft in dem Dorf Lahu nur 23 km von Chiang Rai entfernt ist, fühlt man sich hier doch wie in einer anderen Welt. Das Bamboo Nest besteht aus einfachen, aber geräumigen Bambushütten auf einem Hügel mit Blick über Terrassenreisfelder.

Strom wird ausschließlich mittels Sonnenkollektoren erzeugt. Den Laptop kann man also getrost zu Hause lassen und stattdessen Aktivitäten wie Vogelbeobachtungstouren, Wandern und vieles mehr genießen.

Das Bamboo Nest ist ca. 2 km vom Verwaltungsgebäude des Lamnamkok National Park entfernt. Wer mindestens zwei Nächte bleibt, kann sich kostenlos in Chiang Rai abholen lassen.

An- & Weiterreise

Die einfachste Art, um von Chiang Rai nach Ban Ruam Mit zu gelangen, ist per Boot. Um 10.30 Uhr startet täglich ein Passagierschiff am CR Pier, 2 km nordwestlich von Chiang Rai (100 B, ca. 1 Std.); in einem Charterboot kostet die Fahrt ca. 800 B. Boote in die entgegengesetzte Richtung halten gegen 14 Uhr in Ban Ruam Mit.

Doi Mae Salong (Santikhiri) ดอยแม่สลอง

Das stimmungsvolle Dorf in den Hügeln hinter Chiang Rai ist ein Stück China in Thailand:

Gegründet wurde Doi Mae Salong von früheren KMT-Soldaten, die 1949 nach dem Sieg der Kommunisten aus China geflohen waren. Deren Nachkommen bewahren die Kultur dieser einzigartigen Gemeinschaft bis heute. So kommunizieren die Einheimischen nach wie vor hauptsächlich im Yunnan-Dialekt und schauen mehr chinesisches als thailändisches TV. Dieselbe Präferenz pflegen sie beim Essen. Inzwischen ist Doi Mae Salong ein bekanntes Touristenziel. Die typisch chinesische Atmosphäre in Hügellage, die zahlreichen Bergstämme und die großen Teeplantagen machen diesen Ort aber landesweit einzigartig. Hier kann man prima ein paar Tage lang relaxen und die Umgebung super auf eigene Faust erkunden.

Sehenswertes & Aktivitäten

Das Shin Sane Guest House und das Little Home Guesthouse verteilen Gratiskarten, die mehr oder weniger genau den Weg zu regionalen Siedlungen der Akha, Lisu, Mien, Lahu und Shan beschreiben. Zu den nächstgelegenen Akha- und Lisu-Dörfern ist es nicht mal ein halber Tagesmarsch.

Die besten Wanderrouten verlaufen nördlich von Mae Salong zwischen Ban Thoet Thai und der birmanischen Grenze. Vor dem Aufbruch dorthin muss man aber unbedingt die aktuelle Sicherheitslage checken: Im Kampf um die regionale Vorherrschaft liefern sich Shan- und Wa-Milizen gelegentlich gewaltsame Auseinandersetzungen. Zudem dienen ein paar örtliche Dörfer als Zwischenstationen beim grenzübergreifenden Methamphetamin- und Heroinschmuggel.

Das Shin Sane Guest House organisiert auch **Pferdetreks** (500 B/Pers., ca. 3–4 Std.) zu vier nahegelegenen Dörfern.

Morgenmarkt MARKT

(ตลาดเช้าดอยแม่สลอง; ⊙6–8 Uhr) An der T-Kreuzung nahe dem Shin Sane Guest House findet täglich ein winziger, aber bunter und belebter Morgenmarkt statt. Dieser lockt neben Ortsansässigen auch Stammesangehörige aus den umliegenden Bezirken an – da lohnt sich frühes Aufstehen!

INSIDERWISSEN

ESSEN IM YUNNAN-STIL

Viele thailändische Touristen besuchen Doi Mae Salong gezielt wegen Gerichten im Yunnan-Stil – darunter z. B. *màn·tŏh* (Dampfnudeln à la China) mit geschmortem Schweinebauch und eingelegtem Gemüse oder geschmortes Seidenhuhn mit chinesischen Kräutern. Für ein typisch chinesisches Frühstück empfehlen sich leckere *pah·tôrng·gŏh* (chinesische Donuts) mit heißer Sojamilch auf dem Morgenmarkt. Eine weitere Lokalspezialität sind selbstgemachte Eiernudeln in einer Brühe mit Schweinefleisch und pikanter Chilipaste.

Wat Santikhiri AUSSICHTSPUNKT

(วัดสันติคีรี) Um den großartigen Ausblick vom Wat Santikhiri genießen zu können, muss man den Markt überqueren und die 718 Stufen hinaufsteigen (oder das Auto nehmen). Der Wat folgt der Mahayana-Tradition des Buddhismus und ist im chinesischen Stil erbaut.

Chinese Martyr's Memorial Museum MUSEUM

(พิพิธภัณฑ์วีรชนอดีตทหารจีนคณะชาติภาคเหนือ; 20 B; ⊙8–18 Uhr) Südlich der Abzweigung zum Grabmal des KMT-Generals befindet sich das Chinese Martyr's Memorial Museum, ein prachtvolles Gebäude im chinesischen Stil, in dem Ausstellungen zum Thema KMT (S. 228) – Schlachten, Migration, Kultur – in Thailand zu sehen sind.

Schlafen

Traveller brauchen sich keine Sorgen zu machen, wenn in der Unterkunft der ersten Wahl kein Zimmer mehr frei sein sollte, denn es gibt wirklich sehr viele Budget- und Mittelklassehotels in Doi Mae Salong. Aufgrund der großen Konkurrenz sind die Preise – außer in der Hauptsaison (Nov.–Jan.) – oft verhandelbar. Das kühle Klima bringt es mit sich, dass nur wenige Unterkünfte mit einer Klimaanlage ausgestattet sind.

In der Stadt

Shin Sane Guest House PENSION $

(☎053 765026; www.maesalong-shinsane.blogspot.com; Zi. 200–400 B, Bungalow 400–500 B; @📶) Mae Salongs ältestes Hotel steht nahe der T-Kreuzung mit dem Morgenmarkt. Das

INSIDERWISSEN

MAE SALONG: GESCHICHTE

Gegründet wurde Mae Salong vom 93. Regiment der Kuomintang (KMT), das nach dem Sieg der Kommunisten im chinesischen Bürgerkrieg (1949) von China nach Myanmar (Birma) geflüchtet war. Dessen Norden mussten die Abtrünnigen im Jahr 1961 verlassen, da ihnen die Regierung in der damaligen Hauptstadt Yangon (Rangun) den Aufenthalt im Land nicht länger gestattete. So zogen die ehemaligen KMT-Soldaten mit Ponykarawanen und ihren Familien nach Nordthailand. Dort siedelten sie sich in Bergdörfern an und bauten eine Gesellschaft auf, die der in ihrer früheren Heimat Yunnan glich.

In den 1960er-Jahren erkannte Thailands Regierung die KMT-Angehörigen offiziell als Flüchtlinge an und versuchte, sie zusammen mit ihren Familien in die thailändische Nation zu integrieren. Bis zum Ende der 1980er-Jahre hatte dies nur wenig Erfolg: Viele einstige KMT beteiligten sich weiterhin am Opiumhandel im Goldenen Dreieck (S. 237), wobei sie mit dem Drogenkönig Khun Sa und der Shan United Army (SUA) kooperierten. Aufgrund des schroffen Bergterrains ohne befestigte Straßen war Doi Mae Salong fast ganz von der Außenwelt abgeschnitten. So konnten sich die Yunnanesen den Drogenbekämpfungs- und Befriedungsversuchen der thailändischen Behörden erfolgreich widersetzen.

Der berüchtigte Khun Sa residierte in Ban Hin Taek (heute Ban Thoet Thai), bis er 1982 von der thailändischen Armee vertrieben wurde und sich nach Myanmar zurückzog. Dies wirkte sich scheinbar positiv auf die örtliche Situation aus: Thailands Regierung machte nun endlich Fortschritte beim Befrieden von Doi Mae Salong und Umgebung. Zur Austrocknung des Drogenhandels (Opium und in jüngerer Zeit auch *yah bâh* bzw. Methamphetamin) richtete sie zudem Programme für alternative Agrarprodukte ein. Diese ermutigen die Bergbewohner bis heute dazu, Tee, Kaffee, Getreide und Früchte statt Schlafmohn anzubauen.

Um Doi Mae Salongs Ruf als traditionelle Drogenregion weiter zu schwächen, benannte Thailands Regierung das Gebiet zudem offiziell in Santikhiri (Hügel des Friedens) um, dieser neue Name wird aber kaum benutzt. Bis zu den 1980er-Jahren wurden Vorräte noch mit Packpferden hinauf nach Doi Mae Salong transportiert. Von Ban Pasang aus führt heute aber eine befestigte und verkehrsreiche Straße (36 km) dorthin. Trotz verbesserter Infrastruktur ist das Dorf bis heute stark von chinesischer Kultur geprägt und landesweit einzigartig.

Originalgebäude beherbergt spartanische, aber große Zimmer mit Gemeinschaftsbädern. Viel komfortabler sind die Bungalows und die Quartiere im neuen Anbau, die jeweils mit TV und eigenen Bädern aufwarten.

Sabaidee Maesalong HOTEL $
(☎085 705 5570; Rte 1130; Zi. 500–700 B; 📶) Die Zimmer dieses Hotels bieten grandiosen Bergblick zum Budget-Preis. Zudem sind sie modern, geräumig und in fröhlichem Minzgrün gestrichen. Das Personal spricht jedoch kaum Englisch (wenn überhaupt).

★ **Little Home Guesthouse** PENSION $$
(☎053 765389; www.maesalonglittlehome.com; Rte 1130; Zi. & Bungalow 500–800 B; @📶) Ebenfalls nahe der Marktkreuzung findet man dieses große und kürzlich renovierte Gebäude mit gelbem Anstrich. Dahinter stehen ein paar hübsche Bungalows mit sehr gutem Preis-Leistungs-Verhältnis. Alle Quartiere sind geräumig, sauber und sonnig. Die Inhaber sind extrem freundlich und hilfsbereit.

Baan Hom Muen Li HOTEL $$$
(Osmanthus; ☎053 765271; osmanhouse@hotmail.com; Rte 1130; Zi. inkl. Frühstück 1200–2000 B; 📶) Das stilvolle Hotel ohne Ausschilderung in lateinischen Buchstaben steht gegenüber vom Café Sweet Maesalong im Zentrum. Die 22 Zimmer sind kunstvoll im chinesischen Stil (klassisch oder modern) eingerichtet. Tipp: Die Quartiere im Obergeschoss des neuen Gebäudeteils haben riesige Balkone mit Blick auf die umliegenden Teeplantagen.

Außerhalb der Stadt

Khumnaiphol Resort HOTEL $$
(☎0814935242; https://th-th.facebook.com/khumnaiphol.chiangrai; Rte 1130; Zi. 600–800 B, Bungalow 1500 B, jeweils inkl. Frühstück; ❄📶) Das Resort ohne Ausschilderung in lateinischen Buchstaben vermietet u. a. komfortable Bun-

galows an einem Hang. Diese wirken leicht kitschig, haben aber überdachte Veranden mit tollem Blick auf die Teeplantagen weiter unten. Die Alternative sind die günstigeren Zimmer im Hauptbau. Die Anlage liegt 1 km südlich der Stadt nahe der Kreuzung mit dem Nachmittagsmarkt.

Maesalong Flower Hills Resort RESORT **$$**
(053 765496; www.maesalongflowerhills.com; Rte 1130; Zi. 1000–7000 B, Bungalow 1300–5900 B, jeweils inkl. Frühstück;) Dieses Paradebeispiel für Landschaftsgärten mit üppiger Blumenpracht liegt 2 km östlich vom Zentrum. Zur Wahl stehen hier saubere, aber recht gesichtslose Zimmer und Bungalows. Letztere gibt's auch in größeren Varianten, die wie der Riesenpool prima für Familien sind.

★ **Phu Chaisai Resort & Spa** RESORT **$$$**
(053 910500; www.phu-chaisai.com; abseits der Rte 1130; Bungalow inkl. Frühstück 3900–20 000 B;) Dieses Resort ca. 7 km von Ban Pasang (der Abzweigung nach Mae Salong) entfernt auf einem einsamen, mit Bambus bewachsenen Hügel ist die außergewöhnlichste Unterkunft in der Gegend. In den rustikalen Lehmziegel-Bambus-Bungalows gibt es passenderweise keine TVs, dafür aber einen tollen Blick auf die umliegenden Berge.

Maesalong Mountain Home HOTEL **$$$**
(084 611 9508; www.maesalongmountainhome.com; abseits der Rte 1130; Zi. & Bungalow 1000–3300 B;) Super für Selbstfahrer oder Gäste, die nichts gegen einen Fußmarsch haben: Rund 1 km östlich vom Zentrum (auf das orangefarbene Schild achten) liegt dieses Boutiquehotel am Ende einer unbefestigten Piste. Auf einem bewirtschafteten Bauernhof findet man hier 14 Bungalows (größtenteils hell und luftig), die mit breiten Balkonen und großen Bädern punkten.

Essen

Das kulinarische Angebot in Doi Mae Salong ist stark von der Regionalküche der südwestchinesischen Provinz Yunnan beeinflusst. So warten hier auch tolle exotische (Nudel-)Gerichte, die es im übrigen Thailand nirgendwo gibt.

Hinzu kommen zahllose Teestuben mit regionalen Teesorten (meist grüner Jasmin oder halbfermentierter Oolong) und Gratisverkostungen.

★ **Salima Restaurant** CHINESISCH **$**
(Rte 1130; Hauptgerichte 60–220 B; 7–20 Uhr) Das Salima gehört zu den freundlichsten örtlichen Restaurants und serviert das beste Essen der Stadt. Darunter sind u. a. Köstlichkeiten im muslimisch-chinesischen Stil (z. B. reichhaltiges Rindfleisch-Curry à la Yunnan oder säuerlich-pikanter Thunfischsalat mit Teeblättern). Das *kôw soy* (chinesische Eiernudeln mit Rindfleisch in Curry-Brühe) und die anderen Nudelgerichte schmecken gleichsam lecker.

Sweet Maesalong CAFÉ **$**
(Rte 1130; Hauptgerichte 45–155 B; 8.30–17 Uhr;) Wer mehr Koffein braucht, als die Teeblätter hergeben, findet in diesem modernen Café eine große Auswahl von Kaffeespezialitäten aus regionalem Anbau. Es gibt auch überraschend aufwendige Backwaren und Tellergerichte. Das Sweet Maesalong liegt ungefähr in der Ortsmitte.

Sue Hai CHINESISCH **$$**
(Rte 1130; Hauptgerichte 80–300 B; 7–21 Uhr;) Zu dem einfachen Teeladen in Familienhand gehört ein chinesisches Restaurant. Es liegt gleich östlich des Zentrums. Auf der englischsprachigen Speisekarte stehen Spezialitäten wie gebratene Pilze aus der Region mit Sojasauce und köstliches luftgetrocknetes Schweinefleisch mit frischem Chili.

Praktische Informationen

Gegenüber vom Khumnaiphol Resort (südliches Stadtende) gibt's eine Thai-Military-Bankfiliale mit Geldautomat.

In deren Nähe findet man ein **Internetcafé** (Rte 1130; 20 B/Std.; 9–23 Uhr).

Anreise & Unterwegs vor Ort

Mit öffentlichen Verkehrsmitteln gestaltet sich die Anreise ab Chiang Rai wohl am einfachsten, indem man per Bus nach Mae Chan fährt und dort zu einem grünen *sŏrng·tăa·ou* nach Doi Mae Salong (60 B, 1 Std., 4-mal tgl., häufig) umsteigt. Alternativ halten Busse auf dem Weg nach Mae Sai in Ban Pasang, wo sich blaue *sŏrng·tăa·ou* mieten lassen (ca. 400 B). In Gegenrichtung starten *sŏrng·tăa·ou* nahe der 7-Eleven-Filiale in Doi Mae Salong.

Auf dem Landweg ist Doi Mae Salong auch ab Tha Ton (Chiang Mai) erreichbar. Dorthin geht's in Gegenrichtung mit gelben *sŏrng·tăa·ou*, die nahe dem Little Home Guesthouse aufbrechen (60 B, 1 Std., 4-mal tgl.).

Der Großteil von Doi Mae Salong ist gut zu Fuß erkundbar. Wer die Umgebung erforschen will und/oder Probleme mit dem bergigen Terrain hat, bekommt Leihmotorräder (ca. 200 B/24 Std.) bei den meisten örtlichen Unterkünften.

Mae Sai แม่สาย

☎ 053 / 22 000 EW.

Auf den ersten Blick scheint Thailands nördlichste Stadt, kaum mehr zu sein als ein großer Markt unter freiem Himmel. Doch Mae Sai ist auch ein guter Ausgangspunkt, um das Goldene Dreieck und Doi Mae Salong sowie – wegen der Nähe zu Myanmar – auch einige der Randgebiete des Shan-Staats zu erkunden.

Gelegentlich führen Kämpfe innerhalb Myanmars oder Streitigkeiten zwischen den Regierungen Thailands und Myanmars zu einer zeitweiligen Schließung der Grenze. Es empfiehlt sich also, Erkundigungen über die aktuelle Situation einzuholen, ehe man sich zu einer Fahrt nach Mae Sai entschließt.

Sehenswertes

Wat Phra That Doi Wao BUDDHISTISCHER TEMPEL

(วัดพระธาตุดอยเวา, 1 Th Phahonyothin; ⏲ Tageslichtstunden) GRATIS Einen großartigen Blick über Mae Sai und hinüber nach Myanmar hat man, wenn man nahe der Grenze die Stufen auf den Hügel zum Wat Phra That Doi Wao hinaufsteigt. Dieser Wat wurde angeblich zum Andenken an ein paar Tausend birmanische Soldaten errichtet, die hier 1965 bei Kämpfen gegen KMT-Verbände fielen. (In der Stadt kursieren verschiedene Versionen, auch eine, in der die KMT-Soldaten die Helden sind.)

Schlafen

Maesai Momhome PENSION $

(☎ 053 731537; haritchayahana@gmail.com; an der Th Sailomjoy; Zi. 300–500 B; ❄📶) Das neue, blitzblanke, dreistöckige Gebäude hat neun Zimmer mit TV, Kühlschrank und Warmwasserduschen. Der Preis richtet sich danach, ob man ein Zimmer mit Ventilator oder Klimaanlage nimmt. Die Anmeldung befindet sich in dem ausgeschilderten Büro in der Th Sailomjoy an der T-Kreuzung.

Maesai Guest House HOTEL $

(☎ 053 732021; 688 Th Wiengpangkam; Bungalow 300–600 B; 📶) Das alteingesessene Maesai vermietet dreieckige Bungalows mit Ventilatoren. Dabei reicht die Auswahl von einfachen Hütten mit kalten Gemeinschaftsduschen bis hin zu Varianten, die am Flussufer mit Terrassen und eigenen Bädern aufwarten.

Khanthongkham Hotel HOTEL $$

(☎ 053 734222; 7 Th Phahonyothin; Zi. 850 B, Suite 1200–1800 B, jeweils inkl. Frühstück; ❄📶) In unmittelbarer Grenznähe gibt's hier ge-

ABSEITS DER ÜBLICHEN PFADE

BAN THOET THAI: DAS DORF DES OPIUMKÖNIGS

Rund 20 km nördlich von Mae Salong liegt in einem schmalen Flusstal das multiethnische Dorf Ban Thoet Thai (บ้านเทอดไทย), das mit interessanter Geschichte und der Atmosphäre eines abgeschiedenen Grenzorts lockt.

Am bekanntesten ist der Ort wohl als früheres Hauptquartier des berüchtigten Opiumkönigs und Shan-Kriegsherrn Khun Sa: Aufgrund des schroffen Bergterrains ohne befestigte Straßen war Ban Thoet Thai (damals Ban Hin Taek bzw. Dorf der zerbrochenen Steine) früher fast ganz von der Außenwelt abgeschnitten – und das in unmittelbarer Nähe zum Goldenen Dreieck. Dies ermöglichte es Khun Sa bis zu seiner Vertreibung durch die thailändische Armee (1982), den weltweiten Opiumhandel von hier aus praktisch allein zu kontrollieren. Rund 500 m nördlich vom örtlichen Markt liegt seine ehemalige Residenz. Das darin befindliche **Khunsa Museum** (พิพิธภัณฑ์ขุนส่า; ⏲ 8–17 Uhr) GRATIS informiert heute über den Opiumkönig und die Kultur bzw. Geschichte der Shan. Unbedingt auch das „VIP-Wohnzimmer" mit einer gruseligen, lebensgroßen Wachsfigur von Khun Sa besichtigen!

Die beste örtliche Bleibe ist das **Rim Taan Guest House** (☎ 053 730209; 15 Mu 1, Thoet Thai; Zi. & Bungalow 350–2000 B; ❄📶): Etwa in der Dorfmitte warten dort einfache Bungalows mit Ventilatoren, klimatisierte Zimmer und ein hübscher Garten an einem Bach. Das benachbarte **Restaurant Ting Ting** (Hauptgerichte 40–150 B; ⏲ 7–21 Uhr) ist quasi das einzige Lokal, das hier bis abends geöffnet hat. Auf seiner langen Karte (englischsprachig) stehen viele chinesische Köstlichkeiten. Neben der 7-Eleven-Filiale des Dorfs befindet sich ein **Internetcafé** (20 B/Std.; ⏲ 9–23 Uhr).

Vor der 7-Eleven-Filiale in Mae Salong starten blaue *sŏrng·tăa·ou* gen Ban Thoet Thai (60 B, 40 Min., 7–17 Uhr). Am dortigen Markt geht's in Gegenrichtung los (60 B, 6–17 Uhr).

Mae Sai

Mae Sai

Sehenswertes
1 Wat Phra That Doi Wao B2

Schlafen
2 Khanthongkham Hotel C1
3 Maesai Guest House A1
4 Maesai Momhome A1
5 Piyaporn Place Hotel C3

Essen
6 Bismillah Halal Food C2
7 Nachtmarkt C1
8 Sukhothai Cuisine B1

Shoppen
9 Edelsteinmarkt C2

Praktisches
10 Overbrook Clinic C3
11 Thailändische Einwanderungsbehörde.. C1

Transport
12 Motorradtaxis zum Busbahnhof........ C2
13 Siam First........ C3
14 Sŏrng·tăa·ou zum Busbahnhof........ C1
15 Sŏrng·tăa·ou nach Sop Ruak & Chiang Saen C2

schmackvoll eingerichtete Zimmer mit hellem Holz, braunen Textilien, Flachbild-TVs und sehr viel Platz (gilt auch für die einladenden Bäder). Die Suiten sind besonders geräumig. Kehrseite: Viele der Quartiere haben keine Fenster.

Afterglow HOTEL $$
(☎053 734188; www.afterglowhostel.com; 139/5 Th Phahonyothin; Zi. 600–800 B, Bungalow 500 B; ❄ 📶) Die wahrscheinlich hippste Unterkunft in Mae Sai: Das Afterglow paart minimalistische Zimmer über einem Café mit genauso stilvollen Bungalows hinter dem Haus. Leider liegt es ca. 4 km von der Grenze entfernt.

Piyaporn Place Hotel HOTEL $$
(☎053 734511; 77/1 Th Phahonyothin; Zi. inkl. Frühstück 800 B, Suite inkl. Frühstück 1800 B; ❄ @ 📶) An der Hauptstraße auf Höhe der Soi 7 steht das siebenstöckige Businesshotel mit gutem Preis-Leistungs-Verhältnis. Die großen, modernen Zimmer verfügen über Holzböden, kleine Sofas und die üblichen Businessklasse-Extras wie Bad, Kabel-TV und Minibar.

Maekhong Delta Boutique Hotel HOTEL $$
(☎053 642517; 230/5-6 Th Phahonyothin; Zi. 900–1200 B, Suite 1200–3600 B, jeweils inkl. Frühstück; ❄ @ 📶) Dieses Hotel hat einen seltsamen Namen – denn schließlich liegt das Mekong-Delta im fernen Süden von Vietnam. Noch

skurriler ist, dass die Zimmer mit ihrer hellen Holzvertäfelung irgendwie an eine Skihütte erinnern. Trotzdem wirken sie modern und attraktiv. Allerdings sind's von hier aus fast 4 km bis zur Grenze.

Essen

Täglich gibt es einen großen **Nachtmarkt** (Th Phahonyothin; Gerichte 30–60 B; ⏲17–23 Uhr) in der Th Phahonyothin. Tagsüber findet man Snack- & Getränkeverkäufer vor der Polizeistation in der Th Phahonyothin.

Sukhothai Cuisine THAI $
(399/9 Th Sailomjoy, Hauptgerichte 35–40 B; ⏲7–17 Uhr) Das Personal dieses Freiluftrestaurants serviert neben den Sukhothai-Nudeln auch Satay und ein paar andere einfache Gerichte.

Bismillah Halal Food THAI $
(Soi 4, Th Phahonyothin; Hauptgerichte 30–100 B; ⏲5–17 Uhr) Das von birmanischen Muslimen geführte winzige Restaurant bereitet für seine Gäste ein ausgezeichnetes Biryani und praktisch sämtliche nur denkbaren muslimischen Gerichte von Roti bis Samosas zu.

Shoppen

Der Handel ist in Mae Sai allgegenwärtig, allerdings ist der größte Teil des Angebots für Traveller aus dem Westen nicht von Interesse. Besonders beliebt sind Schmuckstü-

GRENZÜBERGANG NACH MYANMAR: VON MAE SAI NACH TACHILEIK

Der Grenzübergang Mae Sai–Tachileik ist beliebt für Visaverlängerungen mithilfe kurzfristiger Aus- und Wiedereinreise. Die Weiterreise in Myanmar ist aber nicht ganz unproblematisch. Die Bestimmungen für den Grenzübertritt können sich jederzeit ändern – daher den aktuellen Stand unbedingt rechtzeitig vor dem Start ermitteln!

Anreise zur Grenze Von den meisten Unterkünften in Mae Sai sind's ein paar Gehminuten bis zum Grenzposten der thailändischen Einwanderungsbehörde.

An der Grenze Nach den üblichen Ausreiseformalitäten beim Büro der **thailändischen Einwanderungsbehörde** geht's über die Brücke und dann zum Büro der birmanischen Einwanderungsbehörde. Wer bereits ein Visum für Myanmar besitzt, kann nun auf dem Landweg nach Kyaingtong (alias Kengtung) oder mit dem Flugzeug zu anderen Zielen im Land weiterreisen.

Traveller ohne birmanisches Visum bekommen recht einfach ein Tagesvisum für den Besuch von Tachileik. Etwas komplizierter gestaltet sich das Erlangen eines Zweiwochen-Visums für einen Aufenthalt in Kyaingtong.

Tagesausflügler berappen 500 B für einen birmanischen Ausweis mit begrenzter Gültigkeit und müssen ihren eigenen Reisepass an der Grenze hinterlegen. Bis auf ein paar Restaurants und Läden hat Tachileik nicht viel zu bieten – hier kann man überall in Baht bezahlen, während die Preise denen drüben in Thailand entsprechen. Allerdings gibt's vor Ort auch einen interessanten Morgenmarkt und einige spaßige Teestuben.

Wer Kyaingtong besuchen will und noch kein Visum für Myanmar hat, geht nach dem Grenzübertritt direkt zum Büro von Myanmar Travels & Tours (MTT): Den dortigen Beamten ist eine exakte Reiseroute anzugeben; zudem muss man drei Passfotos mitbringen und 10 US$ bzw. 500 B bezahlen. Dann gibt's einen provisorischen Ausweis mit zwei Wochen Gültigkeit, während der eigene Reisepass an der Grenze zu hinterlegen ist – um sicherzustellen, dass die Ausreise auf identischem Wege erfolgt. Obendrein ist für die ganze Aufenthaltsdauer ein Guide anzuheuern (1000 B/Tag zzgl. 400 B „Begleitungssteuer"). Idealerweise kümmert man sich schon vorab um einen Guide aus Kyaingtong, der einen an der Grenze abholt. Andernfalls erfolgt durch MTT die Zuweisung eines Führers, für den während des ganzen Aufenthalts auch Kost und Logis zu bezahlen sind. Zu den empfehlenswerten Guides in Kyaingtong zählen **gehören** (☎+95 9490 31470; sairoctor.htunleng@gmail.com) und **Freddie** (Sai Yot; ☎+95 9490 31934; yokham@gmail.com).

Weiterreise Busse nach Kyaingtong (10 000 K, 5 Std., 8–8.30 & 11.30–12.30 Uhr) starten an Tachileiks Busbahnhof, der 2 km von der Grenze entfernt liegt (*sŏrng·tăa·ou*/Motorradtaxi 20/50 B). Alternativ warten dort auch Taxis (ab 100 000 K) und Sammeltaxis (12 000–15 000 K, Abfahrt erst wenn sie voll sind).

VERKEHRSMITTEL AB MAE SAI

Busse

ZIEL	PREIS (B)	DAUER (STD.)	HÄUFIGKEIT
Bangkok	581–904	12–13	7 Uhr & 16.20–17.40 Uhr häufig
Chiang Mai	160–319	5	6.15–22.40 9-mal tgl.
Chiang Rai	39	1½	5.45–18 Uhr häufig
Mae Sot	416	12	6.45 Uhr 1-mal tgl.
Phayao	95–122	3	7–10.30 Uhr 3-mal tgl.
Phitsanulok	344	8	7 & 10.30 Uhr 2-mal tgl.
Phrae	225	5	7 & 10.30 Uhr 2-mal tgl.

Minivans & Sŏrng·tăa·ou

ZIEL	PREIS (B)	DAUER (STD.)	HÄUFIGKEIT
Chiang Rai	46	1	Minivans 6–18 Uhr häufig
Chiang Saen	50	1	*Sŏrng·tăa·ou* 8–12 Uhr häufig
Fang	120	3	Minivans 8 & 14 Uhr 2-mal tgl.
Sop Ruak (Goldenes Dreieck)	40	45 Min.	*Sŏrng·tăa·ou* 8–13 Uhr häufig
Tha Ton	120	2	8 & 14 Uhr 2-mal tgl.

cke. Bei einem Bummel durch die Soi 4 sieht man mehrere **Edelsteinhändler** (Soi 4, Th Phahonyothin), die sorgfältig am Straßenrand unter freiem Himmel Hunderte winziger Halbedelsteine zählen.

Praktische Informationen

In Grenznähe gibt's mehrere Bankfilialen mit Geldautomaten.

Internetcafé (Th Phahonyothin; 10 B/Std.; 8–23 Uhr) Am Parkplatz hinter dem Wang Thong Hotel.

Overbrook Clinic (053 734422; 20/7 Th Phahonyothin; 8–17 Uhr) Ableger des modernen Krankenhauses in Chiang Rai.

Polizei (Th Phahonyothin) Örtliche Hauptwache.

Thailändische Einwanderungsbehörde (Grenzbüro; 053 733261; Th Phahonyothin; 6–21 Uhr) Am Anfang der Grenzbrücke.

Thailändische Einwanderungsbehörde (Hauptbüro; 053 731008; Th Phahonyothin; Mo–Fr 8.30–16.30 Uhr) Rund 3 km von der Grenze entfernt nahe der Soi 17.

Touristenpolizei (115; Th Phahonyothin; 8.30–18 Uhr) Unterhält einen Stand direkt vor dem Einwanderungsbüro an der Grenze.

Anreise & unterwegs vor Ort

Mae Sais **Busbahnhof** (053 646403; Th Phahonyothin) liegt 4 km von der Grenze entfernt. **Sammel-*sŏrng·tăa·ou*** (Th Phayhonyothin) pendeln zwischen dem Busbahnhof und einer Haltestelle an der Kreuzung der Soi 2 mit der Th Phahonyothin (15 B, 5 Min., 6–18 Uhr). Alternativ fahren **Motorradtaxis** (Th Phahonyothin) von/zu einer Haltestelle an der Kreuzung der Th Phahonyothin mit der Soi 4 (40 B).

Wenn man nach Bangkok möchte, kann man sich den Weg zum Busbahnhof sparen, wenn man sein Ticket bei **Siam First** (053 731504; nahe der Ecke Soi 9 & Th Phahonyothin, keine Ausschilderung in lateinischen Buchstaben, 8–17.30 Uhr) gleich neben dem Motorradgeschäft an der Kreuzung mit der Soi 9 kauft.

An der Th Phahonyothin steht auf Höhe der Soi 8 ein Schild **Bushaltestelle** (Th Phahonyothin). Von hier aus fahren *sŏrng·tăa·ou* nach Sop Ruak und Chiang Saen.

Eine Fahrt im Ort mit einem *sŏrng·tăa·ou* kostet 15 B, mit einem Motorradtaxi ist man für 20 bis 40 B unterwegs.

Chiang Saen

เชียงแสน

053 / 11 000 EW.

Chiang Saen ist der Inbegriff eines verschlafenen Städtchens am Fluss, war aber einst die Stätte eines früheren Thai-Königreichs, dessen Ursprünge im 7. Jh. liegen sollen. Die Überbleibsel dieses Reiches sind in der modernen Stadt verteilt – zu den noch erhaltenen Relikten gehören mehrere *chedis* (Stupa), Buddha-Bildnisse, *wí·haan*-Säulen (Heiligtum) und Teile der Stadtbefestigung aus gestampftem Lehm. Später war Chiang

Chiang Saen

Saen locker mit anderen nordthailändischen Königreichen verbunden, im 18. Jh. auch mit Myanmar, und wurde erst in den 1880er-Jahren ein Teil Siams.

Heutzutage gehen riesige Flusskähne mit Früchten, Maschinenteilen und allen möglichen Importgütern aus China in Chiang Saen vor Anker und sorgen so dafür, dass die alte Handelsroute zwischen China und Siam aktiv bleibt. Trotz dieser Handelsaktivitäten hat sich die Stadt im letzten Jahrzehnt nicht großartig verändert und ist deshalb auch ein angenehmerer Aufenthaltsort als das vergleichsweise hektische, touristische Sop Ruak, das sogenannte „Goldene Dreieck", 9 km östlich.

Sehenswertes & Aktivitäten

Wat Pa Sak HISTORISCHE STÄTTE

(วัดป่าสัก; abseits der Rte 1290; Parkbereich 50 B/ Pers.; ⏲ Mi–So 8.30–16.30 Uhr) GRATIS Vom Pratu Chiang Saen (historisches Haupttor am westlichen Stadtrand) sind's rund 200 m bis zum Geschichtspark mit den Überresten des Wat Pa Sak. Unter den insgesamt sieben Ruinenstätten der Anlage ist auch der Haupt-*chedi* aus der Mitte des 14. Jhs. Dieser paart Elemente des Hariphunchai- und Sukhothai-Stils mit eventuellen Bagan-Einflüssen und vielen schönen Stuckreliefs.

Chiang Saen National Museum MUSEUM

(พิพิธภัณฑสถานแห่งชาติเชียงแสน; 702 Th Phahonyothin; 100 B; ⏲ Mi–So 8.30–16.30 Uhr) Dieses Museum ist eine tolle Infoquelle zur Region, obwohl es nur relativ klein ist.

Wat Phra That Pha Ngao BUDDHISTISCHER TEMPEL

(วัดพระธาตุผาเงา; abseits der Rte 1129; ⏲ Tageslichtstunden) GRATIS 3 km südlich der Stadt befindet sich im Dorf Sop Kham dieser buddhistische Tempelkomplex mit einer großen Gebetshalle, die errichtet wurde, um eine teilweise freigelegte Statue aus der Chiang-Saen-Ära zu schützen. Außerdem gibt es hier ein wunderschönes, goldfarbenes Handschriftendepot (*hŏr drai*) aus Teakholz. Eine steile Straße führt hinauf zu einer Tempelpagode auf einem Hügel, von dem aus man einen herrlichen, weiten Blick auf die Umgebung und den träge fließenden Mekong hat.

Wat Phra That Chom Kitti & Wat Chom Chaeng HISTORISCHE STÄTTE

(วัดพระธาตุจอมกิตติ/วัดจอมแจ้ง; abseits der Rte 1290; ⏲ Tageslichtstunden) GRATIS Die Überreste des Wat Phra That Chom Kitti und des Wat Chom Charng stehen rund 2,5 km nordwestlich der Stadt auf einem Hügel. Der runde *chedi* des Wat Phra That Chom Kitti soll

Chiang Saen

Sehenswertes
1 Chiang Saen National Museum A2
2 Wat Pa Sak A2

Aktivitäten, Kurse & Touren
3 Touren auf dem Mekong C2

Schlafen
4 Jay Nay C1

Essen
5 Abendmarkt-Imbissstände B2
6 Kiaw Siang Hai C1
7 Imbissstände am Fluss C1
8 Straßenmarkt C2

Ausgehen & Nachtleben
2 be 1 .... (siehe 6)

Praktisches
9 Einwanderungsbehörde C2

Transport
10 Motorradverleih B2
11 Sombat Tour B2
12 Sŏrng·tăa·ou nach Hat Bai C3
13 Sŏrng·tăa·ou nach Sop Ruak & Mae Sai C2

noch vor der Gründung des Königreichs errichtet worden sein.

Touren auf dem Mekong BOOTFAHREN
(☎085 392 4701; Th Rimkhong; ⊙8–17 Uhr) Schnellboote, die für fünf Passagiere ausgelegt sind, fahren von der Anlegestelle nach Sop Ruak (einfache Strecke/hin & zurück pro Boot 600/700 B, 1 Std.) oder die ganze Strecke bis Chiang Khong (einfache Strecke/hin & zurück pro Boot 2500/3000 B, 1½ Std.).

Schlafen

Jay Nay PENSION $
(☎081 960 7551; Th Nhongmoon; Zi. 400–1000 B; ❄📶) Diese tolle Budget-Bleibe vermietet 13 schlichte Zimmer auf zwei Stockwerken. Die fast identischen Quartiere sind neu, sauber und komfortabel. Zu erkennen am Schild mit der Aufschrift *Rooms For Rent* (Zimmer zu vermieten).

Gin's Maekhong View Resort & Spa HOTEL $$
(☎084 485 1376; www.facebook.com/ginsmaekhongview; Th Rimkhong; Zi. 1000–1500 B, Bungalow 1500 B, jeweils inkl. Frühstück; ❄📶🏊) Das Gin's offeriert neben großen und attraktiven Zimmern in einem zweistöckigen Bau auch recht kleine Bungalows am Flussufer. Zudem gibt's hier einen Pool, ein Spa, ein Café und ein riesiges Sonnenblumenfeld.

Etwa 1 km nördlich von Chiang Saens Zentrum liegt das Hotel nahe der restaurierten Stadtmauer.

Pak-Ping-Rim-Khong PENSION $$
(☎053 650151; www.facebook.com/pakpingrimkhong; 484 Th Rimkhong; Zi. inkl. Frühstück 1200–1800 B; ❄📶) Gleich nördlich der Stadt findet man diesen neuen und sauberen Villenkomplex. Die großen Zimmer mit Klimaanlage, TV und Kühlschrank bieten eines der besten örtlichen Preis-Leistungs-Verhältnisse – sofern Flussblick keine Rolle spielt.

Viang Yonok PENSION $$$
(☎053 650444; www.viangyonok.com; an der Rte 1016; Bungalow inkl. Frühstück 2100–2450 B; ❄@📶🏊) Der Schwerpunkt in dieser gepflegten Anlage mit sieben komfortablen, modernen Bungalows liegt auf Aktivitäten, und wem ein Pool, eine Sauna, ein Kraftraum, Fahrräder, Kajaks und die Möglichkeit zur Vogelbeobachtung nicht reichen, der ist wohl ohnehin kaum zufrieden zu stellen.

Die Unterkunft befindet sich ungefähr 5 km westlich von Chiang Saen in Ban Khu Tao, abseits der Straße nach Mae Chan. Den gelben Schildern folgen, die hinter der Esso-Tankstelle zu sehen sind!

Siam Triangle Hotel HOTEL $$$
(☎053 651115; www.siamtriangle.com; 267 Th Rimkhong; Zi. 2000–2500 B, Suite 4500 B, jeweils inkl. Frühstück; ❄@📶🏊) Chiang Saens größtes Hotel hat insgesamt recht wenig Charme. Dennoch wirken seine riesigen Suiten mit Flussblick vom Whirlpool ziemlich eindrucksvoll. Die Zimmer im gegenüberliegenden Neubau sind etwas günstiger.

Etwa 400 m südlich der alten Stadtmauer liegt der Komplex gleich außerhalb von Chiang Saen.

Essen & Ausgehen

Preiswerte Nudel- und Reisgerichte bekommt man an den **Imbissständen** (Hauptgerichte 30 B–60 B) in der Nähe der überdachten Bushaltestelle in der Th Phahonyothin. Mit Einbruch der Dunkelheit bieten **Imbissstände** (Th Phahonyothin; Hauptgerichte 30–60 B; ⊙16–22 Uhr) direkt westlich von hier ihre Speisen an. Samstagabends wird

INSIDERWISSEN

NORDTHAILAND: SPICKZETTEL

Im relativ großen Nordthailand warten viele verschiedene Ziele, Ethnien und Kulturen – eventuell etwas verwirrend. Die folgenden Tipps erleichtern die Reiseplanung:

Bestes Kunsthandwerk Nan (S. 244)

Exotischster Frischwarenmarkt Mae Sot (S. 286)

Beste Regionalküche Chiang Rai (S. 222)

Beste Nudeln Sukhothai (S. 271)

Freundlichste Einheimische Phrae (S. 252)

Beste Kulturexkursionen Provinz Chiang Rai (S. 217)

Beste Naturwanderungen Provinz Mae Hong Son (S. 296)

Beste alte Architektur Lampang (S. 258)

Beste unbekannte Altruinen Kamphaeng Phet (S. 282)

Beste Backpacker-Partyszene Pai (S. 296)

Bestes Geheimziel Phayao (S. 242)

ein Abschnitt der Th Rimkhong für den Verkehr gesperrt. Dann gibt es auf dem wuseligen **Straßenmarkt** (Hauptgerichte 20–60 B; ⌚Sa 16–21 Uhr) viele kulinarische Angebote.

Chiang Saens Nachtleben konzentriert sich vor allem auf den Umkreis der **Imbissstände** (Th Rimkhong; Hauptgerichte 30–60 B; ⌚16–23 Uhr), die abends am Fluss öffnen.

Kiaw Siang Hai CHINESISCH $

(44 Th Rimkhong; Hauptgerichte 50–200 B; ⌚8–20 Uhr) Das authentische China-Restaurant verköstigt vor allem chinesisches Bootspersonal, dessen Kähne in Chiang Saen festmachen. Auf der ellenlangen Karte stehen z. B. Klöße, pikanter Brattofu auf Sichuan-Art oder chinesische Kräutersuppen.

Der Laden hat kein Schild in lateinischen Buchstaben, ist aber an den riesigen Tonkrügen vor dem Eingang zu erkennen.

Jinda's Kitchen THAILÄNDISCH $

(Rte 1290; Hauptgerichte 25–100 B; ⌚8–21 Uhr; WLAN) In diesem Restaurant am Straßenrand werden seit mehr als 50 Jahren regionale Gerichte serviert, u.a. leckere *kà·nŏm jeen nám ngée·o* (frische Reisnudeln in einer fleischig-scharfen Schweinefleisch-Tomaten-Brühe).

Das Lokal liegt ungefähr auf halber Strecke zwischen Chiang Saen und Sop Ruak.

2 be 1 BAR

(Th Rimkhong; ⌚17.30–24 Uhr) Das Nachtleben beschränkt sich quasi auf diese winzige Uferbar mit Pooltisch und Freilufttischen.

Praktische Informationen

Chiang Saen Hospital (☎053 777017; Rte 1016; ⌚24 Std.) Staatliches Krankenhaus gleich südlich des Wat Pa Sak.

Polizei (Th Phahonyothin; ⌚24 Std.) Örtliche Hauptwache.

Siam Commercial Bank (Th Phahonyothin; ⌚Mo–Fr 8.30–16.30 Uhr) Tauscht ausländisches Geld um und hat einen Geldautomaten.

Thailändische Einwanderungsbehörde (☎053 777118; Ecke Th Phahonyothin & Th Sukapibansai; ⌚Mo–Fr 8.30–16.30 Uhr) Örtliches Hauptbüro.

Touristeninformation (☎053 777084; Th Phahonyothin; ⌚Mo–Sa 8.30–16.30 Uhr) Zeigt neben guten Modellen der Hauptruinen auch Fotos verschiedener *chedi* vor, während und nach deren Restaurierung.

An- & Weiterreise

Blaue *sŏrng·tăa·ou* (Th Phahonyothin) warten zwischen 7.20 und 15 Uhr an einem Stand am östlichen Ende der Th Phahonyothin auf Fahrgäste nach Sop Ruak (20 B) und Mae Sai (50 B). Wer nach Chiang Khong will, nimmt am Stand in der Th Rimkhong südlich der am Flussufer gelegenen Einwanderungsbehörde ein **grünes *sŏrng·tăa·ou*** (Th Rimkhong) in Richtung Hat Bai (50 B, 9–14 Uhr, 1 Std.), wo er in ein anderes *sŏrng·tăa·ou* umsteigen muss.

Chiang Saen hat keinen richtigen Busbahnhof, es ist vielmehr eine überdachte Haltestelle (Th Phahonyothin) am östlichen Ende der Th Phahonyothin, an der die Busfahrer ihre Fahrgäste ein- und aussteigen lassen. Von dieser Haltestelle aus fahren viele Busse nach Chiang Rai (37 B, 1½ Std., 5.30–17.30 Uhr) und ein Bus pro Tag nach Chiang Mai (222 B, 5 Std., 9 Uhr).

Sombat Tour (☎053 650 788; Th Phahonyothin; ⌚8.20–17.20 Uhr) schickt täglich zwei VIP-Busse nach Bangkok (1058 B, 12 Std., 17 & 17.30 Uhr). Abfahrt ist vor dem kleinen Büro in der Th Phahonyothin.

Unterwegs vor Ort

Motorradtaxis (kurze Stadtfahrten ab 20 B) warten gegenüber der Bushaltestelle und in deren Nähe.

Chiang Saen und Umgebung lassen sich gut per Zweirad erkunden. Der lokale **Motorradverleih** (☎ 089 429 5798; 247/1 Th Phahonyothin; pro 24 Std. Fahrrad/Motorrad 80/200B; ⏰ 8–19 Uhr) mit angeschlossenem Friseurladen vermietet Motorräder und Mountainbikes.

Sop Ruak สบรวก

☎ 053

Myanmar, Thailand und Laos stoßen in Sop Ruak aufeinander, dem „Mittelpunkt" des

DAS GOLDENE DREIECK, FRÜHER & HEUTE

Historisch bezieht sich der Begriff „Goldenes Dreieck" auf eine geografische Region, die sich über Tausende Quadratkilometer nach Myanmar, Laos und Thailand hinein erstreckt und in der der Opiumhandel florierte. Vom Beginn des vorigen Jahrhunderts bis in die 1980er-Jahre hinein war diese Region weltweit das größte Anbaugebiet von *Papaver somniferum*, dem Schlafmohn, aus dem Opium gewonnen wird. Armut, fehlende Infrastruktur und das Fehlen staatlicher Strukturen in den weitgehend von Rebellen beherrschten Gebieten führten dazu, dass der Anbau der Pflanzen und der Transport des gewonnenen Opiums, das dann zu Heroin raffiniert in alle Welt gelangte, fast ungestört vor sich gingen.

Der zweifellos wichtigste einzelne Akteur des Drogenhandels im Goldenen Dreieck war der Shan-chinesische Warlord Khun Sa, den die Presse als Opiumkönig bezeichnete. Ab Mitte der 1970er-Jahre schloss Khun Sa von seinem Hauptquartier in der Provinz Chiang Rai aus mit seiner Shan United Army (SUA), in Doi Mae Salong ansässigen ehemaligen Kämpfern der KMT, die den Bürgerkrieg in China verloren hatte, und weiteren Gruppen ein Bündnis, das praktisch ein Monopol auf den weltweiten Opiumhandel erlangte.

Nach zwei gescheiterten Attentaten auf sein Leben bot Khun Sa im Jahr 1988 der australischen Regierung an, die gesamte Opiumernte für 50 Mio. AUS$ pro Jahr an sie zu verkaufen. Damit würde, so behauptete er, der weltweite Heroinhandel zum Erliegen kommen. Den USA unterbreitete er eine ganz ähnliche Offerte, doch beide Staaten schlugen das Angebot aus. Die US-amerikanische DEA setzte ein Kopfgeld von 2 Mio. US$ auf seine Ergreifung aus. Schließlich ergab sich Khun Sa im Jahr 1996 den birmanischen Behörden. Myanmar weigerte sich jedoch, den Warlord an die USA auszuliefern, sodass Khun Sa 2007 schließlich unbehelligt in Yangon (Rangun) starb.

Khun Sas Kapitulation war der Sargnagel für den Opiumhandel im Goldenen Dreieck – der Mohnanbau hier fiel 1998 auf den tiefsten Stand aller Zeiten. Zu Beginn des 21. Jhs. verdrängte der Goldene Halbmond in Afghanistan das Goldene Dreieck von der Spitzenstellung als Opiumproduzent. Nach einem kürzlich erschienenen Bericht des Büros der UN für Drogen- & Verbrechensbekämpfung hat der Handel im Goldenen Dreieck nun aber wieder zugenommen – wohl vor allem aufgrund steigender Nachfrage aus China. 2012 war Myanmar allein für rund 25 % der Weltopiumproduktion verantwortlich.

Die meisten Beobachter sind sich jedoch darüber einig, dass sich der Drogenhandel im Goldenen Dreieck inzwischen von Opium auf Methamphetamine verlagert hat. Die Droge, die auf thailändisch als *yah bâh* („verrückte Droge") bezeichnet und in Myanmar in Fabriken hergestellt wird, denen Verbindungen zur United Wa State Army nachgesagt werden, ist zur neuen Geißel der Region geworden: So machten beispielsweise Bilder von durchgeknallten Süchtigen, die Geiseln nahmen, zu Beginn des Jahrhunderts in Thailand Schlagzeilen. Trotz aller Anstrengungen der thailändischen Behörden, das Meth-Dealen auszurotten, nehmen Handel und Gebrauch der Droge offenbar immer weiter zu – nur die Preise sind infolge der Bekämpfungsmaßnahmen gestiegen.

Die Tage des Opiumhandels gehören der Vergangenheit an, aber Hoteliers und Tourveranstalter in Chiang Rai haben aus dem Namen natürlich Kapital geschlagen und das kleine Dorf Sop Ruak zum „Goldenen Dreieck" erklärt, um Fantasien von illegalen Abenteuern, exotischen Grenzregionen und Opiumkarawanenschmuggel wachzurufen. Aber die einzige Karawane, die es hier zu sehen gibt, ist die der großen Reisebusse mit Pauschaltouristen. Opium gibt's heute nur noch in Museen, und sogar die einst schöne Landschaft ist mittlerweile von Geldautomaten und unzähligen Ständen mit Touristenkram und durch lautes Marktgeschrei aus den verschiedenen Tempeln verschandelt. Und aus dem früher absolut uneinnehmbaren Hauptquartier Khun Sas in Ban Thoet Thai ist inzwischen eine ganz entspannte Touristenattraktion geworden.

Goldenes Dreieck & Umgebung

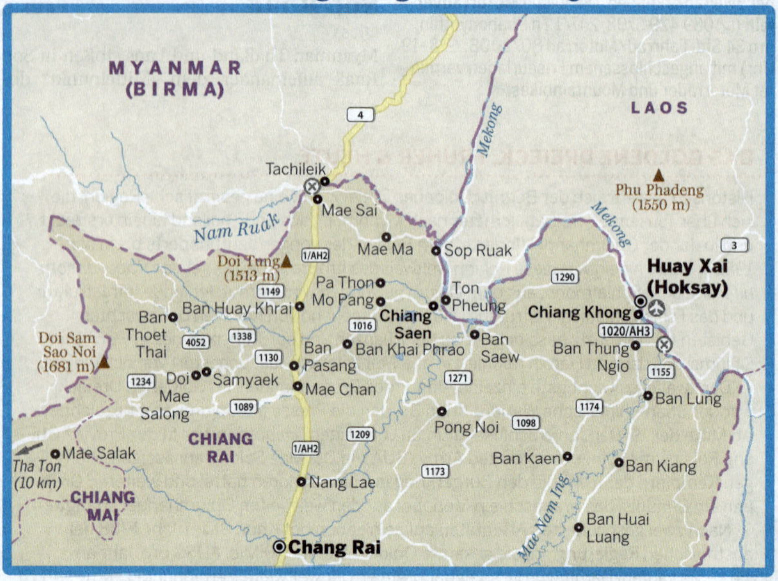

Goldenen Dreiecks am Zusammenfluss von Nam Ruak und Mekong. Die beiden Opiummuseen der Stadt, das **House of Opium** (บ้านฝิ่น; Rte 1290; 50B; ⏲ 7-19 Uhr) und die Hall of Opium (หอฝิ่น; Rte 1290; Erw./Kind 200 B/frei; ⏲Di–So 8.30–16 Uhr), lohnen einen Besuch, außerdem kann man mit einem Bootsausflug nett eine Stunde zubringen. Aber eigentlich bleiben die meisten Traveller hier nur, wenn sie ein Zimmer in einem der herausragenden Luxushotels in dem Gebiet gebucht haben.

Aktivitäten

An den örtlichen Anlegern lassen sich ganztägig Mekong-Touren mit Longtail-Booten arrangieren (pro Std. 500 B/Boot, max. 5 Pers.). Bei der Ankunft in Laos wird eine separate Einreisesteuer (30 B/Pers.) fällig.

Schlafen & Essen

Einziger Grund für einen Aufenthalt im Bereich von Sop Ruak sind ein paar der besten Spitzenklassehotels Nordthailands. Budgetreisende sind in Chiang Saen besser aufgehoben. Die regionalen Resorts veranstalten Aktivitäten mit Elefanten (z. B. Ausritte) für Besucher, die damit keine ethischen Probleme haben.

Direkt am Mekong findet man mehrere Touristenrestaurants.

Four Seasons Tented Camp HOTEL $$$
(☎053 910200; www.fourseasons.com; 2 Nächte alles inkl. 104 000–116 000 B; ❄@📶🏊) Wenn es Zeit und Geldbeutel erlauben, ist dieses von Safaris inspirierte Resort, das eine ungewöhnliche Wohnerfahrung in Thailand bietet, ein Muss. Die „Zelte“ sind luxuriös und mit Dingen ausgestattet, die an kolonialzeitliche Safaris erinnern. Der Mindestaufenthalt beträgt zwei Nächte, zu den täglich angebotenen Aktivitäten gehören u. a. Ausflüge im Longtail-Boot und Wellnessanwendungen.

Anantara Golden Triangle Resort & Spa HOTEL $$$
(☎053 784084; www.anantara.com; Rte 1290; Zi. & Suite alles inkl. 36 500–44 000 B/Nacht; ❄@📶🏊) Das preisgekrönte Resort liegt auf einem großen, schön gestalteten Gelände gegenüber der Hall of Opium. Die Zimmer verbinden thailändische und internationale Gestaltungsmotive, und alle haben Balkone mit Mekong-Blick. Annehmlichkeiten wie Whirlpool, Squash- und Tennisplätze, Fitnessstudio, Sauna und Spa runden das Luxusangebot ab. Aktivitäten wie Kochkurse sind in den meisten Pauschalangeboten enthalten.

An- & Weiterreise

Häufig fahren *sŏrng·tăa·ou* nach Chiang Saen (20 B, 15 Min., 7–12 Uhr) und Mae Sai (45 B,

30 Min., 8–13 Uhr, alle 40 Min.), die man einfach an der Hauptstraße heranwinkt. Kleinbusse nach Chiang Rai (50 B, 1 Std., 5.50–16 Uhr stündl.) halten auf dem Parkplatz westlich des Phra Chiang Saen Si Phaendin. Aber auch die 9 km lange Fahrradfahrt von Chiang Saen nach Sop Ruak ist nicht anstrengend.

Chiang Khong เชียงของ

☎053 / 12 000 EW.

Chiang Khong war früher ein wichtiger Markt für die regionalen Bergvölker und ein Handelszentrum mit dem nördlichen Laos. Seit 2013 macht eine neue Brücke über den Mekong das verschlafene Uferstädtchen auch zum Transitzentrum für Traveller. Ab Huay Xai am anderen Ufer fahren langsame Boote (2 Tage) und Busse (13 Std.) nach Luang Prabang. Zudem starten dort Busse (8 Std.) zum laotisch-chinesischen Grenzübergang Boten.

Schlafen

Die meisten Unterkunftsbetreiber in Chiang Khong haben sich speziell auf Budgettraveller eingestellt.

★ Namkhong Resort HOTEL $

(☎053 791055; www.namkhongriverside.com/boutique-resort; 94/2 Th Sai Klang; Zi. 200–800 B; ❄📶🏊) Gleich abseits der Hauptstraße liegt dieser halb versteckte Hotelkomplex mit feschen Holzgebäuden, vielen Tropenpflanzen und einem netten Pool. Sogar die günstigsten Zimmer mit Ventilatoren und Gemeinschaftsbädern sind hier wirklich zauberhaft.

Baan-Fai Guest House PENSION $

(☎053 791394; 108 Th Sai Klang; Zi. 200–700 B; ❄📶) Nach der Renovierung sieht dieses einladende Holzhaus besser aus denn je. Die sechs Zimmer im Hauptgebäude haben Klimaanlage und ein eigenes Bad, die neueren Zimmer Ventilator und Gemeinschaftsbad. Ein Café fehlt natürlich auch nicht.

Ban Tammila HOTEL $

(☎053 791234; 113 Th Sai Klang; Zi. & Bungalow 450–700 B; ❄📶) Obwohl dieses Hotel von außen etwas schäbig wirkt, sind die hiesigen Quartiere hübsch, sauber und in warmen Farbtönen gestaltet. Die Bungalows werden ergänzt durch Zimmer, die teilweise über breite Balkone mit Hängematten verfügen. Besonders empfehlenswert ist die luftige Nr. 12 mit Blick hinüber nach Laos.

Baan Pak Pon PENSION $

(☎081 791 6735, 053 655092; baanpakpon@hotmail.co.th; abseits der Th Sai Klang; Zi. 400–600 B; ❄📶) In einem großen Holzhaus abseits der Th Sai Klang gibt's hier geräumige Zimmer mit Holzvertäfelung. Der relativ neue Anbau aus Beton beherbergt ein paar weitere Quartiere.

Funky Box HOTEL $

(☎082 7651839; Soi 2, Th Sai Klang; B 100 B, EZ/DZ 250/300 B; ❄📶) Der Name ist Programm: In einem kastenartigen Anbau warten hier 16 Schlafsaalbetten mit Ventilatorkühlung. Im Hauptgebäude findet man ein nettes Restaurant mit Bar und nun auch fünf Privatzimmer mit Gemeinschaftsbädern.

Day Waterfront Hotel HOTEL $$

(☎053 791789; www.hoteldaywaterfront.com; 789 Th Sai Klang; Zi. inkl. Frühstück 700–900 B; ❄📶) Die Zimmer dieses Hotels sind recht schlicht, aber dafür sauber und gut ausgestattet. Die teureren Varianten bieten mehr Platz (plus Kühlschrank und Teekanne). Die Hauptattraktionen sind jedoch der freund-

INSIDERWISSEN

DER MEKONG-RIESENWELS

Der Mekong bei Chiang Khong ist ein natürliches Habitat des *plah bèuk* (Mekong-Riesenwels, lat. *Pangasianodon gigas*). Der weltgrößte Süßwasserfisch wächst in schätzungsweise sechs bis zwölf Jahren (sicher ist sich da niemand) zu voller Größe heran. Ausgewachsene Exemplare können 2 bis 3 m lang und bis zu 300 kg schwer sein.

In Thailand und Laos ist das milde Welsfleisch schon lange eine begehrte Delikatesse. So besänftigen Fischer dort jedes Jahr die Göttin Chao Mae Pla Beuk (Beherrscherin des Mekong-Welses) mit einer speziellen Zeremonie.

Heute steht der *plah bèuk* auf der Roten Liste der bedrohten Arten (CITES) und darf seit 2006 nicht mehr befischt werden. Angesichts des drohenden Aussterbens initiierte Thailands Behörde für Binnenfischerei im Jahr 1983 ein Aquakultur-Projekt, das lange von Misserfolgen geprägt war. Doch 2001 überlebten endlich 70 000 der künstlich gezüchteten Brütlinge – und seitdem steht *plah bèuk* landesweit wieder auf vielen Speisekarten.

Chiang Khong

0 — 200 m

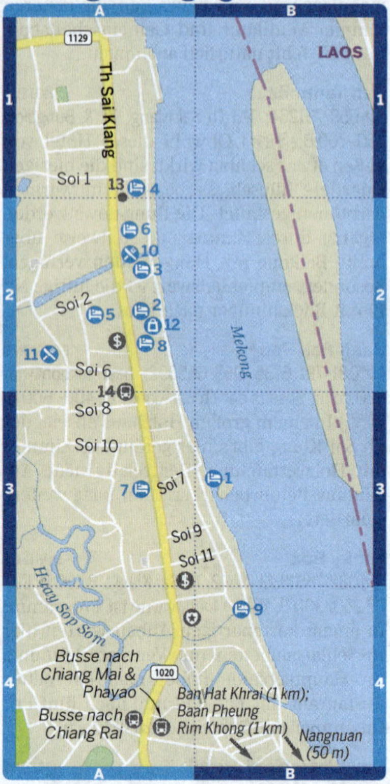

Chiang Khong

Schlafen

1 Baan Pak Pon B3
2 Baan-Fai Guest House A2
3 Ban Tammila A2
4 Day Waterfront Hotel A1
5 Funky Box A2
6 Ibis Styles A2
7 Namkhong Resort A3
8 Namkhong Riverside Hotel A2
9 River House B4

Essen

10 Bamboo Mexican House A2
11 Khao Soi Pa Orn A2

Ausgehen & Nachtleben

Hub .... (siehe 5)

Shoppen

12 Straßenmarkt A2

Praktisches

13 Easy Trip A1

Transport

14 Sŏrng·tăa·ou nach Hat Bai A3

liche Service und die tolle Aussicht hinüber nach Laos.

River House HOTEL $$
(☎053 792022; theriverhouse_chiangkhong@hotmail.com; 419 Th Sai Klang; B 150 B, Zi. 300–1000 B; ❄@📶) Das heimelige weiße Haus mit Blick über den Mekong ist eine großartige Option. Die preiswerteren Zimmer sind klein und verfügen nur über Ventilator und Gemeinschaftsbad, die teureren sind geräumig und mit Klimaanlage, Kühlschrank, TV und Balkon ausgestattet.

Namkhong Riverside Hotel HOTEL $$
(☎053 791796; www.namkhongriverside.com; 174-176 Th Sai Klang; Zi. inkl. Frühstück 1300–1500 B; ❄@📶) Das moderne, beliebte dreistöckige Hotel bietet viele saubere, ordentliche Zimmer, von denen die meisten einen eigenen Balkon mit Blick auf den Fluss besitzen. Das Haus ist eine gute Wahl im Mittelklassebereich, aber leider machen sich die abendlichen Karaoke-Partys störend bemerkbar.

Ibis Styles HOTEL $$$
(☎053 792008; www.ibis.com; 666 Th Sai Klang; Zi. inkl. Frühstück 1500–2300 B; ❄@📶) Dieser imposante Ableger der großen Ibis-Hotelkette hat die Moderne nach Chiang Khong gebracht. Die Zimmer im sechsstöckigen Hauptgebäude werden durch Doppelbungalows im Garten und am Fluss ergänzt.

Essen & Ausgehen

Während der Touristensaison steigt an der Hauptstraße ein **Straßenmarkt** (Th Sai Klang; ⏲ca. Nov.–Mai Mi & Sa 18–22 Uhr) mit Regionalküche in anständiger Auswahl.

Das Nachtleben konzentriert sich auf die Hausbars der lokalen Unterkünfte.

★ **Khao Soi Pa Orn** THAI $
(Soi 6, Th Sai Klang; Hauptgerichte 30–40 B; ⏲8–16 Uhr) Nordthailands berühmte Nudelsuppe *kôw soy* mit Curry dürfte vielen Travellern bekannt sein. In Chiang Khong wird sie mit klarer Brühe ohne Curry gekocht und mit einem reichhaltigen Mix aus pikanten Zutaten (u. a. Schweinehack) garniert. Zusätzlich serviert das Khao Soi Pa Orn auch ein paar Gerichte ohne Nudeln.

Es hat keine Ausschilderung in lateinischen Buchstaben, liegt aber direkt neben dem riesigen Highway-Wegweiser mit Entfernungsangaben.

Nangnuan THAI $
(Ban Hat Khrai; Hauptgerichte 60–200 B; ⌚8–21 Uhr) Hier liegt der Schwerpunkt auf Süßwasserfisch aus dem Mekong. Die lange Karte (englischsprachig) beschreibt die verschiedenen Zubereitungsarten.

Rund 1 km südlich der Stadt liegt das Lokal am Ende der Straße Richtung Ban Hat Khrai.

Bamboo Mexican House INTERNATIONAL $$
(Th Sai Klang; Hauptgerichte 70–250 B; ⌚7.30–20.30 Uhr; 📶✎) Die Inhaberin dieses Restaurants leitete früher eine nunmehr geschlossene Pension. Von deren Gästen erlernte sie die Zubereitung der amerikanischen und mexikanischen Gerichte, die hier heute auf den Tisch kommen. Wir selbst haben aber bislang nur den Kaffee und die leckeren selbstgemachten Backwaren (Brot, Kuchen) probiert. Das Lokal öffnet schon früh und verkauft auch Lunchboxen für die Bootsfahrt nach Luang Prabang.

Hub BAR
(Soi 2, Th Sai Klang; ⌚12–24 Uhr) Der Brite Alan Bate radelte einst in Rekordzeit rund um die Welt. Dann ließ er sich in Chiang Khong nieder und eröffnete hier diese spaßige Winzbar mit Drahtesel-Dekor.

ℹ Praktische Informationen

An der Th Sai Klang gibt's ein paar Bankfilialen mit Geldautomaten und Umtausch-Service für ausländische Währungen.

Easy Trip (☎089 635 5999, 053 655174; www.discoverylaos.com; 183 Th Sai Klang; ⌚9–19 Uhr) Professionelles Reisebüro, das auch Bus- und Bootstouren in Laos organisiert.

Government Savings Bank (Th Sai Klang) Mit Geldautomat.

Polizei (Th Sai Klang) Örtliche Hauptwache.

Siam Commercial Bank (Th Sai Klang) Geldautomat und -umtausch.

ℹ Anreise & Unterwegs vor Ort

Alle Busse nach Laos starten am neuen **Busbahnhof** (☎053 792000; Rte 1020), der 3 km südlich von Chiang Khong vor sich hinfunkelt. Weitere Busse halten südlich vom Stadtzentrum an verschiedenen Punkten in Marktnähe. Wer nach Chiang Saen will, muss ab der Th Sai Klang per *sŏrng·tăa·ou* nach **Hat Bai** (50 B, 1 Std., ca. 8 Uhr) fahren und dort

ABSEITS DER ÜBLICHEN PFADE

AUTO & MOTORRAD: VON CHIANG KHONG NACH PHAYAO

In Chiang Khong können Selbstfahrer eine Top-Tour unternehmen: Die Rte 1155 und 1093 gehören zu Thailands spektakulärsten Straßen. Entlang der thailändisch-laotischen Grenze geht's unterwegs an steilen Berghängen, Wasserfällen, herrlichen Aussichtspunkten und Nationalparks vorbei. Wer ein Endziel braucht, fährt zum wenig besuchten Phayao (S. 242) mit vielen Unterkünften und gutem Essen weiter.

Ab Chiang Khong führt die Tour zunächst entlang der Rte 1020 direkt nach Süden und folgt den Schildern zum Nationalpark **Phu Chi Fa** nahe der Grenze zu Laos. Für thailändische Verhältnisse ist die Beschilderung ungewöhnlich klar. Dennoch empfiehlt sich ergänzend die Golden Triangle Map von Golden Triangle Rider.

Im Bergdorf Doi Pha Tang mit schlichten Unterkünften und Restaurants empfiehlt sich dann ein schneller Abstecher zum **Pratu Siam** (1653 m), der zu Thailands eindrucksvollsten Aussichtspunkten zählt.

Die Rte 1093 wird jetzt merklich schmaler und einsamer, je mehr man sich dem **Phu Chi Fa** nähert. Dieser Gipfel mit Panoramablick bis hinüber nach Laos ist über verschiedene Routen erreichbar (am beliebtesten: über Ban Rom Fah Thai). Auf beiden Bergseiten gibt's diverse Unterkünfte und ein paar einfache Restaurants.

Nach dem Passieren des Phu Chi Fa heißt's entlang der Rte 1093 auf die Wegweiser nach **Ban Huak** achten. Rund 2 km vor der Grenze zu Laos liegt dieses malerische Dorf in der Provinz Phayao. Dort gibt's einen Grenzmarkt (10. & 30. Tag des Monats) und Privatunterkünfte. In der Nähe stürzt mit dem **Nam Tok Phu Sang** ein einzigartiger Thermalwasserfall zu Tal.

Von Ban Huak aus nun den Schildern nach Chiang Kham folgen und dann Rte 1021 Richtung Chun nehmen: Ab dort geht's über Dok Kham Tai recht rasch nach Phayao.

Am Stück dauert der ganze Trip mindestens sechs Stunden (inkl. Foto-, Kaffee- und Imbisspausen).

gen Endziel umsteigen. Beispiele für Busse ab Chiang Khong:

ZIEL	PREIS (B)	DAUER (STD.)	HÄUFIGKEIT
Bangkok	592–921	13	7, 7.25 Uhr & 15–16 Uhr häufig
Chiang Mai	254–395	6–7	7.15, 9.45 & 10.30 Uhr
Chiang Rai	65–126	2½	5–16 Uhr stündl.
Luang Namtha (Laos)	280	4	Mo, Mi, Fr & Sa 14.30 Uhr
Luang Prabang (Laos)	730	13	Mo, Mi, Fr & Sa 14.30 Uhr
Phayao	151	3	10.30 Uhr
Udomxai (Laos)	460	10	Mo, Mi, Fr & Sa 14.30 Uhr

Für 120 B verbinden *sǎhm lór* den Busbahnhof mit der Freundschaftsbrücke (Grenzübergang zu Laos).

PROVINZ PHAYAO

Phayao

พะเยา

054 / 20 000 EW.

Nur wenige Menschen kennen diese ruhige, aber hübsche Kleinstadt im Norden, auch vielen Thais sagt sie nichts. Die übereifrigen Texter einer Werbebroschüre wollten dem wohl etwas entgegensetzen und nannten Phayao „das Wien Südostasiens". Das ist zwar ein bisschen übertrieben, aber Phayao ist zweifellos eine der hübscheren Städte in Nordthailand. Durch ihre Lage am Kwan Phayao, einem ausgedehnten Feuchtgebiet, wirkt die Stadt naturnah, was man von den meisten anderen thailändischen Städten nun wirklich nicht behaupten kann. Die baumgesäumten Straßen, Tempel und alten Holzhäuser der „Innenstadt" von Phayao wecken Erinnerungen an das alte Thailand.

Die wenig besuchte Kleinstadt ist der perfekte Ort, um auf dem Weg nach oder von Chiang Rai einen Stopp einzulegen oder um hier die vorgeschlagene Autotour ab Chiang Khong (S. 241) ausklingen zu lassen.

REFUGIUM AM FLUSS

An der Rte 4007 Richtung Chiang Saen kommt 22 km hinter Chiang Khong das Resort **Rai Saeng Arun** (081 802 7062; www.raisaengarun.com; Rte 4007; Bungalow inkl. Frühstück 4500–5500 B;) in Sicht. Auf einem großartigen Ufergelände am Mekong stehen dort 14 kleine, aber stilvolle und komfortable Bungalows. Zwischen den Quartieren mit Balkonen und Freiluftduschen verlaufen Verbindungsstege über Reisfelder. Kräftige Rabatte in der Nachsaison.

Sehenswertes & Aktivitäten

★Kwan Phayao FEUCHTGEBIET

(กว๊านพะเยา; Th Chaykawan) Dieses große Gewässer ist der größte Sumpf in Nordthailand und ein Symbol für Phayao. Der Sumpf ist zwar natürlichen Ursprungs, aber der Wasserspiegel wird künstlich reguliert, weil das Feuchtgebiet sonst außerhalb der Regenzeit austrocknen würde. Der inmitten von Bergen gelegene Sumpf ist weit malerischer, als man erwarten würde – hier kann man herrliche Sonnenuntergänge erleben.

Abends sieht man Rudermannschaften auf dem Wasser trainieren, und von der Anlegestelle am Südende der Th Chaykawan werden **Bootsfahrten** (20 B/Pers.; 8–18 Uhr) zu den Resten des **Wat Tiloke Aram** unternommen, eines 500 Jahre alten, versunkenen Tempels. Es gibt ehrgeizige Pläne, den Tempel wieder aufzubauen, der nur eines von vielen Heiligtümern ist, die in den Gewässern des Kwan Phayao verschwunden sind.

Neben verlorenen buddhistischen Artefakten gibt es in dem Feuchtgebiet mindestens 50 endemische Fischarten. In einem kleinen **Fischzuchtgebiet** kann man für 5 B die Fische füttern.

Wat Sri Khom Kham BUDDHISTISCHER TEMPEL

(วัดศรีโคมคำ; Th Chaykawan; Tageslichtstunden) Phayaos wichtigster Tempel soll von 1491 stammen, doch das heute sichtbare Gebäude wurde erst 1923 vollendet. Die riesige Gebetshalle beherbergt den Phra Jao Ton Luang, die mit 18 m Höhe größte Buddha-Statue des Landes aus der Chiang-Saen-Ära. Einer Legende nach soll die Errichtung dieser Statue mehr als 30 Jahre in Anspruch genommen haben. Das Bildnis ist zwar nicht das schönste oder am besten proportionierte Buddha-Bild in Thailand, aber dennoch eindrucksvoll.

Phayao Cultural Exhibition Hall MUSEUM

(หอวัฒนธรรมนิทัศน์; Th Chaykawan; 40 B; 8.30–16.30 Uhr) Das zweistöckige Muse-

GRENZÜBERGANG NACH LAOS: VON CHIANG KHONG NACH HUAY XAI

Ende 2013 wurde die Vierte Thailändisch-Laotische Freundschaftsbrücke über den Mekong eröffnet. Seitdem dürfen Ausländer nicht mehr per Boot nach Huay Xai hinüberfahren. Paradoxerweise macht dies die Einreise nach Laos für die meisten Touristen unbequemer und teurer.

Anreise zur Grenze Ausgangspunkt ist die Freundschaftsbrücke rund 10 km südlich von Chiang Khong. Ab dessen Zentrum oder Markt fahren *sähm·lór* (Fahrradrikschas; 120 B) und weiße Passagier-Pickups (60 B) zur Brücke.

An der Grenze Nach dem Erledigen der Ausreiseformalitäten bei der thailändischen Einwanderungsbehörde geht's per Shuttlebus (ab 20 B, 8–18 Uhr) über die 630 m lange Brücke. Nach der Ankunft in Huay Xai auf laotischem Boden können Ausländer ein Visum für Laos (30 Tage Gültigkeit, je nach Nationalität 30–42 US$) kaufen. Wer noch kein Visum für Thailand hat, bekommt von dessen Einwanderungsbehörde bei der Rückkehr eines mit 15 Tagen Gültigkeit.

Weiterreise Vom laotischen Brückenende fahren *sähm·lór* zum Bootsanleger und zu Huay Xais neuem Busbahnhof – jeweils für exorbitante 100 B bzw. 25 000 K pro Person. Busse verbinden Huay Xai z. B. mit Luang Nam Tha (60 000–85 000 K, 4½ Std., 8.30 & 10 Uhr), Luang Prabang (145 000–170 000 K, 12 Std., 8.30, 10 & 18 Uhr), Udomxai (90 000–100 000 K, 9 Std., 9.30 Uhr), Vang Vieng (215 000 K, 24 Std., 10 Uhr) und Vientiane (250 000 K, 24 Std., 10 Uhr).

Traveller mit mehr Zeit können auch das langsame **normale Boot** (1350 B/220 000 K, tgl. ca. 10.30 Uhr) nach Luang Prabang nehmen, wobei während der zweitägigen Fahrt im Dorf Pak Beng übernachtet wird. Die **Schnellboote** (360 000 K, 6–7 Std., 9–11 Uhr häufig) möglichst meiden: Mit diesen lärmigen Kähnen hat es schon schlimme Unfälle gegeben! Bei Buchung über ein Reisebüro in Chiang Khong (z. B. Easy Trip; S. 241) sind die Bootstickets zwar etwas teurer, beinhalten dann aber einen Shuttle zum Anleger und Proviant für unterwegs.

Wer schon ein Visum für China hat, kann von Chiang Khong aus direkt ins Reich der Mitte reisen: Nach Ankunft in Huay Xai und Erhalt des Visums fürs Laos (30 Tage Gültigkeit) einfach in einen Bus nach Mengla (120 000 K, 8 Std., 8.30 Uhr) oder Kunming (430 000 K, 18 Std., 10.30 Uhr) steigen – beide Städte liegen in der chinesischen Provinz Yunnan.

um ist mit Ausstellungsstücken und jeder Menge Infos (auch auf Englisch) zur örtlichen Geschichte und Kultur vollgestopft. Zu den Highlights gehören eine einzigartige „schwarze" Buddha-Statue und zwei sich umschlingende versteinerte Krabben, die als „Wonder Lover" bezeichnet werden. Das Museum befindet sich neben dem Wat Sri Khom Kham rund 2 km vom nördlichen Ende der Th Chaykawan entfernt.

Schlafen

Phayao hat viele Budget-Unterkünfte und Mitteklassehotels. Viele davon säumen die Th Chayakwan am Seeufer und punkten mit einer tollten Aussicht.

Huanpak Jumjai PENSION $$
(☎054 482659; 37/5-6 Th Prasat; Zi. 600 B; ❄📶) Gleich abseits der Th Chaykawan liegt diese Pension ein paar Gehminuten vom Seeufer entfernt. Die großen und sauberen Zimmer haben eine schicke Holzeinrichtung, bieten aber keine Aussicht aufs Wasser.

Gateway Hotel HOTEL $$
(☎054 411333; 7/36 Soi 2, Th Pratu Khlong; Zi. 900–1100 B, Suite 2000–2500 B, jeweils inkl. Frühstück; ❄📶🏊) Das wohl nobelste Hotel der Stadt vermietet leicht betagte Business-Zimmer mit allen üblichen Mittelklasse-Extras. Der Busbahnhof liegt direkt nebenan.

Essen & Ausgehen

Für seine Größe hat Phayao sehr viele Restaurants: Buchstäblich Dutzende von Lokalen säumen den See zwischen der Th Thakawan und dem öffentlichen Park. In puncto Nachtleben ist hier wenig los. Die Uferrestaurants sind aber zugleich gute Bars.

Kaat Boran THAI, MARKT $
(Th Chaykawan; Hauptgerichte 30–60 B; ⏲18–22 Uhr) Der große Nachtmarkt, auf dem es

hauptsächlich Essbares gibt, findet jeden Abend in der Nähe des King-Ngam-Muang-Denkmals statt.

Nachtmarkt THAI $

(Th Rob Wiang; Hauptgerichte 30–60 B; ⌚18–22 Uhr) Einen großen Nachtmarkt gibt's auch allabendlich an der Nordseite der Th Rob Wiang.

Chue Chan THAI $$

(Th Chaykawan; Hauptgerichte 80–240 B; ⌚10–22.30 Uhr; ❄) Von den vielen Uferrestaurants loben die Gourmetkritiker vor allem das Chue Chan. Auf der langen Speisekarte mit Abbildungen und englischer Beschriftung stehen schmackhafte Gerichte, die man anderswo nicht bekommt, z.B. gefüllte Schweinehaxe und sauren gebratenen Fisch mit Ei.

ℹ Praktische Informationen

In der Th Donsanam unweit des Morgenmarkts gibt's mehrere Banken, von denen viele auch Geldautomaten und einen Wechselschalter haben.

ℹ An- & Weiterreise

Phayaos **Busbahnhof** (☎054 431 488; Th Pratu Khlong), befindet sich am nördlichen Ende der Th Chaykawan. Seine gute Auslastung verdankt er der Lage der Stadt an der wichtigsten Nord-Süd-Autobahn. Deswegen kann man nach Bangkok einen der rund 40 Busse nehmen, die von Orten weiter im Norden in Richtung Hauptstadt hier durchkommen.

BUS & MINIVAN

Neben Bussen fahren auch Minivans nach Chiang Rai (63 B, 1 Std., 7.15–19 Uhr alle 30 Min.) und Phrae (102 B, 2 Std., 7.15–19 Uhr alle 30 Min.).

ZIEL	PREIS (B)	DAUER (STD.)	HÄUFIGKEIT
Bangkok	484–795	11	8.30–21 Uhr häufig
Chiang Khong	169	3½	12.40 & 16.30 Uhr
Chiang Mai	171–221	5	9–17.45 5-mal tgl.
Chiang Rai	60–77	3	9–15 Uhr häufig
Lampang	176	3	19 Uhr
Mae Sai	122	3	14.15 Uhr
Mae Sot	315	5	10.10 Uhr
Nan	119	4	8 & 13.30 Uhr
Sukhothai	183	6	9–12 Uhr 3-mal tgl.

PROVINZ NAN

Ganz oben im nordöstlichen Winkel Thailands liegt die abgelegene Provinz Nan. Wegen ihrer herrlichen Natur ist sie einen Besuch wert. Interessant ist auch die ethnische Zusammensetzung der hiesigen Bevölkerung, die sich von der in den anderen Nordprovinzen deutlich unterscheidet. Außerhalb des Tals des Mae Nam Nan bilden die Mien das zahlenmäßig größte Bergvolk, gefolgt von den Hmong. In Nan verstreut leben noch vier unbekanntere Volksgruppen, die man außerhalb dieser Provinz kaum findet: die Tai Lü, die Mabri, die Htin und die Khamu.

Nan น่าน

☎054 / 20 000 EW.

Wegen seiner abgeschiedenen Lage ist Nan kein Ziel, über das man zufällig stolpert. Aber wer sich die Zeit für einen Abstecher genommen hat, wird mit vielfältiger Stadtgeschichte und jeder Menge Kultur belohnt.

Viele der Bewohner Nans sind Tai Lü, Nachfahren von Einwanderern aus Xishuangbanna im Südwesten Chinas. Dieses kulturelle Erbe zeigt sich in der Kunst und Architektur der Stadt, besonders in ihren schönen Tempeln. Die Reste der alten Stadtmauer und mehrere alte Wats künden hingegen vom früheren Einfluss Lan Nas.

Geschichte

Jahrhundertelang war Nan ein isoliertes, unabhängiges Königreich mit wenigen Verbindungen zur übrigen Welt. Viele Funde weisen auf eine prähistorische Siedlung hin, doch erst als sich Mitte des 14. Jhs. mehrere kleine *meuang* (Stadtstaaten) zu Nanthaburi vereinigten, wurde die Stadt eine ernstzunehmende Macht. Gegen Ende des 14. Jhs. wurde Nan zu einem der neun nordthailändisch-laotischen Fürstentümer, aus denen Lan Na Thai, das Lan-Na-Reich, bestand. Im 15. Jh. blühte die Stadt unter dem Namen Chiang Klang (mittlere Stadt) auf, der ihre Lage zwischen Chiang Mai (neue Stadt) und Chiang Thong (goldene Stadt, heute Luang Prabang) bezeichnete. 1558 bemächtigten sich die Birmanen des Königreichs und verschleppten viele Bewohner als Sklaven nach Birma. Bis Westthailand den Birmanen wieder abgerungen werden konnte (1786), war die Stadt fast menschenleer. Dann erlangte die hiesige Dynastie wieder die Herrschaft über die Stadt, die halbautonom blieb, bis sie sich 1931 endgültig, aber widerwillig Bangkok unterwarf.

Nan

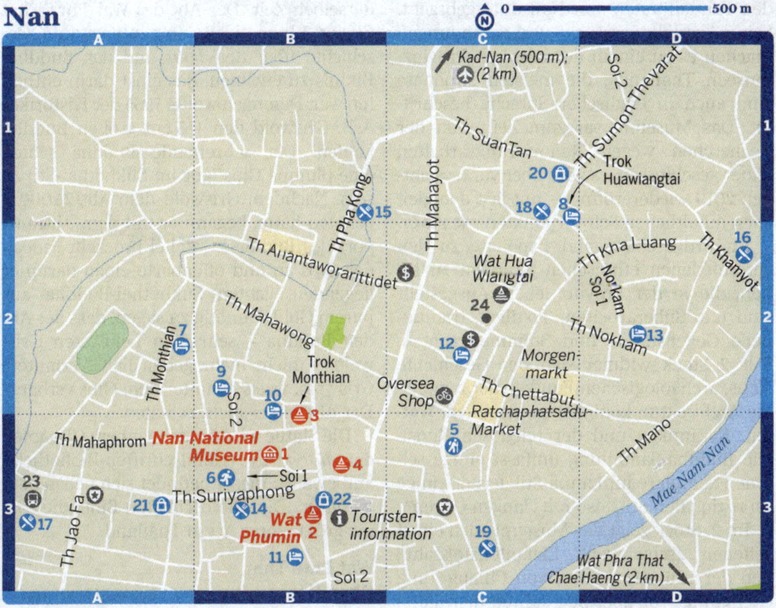

Nan

Highlights
1 Nan National Museum B3
2 Wat Phumin B3

Sehenswertes
3 Wat Hua Khuang B3
4 Wat Phra That Chang Kham B3

Aktivitäten, Kurse & Touren
5 Fhu Travel C3
6 Nan Touring B3

Schlafen
7 Banban Nannan Library A2
8 Fah Place C1
9 Nan Guest House B2
10 Nan Lanna Hotel B2
11 Nan Nakara Boutique Hotel B3
12 Pukha Nanfa Hotel C2
13 Srinual Lodge D2

Essen
14 Hot Bread B3
15 Nachtmarkt B1
16 Pu Som Restaurant D2
17 Rak Khun A3
18 Som Tam Thawt C1
19 Wan Da C3

Shoppen
20 Amnouy Porn C1
Nan Silver .... (siehe 12)
21 Peera A3
22 Straßenmarkt B3

Transport
23 Busbahnhof A3
24 Thana Sin Motors C2

Sehenswertes

★ **Wat Phumin** BUDDHISTISCHER TEMPEL

(วัดภูมินทร; Ecke Th Suriyaphong & Th Pha Kong; Spenden erwünscht; ⌚ Tageslichtstunden) Nans berühmtester buddhistischer Tempel ist bekannt für seine feinen Wandmalereien (S. 248), die im späten 19. Jh. von dem Tai-Lü-Künstler Thit Buaphan geschaffen wurden. Von außen hat der Tempel die Form eines kreuzförmigen *bòht*. Er wurde 1596 errichtet und unter der Herrschaft von Chao Anantavorapitthidet (1867–1874) restauriert. Der aufwendige vierseitige Altar in der Mitte des *bòht* ist an jeder Seite mit einem sitzenden Buddha im Sukhothai-Stil geschmückt.

★ **Nan National Museum** MUSEUM

(พิพิธภัณฑสถานแห่งชาติน่าน; Th Pha Kong; 100 B; ⌚ Mi–So 9–16 Uhr) Das 1973 eröffnete Museum ist im 1903 erbauten Palast der letzten beiden Feudalfürsten von Nan untergebracht. Seine Ausstellungsstücke und Sammlungen machen es zu einem der besseren Provinzmuseen Thailands; die meisten Exponate sind auch in englischer Sprache beschriftet. Das Museum war zum Zeitpunkt der Recherchen wegen Renovierungsarbeiten leider geschlossen, es wird aber voraussichtlich 2019 wiedereröffnet – mit fast den gleichen inhaltlichen Schwerpunkten wie zuvor.

Im Erdgeschoss sind Exponate zu den verschiedenen ethnischen Gruppen zu sehen, die in der Provinz leben. Ausgestellt sind u.a. Silberarbeiten, Textilien, traditionelle Gegenstände und Stammestrachten. Der 2. Stock widmet sich der Geschichte Nans, archäologischen Funden, der regionalen Architektur, königlichen Insignien, Waffen, Keramiken und der religiösen Kunst. Die Buddha-Sammlung umfasst einige seltene Exemplare im Lanna-Stil, ferner einige im regionalen Stil, also mit „langen Ohren".

Im 2. Stock zeigt das Museum auch einen seltenen „schwarzen" Elefantenstoßzahn, den der Khün-Herrscher von Chiang Tung (Kengtung) vor über 300 Jahren dem Fürsten von Nan geschenkt hat – so jedenfalls die Legende.

Wat Phra That Chang Kham
BUDDHISTISCHER TEMPEL

(วัดพระธาตุช้างค้ำ; Ecke Th Suriyaphong & Th Pha Kong; ⌚Tageslichtstunden) Die Entstehungszeit des nach dem Wat Phra That Chae Haeng zweitwichtigsten Tempels der Stadt ist unbekannt. Sein 1458 wieder aufgebauter Haupt-*wí·hăhn* (Heiligtum) enthält einen riesigen sitzenden Buddha und verblasste Wandbilder, die teilweise schon restauriert sind. Mitte des 20. Jhs. ließ angeblich ein Mönch die Bilder immer wieder übertünchen, weil er dachte, sie lenkten die Gläubigen von seiner Predigt ab! Im *wí·hăhn* befinden sich auch einige Schriftrollen aus der Lan-Na-Periode (in Lanna-Schrift), die nicht nur die üblichen buddhistischen Inhalte verewigen, sondern auch über die Geschichte, das Rechtswesen und die Astrologie ihrer Zeit Auskunft geben. Seitlich davon steht ein *tam·mâht* (ein *dhamma*-Sitz, der von Mönchen beim Unterricht verwendet wurde). Der *chedi* hinter dem *wí·hăhn* stammt aus dem 14. Jh., vielleicht der Entstehungszeit des Tempels. Wie die Stupas in Sukhothai und Si Satchanalai wird auch dieser von Elefantenstatuen getragen.

Neben dem *chedi* steht ein kleiner, unscheinbarer *bòht* (Ordinationshalle) aus derselben Zeit. Der Abt des Wat Phra That Chang Kham weiß eine interessante Geschichte über den *bòht* und das Buddha-Bildnis zu erzählen, das einst darin enthalten war. Demnach wollte 1955 der Historiker A.B. Griswold den 145 cm großen Buddha kaufen. Der schreitende Buddha schien eine plumpe Gipsfigur im Sukhothai-Stil zu sein. Nachdem Griswold dem Abt 25000 B geboten hatte, begann er mit dem Abtransport des Buddhas – dabei bröckelte jedoch der Gips ab und offenbarte einen darunter liegenden, echten Sukhothai-Buddha aus purem Gold. Unnötig zu sagen, dass der Abt den Buddha – sehr zum Leidwesen Griswolds – nicht mehr gehen ließ. Vermutete Griswold, was sich unter dem Gips verbarg? Der Abt will es nicht verraten.

Die Statue wird heute in einem Glasabteil der *hŏr đrai* (Handschriften-Bibliothek), aufbewahrt; dieser befindet sich neben dem *wí·hăhn*. Die Handschriften-Bibliothek ist die größte ihrer Art in Thailand.

Wat Phra That Chae Haeng
BUDDHISTISCHER TEMPEL

(วัดพระธาตุแช่แห้ง; abseits der Rte 1168; ⌚Sonnenaufgang–Sonnenuntergang) Die Brücke über den Mae Nam Nan führt Richtung Südosten aus Nan hinaus. Rund 2 km dahinter thront mit diesem buddhistischen Tempel von 1355 der heiligste Wat der Provinz auf einem Hügel. Mauern umgeben das viereckige Gelände mit Stadt- und Talblick.

Ab dem Zentrum fahren Motorradtaxis hierher (hin & zurück ca. 100 B).

Wat Hua Khuang
BUDDHISTISCHER TEMPEL

(วัดหัวข่วง; Ecke Th Mahaphrom & Th Pha Kong; ⌚Sonnenaufgang–Sonnenuntergang) Dieser Tempel hat einen markanten *chedi* (Stupa) mit vier Buddha-Nischen und Elementen im Lanna- bzw. Lan-Xang-Stil. Hinzu kommen ein schönes *hŏr đrai* (Manuskriptarchiv) aus Holz und ein bemerkenswerter *bòht* (Weihe- bzw. Andachtssaal) mit geschnitzter Holzveranda im Luang-Prabang-Stil. Unter der geschnitzten Holzdecke im Inneren steht ein gewaltiger Altar mit *nagas* (göttliche Wesen; halb Mensch, halb Schlange). Das Gründungsjahr des Schreins ist unbekannt. Den Stilelementen zufolge könnte dies aber einer von Nans ältesten Wats sein.

Aktivitäten

Nan hat nichts, das mit der organisierten Trekking-Maschinerie in Chiang Rai oder

NICHT VERSÄUMEN

WANDBILD-PRACHT IM WAT PHUMIN

Der Wat Phumin ist Nordthailands Sixtinische Kapelle: Die Motive seiner Wandmalereien zieren heute alles Mögliche – ob Nippes auf Chiang Mais Nachtmarkt oder Postkarten in Bangkok. Doch trotz der scheinbar fröhlichen Szenen entstanden die Bilder in einer Zeit, in der Nan seinen Status als halbautonomes Königreich verlor. So stehen einige der Darstellungen für politische und soziale Kommentare – eine Seltenheit in Thailands Sakralkunst.

In Auftrag gegeben wurden die Bilder einst von Jao Suliyaphong (Nans letzter König). Sie illustrieren u. a. mit der *Khaddhana Jataka* eine recht unbekannte Episode aus einem früheren Leben Buddhas. Nach dem tollen Buch *Reading Thai Murals* des Thai-Historikers David K. Wyatt ist dies einzigartig in der buddhistischen Welt. Die Geschichte auf der linken Seite der nördlichen Tempelwand zeigt ein Waisenkind, das seine Eltern sucht. Wyatt zufolge wurde sie gezielt als Metapher für das Königreich Nan ausgewählt, das ebenfalls seine „Familie" verlor: die Thai-Königreiche von Sukhothai, Chiang Mai und Ayutthaya. Etwa zur Entstehungszeit der Bilder wurde Nan von Rama V. komplett in das Königreich Siam eingegliedert und größtenteils an Frankreich abgetreten. Die offensichtliche Unzufriedenheit mit dieser Entscheidung verdeutlicht eine Szene auf der Westwand: Dort versuchen zwei Affenmännchen, miteinander zu kopulieren – vor einem Hintergrund, der (laut Wyatt absichtlich) der französischen Trikolore ähnelt.

Die Wandbilder bestechen aber bereits mit ihrer Schönheit. Das ist umso erstaunlicher, wenn man bedenkt, mit welch beschränkter Farbpalette der Künstler Thit Buaphan auskommen musste. Die Malereien faszinieren auch durch ihre realitätsnahe Darstellung des Alltags in Nan am Ende des 19. Jhs. Beispielsweise sind auf der Westwand drei Angehörige eines Bergvolks sehr detailliert dargestellt: Einer der Männer hat einen riesigen Kropf, während ein bellender Hund andeutet, dass es sich bei der Gruppe um Fremde handelt. Ebenfalls zu sehen sind diverse Männer mit Frauenschals, die häufig traditionelle Frauenarbeiten verrichten; hierbei handelt es sich um ein paar der frühesten Darstellungen von *gà·teu·i* (Transsexuellen). Selbst verewigt hat sich der Künstler auf der Westwand, wo man ihn mit einer Freu schäkern sieht. Doch diese kleine Freiheit sei ihm gestattet: Thit Buaphan brauchte über 20 Jahre bis zur Vollendung der Malereien.

Chiang Mai vergleichbar wäre. Die meisten Besucher, vor allem auch die Thais, bewegen sich hier lieber auf dem Wasser als zu Fuß. Wildwasser-Rafting auf dem Mae Nam Wa im nördlichen Nan ist nur bei hohem Wasserstand möglich (Sept.–Dez.); die besten Bedingungen herrschen angeblich zu Beginn der Regenzeit. Die Stromschnellen reichen von Klasse I bis IV; auf der Fahrt geht's durch unberührten Dschungel und an abgelegenen Dörfern vorbei.

Nan Touring RAFTEN
(☎ 081 961 7711; www.nantouring.com; 11/12 Th Suriyaphong; 3 Tage & 2 Nächte 5900 B/Pers.; ⏲ 9–17 Uhr) Dieser Veranstalter bietet eine Vielzahl von Raftingtouren für Gruppen ab mindestens fünf Personen an.

Fhu Travel WANDERN & TREKKEN
(☎ 054 710636, 081 287 7209; www.facebook.com/fhutravel; 453/4 Th Sumon Thevarat; Trekking 1700 B/Pers.; ⏲ 9–18 Uhr) Der alteingesessene Veranstalter organisiert eintägige Treks rund um Nan.

Schlafen

Fah Place HOTEL $
(☎ 054 710222; 237/8 Th Sumon Thevarat; Zi. 400–450 B; ❄📶) Die riesigen Zimmer des Hotels verfügen u. a. über Flachbild-TVs und attraktive Teakholzmöbel. Und so weiche Wohlfühlbetten gibt's anderswo nur für deutlich mehr Geld. Somit ein super Schnäppchen.

Kaampuju PENSION $
(☎ 081 647 5758; www.facebook.com/kaampuju.nan; 14 Soi 2, Th Pha Kong; Zi. inkl. Frühstück 450–1200 B; ❄📶) Dieses alte Holzhaus empfiehlt sich für ein persönliches Erlebnis à la Homestay. Die Zimmer sind schlicht, aber geräumig und einladend. Inhaberin Be stellt Brot und Marmelade selbst her. Zudem gibt sie Tipps zu den besten Restaurants der Stadt.

Banban Nannan Library PENSION $
(☎ 089 859 5898; www.facebook.com/banbanannan; 14/1 Th Monthian; Zi. 350–1000 B; 📶) Die vier schlichten Zimmer in einem Holzhaus haben nur Ventilatoren und Gemeinschaftsbäder (bis auf eine Ausnahme). Dafür ent-

ABSTECHER

NONG BUA

Das nette und schmucke Tai-Lü-Dorf Nong Bua ist für den **Wat Nong Bua** (วัดหนองบัว; ⌚Sonnenaufgang–Sonnenuntergang) im Lü-Stil bekannt. Der schlichte, aber eindrucksvolle *wí·hăhn* (Heiligtum) hat einen Portikus mit Holzschnitzereien und ein typisches zweistufiges Dach mit geschnitzten *naga*- bzw. Schlangenköpfen an den Ecken. Im charakteristischen Tai-Lü-Haus hinter dem Tempel arbeiten Weberinnen und verkaufen ihre schönen Produkte direkt an Besucher.

Nahe der Ortschaft Tha Wang Pha liegt Nong Bua ca. 30 km nördlich von Nan. Anreise ab dort: Zunächst per Bus oder *sŏrng·tăa·ou* (35 B) nordwärts gen Tha Wang Pha fahren und kurz davor an der Samyaek-Longbom-Kreuzung aussteigen. Von dort aus westwärts zu einer Brücke über den Mae Nam Nan laufen und nach links abbiegen. Dann geht's weiter zu einer zweiten kleinen Brücke, hinter der rechts der Wat Nong Bua steht. Der Fußmarsch von der Kreuzung zum Tempel ist ziemlich lang (3 km).

schädigen der einladende Garten, die namengebende Bibliothek und die behagliche Atmosphäre aber mehr als genug.

Nan Guest House HOTEL $

(☎054 771849, 081 288 8484; www.nanguesthouse.net; 57/15 Soi 2, Th Mahaphrom; Zi. 300–450 B; ❄@📶) In einem ruhigen Wohnviertel in der Nähe von Nans berühmtesten Tempeln bietet diese lange bestehende, gepflegte Unterkunft zehn pieksaubere, geräumige Zimmer, von denen die Hälfte über eigene Bäder mit Warmwasser, Klimaanlage, TV und Kühlschrank verfügt.

Nan Lanna Hotel HOTEL $$

(☎054 772720; Trok Monthian; Zi. 690–890 B; ❄📶) Die klimatisierten Zimmer des Hotels bekommen wenig Tageslicht ab, überzeugen aber mit viel Platz, großen Bädern und hübschem Retro-Design. Ein weiterer Pluspunkt ist die Lage in der Nähe von Nans berühmtesten Tempeln.

Srinual Lodge HOTEL $$

(☎054 710174; www.facebook.com/srinuallodgefanpage; 40/5 Th Nokham; Zi. 880–1400 B; ❄📶) Das zweistöckige Backsteingebäude hat zwei Dutzend Zimmer, die mit Holzbalken, Bambus und folkloristischen Stoffen einen rustikalen Eindruck machen sollen. Doch trotz dieser Gestaltung wirken die Zimmer durchaus gemütlich, und das Haus ist die dem Mae Nam Nan am nächsten liegende Unterkunft.

★ **Pukha Nanfa Hotel** HOTEL $$$

(☎054 771111; www.pukhananfahotel.co.th; 369 Th Sumon Thevarat; Zi. inkl. Frühstück 2600–4700 B; ❄@📶) Mit viel Liebe zum Detail wurde das frühere Nan Fah Hotel vom Langweiler zur zauberhaften Boutique-Bleibe umgebaut. So warten hier nun 14 gemütliche Nobelzimmer mit Antikholz und Deko-Elementen aus der Region (z. B. Textilien, Kunstwerke, Handwerksgegenstände). Historische Werbeplakate und Fotos tragen zum altmodischen Ambiente bei. Obendrein liegt das Ganze sehr praktisch und hat äußerst kompetentes Personal.

Nan Nakara Boutique Hotel HOTEL $$$

(☎093 284 2707; www.nannakara.com; 16/1 Soi 1, Th Pha Kong; Zi. inkl. Frühstück 1600–2200 B; ❄📶) Die weißen Zimmer des neuen Boutiquehotels wirken fast schon verträumt. Ihre Schlafzimmer und separaten Wohnbereiche bieten jeweils Großbild-TVs. Die geräumigen Bäder haben verglaste Duschen. Ein Minuspunkt ist der Mangel an Tageslicht.

✗ Essen

Obwohl sonst in jeder Hinsicht charmant, gehört Nan in Sachen Restaurants zu den langweiligsten Orten in Nordthailand.

Auf dem städtischen **Nachtmarkt** (Th Pha Kong; Hauptgerichte 30–60 B; ⌚17–23 Uhr) gibt's ein paar ordentliche Imbissstände. Noch besser ist der Straßenmarkt am Samstag mit nordthailändischen Gerichten, die man mitnehmen oder vor Ort an Tischen verzehren kann.

Wan Da THAI $

(Th Kha Luang; Hauptgerichte 30–50 B; ⌚8–17 Uhr) Diese Restaurantlegende serviert so ziemlich alles, von Currys auf Reis bis hin zu Satay. Insider bestellen aber *kà·nŏm jeen* (frische Reisnudeln mit diversen Toppings).

Rak Khun THAI $

(Th Mano; Hauptgerichte 60–210 B; ⌚Mo–Sa 11–22 Uhr) Dieser alteingesessene Lokalfavorit ohne Ausschilderung in lateinischen Buchstaben ist nun in neuen Räumlichkeiten am Busbahnhof zu finden. Unbedingt das *gài tôrt má·kwàan* (Brathähnchen mit regionalen Gewürzen) oder den *yam pàk gòot* (Salat aus Farnkraut) probieren!

Hot Bread INTERNATIONAL, THAI $
(38/1-2 Th Suriyaphong; Hauptgerichte 25–140 B; ⌚7–16 Uhr;) Das zauberhafte Caférestaurant mit Retro-Thema serviert u.a. viele Frühstücksoptionen im westlichen Stil (z.B. das leckere namengebende Brot aus eigener Produktion). Hinzu kommen weitere westliche sowie thailändische Gerichte. Morgens empfiehlt sich die *kôw soy* (regionaltypische Curry-Nudelsuppe).

Pu Som Restaurant NORDTHAILÄNDISCH $
(203/1 Th Khamyot; Hauptgerichte 35–90 B; ⌚10–22 Uhr) Hier kommen vor allem Fleischgerichte aus der Küche, und zwar ortstypisch als *lâhp* (eine Art Hack-„Salat") oder als *néu·a·nêung* (über Kräutern gedämpftes Rindfleisch mit köstlichem Galgant-Dip). Es gibt kein Schild in lateinischen Buchstaben; Ausschau halten nach der *est cola*-Reklame.

Som Tam Thawt THAI $
(Th Sumon Thevarat; Hauptgerichte 35–60 B; ⌚Di–So 10–21 Uhr) Dieses winzige Lokal ist für seinen knackigen und erfrischenden *sôm·đam tôrt* (frittierter Papaya-Salat) bekannt. Zudem gibt's hier weitere einfache Gerichte plus Frucht-Smoothies.

Der Laden liegt etwa gegenüber vom Hotel Fah Place und hat keine Ausschilderung in lateinischen Buchstaben.

Shoppen

In Nordthailand gehört Nan zu den besten Pflastern für Souvenirjäger. Gute Mitbringsel sind z.B. regionale Textilien – vor allem Webereien im Tai-Lü-Stil. Dessen Markenzeichen sind Blumen-, Geometrie- oder Tiermuster aus schwarzem und rotem Garn auf weißer Baumwolle. Ebenfalls sehr hochwertig sind die Produkte der örtlichen Hmong (Applikationen), Mien (Stickereien) und Htin (Flechtkörbe bzw. -matten aus Gräsern und Bambusfasern).

Straßenmarkt MARKT
(Th Pha Kong; ⌚Fr–So 17–22 Uhr) Von Freitag bis Sonntag wird die Th Pha Kong vor dem Wat Phumin nachmittags für den Straßenverkehr gesperrt. Dann eröffnen dort Verkaufsstände mit Essen, Textilien, Bekleidung und regionalem Kunsthandwerk.

Nan Silver SILBERWAREN
(430/1 Th Sumon Thevarat; ⌚7.30–18.30 Uhr) Kleiner, aber feiner Laden mit Riesenauswahl an Silberwaren von regionalen Designern bzw. Herstellern.

Amnouy Porn TEXTILIEN
(Th Sumon Thevarat; ⌚8–19 Uhr) Verkauft hauptsächlich handgemachte Textilien (u.a. Bekleidung) aus der Region; in der Nachbarschaft gibt's ein paar ähnliche Shops.

Peera TEXTILIEN
(26 Th Suriyaphong; ⌚8–19 Uhr) Ein paar Gehminuten vom Wat Phumin entfernt warten hier hochwertige Textilien (vor allem Damenröcke und -blusen) von regionalen Herstellern.

Kad-Nan MARKT
(43 Th Mahayot; ⌚10–22 Uhr) Diese Mall unter freiem Himmel ist Nans Antwort auf Bangkoks Wochenmarkt Chatuchak. Hier findet man Läden, die Schnickschnack, Kunsthandwerk und Kleidung verkaufen sowie ferner Restaurants, Kaffeestuben und Bars. Der Markt ist offiziell ab 10 Uhr geöffnet, am

GRENZÜBERGANG NACH LAOS: VON BAN HUAY KON NACH MUANG NGEUN

Rund 140 km nördlich von Nan liegt das verschlafene Bergdorf Ban Huay Kon nahe der laotischen Grenze. Am Samstagmorgen findet hier ein Grenzmarkt statt. Die meisten Traveller reisen aber wegen des Grenzübertritts nach Laos an.

Anreise zur Grenze Minivans fahren von Phrae nach Ban Huay Kon (über Nan; 95 B, 3 Std., 5–12 Uhr 5-mal tgl.). In Gegenrichtung (Abfahrt 9.15, 10, 11, 12 & 15 Uhr) bedienen sie Nan (95 B, 3 Std.), Phrae (172 B, 5 Std.) und den Bahnhof in Den Chai (200 B).

An der Grenze Nach dem Durchqueren des thailändischen Grenzpostens können Ausländer ein 30-Tages-Visum für Laos kaufen (je nach Nationalität 30–42 US$, ab 16 Uhr & Wochenende zzgl. 1 US$/50 B).

Weiterreise Optional geht's nun weiter zum laotischen Dorf Muang Ngeun (2,5 km) mit dem Phouxay Guesthouse. Von der winzigen Haltestelle am Dorfmarkt fahren *sŏrng·tăa·ou* nach Hongsa (40 000 K, 1½ Std., 14–16 Uhr).

BUSSE AB NAN

Zusätzlich zu den im Folgenden genannten Bussen fahren Minivans nach Phrae (83 B, 2 Std., 5.30–18 Uhr alle 30 Min.) und Ban Huay Kon an der Grenze zu Laos (95 B, 3 Std., 5–12 Uhr 5-mal tgl.).

ZIEL	PREIS (B)	DAUER (STD.)	HÄUFIGKEIT
Bangkok	396–725	10–11	8–10 & 18.15–19.45 Uhr häufig
Chiang Mai	213–395	6	7.30–17 Uhr häufig & 22.30 Uhr
Chiang Rai	181	6	9 Uhr
Lampang	146–291	4	7.30–22.30 Uhr häufig
Luang Prabang (Laos)	660	10	8 Uhr
Phayao	197	4	13.30 Uhr
Phitsanulok	178	4	7.45–17.15 Uhr 5-mal tgl.
Phrae	78	2½	7.30–22.30 Uhr häufig
Pua (für Doi Phu Kha National Park)	50	2	7–17 Uhr stündl.

besten kommt man aber abends, wenn auch wirklich die meisten Läden und Restaurants geöffnet sind und dank Livemusik eine Jahrmarktsatmosphäre herrscht.

ℹ Praktische Informationen

Bangkok Bank (Th Sumon Thewarat nahe den Hotels Nan Fah und Dhevaraj; ⌚Mo–Sa 18.30–16.30 Uhr) Geldautomaten und -umtausch.

Polizei (☎Notruf 24 Std. 191; Ecke Th Suriyaphong & Th Sumon Thevarat; ⌚24 Std.) Örtliche Hauptwache.

Siam Commercial Bank (Th Anantaworarittidet; ⌚Mo–Sa 8.30–16.30 Uhr) Geldautomat und -umtausch.

Touristeninformation(☎054 751 169; Th Pha Kong; ⌚8.30–12 & 13–16.30 Uhr) Hilfreiches Büro hinter den Läden und Cafés gegenüber vom Wat Phumin.

Touristenpolizei (☎landesweit 1155; Th Suriyaphong; ⌚24 Std.)

GEISTERLAND

Der Name **Phae Meuang Phi** (แพะเมืองผี; abseits der Rte 101; ⌚6–18 Uhr) GRATIS bedeutet „Geisterland": In dem Provinzpark ragen bizarre Erd- und Felssäulen wie riesige Pilze empor, was aber wohl eher durch Erosion entstand und nicht von paranormalen Vorgängen herrührt. Vor Ort gibt's Picknick-Pavillons sowie seit Kurzem auch ein paar Spazierwege und Aussichtspunkte. In Eingangsnähe bekommt man bei Imbissverkäufern *gài yâhng* (Brathähnchen), *sôm·đam* (Papayasalat) und Klebreis.

Rund 18 km nordöstlich von Phrae liegt der Park abseits der Rte 101. Er wird nicht von öffentlichen Verkehrsmitteln angefahren, ist aber mit privat gemieteten *sŏrng·tăa·ou* erreichbar (ca. 600 B).

ℹ An- & Weiterreise

Der kürzlich renovierte Nan Nakhon Airport liegt rund 3 km nördlich der Stadt. Mit **Air Asia** (☎Nan Nakhon Airport 054 772635, landesweit 02 515 9999; www.airasia.com; ⌚7–16.30 Uhr) und **Nok Air** (☎Nan Nakhon Airport 091 119 9834, landesweit 1318; www.nokair.com; ⌚8–19 Uhr) besteht dort Flugverbindung zum Don Mueang International Airport (Bangkok; jeweils ab 935 B, 1½ Std., 5- bis 6-mal tgl.). **Klay Airport Taxi** (☎086 188 0079; Nan Nakhon Airport) bietet Flughafenshuttles (ca. 100 B/Pers.) an.

Alle Busse, Minivans und *sŏrng·tăa·o* (Passagier-Pickups) ab Nan benutzen den **Busbahnhof** (☎054 711 662; Th Jao Fa) am südwestlichen Stadtrand (Motorradtaxi zum Zentrum 30 B).

Alle Busse Richtung Chiang Mai und Bangkok halten unterwegs am Bahnhof in Den Chai (Provinz Phrae).

ℹ Unterwegs vor Ort

Am Nan Nakhon Airport sind die Autovermieter **Avis** (☎Nan Nakhon Airport 061 386 9646, landesweit 02 251 1131; www.avisthailand.com; ⌚8–19 Uhr) und **Thai Rent a Car** (☎Nan Nakhon Airport 054 059649, landesweit 1647; www.thairentacar.com; ⌚8–18 Uhr) vertreten.

Stadfahrten mit *săhm·lór* (Fahrradrikschas) kosten 30 bis 40 B. **Nan Taxi** (☎054 773555, 084 610 7777) betreibt Taxis mit Taxametern. Der **Oversea Shop** (☎054 710258; 488 Th Sumon Thevarat; ⌚8.30–17.30 Uhr), **Thana Sin Motors** (TS; ☎089 953 0896; 1-7 Th Sumon Thevarat; ⌚Mo–Sa 8–17 Uhr) und diverse lokale Pensionen verleihen Motorräder (ab 200 B).

Rund um Nan

Ban Bo Luang บ้านบ่อหลวง

☎054 / 1000 EW.

Ban Bo Luang (auch bekannt als Ban Bo Kleua, das Salzquellendorf) ist ein malerisches Dorf der Htin südöstlich des Nationalparks Doi Phu Kha. Die Menschen hier leben von der Salzgewinnung aus den örtlichen Salzquellen. Die wichtigsten Salzquellen der Gemeinde sind leicht zu finden, sie liegen fast in der Dorfmitte.

Wenn man mit einem eigenen Transportmittel unterwegs ist, eignet sich das Dorf gut als Ausgangspunkt, um die nahe gelegenen Nationalparks Doi Phu Kha und **Khun Nan** (อุทยานแห่งชาติขุนน่าน; ☎054 778140; Eintritt Erw./Kind 100/50 B; ⏲8–16.30 Uhr) zu erkunden. Letzterer liegt einige Kilometer nördlich von Ban Bo Luang. Von seinem Besucherzentrum führt ein 2 km langer Weg zu einem Aussichtspunkt, von dem aus man einen Blick auf die Dörfer der Gegend und hinüber nach Laos hat.

Schlafen & Essen

Unter der Handvoll Unterkünfte in Ban Bo Luang sind ein paar Homestays und schlichte Mittelklasse-„Resorts". Ansonsten kann man auch im Khun Nan National Park oder weiter draußen im Doi Phu Kha National Park nächtigen.

★ Boklua View RESORT $$$

(☎081 809 6392; www.bokluaview.com; Zi. & Bungalow inkl. Frühstück 1850 B; ❄📶) Die bei weitem beste Bleibe in Ban Bo Luang: Von dem hübschen Resort an einem Hang schaut man auf das Dorf mit dem hindurchfließenden Nam Mang. Zu der gut geführten Anlage gehören auch ein Garten und ein prima Restaurant unter der Leitung von Küchenchef Toun (unbedingt dessen frittiertes Hähnchen mit nordthailändischen Gewürzen probieren!).

Hua Saphan THAI $

(Hauptgerichte 70–120 B; ⏲9–21 Uhr) Vor Ort gibt's ein paar kleine Restaurants mit einfachen Gerichten. Das beste davon ist wohl das Hua Saphan, das keine Ausschilderung in lateinischen Buchstaben hat und am Fuß der Brücke liegt.

Praktische Informationen

Zum Zeitpunkt der Recherche akzeptierte Bo Luangs einziger Geldautomat keine ausländischen Karten. Daher unbedingt genügend Bares mitbringen!

An- & Weiterreise

Ban Bo Luang erreicht man von Nan aus mit dem Bus nach Pua (50 B, 2 Std., 6–18 Uhr stündl.). Am 7-Eleven aussteigen, die Schnellstraße überqueren und ein *sŏrng·tăa·ou* (80 B, 1 Std., 7.30, 9.30 & 11.30 Uhr) nehmen, dessen Endstation das Dorf ist! Nach Pua starten *sŏrng·tăa·ou* in der Nähe der T-Kreuzung in Bo Luang (9, 10.30 & 12.30 Uhr).

Doi Phu Kha National Park อุทยานแห่งชาติดอยภูคา

Den Mittelpunkt dieses **Nationalparks** (☎082 194 1349; Unterkunft 02 562 0760; www.dnp.go.th; 200 B) bildet der 2000 m hohe Doi Phu Kha, der höchste Berg in den Amphoe (Landkreisen) Pua und Bo Kleua in der Provinz Nan (ungefähr 75 km nordöstlich von Nan). Im Doi Phu Kha National Park und seiner Umgebung gibt es mehrere Dörfer der Htin, Mien, Hmong und Tai Lü, außerdem eine Reihe von Höhlen und Wasserfällen sowie unendlich viele Wanderwege durch den Wald.

Bei der Parkverwaltung ist eine einfache Wanderkarte erhältlich, und man kann einen ortskundigen Führer für eine kurze Wanderung oder längere Ausflüge engagieren. Auch Raftingtouren auf dem Nam Wa werden angeboten. In der kühleren Jahreszeit ist es hier häufig kalt und in der Regenzeit sehr feucht.

Der Park stellt diverse Bungalows (2–7 Pers., 300–2000 B) zur Verfügung, in der Nähe gibt's auch ein Restaurant und einen einfachen Laden.

Wer den Nationalpark mit öffentlichen Verkehrsmitteln erreichen will, muss einen Bus oder ein *sŏrng·tăa·ou* nach Pua (50 B, 2 Std., 7–17 Uhr stündl.) nehmen, dort am 7-Eleven aussteigen und den Highway überqueren, um eines der drei täglich verkehrenden *sŏrng·tăa·ou* (50 B, 30 Min., 7.30, 9.30 & 11.30 Uhr) zu erwischen.

PROVINZ PHRAE

Phrae (จังหวัดแพร่) ist eine ländliche, gebirgige Provinz, bei der man vor allem an Teakholz denkt. Trotz des landesweiten Verbots der Abholzung ist von den Teakwäldern nicht mehr viel übrig geblieben – und dieser Rest ist auch gefährdet.

Phrae

แพร่

054 / 18 000 EW.

Bei einem Spaziergang durch die älteren Teile von Phrae verblüfft die Ähnlichkeit mit der historischen Stadt Luang Prabang in Laos: Viel Grün, traditionelle Holzgebäude und malerische Tempel prägen das Bild, und man sieht viele buddhistische Mönche auf den Straßen. Die Einwohner der Stadt gehören zu den freundlichsten Menschen in Thailand. Nicht zuletzt wegen seiner Lage am Ufer des Mae Nam Yom und seines alten Befestigungswalls wird Phrae gern mit Chiang Mai verglichen. Trotzdem kommen nach Phrae nur wenige Besucher – gerade deshalb ist es für alle ein hervorragendes Ziel, die nicht mehr brauchen als ein paar kleinere Sehenswürdigkeiten, gutes landestypisches Essen und nette Gesellschaft.

Sehenswertes

In der Stadt

Wat Luang BUDDHISTISCHER TEMPEL

(วัดหลวง; Soi 1, Th Kham Leu; Tageslichtstunden) Der älteste Wat in Phrae stammt wahrscheinlich aus der Gründungszeit der Stadt im 12. oder 13. Jh.

Die Veranda des Haupt-*wí·hahn* (Heiligtum) ist im klassischen Luang-Prabang-/Lan-Xang-Stil erbaut, wurde aber leider mit Laterit, rotem Verwitterungsboden, ummauert. Gegenüber der Vorderseite des *wí·hahn* liegt das Pratu Khong, ein Teil des ursprünglichen Stadttors. Es wird jedoch nicht mehr als Tor genutzt, sondern beherbergt die Statue des Chao Pu, eines frühen Lan-Na-Herrschers.

Der Phra That Luang Chang Kham, der große achteckige *chedi* im Lanna-Stil, ruht auf einem quadratischen Fundament und wird auf allen vier Seiten von Elefanten getragen. So wie es auch andernorts in Phrae und Nan zu sehen ist, wird der *chedi* zuweilen mit Tai-Lü-Stoffen umhüllt.

Auf dem Tempelgelände befindet sich außerdem ein **Museum**, das Tempelantiquitäten, Keramiken und religiöse Kunst aus der Lan-Na-, der Nan-, der Bago- und der Mon-Ära zeigt. Der sitzende Buddha im 2. Stock, der im 16. Jh. in Phrae angefertigt wurde, ist besonders sehenswert. Es sind auch einige Fotos aus dem 19. Jh. ausgestellt; was sie zeigen, wird auf Schildern in englischer Sprache kurz erläutert. Abgebildet sind beispielsweise Szenen einer grausamen Enthauptung. Normalerweise ist das Museum nur an Wochenenden geöffnet, doch die Mönche machen auf Wunsch werktags auch mal eine Ausnahme.

Wat Phra Non BUDDHISTISCHER TEMPEL

(วัดพระนอน; Th Ban Mai; Tageslichtstunden) Westlich des Wat Luang steht ein weiterer, 300 Jahre alter Wat. Seinen Namen hat er von der hoch verehrten liegenden Buddha-Statue im Inneren. Der *bòht* (Ordinationsraum) wurde vor rund 200 Jahren gebaut. Der Wat zeichnet sich durch ein eindrucksvolles Dach, einen separaten, zweigeteilten Portikus und eine vergoldete, mit Ramayana-Szenen geschmückte Schnitzfassade aus. Der *wí·hăhn* beherbergt das Buddha-Bildnis, das in mit Perlen und Metallplättchen verzierte Tai-Lü-Stoffe eingehüllt ist.

Wat Jom Sawan BUDDHISTISCHER TEMPEL

(วัดจอมสวรรค์; Th Ban Mai; Tageslichtstunden) Der Tempel außerhalb der Altstadt wurde von ortsansässigen Shan Ende des 19. und Anfang des 20. Jhs. errichtet und vereint birmanische und Shan-Einflüsse. Ein angrenzender, kupferbekrönter *chedi* hat inzwischen große Teile seines Stucks eingebüßt, sodass das kunstvolle Ziegelmauerwerk freiliegt und zu sehen ist. Seit der kürzlich erfolgten Renovierung ist der Wat Jom Sawan eigentlich mehr ein Museum als ein für religiöse Belange genutzter Tempel.

Außerhalb der Stadt

Wat Phra That Cho Hae BUDDHISTISCHER TEMPEL

(วัดพระธาตุช่อแฮ; abseits der Rte 1022; Tageslichtstunden) GRATIS Der Wat auf einem Hügel ist nach den Stoffbahnen benannt, die Gläubige um ihn herumwickeln. Er ist für seinen 33 m hohen *chedi* (Stupa) mit Goldbeschlag berühmt und gehört wie der Wat Doi Suthep (Chiang Mai) zu den wichtigsten Pilgerstätten Nordthailands.

Über mehrere Ebenen führen *naga*-Stufen zum Tempelkomplex hinauf. Das recht kitschige Innere des *bòht* (Weihe- bzw. Andachtssaal) zieren eine vergoldete Holzdecke, Rokoko-Säulen und Wandmosaike von Lotusblüten. Das hiesige Buddha-Bildnis (Phra Jao Than Jai; ähnelt dem Phra Chinnarat in Phitsanulok) erfüllt angeblich die Kinderwünsche von Frauen, die ihm Opfergaben darbringen.

Rund 9 km südöstlich der Stadt liegt der Tempel abseits der Rte 1022. Erreichbar ist er mit *sŏrng·tăa·ou*, die in Phrae nahe dem

Phrae

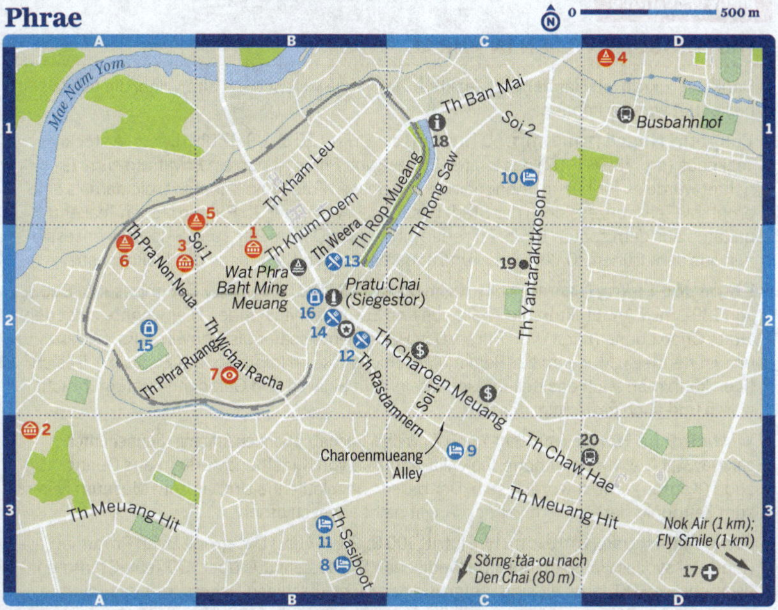

Phrae

Sehenswertes
1 Khum Jao Luang B2
2 Pratubjai House A3
3 Vongburi House A2
4 Wat Jom Sawan D1
5 Wat Luang B1
6 Wat Phra Non A2
7 Wichairacha House B2

Schlafen
8 Huern na na B3
9 Mee Bed & Breakfast C3
10 Paradorn Hotel C1
11 Phoomthai Garden B3

Essen
12 Gingerbread House Café & Gallery B2
Nachtmarkt .... (siehe 16)
13 Pan Jai B2
14 Saeng Fah Laep B2

Shoppen
15 Kat Korng Kow A2
16 Maw Hawm Anian B2

Praktisches
17 Phrae Hospital D3
18 Tourism Authority of Thailand C1

Transport
19 Sangfa Motor C2
20 Sŏrng·tăa·ou zum Wat Phra That Cho Hae D3

Talat Phrae Preeda an der Th Chaw Hae starten (20 B, 6–16.30 Uhr; ansonsten Privatmiete 400 B).

Schlafen

Paradorn Hotel HOTEL $
(☎054 511177; kanthatham@hotmail.com; 177 Th Yantarakitkoson; Zi. 330–590 B, Suite 900–1200 B, jeweils inkl. Frühstück; ❄📶) Diese anständige Budget-Bleibe liegt ein paar Gehminuten vom Busbahnhof entfernt. Die Zimmer mit Ventilator oder Klimaanlage haben Privatbalkone und versprühen authentisches Vintage-Flair.

Phoomthai Garden HOTEL $$
(☎054 627359; www.phoomthaigarden.com; 31 Th Sasiboot; Zi. inkl. Frühstück 1200–2000 B; ❄@📶🏊) Dieses Boutiquehotel ist Phraes beste Unterkunft mit Rundumservice. Die hübschen, modernen und komfortablen Zimmer haben Balkone mit Blick auf den Hausgarten. Ein neuer Pool rundet das Paket ab.

NICHT VERSÄUMEN

HISTORISCHE VILLEN IN PHRAE

Dank des lukrativen Handels mit Teakholz hat Phrae viele schöne alte Villen, die teilweise besichtigt werden können:

Vongburi House (บ้านวงศ์บุรี; 50 Th Kham Leu; Eintritt 30 B; ⌚9–17 Uhr) Das zweistöckige Teakhaus (erb. 1897–1907) des letzten Prinzen von Phrae ist nun ein Privatmuseum. Errichtet wurde es für Luang Phongphibun und dessen Frau Chao Sunantha, die damals eine profitable Teakkonzession in der Stadt besaßen. In vielen der 20 Räume stehen Teakantiquitäten aus dem späten 19. Jh. Zu sehen gibt's auch Dokumente (u. a. Sklavereikonzessionen aus dem frühen 20. Jh.), Fotos und anderes aus den alten Tagen der Teakdynastie.

Khum Jao Luang (คุ้มเจ้าหลวง; Th Khum Doem; ⌚8.30–17 Uhr) GRATIS Der imposante Bau von 1892 mixt Architekturstile Thailands und Europas miteinander. Hier wohnte einst der letzte Chao Luang (Fürst) von Phrae. Das Haus diente später als Gouverneursresidenz und ist heute ein Museum zur Regionalgeschichte (keine Infotafeln auf Englisch). Besichtigen kann man auch das Kellergeschoss, in dem Sklaven und Gefangene untergebracht waren und auch gezüchtigt wurden.

Wichairacha House (คุ้มวิไชยราชา; 8 Th Wichai Racha; ⌚Sonnenaufgang–Sonnenuntergang) GRATIS Die wunderschöne Teakvilla soll 1898 von Kunsthandwerkern aus Guangzhou (Kanton) erbaut worden sein. Der bereits angelaufende Umbau zum Museum war zum Zeitpunkt der Recherche noch längst nicht abgeschlossen.

Pratubjai House (บ้านประทับใจ; Eintritt 100 B; ⌚8–17 Uhr) Das große Baan Pratubjai (Eindrucksvolles Haus) im nordthailändischen Stil besteht aus über 130 Teak-Stämmen, die mehr als 300 Jahre alt sind. Aufgrund des recht kitschigen Dekors trifft das „eindrucksvoll" im Namen nicht ganz zu. Die Villa ist etwas schwer zu finden: Am besten durch das Westtor der früheren Stadtmauer gehen, den Schildern folgen und dann nach der Schule rechts abbiegen. Lauffaule nehmen ein *săhm·lór* (Fahrradrikscha; ca. 60 B).

Der Anmarsch ab der Altstadt ist recht lang: Etwa 300 m südlich der alten Stadtmauer liegt das Hotel an der Th Sasiboot.

Mee Bed & Breakfast HOTEL $$
(☎054 061073; www.facebook.com/meebedandbreakfast; 16/5 Th Rasdamnern; Zi. inkl. Frühstück 690 B; ❄📶) Eine tolle Mittelklasse-Option: In einem würfelartigen Bau warten hier zwölf Zimmer im schicken Industriestil. Viel Platz, Wandbilder und kostenlose Leihfahrräder entschädigen für den geringen Lichteinfall.

Huern na na HOTEL $$$
(☎054 524800; 7/9 Th Sasiboot; Zi. 1800 B, Suite 3200–3600 B, jeweils inkl. Frühstück; ❄📶🏊) Die geräumigen Zimmer von Phraes nobelstem Hotel sind im northailändischen Stil (modern und traditionell) eingerichtet. Zudem bieten sie angenehme Extras: Die Suiten verfügen über Whirlpools oder Kochecken.

Rund 250 m südlich der Th Meuang Hit liegt das Hotel abseits der Th Sasiboot.

Essen & Ausgehen

An der Straße zum Busbahnhof erstreckt sich Phraes Unterhaltungsmeile mit diversen lärmigen Bars und Karaoke-Schuppen.

Saeng Fah Laep THAI $
(Th Charoen Meuang; Hauptgerichte 10–40 B; ⌚9–19 Uhr) Das freundliche und familiengeführte Lokal serviert thailändische Süßspeisen wie leckeres *kôw nĕe·o má·môo·ang* (Klebreis mit Mango). Es hat keine Ausschilderung in lateinischen Buchstaben und befindet sich im alten Ladenhaus gleich westlich der Polizeiwache.

Nachtmarkt THAI $
(Th Rop Mueang; Hauptgerichte 30–60 B; ⌚18–22 Uhr) Rund um die Kreuzung am Pratu Chai (Siegestor) findet jeden Abend ein kleiner, aber unterhaltsamer Nachtmarkt statt.

Pan Jai NORDTHAILÄNDISCH $
(2 Th Weera; Hauptgerichte 20–40 B; ⌚7–22 Uhr) Tagsüber gibt's hier vor allem *kà·nŏm jeen* (frische Reisnudeln mit verschiedenen Currys und Kräutern). Abends laben sich die einheimischen Gäste dann am *mŏo gà·tá* (SB-Barbecue). Das gelbe Restaurantschild ist nur auf Thai beschriftet.

Gingerbread House Café & Gallery THAI $
(Th Charoen Meuang; Hauptgerichte 50–120 B; ⌚Mo–Fr 8.30–18, Sa & So bis 19 Uhr; ❄📶) Zu dem

modernen Café mit Klimaanlage gehört ein kleiner Kunsthandwerksladen. Auf der englischsprachigen Speisekarte stehen leichte Schnellgerichte (meist mit gebratenem Reis).

Shoppen

Phrae ist bekannt für das unverwechselbare *sêua môr hôrm* (typisches Bauernhemd Nordthailands). Der Stoff dafür ist mit Indigo gefärbt und wird gleich außerhalb der Stadt in Ban Thung Hong hergestellt. In Phrae sind die Hemden z. B. beim Laden **Maw Hawn Anian** (36 Th Charoen Meuang; ⌚7–20.30 Uhr) erhältlich.

Kat Korng Kow MARKT
(Th Kham Leu; ⌚Sa 14–20 Uhr) Auf dem Freiluftmarkt am Westende der Th Kham Leu gibt's vor allem Essen, aber auch Souvenirs und Kunsthandwerk.

Praktische Informationen

Bangkok Bank (Th Charoen Meuang; ⌚Mo–Fr 8.30–16.30 Uhr) Mit Geldautomat.

Krung Thai Bank (Th Charoen Meuang; ⌚Mo–Fr 8.30–16.30 Uhr) Mit Geldautomat.

Phrae Hospital (☎054 522444; Th Chaw Hae) Hauptkrankenhaus südöstlich von Phrae.

Polizei (Th Charoen Meuang; ⌚24 Std.) Örtliche Hauptwache.

Tourism Authority of Thailand (TAT; ☎054 521127, landesweit 1627; tatphrae@tat.or.th; Th Ban Mai; ⌚8.30–16.30 Uhr) Brandneues Büro gleich östlich vom Stadtzentrum; das hilfsbereite Personal (darunter Freiwillige) spricht Englisch.

VERKEHRSMITTEL AB PHRAE

Bus

ZIEL	PREIS (B)	DAUER (STD.)	HÄUFIGKEIT
Bangkok	385–599	8	9.15–21 Uhr stündl.
Chiang Khong	238–298	4½	2–16 Uhr 5-mal tgl.
Chiang Mai	171–266	4	0.10–17.45 Uhr häufig
Chiang Rai	185–216	4	5–18 Uhr häufig
Chiang Saen	261	5	14.30 Uhr
Lampang	99–154	2	0.10–17.45 Uhr häufig
Mae Sai	225–263	5	1.30–23.40 Uhr stündl.
Nan	101–157	2	10.30–20.45 Uhr 6-mal tgl.
Phayao	121–141	2	5–18 Uhr häufig
Phitsanulok	133–160	3	10–14.20 Uhr 5-mal tgl.
Sukhothai	105–127	3	10–14.20 Uhr 5-mal tgl.

Minivan

ZIEL	PREIS (B)	DAUER (STD.)	HÄUFIGKEIT
Ban Huay Kon (Grenze zu Laos)	180	5	3–19.10 Uhr 5-mal tgl.
Chiang Rai	165	4½	5–18 Uhr stündl.
Lampang	80	2	6–17.20 Uhr stündl.
Nan	83	2	3–18.50 Uhr häufig
Phayao	102	2	5–18 Uhr stündl.

Zug

ZIEL	PREIS (B)	DAUER (STD.)	HÄUFIGKEIT
Bangkok	155–1291	9–11	8-mal tgl.
Chiang Mai	72–549	4–6	7-mal tgl.
Lampang	50–968	2	4-mal tgl.
Phitsanulok	30–348	3½	8-mal tgl.

An- & Weiterreise

Der winzige Phrae Airport liegt 2,5 km östlich vom Zentrum. Zum Zeitpunkt der Recherche bestand dort lediglich Verbindung mit **Nok Air** (☎ 054 522189, landesweit 1318; www.nokair.com; ⏲ 8–17 Uhr) zum Don Mueang International Airport (Bangkok; 1810 B, 1 Std., 2-mal tgl.). Shuttlevans von **Fly Smile** (☎ 094 629 5151; Phrae Airport; ⏲ Mo–Sa 8–17 Uhr) fahren vom Flughafen zu örtlichen Hotels.

Ungewöhnlich für Thailand: Phraes **Minivan- und Busbahnhof** (☎ 054 511800; abseits der Th Yantarakitkoson) liegt in Laufentfernung zu ein paar Unterkünften.

Den nächstgelegenen Bahnhof findet man 23 km weiter südlich in **Den Chai** (☎ 054 613260, landesweit 1690; www.railway.co.th). Dorthin fahren **blaue *sŏrng·tăa·ou*** (40 B, 40 Min., 6.30–17.30 Uhr häufig; ansonsten Privatmiete 400 B), die vor dem Phrae Vocational College an der Th Yantakarakitkoson starten.

Unterwegs vor Ort

Altstadtfahren per *săhm·lór* kosten rund 40 B. Am Busbahnhof warten Motorradtaxis, die z. B. für ca. 40 B zum Pratu Chai (Siegestor) knattern. **Sangfa Motor** (☎ 054 521598; 163/8 Th Yantarakitkoson; 200 B/24 Std.; ⏲ 8–16.30 Uhr) verleiht Motor- und Fahrräder.

PROVINZ LAMPHUN

Diese kleine Provinz südöstlich von Chiang Mai besteht quasi nur aus einer Kleinstadt mit Bauernhöfen, Dörfern und einem gut zugänglichen Nationalpark in der Umgebung.

ES LEBE DIE MELONE!

Der kleine Wat Suchadaram beim **Wat Phra Kaew Don Tao** (S. 259) steht angeblich auf dem früheren Melonenfeld (*dorn dôw*) der frommen Einheimischen Mae (Mutter) Suchada. Während einer Hungersnot soll ein Mönch von der Frau eine ungewöhnlich geformte Melone erhalten haben. In der Frucht fand er einen großen Smaragd und schuf daraus mit Mae Suchadas Hilfe (sowie mit Indras göttlichem Beistand) ein Buddha-Bildnis.

Die Dorfbewohner unterstellten Mae Suchada jedoch ein zu enges Verhältnis zu dem Mönch und köpften sie in einer Lynchaktion. Später bereuten sie ihre Untat (da diese eine weitere Hungersnot auslöste) und bauten zu Ehren der Frau einen Tempel. Das Buddha-Bildnis befindet sich heute im **Wat Phra That Lampang Luang** (S. 263).

Lamphun ลำพูน

☎ 053 / 14 000 EW.

Die ruhige Provinzhauptstadt am Ufer des Mae Kuang (ein Nebenfluss des Mae Ping) ist vor allem für kulturell interessierte Chiang-Mai-Besucher ein lohnenswertes Ziel:

Lamphun gehört zu Thailands ältesten Städten (womit aber kaum geworben wird). Die Festungsmauer und die alten Tempel sind Überbleibsel aus jenen Tagen, in denen Lamphun der nördlichste Außenposten des Mon-Dvaravati-Reichs und Hauptstadt des eigenständigen Königreichs Hariphunchai (750–1281 n. Chr.) war. Über dieses regierte zeitweise die Mon-Königin Chama Thewi, die unter Thailands historischen Herrschern einen Ehrenplatz einnimmt.

Ein Highlight ist bereits die Anfahrt ab Chiang Mai: Die Route entlang einer schönen Landstraße (26 km; früher ein Highway) verläuft stellenweise im Schatten mächtiger Flügelfruchtbäume.

Sehenswertes

Wat Phra That Hariphunchai BUDDHISTISCHER TEMPEL

(วัดพระธาตุหริภุญชัย; Th Inthayongyot; 20 B; ⏲ 6–21 Uhr) Lamphuns bekanntester Tempel reicht noch in die Mon-Zeit zurück: Er wurde 1044 (nach anderen Datierungen 1108 oder 1157) an der Stelle des früheren Palasts von Königin Chamadevi errichtet.

Zum Tempel gehören einige interessante Bauten, ein paar schöne Buddha-Statuen und zwei alte *chedi* (Stupas) im originalen Hariphunchai-Stil. Der Tempelbezirk bröckelte vor sich hin, bis Khru Ba Sriwichai, ein berühmter Mönch aus Nordthailand, in den 1930er-Jahren für seine Renovierung sorgte.

Nationalmuseum Hariphunchai MUSEUM

(พิพิธภัณฑสถานแห่งชาติหริภุญไชย; Th Inthayongyot; 100 B; ⏲ Mi–So 9–16 Uhr) Gegenüber vom Wat Phra That Hariphunchai befindet sich auf der anderen Straßenseite das informative Hariphunchai National Museum. Im Inneren sind eine Reihe von Artefakten aus der Mon- und Lan-Na-Zeit sowie Buddha-Figuren aus der Ära des Dvaravati-Reichs ausgestellt. In einem Saal werden Steininschriften in Mon- und Thai-Lanna-Schrift gezeigt. Die Begeisterung des Kurators für

INSIDERWISSEN

NORDTHAILÄNDISCH

Früher reagierten die Menschen in Nordthailand oft beleidigt, wenn Außenstehende versuchten, sie auf *găm méuang* (die umgangssprachliche Bezeichnung für diesen Dialekt) anzusprechen. Dieses Verhalten ging auf die Zeit zurück, als die Zentralthailänder ihre Landsleute aus dem Norden als zurückgeblieben ansahen und sich über ihre Sprache lustig machten. Heute sind die meisten Nordthais aber stolz auf ihre Sprache, und wer ein paar der folgenden Wörter und Sätze kennt, wird die Einheimischen für sich erwärmen, mit ihnen reden und flirten können oder ihnen auch nur ein Lächeln abgewinnen.

Ôo găm méuang bòr jâhng Ich kann kein Nordthailändisch.

A yăng gór? Was haben Sie gesagt?

An née tôw dai? Wie viel kostet das?

Mee kôw nêung bòr? Haben Sie Klebereis?

Lám đáa đáa köstlich

Mâan lâ ja/stimmt

Yin dee nôe Danke

Bòr mâan nein

Gàht Markt

Jôw (Eine von Frauen benutzte Höflichkeitsform, entspricht dem zentralthailändischen *ka*)

sein Museum und Lamphuns kulturelles Erbe wirkt ansteckend. Der kleine Buchladen des Museums hat auch einige englischsprachige Titel.

Wat Chama Thewi BUDDHISTISCHER TEMPEL
(วัดจามเทวี; Th Chamadevi; ⏲Tageslichtstunden) Im Wat Chama Thewi gibt's einen ungewöhnlichen Hariphunchai-*chedi* (Stupa) zu bestaunen. Das Bauwerk entstand ungefähr im 13. Jh., wurde seither viele Male restauriert und präsentiert heute eine Mischung aus verschiedenen Architekturstilen. Jede Seite des *chedi* weist fünf Reihen mit je drei Buddhafiguren auf, die nach oben hin immer kleiner werden. Die noch relativ neuen stehenden Buddhas sind im Dvaravati-Stil gehalten.

Der Tempel ist ca. 1,5 km vom Wat Phra That Hariphunchai entfernt; einfach vor dem Nationalmuseum in ein Motorradtaxi steigen (20 B)!

Feste & Events

Songkran KULTUR
(⏲Mitte April) Falls einem Chiang Mais Wasserschlachten zu wild sind, empfiehlt sich die zahmere bzw. traditionellere Festival-Version in Lamphun.

Lam Yai Festival ESSEN & TRINKEN
(⏲2. Woche im Aug.) Feiert Lamphuns Agrarprodukt Nr. 1 jedes Jahr mit Umzugswagen voller Longan-Früchte und natürlich der Wahl der Miss Lam Yai.

Schlafen & Essen

Da Lamphun so nahe bei Chiang Mai liegt, wird man hier wohl kaum übernachten.

In Lamphuns Hauptstraße, direkt südlich vom Wat Phra That Hariphunchai, gibt es mehrere recht ordentliche **Nudelläden** (Th Inthayongyot; Hauptgerichte 30–90 B).

Dao Kanong NORDTHAILÄNDISCH $
(340 Th Charoen Rat bzw. Th Chiang Mai-Lamphun; Hauptgerichte 30–90 B; ⏲9.30–20 Uhr) Rund 1,5 km östlich des Wat Phra That Hariphunchai serviert dieses alteingesessene Lokal viele nordthailändische Gerichte.

Shoppen

Kad Khua Moong Tha Sing MARKT
(Th Rop Mueang Nai; ⏲9–18 Uhr) Auf dem Souvenirmarkt gleich östlich des Wat Phra That Hariphunchai gibt's Regionalprodukte wie Seide und getrocknete *lam yai* (Longan-Früchte).

An- & Weiterreise

Blaue *sŏrng·tăa·ou* und lila Busse fahren von Chiang Mai aus tagsüber häufig nach Lamphun (25 B, alle 30 Min.). Sie starten in Chiang Mai vom Busbahnhof Chang Pheuak, von einer Haltestelle in der Th Praisani vor dem Talat Warorot und von einer weiteren östlich des Flusses an der Th Chiang Mai-Lamphun, gleich südlich des Büros der Tourist Authority of Thailand (TAT). Auch am Busbahnhof Chang Pheuak in Chiang

Mai hat man Anschluss. Busse und *sŏrng·tăa·ou* können einen in Lamphun in der Th Inthayongyot an der Haltestelle vor dem Nationalmuseum und dem Wat Phra That Hariphunchai absetzen.

Von der Haltestelle vor dem Nationalmuseum und vom städtischen Busbahnhof an der Th Sanam fahren die Minibusse und *sŏrng·tăa·ou* (25 B, 30 Min., 6–17.30 Uhr) zurück nach Chiang Mai.

Doi Khun Tan National Park

Dieser 225 km² große **Nationalpark** (อุทยานแห่งชาติดอยขุนตาล; ☎053 546335, Unterkünfte 02 562 0760; www.dnp.go.th; Zugang 200 B; ⏲8–17 Uhr) liegt in den Bergen zwischen den Provinzen Lamphun und Lampang. Die hiesige Landschaft mit vielen Wildblumen (u. a. Orchideen, Lilien, Ingwerlilien) erstreckt sich zwischen Bambuswäldern im Flachland (auf 350 m Höhe) und den Kiefern auf dem Gipfel des Doi Khun Tan (1363 m). Bei den gut ausgeschilderten Wanderrouten reicht die Palette von kurzen Varianten im Umkreis der Parkverwaltung (dort gibt's auch Karten) bis zu Treks zu den vier örtlichen Berggipfeln. Einer der Wege führt zum Wasserfall **Nam Tok Tat Moei** (hin & zurück 7 km).

An Wochenenden in der kühlen Jahreszeit ist der Park sehr gut besucht.

Durch die Berge verläuft Thailands längster Eisenbahntunnel (1352 m). Tausende Arbeiter aus Laos schufteten hier sechs Jahre lang, bevor der Tunnel im Jahr 1921 in Betrieb genommen wurde – mehrere Arbeiter sollen während der Bauarbeiten Tigern zum Opfer gefallen sein.

Bungalows (500–2700 B), in denen zwei bis neun Traveller unterkommen können, sowie ein Restaurant befinden sich in der Nähe der Parkverwaltung.

Der Haupteingang zum Park liegt direkt beim Bahnhof Khun Tan. Abfahrtszeiten und Fahrpreise bei der **State Railway of Thailand** (☎053 245363; landesweit 1690; Th Charoen Muang; www.railway.co.th) telefonisch erfragen oder auf der Website nachschauen! Am Bahnhof angekommen, überquert man die Gleise und läuft über den steilen, markierten Weg 1,3 km bis zur Parkverwaltung. Wer mit dem Auto anreist, folgt der Autobahn von Chiang Mai nach Lampang bis zur Ausfahrt Mae Tha; von dort sind es 18 km über eine ausgeschilderte, steile und unbefestigte Straße.

PROVINZ LAMPANG

Die große und bergige Provinz Lampang (จังหวัดลำปาง) war früher ein Zentrum der Holzwirtschaft, ist aber heute mehr für Bergbau und Töpferei bekannt. In wunderschöner Landschaft warten hier u. a. eine nette Provinzhauptstadt und ein paar der berühmtesten Buddhistentempel Nordthailands.

Lampang ลำปาง

☎054 / 59 000 EW.

Lampang ist etwas für Traveller mit einem Faible für noch relativ unbekannte Reiseziele. In der zauberhaften Stadt am Ufer des Mae Nam Wang haben Ortsansässige wie Auswärtige in den letzten Jahren ein paar hippe Cafés, einladende Restaurants und imagebewusste Hotels eröffnet (Anzahl steigend). Zudem findet man hier tolle alte Gebäude und zwei der besten Märkte Nordthailands. Dennoch verzeichnet Lampang bislang recht wenige Besucher. Im Vergleich zu anderen Zielen im Norden ist die lokale Atmosphäre daher weniger touristisch.

Geschichte

Zwar wurde die Provinz Lampang bereits während der Dvaravati-Periode im 7. Jh. besiedelt, Legenden berichten jedoch davon, dass die Stadt Lampang vom Sohn der Hariphunchai-Königin (heutige Lamphun) Chama Thewi gegründet wurde. Diese spielt eine wichtige Rolle in der Geschichte des Hariphunchai-Königreichs.

Wie Chiang Mai, Phrae und andere ältere Städte des Nordens wurde auch das moderne Lampang in Form eines Rechtecks angelegt, mit einer Stadtmauer umgeben und entlang eines Flusses (hier dem Mae Wang) gebaut. Am Ende des 19. und zu Beginn des 20. Jhs. war Lampang zusammen mit dem nahe gelegenen Phrae ein wichtiger Umschlagplatz für den nationalen und internationalen Handel mit Teakholz. Eine große britische Holzgesellschaft engagierte birmanische Vorarbeiter, die mit der Teakholzindustrie Birmas vertraut waren. Diese sollten birmanische und thailändische Holzfäller aus der Gegend ausbilden. Zusammen mit unabhängigen birmanischen Teakhändlern, die ebenfalls in Lampang ihren Geschäften nachgingen, sponserten diese gut bezahlten Vorarbeiter in der Stadt den Bau von mehr als einem Dutzend Tempeln. In einigen der beeindruckendsten Wats Lampangs und der wunderschönen alten Häuser entlang Th

Talad Gao ist das Erbe dieser Handwerker bis heute zu entdecken.

Sehenswertes & Aktivitäten

Wat Phra Kaew Don Tao BUDDHISTISCHER TEMPEL

(วัดพระแก้วดอนเต้า; abseits der Th Phra Kaew; 20 B; Tageslichtstunden) Der Haupt-*chedi* zeigt Hariphunchai-Einfluss, während der *mon·dòp* (kleiner, quadratischer Schrein mit spitz zulaufendem Dach) daneben erst aus dem Jahr 1909 stammt.

Der *mon·dòp* ist mit Glasmosaiken im typisch birmanischen Stil verziert und birgt ein Buddha-Bild im Mandalay-Stil. Zwischen 1436 und 1468 beherbergte dieser Wat den Smaragd-Buddha. Dieser war insgesamt in vier Wats in Nordthailand untergebracht, ehe er nach Bangkok in den Wat Phra Kaew kam.

Eine Ausstellung von Lan-Na-Artefakten kann im Museum des Wats, dem **Lan-Na-Museum** (พิพิธภัณฑ์ล้านนา; Wat Phra Kaew Don Tao; Eintritt gegen Spende; 7–18 Uhr) bestaunt werden.

Neben dem Tempelkomplex steht der 1809 errichtete **Wat Suchadaram** (วัดสุชาดาราม; abseits des Th Phra Kaew; Tageslichtstunden) der nach Mae Suchada benannt wurde, der zentralen Figur einer lokalen Legende.

Th Talad Gao STADTVIERTEL

(ถนนตลาดเก่า; Th Talad Gao) Diese Uferstraße mit alten Tempel, Wohn- und Ladenhäusern zeugt von Lampangs multikultureller Geschichte: Hier kann man thailändische, britische, chinesische und birmanische Architektur bewundern. Vor Ort findet auch der wöchentliche Straßenmarkt (S. 262) statt.

Dhanabadee Ceramic Museum MUSEUM

(พิพิธภัณฑ์เซรามิคธนบดี; www.dhanabadeeceramicmuseum.com; Th Phrabat abseits der Soi 1; Eintritt inkl. Führung 100 B; 9–17 Uhr) Dhanabadee hat angeblich Thailands landestypische „Hühnchenschalen" erfunden. Über deren Geschichte und Herstellung informiert die Firma seit 2013 mit diesem Museum, das auch englischsprachige Führungen veranstaltet (9–16 Uhr immer zur vollen Stunde).

Das Ganze liegt rund 500 m südlich der Th Phahonyothin/AH2.

Baan Sao Nak MUSEUM

(บ้านเสานัก; 85 Th Radwattana; 50 B; 10–17 Uhr) Das auf 116 quadratischen Teakpfeilern ruhende riesige Teakhaus wurde 1895 im traditionellen Lanna-Stil errichtet und war die Residenz einer örtlichen *kun·yǐng* („Herrin"); heute dient es als Museum. Das Gebäude ist mit birmanischen und thailändischen Antiquitäten möbliert, aber das wirklich Sehenswerte sind das Haus und der gepflegte Park.

Wat Pongsanuk Tai BUDDHISTISCHER TEMPEL

(วัดปงสนุกใต้; Th Pongsnook; Tageslichtstunden) Obwohl der Tempel bei seiner Renovierung viel von seinem ursprünglichen Charakter verloren hat, ist der *mon·dòp* im Wat Pongsanuk Tai immer noch eines der wenigen verbliebenen hiesigen Beispiele für die alte Tempelarchitektur im Lanna-Stil, bei der zu den Seiten offene Holzgebäude bevorzugt wurden. Der mit Schnitzereien verzierte Holzdurchgang am Eingang zur Nordtreppe vermittelt einen Eindruck davon, wie der Tempel früher ausgesehen hat.

In einer Reihe musealer Räume auf dem Tempelgelände sind Artefakte aus der Region ausgestellt, englischsprachige Erklärungen sind jedoch kaum vorhanden.

Wat Si Rong Meuang BUDDHISTISCHER TEMPEL

(วัดศรีรองเมือง; Th Thakhrao Noi; Tageslichtstunden) Der Wat Si Rong Meuang wurde Ende des 19. Jhs. von Kunsthandwerkern aus Birma erbaut. Das Tempelgebäude ist im birmanischen „Stufenstil" mit Zinndächern und aufwendig geschnitzten Holzgiebeln gestaltet.

Phum-Lakhon-Museum MUSEUM

(พิพิธภัณฑ์เมืองของชาวลำปาง; Ecke Th Chatchai & Th Thakhrao Noi; Mo–Fr 8.30–16.30 Uhr) GRATIS Das kleine, bezaubernde Museum informiert anhand multimedialer Exponate über die Geschichte, die Menschen und die Kultur von Lampang.

Pferdekutschen

Lampang ist die einzige Stadt Thailands, in der immer noch Pferdekarren unterwegs sind. Diese kunterbunten Kutschen befördern heute aber nur noch Touristen. Sie sind mit Plastikblumen geschmückt und werden von Fahrern mit Cowboyhüten auf dem Kopf gesteuert. Im Angebot sind neben Touren entlang des Mae Wang (300 B, 30 Min.) auch Varianten mit Zwischenstopps am Wat Phra Kaew Don Tao und Wat Si Rong Meuang. (400 B, 1 Std.).

Von etwa 5 bis 21 Uhr warten Pferdekarren gegenüber vom Pin Hotel (Th Suandawg) und gleich östlich vom Markt an der Th Boonyawat.

Lampang

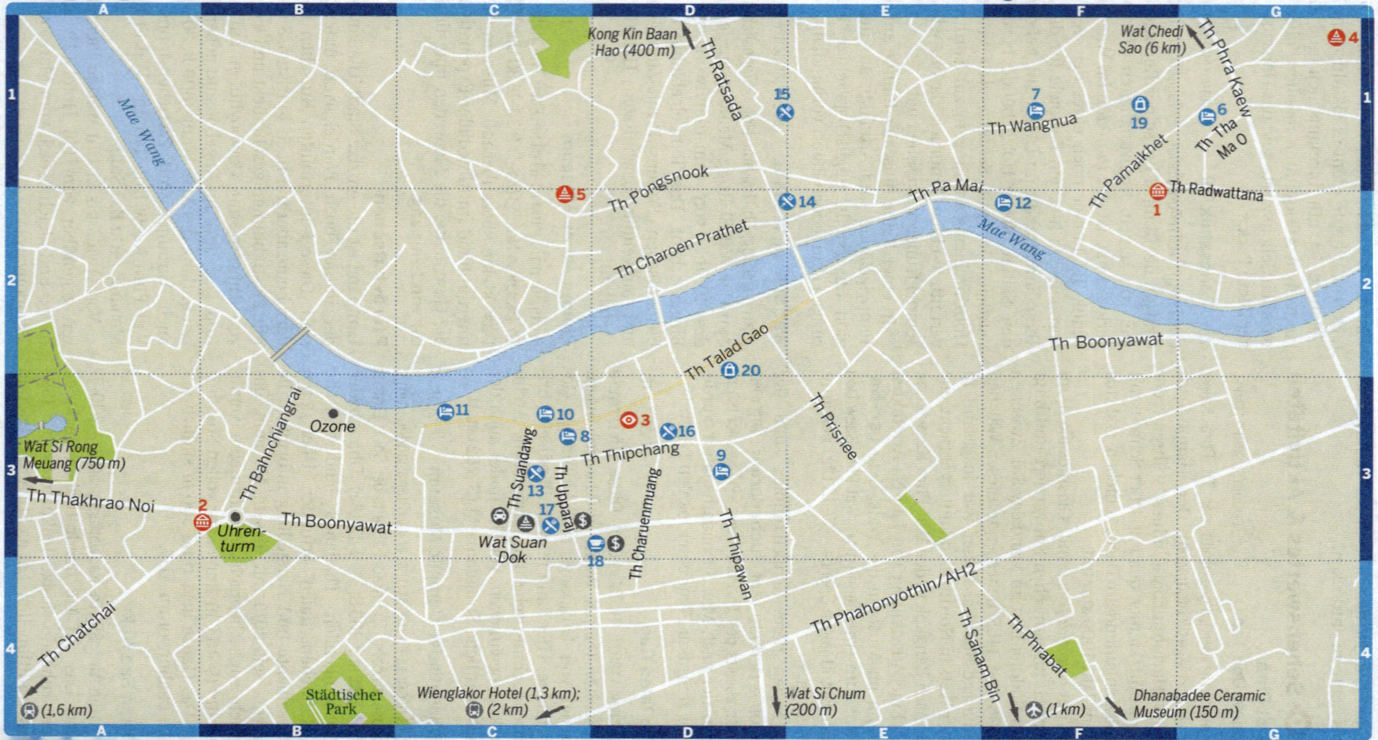
0
500 m
Kong Kin Baan Hao (400 m)
Th Ratsada
Wat Chedi Sao (6 km)
Th Phra Kaew
Mae Wang
Th Wangnua
Th Tha Ma O
Th Pamaikhet
Th Radwattana
Th Pongsnook
Th Pa Mai
Th Charoen Prathet
Mae Wang
Th Boonyawat
Th Talad Gao
Ozone
Th Bahnchiangrai
Wat Si Rong Meuang (750 m)
Th Thipchang
Th Prisnee
Th Suandawg
Th Upparaj
Th Thakhrao Noi
Th Boonyawat
Uhrenturm
Wat Suan Dok
Th Charuenmuang
Th Thipawan
Th Phahonyothin/AH2
Th Sanam Bin
Th Phrabat
Th Chatchai
(1,6 km)
Städtischer Park
Wienglakor Hotel (1,3 km);
(2 km)
Wat Si Chum (200 m)
(1 km)
Dhanabadee Ceramic Museum (150 m)

Lampang

Schlafen

Chita Coffee & Guesthouse PENSION $

(☎054 323370; www.facebook.com/chitacoffeeguesthouse; 143 Th Talad Gao; Zi. 350–750 B; ❄📶) Im Zentrum der historischen Th Talad Gao gibt's hier recht stilvolle Budgetzimmer über einem Café. Die günstigsten Varianten mit Ventilatoren sind winzig und teilen sich Gemeinschaftsbäder.

Akhamsiri Home HOTEL $

(☎054 228791; 54/1 Th Pamaikhet; Zi. 590 B; ❄@📶) „Mittelklasse-Extras zum Budgetpreis" – so könnte das Motto hier lauten. Die großen Zimmer in einem gepflegten Wohnkomplex punkten allesamt mit Klimaanlage, TV, Kühlschrank und Balkon bzw. Privatgarten. Allerdings spricht das Personal kaum Englisch.

TT&T Guest House PENSION $

(☎054 221303; 82 Th Pa Mai; Zi. 250–650 B; ❄📶) Die alteingesessene Pension versprüht einen entsprechenden Backpacker-Vibe der Oldschool-Art. Die spartanischen Zimmer teilen sich zumeist Gemeinschaftsbäder und sind nur in zwei Fällen klimatisiert. Hierfür entschädigen die Lage am Flussufer und die großen Aufenthaltsbereiche im Erdgeschoss.

Prink HOTEL $

(☎083 589 6921; 262-264 Th Talad Gao; B 200 B, Zi. 300–800 B; ❄📶) Eines der prächtigsten historischen Gebäude an der Th Talad Gao beherbergt heute dieses reizende Boutiquehotel. Die sechs Zimmer über einer Eisdiele mit Cafébetrieb teilen sich Gemeinschaftsbäder und ein spaßiges Retro-Dekor. Allerdings sind sie teilweise fensterlos und etwas beengt. Somit empfehlen sich die teureren Varianten mit Balkonen.

★ **Auangkham Resort** PENSION $$

(☎054 221305; www.auangkhamlampang.com; 49–51 Th Wangnua; Zi. inkl. Frühstück 1000 B; ❄📶) Das Auangkham ist zwar keinesfalls ein Resort, aber eine äußerst gut geführte Boutique-Pension. Die 14 hellen und luftigen Zimmer haben Balkone mit Aussicht auf einen schönen Garten. Der freundliche Service mit prima Extras (z. B. kostenlose Leihfahrräder) trägt zur friedvollen Atmosphäre bei. Zudem findet der Kulturmarkt am Freitag (S. 262) in unmittelbarer Nähe statt.

★ **Hug Lampang** HOTEL $$

(☎054 224999; www.huglampangboutiquehotel.com; 59–61 Th Thipawan; Zi. 590–790 B; ❄📶) Bei dem geräumigen und stilvollen Boutiquehotel in einer früheren Bank empfehlen sich die etwas teureren Zimmer: Diese überzeugen mit Sofas, großen Balkonen und Riesenfenstern, durch die viel Tageslicht hereindringt.

★ **Riverside Guest House** PENSION $$

(☎054 227005; www.theriverside-lampang.com; 286 Th Talad Gao; Zi. 400–900 B, Suite 1800–2000 B; ❄📶) Dieser Komplex aus aufgemöbelten, mit Grün umgebenen Holzhäusern direkt am Fluss ist eine der angenehmeren Unterkünfte in Lampang, wenn nicht in ganz Nordthailand, und gehört preislich immer noch in den Budgetbereich. Draußen gibt's viele Tische im Schatten, an denen man essen oder sich unterhalten kann. Zu den Einrichtungen für Traveller gehört auch eine Motorradvermietung.

Am besten nimmt man eines der beiden Zimmer im Obergeschoss des Haupthauses (denn die haben große Balkone mit Blick auf den Mae Wang) oder die riesige Zwei-Zimmer-Suite.

Karpenter HOTEL $$

(☎089 042 9059; www.karpenterlampang.com; Th Nah Guam; Zi. inkl. Frühstück 1500 B) Das designbewusste Karpenter bezeichnet sich selbst als „postmoderne Scheune". Und tatsächlich prägt rustikaler Minimalismus die acht eleganten Zimmer mit freiliegenden Holz-, Beton- und Stahlelementen. Allerdings liegt das Ganze einen etwas längeren Fußmarsch von Lampangs „Stadtzentrum" entfernt.

Wienglakor Hotel HOTEL $$$

(☎054 316430-5; www.lampangwienglakor.com; 138/35 Th Phahonyothin; Zi. 1200–1600 B, Suite 3500 B, jeweils inkl. Frühstück;) Der Eingangsbereich von Lampangs bestem Spitzenklassehotel ist geschmackvoll mit Teakholz und Elementen im nordthailändischen Tempelstil gestaltet. Dies setzt sich auch in den Luxuszimmern mit separaten Wohnbereichen und begehbaren Kleiderschränken fort. Das vornehme Freiluft-Hausrestaurant mit Karpfenteich hat ein sehr „natürliches" Ambiente. Das Hotel liegt ca. 1,5 km westlich vom Zentrum an der Kreuzung von Th Phahonyothin/AH2 und Th Duangrat.

Essen & Ausgehen

Lampangs Nachtleben beschränkt sich auf ein paar Restaurants am Flussufer.

★ **Khun Manee** THAI $

(35 Th Ratsada; Hauptgerichte ab 25 B; ⏲7–19 Uhr) Lampang ist bekannt für seine leckeren *kôw đaan* (frittierte Reisküchlein, mit Wassermelonensaft und Palmzucker verfeinert). In dieser freundlichen Manufaktur gleich abseits der Th Ratsada kann man die Herstellung der süßen Köstlichkeiten beobachten und diese beutelweise kaufen. Zu erkennen ist der Laden an einem weißen, rein thaisprachigen Leuchtschild mit grüner Schrift.

Phat Thai Yay Fong THAI $

(Th Boonyawat; Hauptgerichte 35–60 B; ⏲17–22 Uhr) Wie bereiten Thais im Norden ihr *pàt tai* zu? Natürlich mit Schweinehack und -schwarte. Wenn man probieren möchte empfiehlt sich dieser beliebte Stand ohne Ausschilderung in lateinischen Buchstaben, der gleich östlich des Wat Suan Dok steht.

Long Jim AMERIKANISCH $

(Th Charuenmuang; Pizzas 115–130 B; ⏲Di–Fr 17–21, Sa & So 17–22 Uhr;) Bei Long Jim gibt's Pizza wie in New York – samstags und sonntags auch stückweise – sowie Pasta, Suppen und Salate. Hier hat ein echter Amerikaner das Sagen.

Abendmarkt MARKT $

(Th Ratsada; Hauptgerichte 40–150 B; ⏲16–20 Uhr) Für Selbstversorger und Leute, die an hiesigem Essen interessiert sind, lohnt sich unbedingt ein Besuch auf Lampangs allabendlich stattfindendem Markt mit seinen Körben voller dampfendem Klebereis und Dutzenden Kleinigkeiten zum Probieren.

Aroy One Baht THAI $

(Ecke Th Suandawg & Th Thipchang; Hauptgerichte 30–100 B; ⏲16–23 Uhr) An manchen Abenden scheint sich ganz Lampang in diesem Holzhaus zu tummeln – kein Wunder: Im fröhlichen Ambiente gibt's hier Leckeres zu Schnäppchenpreisen.

Kong Kin Baan Hao THAI $$

(72 Th Jama Thewi; Hauptgerichte 50–250 B; ⏲10–24 Uhr) Abends ist dieser lokale Favorit besonders beliebt: Dann gilt eine Flasche Whisky hier als übliche Beilage. Auf der englischsprachigen Karte findet man unter der Rubrik Local Cuisine diverse nordthailändische Klassiker wie *gaang kaa gòp* (Kräutersuppe mit Froschfleisch) oder *lâhp kôo·a* (*lâhp* aus dem Wok mit einheimischen Gewürzen).

Der Laden liegt ca. 1 km außerhalb der Stadt: Der Th Ratsada nordwärts folgen, den Fluss überqueren, an der Ampel links abbiegen. An der nächsten Ampel dann eine 180°-Wende machen und mangels Ausschilderung in lateinischen Buchstaben links auf die Bäume achten.

MAHAMITr CAFÉ

(147 Th Boonyawat; ⏲8.30–17 Uhr) Das elegante Café könnte das erste Anzeichen für Gentrifizierung in Lampang sein, ist aber immer noch eine prima Adresse. Auf die Gäste warten hier hervorragender Espresso, erfrischender Nitro- bzw. Cold-Brew-Kaffee mit Stickstoff-Zusatz und eine dicke Katze, die nichts gegen Streicheleinheiten hat.

Shoppen

Straßenmarkt MARKT

(Th Talad Gao; ⏲Sa & So 16–22 Uhr) Am Samstag- und Sonntagabend wird die zauberhafte Th Talad Gao für den Verkehr gesperrt, um Platz für Kunsthandwerks-, Souvenir- und Imbissstände zu schaffen.

Kulturmarkt MARKT

(Th Wangnua; ⏲Fr 17–20 Uhr) Ein dem Straßenmarkt ähnelnder Kulturmarkt findet jeden Freitagabend auf der anderen Seite des Flusses in der Th Wang Nuea statt.

VERKEHRSMITTEL AB LAMPANG

Bus

ZIEL	PREIS (B)	DAUER (STD.)	HÄUFIGKEIT
Bangkok	328–655	9	7.50–22.30 Uhr häufig
Chiang Mai	66–132	2	2–23 Uhr häufig
Chiang Rai	137–176	4	6.30–15 Uhr häufig
Mae Sai	218	6	10.10 & 14.50 Uhr 2-mal tgl.
Mae Sot	223	4	10–14.50 Uhr 3-mal tgl.
Nan	146–291	4	9–17.15 Uhr 6-mal tgl.
Phayao	87–112	3	9.15, 11.30 & 15 Uhr 3-mal tgl.
Phitsanulok	154–189	4½	6.30–20.45 Uhr stündl.
Phrae	77–154	2	9–17.15 Uhr 6-mal tgl.
Sukhothai	155	3½	6.30–19 Uhr stündl.

Zug

ZIEL	PREIS (B)	DAUER (STD.)	HÄUFIGKEIT (TGL.)
Bangkok	256–1872	12	6-mal
Chiang Mai	23–413	3	6-mal
Phitsanulok	48–1542	5	6-mal

Praktische Informationen

In der Th Boonyawat befinden sich mehrere Banken mit Geldautomaten.

An- & Weiterreise

Lampangs funkelnder neuer **Flughafen** (☎054 821505; abseits der Th Phahonyothin/AH2) liegt ca. 1,5 km südlich vom Zentrum am Ostende der Th Phahonyothin/AH2. Zum Zeitpunkt der Recherche waren hier nur zwei Gesellschaften vertreten: **Bangkok Airways** (☎054 821522, landesweit 1771; www.bangkokair.com; ⊙6.30–18.30 Uhr) mit Verbindungen zum/ab dem Suvarnabhumi International Airport (Bangkok; 1540 B, 1½ Std., 3-mal tgl.) und **Nok Air** (☎094 494 3440, landesweit 1318; www.nokair.com; ⊙8–18.30 Uhr) mit Flügen zum/ab dem Don Muang International Airport (Bangkok; 1500 B, 1½ Std., 3-mal tgl.). Taxis fahren vom Flughafen in die Stadt (50 B/Pers. bzw. 100 B/Auto).

Lampangs **Minivan- und Busbahnhof** (☎054 218219; Ecke Th Phahonyothin/AH2 & Th Chantarasurin) liegt fast 2 km südlich der Innenstadt und ist mit dieser per *sŏrng·tăa·ou* (20 B, 15 Min., 3–21 Uhr häufig) verbunden. Vom Terminal fahren Minivans nach Chiang Mai (73 B, 1½ Std., 6–16 Uhr häufig) und Phrae (70 B, 2 Std., 6.40–17 Uhr alle 30 Min.).

Lampangs historischer **Bahnhof** (☎054 217024, landesweit 1690; www.railway.co.th; Th Phahonyothin) von 1916 liegt rund 2,5 km außerhalb der Innenstadt und einen guten Fußmarsch von den meisten örtlichen Unterkünften entfernt. Mit Túk-Túks (Aussprache *đúk đúk*) besteht Verbindung zum/ab dem Zentrum (ca. 80 B).

Unterwegs vor Ort

Lampangs Zentrum lässt sich auch zu Fuß erkunden. Leihfahrräder (Reisepass erforderlich) gibt's u. a. beim hiesigen Büro der Tourism Authority of Thailand (TAT; ⊙10–16 Uhr). **Ozone** (395 Th Thipchang; Tagesmiete Fahrrad 60 B, Motorrad 200–250 B; ⊙8–20 Uhr) vermietet Drahtesel und Motorräder.

Für Umgebungstouren empfiehlt sich der **Taxistand** (☎054 217233; Th Suandawg; ⊙6.30–17 Uhr) beim Pin Hotel.

Am Lampang Airport bekommt man Mietwagen (ab 800 B/Tag) bei **Thai Rent A Car** (☎054 821699, landesweit 1647; www.thairentacar.com; ⊙8–19 Uhr) und **Eddy Rent A Car** (☎095 641 7080; www.eddy-rentacar.com; ⊙7–19 Uhr).

Rund um Lampang

★ Wat Phra That Lampang Luang

BUDDHISTISCHER TEMPEL

(วัดพระธาตุลำปางหลวง; abseits der Rte 1034; ⊙Tageslichtstunden) Zu dem uralten buddhistischen Tempelkomplex gehören mehrere interessante Sakralbauten. Darunter ist mit dem offenen **Wihan Luang** der wohl schönste Lan-Na-Schrein Nordthailands: Der ein-

ABSEITS DER ÜBLICHEN PFADE

WAT LAI HIN

Wer den Wat Phra That Lampang Luang als Selbstfahrer besichtigt, sollte in der Nähe von Ko Kha auch den schönen **Wat Lai Hin** (วัดไหล่หิน; abseits der Rte 1034; ⊙Sonnenaufgang–Sonnenuntergang) besuchen. Der winzige Bau wurde von Künstlern aus Kengtung (alias Kyaingtong bzw. Chiang Tung) in Myanmar errichtet und gehört zu den typischsten Lan-Na-Tempeln der ganzen Gegend. Seine Architektur beeinflusste maßgeblich das Design des Dhara Dhevi Hotel in Chiang Mai und den Kulissenbau für den thailändischen Kino-Kassenschlager *Suriyothai – Die Kriegsprinzessin (2001).*

Die Mönche öffnen das interessante Folkloremuseum auf dem Gelände gerne für Besucher.

Anreise ab Ko Kha: Die Straße zum Wat Phra That Lampang Luang nehmen und ca. 1 km vor diesem der Abzweigung zum Wat Lai Hin folgen (6 km).

drucksvolle *wí·hăhn* (Heiligtum) von 1476 gilt als ältestes erhaltenes Holzgebäude des Landes. Das dreistufige Holzdach wird von mächtigen Teakholzpfeilern gestützt. *Jataka*-Wandbilder (Szenen aus den früheren Leben Buddhas) aus dem frühen 19. Jh. zieren die Holztafeln auf der Innenseite des oberen Umgangs.

Der vergoldete *mon·dòp* (kleiner viereckiger Turmbau) im hinteren Bereich des *wí·hăhn* beherbergt ein Buddha-Bildnis, das 1563 gegossen wurde.

Von 1476 stammt der kleine und schlichte **Wihan Ton Kaew** nördlich des Haupt-*wí·hăhn*. Hinter diesem erhebt sich der 45 m hohe *chedi* (Stupa) im Lanna-Stil, der 1449 errichtet und 1496 restauriert wurde.

Der **Wíhan Nam Taem** nördlich des *chedi* wurde im frühen 16. Jh. errichtet und zeigt erstaunlicherweise immer noch Spuren der ursprünglichen Wandmalereien, die damit zu den ältesten im Land gehören.

Das älteste Gebäude im Tempelkomplex ist der aus dem 13. Jh. stammende **Wíhaan Phra Phut**, der südlich des Haupt-*chedi* zu finden ist.

Leider ist es nur Männern erlaubt, das mit einer Camera obscura erzeugte Abbild des *wí·hăhn* und des *chedi* im **Haw Phra Phutthabaht**, einem kleinen weißen Gebäude hinter dem *chedi,* zu betrachten. Das Bild wird (auf dem Kopf stehend) durch ein kleines Loch auf ein weißes Tuch projiziert; selbst die Farben der Gebäude sind genau zu erkennen.

Auf dem Gesims über dem Eingang zu dem Tempelkomplex beeindruckt ein Drachenrelief – derartige Reliefs waren einst in nordthailändischen Tempeln üblich, sind heute aber nur noch selten zu finden. Das Eingangstor stammt angeblich bereits aus dem 15. Jh.

Im Arboretum vor den südlichen Toren des Wats befinden sich drei sehenswerte Museen. Eines zeigt hauptsächlich zeremonielle Gegenstände und einige Buddha-Figuren. Ein anderes, Haus des Smaragd-Buddhas genannt, stellt Münzen, Banknoten, Buddha-Figuren, silberne Betelnuss-Kästchen, Lackschnitzereien und andere völkerkundliche Artefakte aus, außerdem drei kleine, reich vergoldete Buddhas, die auf einem Altar hinter einer großen, mit Ornamenten verzierten Silberschale stehen. Das dritte kleine, aber feine Museum hat Regale voller Buddha-Figuren, Lackschnitzereien, Manuskripte und Keramiken, die sowohl auf Thai als auch auf Englisch beschriftet sind.

ℹ An- & Weiterreise

Der Wat Phra That Lampang Luang liegt 18 km südwestlich von Lampang in Ko Kha. Mit öffentlichen Verkehrsmitteln erreicht man ihn von Lampang aus, indem man auf der Th Boonyawat ein blaues *sŏrng·tăa·ou* (20 B) in Fahrtrichtung Osten anhält und dann von der Haltestelle in Ko Kha die restlichen 3 km bis zum Tempel mit dem Motorradtaxi (60 B) zurücklegt. Ein *sŏrng·tăa·ou* von Lampangs Busbahnhof kostet für die einfache Strecke 400 B, und für ein Taxi hin und zurück zahlt man genauso viel.

Mit dem Auto oder Fahrrad geht es von Lampang über die Th Phahonyothin/AH2 Richtung Süden bis zur Ausfahrt Ko Kha, danach folgt man der Straße über eine Brücke und hält sich rechts. Nun 3 km der Ausschilderung folgen und über eine weitere Brücke fahren, dann kommt links der Tempel in Sicht!

PROVINZ SUKHOTHAI

Die Provinz Sukhothai (จังหวัดสุโขทัย) lockt vor allem mit uralter Geschichte: Mit den Hauptstadt-Ruinen des gleichnamigen Königreichs findet man hier eine der eindrucksvollsten und populärsten Attraktionen Thailands.

Ebenfalls sehr sehenswert sind die anderen regionalen Ruinenstätten aus der Zei der Königreiche von Si Satchanalai und Chaliang.

Sukhothai

สุโขทัย

055 / 37 000 EW.

Die Blütezeit des Königreichs Sukhothai (Wachsendes Glück) dauerte von der Mitte des 13. Jhs. bis zum späten 14. Jh. Diese Periode wird oft als „goldenes Zeitalter“ der Thai-Kultur bezeichnet. Die Überreste der alten Hauptstadt (*meuang gòw* bzw. Altstadt) umfassen ein rund 45 km² großes Gebiet mit teilweise wiederaufgebauten Ruinen, das zu Thailands beliebtesten Geschichtsstätten zählt.

Etwa 12 km östlich des Geschichtsparks liegt am Mae Nam Yom das moderne Neu-Sukhothai – es ist nicht sonderlich interessant, aber freundlich und ruhig. Auch dank guter Verkehrsverbindungen und preiswerter Unterkünfte ist diese Marktstadt eine prima Ausgangsbasis für Ruinentouren.

Rund 50 km nördlich von Sukhothai verstecken sich in idyllischen Hügeln die Ruinen der alten Königsstädte Si Satchanalai und Chaliang, die größtenteils aus der Zeit zwischen dem 13. und 15. Jh. stammen. Chaliang liegt ca. 1 km südöstlich von Si Satchanalai und ist älter (11. Jh.), hat aber auch zwei Tempel aus dem 14. Jh.

Geschichte

Sukhothai gilt als die erste Hauptstadt Siams, auch wenn das so nicht ganz stimmt. Bis 1238 war das Gebiet Teil eines Khmer-Reichs, dann verbündeten sich die beiden Thai-Herrscher Pho Khun Pha Muang und Pho Khun Bang Klang Hao und schufen ein neues Thai-Königreich.

Die Sukhothai-Dynastie herrschte 200 Jahre lang und brachte neun Könige hervor. Der berühmteste war König Ramkhamhaeng, der von 1275 bis 1317 regierte. Ihm wird die Entwicklung der thailändischen Schrift zugeschrieben, seine Inschriften gelten als die erste thailändische Literatur überhaupt. Unter Ramkhamhaeng breitete sich das Königreich aus und umfasste am Ende ein Gebiet, das größer war als das heutige Thailand. Doch 1438, wenige Monarchen später, fiel Sukothai an Ayutthaya.

Sehenswertes

Die Ruinen des **Geschichtspark Sukhothai** (อุทยานประวัติศาสตร์สุโขทัย; 055 697 527; Zugang zum Zentral-, Nord- & Westbereich jeweils 100 B, jeweils zzgl. pro Fahrrad/Motorrad/Auto 10/20/50 B; Zentralbereich So–Fr 6.30–18, Sa bis 21 Uhr; Nordbereich 7.30–17.30 Uhr; Westbereich 8–16.30 Uhr) gehören zu Thailands eindrucksvollsten Welterbestätten. Innerhalb der alten Stadtmauern findet man hier die Überreste von 21 historischen Stätten sowie vier große Teiche. Außerhalb davon liegen 70 weitere Stätten in einem Umkreis von 5 km. Die Ruinen sind in fünf Zonen unterteilt. Für die zentrale, nördliche und westliche Zone gilt jeweils ein extra Eintrittspreis von 100 B.

Zentraler Bereich

Der zentrale Bereich beherbergt ein paar der eindrucksvollsten Ruinen des Parks. Am Samstagabend wird er größtenteils mit Flutlicht beleuchtet und ist bis 21 Uhr geöffnet.

Wat Mahathat HISTORISCHE STÄTTE

(วัดมหาธาตุ; Zentralbereich, Sukhothai Historical Park; Zentralbereich 100 B, zzgl. 10/20/50 B pro Fahrrad/Motorrad/Auto; So–Fr 6.30–18, Sa 6–21 Uhr) Sukhothais größter Wat stammt aus dem 13. Jh. Er ist von Ziegelmauern (206 x 200 m) und einem Wassergraben umgeben, der den äußeren Rand des Universums und den kosmischen Ozean darstellen soll.

Die *chedis* weisen das berühmte Lotusknospenmotiv auf, und zwischen den zerstörten Säulen des alten *wí·hăhn* (Heiligtum) thronen immer noch einige stattliche Buddha-Statuen. Innerhalb der Klostermauern stehen nicht weniger als 198 *chedis*. Viele halten diese Ruinen, in denen es wahrhaftig viel zu entdecken gibt, für das geistige und administrative Zentrum der alten Stadt.

Ramkhamhaeng National Museum MUSEUM

(พิพิธภัณฑสถานแห่งชาติรามคำแหง; Eintritt 150 B; 9–16 Uhr) Nahe des Eingangs zum Zentralbereich bietet dieses Museum einen guten Einstieg für Ruinenfans. Unter den eindrucksvollen Ausstellungsstücken aus der Sukhothai-Zeit ist auch eine Replik der berühmten Ramkhamhaeng-Inschrift, die das älteste Beispiel für die Thai-Schrift sein soll. Hinweis: Der Museumseintritt ist nicht im Zugang zum Zentralbereich enthalten.

Wat Si Sawai BUDDHISTISCHER TEMPEL

(วัดศรีสวาย; Eintritt im Zugang zum Zentralbereich enthalten; So–Fr 6.30–18, Sa bis 21 Uhr) Gleich südlich vom Wat Mahathat liegt dieser buddhistische Schrein (erb. 12.–13. Jh.) mit malerischem Wassergraben und drei Türmen

Geschichtspark Sukhothai

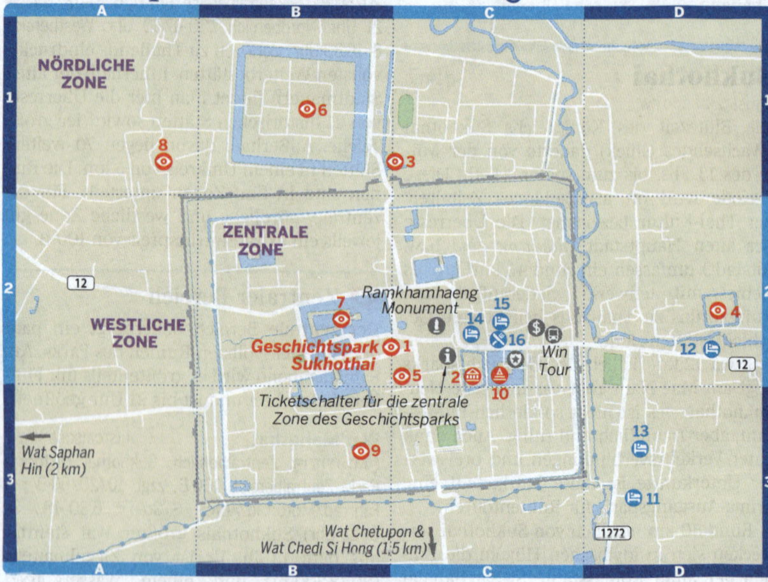

Geschichtspark Sukhothai

Highlights
1 Geschichtspark Sukhothai B2

Sehenswertes
2 Ramkhamhaeng National Museum C2
3 Geschichtspark Sukhothai Nördliche Zone C1
4 Wat Chang Lom D2
5 Wat Mahathat C2
6 Wat Phra Phai Luang B1
7 Wat Sa Si B2
8 Wat Si Chum A1
9 Wat Si Sawai B3
10 Wat Trapang Thong C2

Schlafen
11 Le Charme Sukhothai D3
12 Legendha D2
13 Orchid Hibiscus Guest House D3
14 Vitoon Guesthouse C2
15 Wake Up @ Muang Kao C2

Essen
16 Coffee Cup C2

m Khmer-Stil. Die Khmer errichteten den Bau ursprünglich als Hindu-Tempel.

Wat Sa Si BUDDHISTISCHER TEMPEL
(วัดสระศรี; Kloster des Heiligen Wasserbeckens; Eintritt im Zugang zum Zentralbereich enthalten; So–Fr 6.30–18, Sa bis 21 Uhr) Westlich der Bronzestatue von Ramkhamhaeng (dritter König von Sukhothai) steht dieser schlichte Wat im klassischen Sukhothai-Stil auf einer Insel. Zu sehen gibt's hier einen großen Buddha, einen *chedi* und die Säulen eines zerstörten *wí·hăhn*.

Wat Trapang Thong BUDDHISTISCHER TEMPEL
(วัดตระพังทอง; abseits der Rte 12; Sonnenaufgang–Sonnenuntergang) Der kleine Wat mit schönen Stuckreliefs steht neben dem Ramkhamhaeng National Museum und wird bis heute benutzt. Er liegt in einem großen Teich mit Lotusblüten und ist über einen Brückensteg zugänglich. Das Becken soll der Originalschauplatz des thailändischen Loi-Krathong-Festes sein und liefert den Großteil des Wassers für Sukhothais heutige Einwohner.

Nördliche Zone

Die **nördliche Zone** befindet sich ungefähr 500 m nördlich der alten Stadtmauern und ist leicht mit dem Fahrrad zu erreichen.

Sukhothai Bicycle Tour RADFAHREN

(☎086 931 6242; www.sukhothaibicycletour.com; 34/1 Th Jarodvithithong; halber Tag 750 B, ganzer Tag 1050–1150 B) Der Veranstalter von Radtouren bekommt jede Menge umwerfend gute Kritiken.

Feste & Events

Loi Krathong KULTUR

(Nov.) Der Geschichtspark Sukhothai gehört landesweit zu den beliebtesten Veranstaltungsorten für dieses fünftägige Fest. Auf dem Programm stehen dabei zauberhafte Laternenflöße, Feuerwerk, Volkstänze und eine Sound- & Lightshow.

Schlafen

Neu-Sukhothai bietet einige Budgetunterkünfte, die mit das beste Preis-Leistungs-Verhältnis in Nordthailand aufweisen. Saubere, freundliche Hotels und Pensionen sind massenhaft vorhanden. Viele Anlagen haben hübsche Bungalows, bieten kostenlose Leihfahrräder an, und das Personal holt Gäste kostenlos vom Busbahnhof ab. Immer mehr Unterkünfte entstehen in Parknähe, vor allem solche der Spitzenklasse. Während des Loi-Krathong-Fests schießen die Preise in die Höhe (S. 269).

Neu-Sukhothai

Sila Resort HOTEL $

(☎055 620344; www.silaresort-sukhothai.com; 3/49 Th Kuhasuwan; Zi. 230–500 B, Bungalow 750–1200 B, jeweils inkl. Frühstück; ❄@📶) Beim ersten Anblick erinnert das Sila irgendwie an Disneyland: Zwischen blühenden Bäumen verteilen sich hier Statuen, Holzbungalows, resortmäßige Nurdachhäuser, ein Restaurant und eine Thai-Villa im Pfefferkuchenstil. Und wie in Disneyland sorgt lächelndes Personal für ein fröhlich-buntes Komplettpaket. Einziger Minuspunkt: Das Hotel liegt ein gutes Stück vom Zentrum Neu-Sukhothais entfernt.

Ban Thai PENSION $

(☎055 610163; banthai_guesthouse@yahoo.com; 38 Th Prawet Nakhon; Zi. & Bungalow 250–800 B; ❄📶) Eine tolle Wahl: Günstige Zimmer von schlicht bis stilvoll gehen hier mit freundlicher Atmosphäre und einem hübschen Garten einher.

4T Guesthouse HOTEL $

(☎055 614679; fourthouse@yahoo.com; 122 Soi Mae Ramphan; Zi. 300–1000 B; ❄📶🏊) Das große Budget-„Resort" vermietet allerlei schlichte, aber geräumige Zimmer. Ein weiterer Pluspunkt ist der Pool.

Foresto HOTEL $$

(☎083 213 4112; www.forestosukhothai.com; 16/1-3 Th Prawet Nakhon; Zi. 1200–1600 B; ❄@📶) Durch einen leicht unordentlichen Rezeptionsbereich und einen halboffenen Garten geht's hier zu 15 stilvollen Zimmern. Die großen Quartiere im Hauptgebäude werden durch neuere Wohnstudios mit großen Fenstern und Poolblick ergänzt.

Sabaidee House HOTEL $$

(☎055 616303; www.sabaideehouse.com; 81/7 Th Jarodvithithong; Zi. 300–1000 B; ❄📶🏊) Das fröhliche Sabaidee in leicht ländlicher Um-

ABSTECHER

BAUER FÜR EINEN TAG

Das **Organic Agriculture Project** (☎055 647290; abseits der Rte 1195; halber Tag inkl. Mittagessen 900 B; Do–Di 8–17 Uhr) auf dem Bio-Bauernhof beim Flughafen Sukhothai ermöglicht es Besuchern, Thailands traditionelle Landwirtschaft kennenzulernen:

Zuerst zieht man die typische Kleidung eines thailändischen Reisbauern an und fährt per *ee đăan* (traditionelles Nutzfahrzeug) zum Einsammeln von Enteneiern. Dann folgen ein Ritt auf einem Wasserbüffel, der Besuch einer Orchideenfarm und Einblicke in die verschiedenen Arbeitsschritte beim Reisanbau (inkl. eigenhändiges Pflanzen und Ernten). Den Abschluss bildet ein zwangloser Kochkurs, bei der eine Mahlzeit aus den Bio-Produkten des Hofs zubereitet wird. Auf Wunsch gibt's englischsprachige Guides (rechtzeitige Reservierung erforderlich).

Zum Komplex gehört auch ein Restaurant (Hauptgerichte 50–120 B, geöffnet Do–Di 8–17 Uhr) mit Essen aus den Hoferzeugnissen.

Das Gelände liegt 27 km von Neu-Sukhothai entfernt an der Straße zum Flughafen und ist nicht mit öffentlichen Verkehrsmitteln erreichbar. Nach Vereinbarung fährt aber der Minivan-Shuttleservice des Flughafens (S. 272) hierher.

gebung vermietet sieben schicke Bungalows und vier Zimmer im Hauptgebäude. Zudem gibt's hier einen brandneuen Pool.

Rund 200 m vor der Kreuzung mit der Rte 101 liegt das Hotel abseits der Th Jarodvithithong (auf das Schild achten).

At Home Sukhothai PENSION $$

(☎055 610172; 184/1 Th Vichien Chamnong; Zi. 450–850 B, Bungalow 900–1100 B, jeweils inkl. Frühstück;) Im 50 Jahre alten Elternhaus des Inhabers warten hier schlichte, aber komfortable Zimmer mit wirklich heimeliger Atmosphäre. Zur Wahl stehen dabei ventilatorgekühlte Quartiere im Originalgebäude, neuere Varianten mit Klimaanlage und vier ganz neue Bungalows mit Blick auf einen Teich. Einziger Minuspunkt ist die relativ große Entfernung zu Sukhothais „Stadtzentrum".

Blue House HOTEL $$

(☎055 614863; www.sukhothaibluehouse.wordpress.com; abseits der Th Sirisamarung; B 140 B, Zi. 600–850 B;) Die große azurblaue Villa beherbergt 18 klimatisierte Zimmer mit TV, Kühlschränken und Warmwasserduschen in eigenen Bädern. Wer weniger Luxus braucht, wählt nebenan im ventilatorgekühlten Green House ein Schlafsaalbett (140 B) mit Gemeinschaftsbad.

ABSEITS DER ÜBLICHEN PFADE

HOMESTAYS: BAN NA TON CHAN

Das malerische Dorf Ban Na Ton Chan im ländlichen Sukhothai hat ein tolles und preisgekröntes **Homestay-Programm** (☎089 885 1639; http://homestaynatonchan.blogspot.com; pro Pers. 700 B/Übern. inkl. Frühstück & Abendessen) organisiert, bei dem rund 20 Haushalte mitmachen. Der Preis beinhaltet Frühstück und Abendessen; mittags empfiehlt sich z. B. das einheimische Nudelgericht *kôw póep*. Ebenfalls enthalten ist die Teilnahme am Dorfalltag (z. B. Kochen, Weben, Möbelherstellung). Die Einheimischen zeigen bereitwillig ihre Wohnungen und geben ihr Wissen gern weiter, sprechen aber meist kaum Englisch.

Nördlich von Ban Hat Siaw liegt das Dorf östlich der Rte 101 am Ende einer beschilderten Abzweigung (15 km). Ein Motorradtaxi ab Ban Hat Siaw kostet 150 B.

Lotus Village HOTEL $$

(☎055 621 484; www.lotus-village.com; 170 Th Ratchathani; Zi. 950–1500 B, Bungalow 1300–2600 B, jeweils inkl. Frühstück;) Das hübsche Hotel im birmanisch-indischen Stil ist passend benannt: Das ruhige Gelände mit Holzbungalows zwischen Lotusteichen erinnert wirklich an ein Dorf. Zur Wahl stehen hier auch ventilatorgekühlte Zimmer (vergleichsweise kleiner und leicht überteuert) in einem separaten Holzbau. Frühstück und Personal ernten begeisterte Kritiken. Das hauseigene Spa bietet diverse Behandlungen an.

J&J Guest House PENSION $$

(☎055 620095; 12 Th Kuhasuwan; Bungalow 600–700 B;) Die acht schönen, kühlen und relativ geräumigen Bungalows stehen in einem gepflegten Garten am Fluss. Sie sind identisch, der Preis hängt aber davon ab, ob es einen Ventilator oder eine Klimaanlage im Bungalow gibt.

★ **Ruean Thai Hotel** HOTEL $$$

(☎055 612444; www.rueanthaihotel.com; 181/20 Soi Pracha Ruammit; Zi. inkl. Frühstück 1480–4200 B;) Auf den ersten Blick könnte man diesen auffälligen Komplex für einen buddhistischen Tempel oder ein traditionelles Thai-Haus halten. Die Zimmer im Obergeschoss sind auffällig thailändisch dekoriert, die Zimmer am Pool sind etwas moderner, und hinten gibt's noch ein Betongebäude mit einfachen Zimmern mit Klimaanlage. Der Service ist freundlich und effektiv, und das Ganze wirkt wie eine Ferienanlage.

Gratis-Abholservice vom Busbahnhof.

Geschichtspark Sukhothai

Vitoon Guesthouse PENSION $

(☎055 697045; 49 Rte 12; Zi. 300–900 B;) In Laufentfernung zur Altstadt gibt's hier neben spartanischen Quartieren mit Ventilatoren auch einen neueren Bau, in dem blitzsaubere Zimmer mit Klimaanlage und gutem Preis-Leistungs-Verhältnis warten.

★ **Orchid Hibiscus Guest House** HOTEL $$

(☎055 633284; www.orchidhibiscus-guesthouse.com; 407/2 Rte 1272; Zi./Bungalows 900/ 1400 B;) Die Zimmer und Bungalows verteilen sich über ein ruhiges, gepflegtes Gelände, in dessen Mitte sich ein Pool befindet. Die Zimmer sind heiter, makellos und voller hübscher Details und Gestaltungsakzente. Als Extra gibt's ein „Amazing Breakfast" (100 B).

Das Orchid Hibiscus liegt an der Rte 1272 ca. 500 m von der Rte 12 entfernt – die Ausfahrt zwischen Km 48 und Km 49 ist die richtige.

Wake Up@Muang Kao PENSION $$
(055 697153; www.facebook.com/wakeupatmuangkaoboutiquehotel; 1/1 Rte 12; Zi. inkl. Frühstück 1000 B;) Wenn es bei Privatunterkünften so etwas wie eine Flashpacker-Bleibe gibt, dann diese hier. Die fünf Zimmer sind geräumig und geschmackvoll und ortstypisch dekoriert. Ein freundliches Ehepaar aus dem Ort betreibt die Unterkunft und bringt frischen Wind nach Alt-Sukhothai.

Legendha HOTEL $$$
(055 697215; www.legendhasukhothai.com; Rte 12; Zi. 3900–4400 B, Villa 900 B, jeweils inkl. Frühstück;) Wasser, traditionelle Architektur und viel Grün verleihen dem vielgepriesenen Resort die Atmosphäre eines nordthailändischen Dorfs. Sehr positiv sind auch das engagierte Personal, der Pool und die relative Nähe zum Geschichtspark. Zudem sind die Zimmer dank fortlaufender Renovierung so attraktiv wie eh und je.

Le Charme Sukhothai HOTEL $$$
(055 633333; www.lecharmesukhothai.com; 9/9 Rte 1272; Zi. & Bungalow 1500–4500 B;) Auf den ersten Blick scheint dieses Hotel nichts Besonderes zu sein. Bei näherer Betrachtung entdeckt man hier aber einladende Bungalows in fröhlichen Farben, die über einen Holzsteg miteinander verbunden sind. Drum herum erstreckt sich ein üppiger Garten mit Lotusteichen. Die schlichten, aber großen und geschmackvollen Zimmer (werden gerade renoviert) haben nette Balkone mit Blick auf die vielen Wasserflächen.

Essen

Sukhothais Spezialität sind *gŏo·ay đĕe·o sù·kŏh·tai* (Nudeln im Sukhothai-Stil), die in leicht süßlicher Brühe mit gemahlenen Erdnüssen, dünnen grünen Bohnenstreifen und unterschiedlich zubereitetem Schweinefleisch serviert werden. Die meisten örtlichen Restaurants befinden sich in Neu-Sukhothai. Die Straße zum Geschichtspark säumen jedoch einige Imbissstände und einfache Touristenlokale. Die beste Option darunter ist das **Coffee Cup** (Rte 12; Gerichte 30–150 B; 8–22 Uhr;).

★ **Jayhae** THAI $
(Th Jarodvithithong; Gerichte 30–120 B; 8–16 Uhr) Kein Aufenthalt in Sukhothai wäre komplett ohne die lokaltypischen Nudeln vom Jayhae. Das extrem beliebte Lokal serviert aber auch *pàt tai* und leckeren Kaffee. Abseits der Th Jarodvithithong liegt es ca. 1,3 km westlich des Mae Nam Yom.

Nachtmarkt MARKT $
(Th Ramkhamhaeng; Hauptgerichte 30–60 B; 18–23 Uhr) Wer auf der Suche nach preiswertem Essen ist, sollte Neu-Sukhothais kleinen Nachtmarkt besuchen. Die meisten Verkäufer sind auf Ausländer eingestellt und haben sogar zweisprachige Speisekarten.

Tapui THAI $
(abseits der Th Jarodvithithong; Gerichte 30–50 B; 7–15 Uhr) Das Tapui war nach eigenen Angaben das allererste Restaurant mit *gŏo·ay đĕe·o sù·kŏh·tai* (Nudeln à la Sukhothai) auf der Karte. Der Laden hat keine Ausschilderung in lateinischen Buchstaben und besteht quasi nur aus einem Backsteinboden unter einem Blechdach. Abseits der Th Jarodvithithong liegt er ca. 1,3 km westlich des Mae Nam Yom.

Dream Café THAI $$
(86/1 Th Singhawat; Hauptgerichte 120–350 B; 17–23 Uhr;) Umgeben von einer kunterbunten, aber geschmackvollen Einrichtung mit jeder Menge Nippes wähnt man sich hier praktisch in einem Antiquitätenladen. Am wichtigsten ist aber, dass das freundliche und kompetente Personal leckeres Essen serviert. Zu empfehlen sind z. B. die gut zubereiteten *yams* (thailändische „Salate").

Fueang Fah THAI $$
(107/2 Th Khuhasuwan; Gerichte 50–350 B; 10–22 Uhr) Wer es Einheimischen mit Durchblick gleichtun will, speist in diesem alteingesessenen Lokal am Fluss. Hiesige Spezialität ist Süßwasserfisch wie der leckere *fried fish* (Bratfisch), der ganz oben auf der englischsprachigen (aber kaum verständlichen) Karte steht. Das rein auf Thai beschriftete Restaurantschild kommt gleich hinter der Brücke an der Th Khuhasuwan in Sicht.

Ausgehen & Nachtleben

Chopper Bar BAR
(Th Prawet Nakhon; 10–0.30 Uhr;) In der Restaurantbar vergnügen sich Einheimische wie Reisende von morgens bis spät in die Nacht bei Speis (Hauptgerichte 30–150 B), Trank und Livemusik. Auf der Dachterrasse lassen sich Sukhothais kühle Abende prima genießen.

Poo Restaurant BAR
(24/3 Th Jarodvithithong; ⌚11–24 Uhr; 📶) Das unglücklich benannte und scheinbar schlichte Poo serviert neben ein paar belgischen Biersorten auch Essen (Hauptgerichte 30–150 B).

ℹ Praktische Informationen

Im Zentrum von Neu-Sukhothai gibt's überall Bankfilialen mit Geldautomaten (vor allem westlich des Mae Nam Yom). Weitere Geräte findet man in der Altstadt.

Kasikorn Bank (Th Jarodvithithong; ⌚Mo–Sa 8.30–16.30 Uhr)

Polizei (☎055 611010, Notruf 24 Std. 191; Th Singhawat; ⌚24 Std.) In Neu-Sukhothai.

Siam Commercial Bank (Rte 12; ⌚Mo–Fr 8.30–16.30 Uhr)

Sukhothai Hospital (☎055 610280; Th Jarodvithithong) Gleich westlich von Neu-Sukhothai.

Tourism Authority of Thailand (TAT; ☎055 6162 28, landesweit 1672; Th Jarodvithithong; ⌚8.30–16.30 Uhr) Ist seit 2016 in neuen Räumlichkeiten in Neu-Sukhothai ansässig (ca. 750 m westlich der Brücke) und hat eine recht gute Auswahl an Karten bzw. Broschüren.

Touristenpolizei (☎24 Std. 1155; Rte 12; ⌚24 Std.)

ℹ An- & Weiterreise

Abseits der Rte 1195 liegt Sukhothais Flughafen stolze 27 km nördlich der Stadt. Momentan ist hier nur **Bangkok Airways** (☎055 647224, landesweit 1771; www.bangkokair.com; ⌚7–18 Uhr) mit Flügen zum/ab dem Suvarnabhumi International Airport (Bangkok; ab 1890 B, 1 Std. 15 Min., 3-mal tgl.) vertreten. Hauseigene **Minivans** (☎055 647220; ⌚7–19 Uhr) verbinden den Flughafen mit Neu-Sukhothai und dem Sukhothai Historical Park. Alternativ bieten **Air Asia** (☎Phitsanulok 094 7193645, landesweit 02 515 9999; www.airasia.com; ⌚7–18.30 Uhr) und **Nok Air** (☎Phitsanulok 055 301051, landesweit 1318; www.nokair.co.th; ⌚6–19 Uhr) über den Flughafen Phitsanulok einen Minivan-Transfer nach/ab Alt- und Neu-Sokhothai an (Fahrtzeit knapp 60 Min.).

Der **Minivan- und Busbahnhof** (☎055 614529; Rte 101) liegt fast 1 km nordwestlich von Neu-Sukhothais Zentrum, das von hier aus z. B. per Motorradtaxi erreichbar ist (ca. 50 B). Alternativ ein beliebiges *sŏrng·tăa·ou* in Richtung Geschichtspark nehmen: Diese Vehikel halten auf dem Weg stadtauswärts am Busbahnhof (20 B, 10 Min., 6–17.30 Uhr häufig).

Wer nahe dem Geschichtspark wohnt, kann am Büro von **Win Tour** (☎099 135 5645; Rte 12; ⌚6–21.40 Uhr) in Busse nach Bangkok (310 B,

VERKEHRSMITTEL AB SUKHOTHAI

Bus

ZIEL	PREIS (B)	DAUER (STD.)	HÄUFIGKEIT
Bangkok	241–310	6–7	7.50–22.40 Uhr alle 30 Min.
Chiang Mai	195–374	5–6	6.20–2 Uhr häufig
Chiang Rai	231	9	6.40–11.30 Uhr 4-mal tgl.
Kamphaeng Phet	53–68	1½	7.50–22.40 Uhr alle 30 Min.
Khon Kaen	221–334	7	10.30–0.40 Uhr häufig
Lampang	155–205	3	6.20–2 Uhr häufig
Mae Sot	130–176	3	9.15–2.30 Uhr 3-mal tgl.
Mukdahan	476	10	19.50 & 21.40 Uhr 2-mal tgl.
Nan	176	4	15 Uhr 1-mal tgl.
Phitsanulok	39–50	1	7.50–22.40 Uhr alle 30 Min.
Sawankhalok	27	1	6.40–17 Uhr stündl.
Si Satchanalai	45	1½	6.40–17 Uhr stündl.

Minivans & *sŏrng·tăa·ou*

ZIEL	PREIS (B)	DAUER (STD.)	HÄUFIGKEIT
Kamphaeng Phet	53	2	*Sŏrng·tăa·ou* 9–16 Uhr häufig
Mae Sot	130	3	Minivans 9.15–16.15 Uhr 4-mal tgl.
Phitsanulok	39	1	7.30–17 Uhr stündl.
Geschichtspark Sukhothai	30	30 Min.	*Sŏrng·tăa·ou* 6–17.30 Uhr häufig

6 Std., 8, 12 & 21.50 Uhr) und Chiang Mai (210 B, 5 Std., 6–14 Uhr 6-mal tgl.) steigen.

Unterwegs vor Ort

Fahrten per *săhm·lór* (Fahrradrikscha) innerhalb von Neu-Sukhothai kosten maximal 40 B.

Sŏrng·tăa·ou (Stand an der Th Jarodvithithong; 30 B; 6–17.30 Uhr) pendeln recht regelmäßig zwischen New Sukhothai und dem Geschichtspark Sukhothai (30 B, 30 Min.). Motorradtaxis verbinden die Stadt jeweils für 120 B mit dem Busbahnhof und dem Geschichtspark.

Letzteren erkundet man am besten per Drahtesel. Leihfahrräder (30 B/Tag, 6–18 Uhr) gibt's bei Läden vor dem Parkeingang

Fast alle Unterkünfte in Neu-Sukhotai vermieten Motorräder (ab 250 B/24 Std.).

Geschichtspark Si Satchanalai-Chaliang

อุทยานประวัติศาสตร์ศรีสัชนาลัย-เชลียง

Die aus dem 13. bis 15. Jh. stammenden Ruinen der alten Städte Si Satchanalai und Chaliang liegen zwischen friedvollen Hügeln eingebettet 50 km nördlich von Sukhothai. Der Park (abseits Rte 101; 100 B: 8.30–16.30 Uhr) umfasst rund 720 ha und ist von einem 12 m breiten Graben umgeben. Chaliang, 1 km weiter südöstlich, ist die ältere der beiden Städte. Sie wurde schon im 11. Jh. gegründet, ihre beiden Tempel stammen aber aus dem 14. Jh.

Die nahe gelegenen Städte Ban Hat Siaw und Sawankhalok sind die wichtigsten Versorgungszentren für die Gegend.

Sehenswertes & Aktivitäten

Kombitickets für Si Satchanalai, das Si Satchanalai Centre for Study & Preservation of Sangkalok Kilns und den Wat Chao Chan (Chaliang) kosten 250 B.

Si Satchanalai

Wat Chang Lom HISTORISCHE STÄTTE

(วัดช้างล้อม; Geschichtspark Si Satchanalai-Chaliang; 100 B; 8.30–16.30 Uhr) Dieser wunderschöne Tempel bildete einst das Zentrum der alten Stadt Si Satchanalai. Elefantenfiguren umgeben den glockenförmigen *chedi* (Stupa), der etwas besser erhalten ist als sein Gegenstück in Sukhothai. Laut einer Inschrift wurde der Tempel zwischen 1285 und 1291 von König Ramkhamhaeng erbaut.

Wat Khao Phanom Phloeng HISTORISCHE STÄTTE

(วัดเขาพนมเพลิง; Geschichtspark Si Satchanalai-Chaliang; 100 B; 8.30–16.30 Uhr) Auf dem Hügel mit Blick auf den Wat Chang Lom finden sich die Reste des Wat Khao Phanom Phloeng. Erhalten sind u. a. ein *chedi*, ein großer sitzender Buddha und Steinsäulen, die früher das Dach des *wí·hăhn* trugen. Von hier aus kann man die Anlage dieser einst großen Stadt prima erkennen.

Auf dem etwas höheren Hügel westlich des Phanom Phloeng ragt ein großer *chedi* im Sukhothai-Stil in die Höhe – der einzige Überrest des **Wat Khao Suwan Khiri**.

Wat Chedi Jet Thaew HISTORISCHE STÄTTE

(วัดเจดีย์เจ็ดแถว; Geschichtspark Si Satchanalai-Chaliang; 100 B; 8.30–16.30 Uhr) Neben dem Wat Chang Lom liegt die Ruine dieses Wat. Hier stehen sieben Reihen von *chedis*, deren größter die Kopie eines *chedi* des Wat Mahathat in Sukhothai ist. Der *wí·hăhn* aus Ziegeln und Mörtel ist ebenfalls sehenswert: Seine Gitterfenster sehen aus, als wären sie aus gedrechseltem Holz gefertigt – eine alte indische Technik, die man in ganz Südostasien findet.

Wat Nang Phaya HISTORISCHE STÄTTE

(วัดนางพญา; Geschichtspark Si Satchanalai-Chaliang; 100 B; 8.30–16.30 Uhr) Dieser *chedi* im singhalesischen Stil südlich des Wat Chedi Jet Thaew stammt aus dem 15. oder 16. Jh. und ist daher etwas jünger als die anderen Ruinen von Si Satchanalai. Die Stuckreliefs am großen Laterit-*wí·hăhn* vor dem *chedi* – der mittlerweile von einem Blechdach geschützt wird – stammen aus der Ayutthaya-Periode, in der Si Satchanalai als Sawankhalok bekannt war. Die Goldschmiede in der Umgebung fertigen noch immer *nahng pá·yah* an, ein Muster, das diesen Reliefs nachempfunden ist.

Chaliang

Wat Phra Si Ratana Mahathat HISTORISCHE STÄTTE

(วัดพระศรีรัตนมหาธาตุ; Geschichtspark Si Satchanalai-Chaliang; 20 B; 8–16.30 Uhr) Diese Ruinen bestehen aus einem großen Laterit-*chedi* aus den Jahren 1448 bis 1488, der zwischen zwei *wí·hăhns* steht. Einer der *wí·hăhns* birgt einen großen, sitzenden Buddha im Sukhothai-Stil, einen kleineren, stehenden Buddha und ein Basrelief des berühmten schreitenden Buddhas, der so

Geschichtspark Si Satchanalai-Chaliang

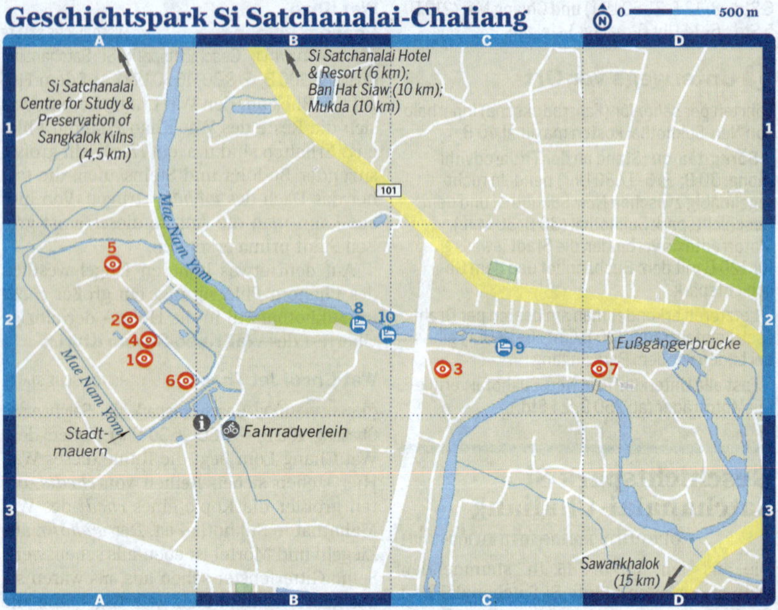

Geschichtspark Si Satchanalai-Chaliang

Sehenswertes

1 Geschichtspark Si Satchanalai-Chaliang A2
2 Wat Chang Lom A2
3 Wat Chao Chan C2
4 Wat Chedi Jet Thaew A2
5 Wat Khao Phanom Phloeng A2
6 Wat Nang Phaya A2
7 Wat Phra Si Ratana Mahathat D2

Schlafen

8 Homestay B2
9 Papong Homestay C2
10 Sisatchanalai Heritage B2

typisch für den fließenden, scheinbar knochenlosen Sukhothai-Stil ist. Der andere *wí·hăhn* enthält einige weniger bedeutende Bildnisse.

Wat Chao Chan HISTORISCHE STÄTTE

(วัดเจ้าจันทร์; Geschichtspark Si Satchanalai-Chaliang; 100 B; Kombiticket mit Si Satchanalai & Si Satchanalai Centre for Study & Preservation of Sangkalok Kilns 250 B; ⌚8–17 Uhr) Die Hauptattraktion hier ist ein großer Turm im Khmer-Stil (ähnlich den späteren Türmen von Lopburi), der wahrscheinlich aus der Regierungszeit des Khmer-Königs Jayavarman VII. (1181–1217) stammt. Der Turm wurde restauriert und befindet sich in recht gutem Zustand. Der dachlose *wí·hăhn* (Heiligtum) rechts beherbergt die Umrisse eines großen, stehenden Laterit-Buddhas, den Sonne und Witterung fast vollständig zerbröselt haben. Eintritt wird hier nicht immer verlangt.

Brennöfen von Sawankhalok

Einst säumten um Si Satchanalai mehr als 200 riesige Keramikbrennöfen die Ufer des Mae Nam Yom. In China – dem größten Importeur thailändischer Töpferwaren in der Sukhothai- und Ayutthaya-Periode – wurden die Töpferwaren „Sangkalok" genannt, eine Verballhornung von Sawankhalok. In der Region wird auch heute noch Keramik hergestellt, ein örtlicher Keramikkünstler brennt seine Stücke immer noch in einem unterirdischen, mit Holz befeuerten Brennofen.

Si Satchanalai Centre for Study & Preservation of Sangkalok Kilns MUSEUM

(ศูนย์ศึกษาและอนุรักษ์เตาสังคโลก; 100 B; Kombiticket mit Si Satachanalai & Wat Chao Chan 250 B; ⌚8–16.30 Uhr) 5 km nordwestlich der Ruinen von Si Satchanalai sind in diesem Zentrum große freigelegte Brennöfen und viele erhaltene Keramiken zu sehen. Die Exponate sind interessant, englischsprachige Erläuterungen fehlen aber.

Sawankhalok

Nationalmuseum Sawanworanayok MUSEUM

(พิพิธภัณฑสถานแห่งชาติสวรรควรนายก; 69 Th Phracharat; 50 B; ⏲ Mi–So 9–16 Uhr) Im Ort Sawankhalok zeigt das staatlich subventionierte Museum, das sich auf der westlichen Uferseite nahe dem Wat Sawankhalam befindet, eine eindrucksvolle Sammlung von Artefakten aus dem 12. bis 15. Jh. Im Erdgeschoss sind Keramiken aus der Region ausgestellt, im Obergeschoss mehrere wunderschöne Buddhastatuen der Sukhothai-Ära aus Stein und Bronze.

Schlafen & Essen

Nahe den historischen Stätten sind größtenteils nur einfache Homestays und Hotels vorhanden. Alternativen findet man z. B. in Sawankhalok (15 km südlich des Parks) und Ban Hat Siaw (ca. 9 km weiter nördlich).

In Parknähe gibt's ein paar schlichte Imbissstände und Restaurants.

Swankaburi Boutique Hotel HOTEL $

(☎ 087 312 6767; 15/31 Th Si Satchanalai, Sawankhalok; Zi. 450–900 B, Suite 1600 B, jeweils inkl. Frühstück; ❄ 📶) Das zauberhafte Swankaburi beweist, dass Übernachten in Sawankhalok nun über einen reinen Kompromiss hinausgeht: Die 33 attraktiven Quartiere sind mit Holz, Fliesen und regionalem Kunsthandwerk eingerichtet. Die Suiten sind riesig, während die preiswertesten Zimmer mit Gemeinschaftsbad recht beengt wirken.

Das Hotel liegt am nördlichen Ende von Sawankhalok.

Mukda Resort HOTEL $

(☎ 055 671024; Rte 101, Ban Hat Siaw; Zi. inkl. Frühstück 400–950 B; ❄ 📶) In relativer Nähe zum Geschichtspark warten hier saubere und komfortable Zimmer (günstigste Varianten mit Ventilatoren).

Am Nordende von Ban Hat Siaw steht das Hotel an der Abzweigung nach Uttaradit.

Papong Homestay PENSION $

(☎ 087 313 4782, 055 631557; abseits der Rte 1201, Chaliang; Zi. inkl. Frühstück 500 B; ❄ 📶) Einheimische leiten diese Pension nahe dem Geschichtspark. Die fünf neuen, sauberen und komfortablen Zimmer haben eigene Bäder.

Sisatchanalai Heritage HOTEL $$

(☎ 055 615423; www.sisatchanalaiheritage.com; Chaliang; Zi. 1200–1500 B, Bungalow 800–1000 B, jeweils inkl. Frühstück) Das große Hotel am Flussufer ist die einzige bessere Unterkunft in Parknähe. Zum Zeitpunkt der Recherche (2017) bestand es nur aus einem Restaurant, einem Café und drei neu wirkenden Zimmern mit viel Platz. Allerdings wurden damals gerade zehn zusätzliche Bungalows gebaut, die inzwischen fertig sein müssten.

Homestay PENSION $$

(☎ 084 048 8595, 055 631063; www.baansilalang.com; abseits der Rte 1201, Chaliang; Zi. 600 B; ❄ 📶) Eine hiesige Künstlerin hat ihr Atelierhaus für Gäste geöffnet und ein vom Haus unabhängiges Zimmer mit Bad und Klimaanlage eingerichtet.

Nach dem Schild „Homestay" direkt gegenüber vom Wat Khok Singkharam in der Nähe des Eingangs nach Si Satchanalai Ausschau halten!

Sukhothai Heritage Resort RESORT $$$

(☎ 055 647564; www.sukhothaiheritage.com; 999 Mu 2, Sukhothai Airport; Zi. inkl. Frühstück 2500–3500 B, Suite inkl. Frühstück 7900 B; ❄ @ 📶 🏊) Diese noble, aber ländlich anmutende Anlage liegt nahe dem Flughafen fast 32 km vom Geschichtspark Si Satchanalai entfernt. Niedrige Backsteinbauten und Häuser mit Spitzdächern verteilen sich um grüne Felder und friedliche Lotusteiche und gipfeln in einem tempelartigen Ambiente – wenn man so will, eine Fortsetzung des Geschichtsparks. Die Zimmer holen einen mit großen Flachbild-TVs und modernen Möbeln aber wieder schnell in die Gegenwart zurück.

Praktische Informationen

Touristeninformation (Si Satchanalai-Chaliang Historical Park; 100 B; ⏲ 8–16.30 Uhr) Das Büro im Park verteilt kostenlose Übersichtspläne und beleuchtet die Lokalgeschichte (inkl. Attraktionen) in einer kleinen Ausstellung.

Anreise & Unterwegs vor Ort

Nahe den Imbissständen am Parkeingang gibt's **Leihfahrräder** (Geschichtspark Si Satchanalai-Chaliang; 30 B/Tag; ⏲ 7–19 Uhr).

BUS

Der Geschichtspark Si Satchanalai-Chaliang liegt an der Rte 101 zwischen Sawankhalok und Ban Hat Siaw. Von Neu-Sukhothai nimmt man den Bus nach Si Satchanalai (45 B, 1½ Std., 6–17 Uhr stündl.) oder einen der vier Busse nach

Chiang Rai (46 B, 6.40–11.30 Uhr) und lässt sich an der *meuang gòw* (Altstadt) absetzen.

Wer von Sawankhalok zum Park will, kann am staatlichen **Busbahnhof** (☎ 055 642037) in jeden beliebigen Bus nach Norden steigen (ca. 20 B, 30 Min., 7–17 Uhr häufig). Der Busbahnhof liegt südlich des Bahnhofs an der Rte 1180.

ZUG

Sawankhaloks alter **Bahnhof** ist eine der örtlichen Sehenswürdigkeiten. König Rama VI. ließ extra eine 60 km lange Bahnstrecke von Ban Dara (einer kleinen Ortschaft an der Hauptbahnstrecke nach Norden) nach Sawankhalok bauen, um die Ruinen besuchen zu können. Erstaunlicherweise gibt's heute einen täglich verkehrenden Spezialexpress von Bangkok nach Sawankhalok (482 B, 7 Std., 10.50 Uhr). Der Zug fährt um 19.40 Uhr nach Bangkok zurück, wo er um 3.30 Uhr ankommt. Man kann diesen Zug auch nur bis Phitsanulok (328 B, 3½ Std., 17.55 Uhr) nehmen. Der Zug ist ein „Sprinter", d. h. er führt nur 2.-Klasse-Wagen mit Klimaanlage und hat keine Schlafwagen. Im Fahrpreis sind Abendessen und Frühstück enthalten.

PROVINZ PHITSANULOK

Die meisten Besucher betrachten die Provinz Phitsanulok (จังหวัดพิษณุโลก) weniger als eigenständiges Ziel, sondern eher als Ausgangsbasis für Touren zu den historischen Ruinen in den Nachbarregionen. Nichtsdestotrotz warten hier sehenswerte Naturattraktionen und eine nette Provinzhauptstadt.

Phitsanulok พิษณุโลก

☎ 05584,000 / 84 000 EW.

Nach Phitsanulok kommen wenige Besucher auf eigene Faust, dafür aber umso mehr Pauschaltouristen – die Stadt ist ein guter Ausgangspunkt, um die historischen Sehenswürdigkeiten von Sukhothai, Si Satchanalai und Kamphaeng Phet zu besuchen. Die hektische, sympathische Stadt besitzt einige interessante Stätten und Museen, allen voran den Wat Phra Si Ratana Mahathat (S. 276), in dem sich eine der meistverehrten Buddha-Figuren des Landes befindet.

Wer auf eigene Faust losziehen will, kann die Stadt als Basislager für einen Besuch der nahen Nationalparks und Naturschutzgebiete von Thung Salaeng Luang (S. 279) und von Phu Hin Rong Kla (S. 281), dem früheren strategischen Hauptquartier der Kommunistischen Partei Thailands (KPT), nutzen.

★ Sergeant Major Thawee Folk Museum MUSEUM

(พิพิธภัณฑ์พื้นบ้านจ่าทวี; Th Wisut Kasat; Erw./Kind 50/25 B; ⌚8.30–16.30 Uhr) Dieses Museum beherbergt eine bemerkenswerte Sammlung von Werkzeugen, Textilien und Fotos aus der Provinz Phitsanulok. Das Museum verteilt sich auf fünf traditionelle, thailändische Gebäude mit gepflegten Gärten. Alle Exponate sind mit informativen, lesenswerten Beschreibungen in englischer Sprache versehen. Wer sich fürs Kochen interessiert, findet hier den Nachbau einer traditionellen thailändischen Küche und verschiedene Fallen zum Fangen von Wild.

★ Wat Phra Si Ratana Mahathat BUDDHISTISCHER TEMPEL

(วัดพระศรีรัตนมหาธาตุ; Th Phutta Bucha; ⌚Tempel 6–21 Uhr, Museum Mi–So 9–17.30 Uhr) GRATIS Der Haupt-*wí·hăhn* (Heiligtum) dieses Tempels, den die Einheimischen kurz Wat Yai nennen, wirkt von außen klein, er beherbergt aber den Phra Phuttha Chinnarat, eine der meistverehrten und kopierten Buddhafiguren Thailands – nur dem Smaragd-Buddha in Bangkoks Wat Phra Kaew kommt noch ein höherer Stellenwert zu als dieser berühmten Bronzestatue.

Es heißt, der Bau dieses Wat sei 1357 unter der Regentschaft von König Li Thai in Auftrag gegeben worden. Als der Wat fertiggestellt war, wollte Li Thai drei prächtige Bronze-Buddhas in seinem Inneren sehen. Deshalb ließ er namhafte Bildhauer aus Si Satchanalai, Chiang Saen und Hariphunchai (Lamphun) sowie fünf brahmanische Priester kommen. Die ersten beiden Bronzegüsse klappten auf Anhieb, für den dritten – die herrlichste der drei Statuen – benötigte man aber drei Anläufe. Ein weiß gewandeter Weiser, der – so die Legende – aus dem Nichts erschienen sei, habe bei diesem entscheidenden Guss geholfen, um im nächsten Augenblick wieder zu verschwinden. Das Bild erhielt den Namen Chinnarat-Buddha (Siegreicher König) und wurde zum Prunkstück des *wí·hăhn*. Die anderen beiden Statuen, Phra Chinnasi und Phra Si Satsada, brachte man später nach Bangkok in den Wat Bowonniwet, den königlichen Tempel.

Der Phra Phuttha Chinnarat ist im späten Sukhothai-Stil gehalten. Einzigartig aber ist der flammenartige Heiligenschein um Kopf und Brustkorb, der unten zu beiden Seiten der Statue in drachenähnliche Schlangenköpfe ausläuft. Der Kopf dieses Buddha ist

Phitsanulok

Phitsanulok

Highlights
1 Wat Phra Si Ratana Mahathat B1

Sehenswertes
2 Wat Ratburana B1

Schlafen
3 Ayara Grand Palace C2
4 Lithai Guest House B4

Essen
5 Ban Mai C2
6 Jaroen Rat B4
7 Nachtmarkt C3
8 Paknang B3
9 Yasmeen Halal Food Restaurant C2

Ausgehen & Nachtleben
10 In Town B3
11 Shew Shew A3

Shoppen
12 Nachtbasar B4

Praktisches
13 Golden House Tour B4
14 Tourism Authority of Thailand B4

etwas breiter als im Sukhothai-Stil eigentlich üblich: Dadurch wirkt die Statue ganz besonders majestätisch.

Ein Heiligtum auf der einen Seite wurde in ein **Museum** umgewandelt, in dem uralte Buddha-Figuren, Keramiken und weitere historische Artefakte ausgestellt sind.

Obwohl der Tempel so heilig ist, fordern ohne Unterlass laute Lautsprecherdurchsagen zum Spenden auf. Auch thailändische Musiker, eine Reihe von Händlern, die von Kräutern bis zu Lotterielosen alles mögliche verhökern, mehrere Geldautomaten und Hunderte Besucher erzeugen eine hektische

Atmosphäre. Man sollte frühmorgens kommen (am besten vor 7 Uhr), wenn man in Ruhe meditieren oder auch nur Fotos machen möchte. Und grundsätzlich immer in angemessener Kleidung erscheinen – also keine Shorts oder ärmellose Oberteile tragen!

Wat Ratburana BUDDHISTISCHER TEMPEL
(วัดราชบูรณะ; Th Phutta Bucha; ⌚Tageslichtstunden) GRATIS Auf der anderen Straßenseite gegenüber vom Wat Phra Si Ratana Mahathat steht der Wat Ratburana, der weniger Besucher anzieht, aber in mancherlei Hinsicht sogar interessanter ist als sein berühmter Nachbar. Neben einem *wí·hăhn* mit einem 700 Jahre alten vergoldeten Buddha, einer *bòht*-Kapelle mit schönen Wandmalereien, die aus der Mitte des 19. Jhs. stammen, und zwei hölzernen *hŏr đrai* (Handschriften-Bibliotheken) birgt die Tempelanlage auch ein paar merkwürdige Sehenswürdigkeiten, die einen faszinierenden Einblick in die Glaubenspraktiken des thailändischen Buddhismus vermitteln: Da ist zunächst unübersehbar ein mit Girlanden geschmücktes großes Holzboot. Mit ihm reiste König Rama V. einst zu einem offiziellen Besuch in Phitsanulok an. Heute glaubt man, das Boot erfülle all jenen ihre Wünsche, die ein Opfer darbringen und dann drei- oder neunmal unter der gesamten Länge des Bootsrumpfs durchkriechen. Neben dem *wí·hăhn* steht ein heiliger Baum mit Leitern zu beiden Seiten. Gläubige klettern hinauf, hinterlassen eine Opfergabe, läuten eine Glocke und klettern wieder runter. Diese Aktion wird wiederum insgesamt drei- oder neunmal durchgeführt. Direkt neben dem Baum hängt ein riesenhafter Gong, der einen einmaligen summenden Ton von sich gibt, wenn er auf die richtige Art und Weise gerieben wird.

Neben jeder dieser heiligen Einrichtungen steht ein Wächter, der nicht nur die Opfergaben wie Münzen, Weihrauch und Blumen einsammelt, sondern Besuchern auch genaue Anweisungen gibt, wie jedes Ritual auszuführen ist, wie oft etwas wiederholt, was geopfert und welches Gebet vorgetragen werden muss.

Buranathai Buddha Image Foundry WORKSHOP
(โรงหล่อพระบูรณะไทย; 26/43 Th Wisut Kasat; ⌚8–17 Uhr) GRATIS Gegenüber vom Sergeant Major Thawee Folk Museum befindet sich die kleine Buranathai Buddha Image Foundry, die ebenfalls Oberfeldwebel Thawee gehört. Hier werden Bronze-Buddhas aller Größen gegossen. Besucher können bei der Arbeit zuschauen und in einer detaillierten Fotoausstellung einiges über das Wachsausschmelzverfahren lernen. Bei manchen größeren Stücken dauert die Fertigstellung über ein Jahr. In dem kleinen Souvenirladen vor Ort können Interessierte Bronze-Buddhas verschiedener Größen kaufen.

Schlafen

Lithai Guest House HOTEL $
(☎055 219626; 73/1-5 Th Phayarithai; Zi. inkl. Frühstück 300–580 B; ❄📶) Die ca. 60 Zimmer dieses Hotels sind recht gesichtslos, aber dafür sauber. Die klimatisierten Varianten überzeugen mit Extras wie Kabel-TV, Kühlschränken, Frühstück und Warmwasserduschen in großen eigenen Bädern. Die günstigsten Quartiere mit Ventilatoren teilen sich Gemeinschaftsbäder.

Ayara Grand Palace HOTEL $$
(☎055 909993; www.ayaragrandpalacehotel.com; Th Authong; Zi. 1200–1500 B, Suite 1800–3500 B, jeweils inkl. Frühstück; ❄@📶🏊) Pastelltöne à la 1990er-Jahre, Imitate von offenen Kaminen und allgegenwärtiges Blumendekor machen das Ayara ziemlich kitschig. Insgesamt ist das Ambiente aber auch recht spaßig. Die riesigen Suiten mit prima Preis-Leistungs-Verhältnis punkten am oberen Ende der Preisskala mit elektrischen Massagesesseln.

★ **Pattara Resort & Spa** HOTEL $$$
(☎055 282966; www.pattararesort.com; 349/40 Th Chaiyanupap; Zi. 3800–4500 B, Villa 7500–9000 B, jeweils inkl. Frühstück; ❄@📶🏊) Das Resort mit Naturambiente ist Phitsanuloks nobelste Unterkunft. Rund 2 km östlich vom Zentrum gibt's hier riesige Zimmer mit großen Bädern (inkl. Badewannen) und breiten Balkonen, von denen man auf Lotusteiche und einen Pool schaut. Am besten sind die zwei Villen mit Privatpools und die beiden Stelzenvillen am Rand des größten Lotusteichs.

Yodia Heritage Hotel BOUTIQUEHOTEL $$$
(☎055 214677; www.yodiaheritage.com; 89/1 Th Phutta Bucha; Zi. 3300–4500 B, Suite 8900 B, jeweils inkl. Frühstück; ❄@📶🏊) An einem ruhigen Abschnitt des Mae Nam Nan liegt dieses Boutiquehotel mit Retro-Dekor. Auf Gäste warten hier ein halbprivater Pool und riesige Suiten mit ebenso großen Badewannen.

Essen

Phitsanulok nimmt sein kulinarisches Angebot sehr ernst und ist geradezu versessen

ABSEITS DER ÜBLICHEN PFADE

WASSERFÄLLE & STROMSCHNELLEN: DIE GRÜNE ROUTE

Zwischen Phitsanulok und Lom Sak folgt die Rte 12 (alias Green Route bzw. Grüne Route; 130 km) dem malerischen Lam Nam Khek mit vielen Stromschnellen. Abseits der Strecke warten Wasserfälle, Resorts und zwei Nationalparks (Phu Hin Rong Kla sowie Thung Salaeng Luang).

Das TAT-Büro in Phitsanulok verteilt gute Karten zu den Attraktionen unterwegs. Die ersten beiden Wasserfälle namens **Nam Tok Sakhunothayan** (bei Km 33) und **Kaeng Song** (bei Km 45) sind nicht unbedingt Pflicht und am Wochenende oft stark überlaufen. Der dritte Wasserfall namens **Kaeng Sopha** (bei Km 72) ist ein vergleichsweise größeres Areal mit kleinen Kaskaden, Stromschnellen und Felsformationen. Letztere laden zum Herumwandern ein und sind je nach aktueller Niederschlagsmenge mehr oder weniger sichtbar. Bei ausreichendem Wasserstand (meist Sept.-Nov.) organisieren alle regionalen Resorts **Wildwasser-Raftingtouren** auf dem Lam Nam Khek.

Weiter östlich entlang der Straße liegt mit dem 1262 km² großen **Thung Salaeng Luang National Park** (อุทยานแห่งชาติทุ่งแสลงหลวง; ☎055 268019, Unterkünfte 02 562 0760; www.dnp.go.th; Rte 12; Eintritt 300–500 B; ⏲8–17 Uhr) eines der größten und bedeutendsten Naturschutzgebiete Thailands. Die Parkverwaltung am Eingang (bei Km 80) informiert über örtliche Wander- und Übernachtungsmöglichkeiten.

Selbstfahrer können bei Km 100 Richtung Süden abbiegen und der Rte 2196 nach **Khao Kho** (Khow Khor) folgen, wo sich in den 1970er-Jahren ein weiteres Berglager der Kommunistischen Partei Thailands (KPT) befand.

Nach dem Abstecher geht's entweder zurück zum Highway Phitsanulok–Lom Sak oder von der Rte 2196 über die Rte 2258 zur Rte 203. Diese führt nordwärts weiter nach Lom Sak und gen Süden nach Phetchabun.

Fast entlang der ganzen Grünen Route gibt's Unterkünfte im Resort-Stil. Budget-Unterkünfte ballen sich nahe Kaeng Song (bei Km 45) und in den Nationalparks. Am Nam Khek warten mehrere Uferrestaurants mit toller Aussicht und kühler Brise auf.

Zwischen Phitsanulok und Lom Sak verkehren Busse (85 B, 6.15–18.15 Uhr). Für maximale Flexibilität empfiehlt sich aber ein eigenes Vehikel – z. B. von den Autovermietern am Flughafen Phitsanulok (S. 281).

auf Nachtmärkte: Davon finden hier gleich drei an verschiedenen Orten statt.

Ebenfalls empfehlenswert in puncto Essen sind der separate **Nachtbasar** (Th Phutta Bucha; ⏲19–24 Uhr) und das südlichste Restaurant an der Hauptstraße. Dieses ist spezialisiert auf *pàk bûng loy fáh* (wörtl. „morgens durch die Luft segelnde Weinrebe"): Bei diesem Gericht brät der Koch eine Ladung des namengebenden Gemüses im Wok an und wirft sie dann einem wartenden Kellner zu, der das Ganze mit einem Teller auffängt.

Yasmeen Halal Food Restaurant THAI $

(Th Phra Ong Dam; Hauptgerichte 10–50 B; ⏲5–20 Uhr) Das Yasmeen ist wohl die beste Adresse unter den muslimisch-thailändischen Cafés nahe der Pakistan-Moschee an der Th Phra Ong Dam. Serviert werden hier dicke *roh·dee* („Pfannkuchen") mit reichhaltigen Currys. Dazu empfiehlt sich ein Becher süßer Tee.

Paknang CHINESISCH, THAI $

(Th Sairuthai; Hauptgerichte 40–280 B; ⏲10–22 Uhr) Sehr traditionelle Atmosphäre à la Reich der Mitte prägt diese Ecke von Phitsanulok – wozu die chinesischen Köstlichkeiten des alteingesessenen Paknang perfekt passen.

Rim Nan THAI $

(5/4 Th Phutta Bucha; Hauptgerichte 20–35 B; ⏲9–16 Uhr) Gleich nördlich des Wat Phra Si Ratana Mahathat säumen das Rim Nan und einige ähnliche Restaurants die Th Phutta Bucha. Diese Lokale servieren *gŏoay·đĕe·o hôy kăh* (wörtl. „Baumelnde-Beine-Nudeln"). Der seltsame Name kommt von den Sitzbänken, auf denen die Gäste ihre Schüsseln in zwangloser Atmosphäre leerfuttern.

Jaroen Rat THAI $

(Th Sithamatraipidok; Hauptgerichte 15–40 B; ⏲8–15 Uhr; 🅥) Das schlichte Jaroen Rat paart fleischfreie Gerichte mit ungeschältem braunem Reis. Wie die anderen vegetarischen Lokale (mindestens drei) in dieser Ecke hat es keine Ausschilderung in lateinischen Buchstaben – daher auf die gelben Fahnen achten.

Nachtmarkt THAI $
(abseits der Th Akatossaroth; Hauptgerichte 30–60 B; ⌚16–20 Uhr) Auf dem Markt gleich südlich vom Bahnhof gibt's hauptsächlich Essen zum Mitnehmen. Darunter sind beispielsweise *kôw nĕe·o hòr* (kleine Taschen aus Bananenblättern mit einer Füllung aus Klebreis und diversen Beilagen). Dieses Gericht servieren zwei gegenüberliegende Stände nahe dem Markteingang an der Th Akatossaroth.

★ **Ban Mai** THAI $$
(93/30 Th Authong; Hauptgerichte 100–290 B; ⌚11–22 Uhr; ❄) Ein Abendessen in diesem Lokalfavoriten erinnert an ein Mahl bei den eigenen Großeltern: Inmitten von altmodischem Mobiliar wird hier über alles Mögliche diskutiert, während eine dicke Katze über den Speiseraum zu herrschen scheint. Unter den gleichsam traditionellen Gerichten sind z. B. *gaang pèt bèt yâhng* (Curry mit gegrillter Ente) oder *yam đà krái* (Salat mit Kräutern und Zitronengras). Mangels Ausschilderung in lateinischen Buchstaben muss man auf den gelben Bau gegenüber vom Ayara Grand Palace Hotel achten.

Ausgehen & Nachtleben

U-Wish-Ya BAR
(www.facebook.com/Uwishya; 36/110 Th Chan Wetchakit; ⌚17–24 Uhr) Eine Biker-Bar im thailändischen Stil – was den Laden im Vergleich zu manchen westlichen Pendants viel freundlicher macht. Geboten sind hier auch diverse Kneipen-Häppchen à la Thailand und Livemusik an den meisten Abenden.

In Town BAR
(Th Phayarithai; ⌚17.30–24 Uhr) Wer Chang oder Singha einen Abend lang vergessen will, findet hier acht Gerstensaftsorten vom Fass und einen Kühlschrank mit ca. 50 verschiedenen Flaschenbieren.

Shew Shew BAR
(an der Th Wang Chan; ⌚18–24 Uhr) Die einzige noch bestehende schwimmende Kneipe gehört einer aussterbenden Gattung an. Hier bekommt man Snacks und etwas deftigere Thai-Gerichte.

Praktische Informationen

Mehrere örtliche Bankfilialen warten mit Geldautomaten und -umtausch auf. Weitere Automaten

VERKEHRSMITTEL AB PHITSANULOK

Bus & Minivan

Ergänzend zu den im Folgenden genannten Bussen fahren Minivans nach Mae Sot (172 B, 4 Std., 8–15 5-mal tgl.) und zum Sukhothai Historical Park (70 B, 1½ Std., 5.20–18 Uhr häufig).

ZIEL	PREIS (B)	DAUER (STD.)	HÄUFIGKEIT
Bangkok	263–361	5–6	8.45–23 Uhr stündl.
Chiang Khong	273	10	9 Uhr 1-mal tgl.
Chiang Mai	202–304	6	5.40–12.40 häufig
Chiang Rai	237–304	7–8	5.30–13 Uhr 6-mal tgl.
Lom Sak (für Green Route)	85	1–2	6.15–18.15 Uhr stündl.
Lampang	238	4	11–22 Uhr 4-mal tgl.
Mae Sai	267–344	7	5.30–13 Uhr 6-mal tgl.
Nakhon Thai (für Phu Hin Rong Kla National Park)	45–64	2	5–18 Uhr stündl.
Nan	178	6	6–17.30 Uhr stündl.
Phrae	112	4	6.30–17.30 Uhr stündl.
Sukhothai	39	1	7–18.10 Uhr stündl.

Zug

ZIEL	PREIS (B)	DAUER (STD.)	HÄUFIGKEIT
Bangkok	69–1664	5–7	10-mal
Chiang Mai	65–1645	7–9	6-mal
Lampang	158–1042	5	5-mal

findet man im Komplex des Wat Phra Si Ratana Mahathat.

@net (abseits der Th Baromtrilokanart; 8 B/ Std.; ⏲24 Std.)

Golden House Tour (☎055 259973; 55/37-38 Th Baromtrilokanart; ⏲Mo–Sa 7–19 Uhr) Erfahrenes Reisebüro, das u. a. Flugtickets bucht und Überlandtouren im Bereich von Phitsanulok arrangiert.

Krung Thai Bank (Th Naresuan; ⏲Mo–Fr 8.30–16.30 Uhr) Mit Geldautomat.

Polizei (☎Notruf 24 Std. 191; Th Baromtrilokanart)

Thai Military Bank (Th Authong; ⏲Mo–Fr 8.30–16.30 Uhr) Mit Geldautomat.

Tourism Authority of Thailand (TAT; ☎055 252742, landesweit 1672; tatphlok@tat.or.th; 209/7-8 Th Baromtrilokanart; ⏲8.30–16.30 Uhr) Abseits der Th Baromtrilokanart gibt's hier hilfsbereites Personal, Gratisstadtpläne und kostenlose Broschüren für Stadtspaziergänge auf eigene Faust. Das Büro ist auch für die Provinzen Sukhothai, Phichit und Phetchabun zuständig.

Touristenpolizei (☎landesweit 1155; Th Akatossaroth)

ℹ An- & Weiterreise

Phitsanuloks **Flughafen** (☎055 301002) befindet sich ca. 5 km südlich der Stadt. Fahrten dorthin bzw. ab dort ermöglicht der örtliche Taxischalter (einfache Strecke 150 B). Air Asia (S. 272), Nok Air (S. 272) und **Thai Lion Air** (☎Callcenter 02 529 9999; www.lionairthai.com; ⏲7–19 Uhr) verbinden Phitsanulok mit dem Don Mueang International Airport (Bangkok; jeweils ab 640 B, 55 Min., 7-mal tgl.).

Phitsanuloks **Busbahnhof** (☎055 212090; Rte 12) liegt 2 km östlich der Stadt am Hwy 12. Er wird von allerlei Minivan- bzw. Buslinien bedient und ist daher ein praktischer Transitpunkt. Túk-Túks und Motorradtaxis verbinden das Terminal mit dem Zentrum (jeweils 60 B).

Phitsanuloks **Bahnhof** (☎055 258005, landesweit 1690; www.railway.co.th; Th Akatossaroth) hat eine Gepäckaufbewahrung und liegt in Laufentfernung zu diversen Unterkünften. Er ist ebenfalls ein wichtiger Knotenpunkt: Hier halten fast alle Züge Richtung Norden oder Süden.

ℹ Unterwegs vor Ort

In Phitsanulok sind Darth-Vader-artige *săhm·lór* (Fahrradrikschas) unterwegs. Über deren Fahrtpreise zu diversen Zielen im Stadtgebiet (ab ca. 60 B) informiert ein Schild vor dem Bahnhof. Zudem verkehren vor Ort nun auch ein paar **Taxis** (☎055 338888).

Am Flughafen gibt's Mietwagen (ab ca. 900 B/ Tag).

Phu Hin Rong Kla National Park

อุทยานแห่งชาติภูหินร่องกล้า

Das Gebiet dieses heutigen Nationalparks war früher ein wichtiger Stützpunkt der Kommunistischen Partei Thailands (KPT). So wartet hier ein interessanter Mix aus natürlichen und von Menschenhand geschaffenen Attraktionen.

Geschichte

Der Berg Phu Hin Rong Kla war zwischen 1967 und 1982 strategisches Hauptquartier der Kommunistischen Partei Thailands (KPT) und ihres bewaffneten Arms, der Volksbefreiungsarmee Thailands (People's Liberation Army of Thailand, PLAT). Der abgelegene, leicht zu verteidigende Gipfel war wie gemacht für die Rebellen. In der nur 300 km entfernten chinesischen Provinz Yunnan wurden die Kader der KPT in revolutionärer Taktik geschult. 1979 fand das jedoch ein Ende, nachdem sich die chinesischen mit den vietnamesischen Kommunisten überworfen hatten und die KPT auf die Seite Vietnams gewechselt war.

Beinahe 20 Jahre lang galt das Gebiet um Phu Hin Rong Kla als Schlachtfeld zwischen Regierungs- und kommunistischen Truppen. 1972 startete die thailändische Regierung eine Großoffensive gegen die PLAT, mit der sie vergeblich versuchte, diese vom Berg zu fegen. Das Lager der KPT am Phu Hin Rong Kla wurde besonders aktiv, als die thailändische Armee im Oktober 1976 hunderte Studenten während des Arbeiter-Studenten-Aufstands in Bangkok tötete. Viele Studenten flohen daraufhin, schlossen sich der KPT an und gründeten ein Krankenhaus und eine Schule für politische und militärische Taktik.

Nachdem die PLAT bis 1978 auf 4000 Mitglieder angewachsen war, startete die thailändische Armee 1980 und 1981 neue Angriffe. Und diesmal gelang es ihr, der KPT Gebiete abzuringen. Doch der entscheidende Schlag gegen die KPT erfolgte erst 1982, als die Regierung allen Studenten eine Amnestie anbot, die sich nach 1976 den Kommunisten angeschlossen hatten. Dass die Studenten ihr den Rücken kehrten, brach der Bewegung, die mittlerweile dringend auf frische Kräfte angewiesen war, das Rückgrat. Ein letzter militärischer Vorstoß Ende 1982 zwang die PLAT zur Kapitulation. Zwei

Jahre später wurde der Phu Hin Rong Kla zum Nationalpark erklärt.

Sehenswertes & Aktivitäten

Phu Hin Rong Kla National Park NATURSCHUTZGEBIET

(อุทยานแห่งชาติภูหินร่องกล้า; ☎055 233527; www.dnp.go.th; 500 B; ⌚8.30–17 Uhr) Der 307 km² große Park wartet mit zerklüfteten Bergen und Wäldern, Felsbrocken und Wildblumen auf. Die Parkverwaltung befindet sich auf einer Höhe von ca. 1000 m, sodass es hier selbst in der heißen Jahreszeit immer angenehm kühl ist. Die Hauptattraktionen sind nicht allzu weit von der Hauptstraße, die durch den Park führt, entfernt. Zu ihnen gehören die Reste der KPT-Festung – eine rustikale Versammlungshalle, die für politische und militärische Taktik benutzt wurde – und das KPT-Verwaltungsgebäude.

An den Wochenenden und an Feiertagen ist am Phu Hin Rong Kla manchmal recht viel los. Wer es ruhig mag, sollte lieber an einem Tag mitten in der Woche hierher kommen.

Es gibt auch Wasserfälle, Wanderwege und malerische Aussichtspunkte sowie interessante Felsformationen: die Lan Hin Pum genannten Felsvorsprünge und das Lan Hin Taek genannte Gebiet mit tiefen Felsspalten, in denen sich die Truppen der PLAT bei Luftangriffen versteckten. Im Besucherzentrum sind Karten erhältlich.

Pha Chu Thong HISTORISCHE STÄTTE

(ผาชูธง; Felsen der gehissten Flagge; Phu Hin Rong Kla National Park) Ein 1 km langer Weg führt zum Pha Chu Thong (manchmal auch: Felsen der roten Fahne), auf dem die Kommunisten nach militärischen Erfolgen die rote Fahne hissten. In dieser Gegend befinden sich auch ein Luftschutzbunker, ein Aussichtsposten und die Überreste des KPT-Hauptquartiers. Bevor die thailändischen Behörden eine Straße bauen ließen, war dieser Teil des Areals so gut wie nicht zu erreichen.

Die Gebäude im Park bestehen aus Holz und Bambus und haben weder Anschluss an die Kanalisation noch an die Stromversorgung – das zeigt, wie primitiv die Lebensbedingungen waren.

Das kleine **Museum** in der Parkverwaltung zeigt Relikte aus den Tagen der KPT, allerdings gibt's kaum englischsprachige Erläuterungen. Am Ende der Straße in den Park liegt ein kleines Dorf der weißen Hmong.

Schlafen & Essen

Im Nationalpark gibt's lediglich Unterkünfte des **Forstministeriums** (Royal Forest Department; ☎02 562 0760; www.dnp.go.th; Zelt für 2–8 Pers. 150–600 B, Bungalow 800–2400 B), die jeweils rechtzeitig reserviert werden müssen. Möglich ist dies online, telefonisch oder über Golden House Tour (S. 281) nahe dem TAT-Büro in Phitsanulok.

Die Kantine nahe dem Besucherzentrum ist die einzige Lebensmittelquelle im Park. Während der Regenzeit (ca. Juni–Okt.) hat sie aber mitunter geschlossen.

An- & Weiterreise

Die Parkverwaltung ist ca. 125 km von Phitsanulok entfernt. Um hinzukommen, nimmt man zunächst einen der frühen Busse nach Nakhon Thai (45–64 B, 2 Std., 5–18 Uhr stündl.). Dort kann man in der Nähe des Marktes ein *sŏrng·tăa·ou* zum Park chartern (700 B). Golden House Tour (S. 281) bietet von Phitsanulok aus einen Tagesausflug an (Auto & Fahrer 2500 B zzgl. Benzin). Reizvoll ist auch eine Tour mit dem Motorrad; die Strecke ist nicht sehr befahren. Allerdings benötigt man eine starke Maschine, um die Hügel auf dem Weg zum Phu Hin Rong Kla zu bezwingen.

PROVINZ KAMPHAENG PHET

Kamphaeng Phet กำแพงเพชร

☎055 / 30 000 EW.

Kamphaeng Phet liegt auf halbem Weg zwischen Bangkok und Chiang Mai. Der Name der einstmals befestigten Stadt bedeutet wörtlich „Diamantmauer" – das war eine Anspielung auf die Stärke ihrer Stadtmauern. Diese Sicherheitsvorkehrungen waren auch geboten, da die Stadt das Sukhothai- und später das Ayutthaya-Königreich gegen Angriffe aus Birma oder Lan Na schützen sollte. Teile der Mauern sind heute noch zu sehen, ebenso die eindrucksvollen Ruinen mehrerer religiöser Gebäude. Die moderne Stadt erstreckt sich an einem seichten Abschnitt des Mae Nam Ping und gehört zu den angenehmeren Provinzhauptstädten Thailands.

Sehenswertes

Der **Geschichtspark Kamphaeng Phet** (อุทยานประวัติศาสตร์กำแพงเพชร; Eintritt ohne/mit Festung 100/150 B; ⌚8–18.30 Uhr) ist eine

Kamphaeng Phet

Kamphaeng Phet

Sehenswertes
1 Geschichtspark Kamphaeng Phet B2
2 Nationalmuseum Kamphaeng Phet C2
3 Shiva-Schrein C2
4 Wat Khu Yang D3
5 Wat Phra Borommathat A3
6 Wat Phra Kaew B2
7 Wat Phra Si Iriyabot B2
8 Wat Phra That B2

Schlafen
9 Chakungrao Riverview C3
10 Ko Chokchai Hotel D4
11 Navarat Heritage Hotel C4
12 Scenic Riverside Resort A1
13 Three J Guest House D3

Essen
14 Bamee Chakangrao D4
15 Kitti D4
16 Nachtmarkt C4

Ausgehen & Nachtleben
17 Rong Tiam C3

Welterbestätte. Die örtlichen Gebäuderuinen aus dem 14. Jh. stammen etwa aus derselben Zeit wie die bekannteren Bauten des Königreichs Sukhothai. An den buddhistischen Stätten von Kamphaeng Phet wurde aber fast noch 200 Jahre lang weitergebaut – bis in die Ayutthaya-Periode hinein. So sind sie gleichermaßen vom Sukhothai- und Ayutthaya-Stil geprägt. Dieser Mix aus buddhistischer Kunst ist landesweit einzigartig. Der Park ist in zwei verschiedene Bereiche unterteilt.

Ummauerte Stadt

Der **ummauerten Zone** gleich nördlich des modernen Kamphaeng Phet verdankt die Stadt ihren Namen. Hier lebten einst Mönche der *gamavasi* („Leben in der Gemeinschaft"). Vom Zentrum aus ist es ein ziemlich langer Fußmarsch dorthin, eine Motorradtaxifahrt kostet etwa 40 B.

Wat Phra Kaew HISTORISCHE STÄTTE

(วัดพระแก้ว; Geschichtspark Kamphaeng Phet; 100 B; ⏲ 8–18.30 Uhr) Der ehemalige Tempel neben einem zu Ruinen zerfallenen Gebäude, das wohl einst der Herrscherpalast war, bildet das Zentrum der ummauerten Stadt. Man erblickt einen riesigen liegenden Buddha und mehrere kleinere Buddha-Statuen, die durch Verwitterung so schlank und porös geworden sind, dass sie manche Besucher an Skulpturen von Alberto Giacometti erinnern.

Wat Phra That HISTORISCHE STÄTTE

(วัดพระธาตุ; Geschichtspark Kamphaeng Phet; 100 B; ⏲ 8–18.30 Uhr) Die Ruinen dieses ehemaligen Tempels zeichnen sich vor allem durch einen von Säulen umgebenen *chedi* im Kamphaeng-Phet-Stil aus, der auf einem runden Sockel aus Backstein und Laterit steht.

Außerhalb der Stadt

Die meisten der Ruinen von Kamphaeng Phet befinden sich in der großen Zone (Eintritt 100 B) etwa 1,5 km nördlich der Stadtmauer. In dieser Gegend lebten früher Mönche der *aranyavasi* („Leben im Wald"). Neben dem Wat Phra Si Iriyabot und dem Wat Chang Rob gibt es noch mehr als 40 andere Anlagen, u. a. sechs weitere, die erst vor Kurzem freigelegt wurden. Von denen sieht man allerdings nicht viel mehr als ein paar Mauerreste und hier und da ein verwittertes Buddha-Bildnis.

Am Eingang befindet sich ein sehr gutes Besucherzentrum (S. 286), bei dem man auch Fahrräder (30 B/Tag) leihen kann.

TURNIER IM THAIBOXEN

Meist im April messen sich thailändische und birmanische Kampfsportler außerhalb von Mae Sot bei einem **Turnier im Thaiboxen.** Die traditionellen Kämpfe in einer runden Arena gehen über fünf Runden. Die ersten vier davon dauern jeweils drei Minuten; die letzte hat kein Zeitlimit. Mit ihren mit Hanfstoff umwickelten Händen prügeln sich die Boxer, bis einer der Kontrahenten blutet oder k. o. geht.

Der genaue Austragungsort wechselt jedes Jahr (vor Ort nachfragen).

Eine Motorradtaxifahrt von Kamphaeng Phets Zentrum zum Eingang kostet ungefähr 80 B.

Wat Phra Si Iriyabot HISTORISCHE STÄTTE

(วัดพระสี่อิริยาบถ; Geschichtspark Kamphaeng Phet; 100 B; ⏲ 8–18.30 Uhr) Das Highlight ist ein hochragender *mon·dòp* (das kleine Gebäude mit quadratischem Sockel und Spitzturm in einem Wat) mit den verwitterten Überresten von im klassischen Sukothai-Stil gearbeiteten stehenden, sitzenden, gehenden und liegenden Buddha-Figuren.

Wat Chang Rob BUDDHISTISCHER TEMPEL

(วัดช้างรอบ; Geschichtspark Kamphaeng Phet; Eintritt 100 B; ⏲ 8–18.30 Uhr) Der Name dieser Ruine („Von Elefanten umringter Tempel") ist Programm: Insgesamt 68 Stuckelefanten zieren das Fundament des Schreins.

Noch mehr Sehenswertes

Nationalmuseum Kamphaeng Phet MUSEUM

(พิพิธภัณฑสถานแห่งชาติกำแพงเพชร; Th Pindamri; 100 B; ⏲ Mi–So 9–16 Uhr) Kamphaeng Phets sehenswertes Museum wurde umfassend renoviert. Es beherbergt eine große Sammlung von Artefakten aus der Gegend um Kamphaeng Phet, u. a. die größte hinduistische Bronzeplastik Thailands. Das Bildwerk befand sich früher in dem nahe gelegenen **Shiva-Schrein** (ศาลพระอิศวร; abseits Th Pindamri) GRATIS, doch 1886 stahl ein deutscher Missionar Hände und Kopf des Idols (die später aber zurückgegeben wurden). Heute befindet sich in dem Schrein eine Replik.

Wat Phra Borommathat BUDDHISTISCHER TEMPEL

(วัดพระบรมธาตุ; abseits der Rte 1078; ⏲ Tageslichtstunden) Jenseits des Mae Nam Ping liegen die Ruinen des Wat Phra Borommathat in einem Gebiet, das schon lang vor der Blütezeit von Kamphaeng Phet besiedelt war. Die noch sichtbaren Überreste stammen aber aus der postklassischen Sukhothai-Periode. Der Tempelkomplex weist einige kleine und einen großen *chedi* aus der späten Sukhothai-Periode auf, der heute von einem Schirmdach im birmanischen Stil bekrönt ist – eine Zutat des frühen 20. Jhs.

Wat Khu Yang BUDDHISTISCHER TEMPEL

(วัดคูยาง; Soi 1, Soi Ratchavithee; ⏲ Tageslichtstunden) In dem buddhistischen Tempel gleich nördlich des Zentrums von Kamphaeng Phet ist ein schöner hölzerner *hŏr đrai*

(Handschriften-Bibliothek) aus dem 19. Jh. zu bewundern.

Phra Ruang Hot Springs THERMALQUELLEN

(บ่อน้ำพุร้อนพระร่วง; Ban Lan Hin; Eintritt 30 B; ⌚8.30–18 Uhr) Rund 20 km von Kamphaeng Phet entfernt findet man an der Straße nach Sukhothai diese Thermalquellen, die quasi die thailändische Version eines ländlichen Kurbads sind. Ihr angeblich heilkräftiges Warmwasser wird in sieben private Einzelbecken (Benutzung je 50 B) geleitet. Zudem gibt's vor Ort mehrere Einrichtungen, die traditionelle Thai-Massagen anbieten.

Öffentliche Verkehrsmittel fahren nicht hierher; über das Three J Guest House lassen sich aber Shuttles arrangieren.

Schlafen

Three J Guest House PENSION $

(☎081 887 4189, 055 713129; www.threejguesthouse.com; 79 Soi 1, Soi Ratchavitee; Zi. 300–900 B; ❄@☎) Die teureren Zimmer der heimeligen Pension sind klimatisiert. Die günstigeren Varianten haben Ventilatoren und teilen sich ein sauberes Gemeinschaftsbad. Gäste bekommen viele Lokalinfos und können neben Fahrrädern (50 B/Tag) auch Motorräder (200 B/Tag) ausleihen.

Ko Chokchai Hotel HOTEL $

(☎055 711531; 19-43 Soi 8, Th Rachadaumnoen 1; Zi. 260–340 B; ❄☎) Das imposante Hotel ohne Ausschilderung in lateinischen Buchstaben ist eine anständige Budgetoption – vor allem, wenn man im „Zentrum" von Kamphaeng Phet übernachten will. Die Zimmer (günstigste Varianten mit Ventilatoren) sind recht klein und abgenutzt, aber sauber.

★ **Navarat Heritage Hotel** HOTEL $$

(☎055 711211; www.navaratheritage.com; 2 Soi 21, Th Tesa 1; Zi. 1100–3200 B, Suite 15 000 B, jeweils inkl. Frühstück; ❄☎) Eine Renovierung hat das Navarat aus den 1970er-Jahren von den meisten Altersspuren befreit. Die modernen, geräumigen und gut ausgestatteten Zimmer punkten teilweise auch mit Flussblick.

Chakungrao Riverview HOTEL $$

(☎055 714900; www.chanukungraoriverview.com; 149 Th Thesa 1; Zi. 800–1100 B, Suite 3000 B, jeweils inkl. Frühstück; ❄@☎) Die Zimmer von Kamphaeng Phets vornehmster Bleibe sind geschmackvoll mit dunklem Holz und waldgrünen Farbtönen eingerichtet. Zudem haben sie Balkone mit Fluss- oder Stadtblick. Bei den riesigen Suiten gibt's meist kräftige Rabatte.

Scenic Riverside Resort HOTEL $$$

(☎055 722009; www.scenicriversideresort.com; 325/16 Th Thesa 2; Bungalow inkl. Frühstück 1500–3700 B; ❄☎🏊) Ein griechisches Fischerdorf, dessen Häuser von einem Thai-Mädchen im Kindesalter eingerichtet wurden: So kann man sich dieses schrullig-spaßige Resort in netter Lage am Fluss ungefähr vorstellen. Die acht kuppelförmigen, geräumigen Villen mit weißem Verputz werden innen von allerlei Kitsch (u. a. Stoffpuppen) geziert und teilen sich einen Pool.

Essen & Ausgehen

★ **Bamee Chakangrao** THAI $

(Ecke Soi 9 & Th Rachadumnoen 1; Hauptgerichte 30–35 B; ⌚8.30–15 Uhr) Dünne Eiernudeln aus Weizenmehl *(bà·mèe)* sind eine Spezialität von Kamphaeng Phet. Und dieses berühmte Restaurant ist eine der besten Adressen, um sie zu probieren. Hinter dem Haus werden die Nudeln täglich frisch zubereitet. Zudem kommt hier auch Satay mit Schweinefleisch auf den Tisch. Das Lokal hat keine Ausschilderung in lateinischen Buchstaben; zu erkennen ist es an den grünen Wimpeln an der Ecke.

Nachtmarkt THAI $

(Th Thesa 1; Hauptgerichte 30–60 B; ⌚16–22 Uhr) Für günstige Thai-Küche empfiehlt sich dieser belebte Nachtmarkt, der jeden Tag gleich nördlich vom Navarat Hotel in Flussnähe stattfindet.

Kitti CHINESISCH, THAI $$

(Ecke Th Vijit 2 & Th Bamrungrat; Hauptgerichte 50–1200 B; ⌚10–14 & 16–22 Uhr; ❄) Das alteingesessene Kitti zeichnet sich vor allem durch seine chinesischen Seafood-Gerichte aus. Unbedingt probieren sollte man das ungewöhnliche, aber leckere Brathähnchen mit Cashew-Kernen, eingelegtem Knoblauch und süßen Schweinefleischstreifen.

Das Lokal hat keine Ausschilderung in lateinischen Buchstaben.

Rong Tiam BAR

(Soi 9, Th Thesa 1; ⌚18–1 Uhr) Die freundliche Kneipe in einem umgebauten alten Ladenhaus hat Snacks, Bier und ab 20.30 Uhr Livemusik zu bieten.

Praktische Informationen

An den flussnahen Hauptstraßen und an der Th Charoensuk unterhalten die meisten thailändischen Großbanken Filialen mit Geldautomaten.

BUSSE AB KAMPHAENG PHET

Ergänzend zu den im Folgenden genannten Bussen fahren auch noch Minivans nach Mae Sot (140 B, 3 Std., 8–18 Uhr stündl.) und Sukhothai (65 B, 1 Std., 15 Uhr). Letzteres wird auch von *sŏrng·tăa·ou* bedient (60 B, 2 Std., 8–12 Uhr 3-mal tgl.).

ZIEL	PREIS (B)	DAUER (STD.)	HÄUFIGKEIT
Bangkok	200–400	5	9–22 Uhr häufig
Chiang Mai	256–298	5	9.30–23 Uhr stündl.
Chiang Rai	265–397	7	12–22.30 Uhr 5-mal tgl.
Lampang	147–225	4	12–22.30 Uhr 5-mal tgl.
Mae Hong Son	466–544	11	22 & 22.30 Uhr 2-mal tgl.
Mae Sot	164	3	2 & 4 Uhr 2-mal tgl.
Phayao	212–326	6	12–22.30 Uhr 5-mal tgl.
Phitsanulok	73	2½	5–18 Uhr stündl.
Sukhothai	57-74	1	12–4 Uhr stündl.

Bangkok Bank (Th Charoensuk; ⌚ Mo–Sa 8.30–16.30 Uhr)

Polizei (☎ Notruf 24 Std. 191; Rte 101; ⌚ 24 Std.)

Touristeninformation (Kamphaeng Phet Historical Park; Eintritt 100 B; ⌚ 8–18.30 Uhr) Das hervorragende Infobüro am Parkeingang verleiht auch Fahrräder (30 B/Tag).

ℹ An- & Weiterreise

Kamphaeng Phets **Busbahnhof** (☎ 055 799103; Rte 101) befindet sich ca. 1 km westlich des Mae Nam Ping. Motorradtaxis (50 B) und *sŏrng·tăa·ou* (20 B, 7.30–15 Uhr häufig) verkehren zwischen dem Bahnhof und der Stadt. Wer aus Sukhothai oder Phitsanulok kommt, sollte in der Altstadt oder am Kreisverkehr in der Th Thesa 1 aussteigen, um sich so die Rückfahrt im *sŏrng·tăa·ou* in die Stadt zu ersparen.

Wenn man nach Bangkok (295 B, 5 Std., 9–23 Uhr regelm.) will, lässt sich der Busbahnhof ganz umgehen, indem man sein Busticket bei **Win Tour** (☎ 055 713971; Th Kamphaeng Phet) kauft und dort in der Nähe des Kreisverkehrs einsteigt.

ℹ Unterwegs vor Ort

Motorradtaxis oder Túk-Túks sind in Kamphaeng Phet dünn gesät. Daher empfiehlt es sich, ein Fahrrad oder Motorrad zu mieten – z. B. im Three J Guest House (Fahrrad/Motorrad pro Tag 50/200 B).

PROVINZ TAK

Die große, gebirgige Provinz hat wegen ihrer Nähe zu Myanmar eine komplexe Geschichte und weist einen einmaligen kulturellen Mix auf.

Vielleicht aufgrund ihrer Abgelegenheit ist die Provinz Tak noch recht unerschlossen. Das zusammenhängende Naturschutzgebiet, das aus dem Um Phang Wildlife Sanctuary, dem Nationalpark Thung Yai Naresuan, dem Huay Kha Kaeng Wildlife Sanctuary und den Nationalparks Khlong Lan und Mae Wong besteht, ist einer der größten Naturräume Thailands und eines der größten intakten Naturwaldgebiete Südostasiens.

Seit 2013 in Mae Sot–Myawaddy die erste Landgrenze nach Myanmar geöffnet wurde, ist es mit der Abgeschiedenheit jedoch vorbei. Man wird abwarten müssen, wie sich die Provinz als immer wichtiger werdende internationale Durchgangsstation zwischen den beiden Ländern weiterentwickeln wird.

Mae Sot แม่สอด

☎ 055 / 52 000 EW.

Obwohl Mae Sot abgelegen und relativ klein ist, gehört es zu den kulturell vielfältigsten Städten Thailands. In den Straßen herrscht ein bunter ethnischer Mix: Birmanen in ihren *longyi* (Sarongs), Hmong- und Karen-Frauen in den traditionellen Kostümen der Bergstämme, bärtige Muslime, thailändische Armeekommandos und ausländische Mitarbeiter von Nichtregierungsorganisationen prägen das Stadtbild. Man hört hier genauso oft birmanisch und Karen wie Thai, die Ladenschilder in den Straßen sind mit thailändischen, birmanischen und chinesischen Schriftzeichen bedeckt, und die Tempelarchitektur in Mae Sot ist überwiegend birmanisch geprägt. Mae Sot ist zudem zum wichtigsten Jade- und Edelsteinzentrum an der Grenze geworden; der Handel liegt überwiegend in den Händen chinesischer und muslimischer Einwanderer aus Myanmar.

Obschon es in Mae Sot nicht viele echte Sehenswürdigkeiten gibt, bleiben viele Traveller am Ende doch länger als geplant. Eine multikulturelle Atmosphäre sowie ein brummender Markt, Möglichkeiten zu unterhaltsamen Aktivitäten und gute Restaurants sind daran nicht ganz unschuldig.

Sehenswertes & Aktivitäten

Grenzmarkt MARKT

(ตลาดริมน้ำเมย; Rte 12/AH1; 7–19 Uhr) Auf dem großen Grenzmarkt am thailändischen Ufer des Mae Nam Moei gibt's u. a. birmanische Alltagsgegenstände, Schwarzmarktklamotten, chinesische Billigelektronik und Essen.

Der Markt liegt 5 km westlich der Stadt und ist mit *sŏrng·tăa·ou* ab der Th Chid Lom erreichbar (20 B, ca. 6–18 Uhr).

Kräutersauna BADEHAUS

(Wat Mani, Th Intharakhiri; 20 B; 15–19 Uhr) Im Wat Mani gibt's eine Kräutersauna mit getrennten Bereichen für Männer und Frauen. Die Sauna liegt im hinteren Bereich des Klostergeländes, noch hinter den *gù·đì* (Mönchszellen).

Kochkurs KOCHEN

(055 546584; borderlineshop@yahoo.com; 674/14 Th Intharakhiri; Kurs 1000 B; Unterricht Di–So 9–12 & 15–18 Uhr) In diesen Kursen lernt man, vier verschiedene Shan-, birmanische und Karen-Gerichte zuzubereiten. Außerdem gehören ein Besuch auf dem Markt und ein Kochbuch dazu, des Weiteren die Möglichkeit, die kulinarischen Ergebnisse im angrenzenden Café gemeinsam mit den anderen Teilnehmern zu verspeisen. Je größer die Gruppe wird, desto niedriger kann der Preis pro Teilnehmer angesetzt werden. Das Ganze findet im Borderline Shop (S. 291) statt.

Rund um Tak & Mae Sot

Mae Sot

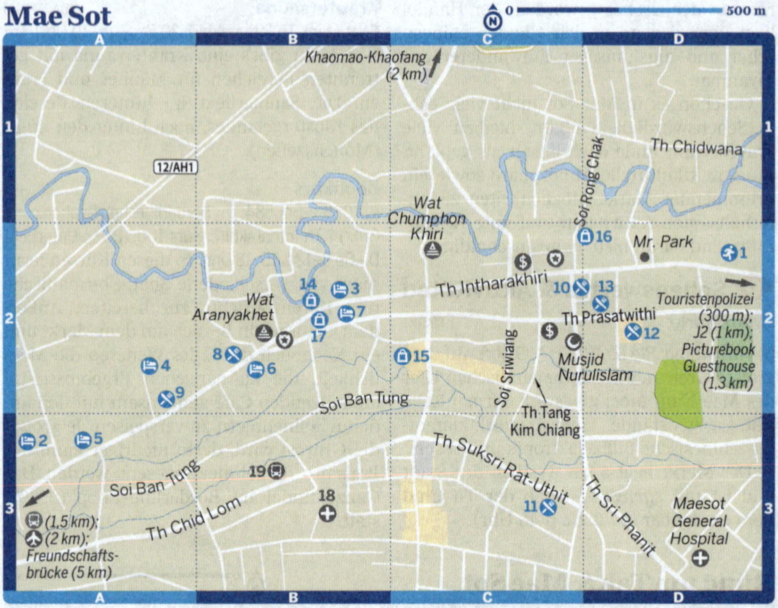

Mae Sot

Aktivitäten, Kurse & Touren
- Kochkurs ......(siehe 14)
- 1 Kräutersauna D2
- Yoga For Life ......(siehe 5)

Schlafen
- 2 Baan Rabiangmai A3
- 3 Bai Fern Guesthouse B2
- 4 Ban Thai Guest House A2
- 5 Irawadee Resort A3
- 6 Phan Nu House B2
- 7 Sleep Nest Hostel B2

Essen
- Borderline Teashop ......(siehe 14)
- 8 Casa Mia B2
- 9 Famous Ray's A2
- 10 Khrua Canadian C2
- 11 Lucky Tea Garden C3
- 12 Nachtmarkt D2
- 13 Phat Thai Mae Sot D2

Shoppen
- 14 Borderline Shop B2
- 15 Städtischer Markt C2
- 16 Straßenmarkt D2
- 17 WEAVE B2

Praktisches
- 18 Pawo Hospital B3

Transport
- 19 Sŏrng·tăa·ou zum Grenzmarkt/ zur Freundschaftsbrücke B3

Yoga For Life YOGA
(☎083 092 2772; Irawadee Resort, 758/1 Th Intharakhiri; ⌚Unterricht Mo–Sa 9.30–10.30, 16.50–17.30 & 17–19, Di & Do 19.15–20.15 Uhr) Der tägliche Yogaunterricht, der von den Leuten von Yoga For Life abgehalten wird, findet im Irawadee Resort (S. 289) statt.

Highland Farm Gibbon Sanctuary GIBBON-RESERVAT
(☎081 727 1364; www.gibbonathighlandfarm.org; Mae Sot) Dieses Reservat für verwaiste, ausgesetzte und misshandelte Gibbons bietet Freiwilligen die Möglichkeit, einen Monat lang bei der täglichen Routinearbeit mitzuhelfen. Interessenten müssen sich rechtzeitig per Telefon oder über die Website anmelden.

Schlafen

Viele Unterkünfte in Mae Sot gehören zur Budgetkategorie und sind vor allem auf Mitarbeiter von Nichtregierungsorganisationen eingestellt, die für längere Zeit vor Ort bleiben.

Sleep Nest Hostel HOTEL $
(☎081 845 5579; www.facebook.com/sleepnesthostel; Th Intharakhiri; B 300–450 B; ❄📶) Das geräumige Hostel mit jungem Personal und künstlerischem Touch vermietet übereinander angeordnete Schlafkojen. Die unten befindlichen Betten sind teurer, bieten aber viel mehr Beinfreiheit. In den Gemeinschaftsbereichen herrscht eine barmäßige Atmosphäre. Die Bäder sind sauber und zweckmäßig.

Phan Nu House PENSION $
(☎081 972 4467; 563/3 Th Intharakhiri; Zi. 300 500 B; ❄📶) Diese Herberge bietet 29 große Zimmer in einem Wohnviertel gleich hinter der Straße. Die meisten sind mit Klimaanlage, TV, Kühlschrank und Warmwasseranschluss ausgestattet und damit ein günstiges Angebot.

Bai Fern Guesthouse HOTEL $
(☎055 531349; 660 Th Intharakhiri; Zi. 150–350 B; ❄📶) In einem großen Haus gleich abseits der Straße gibt's hier schlichte, aber saubere Budgetzimmer mit Gemeinschaftsbädern. Gästen stehen auch eine Küche, ein Kühlschrank und ein Gemeinschaftsbereich mit WLAN zur Verfügung. Der Service ist freundlich.

★ **Picturebook Guesthouse** HOTEL $$
(☎090 459 6990; www.picturebookthailand.org; 125/4-6 Soi 19, Th Intharakihiri; Zi. inkl. Frühstück 600–800 B; ❄📶) Die zehn Zimmer in einem hübschen Garten erinnern mit geschliffenem Beton, künstlerischen Details und passenden Holzmöbeln an trendige Schlafsäle. Das freundliche, hilfsbereite Personal arbeitet hier im Rahmen eines gemeinnützigen Ausbildungsprogramms. Das Hotel ist in der Soi 19 (kein Straßenschild) direkt hinter dem Hotel J2, etwa 1 km östlich von Mae Sot.

★ **Ban Thai Guest House** HOTEL $$
(☎055 531590; banthai_mth@hotmail.com; 740 Th Intharakhiri; Zi. 288–1000 B; ❄@📶) Der kleine Komplex aus umgebauten Thai-Häusern beherbergt geräumige, stilvolle und klimatisierte Zimmer, die an Suiten erinnern – eingerichtet mit keilförmigen Kissen und Möbeln bzw. Textilien im thailändischen Stil. Im Hauptgebäude befinden sich ein paar ventilatorgekühlte Quartiere mit Gemeinschaftsbädern. Insgesamt macht das Hotel einen ordentlichen, anheimelnden und komfortablen Eindruck. Viele Mitarbeiter von Nichtregierungsorganisationen verbringen hier längere Aufenthalte; rechtzeitige Reservierung ist daher ratsam.

J2 HOTEL $$
(☎055 546999; www.facebook.com/j2hotel; 149/8 Th Intharakhiri; Zi. inkl. Frühstück 900–2200 B; ❄@📶) Die 47 großen Zimmer des imposanten J2 locken mit minimalistischem Retro-Design: Die Möbel sind Reproduktionen von Modellen aus den 1960er- und 1970er-Jahren. Die Quartiere sind nicht gerade günstig, aber hier bezahlt man für Stil – und das J2 ist wohl die stilbewussteste Unterkunft der Stadt. Zu finden ist es rund 1 km östlich von Mae Sots Zentrum.

Baan Rabiangmai HOTEL $$
(☎055 532144; 3/3 Th Don Kaew; Zi. inkl. Frühstück 850–2000 B; ❄📶) Solch ein sauberes und behagliches Hotel ohne Schnickschnack sollte es überall geben: Die gut durchdachte Ausstattung der 19 Zimmer umfasst Kochnischen, große Kühlschränke, Sitzecken, Flachbild-TVs und kleine Balkone.

Irawadee Resort HOTEL $$
(☎055 535430; www.irawadee.com; 758/1 Th Intharakhiri; Zi./Suite inkl. Frühstück 1200/2100 B; ❄📶) Die modernen Zimmer des Irawadee sind im birmanischen (oder kaiserlich-chinesischen?) Stil eingerichtet. Die geräumigen Bäder haben Freiluftduschen. Insgesamt grell und kitschig, aber auch spaßig und komfortabel.

Essen & Ausgehen

Die kulinarische Vielfalt im multikulturellen Mae Sot ist so groß wie in kaum einer anderen thailändischen Stadt. Prima frühstücken kann man in der Gegend gleich südlich der Musjid Nurulislam: Belebte **muslimische Restaurants** servieren dort süßen Tee, Roti und *nanbya* (Brot aus dem Tandur). Auf dem umtriebigen Tagesmarkt gibt's birmanische Kost wie Currys mit Reis oder *mohinga* (Myanmars inoffizielles Nationalgericht). Auf dem **Nachtmarkt** (Th Prasatwithi; Hauptgerichte 30–60 B; ⏲18–23 Uhr) wird vor allem thailändisches und chinesisches Essen angeboten.

Westlich des Wat Aranyakhet säumen ein paar Freiluftbars die Th Intharakhiri.

Lucky Tea Garden BIRMANISCH $
(Th Suksri Rat-Uthit; Hauptgerichte 10–50 B; ⏲6–18 Uhr) Wer ein authentisches birmanisches Teelokal kennenlernen möchte, ohne nach Myawaddy zu fahren, kann in diesem freundlichen Café einkehren und süßen Tee, herzhafte Snacks und – natürlich – auch echte birmanische Popmusik genießen.

Borderline Teashop BIRMANISCH $
(Borderline Shop, 674/14 Th Intharakhiri; Hauptgerichte 35–55 B; ⏲Di–So 7.30–21 Uhr; ✎) In dem gemütlichen Café werden schmackhafte birmanische Salate, Nudelgerichte und Süßwaren serviert. Wem das Essen geschmeckt hat, der kann sich dort auch für einen Kochkurs anmelden (S. 287).

Phat Thai Mae Sot THAI $
(Th Prasatwithi; Hauptgerichte 25–45 B; ⏲12–21 Uhr) Das gemütliche Lokal kredenzt lokaltypisches *pàt tai* mit Schweineschwarte und gegrilltem Schweinefleisch. Mangels Ausschilderung in lateinischen Buchstaben auf das halboffene Holzgebäude mit rustikalem Look achten.

Casa Mia INTERNATIONAL, THAI $
(Th Intharakhiri; Hauptgerichte 35–220 B; ⏲So–Fr 8–22 Uhr; ✎) Das schlichte Restaurant serviert die wohl günstigste selbstgemachte Pasta der Welt. Zudem gibt's hier thailändische und birmanische Gerichte sowie tolle Desserts (z. B. Banoffee-Kuchen).

★ **Khaomao-Khaofang** THAI $$
(www.khaomaokhaofang.com; 382 Rte 105; Hauptgerichte 120–490 B; ⏲11–22 Uhr; ✎) Hier speist man wie in einem luxuriösen Urwald, denn in dem Lokal wurden Kandelaber durch Weinranken, Orchideen und viel fließendes Wasser ersetzt. Probieren sollte man einen der köstlichen *yams* (würzige Salate auf thailändische Art) mit Zutaten wie weißem Kurkuma oder Pilzen aus der Gegend. Das Restaurant liegt nördlich der Stadt an der Straße nach Mae Ramat (Rte 105) zwischen Km 1 und Km 2.

Famous Ray's AMERIKANISCH $$
(Th Intharakhiri; Hauptgerichte 110–330 B; ⏲11.30–22 Uhr; ❄✎) Hier liegt der Schwerpunkt auf Burgern. Darunter sind auch kreative Optionen im thailändischen (mit *pàt tai* und sautiertem Wasserspinat) oder birmanischen Stil (mit Curry und Tomatensalat à la Myanmar).

Shoppen

Mae Sot ist am bekanntesten für seinen Edelsteinhandel. Die Stadt ist der wichtigste Umschlagplatz für Jade und Edelsteine an der Grenze. Es macht Spaß, in den glitzernden Schätzen in den Edelsteinläden an der Th Prasatwithi, gleich östlich vom Morgenmarkt, herumzuwühlen.

GRENZÜBERGANG NACH MYANMAR: VON MAE SOT NACH MYAWADDY

Die 420 m lange Freundschaftsbrücke verbindet Mae Sot mit Myawaddy im birmanischen Bundesstaat Kayin.

Anreise zur Grenze *Sŏrng·tăa·ou* pendeln zwischen Mae Sot und der Freundschaftsbrücke (20 B, 6–18 Uhr häufig).

An der Grenze Die Ausreiseformalitäten erledigt man bei der **thailändischen Einwanderungsbehörde** (☎055 563004; Rte 12/AH1; ⏲5.30–20.30 Uhr) an der Brücke. Nach deren Überquerung geht's zum **birmanischen Einwanderungsbüro** (☎95 0585 0100; Bayint Naung Rd; ⏲5–20 Uhr, Myanmar-Zeit). Wer sich schon ein Visum für Myanmar besorgt hat (z. B. in Bangkok), kann über Nacht bleiben oder zu anderen Zielen weiterreisen. Andernfalls ist bei den Beamten ein zeitlich befristeter Ausweis zu kaufen (500 B), der den Aufenthalt in Myawaddy bis 20 Uhr am selben Tag gestattet. Der eigene Reisepass muss an der Grenze hinterlegt werden.

Myawaddy ist eine typische birmanische Stadt mit ein paar Klöstern, Schulen, Läden usw. Der bedeutendste Tempel ist der **Shwe Muay Wan** (Dar Tu Kalair St). Dessen traditioneller *chedi* in Glockenform ist mit vielen Kilogramm Gold überzogen und mit über 1600 (Halb-)Edelsteinen besetzt. Ebenso bemerkenswert ist der buddhistische **Myikyaungon** (Nat Shin Naung St; auf Thai: Wat Don Jarakhe), der nach seinem farbenprächtigen Heiligtum in Krokodilform benannt ist. Die 1000 Jahre alte Stadtmauer auf Myawaddys Südseite besteht aus Erde und wurde wohl ursprünglich von den Mon errichtet.

Weiterreise An der Kreuzung mit der Pattamyar St (ca. 200 m hinter der Grenze) starten weiße Sammeltaxis (hier *vans* genannt) u. a. nach Mawlamyine (10 000 K, 4–6 Std., 6–16 Uhr regelm.), Hpa-an (9000 K, 6 Std., 6–21 Uhr stündl.) und Yangon (Rangun; 25 000 K, 14 Std., 6–17 Uhr häufig). Nach Yangon bricht täglich auch ein Bus (15 000 K, 14 Std., 5 Uhr) vor einem kleinen Büro an der Pattamyar St auf.

VERKEHRSMITTEL AB MAE SOT

Bus

ZIEL	PREIS (B)	DAUER (STD.)	HÄUFIGKEIT
Bangkok	290–580	7–8	8–21.50 Uhr häufig
Chiang Mai	290	5–6	6.15 & 22 Uhr 2-mal tgl.
Chiang Rai	374	9	7 Uhr
Lampang	223	4	6, 7 & 10 Uhr 3-mal tgl.
Mae Sai	416	12	7 Uhr
Phitsanulok	172	4	7–14.40 Uhr 4-mal tgl.
Sukhothai	133	3	7–14.40 Uhr 4-mal tgl.

Minivan & Sŏrng·tăa·ou

ZIEL	PREIS (B)	DAUER (STD.)	HÄUFIGKEIT
Kamphaeng Phet	140	3	Minivans 8–16 Uhr stündl.
Mae Sariang	200	6	*Sŏrng·tăa·ou* 5.45–12 Uhr stündl.
Um Phang	130	4	*Sŏrng·tăa·ou* 7.30–15.30 Uhr stündl.

Städtischer Markt MARKT
(abseits der Th Prasatwithi; ⏲6–18 Uhr) Mae Sots städtischer Markt gehört zu den größten und belebtesten in Thailand. Hier gibt es haufenweise exotische Waren aus Myanmar, darunter birmanische Bücher, *thanaka*-Stäbchen (daraus wird das gelbe Pulver gemacht, das sich hier viele Leute ins Gesicht schmieren), Beutel mit eingelegten Teeblättern und Samtpantoffeln aus Mandalay.

Borderline Shop KUNSTHANDWERK
(www.borderlinecollective.org; 674/14 Th Intharakhiri; ⏲Di–Sa 9–19 Uhr) Der Laden verkauft Kunsthandwerk, das von Flüchtlingsfrauen hergestellt wird. Die Gewinne gehen an eine Fraueninitiative und an eine Stiftung, die Kindern hilft. Die Galerie oben verkauft Gemälde. Im Haus wird außerdem ein Kochkurs abgehalten, und es gibt einen Teegarten.

WEAVE KUNSTHANDWERK
(www.weave-women.org; 656 Th Intharakhiri; ⏲Mo–Sa 9–17 Uhr) Eine von zwei Filialen in Nordthailand: Dieses Geschäft ist auf farbenfrohe Kleidungsstücke spezialisiert, die von Flüchtlingsfrauen aus Birma in Handarbeit hergestellt werden.

Straßenmarkt MARKT
(Soi Rong Chak; ⏲Sa 17–21 Uhr) Jeden Samstagabend wird die kleine Straße an der Polizeiwache für den Verkehr gesperrt. Dann verkaufen hier die Händler an ihren Ständen Kunsthandwerk, Kleidung und Essen.

ℹ Praktische Informationen

Im Stadtzentrum gibt's mehrere Bankfilialen mit Geldautomaten.

Mae Sot hat keine offizielle Touristeninformation. Das Restaurant **Khrua Canadian** (www.facebook.com/kruacanadianrestaurant; 3 Th Sri Phanit; Gerichte 40–280 B; ⏲7–15 & 19–22 Uhr; 📶🖉) liefert jedoch gute Lokalinfos.

Mae Sot General Hospital (☎055 531229; 175/16 Th Sri Phanit; ⏲24 Std.) Größtes Krankenhaus der Stadt.

Pawo Hospital (☎055 533912; abseits der Th Chid Lom; ⏲24 Std.)

Polizei (☎Notruf 24 Std. 191; Th Intharakhiri; ⏲24 Std.)

Thailändische Einwanderungsbehörde (☎055 563000; Rte 12/AH1; ⏲8.30–16.30 Uhr) Das Büro an der Freundschaftsbrücke verlängert auch Visa.

Touristenpolizei (☎Notruf 1155; Rte 12/AH1; ⏲24 Std.) Nahe der Freundschaftsbrücke.

ℹ An- & Weiterreise

Mae Sots winziger **Flughafen** (☎055 563620; Rte 12/AH1) liegt ca. 2 km westlich der Stadt. Zum Zeitpunkt der Recherche bestand dort lediglich Verbindung mit **Nok Air** (☎Mae Sot Airport 055 563883, landesweit 1318; www.nokair.co.th; ⏲9–17.30 Uhr) zum/ab dem Don Muang International Airport (Bangkok; ab 1649 B, 65 Min., 4-mal tgl.).

Alle auf Fernstrecken verkehrenden *sŏrng·tăa·ou*, Minivans und Busse benutzen Mae Sots **Busbahnhof** (☎055 563435; Rte 12/AH1), der 1,5 km westlich der Stadt liegt (Motorradtaxi ca. 50 B).

Unterwegs vor Ort

Mae Sots Zentrum lässt sich größtenteils gut zu Fuß erkunden. Innenstadtfahrten per Motorradtaxi oder *sähm·lór* (Fahrradrikscha) kosten jeweils 40 B. **Taxis** (☎ 055 030357, 09 8101 9345; www.facebook.com/taximaesot) verbinden den Flughafen für 60 B mit der Stadt.

Von einer Haltestelle an der Th Chid Lom fahren **sŏrng·tăa·ou** (Th Suksri Rat-Uthit) zur Freundschaftsbrücke (20 B, 15 Min., 6–18 Uhr regelm.).

Am Flughafen sind Autovermieter vertreten. Viele Pensionen in Mae Sot verleihen Motorräder (ca. 250 B/24 Std.).

Von Mae Sot nach Um Phang

Die Rte 1090 führt südlich von Mae Sot in das 150 km entfernte Um Phang. Diese Strecke wurde früher wegen der Guerillagruppen, die den Ausbau des Highways behinderten, Todeshighway genannt. Seit den 1980er-Jahren hat sich einiges geändert, aber Bremsversagen und tückische Kurven kosten auf dieser steilen Serpentinenstraße, die sich durch eine fantastische Berglandschaft schlängelt, noch immer Menschenleben.

Entlang der Strecke liegen die beiden Wasserfälle **Nam Tok Thararak** (น้ำตกธารารักษ์; Rte 1090; ⏲6–18 Uhr) GRATIS 26 km von Mae Sot, und **Nam Tok Pha Charoen** (น้ำตกพาเจริญ; Rte 1090; 200B; ⏲6–18 Uhr) 41 km von Mae Sot entfernt. Der Nam Tok Thararak fällt neben einem malerischen *chedi* über Kalksteinfelsen; die raue Oberfläche der Steine erleichtert das Klettern. Mittlerweile ist das Gelände in eine Art Park verwandelt worden: Bänke mitten im Strom am Fuß des Wasserfalls sorgen für Abkühlung, es gibt Plumpsklos und am Wochenende Imbissstände. Die Ausfahrt ist leicht zu übersehen, man muss nach dem Schild zum Chedi Kho Ausschau halten.

Gleich hinter Ban Rom Klao 4 – ungefähr auf halber Strecke zwischen Mae Sot und Um Phang – liegt ein großes Dorf namens **Um Piam**, in dem birmanische und Karen-Flüchtlinge leben. Rund 20 000 Menschen, die aus Lagern in der Gegend von Rim Moei umgesiedelt wurden, haben hier ein neues Zuhause gefunden. Außerdem liegen in dieser Gegend mehrere Dörfer der Hmong.

Von Mae Sots Busbahnhof fahren *sŏrng·tăa·ou* nach Um Phang (130 B, 4 Std., 7.30–15.30 Uhr stündl.).

Um Phang & Umgebung

อุ้มผาง

Um Phang, am Zusammenfluss von Mae Nam Klong und Huay Um Phang, ist ein abgelegenes Dorf, in dem vorwiegend Karen zu Hause sind. In vielen der in dieser Gegend noch recht archaischen Karen-Dörfer sind Elefanten kein ungewöhnlicher Anblick, besonders in **Palatha**, einem traditionellen Karen-Dorf 25 km südlich von Um Phang. Auf den Veranden der Häuser in diesem Dorf sieht man daher viele *yaeng* (Elefantensättel) und anderes Sattel- und Zaumzeug zur Bändigung der grauen Riesen.

Die meisten Besucher kommen aber nicht wegen der Kultur, sondern wegen der Natur hierher. Das Gebiet grenzt an das Um Phang Wildlife Sanctuary (S. 293), ein beliebtes Ziel für Raftingtouren und Wanderungen. Dort befindet sich auch der Nam Tok Thilawsu, Thailands größter Wasserfall.

Sehenswertes

Nam Tok Thilawsu WASSERFALL

(น้ำตกทีลอซู) Mit 200 m Höhe und in der Regenzeit bis zu 400 m Breite ist dieser Wasserfall im **Um Phang Wildlife Sanctuary** (S. 293) Thailands größter.

Die Thais, die in dieser Hinsicht keinen Spaß verstehen, betrachten den **Nam Tok Thilawsu** als den schönsten Wasserfall in ihrem Land. Hinter dem Wasserfall befinden sich eine flache Höhle und mehrere Stellen, an denen man schwimmen kann. Am besten kommt man nach der Regenzeit (Nov. & Dez.), wenn die 200 m hohen und 400 m breiten Kalksteinfelsen am Mae Nam Klong vom Wasser überströmt sind und der Nam Tok Thilawsu am nassesten aussieht.

Der leichte 1,5 km lange Weg von der Verwaltung bis zum Wasserfall ist als **Naturlehrpfad** ausgebaut. Rund um den Wasserfall erstreckt sich zu beiden Seiten des Flusses einer von Thailands dichtesten Urwäldern; die Wandermöglichkeiten in der Gegend sind absolut einmalig. In dem Wald soll es mehr als 1300 Palmenarten geben, und auch Riesenbambus und Würgefeigen sind hier zu finden. Man kann bei der Parkverwaltung zelten (30 B), braucht dafür aber ein eigenes Zelt und sollte für die Zeit zwischen November und Januar seinen Platz vorab reservieren. Nur während dieser Monate ist das schlichte Restaurant vor Ort mit Sicherheit geöffnet.

Die meisten Leute besuchen den Wasserfall im Rahmen einer organisierten Tour, man kann aber auch auf eigene Faust kommen. Ist man mit dem eigenen Auto unterwegs, fährt man unmittelbar nördlich von Um Phang auf die Rte 1167 ab. Nach 12 km biegt man am Polizeikontrollpunkt links in die Rte 1288 ein. Nun geht's 6 km weiter bis zur Kontrollstelle des Schutzgebiets, wo man das Eintrittsgeld (200 B zzgl. 30 B/Auto) bezahlt. Danach sind es noch 25 km auf einer größtenteils asphaltierten Straße bis zum Sitz der Parkverwaltung.

Wer kein eigenes Auto hat, kann problemos irgendwo in Um Phang einen Truck (hin & zurück 2000 B) buchen. Alternativ nimmt man ein *sŏrng·tăa·ou* Richtung Poeng Kloeng bis zum Kontrollpunkt des Reservats (30 B, 6.30–15.30 Uhr, stündl.) und organisiert seine Weiterfahrt von dort (hin & zurück 1800 B).

Um Phang Wildlife Sanctuary

NATURSCHUTZGEBIET

(เขตรักษาพันธุ์สัตว์ป่าอุ้มผาง; ☎088 427 5272, 055 577318; Zugang 200 B, zzgl. 30 B/Auto; ⏲8–16.30 Uhr) Rund 50 km von Um Phang entfernt liegt dieses Naturschutzgebiet in Richtung Sangkhlaburi (Provinz Kanchanaburi). Nahe der örtlichen Parkverwaltung stürzt der Wasserfall Nam Tok Thilawsu (S. 292) zu Tal.

Zusammen mit dem Huay Kha Kaeng Wildlife Sanctuary (ebenfalls eine Welterbestätte) und den Nationalparks Thung Yai Naresuan, Khlong Lan und Mae Wong bildet Um Phang das größte Naturreservat des Landes. Dieses schützt u. a. die größten intakten Urwälder Südostasiens.

Tham Ta Khu Bi

HÖHLE

(ถ้ำตะโค๊ะบิ) GRATIS Von Ban Mae Klong Mai, das von Um Phang aus wenige Kilometer nördlich am Highway Richtung Mae Sot liegt, führt die Rte 1167 in südwestlicher Richtung an der thailändisch-myanmarischen Grenze entlang. Am Weg liegt das Höhlensystem Tham Ta Khu Bi, was in der Sprache der Karen „flache Mango" heißen soll. Führer gibt's hier nicht, und man braucht eine Taschenlampe.

Aktivitäten

Fast alle Pensionen in Um Phang organisieren All-Inclusive-Kombitouren mit Trekking und Rafting (3 Tage für 2 Pers. ab ca. 4000 B/Pers.). Die Guides sprechen aber nur in wenigen Fällen Englisch. Eine beliebte Alternative sind Elefantenritte, die wir aber nicht empfehlen.

Die Raftingtouren reichen von eintägigen Touren auf dem Mae Klong von Um Phang nach Nam Tok Thilawsu bis zu dreitägigen Exkursionen von Palatha bis zum Nam Tok Thi Lo Re, einem weiteren imposanten Wasserfall. Die meisten Raftingtouren sind nur von November bis Januar möglich.

Ein weiteres Raftinggebiet ist Um Phang Khi nordöstlich von Um Phang. Offiziell gibt es hier zum Höhepunkt der Regenzeit

Um Phang

Um Phang

Aktivitäten, Kurse & Touren

1 Napha Tour B1
2 Trekker Hill B1

Schlafen

3 Ban Phurkchaya A2
4 Comesing Homestay B1
5 Garden Huts A2
6 K & K Guest House B2
7 Se Heng Chai Resort A2
8 Tu Ka Su Cottage A2

Essen

9 Abendmarkt B2
10 Wae Kam Der B2

Ausgehen & Nachtleben

Ban Kru Sun .... (siehe 6)

Praktisches

11 Krankenhaus B1

Transport

12 Sŏrng·tăa·ou nach Mae Sot B1
13 Sŏrng·tăa·ou nach Poeng Kloeng B1

ABSEITS DER ÜBLICHEN PFADE

GRENZDÖRFER

Die Route 1288 führt zum Kontrollposten des Um Phang Wildlife Sanctuary und dann über mehr als 70 km weiter zum Handelsdorf **Poeng Kloeng** (บ้านเปิงเคลิ่ง). An der Grenze zu Myanmar leben dort Karen, Birmanen, Talaku und Thai.

In dem recht unscheinbaren Nest werden offenbar hauptsächlich Schwarzmarkt-Zigaretten aus Myanmar verkauft und Betelnüsse produziert. Hauptgrund für die anstrengende Anreise ist aber der Besuch des Nachbardorfs **Letongkhu** (เลตองคุ), das 12 km weiter südlich am Ende einer holperigen Bergpiste liegt:

Spärlichen anthropologischen Informationen zufolge hängen die Einwohner der Lagu- oder Talaku-Sekte an, die angeblich einen Mix aus Buddhismus, Schamanismus und Animismus praktiziert. Dörfer dieser Glaubensrichtung haben einen spirituellen Führer. Dieser *pu chaik* (auf Thai *reu·sĕe* bzw. Seher oder Weiser) trägt sein langes Haar meist zum Dutt geflochten und je nach Untersekte weiße, gelbe oder braune Gewänder.

Wichtig: Beim Besuch von Letongkhu bitte keinerlei Gebäude ohne Erlaubnis oder Einladung betreten und niemals ungefragt fotografieren oder filmen! Zudem ist Übernachten im Dorf nicht immer gestattet.

Von einem Stand in Um Phang fahren *sŏrng·tăa·ou* nach Poeng Kloeng (100 B, 2½ Std., 6.30–15.30 Uhr stündl.). Regelmäßige Verkehrsmittel nach Letongkhu gibt es keine. Wer nicht von Poeng Kloeng aus hinlaufen oder an einer geführten Dorftour teilnehmen will, kann in Um Phang einen Geländewagen mit Fahrer (ca. 5000 B) mieten.

47 (einige Raftinganbieter behaupten sogar 67) Stromschnellen der Klasse III (mittelschwer) und der Klasse IV (schwer). Die Raftingsaison von Um Phang Khi ist nur kurz (Aug.–Okt.).

Trekker Hill TREKKING, RAFTING
(☎055 561090; Soi 2, Th Pravatpriwan) Der empfehlenswerte Veranstalter hat die meisten englisch sprechenden Führer zur Verfügung und bietet verschiedene zwei- bis dreitägige Treks an.

Boonchuay Tour TREKKING, RAFTING
(☎081 379 2591, 055 561020; Th Pravatpriwan; ⏲13–18 Uhr) Mr. Boonchuay veranstaltet eine Vielzahl von Trekking- und Raftingtouren. Die Guides sprechen Englisch und haben Erfahrung im Umgang mit ausländischen Travellern.

Napha Tour TREKKING, RAFTING
(☎081 867 0231, 055 561287; Soi 2, Th Pravatpriwan) Napha veranstaltet vor allem Raftingtouren, bietet ganz unterschiedliche Programme an und hat englisch sprechende Guides.

Schlafen

Die meisten Unterkünfte in Um Phang sind auf große thailändische Reisegruppen eingestellt. So sorgen ausländische Individualtouristen hier mitunter für etwas Verwirrung: Viele örtliche Zimmer sind auf vier oder mehr Personen zugeschnitten. Vor allem in der Regenzeit können Alleinreisende oder Paare aber meist Rabatte aushandeln.

K & K Guest House PENSION $
(☎087 846 1087; Th Sukhumwattana; Zi. 350–500 B; ❄📶) Mitten in der belebten „Innenstadt“ von Um Phang ist diese Pension in einem modernen Ladenhaus untergebracht. Die acht geräumigen Zimmer punkten mit anständig großen Betten, TV und Warmwasser. Der Preis variiert je nach Kühlungstyp (Ventilator oder Klimaanlage).

Comesing Homestay PENSION $
(☎081 813 9742; abseits der Th Pravatpriwan; Zi. 300 B) Der gleichnamige Guide beherbergt nun Touristen in seinem großen Holzhaus. Die drei schlichten Zimmer verfügen über Ventilatoren und eigene Bäder. Gäste teilen sich die Gemeinschaftsbereiche mit der Familie. Auf Wunsch gibt's auch Essen (Frühstück/selbstgekochte Mahlzeiten zzgl. 100/200 B).

Se Heng Chai Resort HOTEL $
(☎055 561605; Rte 1090; Zi. 500 B; ❄📶) Das zweistöckige „Resort“ gleich westlich der Stadt vermietet 13 saubere und moderne Zimmer. Es hat keine Ausschilderung in lateinischen Buchstaben, ist aber das größte Gebäude auf dem Hügel.

Tu Ka Su Cottage HOTEL $$
(☎055 561295; www.tukasu.webs.com; abseits der Rte 1090; Zi. 800–1500 B; ❄📶) Diese Gruppe

von attraktiven Cottages aus (Back-) Stein ist die komfortabelste und gepflegteste Bleibe in Um Phang. Alle Zimmer warten mit Klimaanlage, Warmwasser, TV, Kühlschrank und halboffenen Bädern auf. Drum herum erstreckt sich ein Garten mit Blumen und exotischen Obstbäumen.

Ban Phurkchaya HOTEL $$
(☎055 561308, 089 268 7976; Rte 1090; Zi. inkl. Frühstück 700–1000 B; ❄📶) Eine niedliche Anlage mit sauberen, gemütlichen Zimmern in und rund um eine moderne Villa Es gibt keine Ausschilderung in lateinischen Buchstaben, aber die riesigen, mit Blumen geschmückten Zeichen vorn an der Fassade sind nicht zu übersehen.

Garden Huts HOTEL $$
(☎055 561093, 087 073 7509; Rte 1090; Zi. inkl. Frühstück 300–1500 B; 📶) Dieses Hotel am Flussufer besteht aus einem neuen Hauptgebäude und unterschiedlichen großen Budget-Bungalows mit verschiedenen Standards. Vorhanden sind hier auch nette Aufenthaltsbereiche und ein gepflegter Garten. Verwaltet wird das Ganze von einer reizenden älteren Dame.

Essen & Ausgehen

Wae Kam Der THAI $
(Rte 1090; Hauptgerichte 30–120 B; ⏲10–20 Uhr) Dieses Restaurant unter weiblicher Leitung gehört zu den besseren Lokalen der Stadt. Serviert werden hier thailändische Salate und ein paar *kà·nŏm·jeen* (Currys mit frischen Reisnudeln) als Tagesgerichte. Vor dem halboffenen Bau stehen Tontöpfe.

Abendmarkt THAI $
(Soi 9, Th Pravatpriwan; Hauptgerichte 20–60 B; ⏲ca. Nov.–Feb. Fr & Sa 15–21 Uhr) Kleiner, aber guter Abendmarkt während der Touristensaison.

Ban Kru Sun CAFÉ
(Th Sukhumwattana; ⏲6.30–20.30 Uhr; 📶) Der von einem thailändischen Musiker betriebene Souvenirladen bietet guten Kaffee und andere Getränke.

Praktische Informationen

In Um Phang gibt's nun zwei Großbankfilialen und vier Geldautomaten.

Government Savings Bank (Th Pravatpriwan; ⏲Mo–Fr 8.30–15.30 Uhr) Hat auch einen Geldautomaten.

Krankenhaus (abseits der Th Ratpattana; ⏲24 Std.)

Polizei (☎Notruf 24 Std. 191; Th Sukhumwattana; ⏲24 Std.)

An- & Weiterreise

***Sŏrng·tăa·ou* nach Mae Sot** (Th Pravatpriwan) fahren von einer Haltestelle am Nordende der Th Pravatpriwan (130 B, 4 Std., 6.30–12.30 Uhr stündl.) ab. Die ***sŏrng·tăa·ou* nach Poeng Kloeng** (Th Ratpattana) starten von einer Haltestelle an der Th Ratpattana, nahe dem Krankenhaus (100 B, 2½ Std., 6.30–15.30 Uhr stündl.).

Von Mae Sot nach Mae Sariang

Die Route 105 verläuft von Mae Sot aus nordwärts entlang der Grenze zu Myanmar (Birma) bis nach Mae Sariang (226 km) in der Provinz Mae Hong Son. Die kurvenreiche, geteerte Straße führt durch die kleinen Dörfer **Mae Ramat**, **Mae Salit**, **Ban Tha Song Yang** und **Ban Sop Ngao** (Mae Ngao). In den dichten Wäldern in diesen Teilen der Provinz finden sich noch vereinzelte Teakbaumbestände, und die in der Gegend ansässigen Karen verwenden gelegentlich noch Arbeitselefanten.

Der **Nam Tok Mae Kasa** zwischen Km 13 und 14 ist ein sehenswerter Wasserfall mit einer Höhle. In dem nahe gelegenen Dorf Mae Kasa gibt es eine Thermalquelle.

In Mae Ramat sollte man sich den **Wat Don Kaew** hinter der Bezirksverwaltung anschauen. In ihm befindet sich ein großer Marmor-Buddha im Mandalay-Stil.

Nach ein paar Straßensperren kommt man bei Km 58 durch das riesige Flüchtlingsdorf **Mae La**, in dem schätzungsweise 60 000 birmanische Flüchtlinge leben. Das Dorf ist mindestens 3 km lang; zum Durchfahren braucht man ein paar Minuten und begreift so, was für ein großes Flüchtlingsproblem Thailand hat.

Bei Km 94, in der Nähe von Ban Tha Song Yang (es gibt noch ein Dorf gleichen Namens weiter nördlich), befinden sich die ausgedehnten Kalksteinhöhlen von **Tham Mae Usu**. Vom Highway aus führt ein 2 km langer Fußmarsch zur Tham Mae Usu. Achtung: In der Regenzeit verschließt der Fluss, der durch die Höhle fließt, ihren Eingang!

Schließlich ist bei **Ban Tha Song Yang** das nördliche Ende der Provinz Tak erreicht. Dieses Karen-Dorf liegt wunderschön am Rand von Kalksteinklippen am Ufer des Mae Nam Moei. Es ist die letzte größere Siedlung in Tak, ehe es bergauf in die dichten Dschungel und Berge des Nationalparks Mae Ngao in Mae Hong Son geht.

Ban Sop Ngao, wenig mehr als ein Dorf an der Straße mit dem Sitz der Parkverwaltung, ist der erste Ort, durch den man in der Provinz Mae Hong Son fährt. Von dort sind es weitere 40 km bis nach Mae Sariang, wo reichlich Verpflegung und Unterkünfte zur Verfügung stehen.

An- & Weiterreise

Vom Busbahnhof in Mae Sot fahren *sŏrng·tăa·ou* nach Mae Sariang (200 B, 6 Std., 5.45–12 Uhr stündl.).

PROVINZ MAE HONG SON

จังหวัดแม่ฮ่องสอน

Die abgelegenste Provinz Thailands ist nur über kurvenreiche Gebirgsstraßen (hier wird einem schnell übel) oder mit einem der gelegentlich stattfindenden Flüge in die Provinzhauptstadt zu erreichen. Das Land ist gebirgig, dicht bewaldet und dem Einfluss vom Meer her wehender Winde entzogen. Die Temperatur steigt selten über 40 °C, und im Januar fällt die Temperatur bis auf 2 °C. Die Luft ist oft dunstig: im Winter durch Bodennebel, in der heißen Jahreszeit aufgrund von Brandrodung. Die Provinz liegt an der Grenze zu Myanmar, deshalb sind hier ethnische Minderheiten (hauptsächlich Karen, aber auch einige Hmong, Lisu und Lahu) sowie birmanische und Shan-Immigranten aus dem Nachbarland vertreten.

Zwar ist Mae Hong Son inzwischen ein etabliertes Reiseziel, und im Gebiet um die Hauptstadt sind viele Resorts entstanden, aber nur wenige Besucher kommen weiter als bis Pai.

Mae Hong Son Province

0 — 30 km

Pai

ปาย

053 / 2000 EW.

Wer lang genug in Nordthailand weilt, der wird sicher irgendwann hören, dass Pai die Khao San Road des Nordens sei. Letztere ist eine Straße in Bangkok – somit hinkt dieser Vergleich etwas. Doch tatsächlich ähnelt das kleine Pai seit etwa zehn Jahren einer thailändischen Backpackerinsel (wenn auch ohne Strände): Im „Stadtzentrum" scheint es mehr Pensionen als Privathäuser zu geben. Überall findet man hier Trekking-Agenturen und Restaurants, während abends Livemusik und Partys angesagt sind.

Trotz allem hat der Andrang dem sehr malerisch gelegenen Ort in einem Gebirgstal bislang nichts anhaben können. Abseits der Hauptstraße warten viele ruhige Unterkünfte. Zahlreiche naturnahe Aktivitäten und eine lebendige Kunstszene halten die Besucher entspannt bei Laune. Und die Tempel, die stillen Seitenstraßen und der spaßige Nachmittagsmarkt zeugen bis heute von Pais Verwurzelung in der Shan- Kultur.

Sehenswertes

Die meisten örtlichen Attraktionen liegen außerhalb vom Zentrum, was ein Leihmotorrad erforderlich macht.

Wat Phra That Mae Yen BUDDHISTISCHER TEMPEL

(วัดพระธาตุแม่เย็น; Tageslichtstunden) Von dem Tempel oben auf einem Hügel bietet sich ein fantastischer Blick ins Tal. Von der Hauptkreuzung geht es 1 km nach Osten zum Fuß der Treppe (353 Stufen), die zum Gipfel führt. Mit einem Fahrzeug kann man aber auch die 400 m lange befestigte Straße zum Gipfel nehmen, die einer anderen Route folgt.

Pai Canyon NATURSCHUTZGEBIET

(กองแลนปาย; Rte 1095; Tageslichtstunden) GRATIS Rund 8 km außerhalb der Stadt beginnt hier an der Straße nach Chiang Mai

Pai

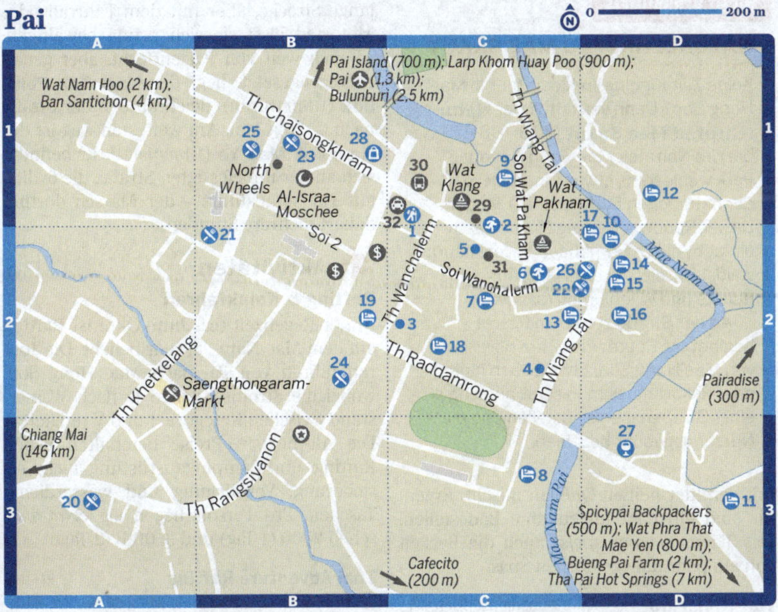

Pai

Aktivitäten, Kurse & Touren
- 1 Duang Trekking C1
- 2 Pai Adventure C1
- 3 Pai Cookery School C2
- 4 Pai Traditional Thai Massage C2
- 5 Savoei (A Taste of Pai) C2
- 6 Thai Adventure Rafting C2

Schlafen
- 7 Baankanoon C2
- 8 Baantawan Guest House C3
- 9 Breeze of Pai Guesthouse C1
- 10 Hotel des Artists D2
- 11 Pai Chan D3
- 12 Pai Country Hut D1
- 13 Pai Fah C2
- 14 Pai RiverCorner D2
- 15 Pai Village Boutique Resort & Farm D2
- 16 Pai Vimaan Resort D2
- 17 Rim Pai Cottage D2
- 18 Tayai's Guest House C2
- 19 TTK B2

Essen
- 20 Baan Benjarong A3
- 21 Abendmarkt B2
- 22 Good Life C2
- Khanom Jeen Nang Yong .... (siehe 2)
- Maya Burger Queen .... (siehe 13)
- 23 Nong Beer B1
- 24 Om Garden Cafe B2
- 25 Phat Thai Na-Win B1
- TTK .... (siehe 19)
- 26 Witching Well D2

Ausgehen & Nachtleben
- 27 Don't Cry D3

Shoppen
- 28 Straßenmarkt B1

Transport
- 29 Aya Service C1
- 30 Busbahnhof C1
- 31 Duan-Den C2
- 32 Motorradtaxistand C1

eine gepflasterte Treppe, die hinauf zu einem Aussichtspunkt führt. Dort oben schaut man auf hohe Felsen und das Tal von Pai. Hinunter in die Schlucht geht's über einen Schotterweg, der jedoch keinen Schatten bietet. Somit erfolgt der Abstieg idealerweise morgens oder nachmittags.

Tha Pai Hot Springs THERMALQUELLEN

(บ่อน้ำร้อนท่าปาย; Erw./Kind 300/150 B; ⌚7–18 Uhr) Von der Stadt aus führt eine befestigte Straße (7 km) südostwärts zu diesem gepflegten Park am anderen Ufer des Mae Nam Pai. Durch das Gelände fließt ein malerischer Bach, dessen Wasser sich hier und da

NICHT VERSÄUMEN

NATURLEHRPFAD MAE SAKUT

Keine Zeit für eine Trekking-Tour in Mae Hong Son? Dann vermittelt der **Naturlehrpfad Mae Sakut** (20 B; ⌚8–17 Uhr) im Nam Tok Mae Surin National Park wenigstens etwas Eindruck von der natürlichen Schönheit der Region: Dieser Rundwanderweg (5 km, relativ einfach) durch Bambus- und Teakbaumwälder passiert Wasserfälle, Aussichtspunkte und Wildblumen (saisonal).

An der Straße zum Fern Resort beginnt die Route rund 7 km nördlich von Mae Hong Son. Etwa 200 m hinter dem Resort muss man sein Fahrzeug an einer Straßensperre abstellen und die Nutzungsgebühr bezahlen.

mit dem der heißen Quellen mischt. Ergebnis sind ein paar angenehme Badestellen. Das Themalwasser speist auch die Becken von ein paar nahegelegenen Spas.

Wat Nam Hoo BUDDHISTISCHER TEMPEL

(วัดน้ำฮู; Ban Nam Hoo; ⌚Tageslichtstunden) GRATIS Der Wat Nam Hoo liegt rund 2 km westlich von Pai und beherbergt eine heilige Buddha-Figur, aus deren Kopf einst heiliges Wasser ausgetreten sein soll. Diese Stätte ist bei thailändischen Besuchern beliebt; auf dem Gelände wird auch ein kleiner Markt abgehalten.

Gedenkbrücke WAHRZEICHEN

(สพานประวัติศาสตร์ท่าปาย; Rte 1095) Für Ausländer ist das nur eine alte Brücke, aber für Tausende Thais, die hier in der Hauptsaison anhalten, ist die Gedenkbrücke oder Memorial Bridge ein unverzichtbares Fotomotiv auf der Fahrt durch die „762 Kurven" nach Pai. Die 9 km außerhalb von Pai an der Straße nach Chiang Mai gelegene Brücke wurde im Zweiten Weltkrieg von japanischen Soldaten gebaut.

Wasserfälle

Rund um Pai gibt's ein paar Wasserfälle, die vor allem nach der Regenzeit (Okt.–Anfang Dez.) einen Besuch lohnen. Der am nächsten gelegene und meistbesuchte ist der **Nam Tok Mo Paeng** (น้ำตกหมอแปง) mit seinen natürlichen Badeteichen. Der Wasserfall ist über die Straße, die auch zum Wat Nam Hoo führt, von Pai insgesamt rund 8 km entfernt – zu Fuß ist das eine ganz schön lange Strecke, aber mit dem Fahrrad oder Motorrad lässt sie sich prima bewältigen. Ähnlich weit von Pai entfernt, aber genau entgegengesetzt, liegt der **Nam Tok Pembok** (น้ำตกแพมบก) gleich abseits der Straße nach Chiang Mai. Am weitesten weg ist der **Nam Tok Mae Ye** (น้ำตกแม่เย็น). Er befindet sich an der unbefestigten Straße, die östlich aus Pai herausführt – der Marsch dorthin dauert mehrere Stunden.

Aktivitäten

Rafting & Kajakfahren

In der Regenzeit (ca. Juni–Okt.) ist Rafting auf dem Mae Nam Pai sehr beliebt. Die Touren führen von Pai nach Mae Hong Son, wobei die Stromschnellen je nach Wasserstand zwischen Kategorie I und V rangieren. Die All-Inclusive-Preise beinhalten neben Rafting- und Campingausrüstung auch Versicherung, Verpflegung und wasserdichte Taschen. Pro Person liegen sie etwa zwischen 2000 (1 Tag) und 3500 B (2 Tage).

Thai Adventure Rafting RAFTING

(☎053 699111; www.thairafting.com; Th Chaisongkhram; ⌚10–21 Uhr) Die erfahrene Firma unter französischer Leitung bietet ein- und zweitägige Raftingtrips an. Unterwegs besuchen die Teilnehmer einen Wasserfall, ein fossiles Riff und Thermalquellen. Übernachtet wird im ständigen Ufercamp des Veranstalters.

Pai Adventure RAFTING

(☎053 699326; http://paiadventures.com; 28 Th Chaisongkhram; ⌚10–22 Uhr) Kunden der empfehlenswerten Firma können Raftingtouren (ein- oder zweitägig) mit Wandern und anderen Aktivitäten kombinieren. Auf Anfrage gibt's auch Überlebenstraining im Dschungel.

Wandern & Trekken

Die All-Inclusive-Preise für geführte Gruppentreks (mind. 2 Pers.) liegen bei bei etwa 1000 B pro Nase und Tag. Die meisten Wanderungen besuchen die Lisu-, Lahu- und Karen-Dörfer im Bereich des benachbarten Soppong (Pangmapha). Gebucht werden kann bei spezialisierten Outdoor-Veranstaltern oder über Agenturen in Pensionen.

Duang Trekking WANDERN & TREKKEN

(☎053 699101; Duang Guesthouse, Th Chaisongkhram; ⌚7–21 Uhr) Renommierte Firma mit Wandertouren und eintägigen Stadterkundungen.

Massagen & Wellness

Viele Einrichtungen bieten traditionelle Thaimassagen ab etwa 150 B pro Stunde an. Reiki, Kristallheilung, Akupunktur, Reflexzonentherapie und weitere nichtindigene Heilverfahren werden ebenfalls angeboten. Einfach Ausschau halten nach entsprechenden Schildern, Infos gibt's auch im monatlich erscheinenden *Pai Events Planner*. Außerdem nutzen ein paar der örtlichen Unternehmen, die alle ca. 1,5 km nordwestlich der Thermalquellen von Tha Pai (S. 297) angesiedelt sind, das Thermalwasser.

Pai Traditional Thai Massage GESUNDHEIT & WOHLERGEHEN
(PTTM; ☎083 577 0498; 68/3 Soi 1, Th Wiang Tai; Massage pro 1/1½/2 Std. 200/300/380 B, Sauna 100 B, 3-tägiger Massagekurs 3000 B; ⏲9–21 Uhr) Die Einrichtung gibt's schon lange. Sie gehört Einheimischen und hat sehr gute nordthailändische Massagen im Angebot. In der Sauna (nur in der kühlen Jahreszeit) kann man in Heilkräutern schwelgen. Die dreitägigen Massagekurse beginnen jeweils montags und freitags und nehmen täglich drei Stunden in Anspruch.

Pai Hotsprings Spa Resort SPA
(☎053 065748; www.paihotspringsparesort.com; 84-84/1 Mu 2, Ban Mae Hi; Thermalbäder 100 B, Massagen 350 B/Std.) Resortmäßiges Hotel, das auch Massagen (8–17 Uhr) und Thermalbäder (7–19 Uhr) anbietet.

Spa Exotic SPA
(☎053 065722; www.spaexotic.com; 86 Mu 2, Ban Mae Hi; Thermalbad 120 B; ⏲8–23 Uhr) Bei diesem Resort wird das heiße Wasser von den Tha-Pai-Thermalquellen in die Bungalow-Bäder sowie in einen Outdoor-Pool geleitet, der auch Nicht-Resortgästen zugänglich ist.

Kurse

Die Kurspalette in Pai reicht von Trommeln bis hin zu Zirkusakrobatik. Über das aktuelle Angebot informieren z. B. der *Pai Events Planner* (PEP) oder der *Pai Explorer* (www.paiexplorer.com).

Pai Cookery School KOCHEN
(☎081 706 3799; Th Wanchalerm; Kurse 600–750 B; ⏲Kurse 11–13.30 & 14–18.30 Uhr) Diese Kochschule mit zehn Jahren Erfahrung organisiert täglich diverse Kurse, bei denen drei bis fünf Gerichte zubereitet werden. Bei der Variante am Nachmittag kauft man die Zutaten selbst auf dem örtlichen Markt ein. Interessenten müssen sich spätestens am Vortag anmelden.

Xhale Yoga Pai GESUNDHEIT & WOHLBEFINDEN
(www.xhaleyogapai.com; 5 Tage ab 12 500 B) Wer eine Auszeit braucht, kann hier Yogakurse mit fünf Übernachtungen (Mo–Sa) buchen. Der Unterricht für Anfänger und Fortgeschrittene findet in den Gebirgsausläufern außerhalb von Pai statt. Der Preis beinhaltet neben Yoga und Meditation auch Unterkunft, tolles Essen und den Besuch einer nahegelegenen Thermalquelle. Der stets gut gelaunte und lächelnde Lehrer Bhud ist ein echter Sonnenschein. Das herzliche Ambiente ist frei von Konkurrenzgetue.

Teilnehmer müssen grundsätzlich reservieren und werden an der Bushaltestelle in Pai abgeholt.

Savoei (A Taste of Pai) KOCHEN
(☎085 620 9918; Th Chaisongkhram; Kurse 700–750 B; ⏲Kurse 9.30–13.30 & 16–20 Uhr) Halbtägige Kurse inklusive Marktbesuch und Zubereitung von vier Gerichten.

Schlafen

Trotz mehrjährigen Wachstums geht die Neueröffnung von Unterkünften in Pai fast unvermindert weiter. So gibt's hier nun angeblich über 500 Hotels, Pensionen und Resorts. Im „Zentrum" hat sich dabei in den letzten Jahren nicht viel verändert. Im Umkreis der Stadt (ca. 3 km) entstehen aber weiterhin neue Resorts.

In der Stadt

Aufgrund seiner Beliebtheit (vor allem bei thailändischen Touristen) hat Pai nun jede Menge Mittel- und Spitzenklassehotels. Gleich außerhalb vom Zentrum gibt's aber immer noch günstige Zimmer – die beste Option für alle, die einen Aufenthalt in ländlicher Idylle im Sinn haben.

Pai Country Hut HOTEL $
(☎087 779 6541; www.paicountryhut.com; Ban Mae Hi; Bungalow inkl. Frühstück 400–650 B; WLAN) Dieses Hotel vermietet spartanische, aber saubere Bungalows aus Bambus (meist mit eigenen Bädern und einladenden Hängematten). Es liegt zwar nicht direkt am Fluss, ist aber die attraktivste von einigen ähnlichen Budget-Unterkünften in Ufernähe.

Tayai's Guest House PENSION $
(☎053 699579; abseits der Th Raddamrong; Zi. & Bungalow 400–700 B; ❄WLAN) Für die ruhige und

grüne Anlage gleich abseits der Hauptstraße spricht u. a. die Freundlichkeit der schon älteren Inhaber. Die schlichten, aber sauberen Zimmer und Bungalows gibt's mit Ventilator oder Klimaanlage.

Pai Fah HOTEL $$
(☎095 165 8945; 77 Th Wiang Tai; Zi. 600–1200 B; ❄@📶) Von dem selbsternannten „Boutiquehaus" in einer zweistöckigen Villa ist's nur ein Katzensprung bis zur örtlichen Action. Die 14 Zimmer (klimatisierte Varianten teurer) sind einfach, aber hell und sauber.

Baankanoon PENSION $$
(☎053 699453; 33 Soi Wanchalerm; Zi. 500–800 B; ❄📶) Die ruhige, saubere und gemütliche Pension unter einheimischer Leitung vermietet helle Doppelbungalows, die sich rund um einen 100 Jahre alten *kà·nŭn* (Jackfruchtbaum) verteilen. Die klimatisierten Quartiere sind teurer.

TTK PENSION $$
(☎053 698093; 8/10 Th Raddamrong; Zi. 900–1200 B; 📶) Den Zimmern hinter dem gleichnamigen israelischen Restaurant mangelt es an Tageslicht und Innendesign. Hierfür entschädigen die tadellose Sauberkeit und die prima Lage.

Breeze of Pai Guesthouse HOTEL $$
(☎081 998 4597; www.facebook.com/breezeofpai; Soi Wat Pa Kham; Zi. 600 B, Bungalow 800 B; ❄📶) Die gepflegte Anlage in Flussnähe besteht aus neun einfachen, aber sauberen und geräumigen Zimmern und sechs Nurdach-Bungalows. Man wohnt unweit des Getümmels, bleibt aber vom Lärm verschont. Wegen der treuen Stammkundschaft sollte man vorher reservieren.

ABSTECHER

BAN SANTICHON

Kitschige Fotomotive, dudelnde Musik, Restaurants mit Yunnan-Küche, Teeverkostungen, Ponyritte, ein skurriler Nachbau der Chinesischen Mauer und der **Aussichtspunkt auf dem Berg** (ทิวทัศน์บ้านสันติชล; 20 B; ⏲4.30–18 Uhr) lassen **Ban Santichon** (บ้านสันติชล; Ban Santichon) teilweise wie ein Disneyland à la China wirken. Abgesehen davon ist dies aber ein quicklebendiges und besuchenswertes Dorf, das rund 4 km westlich von Pai liegt.

★ **Pai Village Boutique Resort & Farm** HOTEL $$$
(☎053 698152; www.paivillage.com; 88 Th Wiang Tai; Bungalow inkl. Frühstück 2700–5800 B; ❄@📶) Zwischen verschlungenen Wegen stehen die 38 Holzbungalows des gut gepflegten Hotels in einem Garten. Die Zimmer sind nicht gerade riesig, haben aber deckenhohe Schiebefenster und große sowie recht vornehme Bäder. Zudem besitzen sie breite Terrassen mit Rattanmatten und keilförmigen Kissen – prima, um das umliegende Grün zu genießen. Kräftige Rabatte in der Nachsaison.

★ **Baantawan Guest House** HOTEL $$$
(☎053 698 116; www.baantawanpai.com; 117 Th Wiang Tai; Zi. 1800 B, Bungalow 2000–3000 B, jeweils inkl. Frühstück; ❄@📶) Das Hotel an einem relativ einsamen (sprich: ruhigen) Flussabschnitt vermietet u. a. geräumige und vergleichsweise günstigere Zimmer in einem großen zweistöckigen Gebäude. Hauptgrund für einen Aufenthalt sind aber die älteren und charmanteren Uferbungalows aus recyceltem Teakholz. Der Service ist vom Feinsten.

Hotel des Artists HOTEL $$$
(☎053 699539; www.hotelartists.com; 99 Th Chaisongkhram; Zi. inkl. Frühstück 4000–4800 B; ❄📶) Die alte Shan-Villa ist heute eins der schönsten Boutiquehotels in Pai. Die 14 leicht beengten Zimmer paaren asiatisches und westliches Design auf so geschmackvolle wie attraktive Art. Die Doppelbetten stehen auf erhöhten Plattformen. Alle Quartiere haben Balkone; die Varianten mit Flussblick sind etwas größer und teurer.

Pai Vimaan Resort HOTEL $$$
(☎053 699403; www.paivimaan.com; 73 Th Wiang Tai; Zi. inkl. Frühstück 2500–3000 B, Bungalow inkl. Frühstück 5000–6000 B; ❄📶) Das Highlight sind die fünf riesigen, mit Klimaanlage, Jacuzzi, TV und weiteren modernen Annehmlichkeiten ausgestatteten Zeltbungalows am Flussufer – Camping in neuer Dimension. Die zweistöckigen Bungalows sind hell und luftig; von den Zimmern im Obergeschoss hat man einen tollen Blick auf den Fluss. Im hölzernen Haupthaus gibt's ebenfalls Zimmer.

Rim Pai Cottage HOTEL $$$
(☎053 699133; www.rimpaicottage.com; 99/1 Th Chaisongkhram; Bungalow 2500–4200 B; ❄📶🍴) Diese Hotelanlage wirkt wie ein idyllisches Dorf: An einem ruhigen und wunderschön

bewaldeten Abschnitt des Nam Pai stehen hier behagliche Bungalows (Okt.–Feb. inkl. Frühstück). Dazwischen laden viele lauschige Uferplätzchen zum Relaxen ein. Tipp: Die alten Holzbungalows sind viel charmanter als ihre neueren Pendants aus Beton.

Pai RiverCorner HOTEL $$$
(053 699049; www.pairivercorner.com; 94 Th Chaisongkhram; Zi. inkl. Frühstück 3500–4500 B;) Top für Designfans: Die neun Zimmer dieses Hotels prunken mit schönem Thai-Mobiliar, toller Farbgestaltung und vielen luxuriösen Details. Die teureren Varianten warten zusätzlich mit eigenen Whirlpools, Wohnbereichen und Flussblick vom Balkon auf.

Außerhalb der Stadt

Wer ein eigenes Fahrzeug hat, findet außerhalb des Zentrums von Pai viele Unterkünfte. Die meisten sind auf thailändische und nicht so sehr auf ausländische Touristen ausgerichtet. Es handelt sich somit überwiegend um Anlagen der mittleren und gehobenen Preisklasse mit Bungalows, die über eine Klimaanlage verfügen.

Spicypai Backpackers HOTEL $
(088 294 2004; Mae Yen; B 180 B;) So spartanisch wie eindrucksvoll: Die hiesigen Bambusschlafsäle könnten aus einer Folge von *Survivor* stammen – die Betten bestehen praktisch nur aus Matten auf Bambusrahmen. Das rustikale Ambiente setzt sich in den Gemeinschaftsbereichen (u. a. Küche, Feuerstelle) fort. Rund 750 m östlich des Mae Nam Pai liegt das Hotel gleich abseits der Straße zu den Thai Pai Hot Springs.

★ **Bueng Pai Farm** PENSION $$
(089 265 4768; www.paifarm.com; Ban Mae Hi; Bungalow 1000–2000 B;) Die zwölf geräumigen, in ländlicher Umgebung ca. 2,5 km östlich von Pai gelegenen Bungalows mit Ventilator sind strategisch günstig und ansprechend um einen großen Teich mit Süßwasserfischen angeordnet. Es gibt einen Pool, eine Gemeinschaftsküche, Angelausrüstung und in den Wintermonaten außerdem noch ein Lagerfeuer. Es befindet sich abseits der Straße, die zu den Thermalquellen von Thai Pai führt. Nach dem Schild Ausschau halten!

★ **Pairadise** HOTEL $$
(053 698065; www.pairadise.com; Ban Mae Hi; Bungalow 900–1300 B;) Das gepflegte Resort thront auf einem Bergrücken direkt vor den Toren der Stadt über dem Pai-Tal. Die stilvollen, geräumigen Bungalows sind mit vergoldeten Lotus-Wandmalereien verziert, haben schöne, rustikale Bäder und Terrassen mit Hängematten. Sie sind alle um einen von einer Quelle gespeisten Badeteich angeordnet.

Das Hotel befindet sich ca. 750 m östlich des Mae Nam Pai; auf das Schild gleich hinter der Brücke achten!

PuraVida HOTEL $$
(089 635 7556; www.puravidapai.com; Wiang Nua; Bungalow inkl. Frühstück 1430 B;) Auf einem gepflegten Hanggrundstück im ruhigen Viertel Wiang Nua verwaltet ein freundliches Paar (niederländisch-thailändisch) hier acht reizende Bungalows. Alle Zimmer punkten mit Klimaanlage, TV, Kühlschrank und Warmwasser. Der „Flitterwöchner-Bungalow" bietet etwas mehr Privatsphäre.

Abseits der Straße nach Mae Hong Song liegt die Anlage ca. 4 km vom Zentrum entfernt. Die deutlich beschilderte Zufahrt zweigt etwa 1 km außerhalb von Pai ab.

Pai Chan HOTEL $$
(081 180 3064; www.paichan.com; Ban Mae Hi; Bungalow inkl. Frühstück 500–1400 B;) Vom Parkplatz aus wirkt das Pai Chan recht nichtssagend. Auf den zweiten Blick entdeckt man hier aber acht attraktive und komfortable Bungalows aus Massivholz. Die Quartiere bieten keine modernen Extras (z. B. Klimaanlage). Dafür haben sie Balkone mit Blick auf Reisfelder oder einen einladenden Pool.

Das Hotel liegt ca. 200 m östlich des Mae Nam Pai.

Sipsongpanna HOTEL $$
(053 698259; www.facebook.com/paisipsongpanna; Wiang Nua; Bungalow inkl. Frühstück 1000–1500 B;) Am Flussufer findet man hier u. a. fünf rustikale, kunterbunte und leicht skurrile Lehmziegelbungalows mit Betten auf Podesten. Diese Quartiere haben zudem Glasschiebetüren, durch die man auf breite Balkone gelangt. Traditionalisten wählen stattdessen einen der drei alten Holzbungalows. Abseits der Straße nach Mae Hong Song liegt die Anlage ca. 2,5 km vom Zentrum entfernt. Die deutlich beschilderte Zufahrt zweigt etwa 1 km außerhalb von Pai ab.

Bulunburi HOTEL $$
(053 698302; Ban Pong; Bungalow inkl. Frühstück 750–3000 B;) Die verführe-

risch idyllische Lage in einem kleinen Tal mit Reisfeldern und Bächen ist genauso verlockend wie die hübsche Unterkunft. Die elf Bungalows – von kleinen Zimmern mit Ventilator bis zu großen Häusern mit zwei Schlafzimmern – sind gut ausgestattet und stilvoll. Das Hotel liegt rund 2,5 km außerhalb des Zentrums an der Straße nach Mae Hong Son – die gut ausgeschilderte Abzweigung befindet sich rund 1 km hinter Pai.

Pripta HOTEL **$$$**
(☎ 053 065750; 90 Mu 3, Mae Hi; Bungalow inkl. Frühstück 3800–5000 B; ❄📶) Diese Anlage am Hang hat zwölf schicke Bungalows am Rand des Pai-Tals zu bieten. Die riesigen, hohen Zimmer haben große Balkone mit Outdoor-Badewannen, die mit Wasser aus den nahe gelegenen Thermalquellen gespeist werden.

Die Unterkunft befindet sich ca. 7 km von Pai entfernt zwischen den Thermalquellen von Tha Pai und der Rte 1095.

Pai Treehouse HOTEL **$$$**
(☎ 081 911 3640; www.paitreehouse.com; Mae Hi; Bungalow inkl. Frühstück 1000–7500 B; ❄📶) Auch wenn es nicht gelingt, eines der drei immer begehrten Baumhäuser zu ergattern, gibt es hier noch einige andere schöne Bungalows, von denen viele nah am Fluss stehen. Auf dem weitläufigen Gelände leben Elefanten, und auf dem Mae Nam Pai schwimmen Flöße – kurz: Es herrscht eine familienfreundliche Atmosphäre. Das Resort liegt 6 km östlich von Pai, kurz vor den Thermalquellen von Tha Pai.

Phu Pai HOTEL **$$$**
(☎ 053 065111; www.phupai.com; Mae Na Theung; Bungalow inkl. Frühstück 3300–5250 B; ❄📶🏊) Die schöne, sich selbst als „Kunstresort" bezeichnende, idyllisch wirkende Anlage bietet 40 Luxusbungalows im ortstypischen Stil. Das Highlight ist die Aussicht: Die meisten Bungalows stehen direkt an Reisfeldern, und vom Infinity Pool genießt man den Blick übers Pai-Tal.

Das Hotel befindet sich ungefähr 4 km vom Stadtzentrum entfernt an der Straße nach Mae Hong Son. Um hin zu kommen, sollte man nach der gut ausgeschilderten Abzweigung gleich hinter der Start- und Landebahn des Flughafens, ca. 1,3 km von Pai entfernt, Ausschau halten.

Pai Island RESORT **$$$**
(☎ 053 699999; www.paiislandresort.com; Bungalow inkl. Frühstück 5000–6500 B; ❄📶🏊) Ein Mix aus polynesischen und afrikanischen Stilelementen prägt dieses beliebte und leicht schräge Resort. Die zehn freistehenden Luxusvillen mit recht viel Privatsphäre befinden sich auf Inseln, die über Brücken miteinander verbunden sind. Sie verfügen über eigene Whirlpools und große halboffene Bäder.

Die Anlage liegt ca. 700 m nördlich der Stadt an der Straße nach Mae Hong Son.

Essen

Auf den ersten Blick scheint Pai eine eindrucksvolle Restaurantauswahl zu bieten. Es stellt sich aber recht schnell heraus, dass die Essensqualität hier generell eher mittelmäßig ist.

In der Touristensaison (ca. Nov.–Jan.) sind an der Th Chaisongkhram and Th Rangsiyanon jeden Abend einige Imbissverkäufer zugange. Bei deren Ständen und umgebauten VW-Bussen gibt's alle möglichen Speisen und Getränke.

★ Larp Khom Huay Poo NORDTHAILÄNDISCH **$**
(Ban Huay Pu; Hauptgerichte 50–100 B; ⏰ 9–20 Uhr) Keine Lust auf Weizengras und Tofu? Dann nichts wie hin zu diesem Lokal im Zeichen des Fleisches! Pflicht ist die Spezialität des Hauses: das *larp moo kua*, ein *lâhp* (gebratenes Schweinehack mit Kräutern und Gewürzen) im nordthailändischen Stil. Dazu gibt's Klebreis, bittere Kräuter und eiskaltes Bier – definitiv die beste Mahlzeit in ganz Pai.

Das Restaurant liegt ca. 1 km nördlich der Stadt an der Straße nach Mae Hong Son.

Baan Benjarong THAI **$**
(179 Th Rangsiyanon; Gerichte 90–170 B; ⏰ 11–21 Uhr) Einheimische Familien besuchen gern dieses klassische Restaurant am Rand eines Reisfelds: Die hiesigen Thai-Gerichte (z. B. gesalzene und geschmorte Krabben in Kokosmilch oder Salat aus Bananenblüten, Garnelen und Hähnchenfleisch) gehören zu den besseren der Stadt.

Phat Thai Na-Win THAI **$**
(Th Khetkelang; Hauptgerichte 50–150 B; ⏰ 10–20 Uhr) Das klebrige *pàt tai* (gebratene Reisbandnudeln mit Beilagen) auf Pais Nachtmarkt sollte man am besten gleich vergessen: Die echte Version gibt's ein paar Blocks weiter westlich in diesem alten Holzhaus. Auf der recht langen Karte (englischsprachig) stehen zudem noch andere thai-

ländische Klassiker. Das Restaurant liegt gegenüber vom North Wheels; sein hellgelbes Schild ist nur auf Thai beschriftet.

Witching Well INTERNATIONAL $
(www.witchingwellrestaurant.com; 97 Th Wiang Tai; Hauptgerichte 75–195 B; 8–22 Uhr;) Das belebte Lokal unter ausländischer Leitung empfiehlt sich für Sandwiches, Pasta, Kuchen und Gebäck der authentischen Art. Zudem gibt's hier guten Kaffee und raffinierte Frühstücksoptionen, die in Pai ihresgleichen suchen.

Om Garden Cafe INTERNATIONAL $
(abseits der Th Raddamrong; Hauptgerichte 60–120 B; Di–So 8.30–17 Uhr;) Frisch gepresste Säfte, internationale Küche ohne Fleisch und barfüßige Gäste, die auch mal die Flöte blasen: All dies erwartet man wohl von einem Laden namens Om Garden. Obendrein ist das Essen richtig gut. Die Auswahl reicht von nahöstlichen Mezzes und Frühstücks-Burritos bis hin zu soliden Salaten und Backwaren.

Khanom Jeen Nang Yong THAI $
(Th Chaisongkhram; Hauptgerichte 25–30 B; 7–22 Uhr) Dieses Lokal ist spezialisiert auf nordthailändisches *kà·nŏm jeen* (dünne Reisnudeln mit curryartiger Brühe nach Wahl). Es hat keine Ausschilderung in lateinischen Buchstaben und befindet sich im selben Gebäude wie Pai Adventure Rafting.

Good Life INTERNATIONAL $
(Th Wiang Tai; Hauptgerichte 50–220 B; 8–23 Uhr;) Kefir, Kombucha, Rübensaft und Weizengras sagen eigentlich alles über die Atmosphäre in dem vielfältigen und beliebten Café. Aber keine Angst: Hier gibt's auch Kaffee, Softdrinks und eine lange Speisekarte mit thailändischen und internationalen Gerichten (viele davon vegetarisch).

Abendmarkt NORDTHAILÄNDISCH $
(Th Raddamrong; Hauptgerichte 30–60 B; 15–19 Uhr) Der Abendmarkt (tgl. ca. 15 Uhr–Sonnenuntergang) empfiehlt sich für einheimische Köstlichkeiten zum Mitnehmen.

Cafecito TEX-MEX $
(www.facebook.com/cafecitopai; Hauptgerichte 90–190 B; Fr–Mi 9–18 Uhr;) Ob Tacos, Burritos oder Quesadillas: Hier gibt's alle Tex-Mex-Klassiker. Das Cafecito wird von einem US-Amerikaner geleitet und ist gleichzeitig ein Café. Und weil wir hier in Pai sind, stehen auf der Karte auch viele vegetarische Gerichte.

An der unbeschilderten Straße neben der örtlichen Polizeiwache liegt der Laden ca. 600 m südlich der Th Rangsiyanon.

Nong Beer THAI $
(Ecke Th Khetkalang & Th Chaisongkhram; Hauptgerichte 60–250 B; 8–20 Uhr;) Das Nong Beer ist seit Langem für seine günstigen und authentischen Thai-Gerichte (einige davon vegetarisch) beliebt. Die Auswahl reicht von *kôw soy* (Nudeln mit Curry) bis zu Currys mit Reis.

Maya Burger Queen AMERIKANISCH $
(www.facebook.com/mayaburgerqueen; Th Wiang Tai; Hauptgerichte 90–165 B; 13–22 Uhr;) Burger sind in Pai schwer angesagt und im Maya Burger Queen wohl am besten. Ob die weichen und leicht süßlichen Brötchen oder die gehaltvolle Knoblauch-Mayo zu den dick geschnittenen Pommes: Hier ist alles selbstgemacht.

TTK ISRAELISCH $
(The Thai Kebab; Th Raddamrong; Hauptgerichte 60–195 B; 8.30–21.30 Uhr;) Unter den israelischen Gerichten auf der langen Karte sind Klassiker, Überraschungen, viele vegetarische Speisen und ein paar Frühstücksoptionen.

Ausgehen & Nachtleben

Orientierungshilfe zum Nachtleben in Pais Zentrum: An der Th Chaisongkhram findet man die meisten Freiluft-Cocktailbars (teils in VW-Bussen untergebracht). Der Großteil der normalen Bars (oft mit Reggae-Vibe) säumt die Th Wiang Tai. Auf die Th Rangsiyanon konzentrieren sich die meisten Pensions-Restaurantbars mit vielfältigem Musikprogramm und Abendkarte. Und gleich jenseits der Brücke liegen diverse Freiluftbars mit Reggae-Sound am östlichen Ende der Th Raddamrong.

Don't Cry BAR
(Th Raddamrong; 18 Uhr–open end) In der Reggae-Bar gleich drüben am anderen Flussufer wähnt man sich sofort wieder auf Ko Phangan. Der total relaxte Laden mit Livemusik und Tanzfläche macht erst zu, wenn der letzte Schluckspecht nach Hause geht.

Shoppen

Straßenmarkt MARKT
(Th Chaisongkhram & Th Rangsiyanon; 18–22 Uhr) In der Touristensaison (Nov.–Feb.) gibt's im Stadtzentrum allabendlich einen Straßenmarkt.

Praktische Informationen

In der Th Rangsiyanon und der Th Chaisongkhram sind mehrere Wechselstuben und Geldautomaten zu finden.

Der *Pai Events Planner* (PEP) ist ein kostenloses, monatlich erscheinendes Blatt, das Informationen über kulturelle Events, Reiseziele und die Neueröffnungen von Kneipen und Restaurants enthält; man bekommt ihn problemlos überall in der Stadt.

An- & Weiterreise

An Pais winzigem **Busbahnhof** (Th Chaisongkhram) starten langsame Busse mit Bordventilatoren. Beispiele:

ZIEL	PREIS (B)	DAUER (STD.)	HÄUFIGKEIT
Chiang Mai	80	3–4	12 Uhr
Mae Hong Son	80	3–4	11 Uhr
Soppong (Pangmapha)	80	1½	11 Uhr

Vergleichsweise häufiger fahren dort auch schnellere Minivans nach Chiang Mai und zu Zielen in Mae Hong Son:

ZIEL	PREIS (B)	DAUER (STD.)	HÄUFIGKEIT
Chiang Mai	150	3	7–17 Uhr stündl.
Mae Hong Son	150	2½	8.30 Uhr
Soppong	100	1	8.30 Uhr

Aya Service (☎053 699888; www.ayaservice.com; 22/1 Th Chaisongkhram; Leihmotorräder 100–200 B/24 Std.; ⏲7–22 Uhr) und **Duan-Den** (☎053 699966; 20/1 Th Chaisongkhram; Leihmotorräder 100–250 B/24 Std.; ⏲7–21 Uhr) schicken zusätzlich klimatisierte Minivans nach Chiang Mai (150–200 B, 3 Std., 7–17.30 Uhr stündl.).

Unterwegs vor Ort

Pai lässt sich größtenteils gut per pedes erkunden. Am **Taxistand** (Th Chaisongkhram) gegenüber vom Busbahnhof warten Motorradtaxis (Preisbeispiele: 50 B zum Dorf Ban Santichon, 100 B zum Wasserfall Nam Tok Mo Paeng).

In der Stadt kann man Fahr- und Motorräder für Ausflüge mieten.

Soppong สบป่อง

Das kleine Marktdorf Soppong (alias Pangmapha; eigentlich der Name des ganzen Bezirks) liegt ein paar Stunden nordwestlich von Pai und ca. 70 km von Mae Hong Son entfernt. Der Ort selbst hat nicht viel zu bieten. Die Umgebung mit dichten Wäldern, rauschenden Flüssen und spektakulären Kalksteinfelsen ist jedoch Nordthailands bestes Revier für Höhlenerkundungen. Diesbezüglich am leichtesten zugänglich ist die Tham Lot (S. 306).

Rund um Soppong sind zudem mehrere Dörfer der Shan, Lisu, Karen und Lahu bequem zu Fuß erreichbar.

Sehenswertes & Aktivitäten

Die besten Infos über Höhlenwanderungen und Trekkingtouren in der Umgebung bekommt man von dem Betreiber der Cave Lodge (S. 306). Hier kann man erfahrene einheimische Führer anheuern, es lassen sich auch empfehlenswerte Kajak-, Wander- und Höhlentouren organisieren. Die Lodge befindet sich 9 km von Soppong entfernt in der Nähe der Höhle Tham Lot, die von allen in der Umgebung gelegenen Höhlen am leichtesten zugänglich ist.

Schlafen & Essen

Zu praktisch jeder Unterkunft gehört ein angeschlossenes Restaurant, doch von diesen Lokalen abgesehen ist die Restaurantauswahl dürftig.

★ **Soppong River Inn** HOTEL $$
(☎053 617107; www.soppong.com; Rte 1095; Zi. & Bungalow 500–2450 B; ❄@📶) Mit Zimmern in ein paar großen Gebäuden am Ufer und einer Handvoll freistehender schlichter Bungalows ist diese Herberge die attraktivste in Soppong. Die Unterkünfte liegen in einem üppigen Garten mit gewundenen Wegen; sie haben viel Atmosphäre und sind alle etwas anders eingerichtet. Das River Rim Cottage mit dem eigenen Balkon direkt über dem Fluss ist besonders empfehlenswert. Es liegt am westlichen Ortsrand in Gehentfernung vom Busbahnhof.

Baan Cafe Nature Resort HOTEL $$
(☎053 617081; khunjui@yahoo.com; Rte 1095; Zi. 600 B, Bungalow 1200 B; 📶) Die parkartige Anlage am Nam Lang liegt ca. 750 m westlich von Soppongs Bushaltestelle in Brückennähe. Neben blitzsauberen Zimmern mit Ventilatoren gibt's hier hausartige Bungalows mit offenen Kaminen, Flussblick vom Balkon und sehr gutem Preis-Leistungs-Verhältnis. Zum Hotel gehört auch eines der besseren Restaurants der Stadt: das Baan Cafe (geöffnet 7.30–19.30 Uhr), das regionalen Kaffee kredenzt.

NICHT VERSÄUMEN

DIE HÖHLEN VON PANGMAPHA

Der Bezirk Pangmapha (900 km²) ist bekannt für seine vielen Höhlen, von denen bisher über 200 entdeckt wurden. Eine der berühmtesten davon ist – neben der Tham Lot – die **Tham Nam Lang**, die 20 km nordwestlich von Soppong bei Ban Nam Khong liegt: Dieses 8,5 km lange Gangsystem soll in puncto Rauminhalt eines der größten weltweit sein.

Viele der regionalen Höhlen sind eigentlich unterirdische Flussläufe (teils sogar mit Wasserfällen, Seen und „Sandstränden"). Die augenlose, eigenständige Höhlenfischgattung *Cryptotora thamicola* kann Wasserfälle hinaufklettern und kommt weltweit nur in zwei Höhlen vor, die beide in Pangmapha liegen. In anderen Höhlen der Gegend gibt's aufgrund giftiger Gase oder wegen Sauerstoffmangels nur wenig bzw. gar kein Leben.

Mehr als 85 der 200 Kalksteinhöhlen des Bezirks beherbergen uralte Särge (bis zu 9 m lang) aus ganzen Teakholzstämmen, die meist auf Holzgerüsten ruhen und laut Datierung per Radiokarbonmethode ca. 1200 bis 2200 Jahre alt sind. Die fast immer mit Schnitzereien verzierten Enden der Särge weisen thailändischen Archäologen zufolge mindestens 50 verschiedene Gestaltungsmuster auf. Die regionalen Shan bezeichnen diese Grabhöhlen als *tâm pěe* (Geisterhöhlen) oder *tâm pěe maan* (Sarghöhlen). Niemand weiß, wer die Särge gezimmert hat und warum sie hierher gebracht wurden. In den meisten Höhlen stehen aber weniger als zehn Särge – was vermuten lässt, dass nur bestimmte Personen das Recht auf eine so aufwendige Bestattung hatten. Ähnliche Särge wurden in Karstregionen westlich von Bangkok sowie auf Borneo, in China und auf den Philippinen entdeckt. In Pangmapha findet man jedoch weltweit die meisten Exemplare aus jener Epoche.

Am leichtesten zu besichtigen sind die **Sarghöhle** (ถ้ำผีแมน; Rte 1095; Eintritt 20 B; ⏲8.30–17 Uhr) gleich hinter dem Pangmapha Hospital (2 km westlich von Soppong) und deren Pendants in der **Tham Lot** (S. 306; 9 km nordöstlich von Soppong). Mehrere Sarghöhlen werden derzeit wissenschaftlich erforscht und sind daher für Besucher gesperrt. John Spies von der **Cave Lodge** (S. 306) dürfte aber wissen, wo dies gerade nicht der Fall ist. Zudem hilft sein informatives Buch *Wild Times* bei Höhlentrips vor Ort.

The Rock RESORT $$
(☎053 617134; Rte 1095; Zi. & Bungalow 800–1500 B; ❄📶) The Rock liegt ca. 1,5 km westlich der Stadt am Fluss und ist nicht zu übersehen. Seine Bungalows verteilen sich über ein gepflegtes Ufergelände mit Felsformationen, das per Hängebrücke mit einem angrenzenden Blumengarten verbunden ist. Zur Auswahl stehen hier auch ein paar separate Zimmer mit TV, Kühlschrank und Klimaanlage. Das Resort zielt in erster Linie auf thailändische Touristen ab. Das Personal ist teilweise kaum des Englischen mächtig.

Little Eden Guesthouse HOTEL $$
(☎053 617054; www.littleeden-guesthouse.com; Rte 1095; Zi. & Bungalow 400–1700 B; ❄@📶🏊) Rund um einen netten Pool findet man hier u. a. fünf gut gepflegte Nurdachhäuser mit Warmwasserduschen. Ebenfalls vorhanden ist ein neues Gebäude mit vier großen und hübschen Zimmern. Hauptattraktion sind jedoch die schmucken zweistöckigen „Häuser", die sich ideal für Familien und Reisegruppen eignen: Diese stilvollen Quartiere punkten mit Wohnzimmern, Terrassen (inkl. Hängematten) und interessant verwinkelten Grundrissen.

Lemonhill Garden PENSION $$
(☎089 757 9555; Rte 1095; Zi. & Bungalow 500–1500 B; ❄📶) Die Lage gegenüber der Bushaltestelle macht diese Pension mit Restaurant (geöffnet 7–18 Uhr) zur wohl beliebtesten Unterkunft der Stadt. Allerdings gibt's in Soppong nettere Optionen. Die Auswahl reicht von Zimmern mit Ventilatoren bis hin zu klimatisierten Bungalows – daher vor dem Buchen unbedingt ein paar der Quartiere besichtigen!

ℹ Praktische Informationen

Nahe der Tankstelle im Stadtzentrum gibt's mehrere Geldautomaten.

ℹ Anreise & Unterwegs vor Ort

Vor der 7-Eleven-Filiale in Soppong brechen Motorradtaxis Richtung Tham Lot und Cave Lodge auf (jeweils 70 B/Pers.). Zu diesen Zielen fahren alternativ auch private Pickup-Trucks (300 B/6 Pers.).

MINIVANS AB SOPPONG

ZIEL	PREIS (B)	DAUER (STD.)	HÄUFIGKEIT
Chiang Mai	250	5	8–18 Uhr stündl.
Mae Hong Son	100	1½	9.30–18.30 Uhr stündl.
Pai	100	1	8–18 Uhr stündl.

Etwa gegenüber der Tankstelle stoppen Minivans am örtlichen Markt.

Leihmotorräder gibt's bei **Castrol Bike Point** (☎053 617185; Rte 1095; Tagesmiete 200–250 B ⏲7–18 Uhr) am westlichen Stadtrand.

Rund um Soppong

Tham Lot ถ้ำลอด

Etwa 9 km nördlich von Soppong befindet sich die Tham Lot (ab 150 B; ⏲8–17.30 Uhr) – sprich *tâm lôrt*, auch bekannt als *tâm nám lôrt* – eine große Kalksteinhöhle mit eindrucksvollen Stalagmiten, „Sarghöhlen" und einem breiten Bach. Zusammen mit der Tham Nam Lang weiter westlich gehört sie zu den größten bekannten Höhlen Thailands. Die Gesamtlänge der Höhle beträgt 1600 m, der Teil, durch den sich der Bach schlängelt, ist 600 m lang.

Am Eingang muss man sich eine Gaslaterne geben lassen und für 150 B einen Guide anheuern (dieser führt max. 3 Pers.). Ohne Guide darf man die Höhlen nicht besichtigen. Floßfahrten (max. 3 Pers., einfache Strecke 300 B, hin & zurück 400 B) vom Eingang bis zum Ausgang führen durch die Säulenhöhle, die Puppenhöhle und die Sarghöhle. Wer keine Rückfahrt bucht, kann außerhalb der Höhle zurücklaufen (20 Min.). Das geht aber nur in der Trockenzeit (ca. Nov.–Mai). In dieser Zeit ist es auch möglich, zur Puppenhöhle zu waten und von dort ein Floß bis zum Ausgang zu nehmen (200 B). Wer bei Sonnenuntergang am Ausgang ist, kann zusehen, wie Hunderttausende Mauersegler in die Tham Lot hineinfliegen und ihre Schlafplätze auf den Stalagmiten in Beschlag nehmen.

Außer der Haupthöhle gibt es noch drei Nebenhöhlen – die Säulenhöhle, die Puppenhöhle und die Sarghöhle –, die über Leitern zu erreichen sind. Um alles zu entdecken, muss man ca. zwei Stunden veranschlagen. Je nach Wasserstand ist die Besichtigung von Teilen der Höhle zwischen August und Oktober nur eingeschränkt möglich.

Das **Nature Education Centre** (ศูนย์ศึกษาธรรมชาติและสัตว์ป่าถ้ำน้ำลอด; ⏲8–17.30 Uhr) vor Ort beherbergt eine einfache Ausstellung über die Gegend sowie Reste von Töpferwaren, die in der Höhle gefunden wurden.

Schlafen & Essen

Mehrere **Freiluftrestaurants** (Hauptgerichte 20–60 B; ⏲9–18 Uhr) vor dem Eingang zum Tham-Lot-Park bieten einfache Thai-Gerichte an.

★ **Cave Lodge** PENSION $$
(☎053 617203; www.cavelodge.com; B 120 B, Zi. 400–1200 B, Bungalow 400–950 B; 📶) Die 1986 eröffnete Cave Lodge ist die wohl älteste Pension in Mae Hong Son und gehört zu den bekannteren Unterkünften Nordthailands. Inhaber John Spies ist der inoffizielle Experte zur Region. Die 20 rustikalen Zimmer mit Ventilatoren wirken so vielfältig wie einzigartig.

In herrlicher Lage an einem bewaldeten Hang oberhalb des Nam Lang warten hier auch viele Möglichkeiten für Aktivabenteuer. Darunter sind Höhlenerkundungen, Kajaktrips (nur ca. Feb.–Mai) und Wanderungen mit oder ohne Guide (gute Karten dafür gibt's direkt vor Ort). Bis zur Tham Lot ist's nur ein kurzer Fußmarsch.

Zum Relaxen danach laden ein schöner Gemeinschaftsbereich und eine traditionelle Shan-Kräutersauna ein. Gäste bekommen selbstgebackenes Brot und andere Köstlichkeiten aus eigens errichteten Öfen.

Mae La-Na แม่ละนา

Rund 6 km abseits der Rte 1095 liegt in einem so malerischen wie abgeschiedenen Bergtal das winzige Shan-Dorf Mae La-Na, dessen Besucher sich in einem vergessenen Winkel der Welt wähnen können. In der Umgebung findet man mehrere Höhlen und diverse renommierte Homestays.

Sehenswertes & Aktivitäten

Die berühmteste Attraktion vor Ort ist die **Tham Mae La-Na**, eine 12 km lange Höhle, durch die ein Bach fließt. Zwar bieten örtliche Guides an, einen durch die Höhle zu führen, aber wirklich auf Schaulustige eingerichtet ist man hier nicht – Besucher könnten fragile Höhlenformationen zerstören und den Lebensraum der empfindlichen Höhlenfische schwer beeinträchtigen. Besser besucht man nur die nahe gelegenen Höhlen **Tham Pakarang** (Korallenhöhle) und **Tham Phet** (Diamantenhöhle), in denen es interessante Wandformationen zu sehen gibt. Führer (200 B) kann man tagsüber im größten Dorfladen und an der Tankstelle engagieren. Manche Höhlen sind eventuell während der Regenzeit nicht zugänglich.

Mae La-Na ist auch ein guter Ausgangspunkt für interessante Wanderungen. Viele der schönsten Landschaften von Mae Hong Son liegen im Bereich einer Tageswanderung, außerdem gibt es in der Nähe mehrere Dörfer der Roten und Schwarzen Lahu. Man kann auch eine 15 km lange halbe Schleife von Mae La-Na über die Tham Lot abwandern. Khun Ampha im Maelana Garden Home hat eine einfache Karte.

Schlafen & Essen

Vor Ort gibt's weder Restaurants noch Imbisstände. Hungrige müssen sich daher in ihrem Homestay oder im Maelana Garden Home stärken.

Maelana Garden Home PENSION $

(☎081 706 6021; Zi. & Bungalow 300–600 B; 📶) Die wunderschöne Pension im Bauernhof-Look liegt am Dorfrand in Richtung Tham Mae La-Na. Neben einfachen Zimmern in zwei Holzgebäuden gibt's hier auch ein paar Nurdach-Bungalows aus Bambus. Gäste werden optional mit authentischer Shan-Küche verköstigt (100 B/Pers.). Wer rechtzeitig vorher anruft, kann sich an der Rte 1095 (150 B) oder in Soppong (400 B) abholen lassen. Alternativ einfach beim Dorfladen mit Tankstelle nach Khun Ampha fragen.

Homestay-Programm PRIVATUNTERKUNFT $

(Ban Mae La-Na; pro Übernachtung & Pers. ohne/mit Essen 100/200 B) Zwei Dutzend Haushalte im Bereich von Mae La-Na nehmen an einem Homestay-Programm teil, dessen Gewinne in einen kommunalen Fonds fließen. Interessenten können beim hölzeren Verwaltungsbüro (nur sporadisch besetzt!) am Dorfeingang oder direkt bei allen hiesigen Häusern mit Homestay-Schild nachfragen.

An- & Weiterreise

Mae La-Na liegt 13 km westlich von Soppong an einer Kreuzung, wird aber nicht von öffentlichen Verkehrsmitteln bedient. Ein Motorradtaxi ab Soppong kostet 200 B.

Mae Hong Son แม่ฮ่องสอน

☎053 / 7000 EW.

Mae Hong Son, das einsam inmitten der Berge liegt, entspricht genau den Vorstellungen, die sich viele Traveller von einer typisch nordthailändischen Stadt machen. Der spürbare birmanische Einfluss stört das Bild genauso wenig wie der raue Charakter der Grenzstadt, denn schließlich bleibt man hier von Túk-Túks und Schleppern weitgehend verschont. Das heißt aber nicht, dass Mae Hong Son ein völlig unerschlossenes Städtchen wäre: Reisegruppen kommen schon seit Jahren hierher. Das große Aktivitätsangebot – von Bootsausflügen bis zu Trekkingtouren – sorgt aber dafür, dass Traveller mit einmaligen Erlebnissen rechnen können.

Geschichte

Mae Hong Son war die längste Zeit seiner kurzen Existenz von Thailand geografisch, politisch und kulturell getrennt. Die Stadt wurde im frühen 19. Jh. als ein Ausbildungslager für Elefanten gegründet und blieb lange wenig mehr, bis 1856 wegen der Kämpfe in Birma Tausende Shan in die Region strömten. Später blühte Mae Hong Son als Zentrum der Holzfällerei auf und blieb ein unabhängiges Königreich, das König Rama V. schließlich 1900 mit dem Königreich Siam vereinte.

Sehenswertes

Angesichts der bunten Farben, weißen Stupas und glänzenden Zinkverzierungen der Tempel Mae Hong Sons, die im birmanischen und im Shan-Stil errichtet wurden, kann man sich schon fragen, in welchem Land man sich hier eigentlich befindet.

★ Wat Phra That Doi Kong Mu BUDDHISTISCHER TEMPEL

(วัดพระธาตุดอยกองมู; ⏲Sonnenaufgang–Sonnenuntergang) Dieser Tempelkomplex (alias Wat Plai Doi) thront westlich der Stadt auf dem Doi Kong Mu (1500 m). Seine beiden *chedi* im Shan-Stil (erb. 1860 und 1874) beherbergen die Asche verstorbener Mönche aus dem birmanischen Shan-Staat. Auf dem Gelände gibt's auch ein Café und einen kleinen Touristenmarkt.

Vom großen und schlanken Buddha (stehende Haltung) hinter dem Wat schaut man

Mae Hong Son

Mae Hong Son

Sehenswertes

1 Wat Jong Kham C3
2 Wat Jong Klang C3
Wat Jong Klang Museum .... (siehe 2)
3 Wat Kam Kor B2
4 Wat Phra Non A3

Aktivitäten, Kurse & Touren

5 Friend Tour C2
6 Nam Rin Tour B2
7 Rosegarden Tours B2
8 Tour Merng Tai B3

Schlafen

9 Baan Mai Guest House D2
10 Baiyoke Chalet Hotel B2
11 Coffee Morning D2
12 Friend House C2
13 Jongkham Place C2
14 Mountain Inn & Resort B4
15 Palm House C3
16 Romtai House C3

Essen

17 Fern Restaurant B3
18 little good things B4
19 Maesribua C2
20 Morgenmarkt C1
21 Nachtmarkt C1
22 Salween River Restaurant & Bar C2

Aktivitäten, Kurse & Touren

23 Crossroads B1
24 Sunflower B2

Shoppen

25 Manerplaw/Ethnic Echoes B2
26 Straßenmarkt C3

Transport

27 Sŏrng·tăa·ou nach Mae Aw (Ban Rak Thai) & Ban Ruam Thai (Pang Ung) C1

auf das Gebiet westlich des Bergrückens. Besonders eindrucksvoll wirkt dabei das Nebelmeer, das sich jeden Morgen unten im Tal sammelt. Ansonsten fällt der herrliche Blick auf die Stadt und die umliegenden Täler.

Von der Th Pha Doong Muay Do führt eine lange Treppe hinauf zum Tempel auf der Hügelspitze; der Aufstieg ist aber leichter als eventuell erwartet. Lauffaule nehmen ein Motorradtaxi ab der Stadt (hin & zurück 120 B).

Wat Jong Klang BUDDHISTISCHER TEMPEL

(วัดจองกลาง; Th Chamnansatit; ⏲ Tageslichtstunden) Dieser Tempel beherbergt 100 Jahre alte *jataka*-Glasmalereien und ein Museum. Er wird nachts beleuchtet und spiegelt sich im Nong Jong Kham, was Besucher gern fotografieren. Hinweis: Einige der Geländebereiche sind für Frauen tabu – bei Schreinen des birmanischen Shan-Buddhismus ist dies keine Seltenheit.

Wat Jong Klang Museum MUSEUM

(พิพิธภัณฑ์วัดจองกลาง; Wat Jong Klang, Th Chamnansatit; Eintritt gegen Spende; ⏲ 8–18 Uhr) Das Museum im Wat Jong Klang zeigt 150 Jahre alte Holzpuppen aus Mandalay, die für ein paar grauenhaftere Seiten des Lebensrads stehen.

Wat Jong Kham BUDDHISTISCHER TEMPEL

(วัดจองคำ; Th Chamnansatit; ⏲ Tageslichtstunden) Dieser Tempel neben dem Wat Jong Klang wurde vor fast 200 Jahren von den Thai Yai (oder Shan) erbaut, die etwa die Hälfte der Einwohner der Provinz Mae Hong Son ausmachen.

Wat Phra Non BUDDHISTISCHER TEMPEL

(วัดพระนอน; Th Pha Doong Muay Do; ⏲ Tageslichtstunden) Mit dem größten liegenden Buddha in Mae Hong Son.

Wat Kam Kor BUDDHISTISCHER TEMPEL

(วัดก้ำก่อ; Th Pha Doong Muay Do; ⏲ Tageslichtstunden) Dieser Tempel im birmanischen Stil ist für seinen einmaligen überdachten Weg bekannt.

Aktivitäten

Trekking

Mae Hong Son liegt am Rand eines bergigen Waldgebiets und eignet sich somit perfekt als Ausgangspunkt für Wanderungen ins Umland. Wandern und Trekken ist hier keine so große Freizeitindustrie wie anderswo, sodass Traveller, die bereit sind, sich die Stiefel schmutzig zu machen, hier eine relativ unberührte Natur und abgelegene Dörfer vorfinden.

Mehrtägige Wandertouren in Gruppen von zwei Personen kosten zwischen 1000 und 3000 B pro Person und Tag. Wie überall in Thailand sinkt der Tagespreis erheblich mit der Zahl der Teilnehmer und der Länge der Wanderung.

★ Nature Walks TREKKING

(☎ 089 552 6899; www.naturewalksthai-myanmar.com) Die Trekkingtouren kosten bei diesem Veranstalter vielleicht mehr als anderswo, dafür ist aber der aus Mae Hong Son stammende John auch der beste Guide in der Stadt. Die Treks reichen von eintägigen Wanderungen durch die Natur bis zu mehrtägigen Touren quer durch die Provinz. John arrangiert auch maßgeschneiderte Touren, beispielsweise die Orchideentour von März bis Mai. Bei Interesse kann man mit John per E-Mail oder Telefon Kontakt aufnehmen.

Friend Tour TREKKING

(☎ 053 611 647, 086 1807031; 21 Th Pradit Jong Kham; ⏲ 8–18.30 Uhr) Der empfehlenswerte Veranstalter mit fast 20 Jahren Erfahrung bietet Trekking- und Raftingtouren sowie Tagesausflüge an.

Nam Rin Tour WANDERN

(☎ 053 614454; Th Khunlumprapas; ⏲ 9–19 Uhr) Mr. Dam wirbt zwar mit *bad sleep, bad jokes* (schlechter Schlaf, schlechte Witze), seine Trekkingtouren bekommen aber gute Kritiken.

Bootsausflüge

Fahrten mit Longtail-Booten auf dem nahen Mae Nam Pai sind beliebt. Angeboten werden sie von den Gästehäusern und Agenturen, die auch Wanderungen im Umland von Mae Hong Son organisieren. Die meisten Bootstouren beginnen in Tha Pong Daeng, 4 km südwestlich von Mae Hong Son. Die Boote fahren 15 km stromabwärts bis zum

THERMALQUELLEN: PHA BONG

Rund 11 km südlich der Hauptstadt liegt das Shan-Dorf Pha Bong mit **Thermalquellen** (บ่อน้ำร้อนผาบ่อง; Ban Pha Bong; Privatwanne/-raum 50/400 B, Massage 150 B/Std.; ⏲ 8 Uhr–Sonnenuntergang) in einem öffentlichen Park. Dort halten alle Busse in Richtung Süden.

INSIDERWISSEN

DIE DÖRFER DER LANGHALS-PADAUNG

Diese Dörfer sind Mae Hong Sons bekannteste – und zugleich umstrittenste – Touristenattraktion. Der Spitzname „Langhals" entstand wegen der Gewohnheit einiger Frauen der Kayan (oder Padaung, wie die Shan sagen), schwere Messingspiralen um den Hals zu tragen. Diese Halsspirale drückt auf das Schlüsselbein und den Brustkorb, weshalb der Hals unnatürlich lang aussieht. Ein weit verbreiteter Irrglaube ist, dass die Hälse abknicken und die Frauen ersticken würden, wenn sie die Spiralen ablegten. In Wirklichkeit legen die Frauen die Spiralen ohne jede Probleme ab und an, und es gibt auch keinen Beweis, dass diese Angewohnheit ihre Gesundheit beeinträchtigt.

Niemand weiß, wie dieser Brauch entstanden ist. Einer Theorie zufolge sollten die Spiralen die Frauen für Männer anderer Stämme unattraktiv machen, nach einer anderen sollten sie Tiger daran hindern, sie am Hals zu packen und fortzuschleppen. Wahrscheinlich aber handelt es sich nur um ein Modeaccessoire. Bis vor Kurzem war der Brauch schon so gut wie verschwunden, hat aber durch das Geld aus dem Tourismus und wohl auch durch örtliche Behörden, die von den Kayan-Frauen profitieren wollen, neuen Auftrieb erhalten.

Die Dörfer stehen heute auf dem Programm vieler Tourveranstalter und sind ein wichtiger Touristenmagnet von Mae Hong Son geworden. Viele bezeichnen die Dörfer – nicht ganz unberechtigt – als Menschenzoos, uns erinnern sie aber mehr an bizarre ländliche Märkte, weil die Frauen das meiste Geld mit dem Verkauf von Souvenirs und Getränken einnehmen. Die Padaung, mit denen wir gesprochen haben, behaupten, sie seien mit ihrer momentanen Situation ganz zufrieden, aber die Staatenlosigkeit, die sie mit allen anderen Flüchtlingen aus Myanmar teilen, ist sicher kein beneidenswerter Zustand: Die Bauern, die sich früher selbst versorgten, sind heute auf den Tourismus und auf fremde Hilfe angewiesen.

Alle drei Padaung-Siedlungen kann man auf eigene Faust besuchen, wenn man ein eigenes Transportmittel hat. Alternativ bieten alle Reiseagenturen in Mae Hong Son Touren an. Am meisten besucht wird das 7 km von Mae Hong Son entfernte Dorf **Huai Seua Thao**. Abgelegener, aber definitiv ebenso vom Tourismus erschlossen ist **Kayan Tayar** nahe dem Shan-Dorf Ban Nai Soi, 35 km nordwestlich von Mae Hong Son. Eine weitere „Langhals"-Siedlung befindet sich in **Huay Pu Keng**; ein Besuch dort ist Bestandteil der Touren mit Longtail-Booten, die am Tha Pong Daeng starten. In allen Siedlungen wird von Nicht-Thais ein Eintrittsgeld von 250 B pro Person gefordert.

„Langhals"-Dorf Huay Pu Keng (700 B, 1 Std.) oder noch weiter bis zum 20 km von der Anlegestelle entfernten Grenzposten Ban Nam Phiang Din (800 B, 1½ Std.), ehe es zurückgeht. In den Booten finden maximal acht Passagiere Platz.

Spa

Phu Klon Country Club SPA
(ภูโคลน คันทรีคลับ; ☎053 282579; www.phuklon.co.th; Schlammpackung 80–700 B, Massage 250–450 B/Std.; ⏲8–18.30 Uhr) Diese Anlage, von ihren Besitzern als „Country Club" bezeichnet, wird als Thailands einziges Schlammbad angepriesen. Phu Klon liegt 16 km nördlich von Mae Hong Son in Mok Champae. Wer kein eigenes Fahrzeug hat, kann das täglich nach Ban Ruam Thai oder Mae Aw verkehrende *sŏrng·tăa·ou* (25 B) nehmen. Dann muss man allerdings sehen, wie man wieder zurückkommt. Die Quelle wurde 1995 von Geologen entdeckt. Vor der Anwendung wird der Schlamm pasteurisiert und zusätzlich mit Kräutern versetzt. Bäder im Thermalbad und Massagen werden hier ebenfalls angeboten.

Geführte Touren

Rosegarden Tours GEFÜHRTE TOUREN
(☎053 611681; 86/4 Th Khunlumprapas; Tour ab 600 B; ⏲8.30–21 Uhr) Der Schwerpunkt dieses Veranstalters mit englisch- und französischsprachigen Führern liegt auf Kultur und Sightseeing.

Tour Merng Tai GEFÜHRTE TOUREN
(☎053 611 979, 086 3115631; www.tourmerngtai.com; 89 Th Khunlumprapas) Diese Firma veranstaltet vor allem geführte Minivan- und Radtouren durch die Stadt. Im Angebot sind aber auch Wanderungen und kostenlose Stadtspaziergänge von studentischen Praktikanten.

Feste & Events

Poi-Sang-Long-Fest RELIGION

(März) Die Wats Jong Klang und Jong Kham stehen im Mittelpunkt dieses Fests im März, bei dem Shan-Jungen in einer *boàat lôok gâaou* genannten Zeremonie zu Mönchsnovizen ordiniert werden. Nach dem Brauch der Shan tragen die Jungen dabei keine einfachen weißen Gewänder, sondern verzierte Kostüme, Blumenkopfschmuck und Schminke.

Jong-Para-Fest RELIGION

(ca. Okt.) Das wichtige lokale Fest wird im Oktober gegen Ende der buddhistischen Regenklausur gefeiert – drei Tage vor Vollmond im elften Mondmonat (das genaue Datum variiert dementsprechend von Jahr zu Jahr).

Zu Beginn des Fests bringen einheimische Shan den Mönchen in einer Prozession, bei der auf Stangen montierte Palastmodelle getragen werden, Opfergaben in die Tempel. Es finden Volkstheater- und Tanzvorführungen auf dem Gelände der Wats statt– einige davon bekommt man nur in Nordwestthailand zu sehen.

Loi Krathong KULTUR

(Nov.) An diesem nationalen Feiertag im November – bei dem normalerweise *grà·tong* (kleine Lotusflöße) auf den nächstgelegenen Teich, See oder Fluss gesetzt werden – lassen die Einwohner von Mae Hong Son auf dem Doi Kong Mu Ballons, sogenannte *grà·tong sà·wăn* (Himmels-*grà·tong*) aufsteigen.

Schlafen

Mae Hong Son hat generell einen Mangel an inspirierenden Unterkünften. Außerhalb des Stadtzentrums gibt es aber ein paar herausragende Mittelklassehotels. Da die Stadt ein Touristenziel ist, schwanken die Preise je nach Saison; außerhalb der Hauptsaison (Nov.–Jan.) kann man also durchaus Rabatte aushandeln.

In der Stadt

Baan Mai Guest House PENSION $

(080 499 1975; www.facebook.com/baanmaiguesthouse; 26/1 Th Chamnansatit; Zi. inkl. Frühstück 300 B) Die drei einfachen Zimmer mit Ventilator in einem gemütlichen Holzhaus unweit des Nong Jong Kham vermitteln den Gästen ein echtes Familien-Feeling.

Palm House PENSION $

(053 614022; 22/1 Th Chamnansatit; Zi. 300–700 B;) Das Originalgebäude dieser Pension beherbergt ein paar gesichtslose, dafür aber große und saubere Zimmer mit TV, Kühlschrank, Warmwasser und Ventilator oder Klimaanlage. Die Quartiere im neueren Anbau sind ausstattungsmäßig fast identisch, aber ansonsten deutlich moderner, geräumiger und attraktiver. Der hilfsbereite Inhaber spricht Englisch und organisiert Gästeshuttles.

Friend House PENSION $

(053 620119; 20 Th Pradit Jong Kham; Zi. 150–500 B;) Die ventilatorgekühlten Zimmer dieser Pension sind langweilig, aber blitzsauber. Am unteren Ende der Preisskala stehen hier extrem spartanische Quartiere mit Matratzen auf dem Fußboden und Warmwasser in Gemeinschaftsbädern. Die teureren und größeren Varianten haben eigene Bäder.

Jongkham Place PENSION $$

(053 614294; 4/2 Th Udom Chaonited; Zi. 500–800 B, Bungalow 800 B, Suite 1200–1500 B;) Die familiengeführte Pension am Seeufer ist ausgesprochen sauber. Eine Handvoll Zimmer wird hier durch vier attraktive Holzbungalows und zwei Suiten im Penthausstil ergänzt. Die meisten der Quartiere punkten mit TV, Kühlschrank und Klimaanlage.

Mountain Inn & Resort HOTEL $$

(053 611803; www.mhsmountaininn.com; 112/2 Th Khunlumprapas; Zi. 1200–1500 B, Suite 4500 B, jeweils inkl. Frühstück; @) Das Mountain Inn vermietet leicht betagte, aber saubere und gemütliche Zimmer mit dekorativen Elementen im Thai-Stil. Die Ausstattung umfasst TV, Kühlschrank und Klimaanlage. Von den Quartieren schaut man auf einen hübschen Hofgarten mit kleinen Teichen oder auf einen strandmäßig gestalteten Poolbereich mit Sitzbänken und Sonnenschirmen. Die Superior-Zimmer mit Poolterrassen haben ein besseres Preis-Leistungs-Verhältnis als die Deluxe-Varianten.

Coffee Morning HOTEL $$

(053 612234; 78 Th Singhanat Barm Rung; Zi. 600 B; @) In einem alten Holzhaus gibt's hier ein Café, einen Buchladen und drei einfache Zimmer. Diese haben keine eigenen Bäder und sind angesichts dessen nicht gerade günstig. Hierfür entschädigen die künstlerisch angehauchte Atmosphäre und die stressfreie Kaffeeversorgung.

Romtai House PENSION $$

(053 612437; Th Chamnansatit; Zi. 600–700 B, Bungalow 1000 B;) Hinter den Tempeln am Seeufer versteckt sich das Romtai House mit gesichtslosem Rezeptionsbereich und riesiger Unterkunftsauswahl. Diese reicht von schlichten, aber großen und sauberen Zimmern bis zu vergleichsweise attraktiveren Bungalows mit Blick auf die Fischteiche eines üppigen Gartens.

Baiyoke Chalet Hotel HOTEL $$$

(053 613132; www.baiyokehotel.com; 90 Th Khunlumprapas; Zi. inkl. Frühstück 1380–1800 B;) Das Hotel liegt praktisch und hat komfortable Unterkünfte. Wie die Lobby sind auch die Zimmer geschmackvoll in Hartholz mit dezenten ortstypischen Details gestaltet. Im Restaurant und der Lounge im Erdgeschoss kann es recht laut zugehen, weshalb ein Zimmer abseits der Straße oder in einem der oberen Stockwerke sicher die bessere Wahl ist. Außerhalb der Saison gibt's fast 50 % Rabatt.

Außerhalb der Stadt

★ **Sang Tong Huts** HOTEL $$

(053 611680; www.sangtonghuts.org; Th Maka Santi; Bungalow 1200–2500 B; @) Eine der schöneren örtlichen Unterkünfte: In einem Waldgebiet gleich außerhalb der Stadt stehen hier rustikale und ventilatorgekühlte Bungalows ohne TV. Alle Quartiere sind geräumig, komfortabel und ansprechend gestaltet. Für die relativ große Entfernung zum Zentrum entschädigen auch der Pool und die leckeren Backwaren. Die vielen Stammgäste machen eine rechtzeitige Reservierung ratsam.

Nahe der Th Maka Santi liegt das Hotel ca. 1 km nordöstlich der Th Khunlumprapas. Anreise: In Richtung Pai fahren, an der Kreuzung vor Mae Hong Sons nördlichster Ampelanlage nach links abbiegen und dann den Schildern folgen.

Pana Huts PENSION $$

(053 614 331; 293/9 Th Maka Santi; Zi. & Bungalow 600–750 B;) Die vier Bambushütten stehen in einem Waldgebiet außerhalb der Stadt und verfügen über Badezimmer mit Warmwasseranschluss und Terrassen. Der einladende Gemeinschaftsbereich gibt sich mit seinem Dach aus Teakblättern, Holzbänken und der umschlossenen Feuerstelle für kühle Nächte angemessen rustikal.

Die Anlage befindet sich rund 1 km nordöstlich der Th Khunlumprapas, gleich abseits der Th Maka Santi – wenn man Richtung Pai fährt, einfach links vor der nördlichsten Ampel im Ort abbiegen und der Ausschilderung folgen!

★ **Fern Resort** RESORT $$$

(053 686110; www.fernresort.info; an der Rte 108; Bungalow inkl. Frühstück 2500–3500 B; @) Das schon lange bestehende Resort gehört zu den angenehmeren Unterkünften in Nordthailand. Die 35 stilvoll eingerichteten Holzbungalows stehen inmitten terrassenartig angelegter Reisfelder und Bäche. TVs sucht man hier vergeblich, dafür gibt's aber Hunde, einen Pool, einen Petanque-Platz und Naturlehrpfade im angrenzenden Mae Surin National Park – langweilig wird es hier also schon mal nicht.

Der einzige Nachteil ist, dass das Resort 7 km südlich der Stadt liegt. Gäste können sich kostenlos von Flughafen oder Busbahnhof abholen lassen, außerdem fahren regelmäßig Shuttles von und zur Stadt, die am Fern Restaurant halten.

Imperial Tara Mae Hong Son Hotel HOTEL $$$

(053 684444-9; www.imperialhotels.com; Rte 108; Zi. inkl. Frühstück 3800 B, Suite inkl. Frühstück 5000–6600 B; @) Die geschmackvoll eingerichteten Zimmer in dem exklusiven 104-Betten-Hotel sind alle mit Holzdielen und Balkonen ausgestattet. Die Terrassen mit Fenstertüren sind eine willkommene Abwechselung zur Konzeption der üblichen Businesshotels. Zu den Einrichtungen gehören eine Sauna, ein Swimmingpool und ein Fitnesscenter. Das Hotel steht etwa 2 km südlich der Stadt.

Essen & Ausgehen

In Mae Hong Son zielen mehrere Restaurants und Imbissstände speziell auf Touristen ab. Die einzigartigen Shan-Köstlichkeiten der Stadt gibt's aber nur in vergleichsweise rustikalerem Ambiente – beispielsweise auf dem Morgen- oder **Nachtmarkt** (Th Phanich Wattana; Hauptgerichte 20–60 B; 16–20 Uhr).

★ **Morgenmarkt** THAI $

(abseits der Th Phanich Wattana; Hauptgerichte 10–30 B; 6–9 Uhr) Der örtliche Morgenmarkt ist prima zum Frühstücken. Am Nordende verkaufen mehrere Stände ungewöhnliche Gerichte wie birmanisches *tòo·a poo ùr*

(Nudeln mit dickem Schälerbsenbrei und „frittiertem Tofu" à la Myanmar).

★ **little good things** THAI, INTERNATIONAL $
(www.facebook.com/littlegoodthings; abseits der Th Khunlumprapas; Hauptgerichte 30–70 B; ⌚ Mi–Mo 9–15 Uhr; ✎) In einer Stadt mit solch einzigartiger und köstlicher Regionalküche zögert man vielleicht, dieses neue vegane Caférestaurant zu besuchen. Das Lokal zählt jedoch zu den besseren Optionen vor Ort. Auf der kurzen Karte stehen appetitliches Frühstück und leichte Gerichte mit thailändischem Touch. Das komplett fleischfreie Essen ist lecker, gesund und spottbillig.

Chom Mai Restaurant THAI $
(abseits der Rte 108; Hauptgerichte 40–290 B; ⌚ 8.30–15.30 Uhr; 📶✎) Die englischsprachige Karte des Chom Mai ist recht kurz. Probieren sollte man aber unbedingt das *kôw mòk gài* (thailändisches Biryani) oder die so leckere wie reichhaltige *kôw soy* (nordthailändische Nudelsuppe mit Curry).

Das Lokal liegt ca. 4 km südlich von Mae Hong Son an der Straße nach Tha Pong Daeng. Es hat keine Ausschilderung in lateinischen Buchstaben, ist aber an einem Doi-Chaang-Kaffeeschild zu erkennen.

Salween River Restaurant & Bar INTERNATIONAL, THAI $
(23 Th Pradit Jong Kham; Hauptgerichte 40–330 B; ⌚ 8–22 Uhr; 📶✎) Das Salween ist ein typisches Traveller-Café mit ein paar alten Reiseführern, Gratis-WLAN und einer Speisekarte, auf der Burger und birmanische Gerichte stehen. Anders als in den meisten Cafés dieser Art ist das Essen hier aber gut. Probieren sollte man den birmanischen Salat mit grünem Tee.

Fern Restaurant INTERNATIONAL, THAI $
(Th Khunlumprapas; Hauptgerichte 65–180 B; ⌚ 10.30–22 Uhr; 📶✎) Das Fern ist mit ziemlicher Sicherheit Mae Hong Sons schickstes Restaurant, aber man darf nicht vergessen, dass es sich hier eben um Mae Hong Son handelt. Nichtsdestotrotz ist der Service professionell und das Essen gut. Auf der umfangreichen Speisekarte stehen thailändische und regionale Gerichte sowie ein paar vegetarische Speisen. An manchen Abenden gibt es Live-Barmusik.

Maesribua THAI $
(Ecke Th Pradit Jong Kham & Th Singhanat Barm Rung; Hauptgerichte 20–40 B; ⌚ 8–13 Uhr) Im Stile einer Shan-Großmutter serviert „Tante Bua" hier allerlei lokaltypische Currys, Suppen und Dips (jeweils täglich wechselnd). Mangels englischsprachiger Karte einfach durch Draufzeigen bestellen.

Crossroads BAR
(61 Th Khunlumprapas; ⌚ 8–1 Uhr; 📶) Das freundliche Bar-Restaurant ist in jeder Hinsicht eine Kreuzung: Es liegt an einer der wichtigsten Straßenkreuzungen in Mae Hong Son, und das Publikum reicht von Backpacker-Greenhorns bis zu wettergegerbten Einheimischen. Und außerdem gibt's hier Steaks (180–250 B).

Sunflower BAR
(Th Pradit Jong Kham; Hauptgerichte 50–320 B; ⌚ 7.30–22 Uhr) Fassbier, ein kitschiger künstlicher Wasserfall und live gespielte Lounge-Musik machen das Restaurant mit Seeblick auch zur brauchbaren Bar.

Shoppen

Nahe dem Südende der Th Khunlumprapas gibt's ein paar gut sortierte Souvenirshops.

Straßenmarkt MARKT
(Th Pradit Jong Kham; ⌚ Okt.–Feb. 17–22 Uhr) Von Oktober bis Februar verwandeln sich die Straßen um den Jong-Kham-See in einen wuseligen Straßenmarkt mit Kunsthandwerk und Imbissständen.

Manerplaw/Ethnic Echoes TEXTILIEN
(Th Khunlumprapas; ⌚ 10–22 Uhr) Ladenkette mit Spezialisierung auf Textilien regionaler Bergstämme.

Praktische Informationen

Die meisten Bankfilialen am Südende der Th Khunlumprapas haben Geldautomaten

MINIVANS AB MAE HONG SON

ZIEL	PREIS (B)	DAUER (STD.)	HÄUFIGKEIT
Chiang Mai	250	6	7–15 Uhr stündl.
Mae Sariang	200	3½	14 Uhr
Pai	150	2½	7–15 Uhr stündl.
Soppong (Pangmapha)	100	1½	7–15 Uhr stündl.

ABSEITS DER ÜBLICHEN PFADE

HOMESTAYS: MUANG PON

Gleich südlich von Khun Yuam organisiert das malerische, traditionelle Shan-Dorf Muang Pon seit zehn Jahren ein **Homestay-Programm** (☎084 485 5937; pro Pers. 350 B/Übernachtung inkl. Frühstück & Abendessen), bei dem rund 15 Haushalte mitmachen. Der Preis beinhaltet neben Frühstück und Abendessen auch Sightseeing plus Teilnahme am Dorfalltag (z. B. traditionelles Handwerken, Herstellung lokaltypischer Süßigkeiten, Mitarbeit in der Landwirtschaft).

Die freundlichen Einheimischen geben ihr Wissen gern weiter, sprechen aber meist kaum Englisch.

Muang Pon liegt ca. 12 km südlich von Khun Yuam und wird von allen Bussen Richtung Mae Sariang oder Chiang Mai bedient.

Maehongson Living Museum (27 Th Singhanat Barm Rung; ⌚8.30–16.30 Uhr; 📶) In Mae Hong Sons früherem Busbahnhof aus Holz informiert dieses hübsche Museum über die lokale Kultur, Küche und Architektur – allerdings größtenteils nur auf Thai. Ansonsten gibt's hier auch Gratis-WLAN, geführte Stadtspaziergänge (kostenlos; tgl. 16 Uhr) und ein paar englischsprachige Stadtpläne bzw. Broschüren.

Srisangwal Hospital (☎053 611378; Th Singhanat Barm Rung) Größtes Krankenhaus der Stadt.

Tourism Authority of Thailand (TAT; ☎053 612982, landesweit 1672; www.tourismthailand.org/Mae-Hong-Son; Th Ni-wet Pi-sarn; ⌚8.30–16.30 Uhr) Einfache Infobroschüren plus Stadtpläne.

Touristenpolizei (☎053 611812, landesweit 1155; Th Singhanat Barm Rung; ⌚8.30–16.30 Uhr)

ℹ An- & Weiterreise

Im abgelegenen Mae Hong Son besteht Busverbindung nach Bangkok. Zudem gelangt man von hier aus per Flieger und Bus nach Chiang Mai.

Aufgrund der Zeitersparnis bevorzugen viele Besucher für den Trip ab/nach Chiang Mai einen teureren Flug (ab 990 B, 35 Min., 2-mal tgl.) mit **Bangkok Airways** (☎053 611426; www.bangkokair.com; ⌚8–17.30 Uhr). Ein Túk-Túk vom Flughafen in die Stadt kostet ca. 80 B.

BUS

Busse und Kleinbusse starten 1 km südlich von Mae Hong Son am Busbahnhof (Túk-Túk oder Motorradtaxi 60 B).

ZIEL	PREIS (B)	DAUER (STD.)	HÄUFIGKEIT
Bangkok	675–1050	15	3-mal tgl. 15, 16 & 16.30 Uhr
Chiang Mai	185–450	8–9	3-mal tgl. 8, 20 & 21 Uhr
Khun Yuam	43–200	2	3-mal tgl. 8, 20 & 21 Uhr
Mae Sariang	97–250	4	3-mal tgl. 8, 20 & 21 Uhr

ℹ Unterwegs vor Ort

Das Zentrum von Mae Hong Son lässt sich leicht zu Fuß erkunden. Der Ort ist einer der wenigen in Thailand, in dem nicht an jeder Ecke ein Motorradtaxi steht. Einige findet man aber in der Nähe des Eingangs zum Morgenmarkt. Stadtfahrten kosten 20 bis 40 B. Vor Ort fahren auch ein paar Túk-Túk; mit ihnen kostet eine Stadtfahrt 40 B.

Da die meisten Sehenswürdigkeiten von Mae Hong Son außerhalb der Ortschaft liegen, lohnt es sich, ein Motorrad oder Fahrrad zu mieten.

Rund um Mae Hong Son

Mae Aw (Ban Rak Thai) & Umgebung แม่ออ

Ein lohnenswerter Tagesausflug ab der Provinzhauptstadt führt zum stimmungsvollen Dorf Mae Aw, das 43 km nördlich von Mae Hong Son direkt an der Grenze zu Myanmar liegt. Gegründet wurde dieser chinesische Außenposten einst von früheren KMT-Soldaten aus Yunnan, die nach dem Sieg der Kommunisten (1949) aus China geflohen waren. Auch Jahrzehnte später erinnern Kultur und Architektur hier immer noch sehr stark ans Reich der Mitte. Tourismus und regionaler Tee sind die Haupteinnahmequellen in Mae Aw. Die vielen örtlichen Teestuben werden durch einige Restaurants mit Yunnan-Küche ergänzt.

Die Straße nach Mae Aw ist schön. Sie führt zuerst durch hübsche Uferdörfer der Shan wie **Mok Champae** und dann plötzlich bergauf durch eine eindrucksvolle Berglandschaft. Für Zwischenstopps bieten sich der **Pha-Sua-Wasserfall**, ca. 5 km den Berg hinauf, und der **Pang-Tong-Sommerpalast** an, eine wenig benutzte Königsresidenz ein paar Kilometer hinter dem Wasserfall.

Bei Ban Na Pa Paek kann man einen interessanten Abstecher machen, wenn man dort links abbiegt und 6 km bis zum Shan-

Dorf **Ban Ruam Thai** weiterfährt. In dem Ort gibt es mehrere einfache Unterkünfte und Restaurants. Die Straße endet 500 m weiter bei **Pang Ung**, einem friedlichen, von Kiefern umgebenen Gebirgsstausee, der für thailändische Tagesausflügler so etwas wie die thailändische Schweiz ist.

Von Ban Na Pa Paek sind es noch weitere 6 km nach Norden. Eine kurze, unbefestigte Straße führt bis zu einem (nur für Einheimische geöffneten) Grenzübergang. Es wird dringend davon abgeraten, in dieser Gegend auf eigene Faust zu wandern, weil es hier gelegentlich zu bewaffneten Konflikten kommt und hier zudem noch eine berüchtigte Drogenschmuggelroute verläuft.

Schlafen & Essen

Mae Aw und Ban Ruam Thai lassen sich von Mae Hong Son aus leicht per Tagestour besuchen. Die beiden Dörfer warten aber auch mit diversen einfachen Unterkünften für Übernachtungswillige auf.

In Mae Aw gibt's zudem mehrere Restaurants und Imbissstände mit chinesischen Köstlichkeiten im Yunnan-Stil.

Ping Ping Guest House PENSION $

(☎ 084 4481 9707; Mae Aw (Ban Rak Thai); Zi. 300–400 B) Dieses Gästehaus und ein paar ganz ähnliche Einrichtungen rund um Mae Aws Stausee bieten schlichte Unterkünfte in Lehmziegelbungalows.

Guest House & Home Stay PENSION $$

(☎ 083 571 6668; Ban Ruam Thai; Zi. 400–2500 B) Das älteste Gästehaus in Ban Ruam Thai (es gibt inzwischen zahlreiche „Homestays", die Unterkunft für 200 bis 400 B anbieten) verfügt über Übernachtungsmöglichkeiten in mehreren einfachen Backsteinhütten, die umgeben von Kaffee- und Teesträuchern sowie Obstbäumen an einem Hang stehen.

★ **Gee Lee Restaurant** CHINESISCH $$

(Mae Aw bzw. Ban Rak Thai; Hauptgerichte 60–180 B; ⌚8–19 Uhr; 🗷) Das Gee Lee gehört zu Mae Aws ältesten Touristenrestaurants mit chinesischer Küche im Yunnan-Stil. Geschmorte Schweinshaxe und Gemüse aus dem Wok sind die Spezialitäten des Hauses. Das Lokal hat keine Ausschilderung in lateinischen Buchstaben. Kurz vor der Abzweigung zum Dorfzentrum liegt es direkt am Seeufer.

An- & Weiterreise

An einem **Stand** (Th Phanich Wattana) gegenüber von Mae Hong Sons Markt starten *sŏrng·tăa·ou* nach Ban Ruam Thai (80 B, 1 Std., 9 & 15.30 Uhr; in Gegenrichtung 11 & 17.30 Uhr) und Mae Aw (80 B, 1 Std., 12 & 15 Uhr; in Gegenrichtung 8 Uhr). Hinweis: Die Vehikel brechen jeweils bei Vollbelegung auf, was mitunter erst ein paar Stunden nach den offiziellen Abfahrtszeiten der Fall ist. Bei Bedarf ist es daher ratsam, sich Mitpassagiere zu suchen und selbst ein ganzes *sŏrng·tăa·ou* zu mieten. Zu beiden Dörfern verlangen die Fahrer dafür 1200 bis 1600 B (ca. 1500 B bei Buchung über ein beliebiges Reisebüro in Mae Hong Son).

Alternativ lässt sich der Trip auch sehr gut per Mietmotorrad absolvieren. Davor aber unbedingt volltanken: Die einzige Tankstelle unterwegs liegt in Ban Na Pa Paek am Ende eines sehr langen Anstiegs.

Tham Pla National Park

Die interessanteste Sehenswürdigkeit des **Tham Pla Nationalparks** (อุทยานแห่งชาติถ้ำปลา; Rte 1095; Erw./Kind 100/50 B; ⌚8–18 Uhr) bildet die Tham Pla (oder Fischhöhle), eine mit Wasser gefüllte Höhle, in der Hunderte Bachkarpfen einer bestimmten Art leben. Der Park liegt 16 km nördlich von Mae Hong Son und kann mit jedem Bus Richtung Norden erreicht werden. Ein ca. 450 m langer Weg führt vom Eingang des Nationalparks zu einer Hängebrücke, die einen kleinen Fluss überspannt, und weiter bis zur Höhle.

In der Nähe der Höhle sieht man die Statue des Hindu-Weisen Nara, der die heiligen Fische vor Gefahren beschützen soll. Die Karpfen werden bis zu 1 m lang und sind nur in den Provinzen Mae Hong Son, Ranong, Chiang Mai, Rayong, Chanthaburi und Kanchanaburi zu finden. Sie ernähren sich von Grünzeug und Insekten, die Einheimischen halten sie aber für Vegetarier und füttern sie deshalb ausschließlich mit Obst und Gemüse (gibt's am Parkeingang zu kaufen).

Dem Besuch in diesem Park fehlt vielleicht ein eigentlicher Höhepunkt, aber das Schutzgebiet ist idyllisch und schattig – und Verpflegungsmöglichkeiten und Picknicktische fehlen auch nicht.

Khun Yuam ขุนยวม

☎ 053 / 7000 EW.

Ungefähr auf halber Strecke zwischen Mae Sariang und Mae Hong Son – alle Busse Richtung Norden halten hier an – liegt das ruhige Bergstädtchen Khun Yuam, das eine nette Abwechselung zu den umliegenden, stärker besuchten Zielen ist. Hier gibt's einige Unterkünfte und ein paar interessante Sehenswürdigkeiten.

Sehenswertes

Die meisten Attraktionen von Khun Yuams liegen außerhalb der Stadt. Um sie zu besuchen, braucht man ein eigenes Transportmittel.

Thai-Japan Friendship Memorial Hall MUSEUM

(อนุสรณ์สถานมิตรภาพไทย-ญี่ปุ่น; Rte 108; Erw./Kind 100/50 B; ⌚8–16.30 Uhr) Am nördlichen Ende der Stadt steht die kürzlich renovierte Thai-Japan Friendship Memorial Hall. Nach einem kurzen Film über die Geschichte und Kultur von Khun Yuam besichtigt man Exponate und Zeugnisse zur Regionalgeschichte und aus der Zeit, als die Japaner in den letzten Wochen des Krieges mit Birma Khun Yuam besetzt hielten. Nach Kriegsende blieben einige japanische Soldaten im Ort und heirateten hier. Der letzte japanische Soldat, der sich in der Gegend niedergelassen hatte, ist im Jahr 2000 gestorben.

Wat To Phae BUDDHISTISCHER TEMPEL

(วัดต่อแพ; ⌚Tageslichtstunden) Etwa 6 km westlich von Khun Yuam liegt an einem Bach der stimmungsvolle Wat To Phae, in dem es einen *chedi* (Stupa) im Mon-Stil und einen sehr gut erhaltenen *wí·hăhn* (Heiligtum) im birmanischen Stil zu bestaunen gibt. Hinter den Vorhängen des Hauptaltars im *wí·hăhn* versteckt sich auf der einen Seite ein 150 Jahre alter birmanischer *kalaga*, ein bestickter und paillettenbesetzter Wandbehang.

Ban Mae U Khaw DORF

(บ้านแม่อูคอ) 25 km von Khun Yuam entfernt und erreichbar über die Rte 1263 liegt an den Hängen des Doi Mae U Khaw das Hmong-Dorf Ban Mae U Khaw. Ende November ist das Gebiet ein einziges Blütenmeer, wenn die *dòrk boo·a đorng*, die Mexikanischen Sonnenblumen, blühen. Die Thais sind so begeistert von dem malerischen Anblick, dass in dieser Zeit alle Unterkünfte ausgebucht sind.

Nam Tok Mae Surin WASSERFALL

(น้ำตกแม่สุรินทร์; 200 B) Rund 50 km hinter Khun Yam erreicht man den 100 m hohen Nam Tok Mae Surin im Nationalpark Mae Surin, den angeblich höchsten Wasserfall Thailands.

Schlafen & Essen

In Khun Yuam finden sich einige bescheidene Reis- und Nudellokale im Süden des Ortes an der Ostseite der Rte 108. Die meisten davon schließen um 17 oder 18 Uhr.

Mithkhoonyoum Hotel HOTEL $

(☎053 691057; Rte 108; Zi. 400–600, Bungalow 1200 B; ❄) Das alteingesessene Hotel an der Hauptstraße im Zentrum vermietet schlichte, aber saubere Zimmer mit eigenen Bädern und Ventilator oder Klimaanlage. Die teureren sind klimatisiert und top in Schuss.

Ban Farang HOTEL $$

(☎053 622086; www.banfarang-guesthouse.com; 499 Th Ratburana; B 200 B, Zi. & Bungalow 600–1200 B, jeweils inkl. Frühstück; ❄📶) Nahe der Bushaltestelle in Richtung nördliches Stadtende weisen Schilder den Weg zu dieser sehr sauberen Bungalow-Anlage, die abseits der Hauptstraße an einem bewaldeten Hang liegt. Die günstigeren Quartiere mit Ventilatoren sind schlicht und düster, haben aber eigene Terrassen. Die teureren Varianten haben Klimaanlage, TV und Kühlschrank.

Yoont HOTEL $$

(☎053 691531; yoontkhunyuam@hotmail.com; Rte 108; Zi. inkl. Frühstück 700–1200 B; ❄@📶) Der Betonbau in der Mitte von Khun Yuams Hauptstraße ermöglicht Relaxen auf einer netten Dachterrasse. Die zwölf Zimmer sind geräumig und stilvoll, aber leicht überteuert.

Praktische Informationen

An der Hauptstraße befinden sich ein paar Banken mit Geldautomaten.

An- & Weiterreise

Zwischen Mae Sariang und Mae Hong Son halten Busse regelmäßig in Khun Yuam. Dessen Busbahnhof liegt am nördlichen Stadtrand.

Ergänzend zu den im Folgenden genannten Busverbindungen fahren Minivans nach Chiang Mai (300 B, 5½ Std., 6–18 Uhr 5-mal tgl.), Mae Hong Son (100 B, 1 Std., 8.30 Uhr) und Mae Sariang (150 B, 1½ Std., 6–18 Uhr 6-mal tgl.).

ZIEL	PREIS (B)	DAUER (STD.)	HÄUFIGKEIT
Chiang Mai	150–350	7–8	3-mal tgl. 10, 21.30 & 22.30 Uhr
Mae Hong Son	50	1½	16 Uhr
Mae Sariang	60–250	2	3-mal tgl. 10, 21.30 & 22.30 Uhr

Mae Sariang แม่สะเรียง

053 / 20 000 EW.

Das bisher eher wenig besuchte Mae Sariang wird ganz allmählich immer beliebter. Die Gründe sind die schöne Lage am Fluss und die Tatsache, dass es ein günstiger Ausgangspunkt für nachhaltigen Tourismus und Wandertouren ist. Es gibt in der Gegend mehrere Siedlungen von Bergvölkern, vor allem rund um Mae La Noi 30 km nördlich der Stadt. Die Region südlich von Mae Sariang ist überwiegend gebirgiges Urwaldgebiet und umfasst die beiden Nationalparks Salawin und Mae Ngao.

Sehenswertes

Wat Jong Sung & Wat Si Bunruang BUDDHISTISCHER TEMPEL
(วัดจองสูง/วัดศรีบุญเรือง; abseits der Th Wiang Mai; Tageslichtstunden) Die beiden Shan-birmanischen Tempel stehen nebeneinander gleich an der Hauptstraße von Mae Sariang. Der 1896 errichtete Wat Jong Sung ist der interessantere der beiden Tempel und besitzt schlanke *chedis* im Shan-Stil und Klostergebäude aus Holz.

Phra That Jom Thong BUDDHISTISCHER TEMPEL
(พระธาตุจอมทอง; an der Rte 105; Tageslichtstunden) Die riesige, goldene Buddha-Statue auf dem Hügel ist kaum zu übersehen. Von dort oben bietet sich ein toller Blick auf Mae Sariang. Die Anlage befindet sich 3 km südlich der Stadt abseits der Straße nach Mae Sot.

Aktivitäten & Touren

Wenn es um Trekkingtouren, Naturwanderungen oder andere Outdoor-Aktivitäten geht, ist die Gegend um Mae Sariang wahrscheinlich eine der besten Nordthailands.

Mae Sariang

Mae Sariang

Sehenswertes
1 Wat Jong Sung & Wat Si Bunruang B1

Aktivitäten, Kurse & Touren
2 Dragon Sabaii Tours A1
3 NG River Guides A1

Schlafen
4 Above The Sea A1
5 Chok Wasana B1
6 Huen-Kham-Kong B1
7 Mae Loe Gyi B1
8 Northwest Guest House A1
9 River Bank Guest House B1
10 Riverhouse Hotel A1
11 Riverhouse Resort A1

Essen
12 Coriander in Redwood A1
13 Intira Restaurant A2
14 Muu Thup D1
15 Sawaddee Restaurant & Bar A1
16 Sonntagsmarkt A2

Transport
17 Fahrradverleih A1
18 Busbahnhof B1
19 Sombat Tour B1
20 Sŏrng·tăa·ou nach Mae Sam Laep A2
21 Sŏrng·tăa·ou nach Mae Sot B1

ABSTECHER

SALAWIN NATIONAL PARK & MAE SAM LAEP

Der **Salawin National Park** (อุทยานแห่งชาติสาละวิน; ☎053 071429; Zugang 200 B) schützt 722 km² Landfläche in den Bezirken Mae Sariang und Sop Moei. Seine dichten Wälder bestehen aus asiatischen Rothölzern und Teakbäumen (darunter das angeblich zweitgrößte Exemplar des Landes).

Eine kurvige Bergstraße (50 km) führt ab Mae Sariang durch den Park. Kurz vor ihrem Ende liegt das Handelsdorf **Mae Sam Laep** (แม่สามแลบ) am Ufer des Salween (Mae Nam Salawin). In der urigen Atmosphäre eines Grenzorts leben dort Flüchtlinge aus Myanmar.

In Mae Sam Laep starten Bootstouren auf dem Fluss, die ungewöhnliche Felsformationen im unberührten Dschungel passieren und gelegentlich birmanisches Territorium durchqueren. Zudem schippern Charterboote von hier aus südwärts nach Sop Moei (ca. 2000 B, 1½ Std., 25 km) und nordwärts zur Nationalpark-Rangerstation bei Tha Ta Fang (ca. 1500 B, 1 Std., 18 km). Hinzu kommen unregelmäßig verkehrende Passagierboote (Hinweis: Preisverhandlung sind ohne solide Thai-Kenntnisse sehr schwierig!).

Nahe dem Morgenmarkt in Mae Sariang brechen *sŏrng·tăa·ou* an der Th Laeng Phanit Richtung Mae Sam Laep (80 B, 1½ Std., 7–12 Uhr 5-mal tgl.) auf.

Dies liegt nicht nur an der natürlichen Schönheit und kulturellen Vielfalt der Region, sondern auch daran, dass hier eine neue Generation von verantwortungsbewussten Tourveranstaltern am Werk ist, die auf gemeindeorientierten Tourismus setzt. Die Preise liegen bei Gruppen von mindestens zwei Personen zwischen 1500 und 5000 B pro Tag und Person.

NG River Guides RAFTING

(☎089 756 6443, 053 681139; www.ng-river-guides.com; 258/1 Th Mae Sariang; ⏲9–17 Uhr) Firmeninhaber Bobby veranstaltet Rafting- und Kajaktouren auf dem Mae Nam Yuam, wenn dieser am meisten Wasser führt (Okt.–Dez.). Darunter sind z. B. halbtägige Gruppentrips von Mae La Noi nach Mae Sariang (ab 1200 B/Pers., mind. 2 Pers.). Längere Ausflüge und Optionen mit Übernachtung sind ebenfalls im Angebot.

Bobby leitet auch Fliegenfischertouren am Mae Ngao und Mae La Noi (pro Tag ab 9000 B/Pers., mind. 2 Pers.), bei denen die Fänge möglichst unversehrt zurückgesetzt werden (Catch & Release).

Mae Sariang Tours 1980 WANDERN & TREKKEN, RAFTING

(☎088 404 8402; maesariang.man@gmail.com) Der Inhaber dieser Firma lässt sich am liebsten Mae Sariang Man nennen und ist ein erfahrener Trekker. Seine ökobewussten Wander- und Raftingtouren beziehen einheimische Gemeinden aktiv mit ein. Die Touren durch Dschungelgebiete und Nationalparks finden nicht nur rund um Mae Sariang statt, sondern auch in Sop Moei und sogar auf der anderen Seite der Grenze in Myanmar.

Dragon Sabaii Tours WANDERN

(☎085 548 0884; www.thailandhilltribeholidays.com; Th Mongkolchai) Im Vordergrund stehen Öko- und Kulturtourismus hauptsächlich im Gebiet von Mae La Noi gleich nördlich von Mae Sariang. Man besucht die Dörfer der Bergvölker, ohne zu stören, kann aber auch Homestays mit Freiwilligenarbeit buchen, bei denen man mit Angehörigen dieser Völker gemeinsam kocht und auf den Feldern arbeitet. Alle Angebote sind so gestaltet, dass auch die örtlichen Gemeinden etwas davon haben.

Piak Private Tours TREKKING

(☎093 179 9786; piak1003@hotmail.com) Die Touren und Treks von Piak, einem unabhängigen, erfahrenen Guide, bekommen stets gute Kritiken. Zu erreichen ist er per E-Mail und telefonisch.

Schlafen

Northwest Guest House PENSION $

(☎098 368 3867; patiat_1@hotmail.com; 81 Th Laeng Phanit; Zi. 250–350 B; ❄@🛜) Die sieben spartanischen Zimmer in dem behaglichen Holzhaus verfügen nur über Matratzen auf dem Boden und haben nur zur Hälfte eigene Bäder. Dafür sind sie recht geräumig und hell. Die Pension organisiert auch geführte Touren (u. a. Treks).

★ **Riverhouse Hotel** HOTEL $$

(☎053 621201; www.riverhousehotels.com; 77 Th Laeng Phanit; Zi. inkl. Frühstück 1000–1300 B;

(❄@📶) Teakholz, stilvolles Dekor und eine tolle Lage am Fluss machen dieses Boutiquehotel zur besten örtlichen Unterkunft. Die klimatisierten Zimmer haben deckenhohe Fenster und riesige Balkone mit Aussicht aufs Wasser. Gäste haben Zugang zum Pool des Riverhouse Resort, das etwas weiter südlich an der Th Laeng Phanit vom selben Team geleitet wird.

Huen-Kham-Kong HOTEL **$$**
(☎053 682416; www.huenkhamkong.com; 102 Th Laeng Phanit; Bungalows 800–900 B; ❄📶) Die sechs niedlichen und hübschen Bungalows haben freundliche Besitzer und verfügen über TV, Kühlschrank und Klimaanlage. Man bekommt auch Fahrräder.

Chok Wasana PENSION **$$**
(☎053 682132; 104 Th Laeng Phanit; Zi. inkl. Frühstück 800–1000 B; ❄📶) Die Pension mit dem Ambiente eines privaten Wohnhauses ist eine gute Option, wenn man auf Flussblick verzichten kann. Die sechs sauberen Zimmer punkten mit Klimaanlage, TV, großen Kühlschränken und viel Platz.

River Bank Guest House PENSION **$$**
(☎053 682787; Th Laeng Phanit; Zi. 400–1500 B; ❄📶) Die Zimmer in dem hübschen Haus am Flussufer sind mit Hartholz ausgekleidet und lichtdurchflutet. Es lohnt sich, 200 B mehr für ein Zimmer im Obergeschoss zu berappen, denn die preiswerteren Zimmer wirken beengt und haben geradezu lächerlich kleine TVs. Ein Highlight hier ist der recht stilvolle und einladende Balkon zum Ufer hin.

Above The Sea HOTEL **$$**
(☎091 859 5264; www.abovetheseamaesariang.com; Th Laeng Phanit; Zi. inkl. Frühstück 1000–1500 B; ❄📶🏊) Das Above The Sea zählt zu den wenigen örtlichen Unterkünften mit Pool und vermietet neun künstlerisch angehauchte Zimmer im schicken Industriestil. Darunter ist auch ein „Familienzimmer" mit einfacher Kochnische und vergleichsweise deutlich mehr Platz. Das Ambiente erinnert generell mehr an eine Restaurantbar als an ein Hotel.

Mae Loe Gyi PENSION **$$**
(☎086 363 8740; Soi 4, Th Wiang Mai; Bungalow 800 B; ❄📶) Die vier Bungalows der ruhigen Anlage wirken recht minimalistisch, aber dafür hell und geräumig. Die Ausstattung umfasst jeweils TV, eine Küche und ein separates Schlafzimmer.

Riverhouse Resort HOTEL **$$$**
(☎053 683066; Th Laeng Phanit; Zi. inkl. Frühstück 1500–2800 B; ❄@📶🏊) Den Inhabern des Riverhouse Resort gehört auch das benachbarte Riverhouse Hotel. Im Vergleich zu diesem wirkt das Resort weniger charmant; die Ausstattung ist in beiden Fällen aber größtenteils identisch. Tipp: Am besten ein Zimmer mit Aussicht auf den Fluss wählen, da die Quartiere mit Stadtblick dasselbe kosten.

Essen & Ausgehen

In der Th Laeng Phanit, nördlich der Kreuzung mit der Th Mongkolchai, reihen sich am Flussufer die unterschiedlichsten Bars aneinander.

★ Muu Thup NORDTHAILÄNDISCH **$**
(Th Wiang Mai; Hauptgerichte 50–80 B; ⌚8–19 Uhr) Das schuppenartige Muu Thup serviert authentische und sehr schmackhafte Grillfleisch-Gerichte à la Nordthailand. Das namengebende *mŏo đúp* (Schweinefleisch, das nach dem Grillen weichgeklopft wird) ist immer eine gute Wahl. Das Lokal liegt an der Straßenkreuzung in Richtung Fluss. Es hat keine Ausschilderung in lateinischen Buchstaben, ist aber an seinem Grill zu erkennen.

Intira Restaurant THAI **$**
(Th Wiang Mai; Hauptgerichte 50–200 B; ⌚8–22 Uhr) Das wahrscheinlich beste Restaurant der Stadt hat jede Menge Gerichte mit einzigartigen Zutaten wie vor Ort angebauten und geernteten Shiitake-Pilzen und Fisch aus dem Mae Nam Moei auf der Karte.

Sonntagsmarkt THAI **$**
(Th Wiang Mai; Hauptgerichte 20–60 B; ⌚15–20 Uhr) Sonntags unbedingt diesen so winzigen wie attraktiven Markt besuchen: Hier gibt's Regionalküche in eindrucksvoller Auswahl

Sawaddee Restaurant & Bar THAI **$**
(Th Laeng Phanit; Hauptgerichte 40–150 B; ⌚17–24 Uhrt; 📶📝) Wie in einer Strandbar kann man hier bestens bei Bier und Aussicht aufs Wasser (in diesem Fall der Mae Nam Yuam) relaxen. Auf der langen Speisekarte stehen viele vegetarische Optionen. Die Inhaber Christian und Beng liefern prima Infos zu eher unbekannten, aber spaßigen Sehenswürdigkeiten bzw. Aktivitäten in der Umgebung.

Coriander in Redwood THAI **$$**
(Th Laeng Phanit; Hauptgerichte 50–420 B; ⌚Mo–Sa 10–22 Uhr) Das schickste Restaurant der Stadt residiert in einem schönen Holzgebäu-

BUSSE AB MAE SARIANG

ZIEL	PREIS (B)	DAUER (STD.)	HÄUFIGKEIT
Bangkok	536–834	12	16–20 Uhr 4-mal tgl.
Chiang Mai	100–350	4–5	0.30, 1 & 13 Uhr 3-mal tgl.
Khun Yuam	150	3	10.30–16.30 Uhr 4-mal tgl.
Mae Hong Son	150	4	4 & 17 Uhr 2-mal tgl.

de und macht viel Wind um seine Steaks. Besser beraten ist man aber mit den thailändischen Gerichten, etwa den verschiedenen *nâm príkk* (Chili-Dips). Zur Abkühlung nachmittags bieten sich Eis und Eiskaffee an.

Praktische Informationen

In Mae Sariang gibt's mehrere Bankfilialen mit Geldautomaten (vor allem am Westende der Th Wiang Mai).

Krankenhaus (☎053 681 032; 74 Th Wiang Mai; ⏲24 Std.) Größtes Krankenhaus der Stadt.

Polizei (☎Notruf 24 Std. 191; Th Mae Sariang; ⏲24 Std.) Örtliche Hauptwache.

Anreise & Unterwegs vor Ort

Der staubige **Busbahnhof** (Th Mae Sariang) wickelt Verbindungen innerhalb der Provinz Mae Hong Son ab, ermöglicht aber auch Busreisen nach/ab Chiang Mai. Zudem starten hier Minivans nach Chiang Mai (200 B, 3½ Std., 7–17 Uhr stündl.) und Khun Yuam (150 B, 1½ Std., 10–16 Uhr 4-mal tgl.). Ein paar Blocks weiter nördlich schickt **Sombat Tour** (☎053 681532; Th Mae Sariang; ⏲8–20 Uhr) Busse nach Bangkok.

Von einer Haltestelle an der Th Laeng Phanit fahren *sŏrng·tăa·ou* nach Mae Sam Laep (80 B, 1½ Std., 7–12 Uhr 5-mal tgl.). *Sŏrng·tăa·ou* nach Mae Sot (250 B, 6 Std., 6.30–12 Uhr stündl.) brechen an einem überdachten Stand gegenüber von Sombat Tour auf.

Der **Fahrradverleih** (☎084 485 2525; abseits der Th Laeng Phanit; pro 24 Std. Leihfahrrad/-motorrad 50/200B; ⏲7–19 Uhr) und das **Northwest Guest House** (S. 318) verleihen jeweils Motor- und Fahrräder.

Provinz Chiang Mai

Inhalt ➡

Gut essen

- Lert Ros (S. 356)
- SP Chicken (S. 356)
- Talat Pratu Chiang Mai (S. 358)
- Rustic & Blue (S. 362)

Schön übernachten

- Dhara Dhevi (S. 353)
- Baan Orapin (S. 355)
- Awana House (S. 350)
- Good Morning Chiang Mai Tropical Inn (S. 351)

Auf in die Provinz Chiang Mai!

Die Hauptstadt Nordthailands erreicht man von Bangkok aus problemlos über Nacht mit dem Zug, und dennoch ist sie Welten vom Trubel Bangkoks entfernt. Die frühere Hauptstadt des Volkes der Lan Na, die einst vom Königreich Siam von der birmanischen Herrschaft befreit wurde, ist eine faszinierende Stadt voller funkelnder Klöster, chaotischer Märkte, moderner Einkaufszentren und ruhiger Wohnstraßen, die auch gut in ein Dorf passen würden.

Chiang Mai wirkt eher ländlich als großstädtisch, doch die betörende Stadt ist ein Magnet für Reisende aller Art, von Backpackern über junge Familien und um die Welt reisenden Ruheständlern bis zu Heerscharen chinesischer Touristen, die dem Konzept Tourismus eine neue Prägung geben.

Doch historische Klöster und Kochkurse sind nur ein Teil des Ganzen. In den bewaldeten Bergen der Provinz rund um Chiang Mai kann man großartig raften, wandern, mountainbiken und andere adrenalinlastige Aktivitäten unternehmen. Die meisten Besucher begeben sich zumindest einmal aus der Stadt, um Elefanten zu sehen oder experimentelle Farmen und üppige botanische Gärten zu besuchen.

Reisezeit

- Am besten besucht man Chiang Mai in der kühlen Jahreszeit, die etwa von November bis Februar dauert: Dann ist das Wetter mild, und es regnet kaum.
- In der heißen Jahreszeit von März bis Juni klettern die Temperaturen regelmäßig auf über 35 °C; ein Hotel mit Klimaanlage und Pool ist dann eine Wohltat.
- Songkran im April ist das größte Fest – und die größte Party – in Chiang Mai; Verkehrsmittel und Unterkünfte sollte man dann aber rechtzeitig im Voraus buchen.
- Im August und September erreicht der Monsun in der Regel seinen Höhepunkt, touristisch ist dann Nebensaison. Besucher sollten auf jeden Fall einen Regenponcho, Abenteuergeist und ein gutes Buch mitbringen.

CHIANG MAI เชียงใหม่

053 / 201000 EW.

Der frühere Sitz des Lan-Na-Königreichs ist ein herrlich ruhiges und entspanntes Fleckchen, um zu relaxen und die Batterien wieder aufzuladen. Zwar ist man von anderen begeisterten Besuchern umgeben, doch das macht das fabelhafte Essen und die gemütlichen Spaziergänge nicht schlechter. In der Stadt warten zahlreiche Aktivitäten – man kann aber auch einfach durch die Nebenstraßen schlendern und eine Stadt entdecken, deren Atmosphäre und Lebensstil noch fest in der Thai-Kultur verwurzelt ist.

Rund um das alte Chiang Mai ist eine ausufernde moderne Stadt gewachsen, die von einem Gewirr aus Superhighways umringt wird. Dennoch ist das historische Stadtzentrum nach wie vor erstaunlich ruhig und alltäglich und erinnert eher an eine schläfrige Provinzstadt als an eine geschäftige Hauptstadt. Wer in irgendeine Richtung geradewegs aus der Stadt hinausfährt, landet rasch in der üppig grünen ländlichen Umgebung, in der rauschende Wasserfällen inmitten unberührter Regenwälder, stille Wats und friedliche Dörfer locken, aber auch zahlreiche Märkte und Elefantenschutzzentren.

Geschichte

König Phaya Mengrai (oft auch „Mangrai" geschrieben) gebührt der Ruhm, im 13. Jh. von seiner Hauptstadt Chinag Sen aus das Königreich Lan Na gegründet zu haben. Doch sein erster Versuch, bei Wiang Kum Kam am Ufer des Mae Ping eine neue Hauptstadt zu errichten, scheiterte nach wenigen Jahren: die Stadt wurde nach einer Überflutung endgültig aufgegeben.

1296 verlegte König Mengrai seine Hauptstadt an einen idyllischeren Ort zwischen dem Fluss und dem Berg Doi Suthep und gab der vielversprechenden Stadt den Namen Nopburi Si Nakhon Ping Chiang Mai (abgekürzt zu Chiang Mai, was „neue ummauerte Stadt" bedeutet). Im 14. und 15. Jh. dehnte sich das Königreich Lan Na bis nach Kamphaeng Phet im Süden und bis ins laotische Luang Prabang im Norden aus. Doch 1556 fiel die Stadt an birmanische Eindringlinge, die sie 200 Jahre lang besetzt hielten.

Nachdem Ayutthaya 1767 an die Birmanen gefallen war, formierte sich die geschlagene thailändische Armee unter Phraya Taksin im heutigen Bangkok neu und startete einen Feldzug gegen die birmanische Besatzungsmacht. Chao Kavila (auch „Kawila" geschrieben), ein Stammesführer aus dem benachbarten Fürstentum Lampang, half dabei, Nordthailand von der birmanischen Herrschaft zu „befreien" und wurde der König des nordthailändischen Staates, sodass Chiang Mai unter die Herrschaft des Königreichs Siam geriet.

Unter Kavila entwickelte sich Chiang Mai zu einem wichtigen Handelszentrum, wobei das reichlich vorhandene Teakholz eine wichtige Rolle spielte. Rund um die Innenstadt wurden gewaltige Ziegelmauern gebaut. Viele der späteren Tempel im birmanischen Stil wurden von wohlhabenden Teakholzhändlern errichtet, die in dieser Periode aus Birma einwanderten. In ihrer Folge kamen die Missionare und die britischen Teakholz-Konzessionäre, die in der Altstadt Villen im Kolonialstil bauten.

Der Untergang des halbautonomen Staates Lan Na war nur eine Frage der Zeit. Angesichts der Ausdehnung der Kolonialherrschaft im benachbarten Birma und Laos machte Bangkok Chiang Mai 1892 zu einem Verwaltungssitz, und die Prinzessin Dara Rasmi wurde nach Bangkok geschickt, um eine der offiziellen Begleiterinnen von König Rama V. zu werden, was die Bindungen zwischen den beiden königlichen Familien verstärkte.

Die Fertigstellung der nördlichen Eisenbahnlinie nach Chiang Mai 1922 sorgte schließlich für den Anschluss des Nordens an Zentralthailand, und 1933 wurde Chiang Mai eine Provinz des Königreichs Thailand. Dennoch blieb Chiang Mai bis 2001 relativ unentwickelt. Erst damals beschloss der aus Chiang Mai stammende Premierminister Thaksin Shinawatra, die Stadt durch den Ausbau des Flughafens und den Bau von Superhighways zu modernisieren.

Eine Hochgeschwindigkeitsbahn nach Bangkok, die die Reisezeit auf dreieinhalb Stunden verkürzen wird, ist in der Planungsphase; der Termin des Baubeginns steht aber noch nicht fest.

Sehenswertes

Altstadt เมืองเก่า

Tempel prägen die Silhouette der Altstadt, Mönche in orangefarbenen Roben mischen sich unter die Touristenströme, und die Atmosphäre ist eher die einer Provinzstadt als die einer modernen, geschäftigen Großstadt. Das ruhige Ambiente eines Wohnorts ist aber im Begriff, sich zu verändern: Die

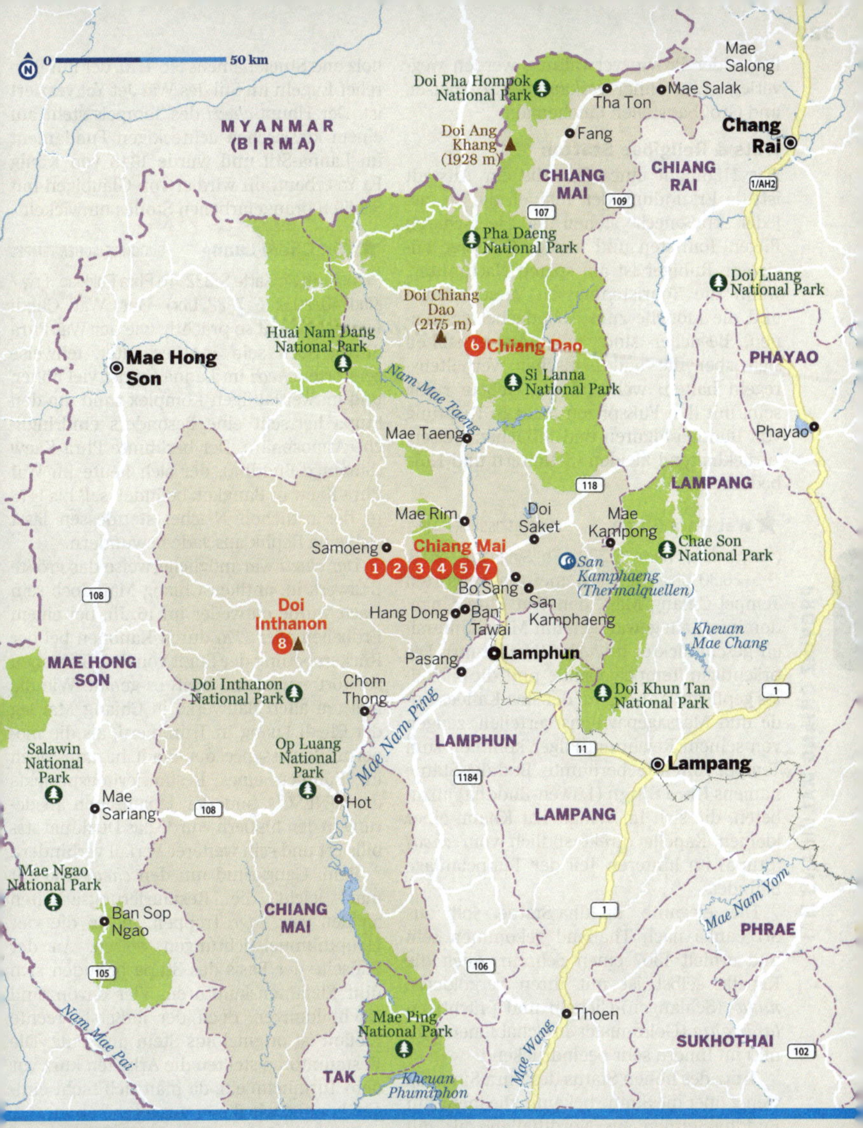

Highlights

1 Wat Phra Singh (S. 324) Chiang Mais schönsten Tempel besuchen

2 Mit Mönchen plaudern (S. 346) Herausfinden, was die Männer in den orangefarbenen Roben motiviert

3 Kochkurse (S. 345) Lernen, wie man ein perfektes grünes Curry zubereitet

4 Sunday-Walking-Street-Markt (S. 367) Der Parade der Shopper folgen

5 Talat Warorot (S. 329) Sich ins Getümmel des zeitlosen Marktes stürzen

6 Chiang-Dao-Höhle (S. 375) Die mystische Höhle entdecken und im Dschungel Vögel beobachten

7 Kao Soi Fueng Fah (S. 357) Sich auf die Suche nach dem besten *kôw soy*, Chiang Mais berühmter Curry-Nudelsuppe, begeben

8 Doi Inthanon National Park (S. 381) Zum höchsten Gipfel Thailands fahren und zwischen rauschenden Wasserfällen wandern

Büros der Provinzverwaltung werden wegverlegt, Einwohner verkaufen ihre Häuser, und Großbaustellen tauchen auf.

Wats & Religiöse Stätten

Das Highlight eines Besuchs der Altstadt ist die Erkundung der Tempel, die an fast jeder Straßenecke stehen und Heerscharen Pilger, Touristen und hiesige Gläubige anziehen. Ruhiger ist am späten Nachmittag, wenn die Touristenmassen verschwinden und die Mönche zum Abendgebet erscheinen. Besucher sind willkommen, sollten sich aber die buddhistischen Verhaltensregeln halten: während der Gebete ruhig sein, mit den Fußspitzen nicht in Richtung von Buddha-Figuren und Mönchen weisen, zurückhaltend kleiden (Schultern und Knie bedecken).

★ Wat Phra Singh BUDDHISTISCHER TEMPEL

(วัดพระสิงห์; Karte S. 332; Th Singharat; 20 B; ⌚5–20.30 Uhr) Den am meisten verehrten Tempel Chiang Mais, den Wat Phra Singh, dominiert ein gewaltiger, mit Mosaikintarsien geschmückter *wí·hǎhn* (Heiligtum). Die prächtigen Tempelgebäude und die makellos gepflegte Anlage, auf der sich Kaffeestände und Massagepavillons verteilen, zeugen von seinem Reichtum. Pilger kommen zum Tempel, um die berühmte Buddha-Statue namens **Phra Singh** (Löwen-Buddha) anzubeten, die sich im Wihan Lai Kham, einer kleinen Kapelle direkt südlich vom *chedi* (Stupa) im hinteren Teil der Tempelanlage befindet.

Die elegante Buddha-Statue soll aus Sri Lanka nach Thailand gekommen sein und erhielt 1367 einen Schrein. Auch die Kapelle selbst ist mit ihren vergoldeten *naga-* (Schlangen)-Giebeln und prächtigen *lai·krahm* (Goldmuster in Schablonentechnik) im Innern sehr beeindruckend.

Trotz des hohen Status des Phra Singh ist wenig über die Statue bekannt, die mehr mit Buddha-Statuen aus Nordthailand als mit solchen aus Sri Lanka gemeinsam hat. Noch mysteriöser ist, dass sich in Thailand noch zwei weitere, fast identische Statuen befinden, eine im Nationalmuseum Bangkok und eine im Wat Phra Mahathat Woramahawihan in Nakhon Si Thammarat. Ungeachtet ihrer Herkunft hat sich die Statue zum Fokus der religiösen Feierlichkeiten während des Songkran-Fests entwickelt.

Ein weiterer interessanter Bau in der Klosteranlage ist die erhöhte Tempelbibliothek in einem eleganten Pavillon aus Teakholz und Stuck namens **Ho Trai**, der mit Basrelief-Engeln im Stil des Wat Jet Yot verziert ist. Der Haupt-*chedi* des Tempels steht auf einem klassischen achteckigen Fundament im Lanna-Stil und wurde 1345 von König Pa Yo erbaut; oft wird er von Gläubigen mit Streifen orangefarbenen Stoffes umwickelt.

★ Wat Chedi Luang BUDDHISTISCHER TEMPEL

(วัดเจดีย์หลวง; Karte S. 332; Th Phra Pokklao; Erw./Kind 40/20 B; ⌚7–22 Uhr) Der Wat Chedi Luang ist nicht so prächtig wie der Wat Phra Singh, doch sein 1441 erbauter, teilweise zerstörter *chedi* im Lanna-Stil ist viel höher, und im weitläufigen Komplex rund um den Stupa herrscht eine besonders eindringliche Atmosphäre. Der berühmte Phra Kaew (Smaragd-Buddha), der sich heute im Wat Phra Kaew in Bangkok befindet, saß bis 1475 in der östlichen Nische; stattdessen lässt sich eine Replik aus Jade bewundern.

Der *chedi* war möglicherweise das größte Bauwerk im antiken Chiang Mai, doch sein Dach wurde entweder im 16. Jh. bei einem Erdbeben oder 1775 durch Kanonen bei der Rückeroberung der Stadt von den Birmanen zerstört – niemand weiß es genau. Wie die meisten alten Bauwerke in Chiang Mai lag der Chedi Luang in Trümmern, als die moderne Renaissance der Stadt begann, doch im Rahmen eines Restaurierungsprojekts der UNESCO und der japanischen Regierung in den 1990ern wurde das Denkmal stabilisiert und sein weiterer Verfall verhindert.

Beim Gang rund um den *chedi* erkennt man leicht die Restaurierungsarbeiten an den vier *naga*-Treppen, die in die vier Haupthimmelsrichtungen weisen. An der Südseite der Basis des Stupa befinden sich fünf Elefantenskulpturen. Vier davon sind Nachbildungen, doch der äußerste rechte Elefant ist original aus Stein und Putz. Die Restauratoren stellten die Arbeiten kurz vor dem Turmhelm ein, da man sich nicht einigen konnte, wie dieser ausgesehen hatte.

Im zentralen *wí·hǎhn* befindet sich ein verehrter stehender Buddha namens **Phra Chao Attarot**, der von zwei Jüngern flankiert wird. In den Teakholzpavillons im hinteren Teil der Anlage kann man weitere Kapellen und Statuen sehen, darunter einen liegenden Buddha und einen chinesisch beeinflussten, stattlichen sitzenden Buddha, der kaum in seine Robe passt. Der tägliche „Monk Chat“ (S. 346) unter einem Baum in der Anlage zieht immer viele interessierte Traveller an.

Wenn man die Anlage über den Haupteingang in der Th Phra Pokklao betritt, kommt man an der anderen großen Attraktion des Wat Chedi Luang, der **Làk Meuang** (หลักเมือง, Stadtsäule; ⌚ bei Tageslicht) vorbei.

★ **Wat Phan Tao** BUDDHISTISCHER TEMPEL
(วัดพันเตา; Karte S. 332; Th Phra Pokklao; Spenden erbeten; ⌚ bei Tageslicht) Dieses Juwel aus Teakholz, der ohne Zweifel stimmungsvollste Wat in der Altstadt, steht im Schatten des Wat Chedi Luang in einer mit flatternden orangefarbenen Fahnen geschmückten Anlage. Das Kloster setzt dem Teakholzhandel ein Denkmal, denn seine riesige Gebetshalle wird von 28 massiven Teakholzsäulen getragen und ist von einer dunklen Teakholztäfelung umgeben.

Besonders eindrucksvoll ist der Kontrast zwischen den orangefarbenen Roben der Mönche und dem dunklen Holz während des Abendgebets.

Über der Fassade erhebt sich die prächtige Skulptur eines Pfaus über einem Hund, die für das astrologische Geburtsjahr des früheren königlichen Bewohners steht. Das Kloster ist einer der zentralen Orte während des Festivals Visakha Bucha im Mai oder Juni; dann zünden Mönche rund um den Teich der Anlage Hunderte Butterlampen an.

Wat Chiang Man BUDDHISTISCHER TEMPEL
(วัดเชียงมั่น; Karte S. 332; Th Ratchaphakhinal; Spenden erbeten; ⌚ bei Tageslicht) Chiang Mais ältester Tempel wurde auf Geheiß des Gründers der Stadt, Phaya Mengrai, um 1296 errichtet. Eine Steinplatte vor der *ubosot* (Ordinationshalle) mit einer Inschrift von 1581 ist der älteste bekannte Hinweis auf

WAS, NOCH MEHR WATS? SEHENSWERTES RUND UM DIE STADT

Wer Lust auf noch mehr religiöse Thai-Bauwerke hat, findet in der Altstadt und in den Straßen ringsum Dutzende weitere historische Wats. Hier sind einige gute Tempel, an denen man die Erkundungstour beginnen kann.

Wat Inthakhin Saduemuang (วัดอินทขิลสะดือเมือง; Karte S. 332; Spende erbeten; ⌚ 6–18 Uhr) Dieser Tempel mitten in der Th Inthawarorot war der ursprüngliche Standort der *làk meuang* (Stadtsäule), und der vergoldete *wí·hăhn* aus Teakholz ist eines der am schönsten proportionierten Bauwerke der Stadt.

Wat Phan On (วัดพันอ้น; Karte S. 332; Th Ratchdamnoen; Spende erbeten; ⌚ 6–17 Uhr) Den goldenen *chedi* dieses wohlhabenden Wats schmücken vergoldete Buddhas in Nischen, die mit *lai krahm* (Goldmuster in Schablonentechnik) verziert sind. Abends strömen scharenweise Anhänger in den Tempel. Während des **Sunday-Walking-Street-Markts** (S. 367) verwandelt sich der Hof in einen Food-Court.

Wat Jet Lin (วัดเจ็ดลิน หรือ วัดหนองจลิน; Karte S. 332; Th Phra Pokklao; Spende erbeten; ⌚ 4–18 Uhr) In diesem freundlichen Wat fanden im 16. Jh. die Krönungszeremonien der Lan-Na-Könige statt. Heute kann man hier eine Sammlung riesiger Gongs, einen großen alten *chedi* im *mon-dòp*-Stil und einen großen vergoldeten Buddha mit besonders anmutigen Proportionen sehen.

Wat Lokmoli (วัดโลกโมฬี; Karte S. 332; Th Chaiyaphum; Spende erbeten; ⌚ 6–18 Uhr) Ein eleganter Holzkomplex mit vielen Terrakotta-Skulpturen. Der *wí·hăhn* wird von einem dreistufigen Dach gekrönt, und der hohe, fassförmige *chedi* besitzt noch Teile seines Originalstucks.

Wat Chomphu (วัดชมพู; Karte S. 332; Soi 1, Th Chang Moi Kao; Spende erbeten; ⌚ 6–18 Uhr) Gleich nördlich der Th Tha Phae liegt dieses ruhige Kloster, dessen prächtiger vergoldeter Stupa mit goldenen Elefanten 1999 zu Ehren des Königs restauriert wurde.

Wat Ou Sai Kham (วัดอู่ทรายคำ; Karte S. 332; Th Chang Moi Kao; Spende erbeten; ⌚ 7–18 Uhr) Der freundliche Nachbarschaftstempel bewahrt in seinem Haupt-*wí·hăhn* eine beeindruckende Sammlung von Jade-Buddhas sowie Jade- und Nephrit-Steinen auf.

Wat Mahawan (วัดมหาวัน; Karte S. 332; Th Tha Phae; Spende erbeten; ⌚ 6–18 Uhr) Ein schöner, weiß getünchter Wat, der sichtbar von Einfluss der birmanischen Teakholzhändler geprägt ist, die zur Andacht herkamen. Der *chedi* und die Eingangstore im birmanischen Stil sind mit zahlreichen Engeln und mythischen Tieren aus Stuck geschmückt.

Chiang Mai

A
B
C
D
1
2
3
4
5
6
7
Chiang Mai Zoo (500 m); Doi Suthep-Pui National Park (14 km)
Haupteingang der Chiang Mai University
Palaad Tawanron (1,5 km)
Th Huay Kaew
Rte 11 (Th Superhighway)
Rte 121 (Th Klorng Chonprathan)
s. Karte Westliches Chiang Mai (S. 338)
Th Nimmanhaemin
Th Sirimungklajarn
Th Morakot
Th Hutsadisawee
Th Suthep
Th Bunreuangrit
Th Arak
Pratu Suan Dok
Th Samlan
Th Mahidon
Th Thiphanet
Th Hai Ya
Th Wualai
Th Mahidol
Chiang Mai International Airport
Hang Dong (14 km); Doi Inthanon National Park (75 km)
1
2
3
4
5
10
12
15
16
18
21
22
23
29
30
31
36
45
49
52
53
54
55
56
60
65
66
68
69
71

0
1 km
E
F
G
H
1
2
3
4
5
6
7
Huan Soontaree (8 km)
Payap University (800 m)
Nakornchai Air (700 m); Arcade-Terminal (1 km); Central Festival (1 km); Sub-Zero Ice Skate Club (1 km); Star Avenue Lifestyle Mall (1,1 km); Indisches Konsulat (1,4 km); Hauptpost (1,5 km)
Mae Ping
Th Chotana
Th Chang Pheuak
Th Atsadathorn
Th Wang Singkham
Soi 4
Sanam Gila (Stadion)
Th Sanan Kila
Th Ratanakosin
Saphan Ratanakosin
Th Charoenrat (Th Faham)
Th Muang Samut
Th Chetuphon
Th Kaew Nawarat
Th Bamrungrat
Th Mani Nopharat
Th Si Phum
Th Wichayanon
Th Wiang Kaew
Th Phra Pokklao
Th Ratchaphakhinai
Th Chaiyaphum
Th Taiwang
Th Praisani
Th Ratwithi
Th Inthawarorot
Th Ratchadamnoen
Th Chang Moi
Pung-Tao-Gong-Ancestral-Tempel
Th Tha Phae
Nawarat-Brücke
Hauptpost (500 m); (700 m); Dhara Dhevi (4 km)
Th Charoen Muang
Th Ratchamankha
Th Loi Kroh
Th Moon Muang
Th Kotchasan
Th Kamphaeng Din
Th Chang Khlan
Eiserne Brücke
Th Chiang Mai-Lamphun
Th Bamrungburi
Th Chang Lor
Th Rat Chiang Saen
s. Karte Chiang Mai Zentrum (S. 332)
Th Wualai
Th Nontharam
Th Suriwong
Th Pracha Samphan
Th Rakaeng
Th Charoen Prathet
Th Chang Khlan
Th Ratuthit
Wiang Kum Kam (5 km); Lamphun (37 km)
62
17
46
13
6
67
41
40
28
39
63
57
27
24
11
9
47
58
43
59
37
8
38
7
48
51
32
64
34
42
70
25
44
61
26
19
14
33
35
50
20

Chiang Mai

Sehenswertes
1 Anusawari Singh ... D1
Baan Tuek Art Center ... (siehe 59)
2 Chiang Mai National Museum ... D1
3 Chiang Mai University ... A3
4 Chiang Mai University Art Museum ... B4
5 Chinesischer Friedhof ... D1
6 Elephant Monument ... E3
7 First Church ... H5
8 Matsayit Ban Haw ... G5
9 Philatelic Museum ... G4
10 Suan Buak Hat ... D5
11 Talat Ton Lam Yai ... G4
12 Wat Jet Yot ... C1
13 Wat Ku Tao ... E2
14 Wat Srisuphan ... E6
15 Wat Suan Dok ... C4
16 Wat U Mong ... A5

Aktivitäten, Kurse & Touren
17 Chetawan Thai Traditional Massage School ... E2
18 Lanna Muay Thai Boxing Camp ... B1
19 Mae Ping River Cruise ... H6
20 Peak Adventure Tour ... H7
21 Small House Chiang Mai Thai Cooking School ... D6
22 UniTEFL International ... B2
Wat Srisuphan ... (siehe 14)
23 Wat Suan Dok Meditation Retreat ... C5

Schlafen
24 137 Pillars ... G4
25 Anantara Resort & Spa ... G5
26 Baan Kaew Guest House ... G6
27 Baan Orapin ... G4
28 Hollanda Montri ... G3
29 International Hotel Chiangmai ... D3
30 Kantary Hills ... B3
31 Rachamankha ... D5
32 Riverside House ... H5
33 Tri Yaan Na Ros ... E6

Essen
34 Anusarn Food Center ... G5
35 AUM Vegetarian Food ... E6
36 Imm Aim Vegetarian Restaurant ... D2
37 Kao Soi Fueng Fah ... G4
38 Khao Soi Islam ... G5
39 Khao Soi Lam Duan Fah Ham ... H2
40 Khao Soi Samoe Jai ... H2
41 Khun Churn ... G2
Pun Pun ... (siehe 15)
42 River Market ... G5
43 Riverside Bar & Restaurant ... G4
44 Service 1921 ... G5
45 Talat Na Mor ... A1
46 Talat Thanin ... E2

Ausgehen & Nachtleben
47 Good View ... G4
48 Khagee Natural Yeast Bread Cafe ... H5
49 Mixology ... D5
50 Pinte Blues Pub ... F6

Unterhaltung
51 Kalare Boxing Stadium ... G5

Shoppen
52 Central Airport Plaza ... D7
53 Hill-Tribe Products Promotion Centre ... C4
54 Mengrai Kilns ... D5
55 Saturday Walking Street ... D6
Sop Moei Arts ... (siehe 27)
56 Talat Ton Phayom ... B4
57 Thai Tribal Crafts Fair Trade ... H3
58 Vila Cini ... H4

Praktisches
59 Chiang Mai Municipal Tourist Information Centre ... G4
60 Chiang Mai Ram Hospital ... D3
61 Französisches Konsulat ... G6
62 Lanna Hospital ... F1
63 McCormick Hospital ... H3
64 Tourism Authority of Thailand ... H5
65 Tourist Assistance Centre ... C7

Transport
66 Budget Car Rental ... D7
67 Chang Pheuak-Busterminal ... E3
68 Kan Air ... C7
69 Nok Air ... D7
70 Sŏrng·tăa·ou-Haltestelle Saphan Lek .. H5
71 Thai Rent a Car ... C7

die Gründung der Stadt. Im Haupt-*wí·hăhn* befindet sich zudem die älteste bekannte Buddha-Statue des Königreichs Lan Na, die 1465 gegossen wurde.

Anusawari Sam Kasat (Dreikönigsdenkmal) DENKMAL

(อนุสาวรีย์สามกษัตริย์; Karte S. 332; Th Phra Pokklao) Das Bronzedenkmal der drei Könige steht im Zentrum des alten Verwaltungsviertels von Chiang Mai und erinnert an den Bund, den Phaya Ngam Meuang aus Phayao, Phaya Mengrai aus Chiang Mai und Phaya Khun Ramkhamhaeng aus Sukhothai bei der Gründung der Stadt schmiedeten. Für viele Einheimische, die nach der Arbeit vorbeischauen, um Opfergaben abzulegen, ist es ein Schrein.

Museen

In der Altstadt gibt's drei großartige historische Museen – das Lanna Folklife Museum, das Chiang Mai City Arts & Cultural Centre und das Chiang Mai Historical Centre – die sich in mehreren Häusern im thailändischen Kolonialstil befinden, in denen früher die Stadtverwaltung untergebracht war. Man kann ein einfaches Ticket für alle drei Museen kaufen; es ist eine Woche gültig und kostet 180/80 B (Erw./Kind).

★ Lanna Folklife Museum MUSEUM

(พิพิธภัณฑ์พื้นถิ่นล้านนา; Karte S. 332; Th Phra Pokklao; Erw./Kind 90/40 B; ⌚ Di–So 8.30–17 Uhr) Das einfallsreiche Museum im Gebäude des ehemaligen Provinzgerichts im thailändischen Kolonialstil stellt in einer Reihe von lebensgroßen Dioramen das Dorfleben der Lan Na nach. Dabei wird die *lai-krahm*-Schablonentechnik bei Keramiken ebenso erklärt wie *fon lep,* ein mystischer Lanna-Tanz mit langen Metallfingernägeln, oder der komplizierte Symbolismus der verschiedenen Elemente der Klöster im Lanna-Stil.

Am besten beginnt man eine Sightseeing-Tour hier, ehe man die vielen Wats in der Altstadt besichtigt.

Chiang Mai City Arts & Cultural Centre MUSEUM

(หอศิลปวัฒนธรรมเชียงใหม่; Karte S. 332; www.cmocity.com; Th Phra Pokklao; Erw./Kind 90/40 B; ⌚ Di–So 8.30–17 Uhr) Dieses Museum in der früheren Provinzhalle, einem stattlichen Gebäude im thailändischen Kolonialstil von 1927, gibt einen tollen Überblick über die Geschichte Chiang Mais. Dioramen, Artefakte und audiovisuelle Exponate führen die Besucher durch die entscheidenden Kämpfe und Siege der Stadtgeschichte, von den ersten Siedlungen bis zum Bau der Eisenbahnlinie. Oben befindet sich ein gut gemachter Nachbau eines hölzernen Lanna-Dorfs.

Chiang Mai Historical Centre MUSEUM

(หอประวัติศาสตร์เมืองเชียงใหม่; Karte S. 332; Th Ratwithi; Erw./Kind 90/40 B; ⌚ Di–So 8.30–17 Uhr) In einem luftigen Gebäude im Lanna-Stil hinter dem Chiang Mai City Arts & Cultural Centre widmet sich dieses Museum der Geschichte der Provinz Chiang Mai und zeigt Exponate zur Geschichte der Hauptstadt, zur birmanischen Okkupation und zur modernen Ära des Handels und der Vereinigung mit Bangkok. Unten ist die archäologische Ausgrabung einer antiken Tempelmauer zu sehen.

Treasury Pavilion Coin Museum MUSEUM

(ศาลาธนารักษ์; Karte S. 332; Treasury Pavilion, Th Ratchadamnoen; ⌚ 8.30–12 & 13–16.30 Uhr) GRATIS Ein kurzer Besuch in diesem kleinen staatlichen Museum lohnt sich, um die bizarren Formen zu sehen, die das thailändische Geld im Lauf der Jahre hatte, von gehämmerten Münzen über runde Silberbälle bis zu Barren.

Museum of World Insects & Natural Wonders MUSEUM

(พิพิธภัณฑ์แมลงโลกและสิ่งมหัศจรรย์ธรรมชาติ; Karte S. 332; www.thailandinsect.com; Th Ratchadamnoen; Erw./Kind 100/70 B; ⌚ 9.30–16.30 Uhr) Die riesigen Schmetterlinge und anderen Insekten Thailands sind in diesem kleinen Museum zu sehen, das ein Malariaforscher und seine Frau, eine Insektenforscherin, betreiben. Neben präparierten Insekten gibt es auch kleine Infotafeln zu von Insekten übertragenen Krankheiten und surrealistische Bilder von nackten Menschen mit Moskitos. Eine kleine **Filiale** (Karte S. 338; Soi 13; Eintritt Erw./Kind 200/100 B; ⌚ Mo–Sa 9–17, So bis 16 Uhr) befindet sich im Bereich der Th Nimmanhaemin.

Östlich der Altstadt

Hinter dem Pratu Tha Phae liegt Chiang Mais traditionelles Handelsviertel mit großen Basaren und traditionellen Ladenhäusern, die sich bis hinunter zum Fluss ziehen.

★ Talat Warorot MARKT

(ตลาดวโรรส; Karte S. 332; Ecke Th Chang Moi & Th Praisani; ⌚ 6–17 Uhr) Chiang Mais ältester öffentlicher Markt, der Warorot (auch „Waroros") ist ein wunderbarer Ort, um die thailändische Seele der Stadt zu erleben. Neben Souvenirverkäufern gibt's hier unzählige Stände, die alles für gewöhnliche thailändische Haushalte verkaufen: Woks, Spielzeug, Fischernetze, eingelegte Teeblätter, Perücken, Dampfgarer für Klebreis, thailändische Würste, *kâab mŏo* (Schweinschwarte), lebenden Wels und winzige Statuen für Geisterhäuser.

Ein halber Tag vergeht wie im Flug, während man durch die Gänge schlendert, den Einheimischen beim Einkaufen zuschaut und um Dinge feilscht, die man zu Hause gut brauchen kann.

Den Markt hat man erreicht, wenn der Verkehr zum Stillstand kommt und sich Karren voller Waren zwischen den Autos hindurchschlängeln. Die Lage am Fluss ist kein Zufall, denn traditionell wurden die meisten landwirtschaftlichen Produkte, die in Chiang Mai verkauft wurden, mit dem

Boot auf dem Mae Ping von den Farmen in die Stadt gebracht.

An den Talat Warorot grenzt der Talat Ton Lam Yai, der größte Blumenmarkt der Stadt, und im Süden schließen sich weitere Basare mit „trockenen" und „feuchten" Nahrungsmitteln, Stoffhändlern, chinesischen Goldschmieden und Kleidungsständen an. Am Nordende des Basarbereichs drängen sich Obsthändler, die bergeweise Litschis, Longan-, Mangostan- und Rambutanfrüchte verkaufen. *Sǎhm·lór* (Fahrradrikschas) – inzwischen ein seltener Anblick in der Stadt – warten darauf, die Kunden mit ihren Einkäufen nach Hause zu kutschieren.

Talat Ton Lam Yai MARKT

(ตลาดต้นลำไย; Karte S. 326; Th Praisani; ⏲24 Std.) Der an den Talat Warorot angrenzende Talat Ton Lam Yai geht von einem überdachten Markt für Haushaltsgegenstände in einen lebhaften Blumenmarkt *(gàht dòrk mái)* über, der sich zu beiden Seiten des Flusses in der Th Praisani erstreckt. Die Floristen sind schon fast Architekten und errichten aus Blüten und Bananenblättern fantastische Skulpturen für Feste und Schreine in Wohnhäusern. Jasminduft schwebt wie Parfüm durch die Wege, und Tag und Nacht halten Taxifahrer vor der Tür, um aromatische Bänder mit Minirosen und Jasminblüten für ihr Fahrzeug zu kaufen.

Der Markt ist rund um die Uhr geöffnet, doch der Löwenanteil des Handels wird nach Einbruch der Dunkelheit abgewickelt, wenn die Mittagshitze abgeklungen ist. Während großer Festivals wie Loi Krathong und dem Blumenfest herrscht Hochbetrieb.

Wat Bupparam BUDDHISTISCHER TEMPEL

(วัดบุปผาราม; Karte S. 332; Th Tha Phae; 20 B; ⏲6–18 Uhr) Der reich verzierte Tempel zeigt deutlich den Einfluss der birmanischen Teakholzhändler, die im 19. Jh. nach Chiang Mai einwanderten. Die auffällige Dharma-Halle beherbergt unten eine *mon·dòp* (Bibliothek), oben einen Gebetsraum. Der markanteste Bau der Anlage ist der windschiefe *wí·hǎhn* aus Teak mit Spiegelmosaiken im klassischen Lanna-Stil.

Der *chedi* am hinteren Ende der Anlage ist im birmanischen Mon-Stil gebaut, vier steinerne *singha* (Löwen) schmücken sein Fundament.

Talat Muang Mai MARKT

(ตลาดเมืองใหม่; Karte S. 332; Th Praisani; ⏲24 Std.) Auf Chiang Mais Großhandelsobstmarkt bricht jeden Morgen hektische Aktivität aus: riesige Ladungen Mangos, Durian-, Rambutan- und Longanfrüchte, Wassermelonen, Wasseräpfel, Maracujas und so ziemlich jeder anderen tropischen Frucht, die es gibt (und die gerade Saison hat), werden am Ostufer von Lastwagen geladen und an Besitzer von Fruchtsaftständen und Markthändler verkauft.

Chinatown STADTVIERTEL

(Karte S. 332; Th Chang Moi) Die Gegend, die von den Märkten Warorot und Ton Lam Yai geprägt wird, ist zugleich die kleine Chinatown der Stadt, die hinter dem aufwendigen **chinesischen Willkommenstor** (Karte S. 332) über die Th Chang Moi beginnt. Im Basargebiet verteilt befinden sich Dutzende kleine konfuzianische Tempel, ein paar chinesische Apotheken und viele chinesische Schmuckgeschäfte, die in strahlendem Rot dekoriert sind, einem traditionellen Symbol für Glück.

Südlich der Altstadt

Die Richtung Südosten durch die Stadt führende Hauptstraße, die Th Wualai, ist für ihre **Silbergeschäfte** berühmt. Die gesamte Straße ist vom Hämmern der Schmiede erfüllt, die kunstvolle religiöse Bilder und ornamentale Muster in Schüsseln, Schmuckkästchen und Schmuckteller aus Silber oder – häufiger – aus Aluminium schlagen. Hier findet auch der lebhafte Saturday-Walking-Street-Markt (S. 367) statt.

Wat Srisuphan BUDDHISTISCHER TEMPEL

(วัดศรีสุพรรณ; Karte S. 326; Soi 2, Th Wualai; Spende erbeten; ⏲6–18 Uhr) Es überrascht nicht, dass die Silberschmiede der Th Wualai das Kloster ihres Schutzherrn ebenso kunstvoll dekoriert haben wie die Waren in ihren Geschäften. Die „Silber"-*ubosot* ist mit Silber-, Nickel- und Aluminiumtäfelungen verkleidet und mit aufwendigen Treibarbeiten verziert. Dadurch wirkt sie wie ein riesiges Schmuckkästchen, besonders nachts, wenn das Kloster von farbigen Lichtern angestrahlt wird.

Der Wat Srisuphan wurde 1502 gegründet, doch vom ursprünglichen Wat ist außer einigen Teakholzsäulen und Dachbalken im Haupt-*wí·hǎhn* wenig erhalten. Die Wandbilder im Inneren prägt ein interessanter Stilmix aus Elementen des Taoismus, Zen- und Theravada-Buddhismus. Interessant ist auch die Ganesha-Statue aus Gold und

Silber, die unter einem silbernen *chatra* (Schirm) neben der *ubosot* sitzt – ein Zeichen für die Vermischung von Hinduismus und Buddhismus in Thailand.

Da die *ubosot* aktiv als Ordinationshalle genutzt wird, darf sie nur von Männern betreten werden.

Wiang Kum Kam HISTORISCHE STÄTTE

(เวียงกุมกาม; Rte 3029; Führung mit Pferdekutsche/Bus 300/400 B; ⊙8–17 Uhr) Die erste Stadt, die 1286 am Ufer des Mae Ping als Hauptstadt des Lan-Na-Reiches gegründet wurde, Wiang Kum Kam, wurde im 16. Jh. wegen Überflutungen aufgegeben. Die ausgegrabenen Ruinen liegen an den kurvigen Straßen eines verschlafenen Dorfes 5 km südlich von Chiang Mai.

Die Zeit hat vom Wiang Kum Kam merklich ihren Tribut gefordert, doch die Ziegelsockel und die Ruinen der *chedi* sind noch immer eindrucksvolle Zeugen seiner früheren Pracht.

Das wichtigste Bauwerk der Stätte ist der **Wat Chedi Liam** mit seinem hohen Stuck-*chedi*, der in Dutzende Nischen für Buddha-Statuen unterteilt ist – eine Reminiszenz an den berühmten indischen Mahabodhi-Tempel. Tatsächlich entstand der Turm erst bei einer recht fantasievollen Restaurierung durch einen birmanischen Händler im Jahr 1908. In der Stätte wurden über 1300 mit Inschriften versehene Steinplatten, Backsteine, Glocken und *chedi* ausgegraben, von denen einige im Besucherzentrum ausge-

HEILIGE BERGE

Die oft von Wolken gekrönten, feucht-heißen Berge **Doi Suthep** (1676 m) und **Doi Pui** (1685 m) sind zwei der heiligsten Gipfel Nordthailands. Dichter Wald bedeckt die Zwillingsgipfel, die sich spektakulär am Rand Chiang Mais erheben. Ein 265 km² großes Gebiet an den Hängen der Berge, das beide Gipfel umfasst, ist als **Doi Suthep-Pui National Park** (อุทยานแหงชาติดอยสุเทพ – ปุย; ☎053 210244; Th Huay Kaew; Erw./Kind 200/100 B, Auto 30 B, 2-Pers.-Zelt 150 B, Bungalow 400–2500 B; ⊙8 Uhr–Sonnenuntergang) geschützt.

Er zieht neben Scharen von Naturfreunden auch Legionen von Pilgern an, die zur Andacht in den **Wat Phra That Doi Suthep** kommen.

Beim Aufstieg weicht der Tiefland-Regenwald einem Nebelwald voller Moose und Farne, einem Paradies für über 300 Vogelarten und 2000 Arten von Farnen und Blühpflanzen. Der Park ist bei Mountainbikern ein beliebtes Ziel, und mehrere in Chiang Mai ansässige Agenturen veranstalten spezielle Mountainbiketouren auf Pfaden, die die Bewohner der Stammesdörfer in den Bergen früher als Jagd- und Handelsrouten nutzten.

Die Unterkünfte im Park sind eine praktische Basis, um den Park zu erkunden. Vom Campingplatz führt ein 2 km langer Weg zum Gipfel des Doi Suthep, wenngleich die einzige Aussicht die auf den Nebel ist, der zwischen den Bäumen wabert.

Wie in anderen Nationalparks in der Region gibt es auch in diesem viele donnernde Wasserfälle, darunter etwa 2,5 km von der Asphaltstraße entfernt der **Nam Tok Monthathon**, der in eine Reihe von Wasserbecken stürzt, die ganzjährig Wasser führen. Am besten baden kann man hier während des Monsuns oder direkt danach, man muss aber den Nationalparkeintritt zahlen, wenn man herkommen will. Der **Nam Tok Wang Bua Bahn** liegt näher an der Straße zum Doi Suthep, und man zahlt keinen Eintritt. Hier tummeln sich immer viele fröhliche Einheimische, allerdings ist er eigentlich kein richtiger Wasserfall, sondern besteht eher aus einer Reihe von Stromschnellen.

Oberhalb des Bhubing Palace (S. 337) liegen mehrere Hmong-Dörfer. **Ban Doi Pui** befindet sich nahe der Hauptstraße und ist hauptsächlich ein Touristenmarkt in den Bergen. Interessanter ist es, ins Dorf **Ban Kun Chang Kian** weiterzufahren, in dem Kaffee angebaut wird. Hinter dem Campingplatz Doi Pui führt eine 500 m lange unbefestigte Straße ins Dorf (am besten die Nationalpark-Mitarbeiter nach dem Weg fragen!). *Rót daang* (wörtlich „rote Lastwagen") fahren vom Parkplatz des Wat Phra That Doi Suthep sowohl nach Ban Doi Pui (60 B) als auch nach Ban Kun Chang Kian (hin & zurück 200 B).

Der Eingang zum Park befindet sich 16 km nördlich vom Zentrum Chiang Mais. *Rót daang* (Sammeltaxis) fahren von der Chiang Mai University (Eingang Th Huay Kaew) zu verschiedenen Orten im Nationalpark. Die einfache Fahrt zum Wat Phra That Doi Suthep kostet 40 B, zum Bhubing Palace 70 B. Man kann auch für 500 bis 600 B einen *sŏrng·tăa·ou* (Passagier-Pickup) für einen halben Tag chartern.

Chiang Mai Zentrum

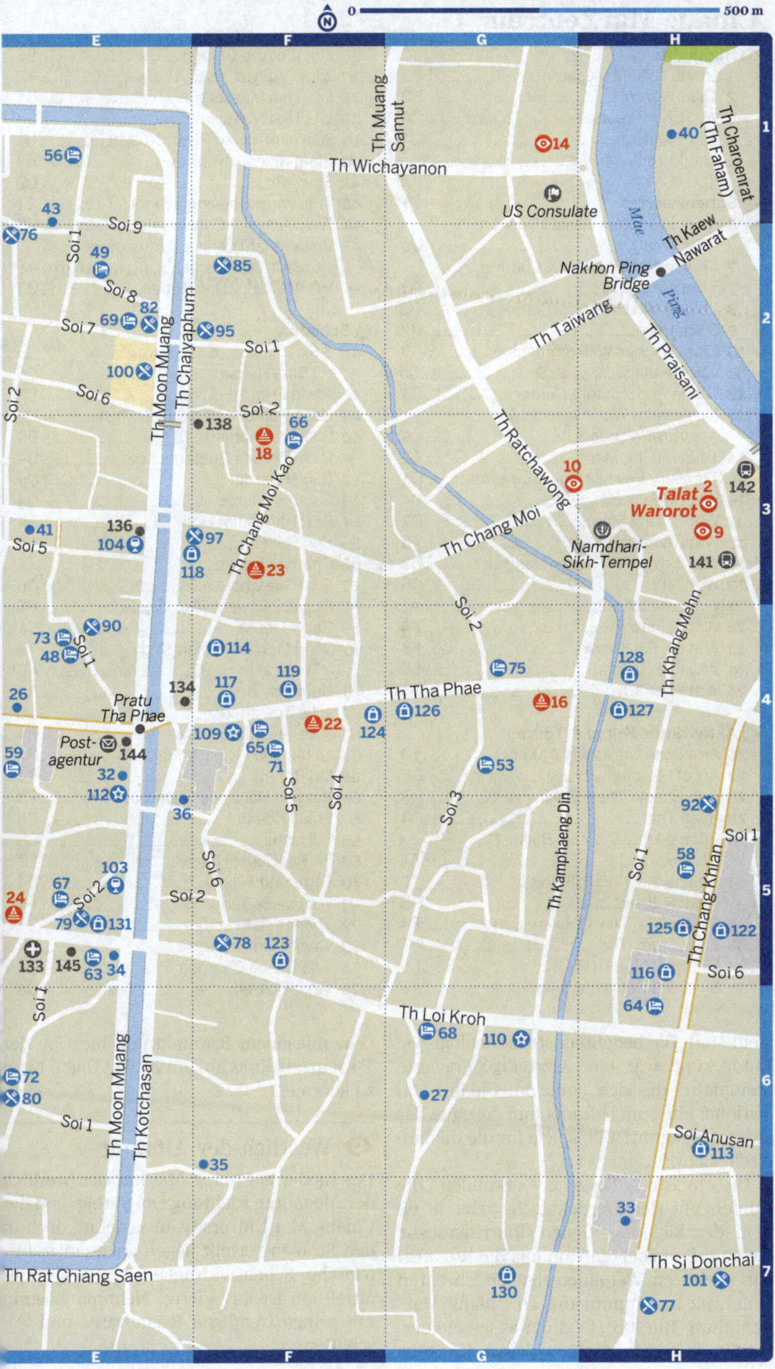

0
500 m
E
F
G
H
1
2
3
4
5
6
7
Th Muang Samut
Th Wichayanon
Th Charoenrat (Th Faham)
US Consulate
Mae Ping
Th Kaew Nawarat
Nakhon Ping Bridge
Th Taiwang
Th Praisani
Soi 9
Soi 1
Soi 8
Soi 7
Soi 6
Soi 2
Th Moon Muang
Th Chaiyaphum
Th Chang Moi Kao
Th Ratchawong
Th Chang Moi
Talat Warorot
Namdhari-Sikh-Tempel
Soi 5
Soi 2
Th Khang Mehn
Pratu Tha Phae
Th Tha Phae
Post-agentur
Soi 5
Soi 4
Soi 3
Soi 6
Th Kamphaeng Din
Soi 1
Th Chang Khlan
Soi 6
Th Loi Kroh
Th Moon Muang
Th Kotchasan
Soi Anusan
Th Rat Chiang Saen
Th Si Donchai

Chiang Mai Zentrum

Highlights
1 Lanna Folklife Museum C3
2 Talat Warorot H3
3 Wat Chedi Luang C4
4 Wat Phan Tao C4
5 Wat Phra Singh A4

Sehenswertes
6 Anusawari Sam Kasat (Dreikönigsdenkmal) C3
7 Chiang Mai City Arts & Cultural Centre C3
8 Chiang Mai Historical Centre B3
9 Chinatown H3
10 Chinesisches Willkommenstor G3
11 Làk Meuang C5
12 Lanna Architecture Center C4
13 Museum of World Insects & Natural Wonders C4
14 Talat Muang Mai G1
15 Treasury Pavilion Coin Museum C4
16 Wat Bupparam G4
17 Wat Chiang Man D2
18 Wat Chomphu F3
19 Wat Inthakhin Saduemuang C3
20 Wat Jet Lin C6
21 Wat Lokmoli A1
22 Wat Mahawan F4
23 Wat Ou Sai Kham F3
24 Wat Pha Khao E5
25 Wat Phan On D4

Aktivitäten, Kurse & Touren
26 American University Alumni E4
27 Art of Massage G6
28 Asia Scenic Thai Cooking D3
29 Baan Thai D4
30 Chiang Mai Mountain Biking & Kayaking A4
31 Chiang Mai Rock Climbing Adventures D6
32 Chiang Mai Thai Cookery School E4
33 Easy Study Thai H7
34 Elephant Nature Park E5
35 Elephant Retirement Park F6
36 Flight of the Gibbon E5
37 Jack Chaiya A2
38 Lila Thai Massage C4
39 Lila Thai Massage C4
40 Scorpion Tailed River Cruise H1
41 Siam River Adventures E3
42 Spice Roads D2
43 Thai Farm Cooking School E1
44 Thai Massage Conservation Club C5
45 Vocational Training Centre of the Chiang Mai Women's Correctional Institution B3

Schlafen
46 3 Sis C5
47 60 Blue House D6
48 Awana House E4
49 Baan Hanibah Bed & Breakfast E2
50 Baan Huenphen B5
51 Baan Pordee Guesthouse D4
52 Banjai Garden D6
53 Banthai Village G4
54 BED Phrasingh Hotel A4
55 Buri Gallery A4
56 Charcoa House E1
57 Diva Guesthouse D6
58 DusitD2 Chiang Mai H5
59 Gap's House E4
60 Good Morning Chiang Mai Tropical Inn A6
61 Hostel by Bed A2
62 Julie Guesthouse D6
63 Julie Guesthouse Part II E5
64 Le Meridien Chiang Mai H6
65 Mo Rooms F4
66 Nat Len Boutique Guesthouse F3
67 Smile House 1 .... E5
68 SoHostel G6
69 Sri Pat Guest House E2
70 Tamarind Village D4
71 Thapae Boutique House F4
72 Thapae Gate Lodge E6
73 Vieng Mantra E4
74 Villa Duang Champa C4
75 Virgo Hostel G4

stellt sind. Die bedeutendste archäologische Entdeckung war eine vierteilige gravierte Steinplatte, die sich heute im Chiang Mai National Museum befindet und die eines der ältesten bekannten Beispiele für die thailändische Schrift zeigt.

Die meisten Besucher erkunden die Ruinen mit der Pferdekutsche oder in einem der kleinen, offenen Touristenbusse, die vom Besucherzentrum aus die Rte 3029 entlangfahren. Wer einen eigenen fahrbaren Untersatz hat, nimmt die Th Chiang Mai–Lamphun (Rte 106), folgt der ausgeschilderten Straße bis hinter einen kleinen Kreisverkehr mit einem Brunnen und biegt an der T-Kreuzung links ab, um zu Wat Chedi Liam zu kommen.

Westlich der Altstadt

Das moderne Chiang Mai hat sich westlich der Altstadt in Richtung Doi Suthep und der Chiang Mai University ausgedehnt, doch in den Straßen verteilt liegen auch einige historische Sehenswürdigkeiten. Die Hauptattraktion ist das Viertel Neimmanhaemin mit seinen trendigen Restaurants und Geschäften.

Wat U Mong BUDDHISTISCHER TEMPEL

(วัดอุโมงค์; Karte S. 326; Soi Wat U Mong, Th Khlong Chonprathan; Spende erbeten; ⏲ bei Tageslicht) Dieser historische Waldtempel, nicht zu verwechseln mit dem kleinen Wat U Mong in der Altstadt, ist berühmt für seine idyllische Lage im Wald und seinen uralten *chedi*. Dieser erhebt sich über einer Ziegelplattform, unter der 1380 ein Gängesystem für den „verrückten" Mönch Thera Jan angelegt wurde. Beim Spaziergang durch die gewölbten Tunnel kann man Reste der Originalwandbilder und mehrere alte, verehrte Buddha-Statuen sehen.

Im Wald rings um die Plattform befinden sich verwitterte Buddha-Figuren aus vielen Jahrhunderten. Die Mönche des Tempels halten Kühe, Rotwild, Hühner und kurioserweise englische Bullterrier. Auf dem Gelände gibt's auch einen hübschen künstlichen See, der von *gù·đì* (Mönchsunterkünfte) umringt ist. Hinter dem *chedi* befindet sich ein abgemagerter Buddha aus schwarzem Stein im birmanischen Stil.

Der Wat U Mong liegt 600 m südlich der Th Suthep nahe der Chiang Mai University; man sollte dem Fahrer als Fahrziel „Wat U Mong Thera Jan" angeben, damit man auch

NICHT VERSÄUMEN

WANDERN IN CHIANG MAI

Tausende Besucher wandern jedes Jahr in den Bergen Nordthailands in der Hoffnung auf fantastische Berglandschaften, Kontakte zu traditionellen Bergvölkern und Begegnungen mit Elefanten. Eine riesige Industrie ist entstanden, um diese Nachfrage zu befriedigen, doch das Erlebnis ist sehr kommerziell, und nicht jeder Traum vom Abenteuer wird erfüllt.

Das Standardpaket beinhaltet eine einstündige Fahrt im Minibus nach Mae Taeng oder Mae Wang, eine kurze Wanderung zu einem Elefantencamp, eine Fahrt auf einem Bambusfloß sowie bei mehrtägigen Touren die Übernachtung in einem Dorf der Bergvölker oder in der Umgebung. Viele Budgetpensionen setzen ihre Gäste unter Druck, eine solche Tour zu buchen, da sie eine Provision einstreichen, und einige fordern ihre Gäste sogar auf, die Unterkunft zu wechseln, wenn sie sich weigern. Übrigens kann das Pensionspersonal auch Elefantenritte arrangieren, dies ist jedoch nicht zu empfehlen, da die Ritte der Gesundheit der Tiere schaden können.

Diese Touren sind zwar zweifellos beliebt, doch möglicherweise haben sie Elefantencamps mit zweifelhaftem Ruf, was das Wohlergehen der Elefanten angeht, zum Ziel. Auch Touren zu den Bergvölkern können eine Enttäuschung sein, denn in vielen Dörfern wohnt heute ein Mischung aus Stammesangehörigen und chinesischen und birmanischen Einwanderern, deren Lebensweise in vieler Hinsicht nicht mehr so traditionell ist wie früher. Auch die Floßfahrt ist möglicherweise nur ein stilles Treiben auf einem Bach und nicht die erhoffte aufregende Fahrt durch Stromschnellen.

Wer wirklich abenteuerlustig ist, muss die Dinge selbst in die Hand nehmen. Mit einem gemieteten Motorrad kann man tief in den Dschungel fahren und die Nationalparks nördlich und südlich von Chiang Mai besuchen; Chiang Dao ist ein hervorragender Ausgangspunkt, um den Dschungel zu erkunden. Wer Elefanten unter natürlichen Bedingungen begegnen möchte, kann einen Tag im **Elephant Nature Park** (S. 343) verbringen und danach mit **Siam River Adventures** (S. 341) eine Rafting-Tour durch echtes Wildwasser unternehmen. Und um die traditionellen Kultur der Bergvölker zu erleben, muss man in entlegenere Ecken reisen, die nicht auf einer Tagestour von Chiang Mai aus erreichbar sind; am besten fährt man nach Tha Ton (S. 378) und bucht dort eine mehrtägige Trekkingtour.

im richtigen Kloster ankommt. Wer selbst fährt, achtet in der Th Suthep auf Schilder zum Srithana Resort.

★ Wat Phra That Doi Suthep — BUDDHISTISCHER TEMPEL

(วัดพระธาตุดอยสุเทพ; Th Huay Kaew, Doi Suthep; 30 B; ⌚6–18 Uhr) Der Wat Phra That Doi Suthep, der in den Bergen thront und auf die Stadt zu blicken scheint, ist einer der heiligsten Tempel Nordthailands, und jedes Schulkind in Chiang Mai lernt die Legende seiner Gründung. Der Wat selbst ist ein sehr schönes Beispiel nordthailändischer Architektur. Man erreicht ihn über eine steile Treppe mit 306 Stufen, die von mit Mosaiken geschmückten *naga* (Schlangen) flankiert wird. Der Aufstieg erlaubt Gläubigen, sich buddhistische Verdienste zu erwerben.

König Keu Naone gründete das Kloster 1383 als Schrein für ein Knochenstück, das aus der Schulter des historischen Buddhas stammen soll. Ein Wandermönch aus Sukhothai brachte das Knochenstück mit. Am Fuß des Berges zerbrach es in zwei Teile. Eines davon befindet sich in einem Schrein im Wat Suan Dok (S. 337), das zweite wurde an einem heiligen weißen Elefanten befestigt, der durch den Dschungel wanderte, bis er starb und so den Ort für das Kloster bestimmte.

Die Terrasse am oberen Ende der Treppe zieren Brotfruchtbäume, Schreine, Steingärten und Denkmäler, darunter eine Statue des weißen Elefanten, der die Reliquie zu ihrem heutigen Aufbewahrungsort trug. Vor dem Betreten des Innenhofes erweisen Kinder der Statue eines echsenartigen Wächterdrachens namens „Mom" die Ehre.

Auf einer Treppe geht es hinauf zur inneren Terrasse, wo ein Fußweg um den golden glänzenden *chedi* führt, in dem die Reliquie aufbewahrt wird. Der krönende fünfstufige Schirm oben auf dem *chedi* erinnert an Chiang Mais Unabhängigkeit von Birma und an seine Vereinigung mit Thailand. An den

Schreinen, die ihn umgeben und die Buddha-Stuatuen in verschiedenen Posen und aus den unterschiedlichsten Materialien enthalten, stehen Pilger Schlange, um Lotusblüten und andere Opfergaben abzulegen.

Innerhalb der Klosteranlage veranstaltet das Doi Suthep Vipassana Meditation Center (S. 347) diverse religiöse Begegnungsprogramme für Besucher.

Rót daang fahren zwischen dem unteren Ende der Treppe und verschiedenen Orten in Chiang Mai, z. B. dem Zoo (40 B/Pers.) und dem Wat Phra Singh (50 B/Pers.), starten aber erst, wenn genug Fahrgäste da sind. Im gecharterten *rót daang* kostet die einfache Fahrt 300 B, die Hin- und Rückfahrt 500 B. Viele Besucher kommen mit Mountainbikes aus der Stadt, und man kann auch von der Universität aus laufen (S. 349).

Bhubing Palace GÄRTEN

(พระตำหนักภูพิงค์, Phra Tamnak Bhu Bing; www.bhubingpalace.org; Th Huay Kaew, Doi Suthep; 50 B; ⌚8.30–11.30 & 13–15.30 Uhr) Das friedliche Gelände des Winterpalasts der königlichen Familie oberhalb des Wat Phra That Doi Suthep ist für Besucher geöffnet (wenn die Königsfamilie nicht zu Besuch ist). Die Bekleidungsvorschrift ist sehr streng: Röcke und Hosen müssen mindestens halblang sein, die Schultern bedeckt – ein Tuch reicht nicht aus. Dank des kühlen Gebirgsklimas können die königlichen Gärtner hier „exotische" Pflanzen wie Rosen anpflanzen, die ein Magnet für viele thailändische Besucher sind.

Wat Suan Dok BUDDHISTISCHER TEMPEL

(วัดสวนดอก; Karte S. 326; Th Suthep; Spende erbeten; ⌚bei Tageslicht) Dieses bedeutende Kloster wurde 1373 auf dem Gelände eines früheren Blumengartens errichtet und beherbergt in einem Schrein die eine Hälfte einer heiligen Buddha-Reliquie; die andere Hälfte wurde auf einem weißen Elefanten zum Wat Phra That Doi Suthep (S. 336) gebracht. Der zentrale *chedi* ist ein vergoldetes glockenförmiges Bauwerk, das sich spektakulär über ein Meer aus makellos weißen Gedenk-*chedi* erhebt, die zu Ehren von Mitgliedern der thailändischen königlichen Familie aufgestellt wurden. Im Hintergrund ragt der neblige Kamm des Doi Suthep auf.

Im einem Hangar ähnelnden zentralen *wí·hăhn* befindet sich ein enormer stehender Buddha, der fast an die Decke stößt. Zu einem Spaziergang lädt der Gedenkgarten mit dem weiß getünchten *chedi* vor dem Kloster ein, in dem die Asche von Generationen der Lan-Na-Königsfamilien ruht.

Auf dem Gelände befindet sich auch die Mahachulalongkorn Buddhist University, an deren beliebten „Monk Chats" (S. 345) und Meditationsklausuren in englischer Sprache oft Ausländer teilnehmen.

Chiang Mai University UNIVERSITÄT

(มหาวิทยาลัยเชียงใหม่, CMU; Karte S. 326; www.cmu.ac.th; Th Huay Kaew & Th Suthep; Erw./Kind 60/30 B; ⌚9–17 Uhr) Der Hauptcampus der berühmten öffentlichen Universität Chiang Mais erstreckt sich auf einem 2,9 km² großen Landstück westlich der Stadt, das teilweise von Wald und offenem Gelände bedeckt ist. Die obligatorische Tram-Fahrt – die eingeführt wurde, nachdem chinesische Touristen begannen, Schuluniformen anzuziehen und sich in die Unterrichtsräume zu schleichen – beginnt am Information Center unweit des Eingangs in der Th Huay Kaew.

Chiang Mai University Art Museum GALERIE

(หอศิลป์มหาวิทยาลัยเชียงใหม่; Karte S. 326; www.finearts.cmu.ac.th; Th Nimmanhaemin; ⌚Di–So 9–17 Uhr) GRATIS Die Fakultät der Bildenden Künste hat eine eigene Galerie nahe der Kreuzung Th Nimmanhaemin/Th Suthep, in der sie Wechselausstellungen moderner thailändischer und internationaler Künstler zeigt. Über eine ständige Sammlung verfügt sie nicht. Einige Ausstellungen finden im **Baan Tuek Art Center** (ศูนย์ศิลปะบ้านตึก; Karte S. 326; ⌚Di–So 15–20 Uhr) GRATIS in der Th Tha Phae statt.

Royal Park Rajapruek GÄRTEN

(ลานมหกรรมพืชสวนโลก; www.royalparkrajapruek.org; Rte 121, Mae Hia; Erw./Kind 100/50 B; ⌚8–18 Uhr) Der weitläufige formelle Garten wurde 2006 als Teil der Chiang Mai International Horticultural Exposition (Internationale Gartenausstellung) von Regierungen aus aller Welt gespendet. Auf dem Papier klingt das Ganze ziemlich prätentiös, doch eigentlich ist die Anlage üppig, grün und friedlich. Ihr Zentrum bildet ein riesiger Pavillon in Form eines Wat, in dem ziemlich überschwängliche Ausstellungen zu Ehren der thailändischen königlichen Familie gezeigt werden.

Wat Phra That Doi Kham BUDDHISTISCHER TEMPEL

(วัดพระธาตุดอยคำ; Mae Hia; Spende erbeten; ⌚6–18 Uhr) Eine steile *naga*-Treppe führt

Westliches Chiang Mai

durch den Wald zu diesem schönen Tempel, der auf einem Hügel oberhalb des Royal Park Rajapruek über der Stadt thront. Mit seinem vergoldeten *chedi*, den riesigen Buddha-Statuen und dem Panoramablick auf die Stadt ist er eine ruhigere Alternative zum Wat Phra That Doi Suthep.

Am einfachsten erreicht man ihn mit einem Leihmotorrad oder einem gecharterten *rót daang;* man folgt von der Rte 121 den Schildern zum Royal Park Rajapruek und fährt am Kreisverkehr vor dem Eingang nach rechts.

Nördlich der Altstadt

Ein kurzes Stück nördlich vom Pratu Chang Pheuak (Tor des weißen Elefanten) steht das **Elephant Monument** (อนุสาวรีย์ช้าง; Karte S. 326), zwei Stuckpavillons mit Elefanten-Statuen, die König Chao Kavilo 1800 erbaut haben soll.

Wat Jet Yot BUDDHISTISCHER TEMPEL

(วัดเจ็ดยอด; Karte S. 326; Rte 11/Th Superhighway; Spende erbeten; 8.30–17 Uhr) Bei diesem historischen Wat ist ein großer Teil des Originalstucks noch erhalten. Hier bekommt man eine Vorstellung davon, wie andere Tempel der Stadt in ihrer Blütezeit ausgesehen haben könnten. Das Kloster wurde 1477 erbaut, um das Achte Buddhistische Weltkonzil zu beherbergen. Sein historischer *wí·hăhn* ist mit verwitterten Stuckreliefs verziert, die *deva* (engelhafte buddhistische Geister) abbilden.

Der alte *wí·hăhn* wird von *jèt yôrt* (sieben Türmen) gekrönt, ein Symbol für die sieben Wochen, die Buddha nach seiner Erleuchtung im indischen Bodhgaya verbrachte, und soll eine Kopie des Mahabodhi-Tempels in Bodhgaya sein. Wissenschaftler vermuten jedoch, dass die Pläne von einer Votivtafel aus Ton kopiert wurden, die den Tempel aus einer verzerrten Perspektive darstellt.

In der Anlage verteilt stehen weitere Kapellen und *chedi* sowie viele alte Feigenbäume, an denen Gläubige Stangen befestigt haben, um religiöse Verdienste zu erwerben.

Wat Ku Tao BUDDHISTISCHER TEMPEL

(วัดกู่เต้า; Karte S. 326; Soi 6, Th Chotana/Th Chang Pheuak; Spende erbeten; 6–18 Uhr) Hinter dem Stadion Muang Chiang Mai befindet sich der malerische, 1613 erbaute Wat Ku Tao, der viele birmanische und konfuzianische Elemente aufweist. Der markante *chedi* soll an einen Stapel Wassermelonen erinnern, daher der Name (*tao* bedeutet im nordthailändischen Dialekt „Melone"). Im Tempel wird die Asche von Tharawadi Min aufbewahrt, dem Sohn des birmani-

Westliches Chiang Mai

Sehenswertes
1 Museum of World Insects & Natural Wonders ... B3

Aktivitäten, Kurse & Touren
2 Burma Study Center ... B3

Schlafen
3 Artel Nimman ... B3
4 Baan Say-La ... A2
5 Bunk Boutique ... D2
6 Bunthomstan Guesthouse ... B2
7 Nimman Boutique Resort ... B3
8 Sakulchai Place ... D1
9 Yesterday Hotel ... A2

Essen
10 Ai Sushi ... C2
11 Anchan Noodle ... C3
12 Cherng Doi Roast Chicken ... A2
13 Esan Cafe ... A2
14 I-Berry ... B3
15 Italics ... B2
16 Neau-Toon Rod Yam ... B2
17 Rustic & Blue ... B2
18 Salad Concept ... A2
19 Salsa Kitchen ... D2
20 Smoothie Blues ... A2
21 Tengoku ... B2
22 Tong Tem Toh ... A2

Ausgehen & Nachtleben
23 Beer Republic ... B2
24 Ristr8to ... A2
25 Warmup Cafe ... A3

Unterhaltung
26 Sangdee Gallery ... C3

Shoppen
27 Booksmith ... A1
28 Chabaa ... A2
29 Doi Tung ... A1
30 Ginger ... A1
31 Kad Suan Kaew Shopping Center ... D3
32 Maya Lifestyle Shopping Center ... B1
33 Shinawatra Thai Silk ... D2

Praktisches
34 UK Visa Application Centre ... A1

Transport
35 Bangkok Airways ... A2
36 Lao Airlines ... D2

schen Königs Bayinnaung, der von 1578 bis 1607 über Lan Na herrschte.

Chiang Mai National Museum MUSEUM
(พิพิธภัณฑสถานแห่งชาติเชียงใหม่; Karte S. 326; ☎053 221308; Rte 11/Th Superhighway; ⏲Mi–So 9–16 Uhr) GRATIS Das vom Fine Arts Department der thailändischen Regierung verwaltete Museum ist der wichtigste Bewahrer von Lanna-Artefakten und der Geschichte Nordthailands. Bei unserem Besuch waren aber alle Ausstellungen wegen Renovierung geschlossen, und das bereits seit einigen Jahren. Wenn das Museum wieder eröffnet, wird wahrscheinlich auch wieder der frühere Eintritt von 100 B erhoben.

Taschen und Kameras müssen in den kostenlosen Schließfächern am Ticketschalter bleiben. Damit sich der Besuch des Museum lohnt, sollte man ihn mit dem Wat Jet Yot und dem chinesischen Friedhof verbinden.

Chinesischer Friedhof FRIEDHOF
(สุสานจีน; Karte S. 326; Soi 1, Th Chotana/Th Chang Pheuak; ⏲6–18 Uhr) Auf diesem Friedhof, der sich in einer ruhigen Gasse hinter dem National Museum befindet, stehen Reihen eleganter chinesischer Grabsteine. Am Umfang ihrer Verzierungen lässt sich gut der frühere Reichtum der Verstorbenen ablesen. Ganz in der Nähe sind die sonderbaren **Anusawari Singh** (S. 350) zu sehen, zwei Stucklöwen, die König Chao Kavila persönlich errichtet haben soll.

Aktivitäten

Abstecher in die Natur sind in Chiang Mai einfach. Maximal eine Stunde Autofahrt außerhalb der Stadt befinden sich tropische Regenwälder, sprudelnde Flüsse, Stammesdörfer in den Bergen sowie Schutzgebiete und Elefantencamps. Dutzende Veranstalter bieten Abenteuertouren an, auf denen man zu Fuß, mit dem Fahrrad, Geländefahrzeug oder sogar an Seilrutschen die bewaldeten Berge und die Wasserläufe erkundet.

Abenteueraktivitäten

★ **Flight of the Gibbon** SEILRUTSCHEN
(Karte S. 332; ☎053 010660; www.treetopasia.com; 29/4–5 Th Kotchasan; Tagestour 4000 B; ⏲9.30–18.30 Uhr) Dieser Veranstalter von Abenteuertouren, der den Zipline-Hype auslöste, wurde oft kopiert, aber nie ganz erreicht. Unweit von Ban Mae Kampong, eine Fahrstunde östlich von Chiang Mai, erstrecken sich fast 5 km Seilkabel wie Spinnennetze in den Baumkronen, in denen auch Gibbons leben (vielleicht sieht man sogar einige). Die Tagestour umfasst einen optionalen, aber sehr empfehlenswerten Besuch

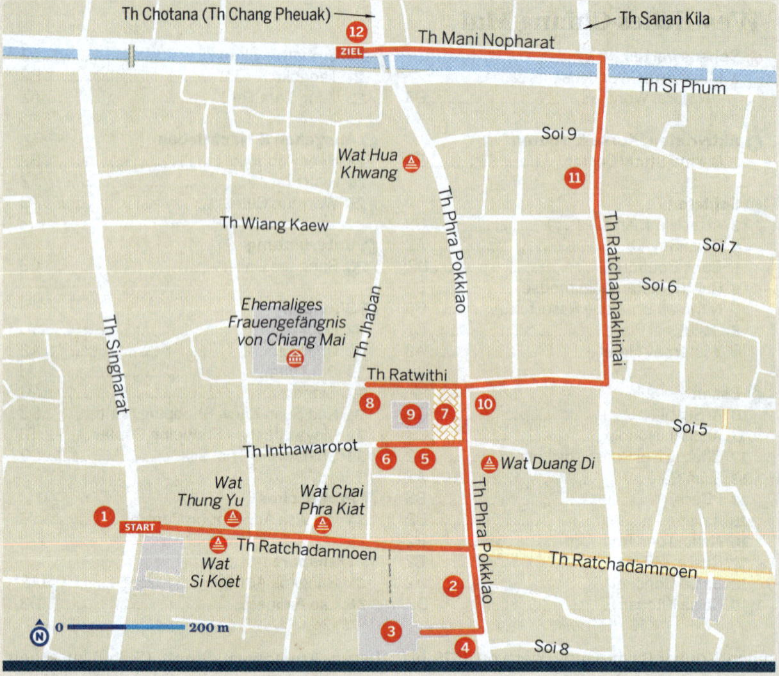

Stadtspaziergang **Altstadttempel**

START WAT PHRA SINGH
ZIEL TALAT PRATU CHANG PHEUAK
LÄNGE/DAUER 2,5 KM; 5 STD.

Kein Besuch in Chiang Mai ohne Tempeltour: Los geht's mit dem besten, dem **1 Wat Phra Singh** (S. 324), in dem sich die meistverehrte Buddha-Statue der Stadt, der Löwen-Buddha, befindet. Dann spaziert man die Th Ratchadamnoen runter und biegt rechts in die Th Phra Pokklao ab. Dicht hintereinander stehen hier der Teak-*wí-hăhn* des **2 Wat Phan Tao** (S. 325), in dem man sich viel Zeit lassen sollte, und der massive **3 Wat Chedi Luang** (S. 324), der größte und prächtigste Lanna-*chedi* der Stadt. Nach der zeremoniellen Umrundung des Stupa im Uhrzeigersinn geht's für Männer hinein in den **4 Làk Meuang** (S. 325), um die verehrte Stadtsäule zu sehen – Frauen dürfen nicht hinein.

Nun kehrt man um und folgt der Th Phra Pokklao gen Norden bis zur Kreuzung mit der Th Inthawarorot. Dort steht surreal mitten auf der Straße der malerische *wí-hăhn* des **5 Wat Inthakhin Saduemuang** (S. 325), in dem die Stadtsäule im Mittelalter in einem Schrein aufbewahrt wurde. Jetzt ist eine gute Zeit fürs Mittagessen im beliebten **6 Kiat Ocha** (S. 357), das *kôw man gài* (Hühnchen nach Hainan-Art) serviert. Gestärkt folgt man nun der Th Phra Pokklao einen Block nach Norden zum **7 Anusawari Sam Kasat** (S. 328) und erweist den drei Lan-Na-Königen, die Chiang Mai gründeten, die Ehre.

Hier ist der ideale Ausgangspunkt für einen Besuch der drei Stadtmuseen: das luftige **8 Chiang Mai Historical Centre** (S. 329) im Lanna-Stil, das große **9 Chiang Mai City Arts & Cultural Centre** (S. 329) in einem Kolonialgebäude von 1927 und das tolle **10 Lanna Folklife Museum** (S. 329). Nun geht's die Th Ratchaphakhinai entlang gen Norden zum **11 Wat Chiang Man** (S. 325), dem ältesten Wat in einer Stadt, in der an alten Tempeln kein Mangel herrscht. Zum Schluss spaziert man zum Wassergraben und lässt sich das *kôw kăh mŏo* (Schweinshaxe mit Reis) auf dem **12 Talat Pratu Chang Pheuak** (S. 358) schmecken.

INSIDERWISSEN

DIE TEAKHOLZ-ÄRA IN CHIANG MAI

Chiang Mai wurde nie von den europäischen Mächten kolonialisiert, doch die Stadt weist viele Spuren europäischen Einflusses auf, die aus jener Zeit stammen, als britische und US-amerikanische Teak-Konzessionäre ein Vermögen mit Teakholz machten.

Eines der markantesten kolonialen Bauwerke ist die verwitterte **First Church** (คริสตจักรที่ ๑ เชียงใหม่; Karte S. 326; Th Chiang Mai-Lamphun), die gleich südlich der Nawarat-Brücke am Ostufer steht und die 1868 von der Laotischen Mission aus North Carolina gegründet wurde. Die Eisenbrücke direkt südlich von dort wurde als Hommage an die zerstörte Nawarat-Brücke gebaut, deren Stahlträger Ingenieure aus dem englischen Cleveland hergestellt hatten. Viele Einheimische glauben, dass die berühmte Memorial Bridge in Pai kein Überbleibsel aus dem Zweiten Weltkrieg ist, sondern eine Kopie aus den 1970er-Jahren, die mit Trägern der Nawarat-Brücke in Chiang Mai gebaut wurde.

Geht man am Westufer in die entgegengesetzte Richtung, dann kommt man am ehemaligen **Hauptpostamt** im Kolonialstil vorbei, in dem sich heute ein kleines **Philatelistisches Museum** (พิพิธภัณฑ์ตราไปรษณียากร; Karte S. 326; Th Praisani; ⌚Di–So 9–16 Uhr) GRATIS befindet. Rund um die Kreuzung Th Ratwithi und Th Phra Pokklao in der Altstadt verteilen sich weitere Verwaltungsgebäude im thailändischen Kolonialstil: Die frühere **Provinzhalle**, das heutige **Chiang Mai City Arts & Cultural Centre** (S. 329) und das **Provinzgericht**, das heutige **Lanna Folklife Museum** (S. 329), weisen den deutlichen Einfluss der deutschen „Gentlemen-Forstmänner“ auf, die im 19. und 20. Jh. 60 % der Teakholzindustrie in Chiang Mai kontrollierten.

Viele der Villen der Teakkonzessionäre sind zwar verfallen, doch der koloniale Architekturstil wurde von der Lan-Na-Königsfamilie übernommen. Eine der beeindruckendsten erhaltenen Villen der Teakholzära ist das **Lanna Architecture Center** (ศูนย์สถาปัตยกรรมล้านนา; Karte S. 332; www.lanna-arch.net; 117 Th Ratchadamnoen; ⌚Mo–Fr 8.30–16.30 Uhr) GRATIS, das zwischen 1889 und 1893 erbaut wurde und einst Prinz Jao Maha gehörte. Es stellt einige interessante Modelle aus, die den Wandel der Lanna-Architektur im Lauf der Jahrhunderte zeigen. Weitere schöne Beispiele für diesen Mischstil sind das frühere britische Konsulat, in dem sich heute das **Restaurant Service 1921** (S. 361) im Anantara Resort befindet, das zentrale Gebäude des Hotels **137 Pillars** (S. 355) und der **Dara Pirom Palace** (S. 374) in Mae Rim.

in einem Dorf, die Wanderung zu einem Wasserfall und ein köstliches, von den Dorfbewohnern zubereitetes Mittagessen.

Neben Tagestouren sind auch mehrtägige Touren mit verschiedenen Aktivitäten und Übernachtung bei Dörflern im Angebot.

★ **Green Trails** ABENTEUERAKTIVITÄTEN
(☎053 141356; www.green-trails.com; Trekking für 2 Pers. ab 2900 B) Der bewährte, umweltfreundliche und sozial eingestellte Veranstalter kann Trekkingtouren zum Doi Inthanon, Trips mit Übernachtung nach Ban Mae Kampong, spezielle tierfreundliche Elefantenbegegnungen und mehr arrangieren.

Chiang Mai Rock Climbing Adventures ABENTEUERAKTIVITÄTEN
(CMRCA; Karte S. 332; ☎053 207102; www.thailandclimbing.com; 55/3 Th Ratchaphakhinai; Kletterkurse ab 5000 B) CMRCA veranstaltet viele der Kletterrouten am Kalksteinfelsen Crazy Horse Buttress, darunter geschraubte Sportrouten der Schwierigkeitsgrade 6 und 7a+ des französischen Systems. Zudem werden Klettern und Höhlenklettern für Kletterer aller Erfahrungsstufen angeboten. Täglich um 8 Uhr fährt ein Shuttle-Bus (300 B; einen Tag im Voraus buchen) des Veranstalters zum Kletterfelsen. Der Besitzer ist leidenschaftlicher und erfahrener Kletterer.

Die gesamte Ausrüstung kann man bei CMRCA ausleihen, stückweise oder als „Komplettset“ für zwei Kletterer (1875 B).

Siam River Adventures RAFTING
(Karte S. 332; ☎089 515 1917; www.siamrivers.com; 17 Th Ratwithi; Rafting ab 1800 B/Tag; ⌚8–20 Uhr) Der Veranstalter von Wildwasserrafting und Kajaktouren ist seit dem Jahr 2000 im Geschäft und genießt wegen seiner Professionalität und der hohen Sicherheitsstandards einen guten Ruf. Die Guides erhalten ein spezielles Rettungstraining, und an besonders gefährlichen Flussabschnitten stehen zusätzliche Mitarbeiter mit Wurfleinen bereit. Die Touren können mit Elefan-

tenbegegnungen und Übernachtungen in Dörfern kombiniert werden.

Chiang Mai Mountain Biking & Kayaking MOUNTAINBIKEN
(Karte S. 332; ☎053 814207; www.mountainbikingchiangmai.com; 1 Th Samlan; Touren 1250–2700 B; ⏰8–20 Uhr) Dieser Spezialveranstalter bietet empfehlenswerte Kajaktouren auf dem Mae Ping und ganztägige geführte Mountainbiketrips (auf Importrädern) in den Doi Suthep-Pui National Park und zu entfernteren Zielen, darunter der beliebte Aufstieg zum Wat Phra That Doi Suthep.

Peak Adventure Tour ABENTEUER
(Karte S. 326; ☎053 800567; www.thepeakadventure.com; 302/4 Th Chiang Mai-Lamphun; Touren 1600–2800 B) Veranstalter mit verschiedenen Abenteuertouren, u.a. Quadfahren, Abseilen, Trekken, Wildwasserrafting und Klettern sowie Fototouren durch Chiang Mai im *săhm·lór*.

Elefantenbegegnungen

Chiang Mai ist einer der beliebtesten Orte in Thailand, um Elefanten zu begegnen. Fast täglich scheinen neuen Elefantencamps zu eröffnen, wenngleich viele immer noch Pakete mit Elefantenreiten auf Holzsätteln, zirkusähnlichen Shows und Büffelkarrenfahrten oder Bambusfloßfahrten auf dem nächstgelegenen Fluss anbieten. Die besseren Camps offerieren anstelle von Ausbeutung die Interaktion mit den Dickhäutern:

TIERFREUNDLICHE BEGEGNUNGEN MIT ELEFANTEN

Elefanten werden in Thailand seit Tausenden Jahren als Lasttiere genutzt, die die Stämme aus den Teakwäldern schleppen und die Kutschen der thailändischen Königsfamilie ziehen. Buddhisten wie Hindus verehren die Elefantengötter Erawan und Ganesha, und selbst der Umriss Thailands erinnert an einen Elefantenkopf, dessen Rüssel hinunter in die Landenge ragt.

Das landesweite Verbot des Holzeinschlags machte 1989 plötzlich Tausende Arbeitselefanten arbeitslos, und die Hirten und Mahuts (Elefantenführer) suchten nach neuen Wegen, um mit ihren Tieren Geld zu verdienen. So entstanden die Elefantencamps Chiang Mais. Dickhäuter, die früher in der Holzwirtschaft tätig waren, unterhalten heute mit zirkusartigen Vorstellungen und Ritten durch den Wald Touristen. Das wachsende Bewusstsein für Tierschutz rückt diese Branche aber auf neue Weise ins Rampenlicht.

Besonders umstritten sind Elefantenritte. Eines der Probleme ist, dass die *howdahs* (Sänften), in denen die Touristen sitzen, die Wirbelsäulen der Tiere stark belasten und zu bleibenden Schäden führen können. Bei den zirkusähnlichen Vorführungen können sich die Elefanten verletzen, und viele Camps halten ihre Elefanten angekettet und getrennt und nutzen den traditionellen *ankus* und ähnliche Metallhaken, um die Tiere zu dressieren. Die gesetzlichen Bestimmungen taugen wenig zur Kontrolle, denn sie klassifizieren Elefanten noch immer als Transportmittel. Viele Tiere zeigen deutliche Zeichen psychischer Störungen, die sich in Angriffen auf Menschen niedergeschlagen haben.

Doch es gibt Alternativen. Nach Aussagen von Aktivistengruppen sollten Elefanten im Idealfall nicht angekettet sein und die Möglichkeit haben, auf großzügigen Anlagen (für die selten genug Land vorhanden ist) ihre eigenen sozialen Gruppen zu bilden. Anstelle von Ritten laufen die Besucher mit den Elefanten und ihren Mahuts über das Gelände, füttern sie per Hand mit Obst und Gemüse und helfen beim Elefantenbad im Fluss.

Immer öfter ist es möglich, zum Schutz der Elefanten beizutragen, ohne das unbehagliche Gefühl zu haben, eigentlich zum Problem beizutragen. Tatsache ist, dass die Elefanten nicht wieder in die Wildnis entlassen werden können und dass das Geld der Touristen oft die einzige Quelle für die langfristige Pflege und Betreuung der Tiere ist. Wissenschaftler betonen, dass die besten Camps eine spezielle veterinärmedizinische Station haben sollten, in der Verletzungen und Krankheiten der Tiere behandelt werden können. Bei Elefantenritten sind Ritte ohne Sänfte, bei denen die Reiter auf der Schulter der Elefanten sitzen, weniger schädlich als Ritte in hölzernen *howdahs*. Viele Tierschutzexperten vertreten aber die Meinung, dass auf Ritte ganz verzichtet werden sollte, da es für die Tiere ein brutale Misshandlung bedeutet, wenn sie „lernen“ müssen, Reiter zu akzeptieren. Gruppen wie die ACEWG (Asian Captive Elephant Working Group) arbeiten mit Dorfbewohnern zusammen, um tierfreundliche Trainingsmethoden zu fördern und verständlich zu machen, wie Menschen und Elefanten besser zusammenarbeiten können.

NICHT VERSÄUMEN

BOOTSFAHRTEN AUF DEM MAE PING

Vor dem Bau von Straßen und Bahnlinien war der Mae Ping die Hauptroute für Waren, die nach Chiang Mai gebracht wurden. Zu den Märkten am Ufer kamen damals die Lan-Na-Könige, um mit dem Rest Thailands – und über die Seidenstraße mit dem Rest Asiens – Handel zu treiben. Auf dem Fluss wurde alles Erdenkliche transportiert, von Obst und Gemüse bis zu den riesigen Teakstämmen, doch nach der Fertigstellung der Eisenbahn im Jahr 1922 kam der Handel auf dem Fluss allmählich zum Erliegen.

Noch immer fließt der Mae Ping gemächlich durch die Mitte der Stadt, doch heute sind kaum Boote auf dem Wasser, mal abgesehen von Bootstouren, die einen tollen Blick auf die Stadt ermöglichen. Der älteste Anbieter ist **Scorpion Tailed River Cruise** (Karte S. 332; ☎ 081 960 9398; www.scorpiontailedrivercruise.com; Th Charoenrat; Bootsfahrt 500 B), dessen Touren in überdachten Longtail-Booten an einem Pier beim Wat Srikhong (direkt nördlich der Nakhon-Ping-Brücke) beginnen. Sie führen durch eine friedliche Landschaft zu einer Farm auf dem Land, wo die Fahrgäste einen Snack mit Mango und Klebreis erhalten. **Mae Ping River Cruise** (Karte S. 326; ☎ 081 884 4621; www.maepingrivercruise.com; Wat Chaimongkhon, 133 Th Charoen Prathet; 2-stündige Bootsfahrt ab 550 B; ⏲ 8.30–17.30 Uhr) bietet ähnliche Touren, die am Wat Chaimongkhon südlich vom Zentrum in der Th Charoen Prathet starten, sowie längere Bootsfahrten zum **Wiang Kum Kam** (S. 331).

Wer Lust hat, selbst zu paddeln, kann mit **Chiang Mai Mountain Biking & Kayaking** (S. 342) geführte Kajaktopuren auf dem Mae Ping unternehmen, die in bewaldete Gegenden nördlich der Stadt führen.

Die Besucher laufen mit den Elefantenherden mit und füttern und waschen die Tiere, verzichten aber auf Aktivitäten, die dem Wohlergehen der Tiere schaden.

Thai Elephant Care Center ELEFANTENBEGEGNUNG
(☎ 053 206247; www.thaielephantcarecenter.com; Mae Sa; halber/ganzer Tag 2000/3000 B) Dieses kleine Zentrum in Mae Sae, ca. 25 km nordwestlich von Chiang Mai, wurde gegründet, um für Elefanten zu sorgen, die für die Holzfällercamps und Elefantenshows zu alt waren. Reiten ist hier nicht möglich, stattdessen füttern die Besucher die Senioren mit Gras, Kräutern und Bananen, helfen bei ihrem Bad und besuchen den Friedhof, auf dem die an Altersschwäche gestorbenen Elefanten ruhen.

Patara Elephant Farm ELEFANTENBEGEGNUNG
(☎ 081 992 2551; www.pataraelephantfarm.com; halber/ganzer Tag 3800/4800 B) In diesem Camp 30 km westlich von Chiang Mai werden die Besucher für einen Tag zu „Elefantenbesitzern" und helfen bei der medizinischen Untersuchung, dem Füttern und dem Baden der Tiere. Elefantenreiten ohne Sattel wird ebenfalls angeboten. Tierschutzorganisationen glauben aber, dass dies den Tieren schadet, man sollte sich daher überlegen, ob man unbedingt reiten möchte. Das Camp hat jedoch eine der besten veterinärmedizinischen Stationen und steht daher bei vielen Biologen und Tierärzten hoch im Kurs.

Bei den meisten Aktivitäten ist jeder Besucher mit einem bestimmten Elefanten und einem Elefantentrainer zusammen.

Elephant Nature Park ELEFANTENBEGEGNUNG
(Karte S. 332; ☎ 053 818754, 053 272850; www.elephantnaturepark.org; 1 Th Ratchamankha; 1-/2-Tages-Touren 2500/5800 B) 🍃 Der Elephant Nature Park, eines der ersten Reservate für befreite Elefanten in Chiang Mai, war unter der Führung seines Gründers Sangduen (Lek) Chailert ein Pionier der Bewegung, die auf das Reiten und Shows verzichtete und den Schutz der Elefanten an erste Stelle setzte. Im Mittelpunkt des Besuchs steht die Begegnung zwischen Tieren und Menschen: Man verbringt den Tag, indem man die Mahouts und ihre Herden begleitet und beim Waschen und Füttern der Elefanten hilft.

Wie in allen besseren Elefantencamps, wurden die hier lebenden Elefanten aus Holzfällercamps und den Gruppen von Showveranstaltern befreit. Das schönste Erlebnis ist es, die Interaktion zwischen den Elefanten zu beobachten: Baby-Elefanten, die ein spielerisches Tauziehen mit den Stoßzähnen veranstalten, Familien, die sich ein gemeinsames Schlammbad gönnen und ältere Elefanten, die sich um blinde oder behinderte Mitglieder der Herde kümmern.

Der Hauptpark befindet sich im Mae-Taeng-Tal, 60 km von Chiang Mai entfernt. Die Tagestouren beinhalten ein vegetarisches Mittagsbüfett. Längere Aufenthalte, die Freiwilligenarbeit einschließen, sind ebenfalls möglich.

Elephant Retirement Park ELEFANTENBEGEGNUNG
(☎081 961 9663; www.elephantretirementpark.com; 5 Kotchasarn Soi 5; Halb-/1-Tages-Touren ab 1500/2600 B) Der Betreiber in Mae Taeng folgt ethischen Prinzipien und bietet Begegnungen mit Elefanten beim Laufen, Füttern und Baden an, aber kein Reiten. Die Herden können eigene Familiengruppen bilden.

Thaimassage

Einst boten Massagesalons in Chiang Mai wenig mehr als eine Matratze und ein kräftiges Durchwalken für wenig Geld. Doch heute liegt der Fokus auf prächtigen Spas, die den eleganten Lebensstil der Lan-Na-Königshäuser wieder aufleben lassen: Die Massageliegen befinden sich in üppigen Gärten, die vom Klang zwitschernder Vögel und plätschernden Wassers erfüllt sind.

Wer sich in Chiang Mai eine Massage gönnen möchte, sollte sich für ein Ende des Spektrums entscheiden. Wenn man keine Lust auf ein elegantes Spa hat, in dem man nach Strich und Faden verwöhnt wird, sollte man einen der preiswerten informellen Massagepavillons besuchen, die sich in einigen Wats der Stadt befinden, oder den Massageservice nutzen, der als Reha-Programm für Blinde und ehemalige Gefängnisinsassen betrieben wird.

★ Zira Spa SPA
(☎053 222288; www.ziraspa.com; 8/1 Th Rajvithi; Behandlungen 700–6000 B; ⌚10–22 Uhr) Das Zira Spa liegt an einer der Hauptstraßen im Zentrum Chiang Mais. Seine Behandlungen und Massagen gehören zu den besten der ganzen Region – und es gibt sie zu einem guten Preis. Die umfangreicheren Pakete muss man im Voraus buchen, ein oder zwei der 30-, 60- oder 90-minütigen Anwendungen kann man aber für denselben Tag arrangieren.

CHIANG MAI MIT KINDERN

Bei Familien ist Chiang Mai sehr beliebt, sowohl wegen seines entspannten Flairs als auch wegen der unzähligen angebotenen Aktivitäten. Am besten wählt man ein Hotel mit Pool aus und plant die Tage, ohne sie zu überladen. Mit einem gecharterten *rót daang* (wörtlich „roter Lastwagen") oder *túk-túk* (dreirädriges Motortaxi) ist man unabhängig und kann nach Belieben kommen und gehen. Im **Suan Buak Hat** (สวนสาธารณะหนองบวกหาด; Karte S. 326; Th Bamrungburi; ⌚5–21 Uhr) befindet sich der am günstigsten gelegene Spielplatz der Altstadt. Westliches Essen gibt's in der Altstadt und in den Malls.

Für die Begegnung mit Elefanten sollte man sich einen ganzen Tag Zeit nehmen – die **Patara Elephant Farm** bietet das perfekte Gleichgewicht zwischen Tierschutz und Interaktion. Ein weiterer Tag ist dem Paddeln, Schwimmen und Picknicken an den **Mae-Sa-Wasserfällen** (S. 373) vorbehalten. Kinder ab sechs Jahren werden die Zipline-Touren des hervorragend gemanagten **Flight of the Gibbon** (S. 339) lieben. Auch Besuche von Wats kommen bei Kindern gut an, zudem sind die Klosteranlagen grün, ruhig und überwiegend verkehrsfrei; die Tempel **Phra That Doi Suthep** (S. 336), **Suan Dok** (S. 337), **U Mong Thera Jan** (S. 335), **Chedi Luang** (S. 324) und **Phra Singh** (S. 324) bieten die besten Unterhaltungsmöglichkeiten für kleine Traveller. Die drei Museen in der Altstadt (S. 328f) zeigen moderne, kinderfreundliche Ausstellungen, und eine Art Zoobesuch ist im **Chiang Mai Zoo** (สวนสัตว์เชียงใหม่; www.chiangmaizoo.com; 100 Th Huay Kaew; Erw./Kind 150/70 B, Kombiticket für Zoo & Aquarium 520/260 B; ⌚8–16.30 Uhr; 👪) und bei der **Chiang Mai Night Safari** (เชียงใหม่ไนท์ซาฟารี; ☎053 999000; www.chiangmainightsafari.com; Rte 121; Touren Erw./Kind 800/400 B; ⌚11–22 Uhr; 👪) möglich.

An Tagen, an denen es unerträglich heiß wird, sind die Einkaufszentren mit ihren Klimaanlagen, Multiplexkinos und Aktivitäten für Kinder eine gute Alternative. Im Central Festival befindet sich die **Eisbahn Sub-Zero** (☎053 288868; www.subzeroiceskate.com; 3. Stock, Central Festival Mall; pro Std. Erw./Kind 250/200 B; ⌚Mo–Fr 11–22, Sa & So 10–22 Uhr), die sogar Stützgestelle für absolute Anfänger hat. Der **Grand Canyon Water Park** (☎061 796 3999; www.facebook.com/Grandcanyonwaterpark; 202 Mu 3 Namprae, Hang Dong; Erw./Kind 350/300 B; ⌚9–19 Uhr) ist eine weitere tolle Option, besonders für größere Kinder und Teenager, die aufregenden Spaß im Wasser lieben.

Vocational Training Centre of the Chiang Mai Women's Correctional Institution MASSAGE
(Karte S. 332; ☎053 122340; 100 Th Ratwithi; Fußmassage od. traditionelle Massage ab 200 B; ⏲Mo–Fr 8–16.30, Sa & So 9–16.39 Uhr) Bietet fantastische Massagen, die von weiblichen Häftlingen durchgeführt werden, die an einem Ausbildungs- und Rehabilitationsprogramm des Gefängnisses teilnehmen. Im benachbarten Café kann man nach der Massage nett etwas trinken.

Lila Thai Massage MASSAGE
(Karte S. 332; ☎053 327043; www.chiangmaimassage.com; Th Phra Pokklao; Standard-/Kräutermassage ab 300/400 B; ⏲10–22 Uhr) Das vom früheren Direktor des Frauengefängnisses der Stadt gegründete Lila Thai beschäftigt Absolventinnen des Massageausbildungsprogramms des Gefängnisses. Es gibt fünf Filialen in der Altstadt, darunter eine **Filiale in der Th Ratchadamnoen** (Karte S. 332; ☎053 327243; Standard-/Kräutermassage ab 200/350 B; ⏲10–22 Uhr).

Ban Hom Samunphrai MASSAGE
(☎053 817362; www.homprang.com; 93/2a Mu 12, Tawangtan, Saraphi; Dampfbad 200 B, Massage 800–1600 B) Die Lehrerin Maw Hom („Kräuterdoktor") stammt aus einer alten Familie von Kräuterkundlern und Massagetherapeuten. Neben traditioneller Thai-Massage kann man hier auch ein Kräuterdampfbad genießen. Das Gebäude liegt 9 km außerhalb Chiang Mais in der Nähe des McKean Institute; Infos zur Anfahrt stehen auf der Website. Es werden auch empfehlenswerte Massagekurse veranstaltet.

Thai Massage Conservation Club MASSAGE
(Karte S. 332; ☎053 904452; 99 Th Ratchamankha; Massage 200–350 B; ⏲8–21 Uhr) Der Thai Massage Conservation Club, ein Kollektiv von Masseuren und Masseurinnen, die traditionelle Thai-Massagen praktizieren, beschäftigt ausschließlich blinde Mitarbeiter, die wegen ihres besonders ausgeprägten Tastsinns als echte Experten gelten.

Thaiboxen *(moo·ay tai)*

Chai Yai Muay Thai KAMPFSPORT
(☎082 938 1364; www.muaythaicampsthailand.com; Th Sunpiliang, Nong Hoi; Tag/Woche/Monat 600/1900/5500 B) Seit 30 Jahren trainiert diese Schule thailändische und ausländische Kampfsportler aller Leistungsstufen. Sie liegt südöstlich der Stadt, abseits der Rte 11 in der Nähe des Chiang Mai 700 Years Park.

Santai Muay Thai KAMPFSPORT
(☎0825286059; www.muay-thai-santai.com; 79 Mu 9, San Kamphaeng; Tag/Woche/Monat 600/3000/10 000 B) Die von früheren Profiboxern geführte Schule ist darauf ausgerichtet, Wettkampfniveau anzustreben. Die Halle liegt östlich der Stadt.

Lanna Muay Thai Boxing Camp KAMPFSPORT
(Karte S. 326; ☎053 892102; 161 Soi Chang Khian, Th Huay Kaew; Tag/Woche/Monat 400/2200/8000 B) Unterrichtet Ausländer und Einheimische und ist berühmt, weil hier der Transgender-Boxer Parinya Kiatbusaba, ein Champion, trainiert hat.

Freiwilligenarbeit

Burma Study Center FREIWILLIGENARBEIT
(Karte S. 338; www.burmastudy.org; 302/2 Soi 13, Th Nimmanhaemin; ⏲Mo–Fr 11.30–20, Sa bis 18 Uhr) Das gemeinnützige Gemeindezentrum veranstaltet englischsprachige Kurse für birmanische Migranten, die in Thailand leben. Viele Studenten sind schlecht bezahlte Arbeiter, deren Bildungsweg infolge der politischen Instabilität Myanmars oder wegen des Heimatverlusts unterbrochen wurde. Mittels der Leihbücherei sowie mit Buchdiskussionen und Filmvorführungen informiert das Zentrum die internationale Gemeinde Chiang Mais zudem über Themen rund um Myanmar.

Cultural Canvas Thailand FREIWILLIGENARBEIT
(www.culturalcanvas.com; Chiang Mai University) Vermittelt Freiwillige in Lernzentren für Migranten, Kunstprogramme und andere Projekte zur Förderung der sozialen Gerechtigkeit in Nordthailand.

Kurse

Kochen

Chiang Mai ist die beliebteste Stadt Thailands in Sachen Kochkurse zur Thai-Küche. Weit über ein Dutzend Kochschulen konkurrieren um Kunden, die lernen wollen, Currypasten, Pfannengerichte, Currys und thailändische Puddings zuzubereiten. Die Kurse bestehen meist aus eintägigen Modulen; in mehreren aufeinanderfolgenden Modulen kann man die Zubereitung eines ganzen Thai-Menüs lernen. Es gibt aber auch Abend- und Halbtageskurse. In allen Kursen erfahren die Teilnehmer etwas über die Zutaten und die Kochtechniken und be-

INSIDERWISSEN

MIT MÖNCHEN PLAUDERN

Wer sich für den Buddhismus interessiert, kann sich in vielen Tempeln Chiang Mais bei den beliebten „Monk Chats" mit Mönchsnovizen unterhalten. Die Novizen verbessern ihr Englisch, und die Traveller erfahren etwas über die Vorgänge im Inneren eines Klosters. Dies ist eine faszinierende Gelegenheit, mehr über die Rituale und Sitten zu lernen, die zumindest einen kleinen Teil des Lebens der meisten thailändischen Männer prägen. Als Zeichen des Respekts sollte man sich angemessen kleiden und Schulter und Knie bedecken. Die rituellen Tabus erfordern, dass Frauen Mönche und deren Besitztümer nicht berühren und ihnen nie direkt etwas reichen.

Wat Suan Dok (S. 337) Die „Monk Chats" finden montags, mittwochs und freitags von 17 bis 19 Uhr in einem speziellen Raum statt.

Wat Srisuphan (S.330) Veranstaltet die Gesprächsrunden von 17.30 bis 19 Uhr, direkt vor einem Meditationskurs.

Wat Chedi Luang (S. 324) An einem Tisch unter einem schattigen Baum kann man täglich von 9 bis 18 Uhr mit Mönchen sprechen.

Wat Pha Khao (วัดผ้าขาว; Karte S. 332; Th Ratchmankha; Spende erbeten; ⏲ bei Tageslicht) Bietet samstags und sonntags von 16 bis 19 Uhr zwanglose Gespräche mit Mönchen an.

suchen lokale Märkte, um Kräuter und Gewürze zu kaufen, oder einen Kräutergarten. Die besten Kurse finden in Gemeinschaftsküchen in Bauernhäusern in der Umgebung von Chiang Mai statt. Natürlich kommt man selbst in den Genuss des Essens, das man zubereitet, und verlässt den Kurs am Ende mit einem Rezeptheft, mit dessen Hilfe man daheim kleine Wunder vollbringen kann.

★ Small House Chiang Mai Thai Cooking School KOCHKURS
(Karte S. 326; ☎095 674 4550; www.chiangmaithaicooking.com; 19/14 Th Thipanet; Tageskurs/Abendkurs 1500/1300 B) Arm veranstaltet in dem Wohnhaus außerhalb Chiang Mais, das seinen Namen zu Recht trägt, Kochkurse für nordthailändische Küche. Die Hin- und Rückfahrt und ein Besuch auf dem örtlichen Markt sind inklusive. Da an den Kursen nur zwei bis vier Personen teilnehmen, sind sie persönlicher und eher typisch thailändisch als typisch touristisch. Arm bietet auch eintägige Privatkurse ab 3500 B an.

Asia Scenic Thai Cooking KOCHKURS
(Karte S. 332; ☎053 418657; www.asiascenic.com; 31 Soi 5, Th Ratchadamnoen; halbtägiger Kurs 800–1000 B, Tageskurs 1000–1200 B; ⏲ halbtägige Kurse 9–13 & 17–21 Uhr, Tageskurse 9–15 Uhr) Khun Gayrays Kochkurse finden entweder in der Stadt oder auf einem friedlichen Bauernhof außerhalb statt. Sie umfassen Suppen, Currys, Pfannengerichte, Salate und Desserts – nach einem Tag kann man also schon ein dreigängiges Menü kochen.

Thai Farm Cooking School KOCHKURS
(Karte S. 332; ☎081 288 5989; www.thaifarmcooking.com; 38 Soi 9, Th Moon Muang; Kurse 1500 B) Kochkurse auf einem schönen, friedlichen Biobauernhof 17 km außerhalb Chiang Mais. Die Hin- und die Rückfahrt sind im Preis enthalten.

Chiang Mai Thai Cookery School KOCHKURS
(Karte S. 332; ☎053 206388; www.thaicookeryschool.com; 47/2 Th Moon Muang; Kurse ab 1450 B) Eine der ältesten Kochschulen Chiang Mais wird von Fernsehkoch Sompon Nabnian und seinem Team geführt. Die Unterrichtseinheiten finden in ländlicher Umgebung außerhalb Chiang Mais statt. Es gibt eine spezielle abendliche Master Class für nordthailändische Köstlichkeiten, die Sompon Nabnian selbst leitet.

Baan Thai KOCHKURS
(Karte S. 332; ☎053 357339; www.baanthaicookery.com; 11 Soi 5, Th Ratchadamnoen; Tages-/Abendkurse 1000/800 B) Die praktischerweise in der Stadt gelegene Kochschule bietet Tages- und Abendkurse.

Meditation

Mehrere Tempel bieten *vipassana*-Meditationskurse und Meditationsklausuren an. Die meisten haben allerdings strenge Regeln. Die Teilnehmer sollen schlichte weiße Kleidung tragen, die sie normalerweise im Tempel kaufen können. Die Teilnahme ist meist kostenlos, eine Spende ist aber angebracht.

Wat Suan Dok Meditation Retreat GESUNDHEIT & WOHLBEFINDEN
(Karte S. 326; ☎084 609 1357; www.monkchat.net; Wat Suan Dok, Th Suthep; 2-tägige Klausur 500 B; ⊙Di & Mi) Die zum Wat Suan Dok (S. 337) gehörige Buddhist University veranstaltet in einem angeschlossenen Wat im Wald zweitägige Meditationsklausuren. Man sollte sich im Voraus anmelden und erhält dann weitere Informationen.

Doi Suthep Vipassana Meditation Center GESUNDHEIT & WOHLBEFINDEN
(☎053 295012; www.fivethousandyears.org; Wat Phra That Doi Suthep, Th Huay Kaew; gegen Spende) Auf dem Gelände des Wat Phra That Doi Suthep (S. 336) bietet dieses Zentrum Menschen aller Erfahrungsstufen Übungs-Retreats für Meditation, die vier bis 21 Tage dauern.

Wat Srisuphan GESUNDHEIT & WOHLBEFINDEN
(Karte S. 326; ☎053 200332; 100 Th Wualai; ⊙Di, Do & Sa 17.30–21 Uhr) Der silberne Tempel südlich der Altstadt gibt eine Einführung in die Meditation mit den vier Grundpositionen (stehen, gehen, sitzen, liegen).

Thaimassage

In Chiang Mai gibt's viele Massageschulen, angefangen von Schulen für Touristen, die Grundlagen vermitteln, bis zu von der Regierung anerkannten Schulen, in denen man eine Berufsausbildung machen kann.

Art of Massage GESUNDHEIT & WOHLBEFINDEN
(Karte S. 332; ☎083 866 2901; www.artofmassage.webs.com; Soi 3, Th Loi Kroh; Kurse 1500–3000 B) Khun Wannas praxisorientierte Massagekurse mit maximal zwei Teilnehmern dauern zwei bis drei Tage und werden von ehemaligen Teilnehmern begeistert empfohlen.

Chetawan Thai Traditional Massage School GESUNDHEIT & WOHLBEFINDEN
(Karte S. 326; ☎053 410360; www.watpomassage.com; 7/1-2 Soi Samud Lanna, Th Pracha Uthit; allgemeine Kurse 9500 B) Bangkoks renommierte Massageschule Wat Pho gründete diese Filiale außerhalb Chiang Mais in der Nähe der Rajabhat University.

Thai Massage School of Chiang Mai GESUNDHEIT & WOHLBEFINDEN
(TMC; ☎053 854330; www.tmcschool.com; 203/6 Th Chiang Mai-Mae Jo; Einführungskurse ab 8500 B) Nordöstlich der Stadt gelegen. Die bekannte Schule richtet sich nach einem staatlich geprüften Lehrplan. Es gibt drei Grundlehrgänge und ein Intensivtrainingsprogramm für Lehrer.

Jack Chaiya GESUNDHEIT & WOHLBEFINDEN
(Karte S. 332; ☎083 154 6877; www.jackchaiya.com; 74/3 Th Wiang Kaew; 3- bis 5-tägige Kurse ab 7000 B) Jack Chaiya lernte *jàp sên* (wörtl. „Nervenberührung"), eine nordthailändischen Massagetechnik, die der Akkupressur ähnelt, von seiner Mutter und gibt sein

DAS ELEND DER MIGRANTEN VON CHIANG MAI

In den letzten drei Jahrzehnten sind schätzungsweise 20 000 Menschen aus Myanmar in die Provinz Chiang Mai geflohen, um politischer Gewalt, wirtschaftlicher Not und der Unterdrückung im benachbarten birmanischen Shan-Staat zu entgehen. Einige dieser Migranten fanden in Thailand Schutz und Chancen auf ein neues Leben, doch andere erlebten Ausbeutung und arbeiten unter sklavenähnlichen Bedingungen mit geringer Sicherheit und wenig Schutz vor Missbrauch. Viele Angehörige des „Langhals"-Stammes der Padaung, die in den Touristencamps rund um Chiang Mai zur Schau gestellt werden, sind tatsächlich Arbeiter in Schuldknechtschaft und müssen die Gebühren für die Menschenschmuggler abarbeiten, die sie über die Grenze gebracht haben.

Angesichts des wachsenden Drucks aus dem In- und Ausland unternimmt die thailändische Regierung Schritte, um den Zustrom der Einwanderer zu begrenzen, führt etwa Razzien in Menschenschmugglerlagern durch und hat einen nationalen Überprüfungsprozess eingeleitet, durch den sich Migranten für einen legalen Status und den Mindestlohn qualifizieren können. Allerdings sind oft Anschuldigungen zu hören, dass die Polizei die Augen vor der Ausbeutung verschließt oder sich sogar daran beteiligt.

Als Reaktion darauf kümmern sich mehrere Nichtregierungsorganisationen, die mit der birmanischen Migranten-Community Chiang Mai zusammenarbeiten, darum, dass Flüchtlinge medizinische Versorgung, Bildung und rechtliche Unterstützung erhalten. Wer dies unterstützen oder als Freiwilliger arbeiten möchte, kann sich ans **Burma Study Center** in Chiang Mai wenden, eine Dachorganisation für Projekte, die sich mit birmanischen Flüchtlingen beschäftigen.

Wissen nun in dieser kleinen Massageschule nahe dem Wat Phra Singh weiter.

Sprache

Als Universitätsstadt ist Chiang Mai sehr beliebt bei Travellern, die die Thailändisch lernen möchten. Außerdem ist es hier möglich, eine Ausbildung zum TEFL-Lehrer (Teaching English as a Foreign Language/Lehrer für Englisch als Fremdsprache) zu absolvieren.

American University Alumni SPRACHKURS
(AUA; Karte S. 332; ☎053 214120; www.learnthai inchiangmai.com; 73 Th Ratchadamnoen; Gruppenkurse 5300 B) Veranstaltet 60-stündige Thai-Kurse mit je zwei Unterrichtsstunden täglich von Montag bis Freitag. Auch Privatunterricht ist möglich.

Easy Study Thai SPRACHKURS
(Karte S. 332; ☎089 429 9872; www.easystudy thai.com; 3. Stock, Pantip Plaza, Th Chang Khlan; Kurse ab 2500 B) Oben im Einkaufszentrum Pantip Plaza; hat diverse Thai-Kurse im Angebot, von einmonatigen Anfängerpaketen bis zu einjährigen Kursen. Außerdem können diejenigen, die ihre Sprachkenntnisse schon vor der Reise verbessern wollen, Unterricht via Skype nehmen.

UniTEFL International SPRACHKURS
(Karte S. 326; ☎053 400001; www.unitefl.com; P & S Bldg 3, 213/2 Th Huay Kaew, P & S Bldg 3; TEFL-Kurse ab 345 US$) Bietet TEFL-Zertifizierungskurse in 60 bis 120 Stunden und Jobvermittlung nach Abschluss des Kurses sowie einjährige Thai-Sprachkurse.

Geführte Touren

★ Chiang Mai on Three Wheels GEFÜHRTE TOUREN
(www.chiangmaionthreewheels.com; Don Kaeo, Saraphi; 4-stündige Tour für 2 Pers. 1700 B) Es gibt kaum eine bessere Möglichkeit, Chiang Mai zu erkunden, als per langsamem, ruhigem *săhm·lór* (dreirädrige Fahrradrikschas; auch *săamláw* geschrieben), mit dem man perfekt die Lebensart des Landes kennenlernen kann. Diese Organisation hilft der sterbenden Branche, indem sie Traveller mit dem Fahrer, der oft kein Englisch spricht, und einem englischsprachigen Führer zusammenbringt. Der gesamte Profit geht an die Fahrer und soll die Branche unterstützen.

Chiang Mai Street Food Tours ESSEN & TRINKEN
(☎085 033 8161; www.chiangmaistreetfoodtours.com; Führungen 850 B) Die Feinschmecker-Führungen über die Morgen- und Nachtmärkte der Stadt sind eine tolle Einführung in die nordthailändische Küche.

Spice Roads RADFAHREN
(Karte S. 332; ☎053 215837; www.spiceroads.com; 1 Soi 7, Th Moon Muang; Tagestour/mehrtägige Tour ab 3850/16 250 B) Hat eine breite Palette von Fahrradtouren auf beeindruckend gut gewarteten Importrädern, von halbtägigen Trips durch die Innenstadt bis zu anspruchsvollen Mountainbiketouren in der Landschaft rings um Chiang Mai.

Click and Travel RADTOUR
(☎053 281553; www.chiangmaicycling.com; halbtägige/Tages-/mehrtägige Touren ab 950/1500/5350 B; 👪) Click and Travel veranstaltet familienfreundliche Radtouren mit Schwerpunkt Kultur zu Tempeln und Sehenswürdigkeiten innerhalb und außerhalb des Zentrums.

> **SONGKRAN IN CHIANG MAI**
>
> Das traditionelle thailändische Neujahrsfest (13.–15. April) wird in Chiang Mai mit ansteckender Begeisterung gefeiert, darum ist die Stadt einer der besten Orte des Landes, um dieses Fest zu erleben. Tausende Menschen versammeln sich zu beiden Seiten des Wassergrabens, um einander und Passanten mit Wasser zu bespritzen. Am Wat Phra Sing werden gesetztere Songkran-Rituale durchgeführt.

Feste & Events

Blumenfest KULTUR
(⌚Anfang Feb.) Ein Meer aus Blüten! Zu dem dreitägigen Fest gehören Blumenausstellungen, Kultur-Events und Schönheitswettbewerbe sowie eine Blumenparade von Saphan Nawarat nach Suan Buak Hat.

Chinesisches Neujahr NEUJAHR
(⌚Feb.) Die chinesischen Bewohner der Stadt feiern das Neujahrsfest im Februar mit chinesischem Essen, Löwentänzen und mehr.

Poy Sang Long (Poy Luang) RELIGION
(⌚meist April) Während dieser dreitägigen Weihezeremonie kleiden sich geschminkte Novizen in bunte Kostüme, die Buddhas Jugend als verwöhnter Prinz symbolisieren.

Inthakhin-Festival RELIGION
(⌚Mitte Mai) Das religiöse Festival, das im Wat Chedi Luang stattfindet, soll die Wäch-

tergottheit der Stadt, die in der Stadtsäule wohnt, gnädig stimmen, damit der Monsun pünktlich beginnt.

Loi Krathong RELIGION
(Okt./Nov.) Entlang des Mae Ping wird dieses auch Yi Peng genannte Mondkalenderfest gefeiert, bei dem die Flussgeister mit kleinen, lotusblütenförmigen Booten geehrt werden und Tausende beleuchtete Laternen in den Himmel aufsteigen.

Chiang Mai Red Cross & Winter Fair KULTUR
(Dez.–Jan.) Das zehntägige Fest wirkt mit seinen kulturellen Veranstaltungen und gut besuchten nordthailändischen Imbissständen ein wenig wie eine ländliche Kirmes. Hauptveranstaltungsort ist das Chiang Mai City Arts & Cultural Centre.

Schlafen

Wer während des chinesischen Neujahrsfests, zu Songkran und anderen Feiertagen kommt, sollte lange im Voraus reservieren.

Die Übernachtungspreise in der Stadt steigen allmählich, doch noch immer findet man ein anständiges Zimmer mit Klimaanlage für 650 B.

Altstadt & Umgebung

In der Altstadt gibt's buchstäblich Hunderte Unterkünfte. Am besten wohnt man in den kleinen Gassen, die die Hauptstraßen miteinander verbinden.

★ **Diva Guesthouse** PENSION $
(Karte S. 332; 053 273851; www.divaguesthouse.com; 84/13 Th Ratchaphakhinai; B 120–180 B, Zi. 300–800 B;) Das Diva, eine lebhafte, leicht unkonventionelle Pension in der geschäftigen Th Ratchaphakhinai, hat das komplette Backpacker-Paket: Betten im Schlafsaal, winzige Budgetzimmer, Abenteuertouren, Internetzugang, Ambient-Musik sowie gebratenen Reis und *sà·dé* (gegrilltes Fleisch mit Erdnusssauce) im Café unten. Vom Schlafsaal bis zum Familienzimmer sind alle Quartiere mit Ventilator oder Klimaanlage ausgestattet.

60 Blue House PENSION $
(Karte S. 332; 053 206120; www.60 Bluehouse.com; 32-33 Th Ratchaphakhinai; B 250 B, EZ/DZ ab 350/400 B;) Ein ansprechendes, sauberes und farbenfrohes Hostel mit Achtbettschlafsälen und sauberen Privatzimmern mit Gemeinschaftsbad. Besitzer Khun Tao ist eine wahre Goldgrube für lokale Infos, sodass die Gäste immer wissen, was sie so alles unternehmen können und wie sie dort hinkommen. Angesichts des hohen Standards ein echtes Schnäppchen!

Banjai Garden PENSION $
(Karte S. 332; 085 716 1635; www.banjai-garden.com; 43 Soi 3, Th Phra Pokklao; Zi. mit Ventilator 450 B, mit Klimaanlage 550–1400 B;) Die ruhige Atmosphäre und der hübsche Garten des Banjai, das sich in einem ordentlichen Holzhaus befindet, laden zum Entspannen ein. Zur Auswahl stehen einfache, aber saubere Zimmer mit Ventilator, die ein tolles Preis-Leistungs-Verhältnis aufweisen, sowie bessere Zimmer mit Klimaanlage. Hier fühlt man sich, als wäre man in einem Thai-Haus zu Besuch.

Gap's House PENSION $
(Karte S. 332; 053 278140; www.gaps-house.com; 3 Soi 4, Th Ratchadamnoen; Zi. inkl. Frühstück 420–1000 B;) Der überwucherte Garten dieser langjährig beliebten Backpacker-Bleibe ist ein richtiger Dschungel, dessen entspannte Gemeinschaftsbereiche viel Privatsphäre bieten. Die schlichten Budgetzimmer befinden sich in traditionellen Holzhäusern. Die Besitzer veranstaltet auch Kochkurse und baut jeden Abend außer montags ein köstliches Büfett auf (im Juni geschl.). Reservieren kann man hier nicht.

INSIDERWISSEN

SPIRITUELLE STUDENTEN

Zum Beginn des akademischen Jahres im Juli machen sich alle Erstsemester der Chiang Mai University auf eine Pilgerwanderung zum Wat Phra That Doi Suthep. Dabei sollen die neuen Studenten dem Geist der Stadt vorgestellt werden, der im Berg wohnen soll. Ambitioniertere Studenten steigen über einen moddrigen Pfad auf, der nahe des Fernsehturms am Hintereingang des Chiang Mai Zoo beginnt und über das Gelände des Wat Phalad führt. Um zu diesem Pfad zu gelangen, geht man bis zum Ende der die Universität umgebenden Mauer in der Th Suthep und folgt dann der ausgeschilderten Straße rechts Richtung Palaad Tawanron bis zum Hintereingang des Zoos; an dieser Gabelung hält man sich links, bis man den Fernsehturm erreicht. Dort markiert ein braunes Schild den Beginn des Pfades.

1 MIO. REISFELDER

Nordthailand war für die Bewohner Bangkoks einst so fern und fremdartig wie das heutige Kambodscha und Laos. Das nordthailändische Königreich Lan Na hatte einen eigenen Dialekt, ein eigenes Schriftsystem, eigene Bräuche und eine eigene Stammesidentität. Nach dem Zweiten Weltkrieg wurden Anstrengungen unternommen, eine einheitliche „thailändische" Identität zu schaffen, und wegen des massiven Einflusses aus dem Süden des Landes erlebten die Traditionen Lan Nas einen Niedergang. Doch wer unter die Oberfläche schaut, findet noch heute Spuren der Identität und des Nationalstolzes der Lan Na.

Geschnitzte gekreuzte Giebel namens *kalae* (ein Erbe animistischer Stammeskulte) zieren noch heute Bauten in ganz Chiang Mai, und der nordthailändische Dialekt wird nach wie vor von Millionen *kun meu·ang* (Menschen des Nordens) gesprochen. Die religiösen Feste in Chiang Mai kulminieren in einem Feuerwerk aus Lärm und Farben, wenn *piphat*-Grupppen traditionelle Lieder anstimmen und Gläubige in knallbunten Trachten Lanna-Tänze vorführen. Das aus dem Norden stammende thailändische Fest **Songkran** (S. 348) wird in Chiang Mai mit besonderem Schwung gefeiert.

Weitere faszinierende Einblicke in das alte Königreich Lan Na bietet das **Anusawari Singh** (อนุสาวรีย์สิงห์; Karte S. 326; Soi 1, Th Chotana/Th Chang Pheuak), nördlich der Stadt direkt hinter dem Hwy 11, wo Chao Kavila auf einer künstlichen Insel zwei Gipslöwen errichten ließ, um potenzielle birmanische Eindringlinge abzuschrecken. Im Juni stehen die Löwen im Zentrum der überschwänglichen Feierlichkeiten im Rahmen des Festivals Suep Jata Muang, bei dem die älteren Einwohner Chiang Mais tanzen und den Schutzgeistern der Stadt Opfergaben darbringen. Chao Kavila soll auch die gipsernen Wächterelefanten des **Elephant Monument** (S. 338) am Busbahnhof in der Th Chotana (Th Chang Pheuak) geschaffen haben.

Noch deutlicher zeigen sich die animistischen Ursprünge des Königreichs Lan Na beim **Festival Pu Sae Ya Sae**, das zehn Tage nach dem Suep Jata Muang in Mae Hia im Wald unter dem **Wat Phra That Doi Kham** (S. 337) gefeiert wird. Einer Legende zufolge war der Berg Doi Kham einst die Domäne zweier böser Riesen namens Pu Sae und Ya Sae. Doch dann erschien Buddha den beiden Riesen, überzeugte sie, ein Leben des Dharma zu führen und rettete so das Leben der Bewohner von Mae Hia. Um den Segen der Riesen zu beschwören, opfert und häutet der Dorfschamane, in den dann der Geist von Pu Sae fährt, einen Wasserbüffel.

Julie Guesthouse HOSTEL $
(Karte S. 332; ☎053 274355; www.julieguesthouse.com; 7 Soi 5, Th Phra Pokklao; B 100–150 B, Zi. mit/ohne Bad ab 260/150 B; 📶) Das Julie erfreut sich anhaltender Beliebtheit, obwohl das mehr am Preis als am Komfort liegt. Für wenig mehr als den Preis eines Smoothies bekommt man schon ein schlichtes Bett im Schlafsaal, schuhkartonartige Privatzimmer kosten nur wenig mehr. Abends versammeln sich die Traveller auf der überdachten Dachterrasse.

In der **Filiale** (Karte S. 332; ☎094 628 1991; 11 Th Ratchamankha; B 120–180 B) in der Th Ratchamankha gibt's nur Mehrbettzimmer.

Smile House 1 PENSION $
(Karte S. 332; ☎053 208661; www.smilehousechiangmai.com; 5 Soi 2, Th Ratchamankha; Zi. mit Ventilator/Klimaanlage 350/700 B; ❄📶🏊) Die beliebte, freundliche Pension erinnert mit ihrem Planschbecken für Kinder und einem größeren Pool für Erwachsene ein wenig an ein 1950er-Jahre-Motel. Es geht sehr entspannt zu, und die einfach eingerichteten Zimmer mit großen Fenstern bieten viel fürs Geld.

Der örtlichen Legende zufolge diente das Haus einst als „Geheimversteck" des berüchtigten Opium-Bandenchefs Kun Sa, eines Shan-Chinesen.

★ **Awana House** HOTEL $$
(Karte S. 332; ☎053 419005; www.awanahouse.com; 7 Soi 1, Th Ratchadamnoen; Zi. mit Ventilator 500 B, mit Klimaanlage 700–1000 B; ❄@📶🏊) Die beste Pension in der Gegend um das mittelalterliche Stadttor Pratu Tha Phae hat Zimmer für jeden Geldbeutel, die alle blitzsauber sind, und einen Mini-Pool mit kaltem Wasser, der sich unter der Terrasse im Erdgeschoss verbirgt. Je teurer die Zimmer, desto komfortabler und schöner gestaltet sind sie. Auf der Dachterrasse gibt's einen Bereich zum Chillen mit Blick über das alte Chiang Mai.

Die Mitarbeiter sind großartig und reißen sich für Kinder ein Bein aus, darum ist das Haus bei Familien sehr beliebt.

★ Baan Hanibah Bed & Breakfast HOTEL $$
(Karte S. 332; ☎053 287524; www.baanhanibah.com; 6 Soi 8, Th Moon Muang; EZ/DZ ab 1000/1400 B; ❄📶) Das entspannte Boutique-refugium steht in einer ruhigen Gasse im Herzen der Altstadt und wird durch einen Garten voller duftender Frangipani-Bäume vom Getümmel abgeschirmt. Hinter dem kunstvoll gestalteten Eingangstor befindet sich ein umgebautes Teakholzhaus mit kleinen, sehr stilvollen Zimmern, die mit wallenden Vorhängen und Thai-Elementen gestaltet sind.

Thapae Gate Lodge PENSION $$
(Karte S. 332; ☎053 207134; www.thapaegatelodge.com; 38/7 Soi 2, Th Moon Muang; Zi. ab 800 B; ❄📶) Eine noblere Version eines typischen Thai-Hauses mit einfachen, aber preiswerten Backpacker-Zimmern, die teilweise recht groß sind und/oder Balkone haben. 2017 bekam das Haus neue Besitzer, die es renovierten. Sie sind Bierliebhaber und servieren in der Bar auf dem Grundstück eine Palette ausgewählter thailändischer Craft-Biere, die anderswo schwer zu bekommen sind. Das köstliche Frühstück ist die zusätzlichen 100 B allemal wert.

Hostel by Bed HOSTEL $$
(Karte S. 332; ☎053 217 215; www.hostelbybed.com; Th Singharat; B 450–700 B, B ab 1250 B; @📶) Zwar findet man für den Preis, den man hier für ein Bett im Schlafsaal zahlt, in Chiang Mai auch ein ganzes Zimmer, doch dafür bekommt man für sein Geld jede Menge erfreuliche Extras, z. B. ein gutes Frühstück, eine schicke Küche und ein großes Bett mit Vorhang. Zudem ist das Hostel blitzsauber. Die Gemeinschaftsbereiche laden dazu ein, mit anderen Gästen ins Gespräch zu kommen. Die Lage in der Nähe günstiger Straßenimbisse ist auch nicht ganz schlecht.

Baan Pordee Guesthouse PENSION $$
(Karte S. 332; ☎083 764 8008; www.baanpordee.com; 6 Soi 12, Th Phra Pokklao; Zi. ab 1100 B; ❄📶) Ein riesiger, offener Balkon ist der Blickfang dieser ruhigen, friedlichen Pension in einem hübschen, modernen Haus, das ideal hinter dem Wat Duang Di liegt. Die tadellos ordentlichen Zimmer gewähren Ausblick auf den Garten.

★ Tamarind Village HOTEL $$$
(Karte S. 332; ☎053 418896-9; www.tamarindvillage.com; 50/1 Th Ratchadamnoen; inkl. Frühstück Zi. ab 5200 B, Suite 8200–10 700 B; ❄📶🏊) Die Anlage im stimmungsvollen Lanna-Stil erstreckt sich in bester Lage abseits der Th Ratchadamnoen auf dem Gelände einer alten Tamarindenplantage und besticht durch mühelose Eleganz. Durch geflieste überdachte Pavillons gelangt man zu schönen, versteckten Gärten, und hohe, alte Bäume spenden am riesigen Pool und in den Gärten Schatten. Die Zimmer könnten einer Design-Zeitschrift entsprungen sein und sind mit wunderbaren Stoffen und Kunstwerk thailändischer Stämme eingerichtet.

Für Kinder ab einem Jahr wird ein Babysitter-Service angeboten.

Das Restaurant Ruen Tamarind (S. 359) serviert wunderbar präsentierte Thai-Gerichte, und das opulente Spa offeriert die gesamte Bandbreite von Anwendungen.

★ Sri Pat Guest House HOTEL $$$
(Karte S. 332; ☎053 218716; www.sri-patguesthouse.com; 16 Soi 7, Th Moon Muang; Zi. 1500–2000 B; ❄📶🏊) Eine herausragende Flashpacker-Pension mit allem Drum und Dran: WLAN, Pool, Gemeinschaftsbereichen mit Holzböden, verstreuten Buddha-Statuen und schick gefliesten Zimmern mit Flachbildfernseher und Thai-Akzenten. Hier kriegt man viel Charakter fürs Geld, und die Angestellten sind fröhlich und freundlich.

★ Tri Yaan Na Ros BOUTIQUEHOTEL $$$
(Karte S. 326; ☎053 273174; www.triyaannaros.com; 156 Th Wualai; Zi. inkl. Frühstück 2300–2500 B; ❄📶🏊) Das charmante Boutiquehotel südlich des größten touristischen Gewimmels in der Th Wulai ist mit eleganten Antiquitäten eingerichtet und der vielleicht schönste Nachbau eines traditionellen Thai-Hauses in Chiang Mai. Die Gästezimmer sind mit Himmelbetten, fließenden Vorhängen, viel dunklem Holz und alten Buddhas ausgestattet. Im friedlichen Hof gibt's einen Pool.

Das Hotel ist perfekt gelegen, um den Saturday-Walking-Street-Markt (S. 358) zu besuchen.

★ Good Morning Chiang Mai Tropical Inn HOTEL $$$
(Karte S. 332; ☎086 922 3606; www.goodmorningchiangmai.com; 29/5 Soi 6, Th Ratchamankha; Zi. inkl. Frühstück 1500–2300 B; ❄📶🏊) Für den Salzwasserpool, das erstklassige Frühstück

und die ruhige Lage südlich vom Wat Phra Singh bekommt diese komfortable Pension in einem spanisch inspirierten Stil Extrapunkte. Die Zimmer sind mit viel Holz gestaltet und mit frischer Bettwäsche und geschmackvollen Bädern ausgestattet. Fantastisches Preis-Leistungs-Verhältnis!

BED Phrasingh Hotel BOUTIQUEHOTEL **$$$**

(Karte S. 332; ☎053 271 009; www.bed.co.th; Samlan Soi 1; DZ ab 2250 B; ❄📶🏊) Dies ist unser Favorit unter den fast identischen hohen, schwarzen, eleganten, modernen Hotels dieser kleinen Kette, die nun vier Niederlassungen in Chiang Mai hat. Er versteckt sich in einer kleinen Gasse und ist nur ein paar Gehminuten von den besten Attraktionen und Restaurants der Stadt entfernt. Das Hotel ist unglaublich beliebt, also im Voraus buchen!

Rachamankha HOTEL **$$$**

(Karte S. 326; ☎053 904111; www.rachamankha.com; abseits der Soi 1, Th Samlan; inkl. Frühstück Zi. 9800–11 200 B, Suite 23 700 B; ❄@📶🏊) Wenn man das Rachamankha betritt, fühlt man sich, als käme man in ein altes Kloster oder ein mittelalterliches Dorf. Die miteinander verbundenen Innenhöfe führen vorbei an makellosen Gärten zu schattigen Pavillons mit Terrakottafliesen, die Statuen und alte Kunstwerke schmücken. Auch die Zimmer sind opulent und warten mit einzigartigen Antiquitäten, Himmelbetten und dezenter Eleganz auf.

Villa Duang Champa HOTEL **$$$**

(Karte S. 332; ☎053 327199; www.duangchampa.com; 82 Th Ratchadamnoen; Zi. inkl. Frühstück 1800–3000 B; ❄📶) In erstklassiger Lage in der Nähe des Sunday-Walking-Street-Markts (S. 358)! Die geräumigen Zimmer befinden sich in einem modernisierten traditionellen Gebäude und haben Böden aus poliertem Beton, altmodische Fenstertüren, Möbel verschiedener Stilrichtungen, jede Menge kolonialen Charme und kleine Eckchen, in die die Sonne hineinscheint. Die Mitarbeiter sind außerordentlich freundlich und hilfsbereit und sorgen für eine noch angenehmere Atmosphäre.

Vieng Mantra HOTEL **$$$**

(Karte S. 332; ☎053 326640; www.viengmantra.com; 9 Soi 1, Th Ratchadamnoen; Zi. inkl. Frühstück 2400–2900 B; ❄@📶🏊) Mit seinem Pool im Hof und dem gepflegten Garten ist das Vieng Mantra, ein ordentliches Hotel in der kurvigen Soi 1, eine kleine Oase. Das Angebot reicht von sehr schlichten bis zu eleganten Deluxe-Unterkünften mit runden Diwans und dicken Seidenkissen. Die Balkons haben eingebaute Sitzmöbel und gewähren Ausblick auf den leuchtend blauen Pool.

Buri Gallery PENSION **$$$**

(Karte S. 332; ☎053 416500; www.burigallery.com; 102 Th Ratchadamnoen; Zi. 1500–2800 B; ❄📶🏊) Das Buri Gallery liegt nur ein paar Schritte vom Wat Phra Singh entfernt und ist die perfekte Basis, um die Altstadt zu erkunden. Die Zimmer verstecken sich hinter dem Café und dem Garten in mehreren umgebauten Teakholzgebäuden und umgeben einen Pool, der sich prima für Familien eignet. Die Villen sind zwar teuer, aber mit einzelnen Lanna-Kunstwerken dekoriert, und die besten haben einen Balkon, von dem aus man sich den Sonnenuntergang anschauen kann.

Baan Huenphen BOUTIQUEHOTEL **$$$**

(Karte S. 332; ☎053 281100; www.baanhuenphen.com; 117/1 Th Ratchamankha; inkl. Frühstück Zi. 2850–5500 B, Suite 5500 B; ❄📶🏊) Das modernisierte Thai-Haus in der Nähe des gleichnamigen nordthailändischen Restaurants hat große, komfortable Zimmer mit makellosen Bädern und an der Vorderseite Balkone, auf denen man sitzen kann. Außerdem gibt es einen hübschen, kleinen Pool und in den Gemeinschaftsbereichen unten jede Menge Kunsthandwerk und Antiquitäten aus Hang Dong.

3 Sis HOTEL **$$$**

(Karte S. 332; ☎053 273243; www.the3sis.com; 1 Soi 8, Th Phra Pokklao; Zi. inkl. Frühstück 1700–2500 B; ❄📶) Gegenüber den Eingangstoren zum Wat Chedi Luang bietet das 3 Sis große, luftige Zimmer, die hinter einem Straßenrestaurant um ein großes, offenes Atrium liegen. Im Gebäude vorn gibt's typische Hotelzimmer mit eher wenig Flair, in der „Vacation Lodge“ im hinteren Teil befinden sich sehr viel schönere Zimmer, die mit Holzböden und zusätzlichem Komfort aufwarten.

Charcoa House HOTEL **$$$**

(Karte S. 332; ☎053 212681; www.charcoa.com; 4 Soi 1, Th Si Phum; Zi. 1440–2000 B; ❄📶) Wie ein delikates Petit Four: Dieses Boutiquehotel wird von den freundlichen Mitarbeitern, die auch die hauseigene Bäckerei mit Café leiten, mit Liebe zum Detail geführt. Stilistisch ist es eine Mischung aus spanischer Villa und Schweizer B&B. Allein wegen des Frühstücksgebäcks lohnt der Aufenthalt!

NICHT VERSÄUMEN

SIEBEN FRIEDLICHE RESORTS AUF DEM LAND

Wem das Zentrum Chiang Mais zu hektisch ist, der findet gleich jenseits der Superhighways viele reizvoll gelegene ländliche Resorts. Hier wohnt man zwischen nebelverhangenen Bergen, grünen Feldern und tropischen Wäldern. Die folgenden Resorts befinden sich weniger als zwei Fahrstunden von Chiang Mai entfernt.

Proud Phu Fah (☎053 879389; www.proudphufah.com; Rte 1096, Km 17; Zi. inkl. Frühstück 5500–15 000 B; ❄@📶🏊) Designer-Schick mitten im Dschungel – dieses elegante Resort verfügt über die stimmungsvollsten Unterkünfte an der Mae-Sa-Samoeng-Schleife.

Tharnthong Lodges (S. 383) Ein ungewöhnliches Dschungel-Resort im Chalet-Stil in der Nähe von Mae Kampong mit plätschernden Bächen, Statuen und Kaninchen, die über den Rasen hüpfen.

Four Seasons Chiang Mai (☎053 298181; www.fourseasons.com; Th Mae Rim-Samoeng Kao, abseits der Rte 1096; Zi. ab 17 000 B; ❄@📶🏊) Megaluxuriös und wunderschön gestaltet: Die Zimmer liegen verstreut in Regenwäldern und zwischen Feldern, die noch immer von einheimischen Bauern bestellt werden, in der Nähe von Mae Rim.

Dhara Dhevi (☎053 888888; www.dharadhevi.com; 51/4 Th Chiang Mai-San Kamphaeng, abseits der Rte 1006; Zi. ab 17 600 B; ❄@📶🏊) Das prächtige Resort, Chiang Mais eleganteste Adresse, ist einem mittelalterlichen Lanna-Dorf nachempfunden, bis hin zu den Bauern, die sich auf den Reisterrassen zwischen den Villen abrackern. Es liegt 5 km östlich der Stadt.

Kaomai Lanna Resort (☎053 834470; www.kaomailanna.com; Th Chiang Mai-Hot/Rte 108, San Pa Thong; Zi. 2000–8000 B; ❄🏊) Das Resort besteht aus mehreren umgebauten Tabaktrockenschuppen, die in schicke Hotelzimmer verwandelt wurden. Das Personal arrangiert auch Touren in nahe Dörfer, in den Kunsthandwerk hergestellt wird, und im Restaurant kommt großartige Thai-Küche unter freiem Himmel auf die Tische.

Rabeang Pasak Tree House (☎087 660 1243; www.chiangmaitreehouse.com; Rd 4031, Baan Pasak Ngam, Doi Saket; Zi. ab 2500 B; 📶) Baumhäuser für Erwachsene in den Ästen. Die Unterkünfte sind einfach, aber alles andere als gewöhnlich.

Chai Lai Orchid (☎086 923 0867; www.chailaiorchid.com; 202 Moo 9, Tambon Mae Win, Mae Wang; Zi. 800–3240 B; ❄🏊) Diese komfortablen Dschungelhütten stehen mitten im Wald, man erreicht sie über eine Hängebrücke für Fußgänger über den Mae Wang.

Östlich der Altstadt

Wenn es hier auch nicht so heimelig ist wie in der Altstadt, ist die Th Tha Phae doch mindestens genauso praktisch, wenn es um Besichtigungen und das Nachtleben geht – sie ist sogar näher am Night Bazaar.

Virgo Hostel HOSTEL $
(Karte S. 332; ☎053 234292; www.hit-thapae.com; Soi 2, Th Tha Phae; B 350 B; ❄📶) Das Virgo, eines von mehreren schicken Backpacker-Hostels gleich östlich der Altstadtmauern, hat ordentliche Mehrbettzimmer mit Schließfächern und Handtüchern sowie ein Café auf der Dachterrasse. Im 2. Stock gibt's einen Schlafsaal nur für Frauen.

SoHostel HOSTEL $
(Karte S. 332; ☎053 206360; sohostel.chiangmai@gmail.com; 64/2 Th Loi Kroh; B/Zi. ab 219/1500 B; ❄📶) Die Loi Kroh ist eher für Girlie-Bars als für Backpacker-Unterkünfte bekannt, doch dieses riesige, moderne Hostel ist eine gute Option, denn es liegt nur einen kleinen Spaziergang von der Altstadt und dem Night Bazaar entfernt. Die in zwei Rottönen und Weiß gestalteten Mehrbettzimmer mit sechs bis zwölf Betten bieten mehr fürs Geld als die etwas überteuerten Privatzimmer.

Nat Len Boutique Guesthouse PENSION $$
(Karte S. 332; www.natlenboutiqueguesthouse.com; 2/4 Soi Wat Chompu, Th Chang Moi; Zi. 750–1200 B; ❄📶🏊) Die fantasievoll gestalteten Zimmer dieser unauffälligen Pension, die gleich außerhalb der Stadtmauer liegt, verteilen sich auf mehrere farbenfrohe Gebäude. Am besten gefiel uns der hellblaue Pool mit den Sprudlern. In den Gassen ringsum befinden sich viele interessante

Wats. Zum Thapae-Stadttor geht man nur fünf Minuten.

Baan Kaew Guest House PENSION $$

(Karte S. 326; 053 271606; www.baankaew-guesthouse.com; 142 Th Charoen Prathet; Zi. ab 700 B;) Die zweistöckige Pension im Apartmentstil ist eine günstige Option am ruhigen Westufer, nicht allzu weit entfernt vom Night Bazaar. Die sauberen, gefliesten Zimmer mit makellos weißer Bettwäsche haben Balkone mit Blick auf den großen Garten.

Thapae Boutique House HOTEL $$

(Karte S. 332; 053 284295; www.thapaeboutiquehouse.com; 4 Soi 5, Th Tha Phae; Zi./Suite ab 750/1200 B;) Freundliches, in die Jahre gekommenes Hotel mit genügend Wandbildern, Thai-Textilien und hölzernen Ornamenten, um das „Boutique" im Namen zu rechtfertigen. Es liegt sowohl in der Nähe der Altstadt als auch des Night Bazaar. Die Zimmer haben ihre beste Zeit hinter sich, punkten jedoch mit Charakter, und das Frühstück ist im Preis enthalten.

★ **Banthai Village** HOTEL $$$

(Karte S. 332; 053 252789; www.banthaivillage.com; 19 Soi 3, Th Tha Phae; Zi. inkl. Frühstück 3600–4800 B, Suite 5800–7800 B;) Die Anlage ähnelt tatsächlich einem Dorf, das in die Stadt versetzt wurde. Das Hotel erstreckt sich über mehrere Holzhäuser mit Balkonen, die um einen idyllischen Pool und einen üppig mit Strelitzien bepflanzten Garten gruppieren. Die Zimmer sind mit niedrigen Holzbetten, dunklen Möbeln, verstreuten Kissen und traditionellen dreieckigen Thai-Kissen dezent im historischen Stil gestaltet.

★ **Mo Rooms** HOTEL $$$

(Karte S. 332; 053 280789; www.morooms.com; 263/1-2 Th Tha Phae; Zi. inkl. Frühstück 2800–3900 B;) Ein Designhotel im urbanen Gewand: Der bloße Beton und die plastischen Holzelemente kontrastieren mit Naturmaterialien. Alle Zimmer wurden von verschiedenen thailändischen Künstlern thematisch nach Tieren des chinesischen Tierkreises gestaltet und zeigen daher visionäre Ideen der Inneneinrichtung. Unsere Lieblingszimmer sind das Monkey („Affe") mit seinem geflochtenen Bett und das Horse („Pferd") mit dem surrealen Bett-Baum.

DusitD2 Chiang Mai HOTEL $$$

(Karte S. 332; 053 999999; www.dusit.com; 100 Th Chang Khlan; Zi. ab 3550 B;) Das DusitD2 ist ein Stück moderner Minimalismus mitten im Chaos des Night Bazaar. Die dominierende Farbe Orange zieht sich von der Lobby bis in die Designerzimmer. Zu den Einrichtungen des Hotels gehören ein Pool und ein Fitnessraum mit Stadtblick.

Le Meridien Chiang Mai HOTEL $$$

(Karte S. 332; 053 253666; www.lemeridienchiangmai.com; 108 Th Chang Khlan; Zi. ab 4800 B;) Dieses Businesshotel vor den Toren des Night Bazaar bietet modernes, elegantes Ambiente. Die kühlen, ruhigen Flure führen zu großen, modernen Zimmern, in denen die Bäder durch Glaswände von den Zimmern getrennt sind, um Tageslicht durchzulassen. Für so viel Geld ist der Infinity-Pool mit Blick auf die Berge aber ein schönerer Ort, um gesehen zu werden! Gäste ohne Reservierung bekommen oft günstigere Preise.

GALLOPIERENDE CHINESEN AUF DER SEIDENSTRASSE

In alten Zeiten lag Chiang Mai an einer der berühmtesten Handelskreuzungen Asiens, der Südroute der Seidenstraße. Chinesisch-muslimische Händler aus der Provinz Yunann (China) zogen mit ihren Pferdekarawanen durch die Berge Richtung Süden zum Indischen Ozean, um dort mit den Kaufleuten der Seemächte Handel zu treiben. Für die Thais in Chiang Mai waren die Karawanen ein seltsamer Anblick, und wegen ihrer sonderbaren Lasttiere gaben sie den Händlern den Spitznamen *jeen hor* (galoppierende Chinesen).

Das Zentrum der reitenden Händler war ein Marktviertel namens **Ban Haw** in der Nähe des heutigen Night Bazaar, wo noch immer eine große Gemeinschaft muslimischer Yunnanesen lebt. Die Händler besuchen die 100 Jahre alte Moschee **Matsayit Ban Haw** (มัสยิดบ้านฮอ, Islamische Moschee Hedaytul; Karte S. 326; Soi 1/Th Charoen Prathet), die von späteren chinesischen Einwanderern gegründet wurde. In der Halal St gibt es mehrere einfache Restaurants, die muslimische Thai-Gerichte anbieten, darunter großartiges *kôw soy* (Curry-Huhn mit Nudeln), *kôw mòk gài* (Hühnchen-*biryani*) und *néu·a òp hŏrm* („duftendes" Trockenrindfleisch).

Flussufer

Die Viertel an beiden Flussufern sind weniger touristisch, liegen aber immer noch nah genug am Nachtmarkt und den Restaurants am Ostufer.

Hollanda Montri PENSION $

(Karte S. 326; ☎053 242450; www.hollandamontri.com; 365 Th Charoenrat/Th Faham; Zi. mit Ventilator/Klimaanlage ab 550/750 B; ❄📶) Eine preisgünstige Alternative zu den Backpacker-Unterkünften in der Altstadt, die in Gehweite zu den Uferrestaurants liegt. In die Altstadt sind es zu Fuß 30 Minuten. Die Zimmer sind einfach, dafür ist die Lage am Fluss ruhig. Das Personal organisiert auch Leihfahrräder und -motorräder.

★ **Riverside House** PENSION $$

(Karte S. 326; ☎053 241860; www.riversidehouse-chiangmai.com; 101 Th Chiang Mai-Lamphun; Zi. inkl. Frühstück 800–1500 B; ❄@📶🏊) Die schlichten, aber makellos sauberen und recht großen Zimmer verteilen sich auf drei Gebäude. Am teuersten sind die im zentralen Gebäude, das am Pool und abseits des Verkehrslärms liegt, doch alle Zimmer sind ihr Geld wert. Tolles Preis-Leistungs-Verhältnis und eine gute Option für Familien! Trotz des Namens und der Lage kann man den Fluss allerdings nicht sehen.

★ **Baan Orapin** PENSION $$$

(Karte S. 326; ☎053 243677; www.baanorapin.com; 150 Th Charoenrat /Th Faham; Zi. inkl. Frühstück 1800–4000 B; ❄📶🏊) Das familiengeführte Baan Oparim ist ein stattliches Teakholzhaus inmitten eines ruhigen privaten Gartens. Die Familie der Besitzer lebt hier seit 1914. Die Gästezimmer befinden sich in eleganten Villen auf dem Grundstück und sind mit schönen Möbeln und Stoffen eingerichtet. Design-Fans finden in den edlen Boutiquen in der Th Charoenrat gehobene Haushaltswaren.

137 Pillars BOUTIQUEHOTEL $$$

(Karte S. 326; ☎02 079 7137; www.137pillarshotels.com; Wat Ket Soi 1; Zi. ab 9700 B; ❄🏊) Das elegante Resort ist um das Baan Borneo herum angelegt, ein altes Teakholzhaus, das einst von Louis Leonowens, Rajah Brook und anderen als Holzhandelszentrum genutzt wurde. Der luxuriöse Kolonialstil setzt sich auch in den Zimmern fort, die mit viel Teakholz, historischen Fliesen und geräumigen Bädern ausgestattet sind. Auf dem Grundstück gibt's mehrere hohe Bäume, einen schicken Pool, zwei Restaurants und sogar ein kleines Museum.

Anantara Resort & Spa DESIGNHOTEL $$$

(Karte S. 326; ☎053 253333; ww.chiang-mai.anantara.com; 123 Th Charoen Prathet; Zi. ab 7900 B; ❄@📶🏊) 🍃 Hier würde James Bond absteigen, wenn er nach Chiang Mai käme: Das Anantara liegt auf dem weitläufigen Gelände des stattlichen ehemaligen britischen Konsulats und weist die perfekte Mischung aus topmodernem Design und historischer Eleganz auf. Die Zimmer sind hinreißend – Naturholz in unterschiedlichen Farbtönen, raumhohe Fenster, Flachbild-TVs, Balkone mit Diwanen – und bieten alle Ausblick auf das vom Zen-Buddhismus inspirierte Grundstück und den Fluss.

Westlich der Altstadt

Wer westlich der Altstadt übernachtet, hat es nicht weit bis zur Chiang Mai University und den angesagten Bars und Restaurants in der Th Nimmanhaemin.

Bunk Boutique HOSTEL $

(Karte S. 338; ☎091 859 9656; bunkboutique@hotmail.com; 8/7 Th Ratchaphuek; B 250–500 B, Zi. 900–1200 B; ❄📶) In dem Hostel in einem großen Apartmentblock hinter der Th Huay Kaew stehen Gästen erstklassige Vierbettzimmer zur Verfügung. Die hellen Betten haben Vorhänge, die für Privatsphäre sorgen, und jeder bekommt ein eigenes Schließfach. Wenn genug Betten frei sind, kann man ein Vierbettzimmer als Privatzimmer mieten.

International Hotel Chiangmai HOTEL $

(Karte S. 326; ☎053 221819; www.ymcachiangmai.org; 11 Soi Sermsak, Th Hutsadisawee; Zi. 500–2000 B; ❄@📶🏊) Das zentrale YMCA in Chiang Mai bietet leicht abgenutzte Zimmer zu günstigen Preisen und die übliche Jugendherbergsatmosphäre. Die Einrichtung ist zwar in den 1980er-Jahren hängen geblieben, doch die Mitarbeiter halten alles tipptopp sauber. Von den oberen Zimmern kann man sogar die Berge sehen.

Nimman Boutique Resort HOTEL $$

(Karte S. 338; ☎053 222638; www.nimmanresort.com; 29 Soi 17, Th Nimmanhaemin; Zi. ab 1000 B; ❄📶) Das ockerfarbene Hotel mit vielfarbigen Fenstern ist im Viertel Nimmanhaemin ein seltenes Schnäppchen. Läufer und Kissen aus Thai-Stoffen sorgen in den recht langweiligen Zimmern für etwas Flair, und im Garten kann man relaxen. Für

Gäste, die spontan vorbeikommen, fallen die Preise in der Nebensaison bis auf 650 B.

Baan Say-La PENSION $$
(Karte S. 338; ☎053 894229; www.baansayla guesthouse.com; 4 Soi 5, Th Nimmanhaemin; Zi. mit Ventilator/Klimaanlage 600/900 B; ❄📶) In dieser Boutiquepension in einem Ladenhaus in der Th Nimmanhaemin gibt's Zimmer in ganz unterschiedlichen Stilrichtungen – modernistisch, traditionell, blumig-kolonial –, und die Besitzer sorgen dafür, dass alles tipptopp und ordentlich ist. Etwas Günstigeres dürfte man so nah am Zentrum des Geschehens nicht finden.

Bunthomstan Guesthouse PENSION $$
(Karte S. 338; ☎053 217768; www.bunthomstan.com; 7 Soi 5, Th Nimmanhaemin; Zi. 1150–1550 B; ❄📶) Die Besitzer dieser komfortablen Pension in einem modernen Thai-Haus haben offenbar ein Faible für die 1950er (man achte auf die historische Benzinpumpe in der Auffahrt!). Das friedliche Refugium liegt in unmittelbarer Nähe einiger der besten Restaurants der Stadt. Die großen Zimmer sind gemütlich und wunderbar klimatisiert.

Sakulchai Place HOTEL $$
(Karte S. 338; ☎053 211982; www.sakulchaiplace.com; Soi Plubpueng, Th Huay Kaew; Zi. 650–1100 B; ❄📶) In einer unauffälligen Gasse nördlich der Th Huay Kaew stehen Gästen in diesem frei stehenden Block Zimmer zur Verfügung, die regelrecht funkeln. Ruhige, kühle Flure führen zu den Quartieren mit TV und anderen modernen Annehmlichkeiten, die in vielen anderen Hotels der Stadt das Doppelte kosten würden. Das Hotelrestaurant ist gut. Alles in allem nicht sehr aufregend, doch das Preis-Leistungs-Verhältnis ist super.

Artel Nimman BOUTIQUEHOTEL $$$
(Karte S. 338; ☎053 213143; www.facebook.com/theartelnimman; Soi 13, Th Nimmanhaemin; Zi. inkl. Frühstück 1400–2200 B; ❄📶) Wir lieben Hotels mit gläsernen Schiebetüren, und im Artel gibt es sie reichlich! Das modernistische Gebäude besticht mit runden Fenstern, poliertem Beton, geometrischen Formen und kontrastierenden Materialien, und die Zimmer sind cool, ruhig und kreativ. Das Haus wurde hauptsächlich aus recycelten Materialien gebaut und ist durch und durch nett.

Kantary Hills HOTEL $$$
(Karte S. 326; ☎053 222111; www.kantarycollection.com; Soi 12, Th Nimmanhaemin; Zi. 3800–7200 B, Apt. ab 50 000 B/Monat; ❄📶🏊) Das makellos gepflegte Kantary Hills bietet stilvolle Apartments mit Küche in einem riesigen, abgeschlossenen Komplex, der sich etwas abseits des Zentrums des Getümmels der Th Nimmanhaemin befindet. Es ist bei Geschäftsleuten und Diplomaten sehr beliebt. Die nüchternen Studios sind überteuert, doch die Apartments mit einem bzw. zwei Schlafzimmern sind ziemlich luxuriös.

Yesterday Hotel BOUTIQUEHOTEL $$$
(Karte S. 338; ☎053 213809; www.yesterday.co.th; 24 Th Nimmanhaemin; Zi. inkl. Frühstück ab 1400 B; ❄📶) Im Zentrum des Geschehens auf der Th Nimmanhaemin ermöglicht das Yesterday eine kleine Reise in die jüngere Vergangenheit: Die Gemeinschaftsbereiche sind mit Vintage-Drucken, alten Phonografen, Bakelit-Telefonen und altmodischen Röhren-TVs gestaltet. Die Zimmer prägt ein subtileres Flair der Jahrhundertmitte.

Essen

Das beste Essen gibt's auf den Nachtmärkten der Stadt (S. 359), die sich um die Haupttore der Altstadt und andernorts ausbreiten.

Ein typisches Beispiel für die chinesisch inspirierte Liebe zu Schweinefleisch ist die nordthailändische Spezialität *sâi òo·a* (Schweinefleischwurst). Eine gute *sâi òo·a* sollte pikant und würzig sein und subtile Zitronengras-, Ingwer- und Kurkuma-Aromen aufweisen. Man bekommt sie auf allen Lebensmittelmärkten.

Altstadt & Umgebung

In der Altstadt wimmelt's nur so von Traveller-Cafés, doch die Qualität variiert, und es gibt nur wenige gehobene Restaurants.

★ **Lert Ros** THAI $
(Karte S. 332; Soi 1, Th Ratchadamnoen; Hauptgerichte 30–160 B; ⏲12–21 Uhr) Beim Betreten des kleinen Lokals im lokalen Stil kommt man am Hauptgang vorbei: leckerem ganzem Buntbarsch, der auf Kohle gegrillt und mit einem feurigen Dip nach Isan-Art serviert wird. Mit Klebreis als Beilage ist dieses schlichte Gericht eines der köstlichsten Essen Chiang Mais. Auf der Karte stehen auch fermentiertes, in Bananenblättern gegrilltes Schweinefleisch, Currys und *sôm·đam* (pikanter grüner Papayasalat).

★ **SP Chicken** THAI $
(Karte S. 332; 9/1 Soi 1, Th Samlan; Hauptgerichte 50–170 B; ⏲11–21 Uhr) Chiang Mais bestes

Hähnchen wird jeden Tag in diesem winzigen Café in der Nähe des Wat Phra Singh frisch gegrillt. Das Speisenangebot reicht von Salaten bis zu Suppen, doch die meisten Gäste essen einfach ein halbes (90 B) oder ganzes (170 B) Hähnchen und dippen das Fleisch in die scharfen, herben Saucen, die bereitstehen.

★ Kiat Ocha CHINESISCH, THAI $

(Karte S. 332; Th Inthawarorot; Hauptgerichte 50–90 B; ⏲6–15 Uhr) Täglich rennen die Einheimischen dieser bescheidenen Kantine im chinesischen Stil die Türen ein, weil sie nicht genug von der Hausspezialität *kôw man gài* (gekochtes Hähnchen nach Hainan-Art) bekommen können. Jedes Essen wird mit Suppe, Chilisauce und Blutwurst serviert. Auf der Karte stehen auch im Wok gebratenes Hähnchen und Schweinefleisch sowie *sà·dé* (gegrillte Schweine- oder Hähnchenspieße). Ein englischsprachiges Schild gibt es nicht, man erkennt das Kiat Ocho aber, wenn man es sieht.

Huen Phen THAI $

(Karte S. 332; ☎053 277103; 112 Th Ratchamankha; Hauptgerichte mittags 30–100 B, abends 80–200 B; ⏲9–16 & 17–22 Uhr) Das Huen Phen serviert in einem mit altem Krimskrams und Pflanzen geschmückten Haus, das eher wie ein Garten wirkt, eine breite Palette nordthailändischer Gerichte, die meist sehr lecker sind. Es ist unglaublich beliebt, wer nicht früh da ist, muss lange warten. Wir waren vom Schweinecurry auf birmanische Art begeistert.

AUM Vegetarian Food VEGETARISCH $

(Karte S. 326; 1/4 Suriyawong Rd; Hauptgerichte 80–150 B; ⏲10.30–20.30 Uhr; ✎) Das AUM (sprich: om) war eines der ersten Restaurants, die besonders gesundes Essen anboten, und ist ein Magnet für sich vegetarisch ernährende Traveller und einige wenige experimentierfreudige Fleischesser. Die Auswahl reicht von vegetarischen Maki-Rollen über blauen Klebreis bis zu köstlichem *sôm·đam* mit Cashewnüssen und Möhren. Das AUM bereitet seinen eigenen Fond auf Pilzbasis zu.

Good Morning Chiang Mai INTERNATIONAL $

(Karte S. 332; 29/5 Soi 6, Th Ratchamankha; Frühstück & Hauptgerichte 80–150 B; ⏲8–20 Uhr) Dieses Café einer Pension in der Nähe des Wat Phra Jao Mengrai ist bei hier lebenden Ausländern sehr beliebt. Es serviert internationales Frühstück, von stapelweise Pfannkuchen bis zu europäischen Klassikern und mit *đôm yam* aromatisierter Pasta. Man kann im mit Filmsouvenirs geschmückten Café oder im Garten am Pool essen.

Swan BIRMANISCH $

(Karte S. 332; 48 Th Chaiyaphum; Hauptgerichte 70–150 B; ⏲11–23 Uhr) Das altmodisch wirkende Restaurant gleich östlich der Altstadt ermöglicht einen kulinarischen Abstecher über die Grenze. Auf der Karte stehen leckere birmanische Gerichte wie *gaang hang lay* (trockenes, saures Schweincurry mit Tamarinde und Erdnüssen). Der Innenhof hinter dem Restaurant bietet Schutz vor dem Verkehr entlang der Stadtmauer.

KÔW SOY PROBIEREN

Chiang Mais inoffizielle kulinarische Spezialität ist *kôw soy (khao soi)*, Weizen-Eiernudeln in einer Currybrühe, serviert mit eingelegtem Gemüse und Schalottenscheiben und garniert mit frittierten, knusprigen Nudeln. Dieses Gericht soll von den Händlern aus Yunnan stammen, die über die Seidenstraße nach Chiang Mai kamen. Das beste *kôw soy* der Stadt gibt's noch immer in der **Halal Street** (Soi 1, Th Charoen Prathet) in der Nähe des Night Bazaar. Unser Favorit ist das **Kao Soi Fueng Fah** (Karte S. 326; Soi 1, Th Charoen Phrathet; Hauptgerichte 40–60 B; ⏲7–21 Uhr), dessen Suppen besonders aromatisch sind, die Einheimischen bevorzugen aber die einfachere, salzige Brühe des **Khao Soi Islam** (Karte S. 326; Chang Moi Soi 1; Hauptgerichte ab 50 B; ⏲8–17 Uhr).

Eine gute Gegend, um *kôw soy* zu probieren, befindet sich rund um den **Wat Faham** in der Th Charoenrat (auch Th Faham genannt), nördlich der Th-Ratanakosin-Brücke am Ostufer des Mae Ping. Unser Lieblingsrestaurant ist das unauffällige **Khao Soi Lam Duan Fah Ham** (Karte S. 326; 352/22 Th Charoenrat/Th Faham; Hauptgerichte ab 40 B; ⏲9–16 Uhr), in dem sich zur Mittagszeit Horden von Einheimischen drängeln, die wunderbar reichhaltiges *kôw soy* schlürfen. Auch im nahen **Khao Soi Samoe Jai** (Karte S. 326; 391 Th Charoenrat/Th Faham; Hauptgerichte 50–70 B; ⏲8–17 Uhr) schmeckt die Suppe sehr lecker.

NICHT VERSÄUMEN

CHANG MAIS MÄRKTE

Jeder weiß, dass das beste Essen Chiang Mais in den Straßen serviert wird. Die Märkte der Stadt sind geprägt von aromatischen Düften und frenetischem Lärm – einfach wunderbar. Abends ab ca. 17 Uhr bauen die Imbissverkäufer an zentralen Standorten in der Altstadt ihre Stände auf, neben Ständen für Smoothies und Bier- und Softdrink-Verkäufern. Jeder Stand hat seine Spezialität: Es gibt einfach alles, von gegrilltem Flussfisch und *pàt gà prow* (gebratenes Hähnchen oder Fleisch mit Chili und Indischem Basilikum) bis zu Steaks, gegrillten Garnelen und „Tornado Potato" (eine ganze Kartoffel, die korkenzieherförmig geschnitten und frittiert wird).

Auch auf den Märkten der Stadt drängen sich Imbissstände und Verkäufer, die *gàp kôw* (vorgekochte Eintopfe und Currys, die mit Reis serviert werden) und andere Gerichte zum Mitnehmen für die viel beschäftigten Berufstätigen anbieten. Und natürlich werden die Saturday- und Sunday-Walking-Street-Märkte (S. 367) von Imbissverkäufern regelrecht überrannt. Hier ein kleiner Guide zu den besten Marktständen Chiang Mais:

Talat Pratu Chiang Mai (Karte S. 332; Th Bamrungburi; Hauptgerichte ab 40 B; ⌚4–12 & 18–24 Uhr) Auf diesem geschäftigen Markt gibt's tagsüber Lebensmittel und fertige Lunch-Pakete, abends die typischen Nachtmarktleckereien. Hier ist es jeden Abend rappelvoll, besonders während des Saturday-Walking-Street-Markts in der Th Wulai.

Talat Pratu Chang Pheuak (Karte S. 332; Th Mani Nopharat; Hauptgerichte ab 40 B; ⌚5–23 Uhr) Dieser Markt, der sich vom nördlichen Stadttor nach Westen erstreckt, ist einer der beliebtesten Nachtmärkte Chiang Mais und verkauft typische Gerichte, darunter das beste *kôw kăh mŏo* (langsam gegarte Schweinshaxe mit Reis), das mit viel Wirbel von der „Cowboy Hat Lady" zubereitet wird – ihren Stand kann man gar nicht verpassen.

Talat Somphet (Karte S. 332; Soi 6, Th Moon Muang; Hauptgerichte ab 30 B; ⌚6–22 Uhr) Ein kleiner, lokaler Lebensmittelmarkt nördlich vom Pratu Tha Phae, der sich abends in einen Nachtmarkt verwandelt. Viele Kochschulen kommen zum gemeinsamen Marktbesuch her.

Talat Ton Phayom (Karte S. 326; Th Suthep; ⌚8–18 Uhr) Der lokale Markt abseits der Th Suthep ist bei thailändischen Touristen beliebt, die hier authentische nordthailändische Spezialitäten wie *kâap mŏo* (Schweineschwarte) kaufen.

Talat Warorot (S. 329) Auf dem ältesten Markt Chiang Mais verstecken sich in allen möglichen Ecken nordthailändische Imbissstände (Hauptgerichte ab 30 B).

Talat Thanin (Siri Wattana; Karte S. 326; Hauptgerichte ab 30 B; ⌚5–19 Uhr) Nördlich der Altstadt abseits der Th Chotana (Th Chang Pheuak) hat sich dieser öffentliche Markt auf fertige Gerichte zum Mitnehmen spezialisiert: In riesigen Pfannen, Bottichen und auf Platten befinden sich Fischeintöpfe, Currys, pfannengerührtes Gemüse und aromatische Würzpasten.

Talat Na Mor (Karte S. 326; Malin Plaza, Th Huay Kaew; Hauptgerichte ab 40 B; ⌚17–22 Uhr) Ein fröhlicher Nachtmarkt für Studenten mit niedrigen Preisen und großer Auswahl; es lohnt sich auch, sich bei den nahen Studentenrestaurants in der Th Huay Kaew umzuschauen.

Party Buffet KOREANISCH $
(Karte S. 332; Th Mani Nopharat; Büfett 169 B; ⌚16–6 Uhr) Vom Namen sollte man sich nicht abschrecken lassen – zu diesem Büfett mit koreanischen Grillspeisen und Eintöpfen, das die ganze Nacht aufgetischt bleibt, kommen die Nachtschwärmer der Stadt. Es funktioniert nach dem All-you-can-eat-Prinzip: Man zahlt einmal und kann dann bis in den Morgen gekochtes und gegrilltes Fleisch, Fisch und Gemüse schlemmen.

Dash THAI $
(Karte S. 332; 38/2 Soi 2, Th Moon Muang; Hauptgerichte 85–325 B; ⌚11–23 Uhr) Das Personal des Dash, eines leicht überdurchschnittlich guten Restaurants, das hauptsächlich von Travellern frequentiert wird, serviert in einem eleganten Teakholzhaus oder draußen auf der Terrasse geschmackvolle, kräftig gewürzte Thai-Currys. Die Schokoladen-Brownies mit Eis zum Nachtisch sind einfach spektakulär.

Blue Diamond VEGETARISCH $
(Karte S. 332; 35/1 Soi 9, Th Moon Muang; Hauptgerichte 65–220 B; ⏲Mo–Sa 7–21 Uhr; ✎) Das Blue Diamond offeriert eine spannende Auswahl Sandwiches, Salate, Currys, Pfannengerichte und ungewöhnliche Fusion-Gerichte wie Makkaroni-*đôm-yam* (nach Thai-Art). Wegen der vielen frischen Zutaten, der abgepackten Gewürze und Kräutermischungen und der köstlichen frischen Backwaren erinnert es ein wenig an einen Naturkostladen.

Dada Kafe VEGETARISCH $
(Karte S. 332; Th Ratchamankha; Hauptgerichte 75–180 B; ⏲Mo–Sa 10–21.45 Uhr, So bis 14.45; ✎) Das winzige Restaurant serviert vitaminreiche, geschmackvolle und gesunde vegetarische Gerichte und Smoothies. Zutaten wie Pollen und Weizengras werden in Fruchtshakes verwandelt, und auf der Karte stehen auch vegetarische Burger, Omeletts, Salate, Sandwiches und Currys mit braunem Reis.

Pak Do Restaurant THAI $
(Karte S. 332; Th Samlan; Hauptgerichte 40–60 B; ⏲7–15 Uhr) Das Pak Do gegenüber vom Wat Phra Singh hat keine Karte: Man schaut einfach in die großen Metallschüsseln, die davor stehen, und sucht sich aus, was einem zusagt. An den meisten Tagen gibt es ein Dutzend Currys und Eintöpfe, sowohl vegetarische als auch mit Fleisch, die auf Reis serviert werden. Die Schweinerippchen in einem trockenen Curry auf nordthailändische Art sind großartig!

Fern Forest Cafe CAFÉ $$
(Karte S. 332; Th Singharat; Hauptgerichte 105–255 B; ⏲8.30–20.30 Uhr) Ein Gartencafé mit antik wirkenden Tischen in einem gepflasterten Hof mit schattenspendenden Bäumen, Farnen und Blumen und sogar einem winzigen Wasserfall. Auf der westlich geprägten Karte stehen fotogene Frühstücksgerichte, Sandwiches, Salate, Kuchen und Eiscreme.

Girasole ITALIENISCH $$
(Karte S. 332; ☎053 276388; Kad Klang Wiang, Th Ratchadamnoen; Hauptgerichte 120–260 B; ⏲11–21 Uhr) In der winzigen Kad-Klang-Wiang-Arkade beweist das Girasole, dass seinen Pizzas wirklich zu den besten der Stadt gehören. Hier kommen sogar Peperoni und andere Zutaten zum Einsatz, die hierzulande nur schwer aufzutreiben sind. Innen und im Freien gibt es mehrere Sitzbereiche. Das Angebot reicht von fabelhaften Pasta-Gerichten über *secondi piatti* bis zu leckerem *gelato* zum Dessert.

New Delhi INDISCH $$
(Karte S. 332; Th Ratwithi; Hauptgerichte 80–220 B; ⏲11–22 Uhr) Zugegeben, besonders stimmungsvoll ist es nicht, doch das indische Essen dieses schnörkellosen Restaurants gehört zum besten der Stadt und besticht durch viele komplexe Aromen und den sparsamen Einsatz von Öl und Fett. Am besten kommt man vor oder nach einem Besuch der Bars in der Umgebung her.

Hot Chilli THAI $$
(Karte S. 332; 71A Th Ratchadamnoen; Hauptgerichte 120–270 B; ⏲12–24 Uhr) Die hohen Preise zahlt man in diesem angesagten Restaurant in der Th Ratchadamnoen nicht für die Thai-Küche, die so lala ist, sondern für das Ambiente. Die Gäste sitzen in riesigen Schaukeln unter fließenden roten Stoffbahnen und Kaskaden von Kunstblumen. Wer beim Essen nicht schaukeln möchte, findet drinnen konventionelle Tische.

★ Ginger & Kafe @ The House THAI $$$
(Karte S. 332; ☎053 419011; www.thehousethailand.com; The House, 199 Th Moon Muang; Hauptgerichte 150–390 B; ⏲11–23 Uhr) In diesem Boutiquerestaurant, das mit alten Möbeln, weichen Sofas und gutem Porzellan eingerichtet ist, fühlt man sich wie in einer noblen Thai-Villa. Die köstlichen Thai-Gerichte werden wunderbar präsentiert, man sollte aber auf versteckte Preise in der Karte achten: Das Massaman-Curry kostet mit Lamm fast doppelt so viel wie mit Rind!

Ruen Tamarind THAI $$$
(Karte S. 332; Tamarind Village, 50/1 Th Ratchadamnoen; Hauptgerichte 220–440 B; ⏲11–22.30 Uhr; ✎) Wer mal richtig gut essen gehen möchte, bekommt in diesem Restaurant im Tamarind Village (S. 351) exzellente nordthailändische Speisen in gepflegtem Ambiente mit Blick auf den Hotel-Pool. Gerichte wie *yum tawai gài* (pikanter Hähnchensalat mit Tamarinden-Dressing) werden wie Kunstwerke präsentiert, und Musiker spielen während des Essens auf.

La Fourchette FRANZÖSISCH $$$
(Karte S. 332; ☎053 277482; Th Phra Pokklao; Hauptgerichte 280–630 B; ⏲18–23 Uhr) Das wie ein Wohnzimmer aus den 1920ern gestaltete La Fourchette gehört einem thailändischen Koch, der den Jazz-Bass liebt, in Frankreich

ausgebildet wurde und sein Können in Chiang Mai hervorragend einsetzt. Hier gibt's französische Gerichte, die gelegentlich mit der asiatischen Küche fusionieren.

Östlich der Altstadt

Am frühen Morgen werden an Ständen in der kleinen Chinatown (S. 330) Chiang Mais *nâm đow·hôo* (Sojamilch) und längliche *youtiao* (Donuts im chinesischen Stil) verkauft. Die beste *sâi òo·a* (Schweinefleischwurst) bekommt man an den **Dom Rong** genannten Ständen in der Halle für Trockenwaren auf dem Talat Warorot (S. 329).

Butter is Better Diner & Bakery DINER $
(Karte S. 332; ☎053 820761; www.butterisbetterbakery.com; 189 Th Chang Khlan; Speisen 85–200 B; ⏲Mo–Sa 8–21, So 8–16 Uhr; ✎) Das amerikanische Frühstück, die süßen Backwaren und die typischen Diner-Gerichte dieses Retro-Restaurants im Stil der 1950er zählen zu den besten der Stadt. Hier gibt's fantastische Sandwiches, herausragende glutenfreie Blaubeer-Pfannkuchen und eine erstaunliche armenische Linsensuppe, die man unbedingt probieren sollte. Auch vegane und vegetarische Speisen sind im Angebot.

★ **Hideout** FRÜHSTÜCK $$
(Karte S. 332; Th Sithiwongse; Frühstücksgerichte 55–160 B; ⏲8–17 Uhr, Mo geschl.) Das Hideout liegt versteckt, doch in Chiang Mai lebende Ausländer, die westliches Frühstück und Kaffee mögen, finden es einen Tick besser als die Konkurrenz. Es serviert perfekt zubereitete Eier, nach Wunsch gebratenen Schinken, hausgemachte Müslis und Joghurts, fantasievolle Sandwiches mit frischem Brot und das beste Bananenbrot, das wir in ganz Südostasien gegessen haben. Auch der Kaffee ist bemerkenswert.

Da es nur wenige Sitzplätze gibt, sollte man zeitig kommen.

Anusarn Food Center MARKT $$
(Karte S. 326; Anusarn Night Bazaar, Th Chang Khlan; Hauptgerichte 60–350 B; ⏲17–22 Uhr) Im Anusarn Food Center hinter dem Anusarn-Souvenirmarkt gibt's gute Stände, die thai-chinesische Speisen verkaufen, sowie einige Lokale, die Fische und Meeresfrüchte nach Wunsch zubereiten und servieren (gegrillt, gebraten oder gedämpft mit Ingwer, süßsauer oder mit süßem Chili). Der Preis der Meeresfrüchte richtet sich in der Regel nach dem Gewicht, besser also vor der Bestellung fragen, was das Gewünschte kosten wird.

Whole Earth Restaurant THAI, INDISCH $$
(Karte S. 332; 88 Th Si Donchai; Hauptgerichte 165–420 B; ⏲11–22 Uhr) Dieses mit hängendem Wein und Orchideen bewachsene Restaurant in einem Teakholzhaus befindet sich in einem großen Garten. Es ist die Art Restaurant, in die man Gäste ausführt, um indische und thailändische Gerichte zu essen, die zwar exotisch klingen, einem aber nicht durch zu viel Chili den Mund verbrennen. Das Ambiente und der Service sind wunderbar, das Essen ist eher durchschnittlich.

Chez Marco Restaurant & Bar FRANZÖSISCH $$
(Karte S. 332; ☎053 207032; 15/7 Th Loi Kroh; Hauptgerichte 150–290 B; ⏲Mo–Sa 17.30–24 Uhr) Ungeachtet der nicht sehr vielversprechenden Lage in der Mitte der Girlie-Bar-Szene der Loi Kroh bringt das Chez Marco überzeugende, gesunde französische Küche mit frischen Zutaten und gallischem Flair auf den Tisch.

Flussufer & Umgebung

Östlich des Mae Ping finden sich gute gehobene Restaurants.

Khun Churn VEGETARISCH $
(Karte S. 326; Th Muang Samut; Büfett 164 B; ⏲8–22 Uhr; ✎) Das Khun Churn, das an einen etwas ungünstigen Standort ca. 1,5 km nordöstlich der Altstadtmauer in der Nähe der Th Rattanakosin gezogen ist, ist vor allem wegen seines fleischlosen All-you-can-eat-Büfetts (11–14.30 Uhr) bekannt, bei dem Dutzende Gerichte, Salate, Kräuterdrinks und Desserts im Thai-Stil aufgetragen werden.

River Market THAI $$
(Karte S. 326; ☎053 234493; Th Charoen Prathet; Hauptgerichte 165–500 B; ⏲11–23 Uhr) Das River Market setzt mehr auf seine Lage als auf seine Küche. Der abendliche Blick über die beleuchtete Eisenbrücke macht bei einem romantischen Abendessen wirklich Eindruck. Auf der Karte stehen alle typisch thailändischen Gerichte.

Huan Soontaree THAI $$
(☎053 872707; 208 Th Patan; Hauptgerichte 110–250 B; ⏲Mo–Sa 16–23 Uhr) Thailändische Touristen strömen eifrig in dieses rustikale Restaurant außerhalb der Stadt in der Hoffnung, die süße Stimme der Inhaberin, der thailändischen Sängerin Soontaree Vechanont zu hören. Sie tritt gegen 20 Uhr im Restaurant auf. Auf der Karte steht ein schöner

Mix aus nord-, nordost- und zentralthailändischen Spezialitäten.

Das Lokal liegt westlich des Flusses direkt südlich der Rte 11.

★ Service 1921 SÜDOSTASIATISCH $$$
(Karte S. 326; ☎ 053 253333; Anantara Resort, 123 Th Charoen Prathet; Hauptgerichte 290–2000 B; ⌚ 6–23 Uhr) Das panasiatische Restaurant im Anantara (S. 355) ist der Inbegriff von Eleganz: Die Kellner sind in Kleidung der 1920er-Jahre gehüllt, und die Inneneinrichtung erinnert an die geheimen Büros des MI6, was perfekt zur herrlichen Teakholzvilla passt, die einst Sitz des britischen Konsulats war. Das Essen wird mit erstklassigen Zutaten zubereitet, obwohl die Gewürze bei einigen Gerichten abgemildert und so an internationale Vorlieben angepasst wurden.

Westlich der Altstadt

In der Th Nimmanhaemin und den angrenzenden Gassen gibt's großartige internationale Küche, allerdings können Lokale über Nacht auftauchen oder verschwinden.

★ I-Berry EIS $
(Karte S. 338; abseits der Soi 17, Th Nimmanhaemin; Kugel Eis 69 B; ⌚ 10–22 Uhr; 📶) Der zu jeder Tageszeit überlaufene Laden stellt fantastisches Eis und Sorbets aus regionalen Früchten und fantasievollen Zutaten wie schwarzen Bohnen und Klebreis her. Das *saraka*-Sorbet dürfte das beste Eis ganz Thailands sein. Außerdem gibt's ausgefallene Kuchen und Desserts. Das I-Berry gehört dem thailändischen Komiker Udom Taepanich, der wegen seines markantesten Körperteils den Spitznamen „Nase" trägt.

★ Pun Pun VEGETARISCH $
(Karte S. 326; www.punpunthailand.org; Wat Suan Dok, Th Suthep; Hauptgerichte 40–85 B; ⌚ Do–Di 8–16 Uhr; ✎) 🌿 Im hinteren Teil des Wat Suan Dok versteckt sich dieses bei Studenten beliebte Café, in dem man vegetarische Thai-Gerichte probieren kann, die mit wenig bekannten Kräuter- und Gemüsesorten und viel Vollkorngetreide zubereitet werden. Die Zutaten stammen vom hauseigenen Konzept-Bauernhof, der zugleich ein Bildungszentrum für nachhaltiges Leben ist.

Eine Filiale namens **Imm Aim Vegetarian Restaurant** (Karte S. 326; 10 Th Santhitham; Hauptgerichte 45–90 B; ⌚ 10–21 Uhr; ✎) 🌿 befindet sich unweit vom International Hotel Chiangmai.

Neau-Toon Rod Yam THAI $
(Karte S. 338; Soi 11, Th Nimmanhaemin; Hauptgerichte 60–100 B; ⌚ Mo–Fr 9–20, Sa & So bis 18 Uhr) In diesem leckeren und preiswerten Eckladen kann man sich seine eigene Suppe zusammenstellen. Man wählt zwischen Reis und mehreren Nudelsorten, entscheidet sich für einen Schärfegrad und sucht das Fleisch aus, das von einfachem Hühnchen bis zu Rinderinnereien reicht. Hier gibt's auch gutes *kôw soy* und Eintopf.

Anchan Noodle CHINESISCH $
(Karte S. 338; Soi 9, Th Sirimungklajarn; Hauptgerichte 40–70 B; ⌚ 9–16 Uhr) Studenten lieben dieses ruhige, schlichte Café in einer kleinen Wohnstraße östlich der Th Nimmanhaemin wegen der großen Schüsseln Schweinefleisch nach chinesischer Art, serviert mit hübschen blauen Nudeln oder Klebreis – mit Blütenblättern gefärbt.

Cherng Doi Roast Chicken THAI $
(Karte S. 338; Suk Kasame Rd; Hauptgerichte ca. 75 B; ⌚ 11–22 Uhr, Mo geschl.) Das Restaurant ist für sein knuspriges, langsam geröstetes Hühnchen mit pikanter Tamarindensauce bekannt, serviert aber auch verschiedene *sôm·đam*, Suppen, *lâhp* (Hackfleisch-„Salate") und Schweinefleischgerichte. Wir fanden die Spezialität des Hauses, das Hühnchen, schmackhaft, aber trocken und etwas überbewertet. Ein Besuch lohnt sich, wenn man im Viertel Nimmanhaemin auf die Schnelle und preiswert essen möchte.

Esan Cafe THAI $
(Karte S. 338; Th Nimmanhaemin; Hauptgerichte 75–140 B; ⌚ 11–22 Uhr) Das moderne, helle Café serviert köstliche Salate nach Isan-Art,

FAMILIENFEST

Nic's Restaurant & Playground
(☎ 087 007 3769; www.nics.asia; 87 Moo 1, Nong Kwai; Hauptgerichte 150–400 B; ⌚ Di–So 11–21 Uhr) ist ein familienfreundliches Restaurant, das nicht nur die perfekte Kombination aus westlichen und Thai-Gerichten bietet, sondern auch einen Spielplatz hat, auf dem Kinder spielen, klettern und hüpfen können. Hier gibt's eine gute Auswahl vegetarischer und veganer Speisen, Wein und Bier und sogar glutenfreie Desserts. Das Lokal ist beliebt, um Kindergeburtstage zu feiern. Wenn man im Voraus bucht, offeriert es Aktivitäten, Deko und Entertainer.

Grillgerichte sowie etwa ein halbes Dutzend *sôm-đam*-Varianten. Die feurigen Salatdressings sind klasse.

Salad Concept INTERNATIONAL $
(Karte S. 338; Th Nimmanhaemin; Salate 115–170 B; ⌚9–21 Uhr; 📶✍) Hier können sich die Gäste aus einem großen Sortiment frischer Zutaten ihren eigenen Salat zusammenstellen oder einen der speziellen Salate des Hauses bestellen. Außerdem gibt's Quinoa-Gerichte, gesundes Frühstück und grüne Säfte. Gegessen wird in einem großen, modernen, klimatisierten Raum. In der Th Chaivaphum befindet sich eine **Filiale** (Karte S. 332; Salate 115–170 B; ⌚9–21 Uhr).

Ai Sushi JAPANISCH $
(Karte S. 338; Th Huay Kaew; Hauptgerichte 90–210 B; ⌚17–23.30 Uhr) Wer in Chiang Mai günstig essen will, sollte schauen, wohin die Studenten gehen – und die strömen ins Ai Sushi. Abends, wenn die Gäste sich auf das frische und köstliche Sushi und Sashimi und die Beilagen stürzen, wird es hier turbulent.

★ **Rustic & Blue** INTERNATIONAL $$
(Karte S. 338; ☎053 216420; www.rusticandblue.com; Soi 7, Th Nimmanhaemin; Hauptgerichte 180–360 B; ⌚8.30–21.30 Uhr; ❄📶) Die Inneneinrichtung wirkt wie eine Pinterest-Kollektion zum Thema Bauernhaus-Schick, und auf der Terrasse gibt's Hängematten: Das Ambiente harmoniert perfekt mit den fotogenen Gerichten, die frisch vom Hof auf den Tisch kommen, z. B. Eier mit Gemüse, frisches Brot und Müslischüsseln dekoriert mit saisonalem, regionalem Obst.

Die Burger und Sandwiches sind dick mit Toppings beladen, die Smoothies werden in Einweckgläsern serviert, und als Krönung gibt's hausgemachtes Eis und Gebäck.

★ **Tong Tem Toh** THAI $$
(Karte S. 338; Soi 13, Th Nimmamnhaemin; Hauptgerichte 50–170 B; ⌚11–21 Uhr) Das trendige Café im schlichten Garten eines Teakholzhauses serviert köstliche, authentische nordthailändische Küche. Auf der Karte stehen neben dem Üblichen auch lokale Spezialitäten wie *nâm prík ong* (Chili-Paste mit Gemüse zum Dippen), *gaang hang lay* (Schweinecurry mit Erdnüssen und Tamarinde) sowie gewagtere Gerichte mit Schlangenköpfen und Ameiseneiern.

★ **Italics** ITALIENISCH $$
(Karte S. 338; ☎05 321 6219; www.theakyra.com; 22/2 Nimmana Haeminda Soi 9; Pizzas 260–550 B; ⌚7–23 Uhr) Die moderne schwarze Inneneinrichtung mit den gigantischen goldenen Leuchtern, die an Kandelaber erinnern, ist interessant, die Pasta und die Hauptgerichte sind innovativ, und die Cocktails haben Suchtpotenzial – doch was dieses Restaurant zu einem der besten Chiang Mais macht, sind die perfekten Pizzas. Wir träumen immer noch von der Pizza Akyra mit Mozzarella, Pilzen, Salami, Schinken, Blauschimmelkäse und Trüffelpaste.

Royal Project Restaurant THAI $$
(Krua Silapacheep; Th Huay Kaew; Hauptgerichte 90–220 B; ⌚9–17.30 Uhr) 🍃 Erzeugnisse der Landwirtschaftsprojekte der Königin wandern in die leckeren Salate, Suppen, Eintöpfe, Pfannengerichte und anderen Thai-Speisen dieses ordentlichen Restaurants in der Nähe des Zoos, das von der Regierung betrieben wird. Zu den Highlights auf der Karte gehören Forelle und saisonale Thai-Spezialitäten. Der angeschlossene Laden verkauft Produkte des Königlichen Projekts.

Smoothie Blues INTERNATIONAL $$
(Karte S. 338; 32/8 Th Nimmanhaemin; Hauptgerichte 60–200 B; ⌚7.30–20 Uhr) Das bei Expats beliebte Restaurant serviert tolles Frühstück – Pfannkuchen, Sandwiches, Müsli, diverse Eiergerichte von Omeletts aus reinem Eiweiß bis zu göttlichen Eiern Benedict – und natürlich Smoothies und frische Säfte.

Salsa Kitchen MEXIKANISCH $$
(Karte S. 338; Th Huay Kaew; Hauptgerichte 100–240 B; ⌚11–23 Uhr) Das mexikanische Essen im US-Stil gehört zum besten in Chiang Mai. Das Salsa Kitchen ist bei Auswanderern beliebt und abends oft sehr voll.

Tengoku JAPANISCH $$$
(Karte S. 338; ☎053 215801; Soi 5, Th Nimmanhaemin; Hauptgerichte 200–1650 B; ⌚11–14 & 17.30–22 Uhr; 📶) In Chiang Mai liebt man japanisches Essen, doch das Tengoku stellt die Konkurrenz locker in den Schatten des Fuji. Das elegante, moderne Restaurant serviert fantastisches Sushi, leckeres Yakitori, spektakuläres Sukiyaki und großartige Steaks vom Wagyu-Rind sowie günstigere Bento-Boxen mit kompletten Gerichten.

Palaad Tawanron THAI $$$
(☎053 216039; abseits der Th Suthep; Hauptgerichte 160–380 B; ⌚11.30–24 Uhr) Dieses Restaurant liegt an einem magischen Fleckchen in einer felsigen Klamm in der Nähe des Doi

Suthep mit Blick auf ein geschütztes Waldgebiet und die funkelnden Lichter der Stadt. Das Ambiente und die Fahrt hierher durch den Wald sind herrlich, das Essen ist so lala.

Man folgt den Schildern vom Ende des Universitätsgeländes in der Th Suthep; wenn man den Hintereingang des Zoos erreicht hat, ist man auf dem richtigen Weg.

Ausgehen & Nachtleben

Chiang Mai hat drei Hauptgegenden zum Ausgehen: die Altstadt, das Flussufer und die Th Nimmanhaemin. Irgendwann während ihres Aufenthalts in der Stadt landen fast alle im **Riverside** (Karte S. 326; Th Charoenrat; ⌚10–1 Uhr) oder im Good View am Ostufer des Mae Ping.

Altstadt

Mixology BAR

(Karte S. 326; 61/6 Th Arak; ⌚Di–Fr 15–24, Sa & So 11–24 Uhr) In der winzigen, vielseitigen Bar mit einem schläfrigen Hund gibt's eine Riesenauswahl von Bieren aus Kleinbrauereien und eine lange Karte mit fruchtigen Hausgetränken, Burgern und nordthailändischen Gerichten. Selbst wer zu viele mit Chili versetzte Drinks konsumiert, wird es am nächsten Tag wahrscheinlich nicht bereuen.

Kafe 1985 BAR

(Karte S. 332; 127/3 Th Moon Muang; ⌚8.30–24 Uhr, Do geschl.) Das Kafe wurde schon 1985 eröffnet, ist aber ein zeitloser Ort für ein Singha und traditionelle Thai-Snacks, etwa frittierte fermentierte Schweinerippen (Hauptgerichte 60–150 B).

Zoe in Yellow BAR

(Karte S. 332; 40/12 Th Ratwithi; ⌚11–2 Uhr) Ins Zoe, das zu einem Komplex von Open-Air-Bars an der Ecke Th Ratchaphakhinai und Th Ratwithi gehört, kommen Backpacker, um krügeweise kühles Chang-Bier und eimerweise Cocktails zu trinken, zu banalen Dancefloor-Hits zu rocken und bis in den frühen Morgen zu schmusen oder Reisegeschichten auszutauschen. Zwischen den Bars liegen ein paar indische Restaurants.

Khun Kae's Juice Bar SAFTBAR

(Karte S. 332; Soi 7, Th Moon Muang; ⌚10.30–19.30 Uhr) Für uns ist dies der beste Saftstand Chiang Mais: tonnenweise frisches Obst, jede Menge köstlicher Kombinationen, großzügige Portionen und Preise, die fast schon lächerlich niedrig sind (leckere Getränke ab 40 B).

Writer's Club & Wine Bar BAR

(Karte S. 332; 141/3 Th Ratchadamnoen; Cocktails 150–190 B; ⌚So–Fr 10–24 Uhr; 📶) Ein früherer Auslandskorrespondent betreibt diese Bar mit Restaurant, die bei Expats und Travellern, die in Ruhe etwas trinken wollen, beliebt ist. Es gibt offene Weine (ab 140 B).

John's Place BAR

(Karte S. 332; Th Moon Muang; ⌚11–24 Uhr) Verschwommene Neonlichter und nicht zusammenpassende Poster schmücken diese Traveller-Bar. Der gesellige Treffpunkt ist weit genug von der schäbigen Loi-Kroh-Szene entfernt. Die Dachterrasse ist ein schönes Plätzchen, um hoch über dem Trubel ein kaltes Bier zu trinken.

Westlich der Altstadt

Die Th Nimmanhaemin ist bei Studenten der CHM und bei der städtischen High Society beliebt. Die Bars kommen und gehen schneller, als man eine kalte Flasche Chang bestellen kann. Die aktuellen Hotspots findet man, wenn man durch die Gassen schlendert und schaut, wo sich eine Menschenmenge versammelt.

Warmup Cafe CLUB

(Karte S. 338; www.facebook.com/warmupcafe1999; 40 Th Nimmanhaemin; ⌚18–2 Uhr) Das weitläufige Warmup, ein Veteran an der Th Nimmanhaemin, rockt seit 1999 und zieht zu später Stunde ein junges, hippes, attraktives Publikum an. Im Hauptraum läuft HipHop, in der Lounge dröhnen Elektro-Bässe, und im Garten spielen Rockbands Soli.

Beer Republic BAR

(Karte S. 338; www.beerrepublicchiangmai.com; Soi 11, Th Nimmanhaemin; ⌚16–24 Uhr) Die europäisch angehauchte, mit vielen Pflanzen geschmückte Bierbar im angesagtesten Teil der Th Nimmanhaemin macht Biertrinker mit 15 Fassbieren glücklich.

Andere Stadtviertel

★ **Good View** BAR

(Karte S. 326; www.goodview.co.th; 13 Th Charoenrat/Th Faham; ⌚10–2 Uhr) Das Good View zieht mit der umfangreichen Speisekarte, auf der typische Thai-Gerichte und Sushi-Teller stehen (Hauptgerichte 100–250 B), sowie allabendlichen Bands in wechselnder Besetzung (d.h. der Schlagzeuger beginnt, Gitarre zu spielen, und der Bassist setzt sich ans Klavier) viele Einheimische an.

DER KAFFEEBOOM IN CHIANG MAI

Wer im Zentrum Chiang Mais die Augen schließt und geradewegs drauflosgeht, hat gute Chancen, in einem der vielen Cafés der Stadt zu landen. Es gibt zwar auch internationale Ketten, doch die meisten Cafés gehören Einheimischen und verkaufen Kaffee, der von den Bergvölkern und Waldgemeinden rund um die Stadt stammt. Der dort angebaute hochwertige Arabica-Kaffee wurde als Ersatzpflanze für den Opiumanbau eingeführt. Einige Cafés sind sogar noch weiter gegangen: Sie rösten ihre Bohnen selbst und servieren Kaffee, der sich auch in Melbourne oder San Francisco sehen lassen könnte.

Hier unsere Auswahl der besten Cafés für Kenner in Chiang Mai:

Akha Ama Cafe (Karte S. 332; www.akhaama.com; 175/1 Th Ratchadamnoen; ⌚8–18 Uhr; 📶) Das hübsche Café wurde von einem unternehmerisch gesinnten Akha gegründet, der als erster Bewohner seines Dorfes das College absolviert hat.

Ristr8to (Karte S. 338; www.ristr8to.com; Th Nimmanhaemin; Espresso-Getränke 88 B; ⌚8.30–19 Uhr, Di geschl.) Inspiriert von der australischen Kaffeekultur und geröstet mit in den USA erlernten Rösttechniken: Im Ristr8to wird sogar der Koffeingehalt der Kaffees angegeben, die oft mit preisgekrönter „Latte Art" verziert sind. Im Viertel Nimmanhaemin gibt es zwei Filialen.

Khagee (Karte S. 326; Chiang Mai-Lamphun Soi 1; Espresso-Getränke 75 B; ⌚Mi–So 10–17 Uhr; 📶) A Unglaublich beliebtes Café im japanischen Stil. Zu den einfachen, aber fast perfekt zubereiteten Kaffees gibt's frisches Brot und Gebäck.

Wawee Coffee (Karte S. 332; www.waweecoffee.com; Th Ratchadamnoen, Kad Klang Wiang; Getränke ab 50 B; ⌚Mo–Sa 8–21, So bis 23 Uhr; 📶) Es ist fast unmöglich, in Chiang Mai ein paar Ecken weit zu gehen, ohne auf eine klimatisierte Filiale von Wawee Coffee zu stoßen. Wenn man dringend einen Kaffee braucht, kann man hier ruhig mal einkehren.

Pinte Blues Pub BAR
(Karte S. 326; www.bluespubchiangmai.wordpress.com; 9 Soi 1, Th Ratcha Chiangsaen; ⌚16–24 Uhr) Die 1986 gegründete Bluesbar ist immer wieder umgezogen. Gegenwärtig befindet sie sich in einer asphaltierten Gasse südlich vom Wassergraben. Hier kann man Country-Blues in Country-Ambiente hören.

Raming Tea House CAFÉ
(Karte S. 332; Th Tha Phae; Getränke 50–120 B; ⌚8.30–17.30 Uhr) Das elegante Café aus der viktorianischen Ära hinter dem Geschäft Siam Celadon (S. 366) serviert neben geschmackvollen Thaigerichten und westlicher Küche auch thailändische Bergtees. Es ist ein traumhaftes Fleckchen für einen Tee und einen Snack. Wer sich an den nachmittäglichen Teebüfetts mit Snacks und Desserts bedienen möchte, zahlt ab 190 B.

☆ Unterhaltung

In Chiang Mai gibt's mehrere spezielle Livemusik-Locations, Kinos und *moo·ay·tai*-Stadien.

Livemusik

Nicht nur in den speziellen Livemusik-Locations, auch im Riverside und im Good View treten jeden Abend Bands auf.

Inter LIVEMUSIK
(Karte S. 332; 271 Th Tha Phae; ⌚16–1 Uhr) In diesem kleinen Holzhaus versammelt sich ein dynamisches Aufgebot lokaler Talente. Es hat das gewisse Strandhütten-Flair, das Traveller überall lieben, und einen gefragten Billardtisch – wir würden aber nicht empfehlen, gegen die Besitzerin anzutreten, die schon etliche Pokale gewonnen hat!

Sangdee Gallery LIVEMUSIK
(Karte S. 338; www.sangdeeart.com; 5 Soi 5, Th Sirimungklajarn; ⌚Di–Sa 15–24 Uhr) Das Sangdee ist gleichzeitig Galerie, Musikclub, Bar und Café und wird von Chiang Mais Kreativen geliebt, die hier Livemusik, DJ-Sets und Kunstausstellungen genießen. Donnerstags ist Open-Mike-Abend.

North Gate Jazz Co-Op LIVEMUSIK
(Karte S. 332; www.facebook.com/northgate.jazzcoop; 95/1-2 Th Si Phum; ⌚19–23 Uhr) In diesem kleinen Jazzclub sind oft mehr Musiker als Gäste, doch die Musik kann auch ziemlich hip sein.

Thaiboxen (*moo·ay tai*)

In Chiang Mai gibt es drei *moo·ay-tai*-Stadien, das **Thapae Boxing Stadium** (Karte S. 332; ☎089 434 5553; Th Moon Muang; Karten 400–600 B; ⌚Mo–Sa 21–24 Uhr), das **Loi Kroh Boxing Stadium** (Karte S. 332; ☎094 606 8029; Th Kamphaeng Din; Tickets 400–600 B; ⌚ab 20.30 Uhr) und das **Kalare Boxing Stadium** (Karte S. 326; ☎081 681 8029; Th Chang Khlan; Karten 400–600 B; ⌚Mo–Fr 21 Uhr), in denen einen Mischung aus thailändischen und internationalen Kämpfern in den Ring steigen. Puristen mögen die Szene verglichen mit dem echten *moo·ay tai* im Süden etwas gekünstelt finden.

Kinos

In allen großen Einkaufszentren gibt's schicke Multiplex-Kinos, die die neuesten Thai- und Hollywood-Streifen zeigen. Karten kosten zwischen 100 und 350 B (Letzteres für Deluxe-Sessel mit Bedienung). Wer Lust auf einen Film hat, kann z. B. ins **Maya Lifestyle Shopping Center** (Karte S. 338; Th Huay Kaew; ⌚Mo–Fr 11–21, Sa & So 10–22 Uhr), zur **Central Airport Plaza** (Karte S. 326; www.centralplaza.co.th; Rte 1141/Th Mahidol; ⌚Mo–Fr 11–21, Sa & So 10–21 Uhr), ins **Central Festival** (www.central.co.th; Rte 11, Faham; ⌚Mo–Do 11–21, Fr 11–22, Sa & So 10–22 Uhr) oder ins nicht so protzige, aber preiswertere **Kad Suan Kaew Shopping Center** (Karte S. 338; www.kadsuankaew.co.th; Th Huay Kaew; ⌚10–21 Uhr) gehen.

Shoppen

Chiang Mai ist Thailands Kunsthandwerkszentrum, denn hier wird eine unglaubliche Menge und Vielfalt an Kunsthandwerk produziert, von Textilien der Bergstämme über Holz- und Korbflechtarbeiten bis zu Kopien von Antiquitäten (die oft nicht als Kopien ausgewiesen sind). Das schönste und Chiang-Mai-typischste Einkaufserlebnis der Stadt bieten die Märkte Saturday

NÄCHTLICHES SHOPPEN

Manchmal beschleicht einen das Gefühl, ganz Chiang Mai sei nur darauf aus, Souvenirs zu verkaufen, und nirgends meldet sich dieses Gefühl stärker als auf dem **Chiang Mai Night Bazaar** (Karte S. 332; Th Chang Khlan; ⌚19–24 Uhr) zwischen dem Fluss und der Altstadtmauer. Im Lauf des Nachmittags füllen sich die Bürgersteige auf beiden Straßenseiten mit Hunderten Straßenhändlern, die seidene Boxershorts, T-Shirts mit der Aufschrift *I love Chiang Mai*, hölzerne Geisterhäuser in Miniaturformat, Silbererzeugnisse der Bergvölker, getrocknete Mangos, handgemachte Seife, hölzerne Elefanten, Drahtmodelle von *túk-túks*, Buddha-Bildnisse, Stoffe, Teddybär-Dioramen und Selfiesticks verkaufen. Der manchmal recht frenetisch anmutende Markt ist ein Erbe der yunnanesischen Handelskarawanen auf der alten Seidenstraße, die hier einen Stopp einlegten, und noch heute ist hartnäckiges Feilschen angesagt.

Innerhalb des Night Bazaar liegen zwei große überdachte Märkte, die als **Night Bazaar** und **Kalare Night Bazaar** ausgeschildert sein und im Prinzip die gleichen Waren verkaufen, wobei der Schwerpunkt etwas stärker auf Holzschnitzereien, Bildern und anderem Kunsthandwerk liegt. Auf dem Kalare Night Bazaar geht es etwas lärmiger zu; auf einem erhöhten Podium in der Mitte residiert eine Blues-Bar.

Südlich der Th Loi Kroh on Th Chang Khlan befindet sich der nicht ganz so klaustrophobisch enge **Anusarn Night Bazaar** (Karte S. 332; Th Chang Khlan; ⌚17–22 Uhr), ein halb überdachter Markt mit Ständen, die Souvenirs von den Bergstämmen, hölzerne Elefanten, Blumen aus Seife und andere in Heimarbeit hergestellte Artikel verkaufen. Hier kann man auch gut getrocknete Mangos und andere lokale Konserven kaufen. Den Rand des Marktes säumen zahlreiche Massagesalons und Anbieter von Fisch-Pediküre, außerdem gibt's ein kitschiges *gà-teu-i-Kabarett* (auch *kàthoey* geschrieben) mit Transvestiten- und Transgender-Künstlern.

Wer etwas essen möchte, findet unzählige Imbisse und einige großartige *kôw-soy*-Kantinen in der Halal St (Soi 1, Th Charoen Prathet) sowie ein paar touristische Seafood-Restaurants im **Anusarn Food Center** (S. 360). Außerdem gibt's gleich nördlich der Halal St in der Th Chang Khlan einen lärmigen **Nachtmarkt** (Karte S. 332; Th Chang Khlan; Hauptgerichte ab 40 B; ⌚18–23 Uhr) unter freiem Himmel, der eine gute Auswahl Straßensnacks bietet.

Túk-túks und *rót daang* warten rund um die Kreuzung Th Loi Kroh und Th Chang Khlan auf Marktbesucher, die sie mitsamt ihren Einkäufen zu leicht überhöhten Fahrpreisen nach Hause chauffieren können.

Walking Street und Sunday Walking Street (S. 367).

Altstadt

Mengrai Kilns KERAMIK
(Karte S. 326; www.mengraikilns.com; 79/2 Th Arak; ⏲8–17 Uhr) Im Südwesten der Altstadt bewahrt Mengrai Kilns die Tradition der thailändischen Seladontöpferei und verkauft Kochgeschirr, Tafelservices, Dekorationsartikel und christliche Krippen im westlichen Stil.

HQ Paper Maker KUNST & KUNSTHANDWERK
(Karte S. 332; www.hqpapermaker.com; 3/31 Th Samlan; ⏲9–18 Uhr) Dieses faszinierende Geschäft verkauft handgeschöpftes Maulbeerpapier *(săh)* in einer erstaunlichen Vielfalt von Farben und Mustern, darunter wunderbares marmoriertes Papier, das an die ersten und letzten Seiten gebundener Bücher aus dem 19. Jh. erinnert. Man kann sich auch nach dem zwanglosen dreistündigen Papierherstellungskurs für 800 B pro Person erkundigen.

Chaitawat Bikeshop SPORT & OUTDOORAKTIVITÄTEN
(Karte S. 332; 75/4 Th Ratchaphakhinai; ⏲Mo–Sa 9–18 Uhr) Der Fahrradladen führt ein breites Sortiment und hat auch Teile für Räder aller großen ausländischen Marken vorrätig.

Herb Basics KOSMETIK
(Karte S. 332; www.herbbasicschiangmai.com; Th Ratchadamnoen; ⏲Mo–Sa 9–18, So 14–21 Uhr) Ein toller Laden für duftenden Kräuterbalsam, Peelings, Cremes, Seife und Shampoos, die alle in Chiang Mai aus natürlichen Inhaltsstoffen hergestellt werden. Es gibt auch eine **Filiale** (Karte S. 332; ⏲Mo–Sa 9–20, So 12–20 Uhr) in der Th Tha Phae und einen kleinen Laden am Flughafen.

Ginger HAUSHALTSWAREN, BEKLEIDUNG
(Karte S. 332; www.thehousethailand.com; The House, 199 Th Moon Muang; ⏲10–22.30 Uhr) Das Thema dieser Boutique am Rand des Wassergrabens ist „Designer-Ethno". Bunte Textilien und kunstvolle Haushaltwaren aus Melanit füllen die Räume. In der Th Nimmanhaemin befindet sich ein **Filiale** (Karte S. 338; 6/21 Th Nimmanhaemin; ⏲9.30–19 Uhr).

Ethnic Lanna KUNST & KUNSTHANDWERK
(Karte S. 332; www.ethniclanna.com; Th Chaiyaphum; ⏲Mo–Sa 9–18 Uhr) Gute Auswahl an Ethno-Taschen, Souvenirs und Textilien mit Fairtrade-Anspruch.

Östlich der Altstadt

Die Th Tha Phae säumen kleine Läden, die Antiquitäten von manchmal zweifelhafter Herkunft verkaufen, sowie viele Boutiquen, in denen man Schmuck, Accessoires, Kleidung und Kunsthandwerk bekommt.

Strohhüte und Körbe kauft man am besten in den speziellen **Korbwarengeschäften** in der Th Chang Moi gleich östlich der Stadtmauer.

Siam Celadon KERAMIK
(Karte S. 332; www.siamceladon.com; 158 Th Tha Phae; ⏲8–18 Uhr) Das alteingesessene Unternehmen verkauft in einem hinreißenden, mit Laubsägearbeiten bedeckten Teakholzhaus aus der Zeit der britischen Teakholzkonzessionäre feine Seladonkeramik mit rissiger Glasur. Nach dem Bummel im Geschäft lädt das angeschlossene Raming Tea House (S. 364) zu einer Tasse Tee ein.

Suriwong Book Centre BÜCHER
(Karte S. 332; 54 Th Si Donchai; ⏲8–20 Uhr) Das Suriwong Book Centre ist eine Institution der Stadt. Oben befindet sich ein gut sortierter Buchladen mit großem Sortiment, im Erdgeschoss ein Zeitschriftenladen mit vielen internationalen Magazinen von *Elle* bis *Wallpaper*.

KukWan Gallery BEKLEIDUNG
(Karte S. 332; 37 Th Loi Kroh; ⏲10–19 Uhr) Der charmante, kleine Laden liegt etwas zurückversetzt von der Straße und verkauft Tücher, Läufer, Bettvorleger sowie Naturbaumwolle und Seide als Meterware.

Backstreet Books BÜCHER
(Karte S. 332; 2/8 Th Chang Moi Kao; ⏲8–20 Uhr) Das große Geschäft in der „Book Alley" (Büchergasse), der Th Chang Moi Kao, hat zahlreiche Reiseführer und stapelweise Krimis und Thriller.

Nova SCHMUCK
(Karte S. 332; www.nova-collection.com; 201 Th Tha Phae; ⏲Mo–Sa 9–20, So 10–18 Uhr) Diese erstklassige Juwelierwerkstatt stellt elegante moderne Ringe, Anhänger und Ohrringe aus Silber, Gold und Edelsteinen her. Veranstaltet werden hier auch ein- bis fünftägige Kurse in der Kunst der Schmuckherstellung (1750–8200 B).

Nakorn Kasem KUNST & KUNSTHANDWERK
(Karte S. 332; 231-3 Th Tha Phae; ⏲Mo–Sa 9–20 Uhr) Einer von mehreren familiengeführten Antiquitätenläden, die Keramik, Statuen,

Schnitzarbeiten und Bronzen verkaufen, deren Alter und Echtheit aber schwer zu überprüfen ist. Man sollte einfach etwas auswählen, was einem gut gefällt, statt nach einer Geldanlage zu suchen.

Praewphun Thai Silk BEKLEIDUNG
(Karte S. 332; 83-85 Th Tha Phae; ⌚10–18 Uhr) Das in den 1960er-Jahren eröffnete Geschäft verkauft Seide aller Art, sowohl als Kleidung als auch als Meterware.

Elements SCHMUCK
(Karte S. 332; 400-402 Th Tha Phae; ⌚9.30–21.30 Uhr) In dem unbeschilderten Laden nahe dem Pratu Tha Phae gibt's ein vielfältiges Sortiment von Silber- und Edelsteinschmuck, Seidentüchern und anderen Accessoires. Hier ist man richtig, wenn man etwas sucht, das ins Auge fällt.

Kesorn Arts KUNST & KUNSTHANDWERK
(Karte S. 332; 154-156 Th Tha Phae; ⌚9–18 Uhr) Dieser vollgestopfte Laden, der Traum jedes Sammlers, handelt seit Jahren mit alten Produkten der Bergvölker. Er hat sich hauptsächlich auf Textilien, Lackwaren und Schmuck spezialisiert.

Flussufer

Sop Moei Arts BEKLEIDUNG, KUNSTHANDWERK
(Karte S. 326; www.sopmoeiarts.com; 150/10 Th Charoenrat/Th Faham; ⌚9–18 Uhr) Dieses Geschäft verkauft hochwertiges Kunsthandwerk der Bergstämme, von gewebten Textilien bis zu Körben. Es ist ein Wirtschaftsförderungsprojekt, das die Bewohner von Karen-Dörfern in der Provinz Mae Hong Son unterstützt.

Thai Tribal Crafts Fair Trade BEKLEIDUNG, KUNSTHANDWERK
(Karte S. 326; www.ttcrafts.co.th; 208 Th Bamrungrat; ⌚Mo–Sa 9–17 Uhr) Der von einer Mission unterstützte Fair-Trade-Laden ganz in der Nähe des McCormick Hospital hat Körbe und ornamentale Stickarbeiten aus den Provinzen im Sortiment. Am Wassergraben in der Altstadt gibt's eine weitere **Filiale** (Karte S. 332; 25/9 Th Moon Muang; ⌚Mo–Sa 9.30–18 Uhr).

Vila Cini MODE & ACCESSOIRES
(Karte S. 326; www.vilacini.com; 30-34 Th Charoenrat/Th Faham; ⌚9.30–22.30 Uhr) In einem

SHOPPEN AM WOCHENENDE

So wie Bangkok den Chatuchak Weekend Market hat, besitzt Chiang Mai seine „Walking Streets" am Wochenende – karnevalsähnliche Straßenmärkte, für die samstags und sonntags die Hauptdurchgangsstraßen geschlossen werden, um Platz zu machen für das Durcheinander aus Souvenirständen, Straßenkünstlern und Imbissständen.

Wenn samstagsnachmittags die Sonne sinkt, verwandelt sich die Th Wualai, die vom Pratu Chiang Mai nach Südwesten führt, in den **Saturday-Walking-Street-Markt** (ถนนเดินวันเสาร์; Karte S. 326; Th Wualai; ⌚16–24 Uhr). Im Getümmel aus Einheimischen und Travellern aus aller Welt kann man kaum treten. Sie feilschen energisch um handgemachte Seife, Hundehalsbänder nach der letzten Mode, Holzschnitzereien, Buddha-Bildnisse, Schnickschnack von den Bergstämmen, thailändische Musikinstrumente, Papierlaternen und -schirme, Silberschmuck, Heilkräuter u.s.w.

Herumziehende Straßenkünstler, darunter blinde Gitarrenspieler, Schnulzen singende Ehepaare und altkluge Schulkinder mit Headsets, sorgen für einen abwechslungsreichen Soundtrack. Zudem wimmelt es in allen Höfen und Gässchen von Imbissverkäufern. Noch mehr großartiges Straßenessen gibt's am nahe gelegenen **Talat Pratu Chiang Mai** (S. 358). Wem der Trubel zu viel wird, der kann sich in den **Wat Srisuphan** (S. 330) flüchten, dessen silberne *ubosot* (Ordinationshalle) nach Einbruch der Dunkelheit in den Farben des Regenbogens erleuchtet ist.

Am Sonntagnachmittag wiederholt sich das ganze Spektakel auf der anderen Seite der Altstadt in der Th Ratchadamnoen, wo der ebenso ausgelassene **Sunday-Walking-Street-Markt** (ถนนเดินวันอาทิตย์; Karte S. 332; Th Ratchadamnoen; ⌚16–24 Uhr) abgehalten wird. Hier scheint sogar noch mehr los zu sein, denn in den Höfen der Wats entlang der Strecke öffnen lebhafte Food-Courts. Wer samstags schon in der Th Wualai war, wird sonntags viele Verkäufer und Händler vom Vorabend wiedererkennen. Der Markt ist für einheimische Familien eine wichtige Einnahmequelle, und nicht wenige Händler verbringen die ganze Woche damit, die Erzeugnisse herzustellen, die sie samstags und sonntags verkaufen.

charaktervollen Teakholzhaus mit Marmorböden und einer schmalen, klapprigen Treppe verkauft Vila Cini hochwertige, handgefertigte Kleidung aus Seide und Baumwolle, deren Look an die Marke Jim Thompson erinnert.

Westlich der Altstadt

Rund um die teure Th Nimmanhaemin schießen trendbewusste, kosmopolitische Boutiquen wie Pilze aus dem Boden (und verschwinden genauso schnell wieder).

★ Studio Naenna BEKELIDUNG, HAUSHALTSWAREN
(www.studio-naenna.com; 138/8 Soi Chang Khian; ⌚ Mo–Fr 9–17 Uhr, Okt.–März auch Sa 9–17 Uhr) Hier sind die Farben der Berge in die mit Naturmaterialien gefärbten Baumwoll- und Seidenstoffe eingewebt. Das Studio Naenna ist Teil eines Projekts zur Bewahrung der traditionellen Weberei und Stickerei. In dieser Werkstatt kann man den gesamten Herstellungsprozess beobachten.

Hill-Tribe Products Promotion Centre BEKLEIDUNG, KUNSTHANDWERK
(Karte S. 326; 21/17 Th Suthep; ⌚ 9–17 Uhr) Textilien, Taschen, Schachteln, Lackwaren und andere Produkte der Bergvölker verkauft dieses große Geschäft in der Nähe des Wat Suan Dok; der Profit geht an Wohlfahrtsprogramme für die Bergvölker.

Doi Tung ACCESSOIRES, HHAUSHALTSWAREN
(Karte S. 338; www.doitung.org; Th Nimmanhaemin; ⌚ 10–19 Uhr) Dieses sehr schicke Warenhaus ist Teil eines Entwicklungshilfeprojekts für ländliche Dörfer in der Provinz Chiang Rai und bis unter die Decke mit handgearbeiteten Schals, Tischdecken, Kleidungsstücken und Krawatten vollgestopft. Viele davon sind aus wunderschönen Stoffen in dezenten, modernen Farben gearbeitet. Für ein Tischtuch muss man mit ca. 3500 B rechnen.

Shinawatra Thai Silk BEKLEIDUNG
(Karte S. 338; www.shinawatrathaisilk.co.th; 18 Th Huay Kaew; ⌚ 9–18 Uhr) Das altehrwürdige familiengeführte Seidengeschäft hatte sich schon einen Namen gemacht, ehe der Neffe des Besitzers, Thaksin Shinawatra, Premierminister wurde (inzwischen im Exil). Das Sortiment ist etwas weniger elegant und etwas biederer als anderswo, doch die Auswahl an Tüchern, Hemden, Krawatten und dergleichen ist gut.

Booksmith BÜCHER
(Karte S. 338; www.smithproject.co.th; 11 Th Nimmanhaemin; ⌚ 10.30–20.30 Uhr) In dem winzigen Buchladen gibt's tolle Bücher über Thailands Kultur und Bräuche.

Chabaa BEKLEIDUNG
(Karte S. 338; www.atchabaa.com; 14/32 Th Nimmanhaemin, Nimman Promenade; ⌚ 10–21 Uhr) Das Chabaa bringt ethnische Mode in die reicheren Viertel. Es gleicht einer Höhle, die mit Kleidung, Schmuck und Accessoires in leuchtenden, den Raum beherrschenden Primärfarben angefüllt ist. Die Waren stammen aus Thailand, Indien und der ganzen Welt.

Praktische Informationen

BOTSCHAFTEN & KONSULATE

UK Visa Application Centre (Karte S. 338; 191 Siripanich Bldg, 6. Stock, Th Huay Kaew; ⌚ Mo–Fr 8.30–14.30 Uhr, Sa 9–12 Uhr) Derzeit gibt es kein britisches Konsulat in Chiang Mai (das nächste befindet sich in Bangkok), doch hier können auch Bürger anderer Länder ein Visum für Großbritannien beantragen.

EINWANDERUNG

Einwanderungsbehörde Chiang Mai (☎ 053 142788; EG, Bldg A, Promenada Resort Mall, 192-193 Tambon Tasala; ⌚ Mo–Fr 8.30–16.30 Uhr) Chiang Mais Einwanderungsbehörde ist vorübergehend an diesen Standort gezogen, während die Büros der Regierung renoviert werden. Die Promenada Mall befindet sich außerhalb der Innenstadt und ist nur mit privaten Verkehrsmitteln zu erreichen.

GEFAHREN & ÄRGERNISSE

Verglichen mit Bangkok ist Chiang Mai für Traveller ein sehr entspanntes Pflaster. Es gibt hier eher wenig Stress und kaum Abzockmaschen, vor denen Reisende auf der Hut sein müssten.

Die größten Ärgernisse:

Verkehr Besonders zu Stoßzeiten. Vorsicht beim Überqueren verkehrsreicher Straßen – Motorräder und *rót daang* (wörtlich „rote Lastwagen"; Sammeltaxis) missachten oft die Vorfahrt!

Dunst Im März und April kann sich ein rauchiger, staubiger Dunst bilden, weil die Bauern ihre Felder abbrennen.

Denguefieber Bricht während des Monsuns häufig aus; man sollte einer Infektion vorbeugen, indem man sich vor Moskitos schützt, besonders tagsüber.

Grand Canyon Water Park Mehrere Reisende sind ertrunken, nachdem sie beim Aufprall aufs Wasser das Bewusstsein verloren hatten.

GELD

Alle großen thailändischen Banken haben in ganz Chiang Mai Filialen und Geldautomaten, und die meisten betreiben in der Altstadt kleine Wechselschalter mit Geldautomaten.

INTERNETZUGANG

Fast alle Hotels, Pensionen, Restaurants und Cafés der Stadt bieten kostenlosen WLAN-Zugang. Das Mobilfunknetz der Stadt ist hervorragend, allerdings können die Roaming-Gebühren für Thailand extrem hoch sein.

MEDIEN

- Die englischsprachige Wochenzeitschrift *Chiangmai Mail* ist eine gute Quelle für lokale Informationen.
- Die kostenlosen Traveller-Zeitschriften *Citylife, Chang Puak* und *Chiang Mai Mag* enthalten interessante Artikel, Stadtpläne und Werbung.

MEDIZINISCHE VERSORGUNG

Apotheken, in denen Englisch gesprochen wird, gibt es in der Th Ratchamankha und in der Th Moon Muang.

Center of Thai Traditional & Complementary Medicine (Karte S. 332; ☎053 949899; ttcmmedcmu@gmail.com; 55 Th Samlan; ⏰8–20 Uhr) Das von der Medizinischen Fakultät geführte Krankenhaus bietet Check-ups nach westlichen Vorbild, thailändische Kräutertherapie und chinesische traditionelle Medizin.

Chiang Mai Ram Hospital (Karte S. 326; ☎053 920300; www.chiangmairam.com; 8 Th Bunreuangrit) Das modernste Krankenhaus der Stadt.

Lanna Hospital (Karte S. 326; ☎053 999777; www.lanna-hospital.com; Rte 11 / Th Superhighway) Modernes, gut ausgestattetes Krankenhaus.

McCormick Hospital (Karte S. 326; ☎053 921777; www.mccormick.in.th; 133 Th Kaew Nawarat) Früheres Missionskrankenhaus; gut für kleinere Behandlungen.

Mungkala Traditional Medicine Clinic (Karte S. 332; ☎053 278494; 21-27 Th Ratchamankha; ⏰Mo–Sa 9–12.30 & 14–19 Uhr) Staatlich lizensierte Klinik, die Akkupunktur, Massage und chinesische Kräutermedizin einsetzt.

NOTFALL

Touristenpolizei (Karte S. 326; ☎053 247318, 24-Std.-Notruf 1155; 608 Rimping Plaza, Th Charoenraj; ⏰6–24 Uhr) Die ehrenamtlichen Mitarbeite sprechen viele Sprachen.

Polizei (Karte S. 332; ☎053 276040, 24-Std.-Notruf 191; 169 Th Ratchadamnoen)

POST

Hauptpost (☎053 241070; Mae Khao Mu Soi 4; ⏰Mo–Fr 8.30–16.30, Sa & So 9–12 Uhr) Weitere günstig gelegene Filialen befinden sich in der Th Samlan (Karte S. 332; ⏰Mo–Fr 9–16 Uhr), Th Prasaini (Karte S. 326; ⏰Mo–Fr 9–16 Uhr), Th Phra Pokklao (Karte S. 332; ⏰Mo–Fr 9–16 Uhr) sowie am Flughafen und an der Universität.

Postladen (Karte S. 332; Th Ratchadamnoen; ⏰8–20 Uhr) Berechnet die offiziellen Gebühren der thailändischen Post; die Mitarbeiter sind darauf spezialisiert, unförmige Waren für den Versand zu verpacken.

TOURISTENINFORMATION

Chiang Mai Municipal Tourist Information Centre (Karte S. 326; ☎053 252557; Th Tha Phae; ⏰Mo–Fr 8.30–11 & 13–16 Uhr) Städtische Touristeninformation in der Nähe des Night Bazaar.

Tourism Authority of Thailand (TAT; Karte S. 326; ☎053 248604; www.tourismthailand.org; Th Chiang Mai-Lamphun; ⏰8.30–16.30 Uhr) Die Mitarbeiter sprechen Englisch und haben Stadtpläne und Reiseinfos über ganz Thailand.

Tourist Assistance Centre (Karte S. 326; ☎053 281438; ⏰7–23 Uhr) Touristeninformation am Chiang Mai International Airport.

ℹ An- & Weiterreise

BUS

Chiang Mai besitzt zwei Busbahnhöfe. *Sŏrng·tăa·ou* (Passagier-Pick-ups) fahren von festen Haltestellen zu Städten in der Umgebung.

Arcade Bus Terminal

Chiang Mais **zentraler Fernbusbahnhof** liegt ca. 3 km nordöstlich vom Stadtzentrum in der Nähe der Kreuzung Th Kaew Nawarat und Rte 11. Von hier fahren alle Fernbusse, mit Ausnahme der Busse in den Norden der Provinz Chiang Mai. Hierher muss man, wenn man nach Bangkok oder in andere thailändische Großstädte fahren will. Ein gechartertes *rót daang* vom Zentrum zum Busbahnhof kostet etwa 60 B, ein *túk-túk* 80 bis 100 B. Zwei Buslinien verbinden die Busbahnhöfe mit der Stadt: Linie B1 hält am Bahnhof und am Stadttor Tha Phae (15 B, 6–18 Uhr alle 40 Min.), Linie B2 hält am Stadttor Tha Phae und am Chiang Mai International Airport (15 B, 6–18 Uhr alle 40 Min.).

Es gibt zwei Terminalgebäude mit Dutzenden Ticketschaltern privater und staatlicher Busgesellschaften. Theoretisch fahren von **Gebäude 2** die Busse nach Norden und von **Gebäude 3** die Busse nach Süden, doch tatsächlich starten an beiden Terminals Busse zu den meisten Zielen. Hinter Gebäude 2 befindet sich ein drittes Depot, das ausschließlich vom privaten Busunternehmen **Nakornchai Air** (☎053 262799; www.nca.co.th) genutzt wird, das Luxusbusse nach Bangkok und in fast jede Stadt Thailands bietet.

Es gibt kaum Service-Einrichtungen für Traveller. Neben den beiden Terminalgebäuden befinden sich einige regionale Restaurants und eine Gepäckaufbewahrung (15–21 Uhr, 20 B/Gepäckstück). Wer Zeit totzuschlagen hat, kann hinüber zur **Star Avenue Lifestyle Mall** (⌚24 Std.) am Gebäude 3 spazieren, wo es klimatisierte Cafés und Restaurants gibt.

Regelmäßig verkehrende internationale Busse fahren von Chiang Mai über Bokeo nach Luang Prabang, nach Luang Namtha und nach Udom Xai. Mit dem Bus kommt man auch nach Nong Khai (zur Weiterfahrt nach Vientiane; alle Ziele in Laos).

Chang Pheuak Bus Terminal

Das **Chang Pheuak Bus Terminal** (Karte S. 326) befindet sich gleich nördlich der Altstadt in der Th Chotana (Th Chang Pheuak). Von hier fahren die meisten Busse in den Norden der Provinz Chiang Mai. Staatliche Busse fahren regelmäßig nach:

Chiang Dao 40 B, 1½ Std., alle 30 Min.
Hot 50 B, 2 Std., alle 20 Min.
Samoeng 90 B, 2 Std., 6-mal tgl.
Tha Ton 90 B, 4 Std., 7-mal tgl.

Lokale blaue *sŏrng·tăa·ou* fahren nach Lamphun (25 B, 1 Std., alle 20 Min.). Klimatisierte Mini-

VERKEHRSMITTEL VON/NACH CHIANG MAI

ZIEL	FLUGZEUG	BUS	MINIVAN	ZUG
Bangkok	ab 1200 B, 70 Min., häufig	488–759 B, 9–10 Std., häufig		231–1903 B, 10–12 Std., 5- bis 6-mal tgl.
Chiang Khong		202–451 B, 6½ Std., 1-mal tgl.		
Chiang Rai		166–288 B, 3–4 Std., häufig		
Dong Hoi (Vietnam)	1895 B			
Khon Kaen	ab 1000 B, 70 Min., 1-mal tgl.	535 B, 12 Std., 5-mal tgl.		
Khorat (Nakhon Ratchasima)		540–662 B, 12 Std., 11-mal tgl.		
Lampang		66–143 B, 2 Std., stündl.	73 B, 1 Std., stündl.	
Luang Prabang (Laos)	ab 5000 B, 1 Std., 4-mal wöchentl.	1200 B, 20 Std., 9 Uhr (Mo, Mi, Fr, Sa, So)		
Mae Hong Son	ab 1687 B, 40 Min., 6-mal tgl.	192–346 B, 8 Std., 3-mal tgl.	250 B, 5 Std., 3-mal tgl.	
Nan	ab 1890 B, 45 Min., 2-mal wöchentl.	197–254 B, 6 Std., 6-mal tgl.		
Nong Khai		820 B, 12 Std., 2-mal tgl.		
Pai	ab 1990 B, 25 Min., 3-mal wöchentl.	80 B, 4 Std., stündl.	150 B, 3 Std., stündl.	
Phuket	ab 2481 B, 2 Std. 4-mal tgl.	1646 B, 22 Std., 1-mal tgl.		
Sukhothai		207 B, 5–6 Std., stündl.	stündl.	
Ubon Ratchathani	ab 1898 B, 45 Min., 1-mal tgl.	872 B, 12 Std., 1-mal tgl.		
Udon Thani	ab 680 B, 1 Std., 1-mal tgl.	545–767 B, 12 Std., 3-mal tgl.		
Vientiane (Laos)	ab 3638 B, 1 Std., 1-mal tgl.			

busse nach Chiang Dao (150 B, 2 Std. stündl.) starten in der Soi Sanam Gila hinter dem Busbahnhof.

Sŏrng-tăa-ou-Haltestellen

Von mehreren Haltestellen fahren *sŏrng·tăa·ou* zu Städten unweit Chiang Mais. Die Fahrpreise liegen zwischen 20 und 30 B, und alle Strecken werden den ganzen Tag lang häufig bedient.

Sŏrng-tăa-ou-Haltestelle Talat Warorot (Karte S. 332; Th Praisani) *Sŏrng·tăa·ou* nach Lamphun, Bo Sang, San Kamphaeng und Mae Rim.

Sŏrng-tăa-ou-Haltestelle Saphan Lek (Karte S. 326; Th Chiang Mai-Lamphun) *Sŏrng·tăa·ou* nach Lamphun und Lampang.

Sŏrng-tăa-ou-Haltestelle Pratu Chiang Mai (Karte S. 332; Th Bamrungburi) *Sŏrng·tăa·ou* nach Hang Dong, Ban Tawai und zu Zielen im Süden.

Sŏrng·tăa·ou nach San Kamphaeng (Karte S. 332) fahren ebenfalls von der Th Khang Mehn.

FLUGZEUG

Internationale und Inlandsflüge starten und landen auf dem **Chiang Mai International Airport** (☎ 05 327 0222; www.chiangmaiairportthai.com), 3 km südwestlich der Altstadt.

Die Flugpläne variieren je nach Saison und touristischer Nachfrage. Tickets nach Bangkok kosten ab 1200 B. Flüge in den Süden kosten ab 2400 B nach Phuket und 1650 B nach Surat Thani. Die folgenden Fluggesellschaften wickeln den Großteil des Inlandsflugverkehrs ab:

Air Asia (Karte S. 332; ☎ 053 234645, in Thailand 02 515 9999; www.airasia.com; 416 Th Tha Phae; ⌚10–20.30 Uhr)

Bangkok Airways (Karte S. 338; ☎ 053 289338, in Thailand 1771; www.bangkokair.com; Room A & B, Kantary Terrace, 44/1 Soi 12, Th Nimmanhaemin; ⌚Mo–Sa 8.30–12 & 13–18 Uhr)

Kan Air (Karte S. 326; ☎ 053 283311, in Thailand 02 551 6111; www.kanairlines.com; 2. Stock, Chiang Mai International Airport; ⌚8–17.30 Uhr)

Nok Air (Karte S. 326; ☎ 053 922183, in Thailand 02 900 9955; www.nokair.com; EG, Central Airport Plaza; ⌚8–17 Uhr)

Thai Airways International (THAI; Karte S. 332; ☎ 023 561111, 053 211044; www.thaiair.com; 240 Th Phra Pokklao; ⌚Mo–Fr 8.30–16.30 Uhr).

Thai Smile (Karte S. 332; ☎ in Thailand 02 118 8888; www.thaismileair.com; 35-41 Th Ratchadamnoen; ⌚9–21 Uhr)

Auch das Angebot von Direktflügen von Chiang Mai in die Nachbarstaaten wächst schnell. Es gibt Linienflüge nach Kuala Lumpur (Malaysia), Yangon (Myanmar) und zu Zielen in ganz China.

TÚK-TÚK ODER SŎRNG·TĂA·OU?

Túk-túks sind teurer, und die Fahrer hauen einen eher übers Ohr, andererseits ermöglichen sie die direkte Fahrt von A nach B, und die meisten Fahrer sprechen Englisch. *Sŏrng-tăa-ou* sind günstiger und die Fahrer verlangen seltener überhöhte Preise (weil auch viele Thais damit fahren), die Verständigung kann aber ein Problem sein, und sie fahren nicht immer auf der direkten Route. Eine Fahrt im *sŏrng·tăa·ou* ist eine tolle Gelegenheit, einheimische Thais kennenzulernen.

Lao Airlines (Karte S. 338; ☎ 053 223401; www.laoairlines.com; EG, Nakornping Condominium, 2/107 Th Huay Kaew; ⌚Mo–Fr 8.30–17, Sa bis 12 Uhr) hat Direktflüge nach Luang Prabang und Vientiane. Seltener verkehren Flüge z. B. nach Dong Hoi (Vietnam, Transfer nach Ho-Chi-Minh-Stadt). Wer nach Kambodscha will, muss über Bangkok fliegen.

Im Flughafen gibt's eine Gepäckaufbewahrung (7–21 Uhr, 200 B/Tag), eine Postfiliale (8.30–20 Uhr), Banken, Souvenirgeschäfte und ein **Tourist Assistance Centre** (S. 369). Wer Zeit totschlagen will, kann den Highway ein Stück zurück bis zur großen **Central Airport Plaza** (S. 365) laufen.

Flüge kann man gut bei **SM Travel** (Karte S. 332; ☎ 053 281045; www.yourtripthailand.com; 87-95 Th Ratchadamnoen; ⌚8–18 Uhr) in der Altstadt buchen.

ZUG

Der **Bahnhof Chiang Mai** (☎ 053 245363, in Thailand 1690; Th Charoen Muang), der von der State Railway of Thailand betrieben wird, liegt etwa 2,5 km östlich der Altstadt. Auf der Hauptstrecke zwischen Bangkok und Chiang Mai fahren die Züge fünfmal täglich. Die Regierung hat versprochen, zukünftig mehr in den Bahnverkehr zu investieren und eine neue Hochgeschwindigkeitsstrecke zwischen Chiang Mai und Bangkok zu schaffen. Am Bahnhof gibt es einen Geldautomaten, eine Gepäckaufbewahrung (5–20.45 Uhr, 20 B/Gepäckstück) und einen Vorverkaufsschalter (Ticketverkauf nur gegen Vorlage des Passes).

Zwischen Chiang Mai und dem Bahnhof Hualamphong in Bangkok fahren vier verschiedene Zugtypen: Rapid, Sprinter, Express und Special Express. Am komfortabelsten sind die über Nacht fahrenden Special-Express-Züge, die um 17 und 18 Uhr in Chiang Mai starten und um 6.15 bzw. 6.50 Uhr in Bangkok ankommen. In umgekehrter Richtung fahren sie um 18.10 und 19.35 Uhr am Bahnhof Hualamphong ab. Die Fahrpläne ändern sich jedoch regelmäßig, daher sollte man sich die aktuellen Fahrzeiten auf der Website der State Railway of Thailand (www.railway.co.th) anschauen.

Zum Zeitpunkt der Recherche galten nach Bangkok folgende Fahrpreise:

3. Klasse (Bankplatz) 231–271 B

2. Klasse (Sitz mit verstellbarer Rückenlehne) 391–641 B

2. Klasse Schlafwagen (Ventilator) 601–671 B

2. Klasse Schlafwagen (Klimaanlage) 1071–1131 B

1. Klasse Schlafwagen (Kliamanlage) 1453–1903 B

Unterwegs vor Ort

In Chiang Mai bieten sowohl Uber als auch Grab ihre Dienste an, und trotz anhaltender Drohungen, diese zu begrenzen oder zu verbieten, waren beide zum Zeitpunkt der Recherche gut im Geschäft und waren die einfachste und preiswerteste Art, um von A nach B zu kommen. Fahrten innerhalb der Stadt kosten durchschnittlich 50 B.

VOM/ZUM FLUGHAFEN

Am Chiang Mai International Airport findet sich am Exit 9 der Ankunftshalle ein lizensierter Flughafen-Taxiservice. Die Fahrt in die Altstadt kostet etwa 160 B. Günstigere Shuttle- und Minibusfahrten belaufen sich auf 40 B. Mit einem Fahrzeug von Uber oder Grab kostet die Strecke ca. 60 B.

ORIENTIERUNG IN CHIANG MAI

In und außerhalb der Altstadt wird die Wegbeschreibung oft in Bezug auf die vier Haupttore der Stadt angegeben.

Pratu Tha Phae (Osten) Von hier aus geht es auf der Th Tha Phae Richtung Osten zum Fluss, zum Talat Warorot und zum Night Bazaar.

Pratu Chang Pheuak (Norden) Die Th Chotana (Th Chang Pheuak) führt Richtung Norden zum Busbahnhof Chang Pheuak und zur Rte 107 in den Norden der Provinz Chiang Mai.

Pratu Suan Dok (Westen) Die Th Suthep führt gen Westen zur Chiang Mai University, zum Doi Suthep und zum Ausgehviertel in der Th Nimmanhaemin.

Pratu Chiang Mai (Süden) Richtung Südwesten entlang der Th Wualai geht es zum Saturday-Walking-Street-Markt und zur Rte 108, die in den Süden der Provinz Chiang Mai führt.

AUTO & PICK-UP

Mietwagenfirmen, die Autos und Pick-ups verleihen, finden sich in der ganzen Stadt, besonders aber in der Th Moon Muang. Man sollte allerdings darauf achten, dass sie eine vollständige Haftpflichtversicherung sowie einen ebensolchen Pannenschutz anbieten, und die Versicherungsbedingungen prüfen, damit klar ist, was die Versicherung abdeckt und was nicht. Die meisten Firmen verlangen eine Bargeldkaution zwischen 5000 und 10 000 B.

Die Standardmietpreise für Kleinwagen mit 1,5 l Hubraum ohne Kilometerbegrenzung beginnen bei 1000 B pro Tag; das Benzin ist nicht im Preis enthalten. Zu den renommierten Autovermietern zählen:

Budget Car Rental (Karte S. 326; ☎053 202871; www.budget.co.th; 201/2 Th Mahidol) Gegenüber der Central Airport Plaza.

North Wheels (Karte S. 332; ☎053 874478; www.northwheels.com; 70/4-8 Th Chaiyaphum) Bietet den Transfer vom und zum Hotel, 24-Stunden-Notfallhilfe auf der Straße und eine umfassende Versicherung.

Thai Rent a Car (Karte S. 326; ☎053 904188; www.thairentacar.com; Chiang Mai International Airport)

FAHRRAD

Ein Fahrrad ist eine gute Option, um sich in Chiang Mai zu bewegen, auf den Ringstraßen um die Altstadt sollte man aber vorsichtig sein. Klapprige Räder mit gebogenem Lenker kann man für etwa 50 B am Tag oder 300 B pro Woche in Pensionen und Geschäften in der Stadt leihen. Die Räder sollte man aber vor der Ausleihe gut inspizieren, gerade die Bremsen können sehr problematisch sein.

Wer sich ein besseres Rad leihen möchte, kann bei **Chiang Mai Mountain Biking & Kayaking** (S. 342) und **Spice Roads** (S. 348) gute ausländische Rennräder (100–400 B/Tag) und Mountainbikes (250–1000 B/Tag) mieten. Ersatzteile für ausländische Räder verkauft der **Chaitawat Bikeshop** (S. 366).

In Chiang Mai gibt's auch ein zu wenig genutztes Fahrradverleihsystem, **Bike@Chiangmai** (☎085 139 2410; www.bike-at.com) mit fünf Stationen in der Altstadt (am Wat Phra Singh, vor dem Lanna Folklife Museum, am Pratu Tha Phae, am Pratu Chiang Mai und am Suan Buak Hat) und weiteren in der ganzen Stadt. Die Registrierungsgebühren betragen 320 B, danach muss man mindestens 100 B auf die Karte laden, mit der man Zugang zu den Rädern erhält; die Fahrradausleihe kostet ab 20 B für eine Stunde.

MOTORRAD

Leihmotorräder und -roller sind in Chiang Mai extrem beliebt. Agenturen und Pensionen verleihen alles von Automatikrollern mit 100 cm^3

ABSTECHER

PANORAMAFAHRT: TAL DES MAE SA & SAMOENG แม่สา/สะเมิง

Start Chiang Mai

Ziel Chiang Mai

Länge 80 km

Als erster Halt empfiehlt sich der **Nam Tok Mae Sa** (น้ำตกแม่สา; Erw./Kind 100/50 B, Auto 30 B; ⌚8–16.30 Uhr), eine Reihe von Kaskaden, die nur 6 km von der Abzweigung bei Mae Rim am Rand des Doi Suthep-Pui National Park in üppigem Wald liegen. Hier findet man problemlos ein Becken zum Schwimmen inklusive Wasserfalldusche und Felsen, auf denen man picknicken kann. Am Parkplatz gibt's ein paar schlichte Imbisse.

Nach ca. 6,5 km auf der Rte 1096 erreicht man die **Queen Sirikit Botanic Gardens** (สวนพฤกษศาสตร์สมเด็จพระนางเจ้าสิริกิติ์; www.qsbg.org; Rte 1096; Erw./Kind 100/50 B, Auto/Motorrad 100/30 B; ⌚8.30–16.30 Uhr), eine 227 ha große Anlage mit Pflanzungen, Naturlehrpfaden und riesigen Gewächshäusern voller exotischer und einheimischer Pflanzen. Oben auf dem Kamm steht das zu wenig beachtete Natural Science Museum, ein Umweltbildungszentrum mit vielen großformatigen Naturmodellen und interaktiven Ausstellungen für Kinder. In den Gewächshäusern wachsen Pflanzen aller Art, von Dschungelfarnen über Kakteen bis zu Palmen.

Hinter dem botanischen Garten führt die Straße hinauf in ein Hochlandbecken, das früher ein wichtiges Zentrum des Opiumanbaus war. Mit finanzieller Unterstützung der thailändischen Königsfamilie wurden die Bauern der einheimischen Bergvölker überzeugt, auf ihren terrassierten Feldern statt des Opiums Gemüse, Obst und Blumen anzubauen.

Wer diese Produkte einmal probieren möchte, biegt bei Ban Pong Yaeng von der Rte 1096 ab und folgt der steilen Betonstraße hinauf zum Hmong-Dorf Nong Hoi. Das Restaurant **Mon Cham** (Nong Hoi Mai; Hauptgerichte 60–180 B; ⌚7–19 Uhr; 🅥) befindet sich oberhalb des Dorfes auf dem höchsten Punkt des Kamms und serviert geschmackvolle frische Thai-Gerichte, man kann aber auch einfach in einem von mehreren Bambuspavillons die lokalen Obstliköre probieren und dabei den spektakulären Blick auf die Täler ringsum genießen.

Weiter westlich erreicht man das **Proud Phu Fah** (S. 353), ein stilvolles Boutiquehotel mit eleganten Villen an einem Bach, die den Gästen das Gefühl geben sollen, inmitten der großartigen Natur zu übernachten. Das Freiluftrestaurant serviert gesunde Thai-Küche (Hauptgerichte 150–250 B) mit Blick auf den Rasen und die Berge.

Hinter dem Proud Phu Fah führt die Straße um den Bergkamm herum, vorbei an mehreren grandiosen Aussichtspunkten, an denen man tolle Fotos schießen kann. Auf der Rückfahrt nach Chiang Mai über die Rte1269, der man bis zur Rte 121 am Stadtrand folgt, herrscht in der Regel weniger Verkehr.

(ab 150 B/Tag) über stärkere Honda Dreams (ab 350 B) bis zu großen Straßen- und Geländemotorrädern mit bis zu 650 cm³ Hubraum (700–2000 B). Kleinere Maschinen eignen sich gut, um durch die Stadt zu fahren, doch wer die Bergstraßen rund um Chiang Mai erkunden will, sollte sich für ein Motorrad mit mindestens 200 cm³ entscheiden.

Mr. Mechanic (Karte S. 332; ☎053 214708; www.mr-mechanic1994.com; 4 Soi 5, Th Moon Muang; Roller/Motorrad/Auto pro Tag ab 150/500/1200 B) ist der wohl beste Verleiher Chiang Mais in puncto Versicherung und Support. Er bietet eine neue, gut gewartete Fahrzeugflotte und eine umfassende Versicherung. Zwei weitere Filialen befinden sich in der 33 Th Ratchaphakhinai (Karte S. 332) und in der 135/1 Th Ratchaphakhinai (Karte S. 332).

Tony's Big Bikes (Karte S. 332; ☎053 207124; www.chiangmai-motorcycle-rental.com; 17 Th Ratchamankha; Motorradverleih 500–3000 B/Tag) vermietet gut gewartete Motorräder von 125 bis 400 cm³ Hubraum. Hier kriegt man auch Fahrunterricht, Tipps zu Touren und kann sich das Motorrad reparieren lassen. Die Preise sind verhandelbar.

In Thailand besteht Helmpflicht, und die Polizei errichtet häufig Checkpoints, um die Einhaltung zu kontrollieren. Außerdem muss man immer einen Ausweis mit Lichtbild und einen Internationalen Führerschein bei sich tragen, um diesen bei Polizeikontrollen vorzeigen zu können. In der Regel ist die Polizei mit einem ausländischen Führerschein zufrieden, doch wer gar keinen Führerschein vorweisen kann, zahlt eine Strafe.

Auf eine gute Versicherung zu verzichten, um ein paar Bath zu sparen, kann letztlich viel teurer werden. Man sollte immer einen Verleiher wählen, der Pannenschutz und eine vollständige Versicherung anbietet. Die meisten Versicherungen enthalten eine Selbstbeteiligung in Höhe von 1500 B bei Unfällen und von 10 000 B, wenn das Motorrad gestohlen wird; darum sollte man die bereitgestellte Kette mit Vorhängeschloss immer benutzen!

Die meisten Verleiher verlangen den Reisepass als Sicherheit. Dabei gibt es zwar selten Probleme, doch bessere Agenturen akzeptieren als Alternative auch eine Bargeld-Kaution zwischen 5000 und 10 000 B (keine Kreditkartenzahlung!).

Tipps zu Touren rings um Chiang Mai findet man auf der Seite von Golden Triangle Rider (www.gt-rider.com).

ÖRTLICHE & GECHARTERTE VERKEHRSMITTEL

Rót daang sind Sammeltaxis. Sie fahren die Straßen auf und ab und sammeln Fahrgäste ein, die in ihre Richtung unterwegs sind. Es gibt keine festen Routen, am besten fragt man daher einfach den Fahrer, ob er zum gewünschten Ziel fährt. Kurze Strecken ein paar Blocks weiter kosten ab 20 B, längere (z. B. von der Altstadt zur Th Nimmanhaemin) 40 B.

Die Fahrer sind auch gern bereit, das gesamte Fahrzeug zu einem höheren Preis zu vermieten, z. B. für Tagestouren außerhalb der Stadt. Wenn das Fahrzeug am Straßenrand parkt, statt die Straße entlangzufahren, wartet der Fahrer meist auf Kunden, die es chartern wollen. In jedem Fall ist das Ganze mit wenig Stress verbunden; die meisten *rót daang* sind Familienunternehmen, bei denen der Mann fährt und die Frau die Route plant und sich ums Geld kümmert.

Túk-túks können grundsätzlich nur gechartert werden und sind teurer als *rót daang*, doch dafür hat man den erfrischenden Fahrtwind im Haar und kommt schneller durch den starken Verkehr. Die Preise für kurze Fahrten betragen ab 60 B und können nachts bis auf 100 B ansteigen, allerdings muss man für diese Preise gut feilschen können. Manche Fahrer können aufdringlich sein und versuchen, ihre Fahrgäste zu den Attraktionen zu bringen, bei denen sie eine Provision erhalten.

In Chiang Mai gibt's immer noch einige *săhm·lór*, die für etwa 20 B kurze Strecken rund um den Talat Warorot zurücklegen.

TAXI

Taxis mit Taxametern, die man einfach heranwinken kann, sind in der Stadt eine Seltenheit. Man kann aber bei **Taxi Meter** (☎ 053 244268, 053 241955; www.taxichiangmai.com) ein Taxi bestellen – innerhalb der Stadt kostet die Fahrt kaum mehr als 160 B.

NÖRDLICHES CHIANG MAI

Nördlich der Stadt Chiang Mai, in Richtung der Grenze zwischen Nordthailand und dem Südosten Myanmars, erheben sich zu beiden Seiten des Mae Ping bewaldete Berge. Mit einem gecharterten *rót daang* oder einem Leihmotorrad (mit ausreichend PS) kann man hoch hinauf in die Berge fahren und Nationalparks, spektakuläre Aussichtspunkte, Farmen des Königlichen Projekts und Dörfer der Bergvölker besuchen. Auf der Webseite www.gt-rider.com haben Motorradfahrer Berichte über ihre Touren in dieser Region veröffentlicht.

Mae Rim แม่ริม

☎ 053 / 7476 EW.

Die nächste Stadt nördlich von Chiang Mai, das schläfrige Mae Rim, erreicht man von der Stadt nach einer problemlosen, 30 km langen Fahrt auf der Rte 107. Hier kann man den ehemaligen Palast der Prinzessin Dara Rasmee besuchen und am Stausee Huay Teung Thao entspannen.

Die meisten Besucher übernachten in Chiang Mai und unternehmen einen Tagesausflug nach Mae Rim.

Sehenswertes

Dara Pirom Palace MUSEUM

(พระตำหนักดาราภิรมย์; 20 B; ⌚Di–Sa 9–17 Uhr) Dara Rasmee, die letzte Prinzessin des Königreiches Lan Na, verbrachte ihr Lebensende in dieser stattlichen Residenz aus dem 19. Jh., die ganz im klassischen thailändischen Kolonialstil erbaut ist: mit hohen Decken, eleganten Laubsägearbeiten und Holzveranden. In den Räumen sind Familienschmuck, Fotos und persönliche Gegenstände ausgestellt, die das Leben und die Zeit der Prinzessin in Erinnerung rufen.

Der Palast liegt auf dem Gelände des Polizeikomplexes von Mae Rim auf der Westseite der Rte 107; hinter der Polizeiwache biegt man rechts ab und folgt den Schildern vorbei an der Startbahn des Polizeihubschraubers.

Stausee Huay Teung Thao SEE

(อ่างเก็บน้ำห้วยตึงเฒ่า; 20 B; ⌚7–19 Uhr) Für Thais ist ein Stausee nicht einfach nur ein Wasserspeicher, sondern auch ein Erholungs- und Ausflugsziel erster Güte. An diesem großen See gleich westlich der Stadt versammeln sich Familien, um zu schwimmen, am Strand herumzuplanschen oder am Ufer in höhergelegenen Bambushütten zu picknicken – wie an einem Tag am Strand.

Um zum See zu kommen, nimmt man erst die Rte 107, biegt dann nach Südwesten auf die Rte 121 ab und biegt am Schrein Khuang Phra Chao Lanna rechts über die Brücke ab.

An- & Weiterreise

Mae Rim erreicht man leicht mit dem Bus oder *sŏrng·tăa·ou* (20 B, 15 Min.) vom Busterminal Pratu Chang Pheuak in Chiang Mai.

Chiang Dao เชียงดาว

☎053 / 15 000 EW.

Nach Chiang Dao, das in einem üppig grünen Dschungel im Schatten eines mächtigen Kalksteinbergs liegt, kommen die hier lebenden Ausländer und die wachsende Mittelschicht Chiang Mais, um der Hitze des Tieflands zu entfliehen. Oberhalb des Dorfes auf dem Weg zum Gipfel des Doi Chiang Dao (2175 m) wird es noch kühler. Der Wald ist bei Vogelfans und Wanderern beliebt. Am Fuß des Berges befindet sich am Eingang zu einer der tiefsten Kalksteinhöhlen Thailands ein hoch verehrter Wat.

Busse nach Chiang Dao halten in dem modernen Dorf, das auf der Ostseite der Rte 107 liegt, doch die meisten Traveller fahren zum nahe gelegenen Dorf Ban Tham westlich der Hauptstraße, wo sich alle Unterkünfte und der berühmte Höhlentempel befinden.

Sehenswertes & Aktivitäten

Traveller können nicht nur den Höhlentempel besuchen, sondern auch einige tolle Trekkingtouren zu Orten mit einer besonders reichen Vogelwelt, zu verstreut liegenden Dörfern der Bergvölker und zum luftigen Gipfel des Doi Chiang Dao unternehmen. Die örtlichen Unterkünfte arrangieren Führer und Campingausrüstung. Dies geht aber nur von Oktober bis Mai, wenn die Wege trocken genug sind fürs Wandern.

Die Bewohner der Dörfer der Bergvölker versammeln sich alle zwei Wochen, an jedem ersten und dritten Dienstag des Monats, auf dem **Markt** in Chiang Dao.

Doi Chiang Dao Wildlife Sanctuary NATURSCHUTZGEBIET

(ดอยเชียงดาว, Doi Luang; ☎053 456623; 200 B, Fahrzeug 30 B) Der in dichten tropischen Wald gehüllte Doi Chiang Dao ragt dramatisch über den umliegenden Ebenen auf. Dieses Dschungelparadies ist mit über 300 hier beheimateten Vogelarten ein Topziel des Landes, um Vögel zu beobachten, und einer der besten Orte der Welt, um Riesenkleiber und Burmafasane zu sehen. Die steile Wanderung zum Gipfel dauert einen ganzen Tag, als Belohnung lockt eine spektakuläre Aussicht auf die Bergmassive ringsum. Eine Tagestour kostet 1000 B, eine Zweitagestour mit Übernachtung 5000 B pro Person.

Wer nur einen kleinen Eindruck von der herrlichen Landschaft gewinnen will, biegt an der Kreuzung vor der Gruppe von Unterkünften in Ban Tham recht ab und folgt der herrlichen, kurvigen Bergstraße, die durch den Wald auf den Kamm hochführt. Das ist allerdings eine schwierige Strecke, man braucht schon einen starken Motor, um die Steigungen zu bewältigen.

Wat Tham Chiang Dao HÖHLE

(ถ้ำเชียงดาว, Chiang-Dao-Höhle; Eintritt 40 B, Gebühr für Guide 100 B; ⏲7–17 Uhr) Dieser Waldtempel liegt in einem hübschen Gebiet, in dem es vor Dschungelschmetterlingen nur so wimmelt, am Eingang zur kühlen **Chiang-Dao-Höhle**, einem kühlen Gewirr aus Tunneln und Gängen, das sich mehr als 10 km weit unter dem Kalksteinmassiv des Doi Chiang Dao erstreckt. Für Buddhisten ist die Höhle ein beliebter Rückzugsort, um zu meditieren, eine Art Erweiterung des eigentlichen Tempels. Die verschlungenen, kurvenreichen Gänge sind mit Stalaktiten und Stalagmiten übersät.

Die Kammern am Anfang des Tunnelnetzes, die Tham Sua Dao und Tham Phra Non genannt werden, sind elektrisch beleuchtet. Der interessanteste Abschnitt der Höhlen ist aber unbeleuchtet; man muss einen Führer mit Gaslaterne anheuern (100 B), um sie zu erkunden – so hilft man zugleich einem Dorfbewohner, seinen Lebensunterhalt zu verdienen. Tatsächlich arbeiten die Führer als Freiwillige, daher ist ein Trinkgeld von 50 B angemessen und wird erwartet. Der Weg führt durch enge Durchgänge zu anderen großen Kammern – Tham Mah (735 m), Tham Kaew (474 m) und Tham Nam (660 m) – und der Führer zeigt unterwegs Fledermauskolonien und interessante Kalksteinformationen, die nach Tieren benannt sind, denen sie ähneln. Am Ende des beleuchteten Abschnitts erreicht man einen kleinen, aber hochverehrten liegenden Buddha in einer kleinen Vorkammer.

Der örtlichen Legende zufolge lebte in der Höhle einst ein *reu·sěe* (Asket, heiliger Mann), der die Geister dazu bewegen konnte, in den Höhlen mehrere magische Wunder zu schaffen: einen Strom, der dem Sockel eines Buddhas aus massivem Gold entspringt, einen Lagerraum mit göttlichen Textilien und eine Stadt der *nagas* (mythische Schlangen). Diese wundersamen Erscheinungen sollen sich aber tiefer im Inneren des Berges befinden, hinter der letzten beleuchteten Höhle.

Pha Daeng National Park NATIONALPARK
(อุทยานแห่งชาติผาแดง; ☎053 046370; www.dnp.go.th; Ban Muang Na; Erw./Kind 100/50 B; Camping 30 B/Pers.) Über die Rte 1178 erreicht man den nördlich von Doi Chiang Dao gelegenen Pha Daeng National Park mit seiner üppigen grünen Dschungellandschaft und einer bemerkenswerten Vogelwelt. Er flankiert die Grenze zu Myanmar und ist von einem System tiefer Höhlen durchsetzt. Man kann zum Gipfel wandern, außerdem gibt's einige reizvolle Aussichtspunkte und ein paar sprudelnde Wasserfälle. Beim Hauptquartier des Nationalparks kann man in Bungalows (600–2500 B) übernachten.

Wat Tham Pha Plong BUDDHISTISCHER TEMPEL
(สำนักสงฆ์ถ้ำผาปล่อง; Ban Tham; Spende erbeten; ⌚bei Tageslicht) Dieser schöne, friedliche Waldtempel liegt am Rand des Chiang-Dao-Massivs. Eine steile *naga*-Treppe führt durch den Wald hinauf zu einer Felsspalte, in der einst der verehrte Meditationsmeister Luang Pu Sim praktizierte. Hier fühlt man sich weit, weit weg von dem ganzen touristischen Getümmel. Wenn man weiter auf der Straße an den Chiang-Dao-Unterkünften vorbeifährt, kommt man zum Parkplatz des Tempels.

Schlafen & Essen

Die Pensionen liegen an der Straße, die vom Wat Tham Chiang Dao am Waldrand Richtung Norden führt. Alle arrangieren Touren und verleihen Fahrräder und Motorräder.

Das Restaurant des Chiang Dao Nest und des Chiang Dao Nest 2 sind zweifellos das kulinarische Highlight in der Gegend, doch alle Unterkünfte servieren Mahlzeiten, außerdem gibt es am Parkplatz des Wat Tham Chiang Do einige einfachere Thai-Restaurants.

Abseits der Hauptstraße durch Chiang Dao wird täglich ein Lebensmittelmarkt abgehalten.

Chiang Dao Hut PENSION $
(☎053 456625; Zi & Bungalows 350–2500 B; 📶) Diese hübsche Gruppe von Bungalows und Zimmern liegt in einem zu einem Fluss abfallenden Tal in der Nähe des Wat Tham Chiang Dao – was das Essen angeht, hat man also Alternativen. Die einfacheren Unterkünfte haben Gemeinschaftsbäder mit warmem Wasser, die Atmosphäre ist passend leger und gemächlich.

Chiang Dao Roundhouses BUNGALOWS $$
(☎087 496 1571; www.chiangdao-roundhouses.com; Bungalow inkl. Frühstück 1300 B; 📶) Diese auffällige Lodge besteht aus einer Gruppe runder Hütten mit hutförmigen Dächern, die in traditionellen Bautechniken und aus Materialien wie recycelten Glasflaschen, Bambus, Reishülsen, Lehm und Stroh gebaut wurden. Die Bäder befinden sich teilweise im Freien. Die Hütten stehen rund um einen Frühstücksraum und eine Yoga-Höhle. Die Anlage befindet sich in einer kleinen Gasse, die gegenüber vom Eingang zum Parkplatz des Wat Tham Chiang Dao beginnt.

Malee's Nature Lovers Bungalows PENSION $$
(☎081 961 8387; www.maleenature.com; Camping 100 B/Pers., Bungalow 500–2050 B; 📶) In dieser üppig grünen Pension an der Straße nach Tham Pha Plong, deren Besitzerin Malee leidenschaftliche Orchideenzüchterin ist, gibt's einfache, saubere Hütten mit warmer Dusche in einem gepflegten Garten voller Orchideen. Die Bewohner der billigsten Zimmer teilen sich Gemeinschaftsbäder, die schickeren Hütten haben ein eigenes Bad. Eine Hütte befindet sich hoch über der Erde – ideal für Vogelfreunde, die von hier aus prima beobachten können, was sich in den Baumkronen tut.

★ **Chiang Dao Nest 2** BOUTIQUEHOTEL $$$
(www.chiangdaonest.com; Bungalows 950–3500 B; ❄📶) Die Bambusbungalows stehen in einem friedlichen Garten mit Blick auf die von Dschungel bedeckten Berge. Hier fühlt man sich binnen Minuten, als ob man zur Familie gehörte. Unbedingt die erstklassige Thai-Cuisine im schicken Terrassenrestaurant voller Blumen und Grünpflanzen probieren! Ein Massageservice gibt es vor Ort ebenfalls.

★ **Chiang Dao Nest** PENSION $$$
(☎053 456242; www.chiangdaonest.com; Bungalow 950–3500 B; @📶) Die Pension, die Chiang Dao auf die touristische Landkarte

gebracht hat, ist ein charmantes ländliches Refugium. In einem prächtigen tropischen Garten stehen komfortable Bungalows mit Wänden aus geflochtenem Bambus. Viele schattenspendende Pavillons laden dazu ein, es sich mit einem guten Buch bequem zu machen. Es gibt einen Pool am Waldrand mit Blick auf die Berge, und die Kleinen werden auch von den herumspazierenden Ziegen und dem Spielpavillon begeistert sein.

Shoppen

Morgenmarkt MARKT

(⏲1. & 3. Di im Monat 7–12 Uhr) Zweimal im Monat findet ein Morgenmarkt statt, auf dem von den Bergvölkern produziertes Kunsthandwerk verkauft wird.

Anreise & Unterwegs vor Ort

Chiang Dao liegt 72 km nördlich von Chiang Mai an der Rte 107. Zu den Unterkünften in der Nähe des Höhlentempels fahren Motorrad-Taxis für 100 B und von der Bushaltestelle im Dorf Chiang Dao *sŏrng·tăa·ou* für 150 B.

Busse verkehren nach **Chiang Mai** (40 B, 1½ Std., alle 30 Min.) und **Tha Ton** (63 B, 2½ Std., 7-mal tgl.)

Außerdem tuckern klimatisierte Minivans für 150 B nach Chiang Mai.

Die meisten Unterkünften verleihen Fahrräder (ab 100 B) und Motorräder (ab 300 B), man kann auch für etwa 1000 B für den ganzen Tag ein *sŏrng·tăa·ou* chartern, dessen Fahrer einen in der Gegend herumkutschiert.

Doi Ang Khang ดอยอ่างขาง

☎053

Die Bergtäler rund um Doi Ang Khang an der Grenze zu Myanmar werden wegen des Klimas – im Januar kann es sogar Frost geben – „kleine Schweiz" genannt; doch das ist auch die einzige Ähnlichkeit. Statt Berghütten und Jodlern findet man hier friedliche grüne Täler mit Blumen der gemäßigten Klimazone und Plantagen mit – zumindest für die Thais – „exotischen" Früchten wie Äpfeln, Birnen und Erdbeeren, umringt von bewaldeten Bergen.

Heute kommen die Besucher wegen des angenehmen Klimas hierher und um die friedliche **Royal Agricultural Station** (สถานีเกษตรหลวง; ☎053 969489; www.angkhangstation.com; 50 B, Auto 50 B; ⏲6–21 Uhr) zu besuchen, die sich vom Dorf Ban Khum bis ins Zentrum des Beckens erstreckt. Viele Mitarbeiter sind Dorfbewohner aus den umliegenden Dörfern Pang Ma, Ban Luang, Ban

NICHT VERSÄUMEN

DAMPFENDE THERMALQUELLEN

Der friedliche **Doi Pha Hompok National Park** (อุทยานแห่งชาติดอยผ้าห่มปก, Doi Fang/Mae Fang National Park; ☎053 453517; www.dnp.go.th; Erw./Kind 300/150 B, Auto/Motorrad/Fahrrad 30/20/10 B, Camping 30 B/Pers., Bungalow 1000–2000 B; ⏲7–19 Uhr), der 10 km westlich von Fang bei Ban Meuang Chom in der Nähe der landwirtschaftlichen Station liegt, ist teils Nationalpark und teils öffentliches Thermalbad mit einem herrlichen Thermalquellenkomplex (auf Nordthailändisch *bor náam hórn*) in einem Wald. Hier gibt es alles, was das Herz begehrt, von privaten Mineralwasser-Badehäusern (Erw.(Kind 50/20 B) über den öffentlichen Pool (20/10 B) bis zu einer Sauna (30/10 B) und Massagen.

Um in den Park zu kommen, biegt man von der Rte 107 auf die Rte 5054 ab und folgt den Schildern.

Die traumhaft friedlichen Thermalquellen liegen herrlich auf einer von Fußwegen durchzogenen Wiese, die mit fast kochend heißen Thermalquellen gesprenkelt ist. Aus Dampfventilen strömt heißer Dampf. Nur am Wochenende, wenn *sŏrng·tăa·ou* (Passagier-Pick-ups) massenweise thailändische Besucher aus Fang herbringen, die hier picknicken, Eier kochen und in den Thermalquellen baden, ist es mit der Ruhe vorbei. Übernachten kann man in einfachen, aber komfortablen Bungalows oder auf dem Campingplatz, der auch Campingausrüstung verleiht.

Hinter dem Thermalkomplex besteht der Park aus bewaldeten Bergen mit vielen Wanderwegen und Waldzeltplätzen. Das beliebteste Wanderziel ist der 2285 m hohe Gipfel des Doi Pha Hompok, des zweithöchsten Berges Thailands. Viele Wanderer campen unterhalb des Gipfels und brechen frühmorgens auf, um den Gipfel mit dem weiten Blick über die Landschaft bei Sonnenaufgang zu erreichen. Oben auf dem Berg beträgt die Durchschnittstemperatur allerdings nur frische 2 °C im Winter und 14 °C im Sommer.

Khob Dong und Ban Nor Lae, in denen eine Mischung aus Yunann-Chinesen, Birmanen und Angehörigen von Bergvölkern lebt und die ebenfalls einen Besuch lohnen.

Besucher können nach Belieben durch die Plantagen und Obsthaine schlendern, wo alles Mögliche von Pfirsichen und Pflaumen bis zu Blaubeeren und Kiwis wächst. Man kann auch in die Dörfer selbst gehen – es sind normale Ortschaften, die nichts von der Atmosphäre eines menschlichen Zoos haben, die man manchmal auf Trekkingtouren zu den Bergvölkern erlebt.

Rund um die Anlage liegen mehrere gepflegte Gärten und Werkstätten. Dort werden das Obst sortiert, der Tee weiterverarbeitet und Kräutermischungen und Schönheitsprodukte gemixt und getestet. Am besten beginnt man beim Freiluftgarten und bei den Gewächshäusern am Eingang und geht weiter zu den Bonsai-Gärten und den herrlichen Rosen- und Blumengärten, die rund um das Restaurant und die Unterkünfte der Station liegen.

Schlafen & Essen

In der Royal Agricultural Station gibt's auch Unterkünfte (Schlafsäle 75 B; Bungalow 650–3500 B). Die Bungalows sind geräumig, und die meisten haben Terrassen, von denen aus man die Landschaft genießen kann.

Weitere Übernachtungsmöglichkeiten befinden sich im Dorf Ban Khum. Die beste Option ist das wirklich charmante **Angkhang Nature Resort** (☎053 450110; www.mosaic-collection.com/angkhang; Bungalow inkl. Frühstück 1800–3680 B; ❄@).

Das Restaurant der Hauptstation, ein Gebäude im Kolonialstil mit Kellnern in geblümten traditionellen Trachten, serviert gute thailändischen Tieflandküche und nordthailändische Spezialitäten mit Zutaten vom Königlichen Projekt.

An- & Weiterreise

Doi Ang Khang erreicht man über die Haarnadelkurven der Rte 1249, die etwa 13 km südlich von Fang von der Rte 107 abzweigt. Öffentliche Verkehrsmittel gibt es nicht, man kann allerdings mit einem gecharterten *sŏrng·tăa·ou* oder einem Leihmotorrad fahren; Motorräder mit weniger als 250 cm³ werden aber ordentlich zu kämpfen haben.

Auf dem Rückweg lohnt die Fahrt entlang der malerischen Nebenstrecke entlang der Rte 340 und der Rte 1178, die sich durch den Wald schlängelt und im Pha Daeng National Park in der Nähe von Chiang Dao herauskommt.

Tha Ton ฝาง/ท่าตอน

☎053 / 19900 EW.

Die nördlichste Stadt der Provinz Chiang Mai scheint Welten von der Provinzhauptstadt entfernt zu sein. Früher war dieser Vorposten im Dschungel einmal ein Drehkreuz des Opiumhandels; das Opium wurde vom birmanischen Warlord Khun Sa über die Grenze geschmuggelt. Es gibt aber keinen offiziellen Grenzübergang und das moderne Tha Ton ist ein ruhiges Provinznest, in das nur wenige Traveller kommen, die flussabwärts nach Chiang Mai fahren wollen.

Die Bootsfahrt den Fluss hinunter ist von Juli bis Dezember möglich, den Rest des Jahres ist man vielleicht der einzige Ausländer in der Stadt. Nichtdestotrotz kann man hier einige interessante Abstecher unternehmen, darunter Bootstouren zur birmanischen Grenze und Road Trips nach Mae Salong oder zu den Thermalquellen im Doi Pha Hompok National Park. In der Stadt lebt eine beträchtliche Gruppe Yunnan-Chinesen, die in der kleinen Moschee im chinesischen Stil gleich südlich der Bootsanlegestelle beten.

In der Stadt selbst sollte man sich sehr vor den aggressiven Hundemeuten in Acht nehmen.

Sehenswertes & Aktivitäten

Die Unterkünfte in Tha Ton können **Trekking- und Rafting-Touren** zu einer Reihe von Dörfern der Bergvölker organisieren, in denen Palaung, Schwarze Lahu, Akha, Karen und Yunnanesen leben. Sie sind nicht ganz so traditionell wie die Dörfer direkt auf der anderen Seite der Grenze, aber ursprünglicher als die Stammesdörfer in der Nähe Chiang Mais. Für eine Trekkingtour sollte man pro Tag und Person mit etwa 1000 B rechnen, eine zweitägige Rafting-Tour (nur von Okt.–Feb.) kostet ab 2500 B.

Wat Tha Ton BUDDHISTISCHER TEMPEL

(วัดท่าตอน; ☎053 459309; www.wat-thaton.org; Rte 107; Spende erbeten; ⌚bei Tageslicht) Westlich von Tha Ton, gleich südlich der Brücke, erstreckt sich dieser faszinierende Klosterkomplex über mehrere bewaldete Hügel. Die Gebäude des Wats liegen auf neun verschiedenen Ebenen, und auf jeder gibt es eine Sammlung überlebensgroßer Statuen und einen grandiosen Blick nach Norden Richtung Myanmar oder nach Osten über die Tha-Ton-Ebene.

Auf der ersten Ebene steht eine Statue von Kuan Yin, der chinesischen Göttin des Mitgefühls; auf Ebene 3 finden sich ein fülliger chinesischer Buddha und ein hoch aufragender weißer sitzender Buddha im Thai-Stil; auf Ebene 4 sieht man einen riesigen sitzenden Buddha mit einer *naga*-(Schlangen-)Kutte. Ebene 8 krönt den Hügel mit einem dreistöckigen bunten Stupa namens Chedi Kaew, und auf Ebene 9 (zu erreichen entlang der Straße, die hinter dem *chedi* über den Sattel führt) trägt ein riesiger goldener stehender Buddha eine Bettelschale von der Größe eines Kessels. Von den Flügelfruchtbäumen ringsum segeln die Samen wie kleine Helikopter durch die Luft. Für den Tempel sollte man sich zu Fuß mindestens zwei Stunden Zeit nehmen, mit dem Motorrad eine Stunde.

Bootsfahrt nach Chiang Rai BOOTSFAHRT
(☎ 053 053727; 400 B/Pers.; ⏲ Abfahrt 12.30 Uhr) Während der Regenzeit und solange der Wasserpegel hoch genug ist (Juli–Dez.) fahren täglich Longtail-Boote zwischen Chiang Rai und Tha Ton. Die malerische Route führt vorbei an Gebieten unberührten Waldes, Flussklöstern und Dörfern mit strohgedeckten Hütten sowie Fischern, die im flachen Wasser ihre Netze auswerfen.

Die Fahrt dauert abhängig von den Bedingungen auf dem Fluss und der Zahl der Zwischenhalte drei bis fünf Stunden. In jedem Boot können sechs bis zwölf Passagiere mitfahren, die Bootsbetreiber sind aber manchmal unwillig zu fahren, wenn die Boote unterbesetzt sind. Wer das ganze Boot chartern will, zahlt 2000 B. Man kann die Fahrt auch (viel langsamer) von Chiang Mai flussaufwärts unternehmen.

Schlafen & Essen

Tha Tons Pensionen verteilen sich von der Brücke aus zu beiden Seiten des Flusses. Die meisten können Trekkingtouren, Bootsfahrten sowie Leihfahrräder und -motorräder organisieren. In der Nebensaison (Jan.–Juni), wenn der Wasserstand für Bootsfahrten zu niedrig ist, schließen einige Unterkünfte. Fast alle Pensionen haben Restaurants am Fluss, und an der Hauptstraße südlich der Brücke gibt's weitere Cafés und lokale Restaurants sowie ein paar Backpacker-Cafés rund um die Bootsanlegestelle.

Apple Resort RESORT $$
(☎ 053 373144; applethaton@yahoo.com; abseits der Rte 107; Zi. & Bungalow 500–1200 B; ❄ 📶) Das beliebte Apple nutzt seine Lage gegenüber der Bootsanlegestelle am Nordufer optimal: Im Garten stehen preiswerte Bungalows mit Ventilator, am Ufer sehr viel einladendere Bungalows mit wunderbaren Terrassen mit Blick aufs Wasser. Im freundlichen Uferrestaurant (in der Nebensaison geschl.) kann man Tha Tons schönste Seite erleben: den Fluss im Mondschein.

Garden Home Nature Resort RESORT $$
(☎ 053 373015; gardenhome14@hotmail.com; Zi. mit Ventilator 300 B, mit Klimaanlage 800–1500 B; ❄ 📶) Die ordentlichen, strohgedeckten Bungalows verteilen sich in einer ruhigen, grünen Anlage voller Litschibäume und Bougainvilleen. Es gibt auch ein paar Steinbungalows und drei größere, luxuriösere Bungalows am Fluss mit TV, Kühlschrank und hübschen Veranden.

★ **Old Tree's House** RESORT $$$
(☎ 085 722 9002; www.oldtreeshouse.net; Rte 107; Bungalow inkl. Frühstück 1200–2800 B; ❄ 📶 🏊) Der Weg zu diesem französisch-thailändischen Resort auf einem Hügel führt an einer Zementfabrik vorbei und ist nicht gerade inspirierend, doch sobald man den tropischen Garten erreicht hat, gerät man ins Schwärmen. Das Old Tree's macht einfach alles richtig, vom Restaurant mit Blick aufs Tal bis zu den tadellosen Bungalows mit Wänden aus Bambusmatten und dem idyllischen, von Palmen gesäumten Pool. Die Abzweigung befindet sich 400 m hinter Tha Ton.

Saranya River House HOTEL $$$
(☎ 053 373143; www.thatonthailand.com; Zi. inkl. Frühstück 1450–3200 B; ❄ 📶 🏊) Ein stilvolles, recht modernes Hotel abseits der Rte 107 direkt gegenüber von der Bootsanlegestelle mit einem Pool hinterm Haus. Bei der geschmackvollen Inneneinrichtung wurden Thai-Elemente mit Art déco kombiniert.

Laap Lung Pan THAI $
(Rte 107; Hauptgerichte 30–60 B; ⏲ 7–20 Uhr) *Das* Restaurant in Tha Ton, um nordthailändisch zu essen: Es gibt keine englischsprachige Speisekarte; man zeigt einfach auf die Speisen im Topf oder auf dem Grill, die lecker aussehen. Auch ein englischsprachiges Schild fehlt – auf die Coke-Werbung ungefähr gegenüber vom Eingang zum Wat Tha Ton achten!

Sunshine Cafe CAFÉ $
(Hauptgerichte 60–110 B; ⏲ 8–15 Uhr) Dies ist das richtige Café, um morgens frisch ge-

brauten Kaffee zu trinken. Außerdem gibt's hier eine große Auswahl westlicher Frühstücksspeisen wie Müsli, frisches Obst und Joghurt. Das Café liegt gleich vor der Brücke an der Hauptstraße.

Praktische Informationen

In der Stadt gibt's mehrere Geldautomaten.

In allen Hotels und Pensionen in Tha Ton ist WLAN verfügbar.

An- & Weiterreise

Die Hauptbushaltestelle von Tha Ton liegt einen langen Fußweg Richtung Süden am Highway, die Busse halten aber auch auf dem Parkplatz gleich nördlich der Brücke. Busse fahren u. a. nach:

Bangkok (600–720 B, 14 Std., 3-mal tgl.)
Chiang Dao (63 B, 2½ Std., 7-mal tgl.)
Chiang Mai (90 B, 4 Std.; 7-mal tgl.)

Auf dem Landweg erreicht man Chiang Rai mit dem *sŏrng·tăa·ou* nach Mae Salong (60 B, 1½ Std., 3-mal tgl.), wo man nach Chiang Rai oder Fang umsteigt.

KUNSTVOLLE SOUVENIRS

Das etwa 3 km östlich von Hang Dong gelegene **Ban Tawai Tourism Village** (www.ban-tawai.com; Mo–Sa 9–18 Uhr) ist ein riesiger, fußgängerfreundlicher Touristenmarkt mit Hunderten kleiner Läden, die Kunsthandwerk und Schnickschnack verkaufen, mit dem man sein Zuhause verschönern kann. Ins Leben gerufen wurde das gigantische Projekt von einheimischen Holzschnitzern, die für ihr Talent und ihre großen Produktionsmengen bekannt sind.

Heute werden die Holzarbeiten in großem Stil von Werkstätten wie Sriboonmuang in Zone 5 produziert. Das Ganze ist sehr kommerziell. In sechs überdachten „Zonen" gibt's hier die gleichen kunsthandwerklichen Erzeugnisse und Souvenirs wie auf den Walking-Street-Märkten in Chiang Mai. Angesichts von Schildern mit Aufschriften wie *antiques made to order* (Antiquitäten auf Bestellung) sollte man schon ins Grübeln kommen, wie alt die angebotenen Antiquitäten wirklich sind.

Vom Pratu Chiang Mai (20 B, 20 Min.) fahren *sŏrng·tăa·ou* nach Ban Tawai; wer ein *rót daang* chartert, kann aber gleich auch das benachbarte Hang Dong besuchen.

Wer ein Auto oder Motorrad hat, kann nach Mae Salong weiterfahren: Dazu nimmt man zunächst die Rte 107, biegt dann auf die Rte 1089 ab und folgt der durchgängig asphaltierten, manchmal aber tückischen Bergstraße vorbei an vereinzelten Lisu- und Akha-Dörfern.

Pensionen in Tha Ton verleihen für 350 B pro Tag Motorräder.

SÜDLICHES CHIANG MAI

Direkt südöstlich von Chiang Mai liegt das Ping-Tal, eine fruchtbare landwirtschaftliche Ebene, die sich bis zu den dicht bewaldeten Bergen erstreckt. Im Südwesten erhebt sich der höchste Berg Thailands, der Doi Inthanon (2565 m).

San Kamphaeng & Bo Sang สันกำแพง/บ่อสร้าง

052 / 33 000 EW.

San Kamphaeng liegt ca. 14 km südöstlich von Chiang Mai an der Rte 1006 und war früher ein berühmtes Produktionszentrum für Baumwolle, Seide und andere handwerkliche Erzeugnisse, doch viele der kleinen Fabriken sind fortgezogen, und die verbliebenen wirken ein wenig, als ob sie vom Glück verlassen wären. *Sŏrng-tăa-ou-* und *rót-daang*-Fahrer in Chiang Mai drängen Touristen sehr zu Touren nach San Kamphaeng, um dort Fabriken und Werkstätten zu besuchen, von denen sie eine Provision erhalten. Man kann die Stadt aber problemlos mit öffentlichen Verkehrsmitteln besuchen, es gibt also keinen Grund, das Schleppersystem zu unterstützen, wenn man das nicht möchte. Die meisten Besucher übernachten in Chiang Mai und unternehmen eine Tagestour nach San Kamphaeng.

Wer Lust auf einen solchen Ausflug hat, besucht am besten das faszinierende „Schirmdorf" Bo Sang gleich westlich von San Kamphaeng. Hier gibt es eine Reihe von Souvenirgeschäften, Ausstellungsräumen und Werkstätten, die in erster Linie Papier sowie Bambusschirme und Regenschirme herstellen. Die Erzeugnisse sind allerdings nicht gerade billig, und man findet ganz ähnliche auch auf dem Nachtmarkt in Chiang Mai.

Ende Januar zieht beim erstaunlich untouristischen **Bo Sang Umbrella Festival** eine bunte Schirmparade durch die Hauptstraße von Bo Sang.

An- & Weiterreise

Weiße *sŏrng·tăa·ou* nach San Kamphaeng (20 B, 30 Min.) fahren regelmäßig in der Gasse südlich des Markets Talat Warorot in Chiang Mai ab; weiße *sŏrng·tăa·ou* nach Bo Sang (20 B, 25 Min.) starten am Ufer in der Th Praisani.

Thermalquellen San Kamphaeng

Diese **Thermalquellen** (☎053 037101; Erw./Kind 100/50 B; ⌚7–29 Uhr) etwa 36 km östlich von Chiang Mai sind ein wahres Vergnügen. In einem weitläufigen ländlichen Garten locken öffentliche und private Badehäuser, Massagepavillons und der gemächliche, heiße Fluss, in dem man seine müden Knochen einweichen kann.

Am Wochenende kommen scharenweise Einheimische zum Picknicken und kochen im heißen Dampf, der mit 100 °C aus dem Boden aufsteigt, Eier. Unter der Woche ist es hier aber still und friedlich, nur der Dampf zischt und rauscht aus den Ventilen. Wer komplett ins Wasser eintauchen will, zahlt 50/30 B (Erw./Kind) für ein Bad im öffentlichen Mineralpool oder 60 B für 15 Minuten in einem privaten Badehaus. Man kann in einfachen, aber komfortablen Zimmern (ab 1000 B, mit Badehaus ab 1300 B) übernachten, außerdem gibt's einen Campingplatz (50 B/Pers.) und mehrere Restaurants, die Thai-Gerichte servieren.

Schicker übernachtet man in den sauberen, komfortablen Bungalows des **Roong Aroon Hot Spring Resort** (☎053 939128; Zi. Mo–Fr ab 1600 B, Sa & So 2000 B), das seine eigenen Thermalquellen hat. Es befindet sich ein paar Kilometer hinter den Hauptquellen.

Hang Dong หางดง

☎053 / 83 300 EW.

Das Dorf Hang Dong, etwa 15 km südlich von Chiang Mai an der Rte 108 gelegen, brachte es mit der Herstellung und dem Verkauf von Möbeln, Holzschnitzarbeiten, Antiquitäten (echten und Kopien) und Kunsthandwerk zu Wohlstand. Hang Dongs „Möbelmeile", die Th Thakhilek, führt von der Rte 108 nach Osten in Richtung Ban Tawai; sie zweigt gleich südlich des Marktes ab. Die Straße säumen Dutzende Antiquitäten- und Kunsthandwerksläden, die alles Erdenkliche verkaufen, von aufwendig gestalteten alten chinesischen Hochzeitsbetten (zu astronomischen Preisen) über gigantische buddhistische Holzschnitzereien und birmanische Lackkästen bis zu preiswerterem und kompakterem thailändischem Krimskrams verkaufen. Auch zahlreiche Transportfirmen, die den weltweiten Versand übernehmen, sind in der Straße ansässig.

Gut umschauen kann man sich bei **De Siam** (☎053 441254; www.desiam-antiques.com; ⌚8.30–17.30 Uhr) nach extravaganten antiken Betten und Schränken, bei **Mandala** (☎081 490 9251; www.mandalaantiques.com; ⌚Mo–Sa 10–17 Uhr) nach japanischen Erbstücken, bei **Siripat Antique** (☎053 433246) nach Reproduktionen von Antiquitäten und riesigen Holzschnitzarbeiten, bei **Chilli Antiques & Arts** (☎053 433281; http://asian-antiques-arts.com; ⌚8.30–17.30 Uhr) nach erstklassigen thailändischen und birmanischen Buddhas, bei **World Port Services** (☎053 434200; www.legendscollection.com; ⌚Mo–Sa 9–17 Uhr) nach kleinerem Kunsthandwerk und birmanischen Lackwaren, und bei **Crossroads Asia** (☎053 434650; www.crossroadsasia.com; ⌚8.30–17.30 Uhr) nach ethnischer Kunst und Textilien aus 26 Ländern.

An- & Weiterreise

Man kann vom Pratu Chiang Mai aus mit dem *sŏrng·tăa·ou* nach Hang Dong fahren (20 B, 20 Min., einfacher ist es allerdings, einen *rót daang* zu chartern, denn dann kann man auch das nahe Ban Tawai besuchen und darüber hinaus seine Einkäufe bequem nach Hause transportieren.

Doi Inthanon National Park อุทยานแหงชาติดอยอินทนนท์

Der höchste Berg Thailands, der Doi Inthanon erhebt sich 2565 m über dem Meeresspiegel – eine beeindruckende Höhe für das Königreich. Im in undurchdringlichen Dschungel gehüllten, 1000 km² großen **Nationalpark**, der sich rund um dieses Granitmassiv erstreckt, befinden sich Wanderwege und Wasserfälle. Wenn die Hitze in Chiang Mai unerträglich wird, kommen die Einheimischen zu Tagesausflügen zum Doi Inthanon, besonders während der Neujahrsferien, wenn man am Gipfel das seltene Ereignis Frost erleben kann.

Sehenswertes & Aktivitäten

Hier dreht sich alles darum, so hoch wie möglich zu kommen, um das Leben in der kälteren Klimazone zu erleben.

INSIDERWISSEN

FLORA & FAUNA AM DOI INTHANON

Auf den in Nebel gehüllten oberen Hängen wachsen zahlreiche Orchideen, Flechten, Moose und Aufsitzerpflanzen, und in den Baumkronen sind 385 Vogelarten zu Hause, mehr als in jedem anderen Habitat Thailands. Unbedingt auf Farbtupfer im Wald achten, denn es könnten leuchtend blaue Niltavas, Königsmeisen oder Nektarvögel sein, die vorüberfliegen. Die beste Zeit zur Vogelbeobachtung ist von Februar bis April; dann stehen die Chancen am besten, sie in den *beung* (Torfmoosgebieten) unterhalb des Gipfels zu sichten. Auf dem Berg leben auch etwa 75 Säugetierarten, darunter Assam-Makaken, Phayre-Brillenlanguren, Gibbons, Indische Zibetkatzen, Muntjaks und Riesengleithörnchen.

Am Gipfel des Doi Inthanon ist der Wald kühl und dunkel, und wegen der Kondensation der warmen, feuchten Luft, die von unten aufsteigt, bildet sich oft Nebel. Die Atmosphäre ist fast überirdisch und manchmal auch ein wenig gespenstisch. Man sollte es den thailändischen Besuchern gleichtun und eine Jacke und einen Schirm oder Regenponcho für den Fall plötzlicher Schauer mitnehmen.

Zum Gipfel selbst führt ein 50 m langer Weg, der in der Nähe der Radarstation gleich hinter den beiden *chedi* des Doi Inthanon beginnt. Am Ende stehen ein Schild mit der Aufschrift *Highest Point in Thailand* und ein Schrein für einen der letzten Lan-Na-Könige (Inthawichayanon). Eine großartige Aussicht darf man nicht erwarten, von den Terrassen der beiden *chedi* sieht man mehr. Das winzige Café am Fußweg wird auch von Weißhaubenhäherlingen und anderen exotischen Vögeln frequentiert.

Etwa 3 km vor dem Gipfel stehen inmitten üppiger tropischer Gärten die beiden **Stupas** (Km 41–42; Eintritt für beide 40 B; ⌚6–18 Uhr) des Phra Mahathat Naphamethanidon und des Phra Mahathat Naphapholphumisiri, die von der Royal Thai Air Force 1989 und 1992 zum Gedenken an den 60. Geburtstag des Königs bzw. der Königin erbaut wurden.

Die meisten Besucher steuern geradewegs die Stupas und den Gipfel an. Den einzigen leichten Zugang in den Wald bietet der rutschige **Ang Ka Trail** (ein 360 m langer Plankenweg), der in der Nähe der Km-48-Markierung in den Nebelwald führt. Der **Kew Mae Pan Nature Trail** (Eintritt & Gebühr für Guide 300 B; ⌚Okt.–Juni), eine anspruchsvollere Dschungelwanderung, beginnt in der Nähe der Km-42-Marke und windet sich fast 3 km an mehreren Aussichtspunkten und einem hübschen Wasserfall vorbei; ein Guide ist Pflicht und sollte im Hauptquartier des Parks angeheuert werden. Die beste Sicht herrscht in der kühlen Trockenzeit von November bis Februar.

Im Park liegen auch einige Dörfer von Bergvölkern, umgeben von recht malerischen Reisterrassen. Die meisten Angehörigen der Bergvölker arbeiten heute auf Farmen und in Blumengärtnereien an den unteren Berghängen. Der Besuch des Hmong-Dorfs **Ban Khun Klang** in der Nähe des Hauptquartiers des Nationalparks lohnt sich wegen des Blicks auf den Wasserfall Siriphum.

Wasserfälle

In der Regenzeit saugt das Hochland den Regen wie ein Schwamm auf, und von dort strömt es dann in wilden Fluten über acht spektakuläre Wasserfälle hinunter ins Tiefland. Wegen der Gefahr von Sturzfluten sollte man zwar nicht schwimmen, doch die Wasserfälle sind nach Regenfällen spektakulär und wunderschön.

Der am leichtesten zugängliche Wasserfall ist der **Nam Tok Mae Klang** in der Nähe der Km-8-Markierung und der Abzweigung von der Rte 108 (die ausgeschilderte Straße direkt vor dem Eingang zum Nationalpark nehmen!); am Wochenende kommen aber viele Thais zum Picknick und sogar Reisebusse, sodass es ziemlich voll werden kann. Eine Straße in der Nähe der Km-21-Markierung führt zum **Nam Tok Wachirathan**, der in einem bewaldeten Becken liegt. Sein riesiger, aufgewühlter Wasserschleier fällt 50 m in die Tiefe und kann nach starkem Regen so laut sein wie ein AC/DC-Konzert. Am Parkplatz verkaufen mehrere Stände leckeres Essen. Der **Nam Tok Siriphum** wirkt wie ein zarter silberner Schleier, wenn man ihn vom nahen Dorf Ban Khun Klang aus betrachtet.

Schlafen & Essen

Im Park übernachten können Besucher in komfortablen Bungalows (die schönsten mit Blick aufs Wasser) in der Nähe des Nationalparkinformationszentrums im Dorf Ban

Khun Klang, nahe der Km-31-Markierung. Unweit davon befindet sich an der Straße ein Restaurantkomplex mit mehreren Lokalen im Stil von Imbissständen. Weitere Imbisse gibt es am Nam Tok Wachirathan. Am Nam Tok Mae Pan kann man auch zelten (eigene Ausrüstung mitbringen).

Wenn man in der Nähe des Parkeingangs übernachten will, ist eine der besten Optionen ein Homestay im von Reisfeldern umgebenen Karen-Dorf Ban Mae Klang Luang. Über den Reisterrassen stehen die sauberen Holzhütten des **Mae Klang Luang View** (☎086 189 4075; Bungalow 1000 B), unsere Lieblingsunterkunft im Dorf. Es gibt aber auch viele andere Möglichkeiten, wobei die Preise um die 500 B liegen.

Einige annehmbare Unterkünfte befinden sich am Fuß des Berges, etwa 40 km vom Gipfel entfernt in der Nähe der Kreuzung der Rte 1009 und der Rte 108; die netteste ist das von kolonialer Atmosphäre geprägte **Inthanon Highland Resort** (www.inthanonhighlandresort.com; Bungalow 1500–8500 B; ❄📶) in einem weitläufigen Garten neben einem stillen See. Dahinter liegt, nur 29 km von Chiang Mai entfernt, das grandiose, friedliche Boutiqueresort Kaomai Lanna (S. 353).

An- & Weiterreise

Die meisten Besucher kommen mit dem eigenen Fahrzeug oder im Rahmen einer Tour von Chiang Mai. Mit dem Motorrad oder Moped dauert die Fahrt von und nach Chiang Mai jeweils etwa zweieinhalb Stunden.

Wer mit öffentlichen Verkehrsmitteln in den Park will, nimmt zunächst einen Bus von Chiang Mai nach Chom Thong (60 B) an der Rte 108. Von der Highway-Kreuzung fahren gelegentlich öffentliche *sŏrng·tăa·ou* in den Park, aber nur zum Gipfel und zurück. Angesichts des Risikos festzusitzen, ist es sinnvoller, ein ganzes *sŏrng·tăa·ou* für die Hin- & Rückfahrt zu chartern (ca. 1000 B).

Mae Kampong แม่กำปอง

☎053 / 400 EW.

Etwa 50 km nordöstlich von Chiang Mai versteckt sich im grünen Dschungel oberhalb der Rte 1317 das kleine Dorf Ban Mae Kampong, das sich zu einem unkonventionellen Rückzugsort für Traveller entwickelt hat, die der Kommerzialisierung Chiang Mais entkommen und das dörfliche Leben wiederentdecken wollen. Die meisten Besucher kommen im Rahmen einer Zipline-Tour von Flight of the Gibbon in diese Gegend, doch es lohnt sich auch, auf eigene Faust herzukommen, um das Dorf und den Dschungel ringsum zu erkunden.

Ban Mae Kampong, das 1300 m hoch liegt, ist in der Gegend als Produktionszentrum für *mêeang* (eingelegte Teeblätter) bekannt, und viele kleine Cafés an der Straße durchs Dorf servieren den hiesigen Kaffee. Die steile Straße führt weiter durch den Wald bis zum **Chae Son National Park** (อุทยานแหงชาติแจ้ซ้อน; ☎054 380000; Erw./Kind 200/100 B), der mit Wasserfällen, Thermalquellen und Cottages lockt.

Schlafen & Essen

Das Community Ecotourism Committee vermittelt lokale **Homestays** (☎089 559 4797; Zi. 600 B), man kann aber auch einfach in Häusern mit einem *Homestay*-Schild fragen. Green Trails (S. 341) und Flight of the Gibbon (S. 339) in Chiang Mai arrangieren auch Minibustouren mit Übernachtung.

Alternativ kann man einige Kilometer bergab von Ban Mae Kampong in der **Tharnthong Lodge** (☎081 961 538; www.tharnthonglodge.com; Zi. 1200–4000 B) übernachten, einer ansprechenden Unterkunft im Robinson-Stil. Die Holzvillen verteilen sich in einem mit Statuen gesprenkelten Garten – unter den Statuen ist ein Kopf von den Osterinseln, der nicht so recht hierher passt. Die Lodge hat ein erstklassiges Restaurant mit Blick auf einen Bach mit Kiesbett (unbedingt die Pie probieren!). Das Resort ist ein beliebtes Zentrum für Yogakurse.

Wer nicht in der Lodge übernachtet, kann bei einheimischen Familien essen.

An- & Weiterreise

Von Chiang Mai fahren keine öffentlichen Verkehrsmittel, man erreicht das Dorf aber leicht mit einem anständigen Motorrad oder mit einem gecharterten *rót daang* – von der Stadt einfach die Rte 1317 vorbei an Mae On nach Ban Huai Kaew nehmen und dann rechter Hand der ausgeschilderten Straße folgen!

Nordostthailand

Inhalt ➡

Gut essen

- Pa Ouan 2 (S. 461)
- Rung Roj (S. 451)
- Samuay & Sons (S. 409)
- Surin Green Market (S. 444)

Schön übernachten

- Baan Chang Ton (S. 443)
- Bouy Guesthouse (S. 405)
- Mekong Riverside Resort & Camping (S. 396)
- Mut Mee Garden Guesthouse (S. 401)

Auf nach Nordostthailand!

Der Nordosten ist Thailands vergessenes Hinterland. Die Isan (sprich: *ih·săhn*) genannte Region vermittelt ein Bild dessen, wie Thailand früher war: Reisfelder so weit das Auge reicht, Wasserbüffel, die durch Schlammlöcher waten, Seidenweber, die zu Hause am Webstuhl sitzen, und Rickschafahrer, die kräftig in die Pedale treten, um ihre Fahrgäste durch die Straßen zu kutschieren. Wer ein Faible für Authentizität hat, wird hier voll und ganz auf seine Kosten kommen.

Schon nach kurzer Zeit entdeckt man große Unterschiede, aber auch viele Ähnlichkeiten zum restlichen Thailand. Sprache, Essen und Kultur sind eher laotisch als thailändisch geprägt – mit herzhaften kambodschanischen und vietnamesischen Zutaten. Man sollte wirklich einen etwas längeren Aufenthalt in dieser Region einplanen, denn hier gibt es einige der besten historischen Stätten, Nationalparks und Feste Thailands. Touristisch ist die Gegend noch recht unerschlossen (kaum jemand spricht Englisch), aber fantastische Sehenswürdigkeiten und die alltäglichen Erlebnisse machen den Besuch zum Highlight.

Reisezeit

- In den kühlen Monaten (Nov.–Feb.) herrscht bestes Reisewetter. Es regnet so gut wie nie; es ist noch warm, aber nicht so heiß wie im übrigen Jahr.
- In der heißen Jahreszeit (März–Mai) steigen die Temperaturen bis fast auf 40 °C und bleiben auf diesem Niveau, sodass Regen zum wahren Segen wird. Reisen kann zwar anstrengend sein, aber dafür werden in dieser Zeit einige der besten Feste geboten.
- Während der Regenzeit (Juni–Okt.) ist der Isan am schönsten, denn dann werden die Wälder und Reisfelder grün und die Wasserfälle stürzen wild ins Tal. Spätnachmittags regnet es kaum eine Stunde, sodass dies kein Problem ist.

Geschichte

Die frühe Siedlungsgeschichte des Isan ist und bleibt ein Rätsel. Alte Felszeichnungen sind weit verbreitet, sie könnten bis zu 10000 Jahre alt sein, eine genaue Zeitbestimmung ist nicht möglich. Es scheint, dass die Ban-Chiang-Kultur und weitere eng miteinander verknüpfte Kulturen bereits um 2000 v. Chr. Bronzewerkzeuge verwendeten, lange bevor das Bronzezeitalter in China begann.

Die Königreiche der Dvaravati, über die nur sehr wenig bekannt ist, herrschten hier irgendwann zwischen dem 7. und dem 10. Jh. Spuren ihrer längst versunkenen Kultur sind heute noch in Phu Phrabat (Udon Thani) und Muang Sema (Nakhon Ratchasima) zu finden.

Im 9. Jh. kamen die Khmer und beherrschten über 400 Jahre den Großteil der Region. Die meiste Zeit bestand aber eher eine Partnerschaft als eine Herrschaft über die hiesigen Oberhäupter. Sie hinterließen fast überall im Isan Hunderte ihrer markanten Tempel – die bemerkenswertesten können in Phimai (Nakhon Ratchasima) und Phanom Rung (Buriram) bewundert werden. Nach dem Niedergang des Khmer-Reichs fiel der Isan in die Hände der Könige von Lan Xang und Siam, blieb aber weitestgehend autonom.

Als die Franzosen die Grenzen ihrer Kolonie Laos absteckten, musste auch Thailand seine Grenzen im Nordosten festlegen. Langsam, aber sicher wurde so der Isan von Thailand geschluckt. Die thailändische Regierung begann erst in den 1960er-Jahren mit beachtlicher Hilfe (und Geldern) der USA ernsthaft in die ärmste Region Thailands zu investieren, um der vermeintlichen kommunistischen Gefahr entgegenzuwirken. Es wurde außerdem ein Programm ins Leben gerufen, um dem Isan im Interesse der nationalen Solidarität ein „thailändischeres" Gesicht zu geben. So wurde zwar die Wirtschaft angekurbelt und auch die Chancen der Bevölkerung wurden verbessert, aber dennoch liegt das Pro-Kopf-Einkommen hier noch immer bei einem Drittel des Landesdurchschnitts.

Sprache & Kultur

Der Isan ist ein Schmelztiegel aus thailändischen, laotischen und kambodschanischen Einflüssen. Die Sprache Isan, die hier gebräuchlicher ist als Thai, ist ein laotischer Dialekt. Tatsächlich leben im Isan wohl mehr Menschen laotischer Abstammung als in Laos selbst, und in vielen Dörfern im äußersten Süden ist Khmer bis heute die Hauptsprache. Im restlichen Thailand sind die Menschen des Isan für ihre Freundlichkeit, ihren Fleiß und ihren Sinn für Humor bekannt: Wer etwa die Radiosender durchprobiert, hört Moderatoren, die über ihre eigenen Witze lachen.

Respekt und Gastfreundschaft sind die Eckpfeiler im Alltag des Isan, und die meisten Dorfbewohner sowie auch viele Städter sind stolz darauf, zuerst an andere und erst dann an sich selbst zu denken. Die Menschen im Isan sind weit weniger konservativ als die meisten Thailänder, aber gerade weil nur selten Touristen hier vorbeikommen, ziehen kurze Hosen und Spaghettiträger mehr Blicke auf sich als anderswo im Land.

Dies ist zwar die bei Weitem ärmste Region Thailands, aber Umfragen zufolge sind die Menschen im Nordosten am glücklichsten – Gründe sind ihr starker Gemeinschaftssinn und ihre engen Familienbande. In den Dörfern kann man kaum erkennen, wer reich und wer arm ist, denn ein großes Haus und schicke Klamotten beeindrucken hier niemanden. Allerdings bleibt der Einfluss der modernen Kultur auch hier nicht ohne Folgen auf viele junge Menschen. Hinzu kommt die Tatsache, dass viele Männer aus der westlichen Welt in Thailand auf Brautschau sind, sodass viele Dorffrauen und ihre Familien hoffen, mit einem ausländischen Ehemann einen guten Fang zu machen.

PROVINZ LOEI

Die vielfältige, schöne Provinz Loei (wörtlich „bis zum Äußersten") ist vom Massentourismus noch unberührt, obwohl sie jede Menge zu bieten hat. In der warmen Jahreszeit ist es hier heißer als irgendwo sonst in Thailand, aber gleichzeitig ist Loei auch eine der wenigen Provinzen, in denen die Temperaturen unter den Gefrierpunkt fallen.

Die meisten Bewohner sind „Tai Loei". Es wird angenommen, dass sie aus Luang Prabang über Chiang Mai hierher kamen.

Loei เลย

☎042 / 22700 EW.

In dieser relativ kleinen Provinzhauptstadt findet man sich schnell zurecht. Da Loei für Touristen nichts Besonderes zu bieten hat,

Highlights

1. **Pha Taem National Park** (S. 457) Den eigenen Horizont mit fantastischen Ausblicken und uralter Kunst erweitern
2. **Khao Yai National Park** (S. 435) Elefanten, Gibbons, Hirsche und Vögel beobachten
3. **Phanom Rung** (S. 439) Auf einen erloschenen Vulkan kraxeln und Khmer-Ruinen bestaunen
4. **Red Lotus Sea** (S. 412) Im Boot durch ein Blumenfeld gleiten
5. **Geschichtspark Phimai** (S. 432) Die beeindruckende Kunst von Thailands größten Khmer-Ruinen bewundern
6. **Wat Phu Thok** (S. 417) Die eigene Schwindelfreiheit auf klapprigen Laufstegen am Berghang erproben
7. **Ban Ta Klang** (S. 445) Im Rahmen eines der ethisch vertretbaren Freiwilligenprogramme Elefanten besuchen
8. **Geschichtspark Phu Phrabat** (S. 413) Die mystische, wunderschöne Landschaft erkunden
9. **Nong Khai** (S. 397) Am Mekong relaxen
10. **Raketenfeste** (S. 469) Den Höhepunkt der Trockenzeit feiern

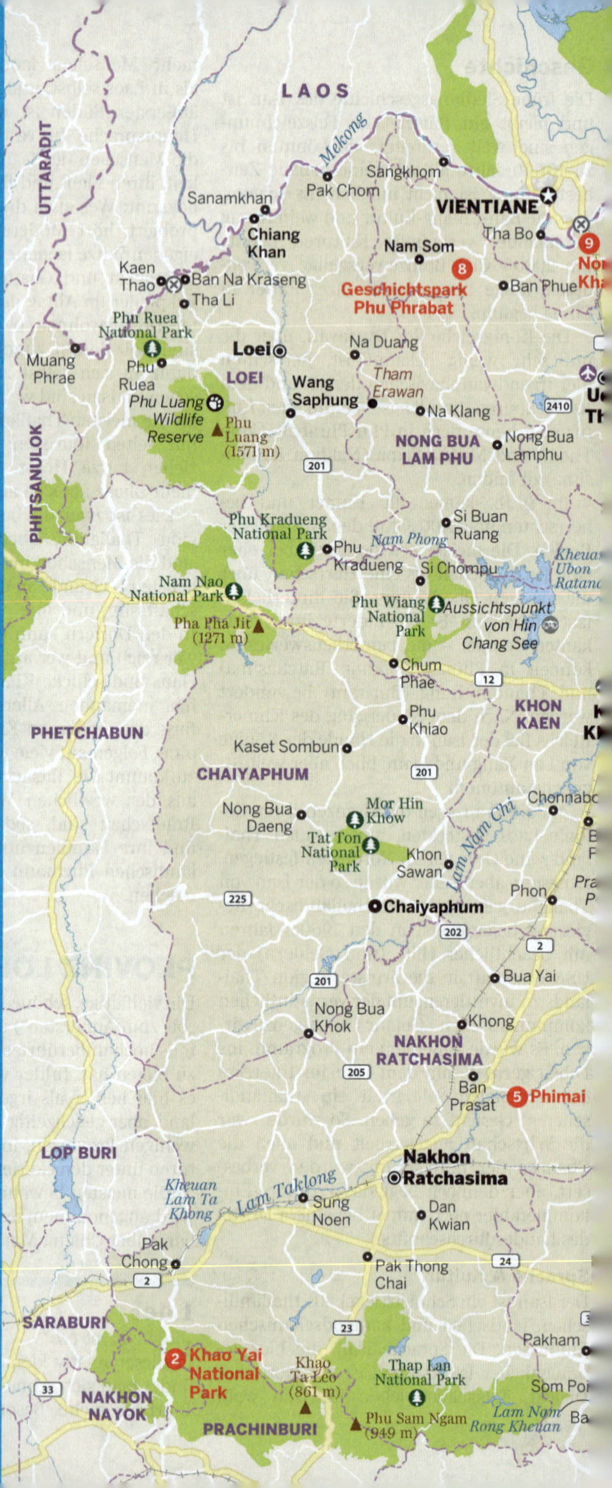

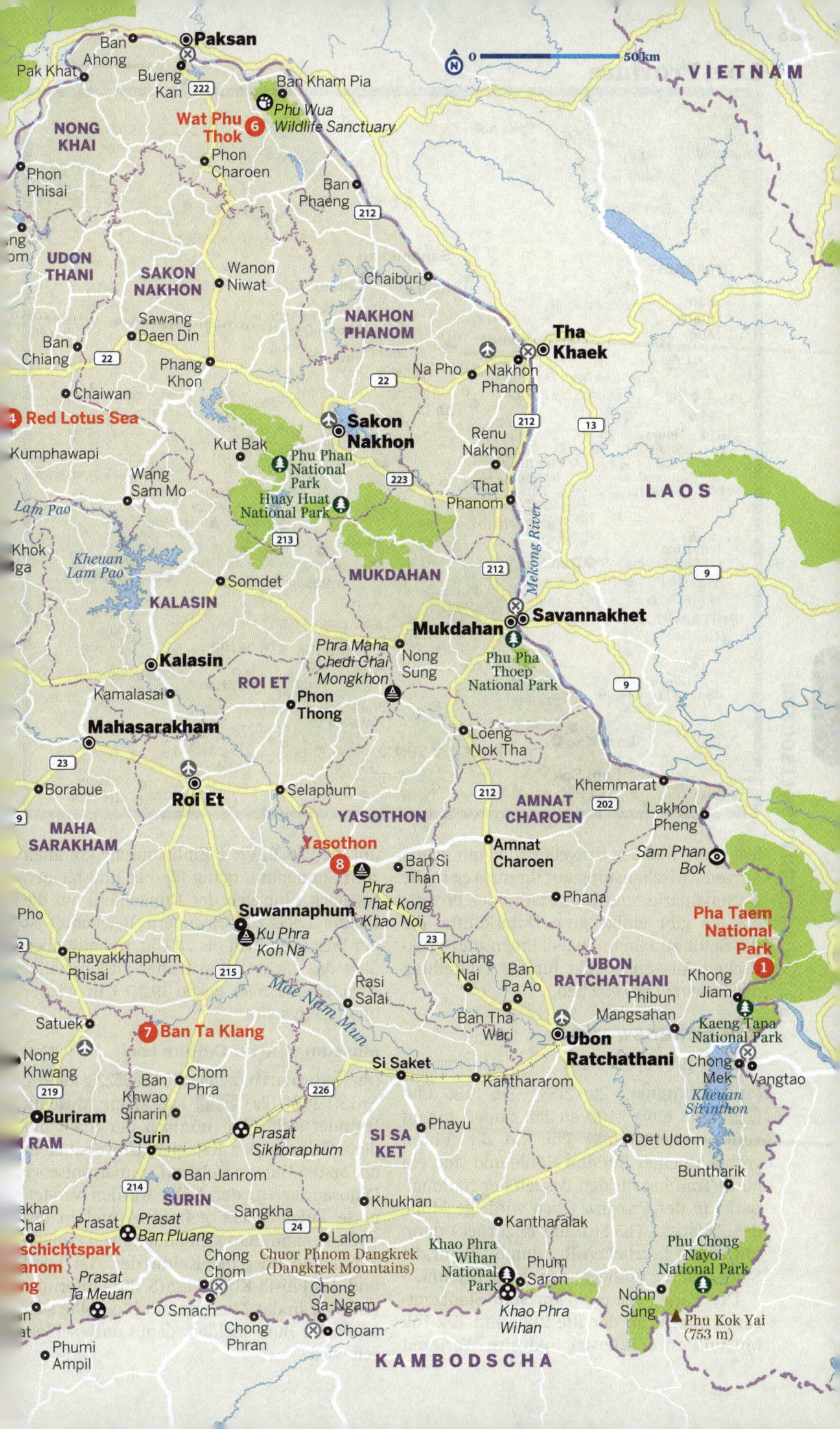

0
50 km
VIETNAM
LAOS
KAMBODSCHA
Paksan
Ban Ahong
Pak Khat
Bueng Kan
Ban Kham Pia
Phu Wua Wildlife Sanctuary
Wat Phu Thok
6
NONG KHAI
Phon Charoen
Phon Phisai
Ban Phaeng
UDON THANI
SAKON NAKHON
Wanon Niwat
Chaiburi
NAKHON PHANOM
Tha Khaek
Sawang Daen Din
Ban Chiang
Phang Khon
Na Pho
Nakhon Phanom
Chaiwan
Red Lotus Sea
Sakon Nakhon
Renu Nakhon
Kut Bak
Phu Phan National Park
Kumphawapi
Wang Sam Mo
Huay Huat National Park
That Phanom
Lam Pao
Khok
Kheuan Lam Pao
Mekong River
Somdet
MUKDAHAN
KALASIN
Savannakhet
Mukdahan
Phra Maha Chedi Chai Mongkhon
Nong Sung
Phu Pha Thoep National Park
Kalasin
ROI ET
Kamalasai
Phon Thong
Mahasarakham
Loeng Nok Tha
Khemmarat
Borabue
Roi Et
Selaphum
YASOTHON
AMNAT CHAROEN
Lakhon Pheng
MAHA SARAKHAM
Yasothon
8
Ban Si Than
Amnat Charoen
Sam Phan Bok
Phra That Kong Khao Noi
Phana
Pha Taem National Park
1
Pho
Suwannaphum
Ku Phra Koh Na
Phayakkhaphum Phisai
Khuang Nai
Ban Pa Ao
UBON RATCHATHANI
Khong Jiam
Phibun Mangsahan
Rasi Salai
Mae Nam Mun
Ban Tha Wari
Kaeng Tana National Park
Satuek
7
Ban Ta Klang
Ubon Ratchathani
Nong Khwang
Chom Phra
Si Saket
Kanthararom
Chong Mek
Vangtao
Ban Khwao Sinarin
Kheuan Sirinthon
Buriram
Surin
Prasat Sikhoraphum
SI SA KET
Phayu
Det Udom
Ban Janrom
Buntharik
SURIN
Sangkha
Khukhan
Prasat
Prasat Ban Pluang
Lalom
Kantharalak
Chong Chom
Chuor Phnom Dangkrek (Dangkrek Mountains)
Khao Phra Wihan National Park
Phum Saron
Phu Chong Nayoi National Park
Prasat Ta Meuan
O Smach
Chong Sa-Ngam
Nohn Sung
Phu Kok Yai (753 m)
Chong Phran
Choam
Khao Phra Wihan
Phumi Ampil
222
212
22
13
223
213
9
202
23
215
226
219
214
24

Loei Province

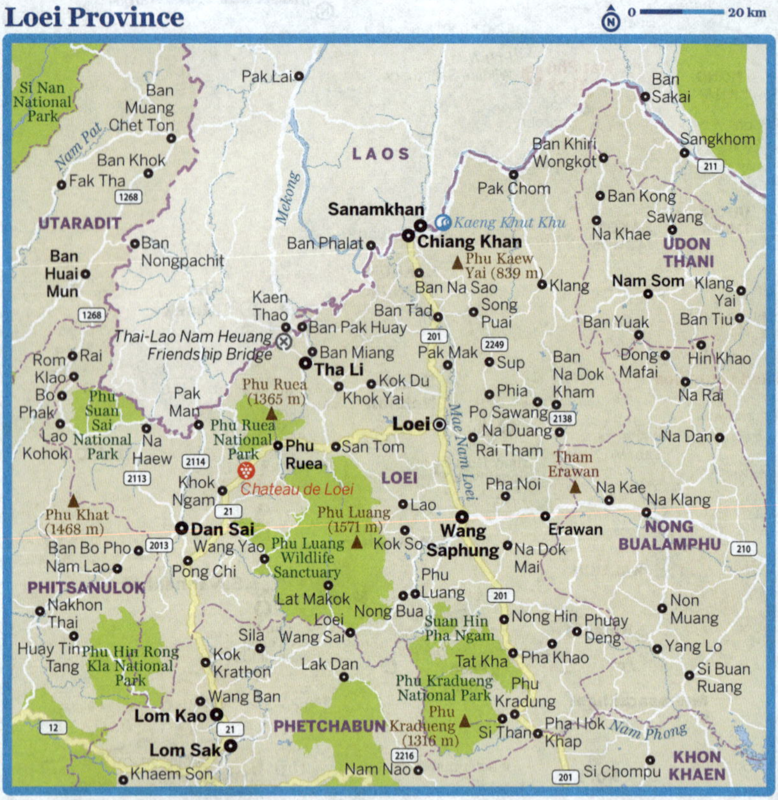

legen die meisten Traveller hier nur einen kurzen Zwischenstopp auf ihrem Weg in die Nationalparks und Kleinstädte der Provinz ein. Es gibt einige gute Unterkünfte, die die Stadt zu einem angenehmen und praktischen Ausgangspunkt für die Erkundung der Provinz Loei machen.

Sehenswertes

Phu Bo Bit Forest Park — AUSSICHTSPUNKT

(วนอุทยานภูบ่อบิด; Rte 2138; 5–19.30 Uhr) GRATIS Die etwa 1400 steilen Stufen hinauf zum Aussichtspunkt Phu Bo Bit führen vorbei an einer Buddha-Höhle und sind ein gutes Training für den Besuch der Nationalparks in der Provinz. Oben wird die Mühe des Aufstiegs (1,5 Std. hin & zurück) dann mit einem herrlichen Rundumblick auf die Stadt und die umliegenden Berge belohnt.

Der Park liegt ca. 3 km vom Stadtzentrum entfernt an der Rte 2138. Ein Túk-Túk hin und zurück kostet inklusive Wartezeit um die 250 B. Viele Einheimische kommen zum Sonnenuntergang hierher und bleiben bis nach Einbruch der Dunkelheit, um die Lichter Loeis zu bewundern. Beleuchtet ist der Weg eigentlich bis 20 Uhr, es heißt aber, dass das Licht schon früher ausgeschaltet wird, sodass man gegen 19.30 Uhr wieder unten sein sollte.

Museum of Art & Culture Loei — MUSEUM

(ศูนย์วัฒนธรรมจังหวัดเลย; 042 835223; Rte 201; 8.30–16.30 Uhr) GRATIS Das kleine Museum befindet sich 5 km nördlich der Stadt auf dem Gelände der Rajabhat Universität. In der ersten Galerie steht ein animatronischer Dinosaurier (in der Nähe wurden versteinerte Fußabdrücke gefunden) und in der zweiten kann man sich anhand von einigen Exponaten über die Kultur der „Tai Loei" und das Phi-Ta-Khon-Fest (S. 394) informieren. Wer in das Museum möchte, sollte sich unten im Büro melden, damit aufgeschlossen wird.

Geführte Touren

Sugar Guesthouse, Stay Guesthouse und der unabhängige Führer **Poppy** (☎088 698 3995; borntobe_travel@hotmail.com) veranstalten zu angemessenen Preisen Tagesausflüge nach Suan Hin Pha Ngam (S. *399*) und in andere Orte in der Provinz Loei.

Schlafen

★ Sugar Guesthouse PENSION $
(☎089 711 1975; sugarhuesthouse@gmail.com; Soi 2, Th Wisut Titep; EZ mit Ventilator 200–270 B, DZ mit Klimaanlage 380 B; P ⊖ ❄ @ ☜) Pension mit einfachen, blitzblanken Zimmern (die mit Ventilator teilen sich ein Bad). Der freundliche Besitzer Pat spricht Englisch, verleiht Fahrräder und Motorräder und organisiert Touren zu verschiedenen Sehenswürdigkeiten in der Provinz.

Stay Guesthouse PENSION $
(☎095 620 7570; www.thestayguesthouse.com; 91/6 Th Wisut Titep; Zi. mit Ventilator 275 B, mit Klimaanlage 399–699 B; P ⊖ ❄ ☜) Nicht wirklich eine Pension, sondern vielmehr ein paar Zimmer in einem älteren Apartmentblock. Was hier an Stil fehlt, wird durch den Service wieder wettgemacht. John und Tai, die geduldigen, verantwortungsbewussten Betreiber, können viele nützliche Tipps über die Region geben und organisieren Touren zu diversen Attraktionen in der Provinz Loei. Die sehr sauberen Zimmer sind mit Kühlschrank und Wasserkessel ausgestattet.

Die schlichte Unterkunft befindet sich nördlich der Stadt, 2 km in Richtung Kut-Pong-See. Fahrräder können kostenlos benutzt werden, Motorräder kosten 250 B pro 24 Stunden.

Loei Village HOTEL $$
(☎042 833599; www.loeivillages.com; Soi 3, Th Nok Kaew; Zi. inkl. Frühstück 990–1500 B; P ⊖ ❄ ☜) Schon der Empfang mit einem kalten Willkommensgetränk zeigt, dass Service in diesem schicken Hotel großgeschrieben wird. Auch das Dekor, das gute Frühstücksbuffet und kleine Extras wie Minibar und Gratissnacks machen dieses Hotel zu einer der besten Bleiben der Stadt. Für die Gäste gibt's Leihräder. Das Personal ist ausgesprochen hilfsbereit.

King Hotel HOTEL $$
(☎042 811225; kinghotel.loei@hotmail.com; Th Chumsai; Zi. inkl. Frühstück 600–800 B; P ❄ ☜) Königlich? Nicht wirklich! Aber seit der gründlichen Modernisierung dieses alten Klassikers versprechen die schlichten, hübschen, stilvollen Zimmer einen angenehmen Aufenthalt. Die Zimmer sind um einen Hof angeordnet und trotz der Lage im Stadtzentrum sehr ruhig.

Loei Palace Hotel HOTEL $$$
(☎042 815668; www.mosaic-collection.com/loeipalace; Th Charoenrat; Zi. inkl. Frühstück 1600–3000 B, Suite inkl. Frühstück 3500–5000 B; P ⊖ ❄ @ ☜ ≋) Loeis nobelstes Hotel bietet große, frisch renovierte Zimmer mit hübschen Holzmöbeln, einen tollen Blick von den oberen Stockwerken, Fahrräder für Gäste (halber/ganzer Tag 50/100 B) und in der Regel viele freie Zimmer. Es lohnt sich also, nach einem Rabatt zu fragen. Man sollte sich unbedingt das Foto in der Lobby anschauen, um zu verstehen, wie sehr man hier unter der Flutkatastrophe im Mai 2017 gelitten hat.

Essen & Ausgehen

Die wenigen Bars in der Th Ruamphattana bemühen sich redlich, ein trendiges Nachtleben in Loei auf die Beine zu stellen.

★ Khao Tom Raeng Ngan THAI $
(☎042 033050; Th Sert-Si; Gerichte 60–300 B; ⏲17–3 Uhr; ☜) Dieses Lokal mit schnellem und freundlichem Service ist so belebt wie die Straße, an der es liegt. Neben der namengebenden Reissuppe *(kôw đôm)* kommen auch zahllose andere, ebenso empfehlenswerte Gerichte auf die Tische. Sollte man dennoch etwas auf der Karte vermissen, wird in der Küche gern improvisiert.

Noi Tam Suea @ Loei THAI $
(Th Sert-Si; Hauptgerichte 35–170 B; ⏲9–20 Uhr; ☜) In dem beliebten Restaurant werden die üblichen Isan-Gerichte serviert, u.a. *plah pŏw* (gegrillter Fisch) und Enten-*lâhp* sowie diverse weniger bekannte Speisen wie *sôm·đam* aus *đôrng-dêng*-Nudeln, eine superdicke Variante der typischen *kà-nŏm-jeen*-Nudeln. Hier ist englischfreie Zone, aber auf der Speisekarte sind ein paar Abbildungen, die bei der Wahl und beim Bestellen recht hilfreich sind.

Straßenmarkt THAI $
(Th Ruamjit; ⏲16–23 Uhr) Bitte nicht mit dem echten Straßenmarkt verwechseln, der samstagabends vor der Post stattfindet. Dies ist einfach nur ein typischer Nachtmarkt, auf dem die üblichen Thai- und Isan-Speisen angeboten werden.

Loei

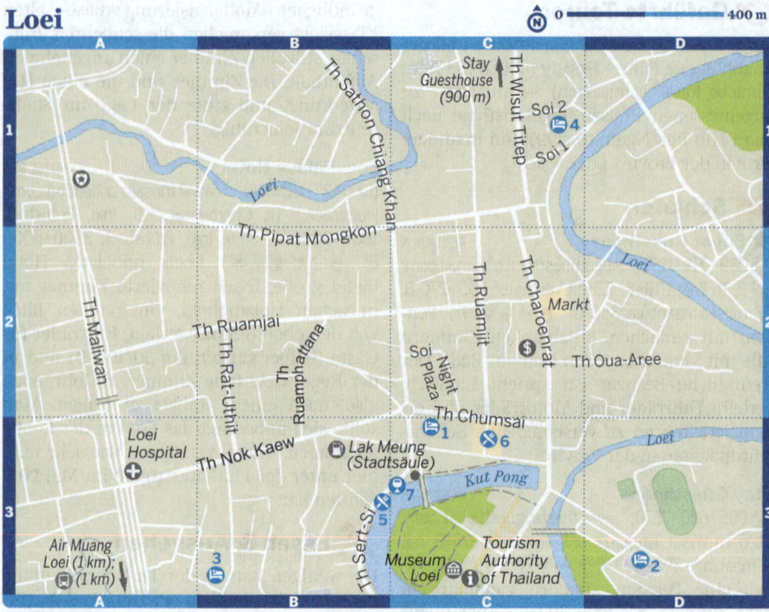

Loei

Schlafen
1 King Hotel C3
2 Loei Palace Hotel D3
3 Loei Village B3
4 Sugar Guesthouse C1

Essen
5 Khao Tom Raeng Ngan B3
Noi Tam Suea @ Loei .... (siehe 5)
6 Straßenmarkt C3

Ausgehen & Nachtleben
7 Outlaw Brewing C3

Outlaw Brewing CRAFT-BIER
(☎096 695 8784; Th Sert-Si; ⊙Mi–So 19–24 Uhr) Wer hätte das erwartet – in Loei ist einer der seriösesten Braumeister ansässig. Man sollte sich die Zeit nehmen und eins seiner Craft-Biere (vielleicht ein Durian-IPA?) oder ein anderswo gebrautes Bier probieren.

Praktische Informationen

Krung Thai Bank (Th Oua-Aree; ⊙9–17 Uhr) Die einzige Bank im Stadtzentrum mit langen Öffnungszeiten.

Loei Hospital (☎042 862123; Th Maliwan) Das beste Krankenhaus in Loei.

Tourism Authority of Thailand (TAT; ☎042 812812; tatloei@tat.or.th; Th Charoenrat; ⊙8.30–16.30 Uhr) Hier bekommt man eine gute Landkarte; hilfsbereites Personal.

Touristenpolizei (☎042 867364, landesweit 1155)

An- & Weiterreise

BUS

Loeis **Busbahnhof** (☎042 833586; Th Maliwan) liegt südlich der Stadt. **Air Muang Loei** (☎042 832042; Busbahnhof Loei) bietet einen guten VIP-Service nach Bangkok an. *Sŏrng·tăa·ou* nach Chiang Khan fahren bis in die Nähe des Stadtzentrums, Busse setzen ihre Fahrgäste allerdings recht weit vor der Stadt ab.

Unterwegs vor Ort

Sŏrng·tăa·ou (10 B) fahren vom Busbahnhof ins Stadtzentrum, ein Túk-Túk kostet zwischen 50 und 60 B. In Loei verkehren auch ein paar wenige Taxis. Sie warten am Busbahnhof und am Flughafen auf Gäste, Taxameter werden nicht angeschaltet. Die Pensionen Stay (S. 389) und Sugar (S. 389) vermieten Fahrräder (50 B/Tag) und Motorräder (250 B/Tag).

FLUGZEUG

Nok Air (☎ 088 874 0883, landesweit 02 900 9955; www.nokair.com; Loei Airport; ⏰ 6–16 Uhr) und **Air Asia** (☎ 042 844629, landesweit 02 515 9999; www.airasia.com; Loei Airport; ⏰ 9–17 Uhr) fliegen von Loei zum Bangkoker Flughafen Don Mueang. Zusammen bieten sie täglich drei Flüge an (ab etwa 900 B).

Ein Taxi vom **Flughafen** (☎ 042 811520) in die Stadt kostet um die 150 B.

Chiang Khan เชียงคาน

☎ 042 / 6100 EW.

Was einst eine verschlafene, kaum bekannte Stadt am Mekong mit unzähligen traditionellen Holzhäusern war, ist inzwischen ein angesagtes Ziel für Thailänder mit vielen Souvenirläden und „Selfie-Orten" geworden. Trotzdem ist Chiang Khan noch immer ein netter, wenn auch nicht mehr spektakulärer Ort, der den Besuch aber dennoch lohnt. Den herrlichen Blick auf den Fluss und die Berge in Laos gibt es weiterhin, ebenso die alten Gebäude und die tagsüber herrschende Ruhe, bevor der allabendliche Run auf die Geschäfte einsetzt. Jeden Abend verwandelt sich die Th Chai Khong in einen wuseligen Nachtmarkt mit Straßenmusikanten, Künstlern und Essensbuden. In der heißen, regnerischen Jahreszeit (April–Sept.) geht es in Chiang Khan weniger geschäftig zu.

Sehenswertes

Wat Si Khun Mueang BUDDHISTISCHER TEMPEL

(วัดศรีคุณเมือง; Th Chai Khong; ⏰ Tageslichtstunden) GRATIS Der *bòt* (Zeremonienhalle) im Wat Si Khun Mueang, der wahrscheinlich aus der Zeit Ramas III. stammt, weist einen überwiegend laotischen Stil auf (vor allem im ausladenden Dach zu erkennen), vermischt aber auch zentral- (die Lotuspfeiler) und nordthailändische (die Wache haltenden Löwenfiguren) Stilelemente. Vorn befindet sich eine prächtige Wandmalerei mit Jataka-Legenden.

Phu Thok AUSSICHTSPUNKT

(ภูทอก) In den kühlen Monaten pilgern Besucher zum nahe gelegenen Berg Phu Thok, um den Sonnenaufgang und die Aussicht auf das „Nebelmeer" zu genießen. Wer kein eigenes Vehikel hat, kann Fahrten über das eigene Hotel arrangieren. Dabei geht's zunächst per Túk-Túk zum Berg (100 B/Pers.) und dann mit einem *sŏrng·tăa·ou* (25 B/Pers.) hinauf zu dessen Gipfel.

Kaeng Khut Khu NATUR

(แก่งคุดคู้) Die berühmte Biegung des Mekong vor der prachtvollen Bergkulisse mit Blick auf die Stromschnellen ist ein beliebter Zwischenstopp. Der Aussichtspunkt liegt 5 km stromabwärts der Stadt; die Fahrt mit dem Túk-Túk kostet hin und zurück 100 B pro Person.

Aktivitäten

Viele Pensionen organisieren Bootsausflüge nach Kaeng Khut Khu oder in die weitere Umgebung. Wegen der tollen Berglandschaft sind solche Touren absolut empfehlenswert, vor allem bei Sonnenuntergang. Die Preise hängen von den Benzinpreisen

BUSSE AB LOEI

ZIEL	PREIS (B)	DAUER (STD.)	HÄUFIGKEIT
Bangkok	360–560	9–10	6–22.35 Uhr (stündl.)
Chiang Khan	34	1	6.30–23.45 Uhr (9-mal tgl.)
Chiang Khan (*sŏrng·tăa·ou*)	35	1½	5.30–19.45 Uhr (alle 30 Min.)
Chiang Mai	436–570	10	15.30, 20.30, 21.30, 23.30 Uhr
Dan Sai	60–134	1½–2	10, 12, 14.20, 15.30, 20.30, 21.30, 23.30 Uhr
Khon Kaen	125	4	3.45–18.10 Uhr (alle 30 Min.)
Nakhorn Ratchasima	252–342	7	5.30–16.30 Uhr (stündl.)
Nong Khai	140	7–8	6 Uhr
Pak Chom (*sŏrng·tăa·ou*)	60	2½	6–17 Uhr (stündl.)
Phitsanulok	202–266	5	10, 12, 14.20, 15.30, 20.30, 21.30, 23.30 Uhr
Udon Thani	90–115	2½	4–17 Uhr (alle 30 Min.)

Chiang Khan

Chiang Khan

Sehenswertes
1 Wat Si Khun Mueang B2

Schlafen
2 Chiang Khan Guesthouse D1
3 Huean Yai Bab Pa C1
4 Norn-Nab-Dao A2
5 Old Chiangkhan Boutique Hotel D1
6 Poonsawasdi B2
7 Soi 3 Homestay A3

Essen
8 Jer Loei B2
9 Rabiang Rim Khong B2
10 Ting Song Tam D2

Transport
11 Triple Z Hostel D1

ab, eine typische einstündige Tour kostet für bis zu 15 Personen um die 800 B. Wer gern paddelt, kann von Oktober bis April mit **Mekong Culture & Nature** (☎089 569 3470; Rte 2195; Kajaktour 1500 B/Pers., mind. 4 Pers.) den Fluss im Kajak erkunden.

Feste & Events

Phi Kon Nam KULTUR
(Ban Na Sao; ⊙Mai oder Juni) Das kaum bekannte Phi-Kon-Nam-Fest in Ban Na Sao, 7 km südlich von Chiang Khan, ist Teil des Bun Bang Fai (Raketenfest; S. 469) im Dorf, mit dem der Regen herbeigelockt werden soll. Es fällt zeitlich mit dem Visakha Bucha zusammen. Die Einheimischen glauben, dass die Seelen ihrer Kühe und Büffel nach dem Tod im Ort herumziehen. Um sie zu ehren und mit ihnen zu kommunizieren, ziehen sie wilde Büffelmasken und bunte Kostüme an.

Schlafen

Chiang Khans Beliebtheit bringt es mit sich, dass die Hotelbesitzer es nicht nötig haben, angemessene Preise für ihre Zimmer zu nehmen. In der Nebensaison (April–Sept.) sind Preisnachlässe bis zu 50 % möglich, aber selbst dann sind die Zimmer noch immer teurer als anderswo im Isan. Geld sparen kann man in der Regel, wenn man sich eine Unterkunft in einer *soi* (z. B. Soi 9, 11 und 17) statt direkt am Fluss sucht.

Soi 3 Homestay PENSION $
(☎085 7614031; Soi 3; Zi. 400 B; P ❄ 📶) Wem günstige Preise wichtiger sind als Charme,

ist in einem der acht einfachen, fensterlosen Zimmer in der Nähe des Hauses des freundlichen Betreibers genau richtig. Berücksichtigt man, dass die Zimmer klimatisiert sind und ein eigenes Bad haben, so ist der Preis verglichen mit dem Standard in Chiang Khan wirklich sehr niedrig. Ein zusätzliches Plus: Die Benutzung der Fahrräder ist für Gäste kostenlos.

Chiang Khan Guesthouse PENSION $

(☎086 325 7958; guesthouse.ck@gmail.com; 282 Th Chai Khong; Zi. mit Ventilator/Klimaanlage 200/500 B;) Diese Unterkunft im traditionellen Stil mit knarrenden Dielen und Blechdach ist total abgenutzt und deshalb auch so billig. Die Terrasse in Flussnähe und der immer lächelnde Besitzer Ong sorgen dafür, dass man sich hier schnell wie zu Hause fühlt.

Poonsawasdi HOTEL $$

(☎042 821114; 251/2 Soi 9; Zi. 800–1100 B;) Das älteste Hotel in Chiang Khan wurde 1950 eröffnet und kürzlich modernisiert. Und obwohl die Zimmer jetzt Klimaanlage und Bad haben, strahlen die sieben Zimmer im Obergeschoss noch immer historischen Charme aus. Die billigeren Zimmer haben keine Fenster.

Norn-Nab-Dao HOTEL $$

(☎086 792 0215; Soi 3; DZ & 2BZ inkl. Frühstück 1700–2200 B, 4BZ inkl. Frühstück 2900 B;) Dieses Hotel ist nicht komplett aus Holz, verbreitet aber dennoch einen gewissen Charme. Die nett gestrichenen Zimmer sind rund um einen zentralen Innenhof angeordnet, die vier Endzimmer bieten einen grandiosen Blick auf den Fluss. Diese Unterkunft ist eine gute Wahl für alle, die keinen Wert auf Luxus legen und sich nicht mit den nervigen Marotten vieler anderer Unterkünfte in Chiang Khan auseinandersetzen wollen.

INSIDERWISSEN

MILDE GABEN AM MORGEN

Ein Tablett mit Lebensmitteln zu kaufen, um es den Mönchen auf ihrem morgendlichen Rundgang zu geben (*dàk baht*), ist in Chiang Khan ein gut gehendes Geschäft geworden, vor allem durch die Besucher aus Bangkok. Man sollte es aber unterlassen, denn es entspricht nicht der hiesigen Tradition, nach der man die Schalen der Mönche nur mit Klebreis füllen darf – andere Nahrungsmittel sollten als Spende zum Tempel gebracht werden. Neben dieser Bitte heißt es auf den in der Th Chai Khong angebrachten Schildern mit den Dos and Don'ts u. a. auch, dass man keine Abfälle auf die Straße werfen und sich leise verhalten soll.

★**Huean Yai Bab Pa** HOTEL $$$

(☎042 821705, 089 694 3336; 340 Th Chai Khong Ecke Soi 11; DZ inkl. Frühstück 1800–2200 B, FZ inkl. Frühstück 3600–4500 B;) Die netten Inhaber dieses Hotels mit sieben Zimmern haben historische Familienerbstücke von 1925 mit Modernem kombiniert, und das Ergebnis kann sich sehen lassen. Mehr als anderswo in Chiang Khan fühlt man sich hier in die gute alte Zeit zurückversetzt. Eins der Familienzimmer ist ein Loft, es befindet sich im Gebäude nebenan.

Essen

★**Ting Song Tam** THAI $

(☎088 0298251; Th Srichiang Khan Ecke Soi 21; Hauptgerichte 30–100 B; ⊙8.30–18 Uhr) Dieses Lokal ist eins unserer Lieblingsrestaurants in der Provinz Loei. Hier gibt es die üblichen Isan-Gerichte, die Spezialität sind aber *dôrng-dêng*-Nudeln (eine superdicke Variante der *kà-nŏm-jeen*-Nudeln), die für jede

GRENZÜBERGANG NACH LAOS: VON THA LI NACH KAEN THAO

Ausländer bekommen Visa für Laos an der wenig benutzten thailändisch-laotischen Freundschaftsbrücke Nam Heuang in Amphoe Tha Li, 60 km nordwestlich von Loei.

Anreise zur Grenze Ein internationaler Bus fährt täglich von Loei nach Luang Prabang in Laos (700 B, 10 Std.) über Sainyabuli (500 B, 7 Std.). Die Busse starten um 8 Uhr in Loei. Es gibt hier kein anderes öffentliches Verkehrsmittel zur thailändischen Grenze.

An der Grenze Der Grenzübergang ist von 8 bis 18 Uhr geöffnet. Hier ist nie viel los.

Weiterreise Wenn man irgendwie auf anderem Wege und nicht mit dem internationalen Bus zur Grenze gekommen ist, kann man in einem Túk-Túk (50 B) zwischen den beiden Grenzposten verkehren. In Kaen Thao kommt man aber nur schwer weiter.

Bestellung frisch hergestellt werden. Sie passen gut zu *sôm·đam*, können aber auch mit Chili-Sauce und Gemüse gegessen werden. *Kôw þûn rórn*, eine Spezialität aus Chiang Khan, wird gern mit *gài yâhng* (gegrilltes Hühnerfleisch) gegessen.

Ein englischsprachiges Hinweisschild findet man hier nicht. Gut zu erkennen ist das Restaurant jedoch an den Waschmaschinen vor dem Essbereich.

★ **Rabiang Rim Khong** THAI $
(Th Chai Khong Ecke Soi 10; Hauptgerichte 60–250 B; ⌚10.30–21.30 Uhr) Dieses Lokal war bei den Einheimischen schon lange vor dem Touristenboom beliebt. Die Preise sind mittlerweile etwas gestiegen und das Gebäude

DAN SAI & DAS PHI-TA-KON-FEST

362 Tage im Jahr ist Dan Sai (ด่านซ้าย) ein harmloses kleines Städtchen. An den restlichen drei Tagen verwandelt sich der Ort aber in den Schauplatz eines der muntersten, lautesten Feste im ganzen Land. Das **Phi-Ta-Khon-Fest** verbindet ein buddhistisches Fest (Phra Wet) mit dem Raketenfest (Bun Bang Fai). Das Ergebnis ist ein seltsamer Mix aus angeheiterter Karnevalsstimmung und gruseliger Maskerade à la Halloween. Die Ursprünge des Festes liegen im Dunkeln. Einige der Elemente scheinen jedoch mit Geisterkulten der Thaivölker (möglicherweise der Thai Dam) zusammenzuhängen. Den genauen Termin des Festes (meist irgendwann im Juni) verkündet das einheimische Medium Jao Phaw Kuan, über das sich die Schutzgottheit der Stadt offenbart. (Infos über das genaue Datum sind im Tourist Office von Loei (S. 390) erhältlich). Die Einheimischen legen ausgeflippte Kostüme und Masken an, um – angestachelt von *lôw kŏw* (Whisky aus Reis) – zwei Tage lang durchzutanzen, bevor sie ihre Raketen starten und zum Tempel ziehen.

Der ansonsten friedvolle Ort ist vielleicht nicht jedermanns Sache, aber wer die Langsamkeit liebt und einen guten Einblick in das Leben hier bekommen möchte, für den ist Dan Sai genau das Richtige. Das **Phi Ta Khon Museum** (พิพิธภัณฑ์ผีตาโขน; Th Kaew Asa; ⌚8.30–16.30 Uhr) GRATIS beherbergt eine Sammlung von Kostümen, die während des Phi-Ta-Kon-Festes getragen werden, und eine Ausstellung über die Herstellung der Masken. Lohnenswert ist auch der Besuch des **Wat Neramit Wiphatsana** (วัดเนรมิตวิปัสสนา; Rte 2013; ⌚Sonnenaufgang–Sonnenuntergang) GRATIS. Der auf einem bewaldeten Hügel vor den Toren der Stadt erbaute prächtige Meditationstempel hat mehrere Gebäude aus unverputzten Lateritblöcken. Auch der **Phra That Si Songrak** (พระธาตุศรีสองรัก; Rte 2113; ⌚7–17 Uhr) GRATIS, der meistverehrte Stupa in der Provinz Loei, befindet sich hier. Der 20 m hohe, weiße *chedi* im laotischen Stil wurde 1560–63 an der damaligen thailändisch-laotischen Grenze als Zeichen der Eintracht errichtet.

Übernachten kann man im einfachen, aber sehr sauberen **Baan Chan Bhu** (☎081 561 7530, 042 891072; Rte 2013; Zi. 600 B; ❄📶). Dan Sais **Homestay-Programm** (☎042 892339, 086 862 4812; B/2BZ & DZ 200/550 B; P) bietet Besuchern eine tolle Möglichkeit, bei thailändischen Familien – zumeist Lehrern, die etwas Englisch sprechen – zu wohnen. Details dazu liefert das Personal des Kunsthandwerkladens **Kawinthip Hattakham** (กวินทิพย์หัตถกรรม; ☎086 862 4812, 042 892339; Th Kaew Asa; ⌚8–19 Uhr), der Masken und andere Utensilien für das Phi-Ta-Khon-Fest verkauft und zudem Fahrräder verleiht. Etwas mehr Schick bietet das **PhuNaCome Resort** (☎042 892005; www.phunacomeresort.com; Rte 2013; Zi. inkl. Frühstück 4200–6500 B; P⊖❄@📶≋) 🍃, in dem Luxus auf Bio trifft. Hier gibt's Standardzimmer und strohgedeckte Holzcottages im Stil des Isan.

Die Busse von zwei Busunternehmen halten in der Nähe der Kreuzung der Kaew Asa Road und der Rte 2013. Von den insgesamt sieben Bussen, die zwischen Loei (60–134 B, 1½–2 Std.) und Phitsanulok (64–90 B, 3 Std.) verkehren, fahren die meisten gen Osten nach Loei und passieren nachts Dan Sai. Zwei Minivans (80 B, 1½ Std., 11–15 Uhr) fahren nach Lomsak, wo man problemlos Anschluss nach Phitsanulok im Westen oder Khon Kaen im Osten hat. Die Busse halten gegenüber vom 7-Eleven in der Nähe des städtischen Marktes. Außerdem gibt es vier Busse nach Bangkok (342 B, 9 Std., 8, 12.30, 10.30 & 22 Uhr) über Lomsak. Los geht's gegenüber von der PT-Tankstelle an der Rte 2013 westlich der Kreuzung.

wurde umgebaut, aber die Qualität ist gut wie eh und je.

Jer Loei THAI $
(เจอเลย; 379 Th Chai Khong Ecke Soi 9; Hauptgerichte 80–150 B; ⌚17–24 Uhr; 📶) Vom Dekor bis hin zur Musik ist hier alles typisch thailändisch. Die Tische stehen so dicht am Fluss, dass man den Sonnenuntergang bewundern kann. Auf der kleinen Speisekarte stehen viele Thai-Salate und *dôm sâep* (Isan-Suppe). Kein englischsprachiges Hinweisschild, Ausschau halten nach einem gelb-weißen Kreis.

Praktische Informationen

Chiang Khan Information Center (Th Chai Khong Ecke Soi 25; ⌚10–17 Uhr) Hier sind nicht allzu viele Infos erhältlich.

Einreisebüro (☎042 821911; Th Chai Khong Ecke Soi 26; ⌚Mo–Fr 8.30–12 & 13–16.30 Uhr) Visaverlängerungen.

An- & Weiterreise

BUS

Sŏrng·tăa·ou nach Loei (35 B, 1½ Std.) starten etwa alle 30 Minuten von einer Haltestelle in der Th Srichiang Khan (Ecke Soi 26). Sie fahren über die Soi 21 am Markt vorbei und dann auf den Hwy 201. Es ist möglich, an der Strecke zuzusteigen. Busse nach Loei (34 B, 1 Std., 6.30–15.30 Uhr stündl.) starten am Busbahnhof **Nakhonchai Transport** (☎042 821905; Rte 201) und fahren bis nach Khorat (283 B, 7 Std.).

Eine direkte Verbindung nach Nong Khai gibt es nicht. Am schnellsten kommt man über Loei und Udon Thani dorthin. Schöner ist aber die Fahrt über die malerische Uferstraße. Dazu fährt man mit dem *sŏrng·tăa·ou* Richtung Loei nach Süden bis Ban Tad (20 B, 30 Min.), wo man in den Bus nach Nong Khai, der um 6 Uhr in Loei abfährt, oder in ein *sŏrng·tăa·ou*, das von Loei nach Pak Chom fährt, einsteigt.

Vier Unternehmen, **Air Muang Loei** (☎082 642 1629; Th Srichiang Khan Soi 23), **999 VIP** (☎089 893 2898; Soi 9), **Phu Kradung Tours** (☎089 842 1524; Tankstelle, Rte 201) und **Sun Bus** (Rte 201), fahren nach Bangkok (10–11 Std.). Los geht's morgens und am frühen Abend vor den jeweiligen Büros. Die Fahrkarten kosten zwischen 419 B und 652 B; 999 VIP und Sun Bus bieten den besten VIP-Service.

FLUGZEUG

Air Asia und Nok Air bieten über den Loei-Flughafen einen Fly-and-Ride-Service zu Bangkoks Flughafen Don Muang an. Treffpunkt von Air Asia ist das **Old Chiangkhan Boutique Hotel** (☎088 340 3999; Soi 20, Th Chai Khong; Zi. inkl. Frühstück 1600–1800B; 🅿 🚭 ❄ 📶), von Nok Air das **Triple Z Hostel** (☎097 319 9097; Soi 20).

Unterwegs vor Ort

Die meisten Hotels stellen ihren Gästen kostenlos Fahrräder zur Verfügung. Ansonsten kann man sich auch überall in der Stadt für 50 B pro Tag einen Drahtesel leihen. Motorräder (250 B/Tag) leiht man sich am besten in der Soi 9, wo es drei Vermieter gibt.

> **NICHT VERSÄUMEN**
>
> **DER GARTEN DES ISAN**
>
> Die Region Phu Ruea ist für ihre Blumenzucht berühmt und entlang der Straßen entfaltet sich eine wunderschöne Farbenpracht. Dank des kühlen, trockenen Klimas können die hiesigen Bauern einiges anbauen, das im übrigen Isan kaum gedeiht, z. B. Erdbeeren, Kaffee (die Kette Coffee Bun hat hier ihren Sitz und verwendet für ihre Mischungen auch Bohnen aus Loei), Macadamianüsse, Petunien und Khakifrüchte.
>
> Wer in Sachen Wein nicht übertrieben anspruchsvoll ist, kann dem **Chateau de Loei** (ชาโต้เดอเลย; ☎089 944 2616; www.chateaudeloei.com; Rte 21, Km 61; ⌚8–17 Uhr) einen Besuch abstatten. Diese Winzerei brachte 1995 den ersten kommerziell produzierten Wein Thailands auf den Markt. Verglichen mit den schönen, gut geführten Weingütern rund um Khao Yai ist es zwar nur ein kleiner Betrieb, aber Besucher können hinten einen Blick in den als Hauptgebäude dienenden Zweckbau werfen (wo man in der kühlen Jahreszeit auch den einen oder anderen Tropfen probieren kann) oder im Souvenirladen am Straßenrand ein paar Flaschen kaufen.

Pak Chom ปากชม

Etwa 70 km östlich von Chiang Khan liegt die verschlafene Stadt Pak Chom am Mekong, die eigentlich nicht mehr ist als ein großes Dorf und das Marktzentrum der Region. Abgesehen von dem spektakulären Blick auf den Fluss, der den des Schwesterorts um Längen schlägt, hat Pak Chom nichts Sehenswertes zu bieten. Und in einer derart schönen Gegend fehlen natürlich auch hervorragende Resorts nicht. Ein tolles Ziel für alle, die rustikales Relaxen und natürlichen Charme lieben.

Schlafen & Essen

Obwohl oder vielleicht gerade weil Pak Chom so abgelegen ist, gibt es hier hervorragende Unterkünfte für jeden Geldbeutel. In der Stadt findet man ein paar Restaurants, aber die meisten Touristen essen im Resort.

★ Rim Nam Kong Homestay & Camping GASTFAMILIE $$
(☎ 099 125 0461; Hwy 211; Zi. inkl. Frühstück 600–900 B, Camping pro Pers. im eigenen/gemieteten Zelt 150/200 B; P) Die charmante, freundliche, nett eingerichtete Unterkunft scheint sich aus Chiang Khan aufs Land verirrt zu haben. Die Mitglieder der tollen Gastfamilie sprechen ein hervorragendes Englisch. Alle Zimmer verfügen über ein eigenes Bad, mit Ausnahme des Zimmers mit dem besten Blick auf den Fluss. Die Unterkunft befindet sich 1 km westlich des Ortes, auf Wunsch wird man an der Bushaltestelle abgeholt.

★ Mekong Riverside Resort & Camping RESORT $$
(☎ 082 272 7472; www.mekongriverside.com; Hwy 211; Zi. inkl. Frühstück 1390 B, Camping mit/ohne eigenem Zelt 300/350 B; P) Die entzückende Unterkunft mit Postkartenblick auf den Mekong ist vor allem bei Travellern beliebt. Betreiberin Khun Ben und ihr Ehemann Mike liefern zahllose Infos über die Gegend und geben gute Tipps zu Aktivitäten und Sehenswertem. Die vier Zimmer sind einfach, aber geschmackvoll und gemütlich eingerichtet. Reservierung erforderlich.

Mekong Villas RESORT $$$
(☎ 022 221290; www.mekongvillas.com; Hwy 211; 1-Zi.-Villa inkl. Frühstück 3400–4900 B, 3-Zi.-Villa inkl. Frühstück 12 000 B; P) Dieses umwerfende Refugium wird nicht nur wegen seiner Lage am Mekong mitten im Nirgendwo und des unglaublichen Blickes hinüber nach Laos gelobt, sondern auch für die tollen Villen, bei deren Bau diverse Elemente von prachtvollen Häusern im traditionellen Thai-Stil verwendet wurden, wodurch das ursprüngliche Ambiente erhalten blieb. Hier geht es sehr privat und ruhig zu, also genau das Richtige, um die Seele baumeln zu lassen. Das Personal kann Ausflüge und Bootsfahrten organisieren.

An- & Weiterreise

Pak Choms Bushaltestelle befindet sich auf dem Marktplatz, 500 m östlich der Kreuzung. Große *sŏrng·tăa·ou* fahren von 5.50 bis 12 Uhr stündlich und dann noch einmal um 16 Uhr nach Loei (60 B, 2½ Std.). Zwischen Pak Chom und Chiang Khan verkehren keine öffentlichen Verkehrsmittel. Man muss mit einem *sŏrng·tăa·ou* in Richtung Loei nach Ban Tad (45 B, 1½ Std.) fahren und dort in ein *sŏrng·tăa·ou* nach Chiang Khan (20 B, 30 Min.) umsteigen. Um 5, 10 und 15 Uhr fahren nichtklimatisierte Busse nach Nong Khai (80 B, 4 Std.).

Phu Ruea National Park อุทยานแห่งชาติภูเรือ

Phu Ruea bedeutet „Schiffsberg" – der Name bezieht sich auf einen Felsen, der aus einem Berggipfel ragt und in seiner Form an eine chinesische Dschunke erinnert. Der 121 km² große Phu Ruea National Park gehört zwar nicht zu den beeindruckendsten Naturschutzgebieten des Isan, ist aber ein netter Ort, um der Hitze zu entfliehen. Er bietet einen weiten Blick vom Gipfel (1365 m), den man entweder mit einem *sŏrng·tăa·ou* (10 B/Pers.) oder zu Fuß über einen 1 km langen Weg erreicht. Wer einen etwas längeren Weg nach oben einschlagen will, wandert zunächst über den leichten (aber nur selten benutzten), 2,5 km langen Weg vom unteren Besucherzentrum zum 30 m hohen Nam Tok Huai Phai, dem wohl schönsten Wasserfall im Park, und marschiert dann noch 6 km weiter.

Schlafen & Essen

Im Park gibt es fünf moderne **Bungalows** (☎ 042 810965; http://nps.dnp.go.th/reservation.php; 4/6 Pers. 2000/3000 B; P) und zwei Campingplätze mit kalten Duschen: den **oberen** (☎ 042 810965; 3-Pers. Leihzelt 405 B, eigenes Zelt 30 B; P) und den **unteren** (☎ 042 810965; 3-Pers. Leihzelt 405 B, eigenes Zelt 30B; P). Im Dezember und Januar können die Temperaturen nachts unter den Gefrierpunkt fallen, also warme Kleidung mitbringen. An der Zufahrtstraße unterhalb des Parks befinden sich viele kleine, preiswerte Resorts. Das **Suganya Resort** (☎ 042 899606, 081 042 6298; Phu Ruea National Park Rd; DZ 1000–2000 B, FZ 3000–6500 B; P) ist eins der Besseren.

Beim Besucherzentrum und am oberen Campingplatz gibt es kleine Restaurants, die aber nur in der Hauptsaison (Okt.–Feb.) geöffnet sind.

Praktische Informationen

Phu Ruea National Park Visitor Center
(☎ 042 810965; ⏲ 8–16.30 Uhr) Karten und

Infos über den Park. Bevor man einen der Wanderwege in Angriff nimmt, muss man sich hier melden.

An- & Weiterreise

Der Park liegt 50 km westlich von der Stadt Loei an der Rte 21. Mit öffentlichen Verkehrsmitteln (einem Mix aus Bussen, Minivans und *sŏrng·tăa·ous* – los geht's meistens am frühen Vormittag) erreicht man die Stadt Phu Ruea (80 B, 1 Std.), von wo aus man zum Park trampen oder einen Truck chartern muss (ca. 900 B inkl. ein paar Stunden Wartezeit). Der Gipfel ist 8 km von der Schnellstraße entfernt.

Phu Kradueng National Park อุทยานแห่งชาติภูกระดึง

Der Phu Kradueng National Park ist einer der beliebtesten Nationalparks in Thailand. Auf dem namensgebenden Gipfel zu übernachten ist für viele Studenten aus der Region eine Art Initiationsritus. Der Park umfasst ein Hochplateau mit vielen Wanderwegen, Felsen und Wasserfällen. Thailands zweiter Nationalpark liegt in einer Höhe von bis zu 1316 m. In seinen höchsten Lagen ist es immer recht kühl (Jahresdurchschnittstemperatur 20 °C), und die Flora ist eine Mischung aus Kiefernwald und Savanne. In dem 348 km² großen Park leben viele verschiedene Waldtiere, darunter Elefanten, Goldschakale, Kragenbären, Sambarhirsche, Seraue und Weißhandgibbons.

Während der Schulferien (März–Mai & vor allem über Neujahr) ist es im Park unglaublich voll. Von Juni bis September ist er geschlossen.

Sehenswertes & Aktivitäten

Am schönsten ist der Pfad, der in einem bewaldeten Tal an sechs Wasserfällen vorbeiführt. Das gilt sogar noch nach November, wenn die Fälle weitestgehend ausgetrocknet sind. Über den ganzen Berg verteilen sich viele Felsen mit Aussichtspunkten, von denen aus man den wunderbaren Sonnenunter- und -aufgang genießen kann.

Der Hauptweg auf den **Phu Kradueng** (อุทยานแหงชาติภูกระดึง; ☎042 810833; 400 B; ⏲Weg auf den Gipfel Okt.–Mai 7–14 Uhr) ist 5,5 km lang; man braucht drei bis vier Stunden, um hinaufzuklettern. Der Marsch ist zwar anstrengend, aber (wenn der Weg trocken ist) nicht besonders schwierig, da an den meisten steilen Abschnitten Stufen sind. Im Abstand von ungefähr 1 km sind an der landschaftlich schönen Strecke Rastplätze mit Imbissständen eingerichtet. Oben angekommen, sind es noch weitere 3 km bis zum Hauptbesucherzentrum. Am Fuß des Berges gibt's ein kleines **Besucherzentrum** (☎042 810833; ⏲7–17 Uhr), aber fast alles andere findet sich oben. Träger transportieren das Gepäck der Besucher an Bambusstangen befestigt nach oben (30 B/kg).

Schlafen & Essen

Auf dem Berg können 5000 Personen **campen** (☎042 810833; mit eigenem Zelt 30 B/Pers., Leihzelt 1–5 Pers. 100–800 B), außerdem gibt's ein paar große **Bungalows** (☎042 810833; http://nps.dnp.go.th/reservation.php; Bungalow 900–3600 B). Wer spät ankommt, kann am Fuß des Berges auf einem der Campingplätze oder in einem Bungalow übernachten. Die Restaurants oben auf dem Berg sind abends so lange geöffnet, wie Gäste da sind.

An- & Weiterreise

Busse, die zwischen Loei (49 B, 1½ Std., alle 30 Min.) und Khon Kaen (83 B, 2½ Std.) verkehren, halten in dem Ort Phu Kradueng. Von dort kommt man mit einem *sŏrng·tăa·ou* (30 B/Pers., Auto mit Fahrer 300 B) zum 10 km entfernten Fuß des Berges.

Nok Air (S. 391) bietet einmal täglich einen Fly-and-Ride-Service von Bangkok direkt in den Park.

PROVINZ NONG KHAI

Die schöne Provinz Nong Khai liegt an einem schmalen Abschnitt des Mekong und gehört zu Nordostthailands beliebtesten Reisezielen.

Nong Khai หนองคาย

☎042 / 47 600 EW.

Nong Khai, direkt gegenüber von Vientiane in Laos, ist seit Langem bei Travellern sehr beliebt – und das nicht nur wegen der Nähe zur laotischen Hauptstadt und der Unmengen Bananenpfannkuchen. Verführt von den traumhaft rosafarbenen Sonnenuntergängen und dem gemächlichen Lebenstempo bleiben viele Besucher letztendlich länger als geplant.

Geschichte

Früher gehörte dieses Gebiet die meiste Zeit zum Königreich von Vientiane (Wiang

Rund um Nong Khai

Chan), das selbst zwischen Unabhängigkeit und Tributpflicht an Lan Xang und Siam schwankte. 1827 ermächtigte Rama III. den thailändischen Fürsten Thao Suwothamma zur Gründung von Meuang Nong Khai an der Stelle der heutigen Stadt. Er wählte diesen Ort, da die umliegenden Sümpfe *(nong)* die Verteidigung der Stadt erleichterten.

Als die Franzosen 1893 Westlaos von Thailand abspalteten, forderten sie, dass im Abstand von 25 km zum Fluss keine thailändischen Soldaten stationiert sein dürften. Deshalb zogen Soldaten und Verwaltung gen Süden, gründeten Udon Thani und aus Nong Khai wurde tiefste Provinz.

Genau 101 Jahre später läutete die Eröffnung der 30 Mio. US$ teuren und 1174 m langen Saphan Mittaphap Thai-Lao (thailändisch-laotische Freundschaftsbrücke) eine neue Ära ein, in der sich Nong Khai zu einem regionalen Handelszentrum und Verkehrsknotenpunkt entwickelte. Im Inneren ihres Herzens ist Nong Khai aber noch immer eine kleine Stadt.

Sehenswertes

★ Sala Kaew Ku SKULPTURENPARK

(ศาลาแก้วกู่, Wat Khaek; 20 B; ⏲7–18 Uhr) Sala Kaew Ku gehört zu Thailands rätselhaftesten und auch beeindruckendsten Attraktionen. Der im Lauf von über 20 Jahren von dem Mystiker Luang Pu Boun Leua Sourirat (gest. 1996) angelegte Park beherbergt ein sonderbares und wunderschönes Sammelsurium von bizarren Zementstatuen, die Buddha, Shiva, Vishnu und andere göttliche Wesen darstellen sollen. Der Hauptschrein ist vollgestopft mit unzähligen kleineren Skulpturen verschiedener Art und Herkunft sowie mit Fotos von Luang Pu aus verschiedenen Zeiten seines Lebens. Sein Leichnam ruht unter einer Glaskuppel, umgeben von blinkenden Lichtern.

Nach eigenen Angaben fiel Luang Pu als Kind in ein Loch, in dem er einen Asketen namens Kaewkoo getroffen hat. Dieser weihte ihn in die mannigfaltigen Geheimnisse der Unterwelt ein und stellte so die Weichen dafür, ein brahmanischer Yogi-Priester und Schamane zu werden. Luang Pu entwickelte seine ganz eigene Mischung aus hinduistischer und buddhistischer Philosophie und fand in dieser Region auf beiden Seiten des Mekong eine große Anhängerschaft. Ursprünglich startete er sein Projekt auf der laotischen Seite des Flusses, wo er bis zur kommunistischen Machtübernahme 1975 lebte.

Manche Skulpturen sind recht amüsant. Kinder begeistert vor allem der Elefant, der gelassen durch ein Rudel menschenähnlicher Hunde stampft (dies soll verdeutlichen, dass man sich nicht stören lassen soll vom Tratsch der anderen). Die höchste Skulptur ist ein 25 m großer Buddha, der auf einer zusammengerollten *naga* (Schlangengottheit) unter dem spektakulären Baldachin einer siebenköpfigen Schlange sitzt. Unbedingt sehenswert ist auch das Rad des Lebens, das man durch einen gigantischen „Mund" betritt. Eine Erklärung findet man auf der Rückseite des praktischen Plans des Skulpturenparks, der im Mut Mee Garden Guesthouse (S. 101) erhältlich ist.

Alle Busse von Nong Khai in Richtung Osten passieren die Straße zum Sala Kaew Ku (10 B). Der Park ist etwa fünf Gehminuten von der Schnellstraße entfernt. Ein Túk-Túk kostet hin und zurück ca. 250 B (inkl. 1 Std. Wartezeit). Man kann auch mit dem Fahrrad dorthin fahren (30 Min.). Die malerische Strecke ist auf der Karte des Mut Mee Garden Guesthouse eingezeichnet.

Wat Pho Chai — BUDDHISTISCHER TEMPEL

(วัดโพธิ์ชัย; Th Phochai; ⌚ Tageslichtstunden, Ubosot 6–18.30 Uhr) GRATIS Im Zentrum von Nong Khais heiligstem Tempel sitzt der Luang Po Phra Sai. Diese große Buddha-Statue aus der Lan-Chang-Zeit ist über und über mit Gold, Bronze und Edelsteinen bedeckt. Ihr Kopf besteht aus purem Gold, der Körper aus Bronze. Das *ùt·sà·nít* (flammenförmiges Kopfornament) ist mit Rubinen besetzt. Vor Ort sollen sich viele Wunder zugetragen haben. Daher gehört dieser königliche Tempel zum Pflichtprogramm der meisten thailändischen Besucher.

Nong-Khai-Aquarium — AQUARIUM

(พิพิธภัณฑ์สัตว์น้ำจังหวัดหนองคาย; ☎ 083 459 4477; www.nongkhaiaquarium.com; an der Rte 2; 100 B; ⌚ Di–So 9–17 Uhr) Auf den ersten Blick sieht dieses große Aquarium etwas schäbig aus, es bietet aber eine interessante Sammlung von in Thailand und anderswo lebenden Süß- und Salzwasserfischen. Highlight ist der „Big Tank" mit Fischen aus dem Mekong, darunter auch ein Mekong-Riesenwels, den man beim Gang durch einen Unterwassertunnel bewundern kann. Sehenswert ist auch die Unterwasserfütterung (tgl. 14 Uhr, Sa, So & Feiertag auch 11 Uhr). Das Aquarium befindet sich weit außerhalb der Stadt auf dem Campus der Khon Kaen Universität an der Rte 2, es ist mit öffentlichen Verkehrsmitteln nicht zu erreichen.

Tha-Sadet-Markt — MARKT

(ตลาดท่าเสด็จ; Th Rimkhong; ⌚ 8.30–18 Uhr) Der Markt ist das beliebteste Ziel der ganzen Stadt. So ziemlich jeder liebt es, durch die Gänge der Markthalle zu bummeln, obwohl das Ganze eine gigantische Touristenfalle ist. Verkauft wird hier der übliche Mix aus Klamotten, Elektronik, Essen und allerlei Krimskrams – zumeist Importware aus Laos und China. Dazwischen gibt's aber auch ein paar Läden mit witzigen und hochwertigen Artikeln.

THAILANDS KUNMING

Aufgrund seiner Ähnlichkeit zum Steinernen Wald in Kunming, China, wird der **Suan Hin Pha Ngam** (สวนหินผางาม; ☎ 094 514 9231; geführte Tour 50 B/Pers., Traktorfahrt 20 B/Pers.; ⌚ Besucherzentrum 8–17.30 Uhr, letzte Bergfahrt 16.30 Uhr) auch Kunming Mueang Thai, „Thailands Kunming", genannt. Es ist zwar ein schönes Ziel, reicht aber nicht an Kunming heran. Wer lediglich im Traktor zum einfach zu erreichenden Aussichtspunkt hinauffährt und sich dort nur kurz umschaut, könnte eventuell enttäuscht sein. Das wahre Highlight besteht in einer geführten Wanderung durch das Gewirr der Pfade im Wald. 2 km nördlich des Suan Hin Pha Ngam Besucherzentrums am Ende der befestigten Straße liegt der **Namtok Phiang Din** (น้ำตกเพียงดิน; ⌚ Sonnenaufgang–Sonnenuntergang) GRATIS, der größte Wasserfall der Region.

Ein etwas abenteuerlicheres Ziel ist der **Suan Sawan** (สวนสวรรค์; ☎ 096 727 5952; geführte Tour 100 B/Gruppe, Traktorfahrt 20 B/Pers.; ⌚ Abfahrt 8–16.30 Uhr). Der Weg durch den „Himmlischen Garten" folgt einer Reihe von Metallstegen über Felsen und führt durch mehrere Höhlen. Die geführte Tour dauert ca. 90 Minuten. Eine Taschenlampe mitzubringen, ist eine gute Idee, aber nicht unbedingt erforderlich. Wenn bei der Ankunft niemand vor Ort ist, kann man jemanden im Dorf bitten, einen Führer anzurufen.

Übernachten kann man im **Chatikorn Resort** (☎ 086 249 0946; DZ/FZ 900/2500B; P ⊜ ❄) an der Hauptstraße direkt vor dem Abzweig nach Suan Hin Pha Ngam. Es bietet sieben ordentliche, geräumige Bungalows.

Nong Khai Zentrum

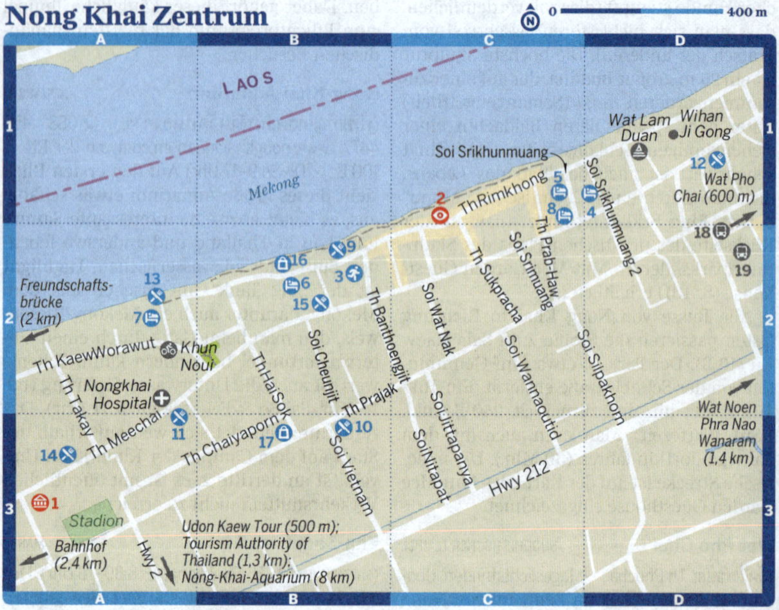

Nong Khai Zentrum

Sehenswertes
- 1 Nong-Khai-Museum A3
- 2 Tha-Sadet-Markt C1

Aktivitäten, Kurse & Touren
- 3 Healthy Garden B2
- Pantrix Yoga .... (siehe 7)

Schlafen
- 4 Ban Sai Thong D1
- 5 E-San Guesthouse C1
- 6 Khiangkhong Guesthouse B2
- 7 Mut Mee Garden Guesthouse A2
- 8 Sawasdee Guesthouse C1

Essen
- 9 Daeng Namnuang B2
- 10 Dee Dee Pohchanah B3
- 11 Hospital Food Court A3
- 12 Mae Ut D1
- 13 Nakawari A2
- 14 Saap Lah A3
- 15 Sweet Cake & Coffee B2

Shoppen
- 16 Nong-Khai-Straßenmarkt B2
- 17 Village Weaver Handicrafts B3

Transport
- 18 Nakhonchai Air D2
- 19 Busbahnhof Nong Khai D2

Wat Noen Phra Nao Wanaram BUDDHISTISCHER TEMPEL

(วัดเนินพระเนาวนาราม; Hwy 212; Sonnenaufgang–Sonnenuntergang) GRATIS Dieser mitten im Wald südlich der Stadt gelegene Wat ist ein angesehenes Zentrum für *vipassana*-(Einsichts-)Meditation auf einem schönen, schattigen Gelände. Die extrem aufwendig mit Schablonen und Mosaiken verzierte Tempelarchitektur steht in markantem Gegensatz zu der sonst asketischen Ästhetik von Waldklöstern. Auf dem Gelände gibt es viele vietnamesische Gräber, manche Statuen wären auch in Sala Kaew Ku nicht deplatziert (S. 398).

Nong-Khai-Museum MUSEUM

(พิพิธภัณฑ์จังหวัดหนองคาย; Th Meechai; Mo–Fr 8.30–16 Uhr) GRATIS Das kleine Museum im früheren Rathaus zeigt kaum mehr als alte Fotos. Die sind aber einigermaßen gut auf Englisch beschriftet; zudem ist der Besuch gratis. So lohnt es sich durchaus, hier ein paar Minuten zuzubringen.

Aktivitäten

Healthy Garden MASSAGE
(☎042 423323; Th Banthoengjit; Thai-/Fußmassage pro Std. 170/200 B; ⏲8–20 Uhr) Offeriert die wirkungsvollsten Behandlungen der Stadt (Fußmassagen und traditionelle Thaimassagen) in klimatisierten Räumlichkeiten.

Pantrix Yoga GESUNDHEIT & WOHLBEFINDEN
(www.pantrix.net; Soi Mutmee) Bei Pantrix bieten erfahrene Lehrer Wochen- und Monatskurse in Yoga für ernsthaft Interessierte an (keine Übernachtungsmöglichkeiten). Jeden Tag gibt es von 14 bis 15 Uhr kostenlose Yoga-Sitzungen.

Feste & Events

Während des **Songkran** (⏲Mitte April) wird die kostbare Statue des Luang Po Phra Sai vom Wat Pho Chai im Rahmen eines Umzugs durch die Stadt getragen.

Wie viele andere Städte im Nordosten feiert auch Nong Khai ein **Raketenfest** (*bun bâng fai;* ⏲Ende Mai/Anfang Juni), das am Visakha-Bucha-Tag beginnt.

Am Ende der buddhistischen Fastenzeit (Ork Phansaa) Ende Oktober/Anfang November finden auf dem Mekong **Longtail-Boot-Rennen** statt. Diese fallen mit dem Oktober-Vollmond zusammen, an dem auch *naga*-Feuerbälle zu sehen sind.

Besonders vergnüglich ist Nong Khais Version des **chinesischen Drachenfests** (⏲normalerweise Nov.), das zehn Tage lang mit Drachentänzen, Akrobaten, chinesischer Oper und jeder Menge Knallkörpern gefeiert wird.

Das **Anusahwaree Prap Haw Festival** (⏲5.–15. März) ist das größte Straßenfest der Stadt.

Schlafen

Nong Khais Budgetunterkünfte sind vollständig auf den nicht abreißenden Strom von Backpackern ausgerichtet und gehören zu den besten im Isan. Es gibt auch viele gute Unterkünfte der Mittelklasse.

E-San Guesthouse PENSION $
(☎086 242 1860; 538 Soi Srikhunmuang; Zi. mit Ventilator & Gemeinschaftsbad/mit Klimaanlage 250/450 B; P ❄ 📶) Das kleine, wunderschön restaurierte Haus in Flussnähe mit langer Veranda ist eine stimmungsvolle Unterkunft für Backpacker. Die Zimmer mit Klimaanlage in einem Neubau sind nett, haben aber nicht den Charme der Räume im älteren Haus. Gäste können Fahrräder kostenlos benutzen. In der gleichen Straße gibt es noch zwei weitere Pensionen in Holzhäusern.

Khiangkhong Guesthouse HOTEL $
(☎042 422870; Th Rimkhong; Zi. mit Ventilator/Klimaanlage 400/500 B; P ❄ 📶) Dieser von einer Familie geführte Betonturm ist ein Zwischending aus Pension und Hotel. Die Terrasse im 3. Stock punktet mit Frischluft und Flussblick. Gleiches gilt für einige der Zimmer. Leihfahrräder sind umsonst.

Sawasdee Guesthouse PENSION $
(☎042 420259, 081 596 2924; www.sawasdeeguesthouse.com; 402 Th Meechai; DZ & 2BZ 500–550 B, mit Ventilator & Gemeinschaftsbad 280 B; P ❄ @ 📶) Würde man Unterkünfte nur nach ihrem Äußeren bewerten, wäre das charismatische Sawasdee in einer alten franko-chinesischen Ladenzeile wohl nicht zu toppen. Den Zimmern rund um einen offenen Innenhof (super zum Abhängen) fehlt jedoch das altmodische Flair der Fassade und der Lobby. Dafür sind die Quartiere sauber und preiswert. Die Pension verleiht Fahrräder (40 B/Tag) und Motorräder (250 B/Tag).

★ **Mut Mee Garden Guesthouse** PENSION $$
(☎042 460717; www.mutmee.com; Soi Mutmee; Zi. 200–1650 B; ⊖ ❄ 📶) Nong Khais Budget-Klassiker punktet mit einem wunderbar ruhigen, fast süchtig machenden Garten am Fluss, in dem sich an den meisten Abenden unzählige Traveller tummeln. Es gibt eine große Auswahl an Zimmern (die preiswertesten mit Gemeinschaftsbad, die teuersten mit tollem Balkon), die rund um eine strohgedeckte Lounge angeordnet sind. Der Inhaber Julian gibt sein umfangreiches Wissen über die Gegend gern an seine Gäste weiter.

Ban Sai Thong PENSION $$
(☎081 975 6451; Soi Srikhunmuang 2, Th Rimkhong; Zi. inkl. Frühstück 600 B; P ❄ 📶) Die Holzkonstruktion mit dem großen Ziegeldach verleiht dem modernen Gebäude ein wenig historisches Flair. Die neun geräumigen Zimmer haben vorn Veranden mit Sitzgelegenheiten. Für Gäste gibt es kostenlose Leihfahrräder.

★ **Pimali** RESORT $$$
(☎042 089725; www.pimali.org; EZ/DZ inkl. Frühstück 1500/2000 B; P ❄ 📶) 🍃 Pimali ist eine gemeinnützige Organisation, die arme Jugendliche (hauptsächlich Waisen) aus der

MYSTERIÖSE FEUERBÄLLE

Methangas? Betrunkene laotische Soldaten? Gewitzte Mönche? Oder vielleicht doch der feurige Atem der heiligen *naga*, dieses sagenumwobenen, schlangenähnlichen Wesens, das alle Wasserwege Südostasiens bevölkert? Die Sichtung der *bâng fai pá·yah·nâhk* (frei übersetzt „*naga*-Feuerbälle") ist ein alljährlich wiederkehrendes Ereignis am Mekong. Irgendwann am frühen Abend am Ende der buddhistischen Regenklausur (meistens im Okt.) schießen kleine, rötliche Feuerbälle aus dem Mekong und steigen etwa 100 m in die Luft, ehe sie spurlos verschwinden.

Es gibt viele Theorien über die Feuerbälle. So behauptete eine Reportage im thailändischen Fernsehen, dass laotische Soldaten auf der anderen Seite des Flusses gefeiert und dabei in die Luft geschossen hätten. (Die Reaktion auf diese Fernsehsendung war ein Sturm des Protests auf beiden Seiten des Flusses). Andere hingegen meinen, unter dem Schlamm am Grund des Flusses bilde sich eine Mischung aus Methan- und Phosphingasen, die genau in dieser Jahreszeit eine kritische Temperatur erreiche und dann freigesetzt werde. Wieder andere gehen davon aus, dass ein paar Mönche einen Weg gefunden hätten, ein „Wunder" zu veranstalten.

Neugierige Thais aus dem ganzen Land versammeln sich an verschiedenen Stellen an den Ufern des Mekong zu dem jährlichen Event. Sonderbusse fahren zur Stadt Nong Khai und zurück. Mehrere Hotels bieten eigene Busse an, in denen ein Sitzplatz garantiert ist.

Wer nicht mit der richtigen Einstellung herkommt, wird vielleicht enttäuscht sein. Das echte Happening besteht nicht darin, auf ein paar kleine Lichter zu warten, die aus dem Fluss kommen – es geht darum, die Thais zu beobachten, die auf die kleinen Lichter warten. Und auch wenn die *naga* mal ihren Jahresgruß nicht am richtigen Tag absendet (manchmal erscheinen die Lichter mit einem Tag Verspätung, weil man nie genau berechnen kann, wann Vollmond ist), ist dies eine interessante Erfahrung.

Gegend im Hotel- und Gastgewerbe ausbildet. Die Auszubildenden kümmern sich um vier schicke, voll eingerichtete Bungalows mit Blick über Reisfelder und um ein elegantes Restaurant, in dem Thai-, Isan- und europäische Speisen serviert werden. Das Resort befindet sich 20 km von der Stadt entfernt auf dem Land. Der Transfer (eine Strecke) kostet 200 B.

Essen

Es gibt viele Restaurants am Tha-Sadet-Markt und an der Promenade mit ihrem tollen Blick auf den Fluss.

Mae Ut VIETNAMESISCH $
(Th Meechai; Hauptgerichte 30–50 B; ⌚10–18 Uhr) In diesem kleinen Lokal, das an Omas Küche erinnert, gibt es nur vier Gerichte, darunter Frühlingsrollen und *khâo gee·ab pahk mŏr* (frische Nudeln mit Schweinefleisch). Ausschau halten nach dem grünen Gebäude mit Tischen unter einer silberfarbenen Markise und vielen Topfpflanzen. Große Englischkenntnisse darf man hier nicht erwarten.

Daeng Namnuang VIETNAMESISCH $
(Th Rimkhong; Hauptgerichte 50–250 B; ⌚8–20 Uhr; 📶) Das große Restaurant am Fluss ist im Isan zu einer Institution geworden. Die Massen strömen von auswärts hierher, um ganze Kofferräume und Reisetaschen mit *năam neu·ang* (Schweinefleisch-Frühlingsrollen zum Selbermachen) zu füllen. Es gibt auch eine Filiale am Flughafen Udon Thani.

Sweet Cake & Coffee THAI $
(Th Meechai; Hauptgerichte 40–150 B; ⌚6–21 Uhr; 🖉) Dieses Lokal ist schwer einzuordnen. Geleitet wird es von einer reizenden alten Dame, die neben thailändischen Standardgerichten viele internationale Klassiker (z. B. gebackene Kuchen, Bananenpfannkuchen) zubereitet. In gemütlicher Atmosphäre gibt's hier Frühstück, Mittag- und Abendessen. Aber auch nur für einen Kaffee (Pulverkaffee, aufgebrüht oder traditionell-thailändisch) ist ein Besuch zu empfehlen.

Saap Lah THAI $
(Th Meechai; Hauptgerichte 25–150 B; ⌚8.30–19.30 Uhr) In dem einfachen Lokal gibt's ausgezeichnetes *gài yâhng* (gegrilltes Hühnerfleisch), *sôm·đam* (pikanter grüner Papaya-Salat) und andere Isan-Gerichte.

Hospital Food Court THAI $
(Th Meechai; Hauptgerichte 40–80 B; ⌚6–15 Uhr) Der Name täuscht: Dieser Laden ser-

viert kein Krankenhausessen, sondern liegt lediglich gegenüber vom Krankenhaus (und praktischerweise nahe den beliebtesten Pensionen). Die große Auswahl thailändischer Standardgerichte ist gut und günstig.

★ Dee Dee Pohchanah THAI $$
(1155/9 Th Prajak; Hauptgerichte 60–425 B; ⊙11–2 Uhr; 📶) Wie gut ist das Dee Dee eigentlich? Die Antwort gibt der allabendliche Andrang – davon aber nicht abschrecken lassen! Das Open-Air Lokal ist jeden Abend rappelvoll, funktioniert aber wie eine gut geölte Maschine, sodass man nie lange warten muss.

Nakawari THAI $$
(☎081 975 0516; Th Rimkhong; Hauptgerichte 50–480 B; ⊙10–21 Uhr) Das schwimmende Restaurant unterhalb des Mut Mee Garden Guesthouse (S. 401) ist auf Thai- und Isan-gerichte (vorwiegend Fisch) spezialisiert. Die Preise sind zwar etwas hoch, aber dafür ist die Qualität entsprechend. An den meisten Abenden wird gegen 17 oder 17.30 Uhr ein einstündiger Sonnenuntergangstörn angeboten (80 B; mind. 10 Gäste; Essen mind. 30 Min. vor dem Ablegen bestellen).

Ausgehen & Nachtleben

Es gibt mehrere kleine Bars am Fluss zwischen dem Mut Mee Garden Guesthouse und dem Tha-Sadet-Markt, die vor allem auf Traveller und hier lebende Ausländer ausgerichtet sind. Wer ins thailändische Nachtleben eintauchen will, folgt der sich an den Mekong schmiegenden Th Rimkhong über den Tha-Sadet-Markt hinaus nach Osten. Man kommt an einer Reihe von Restaurants und Bars vorbei, die Abendessen und Drinks servieren. Manche wirken bodenständig, andere modern. Sie sind nicht so günstig gelegen, aber dafür viel besser.

Shoppen

Nong-Khai-Straßenmarkt MARKT
(⊙Sa 16–22 Uhr) Jeden Samstagabend gibt es auf der Promenade ein Straßenfest mit Musik, handgefertigten Produkten und Essensständen. Der Markt ist kleiner, aber netter als ähnliche Straßenmärkte in Chiang Mai.

Village Weaver Handicrafts KUNSTHANDWERK
(☎042 422651; 1020 Th Prajak; ⊙8.30–18 Uhr) Der Laden verkauft hochwertige, handgewebte Stoffe und Kleidung (Konfektionsware oder auf Bestellung) und unterstützt damit Entwicklungsprojekte in der Gegend um Nong Khai. Die *mát-mèe*-Baumwollstoffe sind hier ausgesprochen gut.

Praktische Informationen

Im Einkaufszentrum **Asawann** (Hwy 2) gibt es Banken mit langen Öffnungszeiten.

GRENZÜBERGANG NACH LAOS: VON NONG KHAI NACH VIENTIANE

Anreise zur Grenze Wer schon ein Visum für Laos hat, steigt am Busbahnhof von Nong Khai am besten in einen Direktbus nach Vientiane (55 B, 1½ Std., 7.30–18 Uhr, 6-mal tgl.). Ein Bus fährt auch nach Vang Vieng (270 B, 6 Std., 9.40 Uhr). Einen Aufpreis von 5 B zahlt man für die Busse an Wochenenden und Feiertagen sowie für die Busse um 7.30 und 18 Uhr nach Laos.

Wer sich sein Visum an der Grenze besorgen will (6–22 Uhr), nimmt ein Túk-Túk. Vom Busbahnhof muss man mit 100 B rechnen, vom Stadtzentrum mit 60 B. Wenn man nicht gerade in einer großen Gruppe unterwegs ist, gibt es keinen Grund, die Dienste eines Visa-Service-Büros in Anspruch zu nehmen. Man sollte sich nicht von einem Fahrer dazu überreden lassen.

Man kann auch mit dem Zug nach Laos fahren (es gibt an beiden Bahnhöfen Einreiseschalter). Allerdings fahren die Züge nicht bis nach Vientiane durch, sodass dies nicht zu empfehlen ist. Die 15-minütige Fahrt (20–30 B, Abfahrt 7.30 & 14.45 Uhr) endet am Bahnhof Thanaleng (alias Dongphasay) gleich hinter der Brücke. Dort ist man dann der Gnade von Túk-Túk-Fahrern ausgesetzt, die Wucherpreise nehmen.

An der Grenze Wenn man den thailändischen Ausreisestempel in seinem Pass hat, kann man problemlos mit einem Bus (15–20 B) über die Brücke zur manchmal gut besuchten laotischen Einreisestelle fahren, wo man ein 30 Tage gültiges Visum erhält.

Weiterreise Von der Grenze aus sind es ca. 20 km nach Vientiane. Viele Busse, Túk-Túks und Taxis warten auf Fahrgäste, und es ist ein Leichtes, andere Traveller zu finden, mit denen man sich die Kosten teilen kann.

Einreisebüro (☎ 042 990935; Rte 2; ⏲ Mo–Fr 8.30–12 & 13–16.30 Uhr) 1 km südlich der Freundschaftsbrücke. Hier kann man sein thailändisches Visum verlängern lassen.

Tourism Authority of Thailand (TAT; ☎ 042 421326; tat_nongkhai@yahoo.com; Hwy 2; ⏲ 8.30–16.30 Uhr) Zum Zeitpunkt der Recherchen befand sich das Büro vor dem alten Rathaus am Ende vom Hwy 2. Es soll Anfang 2018 aber wieder in seine unpraktisch gelegenen Räumlichkeiten außerhalb der Stadt umziehen.

Nongkhai Hospital (☎ 042 413456; Th Meechai; ⏲ 24 Std.) Notfallambulanz rund um die Uhr.

An- & Weiterreise

BUS

Busbahnhof Nong Khai (☎ 042 421246) befindet sich in unmittelbarer Nähe der Th Prajak, ca. 1,5 km von den meisten Pensionen am Fluss entfernt. Es fährt nur ein Bus direkt nach Nakhon Phanom, man kann aber auch in mehreren Etappen über Bueng Kan oder Udon Thani nach Nakhon Phanom fahren.

Kleinbusse starten an der Grenze/Brücke (beim 7-Eleven) nach Udon Thani (50 B, 7–19 Uhr, stündl.); sie fahren zum alten Busbahnhof oder zur Central Shopping Mall.

Nakhonchai Air (☎ 042 420285) bietet den besten Busservice zwischen Nong Khai und Bangkok.

FLUGZEUG

Der nächstgelegene Flughafen befindet sich 55 km weiter südlich in Udon Thani. Das Reisebüro **Udon Kaew Tour** (☎ 042 411530; Th Pranang Cholpratan; ⏲ 8.30–17.30 Uhr) bietet Flughafen-Shuttles mit Minivans an (200 B/Pers.): Bei der Fahrt in die Stadt kann man sich an seinem Hotel oder an der Brücke absetzen lassen. Wer zum Flughafen will, muss dagegen zum Büro gehen. Tickets am besten im Voraus kaufen!

ZUG

Vier Expresszüge, einer tagsüber, drei abends, verkehren zwischen Bangkok (Sitzplatz 3./1. Kl. ab 223/607 B, 1.-Kl.-Schlafwagen oben/unten 1157/1357 B, 11½ Std.) und dem **Nong-Khai-Bahnhof** (☎ 042 411637, landesweit 1690; www.railway.co.th), der 2 km westlich des Stadtzentrums liegt.

Unterwegs vor Ort

Wegen des geringen Verkehrsaufkommens in der Stadt und der Nähe zum Land eignet sich Nong Khai perfekt zum Radeln. Viele Pensionen stellen ihren Gästen kostenlos Fahrräder zur Verfügung. Wer sich eins mieten muss, findet bei **Khun Noui** (☎ 081 975 4863; Th Kaew Worawut; ⏲ 8–16 Uhr) an der Straße gegenüber vom Eingang des **Mut Mee** (S. 401) verlässliche Fahrräder (50 B/Tag) und Motorräder (200 B). Wenn er nicht da ist, einfach einen der in der Nähe stehenden Túk-Túk-Fahrer ansprechen, die ihn dann anrufen – und schon kommt er in Windeseile.

Taxis mit Taxameter warten am Busbahnhof und an der Brücke auf Kunden. Im Allgemeinen einigt man sich über einen Preis und lässt das Taxameter aus. Ein Túk-Túk aus der Gegend um das Mut Mee zum Busbahnhof oder zur Brücke kostet 60 B bzw. 100 B für zwei Personen.

BUSSE AB NONG KHAI

ZIEL	PREIS (B)	DAUER (STD.)	HÄUFIGKEIT
Bangkok	329–658	10–11	spätnachmittags & frühabends häufig, tagsüber stündl.
Bangkok (Suvarnabhumi International Airport)	428	9–10	20 Uhr
Bueng Kan (Kleinbus)	140	2½	6–17.50 (alle 45 Min.)
Chiang Mai	750–820	12	19 Uhr
Kanchanaburi	495	12	19 Uhr
Khon Kaen	120–155	3½–4	7–18 Uhr (stündl.)
Loei	140	7–8	7.30 Uhr
Nakhon Phanom	200	7–8	11 Uhr
Nakhon Ratchasima	257–409	6	6–20.45 Uhr (stündl.)
Sangkhom	60	3	7.30, 11, 15 Uhr
Udon Thani (Kleinbus)	50	1	5.30–19 Uhr (häufig)

Sangkhom

สังคม

3500 EW.

Der kleine Ort Sangkhom liegt gegenüber der laotischen Insel Don Klang Khong und bietet sich für alle, die zwischen Nong Khai und Loei dem Lauf des Mekong folgen, als Rastplatz an. Die meiste Zeit genießen die Besucher hier den schönen Blick. Es gibt aber auch einige wundervolle Sehenswürdigkeiten im Ort und in der Umgebung.

Sehenswertes

In der Umgebung gibt es ein paar wunderschöne Wasserfälle. Der dreistufige **Nam Tok Than Thip** (น้ำตกธารทิพย์; Sonnenaufgang–Sonnenuntergang) GRATIS, 13 km westlich von Sangkhom (2 km abseits der Rte 211), ist der größte Wasserfall der Region. Die unterste Stufe hat eine Fallhöhe von 30 m, die zweite, die gut über Treppen zu erreichen ist, stürzt 100 m in die Tiefe. Die oberste Stufe mit einer Fallhöhe von 70 m ist im Walddickicht kaum zu erkennen. Der Wasserfall **Nam Tok Than Thong** (น้ำตกธารทอง; Rte 211; Sonnenaufgang–Sonnenuntergang) GRATIS, 12 km östlich von Sangkhom, ist breiter, aber nicht so hoch, und hat unten ein Schwimmbecken. Der Than Thong (in Schnellstraßennähe) ist leichter zugänglich als der Than Thip, kann aber an Wochenenden und Feiertagen ziemlich überlaufen sein. Achtung: Wie die meisten Wasserfälle des Isan werden auch diese beiden stark von den Jahreszeiten beeinflusst. Etwa von Juli bis September führen sie am meisten Wasser, im Februar sind sie ausgetrocknet.

Wat Pha Tak Sua BUDDHISTISCHER TEMPEL

(วัดผาตากเสื้อ; an der Rte 211; 6–18 Uhr) GRATIS Der Waldtempel mit Blick hinunter auf das Städtchen ist zwar nur 2 km Luftlinie, aber 19 Straßenkilometer entfernt. Früher wurde in dem Tempel ernsthaft meditiert, heute geht es hier eher kommerziell zu. Ganze Menschenmassen kommen wegen des umwerfenden Blickes auf den Mekong hierher – es gibt sogar einen „Sky Walk“ mit Glasboden. In der kalten Jahreszeit sieht man am frühen Morgen den Nebel im Tal aufsteigen.

Der überwucherte Pfad, den die Mönche früher allmorgendlich für ihre Bitte um Almosen benutzten (was sie jetzt in der Stadt tun), beginnt östlich der Stadt unmittelbar vor Kmstein 81. Man nimmt die Soi 5, geht am letzten Haus vorbei und biegt dann bei den Mango- und Papayabäumen rechts ab.

Din-Phiang-Höhle HÖHLE

(ถ้ำดินเพียง; 100 B/Gruppe; 6–18 Uhr) 13 km hinter der Straße zum Wat Pha Tak Sua befindet sich eine interessante Höhle, in der – nach Meinung vieler Einheimischer – ein *naga*-König leben soll. Wer Thailändisch versteht, wird viele witzige Storys zu hören bekommen. Es werden eine 30-minütige Führung mit Licht und eine zweistündige Führung (in der Regenzeit nicht möglich) mit Fackeln (Taschenlampen) angeboten. Auf beiden Touren geht es durch ein paar enge, feuchte Passagen. Achtung: Man darf keine Schuhe tragen.

Schlafen & Essen

Da immer mehr Touristen nach Sangkhom kommen, gibt es mehrere ordentliche Unterkünfte, ein paar gute Restaurants und viele Straßenküchen.

Bouy Guesthouse PENSION $

(042 441065, 091 050 7426; toy_bgh@hotmail.com; Rte 211; Zi. mit Ventilator/Klimaanlage 250/500 B; P ❄ @) Sangkhoms altehrwürdige Lodge besteht, wie der stets lächelnde Inhaber erklärt, zwar nur aus ein paar „einfachen Hütten“, doch die sind aus gutem Grund beliebt. Die Strohhütten mit Ventilator verfügen über Holzterrassen mit Hängematten, und die Lage am Fluss gleich westlich des Ortes sorgt für Entspannung pur. Der Preis für die klimatisierten Bungalows vorn ist recht angemessen, es mangelt ihnen aber leider sowohl an Ausblick als auch an Atmosphäre.

Man kann Fahrräder/Motorräder (50/200 B) leihen und an Flussfahrten teilnehmen. Es gibt auch ein Restaurant, das aber nicht immer geöffnet ist.

Sangkhom River View HOTEL $$

(042 441088; Rte 211; Zi. 600–1500 B; P ❄) Das attraktive Hotel mit hölzernen Laufstegen und dekorativem Mauerwerk ist etwas für diejenigen, die Wert auf gewissen Komfort legen. Rund 1,5 km östlich vom Stadtzentrum warten hier ein gutes Restaurant und viele Zimmer mit Flussblick.

Tantawan THAI, INTERNATIONAL $

(Rte 211; Hauptgerichte 40–250 B; 8–21 Uhr;) Dieses Lokal ist die erste Wahl für viele Sangkhom-Besucher, denn es bietet gutes Essen und einen tollen Blick. Auf der Speisekarte stehen die üblichen Thai- und Isan-Gerichte (der Mekong-Fisch-*lâhp* ist sehr zu empfehlen) sowie Pasta.

An- & Weiterreise

Ab Nong Khai fahren klapprige Busse mit Ventilator nach Sangkhom (60 B, 3 Std., 3-mal tgl.); der erste davon, der gegen 10.30 Uhr in Sangkhom ankommt, rollt weiter nach Loei (70 B, 4 Std.). Da der Ort keine Haltestelle hat, müssen vorbeifahrende Busse per Handzeichen herangewunken werden.

PROVINZ UDON THANI

Die Provinz Udon Thani wird von ihrer schrillen, überfüllten und ziemlich nichtssagenden Hauptstadt dominiert. Doch die Welterbestätte Ban Chiang, das reizvolle „Rote Lotusmeer" (Red Lotus Sea) und der geheimnisvolle Phu Phrabat machen diese Provinz zu einem faszinierenden Ziel.

Udon Thani

อุดรธานี

143 390 EW.

Udon Thani ist eine große, schrille Stadt mit einer der größten Ausländergemeinden Thailands. Während des Vietnamkriegs befand sich hier einer der größten US-Luftwaffenstützpunkte. In der Folge wurde die Stadt zum wichtigsten Verkehrs- und Wirtschaftszentrum der Region. Die Stadt selbst hat nichts zu bieten, was man unbedingt sehen muss. Dafür gibt es aber in der Umgebung einige extrem interessante Orte.

Sehenswertes

Nong Prajak Park PARK

(สวนสาธารณะหนองประจักษ์) In den späten Nachmittagsstunden kommt Leben in Udons beliebtesten Park, in dem viele farbenfrohe Attraktionen zu sehen sind, z. B. ein riesiges Gefäß im Ban-Chiang-Stil und eine gewaltige Gummiquietscheente, die zum Wahrzeichen Udons geworden ist. Am meisten los ist am Seeufer in der Th Thesa, von wo aus man einen besonders schönen Blick auf den Sonnenuntergang hat. Dort befinden sich auch viele Restaurants, Töpferateliers, in denen man selbst Hand anlegen kann, und **Massageстände** (Th Thesa; 180 B/Std.; ⌚8–22 Uhr). Am Nordostufer gibt es einen Fahrradverleih (S. 411).

Sanjao Pu-Ya TEMPEL

(ศาลเจ้าปู่ย่า; Th Nittayo; ⌚Sonnenaufgang–Sonnenuntergang) GRATIS Der große chinesische Tempel am Südufer des Nong-Bua-Sees zeugt von dem Reichtum der hiesigen thailändisch-chinesischen Gemeinschaft. Der Pu-Ya-Schrein im Zentrum beherbergt kleine Bilder der chinesischen Götter Pu (Großvater) und Ya (Großmutter).

Vor dem Tempel befindet sich das **Udon Thani Thai-Chinese Cultural Center** (ศูนย์วัฒนธรรมไทย-จีน; Th Nittayo; ⌚9–19 Uhr) GRATIS.

Udon Sunshine Orchid Farm GARTEN

(สวนกล้วยไม้อุดรซันไฌน์; ☎085 747 4144; Th Gamon Patana; ⌚Mo–Sa 8–17, So 15–17 Uhr) GRATIS Die Udon Sunshine Orchid Farm gleich nordwestlich der Stadt wurde berühmt, weil es ihr gelang, als erste ein Parfüm aus Orchideen herzustellen. Mittlerweile züchtet man dort eine flüssigkeitsreiche Hybridpflanze namens *Codariocalyx motorius ohashi leguminosae*, die zur Musik „tanzt". Wenn man mit einer hohen Stimme spricht oder singt (oder man besser noch Saxofon oder Violine spielt), wiegen sich ein paar der kleineren Blätter vor und zurück. Das ist kein Trick – wir haben es mit eigenen Augen gesehen! Doch sollte man eher einen langsamen Walzer als eine peppige Salsa erwarten.

Am aktivsten sind die Pflanzen von November bis Februar zwischen 7 und 9.30 und zwischen 16.30 und 18.30 Uhr. Sie sind unverkäuflich, Besucher können aber den aus der Pflanze gewonnenen Udon Dancing Tea (der wegen seiner angeblich medizinischen Heilkraft sehr beliebt und immer schnell ausverkauft ist) sowie Orchideen und Parfüms von Miss Udon Sunshine erwerben. Auf der Farm wird auch Udon Toob Moob Maeng Kaeng, ein Parfüm aus braunen Stinkwanzen, hergestellt.

Um die Farm zu erreichen, folgt man zunächst der Rte 2024 bis zum Schild mit der freundlichen Aufschrift „Welcome to Nongsamrong Community" und dann nach weiteren 150 m dem Schild mit der Aufschrift „Udon Sunshine Fragrant Orchid". In der Nähe halten zudem die *sŏrng·tăa·ou* der Linie 6 und der „Gelbe Bus". Die Túk-Túk-Fahrt aus Udons Stadtzentrum kostet hin und zurück um die 150 B.

Ho Chi Minh Historical Site MUSEUM

(แหล่งประวัติศาสตร์โฮจิมินห์; ⌚8–16 Uhr) GRATIS In den Jahren 1928 und 1929 nutzte Ho Chi Minh den Dschungel rund um das Dorf Nong Hang als Ausbildungslager für Soldaten und versuchte hier, die große vietnamesische Gemeinde des Isan für seinen Kampf gegen Vietnams französische Besatzer zu gewinnen. Zu sehen sind ein Nachbau seines strohgedeckten Lehmhauses und ein sehr bescheidenes Museum über sein Leben.

Feste & Events

In den ersten 15 Dezembertagen feiert Udon die **Thung Si Meuang Fair** mit regionaltypischen Kulturdarbietungen und den üblichen Möglichkeiten zum Shoppen und Essen. Für die ersten zehn Tage werden die Statuen Pu und Ya aus dem Tempel Sanjao Pu-Ya in einen temporären Schrein im Thung Si Meuang Park gebracht. Der Umzug der Statuen am 1. und 10. Dezember wird jeweils von großen Prozessionen und einem 99 m langen Drachen begleitet. Am 5. Dezember findet ebenfalls ein Drachentanz statt.

Schlafen

Oldie & Sleepy Hostel HOSTEL $

(088 697 9406; oldie.sleepy.hostel@gmail.com; Th Adunyadet; B inkl. Frühstück 200–250 B;) Wie der Preis schon vermuten lässt, sind die Zimmer einfach. Alles in allem ist diese Unterkunft aber eine fantastische Bleibe. Die Gastfreundlichkeit von Pear und Thong sowie die coolen Abende in der gediegenen Lounge mit leisem Jazz im Hintergrund haben schon viele Gäste veranlasst, länger als geplant zu bleiben. Es gibt eine Küche und massenhaft Reisetipps.

Pakdee House HOTEL $

(080 461 9600; Th Thepburi; Zi. 400 B; P) Das saubere, gut geführte Hotel ist weitaus besser als viele andere Unterkünfte der gleichen Preisklasse in dieser Gegend. Das Pakdee House liegt zwar nicht mitten im Zentrum, dafür aber in einem Stadtviertel mit vielen Studenten und Restaurants.

Ban Pannarai HOTEL $

(042 304001; Th Poniyom; Zi. mit Ventilator/Klimaanlage 300/440 B; P) Im Gegensatz zu den meisten preiswerten Hotels in Thailand hat dieses hellgelbe Gebäude etwas abseits der Straße durchaus einen gewissen Charme. Neue Matratzen wären zwar keine schlechte Idee, wer aber für wenig Geld in Seenähe übernachten will, liegt hier goldrichtig. Fahrräder kosten 20 B pro Stunde.

★ **Jamjuree Home** PENSION $$

(042 241727, 087 951 7940; 10/9 Benjang Rd; Zi. inkl. Frühstück 950–1290 B; P@) „Home" ist genau die richtige Bezeichnung, denn die Gastgeber wohnen im Erdgeschoss dieser traumhaften Pension mit vier Zimmern. Die modernen, gemütlichen Zimmer gehören zu den saubersten ganz Thailands. Die beiden größeren haben Kochecken. Die Lage ist zwar nicht die touristenfreundlichste, aber es gibt in der Umgebung viele gute Restaurants und der Nong-Prajak-See (S. 406) ist nur zehn Gehminuten entfernt. Fahrräder stehen den Gästen kostenlos zur Verfügung.

Much-che Manta HOTEL $$

(042 245222; www.much-chemanta.com; Th Makkang; Zi. inkl. Frühstück 900–5000 B; P@) Einfallsreiche Beleuchtung, viel Echtholz und vereinzelte Farbakzente verleihen dem hübschen Boutiquehotel ein einzigartiges Design. Auch das Restaurant und der Poolbereich im Hinterhof sind nette Pluspunkte. Gäste können sich gratis am Flughafen abholen und dorthin bringen lassen.

Centara HOTEL $$$

(042 343555; www.centarahotelsresorts.com; Th Prajak Sinlapacom; Zi. inkl. Frühstück 2270–3370 B, Suite inkl. Frühstück 4770–8400 B; P@) Das große Hotel mit hübscher Lobby und zuvorkommendem Personal macht wirklich einen guten Eindruck. Der bestätigt sich auch in der Qualität der Zimmer (mit Ausnahme der entsetzlichen fensterlosen und muffigen „Standardzimmer"). Sie liegen um einen riesigen Innenhof, der gleichzeitig gespenstisch ruhig und seltsam attraktiv ist, fast wie aus einem Sci-Fi-Film.

Essen

Udons Einwohner lieben ihre Nachtmärkte über alles. Die drei nebeneinanderliegenden Märkte vor dem Bahnhof, **Centre Point** (16–22 Uhr), **Preecha** (16–22 Uhr) und UD Bazaar bieten eine beeindruckende Auswahl an Lebensmitteln. Aufgrund der vielen hier lebenden Ausländer ist auch viel westliches Essen im Angebot.

★ **UD Bazaar** THAI, INTERNATIONAL $

(Th Prajak Sinlapacom; 11–23 Uhr) Dieser wuselige Ort ist der größte der vielen Nachtmärkte in Udon Thani. Er ist auch einer der Märkte mit dem vielseitigsten Speisenangebot. Außerdem gibt es eine Bühne für Livemusik. Ein paar Lokale servieren auch Mittagessen, aber eigentlich geht es erst gegen 16 Uhr so richtig los.

Phetkasem THAI $

(Th Adunyadet; Hauptgerichte 78–358 B; 18–24 Uhr;) In diesem Gartenrestaurant treffen sich gern Freunde zum Essen und Trinken. Auf der Speisekarte stehen die üblichen Thai- und Isan-Gerichte, aber auch weniger Übliches wie *plah nêung búay* (gedünsteter Fisch in chinesischer Pflaumensauce)

Udon Thani

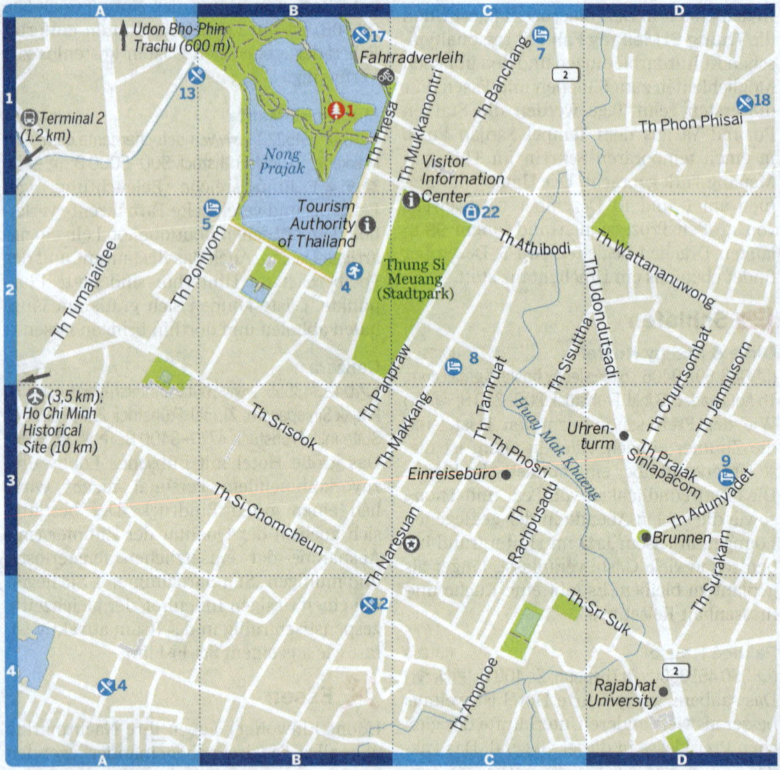

Udon Thani

Sehenswertes
1 Nong Prajak Park B1
2 Sanjao Pu-Ya F4
3 Udon Thani Thai-Chinese Cultural Center F4

Aktivitäten, Kurse & Touren
4 Massage B2

Schlafen
5 Ban Pannarai B2
6 Centara E3
7 Jamjuree Home C1
8 Much-che Manta C2
9 Oldie & Sleepy Hostel D3
10 Pakdee House E4

Essen
11 Centre-Point-Nachtmarkt F3
12 Desserts B4
13 Good Everything A1
14 Grey Cabin A4
15 Phetkasem E3
16 Preecha-Nachtmarkt E3
17 Rabiang Phatchanee B1
18 Samuay & Sons D1
19 UD Bazaar F3

Shoppen
20 Central Plaza E3
21 UD Town F4
22 Udon-City-Straßenmarkt C2

Transport
23 Bus-Terminal 1 .... E4
24 Central Plaza Van Station E3
Nakhonchai Air .... (siehe 23)

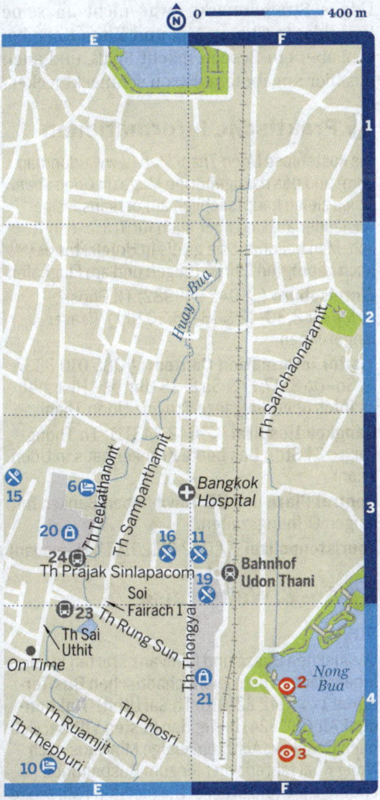

und *lâhp mah·mâh*, eine witzige Variante des klassischen Isan-Gerichts – statt Fleisch werden Instantnudeln verwendet.

Desserts THAI $

(Th Naresuan; Hauptgerichte 55–95 B; ⌚9–15 Uhr; 📶) Das ist kein gewöhnliches Thai-Restaurant. Gerichten wie *kôw klúk gà·pì* (Reis mit Shrimpspaste) und Massaman Curry fehlt es an nichts. Es gibt auch Salate und zum Dessert *kŏrng wăhn ruam·mít*; am Tresen kann man sich fünf Zutaten für die eisgekühlte Kokosmilch auswählen.

★ Samuay & Sons THAI $$

(Th Phon Phisai; Hauptgerichte 79–280 B; ⌚Di–So 11–14.30 & 17–21.30 Uhr; 📶) Das kleine Lokal mit offener Küche ist Isans Version eines trendigen Soho-Bistros. Der Betreiber und Küchenchef serviert ein paar Thai- und Isan-Standards wie *panang curry* und *om curry* mit Algen. Mit seinen Fusiongerichten und aufgepeppten alten Rezepten wie Tapioka-Shrimpsbällchen und Entenkonfit mit Kokosmilch und Mangokonfitüre unterscheidet er sich von der Konkurrenz.

★ Grey Cabin INTERNATIONAL, THAI $$

(Th Sinchaithani; Hauptgerichte 80–285 B; ⌚10–21 Uhr; 📶) In der Gegend um die Central Plaza/Soi Farang gibt es viele Restaurants mit Essen für *fa·ràngs*. Bei Weitem am besten ist aber dieses von Mutter und Tochter betriebene Lokal 2 km südlich des Nong-Prajak-Sees. Zu den verschiedenen frisch zubereiteten, leckeren Gerichten gehören u.a. mit Ahornsenf glasierter Lachs, Pasta mit Hühnchenpesto, Apfel- und Briesalat, gegrillter Käse aus drei Sorten, Seafood-Ramen und Thai-Pilz-Salat.

★ Rabiang Phatchanee THAI $$

(Th Suppakitchanya; Hauptgerichte 60–380 B; ⌚10–23 Uhr; ❄📶) Das Lokal am Ostufer des Sees serviert alle üblichen Thai-Klassiker, aber auch viele, die man bislang wohl noch nie probiert hat, z.B. Fischmagensalat und gebratene Ente mit Krebsfleisch in Bratensauce. Gegessen wird entweder draußen auf der Terrasse oder in klimatisierten Räumen. Achtung: Viele der Preise auf der Speisekarte beziehen sich auf 100 g (ขีดละ).

Good Everything INTERNATIONAL, THAI $$$

(Th Poniyom; Hauptgerichte 170–690 B; ⌚10–22 Uhr; 📶🖉) Das weiße Cottage mit Garten scheint geradewegs aus dem ländlichen England zu stammen. Auf den Tisch kommen frische und gesunde Gerichte wie Lachs mit Spinat, geröstete Kürbissuppe und Salate im *fa·ràng*-Stil. Qualitativ hochwertiger Kaffee und Tee sind ebenfalls im Angebot. Es zählt zu den teuersten Restaurants der Stadt; den vielen Stammgästen zufolge sind die Preise jedoch angemessen.

🍷 Ausgehen & Nachtleben

Udon hat die größte und am leichtesten erkennbare Sextourismus-Szene im ganzen Isan. Die Gegend um die Th Sampanthamit (die manchmal auch „Soi Falang" genannt wird) wirkt abends ziemlich schmierig – selbst tagsüber muss man ständig „Hallo, Massaaaage" über sich ergehen lassen. Zum Glück gibt es hier aber auch andere Angebote für Ausländer.

Das meiste Nachtleben von Udon findet vor dem Bahnhof statt. Viele, aber bei Weitem nicht alle Bars hier sind schäbig. Die Gegend um das Restaurant Phetkasem (S. 407) ist eine coole Alternative. Auch die

ABSTECHER

EIN DORF AM FLUSS

Auf dem Weg von Nong Khai nach Bueng Kan bietet sich 20 km vor Bueng Kan ein netter Zwischenstopp im hübschen, am Fluss gelegenen Ban Ahong an. Der **Wat Ahong Silawat** (วัดอาฮงศิลาวาส; Rte 212; ⏲ Sonnenaufgang–Sonnenuntergang) GRATIS, 20 km westlich der Provinzhauptstadt an der Rte 212, steht inmitten von rötlichen Felsen an einer Flusskurve, die wegen der Strudel, die sich hier von Juni bis September drehen, Sàdeu Námkong (Nabel des Mekong) genannt wird. Eine 7 m hohe Kopie des Chinnarat Buddhas in Phitsanulok blickt von einem einfachen kleinen *bòht* (Ordinationshalle) über den Mekong. Dieser Ort wird als äußerst Glück verheißend angesehen, vor allem an dem Abend, an dem die buddhistische Regenklausur *wan òrk pan·săh* endet, denn es heißt, dass hier die ersten *bâng fai pá·yah·nâhk* (*naga*-Feuerbälle) gesichtet wurden. Der Legende nach ist hier die tiefste Stelle am Fluss, außerdem soll es viele Unterwasserhöhlen geben, in denen *nagas* leben.

drei Nachtmärkte bieten allerlei Abwechslung. Außer essen kann man hier Klamotten kaufen, Karaoke singen, sich tätowieren oder die Zukunft weissagen lassen und natürlich auch Livemusik hören.

Shoppen

Central Plaza (Th Prajak Sinlapacom; ⏲ Mo–Fr 10.30–21, Sa & So 10–21 Uhr) ist Udons größtes Einkaufszentrum. Ein Bummel durch die Open-Air-Mall **UD Town** (Th Thongyai; ⏲ 8–23 Uhr) macht aber mehr Spaß.

Udon Bho-Phin Trachu KUNST & KUNSTHANDWERK
(☎ 042 245618; www.udonbhophin-thaisilk.com; Th Poniyom; ⏲ 7.30–18 Uhr) In dem großen Laden nordwestlich des Nong-Prajak-Sees gibt es eine große Auswahl an Seide und Baumwolle, darunter auch ein paar mit Naturfarben gefärbte Stoffe. Ausschau halten nach dem Schild mit dem Holzdach.

Udon-City-Straßenmarkt MARKT
(Th Athibodi & Th Panpraw; ⏲ Fr & Sa 17–22 Uhr) Mit nur ein paar Hundert Händlern, die handgefertigte Produkte verkaufen, reicht Udons Straßenmarkt zwar nicht an seine Vorbilder in Chiang Mai und Khon Kaen heran, aber ein Besuch macht Spaß, und auch das hier angebotene Essen schmeckt lecker.

Praktische Informationen

Die kostenlose *Udon Thani Map* (www.udonmap.com) und das dazugehörige Magazin *Udon Thani Guide* zielen hauptsächlich auf ortsansässige Ausländer ab, sind aber auch für Traveller nützlich. Man bekommt sie gratis in Hotels, touristisch geprägten Einrichtungen und am Flughafen.

Einreisebüro (☎ 042 249982; Th Phosri; ⏲ Mo–Fr 8.30–12 & 13–16.30 Uhr) Visaverlängerungen.

Visitor Information Center (☎ 085 010 3837; ⏲ So–Do 8–17, Fr & Sa 8–18 Uhr; 📶) Hier gibt es Infos über die ganze Provinz Udon Thani.

Bangkok Hospital (☎ 042 343111; Th Thongyai; ⏲ 24 Std.) Das beste Krankenhaus in Udon Thani.

Central Plaza und **UD Town** haben Banken mit langen Öffnungszeiten.

Touristenpolizei (☎ 042 211291; Th Naresuan)

An- & Weiterreise

BUS

Die meisten Busse und Minivans starten in der Innenstadt an dem leicht chaotischen **Bus Terminal 1** (☎ 042 221916; Th Sai Uthit). **Nakhonchai Air** (☎ 1624) bietet den besten VIP-Service nach Bangkok. Achtung, einige Minivans nach Nong Khai fahren von hier zum Busbahnhof, andere zur Grenzbrücke. Die meisten Fahrzeuge nach Nong Khai halten am Rangsina-Markt nördlich der Stadt, um weitere Fahrgäste aufzupicken. Für den Kauf eines Bustickets nach Laos ist ein Visum für Laos Voraussetzung. Für den Bus wochentags um 18 Uhr und für alle Busse, die an Wochenenden oder Feiertagen starten, muss man 5 B extra hinblättern.

Fast direkt neben dem Bus Terminal 1 befindet sich die **Central Plaza Van Station** (Th Prajak Sinlapacom). Hier starten Minivans nach Nong Khai (50 B, 1 Std., 6–20 Uhr, alle 30 Min.), Bueng Kan (190 B, 3½ Std., 5–19 Uhr, alle 30 Min.) und Roi Et (150 B, 4 Std., 5–17.40 Uhr) über Khon Kaen (80 B, 2 Std.) sowie Busse nach Chiang Mai (545 B, 12 Std., 12.45, 17.45, 18.45, 20.45 Uhr), Nakhon Phanom (221 B, 3 Std., 5.15, 5.30, 22 Uhr) und Roi Et (139–150 B, 4½ Std., 6–17 Uhr, alle 30 Min.) über Khon Kaen (76–80 B, 2½ Std.).

Vom **Bus Terminal 2** (☎ 042 214914) an der westlichen Ringstraße fahren weniger Busse ab, die meisten nur in Städte im Westen wie Loei (90–115 B, 2½ Std., 4.50–17.50 Uhr, alle 30 Min.), Phitsanulok (311–493 B, 7 Std., 7.30–20.50 Uhr, alle 2 Std.) und Chiang Mai (760 B, 12 Std., 7.15, 14.30, 19.15, 20.30 Uhr).

FLUGZEUG

THAI Smile (☎042 246697, landesweit 1181; www.thaismileair.com; ⌚7.30–19 Uhr) fliegt von Udon Thani zum Bangkoker Flughafen Suvarnabhumi, **Air Asia** (☎landesweit 02 515 9999; www.airasia.com; ⌚7–21 Uhr), **Thai Lion Air** (☎025 299999; www.lionairthai.com; ⌚6–20 Uhr) und **Nok Air** (☎landesweit 02 900 9955; www.nokair.com; ⌚6.15–19.30 Uhr) steuern den Bangkoker Flughafen Don Muang an. Jede Fluggesellschaft startet vier- oder fünfmal täglich, die Preise betragen pro Strecke ca. 900 B. Es gibt auch täglich Direktflüge nach Chiang Mai (Nok), Hat Yai (Thai Lion), Phuket (Air Asia) und Pattaya (Air Asia). Für Flugtickets empfiehlt sich **On Time** (☎042 247792; ontime thailand@gmail.com; Th Sai Uthit; ⌚Mo–Sa 8–17, So 9–15 Uhr), eines von mehreren Reisebüros in der Nähe des Bus Terminals 1.

Einige Hotels holen ihre Gäste kostenlos am Flughafen ab. Kleine Shuttlebusse ins Stadtzentrum kosten 80 B pro Person. Tickets sind am Schalter „Limousine Service" erhältlich.

Trotz des Namens starten am **Udon Thani International Airport** (☎042 244426) keine Flüge ins Ausland. Es gibt aber Gerüchte, dass demnächst Flüge nach China angeboten werden.

ZUG

Zwischen Bangkok (Sitzplatz 95–457 B, 1.-Kl.-Schlafwagen oben/unten 1117/1317 B, 9½ –11 Std.) und dem **Bahnhof Udon Thani** (☎042 222061) verkehren täglich vier Züge, drei am frühen Abend und einer frühmorgens. Fünf Züge fahren täglich nach Nong Khai (11–48 B, 45–60 Min.).

ℹ Unterwegs vor Ort

Sŏrng·tăa·ou (10 B) fahren auf festgelegten Routen durch die Stadt. Die Linie 6 (weiß) ist recht praktisch, weil sie (mit einem Schlenker zur Kreuzung Th Prajak-Surakarn) über die Th Udondutsadi, vorbei am Rangsina-Markt bis zum Bus Terminal 2 fährt. Es gibt auch zwei sporadische Stadtbusse (10 B). Der weiße Bus folgt der Th Udondutsadi, der gelbe fährt von der Th Phosri nach Nittayo und verbindet die beiden Busbahnhöfe miteinander. Auf der *Udon Thani Map* (www.udonmap.com) sind alle Bus- und *sŏrng·tăa·ou*-Strecken eingezeichnet.

Auf der Straße kann man nur selten ein **Taxi** (☎042 244554, 042 343239) anhalten, aber vor dem Bus Terminal 1, dem Einkaufszentrum Central Plaza und dem Flughafen warten welche auf Fahrgäste. Die Fahrer machen die Taxameter nicht an. Túk-Túks (die hier „Skylab" heißen) gibt's aber überall. Die Fahrt vom Central Plaza zum Nong Prajak Park kostet meist 60 B.

Lek Car Rental (☎086 059 3028; www.lekcarrentaludonthani.com) ist eine angesehene Autovermietung. Rund um das Einkaufszentrum Central Plaza gibt's einige kleine Autovermieter. **Avis** (☎089 969 8678; www.avisthailand.com; Udon Thani International Airport; ⌚7–21 Uhr), **Thai Rent A Car** (☎082 668 5057; www.thairentacar.com; Udon Thani International Airport; ⌚6.30–21 Uhr) und andere bekannte Autovermieter haben Niederlassungen am Flughafen.

Fahrräder (1-/2-/3-Sitzer 20/40/50 B pro Std.; ⌚Mo–Fr 10–20, Sa & So 8–20 Uhr) kann man am Nordostufer des Sees im Nong Prajak Park mieten.

Ban Chiang บ้านเชียง

5049 EW.

Ban Chiang, eine der bedeutendsten archäologischen Stätten Südostasiens, wurde 1966 entdeckt, als ein Soziologiestudent aus Harvard dort auf einer Wanderung stolperte und direkt vor seiner Nase den Rand eines ver-

BUSSE & MINIVANS AB UDON THANI (TERMINAL 1)

ZIEL	PREIS (B)	DAUER (STD.)	HÄUFIGKEIT
Bangkok	454–605	8–10	alle 30 Min.
Bueng Kan	208	4	4.10–16.10 Uhr (stündl.)
Khon Kaen	76–120	2½	5–16.50 Uhr (häufig)
Khon Kaen (Minivan)	80	2	6–20 Uhr (häufig)
Nakhon Phanom	147–200	4	4.30–16.20 Uhr (alle 45 Min.)
Nong Khai (Minivan)	50	1	6–20 Uhr (alle 30 Min.)
Pattaya	441–636	11	4.30–21 Uhr (stündl.)
Suvarnabhumi Airport	392	8	21 Uhr
Vientiane (Laos)	80	2	8–18 Uhr (8-mal tägl.)
Vang Vieng (Laos)	320	7	8.30 Uhr

KUNSTHANDWERK AUS BAN CHIANG

Bis heute lebt der Ort Ban Chiang vor allem vom Reisanbau, inzwischen allerdings dicht gefolgt von dem lukrativen Geschäft mit Souvenirs. Einige der Stücke, darunter auch die Tonwaren im Ban-Chiang-Stil, werden in der Gegend hergestellt. Wenn man über die Straße vor dem Museum oder über den kleinen Soi-OTOP-Markt direkt östlich des Museums schlendert, kommt man an mehreren **Töpferateliers** vorbei, die aber keine regelmäßigen Öffnungszeiten haben. Gleich südlich vom **Tai Phuan House** (บ้านไทพวน) stellt eine kleine **Gruppe von Weberinnen** (กลุ่มทอผ้าฝ้ายย้อมครามบ้านเชียง ส.หงษ์แดง; ☎086 221 2268; ⏲9–17 Uhr) GRATIS hauptsächlich Indigo-Baumwolle her.

grabenen Gefäßes fand. Als er sich umsah, entdeckte er weitere Stücke und vermutete, auf eine Begräbnisstätte gestoßen zu sein. Bald darauf begann man mit Ausgrabungen und förderte einen Schatz von Artefakten und Dutzende menschlicher Skelette zutage. Das Museum gehört zu den besten in Thailand, eine Ausgrabungsstätte ist freigelegt.

Ban Chiang wurde 1992 von der UNESCO zum Weltkulturerbe erklärt.

Sehenswertes

Ban Chiang National Museum MUSEUM
(พิพิธภัณฑสถานแห่งชาติบ้านเชียง; 150 B; ⏲Di–So 9–16 Uhr) Das ausgezeichnete Museum, das mithilfe der Smithsonian Institution errichtet wurde, beherbergt Unmengen von Tonwaren aus allen Ban-Chiang-Perioden sowie unzählige Speerspitzen, Sicheln, Angelhaken, Schöpfkellen, Halsketten und andere Metallobjekte. Die (englisch beschilderten) Exponate gewähren einen hervorragenden Einblick in die ferne Vergangenheit der Region, es ist aber anzumerken, dass Archäologen die angegebenen Daten auf der Grundlage neuer Erkenntnisse revidiert haben. Weil die Gegenstände nun nicht ganz so alt sind, hat sich das Museum gegen die Angabe dieser Daten entschieden.

Wat Pho Si Nai Burial Site ARCHÄOLOGISCHE STÄTTE
(หลุมขุดค้นทางโบราณคดีวัดโพธิ์ศรีใน; Eintritt im Museumsticket enthalten, Mo frei; ⏲8.30–18 Uhr) 1 km östlich des Ban Chiang Nationalmuseums befindet sich die größte freigelegte Begräbnisstätte. Es ist die einzige, die von Besuchern besichtigt werden kann. Hier sieht man, wie 52 Verstorbene zwischen 300 v. Chr und 200 n. Chr. in Einzelgräbern mit Töpferwaren beigesetzt wurden. Aufgrund von Überschwemmungen ist die ganze Stätte jetzt ein äußerst gelungener Nachbau (die Skelette sind aus Harz). Wäre es nicht angemerkt, würde man meinen, es sei das Original.

Schlafen & Essen

Lakeside Sunrise Guesthouse PENSION $
(☎080 193 4300; banmai167@hotmail.com; Zi. mit/ohne Bad 500/400 B; P❄📶) Das alte Holzhaus steht mitten auf dem Land und ist trotzdem nicht allzu weit vom Museum entfernt – Grund genug, hier zu übernachten. Die sechs einfachen Zimmer teilen sich eine große Terrasse. Reservierungen sind kaum erforderlich. Aber man ruft trotzdem am besten vorher an, damit der fröhliche Inhaber, der gut Englisch spricht, auch zu Hause ist, wenn man ankommt.

Krua Fah Nao THAI $
(Hauptgerichte 35–120 B; ⏲8–16 Uhr) Die „Kalte Himmelsküche" direkt westlich vom Museumseingang serviert recht gute Thai-Standards.

An- & Weiterreise

Von Udon Thani fährt man mit dem Bus Richtung Sakon Nakhon oder Nakhon Phanom und steigt in Ban Nong Mek (35 B, 45 Min., alle 30 Min.) aus, wo man für die letzten 8 km nach Ban Chiang ein Túk-Túk (1 oder 2 Pers., 100 B hin & zurück) nimmt.

Red Lotus Sea ทะเลบัวแดง

Es ist wirklich ein See voller pinkfarbener Seerosen, und überall in Udon sind Bilder der **Red Lotus Sea** (Kumphawapi District) zu sehen. Das „Rote Lotusmeer" ist eine der Hauptattraktionen des Isan, aber nur wenige Ausländer finden den Weg hierher. Man sollte mit einem Boot (300–500 B für bis zu 10 Pers.) auf die Mitte des Sees hinausfahren, je früher am Morgen, desto besser, denn die Blüten beginnen sich gegen 10.30 Uhr zu schließen, mittags sind sie dann vollständig geschlossen.

Die Saison hängt von Mutter Natur ab. Sie beginnt in der Regel Ende Oktober und dauert bis Ende Februar. Am schönsten ist der Anblick oft, aber nicht immer, im Januar. Der Hauptzugangspunkt zum Nong Han – wie der See eigentlich heißt – befindet sich 40 km südöstlich der Stadt Udon in Ban Diam. Es gibt dermaßen viele Straßenschilder, dass man den See gar nicht verfehlen kann. Öffentliche Verkehrsmittel hierher gibt es nicht, es werden aber Halbtagesausflüge (499 B/Pers.) angeboten. Los geht's um 6.30 Uhr vor dem McDonald's in UD Town (S. 410). Termine sollte man sich im Hotel bestätigen lassen oder aber im **TAT-Büro** (☎042 240616; tatudon@tat.or.th; Th Thesa; ⏲8.30–16.30 Uhr) anrufen, denn es ändert sich ständig irgendetwas.

Ban Na Kha บ้านนาข่า

6364 EW.

Der Ort Na Kha, 16 km nördlich der Stadt Udon, ist ein ausgezeichnetes Ziel, um Stoffe zu kaufen. Im Ortszentrum gibt's einen **überdachten Markt** (⏲7–18 Uhr), auf dem Seiden- und Baumwollstoffe nicht nur aus der hiesigen Region angeboten werden. **Mae Bah Pah Fai** (☎042 206104; ⏲8–17.30 Uhr), gegenüber vom Eingang zum Wat Na Kha Taewee, ist so gut wie alle anderen, hat aber darüber hinaus im hinteren Raum einige jahrhundertealte *kit*-Stoffe hängen.

Im Ort gibt es außerdem zwei sehenswerte Tempel. Der **Wat Na Kha Taewee** (วัดนาคาเทวี; ⏲Sonnenaufgang–Sonnenuntergang) GRATIS wurde von einem Wandermönch gegründet, der ein Loch entdeckt hatte, aus dem er das Geräusch und den Rauch einer *naga* vernahm. Er stopfte das Loch mit einem Gesteinsbrocken zu und beschloss, sich dort niederzulassen. Das Loch zwischen dem *ubosot* und dem Stupa ist heute ein bedeutender lokaler Schrein. Unter dem gigantischen Buddha sind Töpferwaren und menschliche Skelette ausgestellt, die während der verschiedenen Baumaßnahmen rund um den Tempel ausgegraben wurden. Der **Wat Tung Toomkam** (วัดทุ่งตูมคำ; ⏲Sonnenaufgang–Sonnenuntergang) GRATIS, 700 m südöstlich des Ortes, beherbergt ausgefallene buddhistische Kunst, darunter viele mit Münzen bedeckte Buddhas.

Ein paar Markthändler verkaufen Snacks wie gebratene Süßkartoffeln und *kôw jèe* (gebratener Klebreis in Eierteig), Unterkünfte gibt es im Ort nicht.

Sŏrng·tăa·ou der Linie 3 (15 B, 30 Min.) fahren von der Th Udondutsadi in Udon Thani nach Ban Na Kha, ebenso wie der seltener verkehrende „Weiße Bus". Auch die zwischen Udon Thani und Nong Khai verkehrenden Minivans setzen ihre Fahrgäste auf Wunsch hier ab, man muss aber den vollen Preis (50 B) zahlen.

Geschichtspark Phu Phrabat อุทยานประวัติศาสตรภูพระบาท

Die Geschichte dieses geheimnisvollen und mystischen **Parks** (☎042 219837; 100 B; ⏲8.30–16.30 Uhr) mit seinen vielen bizarren Felsspitzen, seinen Felsblöcken, die die Größe eines Wals haben, und seinen gewagt ausbalancierten Steinbrocken ist nicht wirklich bekannt. Der Geschichtspark Phu Phrabat zählt zu den beeindruckendsten Sehenswürdigkeiten und Erfahrungen des Isan. In prähistorischer Zeit wurden viele der Felsformationen in diverse religiöse Stätten verwandelt. Besonders zahlreich sind buddhistische *sema*-Steine, die

ABSTECHER

SPEKTAKULÄRER HÖHLENSCHREIN

Hoch oben auf einem schönen Karsthügel direkt zwischen Loei und Nong Bualamphu liegt die Höhle **Tham Erawan** (ถ้ำเอราวัณ; ⏲8–17 Uhr), ein unglaublicher Schrein, der über eine steile, aber leicht zu meisternde Treppe (600 Stufen) zu erreichen ist. Am Eingang der enormen Höhle steht eine große Buddha-Statue. Eine Lichterkette führt die Besucher durch die gewaltige Kammer bis zum Ausgang an der anderen Seite des Berges.

Von ca. 11 bis 12 Uhr und dann noch einmal von etwa 14 bis 15 Uhr fallen Sonnenstrahlen durch eine Öffnung im Höhlendach, wodurch eine wahrhaft spektakuläre Atmosphäre erzeugt wird. Man sollte nachmittags nicht zu lange in der Höhle bleiben, denn die Mönche schalten das Licht wirklich pünktlich aus – wir sprechen aus Erfahrung.

Busse, die zwischen Loei (42 B, 1¼ Std., alle 30 Min.) und Udon Thani verkehren, halten im 2,5 km vom Tempel entfernt gelegenen Ban Pha Wang an der Rte 210. Túk-Túks stehen hier nicht zur Verfügung, aber es ist ein recht angenehmer Spaziergang.

ABSTECHER

TEMPEL-TRIP

Mit seinen bemalten Plastiken, die noch bizarrer sind als die im **Sala Kaew Ku** (S. 398) in Nong Khai, ist der **Wat Pho Chai Sri** (วัดโพธิ์ชัยศรี; ⏲ Sonnenaufgang–Sonnenuntergang) der perfekte Abstecher auf dem Weg zum **Phu Phrabat**, allerdings benötigt man ein eigenes Fahrzeug. Auf dem gesamten Tempelgelände stellen lebensgroße Figuren diverse Szenen aus der Sagenwelt des Isan dar und demonstrieren, welche Strafen in der buddhistischen Hölle auf Missetäter warten.

Der auch Wat Ban Waeng genannte Tempel liegt rund 5 km außerhalb von Ban Phue. Für ein Túk-Túk zahlt man hin und zurück etwa 100 B inklusive Wartezeit.

Der Tempel beherbergt mit dem Luang Po Naak auch ein sehr heiliges, 1200 Jahre altes Buddha-Bild – beschattet von einer siebenköpfigen *naga*, die Einheimischen zufolge für viele Wunder verantwortlich ist. Zum Zeitpunkt der Recherchen war gerade eine gigantische Version der *naga* im Bau.

vermutlich vor etwa 1000 bis 1200 Jahren während der Dvaravati-Periode entstanden, und der Boden unter einigen Felsüberhängen wurde sorgfältig zu glatten Plattformen gemeißelt. Die Khmer fügten der Stätte später ein paar hinduistische Elemente hinzu. Außerdem weisen mehrere Felsvorsprünge prähistorische Malereien auf, die man am besten an den nebeneinanderliegenden Tham Wua und Tham Khon bewundern kann. Die Bilder beweisen, dass sich hier wohl schon vor 3000 Jahren eine religiöse Stätte befand.

Sehenswertes

Highlight des Parks ist der **Hor Nang Usa**. Dieser Felsen in Form eines auf dem Schaft stehenden Stiefels beherbergt einen Schrein. Ganz in der Nähe befindet sich der **Bo Nang Usa**, ein von Menschenhand in den massiven Fels geschlagener 5 m tiefer Schacht. An vielen Felsformationen informieren Schilder über die jeweiligen Namen – oft Anspielungen auf die Legende von Prinzessin Nang Usa und Prinz Tao Baros. Wer Lust hat, kann sich die Geschichte online unter www.timsthailand.com/nang-usa-story anhören.

Eine Kletterpartie über die Felsformationen zum **Pha Sa Dej** am Rand des Steilhangs wird mit einer großartigen Aussicht auf die Farmen und Wälder in der Ferne belohnt. Ein ganzes Netz von Wanderwegen führt vorbei an den vielen Attraktionen. Der Park lässt sich gemächlich in zwei Stunden erkunden; es lohnt sich aber, hier deutlich mehr Zeit zu verbringen. Der abgelegene Rundweg im Norden hat weniger Sehenswertes zu bieten.

Südlich vom Eingang steht der **Wat Phra Phutthabaht Bua Bok**, dessen gleichnamiger *chedi* im laotischen Stil einen Fußabdruck Buddhas birgt. Auch hier gibt es Felsen wie im Park, die allerdings kleiner und nicht so interessant sind.

Schlafen & Essen

Für Besucher gibt es keine Zimmer mehr, aber es ist noch immer erlaubt, hier zu **campen** (mit eigenem Zelt/Leihzelt 20/50 B). Vor Ort gibt es einen einfachen Nudel- und Reisladen und in Ban Tiu, dem Dorf am Fuß des Hügels, ein gutes Isan-Restaurant.

An- & Weiterreise

Der Park ist 65 km von Udon Thani und Nong Khai entfernt und kann von beiden Städten im Rahmen eines Tagesausflugs besucht werden.

Die *sŏrng·tăa·ou* vom Busbahnhof in Nong Khai nach Ban Pheu (60 B, 1½ Std., 7.30, 8, 8.30 Uhr) fahren über Tha Bo. Die Fahrzeuge vom Rangsina-Markt in Udon fahren über Ban Pheu nach Ban Tiu (*sŏrng·tăa·ou*/Minivan 35/100 B, 2/1½ Std., ab 6 Uhr stündl.), dem Dorf am Fuß des Hügels. Dort kann man für die letzten 5 km bergauf ein Motorradtaxi (hin & zurück 100 B) nehmen; es kann aber eine Weile dauern, bis man eins findet.

Túk-Túks von Ban Phue kosten hin & zurück ca. 350 B, Motorradtaxis etwa die Hälfte. Das letzte Fahrzeug zurück nach Nong Khai startet um 16 Uhr, das nach Udon kurz nach 17 Uhr.

PROVINZ BUENG KAN

Thailands jüngste Provinz wurde 2011 von Nong Khai abgetrennt. Man findet hier einsame und wunderschöne Gegenden, aber die meisten Traveller, die am Mekong entlang reisen, wenden sich hinter Nong Khai nach Westen. Es ist aber wirklich lohnenswert, gegen den Strom zu schwimmen und gen Osten zu fahren, wo man mit einigen der umwerfendsten Tempel Thailands belohnt wird.

Bueng Kan บึงกาฬ

4850 EW.

Das kleine Bueng Kan ist eine ganz normale Stadt, in der die meisten Traveller nur zum Umsteigen auf dem Weg zum Wat Phu Thok (S. 417) einen Zwischenstopp einlegen. Die einzige Attraktion des Ortes ist der **thailändisch-laotische Markt** (ตลาดไทย-ลาว; Soi Buengkan; ⌚Di & Fr 4–13 Uhr). Eigentlich werden die gleichen Waren angeboten wie auch auf anderen thailändischen Märkten, aber hier verkaufen ein paar laotische Händler Produkte wie Pilze und Kräuter, die in den umliegenden Wäldern gesammelt wurden.

Übernachten kann man im ruhigen **Rachawadee Hotel** (☎042 492119; www.rachavadeehotel.com; Th Bungkan; Zi. 450 B; P⊖❄☎). Diese Unterkunft ist einen Block von der Uferpromenade entfernt und hat die besten Budgetzimmer in Bueng Kan. Das **The One** (☎042 492234; www.theonehotel-bk.com; Hwy 212; Zi. inkl. Frühstück 790–1700 B, Suite 2500 B; P⊖❄@☎≋) an der Schnellstraße außerhalb des Ortes bietet einen hervorragenden Service und ein ausgezeichnetes Preis-Leistungs-Verhältnis. Entlang der Uferstraße befinden sich zahlreiche Restaurants.

Bueng Kan ist der Verkehrsknotenpunkt der Provinz und besitzt einen überdimensionalen **Busbahnhof** (☎042 491302; Hwy 212) östlich der Stadt an der Fernstraße. Es fährt nur ein Bus täglich direkt nach Nakhon Phanom (130 B, 4 Std., 14 Uhr). Man kann die Fahrt aber auch in mehreren Etappen zurücklegen. Es fahren auch Busse nach Bangkok (511–804 B, 13 Std., 6.30 & 7 Uhr, 12-mal tgl., Abfahrt 16.30–18.15 Uhr), Nong Khai (120 B, 2½–3 Std., 15 Uhr) und Udon Thani (208 B, 4 Std., 5–15 Uhr, stündl.). Kleinbusse rollen nach Nong Khai (140 B, 2½ Std., 5.50–17 Uhr, alle 40 Min) und nach Udon Thani (190 B, 3½ Std., 5–19 Uhr, alle 30 Min.).

Phu Wua Wildlife Sanctuary เขตรักษาพันธุ์สัตว์ป่าภูวัว

Das 186 km² große **Phu Wua Wildlife Sanctuary** (เขตรักษาพันธุ์สัตว์ป่าภูวัว; ☎081 260 1845; 100 B) gehört zu den größten und besten Naturschutzgebieten im Isan. Die vielen freiliegenden Felsen und ein paar große Hügel verleihen der Gegend eine wilde Schönheit. Im Wald gibt es mehrere große Wasserfälle, die aber nur in oder kurz nach der Regenzeit (vorwiegend Juli–Sept.) Wasser führen. Auch leben hier über 40 Elefanten, die Besucher aber nur selten zu Gesicht bekommen – die besten Chancen bestehen in der Regenzeit in der Nähe des Dorfes Ban Kham Pia –, sowie Affen, Muntjaks und ziemlich viele Vogelarten.

Die beiden größten Wasserfälle, der Namtok Chet Si („Sieben-Farben-Wasserfall") und der Namtok Tham Phra („Mönchshöhlen-Wasserfall"), befinden sich östlich der Rte 3024 in der Nähe des Wat Phu Thok. Der Tham Phra ist per Boot (8–16 Uhr, 30 B/Pers.) zu erreichen, Ausländer zahlen einen überhöhten Eintritt von 200 B.

Aktivitäten

Ein paar Wasserfälle, die an den umliegenden Straßen ausgeschildert sind, kann man auf eigene Faust besichtigen. Für alles andere benötigt man einen Führer. Den bekommt man am besten über **Bunloed's Huts** (☎087 861 0601; www.bunloedhuts.jimdo.com; EZ/DZ im Bungalow 300/360 B, ohne Bad 200/260 B, EZ/DZ im Zelt 80/100 B, Gerichte 60–100 B; P☎), die gute Ausflüge anbieten. Um einen Parkranger als Führer zu bekommen, muss man vorab schriftlich einen diesbezüglichen Antrag beim Department of National Parks, Wildlife and Plant Conservation in Bangkok stellen.

Schlafen & Essen

In Phu Wua gibt es keine Unterkünfte für Besucher. Im Dorf Ban Kham Pia in unmittelbarer Nähe der Ostgrenze des Naturschutzgebiets bieten Gastfamilien schöne Unterkünfte an. Unweit des Ortes Bung Khla gibt es ein paar ordentliche Hotels an einem grandiosen Abschnitt des Flusses, z. B. das **Mon Prasit Resort** (☎042 499147; Zi. mit Ventilator 300 B, mit Klimaanlage 350–600 B; P❄☎). Bueng Kan eignet sich als Ausgangspunkt für einen Besuch des Naturschutzgebiets Phu Wua.

Essbares bekommt man in jedem Ort, nicht aber im Naturschutzgebiet. In der Regenzeit gibt es am Namtok Chet Si und am Namtok Tam Phra ein paar Essensbuden.

An- & Weiterreise

Für den Besuch von Phu Wua benötigt man einen fahrbaren Untersatz, es sei denn, man wohnt bei Bunloed's Huts in Ban Kham Pia. Leihmotorräder gibt es offiziell weder in Bung Khla noch in Bueng Kan, aber bei Bunloed's.

Am einfachsten kommt man mit dem täglich zwischen Nong Khai (100 B, 3½–4 Std.) und

Nakhon Phanom (130 B, 3–4 Std.) verkehrenden Bus nach Ban Kham Pia. Der Fahrer lässt einen auf Wunsch im 3 km entfernten Ban Don Chik raus. Zwischen Bueng Kan und Ban Phaeng fahren stündlich auch Minivans (100 B, 5.30–15.30 Uhr). Man kann auf halber Strecke in Ban Kham Pia aussteigen. So erreicht man sein Ziel von Nong Khai aus in mehreren Etappen. Wer aus der anderen Richtung kommt, nimmt in Nakhon Phanom einen Minivan nach Ban Phaeng (60 B, 2½ Std., 12.30, 13.30, 14.30, 16 Uhr).

PROVINZ NAKHON PHANOM

Die Provinz Nakhon Phanom ist stark von laotischen und vietnamesischen Einflüssen geprägt. Sie wird vom Mekong begrenzt und hat viele höchst heilige Tempel. Allgemein warten in dieser Region mehr subtile als offensichtliche Highlights – darunter interessante historische Stätten und viele Stellen mit super Flussblick. Und schließlich wäre da mit dem gewaltigen Wat Phra That Phanom auch noch ein Pflichtziel für alle, die sich für die Kultur des Isan interessieren.

Nakhon Phanom นครพนม

☎042 / 22 710 EW.

Nakhon Phanom bedeutet „Stadt der Berge". Die sanft gewellten Zuckerhutgipfel liegen jedoch alle jenseits des Flusses drüben in Laos. Somit können sie von Besuchern zwar bewundert, aber nicht erklommen werden. Dennoch bieten sie vor allem bei einem nebligen Sonnenaufgang einen tollen Anblick.

Nakhon Phanoms Tempel wurden in einem ganz besonderen Stil errichtet: Im Lan-Chang-Reich war die Stadt ein bedeutendes Zentrum. Später entsandten die Thai-Könige ihre besten Kunsthandwerker hierher, um neue Gebäude zu errichten. Schließlich verbreitete sich dann über den Mekong hinweg noch ein starker französischer Einfluss.

Sehenswertes & Aktivitäten

Ho Chi Minhs Haus MUSEUM

(บ้านโฮจิมินห์; ☎042 522430; Ban Na Chok; Spende erwünscht; ⌚Sonnenaufgang–Sonnenuntergang) GRATIS Der Nachbau des einfachen Holzhauses, in dem „Uncle Ho" 1928 und 1929 gelegentlich wohnte und seine Widerstandsbewegung plante, ist die beste der drei Ho-Chi-Minh-Attraktionen. Einige der Einrichtungsstücke sollen Originale sein. Es handelt sich um ein privates Museum hinter dem Haus einer Familie, die sehr stolz darauf ist.

Former Governor's Residence Museum MUSEUM

(จวนผู้ว่าราชการจังหวัดนครพนม (หลังเก่า); Th Sunthon Wijit; Erw./Kind 50/20 B; ⌚Mi–So 9–17 Uhr) Das auch Museum Juan genannte Museum in einem wunderschön restaurierten Herrenhaus von 1925 zeigt viele Fotos vom alten Nakhon Phanom (viele auch auf Englisch beschriftet). Im hinteren Bereich sind Exponate über die beleuchtete Bootsprozession (Lai Reua Fai) zu sehen und alte Kochutensilien. Bai-Tong, Inhaber des Souvenirladens und Künstler, kann hervorragend Englisch und viele gute Tipps geben.

Ho Chi Minh Museum MUSEUM

(พิพิธภัณฑ์ประธานโฮจิมินห์; Ban Na Chok; ⌚7–16 Uhr) GRATIS Dieses Museum wird zwar am wenigsten besucht, ist aber die informativste der drei Ho-Chi-Minh-Attraktionen in Ban Na Chok. Hier wird sein Leben vorwiegend in Bildern (einige auch mit englischen Erklärungen) erzählt. Das Museum befindet sich im Kulturzentrum hinter dem Ho Chi Minh Memorial.

Ho Chi Minh Memorial GEDENKSTÄTTE

(อนุสรณ์สถานประธานโฮจิมินห์; Ban Na Chok; ⌚8–17 Uhr) GRATIS Auf Pauschaltouristen ausgerichtete Gedenkstätte mit geschmackvollem Schrein in der Mitte der ummauerten Anlage in Ban Na Chok. Der künstliche Berg, die Souvenirläden und die vietnamesische Musik verleihen dem Ganzen einen Touch von Themenpark. Und der Nachbau des Hauses, in dem „Uncle Ho" 1928 und 1929 lebte, ist viel weniger sehenswert als der im Dorf.

Wat Okat BUDDHISTISCHER TEMPEL

(วัดโอกาส; Th Sunthon Wijit; ⌚Tageslichtstunden) GRATIS Der Wat Okat ist älter als die Stadt selbst. Er beherbergt den Phra Tiow und den Phra Tiam – zwei heilige Buddha-Figuren aus goldbeschlagenem Holz, die sich auf dem höchsten Piedestal im *wi·hăhn* (Heiligtum) befinden. Der Phra Tiam (rechts) ist eine Replik, da das Original im Jahr 2010 gestohlen wurde. Uns gefallen besonders die wunderschönen modernen Wandgemälde: Sie erzählen in Bildern, wie der Phra Tiow und der Phra Tiam einst von Laos aus auf Flößen über den Mekong gebracht wurden. Und, findet jemand die Backpacker darin?

NICHT VERSÄUMEN

WAT PHU THOK วัดภูทอก

Mit seinem Netz aus verwitterten Treppen und Wegen in und an einem riesigen Sandsteinfelsen ist der **Wat Phu Thok** (6–17 Uhr, 10.–16. April geschl.) GRATIS eines der Wunderwerke der Region. Die halsbrecherischen Wege, von denen aus man einen fabelhaften Blick auf die Umgebung hat, führen vorbei an Schreinen und *gù·đì* (Mönchshütten), die verstreut um den Berg auf Klippen und in Höhlen liegen. Eine letzte Kletterpartie über Wurzeln und Felsbrocken bringt einen zu einem Wäldchen auf dem Gipfel, der als „siebente Ebene" bezeichnet wird. Wenn man sich beeilt und alle Abkürzungen nutzt, kann man in gut einer Stunde oben und wieder unten sein – aber warum? Man sollte diese Kletterpartie lieber genießen.

Wegen der Abgeschiedenheit dieses Ortes kommen Mönche und *mâa chee* (Nonnen) aus ganz Thailand hierher, um zu meditieren. Besucher sollten sich also bei ihrer Erkundungstour ruhig und respektvoll verhalten.

Der Klostergründer Luang Pu Juan starb 1980 bei einem Flugzeugabsturz zusammen mit anderen hochverehrten Waldmönchen, als sie zu den Geburtstagsfeierlichkeiten von Königin Sirikit nach Bangkok reisen wollten. Luang Pu Juans Besitztümer und einige Knochenreste befinden sich in dem mit fantastischen Skulpturen geschmückten Marmor-*chedi*, der unterhalb des Berges in einem prächtigen Garten steht.

Túk-Túks von Bueng Kan zum Wat Phu Thok kosten hin und zurück (inkl. einige Std. Wartezeit) 1000 B (der Preis ist verhandelbar). Günstiger wird's, wenn man mit dem Bus von Bueng Kan nach Siwilai (20–30 B, 45 Min.) fährt und dort in ein Túk-Túk umsteigt (400 B). Wer einen frühen Bus nach Bueng Kan nimmt, kann den Wat Phu Thok im Rahmen eines Tagesausflugs von Nong Khai besuchen. Es ist aber nicht unbedingt erforderlich, nach Nong Khai zurückzufahren, denn es gibt auch Minibusse und Busse, die von Bueng Kan nach Udon Thani fahren.

Auto- oder Radfahrer fahren 27 km über Bueng Kan hinaus bis nach Chaiyaphon, biegen dann rechts auf die Rte 3024 ab und folgen den Schildern zum Chet Si und anderen Wasserfällen. Diese liegen im **Naturschutzgebiet Phu Wua** (S. 415) und lohnen den Abstecher sowohl wegen der seltsamen Felsformationen als auch wegen der Wasserfälle, die aber nur von Mitte Mai bis Dezember Wasser führen. Nach 17,5 km rechts abbiegen und noch 4 km weiterfahren.

Thesaban Sunset Cruise BOOTSFAHRT
(086 230 5560; Th Sunthon Wijit; 50 B/Pers.) Die Stadt bietet einstündige Bootsfahrten auf dem Mekong an Bord der alten *Thesaban* an, die gegenüber vom Indochina-Markt vor Anker liegt. Los geht's um ca. 17 Uhr, Snacks und Getränke sind erhältlich.

Feste & Events

Nakhon Phanom ist berühmt für seine **Lai Reua Fai** (Ende Okt./Anfang Nov.). Diese beleuchtete Bootsprozession ist eine moderne Version der uralten Tradition, Flöße mit Lebensmitteln, Blumen und Kerzen als Opfergaben für die *naga* auf den Mekong zu setzen. Heute kann man dabei riesige Bambusflöße vor animierten Szenen zwischen handgefertigten Laternen (bis zu 20 000 Stück) bewundern. Das einwöchige Rahmenprogramm beinhaltet Bootsrennen, Musikwettbewerbe und andere Festivitäten. Die Boote werden jedoch nur in der Vollmondnacht zu Wasser gelassen.

Schlafen

In Nakhon Phanom gibt es mehr gute Mittelklassehotels als in anderen Orten dieser Größe. An den Wochenenden kann es manchmal Probleme bei der Zimmersuche geben. Das liegt teilweise an den Spielern, die in Laos ihr Glück versuchen.

SP Residence HOTEL $
(042 513505; Th Nittayo; Zi. 450–800 B; P ❄ @) Die Zimmer des schlichten, modernen Hotels wirken weniger wohnheimmäßig als Fassade und Flure befürchten lassen könnten. Das Haus steht zwar mitten in der Stadt, aber nicht direkt an der Straße, sodass in den Zimmern kaum Lärm zu hören ist. Trotz seines Alters ist dieses Hotel besser als einige der neueren Unterkünfte.

★ **River Hotel** HOTEL $$
(042 522999; www.therivernakhonphanom.com; Th Sunthon Wijit; Zi. 790–1490 B, Suite 2490 B; P ❄) Nakhon Phanoms bestes Hotel

Nakhon Phanom

Nakhon Phanom

Sehenswertes
1 Wat Okat C2

Aktivitäten, Kurse & Touren
2 Maekhong Paradise Sunset Dinner Cruise D2
3 Thesaban Sunset Cruise D2

Schlafen
4 777 Hometel C1
5 SP Residence C3

Essen
6 Nachtmarkt B2
7 Ohio C1
8 Phornthep Naem Nueang D3

Ausgehen & Nachtleben
9 P Cafe C2

steht direkt am Fluss ca. 1 km südlich der Stadt. Das schicke, moderne River bietet elegante Zimmer, guten Service und eine tolle Aussicht. Das Preis-Leistungs-Verhältnis ist hier besser als in den anderen Unterkünften in der Stadt.

777 Hometel HOTEL $$
(Tong Jed Hometel; ☎042 514777; www.777hometel.com; Th Tamrongprasit; Zi. inkl. Frühstück 590–790 B; P ❄ @ 📶) Man sollte sich von dem kastenartigen Äußeren nicht abschrecken lassen, denn die Zimmer sind ziemlich schick. Außerdem punktet das Haus mit spitzenmäßigem Management, angemessenen Preisen und den wohl freundlichsten Angestellten in ganz Nakhon Phanom.

Fortune View Kong Hotel HOTEL $$
(☎088 557 4996; www.fortunevk.com; Th Sunthon Wijit; Zi. mit Stadt-/Flussblick inkl. Frühstück 850/950 B, Suite 2900 B; P 🚭 ❄ 📶) Das ehe-

mals beste Hotel der Stadt direkt am Mekong wurde modernisiert und umbenannt, ist aber noch weit davon entfernt, wirklich schick zu sein. Wer sich aber ein Zimmer mit Flussblick in einer der oberen Etagen nimmt, wird sich hier bestimmt wohlfühlen. Es gibt eine Terrasse mit Flussblick, Karaoke, Massagen und alles, worauf thailändische Reisende nicht verzichten können.

Essen & Ausgehen

In Nakhon Phanom gibt es hervorragendes vietnamesisches Essen und einen tollen **Nachtmarkt** (Th Fuang Nakhon; ⊙16–22 Uhr). Abends werden zum Sonnenuntergang **Dinner Cruises** (☎089 780 7179; Th Sunthon Wijit; Erw./Kind 200/100 B) angeboten.

Sam Anong THAI $

(Th Samut Bunhan; Hauptgerichte 40–250 B; ⊙8–20 Uhr; ❄📶) Gutes, modern eingerichtetes Lokal, in dem bodenständige Isan-Speisen serviert werden. Das *gài yâhng* (gegrilltes Hühnerfleisch) ist wahrscheinlich das beste in ganz Nakhon Phanom. Außerdem kann man zwischen normalem und schwarzem Klebreis wählen.

Phornthep Naem Nueang VIETNAMESISCH $

(Th Si Thep; Hauptgerichte 40–200 B; ⊙6–16 Uhr) Klassisches, chaotisches Lokal mit einer großen Auswahl an vietnamesischen Gerichten, darunter das namensgebende *năam neu·ang* (Frühlingsrollen mit Zutaten nach Wahl). Zum Frühstück wird *khài grà·tá* (kleine Pfanne mit Eiern und Würstchen obendrauf) serviert. Das Lokal befindet sich direkt gegenüber vom alten Kino beim Srithep Hotel. Es gibt kein Schild mit lateinischen Schriftzeichen.

Ohio THAI $$

(Th Fuang Nakhon; Hauptgerichte 59–349 B; ⊙17–4 Uhr; 📶) Das beliebte Restaurant hat in den 25 Jahren seines Bestehens unzählige Veränderungen über sich ergehen lassen müssen. Momentan kommt es farbenfroh und klassisch daher und passt somit besser nach Bangkok als nach Nakhon Phanom. Egal, das Essen ist und war immer gut. Auf der Speisekarte stehen hauptsächlich thailändische Fischgerichte, es gibt aber auch diverse Isan- und westliche Speisen.

P Cafe CAFÉ

(Th Si Thep; Espresso 40 B; ⊙7.30–19.30 Uhr; 📶) Kaffee, Tee, italienische Limo, Smoothies, Brownies und Eleganz, die in Nakhon Phanom ihresgleichen sucht. Alte Fotos, bequeme Stühle und ein Klavier sorgen für eine nette, relaxte Atmosphäre.

ABSTECHER

BAN NA CHOK

Neben wunderschönen Ausblicken ist Nakhon Phanom wegen der Verbindung zu Ho Chi Minh bekannt. Das etwa 3,5 km westlich von Nakhon Phanom gelegene Dorf Ban Na Chok ist einer der zwölf Orte, in denen „Uncle Ho" zwischen 1928 und 1930 lebte und seine Widerstandsbewegung gegen die Franzosen in Vietnam plante.

Das Dorf ist bis heute ethnisch vorwiegend vietnamesisch geprägt und hält seinen früheren Nachbarn hoch in Ehren. Er lebte hier in den Jahren 1928 und 1929 an verschiedenen Orten – drei dieser Ho-Chi-Minh-Stätten können besichtigt werden. Der originalgetreue Nachbau des Hauses (S. 416), in dem er wohnte, ist am schönsten. Die Gedenkstätte (S. 416) wird von Tourbussen angefahren, wohingegen das Museum (S. 416) nur wenig besucht wird, obwohl es am informativsten ist.

Ho Chi Minhs Geburtstag wird hier an jedem 19. Mai gefeiert.

Túk-Túk-Fahrer verlangen in der Regel 200 B für die Fahrt von Nakhon Phanom hierher und zurück. Ein Taxi könnte preiswerter sein.

Praktische Informationen

Bangkok Bank (Tesco-Lotus, Th Nittayo; ⊙10.30–19 Uhr) Bank im Stadtzentrum mit langen Öffnungszeiten, auch am Wochenende.

Einreisebüro (☎042 532644; www.nakhonphanom-imm.com; Th Sunthon Wijit; ⊙Mo–Fr 8.30–12 & 13–16.30 Uhr) Visaverlängerungen.

Nakhon Phanom Hospital (☎042 511422; www.nkphospital.go.th; Th Apibanbuncha) Das beste Krankenhaus der Stadt.

Tourism Authority of Thailand (TAT; ☎042 513490; tatphnom@tat.or.th; Th Sunthon Wijit; ⊙8.30–16.30 Uhr) Hier bekommt man Infos über die Provinzen Nakhon Phanom, Sakon Nakhon und Mukdahan.

An- & Weiterreise

BUS

Der **Busbahnhof** (☎042 513444; Th Fuang Nakhon) von Nakhon Phanom befindet sich westlich des Stadtzentrums. Von hier fahren Busse nach:

- Nong Khai (200 B, 7–8 Std., 11 Uhr)
- Udon Thani (147–200 B, 4 Std., 7.15–17 Uhr, alle 45 Min.)
- Khon Kaen (212 B, 5 Std., 5.50–21.30 Uhr, 13-mal tägl.)
- Ubon Ratchathani (155–200 B, 4½ Std., 7, 8.30 & 14 Uhr)

Die meisten Traveller fahren mit Minivans nach Ubon Ratchathani (182 B, 4 Std., 5.45–16 Uhr, stündl.) und Mukdahan (80 B, 2½ Std., 5.30–18 Uhr, häufig). Alle Busse legen einen Zwischenstopp in That Phanom (40 B, 1 Std.) ein. Zwischen 16.30 und 19.30 Uhr fahren viele Busse nach Bangkok (554–862 B, 11–12 Std.), zwei weitere Busse machen sich morgens um 7.30 und 7.45 Uhr auf den Weg nach Bangkok, drei Busse fahren nach Chiang Mai (737 B, 14–15 Std., 9, 15 & 17 Uhr).

Sŏrng·tăa·ou nach That Phanom (40 B, 1½ Std., 7–17 Uhr, regelm.) warten in der Nähe der Kasikornbank im Stadtzentrum auf Fahrgäste.

FLUGZEUG

Nahon Phanoms Flughafen liegt 20 km westlich der Stadt. **Nok Air** (☎ 082 790 7961, landesweit 02 900 9955; www.nokair.com; ⌚ 8–20 Uhr) und **Air Asia** (☎ 042 531571, landesweit 02 515 9999; www.airasia.com; ⌚ 8–17 Uhr) fliegen mehrmals täglich zum Bangkoker Flughafen Don Mueang (einfache Strecke um die 1100 B). Flugtickets sind im **Nakhon Phanom Travel Centre** (☎ 042 520999; Th Apibanbuncha; ⌚ Mo–Sa 8.30–18 Uhr) erhältlich. Ein Taxi vom Flughafen in die Stadt kostet zwischen 150 und 200 B.

GRENZÜBERGANG NACH LAOS: VON NAKHON PHANOM NACH THA KHAEK

Anreise zur Grenze Es fahren zwar Passagierfähren über den Mekong nach Tha Khaek in Laos, sie sind aber Thais und Laoten vorbehalten. Traveller müssen die thailändisch-laotische Freundschaftsbrücke 3 nördlich der Stadt nehmen. Am einfachsten steigt man am Busbahnhof in Nakhon Phanom in einen Bus, der direkt nach Tha Khaek fährt (wochentags/Wochenende 70/75 B, 8–17 Uhr, 8-mal tgl.).

An der Grenze Die thailändische Grenze ist von 6–22 Uhr geöffnet. Alle Einreiseformalitäten werden auf der Brücke erledigt. Ein laotisches Visum bekommt man bei der Einreise. Wenn vietnamesische Arbeiter scharenweise die Grenze passieren wollen, geht es hier ziemlich chaotisch zu.

Weiterreise Die Busse warten häufig, bis sie genügend Fahrgäste haben, sodass man nach Tha Khaek oft mehr als zwei Stunden braucht.

Unterwegs vor Ort

Túk-Túk-Fahrer verlangen für eine Fahrt vom Busbahnhof zu den meisten Zielen in der Stadt 40 B für ein oder zwei Personen und für die Fahrt nach Ban Na Chok (S. 419) und zurück 200 B. In Nakhon Phanom gibt es auch einen **Taxi-Service** (☎ 080 903 7222); die Fahrer warten am Busbahnhof, Taxameter werden nicht benutzt.

Sŏrng·tăa·ou nach Na Kae starten bei der Kasikornbank. Sie fahren vor der **Mekong Underwater World** (โลกของปลาแม่น้ำโขง; ☎ 042 530780; Rte 2033; 30 B; ⌚ 8.30–16 Uhr) (20 B, 20 Min.) und in 1 km Entfernung an Ho Chi Minhs Haus (15 B, 10 Min.) vorbei.

Avis (☎ 062 597 3611, landesweit 02 2511131; www.avisthailand.com; Nakhon Phanom Airport; ⌚ 8–19.30 Uhr), **Budget** (☎ 042 531592, landesweit 02 203 9222; www.budget.co.th; Nakhon Phanom Airport; ⌚ 8–18 Uhr) und **Thai Rent A Car** (☎ 042 530681, landesweit 1647; www.thairentacar.com; Nakhon Phanom Airport; ⌚ 9–19 Uhr) sind am Flughafen von Nakhon Phanom vertreten, auch das **River Hotel** (S. 417) vermietet Autos. Der Preis für ein Auto ohne Fahrer beträgt ca. 1200 B pro Tag, mit Fahrer 500 B mehr. Das River Hotel und **777 Hometel** (S. 418) verleihen Motorräder (250 B/Tag).

Nakhon Phanoms verkehrsarme Straße und der Radweg am Fluss, der gen Norden bis zur Brücke führt, laden zum Radeln ein. Die meisten Hotels stellen ihren Gästen Fahrräder kostenlos zur Verfügung. Wenn nicht, kann man sich auch einen Drahtesel in einem der Hotels wie 777 Hometel leihen.

That Phanom ธาตุพนม

☎ 042 / 11 680 EW.

Die Spitze des gigantischen *chedi* im Wat Phra That Phanom ragt hoch über die kleine, friedliche Stadt hinaus. Der Turm zählt zu den bedeutendsten Wahrzeichen der Region und ist ein wichtiger Pfeiler der Isan-Identität. Einige historische Gebäude runden den Besuch in der sich an den Mekong schmiegenden Hälfte der Stadt ab.

Sehenswertes

Wat Phra That Phanom BUDDHISTISCHER TEMPEL
(วัดพระธาตุพนม; Th Chayangkun; ⌚ 5–21 Uhr) GRATIS Dieser Tempel ist wunderschön. Selbst wer keine Tempel mehr sehen kann, wird

beeindruckt sein. In seinem Zentrum steht ein *tâht,* wie es seinesgleichen im heutigen Laos keinen zweiten mehr gibt. Er wird von Buddhisten aus beiden Ländern hoch verehrt und ist 53,6 m hoch; ein 16 kg schwerer, mit Edelsteinen verzierter Schirm aus reinem Gold setzt noch einmal 4 m obendrauf. Der Besuch am Abend ist etwas ganz Besonderes.

Der Legende nach soll Lord Buddha selbst nach Thailand gereist sein und verfügt haben, dass ein Stück seines Brustbeins als Reliquie in einem an dieser Stelle zu errichtenden *chedi* aufbewahrt werden sollte. Und so geschah es dann auch 535 v. Chr., acht Jahre nach seinem Tod. Historiker datieren den ersten Bau, einen kurzen Stupa (auf einer Insel vor dem Tempel zeigt ein **Nachbau** (พระธาตุองค์เดิมจำลอง) GRATIS, wie er wohl ausgesehen haben könnte), auf etwa das 9. Jh. n. Chr. Danach waren Umbauten an der Tagesordnung. 1690 wurde der Turm auf 47 m aufgestockt. Das heutige Aussehen geht auf das Jahr 1941 zurück. Während schwerer Regenfälle im Jahr 1975 stürzte der Turm allerdings ein, wurde 1978 aber wieder aufgebaut. Nachahmungen sowohl des heutigen als auch der älteren *tâhts* findet man überall im Isan.

Hinter dem Kloster, das den Reliquienturm umgibt, liegen ein schattiger kleiner Park mit mehreren Statuen und ein **Museum** (พิพิธภัณฑรัตนโมลีศรีโคตรบูรณ์; ⌚8.30–16 Uhr) GRATIS. Nördlich davon findet man den einst größten Gong Thailands, südlich gibt's einen Markt mit Essen und Kunsthandwerk für die vielen thailändischen Besucher.

Thailändisch-laotischer Grenzmarkt MARKT
(ตลาดนัดไทยลาว; Th Rimkhong; ⌚Mo & Do 5–14 Uhr) Dieser herrlich wuselige Markt findet jeden Montag und Donnerstag am Fluss statt. Angeboten wird überwiegend dasselbe wie auf anderen thailändischen Märkten. Es kommen aber ein paar Händler aus Laos rüber und verkaufen Kräuter, Wurzeln, Pilze, Fledermäuse und andere Produkte aus dem Wald.

Feste & Events

Während des **That-Phanom-Fests** (⌚Ende Jan./Anfang Feb.) strömen Besucher aus ganz Thailand und Laos herbei, um dem *tâht* zu huldigen. Neun Tage lang sind die Straßen dann mit Marktständen gefüllt, es treten viele erstklassige *mŏr lam*-Ensembles auf und die ganze Stadt steht Kopf.

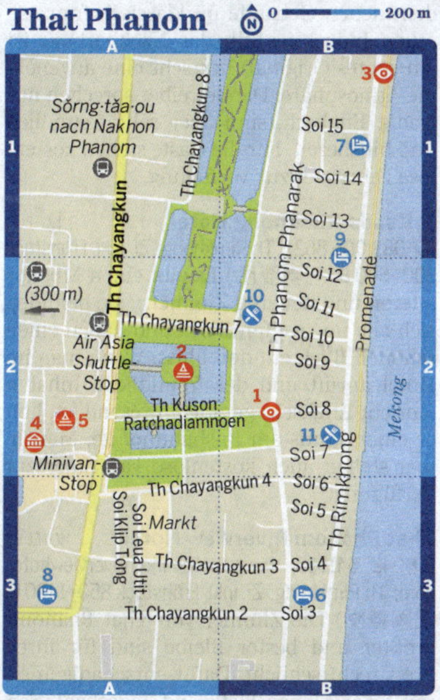

That Phanom

Sehenswertes
1 Kong-Tor B2
2 Stupa-Nachbau A2
3 Thailändisch-laotischer Grenzmarkt .. B1
4 That-Phanom-Museum A2
5 Wat Phra That Phanom A2

Schlafen
6 Baan Ing Oon Guesthouse B3
7 Kritsada Rimkhong Hotel B1
8 That Phanom Place A3
9 That Phanom Riverview Hotel B1

Essen
Krua Kritsada Rimkhong .... (siehe 7)
10 Nachtmarkt B2
11 Pugtukhong B2

Transport
Pugtukhong .... (siehe 11)

Schlafen

Zum That-Phanom-Fest steigen die Preise, die Zimmer sind schon früh ausgebucht.

Baan Ing Oon Guesthouse HOTEL $
(☎042 540111; baaningoonguesthouse2@gmail.com; Th Phanom Phanarak; Zi. 500–800 B; P ⊖ ❄ ☺) Die Unterkunft ist einen Block vom Fluss entfernt und bietet saubere, komfortable Zimmer zu einem fairen Preis. In

dem neuen Gebäude im klassisch französischen Indochina-Stil (das Nachbarhaus ist ein echtes Original) herrscht eine angenehme Atmosphäre. Die Betreiber sprechen nur wenig Englisch, sind aber sehr freundlich und hilfsbereit. Für die Gäste stehen kostenlose Fahrräder zur Verfügung.

Kritsada Rimkhong Hotel HOTEL $

(☎083 005 8621; Th Rimkhong; Zi. inkl. Frühstück 500–600 B; P❄@📶) Es gibt einen Mix aus älteren und neueren Zimmern; sie befinden sich alle im zweiten Stock und haben einen schönen Blick auf den Fluss. Wenn man im Hotel anruft und der freundliche Inhaber (spricht Englisch) gerade anwesend ist, holt er einen gratis am Busbahnhof ab. Manchmal stehen auch kostenlose Fahrräder zur Verfügung.

That Phanom Riverview Hotel HOTEL $$

(☎042 541555; www.thatphanomriverviewhotel.com; Th Rimkhong; Zi. inkl. Frühstück 850–1300 B; P❄@📶) Die Zimmer von That Phanoms größter und bester Bleibe sind für ihren Preis recht schlicht. Dafür entschädigen sie mit jeder Menge Platz und Tageslicht. Service und Extras entsprechen dem zu erwartenden Niveau. Zudem gibt's hier kostenlose Leihfahrräder für Gäste. Hinweis: Trotz des Hotelnamens bieten die meisten Quartiere nur wenig oder gar keine Aussicht.

That Phanom Place HOTEL $$

(☎042 532148; thatphanomplace@gmail.com; Th Chayangkun; DZ/2BZ inkl. Frühstück 790/890 B; P⊖❄📶) Die freundliche Unterkunft hat viel Liebenswertes. Erstklassige Zimmer, in denen ein frisches Lüftchen weht, faire Preise und auch das (zumeist Englisch sprechende) Personal ist top. Aber leider liegt das Hotel nicht am Fluss, sondern 500 m entfernt an der Schnellstraße. Es gibt kostenlose Fahrräder für Gäste und vorn ein gutes Restaurant.

Essen & Ausgehen

In den Restaurants am Fluss kann man abends wunderbar bei einem Bier oder einem *lôw kŏw* (Whiskey) relaxen. Direkt nördlich des **Bogens** (ประตูโขง) gibt es einige trendige Retro-Bars, an der Kreuzung der Straßen Chayangkun und Chayangkun 2 südlich vom *tâht* befinden sich ein paar moderne Bars.

Pugtukhong THAI $

(☎091 057 0351; Th Rimkhong; Hauptgerichte 40–180 B; ⏲9–21 Uhr; 📶) Khun Maew, der Englisch spricht und **Fahrräder verleiht** (100 B/Tag), hält viele Infos über die Gegend parat und serviert köstliche Thai- und Isan-Standards. Die großen Portionen verputzt man mit Blick auf den Fluss.

Krua Kritsada Rimkhong THAI $

(Th Rimkhong; Hauptgerichte 40–200 B; ⏲9–22 Uhr; 📶) Die Speisen – mit Schwerpunkt auf Spezialitäten der Mekong-Region – sind durchweg köstlich. Außerdem ist es hier ruhiger als in vielen anderen Restaurants am Fluss, obwohl es eine Karaoke-Anlage gibt (sie wird aber nur selten benutzt).

Nachtmarkt THAI $

(⏲15.30–21.30 Uhr) Auf That Phanoms Nachtmarkt gibt es vorwiegend Speisen aus dem Isan, aber auch ein paar Stände mit thailändischem und vietnamesischem Essen. Alles ist zum Mitnehmen.

Praktische Informationen

Im Stadtzentrum finden sich mehrere Banken mit normalen Öffnungszeiten. Wer am Wochenende oder abends Geld braucht, geht am besten zur **Bangkok Bank** (⏲10.30–19 Uhr) im Tesco-Lotus-Einkaufszentrum nördlich der Stadt.

An- & Weiterreise

Von That Phanoms neuem **Busbahnhof** (Rte 2030), der recht unpraktisch westlich der Stadt liegt (eine Túk-Túk-Fahrt zum Fluss kostet etwa zwischen 30 und 40 B), fahren Busse nach Ubon Ratchathani (162 B, 4½ Std., 7-mal tgl.), Udon Thani (160–180 B, 5 Std., 4-mal tgl.) und Bangkok (473–753 B, 11–12 Std., 7.20, 8 Uhr, und 11 Busse zwischen 17–19 Uhr). Minivans fahren nach Nakhon Phanom (40 B, 1 Std., 6–16 Uhr, häufig) und Ubon Ratchathani (145 B, 4 Std., 6.30–17 Uhr, stündl.) über Mukdahan (40 B, 1 Std.).

Die meisten Leute fahren aber nicht am Busbahnhof ab, denn die Minivans halten auch direkt südlich des *tâht* in der **Th Chanyangkhun**. Wer nach Nakhon Phanom will, kann eins der **sŏrng·tăa·ou** (Rte 212) (40 B, 1½ Std., 7–16 Uhr, häufig) nehmen, die 300 m nördlich des *tâht* an der Schnellstraße abfahren.

Air Asia (S. 420) bietet einen Fly-and-Ride-Service zu Nakhon Phanoms Flughafen an und benutzt ein kleines blaues **Wartehäuschen** (Th Chayangkun) direkt nördlich des *tâht*.

Unterwegs vor Ort

That Phanom kann man gut zu Fuß erkunden, aber auch eine Radeltour am Fluss macht Spaß. Die meisten Hotels halten für ihre Gäste Drahtesel bereit. Leihräder gibt's bei **Pugtukhong**.

PROVINZ MUKDAHAN

Sowohl die Provinz Mukdahan als auch ihre Hauptstadt werden von Reisenden kaum besucht, obwohl sie eine schöne Landschaft und historische Tempel am Mekong zu bieten haben.

Mukdahan มุกดาหาร

☎042 / 34294 EW.

In das an den Ufern des Mekong gegenüber der laotischen Stadt Savannakhet gelegene Mukdahan, von den Einheimischen kurz *múk* genannt, verirren sich bislang nur wenige Besucher – und das, obwohl die hiesige thailändisch-laotische Freundschaftsbrücke 2 eine Straßenverbindung von Thailand nach Laos und weiter nach Vietnam bietet. Es ist zwar kein wirklich aufregender Ort, hat aber für einen ruhigen Tag in netter Atmosphäre genug Interessantes zu bieten.

Sehenswertes

Hor Kaew Mukdahan MUSEUM

(หอแก้วมุกดาหาร; Th Samut Sakdarak; 50 B; ⏲8–18 Uhr) Dieser 65 m hohe Turm ist ein Blickfang, der anlässlich des 50. Thronjubiläums von König Rama IX. errichtet wurde. Im neuneckigen Sockel befindet sich ein interessantes Museum mit (auch auf Englisch erläuterten) Exponaten zu den acht ethnischen Gruppen der Provinz. Eine tolle Aussicht und einige weitere historische Artefakte bietet der Panoramasaal *(The 360° of Pleasure in Mukdahan by the Mekong)* im 50. Stock. In der Kugel auf der Spitze sitzt eine Buddha-Figur, die aus massivem Silber bestehen soll.

Talat Indojin MARKT

(ตลาดอินโดจีน; Th Samran Chaikhongtai; ⏲8–17 Uhr) Unter Thailändern ist Mukdahan vor allem wegen seines Marktes, der sich auf und unterhalb der Promenade erstreckt, bekannt. Die meisten thailändischen Reisegruppen auf dem Weg nach Laos und Vietnam halten hier, um billiges Essen, Kleidung und diversen Krimskrams aus China und Vietnam sowie Seiden- und Baumwollstoffe aus dem Isan zu kaufen.

Wat Pa Silawiwek BUDDHISTISCHER TEMPEL

(วัดป่าศิลาวิเวก; Th Damrongmukda; ⏲Tageslichtstunden) GRATIS Der Waldtempel am Stadtrand ist weniger wegen irgendwelcher religiösen oder künstlerischen Aspekte besuchenswert, sondern vielmehr wegen der hier lebenden Affen. Sie halten sich im hintersten Teil des Tempels auf und sind am frühen Morgen besonders aktiv.

Phu Manorom AUSSICHTSPUNKT

(ภูมโนรมย์; ⏲4–19 Uhr) GRATIS Von diesem Berg südlich der Stadt hat man einen beeindruckenden Blick auf Laos und den Mekong. Der Tempel steht in einem kleinen Garten, in dem gerade auch noch eine 84 m hohe Buddha-Statue errichtet wird. Der Ort, an dem man tolle Fotos machen kann, wird als ideal zum Bewundern von Sonnenuntergängen beworben, aber wahrscheinlich wird man nur in Gesellschaft der Mönche sein.

Feste & Events

Auf dem Platz vor der Provinzverwaltung *(sǎh·lah glahng)* findet das **Mukdahan Thai Tribal Festival** (Red Cross Fair; ⏲9–17 Uhr) statt. Neben den üblichen Aktivitäten stehen dabei auch Tänze und andere kulturelle Vorführungen der acht ethnischen Gruppen Mukdahans auf dem Programm.

Schlafen

Riverview Maekhong Hotel HOTEL $

(☎087 945 4949; Th Samran Chaikhongtai; Zi. 450–750 B; P ❄ 📶) Das abgefahrene Hotel südlich des Zentrums erfreut sich einer super Lage und fängt die frische Brise vom Fluss dank seines großzügigen Grundrisses voll ein. Die Zimmer sind etwas abgenutzt, was aber durch das freundliche Personal, die kostenlosen Leihräder, die Terrasse mit Blick auf den Fluss und das Restaurant am Fluss wieder wettgemacht wird. Die Zimmer mit Flussblick haben alle einen Balkon.

Huanum Hotel HOTEL $

(☎042 611137; Th Samut Sakdarak; DZ/2BZ mit Ventilator & Gemeinschaftsbad mit kaltem Wasser 200/350 B, DZ/2BZ 350/450 B; P ❄ 📶) Mukdahans Klassiker ist eine freundliche, zuverlässige und saubere Bleibe, die vor Kurzem einer Schönheitskur unterzogen wurde. Das Hotel ist für die meisten Backpacker die erste Wahl.

Hotel de Ladda HOTEL $$$

(☎042 611499; www.hoteldeladda.com; Th Samran Chaikhongtai; Zi. inkl. Frühstück 2100–3750 B, Suite inkl. Frühstück 8000 B; P ❄ 📶 🏊) Die neue erste Adresse in Mukdahan bietet große, schicke Zimmer im europäischen Stil direkt am Mekong. Jedes Zimmer punktet mit Flussblick und einem Balkon. Es gibt einen Pool, ein Fitnessstudio und ein kleines Spa.

Mukdahan

Mukdahan

Sehenswertes

1	Talat Indojin	B2
2	Wat Pa Silawiwek	A3

Schlafen

3	Hotel de Ladda	B3
4	Huanum Hotel	B1
5	Riverfront Hotel	B2
6	Riverview Maekhong Hotel	B3

Essen

7	Goodmook*	B1
8	Mukdahan Nachtmarkt	A2
9	Wine Wild Why?	B3

Essen & Ausgehen

Die meisten Restaurants im Zentrum schließen schon recht früh. In vielen Lokalen am Fluss im Norden und Süden der Stadt und auch in der Th Phithak Phanomkhet brutzelt es dagegen in den Woks bis spät in die Nacht hinein.

Mukdahans Nachtleben spielt sich hauptsächlich in den einfachen Bars am Fluss ab.

★ **Bao Pradit** THAI $
(Th Samran Chaikhongthi; Hauptgerichte 30–300 B; ⌚11–22 Uhr; 📶) Das Restaurant liegt zwar ein gutes Stück südlich des Zentrums, bietet aber authentische Isan-Gerichte wie *gôry kài mót daang* (roher Fleisch-„Salat" mit Eiern von Feuerameisen) und *gang wăi* (Rattan-Curry). Die englische Speisekarte gibt so manches Rätsel auf (*yam*, scharfer thailändischer Salat, wird mit „review" übersetzt, auch werden hier nicht wirklich Pythonschlangen serviert). Aber immerhin, es gibt eine. Es ist nämlich eher selten, dass derartige Restaurants eine englische Karte haben.

Mukdahan Nachtmarkt THAI, VIETNAMESISCH $
(Th Song Nang Sathit; ⌚16–21 Uhr) Auf Mukdahans Nachtmarkt gibt's das übliche Angebot à la Thailand und Isan. Etwas Besonderes sind aber definitiv die vietnamesischen Händler, von denen ein paar auch *băhn dah* verkaufen. Für diese „vietnamesische Pizza" wird ein knuspriger Cracker mit weich gekochten Nudeln, Schweinefleisch und Frühlingszwiebeln belegt; auf Wunsch kommt noch ein Ei hinzu.

Wine Wild Why? THAI $
(Th Samran Chaikhongtai; Hauptgerichte 80–150 B; ⌚17–22 Uhr; 📶) Das ungezwungene und sehr charaktervolle Restaurant in einem stimmungsvollen Holzhaus am Fluss serviert köstliche Thai- und Isan-Gerichte. Beschränkte Auswahl an Weinen; es gibt nur Flaschen.

Khrua Chow Wang THAI, INTERNATIONAL $$
(Th Samran Chaikhongnua; Hauptgerichte 65–545 B; ⌚10–22 Uhr; 📶) Auf der Speisekarte stehen vorwiegend thailändische Fischgerichte – *Chuchi*-Curry mit Wels ist eine der Spezialitäten des Hauses. Außerdem gibt es diverse Isan- und europäische Speisen, u.a. eine unerwartet gute Pizza aus dem Holzkohlenofen.

Goodmook* INTERNATIONAL, THAI $$
(☎042 612091; Th Song Nang Sathit; Hauptgerichte 80–400 B; ⌚Di–So 9–17 Uhr; ❄📶) Angenehmes Restaurant im coolen Retro-Schick, mit Kunst an den Wänden, toller Musik und gutem Kaffee. Auf der Speisekarte steht ein guter Mix aus (teuren, aber leckeren) thailändischen und internationalen Gerichten. Super, um spontan Kontakt mit Travellern aus Thailand und westlichen Ländern zu knüpfen.

ℹ Praktische Informationen

Krung Thai Bank (Th Song Nang Sathit; ⌚Mo–Fr 10–18 Uhr) Liegt im Stadtzentrum und hat an Wochentagen lange geöffnet. Wer am Wochenende eine Bank braucht, muss eins der Einkaufszentren an der Schnellstraße nördlich des Busbahnhofs aufsuchen.

Mukdahan Einreisebüro (☎ 042 674072; ⏲ Mo–Fr 8.30–12 & 13–15.30 Uhr) Das Einreisebüro befindet sich nördlich der Stadt an der Brücke. Es liegt südlich des großen Grenzübergangs und ist schwer zu finden.

Mukdahan International Hospital (☎ 042 611 222; www.mukinter.com/en/; Th Samut Sakdarak; ⏲ 24 Std.) Gutes Privatkrankenhaus.

ℹ An- & Weiterreise

BUS

Mukdahans **Busbahnhof** (☎ 042 611207) liegt westlich der Stadt an der Rte 212. Aus dem Zentrum erreicht man ihn mit den gelben *sŏrng·tăa·ou* (10 B, 6.30–17 Uhr), die gen Norden auf der Th Samut Sakdarak und gen Westen auf der Th Phithak Phanomkhet unterwegs sind. Ein Túk-Túk aus dem Stadtzentrum zum Busbahnhof kostet 50 B. Wer zum Phu Pha Thoep National Park will, steigt vor dem Pornpetch-Markt in ein **sŏrng·tăa·ou** nach Don Tan.

FLUGZEUG

Mukdahan hat keinen Flughafen, aber **Air Asia** (☎ 045 255762, landesweit 02 515 9999; www.airasia.com; Ubon Ratchathani Airport; ⏲ 7–19 Uhr) und **Nok Air** (S. 216) bieten einen täglichen Fly-and-Ride-Service zu den Flughäfen in Nakhon Phanom und Ubon Ratchathani an. Air Asia startet am **Riverfront Hotel** (☎ 042 633348; www.riverfrontmukdahan.com; Th Samran Chaikhongtai; Zi. inkl. Frühstück 850–2000 B; P ⊖ ❄ @ ☎), Nok Air am Ploy Palace Hotel.

Ploy Travel (☎ 042 614599; ⏲ 8–17 Uhr) verkauft im Ploy Palace Hotel Tickets und organisiert Kleinbusse zum Flughafen Udon.

ℹ Unterwegs vor Ort

In Mukdahan kann man wunderbar Radeln. Zwar nicht direkt in der Stadt, aber am Mekong gen Norden über mehrere kleine Straßen vorbei an historischen Tempeln, idyllischen Stromschnellen und durch schöne ländliche Gegenden. Außerdem gibt es einen Radweg bis fast zum südlich der Stadt gelegenen Phu Pha Thoep National Park. **Nikorn Bike** (☎ 086 994 6669; Th Samut Sakdarak; Mountainbike 150 B/Tag; ⏲ 9–21 Uhr), zwischen den Hotels River City und Ban Rim Suan gelegen, verleiht qualitativ hochwertige Mountainbikes. Das Restaurant **Goodmook*** verleiht Kleinräder zum gleichen Preis. Sie sind okay, wenn man nicht allzu weit fahren will.

Ying Mongkhon Motor (☎ 086 428 1338, 042 613993; Th Samut Sakdarak; Leihmotorrad ab 200 B/Tag; ⏲ Mo–Fr 8–17, Sa 8–16.30 Uhr) wirbt in vielen Hotels unter dem Namen Tony Rental für seine Motorräder.

Die Grundgebühr für Fahrten mit **Taxi Mukdahan** (☎ 042 613666; ⏲ 6–24 Uhr) beträgt auf dem Taxameter 60 B. Manchmal kann man den Preis aber auch einfach aushandeln.

Phu Pha Thoep National Park
อุทยานแห่งชาติภูผาเทิบ

Obwohl er nur eine Fläche von 48 km² abdeckt, bietet der hügelige **Phu Pha Thoep**

BUSSE AB MUKDAHAN

ZIEL	PREIS (B)	DAUER (STD.)	HÄUFIGKEIT
Bangkok	439–717	10–11	vormittags stündl., 17–20 Uhr (häufig)
Khon Kaen	161–214	4½	3.30–16 Uhr (stündl.)
Khon Kaen (Minivan)	240	4½	4–18 Uhr (alle 45 Min.)
Nakhon Phanom (Minivan)	80	2½	5.30–18 Uhr (häufig)
Nakhon Ratchasima	272	7	5.45–18.30 Uhr (stündl.)
That Phanom (Minivan)	40	1	5.30–18 Uhr (häufig)
Ubon Ratchathani	100–135	2½	11–15.45 Uhr (stündl.)
Ubon Ratchathani (Minivan)	111	2½	6–17 Uhr (alle 30 Min.)
Udon Thani	175–200	5	8.45–15.30 Uhr (stündl.)
Udon Thani (Minivan)	180	5	6.30–17.30 Uhr (stündl.)
Yasothon	95	2½	5.45–16 Uhr (alle 2 Std.)
Yasothon (Minivan)	84	2	5.30–18.10 Uhr (alle 30 Min.)

National Park viele schöne Sehenswürdigkeiten, von denen die großen pilzförmigen Felsformationen am bekanntesten sind. Die wichtigste Felsgruppe befindet sich direkt hinter dem Besucherzentrum; um sie herum stehen von Oktober bis Dezember die Wildblumen in Blüte. Abgesehen davon gibt's mehrere Aussichtspunkte auf Felsspitzen sowie den **Nam Tok Phu Tham Phra**, einen malerischen Wasserfall (nur Mai–Nov.) mit einer Grotte am oberen Ende, in der Hunderte kleiner Buddha-Figuren stehen. Die gut markierten Wege führen in wenigen Stunden und ca. 4 km an all diesen Sehenswürdigkeiten vorbei. Zur **Tham Fa Mue Daeng**, einer Höhle mit antiken Malereien, muss man vom Hauptbereich des Parks aus erst 8 km fahren und dann noch 1,5 km wandern.

Schlafen & Essen

Im Park gibt es **Campingplätze** (mit eigenem Zelt 30 B/Pers., 4-Pers.-Leihzelt 300 B) und beim Besucherzentrum einen **Bungalow** mit drei Zimmern (☎ 094 289 2383; http://nps.dnp.go.th/reservation.php; Bungalow 1800 B).

Beim Besucherzentrum gibt es außerdem ein Isan-Restaurant, in dem *gài yâhng* (mariniertes Grillhähnchen), *sôm·đam* (pikanter Papaya-Salat) und *blah pŏw* (gegrillter Fisch) serviert werden. Normalerweise kann man bis 18 Uhr seine Bestellung aufgeben, um sicher zu sein, sollte man aber nicht nach 17 Uhr dort sein. Es gibt auch ein paar Läden, in denen man Instantnudeln und Snacks bekommt.

Praktische Informationen

Das Personal im **Visitor Center** (☎ 094 289 2383; ⏰ 8.30–16 Uhr) ist sehr hilfsbereit. Hier kann man auch Ranger für den Besuch der Tham Fa Mue Daeng buchen.

An- & Weiterreise

Der Park liegt 15 km südlich von Mukdahan und ist über die Rte 2034 zu erreichen. Ein von der Schnellstraße abgetrennter Radweg macht das Radeln sicher und problemlos.

Die vom Pornpetch-Markt, 300 m nördlich vom Hor Kaew Mukdahan, nach Don Tan fahrenden *sŏrng·tăa·ou* (20 B, 30 Min., alle 30–45 Min.) kommen an der Abzweigung zum Park vorbei. Die letzten 1,3 km zum Besucherzentrum zu trampen, ist nicht schwierig. Man kann aber auch den *sŏrng·tăa·ou*-Fahrer bitten, von seiner Strecke abzuweichen und einen direkt hinzubringen; die meisten werden das für 100 B gern tun. Auch die Busse, die vom Busbahnhof nach Ubon Ratchathani fahren, kommen an diesem Abzweig vorbei. Bis 16.30 Uhr sollte man wieder an der Abzweigung sein, um noch einen Bus oder ein *sŏrng·tăa·ou* zurück in die Stadt zu erwischen.

PROVINZ NAKHON RATCHASIMA

Wenn man nur einen einzigen Tag für die Erkundung Thailands zur Verfügung hätte, dann sollte man ihn in Khorat, wie Thailands größte Provinz ursprünglich hieß und auch heute noch oft genannt wird, verbringen. Die meisten Besucher kommen hierher, um den Dschungel von Khao Yai zu erkunden. Der älteste Nationalpark Thailands gehört seit Neuestem zum UNESCO Weltnaturerbe. Weil er so ungeheuer groß und trotzdem leicht zugänglich ist, kann man hier besser Tiere beobachten als anderswo in Thailand.

Der Khao Yai ist zwar eindeutig das touristische Highlight der Provinz, aber auch Seide und Steine locken die Besucher. Modefreaks sollten die Geschäfte in Pak Thong Chai, der Heimat der Seidenweberei, besuchen, und Geschichtsfans können bei den

GRENZÜBERGANG NACH LAOS: VON MUKDAHAN NACH SAVANNAKHET

Anreise zur Grenze Thailänder und Laoten können von Mukdahans Stadtzentrum aus mit einem der Boote über den Mekong fahren. Alle anderen müssen über die Brücke. Am einfachsten steigt man am Busbahnhof in Mukdahan in einen Bus, der direkt nach Savannakhet (45–50 B, 7.30–19 Uhr, stündl.) fährt. An den Wochenenden, an Feiertagen und außerhalb der Geschäftszeiten wird ein Aufpreis von 5 B fällig.

An der Grenze Der Grenzübergang ist von 6–22 Uhr geöffnet. In Abhängigkeit von der Länge der Schlangen am Einreiseschalter kann es ein bis zwei Stunden dauern, bis man die Grenze überquert hat. An der Grenze hat man Zeit genug, um sich ein Visum für Laos zu besorgen.

Weiterreise Von Savannakhet fahren Busse in verschiedene Orte in Laos und Vietnam.

restaurierten Ruinen von Phimai einen Einblick in die Blütezeit der Angkor-Periode bekommen.

Die Stadt Khorat selbst hat als Reiseziel nur wenig zu bieten. Aber mit einer ordentlichen Auswahl an Hotels und Restaurants ist sie eine gute Basis für den Isan-Aufenthalt.

Nakhon Ratchasima (Khorat)

044 / 151 450 EW.

Nakhon Ratchasima ist eine belebte Großstadt mit nur wenigen Sehenswürdigkeiten. Sie dient den meisten Travellern als Tor zum Isan. Khorat (โคราช), wie die meisten Einheimischen die Stadt nennen, hat einen ausgeprägten Sinn für die regionale Identität (die Einwohner bezeichnen sich selbst als *kon koh·râht* und nicht als *kon ee·săhn*). Am authentischsten sind die ruhigeren Ecken, z. B. das östliche Viertel am historischen Festungsgraben, wo der Alltag noch seinen traditionellen Gang geht und wo man eher auf einen meterlangen Waran als auf andere Traveller trifft.

Sehenswertes & Aktivitäten

Thao-Suranari-Denkmal HEILIGTUM

(อนุสาวรีย์ท้าวสุรนารี; Th Rajadamnern; 24 Std.) GRATIS Thao Suranari, liebevoll auch Ya Mo (Großmutter Mo) genannt, gilt in dieser Region als eine Art Wonder Woman. Sie war während der Herrschaft von Rama III. die Frau des Vizegouverneurs und wurde zur Heldin, als sie im Jahr 1826 erfolgreich eine Häftlingsrevolte organisierte, nachdem Chao Anou von Vientiane im Zuge seines Aufstands gegen Siam die Stadt Khorat erobert hatte. Ya Mo soll, so eine Version der Legende, die Frauen davon überzeugt haben, die laotischen Soldaten zu verführen (in einer anderen Version schaffte sie es, die Männer betrunken zu machen), damit die thailändischen Männer dann in einem Überraschungsangriff die Soldaten zurückschlagen und ihre Stadt retten konnten.

Wat Salaloi BUDDHISTISCHER TEMPEL

(วัดศาลาลอย; Soi 1, Th Thaosura; Tageslichtstunden) Khorats interessantester Tempel wurde vermutlich 1827 von der Lokalheldin Thao Suranari und deren Ehemann gegründet. Die eine Hälfte ihrer Asche ruht hier in einem kleinen Stupa (die andere in ihrem Denkmal). Vor Ort lassen sich außerdem Sängertruppen anheuern, die dann zu Thaos Ehren ein Ständchen zum Besten geben. Eine kleine Statue der Heldin sitzt betend in dem Teich vor dem preisgekrönten *bòht* (Ordinationsraum) des Tempels.

Maha Viravong National Museum MUSEUM

(พิพิธภัณฑสถานแห่งชาติมหาวีรวงศ์; Th Rajadamnern; 50 B; Mi–So 9–16 Uhr) Die Sammlung des selten besuchten Museums ist sehr klein, aber hervorragend. Zu sehen sind prähistorische Töpferwaren (unbedingt auch einen Blick in die hinteren Bereiche werfen), Bronzestatuen der Khmer und eine Reihe von Buddha-Figuren aus verschiedenen Epochen von der Dvaravati- bis zur Rattanakosin-Ära.

Wat Phra Narai Maharat BUDDHISTISCHER TEMPEL

(วัดพระนารายณ์มหาราช; Th Chomphon; Sonnenaufgang–Sonnenuntergang, Naranya-Schrein 10–18 Uhr) GRATIS Der große Tempel ist vor allem interessant, weil hier drei heilige Sandsteinskulpturen aus der Khmer-Zeit freigelegt wurden – Vishnu (*Phra Narai* auf Thailändisch) ist die heiligste Figur. Wer sie bewundern möchte, folgt den Schildern mit den roten Pfeilen zurück zum Naranya-Schrein in der südöstlichen Ecke der Anlage. Das Gebäude ist nicht immer offen. In dem Teich in der Nähe leben riesige Warane.

Wat Phayap BUDDHISTISCHER TEMPEL

(วัดพายัพ; Th Pholsaen; Tageslichtstunden; Höhlenschrein 8–17 Uhr) GRATIS Dem Abt des Wat Phayap kam einst zu Ohren, dass Sprengungen für einen Steinbruch eine wunderschöne Höhle in der Provinz Saraburi zerstörten. So rettete er einige von deren Bestandteilen – darunter Stalagtiten, Stalagmiten und andere unglaubliche Felsformationen. Damit schmückte er einen Raum unterhalb seiner Residenz und schuf auf diese Weise einen einzigartigen Schrein.

Rajadamnern Nuat Pheua Sukhaphap MASSAGE

(092 969 6447; 768 Th Rajadamnern; Thaimassage ohne/mit Öl pro Std. 200/400 B; 10–22 Uhr) In dieser hübschen Relax-Einrichtung beruhigt Thai-Musik die Nerven. Das Ganze ist eine professionelle Praxis, die mit traditionellen Methoden arbeitet, und es kommen auch Kräuter zur Anwendung.

Feste & Events

Khorat explodiert förmlich beim **Thao-Suranari-Fest** (23. März–3. April), bei dem in

Nakhon Ratchasima (Khorat)

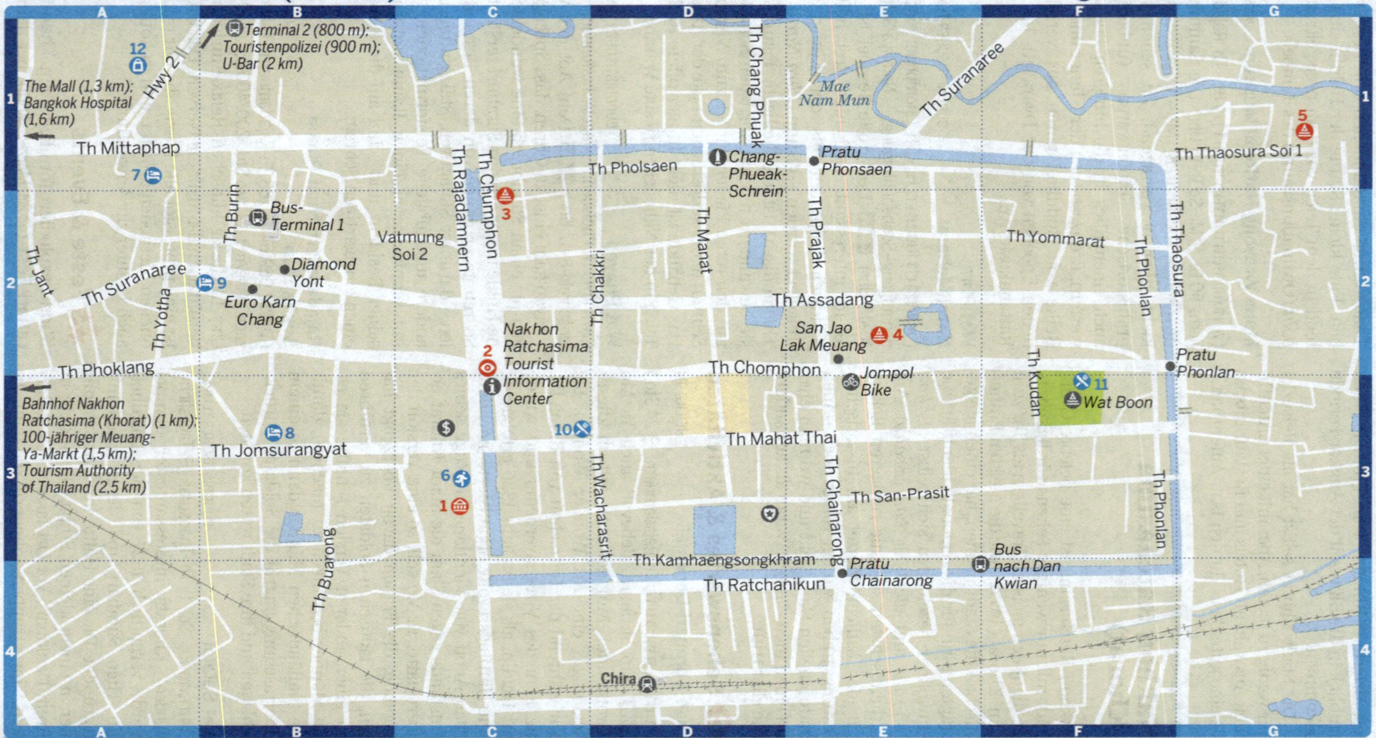

Nakhon Ratchasima (Khorat)

Sehenswertes
1 Maha Viravong National Museum........C3
2 Thao-Suranari-Denkmal........C2
3 Wat Phayap........C2
4 Wat Phra Narai Maharat........E2
5 Wat Salaloi........G1

Aktivitäten, Kurse & Touren
6 Rajadamnern Nuat Pheua Sukhaphap........C3

Schlafen
7 Fortune Rajpruek Hotel........A1
8 Rom Yen Garden Place........B3
9 Sansabai House........B2

Essen
10 Wan Warn........C3
11 Wat-Boon-Nachtmarkt........F3

Shoppen
12 Terminal 21........A1

der Stadt die namensgebende Heldin gefeiert wird. Das Spektakel mit Umzügen, Theateraufführungen und anderen Events findet in der Th Rajadamnern statt. Anlässlich des Khao Phansaa, dem Beginn der buddhistischen Fastenzeit, gibt's in Khorat einen **Kerzenumzug** (Juli).

Schlafen

Sansabai House HOTEL $
(044 255144; www.sansabai-korat.com; Th Suranaree; Zi. mit Ventilator 300 B, mit Klimaanlage 500–800 B; P) Die saubere, ruhige und freundliche Unterkunft, die seit Langem das beste Budgethotel in Khorat ist, vermarktet sich jetzt als „Vintage- und Boutiquehotel". Außer diesem abgedroschenen Slogan hat sich aber nichts geändert. Die Zimmer bieten gute Matratzen, Minikühlschränke und kleine Balkone.

★ **Rom Yen Garden Place** HOTEL $$
(044 260116; www.romyenhotel.com; Th Jomsurangyat; Zi. 1090–1290 B, Suite 2500 B; P) Die schicke Unterkunft mit moderner, einladender Atmosphäre ist ein toller Newcomer in Khorats Hotelszene. Die gemütlichen, hübschen Zimmer haben ein gutes Preis-Leistungs-Verhältnis, es gibt einen Pool, ein Fitnessstudio und vorn eine große Terrasse. Da das Haus nicht direkt an der Straße steht, ist Lärm hier kein Problem.

Fortune Rajpruek Hotel HOTEL $$$
(044 079900; www.fortunehotelgroup.com/; Th Mittaphap; DZ inkl. Frühstück 1800–2500 B; P@) Dieses altehrwürdige Hotel wurde 2017 renoviert und umbenannt und erstrahlt jetzt in neuem Glanz. Die Zimmer sind geräumig und komfortabel, aber auch teuer. Es werden regelmäßig erhebliche Nachlässe angeboten – dann ist der Preis in Ordnung.

Essen & Ausgehen

100-jähriger Meuang-Ya-Markt MARKT $
(Th Mukhamontri; 17–24 Uhr) Nachtmarkt mit Antiquitäten und Kitsch, aber auch mit Dutzenden guter Restaurants (Thai, Isan und mehr). All das unter einem großen Dach.

Wat-Boon-Nachtmarkt THAI $
(Th Chomphon; 17–21.30 Uhr) Auf dem größten Nachtmarkt der Altstadt gibt's Thai- und Isan-Gerichte auch zum Mitnehmen.

RN Yard THAI, ISAN $
(www.rnyard.com; Th Suranari; 16–22 Uhr;) Wegen der Auswahl (Thai, Isan und mehr) und Qualität betrachten viele Einheimische diesen Nachtmarkt als den besten. Die meisten Kunden holen sich ihr Essen ab, es gibt im hinteren Teil aber auch einen sich über zwei Ebenen erstreckenden Sitzbereich. Der Night Baan Koh (NBK) auf der gegenüberliegenden Straßenseite ist ein billiger Straßenmarkt à la Chiang Mai. Er befindet sich direkt nördlich vom Dusit Princess Hotel.

Wan Warn THAI $$
(Th Mahat Thai; Hauptgerichte 45–250 B; Mo–Sa 11–21 Uhr) Beim Blick durchs Fenster auf die paar Tische in einem unordentlichen Einfamilienhaus denkt man kaum an ein Restaurant. Serviert werden klassische Thai- und ein paar Isangerichte. Achtung: Da es hier recht locker zugeht, gibt es häufig nicht alle Gerichte, die auf der Karte stehen.

U-Bar CLUB
(Hwy 2; 20–2 Uhr) Der seit über zehn Jahren beliebteste Dancefloor für Studenten. Richtig los geht's gegen 22 Uhr.

Praktische Informationen

Bangkok Bank (Th Jomsurangyat; 10.30–19 Uhr) Diese Bank in der Klang Plaza Mall direkt südlich des **Thao-Suranari-Denkmals**

(S. 427) ist die einzige Bank im Stadtzentrum, die abends und an den Wochenenden geöffnet ist. In **The Mall** (www.themall.co.th; Th Mittaphap; ⌚10–22 Uhr) und am **Terminal 21** (www.terminal21.co.th/korat; Th Mittaphap; ⌚10–22 Uhr; 📶) gibt es ebenfalls Banken.

Einreisebüro (☎044 375138; ⌚Mo–Fr 8.30–12 & 13–16 Uhr) Befindet sich in Dan Kwian, 15 km südöstlich der Stadt.

Nakhon Ratchasima Tourist Information Center (Th Rajadamnern; ⌚9–17 Uhr) Der von der Stadt betriebene, manchmal unbesetzte Info-Kiosk befindet sich in der Nähe des Thao Suranari Monument.

Tourism Authority of Thailand (TAT; ☎044 213666; tatsima@tat.or.th; 2102-2104 Th Mittaphap; ⌚8.30–16.30 Uhr) Khorats TAT-Niederlassung liegt unpraktisch außerhalb des Stadtzentrums neben dem Sima Thani Hotel.

Polizei (☎044 242010; Th San Prasit; ⌚24 Std.)

Touristenpolizei (☎044 370356; Hwy 2)

An- & Weiterreise

BUS

In Khorat gibt es zwei Busbahnhöfe. **Terminal 1** (*bor kŏr sŏr nèung*; ☎044 242899; Th Burin) im Stadtzentrum bedient Bangkok (191 B, 3½–4 Std., häufig) und die meisten Städte in der Provinz, darunter Pak Chong (56–72 B, 1½–2 Std., 5.30–18.30 Uhr, häufig) und Pak Thong Chai (21 B, 1 Std., häufig). Minivans nach Pak Chong (66 B, 1½ Std., 6.30–20 Uhr, häufig) fahren ebenfalls hier ab. Busse zu den meisten anderen Zielen sowie weitere Busse und Minivans nach Bangkok starten am unübersichtlichen, chaotischen **Terminal 2** (*bor kŏr sŏr sŏrng*; ☎044 256007; Hwy 2) nördlich des Stadtzentrums. Busse nach **Dan Kwian** (14 B, 30 Min.) starten regelmäßig in der Altstadt östlich des Chainarong Gate.

ZUG

Obwohl am **Bahnhof Khorat** (☎044 242044) viele Züge halten, geht's mit Bussen doch schneller zu den meisten Zielen. Bahnverbindung besteht hier nach Bangkok (über Ayutthaya; 50–425 B, 5–7 Std., 10-mal tgl.), Ubon Ratchathani (58–453 B, 5–6 Std., 9-mal tgl.) und Khon Kaen (38–295 B, 3½ Std., 4-mal tgl.).

Der kleinere **Bahnhof Chira** (Jira Train Station; ☎044 242363) liegt näher an der Altstadt und ist daher eventuell ein bequemerer Startpunkt.

NICHT VERSÄUMEN

PÀT MÈE KOH·RÂHT

Eine Spezialität, die man unbedingt probieren muss, ist *pàt mèe koh·râht*. Es ähnelt *pát tai*, ist aber geschmacksintensiver, hat Chilipfeffer und wird mit einer regionalen Art von weichen Reisnudeln *(mèe koh·râht)* zubereitet. Das Gericht ist in der Provinz Nakhon Ratchasima weit verbreitet, sonst aber kaum auf der Speisekarte zu finden.

Unterwegs vor Ort

Es gibt feste *sŏrng·tăa·ou*-Routen (8 B) durch die Stadt. Aber selbst Einheimische finden sich nur schwer in dem verwirrenden System aus Zahlen und Farben zurecht. Die meisten Vehikel tuckern an der Kreuzung Th Suranaree und Th Rajadamnern vorbei. Wenn man irgendwo hin will, sollte man einfach dorthin gehen und sich durchfragen. Das gelbe *sŏrng·tăa·ou* der Linie 1 mit den weiß-grünen Streifen fährt auf der Th Suranaree nach Westen und hält am Bahnhof, an der Touristeninformation und an The Mall. Das weiße *sŏrng·tăa·ou* der Linie 1 mit den gelbgrünen Streifen hält ebenfalls am Bahnhof. Das weiße *sŏrng·tăa·ou* der Linie 6 mit rot-gelben Streifen fährt auf der Rajadamnern gen Norden direkt vorbei an The Mall. Das weiß-blaue *sŏrng·tăa·ou* der Linie 7 ohne Streifen, das weiße *sŏrng·tăa·ou* der Linie 10 mit rot-gelben Streifen und das weiße *sŏrng·tăa·ou* der Linie 15 mit violetten Streifen fahren auf der Rajadamnern nach Norden zum Bus Terminal 2. Das weiß-blaue *sŏrng·tăa·ou* der Linie 7 fährt vor dem Chira-Bahnhof vorbei.

Innerhalb der Stadt kostet eine Túk-Túk-Fahrt zwischen 50 und 80 B. Normale Motorradtaxis und *săhm·lór* (Fahrradrikscha; auch säamláw geschrieben) kosten weniger. **Taxis** (☎095 602 3636; ⌚24 Std.) mit Taxameter warten nur am Bus Terminal 2 und an **The Mall** (S. 430) auf Fahrgäste. Wer anderswo eins braucht, muss anrufen. Es ist aber fast unmöglich, den Fahrer dazu zu überreden, den Taxameter anzustellen.

Euro Karn Chang (☎088 355 9393; 241 Th Suranaree; ⌚Mo–Sa 8–17 Uhr) und **Diamond Yont** (☎081 878 7367; 100 Th Suranaree; ⌚Mo–Sa 8.30–16 Uhr) verleihen Motorräder (ab 250 B/Tag) für Fahrten in der Provinz Khorat. Bei **Jompol Bike** (☎044 244015; 400 Th Chomphon; ⌚9–19 Uhr) gibt's Leihfahrräder für 100 B pro Tag.

Rund um Nakhon Ratchasima

Ban Prasat บ้านปราสาท

☎044 / 1589 EW.

Vor rund 3000 Jahren entwickelte sich bei Ban Prasat am Ufer des Than Prasat eine

BUSSE & MINIVANS AB NAKHON RATCHASIMA (TERMINAL 2)

ZIEL	PREIS (B)	DAUER (STD.)	HÄUFIGKEIT
Aranya Prathet (Grenze nach Kambodscha)	150	4	5.30–18 Uhr (7-mal tgl.)
Ayutthaya (Minivan)	132	3½–4	5.40–18.20 Uhr (häufig)
Bangkok	148–508	4	häufig
Bangkok (Minivan)	171	4	6.30–19.30 Uhr (häufig)
Chiang Mai	526–613	13	3–20.30 Uhr (7-mal tgl.)
Khon Kaen	146–220	3½–4	häufig
Khon Kaen (Minivan)	126	3–3½	6.40–18.30 Uhr (alle 40 Min.)
Krabi	1168	16	16.50 Uhr
Loei	252–342	7	5–24 Uhr (stündl.)
Lopburi	149	4–4½	6, 10.45, 13.30 Uhr
Lopburi (Minivan)	130	3½–4	4.50–18.30 Uhr (alle 40 Min.)
Nang Rong	60–95	2	stündl.
Nang Rong (Minivan)	64	2	4.30–20.10 Uhr (alle 30 Min.)
Nong Khai	257–409	6	11-mal tgl., meistens nachmittags
Mukdahan	272	7–8	stündl.
Phimai	50	1½	5–22 Uhr (alle 30 Min.)
Phimai (Minivan)	50	1	10–17.30 Uhr (stündl.)
Surin	115–218	4	alle 30 Min.
Trat	297–409	8–9	7-mal tgl.
Ubon Ratchathani	248–386	7–8	stündl.
Udon Thani	178–300	5½	häufig
Vientiane (nur mit laotischen Visum)	900	6	11.30 Uhr

primitive Ackerbaukultur, die eng mit der von Ban Chiang verknüpft war und etwa 1500 Jahre überdauerte. Die Menschen bauten Reis an, domestizierten Tiere, stellten farbige Töpferwaren her, webten Stoffe und schmiedeten Metallwerkzeuge. Die Geheimnisse dieser frühen Zivilisation kamen im Jahr 1991 bei umfangreichen archäologischen Ausgrabungen ans Licht. Einige der Stätten blieben als Touristenattraktionen freigelegt, ein Teil der Funde ist in einem Museum zu bewundern.

Südlich des Museums gibt es eine Familie, die zu Hause noch der Seidenweberei nachgeht. Besucher sind willkommen.

Sehenswertes

Im Ort gibt es drei **Ausgrabungsstätten** (แหล่งโบราณคดีบ้านปราสาท; Sonnenaufgang–Sonnenuntergang) GRATIS. Das kleine, aber gute **Museum** (พิพิธภัณฑ์บ้านปราสาท; 8–16.30 Uhr) GRATIS beherbergt ein paar Artefakte.

Schlafen & Essen

Übernachten kann man in Ban Prasat nur bei Gastfamilien. Das **Gastfamilienprogramm** (081 725 0791; 400 B/Pers. inkl. 2 Mahlzeiten) ist hervorragend.

Im Programm enthalten sind Frühstück und Abendessen; zur Mittagszeit stehen ein paar *gŏo·ay đĕe·o*-Wagen im Ort, u.a. auch einer auf der Straße gegenüber vom Museum. Ein kleiner **Nachtmarkt** (Fr 15–18 Uhr) findet freitagabends an der Brücke statt.

An- & Weiterreise

Ban Prasat liegt 45 km nordöstlich von Khorat und 1,5 km vom Hwy 2 entfernt. Busse (35 B, 1 Std.) Richtung Norden setzen ihre Fahrgäste an der Kreuzung ab. Von dort bringen einen

Motorradtaxis zu allen Stätten (60 B/Pers.). Aber Achtung, oft ist nur ein Fahrer unterwegs.

Historische Stätte Muang Sema โบราณสถานเมืองเสมา

Etwa auf halber Strecke zwischen Khorat und Pak Chong liegt die antike, damals recht bedeutende Stadt Muang Sema, über die heute nur wenig bekannt ist. Im 7. oder 8. Jh. war sie zunächst ein Dvaravati-Außenposten, und es wird vermutet, dass sie die Hauptstadt eines kleinen Königreichs war. Später – wahrscheinlich im 10. Jh. – wurde sie von den Khmer besetzt, obwohl der Mahayana-Buddhismus weiterhin neben dem Hinduismus existierte. Viele Artefakte sind im Phimai-Nationalmuseum zu sehen.

Abgesehen von einem beeindruckenden, liegenden Buddha sind der Großteil der Fundamente und die Festungsgräben nur noch Ruinen. Muang Sema ist nicht spektakulär, der Besuch lohnt sich aber, weil man hier das Gefühl hat, wirklich abseits der ausgetretenen Pfade zu sein. Am **Tempel** (วัดธรรมจักรเสนาราม; Sonnenaufgang–Sonnenuntergang) GRATIS gibt es außer ein paar Schildern mit Erklärungen keinerlei touristische Infrastruktur – und höchstwahrscheinlich auch keine anderen Besucher.

An- & Weiterreise

Muang Sema ist 37 km von Khorat entfernt. Zwischen Khorat und Pak Chong verkehrende Minivans halten an der Schnellstraße. Von dort kann man für die letzten 8 km ein Motorradtaxi (ca. 150 B) nehmen. Allerdings dauert es manchmal recht lange, bis man eins auftreiben kann. Ein paar Busse (22 B, 45 Min.) fahren vom Terminal 1, Regionalzüge (6–63 B, 30 Min.) verkehren zwischen Khorat und der Stadt Sung Noen, die 4,5 km von der historischen Stätte entfernt ist. Dort findet man in der Regel schneller ein Motorradtaxi.

Phimai พิมาย

9768 EW.

Mitten in der ansonsten langweiligen Kleinstadt Phimai steht eine der besterhaltenen Tempelanlagen aus der Khmer-Zeit. Prasat Phimai, das stark an Angkor Wat in Kambodscha erinnert, lag einst an einer wichtigen Handelsroute zwischen der Khmer-Hauptstadt und den nördlichen Gebieten des Königreichs.

Aufgrund der Lage mitten im Zentrum dieser kleinen, netten Stadt ist Prasat Phimai nicht nur eine der beeindruckendsten uralten Sehenswürdigkeiten in Thailand, sondern auch eine der am leichtesten zugänglichen. Phimai ist im Rahmen eines Tagesausflugs leicht von Khorat aus zu erreichen. Wer es geruhsamer mag, kann aber auch von Phimai aus eine Tagestour nach Khorat unternehmen.

Sehenswertes

★ Geschichtspark Phimai HISTORISCHE STÄTTE

(อุทยานประวัติศาสตร์พิมาย; 044 471568; Th Ananthajinda; 100 B; 7–18 Uhr, Besucherzentrum 8.30–16.30 Uhr) Prasat Phimai gehört zu Thailands eindrucksvollsten Ruinen aus der Khmer-Zeit, und das sowohl hinsichtlich der Größe als auch der vielen komplexen Details. Obwohl er ursprünglich als Mahayana-Buddhistentempel errichtet wurde, zeigen die Reliefs zahlreiche hinduistische Gottheiten. Viele Gestaltungselemente – vor allem der unverkennbare *prang*-Turm des **Hauptschreins** – wurden später in Angkor Wat benutzt. Hier stand bestimmt schon im 8. Jh. ein Tempel, obwohl die meisten der noch vorhandenen Gebäude Ende des 11. Jhs. von dem Khmer-König Jayavarman VI. errichtet wurden.

Man betritt die Anlage über eine kreuzförmige **Naga-Brücke**, die symbolisch für den Weg von der Erde in den Himmel steht, und geht dann weiter durch das **Südtor** der Außenmauer, die ein Gebiet von 565 m mal 1030 m umschließt. Die Ausrichtung nach Süden (wenn auch nicht genau südlich) ist ungewöhnlich, weil die meisten Khmer-Tempel nach Osten ausgerichtet sind. In der Literatur heißt es oft, dass Phimai nach Süden zeigt, um eine Fluchtlinie mit der Hauptstadt zu bilden. Diese Theorie wird von Historikern aber zurückgewiesen, da die Anlage nicht direkt nach Angkor ausgerichtet ist.

Ein erhöhter Gang, der früher ein Ziegeldach hatte, führt in das innere Heiligtum und zum 28 m hohen Hauptschrein aus weißem Sandstein, der mit wunderschönen Reliefs bedeckt ist. Im benachbarten **Prang Brahmathat** befindet sich eine Replik der Steinskulptur des Angkor-Königs Jayavarman VII. im Schneidersitz, der sehr stark an einen sitzenden Buddha erinnert. Das Original ist im Nationalmuseum von Phimai.

Sachkundige Studenten aus der Gegend fungieren gelegentlich als Führer, aber nur wenige sprechen Englisch. Doch glückli-

Phimai

Phimai

Highlights
1 Geschichtspark Phimai B3

Sehenswertes
2 Meru Bhramathat C3
3 Phimai-Nationalmuseum C1
4 Pratu Chai C4

Schlafen
5 Moon River Resort Phimai C1
6 Phimai Paradise Hotel C3
7 Phimai Paradise House C3

Essen
8 Rabiang Mai C3
9 Talat Jae Jae D4

Transport
10 Boonsiri Guesthouse C3

cherweise gibt es diverse Tafeln mit Erklärungen und eine kostenlose Broschüre, die einen guten Überblick über den Komplex bietet.

Phimai-Nationalmuseum MUSEUM
(พิพิธภัณฑสถานแห่งชาติพิมาย; ☎044 471167; Th Tha Songkhran; 100 B; ⌚9–16 Uhr) Das Phimai-Nationalmuseum ist eins der größten und besten im Isan und unbedingt einen Besuch wert. Es steht am Rand des Sa Kwan, einem Wasserbecken der Khmer aus dem 12. Jh. Die beiden großen Gebäude beherbergen eine schöne Sammlung von Khmer-Skulpturen nicht nur aus Phimai, sondern auch aus weiteren Ruinenstätten im Isan. Obwohl die Khmer-Zeit den Schwerpunkt bildet, gibt es auch Artefakte aus Muang Sema, bemerkenswerte trompetenhalsförmige und schwarze Phimai-Keramiken aus Ban Prasat und Buddha-Bildnisse aus verschiedenen Epochen.

Sai Ngam PARK
(ไทรงาม; ⏲ Tageslichtstunden) GRATIS Etwas östlich der Stadt überwuchert Thailands größter und ältester Banyan-Baum eine ganze Insel. Der „Wundervolle Banyan" ist mindestens 350 Jahre alt und ein echter Gigant: Das Gewirr aus knorrigen Stämmen und miteinander verbundenen Ästen sieht aus wie ein kleiner Wald.

Noch mehr historische Stätten

Meru Bhramathat (เมรุพรหมทัต; Th Buchayan) ist ein umgestürzter, aus der späten Ayutthaya-Ära (18. Jh.) stammender Backstein-Stupa. Sein Name geht auf eine Sage zurück, derzufolge an eben dieser Stelle König Bhramathat eingeäschert wurde.

Es stehen noch drei Stadttore aus dem 13. Jh. Das unter König Jayavarman VII. errichtete **Pratu Chai** (ประตูชัย, Siegestor) GRATIS ist das bemerkenswerteste, da es an der Straße nach Angkor stand. Ebenfalls aus dem 13. Jh. stammen der Hospital-Tempel **Kuti Rusi** (กุฏิฤาษี; ⏲ Sonnenaufgang–Sonnenuntergang) GRATIS und der **Tha Nang Sa Phom** (ท่านางสระผม; ⏲ Sonnenaufgang–Sonnenuntergang) GRATIS, eine Rampe aus Laterit, die sich heute auf dem Gelände des Fine Arts Department befindet.

Feste & Events

Beim **Phimai-Fest** Mitte November (normalerweise das zweite Wochenende) wird die Geschichte der Stadt mit kulturellen Darbietungen, Sound-&-Light-Shows (Tickets 200–600 B) und Drachenboot-Rennen gefeiert.

Schlafen

Moon River Resort Phimai PENSION $
(☎ 085 633 7097; www.moon-river-resort-phimai.com; Soi 2, Ban Sai Ngam Patana; Zi./FZ 600/1200 B; P ⊖ ❄ 📶) Diese Pension unter thailändisch-deutscher Leitung in fast ländlicher Lage am Nordufer des Flusses (der zum Sprung ins kühle Nass einlädt) bietet einfache, aber gute Holz- und Betonhütten. Die Hütten stehen mitten im Grünen und sind durch tolle Stege miteinander verbunden. Die Unterkunft befindet sich direkt vor den Toren der Stadt an der Straße nach Khorat, 1 km vom Eingang in den Geschichtspark entfernt. Gäste können sich Fahrräder und Motorräder ausleihen.

Phimai Paradise House HOTEL $
(☎ 086 468 8402, 044 471918; www.phimaiparadisehotel.com; Th Chomsudasadet; B 200 B, 2BZ inkl. Frühstück 500 B, DZ inkl. Frühstück 600–800 B; P ⊖ ❄ @ 📶) Frisch renoviertes und auf Hochglanz poliertes Holzhaus mit Top-Atmosphäre. Die Zimmer verströmen einen leichten Hauch von Geschichte. Der Hauptnachteil ist, dass jedes Zimmer zwar ein eigenes Bad hat, dieses aber nicht mit dem Zimmer verbunden ist. Die Gäste können den Pool im **Phimai Paradise Hotel** (☎ 044 287565, 086 468 8402; www.phimaiparadisehotel.com; Th Samairujee; DZ inkl. Frühstück 450–600 B, 3BZ inkl. Frühstück 700 B; P ⊖ ❄ @ 📶 🏊) benutzen, Leihräder kosten 100 B pro Tag.

Essen & Ausgehen

Talat Jae Jae MARKT $
(ตลาดจอแจ; Th Suriya Uthai; ⏲ 5–20 Uhr) Auf dem kleinen, vormittags stattfindenden Markt kann man wunderbar frühstücken.

Rabiang Mai THAI $
(Th Samairujee; Hauptgerichte 50–250 B; ⏲ 17–24 Uhr; 📶) Das halb-schicke Restaurant ist recht teuer, aber das Essen (vor allem thailändische, aber auch ein paar Isan- und *fa·ràng*-Gerichte) ist gut. Das Lokal fungiert auch als Bar mit Livemusik, los geht's an den meisten Abenden gegen 20.30 Uhr.

Praktische Informationen

Touristenpolizei (☎ 1155) Die kleine Dienststelle ist oft nicht besetzt.

Anreise & Unterwegs vor Ort

Busse (50 B, 1½ Std.) und Minivans (50 B, 1 Std.) nach Phimai starten den ganzen Tag über etwa alle 30 Minuten an Khorats Bus Terminal 1. Alle Busse auf dem Weg in die und aus der Stadt fahren an den offiziellen Haltestellen am **Pratu Chai** (Th Haruethairom) und am **Uhrturm** (Th Buchayan) vorbei, außerdem halten sie an verschiedenen Stellen auf der Straße nördlich der Stadt, beispielsweise am Museum. Minivans halten nur an Phimais ungünstig gelegenem **Busbahnhof**. Wer nach Norden will, steigt in den Bus nach Tala Khae (13 B, 15 Min.) und sucht sich dort einen Anschluss. Mitunter muss man etwas warten.

Phimai ist nicht allzu groß, daher kann man den Ort auch recht gut zu Fuß erkunden. Wer aber ein wenig Zeit mitbringt und mehr von der Stadt und ihrer Umgebung sehen möchte, sollte sich im **Boonsiri Guesthouse** (☎ 044 471159; Th Chomsudasadet; halber/ganzer Tag 40/80 B) oder im **Phimai Paradise House** ein Fahrrad mieten oder bei **New Motorbike** (☎ 044 481880; Th Ananthajinda; 300 B/Tag; ⏲ Mo–Sa 8–17 Uhr) ein Motorrad leihen und auf Erkundungstour gehen.

Khao Yai National Park

Weit oben auf der Liste der bedeutendsten Nationalparks der Welt steht der Khao Yai (อุทยานแห่งชาติเขาใหญ่), Thailands ältestes und meistbesuchtes Naturschutzgebiet. Auf einer Fläche von 2168 km² beheimatet der Khao Yai einen der größten unberührten Monsunwälder des asiatischen Festlands – Grund genug für die UNESCO, ihn (als Teil des Dong-Phayayen-Khao-Yai-Waldes) zum Weltnaturerbe zu erklären. Aber trotz seiner Größe gehört er zu den thailändischen Nationalparks, die auch für unabhängig reisende Traveller problemlos zu erreichen sind.

Sehenswertes & Aktivitäten

Wandern

Es gibt fünf Wanderwege durch den Wald, die Besucher auf eigene Faust in Angriff nehmen können. Für alle anderen benötigt man einen Führer. Parkranger können über das Besucherzentrum als Guides (je nach Dauer 500–1000 B/Gruppe) angeheuert werden. Sie begleiten einen auch bei längeren Wanderungen querfeldein, das geht aber nur, wenn der Führer Englisch oder man selbst Thai spricht. Solche Touren sollte man lieber mit einem privaten Führer unternehmen, den man über Reisebüros oder Hotels vor Ort buchen kann.

Egal, wo man wandert, man sollte immer feste Schuhe und lange Hosen tragen. In der Regenzeit gibt es viele Blutegel. Zwar helfen Mückenschutzmittel, sie fernzuhalten, aber die „Blutegelsocken", die im Besucherzentrum verkauft werden, sind ein sehr viel besserer Schutz.

Trail 1 (1,2 km) Der Kong Kaew Waterfall Nature Trail ist ein befestigter Rundweg, der an der Hängebrücke hinter dem Besucherzentrum beginnt. Er ist nicht schwer, hat aber ein paar steile Abschnitte.

Trail 2 (3 km) Der leichte Weg verbindet die Wasserfälle **Haew Suwat** (น้ำตกเหวสุวัต; ⌚7–17 Uhr) und Pa Kluai Mai miteinander. Kurz hinter dem Pa Kluai Mai sind oft Krokodile im Fluss zu sehen. Zum Zeitpunkt der Recherchen war dieser Weg gesperrt. Bevor man loswandert, sollte man sich im Besucherzentrum über den Stand der Dinge informieren.

Trail 3 (3,3 km) Ausgangspunkt des etwas anstrengenden Marsches zum Aussichtsturm Nong Phak Chi ist der kleine Parkplatz bei km 33. Er bietet mit die besten Tier- und Vogelbeobachtungsmöglichkeiten im Khao Yai. Daher trifft man hier auf viele Tourgruppen. Zurück zum Besucherzentrum kann man dann Trail 5 nehmen.

Trail 4 (2,7 km) Leichte, relativ wenig benutzte Strecke zu einem Aussichtspunkt am Sai Sorn Reservoir.

Trail 5 (5 km) Der Weg mit guten Möglichkeiten zum Beobachten von Vögeln und anderen Tieren beginnt etwas südlich des Besucherzentrums und endet am Aussichtsturm Nong Phak Chi. Lässt sich gut mit Trail 3 kombinieren.

Trail 6 (8 km) Der längste ausgeschilderte Weg im Park führt vom Besucherzentrum zum Haew-Suwat-Wasserfall. Früher konnte man den Weg auf eigene Faust in Angriff nehmen. Da es aber kein ausgetretener Trampelpfad ist, haben sich viele Leute verlaufen, einige mussten sogar schon im Wald übernachten. Jetzt benötigt man einen Führer. Im Großen und Ganzen ist die Strecke nicht allzu schwer, es gibt aber ein paar holprige Bereiche und Anhöhen.

Tierbeobachtung

Im Park tummeln sich etwa 200 Elefanten und andere Säugetiere wie Tiger, Leoparden, Bären, Gaure, Muntjaks, Otter, verschiedene Gibbons und Makaken sowie ziemlich große Pythons. Auf Khao Yais Vogelliste stehen 392 Arten, außerdem lebt hier eine der größten Nashornvögelpopulationen Thailands, darunter auch der Doppelhornvogel (*nók gòk* oder *nók gah·hang*).

An der Straße durch den Park findet man mehrere **Aussichtspunkte** und **Salzlecksteine** (die frühmorgens und abends manchmal Elefanten anlocken). Am wahrscheinlichsten sieht man Elefanten auf einer **Abendsafari** (☎086 092 6529; 500 B/Fahrzeug mit bis zu 10 Pers.; ⌚19 & 20 Uhr), die auch gute **Chancen** bietet, Stachelschweine und Schakale zu Gesicht zu bekommen. Gibbons wird man morgens hören, um sie zu sehen, muss man aber etwas wandern – auf Trail 1 könnte man Glück haben. Einen Tiger zu sichten, ist wie ein Sechser im Lotto. Mit Sicherheit wird man aber Sambare sehen, denn sie versammeln sich morgens und nachmittags rund um das Besucherzentrum und den Campingplatz Lam Tha Khong. Makaken tummeln sich den ganzen Tag auf den Straßen im Park.

Vom **Aussichtsturm Nong Phak Chi** blickt man auf einen kleinen See und einen

NICHT VERSÄUMEN

ISAN KULINARISCH

Die kulinarischen Kreationen des Isan sind ein Mix aus laotischer und thailändischer Küche. Die heilige Dreifaltigkeit der nordöstlichen Küche – *gài yâhng* (mariniertes Grillhähnchen), *sôm·đam* (pikanter Papaya-Salat) und *kôw nĕe·o* (Klebreis) – ist fester Bestandteil der hiesigen Kultur. Wichtige Zutaten der meisten Gerichte sind auch Chili und scharfer Paprika. Auswärtige – und das schließt auch die meisten anderen Thailänder ein – sind keine Fans von *Ƿlah ráh*, einer vergorenen Fischsauce, die aussieht wie Schlamm. Für die Menschen im Isan ist sie aber fast lebenswichtig.

Fisch beherrscht die Speisekarte im Isan. Zu den beliebtesten Arten gehören *Ƿlah dùk* (Wels), *Ƿlah chôrn* (Quergestreifter Schlangenkopffisch) und *Ƿlah boo* (Sandgrundel), aber in letzter Zeit sind auch gezüchtete Tilapia *(Ƿlah nin)* immer öfter auf den Tellern zu finden. Insekten waren früher ein traditionelles Hauptnahrungsmittel einheimischer Familien und sind auch heute noch ein sehr beliebter Snack. So sieht man draußen auf dem Land mitunter violette Lichter, die zum Fang von riesigen Wasserläufern *(maang dah)* dienen, aus denen eine aromatische Chili-Paste *(prík maang dah)* hergestellt wird.

Die folgenden Speisen bieten einen guten Einstieg in die Küche des Isan.

lâhp Thailands berühmter „Hackfleisch-Salat" – wie er gewöhnlich genannt wird – stammt eigentlich aus dem Isan und ist, wenn er hier serviert wird, eines der schärfsten Gerichte des ganzen Landes. Manchmal kommt er auch roh auf den Tisch, der Verzehr ist aber wegen der Gefahr von Bakterien und Parasiten nicht zu empfehlen.

nám đòk Eigentlich das gleiche wie *lâhp*, jedoch wird das in Streifen geschnittene Fleisch gegrillt und nicht gewürfelt und gekocht.

đôm sâap Die Isan-Version von *đôm yam*. Sie enthält meistens Innereien und Sehnen, also die nach der Zubereitung von *lâhp* übrig gebliebenen Weichteile eines Tieres.

súp nòr mái Das manchmal mit „Bambussprossen-Salat" übersetzte *súp* ist eigentlich eher eine Sauce zum Dippen und weitaus weniger scharf als die meisten anderen Isan-Gerichte.

gaang òrm Dieses typische Isan-Curry enthält viele Kräuter und ist nur schwach gewürzt. Wie in allen Isan-Currys ist auch hier keine Kokosmilch enthalten.

gaang hèt Für dieses „Pilz-Curry" wird oft Tamarinde verwendet, um ihm einen leicht säuerlichen Geschmack zu verleihen.

sâi gròrk ee·săhn Fermentiertes Schweinefleisch ist für das säuerliche Aroma der „Isan-Wurst" verantwortlich. Klebreis, Knoblauch und Salz kommen ebenfalls mit rein.

Ƿlah pŏw Gegrillter Fisch in Salzkruste mit einer Füllung aus Pandanussblättern und Zitronengras.

Salzleckstein. Einen besseren Ort, um Tiere zu beobachten, gibt's im ganzen Park nicht. Der kürzeste Weg (900 m) zum Turm, ein breiter, leichter Pfad, beginnt 1,8 km nördlich des Besucherzentrums. Es führen aber auch zwei Wanderwege dorthin.

Geführte Touren

Drei etablierte Anbieter – **Greenleaf Guesthouse & Tour** (☎089 424 8809; www.greenleaftour.com; Th Thanarat, km 7,5), Khao Yai Garden Lodge und **Bobby's Apartments & Jungle Tours** (☎086 262 7006; www.bobbysjungletourkhaoyai.com; an der Mittaphap Rd, Pak Chong) – beherrschen den Markt für Budget-Touren. Obwohl die Unterkünfte vorwiegend auf Backpacker ausgerichtet sind, sind sie doch nicht jedermanns Sache. Die normalen Touren dauern anderthalb Tage und kosten 1500 B (Khao Yai Garden Lodge nimmt 1600 B) pro Person. Viele Leute verzichten aber auf den halben Tag. Mittagessen, Snacks, Trinkwasser und „Blutegelsocken" sind immer im Preis enthalten, manchmal werden die Teilnehmer auch kostenlos im Ort Pak Chong abgeholt.

Khao Yai and Beyond (☎089 946 1906; www.khaoyaiandbeyond.com) ist ein kleiner Veranstalter, der sich auf Touren in abgelegene Gegenden spezialisiert hat. Es wird in Zelten im Wald übernachtet, die Campingausrüstung wird gestellt. Es gibt zwei bekannte

Guides, die **Vogelbeobachtungstouren** anbieten: Tony, der das **Khao Yai Nature Life Resort** (☎096 565 5926; www.khaoyainaturelifetours.com) betreibt, und **Nang** (☎089 427 1823; www.thailandyourway.com), eine der wenigen Führerinnen im Khao Yai. Beide bieten auch die Standardtouren durch den Park an.

Der Park selbst veranstaltet einstündige Nachtsafaris, bei denen man mit Scheinwerfern Ausschau nach Tieren hält.

Schlafen & Essen

Im Park gibt es Campingplätze und eine Reihe von Zimmern und Bungalows, die allerdings alle ohne Klimaanlage sind. Achtung: Die Reservierung muss über die nervige Website des Nationalparks (http://nps.dnp.go.th/reservation.php; Vorauszahlung erforderlich) oder persönlich im Park erfolgen. Telefonische Reservierungen sind nicht möglich. Außer an Wochentagen in der Nebensaison sind die Unterkünfte oft ausgebucht. Leihzelte stehen fast immer zur Verfügung.

Khao Yai Garden Lodge HOTEL $
(☎094 191 9176, 044 936352; www.khaoyaigardenlodge.com; Th Thanarat, km 7; 2BZ/3BZ mit Ventilator & Gemeinschaftsbad 350/450 B, DZ & 2BZ mit Klimaanlage & Frühstück 1150–2450 B;) Khao Yais alteingesessenes Resort könnte eine Auffrischung vertragen. Anderswo bekommt man zwar bessere Mittelklassezimmer, aber in dieser Unterkunft mit den einzigen echten Budgetzimmern zwischen Pak Chong und dem Park muss man sich keiner geführten Tour anschließen – obwohl die meisten Gäste es tun, denn die Touren sind richtig gut.

San Khao Yai Guesthouse PENSION $$
(☎098 210 5098; www.sankhaoyaitour.com; Th Thanarat; Bungalows 800 B;) Die farbenfrohen Cottages stehen nur 100 m vom Parkeingang entfernt. Sie sind einfach, sehr sauber und einen Tick besser als die meisten Budgetunterkünfte in der Gegend. Außerdem gibt es keine bessere Bleibe, wenn man nicht im Park übernachten, aber früh am Morgen Tiere beobachten will. In der Unterkunft werden Motorräder verliehen und Touren organisiert. Essbares gibt es ebenfalls.

★ **Hotel des Artists** HOTEL $$$
(☎044 297444; hoteldesartists@gmail.com; Th Thanarat, km 22; Zi./Villa 4600/7500 B, inkl. Frühstück;) Das geschmackvolle Hotel setzt eher auf Schick im französischen Kolonialstil als auf Naturverbundenheit. Dennoch lässt der Bergblick hinter dem Haus keinen Zweifel daran, wo man sich gerade befindet. Die großartigen, jedoch kleinen Zimmer werden durch Villen am Rand eines großen Pools ergänzt.

Roma Sausage THAI, INTERNATIONAL $$
(Km 18, Th Thanarat; Hauptgerichte 80–850 B; ⏲So–Di & Do 10.30–21.30, Fr & Sa 10.30–23 Uhr;) Das lockere Freiluftlokal befindet sich an einem der belebtesten Abschnitte der Th Thanarat. Aus der Küche kommen sowohl gute Thaigerichte (gelbes Curry mit Makrele und knuspriges Tofu-*lâhp*) als auch europäische Speisen (geräucherte Chicken Wings, Enten-Konfit und ultra-dünne Pizza).

Praktische Informationen

Khao Yai National Park Visitor Centre
(☎086 092 6529; ⏲6–21 Uhr, besetzt ab 8 Uhr) Freundliche, sachkundige Mitarbeiter, von denen viele wirklich gut Englisch sprechen. Es gibt auch Info-Tafeln, die einen kurzen Überblick über die Ökologie im Park vermitteln.

An- & Weiterreise

Zwischen 6 und 17 Uhr knattern alle 30 Minuten ***sŏrng·tăa·ou*** (Th Mittaphap) über die 30 km lange Strecke von Pak Chong über die Th Thanarat bis zum Nordeingang des Parks (40 B, 1 Std.). Los geht's vor dem 7-Eleven in der Nähe der Hirschstatue (die eher wie eine Giraffe aussieht). Bis zum Besucherzentrum sind es dann weitere 14 km. Die Wachleute weisen die Fahrer gern an, die Leute bis dorthin zu fahren. Das letzte *sŏrng·tăa·ou* zurück nach Pak Chong startet gegen 15 Uhr.

Pak Chong hat keinen Busbahnhof. Alle Busse fahren im Stadtzentrum in der Hauptstraße ab. Zwischen 5 und 18 Uhr halten die häufig verkehrenden Minivans (66 B, 1½ Std.) und die gelegentlich verkehrenden 2.-Klasse-Busse (56 B, 2 Std.) nach Khorat an der **Bushaltestelle** ca. 500 m nordöstlich der Hirschstatue in der Nähe des *đà·làht kàak*-Marktes. Minivans nach Bangkok (160 B, 3 Std., alle 30 Min.) fahren auf beiden Straßenseiten in der Nähe der Hirschstatue ab. 1.-Klasse-Busse nach Bangkok (133 B, 3 Std.) und Khorat (72 B, 1½ Std.) halten bei **Ratchasima Tour** (☎044 312131; Th Mitthaphap) auf der anderen Seite der Schnellstraße – von der Hirschstatue aus gesehen; der letzte Bus nach Bangkok startet um 20 Uhr. Wenn Minivans (von Khorat kommend) nach Ayutthaya (100 B, 2½ Std.) und Lopburi (80 B, 2 Std.) freie Plätze haben, was meistens der Fall ist, halten sie direkt gegenüber vom *đà·làht kàak* (bei den Bänken auf der Verkehrsinsel warten).

ABSTECHER

WEINGEGEND

Thailand ist Vorreiter in puncto „New Latitude Wines", und mit mehr als einem Dutzend Weingütern ist die Gegend um den Khao Yai inzwischen zum Zentrum dieses immer bedeutender werdenden Industriezweigs geworden. Zwei der Marktführer liegen an der direkten Strecke von Bangkok zum Nationalpark, der Muak Lek-Khao Yai-Straße (bei km 144 vom Hwy 2 abfahren): **PB Valley** (พีบีวัลเล่ย์ เขาใหญ่ไวน์เนอรี่; ☎081 733 8783; www.khaoyaiwinery.com; Verkostung ab 150 B, Führung 300 B; ⏲Führungen 9, 10.30, 12, 13.30 & 15.30 Uhr) verkorkte seine erste Flasche im Jahr 1998. **Gran Monte** (กราน-มอนเต้; ☎044 009543; www.granmonte.com; Verkostung/ Führung 250/300 B; ⏲Führungen Sa, So & Feiertag 10, 11.30, 13.30, 15 & 16.30 Uhr, Wochentag 10.30, 11.30, 13.30 & 15 Uhr) folgte drei Jahre später unter der Leitung von Thailands erster Önologin. Beide bieten in malerischer Umgebung Führungen (Reservierung erforderlich), Weinproben, Andenkenläden mit Gourmet-Produkten, Luxusunterkünfte sowie Mittag- und Abendessen in vornehmen Restaurants. Die beiden Betriebe liegen 22,5 km bzw. 16 km vom Nationalparkeingang entfernt.

Nach Pak Chong kommt man auch mit dem **Zug** (☎044 311534) aus Bangkok und Khorat, aber mit dem Bus oder Minivan geht es schneller. Nach Ayutthaya gibt es jedoch weder eine direkte Busverbindung noch viele Minivans, sodass der Zug (23–363 B, 2–3 Std., 10-mal tgl.) eine gute Alternative ist.

Wer mit dem eigenem Fahrzeug aus Bangkok kommt, erreicht den Park auch über einen zweiten, selten benutzten Eingang in der Provinz Prachinburi.

Unterwegs vor Ort

Sehenswertes und Serviceeinrichtungen liegen recht weit auseinander, sodass man ohne Fahrzeug nicht allzu weit kommt. Es ist aber wirklich kein großes Problem, tagsüber im Park eine Mitfahrgelegenheit zu finden. Das birgt aber auch Gefahren, sodass man den Park besser nur mit eigenem fahrbarem Untersatz besuchen sollte, wenn man nicht laufen will.

Motorräder verleihen das **San Khao Yai Guesthouse** (☎098 210 5098; www.sankhaoyaitour.com; 24 Std./500 B) in der Nähe des Parkeingangs und verschiedene Läden an der Hauptstraße durch Pak Chong, darunter **Thai Yen** (☎044 315536; Th Mittaphap, an der Th Tesabarn 14; 300 B/Tag; ⏲Mo–Sa 8–17 Uhr) in der dem Bahnhof gegenüberliegenden Straße.

Leihräder gibt's im Park beim **Besucherzentrum** (Std./Tag 50/200 B). Aber Achtung: Der Park heißt „Großer Berg", und zwischen den einzelnen Zielen geht es oft hoch und runter.

PROVINZ BURIRAM

Das Städtchen Buriram punktet mit einer freundlichen Atmosphäre, hat für Traveller aber kaum Sehenswertes. Die südlichen Gegenden der Provinz haben allerdings ein paar Attraktionen aus der Khmer-Zeit zu bieten, die man einfach gesehen haben muss. Krönendes Highlight unter den Dutzenden von Khmer-Ruinen, die hier überall in der Landschaft verstreut zu finden sind, ist Phanom Rung. Dieser wunderschön restaurierte Tempelkomplex steht auf einem erloschenen Vulkan.

Nang Rong นางรอง

☎044 / 20920 EW.

Ein großes Angebot an Dienstleistungen und eine gute Auswahl an Hotels machen die freundliche, aber gesichtslose Stadt zur besten Ausgangsbasis für Trips in den Geschichtspark Phanom Rung.

Schlafen & Essen

P California Inter Hostel PENSION $

(☎081 808 3347; www.pcalifornianangrong.webs.com; Th Sangkakrit; B 150 B, Zi. 250–650 B; P ⊖ ❄ ᯤ) Die tolle Pension im Osten der Stadt hat helle, nett eingerichtete, gemütliche Zimmer, die in allen Preisklassen ein gutes Preis-Leistungs-Verhältnis bieten. Die preiswertesten Zimmer haben Ventilatoren, die teureren Sitzbereiche mit Sofas. Der Inhaber, Khun Wicha, spricht Englisch, kennt sich in der Gegend perfekt aus und leitet zudem geführte Touren. Für Gäste gibt's kostenlose Leihfahrräder.

Ein Motorradtaxi/Taxi vom Busbahnhof kostet 50/60 B.

Socool Grand Hotel HOTEL $$

(☎044 632333; www.socoolgrand.com; Th Sapakitkoson; Zi. inkl. Frühstück 900–2100 B; P ⊖ ❄ ᯤ ▣) Der Newcomer mit seinem schönen Schwarz-Weiß-Dekor ist die beste Unterkunft, die Nang Rong zu bieten hat. Es gibt geräumige, komfortable Zimmer und einen großen Pool- und Fitnesskomplex. Die Preise wären bestimmt höher, läge das Hotel dichter an Nang Rongs Zentrum.

Cabbages & Condoms HOTEL $$
(☎044 657145; Hwy 24; Zi. inkl. Frühstück 560–1500 B; P ❄ 📶) Das von der Population & Community Development Association betriebene Resort mit dem eigenartigen Namen ist auf einem herrlich schattigen Gelände 6,5 km westlich der Stadt angesiedelt. Die geräumigen Zimmer in dieser schönen Unterkunft haben Steinfußböden und sind sehr gemütlich. Die hauseigene Bekleidungsfabrik wurde gezielt eröffnet, um Arbeitsmöglichkeiten aus der Stadt in die Dörfer zu holen. Wie der Name schon vermuten lässt, sind Kondome hier ein wichtiges Thema.

Laksana Restaurant THAI $
(Rte 24; Hauptgerichte 60–250 B; ⌚7–20 Uhr; 📶) Das Lokal ist bekannt für seine eher süße Variante der hiesigen Spezialität *kăh mŏo nang rong* (geschmorte Schweinshaxen), die in verschiedenen Versionen serviert wird. Als „Vulkan" (*poo kŏw fai*) wird das Schweinefleisch beispielsweise gebraten und mit Ananas und einer süßsauren Sauce serviert. Es stehen aber auch Thai-Salate, Suppen und Kurzgebratenes auf der Speisekarte. Das Lokal befindet sich in der Straße zum Busbahnhof.

ℹ Anreise & Unterwegs vor Ort

Nang Rongs **Busbahnhof** (☎044 631517) liegt im Westteil der Stadt. Hier halten alle Busse, die aus den großen Städten im südlichen Isan kommen oder dorthin fahren, darunter Surin (80–100 B, 2 Std., alle 30 Min.), Ubon Ratchathani (144–265 B, 6 Std., 12-mal tgl.), Khorat (60–95 B, 2 Std., stündl.), Pak Chong (125 B, 3 Std., stündl.) und Bangkok (231–275 B, 5½–6 Std., stündl.).

P California Inter Hostel verleiht Motorräder (250–300 B/Tag). **Taxis** (☎093 551 4175, 092 478 0529) warten am Busbahnhof. Die Hin- und Rückfahrt nach Phanom Rung und Muang Tam kostet um die 1000 B.

Geschichtspark Phanom Rung

Der Prasat Phanom Rung („Großer Bergtempel"), das spektakulärste Khmer-Denkmal in Thailand, thront 200 m über den Reisfeldern auf dem Gipfel eines erloschenen Vulkans. Allein wegen des grandiosen Eingangs und des Aussehens ist dieses Heiligtum ein Muss für jeden, der in der Gegend ist.

Weiter unten steht der wunderschöne, aber oft wenig beachtete Prasat Muang Tam („Unterer Stadttempel"), der ebenfalls zum Geschichtspark gehört. Er ist kleiner und nicht so vollständig, aber aufgrund der hier herrschenden Ruhe – nicht selten hat man den Tempel für sich allein – und des einzigartigen Designs ziehen ihn viele Besucher seinem berühmten Nachbarn vor.

Sehenswertes

★ Prasat Phanom Rung RUINEN
(ปราสาทเขาพนมรุ้ง; ☎044 666251; 100 B, Kombi-Ticket mit Prasat Muang Tam 150 B; ⌚6–18 Uhr) Die Lage des Prasat Phanom Rung ist einfach umwerfend. Das Heiligtum thront 200 m über den Reisfeldern auf dem Gipfel eines erloschenen Vulkans. Im Südosten ist das Dongrek-Gebirge in Kambodscha zu sehen, und auch genau in dieser Richtung lag früher die Hauptstadt des Khmer-Reichs. Der Tempel wurde zwischen dem 10. und 13. Jh. als hinduistisches Monument für Shiva erbaut. Der größte Teil entstand während der Herrschaft von König Suriyavarman II. (reg. 1113–1150).

Unterhalb des Haupttheiligtums befindet sich – hinter der langen Reihe von Souvenirläden – ein **Informationszentrum** (⌚8.30–16.30 Uhr) GRATIS mit Artefakten, die hier gefunden wurden, und einer Ausstellung über den Bau und die 17 Jahre dauernden Restaurierungsarbeiten. Man bekommt hier eine kostenlose Info-Broschüre oder kann einen Thailändisch sprechenden Führer anheuern (der Preis ist verhandelbar). Wer keine Lust hat, den Berg hinaufzukraxeln, kann bis zum oberen Parkplatz (50 B/Auto) fahren; allerdings ist dort die Broschüre in der Regel nicht erhältlich.

Einer der bemerkenswertesten Teile von Phanom Rung ist die **Promenade**, die zum Haupttor führt. Sie beginnt an einem Hang 400 m östlich des Hauptturms und führt über drei irdene **Terrassen** zu einer kreuzförmigen Plattform, auf der wohl einst ein Holzpavillon stand. Rechts daneben befindet sich der **Phlab Phla**, der Ort, an dem die Königsfamilie vor Betreten der Tempelanlage gewaschen und angekleidet wurde. Von dort geht's hinunter zu einem 160 m langen **Prozessionsweg**, der von Sandsteinsäulen mit Kapitellen in Form von Lotusknospen im Stil der frühen Angkor-Zeit gesäumt ist. Dieser Weg endet an der ersten und größten von drei **Naga-Brücken**, die von 16 fünfköpfigen *nagas* im klassischen Angkor-Stil getreulich bewacht wird. Wie bei allen Khmer-Tempeln markieren diese symbolischen „Brücken" den Übergang vom Irdischen ins Himmlische.

Oben führt die prachtvolle **Ostgalerie** zum Hauptheiligtum. Der **Hauptturm** hat an allen vier Seiten eine Galerie. In den Stürzen und Giebeldreiecken über den Türen und an verschiedenen bedeutenden Stellen an der Außenseite kann man hervorragende Skulpturen der beiden Gottheiten Shiva und Vaishnava bewundern. Am Osteingang der **mandapa** (Halle vor dem Hauptturm) befinden sich ein Nataraja (Tanzender Shiva) und der bekannte Narai-Bandhomsindhu-Türsturz mit der Zerstörung bzw. der Wiedergeburt des Universums. Am Südeingang sind die Reste von Shiva und Uma auf ihrem Reitbullen Nandi zu sehen. Den Mittelpunkt des Hauptturms bildet ein Shivalingam (Phallus), davor befindet sich eine beeindruckende Nandi-Statue.

Feste & Events

Phanom-Rung-Fest KULTUR

(April) Phanom Rung ist nach Osten ausgerichtet, und viermal im Jahr scheint die Sonne durch alle 15 Eingänge des Heiligtums. Die perfekte Sonnenkonstellation ist vom 3. bis 5. April und vom 8. bis 10. September bei Sonnenaufgang sowie vom 5. bis 7. März und vom 5. bis 7. Oktober (in Schaltjahren jeweils einen Tag früher) zu bewundern. Zu diesen Zeiten ist der Park länger geöffnet. Während der betreffenden Tage im April feiern die Einheimischen das Phanom-Rung-Fest mit uralten Brahmanen-Zeremonien und modernen Sound- & Lightshows.

Schlafen & Essen

Die einzige Unterkunft in der direkten Umgebung der Tempelanlage ist **Thanyaporn Homestay** (087 431 3741; Zi. inkl. Frühstück 500–800 B; P), eine super Budgetpension in der Nähe des Prasat Muang Tam. Die meisten Leute übernachten in Nang Rong. Es gibt jetzt aber auch einfache Unterkünfte in den meisten der umliegenden Ortschaften.

Am Prasat Phanom Rung und am Prasat Muang Tam gibt es tagsüber Essensbuden, in Ban Khok Meuang, dem Ort bei Muang Tam, auch noch ein paar einfache Restaurants, die aber alle früh schließen.

★ **Baan Bong Pha Om** PENSION $$

(084 236 5060, 095 620 5932; Zi. inkl. Frühstück 400–1200 B; P) Diese Unterkunft bringt etwas künstlerisches Flair ins ländliche Buriram mit all seinen Reisfeldern. Die Familienpension ist witzig, nett und absolut entspannend. Viele der 14 kreativ gestalteten Zimmer stehen auf Stelzen, sie haben Balkone und Duschen im Freien. Andere befinden sich in umgebauten Schiffscon-

ABSEITS DER ÜBLICHEN PFADE

PRASAT MUANG TAM

Der restaurierte Khmer-Tempel **Prasat Muang Tam** (ปราสาทเมืองต่ำ; 044 666251; 100 B, Kombiticket mit Prasat Phanom Rung 150 B; 6–18 Uhr) in dem kleinen Dorf Khok Meuang ist eine ideale Ergänzung zum nur 8 km nordwestlich gelegenen Phanom Rung. Der Tempel stammt vom Ende des 10. oder Anfang des 11. Jhs. und wird im Allgemeinen wegen seiner Größe, Atmosphäre und der Qualität der Restaurierungsarbeiten als der drittinteressanteste Tempelkomplex des Isan bezeichnet. Für viele ist es der Lieblingstempel, denn er wird nur von wenigen Leuten besucht (mit etwas Glück hat man ihn ganz für sich allein).

Der als Shiva-Schrein erbaute Komplex hat einen ungewöhnlichen Grundriss. Am bemerkenswertesten ist, dass von den fünf Türmen (der Hauptturm konnte nicht wieder aufgebaut werden) drei vorn und zwei hinten angeordnet sind, anstatt wie üblich in Fünfer-Kreuzform. Muang Tam ist der einzige Khmer-Tempel mit vier L-förmigen Becken an jeder Ecke.

Am besten beginnt man den Rundgang im kleinen **Informationszentrum** (8–16.30 Uhr) GRATIS beim Baray Muang Tam (einem von den Khmer angelegten, 510 m auf 1090 m großen Wasserbecken). Dort gibt's eine gute Ausstellung über die Anlage.

Motorradtaxi-Trips nach Phanom Rung lassen sich mit einem Abstecher nach Muang Tam für zusätzlich 100 bis 150 B kombinieren.

tainern und die besten – die House Rooms (590 B) und der Big Room (1200 B) – sind schon fast der pure Luxus und ihren Preis unbedingt wert.

An- & Weiterreise

Es gibt keine öffentlichen Verkehrsmittel nach Phanom Rung oder Muang Tam. Die beste Budgetlösung ist ein Leihmotorrad von **P California Inter Hostel** (S. 439) in Nang Rong. Man kann auch ein Motorradtaxi (600 B hin & zurück) oder ein Auto mit Fahrer (1000 B) in Nang Rong nehmen. Weiter nach Muang Tam kommen für das Motorrad/Auto noch 100/200 B dazu.

Die eintägige Standardtour des P California Inter Hostel (2340 B/4 Pers.) ist eine gute Option, weil man neben dem Phanom Rung, Muang Tam und Wat Khao Angkhan auch noch ein Seidenweberdorf besucht.

Ansonsten kann man mit dem Bus von Nang Rong zur viel befahrenen Ban-Tako-Kreuzung (20–30 B, 20 Min., alle 30 Min.) 14 km östlich der Stadt fahren, von wo Motorradtaxis für die Fahrt nach Phanom Rung in der Regel 300 B (inkl. Wartezeit) nehmen. Von Travellern, die der thailändischen Sprache nicht mächtig sind, verlangen sie allerdings manchmal mehr. Auch Busse von weiter her (Pak Chong, Surin etc.) halten hier. Wenn man nur einen Tagesausflug hierher macht, muss man nicht erst nach Nang Rong fahren. In Ban Ta Pek, dem am dichtesten an Phanom Rung gelegenen Ort, gibt es keine Motorradtaxis mehr.

Rund um Phanom Rung

Wer sich an Ruinen von Khmer-Tempeln noch immer nicht sattgesehen hat, findet in der Gegend um Phanom Rung noch eine Vielzahl weniger bekannter Anlagen, die einen Eindruck von der großen Bedeutung vermitteln, die diese Region im Khmer-Reich einst hatte. Die meisten Reisenden finden diese Orte nicht allzu interessant, doch eine Fahrt durch das Reisanbaugebiet gewährt einen tiefen Einblick in das Leben auf dem Land – und ist garantiert eine Erleuchtung! Der Eintritt in alle der im Folgenden beschriebenen tagsüber geöffneten Anlagen, die vom Fine Arts Department bis zu einem gewissen Grad restauriert wurden, ist kostenlos.

Kuti Reusi Nong Bua Rai liegt direkt östlich unterhalb von Phanom Rung. Die ähnliche, aber stimmungsvollere Anlage **Kuti Reusi Khok Meuang** befindet sich gleich nordwestlich von Prasat Muang Tam auf der anderen Straßenseite des Wasserreservoirs.

ABSTECHER

BERGTEMPEL

Obwohl die aus Sandstein bestehenden Dvaravati-Grenzsteine aus dem 8. oder auch 9. Jh. dem **Wat Khao Angkhan** (วัดเขาอังคาร; Sonnenaufgang–Sonnenuntergang) auf einem erloschenen Vulkan ein hohes Alter bescheinigen, ist es seine moderne Bauweise, die ihn so interessant macht. Der *bòht* und diverse andere auffällige Gebäude wurden 1982 in einem ungewöhnlichen Neo-Khmer-Stil errichtet, der an die Zeit des Kaiserreichs erinnert. Die von birmanischen Künstlern gefertigten *Jataka*-Wandmalereien in dem *bòht* sind mit englischsprachigen Erklärungen versehen.

Der Tempel beherbergt auch eine Pagode im chinesischen Stil und einen 29 m langen liegenden Buddha. Außerdem hat man von hier einen wunderschönen Blick auf die umliegenden Berge.

Der Tempel ist sowohl von Nang Rong als auch von Phanom Rung ca. 20 km entfernt; es gibt keine öffentlichen Verkehrsmittel. Der Weg ist recht gut ausgeschildert.

Von **Prasat Khao Plaibat** ist nicht mehr viel übrig, doch der Weg dorthin ist abenteuerlich, und man wird mit tollen Blicken auf den Phanom Rung und das Dongrek-Gebirge an der kambodschanischen Grenze belohnt. Der nur selten benutzte Weg beginnt am Wat Khao Plaibat, 3 km von Prasat Muang Tam entfernt. Man passiert das Tor (obwohl sich dort ein Schild mit der Aufschrift „Mönchszone, kein Eingang" auf Thailändisch befindet, wurde uns versichert, dass es okay ist, diesen Weg zur Ruine zu nehmen) hinter der riesigen Buddha-Figur, biegt am *gù·dì* (Mönchsquartier) rechts ab und schlüpft dann durch einen Stacheldrahtzaun. Von hier nimmt man den Weg nach rechts, dann leicht links den Hügel hinauf und folgt den Bäumen, die mit orangefarbenen Bändern geschmückt sind. Der Aufstieg auf den Hügel dauert normalerweise keine halbe Stunde – zumindest wenn man nicht vom Weg abkommt, was jedoch recht wahrscheinlich ist. Man muss einfach immer nur nach oben laufen, dann kommt man unweigerlich an.

In **Prasat Khok Ngio**, 3 km vor Pakham, gibt's ein kleines, schmuddeliges Museum

Rund um Phanom Rung

Rund um Phanom Rung

Highlights
1 Prasat Muang Tam B1
2 Prasat Phanom Rung B1

Sehenswertes
3 Kuti Reusi Khok Meuang B1
4 Kuti Reusi Nong Bua Rai B1
5 Lan Hin Dtat Ban Kruat C2
Geschichtspark Phanom Rung .... (siehe 2)
6 Prasat Khao Plaibat B2
7 Prasat Khok Ngio A2
8 Prasat Ta Meuan D2
9 Prasat Thong C2
10 Tao Nai Chian C2
11 Tao Sawai C2
12 Wat Khao Angkhan A1

Schlafen
13 Baan Bong Pha Om B1
14 Cabbages & Condoms A1
Thanyaporn Homestay .... (siehe 1)

Praktisches
Muang Tam Informationszentrum .... (siehe 1)
Phanom Rung Informationszentrum .... (siehe 2)

mit alten Töpfen, menschlichen Knochen und Buddha-Figuren, die bei Ausgrabungen rund um den Tempel gefunden wurden.

Der **Prasat Thong** (alias Khok Prasat), der in der Nähe des Marktes mitten im Ort Ban Kruat liegt, ist nur klein, und den drei Türmen fehlen die Spitzen. Ein Zwischenstopp lohnt sich aber allemal.

Der für den Bau dieser antiken Anlage verwendete Sandstein stammt aus dem weitläufigen **Lan Hin Dtat Ban Kruat** (Ban-Kruat-Steinbruch), der am besten vom Wat Lan Hin Dtat südwestlich des Ortes Ban Kruat zu sehen ist. Mehrere Abbruchkanten sind entlang des 1 km langen, befestigten Pfades östlich des Parkplatzes zu sehen. Die größte Abbruchkante befindet sich 100 m weiter unten an einem Nebenweg. Am Parkplatz nimmt man den Pfad nach rechts hinter der Buddha-Statue, dann taucht sie gleich hinter dem letzten *gù·dì* auf.

Ganz in der Nähe von Ban Kruat befinden sich auch die beiden Brennöfen **Tao Nai Chian** und der größere **Tao Sawai**, die zwischen dem 9. und dem 13. Jh. den Großteil des Khmer-Reichs mit Keramikwaren versorgten. Heute sind sie kaum mehr als zwei überdachte Dreckhaufen.

Schließlich bietet sich noch ein Besuch des Prasat Ta Meuan (S. 446) in der Provinz Surin an, der von Phanom Rung nur 55 km entfernt ist.

PROVINZEN SURIN & SI SAKET

Die Provinzen Surin und Si Saket sind übersät mit Khmer-Ruinen aus der Angkor-Ära. Die meisten sind eher bescheiden, aber für echte Geschichtsfreaks bestimmt interessant. Allerdings punktet der Sikhoraphum mit herausragenden künstlerischen Arbeiten, und der Prasat Ta Meuan draußen im Dschungel ist äußerst eindrucksvoll.

Abgesehen von den Tempeln gibt es in der Provinz Surin auch noch die Elefantenschau, das Elefantendorf Ban Ta Klang und ein paar berühmte Kunsthandwerkszentren. In Si Saket wiederum befindet sich der Wat

Lan Khuat, einer der ungewöhnlichsten buddhistischen Tempel Thailands.

Sehenswertes

★ Wat Lan Khuat BUDDHISTISCHER TEMPEL

(วัดล้านขวด; Sonnenaufgang–Sonnenuntergang) GRATIS Der Tempel heißt zwar offiziell Wat Pa Maha Chedi Kaeo, wird aber inzwischen überall nur noch Wat Lan Khuat, „Tempel der Millionen Flaschen", genannt. 1982 träumte der Abt von einem *prah·sàht* im Himmel, der vollständig aus Diamanten und Edelsteinen bestand. Er deutete den Traum als Symbol dafür, dass man dem Leben einen klaren Sinn geben müsse. Und so entschloss er sich, seinen Traum, so gut es auf Erden eben ging, umzusetzen und bedeckte fast alle Oberflächen seines Tempels mit Glasflaschen.

Je genauer man sich umsieht, umso passender erscheint einem der Name. Der Abt ging sogar noch einen Schritt weiter und benutzte Kronkorken für einen großen Teil der Verzierung. Der Tempel steht in Khun Han, 11 km südlich des Hwy 24 an der Rte 2111. Am Kreisverkehr im Zentrum von Si Saket nach Westen abbiegen.

Surin สุรินทร์

044 / 40100 EW.

Surin City macht nicht viel von sich reden, aber im November erwacht die Provinzhauptstadt anlässlich der Elefantenschau (Elephant Round-Up) schlagartig zum Leben. Dann trampeln eine riesige Elefantenmeute und Unmengen Touristen durch die Stadt. Aber dessen ungeachtet ist Surin ein recht gutes Basislager für die Erkundung der Umgebung.

Sehenswertes

Surin-Nationalmuseum MUSEUM

(พิพิธภัณฑสถานแห่งชาติสุรินทร์; 044 153054; Th Surin-Prasat; Mi–So 8.30–16.30 Uhr) GRATIS Die Ausstellung in diesem gut geführten Museum konzentriert sich auf die Khmer-Ruinen der Provinz und die drei in Surin lebenden Volksgruppen: Lao, Khmer und Suai, die berühmten Elefantenführer der Region. Das Museum befindet sich 4 km südlich der Stadt an der Rte 214. Es fahren diverse *sŏrng·tăa·ou* (10 B) am Museum vorbei. Am häufigsten fahren die orangefarbenen nach Prasat, sie warten vor dem Frischwarenmarkt *(đà·làht sòt)* westlich vom Uhrenturm auf Fahrgäste. Auch die rosafarbenen *sŏrng·tăa·ou* der Linie 1 fahren von der Bushaltestelle und vom Uhrenturm dorthin.

Queen Sirikit Sericulture Center Surin KUNSTZENTRUM

(ศูนย์หม่อนไหมเฉลิมพระเกียรติสมเด็จพระนางเจ้าสิริกิติ์ พระบรมราชินีนาถ (สุรินทร์); 044 511393; Rte 226; 8–16 Uhr) GRATIS In diesem 4 km westlich der Stadt gelegenen Forschungszentrum kann man den Prozess der Seidenherstellung – von der Larve bis zum Webstuhl – wohl am besten beobachten. Die verschiedenen Exponate kann man jederzeit bewundern, die Seidenmacher arbeiten aber nur an Wochentagen.

Schlafen

Während des Elephant Round-Up im November schnellen die Preise in die Höhe, und die Hotels sind schnell ausgebucht. Wer Surin zu diesem Zeitpunkt besuchen will, sollte daher so früh wie möglich reservieren.

★ Baan Chang Ton GASTFAMILIE $

(087 459 8962; www.baanchangton.com; Th Suriyarart; Zi. inkl. Frühstück 400–500 B; P ❄ @ ᯤ) Die freundlichen Betreiber haben ein altes Holzhaus vor dem Ruin gerettet und darin eine der bezauberndsten Unterkünfte im Isan geschaffen. Sie ist recht einfach (Gemeinschaftsbäder, Matratzen auf dem Fußboden, Klimaanlage nur in einem Zimmer), aber die Atmosphäre ist etwas ganz Besonderes. Die Gäste können die Küche benutzen oder – nach Vorbestellung – abends mit der Familie essen. Es stehen auch Fahrräder kostenlos zur Verfügung.

Maneerote Hotel HOTEL $

(044 539477; www.maneerotehotel.com; Soi Poi Tunggor, Th Krungsri Nai; Zi. 450–500 B; P ❄ @ ᯤ) Das ruhige Hotel südwestlich des Frischwarenmarkts hat zweifellos das beste Preis-Leistungs-Verhältnis der Stadt. Neben sauberen, modernen Zimmern gibt's hier auch ein Restaurant und ein Café.

Surin Majestic Hotel HOTEL $$

(044 713980; www.surinmajestic.com; Th Jitrbumrung; Zi. inkl. Frühstück 1200–2200 B, Suite 4500 B; P ❄ @ ᯤ ≋) Die sauberen, hellen Zimmer sind zwar nichts Besonderes, da es aber die besten der Stadt sind, werden hohe Preise verlangt. Es gibt zahlreiche Annehmlichkeiten, die man genießen kann, u.a. einen großen Pool und einen Fitnessraum. Das Hotel liegt neben dem Busbahnhof mitten in der Stadt.

ELEFANTENFEST

Mitte September wird in Surin elf Tage lang das berühmte **Elephant Round-Up** gefeiert. Die Hauptattraktion ist eine nachgestellte Schlacht, an der 300 Elefanten teilnehmen. Elefanten-„Shows" jeder Art sind aber umstritten, denn die Tiere müssen ein schmerzhaftes Training über sich ergehen lassen, um zahm genug zu werden. Wer das Fest besuchen will, sollte dies im Hinterkopf haben.

Essen

★ Surin Green Market THAI
(Th Jitrbumrung; Sa–So 5–12 Uhr) Schleckermäuler, die an einem Wochenende in der Stadt sind, sollten unbedingt hier frühstücken. Angeboten wird hauptsächlich Leckeres aus dem Isan, aber auch aus anderen Gegenden. Hier kann man wunderbar regionale Spezialitäten wie *gòp yát sâi* (mit Kräutern gefüllte Frösche) probieren. Auch Seide und sonstiges Kunsthandwerk sind hier erhältlich.

Samstags findet der Markt im Stadtzentrum beim OTOP-Laden statt, sonntags zieht er um an den Eingang der Rajamangala Universität im Süden der Stadt.

★ Som Tam Petmanee 2 THAI $
(Th Murasart; Hauptgerichte 30–100 B; 8–16 Uhr) Das einfache Isan-Restaurant am Wat Salaloi ist auch unter dem Namen Som Tom Mae Pet bekannt (es gibt kein Schild mit römischen Schriftzeichen, Ausschau halten nach dem großen Hähnchengrill). Es ist Surins berühmtester Laden für *sôm·đam* (pikanter grüner Papaya-Salat) und *gài yâhng* (Grillhähnchen). Auch der *súp nòr mái* (Bambussprossen-Dip) ist lecker. Mit Englisch kommt man hier nicht weit, aber das Essen ist so gut, dass es sich lohnt, sich durch die Bestellung zu stottern.

Surin Pochana THAI $
(Th Tanasan; Hauptgerichte 60–250 B; 16–2 Uhr) Das einfache Lokal zwischen Bahnhof und Springbrunnen besteht seit 1943 und ist ein Klassiker in Surin. Aus der Küche kommen köstliche Thai-Gerichte wie gute *đôm yam* und gebratener Frosch mit Basilikum.

Kit Teung Bakery & Coffee BÄCKEREI, CAFÉ $
(086 468 9414; Th Sanit Nikomrat; Kuchen 80 B; 7–20 Uhr;) Das helle, moderne Café südöstlich des Bahnhofs serviert den besten Kaffee der Stadt, und mit der witzigen Auswahl an thailändischen Backwaren übertrifft man sich hier selbst.

Sydney Canale INTERNATIONAL, THAI $$
(089 428 4711; 349/4 Th Tesabam 1; Hauptgerichte 90–690 B; 10–15 & 17–22 Uhr;) Das Restaurant in großen Räumlichkeiten in der Nähe eines Abschnitts des alten äußeren Grabens bietet die beste *fa·ràng*-Küche im Stadtzentrum von Surin. Es gibt klimatisierte Innenräume und Freiluftbereiche. Der in Australien ausgebildete Küchenchef bereitet für seine Gäste viele unterschiedliche Gerichte wie Fish & Chips, Pizza, Entenbrustfilet mit Orangensauce und eine ziemlich leckere Crème Caramel zu. Ein paar thailändische und japanische Gerichte stehen ebenfalls auf der Karte.

Shoppen

OTOP KUNST & KUNSTHANDWERK
(Th Jitrbumrung; Mo–Sa 8–16 Uhr) Dieser Laden gegenüber von der Provincial Hall bietet die größte Auswahl an Kunsthandwerk in Surin, darunter auch viele prachtvolle Seidenstoffe.

Praktische Informationen

Die Banken in der **Surin Plaza Mall** (Th Thesaban 1), 250 m westlich des Springbrunnens, sind die einzigen im Stadtzentrum, die abends und an den Wochenenden geöffnet sind.

Ruampaet Hospital (044 513192; Th Tesabarn 1) Großes Krankenhaus in Surins Zentrum.

Tourism Authority of Thailand (TAT; 044 514447; tatsurin@tat.or.th; Th Tesabarn 1; 8.30–16.30 Uhr)

An- & Weiterreise

BUS

Neben Fernbussen fahren *sŏrng·tăa·ou* und Minivans in umliegende Orte wie Ban Ta Klang (50 B, 2 Std., 6–16 Uhr, stündl.) und Chong Chom (zur kambodschanischen Grenze; 45 B, 1½ Std., 5.30–18.30 Uhr, häufig). Los geht's an Surins **Busbahnhof** (044 511756; Th Jitrbumrung).

Nakhorn Chai Air (044 515151) bietet die beste Verbindung nach Bangkok.

ZUG

Der **Bahnhof Surin** (045 511295) liegt an der Strecke zwischen Bangkok (73–1186 B, 7–9 Std., 9-mal tgl.) und Ubon Ratchathani (31–382 B, 2–4 Std., 12-mal tgl.).

Unterwegs vor Ort

Surin ist für Traveller sehr bequem, denn man findet quasi alles, was man braucht, innerhalb weniger Blocks rund um den Busbahnhof und den Bahnhof. Wer nicht laufen will, kann für eine Fahrt im Zentrum ein Túk-Túk (40–60 B) oder eine der etwas preiswerteren Fahrradrikschas nehmen. In Surin gibt es auch ein paar Taxis. Sie stehen vor dem Busbahnhof, Taxameter werden nicht benutzt.

Saren Travel & Tour (☎ 090 273 5665, 044 513828; 282/33 Th Surinpakdee; ⌚ Mo–Fr 8–17, Sa 9–16 Uhr) und das **Surin Chai Kit Restaurant** (☎ 086 876 3559, 088 714 4456; 297 Th Tanasarn; Hauptgerichte 30–55 B; ⌚ Mo–Sa 7–15 Uhr; 📶) vermieten Autos mit oder ohne Fahrer. Das Restaurant vermietet auch Motorräder (300 B/Tag), ebenso wie **Farang Connection**, eine von ortsansässigen Ausländern geführte Bar hinter dem Busbahnhof. Pirom vom **Pirom-Aree's House** (044 515140, 089 355 4140; Zi. 200 B; P ❄ 📶) veranstaltet teure, aber ausgezeichnete Touren.

Rund um Surin

Ban Ta Klang บ้านตากลาง

☎ 044 / 903 EW.

Das kleine Suai-Dorf, in dem Menschen und Dickhäuter Seite an Seite leben, erzeugt mitunter gemischte Gefühle. Die Hauptattraktion – vor allem für die thailändischen Touristen – ist das einzige Elefanten-Camp im Isan. Schwerpunkte sind hier Elefantenausritte und eine altmodische „Talentshow". Es gibt aber auch moderne, ethisch vertretbare Elefantenprogramme, die zu den besten Thailands gehören. Im Rahmen dieser Programme wird sich gut um die Tiere gekümmert und es gibt weder Ausritte noch zeigen die Dickhäuter irgendwelche Tricks.

Aktivitäten

Das **Elephant Study Centre** (☎ 044 145050) hat Ban Ta Klang berühmt gemacht. Eigentlich sind es aber drei eigenständige, wenngleich miteinander verbundene, ethisch vertretbare Elefantenprojekte, die für die Großartigkeit verantwortlich sind: das alte **Surin Project** (☎ 084 482 1210; www.surinproject.org; Ban Ta Klang) 🍃, das neue **Surin Elephant Homestay** (☎ 081 199 7659; www.elephantnaturepark.org; Ban Ta Klang) 🍃 und das **Elephant Lover Home** (☎ 081 618 5232; www.elephantnaturepark.org; Ban Ta Klang) 🍃. Sie alle werden von Chiang Mais angesehener Save Elephant Foundation (S. 806) unterstützt und sind keine Reservate zur Rettung von Elefanten. Sie schaffen vielmehr Arbeitsplätze für die hiesigen Mahouts, und die Dickhäuter müssen keine Tricks zeigen, nicht mit Touristen ausreiten und sind auch nicht angekettet (S. 806).

Die drei Programme ähneln sich im Wesentlichen. Man kann die Elefanten ausführen, mit ihnen baden, sie zusammen mit den Mahouts pflegen und verschiedene kulturelle Aktivitäten unternehmen. Und anders als bei den typischen Elefanten-Programmen in Thailand wohnt man hier in einem Dorf.

Einwöchige Programme mit Unterkunft und Verpflegung können über die Website der Save Elephant Foundation (www.elephantnaturepark.org/enp) gebucht werden. Kürzere Aufenthalte sind möglich, wenn freie Plätze vorhanden sind. Einfach direkt bei den Projekten anrufen. Mindestalter 16 Jahre.

Schlafen & Essen

Die drei ethisch vertretbaren Elefantenprojekte (S. 445) in dieser Gegend bieten im Rahmen ihrer Programme Unterkunft und

BUSSE AB SURIN

ZIEL	PREIS (B)	DAUER (STD.)	HÄUFIGKEIT
Bangkok	275–353	7–8	7.30–23 Uhr (stündl.)
Khon Kaen	160–205	5	3.30–15 Uhr (alle 45 Min.)
Nakhon Ratchasima (Khorat)	115–218	4	3.30–20 Uhr (alle 30 Min.)
Nang Rong	80–100	2	3.30–20 Uhr (alle 30 Min.)
Roi Et	90	2½	5–17 Uhr (stündl.)
Ubon Ratchathani	130–202	3½	3.20–22.30 Uhr (12-mal tgl.)

GRENZÜBERGANG NACH KAMBODSCHA: SURIN & SI SAKET

Von Chong Chom nach O Smach

Anreise zur Grenze Wegen der Kasinos in Kambodscha fahren viele öffentliche Kleinbusse (45 B, 1½ Std., 5.30–18.30 Uhr, häufig) von Surins Busbahnhof nach Chong Chom an der kambodschanischen Grenze.

An der Grenze Die kambodschanische Grenze ist von 7 bis 22 Uhr geöffnet, Visa gibt's vor Ort. Am Einreiseschalter nach Thailand werden am Wochenende und frühmorgens/spätnachmittags Gebühren in Höhe von 5 B fällig.

Weiterreise Zwei Busse fahren von O Smach zum City Angkor Hotel in Siem Reap (350 B, 3 Std., 8 & 17 Uhr). Ein „Taxi" (Fahrer warten an der Grenze auf Gäste) für die Fahrt nach Siem Reap sollte höchstens 2000 B kosten. Man kann warten, bis man zu mehreren ist, und sich dann die Kosten teilen, das klappt im Allgemeinen aber nur vormittags.

Von Chong Sa-Ngam nach Choam

Obwohl die Straße nach Siem Reap in einem ausgezeichneten Zustand ist, wird dieser Grenzübergang in der Provinz Si Saket nur wenig genutzt, denn es gibt keine öffentlichen Verkehrsmittel hierher. Zahlreiche private Minivans pendeln mit Glücksspielern aus Städten in Si Saket und Ubon Ratchathani hin und her. Einfach in einem Reisebüro nachfragen, ob man mitfahren kann.

Verpflegung. Zudem gibt es ein **Hotel** (☎087 248 8355; Ban Ta Klang; DZ/2BZ 500/700 B; P ☎) und eine Art **Gastfamilie** (☎053 272855; Ban Ta Klang; 200 B/Pers., Gerichte 50–100 B; P) im Dorf Ban Ta Klang.

In Ban Ta Klang gibt's gegenüber vom Elephant Study Centre ein paar Restaurants, in denen man morgens, mittags und abends etwas zu essen bekommt. Obwohl die meisten Gäste Touristen sind, ist das Essen authentisch und köstlich.

An- & Weiterreise

Sŏrng·tăa·ou fahren von Surins Busbahnhof nach Ban Ta Klang (50 B, 2 Std., stündl.). In der Regel macht sich das letzte *sŏrng·tăa·ou* um 17 Uhr auf den Rückweg. Um sicher zu gehen, sollte man die Rückfahrt für 16 Uhr einplanen. Die *sŏrng·tăa·ou* halten nicht im Dorf, sie fahren im Kreis und kommen am Elephant Study Centre vorbei.

Kunsthandwerkerdörfer

In der Nähe von Surin gibt es zahlreiche Kunsthandwerkerdörfer, und viele der Produkte, u.a. *pâh hohl*-Stoffe (das geometrische Muster erinnert etwas an *mát·mèe*, ist aber keine Knüpfbatik), lassen kambodschanische Einflüsse erkennen. Seide aus Surin ist in anderen Landesteilen mitunter nur schwer erhältlich und hier zudem deutlich günstiger.

Das berühmteste Seidenweberzentrum ist **Chansoma** (จันทร์โสมา; ☎081 726 0397; ⏲8–17 Uhr) GRATIS im Dorf Ban Tha Sawang. Ebenfalls gut sind **Ban Khwao Sinarin** und **Ban Chok** 18 km nördlich von Surin. Die beiden nebeneinanderliegenden Dörfer sind für (heute zumeist synthetische) Seidenstoffe und Silberwaren bekannt. Eine der besonderen Webtechniken ist *yók dòrk*. Für die Herstellung dieser Brokatseide, die zwar einfacher ist als die von Chansoma, benötigt man dennoch einen Webstuhl mit bis zu 50 Fußpedalen. Am besten bewundern kann man sie im Viertel Mu 2. Das Highlight unter den Silberwaren sind *prà keuam*-Ketten im kambodschanischen Stil, die vor vielen Jahrhunderten die Vorfahren der Einwohner von Ban Chok mit nach Thailand brachten. Diese Ketten und anderen Schmuck kann man in der kleinen **OTOP Handicrafts Mall** am Ostrand der Dörfer und in einigen Häusern im Süden bewundern. Große blaue *sŏrng·tăa·ou* nach Ban Khwao Sinarin (30 B, 2 Std., vormittags stündl.) starten an Surins Busbahnhof und ein paar andere an einer namenlosen *soi* südlich des Bahnhofs – Ausschau halten nach dem blauen Philips-Schild. Das letzte *sŏrng·tăa·ou* fährt in Ban Khwao Sinarin um 15 Uhr zurück.

Prasat Ta Meuan ปราสาทตาเมือน

Die stimmungsvollsten Khmer-Ruinen in Surin sind drei Stätten im Wald an der kambodschanischen Grenze. Sie sind als **Prasat Ta Meuan** (⏲9–15 Uhr) GRATIS bekannt und liegen an der alten Route zwischen Angkor Wat und Phimai (S. 432).

Die erste Anlage, der eigentliche **Prasat Ta Meuan**, wurde zur Zeit Jayavarmans VII. (1181–1210) als Teil einer Raststätte für Reisende erbaut. Es ist ein ziemlich kleiner Tempel mit einem aus Laterit-Steinblöcken bestehenden Heiligtum mit zwei Türen und fünf Fenstern. Es ist nur noch ein Sandstein-Türsturz mit einem meditierenden Buddha übrig.

300 m südlich befindet sich der größere **Prasat Ta Meuan Toht**, der einstmals als Hospitalkapelle diente. Er wurde ebenfalls von Jayavarman VII. erbaut. Die Ruinen umfassen eine *gopura*, einen *mon·dòp* und einen *prang* und werden von einer Lateritmauer umgeben.

Knapp 1 km weiter befindet sich beim Armeestützpunkt am Ende der Straße die größte Anlage, der **Prasat Ta Meuan Thom**. Dieser Shiva-Schrein, der um einen von der Natur geschaffenen Fels-Lingam errichtet wurde, ist etwa zwei Jahrhunderte älter als die anderen. Trotz der etwas willkürlichen Rekonstruktion (und der schweren Beschädigungen, als die Roten Khmer in den 1980er-Jahren das Gebiet besetzt hielten) lohnt sich die etwas beschwerliche Anreise. Drei *prang* und eine große Halle wurden aus Sandsteinblöcken auf einem Lateritfundament errichtet. Innerhalb der Grenzmauern stehen noch ein paar kleinere Gebäude. Bedeutende Reliefs sind nicht mehr vorhanden. Eine Treppe an der Südseite (der Tempel ist wie auch der in Phimai nach Süden ausgerichtet) führt hinunter auf kambodschanisches Gebiet, das an der Baumgrenze anfängt.

Die Anlagen beginnen 10,3 km südlich von Ban Ta Miang (an der Rte 224, 23 km östlich von Ban Kruat) und sind über eine kurvige Straße zu erreichen, auf der mehr Kühe als Autos unterwegs sind. Man braucht ein eigenes Fahrzeug, und der Besuch ist von Phanom Rung (S. 439) aus genauso bequem wie von Surin City. Die Öffnungszeiten beachten: Wegen der Nähe zur Grenze schließt die Anlage früh. Solange man nicht im Wald herumläuft, besteht aber keine Gefahr.

Noch mehr Khmer-Tempelruinen

Bei dem aus dem 11. Jh. stammenden **Prasat Ban Phluang** (ปราสาทบ้านพลวง; 50 B; ⏲7–18 Uhr) GRATIS, 33 km südlich von Surin, handelt es sich um einen einzigen Sandstein-*prang* (Stupa im Hindi-/Khmer-Stil) ohne Spitze. Der Besuch lohnt sich vor allem wegen der wunderschönen Reliefs (u. a. Indra auf seinem Elefanten Airavata, auf Thai Erawan, mit nur einem statt wie üblich drei Köpfen). Die Ruine befindet sich 600 m neben der Rte 214; die Ausfahrt ist 2,5 km südlich des Hwy 24. Alle Fahrzeuge, die in Richtung Kap Choeng oder zur Grenze fahren, können einen in der Nähe absetzen (25–30 B, 30 Min.).

Der **Prasat Sikhoraphum** (ปราสาทศีขรภูมิ; 50 B; ⏲7.30–18 Uhr), 30 km nordöstlich von Surin, ist eine größere, sehenswerte Khmer-Anlage. Der im 12. Jh. erbaute Sikhoraphum hat fünf Backstein-*prangs* (Stupas im Hindi-/Khmer-Stil), von denen zwei noch ihre Spitze haben, so auch der 32 m hohe Hauptturm (die Spitzen wurden später von den Laoten, die nach den Khmer die Herrschaft

ABSTECHER

TEMPEL IN SI SAKET

Wer auf dem Weg nach Khao Phra Wihan ist, fährt eventuell durch Si Saket. Außer ein paar schönen Tempeln hat das Städtchen allerdings nicht viel zu bieten.

30 km westlich von Si Saket an der Rte 226 liegt Amphoe Uthumphon Phisai mit dem **Prasat Wat Sa Kamphaeng Yai** (⏲Sonnenaufgang–Sonnenuntergang) GRATIS. Dieser Shiva-Schrein besitzt vier *prang* aus dem 11. Jh. und zwei aus Sand- und Backsteinen erbaute „Bibliotheken". Die *prang* haben keine Spitze mehr, aber zahlreiche Türstürze und Reliefs sind noch erhalten. Es wurde zwar ein neues Museum errichtet, das aber auf unbestimmte Zeit leer bleibt. Minivans, die zwischen Surin (60 B, 1½ Std., häufig) und Si Saket verkehren, halten auf Wunsch ganz in der Nähe.

Sehenswert ist auch der **Wat Lan Khuat** (S. 443), der „Tempel der Millionen Flaschen". Wenn man ihn sieht, weiß man sofort, warum er diesen Namen hat. Der Tempel steht in Khun Han, 11 km südlich des Hwy 24 an der Rte 2111. Am Kreisverkehr im Zentrum von Si Saket nach Westen abbiegen.

über diese Gegend hatten, verändert). Es ist nur noch ein Türsturz erhalten, aber der ist einfach umwerfend. Sikhoraphum liegt abseits der Rte 226. Hin kommt man von Surin City aus im Minivan (30 B, 1 Std., häufig) oder Zug (7–30 B, 30 Min., 7-mal tagsüber). Im Übrigen ist Sikhoraphum sehr bekannt für sein *gah·lá·maa*, thailändisches Karamell. Die Süßigkeiten werden in einem Laden (nach dem Elefanten-Schild Ausschau halten) in der Nähe der Ruinen hergestellt, wo man sie auch kaufen kann.

Wer mit dem Auto nach Sikhoraphum fährt, sollte einen Abstecher zum 400 m von der Rte 226 entfernten **Prasat Muang Thi** (ปราสาทเมืองที; Sonnenaufgang–Sonnenuntergang) GRATIS machen. Die drei noch erhaltenen Backstein-*prangs* sind in einem traurigen Zustand (einer sieht aus, als würde er gleich einstürzen). Sie sind so klein, dass sie richtig niedlich wirken.

PROVINZ UBON RATCHATHANI

Obwohl Ubon Ratchathani zu Thailands interessantesten Provinzen gehört, wird es nur wenig besucht. Die bezaubernde Hauptstadt hat viel Geschichte zu bieten. Im Pha Taem National Park gibt's so viel zu sehen, dass man mehrere Tage beschäftigt ist. Das entlegene, vom Dschungel bedeckte Dreiländereck Thailand, Laos und Kambodscha ist jetzt als „Smaragddreieck" bekannt.

Ubon Ratchathani อุบลราชธานี

045 / 86 800 EW.

Nur wenige Städte in Thailand belohnen zielloses Umherstreunen so reich wie Ubon Ratchathani. Wer den unvermeidlichen Stau auf den Zufahrtsstraßen überstanden hat, dem zeigt sich die „Königliche Stadt der Lotusblüte" von ihrer schönsten Seite. An den Mae Nam Mun, den zweitlängsten Fluss Thailands, schmiegt sich das historische Zentrum südlich der Th Kueuan Thani, in dem es so geruhsam zugeht wie sonst kaum in den großen Ballungszentren der Region. Es gibt hier derart viele interessante Tempel, dass an Kultur interessierte Traveller vor Freude juchzen werden.

Ubon kam im Vietnamkrieg als Stützpunkt der US-Luftwaffe zu Wohlstand und hat sich in der Zwischenzeit zu einem Finanz-, Bildungs- und Landwirtschaftszentrum gemausert. Der Ort ist kein berühmtes Touristenziel, aber die Nähe zum Grenzübergang zwischen Thailand und Laos in Chong Mek sorgt für einen kleinen, aber steten Zustrom an Travellern, die ihren Aufenthalt hier im Großen und Ganzen durchaus genießen.

Sehenswertes

★ Wat Thung Si Meuang BUDDHISTISCHER TEMPEL
(วัดทุ่งศรีเมือง; Th Luang; Tageslichtstunden) GRATIS Das unter der Herrschaft von Rama III. (1824–1851) erbaute Wat Thung Si Meuang beherbergt eine in ausgezeichnetem Zustand erhaltene klassische *hŏr đrai* (Tripitaka-Halle). Wie viele andere *hŏr đrai* steht auch diese zum Schutz der kostbaren Schriften (auf Palmenblättern) vor Termiten auf Stelzen mitten in einem Teich. Sie steht offen, sodass man einen Blick ins Innere werfen kann. Die originalen Wandmalereien in dem kleinen *bòht* neben der *hŏr đrai* zeigen das Leben zur Zeit von Rama III. und sind in bemerkenswert gutem Zustand.

Wat Phra That Nong Bua BUDDHISTISCHER TEMPEL
(วัดพระธาตุหนองบัว; Th Thammawithi; Sonnenaufgang–Sonnenuntergang, Chedi 7–19 Uhr) GRATIS Der spektakuläre, in Gold und Weiß funkelnde *chedi* bietet einen umwerfenden Anblick. Er erinnert vage an den Mahabodhi-Stupa im indischen Bodhgaya (wo Buddha Erleuchtung erfuhr). In seinem Inneren befindet sich ein weiterer wunderschöner goldener *chedi*, der 1956 anlässlich des 2500-jährigen Bestehens des Buddhismus errichtet wurde. Der 55 m hohe äußere *chedi* kam erst 12 Jahre später dazu.

Der Tempel befindet sich am Stadtrand und ist mit einem *sŏrng·tăa·ou* der Linie 10 zu erreichen.

Wat Ban Na Meuang BUDDHISTISCHER TEMPEL
(วัดบ้านนาเมือง; Sonnenaufgang–Sonnenuntergang) GRATIS Der auch Wat Sa Prasan Suk genannte Tempel unterscheidet sich in vielerlei Hinsicht von allen anderen. Am auffälligsten ist der *bòht* auf einem Boot, einer mit Keramik verkleideten Nachbildung der königlichen Barke *Suphannahong* des verstorbenen Königs Rama IX., auf der auch die Skulpturen der kompletten Crew zu finden sind. Der *wí·hăhn* hat ebenfalls einen Sockel in Form eines Bootes. Dieses ähnelt der zweitwichtigsten königlichen Barke

Ubon Ratchathani

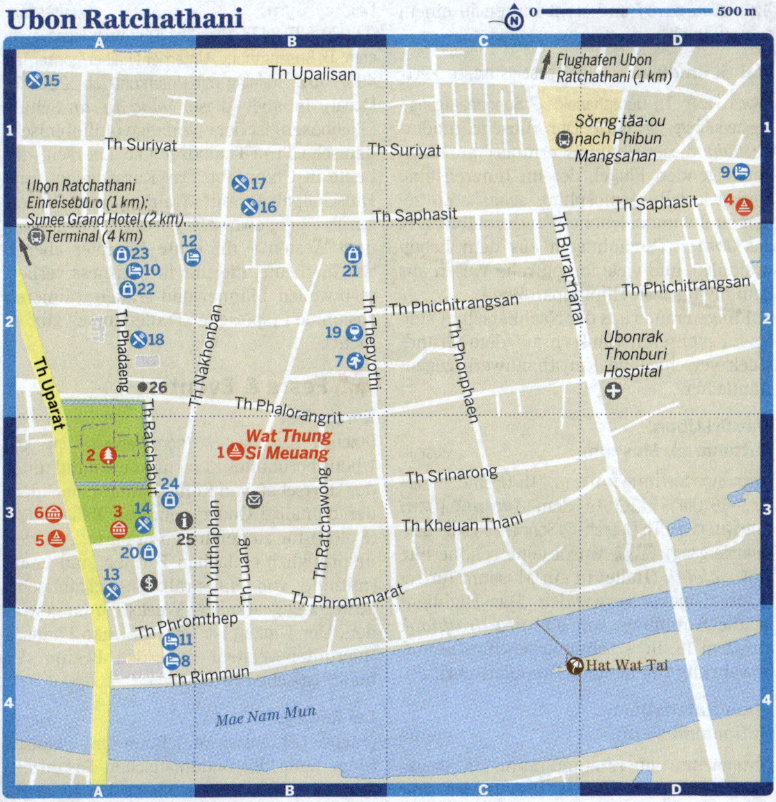

Ubon Ratchathani

Highlights
1 Wat Thung Si Meuang B3

Sehenswertes
2 Thung Si Meuang A3
3 Ubon-Ratchathani-National-museum A3
4 Wat Si Pradu D1
5 Wat Sri Ubon Rattanaram A3
6 Wat Sri Ubon Rattanaram Museum A3

Aktivitäten, Kurse & Touren
7 Ubonvej Thai Massage B2

Schlafen
8 28 Rachabutr A4
9 Outside Inn D1
10 Phadaeng Hotel A2
11 Sri Isan Hotel A4
12 T3 House A2

Essen
13 Gway-tiao Gai Boran A3
14 Nachtmarkt A3
Outside Inn .... (siehe 9)
15 Peppers A1
16 Porntip Gai Yang Wat Jaeng B1
17 Rung Roj B1
18 Sam Chai Cafe A2

Ausgehen & Nachtleben
19 U-Bar B2

Shoppen
20 Again Please A3
21 Camp Fai Ubon B2
22 Khampun A2
23 Punchard A2
24 Straßenmarkt A3

Praktisches
25 Tourism Authority of Thailand A3

Transport
Outside Inn Motorcycle Hire .... (siehe 9)
26 Sakda Travel World A2

Anantanagaraj und steht mitten in einem echten Teich.

Wat Si Pradu BUDDHISTISCHER TEMPEL

(วัดศรีประดู่; Th Buraphanok; ⌚Sonnenaufgang–Sonnenuntergang) GRATIS Der hübsche, moderne *bòht* dieses Tempels erinnert an einen aufsteigenden Flügel, der im Inneren eine eindrucksvolle Atmosphäre schafft. Zu sehen sind wunderschöne Wandgemälde, z. B. das *Jataka* (Erzählungen aus dem Leben Buddhas), und viele farbenfrohe Wesen aus dem mythischen Himmapan-Wald.

Einige Frauen aus der Nachbarschaft stellen in mehreren Häusern auf dem Grundstück verschiedene Kunsthandwerksgegenstände her.

Wat Sri Ubon Rattanaram Museum MUSEUM

(พิพิธภัณฑ์วัดศรีอุบลรัตนาราม; Th Uparat; ⌚Mi–So 9–16 Uhr) GRATIS In dem **Tempel** (วัดศรีอุบลรัตนาราม; Th Uparat; ⌚Sonnenaufgang–Sonnenuntergang) GRATIS wurde eine schöne alte Holz-*săh·lah* (Halle) in ein Museum für religiöse Objekte verwandelt. Das Highlight ist die Sammlung von *đoô prá đraiÞìdòk* aus dem 18. Jh. – Schränkchen für die Aufbewahrung von heiligen Palmblattschriften.

Ubon-Ratchathani-Nationalmuseum MUSEUM

(พิพิธภัณฑสถานแห่งชาติอุบลราชธานี; Th Kheuan Thani; 100 B; ⌚Mi–So 9–16 Uhr) Dieses sehr informative Museum ist im ehemaligen Rathaus (errichtet 1918) untergebracht. Es zeigt viele Exponate – von Buddhas aus der Dvaravati-Zeit über eine 2000 Jahre alte Dong-Son-Bronzetrommel bis hin zu in Ubon gefertigten Textilien und raffinierten kleinen Tierfallen. Wertvollster Besitz des Museums aber ist eine Ardhanarisvara-Statue aus dem 9. Jh., die die Verschmelzung Shivas mit seiner Gemahlin Uma zu einem Wesen verkörpert. Von diesen Figuren wurden in Thailand nur zwei gefunden.

Aktivitäten

Ubonvej Thai Massage MASSAGE

(☎045 260345; www.ubonvej.com; 113 Th Thepyothi; 2-stündige Massage 250 B; ⌚10–22 Uhr) An der Eingangstür steht in fetten Lettern „No Sex", was auch der Wahrheit entspricht. In den klassischen Räumlichkeiten werden vielerlei unterschiedliche Massagen angeboten, nicht nur die üblichen Thai-Varianten. Es wird hier auch etwas Englisch gesprochen.

Legacy Gym KAMPFSPORT

(☎089 627 8423, 045 264708; www.legacygym.com; Th Srisangthong; Unterricht halber/ganzer Tag 400/700 B, Training mit Unterkunft ab 12 500 B/Monat) Inhaber dieser *moo·ay tai*-Schule (Thaiboxen) ist der ehemalige philippinisch-dänische Profi-Thaiboxer Ole Laursen, der heute in Ubon lebt. Das Kursangebot, u. a. Pauschalpakete mit Training und Unterkunft, eignet sich sehr gut für Besucher aus dem Westen – für echte Kämpfer ebenso wie für Leute, die nur ihre Fitness verbessern wollen. Männer und Frauen trainieren zusammen (spezielle „Frauenkurse" gibt es nicht).

Feste & Events

Kerzenfest KULTUR

(Kabuan Hae Tian; ⌚normalerweise im Juli) Ubons berühmtes Kerzenfest entstand unter der Herrschaft von König Rama V., nachdem der damalige Gouverneur das Raketenfest (S. 469) für zu gefährlich erklärte. Aus den ursprünglich einfachen Formen sind heute (mithilfe von Innenrahmen) gigantische, aufwendig gearbeitete Wachsfiguren geworden. Der Umzug ist Teil des Khao Phansaa (hierunter versteht man den Beginn der buddhistischen Fastenzeit).

Lai Reua Fai KULTUR

(⌚Ende Okt./Anfang Nov.) Beim Ork Phansaa (dem Ende der buddhistischen Fastenzeit) findet in Ubon eine einfache Lai Reua Fai (beleuchtete Bootsprozession) statt.

Schlafen

Phadaeng Hotel HOTEL $

(☎045 254600; thephadaen@gmail.com; Th Phadaeng; Zi. 500 B; P❄@📶) Das Phadaeng ist eins der Hotels mit dem besten Preis-Leistungs-Verhältnis in Ubon. Es bietet gepflegte, nett eingerichtete Zimmer, die fast wie funkelnagelneu aussehen, u. a. mit Großbildfernseher und Schreibtisch. Die Unterkunft ist nur ein paar Minuten vom Park Thung Si Meuang entfernt, ein großer Parkplatz schirmt die Zimmer vor dem Straßenlärm ab. Das Hotel wird innen mit Duplikaten klassischer Gemälde aufgepeppt. Leihräder kosten 50 B pro Tag.

28 Rachabutr PENSION $

(☎089 144 3789; 28 Th Ratchabut; B 180–230 B, Zi. mit Ventilator 280–380 B, mit Klimaanlage 430 B; ❄📶) Die nette, einladende Unterkunft in toller Lage ist sehr backpackerfreundlich. Die einfachen Zimmer (in den Schlafsälen liegen dünne Matratzen auf dem Fußboden) haben nur Gemeinschaftsbäder, aber dafür Charme. Einige bieten auch einen schönen Blick auf den Fluss, ebenso wie die Terrassen hinter dem Haus. Hier geht es in der Regel recht gesellig zu, da man aber in Ubon ist, sind nicht immer andere Traveller hier.

★ Outside Inn PENSION **$$**
(☎088 581 2069; www.theoutsideinnubon.com; 11 Th Suriyat; Zi. inkl. Frühstück 650–799 B; P ❄ @ ☎) Eine nette kleine Garten-Lounge sorgt für eine lockere und gleichzeitig gesellige Atmosphäre. Die großen gemütlichen Zimmer sind mit geschmackvollen Möbeln aus Recyclingholz eingerichtet. Die Betreiber Brent und Tun sind tolle Gastgeber, servieren leckeres **Essen** (Th Suriyat; Hauptgerichte 50–225 B; ⏲Mi–Mo 11–14.30 & 17–21 Uhr; ☎) und können viele Tipps geben, was man in der Gegend besichtigen und unternehmen kann.

Zu den Hauptattraktionen der Stadt ist es allerdings ein weiter Weg. Aber es gibt Leihräder (für Gäste gratis; für alle anderen 50 B/Tag) und Motorräder (S. 453). *Sŏrng·tăa·ou* der Linie 10 fahren zum Busbahnhof.

T3 House HOTEL **$$**
(☎045 244911; t3house.ubon@gmail.com; Soi Saphasit 1, Th Saphasit; Zi. 600–700 B; P ❄ ☎) Eine solide Unterkunft für diesen Preis. Das moderne Hotel punktet mit Qualität: Regenduschen, schnelles Internet und ausgezeichnete Matratzen. Da sich das T3 House am Ende einer kleinen *soi* versteckt, ist es hier recht ruhig. Die Zimmer sind ein Schnäppchen und deshalb oft ausgebucht.

Sunee Grand Hotel HOTEL **$$$**
(☎045 352900; www.suneegrandhotel.com; Th Chayangkun; Zi. inkl. Frühstück 1800–3200 B, Suite inkl. Frühstück 3600 B; P ❄ @ ☎) Das Hotel ist zwar nicht wirklich „Grand", aber Ubons bestes. Von den stilvollen Lampen bis hin zum superschnellen Service erfüllt es alle Erwartungen. In der Lobby steht ein Klavier, man kann sich vom Flughafen abholen lassen, es gibt einen Wellnessbereich und in dem benachbarten Einkaufszentrum ein Kino und einen kleinen Aquapark auf dem Dach.

Essen

★ Rung Roj THAI **$**
(Th Nakhonban; Hauptgerichte 50–290 B; ⏲Mo–Sa 9.30–20.30 Uhr) In dieser Institution in Ubon wird ausgezeichnetes Essen serviert, das nach alten Familienrezepten und nur aus frischen Zutaten zubereitet wird. Viele Gäste schwören auf den Ochsenzungeneintopf. Von außen wirkt das Ganze eher wie eine Villa und weniger wie ein Restaurant, innen werden klassischer Rock'n'Roll der 1950er- und 1960er-Jahre und das passende Design geboten.

Gway-tiao Gai Boran THAI **$**
(Th Phrommarat; Hauptgerichte 35–40 B; ⏲Mo–Sa 8.30–15 Uhr) Klar, die *gŏo·ay·đĕe·o* (Nudelsuppe) ist köstlich, aber besser noch ist hier die Atmosphäre längst vergangener Zeiten. Das Restaurant ist Teil der Restaurierung des alten Stadtzentrums.

Porntip Gai Yang Wat Jaeng THAI **$**
(Th Saphasit; Hauptgerichte 40–130 B; ⏲8–18 Uhr) In diesem einfachen Lokal sieht es aus, als ob ein Tornado hindurchgefegt wäre, aber die Köche erzeugen in ihrer Küche einen Sturm ganz anderer Art. Viele Leute halten das Lokal für das beste in Sachen *gài yâhng* (Grillhähnchen), *sôm·đam* (pikanter grüner Papaya-Salat), Würstchen und anderer Gerichte der klassischen Isan-Küche.

Nachtmarkt THAI, VIETNAMESISCH **$**
(Th Kheuan Thani; ⏲16.30–23 Uhr) Obwohl der Nachtmarkt in Ubons Zentrum kleiner ist als erwartet, so ist er doch eine ausgezeichnete Adresse fürs Abendessen, vor allem, wenn am Wochenende auch noch der Straßenmarkt stattfindet. Angeboten werden thailändische, vietnamesische und Isan-Gerichte.

Sam Chai Cafe THAI **$**
(Th Phadaeng; Hauptgerichte 30–70 B; ⏲5.30–13.30 Uhr) Das beliebte, immer gut besuchte Frühstückslokal ist nicht wirklich ein Café. Hier gibt's *kôw đôm* (Reissuppe), *gŏo·ay đĕe·o* (Nudelsuppe), *kài gà·tá* (Spiegelei mit Würstchen) und traditionellen Thai-Kaffee. Der Service ist blitzschnell und die Betreiber halten manchmal Ordnung im Stil des „Suppen-Nazi" aus der gleichnamigen *Seinfeld*-Episode. Alles in allem eine tolle Erfahrung.

Peppers INTERNATIONAL, BÄCKEREI **$$**
(297/2–3 Uppalisan Rd; Hauptgerichte 80–495 B; ⏲8–21 Uhr; ☎) Das Peppers ist bei Thais und *fa·ràng* gleichermaßen beliebt. Die lange internationale Karte reicht von Nachos, Schnitzeln, Pizza und *đôm yam gûng* bis hin zum Ganztagsfrühstück. Hinzu kommen Weine und Biere aus aller Welt. Die super-

leckeren Backwaren sind jedoch die eigentliche Spezialität des Hauses.

Ausgehen & Nachtleben

Wie jede relativ große Provinzhauptstadt hat auch Ubon einige Bars und Clubs zu bieten. Die **U-Bar** (Th Thepyothi; ⌚20–2 Uhr) ist seit Langem der beliebteste Nachtclub, nicht zuletzt, weil viele von Bangkoks besten Bands hier auftreten. Wer es etwas ruhiger mag, wird sich in den Open-Air-Bars am Flussufer an der Th Rimmun zwischen den Straßen Luang und Ratchawong wohlfühlen.

Shoppen

Der Isan mag das Land der Seide sein, aber Ubon ist die Stadt der Baumwolle. Es gibt mehrere gute Läden, die handgewebte Stoffe, Kleidung, Taschen usw. verkaufen. Viele der Artikel sind mit Naturfarben hergestellt.

Punchard KUNST & KUNSTHANDWERK
(☎089 719 9570; www.punchard.net; Th Phadaeng; ⌚Do–Di 9–18.30 Uhr) Dieser Laden ist zwar teuer, hat aber die beste Allround-Auswahl an kunsthandwerklichen Erzeugnissen in ganz Ubon. Verkauft werden hier vor allem Seidenstoffe und Einrichtungsgegenstände. Viele der Artikel sind nach alten Methoden in modernem Design hergestellt.

Khampun KUNST & KUNSTHANDWERK
(☎045 424121; Th Phadaeng; ⌚9–18 Uhr) Ubons bekanntester Seidenspezialist hat ein paar exquisite Stoffe, oft mit Originalmustern, die anderswo nicht zu finden sind. An zwei Tagen vor dem Kerzenfest (S. 450) veranstaltet der Inhaber ein Mini-Kulturfest in seinem grandiosen Atelier vor den Toren der Stadt.

Straßenmarkt MARKT
(Th Srinarong; ⌚Fr–So 18–22.30 Uhr) Der witzige, junge Markt findet an den Wochenenden in der Th Srinarong und in einem Teil des Parks **Thung Si Meuang** (ทุ่งศรีเมือง) statt.

Again Please KUNST & KUNSTHANDWERK
(Th Kheuan Thani; ⌚Mo–Do 10–19 Uhr, Fr–So 10–21 Uhr) Das ehemalige Rawang Thang hat sich auf Baumwollwaren spezialisiert und verkauft witzige, abgefahrene Hemden, Kissen, Postkarten, Bilderrahmen und jede Menge Schnickschnack. Vieles haben die Besitzer, ein freundliches Ehepaar, selbst entworfen und hergestellt. Von ihnen kann man alles Wichtige über Ubon erfahren.

Camp Fai Ubon KUNST & KUNSTHANDWERK
(Th Thepyothi; ⌚8.30–17 Uhr) Dieser Laden, der als Peaceland ausgeschildert ist, bietet dem Besucher ein gutes Sortiment an Kleidung, Taschen und Stoffen (viele davon mit Naturfarben gefärbt). Am Flughafen gibt's einen Ableger.

Praktische Informationen

In dem kleinen Einkaufszentrum **SK Park** (Th Ratchathani) in der Nähe der Rajabhat Universität gibt es Banken, die auch abends geöffnet sind und nahe der Innenstadt liegen.

Touristenpolizei (☎045 251451; Hwy 217) Die Dienststelle der Touristenpolizei befindet sich außerhalb der Stadt an der Straße nach Phibun Mangsahan.

Tourism Authority of Thailand (TAT; ☎045 243770; tatubon@tat.or.th; 264/1 Th Kheuan Thani; ⌚8.30–16.30 Uhr) Hat hilfsbereite Angestellte und einen Gratisstadtplan.

Tourist Assistance Center (☎086 361 4291) Das vom Tourismus- und Sportministerium geführte Zentrum hat Zweigstellen am Busbahnhof, Bahnhof und Flughafen.

Ubon Ratchathani Einreisebüro (☎045 312133; Rajabhat-Universität; ⌚8.30–12 & 13–16.30 Uhr)

Ubonrak Thonburi Hospital (☎045 429100; Th Phalorangrit) Das beste Privatkrankenhaus in Ubon mit rund um die Uhr geöffneter Notfallambulanz.

An- & Weiterreise

BUS

Ubons **Busbahnhof** (☎045 316085; Hwy 231) befindet sich nördlich der Stadt. Ins Zentrum kommt man mit den *sŏrng·tăa·ou* der Linien 2, 3 und 10. Den besten Service nach Bangkok bietet **Nakhonchai Air** (☎045 955999) mit eigener Haltestelle auf der gegenüberliegenden Straßenseite des Hauptbusbahnhofs. Nakhonchai Air verkauft aber auch Fahrkarten und holt Fahrgäste am Hauptbahnhof ab.

Die frühmorgens von Ubon Ratchathani nach Phibun Mangsahan fahrenden **sŏrng·tăa·ou** stehen vor dem Ban-Du-Markt.

FLUGZEUG

Air Asia (S. 425), **Nok Air** (☎landesweit 02 900 9955; www.nokair.com; ⌚7–19 Uhr) und **Thai Lion Air** (☎landesweit 02 529 9999; www.lionairthai.com; ⌚6–19 Uhr) fliegen zwölfmal täglich zum Bangkoker Flughafen Don Mueang (1 Std.). Die Preise liegen in der Regel unter 1000 B. **THAI Smile** (☎087 776 2266, landesweit 1181; www.thaismileair.com; ⌚7–19.30 Uhr) startet viermal zum Bangkoker Suvarnabhumi Airport (1 Std.), die Tickets sind etwas

BUSSE AB UBON RATCHATHANI

ZIEL	PREIS (B)	DAUER (STD.)	HÄUFIGKEIT
Bangkok	414–556	10	4–24 Uhr (stündl.), 16–20 Uhr (häufig)
Chiang Mai	707–790	12–14	7.30, 12.45, 13.45, 14.45, 15.45, 17.45, 18.30 Uhr
Chong Mek (Grenze Laos)	100	2	5–18 Uhr (alle 30 Min.)
Khon Kaen	176–244	4½–5	5.30–17.40 Uhr (alle 30 Min.)
Mukdahan	130	2½	5.45, 7.30, 8.40, 11.30, 13 Uhr
Mukdahan (Minivan)	111	2½	6–17.30 Uhr (alle 30 Min.)
Nakhon Ratchasima (Khorat)	248–386	7–8	5–20 Uhr (stündl.)
Nang Rong	144–265	5–6	5–20 Uhr (stündl.)
Pakse (Laos)	200	3	9.30 & 14.30 Uhr
Rayong	515–801	13	7, 7.15, 17, 18, 19.30, 19.45, 20, 20.15 Uhr
Surin	130–202	3½	5–20 Uhr (stündl.)
Udon Thani	284–332	7	5.30–17.40 Uhr (alle 30 Min.)
Yasothon	66–99	2	5.30–17.30 Uhr (stündl.)
Yasothon (Minivan)	80	2	5.30–17.30 Uhr (stündl.)

teurer. Mit Air Asia kommt man einmal pro Tag nach Pattaya und Chiang Mai.

Sakda Travel World (☎045 254333; www.sakdatour.com; Th Phalorangrit; ⏰Mo–Sa 8.30–18 Uhr) verkauft Flugtickets, hat Leihwagen und organisiert geführte Touren.

ZUG

Zu Ubons **Bahnhof** (☎045 321004; Th Sathani) in Warin Chamrap fahren *sŏrng·tăa·ou* der Linie 2. Es verkehren täglich zehn Züge zwischen Ubon und Bangkok (3./1.-Kl.-Sitzplatz 95/460 B, 1.-Kl.-Schlafwagen oben/unten 1200/1320 B, 8½–12 Std.). Der Zug mit dem besten Schlafwagenservice startet um 19 Uhr. Alle Züge halten auch in Si Saket, Surin und Khorat.

ℹ Unterwegs vor Ort

In der ganzen Stadt verkehren nummerierte *sŏrng·tăa·ou* (10 B). Auf dem kostenlosen Stadtplan der TAT sind die einzelnen Linien verzeichnet; die meisten führen am TAT-Büro vorbei. Eine Túk-Túk-Fahrt im Zentrum kostet etwa 50 B.

Taxis mit Taxameter (☎045 265999; www.taxiubon.co.th) (Grundgebühr 40 B, Bestellgebühr 20 B) warten am Busbahnhof, Bahnhof und Flughafen und sind auch sonst in der Stadt leicht zu finden. Im Normalfall benutzen die Fahrer ihre Taxameter.

Die Hotels **Sri Isan** (☎045 261011; hotelsriisan@gmail.com; 62 Th Ratchabut), **Phadaeng** (S. 450) und **Outside Inn** (S. 451) verleihen Fahrräder für 30 B, 50 B bzw. 50 B pro Tag.

An Ubons Flughafen sind die großen Autovermieter vertreten, darunter **Avis** (☎090 197 2262, landesweit 02 251 1131; www.avisthailand.com; ⏰7–20 Uhr), **Budget** (☎081 261 4360, landesweit 02 203 9222; www.budget.co.th; ⏰7–20 Uhr), **Hertz** (☎092 509 1441, landesweit 02 266 4666; www.hertzthailand.com; ⏰8–20 Uhr), **Sixt** (☎092 223 1296, landesweit 1798; www.sixtthailand.com; ⏰7–20 Uhr) und **Thai Rent A Car** (☎092 284 0220, landesweit 1647; www.thairentacar.com; ⏰7–20 Uhr) sowie mehrere lokale Vermieter wie **Chow Watana** (☎045 242202; ⏰7.30–19.30 Uhr). Outside Inn kann Fahrzeuge mit Fahrer zu guten Preisen organisieren und ist auch ein zuverlässiger **Motorradvermieter** (☎088 581 2069; www.theoutsideinnubon.com; 11 Th Suriyat; 250 B/Tag). Wer ein Bike für eine längere Zeit mietet, bekommt einen Preisnachlass.

Ban Pa-Ao

☎045 / 1405 EW.

Ban Pa-Ao (บ้านปะอาว) ist berühmt für seine Messing- und Bronzegegenstände, die im Wachsausschmelzverfahren aus langen Wachssträngen hergestellt werden. Alte Gegenstände, die mit dieser Methode gefertigt wurden, kann man in vielen Museen bewundern, so auch in Ban Chiang, aber dies ist der einzige Ort in Thailand, in dem sie noch angewandt wird.

Ban Pa-Ao ist auch ein Seidenweberdorf. Am Ortseingang befindet sich ein **Seidenzentrum** (ศูนย์ทอผ้าไหมบ้านปะอาว; ☎082 153 7364; ⏲8–16.30 Uhr) GRATIS mit einem Laden (die *mát mèe*-Qualität ist hier ausgezeichnet) und einigen Webstühlen.

Sehenswertes

★ Ban Pa-Ao Messingwarenzentrum KUNSTHANDWERK
(Soon Thorng Leuang Ban Pa-Ao, ศูนย์ทองเหลืองบ้านปะอาว; ☎094 505 6292; ⏲8–16.30 Uhr) GRATIS Hier kann man Ban Pa-Aos berühmten Messingkünstlern, die das einzigartige Wachsausschmelzverfahren anwenden, über die Schulter schauen. Sie stellen Glocken, Schüsseln und viele andere Gegenstände vor Ort her. Da nicht jeden Tag jeder Arbeitsschritt ausgeführt wird, ist es Glückssache, was man zu sehen bekommt. Ein Schild mit Fotos und englischem Text erklärt das komplette Verfahren. Das Zentrum befindet sich vor dem Ort am Waldrand.

Wat Burapa Pa-Ao Nuea Museum MUSEUM
(พิพิธภัณฑ์วัดบูรพาปะอาวเหนือ; ⏲8–17 Uhr) GRATIS Es ist überraschend, in einem derart entlegenen Dorf ein so prächtiges Museum vorzufinden. Es befindet sich im Wat Burapa Pa-Ao Nuea und beherbergt diverse historische Artefakte (vorwiegend Töpferwaren, alte Geldstücke und Dong-Son-Bronzetrommeln) und Kunsthandwerksgegenstände aus der Gegend. Man muss sich den Schlüssel von einem Mönch geben lassen, denn das Museum ist zugeschlossen.

Schlafen & Essen

In Ban Pa-Ao gibt es weder Hotels noch Pensionen, dafür aber ein **Gastfamilien**-Programm (☎085 613 4713; inkl. Frühstück & Abendessen 310 B/Pers.). Wenn man bei einer Gastfamilie übernachten möchte, muss mindestens einer in der Gruppe etwas Thai sprechen. Zudem gibt es im Dorf ein paar einfache Restaurants.

An- & Weiterreise

Ban Pa-Ao ist 3,5 km vom Hwy 23 entfernt. Minivans von Ubon nach Maha Chana Chai fahren an dem Abzweig vorbei (30 B, 20 Min., 6.30–17.30 Uhr, alle 30 Min.); von dort kann man ein Motorradtaxi nehmen (20 B pro Strecke).

Phibun Mangsahan พิบูลมังสาหาร

☎045 / 10 890 EW.

Thais legen oft einen Zwischenstopp im staubigen Phibun Mangsahan ein, um einen Blick auf die Stromschnellen (**Kaeng Sapheu**) gleich hinter der Brücke über den Mun River zu werfen. Die felsigen Inselchen lassen die „Python-Stromschnellen" zwischen Februar und Mai anwachsen, aber der schattige Park lohnt das ganze Jahr über den Besuch.

Der geflieste *bóht* im **Wat Phu Khao Kaew** (วัดภูเขาแก้ว; ⏲Tageslichtstunden) GRATIS im Westteil des Ortes ist außen mit Khmer-Symbolen übersät, darunter Apsaras und tanzende Shivas. Die Wände im Inneren sind mit Reliefs von bedeutenden Stupas aus ganz Thailand verziert. Die Dörfer auf der anderen Seite der Brücke in Richtung Khong Jiam sind für ihre geschmiedeten Gongs aus Eisen und Bronze bekannt, die in Tempeln und klassischen Thai-Musikensembles verwendet werden. In vielen Werkstätten am Straßenrand kann man den Gongmachern zusehen, wie sie auf die Metallscheiben einhämmern und sie auf rustikalen Feuerstellen wärmebehandeln. Hier gibt's auch Leute, die Trommeln, Glocken und Becken herstellen.

Phibun ist berühmt für seine *sah·lah·bow* (chinesische Klöße; 5 B/Stück). Verkauft werden sie in drei wackeligen Läden unweit der Brücke; an der Schnellstraße werden sie von zahlreichen Nachahmern angeboten. Die meisten Reisenden legen hier nur einen kurzen Zwischenstopp auf der Fahrt nach oder von Khong Jiam ein. Übernachten kann man im freundlichen, sauberen **Phiboonkit Hotel** (☎081 547 9207; Th Phiboon; Zi. mit Ventilator 250 B, mit Klimaanlage 300–350 B; P ❄ 📶), eine durchschnittliche, leicht chaotische Budgetunterkunft, die irgendwie an früher erinnert.

An- & Weiterreise

Minivans verkehren alle 30 Minuten zwischen Ubon (40 B, 1 Std.) und Chong Mek (80 B, 1 Std.) über Khong Jiam (40 B, 30 Min.) und halten in Phibun am Fuß der Brücke über den Mun. Frühmorgens starten zudem drei *sŏrng·tăa·ou* (40 B, 1½ Std., 6, 7 & 8 Uhr) am Ban-Du-Markt im Stadtzentrum von Ubon Ratchathani nach Phibun. Sie halten an der Bushaltestelle hinter dem Markt.

Kaeng Tana National Park อุทยานแห่งชาติแก่งตะนะ

Fährt man die Straße nach Khong Jiam über den Pak-Mun-Damm, kommt man zum **Kaeng Tana National Park** (☎045 252722; 200 B). Der Fluss Mun umspült hier zunächst die dicht bewaldete Don Tana (Insel Tana), die über zwei lange Hängebrücken mit dem Festland verbunden ist, und sprudelt dann munter über die wunderschönen (in der Regenzeit unter Wasser liegenden) Stromschnellen gleichen Namens, vorbei an ein paar kleinen, aber fotogenen Felsen. Am Ende der Trockenzeit tauchen die großen, natürlich entstandenen Aushöhlungen im Fels auf.

Am **Besucherzentrum** (⌚8–16 Uhr) beginnen ein paar gute, kurze Wanderwege: Der 1,5 km lange Gipfelweg zum Aussichtspunkt Lan Pha Phueng ist besonders malerisch. Der breite, wunderschöne Wasserfall Nam Tok Tad Ton im Süden des Parks ist nur 300 m von der Hauptstraße entfernt.

In der Nähe des Besucherzentrums gibt es **Bungalows** (☎045 406888; http://nps.dnp.go.th/reservation.php; 5/10 Pers. 1000/2000 B; Ⓟ) und einen **Campingplatz** (mit eigenem Zelt 30 B/Pers., Leihzelt 2/3/5 Pers. 150/250/300 B; Ⓟ). Das einfache Restaurant, in dem die Speisen auf Bestellung zubereitet werden, öffnet früh und schließt je nach Anzahl der Gäste. Außerdem gibt es einen kleinen Laden, in dem man Snacks und Instantnudeln bekommt.

An- & Weiterreise

Auf dem Landweg ist der Park 14 km von Khong Jiam entfernt. Es gibt keine öffentlichen Verkehrsmittel dorthin. Man kann aber mit einem Boot flussaufwärts fahren und sich für einen kurzen Besuch im Park absetzen lassen (ca. 800 B).

Khong Jiam โขงเจียม

☎045 / 6487 EW.

Khong Jiam, oft auch Khong Chiam, liegt auf einer malerischen Halbinsel am Zusammenfluss des rötlich-braunen Mekong und des bläulichen Mun. Wegen der unterschiedlichen Tönung des Wassers wird diese Stelle Mae Nam Song Si (Zweifarbenfluss) genannt. Das Farbenspiel kann man normalerweise zwar auch vom Ufer aus sehen, aber von einem Boot aus ist es natürlich faszinierender. Wenn die Flüsse viel Wasser führen (Juni–Okt.), bildet das farblich unterschiedliche Wasser kleine Wirbel und blubbert ganz eigenartig – ähnlich wie heiße Lava. Das Farbenspiel ist in dieser Zeit aber weniger deutlich zu sehen.

Sehenswertes & Aktivitäten

Wat Tham Khuha Sawan BUDDHISTISCHER TEMPEL

(วัดถ้ำคูหาสวรรค์; Rte 222; ⌚Sonnenaufgang–Sonnenuntergang) GRATIS Ein Abstecher zu diesem viel besuchten Tempel oberhalb der Stadt lohnt sich allein schon wegen der herrlichen Aussicht (sie ist am besten vom Glockenturm oder von dem unfertigen Gebäude daneben). Doch dieser Tempel hat noch mehr zu bieten: einen wunderschönen *chedi* mit neun Spitzen, einen komplett weißen *bòht* (Zeremonienhalle), einen Garten voller Orchideen (die in der kalten Jahreszeit blühen), einen der größten Gongs Thailands und in einem gläsernen Sarg auf dem prächtigen Altar den mit Blattgold bedeckten Leichnam des Abts Luang Pu Kam.

Once Upon A Time KUNSTZENTRUM

(กาลครั้งหนึ่ง; ☎045 210324; www.experiencekhongchiam.com; Th Kaewpradit; ⌚8–17 Uhr) GRATIS Fokus in diesem wunderschönen, einladenden Kunstzentrum „*gah·lá krang neung*" sind indigofarbene Baumwollwebstoffe. Hier kann man jeden Herstellungsschritt beobachten und in der Regel sogar selbst ausprobieren, wie es geht. Wer in die Materie eintauchen will, kann an Web- und Färbekursen (mit Naturfarben) sowie an Kochkursen (Thai- oder Isan-Küche, 1000 B/Pers.), an Bambusweb- und anderen Kursen teilnehmen.

River Tours BOOTFAHREN

(☎081 999 0298, 090 234 5511) Halbstündige Erlebnistouren auf Booten für zehn Personen sind ein absolutes Muss in Khong Jiam. Die Besitzer der mit einem Sonnenschutz ausgestatteten Boote warten an den Restaurants am Mekong auf Kunden. Man muss für die Tour mit 500 B rechnen, es sei denn, es gelingt einem, den Fahrer auf einen etwas angemesseneren Preis herunterzuhandeln. Es werden auch längere Trips in die Nationalparks Kaeng Tana (S. 455) und Pha Taem (S. 457) angeboten.

ABSEITS DER ÜBLICHEN PFADE

WALDTEMPEL

Als Buddha vor 2500 Jahren nach Erleuchtung strebte, zog er in die Wälder. Diese waren im damaligen Indien der traditionelle Aufenthaltsort von Asketen und Wahrheitssuchenden. Auch Buddhas erste Schüler wurden allesamt im Wald zu Mönchen geweiht und lebten bzw. meditierten dort.

Mit der Verbreitung der Lehre wuchs auch der Mönchsorden. Einige seiner Mitglieder gründeten daraufhin Klöster in Städten und wurden im Lauf der Zeit als *gamavasi* (Stadtbewohner) bekannt. Ordensbrüder, die das Leben im Wald bevorzugten, erhielten den Namen *aranyavasi* (Waldbewohner).

Waldmönche waren in Thailand fast ganz von der Bildfläche verschwunden, als der ehrwürdige Ajahn Mun Bhuridatto (1870–1949) diese Tradition wiederbelebte. Nach seinem Tod lebte sein Erbe in seinen zahlreichen Schülern fort. Viele entwickelten sich selbst zu berühmten spirituellen Lehrern.

Heutzutage sind die Lehrer aus den Wäldern bei Bangkoks Oberschicht, Intellektuellen, frommen Bauern und Wahrheitssuchenden aus dem Westen gleichermaßen beliebt. Waldtempel sind keine Touristenattraktionen. Die folgenden Tempel sind inzwischen beliebte spirituelle Wallfahrtsorte geworden und lohnen den Besuch. Eine Ausnahme bildet der Wat Pa Nanachat, er ist Meditationsschülern vorbehalten.

Wat Nong Pa Pong (วัดหนองป่าพง; ⌚ Sonnenaufgang–Sonnenuntergang, Museum 8–16.30 Uhr) GRATIS Tempel des bekannten Meditationslehrers Ajahn Chah, der eine kurze, aber erleuchtete Zeit mit Ajahn Mun verbracht hat.

Wat Pa Nanachat (วัดป่านานาชาติ; www.watpahnanachat.org; ⌚ Sonnenaufgang–Sonnenuntergang) GRATIS Nebenkloster des Wat Nong Pa Phong. Es wurde speziell für Ausländer gegründet.

Wat Phu Thok (S. 417) Eins der spektakulärsten Klöster in Thailand, gegründet von Ajahn Juan, einem Schüler Ajahn Muns.

Wat Hin Mak Peng (วัดหินหมากเป้ง; Rte 211; ⌚ Sonnenaufgang–Sonnenuntergang) GRATIS Von Luang Pu Thet, einem Schüler des alten Ajahn Mun, gegründeter Tempel mit Blick auf den Mekong.

Schlafen & Essen

Nach Khong Jiam verirren sich nicht viele *fa·ràngs*, aber weil der Ort bei Thailändern derart beliebt ist, gibt es hier jede Menge Unterkünfte. Es ist keine schlechte Idee, in der Hauptsaison ein Zimmer im Voraus zu buchen.

Neben den üblichen Essensständen und einfachen Lokalen an der Hauptstraße gibt es nahe dem Mae Nam Song Si mehrere Lokale, darunter auch ein paar schwimmende Restaurants auf dem Mekong. Der Blick kostet natürlich, aber das ist es wert.

Once Upon A Time PENSION $
(กาลครั้งหนึ่ง; ☎045 210324; www.experiencekhongchiam.com; Th Kaewpradit; Zi. mit Ventilator & eigenem Bad/mit Klimaanlage & Gemeinschaftsbad pro Pers. inkl. Frühstück 300/350 B; P ❄ ✱ ᯤ) Das sich selbst als „edu-stay" bezeichnende Kunstzentrum *„gah·lá krang neung"* bietet vier einfache Zimmer in einem alten Holzhaus. Wer hier übernachtet, muss nicht an den angebotenen Kursen und Aktivitäten teilnehmen. In den Zimmern mit dem altmodischen Dekor fühlt man sich schnell wie bei Großmuttern zu Hause. Im Obergeschoss gibt's eine coole Lounge. Gutes **Essen** (Hauptgerichte 70–100 B; ⌚7.30–20.30 Uhr; ᯤ ✎) ist auch im Angebot.

★ **Tohsang Khongjiam Resort** HOTEL $$$
(☎045 351174; www.tohsang.com; Zi. inkl. Frühstück 2500–3890 B, Villa 2500–7060 B, Sedhapura-Poolvilla 15 000–18 000 B; P ❄ ✱ @ ᯤ ≋) Das Tohsang ist geprägt von noblem Understatement und nutzt seine Lage direkt am Südufer des Flusses Mun optimal aus. Der Luxuscharakter mag für diesen ländlichen Teil Thailands vielleicht etwas unpassend erscheinen. Doch das Hotel ist keinesfalls glamourös und hat ein sehr ruhiges Ambiente. So fügt es sich prima in die urige Umgebung ein.

Rund 3,5 km außerhalb der Stadt gibt's hier zudem Fahrräder, Kajaks, ein Spa und ein Freiluftrestaurant mit tollem Flussblick.

An- & Weiterreise

Alle öffentlichen Verkehrsmittel halten an der großen Schnellstraßenkreuzung vor dem Ort. **Minivans** fahren den ganzen Tag lang alle 30 Minuten nach Ubon Ratchathani (80 B, 1½ Std.), Phibun Mangsahan (40 B, 30 Min.) und Chong Mek (40 B, 30 Min.) an der Grenze zu Laos. **Busse nach Bangkok** fahren um 7.30 und um 16.30 Uhr (484 B, 10 Std.).

Unterwegs vor Ort

Once Upon A Time verleiht Fahrräder (200 B/Tag) und veranstaltet halbtägige Radtouren (650 B/Pers., mind. 3 Pers.). Gleich unten an der Straße verleiht das **Apple Guesthouse** (☎ 045 351160) Fahrräder (50 B/Tag). Das Restaurant **Baan Steak** (☎ 081 2998980; ⏲ 6–21 Uhr) verleiht Motorräder (300 B/Tag). Einige Hotels, darunter das **Ban Pak Mongkhon** (☎ 045 351352; Th Kaewpradit) und das **Tohsang**, können auch Fahrzeuge mit Fahrer organisieren.

Pha Taem National Park อุทยานแห่งชาติผาแต้ม

Ein langer Felsen namens Pha Taem ist das Herzstück des wunderschönen, aber wenig bekannten, 340 km² großen **Pha Taem National Park** (☎ 045 252581; 400 B, Auto/Motorrad 30/20 B) am Mekong. Von ganz oben hat man einen herrlichen Blick über den Mekong bis nach Laos, den man sich nicht entgehen lassen sollte. Weiter unten führt ein Weg zu prähistorischen Felsmalereien.

In der Wildnis nördlich des Felsens gibt es noch mehr Beispiele uralter Kunst, grandiose Wasserfälle (die von Juni bis Dezember Wasser führen) und zu seltsamen Formen erodierte Felsen wie etwa die unter dem Namen Sao Chaliang bekannten pilzförmigen Felsformationen.

Viele Thais kommen hierher, um den Sonnenaufgang zu bewundern. Auf dem Felsen Pha Cha Na Dai (um hinzukommen, benötigt man einen Geländewagen) sieht man die Sonne in Thailand zuerst aufgehen. Eine Minute später geht sie dann am Felsen Pha Taem auf.

Sehenswertes & Aktivitäten

Das **Besucherzentrum** (⏲ 5–18 Uhr) zeigt Exponate zu den uralten Malereien im Park und zur hiesigen Natur und verfügt über kostenlose Parkpläne. Hier können auch Guides für Trekkingtouren organisiert werden. Wer mehr als nur eine kurze Wanderung unternehmen möchte, sollte vorher anrufen und einen Führer buchen.

Pha Taem NATURDARSTELLUNGEN

(ผาแต้ม) Die Felsmalereien, die mindestens 1000 Jahre alt sind (wahrscheinlich noch viel älter), befinden sich an einem Felsen unten beim Besucherzentrum. Dargestellt sind u.a. *plah bèuk* (Mekong-Riesenwelse), Elefanten, menschliche Hände, geometrische Muster und Fischreusen, die so ähnlich aussehen wie die großen, die heute noch benutzt werden. Die zweite Aussichtsplatt-

GRENZÜBERGANG NACH LAOS: VON CHONG MEK NACH VANGTAO

Anreise zur Grenze Fast alle Traveller fahren mit dem Bus, der von Ubon Ratchathani direkt nach Pakse fährt. Die Busse warten an der Grenze so lange, bis man sein Visum für Laos hat. Chong Meks kleiner Busbahnhof wird auch von Minivans aus Ubon Ratchathani (120 B, 2 Std., alle 30 Min.) über Khong Jiam und Phibun Mangsahan und Bussen aus Bangkok (484–638 B, 12 Std., 5-mal tgl.) angefahren. Vom Busbahnhof zur Grenze sind es 600 m. Motorradtaxis kosten 20 B.

An der Grenze Der Grenzübergang ist von 6 bis 20 Uhr geöffnet. Die Grenze passiert man meist problemlos zu Fuß durch einen unterirdischen Tunnel. Obwohl es nach Betrug aussieht, ist auf der laotischen Seite wochentags nach 16 Uhr und an Wochenenden und Feiertagen ganztags eine zulässige Überstundengebühr zu zahlen. Die Abzocke besteht darin, dass die Beamten 100 B verlangen, obwohl es in Wirklichkeit nur 10 000 K (ca. 40 B) kostet. Wer eine Quittung verlangt, zahlt den korrekten Preis. Manchmal verlangen die Beamten diese Gebühr auch zu anderen Zeiten, bestehen normalerweise aber nicht wirklich darauf.

Weiterreise Pakse erreicht man in ca. einer Stunde in einem der häufig verkehrenden Minivans (20 000 K, 45 Min.) oder im *sŏrng·tăa·ou*. Sie stehen auf einem staubigen/matschigen Parkplatz etwa 500 m vom laotischen Einreisebüro entfernt.

form befindet sich vor der eindrucksvollsten Bildgruppe. Es ist nur ein kurzer, wenn auch steiler Weg hinunter zu den Malereien. Wer möchte, kann von dort aus auch weiterlaufen und den 4,3 km langen Rundweg in Angriff nehmen.

Nam Tok Saeng Chan WASSERFALL
(น้ำตกแสงจันทร์) Einer der ungewöhnlichsten Wasserfälle, den man wohl jemals sehen wird, ist der Saeng Chan („Mondstrahl"). Er stürzt durch ein Loch, das sich in den überhängenden Felsen gebildet hat, in die Tiefe. Wasser führt er von Juni bis Dezember, am tollsten ist es aber, wenn es gerade regnet.

Namtok Soi Sawan WASSERFALL
(น้ำตกสร้อยสวรรค์) Der 25 m hohe Wasserfall Namtok Soi Sawan führt von Juni bis Dezember Wasser. Vom Besucherzentrum fährt man 19 km dorthin und geht dann die letzten 500 m zu Fuß. Man kann aber auch in Begleitung eines Rangers eine ca. 15 km lange Wanderung (meist in praller Sonne) über die Klippe zum Wasserfall machen, was allerdings im Voraus organisiert werden muss.

In der Nähe des Wasserfalls findet man laut Parkprospekt das größte **Blumenfeld** Thailands. Die Blütezeit ist von Oktober bis Januar, am schönsten ist es hier aber im November und Dezember.

Schlafen & Essen

In Pha Taem gibt's **Campingplätze** (mit eigenem Zelt 30 B/Pers., 4-Pers.-Leihzelt 225 B; P) und **Bungalows** (☎ 045 252581; http://nps.dnp.go.th/reservation.php; 6-Pers.-Bungalow mit Ventilator 1200 B, 5-Pers.-Bungalow mit Klimaanlage 2000 B; P). An der Straße zum Park und am Mekong unterhalb des Parks findet man ein paar wenig reizvolle „Resorts".

Im Bereich des Parkplatzes gegenüber vom Besucherzentrum befinden sich mehrere Restaurants. Nur eins ist auch in der Regenzeit geöffnet, schließt aber in der Regel vor Sonnenuntergang. Instantnudeln, Snacks und Kaffee bekommt man hinter und unterhalb des Besucherzentrums.

An- & Weiterreise

Pha Taem liegt 18 km (über die Rte 2112) von Khong Jiam entfernt und ist nicht mit öffentlichen Verkehrsmitteln zu erreichen. Daher mieten sich viele Leute in Khong Jiam ein Fahrzeug. Túk-Túk-Fahrer nehmen für die Hin- und Rückfahrt 600 B.

PROVINZ KHON KAEN

Die Provinz Khon Kaen, für viele Besucher aus Nordthailand das Tor zum Isan, ist ein interessanter Mix aus Alt und Neu. Das Leben auf dem Land ist noch immer von Landwirtschaft und Textilherstellung geprägt, während die ständig wachsende, moderne Hauptstadt gewaltig boomt.

Khon Kaen ขอนแก่น

☎ 043 / 122 370 EW.

Als Standort der größten Universität im Nordosten und als bedeutender Wirtschaftsknotenpunkt präsentiert sich Khon Kaen jung, gebildet und voller Dynamik. Die Stadt würde zwar besser auf die Liste jener Orte passen, in denen es sich gut leben lässt, als auf die der Reiseziele von Travellern, bietet aber dennoch genügend interessante Sehenswürdigkeiten und gute Einrichtungen, die einen Zwischenstopp lohnen.

Sehenswertes

★ **Wat Nong Wang** BUDDHISTISCHER TEMPEL
(วัดหนองแวง; Th Robbung; Sonnenaufgang–Sonnenuntergang, Stupa 6–18 Uhr) GRATIS Am Südende des Sees steht der **Phra Mahathat Kaen Nakhon**. Der atemberaubende, neunstöckige Stupa im Herzen des bedeutenden Tempels ist die Hauptattraktion in Khon Kaen. Hier findet man interessante, moderne Wandmalereien zur Kultur des Isan und Geschichte Khon Kaens. Es gibt auch diverse historische Ausstellungsstücke, etwa eine Sammlung seltener Buddha-Bildnisse im 4. Stock und eine Aussichtsterrasse im 9. Stock. Die Mönche öffnen die Tür zu den oberen Stockwerken gegen 7.30 Uhr und schließen sie gegen 17 Uhr.

★ **Straßenmarkt** MARKT
(ถนนคนเดิน; Th Na Sunratchakan; Sa 17–22 Uhr) Wie auf den Wochenendmärkten in Chiang Mai bieten auch auf diesem (viel weniger touristischen) Markt in der Th Na Sunratchakan Hunderte Verkäufer ihre Waren an, etwa Bilderrahmen, Handtaschen, T-Shirts, Postkarten und andere handgefertigte Produkte. Tänzer, Musiker und Straßenkünstler zeigen ihr Können. Der ganze Platz ist mit Laternen im chinesischen Stil geschmückt, was zur fröhlichen Atmosphäre beiträgt.

Bueng Kaen Nakhorn SEE
GRATIS Der 100 ha große See ist der schönste Ort in der Stadt und lädt zu einem ent-

spannten Bummel ein. Die Wege an seinem Ufer verbinden den See mit ein paar interessanten Orten. Einen Fahrradverleih (S. 464) gibt's in der Nähe des abends stattfindenden Rim-Bueng-Markts.

Wat Pho Ban Nontan BUDDHISTISCHER TEMPEL

(วัดโพธิ์บ้านโนนทัน; Th Pho Thisan; Sonnenaufgang–Sonnenuntergang) GRATIS Der friedvolle Tempel mit seinem berühmten Meditationszentrum steht ganz in der Nähe des Sees auf einem Grundstück voller Bäume. Er ist älter als die Stadt selbst und verfügt über einen in ganz Thailand einzigartigen *săh·lah*. Das Erdgeschoss ist mit kunstvoll gemeißelten Bäumen, Tieren und Dorfszenen, die alte Sprichwörter des Isan darstellen, verziert. Unter dem *bòht* befindet sich ein kleines Museum. Dieser Tempel ist übrigens auch ein genialer Ort für eine Thai-Massage.

Rim-Bueng-Markt MARKT

(ตลาดริมบึง; Th Robbung; 16–21 Uhr) Auf diesem witzigen Markt im Schatten des **Wat That** (วัดธาตุ; Th Robbung; Tageslichtstunden; Chedi 8–18 Uhr) GRATIS findet man Lebensmittel und Secondhand-Klamotten sowie Stände, wo man Tonwaren selbst bemalen kann. Tagsüber kann man hier auch Tretboote (nach 16.30 Uhr 40 B/halbe Std.; vor 16.30 Uhr für eine beliebige Zeit 50 B) mieten.

Khon-Kaen-Nationalmuseum MUSEUM

(พิพิธภัณฑสถานแห่งชาติขอนแก่น; Th Lang Sunratchakan; 100 B; Mi–So 9–16 Uhr) Die Sammlung bietet Artefakte aus prähistorischer Zeit bis zur Gegenwart. Highlights sind Tonwaren aus Ban Chiang und ein wunderschöner Dvaravati-*bai-săir-mah* (Tempel-Grenzstein), der zeigt, wie Prinzessin Pimpa mit ihren Haaren Buddhas Füße säubert. Die Exponate aus Haushalt und Landwirtschaft vermitteln einen Eindruck dessen, was man auf dem Land zu sehen bekommt. Leider sind die englischen Erklärungen dürftig.

Aktivitäten & Geführte Touren

Centrum Health Massage MASSAGE

(089 711 8331; veenasspa@gmail.com; Soi Supatheera) Im Hotel Khon Kaen Centrum (s. rechte Spalte) gibt Veena Kurse in Thai-Massage auf Englisch und Thai und ein anderer Masseur auf Japanisch.

Isan Explorer KULTUR

(085 354 9165; www.isanexplorer.com) Isan Explorer ist auf „entschleunigte" Kulturtouren im ganzen Isan spezialisiert, z. B. auf Elefantenbegegnungen, bei denen auf das Wohl der Tiere geachtet wird (keine Ausritte, keine Ketten). Ebenfalls im Angebot sind Vogelbeobachtungs- und Trekkingtouren in den Bergen westlich von Khon Kaen.

Thai Dream Tours MEDITATION, KULTUR

(089 711 8331; www.thaidreamtours.com; Soi Supatheera) Die Spezialität der geselligen Besitzerin und Führerin Veena, die auch das Centrum Health Massage leitet, sind individuell auf Kundenwünsche zugeschnittene Meditationstouren zu Waldtempeln im ganzen Isan und sonstige Ausflüge. Sie organisiert außerdem kurze, zwanglose Kochkurse (1250 B /2 Pers.) und lehrt Thai-Massage.

Feste & Events

Ende November finden an zwölf Tagen zeitgleich die **Seidenmesse** und das **Phuk-Siaw-Fest** statt. Rund um das Provinzrathaus (*săh·lah glahng*) huldigt das Fest der Tradition des *pòok sèeo*. Bei diesem Freundschaftsritual binden sich Einheimische gegenseitig *fâi pòok kăan* (heilige Bändchen) um die Handgelenke. Außerdem gibt es einen Umzug, regionaltypische Musik und viele Einkaufsmöglichkeiten.

Schlafen

Khon Kaen bietet von allen Städten im Isan die beste Auswahl an Unterkünften, hauptsächlich Mittel- und Spitzenklassehotels.

Charoenchit House HOTEL $

(043 227300; www.chousekk.com; Th Chuanchun; Zi. inkl. Frühstück 500–600 B; P) Das Hotel gleich nördlich des Sees ist eine solide Budgetoption. Die sauberen Zimmer bieten ziemlich viele Extras fürs Geld. Es ist also kein Wunder, dass diese Unterkunft recht beliebt ist.

Khon Kaen Centrum HOTEL $$

(081 574 0507; Soi Supatheera; DZ inkl. Frühstück 650–750 B, 3BZ inkl. Frühstück 850–1250 B; P) Diese Bleibe sieht von außen aus wie ein gewöhnliches kleines Hotel im Thai-Stil. Doch die Details machen das Ganze zu etwas Besonderem: Mit ihrer hochwertigen weißen Einrichtung wirken die Zimmer ziemlich eindrucksvoll. Zudem liegen sie im hinteren Bereich des Gebäudeblocks und bekommen daher kaum Straßenlärm ab. Der Inhaber (wohnt vor Ort) legt großen Wert auf Service und Sauberkeit. Gäste können Fahrräder und Motorräder ausleihen.

Khon Kaen

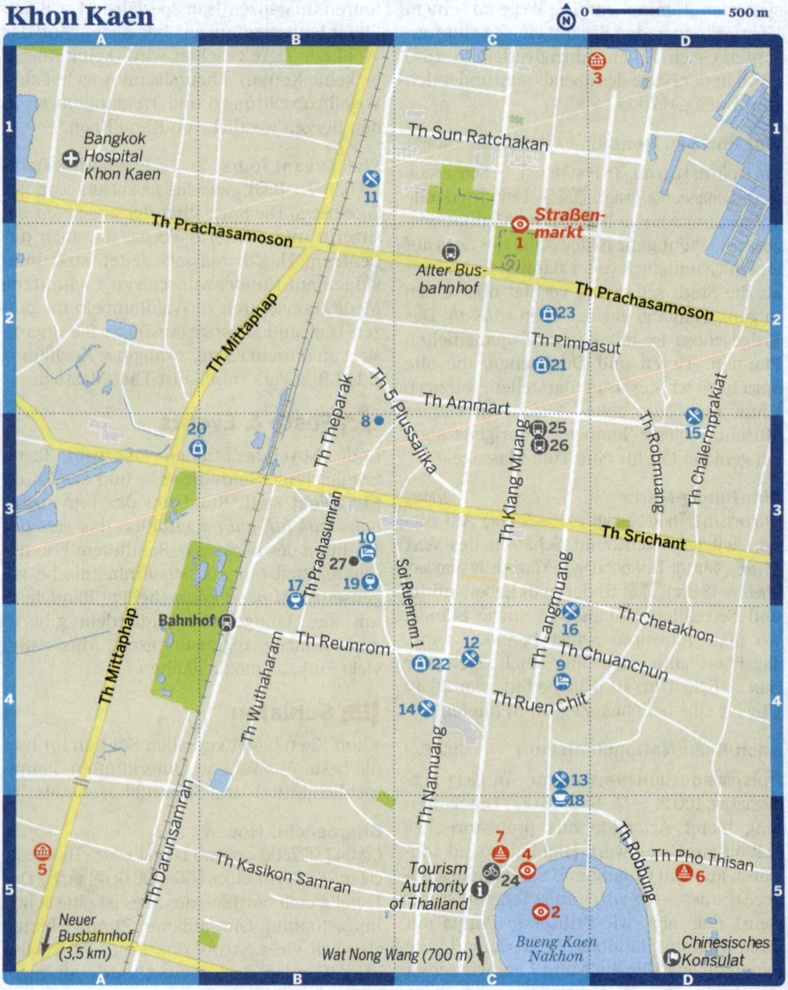

Hotel la Villa HOTEL $$
(☎ 043 336433; www.hotellavilla.in.th; Th Chatapadung; Zi. inkl. Frühstück 850–1300 B; P ⊜ ❄ ≋ ⊠) Das Hotel liegt etwas außerhalb des Stadtzentrums, ist aber mit dem eigenen Fahrzeug gut zu erreichen. Es punktet mit Qualität und Service. Die meisten der großen, gemütlichen Zimmer sind rund um einen kleinen Pool im Garten angeordnet.

Pullman Raja Orchid HOTEL $$$
(☎ 043 913333; www.pullmankhonkaen.com; an der Th Prachasumran; Zi. inkl. Frühstück 2465–3360 B, Suite inkl. Frühstück 4700 B; P ⊜ ❄ @ ≋ ⊠) Die umwerfende Lobby gibt in Khon Kaens Top-Hotel den Ton an. Die Unterkunft im Herzen der Stadt bietet u.a. einen luxuriösen Wellnessbereich, einen Pool, einen Fitnessraum, eine deutsche Kleinbrauerei, schön eingerichtete Zimmer und mehrere Restaurants. Der Service ist zuvorkommend und aufmerksam. Leider spricht das Personal aber schlechter Englisch, als man es in einer Unterkunft dieser Kategorie erwarten könnte.

Essen

Khon Kaen hat eine fantastische Thai- und vor allem auch Isan-Küche zu bieten. Neben ausgezeichneten Restaurants gibt es auch

Khon Kaen

Highlights
1 Straßenmarkt ... C2

Sehenswertes
2 Bueng Kaen Nakhorn ... C5
3 Khon-Kaen-Nationalmuseum ... D1
4 Rim-Bueng-Markt ... C5
5 Ton Tann Art Space & Gallery ... A5
6 Wat Pho Ban Nontan ... D5
7 Wat That ... C5

Aktivitäten, Kurse & Touren
Centrum Health Massage ... (siehe 8)
8 Thai Dream Tours ... B3

Schlafen
9 Charoenchit House ... C4
Khon Kaen Centrum ... (siehe 8)
10 Pullman Raja Orchid ... B3

Essen
11 Gai Yang Rabeab ... B1
12 Nachtmarkt ... C4
13 Slove U Coffee ... C4
14 Somtom Internet ... C4
15 Tawan Thong ... D3
16 Turm-Rom ... C4

Ausgehen & Nachtleben
17 Rads ... B3
18 Slove U House ... C5
19 U-Bar ... B3

Unterhaltung
Central Plaza ... (siehe 20)

Shoppen
20 Central Plaza ... A3
21 Naem Lablae ... C2
22 Prathammakhant ... C4
23 Sueb San ... C2
Thammoo Art-Decor ... (siehe 22)
Ton-Tann-Green-Markt ... (siehe 5)

Praktisches
Très Bien Travel ... (siehe 27)

Transport
24 Bueng Kaen Nakhon Bike Hire ... C5
Minivan-Haltestelle Central Plaza ... (siehe 20)
25 Alter klimatisierter Busbahnhof ... C3
26 Nakhonchai Air ... C3
27 THAI Airways Khon Kaen Sales Office ... B3

ein paar tolle **Nachtmärkte** (Th Ruenrom; 17–24 Uhr), die einen Besuch lohnen.

★ **Pa Ouan 2** THAI $
(Th Robbung; Hauptgerichte 40–280 B; 9–20 Uhr;) Das beliebte Isan-Restaurant zwischen dem Wat Nong Wang und dem Bueng Kaen Nakhon hat eine weitaus größere Speisekarte als normal. Es gibt nicht nur die üblichen Speisen wie *gài yâhng* und Enten-*lâhp*, sondern auch Selteneres wie Lotus-Stängel („*lai bua*") *sôm·đam*, eine von 19 *sôm-đam*-Arten. Auch viele Thai-Gerichte und sogar ein paar Fusion-Gerichte wie Frösche mit Knoblauch stehen auf der Karte.

★ **Gai Yang Rabeab** THAILÄNDISCH $
(043 243413; Th Theparak; ganzes Brathähnchen 160 B; 9–15 Uhr) In der Provinz Khon Kaen gibt's vielen Thais zufolge die landesweit leckersten *gài yâhng* (marinierte Brathähnchen). Diesbezüglich gilt das schlichte Lokal mit Regionalküche als bestes der Stadt.

Somtom Internet THAI $
(Soi Namuang 19; Hauptgerichte 30–60 B; 7.30–20 Uhr, Speisesaal schließt um 18 Uhr) In diesem rustikalen Restaurant ist immer viel los. Und das aus gutem Grund! In ganz Khon Kaen gibt es keinen besseren *sôm·đam*. Aus der Küche kommen aber auch Grillhähnchen und Bratfisch. Hier kann niemand Englisch, aber das ist nicht schlimm, denn alles, was angeboten wird, ist auf einem Tisch vor dem Lokal zu sehen. Man muss also nur mit dem Finger zeigen, worauf man Appetit hat.

Turm-Rom THAI $
(Th Chetakhon; Hauptgerichte 49–199 B; 17.30–1 Uhr;) Die Kombination aus einer der besten Küchen in der Stadt und dem überdachten Garten macht das tolle Lokal selbst bei Regen zum perfekten Ort für ein spätabendliches Essen. Das *bâ·sá blah chôrn* (sauerscharfes Curry mit Schlangenkopffisch) und der *đam tùa mŏo gròrp* (pikanter Spargelbohnensalat mit gebratenem Schweinefleisch) sind besonders gut, aber auch alle anderen Gerichte sind lecker.

Tawan Thong VEGAN $
(043 330389; Th Ammart; Hauptgerichte 25–40 B; 6–14 Uhr;) Das Tawan Thong bietet ein großes, rein vegetarisches Büffet. Das Essen ist so gut und preiswert, dass auch viele Nicht-Vegetarier hier einkehren.

Ausgehen & Nachtleben

Einige coole Open-Air-Kneipen im Thai-Stil sind an der Kreuzung Th Ruenrom und Th

ABSEITS DER ÜBLICHEN PFADE

PHU CHONG NAYOI NATIONAL PARK อุทยานแห่งชาติภูจองนายอย

Im Herzen des (von den Grenzen Thailands, Laos und Kambodschas gebildeten) „Smaragddreiecks“ liegt der 686 km² große **Phu Chong Nayoi National Park** (☎045 210706; Eintritt 400 B, Auto/Motorrad 30/20 B). Dies ist eine der wildesten Ecken Thailands mit einem absolut gesunden Wald. Hier leben Malaienbären, Muntjaks, Gibbons, Malaien-Hornvögel und vom Aussterben bedrohte Malaienenten, die man aber fast nie zu Gesicht bekommt.

Die Hauptattraktion ist der **Namtok Huay Luang**, ein 45 m hoher Wasserfall, der ganzjährig zumindest ein bisschen Wasser führt. Man kann über 274 Stufen zum Fuß des Wasserfalls hinuntersteigen, wo sich ein Wasserbecken befindet, in dem man – zumindest bis März – baden kann. Etwa 150 m flussabwärts bietet der **Namtok Praon La-or** ebenfalls ein schönes Bild. Zwischen dem Wasserfall und dem **Besucherzentrum** (⏲8.30–16 Uhr) befindet sich das Steinfeld **Palan Pachad**, auf dem im November und Dezember unzählige Wildblumen blühen. In den nördlichen Teilen des Parks gibt es noch mehr zu sehen. Um diese Gegend zu erkunden, benötigt man aber aufgrund von möglichen Landminen und Wilderern einen Ranger (vorab vereinbaren).

Sterngucker sollten unbedingt die Nacht hier verbringen. Es gibt drei altersschwache **Bungalows** (☎045 210706; http://nps.dnp.go.th/reservation.php; 3/6-Pers.-Bungalow 600/1200 B; P) und einen **Campingplatz** (mit eigenem Zelt 30 B/Pers., 2-Pers.-Leihzelt 150 B; P). In der Nähe des Besucherzentrums gibt es ein paar Reis- und Nudelläden, und am Huay-Luang-Wasserfall serviert ein Restaurant gegrillten Fisch und pikanten Papaya-Salat. Die Öffnungszeiten sind normalerweise von 8 bis 16 Uhr, die Läden am Besucherzentrum schließen vielleicht später.

Es fahren keine öffentlichen Verkehrsmittel zum Park und auch im Park selbst ist nicht viel Verkehr. Man sollte also seinen eigenen fahrbaren Untersatz haben.

Prachasumran wie Pilze aus dem Erdboden geschossen. In dem Viertel Lang Mor außerhalb der Stadt hinter der Khon-Kaen-Universität gibt's mehr solcher Locations, aber vor allem mit studentischem Publikum.

★ Slove U Coffee CAFÉ $
(☎095 651 7121; Th Sri Nual; Grüntee-Latte 45 B, Obst-Smoothies 90 B; ⏲8–20 Uhr; 📶) Da in Khon Kaen viele junge Leute wohnen, gibt's auch viele gute Cafés – das freundliche, bunt eingerichtete Slove U ist eins der beliebtesten. Die Inhaber rösten die Bohnen selbst, verleihen ein paar Fahrräder, betreiben im Obergeschoss ein **Hostel** (☎094 530 202; 150 B/Pers.; ❄📶) und organisieren manchmal preiswerte Trips rund um Khon Kaen.

Rads CLUB
(Th Prachasumran; ⏲20–2 Uhr) Der ausgelassene, facettenreiche Club mit Livemusik, DJs, Karaoke, Weinbar und „Kojote“-Tänzerinnen ist fester Bestandteil im Nachtleben von Khon Kaen. Richtig los geht's gegen 21 Uhr.

U-Bar CLUB
(Soi Khlong Nam; ⏲20–2 Uhr) Die U-Bar ist ein gut besuchter Club mit Livemusik, in dem auch oft berühmte Bands aus Bangkok auftreten. Das Publikum ist jünger als im Rads.

☆ Unterhaltung

Central Plaza KINO
(Th Srichant) Im schicksten Einkaufszentrum von Khon Kaen gibt's ein Kino, das Filme auf Englisch oder mit englischen Untertiteln zeigt, sowie eine große Vergnügungshalle und einen Kinderspielplatz.

Shoppen

Aufgrund des großen Angebots ist Khon Kaen wohl das beste Pflaster, um Kunsthandwerk aus dem Isan zu kaufen.

Prathammakhant KUNST & KUNSTHANDWERK
(☎043 224080; Th Ruenrom; ⏲9–18.30 Uhr) Hier gibt's eine beeindruckend große Auswahl an Seidenstoffen und Seidenkleidung sowie viele andere Souvenirs. Zusammen mit dem benachbarten **Thammoo Art-Decor** (☎085 000 1548; Th Ruenrom; ⏲9–17.30 Uhr) ist dies ein perfektes Shopping-Ziel.

Naem Lablae ESSEN
(Th Klang Muang; ⏲6.30–21 Uhr) Nur wenige thailändische Touristen verlassen Khon Kaen, ohne vorher ihre Koffer mit Lebensmitteln aus dem Isan vollzustopfen: *Gun chee·ang* (rote Schweinswurst) ist besonders beliebt, und genau die wird in diesem

Familienbetrieb seit Jahrzehnten von Hand hergestellt. *Kà·nŏm tùa* (süße Erdnussleckereien) und *kà·nŏm tan·yá·pêut* (Süßigkeiten mit Samen) sind weitere hier erhältliche Isan-Köstlichkeiten.

Sueb San KUNST & KUNSTHANDWERK
(21/2 Th Klang Muang; ⌚ Mo–Sa 8–18.30 Uhr) Der kleine Laden hinter einem Panflöten-Bogen verkauft mit Naturfarben behandelte Stoffe sowie schöne handgefertigte Notizbücher, Postkarten, Taschen und andere Souvenirs.

Ton-Tann-Green-Markt MARKT
(Hwy 2; ⌚ 17–22.30 Uhr) Hier verkaufen viele Händler moderne, handgefertigte Kunsthandwerksgegenstände. Es gibt auch einen Modebereich, eine **Kunstgalerie** (หอศิลป์ตนตาล; Hwy 2; ⌚ 16.30–22 Uhr) GRATIS sowie zahlreiche Restaurants.

Central Plaza EINKAUFSZENTRUM
(Th Srichant; ⌚ Mo–Fr 10.30–21, Sa & So 10–21 Uhr) Eins der größten Einkaufszentren im Isan. Hier gibt's eine Filiale von Asia Books mit englischsprachigen Büchern.

Praktische Informationen

BOTSCHAFTEN & KONSULATE

Chinesisches Konsulat (Th Robbung; ⌚ Mo–Fr 9–12 Uhr) Touristenvisa nur für thailändische Staatsangehörige und ortsansässige Personen.

Laotisches Konsulat (☎ 043 393402; Hwy 2; ⌚ Mo–Fr 8–12 & 13–16 Uhr) Nördlich der Stadt, gegenüber vom Raja City Housing Estate. Für das Visum benötigt man ein Passbild, Bearbeitungszeit 10 Minuten. Bezahlung nur in Baht zu einem schlechten Wechselkurs. Es ist billiger, sein Visum an der Grenze in Dollar zu bezahlen.

Vietnamesisches Konsulat (☎ 043 242190; Th Chatapadung; ⌚ Mo–Fr 9–11.30 & 14–16.30 Uhr) Für das Visum benötigt man ein Passbild, Bearbeitungszeit 1 Stunde. Das Konsulat befindet sich 400 m nördlich der Ampel beim Khon Kaen Hospital in der Th Srichant.

GELD

Die Banken in den drei größten Einkaufszentren **Central Plaza**, TukCom und Fairy Plaza haben lange Öffnungszeiten.

MEDIZINISCHE VERSORGUNG

Bangkok Hospital Khon Kaen (☎ 043 042888; www.bangkokhospitalkhonkaen.com; Th Maliwan) Das beste Privatkrankenhaus in der Stadt. 24-Stunden-Notaufnahme.

NOTFALL

Touristenpolizei (☎ 043 465385; Hwy 2) Direkt nördlich des Einreisebüros.

REISEBÜROS

Très Bien Travel (☎ 043 322338; Pullman Raja Orchid; ⌚ Mo–Fr 8.30–17.30, Sa 8.30–14 Uhr) Verlässliche Adresse für Flugtickets.

THAI Airways Khon Kaen Sales Office (☎ 043 227701; www.thaiairways.com; Pullman Raja Orchid; ⌚ Mo–Fr 8–17 Uhr) Verkauft Tickets für Flüge mit THAI Smile und für Langstreckenflüge der THAI Airways.

TOURISTENINFORMATION

Einwanderungsbehörde (☎ 043 465242; Hwy 2; ⌚ Mo–Fr 8.30–12 & 13–16.30 Uhr) Nördlich der Stadt nahe dem östlichen Eingang zur Khon-Kaen-Universität.

Tourism Authority of Thailand (TAT; ☎ 043 227714; tatkhkn@tat.or.th; Th Robbung; ⌚ 8.30–16.30 Uhr) Verteilt Stadtpläne und beantwortet auch Fragen zu umliegenden Provinzen.

An- & Weiterreise

BUS

Khon Kaen ist ein geschäftiger Verkehrsknotenpunkt. Von hier fahren Direktbusse in fast alle Städte im Isan und in anderen Provinzen. Der größte, belebteste Busbahnhof ist der im Stadtzentrum gelegene **Alter Busbahnhof** (*bor kŏr sŏr gòw*; ☎ 043 237472; Th Prachasamoson), von dem aus man alle Ziele in Khon Kaen und viele andere Städte erreicht. Er soll geschlossen werden, aber niemand weiß, wann.

Alle Gesellschaften werden zum **Neuer Busbahnhof** (*bor kŏr sŏr mài*; ☎ 043 471562; Th Liang Muang Khon Kaen) an der Ringstraße umziehen. Er ist bereits seit mehreren Jahren geöffnet und wird von den meisten Bussen nach Bangkok und anderen Fernreisebussen benutzt. Die besten Busse nach Bangkok bietet **Nakhonchai Air** (☎ 02 939 4999, landesweit 1624; www.nakhonchaiair.com). Sie fahren den ganzen Tag über etwa alle 30 Minuten, darunter auch sechs „1st-Class"-VIP-Busse.

Nakhonchai Air (wie auch einige andere Busunternehmen) unterhält noch immer ein Büro im stillgelegten **Alter klimatisierter Busbahnhof** (Th Klang Muang) und bietet seinen Kunden einen stündlich verkehrenden Shuttlebus zum New Bus Terminal an. Das Busunternehmen Chan Tour steht mit seinen Bussen auf der gegenüberliegenden Straßenseite, sodass man inoffiziell von hier noch immer nach Bangkok starten kann.

Die meisten Minivans benutzen die regulären Busbahnhöfe, starten aber alle 30 Minuten auch am Alten klimatisierten Busbahnhof nach Udon Thani (80 B, 2 Std., 5.30–19.30 Uhr) und Khorat (126 B, 3 Std., 6.30–17.20 Uhr) und ebenfalls alle 30 Minuten vom **Central Plaza** (Hwy 2) nach Udon Thani (80 B, 3 Std., 6.30–19.30 Uhr) und Roi Et (120 B, 2 Std., 6.30–18.30 Uhr).

FLUGZEUG

In den letzten Jahren hat die Zahl der Flüge nach **Khon Kaen** (☎043 468173; www.khonkaenairport.net) stark zugenommen, wodurch Flüge nach Bangkok noch immer preiswert sind; selbst kurzfristig bekommt man noch Flüge für unter 1000 B. **THAI Smile** (☎landesweit 1181; www.thaismileair.com; ⏰7–21 Uhr) fliegt siebenmal täglich zum Suvarnabhumi Airport. **Air Asia** (☎02 515 9999; www.airasia.com; ⏰5.30–20.30 Uhr), **Nok Air** (☎landesweit 02 900 9955; www.nokair.com; ⏰April–Sept. 6–20 Uhr, Okt.–März 7–22 Uhr) und **Thai Lion Air** (☎landesweit 02 529 9999; www.lionairthai.com; ⏰Mo–Sa 7.30–18.30, So 9–20 Uhr) starten jeweils mehrmals täglich zum Don Muang Airport. Air Asia fliegt auch einmal pro Tag nach Chiang Mai und Hat Yai.

Mehrere Hotels, darunter auch das Pullman, setzen bei allen am Flughafen in Khon Kaen ankommenden Flügen Shuttlebusse (ca. 100 B/Pers.) ein, die man auch benutzen kann, wenn man nicht in diesen Hotels übernachtet. Taxis am Flughafen stellen ihre Taxameter an, es ist ein Flughafen-Aufpreis von 50 B zu zahlen.

ZUG

Zwischen Bangkok und dem **Bahnhof Khon Kaen** (☎043 221112) gibt es einen Expresszug am Morgen und drei am Abend (Sitzplatz 77–368 B, 1.-Kl.-Schlafwagen oben/unten 1008/1208 B, 8–9 Std.). Vier Züge fahren nach Nakhon Ratchasima (38–170 B, 3½ Std.) und fünf (davon aber nur zwei tagsüber) nach Nong Khai (35–290 B, 2–3 Std.).

ℹ Unterwegs vor Ort

Sŏrng·tăa·ou (9 B) sind regelmäßig auf festen Routen in der ganzen Stadt unterwegs. Die praktischsten Linien (die alle am Old Air-Conditioned Bus Terminal in der Th Klangmuang vorbeifahren) sind die Linie 4, die am Einreisebüro und am laotischen Konsulat vorbeifährt, die Linie 8, die zum Wat Nong Wang und nach Nordwesten zur Universität fährt, die Linie 10 (Richtung Norden), die nahe oder manchmal auch vor dem vietnamesischen Konsulat vorbeifährt, und die Linie 21, mit der man zum Nationalmuseum kommt. Die neuen Khon Kaen City Busse (15 B) fahren rund um die Uhr vom New Bus Terminal durch die Stadt bis zum Old Bus Terminal und zurück. Einige deutlich gekennzeichnete Busse fahren bis zum Flughafen.

Túk-Túks sind die teuerste Option für individuelle Fahrten (50–70 B zu den meisten Zielen im Stadtzentrum). Die meisten Leute benutzen sie trotzdem, denn **Taxis mit Taxameter** (☎043 342800, 043 465777; Grundgebühr 30 B, Bestellgebühr 20 B) bekommt man auf der Straße selten, und wenn man eins bestellt, muss man lange darauf warten. So ziemlich die einzigen Orte, an denen man ein wartendes Taxi oder Motorradtaxi (innerhalb der Stadt 30–40 B) findet, ist an den Busbahnhöfen, am Flughafen und am Einkaufszentrum Central Plaza. Die Taxifahrer, die am Busbahnhof stehen, sind aber nicht bereit, das Taxameter anzustellen.

Es gibt zahlreiche Autovermieter rund um das Einkaufszentrum TukCom. Bekannte Unternehmen wie **Thai Rent A Car** (☎043 468178; www.thairentacar.com; ⏰7–19.30 Uhr) und **Budget** (☎043 345460; www.budget.com; ⏰7–20 Uhr) haben Außenstellen am Flughafen. **Khun Wanchai** (☎089 984 5503), ein Taxifahrer, der gut Englisch kann, nimmt 2500 B (inkl. Benzin) für einen eintägigen Ausflug in der Provinz Khon Kaen und etwas mehr für Fahrten in entferntere Gegenden.

Bueng Kaen Nakhon Bike Hire (Th Robbung; 30 B/Std., 100–150 B/Tag; ⏰12–20 Uhr) verleiht diverse Fahrräder, darunter auch Zwei- und Dreisitzer.

Chonnabot ชนบท

☎043 / 3999 EW.

Chonnabot liegt mitten in einer der besten Seidenweberregionen Thailands und ist in erster Linie wegen seiner erstklassigen *mát-mèe*-Stoffe berühmt. Der kleine Ort 55 km südwestlich von Khon Kaen gilt als beliebtes Haupteinkaufsziel. In der Th Sriboonruang – alias Silk Rd – gibt es viele kleine Geschäfte, die neben Stoffen (sowohl Seiden- als auch Baumwollstoffen) auch Kleidungsstücke verkaufen.

Im Sala Mai Thai (Ausstellungshalle; ☎043 286160; ⏰Mo–Fr 8–17, Sa & So 9–17 Uhr) GRATIS, einem kleinem Museum außerhalb des Ortes, kann man alle Gerätschaften bewundern, die zur Herstellung von Seidenstoffen benötigt werden. Spannender ist es aber, den Webern zu Hause an ihren Webstühlen über die Schulter zu gucken und ihre Kunstfertigkeit zu bewundern. Einfach auf der Silk Rd gen Westen oder Norden spazieren, dort sind mehrere Weber ansässig.

Chonnabot ist einen kurzen Besuch wert, die meisten Leute reisen aus Khon Kaen an. Im Ort gibt es ein paar einfache Restaurants und mehrere Cafés.

Touranbieter in Khon Kaen veranstalten Ausflüge nach Chonnabot. Wer Zeit hat, kann aber auch mit öffentlichen Verkehrsmitteln hierher fahren. Man nimmt einfach einen Bus (35 B, 1 Std., alle 30 Min.) oder Zug (9–39 B, 30 Min., 8 & 9.10 Uhr) nach Ban Phai, wo man in ein *sŏrng·tăa·ou* nach Chonnabot (13 B, 20 Min., 7–17 Uhr, alle 30 Min.) umsteigt.

BUSSE AB KHON KAEN
Alter Busbahnhof

ZIEL	PREIS (B)	DAUER (STD.)	HÄUFIGKEIT
Bangkok	365–427	7–8	7.45–0.45 Uhr (alle 30 Min.)
Chiang Mai	410–739	12	5, 7, 7.30, 9, 11, 16, 19 Uhr
Khorat	116	3½	5.10–19 Uhr (alle 30 Min.)
Loei	125	4	3.40–18.30 Uhr (alle 30 Min.)
Mukdahan	161–214	6	4.40–17.30 Uhr (stündl.)
Mukdahan (Minivan)	240	6	4–18 Uhr (alle 45 Min.)
Nakhon Phanom	212	5	7.30–17 Uhr (stündl.)
Nong Khai	120–155	3½–4	12.30, 13.10, 13.30, 14.30, 15.30 Uhr
Phitsanulok	247–354	6	5–19 Uhr (stündl.)
Roi Et	73	2	5.20–19.30 Uhr (alle 30 Min.)
Surin	160–205	5	4–15.30 Uhr (alle 45 Min.)
Ubon Ratchathani	176	5	5.30–19 Uhr (alle 30 Min.)
Udon Thani	76–120	2½	5–17.40 Uhr (häufig)
Udon Thani (Minivan)	84	2	6–18 Uhr (alle 45 Min.)

Neuer Busbahnhof

ZIEL	PREIS (B)	DAUER (STD.)	HÄUFIGKEIT
Bangkok	365–487	7	6.30–1 Uhr (häufig)
Chiang Mai	410–739	12	4.20–21 Uhr (14-mal tgl., die meisten von 18–21 Uhr)
Khorat	146	3½	3.30–1 Uhr (häufig)
Khorat (Minivan)	126	3	6.40–18 Uhr (alle 45 Min.)
Nong Khai	120–155	3½–4	7–15 Uhr (stündl.)
Phitsanulok	192–247	6	4.20, 6.20, 10.30, 18, 19 Uhr
Roi Et	92–107	2	5.30–16 Uhr (stündl.)
Surin	205	5	4–16 Uhr (alle 2 Std.)
Suvarnabhumi Airport	317	6½	22.50 Uhr
Ubon Ratchathani	244	4½–5	5.30–16 Uhr (stündl.)
Udon Thani	95	2½	5.30–20 Uhr (alle 30 Min.)
Udon Thani (Minivan)	80	2	5–19.15 Uhr (häufig)
Vientiane (Laos; nur mit laotischen Visum)	180–185	4	8.15 & 15 Uhr

Phu Wiang National Park อุทยานแห่งชาติภูเวียง

Ein Geologe, der nach Uran suchte, entdeckte hier im Jahr 1976 eine riesige Kniescheibe. Bei den daraufhin eingeleiteten Ausgrabungsarbeiten fanden Paläontologen das 15 m lange Fossil eines Pflanzenfressers, der später nach der Prinzessin Sirindhorn *Phuwiangosaurus sirindhornae* genannt wurde. Das Dino-Fieber brach aus (was auch die vielen Dinosaurierfiguren in Khon Kaen erklärt), und nachdem noch weitere Funde gemacht wurden, erklärte man das Gebiet zum Phu Wiang National Park.

Der Park liegt in einem hufeisenförmigen Gebirge mit nur einem einzigen Zugang. Wiang Kao, der Distrikt in diesem Gebirge, ist ein Obstanbaugebiet, das sich wunderbar mit dem Auto erkunden lässt und einen guten Einblick in das traditionelle Leben auf dem Land bietet.

Sehenswertes & Aktivitäten

Die meisten Besucher kommen hierher, um sich die Fossile von Dinos anzuschauen, die in einigen **Ausgrabungsstätten** (8.30–16.30 Uhr) zu bewundern sind. Der Abschnitt im Norden hat eine neue Straße, über die man bequem zu den **Fußstapfen der Dinos** (รอยเท้า ไดโนเสาร์ หินลาดปาชาด) und zu Phu Wiangs größtem und bestem **Wasserfall** (น้ำตกตาดฟ้า) kommt.

Außerhalb des Parks befinden sich das **Phu Wiang Dinosaur Museum** (พิพิธภัณฑ์ไดโนเสาร์ภูเวียง; 043 438206; Erw./Kind 60/30 B; Di–So 9–17 Uhr) und der fotogene **Si Wiang Dinosaur Park** (Sonnenaufgang–Sonnenuntergang) GRATIS.

Schlafen & Essen

Phu Wiang wird meistens im Rahmen eines Tagesausflugs von Khon Kaen besucht. Es geht aber auch anders. Es gibt ein paar Hotels außerhalb des Parks und zwei einfache Campingplätze im Park. Im Ort selbst kann man bei Gastfamilien übernachten (der Aufenthalt muss aber vorab über ein Reisebüro organisiert werden). Wer campen will, muss sich im Besucherzentrum anmelden. Verpflegung nicht vergessen.

Pruksa Garden House HOTEL $
(043 291639; http://pruksagardenhouse.com/; Phu Wiang-Nong Kae Rd; Zi. inkl. Frühstück 350–900 B; P) Das beste Hotel in der Gegend um den Phu Wiang National Park befindet sich in einiger Entfernung von den Bergen in der Stadt Phu Wiang. Die unterschiedlich großen Bungalows in ruhiger Umgebung haben ein gutes Preis-Leistungs-Verhältnis.

Tat Fa Campsite CAMPING $
(043 358073; mit eigenem Zelt 30 B/Pers., 3-Pers. Leihzelt 325 B; P) Dies ist der bessere der beiden Campingplätze im Phu Wiang National Park. Er befindet sich in der Nähe des Tat-Fa-Wasserfalls. Einfacher, einsam gelegener Campingplatz.

An- & Weiterreise

Der Parkeingang befindet sich 90 km westlich von Khon Kaen. Minivans (100 B, 2 Std., 8.10–18.20 Uhr, 6-mal tgl.) fahren von Khon Kaens altem Busbahnhof bis zum Nationalpark und vorbei am **Phu Wiang Dinosaur Museum**.

Nam Nao National Park อุทยานแห่งชาติน้ำหนาว

Eins der wertvollsten Naturschutzgebiete Thailands, der Nam Nao National Park, erstreckt sich auf einer Fläche von 966 km^2 über das Phetchabun-Gebirge westlich von Khon Kaen. Bei einer Durchschnittshöhe von 800 m ist es hier das ganze Jahr über recht kühl (*nám nŏw* bedeutet „das Wasser fühlt sich kalt an"), und im Dezember und Januar kann es sogar Frost geben. Zwischen die Laub- und Nadelwälder mischen sich einige große Bambushaine.

Der Nam Nao National Park liegt im Western Isaan Forest Complex, einem 6000 km^2 großen Areal aus acht miteinander verbundenen Naturschutzgebieten und mit reichem Tierbestand. Hier gibt es so viele Elefanten, dass der Campingplatz und die Bungalows durch einen elektrischen Zaun geschützt sind. Wer Glück hat, erspäht vielleicht Malaienbären, Gaurs (Wildrinder), Goldschakale, Muntjaks, Gibbons und Schuppentiere. Es gibt sogar ein paar wenige Tiger. Zudem bevölkern mehr als 200 Vogelarten den Wald, darunter Doppelhornvögel und Silberfasane. Da hier die Sicht ausgesprochen gut ist, gibt es in Thailand eigentlich kaum einen besseren Ort, um Vögel zu beobachten.

Sehenswertes & Aktivitäten

Vom Besucherzentrum ausgehend führen gut beschilderte Wanderwege durch eine Vielzahl von Habitaten. Wer andere Orte im

Park erkunden will, benötigt einen Ranger, so auch für die besten Tierbeobachtungsspots südlich der Schnellstraße. **Scheinwerfer-Trips** (800 B/LKW) können im Besucherzentrum organisiert werden.

Phu-Khor-Aussichtspunkt AUSSICHTSPUNKT
(Hwy 12, Nam Nao National Park) Phu Khor bietet zwar zu jeder Zeit einen grandiosen Blick, ist aber bei Sonnenaufgang am tollsten. Der große Berg am Horizont ist der **Phu Kradueng** (S. 397). Phu Khor liegt 5 km westlich des Besucherzentrums und ist von der Schnellstraße in nur fünf Minuten bergauf zu erreichen. Kleintransporter bringen die Besucher zu den Aussichtspunkten (50 B/Pers. oder 600 B/Fahrzeug). Einen Sitzplatz muss man im Besucherzentrum reservieren.

Wasserfälle Haew Sai & Sai Thong WASSERFALL
(Hwy 12, Nam Nao National Park) Der Namtok Haew Sai liegt etwa 900 m von dem Parkplatz am Fahrbahnrand entfernt und ist ein wunderschöner Wasserfall, der über mehrere Gesteinsschichten 20 m in die Tiefe stürzt. Etwas weiter unten an dem gleichen Weg befindet sich der kleinere Namtok Sai Thong. Der Besuch der beiden Wasserfälle lohnt sich nur in oder kurz nach der Regenzeit. Der Spaziergang dorthin ist aber zu jeder Jahreszeit schön.

Schlafen & Essen

Die Unterkünfte im Nam Nao sind für thailändische Nationalparks überdurchschnittlich gut. Die billigsten **Bungalows** (☎081 962 6236; http://nps.dnp.go.th/reservation.php; Bungalow 4–12 Pers. 1000–4000 B; P), in denen vier bis 30 Personen übernachten können, sind recht alt; die teureren sind groß, modern und sehr gemütlich. Auch der **Campingplatz** (☎081 962 6236; mit eigenem Zelt 30 B/Pers., Camping-Set (Zelt, Schlafsäcke, Kissen & Bodenmatten) für 2 Pers. 250 B; P) ist gut.

Es gibt zwei sehr gute Restaurants (Öffnungszeiten normalerweise von ca. 6–20 Uhr), die Thai- und Isan-Gerichte servieren, sowie in der Nähe des Besucherzentrums einen kleinen Lebensmittelladen, wo man Snacks bekommt. Wer nachmittags bestellt, kann sich sein Essen abends ins Zimmer oder auf den Campingplatz bringen lassen.

An- & Weiterreise

Die meisten Busse, die von Khon Kaens Busbahnhöfen (am alten Busbahnhof starten die meisten Busse) in Richtung Westen nach Lom Sak oder Phitsanulok fahren, halten am Parkeingang (102–160 B, 2½ Std.). Das Besucherzentrum ist 1,5 km von der Schnellstraße entfernt.

ABSTECHER

REIBESTEIN DER ELEFANTEN

Die Hauptattraktion im Nam Phong National Park und in der näheren Umgebung der Stadt Khon Kaen ist **Hin Chang Si** („Reibestein der Elefanten"; จุดชมวิวหินช้างสี; ☎096 739 7920; 100 B, Auto/Motorrad 30/20 B; ⏲6–17 Uhr), ein Wunderland aus hausgroßen Felsbrocken zwischen lichten Baumbeständen. Es gibt hier einige Aussichtspunkte, von denen aus man einen wunderschönen Blick auf den Ubonrat-Staudamm und die Phu-Wiang-Berge hat. Hier kann man leicht eine ganze Stunde zubringen, wenn man den Weg oben auf dem Felsen gen Nordosten in Angriff nehmen will, auch mehr. (Für diese Tour sollte man einen Ranger anheuern).

Eine kleine aktive Klettergemeinschaft (www.khonkaenclimbing.com) veranstaltet hier im Januar ein Boulder-Fest. **Isan Explorer** (S. 459) bietet Trekking-Touren vom Berggipfel bis hinunter zum See an.

Der Hin Chang Si ist 50 km von der Stadt entfernt, und es gibt weit und breit keine öffentlichen Verkehrsmittel.

Roi Et ร้อยเอ็ด

☎043 / 34 285 EW.

Der Legende nach gab es in Roi Et früher einmal elf Stadttore. In alten Schriften wurde „11" als „10 plus 1" dargestellt. Diese Schreibweise führte irgendwie zum Namen der Stadt, der „101" bedeutet. Außer ausgedehnten Abschnitten des alten Festungsgrabens ist von Roi Ets langer Geschichte heute nicht mehr viel zu sehen. Dennoch hat sich die Stadt einen gewissen Charme und eine ganz besondere Identität bewahrt. Sie ist sicher nicht verschlafen, folgt aber ihrem ganz eigenen städtischen Rhythmus.

Sehenswertes

★**Wat Pa Non Sawan** BUDDHISTISCHER TEMPEL
(วัดป่าโนนสวรรค์; ⏲Sonnenaufgang–Sonnenuntergang) GRATIS Der Wat Pa Non Sawan beherbergt Hunderte farbenfroher Skulpturen,

Roi Et

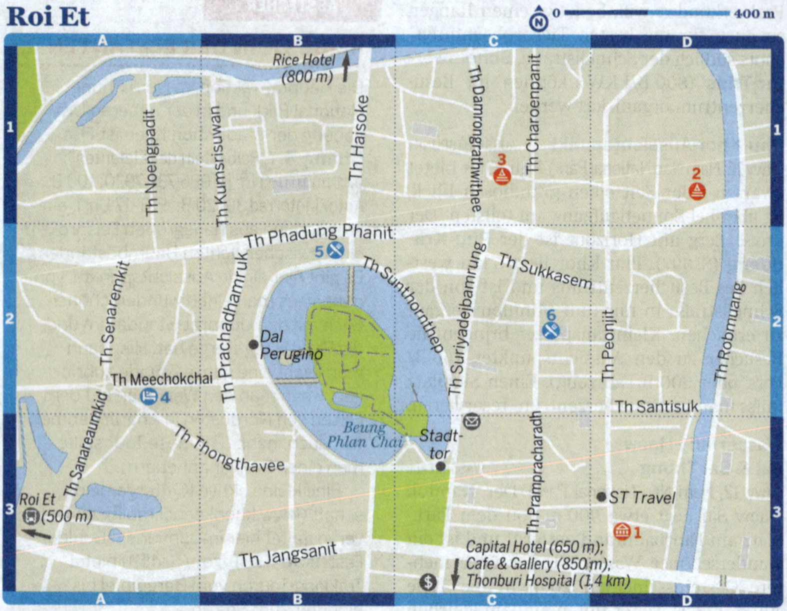

Roi Et

Sehenswertes
1 Roi-Et-Nationalmuseum D3
2 Wat Burapha D1
3 Wat Klang Ming Muang C1

Schlafen
4 City Home Place A2

Essen
5 Elefin B2
6 Nachtmarkt C2

die teilweise wirklich seltsam, teilweise aber auch so abgefahren sind, dass man sich fragt: „Was zum Teufel ist das?!" Riesige Drachen, grüßende Schildkröten, Hindu-Gottheiten, Höllenszenen, ein einsamer Polarbär – das alles bringt einen zum Nachdenken und zum Lächeln. Was will man mehr?

Vor Ort unbedingt dem etwa 80-jährigen Abt, Lungpu Khampan, der die Anlage ins Leben gerufen hat, ein *sà·wàt·dee* entbieten. Er lebt in Hanumans Mund im Erdgeschoss des Turms und begrüßt Besucher gern.

Der Tempel liegt 30 km östlich von Roi Et. Busse können einen an der Kreuzung Thung Khao Luang (25 B, 45 Min.) absetzen. Von dort sind es noch 8 km zum Tempel. Ein Motorradtaxi kostet hin und zurück mit zweistündigem Aufenthalt 200 B.

Wat Klang Ming Muang BUDDHISTISCHER TEMPEL

(วัดกลางมิ่งเมือง; Th Phadung Phanit; ⏲ Sonnenaufgang–Sonnenuntergang) GRATIS Als Erstes fällt einem an diesem alten Tempel aus dem Ende der Ayutthaya-Ära der ungewöhnliche vierstöckige *stupa* im hinteren Bereich auf. Das Glanzstück ist aber der alte *bòht* im Lan-Xang-Stil. Er hat ein ausladendes Dach und eine wunderschöne Fassade. Die Außenmauern sind mit restaurierten Gemälden im Isan-Stil bedeckt, die vor allem *Jataka*-Legenden wiedergeben.

Wat Burapha BUDDHISTISCHER TEMPEL

(วัดบูรพา; Th Phadung Phanit; ⏲ Tageslichtstunden) GRATIS Der riesige Buddha, der die plumpe Skyline von Roi Et überragt, ist der **Phra Phuttha Ratana Mongkon Mahamuni** (oder kurz Luang Po Yai). Obwohl von geringem künstlerischen Wert, ist er definitiv nicht zu übersehen: Von Kopf bis Fuß misst er 59,2 m und vom Boden bis zur Spitze des *ùt·sà·nít* sogar stolze 67,8 m. Man kann die Treppen hinter ihm hinaufsteigen.

Roi-Et-Nationalmuseum MUSEUM

(พิพิธภัณฑสถานแห่งชาติร้อยเอ็ด; Th Peonjit; 100 B; ⏲ Mi–So 9–16 Uhr) Dieses interessante Museum widmet sich alten Artefakten und der Kultur des Isan. Der 3. Stock informiert über die Seidenweberei – u.a. mit einer guten Ausstellung zu den Materialien, die beim Herstellen von natürlich gefärbter Bekleidung verwendet werden. Zu sehen gibt's auch ein paar Khmer-Artefakte aus der Lopburi-Zeit.

Schlafen

City Home Place HOTEL $

(☎043 516079; Th Thongthavee; DZ/2BZ 400/440 B; P ❄ 📶) Die Zimmer mit wirklich harten Matratzen erinnern an Schlafsäle in Studentenheimen. Sie sind aber blitzblank und für den Preis in Ordnung. Außerdem ist das City Home das einzige Hotel in Seenähe, das nicht alt und heruntergekommen ist.

Rice Hotel HOTEL $$

(☎043 519999; Hwy 214; DZ/2BZ/Suite inkl. Frühstück 700/750/1500 B; P ⊖ ❄ 📶) Dieses neue Hotel mit hellen, komfortablen Zimmern ist zwar nur einen Tick besser als Unterkünfte der Budgetkategorie, ist aber die beste Bleibe, die Roi Et zu bieten hat. Leider steht das Hotel in einer etwas abgelegenen Gegend, 750 m nördlich des Festungsgrabens.

Capital Hotel HOTEL $$

(☎043 519935; The_Capital_Roiet@hotmail.com; Th Suriyadejbamrung; DZ/2BZ/Suite inkl. Frühstück 600/650/1200 B; P ❄ 📶) Das Capital hat hier und da schon ein paar Kratzer, ist aber aufgrund der geringen Konkurrenz noch immer eins der besten Hotels in Roi Et. Die Betten in den großen Zimmern zeichnen sich durch gute Matratzen aus. Auch kann das Hotel mit seiner Lage mitten in der Stadt punkten. Achtung: Einige der Suiten zeigen nach außen zum Parkplatz. Also lieber eine der nach innen gelegenen Suiten wählen, wenn man Wert auf Ruhe legt.

Essen & Ausgehen

Roi Ets Nachtleben spielt sich in mehreren großen Kneipen und Clubs nördlich des Festungsgrabens in der Th Haisoke ab.

Westlich vom Bueng Phalan Chai gibt's ein paar lockere Bars und Restaurants für Thais und *fa·ràngs*. Hier kann man zwar den Sonnenuntergang nicht bewundern, hat aber dennoch einen schönen Blick.

★ Elefin THAI, CAFÉ $

(Th Sunthornthep; Hauptgerichte 60–150 B; ⏲9–20 Uhr; 📶) Das nette Lokal – halb Café und halb Restaurant – hat sich in Thailand [illegible]wachsene Bohnen und Reis auf die Fah-[illegible]eschrieben. Es befindet sich in einem [illegible]erten Gebäude und wirkt mit seinen s[illegible]önen Fliesen und Holzschränken schon fast wie ein Museum. Die Preise sind hoch, aber aufgrund der Qualität des Essens durchaus gerechtfertigt.

Cafe & Gallery CAFÉ $

(Th Ronnachai Chanyut; Cappuccino 35 B; ⏲9–18.30 Uhr; 📶) Das kleine Café beschert Roi Et etwas Kultur. Es gehört einem Fotogra-

RAKETENFESTE

Mitten in der heißen Jahreszeit scheint Thailands Isan zu explodieren – es ist Festivalzeit. Höhepunkt sind die turbulenten Raketenfeste im sechsten Mondmonat (Mai & Juni). Diese Feste bieten nicht nur die Gelegenheit, sich zu betrinken, wie wild in den Straßen zu tanzen und das Schicksal durch das Abfeuern riesiger selbst gebastelter Raketen herauszufordern, sondern auch um Phaya Taen, einen vorbuddhistischen Gott, daran zu erinnern, dass es an der Zeit wäre, Regen zu schicken.

So ziemlich jedes Dorf im Isan feuert mindestens eine Rakete ab, und viele Orte veranstalten ein wirklich riesiges Fest. Zweifellos am ausgelassensten und berühmtesten ist aber das **Raketenfest in Yasothon** (Bun Bâng Fai; ⏲2. Wochenende im Mai), das auch offiziell von der Tourism Authority of Thailand beworben wird.

Die meisten großen Raketenfeste steigen normalerweise am Wochenende, wobei der Samstag den Umzügen gehört und sonntags das Feuerwerk stattfindet. Die großen, kunstvoll gestalteten Festwagen sind in der Regel goldfarben angestrichen, die Rakete selbst ist mit einem *naga*-Kopf geschmückt.

Früher bestanden die Raketen aus Bambusrohren mit Schwarzpulverfüllung, heute werden jedoch Kunststoffrohre verwendet. Die größten Exemplare können bis zu 3 m lang und mit bis zu 120 kg Schießpulver gefüllt sein. In Verbindung mit dem kräftigen Alkoholkonsum steigt das Verletzungsrisiko stark an. Unfälle – selbst tödliche – sind keine Seltenheit. Besucher sollten ihre fünf Sinne beisammen halten und die Sicherheitstipps der Einheimischen nicht unbedingt für bare Münze nehmen.

fen, dessen gerahmte Werke hier überall aushängen und auch zum Kauf angeboten werden. Wer nicht auf Kaffee steht, kann sich einen leckeren Erdbeer-Smoothie oder einen Schoko-Brownie bestellen. Das Café befindet sich 1 km südlich des Sees, gegenüber vom Roi Et Hospital.

Nachtmarkt THAI $
(Th Prampracharadh; ⏲15–20 Uhr) Unter dem großen Dach befindet sich tagsüber der städtische Markt von Roi Et. Abends mutiert er dann zum größten Nachtmarkt der Stadt. Geboten wird eine gute Mischung aus Thai- und Isan-Speisen. Sitzplätze sind rar gesät, sodass das meiste in Tüten mit nach Hause genommen wird.

Praktische Informationen

Im Stadtzentrum gibt es mehrere Banken, ebenso am Nordende der Th Suriyadet Bamrung. Am Südende dieser Straße ist die **Bangkok Bank** (Th Suriyadejbamrung; ⏲9–18 Uhr). Es ist die einzige Bank im Stadtzentrum, die abends und an den Wochenenden geöffnet ist.

Thonburi Hospital (☎043 518200; www.thonburihospital.com; Th Prachadhamruk) Roi Ets bestes Privatkrankenhaus.

ABSTECHER

MONUMENTALE KHMER-RUINEN

Der aus dem 12. Jh. stammende **Prasat Puay Noi** (ปราสาทเปือยน้อย; ⏲Sonnenaufgang–Sonnenuntergang) GRATIS ist die größte und interessanteste Khmer-Ruine im nördlichen Isan. Von ihren Ausmaßen ist die Anlage vergleichbar mit dem Prasat Muang Tam in Buriram, sie ist aber in einem schlechteren Zustand. In dem nach Osten ausgerichteten Gebäude befindet sich in der Mitte ein großes Heiligtum aus Sandstein, das von einem teilweise eingefallenen *prang* überragt wird und von Lateritmauern mit zwei Haupttoren umgeben ist. Einige ausgezeichnete, intakte Reliefs, etwa von Shiva auf seinem Bullen Nandi, befinden sich an dem Giebel der Hinterwand der „Bibliothek". Mit öffentlichen Verkehrsmitteln kommt man nicht mehr hierher. Mit dem eigenen Fahrzeug fährt man von Ban Phai auf dem Hwy 23 in Richtung Osten (11 km) bis zur Rte 2301. Weiter geht es auf dieser Straße und der Rte 2297 (24 km).

An- & Weiterreise

Nok Air (☎043 650500, landesweit 02 900 9955; www.nokair.com; Roi Et Airport; ⏲8–21 Uhr) und **Air Asia** (☎landesweit 02 515 9999; www.airasia.com) fliegen täglich zum Don Muang Airport in Bangkok (ab ca. 1000 B). Tickets sind bei **ST Travel** (☎043 512469; s.t_travel@hotmail.com; Th Peonjit; ⏲Mo–Sa 8.30–18 Uhr) erhältlich. Der Roi Et Airport liegt 13 km nördlich der Stadt. Die Taxifahrt in die Stadt kostet etwa 200 B.

Roi Ets **Busbahnhof** (☎043 511939; Th Jangsanit) liegt 1 km westlich des Stadtzentrums. Von hier fahren Busse mindestens stündlich nach Bangkok (360–552 B, 8 Std., 6.30–23 Uhr), Khon Kaen (Bus & Minivan 73–107 B, 2½ Std., 5–19.20 Uhr), Ubon Ratchathani (106–155 B, 3 Std., 8.30–18 Uhr, alle 30 Min) und Surin (90 B, 2½ Std., 8–19 Uhr, stündl.). **Nakhonchai Air** (☎043 518095, landesweit 1624; Roi Et Bus Terminal) rollt mit VIP-Bussen nach Bangkok.

Unterwegs vor Ort

Das Zentrum von Roi Et kann man gut zu Fuß erkunden. Es gibt aber auch viele Túk-Túks (40–60 B für Fahrten im Zentrum und auch zum/vom Busbahnhof) und ein paar *săhm·lór*. **Taxis** (☎098 104 0930, 064 672 6941) warten am Busbahnhof und Flughafen auf Kunden. **Avis** (☎062 603 2937, landesweit 022 511131; www.avisthailand.com; ⏲7–20.30 Uhr) und lokale Autovermieter haben Vertretungen am Flughafen.

In dem von ortsansässigen Ausländern betriebenen Restaurant mit Bar **Dal Perugino** (☎092 216 3542; Th Sunthornthep; 150 B/Tag; ⏲10–22 Uhr) kann man Motorräder leihen.

Yasothon ยโสธร

☎042 / 20 675 EW.

Yasothon hat außer dem alljährlich Mitte Mai stattfindenden Raketenfest (S. 469) nur wenig für Besucher zu bieten. Für kulturinteressierte Traveller lohnt sich der Abstecher hierher aber, denn man erlebt ein Stückchen Thailand, das nur wenige Leute (selbst Thais) je sehen werden. Neben einigen historischen Stätten kann man den **That Khang Khao Noi** (ธาตุกองข้าวน้อย; ⏲Sonnenaufgang–Sonnenuntergang) GRATIS unter die Lupe nehmen und sich in **Ban Si Than** (บ้านศรีฐาน) ein paar Kissen kaufen. Zusammen mit dem Raketenfest kommt man also in den Genuss von gleich drei Isan-Attraktionen.

Schlafen & Essen

BM Grand HOTEL $
(☎045 712333; Th Rattanakhet; DZ/2BZ 450/500 B; P⊜❄📶) Die Unterkunft im Zent-

INSIDERWISSEN

WEBARBEITEN IM MÁT-MÈE-STIL

Der *mát-mèe*-Stil des Isan zählt zu Thailands bekanntesten Webstilen. Ergebnis dieser Art von Knüpfbatik (*mát* bedeutet „knüpfen", *mèe* heißt „Fäden") sind Stoffbahnen mit geometrischen Mustern. Die Muster werden von Mutter zu Tochter weitergegeben und sind Abstraktionen von Naturmotiven (z. B. Bäume, Blumen, Vögel).

Zu Beginn des Herstellungsprozesses spannen die Weberinnen ihre Baumwoll- oder Seidenfäden stramm über einen Holzrahmen mit der Breite des späteren Stoffes. Dann erzeugen sie die gewünschten Muster fast immer rein aus dem Gedächtnis, indem sie jeweils mehrere Einzelfäden mittels Plastikfolie bündeln (früher wurde dafür die Rinde von Bananenstauden verwendet). Der Rahmen wird anschließend in die Farbe getaucht, die nur in die freiliegenden Fäden eindringt. Das Umwickeln und Färben wiederholt sich insgesamt mehrfach. Heraus kommen komplexe Muster, die auf dem Webstuhl richtig zum Leben zu erwachen scheinen.

rum nahe des Nachtmarkts hat nett eingerichtete, gepflegte Zimmer mit dem besten Preis-Leistungs-Verhältnis in Yasothon.

★ **Hippy Cafe** THAI $

(Th Rattanakhet; Hauptgerichte 60–120 B; ⌚9.30–20 Uhr; 📶✎) Dieses trendige Thai-Café im alten Busbahnhof (beim Uhrturm) überrascht mit köstlichen Thai-Gerichten, knackigen Salaten und gutem Kaffee. Empfehlenswert ist das tofu *lâhp* („spicy tofu salad" steht auf der Speisekarte), das aber gern etwas schärfer gewürzt sein könnte.

ℹ Anreise & Unterwegs vor Ort

Yasothons **Busbahnhof** (☎045 712965; Th Arunprasert) liegt nördlich der Stadt an der Umgehungsstraße. Busse nach Bangkok (303–566 B, 8–9 Std.) verkehren tagsüber fast jede Stunde, die meisten fahren aber zwischen 19 und 22.30 Uhr. **999** (☎045 714933; Th Arunpraser) fährt mit VIP-Bussen nach Bangkok. Weitere Hauptziele sind Ubon Ratchathani (66–99 B, 2 Std., 8–19 Uhr, alle 30 Min.), Khorat (168–190 B, 4 Std., 7.35–19.50 Uhr, stündl.), Mukdahan (Minivans 84 B, 2 Std., 5.30–18.10 Uhr, alle 30 Min.; Busse 95 B, 2½ Std., 10.35–22.40 Uhr, alle 2 Std.) und Khon Kaen (66–166 B, 3½ Std., 7–19.10 Uhr, alle 30 Min.) über Roi Et (47–69 B, 1 Std.).

Nok Air (S. 216) bietet zweimal täglich einen Fly-and-Ride-Service von Bangkoks Don Muang Airport über Ubon Ratchathanis Flughafen an.

In Yasothon gibt es weder Túk-Túks noch Taxis, sondern nur Motorradtaxis. Die Fahrt vom Busbahnhof ins Stadtzentrum kostet 60 B. Am besten lässt man sich für die Rückfahrt von einem Fahrer die Telefonnummer geben, denn ein Motorradtaxi in der Stadt zu finden, ist ein schwieriges Unterfangen.

Ko Chang & Ostküste

Inhalt ➡

Gut essen

- Mantra (S. 484)
- Chanthorn (S. 495)
- Blues Blues Restaurant (S. 510)
- Namchok (S. 498)
- Pan & David Restaurant (S. 478)

Schön übernachten

- Baan Luang Rajamaitri (S. 494)
- Baan Rim Nam (S. 507)
- Bann Makok (S. 514)
- Mangrove Hideaway (S. 508)
- Rabbit Resort (S. 483)

Auf nach Ko Chang & an die Ostküste!

Die beiden Inseln Ko Samet und Ko Chang locken die meisten Traveller an Thailands Ostküste. Doch auch das Festland hat viele Attraktionen zu bieten – insbesondere den zauberhaft altmodischen Charme von Trat und Chanthaburi.

Ko Samet ist die nächstgelegene große Insel im Umkreis von Bangkok und bei Luxus-Backpackern sehr beliebt. Diese trinken dort Wodka aus Eimern, bewundern Feuerjongleure am Strand und relaxen an den ruhigeren Buchten im Süden. Weiter unten an der Küste liegt die zweitgrößte Insel Thailands: Auf Ko Chang kann man tauchen, an den Stränden der Westküste relaxen, durch dichten Dschungel wandern und – nach ausreichender Erholung – in eine turbulente Partyszene eintauchen.

Deutlich weniger Reisende zieht es nach Si Racha und Bang Saen, obwohl letzteres einen langen Strand hat und in beiden Fällen auch gute Seafood-Lokale einen Besuch lohnenswert machen. In direktem Kontrast dazu steht das laute, wilde Pattaya mit seinem ausschweifenden Nachtleben und diversen familienfreundlichen Attraktionen.

Reisezeit

- Die beste Reisezeit für die Ostküste ist am Ende der Regenzeit, also im November, und vor Beginn der Hochsaison (Dez.–März). Dann ist es angenehm kühl, die Landschaft ist üppig grün und die Preise sind angemessen. Während der Ferien über Weihnachten und Neujahr ist auf Ko Chang Hochsaison. Erst im März wird es wieder ruhiger, aber dann beginnt die heiße Trockenzeit.
- Obwohl es in der Regenzeit von Mai bis Oktober oft tage- oder gar wochenlang gar nicht regnet, schließen einige Hotels und Geschäfte auf Ko Chang und Ko Kut; auf Ko Mak und Ko Wai ist alles dicht und die Inseln befinden sich im Winterschlaf. Während des Monsuns ist Ko Samet die beste Wahl, da es aufgrund des dortigen Mikroklimas relativ trocken ist.

Si Racha

ศรีราชา

☎038 / 80 000 EW.

Si Racha (sprich „si ra-tscha") ist das Tor zum besuchenswerten Inselchen Ko Si Chang. Bis heute sieht man hier farbenfrohe Fischerboote mit knarrenden Planken und Geräten zum Fang von Tintenfischen – inzwischen erblickt man daneben aber auch riesige Containerschiffe. Außerdem überschatten die Ergebnisse eines Baubooms zunehmend die traditionellen Flachbauten im Stadtzentrum.

Das Zentrum von Si Racha ist nun eine Art Klein-Tokio: In den örtlichen Sushi-Restaurants und Karaokebars treffen sich zahllose Japaner, die in der regionalen Industrie arbeiten. Si Racha wahres Herz ist jedoch der Hafenbereich mit geschäftigen Piers, einem ruhigen Gesundheitspark und baufälligen Pensionen auf Stelzen.

Sehenswertes

Ko Loi INSEL

(เกาะลอย) Auf der Insel mit Straßenanschluss zum Festland gibt es einen **thailändisch-chinesischen Tempel** (วัดเกาะลอย; ⏲Sonnenaufgang–Sonnenuntergang) GRATIS und einen Aussichtsbereich mit Blick auf den eindrucksvollen Sonnenuntergang. Am gigantischen Teich unterhalb des Schreins kann man riesige Schildkröten füttern. Zum Recherchezeitpunkt wurde die Brücke zur Insel gerade renoviert; bis zum Abschluss der Arbeiten, der auf 2018 angesetzt war, ist das Eiland nicht erreichbar. Man sollte sich vorab über den Fortschritt der Bauarbeiten informieren.

Schlafen

Die hölzernen und sehr charaktervollen Hotels auf den Piers sind die authentischsten Unterkünfte der Stadt. Im unteren Preisbereich haben sie aber eine sehr einfache Ausstattung.

Samchai Resort PENSION, HOSTEL $

(☎081-963 1855; Soi 10, Th Jermjompol; B 275 B, Zi. 350–900 B; ❄📶) Das große und sehr individuelle Samchai am Hafen hat einen hilfsbereiten Inhaber, der auch Englisch spricht. Bei den Zimmern (günstigere Varianten nur mit Ventilatoren) reicht die vielfältige Auswahl von zweckmäßigen „Schachteln" ohne Fenster bis hin zu klimatisierten Suiten mit Meerblick. Am Ende des Piers gibt's super Sitzplätze mit Aussicht aufs Wasser.

Triple B HOTEL $$

(☎092 897 7881; www.triplebhotel.com; 119/1 Mu 2, Surasak Subdistrict; DZ inkl. Frühstück 700–1000 B; P❄📶🏊) Das Triple B vermietet komfortable und geräumige Zimmer mit ein paar attraktiven Designelementen. Die besten Varianten mit etwas mehr Aussicht liegen ganz oben. Vom Frühstücksraum schaut man auf ein kleines Tauchbecken. Obwohl hier nicht alles ganz reibungslos funktioniert, hat das Hotel ein gutes Preis-Leistungs-Verhältnis und ist zudem praktisch bei der Ankunft mit dem Minivan.

Essen & Ausgehen

Diverse belebte Thai-Bars säumen die Th Thetsaban. Nordwestlich davon liegen einige Karaokebars.

My One VIETNAMESISCH $

(☎089 693 3270; 14/10 Th Surasak 1; Hauptgerichte 50–160 B; ⏲9–21 Uhr) Das schlichte Lokal mit thailändisch-vietnamesischer Küche serviert allerlei frische und gesunde Gerichte (z. B. Salate und Frühlingsrollen aus Reispapier). Zu erkennen ist es am Kaffee-Karren vor dem Eingang.

Labubon Sriracha THAI $

(☎087 748 1696; Th Si Racha Nakorn; Hauptgerichte 60–160 B; ⏲8.30–22 Uhr) In einem offenen Schuppen gibt's verlässlich gute Küche à la Isan. Auf der Karte stehen z. B. leckerer *nám đòk mŏo* (pikanter Salat mit Schweinefleisch) und ein paar tolle Fischgerichte, die locker für zwei Personen reichen.

INSIDERWISSEN

GAUMENFEUER

Chilisauce der Marke „Sriracha" ist ein globaler Hit. So könnte man meinen, dass ihr die gleichnamige Stadt ein entsprechendes Denkmal setzt, was jedoch nicht der Fall ist. Angeblich wurde das scharfe Zeug vor Jahrzehnten hier erfunden, aber die berühmte Version mit dem Hahnen-Logo stammt von einem vietnamesischen Einwanderer aus L. A., der die Firma gründete und die Sauce berühmt machte.

Thailands eigene Variante (*nám prík sĕe rah·chah*) schmeckt süßer als ihr viel bekannteres US-Pendant und wird meist als Dip zu *kài jee·o* (Omelett) oder *hŏy tôrt* (Omelett mit gebratenen Muscheln) gereicht.

Highlights

1. **Ko Chang** (S. 500) Auf der großen Insel, die für jeden Geschmack etwas zu bieten hat, schnorcheln und durch den Dschungel wandern

2. **Ko Kut** (S. 512) An den Traumstränden des südöstlichen Eilands den ganzen Tag lang faulenzen

3. **Ko Wai** (S. 515) Rund um die beliebte winzige Insel nahe Ko Chang in kristallklarem Wasser mit den Fischen schwimmen

4. **Ko Samet** (S. 486) Auf der entzückenden Insel zwischen hübschen Buchten spazieren

5. **Chanthaburi** (S. 493) Durch das alte Hafenviertel der historischen Stadt am Flussufer schlendern

6. **Trat** (S. 496) In der netten Stadt die altmodische Atmosphäre des Geschäftsviertels mit Holzhäusern aufsaugen

7. **Ko Si Chang** (S. 477) Vom schönen Si Racha aus per Fähre einen Tagestrip zum ruhigen Ko Si Chang unternehmen

SA KAEO
Ta Phraya
Sa Kaew
33
Non Mak Mun
348
Ang Sila
Huay Jot
Lam Prachinburi
Khao Chakan
Watthana Nakhon
Aranya Prathet
Poipet
Sisophon
Sai Diaw
3395
Non Sao-Eh
317
Khlong Hat
Khao Takrup (660 m)
Wang Mai
KAMBODSCHA
Khao Daeng
Thun Khanan
Khao Soi Dao Nua (1566 m)
Tamun
Battambang
CHANTHABURI
Pung Ngon
Nong Chek Soi
Nong Khla
Ban Pakard
Takra
Psar Pruhm
Pong Nam Ron
Pailin
Khao Khitchakut National Park
Chamao-Wong
317
Makham
3
Tha Mai
5 Chanthaburi
Chang Thun
Ban Pa-Ah
Chao Lao
Ta Chalap
Nam Tok Phlio National Park
Nong Sii
Chak Yai
Laem Sing
Khlung
3157
Pong
Dan Chumpon
Laem Ko Proet
Tha Chot
3271
3394
TRAT
Bang Kradan
Trat
6
Ban Noen Sung
3156
Laem Muang
Laem Ngop
Ao Trat
318
KAMBODSCHA
Tha Sen
1
Ko Chang
Laem Sok
Hat Mai Rut
Mai Rut
Ko Khlum
3
Ko Wai
Mu Ko Chang National Marine Park
Hat Ban Chun
Ko Kradat
Ko Ran
Ko Mak
Khlong Yai
Ko Mai Si
Ko Kut 2
Hat Lek
Koh Kong (Stadt)

Si Racha

Si Racha

Sehenswertes
1 Ko Loi A1
2 Wat Ko Loi A1

Schlafen
3 Samchai Resort B3
4 Triple B D3

Essen
5 Labubon Sriracha C3
6 My One B3

Ausgehen & Nachtleben
7 Teab Ta B3

Praktisches
8 Immigration Office (Einreisebehörde)... C1

Transport
9 Busse nach Bangkok C4
10 Minivans nach Bangkok D3
11 Minivans nach Pattaya & Rayong D3
12 *Sŏrng·tăa·ou* nach Pattaya & Bang Saen B4

Mum Aroi SEAFOOD $$

(☎038 771555; Soi 8, Th Jermjompol; Hauptgerichte 160–450 B; ⏰11–22 Uhr; 📶) Der Name „köstliche Ecke" ist Programm: Die Stufenterrassen des Mum Aroi sind in Si Racha der beste Ort, um beim Vertilgen von Meeresfrüchten direkt aufs Wasser und das Fanggerät für Tintenfische zu schauen. In Richtung Samitivej Sriracha Hospital liegt das Lokal nördlich der Stadt. Vor dem Eingang steht ein Aquarium mit einem 2 m langen Fisch.

Teab Ta CRAFT-BIER

(www.facebook.com/teabtasriracha; Soi 16, Th Jermjompol; ⏰Mo–Fr 17–24, Sa & So ab 16 Uhr; 📶) Am langen Pier kredenzt das Teab Ta eine tolle Auswahl an Craft-Bieren aus aller

Welt (darunter einige nordeuropäische Spitzengebräue zu europäischen Preisen). Die Uferterrasse mit schöner Aussicht ist super für Sundowner. Auf der Speisekarte stehen typische Snacks von der Bar und schlichte Gerichte für recht wenig Geld. Aus den Boxen kommt moderne und sorgsam zusammengestellte Indie-Musik.

Praktische Informationen

Immigration Office (038 312571; www.immchonburi.go.th; 3/1 Th Jermjompol; Mo–Fr 8.30–16.30 Uhr) Einreisebehörde.

Krung Thai Bank (www.ktb.co.th; Ecke Th Surasak 1 & Th Jermjompol; Mo–Fr 8.30–16.30 Uhr) Mit Geldautomat und Wechselstube.

Post (Th Jermjompol; Mo–Fr 8.30–16.30, Sa bis 12.30 Uhr) Gegenüber vom Gemeindepark.

Samitivej Sriracha Hospital (038 320300; www.samitivejhospitals.com; Soi 8, Th Jermjompol)

Anreise & Unterwegs vor Ort

Nahe dem Kaufhaus **Robinson Department Store** (037 771001; www.robinson.co.th; 90/1 Th Sukhumvit; Mo–Fr 10.30–21, Sa & So ab 10 Uhr) an der Th Sukhumvit (Hwy 3) brechen Minivans u. a. gen **Bangkok**, **Pattaya** und **Rayong** auf. Am nahegelegenen Elektronik-Kaufhaus **Tuk Com** (038 773619; www.tukcom.com; Th Sukhumvit; Mo–Fr 10.30–21, Sa & So ab 10 Uhr) fahren **Busse** und Minivans ab.

In der Nähe von Si Rachas **Uhrenturm** starten weiße *sŏrng·tăa·ou* (Passagier-Pickups) zum Naklua-Markt in Pattaya (40 B, 45 Min., 6–18 Uhr). Von der gleichen Stelle aus fahren auch rote *sŏrng·tăa·ou* nach Bang Saen (15 B, 20 Min., 6–18 Uhr).

Für Stadtfahrten mit Motorradtaxis bezahlt man 30 bis 40 B.

Ko Si Chang เกาะสีชัง

038 / 5000 EW.

Ko Si Chang, einst eine Sommerresidenz des thailändischen Königshauses, versprüht die Atmosphäre eines Fischerdorfs. Hier warten genügend Attraktionen für einen netten Tagesausflug ab Si Racha, und für diejenigen, die sich entspannen wollen, gibt es außerdem prima Unterkünfte. Am Wochenende ist hier vergleichsweise mehr los: Dann kommen viele Thailänder auf die Insel, um Seafood zu essen, Selfies am Meer zu knipsen und in örtlichen Tempeln zu beten.

Das einzige Inselnest (dort befindet sich auch der Fähranleger) liegt auf der Festlandsseite. Holperstraßen verbinden das Dorf mit den anderen Sehenswürdigkeiten.

Sehenswertes & Aktivitäten

Einige Einheimische veranstalten **Schnorcheltrips** zur benachbarten Ko Khang Khao (Fledermausinsel), wo auch ein guter Strand wartet. Alternativ fahren Schnellboote (400 B) ab dem Hauptpier dorthin. Der **Hat Tham Phang** (หาดถ้ำพัง, Strand der eingestürzten Höhle) ist Ko Si Changs einziger Sandstrand. Dort gibt's **Leihkajaks** (200 B/Std.), mit denen man z. B. hinüber nach Ko Khang Khao paddeln kann (45 Min.).

Phra-Chudadhut-Palast HISTORISCHE STÄTTE
(พระจุฑาธุชราชฐาน; 9–17 Uhr) GRATIS Dieser Palast war früher eine Sommerresidenz von König Chulalongkorn (Rama V.). Nach einer kurzen Besetzung der Insel durch Frankreich (1893) wurde er jedoch aufgegeben. Der herrliche Hauptthronsaal (auch bekannt als Vimanmek Teak Mansion) aus ver-

VERKEHRSMITTEL VON/NACH SI RACHA

ZIEL	BUS	MINIVAN	ZUG
Ost-Busbahnhof (Ekamai), Bangkok	103 B, 1½ Std., 5–20 Uhr stündl.		
Bangkok Hualamphong,			ab 28 B, 3¼ Std., Mo–Fr 1-mal tgl.
Nord-Busbahnhof (Mo Chit), Bangkok	113 B, 2 Std., 5–19.30 Uhr stündl.		
Suvarnabhumi International Airport, Bangkok	110 B, 1 Std., 5.10–20 Uhr stündl.		
Victory Monument in Bangkok		110 B, 1½ Std., 5–20 Uhr alle 30 Min.	
Pattaya		40 B, 30 Min., regelm.	ab 5 B, 30 Min., Mo–Fr 1-mal tgl.

goldetem Teakholz wurde 1910 nach Bangkok gebracht. Übrig blieb eine gartenartige Anlage mit recht unauffälligen Gebäuden im viktorianischen Stil, die teils Museen (Mo geschl.) beherbergen. Ab dem Fährkai sind es 15 Gehminuten bis zum Palast.

San Chao Pho Khao Yai BUDDHISTISCHER TEMPEL
(ศาลเจ้าพ่อเขาใหญ่) GRATIS Die wohl eindrucksvollste Sehenswürdigkeit der Insel: Der prachtvolle Tempel mit vielen Drachen stammt aus jenen alten Tagen, in denen chinesische Handelsschiffe im Schutz der Insel vor Anker gingen. Heute feiern zahllose chinesische Touristen ihr Neujahrsfest im Februar auf Ko Si Chang. Zum Tempel gehören mehrere Höhlenschreine sowie Aussichtsplattformen mit schönen Blicken auf die Insel und das Meer. Der Komplex liegt gleich nördlich des Dorfs.

Sichang Healing House MASSAGE
(081 572 7840; abseits der Th Makham Thaew; Do–Di 9–16 Uhr) Die zauberhafte Besitzerin dieses Paradiesgartens spricht Englisch und bietet verschiedene tolle Massagen (300–600 B) an. Zudem verkauft sie selbstgemachte Gesundheitsprodukte und vermietet schlichte Zimmer mit Bambuswänden (300 B).

Schlafen & Essen

Charlie's Bungalows PENSION $$
(061 749 4242; www.kosichang.net; Th Makham Thaew; Zi. 1000–1100 B; P) Die ganz in Weiß gehaltenen Bungalows stehen in einem Garten und sind mit TVs und DVD-Playern ausgestattet. Das Personal ist freundlich und hilfsbereit. Für Wochenenden und Feiertage im Voraus buchen!

Somewhere Ko Sichang BOUTIQUEHOTEL $$$
(038 109400; www.somewherehotel.com; 194/1 Mu 3, Th Thewawong; Zi. inkl. Frühstück 2600–3600 B; P) Das moderne und stilvolle Hotel ist ein erholsames, charmantes Refugium in Weiß. In sehr zentraler, aber trotzdem ruhiger Lage gibt es riesige Zimmer mit maritim angehauchtem Dekor; die meisten punkten außerdem mit Meerblick und einem Balkon. Für einen Aufenthalt sprechen auch das schöne Hausrestaurant und das engagierte Personal.

FlowerBlue CAFÉ $
(081 305 5544; www.facebook.com/flowerblue.coffee; Hauptgerichte 70–190 B; 7–22 Uhr;) Besucher aus Bangkok schätzen das trendige Café mit stets belebter Atmosphäre für seine Klimaanlage und seine fairen Preise. Auf der Karte stehen u. a. Frühstück, Burger und Kaffeespezialitäten. Echte Pflanzen und Blumenbilder zieren die ansprechenden Räumlichkeiten.

★ **Pan & David Restaurant** INTERNATIONAL, THAI $$
(038 216629; www.ko-sichang.com; 167 Mu 3, Th Makham Thaew; Hauptgerichte 170–300 B; Mo–Fr 10–22.30, Sa & So 8.30–22 Uhr;) Fleisch von freilaufenden Hühnern, selbstgemachtes Eis, eine anständige Weinkarte, tolles thailändisches Essen und ein paar italienische Gerichte machen das Pan & David immer zur guten Wahl. Auf dem großen Gelände gibt's auch ein paar Gästezimmer und Bungalows (750–1800 B); darunter finden sich auch ein paar charaktervoll umgebaute Fischerboote in einem Trockendock.

Pee Noi SEAFOOD $$
(Th Makham Thaew; Hauptgerichte 100–350 B; 11–21 Uhr) Das Restaurant mit Tischen an der Straße und Essen zum Mitnehmen wird von den Einheimischen für seine großartigen Meeresfrüchte geschätzt. Zu erkennen ist es an den blauen Tischen und Sonnenschirmen.

Praktische Informationen

Auf der Internetseite des Restaurants Pan & David (www.ko-sichang.com) findet man viele nützliche Infos über die Insel.

Die **Kasikornbank** (99/12 Th Atsadang; 8.30–15.30 Uhr) hat einen Geldautomaten und eine Wechselstube.

Post (Th Atsadang; Mo–Fr 8.30–16.30, Sa 8.30–12.30 Uhr)

ABSEITS DER ÜBLICHEN PFADE

GEHEIMER MANGROVENWALD

Das **Mangrove Forest Conservation Centre** (ศูนย์ศึกษาธรรมชาติและอนุรักษ์ป่าชายเลนเพื่อการท่องเที่ยว; 038 398268; Ang Sila; 8.30–18.30 Uhr) ist so unbekannt, dass selbst viele Einheimische nichts von seiner Existenz wissen. Durch die Mangroven führt ein 2 km langer Rundweg aus Holzplanken. Zu sehen gibt's hier u. a. Krebse, Herzmuscheln und Schlammspringer. Interessant sind auch die Geräusche und Gerüche.

Der Wald liegt 6 km nördlich von Bang Saen in Ang Sila.

Anreise & Unterwegs vor Ort

Am Ende von Si Rachas Hauptpier starten Boote nach Ko Si Chang (einfache Strecke 50 B, 45 Min., 7–20 Uhr stündl.; in die Gegenrichtung 6–19 Uhr stündl.). Diese kurven beim Auslaufen um die vielen Frachter vor Anker in der Bucht herum und steuern unterwegs noch das kleine Ko Karm an.

Auf Ko Si Chang fahren Motorradtaxis vom Pierende für 30 bis 50 B zu beliebigen örtlichen Zielen. Touren mit geschmückten *sǎhm·lór* (oder auch *sǎamláw*; Fahrradrikschas) klappern für 250 B die wichtigsten Sehenswürdigkeiten der Insel ab.

Am Pier kann man **Motorräder** (pro Std./Tag/24 Std. 80/250/300 B) und **Fahrräder** (☎089 747 9097; pro Tag/24 Std. 120/160 B) ausleihen.

Bang Saen บางแสน

☎038 / 45 000 EW.

Als nächstgelegener Strandort im Umkreis von Bangkok ist Bang Saen bei Wochenend-Stadtflüchtlingen sehr beliebt. Hierfür sorgen u.a. ein schöner Palmenstrand und zahllose verschiedene Unterkünfte. Auf der 4 km langen Strandpromenade sieht man tagsüber zahlreiche Tandems und Seafood-Stände. Abends bevölkern viele Studenten die hippe Restaurant- und Barmeile mit Meerblick. Der Sand ist hier schmutziger als anderswo in Thailand. Doch wer keinen großen Wert auf Schwimmen legt, kann in Bang Saen super ein Gefühl für Strandferien im thailändischen Stil bekommen.

Sehenswertes

Nezha-Sathaizhu-Tempel BUDDHISTISCHER TEMPEL

(ศาลเจ้าหน่าจาซาไท้จื้อ, Wihahn Tepsatit Pra Gitichairloem; Ang Sila; ⏲8–17 Uhr) GRATIS Vor dem prachtvollen Tempel im chinesischen Stil erhebt sich eine mächtige Säule, die Himmel und Erde symbolisiert. Das Innere des vierstöckigen Baus wird von komplexen Malereien und herrlichen Skulpturen geziert. Das Dekor umfasst viele Drachen und Fledermäuse, die jeweils Glückssymbole sind. Die Einheimischen beten und opfern hier regelmäßig. Wer letzteres selbst tun will, bekommt von Freiwilligen bereitwillig die Rituale erklärt. Rund 5 km nördlich von Bang Saens Strand liegt der Tempel an der Hauptstraße in Ang Sila.

Khao Sam Muk HÜGEL

(เขาสามมุข, Affenberg; ⏲Straße 5–23 Uhr) Auf dem kleinen Hügel leben Hunderte gieriger Rhesusaffen mit flinken Händen. Achtung: Die Tiere auf keinen Fall füttern, da sie sonst noch aggressiver werden!

Schlafen & Essen

Die Soi 1 mit zahllosen Budget-Pensionen (Zi. ab 200 B) führt vom Strand landeinwärts. Ein paar gehobenere Bleiben säumen die Küste in Richtung Norden. Das **KT Guesthouse** (☎096 747 6711; 197/10 Th Long Had Bang Saen; Zi. ohne Frühstück 500–600 B; ❄📶) liegt in praktischer Nähe zu Strand und Barmeile. Seine modernen Zimmer haben teilweise Balkone. Das familiengeführte **Song Row Guesthouse** (☎038 193545; Soi 1, Bang Saen Sai 1; Zi. ohne/mit Bad 300/400 B) vermietet blitzsaubere Zimmer mit und ohne Bad (Klimaanlage und Warmwasser zzgl. 50 B). Es hat zwar kein englischsprachiges Schild, ist aber an den rot-weißen Kacheln in Rautenform zu erkennen.

Das **Summer's Corner** (☎090 970 6403; www.facebook.com/summerscorner193; 193/25 Th Long Had Bang Saen; Hauptgerichte 100–170 B; ⏲Do–Di 11–22 Uhr; ❄📶) tischt u. a. Zitronentorte und Waffeln auf. **Andy's Seafood** (Bang Saen Sai 1 nahe der Soi 1; Hauptgerichte 120–350 B; ⏲17–24 Uhr) serviert gedünsteten Zackenbarsch bei Blick auf Palmen, die sich in der Abendbrise wiegen. Die beliebten Bars bzw. Nachtclubs an der Th Long Had Bang Saen locken feierwütige Studentenscharen mit Freilufttischen und mörderisch lauter Livemusik.

An- & Weiterreise

Nahe der Hauptabzweigung nach Bang Saen starten Minivans und Busse auf beiden Seiten der Th Sukhumvit. Rote *sŏrng·tăa·ou* fahren von hier aus nach Si Racha (15 B, 20 Min., 5.30–21 Uhr), blaue *sŏrng·tăa·ou* (Linie 1) nach Ang Sila.

ZIEL	BUS	MINIVAN
Ost-Busbahnhof (Ekamai), Bangkok	86 B,1 Std., stündl.	
Nord-Busbahnhof (Mo Chit), Bangkok	99 B, 1½ Std., stündl.	120 B, 1½ Std., 5–20.30 Uhr stündl.
Suvarnabhumi International Airport, Bangkok	110 B, 1 Std., stündl.	
Victory Monument in Bangkok	110 B, 1½ Std., stündl.	
Ban Phe (nach Ko Samet)		190 B, 2 Std., 8–17 Uhr

Pattaya

เมืองพัทยา

038 / 300 000 EW.

Das multikulturelle Pattaya hat ein paar hervorragende Unterkünfte und Restaurants. Zudem säumen viele familienfreundliche Resorts die umliegende Küste. Die Stadt selbst ist jedoch kein Tropenparadies und gilt mit Hunderten von Bierkneipen, Go-Go-Bars und Massagesalons zu Recht als Sex-Metropole. Ansonsten steht Pattaya fast ganz im Zeichen des normalen Massentourismus: Zu zahllosen Sonnenanbetern gesellt sich hier ein hektischer und fast konstanter Strom von riesigen Tourgruppen. Vor Ort leben auch sehr viele ausländische Pensionäre.

Die Stadt erstreckt sich rund um den Rand der halbmondförmigen **Ao Pattaya**. In den 1960er-Jahren war diese weite Bucht eins von Thailands ersten Stranddomizilen, in denen US-Soldaten aus Vietnam ihren Fronturlaub verbrachten. Auf Süd-Pattaya (Pattaya Tai) konzentriert sich bis heute das örtliche Nachtleben, während Nord-Pattaya (Pattaya Neua) vergleichsweise vornehmer ist. Rund um die Stadt liegen die relativ ruhigen Strandorte **Jomtien** (südwärts) und **Naklua** (nordwärts). In Wong Amat gibt's ein paar Luxusresorts.

Sehenswertes & Aktivitäten

Ratten auf dem Strand und jede Menge ausgelaufenes Bootsbenzin machen Schwimmen im Stadtzentrum ungemein unappetitlich. Vergleichsweise besser badet es sich nordwärts in Naklua oder südwärts in Jomtien, wo sich auch der schwulenfreundliche Strand von Hat Dongtan befindet.

Rund 20 km südlich von Pattaya liegt Bang Sare mit guten Resorts an einem langen und schmalen Strand.

Die besten Strände im Umland findet man 35 km südlich von Pattaya auf der winzigen Insel Ko Samae San (dort gibt's auch prima Schnorchelspots) sowie im Bereich von Hat Nahng Ram, wo Thailands Marine die Aufsicht hat.

Sanctuary of Truth BUDDHISTISCHES DENKMAL

(ปราสาทสัจธรรม; 038 367229; www.sanctuaryoftruth.com; Soi Naklua 12; Erw./Kind 500/250 B; 8–18 Uhr) Das ganz aus Holz, aber ohne einen einzigen Nagel errichtete Heiligtum der Wahrheit, das zudem einen himmlischen Blick aufs Meer bietet, lässt sich am besten als visionären Lebensraum beschreiben, einer Mischung aus Kunstinstallation, religiösem Schrein und Kulturdenkmal. Die Architektur ist ebenso beeindruckend wie die Lage, denn die vier Flügel des Heiligtums sind jeweils der thailändischen, kambodschanischen (Khmer), chinesischen und indischen religiösen Bilderkunst gewidmet.

Das reich verzierte, tempelähnliche Bauwerk wurde vom thailändischen Millionär Lek Viriyaphant entworfen, der sein gesamtes Vermögen für dieses und andere historische Projekte wie etwa das Freilichtmuseum Ancient City bei Bangkok ausgibt, um die alten, traditionellen Bautechniken und Architekturen nicht nur vor dem Verschwinden zu bewahren, sondern sogar zu neuem Leben zu erwecken. In diesem Fall geht es darum, die alte Kunst der Holzbearbeitung ohne moderne Hilfsmittel zu pflegen. Kein Wunder, dass an dem Bauwerk seit 1981 gewerkelt wird und es immer noch nicht fertig ist.

Jeder Zentimeter des 105 m hohen Gebäudes ist mit Schnitzereien von hinduistischen und buddhistischen Gottheiten bedeckt – eine kunstvolle Verschmelzung der Jahrhunderte voller religiöser Mythen unter einem Dach vereint.

Eine Besichtigung ist nur im Rahmen von Führungen möglich, die alle 30 Minuten stattfinden. Außerdem werden um 11.30 und 15.30 Uhr thailändische Tänze vorgeführt. Das Heiligtum befindet sich etwa 3 km vom Zentrum entfernt am Ende der 1 km langen Soi 12, einer Seitenstraße der Th Naklua.

Anek Kusala Sala MUSEUM

(Viharn Sien; อเนกกุศลศาลา/วิหารเซียน; 038 235250; abseits der Th Sukhumvit; 50 B; 8–17.30 Uhr) Das bei Reisegruppen beliebte Museum zeigt über 300 eindrucksvolle chinesische Kunstwerke, vor allem Bronze- und Messingstatuen, die sowohl historische Persönlichkeiten als auch buddhistische, konfuzianische und taoistische Gottheiten darstellen. Gegründet wurde es von dem im China aufgewachsenen Thai Sanga Kulkobkiat zur Förderung der Freundschaft zwischen beiden Ländern.

Im 1. Stock drängen sich chinesische Unsterbliche, von Pangu, dem kosmischen Riesen, bis zu Guan Yin, der Göttin der Gnade. Auf der Terrasse im 2. Stock stehen die beeindruckendsten Stücke der Ausstellung: überlebensgroße Statuen von Shaolin-Mönchen in verschiedenen Kampfsporthaltungen. Nebenan befindet sich eine bewegende

Pattaya

Pattaya

Sehenswertes
1 Khao Phra Tamnak A4

Aktivitäten, Kurse & Touren
2 Fairtex Sports Club C1

Schlafen
3 Garden Lodge Hotel C1
4 Nonze Hostel B3

Essen
5 Leng Kee C3
6 Mantra C1
7 Thepprasit Market C5

Ausgehen & Nachtleben
8 Gulliver's C2

Praktisches
9 Tourist Information Kiosk B3

Transport
10 Bangkok Airways C1
11 Bell Travel Service D1
12 Busbahnhof D1
13 Minivans nach Bangkok D3
14 Royal Ferry Group A4

TAGESTRIP NACH KO LAN

Rund 7 km vor Pattaya liegt im offenen Meer das Inselchen **Ko Lan** (เกาะล้าน), das sich leicht per Tagestrip besuchen lässt. Am Wochenende bevölkern Tausende hier insgesamt fünf Strände und vergnügen sich auf azurblauem Wasser (z. B. mit Bananenbooten). In Pattaya legen Fähren zur Insel (30 B, 45 Min., 11-mal tgl.; letzte Rückfahrt 18 Uhr) vom Bali Hai Pier am Südende der Walking St ab. Manche davon steuern Ko Lans Hauptsiedlung an, andere den Tawaen Beach. Alternativ mietet man sich privat ein Schnellboot (ca. 2500 B) an der Beach Rd in Pattaya.

Sammlung von Figuren des Alltags (Wahrsager, Schneider, Verkäufer), auf die die Besucher 1-B-Münzen legen.

Um zu dem 16 km südlich des Zentrums von Pattaya gelegenen Museum zu gelangen, fährt man mit einem *sŏrng·tăa·ou* (25 B) Richtung Sattahip und steigt an der Abzweigung zum Wat Yangsangwaram aus. Von dort lässt man sich mit einem Motorradtaxi die letzten 5 km zum Museum fahren. Den Fahrer sollte man bitten, zu warten, damit man auf jeden Fall wieder zur Hauptstraße zurückkommt. Mit eigenem Fahrer kostet die Hin- und Rückfahrt zum Museum 1500 B.

Khao Phra Tamnak BUDDHISTISCHER TEMPEL
(เขาพระตำหนัก; ⌚4–22 Uhr) GRATIS Neben dem buddhistischen Tempel auf einem Hügel erhebt sich ein hoch verehrtes Denkmal für den Admiral, der einst Thailands moderne Marine gründete. Zudem gibt's hier eine kleine Caféterrasse mit Traumblick auf die Bucht von Pattaya. Dieser ist bei Sonnenuntergang besonders schön, was täglich viele Besucher anlockt. Ab dem Südende der Walking St ist der Tempel zu Fuß erreichbar.

Underwater World Pattaya AQUARIUM
(อันเดอร์วอเตอร์เวิลด์ พัทยา; ☎038 756879; www.underwaterworldpattaya.com; 22/22 Mu 11, Th Sukhumvit; Erw./Kind 500/300 B; ⌚9–18 Uhr; 👪) Das größte Aquarium der Region liegt ca. 4 km südlich von Pattaya an der Hauptstraße. Streichelbecken und Koi-Fütterungen machen es ausgesprochen kinderfreundlich. Hiesiges Highlight ist ein begehbarer Unterwassertunnel.

Ramayana Water Park WASSERPARK
(☎033 005929; www.ramayanawaterpark.com; Erw./Kind 1190/890 B; ⌚10–18 Uhr) Mit seinen vielen Becken und Rutschen bietet dieser Badepark super Spaß für die ganze Familie. Etwa 20 km südöstlich von Pattaya kann man hier auch Handtücher und abschließbare Spinde mieten. Auf der Website gibt's Pauschalangebote mit Shuttles.

Flight of the Gibbon SEILRUTSCHENPARK
(☎053 010 660; www.treetopasia.com; Touren ab 3600 B) Zwischen Pattaya und Bangkok führt dieser Seilrutschen-Parcours (3 km, 26 Plattformen) durch die Baumwipfel des Khao Kheow Open Zoo. Die ganztägigen Touren lassen sich um zusätzliche Aktivitäten erweitern (z. B. Zoobesuch, Meistern eines Hindernis-Parcours im Dschungel). Kinder ab einer Körpergröße von 100 cm dürfen allein die Seilrutsche benutzen; kleinere bzw. jüngere Kids können Tandemfahrten mit Erwachsenen unternehmen.

Schlafen

Für thailändische Verhältnisse sind Pattayas Unterkünfte ziemlich teuer. Bleiben im Bereich von Zentral- oder Süd-Pattaya sind meist etwas günstiger, liegen aber näher am lärmigen Nachtleben. Die bekannten Hotels konzentrieren sich auf Nord-Pattaya und Teile von Naklua. Budgetoptionen gibt's in Soi Bua Khao und Jomtien.

Jomtien Hostel HOSTEL $
(☎038 233416; www.jomtienhostel.com; Soi Sarita Hotel nahe der Soi 12, Hat Jomtien; B 300 B, Zi. 600–900 B; ❄@📶) Ein paar Kilometer südlich von Jomtiens Zentrum liegt dieses blitzsaubere und hervorragend geführte Hostel rund 300 m vom Strand entfernt. Die klimatisierten Schlafsäle mit guten Betten und Bettvorhängen werden durch Privatzimmer mit einem prima Preis-Leistungs-Verhältnis ergänzt. Rabatte gibt's in der Nachsaison.

Nonze Hostel HOSTEL $
(☎038 711112; www.nonzehostel.com; Th Hat Pattaya; EZ/2BZ 650/1400 B; ❄📶) Direkt am Meer lockt das Nonze mit Blick aufs Wasser und sehr schickem Innendesign im Industriestil. Die winzigen Zimmer sind quasi übereinander angeordnete Schlafkabinen – ziemlich interessant und schnuckelig, sofern man nicht an Platzangst leidet. Die Varianten mit zwei Betten sind vergleichsweise etwas geräumiger. Bei den Gemeinschaftsbädern gibt's nichts zu meckern.

Garden Lodge Hotel HOTEL $$
(☎038 429109; www.gardenlodgepattaya.net; Ecke Soi 20 & Th Naklua; Zi./Bungalow/Suite 1200/1700/3000 B; P❄📶≋) Das Garden Lodge am angenehmeren Ende von Pattaya ist eine gute Wahl für Familien und bei deutschen Urlaubern sehr beliebt. Rund um die altmodischen Zimmer erstreckt sich ein Landschaftsgarten mit einem großen Pool.

★ **Rabbit Resort** RESORT $$$
(☎038 251730; www.rabbitresort.com; Hat Dongtan, Jomtien; Zi. inkl. Frühstück 6800–9000 B; P❄@📶≋) Das Rabbit deklassiert Pattayas meiste andere Unterkünfte in puncto Qualität: Die separat stehenden und äußerst stilvollen Bungalows bzw. Villen prunken mit Design und Kunst à la Thailand. Die Obergeschosszimmer sind besonders hell und attraktiv. Auf dem ruhigen Strandgelände mit viel Grün gibt's auch zwei Pools (einer davon speziell für Familien). Der großartige Service trägt zum hervorragenden Preis-Leistungs-Verhältnis bei. Das Resort liegt zwischen Jomtien und Pattaya Tai.

Birds & Bees Resort RESORT $$$
(☎038 250556; www.cabbagesandcondoms.com; Soi 4, Th Phra Tamnak; Zi. 4500–11 000 B; P❄@📶≋) 🍃 Diese tropische Gartenanlage verfügt über zwei Pools und geräumige Quartiere. Sie unterstützt außerdem mit ihren Einnahmen die bemerkenswerte Arbeit der gemeinnützigen Hilfsorganisation PDA, die sich für die Entwicklung auf dem Land engagiert. Die günstigsten Zimmer im Birds & Bees Resort haben keine Fenster. Die Anlage selbst ist sehr attraktiv: An verschlungenen Fußwegen stehen Schilder mit skurrilen und nachdenklich stimmenden Kommentaren zur aktuellen Lage der Dinge. Gäste genießen direkten Strandzugang und schauen vom Restaurant aus unmittelbar auf den Sand.

Essen & Ausgehen

In ganz Thailand ist richtig schlechtes Essen eher die Ausnahme, nicht so aber in Pattaya – vor allem im überteuerten Nightlife-Viertel. Anderswo in der Stadt und im Umland gibt's aber durchaus ein paar hervorragende Restaurants, darunter z. B. das Bang Sare, dessen trendige Lokale mit thailändischer und internationaler Küche am Wochenende kräftig brummen.

Die zahlreichen Bars an der anrüchigen Walking St sind in erster Linie etwas für Leute, die einfach nur ausgelassen feiern wollen. Der noch grellere Rotlichtbezirk beginnt einen Block hinter dem Strand.

Leng Kee CHINESISCH $
(Th Pattaya Klang; Hauptgerichte 100–300 B; ⏲24 Std.) Entengerichte sind das Highlight des renommierten Leng Kee mit thailändisch-chinesischer Küche. Das Seafood des Lokals schmeckt aber auch super. Für seine hohe Qualität ist das Essen sehr günstig, Romantiker haben jedoch Pech: Hier bezahlt man weder fürs Ambiente noch fürs Dekor.

Thepprasit Market MARKT $
(Ecke Th Thepprasit & Th Sukhumvit; Snacks 30–80 B; ⏲Fr–So 16–22 Uhr) Neben allerlei Krimskrams und Unmengen von Klamotten gibt's auf dem gut besuchten Nachtmarkt am Wochenende auch eine große Auswahl an Smoothies, Nudelgerichten und Snacks.

Mum Aroi SEAFOOD, THAI $$
(☎038 223252; 83/4 Soi 4, Th Naklua; Hauptgerichte 150–420 B; ⏲11–23 Uhr) Das alteingesessene Restaurant am Wasser liegt genau dort, wo das ehemalige Fischerdorf von Naklua endet. Tatsächlich liegen noch ein paar alte Fischerboote verlassen vor der

PATTAYA – STADT DER AUSLÄNDER

In den 1960er-Jahren wurden die ersten US-Soldaten zwecks Fronturlaub von Vietnam nach Pattaya geschickt. Seitdem ist die Stadt ein Synonym für den Sextourismus. Sie hat aber auch eine weniger anrüchige Seite: Zahllose Auswanderer schätzen die hohe Lebensqualität, die recht niedrigen Lebenshaltungskosten und die vielen Annehmlichkeiten (darunter ein paar der besten Golfplätze Thailands).

So wohnen in Pattaya heute ca. 50 000 Ausländer – z. B. zahlreiche Russen und Briten, die hier teilweise auch Geschäfte eröffnet haben. Eine arabische Gemeinde floriert rund um die Soi 16 am Südende der Walking St, während Naklua vor allem bei Deutschen beliebt ist. Bei den kulinarischen Spezialitäten aus aller Welt reicht das lokale Angebot von Kaffee aus Südafrika bis hin zu französischem Käse. Die örtliche Zahl an Ausländern erhöht sich jedes Jahr noch um die Scharen von Langzeittouristen (Tendenz steigend).

Küste. Eine frische Brise umweht die Gäste, die sich gierig über das fantastische Thai-Essen hermachen. Unbedingt probieren sollte man *sôm·đam poo* (würziger Papaya-Salat mit Krebsfleisch) und *plah mèuk nêung ma-now* (in Limettensaft gedünsteter Tintenfisch).

Sketch Book Art Cafe INTERNATIONAL, THAI **$$**
(☎038 251625; 478/938 Mu 12, Th Tha Phraya; Hauptgerichte 120–300 B; ⏰8.30–21 Uhr) Das großartige Café mit Künstlertouch und vielen Pflanzen bietet willkommene Erholung vom üblichen Pattaya-Vibe: Es liegt in einem großen Garten und wird innen von selbstgemalten Bildern des Inhabers geziert. Zu den frischen Thai-Gerichten auf der ellenlangen Karte gibt's leckere Smoothies. Wer selbst kreativ den Pinsel schwingen will, kann hier auch alles Nötige dafür kaufen.

Glass House THAI **$$**
(☎081 266 6110; www.glasshouse-pattaya.com; Soi Najomtien 10, Hat Jomtien; Hauptgerichte 170–380 B; ⏰11–24 Uhr; 📶) Die Gäste des komplett weißen Strandlokals mit romantischer Atmosphäre vergraben ihre Zehen im warmen Sand, während die Kellner z. B. Seafood, Pizza und Steak servieren. Die Qualität der thailändischen Gerichte ist besonders hoch. Das Lokal liegt rund 9 km südlich von Pattayas Zentrum entfernt.

★ **Mantra** THAI, INTERNATIONAL **$$$**
(☎038 429591; www.mantra-pattaya.com; Th Hat Pattaya; Hauptgerichte 350–1100 B; ⏰tgl. 17–1, So auch 11–15 Uhr; 📶) Das Mantra gehört zu Pattayas besten Restaurants. Selbst wenn man sich nur einen der noblen Cocktails (ab 180 B) leisten kann, lohnt sich ein Besuch: Gebäude und Einrichtung sind sehr mondän. Am attraktivsten ist das Obergeschoss, wo sich gemütliche Separees und Tische mit Blick auf das Treiben im Lokal befinden. Auf der Speisekarte steht Kulinarisches aus aller Welt, aber die appetitlich angerichteten Thai-Gerichte sind geradezu sensationell.

Gulliver's BAR
(www.gulliverbangkok.com; Th Hat Pattaya; ⏰15–2 Uhr; 📶) Die recht pompöse Fassade im Neo-Kolonialstil und die kleine US-Freiheitsstatue täuschen: Das Gulliver's ist eine recht gewöhnliche Sportsbar am Strand. Für den Laden sprechen jedoch das anständige Bier, der gute Service, die Klimaanlage und die Abwesenheit von Bardamen.

ℹ Praktische Informationen

EINREISE

Einreisebüro (☎038 252750; www.immigration.go.th; Soi 5, Hat Jomtien; ⏰Mo–Fr 8.30–12 & 13–16.30 Uhr)

GEFAHREN & ÄRGERNISSE

➡ Das größte Problem in Pattaya ist der Alkohol, der immer wieder zu Verkehrsunfällen und Schlägereien führt.

➡ Man sollte immer alle Wertsachen im Zimmersafe des Hotels lassen!

➡ Auch sollte man keine Jet-Skis mieten, da es immer wieder zu vorgetäuschten „Beschädigungen" kommt.

GELD

Banken und Geldautomaten gibt's überall.

MEDIZINISCHE VERSORGUNG

Das **Bangkok Pattaya Hospital** (☎038 259999; www.bangkokpattayahospital.com; 301 Mu 6, Th Sukhumvit, Naklua; ⏰24 Std.) bietet erstklassige medizinische Versorgung.

NOTFALL

Die Touristenpolizei hat ihre **Zentrale** (☎Notruf 1155; tourist@police.go.th) neben dem Büro von Tourism Authority of Thailand an der Th Phra Tamnak. Sie betreibt auch Posten an den Stränden von **Pattaya** und Jomtien.

TOURISTENINFORMATION

Tourism Authority of Thailand (TAT; ☎038 428750; www.tourismthailand.org; 609 Th Phra Tamnak; ⏰8.30–16.30 Uhr) Das hilfsbereite Personal des Büros an der nordwestlichen Ecke des Parks Rama IX hält Broschüren und Stadtpläne bereit.

Tourist Information Kiosk (⏰8–18 Uhr)

INFOS IM INTERNET

Pattaya Mail (www.pattayamail.com) Eine von Pattayas englischsprachigen Wochenzeitungen.

Pattaya One (www.pattayaone.news) Interessante Einblicke in die dunkleren Seiten der Stadt.

ℹ An- & Weiterreise

BUS & MINIVAN

Der **zentrale Busbahnhof** befindet sich in der Th Pattaya Neua und bietet Verbindung nach Bangkok sowie mit **Bell Travel Service** (☎084 427 4608; www.belltravelservice.com; Th Pattaya Neua) auch zum dortigen Suvarnabhumi Airport (250 B, 1½–2 Std., 7-mal tgl.). Bei rechtzeitiger Reservierung holt einen Bell Travel vom Hotel ab. Ebenfalls zum Suvarnabhumi Airport fahren die vergleichsweise deutlich günstigeren Busse von **Roong Reuang Coaches** (120 B; www.airportpattayabus.com), die in Jomtien nahe der Ecke mit der Th Thep Prasit an der Th Tha Phraya starten.

Ab der Ecke Th Sukhumvit und Pattaya Klang rollen **Minivans** nordwärts nach Bangkok. Minivans zur kambodschanischen Grenze brechen an der Ecke Th Sukhumvit und Th Pattaya Tai auf. Reisebüros im Stadtzentrum arrangieren Minivantrips nach Ko Chang (550 B), Ko Mak (750 B) und Ko Kut (800B).

FLUGZEUG

Pattayas Flughafen heißt **U-Tapao** (UTP; ☎ 038245595; www.utapao.com) und liegt 33 km südlich der Stadt. Taxifahrern sollte man unbedingt klar mitteilen, dass dieser Flughafen gemeint ist – andernfalls gehen die Chauffeure eventuell automatisch von Bangkok als Ziel aus!

Bangkok Airways (☎ 038 412382; www.bangkokair.com; Fairtex Arcade, Th Pattaya Neua), **Air Asia** (www.airasia.com) und **Kan Airlines** (www.kanairlines.com) verbinden Pattaya täglich mit Zielen in ganz Thailand.

Air Asia und ein paar andere Fluglinien bieten zudem Auslandsflüge an.

Hinzu kommen regelmäßige Charterflüge.

SCHIFF/FÄHRE

Bei unserem Besuch hatte die **Royal Ferry Group** (☎ 038 488999; www.royalferrygroup.com) gerade erst einen Schnellkatamaran-Service zwischen Pattaya und Hua Hin (Standard/Business Class 1250/1550 B; zum Recherchezeitpunkt 1-mal tgl., zukünftig häufiger) eingerichtet. Trotz Problemen bei rauer See und der recht hohen Preise wird diese neue Verbindung über den Golf von Thailand offenbar gut angenommen: Sie reduziert die bisherige Reisezeit um 50 %.

Zum Recherchezeitpunkt hatte dieselbe Betreibergesellschaft auch einen Service zwischen Ko Chang und Sattahip (30 km südlich von Pattaya) in Aussicht gestellt. Bis zum Betriebsstart wird's aber wohl noch recht lange dauern.

ZUG

Der **Bahnhof von Pattaya** (☎ 038 429285) liegt im Osten der Stadt, in der Nähe der Th Sukhumvit.

ℹ Unterwegs vor Ort

Die in Pattaya als „Baht-Busse" bezeichneten *sŏrng·tăa·ou* fahren entlang der Hauptstraßen. Einfach einsteigen und beim Aussteigen 10 B bezahlen! Wer die ganze Strecke von Naklua (oder in umgekehrter Richtung) fahren möchte, muss eventuell am **Delfin-Kreisverkehr** (Th Naklua & Th Pattaya Neua) in Pattaya Neua umsteigen. Am Kreisverkehr verkehren außerdem Baht-Busse zum Busbahnhof. Wer noch weiter fahren möchte, kann einen ganzen Baht-Bus chartern, sollte aber den Preis unbedingt im Voraus aushandeln. Motorräder werden für 200 B am Tag vermietet.

Rayong & Ban Phe

ระยอง/บ้านเพ

☎ 038 / 70 000 EW.

Auf dem Weg nach Ko Samet kommt man höchstwahrscheinlich durch diese beiden Städte. Im großen und weitläufigen Rayong starten regelmäßig Busse zu allen möglichen Zielen. Rund 18 km weiter östlich liegt der kleine Hafenort Ban Phe mit einem recht schönen Strand und Fährverbindungen

VERKEHRSMITTEL AB/NACH PATTAYA

ZIEL	BUS	MINIVAN	ZUG
Aranya Prathet (nach Kambodscha)		260 B, 5 Std., 4–18 Uhr stündl.	
Ost-Busbahnhof (Ekamai), Bangkok	108 B, 2 Std., 4.30–23 Uhr alle 30 Min.	130 B, 2 Std., regelm.	
Bahnhof Hualamphong, Bangkok			ab 31 B, 4 Std., Mo–Fr 1-mal tgl.
Nord-Busbahnhof (Mo Chit), Bangkok	117 B, 2½ Std., 4.30–21 Uhr alle 40 Min.	150 B, 2½ Std., regelm.	
Süd-Busbahnhof, Bangkok	119 B, 3 Std., 6–18.30 Uhr alle 2 Std.	150 B, 2½ Std., stündl.	
Hua Hin	389 B, 6 Std., 1-mal tgl.		
Ko Samet		160 B, 1 Std., stündl.	
Rayong		100 B, 1½ Std., regelm.	
Si Racha		40 B, 50 Min., regelm.	ab 5 B, 30 Min., Mo–Fr 1-mal tgl.

nach Ko Samet. Zwischen den zwei Städten pendeln blaue *sŏrng·tăa·ou* (25 B, 45 Min., alle 15 Min.). Bei genügend Zeit empfiehlt sich in Rayong ein Bummel durch die malerische Altstadt südlich der Hauptstraße.

Schlafen & Essen

Rayongs zahlreiche Unterkünfte befinden sich größtenteils außerhalb vom Zentrum. In Ban Phe gibt's neben vielen Pensionen – hautsächlich sind es Budget-Bleiben – auch eine Uferstraße mit verschiedenen Lokalen. Darunter ist auch das eindrucksvolle Resort-Restaurant **Tamnanpar** (☎038 652884; www.tamnanpar-rayong.com; 167/6 Mu 7; Hauptgerichte 150–300 B; ⏲10–22 Uhr; 📶) im Stil eines Regenwalds.

La Paillote PENSION $$
(☎038 651625; www.lapaillotebanphe.com; Ban Phe; Zi. 700–900 B; ❄📶) Von dieser anständigen Budgetoption in Ban Phe ist es nicht weit bis zum Strand und zum Fährhafen. Unter den einfachen, aber komfortablen und gut ausgestatteten Zimmern sind auch gute Optionen für Familien. Weitere Pluspunkte sind das freundliche Personal und das hauseigene Freiluftrestaurant mit Bar.

Rayong President Hotel HOTEL $$
(☎038 622771; www.rayongpresidenthotel.com; Soi Klongkhud abseits der Th Sukhumvit, Rayong; Zi. 700–850 B; P❄📶) Rayongs andere Bleiben sind größtenteils besser als diese, liegen aber alle ein gutes Stück außerhalb vom Zentrum. Zudem gehört das Rayong President zu den wenigen örtlichen Optionen in Laufentfernung zum zentralen Busbahnhof. Die ansatzweise renovierten Zimmer haben ein akzeptables Preis-Leistungs-Verhältnis und sind bei Verzicht auf Frühstück günstiger.

Anreise & Unterwegs vor Ort

Rayong hat einen **zentralen Busbahnhof** (Nr. 1) und einen **neuen Busbahnhof** (Nr. 2). Letzterer liegt 7 km nordwestlich vom Zentrum und wickelt nun alle Fernverbindungen ab. *Sŏrng·tăa·ou* pendeln ständig zwischen den beiden Terminals (15 B, 20 Min.).

Ab Busbahnhof 2 fahren Minivans zum östlichen (Ekamai) und nördlichen Busbahnhof (Mo Chit) in Bangkok (jeweils 160 B, 3½ Std., 4.40–20 Uhr stündl.). Unterwegs kann man sich am letzten AirportLink-Bahnhof vor dem Suvarnabhumi Airport absetzen lassen. Weitere Minivans rollen nach Pattaya (100 B, 1½ Std., regelm.), Chanthaburi (120 B, 2 Std., regelm.) und Trat (200 B, 3 Std., regelm.).

Von Ban Phe aus schippern normale Boote und Schnellboote regelmäßig nach Ko Samet. Gegenüber vom örtlichen Nuanthip-Pier besteht eine Busverbindung zu/ab dem östlichen Busbahnhof in Bangkok (Ekamai; 166 B, 4 Std., 7–18 Uhr alle 2 Std.).

In Ban Phe brechen Minivans zudem nach Laem Ngop auf. Dort starten neben Booten nach Ko Chang (250 B, 3 Std., 3-mal tgl.) auch überteuerte Busse nach Pattaya (200 B, 2 Std., stündl.) und zum Siegesdenkmal in Bangkok (200 B, 4 Std., alle 40 Min.).

Sŏrng·tăa·ou rollen vom Busbahnhof 1 in Rayong nach Ban Phe (25 B, 30 Min.) und fahren dort in die Gegenrichtung vor den Hauptpiers ab.

Ko Samet เกาะเสม็ด

Das ehemalige Backpacker-Paradies zieht heute ein wesentlich vielfältigeres Publikum an. Jedes Wochenende stürmen Scharen von Ausflüglern aus Bangkok die feinen Sandstrände und kleinen Buchten mit azurblauem Wasser, um abzufeiern. Derweil sind viele Hotels, Resorts und der Hauptstrand fest in der Hand von Pauschaltouristen aus aller Welt. Während es an den Stränden im Norden jeden Abend Feuershows und Grillpartys gibt, ist der südliche Teil der Insel noch recht ruhig und abgeschieden.

Doch trotz dieser Beliebtheit und der unmittelbaren Nähe zu Bangkok ist Ko Samet überraschend wenig erschlossen. Das Inselinnere ist noch immer von dichtem Dschungel bedeckt, der bis an die niedrigen Hotels heranreicht.

Sehenswertes & Aktivitäten

Manche Inseln stehen für Strand-Hopping, während man auf Ko Samet grandiose Buchten entlang eines Küstenpfads abklappert. Dieser passiert auch felsige Landzungen und Wälder voller zirpender Zikaden. Gen Süden werden die Buchten stückweise menschenleerer.

Unter den angebotenen Aktivitäten vor Ort sind Kajakfahren, Parasailing, Tauchen, Schnorcheln, Stehpaddeln und Angeln (u.a. Tintenfische). **Seaddict** (☎085 397 2716; www.facebook.com/s3addict; Ao Hin Khok) an der Hauptstraße verleiht Stehpaddelbretter, Skimboards und Ausrüstung fürs Windsurfen. Zudem werden dort Kurse angeboten.

Geführte Touren

Zusammen mit neun anderen Inseln gehört Ko Samet zum **Khao Laem Ya/Mu Ko Sa-**

met National Park (อุทยานแห่งชาติเขาแหลมหญ้า-หมู่เกาะเสม็ด; ☎038 653034; www.dnp.go.th; Erw./Kind 200/100 B). Obwohl auch diese Inseln touristisch ein wenig erschlossen sind, kommen die meisten Besucher nur für einen Tag. **Ko Kudee** bietet einen hübschen kleinen Sandstrand, klares Wasser zum Schnorcheln und einen netten Wanderweg. Auf Ko Man Nai befindet sich mit dem **Rayong Turtle Conservation Centre** ein geschützter Brutplatz für die vom Aussterben bedrohten Meeresschildkröten, über die die kleine Touristeninformation ausführlich informiert. Die Veranstalter der Bootsfahrten, die direkt an den Stränden zu finden sind, haben diverse Touren im Angebot (ab 500 B/Pers.).

Schlafen

Eine Warnung für Frühaufsteher: Hat Sai Kaew, Ao Hin Khok, Ao Phai und Ao Wong Deuan sind die beliebtesten Strände, an denen Nacht für Nacht lautstarke Partys gefeiert werden.

Hat Sai Kaew & Na Dan

Nahe dem Fähranleger im Nordosten erstreckt sich der breiteste, schmutzigste und belebteste Strand der Insel: der teils total überfüllte Hat Sai Kaew (หาดทรายแก้ว; Stadtstrand), an dem auch abends viel los ist.

Mossman House PENSION $

(☎038 644017; Zi. 1200–1500 B; ❄📶) Diese anständige Pension liegt kurz vor dem Ticketbüro des Nationalparks an der Hauptstraße. Auf dem grünen Gelände säumen große und komfortable Zimmer eine gemeinsam genutzte Veranda. Ruhebedürftige wählen ein hinten befindliches Quartier: Die Bar gegenüber vom Vordereingang hat sehr lange geöffnet. In der Nachsaison sinken die Zimmerpreise auf ca. 800 B.

Baan Minnie PENSION, APARTMENTS $$

(☎086 691 9662; www.facebook.com/baanminnie; Silver Park Ave, Na Dan; DZ 1200–1700 B; P❄📶) Hinter der Hauptstraße von Ko Samets Hauptdorf erstreckt sich diese Reihe von Terrassenhäusern mit verschiedenen Unterkünften, darunter sind z. B. gepflegte „Houses" (Apartments; teilweise zwei in einem Gebäude) mit Platz für sechs Personen. Alle Quartiere haben feste, bequeme Matratzen und schickes Dekor der modernen Art. Hier geht's ziemlich zwanglos zu: Die Gäste sind auf sich allein gestellt.

Ao Hin Khok & Ao Phai อ่าวหินโคก/อ่าวไผ่

Diese beiden tollen Buchten zwischen Felszungen sind ruhiger als der Hat Sai Kaew. Sie werden von einem vergleichsweise jüngeren Publikum besucht und sind die traditionellen Backpacker-Partyzentren der Insel.

Silver Sand RESORT $$

(☎038 644300; www.silversandsamed.com; Ao Phai; Zi. inkl. Frühstück 2500–2800 B; P❄@📶) Das ständig wachsende Silver Sand ist momentan noch ein Miniresort mit Läden, einem Restaurant und einer belebten LGBT-Bar. Die Atmosphäre wirkt aber etwas unpersönlich. Dafür entschädigen die anständigen Zimmer in super Strandlage.

Samed Pavilion Resort RESORT $$$

(☎038 644420; www.samedpavilionresort.com; Ao Phai; DZ inkl. Frühstück 3500–5500 B; P❄@📶🏊) Am Rand eines geselligen Poolbereichs verteilen sich die eleganten und geräumigen Unterkünfte des feschen Resorts auf zwei Stockwerke. Dank vieler spezieller Familienzimmer, der Lage abseits der Straße und dem Strandzugang ist dies eine gute Option für Familien. Bei Onlinebuchung sind die Preise am niedrigsten; in der Nachsaison gibt's aber oft direkt reservierbare Sonderangebote. Unter der Woche bezahlt man generell deutlich weniger für die Zimmer.

Ao Phutsa & Ao Nuan

Südlich der Ao Hin Khok und Ao Phai schafft die reizende, sandige Ao Phutsa (อ่าวพุทรา) den Spagat zwischen recht guter Erreichbarkeit und erträglichen Besucherzahlen.

★ **Ao Nuan Bungalows** BUNGALOWS $$

(☎081 781 4875; Ao Nuan; Bungalow mit Ventilator 800–1200 B, mit Klimaanlage 1500–3000 B; ❄📶) Am Ende einer unbefestigten Piste versteckt sich diese Anlage abseits der Hauptstraße an Samets einziger verbliebener „Boheme-Bucht". Der Dschungelhang mit den reizenden Holzbungalows erstreckt sich bis hinunter zum Meer. Die Zimmerauswahl reicht von einfachen Varianten mit Ventilatoren und Kaltwasser in Gemeinschaftsbädern bis hin zu klimatisierten Romantik-Refugien mit eleganten Terrassenmöbeln. Auf dem Gelände gibt's auch eine Bar und ein schlichtes Restaurant. Wer mehr Action braucht, findet diese ein paar Gehminuten entfernt am Tubtim Beach.

Ko Samet

0
1 km
A
B
C
D
1
2
3
4
5
6
7
Ban Phe (7 km)
Laem Noi Na
Laem Phra
Ao Wiang Wan
Ao Noi
Ao Kham
Sŏrng·tăa·ou-Haltestelle
Ao Noi Na
Ao Klang
Na Dan Pier
34
Na Dan
Khao Laem Ya/ Mu Ko Samet National Park
8
s. Detailplan
31
15
3
Ao Prao
33
Laem Yai
Ao Hin Khok
Ao Hin Khok
Ao Phai
Ao Phai
2
23
Ao Phutsa (Ao Tub Tim)
10
Laem Rua Taek
Ao Nuan
Ao Cho
National-parkbüro
13
6
14
Ao Wong Deuan
Golf von Thailand
4
Ao Thian
24
22
Ao Lung Dam
11
Golf von Thailand
20
5
Ao Wai
Ao Kiu Na Nai
18
Ao Kiu Na Nok
17
Laem Khut
Ao Karang
0
200 m
12
Ko Samet Health Centre
29
25
16
30
Hauptbüro der Parkverwaltung
Taxi-Halt
27
28
7
19
9
26
32
1
21
Ao Hin Khok

Ko Samet

Sehenswertes
1 Ao Hin Khok & Ao Phai C7
2 Ao Phutsa C3
3 Ao Prao B2
4 Ao Thian B4
5 Ao Wai B5
6 Ao Wong Deuan B4
7 Hat Sai Kaew D7
8 Khao Laem Ya/Mu Ko Samet National Park B2

Aktivitäten, Kurse & Touren
9 Seaddict C7

Schlafen
10 Ao Nuan Bungalows B3
11 Apaché B5
12 Baan Minnie D6
13 Blue Sky B4
14 La Lune Beach Resort B4
15 Lima Coco Resort B2
16 Mossman House D6
17 Nimmanoradee Resort A7
18 Paradee Resort A6
19 Samed Pavilion Resort C7
20 Samet Ville Resort B5
21 Silver Sand C7
22 Ton Had Bungalow B5
23 Tubtim Resort C3
24 Viking Holidays Resort B4

Essen
25 Banana Bar D6
26 Jep's Restaurant C7
27 Kitt & Food D7
28 Ploy Talay D7
29 Red Ginger D6

Ausgehen & Nachtleben
30 Audi Bar D6
31 Breeze B2
32 Naga Bar C7
33 Talay Bar D2

Praktisches
34 International Clinic Ko Samet C2

Tubtim Resort RESORT $$
(☎ 038 644025; www.tubtimresort.com; Ao Phutsa/Ao Tub Tim; Zi. mit Ventilator 700–1400 B, mit Klimaanlage 2200–3700 B, jeweils inkl. Frühstück; P ❄ 📶) In Strandnähe vermietet das gut geführte Tubtim anständige und geräumige Bungalows mit verschiedenen Standards. Verwirrenderweise stehen die besten Varianten in der „N-Zone“: Von Bett, Schreibtisch und Terrasse aus genießt man dort einen tollen Direktblick auf den Sand. Die Unterkünfte der „A-Zone“ sind älter und liegen vergleichsweise etwas weiter hinten, bieten aber dennoch Meerblick bei akzeptabler Attraktivität. Das Resort veranstaltet jeden Abend eine großartige Grillparty.

Ao Wong Deuan & Ao Thian อ่าววงเดือน/อ่าวเทียน

Der Ao Wong Deuan („Halbmondbucht“) ist Samets zweitbeliebtester Strand. Hier gibt's diverse Resorts und ein paar günstigere Pensionen. Eine sanfte Neigung und flaches Wasser machen den breiten Sandbogen prima für Kinder. Der Ao Thian (Candlelight Beach) gehört zu den entspanntesten Stränden der Insel: Im Schutz großer Felsbrocken warten an diesem „Strand des Kerzenlichts“ allerlei lauschige und sandige Plätze.

Apaché BUNGALOWS $
(☎ 081 452 9472; Ao Thian; Zi. 800–1500 B; ❄ 📶) Das ultra entspannte Apaché liegt am Südende einer ruhigen Straße. Vielerlei schräge Deko-Elemente und fröhlich-wilde Farben verleihen der Anlage einen gewissen Charakter. Die einfachen Bungalows haben ein akzeptables Preis-Leistungs-Verhältnis. Das Hausrestaurant auf Stelzen ist ebenfalls empfehlenswert.

Blue Sky BUNGALOWS $
(☎ 089 936 0842; Ao Wong Deuan; Zi. 800–1200 B; ❄ 📶) Das Blue Sky zählt zu den wenigen Budget-Bleiben am Ao Wong Deuan. An dessen Nordende stehen verwitterte Bungalows auf einer Felszunge. Die freundlichen Inhaber akzeptieren Vorausbuchungen etwas ungern, daher muss man eventuell persönlich vorbeikommen und reservieren.

★ **Viking Holidays Resort** BUNGALOWS $$
(☎ 038 644354; www.vikingholidaysresort.com; Ao Thian; Zi. inkl. Frühstück 1500–1800 B; P ❄ 📶 🐾) An diesem ruhigen Strandabschnitt liegen mehrere Bungalow-Anlagen mit lässiger Atmosphäre. Eine davon ist das gut geführte Viking mit Teppichböden und dekorativen Muschelketten in hübschen, kompakten Zimmern. Das ausgesprochen freundliche und hilfsbereite Personal spricht gut Englisch. Im Gegensatz zu vielen anderen Optionen auf Ko Samet kann man hier online buchen und den Standort seines Bungalows selbst wählen.

Ton Had Bungalows BUNGALOWS $$
(☎ 081 435 8900; Ao Thian; Zi. inkl. Frühstück 1200–1800 B) Die reizende Anlage am Ao Thian wird von einer Familie geführt. Die einfachen Bungalows sind mit Muschelscha-

EINTRITTSGEBÜHR FÜR DEN STRAND

Als Teil des Khao Laem Ya/Mu Ko Samet National Park (S. 486) steht Ko Samet unter Naturschutz. So müssen alle Besucher bei der Ankunft eine Eintrittsgebühr (Erw./Kind 200/100 B) entrichten. Wer nachweisen kann, dass er in Thailand lebt und arbeitet, berappt aber nur den „Einheimischenpreis" (40 B). Bezahlt wird beim **Hauptbüro der Parkverwaltung** (www.dnp.go.th; Hat Sai Kaew; 8.30–20 Uhr); alle *sŏrng·tăa·ou* ab dem Fähranleger halten automatisch am Tor. Das Ticket sollte man für spätere Kontrollen unbedingt gut aufbewahren! Bei Ankunft per Schnellboot kann man die Gebühr auch beim zweiten **Parkbüro** (8.30–16.30 Uhr) am Ao Wong Deaun oder bei allen örtlichen Rangern bezahlen. Anlegen am Pier von Na Dan kostet 20 B extra.

len dekoriert und versprechen dank Ventilator oder Klimaanlage einen erholsamen Schlaf. Das Gelände liegt an einem kurzen Felsufer zwischen zwei Stränden. So genießt man hier eine super Aussicht, läuft aber beinahe zwei Minuten bis zum Sand – fast schon unzumutbar.

La Lune Beach Resort HOTEL $$$
(Koh Samet 089 892 9690, Reservierung in Bangkok 02 260 3592; www.lalunebeachresort.com; Ao Wong Deuan; Zi. inkl. 3000–4500 B; P) Das La Lune steht für Samets neue Seite: Stilvolle Nobelresorts dieser Art werden hier immer häufiger. Die 40 Zimmer in sanften Farbtönen (grünlich, grau, weiß) haben künstlich gealterte Holzfußböden. Rund um einen zentralen Pool verteilen sie sich auf die drei Stockwerke eines U-förmigen und zum Strand hin offenen Komplexes. Die drei Zimmerkategorien unterscheiden sich nur in puncto Aussicht, die aber jeweils nicht großartig variiert.

Ao Wai อ่าวหวาย

Der zauberhafte Ao Wai wirkt sehr abgeschieden, obwohl er nur 1,5 km vom Ao Thian entfernt liegt.

Samet Ville Resort RESORT $$
(038 651682; www.sametvilleresort.com; Zi. Standard inkl. Frühstück mit Ventilator/Klimaanlage 1400/2000 B, Superior 2300–5000 B; P) Das 4,5 ha große Samet Ville säumt gleich zwei Buchten (Ao Wai und Ao Hin Kleang). Sein grünes Gelände verspricht Ruhe und Erholung in Abgeschiedenheit. Die Zimmer mit verschiedenen Standards liegen alle nur ein paar Schritte vom tollen Strand entfernt, allerdings hätten sie bei diesen Preisen dringend eine Renovierung nötig. Zudem wirkt das Management desinteressiert.

Ao Prao อ่าวพร้าว

Die Ao Prao (Kokosnussbucht) an Samets Westküste hat einen der schönsten Inselstrände. Sie wirkt recht abgeschieden, wird aber von drei Spitzenklasseresorts gesäumt – auf diese Weise ist hier immer einiges los.

Lima Coco Resort RESORT $$$
(Bangkok 02 129 1140; www.limaresort.co.th; Zi. inkl. Frühstück 3000–8900 B;) An der Ao Prao liegen drei noble Resorts. Das günstigste davon ist das Lima Coco in der Mitte. Über einen Hang hinter dem Strand verteilen sich hier kompakte Zimmer mit weißem Putz und verschiedenen Standards. Für den leicht heruntergekommenen Eindruck entschädigen das engagierte Personal und die Extras (z. B. Massagen am Strand).

Ao Pakarang & Ao Kiu

Auf der südlichsten Inselspitze dominieren Exklusivität und Diskretion.

Paradee Resort RESORT $$$
(038 644283; www.samedresorts.com/paradee; Ao Kiu; Zi. inkl. Frühstück 25 000–35 000 B; P) Das elegante Resort nahe der südlichen Inselspitze (Westseite) gehört auf Samet zu den exklusivsten und luxuriösesten seiner Art. Die hier gebotene Privatsphäre ist vom Feinsten: Die mit Stroh gedeckten Villen haben meist eigene Whirlpools und sind diskret abgeschirmt. Der schöne Strand davor ist praktisch privat. Die Barterrasse auf der anderen Straßenseite punktet mit einem hervorragenden Blick auf den Sonnenuntergang über dem Meer.

Nimmanoradee Resort RESORT $$$
(038 644271; www.nimmanoradee.com; Ao Pakarang; Zi. inkl. Frühstück 3000-5800 B; P) Das südlichste Resort der Insel paart Idylle mit viel Platz, freundlichem Personal, guten Bademöglichkeiten, einer hübschen kleinen Landzunge und achteckigen Bungalows in fröhlichen Farben. Gäste können Kajaks und Schnorchelausrüstung für Erkundun-

gen ausleihen. Das sehr nette Freiluftrestaurant serviert ausgezeichnetes Essen zu fairen Preisen.

Essen

Restaurants und Bars säumen die Inselstrände. Die Hausrestaurants vieler Hotels und Pensionen veranstalten abends Grillpartys am Strand. Und an der Hauptstraße in Na Dan gibt's viele Billiglokale mit thailändischer Küche.

Banana Bar THAI $

(☎ 038 644033; Na Dan; Hauptgerichte 80–150 B; ⏲ 11–22.30 Uhr) Das Banana Bar an der Hauptstraße wirkt gleichsam heruntergekommen und seltsam attraktiv. Es wird von einer energischen Matrone geleitet, versprüht aber relaxte Zwanglosigkeit. Zudem empfiehlt sich der Laden für seine rundum köstliche Thai-Küche zu erschwinglichen Preisen. In recht kleinen Portionen kommen hier z. B. Currys, Salate und Gerichte à la Isan auf den Tisch.

Jep's Restaurant INTERNATIONAL $

(☎ 038 644 112; www.jepsbungalows.com; Ao Hin Khok; Hauptgerichte 70–200 B; ⏲ 7–23 Uhr; ✎) An den Ästen eines großen Baums baumeln Hängelichter über diesem hübschen Strandrestaurant. Auf der langen internationalen Speisekarte stehen auch ein paar thailändische Gerichte. Unbedingt Platz für den Nachtisch lassen!

Red Ginger INTERNATIONAL, THAI $$

(☎ 084 383 4917; www.redgingersamed.com; Na Dan; Hauptgerichte 120–565 B; ⏲ 11–22 Uhr; 📶✎) Das stimmungsvolle Lokal an der Hauptstraße wirkt wie das Wohnzimmer der thailändisch-kanadischen Betreiberfamilie: Im fröhlich-zwanglosen Ambiente mit allerlei Kuriositäten plauschen Gäste hier bei Drinks mit dem sympathischen Inhaber. Ein paar internationale Optionen ergänzen die authentischen und aromatischen Thai-Gerichte auf der kurzen, aber guten Karte. Das Highlight sind die im Ofen gegarten Rippchen mit Barbecue-Sauce.

Kitt & Food SEAFOOD, THAI $$

(☎ 038 644087; Hat Sai Kaew; Hauptgerichte 120–400 B; ⏲ 11–22.30 Uhr) Das Kitt & Food ist besser als die meisten anderen Strandrestaurants der Insel, und besonders Romantiker werden das Lokal mögen: Die Tische werden hier fast von den Wellen umschwappt. Am besten studiert man die ellenlange Karte gar nicht erst großartig, sondern konzentriert sich gleich auf das Seafood (die Meeresfrüchte sind die Spezialität des Hauses). Gäste können hier zwischen verschiedenen Arten von frischen Fisch (meist aus Zucht) wählen und auch die Zubereitungsweise selbst bestimmen. Tipp: Das optionale Backen im Salzmantel dauert zwar eine Weile, der Fisch schmeckt dann aber äußerst köstlich!

Ploy Talay SEAFOOD, THAI $$

(☎ 038 644212; Hat Sai Kaew; Hauptgerichte 110–400 B; ⏲ 11–23 Uhr; 📶) Am Hat Sai Kaew gibt's mehrere mittelmäßige Strandrestaurants. Das betriebsamste davon ist das Ploy Talay, dessen optisch und olfaktorisch eindrucksvolle Feuershow (tgl. 20.30 Uhr) stets viele Besucher anlockt. Das Spektakel lässt sich auch vom Strand aus beobachten, wird hier aber bevorzugt bei Seafood in ruhiger Atmosphäre (für die das Personal strikt sorgt) bewundert. Die Essensqualität ist akzeptabel; Gäste bezahlen jedoch in erster Linie für die Lage.

Ausgehen & Nachtleben

Am Wochenende steppt der Bär auf Ko Samet: Reisegruppen aus aller Welt üben sich in Karaoke, die Jugend schüttet sich mit Bier zu und tanzt zur Techno-Musik ab. Vor allem in Hat Sai Kaew, Ao Hin Khok, Ao Phai und Ao Wong Deuan ist ständig Party angesagt.

Audi Bar BAR

(☎ 084 418 8213; Na Dan; ⏲ 16–4 Uhr; 📶) Die Audi Bar an der Hauptstraße teilt sich ein Obergeschoss mit einem Fitnessstudio. Inmitten von ein paar Pooltischen und Samets typischen Neon-Graffiti schaut man hier

MONSTERBEGRÜSSUNG

Den Pier von Na Dan ziert eine markante Frauenstatue mit blankem Busen (der zum Recherchezeitpunkt aber gerade züchtig mit einem Tuch verhüllt war). Das Standbild ehrt Ko Samets berühmtesten Sohn: den Dichter Sunthorn Phu und dessen bekanntestes Werk *Phra Aphaimani*. Darin wird ein Prinz in ein Königreich unter dem Wasser verbannt, über das eine liebestolle Riesin herrscht. Eine Meerjungfrau verhilft dem Prinzen zur Flucht nach Ko Samet, wo er die Riesin per Zauberflötenspiel besiegt. Am Westende von Hat Sai Kaew sind Prinz und Meerjungfrau zusammen zu sehen.

prima auf das Treiben auf der Straße hinunter. Die Atmosphäre ist ausgesprochen einladend: Das Personal sorgt dafür, dass sich alle Gäste wohlfühlen. Beim Heimschwanken von den Stranddiscos genehmigen sich viele Nachtschwärmer noch einen Absacker in dem Laden.

Talay Bar BAR

(☎ 083 887 1588; Hat Sai Kaew; ⌚ 14–24 Uhr; 📶) Am Ostende des belebtesten Inselstrandes (und somit abseits der Hauptaction) wird der Eingang dieser fetzigen Bar von fröhlichem Dekor, brennenden Fackeln und thailändischen Nationalflaggen geziert. In fröhlicher Atmosphäre relaxt man bei Cocktails und Bier auf dem Sand. Die Getränkekarte hat ein unpraktisches Riesenformat.

Naga Bar BAR

(Ao Hin Khok; ⌚ 15 Uhr–open end) Freundliche Einheimische leiten diese muntere Strandbar mit Neon-Graffiti, guter Musik, jeder Menge Whisky und Wodka/Red Bull in Eimern. Zu späterer Stunde ist auf der Tanzfläche kräftig was los.

Breeze BAR

(☎ 038 644100; www.samedresorts.com; Ao Prao Resort, Ao Prao; ⌚ 7–22.30 Uhr; 📶) Das zauberhafte Küstenrestaurant auf der westlichen Inselseite ist super für Sundowner. Der Nachteil: Es lässt sich nur mit privaten Verkehrsmitteln oder zu Fuß (2,5 km ab dem Hat Sai Kaew) erreichen.

ℹ Praktische Informationen

Auf Ko Samet gibt's viele Geldautomaten. Man findet sie z. B. in einigen Resorts, nahe dem Na Dan Pier oder vor der 7-Eleven-Filiale hinter dem Hat Sai Kaew – ebenso in Ao Wong Deuan, Ao Thian und Ao Phutsa.

Die Touristenpolizei ist im **Hauptdorf** (☎ 24 Std. 1155) und in **Ao Wong Deuan** (☎ 24 Std. 1155) vertreten.

In der Nähe des Na Dan Pier im Dorf bieten das **Ko Samet Health Centre** (☎ 038 644123; ⌚ 24 Std.) und die **International Clinic Ko Samet** (☎ 038 644414, Notruf 086 094 0566; www.sametclinic.in.th; ⌚ 8–18 Uhr, Notfälle bis 24 Uhr) jeweils medizinische Dienstleistungen an. Das nächstgelegene Krankenhaus mit komplettem Behandlungsspektrum befindet sich in Rayong.

ℹ An- & Weiterreise

In Ban Phe auf dem Festland gibt's viele Piers, von denen man mit diversen Fährgesellschaften nach Ko Samet schippern kann. Diese Firmen verlangen jeweils dieselben Preise (einfache Strecke ab Festland/Insel 70/50 B, hin & zurück 100 B, 40 Min., 8–17 Uhr stündl.) und steuern alle Ko Samets Hauptpier **Na Dan** (Benutzungsgebür 20 B) an. Dort legt das letzte Boot zum Festland täglich um 18 Uhr ab.

Wer eine Unterkunft am Ao Wong Deuan oder weiter südlich hat, kann vom Festland aus per Boot direkt zum Strand fahren (einfache Strecke/hin & zurück 90/140 B, 1 Std., 2- bis 3-mal tgl.).

Alternativ flitzen Schnellboote zu allen Stränden (einfache Strecke 200–500 B). Sofern sie nicht privat gemietet sind (ca. 1500 B), legen diese Kähne aber erst ab, wenn sich genügend Passagiere eingefunden haben.

Vorsicht an den Piers von Ban Phe: Dort werden oft überteuerte Tickets für Fähren und Schnellboote angeboten. Zudem wollen einem viele Verkäufer unbedingt einen Schnellboottrip aufschwatzen, z. B. mit der erfundenen Behauptung, dass in den nächsten Stunden keine langsamen, normalen Boote ablegen würden.

Von Bangkok aus kann man z. B. einen Bus zum Busbahnhof 2 in Rayong nehmen und dort zu einem Minivan nach Ban Phe umsteigen. Die meist schnellere Alternative besteht darin, per *sŏrng·tăa·ou* zum Busbahnhof 1 in Rayong zu fahren und dort in ein weiteres *sŏrng·tăa·ou* nach Ban Phe zu steigen. Keine Direktverbindung nach Rayong besteht jedoch am Suvarnabhumi Airport in Bangkok. Wer dort landet, muss sich daher nach Pattaya oder zu Bangkoks östlichem Busbahnhof (Ekamai) begeben und dort jeweils gen Rayong bzw. Ban Phe umsteigen.

In Gegenrichtung lassen sich leicht Minivantrips nach Bangkok (250 B), zum Suvarnabhumi Airport (500 B), zu den Piers von Ko Chang (250 B) und zu anderen Zielen arrangieren.

ℹ Unterwegs vor Ort

Das kleine Ko Samet kann hervorragend zu Fuß erkundet werden. Straßen überziehen den Großteil der Insel.

Grüne *sŏrng·tăa·ou* (hier „Taxis" genannt) erwarten die Bootspassagiere am Pier und bringen sie zu den verschiedenen Inselstränden (20–200 B je nach Strand und Passagierzahl). Bei Privatmiete schlagen die Vehikel offiziell mit 150 bis 700 B zu Buche; meist lässt sich aber ein Rabatt heraushandeln. „Taxis" warten auch vor dem Nationalparkeingang am Hat Sai Kaew.

In der nördlichen Inselhälfte gibt's fast überall Leihmotorräder (pro Std./Tag 100/300 B). Die örtlichen Straßen sind gut, dennoch ist Vorsicht auf den steilen Gefällestrecken geboten! Zwischen dem Fährhafen und der südlichen Inselspitze liegen sieben Straßenkilometer. Freunde von vier Rädern können auf Ko Samet auch Golfmobile mieten.

Chanthaburi จันทบุรี

039 / 120 000 EW.

Chanthaburi beweist: Es ist nicht alles Gold, was glänzt. Hier funkeln in erster Linie Edelsteine (z.B. Saphire und Smaragde) jedes Wochenende auf einem belebten Straßenmarkt. In dessen Nähe zeugen die schön restaurierten Ufergebäude der zauberhaften Altstadt vom chinesischen, französischen und vietnamesischen Einfluss auf die örtliche Kultur und Architektur.

Während des 19. Jhs. flohen vietnamesische Christen vor der Verfolgung im damaligen Cochinchina (Südvietnam) nach Chanthaburi. Von 1893 bis 1905 besetzte Frankreich die Stadt anlässlich eines Grenzstreits zwischen Siam und Indochina. In den 1920er- und 1940er-Jahren trafen weitere Vietnamesen ein – dieses Mal auf der Flucht vor der französischen Kolonialherrschaft. Eine dritte Flüchtlingswelle folgte 1975 nach der kommunistischen Machtübernahme in Südvietnam.

Im Umland von Chanthaburi warten charmante Stranddörfer und Nationalparks mit vielen Wasserfällen.

Sehenswertes

★ Chanthaboon Waterfront Community HISTORISCHE STÄTTE

(ชุมชนริมน้ำจันทบูร; Th Sukhaphiban) In dem entzückenden Stadtteil am Ufer des Mae Nam Chanthaburi stehen viele restaurierte Häuser, vor denen ältere Einheimische mit ihren Nachbarn plauschen. Das **Learning House** (ศูนย์เรียนรู้ประจำชุมชนริมน้ำจันทบูร; 081 945 5761; 69 Th Sukhaphiban; 10–16 Uhr) GRATIS dokumentiert die Geschichte des Viertels mit Fotos, Gemälden und Bauplänen. Das Obergeschoss beherbergt u.a. Zeichnungen von komplexen Hausbelüftungssystemen, die gleichzeitig chinesische Schriftzeichen und französische Lilien aufweisen.

Edelsteinmarkt MARKT

(ตลาดพลอย; Th Si Chan & Trok Kachang; Fr–So 9–18 Uhr) Jedes Wochenende wird's laut auf den ansonsten ruhigen Straßen rund um die Th Si Chan (auch bekannt als „Gem Road"): Dann feilschen hier viele Edelsteinhändler schnatternd um die Kostbarkeiten. Ungeachtet der edlen Waren geht's dabei zu wie auf einem normalen thailändischen Markt – die Menschen drängen sich um die provisorisch aufgebauten Tische und untersuchen die losen Steine, die in Kleinmengen darauf liegen.

Kathedrale der Unbefleckten Empfängnis KATHEDRALE

(อาสนวิหารพระนางมารีอาปฏิสนธินิรมล; 8.30–16.30 Uhr) GRATIS Thailands größte Kathedrale steht am Ostufer des Mae Nam Chanthaburi. Aus einer schlichten Kapelle (erb. 1711) wurde hier nach vier Umbauen das heutige Gotteshaus im gotischen Stil. Eindrucksvolle Buntglasfenster und eine Empore verleihen

ABSEITS DER ÜBLICHEN PFADE

DIE KÜSTE BEI CHANTHABURI

Die Küste bei Chanthaburi wird von den meisten ausländischen Inselfans links liegen gelassen. Sie ist allerdings ein prima Tagesziel ab der Stadt bzw. ermöglicht einen malerischen Abstecher auf dem Weg nach/ab Rayong. Die Küste ist von Chanthaburi aus per Drahtesel erreichbar und bei thailändischen Radlern sehr beliebt. In allen folgenden Strandorten gibt's Unterkünfte und Restaurants.

Rund 20 km von der Stadt entfernt liegt **Laem Sing** an einer breiten und schönen Flussmündung, die von einer Brücke überspannt wird. Hier findet man eine Fischereiflotte, eine vorgelagerte Insel und einen langen Strand am Rand eines Parks.

Von Laem Sing aus führt die Rte 4036 in Richtung Nordwesten – vorbei an einigen Abzweigungen zu ruhigen Stranddörfern. Nächste Station ist dann das vergleichsweise stärker erschlossene **Hat Chao Lao**. In dessen Nähe liegt **Hat Laem Sadet** mit Mittelklasseresorts, einem Strand, einer Bucht (Ao Khung Kraben) und einem geschützten Mangrovenwald. In diesem lässt sich das Ökosystem der Flussmüdung entlang hölzerner Plankenstege erkunden.

Etwa 15 km hinter Chao Lao und Laem Sadet kommt mit **Hat Khung Wiman** der letzte Strandort an diesem Routenabschnitt in Sicht. Hier warten ein netter schmaler Strand und eine schöne Aussicht gen Westen. Die Dorfstraße führt einmal im Kreis zu einem separaten Fischerdorf an der Bucht, wo es gute Lokale mit schlichtern Seafood gibt.

Chanthaburi

Chanthaburi

Highlights
1 Chanthaboon Waterfront Community ... C2

Sehenswertes
2 Kathedrale der Unbefleckten Empfängnis ... D2
3 Edelsteinmarkt ... C3

Schlafen
4 Baan Luang Rajamaitri ... C2
5 Chernchan Hostel ... C3
6 River Guest House ... C3

Essen
7 786 Muslim Restaurant ... C3
8 Chanthorn ... C2
9 Tamajun Restaurant ... C2

Transport
10 Busbahnhof & Minivan-Haltestelle ... A2
11 Minivans nach Ban Pakard ... C3

dem Inneren die Atmosphäre eines mittelalterlichen Saals. Über 200 000 Saphire zieren die Marienstatue am Eingang – ein Zeichen der engen Verbindung zwischen Religion und Edelsteinhandel.

Schlafen

River Guest House PENSION $
(☎092 717 1470; www.facebook.com/theriverguesthouse; 3/5-8 Th Si Chan; EZ 170–250 B, DZ 300–350 B; ❄📶) Direkt am Fluss liegt diese freundliche Pension neben einer lärmigen Brücke. Für die einfachen Betten in den schlichten Zimmern entschädigt ein Sitzbereich mit Blick aufs Wasser. Die günstigsten Quartiere teilen sich ein Gemeinschaftsbad. Die Varianten mit Warmwasser und Klimaanlage sind etwas teurer. Gäste können außerdem Fahrräder und Mopeds ausleihen.

★ **Baan Luang Rajamaitri** HISTORISCHES HOTEL $$
(☎088 843 8516; www.baanluangrajamaitri.com; 252 Th Sukhaphiban; Zi. inkl. Frühstück 1250–1900 B, Suite 3100–3300 B; ❄📶) 🍃 Das historische und sorgfältig restaurierte Hotel in kommunalem Besitz ist nach einem einheimischen Philantropen benannt. Im Herzen des Uferviertels wartet es mit wunderbar charaktervollen und eleganten Zimmern auf. Dunkles Holzmobilar, knarrende Bodendielen und eine tolle Uferterrasse verleihen ihm eine großartige Atmosphäre. Die günstigsten Zimmer mit komfortablen

Stockbetten und Miniterrassen sind recht klein. Kuriose Antiquitäten zieren das ganze Haus – alles in allem einfach großartig!

Cherncham Hostel HOSTEL $$
(☎065 573 8841; www.facebook.com/chernchan2017; 43/11-13 Th Tirat; B 450 B, Zi. 900–1500 B; ❄📶) An einer ruhigen Gasse in Flussnähe punktet dieses Boutiquehostel mit Leihfahrrädern, freundlichem Personal und markantem Design der modernen Art. Die Zimmer und Schlafsäle sind kompakt, aber komfortabel. Das Café im Untergeschoss des Hostels serviert üppiges Frühstück (nur im Zimmer- und nicht im Bettenpreis enthalten).

Essen

Chanthaburi ist für seine frischen Früchte berühmt. Für Kostproben empfehlen sich die **Obststände** (Obst 20–80 B; ⏲8–21 Uhr; 🖉) an der Th Sukhumvit, die man bei der Anfahrt automatisch passiert: Rund 8 km nordöstlich der Stadt gibt's dort z. B. Bananen, Rambutan und Mangostanfrüchte. Beim alljährlichen **Obstfest** (⏲Mai od. Juni) kann man die herrlich klebrigen und saftigen Agrarprodukte der Region (u. a. streng riechende Durianfrüchte) noch viel besser probieren.

Weitere örtliche Spezialitäten sind Nudeln mit Krabben und Schweinefleisch mit *chamung*-Blättern. Eine Gastromeile säumt die Th Sukhaphiban; im ganzen Zentrum findet man aber noch viele weitere Restaurants. Drüben am anderen Flussufer liegen ein paar Freiluftlokale mit Aussicht auf Chanthaboon.

786 Muslim Restaurant INDISCH $
(☎081 353 5174; Th Si Chan; Hauptgerichte 50–80 B; ⏲9.30–18 Uhr) Muslimische Thais leiten mitten zwischen Chanthaburis vielen Edelsteinläden dieses Restaurant. Serviert werden hervorragende *paratha, biryani,* Currys, Fleischbällchen und Chai-Tees.

★ **Chanthorn** THAI $$
(102/5-8 Th Benchamarachutit; Hauptgerichte 120–250 B; ⏲9–21 Uhr; 🖉) Nahe dem Uferbereich im Zentrum wird das einladende Chantorn von einer Familie geführt. Hier kann man prima Chanthaburis Spezialitäten probieren. *Chamung*-Blätter mit Schweinefleisch und Nudeln mit Krabben sind die Highlights unter den köstlichen Gerichten. Das Lokal schließt allerdings abends recht früh.

ABSTECHER

NATIONALPARKS BEI CHANTHABURI

Nahe Chanthaburi liegen zwei kleine und leicht erreichbare Nationalparks, die sich großartig als Tagesziele eignen. Achtung: Es besteht jeweils Malariagefahr, weshalb man die üblichen Vorbeugemaßnahmen treffen sollte!

Der 59 km² große **Khao Khitchakut National Park** (อุทยานแห่งชาติเขาคิชฌกูฏ; ☎039 452074; http://nps.dnp.go.th; Eintritt 200 B; ⏲8.30–16.30 Uhr) erstreckt sich 28 km nordöstlich der Stadt. Er zählt landesweit zu den kleinsten seiner Art, grenzt aber an weitere Naturschutzgebiete und beheimatet wilde Elefanten. Hier findet man auch den Wasserfall Nam Tok Krathing (nur direkt nach der Regenzeit eindrucksvoll) und als weitere Attraktion einen Tempel auf einer Hügelspitze: Dort soll Buddha seinen Fußabdruck auf einem riesigen Felsbrocken hinterlassen haben. In Chanthaburi starten *sŏrng·tăa·ou* nach Khao Khitchakut (35 B, 45 Min.); die Passagier-Pickups stehen neben der Post nahe der nördlichen Marktseite. Sie setzen einen 1 km vor der Parkverwaltung an der Rte 3249 ab und das letzte Stück ist zu Fuß zurückzulegen. In die Gegenrichtung gibt's weniger Fahrten, daher ist mit Wartezeit zu rechnen.

Der **Namtok Phlio National Park** (อุทยานแห่งชาติน้ำตกพลิ้ว; ☎039 434528; http://nps.dnp.go.th; Eintritt 200 B; ⏲8–18 Uhr) abseits des Hwy 3 liegt 14 km südöstlich von Chanthaburi und ist vergleichsweise deutlich populärer. Ein kurzer und kurviger, aber schöner Naturpfad führt hier zu Wasserfällen mit Badestellen, die von Asiatischen Barben bevölkert werden. Zu Besichtigungen laden der eindrucksvoll bemooste Stupa Phra Nang Ruar Lom (erb. 1876) und der *chedi* Along Khon (erb. 1881) ein. Auf der Nordseite von Chanthaburis Markt starten *sŏrng·tăa·ou* nach Namtok Phlio (50 B, 30 Min.; Privatmiete 1500 B), die ca. 1 km vor dem Parkeingang halten.

Das **Park-Reservierungssystem** (☎02 562 0760; www.dnp.go.th) erlaubt Unterkunftsbuchungen für beide Parks.

GRENZÜBERGANG NACH KAMBODSCHA: VON BAN PAKARD NACH PSAR PRUHM

Anreise zur Grenze Ab Chanthaburi fahren **Minivans** (☎092 037 6266) nach Ban Pakard (180 B, 1½ Std., 10 & 12 Uhr). Der Stand mit Buchungsmöglichkeit liegt gegenüber vom River Guest House (S. 494) am anderen Flussufer. Alternativ brechen *sŏrng·tăa·ou* (100 B, 2 Std.) zumeist frühmorgens an Chanthaburis Busbahnhof auf.

An der Grenze Hier geht's deutlich ruhiger und unkomplizierter zu als am Übergang Poipet weiter nördlich. Bei der Einreise muss man ein Passbild vorlegen und die Visagebühr (offiziell 30 US$) bezahlen. Offiziell werden E-Visa für Kambodscha nicht anerkannt, dennoch kamen einige Traveller wohl schon damit ins Land. Hier ist es außerdem üblich, dass für das Visum 35 US$ verlangt wird.

Weiterreise Motorradtaxis fahren von Psar Pruhm nach Pailin, wo Sammeltaxis (5 US$/Pers., 1½ Std., regelm.) zum malerischen Battambang starten. Dort besteht wiederum Anschluss nach Siem Reap (per Boot) und Phnom Penh (per Bus).

Tamajun Restaurant THAI $$
(☎039 311977; www.tamajunhotel.com; Th Sukhaphiban; Hauptgerichte 140–260 B; ⊙Küche 16–23 Uhr;) Das nobelste der Restaurants am Flussufer empfängt Gäste mit elegantem Vintage-Dekor und tollen Terrassentischen über dem Wasser. Abends gibt's sehr pikante Köstlichkeiten (z. B. Spezialitäten mit Garnelen oder Schweinefleisch) zu live gespielten Schlager-Schnulzen.

Praktische Informationen

In der ganzen Stadt gibt's Bankfilialen mit Geldautomaten und Wechselstuben.

Chanthaburi Bangkok Hospital (☎039 319888; www.chanthaburihospital.com; Th Tha Luang; ⊙Notdienst 24 Std.) Im Stadtzentrum.

Anreise & Unterwegs vor Ort

Westlich vom Fluss starten auch Minivans an Chanthaburis Busbahnhof (Th Saritidet). Für Stadtfahrten mit Motorradtaxis werden 20 bis 40 B fällig.

Trat ตราด

☎039 / 22 000 EW.

Trat ist ein wichtiger Verkehrsknotenpunkt in Richtung Ko Chang und Kambodschas Küste. Ein Besuch lohnt sich aber ohnehin wegen des altmodischen (wenn auch wenig beachteten) Charmes der Stadt. Die meisten Pensionen von Trat befinden sich in den Holzhäusern eines stimmungsvollen Ladenbezirks. Dazwischen spielt sich das typisch thailändische Straßenleben in verwinkelten Gassen ab: Kinder flitzen auf Fahrrädern herum und Menschen erledigen Besorgungen, während in kleinen Geschäften billiger Schmuck und Alltagsgegenstände verkauft werden.

Sehenswertes

Die oberen Stockwerke eines Kaufmannshauses in der Th Lak Meuang wurden absichtlich in Nistplätze der Salanganen umgewandelt, deren essbare Nester bei den Chinesen als Delikatesse gelten. Essbare Schwalbennester waren ziemlich selten (und teuer), da sie in schwindelerregender Höhe von der Decke bestimmter Höhlen gepflückt werden mussten.

In den 1990er-Jahren schafften es jedoch findige Unternehmer, diese Höhlenatmo-

VERKEHRSMITTEL AB CHANTHABURI

ZIEL	BUS	MINIVAN
Ost-Busbahnhof (Ekamai), Bangkok	184 B, 4 Std., 25-mal tgl.	210 B, regelm.
Nord-Busbahnhof (Mo Chit), Bangkok	187 B, 4 Std., 4-mal tgl.	215 B, regelm.
Nakhon Ratchasima (Khorat)	279 B, 4 Std., alle 2 Std.	
Rayong		120 B, 2 Std., stündl.
Sa Kaew	145 B, 2 Std., alle 2 Std.	
Trat		52–70 B, 1 Std., regelm.

sphäre in mehrstöckigen Geschäftshäusern nachzubauen.

Markthalle MARKT

(ตลาดกลาง; Soi Sukhumvit; ⌚ 6–17 Uhr) Auf dem überdachten Markt, der sich östlich der Th Sukhumvit bis zur Th Tat Mai erstreckt, bekommt man einfach alles, auch das, was man beim Packen zu Hause vergessen hat. Ohne es richtig zu merken, befindet man sich plötzlich auf dem Tagesmarkt (S. 497), wo es frisches Obst, Gemüse und Essen zum Mitnehmen gibt.

Schlafen

In den traditionellen Holzhäusern rund um die Th Thana Charoen sind viele preiswerte Hotels untergebracht.

★ **Ban Jai Dee Guest House** PENSION $

(☎039 520678, 083 589 0839; banjaideehouse@yahoo.com; 6 Th Chaimongkol; EZ/DZ 250/300 B; 📶) Die ruhige Pension in einem traditionellen Holzhaus vermietet sieben einfache Zimmer, die sich Gemeinschaftsbäder mit Warmwasserduschen teilen. Die künstlerisch veranlagten Inhaber haben die schönen Gemeinschaftsbereiche mit Eigenkreationen (u.a. Gemälde) dekoriert. Zudem liefern sie viele nützliche Infos und sind auf die Bedürfnisse von Budgettravellern eingerichtet. Aufgrund des herrlich erholsamen Ambientes und der geringen Zimmerzahl herrscht hier oft volles Haus.

Yotin Guest House PENSION $

(☎089 224 7817; Th Thana Charoen; Zi. 350–600 B; ❄📶) Hinter einem typisch altehrwürdigen Haus in Trats reizender Altstadt warten hier hübsche sowie einladend renovierte Zimmer mit bunter Bettwäsche und bequemen Matratzen. Die günstigeren Varianten mit Gemeinschaftsbädern oder winzigen eigenen Bädern sind recht kompakt. Die teureren Quartiere bieten da vergleichsweise mehr Platz. Das aufmerksame und zuvorkommende Inhaberpaar vermietet auch Fahrräder. Alles in allem eine sehr solide Bleibe.

★ **Rimklong Boutique Hotel** BOUTIQUEHOTEL $$

(☎039 523388; www.facebook.com/Rimklong-Boutique-Hotel-trat-127177424027071/; 194 Th Lak Meuang; EZ 650 B, DZ 950–1100 B, Suite 1300 B; P❄📶) Der kultivierte und hilfsbereite Mr. Tuu leitet dieses Hotel im Herzen der Altstadt. Die kleinen, aber blitzsauberen Zimmer sollten rechtzeitig reserviert werden, denn nicht ohne Grund herrscht hier oft Vollbelegung: Für die gebotene Qualität sind die Preise sehr erschwinglich. Ein paar der Zimmer befinden sich in einem Anbau etwas weiter unten an der Gasse. Das Restaurant im vorderen Hotelbereich serviert auch Cocktails und Espresso aus handgemahlenen Bohnen.

Trat (Provinz)

Artist's Place PENSION $$

(☎082 469 1900; pier.112@hotmail.com; 132/1 Th Thana Charoen; Zi. inkl. Frühstück 300–1100 B; P❄📶) Mr. Phukhao hat die Zimmer seiner Pension individuell mit eigenen Kunstwerken eingerichtet. Seine Kreationen zieren auch den angrenzenden Garten. Die günstigeren Bleiben mit Ventilatoren und Gemeinschaftsbädern sind jedoch düster sowie weitaus weniger charaktervoll. Eingecheckt wird gegenüber im Restaurant Pier 112.

Essen & Ausgehen

In Trat speist man hauptsächlich auf Märkten: Auf dem **Tagesmarkt** (ตลาด; Th Tat Mai; ⌚6–17 Uhr) gibt's z.B. *gah·faa bohrahn* (traditioneller Kaffee). Der **Nachtmarkt** (abseits der Th Sukhumvit; Hauptgerichte ab 30 B; ⌚17–21 Uhr) und die Markthalle (S. 497) empfehlen sich für Nudeln zum Mittagessen. Ab Sonnenuntergang säumen Imbissstände die Th Sukhumvit.

Trat

Trat

Sehenswertes
1 Tagesmarkt A2
2 Markthalle A2

Schlafen
3 Artist's Place B4
4 Ban Jai Dee Guest House B3
5 Rimklong Boutique Hotel B3
6 Yotin Guest House B3

Essen
7 Namchok C1
8 Nachtmarkt A2
9 Pier 112 .... B4

Ausgehen & Nachtleben
10 Cafe Oscar B4

Transport
11 Family Tour A3
12 *Sŏrng·tăa·ou* zum Busbahnhof & nach Laem Sok A2
13 *Sŏrng·tăa·ou* zu Ko Chang Ferries A2

★ Namchok THAI $$
(Th Wiwatthana; Hauptgerichte 100–250 B; ⌚10–22 Uhr) Das zwanglose Namchok, das an drei Seiten offen ist, ist zu Recht ein Lokalfavorit: Verführerische Köstlichkeiten (z. B. Seafood, Straußenfleisch, Salat mit rohem Blaukrabbenfleisch) werden hier von einer freundlichen Armee junger Hilfskräfte kredenzt. Die englischsprachige Karte ist jedoch mangelhaft übersetzt und ohne Preisangaben. Das Restaurant hat auch kein englischsprachiges Schild – am besten hält man deshalb nach den Coke- und Chang-Logos am Eingang Ausschau!

Pier 112 THAI $$
(132/1 Th Thana Charoen; Hauptgerichte 80–250 B; ⌚10.30–21 Uhr;) Am Flussufer in der

Altstadt serviert das Pier 112 neben verlässlich guten Currys auch viele vegetarische Gerichte. Optional kann man draußen in einem Garten mit zahlreichen Pflanzen futtern. Der Service ist manchmal etwas langsam – aber warum auch Eile?

Cafe Oscar BAR

(Th Thana Charoen; ⌚16.30 Uhr–open end) In der kabuffmäßigen Eckbar tummelt sich eine bunte Schar von Thais und Auswanderern auf Holzmöbeln. Aus den Boxen schallen alte Hits der 1970er- und 1980er-Jahre. In der Hauptsaison öffnet der Laden deutlich früher als sonst.

Praktische Informationen

Die meisten Bankfilialen und Geldautomaten gibt's an der Th Sukhumvit, die oft auch Th Ratanuson genannt wird und quer durch die Stadt verläuft.

Bangkok Hospital Trat (☎039 552777; www.bangkoktrathospital.com; 376 Mu 2, Th Sukhumvit; ⌚24 Std.) Das beste Krankenhaus der Region liegt 400 m nördlich vom Stadtzentrum entfernt.

Krung Thai Bank (Th Sukhumvit; ⌚Mo–Fr 8.30–16.30 Uhr) Mit einem Geldautomaten und Wechselstuben.

Polizeiwache (☎24 Std. 1155; Ecke Th Santisuk & Th Wiwatthana) Liegt ein paar Gehminuten außerhalb der Innenstadt.

Post (Th Tha Reua Jang; ⌚Mo–Fr 8.30–16.30, Sa & So 9–12 Uhr) Östlich des Geschäftsbezirks.

An- & Weiterreise

BUS

Die Minivan-Firma **Family Tour** (☎081 940 7380; Th Sukhumvit) bietet Trips nach Bangkok, Phnom Penh und Siem Reap an.

FLUGZEUG

Bangkok Airways (☎039 525767; www.bangkokair.com; ⌚8.30–18.30 Uhr) verbindet Trat mit dem Suvarnabhumi International Airport (Bangkok; 1 Std., 3-mal tgl.).

Der Trat Airport liegt 40 km außerhalb der Stadt. In die Stadt nehmen Neuankömmlinge am besten ein *sŏrng·tăa·ou*, da ein Taxi (600 B) vergleichsweise viel teurer ist.

SCHIFF/FÄHRE

Nach/ab Ko Chang

Rund 30 km süwestlich von Trat liegen westlich von Laem Ngop insgesamt drei Piers, an denen verschiedene Firmen Bootsüberfahrten nach/ab Ko Chang anbieten. Am praktischsten sind dabei die Fahrten mit **Koh Chang Ferry** (☎039 555188; Pier: Tha Thammachat; einfache Strecke Erw./Kind/Auto 80/30/120 B; ⌚6.30–19 Uhr) und **Centrepoint Ferry** (☎039 538196; Pier: Tha Centrepoint; einfache Strecke/hin & zurück Erw. 80/150 B, Kind 40/70 B, Auto 100/180 B; ⌚6–19.30 Uhr stündl., Mai–Okt. bis 19 Uhr).

Gleich hinter Trats Markthalle (Th Sukhumvit) starten **sŏrng·tăa·ou** nach Laem Ngop und zu den Piers (50–60 B/Pers., Fahrzeug 300 B, 40 Min.). Bei direkten Privatfahrten vom Busbahnhof zu den Piers ist der Mietpreis für das Vehikel etwa gleich hoch.

BUSSE AB TRAT

Die Bushaltestelle von Trat liegt 2 km außerhalb der Stadt, und die Busse fahren folgende Ziele an:

ZIEL	PREIS (B)	DAUER (STD.)	HÄUFIGKEIT
Ost-Busbahnhof (Ekamai), Bangkok	256	4½	6–23.30 Uhr stündl.
Nord-Busbahnhof (Mo Chit), Bangkok	265	5½	4-mal tgl.
Bangkok Suvarnabhumi International Airport	245	4–4½	5-mal tgl.
Chanthaburi	70	1	8.15–18 Uhr alle 2 Std.

Zu diesen Zielen fahren auch Minivans:

ZIEL	PREIS (B)	DAUER (STD.)	HÄUFIGKEIT
Ost-Busbahnhof (Ekamai), Bangkok	280	4	8.30–16.30 Uhr alle 2 Std.
Nord-Busbahnhof (Mo Chit), Bangkok	280	4	8.30–16.30 Uhr alle 2 Std.
Chanthaburi	70	50 Min.	6–18 Uhr häufig
Hat Lek (an der Grenze zu Kambodscha)	120	1½	5–18 Uhr stündl.
Pattaya	300	3½	8–18 Uhr alle 2 Std.
Rayong/Ban Phe (nach Ko Samet)	200	3½	8–18 Uhr alle 2 Std.

ABSEITS DER ÜBLICHEN PFADE

HAT MAI RUT

Der Ausläufer der Provinz Trat, der sich im Südosten entlang der kambodschanischen Grenze erstreckt, ist von Sandstränden gesäumt. Sehr gut zu erreichen ist **Hat Mai Rut**, der praktisch auf halber Strecke zwischen Trat und dem Grenzübergang von Hat Lek liegt. Ganz in der Nähe befindet sich ein altes Fischerdorf mit bunten Holzbooten, in dem sich seit Generationen Familienunternehmen der Fischerei im kleinen Stil widmen. Die Häuschen des **Mairood Resort** (☎089 841 4858; www.mairood-resort.com; 28 Mu 6, Khlong Yai; Bungalows inkl. Frühstück 1650–2250 B, Hütten 750 B; P ❄ @ 📶 ≋ 🐾) am Meer inmitten von Mangroven versprechen einen schönen Aufenthalt.

Um hierher zu kommen, nimmt man am Busbahnhof von Trat ein *sŏrng·tăa·ou* Richtung Hat Lek. Das Resort ist 3 km vom Kilometerstein 53 an der Schnellstraße entfernt. Ungefähr 7 km entfernt von hier liegt Hat Ban Chun mit mehreren Resorts und Hotels.

An Bangkoks östlichem Busbahnhof (Ekamai) besteht Verbindung zum Pier Tha Centrepoint (250 B, 5 Std., 3-mal morgens; in Gegenrichtung 2-mal nachmittags). Die Busse halten unterwegs auch am Busbahnhof des Suvarnabhumi Airport und am Terminal in Trat.

Nach/ab Ko Kut

Etwa 22 km südöstlich von Trat liegt **Laem Sok** (S. 514), wo man neben dem nächstgelegenen Busbahnhof mit Umsteigemöglichkeit auch den Pier für die Fähren nach/ab Ko Kut findet. Bei rechtzeitiger Reservierung holen die Bootsfirmen ihre Passagiere gratis in Trat ab (im Zentrum oder am Busbahnhof, aber nicht am Flughafen).

Mangels öffentlicher Verkehrsmittel bleiben für Fahrten zwischen den Piers von Laem Ngop und Laem Sok nur Taxis (400–500 B). Im Sommer kann man sich das aber dank einer direkten Bootsverbindung zwischen Ko Chang und Ko Kut sparen.

Unterwegs vor Ort

Für Stadtfahrten mit Motorradtaxis bezahlt man etwa 20 bis 30 B.

In der Nähe von Trats Markthalle starten *sŏrng·tăa·ou* an der **Th Sukhumvit** in Richtung Busbahnhof (je nach Passagierzahl 20–60 B). Eine Privatfahrt zum Flughafen kostet 600 B für das ganze Vehikel.

Im Umkreis der Pensionen gibt's Leihmotorräder (150–200 B/Tag) an der Th Sukhumvit.

Ko Chang เกาะช้าง

☎039 / 10 000 EW.

Das malerische Ko Chang (Elefanteninsel) mit seinen steilen Dschungelhügeln wirkt bis heute ursprünglich und abgeschieden – und das, obwohl einige Teile des Eilands beliebte Ziele für Pauschaltouren sind. Die weiten Buchten an der Westküste werden meist von Streifen aus Pulversand und teils auch von Kiesstränden gesäumt. Die Zahl der Sandstrände ist aber insgesamt recht gering. Hierfür entschädigt eine ungewöhnliche Kombination aus leichtem Naturzugang und großer Partyszene.

Aufgrund der relativen Abgeschiedenheit kommen Urlauber erst seit etwa 20 Jahren nach Ko Chang. Auch heute noch dauert die Anreise ziemlich lange. Die örtlichen Resorts leiden trotzdem nicht unter Gästemangel: Neben vielen Pauschaltouristen und Travellern auf dem Weg nach Kambodscha steigen dort auch strandliebende Paare ab, die zu einsameren Eilanden im regionalen Meeresschutzgebiet unterwegs sind und einen Zwischenstopp auf Ko Chang einlegen. Die weitläufigen Resort-Ministädte an der bevölkerungsreichen Westküste haben inzwischen eine bessere Infrastruktur als die eigentliche Insel. Im Südwesten vermitteln die Dörfer Ban Salak Phet und Ban Salak Kok inmitten von Mangrovenwäldern einen Eindruck vom alten Ko Chang.

Sehenswertes

Westküste

Dank Buchten und Stränden ist die Westküste der bei weitem am besten erschlossene Teil von Ko Chang. Öffentliche *sŏrng·tăa·ou* (Passagier-Pickups) machen Strandhopping hier stressfrei und erschwinglich. Die Strände sind teilweise ziemlich felsig, was Schwimmsandalen für Kinder sinnvoll macht. Die Wellen sind meist niedrig und sanft. Bei Sturm und in der Regenzeit (Mai–Okt.) besteht jedoch Gefahr durch starke Brandungsrückströmungen.

Der **Hat Sai Khao** (หาดทรายขาว; Weißer Sandstrand) ist der längste und luxuriöseste Inselstrand. Vor Hotels voller Pauschaltouristen bräunen sich Hardcore-Sonnenanbeter. Der Backpacker-Bereich im Nordabschnitt ist vergleichsweise ruhiger. Nicht so der **Lonely Beach** (หาดท่าน้ำ): Ko Changs Backpacker-Enklave Nr. 1 ist abends das umtriebigste Pflaster auf der Insel – inklusive lauter Musik und eimerweise Wodka. **Hat Kai Mook** (หาดไข่มุก) bedeutet „Perlenstrand". Konkret kommt der Name aber von den großen Kieseln, die hier u. a. mehrere Landzungen bedecken. Rund um Letztere tummeln sich viele Fische. Der Hat Kai Mook eignet sich nicht zum Schwimmen und Sonnenbaden, bietet aber gute Schnorchelmöglichkeiten.

Zwischen mächtigen Felszungen wird der hübsche Sandstrand an der **Ao Khlong Prao** (อ่าวคลองพร้าว; Khlong Prao) von zwei Flussmündungen durchzogen. Bei Ebbe stöbern Muschelsucher im feingerippten Sand nach Kleintieren, die das Meer zurückgelassen hat. Der benachbarte **Hat Kaibae** (หาดไก่แบ้) ist hervorragend für Familien und Paare ab 30 Jahren. Sein schmaler Sandstreifen erstreckt sich rund um eine Bucht mit mehreren Inselchen.

Ban Bang Bao — DORF

(บ้านบางเบ้า) Dieses frühere Fischerdorf prägt immer noch die traditionelle Bauweise mit miteinander verbundenen Bootsanlegern. Die Bewohner leben aber heute nicht mehr vom Fischfang, sondern haben Teile ihrer Häuser in Souvenirläden und Restaurants verwandelt. So kommen die meisten Besucher wegen der super Seafood-Gerichte und Einkaufsmöglichkeiten.

Ostküste

Fürs Erkunden der idyllischen und nicht erschlossenen Ostküste braucht man ein eigenes Fahrzeug.

Ban Salak Phet — DORF

(บ้านสลักเพชร) Das verschlafene Dorf im äußersten Südosten vermittelt einen Eindruck von alten Ko Chang vor dem Tourismusboom: Bis heute sieht man hier viele Stelzenhäuser, Fischerboote und Hunde, die lang ausgestreckt am Straßenrand gähnen. Vor Ort beginnen auch ein paar gute Wanderrouten.

Ao Salak Kok — BUCHT

(อ่าวสลักคอก) Der dichte Mangrovenwald steht unter dem Schutz der einheimischen Fischer, die um seine Bedeutung für das Ökosystem dieser Gegend wissen. Mangroven sind die Kinderstube der Meeresbewohner sowie der hiesigen Vögel und Krustentiere, die hier die nächsten Generationen großziehen. So ist die Bucht mittlerweile eine Hochburg des Ökotourismus.

Die Dorfbewohner betreiben ein preisgekröntes Projekt zum Schutz der Umwelt und zur Bewahrung der traditionellen Lebensweise. Dafür vermieten sie Kajaks über die Salak Kok Kayak Station (S. 504) und führen das dazu gehörende Restaurant.

Nam Tok Khiri Phet — WASSERFALL

(น้ำตกคีรีเพชร) Der kleine Wasserfall ist 2 km entfernt von Ban Salak Phet. Nach dem 15-minütigen Marsch von der Straße aus

GRENZÜBERGANG NACH KAMBODSCHA: VON HAT LEK NACH CHAM YEAM

Anreise zur Grenze Der von Trat am nächsten gelegene Grenzübergang befindet sich zwischen Hat Lek (Thailand) und Cham Yeam (Kambodscha). Ab Trats Busbahnhof fahren Minivans nach Hat Lek (120 B, 1½ Std., 5–18 Uhr stündl.).

An der Grenze Überzogene Gebühren für kambodschanische Visa (offiziell 30 US$) sind hier die Norm: Die Beamten verlangen den Betrag für E-Visa (36 US$) oder bestehen auf das Bezahlen in Baht zum miesen Wechselkurs. Zwecks Stressvermeidung ist es daher ratsam, sich rechtzeitig vorab ein E-Visum für Kambodscha zu besorgen. Achtung: Offiziell wird ansonsten nur ein Passbild benötigt – daher alle Betrüger ignorieren, die etwas von einem „Gesundheitszeugnis" oder anderen Dokumenten erzählen! Die Grenze ist von 7 bis 20 Uhr offen.

Vor Ort lassen sich auch thailändische Visa verlängern, aktuell maximal um 30 Tage und auch maximal 2-mal pro Jahr.

Weiterreise Ab Cham Yeam fahren Taxis (10 US$), Túk-Túks (5 US$) und *motos* (Motorradtaxis; 3 US$) nach Ko Kong. Dort besteht Anschluss nach Sihanoukville (4 Std., 1- bis 2-mal tgl.) und Phnom Penh (5 Std., bis 11.30 Uhr 2- bis 3-mal tgl.).

Ko Chang (Ostküste)

kann man im kleinen tiefen Badebecken abtauchen. Hier ist meist weniger los als an den größeren Wasserfällen, und er ist gut von Ao Salak Phet aus zu erreichen.

Nam Tok Than Mayom WASSERFALL
(น้ำตกธารมะยม; Parkeintritt 200 B; ⌚8–17 Uhr) Die insgesamt drei Wasserfälle des Flusses Khlong Mayom sind über die Hauptverwaltung des Nationalparks in der Nähe von Nam Tha Than Mayom zu erreichen. Der Blick von oben ist atemberaubend. Ganz in der Nähe sind Inschriftensteine mit den Initialen von Rama V., Rama VI. und Rama VII. zu sehen.

Aktivitäten

Auf Ko Chang warten zahlreiche Bootstouren – häufig mit Glasbodenbooten und inklusive Zwischenstopps, damit man die Unterwasserwelt beim Schnorcheln entdecken kann. Die Trips beginnen meist in Bang Bao.

Tauchen & Schnorcheln

Die Tauchreviere rund um Ko Chang bieten eine Vielfalt an Korallen, Fischen und für Anfänger geeignete, seichte Gewässer.

Das Unterwassergebirge, das sich vor der südlichen Inselspitze im Mu Ko Chang National Marine Park erstreckt, ist nach einer 30-minütigen Bootsfahrt erreicht. Zu den beliebtesten Tauchspots gehören **Hin Luk Bat** und **Hin Rap**, felsige, mit Korallen überzogene Abhänge unter Wasser, die zwischen 18 und 20 m tief liegen und ein Paradies für Schwarmfische und einige Schildkrötenarten sind. In der Nähe von Hin Rap wurde 2013 absichtlich ein 30 m langes Kampfflugzeug versenkt, das nun auf der Seite liegt.

Bei Weitem am besten tauchen kann man aber rund um **Ko Rang**. Da die unbewohnte Insel zum Nationalpark gehört, ist die Fischerei hier verboten. Die Sicht ist viel besser als vor Ko Chang und beträgt im Schnitt zwischen 10 und 20 m. Ein beliebtes Tauchrevier ist **Hin Gadeng**, dessen spektakuläre

Ko Chang (Ostküste)

Sehenswertes
1 Ao Khlong Prao B3
2 Ao Salak Kok C3
3 Ban Bang Bao B4
4 Ban Salak Phet C4
5 Hat Kai Mook A2
6 Hat Kaibae B3
7 Hat Sai Khao A2
8 Lonely Beach B4
9 Nam Tok Khiri Phet C3
10 Nam Tok Than Mayom C2

Aktivitäten, Kurse & Touren
BB Divers .... (siehe 3)
11 KayakChang B3
12 Koh Chang Animal Project B1
13 Salak Kok Kayak Station C3
14 Scandinavian Chang Diving Centre B2
Scubadawgs .... (siehe 3)
15 Tree Top Adventure Park B4

Schlafen
16 Amber Sands B1
Arunee Resort .... (siehe 7)
17 Bang Bao Beach Resort B4
BB Lonely Beach .... (siehe 8)
Buddha View .... (siehe 3)
Chill .... (siehe 6)
18 Cliff Cottage B4
El Greco .... (siehe 3)
Garden Resort .... (siehe 6)
Green Resort .... (siehe 6)
Independent Bo's .... (siehe 7)
Little Eden .... (siehe 8)
Mangrove Hideaway .... (siehe 4)
Oasis Koh Chang .... (siehe 8)
19 Pajamas Hostel A2
Paradise Cottage .... (siehe 8)
20 Porn's Bungalows B3
21 Rock Sand Resort A1
22 Serenity Resort B1
23 Spa Koh Chang Resort C3
Star Beach Bungalows .... (siehe 7)
Warapura Resort .... (siehe 8)

Essen
Barrio Bonito .... (siehe 6)
24 Blues Blues Restaurant A1
Oodie's Place .... (siehe 7)
25 Paul's Restaurant A2
Porn's Bungalows Restaurant ... (siehe 20)
Saffron on the Sea .... (siehe 5)

Ausgehen & Nachtleben
26 Shambhala A1

Praktisches
Bang Bao Health Centre .... (siehe 3)
Nuttakit Tour .... (siehe 3)

Transport
Sawadee Koh Chang Travel .... (siehe 6)
27 Schnellboote nach Ko Mak & Ko Wai C1

korallenbedeckte Felstürme bis zu 28 m weit zu sehen sind. An der Ostküste von Ko Rang liegt **Hin Kuak Maa**, das auch als „Drei-Finger-Riff" bekannt ist. Das Besondere hier ist eine mit Korallen bedeckte Felswand, die von 2 auf 14 m abfällt und ganze Schwärme marinen Lebens anzieht.

Die flacheren Tauchgebiete von **Ko Yak**, **Ko Tong Lang** und **Ko Laun** sind für Anfänger und Fortgeschrittene gleichermaßen geeignet. Vor den kleinen Felseninselchen, die komplett umrundet werden können, wimmelt es nur so von Korallen, Schwarm- und Kugelfischen, Muränen, Barrakudas, Rochen und manchmal sogar Schildkröten.

Rund 7 km vor Ban Bang Bao liegt mit dem Wrack der **HTMS Chang** ein sehr beliebter Tauchspot. Das 100 m lange Schiff der thailändischen Marine wurde 2012 absichtlich versenkt, um ein künstliches Riff zu schaffen. Es liegt 30 m unter der Wasseroberfläche.

Beim Schnorcheln rund um das riffgesäumte Ko Wai (S. 515) kann man eine Vielzahl farbenprächtiger Hart- und Weichkorallen bewundern. Die Insel ist ein beliebtes Tagesausflugsziel, bietet aber auch einfache Unterkünfte – für mehr Zeit im Riff.

Ko Mak hat zwar vergleichsweise schlechtere Schnorchelspots, ist aber ein anständiges Tauchrevier, auch wenn in den Riffen nicht so viele Fische zu sehen sind wie anderswo.

Auf Ko Wang sind u. a. eintägige Tauchausflüge (meist ab 3000 B) und Kurse mit Zertifikat (z. B. PADI; ca. 15 000 B/Pers.) im Angebot. Viele örtliche Tauchshops haben auch in der Regenzeit (Mai–Okt.) geöffnet; Unterwassersicht und Bedingungen sind dann aber meist schlecht.

BB Divers TAUCHEN
(☎ 039 558040; www.bbdivers.com; Bang Bao; 2 Tauchgänge vom Boot 3000 B) Der gut geführte Tauchveranstalter mit Hauptsitz in Bang Bao ist auch am Lonely Beach und Hat Sai Khao vertreten – ebenso auf Ko Kut und Ko Mak (dort jeweils nur in der Hauptsaison).

Scubadawgs TAUCHEN
(☎ 080 038 5166; www.scuba-dawgs.com; Bang Bao; 2 Tauchgänge vom Boot 3000 B) Die peppige

Firma mit hilfsbereitem und kundenorientiertem Team veranstaltet auch Tauchkurse mit Zertifikat (PADI, RAID).

Scandinavian Chang Diving Centre TAUCHEN
(☎039 619022; www.changdiving.com; Ban Khlong Prao) Das Scandinavian Chang ist ein Profi-Tauchzentrum mit Leihausrüstung vom Feinsten und exzellentem Lehrpersonal. Die gute Auswahl an Ausflügen und Kursen umfasst auch spezielle Optionen für Kinder bzw. Familien.

Kajakfahren

Von einem Seekajak aus betrachtet wirkt Ko Chang sehr eindrucksvoll und erhaben. Das Meer ist hier meistens ruhig, und die vorgelagerten Inseln sind Paddelziele vor der Horizontgrenze. Viele Inselhotels verleihen oben offene Kajaks (ab 300 B/Tag), die sich aber nur für Gelegenheitspaddler und/oder für Fahrten in der Nähe des Ufers eignen. Ernsthafte Wassersportler wenden sich daher besser an den Anbieter **Kayak-Chang** (☎097 182 8319; www.kayakchang.com; Emerald Cove Resort, Khlong Prao; Leihkajak ab 1000 B/Tag).

Salak Kok Kayak Station KAJAKFAHREN
(Chang Spirit Club; ☎087 748 9497; Baan Salak Kok; Leihkajak 200 B/Std.) Mit der Erkundung der Mangrovensümpfe von Ao Salak Kok im Osten der Insel unterstützt man ein preisgekröntes Projekt des Ökotourismus. Der Kajakverleih an Selbstfahrer ist ein Projekt der Dorfgemeinschaft zur Förderung des Tourismus bei gleichzeitiger Erhaltung der traditionellen Lebensweise. Die Inhaber können auch geführte Touren mit Holzbooten (200 B) und Wanderungen sowie Unterkünfte bei den Familien des Dorfs (Homestays) organisieren.

Wandern, Trekken & Seilrutschen

Auf Ko Chang geht's nicht nur um Strände: Hier gibt's auch eine große Trekking-Szene. Im Inselinneren führen diverse Routen durch dichte Wälder voller Vögel, Affen und Blumen. Am Rand des Dschungels sind ein paar Einheimische aufgewachsen, die Englisch sprechen und ihre Geheimnisse heute gern als Guides mit Gästen teilen.

Hinweis: Auf der schlechten Karte zum Nationalpark verläuft ein Wanderpfad quer über die Insel. Dieser ist aber schon lange zugewuchert und sollte nur mit einem Guide in Angriff genommen werden.

Mr. Tan WANDERN
(☎089 645 2019; Wanderungen 600–1400 B) Dieser Guide mit guten Englischkenntnissen bietet u. a. Aufstiege zur Spitze des Khao Chom Prasart und Tagestreks in der Umgebung des Wasserfalls Khlong Prao an. Hinzu kommen vergleichsweise leichtere Familientouren.

Jungle Fever WANDERN
(☎081 588 3324; www.junglefever.in.th) Unter den halbtägigen (700 B) und ganztägigen Treks (1200 B) dieser Firma sind z. B. Inselüberquerungen von Wasserfall zu Wasserfall. Zudem werden Aufstiege an den größten Inselbergen und spezielle Trips für Vogelbeobachter angeboten.

Evolution Tour WANDERN
(☎039 557078; www.evolutiontour.com) Ko Changs Rangerstationen sind für Solo-Trekker keine große Hilfe. Guides für Wanderungen durchs Inselinnere organisiert man daher am besten über diese Agentur.

Tree Top Adventure Park BAUMWIPFELPARK
(www.treetopadventurepark.com; Ao Bailan; 2-stündige Tour 1100 B, Shuttle hin & zurück zzgl. 150 B;

EINE WOCHE AUF KO CHANG

Zuerst entspannt man sich einfach am Strand in der Sonne und hüpft zwischendurch mal ins Meer. Am zweiten Tag heißt's endlich aufraffen und die Insel erforschen – z. B. bei einer Umrundung mit dem Kajak oder einer Tageswanderung durch den Dschungel. Per *sŏrng·tăa·ou* (Passagier-Pickup) geht's dann nach Ban Bang Bao (S. 501), um ein Mittag- oder frühes Abendessen mit der Souvenirjagd zu kombinieren. Am dritten Tag erkundet man mit dem Leihmotorrad die Mangrovenwälder und Fischerdörfer an der Ostküste (S. 501). Am vierten Tag ist wieder der Strand angesagt – alternativ geht man Tauchen (S. 502).

Das Programm am fünften Tag besteht aus Schnorcheln auf Ko Mak (S. 515) oder Relaxen auf dem weißen Pulversand von Ko Wai (S. 515). Wer will, kann schließlich an den letzten beiden Tagen der Insel etwas zurückgeben und beim Koh Chang Animal Project mithelfen.

9–17 Uhr) In dem beliebten Park nahe der Bailan Bay schwingt man sich wie Tarzan durch die Dschungelwipfel, meistert Seilbrücken, flitzt an Seilrutschen entlang und fliegt per Fahrrad oder Skateboard durch die Luft. Besuche sind bei allen Tourveranstaltern auf Ko Chang buchbar. Mindestalter sieben Jahre, Flip-Flops verboten.

Freiwilligenarbeit

Koh Chang Animal Project FREIWILLIGENARBEIT
(089 042 2347; www.kohchanganimalproject.org; Ban Khlong Son) Verletzte, misshandelte und ausgesetzte Tiere werden von der gemeinnützigen Organisation medizinisch versorgt und in Pflege genommen. Aber auch die Tiere der Inselbewohner werden hier veterinärmedizinisch versorgt, sterilisiert und kastriert. Freiwillige Helfer sind ebenso willkommen wie Spenden. Besonders gefragt sind natürlich Tierärzte und Tierarzthelferinnen, aber auch fachfremde Reisende können sich hier nützlich machen. Vorher telefonisch anmelden.

Wenn man als Adresse „Ban Lisa" (Lisas Haus) in Khlong Son angibt, wissen die meisten *sŏrng·tăa·ou*-Fahrer Bescheid. Wer mit dem Motorrad kommt, biegt in Ban Khlong Son beim 7-Eleven von der Hauptstraße ab und fährt danach noch 1,5 km weiter.

Massage

Sima Massage MASSAGE
(081 489 5171; Khlong Prao; Massage 250–400 B/Std.; 8–22 Uhr) Unter Einheimischen gilt das Sima als Ko Changs bester Massagesalon – eine Ehre auf einer Insel, die mehr solche Salons als 7-Eleven-Filialen hat. Es befindet sich an der Hauptstraße.

Kurse

Koh Chang Thai Cookery School KOCHEN
(039 557243; www.kohchangcookery.com; Blue Lagoon Bungalows, Khlong Prao; Kurse 1500 B) Die Kochkurse sollen Körper und Geist beleben und sind eine tolle Alternative zum Faulenzen. Die Kurse dauern meist fünf Stunden und beinhalten eine Einkaufstour auf dem Markt. Geschnippelt, gebraten und frittiert wird in einer schattigen Küche unter freiem Himmel, direkt neben der Flussmündung. Im Voraus buchen.

Schlafen

Im Allgemeinen gingen die Preise nach oben, die Qualität aber leider nicht. Das liegt teilweise daran, dass die auf Reisegruppen eingerichteten Hotels garantierte Übernachtungen haben und nicht darauf angewiesen sind, Stammgäste oder Laufkundschaft zufriedenzustellen. Zudem werden die Preise einfach nachgeahmt, sodass preisbewusste Reisende kaum eine freie Auswahl haben.

An der Westküste sind die Unterkünfte am Lonely Beach immer noch am preiswertesten, in Hat Kaibae gibt es das beste Preis-Leistungs-Verhältnis, und in Hat Sai Khao ist alles völlig überteuert.

Lonely Beach

Die Unterkünfte am Lonely Beach zählen zu den günstigsten der Insel. Echte Budget-Bleiben direkt am Strand sind aber auch hier recht rar. Vor Ort gibt's keine funkelnden Resorts: Die Straßen werden vielmehr von vielen schäbigen Bars und Billigpensionen gesäumt.

★ **Paradise Cottage** BUNGALOWS $
(081 773 9337; www.paradisecottageresort.com; 104/1 Mu 1; Zi. mit Ventilator ohne/mit Warmwasser & Strom 450/990 B, Zi. mit Klimaanlage & Meerblick 1700 B; P ❄ ᯤ) House-Musik im Hintergrund, Hängematten mit Meerblick und kleine, aber ansehnliche Zimmer machen das gut geführte Paradise Cottage zum herrlich erholsamen Refugium. Die teuersten Quartiere punkten mit Klimaanlage und grandiosem Meerblick. In den günstigsten Varianten mit Ventilatoren hat man kein warmes Wasser und Steckdosen sind ebenfalls nicht vorhanden. Gleich hinter den örtlichen Felsen liegt bei Ebbe eine zu Fuß erreichbare Sandbank frei. Super Rabatte gibt es in der Nachsaison.

Little Eden BUNGALOWS $
(084 867 7459; www.littleedenkohchang.com; Soi 3; Zi. mit Ventilator/Klimaanlage 950/1500 B; P ❄ ᯤ) Auf der ruhigen Hauptstraßenseite (aber trotzdem in der Nähe des Strandes) liegt diese Gruppe von Holzbungalows, die über komplex verwinkelte Plankenstege miteinander verbunden sind. Die komfortablen Bleiben haben Terrassen, Holzfußböden und Moskitonetze; durch die Fenster dringen allerlei laute Geräusche von Dschungeltieren herein.

Für das Little Eden sprechen auch das gute Essen (u.a. das hervorragende Frühstück), der nette Gemeinschaftsbereich und das freundliche Personal.

BB Lonely Beach HOSTEL $

(☎ 089 504 0543; www.bblonelybeach.com; B 250 B, Zi. mit Ventilator 500–700 B;) Das BB zählt zu den wenigen Hostels in direkter Strandnähe. Die einfachen Schlafsäle und Privatzimmer sind zwar stickig, bieten aber angesichts der Schnäppchentarife dennoch ein anständiges Preis-Leistungs-Verhältnis. Für jede Menge Action sorgen eine Tauchschule, ein Fitnessraum, belgisches Bier und ein Pool, an dem man prima Kontakt zu anderen Travellern knüpfen kann.

Die Lage inmitten von Bars ist definitiv etwas für Feierwütige.

Oasis Koh Chang BUNGALOWS $$

(☎ 081 721 2547; www.oasis-kohchang.com; 4/28 Mu 1; Zi. 550–1600 B;) Die beste Option am Lonely Beach – hauptsächlich aufgrund seiner Hanglage mit herrlichem Meerblick (vom Baumhaus in 12 m Höhe ist dieser noch grandioser!). Das freundliche Inhaberpaar aus den Niederlanden vermietet geräumige Mittelklasse-Bungalows in vier verschiedenen Standards. Die günstigeren Varianten haben nur Ventilatoren.

Warapura Resort HOTEL $$

(☎ 039 558123; www.warapuraresort.com; 4/3 Mu 1; Zi. inkl. Frühstück 1700–3300 B;) Direkt am Meer überzeugen die hervorragenden Zimmer des Warapura mit rustikalem Mobiliar und hellen Farben (Weiß plus ein Hauch von Türkis). Die teureren Varianten warten mit tollen Balkonen, riesigen Bädern und mehr Platz auf; zudem liegen sie näher am Meer. Allerdings ist Schwimmen am örtlichen Strand fast unmöglich. Hierfür entschädigen das Wellenrauschen und der anständige Pool.

Hat Kaibae

Mit Boutiquehotels, einfachen Hütten und Bungalows der mittleren Preisklasse verfügt Hat Kaibae wohl über die größte Unterkunftsvielfalt auf der Insel. Dafür besteht der Strand hier nur teilweise aus Sand.

Porn's Bungalows BUNGALOWS $

(☎ 080 613 9266; www.pornsbungalows-kohchang.com; Zi. 600–1600 B;) Das super relaxte Porn's am äußersten Westende des Kaibae Beach kombiniert ein beliebtes Hausrestaurant mit Holzbungalows, die nur von Ventilatoren gekühlt werden. Tipp: Die vergleichsweise größeren Varianten direkt am Strand bieten eine tolle Aussicht und sind echte Schnäppchen (Zi. ca. 1000 B). Sie lassen sich allerdings nicht reservieren – zu Spitzenzeiten sollte man daher schon vorab nach einer Alternative schauen.

Garden Resort HOTEL $$

(☎ 039 557260; www.gardenresortkohchang.com; 98/22 Mu 4; Zi. inkl. Frühstück 2200–3500 B;) Das Garden Resort liegt gleich abseits der Hauptstraße, ist aber dennoch ausreichend ruhig und befindet sich in Laufweite zu einem Sandstrand. Große und recht reizende Bungalows säumen hier einen schattigen Gartenpfad, der zu einem netten Poolbereich führt. Das Barrestaurant im Vorderbereich ist ein beliebter Treff.

Green Resort BUNGALOWS $$

(☎ 097 110 7094; www.thegreen-kohchang.com; 51/3 Mu 4; Zi. 1200 B;) Dieses Resort liegt zwar gleich abseits der Strandmeile am Hat Kaibae, hat aber eine ruhige Atmosphäre. Rund um eine Rasenfläche verteilen sich geschmackvolle und attraktive (wenn auch etwas dunkle) Zimmer mit toller moderner Ausstattung. Diese umfasst Kabel-TV, Kühlschränke und gutes WLAN. Das Personal ist freundlich und hilfsbereit.

Chill RESORT $$$

(☎ 039 552555; www.thechillresort.com; Zi. inkl. Frühstück 5250–14 400 B;) Ein cleveres Architekturkonzept prägt das Chill: Alle Erdgeschosszimmer grenzen hier an einen von drei Pools. Die modernen, hellen und sehr geräumigen Quartiere bieten viele Extras. Für das Resort sprechen auch die direkte Strandlage, das äußerst zuvorkommende Personal und die guten Einrichtungen für Familien.

Khlong Prao

Zwischen den Luxusresorts an der Ao Khlong Prao verstecken sich ein paar Budget-Bleiben.

★ **Pajamas Hostel** HOSTEL $

(☎ 039 510789; www.pajamaskohchang.com; Khlong Prao; B/Zi. inkl. Frühstück 570/2600 B;) Ein paar Kilometer nördlich der Khlong-Prao-Hauptmeile liegt das großartige Pajamas direkt am Strand. Neben einer sehr relaxten Atmosphäre wartet hier auch ein durchgehender Aufenthaltsbereich und Poolblick von der Bar aus. Das Obergeschoss beherbergt gute klimatisierte Schlafsäle mit moderner Ausstattung. Die wirklich erstklassigen Privatzimmer im Untergeschoss punkten mit Coolness, Helligkeit, Betten auf

BITTE NICHT FÜTTERN!

Bei den Bootstouren rund um die Insel beglücken viele Veranstalter ihre Gäste mit einem Stopp vor einer Felsenklippe, damit sie die dort lebenden Affen füttern können. Das scheint ganz unbedenklich und recht unterhaltsam zu sein, hat aber verhängnisvolle Folgen, denn die Affen werden von dieser Futterquelle abhängig. Wenn die Boote aber nicht mehr so oft kommen, z. B. in der Nebensaison, sind jüngere und schwächere Tiere nicht in der Lage, sich selbst zu versorgen.

Gleiches gilt für Tauchgänge und Bootsausflüge, bei denen die Reste des Mittagessens an die Fische verfüttert werden. Oft wird sogar am Bootsanleger Brot nur für diesen Zweck verkauft. Natürlich ist es toll, so Schwärme buntschillernder Fische anzulocken, doch diese geben dafür die Korallenriffe auf. Ohne das tägliche „Abknabbern" durch die Fische wiederum sind die Korallen bald mit Algen überwuchert und können ersticken.

Plattformen und eigenen Terrassen bzw. Balkonen. Das Hostel wird außerordentlich gut geführt und ist rundum blitzsauber.

★ Baan Rim Nam PENSION $$
(☎ 087 005 8575; www.iamkohchang.com; Khlong Prao; Zi. 1000–1900 B; ❄☜) Direkt über den Mangroven an der Flussmündung verspricht dieses fabelhaft umgebaute Fischerhaus einen ungemein ruhigen Aufenthalt. Die attraktiven Zimmer mit Klimaanlage grenzen an eine tolle Uferterrasse. Der auskunftsfreudige Inhaber legt Wert darauf, dass seine Gäste die regionalen Highlights richtig genießen können. Zudem verleiht er kostenlos Kajaks und Kanus für Paddeltrips zum Strand, der 3 Minuten entfernt liegt.

Blue Lagoon Bungalows BUNGALOWS $$
(☎ 089 515 4617; www.kohchang-bungalows-bluelagoon.com; Ban Khlong Phrao; Bungalow 800–2000 B; P❄☜) An einer malerischen Flussmündung warten hier viele verschiedene Zimmer und Bungalows in einem uferseitigen Mangrovenhain. Die individuell geschnittenen Bleiben in rustikalem Ambiente sind per Steg mit dem Strand verbunden. Das Dekor folgt diversen Themen (z. B. „Elefantenmist" in einem Familienzimmer).

Dewa RESORT $$$
(☎ 039 557341; www.thedewakohchang.com; Khlong Prao; Zi. inkl. Frühstück 5100–12 000 B; P❄@☜≋) Das führende Luxusresort in dieser Inselecke ist rundum elegant – von den modernen Zimmern mit Traumdesign à la Thailand bis hin zum Pool (700 m²) mit dunklem Boden. Es gibt kräftige Rabatte für Frühbucher.

Ban Bang Bao & Umgebung

Die Unterkünfte in Ban Bang Bao sind hauptsächlich umgebaute Hafenhäuser mit Meerblick, die leichten Zugang zu den Inselfähren und zum schönen Khlong Kloi Beach etwas weiter östlich bieten. Notorische Nachteulen sollten lieber ein Motorrad mieten oder anderswo schlafen: Nach der Abendessenszeit werden *sŏrng·tăa·ou* hier rar und teuer.

Cliff Cottage BUNGALOWS $
(☎ 080 823 5495; www.cliff-cottage.com; Ban Bang Bao; Bungalow 950–1100 B; ❄☜) Westlich vom Pier werden hier ein paar Dutzend einfache, aber komfortable Bungalows in Hanglage teilweise von dichter Vegetation verdeckt. Rechts, links und unterhalb der Anlage erstreckt sich eine felsige Bucht. Die meisten der Bleiben punkten mit (teils sensationellem) Meerblick.

★ Buddha View PENSION $$
(☎ 039 558157; www.thebuddhaview.com; Ban Bang Bao; Zi. 800–1400 B; ❄☜) Die sehr schicke Pension am Pier vermietet lediglich sieben sorgsam gestaltete Zimmer. Diese sind komplett mit Holz eingerichtet und verfügen in vier Fällen über eigene Bäder. Die drei Quartiere mit Gemeinschaftsbädern sind aber gleichsam super. Im ebenso hervorragenden Hausrestaurant sitzt man an niedrigen Tischen mit einer Glasplatte, unter denen sich ein Loch im Boden befindet. Durch dieses lässt man die Beine über dem Wasser und über Skulpturen baumeln.

★ Bang Bao Beach Resort BUNGALOWS $$
(☎ 093 327 2788; www.bangbaobeachresort.com; Hat Khlong Koi; Zi. 1700–2500 B) Gleich östlich von Bang Bao säumen hier großartige alte und neue Bungalows eine grüne Rasenfläche am Rand des herrlichen Khlong Koi Beach. Alle Quartiere der äußerst gepflegten sowie professionell geführten Anlage sind klimatisiert und attraktiv mit Holz eingerichtet. Gäste genießen leichten Zugang zu mehre-

ÜBERNACHTUNGSPREISE

In der Regenzeit (Mai–Okt.) fallen die Zimmerpreise sehr stark, allerdings haben viele örtliche Bleiben dann geschlossen. Für die Hauptsaison (Nov.–März) sowie für Wochenenden und Feiertage am besten nach Online-Sonderangeboten schauen – und unbedingt rechtzeitig reservieren!

ren Restaurants und Strandbars. Hierher geht's entweder bei einem Strandspaziergang ab der Kanalbrücke oder dank einer langen Anfahrt außen rum.

El Greco PENSION $$
(086 843 8417; elgrecoloungebar@gmail.com; Ban Bang Bao; Zi. 1400–1600 B;) In einzigartiger Lage (etwa in der Mitte von Bang Baos Pier) vermietet eine sehr sympathische Familie einfache, aber ansprechende Zimmer mit Balkonen, Moskitonetzen und etwas harten Betten. Das empfehlenswerte Hausrestaurant serviert griechische Küche.

Hat Sai Khao

Der schönste Strand der Insel ist zugleich auch der teuerste. Dennoch gibt's am Nord- und Südende jeweils noch ein paar Budget- und Mittelklasseoptionen mit leichtem Zugang zu feinstem Sand. Die Backpacker-Enklave nördlich des KC Grande Resort ist nur zu Fuß über den Strand erreichbar.

Independent Bo's PENSION $
(039 551165; Zi. 300–800 B;) Diese altmodische, komplex verwinkelte Budget-Bleibe mit Boheme-Touch wirkt gleichzeitig skurril, erheiternd und eindrucksvoll: Direkt am Strand findet man hier Hütten aus Treibholz, Schilder mit schrägen Sprüchen und Gemeinschaftsbereiche mit geselliger Hippie-Atmosphäre. Die einfachen Zimmer sind größtenteils recht charmant und werden ausschließlich mit Ventilatoren gekühlt. Bei den Bädern reicht das Spektrum von spartanisch bis hin zu modernisiert. Keine Reservierungen und keine Kinder.

Starbeach Bungalows PENSION $
(089 574 9486; www.starbeach-kohchang.com; Bungalow 600–750 B;) Die baufällig wirkende Pension eignet sich super, um in spartanischem Ambiente direkt am schönsten Strandabschnitt zu übernachten. Die Zimmer sind schlicht und verfügen nur über Ventilatoren, warten aber allesamt mit anständiger Ausstattung und Meerblick auf. Die Pension hat auch ein freundliches Hausrestaurant mit Bar. Allerdings akzeptiert sie keine Reservierungen, daher fragt man besser vorab per Mail nach freien Zimmern! Um hierher zu kommen, läuft man neben der 7-Eleven-Filiale zum Strand hinunter und hält sich dort dann rechts.

Rock Sand Resort PENSION $$
(084 781 0550; www.rocksand-resort.com; Zi. inkl. Frühstück mit Ventilator/Klimaanlage 1000/3500 B;) Das Rock Sand bewirbt sich selbst als „Flashpacker-Bleibe". Es ist die nobelste Option unter den vielen Unterkünften am Nordende des White Sand Beach und im Sommer überteuert. Die Zimmer mit Meerblick und Gemeinschaftsbalkon bieten dennoch was fürs Geld. Die günstigeren Varianten sind recht schlicht. Über den Strand vor dem Haus hinweg schwappen die Wellen bei Flut bis an die Fundamente heran. Die steile Straße zum White Sand Beach Resort ermöglicht eine direkte Anfahrt.

Arunee Resort PENSION $$
(086 111 9600; aruneeresorttour@hotmail.com; Zi. inkl. Frühstück mit Ventilator/Klimaanlage 500/1500 B;) Das Arunee ist nicht sonderlich schick, hat für seine Lage aber akzeptable Preise: Abseits der Hauptstraße sind es nur 50 m bis zum Strand. Dank einer kürzlichen Renovierung wirken die günstigsten Zimmer nun hell und luftig.

Inland & Ostküste

Diese beiden Inselbereiche sind weitaus schwächer erschlossen, belohnen Besucher aber mit umso mehr Ruhe. Ein eigenes Fahrzeug macht Sinn, um sich hier nicht allzu verloren zu fühlen.

★ **Mangrove Hideaway** PENSION $$
(080 133 6600; www.themangrovehideaway.com; Ban Salak Phet; Zi. 1900–2700 B;) Die freundliche Pension mit Ökobewusstsein und Aussicht auf den Mangrovenwald ist eine fabelhafte Wahl: Von den ansprechend minimalistischen Standardzimmern schaut man auf den grünen vorderen Garten. Die luxuriösen Superior-Suiten mit tollen Holzfußböden punkten mit Blick auf das Hausrestaurant und die Mangroven an der Flussmündung. In dem Gebäude, das aus einheimischem Holz errichtet wurde, arbeiten Dorfbewohner von der Insel. Oben war-

ten ein Massagesalon und einen Whirlpool im Freien auf die Gäste.

Serenity Resort HOTEL $$
(088 092 4452; www.serenity-koh-chang.com; Ao Dan Kao; Zi. 2800–3200 B;) Das attraktive Serenity liegt nahe dem Fährhafen an Ko Changs ruhiger Ostküste. In den erholsamen stillen Zimmern mit Klimaanlage und weißer Einrichtung findet man Handtücher, die selbst für thailändische Verhältnisse sehr eindrucksvoll gefaltet sind. Das ganze Hotel wirkt freundlich, modern und blitzsauber. Zudem wartet es direkt am Strand mit einer Bar, einem Pool und ausleihbaren Wassersportgeräten (Kajaks, Stehpaddelbretter) auf.

Amber Sands HOTEL $$$
(039 586177; www.ambersandsbeachresort.com; Ao Dan Kao; Zi. 3250–5250 B; Mitte Okt.–Aug.;) Das wunderschön gepflegte Gartengelände des tadellos geführten Amber Sands grenzt direkt an einen ruhigen Strand mit orange-rotem Sand. Die äußerst reizvollen Zimmer haben tolle Holzfußböden und elegantes Mobiliar. Die hauseigene Aussichtsterrasse ist perfekt zum Relaxen. Das Hotelrestaurant akzeptiert mittags auch reine Speisegäste. Gäste wähnen sich fernab der Zivilisation, wohnen aber in Wirklichkeit nahe dem Fähranleger und können sich an diesem abholen lassen.

Spa Koh Chang Resort RESORT $$$
(083 115 6566; www.thespakohchang.com; Ao Salak Kok; Zi. inkl. Frühstück 2150–4000 B;) Dieses Resort ist auf gesundheitsfördernde Pauschalaufenthalte mit Fasten, Yoga und Meditation spezialisiert. Das idyllische und üppig grüne Gelände grenzt fast an die Mangrovenwälder am Buchtufer. Die elegant gestalteten Bungalows an einem blumenreichen Hang sind ruhige Refugien für Qualitätsbewusste, die Zeit für sich brauchen. Die „Hill"-Quartiere sind jedoch deutlich heller als die Optionen der Kategorie „Oriental". Das Hausrestaurant serviert auch vegetarische und vegane Kost. Kein Strandzugang.

Essen & Ausgehen

Fast alle örtlichen Unterkünfte haben Hausrestaurants mit akzeptabler, aber nicht unbedingt erstklassiger Küche. Dennoch kann man auf Ko Chang sehr gut speisen, wobei die besten Lokale meist außerhalb der Touristenzonen liegen.

Bei den vielen Strandpartys reicht der Publikumscharakter von eher älter und gesetzter (Hat Sai Khao) bis hin zu vergleichsweise jünger und wilder (Lonely Beach).

Westküste

Porn's Bungalows Restaurant THAI $
(Hat Kaibae; Hauptgerichte 80–180 B; 11–23 Uhr;) Das entspannte, in dunklem Holz gehaltene Restaurant ist die ultimative Strandlounge. Das Barbecue ist lecker. Ansonsten ist das Trinken hier eindeutig wichtiger als das Essen, und eine Kleiderordnung gibt es auch nicht.

★ **Phu-Talay** SEAFOOD $$
(039 551300; 4/2 Mu 4, Khlong Prao; Hauptgerichte 120–320 B; 10–22 Uhr) Direkt am *klorng* (Kanal) liegt das hübsche Phu-Talay mit Holzfußböden, blau-weißem Dekor, malerischer Terrasse und einem eigenem Boot, das Gäste von nahegelegenen Unterkünften abholt. Spezialität des Hauses sind Meeresfrüchte (Tipp: die Gerichte mit Blaukrabben, Garnelen oder Fisch nehmen). Im Vergleich zu vielen anderen Seafood-Restaurants auf der Insel ist das Lokal deutlich günstiger.

★ **Barrio Bonito** MEXIKANISCH $$
(080 092 8208; www.barriobonito.com; Hat Kaibae; Hauptgerichte 160–280 B; Juli–Ende Mai 17–22 Uhr;) Das stilvolle Barrio Bonito im Herzen von Kaibae zählt zu den besten Restaurants der Insel: Am Straßenrand serviert ein zauberhaftes französisch-mexikanisches Paar erfrischende Cocktails zu authentischen und appetitlich angerichteten Köstlichkeiten à la Mexiko (u. a. super Fajitas).

Saffron on the Sea THAI $$
(039 551253; Hat Kai Mook; Hauptgerichte 120–350 B; 8–22 Uhr;) Dieser kleine, freundliche und hübsche Bungalow-Komplex gehört einem aus Bangkok geflüchteten Künstler. Der schöne Essbereich am Meer verströmt eine ruhige und romantische Atmosphäre. Es werden lokaltypische (d. h. eher süße als scharfe) Thai-Gerichte serviert. In der Nachsaison ist die Speisekarte etwas kürzer. Auf der Vorderseite vermietet das Lokal ebenso attraktive Zimmer (Hauptsaison 1200–1500 B).

Baanta THAI $$
(www.facebook.com/baantaorchidrestaurant; Khlong Prao; Hauptgerichte 120–320 B; 12–22 Uhr;) An der Hauptstraße überzeugt das ansprechende Baanta mit freundlichem Ser-

vice und vielen verschiedenen Gerichten von verlässlich guter Qualität. Darunter sind thailändische Klassiker, regionale Spezialitäten, Seafood-Specials, diverse westliche Optionen und Lachsteller, die von japanischen Gerichten inspiriert sind.

Oodie's Place INTERNATIONAL, THAI $$
(☎039 551193; www.facebook.com/oodies.place; Hat Sai Khao; Hauptgerichte 80–390 B; ⏲11–24 Uhr) Der einheimische Musiker betreibt diesen wunderbar vielseitigen Laden, in dem exzellente französische Küche sowie leckere Thai-Spezialitäten und Pizzas auf den Tisch kommen und Livemusik (ab 22 Uhr) gespielt wird. Auch nach all den Jahren bei der Ausländergemeinde noch immer sehr beliebt!

Paul's Restaurant DEUTSCH, THAI $$
(☎039 551499; www.topresort-kohchang.com; Hat Sai Khao; Hauptgerichte 140–330 B; ⏲6–22 Uhr; 📶) Das Hotelrestaurant am oberen Klippenrand tischt solide deutsche und thailändische Küche in großen Portionen auf. Als Beilage gibt's die sarkastischen Sprüche des unterhaltsamen Inhabers. Der verdientermaßen populäre Laden erfordert in der Hauptsaison stets eine rechtzeitige Reservierung.

Ka-Ti Culinary THAI $$
(☎081 903 0408; www.facebook.com/katikhruathai; Khlong Prao; Hauptgerichte 160–510 B; ⏲Mo–Sa 12–22, So ab 17 Uhr; 📶) Die Highlights in diesem Lokal sind die Meeresfrüchte, ein paar Gerichte à la Isan und die berühmte selbstgemachte Currysauce. Auf der Karte stehen auch einfallsreiche Smoothies (u.a. Litschi-Zitrone-Pfefferminz) und spezielle Optionen für Kinder. Als Tagesangebote gibt's hier manchmal Köstlichkeiten mit Fisch (z.B. im Ganzen gedünsteten Schnapper).

Up2You THAI $$
(Khlong Prao; Hauptgerichte 120–300 B; ⏲10–22 Uhr; 📶) Nahe der 7-Eleven-Filiale an der Hauptstraße punktet das Up2You mit guter Seafood-Auswahl, einladender Atmosphäre und anständigem Preis-Leistungs-Verhältnis. Von den generell sehr aromatischen Gerichten empfehlen sich vor allem die Garnelen und die leckeren Jakobsmuscheln aus dem Wok. Die Portionen sind allerdings immer recht klein.

Inland & Ostküste

★ Blues Blues Restaurant THAI $
(☎087 144 6412; Ban Khlong Son; Hauptgerichte 80–170 B; ⏲9–21 Uhr) Hinter dem grünen Vorhang aus tropischen Pflanzen verbirgt sich ein künstlerisch angehauchtes Thai-Lokal, das wegen seiner Erfahrung, Effizienz und erfreulicher Preise sehr geschätzt wird. An den Wänden hängen vom Besitzer gemalte Aquarelle. Um hin zu kommen, nimmt man die Straße nach Ban Kwan Chang; nach 600 m kommt es rechts in Sicht.

★ Shambhala BAR
(☎098 579 4381; www.shambhalabeachbar.com; Siam Royal View, Ao Khlong Son; ⏲Do–Di 11–mind. 22 Uhr) Zum Resort Siam Royal View an Ko Changs Nordspitze gehört dieses Barrestaurant, das super Cocktails zu fairen Preisen an einem Pool serviert. Die Lage ist perfekt für Sundowner: Über grünen Rasen hinweg schaut man wunderbar auf eine bewaldete Halbinsel und einen einsamen Strand mit goldfarbenem Sand. Auf der Karte stehen auch thailändische und internationale Gerichte von hoher Qualität. Hierher geht's durch den südlichsten Eingang („Marina") des Resorts.

ℹ Praktische Informationen

GEFAHREN & ÄRGERNISSE

- Auf der Straße zwischen Ban Khlong Son im Norden und Hat Sai Khao ist größte Vorsicht geboten, denn sie ist gefährlich steil und hat einige scharfe Haarnadelkurven. Bei Sturm kommen noch schlechte Straßenverhältnisse und Schlammlawinen dazu. Wer mit einem gemieteten Motorrad unterwegs ist, sollte zwischen Hat Kaibae und Lonely Beach besonders vorsichtig fahren, vor allem in der Regenzeit. Und grundsätzlich Schutzkleidung tragen!
- Die Polizei führt regelmäßig Drogenrazzien in den Unterkünften der Insel durch. Wer mit Rauschgift erwischt wird, zahlt hohe Geldstrafen oder landet sogar im Gefängnis.
- Vorsichtig sollte man auch bei billigen Fahrscheinen für den Minibus von Siem Reap nach Ko Chang sein, denn meist sind damit betrügerische Provisionszahlungen verbunden, die einen letzendlich viel Zeit und Geld kosten können.
- Die Gefahr, auf Ko Chang an Malaria zu erkranken, ist eher gering. Daher dürfte der ausgiebige Gebrauch von Insektenabwehrmitteln als angemessene Prophylaxe ausreichen.

GELD

Banken mit Geldautomaten und Wechselstuben gibt's an allen Stränden der Westküste.

MEDIZINISCHE VERSORGUNG

Bang Bao Health Centre (☎039 558086; Ban Bang Bao; ⏲8.30–16 Uhr) Für kleinere Wehwehchen.

Ko Chang Hospital (☎ 039 586131; Ban Dan Mai) Das staatliche Krankenhaus mit gutem Ruf und günstigen Behandlungspreisen befindet sich südlich des Fähranlegers.

Ko Chang International Clinic (☎ 039 551555; www.bangkoktrathospital.com; Hat Sai Khao; ⏲ 24 Std.) Das Krankenhaus gehört zur Bangkok Hospital Group und akzeptiert die meisten Reise-Krankenversicherungen, ist aber teuer.

NOTFALL

Der Posten der **Touristenpolizei** (☎ 1155) in Khlong Prao kümmert sich um alle Notfälle.

POST

Ko Chang Post (☎ 039 551240; Hat Sai Khao; ⏲ 9–17 Uhr) Ganz am südlichen Ende von Hat Sai Khao.

REISEBÜROS

Nuttakit Tour (☎ 092 647 3009; nuttakittour@gmail.com; Bang Bao) Das Reisebüro in Bang Bao liegt gleich rechts hinter dem Piereingang und ist etwas besser als seine Konkurrenz: Das freundliche Personal spricht Englisch und arrangiert neben Standardtouren auch individuell gestaltbare Bootstrips.

TOURISTENINFORMATION

Das kostenlose Magazin *Koh Chang Guide* (www.koh-chang-guide.com) ist praktisch überall auf der Insel erhältlich und beinhaltet nützliche Karten der Strände.

Die umfassende Website **I Am Koh Chang** (www.iamkohchang.com) ist das Herzensprojekt eines Briten, der auf der Insel lebt. Recht respektlos gibt er jede Menge subjektive Berichte und Informationen zum Besten.

ℹ An- & Weiterreise

Ob ab Bangkok oder Kambodscha: Die Anreise nach Ko Chang dauert immer einen ganzen Tag. Der Trip lässt sich aber nett mit einer Übernachtung in Trat unterbrechen.

Nahe Laem Ngop auf dem Festland starten Fähren zur Insel entweder am Pier Tha Thammachat (Firma: Koh Chang Ferry; S. 499) oder am Pier Tha Centrepoint (Firma: Centrepoint Ferry; S. 499). Vergleichsweise etwas besser und schneller sind dabei die Kähne von Koh Chang Ferry, die auf dem Eiland den Pier Tha Sapparot anlaufen. Centrepoint Ferry macht 3 km weiter südlich fest.

Ab Bang Bao im Südwesten von Ko Chang schippert **Bang Bao Boat** (☎ 084 567 8765; www.kohchangbangbaoboat.com; Ban Bang Bao; ⏲ Nov.–April) in der Hauptsaison über Ko Mak nach Ko Wai, wo wiederum Schnellboote gen Ko Kut aufbrechen.

Während der Hauptsaison fahren zudem Schnellboote ab Bang Bao und Hat Kaibae zu den anderen Inseln.

An Bangkoks östlichem Busbahnhof (Ekamai) besteht Verbindung nach/ab Ko Chang, wobei

VERKEHRSMITTEL AB/NACH KO CHANG

AUSGANGSPUNKT	ZIEL	BOOT	BUS
Ost-Busbahnhof (Ekamai), Bangkok	Tha Thammachat (Laem Ngop)		269 B, 6 Std., 2-mal tgl.
Ko Chang	Bangkok's Suvarnabhumi International Airport		einfache Strecke/ hin & zurück 600/900 B, 6–7 Std., 2- bis 3-mal tgl.
Ko Chang	Ko Kut	Schnellboot 900 B, 2½ Std., 3-mal tgl.; Holz- & Schnellboot kombiniert 700 B, 5 Std., 1-mal tgl.	
Ko Chang	Ko Mak	Schnellboot 600 B, 1 Std., 3-mal tgl.; Holzboot 400 B, 2 Std., 1-mal tgl.	
Ko Chang	Ko Wai	Schnellboot 400 B, 30 Min., 3-mal tgl.; Holzboot 300 B, 1 Std., 1-mal tgl.	
Tha Centrepoint (Laem Ngop)	Ko Chang	80 B, 40 Min., 6–19.30 Uhr stündl.	
Tha Thammachat (Laem Ngop)	Ko Chang	80 B, 30 Min., 6.30–19 Uhr alle 45 Min.	

die Reise jeweils über Chanthaburi und Trat führt. Der **Minivan- und Busservice** (☎083-794 2122; www.bussuvarnabhumikohchang.com) des Suvarnabhumi International Airport bringt einen dagegen ohne Zwischenstationen ans Ziel.

Von Ko Chang aus gesehen befindet sich der nächstgelegene Flughafen in Trat. Ab dort bietet **Ko Chang Minibus** (☎087 785 7695; www.kohchangminibus.com) zu Pauschalpreisen diverse Shuttles zu den Inselstränden an.

Unterwegs vor Ort

An den Fähranlegern warten Sammel-*sŏrng·tăa·ou*, um ankommende Passagiere zu den verschiedenen Stränden zu kutschieren (Hat Sai Khao 100 B, Khlong Prao 150 B, Lonely Beach 200 B). Eine Fahrt zwischen benachbarten Stränden kostet 50 bis 200 B. Nach Einbruch der Dunkelheit steigen die Preise dramatisch an, dann werden für die Strecke von Bang Bao nach Hat Sai Khao 500 B fällig.

Motorräder werden für 200 B am Tag vermietet. Die bergigen und kurvigen Straßen von Ko Chang sind allerdings gefährlich, daher sollte man unbedingt überprüfen, ob das Motorrad einwandfrei funktioniert.

Leihwagen sind eine gute Alternative für Inselerkundungen und gibt's vor Ort bei **Sawadee Koh Chang Travel** (☎086 712 6804; sawadeekohchang@hotmail.co.th; Hat Kaibae; Auto ab 1200 B/Tag; ⏲8–20.30 Uhr) und bei ein paar wenigen anderen Anbietern.

Ko Kut

เกาะกูด

☎039 / 2100 EW

Für viele ist Ko Kut (auch „Koh Kood" geschrieben) *die* thailändische Insel schlechthin – und das zu Recht: pudrig feine Sandstrände, glasklares Wasser in malerischen Buchten und mehr Kokosnusspalmen als Häuser.

Im Gegensatz zur großen Schwester Ko Chang sucht man Nachtleben, Verkehrschaos oder laute Musik hier vergebens. Aber genau deshalb kommen die Besucher, und auch, um endlich mal nichts tun (zu müssen). Wem es in der Hängematte doch zu langweilig wird, kann Kajak fahren oder schnorcheln oder auf der Nachbarinsel Ko Rang Fische beobachten.

Die viertgrößte Insel Thailands ist nur halb so groß wie Ko Chang und war schon immer die Domäne des gehobenen Pauschaltourismus und der oberen Zehntausend, die die Abgeschiedenheit suchen. Doch nun wird die Insel zunehmend egalitärer, und auch immer mehr Individualtouristen, insbesondere Familien und Paare, werden sich künftig hier erholen.

Sehenswertes & Aktivitäten

Ruhige Felsbuchten und Flussmündungen mit Mangroven machen Ko Kut zum tollen Revier für Schnorchler und Kajakfahrer. Entsprechende Leihausrüstung gibt's bei den meisten örtlichen Resorts.

Die westliche Inselküste wird von weißen Sandstränden mit herrlich aquamarinblauem Wasser gesäumt. Der schönste davon ist der **Hat Khlong Chao**, der in puncto Attraktivität locker mit dem Hat Chaweng auf Ko Samui konkurrieren kann. Der hübsche Strand an der **Ao Noi** wartet mit Felsbrocken, einer Steilkante und kräftigen Wellen für trainierte Schwimmer auf. Der Sandstreifen an der **Ao Prao** ist gleichsam reizvoll.

Auf Ko Kut gibt's keine öffentlichen Verkehrsmittel, aber verschiedene Taxis. Zudem kann man die westlichen Strände mit dem Leihmotorrad besuchen. Die Straße zwischen dem Khlong Hin Beach (Südwesten) und der Ao Noi (Nordosten) ist größtenteils befestigt.

Nam Tok Khlong Chao WASSERFALL

(น้ำตกคลองเจ้า) Die beiden Wasserfälle der Insel sind prima Ziele für Kurzwanderungen. Der größere und beliebtere davon ist der breite Nam Tok Khlong Chao, der malerisch in ein großes Naturbecken hinabstürzt. Zu diesem geht's entweder über einen kurzen Dschungelpfad ab der Straße oder entlang des Khlong Chao flussaufwärts per Paddeltrip. Der **Nam Tok Khlong Yai Ki** etwas weiter nördlich ist vergleichsweise kleiner, hat aber auch einen großen Naturpool an seinem Fuße.

Schlafen & Essen

In der Nachsaison fahren weitaus weniger Boote nach Ko Kut, während einige örtliche Unterkünfte komplett geschlossen haben. An Wochenenden und Feiertagen in der Hauptsaison bevölkern thailändische Urlauber die Inselresorts – vor allem für diese Spitzenzeiten sollte man auf jeden Fall rechtzeitig reservieren! Die Wahl der Unterkunft im Voraus hat generell auch den Vorteil, dass man sich vom Schnellboot-Skipper bzw. Shuttlefahrer direkt am jeweils praktischsten Inselpier absetzen lassen kann.

Die meisten örtlichen Bleiben haben Hausrestaurants. Auf Ko Kut gibt's aber

Ko Kut & Ko Mak

Ko Kut & Ko Mak

Sehenswertes
1 Ao Ngam Kho D3
2 Hat Khlong Chao C3
3 Nam Tok Khlong Chao D3

Aktivitäten, Kurse & Touren
4 Koh Mak Divers A3

Schlafen
5 Ao Kao Resort B4
6 Baan Koh Mak A3
7 Bann Makok C3
Cozy House .... (siehe 2)
Kokut Coconut Garden Resort .... (siehe 1)
8 Lazy Day Resort B4
Mangrove Bungalow .... (siehe 2)
9 Monkey Island A3
10 Seavana A3
Tinkerbell Resort .... (siehe 2)

Essen
Ra Beang Mai .... (siehe 2)

Praktisches
11 Ball Cafe A3
12 Krankenhaus C3
13 Ko Mak Health Centre B3
14 Polizeiwache D3

Transport
15 Ao Salad Pier D2

auch viele eigenständige Lokale, von denen viele hauptsächlich Seafood servieren.

Mangrove Bungalows BUNGALOWS $
(☎089 936 2093; www.kohkood-mangrove.com; Hat Khlong Chao; Zi. inkl. Frühstück mit Ventilator 700–1000 B, mit Klimaanlage 1500 B; ❄📶) Die hiesigen Holzbungalows stehen mitten in der Natur: Auf einer Seite erstreckt sich ein Mangrovenwald, während der Strand nur einen kurzen Fußmarsch entfernt liegt. Mit

einem Kajak oder zu Fuß haben es Gäste zudem nicht weit bis zum Wasserfall Khlong Chao. Die sauberen und ansprechenden Quartiere werden durch ein Hausrestaurant ergänzt.

Cozy House PENSION $
(☎089 094 3650; www.kohkoodcozy.com; Hat Khlong Chao; Zi. inkl. Frühstück 600–1200 B; ❄📶) Von Ko Kuts bester Backpacker-Bleibe sind es nur zehn Gehminuten bis zum herrlichen Hat Khlong Chao. Zur Auswahl stehen im Cozy House fröhliche Budgetzimmer mit Ventilatoren und vergleichsweise komfortablere Holzbungalows mit Klimaanlage.

★**Bann Makok** HOTEL $$
(☎088 203 0699; www.facebook.com/bannmakok; Khlong Yai Ki; Zi. inkl. Frühstück 3200–3800 B; P❄@📶) 🍃 Das in den Mangroven versteckte Boutiquehotel erinnert an ein traditionelles Fischerdorf an einem Pier. Für die Einrichtung der acht Zimmer wurde Altholz in nostalgischen Farben verwendet. In Leseecken und auf den Gemeinschaftsterrassen hat man genug Ruhe, um dem Vogelgezwitscher zu lauschen oder sich in ein Buch zu vertiefen.

Kokut Coconut Garden Resort BUNGALOWS $$
(Suan Maphrao; ☎086 833 7999; www.facebook.com/Suan-Maprao-Ko-Kut-Resort-1533121720312175; Ao Ngam Kho; Zi. 1500 B; P❄📶) Gleich abseits der südlichen Strandstraße (gegenüber vom Wasserflugzeug-Pier) wird man hier mit ehrlich gemeinter Herzlichkeit begrüßt. Die hervorragenden Bungalows sind schlicht, aber modern und stilvoll, u.a. dank der Holzverkleidung und den Innenwänden aus geglättetem Beton. Einen kurzen Fußmarsch vom Strand entfernt stehen die Quartiere zwischen hohen Kokospalmen. Im Vorderbereich der attraktiven Anlage befindet sich ein anständiges Restaurant.

Tinkerbell Resort RESORT $$$
(☎081 826 1188; www.tinkerbellresort.com; Hat Khlong Chao; Zi. inkl. Frühstück 9800–12 000 B; P❄@📶🏊) Das Tinkerbell ist eins von insgesamt vier Inselresorts, die nach Figuren aus dem Peter-Pan-Universum benannt sind. Mit Naturmaterialien, Sichtschutzzäunen aus Bambus und strohgedeckten Dächern fügt es sich nahtlos in die Landschaft ein. Terrakottafarbene Bungalows liegen hier direkt an einem Postkartenstrand; ein Stück dahinter stehen Villen mit eigenen Tauchbecken. Die Hausbar eignet sich hervorragend für Sundowner. In der Nachsaison gibt es bis zu 40 % Rabatt.

Ra Beang Mai THAI $$
(Hat Khlong Chao; Hauptgerichte 100–180 B; ⏲8–22 Uhr; 📶) Das hübsche Lokal ist im Besitz einer freundlichen Familie und liegt in praktischer Nähe zu den Unterkünften im Bereich des Khlong Chao Beach. Sein Speiseraum grenzt an einen netten Freiluftbereich mit rustikalen Holzmöbeln. Die servierten Gerichte (z.B. Seafood-Currys, Salate mit großen Garnelen sowie internationale Klassiker) sind allesamt sehr aromatisch.

ℹ Praktische Informationen

Auf Ko Kuts einzigen Geldautomaten verlässt man sich besser nicht. Viele große Resorts tauschen Bargeld um.

Fast alle Hotels und Pensionen haben WLAN.

Das kleine **Krankenhaus** (☎039 525748; ⏲24 Std.) in Ban Khlong Mad bietet begrenzte Notfallbehandlung.

Polizeiwache (☎039 525741; ⏲24 Std.) Nahe dem Krankenhaus in Ban Khlong Dam.

ℹ An- & Weiterreise

Rund 22 km südöstlich von Trat, wo sich der nächstgelegene Busbahnhof befindet, benutzen Fähren nach/ab Ko Kut den Festlandshafen nahe **Laem Sok**. An benachbarten Piers sind dort drei Fährgesellschaften und eine Schnellbootfirma vertreten. Passagiere werden jeweils gratis in Trat abgeholt (von Unterkünften und vom Busbahnhof, aber nicht vom Flughafen!).

Schnellboote ab Laem Sok bringen einen nach Möglichkeit direkt zum gewählten Resort. Die normalen Boote schippern dagegen zum Pier an der **Ao Salad** (nordöstliche Inselspitze). Von hier geht es dann per Gratisshuttle zum jeweiligen Endziel weiter.

Koh Kood Princess (☎086 126 7860; www.kohkoodprincess.com) schickt ein klimatisiertes Boot (350 B, 1¾ Std., 12.30 Uhr) zur Ao Salad.

Dorthin schippert auch eine klimatisierte Schnellfähre (350 B, 1¼ Std., 13 Uhr) von **Ko Kut Express** (☎09-0506 0020; www.kokutexpress.in.th). Diese Firma betreibt zudem Schnellboote (600 B, 1 Std., Nov.–April tgl. 10.30 & 14.30 Uhr), die in der Nebensaison aber nur am Wochenende und bei ausreichend gutem Wetter verkehren.

Ebenfalls von Laem Sok zur Ao Salad fährt ein Katamaran (500 B, 1¼–1¾ Std., 10.45 & 14.20 Uhr) von **Boonsiri** (☎085 921 0111; www.boonsiriferry.com), der nachmittags auch Ko Mak ansteuert. Zwischen Mitte Mai und Mitte Oktober bietet die Firma von Samstag bis Donnerstag nur eine Verbindung an (13.30 Uhr ohne Anlegen auf Ko Mak), schickt den Katamaran aber frei-

ABSTECHER

KO WAI

Ko Wai (เกาะหวาย) ist zwar winzig und recht primitiv, aber auch atemberaubend: Neben schöner Aussicht auf Ko Chang bietet die Insel auch kristallklares Wasser und Schnorchelmöglichkeiten an herrlichen Korallenriffen. An den meisten Nachmittagen tummeln sich hier Tagesausflügler, ansonsten ist das Eiland aber ziemlich ruhig.

An einem Postkartenstrand auf der Westseite der Nordküste liegt das **Ko Wai Paradise** (081 762 2548; Zi. 300–500 B; Okt.–Mitte Mai) mit schlichten Holzbungalows. Ein ebenso gutes Preis-Leistungs-Verhältnis hat das **Good Feeling** (081 850 3410; Zi. 400–600 B; Okt.–Mitte Mai) auf einer felsigen Landzunge: Die zwölf Holzbungalows besitzen eigene Bäder (bis auf eine Ausnahme) und liegen in der Nähe von guten Schnorchelspots. Vergleichsweise nobler ist das **Koh Wai Beach Resort** (081 306 4053; www.kohwaibeachresort.com; Zi. inkl. Frühstück 2100–3400 B; Okt.–Mitte Mai) auf der südlichen Inselseite, das in unmittelbarer Nähe zum Strand mit allen modernen Extras aufwartet.

Hinweis: Von Mai bis September haben alle Budget-Bungalowanlagen auf Ko Wai geschlossen. Zu dieser Zeit gibt's hier oft hohe Wellen und Überflutungen, während die Stromversorgung rationiert und unregelmäßig ist (nur nicht in den Resorts). Die Insel hat weder Bankfilialen noch Geldautomaten, daher unbedingt genügend Bargeld mitbringen!

Von November bis April fahren Boote nach Ko Wai. Im übrigen Jahr (wenn die meisten Bleiben ohnehin geschlossen sind) kann man sich der dann seltener verkehrenden Kähne nach Ko Mak bedienen: Einfach den Kapitän um Anlegen auf Ko Wai bitten! Schnellboote ab Laem Ngop (einfache Strecke 450 B, 50 Min.) setzen einen an dem Anleger ab, der der gewählten Unterkunft am nächsten liegt. Ansonsten ist ein Fußmarsch (15–30 Min.) entlang eines schmalen Waldpfads erforderlich. Ab Ko Chang schippern Schnellboote (400 B, 15 Min., 3-mal tgl.) und ein Holzboot von Bang Bao Boat (S. 511; 300 B, 45 Min., 1-mal tgl.) nach Ko Wai. Ab dort geht's dann weiter nach Ko Mak (Holz-/Schnellboot 200/400 B) und Ko Kut (700 B; nur Schnellboot) sowie schließlich wieder zurück.

tags zusätzlich um 10.45 Uhr los. Boonsiri betreibt auch Direktbusse ab Bangkok (850 B inkl. Bootspssage, 5 Std.), die auf die Ablegezeiten in Laem Sok abgestimmt sind.

Ab Ko Chang flitzen Schnellboote von zwei Firmen über Ko Wai und Ko Mak nach Ko Kut (900 B, 2½ Std.). Diesbezüglich am günstigsten ist ein Kombitrip (700 B) mit Bang Bao Boat (S. 511), bei dem das erste Stück bis Ko Mak per Holzboot und das zweite bis Ko Kut per Schnellboot zurückgelegt wird.

Unterwegs vor Ort

Ko Kuts steile Straßen machen Leihfahrräder quasi sinnlos, sofern man kein extrem trainierter Radler ist.

Vor Ort gibt es Mietmotorräder für 200 bis 300 B pro Tag.

Ko Mak

เกาะหมาก

039 / 600 EW.

Auf dem kleinen Ko Mak (16 km²) gibt's weder rasende Kraftfahrzeuge noch dichte Bebauung, lärmige Bierbars oder überfüllte Strände. Stattdessen bietet das reizende Eiland eine relaxte Atmosphäre und Palmenstrände mit sanften Wellen. Die Kehrseiten sind Sandfliegen und viel Müll an manchen Stränden. Eine einheimische Organisation bemüht sich jedoch, den örtlichen Tourismus nachhaltig zu gestalten. Das ruhige Inselinnere ist von Plantagenwirtschaft (Kokosnüsse und Kautschuk) geprägt.

Während der Hauptsaison (Dez.–März) ist Ko Mak vergleichsweise einfacher erreichbar; während der Nebensaison (Mai–Sept.) ruhen viele Bootsverbindungen.

Sehenswertes & Aktivitäten

An der **Ao Pra** im Westen erstreckt sich der schönste Inselstrand. Dieser ist jedoch komplett unerschlossen und zudem schwer erreichbar. Fürs Schwimmen und Strandwandern eignet sich aktuell am besten die **Ao Suan Yai** im Nordwesten: Dort wartet ein breiter Sandstreifen mit kristallklarem Wasser, der zudem weniger unter Sandfliegen leidet als seine Pendants im Süden. Obendrein ist die Bucht von allen örtlichen Unterkünften aus leicht mit dem Fahrrad oder Motorrad erreichbar.

Je nach Windrichtung und -stärke wird an allen Inselstränden mitunter viel Müll angespült, der vor allem von den Fischerbooten stammt.

Die vorgelagerte Insel **Ko Kham** war früher ein beliebtes Tagesziel. Seit ihrem Verkauf an eine Privatperson im Jahr 2008 für angeblich 200 Mio. B ist sie jedoch ein Resort. Besucher können immer noch den dortigen Strand benutzen, müssen nun aber eine Gebühr dafür bezahlen.

Koh Mak Divers TAUCHEN
(☎083 297 7724; www.kohmakdivers.com; Ao Khao; Touren mit 2 Tauchgängen ab 2500 B) Dieser Anbieter ist an der Straße in der Nähe des Baan Koh Mak ansässig. Er veranstaltet Tauchtrips zum Mu Ko Chang National Marine Park, der sich ca. 45 Fahrtminuten entfernt befindet.

Schlafen & Essen

Die meisten Budget-Bleiben säumen den schönen Sandstreifen an der Ao Khao im Südwesten. An der vergleichsweise malerischeren Ao Suan Yai im Nordwesten liegen die Resorts. Die meisten Bungalow-Anlagen und Resorts haben ganzjährig geöffnet, dennoch sind ein paar Optionen von Mai bis September geschlossen.

Praktisch alle Pensionen und Resorts haben eigene Strandrestaurants. Zudem gibt's ein paar familiengeführte Lokale an der Hauptstraße zwischen dem Monkey Island und dem Makathanee Resort.

Monkey Island BUNGALOWS $
(☎085 389 0949; www.monkeyislandkohmak.com; Ao Khao; Zi mit Ventilator ohne/mit Bad 400/600 B, Zi. mit Klimaanlage inkl. Frühstück 1300–2000 B; P ❄ @ 📶 ≋) Das Monkey Island vermietet Lehmziegel- und Holzbungalows in drei „affigen" Kategorien (Pavian, Schimpanse, Gorilla) mit witzigen Einrichtungsdetails. Die Bleiben reichen dabei von spartanischen Hütten bis hin zu schicken Strandvillen. Das hippe Hausrestaurant serviert anständige Thai-Küche in zwangloser Atmosphäre. Die Anlage hat auch einen kleinen Kinderpool.

Seavana RESORT $$
(☎090 864 5646; www.seavanakohmak.com; Ao Suan Yi; Zi. 2900–5800 B; P ❄ 📶 ≋) Das erstklassige Resort nahe dem nördlichen Pier punktet u. a. mit freundlichem und kompetentem Personal. Es besteht aus stilvollen weinroten Gebäuden, von denen man auf Kokospalmen, weißen Sand und einen Garten schaut. Das Highlight unter den hervorragenden Quartieren sind die Zimmer im Obergeschoss mit Meerblick vom eigenen Whirlpool aus – perfekt für einen tollen Romantikurlaub zu zweit oder fürs Angeben in sozialen Netzwerken.

Lazy Day Resort BUNGALOWS $$
(☎081 882 4002; www.kohmaklazyday.com; Ao Khao; Zi. inkl. Frühstück 2700–3000 B; ⏲Okt.–Mai; ❄ 📶) Das professionell geführte Lazy Day liegt am Ende der Buchtkurve von Ao Khao. Ein Dutzend große weiße Bungalows auf Podesten verteilt sich hier über einen ansehlichen Garten. Leider wird am hübschen Strand vor der Anlage mitunter Plastikmüll angespült. Hierfür entschädigt der großartige Service, der Gäste wirklich herzlich empfängt und echte Entspannung garantiert.

Baan Koh Mak BUNGALOWS $$
(☎089 895 7592; www.baan-koh-mak.com; Ao Khao; Zi. 1800–2600 B; P ❄ 📶) Die schicken Bungalows dieser Anlage punkten allesamt mit viel Tageslicht, künstlerischen Einrichtungsdetails und verwinkelten Dächern. In puncto Preis gilt dabei: Je näher am Strand, desto teurer. Neben einem guten Hausrestaurant erwartet die Gäste hier auch eine Strandbar, in der Feuerjongleure für eine gute Stimmung sorgen.

Ao Kao Resort BUNGALOWS $$$
(☎080 567 0197; www.aokaoresort.com; Ao Khao; Zi. 4500–5000 B; P ❄ 📶) 🌿 An einer hübschen Buchtkurve vermietet das Ao Kao Resort verschiedene stilvolle Betonbungalows, die leichten Zugang zum Strand bieten. Alle Quartiere haben tolle Dachterrassen mit Strohdächern, Hängematten und Meer-

SCHNELLBOOTE VON/NACH KO MAK

ZIEL	PREIS (EINFACHE STRECKE)	DAUER	HÄUFIGKEIT
Ko Chang	600 B	1 Std.	3-mal tgl.
Ko Kut	400 B	45 Min.	3-mal tgl.
Ko Wai	400 B	30 Min.	3-mal tgl.
Laem Ngop (Pier auf dem Festland)	450 B	1 Std.	8-mal tgl.

blick. Unter den vielen Annehmlichkeiten der Anlage sind Sportangebote und ein Massagesalon.

Praktische Informationen

Auf der Insel gibt's weder Bankfilialen noch Geldautomaten, daher unbedingt genügend Bares mitbringen!

Ball Cafe (081 925 6591; Ao Khao; 8–21 Uhr;) Dieser Mix aus Café und Touristeninformation liegt gleich hinter dem Baan Koh Mak. Inhaber Khun Dall ongagiert sich aktiv für die Insel, betreibt die Website www.kohmak.com und leitet diverse Umweltschutzprojekte. Zudem verleiht er Fahrräder (100 B/24 Std.) und Motorroller (250 B/24 Std.).

Ko Mak Health Centre (8.30–16.30 Uhr) Die kleine Klinik leistet Erste Hilfe bei Notfällen und Krankheiten. Nahe dem Ao Nid Pier liegt sie an der Straße, die quer über die Insel führt.

Polizeiwache (1155) Kleines Gebäude in der Inselmitte.

Anreise & Unterwegs vor Ort

Ab Laem Ngop fahren Schnellboote (einfache Strecke 450 B, 1 Std.) zu den Piers an der Ao Suan Yai, Ao Nid und Ao Khao (Makathanee Resort). In der Hauptsaison steuert der Katamaran von Boonsiri (S. 514) auf dem Weg nach Ko Kut ebenfalls Ko Mak an (ab dem Festland 400 B, 1-mal tgl.).

In der Nebensaison besteht eine Bootsverbindung ab dem Festland nur ein- bis zweimal pro Tag. Alle örtlichen Unterkünfte holen Gäste gratis am jeweiligen Anleger ab.

Ab Ko Chang schippern Schnellboote (600 B, 1 Std., 3-mal tgl.) und ein Holzboot von Bang Bao Boat (S. 511; 400 B, 2 Std., 1-mal tgl.) nach Ko Mak. Die Fahrt führt dabei jeweils über Ko Wai (Holz-/Schnellboot 200/400 B). Von Ko Mak aus geht's dann weiter nach Ko Kut (400 B; nur Schnellboot) und schließlich wieder zurück.

Auf Ko Mak kann man Fahrräder (40 B/Std.) und Motorräder (200 B/Tag) für Erkundungen ausleihen.

Hua Hin & nördliche Golfregion

Inhalt ➡

Gut essen

- Cicada Market (S. 529)
- In Town Seafood (S. 545)
- Jek Pia (S. 534)
- Koti (S. 535)
- Sôm·đam Tanontok 51 (S. 534)

Schön übernachten

- Baan Bayan (S. 533)
- Centara Grand Beach Resort & Villas (S. 533)
- La a natu Bed & Bakery (S. 539)
- Salsa Hostel (S. 551)
- The Theatre Villa (S. 548)

Auf nach Hua Hin & in die nördliche Golfregion!

Die nördliche Golfregion ist dank der Nähe zu Bangkok seit Langem die bevorzugte Spielwiese der thailändischen Elite, die sich auf diese Art der Königsfamilie anschließt: Seit Rama IV. haben alle thailändischen Monarchen den Sommer in den diversen Sommerresidenzen der Gegend verbracht. Dem Beispiel der Könige und der Elite folgen zahllose thailändische Urlauber, die die Aussicht auf Spaß und gute Meeresfrüchte an diesen Küstenabschnitt lockt.

Historische Stätten, Nationalparks und lange Sandstrände, die (trotz nicht so toller Schwimmgelegenheiten) ideal für einen Strandurlaub sind, bieten Besuchern eine attraktive Mischung aus Freiluftaktivitäten und Kultur. Auch immer mehr ausländische Traveller zieht es hierher – angelockt von der Kombination aus unberührter Küstenlandschaft und geruhsamem Provinzleben. Schnorchel- und Tauchspots sind zwar dünn gesät, aber Kitesurfer finden hier die mit Abstand besten Bedingungen in ganz Thailand vor und fühlen sich wie im siebten Himmel.

Reisezeit

- Die beste Reisezeit ist die heiße Trockenzeit (Feb.–Juni).
- Januar bis März sind die besten Monate, um Kitesurfen zu lernen – dann ist das Wasser meist ruhig.
- Der Oktober ist zwar der regnerischste Monat, doch ist es hier dann immer noch trockener als im übrigen Land, sodass nichts gegen einen Besuch spricht.
- Am kühlsten ist es von November bis März – Besucher können in dieser Zeit das „Nebelmeer" im Kaeng Krachan National Park bewundern.

Highlights

1. **Kuiburi National Park** (S. 538) Im Nationalpark wilde Elefanten beobachten
2. **Khao Sam Roi Yot National Park** (S. 540) Eine Pilgerfahrt zum beleuchteten Höhlenschrein der Tham Phraya Nakhon machen
3. **Phetchaburi** (S. 520) Den Palast auf dem Hügel und die Höhlen erkunden und sich dabei von den Affen necken lassen
4. **Prachuap Khiri Khan** (S. 542) Eine kurvenreiche Motorradtour zwischen Buchten und Kalksteingipfeln unternehmen
5. **Kaeng Krachan National Park** (S. 525) In den Tiefen des Nationalparks tropische Vögel, hangelnde Gibbons und das Nebelmeer entdecken
6. **Hua Hin** (S. 528) In Hua Hin, einer Stadt mit zahlreichen guten thailändischen und internationalen Restaurants, richtig gut essen
7. **Ban Krut & Bang Saphan Yai** (S. 547) Einsame Sandstrände abseits der Backpacker-Route erobern

Phetchaburi

เพชรบุรี

032 / 23200 EW.

Phetchaburi liegt nur einen Katzensprung von Bangkok entfernt. Die Stadt ist nicht nur ein Pflichtstopp für kulturell interessierte Traveller dank ihrer Tempel, Paläste und Höhlenschreine, sondern auch eine bequeme Zwischenstation auf dem Weg zum Strand. Der eigentliche Reiz besteht aber darin, dass Phetburi – wie die Stadt meist genannt wird – ein unberührtes Provinzstädtchen mit Ufermärkten und alten Ladenhäusern aus Teakholz ist. Hier kann man nach Lust und Laune herumspazieren, und es gibt kaum Touristen.

Historisch gesehen gaben sich in Phetchaburi die Könige, die Südostasien beherrschten, die Klinke in die Hand. Im 11. Jh. siedelten sich die Khmer hier an, auch wenn ihre Herrschaft nur relativ kurz währte. Als die Macht der Khmer schwand, wurde Phetchaburi zu einer strategisch wichtigen Festung der Thai-Königreiche von Sukhothai und Ayutthaya und im 17. Jh. zu einem florierenden Handelsposten zwischen Myanmar (Birma) und Ayutthaya. Die Stadt wird oft als „lebendes Ayutthaya" bezeichnet, weil die hiesigen, noch erhaltenen Tempel den größeren, völlig zerstörten in der einstigen Hauptstadt Ayutthaya ähneln.

Sehenswertes

Phetchaburi erlebte seine Blüte zur Zeit des Königreichs Ayutthaya, daher gibt's in fast jedem Tempel der Stadt etwas Interessantes zu sehen.

★ Phra Nakhon Khiri Historical Park — HISTORISCHE STÄTTE

(อุทยานประวัติศาสตร์พระนครคีรี; 032 401006; 150 B, Seilbahn hin & zurück 50 B; Park 8.30–16.30 Uhr, Museum 9–16 Uhr) Dieser historische Nationalpark thront königlich und in vornehmer Pracht auf dem Khao Wang (Palasthügel) über der Stadt. Rama IV. (König Mongkut) ließ den Palast und Dutzende umliegende Gebäude 1859 als einen Rückzugsort außerhalb Bangkoks errichten. Dank der Hügellage konnte der König hier seinen astronomischen Interessen frönen. Teile des in einer Mischung aus europäischen, thailändischen und chinesischen Stilen errichteten Palasts sind heute ein **Museum**, in dem die Besitztümer der Herrscher ausgestellt sind.

Mit Kopfsteinen gepflasterte Wege führen vom Palast über den Hügel zu drei Gipfeln, die jeweils von einem Stupa bekrönt sind. Vom mittleren Gipfel ragt der 40 m hohe, weiße Turm des **Phra That Chom Phet** in den Himmel. Im Inneren kann man den Turm bis zur mittleren Höhe besteigen. Auf dem westlichen Gipfel erheben sich der **Wat Phra Kaew Noi** (Kleiner Wat Phra Kaew), ein kleines Gebäude, das entfernt an einen der wichtigsten Tempel Bangkoks erinnert, und der Stupa **Phra Prang Daeng**, dessen Gestaltung Khmer-Einfluss verrät.

Es gibt zwei Zugänge zu dem Gelände. Der vordere Eingang im Osten liegt an der Th Ratwithi und erfordert keinen besonders anstrengenden Fußmarsch. Beim westlichen Eingang an der gegenüberliegenden Seite des Hügels befindet sich eine **Seilbahn**, die hinauf zum Gipfel schwebt (im Juni ist sie 15 Tage lang für Wartungsarbeiten sowie für weitere Tage im Jahr zum Kabelaustausch geschlossen). An beiden Eingängen muss man sich vor Horden unberechenbarer Affen hüten (S. 521).

Der Ort ist ein beliebtes Ziel für Schulausflüge – Traveller werden da schnell zu einer ebenso großen Fotoattraktion wie die historischen Gebäude.

★ Wat Mahathat Worawihan — BUDDHISTISCHER TEMPEL

(วัดมหาธาตุวรวิหาร; Th Damnoen Kasem; tagsüber) GRATIS Der zentral gelegene, glänzend weiße Wat Mahathat ist ein eindrucksvoller Tempel. Sein Prunkstück ist ein 42 m hoher, fünfgeschossiger *prang* (maiskolbenförmiger Stupa) im Ayutthaya-Stil, der mit Stuckreliefs verziert ist – eine Spezialität der hiesigen Kunsthandwerker, von der man überall in der Stadt Beispiele erblickt. In dem vorgelagerten *wí·hăhn* (Schrein) finden sich bedeutende Wandmalereien aus dem frühen 20. Jh, die allerdings stark beschädig sind.

Tham Khao Luang — HÖHLE

(ถ้ำเขาหลวง; Mo–Fr 8–16, Sa & So bis 17 Uhr) GRATIS Rund 4 km nördlich der Stadt befindet sich die Khao-Luang-Höhle, eine spektakuläre Felskammer voller Stalaktiten, die zu Thailands eindrucksvollsten Höhlenschreinen zählt und einer der Lieblingsorte von Rama IV. in seiner Zeit als Mönch war. Steile Stufen führen in die Höhle hinein. An jedem Morgen bei Sonnenschein leuchtet sie im Glanz der Sonnenstrahlen auf, die durch die Deckenöffnung ins Innere gelangen.

Phra Ram Ratchaniwet HISTORISCHE STÄTTE

(พระรามราชนิเวศน์, Ban-Peun-Palast; Th Damnoen Kasem; 50 B; ⌚Mo–Fr 8.30–16, Sa & So bis 16.30 Uhr) Der Bau dieses eleganten Sommerpalasts, einer eindrucksvollen Jugenstilschöpfung, wurde 1910 auf Geheiß Ramas V. (der kurze Zeit nach Baubeginn verstarb) begonnen und 1916 abgeschlossen. Der deutsche Architekt Karl Döhring bediente die Leidenschaft der Königsfamilie für alles Europäische mit einer Poseidon-Statue, einer Badminton-Anlage, Cherubim aus Keramik, die die doppelte Wendeltreppe schmücken, und einer anpassbaren, für diese Zeit hochmoderne Dusche im Badezimmer des Königs.

Wat Yai Suwannaram BUDDHISTISCHER TEMPEL

(วัดใหญ่สุวรรณาราม; Th Phongsuriya; ⌚*bòht* 7–18 Uhr, *săh·lah* 8–17 Uhr) GRATIS Dieser große, geschichtsträchtige Tempel reicht bis in die Ayutthaya-Ära zurück. Am bedeutendsten sind die verblassten Wandmalereien im schönen *bòht* (Ordinationshalle), die um 1700 entstanden und damit zu den ältesten erhaltenen thailändischen Tempelwandmalereien zählen. Überwiegend stellen sie Gottheiten dar, die in Reihen angeordnet sind. Das eindringliche Bild an der Eingangswand zeigt den Dämon Mara und seine Armee beim Versuch, den Buddha am Erlangen der Erleuchtung zu hindern.

Shadow Puppet Museum MUSEUM

(พิพิธภัณฑ์หนังใหญ่ วัดพลับพลาชัย; Th Damnoen Kasem; ⌚9–17 Uhr) GRATIS Das ist zwar kein richtiges Museum, aber im alten *bòht* des Wat Plabplachai sind in beleuchteten Schaukästen 32 große *năng-yài*-Schattenspielfiguren zu sehen, die der frühere Abt angefertigt hat. Das Gebäude ist in der Regel verschlossen; man muss auf der anderen Straßenseite nach einem Mönch suchen, der einem den Schlüssel gibt. Die Gebäude des Tempels sind mit meisterhaften historischen Stuckarbeiten verziert.

Wat Phra Phuttaya Saiyat (Wat Phra Non) BUDDHISTISCHER TEMPEL

(วัดพระพุทธไสยาสน์/วัดพระนอน; Th Khiriataya; ⌚tagsüber) GRATIS Die Hauptattraktion dieses Tempels, der auch als Wat Phra Non (Tempel des liegenden Buddha) bekannt ist, ist die 43 m lange Figur des liegenden Buddhas, die fast so groß ist wie die Statue im berühmten Wat Pho (S. 71) in Bangkok. Der Publikumsandrang ist hier allerdings weitaus geringer.

Tham Khao Bandai-It HÖHLE

(ถ้ำเขาบันไดอิฐ; Rte 3171; ⌚8–17 Uhr) GRATIS Das Kloster an einem Hügel 2 km westlich der Stadt erstreckt sich über mehrere große Kammern, die in schlichte Buddhaschreine und Meditationsräume verwandelt wurden. Es gibt hier einige natürliche Felsformationen und Deckenöffnungen, und in einer Höhle finden sich viele Fledermäuse, aber trotzdem ist die Anlage bei Weitem nicht so schön wie die Tham Khao Luang (S. 520). Die Höhle ist gut beleuchtet, und der Boden besteht durchgängig aus Beton. Die Kinder, die sich als Führer anbieten, sind daher eigentlich unnötig; wenn man sie aber engagiert, erwarten sie ein Trinkgeld.

Feste & Events

Phra Nakhon Khiri Fair KULTUR

(งานพระนครคีรี-เมืองเพชร) Das zehntägige provinzielle Fest findet üblicherweise im Februar rund um den Hügel Khao Wang statt. Der Phra Nakhon Khiri Historical Park (S. 520) wird mit Lichtern geschmückt, und es gibt traditionelle Tanzvorführungen, Kunsthandwerks- und Imbissstände sowie einen Schönheitswettbewerb.

AFFENTHEATER

In Phetchaburi leben eine Menge Makaken, die weder Scham noch Furcht kennen. Einst beschränkte sich ihr Revier auf den Hügel Khao Wang (im Phra Nakhon Khiri Historical Park; S. 520), mittlerweile haben sie es aber bis zu den umliegenden Gebäuden ausgeweitet. Weitere Affenhorden leben an der Tham Khao Luang (S. 520), der Tham Khao Bandai-It und an weiteren bewaldeten Stellen. Die Affen lungern an den Imbissständen herum oder halten nach Opfern unter den vorbeigehenden Fußgängern Ausschau. Vor allem haben sie es auf Getränke und Plastiktüten abgesehen, weil sie in diesen etwas Essbares vermuten. Man sollte also beides nicht zur Schau stellen. Auch die Tasche mit dem Fotoapparat sollte man gut festhalten. Es reicht nicht aus, die Warnschilder zu beachten und die Affen nicht zu füttern und nicht anzulocken. Vielmehr muss man zu jeder Zeit äußerst wachsam sein, wenn sie in der Nähe sind. Und die kleinen Kerle beißen auch kräftig zu!

Phetchaburi (Phetburi)

Schlafen

★ 2N Guesthouse PENSION $

(☎085 366 2451; two_nguesthouse@hotmail.com; 98/3 Mu 2, Tambol Bankoom; DZ & 2BZ/4BZ mit Frühstück 580/850 B; P ❄ ☰) Die sechs Zimmer in einem ruhigen Viertel 1,5 km nördlich vom Stadtzentrum sind groß, hell und für den Preis prima. Die Englisch sprechenden Inhaber machen alles selbst und sind um das Wohl der Gäste bemüht. Sie helfen bei der Planung und verleihen kostenlos Fahrräder.

Ferngully Hostel HOSTEL $

(☎085 369 4692; www.ferngullyhostel.com; Th Chisa-In; B mit Frühstück 300 B, 4BZ 700 B; ❄ ☰) Die Inhaberin Fern hat ein älteres Gebäude mit einigen Gästezimmern und viel Gemeinschaftsfläche aufgemöbelt. Sie reist selber gern und hat viele Infos zu Phetchaburi auf Lager. Das Hostel befindet sich gleich neben dem Phra Nakhon Khiri Historical Park (S. 520). In der abgegrenzten Lounge auf dem Dach kommt man mit den Affen auf Tuchfühlung und von hier oben hat man eine gute Sicht auf den Stupa des Phra That Chom Phet.

Sabaidee Resort PENSION $

(☎086 344 4418; sabai2505@gmail.com; 65-67 Th Klongkrachang; Zi. 350–500 B; ❄ ☰) Die An-

Phetchaburi (Phetburi)

Highlights
1 Phra Nakhon Khiri Historical Park A2
2 Wat Mahathat Worawihan C3

Sehenswertes
3 Shadow Puppet Museum C3
4 Wat Phra Phuttaya Saiyat (Wat Phra Non) B3
5 Wat Yai Suwannaram D2

Schlafen
6 Ferngully Hostel B2
7 Sabaidee Resort C2
8 Sun Hotel A3
9 White Monkey Guesthouse C3

Essen
10 Cucina C3
11 Kow Chae Mae Awn D3
12 Ney & Neyn C2
13 Phetchaburi Walking Street C2
14 Rabieng Rimnam C3
15 Rim Nam Market D3
16 Talat Taa Rot Tua C2

Praktisches
17 Kasikorn Bank B4

Transport
18 Busse nach Cha-am & Hua Hin D3
19 Südliche Bushaltestelle A4
20 Minivans zum Wat Tham Kaew A3

lage sieht zwar nicht vielversprechend aus, aber drinnen erwarten einen gute Zimmer rund um einen kleinen Garten und eine schattige Terrasse direkt am Fluss. Die modernen Zimmer aus Beton und die Bambus-Cottages verfügen alle über ein eigenes Bad – die Cottages haben Kaltwasserduschen. Die netten Eigentümer organisieren thailändische Kochkurse; Fahrräder (50 B) und Motorroller (300 B) können ausgeliehen werden.

★ White Monkey Guesthouse PENSION $$
(☎092 840 1633; whitemonkey.guesthouse@gmail.com; 78/7 Th Klongkrachang; 2BZ/DZ/FZ 500–650/900/1500 B; P❄@☎) Die ausgezeichnete Pension hat helle, geräumige, blitzblanke Zimmer in toller Lage (die billigsten Quartiere haben Gemeinschaftsbäder und keine Klimaanlage). Von der Dachterrasse blickt man auf den Phra Nakhon Khiri Historical Park (S. 520) und den Wat Mahathat Worawihan (S. 520). Das hilfsbereite, Englisch sprechende Personal organisiert gern für Gäste Ausflüge in die Umgebung. Fahrräder werden außerdem kostenlos ausgeliehen.

Sun Hotel HOTEL $$
(☎032 401000; www.sunhotelthailand.com; Th Rim Khao Wang; Zi. mit Frühstück 850–950 B; P❄@☎) Das Hotel gegenüber dem Eingang mit der Seilbahn zum Phra Nakhon Khiri Historical Park (S. 520) hat zuvorkommendes Personal und große, langweilige Zimmer, die recht gut sind, aber etwas billiger sein könnten. Im Erdgeschoss gibt's ein nettes Café und einen Fahrradverleih.

Die Lage klingt besser, als sie ist: Außer dem historischen Park ist alles andere von hier aus schlecht zu erreichen.

Essen

Das von Palmzuckerplantagen umgebene Phetchaburi ist berühmt für seine thailändischen Süßwaren wie *kà·nŏm mŏr gaang* (Eiercreme) und diverse „goldene" Desserts aus Eigelb und Zucker. Diese Süßspeisen sowie Palmzucker findet man auf den meisten Märkten.

Von den nahe gelegenen Obstplantagen kommen erfrischend aromatische *chom·pôo phet* (Phetchaburi-Rosenäpfel – die Früchte schmücken auch viele Straßenschilder), Ananas und *nám·wáh*-Bananen.

Rabieng Rimnam THAILÄNDISCH, INTERNATIONAL $
(☎032 425707; rabieng@gmail.com; 1 Th Chisa-In; Hauptgerichte 50–120 B; ⏲8–24 Uhr; ☎) Das Restaurant in einem 1897 erbauten Holzhaus beschwört die Atmosphäre vergangener Tage herauf und bietet in der Regel gutes Essen – zu empfehlen ist das Palmfrucht-Curry mit Garnelen. Die Englisch sprechenden Inhaber Nid und Tom plaudern gern über Thailand und können bei ihren Reiseratschlägen auf jahrzehntelange Erfahrung zurückgreifen.

Talat Taa Rot Tua MARKT $
(Th Ratwithi; ⏲16–21 Uhr) Ab dem späten Nachmittag geht es auf dem großen, überdachten Nachtmarkt geschäftig zu. Hier findet man alle üblichen beliebten Thai-Gerichte sowie Phetchaburis berühmte *kà·nŏm jeen tôrt man* (frische Reisnudeln mit frittierten Fischfrikadellen, die mit Curry gewürzt werden). An Sitzplätzen herrscht kein Mangel.

Cucina THAILÄNDISCH $
(Th Suwanmunee; Hauptgerichte 50–390 B; ⏲10.30–21 Uhr; ☎✎) Das kleine Restaurant

versteckt sich in einer engen Gasse gegenüber dem Wat Mahathat (S. 520) und hat eine umfangreiche Karte: von gebratenem Reis mit grünem Curry über Hühnchen-Teriyaki bis zu Waffel-Sandwiches. Es gibt auch ein paar lustige Fusionsgerichte wie den *đôm-yam*-Fischsalat oder die „Cucina-Pizza" – eine Pizza, deren Boden aus Instant-Nudeln besteht.

Phetchaburi Walking Street MARKT $
(Th Chaisurin; ⌚Sa 16–21 Uhr) Anders als auf typischen Straßenmärkten gibt's hier fast an jedem Stand etwas zu essen, sodass man sich gut mit Snacks vollstopfen kann.

Kow Chae Mae Awn THAILÄNDISCH $
(ข้าวแช่แม่อร; Th Panichjaroen; 15 B; ⌚9–16 Uhr; ✎) Mae Awn verkauft ihren berühmten *kôw châe* (gedämpften Reis) mit Fisch, Shrimps oder eingelegtem Daikon im Gang an der südöstlichen Seite des **Rim Nam Market** (⌚5–11 Uhr). Es gibt nur zwei Tische, aber das Geschäft läuft gut, weil die Leute ihr Essen einfach mitnehmen.

Ney & Neyn THAILÄNDISCH $
(Th Damnoen Kasem; Hauptgerichte 30–120 B; ⌚8–16 Uhr) Tolle Suppen in Tonschalen sind das Markenzeichen dieses zwanglosen Lokals. Die *gŏo·ay đĕe·o gài* (Nudelsuppe mit Huhn) wird nach südlicher Art mit einer ganzen Hühnerkeule serviert. Der Laden hat kein Schild in Lateinschrift, ist aber an den Stapeln mit Tonschalen leicht zu erkennen.

Praktische Informationen

Eine offizielle Touristeninformation gibt es in der Stadt nicht. Aktuelle Infos erhält man jedoch in den Pensionen. Das Büro der **Tourism Authority of Thailand in Cha-am** (TAT; ☎032 471005; tatphet@tat.or.th; Th Phetkasem; ⌚8.30–16.30 Uhr) ist für die gesamte Provinz Phetchaburi zuständig.

Die **Kasikorn Bank** (Th Bandai-It; ⌚11–19 Uhr) im Einkaufszentrum Phetpaiboon Plaza ist die dem Stadtzentrum am nächsten gelegene Bank mit verlängerten Öffnungszeiten.

An- & Weiterreise

Der Zug ist in der Regel das praktischste und komfortabelste Verkehrsmittel. Phetchaburis **Bahnhof** (☎032 425211; Th Rot Fai) liegt in Gehweite zu den meisten Pensionen.

Nach Bangkok fahren keine Busse mehr, sondern nur noch Minivans. Diese nutzen die neue **Wat Tham Kaew Minivan Station** (Th Bandai-It; *sà·tăh·nee bor kŏr sŏr wát tâm gâaou)* wie auch die Minivans zum Kaeng Krachan National Park. Das Personal der meisten Pensionen kann anrufen, damit einen die Minivans zum Kaeng Krachan vor der Tür abholen; das kostet pro Person 50 B extra.

Die Minivans nach Hua Hin, Cha-am und Prachuap Khiri Khan halten 500 m südlich vom Minivanbahnhof an der Straße neben dem Phet-

VERKEHRSMITTEL VON/NACH PHETCHABURI

ZIEL	BUS	MINIVAN	ZUG
Bangkok Hualamphong			34–388 B, 3–3½ Std., tgl. 12-mal
Bangkok Southern & Northern (Mo Chit) Bus Terminal		100 B, 2 Std., 3.30–19.30 Uhr häufig	
Bangkok Thonburi			31 B, 4 Std., 7.16 & 12.56 Uhr
Cha-am	30 B, 1 Std., 5.40–16.30 Uhr stündl. (ab Wat Potaram)	50 B, 45 Min., 5–18.20 Uhr häufig	8–38 B, 40 Min., tgl. 5-mal
Chumphon	328–500 B, 6 Std., 6.30–20 Uhr stündl., 20–22 Uhr häufig		58–455 B, 5½–6½ Std., tgl. 11-mal
Hua Hin	40 B, 1½ Std., 5.40–16.30 Uhr stündl. (ab Wat Potaram)	80 B, 1 Std., 5–18.20 Uhr häufig	14–341 B, 1 Std., tgl. 12-mal
Kaeng Krachan National Park		120 B, 1 Std., 7.30–18.30 Uhr stündl.	
Prachuap Khiri Khan	150–200 B, 2½ Std., 6.30–20 Uhr stündl., 20–22 Uhr häufig	150 B, 2½ Std., 5–18.20 Uhr alle 40 Min.	31–382 B, 2–3 Std., tgl. 11-mal

charat Hospital sowie weiter südlich vor dem Einkaufszentrum Big C. Einige Fernbusse, die die Stadt passieren (nach Norden und nach Süden), halten ebenfalls am Big C; wer sie benutzen will, muss sich aber auf lange Wartezeiten gefasst machen. Busse nach Chumphon und zu Städten im Süden halten an der kleinen **südlichen Bushaltestelle** (Phetkasem Hwy) 300 m südlich des Hospitals. Eine weitere Option nach Hua Hin und Cha-am sind die **gewöhnlichen Busse**, die im Stadtzentrum neben dem Wat Potaram starten.

Unterwegs vor Ort

Motorradtaxis fahren für 20 bis 40 B sämtliche Ziele im Zentrum an. Phetchaburis vierrädrige Túk-Túks (die vor Ort *rót léng* genannt werden) kosten nur wenig mehr. Man kann sie auch für einen ganzen Tag mieten (ca. 700–800 B).

Alle Pensionen vermieten Fahrräder (50 B/Tag) und Motorräder (150–250 B); das Rabieng Rimnam (S. 523) verlangt am wenigsten. Man sollte das Motorrad gleich mit dem Zimmer reservieren, weil viele Pensionen sie von anderswo beziehen und man sonst eine Weile warten muss, wenn man eines an der Rezeption verlangt.

Kaeng Krachan National Park

อุทยานแห่งชาติแก่งกระจาน

Wenn der frühe Morgennebel über dem Blätterdach des Waldes liegt, erwacht man zur unheimlichen Sinfonie der Gibbon-Schreie. Anschließend wandert man durch die üppigen Wälder, um Elefantenherden und andere Wildtiere zu beobachten. Der mit 2915 km² größte Nationalpark Thailands liegt der Zivilisation überraschend nahe, schützt jedoch eine dichte Wildnis, in die sich nur relativ wenige Reisende verirren.

Im Park gibt es ein Problem mit Wilderei, aber dennoch eine reiche Tierwelt, zu der wilde Elefanten, Tiger, Leoparden, Tapire, Gaurs (Wildrinder), Weißhandgibbons, südliche Brillenlanguren und Schwarze Riesenhörnchen zählen. Darüber hinaus ist der Park als südlichster Lebensraum der nordthailändischen Vogelarten und nördlichster der südthailändischen Vogelarten eine interessante Schnittfläche zweier Habitate. Hier sind mehr als 400 Vogelspezies vertreten, darunter Blaupittas, Leiterschwanzelstere, Rosenkopf-Breitrachen, Puderspechte und Doppelhornvögel.

Abgesehen von dem malerischen Stausee an der Parkzentrale und dem **Wasserfall Pa La-U** (น้ำตกป่าละอู; ⌚8–17 Uhr) ist der gesamte Park von August bis Oktober für die Öffentlichkeit geschlossen. Die besten Monate für einen Besuch liegen zwischen November und März. Dann kommen auch die meisten Besucher, aber einen Massenandrang gibt es nur an Wochenenden und Feiertagen. Man kann den Park auch auf eigene Faust ohne eigenes Auto besuchen, das erfordert aber Geduld. In einigen Bereichen braucht man einen Geländewagen.

Sehenswertes & Aktivitäten

Im Zentrum des Parks gibt es zwei Hauptgebiete, die eine Erkundung lohnen. Im artenreichen, für Vogelbeobachter besonders interessanten Gebiet **Ban Krang** gibt's einen schönen, 2,5 km langen Naturpfad. Von dort gelangt man über eine 15 km lange, nur für Geländewagen geeignete Straße zum Aussichtspunkt Panoen Thung. Infos zum Park und Hilfe findet man im **Parkbesucherzentrum** (☎032 772311; Rte 3432; ⌚8–16 Uhr) am Haupteingang gleich beim malerischen **Kaeng Krachan Reservoir**.

Insbesondere kann man hier Fahrer mieten, um in den eigentlichen Park zu gelangen. Einige Mitarbeiter sprechen auch Englisch.

★ Panoen Thung Viewpoint AUSSICHTSPUNKT

(จุดชมวิวพะเนินทุ่ง) Der am Ende einer nur für Geländewagen geeigneten Straße liegende Aussichtspunkt bietet 960 m über dem Meeresspiegel erfrischende Kühle. Die meisten Besucher kommen wegen der fantastischen Aussicht in die Berge, insbesondere wegen des morgendlichen Blicks auf das „Nebelmeer" *(tá·lair mòrk)*. Diese Erscheinung kann im ganzen Jahr auftreten, ist aber in der kühlen Jahreszeit (Nov.–März) besonders häufig. Wer morgens rechtzeitig vor Ort sein will, muss um 5.30 Uhr von der Parkzentrale aufbrechen.

Vom Aussichtspunkt führt ein 4 km langer Weg zum **Nam Tok Tho Thip**, einem neunstufigen Wasserfall. Man bekommt allerdings nur fünf Stufen des Wasserfalls zu sehen. Diese Wanderung kann nur in Begleitung eines Rangers unternommen werden.

Schlafen & Essen

Es gibt schlichte **Bungalows** (☎032 772311; http://nps.dnp.go.th/reservation.php; Kaeng Krachan National Park; Bungalow 1200–3000 B) und einen **Campingplatz** (Stellplatz/gemietetes Zelt 30/200–300 B pro Pers.; P) am Stausee beim Parkeingang, wo man allerdings außer Vögeln kaum Wildtiere zu Gesicht bekommt.

Campingplätze gibt's auch tief im Wald bei **Ban Krang** (Stellplatz/gemietetes Zelt 30/200–300 B pro Pers.; P) und **Panoen Thung** (Stellplatz/gemietetes Zelt 30/200–300 B pro Pers.; P) sowie tief im Süden des Parks nahe dem Wasserfall **Pa La-U** (Stellplatz/gemietetes Zelt 30/200–300 B pro Pers.; P). Campingausrüstung kann auf allen Plätzen gemietet werden. Die Bungalows beim Wasserfall Pa La-U werden gerade renoviert.

Auf allen Campingplätzen gibt's Fastfood-Restaurants mit Nudel- und Reisgerichten. Die Restaurants auf den Plätzen auf dem Berg (Ban Krang & Panoen Thung) sind generell von 8 bis 18 Uhr geöffnet, allerdings sind die Öffnungszeiten abhängig vom Besucherstrom, während die Restaurants an der Parkzentrale und dem Wasserfall Pa La-U in der Regel um 16 Uhr schließen. Wer etwas mehr Auswahl haben will, findet weitere Restaurants gleich vor dem Parkeingang.

An- & Weiterreise

Kaeng Krachan liegt 52 km südwestlich von Phetchaburi und 68 km von Hua Hin entfernt. Geführte Touren werden von beiden Städten aus angeboten, allerdings sind sie insbesondere von Phetchaburi aus relativ selten, sofern man nicht für eine private Tour bezahlt.

Die Parkzentrale kann man mit Minivans von Phetchaburi und Bangkok aus erreichen. In beiden Fällen muss man aber dem Fahrer verständlich machen, dass man zum Kaeng Krachan National Park und nicht bloß in die Ortschaft Kaeng Krachan gelangen möchte. In Phetchaburi starten Minivans (120 B) stündlich zwischen 7.30 und 18.30 Uhr; für 50 B pro Person extra kann die Pension dafür sorgen, dass man an der Unterkunft abgeholt wird.

In Bangkok starten die Minivans (250 B) stündlich zwischen 9 und 17 Uhr vom alten Southern Bus Terminal *(sài đâi gòw)*; die Fahrt dauert 3½ Stunden. Von Hua Hin aus kann man, um die Fahrt bis nach Phetchaburi zu vermeiden, auch einen Minivan gen Norden bis Tha Yang nehmen und dort in einen Minivan nach Kaeng Krachan umsteigen (wenn dieser freie Plätze hat).

Unterwegs vor Ort

Eine Straße führt durch den Hauptabschnitt des Parks. Mit normalen Autos gelangt man 35 km weit bis zum Campingplatz Ban Krang, doch jenseits davon benötigt man einen Geländewagen. Es gibt keine öffentlichen Verkehrsmittel, und Motorräder und Fahrräder dürfen wegen der Gefahr durch Wildtiere die Straße (außer zum Wasserfall Pa La-U) nicht benutzen. Wer als Anhalter irgendwo mitfahren will, braucht Geduld.

Fahrer mit geländetauglichen Trucks stehen an der Parkzentrale und in Bang Krang bereit. Die Fahrt (hin & zurück) kostet pro Truck (bis zu 10 Pers.) und Tag vom Besucherzentrum zum Campingplatz Ban Krang 1200 B und zum Campingplatz Panoen Thung 1600 B; weitere 200 B werden fällig, wenn man die Nacht draußen verbringt und am nächsten Morgen zurückfährt. Oft, aber nicht immer, findet man an der Parkzentrale andere Traveller, mit denen man sich die Kosten teilen kann. Die Straße ist so schmal, dass sie nur als Einbahnstraße befahren werden darf. In den Park hinein ist sie von 5.30 bis 7.30 Uhr und von 13 bis 15 Uhr geöffnet; in der anderen Richtung zwischen 9 und 10 sowie zwischen 16 und 17 Uhr.

Cha-am

ชะอำ

032 / 35 600 EW.

Der günstige, fröhliche Strandort Cha-am ist ein beliebtes Ziel für Arbeiterfamilien und Studenten aus Bangkok. Am Wochenende und an Feiertagen bringen in Neonfarben bemalte Busse (*ching chap tua* genannt) mit laut dröhnender Musik Urlauber in die Stadt. Diese feiern dann typisch thailändische Strandpartys in Form eines Ess- und Trinkmarathons rund um die von Schirmen beschatteten Strandmöbel. Fürs Unterhaltungsprogramm sorgen Bananenboote, die hin und her rasen und ihre Passagiere schließlich mit einem finalen, abrupten Wendemanöver ins Meer befördern.

Nach Cha-am verirren sich nur wenige Ausländer; meist ältere Europäer, die lieber hier als im teureren Hua Hin überwintern. Wie in Hua Hin ist der Strand wegen der flachen See besser für Spaziergänge und zum Sonnenbaden als zum Schwimmen geeignet. Anders als in der weiter südlich gelegenen Stadt gibt's aber hier nur wenig, abgesehen vom Strand und dem **Waldpark** (วนอุทยานชะอำ; Phetkasem Hwy; tagsüber) mit seinen Gibbons. Die Meeresfrüchte sind aber hervorragend; es macht Spaß, die Wochenendausflügler zu beobachten, und die Preise sind hier so günstig wie kaum irgendwo sonst an der Küste.

Feste & Events

Gin Hoy, Do Nok, Tak Meuk ESSEN & TRINKEN

(Sept.) Bei diesem jährlich im September stattfindenden Fest kann man wirklich alles erleben. Der Name bedeutet „Schalentiere essen, Vögel beobachten, Tintenfische fangen" und ist ein treffendes Motto für die örtlichen Attraktionen und Traditionen.

Hauptsächlich handelt es sich um ein kulinarisches Fest, bei dem diverse Meeresfrüchte im Mittelpunkt stehen, es gibt aber auch Vogelbeobachtungs-Events in nahegelegenen Schutzgebieten sowie abendliche Konzerte.

Thailand International Kite Festival KUNST
(März) In den meisten, aber nicht in allen Jahren fliegen an einem langen Wochenende im März künstlerisch gestaltete Drachen am Himmel über dem Strand.

Schlafen

Billige, reizlose Pensionen in schmalen Beton-Ladenhäusern nahe dem Strand stellen das Gros der Unterkünfte in Cha-am. Man sollte möglichst nicht an der schmuddeligen Soi Bus Station übernachten, wenn man gut schlafen will. Werktags gibt's beträchtlichen Preisnachlass.

Pa Ka Ma PENSION $$
(032 433504; Soi Cay-ben Tee-wee; Zi. 1000 B;) Diese Pension mit nur etwas höheren Preisen als der Durchschnitt ist wahrscheinlich die beste Budgetunterkunft in Cha-am. Jedes Zimmer der attraktiv gestalteten Unterkunft hat seinen eigenen Stil, und die nach hinten liegenden besitzen kleine Balkone. Die Badezimmer sind gut, allerdings muss man vielleicht lange warten, bis das Wasser heiß wird. Das Personal spricht nur wenig Englisch.

Die Pension liegt in einer unbezeichneten Gasse zwischen den Sois 1 und 2 North. Falls das Haus ausgebucht ist, gibt's in der Nähe noch einige andere gute Alternativen.

Cha Inn @ Cha-Am HOTEL $$
(032 471879; www.chainn-chaam.com; 274/34 Th Ruamjit; Zi. mit Frühstück 1200–2000 B;) Die Besitzer haben das alte Gebäude mit viel Kreativität in ein schönes, stilvolles Hotel verwandelt, das sich auf erfrischende Weise von den üblichen Unterkünften in Cha-am abhebt. Es gibt ein Restaurant im Erdgeschoss und darüber eine luftige Lounge. Die 17 Zimmer sind groß, komfortabel und genauso schön und subtil gestaltet wie die öffentlichen Bereiche.

Dream Boutique Hotel HOTEL $$
(032 470896; 235/35 Soi Anatachai; DZ 800–1200 B, FZ 1800 B;) Die Bezeichnung Boutiquehotel passt nicht, aber das ist auch schon der einzige Kritikpunkt an diesem sehr gut geführten, makellos sauberen Hotel. Die Zimmer sind nicht schick, aber voll ausgestattet und haben Balkone, und die Gäste können auf dem Dach abhängen. Es gibt einen Fahrrad- und Motorradverleih, und wenn man in der Stadt ankommt, wird man abgeholt.

Das Hotel liegt zwischen den Sois 1 und 2 South, das ist die dritte Soi südlich der Th Narathip.

Bann Pantai Resort HOTEL $$$
(032 470155; www.bannpantai.com; Th Ruamjit; Zi. mit Frühstück 4000–6000 B;) Das familienfreundliche Hotel ist eleganter als die meisten Hotels in Cha-am und hat einen riesigen Pool sowie ein kleines Fitnesscenter – und der Strand liegt gleich über die Straße.

Die Zimmer sind groß und verfügen über hervorragende Betten und Vorderterrassen.

Essen & Ausgehen

Vom Liegestuhl aus kann man einen der Straßenhändler heranwinken, die in Plastik verpackte Gerichte verkaufen, oder man bestellt etwas von den vielen nahegelegenen Strandrestaurants mit Lieferservice.

Die besten Meeresfrüchterestaurants finden sich am Angelpier am nördlichen Ende des Strands.

Die größte Ausländerenklave mit kaltem Bier, Billardtischen, Sportfernsehen, Massagen und Bordellen ist die Soi Bus Station, die erste Straße südlich der Th Narathip. Man kann es aber auch machen wie einige thailändische Touristen und auch nach Sonnenuntergang einfach mit seiner Flasche in einem Liegestuhl sitzen.

Khrua Rua Makham THAILÄNDISCH $$
(Th Ruamjit; Hauptgerichte 60–420 B; So–Do 7–19, Fr & Sa 7–20 Uhr;) Das Freiluftrestaurant serviert hauptsächlich typisch thailändische Gerichte wie gebratenes Huhn mit Knoblauch, grünes Curry und dergleichen, es gibt hier aber auch eine gute Auswahl an Meeresfrüchten, unter denen gebratener Tintenfisch die hiesige Spezialität ist. Das Essen wird einen zwar nicht unbedingt begeistern, aber genauso wenig enttäuschen.

Krua Medsai Seafood THAILÄNDISCH $$
(Off Th Ruamjit; Hauptgerichte 40–450 B; 10–22 Uhr) Das riesige Medsai ist eines unter Dutzenden Meeresfrüchtelokalen am Fischerhafen von Cha-am. Manche der kleineren Restaurants hier sind sicher stimmungsvoller, aber nur wenige andere haben eine so

große Auswahl und eine in verständliches Englisch übersetzte Speisekarte.

Praktische Informationen

Der Phetkasem Hwy führt durch Cha-ams geschäftiges Stadtzentrum, das über die Th Narathip rund 1 km vom Strand entfernt ist. Hier findet man Banken, den Freiluftmarkt, den Bahnhof und die meisten Bushaltestellen.

An der Th Ruamjit gibt's viele Geldautomaten und ein paar Wechselstuben mit verlängerten Öffnungszeiten.

An- & Weiterreise

Vom kleinen Minibus-Bahnhof von **Hua Hin-Pran Tour** (☎ 032 511654; Th Sasong) an der Soi Bus Station gibt's zwischen 7 und 17.30 Uhr halbstündlich Fahrten nach Bangkok (Southern Terminal & Mo Chit Terminal). Alle übrigen öffentlichen Busse und Minivans halten an der Kreuzung des Phetkasem Hwy mit der Th Narathip. Überwiegend handelt es sich dabei um Minivans, da nur wenige Busse aus Hua Hin oder anderen Orten im Süden in Cha-am halten, um Passagiere aufzunehmen. Der **Airport Hua Hin Bus** (☎ 084 697 3773; www.airporthuahinbus.com; Th Phetkasem, neben dem Hua Hin Airport), der aus Hua Hin zum Bangkoker Flughafen Suvarnabhumi fährt, hält in Cha-am vor der Government Savings Bank, ebenso wie die Busse von Shinnakeart Korat nach Bangkok, Nakhon Ratchasim (328 B, 8 Std., 10.30 & 21.30 Uhr) und Ubon Ratchathani (609 B, 15 Std., 18.30 Uhr).

Der **Bahnhof** (☎ 032 471159; Th Narathip) liegt westlich des Phetkasem Hwy am Ende der Th Narathip und wird nicht von Expresszügen bedient. Achtung: Im Fahrplan ist Cha-am als „Ban Cha-am" aufgeführt.

Am Strand kann man Taxis (d. h. beliebige Privatautos, die Passagiere befördern) anheuern. Die Fahrt nach Hua-Hin kostet 500 B.

Unterwegs vor Ort

Eine kurze Fahrt mit dem Motorrad (40 B) oder dem Taxi (100 B) bringt einen vom Stadtzentrum zum Strand.

Fahrräder (100 B/Tag) und Motorräder (200–250 B) kann man an der Th Ruamjit mieten.

Hua Hin

หัวหิน

☎ 032 / 59 369 EW.

Thailands ältestes Seebad ist keine von Palmen gesäumte, einsame Insel – und vielleicht gerade deshalb umso schöner. Stattdessen bietet es eine erfrischende Mischung aus Stadt und Meer mit fast kosmopolitischem Flair, lebhaften Märkten, guten Golfplätzen und Wasserparks, internationaler Küche und ausgezeichneten Unterkünften. Tatsächlich setzen viele Besucher hier nie einen Fuß auf dem Sand.

Hua Hins aristokratische Wurzeln reichen bis ins Jahr 1911, als die Bahnstrecke aus Bangkok eröffnet wurde und einige Angehörige des Königshauses sich hier Ferien-

VERKEHRSMITTEL VON/NACH CHA-AM

ZIEL	BUS	MINIVAN	ZUG
Bangkok Don Mueang International Airport		180 B, 4 Std., 6.30–18.30 Uhr alle 40 Min.	
Bangkok Hualamphong			40–143 B, 4–4½ Std., 1.40, 4.55 & 14.33 Uhr
Bangkok Southern & Northern (Mo Chit) Bus Terminal	241 B, 4½ Std., 9.30, 12.30, 14.40 & 17.30 Uhr	160 B, 3½ Std., 4.30–19.30 Uhr häufig	
Bangkok Suvarnabhumi International Airport	269 B, 4 Std., 6.20–18.20 Uhr alle 90 Min.		
Bangkok Thonburi			38 B, 4 Std., 6.41 & 12.13 Uhr
Hua Hin	20 B, 30 Min., 6.30–17.30 Uhr stündl.	30 B, 30 Min., 6–19.30 Uhr häufig	6–33 B, 30 Min., tgl. 5-mal
Kanchanaburi		200 B, 3½ Std., 6.40–17.40 Uhr stündl	
Phetchaburi	30 B, 1 Std., 6.30–16.30 Uhr stündl.	50 B, 45 Min., 6–19.30 Uhr häufig	8–38 B, 40 Min., tgl. 5-mal

ABSTECHER

STRÄNDE IN DER NÄHE VON HUA HIN

Südlich von Hua Hin liegen eine Reihe von Stränden, die von spektakulären Landzungen umrahmt sind und die sich für tolle Tagesausflüge anbieten, wenn einem der Strand von Hua Hin zu städtisch vorkommt.

Der **Khao Tao** (Schildkrötenberg) schützt eine idyllische kleine Bucht, wo der Strand von **Hat Sai Noi** dramatisch schnell ins Meer abfällt, sodass sich die seltene Gelegenheit zum Schwimmen in tiefem Wasser bietet. Hier gibt's ein kleines Resort (S. 533) und ein paar Restaurants. Am Wochenende strömen die Massen hierher, aber werktags ist es ruhig – mit etwas Glück hat man den Strand ganz für sich allein.

Im **Wat Tham Khao Tao** an der Nordseite des Hügels finden sich viele buddhistische und andere Statuen in einer Beton „Höhle" vor der eigentlichen, kleinen Höhle. Wer weiter vordringt, kann noch farbenprächtigere Schreine entdecken und zu dem Buddha auf dem Hügel hinaufsteigen. Zu Fuß oder per Motorrad geht man vom Strand aus einfach um den Fuß des Hügels herum zum Tempel, mit einem Auto muss man hingegen den langen Umweg rund um den Stausee nehmen.

Um zum Strand zu gelangen, nimmt man in Hua Hin einen Bus Richtung Pranburi und bittet den Fahrer, einen im Dorf Ban Tao abzusetzen (20 B). Von dort bringt einen ein Motorradtaxi – es gibt hier nicht viele, sodass man vielleicht eine Weile warten muss – zum Strand (30 B). Für die Rückfahrt sollte man sich vom Fahrer dessen Telefonnummer geben lassen. Per Anhalter zu fahren dürfte sehr schwierig werden.

residenzen errichteten. Mitte der 1920er-Jahre war Hua Hin ein voll entwickelt[illegible] Ferienort für den Bangkoker Adel mi[illegible] Golfplatz und einem Hotel am Mee[illegible]sen Restaurant von einem Euro[illegible] ge[illegible]nagt wurde. Auch die Könige Ra[illegible] Rama VII. ließen sich hier Som[illegible]pa[illegible]ste erbauen. Der **Phra Ratchawang Klai[illegible]won** (พระราชวังไกลกังวล; Th Phetkase[illegible] Sorgenfrei") von Rama VII. ist auch heute noch eine Königsresidenz, in der König Rama IX. (Bhumibol Adulyadej) in seinen letzten Jahren längere Zeit wohnte.

In Hua Hin fließt zwar viel Geld, aber die Stadt ist immer noch ein günstiges Ziel: Die Meeresfrüchte sind reichlich vorhanden und günstig, es gibt bequeme öffentliche Verkehrsmittel und von Bangkok aus kommt man viel schneller und müheloser hierher als zu den Inseln im Süden.

Sehenswertes

Hua Hins Altstadt, ein ehemaliges Fischerdorf, hat sich seine Verbindung zur Vergangenheit bewahrt. Noch heute gibt es ein altes Viertel mit Ladenhäusern aus Teakholz, das von schmalen, krummen Gassen durchzogen ist und an dessen Rand sich Ufergebäude mit Restaurants und Pensionen sowie ein geschäftiger Fischerpier befinden, der noch heute benutzt wird. Am Strand, insbesondere im Norden, erblickt man immer noch viele historische, aus Holz erbaute Sommerresidenzen.

Der **Hua Hin Beach** (หาดหัวหิน) ist ein schöner, aber nicht hinreißender weißer [illegible]dstrand, an den ruhige, graugrüne Wel[illegible] schlagen – wunderbar zum Spazierengehen [illegible] oder Sonnenbaden; zum Schwimmen [illegible]et er sich allerdings nicht. Besonders in der Regenzeit ist Vorsicht vor Quallen geboten.

★ Cicada Market MARKT

(ตลาดจั๊กจั่น; ☎080 650 4334; www.cicadamarket.com; Soi Hua Thanon 23, Th Phetkasem, South Hua Hin; ⊙Fr–So 16–23 Uhr) GRATIS Viel besser als der Hua Hin Night Market (S. 535) im Stadtzentrum ist dieser 3,5 km weiter südlich gelegene beliebte Markt, der eine lustige Mischung aus Kulinarischem, Einkaufsmöglichkeiten und Straßenkunst bietet. Das Einkaufserlebnis ist entspannt, da man nicht bedrängt wird. Viele Künstler verkaufen hier handgearbeitetes Heimdekor und Kleidung, und es gibt nicht nur Essen aus Thailand. Ab 20.30 Uhr beginnt die Live-Unterhaltung auf der Bühne, und Straßenmusikanten sind immer mit dabei.

Der letzte grüne *sŏrng·tăa·ou* zurück in die Stadt kommt gegen 21 Uhr vorbei.

Mrigadayavan Palace HISTORISCHES GEBÄUDE

(พระราชนิเวศน์มฤคทายวัน; ☎032 508443; www.mrigadayavan.or.th; 30 B; ⊙Do–Di 8.30–16.30 Uhr, letzter Einlass 16 Uhr) In luftiger Lage am Meer, 12 km nördlich von Hua Hin entfernt, wurde dieser Sommerpalast 1924 unter der

Hua Hin

Hua Hin

Sehenswertes
1 Hat Hua Hin D4
2 Hua Hin Train Station A4

Aktivitäten, Kurse & Touren
3 Hua Hin Adventure Tour B3
4 Hua Hin Golf Centre C3
5 Thai Massage by the Blind B1

Schlafen
6 Baan Somboon C4
7 Centara Grand Beach Resort & Villas D4
8 Chanchala Hostel B4
9 Hua Hin Place B1
10 King's Home B2
11 Love Sea House C2

Essen
12 Straßenimbisse-Ecke Chomsin-Naebkehardt B2
13 Hua Hin Vegan Cafe B3
14 Jek Pia B3
15 Koti B3
16 The Social Salad C2
17 Velo Cafe B1

Ausgehen & Nachtleben
18 White Lotus Sky Bar C3

Shoppen
19 Hua Hins Nachtmarkt B3

Praktisches
20 Städtische Touristeninformation B3
21 Tourism Authority of Thailand B2

Transport
22 Hua Hin-Pran Tour A3
23 Lomprayah C4

Herrschaft Ramas VI. erbaut. Die Anlage in einem wunderschönen Garten mit großen Bäumen und hinreißendem Ausblick aufs Wasser besteht aus 18 miteinander verbundenen Teakholzgebäuden. Die Häuser stehen auf Stelzen, haben hohe Fenster samt Fensterläden und weisen filigrane Holzverzierungen auf.

Baan Silapin GALERIE
(บ้านศิลปิน; ☎086 1620162; www.huahinartistvillage.wordpress.com; Th Hua Hin-Pa Lu-U; Kunstkurse pro Std. Erw./Kind 150/100 B; ⏲Di–So 10–17 Uhr) GRATIS Tawee Kasangam, ein Maler aus der Gegend, gründete diese Künstlerkolonie in einem schattigen Wäldchen, 4 km westlich der Stadt. Die Galerien und Atelierräume zeigen die Werke von mehr als einem Dutzend Künstlern. Viele von ihnen sind Bangkoks hektischer Kunstwelt entflohen, um sich in die entspanntere Atmosphäre Hua Hins mit seiner wunderschönen Berg- und Meereslandschaft zurückzuziehen.

Khao Takiab HÜGEL
(เขาตะเกียบ) Rund 7 km südlich der Stadt wacht der monumentale „Essstäbchenberg" über das südliche Ende des Strands von Hua Hin. Eine steile Straße kurvt hinauf zur Spitze des 77 m hohen Hügels und führt vorbei am **Meeresfrüchtemarkt** zum **Wat Khao Takiab**. Der thailändisch-chinesische Tempel ist zwar architektonisch nicht besonders bemerkenswert, aber man hat von hier aus einen tollen Blick auf die Stadt. Unten am Rand des Strandes erhebt sich ein großer **stehender Buddha**, der ein beliebtes Fotomotiv ist.

Hua Hins grüner *sŏrng·tăa·ou* hält im 1 km entfernten Dorf Khao Takiab, man kann aber mit den Fahrern aushandeln, sich direkt zum Tempel bringen zu lassen – 50 bis 100 B extra pro Person (einfache Strecke) dürften ausreichend sein.

Hua Hin Train Station HISTORISCHE STÄTTE
(สถานีรถไฟหัวหิน; Th Liap Thang Rot Fai) Dieses rotweiße Wahrzeichen ist der wohl schönste Bahnhof in Thailand. Er wurde 1926 anstelle des ursprünglichen Bahnhofs errichtet. Der Pavillon im viktorianischen Pfefferkuchen-Stil sticht dank der vielen geschnitzten Holzpfeilern und Holzleisten hervor. Da Hua Hin seinen Wohlstand der Bahn verdankt, ist der Bahnhof für die Einwohner ein stolzes Prunkstück, und Nachahmungen dieses Entwurfs finden sich überall in der Stadt.

Aktivitäten & Kurse

Mit neun Golfplätzen in der Umgebung ist Hua Hin ein sehr beliebtes Ausflugsziel für Golfer.

Das Fahrrad ist eine schöne und günstige Option zur Erkundung der Attraktionen in Hua Hins Umgebung, vor allem an Werktagen, wenn der Verkehr nicht so stark ist. Besondere Vorsicht ist auf der Th Phetkasem geboten – da sind wirklich fürchterliche Raser unterwegs!

Geführte Touren, darunter einige tolle für Fahrradfahrer, sind eine gute Möglichkeit, sich die umliegenden Sehenswürdigkeiten anzuschauen.

Hua Hin Bike Tours RADFAHREN
(☎081 173 4469; www.huahinbiketours.com; 15/120 Th Phetkasem, zw. Soi 27 & 29; ganztägige Tour ab 2950 B; ⏲10–20 Uhr) Das Veranstalter-Ehepaar bietet ganz- und mehrtägige Touren durch Hua Hin und in die Umgebung, darunter auch eine viertägige Fahrt von Bangkok nach Hua Hin. Das Paar vermietet auch hochwertige Fahrräder (500 B/Tag, Rabatt für längere Anmietung) an Radfahrer, die auf eigene Faust unterwegs sind, und kann geeignete Routen empfehlen.

Die beiden veranstalten außerdem die Langstreckenfahrt **Tour de Thailand** (www.tourdethailand.com), die durchs ganze Land führt und deren Einnahmen wohltätigen Zwecken dienen.

North Kiteboarding Club KITESURFEN
(☎083 438 3833; www.northkiteboardingclub.com; 113/5 Th Phetkasem, bei Soi 67, South Hua Hin; 3-tägiger Anfängerkurs 11 000 B; ⏲9–21 Uhr) Das gut geführte Unternehmen hat seinen Sitz in Hua Hin, besitzt aber auch Filialen in Chumpon und Phuket. Es betreibt einen großen Laden und bietet Kitesurfing-Unterricht.

Hua Hin Golf Centre GOLFEN
(☎032 530476; www.huahingolf.com; Th Selakam; ⏲12–20.30 Uhr) Das freundliche Personal in diesem professionellen, von **Hua Hin Golf Tours** (☎032 530119; Soi 41; ⏲6.30–22 Uhr) geführten Laden informiert über die günstigsten gepflegten Golfplätze, auf denen man sicher sein kann, dass die Affen nicht versuchen, den Spielern die Bälle zu stibitzen.

Das Unternehmen organisiert Golfausflüge und vermietet an seine Kunden hochwertige Golfschläger (500–700 B/Tag).

Thai Massage by the Blind MASSAGEN
(☎081 944 2174; The Naebkenhardt; Thai-Massage 200 B; ⏲7–21 Uhr) Blinde Masseurinnen ge-

ben hier traditionelle Kopf-, Fuß- und Körpermassagen sowie einige weitere Anwendungen, darunter Kräuterwickel. Es gibt noch zwei weitere Filialen in größerer Entfernung zum Stadtzentrum.

Thai Cooking Course Hua Hin KOCHEN
(☎081 572 3805; www.thai-cookingcourse.com; Soi 19, Th Phetkasem; Kurs 1500 B) Angehende Chefköche sollten sich für diesen eintägigen Kochkurs inklusive Marktbesuch, Zubereitung von fünf Gerichten und Kochbuch einschreiben. Für den Kurs müssen mindestens drei Teilnehmer zusammenkommen. Die Teilnehmer werden direkt von ihren Hotels abgeholt.

Geführte Touren

Feast Thailand ESSEN
(☎095 461 0557, 032 510207; www.feastthailand.com; Th Naebkehardt, im Raruk Hua Hin Market; ab 1350 B; ⌚Mo–Sa 8.30–16 Uhr) Das kleine Unternehmen veranstaltet sehr zu empfehlende, halbtägige kulinarische Touren. Man wählt seine Tour – entweder zur thailändischen Standardküche oder zu selteneren Spezialitäten – und wird bei seinem Hotel abgeholt. Manchmal gibt's auch Touren, denen man sich spontan anschließen kann.

Hua Hin Adventure Tour ABENTEUER
(☎032 530314; www.huahinadventuretour.com; Th Naebkehardt; ⌚Mo–Sa 9–18 Uhr) Hua Hin Adventure Tour veranstaltet Aktiv-Ausflüge, darunter Kajaktouren im Khao Sam Roi Yot National Park (S. 540) und Wildbeobachtungstouren im Kaeng Krachan National Park (S. 525).

Feste & Events

Hua Hin Jazz Festival MUSIK
Zu Ehren der privaten Vorliebe Ramas IX. (Bhumibol Adulyadej) für Jazzmusik veranstaltet die Stadt, in der sich so viele Königsresidenzen befinden, alljährlich ein Jazzfestival mit thailändischen und internationalen Musikern. Alle Konzerte sind kostenlos. Das Festival findet jedes Jahr in einem anderen Monat statt; der Termin wird in der Regel nicht weit im Voraus bekanntgegeben.

Schlafen

Nördlich der Th Chomsin wird die Stadt plötzlich viel ruhiger und ländlicher. Bangkoks trendbewusste Jugend zieht es in dieses Viertel rund um die Th Naebkehardt und die Soi 51.

Wer hauptsächlich wegen Sonne und Strand kommt, sollte im Süden wohnen, wo der Strand recht ruhig und frei von aufdringlichen Verkäufern ist.

Chanchala Hostel HOSTEL $
(☎086 331 6763; www.chanchalahostelhuahin.com; 1/5 Th Sasong; B mit Frühstück 340 B; ❄📶)

NICHT VERSÄUMEN

ELEFANTENASYL

Man muss nicht lange in Thailand sein, um zu verstehen, welch geringe Beachtung hier dem Tierschutz geschenkt wird. Die Wildlife Friends Foundation Thailand ist eine der aktivsten Gruppen, die daran etwas ändern wollen. Sie betreibt 45 km westlich von Hua Hin ein **Wildtier-Schutzzentrum** (มูลนิธิเพื่อนสัตว์ป่า; ☎032 458135; www.wfft.org; Tour inkl. Mittagessen halber/ganzer Tag 1100/1800 B) 🍃. Hier werden misshandelte, verletzte und ausgesetzte Tiere, die nicht mehr ausgewildert werden können, aufgenommen und versorgt.

Das Zentrum kümmert sich um mehr als 500 Tiere, darunter Bären, Tiger, Gibbons, Makaken, Loris und Vögel. Angeschlossen ist eine Rettungsstation für Elefanten, in der die Dickhäuter ihren Lebensabend frei von Ketten verbringen. Ein Besuch hier ist ein wunderbarer Tagesausflug – viel besser als die Elefanten- und Tiger-Touristenattraktionen, die häufig bei Touren ins Umland von Hua Hin auf dem Programm stehen. Bei den Führungen des Zentrums hat man überall Zugang und erfährt jede Menge über die Tiere und die Geschichte ihrer Rettung. Bei der ganztägigen Führung ist man beim Ausführen und Baden der Elefanten dabei. Zufallsbesucher ohne Anmeldung sind nicht willkommen.

Der Transfer vom Hotel in Hua Hin oder Cha-am kostet 200 B pro Person, und es gibt vor Ort auch eine kleine Lodge (4000 B/Nacht inkl. Mahlzeiten). Wer den Tieren noch näher kommen will, kann im Zentrum **Freiwilligenarbeit** (☎032 458135; www.wildlifevolunteer.org) 🍃 leisten.

Das blitzsaubere Hostel mit drei Schlafsälen ist fünf Gehminuten vom Bahnhof entfernt und macht alles richtig. Zu jedem Schlafplatz in den Schlafsälen mit sechs und acht Betten (von denen einer Frauen vorbehalten ist) gehören ein eigenes Schließfach, eine Leselampe und eine Steckdose. Im Café mischen sich die Gäste unter das freundliche Personal, und in der Lounge auf dem Dach kann man sich mit anderen Travellern austauschen.

★ King's Home PENSION $$

(☎089 052 0490; www.huahinkingshome.blogspot.com; abseits der Th Phunsuk; Zi. 750–950 B; ❄📶🏊) Die von einer Familie geführte Pension hat tolle Preise und viel Charakter: An der Vordertür wird man von einem Kristallkandelaber und der Statue eines Deutschen Schäferhunds mit einer Blumengirlande auf dem Kopf begrüßt. Das ganze Haus einschließlich der sechs kleinen Gästezimmer ist vollgestopft mit Antiquitäten und Kitsch, die für eine anheimelnde Atmosphäre sorgen.

Big Apple PENSION $$

(☎089 686 1271; www.bigapplehuahin.com; Soi Hua Hin 83, Th Phetkasem, South Hua Hin; Zi./Apt. 1200/1800 B; P❄📶🏊) Die kleine, makellose Pension (die Inhaber bezeichnen sie als „Bed & Pool") liegt in einer Soi zwischen dem Strand und dem riesigen Einkaufszentrum Bluport. Es gibt fünf normale Zimmer und drei Apartments mit kleinen Küchen neben einem verspielten Garten samt großem Swimmingpool. Für die Hauptsaison sollte man weit im Voraus reservieren. Der Mindestaufenthalt beträgt zwei Nächte.

Hua Hin Place PENSION $$

(☎032 516640; www.huahin-place.com; 43/21 Th Naebkehardt; DZ & 2BZ 400–1500 B, FZ 1200–1500 B; ❄📶) Es ist nicht ganz klar, ob die recht große Unterkunft ein Hotel oder eine Pension ist, sie fällt aber eher noch in die letztere Kategorie dank der flotten Lounge im Erdgeschoss – diese ist mit museumswürdigen Muscheln, Fotos und anderem Schnickschnack ausstaffiert. Hier können sich die Gäste untereinander austauschen und mit der charmanten Inhaberin plaudern.

Love Sea House PENSION $$

(☎080 079 0922; siamozohlie@hotmail.com; 35 Th Dechanuchit; Zi. 700–800 B; ❄📶) Die nette, von einer Familie geführte Pension präsentiert sich maritim in Blau und Weiß. Die Englisch sprechenden, älteren Inhaber halten die großen Zimmer sehr sauber. Die Unterkunft liegt zwar in der Nähe der Partyzone von Hua Hin, ist aber ungeeignet für Leute, die sich in den Partytrubel stürzen wollen.

Baan Somboon PENSION $$

(☎032 511538; 13/4 Soi Hua Hin 63, Th Damnoen Kasem; Zi. 800 B; ❄📶) Mit eingerahmten Fotos als Wandschmuck, polierten Holzböden und einem kleinen Garten wirkt diese Unterkunft an einer sehr ruhigen, zentral gelegenen Soi wie das Haus der verschollenen thailändischen Lieblingstante. Die Zimmer sind zwar klein und altmodisch, aber die Pension ist trotzdem die anheimelndste in ganz Hua Hin.

★ Centara Grand Beach Resort & Villas HOTEL $$$

(☎032 512021; www.centarahotelsresorts.com; 1 Th Damnoen Kasem; Zi. mit Frühstück 8700–14 000 B; P❄@📶🏊) Das historische Railway Hotel wurde 1922 als erstes Hotel der Stadt eröffnet. Im Laufe der Jahrzehnte wurde es renoviert und erweitert, hat seine vornehme Aura aber immer bewahrt – kein anderes Hotel vor Ort hat ein so prächtiges Ambiente. Die Zimmer sind groß, die Einrichtungen fantastisch, das Personal ist auf Zack und den großen Garten schmücken Frangipani und kunstvoll in Form geschnittene Bäume und Sträucher.

★ Sanae Beach Club HOTEL $$$

(☎032 900971; www.sanaebeachclub.com; Hat Sai Noi; Zi. mit Frühstück 3700–4700 B; P❄📶🏊🐾) Der Hauptpluspunkt dieses kleines Resorts ist seine Lage: Als einziges liegt es direkt am prächtigen Hat Sai Noi (S. 529). Der Strand ist tagsüber fast verlassen, aber an den Wochenenden trotz der Tagesgebühr von 300 B fast überlaufen. Die Zimmer sind groß und komfortabel, auch wenn das ausschließlich weiße Dekor etwas störend ist.

★ Baan Bayan HOTEL $$$

(☎032 533540; www.beachfronthotelhuahin.com; Th Phetkasem, auf Höhe Soi 69, South Hua Hin; Zi. mit Frühstück 4000–13 000 B; P❄📶🏊) Die Anlage, deren Mittelpunkt ein schönes Teakholzhaus aus dem frühen 20. Jh. bildet, ist ideal für Traveller, die einen Luxusurlaub ohne die überladene Atmosphäre eines großen Resorts erleben wollen. Das Hotel ist luftig, bietet Zimmer mit hohen Decken, hat aufmerksames Personal und liegt direkt am

Strand. Die meisten Zimmer stammen aus jüngerer Zeit, wirken aber genauso historisch wie die drei originalen.

Essen

Hua Hin ist berühmt für seine Meeresfrüchte, aber die Einheimischen bevorzugen die schlichten Restaurants in Ban Takiab südlich der Stadt – in manchen von diesen gibt's Büfetts schon für 400 B.

★ Baan Khrai Wang THAILÄNDISCH, KAFFEE $
(Th Naebkehardt; Hauptgerichte 65–285 B; ⌚9–18 Uhr) Die Palmen, der Blumengarten, die aus Holz gezimmerten historischen Strandhäuser und das Geräusch der Wellen sorgen im „Haus nahe dem Palast" für das perfekte Ambiente. Viele kommen hierher, um Kaffee zu trinken und Kokoskuchen zu essen, aber es gibt auch eine kleine Speisekarte, auf der u.a. Kaeng Masaman, gebratener Reis mit Krabben, *kôw châe* und Caesar-Salad-Wraps stehen.

★ Jek Pia THAILÄNDISCH $
(51/6 Th Dechanuchit; Hauptgerichte 35–150 B; ⌚6.30–12.30 & 17.30–20 Uhr) Das über 50 Jahre alte Restaurant, ein früherer Kaffeeladen, ist heute eines der kulinarischen Top-Ziele von Hua Hin. Die verstorbene Mutter des heutigen Inhabers lud ihre Lieblingsköche ein, sich ihr anzuschließen – so entstand ein Gourmet-Foodcourt, weshalb einen gleich bei der Ankunft ein ganzer Stapel von Speisekarten begrüßt.

★ Sôm·đam Tanontok 51 THAILÄNDISCH $
(Th Damrongraj/Soi 51; Hauptgerichte 40–190 B; ⌚10–20 Uhr; 📶) Das herausragende Restaurant in einem tollen kulinarischen Viertel bietet echte Isan-Gerichte (S. 436), die von einer Familie aus Khorat zubereitet werden. Es gibt alles, was man erwartet, darunter gegrillten Wels, *gaang orm* (ein milchfreies Curry mit Kräutern und Kokosmilch) und viele Arten von *sôm·đam,* nicht nur mit Papaya, sondern auch mit Gurke und Bambussprossen. Tintenfisch-*lâhp* kommt hier ebenfalls auf den Tisch.

Hua Hin Vegan Cafe VEGAN, THAILÄNDISCH $
(Th Phetkasem; Hauptgerichte 100–250 B; ⌚9.30–21 Uhr; 📶✍) 🌿 Abgesehen vom Fehlen tierischer Produkte hat dieses moderne Lokal nichts gemein mit den typischen thailändischen veganen Restaurants: Hier gibt's Wein, Knoblauch, eine Klimaanlage, Jazz, Bio-Zutaten und kreative Gerichte. Viele thailändische Speisen – traditionelle oder weniger traditionelle (z.B. Quinoa-*lâhp*) – stehen auf der Karte, aber diese kennt keine Grenzen: Man findet auch Burger mit Jackfrucht-Teriyaki, Linsen-Tacos und westafrikanische Erdnusssuppe.

Straßenimbisse-Ecke Chomsin-Naebkehardt STRASSENKOST $
(Ecke Th Chomsin & Th Naebkehardt; ⌚6–24 Uhr) An dieser bemerkenswerten Ecke mit Straßenimbissen wird sehr günstige Kost geboten, und trotz des bescheidenen Ambientes gibt's hier ausgezeichnetes thailändisches Essen. Die Action beginnt am frühen Morgen in der Th Naebkehardt rund 50 m südlich der Th Chomsin, und später kommen immer mehr Imbisswagen hier und auf der anderen Straßenseite an der Kreuzung hinzu. Beide Stellen sind überdacht, sodass man tagsüber komfortabel schlemmen kann.

Gegen 17 Uhr erobert der bis spät dauernde *dtôo rûng lék* (Kleine Nachtmarkt) die Soi 55/1. Durch ihn kommen noch ein paar Isan-Gerichte zu dem Mix hinzu.

IM KITESURF-FIEBER

Hua Hin ist Thailands Kitesurf-Hauptstadt dank starker, böiger Winde, flachem Wasser und einem lang gezogenen Strand, an dem man seine Drehungen und Sprünge ausführen kann. 2010 fand hier sogar der Kiteboarding World Cup statt.

Von hier bis hinunter nach Pranburi bläst der Wind von Oktober bis Dezember aus Nordosten – meist begleitet von vielen Wellen – und dann von Januar bis Mai bei meist glatter See aus Südosten. Aber selbst in der Regenzeit (Mai–Okt.) gibt es viele Tage, an denen der Wind zum Kitesurfen günstig ist.

Hua Hin ist einer der besten Orte in Thailand, um das Kitesurfen zu lernen. Eine Reihe von Schulen bieten Unterricht an. Ungefähr nach drei Tagen kann man sich dann allein auf die Wellen wagen. Die Monate Januar bis März sind für Anfänger am besten geeignet, weil in dieser Zeit das Meer ruhiger ist. Die Schulen kümmern sich aber auch um Fortgeschrittene, so kann man sich hier zum Kitesurf-Lehrer ausbilden lassen.

Baan Tuayen Icy Beans
THAILÄNDISCH $

(Th Naebkehardt; Hauptgerichte 55–145 B; ⌚7–22 Uhr; 📶) Der Hipstertreff lockt die Massen mit unterschiedlichen Karten für Frühstück, Mittag- und Abendessen. Es gibt Gerichte wie z.B. grünes Curry mit geschmortem Schweinefleisch, aber – wie der Name schon verrät – stehen die Desserts im Mittelpunkt: Zu empfehlen sind das Eis mit roter Bohnensauce oder die Rote-Bohnen-Smoothies.

Velo Cafe
KAFFEE $

(Th Naebkehardt; Kaffee ab 50 B; ⌚7.30–17.30 Uhr; 📶) Kaffeehäuser gibt's überall in Hua Hin, aber wenige nehmen das Geschäft so ernst wie dieser kleine Laden, der seine Bohnen selber röstet. Es gibt hier auch sehr gute Sandwichs.

★ Ratama
THAILÄNDISCH $$

(12/10 Th Naebkehardt; Hauptgerichte 50–200 B; ⌚8.30–15.30 Uhr) Die Karte dieses Restaurants reicht von thailändischen Omelettes über würzige Meeresfrüchte-Currys bis zu einem tollen Panang-Curry, berühmt ist es aber für seine vielen Entengerichte, darunter die Nudelsuppe *gŏo·ay đĕe·o* oder ein Teller gebratener Entenschnäbel.

Wir empfehlen auch das *súpêr đeen gài* (*đôm yam* mit Hühnerfüßen), das es auf Wunsch auch mit Entenfüßen gibt.

Das Schild in Lateinschrift ist leicht zu übersehen – am besten hält man nach der riesigen Entenfigur Ausschau.

★ Koti
CHINESISCH, THAILÄNDISCH $$

(☎032 511252; 16/1 Th Dechanuchit; Hauptgerichte 40–400 B; ⌚11–22 Uhr) Das 1932 eröffnete thailändisch-chinesische Restaurant ist ein echtes kulinarisches Highlight des ganzen Landes. Thailänder bevorzugen die in der Pfanne gebratenen Austern mit Mehl und Eis, während Ausländer oft das *đôm yam gûng* (Krabbensuppe mit Zitronengras) bestellen. Alle lieben den *yam tá-lair* (würziger Meeresfrüchtesalat) und das klassische grüne Curry. Auf einen Tisch wird man warten müssen.

The Social Salad
INTERNATIONAL $$

(1/8 Th Chomsin; Hauptgerichte 85–280 B; ⌚8–22 Uhr; 📶🍴) 🌿 Das schlichte, aber hübsch dekorierte Lokal hat dank seiner Salate für 190 B, die man selber aus den vielen frischen Bio-Zutaten zusammenstellt, viele treue Stammgäste. Wer keinen Salat mag, findet hier einige Nudelgerichte und Fisch mit Pommes. 10 % des Gewinns geht an Programme zum Pflanzen neuer Bäume.

Ausgehen & Nachtleben

Das Nachtleben in der touristischen Zone von Hua Hin scheint in einer Zeitschleife gefangen zu sein und besteht aus Sportbars und Animierlokalen. Wer mehr Stil haben will, hält sich an die Nobelhotels.

White Lotus Sky Bar
BAR

(Th Naresdamri; Bier ab 200 B; ⌚18–24 Uhr; 📶) Oben in der 17. Etage des Hilton Hotel bietet diese Lounge mit Klasse eine inspirierende Aussicht und eine frische Brise. Obwohl die Bar nach Osten blickt, sollte man früh kommen, um den ungehinderten Blick in den Sonnenuntergang zu genießen. Es gibt hier auch ein schickes chinesisches Restaurant.

Shoppen

Plearn Wan
MARKT

(เพลินวาน; ☎032 520311; www.plearnwan.com; Th Phetkasem zw. Soi 38 & Soi 40; ⌚So–Do 9–21, Fr & Sa 9–22 Uhr) Der Plearn Wan („Verlieren Sie sich in der Vergangenheit") ist für thailändische Traveller ein Top-Ziel: Ein Nostalgie-Markt mit kleinen Ständen, die in ihrer Gestaltung an die alten Ladenhäuser in den thailändisch-chinesischen Vierteln von Bangkok und Hua Hin erinnern. Man sieht hier viele alte Fotos, Stilmöbel und Thailänder, die für Fotos posieren.

Nachtmarkt von Hua Hin
MARKT

(Th Dechanuchit; ⌚17–24 Uhr) Hua Hins zwei Blocks langer Nachtmarkt macht dem Strand in Sachen Beliebtheit Konkurrenz. Jeden Abend drängen sich hier die Touristen. Es gibt das übliche Angebot an Raubkopien von Markenklamotten und billigen Souvenirs sowie Dutzende, sehr lästige Restaurant-Schlepper, die einem mitten auf der Straße mit ihren Speisekarten vor dem Gesicht herumwedeln.

Das Lung Ja scheint das einzige hiesige Restaurant zu sein, in dem auch thailändische Besucher essen – Einheimische lassen sich allerdings in keinem blicken. Der südöstliche Marktabschnitt abseits der Straße ist als Chatsila bekannt und hat zum Großteil ein ähnliches Angebot. Hier gibt es aber auch ein paar Läden, die echte Kunst verkaufen.

Praktische Informationen

Bis in den Abend geöffnete Wechselstuben und Geldautomaten sind überall im touristischen Zentrum vorhanden, vor allem in der Th Naresdamri und der Th Damnoen Kasen. Banken mit umfassendem Service gibt's in der Th Phetkaksem, Bankfilialen, die auch abends und am Wochenende geöffnet sind, in den Shoppingmalls.

Bangkok Hospital Hua Hin (☎ 032 616800; www.bangkokhospital.com/huahin; Th Phetkasem Höhe Soi 94) Eine Außenstelle der geschätzten landesweiten Krankenhauskette im Süden von Hua Hin.

Immigration Office (☎ 032 905111; Th Phetkasem, Höhe Soi 100, South Hua Hin; ⊙ Mo–Fr 10–18 Uhr) Das Büro im Untergeschoss des Einkaufszentrums Bluport verlängert Touristenvisa.

San Paolo Hospital (☎ 032 532576; www.sanpaulo.co.th; 222 Th Phetkasem, South Hua Hin) Das kleine, private Krankenhaus südlich der Stadt bei Soi 86 ist eine gute Option bei einfachen Krankheiten und bei Verletzungen.

Städtische Touristeninformation (☎ 032 611491; Th Naebkehardt; ⊙ Mo–Fr 9–16.30, Sa & So 9–17 Uhr) Hat eine gute kostenlose Karte der Stadt und der Umgebung und beantwortet grundlegende Fragen, die Traveller stellen.

Tourism Authority of Thailand (TAT; ☎ 032 513854; www.tourismthailand.org/hua-hin; 39/4 Th Phetkasem, Höhe Soi 55; ⊙ 8.30–16.30 Uhr) Das Personal spricht Englisch und ist sehr hilfsbereit, allerdings hält es sich nur selten an die Öffnungszeiten.

Touristenpolizei (☎ 032 516219; Th Damnoen Kasem) Am östlichen Ende der Straße unmittelbar vor dem Strand.

ℹ An- & Weiterreise

Der Zug ist das angenehmste Verkehrsmittel für die Anreise nach Hua Hin, die meisten kommen aber per Minivan. Wer möglichst schnell (ab 3 Std.) von Hua Hin nach Bangkok oder umgekehrt kommen möchte, nimmt ein Privatauto (ab 1600 B).

BUS & MINIVAN

Die Minivans Richtung Norden (darunter nach Phetchaburi, Kanchanaburi und zu vielen Zielen in Bangkok) nutzen die neue **Hua Hin Van Station** (Soi 51), während die Minivans (und vereinzelten Busse) Richtung Süden in der Straße neben dem Uhrenturm halten. Minivans fahren zu den meisten Zielen ab ca. 6 Uhr (nach Bangkok und Phetchaburi ab 4 Uhr) bis in den frühen Abend in geringen Abständen.

Von der ruhigen, kleinen **Hua Hin Bus Station** (Th Phetkasem, Höhe Soi 96) südlich der Stadt fahren einige wenige Busse (die meisten Busse zwischen Bangkok und dem Süden halten nicht in Hua Hin) nach Bangkok, Chiang Mai, Nakhon Ratchasima (Khorat), Phuket und Ubon Ratchathani ab. Die Tickets sollte man einen Tag im Voraus kaufen.

Eine bequemere Option für einen Bus nach Bangkok (Southern Bus Terminal) ist Hua Hin-Pran Tour (S. 528) an der Th Sasong nahe dem Nachtmarkt; die Busse sind allerdings alt. Dann gibt es noch den Airport Hua Hin Bus (S. 528) vom Flughafen in Hua Hin zu Bangkoks Suvarnabhumi International Airport und nach Pattaya. Wer diesen Bus nutzt, kann sich für 100 B per Shuttle zu seinem Hotel bringen lassen – das ist weniger, als ein Túk-Túk-Fahrer für die Fahrt in die Stadt verlangt. Die grünen *sŏrng·tăa·ou* fahren nicht so weit ins Umland.

Gewöhnliche Busse (mit Ventilatoren) starten täglich ungefähr stündlich von der Th Sasong am Nachtmarkt nach Pranburi und von der Th Phetkasem gegenüber der Esso-Tankstelle nach Cha-am und Phetchaburi.

SCHIFF/FÄHRE

Lomprayah (☎ 032 532761; www.lomprayah.com; Th Phetkasem; ⊙ 8–22 Uhr) bietet eine kombinierte Bus-Schiffsverbindung von Hua Hin nach Ko Tao (1050 B, 6–9 Std.) sowie nach Ko Pha-Ngan (1300 B, 9–12 Std.) und Ko Samui (1400 B, 10–13 Std.); Abfahrt ist am Büro um 8.30 und 23.30 Uhr.

Es gibt jetzt auch eine **Passagierfähre** (☎ 093 495 9499; www.royalferrygroup.com; Soi Ao Hua Don 3; Economy/1. Klasse/VIP-Raum für 8 Pers. 1250/1550/14 000 B; ⊙ Abfahrten Pattaya/Hua Hin 10/13 Uhr) zwischen Hua Hin und Pattaya, mit der man Bangkok umgehen kann.

ℹ Unterwegs vor Ort

Grüne *sŏrng·tăa·ou* (10 B) starten von der Kreuzung Th Sasong und Th Dechanuchit am Nachtmarkt. Zwischen 6 und 21 Uhr fahren sie auf der Th Phetkasem südwärts zum Khao Takiab (und biegen dabei unterwegs nach Osten auf die Th Damnoen Kasem ab) und nordwärts zum Flughafen.

Die Kosten für kurze Fahrten mit vierrädrigen Túk-Túks beginnen bei stolzen 100 B. Motorradtaxis sind für kürzere Strecken weitaus günstiger (30–50 B).

Viele Läden überall in der Stadt vermieten Motorräder (200–250 B/Tag) und einige auch Fahrräder (100–200 B/Tag). In der Th Damnoen

ℹ HUA HIN: INFOS IM INTERNET

Hua Hin Today (www.huahintoday.com) Eine von ortsansässigen Ausländern herausgegebene Zeitung. Die gedruckte Version (50 B) erscheint einmal im Monat.

Tourism Hua Hin (www.tourismhuahin.com) Annehmbare Infos zur Stadt und ihrem Umland.

VERKEHRSMITTEL VON/NACH HUA HIN

ZIEL	BUS	MINIVAN	ZUG
Bangkok Don Mueang International Airport		200 B, 4½ Std., alle 40 Min.	
Bangkok Ekkamai (Eastern Bus Station)		180 B, 4½ Std., stündl.	
Bangkok Hualamphong			44–402 B, 3½–4½ Std., tgl. 12-mal
Bangkok Northern (Mo Chit) Bus Terminal	241 B, 4½ Std., 9, 12, 13.30 & 15 Uhr	180 B, 4 Std., häufig	
Bangkok Southern Bus Terminal	155 B, 4½ Std., tgl. 3, 10 & 12 Uhr & Fr–Sa 16 & 21 Uhr	180 B, 4 Std., häufig	
Bangkok Suvarnabhumi International Airport	269 B, 4½ Std., 6–18 Uhr alle 90 Min.		
Bangkok Thonburi			42–96 B, 4½ Std., tgl. 2-mal
Cha-am	20–30 B, 30–45 Min., 6–16 Uhr stündl.	30 B, 30 Min., häufig	6–33 B, 30 Min., tgl. 5-mal
Chiang Mai	735–980 B, 13 Std., 17.30, 18 & 18.15 Uhr		
Chumphon	328 B, 5 Std., 12 Uhr		49–423 B, 4–5 Std., tgl. 12-mal
Kanchanaburi		220 B, 4 Std., stündl.	
Nakhon Ratchasima (Khorat)	347–518 B, 6–7 Std., 10, 18, 21 & 23 Uhr		
Pattaya	389 B, 5 Std., 11 Uhr		
Phetchaburi	40 B, 1½ Std., 6–16 Uhr stündl.	80 B, 1 Std., häufig	14–341 B, 1 Std., tgl. 12-mal
Phuket	587–913 B, 10–11 Std., 10, 12.30, 19, 20.30, 21, 22.30 & 24 Uhr		
Prachuap Khiri Khan		80 B, 1½ Std., häufig	19–353 B, 1–1½ Std., tgl. 11-mal
Pranburi	20 B, 30 Min., 7–15 Uhr alle 30 Min.	30 B, 30 Min., häufig	5–31 B, 30 Min., tgl. 3-mal
Ubon Ratchathani	628–868 B, 12–13 Std., 18, 21 & 23 Uhr		

Kasem, der Th Naebkehardt und der Th Chomsin gibt's jeweils gleich mehrere dieser Läden. Hua Hin Bike Tours (S. 531) und **Velo Thailand** (☎ 032 900392; www.velothailand.com; Th Phetkasem; ganztägige Touren ab 3850 B; ⏲ So–Do 8–18, Fr & Sa 8–21 Uhr) vermieten hochwertige Fahrräder.

Es gibt überall im Stadtzentrum Tische am Straßenrand, wo man Taxis (darunter sind alle Fahrzeuge zu verstehen, die man chartern kann, auch Kleintransporter und Túk-Túks) bekommen kann. Die Preise sind weitgehend festgelegt, es lohnt sich aber durchaus zu feilschen. Man sollte keinem Preis zustimmen, ehe man genau weiß, welches Fahrzeug man bekommt. Die Buchung über das Hotel oder einen Tourveranstalter kostet vielleicht etwas mehr, als wenn man die Sache selber in die Hand nimmt.

Thai Rent A Car (☎ 083 887 5454; www.thairentacar.com; Th Phetkasem Höhe Soi 84, South Hua Hin; ⏲ 8.30–18.30 Uhr) ist eine professionelle thailändische Autovermietung mit konkurrenzfähigen Preisen, einer gut gewarteten Autoflotte, Anlieferung ans Hotel und Vermietung von Autos für Fahrten mit Rückgabe an einem anderen Zielort.

Pranburi & Umgebung

ปราณบุรี

☎032 / 24 800 EW.

Eine halbe Stunde südlich von Hua Hin befindet sich die „ländliche Vorstadt" des Landkreises Pranburi, eine ruhige Alternative an der Küste. Hier gibt es viele teure Boutique-Resorts, die ideal sind, wenn man den Massen entkommen, sich dabei aber nicht zu weit von der Zivilisation entfernen will.

Das Herzstück ist die kleine Ortschaft **Pak Nam Pran** („Mündung des Flusses Pranburi"), wo es die größten Resorts, aber nicht viel Strand gibt. Obwohl der Tourismus wächst, ist die Fischerei immer noch der Hauptpfeiler der hiesigen Wirtschaft, und die meisten thailändischen Besucher haben bei der Abreise getrockneten Tintenfisch im Gepäck.

Südlich von Pak Nam Pran erstreckt sich ein Sandstrand, und auf der Küstenstraßen kann man einen schnellen schönen Ausflug zum **Khao Kalok** („Schädelberg") unternehmen, einer riesigen, zu einer seltsamen Form erodierten Landzunge, die den einzigen wirklich attraktiven Strand in der Gegend schützt. Das Gebiet ist als Thao Kosa Forest Park ausgewiesen, aber die Einheimischen und die Straßenschilder bezeichnen es als Khao Kalok.

Sehenswertes & Aktivitäten

In Pak Nam Pran und den Punkten weiter südlich gibt es die gleichen tollen Winde zum Kitesurfen wie in Hua Hin. Kitesurfing-Unterricht veranstaltet die **Yoda Kite School** (☎087 017 6428; www.pudla0.wixsite.com/yodakiteschool; Beach Rd, Pak Nam Pran; ⌚10–18 Uhr), die auch die Ausrüstung vermietet; ansonsten kann man sich diesbezüglich auch an Karl Tindell im Beach House Bistro (S. 539) oder in seiner neuen Beach House Bar, die sich 250 m südlich von Yoda befindet, wenden.

★ **Kuiburi National Park** NATIONALPARK
(อุทยานแหงชาติกุยบุรี; ☎085 266 1601; Rte 4024; Erw./Kind 200/100 B, Wildtierbeobachtungstour 850 B/Truck; ⌚Touren 14–18 Uhr) Wer würde nicht gern Herden wilder Elefanten sehen, die durch den Wald ziehen oder abends ein Bad genießen? Im *hôoay-léuk*-Abschnitt des Kuiburi National Park nahe der Grenze zu Myanmar ist ein solches Erlebnis fast garantiert. Die Wildtierbeobachtungsfahrten, bei denen bis zu 10 Teilnehmer hinten auf der Ladefläche des Trucks auf Bänken sitzen, führen durch den Wald und ehemaliges Ackerland, wo rund 240 Elefanten leben. Sie sind daran gewöhnt, Fahrzeuge zu sehen und schenken ihnen wenig Beachtung, sodass man sich hier fast wie bei einer Safari in Afrika fühlen kann.

Es gibt hier auch viele Gaure (Wildrinder), die man sehr häufig entdecken kann. Die meisten Fährtensucher sprechen kein Englisch, kennen aber zumindest einige wichtige Wörter. Am besten kommt man nicht samstags, weil dann der Besucherandrang im Park groß ist. Der Park liegt 45 Minuten westlich des Khao Sam Roi Yot National Park (S. 540) – folgt man der Nationalpark-Ausschilderung „wildlife watching", lassen sich beide Parks prima zu einem Besuch kombinieren.

Pranburi Forest Park NATURSCHUTZGEBIET
(วนอุทยานปราณบุรี, Wana-Utthayan Pranburi; ☎032 621608; ⌚6–18 Uhr) Gleich nördlich des Flusses Pranburi befindet sich ein ausgedehnter natürlicher Mangrovenwald. Auf einem 1 km langen Plankenweg mit Erläuterungstafeln (einige auch auf Englisch) kann man das Gelände aus der Perspektive eines Schlammbewohners erkunden, und von dem Beobachtungsturm aus überblickt man es aus der Sicht eines Vogels. Bei Flut nehmen die Fischer Besucher zu 45-minütigen Bootstouren (500 B) auf dem Fluss und den kleinen Kanälen mit.

Man erblickt dabei Hunderte von Krabben und für gewöhnlich auch recht viele Vögel, Schlammspringer und Bindenwarane. In manchen Gebieten lassen sich auch Knallkrebse hören. Für Abwechslung ist gesorgt: Das Ökosystem im Wald unterscheidet sich recht stark von dem in den jungen, neu gepflanzten Mangroven am Fluss im **Sirinart Rajini Mangrove Ecosystem Learning Center** (ศูนย์ศึกษาเรียนรู้ระบบนิเวศป่าชายเลนสิรินาถราชินี; Pak Nam Pran; ⌚8.30–16.30 Uhr) GRATIS – für Naturfreunde sind beide interessant und lohnen einen Besuch.

Das Naturschutzgebiet ist 14 Fahrtkilometer von Pak Nam Pran entfernt und über die Rte 1019 zu erreichen, die unterwegs sehr nahe am Strand Hat Sai Noi (S. 529) vorbeiführt. Viele Karten zeigen eine direktere, nur halb so lange Route, die allerdings nicht mehr passierbar ist.

Schlafen

Nicht alle Strandresorts sind ihren Preis wert, man sollte also vorsichtig sein, wenn man online reserviert. Wie in Hua Hin gibt's auch in Pranburi und Umgebung werktags beträchtliche Preisnachlässe.

Thongsuk Mini Resort HOTEL $$

(☎098 423 2661; jamsawang38@gmail.com; Zi. 850 B; P❄📶) Das Hotel besteht aus neun weißen Bungalows und ist zwar nicht die billigste Adresse in Pak Nam Pran, aber eine gute Budgetoption – hier bezahlt man auch nur rund 100 B mehr als bei anderen Unterkünften. Es gibt kostenlose Leihfahrräder, und die Inhaber sind sehr um die Gäste bemüht, auch wenn sie nur wenig Englisch sprechen. Die Anlage ist zwei Gehminuten von dem Verkehrskreisel entfernt, an dem die Minivans halten.

★ **La a natu Bed & Bakery** BOUTIQUEHOTEL $$$

(☎032 689941; www.laanatu.com; südlich von Khao Kalok; Zi./FZ mit Frühstück & Nachmittagstee 5500–16 000/11 000 B; P❄📶) Das La a natu macht – und das mit Bravour – aus einem thailändischen Reisbauerndorf ein Urlaubserlebnis der Luxusklasse. Die wunderbar einsamen strohgedeckten Villen auf Stelzen erinnern von draußen an die amerikanische Sitcom *Gilligans Insel* aus den 60er-Jahren, in der Schiffbrüchige auf einer Insel gestrandet sind. Die Unterkünfte sind innen recht luxuriös, während sich davor die Reisfelder ausbreiten.

Essen & Ausgehen

Die obligatorischen Meeresfrüchterestaurants liegen oben an der Spitze der Ortschaft Pak Nam Pran nahe der Flussmündung. Der größte **Nachtmarkt** (Beach Rd; ⏲17–21.30 Uhr) findet an der Küstenstraße statt, während es noch einen viel kleineren „Rondell-Markt", den **Talat Wong-Wian** (Th Pasukwanich Höhe Soi 10; ⏲17–21 Uhr), im Stadtzentrum gibt.

An der Küstenstraße in Pak Nam Pran und südwärts bis nach Khao Kalok finden sich verstreut Bars, die hauptsächlich von ortsansässigen Ausländern und Langzeitgästen frequentiert werden.

★ **Krua Renu** THAILÄNDISCH $

(Th Pak Nam Pran; Hauptgerichte 40–120 B; ⏲Do–Di 7–22 Uhr) An der Küstenstraße gibt's billige Esslokale und schöne Restaurants, aber mit das beste Essen in Pak Nam Pran bietet dieses große Restaurant, das 200 m östlich des Verkehrskreisels liegt. Am besten hält man sich an das übliche *đôm yam* oder versucht das *gaang þàh hâang* (getrocknetes Dschungel-Curry).

Südlich von Hua Hin

Beach House Bistro INTERNATIONAL $$

(☎095 549 0206; Th Pak Nam Pran-Khao Kalok; Hauptgerichte 80–365 B; ⏲9–22 Uhr; 📶) Das kleine Lokal besticht mit Strandatmosphäre, obwohl es 1 km vom Meer entfernt ist. Es gibt ein bisschen was von allem: italienische, mexikanische und thailändische Gerichte, Baguette-Sandwichs, Wein und sonntags einen ordentlichen Braten für 265 B – von der Qualität eines Vier-Sterne-Resorts, aber zum halben Preis.

Anreise & Unterwegs vor Ort

Pak Nam Pran liegt rund 25 km südlich von Hua Hin. Gewöhnliche Busse (20 B, 30 Min., 7–15 Uhr alle 30 Min.), Minivans (30 B, 30 Min., 6–19 Uhr häufig) und Züge (5–31 B, 30 Min., 11.47, 17.50 & 20.10 Uhr) setzen ihre Passagiere in der Ortschaft Pranburi, 10 km von Pak Nam Pran entfernt, ab; Taxifahrer verlangen für die Fahrt zwischen Pranburi und Pak Nam Tran 200 B. Es fahren auch Minivans (60 B, 1 Std., 5–18.40 Uhr häufig) und Züge (14–62 B, 1 Std., 4.51, 10.03 & 14.26 Uhr) aus Prachuap Khiri Khan.

Es gibt auch ab dem frühen Morgen bis in den späten Nachmittag alle 30 Minuten eine Minibus-Direktverbindung von Pak Nam Pran (Haltepunkt am Verkehrskreisel im Süden der Stadt) nach Bangkok (Busbahnhöfe Mo Chit & Southern, 200 B, 5 Std.). Diese Minivans halten auch in Phetchaburi (140 B, 2 Std.), aber nicht in Hua Hin.

Wer das Gebiet erkunden will, sollte ein Motorrad mieten, weil der öffentliche Nahverkehr hier keine Option ist. Motorräder (ab 200 B/Tag) bekommt man beim Beach House Bistro (S. 539) oder bei **Luang Utane** (☎ 084 080 4023; Th Pak Nam Pran; ⏲ 8.30–17 Uhr). Ein Auto mit Fahrer lässt sich über jedes Hotel beschaffen; **Cosmo Car** (☎ 080 139 6665) in der Ortschaft Pranburi ist eine verlässliche und günstige Autovermietung, allerdings spricht das Personal nur wenig Englisch.

Khao Sam Roi Yot National Park อุทยานแห่งชาติเขาสามร้อยยอด

Mächtige Kalksteinfelsen bilden in diesem 98 km² großen Nationalpark, dessen Name „300 Berggipfel" bedeutet, eine felsige, an ein Puzzle erinnernde Landschaft. Es gibt hier auch Höhlen, Strände und Feuchtgebiete, die darauf warten, von Outdoor-Fans und Vogelbeobachtern erkundet zu werden.

Dank seiner Nähe zu Hua Hin ist der Park ein beliebtes Ziel von Tagesausflüglern und umfasst sowohl öffentliche Schutzgebiete als auch private Krabbenfarmen, die den ursprünglichen Mangrovenwald weithin verdrängt haben. Fast alle Besucher kommen wegen der Tham Phraya Nakhon, einer der spektakulärsten und bei den Thailändern berühmtesten Höhlen in Thailand.

Die Vogelbeobachtungsmöglichkeiten sind ausgezeichnet, aber ansonsten gibt es außer den üblichen Makaken kaum Wildtiere zu sehen. Die an Ziegen erinnernden Chinesischen Seraue sind scheu und werden daher nur selten gesichtet. Der niedliche Südliche Brillenlangur ist an der Tham Phraya Nakhon und am Besucherzentrum leicht zu entdecken.

Es gibt kein Parkeingangstor. An allen Attraktionen des Parks werden aber die Eintrittstickets verkauft, die man hier auch vorzeigen muss. Lagepläne bekommt man an diesen Stellen ebenfalls.

Sehenswertes & Aktivitäten

Der Nationalpark liegt am Schnittpunkt der ostasiatischen und der australischen Zugvogelroute, und hier leben mehr als 300 Zug- und Standvögel, darunter Chinadommeln, Purpurhühner, Zimtsumpfhühner, Hindublatthühnchen, Schwarzkopfibisse, Schelladler und Chinarohrsänger. Der Park ist einer der wenigen Orte in Thailand, wo Purpurreiher und Malaienregenpfeifer brüten.

Die meisten Vogelbeobachter kommen wegen der Wasservögel, die am häufigsten in der kühlen Jahreszeit von November bis März zu finden sind. Zwei Hotspots sind der Strand östlich der Parkzentrale und die Marsch im Westen. Ausführliche Infos erhält man bei **Thai Birding** (www.thaibirding.com).

★ Tham Phraya Nakhon & Hat Laem Sala HÖHLE

(ถ้ำพระยานคร/หาดแหลมศาลา; Parkplatz 30 B; ⏲ tagsüber) Die meistbesuchte Attraktion des Parks ist diese verehrte Höhle mit der **Khuha Kharuehat Pavilion**, einer königlichen *săh·lah* (Versammlungshalle, oft auch *sala* geschrieben), die 1890 für Rama V. gebaut wurde. Bilder dieser Halle, auf denen sie in das Licht der Vormittagssonne getaucht ist (normalerweise ab ca. 10.30 Uhr), sind so weit verbreitet, dass dieser Ort im gesamten Königreich berühmt ist. Noch interessanter ist die Höhle selbst. In den beiden großen Kammern ist die Höhlendecke eingestürzt, sodass sich drinnen kleine Wäldchen ansiedeln konnten; diese wirken so, als seien sie nicht von dieser Welt.

Zu der Höhle führt eine 430 m lange, steile und felsige Treppe, die in den Hügelhang geschlagen wurde. Auf dem Weg trifft man fast immer auf Makaken und Südliche Brillenlanguren. Der Pfad beginnt am malerischen **Laem Sala Beach**, der, zu drei Seiten von Kalksteinhügeln flankiert, im Schatten von Kasuarinen liegt. An den Wochenenden kann hier viel Betrieb herrschen, aber nachts und am frühen Morgen ist es immer beschaulich.

Es gibt keine Zufahrt zum Strand. Die meisten Menschen kommen mit einem Boot (einfache Strecke 200 B) vom Fischerdorf Bang Pu. Bei der Ankunft muss man durch das flache Wasser bis zum Strand waten. Alternativ folgt man von Bang Pu einem steilen Fußweg bis zum Strand (1 km). Eine Bootsfahrt vom Resortgebiet des Hat Sam Roi Yot zum Laem Sala kostet 1200 B; für

NICHT VERSÄUMEN

DOLPHIN BAY

Die **Hat Sam Roi Yot** oder Dolphin Bay („Delfinbucht") – hier werden, wie der Name schon sagt, gelegentlich weit vor der Küste schwimmende Delfine gesichtet – ist 15 Fahrtminuten von Bang Pu entfernt, dem Haupttor zum Khao Sam Roi Yot National Park. Die Resorts sind wertorientiert, der Verkehr ist minimal, und ein Nachtleben gibt es praktisch nicht. Der breite, puderweiche Sandstrand ist nicht zum Baden geeignet, man kann hier aber prima sitzen und auf die malerischen, mit Dschungel bedeckten Inseln im Süden und die zerklüftete Küste im Norden blicken. Kajaks kann man für 100 B pro Stunde mieten, manche Pensionen stellen sie ihren Gästen auch kostenlos zur Verfügung.

Wer länger als einen Tag bleiben will, kann im **Dolphin Bay Resort** (☎032 825190; www.dolphinbayresort.com; Th Liap Chai Tale, Hat Sam Roi Yot; Zi. 4590–13 680 B, FZ 1690–2790 B; P❄@📶≋) wohnen, einem familienfreundlichen Refugium mit einer Auswahl hochwertiger Zimmer und Villen üblicher Art, zwei großen Pools, einem Spielplatz und einem Spielzimmer.

zusätzliche 200 B kommt die Landung an einer „Affeninsel" hinzu.

Ein entspannter Besuch der Tham Phraya Nakhon dauert mindestens drei Stunden, mit einem Aufenthalt am Strand kann man hier auch einen ganzen Tag verbringen oder sogar als Camper übernachten (s. unten).

Khlong Khao Daeng FLUSS

(คลองเขาแดง; ☎062 479451; Rte 4020; 500 B/ bis zu 6 Pers.; ⏲8–17.45 Uhr) In Wat Khao Daeng kann man überdachte Boote für eine einstündige malerische Fahrt auf diesem Strom mieten. Man genießt dabei einen tollen Blick in die Berge und sieht Vögel, Makaken, Bindenwarane und Schlammspringer. Die Guides sprechen kaum Englisch, kennen aber die relevanten Wörter.

Tham Kaew HÖHLE

(ถ้ำแก้ว; ⏲tagsüber, Wanderung spätestens um 15.30 Uhr beginnen) Obwohl sie auf dem Weg zur Tham Phraya Nakhon liegt, besuchen nur wenige diese schöne Höhle, deren Stalaktiten und Sinterdecken von glitzernden Kalzitkristallen durchzogen sind. Den Kristallen verdankt sie auch den Namen „Edelsteinhöhle". Auf einen steilen und rauen 130 m langen Weg klettert man den Berg hinauf zum Eingang, von wo eine Leiter in das Innere der Höhle führt. Hier kommt man 200 m weit recht leicht voran und kann die Naturwunder bestaunen; dahinter liegen weitere Höhlenkammern, bei deren Erkundung man sich schmutzig machen wird.

Schlafen & Essen

Der attraktive, nur zu Fuß oder per Boot erreichbare **Laem Sala Beach Campground** (☎032 821568; Stellplatz 30 B/Pers., gemietetes Zelt für 2 Pers. 150 B) ist ein friedlicher Ort zum Übernachten. Auch bei **Thung Sam Roi Yot** (☎032 821568; Stellplatz 30 B/ Pers.) und am **Sam Phraya Beach** (☎032 821568; Stellplatz 30 B/Pers., gemietetes Zelt für 3 Pers. 150 B) gibt's Campingplätze. Die Bungalows am Khao Daeng sind nicht besonders angenehm. Viele Leute übernachten gleich außerhalb des Parks am Strand von Hat Sam Roi Yot.

In Bang Pu, wo der Besuch der Tham Phraya Nakhon beginnt und endet, stehen Restaurants, die von 6 bis 18 Uhr geöffnet sind. Restaurants finden sich auch am Strand von Laem Sala (8–17.30 Uhr) und von Sam Phraya (bis 20 Uhr) sowie am Sumpf Thung Sam Roi Yot (bis 20 Uhr).

Praktische Informationen

In der touristischen Zone Hat Sam Roi Yot sind Geldautomaten und kleine Läden vorhanden.

Khao Sam Roi Yot Visitor Center (☎032 821568; Rte 4020; ⏲8–16.30 Uhr) Das Hauptbesucherzentrum des Parks hat freundliches, hilfsbereites Personal, aber in der Regel braucht man hier nicht vorzusprechen, weil man an allen Parkattraktionen die Tickets und Lagepläne erhält. Früher gab es hinter dem Besucherzentrum einen 900 m langen Plankenweg durch den Mangrovenwald, der vielleicht eines Tages wiedereröffnet werden wird.

An- & Weiterreise

Der Park ist rund 50 km sowohl von Hua Hin als auch von Prachuap Khiri Khan entfernt. Zum Park und in ihm gibt's es keine öffentlichen Verkehrsmittel, man braucht also einen eigenen fahrbaren Untersatz. Ein gechartertes Auto mit Fahrer kostet für einen Tag ab Hua Hin oder Prachuap ca. 1800 bis 2000 B inklusive Benzin und von Hat Sam Roi Yot nur 1200 B. Manche Leute zahlen einen Aufpreis, um auch die Thung

Sam Roi Yot zu besuchen. Viele Traveller kombinieren den morgendlichen Besuch im Khao Sam Roi Yot mit einer nachmittäglichen Elefantenbeobachtung im Kuiburi National Park (S. 538). Die meisten Tourveranstalter in Hua Hin bieten Tagesausflüge an, die aber nur die Tham Phraya Nakhon beinhalten.

Motorräder (250–350 B/Tag) und Fahrräder (100–200 B) kann man im Dolphin Bay Resort und an einigen anderen Stellen in Hat Sam Roi Yot mieten.

Für ein Taxi vom Bahnhof oder der Bushaltestelle in Pranburi nach Hat Sam Roi Yot zahlt man einen Festpreis von 400 B. Öffentliche Verkehrsmittel fahren hier nicht mehr.

Prachuap Khiri Khan ประจวบคีรีขันธ์

032 / 33 500 EW.

Das verschlafene Städtchen Prachuap Khiri Khan ist ein angenehm entspannter Ort am Meer und damit das genaue Gegenteil von Hua Hin. Die breite Bucht leuchtet in tropischem Türkis und ist gespickt mit schaukelnden Fischerbooten. Ganz in der Nähe liegen herrliche Strände vor der Kulisse wabenförmiger Kalksteinberge. Solch eine Landschaft findet man sonst nur an der südlichen Andamanenküste!

In den letzten Jahren haben Ausländer den Zauber von Prachuap entdeckt, und einige Bangkoker fahren am Wochenende über Hua Hin hinaus bis in diese Stadt. Die Besucherzahlen sind aber, verglichen mit bekannteren Zielen, immer noch sehr gering.

Sehenswertes & Aktivitäten

An der Th Suseuk südlich des Städtischen Marktes 1 stehen noch viele alte Holzhäuser, sodass ein Bummel bei Tag oder Nacht viel Spaß macht. Am ersten Wochenende jedes Monats findet hier der **Suseuk Culture and Fun Street Market** mit viel Essen und Musik statt.

Ao Prachuap — BUCHT

(อาวประจวบ) Das Aushängeschild der Stadt ist die Ao Prachuap (Prachuap-Bucht), eine elegant gebogene Bucht, die von einer Uferpromenade und spektakulären Landzungen an beiden Enden gesäumt wird. Der Sonnenaufgang ist hier herrlich, und ein abendlicher Spaziergang auf der Promenade und am Pier ist ein beschauliches Vergnügen.

Jenseits der Brücke, nördlich des **Khao Chong Krajok** (เขาชองกระจก), erstreckt sich die friedliche Bucht bis zu einem zackigen Berg, der zum **Khao Ta Mong Lai Forest Park** (วนอุทยานเขาตามองลาย; 081 378 0026; tagsüber) gehört. Zu dem langen Sandstrand, der vor dem Forstpark parallel zur Straße verläuft, kommen nur am Wochenende Besucher und auch dann nicht viele, sodass man hier jederzeit gut entspannen und am Strand wandern kann. Das Wasser ist tief genug zum Schwimmen, aber nicht besonders sauber.

Wat Ao Noi — BUDDHISTISCHER TEMPEL

(วัดอาวน้อย; tagsüber) GRATIS Wenn man hinter der Ao Prachuap nach Norden abbiegt, gelangt man vorbei am Fischerdorf **Ban Ao Noi** – hier legen einige der größeren Boote an und löschen ihre Ladung – nach 2,5 km zu diesem großen Tempel zwischen den beiden Buchten Ao Noi und Ao Khan Kradai. Der Tempel besitzt einen schönen, ohne Nägel aus Teakholz gezimmerten *bòht*. Der Wandschmuck besteht aus umrahmten, bemalten Holzschnitzereien, die Szenen aus Buddhas Leben darstellen. Im Teich vor dem Tempel leben viele Fische, die sich gern von den Gläubigen füttern lassen.

Ao Manao — STRAND

(อาวมะนาว; Strandzone 5–19 Uhr, Bergzone 6–18 Uhr) An den Wochenenden zieht es die Einheimischen zur Ao Manao, einer von Inseln durchsetzten Bucht mit einem kurvenförmigen Strand, der innerhalb des Abschnitts 5 eines Stützpunkts der thailändischen Luftwaffe liegt. Dies ist der einzige Strand, an dem die Einheimischen baden, weil hier sowohl das Wasser als auch der Sand sauber sind. Man findet die üblichen Strandeinrichtungen: Restaurants, Liegestühle, Sonnenschirme und Schwimmreifen sowie einige Möglichkeiten für Ablenkungen an Land, darunter Fahrten mit Quads und einen Streichelzoo. Der Strand ist an den Wochenenden voll, werktags aber oft nahezu einsam.

Besucher müssen sich am Eingang des Stützpunkts am Ende der Th Salacheep anmelden. Normalerweise braucht man keinen Pass, sollte ihn aber dabeihaben, falls ihn doch einmal jemand verlangt. Von dort sind es 2,5 km zum Strand. Gegenüber dem öffentlichen Strand befindet sich an der Bucht Khao Lammuak (S. 544).

Bootsfahrt in den Sonnenuntergang — BOOTSFAHRT

(080 110 8272; www.samaowtour.com; Th Chai Thaleh; 300 B) Sam Aow Princess Tour ver-

Prachuap Khiri Khan

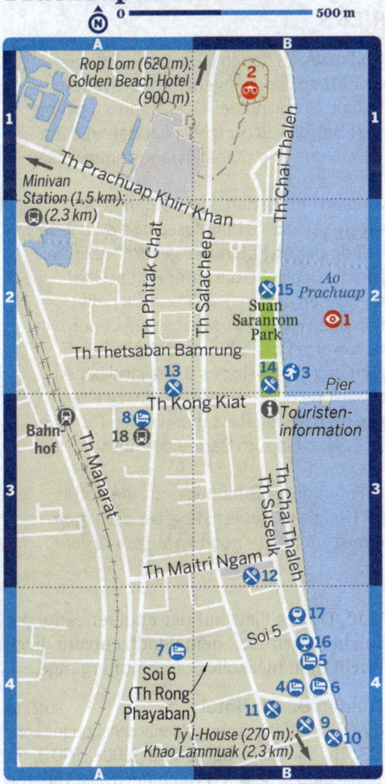

Prachuap Khiri Khan

Sehenswertes
1 Ao Prachuap B2
2 Khao Chong Krajok B1

Aktivitäten, Kurse & Touren
3 Sunset Cruise B2

Schlafen
4 Grandma's House B4
5 Maggie's Seaview Guesthouse B4
6 Prachuap Beach Hotel B4
7 Safehouse Hostel A4
8 Yutichai Hotel A3

Essen
9 Ciao Pizza B4
Grandma's House .... (siehe 4)
10 In Town Seafood B4
11 Krua Chaiwat B4
12 Städtischer Markt 1 .... B3
13 Nachtmarkt A2
14 Rim Taley Market B2
15 Som Tam Baa Nook B2

Ausgehen & Nachtleben
16 Maggie's Wine Garden B4
17 Top Deck B4

Transport
18 Busse nach Bangkok & Phetchaburi A3

anstaltet eine kurze Sonnenuntergangs-Kreuzfahrt in der Bucht von Prachuap. Die Bootstour startet abends gegen 17.30 Uhr oder 18 Uhr, wenn genug Interessenten zusammenkommen. An Bord werden Getränke verkauft.

Schlafen

In dieser Stadt möchte man nahe am Meer wohnen. Die luxuriöseste Alternative sind ein paar ordentliche Mittelklassehotels. Im Stadtzentrum gibt's viele kleine Privatunterkünfte und Pensionen. Für Wochenenden in der Hauptsaison sollte man rechtzeitig im Voraus buchen.

In der Stadt

Safehouse Hostel HOSTEL $
(☎087 909 4770; 28 Soi 6, Th Salacheep; B 250 B, Zi. 450–650 B; ❄ 📶) Angesichts der altmodischen, aber sehr ordentlichen Zimmer ist die Gastgeberin Sherry der eigentliche Grund, warum dieses kleine Hostel so beliebt ist. Sie bemüht sich sehr um ihre Gäste und veranstaltet gute Touren zum Kuiburi National Park (S. 538) und anderswohin. Es gibt eine Gemeinschaftsküche.

Yutichai Hotel HOTEL $
(☎032 611055; yutichai_hotel@hotmail.com; 115 Th Kong Kiat; Zi. mit Ventilator 220–450 B, Klimaanlage 500–550 B; ❄ 📶) Das alte, aus Holz gezimmerte Hotel direkt am Bahnhof ist ein echtes Stück Geschichte und dabei gepflegt sowie günstig. Die meisten Zimmer (darunter die mit Klimaanlage, eigenem Bad und Warmwasser) befinden sich in dem moderneren, aber immer noch klassischen Betongebäude hinten. Wer einen leichten Schlaf hat, sollte ein Zimmer nach hinten nehmen oder anderswo übernachten.

★ **Prachuap Beach Hotel** HOTEL $$
(☎032 601288; www.prachuapbeach.com; 123 Th Suseuk; DZ & 2BZ 800–900 B, 3BZ 1200 B; P ❄ 📶) Das Hotel mit der besten Lage ist wohl das ruhigste der Stadt und liegt in der Nähe vieler guter Restaurants. Es öffnet sich zur Promenade und bietet von den oberen

ABSTECHER

DENKMÄLER DES ZWEITEN WELTKRIEGS

Prachuap war einer der sieben Punkte an der Golfküste, an denen japanische Truppen während der Thailand-Invasion am 8. Dezember 1941 an Land gingen. Der Luftwaffenstützpunkt an der Ao Manao war Schauplatz heftiger Scharmützel. Den Japanern gelang es erst am nächsten Tag, die Stadt voll unter ihre Kontrolle zu bringen, nachdem die thailändische Regierung ihre Soldaten wegen des vereinbarten Waffenstillstands angewiesen hatte, die Gegenwehr einzustellen.

41 Soldaten und Zivilisten kamen bei den Kämpfen ums Leben und werden in der Gedenkstätte auf dem **Khao Lammuak** (เขาล้อมหมวก; ⌚6–18 Uhr, Museum Sa & So 9–15 Uhr), einem hohen Kalksteinberg am südlichen Ende der Ao Prachuap, geehrt. Mehrere Straßennamen in der Stadt erinnern ebenfalls an die Schlacht, darunter Phitak Chat („das Heimatland verteidigen"), Salacheep („sein Leben opfern") und Suseuk („die Schlacht ausfechten"). Bei den Gefechten kamen auch rund 400 Japaner um Leben.

Rund 400 m vor dem Berg erinnern drei sehenswerte Denkmäler und das **Wing 5 Museum** an die Schlacht. Man muss sich am Eingang zur Basis des 5. thailändischen Luftwaffengeschwaders am Ende der Th Salacheep und dann noch an einem zweiten Kontrollpunkt anmelden. Sicherheitshalber sollte man seinen Pass dabeihaben (für den Fall, dass er verlangt wird). Vom Eingang sind es 4,3 km bis zum Berg – der Ausschilderung „Historical Park" folgen!

Auf dem felsigen Gipfel des Bergs warten ein Fußabdruck Buddhas und eine fantastische Aussicht auf die Landschaft. Wegen vieler Unfälle ist der Aufstieg, bei dem man sich an einigen Stellen an Seilen hinaufhangeln muss, jetzt nur noch an langen Ferienwochenenden erlaubt.

Etagen einen tollen Ausblick. Die Zimmer im 2. Stock sind am billigsten, es lohnt sich aber für 100 B zusätzlich ein höher gelegenes Zimmer zu nehmen – das Hotel hat insgesamt fünf Stockwerke.

Die Zimmer sind altmodisch, aber für ihren Preis sehr gut.

★ **Grandma's House** BOUTIQUEHOTEL $$
(☎089 526 6896; grandmaprachuap@gmail.com; 238 Th Suseuk; Zi. mit Frühstück 700–900 B; ❄📶) Über dem beliebten, altmodisch aufgemachten **Café** (Hauptgerichte 39–159 B, Kaffee ab 30 B; ⌚7.30–18 Uhr; 📶) finden sich zwei kleine und ein großes Zimmer, die ganz aus Holz gezimmert und mit einigen echten Antiquitäten ausstaffiert sind. Die Zimmer teilen sich zwei moderne Bäder.

Es gibt etwas Straßenlärm, aber nachts ist es normalerweise recht ruhig.

Außerhalb der Stadt

★ **Khao Ta Mong Lai Forest Park Campsite** CAMPING $
(☎081 378 0026; Stellplatz 50 B, gemietetes Zelt für 3 Pers. 200 B) Der schattige, wenig benutzte Campingplatz in diesem Park (S. 542) hat mit die saubersten Einrichtungen in Thailand. Es gibt auch schlichte Bungalows, die allerdings für große Reisegruppen gedacht sind. Da der Platz auf der anderen Seite der Bucht gegenüber dem Stadtzentrum liegt, erlebt man hier tolle Sonnenuntergänge.

Golden Beach Hotel HOTEL $$
(☎032 601626; www.goldenbeachboutique.com; 113 Th Suanson; DZ & 2BZ 1100–2500 B, FZ 1400–1800 B; P❄📶) Nach der vollständigen Renovierung gehören die Zimmer im Golden Beach Hotel nun zu den besten in Prachuap, wenn man sich nicht daran stört, rund 2 km vom Stadtzentrum entfernt zu wohnen. Die Zimmer zu höheren Preisen haben den weitesten Blick aufs Meer, die Aussicht aus den hinten liegenden, billigsten Zimmern ist aber vorzuziehen. Von diesen Bleiben aus kann man nämlich gleichzeitig das Meer und den Fluss sehen. Der Strand liegt auf der anderen Straßenseite.

Essen

Die Restaurants in Prachuap sind für ausgezeichnete, billige Meeresfrüchte bekannt, und auch westliche Gerichte lassen sich leicht finden. Auf dem **Städtischen Markt 1** (Th Maitri Ngam; ⌚4–16 Uhr) bekommt man frische Ananas von den Obstplantagen, die man sich von den Verkäufern aufschneiden lassen kann. Im Stadtzentrum gibt's eine Reihe kleiner **Nachtmärkte** (Th Kong Kiat; ⌚16.30–2 Uhr).

Krua Chaiwat THAILÄNDISCH $

(Th Salacheep; Hauptgerichte 40–160 B; ⏲ Mo–Sa 9–15 & 16.30–20 Uhr; 📶✍) Mit gutem Essen zu kleinen Preisen ist dieses kleine Restaurant bei Einheimischen und Ausländern gleichermaßen beliebt. Thailändisches Essen ist die Spezialität – das *đôm yam* und das *mêe·ang kam* (ein Snack mit wilden Pfefferblättern, den man sich selber zusammenstellt) sind wirklich gut –, es gibt aber auch Steaks und ein paar Fusiongerichte wie die in der Pfanne gebratenen Spaghetti mit gesalzener Makrele.

Ty I-House BÄCKEREI $

(235 Th Suseuk; Backwaren 30 B; ⏲ Mo–Sa 8–17 Uhr; 📶) Khun Suchada ging früh in den Ruhestand und machte ihr Hobby zu einem kleinen Unternehmen. Sie backt, was ihr in den Sinn kommt; auf diese Weise sind immer nur einige wenige Dinge im Angebot. Verkauft wird ihre Ware an einem kleinen Tisch. Die Schoko-Brownies sind ausgezeichnet.

Som Tam Baa Nook THAILÄNDISCH $

(Th Suseuk; Hauptgerichte 30–90 B; ⏲ 7–16 Uhr) Baa Nook stammt aus dem Isan und bietet in ihrem improvisierten Straßenimbiss echte Gerichte aus dem Nordosten. Das *sôm·đam* (würziger Papaya-Salat) ist ausgezeichnet – sie bezieht die *plah râh* (fermentierte Fischsauce) direkt von ihren Verwandten aus Buriram – und es gibt auch Hühnchen-*lâhp*, gegrillten Wels und weitere Gerichte.

Rim Taley Market MARKT $

(Th Chai Thaleh; ⏲ Mo–Do 16–20.30, Fr & Sa 16–21 Uhr) Der „Markt am Meer" ist nicht sehr groß, aber ideal am Abend, weil man sein Essen dann an der Promenade oder am Pier verzehren kann. Freitags und samstags kommen rund 200 Anbieter zu den wenigen dutzend hinzu, die hier regelmäßig ihre Stände aufbauen. Dann wird der Markt zu einem regelrechten **Straßenmarkt**, auch wenn hier nur wenig Kunsthandwerk und handgefertigte Waren zu finden sind.

★ **In Town Seafood** THAILÄNDISCH $$

(Th Chai Thaleh; Hauptgerichte 50–350 B; ⏲ 15–23 Uhr) In dem bei wählerischen Einheimischen beliebten Restaurant kann man auf der Straße unter dem Zelt sitzen und auf die Fischerboote in der Bucht schauen. Das große Angebot frischer Meeresfrüchte – Barrakudas, Krabben und Schalentiere – wird zu Schau gestellt, sodass man einfach auf das gewünschte Tier zeigen kann, wenn man den Namen auf der Karte nichts zuordnen kann. Der Service kann langsam sein.

Ciao Pizza ITALIENISCH $$

(Th Suseuk; Hauptgerichte 160–280 B; ⏲ 11–15 & 16–22 Uhr; 📶✍) Das Restaurant gehört Italienern und bietet feine Pizza, Pasta, Gelato und täglich frisch gebackenes Brot. Es gibt auch eine Verkaufstheke für Käse und Salami. Hinten befindet sich ein ruhiger Speisebereich.

Rop Lom MEERESFRÜCHTE $$

(Th Suanson; Hauptgerichte 70–190 B; ⏲ 10–21 Uhr; 📶) Das bei den Einheimischen beliebte *pàt pŏng gà·rèe poo* (Krabbencurry) kommt mit großen Stücken süßen Krabbenfleisches auf den Tisch, das *yam tá-lair* (Meeresfrüchtesalat) ist scharf und pikant. Nicht aus dem Meer stammt das *yam dòk·kaa* (Sesbaniablüten-Salat).

🍷 Ausgehen & Nachtleben

Das Nachtleben konzentriert sich auf die Straße am Strand. Ein paar entspannte Bars finden sich nördlich des Prachuap Beach Hotel; es gibt hier aber nichts, was mit der

ABSEITS DER ÜBLICHEN PFADE

MYANMAR (BIRMA) BORDER MARKET

Nur 12 km westlich von Prachuap Khiri Khan liegt die Grenze zu Myanmar, und seit vielen Jahren heißt es, die Grenze werde „in naher Zukunft" für Ausländer geöffnet – bisher hat sich allerdings nichts getan. Bis es soweit ist, kann man immer noch den thailändischen Grenzort Dan Singkhon, 20 Fahrtkilometer außerhalb der Stadt, besuchen. Am Samstagmorgen gibt es einen Grenzmarkt für birmanische Händler, die herüberkommen, um Thailändern ihre Waren anzubieten. Der ehemalige exotische Reiz ist einem modernen Bau gewichen, und nur noch wenige Leute halten den Trip für lohnend, wenn man nicht gerade nach Holzmöbeln oder Orchideen sucht. Viele Leute, die diese Produkte anbieten, sind auch unter der Woche vor Ort. Vom Minivanbahnhof in Prachuap Khiri Khan (S. 547) fahren Minivans (100 B, 30 Min.) allerdings nur, wenn genügend Passagiere zusammenkommen.

lauten, schmierigen Barszene von Hua Hin vergleichbar wäre.

Maggie's Wine Garden BAR
(Th Chai Thaleh; halbgefrorene Cocktails 200 B; Sa–Do 16–23 Uhr;) Nur ein paar Häuser von ihrer **Pension** (087 597 9720; Th Chai Thaleh; Zi. 250–600 B;) entfernt betreibt Maggie diese gemütliche Bar mit großer Spirituosenkarte und einigen Speisen. Die eiskalten Margaritas und Ananas-Mojitos sind für die Stimmung passender als der Shiraz. An den bereitstehenden Instrumenten können Freiwillige ihre Fähigkeiten unter Beweis stellen.

Top Deck BAR
(53 Th Chai Thaleh; Bier/Cocktail ab 65/130 B; Do–Di 13.30–23 Uhr;) Im Top Deck kann man bis relativ spät etwas trinken und dabei auf die funkelnden Lichter der Fischerboote in der Bucht schauen. Es gibt hier auch überraschend gute thailändische und ein paar westliche Gerichte (80–300 B).

Praktische Informationen

Im Stadtzentrum gibt's viele Banken und Geldautomaten. Die nächstgelegenen Banken, die auch abends und an Wochenenden geöffnet sind, befinden sich im Einkaufszentrum Tesco-Lotus draußen am Highway, 3 km westlich des Stadtzentrums.

Touristeninformation (032 604143; Th Chai Taley; Mo–Fr 8.30–12 & 13–16.30 Uhr) Am Fuß des Piers. Hier gibt's kostenlose Stadtpläne; das Personal spricht auch Englisch.

Anreise & Unterwegs vor Ort

Die meisten Busse fahren nicht in die Stadt hinein, sondern halten 4 km nordwestlich des Stadtzentrums am Phetkasem Hwy (Hwy 4) auf einem Gelände, das *sà·tăh·nee dern rót* genannt

VERKEHRSMITTEL VON/NACH PRACHUAP KHIRI KHAN

ZIEL	BUS	MINIVAN	ZUG
Ban Krut	70 B, 1 Std., tgl. 3-mal (in die Stadt)	70–90 B, 1 Std., 5.40–19 Uhr alle 30 Min. (zum Hwy)	13–339 B, 1 Std., tgl. 8-mal
Bang Saphan Yai	80 B, 1½ Std., tgl. 10-mal (in die Stadt)	80–100 B, 1½ Std., 5.40–19 Uhr alle 30 Min. (8-mal in die Stadt, alle übrigen zum Hwy)	16–347 B, 1¼ Std., tgl. 9-mal
Bangkok Hualamphong			168–455 B, 4½–5½ Std., tgl. 9-mal
Bangkok Northern (Mo Chit) Bus Terminal	240 B, 6–7 Std., 15.30 Uhr	220 B, 5 Std., 1.30–19.30 Uhr alle 45 Min.	
Bangkok Southern Bus Terminal	200 B, 6–7 Std., 7.30–21 Uhr alle 90 Min.	200 B, 5 Std., 3–19 Uhr alle 45 Min.	
Bangkok Thonburi			56–130 B, 6 Std., 13.05 Uhr
Cha-am		120 B, 2 Std., 5–18.40 Uhr häufig	54–85 B, 2 Std., tgl. 4-mal
Chumphon	220 B, 4 Std., 11–24 Uhr stündl.	180 B, 3½ Std., 6–19 Uhr alle 50 Min.	16–347 B, 2½–3 Std., tgl. 10-mal
Hua Hin		80 B, 1½ Std., 5–18.40 Uhr häufig	19–353 B, 1–1½ Std., tgl. 11-mal
Phetchaburi	150 B, 2½ Std., 7.30–21 Uhr stündl.	150 B, 2½ Std., 3–19 Uhr alle 40 Min.	31–382 B, 2–2½ Std., tgl. 11-mal
Phuket	587–913 B, 9–10 Std., 11 Uhr & 20–24 Uhr alle 30 Min.		
Pranburi		60 B, 1 Std., 5–18.40 Uhr häufig	14–62 B, 1 Std., tgl. 3-mal
Ranong		250 B, 4½ Std., 8, 10, 3 & 15.30 Uhr	

wird. Die Tickets werden an der nach Norden führenden Straßenseite verkauft. Wer sicher gehen will, einen Platz zu bekommen, sollte das Ticket einen Tag im Voraus kaufen – die Busse sind oft schon voll besetzt, wenn sie in Prachuap durchkommen. Die Ausnahme bilden die vier klimatisierten Busse, die täglich von einer kleinen **Bushaltestelle** an der Th Phitak Chat nach Bangkok (Southern Bus Terminal, 200 B, 9, 11, 13 & 1 Uhr) und Phetchaburi (150 B, 2 Std.) fahren. Minivans sind das Rückgrat der Verkehrsmittel in Prachuap; sie starten alle vom Minivanbahnhof **kew rót đôo** (Th Prachuap Khiri Khan/Rte 326) an der Kreuzung der Rte 326 und des Hwy 4 nahe der Hauptbushaltestelle. Der **Bahnhof** (☎ 032 611175; Th Maharat) ist 15 Gehminuten vom Hauptempfangsbereich entfernt.

Prachuap ist klein genug, um zu Fuß herumzukommen, man kann zu den meisten Orten aber auch für 30 B ein Motorradtaxi nehmen; zur Bushaltestelle und zum Minivanbahnhof zahlt man 50 B. Die meisten Hotels verleihen Motorräder für 200 bis 250 B pro Tag, einige auch Fahrräder (50 B).

Ban Krut & Bang Saphan Yai

☎ 032 / 4200 & 15 100 EW.

Die Strände von Ban Krut und Bang Saphan Yai idyllisch zu nennen, wäre zwar übertrieben, aber sie sind in Sachen Schönheit auch keine Nieten. Sie liegen rund 65 bzw. 90 km südlich von Prachuap Khiri Khan, und die meisten Leute kommen nicht wegen der Landschaft, sondern wegen der Einsamkeit hierher. Hier gibt's keine Hochhäuser, keine Nachtbars und keinen starken Verkehr, der einem beim Lesen, Baden, Essen und Radfahren stört. Oft ist man ganz sich selbst überlassen, wenn man zwischen den Kokospalmen und dem kristallblauen Meer an dem langen Sandstrand sitzt oder wandert. Die Hauptsaison dauert von November bis März, aber selbst dann ist es wunderbar ruhig an den Stränden.

Sehenswertes & Aktivitäten

An der Uferstraße von Ban Krut gibt's eine Reihe von Resorts, Restaurants und Läden, die Schwimmreifen vermieten. Familien parken ihre Autos und verbringen den Tag damit, zu essen, zu trinken und den Kindern beim Planschen zuzuschauen. Dennoch geht es hier immer noch viel weniger turbulent zu als an einem typischen Touristenstrand. Selbst an den Wochenenden in der Urlaubszeit braucht man nicht weit nach Süden zu gehen, um ein einsames Fleckchen Sand zu finden.

Der Gipfel des **Khao Thong Chai**, der Landzunge nördlich des Strands von Ban Krut, wird von einem schönen, ungewöhnlich breiten, 50 m hohen Stupa bekrönt, dem **Phra Mahathat Chedi Phakdi Praka** (พระมหาธาตุเจดีย์ภักดีประกาศ; Rte 1029; ⏲8–17 Uhr) GRATIS. Im Hauptraum finden sich moderne Wandmalereien im traditionellen thailändischen Stil, die örtliche Feste und Zeremonien aus ganz Thailand darstellen. Darunter bietet sich neben der 10 m hohen sitzenden Buddhastatue ein schöner Blick auf die Küste.

Bang Saphan Yai klammert sich immer noch an das berühmte Strandklischee eines Thailands, wie es vor 20 Jahren war, ehe die Villen mit Pools und die Pauschaltouristen die einsamen Strandgänger verdrängten. Viele Unterkünfte liegen direkt am Hat Suan Luang genannten Strand, und Straßenhändler sind hier selten. Bei den Inseln vor der Küste, zu denen **Ko Thalu** mit seinem natürlichen Felsbogen zählt, gibt's von März bis Oktober gute Tauch- und Schnorchelbedingungen, die besten im März und April. Die Inseln liegen nahe bei Bang Saphan Yai, aber Ausflüge zu ihnen lassen sich auch von Ban Krut aus vereinbaren.

Schlafen

Die meisten Unterkünfte sind werktags ziemlich verwaist und sind nur stärker an Ferienwochenenden belegt, wenn sich die Bangkoker die Zeit nehmen, über Hua Hin hinaus ins Umland zu fahren.

Ban Krut บ้านกรูด

Die meisten Unterkünfte finden sich im geschäftigen Hauptstrandbereich, der 1 km außerhalb des winzigen, aus zeitlosen Ladenhäusern aus Holz bestehenden Dorfs beginnt. Nördlich der von dem Tempel bekrönten Landzunge am Strand Hat Sai Kaew sowie südlich vom Hauptstrand wird es schnell ziemlich einsam; hier liegen nur ein paar zerstreute Resorts zwischen den Kokospalmenhainen.

Siripong Guesthouse PENSION $
(☎ 032 695464; Hat Ban Krut; Zi. mit Ventilator 250–300 B, Klimaanlage 400 B; P❄📶) Die billigste Unterkunft der Region ist ziemlich kahl, aber die Zimmer sind tatsächlich besser als das ungepflegte Äußere vermuten lässt, und die Unterkunft liegt direkt an der

Kreuzung, ein Stück entfernt von den belebtesten Teilen des Strands. Es gibt Duschen mit Kaltwasser; die Zimmer mit Ventilator haben entweder Toiletteneimer im Zimmer oder Gemeinschaftsbäder.

Proud Thai Beach Resort PENSION $$
(☎089 682 4484; www.proudthairesort.com; Hat Ban Krut; Zi. 800 B; P❄📶) Die acht Holzbungalows mit Terrassen liegen im Schatten der Bäume jenseits der Strandstraße. Sie sind alt, werden aber von dem auch Englisch sprechenden Inhaber gut in Schuss gehalten.

Bayview Beach Resort HOTEL $$$
(☎032 695566; www.bayviewbeachresort.com; Ban Krut; Zi. 1900–2300 B, FZ 3500–4800 B jeweils mit Frühstück; P❄📶🏊) Das Bayview bietet hübsche Bungalows mit großen Veranden auf einem schattigen Anwesen an einem ziemlich einsamen Strandabschnitt ein gutes Stück nördlich der Haupttouristenzone. Es gibt einen Pool am Strand mit einem Planschbecken für Kinder und einen kleinen Spielplatz. Das Resort veranstaltet auch Schnorchel- und Tauchausflüge und vermietet Kajaks, Motorräder und Fahrräder.

Bang Saphan Yai บางสะพานใหญ่

Der Strand liegt 6 km südlich der Stadt Bang Saphan Yai. Es gibt hier ein paar kleine schicke Resorts sowie eine Reihe schlichter Budget-Bungalows mit direktem Strandzugang nördlich der Why Not Bar.

Ploy Bungalows BUNGALOWS $
(☎032 817119; Zi. 500–700 B; P❄📶) Diese ruhige, entspannte Anlage besteht aus bunt angestrichenen Betonbungalows. Ein Vorteil für Backpacker besteht darin, dass die Bungalows direkt am Strand alle zu der mit Ventilator ausgerüsteten Variante für nur 500 B zählen. An der Straße liegen noch mehrere andere, ähnlich ausgestattete Unterkünfte. Essen gibt's hier nicht, man muss also ein Stück laufen, um sich zu verpflegen.

★**The Theatre Villa** HOTEL $$
(☎085 442 9150; www.thetheatrevilla.com; Zi. mit Frühstück 1350–2100 B; P❄📶) Das selbst für die Verhältnisse in Bang Saphan ruhige kleine Hotel liegt an einem schönen Strandabschnitt und wird sorgsam gepflegt. Die Zimmer sind hell und sehr komfortabel. Es gibt sie in drei Varianten: Hinten befinden sich hotelartige Zimmer, in der Mitte teurere Bungalows und ganz vorn zwei Zimmer mit Meerblick. Die Anlage befindet sich westlich der Hauptstraße.

Coral Hotel HOTEL $$$
(☎032 817121; www.coral-hotel.com; Zi. 3400 B, FZ 4940–6700 B jeweils mit Frühstück; P❄📶🏊) Das gehobene, hauptsächlich auf französische Traveller ausgerichtete Hotel mit ordentlichen Restaurants befindet sich direkt am Strand und bietet alle für ein Resort typischen Annehmlichkeiten, darunter organisierte Tauch- und Schnorcheltouren, Ausflüge in die Nationalparks und thailändische Kochkurse. Die geschmackvoll dekorierten Zimmer sind sehr komfortabel, und der Pool ist groß.

Essen & Ausgehen

Die Einheimischen essen fast ausschließlich an der Straße in die Stadt, wo es ein paar richtige Restaurants, Kaffee-Shops und einen kleinen Nachtmarkt (15–21 Uhr) neben dem Supermarkt Tesco-Lotus Express gibt. In Bang Saphan Yai gibt's ein paar auf Ausländer ausgerichtete Restaurants.

In beiden Städten finden sich Bars. Das billigste Bier in Ban Krut gibt's an improvisierten Ständen am Strand schräg gegenüber dem Siripong Guesthouse – sowohl Einheimische als auch Ausländer hängen hier ab. Das Kasama's hat eine gute Auswahl an Spirituosen.

In Bang Saphan Yai finden sich einige bei Ausländern beliebte Bars. Die **Why Not Bar** liegt am Strand und die **Blue Bar**, in der es einen Billardtisch gibt, fast an der Highway-Kreuzung. In beiden Bars wird oft Livemusik gespielt.

Kasama's Pizza ITALIENISCH $$
(☎081 139 0220; www.kasamapizza.com; Rte 1029, Hat Ban Krut; Hauptgerichte 45–355 B; ⏲10–22 Uhr, in der Nebensaison verkürzte Öffnungszeiten; 📶) Das freundliche Lokal gehört zu den am längsten bestehenden Restaurants in Ban Krut und serviert gehaltreiche Sandwichs, Frühstück den ganzen Tag, Pizzas und richtige Schoko-Milchshakes. Und es liefert sogar zum Strand aus.

Das Restaurant befindet sich abseits der Zufahrtsstraße hinter dem 7-Eleven.

Praktische Informationen

Ban Krut Info (www.bankrutinfo.com) Örtliche Infos zur Gegend.

Bang Saphan Guide (www.bangsaphanguide.com) Informationen zur Gegend.

Bankrut Tour & Travel (☎081 736 3086; www.bankrut.co.th; Hat Ban Krut; ⏲8–20 Uhr) Der freundliche und verlässliche Reiseveranstalter im Na Nicha Bankrut Resort gleich vor dem Strand organisiert Tagesausflüge, darunter auch Schnorcheltouren zur Insel Ko Thalu, und Tickets zur Weiterreise wie Fährtickets zu den südlichen Inseln.

An- & Weiterreise

In beiden Ortschaften gibt's Bahnhöfe. Alle 11 Züge vom Bangkoker Bahnhof Hualamphong in Richtung dem äußersten Süden (179–480 B, 5–7 Std.) halten am **Bahnhof Bang Saphan Yai** (☎032 691552; Soi Bang Saphan) und sieben auch am **Bahnhof Ban Krut** (☎032 695004). Die meisten dieser Züge kommen spät in der Nacht durch. Um 7.30 Uhr fährt ein normaler Personenzug vom Bangkoker Bahnhof Thonburi (67–155 B, 7½ Std.). Beide Ortschaften sind per Zug auch aus Prachuap Khiri Khan (16–347 B, 1 Std.), Chumphon (20–355 B, 1½–2 Std.) und Hua Hin (33–386 B, 2 Std.) erreichbar.

Vom Bangkoker Southern Terminal fahren zwischen 7.30 und 24 Uhr rund alle zwei Stunden Busse nach Bang Saphan Yai (273 B, 6 Std., stündl.), von denen drei auch in Ban Krut halten. Auf dem Weg nach Norden halten diese Busse in Prachuap Khiri Khan (80 B, 1 Std.) und Phetchaburi (173 B, 3½ Std.), aber nicht in Hua Hin. Die Bushaltestellen in beiden Ortschaften liegen ein kurzes Stück südlich der jeweiligen Bahnhöfe. Gegen eine kleine Gebühr besorgen das eigene Resort oder Bankrut Tour & Travel (s. oben) die Fahrkarten.

Minivans (Rte 3169) starten in Bang Saphan Yai am Highway vor der Sweet Home Bakery im Stadtzentrum nach Prachuap Khiri Khan (100 B, 1 Std., tgl. 8-mal zw. 6.20 und 16.50 Uhr) und Chumphon (80 B, 2 Std., 7 Uhr). Die Minivans nach Prachuap nehmen auch in Ban Krut Fahrgäste auf. Das tut der Minivan nach Chumphon in der Regel nicht, Bankrut Tour & Travel kann dies aber arrangieren, die Kosten belaufen sich in dem Fall allerdings auf insgesamt 400 B.

Weitere Busse und Minivans halten am Highway rund 10 km westlich beider Ortschaften und fahren nicht in sie hinein. Die meisten Busse auf dieser Route halten bei Bang Saphan Yai, aber nur wenige bei Ban Krut; wenn man es dort versucht, muss man im Zweifel lange warten. Die Fahrt von diesen Haltestellen in den jeweiligen Ort mit einem Motorradtaxi kostet 100 B, für die Strecke zu den Stränden bezahlt man noch mehr.

Unterwegs vor Ort

Von den billigsten Resorts abgesehen holen alle ihre Gäste in der Stadt kostenlos ab und bringen sie auch wieder zurück. Alle verlangen aber eine Gebühr, wenn man zum Phetkasem Hwy gebracht werden will oder von dort kommt.

Der Strand von Bang Saphan Yai liegt 6 km südlich der Stadt und ist über die Rte 3374 zu erreichen – die Ausfahrt ist wegen der vielen Schilder der Resorts gar nicht zu übersehen. Ban Krut ist 1 km vom Strand entfernt, aber die meisten Unterkünfte liegen weiter vom Ort weg. Für ein Motorradtaxi zum Strand muss man in Bang Saphan Yai 100 B bezahlen, in Ban Krut 20 bis 30 B.

In Ban Krut vermieten das Siripong Guesthouse (S. 547), Bankrut Tour & Travel (s. linke Spalte) und mehrere andere nahegelegene Läden rund um die Kreuzung Motorräder für 200 B pro Tag. Am Strand von Bang Saphan Yai verleihen einige Läden Motorräder für 250 bis 350 B. Ein weitere Möglichkeit in der Stadt ist **Tae's Restaurant** (☎087 919 2910; Soi Bang Saphan; ⏲14–1 Uhr) gleich am Bahnhof, das Motorräder für 200 bis 250 B vermietet. Dort geht es aber sehr locker zu, weshalb oft keine Räder verfügbar sind.

Chumphon

ชุมพร

☎077 / 33 500 EW.

Die Transitstadt wird vor allem von Travellern auf dem Weg von oder nach Ko Tao, nach Ranong oder Phuket im Süden frequentiert. In Chumphon beginnt der eigentliche Süden Thailands; muslimische Kopftücher sind hier ein vertrauter Anblick.

Im Ort gibt's zwar nicht viel zu tun, während man auf seine Fähre wartet, aber die Stadt ist nicht unangenehm, und die umliegenden Strände bieten Sonne und Sand abseits der Backpacker-Routen. Der schöne **Hat Thung Wua Laen** („Strand der rennenden Kuh"), 15 km nordöstlich der Stadt, ist der bekannteste, bietet viele Einrichtungen für Traveller und ist unter der Woche nahezu verlassen. An den Wochenenden herrscht hier hingegen Hochbetrieb.

Sehenswertes

Das **Chumphon National Museum** (พิพิธภัณฑสถานแห่งชาติ ชุมพร; ☎077 504105; 100 B; ⏲Mi–So 9–16 Uhr) gehört zwar nicht zu den größten und besten Nationalmuseen Thailands, aber die ausgestellten prähistorischen Töpferwaren, Äxte und Schmuckstücke sind für Geschichtsbegeisterte durchaus interessant. Einen Blick lohnt auch Chumphons gängiger **Fresh Market** (ตลาดสดชุมพร; Th Pracha Uthit; ⏲24–15 Uhr), von dem die meisten Restaurants der Stadt ihr Fleisch, Obst und Gemüse beziehen. Besonders viel los ist hier am frühen Morgen.

Chumphon

Chumphon

Sehenswertes
1 Chumphon Fresh Market B3

Schlafen
2 Fame Guesthouse B2
3 Loft Mania D3
4 Salsa Hostel C1

Essen
5 Kook Noy Kitchen C2
6 Nachtmarkt C1
7 Prikhorm A3

Ausgehen & Nachtleben
8 Aeki's Bar B1

Praktisches
9 New Infinity Travel B2
10 Ocean Shopping Mall C1

Transport
11 Affiliated Bus A1
12 Minivans nach Bang Saphan Yai A2
13 Choke Anan Tour C3
14 Minivans nach Ranong A2
15 San Tavee New Rest Home B2
16 Minivans nach Surat Thani & Prachuap Khiri Khan C2

Feste & Events

Für gewöhnlich findet Mitte März in der Uferstadt Paknam, 13 km südöstlich von Chumphon, das **Chumphon Marine Festival** (März) statt. Vier Tage lang gibt's Events, die mit dem Meer zu tun haben, darunter Bootstouren, Sandskulpturen und eine Reinigungsaktion, bei der der Müll unter Wasser eingesammelt wird.

Anlässlich des Endes der buddhistischen Fastenzeit (Ork Phansaa), in der Regel im Oktober, treten traditionelle Longtail-Boote bei Rennen auf dem Fluss Lang Suan rund 60 km südlich von Chumphon gegeneinander an. Anders als bei anderen Longtail-Bootsrennen in Thailand muss sich hier ein Mann am Bug des Boots anklammern und eine Fahne halten.

Schlafen

Die meisten Traveller, die in Chumphon übernachten, sind Backpacker, deswegen gibt's hier viele Budgetunterkünfte. Die **Th Tha Taphao** mit ihren billigen, älteren Pensionen ist die örtliche Th Khao San. Einige neuere, schickere Hostels finden sich östlich des Bahnhofs an der Th Krumluang Chumphon. Wer lieber am Meer als in der Stadt übernachtet, findet Unterkünfte am **Hat Thung Wua Laen** 15 km nordöstlich der Stadt.

★ Salsa Hostel HOSTEL $
(☎077 505005; www.salsachumphon.com; 25/42 Th Krumluang Chumphon; B 300–330 B, 2BZ/DZ 650/750 B jeweils mit Frühstück; ❄@📶) Das Hostel östlich des Bahnhofs nahe dem Nachtmarkt zählt zu den besten Adressen in Chumphon. Das Haus ist sauber, freundlich und nicht zu groß, und man bekommt verlässliche Infos zum Ort in ausgezeichnetem Englisch. Und auch die Privatzimmer gehören zu den besten der Stadt, und zwar ungeachtet der Preisklassen.

Fame Guesthouse PENSION $
(☎077 571077; www.chumphon-kohtao.com; 188/20-21 Th Sala Daeng; Zi. mit Gemeinschaftsbad/eigenem Bad 150–200/300 B; @📶) Diese Traveller-Anlaufstelle macht von allem etwas: Es vermietet saubere, schlichte Zimmer an Übernachtungsgäste (oder an Leute, die sich auch nur tagsüber ausruhen wollen), bucht Tickets und vermietet Motorräder. Das angeschlossene Restaurant ist ein wichtiger Travellertreff und bietet eine große Palette thailändischer, indischer und westlicher Gerichte.

Chumphon Cabana Resort & Diving Centre HOTEL $$
(☎077 560245; www.chumphoncabanaresort.com; Hat Thung Wua Laen; Zi. mit Frühstück 1000–1500 B; P❄📶🏊) 🍃 Das abseits der Straße an einem schönen Strandabschnitt gelegene Resort ist *die* angesagte Unterkunft am Hat Thung Wua Laen, solange man nicht Wert auf richtigen Luxus legt. Die Zimmer haben Veranden, auf denen man entspannen kann, und sind recht komfortabel, wobei eine Renovierung geplant ist. Der Transfer aus Chumphon kostet 300 B.

Loft Mania HOTEL $$
(☎077 501789; loftmania.bh@gmail.com; Th Suksamur; Zi./Suite 1300/4000 B; P❄📶🏊) Das beliebte Hotel kommt in der Stadt Chumphon einer Luxusherberge noch am nächsten. Die Zimmer sind hochwertig und zeigen Design im Industrieschick. Das Personal ist hilfsbereit, und ein mittelalterliches Wappenschild begrüßt die Gäste an der Eingangstür. Es gibt einen Pool, ein Fitnesscenter und kostenlose Leihfahrräder.

Essen & Ausgehen

Chumphons **Hauptnachtmarkt** (Th Krumluang Chumphon; ⏲16–24 Uhr) bietet eine große Vielfalt an Essen und gute Gelegenheit, die Leute zu beobachten. Weiteres Straßenessen gibt's abends am südlichen Ende der Th Tha Taphao sowie südlich vom Bahnhof.

★ Kook Noy Kitchen THAILÄNDISCH $
(Th Suksamur; Hauptgerichte 40–180 B; ⏲Mo–Sa 16–4 Uhr; 📶) Das Lokal, das nur aus einem Betonboden, einem Wellblechdach und einer chaotischen Küche besteht, serviert bekannte zentral- und südthailändische Gerichte wie *đôm yam* mit Fleisch von freilaufenden Hühnern und gebratenen Reis mit Krabben. Es stehen aber auch seltenere Speisen auf der Karte, darunter gebratene Entenschnäbel oder *pàt pèt gòp* (mit Curry gebratene Frösche).

Prikhorm THAILÄNDISCH $$
(32 Th Tha Taphao; Hauptgerichte 95–450 B; ⏲11–22 Uhr; 📶✍) Das schick sein wollende Lokal hat Gerichte aus dem gesamten Königreich, von südthailändischem *gaang sôm*-Fischcurry bis zu Pilz-*lâhp* aus dem Nordosten; letzteres ist eines von vielen vegetarischen Gerichten.

Aeki's Bar BAR
(Soi Rot Fai 1; Bier/Cocktails ab 65/100 B; ⏲15 Uhr–open end; 📶) Die Bar mit Inselstimmung gegenüber dem Bahnhof wird von vielen Travellern besucht. Es gibt einen Billardtisch, einen *moo·ay tai*-Ring (Thai-Boxen), thailändische und internationale Gerichte, Live-Reggae und eine freundliche Begrüßung durch den Inhaber.

DSCHUNGEL-REFUGIUM

Die nur 4 km außerhalb von Chumphon, aber tief im Land liegende **Villa Varich** (☎086 964 7123; www.villavarich.com; Soi Wat Bangmak; Zi. 700–900 B, Suite 1600 B jeweils mit Frühstück; P❄📶) unterscheidet sich von allen anderen Hotels von Chumphon. Die großen Zimmer sind komfortabel und attraktiv – und viele befinden sich direkt am mit Dschungel überwucherten Fluss Tha Taphao; man erwacht unter dem Gezwitscher der Vögel. Tang und Khom sind hervorragende Gastgeber. Es gibt kostenlose Leihfahrräder, und man kann auch Kajaks und Motorräder (jeweils 200 B) ausleihen. Ein Túk-túk vom Bahnhof sollte 200 B kosten. Es empfiehlt sich, im Voraus zu reservieren.

VERKEHRSMITTEL VON/NACH CHUMPHON

ZIEL	SCHIFF/FÄHRE	BUS	MINIVAN	ZUG	FLUG-ZEUG
Bang Saphan Yai			80 B, 2 Std., 14 & 15.30 Uhr	20–355 B, 1½–2 Std., tgl. 12-mal	
Bangkok Don Mueang International Airport					ab 1200 B, 1 Std., tgl. 2-mal
Bangkok Hualamphong				Sitzplatz/Sleeper 192–510/620–1194 B, 6½–8 Std., tgl. 11-mal	
Bangkok Southern Bus Terminal		155–510 B, 8 Std., 9–22 Uhr tgl. 11-mal			
Bangkok Thonburi				80–383 B, 9½ Std., 7.30 Uhr	
Chiang Mai		1385 B, 18 Std., 18 Uhr			
Hat Yai		328–355 B, 7 Std., 7–24 Uhr tgl. 8-mal		79–502 B, 8–10½ Std., tgl. 7-mal	
Hua Hin				49–423 B, 4–5 Std., tgl. 12-mal	
Ko Pha-Ngan (Lomprayah)	1000 B, 3¼–3¾ Std., 7 & 13 Uhr				
Ko Pha-Ngan (Songserm)	900 B, 4½ Std., 7 Uhr				
Ko Samui (Lomprayah)	1100 B, 3¾–4¼ Std., 7 & 13 Uhr				
Ko Samui (Songserm)	1000 B, 6¼ Std., 7 Uhr				
Ko Tao (Autofähre)	400 B, 6 Std., Mo–Sa 23 Uhr				
Ko Tao (Lomprayah)	600 B, 1¾ Std., 7 & 13 Uhr				
Ko Tao (Songserm)	500 B, 2¾ Std., 7 Uhr				
Ko Tao (Sonntags-Nachtboot)	450 B, 6 Std., So 24 Uhr				
Nakhon Si Thammarat			300 B, 5½ Std., 8–14 Uhr alle 2 Std.		
Phetchaburi		328–500 B, 6 Std., 7–22 Uhr stündl.		58–455 B, 5½–6½ Std., tgl. 11-mal	

ZIEL	SCHIFF/FÄHRE	BUS	MINIVAN	ZUG	FLUG-ZEUG
Phuket		350–600 B, 6–7 Std., 5–14.30 Uhr tgl., 7-mal			
Prachuap Khiri Khan		220 B, 4 Std., 7–22 Uhr stündl.	180 B, 3½ Std., 5.30–18 Uhr alle 50 Min.	16–347 B, 2½–3 Std., tgl. 10-mal	
Ranong		120 B, 2½ Std., tgl. 4-mal	120 B, 2½ Std., 6–17 Uhr stündl.		
Surat Thani			170 B, 3½ Std., 6–17.30 Uhr stündl.	34–388 B, 2–3 Std., tgl. 12-mal	

ℹ Praktische Informationen

Mehrere Banken, die auch abends und an den Wochenenden geöffnet sind, finden sich in der **Ocean Shopping Mall** (Th Krumluang Chumphon) schräg gegenüber dem Nachtmarkt.

Immigration Office (☎ 077 630282; Rte 41, im Busbahnhof Chumphon; ⌚ Mo–Fr 8.30–12 & 13–16.30 Uhr) Die Einwanderungsbehörde befindet sich neben dem Busbahnhof und kann Touristenvisa verlängern.

New Infinity Travel (☎ 077 570176; new_infinity@hotmail.com; 68/2 Th Tha Taphao; ⌚ 8.30–21 Uhr; 📶) Der wundervolle Reiseveranstalter hilft in ausgezeichnetem Englisch. Es gibt hier auch ein gutes Sortiment an gebrauchten Büchern in vielen Sprachen. Die Schließzeiten variieren.

Tourism Authority of Thailand (TAT; ☎ 077 502775; tatchumphon@tat.or.th; Soi 1, Th Tawee Sinka; ⌚ 8.30–16.30 Uhr) Wahrscheinlich bekommt man alle nötigen Infos in seiner Pension, wenn aber nicht, ist dieses Büro hilfreich. Außerdem erhält man einen guten kostenlosen Stadtplan von Chumphon.

Virajsilp Hospital (☎ 077 542555; Th Poramin Mankha) Das Privathospital bietet eine Notfallversorgung.

ℹ An- & Weiterreise

Für einen Verkehrsknoten ist Chumphon erstaunlich unorganisiert; es gibt keinen einheitlichen Busbahnhof, und die Fähranlegestelle der Boote nach Ko Tao, Ko Pha-Ngan und Ko Samui ist ein gutes Stück von der Stadt entfernt. Aber Reisebüros und Pensionen weisen einem den rechten Weg und verkaufen Tickets für alle Fähren und Flüge sowie für viele Busse.

BUS

Chumphons **Hauptbusbahnhof** (☎ 077 576 796; Rte 41) liegt am Highway, unpraktische 12 km außerhalb von Chumphon. Er wird nicht viel benutzt und viele Ticketschalter sind die meiste Zeit des Tages unbesetzt, da die wichtigsten Busunternehmen ihre eigenen Haltestellen in der Stadt haben.

Choke Anan Tour (☎ 077 511480; abseits der Soi 1, Th Pracha Uthit) nahe dem Hauptmarkt hat die meisten Busse nach Bangkok (über Phetchaburi und Prachuap Khiri Khan) und Phuket (über Ranong) sowie einen nach Hat Yai. Die **Minivans nach Ranong** fahren von der Th Tha Taphao schräg gegenüber von New Infinity Travel und die **Minivans nach Surat Thani und Prachuap Khiri Khan** (Th Krumluang Chumphon) vom Chumphon Night Bazaar, vom Bahnhof 500 m die Th Krumluang Chumphon hinunter nahe dem Salsa Hostel.

Weitere Busunternehmen finden sich an der Th Nawamin Ruamjai südlich des Bahnhofs. **Suwannatee Tour** (☎ 077 504901) betreibt jenseits des Flusses, rund 1 km außerhalb der Stadt, fünf Busse nach Bangkok, darunter einen billigen zweiter Klasse, sowie **Minivans nach Nakhon Si Thammarat** (☎ 077 506326). **Affiliated Bus** (☎ 082 284 6462) betreibt einen Nachtbus nach Bangkok von seinem Büro nahe der Tankstelle aus sowie Busse nach Hat Yai, und die **Minivans nach Bang Saphan Yai** fahren von einer gelb beschilderten, überdachten Minivanhaltestelle 400 m südlich der Tankstelle.

Für die wenigen Ziele, die vom Busbahnhof bedient werden, z. B. Chiang Mai, kann man Tickets in den Pensionen und Reisebüros kaufen. Achtung: Es gibt keine fahrplanmäßige Direktverbindung nach Hua Hin; um dorthin zu kommen, muss man in Prachuap Khiri Khan umsteigen.

FLUGZEUG

Chumphons Flughafen befindet sich fast 40 km vom Stadtzentrum entfernt. Nok Air, die einzige auf ihm vertretene Fluglinie, fliegt am frühen Morgen und am späten Nachmittag zu Bangkoks Flughafen Don Mueang. Das Fame Guesthouse (S. 551) bietet einen Flughafenshuttle (150 B/Pers.).

SCHIFF/FÄHRE

Es gibt im Wesentlichen zwei Optionen, um nach Ko Tao zu gelangen. Die eine sind die tagsüber fahrenden modernen Fähren von **Lomprayah** (☎ City 081 956 5644, Pier 077 558214; www.lomprayah.com; Th Krumluang Chumphon; ⏲ 4.30–18 Uhr) und **Songserm** (☎ 077 506205; www.songserm.com). Lomprayah ist der bessere und beliebtere Anbieter; Songserm hat den Ruf, schlecht organisiert zu sein und bei seinen Fähre-Bus-Kombitickets den versprochenen Bustransfer nicht bereitzustellen (was allerdings erst bei der Ankunft auf der Insel zum Thema wird). Die Fähren der beiden Unternehmen legen auch in Ko Pha-Ngan und Ko Samui an.

Die zweite Option sind die nachts fahrenden Schiffe diverser Unternehmen. Von Montag bis Samstag verkehren Autofähren mit klimatisierten, mit Betten ausgestatteten Zimmern – gewissermaßen Schlafsälen auf See –, am Sonntag ist regelmäßig ein Holzboot unterwegs. Letzteres hat Ventilatoren und Matratzen auf dem Boden, aber keine Klimaanlage.

Die Fähren legen an verschiedenen Anlegestellen ab; der Transfer zu ihnen kostet zwischen 50 und 100 B. Manchmal werden Tickets verkauft, in denen der Transfer eingeschlossen ist, manchmal aber ist das auch nicht der Fall. Man muss immer darauf achten, dass man ein Ticket sowohl für das Schiff als auch für den Bus hat.

ZUG

Die häufig verkehrenden Züge zwischen Bangkok und dem tiefen Süden halten in Chumphon. Reservieren sollte man so weit im Voraus wie möglich. Liegeplätze in der 2. Klasse sind oft am Abfahrtstag verfügbar, selten einmal aber auch in der 1. Klasse.

ℹ Unterwegs vor Ort

Motorradtaxis (20–30 B/Fahrt) sind überall in der Stadt zu sehen, die teureren, vierrädrigen Túk-túks sind viel seltener. Ein paar davon stehen aber immer am Bahnhof.

Viele Pensionen vermieten Motorräder für 200 bis 300 B pro Tag. Das **San Tavee New Rest Home** (☎ 089 011 1749; Soi Sala Daeng 3) verleiht neben Motorrädern auch Fahrräder (100 B/Tag).

Die gelben *sŏrng·tăa·ou* zum Hat Thung Wua Laen (30 B, 30 Min., 5.30–18 Uhr häufig) starten vom Chumphon Fresh Market an der Th Pracha Uthit und fahren dann über die Th Sala Daeng nach Norden. Die kleinen weißen *sŏrng·tăa·ou* zum Hauptbusbahnhof und dem Immigration Office (25 B, 30–45 Min., 7–17 Uhr häufig) starten an der Th Phinit Khadi neben dem City Pillar Shrine. Ein Túk-túk aus dem Stadtzentrum zum Busbahnhof kostet ab 300 B. Das Fame Guesthouse (S. 551) bietet einen Flughafenshuttle (150 B/Pers.).

Ko Samui & südwestliche Golfregion

Inhalt ➡

Gut essen

- Dining On The Rocks (S. 570)
- Pepenero (S. 571)
- Fisherman's Restaurant (S. 593)
- Barracuda (S. 609; Ko Tao)
- Barracuda (S. 570; Ko Samui)

Schön übernachten

- Six Senses Samui (S. 570)
- Four Seasons Koh Samui (S. 562)
- Kupu Kupu Phangan Beach Villas by l'Occitane (S. 587)
- Jamahkiri Resort & Spa (S. 608)

Auf nach Ko Samui & in die südwestliche Golfregion!

Die südwestliche Golfregion wartet mit Thailands ultimativem Trio auf: Ko Samui, Ko Pha-Ngan und Ko Tao. Diese spektakulären Inseln locken mit ihrem puderfeinen Sand und dem smaragdgrünen Wasser jedes Jahr Millionen Traveller an. Ko Samui ist sozusagen der große Bruder unter den dreien und ganz groß im Geschäft. In den mit perfekter Effizienz betriebenen Luxusresorts der Insel lesen uniformierte Butler den Gästen jeden Wunsch von den Augen ab. Ko Pha-Ngan ist das mittlere Kind, ein Faulenzer mit Hang zu verfilzten Dreadlocks und bis in die Morgenstunden andauernden Partys. Ko Tao dagegen ist das lebenslustige Nesthäkchen, das Outdoor-Aktivitäten liebt und vor Abenteuerlust und Energie nur so strotzt – auf der Insel hat man sich auf Aktivitäten spezialisiert, die einen Adrenalinschub garantieren, darunter erstklassige Tauch- und Schnorchelmöglichkeiten.

An die Festlandküste vor den Inseln kommen kaum ausländische Besucher, aber es ist das viel authentischere Thailand. Diese Region hat jede Menge Highlights abseits der ausgetretenen Pfade zu bieten, von rosa Delfinen und Wasserfällen an der verschlafenen Ao Khanom bis zu Strandspaziergängen im muslimisch geprägten Songkhla und dem Charme von Nakhon Si Thammarat.

Reisezeit

- Von Februar bis April, nach dem Ende des Monsunregens, strahlt die Sonne ohne Unterlass.
- Juni bis August gehören zu den schönsten Monaten, in denen es nur relativ kurze Phasen leichten Regens gibt, und praktischerweise sind auf der nördlichen Erdhalbkugel dann Sommerferien.
- Von Oktober bis Dezember trommelt sintflutartiger Monsunregen auf die heißen Blechdächer; und die Zimmerpreise fallen deutlich (außer in der Weihnachtszeit).

Highlights

1 **Ko Tao** (S. 598) Im farbenprächtigen Tauchparadies Nemo finden.

2 **Ang Thong Marine National Park** (S. 614) Zu den versteckten weißen Stränden paddeln.

3 **Ko Pha-Ngan** (S. 579) In einer Baumwollhängematte entspannen und an einem einsamen Strand an der Ostküste durch die sich kräuselnden Wellen waten.

4 **Ko Samui** (S. 558) Internationale Fünf-Sterne-Küche und schicke Cocktails bei Sonnenuntergang genießen.

5 **Vollmondparty** (S. 594) Sich den vielen Partypilgern anschließen und am Hat Rin auf Ko Pha-Ngan die Nacht durchtanzen.

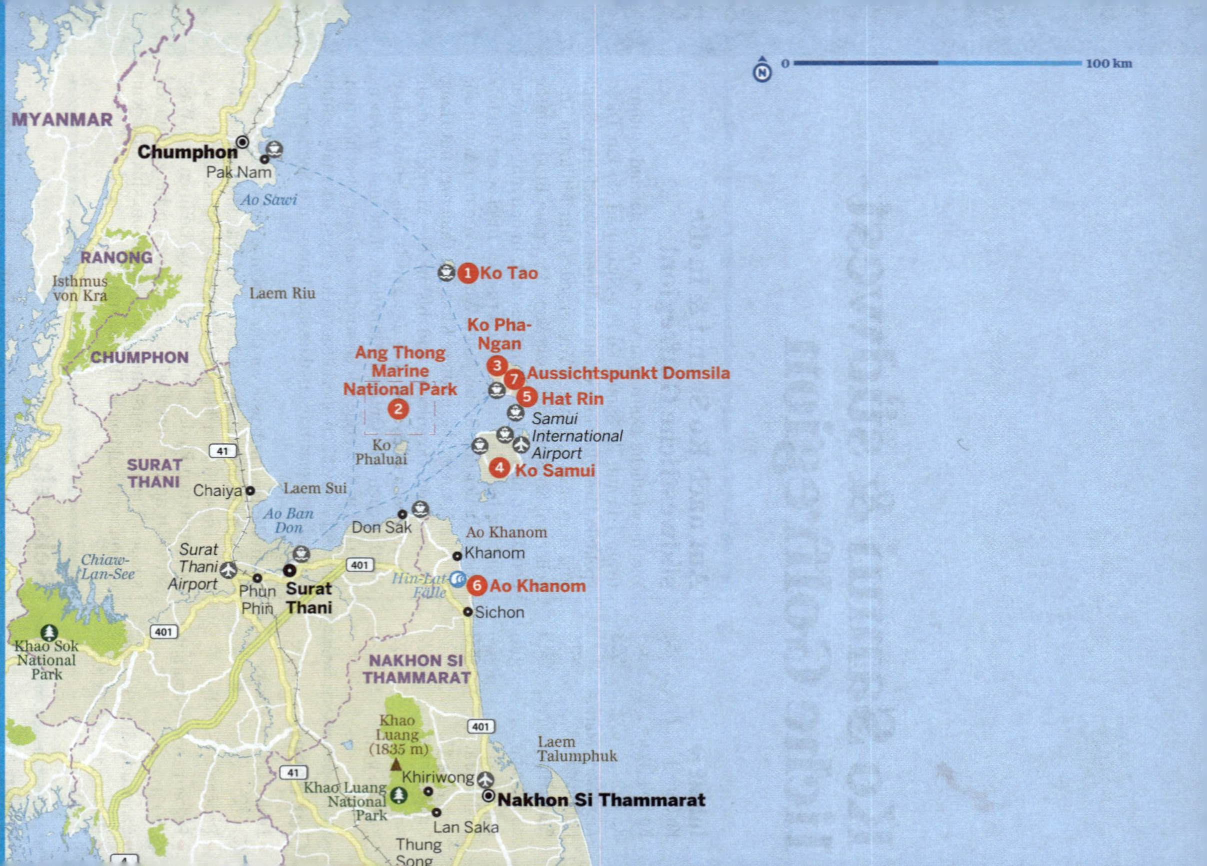

6 **Ao Khanom** (S. 618) Die seltenen rosafarbenen Delfine beobachten, wenn sie an den wenig besuchten Küsten vorbeiziehen.

7 **Aussichtspunkt Domsila** (S. 579) Vorbei an rauschenden Wasserfällen durch den Dschungel zu diesem Aussichtspunkt hoch über Ko Pha-Ngan wandern.

Ko Samui

เกาะสมุย

62 000 EW.

Auf Ko Samui geht einfach alles: Sonnenbaden, in der Hängematte dösen, internationale Spitzenküche genießen, am Strand feiern sowie in einem luxuriösen Spa entspannen.

Ko Samuis Strände sind vielfältig – einfach mit dem Strandtuch losmarschieren und sehen, wo es einem am besten gefällt. Am Coco Tam's im Fisherman's Village kann man Cocktails schlürfen und hervorragend entspannen, am Chaweng Beach Sonnenaufgang und Menschen beobachten, am langen Mae Nam Beach Ruhe finden oder im Schatten einer Kokospalme ein Nickerchen halten, bevor man bestaunt, wie die untergehende Sonne das Meer rot färbt. Das Essen ist Samuis anderes Highlight. Die Insel ist voller wackeliger Holzbuden, die das authentische Thaicurry *kôw gang* (Reis & Curry) anbieten. Die Einheimischen findet man auf den Lebensmittelmärkten, wer mehr Atmosphäre sucht, gönnt sich ein romantisches Dinner beim Sonnenuntergang.

Zur weiteren Entspannung trägt ein Rundum-Verwöhnprogramm bei. Reinigungsfasten, Yoga, Tai-Chi, Kräuterdampfbehandlungen und Chakra-Balancing bringt das aus dem Lot geratene System wieder ins Gleichgewicht. Und wer sich einfach nur von den Strapazen des Sonnenbadens am Strand erholen will, genießt die Annehmlichkeiten von Ko Samuis Spas.

Sehenswertes

Mit 229 km² ist Ko Samui recht groß – die Ringstraße der Insel ist insgesamt mehr als 50 km lang.

Wat Plai Laem BUDDHISTISCHER TEMPEL

(Karte S. 560; Sonnenaufgang–Sonnenuntergang) GRATIS Die interessanteste Statue der Insel ist die tausendarmige Kwan Im (die buddhistische Bodhisattva des Mitgefühls), die in diesem kürzlich erbauten, umwerfenden Tempel mit 18 Armen dargestellt ist. Die bunte Statue thront auf einer Insel in einem See direkt neben einem Tempel, der auch über dem Wasser steht. An der Nordseite der Tempelhalle befindet sich eine Statue des heiteren Buddha Maitreya, oder des Buddhas der Zukunft. Die Lage ist absolut malerisch und höchst fotogen.

Na Muang Waterfalls WASSERFALL

(Karte S. 560) Diese zwei Wasserfälle liegen direkt nebeneinander und haben ihren Ausgangspunkt an den höchsten Stellen der Insel. Bei voller Stärke ist es ein wunderbarer Anblick, wie das eiskalte Wasser in Felsenpools stürzt und das blaue Meer aufschäumt. Der größere der beiden ist mit 30 m der berühmteste auf Samui und liegt etwa 12 km entfernt von Na Thon im Zentrum der Insel. In der Regenzeit stürzt das Wasser in Kaskaden über ätherisch schöne, violette Felsen in die Tiefe, wo sich ein toller Badesee befindet.

Den kleineren der beiden Na Muang-Wasserfälle, den **Na Muang Waterfall 2** (Karte S. 560) GRATIS, erreicht man über den ziemlich dürftigen Na Muang Safari Park, wo

DIE GOLFINSELN IN …

… einer Woche

Nachdem man sich damit abgefunden hat, dass man nur eine Woche hat, um diese idyllischen Inseln zu erkunden, beginnt man damit an einem der abgeschiedenen Strände im Westen von **Ko Pha-Ngan** oder reist nach Osten, um seine Robinson-Crusoe-Fantasien auszuleben. In der zweiten Wochenhälfte heißt es Partymachen in **Hat Rin**, süßes Nichtstun auf **Ko Samui** oder Tauchen auf der kleinen Insel **Ko Tao**.

… zwei Wochen

Los geht's auf **Ko Tao** mit einem dreieinhalbtägigen Open-Water-Kurs mit Zertifikat oder ein paar Spaßtauchgängen. Dann geht's rüber nach **Ko Pha-Ngan**, um den geselligen Vibe im partywütigen Hat Rin aufzusaugen. Danach schnappt man sich ein Longtail-Boot und macht sich für ein paar Tage zu einer der versteckten Buchten der Insel auf, um zu entgiften und Ruhe und Einsamkeit zu genießen. Nächste Station ist **Ko Samui**. In **Bo Phut** locken Boutique-Unterkünfte, an den Stränden von Chaweng und Choeng Mon kann man dagegen einen draufmachen wie ein Rockstar. Wer Zeit hat, unternimmt eine Tagestour zum **Ang Thong National Marine Park**.

man Schnappschüsse mit einem Tiger oder Leopard machen oder einen Elefanten mit Bananen füttern kann (alles gegen Gebühr und von uns nicht empfohlen).

Fisherman's Village DORF
(Karte S. 574; Bo Phut) Diese Ansammlung von schmalen chinesischen Shophouses in Bo Phut wurde in einige trendige (häufig mittelklassige) Boutiquehotels, Restaurants, Cafés und Bars verwandelt. Der dazugehörige Strand ist vor allem im östlichen Teil schmal und grobkörnig, aber Richtung Westen wird er breiter und üppiger. Die Kombination aus schönem Strand und aufgemöbeltem alten Dorf ist großartig, leider wird es in der Hochsaison sehr voll. Abseits davon ist es reizend, ruhig und stressfrei.

Ban Hua Thanon STADTVIERTEL
(Karte S. 560; Ban Hua Thanon) Gleich südlich des Hat Lamai bietet Hua Thanon viele Fotomotive und hat eine lebendige muslimische Gemeinde. Die Fischerboote mit dem hohen Bug, die am fast menschenleeren Strand hinter den Palmen am Ende der Gemeinde vertäut liegen, bilden eine veritable Galerie komplexer Formen – einen Gegensatz dazu bildet der Müll, der überall im Sand liegt. An der Hauptstraße nach der grünen, goldenen und weißen **Moschee** im Dorf Ausschau halten.

Wat Racha Thammaram BUDDHISTISCHER TEMPEL
(Wat Sila Ngu; Karte S. 569; abseits der Rte 4169; ⏲ Sonnenaufgang–Sonnenuntergang) Dieser Tempel (auch Snake Stone Temple genannt) südlich der Rte 4169 hat eine kürzlich gebaute Tempelhalle aus rotem Lehm, die mit einer faszinierenden Sammlung an Flachreliefs und Statuen geschmückt ist. Ein toller Anblick gegen den blauen Himmel. Eine goldene Pagode beherbergt die Reliquien von Sakyamuni, und auf dem Gelände wächst ein heiliger Bodhibaum. Von der Pagode führen Stufen hinunter zu einer Reihe von Stupas, die an frühere Mönche erinnern.

Hainan-Tempel TEMPEL
(Hailam Nathon-Schrein; 海南公所; Karte S. 560; Na Thon; ⏲ Sonnenaufgang–Sonnenuntergang) GRATIS Vor dem wahrscheinlich farbenfrohsten chinesischen Tempel (und Gildehaus) der Insel stehen zwei goldene chinesische Löwen, die mit Drachen geschmückt sind. Der Schrein wurde von Thai-Chinesen aufgestellt, die von der Insel Hăinán im äußersten Süden von China kamen. Abseits der Rte 4169 weisen Schilder den Weg dorthin.

NICHT VERSÄUMEN

KO TAN

Keine Lust mehr auf Touren und volle Strände? Für den furchtlosen DIY-Traveller gibt es keine bessere Art, einen Tag auf Ko Samui zu verbringen, als ein Trip zu den weißen Stränden von Ko Tan. Ein Longtail-Boot kann man bei einem der Bootsmänner mieten, die ihre Gefährte vor den Meeresfrüchterestaurants am Hat Thong Tanot an Ko Samuis Südküste anbieten. Ein Boot für bis zu sechs Leute kostet 1500 bis 2000 B für eine vierstündige Fahrt. Die Insel selbst liegt nur etwa 15 Minuten von Ko Samui entfernt. Schnorcheln kann man zwar nicht so gut, aber der weiße Sandstrand ist abgesehen von gelegentlichen Besuchen von Charterbooten und örtlichen Fischern leer und die Aussicht und die Schwimmmöglichkeiten sind überwältigend.

Hin-Ta & Hin-Yai FELSEN
(Karte S. 569; Lamai) Am Südende des Hat Lamai ragen die berühmt-berüchtigten Felsen „Großvater" und „Großmutter" empor. Ihre Form, die an Genitalien erinnert, sorgt bei thailändischen Touristen für fröhliches Dauerkichern.

Aktivitäten

Viele Aktivitäten auf Ko Samui sind auf Kinder und Teenager ausgerichtet. Vorsicht ist bei „Ökotourismus"-Touren auf der Insel geboten – viele sind nur kommerzielle Geschäfte, die sich nicht sonderlich darum scheren, mit was sie werben.

★ **Red Baron** BOOTSFAHRT
(Karte S. 574; contact@redbaron-samui.com; Hat Bang Rak; ab 2500 B) Die Red Baron in Bangrak ist eine traditionelle und sehr beliebte Segel-Dschunke und bietet Tagesfahrten um Ko Samui (Di 9.30 Uhr), Brunch-Fahrten nach Ko Pha-Ngan (Mi & So 11 Uhr), Sonnenuntergangs-Dinnerfahrten nach Ko Som (Mo & Fr 16.30 Uhr) und Reisen über die Wellen zum Ang Thong Marine Park (Do 8.30 Uhr) an. Essen und Trinken ist inklusive. Man kann sie auch privat chartern.

Samui Dog & Cat Rescue Centre FREIWILLIGENARBEIT
(Karte S. 564; ☎081 893 9443; www.samuidog.org; Soi 3, Chaweng Beach Rd; ⏲9–18 Uhr) Freiwillige Mitarbeit und/oder Geldspenden werden im

Ko Samui

Samui Dog & Cat Rescue Centre gern angenommen. Hier werden immer Freiwillige gebraucht, die sich in den Hundezwingern und der Tierklinik in Ban Taling Ngam (nicht aber in der Zweigstelle Hat Chaweng) um die Tiere kümmern. Interessierte können im Zentrum anrufen oder einfach vorbeigehen. Die Kontaktdaten stehen auf der Website.

Coco Splash Waterpark WASSERPARK
(Karte S. 569; ☎ 081 082 6035; www.samuiwaterpark.com; Ban Lamai; über/unter 1,5 m 349/329 B, unter 0,9 m frei; ⏲ 10.30–17.30 Uhr) Kinder unter zehn Jahren werden diesen kleinen Park voller bemalter Wasserrutschen aus Beton lieben. Besucher können sich für 60 B (200 B Pfand) Handtücher ausleihen und es gibt ein Restaurant (bis 22 Uhr geöffnet). Wer nicht selbst ins Wasser gehen will, sondern nur die Kinder beaufsichtigen will, kommt kostenlos in den Park. Ist man kleiner als 1,5 m, bekommt man ein T-Shirt geschenkt, ansonsten gibt's einen Cocktail.

Koh Samui Rum DESTILLERIE
(Karte S. 560; ☎ 091 816 7416; www.rum-distillery.com; Ban Bang Kao; Proben 50–75 B; ⏲ 9–18 Uhr) Die einzige Rumbrennerei Thailands produziert einen Rhum agricole im karibischen Stil (gebrannt aus frischem, fermentiertem Zuckerrohrsaft) in vielen natürlichen Geschmacksrichtungen, darunter ein köstlicher Kokosrum, für den das Kokosfleisch mehrere Monate in Rum durchzieht. In einer schönen Umgebung unter Schatten spendenden Palmen warten ein Video über den Produktionsprozess, ein Verkostungsbereich, ein hervorragendes Restaurant mit französischer und thailändischer Küche und ein Laden auf Besucher.

Kiteboarding Asia WASSERSPORT
(Karte S. 560; ☎ 083 643 1627; www.kiteboardingasia.com; Na Thon; 1-/3-tägige Kurse 4000/11 000 B; ⏲ 9–18 Uhr) In dieser professionellen Schule lernt man das Kitesurfen in flachem Wasser. Die Filiale in Na Thon an der West-

Ko Samui

seite eignet sich für die Winde von Dezember bis März; eine weitere in Hua Thanon im Süden der Insel für die Winde von April bis Oktober.

Tauchen

Wem es mit dem Tauchen ernst ist, der sollte direkt auf Ko Tao wohnen. Wer wenig Zeit hat und Ko Samui nicht verlassen will, gelangt mit vielen Anbietern zu denselben Tauchspots (natürlich zu höheren Preisen). Am besten wählt man eine Firma, die selbst ein Boot besitzt oder chartert. Das ist zwar etwas teurer, lohnt sich aber im Nachhinein: Veranstalter ohne eigene Boote bringen Taucher oft per Passagierkatamaran nach Ko Tao, wo dann ein zweiter Kahn zur Tauchstelle startet. Bei diesen recht unpersönlichen, mühsamen Trips gibt's auch nichts zu essen.

Auf Ko Samui sind Qualifizierungskurse oft doppelt so teuer wie auf Ko Tao – größtenteils wegen zusätzlicher Spritkosten, da das winzige Ko Tao deutlich näher an den bevorzugten Tauchspots liegt. Neben dem Tauchschein (14 000–22 000 B) gibt's Tagestouren inklusive zwei Tauchgängen, die je nach Lage der Tauchstelle zwischen 4500 und 6200 B kosten.

Ko Samuis **Dekompressionskammer** (Karte S. 574; ☎077 427427, Notfall 081 081 9555; www.sssnetwork.com/our-chambers-and-medical-clinics/koh-samui-thailand; Big Buddha Beach; ⏲24 Std.) liegt am Big Buddha Beach (Hat Bang Rak).

★100 Degrees East TAUCHEN
(Karte S. 574; ☎077 423936; www.100degreeseast.com; Hat Bang Rak; ⏲Dez.–Okt. 9–18.30 Uhr) Höchst professionell und empfehlenswert, mit einem engagierten Team und ausgezeichneten Tauch- und Schnorchelausflügen zum Ang Thong Marine National Park, Ko Tao, Sail Rock und anderen Stätten.

★The Life Aquatic TAUCHEN
(Karte S. 574; ☎086 030 0286; www.thelifeaquatic.asia; The Wharf, Fisherman's Village) Geleitet

von freundlichen und sehr kompetenten und erfahrenen Tauchlehrern bietet dieser erstklassige Tauchanbieter eine Reihe von SSI- & PADI-Tauchkursen, Tauchausflüge nach Ko Tao sowie Schnorcheltrips und Unterkunft.

Spas & Yoga

Aufgrund der starken Konkurrenz im Fünf-Sterne-Hotelsektor auf Ko Samui sind die örtlichen Wellnesstempel vom Allerfeinsten. Als ältestes Gesundheitszentrum der Insel ist das Spa Resort (S. 564) in Lamai bis heute für effektives „Durchputzen" durch Fasten bekannt.

Yoga wird in vielen Hotels angeboten und ist hier auch ein „Big Business". Ko Pha-Ngan ist vielleicht eher der Ort für Hardcore-Leute, aber auf Ko Samui gibt's überall Kurse – z. B. im Samahita Retreat (s. unten) oder im Absolute Sanctuary (s. unten).

★ Spa at the Four Seasons SPA
(Karte S. 560; ☎077 243000; www.fourseasons.com/kohsamui/spa; Bang Po) Das luxuriöse **Four Seasons** auf der felsigen Halbinsel in der nordwestlichen Ecke von Ko Samui hat eines der besten Spas der Gegend: eine berauschende Palette an Behandlungen, um Körper und Seele zu verwöhnen, von Chakra-Balancing bis zu Körperpackungen und Kokosnuss-Pediküre. Man fühlt sich wie verwandelt.

★ Absolute Sanctuary YOGA, SPA
(Karte S. 560; ☎077 601190; www.absolutesanctuary.com; Choeng Mon) Entgiftung, Spa, Yoga, Pilates, Fasten, Lifestyle- und Ernährungspakete in einem charmanten marokkanischen Ambiente.

Samahita Retreat YOGA, SPA
(Karte S. 560; ☎077 920090; www.samahitaretreat.com; Laem Sor Beach) In versteckter Lage an der Südküste warten hier moderne Einrichtungen und ein engagiertes Trainerteam auf Entspannungssuchende, Wellness-Urlauber und ernstzunehmende Entgiftungswillige. Die Unterkünfte sind weiter oben in einem Appartmentblock untergebracht. Die Yogastudios, Wellnesszentren und ein Restaurant mit gesunder Kost liegen direkt am Ufer.

Tamarind Springs MASSAGE
(Karte S. 569; ☎080 569 6654; www.tamarindsprings.com; abseits der Rte 4169; Spa-Pakete ab 1500 B) Weitab vom Strand verbirgt sich das Tamarind in einer ruhigen Kokosplantage. Eine kleine Ansammlung von Villen und Massagestudios ist perfekt in die Natur integriert. Teilweise zieren Granitbrocken die Wände und Böden, anderswo gibt's Privatteiche oder kreative Freiluftbäder. Das Restaurant serviert supergesunde Kost und es gibt Angebote für Aufenthalte von drei oder mehr Nächten in den eleganten Villen und Suiten.

Kurse

★ Samui Institute of Thai Culinary Arts KOCHKURS
(SITCA; Karte S. 564; ☎077 413172; http://sitca.com; Chaweng, Beach Rd; Kurse 1850 B) Wer einen Thai-Kochkurs belegen möchte, sollte sich für das SITCA entscheiden. Neben täglichen Kochkursen gibt's hier auch Unterricht in der königlich-thailändischen Kunst, komplexe Blumenmuster aus Obst und Gemüse zu schnitzen. Die Kurse fürs Mittagessen beginnen um 11 Uhr, Abendessen lernt man ab 16 Uhr (je 3 Std. inkl. 3 oder mehr Gerichte).

★ Lamai Muay Thai Camp GESUNDHEIT & WOHLBEFINDEN
(Karte S. 569; ☎087 082 6970; www.lamaimuaythaicamp.com; 82/2 Moo3, Lamai; Trainingsstunde pro Tag/Woche 300/1500 B; ⏲7–20 Uhr) Die beste *moo·ay tai*-Schule (Thaiboxen) der Insel. Sie ist ideal für alle, die es ernst meinen, und richtet sich sowohl an Anfänger als auch an Fortgeschrittene, die sich weiterentwickeln wollen. Zudem gibt es ein gut ausgestattetes Fitnessstudio für Boxer und Nichtboxer, die ihre Fitness steigern wollen, sowie Pakete mit Unterkunft und Frühstück (auch Vollpension möglich).

Hemingway's on the Beach KOCHEN
(Karte S. 560; ☎088 452 4433; abseits der 4170, Ao Thong Krut; 1500 B/Pers.; ⏲10.30–12.30 Uhr) Unter der Woche verwandelt sich das Restaurant am südlichen Strand von Thong Krut in eine Thai-Kochschule – man darf sich drei Gerichte auf der Karte aussuchen und lernt in einem zweistündigen Kurs, wie man sie zubereitet. Die Teilnehmerzahl muss pro Kurs mindestens zwei und darf höchstens vier betragen.

Mind Your Language SPRACHE
(Karte S. 560; ☎077 962088; www.mindyourlanguagethailand.com; 142/7 Mu 1, Bo Phut) In dieser erschwinglichen und professionellen Sprachschule in Bo Phut mit Unterrichtsstunden ab 600 B wird Thai gelehrt. Es gibt auch Intensivkurse.

Schlafen

An Spitzenresorts mit exklusiven Bungalows und hinreißenden Spas herrscht kein Mangel. In Bo Phut an der Nordküste der Insel gibt es viele charmante Boutiqueunterkünfte der mittleren Preisklasse. Rucksacktouristen müssen vielleicht etwas länger suchen, doch an allen Stränden gibt es immer wieder auch günstigere Bleiben.

Hat Chaweng

Das lebhafte, pulsierende Handelszentrum Chaweng ist voller Unterkünfte: von billigen Backpacker-Absteigen bis zu futuristischen Villen mit Pools. Die nördliche Hälfte des Strandes ist die größte Partyzone und die Resorts in dieser Gegend befinden sich in Hörweite der Ark Bar im Zentrum des Geschehens. Wer Wert auf ruhige Nächte legt, sollte sich ein Resort am südlichen Teil des Strandes suchen oder Ohrstöpsel mitbringen.

Samui Hostel HOSTEL $
(Karte S. 564; ☎089 874 3737; Chaweng Beach Rd; B 200–300 B, DZ 850 B; ❄@) Von vorne sieht das Hostel nicht sehr vielversprechend aus, aber die gepflegte, saubere, freundliche und beliebte Unterkunft liegt sehr zentral und bietet schicke Schlafsäle mit Ventilator und Klimaanlage sowie nette klimatisierte Doppelzimmer an der Straßenseite ohne Strand. Der Service ist überdurchschnittlich. Ein beliebter Raum mit Holztischen vorn lädt zum Entspannen und Kontaktaufnehmen ein.

Pott Guesthouse PENSION $
(Karte S. 564; Chaweng Beach Rd; Zi. mit Ventilator/Klimaanlage ab 300/600 B; ❄☰) Die großen, hellen Betonzimmer in diesem unscheinbaren Wohnblock haben alle ein Bad mit fließend heißem Wasser und Balkon und sind ein echtes Schnäppchen, aber das war's auch. Die Rezeption befindet sich in einem namenlosen Restaurant an der Hauptstraße genau gegenüber.

Ark Bar Beach Resort RESORT $$$
(Karte S. 564; ☎077 961333; www.ark-bar.com; Chaweng Beach Rd; Zi. ab 2000 B; ❄☰≋) Im sauberen und gepflegten Ark Bar mit 328 Zimmern findet man mindestens zwei Exemplare jeder Art: harte Jungs, entspannte Hippies, Teenager, Mittvierziger etc. Die modernen, hell gestrichenen Zimmer mit Balkon sind ein beträchtliches Stück von der Bar entfernt, aus der den ganzen Tag und bis tief in die Nacht Musik dröhnt. An ihr finden auch Feuershows statt. Die Optionen im Erdgeschoss bieten weniger Privatsphäre und sind lauter.

Tango Beach Resort RESORT $$$
(Karte S. 564; ☎077 300451; www.tangobeachsamui.com; Chaweng Beach Rd; Zi. 2200–2800 B, Suite 3800–7500 B; ❄☰≋) Die bunte Lobby lässt einen jugendlichen Vibe vermuten, aber das Tango ist eher eine Aneinanderreihung von Standard-Bungalows, die an einem Teakholz-Bohlenweg liegen, der sich zu einem tollen, aber lebhaften Strandabschnitt schlängelt. Das Personal ist freundlich. Durch die dunkel getönten Fenster kommt das Resort von außen recht schäbig rüber (und der altmodische Pool macht es nicht besser), aber die Zimmer sind frisch genug.

Chaweng Garden Beach RESORT $$$
(Karte S. 564; ☎077 960394; www.chawenggarden.com; Chaweng Beach Rd; Zi. 3600–33 000 B; ❄@☰≋) Mitten im üppigen Blattwerk verstecken sich viele verschiedene Zimmertypen. Es gibt recht langweilige Standardzimmer mit Balkon, aber auch eine nette, private Strandvilla mit Pool. Das beste Preis-Leistungs-Verhältnis bieten die modernen, asiatisch inspirierten „Shino"-Zimmer und die Bungalows aus poliertem Holz. Das ganze Resort ist eine gepflegte Oase in Grün und die hilfsbereiten Mitarbeiter lächeln hier besonders freundlich.

★ **Buri Rasa Village** RESORT $$$
(Karte S. 564; ☎077 956055; www.burirasa.com; Chaweng Beach Rd; Zi. 4850–8900 B; ❄☰≋) Die preisgünstige Unterkunft in einer mit Palmen und Frangipani-Blumen gestalteten, wunderschönen Gartenanlage, die eine meditative Atmosphäre verströmt, liegt zentral und an einem schönen, belebten Strandabschnitt. Holztüren im Thai-Stil führen zu Villen mit Terrassen und einfachen, aber eleganten Zimmern. Aber der eigentliche Grund, hier zu übernachten, ist der unglaublich freundliche, hilfsbereite und eifrige Service.

★ **Library** RESORT $$$
(Karte S. 564; ☎077 422767; www.thelibrary.co.th; Chaweng Beach Rd; Studio/Ste inkl. Frühstück ab 11 900/13 600 B; ❄@☰≋) Diese Fata Morgana in funkelndem Weiß ist fast schon zu cool und heißt ironischerweise Library (Bibliothek). Schwarze Elemente und geschlitzte Jalousien setzen Akzente, während in jeder

Hat Chaweng

„Seite“ (engl. *page*; die hiesige Zimmerbezeichnung) ein futuristischer iMac steht. Abgesehen davon mögen wir vor allem die bunten, großen Wandinstallationen, die abends hell leuchten und sich farblich an die eigene Stimmung anpassen lassen.

Hat Lamai & der Südosten

Am zentralen pudrig-weißen Strandabschnitt von Hat Lamai drängen sich sonnenverbrannte Touristen, doch an den grobkörnigeren Strandenden im Norden und Süden ist es ruhiger. Ban Lamai erstreckt sich hinter dem zentralen Strandbereich. Anders als am Hat Chaweng findet die größte Party Lamais abseits des Strandes statt, darum ist die Unterkunft ruhiger.

New Hut BUNGALOW $
(Karte S. 569; ☎077 230437; Lamai North; Hütte 250–800 B;) Die Hütten in A-Form am Strand teilen sich einen großen, sauberen Bäderblock. Es gibt ein lebhaftes Restaurant und das Personal ist freundlich genug. Das alles macht das New Hut zu einer der schlichtesten und fröhlichsten Backpacker-Unterkünften mit dem besten Preis-Leistungs-Verhältnis in Lamai.

Spa Resort BUNGALOWS $$
(Karte S. 569; ☎077 230855; www.thesparesorts.com; Lamai North; Bungalow 720–1200 B;) Zu den Anwendungen in diesem freundlichen, erfahrenen und schlichten Spa gehören Colon-Hydro-Therapie, Massagen, Aqua-Detox, Hypnotherapie und Yoga, um nur ein paar zu nennen. Die gemütlichen und preiswerten Zimmer sind mit Rattanmöbeln, traditionellen Wandgemälden und Balkonen ausgestattet, aber immer schnell ausgebucht. Nichtgäste dürfen an den Programmen teilnehmen und im ausgezeichneten **Freiluft-Restaurant** (Karte S. 569; abseits der Rte 4169; Gerichte 100–400 B; 7–22 Uhr;) am Strand (gesund) essen.

Hat Chaweng

★ Rocky's Resort RESORT **$$$**
(Karte S. 569; ☎077 418367; www.rockyresort.com; abseits der Rte 4169; Zi. 8000–20 000 B;) D[illegible]cky findet mit seinem sehr ruhigen [illegible]gsbereich und zwei Pools scheinbar [illegible] die richtige Balance zwischen Nobelambiente und ungezwungener, geselliger Atmosphäre. In den ruhigeren Monaten sind die Preise unschlagbar, an Meerblick herrscht kein Mangel und jedes Zimmer (manche mit Pool) ist mit schönen Möbeln im Thai-Stil mit modernem Touch ausgestattet.

Samui Jasmine Resort RESORT **$$$**
(Karte S. 569; ☎077 232446; www.samuijasmineresort.com; 131/8 Moo 3, Lamai; Zi. & Bungalow 4600–12 000 B;) Genau in der Mitte des Hat Lamai bietet das mit lackiertem Teakholz und trotzdem gemütlich gestaltete Samui Jasmine ein tolles Preis-Leistungs-Verhältnis. Die preiswerteren Zimmer sind besonders empfehlenswert – von vielen hat man einen tollen Blick aufs Meer und den langen, kristallklaren Pool.

Bo Phut & der Nordosten

Im Mittelpunkt steht das Fisherman's Village mit einer guten Auswahl an Unterkünften. In der Hauptsaison ist viel los, aber in der Nebensaison sinken die Preise und es ist absolut ruhig und einladend.

Castaway Guesthouse PENSION **$$**
(Karte S. 574; ☎081 968 5811; www.castawaysamui.com; Fisherman's Village; Zi. mit Ventilator/Klimaanlage 650–1500 B;) Das Castaway liegt einen Block vom Strand entfernt und bietet 15 saubere, helle und freundliche Zimmer.

Eden BUNGALOW **$$$**
(Karte S. 574; ☎077 427645; www.edenbungalows.com; Fisherman's Village; Bungalow 1500–2300 B;) Die zehn Bungalows und fünf Zimmer verstecken sich in einem hübschen wilden Garten mit einem kleinen Pool in der Mitte. Die günstigeren Unterkünfte sind etwas schäbiger, aber wer etwas mehr bezahlt, bekommt eine stilvolle Suite mit gelben Wänden und natürlichen Holzmöbeln. Für Familien gibt es zudem ein 100 m² großes Apartment mit Küchenzeile. Der Strand ist fußläufig erreichbar.

Hacienda PENSION **$$$**
(Karte S. 574; ☎077 960827; www.samui-hacienda.com; Fisherman's Village; Zi. 2500–4800 B;) Poliertes Terrakotta und Torbögen verleihen dem Eingang den Charakter einer spanischen Mission. Die bezaubernden Zimmer sind in einem ähnlichen Stil dekoriert, etwa mit Badezimmerwänden aus Kieseln und transparenten Bambuslampen. In den Hacienda Suites ein paar Häuser weiter – dem Zweitgebäude – stehen Gästen kleinere und preiswertere Zimmer zur Verfügung, die meist fensterlos, aber sauber und komfortabel sind. Vom Minipool auf dem Dach bietet sich ein toller Blick aufs Meer.

★ Samui Honey Cottages Resort RESORT **$$$**
(Karte S. 560; ☎077 427093; www.samuihoney.com; Choeng Mon; Zi. inkl. Frühstück 3500–6500 B;) Dieses kleine Resort (mit genauso kleinem Pool) am ruhigeren südlichen Teil des Strandes ist nichts Besonderes, aber netter als manch andere mittelmäßige Angebote in derselben Preisklasse in der Nähe.

GIPFEL-REFUGIUM

Wer die riskante Fahrt die Straße von Chaweng hoch geschafft hat, wird mit einer unfassbaren Aussicht vom **Jungle Club** (Karte S. 560; ☎ 081 894 2327; www.jungleclubsamui.com; Hütte 800–1800 B, Haus 2700–4500 B; ❄ @ 📶 🏊) aus belohnt. Das abgeschiedene Bergrefugium erfreut sich mit seiner entspannten Zurück-zur-Natur-Atmosphäre bei Einheimischen wie Reisenden riesiger Beliebtheit. Die Gäste chillen am großartigen Infinity Pool oder machen unter dem Dach einer offenen *săh·lah* ein Nickerchen. Auch wenn man nicht hier übernachtet, lohnt sich die Fahrt für einen Drink bei herrlicher Aussicht an der **Bar** (⌚ 9–21.30 Uhr). Für 400 B holen die Leute vom Jungle Club Gäste aus Chaweng ab, zum gleichen Preis bekommt man ein Taxi.

Die Gäste werden von schönen, klassischen Zimmern im Zen-Stil erwartet.

★ Scent RESORT $$$
(Karte S. 574; ☎ 077 960123; www.thescenthotel.com; abseits der Beach Rd; Suite 8500–10 500 B) Der indochinesische Stil (und dank der Gratis-Räucherstäbchen auch der Duft) in diesem ruhigen Resort erweckt die Eleganz der Kolonialzeit im Asien der 1940er- und 1950er-Jahre wieder zum Leben. Lange Fenster mit Teakholzrahmen lockern das große, graue Betongebäude auf, in dessen Innenhof ein Swimmingpool sowie Zierbäume und -pflanzen angeordnet sind.

★ W Retreat Koh Samui RESORT $$$
(Karte S. 574; ☎ 077 915999; www.wretreatkohsamui.com; Mae Nam; Zi. ab 20 000 B; ❄ @ 📶 🏊) Ein mit Glitzersteinen geschmücktes „W" empfängt die Gäste an der kurvigen Straße zur Lobby, hinter der sich glitzernde Infinity Pools bis zum Horizont erstrecken. Das Markenzeichen „W-Glamour" zeigt sich überall und steht für die Verbindung von urbaner Atmosphäre und Tropenidylle. Man beachte aber, dass das Hotel auf einem Hügel und nicht am Strand liegt – es verfügt aber über einen eigenen Strandabschnitt.

Mae Nam & die Nordküste

Mae Nam bietet einige ausgezeichnete Unterkünfte, vor allem am oberen Ende der Preisskala, aber auch Budget-Reisende finden hier preisgünstige Bungalows.

Shangri-la BUNGALOW $
(Karte S. 560; ☎ 077 425189; Mae Nam; Bungalow mit Ventilator/Klimaanlage ab 500/1300 B; ❄ 📶) Für Backpacker ist dies wirklich ein Shangri La: Die Hütten gehören zu den preisgünstigsten weit und breit, und sie liegen an einem der schönsten Strandabschnitte. Das Gelände ist gärtnerisch nicht besonders gestaltet, aber die einfachen Betonbungalows haben alle ein eigenes Bad (Warmwasser gibt's nur in den Zimmern mit Klimaanlage) und sind sehr gepflegt, und die Mitarbeiter sind freundlich.

★ Code HOTEL $$$
(Karte S. 560; ☎ 077 602122; www.samuicode.com; Mae Nam; Suite 3300–11 100 B; ❄ 📶 🏊) Schnittige, moderne Linien, alles weiß und nicht ein Staubkörnchen weit und breit. Der Kontrast zum türkisblauen Meer und dem großen Infinity Pool sorgt für ein überwältigendes architektonisches Erlebnis. Die Suiten mit vollständigem Meeresblick sind geräumig und zweckmäßig, und auch der Service ist exzellent. Natürlich steht alles, was man braucht, jederzeit zur Verfügung, darunter Fitnessstudio, Spa, Dampfbad, Tennisplatz und Restaurant.

Coco Palm Resort BUNGALOW $$$
(Karte S. 560; ☎ 077 447211; www.cocopalmbeachresort.com; Mae Nam; Bungalow 3000–9450 B; ❄ 📶 🏊) Die unzähligen Bungalows im gepflegten Coco Palm warten alle mit Tropenholz, Bambus und Rattan auf. Das Zentrum entlang des Strands bildet der palmengeschützte, rechteckige Pool mit Blick aufs Meer. Die preiswertesten Unterkünfte liegen am weitesten vom Strand entfernt, aber auch sie sind komfortabel. Am schönsten wohnt man direkt am Strand in den Villen mit Pool.

★ Belmond Napasai RESORT $$$
(Karte S. 560; ☎ 077 429200; www.napasai.com; Bang Po; Zi. 15 800–80 800 B; ❄ @ 📶 🏊) Ein schön gestaltetes Gelände heißt müde Traveller willkommen, die bei der Anreise grasende Wasserbüffel und Gärtner in cremefarbenen Tropenhüten passieren. Über das weitläufige Grundstück verteilen sich Villen, deren traditionelles Thai-Dekor von aufwendig geschnitzten Holzornamenten bis zu Bändern aus vor Ort erzeugter Seide und Bambuseinrichtung reicht. Von den hübschen Balkonen hat man traumhafte Blicke über den Golf von Thailand.

Na Thon & der Westen

Na Thon selbst hat nur wenige interessante Hotels, aber es ist praktisch für Leute, die mit dem Boot ankommen oder abfahren. Weiter südlich befinden sich die zwei besten Hotels der Insel: das Conrad Koh Samui und das Intercontinental Samui Baan Taling Ngam Resort.

Chytalay Palace Hotel HOTEL $$
(Karte S. 560; ☎077 421079; 152 Nathon Moo 3; DZ 400–950 B, 3BZ 800–1000 B; ❄📶) Dieses ruhige Hotel an der Straße am Strand, einen kurzer Marsch südlich vom Pier, hat geräumige Zimmer mit Balkonen zum Meer und mit Blick auf herrliche Sonnenuntergänge. In den Zimmern in der unteren Etage blockieren Stromkabel teilweise die Aussicht, sie kosten aber auch 400 B weniger als die neueren Zimmer oben. Die billigeren Doppelzimmer haben nur einen Ventilator. Alle Zimmer sind mit Duschbädern ausgestattet. Der Service ist angenehm.

★Conrad Koh Samui RESORT $$$
(Karte S. 560; ☎077 915888; www.conradkohsamui.com; Villa 45 000–126 000 B; ❄📶🏊) Die 81 außergewöhnlich gepflegten, modernen und fantastischen Villen des prächtigen Conrad blicken über ihre privaten Infinity Pools auf das azurblaue Meer. Hier ist einfach alles hochmodern, die Bäder sind die Perfektion in Marmor und die Sonnenuntergänge sind unvergesslich. Vier Restaurants, ein Weinkeller und ein erstklassiges Spa runden das hübsche und verlockende Bild ab.

★Intercontinental Samui Baan Taling Ngam Resort RESORT $$$
(Karte S. 560; ☎077 429100; www.samui.intercontinental.com; Taling Ngam; Zi. ab 12 000 B; ❄📶🏊) Das Resort mit 79 Zimmern an der Westküste erlöst Reisende von der überfüllten Ostküste und verwöhnt sie mit Luxus, Sonnenuntergängen in Hülle und Fülle und Blicken auf den Ang Thong Marine National Park. Die Zimmer sind mit dunklen Holzmöbeln ausgestattet, das Resort trumpft mit sieben Swimmingpools auf. Die Villen am Strand haben Tauchbecken, die kulinarische Versorgung ist einfach großartig.

Südküste

Easy Time BUNGALOWS $$$
(Karte S. 560; ☎077 920111; www.easytimekohsamui.com; Bang Kao; Villa 2300–4000 B; ❄@📶🏊) In diesem kleinen Refugium in sicherer Entfernung vom Touristengetümmel ist der Service nicht so gut geölt – hier kann jeder sein einsames Robinson-Crusoe-Idyll selbst managen. Zum Strand geht's in wenigen Minuten an einem netten Pool vorbei. Die Doppelvillen und das elegante Restaurant wirken erfrischend unprätentiös.

Elements RESORT $$$
(Karte S. 560; ☎077 914678; www.kosamui.com/elements-boutique-resort; Ao Phang Ka; Zi. inkl. Frühstück 7400–24 000 B; ❄@📶🏊) Das friedliche Elements liegt an einem einsamen Strand mit vielen Palmen und Blick auf die Five Islands und ist der ideale Ort für einen meditativen Rückzug oder einen romantischen Pärchenurlaub. Die schicken Zimmer befinden sich in mehrstöckigen Gebäuden, zu den versteckten Villen geht es auf dem Pfad, der zu den Liegen am Strand führt. Weitere Pluspunkte sind die kostenlosen Kajaks und Fahrräder sowie der ausgezeichnete Service.

Essen

Die Insel wird reichlich mit frischen Meeresfrüchten versorgt und die vielfältigen Einflüsse der südlichen Thai-Küche bestimmen die Zubereitung: Malaiische, indische, chinesische und indonesische Zutaten, Aromen und Gerichte fanden hier ihren Platz. Die Currys sind hier schärfer als die in Zentral-Thailand und zudem oft mit Kurkuma gelb gewürzt. Nelken, Zimt und Kardamom sind drei der Gewürze, die aus Indonesien und Indien herkamen und das Aroma der lokalen Gerichte, wie Curry *mát·sà·mân* (muslimisches Curry) und *kôw mòk gài* (Hühnchen-Biryani), beeinflussten.

Hat Chaweng

Am „Strip" servieren Dutzende Restaurants eine Mischung aus einheimischen Gerichten, internationaler Küche und Fast Food. Ständig kommen neue Optionen hinzu und das Niveau steigt. Dem allabendlichen ohrenbetäubenden Lärm der *moo·ay tai* (Thaiboxen)-Wagen entgeht man am besten am Strand, wo viele Bungalow-Betreiber Tische im Sand aufstellen.

Laem-Din-Markt MARKT $
(Karte S. 564; Chaweng; Gerichte ab 35 B; ⏲4–18 Uhr, Nachtmarkt 18–2 Uhr) Die vielen Stände des belebten Tagesmarkts bieten neben frischem Obst, Gemüse und Fleisch auch Fertiggerichte an. Besucher können z. B. ein Kilo süßer

grüner Orangen kaufen oder nach den Zutaten des am Vorabend genossenen Currys stöbern. Abends empfiehlt sich der benachbarte Nachtmarkt für leckeres Grillhuhn und Currys im südthailändischen Stil.

Tuk Tuk Backpackers CAFÉ $
(Karte S. 564; ☎087 268 2575; Chaweng Beach Rd; Hauptgerichte ab 120 B; ⊙10–2 Uhr) Das großartige, kompromisslose, denkwürdige, freche und riesige Western-Café/Restaurant/Bar im Saloon-Stil an der Chaweng Beach Rd bietet gutes Katerfrühstück, mehrere TVs, Billardtische und alle üblichen Annehmlichkeiten.

Hungry Wolf BURGER $$
(Karte S. 564; ☎094 408 2243; Chaweng Beach Rd; Hauptgerichte ab 220 B; ⊙10–22 Uhr) An den Wänden des gepflegten Restaurants mit polnischem Betreiber fallen lustige und kräftige Malereien mit britischen kulinarischen Redensarten ins Auge. Dazu gibt's saftige Burger, Steaks, Rippchen, Pizza und viele andere leckere Gerichte. Das Lokal ist nicht groß und zieht einige Kundschaft an, aber der fähige und enthusiastische Besitzer empfängt jeden Gast herzlich.

★ **Dr. Frogs** STEAK $$$
(Karte S. 560; ☎077 448505; www.drfrogssamui.com; Rte 4169; Hauptgerichte ab 480 B; ⊙7–23 Uhr) Ganz oben auf einer felsigen Landspitze kombiniert das Dr. Frogs die schöne Aussicht aufs Meer mit köstlichen internationalen Grillgerichten, Meeresfrüchten, Pasta, Pizza und Thai-Spezialitäten. Leckere Steaks und Krabbenküchlein, dazu freundliche Besitzer, was will man mehr? Die Kulisse ist romantisch, und für gequälte Eltern gibt's vorn im Garten einen Kinderspielplatz. Montags und mittwochs wird um 19.30 Uhr live Gitarre gespielt.

★ **Page** FUSION $$$
(Karte S. 564; ☎077 422767; www.thelibrarysamui.com/the-page; Gerichte 300–1650 B; ⊙7–24 Uhr; 📶) Wem das ultraelegante Library (S. 563) zu teuer ist, kann stattdessen im zugehörigen Strandrestaurant speisen. Es ist nicht billig, aber mittags ist es zwangloser und bezahlbar, allerdings verpasst man die Designer-Beleuchtung am Abend. Das Sonnenaufgangs-Frühstück ist reizend.

★ **Larder** EUROPÄISCH $$$
(Karte S. 564; ☎077 601259; www.thelardersamui.com; Chaweng Beach Rd; Hauptgerichte 300–820 B; ⊙Mo–Sa 12–23 Uhr; 📶) Das Restaurant/Bar/Gastropub zieht mit seiner erfrischenden Karte mit klassischen Gerichten alle Register in einem entspannten und geschmackvollen Ambiente. Die große Weinauswahl und tolle Cocktails runden die Sache ab. Die Palette reicht von langsam gegarten Lamm-Spareribs bis zu Fisch mit Pommes.

Hat Lamai & der Südosten

Als Strand mit den zweitmeisten Besuchern auf Samui weist Hat Lamai im Vergleich zum benachbarten Hat Chaweng eine überraschend kleine Auswahl an annehmbaren Lokalen auf. Der **Lamai-Walking-Street-Nachtmarkt** (Karte S. 569; Lamai; ⊙So 16–22 Uhr) bietet ausgezeichnetes Street Food, aber auch Taschendiebe tummeln sich hier gerne.

Hua Thanon Markt MARKT $
(Karte S. 560; Ban Hua Thanon; Gerichte ab 30 B; ⊙6–18 Uhr) Wer sich dem Rhythmus dieses Dorfmarkts gleich südlich von Lamai hingibt, späht in Südthailands Küchenwelt hinein: Händler verscheuchen Fliegen von frisch geschlachtetem Fleisch, während Hausfrauen ihre Gemüsebündel mit ihren Babys zusammen in Transportkörben an Motorrädern unterbringen. Die Marktstraße führt zu einer Reihe muslimischer Garküchen, die Schmackhaftes wie Hühnchen-Biryani, pikante Currys oder Röstreis mit Kokosmark, Bohnensprossen, Zitronengras und getrockneten Garnelen anbieten.

Pad Thai THAI $
(Karte S. 569; ☎077 458560-4; www.manathai.com/samui/phad-thai; Rte 4169; Hauptgerichte ab 70 B; ⊙11–21.30 Uhr) Das elegante, halboffene Restaurant an einer Ecke des riesigen Manathai-Hotels an der Straße ist absolut erschwinglich und eine fantastische Wahl für pfannengerührte Nudeln sowie Suppennudeln, gefolgt von Kokoseis.

Kangaroo THAI $
(Karte S. 569; Lamai Beach Rd; Hauptgerichte ab 120 B; ⊙13–23 Uhr) Das farbenfrohe, effiziente und freundliche Kangaroo serviert ausgezeichnete Thai- und West-Gerichte, und eine Fülle an Meeresfrüchten, darunter Haifisch-steak, Barrakuda-Steak und Blaukrabben sowie standardmäßige Hühnchencurrys, brutzelnde Platten, Gerichte mit gebratenem Reis und Pasta.

★ **La Fabrique** BÄCKEREI $$
(Karte S. 569; ☎077 961507; Rte 4169; Frühstück ab 120 B; ⊙6.30–22.30 Uhr; 📶) In der geräumi-

Hat Lamai

Hat Lamai

Sehenswertes
- 1 Hin-Ta & Hin-Yai B3
- 2 Wat Racha Thammaram A3

Aktivitäten, Kurse & Touren
- 3 Coco Splash Waterpark B2
- 4 Lamai Muay Thai Camp B2
- 5 Tamarind Springs C1

Schlafen
- 6 New Hut C1
- 7 Rocky's Resort A3
- 8 Samui Jasmine Resort B2
- 9 Spa Resort C1

Essen
- 10 Baobab B2
- 11 Kangaroo B2
- 12 La Fabrique B1
- 13 Pad Thai C1
- Radiance .... (siehe 9)
- 14 Tandoori Nights B1
- 15 The Dining Room A3

Ausgehen & Nachtleben
- 16 Beach Republic D1
- 17 Bear Cocktails B2
- 18 Lava Lounge B2

Shoppen
- 20 Island Books C1
- 19 Island Books B2
- 21 Lamai-Walking-Street-Nachtmarkt B2

gen, französisch angehauchten Boulangerie/Patisserie beim Wat Lamai auf der Rte 4169 abseits der Hauptstraße zerschneiden Ventilatoren die Luft. Der Service ist flott und zuvorkommend. Zur Wahl stehen frisches Brot, Croissants, Gratins, Baguettes, Meringues, Joghurts, Gebäck und ungewöhnlich gute Frühstücksangebote mit frischem Obst. Dazu gibt's eine Auswahl an Kaffee und Tee.

★ **Baobab** FRANZÖSISCH $$
(Karte S. 569; ☎084 838 3040; Hat Lamai; Hauptgerichte 150–380 B; ⏲8–18 Uhr) Nach einer Mahlzeit im lebhaften Baobab sollte man ein freies Strandtuch schnappen, auf eine Sonnenliege fläzen und das Rauschen der Brandung und die tolle Aussicht oder nebenan eine Massage genießen. Wenn möglich einen der Strandtische belegen. Man braucht beide Hände, um die Karte umzublättern, die voller Frühstücksangebote (ganzer Tag), französischen/thailändischen Gerichten, Gegrilltem, Pasta und beliebten Specials ist – inklusive Rotem Thunfischsteak (350 B).

Tandoori Nights INDISCH $$
(Karte S. 569; ☎ 091 161 7026; Lamai; Hauptgerichte ab 150 B; ⏲ 11–23 Uhr) In diesem einladenden indischen Restaurant kostet ein Gemüsecurry plus Softdrink und Papadum nur 190 B. Man wählt seinen persönlichen Schärfegrad auf der Speisekarte – ganz Mutige bestellen das höllisch scharfe Lamm-Vindaloo (290 B). Zum Löschen gibt's ein kühles Bier.

★ **The Dining Room** FRANZÖSISCH $$$
(Karte S. 569; www.rockyresort.com; abseits der Rte 4169; Gerichte 300–950 B; ⏲ mittags & abends) Die Spezialität dieses Strandrestaurants im Rocky's Resort (S. 565) ist das Rinderfilet Rossini – die Geschmacksnerven wähnen sich in Paris, der Sehnerv ob der atemberaubenden Aussicht im siebten Himmel.

Bo Phut & der Nordosten

Das schönste Ambiente und die größte Auswahl zum Essen bietet das Fisherman's Village mit dem geschäftigen Freitag-Straßenmarkt; jede Menge günstigere Optionen liegen an der Straße, die landeinwärts auf die Hauptstraße zuführt. An der belebten Hauptmeile von Choeng Mon gibt es viele Imbissoptionen, allerdings sind die Preise hier generell höher, selbst ohne Meerblick. Rund um den Big Buddha Beach, westlich von Choeng Mon, gibt's einige Restaurants und Cafés.

Ninja Crepes THAI $
(Karte S. 574; 4171 Beach Rd, Bo Phut; Hauptgerichte ab 80 B; ⏲ 9–21 Uhr) Die Besitzer dieses tollen Lokals wurden kürzlich aus ihrem lukrativen Restaurant in Chaweng verjagt, dafür haben sie jetzt einen schönen Blick aufs Meer. Die Location ist weniger gut besucht, deshalb ist es auch ruhiger. Es gibt Thai-Meeresfrüchtegerichte, Currys, Crepes, Suppen und klebrige Desserts.

★ **Salefino** MEDITERRAN $$
(Karte S. 574; ☎ 091 825 2190; www.salefinosamui.com; Hat Bang Rak; ⏲ Mo–Fr 13–15 & 17–21, Sa 17–22.30 Uhr) Das neue Restaurant (eine Zweigstelle des Pepenero; S. 571) serviert köstliche Gerichte mit Meeresfrüchten, Pasta und Tapas mit einer starken Neigung zum Italienischen, einer guten Weinauswahl und einer hübschen Lage am Meer. Die Einrichtung des Salefino ist rustikal schick, abends beim Sonnenuntergang ist es hier besonders reizend.

Leonardo Gelateria Italiana GELATO $$
(Karte S. 574; ☎ 092 847 7385; Wat Phra Yai; ab 150 B; ⏲ 9–18 Uhr) Die kleine Gelateria ist nicht billig – 150 B für einen Becher Eis oder Sorbet – aber man wird durch 25 Eissorten in Versuchung geführt, und es ragt deutlich unter den enttäuschenden anderen Lokalen am Wat Phra Yai heraus. Man hat die Qual der Wahl zwischen Limone, Mango, Tiramisu, Pistazie, Kokosnuss, Brombeere, Passionsfrucht, dunkler Schokolade und vielem mehr.

★ **Barracuda** MEDITERRAN $$$
(Karte S. 574; ☎ 077 430003; www.barracuda-restaurant.com; The Wharf, Fisherman's Village; Hauptgerichte ab 575 B; ⏲ 18–23 Uhr) Mediterrane Geschmacksexplosionen, es ist aber nur abends geöffnet: Das Barracuda ist eine der besten Speisemöglichkeiten auf der Insel. Das romantische und verführerische Abendambiente ist fast so gelungen wie das kulinarische Angebot. Die Gäste werden hier von dem guten Service mit einem Menü aus gedünsteten Jakobsmuscheln, Gelbflossenthunfisch, Lammrücken, norwegischem Lachs und leckeren Pastagerichten verwöhnt und wohl genährt.

★ **Chez François** FRANZÖSISCH $$$
(Karte S. 574; ☎ 096 071 1800; www.facebook.com/chezporte; 33/2 Mu 1 Fischerdorf; Menü 1700–1950 B; ⏲ Di–Sa 18–23 Uhr) Im Chez Francois bestellt man nicht à la carte, aber sein hervorragender kulinarischer Ruf hat auf Ko Samui Wellen geschlagen. Es gibt ein dreigängiges Überraschungsmenü. Man kann einen Tisch reservieren, was man frühzeitig tun sollte, wenn man nur ein paar Tage auf Ko Samui weilt, da es eher klein ist. Man kann nur bar bezahlen.

Das Chez Francois versteckt sich hinter einer Holztür bei einer Apotheke.

★ **Zazen Restaurant** FUSION $$$
(Karte S. 574; ☎ 077 425085. 098 015 8986; Gerichte 540–900 B, Menü ab 1300 B; ⏲ mittags & abends) Ein romantisches Abendessen im **Zazen Resort** (www.samuizazen.com) hat alles zu bieten: Meerblick, Kerzenlicht und gedämpfte Musik. Donnerstag- und Sonntagabend ab 20 Uhr beleben thailändische Tänzerinnen das Geschehen. Man sollte reservieren.

★ **Dining On The Rocks** FUSION $$$
(Karte S. 560; ☎ 077 245678; www.sixsenses.com/resorts/samui/dining; Choeng Mon; Festpreismenü ab 2800 B; ⏲ 17–22 Uhr) Beim entlegenen **Six**

Senses Samui wartet hoch über dem Golf Ko Samuis ultimative kulinarische Erfahrung auf neun freischwebenden Veranden. Nach Sonnenuntergang (und Wein) fühlt man sich, als würde man auf einer Holzbarke auf einem funkelnden Sternenmeer speisen. Alle Gerichte des Festpreismenüs werden von kreativen Köchen ersonnen, die regelmäßig mit Aroma, Konsistenz und Temperatur experimentieren.

Mae Nam & die Nordküste

In Mae Nam gibt es haufenweise Lokale, von Strandhütten aus Treibholz mit Palmendach, die einen Mix aus Thai-Küche, westlichem Essen und Meeresfrüchtegerichten servieren, bis zu gehobeneren Restaurants, die sich im Netz der von Lilienteichen gesäumten Sträßchen mehr im Inland befinden. Dies ist eine hübsche Gegend, um einfach herumzustromern und seine eigenen Entdeckungen zu machen. Auf keinen Fall sollte man sich Mae Nams **Straßenmarkt** (Karte S. 560; Mae Nam; ⏲Do ab 17 Uhr) donnerstagabends entgehen lassen.

★ **Fish Restaurant** INTERNATIONAL $
(Karte S. 560; ☎087 472 4097; Rte 4169, Mae Nam; Hauptgerichte ab 50 B; ⏲11–23 Uhr) Das beliebte Lokal mit Holzboden bietet eine leckere Auswahl an thailändischen Meeresfrüchtegerichten, panasiatischen Speisen und internationalen Appetitanregern, serviert auf eleganten thailändischen Tischtüchern und zu vernünftigen Preisen, die einen ständigen Strom von Gästen anzieht. Die reizende Lage, ausgezeichnete Frühlingsrollen, köstliche Meeresfrüchte-Currys, gedünsteter Seebarsch und vieles mehr tun ihr Übriges.

Bang Po Seafood SEAFOOD $$
(Karte S. 560; Bang Po; Gerichte ab 100 B; ⏲abends) Ein Test für die Geschmacksnerven: Das Bang Po Seafood gehört zu den ganz wenigen Inselrestaurants mit Ko-Samui-Traditionskost. So beinhalten die Gerichte z. B. rohe Seeigeleier, Baby-Tintenfische, Meerwasser, Kokosmilch und einheimische Gelbwurz.

★ **Pepenero** ITALIENISCH $$
(Karte S. 560; ☎077 963353; www.pepenerosamui.com; Mae Nam; Hauptgerichte ab 250 B; ⏲Mo–Sa 18–22 Uhr) Das Pepenero ist an eine besser zugängliche Location in Mae Nam gezogen, sorgt aber nach wie vor für Aufsehen auf Ko Samui. Was dem ausgezeichneten und perfekt gestalteten italienischen Restaurant an Aussicht fehlt, macht es mit dem exzellenten Menü (darunter Bretter mit Käse und Aufschnitt) sowie mit der Fürsorge und der Aufmerksamkeit, die die sympathischen, hart arbeitenden Gastgeber ihren Gästen zuteil werden lassen, mehr als wieder wett. Unbedingt einplanen.

VERRÜCKT NACH KOKOSNÜSSEN

Es wird kaum jemanden überraschen, dass Ko Samuis berühmtestes Naturerzeugnis sich in vielen Gerichten wiederfindet. Morgens gibt es süße Kokosnuss-Marmelade auf das Croissant. *Wai kôo·a* ist ein würzig-saueres Kokoscurry mit Oktopus. *Tom Kha* ist eine wohlschmeckende Hühnersuppe aus Kokosmilch, Zitronengras, Zitronensaft, Ingwer, Fischsauce und Chilipaste. Das Massaman-Curry, das normalerweise mit Hühnchen, Rind oder Lamm gekocht wird, enthält ebenfalls Kokosnuss – das Fleisch köchelt in Gewürzen und Kokosmilch, um es nach dem Braten weicher zu machen. Häufig werden Meeresfrüchte über Kohle aus Kokosnussschalen gegrillt.

Gaon Korean Restaurant KOREANISCH $$
(Karte S. 560; Mae Nam; Hauptgerichte ab 180 B; ⏲15–23 Uhr) Direkt in China Town in Mae Nam bietet dieses exzellente Restaurant gegrilltes Fleisch, gegrillten Fisch und gedünstete Meeresfrüchte sowie koreanische Klassiker wie köstliches *bulgogi* (mariniertes Rindfleisch mit Pilzen und Möhren auf einer heißen Platte), Kimchi-Pfannkuchen, koreanisches Eis, ein Kindermenü und eine brutzelnde Auswahl für Vegetarier.

John's Garden Restaurant THAI $$
(Karte S. 560; ☎077 247694; www.johnsgardensamui.com; Mae Nam; Hauptgerichte ab 160 B; ⏲13–22 Uhr) In diesem entzückenden Gartenrestaurant stehen die Tische zwischen Bambus, Palmen und sorgfältig geschnittenen Hecken. Besonders romantisch wird es, wenn abends die Laternen angehen – deshalb sollte man vorab reservieren, aber nicht den Mückenschutz vergessen (normalerweise wird der auch gestellt, aber Vorsorge ist besser). Die Spezialität unter den thailändischen und europäischen Gerichten ist das leckere Massaman Chicken.

★ Farmer INTERNATIONAL $$$

(Karte S. 560; ☎ 077 447222; www.farmersboutiqueresort.com/restaurant; Mae Nam; Hauptgerichte 300–1500 B, Festpreismenü 250–340 B; ⏲ 7–22.30 Uhr) Das fantastische Farmer im gleichnamigen Boutiqueresort liegt traumhaft vor einem fotogenen Reisfeld mit grünen Hügeln in der Ferne und ist eine tolle Wahl, besonders wenn in einer sternklaren Nacht die Kerzen flackern. Das meist europäisch inspirierte Essen schmeckt gut und ist schön angerichtet. Das Farmer bietet einen kostenlosen Abholservice von den Stränden in der Nähe und das Personal ist sehr aufmerksam.

Na Thon & der Westen

An der ruhigen Westküste gibt es einige der besten Meeresfrüchtegerichte auf Ko Samui sowie einige der besten Ausblicke, vor allem bei Sonnenuntergang. In Na Thon hat man zwar eine große Auswahl, die Restaurants überzeugen allerdings nicht besonders. Dafür gibt es einen riesigen Tagesmarkt an der Th Thawi Ratchaphakdi.

Lucky INTERNATIONAL $$

(Karte S. 560; ☎ 077 420392; Na Thon; 100–250 B; ⏲ Mo–Sa 8–21, So 12–21 Uhr; 📶) Das Restaurant mit Meerblick serviert leckere und sättigende westliche Speisen und Thai-Gerichte und bietet sich an, wenn man direkt vom Boot kommt oder die Westküste hinauf reist. Vor allem wegen der Aussicht mit Sonnenuntergängen und dem freundlichen Service ist es durchaus zu empfehlen. Zudem gibt es eine gute Auswahl an vegetarischen Gerichten.

Big John's Seafood Restaurant SEAFOOD $$

(Karte S. 560; ☎ 077 485775; Lipa Noi; Hauptgerichte 150–300 B; 📶) In dem freundlichen Restaurant kann man beim Sonnenuntergang hervorragend Meeresfrüchtegerichte der Westküste genießen. Abends gibt's Live-Unterhaltung.

Phootawan Restaurant THAI $$

(Karte S. 560; ☎ 081 978 9241; Hauptgerichte ab 150 B; ⏲ 9–20.30 Uhr) Wer die Tortur auf sich nimmt, auf einem Roller den Hügel bis zu diesem Restaurant zu erklimmen, wird von

SALZ & GEWÜRZE IN DER SÜDTHAILÄNDISCHEN KÜCHE

Die südthailändische Küche ist zweifelsohne die schärfste regionale Variante im Land der scharfen Regionalküchen. Das Essen ist oft sehr salzig, und natürlich spielen Fisch und Meeresfrüchte eine große Rolle – von frischem Fisch, der gegrillt oder in Suppen gegeben wird, bis zu eingelegtem und fermentiertem Fisch, der in Form von Sauce oder Würze auf den Tisch kommt.

Zwei der wichtigsten Agrarprodukte sind Kokosnüsse und Cashews, und beide werden für viele Gerichte genutzt. Zu fast jeder Mahlzeit gehören ein Teller mit frischen Kräutern und Gemüse und ein pikanter „Dip" aus Garnelenpaste, Chilis, Knoblauch und Limette.

Zu den Gerichten, die Reisenden in Südthailand wahrscheinlich begegnen werden, gehören die folgenden:

Gaang đai þlah Ein sehr scharfes und salziges Curry mit *đai þlah* (gesalzener Fischmagen); schmeckt viel leckerer als es klingt.

Gaang sôm Diese sauer-scharfe Suppe, die als *gaang lěu·ang* (gelbes Curry) bekannt ist, bekommt ihre besondere Note durch Kurkuma.

Gài tôrt hàht yài Das berühmte frittierte Hähnchen aus der Stadt Hat Yai wird durch eine Marinade mit getrockneten Kräutern besonders aromatisch.

Kà·nŏm jeen nám yah Zu diesem Gericht aus dünnen Reisnudeln, die mit einer feurigen, curryartigen Sauce serviert werden, gehört ein Teller mit frischem Gemüse und frischen Kräutern.

Kôo·a glîng Das Hackfleisch mit einer Currypaste ist ein typisches südthailändisches Gericht.

Kôw yam Dieses Gericht ist ein berühmtes Frühstück und besteht aus Reis mit gehackten Kräutern, Bohnensprossen, getrockneten Garnelen, gerösteter Kokosnuss und gemahlenem rotem Chili. Es wird mit einer süß-sauren Sauce auf Fischbasis serviert.

Pàt sà·đor Das Gericht aus „stinkenden Bohnen" mit Shrimps, Knoblauch, Chilis und Shrimppaste ist scharf und hat einen kräftigen Geschmack.

den schönen Panoramablicken über die Bäume hinweg belohnt, das Essen ist allerdings eher Mittelmaß. Am Besten kommt man hierher, wenn die Sonne langsam versinkt.

Südküste

Sweet Sisters Cafe CAFÉ $
(Karte S. 560; Bang Kao; 11–21 Uhr;) Das charmante und gemütliche Café mit einem ansprechenden Innenraum direkt an der Straße im ruhigen Süden von Ko Samui, kurz vor der Abzweigung zur Bucht Ao Bang Kao Charming, ist ein einladender Ort für eine Pause mit Kaffee, Säften und Snacks, während man die Strände, Buchten und Pagoden an der Südküste erkundet.

★ **Hemingway's on the Beach** THAI $$
(Karte S. 560; 088 452 4433; abseits der Rte 4170, Ao Thong Krut; Hauptgerichte ab 175 B; Sa, Mo, Di & Do 10–20, So 10–18 Uhr) Das Lokal am Strand an der Rte 4170, dort, wo diese nach Thong Krut einbiegt, bietet anregende Thai-Gerichte – sowie beliebte Kochkurse – und ist ein sehr guter Grund, die Südwestecke von Ko Samui zu besuchen. Hier locken frische Meeresfrüchte und der Ausblick, vor allem bei Sonnenuntergang. Das Hemingway's arrangiert zudem Longtail- und Schnellboottouren um die Inseln, nach dem Essen kann man sich vor Ort massieren lassen.

Ausgehen & Nachtleben

Seit das neue Gesetz in Kraft trat, dass alle Bars um 1 Uhr morgens schließen müssen, geht es auf der Insel nachts ruhiger zu als früher. Samuis größte Partyhochburg ist der aufgeweckte und lärmige Hat Chaweng. Dahinter rangieren Lamai und Bo Phut. Der Rest der Insel ist allgemein recht ruhig, da sich das Nachtleben dort normalerweise auf die Hausbars der Resorts beschränkt. Wer im Sonnenuntergang Cocktails schlürfen will, fährt an die Westküste oder Abschnitte der Nordküste.

Hat Chaweng

★ **Drink Gallery** COCKTAILBAR
(Chaweng Beach Rd; Karte S. 564; 16–1 Uhr) Die superstylische Design-Bar an der Chaweng Beach Rd gehört zum Library Hotel (S. 563) und serviert ausgezeichnete Cocktails. Hier geht's ums Sehen und Gesehenwerden, alternativ bewundert man bei tapasartigen Thai-Happen einfach die Kunstwerke im Innenraum.

NICHT VERSÄUMEN

„WALKING STREET" – NACHTMÄRKTE

Diese mit Lebensmitteln vollgepackten Straßenmärkte finden mindestens einmal die Woche statt und bieten Reisenden die Möglichkeit, verschiedene lokale Köstlichkeiten zu probieren, Geschenke zu kaufen und sich unter andere Traveller und Einheimische zu mischen. Sie beginnen meist um 16 Uhr und gehen bis gegen Mitternacht. Wer die Massen umgehen will, kommt vor 18 oder nach 22 Uhr. Taschendiebe sind allgegenwärtig.

Zum Zeitpunkt der Recherche galten die folgenden Öffnungszeiten, aber manche erwägen, öfter aufzubauen:

Ban Chaweng Montag bis Donnerstag und Samstag

Ban Lamai Sonntag

Ban Meanam Donnerstag

Bo Phut (Fisherman's Village) Freitag

Ban Choeng Mon Freitag

Bees Knees Brewpub BRAUEREI
(Karte S. 564; 085 537 2498; www.samuibrew.pub; Chaweng Lake Rd; 15–1 Uhr) Das eher charmefreie Dekor und der nachlässige Service sind nicht preisverdächtig, aber das Bier (ab 120 B) – vor Ort gebraut – bekommt viel Lob. Es stehen fünf Sorten zur Wahl (Wheaty Bee, Summer Bee, Black Bee, Bitter Bee, Black-and-Tan) mit reichhaltigen und intensiven Aromen. Von der Bar sieht man durch ein Fenster direkt in die Brauerei nebenan.

Sawasdee Bar BAR
(Karte S. 564; Chaweng Beach Rd; Mo–Fr 17–24 Uhr) Aus dem blauen, umgebauten VW-Bulli werden fünfmal pro Woche Cocktails (99 B), Schnäpse (140 B), Bier (80 B) und Cocktail-Eimer (450 B) serviert, dazu gibt's Livemusik.

Ark Bar BAR
(Karte S. 564; 7–1 Uhr; www.ark-bar.com; Hat Chaweng) Drinks bekommt die Feiergemeinde an der bunten Bar, Gäste legen sich auf Liegen am Strand zurück, und die Party läuft Tag und Nacht. Feuershows beleuchten den Strand nach Sonnenuntergang und DJs legen ab nachmittags Housemusik auf.

Pride Bar SCHWULE & LESBEN
(Karte S. 564; 088 753 2921; Chaweng Beach Rd; 17–2 Uhr) Im Herzen von Chaweng zieht

Bo Phut

Bo Phut

Sehenswertes
1 Fisherman's Village B2

Aktivitäten, Kurse & Touren
2 100 Degrees East C2
3 Red Baron D2
4 The Life Aquatic A2

Schlafen
5 Castaway Guesthouse B2
6 Eden B2
Hacienda ...... (siehe 1)
7 Scent C2
8 W Retreat Koh Samui A1
9 Zazen A1

Essen
Barracuda ...... (siehe 4)
10 Chez François B2
11 Leonardo Gelateria Italiana D1
12 Ninja Crepes B2
13 Salefino D1
14 Zazen Restaurant A2

Ausgehen & Nachtleben
Chez Isa ...... (siehe 11)
Coco Tam's ...... (siehe 4)
Woobar ...... (siehe 8)

Shoppen
15 Fisherman's Village Walking Street (Straßenmarkt) B2

diese entspannte Bar ein gemischtes Publikum aus Thais und Ausländern an.

Hat Lamai & der Südosten

Lamai verfügt nicht über die Auswahl und die Qualität an Bars wie das benachbarte Chaweng, aber für all jene, die mehr Ruhe suchen, ist es ein wesentlich angenehmerer Ort für einen Drink. Es gibt viel weniger Girlie-Bars und die Preise sind etwas niedriger, aber insgesamt haben die Bars weniger Charakter.

Bear Cocktails BAR
(Karte S. 569; Lamai Beach Rd; 17–2 Uhr) Das Bear ist keine traditionelle Bar, sondern ein launiger Freiluft-Cocktailstand an der Straße, der von netten jungen Frauen (Bear und Lek) geschmissen wird. Man holt sich einen Erdbeer-Daiquiri, schnappt sich einen Plastikstuhl und plaudert mit den anderen Gästen. Es liegt in der Nähe des McDonald's; Cocktails kosten 79 B.

Lava Lounge BAR
(Karte S. 569; 080 886 5035; Hat Lamai; 16–2 Uhr) Die entspannte Lava Lounge ist eine der besseren Bars in Hat Lamai und wartete mit einer erfrischenden Cocktailkarte auf (99–150 B). Die Happy Hour geht von 16 bis 21 Uhr, dazu gehört ein Cocktail für 79 B.

Beach Republic BAR
(Karte S. 569; 077 458100; www.beachrepublic.com; 176/34 Mu 4, Hat Lamai; 7–23 Uhr) Das Beach Republic, leicht zu erkennen an den klaffenden strohgedeckten Sonnendächern, könnte das Paradebeispiel eines Drehorts für eine TV-Show über alkohollastigen Strandurlaub sein. Es gibt Planschbecken, gemütliche Lounge-Sessel, eine ellenlange Cocktailkarte und sogar ein Hotel für diejenigen, die die Party nie verlassen wollen.

Der Sonntags-Brunch (11.30–15.30 Uhr) ist legendär.

Bo Phut & der Nordosten

★ Woobar BAR

(Karte S. 574; ☎077 915999; Bo Phut; ⏰11–24 Uhr; 📶) Die markante Lobbybar des W Retreat mit echtem Wow-Faktor und 270-Grad-Panoramen gibt dem Wort „schick" eine neue Bedeutung. Hierfür sorgen Sitzkisseninseln mitten in einem großen Infinity Pool, der sich bis zum unendlichen Horizont erstreckt. Zweifellos Ko Samuis bester Ort, um einen Sundowner bei coolen Musikmixes zu genießen.

★ Coco Tam's BAR

(Karte S. 574; Fisherman's Village; ⏰13–1 Uhr) Die Gäste können entweder in einer Schaukel an der Bar sitzen oder es sich in einem Sitzsack im Sand gemütlich machen, einen riesigen Cocktail bestellen, der in einem Einmachglas serviert wird, und an einer Shisha (Wasserpfeife; 500 B) ziehen. Es ist ein bisschen teuer, aber in dieser unkonventionellen, schicken Strandbar ist Relaxen angesagt. Besonders schön ist es, wenn die Sonne untergeht, und die Kokosnuss-Milchshakes sind unwiderstehlich. An den meisten Abenden treten Feuertänzer auf.

Chez Isa CAFÉ

(Karte S. 574; ☎082 423 9221; Wat Phra Yai; ⏰9.30–19 Uhr; 📶) In dem kleinen, reizenden und bunten Café gibt's keinen Alkohol (da der Wat Phra Yai daneben liegt), und es schließt früh, aber es ist ein wunderbarer Ort, um bei einem Mocktail den Sonnenuntergang zu bewundern oder tagsüber bei einem Kaffee mit Blick aufs Meer zu entspannen. Auch Schmuck kann man hier erwerben.

Na Thon & der Westen

Im Westen ist die Auswahl an Bars überschaubar, aber die paar, die es gibt, sind recht adrett. Ihr Vorzug ist die Perspektive Richtung Westen mit direktem Blick auf feurige Sonnenuntergänge über dem Golf.

★ Air Bar BAR

(Karte S. 560; Intercontinental Samui Baan Taling Ngam Resort, Taling Ngam; ⏰17–24 Uhr) Von der wundervollen, auf einem Kliff thronenden Freiluftbar in diesem protzigen Resort (S. 567) prostet man der untergehenden Sonne zu, während diese im goldenen Golf versinkt. Wer sich nicht zurückhalten kann und richtig essen will, wählt aus der ausgezeichneten Karte Tapas und Snacks. So ziemlich der romantischste Ort auf der ganzen Insel.

Nikki Beach BAR

(Karte S. 560; ☎077 914500; www.nikkibeach.com/kohsamui; Lipa Noi; ⏰11–23 Uhr; 📶) Das gefeierte Luxuslabel bringt internationalen Flair an Ko Samuis abgeschiedene Westküste. Es gibt alles: Haute Cuisine, schickes Dekor, Jetsetter und atemberaubende Sonnenuntergänge. Brunch- und Dinnerspecials mit verschiedenen Mottos locken die ganze Woche über viele Gäste an. Quartiere in eleganten Villen werden ebenfalls angeboten.

Max Murphys BAR

(Karte S. 560; Na Thon) Der lustige Irish Pub liefert alle üblichen Zutaten für eine gelungene Nacht: Premier League-Spiele, westliches und thailändisches Kneipenessen, Bier vom Fass (Guinness, Kilkenny, Hoegaarden), ein paar Craft-Biere, Cocktails und zuvorkommendes Personal. Es ist so irisch wie eine Schüssel Tom Yam-Suppe, aber nach ein paar Pints ist das auch egal.

Südküste

Buffalo Baby BAR

(Karte S. 560; Bang Kao) Ganz unten an der Südküste bei Ao Bang Kao erwacht diese spaßige Strandbar (geführt vom freundlichen Maurice) samstags ab 17 Uhr zum Leben, wenn die Bang Kao Walking Street, ein lebendiger Straßenmarkt mit Livemusik auf einer Bühne direkt im Sand, loslegt.

Feuershows erhellen gelegentlich den Sand und in der Bar legt samstags ein DJ auf. Der Walking-Street-Markt entwickelt sich immer weiter und wird dauernd größer, ruhig mal hingehen und nachsehen, was so los ist.

Unterhaltung

Paris Follies Cabaret KABARETT

(Karte S. 564; Chaweng Beach Rd; ⏰20–24 Uhr) Das umwerfende und unterhaltsame Kabarett bietet jeden Abend um 20, 21, 22 und 23 Uhr einstündige *gà·teu·i*-Kabarettshows (auch *kàthoey* geschrieben) mit Transvestiten- und/oder Transgender-Künstlern an, die gleichermaßen von Männern und Frauen besucht werden. Der Eintritt ist frei, aber man muss ein Getränk kaufen (ab etwa 300 B).

Shoppen

★ Central Festival SHOPPINGZENTRUM

(Karte S. 564; Chaweng Beach Rd; ⌚11–23 Uhr) Die helle, glänzende und riesige Monster-Mall ist voller Läden, Cafés und Restaurants sowie zahllose chinesische Einkäufer. Es gibt tolle Shoppingmöglichkeiten und einige der Essensoptionen sind auch super. Für Kinder gibt's eine aufblasbare Rutsche.

Fisherman's Village Walking Street MARKT

(Karte S. 574; Fisherman's Village; ⌚Fr 17–23 Uhr) Jeden Freitagabend verwandelt der belebte und bunte Straßenmarkt Fisherman's Village in einen Wald aus spitzen Ellbogen, Marktständen, Street Food, Kunsthandwerk, T-Shirts und billigen Cocktails.

Thanon An Thong STRASSE

(Karte S. 560; Na Thon) Nur einen Block vom Pier Richtung Inland befindet sich diese hübsche Straße gesäumt von hölzernen Shophouses, chinesischen Laternen und Singvögeln in Käfigen. In den Souvenirshops bekommt man Produkte und Mitbringsel billiger und stressfreier als in Chaweng.

Island Books BÜCHER

(Karte S. 569; ☎061 193 2132; www.island-books-samui.com; abseits der Rte 4169; ⌚9–19 Uhr) Versteckt an einer Straße abseits der 4169 Richtung Lamai und geführt von Paul aus Liverpool bietet Island Books die größte Auswahl an gebrauchten Büchern – in fast jeder Sprache – auf der Insel. Es gibt eine kleinere **Zweigstelle** (⌚9–19 Uhr) in Lamai selbst.

Praktische Informationen

GEFAHREN & ÄRGERNISSE

Die Sirenen der Krankenwagen, die über die Straßen der Insel rasen, sind allgegenwärtig und ein klares Zeichen dafür, dass die Zahl der Verkehrstoten auf Ko Samui ziemlich hoch ist. Das liegt größtenteils an den vielen (unerfahrenen) Touristen, die Motorräder mieten und viel zu spät bemerken, dass die Kombination von kurvigen Straßen, tropischen Wolkenbrüchen, chaotischem Verkehr und Sand auf den Straßen tödlich sein kann.

An weniger besuchten Stränden muss man unbedingt auf Glasscherben achten – es ist unfassbar, wie viel zerbrochenes Glas da rumliegt. Am Strand in Na Thon findet man teilweise viele Glasscherben, aber auch an Stränden wie der Sandbank, die nach Ko Ma im Nordwesten der Insel führt, kann man gefährliche Stücke finden. Vorsichtig laufen und immer auf der Hut sein.

Das Meer von Samui kann wild sein, auch für gute Schwimmer, und es sind auch schon Leute ertrunken – vor allem in Chaweng und Lamai, wo es starke Strömungen gibt. Normalerweise weisen die Hotels mit Schildern oder Sturmflaggen auf Gefahren und Schwimmbedingungen hin. Wer in einen Brandungsrückstrom gerät (eine starke Oberflächenströmung, die einen Richtung Meer zieht), muss parallel zum Ufer schwimmen, um aus der Strömung zu gelangen, oder sich treiben lassen, bis der Sog sich in tieferem Wasser auflöst und man gerettet ist.

Strandhändler werden staatlich registriert und sollten nummerierte Jacken tragen. Bei nicht aufhörender Belästigung durch Händler sollte man sich Hilfe suchen.

> **ACHTUNG HUNDE!**
>
> Hunde sind überall auf der Insel – sie vermehren sich wie Kaninchen und können beißen. Das Samui Dog & Cat Rescue Centre (S. 559) passt auf sie auf, kastriert/sterilisiert Straßenhunde und impft sie gegen Tollwut (sie haben es weitestgehend unter Kontrolle, aber wer gebissen, wird, sollte zum Arzt gehen), die Mitarbeiter haben alle Hände voll zu tun. Die bedrohlichen Hunde lungern in Rudeln bei den Tempeln und an den Stränden herum; vorsichtig sein und sie nicht streicheln.

GELD

Es gibt fast überall Geldautomaten. In den meisten Hotels und Restaurants werden Kreditkarten akzeptiert.

INTERNETZUGANG

WLAN gibt's in allen Unterkünften, Restaurants und Bars. Manche Spitzenhotels stellen es in Rechnung, aber in den mittleren und günstigen Pensionen ist es im Allgemeinen umsonst.

MEDIZINISCHE VERSORGUNG

Die vier privaten Inselkliniken liegen alle nahe Chawengs Tesco-Lotus-Supermarkt an der Ostküste, wo sich die meisten Touristen tummeln. Das staatliche Krankenhaus (Samui Hospital) in Na Thon ist seit ein paar Jahren deutlich besser, lässt aber immer noch zu wünschen übrig: Seine Finanzierung basiert auf Samuis offizieller Einwohnerzahl, welche die vielen illegalen Arbeiter aus Myanmar nicht erfasst.

Bangkok Hospital Samui (Karte S. 564; ☎077 429500, Notruf 077 429555; www.bangkokhospitalsamui.com) Zentral gelegenes und international anerkanntes Krankenhaus in Chaweng. Beste Option bei fast allen Gesundheitsproblemen.

Bandon International Hospital (Karte S. 560; ☎077 245236; www.bandonhospital

samui.com; abseits der Route 4169) Ein privates Krankenhaus mit internationalen Standards der Gesundheitsfürsorge.

Ko Samui Hospital (Karte S. 560; ☎ 077 913200; www.samuihospital.go.th/weben; Na Thon; ⊙ 24 Std.) Öffentliches, staatliches Krankenhaus im Süden von Na Thon.

Samui International Hospital (Karte S. 564; ☎ 077 300394; www.sih.co.th; Chaweng Beach Rd; ⊙ 24 Std.) Internationales Krankenhaus in Chaweng. Rettungsdienst rund um die Uhr und Annahme von Kreditkarten.

NOTFALL

Touristenpolizei (Karte S. 560; ☎ 077 430018; www.samui-tourist-police.com) Nützlich, wenn man Rat sucht oder verhaftet wurde.

POST

In mehreren Inselecken gibt's privat geführte Postfilialen, die jeweils eine kleine Bearbeitungsgebühr verlangen. Fast alle Unterkünfte verschicken frankierte und abgestempelte Post für Gäste.

RECHTSFRAGEN

Die thailändische Polizei lässt Ausländer weitestgehend in Ruhe, aber die Drogengesetze werden teilweise strikt umgesetzt und die Strafen für den Besitz von Drogen können hart sein.

Wird man wegen einer Straftat verhaftet, gestattet einem die Polizei einen Anruf. Sich gegen die Verhaftung zur Wehr zu setzen, macht alles nur noch schlimmer.

Man sollte unbedingt immer eine Kopie des Reisepasses oder des Personalausweises mit sich tragen, da man sich vor der Polizei ausweisen können muss. Obwohl man viele Motorrad- oder Rollerfahrer ohne Helm sieht, ist dieser gesetzlich vorgeschrieben.

Die Touristenpolizei kann in rechtlichen Dingen eine große Hilfe sein.

TOURISTENINFORMATION

Es gibt kein offizielles Touristenbüro auf der Insel. Touristeninformationen findet man in Hotels und Reisebüros.

Siam Map Company (www.siammap.com) Gibt vierteljährig Broschüren heraus, darunter einen Spa-Führer, einen Restaurant-Führer und ein jährliches Verzeichnis mit Tausenden von Unternehmen und Hotels auf der Insel. Die *Samui Guide Map* ist ausgezeichnet, kostenlos und überall auf der Insel zu finden.

VISAVERLÄNGERUNGEN

Das neue Büro der **Einwanderungsbehörde** (Karte S. 560; ☎ 077 423440; Soi 1 Mu 1, Mae Nam; ⊙ Mo–Fr 8.30–16.30 Uhr) liegt südlich der Rte 4169 in Mae Nam. Die Beamten tendieren dazu, Visa eher minimal als maximal zu verlängern. Es liegt besser und ist größer als die früheren Büros in Na Thon, aber die Verlängerung kann trotzdem noch ohne eine konkrete Begründung abgelehnt werden.

Es gibt die Option, drei Monate bis ein Jahr an einem Thai-Sprachkurs auf der Insel teilzunehmen, was einem ein Studentenvisum für die Länge des Aufenthalts garantiert.

An- & Weiterreise

FLUGZEUG

Ko Samuis **Flughafen** (www.samuiairportonline.com) liegt im Nordosten der Insel, nahe dem Big Buddha Beach.

Bangkok Airways (www.bangkokair.com) verbindet etwa alle 30 Minuten Ko Samui mit Bangkoks Suvarnabhumi International Airport (65 Min.). Bangkok Airways fliegt auch direkt von Samui nach Phuket, Pattaya, Chiang Mai, Singapur, Kuala Lumpur, Hongkong und andere Städte in Südostasien. Bangkok Airways fliegt auch nach Chéngdū und Guǎngzhōu in China. **Bangkok Airways** (Karte S. 564; ☎ 077 420512, 077 420519; www.bangkokair.com) ist am Hat Chaweng und am Flughafen zu finden. Der erste und letzte Flug des Tages (6 bzw. 22 Uhr) kosten am wenigsten.

In der Hauptsaison heißt's möglichst rechtzeitig reservieren, da Flüge nach Ko Samui dann oft ausgebucht sind. Falls Letzteres der Fall ist, kann man theoretisch ab Bangkok nach Surat Thani fliegen und dort eine kurze Fahrt mit der Fähre zur Insel machen. Im Vergleich zu Direktflügen nach Samui sind Flüge nach Surat Thani generell günstiger, aber wesentlich stressiger.

SCHIFF/FÄHRE

Auf dem Festland fungieren Ao Ban Don, Don Sak, Chumphon und Tha Thong (zentrales Surat Thani) als Haupthäfen in Richtung Ko Samui. Tha Thong und Don Sak werden am häufigsten genutzt. Auf Samui legen die meisten Fähren in Na Thon, Mae Nam und Big Buddha Beach an bzw. ab. Schnellfährentickets beinhalten oft Gratis-Shuttles per Wassertaxi.

Zum Festland

Zwischen Ko Samui und Don Sak auf dem Festland fahren regelmäßig Fähren.

Die Schnellfähre **Lomprayah** (☎ 077 4277 656; www.lomprayah.com) legt in Na Thon (400 B; 8, 9.45, 12.45 & 15.30 Uhr) ab und fährt 45 Minuten. Bei einigen Fahrten hat man auch Anschluss zum Bahnhof in Phun Phin (600 B), um nach Surat Thani zu gelangen.

Zudem gibt's die langsamere, aber regelmäßige Autofähre **Raja** (Karte S. 560; ☎ 022 768211-2, 092 274 3423-5; www.rajaferryport.com; Erw. 130 B; 90 Min.) nach Don Sak, die in Thong Yang startet. Das langsame Nachtboot nach Samui (300 B) fährt jeden Abend um 23 Uhr im Zentrum von Surat Thani ab und erreicht

Na Thon gegen 5 Uhr. Um 21 Uhr tritt es die Rückfahrt von Na Thon an und erreicht das Festland gegen 3 Uhr. Auf dem Boot auf das Gepäck achten!

Die Fähren von Lomprayah starten auch am Pralarn Pier in Mae Nam Richtung Chumphon (1100 B; 8 & 12.30 Uhr; 3¾ Std.).

Nach Ko Pha-Ngan & Ko Tao

Täglich verkehren fast ein Dutzend Fähren zwischen Ko Samui und Thong Sala an der Westküste von Ko Pha-Ngan und viele davon fahren weiter nach Ko Tao. Sie starten in Na Thon, dem Pralarn Pier in Mae Nam oder am Pier des Big Buddha Beach, benötigen 20 bis 60 Minuten pro Tour und kosten je nach Fähre pro Fahrt 200 bis 300 B nach Ko Pha-Ngan.

Auf direktem Weg nach Hat Rin geht es mit der *Haad Rin Queen*, die viermal täglich zwischen Hat Rin und Big Buddha Beach (das erste Boot fährt vom Hat Rin um 9.30 Uhr ab und vom Big Buddha Beach ab 10.30 Uhr) hin- und herfährt. Nach der Vollmondparty ist sie doppelt so häufig unterwegs und fährt noch zusätzlich um 7.30 Uhr am selben Tag. Die Überfahrt dauert 50 Minuten und kostet 200 B. Die letzte Fähre legt vom Big Buddha Beach um 18.30 Uhr ab.

Nach Hat Rin und zu den entlegeneren Stränden von Ko Pha-Ngan geht es einmal täglich mit dem kleinen, klapprigen *Thong Nai Pan Express*. Er startet um 12 Uhr in Mae Hat auf Ko Samui, fährt nach Hat Rin und dann die Ostküste hinauf und stoppt an allen Stränden bis hinauf zum Thong Nai Pan Noi. Je nach Fahrtziel kosten die Tickets 200 bis 400 B. Bei schlechtem Wetter fährt das Boot nicht.

ABZOCKE BEI MOTORRÄDERN

Selbst wenn man unbeschadet von einer Motorradtour zurückkommt, gibt es Läden, die behaupten, man hätte das Mietfahrzeug beschädigt, und versuchen, dafür eine beträchtliche Geldsumme zu verlangen. Am besten vermeidet man das, indem man zahlreiche Fotos vom Fahrzeug macht, wenn man es ausleiht und darauf achtet, dass die Person, die das Fahrzeug verleiht, dies auch sieht – wenn der Verleiher weiß, dass man Fotos hat, ist es weniger wahrscheinlich, dass er falsche Anschuldigen erhebt.

Wenn er trotzdem Forderungen stellt, sollte man ruhig bleiben. Ein Wutanfall verbessert die eigene Position auch nicht und könnte zur Eskalation des Streits führen.

Wenn die Lage wirklich eskaliert, sollte man die Touristenpolizei (S. 577) rufen, nicht die normale Polizei.

BUS & ZUG

Eine Kombination aus Bus und Fähre ist für den Weg nach Ko Samui praktischer als ein Paket aus Zugfahrt und Fähre, denn so muss man in Phu Phin nicht das Verkehrsmittel wechseln. Die Züge sind allerdings sehr viel komfortabler und geräumiger, besonders nachts. Wer den Zug vorzieht, sollte in Chumphon aussteigen und den restlichen Weg mit dem Lomprayah-Katamaran zurücklegen.

Mehrere Anbieter offerieren Kombitickets für Bus und Fähre. Am schnellsten und komfortabelsten ist der Lomprayah-Service, der täglich um 6 und 21 Uhr in Bangkok startet und um 8 und 12.30 Uhr von Ko Samui nach Bangkok fährt. Die gesamte Fahrt dauert zwischen 11 und 14 Stunden und kostet zwischen 1400 B und 1450 B.

Unterwegs vor Ort

Achtung: Wenn man auf Ko Samui unterwegs ist, sieht man überall Schilder, die die Distanz zu bestimmten Bars, Restaurant oder Hotels anzeigen. Für diese Hinweisschildern gilt die Faustregel, dass 300 m etwa 1 km entsprechen.

AUTO & MOTORRAD

Fast alle Resorts auf der Insel vermieten Motorräder und Roller. Die übliche Tagesgebühr für einen Roller liegt zwischen 150 und 200 B, aber bei längerer Mietdauer sollte man versuchen, einen besseren Preis auszuhandeln. Normalerweise muss man seinen Pass als Pfand aushändigen (bei der Planung beachten, dass man den in manchen Hotels ebenfalls benötigen könnte). Benzin wird teilweise in Flaschen zu 40 B pro Liter zum Verkauf angeboten, aber an den Tankstellen ist es viel billiger.

Wer sich für ein Leihmotorrad entscheidet, sollte unbedingt nach einem Schutzhelm mit Plastikvisier fragen, um sich zu schützen, sowie langsam fahren. Wer keinen internationalen Führerschein hat, kann bei einem Unfall Probleme mit der Versicherung bekommen.

MINIBUSSE

Sŏrng·tăa·ou (Minibusse) verkehren tagsüber regelmäßig. Da die Fahrpreise saisonal schwanken und zudem von den Chauffeuren gern künstlich erhöht werden, ist es ratsam, Dritte nach den aktuellen Standardtarifen zu fragen. Von Strand zu Strand geht's für ca. 50 B, über die halbe Insel für maximal 100 B. Fünf Minuten per Motorradtaxi kosten etwa 20 B.

TAXIS

Zahllose Taxis machen einen effektiven Überblick recht schwer und die Fahrpreise sind im Vergleich zu Bangkok maßlos überzogen. Taxis zum Flughafen kosten üblicherweise ca. 500 B. Manche Reisebüros in Hat Chaweng organisieren günstigere Minibusse.

Ko Pha-Ngan เกาะพงัน

12 500 EW.

Ende der 1970er-Jahre war Ko Pha-Ngan noch ein unberührtes Paradies, das Wagemutige anlockte. Seine unschuldigen Tage sind vielleicht schon lange vorbei, aber das sollte einen nicht abschrecken: Diese Golfinsel bietet viel mehr als die Vollmondpartys, die sie berühmt gemacht haben.

Wer sich die ruhigeren Tage im Mondkalender oder die kleineren, aber immer noch wilden Halbmondpartyzeiten für einen Besuch aussucht, erlebt den wahren Charme der Insel. Außerdem ist es leichter, ein Zimmer zu bekommen, die Preise sind vernünftiger und es sind viel weniger Besucher auf der Insel, was mehr Einsamkeit und Ruhe bedeutet. Sogar Hat Rin – Partyhochburg bei Vollmond – ist zu anderen Zeiten ruhig und entspannt, und die Strände sind sauber.

Die ruhigsten Monate sind April bis Juni, wenn die Insel einen Gang langsamer fährt – eine ideale Zeit für einen Besuch mit niedrigeren Preisen, weniger Ellbogen pro Quadratkilometer und sichereren Straßen.

Sehenswertes

Neben den wilden Vollmondpartys hält der große Dschungel im Inland spektakuläre Naturschönheiten bereit, darunter bewaldete Berge, Wasserfälle, unberührten Wald, einen Nationalpark sowie einige der spektakulärsten Strände Thailands. Und wenn der Mond nicht gerade voll ist, ist die Insel ein weitgehend friedlicher und gelassener Ort.

Wer einen der 20 Wats auf Ko Pha-Ngan besuchen möchte, sollte unbedingt daran denken, die Strandklamotten gegen angemessene Kleidung zu tauschen. Die meisten Tempel sind von Sonnenaufgang bis Sonnenuntergang geöffnet.

Hat Than Sadet STRAND

(Karte S. 580) Die Motorroller-Tour von Thong Sala, Ao Thong Nai Pan oder Ban Tai zu dem von Kokospalmen umgebenen schönen Strand Hat Than Sadet lohnt sich. Man läuft den reizenden Sandstreifen entlang, überquert die Brücke am südlichen Ende zu den Mai-Pen-Rai-Bungalows und folgt den Felsen um die Landzunge herum zum Strand Hat Thong Reng. An beiden Stränden kann man gut baden.

Hat Thong Reng STRAND

(Karte S. 580) Der kleinere, sehr abgelegene Strand Hat Thong Reng auf Ao Thong Reng liegt hinter der Landzunge im Süden des großen Bruders Hat Than Sadet. Es ist ein hübscher Sandstreifen, an dem man gut schwimmen kann. Um ihn zu erreichen, folgt man den großen Felsen im südlichen Teil des Hat Than Sadet, dabei sollte man aber auf den Weg achten.

Nam Tok Phaeng WASSERFALL

(Karte S. 580) Der Nam Tok Phaeng steht unter Nationalparkschutz. Nach einer kurzen, aber anstrengenden Wanderung ist dieser Wasserfall eine angenehme Belohnung. Hinter dem Wasserfall (außerhalb der Saison trocken) klettert man weitere 15 Minuten einen Pfad mit vielen Wurzeln hoch (entlang des Phaeng-Domsila-Naturlehrpfads) zum fantastischen **Aussichtspunkt Domsila** (Karte S. 580). Die zwei- oder dreistündige Wanderung verläuft dann in einer Schleife weiter durch den Dschungel, vorbei an anderen Wasserfällen, bevor man wieder an den Ausgangspunkt zurückkehrt. Unbedingt Wasser und gute Schuhe mitbringen.

Ko Pha-Ngans größter Yang-Na-Yai-Baum BAUM

(Karte S. 580) Bei Wat Pho ragt Ko Pha-Ngans größter Yang Na Yai (*Dipterocarpus Alatus*; ยางนา) in den Himmel, der auf dem Weg zum Minitempel Wat Nok (ein kleiner Schrein versteckt im Grünen) einen Abstecher absolut wert ist. Die gigantischen Baumriesen werden mehr als 50 m hoch und sind für Baumliebhaber wahre Schönheiten. Dieses imposante Exemplar ist oft mit bunten Bändern geschmückt.

Hat Khuat STRAND

(Bottle Beach; Karte S. 580) Dieser wunderschöne Sandstreifen, über dem sich grüne Hügel erheben, eignet sich bestens für einen entspannten Bade- und Schnorcheltag, und die Bungalow-Anlagen am Strand laden zum Übernachten ein. Von Ban Chalok Lam, einem Fischerdorf im Norden der Insel, kann man wunderbar hierher wandern – also ausreichend Wasser mitbringen und den Flaschen auf Pfosten folgen, die den Weg markieren. Man erreicht den Strand aber auch mit einem Strandtaxi von Ban Chalok Lam oder Thong Nai Pan.

Deang Waterfall WASSERFALL

(Karte S. 580) In Than Sadet rauscht eine Kette von Wasserfällen zum Strand Ao Thong

Ko Pha-Ngan

Reng, und der hier ist der schönste. Der Deang bietet eine Reihe von Fällen, einen Pool zum Schwimmen und viele Klettermöglichkeiten. Manchmal sieht man sogar Leute, die sich in den Hauptstrom wagen und auf den Felsen vom herabstürzenden Wasser abkühlen lassen. Den Schildern folgen.

Secret Beach STRAND

(Hat Son; Karte S. 588) Nicht wirklich geheim – diese palmengesäumte Bucht mit weichem Sand (alias Hat Son) eine steile Straße runter im Nordwesten der Insel ist ein toller Ort, um Sonnenuntergänge zu bewundern, aber ein Besuch lohnt zu jeder Tageszeit. Um die ganze Stimmung einzufangen, steigt man im Haad Son Resort (S. 587) ab oder genießt einen Cocktail in der Dämmerung in der Secret Beach Bar (S. 595). Hier kann man auch sehr gut schwimmen.

Hat Wai Nam STRAND

(Karte S. 580) Der kleine weiße Sandstrand schlängelt sich zwischen Hat Thian und Hat Yao an der eher abgelegeneren Ostküste entlang. Den winzigen Hat Wai Nam erreicht man zu Fuß von Hat Rin auf dem Pfad den Berg hoch, aber das ist der lange Weg (man braucht mindestens 4 Std.), darum ist es empfehlenswert, mit dem Longtail-Boot herzukommen. Belohnt wird man mit einem einsamen Strand und großartigem Wasser.

Hat Thian STRAND

(Karte S. 580) Hat Thian ist ein schöner, relativ leerer, naturbelassener Strand im Osten, zugänglich nur per Boot oder Wanderung von Hat Rin (S. 581). Vom **Hat Yuan** (Karte S. 580) ist man zu Fuß über den Felsvorsprung in unter zehn Minuten da. Die längere Route von Hat Rin (der Wanderweg hierher startet nördlich von Hat Rin Nok) dauert über zwei Stunden, aber es kann heiß werden – d. h.: unbedingt was zu Trinken einpacken.

Hat Yao (East) STRAND

(Karte S. 580) Dieser hübsche weiße Sandstrand ist nur zu Fuß oder per Boot erreich-

Ko Pha-Ngan

Sehenswertes

1	Deang Waterfall	D2
2	Aussichtspunkt Domsila	B3
3	Guanyin-Tempel	B2
4	Hat Khuat	C1
5	Hat Than Sadet	D2
6	Hat Thian	D4
7	Hat Thong Reng	D2
8	Hat Wai Nam	D3
9	Hat Yao (East)	D3
10	Hat Yuan	D4
11	Ko Pha-Ngan's größter Yang-Na-Yai-Baum	C3
12	Nam Tok Phaeng	B3
13	Wat Phu Khao Noi	B3

Aktivitäten, Kurse & Touren

	Apnea Koh Pha Ngan	(siehe 15)
14	Chalok Lam to Bottle Beach Trek	B1
15	Chaloklum Diving	B1
16	Sail Rock Divers	B1

Schlafen

17	Anantara Rasananda	C1
18	Bamboo Hut	D4
	Barcelona	(siehe 18)
19	Bay Lounge & Resort	C4
	Boom's Cafe Bungalows	(siehe 19)
20	Bottle Beach II	C1
21	Chills Resort	A2
22	Divine Comedie	B3
23	Fantasea	B1
24	Kupu Kupu Phangan Beach Villas & Spa by l'Occitane	A3
25	Longtail Beach Resort	C2
	Loyfa Natural Resort	(siehe 21)
26	Mac Bay	C3
	Mai Pen Rai	(siehe 5)
	Mandalai	(siehe 15)
	Pariya Resort & Villas	(siehe 18)
27	Sanctuary	D3
28	Smile Bungalows	C1

Essen

	Bamboo Hut	(siehe 18)
	Bubba's Coffee Bar	(siehe 22)
29	Crave	A2
30	Fabio's	C3
	Fisherman's Restaurant	(siehe 22)
31	JJ's Restaurant	A2
	Sanctuary	(siehe 27)

Ausgehen & Nachtleben

32	Amsterdam	A3
	Flip Flop Pharmacy	(siehe 25)
33	Three Sixty Bar	B1
34	Viewpoint Bar	C4

bar, was ihm eine umwerfende Atmosphäre von Abgeschiedenheit gibt. Die meisten Besucher kommen mit dem Boot, da man für den 7 km langen Bergpfad von Hat Rin gut vier bis fünf Stunden braucht – nicht loslaufen, wenn es schon dunkel wird.

Guanyin-Tempel BUDDHISTISCHER TEMPEL
(Karte S. 580; 40 B; ⏲7–18 Uhr) Dieser faszinierende chinesische Tempel, laut Ausschilderung „Goddess of Mercy Shrine Joss House", ist Guanyin gewidmet, der buddhistischen Göttin der Gnade. Der chinesische Name des Tempels (普岳山) auf dem Eingangstor bezieht sich auf die Insel in China, die der Legende nach die Heimat der Göttin ist. Die farbenfrohe Haupthalle – die Große Schatzhalle – beherbergt verschiedene Bodhisattvas, darunter Puxian (auf einem Elefanten) und Wenshu (auf einem Löwen).

Hat Rin Nok STRAND
(Sunrise Beach; Karte S. 592) Alias Sunrise Beach, alias Full Moon Party Beach – und trotzdem ist dieser Sandstreifen (man könnte denken) überraschenderweise einer der saubersten und angenehmsten Strände von Ko Pha-Ngan. Der Großteil der Einnahmen aus den monatlichen Partyeintrittsgeldern wird dafür eingesetzt, den Sand zu reinigen und den Strand wieder aufzuhübschen. Sein Ruf als Partyhochburg hält viele Leute fern, darum ist er beizeiten erstaunlich menschenleer.

Wat Phu Khao Noi BUDDHISTISCHER TEMPEL
(Karte S. 580; ⏲Sonnenaufgang–Sonnenuntergang) GRATIS Der Wat Phu Khao Noi nahe dem Krankenhaus in Thong Sala ist der älteste Tempel der Insel. Während Traveller den ganzen Tag über hineinkommen, sind die Mönche nur morgens anwesend.

Aktivitäten

Ko Pha-Ngan hat viele Aktivitäten zu bieten, von Tauchen über Wandern bis zu Kajakfahren, Schnorcheln, Schwimmen und mehr.

Wander- und Schnorcheltagestouren zum Ang Thong Marine National Park starten normalerweise in Ko Samui, aber Reiseveranstalter holen Gäste auch von hier ab.

Viele größere Unterkünfte organisieren Jetskis und Kajaks.

Tauchen & Wassersport

Ko Pha-Ngan erfreut sich einer ruhigeren Tauchszene als das benachbarte Ko Tao, aber es gibt ausreichend professionelle, preisgünstige Tauchanbieter mit Anfänger- bis Profikursen und sogar Freitauchen.

Seit einer Preissenkung können die örtlichen Tarife für Open-Water-Zertifikate mit denen von Ko Tao mithalten. Zudem sind die Gruppen auf Ko Pha-Ngan meist kleiner, da generell weniger Taucher hierherkommen. Empfehlenswerte Tauchschulen sind **Haad Yao Divers**, **Lotus Diving**, **Chaloklum Diving** und **Apnea Koh Pha Ngan** fürs Freitauchen.

Wie die anderen Inseln des Samui-Archipels ist auch Pha-Ngan von mehreren kleinen Riffen umgeben. Beliebtester Schnorchelspot ist ganz klar das nordwestlich gelegene Eiland **Ko Ma**, das von einer charmanten Sandbank mit Ko Pha-Ngan verbunden wird. Auf der östlichen Inselseite gibt's zudem einige interessante Felsriffe.

Für Taucher interessant ist Ko Pha-Ngans Nähe zum mächtigen **Segelfelsen** (Hin Bai) ca. 14 km weiter nördlich: Am besten Tauchspot im Golf von Thailand tummeln sich Walhaie. Zwischen 10 und 30 m Tiefe offenbart sich eine riesige Vielfalt von Korallen und großen Tropenfischen. Hinzu kommt ein vertikal durchschwimmbarer Felsschacht namens „**Chimney**" (Kamin).

Ko Taos Tauchanbieter besuchen auch den Segelfelsen. Ihr Schwerpunkt liegt aber häufiger auf anfängerfreundlichen Flachriffen und den tiefen Gewässern beim Chumphon-Felsen. Die beliebtesten Optionen ab Ko Pha-Ngan sind Tagestouren, die den Chumphon-Felsen, den Segelfelsen und einen weiteren lokalen Top-Tauchsport besuchen. Diese Ausflüge über drei Stationen (3650–4000 B) beinhalten ein komplettes Mittagessen. Segelfelsen-Touren mit zwei Tauchgängen kosten 2500 bis 2800 B.

Apnea Koh Pha Ngan TAUCHEN

(Karte S. 580; ☎092 380 1494; www.apneakohphangan.com; Chalok Lam; ab 1600 B) Freitauchen wird immer beliebter auf Ko Pha-Ngan und dies ist der bekannteste Anbieter der Insel mit Kursen, die am Segelfelsen stattfinden. Ein eintägiger Einführungskurs kostet 4000 B (max. 12 m Tiefe), der zweitägige Standardkurs kostet 7000 B (max. 20 m Tiefe). Der Profikurs kostet 35 000 B.

Sail Rock Divers TAUCHEN

(Karte S. 580; ☎077 374321; www.sailrockdiversresort.com; Ban Chalok Lam; ab 3500 B) Der beliebte und professionelle Anbieter Sail Rock Divers hat einen schönen 3 m tiefen Pool, Bungalowunterkünfte (900–1600 B) sowie ein Restaurant in Chalok Lam. Die Kurse reichen von Anfänger bis Fortgeschrittene.

Chaloklum Diving TAUCHEN

(Karte S. 580; ☎077 374025; www.chaloklum-diving.com; ab 1000 B; ⏲6–20 Uhr) Eines der bewährteren Tauchzentren an der Hauptstraße von Ban Chalok Lam. Die Ausrüstung ist von guter Qualität und die Betreiber bieten einen hohen Standard in allem, was sie tun: Tauchen, Freitauchen, Nachttauchen oder Schnorcheln.

Haad Yao Divers TAUCHEN

(☎086 279 3085; www.haadyaodivers.com; ab 1400 B) Dieser Tauchveranstalter (gegründet 1997) hat sich seinen soliden Ruf mit Sicherheitsstandards und Kundenservice nach europäischem Maßstab erarbeitet. Preislich startet es bei 1400 B für einen Strandtauchgang bei Hat Yao, aber es gibt eine große Auswahl an Kursen und Optionen.

Wake Up WASSERSPORT

(☎087 283 6755; www.wakeupwakeboarding.com; ab 1200 B; ⏲Jan.–Okt.) In seiner kleinen Wassersportschule in Chalok Lam gibt Jamie sein unendliches Wakeboarding-Wissen an Anfänger weiter. Eine Viertelstunde „Fliegen" kostet 1200 B – angesichts des Einzelunterrichts ein tolles Preis-Leistungs-Verhältnis. Kneeboarding, Wakeskating, Wakesurfing and Wasserskilaufen sind auch im Angebot.

Trekking

Fast 90 % von Ko Pha-Ngan ist von unberührtem tropischen Wald bedeckt, davon sind satte 40 % geschützter Nationalpark, der eine Fülle von Wildtieren ein Zuhause bietet. Wer in einsameren Gegenden wandert, sollte unbedingt viel Wasser und Sonnencreme mitnehmen.

Zu den beliebten Wandertouren gehören der Chalok Lam to Bottle Beach Trek und die hügelige Wanderung vom Hat Rin zum Hat Yuan, Hat Thian und dann zum Hat Yao (Osten). Die Route hinauf zum Aussichtspunkt Domsila und weiter über den Wasserfall Nam Tok Phaeng ist ebenfalls eine tolle Wanderung, die man nicht verpassen sollte. Von hier kann man weiter zum Khao Ra wandern, mit 625 m der höchste Berg auf der Insel. Aber: Flip-Flops gegen ordentliche Wanderschuhe austauschen!

Chalok Lam to Bottle Beach Trek WANDERN

(Karte S. 580) Longtail-Boote fahren nach Osten von Chalok Lam zum Bottle Beach, aber man kann die 5 km auch wandern, wobei man sich am besten früh morgens auf den Weg machen sollte, um die Mittagshitze zu umgehen. Der Weg startet direkt am Ende der Straße von Chalok Lam, die den Berg hinaufführt, und ist mit Flaschen gekennzeichnet. Man braucht etwa eine Stunde, aber bei nassem Wetter sollte man die Tour verschieben, denn es kann rutschig werden.

In den Läden von Chalok Lam sollte man sich vor dem Aufbruch über die Bedingungen informieren. Auf der anderen Seite kehren Longtail-Boote zurück nach Chalok Lam oder man fährt mit dem Boot weiter nach Thong Nai Pan.

Kurse

The Phangan Thai Cooking Class KOCHEN

(Karte S. 586; ☎087 278 8898; Thong Sala; 1200–1500 B) An der Hauptstraße in Thong Sala liegt diese nette Schule, geleitet vom freundlichen Chef Oy. Die Zutaten werden erst zusammen auf dem Markt ausgesucht, bevor es dann in der Küche richtig losgeht.

C&M Vocational School SPRACHE, GESUNDHEIT & WOHLBEFINDEN

(Karte S. 588; ☎077 349233; http://thaiculture.education; Ban Sri Thanu) Die große Berufsschule überbrückt mit ihren Kursen in Thailändisch, Kochen, Yoga und Massage die riesige Kluft zwischen den schrillen Vollmondpartys auf Ko Pha-Ngan und der Thai-Kultur.

Schlafen

Ko Pha-Ngans legendäre Tradition der lockeren Partys hat ihren Ruf als Hochburg des einfachen Backpacker-Lifestyles zementiert. Trotzdem haben viele Säulen des örtlichen Tourismus in jüngster Zeit ihre Bambushütten abgerissen und neue, schickere Unterkünfte errichtet.

Doch Backpacker können unbesorgt sein: Es wird noch ein Weilchen dauern, bis der Robinson-Lebensstil verschwindet.

Viele Unterkünfte haben eine Mindestaufenthaltsdauer von drei, vier oder fünf Tagen während der Vollmondzeit, an Weihnachten und Neujahr.

Hat Rin

Die schmale Halbinsel Hat Rin verfügt über drei getrennte Strände. Der schöne hellgelbe Hat Rin Nok (Sunrise Beach) ist das Epizentrum des Vollmondgetümmels, der Hat Rin Nai (Sunset Beach) ist ein weniger eindrucksvoller Sandstreifen auf der gegenüberliegenden Seite der kleinen Landzunge, und der Hat Seekantang (auch bekannt als Hat Leela), gleich südlich vom Hat Rin Nai, ist ein netter kleiner Strand mit weißem Sand und mehr Privatsphäre. Die drei Strände sind durch Ban Hat Rin (Hat-Rin-Stadt) verbunden, eine Ansammlung von Restaurants, Hotels und Bars. Von einem Strand zum nächsten sind es zu Fuß nur ein paar Minuten.

Während der Vollmondpartys erlebt Hat Rin die größte Unterkunftskrise Thailands. Dann verlangen viele Bungalowbetreiber einen Mindestaufenthalt von meist fünf Tagen. Wer erst am Tag der Party (oder selbst am Tag zuvor) anreisen will, sollte unbedingt ein Zimmer im Voraus buchen, sonst muss er vielleicht am Strand schlafen (was allerdings so oder so passieren könnte, entweder beabsichtigt oder nicht). Inzwischen gibt es eine an Viehwaggons erinnernde Art von Schlafsälen, in denen eine kaum vorstellbare Zahl an Betten in kleine, dunkle Räume gestopft wird und es nur ein paar Gemeinschaftstoiletten gibt.

Vollmondsüchtige können auch auf Ko Samui oder an anderen Stränden von Ko Pha-Ngan übernachten und mit dem Schnellboot zur Party fahren – der Preis hängt von der Entfernung ab, aber das Geld, das man spart, wenn man woanders als in Hat Rin übernachtet, macht das sicher wett. Auf gar keinen Fall sollte man während der Partyzeit auf Ko Pha-Ngan ein Fahrzeug steuern, jeden Monat ereignen sich blutige und oft tödliche Unfälle.

Die Zimmerpreise steigen üblicherweise bei Vollmond um 20 % bis 300 %.

Seaview Sunrise BUNGALOW $

(Karte S. 592; ☎077 375160; www.seaviewsunrise.com; Hat Rin Nok; Zi. 500–1400 B; ❄📶) Preisbewusste Vollmondfans, die möglichst nah am Meer schlafen wollen, sollten hier buchen (allerdings beträgt der Mindestaufenthalt während des Vollmondwahnsinns 5 Tage). Manche der Hütten hinten im Dschungel sind zwar düster und muffig, aber die soliden Bungalows am Strand sind hell und mit poliertem Holz ausgestattet. Sie blicken auf eine Reihe von Kokospalmen und das Meer.

Same Same PENSION $

(Karte S. 592; ☎077 375200; www.same-same.com; Ban Hat Rin; B 400 B, Zi. 650 B; ❄📶) Das sympathische Same Same wird von den zwei dänischen Backpackern Christina und Heidi geführt und bietet schlichte, aber helle Zimmer und viel Partyspaß während des Vollmond-Wahnsinns. Außerhalb dieser Zeit versinkt die Pension in Lethargie, aber es ist eine gute Zeit für einen Aufenthalt. Das Restaurant und die Bar sind solide.

Lighthouse Bungalows BUNGALOW $

(Karte S. 592; ☎ 077 375075; www.lighthousebungalows.com; Hat Seekantang; Bungalow 400–1000 B; ❄ 📶) Diese versteckte Schlafstätte auf den Felsen südlich von Hat Rin bietet einfache Zimmer mit gutem Preis-Leistungs-Verhältnis und Ventilator sowie Bungalows mit Klimaanlage und tollem Meerblick. Es gibt ein Restaurant bzw. einen Gemeinschaftsbereich mit vielen Kissen und in der Hauptsaison Yogakurse. Um zur Anlage zu gelangen, folgt man dem hölzernen Bohlenweg südöstlich vom Hat Leela. Eine Warnung für alle, die das nicht mögen: Hier finden jeden Monat Technopartys statt.

Tommy Resort RESORT $$

(Karte S. 592; ☎ 077 375215; www.tommyresort.com; Hat Rin Nok; Zi. inkl. Frühstück 2200–8500 B; ❄ 📶 🏊) Diese trendige Adresse im Herzen von Hat Rin bietet eine gute Balance zwischen Boutique-Chic und heiterem Flashpacker-Stil mit Standardzimmern, Bungalows und Villen mit Pool. An blühenden Bäumen vorbei geht es zu einem entzückenden weißen Sandstreifen. Der Pool in der Mitte ist azurblau gefliest, das Personal hilfsbereit und zuvorkommend. Alle Zimmer haben Klimaanlage, Kühlschrank und Safe.

Delight PENSION $$

(Karte S. 592; ☎ 077 375527; www.delightresort.com; Ban Hat Rin; Zi. 800–6400 B; ❄ 📶 🏊) Im Zentrum von Hat Rin bietet das freundliche Delight angenehme Quartiere in einem Gebäude im Thai-Stil, das subtil mit Designerelementen (wie Wandgemälde von Pfauen) geschmückt ist und zwischen einem einladenden Swimmingpool und einer idyllischen Lagune voller Seelilien eingebettet liegt.

Pha-Ngan Bayshore Resort RESORT $$$

(Karte S. 592; ☎ 077 375224; Hat Rin Nok; Zi. 2300–6000 B; ❄ @ 📶 🏊) Das saubere und gepflegte hotelartige Resort zielt auf die stetig wachsende Schar von Flashpackern in Hat Rin ab. Das Personal ist auf Zack und freundlich – beeindruckende Strandausblicke und ein riesiger Swimmingpool machen es zu einer der Top-Adressen am Sunrise Beach, vor allem wenn man ein Sonderangebot erwischt.

Sarikantang Resort & Spa RESORT $$$

(Karte S. 592; ☎ 077 375055; www.sarikantang.com; Hat Seekantang; Bungalow inkl. Frühstück ab 2400 B; ❄ 📶 🏊) Die cremefarbenen Hütten mit Pfosten und Türbalken aus Teakholz verteilen sich zwischen schwingenden Palmen und bröckelnden, geflügelten Statuen an einem der schönsten Strandabschnitte von Hat Rin. Im zugehörigen Spa kann man sich bei Sonnenuntergang verwöhnen.

The Coast RESORT $$$

(Karte S. 592; ☎ 077 951567; www.thecoastphangan.com; Hat Rin Nai; 3700–10 800 B; ❄ 📶 🏊) Das dunkelgraue, spitzwinklige Resort steht an einem schmalen, aber guten Strandabschnitt abseits des Partytrubels. Die schicken Zimmer sind innen mit poliertem Beton gestaltet und die Betten schmücken weiße Laken. Vom Infinity Pool blickt man aufs Meer und der Service ist traumhaft. Hip, cool und minimalistisch, aber doch gemütlich.

ℹ WÜRFELQUALLEN

In den Gewässern vor Ko Pha-Ngan, Ko Samui und Ko Tao gibt es verschiedene Arten von giftigen Quallen, darunter Scheibenquallen, Hydrozoen und Würfelquallen. Die berüchtigtste ist die Würfelqualle, eine wirbellose Nesseltierart, deren Stich – mit einem starken Gift, das Nervensystem, Herz und Hautzellen angreift – zum Tode führen kann. Das Wassertier wird bis zu 3 m lang und ist benannt nach der würfelartigen Form seines Körpers. Der Stich der Qualle kann so schmerzhaft sein, dass der Schwimmer in einen Schockzustand gerät und ertrinkt, bevor er das Ufer erreicht. Nach heftigen Regenfällen sind diese Nesseltiere zahlreicher im Meer anzutreffen.

Auf Ko Pha-Ngan und Ko Samui gibt es die meisten Todes- und Fast-Todesfälle durch Würfelquallen in Thailand. Manche Strände, wie der Hat Rin Nok, sind mit Stationen ausgerüstet, die vor der Gefahr warnen sowie eine Flasche mit ganz normalem Essig bereithalten, den man für 30 Sekunden auf die betroffene Körperstelle auftragen muss. Unbedingt vermeiden, die Einstichstelle zu kratzen oder zu reiben.

Ban Khai bis Ban Tai

Das Wasser bei Ban Tai ist seicht und oft trüb, besonders in der Nebensaison, aber die Übernachtungspreise sind, verglichen mit anderen Gegenden der Insel, recht günstig. Zudem ist man nah bei Thong Sala und nach Hat Rin ist es nicht allzu weit.

Auch die Strände von Ban Khai sind nicht die malerischsten der Insel, doch die Unterkünfte sind preiswert, zudem lockt der Blick auf den Ang Thong Marine National Park (S. 614) in der Ferne.

An diesen Stränden finden neben den Vollmondpartys noch viele andere Partys statt, sodass es in der Regel nicht weit bis zum nächsten alkoholgeschwängerten Trubel ist, selbst wenn das eigene Resort einen ruhigen Eindruck macht.

Boom's Cafe Bungalows BUNGALOWS $

(Karte S. 580; ☎ 081 979 3814; www.boomscafe.com; Ban Khai; Bungalow 600–1000 B; ❄) Im Boom's fühlt man sich wie beim Besuch seiner thailändischen Familie, von der man nie etwas wusste. Die superfreundliche und hilfsbereite Besitzerin Nok kümmert sich um all ihre Gäste und pflegt alles liebevoll. Keinen kümmert es, dass es keinen Pool gibt, da die Brandung bis fast an die Türschwelle rollt. Es liegt in der östlichsten Ecke von Ban Khai, nahe von Hat Rin.

V-View Beach Resort BUNGALOW $$

(Karte S. 586; ☎ 077 377436; Bantai Rd; Zi. 600–2100 B; ❄ 📶 🏊) Über diesem ruhigen Strandresort weht ein leichter Hauch von Einsamkeit, und auch wenn das Meer hier etwas morastig sein kann, es gibt reichlich Hängematten und einen schönen Pool, ordentliche Bungalows und einen hilfsbereiten Besitzer.

★ **Divine Comedie** RESORT $$$

(Karte S. 580; ☎ 077 377869, 080 885 8789; www.divinecomedyhotel.com; Ban Tai; Zi. 2700–4300 B, Suite 4500–5600 B; ❄ 📶 🏊) Ein umwerfender Mix aus dem chinesischen Stil der 1920er-Jahre und vielleicht mexikanischer Hacienda-Architektur mit einer Farbpalette, die zwischen Mint und Ocker wechselt – das funktioniert nicht nur, das betört geradezu. Die Boutique-Oase verfügt über 15 Optionen (10 Bungalows, 5 Zimmer). Die Juniorsuiten haben Dachterrassen, die Standardzimmer kleine Balkone, und der lange Infinity Pool führt zum schmalen Strand. Keine Kinder unter zwölf.

Bay Lounge & Resort RESORT $$$

(Karte S. 580; ☎ 077 377892; www.thebayphangan.com; Ban Khai; Bungalow inkl. Frühstück 1800–3200 B; ❄ 📶 🏊) Eine schicke intime Option an einem kleinen weißen Privatstrand, der von Felsbrocken und Dschungel eingerahmt wird. Die Bungalows verschmelzen mit ihrer natürlichen Umgebung und wirken innen wegen des speziellen Betons und der modernen Kunst sehr urban. Das Resort liegt auf halbem Weg zwischen der Vollmondparty in Hat Rin und der Halbmondparty in Ban Khai und bietet Transport zu beiden. Check-out-Zeit ist erst um 13 Uhr.

Milky Bay Resort RESORT $$$

(Karte S. 586; ☎ 077 332762; www.milkybaythailand.com; Ban Tai; Bungalow 1800–13 200 B; ❄ @ 📶 🏊) Verschiedene Bungalows im Stil des minimalistischen Schicks mit getönten Fenstern verstecken sich im Schatten hoher Bambushaine auf einem Boden aus Baumrinde und Holzspänen. Ein traumhaftes Bild in Ban Tai. Zudem gibt's einen überdachten Swimmingpool, eine Sauna, ein Fitnessstudio und Tischtennis.

Mac Bay BUNGALOW $$$

(Karte S. 580; ☎ 077 238443; Ban Khai; Bungalow 1200–8500 B; ❄ 📶 🏊) Im angenehmen Mac Bay in Ban Khai, wo die Black Moon Party (wieder mal muss der Mond als Entschuldigung herhalten, dass Ko Pha-Ngan durchdreht) stattfindet, sind selbst die preiswerteren Bungalows picobello. Zur Bierzeit sucht man sich ein Fleckchen auf dem Sand und guckt zu, wie die Sonne Schatten über den entfernten Inseln des Ang Thong Marine National Park tanzen lässt.

Thong Sala

Der Strand von Thong Sala ist eigentlich nur eine Fortsetzung von Ban Tai, die Sandflächen sind hier aber etwas breiter und liegen günstig in Gehweite der größten Stadt von Ko Pha-Ngan mit ihren Restaurants und Dienstleistungen.

★ **Coco Garden** BUNGALOW $

(Karte S. 586; ☎ 077 377721, 086 073 1147; www.cocogardens.com; Thong Sala; Bungalow 450–1100 B; ❄ 📶) 🍃 Das großartige Coco Garden, eine der besten Budgetunterkünfte an der Südküste, ist bei Backpackern superbeliebt und sticht die Resorts in der Nähe aus: gepflegtes Gelände, 25 saubere Bungalows und eine ausgezeichnete Strandbar, wo Hängematten warten und ein Restau-

Thong Sala

Thong Sala

Aktivitäten, Kurse & Touren
1 The Phangan Thai Cooking Class B2

Schlafen
2 B52 Beach Resort B2
3 Baan Manali Resort A1
4 Charu Bay Villas C2
5 Coco Garden B2
6 Hacienda Resort B2
7 Lime n Soda B2
8 Milky Bay Resort D2
9 V-View Beach Resort C2

Essen
10 Ando Loco B2
Dots .... (siehe 12)
11 Fat Cat A2
12 Lebensmittelmarkt A1
13 Nira's A1
14 Satimi A1
15 SOHO A1

Ausgehen & Nachtleben
16 Hub A1

Unterhaltung
17 Moonlight Cinema B1

Shoppen
18 Lilawadee A1
19 Straßenmarkt Thong Sala A2

rant am Strand Frühstück, Mittagessen und Abendessen mit Aussicht serviert.

Hacienda Resort BUNGALOW $

(Karte S. 586; ☎077 238825; www.beachresorthacienda.com; Thong Sala; B 300 B, Zi. 500–1500 B; ❄📶🏊) Das schicke und zweckmäßige Hacienda bietet hübsche, blau-weiß gestrichene Bungalows, Zimmer in zweistöckigen Blocks weiter unten und Schlafsäle mit Klimaanlage am Strand. An der Bar am Swimmingpool kann es abends allerdings laut werden. Es gibt ein Büro der Phangan International Diving School und ein Open-Air-Fitnessstudio.

Lime n Soda RESORT $$

(Karte S. 586; ☎077 332721; www.limesodathailand.com; Thong Sala; Bungalow 700–2300 B; ❄📶🏊) In diesem soliden und ordentlichen Resort in Thong Sala verstecken sich einfache, saubere geflieste Bungalows im Schatten von Bambuspflanzen und Kokospalmen an einem Deich oberhalb des Strandes.

Baan Manali Resort BUNGALOW $$$

(Karte S. 586; ☎077 377917; www.baan-manali.com; Thong Sala; Bungalow 2000–3300 B; ❄📶🏊) Das gut geführte Baan Manali mit seinen 14 ruhigen, sauberen Bungalows, die wunderschön unter Kokospalmen versteckt liegen, ist eine angenehme und entspannende Wahl. Es gibt einen Infinity Pool und ein ausgezeichnetes Restaurant und die Action in Thong Sala ist auch nicht weit weg.

Charu Bay Villas VILLA $$$

(Karte S. 586; ☎084 242 2299; www.charubayvillas.com; Ao Bang Charu; Villa & Studio 1490–9900 B; ❄📶) Diese komplett ausgestatteten Villen in der Bucht von Ao Bang Charu, südöstlich von Thong Sala, lohnen sich preislich (vor allem für Gruppen), zusätzlich gibt's auch ein modernes Fitnessstudio am Meer sowie eine Villa mit zwei Schlafzimmern, Blick auf den Garten und Dachterrasse. Die Beachfront Villa hat drei Schlafzimmer und einen großen Whirlpool und beherbergt locker bis zu zehn Personen.

B52 Beach Resort BUNGALOW $$$
(Karte S. 586; www.b52-beach-resort-phangan.info; Thong Sala; Bungalow 1500–5000 B; ❄📶🏊) Die Bungalows im thailändischen Stil sind mit viel Stroh, polierten Betonböden und rustikalen Baumstämmen, die zum Meer führen, ausgestattet. Es erinnert alles ein wenig an *Familie Feuerstein*, das Personal ist nett und es gibt einen Pool.

Ao Nai Wok bis Ao Sri Thanu

An diesem windigen Küstenstreifen an der Westküste in der Nähe von Thong Sala finden sich Resorts und kleine Strände zwischen Wäldern aus Mangroven. Es gibt hier zwar nicht viel Sand, doch die Preise sind günstig und die Sonnenuntergänge eindrucksvoll.

Loyfa Natural Resort BUNGALOW $$
(Karte S. 580; ☎077 349022; www.loyfanaturalresort.com; Ao Sri Thanu; Zi. 750 B, Bungalow 1300–3100 B, Villa ab 3825 B; ❄📶) Loyfa bekommt Bestnoten für sein freundliches, thailändisches Personal, das Französisch spricht, die entzückenden Gärten, die robusten Hütten mit beeindruckendem Meerblick und die zwei Swimmingpools (einen für den Sonnenaufgang, den anderen für den Sonnenuntergang). Moderne Bungalows säumen die Landspitze bis zu einem privaten Stückchen aschgrauen Strandes. Die preiswertesten Zimmer sind in einem Hotelblock untergebracht.

Chills Resort RESORT $$
(Karte S. 580; ☎089 875 2100; www.chillsresort.hotel.phanganbungalows.com; Ao Sri Thanu; Zi. 1000–2300 B; ❄📶🏊) Die schlichten, aber modernen Zimmer des Chills Resort, das an einem herrlichen, abgeschiedenen Strandabschnitt voller Felsvorsprünge nördlich der Ao Hin Kong liegt, erfreuen sich alle eines friedlichen Meerblicks (vor allem bei Sonnenuntergang) sowie einer frischen Brise und bekommen viel Sonne ab.

★**Kupu Kupu Phangan Beach Villas & Spa by l'Occitane** RESORT $$$
(Karte S. 580; ☎077 377384; www.kupuphangan.com; Ao Nai Wok; Villa ab 8500 B; ❄📶🏊) Das gehobene Resort im Bali-Stil ist mit seinen Lilienteichen, den hohen Palmen, einem Pool wie aus einem Luxusmagazin, einem Spa, Felsen, die den Strand säumen, und atemberaubenden Westküsten-Sonnenuntergängen eines der entzückendsten Refugien der Insel. Die tollen Holzvillen verfügen über Pools und geräumige, elegante Innenräume.

Paragon Spa Resort BUNGALOW $$$
(Karte S. 588; ☎090 982 5276; www.paragonsparesort.com; Ban Sri Thanu; Bungalow 1750–12 000 B; ❄@📶🏊) Dieses Mini-Refugium mit nur sieben unterschiedlichen Zimmern kombiniert Dekor- bzw. Stilelemente der alten Völker der Khmer, Indiens und Thailands, ohne moderne Annehmlichkeiten zu vernachlässigen. Die Zimmer oben haben Balkone.

Hat Yao & Hat Son

Am Hat Yao, einem der belebteren Strände an der Westküste, kann man gut schwimmen, es gibt viele Resorts und ein paar Extra-Services wie Geldautomaten und Lebensmittelgeschäfte. Hat Son ist ein ruhiger, kleinerer Strand und die angenehme Abgeschiedenheit vermittelt das kribbelnde Gefühl, ein großes Geheimnis entdeckt zu haben.

Shiralea BUNGALOWS $
(Karte S. 588; ☎080 719 9256; www.shiralea.com; Hat Yao; B 275 B, Bungalow 645–1400 B; ❄📶🏊) Die frisch wirkenden Bungalows am Pool sind zwar einfach, aber die Schlafsäle mit Klimaanlage sind toll und die Atmosphäre lustig und gesellig. An der Bar in der Anlage wird Fassbier ausgeschenkt. Zum Strand sind es etwa 100 m. Alle paar Wochen füllt sich das Shiralea mit Studentengruppen aus Contiki.

Haad Son Resort & Restaurant RESORT $$
(Karte S. 588; ☎077 349104; www.haadsonresort.net; Hat Son; Bungalow 1875–6750 B; ❄@📶🏊) Die Zimmer hier sind ganz unterschiedlich und reichen von großen, älteren Holzbungalows mit Terrassen am Hang bis zu Suiten und Zimmern aus poliertem Beton am Strand. Die abgeschiedene Lage am Strand ist spektakulär und wird noch unterstrichen durch eines der elegantesten Strandrestaurants der Insel, das auf einer mit Regenwald und Felsen bedeckten Halbinsel mit Meerblick steht. Bei Vollmond beträgt der Mindestaufenthalt drei Tage.

Hat Son

Sehenswertes
1 Secret Beach A2

Aktivitäten, Kurse & Touren
2 C&M Vocational School A3

Schlafen
3 Cookies Salad B1
4 Green Papaya B1
5 Haad Son Resort & Restaurant A2
6 Haad Yao Bay View Resort B2
7 Haad Yao High Life A2
8 Paragon Spa Resort A3
9 Salad Hut B1
10 Shiralea B2
11 Tantawan Bungalows A2

Essen
12 Peppercorn B1
13 Pura Vida B2

Ausgehen & Nachtleben
14 Belgian Beer Bar A3
Secret Beach Bar .... (siehe 1)

Tantawan Bungalows BUNGALOW **$$**
(Karte S. 588; ☎077 349108; www.tantawanbungalow.com; Hat Son; Bungalow 600–2500 B; ❄ 🏊) Das entspannte, angenehme Teakholznest aus elf Bungalows mit Ventilatoren, Klimaanlage und schönem Pool versteckt sich zwischen Dschungelpflanzen, bietet aber wunderbare Aussichten. Allerdings ist es mit Gepäck ein steiler Aufstieg.

Haad Yao High Life BUNGALOW **$$$**
(Karte S. 588; ☎077 349114; www.haadyaohighlife.com; Hat Yao; Bungalow mit Klimaanlage 1500–3200 B; ❄ 📶 🏊) Die 25 Bungalows verschiedener Formen und Größen des High Life stehen zwischen Palmen auf einem großen Granitfelsen und bieten eine spektakuläre Aussicht vom Infinity Pool auf das azurblaue Meer weit unten. Das Personal ist höflich und zuvorkommend.

Haad Yao Bay View Resort RESORT **$$$**
(Karte S. 588; ☎077 349141; www.haadyao-bayviewresort.com; Hat Yao; Zi. & Bungalows inkl. Frühstück ab 1500–4000 B; ❄ @ 📶 🏊) Diese Ansammlung von Bungalows und hotelartigen Unterkünften auf der nördlichen Landspitze des Hat Yao gleicht einer tropischen Fata Morgana. Die Auswahl an Übernachtungsoptionen ist riesig, empfehlenswert sind aber die winzigen Zimmer direkt über dem Meer, die ein gutes Preis-Leistungs-Verhältnis bieten. Mehr Luxus findet man in den Bungalows mit Meerblick oben auf dem Hügel.

Hat Salad

Das Meer an diesem hübschen Strand an der Nordwestküste ist flach und blau, und am südlichen Ende liegen oft einige fotogene Longtail-Boote. Der Strand hat ein leicht rustikales Flair – abends kommen die hiesigen Fischer, um bei Sonnenuntergang ihre Netze auszuwerfen –, kann aber mit vielen Einrichtungen und komfortablen Unterkünften aufwarten.

Cookies Salad RESORT **$$$**
(Karte S. 588; ☎083 181 7125, 077 349125; www.cookies-phangan.com; Hat Salad; Bungalow 1700–3300 B; 📶 🏊) In diesem Resort an einem steilen Hang kann man in Hängematten entspannen. Die privaten Bungalows im Bali-Stil verteilen sich rund um einen zweistufigen Pool, der in vielen Blautönen funkelt. Ihre fransigen Strohdächer und die dichte tropische Vegetation sorgen für ein gewisses rustikales Flair, doch es mangelt nicht an Komfort. Alle hier sind superfreundlich und die Anlage ist immer schnell ausgebucht.

Salad Hut BUNGALOW **$$$**
(Karte S. 588; ☎077 349246; www.saladhut.com; Hat Salad; Bungalow 2200–5000 B; ❄ @ 📶 🏊)

Die kleine Gruppe von einem Dutzend Bungalows im Thai-Stil ist vollkommen bodenständig, teilt sich aber einen Strand mit deutlich gehobeneren Optionen. Die Brandung ist nur einen Steinwurf entfernt, der Pool ist allerdings ziemlich klein. Die Gäste können von ihrer lackierten Teakholzveranda oder der Strandbar aus bewundern, wie die Sonne sanft in den goldenen Wellen untergeht.

Green Papaya BUNGALOW $$$
(Karte S. 588; ☎ 077 374230; www.greenpapayaresort.com; Hat Salad; Bungalow 4100–10 400 B; ❄@📶🏊) Die Bungalows aus poliertem Holz auf der ruhigen, eleganten Anlage stechen am schönen Strand von Hat Salad sofort ins Auge, aber die Preise hier sind ziemlich gesalzen.

Ban Chalok Lam (Chaloklum) & Hat Khom

Das kleine und ruhige Fischerdorf Ban Chalok Lam im Norden der Insel ist eine Ansammlung von Teakhäusern und -hütten, die langsam von europäisch angehauchten Bäckereien und authentischen italienischen Restaurants sowie Cafés in russischem Besitz unterwandert wird. *Sŏrng·tăa·ou* fahren die Route von hier nach Thong Sala für etwa 150 B pro Person.

Fantasea BUNGALOW $
(Karte S. 580; ☎ 089 443 0785; www.fantasea-resort-phangan.info; Chalok Lam; Bungalow mit Ventilator/Klimaanlage ab 600/1200 B; 📶) Das freundliche Fantasea weit weg vom Vollmondwahnsinn auf der anderen Seite der Insel ist eine der besseren von mehreren familiengeführten Bungalowanlagen am ruhigen, östlichen Ende von Chalok Lam. Davor befindet sich ein schmaler Strand, an dem man ganz gut schwimmen kann, und es gibt einen erhöhten Restaurantbereich im Thai-Stil, der zum Entspannen einlädt.

Mandalai HOTEL $$$
(Karte S. 580; ☎ 077 374316; www.mandalaihotel.com/web2014; Chalok Lam; Zi. 2000–3000 B; ❄@🏊) Das kleine entzückende Boutiquehotel (mit Spa), in dem es nur Zimmer gibt, thront still über den niedrigen Hütten von Chalok Lam. Durch die raumhohen Fenster blickt man auf die orangefarbenen Fischerboote in der Bucht, und es gibt einen kleinen, aber einladenden Swimmingpool im Haupthof, nur ein paar Schritte vom Sand entfernt.

Hat Khuat (Bottle Beach)

Die abgelegene Düne im Norden der Insel hat sich einen Ruf als ruhiges Refugium gemacht und ist darum inzwischen ziemlich beliebt. Mit einem Taxi-Longtail-Boot kommt man je nach Auslastung des Bootes für 100 bis 150 B nach Chalok Lam; man kann auch laufen, sollte aber unbedingt auf dem Weg bleiben und die Mittagssonne vermeiden. Die zweistündige Route wurde mithilfe von Flaschen auf Bäumen markiert. Wasser und Insektenschutzmittel nicht vergessen und rechtzeitig vor der Dunkelheit den Rückweg antreten.

Smile Bungalows BUNGALOW $
(Karte S. 580; ☎ 085 429 4995; www.smilebungalows.com; Hat Khuat; Bungalow 520–920 B; ⊙ Nov. geschl.) Am westlichen Ende des Strandes bietet das familienbetriebene Smile wahre Abgeschiedenheit und Ruhe sowie eine Auswahl an Holzhütten mit Ventilatoren, die an einem bewaldeten Hügel stehen. Die zweistöckigen Bungalows (920 B) sind besonders reizend.

Bottle Beach II BUNGALOW $
(Karte S. 580; ☎ 081 537 3833; Bottle Beach/Hat Khuat; Bungalow 500–1500 B; ⊙ Nov. geschl.; 📶) An der östlichen Ecke des Strandes bieten diese einfachen, türkisen Bungalows den idealen Ort zum Entspannen – solange man kann und wenn man nicht so anspruchsvoll ist. Es gibt aber auch ein paar neue moderne Familienbungalows und das Restaurant ist auch in Ordnung.

Thong Nai Pan

Die zwei runden Buchten im Nordosten gehören zu den abgelegensten, aber trotzdem lebhaften Stränden der Insel. Ao Thong Nai Pan Yai (*yai* bedeutet „groß") ist die Südhälfte, wo es ein paar ausgezeichnete Budget- und Mittelklasseunterkünfte gibt, und Ao Thong Nai Pan Noi (*noi* bedeutet „klein") ist Ko Pha-Ngans exklusivster Strand. Beide Buchten sind toll zum Schwimmen und Wandern. Ein Taxi von einem zum andern kostet etwa 100 B. Die Straße von Thong Sala nach Thong Nai Pan ist inzwischen sehr gut.

Longtail Beach Resort BUNGALOW $
(Karte S. 580; ☎ 077 445018; www.longtailbeachresort.com; Thong Nai Pan; Bungalow mit Ventilator/Klimaanlage ab 690/990 B; ❄📶) Versteckt am hübschen Südende von Thong Nai Pan

am Waldrand – und weit weg vom Vollmondwahnsinn in Full Moon Ko Pha-Ngan – wartet das Longtail mit charmanten Backpackerunterkünften mit Stroh- und Bambusdächern auf, die den Weg durch einen üppigen Garten säumen. Zudem gibt es viele Optionen für größere Gruppen und Familien. Der Sand ist fantastisch und die üppige, grüne Umgebung umwerfend.

Anantara Rasananda RESORT **$$$**
(Karte S. 580; ☎077 956660; http://phangan-rasananda.anantara.com; Ao Thong Nai Pan Noi; Villa ab 11000 B; ❄@📶🏊) Man könnte meinen, man wäre plötzlich auf Ko Samui gelandet. Das beeindruckende Fünf-Sterne-Luxus-Resort im Sand mit Doppelvillen – viele mit privaten Tauchbecken – präsentiert einen cleveren Mix aus moderner Ästhetik und traditionellem Design. Das hervorragende Anantara-Management gewährleistet, dass der Service erstklassig ist.

Ostküste

An den recht abgeschiedenen Stränden Hat Thian und Hat Yuan in der Nähe der Südostspitze der Insel gibt es ein paar Bungalowanlagen. Der Fußweg zwischen den beiden Stränden führt über die felsige Landspitze, die sie trennt, und dauert keine zehn Minuten.

Zu den Stränden geht's vom Hat Rin mit einem gecharterten Longtail-Boot (300–400 B) oder mit einem Boot des gebuchten Resorts. Eine unbefestigte Straße nach Hat Yuan ist für Fahrzeuge mit Allradantrieb befahrbar, allerdings nur in der Trockenzeit, und selbst dann ist die Fahrt übers Meer viel einfacher.

Bamboo Hut BUNGALOW **$**
(Karte S. 580; ☎087 888 8592; Hat Yuan; Bungalow 400–1000 B; 📶) Das Bamboo Hut liegt wunderbar auf der felsigen Landspitze, die zum Hat Yuan und nach hinten auf das coole, freundliche Hippiedorf im Dschungel zeigt. Es ist sehr beliebt für Yoga-Auszeiten, Meditationstreffs und zur absoluten Entspannung. Die kleinen Bungalows aus dunklem Holz haben Terrassen, das Restaurant bietet eine wunderbare Aussicht und annehmbares Essen.

Barcelona BUNGALOW **$**
(Karte S. 580; ☎077 375113; Hat Yuan; Bungalow 400–700 B) Am südlichen Ende vom Hat Yuan ziehen sich diese alten, klapprigen Holzbungalows mit Ventilatoren und Balkonen und teilweise Hängematten hinter einem Palmengarten den Hang hinauf und bieten schöne Aussichten. Der Preis hängt von der Aussicht ab, doch abgesehen von der Größe sind die Unterschiede nicht sehr groß, also ruhig einfach einen preiswerteren nehmen.

Mai Pen Rai BUNGALOW **$$**
(Karte S. 580; ☎093 959 8073; www.thansadet.com; Than Sadet; Bungalow 683–1365 B; 📶) Das reizende, ruhige Refugium beim Fluss am Südende des geruhsamen Than Sadet zaubert Gästen automatisch ein friedliches Lächeln aufs Gesicht. Die Bungalows stehen zwischen denen des benachbarten Plaa auf der hügeligen Landspitze – manche direkt auf den Felsen am Meer – und sind mit Strohflechtarbeiten und Giebeldächern verziert. Familienbungalows und ein freundliches Restaurant vor Ort runden das Ganze ab.

★ **Sanctuary** BUNGALOWS **$$$**
(Karte S. 580; ☎081 271 3614; www.thesanctuarythailand.com; Hat Thian; 2000–7300 B) Das Sanctuary ist eine freundliche bewaldete Enklave des entspannten Lächelns und eine Oase mit prächtigen Unterkünften, Yogakursen und Detoxsessions. Die mit vielen Naturmaterialien gebauten Bungalows stehen an einem Netz von Dschungelpfaden. Der traumhaft ruhige Hat Thian eignet sich hervorragend zum Schwimmen. Achtung, man kann nur bar bezahlen.

Pariya Resort & Villas RESORT **$$$**
(Karte S. 580; ☎087 623 6678; www.pariyahaadyuan.com; Hat Yuan; Villa 8000–17 000 B; ❄📶🏊) Die schickste Unterkunft an den Stränden befindet sich direkt vor dem weichsten Sand von Hat Yuan und hat eine große Auswahl an sehr geräumigen und komfortablen Villas, aber sie ist nicht billig. Das Pariya liegt abgelegen und ruhig, darum kommt man aber auch schlecht weg, und es ist sehr einsam – perfekt für manche, aber nicht für jeden.

Essen

Die meisten Besucher gewöhnen sich schnell an den trägen Lebensstil und essen deshalb in ihrer Unterkunft, aber das ist schade, denn Ko Pha-Ngan hat einige ausgezeichnete Restaurants zu bieten, die sich über die Insel verteilen. Zumindest ist es ein weiterer Grund, auf Entdeckungsreise zu gehen.

Hat Rin

Hat Rin hat die größte Ansammlung von Restaurants und Bars auf der Insel, doch die meisten sind ziemlich gewöhnlich, zum Essen braucht man nicht hierher zu kommen.

Palita Lodge SEAFOOD $
(Karte S. 592; Hat Rin Nok; Hauptgerichte ab 100 B) Das Restaurant der gleichnamigen Bungalows vom Sunrise Beach serviert köstliche thailändische Meeresfrüchtegerichte und Menüs mit Blick über den Strand, der außerhalb der Vollmondzeit sehr ruhig ist.

Lazy House INTERNATIONAL $$
(Karte S. 592; Hat Rin Nai; Gerichte 90–270 B; ⌚ mittags & abends) Früher war dies das Heim des Eigentümers. Dessen Essen mochte aber jedermann so sehr, dass er beschloss, hier ein Restaurant mit Abhängmöglichkeit einzurichten. Heute gehört das Lazy House zu Hat Rins besten Möglichkeiten, um sich bei leckerem Shepherd's Pie einen Film anzusehen.

Monna Lisa ITALIENISCH $$
(Karte S. 592; ☎ 084 441 5871; Hat Rin Nai; Pizza & Pasta ab 200 B; ⌚ 15–23 Uhr) Reisende schwärmen von der Pizza hier, aber die Pasta ist auch nicht von schlechten Eltern. Das Monna Lisa wird von einem Team freundlicher Italiener geführt und hat ein schlichtes Open-Air-Flair. Eine weitere Filiale gibt's in Thong Sala.

Om Ganesh INDISCH $$
(Karte S. 592; Hat Rin Nai; Hauptgerichte ab 100 B; ⌚ 9–23 Uhr; 📶) Das routinierte, alteingesessene Om Ganesh hat einen regen Kundenstrom wegen nordindischer Currys, *biryani*-Reis, Roti und Lassis oder auch wegen der Auswahl an chinesischen Gerichten. Menüs ab 300 B.

Südliche Strände

In den letzten Jahren hat Thong Sala sehr viele neue ausgezeichnete Restaurants angelockt – es lohnt sich, zum Essen hierher zu kommen. Zusätzlich gibt es einige wohl etablierte und ausgezeichnete Cafés, die mitunter das beste Frühstück auf der Insel servieren. Die Straße zwischen Thong Sala und dem Hat Rin ist von einigen sehr guten Restaurants und Cafés gesäumt.

Am Samstagabend von 16 bis 22 Uhr wird eine Nebenstraße in Thong Salas Osten zur **Einkaufsmeile** – eine belebte Fußgängerzone, in der vor allem Einheimische ihre Waren an andere Inselbewohner verkaufen. Das große Angebot reicht von Bekleidung bis zu Lebensmitteln.

★ **Lebensmittelmarkt** MARKT $
(Karte S. 586; Thong Sala; Gerichte 25–180 B; ⌚ 13–23 Uhr) Als berauschender Mix aus Küchendampf und essenden Einheimischen ist Thong Salas großartiger Lebensmittelmarkt ein Muss für alle, die einen preiswerten Imbiss mit einem Schuss Lokalkultur suchen. An den Ständen präsentiert sich eine Galaxie an Thai-Street-Food, von Gemüsecurry-Taschen bis zu Maiskolben, würzige Würstchen, Kebabs, Frühlingsrollen, Hühnchenreis und Kokoseis.

★ **Nira's** BÄCKEREI $
(Karte S. 586; Thong Sala; Snacks ab 80 B; ⌚ 7–19 Uhr; 📶) Hervorragender Service dank viel Personal, zwei große, helle, miteinander verbundene Räume, superleckere Backwaren, einwandfreier Kaffee (und Raritäten wie Marmite und Vegemite) und moderne Möbel – das Nira's ist in Thong Sala unübertroffen, vielleicht sogar auf der ganzen Insel. Das ist *der* Ort zum Frühstücken. Die Musik ist cool und entspannt.

Eine weitere (kleine) Filiale befindet sich in Hat Rin.

Ando Loco MEXIKANISCH $
(Karte S. 586; ☎ 085 791 7600; www.andoloco.com; Ban Tai; Hauptgerichte ab 50 B; ⌚ Mi–Mo 13–22 Uhr) Dieser superbeliebte mexikanische Treff im Freien kommt überall gut an. Extragroße Margaritas schlürfen, leckere Fajitas und ein oder zwei Quesadillas futtern und dann ein paar Kugeln am Billardtisch versenken mit einem oder zwei Tequilas im Stehen – was will man mehr?

★ **Bubba's Coffee Bar** CAFÉ $
(Karte S. 580; Ban Tai; Hauptgerichte 120–220 B; ⌚ 7–17 Uhr; 📶) Das Bubba's an der Nordseite der Straße zwischen Thong Sala und Hat Rin ist eine tolle Wahl für einen Koffeinschub. Reinschneien, hinsetzen, entspannen und den köstlichen Kaffee sowie die lässige Atmosphäre genießen (trotz der Massen an Kunden aus den nahegelegenen Hostels). Das gesunde Essen ist ebenfalls toll und das Innere cool.

★ **Fat Cat** CAFÉ $
(Karte S. 586; Thong Sala; Frühstück ab 70 B, Hauptgerichte 90–195 B; ⌚ Mo–Sa 9–15 Uhr; 📶) Das kleine, charmante, bunte und geschäf-

Hat Rin

Hat Rin

Sehenswertes
1 Hat Rin Nok B1

Aktivitäten, Kurse & Touren
2 Full Moon Party B1

Schlafen
3 Delight B1
4 Lighthouse Bungalows C3
5 Pha-Ngan Bayshore Resort B1
6 Same Same B2
7 Sarikantang Resort & Spa C3
8 Seaview Sunrise B1
9 The Coast A1
10 Tommy Resort B1

Essen
11 Lazy House B2
12 Monna Lisa B2
13 Om Ganesh B2
14 Palita Lodge B1

Ausgehen & Nachtleben
15 Mellow Mountain C1
16 Palms Cafe B2
17 Rock C2
Sunrise ..... (siehe 5)
Tommy ..... (siehe 10)

Transport
18 Haad Rin Queen A2
19 Sŏrng•tăa•ou nach Thong Sala B1
20 Thong Nai Pan Express A2

tige – das Personal läuft sich die Hacken ab – Café in portugiesischer Hand serviert tagsüber gesundes Frühstück und guten Kaffee. Nach dem Aufwachen kann man hier wunderbar sein erstes Mahl des Tages zu sich nehmen, zu jeder anderen Tageszeit ist es aber auch absolut empfehlenswert.

★ Dots
CAFÉ $

(Karte S. 586; Thong Sala; Snacks ab 60 B; ⌚ Mo–Sa 8.30–21, So 9–18 Uhr; 📶) Das helle, freundliche und geräumige Dots ist eine willkommene Ergänzung für Thong Salas Cafékultur, mit einer modernen und entspannten Atmosphäre. Ganz in der Nähe des Lebensmittelmarkts kann man in diesem schönen Laden wunderbar Karottenkuchen, Frappé, aromatisierten Kaffee, heiße Schokolade oder ein Croissant frühstücken.

Satimi
EIS $

(Karte S. 586; Thong Sala; 30–40 B/Kugel; ⌚ Di–So 10.30–18.30 Uhr) Die kleine und geschäftstüchtige Gelateria in einer Seitenstraße verkauft selbst gemachtes Eis und Sorbets aus natürlichen und lokalen Zutaten.

★ Fisherman's Restaurant SEAFOOD $$
(Karte S. 580; ☎ 084 454 7240; Ban Tai; Gerichte 50–600 B; ⏲ 13.30–22 Uhr) In einem Longtail-Boot sitzend blickt man auf den Sonnenuntergang und den felsigen Pier. Nachts, wenn das Lokal erleuchtet ist, hat es das schönste Ambiente der Insel, und das Essen, vom süchtig machenden gelben Krabbencurry bis zur riesigen Seafood-Platte zum Teilen, ist so fantastisch wie die Atmosphäre. Vor allem während der Partyzeit sollte man im Voraus reservieren.

Fabio's ITALIENISCH $$
(Karte S. 580; ☎ 077 377180; Ban Khai; Gerichte 150–400 B; ⏲ Mo–Sa 18–22 Uhr) Ein anheimelndes, authentisches und echt gutes italienisches Restaurant mit goldenen Wänden, cremefarbener Tischwäsche und Bambusmöbeln. Es gibt nur sieben Tische, darum sollte man im Voraus reservieren. Die hausgemachten Delikatessen wie Meeresfrüchte-Risotto, Pizzas und eisgekühlter Limoncello sind frisch und köstlich und werden kunstvoll präsentiert.

SOHO BURGER $$
(Karte S. 586; Thong Sala; Hauptgerichte ab 180 B; ⏲ 9.30–24 Uhr) Dieses großartige Burgerrestaurant unter britischer Führung ist modern, stylish, geräumig, einladend, effizient, liegt mitten im Geschehen von Thong Sala und bringt frischen Wind rein. Die Burger sind wunderbar saftig und einen Tick besser als der Rest, aber hier kann man auch prima ein oder mehrere Pints schlürfen, da sich das Lokal abends in eine coole Bar verwandelt.

Andere Strände

JJ's Restaurant THAI $
(Karte S. 580; Ao Wok Tum; Hauptgerichte ab 80 B; ⏲ 9–21 Uhr) Im idyllisch gelegenen JJ's bewundert man verzückt den Sonnenuntergang vor der Kulisse junger, aufgeforsteter Mangrovenbäume in Ao Wok Tum, genießt dabei die Leckereien aus der Küche und stößt mit einem kühlen Bier darauf an.

Pura Vida CAFÉ $
(Karte S. 588; ☎ 095 034 9372; Hat Yao; Hauptgerichte ab 120 B; ⏲ Mo–Sa 8.30–15 Uhr) Das charmante und helle portugiesische Café ist ein verführerischer Stopp auf dem Weg die Westküste hinauf – einziger Wermutstropfen sind die kurzen Öffnungszeiten. Das Frühstück ist ausgezeichnet, vor allem die Pancakes und der Naturjoghurt, aber auch ein komplettes Frühstück lohnt sich, genau wie die leckeren Burger, Sandwiches und Paninis. Man achte auf das entzückende „Eat Well, Travel Often"-Gemälde auf dem Camper.

Bamboo Hut WESTLICH, THAI $
(Karte S. 580; Hat Yuan; Gerichte 100–300 B; ⏲ morgens, mittags & abends; 📶 ✎) Kissen im Thai-Stil laden zum Herumlungern ein, man kann aber auch an Teakholztischen in der frischen Brise sitzen und aufs schier unendliche Meer blicken. Das Angebot ist groß und reicht von vegetarischen Spezialitäten und frischem Saft für alle, die gerade eine Fastenkur oder Reinigung hinter sich haben, bis zu klassischen, gut zubereiteten Thai-Gerichten mit Rindfleisch, Hühnchen und Garnelen in allen Varianten.

★ Peppercorn STEAK $$
(Karte S. 588; ☎ 087 896 4363; www.peppercorn-phangan.com; Hat Salad; Hauptgerichte 160–400 B; ⏲ Mo–Sa 16–22 Uhr; ✎) Weinbergschnecken, saftige Steaks und Schnitzel in einer klapprigen Dschungelhütte? Und ob! Das Peppercorn versteckt sich zwar abseits vom Meer im Busch, doch das sollte Feinschmecker nicht davon abhalten, eine von Ko Pha-Ngans besten internationalen Küchen zu testen. Es gibt auch eine feine Auswahl an vegetarischen Gerichten und Mangokuchen zum Nachtisch. Kein Glutamat oder künstliche Zutaten.

★ Crave BURGER $$
(Karte S. 580; ☎ 098 838 7268; www.cravekohphangan.com; Sri Thanu; Hauptgerichte ab 200 B; ⏲ Mi–Mo 18–22 Uhr; 📶) Nachts wunderschön mit leuchtenden Laternen geschmückt bietet dieses ausgezeichnete, sehr beliebte und atmosphärische Lokal in Sri Thanu gute Burger in einem gemütlichen und charmanten Ambiente. Auch die Cocktails sind toll und kosten ab 170 B. Schade, dass es nur abends geöffnet ist.

Sanctuary GESUND $$
(Karte S. 580; www.thesanctuarythailand.com; Hat Thian; Hauptgerichte ab 130 B; 📶) Das Restaurant des Sanctuary Resort (S. 590) beweist, das gesundes Essen (Vegetarisches und Meeresfrüchte) auch gut schmecken kann. Die Menüparade reicht von Massaman Curry bis zu knusprigen Frühlingsrollen aus Vietnam. Hinunterspülen sollte man das alles mit einer Brombeer-Sojamilch und einem Honig-Immunstärker. Keine Kreditkarten.

NICHT VERSÄUMEN

VOLLMONDPARTYS

Niemand weiß genau, wann oder wie die wilden **Vollmondpartys** (Karte S. 592; Hat Rin Nok; 100 B; ⌚ Vollmond, Sonnenuntergang–Sonnenaufgang) angefangen haben – die meisten glauben, es war 1988, aber die Berichte über die erste Party reichen von der Abschiedsfeier eines australischen Backpackers im August bis zu einer Gruppe von Hippies, die im Oktober den Elektropartys auf Ko Samui entflohen. Doch das ist alles nicht mehr wichtig: Heute strömen Tausende Menschen jeden Monat auf den petroleumdurchtränkten Sand des **Hat Rin Nok** (alias Sunrise Beach; S. 581), um wie in Trance zu tanzen, bis die Sonne aufgeht.

Am Sunrise Beach, dem pulsierenden Zentrum der Vollmondaction, versammeln sich in der Hauptsaison unfassbare 40 000 Partygäste, während in der Nebensaison immer noch respektable 8000 Pilger mit erweiterten Pupillen hier eintreffen. Wer eine Pause braucht, geht zur Rock-Bar (S. 594) am Südende oder zum Mellow Mountain (S. 595) am Nordende und chillt eine Runde. Alkohol wird den ganzen Strand entlang an den Ständen in Eimern verkauft – Wodka, Gin, Rum, Whisky, gemischt mit Cola und Red Bull –, aber man sollte langsam machen, schnell hat man mehr getankt, als man denkt. Das sollte man sich besser für später aufheben.

Zwischen wummernden Bässen und blinkendem Neon lodern benzingetränkte Feuerseile, Tänzer dürfen über die schwingenden und brennenden Seile springen (Verbrennungen sind an der Tagesordnung). Kritiker monieren, dass die Partys langsam ihre sorglose Atmosphäre verlieren, vor allem wegen steigender Gewalt und der Tatsache, dass die Inselregierung neuerdings 100 B Eintritt von den Partywilligen verlangt (das Geld ist für die dringend erforderliche Reinigung der Strände und für Sicherheitsmaßnahmen gedacht).

Seine Unterkunft muss man weit im Voraus buchen – spontan findet man kein Bett für die Nacht in Hat Rin, aber man kann auch von Ko Samui aus anreisen.

Ausgehen & Nachtleben

Jeden Monat huldigen Party-Pilger in der Vollmondnacht den Vergnügungsgöttern mit tranceartigen Tänzen, wildem Geschrei und fluoreszierendem Bodypainting. Wer es etwas entspannter mag, findet an der Westküste einige ausgezeichnete Bars, in denen man mit einem gut gefüllten Cocktailglas von einer Hügelkuppe oder über Mangrovenbäumen direkt am Ufer dem blutorangefarbenen Sonnenuntergang zuprosten kann. In Thong Sala gibt's auch ein paar gute Bars.

Hat Rin

Hat Rin ist das pulsierende Herz der legendären Vollmondpartys. Wenn der Himmel nicht vom Mond erhellt wird, strömen die Partygänger an andere Orte auf der Südseite der Insel. Die meisten Party-Locations flankieren den Sunrise Beach in Hat Rin von Süd nach Nord.

Rock BAR, NACHTCLUB

(Karte S. 592; ☎093 725 7989; Hat Rin Nok; ⌚8 Uhr–open end) Beim Feiern bieten sich von der erhöhten Terrasse am hintersten südlichen Ende des Strandes tolle Aussichten – und wunderschöne Panoramen zu jeder anderen Zeit – dazu gibt's leckere Cocktails und verschiedene Platten für eigentlich jeden Geschmack.

Tommy BAR, NACHTCLUB

(Karte S. 592; Hat Rin Nok) Eine der größten Locations von Hat Rin lockt die Massen mit Liegen, niedrigen Tischen, Schwarzlicht und dröhnender Trancemusik bei Vollmond an. Die Drinks werden in einer großen archeartigen Bar ausgeschenkt.

Palms Cafe BAR

(Karte S. 592; Hat Rin; ⌚10 Uhr–open end; 📶) Die schicke Café-Bar und das umweltbewusste Restaurant bei Hat Rin Nai ist mit seiner hübschen Lage am Pool ein Hingucker und bietet einen perfekten Zufluchtsort von Hat Rins lauteren, raueren und volleren Seitenstraßen. Es gibt gute Cocktails und eine experimentellere Auswahl an Proteinshakes und Wellness-Drinks.

Sunrise BAR, NACHTCLUB

(Karte S. 592; ☎077 375144; Hat Rin Nok) In der Bar am Strand lassen die Trance-Beats die mit Graffiti geschmückten Wände wackeln, bei Vollmond ist hier Drum 'n Bass angesagt.

Mellow Mountain BAR

(Karte S. 592; Hat Rin Nok; 24 Std.;) Diese abgedrehte Bar – auch „Mushy Mountain" genannt (man weiß warum, wenn man da ist) – befindet sich am Nordende vom Hat Rin Nok und bietet herrliche Aussichten auf den Wahnsinn darunter.

Südliche Strände

Hub PUB

(Karte S. 586; 088 825 4158; Thong Sala; 8–24 Uhr;) Das riesige Hub mit Holzboden, mitteilsamem Personal und der Toplage an der Ecke direkt unten am Pier ist eine Sportsbar und die erste Wahl für die wichtigen Premier League-Spiele, Fassbier, Cider und ausgezeichnetes Kneipenessen. Sie vermieten hier auch Roller und Motorräder.

Viewpoint Bar BAR

(Karte S. 580; Ban Khai;) Auf dem Rückweg vom Hat Rin nach Thong Sala oder Ban Tai parkt man seinen Roller und macht einen Zwischenstopp in dieser Bar am Viewpoint Hotel in wunderbarer Höhenlage über dem Golf abseits dieser Seite der Straße. Die Aussicht ist einfach umwerfend.

Andere Strände

★ **Belgian Beer Bar** BAR

(Karte S. 588; www.seetanu.com; Ban Sri Thanu; 8–22 Uhr) Diese reizende Bar wird von dem freundlichen Quentin geführt, der Surat Thanis Übernahme durch Yogis und Chakra-Entspannte mit einer verwegenen Auswahl an belgischem Bier trotzt. Das potenteste Amber Bush punktet mit schwindelerregenden 12,5 %. Wem das yogische Fliegen keine Flügel verleiht, probiert es damit.

★ **Secret Beach Bar** BAR

(Karte S. 588; Hat Son; 9–19 Uhr) Man kann einen Tag auf Ko Pha-Ngan kaum besser ausklingen lassen, als in dieser Bar am nordwestlichen Strand der Insel zu beobachten, wie die Sonne im azurblauen Meer versinkt. Einen Tisch aussuchen, einen Mojito bestellen und den Sonnenuntergang durch die Palmwedeln genießen …

Amsterdam BAR

(Karte S. 580; 089 072 2233; Ao Plaay Laem; 12–24 Uhr) Nahe Ao Wok Tum an der Westküste zieht das Amsterdam am Hügel Touristen und Einheimische von der ganzen Insel an, die nach einem entspannten Plätzchen zum Beobachten des Sonnenuntergangs suchen und komplett abschalten wollen.

Flip Flop Pharmacy BAR

(Karte S. 580; Thong Nai Pan; 12–1 Uhr;) Die beliebte Strandbar auf dem Sand von Thong Nai Pan mit Flip-Flops an der Wand hat einen tollen Strandblick, einen Pooltisch und eine wunderbare Lage.

Three Sixty Bar BAR

(Karte S. 580; Ban Mae Hat; 8–24 Uhr) Weit oben an einer Straße östlich von Ko Ma hält die Three Sixty Bar, was sie verspricht: Prächtige Rundumblicke, die vor allem bei Sonnenuntergang einfach umwerfend sind.

Shoppen

★ **Straßenmarkt Thong Sala** MARKT

(Karte S. 586; Taladkao Rd, Thong Sala; Sa 16–22 Uhr) Thong Salas Straßenmarkt findet jeden Samstag ab etwa 16 Uhr statt und bietet eine ausgezeichnete Auswahl an Street Food, Souvenirs, Geschenken, Kunsthandwerk und Kleidung. Hier sieht man das lebendigste Thong Sala.

★ **Lilawadee** KLEIDUNG

(Karte S. 586; 630 920327; Thong Sala; Fr–Mi 10.30–13.30 & 17–21 Uhr) In diesem netten und eigenwilligen Laden bekommt man eine glitzernde Palette an individuellen, umwerfenden Motorradhelmen, die verlockend im hinteren Bereich auf Regalen drapiert sind, sowie Mode, Kunst und Kleidung. Wenn es regnet, ist nur von 12 bis 20 Uhr geöffnet.

Praktische Informationen

GEFAHREN & ÄRGERNISSE

In Ko Pha-Ngan kann man ein paar der schönsten Urlaubserinnerungen sammeln, vorausgesetzt man achtet auf folgende problematische Situationen, die ansonsten böse enden können:

Drogen Es gab Vorfälle, dass Einheimische Touristen ansprechen und ihnen Drogen zu lächerlich niedrigen, verlockenden Preisen anbieten. Wenn man das Angebot ablehnt, geht der Verkäufer sogar noch weiter runter mit dem Preis. Sobald man etwas gekauft hat, informiert der Dealer die Polizei, und man verschwindet im örtlichen Gefängnis und muss eine hohe Geldstrafe zahlen. Wird man aufgefordert, Drogen zu kaufen, muss man standhaft bleiben und ablehnen. Das kann auf Ko Pha-Ngan häufig vorkommen, darum sollte man aufpassen und diese Szenen vermeiden. Man sollte außerdem Folgendes bedenken: Die

Reiseversicherung deckt keine Verletzungen oder Behandlungen ab, die mit Drogen zu tun haben. Zweifellos lassen Drogen Leute auch durchdrehen – es gibt glaubwürdige Berichte über Partygänger, die für längere Zeit ins Delirium versunken sind. Bei Vollmond muss das psychiatrische Krankenhaus Suan Saranrom (Garten der Freuden) in Surat Thani zusätzliches Personal einstellen, um die vielen *fa·ràng* (Westler) zu behandeln, die aufgrund von Zauberpilzen, LSD oder reichlich vorhandenen Halluzinogenen ausrasten.

Frauen unterwegs Weibliche Reisende sollten beim Feiern auf der Insel besonders vorsichtig sein. Vielen Berichten zufolge kam es hier schon oft zu Vergewaltigungen unter Drogen- und Alkoholeinfluss (und das beschränkt sich keineswegs nur auf die Vollmondpartys). Vorsicht ist zudem geboten, wenn Frauen mit einem einheimischen Motorradtaxifahrer mitfahren. Weibliche Passagiere haben schon mehrfach grapschende Chauffeure angezeigt. Es gibt sogar Berichte über schwere sexuelle Übergriffe.

Motorrad & Roller Ko Pha-Ngan verzeichnet mehr Motorradunfälle als Verletzungen, die von den ausgelassenen Vollmondpartys herrühren. Aber die Motorradunfälle häufen sich bei Vollmond natürlich. Heute gibt es ein Netz gut befestigter Straßen (ausgebaut bis nach Than Sadet), aber bei manchen Straßenoberflächen handelt es sich noch immer um ausgefahrene Dreckwege und die Insel hat viele Hügel mit großem Gefälle. Es gibt einen besonderen Notdienst, der die Insel nach verletzten Bikern absucht. Ohne internationalen Führerschein fährt man illegal und die Versicherung deckt einen Unfall vielleicht nicht ab, wodurch die Kosten schnell sehr hoch werden können.

Ertrinken Brandungsrückströme und Alkohol sind keine guten Partner. Viele Urlauber ertrinken jedes Jahr. Beim Schwimmen sollte man klar im Kopf sein und nicht bei einem Vollmondbesäufnis ins Meer springen.

Zwielichtiger Alkohol Dieser Betrug kommt während der Vollmondhysterie häufig an den Trinkbuden am Strand und entlang der Straße vor. Eimer werden mit minderwertigem schwarz gebranntem Reiswhisky oder alte Flaschen mit selbstgemachtem Alkohol gefüllt. Neben eindeutigen Gefahren für die Gesundheit ist der zwielichtige Alkohol auch einer der Hauptverursacher von Motorradunfällen bis zu Ertrinken, Schlägereien und Verbrennungen beim Springen über brennende Seile.

Glas am Strand Um sich vor fiesen Schnittwunden durch Glasscherben im Sand zu schützen, sollte man immer gutes Schuhwerk tragen. Zuletzt war der südliche Bereich vom Strand bei Thong Sala (und anderen Stränden) voller kaputter Flaschen, die einfach liegen gelassen wurden.

GELD

Als Ko Pha-Ngans „Finanzhauptstadt" hat Thong Sala neben vielen Banken und Wechselstuben auch diverse Western-Union-Büros. In Hat Rin gibt's zahlreiche Geldautomaten und ein paar Bankfilialen am Pier. Geldautomaten findet man auch in Hat Yao, Chalok Lum und Thong Nai Pan.

MEDIZINISCHE VERSORGUNG

Vorsicht bei privater medizinischer Versorgung in Ko Pha-Ngan, die Preise schwanken deutlich. Viele Kliniken verlangen eine Gebühr von 3000 B vor der Behandlung. Bei ernsten medizinischen Problemen ist man auf Ko Samui, das in der Nähe liegt und bessere Einrichtungen hat, erheblich besser aufgehoben.

Ko Pha-Ngan Hospital (Karte S. 580; ☎ 077 377034; ⌚ 24 Std.) Das staatliche Krankenhaus, etwa 2,5 km nördlich von Thong Sala, bietet einen 24-Stunden-Notfallservice.

NOTFALL

Hauptpolizeistation (Karte S. 580; ☎ 191, 077 377114; Thong Sala) Bei der Polizeistation, etwa 2 km nördlich von Thong Sala, kann man eine Anzeige aufgeben. Das kann einen zwischen 110 und 200 B für die Versicherung kosten; die Bezahlung zu verweigern, könnte Probleme bereiten. Bei einer Verhaftung hat man das Recht auf einen Anruf bei der Botschaft. Man muss den gestellten „Dolmetscher" nicht akzeptieren. Wird einem ein ernsthaftes Vergehen vorgeworfen, sollte man keinesfalls etwas unterschreiben, das nur auf Thai verfasst ist, oder auf dem Dokument vermerken, dass man die Sprache nicht versteht und unter Zwang unterschreibt.

POST

Hauptpost (Karte S. 586; Thong Sala; ⌚ Mo–Fr 8.30–16.30, Sa 9–12 Uhr)

Filiale (Karte S. 592; Hat Rin)

WÄSCHEREI

Bei vollmondpartybedingter Leuchtfarbe auf den Kleidern ist der Weg zur Wäscherei unnötig – das Zeug geht sowieso nie wieder raus. Das ist eine überprüfte Tatsache. Für alle anderen Wäschebedürfnisse gibt's zahllose Adressen, die Touristenklamotten gerne für ca. 40 B pro kg reinigen. Ein Schnellservice sollte höchstens 60 B pro kg kosten.

TOURISTENINFORMATION

Das staatliche Tourist Authority of Thailand (TAT) ist auf Ko Pha-Ngan nicht vertreten. So bleiben für Touristeninfos nur Prospekte und die örtlichen Reisebüros. Letztere konzentrieren sich auf den Bereich von Hat Rin und Thong Sala. Obwohl die Agenturen pro Geschäftsvorgang eine kleine Provision verlangen, halten brancheninterne Absprachen die Preise relativ stabil und gleich hoch. Wenn es um viel Geld geht, sollte man sich ein vertrauenswürdiges Reisebüro aussuchen: Abzocke beim Buchen ist auch auf Ko Pha-Ngan Realität – vor allem da es auf der Insel keinerlei Touristenpolizei gibt.

Mehrere Mini-Magazine informieren ebenfalls umfassend über lokale Unterkünfte, Restaurants, Aktivitäten und Vollmondpartys. Die beste Option hierfür ist die Phangan Info im Taschenformat (www.phangan.info), die vierteljährlich erscheint und auch als Handy-App erhältlich ist.

Phanganist (www.phanganist.com) ist eine Online-Ressource voller Insidertipps für ganz Ko Pha-Ngan.

Zum Zeitpunkt der Recherche war das rührige Backpackers Information Centre (www.backpackersthailand.com) geschlossen, aber vielleicht hat es in der Zwischenzeit wieder aufgemacht.

ℹ An- & Weiterreise

Wie immer können sich Preise und Abfahrtszeiten für die Fähren jederzeit ändern. Zwischen November und Dezember kommt es vor, dass Fähren wegen starken Seegangs ausfallen.

FLUGZEUG

Ko Pha-Ngans Flughafenpläne liegen auf Eis, man muss abwarten. Zum Zeitpunkt der Recherche gab es Probleme, weil er auf ein Gelände reichte, das zum Than Sadet-Koh Phangan National Park gehört, darum ist alles in der Schwebe.

SCHIFF/FÄHRE

Nach Bangkok, Hua Hin & Chumphon

Die Anbieter **Lomprayah** (Karte S. 586; www.lomprayah.com) und **Seatran Discovery** (www.seatrandiscovery.com) offerieren kombinierte Bus-Boot-Pakete (Lomprayah ab ca. 1300 B, Seatran ab 1000 B), die in der Gegend der Th Khao San in Bangkok ihren Startpunkt haben und Hua Hin und Chumphon passieren. Die gesamte Fahrt dauert zwischen 10 und 17½ Stunden.

Auch die Zugfahrt von Bangkok oder Hua Hin nach Chumphon und die Weiterreise mit der Fähre von dort ist recht stressfrei (solange der Zug keine Panne hat, aber das passiert recht oft). Die Bahnfahrt von Bangkok nach Chumphon (ca. 8½ Std.) kostet für einen Sitzplatz in der 2. Klasse 300 B; die Fährfahrt von Chumphon nach Ko Pha-Ngan nimmt ca. 3 bis 3¾ Stunden in Anspruch und kostet 1000 B.

Nach Ko Samui

Täglich fahren etwa ein Dutzend Boote die Strecke zwischen Thong Sala auf Ko Pha-Ngan und Ko Samui. Sie legen zwischen 7 und 18 Uhr ab und benötigen 20 Minuten bis eine Stunde. Das kostet je nach Boot 200 bis 300 B.

Die **Haad Rin Queen** (Karte S. 592; ☎077 484668) pendelt viermal täglich zwischen Hat Rin und dem Big Buddha Beach (das erste Boot startet in Hat Rin um 9.30 Uhr und verlässt den Big Buddha Beach um 10.30 Uhr). Am Tag nach der Vollmondparty fährt das Schiff doppelt so oft und an demselben Tag noch einmal extra um 7.30 Uhr. Die Fahrt dauert 50 Minuten, und man zahlt 200 B. Das letzte Boot verlässt den Big Buddha Beach um 18.30 Uhr.

Der **Thong Nai Pan Express** (Karte S. 592) ist ein klappriges altes Fischerboot (nichts für Ängstliche), der einmal täglich von Mae Nam auf Ko Samui zum Hat Rin auf Ko Pha-Ngan und dann die Ostküste hinauf fährt, wo er auf dem Weg bis zum **Pier** (Karte S. 580) beim Thong Nai Pan Noi an allen Stränden anlegt. Je nach Fahrtziel kosten die Tickets 200 bis 400 B. Bei schlechtem Wetter fährt das Boot nicht.

Nach Ko Tao

Lomprayah-Fähren nach Ko Tao (500–600 B) starten um 8.30, 13 und 17.30 Uhr in Thong Sala auf Ko Pha-Ngan und kommen um 9.30, 14.15 und 18.30 Uhr an. Die Fähre von **Seatran** (450 B, 90 Min.) legt täglich um 8.30, 13.30 und 17 Uhr in Thong Sala ab. Von Hat Rin fahren eine Stunde vor der Abfahrt der Fähren Taxis nach Thong Sala. Die preiswerteren, aber langsameren Boote von **Songserm** (350 B) starten um 12.30 Uhr von Ko Pha-Ngan, kommen um 14 Uhr an und fahren dann weiter nach Chumphon.

Nach Surat Thani & zur Andamanenküste

Täglich fahren vier Boote von **Lomprayah** (550 B, 2¾ Std.) nach Don Sak (und Surat Thani), alle fahren über Ko Samui. Die Boote legen zwischen 7.20 und 14.30 Uhr in Thong Sala ab. Ein Boot von **Seatran** (www.seatrandiscovery.com) (700 B) fährt zudem täglich um 10.30 Uhr von Thong Sala nach Surat Thani, mit einer Busverbindung zum Bahnhof von Phun Phin außerhalb der Stadt. Bei gutem Wetter startet jeden Abend um 23 Uhr ein Nachtboot von Surat Thani (400 B, 7 Std.) aus; in der entgegengesetzten Richtung erfolgt die Abfahrt von Ko Pha-Ngan um 22 Uhr.

ABSTECHER

FLUCHT IN DIE FILMWELT

In einem verführerischen dschungelartigen Garten präsentiert das **Moonlight Cinema** (Karte S. 586; ☎093 638 5051; www.moonlightphangan.com; Thong Sala; 150 B; ⏰Di–Fr 15–1, Sa & So 13–1 Uhr; 📶) eine große Leinwand, tolle Smoothies, eine Bar, fantastisches veganes Essen und einige ausgezeichnete Filme (Kopfhörer erhältlich). Es macht Spaß, hat Atmosphäre und ist höchst entspannend.

Kombinierte Boot-Bus-Tickets gibt's in allen Reisebüros; man sagt einfach, wohin man fahren möchte, und sie verkaufen die entsprechenden Reiseabschnitte. Die meisten Reisenden kommen auf der Fahrt von einer Küste zur anderen durch Surat Thani.

Unterwegs vor Ort

Ein Fahrrad zu leihen, ist keine so gute Idee, es sei denn, man ist fit genug für die Tour de France.

Auf den Hauptstraßen der Insel sind Pick-up-Trucks und *sŏrng·tăa·ou* unterwegs, nach Sonnenuntergang verdoppeln sich die Preise. Zum Verlassen der Insel sollte man bei der eigenen Unterkunft nach kostenlosen oder ermäßigten Shuttles fragen. Touren von Thong Sala zum Hat Rin kosten 100 B; weiter entfernte Strände kosten entsprechend etwa 150 bis 200 B. Von Hat Rin starten ***sŏrng·tăa·ou*** (Karte S. 592) nach Thong Sala westlich des Hat Rin Nok.

Ab Thong Sala, **Chalok Lam** (Karte S. 580) und Hat Rin steuern Longtail-Boote entlegene Ziele wie **Hat Khuat** (Karte S. 580; Bottle Beach) und **Hat Than Sadet** (Karte S. 580) an. Kurztrips sind überall ab 50 B möglich, längere Fahrten kosten bis zu 300 B. Private Charterboote schippern ebenfalls von Strand zu Strand (150 B/15 Min.).

Mietmotorräder gibt's auf der ganzen Insel für 200 bis 250 B pro Tag; wenn man direkt mehrere Tage bucht, wird es billiger. Es besteht Helmpflicht auf Ko Pha-Ngan, und die örtliche Polizei verfolgt das inzwischen auch. Viel wichtiger als das Gesetz ist aber, dass man sogar bei geringer Geschwindigkeit beim Sturz auf den Kopf ernste Verletzungen davontragen kann. Das Leihmotorrad sollte unter dem Sitz genügend Platz haben, um den Helm zu verstauen. Für das Befahren unbefestigter Pisten muss das Leihbike unbedingt einer Honda MTX125 entsprechen – Motorroller mit Direktantrieb können da nicht mithalten. Bei Vollmond sollte man die Straßen meiden.

Ko Tao เกาะเต่า

2032 EW.

Ko Tao war früher das Baby des Trios Samui-Pha-Ngan-Tao und ist natürlich noch immer die kleinste der Inseln. Davon abgesehen ist es jedoch in vielerlei Hinsicht erwachsen geworden. Die Insel gewinnt beständig an Beliebtheit und wird immer teurer, aber noch herrscht auf diesem mit Dschungel bewachsenen Juwel die lebhafte Atmosphäre von Ko Samui, gemischt mit der lässigen Lebensart von Pha-Ngan.

Zusätzlich hat auch Tao einen Joker, ein Highlight, das den anderen Inseln fehlt: leicht erreichbare, vielfältige Tauchmöglichkeiten direkt vor der Küste. Hier können sich die Besucher zwischen leuchtend bunten Korallen mit Haien und Rochen tummeln und dann den Tag mit einem Sundowner am weißen Strand verabschieden – und das Tag für Tag.

Und auch wenn die Insel ein Synonym für Tauchen ist – hier gibt es viel mehr zu erleben. Wanderer und Einsiedler können im feuchten Küstendschungel eine Episode der Fernsehserie *Lost* nachspielen. Und wer lange genug Robinson Crusoe gespielt hat, stürzt sich in die pulsierende Barszene, wo bis zur Morgendämmerung Action herrscht.

Sehenswertes

★ Ao Tanot STRAND

(Karte S. 600) Außer kristallklarem Wasser und ausgezeichneten Schnorchelbedingungen bietet die hübsche Bucht Ao Tanot an der Ostküste außerdem ausgezeichnete Möglichkeiten zum Rock-Jumping von einem großen Felsen in der Bucht. Beim Tauchen und Schnorcheln auf Kaiserfische, Forellenbarsche und Wimpelfische achten. Unter Wasser liegt ein versunkener Katamaran. Es gibt fünf Resort- und Bungalow-Anbieter für alle, die über Nacht bleiben und den herrlichen Sonnenaufgang bewundern wollen.

★ Laem Thian Beach STRAND

(Karte S. 600) Im Windschatten der Landzunge ist dieser abgeschiedene und geschützte kleine weiße Sandstrand in der Mitte der Ostküste, nördlich von Ao Tanot, ein wunderbarer Ort mit ausgezeichneten Schnorchel- und Rock-Jumping-Möglichkeiten und sehr klarem Wasser. Der Wanderweg hierher ist mühsam, leichter geht es mit dem Longtail-Boot. Die mit Graffiti besprühte Ruine eines alten Resorts bröckelt vor sich hin. Wer wandert, sollte viel Wasser und Sonnenschutz einpacken.

Ko Nang Yuan INSEL

(Karte S. 600; 100 B; ⌚10–17 Uhr) Diese drei reizenden Inseln abseits der Nordwestküste von Ko Tao sind durch eine Sandbank miteinander verbunden und haben wunderbare Aussichten von ihren Höhepunkten. Boote starten am Lomprayah-Pier in Mae Hat.

Aktivitäten

Tauchen

Ko Tao ist *der* Ort in Thailand für Tauchanfänger. Die seichten Buchten, die die Insel säumen, sind für den ersten Tauchversuch von Neulingen perfekt geeignet. Das Wasser ist kristallklar, es strotzt nur so vor farbenfrohen Riffen und die Wassertemperatur ist wie in der Badewanne. Da es viele geschützte Tauchstellen gibt, kann man im Meer um Ko Tao das ganze Jahr über tauchen, es kann höchstens während der Regenzeit passieren, dass man ein oder zwei Tage aussetzen muss, wenn das Wasser zu unruhig ist, aber das kommt eher selten vor.

Die besten Tauchspots befinden sich in einem Umkreis von 20 km vor der Küste an Felsen, sogenannten *pinnacles*. Erfahrene Tauchfans bevorzugen aber fast immer die erstklassigen Spots an der Andamanenküste. Zu den hiesigen Meerestieren gehören Zackenbarsche, Muränen, Fledermausfische, Wimpelfische, Barrakudas, Riesen-Drückerfische, Kaiserfische, Clownfische („Nemos"), Stachelrochen und Riffhaie und auch die riesigen Walhaie kommen regelmäßig zu Besuch.

An der Küste stehen Tauchzentren bereit, um werdende Taucher mit der richtigen Ausrüstung auszustatten und sie in einem dreieinhalbtägigen Open-Water-Kurs samt Zertifikat mit den Grundlagen vertraut zu machen. Die starke Konkurrenz unter den Tauchschulen sorgt dafür, dass die Preise unschlagbar niedrig und das Niveau der Leistungen erstklassig ist. Dutzende Tauchanbieter konkurrieren um das Geld der Urlauber, darum sollte man sich erst in Ruhe umschauen. Auf der Insel werden mehr Tauchzertifikate ausgegeben als an irgendeinem anderen Ort der Welt.

★ Apnea Total TAUCHEN

(Karte S. 604; ☎ 081 956 5430, 081 956 5720; www.apneatotal.com; Sairee Beach; 1-/2-Tageskurs 3500/5500 B) Das kompetente, kontaktfreudige und begeisterte Personal des Veranstalters Apnea Total, der schon mehrere Preise in der Welt des Freitauchens gewonnen hat, haben ein besonderes Händchen dafür, Anfängern diesen eindrucksvollen Sport nahezubringen. Ein Schüler-Lehrer-Verhältnis von 3:1 garantiert zudem jede Menge Sicherheit. Der Standard-Einführungskurs dauert über zwei Tage und bringt einen (potenziell) in eine Tiefe von 20 m.

★ Crystal Dive TAUCHEN

(Karte S. 604; ☎ 077 456106; www.crystaldive.com; Mae Hat) Diese preisgekrönte Schule (mit Resort) gehört zwar zu den größten Tauchschulen der Insel (und der Welt), sorgt aber mit hervorragenden Lehrern und kleinen Kursen für eine recht persönliche Atmosphäre. Mehrsprachiges Personal, klimatisierte Unterrichtsräume und zwei hauseigene Swimmingpools runden das Paket ab. Crystal bemüht sich außerdem sehr um Projekte zum Schutz der Meere um Ko Tao. Äußerst empfehlenswert.

New Heaven TAUCHEN

(Karte S. 600; ☎ 077 457045; www.newheavendiveschool.com; Chalok Ban Kao) Die Eigentümer dieser Tauchfirma verbringen viel Zeit damit, die natürliche Schönheit von Ko Taos Unterwasserlandschaft zu erhalten. So kontrollieren sie regelmäßig die Riffe und tragen aktiv zu deren Erholung bei. Das übliche Spektrum an Kursen und Spaßtauchgängen sowie Freitauchen wird durch CPAD-Spezialzertifikate für Forschungstaucher ergänzt. Die Lehrer sind freundlich, beruhigend und ermutigend.

ACE Marine Expeditions TAUCHEN

(Karte S. 604; ☎ 077 456547; www.divephotothai.com; Sairee Village) Die Luxusvariante. Von Anfänger- bis Fortgeschrittenenkurse sowie Kurse für Kinder. Mit dem Schnellboot, durchaus angemessen für James Bond, geht es superschnell hinaus zu den Tauchspots. Es gibt auch Fahrten in den Sonnenuntergang, die den Urlaub noch mal vergolden.

Big Blue Diving TAUCHEN

(Karte S. 604; ☎ 077 456050; www.bigbluediving.com; Sairee Beach) Bei der Tauchschulensuche würde Goldlöckchen wohl Big Blue wählen. Die mittelgroße Firma (nicht zu groß, nicht zu klein) wird für Geselligkeit bei zuverlässig hohem Servicestandard geschätzt. Im hauseigenen Resort kommen Taucher jedes Levels und mit jedem Budget preisgünstig unter, von Backpacker-Schlafsälen bis zu erstklassigen Familienvillen.

Ban's Diving School TAUCHEN

(Karte S. 604; ☎ 077 456466; www.bansdivingresort.com; Sairee Beach) Ban's, ein gut geführtes Tauchunternehmen, das ständig expandiert, ist eine der erfolgreichsten Tauchschulen der Welt, was Tauchzertifikate angeht, und dennoch hat es sich eine Fünf-Sterne-Atmosphäre bewahrt. Die Unterrichtseinheiten in Klassenräumen finden in recht großen Gruppen statt, doch im Wasser erhält jeder Teilnehmer ausreichend individuelle Zuwendung. Hier arbeiten viele internationale Ausbilder, sodass die Schüler in ihrer Muttersprache tauchen lernen können.

Ko Tao

Buddha View TAUCHEN

(Karte S. 600; ☎077 456074; www.buddhaview-diving.com; Chalok Ban Kao; ab 1000 B; ⏲7–18.30 Uhr) Buddha View ist einer der Großanbieter auf Ko Tao und bietet alle Standardzertifikate für um die 2000 B und Spezialkurse im technischen Tauchen (jenseits der üblichen Grenzen freizeitlicher Unterwassererkundung). Kunden wohnen vergünstigt im freundlichen Resort.

Schnorcheln

Schnorcheln ist eine beliebte Alternative zum Sporttauchen, und eigene Schnorchelabenteuer lassen sich hier leicht organisieren: Kleine Bungalowanlagen an den Ostküstenbuchten verleihen Ausrüstung für 100 bis 200 B pro Tag.

Auf Ko Tao ziehen die meisten Schnorchelfans ohne Führer los. Sie schwimmen selbst zu vorgelagerten Buchten oder fahren mit gemieteten Longtail-Booten weiter raus. Alternativ können bei allen örtlichen Reisebüros geführte Touren gebucht werden, die verschiedene Schnorchelspots rund um die Insel abklappern (500–800 B, meist inkl. Aurüstung, Mittagessen & Guide bzw. Bootskapitän).

Laem Thian wird wegen seiner kleinen Haie geschätzt. Bei **Shark Island** tummeln

Ko Tao

Highlights
1 Ao Tanot ... C4
2 Laem Thian Beach ... D3

Sehenswertes
3 Ko Nang Yuan ... A1

Aktivitäten, Kurse & Touren
4 Buddha View ... C5
5 Tauchspot Green Rock ... A1
6 HTMS Sattakut ... A2
7 Tauchspot Japanese Gardens ... A1
8 Ko Tao Leisure Park ... B4
9 Lighthouse Bay ... C1
10 Mango Bay ... C1
11 New Heaven ... D5
12 Tauchspot White Rock ... A2

Schlafen
13 Charm Churee Villa ... A4
14 Chintakiri Resort ... B5
15 Dearly Koh Tao Hostel ... B4
16 Family Tanote ... C3
17 Hin Wong Bungalows ... C2
18 Jamahkiri Resort & Spa ... C5
19 Ko Nangyuan Dive Resort ... A1
20 Ko Tao Resort ... D5
21 Koh Tao Tropicana Resort ... D5
22 New Heaven Resort ... D5
23 Poseidon ... C4
24 Tao Thong Villa ... A5
25 View Point Resort ... B5
26 View Rock ... C2

Essen
27 I (Heart) Salad ... D5
28 South Beach Cafe ... D4
Viewpoint Restaurant ... (siehe 25)

Ausgehen & Nachtleben
29 Earth House ... B4

Shoppen
30 Hammock Cafe Plaeyuan ... B5

sich viele Fische, aber ironischerweise keine Haie. **Ao Hin Wong** ist für kristallklares Wasser bekannt, während der **Light House Bay** (Karte S. 600) im Norden mit einem verwirrenden Reichtum an farbenprächtigen Seeanemonen aufwartet. Auch Ao Tanot (S. 598) ist ein sehr beliebter Schnorchelspot.

Tauchschulboote nehmen Schnorchler in der Regel zu vergleichbaren Preisen mit. Hinweis: Das Schnorcheln lohnt sich nur an flacheren Stellen wie beispielsweise Japanese Gardens (S. 602), die generell nachmittags von den verschiedenen Tauchbooten angefahren werden.

Freitauchen

Wegen der großen Anzahl an qualifizierten Apnoe-Tauchern auf der Insel bieten viele traditionelle Tauchschulen nun auch Freitauchen an (eine Art der Unterwassererkundung mit verschiedenen Techniken des Atemanhaltens statt technischer Tauchausrüstung). Das Team von Apnea Total (S. 599) hat mehrere Preise in der Welt des Freitauchens gewonnen und ein besonderes Händchen dafür, Anfängern diesen eindrucksvollen Sport nahezubringen. Ein Schüler-Lehrer-Verhältnis von 3:1 garantiert zudem jede Menge Sicherheit. Ebenfalls empfehlenswert ist der äußerst kompetente Anbieter **Blue Immersion** (Karte S. 604; ☎ 081 188 8488; www.blue-immersion.com; Sairee Beach; ab 3000 B). Die Freitauchpreise auf der Insel sind standardisiert, zweieinhalbtägige SSI-Anfängerkurse schlagen mit 5500 B zu Buche.

Technisches Tauchen & Höhlentauchen

Mit **Tech Dive Thailand** (www.techdivethailand.com) oder einer weiteren der wenigen anderen Tauchschulen, die technisches Tauchen anbieten, können erfahrene Taucher und Hardcore-Jacques-Cousteaus ihre Unterwasserausflüge aufs nächste Level heben und technisches Tauchen ausprobieren. Beim technischen Tauchen erkundet man Tiefen ab 40 m, was mehrere Dekompressionsstufen erfordert. Bei einem einzigen Tauchgang kommen außerdem oft verschiedene Atemgasgemische zum Einsatz. Solche Tauchgänge darf nur ein zertifizierter technischer Taucher durchführen. Viele Schulen auf der Insel bieten Trainingskurse an, in denen man verschiedene Zertifizierungen zum technischen Tauchen erhalten kann.

Auch Wracktauchen ist hier ein beliebter Sport. Der Golf ist seit sehr langer Zeit eine wichtige Handelsroute, und so werden hier von alten chinesischen Keramiktransportern bis hin zu japanischen *marus* (Handelsschiffen) ständig neue Wracks entdeckt. Das Wrack der HTMS *Sattakut* und tiefere Tauchziele eignen sich gut für technische Tauchgänge. Tech Dive Thailand führt eine komplette Online-Datenbank mit Dutzenden Wracks.

Höhlentauchen ist auf Ko Tao schwer angesagt. Die abgebrühtesten Gerätetauch-

TAUCHSPOTS IM ÜBERBLICK

Generell sind Tauchspots nicht frei wählbar: Je nach Wetter- und Wasserbedingungen sucht jede Schule täglich verschiedene Stellen aus.

Tiefere Reviere wie der Chumphon-Felsen werden normalerweise morgens besucht. Auf Bootstouren am Nachmittag klappert man flachere Spots wie die Japanese Gardens ab. Es liegen zwei große versunkene Schiffe vor der Küste, um Wracktauer mit Tauchmöglichkeiten zu versorgen.

Wer auf eine erbauliche Walhaisuche am Segelfelsen hofft, sollte eine der täglichen Tauchtouren ab Ko Pha-Ngan wahrnehmen.

Chumphon Pinnacle (max. Tiefe 36 m) Die vier miteinander verbundenen Felsen liegen 11 km nordwestlich von Ko Tao. Hier warten bunte Seeanemonen und große Schulen von Dickkopf-Stachelmakrelen, Thunfischen oder mächtigen Grauen Riffhaien. Auch Walhaie schauen ab und zu vorbei.

Green Rock (Karte S. 600; max. Tiefe 25 m) Fitnessfördernder Unterwasserdschungel mit Gruben, Höhlen und kleinen Kaminen, in denen sich Rochen, Zackenbarsche und Drückerfische tummeln. Super zum Nachttauchen.

Japanese Gardens (Karte S. 600; max. Tiefe 12 m) Dieser entspannte Spot zwischen Ko Tao und Ko Nang Yuan ist ideal für Anfänger. Man bekommt farbenfrohe Korallen und oft auch Schildkröten, Stachelrochen oder Kugelfische zu sehen.

Mango Bay (Karte S. 600; max. Tiefe 16 m) Tauchstelle für Leute, die zum ersten Mal mit einer Atemflasche tauchen. Träge Rifffische beobachten, wie die Tauchanfänger ihre neu erworbenen Fähigkeiten auf dem sandigen Boden ausprobieren.

Lighthouse Bay (Gluay Teun Bay; Karte S. 600; max. Tiefe 14 m) Die seichte Tauchstelle an der nordöstlichen Spitze der Insel eignet sich sehr gut zum Schnorcheln und wartet mit wunderschönen Korallen auf. Hier tummeln sich Gelbschwanz-Barrakudas sowie Papageien- und Wimpelfische.

Segelfelsen (max. Tiefe 40 m) Dieser Spot ist am besten ab Ko Pha-Ngan erreichbar und hat einen mächtigen Felskamin mit vertikal durchschwimmbarer Passage. Taucher sehen große Ozeanfische wie Barrakudas und Königsmakrelen. Der Segelfelsen ist einer der besten Spots in Südostasien, um Wale zu beobachten, die in den letzten Jahren ganzjährig gesichtet wurden, es gibt also keine besondere Saison.

Southwest Pinnacle (max. Tiefe 28 m) An der kleinen Felsengruppe tummeln sich Riesenzackenbarsche und Barrakudas und manchmal auch Walhaie.

Tanot Bay (S. 598; max. Tiefe 18 m) Diese Tauchstelle ist für Taucher jeden Levels geeignet. Sie ist recht seicht und ausgezeichnet zum Schnorcheln. Zu sehen gibt's Kaiserfische, Leopard-Forellenbarsche, Wimpelfische und einen versunkenen Katamaran.

White Rock (Karte S. 600; max. Tiefe 29 m) Beheimatet farbenfrohe Korallen, Kaiserfische, Clownfische und revierverteidigende Drückerfische. Ein beliebter Ort zum Nachttauchen.

HTMS Sattakut (Karte S. 600) Das Schiff wurde 2011 südöstlich von Hin Pee Wee versenkt (30 m tief) und ist inzwischen einer der beliebtesten Wrack-Tauchspots.

freaks stehen Schlange, um die halbtägige Fahrt zum Khao Sok National Park zu absolvieren. Der Hauptsee des Parks beherbergt eine verblüffende Unterwasserwelt mit vielen versteckten Grotten, Kalksteinfelsen und lauernden Welsen. In bestimmten Bereichen nähern sich Taucher gefluteten Dörfern, die dem Staudammbau zum Opfer fielen. Bei den meisten Höhlentauchtouren verlässt man Koa Tao mit dem Nachmittagsboot und kehrt am nächsten Tag wieder mit diesem zurück. Übernachtet wird im oder in der Nähe des Parks.

Unterwasserfotos & -videos

Wenn das Portemonnaie schon vor Tauch-Zertifikaten überquillt, könnten eine geliehene Unterwasserkamera oder ein Kurs im Unterwasserfilmen interessante Optionen sein. Viele Tauchschulen heuern professionelle Videofilmer an, um Open-Water-

Tauch-Zertifizierungen zu filmen. Wer sich dafür interessiert, der könnte so nach einem abgeschlossenen Videopraktikum sogar etwas Geld verdienen. Die Tauchveranstalter können den Kontakt zu den sechs Videofilmteams auf der Insel herstellen. Wir empfehlen **ACE Marine Images** (Karte S. 604; ☎077 457054; www.acemarineimages.com; Sairee Beach), eines der führenden Studios für Unterwasserfilme in Thailand. Ein Einführungskurs inklusive Videokamera, Tauchen und Anleitung kostet 4500 B und kann auch für ein PADI-Zertifikat für Fortgeschrittene verwendet werden. **Crystal Images** (Karte S. 604; ☎092 476 4110; www.crystalimageskohtao.com; Mae Hat) und **Oceans Below** (Karte S. 604; ☎086 060 1863; www.oceansbelow.net; Sairee Village) bieten Videofilmkurse und -praktika und haben ihre eigenen speziellen Angebote.

Noch mehr Aktivitäten

★ Flying Trapeze Adventures AKROBATIK

(FTA; Karte S. 604; ☎080 696 9269; www.goodtimethailand.com; Sairee Beach; ⏲16–20 Uhr, Kurse 15.30–17.30 Uhr) 90-minütige Anfänger-Trapezkurse (1500 B) in kleinen Gruppen offenbaren, ob man wirklich Talent zum Fliegen hat. In den Kursen der superfreundlichen Truppe gelenkiger Assistenten mutieren Teilnehmer nach maximal vier Sprüngen vom Zirkusneuling zum Profi-Überflieger. Es gibt gelegentlich Abendvorstellungen mit Publikumsbeteiligung. Die Kurszeiten ändern sich abhängig vom Sonnenuntergang, am besten vorher reservieren.

★ Goodtime Adventures WANDERN, ABENTEUERSPORT

(Karte S. 604; ☎087 275 3604; www.gtadventures.com; Sairee Beach; ⏲12 Uhr–open end) Mit Goodtime kann man tauchen, durch den

ABTAUCHEN: DIE PASSENDE TAUCHSCHULE AUF KO TAO FINDEN

Wenn Reisende am Pier von Mae Hat an Land gehen, werden sie von Schleppern belagert, die sie in ihr Tauch-Resort locken wollen. Doch auf Ko Tao gibt es Dutzende Tauchzentren. Am besten hat man daher schon bei der Ankunft die Namen einiger renommierter Schulen parat. Wenn man es nicht eilig hat, kann man ruhig erst mal ein paar Tage auf der Insel entspannen und sich mit der Entscheidung Zeit lassen – man trifft garantiert Heerscharen Tauchbegeisterter und Lehrer, die alle ihren Rat und ihre Meinung kundtun.

Fakt ist, dass das Taucherlebnis zum Großteil davon abhängt, wie gut man mit seinem Lehrer zurechtkommt. Andere Faktoren, die berücksichtigt werden sollten, sind die Größe der Tauchgruppe, die Wartung der Ausrüstung und der Zustand der Tauchspots, um nur einige zu nennen.

Die Tauchpreise sind auf der gesamten Insel mehr oder weniger vereinheitlicht, sodass es sich nicht lohnt, auf der Jagd nach dem besten Angebot über die Insel zu hetzen. Ein zertifizierter Open-Water-Tauchkurs (OWD) von **PADI** (www.padi.com) kostet 9800 B; ein OWD-Zertifikat von **SSI** (www.ssithailand.com) mit 9000 B etwas weniger, da die PADI-Unterrichtsmaterialien, die die Zertifizierung enthalten, einen höheren Preis erfordern, der auf die Schüler übertragen wird. Die auf der Insel immer beliebter werden OWD-Kurse von **RAID** (www.diveraid.com) schlagen mit 8500 B zu Buche. Der zertifizierte Fortgeschrittenenkurs **Advanced Open Water Diver** (AOWD) kostet 8500 B, ein Rettungstaucherkurs 9500 B und das Divemaster-Programm stattliche 35 000 B (inklusive des erforderlichen Divemaster-Pack). Freizeittaucher sollten etwa 1000 B pro Tauchgang oder 7000 B für ein Paket mit zehn Tauchgängen einplanen. Diese Preise beinhalten die gesamte Ausrüstung, das Boot, Ausbilder/Führer und Snacks. Wer seine eigene Ausrüstung mitbringt, bekommt in der Regel einen Rabatt. Vorsicht bei Tauchzentren, die zu viele Preisnachlässe anbieten – Sicherheit ist oberstes Gebot, und ein Anbieter, der ungewöhnlich gute Preise macht, spart dafür wahrscheinlich an zu vielen anderen Stellen. Das Geschäft mit den Tauchkursen ist für jedermann zugänglich, da man dafür keinerlei Hürden überwinden muss – darum tauchen überall billige und schlecht geführte Läden mit Superangeboten auf.

Die meisten Tauchschulen haben günstige oder sogar kostenlose Unterkünfte. Fast alle Tauchzentren bieten für alle Teilnehmer an einem Anfängerkurs kostenlose Zimmer mit Ventilator. Im Dezember, Januar, Juni, Juli und August sollte man aber auf Touristenmassen und ausgebuchte Unterkünfte gefasst sein, und auch nach jeder Vollmondparty auf Ko Pha-Ngan fallen massenweise Möchtegern-Taucher ein.

Mae Hat & Sairee Beach

Mae Hat & Sairee Beach

Aktivitäten, Kurse & Touren

- ACE Marine Expeditions .... (siehe 34)
- ACE Marine Images .... (siehe 34)
- 1 Apnea Total C3
- 2 Ban's Diving School B4
- 3 Big Blue Diving B1
- 4 Blue Immersion B4
- 5 Crystal Dive B6
- 6 Crystal Images A7
- 7 Flying Trapeze Adventures C3
- 8 Goodtime Adventures B4
- 9 Monsoon Gym & Fight Club C5
- 10 Oceans Below C2
- 11 Shambhala C2

Schlafen

- 12 Ananda Villa B6
- 13 Ban's Diving Resort C4
- 14 Big Blue Resort B1
- 15 Captain Nemo Guesthouse B6
- 16 Ko Tao Central Hostel B6
- 17 Nadapa Resort B7
- 18 Palm Leaf Resort B1
- 19 Place D1
- 20 Seashell Resort C3
- 21 Sensi Paradise Resort A7
- 22 Spicytao Backpackers D2

Essen

- 23 995 Roasted Duck C2
- 24 Bang Burgers C3
- 25 Barracuda Restaurant & Bar C3
- 26 Café del Sol B6
- 27 Cappuccino B6
- 28 Farango's C2
- 29 Greasy Spoon B7
- 30 Oishi Kaiso C2
- Pranee's Kitchen .... (siehe 12)
- 31 Safety Stop Pub B6
- 32 Su Chili C2
- 33 Taste of Home D2
- 34 The Gallery C2
- 35 Whitening A7
- 36 Zest Coffee Lounge B7

Ausgehen & Nachtleben

- 37 Fishbowl Beach Bar B4
- 38 Fizz C3
- 39 Lotus Bar C3
- 40 Maya Beach Club B5

Unterhaltung

- 41 Queen's Cabaret C3

Shoppen

- 42 Chez Albert C3

Dschungel im Inselinneren wandern, bei Klettertouren mit Abseilen von Fels zu Fels schwingen, seinen Mut beim Klippenspringen testen, Multisport betreiben oder Powerboat fahren. Alternativ dazu stellt man sich direkt all diesen Herausforderungen bei einem ganztägigen Koh-Tao-Abenteuer (3300 B).

★ Shambhala YOGA
(Karte S. 604; ☎084 440 6755; www.shambhalayogakohtao.com; Sairee Beach; ⏲Mo–Sa 10–12 & 18–19.30, So 10–12 Uhr) Ko Taos führendes Yogastudio, das Schülern seit zwei Jahrzehnten das Verbiegen beibringt, belegt einen schönen hölzernen *săh·lah* auf dem bewaldeten Gelände des Blue Wind Resort. Die zweistündigen Kurse werden von erfahrenen Lehrern geleitet und kosten 300 B (2500 B/10 Std.). Man muss nicht vorher buchen, einfach vorbeigehen.

★ Monsoon Gym & Fight Club KAMPFSPORT
(Karte S. 604; ☎086 271 2212; www.monsoongym.com; Sairee Beach) Dieser beliebte Klub kombiniert Thaiboxen-Programme (*moo·ay tai*) und Schlafsäle mit Klimaanlage (300 B) für Schüler, die sich eingeschrieben haben, die Kampfkunst zu erlernen. Es ist eine anregende Art für diejenigen, Zeit in Ko Tao zu verbringen, die Tauchen nicht reizt. Das gut ausgestattete Betonstudio liegt direkt am Thaiboxing-Ring. Für ein Spontantraining zahlt man 300 B, sechs Unterrichtsstunden kosten 1500 B und eine unbegrenzte Nutzung 7000 B im Monat.

Ko Tao Leisure Park BOWLING, MINIGOLF
(Karte S. 600; ☎077 456316; ⏲12–24 Uhr) An der Hauptstraße zwischen Mae Hat und Chalok Ban Kao findet man hier mehrere selbst gezimmerte Bowlingbahnen (300 B/Std.), deren Kegel nach jedem Frame vom Personal neu aufgestellt werden. Nutzer des thematisch gestalteten Minigolfplatzes mit 18 Löchern schlagen ihre Bälle z. B. durch Stonehenge oder über die Golden Gate Bridge. Es gibt auch *pétanque*-Plätze, Tischtennis und einen riesigen Großbildschirm.

Schlafen

Wenn bei einem Inselbesuch auch Tauchen geplant ist, rundet der jeweilige Tauchveranstalter sein Angebot wahrscheinlich mit kostenlosen oder vergünstigten Übernachtungen ab. Manche Tauchschulen haben hauseigene Quartiere, andere kooperieren mit Bungalowbetreibern. Wichtig: Unterkunftsrabatte gelten nur an den eigentlichen Tauchtagen.

Sairee Beach

Der riesige Sairee Beach ist der längste und am stärksten erschlossene Strand der Insel und wird von einer Kette von Tauchanbietern, Bungalowanlagen, Reisebüros, Minimärkten und Internetcafés gesäumt. Am schönsten und ruhigsten ist das Nordende, in den Bars im südlichen Teil herrscht dafür mehr Partystimmung, und es geht oft recht laut zu. Die meisten Gäste entscheiden sich für diesen Strand, denn er bietet eine tolle Mischung aus herrlicher Landschaft und Action, und die Sonnenuntergänge sind königlich.

Spicytao Backpackers HOSTEL $

(Karte S. 604; ☎082 278 7115; www.spicyhostels.com/Home.html; Sairee Village; B 230–280 B;) Das schlichte Spicytao liegt versteckt abseits der Hauptstraße in einem ländlichen Garten, und bei den Schnäppchenpreisen und der geselligen Atmosphäre fühlt man sich wie zu Hause. Backpacker schwärmen von der Stimmung und den Mitarbeitern, die ständig Aktivitäten organisieren. Unbedingt vorher buchen!

★ **Ban's Diving Resort** RESORT $$

(Karte S. 604; ☎077 456466; www.bansdivingresort.com; Sairee Beach; Zi. 700–10 000 B; @) Der auf Taucher ausgerichtete Partypalast wartet mit einer breiten Palette an Unterkünften auf, von richtig guten Zimmern über einfache Backpackerbuden bis zu schicken Bergvillen, und er wächst immer weiter. Nach dem Tauchen chillen die Gäste am wunderbaren Strand vor dem Resort oder an einem der zwei Pools, die sich in einem Dschungelstreifen zwischen den zweistöckigen, mit Säulen und Terrassen versehenen weißen Hotelblocks befinden.

Big Blue Resort BUNGALOW $$

(Karte S. 604; ☎077 456050; www.bigbluediving.com; Sairee Beach; B 400 B, Zi. 1500–10 000 B; @) Ein Tauchresort mit Sommerlagervibe. Der Tag ist geprägt von Tauchkursen, die Abende werden zusammen beim Essen oder mit Feuershows verbracht. Es gibt schlichte Schlafsäle mit Ventilatoren und sechs Betten, Bungalows mit Klimaanlage und Villen sowie luxuriöse Familienvillen. Manche Zimmer und Unterkünfte sind an einen Tauchkurs bei Big Blue (S. 599) gebunden.

★ **Place** RESORT $$$

(Karte S. 604; www.theplacekohtao.com; Villa 8000–9000 B;) Diese romantische Boutique-Unterkunft liegt etwa 15 Minuten zu Fuß oder fünf Minuten im Taxi entfernt vom Sairee Beach auf einem Berg und bietet neun private, von bewachsenen Hügeln umgebene Luxusvillen mit atemberaubendem Meerblick. Es ist der perfekte Ort für die Flitterwochen: Hier gibt es überall private Tauchbecken und der persönliche Küchenchefservice verköstigt all jene, die lieber in ihrem Kuschelnest bleiben, als draußen Nahrung aufzunehmen.

Seashell Resort BUNGALOW $$$

(Karte S. 604; ☎077 456271; www.seashell-kohtao.com; Sairee Beach; Zi. 1950–4500 B, Villa 2680–12 500 B;) Hier gibt's eine große Auswahl an Unterkünften, von einfachen Holzbungalows mit Ventilator bis zu hotelartigen Zimmern in einem Block und schicken Villen. Das belebte Resort hat sehr gepflegte Anlagen, doch verglichen mit anderen Optionen sind die Preise überzogen. Aber des Seashell ist trotzdem eine gute Alternative, in der Taucher wie Nichttaucher willkommen sind.

Palm Leaf Resort BUNGALOW $$$

(Karte S. 604; ☎077 456731; www.kohtaopalmleaf.com; Sairee Beach; Bungalow 2000–4500 B;) Die Bungalows und Zimmer im Palm Leaf sind gut, aber nicht spektakulär, doch die Lage am ruhigeren nördlichen Ende des samtigen Sairee Beach ist einfach unschlagbar.

Mae Hat

Alle ankommenden Fähren legen am Pier des belebten Dorfes Mae Hat an. Daher ist dies nicht der beste Strand, wenn man ein ruhiges Refugium sucht, er ist aber toll für Besucher, die in erster Linie tauchen wollen. Die charmantesten Unterkünfte erstrecken sich jedoch nördlich und südlich vom Pier am Sandstrand.

Ko Tao Central Hostel HOSTEL $

(Karte S. 604; ☎077 456925; www.kohtaohostel.com; Mae Hat; B 310 B;) Das saubere, zentrale und freundliche Hostel erkennt man an seinem Londoner U-Bahn-Logo, den Banksy-Wandgemälden und den Metrostreifen. Es gibt tolle Schlafsäle mit 14 Betten für alle, die nur einen praktischen Schlafplatz in der Nähe des Piers brauchen. Check-out-Zeit ist um 11 Uhr. Die Rezeption ist im Island

Travel nebenan untergebracht. Handtücher werden nicht gestellt, also: mitbringen.

Captain Nemo Guesthouse PENSION $$

(Karte S. 604; www.captainnemo-kohtao.com; Mae Hat; DZ 890–28500 B; ❄📶) Die fünf Zimmer der beliebten kleinen Pension sind vom Pier aus gut zu Fuß erreichbar und fast immer komplett belegt, darum unbedingt vorher reservieren. Die Besitzer sind freundlich und hilfsbereit und halten alles sauber.

Ananda Villa HOTEL $$

(Karte S. 604; ☎077 456478; www.anandavilla.com; Mae Hat; Zi. 600–1800 B; ❄📶) Nah an der Anlegestelle verbreitet dieses freundliche, zweistöckige, creme-weiße Hotel mit Verandas und umgeben von dekorativen Palmen und Tempelbäumen ein koloniales Flair. Die preiswertesten Bungalows haben nur einen Ventilator, aber heißes Wasser, und liegen im Garten auf der anderen Seite der Straße.

Nadapa Resort RESORT $$

(Karte S. 604; ☎077 456495; www.nadaparesort.com; Mae Hat; 2BZ & DZ 1500 B; ❄📶) Es ist kein richtiges Resort, und wer einen Pool und Meerblick will, geht lieber woanders hin, aber das bewährte Nadapa ist hell, sauber und komfortabel, hat farblich gekennzeichnete Zimmer in einem Block mit Balkon und Bungalows mitten zwischen einer Reihe lustiger Comicstatuen. Abseits, aber nicht weit weg von der Action, und nah am Pier.

Charm Churee Villa RESORT $$$

(Karte S. 604; ☎077 456393; www.charmchureevilla.com; Mae Hat; Bungalow 3600–39 100 B; ❄📶🏊) Unter himmelhohen Palmen und abseits vom Getümmel des Piers verstecken sich die Luxusvillen von Charm Churee auf einem 48 ha großen Dschungelgrundstück und stehen für fernöstliche Verwöhnkultur in voller Pracht. Direkt in die Felswand wurden Treppen gehauen, die sich an Palmen vorbei zu verstreuten Teakholzhütten auf grauen Felsen hinunterwinden. Die Villen punkten mit charmantem, ungehindertem Blick auf die brausende Brandung.

Sensi Paradise Resort RESORT $$$

(Karte S. 604; ☎077 456244; www.sensiparadiseresort.com; Mae Hat; Zi. 3300–15 000 B; ❄📶🏊) „Natural Chic" am schönsten Strandabschnitt des eigentlichen Mae Hat, direkt am Fuß von malerischen Felsen – dem Lärm des Piers entkommt das Resort jedoch nicht. Die Zimmer auf dem Hügel sind abgewohnt und ihren Preis nicht wert, doch die neueren Modelle näher am Strand sind sehr hübsch und komfortabel. Freundliche Angestellte und mehrere luftige Teakholz-*săh·lah* sorgen für besonderen Charme.

Chalok Ban Kao

Am Ao Chalok Ban Ko, auf der Straße etwa 1,7 km südlich von Mae Hat, gibt's eine der größten Unterkunft-Konzentrationen auf Ko Tao. Der schmale, sichelförmige Strand ist an beiden Enden von Felsen eingerahmt. Das milchig weiße Wasser ist recht flach, und bei Ebbe kommt eine Sandbank zum Vorschein, zu der man waten kann, um sich dort zu sonnen.

Tao Thong Villa BUNGALOW $

(Karte S. 600; ☎077 456078; Ao Sai Nuan; Bungalow 500–2000 B; ❄@📶) Die schnörkellosen Bungalows, die bei Langzeiturlaubern auf der Suche nach Ruhe beliebt sind, bieten grandiose Ausblicke. Das Tao Thong liegt an zwei winzigen Stränden auf einem felsigen Kap auf halbem Weg zwischen Mae Hat und Chalok Ban Kao. Man erreicht es vom Pier in Mae Hat in einer kurzen Fahrt im Taxiboot.

★ **Dearly Koh Tao Hostel** HOSTEL $$

(Karte S. 600; ☎077 332494; www.thedearlykohtaohostel.com; 14/55 Mu 3, Chalok Ban Kao; B 600–700 B, DZ 1700–3000 B, 3BZ 2400 B; 📶🏊) Das neue Hostel an der Straße, die von Chalok Ban Kao ins Inland führt, vereint alle richtigen Elemente: saubere, komfortable, moderne (aber auch traditionelle) Zimmer, quirliges und freundliches Personal, Rattanmöbel und eine Dachterrasse. Es gibt Schlafsäle und private Zimmer, ein Swimmingpool war zum Zeitpunkt der Recherche im Bau. Frühstück ist inklusive.

Koh Tao Tropicana Resort PENSION $$

(Karte S. 600; ☎077 456167; www.koh-tao-tropicana-resort.com; Chalok Ban Kao; Zi. 820–2500 B) Die freundliche Pension bietet schlichte, niedrige Einheiten, die sich in einer sandigen, schattigen Gartenanlage verteilen, die zwischen Farnwedeln und hohen Palmen flüchtige Blicke auf das blaue Meer freigibt.

New Heaven Resort BUNGALOW $$

(Karte S. 600; ☎077 456422; www.newheavendiveschool.com; Chalok Ban Kao; B 300 B, Zi. & Bungalow 800–3500 B; ❄📶) Im New Heaven, das zum gleichnamigen Tauchanbieter gehört, stehen den Gästen farbenfrohe Hütten auf einem Hügel über dem unglaublich klaren Meer zur Verfügung. Außerdem gibt es Zimmer am Strand mit Klimaanlage, Familienbungalows mit Meerblick und preiswerte Betten im Schlafsaal.

★ **View Point Resort** RESORT $$$
(Karte S. 600; ☎ 091 823 3444; www.viewpointresortkohtao.com; Chalok Ban Kao; Bungalow inkl. Frühstück 2700–18 000 B; ❄📶🏊) In der Nähe des Saan Jao Beach erstreckt sich die üppig grüne Anlage mit Farnen und Palmen auf einem mit Felsen übersäten Hügel, von dem aus sich grandiose Blicke aufs Meer und die Bucht bieten. Alle Unterkünfte, von den exquisiten privaten Suiten, die wie ein luxuriöses Liebesnest von Tarzan und Jane wirken, bis zu den riesigen Bungalows mit toller Aussicht, sind aus Felsen, Holz und Beton gebaute, sehr komfortable, natürliche Domizile. Im Preis inbegriffen ist der Taxitransfer.

Ko Tao Resort RESORT $$$
(Karte S. 600; ☎ 077 456133; www.kotaoresort.com; Chalok Ban Kao; Zi. & Bungalow 2100–9500 B; ❄@📶🏊) Die Zimmer in diesem Resort werden nach „Poolseite" und „Paradieszone" unterschieden und sind alle gut ausgestattet. Man kann Wassersportausrüstung ausleihen und bekommt an mehreren Bars verschiedene fruchtige Cocktails. Der Blick auf das milchig-blaue Wasser ist umwerfend.

Chintakiri Resort RESORT $$$
(Karte S. 600; ☎ 077 456133; Chalok Ban Kao; Zi. & Bungalow 3200–6200 B; ❄@📶🏊) Das Chintakiri, das hoch über dem Meer liegt und auf Chalok Ban Kao blickt, ist eine der luxuriöseren Unterkünfte auf Ko Tao. Die Zimmer liegen rund um den Dschungel und haben schneeweiße, lackierte Wände.

Hin Wong

An der heiteren Ostküste der Insel findet man diese mit Felsen übersäte Küste mit kristallklarem Wasser – bildschön. Die Straße nach Hin Wong ist teilweise asphaltiert, aber unerwartete Sandgruben und steile Hügel können einen vom Motorrad werfen, darum langsam fahren. Zu Fuß ist es steil, aber ein nettes Workout.

Hin Wong Bungalows BUNGALOW $
(Karte S. 600; ☎ 077 456006; Hin Wong; Bungalow 400–700 B; 📶) Die ausreichenden, aber schlichten Wellblechhütten oberhalb der im Meer verstreuten Felsen liegen verteilt in einer naturbelassenen Tropenvegetation. Vor dem luftigen Restaurant ragt ein primitiver Bootssteg ins Meer, auf dem man die Beine baumeln lassen und schwarze Sardinenschwärme im türkisblauen Wasser beobachten kann. Oder man hüpft direkt mit Schnorchel hinein.

View Rock BUNGALOW $
(Karte S. 600; ☎ 077 456549, 077 456548; viewrock@hotmail.com; Hin Wong; Bungalow 500–2000 B; ❄📶) Man fährt über die unbefestigte Straße nach Hin Wong hinunter und folgt den Schildern nördlich der Hin Wong Bungalows. Der Name View Rock ist hier Programm: Aussicht und Felsen. Das Sammelsurium an Holzhütten wirkt wie ein abgeschiedenes Fischerdorf, das zwischen steilen Klippen mit tollem Buchtblick steht. Die Bungalows sind einfach und bescheiden, aber sauber. WLAN gibt's nur im Restaurant.

Ao Tanot (Tanote Bay)

Das felsige Ao Tanot ist stärker besucht als manch andere Ostküstenbucht, aber dennoch recht ruhig und malerisch. Es gibt einige tolle Felsen, von denen man ins saphirblaue Wasser springen kann. Zudem kann man hier ausgezeichnet schnorcheln und in flachem Wasser tauchen.

Poseidon BUNGALOW $
(Karte S. 600; ☎ 077 456735; poseidonkohtao@hotmail.com; Ao Tanot; Bungalow 800–1500 B; 📶) Mit den einfachen, aber annehmbaren Hütten in Strandnähe mit Ventilator bewahrt das Poseidon die Tradition der Budget-Bambusbungalows. Es gibt ein ordentliches Restaurant, wo man auch gut etwas trinken kann.

Family Tanote BUNGALOW $$
(Karte S. 600; ☎ 077 456757; Ao Tanot; Bungalow 1000–3800 B; ❄@📶) Die familienbetriebene Bungalowgruppe an einem Hang eignet sich gut für Einsamkeitssuchende. Direkt vor der Haustür können die Gäste zwischen den Fischen schnorcheln oder zum Restaurant hinaufsteigen, um ein leckeres Essen bei Buchtblick zu genießen.

Ao Leuk & Ao Thian Ok

★ **Jamahkiri Resort & Spa** RESORT $$$
(Karte S. 600; ☎ 077 456400; www.jamahkiri.com; Ao Thian Ok; Bungalow inkl. Frühstück 8400–30 000 B; ❄@📶🏊) In dem weiß verputzten Resort sind zwischen Mosaikmustern und mehrarmigen Statuen auch hölzerne Masken und Fruchtbarkeitsgöttinnen aus

Stein verteilt. Wilde Affenschreie betonen das Dschungelthema genau wie die strohgedeckten Dächer und die Abendgesellschaften mit Tiki-Fackeln. Es gibt unheimlich viele Stufen, aber die Aussicht ist umwerfend, das Spa eines der besten und das Tauchzentrum ausgezeichnet.

Ko Nang Yuan

Zum fotogenen Inselchen Ko Nang Yuan, das direkt vor der Nordwestküste von Ko Tao liegt, geht es problemlos mit dem Lomprayah-Katamaran und mit den Wassertaxis, die vom Mae Hat und Sairee aus starten (einfache Strecke 100 B). Alle Besucher der Insel müssen 100 B Steuern zahlen.

Ko Nangyuan Dive Resort BUNGALOW $$$

(Karte S. 600; ☎ 077 456088; www.nangyuan.com; Ko Nangyuan; Bungalow inkl. Frühstück 1500–9000 B; ❄📶) Die rustikalen Holz- und Aluminiumbungalows verteilen sich auf drei konischen Inseln, deren Form an Reishüte erinnert und die über eine malerische Sandbank verbunden sind. Tatsächlich ist dies ein privates Inselparadies, tagsüber herrscht aber wegen der Tagesausflügler viel Betrieb. Das Resort besticht außerdem durch das beste Restaurant auf der Insel (genauer gesagt, hier muss man gegessen haben). Im Preis enthalten ist auch eine Rundfahrt nach Ko Tao.

Essen

Angesichts des riesigen Ko Samui am Horizont ist es kaum zu glauben, dass Ko Tao selbst eine ernstzunehmende Gastroszene hat. Die meisten Resorts und Tauchanbieter bieten Restaurants, während sich eigenständige Lokale blitzschnell am Sairee Beach und in Mae Hat ausbreiten. Die Tauchergemeinde hat ein breites internationales Spektrum (z. B. mexikanisch, französisch, italienisch, chinesisch, japanisch) hervorgebracht.

Sairee Beach

★ 995 Roasted Duck CHINESISCH $

(Karte S. 604; Sairee Village; Hauptgerichte ab 70 B; ⏲ 9–21 Uhr) In diesem gefeierten Lokal steht man durchaus mal an, um einen Platz zu bekommen, und wer sich fragt, um was es hier eigentlich geht: Man wartet auf ausgezeichnete Entengerichte – ab 70 B für eine dampfende Schüssel gebratenem Vogel mit Nudeln, bis zu 700 B für das ganze Tier, und das alles wird im Handumdrehen serviert. Selbst schuld, wer sich das entgehen lässt.

Su Chili THAI $

(Karte S. 604; Sairee Village; Gerichte 85–225 B; ⏲ 10–22.30 Uhr) Das einladende und gut besuchte Su Chili serviert frische und leckere Thai-Gerichte, wobei das freundliche Personal immer fragt, wie scharf das Essen sein soll, und es irgendwie immer passt. Empfehlenswert sind die nordthailändischen Spezialitäten oder die Penang-Currys. Es gibt eine Handvoll Gerichte westlicher Hausmannskost für heimwehkranke Esser.

Oishi Kaiso JAPANISCH $

(Karte S. 604; ☎ 080 041 7263; Sairee Village; Hauptgerichte ab 90 B; ⏲ 11.30–22.30 Uhr; 📶) Das saubere, sehr schmale Lokal in der Größe eines *gyoza* (japanische Teigtasche) lockt mit seinen *nigiri*, *sashimi* und *maki* immer sehr viele Gäste an, was das Personal souverän meistert, aber wenn man die Rush Hour verpasst ist es ein echtes Erlebnis. Zusätzlich gibt's auch ein paar Thai-Gerichte, aber die findet man überall. Die *gyoza* sind tatsächlich sehr verlockend.

Bang Burgers BURGER $

(Karte S. 604; ☎ 081 136 6576; Sairee Village; Hauptgerichte ab 130 B; ⏲ 10–22 Uhr) Man muss Geduld mitbringen und in der Schlange warten, um in dem tollen, unglaublich erfolgreichen Burgerladen in Sairee einen der etwa sechs verschiedenen Burger (Cheese, Double Cheese, Red Chilli Cheese) auf der Speisekarte, inklusive einer Veggie-Variante, genießen zu können. Pommes frites gibt's für 50 B.

★ Barracuda Restaurant & Bar FUSION $$

(Karte S. 604; ☎ 080 146 3267; www.barracudakohtao.com; Sairee Village; Hauptgerichte 240–380 B; ⏲ 18–22.30 Uhr; 📶) Der gesellige Chefkoch Ed Jones verköstigt die thailändische Prinzessin, wenn sie in der Stadt ist, aber auch Normalsterbliche können für ein paar Baht im Vergleich zu ihrem Budget in den Genuss seiner exquisiten Küche kommen. Einheimische Zutaten werden zu kreativen, frischen Fusionsköstlichkeiten verarbeitet, wie z. B. die Seafood-Platte, das gebratene Thunfischfilet oder die vegetarische Falafel-Platte, dazu empfiehlt sich ein Passionsfrucht-Mojito.

★ The Gallery THAI $$

(Karte S. 604; ☎ 077 456547; www.thegallerykohtao.com; Sairee Village; Hauptgerichte 120–420 B;

(⌚12–22 Uhr) Eines der angenehmsten Lokale im Ort, was sich auch im Essen widerspiegelt. Die Spezialität des Hauses ist das *hor mok maprao on* (Hühner-, Shrimps- und Fischcurry, serviert in einer jungen Kokosnuss; 420 B), aber das weiße Schnapperfilet in cremiger roter Currysauce ist ebenfalls ausgezeichnet, zudem gibt's eine Auswahl an vegetarischen Gerichten.

Taste of Home INTERNATIONAL $$
(Karte S. 604; ☎086 012 0727; Sairee Village; Hauptgerichte 120–250 B; ⌚10–13 & 17–22 Uhr; WLAN) In dem kleinen, einfachen, bei Expats beliebten Lokal unter deutscher Leitung wird etwas von allem serviert (schwedische Hackbällchen, türkische Köfte, ungarisches Gulasch und Wiener Schnitzel, um nur ein paar zu nennen), aber alles ist lecker und liebevoll zubereitet. Nicht vergessen: Zur Verdauung nach dem Essen den vom Besitzer selbst gemachten Whiskey-and-Cream-Likör probieren!

Farango's PIZZA $$
(Karte S. 604; ☎077 456205; www.farangopizzeria.com; Sairee Village; Gerichte 80–230 B; ⌚11–24 Uhr; WLAN) Diese geschäftige Pizzeria mit ihrer guten Filiale in Sairee Village serviert leckere Pizzas und andere italienische Klassiker. Nur Barzahlung.

Mae Hat

Zest Coffee Lounge CAFÉ $
(Karte S. 604; Mae Hat; Gerichte 70–200 B; ⌚6–16 Uhr; WLAN) Ganz aus Ziegelsteinen und Holz und auf einem abgewetzten Boden braut das Zest einen ausgezeichneten Kaffee und weckt Schlafmützen zur Frühstückszeit. Die Eier Benedict versüßen einem den Morgen, während Faulenzer und Snacker Ciabattasandwiches mümmeln oder klebrige Süßigkeiten mit cremiger Caffe Latte runterspülen. Es gibt eine Filiale in Sairee (8–17 Uhr), aber diese hier ist besser.

Pranee's Kitchen THAI $
(Karte S. 604; Mae Hat; Gerichte 50–150 B; ⌚7–22 Uhr; WLAN) Dieser alte Mae-Hat-Klassiker tischt himmlische Currys und andere thailändische Köstlichkeiten in einem Freiluft-Pavillon mit Sitzkissen, Holztischen und TVs auf. Abends um 18 Uhr laufen englischsprachige Filme.

Safety Stop Pub INTERNATIONAL $
(Karte S. 604; ☎077 456209; Mae Hat; Hauptgerichte 60–250 B; ⌚7–23 Uhr; WLAN) Das Bar-Restaurant am Pier ist ein Zufluchtsort für heimwehkranke Briten und erinnert an einen tropischen Biergarten. Sonntags können sich die Gäste den Bauch endlos mit gegrillten Köstlichkeiten vollschlagen. Und das Thai-Essen ist auch gar nicht übel.

Cappuccino CAFÉ $
(Karte S. 604; ☎077 456870; Mae Hat; Gerichte ab 30 B; ⌚7–18 Uhr; WLAN) Das Dekor des Cappuccino rangiert mit seinen Marmortischplatten, Wandspiegeln und guten Grooves irgendwo zwischen dem New Yorker Deli in *Seinfeld* und einer französischen Brasserie – ein toller Ort, um einen Tag auf Ko Tao mit Croissants und Cappuccinoschaum zu starten.

Greasy Spoon FRÜHSTÜCK $
(Karte S. 604; Mae Hat; Frühstück 140 B; ⌚6.30–15 Uhr; WLAN) Getreu seinem Namen serviert das Greasy Spoon diverse Cholesterinbomben zum Frühstück: Blutwurst, Eier, Wurst, Kartoffelpuffer und Pommes (sowie diverse vegetarische Optionen) treiben jedem Briten die Freudentränen in die Augen. Das einzige, was fehlt, sind kostenlose Ausgaben von *Sun* und *Daily Mirror*.

★ **Whitening** INTERNATIONAL $$
(Karte S. 604; ☎077 456199; Gerichte 160–480 B; ⌚13–1 Uhr; WLAN) Das feine, weiße Lokal rangiert irgendwo zwischen Restaurant und schicker Strandbar. Feinschmecker werden die deliziösen Abwandlungen einheimischer und internationaler Gerichte mögen. Mit den nackten Füßen im Sand speist man hier zwischen baumelnden weißen Lichterketten. Und das Beste? Es ist relativ freundlich zum Portemonnaie.

Café del Sol INTERNATIONAL $$
(Karte S. 604; ☎077 456578; www.cafedelsol.ws; Mae Hat; Hauptgerichte ab 100 B; ⌚8–22.30 Uhr; WLAN) Ein paar Schritte vom Pier entfernt ist dieses Eckcafé eine ausgezeichnete Wahl, um ein französisches, englisches oder ein Taucherfrühstück zu genießen und den Morgentrubel von Ko Tao zu beobachten. Mittags und abends reicht das Menüspektrum von herzhaften Hamburgern mit Paprika bis zu hausgemachter Pasta. Die Preise sind allerdings etwas überzogen. Das Café vermietet auch Zimmer für 1200 B.

Chalok Ban Kao

South Beach Cafe CAFÉ $
(Karte S. 600; ☎094 369 1979; Chalok Ban Kao; Hauptgerichte ab 100 B; ⌚6–22 Uhr) In diesem

frischen, schicken und hübschen Neuzugang in Chalok Ban Kao ist der Service zwar etwas mau, aber der Kaffee und das Frühstück sind gut. Auf der Karte stehen Panini, Salate, Pizzas, Burger, vegane Gerichte, Cheesecake und Hauswein (99 B/Glas) sowie das obligatorische komplette englische Frühstück (plus einer veganen Variante). Macht früh auf und spät zu.

I (Heart) Salad CAFÉ $$
(Karte S. 600; Chalok Ban Kao; Hauptgerichte ab 120 B; ⌚8–21 Uhr; 📶) Das rustikale Lokal serviert viele gesunde Salate mit frischen Zutaten, eine Auswahl an vegetarischen und veganen Gerichten und klebrige Desserts. Dazu gibt's frische Obstsäfte und gesundes Frühstück nur mit Eiweiß.

Viewpoint Restaurant INTERNATIONAL $$$
(Karte S. 600; ☎077 456444; Chalok Ban Kao; 250–1100 B; ⌚7.30–22 Uhr) Das Viewpoint bietet mit seiner wunderschönen erhöhten Holzterrasse mit Blick auf die Ao Chalok Ban Kao ein äußerst romantisches Ambiente. Auch das Essen kann mit dem besten auf Ko Samui mithalten – man probiere den geschmorten Bauchspeck oder den ganzen Thunfisch aus dem Ofen. Abgesehen von den australischen Rindfleischgerichten sind die Preise angemessen.

Ausgehen & Nachtleben

★ Lotus Bar BAR
(Karte S. 604; ☎087 069 6078; Sairee Beach) Das Lotus ist der führende Late-Night-Spot an Sairees Nordende und bietet zudem spektakuläre Sonnenuntergänge aus der ersten Reihe. Muskulöse Feuerjongleure wirbeln brennende Fackeln durch die Luft, und die Drinks sind so groß, dass ein Rettungsschwimmer anwesend sein sollte.

★ Fizz BAR
(Karte S. 604; Sairee Beach; ⌚8–1 Uhr) Zum Sonnenuntergang auf einen grünen Sitzsack sinken, einen Designer-Cocktail bestellen und die hypnotisierende Brandung in Einklang mit einer Symphonie an Umgebungsgeräuschen auf sich wirken lassen. Einfach fantastisch!

★ Earth House BIERGARTEN
(Karte S. 600; www.theearthhousekohtao.com; ⌚Mo–Sa 12–24 Uhr) Dieses entspannte, abgeschiedene und ländliche Lokal serviert in einem verträumten Garten eine globale Auswahl an 40 Bieren, Craft-Bieren und Cider. Neben einem eigenen chilligen Baumhaus gibt's noch ein Restaurant (Mo–Sa 9–12 & 13–18 Uhr) und daneben sind Bungalows, in denen man seinen Rausch ausschlafen kann, wenn man zu viel Green Goblin (Cider) hatte. Das Earth House liegt an der Straße nach Ao Tanot, kurz vor der Abzweigung nach Ao Leuk.

Fishbowl Beach Bar BAR
(Karte S. 604; ☎062 046 8996; Sairee Beach; ⌚12–2 Uhr) Diese lebhafte Bar bietet unfassbare Aussichten auf den Sonnenuntergang; dazu gibt's ab 20 Uhr Feuershows, Livemusik und DJs.

Maya Beach Club BAR
(Karte S. 604; ☎080 578 2225; www.mayabeachclubkohtao.com; Sairee Beach; ⌚Sa–Do 12–21, Fr bis 2 Uhr) Das Maya konkurriert mit dem Fizz um den umwerfenden Blick auf den Sonnenuntergang und die entspannte Stimmung. Abends legen DJs auf und es wird Party gemacht. Eine Strandliege schnappen und sich niederlassen.

Unterhaltung

★ Queen's Cabaret KABARETT
(Karte S. 604; ☎087 677 6168; Sairee Village) Jeden Abend ist in dieser anheimelnden Bar etwas anderes los. Das Programm reicht von der typischen Show mit Abba-Glamour bis zu heißen Oben-ohne-Sängerinnen. Männer, die weit vorn sitzen, müssen aber damit rechnen, in die Show einbezogen zu werden. Es kostet keinen Eintritt, aber es wird erwartet, dass man einen (recht teuren) Drink zu sich nimmt – aber das ist es absolut wert.

Shoppen

Verglichen mit den Preisen zu Hause sind zwar die meisten Waren billig, doch Tauchausrüstungen stellen die große Ausnahme dar. Auf Ko Tao blättert man westliche Preise plus Versandkosten hin sowie eine Kommission auf jedes Stück – darum ist es besser, zu Hause oder online einzukaufen.

Apotheken verlangen sehr hohe Preise für importierte Sonnenmilch, Shampoos, Mückenschutz und andere Artikel, einschließlich Paracetamol und Aspirin. Preisgünstigere Alternativen findet man in den Filialen von 7-Eleven.

★ Hammock Cafe Plaeyuan HAUSHALTSWAREN
(Karte S. 600; ☎082 811 4312; ⌚So–Fr 9–18 Uhr) Das kleine Café in französischer und thai-

ländischer Hand mit Tischen an der Straße nach Chalok Ban Kao verkauft auch eine großartige Auswahl an bunten, von Mlabri handgewebten Hängematten, manche aus bis zu 3 km Stoff. Für eine Sitzhängematte zahlt man um die 1700 B und bis zu 5000 B für die kunstvollste. Zum Verkauf steht zudem schöner Schmuck.

Chez Albert ESSEN & TRINKEN
(Karte S. 604; ☎077 332577; Sairee Village; ⏲Mo–Sa 13.30 Uhr–open end) Der geschäftstüchtige Laden verkauft vor allem Wein, versorgt aber auch die Gaumen der Expats mit Kaffee, Käse, Aufschnitt und anderen importierten Gelüsten und gastronomischen Bedürfnissen.

ℹ Praktische Informationen

GEFAHREN & ÄRGERNISSE

Auch wenn ein Mietroller fürs Herumkommen äußerst praktisch ist, ist das hier mit Sicherheit nicht der Ort, um erst fahren zu lernen: Die Straßen von Ko Tao werden zwar immer weiter asphaltiert, aber manche sind immer noch gefährlich. Die Insel strotzt vor steilen Hügeln und Schotterpisten mit unerwarteten Sandgruben sowie Gräben auf der Straße. Mit einem Roller sollte man auf den guten Straßen bleiben und bei Unsicherheiten umdrehen. Und immer einen Helm tragen!

GELD

Mehrere **Banken** (Karte S. 604) säumen die Inselhauptstraße am äußersten Ortsrand von Mae Hat. Fast alle Tauchschulen akzeptieren Kreditkarten gegen eine Bearbeitungsgebühr von 3 %.

Geldwechselschalter findet man am Pier in Mae Hat und beim Chopper's in Sairee Beach.

Die Geldautomaten der örtlichen 7Elevens stehen rund um die Uhr zur Verfügung und befinden sich u. a. rund um Mae Hats Fähranleger.

ℹ DENGUEFIEBER

Achtung – das durch Moskitos übertragene Denguefieber ist eine reale und ernsthafte Gefahr. Der Virus kann sich wegen der überfüllten Touristengebiete und der geringen Größe der Insel rasant ausbreiten.

Bis jetzt gibt es keinen allgemein verfügbaren Impfstoff, darum kann man sich nur schützen, in dem man Moskitostiche verhindert, und zwar durch Insektenschutzmittel und lockere, aber schützende Kleidung.

Man sollte mit einrechnen, dass man für das Geldabheben meistens eine Gebühr von ca. 200 B bezahlt.

Geldautomaten (Karte S. 604) befinden sich beim Pier in Mae Hat und am Sairee Beach.

INFOS IM INTERNET

Koh Tao Complete Guide (www.kohtaocompleteguide.com) Praktische Website und eine ausgezeichnete, vierteljährliche und kostenlose Ausgabe in Buchform.

Koh Tao Online (www.kohtaoonline.com) Online-Version der Broschüre *Koh Tao Info*.

INTERNETZUGANG

WLAN ist in fast allen Resorts, Bars und Restaurants vorhanden.

MEDIZINISCHE VERSORGUNG

In der Umgebung von Mae Hat and Sairee gibt es mehrere Tageskliniken und Mini-Krankenhäuser, ernsthafte Gesundheitsprobleme sollte man aber unbedingt auf Ko Samui behandeln lassen.

Ko Tao Hospital (Karte S. 604; ☎077 456490; ⏲24 Std.) Für allgemeine medizinische und zahnärztliche Behandlungen.

NOTFALL

Polizei (Karte S. 604; ☎077 456631) Zwischen Mae Hat und Sairee Beach am ausgefahrenen Abschnitt der Strandstraße.

POST

Post (Karte S. 604; ☎077 456170; Mae Hat; ⏲Mo–Fr 9–17, Sa 9–12 Uhr) An der Kreuzung zwischen Ko Taos innerer Inselhauptstraße und Mae Hats „Down Road" (10–15 Gehminuten ab dem Pier).

TOURISTENINFORMATION

Die staatliche TAT hat auf Ko Tao kein Informationsbüro. Verkehrsmittel und Unterkünfte lassen sich bei den meisten Tauchshops oder jedem der vielen Reisebüros buchen. Solche Dienstleistungen sind immer mit kleinen Provisionen verbunden.

ℹ An- & Weiterreise

Preise und Abfahrtszeiten können sich ziemlich überraschend ändern. Zwischen Oktober und Dezember fallen Schiffspassagen mitunter wegen zu schweren Seegangs aus. Wer bei rauem Wasser schnell seekrank wird, sollte statt eines Lomprayah-Katamarans besser die Seatran-Fähre nehmen – diese durchpflügt die Wellen direkt, während die Lomprayah-Katamarane auf ihnen schaukeln. Achtung: Wenn man nach der Vollmondparty von Ko Pha-Ngan nach Ko Tao schippern möchte, sollte man Bootstickets unbedingt *mehrere* Tage im Voraus kaufen!

BUS

Bus-Boot-Pakete von/nach Bangkok gibt es in Reisebüros in ganz Bangkok und Südthailand; sie kosten etwa 1000 B. Die Fahrt dauert insgesamt etwa zwölf Stunden. In Chumphon endet die Busfahrt und es geht mit dem Boot weiter. Wer Richtung Bangkok unterwegs ist, kann auch in Hua Hin aussteigen (das Ticket ist genauso teuer wie das nach Bangkok).

FLUGZEUG

Nok Air (www.nokair.com) fliegt ein- oder zweimal täglich vom Don Mueng Airport in Bangkok nach Chumphon und zurück. Die Flüge von/nach Bangkok kosten meist um die 3000 B. In Chumphon gibt es einen nahtlosen Transfer zum Katamaran nach Ko Tao.

SCHIFF/FÄHRE

Der Bootsverkehr wird selten wegen des Wetters unterbrochen, aber während der Monsunzeit kann es ein paar Tage geben, an denen Verbindungen gestrichen werden, wenn die Wellen zu hoch sind.

Nach Ko Pha-Ngan

Der Katamaran von **Lomprayah** (Karte S. 604) verkehrt dreimal täglich (500–600 B); er verlässt Ko Tao um 6, 9.30 und 15 Uhr und erreicht Ko Pha-Ngan gegen 7, 10.45 und 16 Uhr. Die **Seatran** (Karte S. 604) Discovery Ferry (430 B) bietet die gleiche Verbindung an, legt jedoch erst um 6.30 Uhr ab. Das **Songserm** (Karte S. 604) Schnellboot (350 B) fährt täglich um 10 Uhr los und kommt um 11.30 Uhr auf Ko Pan-Ngan an. Die Abholung vom Hotel ist im Preis inbegriffen.

Nach Ko Samui

Der Katamaran von Lomprayah fährt zweimal täglich (600 B) von Ko Tao ab, und zwar um 9.30 und 15 Uhr, und erreicht Mae Nam auf Ko Samui über Ko Pha-Ngan gegen 11.20 und 16.40 Uhr. Ein früheres Schiff (700 B) startet um 6 Uhr nach Na Thon auf Ko Samui und kommt um 7.50 Uhr an. Die Seatran Discovery Ferry (600 B) bietet eine identische Verbindung um 6.30, 9 und 15 Uhr. Das Songserm-Schnellboot (500 B) legt täglich um 10 Uhr ab und erreicht Ko Samui (wieder über Ko Pha-Ngan) um 13.15 Uhr. Die Abholung vom Hotel ist im Preis inbegriffen.

Nach Surat Thani & zur Andamanenküste

Viele Reisende fahren über Ko Pha-Ngan oder Ko Samui nach Surat Thani. Alternativ dazu bucht man einen Katamaran von Lomprayah nach Surat Thani (800–1000 B), von wo es mit dem Bus weitergeht.

Nach Chumphon

Songserm-Fähren fahren um 14.30 Uhr ab und erreichen Chumphon (500 B) um 17.30 Uhr. Lomprayah-Katamarane (600 B) starten um 10.15 und 14.45 Uhr nach Chumphon, und kommen um 11.45 und 16.15 Uhr an.

ZUG

Auch mit der Bahn können Traveller auf eigene Faust nach Bangkok reisen: Zuerst geht's mit einem Boot nach Chumphon, dann ins Zentrum von Chumphon (oder in irgendeine andere Stadt an der oberen südlichen Golfküste) und von dort mit dem Zug nach Bangkok; wer aus Bangkok kommt, fährt die gleichen Teilstrecken in entgegengesetzter Richtung. Eine Fahrkarte nach Bangkok in der 2. Klasse kostet ca. 300 B, die Fahrt dauert etwa achteinhalb Stunden.

Der Hochgeschwindigkeitskatamaran Lomprayah fährt täglich um 10.15 und 14.45 Uhr von Ko Tao nach Chumphon (600 B, 1½ Std.), und ein Songserm-Schnellboot macht dieselbe Fahrt um 14.30 Uhr (500 B) und kommt um 17 Uhr an. Bei sehr hohen Wellen fahren möglicherweise nicht alle Fähren.

ℹ Unterwegs vor Ort

Bei bereits erfolgter Unterkunftswahl ist es sehr ratsam, rechtzeitig telefonisch einen Shuttle zu organisieren. Viele Tauchschulen bieten ebenfalls kostenloses Abholen bzw. Hinbringen an.

MOTORRAD

Bei Fahrten abseits der gut befestigten Hauptstraßen sind Leihmotorräder eine gefährliche Sache. Der Tagespreis beginnt bei 150 B für einen Roller, größere Leihmotorräder kosten ab 350 B. Bei Wochen- und Monatsmiete gibt es Rabatte. Von Geländefahrzeugen (ATVs) oder Jetskis sollte man lieber absehen – damit passieren viele Unfälle. Eine Flasche Benzin kostet an der Straße 50 B (auf Ko Samui 40 B).

SŎRNG·TĂA·OU

An Mae Hats Pier warten viele *sŏrng·tăa·ou*, Minibusse und Motorräder auf ankommende Fährpassagiere. Nach Sairee Beach oder Chalok Ban Kao bezahlen Einzelpersonen 200 B. Bei mindestens zweiköpfigen Gruppen werden 100 B pro Nase fällig. Touren von Sairee nach Chalok Ban Kao kosten 150 B pro Gruppenpassagier oder 300 B pro Einzelperson. Diese Preise sind kaum verhandelbar. Wer nicht 200 bis 300 B extra hinblättern will, muss warten, bis alle Taxiplätze belegt sind. Fahrten zur Ostküste sind doppelt so teuer. Zudem erhöhen die Chauffeure ihre Tarife, wenn Regen das Meistern der Inselstraßen erschwert.

WASSERTAXI

Wassertaxis starten in Mae Hat, Chalok Ban Kao und nahe der Vibe Bar am Nordabschnitt des Sairee Beach. Bootsfahrten nach Ko Nang Yuan kosten mindestens 100 B. Je nach Passagierzahl lassen sich Longtail-Boote für ca. 1500 B pro Tag chartern.

Ang Thong Marine National Park อุทยานแห่งชาติหมู่เกาะอ่างทอง

Die rund 40 schroffen Dschungelinseln des **Ang Thong Marine National Park** (Erw./Kind 300/150 B) verteilen sich wie die Perlen eines zerrissenen Smaragdhalsbands übers himmelblaue Meer: Jedes einzelne Eiland ist ein naturbelassenes Königreich mit steilen Kalksteinklippen, versteckten Lagunen und perfekten, pfirsichfarbenen Sandstränden. Diese traumhafte Inselchen inspirierten Alex Garland zu seinem Kultroman *Der Strand*.

Das Naturschutzgebiet in himmlischen Grün- und Blautönen besucht man am besten im Februar, März oder April. Wegen des starken Seegangs zur Monsunzeit ist der Park im November und Dezember fast immer geschlossen.

Sehenswertes

Alle geführten Touren machen Station an der Parkverwaltung auf **Ko Wua Talap**, der größten Insel des Archipels. Je nach saisonalem Wasserstand und Wetter sind auf **Ko Samsao** oder **Ko Tai Plao** natürliche Steinbögen erkennbar. Wegen der recht geringen Meerestiefe (max. 10 m) rund um die Inselkette sind hier große Korallenriffe nur in ein paar geschützten Ecken auf der südwestlichen und nordöstlichen Seite entstanden.

Nahe Ko Tai Plao und Samsao gibt's ein flaches Korallenriff mit ordentlichen, aber keinesfalls hervorragenden Schnorchelmöglichkeiten. An mehreren Stellen können Tauchanfänger flache Höhlen erkunden und bunte Korallengärten, Schildkröten oder Nattern-Plattschwänze (eine hochgiftige Seeschlangenart) bewundern. Pulvrig weiche Sandstrände säumen **Ko Tai Plao**, **Wuakantang** und **Ko Hintap**.

Aussichtspunkt AUSSICHTSPUNKT

(Ko Wua Talap) Dieser Aussichtspunkt bietet den vielleicht tollsten Panoramablick Thailands: Von ganz oben schaut man weit über die schroffen Nachbarinseln, die in faszinierenden Formationen aus dem ruhigen, türkisfarbenen Wasser ragen. Der Aufstieg über den steilen Pfad zum Aussichtspunkt (450 m) dauert ca. eine Stunde. Wanderer sollten feste Schuhe tragen und sich auf den scharfkantigen Kalksteinfelsen angemessen langsam bewegen.

Ein zweiter Pfad führt zur **Tham Bua Bok**, einer Höhle mit lotusförmigen Stalagmiten und Stalagtiten.

Emerald Lagoon SEE

(Ko Mae Ko) Das „Smaragdmeer" auf Ko Mae Ko wird auch Inneres Meer genannt und ist ein beeindruckend großer See (250 x 350 m) in der Inselmitte mit himmlisch minzfarbenem Wasser. Besucher dürfen ihn bewundern, aber nicht hinabsteigen: Der See ist für den unreinen menschlichen Körper absolut tabu. In nächster Nähe geht's über mehrere Treppenfluchten hinauf zu einem spektakulären **Aussichtspunkt**.

Geführte Touren

Am besten erlebt man Ang Thong bei einer der vielen geführten Touren ab Ko Samui oder Pha-Ngan. Der Preis beinhaltet normalerweise Mittagessen, Schnorchelausrüstung, Hotelshuttles und einen (hoffentlich!) kompetenten Guide. Luxusresorts bieten oft Privatboote für Gäste-Gruppenausflüge. Manche Mittelklasse- und Budget-Bleiben betreiben ebenfalls eigene Boote. Falls nicht, stellen sie stressfrei den Kontakt zu Tourveranstaltern her. Tauchzentren auf Ko Samui und Pha-Ngan veranstalten Sporttauchtouren zum Park. Allerdings sind Ang Thongs Tauchspots nicht in der Kategorie Weltklasse zu finden wie die rund um Ko Tao und Pha-Ngan.

Oft werden Tourfirmen so schnell wieder geschlossen, wie sie neu eröffnet haben – daher am besten bei der eigenen Unterkunft nach einem aktuellen Verzeichnis fragen!

Schlafen & Essen

In Ang Thong gibt es keine Resorts, doch auf Ko Wua Talap hat der Nationalpark fünf Bungalows errichtet, in denen zwischen zwei und acht Personen übernachten können (500–1400 B). Zudem können Camper in speziell ausgewiesenen Zonen ihr Zelt aufschlagen. Es ist möglich, online zu buchen, allerdings müssen die Kunden innerhalb von zwei Tagen nach der Reservierung Geld überweisen. Um zu reservieren, wendet man sich an die Nationalparkbüros.

Bei den Touren, die Besucher zum Marine National Park hin und zurück fahren, ist normalerweise Essen enthalten. Ein Restaurant findet man am Hauptbüro des Parks.

Praktische Information

Nationalparkbüros (☎077 286025; www.dnp.go.th)

Anreise & Unterwegs vor Ort

Den Park erreicht man am besten in einer privaten Tagestour ab Ko Samui oder Pha-Ngan (28 bzw. 32 km entfernt). Die Inseln liegen zwischen Ko Samui und dem Hauptanleger in Don Sak. Sie werden jedoch nicht von Fähren angesteuert.

PROVINZ SURAT THANI

Surat Thani อำเภอเมืองสุราษฎร์ธานี

077 / 128 990 EW.

Surat Thani, Thai für „Stadt der guten Menschen", war einst die Hauptstadt des alten Srivijaya-Reichs. Heute hat sich der typisch thailändische Ort zu einem Verkehrsknotenpunkt entwickelt, durch den Waren und Menschen geschleust werden. Kaum ein Traveller legt auf dem Weg zu den beliebten Inseln Ko Samui, Ko Pha-Ngan und Ko Tao hier eine Pause ein, doch wer authentische thailändische Arbeiterstädte und gute südthailändische Snacks mag und gern in chinesischen Tempeln herumschnüffelt, sollte sich die Stadt nicht entgehen lassen.

Von ihrer erhöhten Position blickt die riesige **Statue des Guanyin** (Kwan Im; Th Na Muang) herunter, der buddhistische Bodhisattva des Mitgefühls (der eher der Mahayana-Tradition zugeordnet wird). Die Statue steht neben einem Tempel und einer der Gottheit gewidmeten Wohlfahrtsorganisation, deren eigener Krankenwagen durch die Straßen fährt.

Schlafen

Die Preise sind niedrig und man kommt mit relativ wenig Baht ziemlich weit. Wer ganz knapp bei Kasse ist, flitzt schnell durch die Stadt und nimmt die Nachtfähre zur gewünschten Insel.

My Place @ Surat Hotel HOTEL $
(077 272288; 247/5 Th Na Muang; DZ 490–590 B, FZ 620 B;) Nur Lächeln und kein Staubkörnchen in diesem ausgezeichneten Hotel im Zentrum. Es gibt große, saubere Zimmer, helle Wandfarben, bunte Kissen, moderne Kunst an den Wänden und Duschen mit ordentlichem Druck – und zusätzlich ein sehr gutes Preis-Leistungs-Verhältnis. Es ist zwar eine Budgetunterkunft, aber sie wirkt nicht so; hier wird sich fast jeder wohlfühlen. Frühstück wird in dem mittelmäßigen Café nebenan serviert.

Wangtai Hotel HOTEL $$
(077 283020; 1 Th Talad Mai; Zi. 800–2000 B;) Gegenüber vom TAT-Büro (S. 616) auf der anderen Flussseite ist das Wangtai eine elegante Marmorunterkunft im Stadtzentrum und bietet 230 angenehme und gemütliche, ziemlich typische Zimmer mit guter Aussicht auf die Stadt.

Essen & Ausgehen

In Surat Thani bekommt man überall köstliche Straßensnacks am Mittag und am Abend. Neben dem zentralen Nachtmarkt öffnen jeden Abend auch Stände in der Nähe der Abfahrtskais der Nachtboote zu den Inseln; außerdem findet am Sonntagnachmittag ein **Sonntagsmarkt** (16–21 Uhr) in der Nähe des TAT-Büros statt. Tagsüber wird an vielen Ständen in der Nähe des Busbahnhofs im Zentrum *kôw gài òp* (mariniertes gebackenes Hühnchen auf Reis) verkauft.

In Surat Thani gibt es keine tolle Auswahl an Bars und die Stadt ist nach Sonnenuntergang ziemlich ruhig.

Sweet Kitchen INTERNATIONAL $
(Hauptgerichte ab 80 B) Das Restaurant lockt sowohl mit entspannter Musik und einem charmanten, gemütlichen Innenraum als auch mit einer guten Karte und höflichem Service. Die Gerichte reichen von einer ausgezeichneten Meeresfrüchtesuppe über Pasta bis zu Filet Stroganoff und reihenweise thailändischen Speisen. Außerdem gibt es eine gute Auswahl an vegetarischen Optionen.

Nachtmarkt MARKT $
(Sarn Chao Ma; Th Ton Pho; Gerichte ab 35 B; 18–23 Uhr) Eine Mischung an Köstlichkeiten, darunter massenweise mariniertes Fleisch am Spieß, das auf der Zunge zergeht, frische Fruchtsäfte, Nudelgerichte und Nachtische.

Milano PIZZA $$
(084 011 2709; Th Bandon; Pizzas ab 190 B; 12–22 Uhr) Das häufig überraschend gut besuchte italienische Restaurant in der Nähe des Piers backt eine leckere Auswahl an Pizzas, während Pasta, weitere internationale Gerichte und Hausmannskost die sehr gute Karte abrunden.

Praktische Informationen

In der Th Na Meuang im Stadtzentrum findet sich praktisch an jeder Ecke eine Bank, darunter eine praktische Filiale direkt dort, wo der Rummel passiert.

Surat Thani

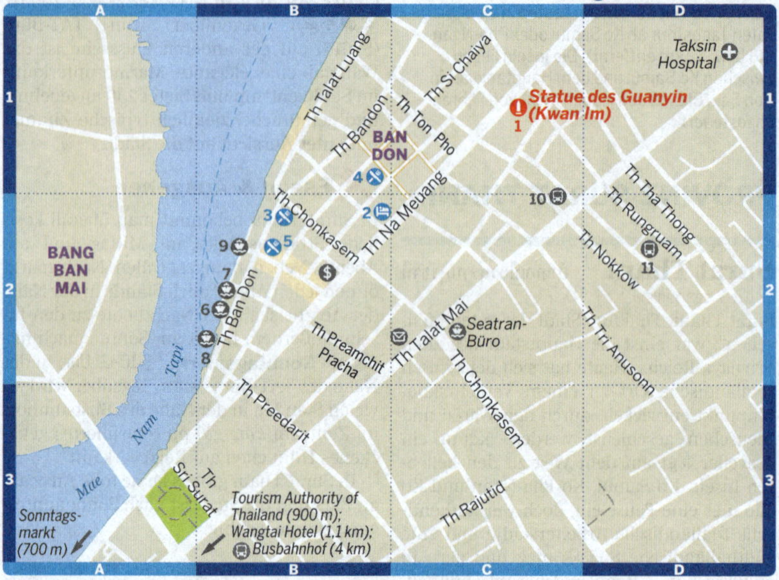

Surat Thani

Highlights
1 Statue des Guanyin (Kwan Im) C1

Schlafen
2 My Place @ Surat Hotel B2

Essen
3 Milano B2
4 Nachtmarkt B1
5 Sweet Kitchen B2

Transport
6 Fähre nach Ko Samui B2
7 Pier der Ko-Tao-Nachtfähre B2
Lomprayah .... (siehe 9)
8 Nachtboote nach Ko Pha-Ngan B2
9 Seatran Discovery B2
Songserm .... (siehe 9)
10 Busbahnhof Talat Kaset 1 .... C2
11 Busbahnhof Talat Kaset 2 .... D2

Post (☎ 077 272013, 077 281966; ⏲ Mo–Fr 8.30–16.30, Sa & So 9–12 Uhr)

Taksin Hospital (☎ 077 273239; Th Talat Mai) Das professionellste der drei Krankenhäuser liegt gleich hinter dem Talat-Mai-Markt im Nordosten der Innenstadt.

Tourism Authority of Thailand (TAT; ☎ 077 288818; 5 Th Talat Mai; ⏲ 8.30–16.30 Uhr) Freundliches Büro im Südwesten der Stadt, das jede Menge nützlicher Broschüren und Karten verteilt. Die Mitarbeiter sprechen gut Englisch.

An- & Weiterreise

Für Touren nach Ko Pha-Ngan bzw. Ko Tao von Bangkok oder Hua Hin aus sollte man mit dem Zug oder Bus und Boot besser über Chumphon als über Surat fahren. Man spart Zeit und die Reise ist angenehmer. Traveller nach/von Ko Samui reisen meistens einfach durch.

FLUGZEUG

Etwa 18 km westlich des Stadtzentrums bietet der Surat Thani International Airport tägliche Shuttles nach Bangkok von Thai Air Asia (www.airasia.com), Thai Smile, Thai Lion Air und Nok Air (www.nokair.com). Flüge von Bangkok nach Surat Thani sind zwar preiswerter als Flüge nach Samui, allerdings braucht man auch eine ganze Menge Zeit vom Flughafen zu den Golfinseln. Air Asia bietet einen praktischen Bus-Boot-Shuttle für ihre Flüge, was den Stress etwas abmildert.

SCHIFF/FÄHRE

Mehrere Unternehmen betreiben Fährverbindungen zu den Inseln. Empfehlenswert sind z. B. **Lomprayah** (S. 577), **Seatran Discovery** (☎ 077 275063; www.seatrandiscovery.com) und auch **Songserm** (☎ 077 377704; www.songserm-expressboat.com).

Bus-Boot-Kombitickets

In der Hauptsaison finden Traveller in der Regel problemlos Bus-Boot-Kombinationen direkt vom Bahnhof Phun Phin (der sich 14 km westlich von Surat befindet) nach Ko Samui und Ko Pha-Ngan. Sie sind nicht teurer als die Fahrt von Surat aus und können viel Wartezeit ersparen.

Zudem betreiben diverse Unternehmen Fähren und Schnellboote zwischen Surat Thani und Ko Tao, Ko Pha-Ngan und Ko Samui. Die meisten Boote, darunter auch die von Raja und Seatran, fahren ab Don Sak (etwa 1 Std. von Surat; der Bustransfer ist im Preis enthalten); die Songserm-Boote starten aber in Surat. Die Fahrt mit den Raja-Fähren kann frustrierend sein, vor allem wenn man wenig Zeit hat. Nach Ko Samui dauert die Fahrt etwa eineinhalb Stunden, nach Ko Pha-Ngan ca. zweieinhalb; allerdings drosselt der Kapitän den Motor oft auf halbe Kraft, sodass die Fahrt bis zu fünf Stunden dauern kann.

Nachtboot

Im Zentrum Surats starten Nachtboote nach **Ko Tao** (600 B; 8 Std., Abfahrt 23 Uhr), **Ko Pha-Ngan** (400 B; 7 Std., Abfahrt 23 Uhr) und **Ko Samui** (300 B; 6 Std., Abfahrt 23 Uhr). Dies sind Frachtschiffe, keine Luxusboote, daher sollte man Essen und Wasser selbst mitnehmen und auf sein Gepäck achten.

BUS & MINIVAN

Der Süden lässt sich am praktischsten mit den häufigen Bussen und Minivans erkunden, die an zwei lokalen Busbahnhöfen namens Talat Kaset 1 und Talat Kaset 2 abfahren. Auf der Nordseite der Th Talat Mai (Surats Hauptstraße) befindet sich der **Talat Kaset 1** mit schnellen Verbindungen nach Nakhon (120 B, 1½ Std.). Auch Busse nach Phun Phin – der von Surat Thani nächstgelegene Bahnhof – starten am Talat Kaset 1. Am **Talat Kaset 2**, auf der Südseite der Th Talat Mai, findet man Busse nach Phuket und Hat Yai, und regelmäßige Minibusse nach Khanom (100 B, 90 Min., stündl.).

Der „neue" Busbahnhof ist nunmehr ein paar Jahre alt, wird aber von Einheimischen immer noch so genannt. Er liegt 7 km südlich der Stadt in Richtung Phun Phin und ist für Verbindungen nach bzw. ab Bangkok zuständig (380–800 B, 11–14 Std.).

Busse & Minivans ab Surat Thani

ZIEL	PREIS	DAUER
Bangkok	425–860 B	10 Std.
Hat Yai	165–300 B	5 Std.
Khanom	100 B	1 Std.
Krabi	170 B	2½ Std.
Phuket	270 B	6 Std.
Trang	180 B	2 Std. 10 Min

ZUG

Wer mit dem Zug ankommt, landet in Phun Phin, einer uninteressanten Stadt 14 km westlich von Surat. Von Phun Phin fahren Busse nach Phuket, Phang-Nga und Krabi – einige davon über Takua Pa, von wo es zum Khao Sok National Park geht. Ab Surat gibt es häufigere Verbindungen, es lohnt sich aber, sich in Phun Phin zuerst die Fahrpläne anzuschauen, so erspart man sich vielleicht eine lahme Fahrt zwischen beiden Städten.

Wer die Fahrt tagsüber unternehmen möchte, ist mit den Expresszügen am besten beraten. Nachts sind die klimatisierten Liegewagen die beste Option. Die Züge von Surat nach Bangkok machen in Chumphon und Hua Hin Halt; von Surat Richtung Süden halten sie in Trang, Hat Yai und Sungai Kolok und überqueren dann die Grenze. Im Bahnhof von Phun Phin gibt es eine Gepäckaufbewahrung, die rund um die Uhr geöffnet ist; pro Tag kostet das Einlagern ca. 20 B. Das Büro, das Fahrkarten im Voraus verkauft, ist von 6 bis 18 Uhr geöffnet (wobei irgendwann zwischen 11 und 13.30 Uhr eine Stunde wegen einer nebulösen Mittagspause geschlossen ist). Die Fahrt nach Bangkok dauert achteinhalb Stunden und kostet je nach Klasse 297 bis 1379 B.

ℹ Unterwegs vor Ort

Klimatisierte Vans zum/ab Surat Thani Airport kosten etwa 100 B pro Person und bringen Passagiere bis zum Hotel.

Innerhalb der Stadt sind *sŏrng·tăa·ou* unterwegs, die zwischen 10 und 30 B kosten (vom Zentrum nach Tesco Lotus sind es etwa 30 B).

Ventilatorgekühlte Busse von Orange fahren alle zehn Minuten vom Bahnhof Phun Phin nach Surat Thani (15 B, 25 Min.). Dafür nehmen Taxis nur 200 B für maximal vier Leute, Sammeltaxis 100 B pro Person. Weitere Taxipreise hängen gleich nördlich vom Bahnhof an der Fußgängerbrücke aus.

PROVINZ NAKHON SI THAMMARAT

Die Provinz Nakhon Si Thammarat ist die Heimat des höchsten Gipfels von Süd-Thailand – der Khao Luang (1835 m), umgeben von den majestätischen Wäldern des Khao Luang National Park. Reisenden ist die Provinz bestens bekannt für den atemberaubenden Wat Phra Mahathat Woramahawihaan in der gleichnamigen Provinzhauptstadt. Mehr als die Summe ihrer Teile ist die Hauptstadt ein angenehmer Ort, vor allem wenn man gerade von Ko Samui, Ko Pha-Ngan oder Ko Tao kommt und auf der Suche nach ein bisschen echter Thai-Atmosphäre ist.

Ao Khanom อ่าวขนอม

Auf halber Strecke zwischen Surat Thani und Nakhon Si Thammarat liegt die malerische Bucht Ao Khanom ruhig am blauen Meer. Die Reisenden, die scharenweise auf die nahen Dschungelinseln strömen, übersehen diese ursprüngliche Region, die einfach Khanom genannt wird; doch sie ist eine schöne Option für Traveller auf der Suche nach einem friedlichen Strand, der nicht vom Kommerz verschandelt ist. Das Wasser ist frei von Jetskis, um die örtlichen rosa Delfine zu schützen, was diese Region besonders beschaulich und unberührt macht. Geführte Touren zeigen Besuchern die Delfine in ihrer natürlichen Umgebung.

Der Strandbereich ist recht lang und besteht eigentlich aus zwei Stränden: dem langen Hauptstrand Hat Nadan und dem kleineren, etwas abgelegeneren Hat Nai Plao. Hinter letzterem Strand liegt der sehr ruhige Hat Thong Yi am Ende der Straße, der wegen seiner wilden Atmosphäre wirklich ein Besuch wert ist. Zudem befinden sich in dieser Gegend mehrere unberührte geologische Highlights, darunter Wasserfälle und Höhlen.

Sehenswertes

Rosa Delfine

Die außergewöhnlichsten Bewohner von Khanom sind die rosa Delfine – eine seltene Albino-Unterart mit einer faszinierend rosafarbenen Haut. Während der Morgen- und Abenddämmerung sind sie regelmäßig am alten Bootssteg und am Pier des Elektrizitätswerks zu sehen. Viele Resorts organisieren inzwischen Tagestouren (ab 1700 B), die neben der Delfinbeobachtung per Boot auch den Besuch der Höhlen und Wasserfälle der Gegend beinhalten.

Wer einfach nur die Delfine sehen möchte, kann für 1200 B (max. 6 Pers.) ein Boot ausleihen, einfach im Hotel nachfragen.

Höhlen

An der Hauptstraße (Hwy 4014) zwischen Khanom und Don Sak liegen zwei schöne Höhlen. In der **Khao Wang Thong** weist eine Lampenreihe Besuchern den Weg durch die Höhlenräume und schmalen Passagen. Den Eingang verschließt ein Metalltor; den Schlüssel bekommt man im Haus am Fuß des Hügels (möglichst eine kleine Spende dalassen!). Rechts von der Hauptstraße an der Rd 4142 liegt die **Khao Krot** mit zwei großen Höhlenräumen (Taschenlampe mitbringen).

Andere Highlights

★ Hat Thong Yi STRAND

Um wirklich mal dem Trubel zu entkommen, fährt man auf der Hauptstraße am Strand entlang so weit, wie es geht, bis diese auf die 4073 trifft, biegt dann links ab und folgt der Küste an Hat Nai Plao vorbei weiter Richtung Süden. Bis zum Ende durchfahren, dann landet man schließlich am reizenden und häufig menschenleeren Strand Hat Thong Yi mit fantastischen Blicken zurück auf die Bucht. Ein Restaurant am Strand sorgt für das leibliche Wohl.

Dat Fa Mountain BERG

(Khao Dat Fa) Der Dat Fa (Khao Dat Fa; 732 m), der sich etwa 5 km westlich der Küste am Hwy 4014 (auf die Schilder achten) erhebt, wartet mit einem postkartenwürdigen Blick auf die geschwungene Küste auf. Die Gegend ist touristisch nicht sonderlich entwickelt und der Hügel meistens verwaist, sodass man ungestört anhalten und einige Fotos schießen kann.

Samet Chun Waterfall WASSERFALL

Am größten Wasserfall der Gegend können sich Besucher in lauwarmen Becken abkühlen und Blicke bis zur Küste genießen. Zum Wasserfall geht es von Ban Kanom zunächst nach Süden, am blauen Schild für Samet Chun biegt man links ein, folgt der Straße ca. 2 km, und biegt rechts ab, nachdem man einen kleinen Fluss überquert hat. Nun geht es auf der unbefestigten Straße den Berg hinauf, bis nach ca. 15 Minuten der Wasserfall hörbar ist und rechts ein kleiner Pfad auftaucht.

Hin Lat Falls WASSERFALL

Der malerische Hin Lat südlich von Hat Nai Plao ist der kleinste Wasserfall in der Region und am leichtesten zu erreichen. Es gibt Becken, in denen man schwimmen kann, und mehrere Hütten, die Schatten spenden.

Schlafen

Khanoms Strände sind nach wie vor sehr unauffällig und ein ruhiger Zufluchtsort. Viele Resorts haben nur wenige Gäste, und weil die Anlagen oft lange nicht benutzt werden, können manche Zimmer etwas feucht sein. Am besten meidet man die großen Hotels und hält sich an die Bungalowanlagen am Strand. Hier ist es nicht wie auf Ko Samui: Die Optionen liegen recht weit voneinander entfernt, man braucht also ein Fahrzeug, um sich ein paar anzusehen.

Suchada Villa BUNGALOWS $
(☎075 528459; Hat Naiplau; Bungalow inkl. Frühstück 800–1000 B; ❄📶) Das Suchada liegt gleich ab von der Hauptstraße und nur fünf Minuten zu Fuß vom Strand. Es ist an seinen bunten, süßen Bungalows erkennbar.

Sea Breeze House BUNGALOW $$
(☎081 276 1457; www.naiplao.com; Hat Nai Plao; Zi. 850–1650 B; 📶) Diese reizende Unterkunft unter Schweizer Leitung und in sehr abgeschiedener Lage hat ausgezeichnete Zimmer zum Strand, darunter eine große Suite. Wer Ruhe und Frieden sucht, dazu wunderbare Aussichten auf den Sonnenaufgang und die Chance, rosa Delfine zu sehen, ist hier genau richtig – allerdings braucht man einen fahrbaren Untersatz, um zu einem Lokal zu gelangen.

Talkoo Beach Resort BUNGALOW $$
(☎089 871 4442; www.talkoobeachresortkhanom.com; Hat Nadan; Bungalow 1000–1500 B; ❄📶🏊) Das Talkoo bietet mehrere Bungalows in einem Garten am Strand und preiswertere Varianten auf einem trockenen, kargen Gelände auf der anderen Seite der Hauptstraße. Alle sind gut in Schuss, geräumig und komfortabel und warten mit charmanten Details wie naturnahen Badezimmern und traditioneller Kunst auf.

Racha Kiri RESORT $$$
(☎075 300245; www.rachakiri.com; Bungalow 3550–7150 B; ❄📶🏊) Khanoms Nobelrefugium mit Spa, Pool und eleganten Zimmern ist ein schöner Campus mit weitläufigen Villen. Der hohe Preis schreckt die Massen ab und die Lage ist ruhig. Die Zimmer haben eine Terrasse.

Khanom Hill Resort BUNGALOW $$$
(☎081 956 3101; www.khanom.info; Hat Naiplau; Bungalow inkl. Frühstück 2900–3900 B; ❄📶🏊) Viele Traveller schwärmen von diesem Resort, das auf einem kleinen Hügel an einem traumhaften weißen Sandstrand liegt. Zur Wahl stehen moderne Betonvillen mit Strohdächern, preiswertere Bungalows im Thai-Stil und große, für Familien geeignete Apartments. Alle Optionen sind sauber und komfortabel.

Essen & Ausgehen

Preiswertes Essen gibt's am Hat Kho Khao am Ende der Rte 4232. Mehrere Grillimbisse bieten typische Leckereien wie *mŏo nám đòk* (scharfer Salat mit Schweinefleisch) und *sôm·đam* (scharfer grüner Papaya-Salat) an. Weiter im Inland finden mittwochs und sonntags Märkte statt und die Küstenstraße ist gesäumt von einer Auswahl an Thai- und westlichen Restaurants, alle mit Meerblick.

Viele Restaurants am Strand verwandeln sich nach Sonnenuntergang in Bars.

★ **Le Petit Saint-Tropez** INTERNATIONAL $$
(☎093 727 0063; Hauptgerichte ab 300 B; ⌚8–21.30 Uhr) Das charmante Restaurant in offener, luftiger Lage serviert mit Blick auf das Meer köstliche französische und thailändische Gerichte.

CC Beach Bar & Bungalows INTERNATIONAL $$
(☎087 893 8745; www.ccbeachbarthai.wordpress.com; Hauptgerichte 100–300 B; ⌚9–24 Uhr) Diese Strandbar mit Restaurant und wunderbarem Blick auf die Bucht bietet eine gute Auswahl an thailändischen und westlichen Speisen. Englisches Frühstück, Fish & Chips, Gemüsecurry, Pizza und Salat mit frittiertem Wels stehen auf der Karte. Abends dient es auch als Bar.

Praktische Informationen

Im Zentrum von Khanom gibt es einen 7-Eleven mit Geldautomat.

Die Polizeiwache und das Krankenhaus befinden sich gleich südlich von Ban Khanom an der Kreuzung, von der es zum Hat Kho Khao geht.

An- & Weiterreise

Minivans aus Surat Thani und Nakhon fahren täglich zu jeder vollen Stunde zwischen 5 und 17 Uhr und halten in Khanom, das mehrere Kilometer vom Strand entfernt liegt.

Eine Taxifahrt zum/vom Bootsanleger in Don Sak, von wo die Boote zu den Golfinseln fahren, kostet 1000 B, eine Motorradtaxifahrt etwa 300 B.

Unterwegs vor Ort

Von Khanom fahren Motorradtaxis je nach Entfernung für 25 bis 100 B zu den Stränden. Wer im Voraus bucht, wird eventuell vom Personal der Unterkunft kostenlos in Khanom abgeholt.

Traveller, die ihre Unterkunft erreicht haben, kommen dort nur schwer vom Fleck, es sei denn, sie haben ein eigenes Fahrzeug oder buchen eine Tour bei ihrem Hotel. Die beste Lösung ist aber ein Leihroller. Es gibt einen Verleih an dem Punkt, wo die Busse aus Surat Thani halten, der etwa 150 B pro Tag verlangt.

Nakhon Si Thammarat

อำเภอเมืองนครศรีธรรมราช

☎075 / 120836 EW.

Die historische Stadt Nakhon Si Thammarat (meist kurz nur „Nakhon" genannt), in der einer der bedeutendsten Tempel des Königreichs steht, ist ein lohnenswerter Halt zwischen Hat Yai und Surat Thani.

Vor Hunderten Jahren war die Überlandroute zwischen dem Westhafen Trang und dem Osthafen Nakhon Si Thammarat eine von Thailands Haupthandelsverbindungen zur übrigen Welt. Vom einstigen Zustrom kosmopolitischen Dünkels zeugen bis heute die lokale Küche, Tempel und Museen.

Sehenswertes

Südlich vom Uhrturm liegt der ehrfurchtgebietende Wat Mahathat, in der Nähe des Parks und des Platzes von Sanam Na Muang befinden sich die wunderschönen Überreste der historischen Ziegelsteinstadtmauer. Bewundernswert sind zudem die goldfarbenen Statuen der zwölf Tiere des thailändischen Tierkreises oben auf den Laternenpfählen an der Th Ratchadamnoen. Jede einzelne repräsentiert einen der zwölf Stadtstaaten, die dem Königreich Nakhon Si Thammarat untertan waren.

★Wat Phra Mahathat Woramahawihaan TEMPEL
(Th Si Thamasok; ⏲8.30–16.30 Uhr) GRATIS Der atemberaubende Wat Phra Mahathat Woramahawihaan (kurz „Mahathat") ist Südthailands bedeutendster Wat und beherbergt eine imposante, 77 m hohe weiße *chedi* (Stupa) mit Goldkrone, die in den Himmel ragt. Der Legende zufolge brachten Königin Hem Chala und Prinz Thanakuman vor mehr als 1000 Jahren kostbare Reliquien nach Nakhon und bauten eine kleine Pagode zum Schutz der Kleinode. Seitdem ist der Tempel zu einer weitläufigen Anlage angewachsen, zu der täglich Menschenmassen pilgern, um die beliebten Jatukham-Amulette zu kaufen.

Schattenspielfiguren-Museum MUSEUM
(Th Si Thamasok Soi 3; ⏲9–16.30 Uhr) GRATIS Es gibt zwei Arten der regionalen Schattenspielfiguren: *năng đà·lung* und *năng yài*. Erstere sind nur 1 m hoch und haben bewegliche Gliedmaßen, Letzere sind fast lebensgroß und haben keine beweglichen Bestandteile. Beide Arten werden aufwändig aus Kuhhaut hergestellt. In Suchart Subsins Puppenhaus gibt es ein kleines Museum, in dem Mitarbeiter das Ausschneiden der Figuren zeigen und kleine Vorführungen geben (50 B).

Nationalmuseum MUSEUM
(☎075 341075; Th Ratchadamnoen; 150 B; ⏲Mi–So 9–16 Uhr) Als das Königreich Tampaling bzw. Tambralinga mit Kaufleuten aus Indien, Arabien, Dvaravati und Champa handelte, wurde die Region um Nakhon zu einem Schmelztiegel des Kunsthandwerks. Relikte aus dieser Zeit gibt's heute in diesem interessanten Nationalmuseum zu sehen.

Alte Stadtmauer RUINEN
Die faszinierenden und gut erhaltenen Überreste der Ziegelsteinstadtmauer stehen in mehreren Abschnitten entlang des Kanals Khlong Na Meuang beim Park und Platz von Sanam Na Muang, auf beiden Seiten der Th Ratchadamnoen.

Schlafen

Nakhon versprüht den besonderen und authentischen Charme einer echten thailändischen Stadt, auch wenn die Auswahl an Unterkünften nicht besonders ist. Trotzdem findet man einige ausreichende Optionen nicht weit entfernt vom Bahnhof – man darf nur nicht erwarten, dass man ausgerechnet hier das schönste Hotel seines Urlaubs entdeckt.

Thai Hotel HOTEL $
(☎075 341509; fax 075 344858; 1375 Th Ratchadamnoen; Zi. mit Ventilator/Klimaanlage 350/450 B; ❄📶) Nicht weit entfernt vom Bahnhof ist dieses halbwegs schicke Hotel die zentralste Schlafmöglichkeit in der Stadt und absolut annehmbar. Die Wände sind etwas dünn und das WLAN ist unzuverlässig, aber die Zimmer mit TV sind sauber und preisgünstig und die oberen Stockwerken bieten eine gute Aussicht auf das städtische Getümmel. Auch das Personal ist freundlich.

Nakorn Garden Inn HOTEL $
(☎075 323777; 1/4 Th Pak Nakhon; Zi. 445 B; ❄📶) Mit seiner schönen pflanzenreichen Umgebung scheint dieses Hotel eher in einen schattigen Dschungel zu gehören als ins Zentrum, leider sind die meisten Zimmer mit bloßen Backsteinen ziemlich düster, dafür gibt es Klimaanlage, TV, heißes Wasser und Kühlschränke. Außerdem ist es mal eine rustikale Abwechslung zu einem Betonblock und zudem noch preiswert, das Personal spricht aber kein Wort Englisch.

NICHT VERSÄUMEN

KHAO LUANG NATIONAL PARK

Der **Khao Luang National Park** (อุทยานแห่งชาติเขาหลวง; ☎075 300494; www.dnp.go.th; Erw./Kind 400/200 B) rund um den Gipfel des Khao Luang (1835 m) ist für schöne Berg- und Waldwanderpfade, kühle Bäche, Wasserfälle und Obsthaine bekannt. Die hoch aufragende, mit Urwald bedeckte Bergkette ist der Lebensraum einer Fülle von Vogelarten, hier sind angehende Vogelexperten genau richtig. Zudem wachsen im Park mehr als 300 Orchideenarten, von denen man einige nirgendwo sonst auf der Welt findet. Zelten ist erlaubt, außerdem gibt es **Bungalows** (☎075 300494; www.dnp.go.th; 600–2000 B/Nacht). Im Hauptquartier des Parks befindet sich ein Restaurant.

Zum Park geht es für etwa 40 B mit einem *sŏrng·tăa·ou* (Pick-up-Minibus) von Nakhon Si Thammarat nach Lan Saka; meistens fahren die Fahrer auch das zusätzliche Stück bis zum Parkhauptquartier. Der Eingang zum Park und die Büros des Royal Forest Department liegen 33 km vom Zentrum von Nakhon an der Rte 4015, einer Asphaltstraße, die auf den 2,5 km zu den Büros fast 400 m ansteigt, zum Parkplatz sind es weitere 450 m. Auf der Website des Parks stehen viele aktuelle Informationen.

Twin Lotus Hotel HOTEL $$$
(☎075 323777; www.twinlotushotel.net; 97/8 Th Phattanakan Khukhwang; Zi. 1500–2500 B; ❄ 📶 🏊) Man sieht ihm sein Alter an, aber das Twin Lotus mit 401 akzeptablen Zimmern ist immer noch eine gute Wahl für den gehobeneren Geschmack in Nakhon. Das 16-stöckige Gebäude liegt 2 km südöstlich vom Stadtzentrum, auf der anderen Straßenseite ist ein Tesco.

Essen

Nakhon eignet sich hervorragend, um Gerichte mit einer besonderen südthailändischen Note zu probieren. Abends verkaufen muslimische Imbissstandbetreiber köstliche *kôw mòk gài* (Hühnchen-*biryani*), *má·đà·bà* (*murdabag;* indische Pfannkuchen mit Hühnchen- oder Gemüsefüllung) und Roti. Ein gutes Angebot gibt's in der Th Neramit, die später zur Th Pak Nakhon wird – jeden Abend öffnen hier viele Imbissstände.

★ **Krua Talay** THAI $
(1204/29-30 Th Pak Nakhon; Gerichte 50–300 B; ⏲16–22 Uhr) Gegenüber vom Nakorn Garden Inn (S. 620) und unter Aufsicht einer allwissenden Matriarchin serviert dieses Restaurant fantastische Meeresfrüchtegerichte. Hinten gibt's einen hübschen Gartenbereich, wo man Krabbenkuchen, knusprigen Seewolf mit würzigem Salat oder Gemüsepfannen mit Austernsauce genießen kann.

Hao Coffee CAFÉ $
(☎075 346563; Bovorn Bazaar; Gerichte 30–60 B; ⏲7–16 Uhr) Das charmante, verschlossene und gut besetzte Café ist immer voller redseliger Einheimischer und auch an Sammlerstücken und Nippes besteht kein Mangel – von Tropenhelmen über Gewehre bis zu verschiedenen alten Keramikwaren und Wanduhren. Ein toller Ort für ein Rührei-frühstück, ein richtiges Essen oder einen Koffeinkick, entweder drinnen oder an den Tischen vorn.

★ **Pixzel Caffe** CAFÉ $$
(☎086 682 5471; Pizzas ab 120 B; ⏲9–19 Uhr) Laut Eigenwerbung *eight days a week* (8 Tage pro Woche) geöffnet, eine Anlehnung an die Beatles. Dieses künstlerische Lokal, das dünnkrustige Pizzas backt, Kaffee braut und in einem Holzhaus in traditionellem Stil untergebracht ist, liegt genau gegenüber der Straße vom Wat Phra Mahathat. Es ist beliebt und gemütlich – perfekt für eine Pause, wenn man genug Tempel gesehen hat.

Glur House CAFÉ $$
(Th Ratchadamnoen; Hauptgerichte 60–260 B; ⏲8–19 Uhr; 📶) Der schicke Neuzugang in der Stadt ist mit zerschmetterten Skateboards geschmückt. Das coole Café aus rohem Beton ist ein angenehmer Ort zum Abhängen mit einem Mokka-Latte, einem Mint-Latte, einem Karamell-Macchiato, einer italienischen Limo, einem Hotdog, einer Bananenwaffel, einem Brownie oder sogar einer Waffelpizza (warum nicht?).

Praktische Informationen

In der Th Ratchadamnoen am nördlichen Ende der Innenstadt gibt es mehrere Banken und Geldautomaten.

Polizei (☎1155; Th Ratchadamnoen)

Post (Th Ratchadamnoen; ⏲Mo–Fr 8.30–16.30, Sa & So 9–12 Uhr)

Tourism Authority of Thailand (TAT; ☎ 075 346515; ⏲ 8.30–16.30 Uhr) Befindet sich in einem schönen Haus von 1926 am nördlichen Ende des Sanam Na Muang (Stadtpark) und verteilt einige nützliche Broschüren. Der Englisch-Wortschatz ist aber begrenzt.

An- & Weiterreise

BUS

Normale Busse nach Bangkok fahren am **Busbahnhof** abseits der Rte 4016 im Westen der Stadt ab, gute 25 Minuten zu Fuß vom Zentrum. Die Fahrt dauert zwölf Stunden und kostet je nach Busklasse 426 bis 851 B. Minibusse nach Hat Yai (140 B), Surat Thani (120 B) und Khanom (80 B) starten auch vom Bahnhof, sowie Busse nach Phuket (350 B).

Wer Nakhon mit dem Minivan verlassen will und eine Haltestelle sucht, sollte auf die kleinen Schalter am Rand der Straßen im Zentrum achten (auch wenn keine Minivans oder Fahrgäste in der Nähe sind). Am besten fragt man aber nach, denn für jedes Fahrziel gibt es einen anderen Abfahrtsort. Minivans nach Krabi und Don Sak fahren vom selben Punkt ab, also aufpassen, dass man das richtige Fahrzeug besteigt! Die Haltestellen liegen in der Nähe der Th Jamroenwithi, Th Wakhit und Th Yommarat.

FLUGZEUG

Mehrere Fluggesellschaften wie Nok Air, Air Asia und Thai Lion Air fliegen täglich vom Bangkok Don Mueang International Airport nach Nakhon. Täglich starten etwa sechs Flüge, die eine Stunde dauern und für eine einfache Strecke etwa 1500 B kosten.

ZUG

Von Nakhon nach Bangkok (133–652 B; mit Halt in Hua Hin, Chumphon & Surat Thani) fahren täglich zwei Züge (13 & 15 Uhr). In die andere Richtung verlassen die Züge Bangkok um 17.35 und 19.30 Uhr. Sie fahren über Nacht, benötigen 15 Stunden und fahren weiter nach Hat Yai und Sungai Kolok.

Unterwegs vor Ort

Sŏrng·tăa·ou (10 B, abends etwas mehr) verkehren in Nord-Süd-Richtung entlang der Th Ratchadamnoen und der Th Si Thammasok. Fahrten mit Motorradtaxi kosten mindestens 30 B und bis zu 50 B bei längeren Strecken. Ein Motorrad vom Zentrum zur Bushaltestelle kostet 40 B.

PROVINZ SONGKHLA

Die zwei Hauptgeschäftszentren der Provinz Songkhla, Hat Yai und Songkhla, leiden weniger unter den politischen Unruhen, die weiter südlich gelegene Städte plagen. Trotzdem gibt es staatliche Reisewarnungen zu diesem Gebiet. Man fällt nicht gerade über ausländische Backpacker, aber es laufen doch einige Reisende über die lokalen Märkte, genießen die muslimisch-thailändische Fusionküche, relaxen an windigen Stränden und tauchen ein in Hat Yais spaßiges und vielseitiges Stadtflair.

Songkhla & Umgebung

สงขลา

☎ 074 / 90 780 EW.

Die „große Stadt an zwei Meeren" bietet perfekte Fotomotive. Dennoch verzeichnet das gemütliche Songkhla nur wenige ausländische Besucher. Obwohl die Stadt im Vergleich zu weiter südlich gelegenen Provinzen bislang vom Terrorismus muslimischer Separatisten verschont geblieben ist, bekommt sie dieselbe schlechte Presse ab.

An nahezu jeder Ecke reflektieren Architektur und Küche den lokalen Bevölkerungsmix aus Thailändern, Chinesen und Malaien.

Sehenswertes & Aktivitäten

★ Nationalmuseum MUSEUM

(พิพิธภัณฑสถานแห่งชาติสงขลา; Th Wichianchom; 150 B; ⏲ Mi–So 9–16 Uhr, an Feiertagen geschl.) Dieses Haus aus dem Jahr 1878 wurde ursprünglich im chinesischen Stil als Residenz einer örtlichen Berühmtheit gebaut. Dies dürfte wohl das malerischste Nationalmuseum Thailands sein und zeigt Exponate aus allen Perioden der thailändischen Kunst, besonders aus der des Srivijaya-Reichs. Die Besucher laufen barfuß auf den Holzfußböden, während sie die kunstvollen Holzschnitzereien, die historischen Fotos und die von einem Schiffswrack geborgenen Töpferwaren betrachten.

Hat Samila STRAND

(หาดสมิหลา) Bei einem Spaziergang auf diesem schönen weißen Sandstrand kann man die fliegenden Drachen (eine örtliche Leidenschaft) und die traumhaften Sonnenuntergänge bewundern. Die Bronzeskulptur einer **Meerjungfrau** zu Ehren der hinduistisch-buddhistischen Erdgöttin Mae Thorani sitzt auf Felsen am nördlichen Ende des Strandes. Die Einwohner behandeln die Figur wie einen Schrein; sie binden bunte Stoffbänder um ihre Hüfte und reiben ihre Brüste – das soll Glück bringen.

Zum Sonnenbaden eignet sich der Strand allerdings nicht, man kleidet sich hier sehr konservativ. Trotzdem ist er ein sehr nettes Fleckchen, um den Einheimischen zu begegnen und thailändische Strandidylle zu genießen.

Songkhla Aquarium AQUARIUM

(สงขลาอะควาเรี่ยม; ☎088 788 1456; www.songkhlaaquarium.com; Erw./Kind 300/200 B; ⏲9.30–16 Uhr) Kinder suchen den Clownfisch in diesem spaßigen Aquarium und beobachten die Fütterung, die Taucher vorführen. Zudem gibt's eine Gokartbahn (ab 400 B). Erwachsene können sich von der Rötlichen Saugbarbe die Füße sauber knabbern lassen (200 B).

Singora Tram Tour AKTIVITÄTEN

(⏲9–15 Uhr) GRATIS Die kostenlosen, 40-minütigen Tram-Touren (6-mal tgl.) in einer offenen Bahn beginnen neben dem Nationalmuseum. Wer Glück hat, kann einer Führung auf Englisch lauschen. Die Fahrt führt durch den alten Teil der Stadt, vorbei an der Moschee von Songkhla, einem Thai-Tempel und einem chinesischen Schrein und dann hinaus zum Hat Samila.

Schlafen & Essen

Verglichen mit anderen Gegenden am Golf sind die Hotels in und um Songkhla meist günstiger, so kann man sich die jeweils nächsthöhere Unterkunftskategorie relativ gut leisten.

Die beste Adresse für qualitativ hochwertige Meeresfrüchte ist die Straße vor dem BP Samila Beach Hotel bzw. vor allem das Restaurant am dortigen Kreisverkehr. Wer am liebsten Marktkost futtert, findet an den meisten Tagen der Woche Straßenstände. Das beste Café der Stadt ist das ausgezeichnete Blue Smile Cafe.

Sook Soom Boon 2 HOTEL $

(☎074 323809; 14 Th Saiburi; DZ 550–650 B; ❄📶) Der Besitzer der zentral gelegenen Unterkunft spricht gut Englisch und die Zimmer sind preiswert. Es ist nichts Besonderes, aber absolut annehmbar, vor allem wenn man es mit einigen weniger ersprießlichen Optionen in der Nähe vergleicht.

BP Samila Beach Hotel HOTEL $$

(☎074 440222; 8 Th Ratchadamnoen; Zi. 1600–2500 B; ❄@🏊) Als Wahrzeichen bietet dieses Hotel ein großartiges Preis-Leistungs-Verhältnis: Für dieselben Extras würde man auf den Inseln fast das Doppelte bezahlen. Direkt am Strand gibt's hier große Zimmer mit Kühlschrank, Satelliten-TV und Meer- oder Bergblick (beides wirklich toll). Allerdings ist es auf seine Art etwas angestaubt und man sollte vorher den WLAN-Empfang im Zimmer testen.

★ **Blue Smile Cafe** CAFÉ $

(☎061 230 5147; 254 Th Nakhonnai; Hauptgerichte ab 100 B; ⏲Mo, Di, Do & Fr 15–23, Sa & So ab 10 Uhr) Ein toller Ort für einen Snack, einen Kaffee, etwas Alkohol oder coole Beats. Man kann darüber streiten, was an diesem Lokal in kanadischer Hand das Beste ist: der grandiose Dachgarten – fantastisch bei Sonnenuntergang –, die *The Blues Brothers*-Poster, die B52s- und Bob Dylan-Bilder, der Live-Jazz (Fr & Sa ab 19.15 Uhr) oder die leckeren Backwaren.

Ong Heap Huad CAFÉ

(☎081 690 6640; Th Nakhonnai; ⏲10–18 Uhr) Dieses familienbetriebene Laden-Schrägstrich-Café zeigt eine faszinierende museumsartige Sammlung von alten chinesischen und thailändischen Ladenschildern, Antiquitäten, Statuen, Lampen, ausgestopften Tierköpfen und mehr. Es ist ein reizender Ort, um ein Glas Tee zu genießen. Vor dem Laden stehen Urnen und allerlei Nippes und auf dem chinesischen Ladenschild steht 黄協發; er befindet sich gegenüber von Nr. 239.

NICHT VERSÄUMEN

SONGKHLA LAKE ISLAND

Ein beliebtes Zeil für Tagesausflüge ab Songkhla ist die Insel **Ko Yo** (เกาะยอ) in der Mitte des Songkhla-Sees, die allerdings über Brücken mit dem Festland verbunden ist. Die Stoffe und vorgefertigten Kleidungsstücke ihrer berühmten Baumwollweberindustrie sind auf einem Straßenmarkt zu hervorragenden Preisen erhältlich.

Inselbesucher sollten auf keinen Fall den **Wat Phrahon Laem Pho** mit seinem liegenden Riesenbuddha und das **Thaksin Folklore Museum** (☎074 591618; 100 B; ⏲8.30–16.30 Uhr), das die Regionalkultur aktiv bewirbt und bewahrt, verpassen. Seine Pavillons sind Nachbauten südthailändischer Häuser, in denen Folklorekunst und traditionelle Haushaltsgeräte warten.

Praktische Informationen

Banken gibt es überall in der Stadt.

Indonesisches Konsulat (074 311544; www.kemlu.go.id/songkhla; 19 Th Sadao)

Malaysisches Konsulat (074 311062; 4 Th Sukhum, Songkhla; Mo–Fr 8.15–12 & 13–16 Uhr)

Polizei (074 321868; Th Laeng Phra Ram)

Post (Th Wichianchom)

An- & Weiterreise

BUS

Der Bus- und Minibusbahnhof befindet sich auf der Songkhla Plaza Alley (abseits der Nakhonnok St) etwa 1 km südlich vom **Blue Smile Cafe**. Täglich fahren drei 2.-Klasse-Busse nach Bangkok (693–1080 B), die unterwegs in Nakhon Si Thammarat, Surat Thani und anderen Orten halten. Minibusse (21 B) und Minivans (30–40 B) nach Hat Yai benötigen 40 Minuten und starten in der Th Ramwithi. Von hier fahren auch *sŏrng·tăa·ou* nach Ko Yo ab.

ZUG

Da keine Züge mehr durch Songkhla fahren, muss man sich für die meisten Fernziele im Süden nach Hat Yai begeben.

Hat Yai

หาดใหญ่

074 / 191 696 EW.

Willkommen im urbanen Zentrum von Süd-Thailand. Durch die Einkaufszentren im westlichen Stil zieht der Duft der geschäftigen Fressbuden, während alte chinesische Männer auf klapprigen Stühlen vor ihren Trödelläden sitzen und das Leben an sich vorbeiziehen lassen. Es fällt auf, dass der Tourismus in der Stadt noch immer vor allem von Malaysiern beherrscht wird, unter die sich ein paar westliche Expats gemischt haben. Hat Yai hat eine düstere Seite, beliebt vor allem bei malaysischen Männern auf einem Wochenendtrip.

Wer hier Halt macht, um die Stadt zu erkunden, wird mit einigen der leckersten Speisen der Region und dem dynamischen Flair der größten Stadt Süd-Thailands belohnt.

Schlafen

Im Zentrum von Hat Yai gibt es in Laufnähe vom Bahnhof Dutzende Businesshotels sowie ein Hostel und einige billige Optionen.

Hat Yai Backpackers HOSTEL $

(www.hatyaibackpackershostel.com; 226 Th Niphat Uthit 1; B 240 B;) Die angenehme Unterkunft im Zentrum hat Frauenschlafsäle mit vier Betten und gemischte Schlafsäle mit acht Betten. Das Personal gibt gern Tipps zum Aufenthalt in Hat Yai.

Red Planet HOTEL $

(074 261011; www.redplanethotels.com; 152-156 Th Niphat Uthit 2; Zi. ab 900 B;) Dieses Hotel in sehr zentraler Lage bietet Sauberkeit, Erschwinglichkeit und guten Service in ordentlichen, modernen, funktionalen Zimmern. Atmosphäre und Motiv sind eher reizlos und die Preise variieren erheblich, abhängig davon wie früh man bucht.

Centara HOTEL $$$

(074 352222; www.centarahotelsresorts.com; 3 Th Sanehanusorn; Zi./Apt. 4000/5300 B, Suite 8500 B;) Zentrale Lage, Pool, 244 ausgezeichnete Zimmer, hervorragender Service und wunderschöne Blicke von den oberen Stockwerken, das alles bietet das Centara. Der abendliche Live-Jazz in der Foyerbar bringt noch mehr Stil rein.

Essen & Ausgehen

Die Stadt ist die inoffizielle kulinarische Hauptstadt Süd-Thailands und wartet mit muslimischen Rotis und Currys, chinesischen Gerichten wie Nudeln, Reis mit Ente und Dim Sum sowie frischem thailändischem Seafood sowie von der Golf- als auch von der Andamanenküste auf. Überall locken Imbissstände, besonders gut ist das Angebot aber in der Th Supasarnrangsan. Mahlzeiten kosten hier zwischen 25 und 80 B.

Hat Yais Nachtleben ist ziemlich schäbig, was in einer Stadt mit einer Szene für käuflichen Sex nicht wirklich überrascht.

Nachtmarkt MARKT $

(Th Montri 1) Der Nachtmarkt wartet mit vielen lokalen Gerichten auf, so bieten beispielsweise mehrere Stände das berühmte frittierte Hühnchen nach Art von Hat Yai sowie *kà·nŏm jeen* (frische Reisnudeln serviert mit Curry) an, und einige Stände verkaufen gegrilltes Seafood.

Daothiam CAFÉ $

(79/3 Thammanoonvithi Rd; Hauptgerichte ab 60 B; 7–19 Uhr;) Dieses traditionelle chinesische Café bedient seit 1959 Stammkunden aus Hat Yai. An den Wänden hängen gerahmte Banknoten, das Personal ist freundlich und es gibt eine solide Speisekarte mit thailändischen und chinesischen Gerichten und leckeren Frühstück-Varianten. Merkwürdigerweise bedeutet sein Name „Satellit". Das Daothiam liegt gegenüber der Odean Shopping Mall.

Gedi Chadian CHINESISCH $
(Ko Ti Ocha; 134-136 Th Niphat Uthit 3; Hauptgerichte ab 50 B) Das große, offene, geräumige und sehr belebte Restaurant serviert dampfende Schüsseln mit fabelhaften Wan-Tan-Nudeln, Reis mit Huhn, Schweinefleisch *chā shāo* und andere sättigende chinesische Gerichte. Der Name bedeutet auf Chinesisch „Teeladen der Brüder".

Praktische Informationen

GEFAHREN & ÄRGERNISSE

Angeblich soll die Stadt vor den gewalttätigen Unruhen des tiefen Südens sicher sein, ganz unbehelligt blieb sie aber auch nicht. Das Lee Gardens Plaza Hotel wurde 2012 von Bomben getroffen, wobei im darauffolgenden Feuer vier Menschen starben und 400 verletzt wurden. 2014 explodierten drei Bomben in Hat Yai, acht Menschen wurden verletzt. In den Jahren davor waren Pubs, Malls, Kaufhäuser und Hotels Ziele von weiteren Bombenanschlägen.

Jeder muss selbst entscheiden, ob ihm ein Halt hier zu gefährlich erscheint, aber hier umzusteigen, sollte nicht so riskant sein.

NOTFALL

Touristenpolizei (Th Niphat Uthit 3; ⌚24 Std.)

REISEBÜROS

Cathay Tour (☎086 488 0086; 93/1 Th Niphat Uthit 2; ⌚8–18 Uhr) Superfreundliches Personal und eine breite Palette an Servicen, von Karten für Touren bis zu Visahilfe.

TOURISTENINFORMATION

Tourism Authority of Thailand (TAT; www.tourismthailand.org/hatyai; 1/1 Soi 2, Th Niphat Uthit 3; ⌚8.30–16.30 Uhr) Die sehr hilfsbereiten Mitarbeiter sprechen hervorragend Englisch und haben Berge von Infos über die gesamte Region.

VISAVERLÄNGERUNGEN

Einwanderungsbüro (Th Phetkasem) In der Nähe der Eisenbahnbrücke; Visa-Verlängerungen.

An- & Weiterreise

BUS

Busse zu anderen Provinzen und Minivans in Richtung Süden starten größtenteils 2 km südöstlich vom Zentrum am Busbahnhof. Die meisten Minivans Richtung Norden fahren nunmehr 4 km westlich der Stadt an der Talat Kaset ab. Vom Zentrum aus ist dieses Terminal per Túk-Túk (60 B) erreichbar. Busse verbinden Hat Yai mit fast allen Orten in Südthailand.

Cathay Tour (S. 625) organisiert Minivans zu vielen Zielen im Süden.

Busse ab Hat Yai

ZIEL	PREIS (B)	DAUER (STD.)
Bangkok	688–1130	15
Krabi	182–540	5
Nakhon Si Thammarat	140	4
Pak Bara	130	2
Phuket	370	7.
Songkhla	40	1½
Sungai Kolok	220	4
Surat Thani	240	5
Trang	110	2

FLUGZEUG

Der **Hat Yai International Airport** (☎074 227131; www.hatyaiairportthai.com) liegt ca. 14 km südwestlich der Stadt. Air Asia (www.airasia.com), Nok Air (www.nokair.com), Thai Lion Air (www.lionairthai.com) und **Thai Airways** (THAI; www.thaiairways.com; 182 Th Niphat Uthit 1) fliegen täglich von und nach Bangkok. Thai Smile (www.thaismileair.com) fliegt zum Bangkok Suvarnabhumi International Airport.

Flughafentaxis (182 Th Niphat Uthit 1; 100 B/Pers.; ⌚6.30–18.45 Uhr) rollen sechsmal täglich zum Flughafen (6.45, 10, 12.15, 13.45, 15 & 18.15 Uhr). In einem Privattaxi kostet die Fahrt 320 B.

ZUG

Vier Nachtzüge fahren nach bzw. ab Bangkok (259–945 B; 4-mal tgl., 16 Std.); der Zug fährt über Surat Thani (105 B). Weitere Züge fahren an der Ostküste nach Sungai Kolok (92 B; 7-mal tgl.) oder westwärts nach Butterworth (332 B) und Padang Besar (57 B) in Malaysia (2-mal tgl.).

Der Bahnhof hat ein Reservierungsbüro und eine Gepäckaufbewahrung (tgl. 7–17 Uhr).

Unterwegs vor Ort

Sŏrng·tăa·ou verkehren entlang der Th Phetkasem (10 B/Pers.). Stadtfahrten mit Autorikschas und Motorradtaxis kosten 20 bis 40 B pro Nase.

TIEFER SÜDEN

Die tiefen südlichen Thai-Provinzen sind geprägt durch den Einfluss von Kultur, Sprache, Religion und Geschichte Malaysias und einer regionalen Identität, die zurückzuführen ist auf das malaiische Sultanat der Patani selbst. Die meisten Einwohner der Region

THAILANDS VERGESSENER KRIEG

Nur etwa 300 km südlich der Partyinseln Ko Samui und Ko Pha-Ngan hat es in einem Guerillakrieg zwischen muslimischen Malaien und dem thailändischen Staat, in dem Buddhisten die überwältigende Mehrheit stellen, seit 2004 fast 6000 Tote gegeben. Durch die Dörfer und Städte rumpeln Militärkonvois, Checkpoints dominieren die Straßen und Einwohner müssen DNA-Tests über sich ergehen lassen, um mutmaßliche Aufständische leichter identifizieren zu können.

Etwa 80 % der 1,8 Mio. Einwohner der drei südlichsten thailändischen Provinzen Pattani, Narathiwat und Yala sind Muslime, die zur ethnischen Gruppe der Malaien gehören. Sie sprechen einen malaiischen Dialekt, und viele wünschen sich einen eigenen, unabhängigen Staat, so wie es die Region vor Jahrhunderten einmal war.

Für die schätzungsweise 12 500 bis 15 000 separatistischen Kämpfer ist der tiefe Süden noch immer „Patani" – diesen Namen trug das Sultanat von der Größe Quatars in seinen ruhmreichen Tagen im 14. und 15. Jh. Die Aufständischen betrachten die thailändische Regierung als eine Kolonialmacht und die thailändischen Buddhisten als Eindringlinge in ihrem Land.

Den Separatisten stehen etwa 150 000 Soldaten, Polizisten und Angehörige von Milizen gegenüber. Kaum ein Woche vergeht, ohne dass ein Mitglied der thailändischen Sicherheitskräfte getötet oder verwundet wird, oft bei Hinterhalten entlang der von Kokospalmen gesäumten Straßen der Region oder durch die immer ausgeklügelteren IEDs (*improvised explosive devices*; Sprengfallen).

Gleichzeitig hat der Aufstand Nachbarn zu Feinden gemacht. Es kommt zu grausamen Rachemorden, bei denen buddhistische und muslimische Zivilisten auf der Heimfahrt mit dem Motorrad niedergeschossen oder auf den Kautschukplantagen, die die Grundlage der hiesigen Wirtschaft bilden, geköpft werden. Bomben werden vor Geschäften oder auf Märkten in den Städten gezündet; sie töten wahllos unbeteiligte Opfer. Die wenigen buddhistischen Mönche, die noch in der Region geblieben sind, müssen fast jeden Morgen von der Armee eskortiert werden, wenn sie Almosen sammeln, weil sie Angst um ihr Leben haben, und die Moscheen sind von Einschüssen durchsiebt.

Die Aufständischen haben darauf verzichtet, Ziele außerhalb des tiefen Südens anzugreifen, auch wenn das der thailändischen Psyche schweren Schaden zufügen und ihnen wesentlich größere Aufmerksamkeit in der ganzen Welt verschaffen würde. Sie scheinen

sprechen einen Dialekt des Malaiischen, da sie ihren malaiischen Cousins jenseits der Grenze ethnisch näher stehen.

Das touristische Potenzial in dieser faszinierenden Region ist weitestgehend ungenutzt, da diese durch seit langem schwelende Kämpfe muslimischer Separatisten gegen den thailändischen Staat ausgebremst wird. Den wenigen Besuchern steht folglich nur eine begrenzte Infrastruktur zur Verfügung.

Yala ยะลา

☎ 073 / 61 250 EW.

Das von Land umgebene Yala zieht sich nach Süden bis zur malaysischen Grenze und ist die südlichste Provinz Thailands. Die gleichnamige Hauptstadt unterscheidet sich deutlich von anderen thailändischen Großstädten. Die breiten Boulevards und das ordentliche gitterförmige Straßennetz liegen um einen riesigen runden Park herum und wirken sehr westlich. Etwa drei Viertel der Einwohner sind Muslime, außerdem ist Yala eine Universitätsstadt und das Bildungszentrum des tiefen Südens.

Sehenswertes

Yalas größte Attraktion, der **Wat Kuha Pi Muk** (Wat Khuhapimuk), ist eine der wichtigsten Pilgerstätten Südthailands. Dieser Höhlentempel aus der Srivijaya-Periode (auch Wat Na Tham oder Höhlentempel genannt) liegt 8 km westlich der Stadt an der Straße von Yala nach Hat Yai (Rte 409) und beherbergt einen liegenden Buddha aus dem Jahr 757.

Weiter südlich in Betong befindet sich der größte **Briefkasten** Thailands, der 1924 gebaut wurde.

Schlafen & Essen

Yala ist ein angenehmer Ort, aber viele der preiswertesten Unterkünfte fungieren

auch keine Verbindungen zu den radikaleren islamischen Kämpfern in Indonesien und auf den Philippinen zu haben.

Es scheint jedoch auch keinen gemeinsamen Führer der Aufständischengruppen zu geben, was die sporadischen Friedensgespräche mit der thailändischen Regierung bedeutungslos macht.

Der Aufstand nahm 2004 seine jetzige Dimension an, nachdem die thailändische Armee 32 mutmaßliche muslimische Rebellen in einer alten Moschee in Pattani in die Enge getrieben und brutal ermordet hatte. Die Wurzeln des Konflikts liegen jedoch Hunderte Jahre in der Vergangenheit. Seit dem 16. Jh. war das Sultanat Patani mehrfach für kurze Perioden unfreiwillig der Herrschaft der Thais unterworfen. Doch erst mit dem Anglo-Siamesischen Vertrag von 1909 wurde der tiefe Süden dauerhaft in das Staatsgebiet Thailands eingegliedert. Im Gegenzug dafür, dass Bangkok auf andere Teile der damals von den Briten regierten Förderierten Malaiischen Staaten verzichtete, erkannte Großbritannien die Souveränität Thailands über die Region an.

Seitdem hat sich Thailand, das bevölkerungsreichste buddhistische Land der Welt, daran gemacht, den tiefen Süden nach seinem eigenen Vorbild umzugestalten. Muslimische Schulen wurden geschlossen, und alle Kinder wurden in den Schulen auf Thai unterrichtet, obwohl viele die Sprache nur als Zweitsprache gelernt haben. Sie wurden im Rahmen des nationalen Lehrplans Thailands auch gezwungen, sich mit dem Buddhismus zu beschäftigen, obwohl sie Anhänger des Islam sind. Beamte wurden aus anderen Landesteilen hierher versetzt, um die Region zu regieren.

Doch da der Aufstand fast nur auf drei Provinzen und einen kleinen Teil der benachbarten Provinz Songhkla begrenzt ist, wissen selbst viele Thais nicht einmal, wo die Kämpfe eigentlich stattfinden, und sie sind auch nicht bereit, sich mit den Forderungen der Separatisten irgendwie auseinanderzusetzen. Sie sind mit dem in den Schulen gelehrten Nationalismus geimpft, und die Idee, dass der tiefe Süden sich von Thailand abspalten wollen könnte, ist sowohl für die normalen thailändischen Bürger als auch für die Behörden einfach undenkbar.

Doch irgendeine Form der Autonomie dürfte wahrscheinlich der einzige Weg sein, die Gewalt zu beenden. Bis das passiert, wird Thailands vergessener Krieg weitergehen, und die düstere Liste seiner Opfer wird noch länger werden.

gleichzeitig als inoffizielle Bordelle. Ansonsten gibt es keine großartige Auswahl an Übernachtungsmöglichkeiten in der Stadt, aber das Yala Rama ist eine gute Wahl.

Rund um den Park liegen einige ausgezeichnete Restaurants.

Yala Rama HOTEL $
(☎073 212815; 21 Th Sri Bumrung; Zi. 600 B; ❄📶) Wie die meisten Hotels in der Region wäre dieses zentral gelegene, renommierte neunstöckige Hotel, einen kurzen Fußweg vom Bahnhof entfernt, viel teurer, wenn es nicht im Tiefen Süden läge. Die Zimmer sind sauber und komfortabel, das zugehörige Restaurant ist in Ordnung.

Praktische Informationen

Betong ist ein offizieller, aber ungünstig gelegener Grenzübergang nach Malaysia; nähere Infos gibt's in Yalas **Einwanderungsbüro** (☎073 231292; Betong; ⏲8.30–16.30 Uhr).

An- & Weiterreise

Yalas Busbahnhof liegt südlich vom Zentrum. Täglich verkehren drei Busse vom und zum südlichen Busbahnhof in Bangkok (783–1422 B, 15 Std.). Der Bus um 16 Uhr aus Bangkok fährt weiter nach Betong.

Täglich fahren vier Züge zwischen Bangkok und Yala (18 Std.). Zwei Züge pro Tag pendeln zwischen Yala und Sungai Kolok (3–4 Std.). Der Bahnhof befindet sich direkt nördlich vom Stadtzentrum.

Busse nach Hat Yai (160 B, 2½ Std.) halten mehrmals am Tag in der Th Sirirot vor dem Büro von Prudential TS Life.

Minivans nach Betong und Sungai Kolok (100 B, 2 Std.) starten stündlich gegenüber vom Bahnhof.

Pattani ปัตตานี

☎073 / 44 234 EW.

Die Provinz Pattani, das einstige Herz eines großen muslimischen Fürstentums,

REISEN IN DEN TIEFEN SÜDEN: JA ODER NEIN?

Noch nie wurden Traveller oder westliche Ausländer Ziel irgendwelcher Aufständischer. Doch Aufstände sind unvorhersehbar, und Bomben unterscheiden nicht, wen sie töten und wen nicht. Eine verbreitete Taktik der Separatisten sind Sprengsätze, die an vor Geschäften oder auf Märkten geparkten Motorrädern angebracht werden; sie wurden mehrfach in den Stadtzentren von Yala, Pattani, Narathiwat und Sungai Kolok eingesetzt.

Am sichersten ist es, sich nicht länger als nötig auf der Straße aufzuhalten – man könnte zur falschen Zeit am falschen Ort sein. Auch ist es nicht ratsam, am frühen Morgen oder nach Einbruch der Dunkelheit durch ländliche Gebiete zu fahren. Motorradfahren sollte man hier möglichst gar nicht, wenn man nicht eindeutig als Ausländer zu erkennen ist.

Infolge der Aufstände kam der Tourismus weitgehend zum Erliegen, sodass nur noch sehr wenig touristische Infrastruktur vorhanden ist. Von der Fahrt zwischen den größeren Städten mal abgesehen sind Besucher auf ein eigenes Fahrzeug angewiesen. Es gibt nur wenige Hotels und Restaurants und fast kein Nachtleben, und an den wunderschönen Stränden existieren absolut keine Einrichtungen für Besucher.

Wer in dieser Region reisen will, sollte sich gründlich über die aktuelle Situation informieren und den Rat seiner Botschaft befolgen.

das auch die benachbarten Provinzen Yala und Narathiwat umfasste, hat sich nie ganz an die thailändische Herrschaft gewöhnt. Die heutige politische Situation hat zwar die Entwicklung der Region beeinträchtigt, doch die Stadt Pattani kann auf eine 500-jährige Geschichte des Handels mit den berühmtesten Imperialmächten der Welt zurückblicken. Die Portugiesen errichteten hier 1516 einen Handelsposten, 1605 kamen die Japaner durch, 1609 die Holländer, und 1612 ließen die Briten ihre kolonialen Muskeln spielen.

Doch trotz der faszinierenden Geschichte der Stadt hat Pattani außer einigen ganz netten Stränden in der Nähe nicht viel Interessantes zu bieten. Wegen der anhaltenden Aufstände sind all diese Sandstreifen für Individualreisende nicht sicher.

Sehenswertes

Der Mae Nam Pattani (Pattani-Fluss) trennt die Altstadt im Osten von der neueren Stadt im Westen. Entlang der Th Ruedi kann man die Überbleibsel der alten Architektur Pattanis sehen – der chinesisch-portugiesische Stil war früher in diesem Teil Südthailands vorherrschend. In der Th Arnoaru stehen einige alte, aber noch intakte Wohnhäuser im chinesischen Stil.

Pattani könnte eines der besseren Ziele für Strandurlauber in der Region sein. Die Küste zwischen der Stadt Pattani und der Provinz Narathiwat ist einfach umwerfend: unberührt und bis auf ein paar Fischerdörfer menschenleer. Doch im Moment sind große Teile der Gegend zu gefährlich, um sie auf eigene Faust zu erkunden.

Matsayit Klang MOSCHEE
(Th Naklua Yarang) Eine der größten Moscheen Thailands, die Matsayit Klang, ist ein traditionelles Bauwerk aus den 1960er-Jahren mit grünen Kuppeln. Sie dürfte noch immer die wichtigste Moschee Südthailands sein. Nicht-Muslime dürfen außerhalb der Gebetszeiten das Gebäude besuchen.

Schlafen & Essen

Palace Hotel HOTEL $
(☎073 349171; 10-12 Pipit Soi Talattewiwat 2; Zi. 180–350 B; ❄) An diesem Hotel ist kaum was Palastartiges zu finden, aber es ist die einzige Budgetbleibe für Ausländer in der Stadt und liegt in der Nähe des Nachtmarkts. Am besten nimmt man ein Zimmer mit Klimaanlage und Warmwasser.

CS Pattani Hotel HOTEL $$
(☎073 335093; www.cspattanihotel.com; 299 Moo 4, Th Nong Jik; Zi. ab 1400 B; ❄@🛜🏊) In diesem Hotel, das mit Soldaten vor der Tür und Metalldetektoren in der Lobby das sicherste der Stadt ist, übernachten thailändische Politiker bei ihren seltenen Besuchen im tiefen Süden. Wegen des Mangels an Reisenden bekommt man hier tolle Zimmer und Einrichtungen zum Schnäppchenpreis.

Nachtmarkt THAI $
(Soi Talattewiwat; Gerichte ab 25 B; ⏲16–21 Uhr) In Pattani kehrt abends viel eher als in den meisten thailändischen Städten Ruhe ein, doch auf dem Nachtmarkt gibt's gutes

Seafood sowie südthailändische Currys und die Standard-Gerichte mit Nudeln und gebratenem Reis.

Praktische Informationen

Am südöstlichen Ende der Th Pipit, in der Nähe der Kreuzung mit der Th Naklua Yarang, gibt's mehrere Banken.

Pattani Hospital (☎ 073 335135, 073 335134, 073 711010; Th Nong Jik)

Polizei (☎ 073 349018; Th Pattani Phirom)

An- & Weiterreise

Minivans und Busse fahren von Pattanis Busbahnhof am Westrand der Stadt ab. Sie fahren mehrmals täglich nach Hat Yai (110 B, 1½ Std.), Narathiwat (110 B, 1½ Std.) und Sungai Kolok (150 B, 2½ Std.).

Busse nach und von Bangkoks südlichem Busbahnhof fahren zweimal täglich (765–1250 B, 14 Std.).

Unterwegs vor Ort

Motorradtaxis verlangen 30 B für kurze Fahrten durch die Stadt, nach Einbruch der Dunkelheit sind aber kaum noch welche zu finden.

Narathiwat นราธิวาส

☎ 073 / 41 342 EW.

Narathiwat, das am Ufer des Bang Nara liegt, ist die wohl muslimischste Stadt Thailands. Viele Moscheen verteilen sich im gesamten Stadtgebiet. Das Flussufer säumen noch immer einige alte chinesisch-portugiesische Gebäude (man übersieht sie allerdings leicht), und gleich außerhalb der Stadt locken ein paar tolle Strände. Doch wegen der Sicherheitslage kommen hier kaum Reisende durch.

Sehenswertes & Aktivitäten

Nur 2 km nördlich der Stadt liegt der **Hat Narathat**, ein 5 km langer Sandstrand. Unter den hohen Kiefern davor parken gern Einheimische. Fünf Kilometer südlich der Stadt liegt der **Ao Manao**, ein herrlicher, von Palmen gesäumter Strand.

Wat Khao Kong BUDDHISTISCHER TEMPEL

(⏲9–17 Uhr) GRATIS Die höchste Figur eines sitzendes Buddhas in Südthailand befindet sich in einem Park im Wat Khao Kong,

ABSEITS DER ÜBLICHEN PFADE

GRENZÜBERGANG NACH MALAYSIA: SUNGAI KOLOK

Sungai Kolok ist sicher nicht der schönste Ort, um einen ersten Eindruck vom „Land des Lächelns" zu gewinnen, aber es stellt die wichtigste Verbindung zwischen Thailand und Malaysia dar. Es ist eine etwas schäbige Grenzstadt, die vor allem für Schmuggel und Prostitution bekannt ist. Der Ort wird seltener zum Ziel der Aufständischen als andere große Städte in der Region, und die instabile Lage im tiefen Süden hat den Ruf der Stadt als „Sin City" („Stadt der Sünde") in den vergangenen Jahren etwas aufgeweicht, denn die malaysischen Männer, die für wilde Wochenendtrips nach Sungai Kolok kamen, bevorzugen nun das sicherere Hat Yai. Auch die Zahl der Traveller, die Thailand hier verlassen, sinkt; dafür kommen mehr Touristen aus Malaysia, die sofort in einen Zug Richtung Norden steigen.

Wer hier Station macht, kann im sauberen und nahe des Bahnhofs liegenden **Merlin Hotel** (☎ 073 611003; 68 Th Charoenkhet; Zi. 600 B; ❄📶) nächtigen. Das **Genting Hotel** (☎ 073 613231; 250 Th Asia 18; Zi. 700 B; ❄@📶🏊) hat einen effizienten Sicherheitsdienst, aber die Zimmer der mittleren Preisklasse sind für den verlangten Preis ziemlich abgewetzt. Das Haus befindet sich einige Hundert Meter östlich vom Bahnhof auf der anderen Straßenseite. Das solide, von Muslimen geführte **Kakyah Restaurant** (43/11 Th Charoenkhet; Gerichte ab 30 B; ⏲10–22 Uhr) serviert gutes malaysisches Essen. Der **Fernbusbahnhof** (Th Asia 18) liegt 2 km westlich vom Zentrum an der Th Asia 18. Täglich fahren vier Busse von und zu Bangkoks südlichem Busbahnhof (707–1414 B, 17–20 Std.). Minivans nach Hat Yai (200 B, 4 Std.) fahren ebenfalls hier ab.

Es gibt ein **Einwanderungsbüro** (☎ 073 614114; Th Charoenkhet; ⏲Mo–Fr 8–17 Uhr) gegenüber vom Merlin Hotel mit hilfsbereitem, englisch-sprechendem Personal. Vom Zentrum Sungai Koloks sind es 1,5 km bis zum thailändischen Grenzposten (geöffnet 5–21 Uhr). Motorradtaxifahrer verlangen etwa 30 B. Nach dem Erledigen der Ausreiseformalitäten läuft man über die Harmony Bridge zum malaysischen Grenzposten. Sammeltaxis und Busse nach Kota Bharu, der Hauptstadt des malaysischen Bundesstaates Kelantan, fahren 200 m hinter dem malaysischen Grenzposten ab.

6 km nordwestlich der Stadt an der Straße zum Bahnhof in Tanyongmat. Der Buddha aus Stahlbeton ist stolze 17 m lang, 24 m hoch und mit winzigen goldenen Mosaiksteinen besetzt, die magisch in der Sonne funkeln.

Matsayit Klang MOSCHEE

(Yum lyah Mosque) Am südlichen Ende der Th Pichitbumrung steht die Matsayit Klang, eine hölzerne Moschee im Stil Sumatras. Die Einheimischen nennen sie *old central mosque*. Ein Prinz des früheren Sultanats Pattani soll sie vor über hundert Jahren erbaut haben. Nicht-Muslime dürfen sie außerhalb der Gebetszeiten betreten.

Schlafen & Essen

Die meisten Unterkünfte der Stadt liegen an oder in der Nähe der Th Puphapugdee am Ufer des Bang Nara.

Im Zentrum der Stadt beim Fluss gibt es viele Restaurants und Cafés.

Ocean Blue Mansion HOTEL $

(☎073 511109; 297 Th Puphapugdee; Zi. 400–500 B; ❄📶) Die relativ großen Zimmer haben schon bessere Tage gesehen, aber man hat einen großartigen Blick auf den Fluss. Das Ocean Blue ist einfach die beste Budgetoption.

Tanyong Hotel HOTEL $$

(☎073 511477; 16/1 Th Sophaphisai; Zi. 690–890 B; ❄📶) Seriöses, einladendes Hotel mit großen, komfortablen Zimmern und einem einigermaßen guten Restaurant. Man spricht ein wenig Englisch.

Mangkorntong THAI $

(☎073 511835; 433 Th Puphapugdee; Gerichte 55–200 B; ⏲10–22 Uhr) Auf zwei Terrassen über dem Fluss hat man eine breite Auswahl an Meeresfrüchtegerichten sowie eine Reihe vegetarischer Optionen, und es wird Alkohol ausgeschenkt.

Praktische Informationen

Das Büro der **Tourism Authority of Thailand** (TAT; ☎Narathiwat 073 522411, landesweite Hotline 1672) liegt einige Kilometer südlich der Stadt, gleich auf der anderen Seite der Brücke an der Straße nach Tak Bai.

An- & Weiterreise

Air Asia (www.airasia.com) fliegt täglich von und nach Bangkok (ab 1783 B, 1½ Std.) sowie Thai Smile (www.thaismileair.com; ab 1730 B, 1½ Std.).

Minivans und Busse fahren vom **Busbahnhof** in Narathiwat (☎073 511552), 2 km südlich der Stadt in der Th Rangae Munka. Zweimal täglich fahren Busse von und zu Bangkoks südlichem Busbahnhof (860–1350 B, 15–17 Std.).

Regelmäßig fahren Minivans nach Hat Yai (170 B, 3 Std.), Pattani (100 B, 2 Std.), Sungai Kolok (70 B, 1 Std.) und Yala (100 B, 1½ Std.).

Unterwegs vor Ort

Narathiwat ist klein genug, um zu Fuß erkundet zu werden. Motorradtaxis verlangen 30 B für Fahrten in der Stadt.

Phuket & Andamanenküste

Inhalt ➡

Gut essen

- Eat Bar & Grill (S. 686)
- Efe (S. 714)
- Krua Thara (S. 706)
- One Chun (S. 668)
- Pad Thai Shop (S. 686)

Schön übernachten

- Rayavadee (S. 701)
- Castaway Resort (S. 745)
- Iniala Beach House (S. 653)
- Fin Hostel (S. 683)
- Amanpuri Resort (S. 689)

Auf nach Phuket & an die Andamanenküste!

Thailands Andamanenküste mit dem türkisblauen Wasser ist eine jener Regionen, bei deren Anblick auf einer Postkarte man sofort zum Aussteiger werden und sein ganzes Leben in Flip-Flops verbringen möchte. Weiße Sandstrände, hohe Kalksteinklippen und mit Urwald bedeckte Inseln erstrecken sich von der Grenze zu Myanmar bis nach Malaysia längs der Küste der Andamanensee. Phuket zieht zwar allen Glamour auf sich, aber weiter im Norden erwarten einen Tauchspots von Weltklasse, wenig besuchte Inseln und die Wasserfälle und Höhlen der Nationalparks von Phang-Nga. In Richtung Süden wiederum kann man entspannt von Insel zu Insel ziehen, bis man die Grenze zu Malaysia erreicht.

Der Haken? Die Andamanenküste ist kein Geheimtipp, und ihre Strände sind immer mehr überlaufen von Backpackern, Pauschaltouristen, Jetsettern und allem, was so dazwischen liegt. Protzige Resorts verdrängen die Bambushütten, und thailändische-Rasta-Bars und Authentizität sind nur noch im Hinterland zu finden. Aber wer genau hinschaut, kann hier das Ziel seiner Träume immer noch finden.

Reisezeit

- Im Mai beginnt die fünf Monate andauernde Regenzeit. Einige Resorts schließen, andere senken ihre Preise.
- In Phuket und Trang wird im September das Vegetarierfest gefeiert. Man erblickt Gläubige mit durchbohrten Wangen und darf fantastisches Essen erwarten.
- Im Dezember beginnt die touristische Spitzensaison und es herrschen ideale Tauch- und Schnorchelbedingungen.

Highlights

❶ **Trang-Inseln** (S. 729) Kristallklares Wasser und weiße Sandstrände genießen.

❷ **Ko Lipe** (S. 742) Über farbenprächtigen Korallen schnorcheln und die nahegelegenen unberührten Inseln erkunden.

❸ **Phuket** (S. 659) Einen berauschenden Mix aus Luxusunterkünften, tollen Spas und Straßenimbiss-Leckereien erleben.

❹ **Khao Sok National Park** (S. 644) Durch einen echten Jurassic Park wandern.

❺ **Railay** (S. 699) Die mächtigen Kalksteinklippen über den herrlichen Stränden bestaunen.

6 Ko Phi-Phi (S. 707) Sich im himmelblauen Wasser treiben lassen und dann die Nacht durchtanzen.

7 Similan- (S. 651) & **Surin-Inseln** (S. 642) Mit Mantas und Walhaien tauchen.

8 Ko Lanta (S. 715) Die kulturell faszinierende Altstadt erkunden oder das entspannte Strandleben genießen.

9 Ao Phang-Nga (S. 655) Mit dem Kajak in spektakuläre, halb überflutete Höhlen hineinpaddeln.

10 Ko Phayam (S. 639) Der relaxten Strandbar-Atmosphäre verfallen.

PROVINZ RANONG

Die nördlichste Provinz der Andamanenküste unterscheidet sich deutlich von dem Tropenparadies mit weißem Sand und türkisblauem Meer, das die Broschüren der Reiseveranstalter vermarkten. In der am dünnsten besiedelten und feuchtesten Region Thailands regnet es bis zu acht Monate im Jahr. Es ist sumpfig, und Strände sind an der Küste dünn gesät.

Dafür besitzt Ranong aber üppige Wälder, und die vielen schönen Inseln – insbesondere Ko Chang (S. 637) und Ko Phayam (S. 639) – sind nicht allzu sehr überlaufen. Die meisten Besucher kommen allerdings hierher, weil sie die Grenze nach Myanmar überqueren wollen.

Ranong (Stadt) ระนอง

077 / 17 500 EW.

Die Stadt am östlichen Ufer der trüben, teebraunen Mündung des Mae Nam Pak Chan (Mae Nam Kra Buri) ist nur eine 45-minütige Bootsfahrt von Myanmar entfernt. Die typische Grenzstadt ist schäbig, hektisch und etwas zwielichtig. Hier leben auch viele Birmanen. Ansonsten hat die Stadt noch Thermalquellen, verfallene historische Gebäude und ein paar wirklich tolle Garküchen zu bieten.

Ranong war früher ein Provinznest, profitiert aber heute (dank der stabiler werdenden politischen Lage in Myanmar) vom grenzüberschreitenden Handel sowie von seiner Funktion als Durchgangsstation für Touristen auf dem Weg zu den nahegelegenen Inseln Ko Phayam und Ko Chang. Mittlerweile gibt es hier idyllische Boutiquehotels und eine relativ stilbewusste Szene.

Aktivitäten

Tauchen

Zu Recht beliebte Tauchtouren mit Übernachtung auf dem Schiff führen von Ranong zu Weltklassezielen wie den Burma Banks und den Surin- und Similan-Inseln.

Andaman International Dive Center TAUCHEN
(089 814 1092; www.aidcdive.com; Bus Terminal, Th Phetkasem; Okt.–April) Veranstaltet hauptsächlich längere Exkursionen (6–14 Tage) zum Mergui-Archipel in Myanmar, aber auch ein paar Touren zu den Surin-Inseln. Eine Tauchtour mit vier Übernachtungen an Bord kostet 20 000 B.

A-One-Diving TAUCHEN
(077 832984; www.a-one-diving.com; 256 Th Ruangrat; Okt.–April) Ist auf Tauchtouren mit Übernachtung an Bord zu den Surin-Inseln und zum Mergui-Archipel in Myanmar (ab 34 900 B) spezialisiert und veranstaltet Tauchkurse fürs PADI-Zertifikat.

Spas & Thermalquellen

★ **Siam Hot Spa** SPA
(077 813551; 73/3 Th Phetkasem; Anwendungen 300–750 B; 11–20 Uhr) Das sehr zu empfehlende Mineralbad hat mehr Klasse als die öffentlichen Thermalbäder gegenüber in Ranong (Stadt). Man badet in einer eigenen Wanne im Freien und lässt sich anschließend mit Salz abreiben oder gönnt sich eine klassische thailändische Massage.

Thermalquelle Rakswarin THERMALQUELLEN
(Th Phetkasem; Eintritt 40 B; 6.30–21 Uhr) Das heilende Wasser sprudelt am südöstlichen Stadtrand so heiß (65 °C) aus einer heiligen Quelle, dass man darin Eier kochen könnte. Die Becken am Fluss haben Fliesen mit Schachbrettmuster und sind mit Duschen, Badetüchern und Sonnenliegen ausgestattet. Man streckt sich aus und lässt die Wärme auf die schmerzenden Glieder wirken.

Schlafen

Rueangrat Hotel HOTEL $
(092 279 9919; rueangratranong@gmail.com; 240/10 Th Ruangrat; Zi. 690 B;) Die hellen, blitzblanken Zimmer dieser Unterkunft sind von der Straße zurückgesetzt und liegen nahe zu Restaurants und Läden. Alle Zimmer sind mit Kühlschrank, TV und ordentlichen Bädern ausgestattet. Im Foyer gibt's kostenlosen Kaffee, freundliches Personal und gutes WLAN.

Ranong Backpacker's Hostel HOSTEL $
(091 041 7555, 077 983978; backpackers.rn@gmail.com; 240/9 Th Ruangrat; B 320 B;) Das Hostel hat zwei Schlafsäle (nach Geschlechtern getrennt) mit acht Stockbetten und ordentlichen Schließfächern. Es gibt hier keinen echten Gemeinschaftsbereich, aber die Unterkunft ist gut geeignet, wenn man vor oder nach dem Besuch in Myanmar ein billiges, sauberes Bett braucht.

Luang Poj PENSION $
(077 833377, 087 266 6333; www.facebook.com/luangpojhostel; 225 Th Ruangrat; Zi. 600 B;) Die Unterkunft, die sich als „Boutique-Gästehaus" anpreist, ist eine prächtig aufgemöbelte Version von Ranongs erstem Hotel aus

Ranong

den 1920er-Jahren mit einer Mischung aus Alt und Neu (indische Kunst, Wandmalereien, einzigartige Lampen und alte Fotos). Die Zimmer sind makellos und gemütlich und in eigenen Farbschemata gehalten (uns gefiel das in Orange). Nachteil: Viele Zimmer haben kein Fenster und alle teilen sich die (sauberen) Bäder.

The B BOUTIQUEHOTEL **$$**
(☎077 823111; Br.ranong@gmail.com; 295/1-2 Th Ruangrat; Zi. 1300–2000 B; ❄📶🏊) Das modernistische Hotel aus poliertem Beton hat ein gutes Preis-Leistungs-Verhältnis und ist ein Symbol für den Aufschwung, der in Ranong Einzug gehalten hat. Die stilvollen, gemütlichen Zimmer haben schwebende Betten, Regenduschen und eine geschmackvolle, farbenfrohe Einrichtung. Besondere Pluspunkte sind die Snooker-Bar, das Restaurant B und vor allem der Infinity Pool auf dem Dach mit Blick über Ranong und die umliegenden grünen Hügel.

Ranong

Aktivitäten, Kurse & Touren
1 Andaman International Dive Center C4
2 A-One-Diving B2
3 Thermalquelle Rakswarin D4

Schlafen
4 Luang Poj B3
5 Ranong Backpacker's Hostel B2
6 Rueangrat Hotel B2
7 The B B2

Essen
8 Tagesmarkt B3
9 Nachtmarkt C3
10 Ranong Hideaway B2
The B Restaurant .... (siehe 7)

Essen & Ausgehen

Ranongs Lebensmittelmärkte haben ein ausgezeichnetes Preis-Leistungs-Verhältnis. Auf dem quirligen **Tagesmarkt** (Th Ruangrat;

GRENZÜBERGANG NACH MYANMAR: VON RANONG (STADT) NACH KAWTHAUNG (VICTORIA POINT)

Die staubige, belebte Hafenstadt an Myanmars südlichster Festlandspitze wurde von den Briten Victoria Point genannt, ist bei den Thais aber als Ko Song (zweite Insel) bekannt. Die meisten Traveller gehen nur kurz über die Grenze, um ihre Visa zu erneuern, aber Kawthaung ist auf alle Fälle ein interessanter Tagesausflug.

Die Stadt lebt hauptsächlich vom Fischfang und dem Handel mit dem Nachbarland, bringt aber auch einige der besten Kickboxer Myanmars hervor. Auf den nahegelegenen Inseln leben Moken („Seenomaden"; in Thailand abschätzig als *chao leh* bezeichnet).

Am leichtesten verlängert man sein Visum mit den „Visa-Trips" (1300 B), die die Reisebüros in Ranong anbieten, z. B. Pon's Place. Man kann die Laufarbeit aber auch gut selber auf sich nehmen.

Anreise zur Grenze

Wenn die Grenze zwischen Thailand und Myanmar geöffnet ist, starten die Boote nach Kawthaung vom Tha Saphan Plaa 5 km südwestlich von Ranong. Der rote *sŏrng·tăa·ou* 4 fährt von Ranong zum Pier (20 B), wo die Kapitäne der Longtail-Boote einen zunächst zur Einreisestelle und dann zu ihrem Boot lotsen (einfache Strecke/hin & zurück 100/200 B pro Pers.). Man braucht eine Fotokopie seines Passes, die man an der Anlegestelle machen kann (5 B).

An der Grenze

An der Kontrollstelle in Kawthaung muss man angeben, ob man als Tagesbesucher kommt oder in Kawthaung übernachten will. In letzterem Fall wird eine Gebühr von 10 US$ fällig, zahlbar nur mit einer frischen Banknote. (Die Kapitäne der Longtail-Boote können sie einem bei Schleppern im Hafen für 500 B beschaffen). Auf der birmanischen Seite wird man von „Helfern" bedrängt, die auf ein Trinkgeld aus sind.

Wer nur kommt, um sein Thailand-Visum verlängern zu lassen, ist in etwa zwei Stunden fertig. Bei der Rückkehr nach Thailand muss man berücksichtigen, dass Myanmars Zeit 30 Minuten hinter der thailändischen hinterherhinkt. Dies kann dazu führen, dass man es zwar noch schafft, die Formalitäten an der birmanischen Einreisestelle zu erledigen, die thailändische Einreisestelle aber bereits zu ist. Bei der Ausreise aus Thailand sollte man also unbedingt die Öffnungszeiten der thailändischen Einreisestelle checken.

Eine wesentlich schnellere, einfachere und bequemere Alternative bietet der Andaman Club 8 km nordwestlich der Stadt, abseits der Rte 4004. An der Anlegestelle wird der Pass unverzüglich abgestempelt. Das Schnellboot nach Myanmar (hin & zurück 950 B, 15 Min./Strecke, 8.30–15.30 Uhr stündl.) bringt einen zu einem schicken Kasino. Der gesamte Trip dauert eine Stunde.

Weiterreise

Man kann in einem der schäbigen, überteuerten Hotels von Kawthaung übernachten, doch zu empfehlen ist das nicht. Wer ein gültiges Visum für Myanmar besitzt, das man vorab bei der Botschaft Myanmars in Bangkok (oder in einem Drittstaat) beantragen muss, kann bis zu 28 Tage im Land bleiben und an jedem gewünschten Ort ausreisen.

Es gibt täglich Flüge von Kawthaung nach Yangon (Rangun).

Hauptgerichte 40–70 B; ⌚5–24 Uhr) gibt's köstliche, günstige thailändische und birmanische Gerichte, und auf dem **Nachtmarkt** (Th Kamlangsap, abseits Hwy 4; Hauptgerichte 30–70 B; ⌚14–19 Uhr) gleich nordwestlich vom Highway findet man hervorragende thailändische Gerichte zu Schnäppchenpreisen. An der Th Ruangrat liegen Restaurants.

Nach Einbruch der Dunkelheit entfaltet sich in Ranong ein munteres Nachtleben mit viel Lokalkolorit und viel Karaoke.

Ranong Hideaway THAILÄNDISCH, INTERNATIONAL $$
(☎077 832730; 323/7 Th Ruangrat; Hauptgerichte 110–480 B; ⌚10–23 Uhr; 📶) Das kleine internationale Lokal ist seit Langem ein Lieblingstreff von hier lebenden Ausländern und Geschäftsleuten, die jenseits der Grenze Handel treiben. Unter dem auf Stelzen stehenden Bambusdach erhält man gute Pasta, Pizza, Fleischgerichte, Currys, internationales Frühstück, Bier und ausländische Spirituosen.

The B Restaurant THAILÄNDISCH, INTERNATIONAL **$$**
(Th Ruangrat; Hauptgerichte 120–390 B; ⌚7–1 Uhr; 📶) Das B hat jetzt zwei Restaurants: ein Freiluftrestaurant auf der Dachterrasse im Hotel (S. 635) sowie dieses neue Lokal an der Straße, das gut betuchte Einheimische anlockt. Man findet eine gute Auswahl thailändischer Gerichte und westliche Klassiker wie Steaks, Pizzas, Pastagerichte und Sandwiches sowie eine gut bestückte Bar. An den meisten Abenden gibt's Livemusik.

ℹ Praktische Informationen

Geldautomaten finden sich rund um die Kreuzung der Th Ruangrat mit der Th Tha Meuang.

EINREISE

Andaman Club Immigration Office (abseits der Rte 4004; ⌚7–17 Uhr) Die thailändische Einreisebehörde im Andaman Club 8 km nordwestlich der Stadt.

Einreisebehörde Ranong (Th Chalermprakiat; ⌚8.30–17 Uhr) Das Haupteinreisebüro 4 km südwestlich der Stadt bearbeitet Visaverlängerungen.

Einreisestelle Ranong (Tha Saphan Plaa; ⌚8–17 Uhr) Wer nur kurz einen Abstecher nach Kawthaung (Myanmar) und zurück unternehmen will, kann die Formalitäten auch in dieser kleinen Zweigstelle 5 km südwestlich der Stadt erledigen.

NOTFALL

Polizei (Th Dap Khadi) Ranongs Hauptpolizeiwache.

POST

Post (Th Chonrau; ⌚Mo–Fr 8.30–16.30, Sa & So 9–12 Uhr) Hier kann man Briefe ins Ausland verschicken.

REISEBÜROS

Pon's Place (☎081 597 4549; www.ponplace-ranong.com; Th Ruangrat; ⌚8–19.30 Uhr; 📶) Das freundliche Pon's ist Ranongs Anlaufstelle für alles von WLAN über europäisches Frühstück, Motorradvermietung (200–250 B), Flugbuchungen, Visaverlängerungen (1300 B) bis zu Flughafentransfers und Busfahrplänen. Man kann hier auch ein Auto für einen Tagesausflug in den Laem Son National Park (hin & zurück 2000 B) chartern.

ℹ An- & Weiterreise

Der Flughafen Ranong liegt 22 km südlich der Stadt. Nok Air (www.nokair.com) fliegt zweimal täglich nach Bangkok (Don Mueang).

Der **Busbahnhof** (Th Phetkasem) liegt 1 km südöstlich vom Zentrum. Der blaue *sŏrng·tăa·ou* 2 (Passagier-Pick-Up-Truck) fährt am Busbahnhof vorbei. Von hier starten Kleinbusse nach Surat Thani (200 B, 3½ Std., 6 & 14 Uhr) und Chumphon (160 B, 2 Std., stündl. 7–17 Uhr).

ℹ Unterwegs vor Ort

Motorradtaxis (Th Ruangrat) sammeln sich am Th Ruangrat und bringen einen für 50 B in der Stadt fast überall hin, u. a. auch zu den Anlegestellen von **Tha Saphan Plaa**, 5 km südwestlich vom Zentrum, wo die Boote nach Myanmar ablegen, und **Tha Ko Phayam**, 6 km südwestlich vom Zentrum, wo man die Boote nach Ko Chang und Ko Phayam nehmen kann. Der rote **sŏrng·tăa·ou 4** hält in der Nähe der Anlegestellen (20 B).

Pon's Place hilft beim Mieten von Motorrädern und Autos und betreibt einen Shuttledienst von seinem Büro/vom Flughafen zu den Fähranlegern (70/200 B).

Ko Chang เกาะช้าง

Die wenig besuchte, ländliche Insel ist (in jeder Hinsicht) weltenweit von ihrer viel beliebteren Namensschwester in der Provinz Trat entfernt. Hier geht es wirklich ganz einfach zu, und Strom und WLAN sind immer noch selten. Die ganze Insel ist eine Oase der Ruhe, statt der Hektik des modernen Lebens

BUSSE AB RANONG

ZIEL	PREIS (B)	DAUER (STD.)	HÄUFIGKEIT
Bangkok	403–627	9–10	7.30, 8.10, 10.30, 13.30, 15.30, 19.30, 20 (VIP) & 20.30 (VIP)
Chumphon	150	2	7–17 Uhr stündl.
Hat Yai	380	7	6, 10 & 20 Uhr
Khao Lak	165	3½	6.30–17.45 Uhr stündl.
Krabi	210	6	7, 10 & 14 Uhr
Phang-Nga	180	5	7, 10 & 14 Uhr
Phuket	225	5-6	6.30–17.45 Uhr stündl.
Surat Thani	190	4-5	6–16 Uhr stündl.

gibt es hier nur das Rauschen der Wellen. In der Nebensaison (Mai–Okt.) ist's besonders verschlafen und viele Einrichtungen sind ganz geschlossen.

Der breite **Ao Yai** an der Westküste besitzt im südlichen Abschnitt schwarzweiß marmorierten Sand und glasklares Wasser; wer weißen Sand vorzieht, kommt am nördlichen Strandabschnitt auf seine Kosten. Ein kurzer Weg führt über die Klippen südwärts zum **Ao Tadaeng**; dieser mit Felsbrocken übersäte Strand ist die schönste Stelle, um auf der Insel den Sonnenuntergang zu erleben.

Im Binnenland liegen die winzige Inselhauptstadt sowie Cashew- und Kautschukplantagen. Unbefestigte Wege ziehen sich kreuz und quer über die Insel, und mit Glück kann man über den Mangroven Seeadler, Andamanen-Schlangenweihen und Nashornvögel sichten.

Aktivitäten

Aladdin Dive Safari TAUCHEN

(☎087 274 7601; www.aladdindivesafari.com; Cashew Resort, Ao Yai; 2 Tauchgänge 5800 B; ⊙Nov.–Mai 10–18 Uhr) Der relativ schicke, etablierte Tauchveranstalter bietet Tagesausflüge zu den Surin- und Similan-Inseln, Open-Water-Tauchkurse (18 700–19 800 B) und Tauchtouren mit Übernachtung an Bord zum Mergui-Archipel (Myanmar), zu den Surin- und Similan-Inseln sowie nach Ko Phi-Phi, Hin Daeng und Hin Muang (15 800 B–19 800 B).

Om Tao YOGA

(☎085 470 9312; www.omtao.net; Ao Yai; Kurse 300 B) Der von Deutschen geführte Veranstalter bietet von November bis April täglich Yoga-Sitzungen (8.30 Uhr). Auf Anfrage gibt es Kurse auch zu anderen Terminen.

Schlafen & Essen

Die meisten Unterkünfte auf Ko Chang sind schlichte Bambushütten, die meist nur von November bis April vermietet werden. Viel mehr als ein Bett, ein Moskitonetz, ein schlichtes Bad, eine Hängematte und einen kleinen Balkon darf man nicht erwarten. Strom steht nur begrenzt zur Verfügung; einige Unterkünfte werden mit Solar- oder Windenergie versorgt.

Die meisten Unterkünfte liegen beim Ao Yai, einige weitere verstecken sich beim Ao Tadaeng, dem Strand, der sich direkt südlich anschließt. Wirkliche Einsamkeit findet man an der Nordwestküste. Restaurants gibt's nur in den Resorts.

★ **Crocodile Rock** PENSION $

(☎080 533 4138; tonn1970@yahoo.com; Ao Yai; Bungalow 400–700 B; ⊙Okt.–April; 📶) Die traumhaften Bambusbungalows mit Metalldächern und Hängematten thronen auf der herrlichen Landzunge im Süden von Ao Yai und bieten einen wunderbaren Blick auf die Bucht. Die tolle Küche verwöhnt die Gäste mit hausgemachtem Joghurt, Brot, Keksen, gutem Espresso und diversen Meeresfrüchte- und vegetarischen Gerichten. Die Anlage ist beliebt; daher vorab reservieren!

Sangsuree Bungalows BUNGALOW $

(☎081 2511 7726; bungalow.sangsuree@gmail.com; Ao Takien; Bungalow 300–500 B; 📶) Ko Changs Nordwestküste ist übersät mit versteckten Buchten. Das Sangsuree mit sieben schlichten Bungalows liegt gleich über einer und bietet einen schönen Blick aufs Meer. Die von einem bezaubernden Ehepaar geführte Unterkunft verspricht klassische, altmodische thailändische Insel-Erholung mit gemeinsamen Mahlzeiten und viel Faulenzen. Der sandige Badestrand ist 10 Gehminuten entfernt.

Little Italy BUNGALOW $

(☎084 851 2760; daniel060863@yahoo.it; Ao Yai; Zi. 400–500 B; 📶) Die Anlage nahe dem Südende des Ao Yai hat gerade einmal drei unter Bäumen stehende makellose Bungalows, die an ein thai-italienisches Restaurant angeschlossen sind. Zwei der Hütten sind aus Beton und Holz, stehen auf Stelzen und haben umlaufende Veranden und Mezzaningeschosse, die dritte ist ebenerdig, besteht aus Beton und bietet ein gefliestes Badezimmer. In der Hochsaison weit im Voraus reservieren!

Sunset Bungalows BUNGALOW $

(☎084 339 5224; Ao Yai; Bungalows 300–600 B; ⊙Okt.–Mitte April) Die niedlichen Holzbungalows mit Bambusterrassen und angeschlossenen Bädern im Thai-Stil stehen unter Bäumen auf dem besten (nördlichen) Standabschnitt von Ao Yai. Das Personal ist superfreundlich.

Praktische Informationen

WLAN gibt's an einigen wenigen Stellen, darunter im Koh Chang Resort (im Süden von Ao Yai). Die Verbindungen sind schlecht.

Es gibt keine Geldautomaten.

Anreise & Unterwegs vor Ort

Aus dem Zentrum von Ranong fahren *sŏrng·tăa·ou* (20 B) und Motorradtaxis (50 B) von der Th Ruangrat zur Anlegestelle Tha Ko Phayam nahe Saphan Plaa, von der täglich um 9.30 und 14 Uhr zwei Longtail-Boote (200 B, 2 Std.) nach Ko Chang ablegen. In der Hauptsaison halten sie an den Stränden der Westküste und kehren dann gegen 8.30 bzw. 13 Uhr zurück. Während des Monsuns fährt nur ein Longtail-Boot um 14 Uhr, das am Hauptpier an der Nordostküste anlegt.

In der Hauptsaison (Nov.–April) verkehren täglich zwei Schnellboote (350 B, 30 Min., 8.30 & 10.30 Uhr) zwischen der Anlegestelle Tha Ko Phayam in Ranong und dem Pier an der Nordostküste von Ko Chang. In der Nebensaison fährt nur das Schnellboot um 8.30 Uhr.

In der Hauptsaison setzen die Schnellboote zwischen Ko Phayam und Ranong auf Anfrage häufig auch Passagiere in Ko Chang (350 B) ab oder nehmen sie dort auf, aber dieser Service ist unzuverlässig; man sollte die Buchung von seinem Resort vornehmen (und bestätigen!) lassen. Longtail-Boote nach Ko Phayam (2000 B) kann man über das Koh Chang Resort chartern.

An der Anlegestelle an der Nordostküste warten Motorradtaxis auf ankommende Boote. Die Fahrt von dort zum Ao Yai kostet 100 B.

Ko Phayam เกาะพยาม

Die bei Familien immer beliebter werdende Insel Ko Phayam gehört offiziell zum Laem-Son-Nationalpark (S. 641) und ist von herrlichen weißen Stränden gesäumt. Verglichen mit Phuket oder Ko Phi-Phi wirkt die Insel erfrischend natürlich und entspannt. An den spektakulären Küsten im Nordwesten und Südwesten finden sich rustikale Bungalows, kleine Resorts und luftige Strandrestaurants und -bars auf dem Sand. Auf der Insel leben Wildschweine, Affen und viele Vogelarten, darunter Seeadler, Reiher und Nashornvögel.

Das einzige „Dorf" auf der Insel (an der Ostküste bei der Hauptanlegestelle) ist sehr touristisch, aber während eines Fests (z.B. dem Cashew Festival im Februar) erkennt man, dass die Einheimischen ihre Insel noch fest im Griff haben.

Schmale Motorradwege, Betonpisten und unbefestigte Wege führen quer durch das bewaldete Inselinnere; einige dieser Straßen sind sehr ausgefahren und gefährlich – unbedingt langsam fahren!

Sehenswertes & Aktivitäten

Ko Phayam besitzt prächtige helle Sandstrände, zwischen November und April darf man aber nicht erwarten, sie für sich alleine zu haben.

Die eindrucksvollsten Strände sind der **Ao Yai** (Langer Strand) im Südwesten, wo man Boogie- und Surfbretter ausleihen kann (150 B/Std.), und der **Ao Khao Kwai** (Büffelbucht) im Nordwesten, eine goldene Bucht mit vom Dschungel überwucherten Klippen. Der **Ao Mea Mai** südlich der Anlegestelle an der Ostküste ist zum Schwimmen geeignet und bei Familien beliebt.

Schnorcheln gibt um Ko Phayam nicht viel her – im warmen Meereswasser sind alle Korallen abgestorben. Aber die Surin-Inseln sind nicht weit entfernt. Man kann sich Tauchexpeditionen mit Übernachtung an Bord anschließen oder einfach mit Schnellbooten zu ihnen übersetzen lassen. **Phayam Divers** (☎086 995 2598; www.phayamlodge.com; Ao Yai; 2 Tauchgänge 4900 B; ⊙Nov.–April) veranstaltet Tauchausflüge zu den Surin-Inseln sowie mehrtägige Touren mit Übernachtung an Bord zu den Surin-Inseln, nach Ko Tachai und Ko Bon sowie PADI-Open-Water-Tauchkurse (14 900 B). Auch Schnorchler sind willkommen.

Wat Phayam BUDDHISTISCHER TEMPEL
(วัดเกาะพยาม; ⊙Sonnenaufgang–Sonnenuntergang) GRATIS Versteckt im Dschungel gleich nördlich der Hauptanlegestelle an der Ostküste von Ko Phayam prunkt dieser Tempel mit einem majestätischen goldenen Buddha, flankiert von einer dreiköpfigen *naga* (Schlange).

Schlafen & Essen

Viele Resorts sind ganzjährig geöffnet. Die Stromversorgung rund um die Uhr ist inzwischen fast überall die Norm. Als Standquartier am beliebtesten sind die Strände an der Westküste. Die Ostküste ist zwar ruhiger und man wohnt nahe beim Dorf, aber die Strände sind nicht so gut.

Ao Yai อ่าวใหญ่

Frog Beach House HOTEL $
(☎083 542 7559; www.frogbeachhouse.com; Bungalows 500–1400 B; 📶) Die gepflegten Chalets aus Hartholz sind im traditionellen Thai-Stil gestaltet und bieten Holzböden, Badezimmer vor der Tür, Glaswaschbecken und Moskitonetze. Die Häuser stehen hinter einem schönen Sandstrand an einem kleinen Bach am nördlichen Ende des Ao Yai.

Bamboo Bungalows BUNGALOWS $$
(☎077 820012; www.bamboo-bungalows.com; Bungalows 750–2600 B; 📶) Die smarten, rus-

tikalen Bungalows haben Badezimmer drinnen oder draußen, etwas Deko und Balkone mit Hängematten. Sie verteilen sich über einen grünen Garten gleich hinter dem mittleren Abschnitt des schönen Ao Yai. Das Restaurant am Strand ist recht gut, und man kann Kajaks und Boogiebretter ausleihen. In der Hauptsaison gibt's Strom rund um die Uhr.

Aow Yai Bungalows BUNGALOWS **$$**
(☎098 313 1777; www.aowyaibungalows.com; Bungalows 700–4000 B; ❄📶) Dieser französisch-thailändische Anbieter am südöstlichen Ende des Ao Yai vermietete vor zwei Jahrzehnten als erster strohgedeckte Bambusbungalows. Heute hat man die Wahl zwischen kleinen ordentlichen rustikalen Bungalows aus Holz und Bambus, die unter hohen Palmen und Kiefern stehen, größeren Holzbungalows für drei Personen am Strand und Betonbungalows. Nur die teuersten verfügen über eine Klimaanlage.

Ban Nam Cha INTERNATIONAL **$$**
(Ao Yai; Hauptgerichte 100–250 B; ⏲9–18.30 Uhr) Blinkende Lichter, Gebetswimpel und Schilder aus Treibholz schmücken diese künstlerisch angehauchte, entspannte Restaurantbude. Es gibt fantastische hausgemachte Panini (mit Knoblauch und Pilzen oder Cashew-Pesto), Sandwiches, Kuchen sowie eine Reihe vegetarischer, birmanischer und europäischer Gerichte. In der Leihbücherei kann man sich mit Taschenbüchern eindecken. Das Lokal liegt 500 m landeinwärts hinter dem zentralen Abschnitt des Ao Yai. Vorsicht, die Öffnungszeiten variieren.

Ao Khao Kwai อ่าวเขาควาย

Mr. Gao BUNGALOWS **$$**
(☎077 870222; www.mr-gao-phayam.com; Bungalows 1000–1800 B; @📶) Die stabilen, gefirnissten Bungalows aus Holz und Backstein oder aus Bambus sind beliebt bei sportlichen Paaren und Familien. Sie sind ziemlich groß und haben vorne Terrassen, geflieste Bäder und Moskitonetze. Der Inhaber verleiht Kajaks und organisiert Schnorchelausflüge sowie mehrtägige Touren zu den Surin-Inseln. Die Anlage hat jetzt Strom rund um die Uhr. Die teuersten Bungalows verfügen über eine Klimaanlage (für deren Benutzung ein heftiger Aufpreis verlangt wird).

Baan Klong Kleng BUNGALOWS **$$**
(☎089 772 5090; www.baanklongkleng.com; Zi. 1300–2000 B; ⏲Mitte Okt.–April; 📶) Die schlichten, sauberen Holzbungalows stehen unter Bäumen und bilden eine Reihe bis hinunter zu einem schönen Strandabschnitt. Die Unterkünfte sind komfortabel, wenn auch nicht hinreißend, und bieten stilvolle Keramik-Waschbecken und halb offene Bäder. Im sagenhaften offenen **Strandrestaurant** (Ao Khao Kwai; Hauptgerichte 150–300 B; ⏲Mitte Okt.–April 8–22 Uhr; 📶🍷) herrscht gute Stimmung. Serviert werden aromatische thailändische Currys (auch vegetarische), köstliches Frühstück und Fusiongerichte wie Pasta mit grünem Curry.

Ao Hin Khow อ่าวหินขาว

PP Land BUNGALOWS **$$**
(☎082 806 0413; www.ppland-heavenbeach.com; Bungalows 900–1400 B; 📶🍽) 🍃 Die Betonbungalows dieser Ökolodge mit thailändisch-belgischen Besitzern werden rund um die Uhr von Wind und Sonne mit Strom versorgt, und von den Hängematten auf den Terrassen blickt man aufs Meer. Die Inhaber backen Kuchen, betreiben einen Biogarten, bereiten das Abwasser auf und machen sogar eigene, natürliche Waschmittel.

Leider ist der hiesige Strand der am wenigsten eindrucksvollste auf Ko Phayam. Im Resort sind Kinder unerwünscht.

ℹ Praktische Informationen

Die meisten Resorts haben WLAN, aber die Signalstärke ist oft schwach. Bargeld mitbringen, weil es auf der Insel keinen Geldautomaten gibt!

ℹ An- & Weiterreise

Zwei Fähren legen täglich um 9.30 bzw. 14 Uhr von Tha Ko Phayam (S. 637), 6 km südwestlich der Stadt Ranong, nach Ko Phayam ab (200 B, 2 Std.) und kehren um 8.30 bzw. 15 Uhr zurück. In der Hauptsaison (Nov.–April) unternehmen Schnellboote zwischen 7.30 und 16.30 Uhr fast stündlich die Überfahrt zur Insel (350 B, 35 Min.; Rückfahrten zum Festland 8, 9, 9.30, 11.30, 12, 15.30, 16 & 16.30 Uhr).

In der Hauptsaison legen Schnellboote auf dem Weg von Ko Phayam nach Ranong unterwegs auf Ko Chang (350 B, 20 Min.; 8.30, 9, 12, 12.30, 15 & 15.30 Uhr) an, doch ist dieser Service nicht 100 % zuverlässig.

ℹ Unterwegs vor Ort

Die Fahrt mit dem Motorradtaxi von der Anlegestelle nach Ao Khao Kwai/Ao Yai kostet 50/70 B. Die Gehentfernungen sind recht groß: von der Anlegestelle nach Ao Khao Kwai, der nächstgelegenen Bucht, braucht man rund 45 Minuten.

Man kann im Dorf (die bessere Option) oder bei größeren Resorts Motorräder (etwa 250 B) mieten – für die genauere Erkundung der Insel ist ein derartiges Gefährt sowieso unverzichtbar.

Laem Son National Park อุทยานแห่งชาติแหลมสน

Der heitere, 315 km² große **Nationalpark** (☎077 861431; www.dnp.go.th; Erw./Kind 200/100 B; ⊙8–16.30 Uhr) umfasst 60 km der Küstenlinie an der Andamanensee (den längsten geschützten Strandabschnitt Thailands) sowie mehr als 20 Inseln, u. a. auch das immer beliebter werdende Ko Phayam. 85 % der Parkfläche sind offenes Meer. Große Teile der Küste sind von Mangroven gesäumt und von Prielen durchzogen. Dort leben Fische, Rehe, Makaken, Zibetkatzen, Riesenhörnchen und mehr als 100 Vogelarten, darunter auch Weißbauchseeadler.

Der am leichtesten zugängliche Strand ist der wundervolle, von Kasuarinen gesäumte, 3 km lange **Hat Bang Ben**, wo sich die Hauptverwaltung des Parks sowie Unterkünfte befinden. Südlich davon greifen Halbinseln ins Meer hinaus und verbergen einsame, nur mit Longtail-Booten erreichbare Buchten. An all diesen Stränden soll das Baden ganzjährig sicher sein. Von Hat Bang Ben hat man einen Blick auf die Inseln Ko Kam Yai, Ko Kam Noi, Mu Ko Yipun, Ko Khang Khao und, ganz im Norden, auf Ko Phayam. An der gesamten nördlichen Andamanenküste gibt es wohl keinen schöneren Ort für ein Picknick bei Sonnenuntergang.

56 km südlich von Hat Bang Ben liegt **Hat Praphat**, wo Meeresschildkröten ihre Eier ablegen.

Naturpfade starten bei der Parkverwaltung, wo man auch eintägige Bootsausflüge (2500 B, max. 10 Pers.) zu nahen Inseln vereinbaren kann. Wenn man direkt vor der Parkverwaltung nach links (südwärts) zur Anlegestelle abbiegt, kommt man zum Strand, ohne die Parkgebühr bezahlen zu müssen.

Im **Wasana Resort** (☎077 861434; www.wasanaresort.org; Hat Bang Ben; Bungalow mit Ventilator/Klimaanlage 450/800 B; ❄📶) servieren die einladenden niederländisch-thailändischen Besitzer herrlich authentisches Gado-Gado, organisieren Tagesausflüge in den Laem Son National Park, verleihen Fahrräder und haben jede Menge Anregungen zur Erkundung des Parks auf Lager (z. B. zu der hinreißenden, 10 km langen Wanderung über die Landzunge). Der Nationalpark bietet schlichte **Betonbungalows** mit Klimaanlage sowie **Zelte und Stellplätze** (☎077 861431, in Bangkok 02 562 0760; www.dnp.go.th; Hat Bang Ben; Zi. 1000–1800 B, Stellplatz 30 B/Pers., mit Zelt 270 B; ❄).

ℹ An- & Weiterreise

Die Abzweigung zum Laem Son National Park geht 44 km südlich von Ranong nach Westen vom Hwy 4 ab (zw. Km 657 und Km 658). Busse, die von Ranong nach Süden fahren, können einen dort absetzen (als Ziel Hat Bang Ben nennen; 50 B, 1 Std.). An der Abzweigung kann man Fahrzeuge heranwinken, die zum Park fahren oder bei der Agentur am Straßenrand ein Taxi (200 B) anheuern. Vom Hwy 4 bis zum Parkeingang sind es 10 km.

Ein Taxi ab Ranong kostet hin und zurück 2000 B. Pon's Place (S. 637) in Ranong kann Taxis bestellen.

PROVINZ PHANG-NGA

In der Provinz Phang-Nga führen schlammige Flüsse zwischen von Dschungel bedeckten Bergen zu aquamarinblauen Buchten mit verkarsteten Kalksteinfelsen und Unterwasserlandschaften, die zu den schönsten Thailands gehören. Das ist eine Gegend der Nationalparks; vier der schönsten Naturschutzgebiete Thailands liegen ganz in der Nähe.

Phang-Nga ist stark von den Jahreszeiten abhängig. Von Mitte Oktober bis Mitte April strömen die Besuchermassen herbei, angelockt vom klaren Wasser, schneeweißen Stränden und farbenfrohen Korallenriffen. Während des Monsuns (Mai–Okt.) kommen viel weniger Leute, sodass man viel Platz hat.

Khuraburi คุระบุรี

Wer nicht aufpasst, kann Khuraburi leicht übersehen. Das winzige Marktstädtchen, dessen wirtschaftliches Rückgrat Hunderte von Fischern bilden, die Tintenfischen nachstellen, ist ein staubiges, aber stimmungsvolles Tor zu den Surin-Inseln. Ehe die thailändische Regierung anfing, gegen die Schmuggler vorzugehen, hatte die Gegend den schlimmen Ruf, ein Hauptschwerpunkt des Menschenhandels und der illegalen Einwanderung von Myanmar nach Thailand zu sein.

Andaman Discoveries (☎087 917 7165; www.andamandiscoveries.com; 120/2 Mu 1, Th Phetkasem; 3-tägige Tour 6000 B/Pers.; ⊙Mo–Fr 8.30–17.30 Uhr) veranstaltet preisgekrönte, gemeindebasierte Touren, Schnorchelausflüge zu den Surin-Inseln mit Angehörigen der Volksgruppe der *chao leh* („Seenomaden", Moken), Übernachtungen bei dörflichen Gastfamilien und Ökotouren zum Khao Sok National Park (S. 644). Die Organisation verwaltet auch Gemeindeprojekte, die freiwillige Helfer aufnehmen, und vermietet Fahrräder (150 B/Tag).

Wer übernachten will, findet im **Boon Piya Resort** (☎081 752 5457; 175/1 Th Phetkasem; Bungalows 650 B; ❄📶) geräumige, blitzsaubere, moderne Betonbungalows mit gefliesten Böden, kleinen Balkonen und Bädern mit Warmwasser. Der hilfsbereite Besitzer bucht Transportverbindungen von/zu den Surin-Inseln und von/nach Ko Phra Thong. Den gleichen Service bietet auch **Tom & Am Tour** (☎086 272 0588; 298/3 Mu 1, Th Phetkasem; ⏲24 Std.).

Den **Morgenmarkt** (Th Phetkasem; Hauptgerichte 20–40 B; ⏲6–10 Uhr) am nördlichen Ende der Stadt sollte man sich nicht entgehen lassen. An den Ständen werden Hühner gebraten, Kokoswaffeln gegrillt und in blubbernden Kesseln thailändische Donuts frittiert, die dann in dickes, süßes grünes Curry getunkt werden.

Der kleine **Nachtmarkt** (Th Phetkasem; Hauptgerichte ab 30 B; ⏲15–19.30 Uhr), dessen Spitzenzeit eigentlich der späte Nachmittag ist, bietet Nudelgerichte und gute gebratene Hähnchen. Er liegt am Highway gleich neben dem chinesischen Tempel, 10 Gehminuten südlich der Stadt.

An- & Weiterreise

Die meisten Busse, die zwischen Ranong (105 B, 2 Std.) und Phuket (150 B, 4 Std.) unterwegs sind, halten in Khuraburi. Um andere Ziele, darunter den Khao Sok National Park zu erreichen, nimmt man einen Bus Richtung Phuket und fährt bis zu dem 55 km südlich gelegenen Takua Pa (50 B, 1¼ Std.).

Die Anlegestelle der Boote zu den Surin-Inseln und nach Ko Phra Thong befindet sich 9 km nordwestlich der Stadt. Der Veranstalter, bei dem man sein Boot bucht, wird für einen kostenlosen Transport zur Anlegestelle sorgen.

Surin Islands Marine National Park

อุทยานแหงชาติหมูเกาะสุรินทร

Die fünf wundervollen Inseln, die den **Surin Islands Marine National Park** (☎076 491378; www.dnp.go.th; Erw./Kind 500/300 B; ⏲Mitte Okt.–Mitte Mai) bilden, liegen 60 km vor der Küste und sind 5 km von der Meeresgrenze zwischen Thailand und Myanmar entfernt. Intakter Regenwald, geschützte Buchten mit herrlichen weißen Sandstränden und felsige, ins Meer ausgreifende Landzungen prägen diese auf Granitsockeln ruhenden Inseln.

Dank des völlig klaren, in Jade- und Türkistönen schillernden Wassers sind Meeresbewohner leicht zu erspähen – außer in der Monsunzeit beträgt die Unterwassersichtweite bis zu 30 m. Die geschützten Gewässer werden von Moken (abgeleitet von *oken*, „Salzwasser", auch abwertend als *chao leh* bezeichnet), einer ethnischen Gruppe malaiischer Abkunft, aufgesucht, die während des Monsuns (Mai–Nov.) auf Ko Surin Tai leben.

Die beiden größten Inseln sind Ko Surin Tai (im Süden) und Ko Surin Neua (im Norden). Die Parkverwaltung, ein Informationsbüro (S. 646) und alle Einrichtungen für Besucher konzentrieren sich in Ao Chong Khad im Südwesten von Ko Surin Nuea. Khuraburi ist das Sprungbrett zum Park.

Sehenswertes & Aktivitäten

Ban Moken DORF

(Ao Bon, Ko Surin Tai) In Ban Moken an der Ostküste von Ko Surin Tai sind Besucher willkommen. Nach dem Tsunami hat sich die Volksgruppe der Moken (Seenomaden) in dieser geschützten Bucht neu angesiedelt; in jedem April wird eine große Zeremonie zu Ehren der Ahnen (**Loi Reua**) durchgeführt. Die farbenprächtigen, beschnitzten Bambus-Pfähle, die in der Gegend aufgestellt sind, symbolisieren die Ahnen der Moken. Die Volksgruppe hatte beim Tsunami vom zweiten Weihnachtstag 2004, der ihr Dorf zerstörte, keine menschlichen Verluste zu beklagen, weil die Menschen die Zeichen der Natur richtig interpretierten und sich rechtzeitig auf die Hügelspitze zurückzogen.

Vom Surin Islands Marine National Park werden zweistündige Ausflüge von Ko Surin Nuea nach Ban Moken (150 B/Pers., mind. 5 Pers.) angeboten, bei denen man durch das Dorf mit seinen auf Stelzen stehenden Hütten spaziert. Wer auf dem **Chok Madah Trail** (800 m) über den dschungelbewachsenen Hügel zu einem einsamen Strand wandern will, sollte im Dorf die Erlaubnis einholen und einen Führer engagieren. Wer hier Kunsthandwerk kauft, hilft den Dorfbewohnern; auch Kleiderspenden sind willkommen. Hingegen sollte man den Dorfbewohnern keine Süßigkeiten und schon gar keine Alkoholika zukommen lassen, denn der Alkoholismus ist ein wachsendes Problem unter den Moken.

Tauchen & Schnorcheln

Zu den Tauchgebieten im Park gehören **Ko Surin Tai**, **Ko Torinla** (im Süden) und der **HQ Channel** zwischen den beiden Hauptinseln. Auch der 14 km südöstlich gelegene Unterwasserfelsen **Richelieu Rock** gehört zum Park und ist eines der besten, wenn nicht das beste Tauchrevier in der Andamanensee). Mantas lassen sich hier blicken; im März und April werden manchmal auch Walhaie gesichtet.

Im Park gibt es keine Tauchveranstalter; Tauchtouren (4 Tage mit Übernachtung an Bord ab 20 000 B) müssen daher über die Zentren in Khao Lak, Phuket oder Ranong gebucht werden. Der Transport ist meist im Preis inbegriffen. Hinzu kommen die Tauchgebühr im Park (200 B/Tag) sowie der fünf Tage gültige Nationalparkeintritt (Erw./Kind 500/300 B).

Die Schnorchelbedingungen sind nicht mehr so fantastisch, wie sie einmal waren, weil die Korallenbleiche die Hartkorallen zerstört hat. Immerhin gibt es aber noch viele bunte Fische und Weichkorallen zu bewundern. Die schönsten Weichkorallen sahen wir bei **Ao Mai Yai** vor der Südwestküste von Ko Surin Nuea. Gut schnorcheln und Meeresschildkröten bewundern kann man an den Stränden von **Ao Sabparod** und **Ao Pak Kaad** vor der Ost- bzw. Südküste von Ko Surin Tai. Viele Fische schwimmen in den Gewässern vor der winzigen Insel Ko Pajumba, doch sind die Korallen dort nicht besonders schön. Hunderte farbenfrohe Fische kann man auch bei Ao Suthep vor der Nordküste von Ko Surin Tai bewundern.

Die nächstgelegene Dekompressionskammer befindet sich in Phuket. Bei Tauchunfällen nehmen die Veranstalter mit der auf Khao Lak stationierten SSS Ambulance (S. 650) Kontakt auf, die die Boote ansteuert und die verletzten Taucher dann südwärts nach Phuket bringt.

Halbtägige Schnorchelausflüge (150 B/Pers., Schnorchelverleih 160 B) starten um 9 und 14 Uhr von der Inselverwaltung. Bei diesen Ausflügen befindet man sich überwiegend in Gesellschaft von Thais, die in der Regel halb bekleidet in Rettungswesten herumplanschen. Für beschaulichere Schnorchelabenteuer mietet man sich ein Longtail-Boot vom Nationalpark (3000 B/Tag) oder besser direkt von den Moken in Ban Moken.

Tourveranstalter in Khuraburi und Khao Lak organisieren Schnorchel-Tagestouren zum Park (Erw./Kind 3700/2450 B).

Greenview Tour SCHNORCHELN
(☎ 076 472070; www.toursurinislands.com; 140/89 Mu 3 Khuraburi; ⌚ 7.30–21 Uhr) Der in Hinblick auf Sicherheit, Service und Preis-Leistungs-Verhältnis überzeugende Veranstalter bietet ausgezeichnete Schnorchel-Tagesausflüge (Erw./Kind 3500/2100 B) mit kundigen Guides zu den Surin-Inseln. Im Preis sind Transport, Snacks, ein köstliches Mittagessen und die Ausrüstung inbegriffen. Greenview organisiert auch mehrtägige Aufenthalte auf den Surin-Inseln.

Tiere beobachten & Wandern

Rund um die Parkverwaltung kann man die Ausläufer des Waldes erkunden und Langschwanzmakaken sowie einige der 57 ansässigen Vogelarten erspähen, darunter die an der Andamanensee heimische wunderschöne Kragentaube und den scheuen Rifftriel. Längs der Küste sieht man Brahminenweihe und Riffreiher. Außerdem leben hier zwölf verschiedene Fledertierarten, darunter vor allem Bäume bewohnende Flughunde.

Schlafen & Essen

Ko Surin Neua ist die einzige Insel, auf der man wohnen kann. Die **Bungalows** (☎ 076 472145; www.dnp.go.th; Ko Surin Neua; Zi. 2000–3000 B, Stellplatz 80 B/Pers., mit gemietetem Zelt 300 B; ⌚ Mitte Okt.–Mitte Mai; ❄) sind recht gut, wenn auch überteuert. Bei voller Auslastung (mit rund 300 Pers.) wirkt die Anlage überfüllt. Die Besucher sind hauptsächlich Thailänder, weshalb die Stimmung an ein munteres Ferienlager erinnert. Man kann hier auch zelten (Zelte werden vermietet). Weit im Voraus reservieren!

Die beiden Restaurants im Park liegen bei der Unterkunft und servieren ordentliche thailändische Kost; zu empfehlen ist das **Ao Mai Ngam Restaurant** (Ko Surin Neua; Hauptgerichte 80–180 B, Menü 120–280 B; ⌚ 7.30–9, 12–14 & 18.30–20 Uhr).

Praktische Informationen

Surin Islands Marine National Park Office
(Ko Surin Neua; ⌚ Mitte Okt.–Mitte Mai 7.30–20.30 Uhr) Bietet Infos zu den Inseln und bucht Unterkünfte.

An- & Weiterreise

Falls man nicht im Rahmen einer organisierten Tour kommt, nimmt man die Schnellboote der

Tourveranstalter (hin & zurück 1800 B, einfache Strecke 1¼ Std.), die gegen 9 Uhr ablegen und zwischen 13 und 16 Uhr zurückkehren. Da Tickets ohne Zeitangabe akzeptiert werden, kann man zu jeder Zeit zurückfahren, sollte sich aber sein Ticket am Vorabend der Abreise von der Parkverwaltung auf Ko Surin Neua bestätigen lassen.

Khao Sok National Park อุทยานแห่งชาติเขาสก

Nach zu vielen faulen Tagen am Strand bietet sich ein Abstecher aufs Festland zu dem wunderbaren, 738 km² großen **Khao Sok National Park** (☎077 395154; www.khaosok.com; Khao Sok; Erw./Kind 300/150 B; ⌚6–18 Uhr) an. Dieser Tiefland-Dschungel (der feuchteste Ort in Thailand) soll mehr als 160 Mio. Jahre alt sein und wäre damit einer der ältesten Regenwälder auf Erden. Wasserfälle und Höhlen verbergen sich in der dichten Vegetation.

Das große Gebiet des Nationalparks ist eines der letzten intakten Habitate für große Säugetiere. In den feuchten Monaten kann man hier Bären, Wildschweine, Gauren, Tapire, Gibbons, Hirsche, Marmorkatzen, wild lebende Elefanten und vielleicht sogar einen Tiger entdecken. Hinzu kommen mehr als 300 Vogelarten, 38 Fledertierarten und eine der größten (und geruchsintensivsten) Blumen der Welt, die immer seltener werdende *Rafflesia kerrii*, die in Thailand nur im Khaob Sok National Park vorkommt.

Die beste Zeit für einen Besuch ist die Trockenzeit (Dez.–April). In den Monsun-Monaten (Juni–Okt.) werden die Wege rutschig und Blutegel zur Plage. Andererseits sind die Wasserfälle in dieser Zeit besonders eindrucksvoll und die Tiere lassen sich besonders häufig sehen.

DAS DORF DER TOTEN

Ban Sok, das Dorf an den Ufern des Mae Nam Sok nahe dem Eingang zum Khao Sok National Park, hat eine so düstere Vergangenheit, dass es sich einen neuen Namen gab. In den 1940er-Jahren fegte eine verheerende Pockenepidemie durch Takua Pa und Phuket und dezimierte die Bevölkerung. Die Menschen flohen in diese Kalksteinberge. Leider folgte ihnen der Tod: So viele Menschen starben, dass der Ort, den sie 1944 besiedelt hatten, als Ban Sop, „Dorf der Toten", bekannt wurde. Als 1961 die Rte 401 als Verbindung zwischen Surat Thani und Phang-Nga gebaut wurde, benannten die Einwohner ihr Dorf um; der neue Name Ban Sok hat keine besondere Bedeutung.

Sehenswertes & Aktivitäten

Beliebte Aktivitäten sind Kajakfahren (800 B) und, in der Regenzeit, Tubing (500 B. Von der Elefantentour raten wir dringend ab.

Die 1,8 km lange Straße, die von der Rte 401 nach Nordosten zur Parkverwaltung (S. 646) führt, ist von Gästehäusern und Reiseveranstaltern gesäumt, die Parktouren und Führerdienste anbieten. Wir empfehlen einen Kanu- und Wandertrip (2 Tage mit einer Übernachtung 2500 B/Pers.) zum Stausee Chiao Lan, bei dem man auf dem See in schwimmenden Hütten übernachtet. Die Tour kann man über die Parkverwaltung und alle Tourveranstalter buchen; der Preis ist überall gleich.

Chiaw-Lan-See SEE

(เขื่อนเชี่ยวหลาน; Tagestour/mit Übernachtung 1500/2500 B) Der eindrucksvolle, 165 km² große See liegt 65 km (eine Fahrtstunde) östlich der Parkverwaltung (S. 646). Er entstand 1982 durch den riesigen, aus Schieferlehm aufgeschütteten Rajjaprabha- oder Chiaw-Lan-Damm. Die aus dem See aufragenden Kalksteinspitzen erreichen bis zu 960 m und sind damit mehr als dreimal so hoch wie die Formationen in der Bucht von Phang-Nga. Die meisten Besucher des Sees machen eine Tagestour oder eine Tour mit Übernachtung (jeweils inkl. Transport, Boot & Führer).

Örtliche Fischer bieten am Rand des Staudamms Charterboote (2000 B/Tag), mit denen man die Buchten, Wasserläufe und Seitenarme am Seeufer erkunden kann.

Zwei Höhlen am Südwestufer lassen sich zu Fuß erkunden. In der Höhle **Tham Nam Thalu** finden sich eindrucksvolle Kalksteinformationen und unterirdische Wasserläufe. Während der Regenzeit sollte man die Höhle besser meiden – es sind dann schon tödliche Unfälle vorgekommen. Die Höhle **Tham Si Ru** besitzt vier aufeinander zulaufende Gänge, die zwischen 1975 und 1982 von kommunistischen Aufständischen als Versteck genutzt wurden.

Wandern

Die Wandermöglichkeiten im Khao Sok National Park sind ausgezeichnet. Die meisten Pensionen und Veranstalter organisieren

Wanertouren (ganzer Tag 1200–2000 B); man sollte darauf achten, dass der Führer zertifiziert ist (diese Guides tragen offizielle Plaketten). Die Parkverwaltung vermittelt verlässliche Führer (1200 B/Tag).

Einfache Wanderkarten sind bei der Parkverwaltung erhältlich. Von dort kann man auf eigene Faust zum Wasserfall bei **Wing Hin** (2,8 km) wandern. Für Wanderungen zu den Wasserfällen bei **Bang Hua Rad** (3 km), dem elfstufigen Wasserfall bei **Sip-Et Chan** (4 km), zum **Than Sawan** (6 km), dem eindrucksvollsten und einsamsten Wasserfall, sowie zum **Than Kloy** (7 km) benötigt man einen Führer.

Schlafen

Alle Pensionen haben WLAN, aber die Verbindungen sind nicht immer gut.

Jungle Huts BUNGALOWS $
(077 395160; www.khaosokjunglehuts.com; 242 Mu 6, Khao Sok; Zi. mit Ventilator/Klimaanlage 400/1200 B;) Diese beliebte Unterkunft umfasst eine Ansammlung ordentlicher, individuell gestalteter Bungalows, die alle über ein Badezimmer und eine Veranda verfügen. Es gibt schlichte, auf Stelzen stehende Bambushütten, größere Holzhütten, rosafarbene Betonbungalows und Zimmer, die von schwindelerregenden Laufgängen abgehen.

Tree Tops River Huts BUNGALOWS $$
(081 747 3030; www.treetopsriverhuts.com; 54 Mu 6, Khao Sok; Zi. 500–1200 B;) Die sauberen und stabilen, wenn auch etwas in die Jahre gekommenen Bungalows mit Steinwänden, Veranden und kleinen Badezimmern stehen auf hohen Stelzen inmitten der Bäume an einer Uferstelle nahe der Parkverwaltung. Die preiswertesten haben nur Ventilatoren und sind schlichter, verfügen aber auch über Warmwasser. Das nette, teilweise offene Restaurant blikt auf den Fluss.

Art's Riverview Jungle Lodge PENSION $$
(090 167 6818; www.info@artsriverviewlodge.com; 54/3 Mu 6, Khao Sok; Zi. 1200–2400 B;) Die Lodge in einem Dschungel voller Affen an einem rauschenden Fluss mit einer von Kalksteinklippen gesäumten Badestelle hat die schönste Lage in Khao Sok. Die auf Stelzen stehenden Bungalows bestehen aus Backstein, aus Holz oder haben eine Holzverkleidung. Alle sind geräumig und komfortabel, und viele bieten Flussblick. Es gibt eine Vielzahl an Unterkünften, darunter auch welche, die für Familien geeignet sind.

TOUREN DURCH DEN KHAO SOK NATIONAL PARK

Geführte Touren durch und rund um den Khao Sok National Park werden bis zu 50 % billiger, wenn sie direkt bei den Pensionen oder Reisebüros in der Nähe des Parks gebucht werden. Bucht man die Tour an entfernteren Orten (z. B. Phuket oder Khao Lak) sind im Preis die teure Fahrt zum Park sowie die Kommission für den Vermittler enthalten.

Eine Reihe familienfreundlicher Aktivitäten werden ebenfalls angeboten. Die Anlage befindet sich 1,5 km nordöstlich der Rte 401, wo ein Schild den Weg weist.

Nichtgäste können die hiesige Badestelle besuchen, die auch bei den Einheimischen (sowie den Affen) beliebt ist.

Jasmine Garden RESORT $$$
(082 282 3209; www.khaosokjasmine.com; 35/6 Mu 6, Khao Sok; DZ 3800 B;) Die von einer Familie geführte Anlage bietet Unterkunft mit Klasse, wenn auch ohne Luxus, und außerdem Kochkurse (800 B). Die fünf orangefarbenen Betonbungalows öffnen sich zu geräumigen Terrassen mit Blick auf einen hellblauen Pool und spektakuläre Klippen. Zur feinen Ausstattung gehören geschnitzte Holzbetten, Buddha-Malereien, Fliesenböden und viel Teakholz. Vorab reservieren!

★ **Elephant Hills** RESORT $$$
(076 381703; www.elephanthills.com; 170 Mu 7, Tambon Klong Sok; 3 Tage All-inclusive ab 20 300 B;) Fünfköpfige Familien, Backpacker in den Flitterwochen und Alleinreisende – alle sind mit diesem Resort zufrieden. Oberhalb von Mae Nam Sok, am Fuß der von dunstigem Dschungel überwucherten Kalksteinbergen bietet Khao Soks einziges Zeltlager der Spitzenklasse naturverbundenen Luxus nach Serengeti-Art. Die luftigen Zelte sind mit Holzmöbeln, richtigen großen Badezimmern, Oberlichtern und Hängematten auf den Veranden ausgestattet.

Im Preis inbegriffen sind die Mahlzeiten und geführte Wanderungen und Kanutouren den Fluss hinunter mit einem Abend im zugehörigen Elefantenlager. Die zwölf Elefantenkühe (die aus anderen Lagern gerettet wurden, wo sie Touristen durch die Gegend tragen mussten) werden hier freundlich behandelt. Man kann die Dickhäuter füttern, baden und Zeit mit ihnen verbringen – ein einmaliges Erlebnis. Wer will, kann auch eine Nacht in dem schwimmenden **Rainforest Camp** (Chiao Lan Lake) verbringen. Reservierung erforderlich!

Essen

★ Pawn's Restaurant THAILÄNDISCH $$
(Khao Sok; Hauptgerichte 110–250 B; 9–22 Uhr;) Ein freundliches, nur aus Frauen bestehendes Team leitet dieses schlichte, aber zu Recht beliebte offene Esslokal 500 m südwestlich der Nationalparkverwaltung, wo man leckere Currys (von scharfen mit rotem Kürbis und Gemüse bis zu cremigen mit Tofu oder Hähnchen-Massaman) und große, herzhafte Frühstücksgerichte bekommt.

Chao Italian Restaurant ITALIENISCH $$
(087 264 2106; Khao Sok; Hauptgerichte 100–320 B; 12–22 Uhr;) Die richtige Adresse für feine Holzofenpizza, zubereitet von einem altgedienten Koch der italienischen Restaurants auf Phuket, sowie für Pasta, Salate und die üblichen thailändischen Currys. Freundliches Personal tischt die Speisen unter dem hohen Strohdach auf. Das Lokal liegt ein paar Minuten südlich der Nationalparkverwaltung.

Praktische Informationen

Khao-Sok-Nationalparkverwaltung (077 395154; www.khaosok.com; 6–18 Uhr) Die Verwaltung befindet sich rund 1,8 km nordöstlich der Rte 401; die Ausfahrt liegt nahe Km 109. Sie bietet hilfreiche Karten und Infos.

An der Zufahrtsstraße zur Parkverwaltung gibt's mehrere Geldautomaten.

An- & Weiterreise

Von Surat nimmt man einen Bus Richtung Takua Pa, von der Andamanenküste einen nach Surat Thani. Die Busse halten an der Rte 401, 1,8 km südwestlich vom Besucherzentrum. Wenn keine Schlepper der Pensionen da sind, muss man bis zu seiner Unterkunft laufen (50–2000 m).

Ein Bus nach Bangkok (1000 B, 11 Std.) fährt täglich um 18 Uhr.

Minivans fahren täglich u. a. nach:

ZIEL	PREIS (B)	DAUER (STD.)
Khao Lak	200	1¼
Ko Lanta	800	5
Ko Tao	1000	8
Krabi	350	3
Phang-Nga	250	2
Surat Thani	200	1

Ko Phra Thong & Ko Ra

เกาะพระทอง/เกาะระ

Laut einer Legende vergruben Piraten vor vielen Jahrhunderten einen goldenen Buddha im Sand von Ko Phra Thong, der „Insel des Goldenen Buddha". Die Statue wurde nie gefunden, doch die Insel hat heute andere Schätze zu bieten: endlose Sandstrände, Mangroven, eine reiche Vogelwelt und seltene Orchideen.

Die lange, schmale, bewaldete Insel ist mit nur rund 300 Einwohnern so ruhig wie eine Nacht auf dem offenen Meer. Fischen (nach Tintenfischen, Garnelen und Quallen) bleibt der Hauptgewerbezweig; die örtliche Delikatesse ist streng riechendes *gà·Ѣì* (fermentierte Paste aus Garnelen). An der Südwestküste liegen 10 km unberührter, goldener Sandstrand am blauen Meer.

Unmittelbar nördlich liegt die nahezu verlassene Insel Ko Ra mit ihren goldenen Stränden und Mangroven. Die kleine Insel, die eigentlich nur ein von Dschungel überwucherter Berg ist, besitzt eine beeindruckende Vielfalt an Wildtieren (darunter mehr als 100 Vogelarten, Bengalkatzen, Malaien-Gleitflieger, Wildschweine, Warane, Schuppentiere und Plumploris).

Schlafen & Essen

Mr. Chuoi's BUNGALOWS $
(087 898 4636, 084 855 9886; www.mrchuoibarandhut.com; Ko Phra Thong; Bungalows 500–750 B;) Die Anlage an der Nordwestküste der Insel umfasst schlichte, hübsche, künstlerisch angehauchte Bungalows aus Holz und Bambus; Strom gibt's nur abends. Vor Ort finden sich ein zahmes Reh, eine lustige Bar und ein ordentliches Restaurant, in dem Mr. Chuoi persönlich für Stimmung sorgt. Wenn man vorher anruft, kann er den Transport nach Ko Phra Thong arrangieren.

Golden Buddha Beach Resort BUNGALOWS $$$
(081 892 2208, 081 895 2242; www.goldenbuddharesort.com; Ko Phra Thong; Bungalows 3500–85 000 B; Okt.–Mai;) Das schickste Resort der Gegend lockt Yogafans, Paare und Familien an, die ein abgeschiedenes Refugium suchen. Die Holzhäuser in Privatbesitz sind individuell gestaltet, bieten Natur-Schick und werden kurz- und langfristig vermietet. Es gibt auch größere, für Familien geeignete Häuser. Die Zimmer haben Freiluftbäder und sind mit Holz-

schnitzereien geschmückt. Durch den Wald und die Gartenanlagen hindurch kann man einen Blick auf den sagenhaften, 10 km langen Strand erhaschen. Alles trifft sich im mit Mosaikboden ausgestatteten Clubhaus mit **Restaurantbar** (Hauptgerichte 220–400 B; ⊙7.30–21.30 Uhr; ✎).

Horizon BUNGALOWS $$$
(☎081 894 7195; www.horizonecoresort.com; Ko Phra Thong; Bungalows 1300–1900 B) Die Ökolodge am Nordweststrand hat sieben geräumige, zottelige Bungalows aus Holz und Bambus, die mit Ventilatoren ausgestattet sind und Platz für zwei oder vier Personen bieten. Wo immer möglich, wurden natürliche regionale Produkte aus nachwachsenden Rohstoffen verwendet. Horizon organisiert Wanderausflüge auf die Nachbarinsel Ko Ra (1600 B, mind. 3 Pers.) und besitzt die einzige Tauchschule der Insel, **Blue Guru** (☎096 284 8740; www.blue-guru.org; Ko Phra Thong; 2 Tauchgänge 4500–6500 B; ⊙Okt.–Mai) mit einer idealen Lage zur Erkundung der Gewässer rund um die nahegelegenen Surin-Inseln.

An- & Weiterreise

Prinzipiell kann man am Pier von Khuraburi ein Longtail-Boot nach Ko Phra Thong (hin & zurück 1500 B) chartern, aber Bootsführer sind schwer zu finden. Für den gleichen Preis können die eigene Unterkunft auf Ko Phra Thong oder Tourveranstalter und Pensionen in Khuraburi den Transport organisieren.

Khao Lak & Umgebung เขาหลัก

Wenn die Leute von Khao Lak sprechen, meinen sie in der Regel die Reihe Strände, die an der Westküste der Provinz Phang-Nga rund 70 km nördlich von Phuket zu finden ist. Das Gebiet ist eine zentrale Basis zur Erkundung der nördlichen Andamanenküste, weil von hier aus leichte Tagesausflüge zu den Similan- und den Surin-Inseln, zu den Nationalparks Khao Sok und Khao Lak/Lam Ru und sogar nach Phuket unternommen werden können.

Auf das südliche Ende von **Hat Khao Lak** folgt **Hat Nang Thong.** Beide Strände liegen in Gehweite zum Ort Khao Lak, einer schmucklosen, aber praktischen Ansammlung von niedrigen Hotels, Restaurants, Bars, Läden sowie Tour- und Taucherveranstaltern am grauen Hwy 4.

Rund 2,5 km weiter nördlich ist **Hat Bang Niang** mit seinen schmaleren Sandstränden noch ruhiger. Die 12 bzw. 13 km nördlich von Hat Khao Lak gelegenen Strände von **Hat Pakarang** und **Hat Bang Sak** präsentieren sich als ein völlig verschlafener, ununterbrochener Sandstreifen vor einer Kulisse aus dichten Mangroven und Gummibaumplantagen. Hier fühlt man sich wirklich fern allem Welttrubel.

Sehenswertes

Khao Lak/Lam Ru National Park NATIONALPARK
(อุทยานแห่งชาติเขาหลัก-ลำรู่; ☎076 485243; www.dnp.go.th; Erw./Kind 200/100 B; ⊙8–16.30 Uhr) Der gewaltige, 125 km² große Park gleich südlich vom Hat Khao Lak präsentiert sich als eine Collage aus Meeresklippen, 1000 m hohen Bergen, Stränden, Mündungsgebieten, Wasserfällen, bewaldeten Tälern und Mangroven. An Wildtieren finden sich Nashornvögel, Drongos, Tapire, Seraue, Affen, Kragenbären und Bengalenwarane. Das Besucherzentrum der Parkverwaltung liegt 3 km südlich der Ortschaft Khao Lak abseits des Hwy 4. Es gibt hier wenig Informationsmaterial, aber ein malerisches **Freiluftrestaurant** (nahe Hwy 4, Khao Lak, Hauptgerichte 130–250 B; ⊙8.30–19 Uhr) auf einem schattigen Hang mit Blick aufs Meer. Von hier führt ein leichter Natur-Rundweg (3 km, 1 Std.) südwärts rund um das Kap zum oft einsamen **Hat Lek**.

Aktivitäten & geführte Touren

Eintägige Tauch- und Schnorchelausflüge zu den Similan- und Surin-Inseln sind sehr beliebt; wenn möglich, sollte man aber besser eine Tour mit Übernachtung an Bord machen. Da die Inseln rund 70 km vom Festland (1½ Std. per Schnellboot) entfernt sind, geht es auf solchen Touren ohne die Tagesausflüglermassen deutlich entspannter zu. Tauchveranstalter bieten Touren mit Bordübernachtung ab rund 19 000/35 000 B (3 bzw. 6 Tage) und Tagesausflüge für 5000 bis 6000 B an.

Tagesausflüge beinhalten in der Regel zwei Tauchgänge. Bei den mehrtägigen Touren gleitet man bis zu viermal täglich ins Meer. Zwar wurde das Gebiet um die Similan- und die Surin-Inseln in den letzten Jahren von einer großflächigen Korallenbleiche betroffen, aber der Richelieu Rock (S. 643) gleich nördlich der Surin-Inseln ist immer noch der

Khao Lak

Khao Lak

Sehenswertes
1 Khao Lak/Lam Ru National Park A5

Aktivitäten, Kurse & Touren
2 Fantastic A4
3 Hat Khao Lak A5
4 Hat Nang Thong A3
5 Sea Bees B3
6 Sea Dragon Dive Centre B2

Schlafen
7 Fasai House B2
8 To Zleep B3
9 Walker's Inn B4

Essen
10 Go Pong B2
11 Khao Lak/Lam Ru National Park Restaurant A5
12 PhuKhaoLak B4

Transport
13 Cheaper Than Hotel B4

beste Tauchspot der Region – von März bis April lassen sich hier auch Walhaie blicken. Wegen der riesigen Manta-Rochen sind auch **Ko Bon** und **Ko Tachai**, die zu den Similan-Inseln gehören, lohnende Tauchspots. Die meisten Tauchveranstalter heißen auch Schnorchler willkommen, und Tourveranstalter bieten Tagesausflüge ab 3700 B.

Open-Water-Zertifizierungskurse kosten zwischen 10 500 und 16 650 B. Anfänger können sich für rund 6000 B „Discover Scuba"-Touren zu den Similan-Inseln anschließen. In den Preisen ist die Tauchgebühr des Nationalparks (700 B) aber noch nicht enthalten.

Die Tauchsaison bei den Similan- und Surin-Inseln dauert von Mitte Oktober bis Mitte Mai, wenn auch die Nationalparks geöffnet sind. Die Touren im April und Mai finden nur bei geeignetem Wetter statt.

★ Fantastic SCHNORCHELN
(☎076 485998; www.fantasticsimilan.com; Erw./Kind 3200/2200 B; ⏲Mitte Okt.–Mitte Mai) Die urkomischen Schnorcheltouren zu den Similan-Inseln werden von Mitgliedern des örtlichen Travestie-Ensembles geleitet. Vergleichbares gibt es nirgendwo sonst, und zudem kommt man zu den besten Schnorchelstellen. Im Preis inbegriffen ist die Abholung aus dem Hotel in Phuket oder Khao Lak. Unbedingt online oder telefonisch reservieren!

★ Wicked Diving TAUCHEN
(☎085 795 2221; www.wickeddiving.com; Th Nangthong, Khao Lak; 2 Tauchgänge 5700 B; ⏲Okt.–Mai) Der außerordentlich gut geführte, umweltbewusste Veranstalter bietet Tages- und Über-Nacht-Ausflüge zum Schnorcheln und Tauchen (3-tägiger Schnorchelausflug zu den Surin-Inseln 12 300 B), mehrtägige Touren mit Bordübernachtung (3-tägige Tour zu den Similan-Inseln ab 19 400 B), Naturschutztrips und diverse Tauchkurse (PADI-Open-Water-Zertifikat 16 500 B).

Sea Bees TAUCHEN
(☎076 485174; www.sea-bees.com; Th Phetkasem, Khao Lak; 2 Tauchgänge 2900–4900 B; ⏲11–19 Uhr) Der gut organisierte, von Deutschen

geführte Veranstalter bietet Tagestouren zu den Similan-Inseln mit zwei Tauchgängen, eintägige Schnuppertrips (8500 B), Open-Water-Kurse (16 650 B), Tauchkurse für Fortgeschrittene und Touren zu den Similan-Inseln mit Bordübernachtung (2 Tage ab 17 500 B). Schnorchler können sich den Tagesausflügen anschließen (2900 B).

Sea Dragon Dive Centre TAUCHEN
(☎076 485420; www.seadragondivecenter.com; Th Phetkasem, Khao Lak; 2 Tauchgänge 6000 B; ⌚9–21 Uhr) Das äußerst effiziente Sea Dragon ist das älteste Tauchunternehmen in Khao Lak und bietet einen hohen Standard. Zur Wahl stehen Schnorchel-Tagesausflüge (3500 B), Wracktauchen (2600 B), Open-Water-Zertifizierungskurse (10 500–15 000 B) und diverse Touren zu den Similan- und Surin-Inseln mit Bordübernachtung (3 Tage ab 10 500 B). Vor dem Büro befindet sich ein kleiner Pool.

Khao Lak Land Discovery ABENTEUER
(☎076 485411; www.khaolaklanddiscovery.com; 21/5 Mu 7, Th Phetkasem, Khao Lak; ⌚8–20.30 Uhr) Der mehrsprachige Veranstalter gehört zu den verlässlichsten in Khao Lak und organisiert abenteuerbetonte Tagesausflüge (Erw./Kind 2200/1600 B) in den Nationalpark Khao Lak/Lam Ru sowie Tages- und Über-Nacht-Ausflüge in den Khao Sok National Park (2 Tage Erw./Kind 6700/4700 B). Auch Schnorchelausflüge zu den Similan-Inseln (Erw./Kind 3700/2450 B) sind im Angebot.

Schlafen

Im verstopften Zentrum des Orts Khao Lak herrschen billigere Unterkünfte vor, während Ferienanlagen mit drei oder vier Sternen die Küste säumen. Hotels der Spitzenklasse finden sich am Hat Pakarang und Hat Bang Sak. Wer in der Zeit zwischen November und April kommen will, sollte vorab buchen.

Walker's Inn PENSION $
(☎084 840 2689; www.walkersinn.com; 26/61 Mu 7, Th Phetkasem, Khao Lak; B/Zi. 250/600 B; ❄📶) Das seit langem bei Backpackern beliebte Walker's wirkt mittlerweile betagt. Die Zimmer sind schlicht und altmodisch, im Schlafsaal gibt's nur Ventilatoren. Aber der Preis stimmt. Der Pub im Erdgeschoss serviert herzhaftes Frühstück und typische thailändische und westliche Gerichte. Es gibt auch einen Motorradverleih (200 B/Tag).

Bed Hostel HOSTEL $
(☎087 387 4050; krittayakorn.DZ@gmail.com; 6/3 Mu 5, Hat Bang Niang; B mit Ventilator/Klimaanlage 370/450 B, Zi. 1600 B; ❄📶) Das bescheidene, von einer Familie geführte Hostel hat keinen Gemeinschaftsbereich, aber die kompakten Schlafsäle sind sauber und mit Schließfächern ausgestattet. Die Unterkunft geht in Ordnung, wenn man nach einem Tag voller Tauchabenteuer oder des Faulenzens am Strand einfach einen Schlafplatz braucht. Das Hostel ist 15 Gehminuten vom Strand entfernt.

To Zleep PENSION $$
(☎076 485899; www.tozleep.com; Th Phetkasem, Khao Lak; Zi. 700–1200 B; ❄📶) Dieser schachbrettartige Block an der Straße ist eine geschmackvolle, an ein Hostel erinnernde Unterkunft mit farbenfrohen Wandmalereien und kleinen, makellos schicken Zimmern. Einige haben Stockbetten, andere Doppelbetten. Alle Zimmer sind mit minimalistischen Möbeln und Betonböden ausgestattet und zeigen ein Farbe-auf-Weiß-Schema. Der Aufpreis für die größten und hellsten Eck-Doppelzimmer mit Blick in die Berge lohnt sich.

Fasai House PENSION $$
(☎076 485867; www.fasaihouse.com; 5/54 Mu 7, Khao Lak; Zi. 950 B; ❄@🏊) Die Pension, eine der besten Budgetunterkünfte in Khao Lak, überzeugt mit freundlichem Personal und schlichten, blitzblanken, motelartigen Zimmern mit Klimaanlage, die sich in einem netten, gelb getünchten Block um einen kleinen Pool befinden. Das Haus ist eine gute Bleibe für Taucher. Um hinzukommen, hält man auf dem Hwy 4 Richtung Nordende von Khao Lak nach dem Schild Ausschau.

Casa de La Flora DESIGNHOTEL $$$
(☎076 428999; www.casadelaflora.com; 67/213 Mu 5, Hat Bang Niang; Zi. mit Frühstück 12 600–30 200 B; ❄📶🏊) Auf einem gepflegten Grundstück am See mit zeitgenössischer Kunst residiert dieses gut geführte, schicke, moderne Hotel. Es besteht aus smarten würfelförmigen Villen und Suiten aus Glas und Beton, die mit holzvertäfelten Wänden, doppelseitigen Spiegeln, klobigen Betonbadewannen und eigenen Tauchbecken ausgestattet sind. Praktische und nette Details sind iPod-Anschlüsse, Espressomaschinen in den Zimmern, Föne und natürlich die Kissen nach Wunsch. Schalenartige Schlafliegen säumen den Infinity Pool, über den man aufs Meer blickt.

Essen

Kulinarische Highlights sind im Ort Khao Lak und an den umliegenden Stränden nicht zu erwarten, es gibt aber ein paar beliebte Treffs, wo Traveller ihre Taucherlebnisse austauschen können. Taucher, die frühmorgens aufbrechen wollen, werden Schwierigkeiten haben, vor 8.30 Uhr ein Frühstück zu bekommen.

Go Pong THAILÄNDISCH $
(Th Phetkasem, Khao Lak; Hauptgerichte 50–140 B; ⌚10–23 Uhr) Das fantastische kleine Straßenlokal mit treuem Stammpublikum zur Mittagszeit serviert echte Thai-Küche: Gebratene Nudeln, sensationelle scharfe Reisgerichte und aromatische Nudelsuppen. Alle Gerichte sind sehr geschmacksintensiv.

Takieng THAI $$
(26/43 Mu 5, Hat Bang Niang; Hauptgerichte 120–400 B; ⌚12–22 Uhr; 📶) Das Takieng ist das beliebtere und attraktivere der zwei Freiluft-Thai-Restaurants, die unter aufgestelzten Wellblechdächern am Hwy 4, 2,5 km nördlich der Ortschaft Khao Lak, zu finden sind. Hier gibt's frisch gedämpften Fisch in süßem grünen Curry, brillantes *lâhp* mit Hähnchen oder Schweinefleisch, wunderbar würzige Currys und gebratenen Tintenfisch in köstlicher Chili-Sauce. Der Service ist makellos.

Jumbo Steak & Pasta ITALIENISCH $$
(☎098 059 8293; Th Phetkasem, Ban Khukkhuk; Hauptgerichte 80–280 B; ⌚10–22 Uhr) Das winzige Lokal an der Westseite des Hwy 4, 6 km nördlich der Ortschaft Khao Lak, gehört einem früheren Küchenchef des Le Meridien, der wunderbare Pastagerichte in allen Geschmacksrichtungen anbietet, sowie eine Reihe von Pizzas und tolle Steaks. Die Gerichte sind von hoher Qualität, die Portionen aber nicht gerade riesig.

PhuKhaoLak INTERNATIONAL, THAI $$
(☎076 485141; www.phukhaolak.com; Mu 7, Th Phetkasem, Khao Lak; Hauptgerichte 100–350 B; ⌚Okt.–Mai 7–22 Uhr; 📶🖉) Das Lokal mit seinen eingedeckten Tischen, die sich am südlichen Ende der Hotel- und Restaurantzone von Khao Lak bis auf den Rasen hinaus ausbreiten, ist kaum zu übersehen. Und das sollte man auch nicht, denn Gäste erwartet hier ein großes Angebot gut zubereiteter thailändischer und europäischer Gerichte, darunter gebratener, gegrillter oder geschmorter Fisch, Filetsteaks, Pastagerichte und Sandwiches. Mit Köstlichkeiten wie würzigem Tofu mit Erdnusssauce kommen hier auch Vegetarier auf ihre Kosten.

Praktische Informationen

WLAN ist weithin verfügbar.

Geldautomaten, Banken und Wechselstuben verteilen sich längs der Küste. Im Zentrum der Ortschaft **Khao Lak** gibt's einen Geldautomaten.

SSS Ambulance (☎076 209347, Notfall 081 081 9000; ⌚24 Std.) Bei Tauchunfällen bringt die SSS Ambulance die Verletzten in das **Phuket International Hospital** (Karte S. 660; ☎076 361818, 076 249400; www.phuketinternationalhospital.com; 44 Th Chalermprakiat). Auch Opfer von Auto-, oder Motorradunfällen werden versorgt.

DER TSUNAMI VON 2004

Am 26. Dezember 2004 verursachte ein Seebeben vor der Küste Sumatras eine gewaltige Welle, die an die thailändische Andamanenküste brandete und fast 5400 (nach anderen Schätzungen noch wesentlich mehr) Menschenleben forderte und einen Schaden von Millionen US-Dollar verursachte.

2005 rief Thailand ein landesweites Katastrophen-Warnsystem ins Leben. Die Öffentlichkeit wird über das landesweite Rundfunknetz, Dutzende von Fernsehkanälen sowie durch SMS benachrichtigt. Für Traveller, die nicht Thailändisch sprechen, gibt es Türme an den Stränden gefährdeter Gebiete, von denen aus Warnungen in verschiedenen Sprachen durchgesagt werden; Blinklichter weisen auf die Warnungsmeldung hin.

Zur Erinnerung an die Opfer der Katastrophe wurde in Ban Nam Khem, einem Tintenfischerdorf 26 km nördlich von Hat Khao Lak, das durch den Tsunami fast ausgelöscht wurde, der wellenförmige **Tsunami Memorial Park** (Ban Nam Khem; ⌚24Std.) GRATIS geschaffen. Das **Boot 813** (Bang Niang) liegt im Binnenland 1 km hinter dem Hat Bang Niang an der Stelle, wo es die Welle hingeschleudert hatte. Unweit davon befindet sich das **International Tsunami Museum** (พิพิธภัณฑ์สึนามิระหว่างประเทศ; Hwy 4, Bang Niang; Erw./Kind 200/100 B; ⌚9–21 Uhr). Die bewegenden Gedenkstätten waren schon zuvor inoffizielle Pilgerstätten, an denen die Menschen der Opfer gedachten.

Anreise & Unterwegs vor Ort

Alle Busse, die zwischen Takua Pa (60 B, 45 Min.) und Phuket (100 B, 2 Std.) unterwegs sind, halten am Hat Khao Lak, wenn man den Fahrer darum bittet. Die Haltestelle der Busse Richtung **Norden** oder **Süden** liegt am Hwy 4.

Minivans fahren täglich nach Ko Samui (850 B, 8 Std., 9 Uhr) und tagsüber stündlich nach Krabi (350 B, 3½ Std., 8–16 Uhr). Die Fahrgäste werden an den Unterkünften abgeholt.

Khao Lak Land Discovery (S. 649) betreibt Minivans zum Phuket International Airport (600 B, 1¼ Std.). Alternativ kann man auch ein Taxi von **Cheaper Than Hotel** (☎ 085 786 1378, 086 276 6479; cheaperkhaolak1@gmail.com, Hwy 4) zum Flughafen von Phuket (1000 B) und zu Zielen weiter im Süden nehmen. Ansonsten kostet ein Taxi von Khao Lak zum Flughafen 1200 B. Man kann sich auch von einem Bus Richtung Phuket „am Flughafen" absetzen lassen. Man steigt an einer Kreuzung aus, wo in der Regel Motorradtaxis bereit stehen, um einen zum Flughafen zu bringen (10 Min., 100 B).

Zahlreiche Pensionen und Reiseveranstalter, vermieten Motorräder (200–250 B/Tag).

Similan Islands Marine National Park

อุทยานแห่งชาติหมู่เกาะสิมิลัน

Der wunderschöne, bei Tauchern in aller Welt bekannte, 70 km² große **Similan Islands Marine National Park** (☎ 076 453272; www.dnp.go.th; Erw./Kind 500/300 B; ⏲ Mitte Okt.–Mitte Mai) liegt 70 km vor der Küste der Provinz Phang-Nga. Die glatten Granitinseln sind über dem klaren, blauen Wasser genauso eindrucksvoll wie die Unterwasserwelt: Die Inseln sind mit Regenwald bedeckt und von blendend weißen, von Korallenriffen gesäumten Stränden umgeben. Unglücklicherweise sind viele Steinkorallen durch die Korallenbleiche eingegangen, aber die Weichkorallen und die sonstige Fauna sind noch intakt. Inzwischen wurden die Similan-Inseln allerdings vom Tourismus entdeckt, und viele Strände und Schnorchelstellen sind von Tagesausflüglern überschwemmt.

Unterkünfte gibt's auf Ko Miang (Insel 4) und Ko Similan. Das Besucherzentrum des Parks (S. 652) und die meisten Einrichtungen befinden sich auf Ko Miang. Die Inseln haben zwar alle einen Namen, man kennt sie aber vor allem unter ihrer jeweiligen Nummer.

Hat Khao Lak ist das Sprungbrett zum Park. Die Anlegestelle und die Nationalparkzentrale auf dem Festland (S. 652) befinden sich in Thap Lamu, 12 km südlich (vom Hwy 4 die Rte 4147 nehmen).

Aktivitäten

Tauchen & Schnorcheln

Die Similan-Inseln bieten Tauchspots aller Schwierigkeitsstufen, mit Tauchtiefen von 2 bis 30 m. Felsriffe gibt es bei **Ko Hin Pousar** (Insel 7) und Tauchhöhlen bei **Hin Pousar** (Elefantenkopf-Felsen), wo man auf Meeresbewohner von winzigen Federwürmern und Weichkorallen bis zu Fischschwärmen, Mantarochen und seltenen Walhaien trifft. **Ko Bon** und **Ko Tachai** gehören zu den besseren Tauch- und Schnorchelrevieren. Tauchstellen gibt es bei allen sechs Inseln nördlich von **Ko Miang**, während die Inseln 1, 2 und 3 im südlichen Teil des Parks als Schildkrötennistplätze gesperrt sind.

Im Nationalpark gibt es keine Einrichtungen für Taucher, man muss sich also einer Tour anschließen. Die Tauchschulen am Hat Khao Lak organisieren Tagesausflüge (2 Tauchgänge 6000 B) und Touren mit Übernachtung an Bord (3/6 Tage ab ca. 19 000/35 000 B), ebenso auch die Tauchzentren in Phuket (Tagesausflug mit 2 Tauchgängen ab 5600 B, 3 Tage mit Bordübernachtung ab 18 900 B).

Veranstalter in Khao Lak bieten Schnorchelausflüge (1 Tag ab 3200 B). Bei den Tagestouren werden in der Regel drei oder vier Stellen aufgesucht.

Tiere beobachten & Wandern

Der Wald rund um das Besucherzentrum auf Ko Miang besitzt einige Wanderwege und viele Tiere und Pflanzen. Die sagenhafte Nikobarentaube mit ihrer wilden Mähne aus graugrünen Federn ist hier heimisch. Sie gehört zu den 39 im Park vertretenen Vogelarten. Landkrabben mit haarigen Beinen, Flughunde und Gleithörnchen sind im Wald leicht zu erspähen.

Ein schmaler, mit Informationstafeln ausgestatteter Strandweg führt vom Besucherzentrum 400 m nach Osten zu einer kleinen, zum Schnorcheln geeigneten Bucht. Von diesem Weg zweigt der **Viewpoint Trail** ab. Nachdem man 500 m (30 Min.) steil bergauf geklettert ist, hat man von oben einen schönen Panoramablick. Ein 500 m langer Weg bringt einen in 20 Minuten vom Besucherzentrum durch den Wald Richtung Westen zum **Sunset Point**, einer nach Westen blickenden Granitplattform.

Auf Ko Similan führen ein 2,5 km langer Weg durch den Wald zu einem **Aus-**

Similan Islands Marine National Park

sichtspunkt und ein kürzerer, steiler Aufstieg vom Strand an der Nordküste hinauf zum **Sail Rock** (auch Balance Rock genannt), der tagsüber von Besuchern geradezu überflutet ist.

Schlafen & Essen

Um ein Bett oder ein Zelt zu bekommen, muss man mindestens zwei bis drei Monate vorab reservieren.

Ein **Restaurant** (Ko Miang/Insel 4); Hauptgerichte 120–150 B, Mittagsbüffet 230 B; ⌚7.30–20.30 Uhr) neben dem Parkbüro auf Ko Miang serviert einfache thailändische Gerichte. Für Besucher, die auf Ko Similan übernachten, gibt's dort ebenfalls ein Restaurant.

Similan Islands Marine National Park Accommodation BUNGALOWS $$
(☎076 453272, in Bangkok 02 562 0760; www.dnp.go.th; Ko Miang (Insel 4); Zi. mit Ventilator/Klimaanlage 1000/2000 B, Stellplatz mit gemietetem Zelt 570 B; ⌚Mitte Okt.–Mitte Mai; ❄) Auf Ko Miang gibt's 20 Bungalows, die besten mit Balkonen, sowie Zelte. Man zahlt für die Lage, die Bungalows sind schlicht. Tagsüber kommen viele Reisegruppen vorbei. Strom ist von 18 bis 6 Uhr verfügbar.

Gebucht wird im Voraus online, telefonisch oder in der Parkzentrale auf dem Festland in Thap Lamu. Wer zelten will, braucht Insektenschutzmittel gegen die äußerst lästigen Moskitos.

Praktische Informationen

Similan Islands Marine National Park Headquarters (☎076 453272; www.dnp.go.th; 93 Mu 5, Thap Lamu; ⌚Mitte Okt.–Mitte Mai 8–17 Uhr) In diesem Büro südlich von Khao Lak kann man weit im Voraus Unterkünfte auf den Similan-Inseln buchen.

Similan Islands Marine National Park Visitors Centre (Ko Miang/Insel 4); ⌚Mitte Okt.–Mitte Mai 7.30–20 Uhr) Besucherzentrum auf Ko Miang.

An- & Weiterreise

Zu den Similan-Inseln gibt es keine öffentlichen Verkehrsmittel. Theoretisch können Individualreisende bei Tagestourveranstaltern in Khao Lak Überfahrten mit dem Schnellboot buchen (hin & zurück 1900 B, 1½ Std. einfache Strecke), wobei diese individuelles Reisen nicht unterstützen. Die meisten Veranstalter sammeln ihre Passagiere am Hat Khao Lak auf, wenn man aber über den Nationalpark bucht, muss man sich auf eigene Faust zum Büro in Thap Lamu durchschlagen und dort auf einen Transport zur Anlegestelle warten.

Die Tauchzentren und Tourveranstalter am Hat Khao Lak und in Phuket buchen Tagestouren/Touren mit Übernachtung (ab 4900/8500 B), Tauchtouren (3 Tage mit Übernachtung an Bord 10 500–19 000 B) und mehrtägige Touren. Im Preis sind der Transport zum Park, die Verpflegung und die Unterkunft enthalten. Das alles kostet nur wenig mehr, als wenn man versucht, auf eigene Faust zu den Inseln zu kommen und dort zu bleiben.

Natai นาใต้

☎076

Offiziell liegt Natai in der Provinz Phang-Nga, ist aber eigentlich ein echter Vorposten des Highlife von Phuket – ja, noch schicker und sagenhafter als diese Provinz. Die aufstrebende Luxusenklave liegt nur 26 km nördlich des Phuket International Airport und ist damit von Phuket aus leichter zu erreichen als manche Teile der gleichnamigen Provinz. Es gibt hier wenig, abgesehen von dem herrlichen, weiten Sandstrand, der im türkisblauen Wasser verschwindet, und von den Restaurants und Unterkünften, die zu den exklusivsten im südlichen Thailand gehören. Außer mit sehr gut gefüllter Reisekasse sollte man gar nicht erst herkommen.

Schlafen & Essen

★ Iniala Beach House DESIGNHOTEL $$$
(☎076 451456; www.iniala.com; 40/14 Mu 6, Ban Natai; DZ Vollpension 2200–3100 US$; ❄☎≋) Von den kundig zubereiteten Empfangsdrinks aus Passionsfrüchten über den individuell zugeschnittenen Service und das Restaurant im Haus bis hin zum kühnen, einmaligen, futuristischen Design verströmt diese Unterkunft Coolness, Kreativität und Raffinesse. Das ist das tollste Designhotel im südlichen Thailand – zehn Innenarchitekten haben die zehn individuell gestalteten Zimmer entworfen, die sich auf drei in sich abgeschlossene Villen mit je drei Suiten und ein Penthouse verteilen. Schlanke, dunkel geflieste Infinity Pools ziehen sich hinunter bis zum herrlichen Strand von Natai.

Aleenta BOUTIQUEHOTEL $$$
(☎in Bangkok 02 514 8112; www.aleenta.com; 33 Mu 5, Ban Natai; Zi. mit Frühstück 24 900–77 100 B; ❄☎≋) Die schicken, loftartigen Zimmer sind nur durch deckenhohe Fenster von den gemeinschaftlich genutzten Infinity Pools getrennt. Laufstege führen über Seerosenteiche zu den abgeschirmten, superschicken Villen und Suiten, bei denen sich hohe Palmen in privaten Pools spiegeln. Die zweistöckigen Vierbettzimmer mit Einbauküchen sind ideal für Familien. Noble Cabanas stehen um den schwarz gefliesten Infinity Pool am Meeresufer, und es gibt ein elegantes Spa.

Esenzi SEAFOOD $$$
(☎076 451456; www.esenzirestaurant.com; 40/14 Mu 6, Ban Natai; Hauptgerichte 700–2000 B; ⏲Di–Sa 18–23 Uhr; ☎) Meeresfrüchte aus aller Welt stehen auf der Karte im Esenzi, der jüngsten Verkörperung des hochgelobten Restaurants im Iniala Beach House. Die Gerichte stammen teils aus Europa, aus Japan, den USA und aus Thailand. Wer ausgiebig tafeln will, leistet sich das Acht-Gänge-Verkostungsmenü (8000 B). Der Service und die Weinkarte sind erstklassig.

An- & Weiterreise

Ein Taxi vom/zum Flughafen von Phuket kostet 700 B. Alternativ mietet man ein Auto am Flughafen (ab 1454 B/Tag) und fährt selber.

Ao Phang-Nga อ่าวพังงา

Mit türkisfarbenem Wasser, aus dem schroffe Kalksteinfelsen aufragen, weißen Stränden und verfallenen Fischerdörfern ist Ao Phang-Nga eine der spektakulärsten Landschaften an der Andamanenküste. Kein Wunder, dass sich James Bonds Erzfeind Scaramanga *(Der Mann mit dem goldenen Colt)* hier zwischen den Klippen und Schwalbennestern sein Versteck einrichtete. Heutige Auftragskiller mit Weltherrschaftsambitionen dürften den Ort aber links liegen lassen, da hier das ganze Jahr über jede Menge Touristen, Motorboote und hochseetüchtige Kajaks anzutreffen sind.

Phang-Nga พังงา

☎076 / 10 800 EW.

Phang-Nga ist eine nicht weiter interessante Kleinstadt vor einer Kulisse wunderschöner

Ao Phang-Nga

Kalksteinklippen. Wenn man nicht gerade während des jährlichen **Vegetarierfest** (Ende Sept. oder Okt.) kommt, gibt's hier nicht viel zu sehen oder zu tun. Der Ort ist einfach ein Zwischenstopp für Traveller, die nordwärts nach Khao Lak (S. 647) oder zum Khao Sok National Park (S. 644) wollen. Die meisten Hotels und Einrichtungen liegen an der Th Phetkasem.

Geführte Touren

Zwar ist es spaßig, sich seine eigene Route durch Ao Phang-Nga zusammenzustellen, indem man ein Boot chartert, aber einfacher (und billiger) ist es, sich der Tour eines Veranstalters in Phang Nga anzuschließen – die meisten haben ihre Büros am Busbahnhof. Die Qualität ist unterschiedlich, die Routen und Preise sind aber überall nahezu identisch.

Sayan Tours BOOTSFAHRT

(☎090 708 3211, 076 430348; www.sayantour.com; Alter Busbahnhof, abseits der Th Phetkasem; halber/ganzer Tag 800/1100 B; ⏲7–21 Uhr) Der seit langem bestehende Veranstalter von Touren durch Ao Phang-Nga bietet Tagesausflüge nach Ko Panyi, Ko Phing Kan und zur (mit Stalaktiten bedeckten) Höhle Tham Lod sowie Touren mit Übernachtung auf Ko Panyi (1950 B).

Mr. Kean Tour BOOTSFAHRT

(☎089 871 6092; Alter Busbahnhof, abseits der Th Phetkasem; halber/ganzer Tag 800/1100 B; ⏲7–18 Uhr) Mr. Kean veranstaltet seit mehr als 25 Jahren Touren durch Ao Phang-Nga. Die halb- und ganztägigen Ausflüge führen u. a. zur Tham Lod, nach Ko Phing Kan und Ko Panyi. Zusätzlich kann man Kajak fahren (300 B/Pers.) und wandern oder die Nacht auf Ko Panyi (1750 B) verbringen.

Schlafen & Essen

Mehrere Imbisse an der Th Phetkasem verkaufen leckeres *kà·nŏm jeen* (dünne Weizennudeln) mit Hähnchencurry, *nám yah* (scharfes Fisch-Curry) oder *nám prík* (scharfe Sauce). Es gibt einen kleinen Nachtmarkt (Th Phetkasem; Hauptgerichte ab 30 B; 16–21 Uhr) an der Th Phetkasem neben dem 7-Eleven.

Thaweesuk Hotel PENSION $

(☎076 412100; www.thaweesukhotel.com; 79 Th Phetkasem; Zi. mit Frühstück & Ventilator/Klimaanlage 450/800 B;) Die einladende, von einer Familie geführte Unterkunft residiert in einem historischen Gebäude mit einem farbenfrohen, mit Mosaikboden verzierten Foyer im Norden der Th Phetkasem. Die Zimmer im Erdgeschoss mit Kaltwasser und Ventilator oder Klimaanlage sind schlicht, kompakt und sauber. Die Zimmer mit Warmwasser und Klimaanlage im ersten Stock sind dank lackierter Holzböden deutlich stilvoller. Es gibt auch ein Familienzimmer mit vier Betten. Das Frühstück wird unten in dem wie eine Lounge wirkenden Foyer serviert.

The Sleep HOTEL $$

(☎076 411828; 144 Th Phetkasem; Zi. 600–1000 B;) Das brandneue Hotel bietet die modernsten Zimmer in Phang-Nga. Sie haben eine Einrichtung in Weiß und dunklem Holz, bequeme Betten, TVs und Kühlschränke, aber die Badezimmer sind sehr eng. Den kostenlosen Morgenkaffee genießt man auf einer Terrasse.

An- & Weiterreise

Der Phang-Nga nächstgelegene Flughafen befindet sich in Phuket, 1½ Fahrtstunden entfernt.

Phang-Ngas **Busbahnhof** (Th Phetkasem) liegt 4 km südlich vom Stadtzentrum. Motorradtaxis berechnen einheitlich 50 B vom/zum Busbahnhof.

Die Kleinbusse zum Khao Sok National Park (250 B, 2 Std., 8.30, 10.30, 12, 14, 15.30 & 17.30

Uhr) holen/setzen die Fahrgäste an den Unterkünften ab.

Busse fahren täglich nach Takua Pa (150 B, 1½ Std., 8, 10, 11, 12, 14 & 17.20 Uhr), wo man Anschluss nach Khao Lak, Ranong und zum Khao Sok National Park hat.

Ao Phang-Nga Marine National Park อุทยานแห่งชาติอ่าวพังงา

Die klassische Karstlandschaft des 400 km² großen **Ao Phang-Nga National Park** (☎076 481188; www.dnp.go.th; Erw./Kind 300/100 B; ⏲8–16 Uhr) wurde berühmt als eine der Kulissen des James-Bond-Films *Der Mann mit dem goldenen Colt*. Hohe steilwandige Klippen umsäumen die 42 Inseln, von denen einige Höhlen besitzen, die nur bei Ebbe zugänglich sind. Die Bucht besteht aus großen und kleinen Gezeitenkanälen, die in Nord-Süd-Richtung durch Thailands größte, unberührt erhaltene Mangrovenwälder führen.

In der Meeres- und Kalksteinwelt des Nationalparks verbergen sich Reptilien wie Bengalenwarane, Bindenwarane, Flugdrachen, Streifenruderschlangen, Bambusottern und Malayische Mokassinottern. An Säugetieren finden sich u. a. Seraue, Javaneraffen, Weißhandgibbons und Südliche Brillenlanguren.

In der Hauptsaison (Nov.–April) wird die Bucht zu einer verstopften Autobahn für Ein-Tages-Touristen. Doch wenn man am frühen Morgen vorbei kommt (am besten vom Ko-Yao-Archipel aus) oder länger draußen bleibt, kann man durchaus ein Stück Strand, Meer und Karst für sich alleine haben. Eine Kajaktour ist der beste Weg, das Gebiet kennenzulernen.

Sehenswertes & Aktivitäten

In Tha Dan, 9 km südlich des Zentrums von Phang-Nga, kann man Boote chartern, um die halb überfluteten Höhlen und seltsam geformten Inseln des Nationalparks zu erkunden. Für eine halbtägige Tour zahlt man zwischen 1500 und 2000 B.

Zwei- bis dreistündige Touren (1000 B/Pers.) führen zu den überlaufenen Inseln Ko Phing Kan (เกาะเขาพิงกัน, James-Bond-Insel) und Ko Panyi (เกาะปันหยี) sowie zu weiteren Zielen im Park. In Tha Surakul, 13 km südwestlich von Phang-Nga in Takua Thung, werden Privatboote zu Preisen vermietet, die denen der Touren entsprechen. Bei der Nationalparkverwaltung kann man Boote (1400 B, max. 4 Pers.) für dreistündige Inselrundfahrten mieten. In Phuket ist John Gray's Seacanoe (S. 666) die beste Adresse für Kajakfahrten zum Ao Phang-Nga National Park.

Schlafen & Essen

Die meisten Besucher kommen im Rahmen einer Tagestour von einer der beiden Ko-Yao-Inseln, aus Phuket oder Phang-Nga.

Unterkünfte im Ao Phang-Nga National Park BUNGALOWS **$$**
(☎076 481188, in Bangkok 02 562 0760; www.dnp.go.th; Rte 4144; Bungalows 800–1000 B) Auf einem ruhigen, schattigen Gelände, 8,5 km südlich des Zentrums von Phang-Nga, stehen schlichte Bungalows mit Klimaanlage, die jeweils Platz für zwei bis drei Personen bieten. Am Ufer gibt's ein einfaches thailändisches Restaurant.

An- & Weiterreise

Vom Zentrum Phang-Ngas fährt man auf dem Hwy 4 ca. 7 km Richtung Süden und biegt dann nach links auf die Rte 4144 ab und erreicht nach 2,6 km die Parkverwaltung in Tha Dan. Gegenüber der Parkverwaltung befindet sich die Anlegestelle, an der man Boote zur Erkundung des Parks mieten kann. Alternativ nimmt man ein *sŏrng·tăa·ou* nach Tha Dan (30 B).

BUSSE AB PHANG-NGA

ZIEL	PREIS (B)	DAUER (STD.)	HÄUFIGKEIT
Bangkok (VIP)	829	12	16, 17, 19, 20 Uhr
Bangkok (1. Klasse)	533–622	12	8.40, 15, 16.30, 17.30, 18.30, 19.30 Uhr
Hat Yai	265	6	8.50, 9.50, 10.50, 12.50, 13.50 Uhr
Krabi	80	1½	stündl. 7.30–18 Uhr
Phuket	80	1½	stündli. 5.30–17.30 Uhr
Ranong	170	5	10.15 Uhr
Surat Thani	150	4	9.30, 11.30, 13.30, 15.30 Uhr
Trang	175	3½	stündl. 8–16.20 Uhr

Ko Yao เกาะยาว

Dank der Berge im Inselinneren, der unberührten Strände, der reichen und vielfältigen Vogelwelt und der freundlichen Bevölkerung aus muslimischen Fischern sind Ko Yao Yai und Ko Yao Noi entspannte Ausgangspunkte, um in die Karstlandschaft von Ao Phang-Nga einzutauchen. Die Inseln gehören zwar zum Nationalpark Ao Phang-Nga (S. 655), sind aber von Phuket und anderswo aus leicht zugänglich.

Ko Yao Noi ist kleiner als die Nachbarinsel, aber auf ihr leben die meisten Menschen. Die kleine, ganzjährig ansässige Bevölkerung lebt vom Fischen, dem Anbau von Kokospalmen und dem Tourismus. Die Insel ist kein klassisches Strandziel: die Buchten an der Ostküste, an der die meisten Resorts liegen, werden bei Ebbe zu Schlickwatt. Aber der **Hat Pasai** (Ko Yao Noi) an der Südostküste und der **Hat Paradise** (Ko Yao Noi) an der Nordostküste sind einfach prächtig.

Ko Yao Yai ist doppelt so groß und weniger erschlossen als die Nachbarinsel. Die am besten zugänglichen Strände sind der **Hat Lo Pared** (Ko Yao Yai) an der Südwestküste und der puderweiße **Hat Chonglard** (Ko Yao Yai) an der Nordostküste.

Aktivitäten

Über die Pensionen oder Anbieter an den Anlegestellen lassen sich problemlos ganztägige Drei-Insel-Schnorcheltouren (2000 B) durch Ao Phang-Nga vereinbaren.

Kajaks (500 B/Tag) kann man auf Ko Yao Noi an vielen Stellen ausleihen, darunter bei Sabai Corner.

Amazing Bike Tours (S. 666) veranstaltet von Phuket aus beliebte Tagestouren für kleine Gruppen nach Ko Yao Noi. Wer die vielen unbefestigten Straßen auf Ko Yao Noi oder Ko Yao Yai auf eigene Faust erkunden will, kann in vielen Pensionen Räder (250 B/Tag) mieten; auf Ko Yao Noi ist die Auswahl größer.

Elixir Divers TAUCHEN
(☎087 897 0076; www.elixirdivers.com; 2/3 Mu 3, Ko Yao Yai; 2 Tauchgänge 2900–3900 B; ⊙Okt.–April) Ko Yao Yais einzige Tauchschule ist ein kompetenter Veranstalter, der eine Reihe von PADI-Kursen, Tagestouren mit zwei Tauchgängen vor Ort und in Ko Phi-Phi, Touren mit Übernachtung nach Hin Daeng, Hin Muang und zu den Similan-Inseln (22 900 B) sowie Schnorchelausflüge nach Ao Phang-Nga, Krabi und Ko Phi-Phi anbietet. Elixir sorgt auch für den Hin- und Rücktransport von Travellern, die auf Ko Yao Noi übernachten.

Mountain Shop Adventures KLETTERN
(☎083 969 2023; www.facebook.com/mountainshopadventures; Tha Khao, Ko Yao Noi; halber Tag 3200 B; ⊙9–19 Uhr) Auf Ko Yao Noi gibt's mehr als 150 Kletterpfade, die Inhaber Mark überwiegend selber erschlossen hat. Angeboten werden Touren für Anfänger und Fortgeschrittene; oft fährt man dabei per Boot zu abgelegenen Kalksteinklippen.

Marks improvisiertes Büro liegt von der Anlegestelle Tha Kao gleich die Straße hinunter. Am besten nimmt man vorab mit ihm Kontakt auf.

Island Yoga YOGA
(☎087 387 9475; www.thailandyogaretreats.com; 4/10 Mu 4, Hat Tha Khao, Ko Yao Noi; Kurs 600 B) Die beliebte Yoga-Schule veranstaltet täglich um 10 Uhr Sitzungen, bei denen man vorbeikommen kann, Kurse mit Anmeldung um 7.30 und 16.30 Uhr sowie mehrtägige Yoga- und Tai-Chi-Klausuren.

Schlafen & Essen

Fast alle Unterkünfte auf Ko Yao Noi befinden sich an der Ostküste. Je weiter man nach Norden kommt, umso rauer wird die Straße, und Läden und Restaurants finden sich nur noch sehr selten. Auf Ko Yao Yai

INSIDERWISSEN

PRÄHISTORISCHE KUNST

Auf vielen Kalksteininseln von Ao Phang-Nga finden sich prähistorische Felskunststätten mit Felsmalereien und Felsritzungen an den Wänden und Decken von Höhlen, unter Felsüberhängen, an Klippen und Felsmassiven. Felskunst sehen kann man in Khao Khian, Ko Panyi, Ko Raya, Tham Nak und Ko Phra At Thao. Die Bilder in **Khao Khian** (der am stärksten besuchten Felskunststätte) zeigen menschliche Figuren, Fische, Krabben, Garnelen, Fledermäuse, Vögel und Elefanten, aber auch Boote, Waffen und Angelgerät und beziehen sich offenkundig auf die gemeinsame, lebenswichtige Arbeit des Fischens im Meer. Die meisten Malereien sind monochrom, einige aber mit Randlinien in Gelborange, Blau, Grau und Schwarz.

gibt's weniger Unterkünfte und Verpflegungsmöglichkeiten.

Ko Yao Noi

Hill House BUNGALOWS **$$**
(☎ 089 593 9523; www.hillhouse-kohyaonoi.com; Hat Tha Khao, Ko Yao Noi; Zi. 1100–1300 B; 📶) Die freundliche, schlichte Anlage an einem Hang umfasst gepflegte Bungalows aus dunklem Holz mit Warmwasser, Ventilator und Moskitonetzen. Von den Hängematten auf den Terrassen hat man einen schönen Blick durch die Bäume auf die Karstfelsen von Ao Phang-Nga.

Sabai Corner Bungalows PENSION **$$**
(☎ 076 597497; www.sabaicornerbungalows.com; Hat Khlong Jark, Ko Yao Noi; Bungalows 1000–1900 B; 📶) Die schlichten Bungalows mit brummenden Ventilatoren, Moskitonetzen und Terrassen mit Hängematten liegen auf einer felsigen Landzunge und haben einen prächtigen Blick aufs Meer. Seltsamerweise fehlen Verbindungstüren zu den Bädern; man muss nach draußen gehen, um zu ihnen zu gelangen. Das gute, entspannte **Uferrestaurant** (Hauptgerichte 95–300 B; 🕗 8–22 Uhr) ist prima zum Abhängen und vermietet Kajaks.

Ko Yao Island Resort RESORT **$$$**
(☎ 076 597474; www.koyao.com; 24/2 Mu 5, Hat Khlong Jark, Ko Yao Noi; Villen 7400–19900 B; ❄@📶🏊) Die offenen, strohgedeckten Bungalows bieten einen heiteren Blick über den von Bäumen beschatteten Garten und den zum Strand gerichteten Infi[illegible]Pool bis hin zum weißen Strand. Uns gefi[illegible] anmutigen, luftigen, fast an Safar[illegible]ernden Villen mit ihren Terra[illegible] Ventilatoren für Kühlung [illegible] halb offenen Badezim[illegible] E[illegible] schicken Restaur[illegible]arb[illegible]nd der Service ist ers[illegible]

Suntisook BUNGALOWS **$$$**
(☎ 075 582750, 089 781 6456; www.facebook.com/suntisookkoyaonoi; 11/1 Mu 4, Hat Tha Khao, Ko Yao Noi; Zi. 2000–2200 B; ❄📶) Die komfortablen, frischen, nicht besonders großen Bungalows aus lackiertem Holz verteilen sich über eine prächtige Gartenanlage, die nur Meter von einem ruhigen Strand entfernt ist. Alle Bungalows haben geräumige Veranden mit Hängematten, Kühlschränke und Topfpflanzen. Die Anlage wird von einer hilfsbereiten thailändischen Familie, die Englisch spricht, effizient geführt. Sie betreiben vor Ort auch ein gutes, authentisches **Restaurant** (Hauptgerichte 60–150 B; 🕗 7.30–21 Uhr; 📶). Kajaks werden vermietet. In der Nebensaison (Mai–Okt.) ist die Anlage manchmal zeitweilig geschlossen.

Chaba Café INTERNATIONAL **$**
(☎ 087 887 0625; Hat Khlong Jark, Ko Yao Noi; Hauptgerichte 80–220 B; 🕗 Mo–Sa 9–17 Uhr; 🌿) Das niedlich-rustikale Café hinter dem nördlichen Abschnitt des Hat Khlong Jark hat auch eine kleine Galerie und ist geprägt von Pastellfarben, Wänden aus Treibholz und sanfter Musik. Zu dem auf Bio-Zutaten ausgerichtetem Angebot gehören mit Honig gesüßte Säfte, Shakes mit Kokosmilch und Avocado, Chrysanthemen-Tee sowie selbst gebackene Panini, Kekse und Kuchen, Suppen, Pasta und Thai-Gerichte.

Pizzeria La Luna ITALIENISCH **$$**
(☎ 085 0689 4326; zw. Hat Khlong Jark & Hat Tha Khao, Ko Yao Noi; Hauptgerichte 170–320 B; 🕗 15–22 Uhr; 📶) Das entspannte, halb offene Straßenrestaurant hat eine große Auswahl an Holzofenpizzas, darunter auch vegetarische, und in der Hauptsaison (Okt.–Mai) auch hausgemachte Pasta, Salate, Kuchen und Vorspeisen. An der Holztheke kann man auch prima einfach nur einen Cocktail schlürfen.

★ **Rice Paddy** INTERNATIONAL, THAILÄNDISCH **$$$**
(☎ 076 454255, 082 331 6581; Hat Pasai, Ko Yao Noi; Hauptgerichte 180–890 B; 🕗 12–22 Uhr, Mai–Okt. 18–22 Uhr; 📶🌿) Das niedliche, ganz in Holz aufgemachte Restaurant mit thailändischen und internationalen Gerichten liegt an der Ecke zur Straße am südwestlichen Ende des Hat Pasai. Es gehört Deutschen und ist etwas Besonderes. Zu den leckeren Speisen gehören kurz gebratenes *sôm đam* (würziger grüner Papaya-Salat), fantastische Falafel und Hummus sowie würzige, mit Früchten verfeinerte Currys und frische Salate. Es gibt auch ausgezeichnete vegetarische Gerichte und anständige Cocktails.

Zum Zeitpunkt der Recherche gab es Gerüchte, dass das Restaurant an einen neuen Standort auf der Insel umziehen wollte.

Ko Yao Yai

Thiwson Beach Resort BUNGALOWS **$$$**
(☎ 081 956 7582; www.thiwsonbeach.com; 58/2 Mu 4, Hat Chonglard, Ko Yao Yai; Zi. inkl. Frühstück 2000–3600 B; ❄📶🏊) Mit Abstand die netteste unter den bescheideneren Bungalow-Anlagen auf der Insel. Die ordentlichen,

NACHHALTIGES SPA

Wer sich die Anstrengungen des Kletterns, Kajak- und Radfahrens gründlich herausmassieren lassen will, ist im naturverbundenen, eleganten **Six Senses Spa** (☎076 418500; www.sixsenses.com; 56 Mu 5, zw. Hat Khlong Jark & Hat Tha Khao, Ko Yao Noi; Anwendungen 4200–25 000 B; ⏰8–21 Uhr) genau richtig. Die Therapeuten dieses auf Stelzen stehenden „Spa-Dorfs" sind in Massagetraditionen und Naturheilverfahren aus China, Indien und Thailand ausgebildet. Wer sich noch länger verwöhnen lassen will, übernachtet in einer der 56 **Poolvillen** (☎076 418500; www.sixsenses.com; 56 Mu 5, zw. Hat Khlong Jark & Hat Tha Khao, Ko Yao Noi; Villa mit Frühstück 35 000–66 000 B; ❄📶🏊) 🍃 dieser Fünf-Sterne-Anlage am Hang, die sehr der ökologischen Nachhaltigkeit verpflichtet ist.

mit Stroh oder Wellblech gedeckten Hütten haben polierte Fußböden, Freiluftbäder und breite Terrassen. Sie blicken über den Pool hinweg auf den Strand an der Nordostküste, den schönsten der Insel. Die Bungalows direkt am Strand sind die größten, aber die Zimmer mit Ventilator sind in der Nebensaison ein echtes Schnäppchen.

Glow Elixir RESORT $$$
(☎087 808 3838; www.glowhotels.com/elixir; 99 Mu 3, Prunai, Ko Yao Yai; Bungalows mit Frühstück 9100–23 200 B; ❄@📶🏊) Neben seinem eigenen seidenweichen Strandabschnitt im Südwesten der Insel bietet das älteste der Vier-Sterne-Resorts auf Yao Yai am Strand und an einem Hang stehende Spitzdachvillen in typisch thailändischem Stil. Sie besitzen dunkle Holzfußböden, Freiluftduschen und Keramik-Waschbecken in Fischgestalt. Zu einigen Villen gehört auch ein privater Pool. Man genießt den spektakulären Sonnenuntergang über Phuket und die Massage-Pagoden. In der Hauptsaison steht auch ein Tauchzentrum (S. 656) zur Verfügung.

Koh Yao Yai Village RESORT $$$
(☎076 363700; www.kohyaovillage.com; 78 Mu 4, Ko Yao Yai; Zi. 4300–10 200 B; ❄📶🏊) Das umweltfreundliche Resort ist gehoben, aber preislich nicht abgehoben. Es bietet sehr große, elegant möblierte Villen mit Badezimmern im Freien. Die Anlage steht hoch oben in den Bäumen und bietet eine spektakuläre Aussicht über das Meer nach Phuket. Es gibt einen wunderbaren Infinity Pool, ein Spa und ein Restaurant. Die Lage ist praktisch, um an den Hat Chonglard zu kommen, den besten Strand auf der Insel.

ℹ Praktische Informationen

In Ta Khao, der größten Siedlung auf Ko Yao Noi, gibt's Geldautomaten und ein paar weitere an der Ostküste. Es gibt auch einen Geldautomaten an der Anlegestelle von Tha Bang Rong (S. 663) auf Phuket, von der Boote nach Ko Yao ablegen.

Auf Ko Yao Yai finden sich ein paar Geldautomaten. Es ist klug, Bargeld mitzunehmen; andernfalls kann man in die Verlegenheit kommen, nach Tha Bang Rong zurückfahren zu müssen, um an Bargeld zu kommen.

ℹ An- & Weiterreise

VON/NACH AO NANG

Von November bis April legt um 11 Uhr ein Schnellboot von der Anlegestelle am Hat Noppharat Thara nach Ko Yao Noi und Ko Yao Yai ab (jeweils 650 B, 45 Min.). Von dort fährt es weiter zum Tha Bang Rong in Phuket und kehrt gegen 15 Uhr zurück.

VON/NACH KO PHI-PHI

Von Oktober bis April fahren drei Schnellboote pro Woche von/nach Ko Phi-Phi (500 B) und Ko Lanta (500 B).

VON/NACH KRABI

Zwischen 9 und 17.30 Uhr verkehren täglich häufig Longtail-Boote (150 B) zwischen der Tha Khao auf Ko Yao Noi und der Tha Len in Krabi (33 km nordwestlich der Stadt Krabi). Von der Tha Len fahren *sŏrng·tăa·ou* (100 B) über Krabis Busbahnhof zur Th Maharat in Krabi.

VON/NACH PHANG-NGA

Von der Tha Dan in Phang-Nga legt um 13 Uhr eine Fähre nach Ko Yao Noi ab (200 B, 1½ Std.), die um 7.30 Uhr zurückkehrt.

VON/NACH PHUKET

Von Phukets Tha Bang Rong gibt's täglich Schnellboote (200 B, 30 Min., 7.50, 8.40, 9.15, 9.50, 10.30, 11.30, 13.30, 14.30, 17 & 17.40 Uhr) sowie Longtail-Boote (120 B, 1 Std., 9.15, 12.30 & 17 Uhr) nach Ko Yao Noi. Manche Boote legen unterwegs an der Tha Klong Hia auf Ko Yao Yai (200 B, 25 Min.) an. Zwischen 6.30 und 16.40 Uhr fahren die Boote nach Phuket zurück.

Von Tha Bang Rong fahren Taxis zu den Resorts auf Phuket (600–800 B); täglich fahren auch *sŏrng·tăa·ou* (40 B) nach Phuket (Stadt) (7, 8.30, 11 & 14.30 Uhr).

Unterwegs vor Ort

Zwischen der Tha Manok auf Ko Yao Noi und der Tha Klong Hia auf Ko Yao Yai sind häufig Shuttleboote im Einsatz (50 B). Auf den Inseln sind *túk-túks* unterwegs (einfache Strecke ca. 150 B). Die meisten Pensionen vermieten Motorräder (250–300 B/Tag). Die Fahrt mit dem *sŏrng·tăa·ou* zu den Resorts kostet 100 B.

PROVINZ PHUKET

Zunächst einmal zur Aussprache: Das „Ph" in „Phuket" (ภูเก็ต) wird als „P" und nicht als „F" ausgesprochen. Auf der größten Insel Thailands hat man kaum je das Gefühl, vollständig von Wasser umgeben zu sein. Andererseits findet deshalb hier auch jeder ein Plätzchen.

Phuket verspricht derart viele abwechslungsreiche Erlebnisse – Strandurlaub, Kultur, Tauchen, fabelhaftes Essen, Hedonismus und ganzheitliche Vergnügungen –, dass Besucher die Qual der Wahl haben. Jeder Strand ist anders, von den gehobenen Resorts von Surin und Ao Bang Thao über das familienorientierte Rawai bis zum Sündenpfuhl von Patong mit ihren verkaterten Partymachern und Go-Go-Girls.

An der Ostküste liegt die kulturbeflissene Hauptstadt Phuket (Stadt), und im Norden finden sich Wildschutzgebiete und Nationalparks.

Aktivitäten

An Aktivitäten mit Nervenkitzel (Bungee-Jumping, Seilrutschen) herrscht auf Phuket kein Mangel. Die Sicherheitsstandards und die Qualität der Ausrüstung variieren – es hat schon schwere, auch tödliche Unfälle gegeben. Deshalb sollte man Erkundigungen einholen und, wenn man irgendwelche Bedenken hat, auf das Abenteuer lieber verzichten.

Tauchen & Schnorcheln

In Bezug auf die Top-Tauchspots in der Andamanensee liegt Phuket beneidenswert zentral. Die vielgerühmten Similan-Inseln sind 100 km nordwestlich, und Dutzende Tauchstätten finden sich rund um die Inseln Ko Phi-Phi und Ko Lanta, die 40 bzw. 72 km südöstlich liegen. Die Touren zu diesen Zielen sind von Phuket aus etwas teurer als von etwas näher gelegenen Orten, da man die Überführungskosten berappen muss.

Die meisten Veranstalter in Phuket bringen ihre Kunden zu den neun Tauchgebieten rund um die Insel, z. B. **Ko Raya Noi** und **Ko Raya Yai** (auch Ko Racha Noi bzw. Ko Racha Yai genannt), aber diese Stätten rangieren nicht so hoch auf der Hitliste. Am besten ist noch das Riff vor der Südspitze von Raya Noi, wo es Weichkorallen und jede Menge Meeresfische gibt, aber in der Regel bleibt es erfahrenen Tauchern vorbehalten. Mantas und Marmor-Zitterrochen werden hier oft erspäht, gelegentlich auch Walhaie.

Eintägige Touren (mit 2 Tauchgängen) zu nahen Spots beginnen ab 3000 B. Wer nicht tauchen oder nur schnorcheln will, kann meist zu deutlich geringeren Preisen mitfahren. Open-Water-Zertifikate mit dreitägiger Ausbildung gibt's für 11480 bis 18400 B. Manche Schulen erheben eine zusätzliche Gebühr von 500 B für die Ausrüstung.

In Phuket veranstalten viele Anbieter auch Tauchexpeditionen mit Übernachtung an Bord, die zu den Similan-Inseln (S. 651) oder zum Mergui-Archipel in Myanmar führen.

Direkt vor Phuket sind die Bedingungen zum Schnorcheln nicht wirklich berauschend, aber Brille, Schnorchel und Flossen kann man in den meisten Hotelanlagen ausleihen (200 B/Tag). Wegen größerer Sichtweiten und einer artenreicheren Fauna sind die Bedingungen zum Tauchen und Schnorcheln vor den Küsten der kleinen vorgelagerten Inseln wie Ko Raya Yai und Ko Raya Noi deutlich besser.

Wie auch sonst in der Andamanensee sind die Monate von November bis April die besten zum Tauchen. Dann herrscht gutes Wetter, und die See ist glatt und klar. Die meisten Tauchveranstalter arbeiten aber auch in der Nebensaison – sofern das Wetter mitspielt. Dann sind die Ausflüge wesentlich günstiger.

Die zu empfehlenden Tauchschulen haben Filialen überall auf der Insel, darunter in Patong (S. 676), Kata (S. 682) und Karon (S. 685).

Surfen

Als Surfziel ist Phuket noch ein Geheimtipp. Sobald im Sommer der Monsun beginnt,

UMWELTFREUNDLICHE TOUREN

Unsere Empfehlung: Eine Radtour (S. 666) machen und auf die hinsichtlich Tier- und Umweltschutz fragwürdigen Elefantenritte und Geländewagentouren, die auf Phuket angeboten werden, verzichten.

Phuket (Provinz)

Phuket (Provinz)

Highlights
1 Großer Buddha ... B6

Sehenswertes
2 Bang-Niew-Schrein ... C5
3 Chalong Bay Rum ... B6
4 Chow-Lair-Dorf ... C5
5 Hat Mai Khao ... A2
6 Hat Nai Thon ... A3
7 Hat Nai Yang ... A2
8 Denkmal der Heldinnen ... B4
9 Khao Phra Thaew Royal Wildlife & Forest Reserve ... B3
10 Khao Rang ... C5
Nam Tok Bang Pae ... (siehe 13)
11 Nam Tok Ton Sai ... B3
12 Phuket Aquarium ... C6
13 Phuket Gibbon Rehabilitation Project ... C3
14 Sirinat National Park ... B2
15 Sui-Boon-Tong-Schrein ... C5
16 Thalang National Museum ... B4
17 Wat Sireh ... C5
18 Wat Suwan Khiri Wong ... B5

Aktivitäten, Kurse & Touren
19 Amazing Bike Tours ... B5
20 Atsumi ... B6
Banyan Tree Spa ... (siehe 32)
21 Bob's Kite School ... B6
22 Cable Jungle Adventure Phuket ... B3
Cool Spa ... (siehe 12)
Coqoon Spa ... (siehe 7)
23 John Gray's Seacanoe ... B5
Kiteboarding Asia ... (siehe 7)
24 Phuket Elephant Sanctuary ... C3
25 Phuket Riding Club ... B2
26 Phuket Thai Cookery School ... C5
27 Phuket Wake Park ... B5
28 Sea Fun Divers ... A5
29 Soi Dog ... B2
30 Splash Jungle ... B2

Schlafen
31 Anantara Phuket Layan ... A3
32 Banyan Tree ... A3
Discovery Beach Resort ... (siehe 7)
Panwa Boutique Beach Resort ... (siehe 12)
33 Pensiri House ... B3
34 Point Yamu by Como ... C4
Pullman ... (siehe 6)
Unterkunft im Sirinat National Park ... (siehe 14)
Slate ... (siehe 7)
Sri Panwa ... (siehe 12)

Essen
35 Bang Rong Seafood ... C3
Breeze Restaurant ... (siehe 34)
36 Coconut Tree ... A3
Elements ... (siehe 6)
37 Kaab Gluay ... B5
Mr. Kobi ... (siehe 7)
38 Nachtmarkt ... B4
39 Som Tum Lanna ... B6
40 Taste Bar & Grill ... B3

Unterhaltung
41 Phuket Simon Cabaret ... A5

Shoppen
42 Wochenendmarkt ... B5

Praktisches
43 Phuket International Hospital ... B5

türmt sich das Meer zu rollenden Wogen auf. Die besten Wellen gibt's von Juni bis September, und dann finden auch die jährlichen Surfwettbewerbe am Hat Kata Yai (S. 681), Phukets beliebtestem Surfspot, sowie am Hat Kalim gleich nördlich von Patong statt. Phuket Surf (S. 682) hat sich am Südende des Kata Yai nahe der besten Stelle niedergelassen, an der die Wellen bis zu 2 m hoch werden. Vor dem Jachtclub am **Hat Nai Han** (หาดในหาน; Karte S. 674) gibt es sogar noch höhere Wellen (bis zu 3 m). Vorsicht: Sowohl am Kata als auch am Nai Han gibt es einen heimtückischen, lebensgefährlichen Brandungsrückstrom!

Am geschützten Strand von **Hat Kalim** brechen sich konstante, bis zu 3 m hohe Wellen. Diese hohl brechenden Wellen gelten als die besten der Insel. Am nördlichsten Abschnitt des Hat Kamala (S. 686) gibt es gute, 3 m hohe Wellen direkt am Strand. 1 km weiter nördlich gibt es am Strand von **Laem Singh** (แหลมสิงห์), der durch eine große Landzunge vom Wind geschützt ist, richtig große und schnelle Wellen, während die Surfbedingungen am Hat Surin (S. 688) zu den anspruchsvollsten auf Phuket gehören.

Hat Nai Yang (S. 692) hat eine konstante, aber leichte Brandung, die sich bereits mehr als 200 m vor der Küste bricht. Bessere Wellen gibt es am **Hat Nai Thon**; die Wellengänge werden mehrmals im Jahr bis zu 3 m hoch.

In der Nebensaison kann man an den meisten der genannten Strände Surfbretter leihen (150–300 B/Std.).

Seekajakfahren

Mehrere in Phuket ansässige Veranstalter bieten Kanutouren durch die malerische

DER GROSSE BUDDHA VON PHUKET

Der **Große Buddha** (พระใหญ่; Karte S. 660; www.mingmongkolphuket.com; abseits der Rte 4021; ⏲6–19 Uhr) GRATIS thront prächtig auf dem Nakkerd Hill, dem schönsten Aussichtspunkt auf Phuket, nordwestlich vom Verkehrskreisel in Chalong. Die 45 m hohe Figur ist von der halben Insel aus sichtbar. Die Anlage ist ein wenig touristisch, aber bimmelnde Glöckchen und wehende Flaggen vermitteln einen munteren Eindruck. Unter dem Zeltdach des goldenen Schreins erweist man seine Verehrung und steigt dann hinauf auf die Plattform, von wo aus man in die schöne Bucht von Kata und auf den schimmernden Strand von Karon blickt und im Südosten die winzigen Kanalinseln in der Bucht von Chalong erkennen kann.

Von der Rte 4021 folgt man 1 km nördlich des Verkehrskreisels in Chalong der Ausschilderung. Die 6 km lange Landstraße führt nach Westen steil hinauf, vorbei an Terrassen mit Bananenplantagen und dichten Waldstücken.

Bucht von Ao Phang-Nga mit ihren hohen Karstfelsen, die nordöstlich von Phuket nahe dem Festland aus dem Meer ragen. Mit Kajaks gelangt man auch in halb unter Wasser stehende Höhlen, die für Longtail-Boote unbefahrbar sind. Im Preis einer ganztägigen Paddeltour (ca. 4000 B/Pers.) sind die Mahlzeiten, die Ausrüstung und der Transport per Boot inbegriffen. Einige Veranstalter bieten Kajak- und Camping-Pauschaltouren nach Ao Phang-Nga und zum Khao Sok National Park (3 Tage ab 13 500 B, 6 Tage ab 23 500 B). John Gray's Seacanoe (S. 666) ist der beste und bekannteste Anbieter auf der Insel.

Kitesurfen

Wie überall erfreut sich dieser Trendsport auch auf Phuket zunehmender Beliebtheit. Die besten Strände dafür sind Hat Nai Yang (S. 692; April–Okt.) und Rawai (S. 673; Mitte Okt.–März). Alle genannten Anbieter sind Mitglieder der International Kiteboarding Organisation (www.ikointl.com).

Jachtsport

Phuket gehört zu den Zielen in Südostasien, die besonders oft von Jachten angesteuert werden. An den Küsten liegen die unterschiedlichsten Schiffe vor Anker – von 80 Jahre alten Holzschaluppen bis hin zu den modernsten Hightech-Motorjachten.

An mehreren Orten gibt es Jachthäfen mit ganzjährigen Liegeplätzen. Auskunft über die aktuellen Hafenformalitäten sollte man vorab bei den Marinas einholen. In der Hauptsaison zahlt man für das Chartern eines Boots ohne Skipper pro Tag mindestens 11 300 B.

Wasserparks

Splash Jungle WASSERPARK

(Karte S. 660; ☎076 372111; www.splashjunglewaterpark.com; 65 Mu 4, Soi 4, Mai Khao; Erw./Kind 1450/700 B; ⏲10–18 Uhr) In Sichtweite des Flughafens von Phuket bietet dieser große Wasserpark einen Wellenpool, einen Kinderpool mit Wasserkanonen, 12 bunte, kurvenreiche Wasserrutschen für alle Altersgruppen, eine „Super-Bowl"-Rutsche und – eine Bar für alle, die zwischendurch eine Pause einlegen wollen. Für 400 B pro Person extra wird man von seinem Hotel abgeholt und wieder zurückgebracht. Kinder unter 5 Jahren sind kostenlos mit dabei.

Phuket Wake Park WASSERSPORT

(Karte S. 660; ☎076 510151; www.phuketwakepark.com; 86/3 Mu 6, Th Vichitsongkram, Kathu; Erw./Kind 2-stündiger Besuch 750/350 B, Tageskarte 1250/650 B; ⏲9–18 Uhr; 👪) Hier kann man sich vor der Hügelkulisse auf Kathus prächtigem See mit dem Wakeboard vergnügen. Der Veranstalter wendet sich hauptsächlich an Teenager und größere Kinder. Man kann zwei Stunden oder einen ganzen Tag auf dem See unterwegs sein, außerdem gibt's auch Wakeboarding-Kurse (1000 B/Std.). Die Ausrüstung kann gemietet werden (500 B), und auch ein Shuttledienst von/zu den Hotels ist vorhanden.

Kurse

Thai-Kochkurse werden in Kata (S. 683), Phuket (Stadt) (S. 666), Ko Sireh (S. 673) und Patong (S. 677) angeboten.

Praktische Informationen

GEFAHREN & ÄRGERNISSE

- Auf den Fernstraßen Phukets werden jedes Jahr Tausende von Menschen verletzt oder getötet. Wer trotzdem nicht auf ein Motorrad verzichten will, sollte sich mit solchen Gefährten auskennen und keinesfalls auf den Schutzhelm verzichten. Im Preis der Vermietung ist nur selten eine Versicherung enthalten.

- Besondere Vorsicht ist an der Straße von Patong nach Karon sowie von Kata zum Gebiet Rawai–Hat Nai Han geboten, denn es gibt Berichte von nächtlichen Überfällen, bei denen die Gangster ihre Opfer auf Motorrädern verfolgten und auch vor dem Einsatz von Messern nicht zurückschreckten.
- Frauen sollten es sich zweimal überlegen, ehe sie sich oben ohne (was in Thailand sowieso absolut tabu ist) oder (vor allem an einsamen Stränden) ohne Begleitung in die Sonne legen, da gelegentlich sexuelle Übergriffe vorkommen.
- Nachts oder am frühen Morgen sollte man nicht alleine joggen gehen.

INFOS IM INTERNET

Zu den örtlichen englischsprachigen Zeitungen gehören:

Phuket Gazette (www.phuketgazette.net) Wöchentliche Infos zu inselweiten Aktivitäten, Restaurants und Unterhaltungsangeboten, garniert mit den neuesten Skandalen.

Phuket News (www.thephuketnews.com) Eine weitere Quelle für aktuelle Nachrichten zur Insel und dem lokalen Leben.

MEDIZINISCHE VERSORGUNG

Die örtliche medizinische Versorgung ist generell gut. Die örtlichen Krankenhäuser verfügen über moderne Geräte, Notaufnahmen und Einrichtungen zur ambulanten Versorgung.

Die meisten Tauchunfälle werden im **Phuket International Hospital** (S. 650) versorgt, das über eine Dekompressionskammer verfügt.

TOURISTENINFORMATION

Büros der **Touristeninformation** (Karte S. 665; Th Thalang; ⌚ 9–16.30 Uhr) finden sich in Phuket (Stadt). Polizeiwachen gibt's an allen größeren Stränden.

An- & Weiterreise

BUS & MINVAN

Die Fernbusse nutzen den **Busbahnhof Phuket, Terminal 2** (S. 671) 4 km nördlich von Phuket (Stadt).

Die Reisebüros auf Phuket verkaufen Tickets (Preis für die Fähre enthalten) für klimatisierte Minivans zu Zielen in Südthailand, darunter nach Krabi, Ranong, Trang, Surat Thani, Ko Samui und Ko Pha-Ngan. Der Preis ist in der Regel etwas höher als für den Bus.

FÄHRE & SCHNELLBOOT

Die **Tha Rassada** (Karte S. 660; Tha Rassada), 3 km südöstlich von Phuket (Stadt), ist die Hauptanlegestelle der Boote nach Ko Phi-Phi, Krabi, Ao Nang, Ko Lanta, zu den Trang-Inseln, nach Ko Lipe und sogar zur Insel Pulau Langkawi in Malaysia (wo es Fährverbindungen nach Penang gibt). Weitere Boote nach Krabi und Ao Nang (über Ko Yao) starten von der **Tha Bang Rong** (Karte S. 660; Tha Bang Rong), 26 km nördlich der Tha Rassada.

FLUGZEUG

Der **Phuket International Airport** (☎ 076 632 7230; www.phuketairportthai.com; Phuket Airport) liegt 30 km nordwestlich von Phuket (Stadt). Die Fahrt von dort zu den Stränden im Süden dauert 45 bis 60 Minuten. Eine Reihe von Fluglinien fliegen Ziele im Inland an.

Unterwegs vor Ort

Der öffentliche Nahverkehr auf Phuket ist eine Katastrophe und zwingt Besucher, entweder am einmal gewählten Strand zu bleiben, sich ein Auto oder Motorrad zu mieten oder auf stark überteuerte Taxis oder *túk-túks* zurückzugrei-

FLÜGE VON/NACH PHUKET

ZIEL	HÄUFIGKEIT	PREIS (B)	FLUGLINIE
Bangkok (Don Muang)	14-mal tgl.	1600	Air Asia
Bangkok (Don Muang)	8-mal tgl.	1680	Nok Air
Bangkok (Suvarnabhumi)	7- bis 9-mal tgl.	1700	Bangkok Airways
Bangkok (Suvarnabhumi)	9- bis 10-mal tgl.	2500	THAI
Chiang Mai	3-mal tgl.	2100	Air Asia
Dubai	1- bis 2-mal tgl.	16 370	Emirates
Hat Yai	tgl	1600	Bangkok Airways
Hong Kong	tgl	3800	Air Asia
Ko Samui	4- bis 5-mal tgl.	3300	Bangkok Airways
Kuala Lumpur	5-mal tgl.	2200	Air Asia
Seoul	tgl	12 800	Korean Air
Shanghai	2-mal tgl.	7350	China Eastern
Singapur	tgl	2000	Air Asia

TAXIS IN PHUKET

Taxis sind auf Phuket weiterhin mächtig überteuert. Für die 15-minütige Fahrt vom Hat Karon zum Hat Patong werden beispielsweise 400 B verlangt. Preistafeln verkünden den *Höchstpreis* zu bestimmten Zielen, aber die Fahrer lassen sich kaum von diesem Preis herunterhandeln.

Um Abzocke zu vermeiden, sollte man sich die Telefonnummer eines Taxis mit Taxameter notieren und während seines Aufenthalts immer nur denselben Fahrer bestellen. Am leichtesten geht das, wenn man gleich bei der Ankunft ein Taxameter-Taxi vom Flughafen nimmt (dort sind sie am leichtesten greifbar). Die Taxis mit Taxameter stehen 50 m rechts vom Ausgang des Ankunftsterminals. Der festgelegte Preis beträgt 50 B für die ersten 2 km, 12 B pro Kilometer für die folgenden 15 km und für alle folgenden Kilometer je 10 B; hinzu kommt eine „Flughafensteuer" von 100 B. Vom Flughafen aus werden zu keinem Ziel auf der Insel mehr als 700 B fällig.

Zunehmend beliebter wird in Thailand die Taxi-App Grab (www.grab.com/th). Über Grab gebuchte Taxis nutzen den Taxameter und schlagen eine kleine Einstiegsgebühr auf. Damit sind sie viel günstiger als Taxis, die man auf der Straße heranwinkt. Die Unterkunft kann bei der Buchung von Taxis helfen – viele Hotelangestellte haben die Grab-App und sind daran gewöhnt, damit Taxis für Touristen zu bestellen.

fen. Es fahren zwar *sŏrng·tăa·ou* von Phuket (Stadt) zu den Stränden, aber um von einem Strand zu einem anderen (z. B. vom Hat Surin zum Hat Patong) zu kommen, muss man oft über Phuket (Stadt) fahren, was dann Stunden in Anspruch nimmt.

Phuket (Stadt) เมืองภูเก็ต

☎076 / 78 900 EW

Ehe Flipflops und Selfie-Sticks das Bild bestimmten, war Phuket eine Insel der Kautschukplantagen, Zinnminen und erwerbstüchtigen Kaufleute. Händler aus Arabien, China, Indien und Portugal ließen sich in Phuket nieder und verwandelten die Stadt in einen farbenfrohen Schmelztiegel der Kulturen. Bis heute ist dieses historische Erbe in der Stadt deutlich zu erkennen. Bei einem Bummel durch die Straßen entdeckt man schöne chinesisch-portugiesische Gebäude, die heute Künstlercafés, ausgefallene Galerien, bunte Textilläden und fantastische Restaurants beherbergen. Seitengassen führen zu in Weihrauchschwaden gehüllten chinesisch-taoistischen Schreinen.

Die Altstadt ist das Zentrum der Hipster und lockt insbesondere Künstler und Musiker an. Damit setzt eine schnelle Gentrifizierung ein. Hundert Jahre alte Laden- und Wohnhäuser werden restauriert, und es scheint, als ob jedes zweite Gebäude heute ein trendiges Café mit polierten Betonwänden oder ein skurriles Gästehaus wäre. Doch ist Phuket (Stadt) immer noch ein wunderbarer Ort, um zur Abwechslung von den Stränden mal etwas Kultur zu erleben. Alle Bereiche sind durch ein Netz von *sŏrng·tăa·ou verbunden.*

Sehenswertes

Phuket Thaihua Museum MUSEUM

(พิพิธภัณฑ์ภูเก็ตไทยหัว; Karte S. 665; ☎076 211224; 28 Th Krabi; 200 B; ⏲9–17 Uhr) Das schicke Museum in einer früheren chinesischen Sprachschule zeigt viele Fotos und auf Englisch erläuterte Ausstellungsstücke zur Geschichte Phukets, angefangen von der chinesischen Einwanderung (viele einflussreiche Familien der Stadt sind chinesischer Abkunft), über die Ära der Zinnminen bis zur heutigen Küche, Mode und Literatur. Man erhält zudem einen Einblick in die Geschichte des Gebäudes, das eine bemerkenswerte Mischung europäischer (Art déco, Klassizismus) und chinesischer (das Giebeldach und der Stuck) Architekturstile darstellt.

Shrine of the Serene Light SCHREIN

(ศาลเจ้าแสงธรรม, Saan Jao Sang Tham; Karte S. 665; Th Phang-Nga; ⏲8.30–12 & 13.30–17.30 Uhr) GRATIS Eine Reihe chinesischer Tempel bringen Farbe in die Stadt, besonders stimmungsvoll ist dieser restaurierte Schrein, der sich am Ende einer 50 m langen Gasse versteckt. Die Wände sind mit taoistischen Gravuren verziert, das Deckengewölbe ist vom Weihrauch geschwärzt. Der Altar ist immer mit brennenden Kerzen und frischen Blumen geschmückt. Die Andachtsstätte wurde in den 1890er-Jahren von einer örtlichen Familie errichtet.

Phuket (Stadt)

Phuket (Stadt)

Sehenswertes
- 1 Jui-Tui-Schrein ... A3
- 2 Phuket Philatelic Museum ... C2
- 3 Phuket Thaihua Museum ... B2
- 4 Shrine of the Serene Light ... B2
- 5 Standard Chartered Bank ... C2

Aktivitäten, Kurse & Touren
- Blue Elephant Cooking School ... (siehe 13)
- Suay Cooking School ... (siehe 18)

Schlafen
- 6 Ai Phuket Hostel ... B2
- 7 Art-C House ... D4
- 8 Casa Blanca ... C2
- 9 RomManee ... B2
- 10 RomManee Classic ... B2
- 11 Tint @ Phuket Town ... C2

Essen
- 12 Abdul's Roti Shop ... C2
- 13 Blue Elephant ... A2
- 14 Indy Market ... C2
- 15 Kopitiam by Wilai ... B2
- 16 One Chun ... C2
- 17 Raya ... C2
- 18 Suay ... B3
- 19 Surf & Turf by Soul Kitchen ... C2
- 20 Torry's Ice Cream Boutique ... B2

Ausgehen & Nachtleben
- 21 Bookhemian ... B2
- 22 Ka Jok See ... B3
- 23 Rockin' Angels ... B2
- 24 Timber Hut ... B1

Shoppen
- 25 Ban Boran Textiles ... B2
- 26 Drawing Room ... C3
- 27 Oldest Herbs Shop ... B2
- 28 Ranida ... C2

Praktisches
- 29 Tourism Authority of Thailand ... C2
- 30 Touristeninformation ... B2

Khao Rang AUSSICHTSPUNKT

(เขารัง, Phuket Hill; Karte S. 660) Wer sich die Stadt aus der Vogelperspektive anschauen will, sollte zu Fuß oder motorisiert den Khao Rang, 3 km nordwestlich vom Zentrum, aufsuchen. Dank der neuen Aussichtsplattform hat man einen herrlichen Panoramablick über Phuket (Stadt) bis zur Bucht von Chalong, nach Laem Phanwa und zum Großen Buddha (S. 662). Am besten kommt man werktags, wenn es auf dem Gipfel relativ ruhig ist. Oben gibt's auch ein paar Restaurants. Zu Fuß braucht man eine Stunde, sollte den Marsch aber nicht nach Einbruch der Dunkelheit unternehmen. Die Fahrt mit dem Taxi kostet 700 B.

Aktivitäten

★ **John Gray's Seacanoe** KAJAKFAHREN

(Karte S. 660; ☎076 254505; www.johngray-seacanoe.com; 86 Soi 2/3, Th Yaowarat; Erw./Kind ab 3950/1975 B) Der älteste, angesehenste und bei Weitem umweltbewussteste Anbieter von Kajaktouren auf Phuket. Bei der Tour „Hong by Starlight" geht man den Massen aus dem Weg, paddelt in den Sonnenuntergang und bewundert die berühmte nächtliche Bio-Lumineszenz von Ao Phang-Nga. Wie alle beliebten Marken in Thailand wird der Name „Seacanoe" oft von anderen missbraucht und John Grays Touren gnadenlos kopiert. Das Original hat seinen Sitz 3,5 km nördlich von Phuket (Stadt).

Amazing Bike Tours RADFAHREN

(Karte S. 660; ☎087 263 2031, 076 283436; www.amazingbiketoursthailand.asia; 32/4 Th Chaofa; halb-/ganztägige Tour 1900/3200 B) Der sehr zu empfehlende Abenteuer-Veranstalter bietet halbtägige Radtouren für kleine Gruppen durch die Dörfer im Nordosten Phukets, wunderbare Tagestouren rund um Ko Yao Noi sowie anspruchsvollere dreitägige Abenteuerfahrten im Khao Sok National Park (14 900 B) und der Provinz Krabi (15 900 B). Im Preis inbegriffen sind das Fahrrad, der Schutzhelm, Mahlzeiten, Wasser und der Eintrittspreis in die Nationalparks.

MÄRKTE IN PHUKET

Eine wunderbare Art, in Phuket (Stadt) Lokalkolorit zu schnuppern, ist ein Besuch auf den Märkten. Am eindrucksvollsten ist der **Wochenendmarkt** (Karte S. 660; abseits der Th Chao Fa West; ⏲Sa & So 16–22 Uhr).

Kurse

★ **Suay Cooking School** KOCHEN

(Karte S. 665; ☎081 797 4135; www.suayrestaurant.com; 50/2 Th Takua Pa; Kurs 2500 B/Pers.) Hier lernt man bei einem der besten Köche auf Phuket in seiner besonders relaxten und vergnüglichen Schule. Noy Tammasak führt die Teilnehmer zunächst über den örtlichen Markt und kocht anschließend mit ihnen drei Gerichte, die dann bei einer guten Flasche Wein verspeist werden. Sehr zu empfehlen; mindestens drei Teilnehmer.

Blue Elephant Cooking School KOCHEN

(Karte S. 665; ☎076 354355; www.blueelephantcookingschool.com; 96 Th Krabi; halbtägige Kurse 3296 B; ⏲Mo–Sa) Hier erlernt man in einem hinreißend restaurierten sino-portugiesischen Gebäude die komplizierte Kunst der thailändischen Königsküche. Angeboten werden halbtägiger Gruppenunterricht (vor- oder nachmittags), aber auch Privatunterricht, bei dem acht vegetarische Gerichte zubereitet werden (7000 B). Bei den Kursen, die vormittags stattfinden, ist ein Marktbesuch inbegriffen. Vorab reservieren!

Schlafen

Phuket (Stadt) bietet unzählige Budgetunterkünfte. Hippe Hostels, Pensionen und Boutiquehotels verteilen sich über die Altstadt.

Ai Phuket Hostel HOSTEL $

(Karte S. 665; ☎076 212881; www.aiphukethostel.com; 88 Th Yaowarat; B 299 B, DZ 700–900 B; ❄@📶) Die Doppelzimmer dieses beliebten, gut organisierten Hostels im Herzen der Altstadt sind klein, haben aber Holzböden und sind mit Schwarzweißfotos dekoriert. Zwei Zimmer haben eigene Bäder. Nicht alle Zimmer haben Fenster, was in der Altstadt nicht selten ist. Die Schlafsäle mit 6 (im Frauen vorbehaltenen Schlafsaal) bis 8 Betten sind ebenfalls fensterlos, aber farbenfroh und sauber. Es gibt Gemeinschaftsbäder aus poliertem Beton mit Warmwasser und im Erdgeschoss eine kleine Lounge zum Abhängen.

Art-C House PENSION $

(Karte S. 665; ☎082 420 3911; ArtCphuket@hotmail.com; 288 Th Phuket; DZ 800 B; 📶) Nicht viele Pensionen verfügen wie das Art-C über eine eigene Kletterwand und drinnen eine (kleinere) Wand zum Bouldern. Außerdem gibt's hier zehn ordentliche Privatzimmer, die fürs teure Phuket durchaus günstig sind. Im Erdgeschoss befindet sich ein Café, und das Personal ist freundlich. Nichtgäste können sich

NICHT VERSÄUMEN

SINO-PORTUGIESISCHE ARCHITEKTUR

Bei einem Spaziergang durch die Th Thalang, die Th Dibuk, die Th Yaowarat, die Th Ranong, die Th Phang-Nga, die Th Rassada und die Th Krabi kann man sich die architektonischen Schätze sino-portugiesischer Architektur in Phuket (Stadt) anschauen. Zu den prächtigsten Gebäuden gehören die **Standard Chartered Bank** (ธนาคารสแตนดาร์ดชาร์เตอร์ด; Karte S. 665; Th Phang-Nga), Thailands älteste ausländische Bank, das **THAI-Büro** (Karte S. 665; ☎076 360444; www.thaiairways.com; 78/1 Th Ranong, Phuket (Stadt); ⏲8–16.30 Uhr) und die **alte Post**, in der heute das **Phuket Philatelic Museum** (พิพิธภัณฑ์ตราไปรษณียากรภูเก็ต; Karte S. 665; ☎076 211020; Th Montri; ⏲Mo–Fr 9–16.30, Sa bis 12 Uhr) GRATIS untergebracht ist. Manche der besonders farbenfroh restaurierten Gebäude säumen die Soi Romanee abseits der Th Thalang – die Gasse beherbergte einst Bordelle, Spielhöllen und Opiumhöhlen.

Die am besten restaurierten Wohnhäuser finden sich an der Th Thalang, der Th Dibuk und der Th Krabi. Das prachtvolle **Phra Phitak Chyn Pracha Mansion** (1903) wurde restauriert und ist heute Sitz des Nobelrestaurants **Blue Elephant** (Karte S. 665; ☎076 354355; www.blueelephant.com; 96 Th Krabi; Hauptgerichte 420–980 B, Menüs 1150–2050 B; ⏲11.30–14 & 18.30–22 Uhr; 📶✎) und einer **Kochschule** (S. 666).

an der Kletterwand erproben (350 B/Tag). Es gibt keinen Lift – man klettert ins Zimmer (Seile werden kostenlos bereitgestellt).

★ **Casa Blanca** BOUTIQUEHOTEL $$
(Karte S. 665; ☎076 219019; www.casablancaphuket.com; 26 Th Phuket; DZ 2300–2800 B; ❄📶🏊) Das ganz in Weiß und Pastelltönen gehaltene, elegant renovierte sino-portugiesische Schmuckstück erhält durch maurisch anmutende Akzente wie gemusterte Fliesen und die von Pflanzen gesäumte Terrasse besonderen Glanz. Moderne Kunst schmückt die in hellen Grün- und Blautönen gestalteten schicken Zimmer. Die Deluxe-Zimmer haben Balkone mit Blick auf die Stadtlandschaft; die Superior-Zimmer blicken auf den kleinen Pool. Im bunten Foyer serviert ein winziges Café Gebäck frisch aus dem Ofen.

Tint @ Phuket Town BOUTIQUEHOTEL $$
(Karte S. 665; ☎076 217099; www.thetintphuket.com; 2/11 Th Dibuk; Zi. 1600–3100 B; ❄📶) Die verschiedenen Etagen in diesem recht neuen Boutiquehotel mit vernünftigen Preisen sind farblich voneinander abgehoben, die kompakten, komfortablen modernen Zimmer sind in Pastelltönen von Orange und Pink bis zu Blau und Meergrün gehalten. Alle Zimmer sind mit TV, Kühlschrank, Schreibtisch und kleinem Balkon ausgestattet. Das Personal ist einladend und effizient. Das Hotel liegt an einer kleinen Gasse abseits der Th Dibuk.

RomManee BOUTIQUEHOTEL $$
(Karte S. 665; ☎089 728 9871; www.therommanee.com; Soi Romanee; DZ 1200 B; ❄📶) Die „Boutique-Pension" an Phukets schönster Straße hat mit ihrer türkisfarbenen Fassade, den lackierten Betonböden und dem Empfangstresen aus Massivholz definitiv viel Stil. Die vier geräumigen Zimmer mit Holzböden, Flachbild-TVs, farblich akzentuierten Wänden, Stühlen in Neonfarben und geschmackvollen Lampen haben eine künstlerische und moderne Anmutung und konkurrenzfähige Preise. Die Treppen sind steil, einen Aufzug gibt es nicht. Es gibt noch eine weniger stilvolle **Dependance** (Karte S. 665; ☎076 214488; 4-6 Th Krabi; DZ 1200-1500B; ❄📶) einen Block weiter.

Essen

★ **Abdul's Roti Shop** FRÜHSTÜCK $
(Karte S. 665; Th Thalang; Hauptgerichte ab 40 B; ⏲Mo–Sa 7–16, So bis 12 Uhr) Seit Jahren bereitet der inzwischen über 75 Jahre alte Abdul seine leckeren, legendären und lockeren *roti* vorn in seinem Laden zu. Das Brot gibt's süß mit Bananen oder herzhaft mit würzigem Huhn, Rindfleisch oder Fisch-Massaman (Curry).

Kopitiam by Wilai THAILÄNDISCH $
(Karte S. 665; ☎083 606 9776; www.facebook.com/kopitiambywilai; 18 Th Thalang; Hauptgerichte 95–180 B; ⏲Mo–Sa 11–22 Uhr; 📶) Das Restaurant in einem stimmungsvollen alten Ladenhaus serviert traditionelle Phuket-Gerichte, z. B. *pàt tai* (dünne Reisnudeln mit Ei, Tofu und/oder Garnelen) mit einem gewissen Extra oder fantastisches *mee sua* (gebratene Nudeln mit Ei, Gemüse, Garnelen, Seebarsch und Tintenfisch). Dazu trinkt man frischen Chrysanthemen- oder Passionsfrucht-Saft.

Indy Market MARKT $
(Karte S. 665; Limelight Av; Hauptgerichte 30–100 B; ⌚ Mi–Fr 16–22.30 Uhr) Einheimische Familien, Schulkinder und Studenten strömen zu diesem kleinen, zentral gelegenen Markt mit seinen ausgezeichneten Imbissständen, an denen es alles von Grillspeisen und Teigtaschen bis zu Sushi und Süßwaren gibt. Man findet hier auch ein paar Freiluftbars, Livemusik und Stände mit Kleidung und Schmuck.

★ **One Chun** THAILÄNDISCH $$
(Karte S. 665; ☎ 076 355909; 48/1 Th Thepkasattri; Hauptgerichte 90–350 B; ⌚ 10–22 Uhr; 📶) Das Schwesterrestaurant des **Raya** (Karte S. 665; ☎ 076 218155; rayarestaurant@gmail.com; 48/1 Th Dibuk; Hauptgerichte 180–650 B; ⌚ 10–22 Uhr) hat preiswertere Gerichte, weshalb die Einheimischen Abend für Abend in Scharen herkommen. Im One Chun gibt es hervorragende Meeresfrüchte – das Krabbencurry in Kokosmilch ist das beste in Phuket (Stadt) –, aber auch ein tolles rotes Curry mit gebratener Ente. Das stimmungsvolle Ladenhaus-Ambiente mit Dekor der 1950er-Jahre und gefliesten Böden rundet das kulinarische Erlebnis ab.

★ **Torry's Ice Cream Boutique** EISCREME $$
(Karte S. 665; ☎ 076 510888; www.torrysicecream.com; Soi Romanee; Eiscreme & Desserts 60–200 B; ⌚ Di–So 11–21.30 Uhr) Das sehr beliebte Café in der schönsten Straße von Phuket (Stadt) liefert Eis, Sorbet und ortstypische Desserts für Feinschmecker. Das Ambiente in dem geschickt umgebauten alten Ladenhaus ist schick – ein Kronleuchter baumelt über der Eistheke –, und man bekommt auch Kaffee, Tee und Säfte.

Surf & Turf by Soul Kitchen FUSION $$
(Karte S. 665; ☎ 089 104 7432; 115 Th Phang-Nga; Hauptgerichte 240–420 B; ⌚ 17.30–22.30 Uhr; 📶) Das entspannte, stilvolle Restaurant punktet mit einer Mischung aus thailändischer und europäischer Küche. Zu den Gerichten zählen hausgemachte Ravioli mit gelber Currysauce oder dünn geschnittenes australisches Rindfleisch auf delikatem weißem Risotto. Die Portionen sind nicht besonders groß, aber sehr aromatisch und schön angerichtet. Die Weinkarte ist klein, aber erlesen.

★ **Suay** INTERNATIONAL, THAILÄNDISCH $$$
(Karte S. 665; ☎ 081 797 4135; www.suayrestaurant.com; 50/2 Th Takua Pa; Hauptgerichte 300–1000 B; ⌚ 17–24 Uhr) In diesem umgebauten Haus gleich südlich der eigentlichen Altstadt wird fabelhafte Fusionküche serviert. Mit dem zunehmenden Ruhm des Chefkochs sind auch die Preise gestiegen, aber das Essen ist weiterhin hervorragend. Die gegrillten Lammkoteletts mit Zitronengras und Papaya-Salsa, das Massaman (Curry) mit geschmorter Rinderwange und das Wolfsbarsch-Steak in grünem Curry beeindrucken genauso wie die vielen aromatischen Salate.

Ausgehen & Nachtleben

In Phuket (Stadt) kann man feiern wie die Einheimischen. Die Bars haben bis weit in die Nacht hinein geöffnet und werden fast ausschließlich von Thais und hier lebenden Ausländern besucht.

★ **Bookhemian** CAFÉ
(Karte S. 665; ☎ 098 090 0657; www.bookhemian.com; 61 Th Thalang; ⌚ Mo–Fr 9–19, Sa & So bis 20.30 Uhr; 📶) Jede Stadt sollte ein Café haben, das derart cool ist. Mit seinem auf verschiedene Ebenen verteilten Grundriss

DIE GROSSE SÄUBERUNGSAKTION AM STRAND VON PHUKET

Seit 2014 geht man gegen illegale Bautätigkeit und kommerzielle Aktivitäten an den überfüllten Stränden der Insel vor. Zunächst wurden alle an den Stränden zur Vermietung angebotenen Sonnenliegen, Liegestühle und Sonnenschirme verboten und Tausende dieser Möbel unter den Augen bewaffneter Soldaten fortgeschafft. Illegal errichtete Bauten wurden planiert, darunter auch gut etablierte Strandclubs und Restaurants; andere mussten ihre Fläche stark verkleinern.

Ein Vorteil dieses Vorgehens ist, dass die Strände sauberer und freier sind als zuvor. Strandmatten und Sonnenschirme kann man immer noch in begrenzter Zahl und in ausgewiesenen Bereichen mieten; Sonnenliegen bleiben aber verboten. Innerhalb der ausgewiesenen Bereiche dürfen Touristen eigene Sonnenschirme oder Liegestühle aufstellen. Jetskis, die gleich zu Beginn verboten wurden, sind am Hat Patong immer noch sehr häufig. Einige Geschäfte machen einfach anderswo weiter.

Die Lage ist im Fluss, und mit weiteren Veränderungen ist durchaus zu rechnen.

INSIDERWISSEN

VEGETARIERFEST: BODY-PIERCING, BÖLLER & GEISSELUNGEN

Ohrenbetäubender, maschinengewehrartiger Krach füllt die Straßen, graubrauner Rauch hängt in der Luft, und Männer und Frauen laufen durch für den Verkehr gesperrte Straßen. Ihre Wangen sind von Spießen und Messern, aber auch von Lampen und Baumzweigen durchbohrt. Einigen läuft das Blut aus offenen, von Peitschenhieben verursachten Wunden hinunter. Man befindet sich hier nicht in einem Kriegsgebiet, sondern beim **Vegetarierfest** (www.phuketvegetarian.com; ⏲ Ende Sept.–Okt.), einem der wichtigsten Feste auf Phuket, das seinen Mittelpunkt in Phuket (Stadt) hat.

Das Fest an den ersten neun Tagen des neunten Monats im chinesischen Mondkalender feiert den Beginn der taoistischen Fastenzeit, in der fromme Chinesen auf Fleisch, Milchprodukte und Alkohol verzichten. Am Auffälligsten für Ausländer sind die in geschwinden Schritten täglich durch die Stadt ziehenden Prozessionen mit prächtig kostümierten Kindern und *gà·teu·i* (auch *kàthoey* geschrieben; thailändische Transsexuelle und Transvestiten), die Armeen farblich abgestimmte Wimpel tragender Jugendlicher und vor allem die Männer und Frauen, die ihre Leiber geißeln und peinigen. Die Ladenbesitzer in den zentralen Straßen von Phuket (Stadt) stellen Altäre vor ihren Läden auf und spenden den neun Kaisergöttern, die das Fest beschwört, neun winzige Tassen mit Tee, Weihrauch, Früchte, Böller, Kerzen und Blumen.

Medien bringen die neun Kaisergötter auf die Erde: Sie verfallen in einen Trancezustand, durchbohren ihre Wangen mit sehr unterschiedlichen Geräten, schlitzen ihre Zungen auf oder geißeln sich mit stachelbesetzten Metallkugeln. Die so zeitweilig besessenen Medien (vor allem Männer) machen an den Ladenaltären Halt, nehmen die angebotenen Früchte und den Tee und segnen das Haus. Die Ladenbesitzer und ihre Familien erweisen mit der *wâi*-Geste (thailändischer Gruß mit zusammengelegten Handflächen) ihren Respekt. Das Ganze ist ein wildes, surreales und überwältigendes, kaum zu beschreibendes Ereignis.

Das Fest konzentriert sich in Phuket (Stadt) auf fünf chinesische Tempel. Am wichtigsten ist der **Jui-Tui-Schrein** (ศาลเจ้าจุ้ยตุ่ยเต้าโบ้เก้ง; Karte S. 665; Soi Puthorn; ⏲ 8–20 Uhr) GRATIS abseits der Th Ranong, gefolgt vom **Bang-Niew-Schrein** (ศาลเจ้าบางเหนียว; Karte S. 660; Th Ong Sim Phai; ⏲ 6–18 Uhr) GRATIS und dem **Sui Boon Tong Shrine** (ศาลเจ้าซุ่ยบุ่นต๋อง; Karte S. 660; Soi Lorong; ⏲ unterschiedliche Öffnungszeiten) GRATIS. Veranstaltungen gibt es auch im nahegelegenen Kathu (woher das Fest stammt) und in Ban Tha Reua. Wer früh genug (gegen 6 Uhr) am Startpunkt irgendeiner Prozession erscheint, kann zusehen, wie eine erstaunlich professionelle, mit Latexhandschuhen ausgerüstete Crew die Wangen der Gläubigen durchbohrt – nichts für schwache Nerven! Bei anderen Zeremonien laufen die Gläubigen z. B. über glühende Kohlen oder erklimmen Leitern aus Messerscheiden. In den Tempeln sind alle Leute weiß gewandet. In den Seitenstraßen hinter den Prozessionsstraßen gibt's Imbissstände mit fabelhaftem vegetarischen Essen; viele Restaurants bieten in der Festzeit nur vegetarische Gerichte an.

Merkwürdigerweise gibt es keine Hinweise auf derartige Rituale im Zusammenhang mit der taoistischen Fastenzeit aus China. Die ortsansässigen Chinesen behaupten, das Fest sei 1825 in Kathu von einer Gruppe von Theaterleuten aus China ins Leben gerufen worden. Nachdem sie ernsthaft erkrankt waren, weil sie es versäumt hatten, die neun Kaisergötter des Taoismus zu besänftigen, unterzogen sie sich dort einer neuntägigen Buße mit Selbstgeißelungen, Meditationen und dem Verzicht auf Fleisch.

Phukets **Tourism Authority of Thailand** (TAT; Karte S. 665; ☎ 076 211036; www.tourismthailand.org/Phuket; 191 Th Thalang; ⏲ 8.30–16.30 Uhr) druckt einen Festkalender. Das Fest wird auch in Trang, Krabi, Phang-Nga und anderen Städten im Süden gefeiert.

ist es zugleich Café und Ausstellungsfläche. Im vorderen Raum stehen gebrauchte Bücher zum Verkauf, Fahrräder hängen an der Wand, und es gibt guten Kaffee, Tee und Kuchen sowie ganztägiges Frühstück, Salate, Sandwiches und Pasta.

Timber Hut CLUB
(Karte S. 665; ☎ 076 211839; 118/1 Th Yaowarat; ⏲ 18–2 Uhr) Seit 27 Jahren treffen sich Thais, Traveller und hier lebende Ausländer in diesem zweistöckigen Pub und Club, trinken Bier und Whisky und gehen bei den Livebands

mit, die alles von Hardrock bis zu Pop und Hip-Hop abdecken. Kein Grundpreis!

Ka Jok See CLUB

(Karte S. 665; ☎076 217903; kajoksee@hotmail.com; 26 Th Takua Pa; ⊙Nov.–April 20–1 Uhr, Mai–Okt. kürzere Öffnungszeiten) Das hundert Jahre alte Haus hat mit der Krimskrams-Sammlung des Eigentümers viel vom Charme des alten Phuket und darüber hinaus zwei Identitäten: Es ist zum einen ein glamouröses Restaurant und zum anderen ein verrückter Partytreff. Es gibt gutes Thai-Essen (Büfett 2500 B/Pers.), aber sobald die Tische abgeräumt sind, startet die wilde Party mit prima Musik und – wenn man Glück hat – extravagantem Cabaret. Das Haus hat kein Schild. Wer hier essen und feiern will, sollte einen oder zwei Monate im Voraus reservieren.

Rockin' Angels BAR

(Karte S. 665; ☎089 654 9654; 55 Th Yaowarat; ⊙Di–So 18–1 Uhr) Die anheimelnde Bar in der Altstadt ist vollgepackt mit Biker-Andenken und eingerahmten Schallplatten. Wenn Patrick, der aus Singapur stammende Besitzer, wie an den meisten Abenden gegen 21.30 Uhr mit seiner Bluesband loslegt, wird's laut. Das Bier ist kalt. Das Publikum besteht aus einer guten Mischung aus Thailändern und ortsansässigen Ausländern.

Shoppen

Überall in der Altstadt gibt's lässig-schicke Boutiquen, die Schmuck, Kleidung für Frauen, Stoffe und Souvenirs verkaufen, sowie skurrile Galerien und Antiquitätenläden.

★ **Ranida** ANTIQUITÄTEN, MODE

(Karte S. 665; ☎076 214801; 119 Th Thalang; ⊙Mo–Sa 10–20 Uhr) In dem eleganten Mode- und Antiquitätengeschäft gibt's antike Buddha-Statuen und andere Skulpturen, Bio-Textilien und ambitionierte, elegante Damenmode, die von alten thailändischen Gewändern und Stoffen inspiriert ist.

Drawing Room KUNST

(Karte S. 665; ☎086 899 4888; isara380@hotmail.com; 56 Th Phang-Nga; ⊙9–18 Uhr) Mit ihrem Street-Art-Flair, das an Brooklyn vor dem Boom oder an East London erinnert, ist diese weit offene Kooperative die interessanteste unter den vielen Galerien der Stadt. Man findet hier leuchtend bunte, abstrakte Malereien oder auch komische Zeichnungen mit Bleistift und Tinte. Metallmöbel und Fahrräder stehen auf den Betonböden. House tönt gedämpft durch die Räume.

Ban Boran Textiles TEXTILIEN

(Karte S. 665; ☎076 211563; 51 Th Yaowarat; ⊙10.30–18 Uhr) Auf den Regalen dieses Ladens stapeln sich hochwertige Seidenschals, birmanische Lackarbeiten, Sarongs, Leinenhemden, schicke bunte Handtaschen und Baumwolltextilien aus Chiang Mai.

Oldest Herbs Shop ESSEN & TRINKEN

(Karte S. 665; ☎099 359 9564; Th Thalang; ⊙Mo–Sa 7.30–18, So bis 11.30 Uhr) Lust auf Ginseng oder getrocknete Insekten? Phukets ältester Kräuterladen ist bei einem Bummel auf der Th Thalang schon wegen der Duftschwaden gar nicht zu verfehlen. In dem seit

BUSSE AB DEM BUSBAHNHOF PHUKET, TERMINAL 2

ZIEL	PREIS (B)	DAUER (STD.)	HÄUFIGKEIT	BUSKLASSE
Bangkok	913	13	17 & 18.30 Uhr	VIP
	587	13–14	6.30, 7, 13.30, 15.30, 17.30, 18 & 18.30 Uhr	mit Klimaanlage
Chiang Mai	1646	22	12.30 Uhr	VIP
Hat Yai	507	7	21.45 Uhr	VIP
	326	7	7.30–12.30 stündl., 19.30 & 21.30 Uhr	mit Klimaanlage
Ko Samui	450	8 (Bus/Fähre)	9 Uhr	mit Klimaanlage
Ko Pha-Ngan	550	9½ (Bus/Fähre)	9 Uhr	mit Klimaanlage
Krabi	140	3½	4.50–19 Uhr stündl.	mit Klimaanlage
Phang-Nga	80	2½	4.50–19 Uhr stündl.	mit Klimaanlage
Ranong	225	6	5.30–18.10 Uhr stündl.	mit Klimaanlage
Satun	329	7	8.15, 10.15, 12.15 & 20.15 Uhr	mit Klimaanlage
Surat Thani	195	5	8, 10, 12 & 14 Uhr	mit Klimaanlage
Trang	230	5	4.50–19 Uhr stündl.	mit Klimaanlage

Generationen bestehenden Familienunternehmen erhält man chinesische Kräutermedizin oder kann auch einfach nur zusehen, wie die Kräuter auf antiken Waagen abgewogen und mit anderen vermischt werden.

Praktische Informationen

Es gibt zahlreiche Geldautomaten in der Th Phuket, der Th Ranong, der Th Montri und der Th Phang-Nga. WLAN ist überall verfügbar.

Anreise & Unterwegs vor Ort

AUTO & MOTORRAD

In der Th Rassada gibt's billige Autovermieter. Eine gute Wahl ist **Pure Car Rent** (Karte S. 665; ☎076 211002; www.purecarrent.com; 75 Th Rassada; ⏰8–19 Uhr), das ungefähr in der Mitte der anderen zu finden ist. Für einen Mietwagen zahlt man ca. 1200 B pro Tag (inkl. Versicherung). Die großen Autovermietungsketten am Flughafen von Phuket nehmen vergleichbare Preise.

Motorräder kann man in der Th Rassada, darunter auch bei Pure Car Rent, und an vielen anderen Stellen in der Stadt für 200 bis 250 B pro Tag mieten.

BUS

Terminal 1 des Busbahnhof Phuket wird hauptsächlich von Minivans genutzt. Von 7 bis 17 Uhr fahren hier auch ein Nahverkehrsbus (30 B) und Minivans (50 B) nach Patong.

Fernbusse nutzen **Terminal 2** (Karte S. 660; Th Thepkrasattri) 4 km nördlich von Phuket (Stadt); die Anfahrt kostet per Motorradtaxi 100 B und mit Taxi 300 B.

VOM/ZUM FLUGHAFEN

Egal, was einem Schlepper am Flughafen glauben machen wollen: Stündlich fährt ein staatlicher, leuchtend orangefarbener Flughafenbus (www.airportbusphuket.com) vom Flughafen über das Denkmal der Heldinnen (S. 695) nach Phuket (Stadt) (100 B, 1 Std.; 8–20.30 Uhr). Ein Taxi vom Flughafen in die Stadt kostet 650 B.

MINIVAN

Vom **Busbahnhof Phuket, Terminal 1** (Karte S. 665; Th Phang-Nga) 500 m östlich des Zentrums von Phuket (Stadt) fahren Kleinbusse zu Zielen in ganz Südthailand, u. a. nach:

ZIEL	PREIS (B)	DAUER (STD.)
Hat Yai	360	7
Ko Lanta	280	5
Krabi	140	3
Phang-Nga	100	2
Surat Thani	200	4

STRANDSICHERHEIT

In der Monsunzeit (Mai–Okt.) kann das Baden wegen starker Wellen und starker Unterströmungen gefährlich sein. Dutzende Personen ertrinken jährlich an Phukets Stränden, vor allem in Laem Singh, Kamala, Karon und Patong. Unbedingt die roten Flaggen beachten, die auf gefährliche Brandungsrückströmungen hinweisen!

Zu jeder Jahreszeit sollte man beim Schwimmen auf Jetskis achten. Der Gouverneur von Phuket hat Jetskis zwar 1997 verboten und das Verbot wurde 2014 erneuert, aber die Durchsetzung dieses Verbots ist eine andere Sache. Auch Longtail-Boote können zur Gefahr werden, weil sie dem Strand sehr nahe kommen. Man darf nicht davon ausgehen, dass der Bootsführer einen im Wasser sieht!

SÖRNG·TĂA·OU & TÚK-TÚK

Sŏrng·tăa·ou von der Größe eines Busses fahren zwischen 7 und 17 Uhr regelmäßig von der Th Ranong (nahe dem Tagesmarkt) zu Phukets Stränden (20–40 B/Std., 30–90 Min.); zu anderen Zeiten muss man zu den Stränden ein *túk-túk* chartern, was 400 B (Rawai, Kata und Ao Bang Thao), 500 B (Patong, Karon und Surin) oder 600 B (Kamala) kostet. Leuten, die einem erzählen, die Strände seien nur mit dem Taxi erreichbar, sollte man keinesfalls Glauben schenken.

Für eine Stadtfahrt verlangen *túk-túk*-Fahrer 100 bis 200 B und Motorradtaxis 50 B.

Laem Phanwa แหลมพันวา

Das langgezogene, dicht bewaldete Kap ragt gleich südlich der Stadt Phuket weit ins Meer hinein. Für viele ist es das letzte Überbleibsel dessen, was die Insel früher einmal war: sich selbst überlassene Natur. Erschlossen ist im Wesentlichen nur das Gebiet um den Hafen an der Spitze des Kaps, 12 km südlich von Phuket (Stadt), wo sich eine Reihe von Resorts der Spitzenklasse sowie das Phuket Aquarium finden.

Unberührt sind die Buchten und Strände zu beiden Seiten des Hafens, die von felsigen Landzungen und Mangroven geschützt werden und über eine traumhafte, kurvenreiche Küstenstraße erreichbar sind. Hier herrschen Ruhe und Frieden, und es gibt kaum Nachtleben.

NICHT VERSÄUMEN

CHALONG BAY RUM

Als Marine Lucchini und Thibault Spithakis, die beide aus angesehenen französischen Winzerfamilien stammen, sich kennenlernten und verliebten, verband sie das Interesse an Spirituosen, insbesondere an feinem Rum. So wurden sie Branntweinbrenner und gründeten ihre eigene Brennerei **Chalong Bay Rum** (ฉลองเบย์รัม ดิสทิลเลอรี่; Karte S. 660; ☎093 575 1119; www.chalongbayrum.com; 14/2 Mu 2, Soi Palai 2; Führung 300 B; ⏲Führungen 14–18 Uhr stündl.).

Sie wollten natürlichen Rum französischer Art herstellen, wie er in Martinique gebrannt wird; den braut man aus Zuckerrohrsaft, nicht (wie sonst bei Rum üblich) aus Rübenmelasse. Thailand ist der viertgrößte Produzent von Zuckerrohr weltweit, und mehr als 200 Varietäten werden derzeit angebaut. 2012 importierten sie schließlich 40 Jahre alte kupferne Armagnac-Brennkessel und nahmen den Namen einer Bucht einer der wundervollsten Inseln der Welt in den Namen ihrer Marke auf.

Der Chalong Bay Rum ist weiß, hat ein tolles Aroma, gewann 2015 bei der San Francisco World Spirits Competition eine Goldmedaille und eignet sich als Grundstoff für wundervolle Mojitos – die man bei den Führungen, bei denen man sehr viel über Rum erfährt, auch probieren kann.

Die Führung sollte man vorab buchen, denn man braucht eine Wegbeschreibung! Rund 3 km nördlich vom Verkehrskreisel in Chalong biegt man bei der Ausschilderung zum Zoo nach Osten ab. Kurz dahinter folgt das Hinweisschild zur Brennerei.

Sehenswertes & Aktivitäten

Phuket Aquarium AQUARIUM
(สถานแสดงพันธุ์สัตว์น้ำภูเก็ต; Karte S. 660; ☎076 391126; www.phuketaquarium.org; 51 Th Sakdidej; Erw./Kind 180/100 B; ⏲8.30–16.30 Uhr) Phukets beliebtes Aquarium befindet sich beim Hafen an der Spitze von Laem Phanwa und gewährt einen Einblick in Thailands herrliche Unterwasserwelt. Die Sammlung von Meeresbewohnern, die hier gezeigt wird, ist zwar nicht gerade die allergrößte, aber alles ist hilfreich in englischer Sprache erläutert.

Sehenswert sind die Schwarzspitzen-Riffhaie, die wie Zebras gestreiften Welse und die Zitteraale, die eine Spannung von bis zu 600 V erzeugen können.

★ **Cool Spa** SPA
(Karte S. 660; ☎076 371000; www.coolspaphuket.com; Sri Panwa, 88 Mu 8, Th Sakdidej; Anwendungen ab 4500 B; ⏲10–21 Uhr) Dieses elegante Wunderland der Obstwickel, Gesichtsmasken, Abreibungen und Pools auf einem Hügel mit Blick aufs Meer gehört zu den besten Spas auf Phuket. Die Lage an der südlichsten Spitze von Laem Phanwa ist traumhaft.

Schlafen & Essen

Das Gebiet ist bestimmt von Vier- und Fünf-Sterne-Resorts.

In den Meeresfrüchterestaurants am Hafen kann man die schaukelnden Fischerboote beobachten.

★ **Sri Panwa** RESORT $$$
(Karte S. 660; ☎076 371000; www.sripanwa.com; 88 Mu 8, Th Sakdidej; DZ mit Frühstück 29 700–279 000 B; P❄📶🏊) Die Anlage, ein ernsthafter Kandidat für den Titel des besten Hotels auf Phuket, liegt idyllisch an der mit Dschungel bedeckten südlichsten Spitze von Laem Phanwa. Die Villen haben mehrere Zimmer, Whirlpools, Freiluftduschen, private Pools, Musikanlagen und einen herrlichen Meerblick. Auch die preiswerteren Zimmer sind immer noch wunderbar komfortabel; das beflissene Personal meint, dass sie so schön sind, dass die Gäste sie gar nicht mehr verlassen wollen, wenn sie sie gesehen haben.

Panwa Boutique Beach Resort RESORT $$$
(Karte S. 660; ☎076 393300; www.panwaboutiquebeachresort.com; 5/3 Mu 8, Ao Yon; DZ mit Frühstück 4300–15 600 B; P❄📶🏊) Mit seinem eigenen Strandabschnitt und Blick auf Chalong, Rawai und den Großen Buddha (S. 662) bietet dieses etwas betagte Resort an der Westküste des Kaps Abgeschiedenheit, große Zimmer, einen fantastischen Pool, drei Restaurants und Vier-Sterne-Service zu günstigen Preisen.

An- & Weiterreise

Von der Th Ranong in Phuket (Stadt) fahren *sŏrng·tăa·ou* (7–17 Uhr, 30 B); die letzte Haltestelle ist das Phuket Aquarium. Die Anfahrt per Taxi kostet 400 B.

Ko Sireh

เกาะสิเหร่

Die winzige Insel 4 km östlich von Phuket (Stadt) ist mit Phuket durch eine Brücke verbunden und vor allem bekannt für den liegenden Buddha im **Wat Sireh** (วัดบ้านเกาะสิเหร่; Karte S. 660; Th Sireh; ⌚tagsüber) GRATIS auf dem Hügel und das **Chao-Leh-Dorf** (หมู่บ้านชาวเล; Karte S. 660).

Thailands größte Siedlung der Urak Lawoi (abschätzig auch *chao leh* genannt) ist wenig mehr als eine Siedlung aus Wellblechhütten, die auf Stelzen stehen. Die Urak Lawoi sind das sesshafteste der drei Seenomadenvölker; sie leben nur in dem Gebiet von hier bis zum Tarutao-Langkawi-Archipel und sprechen eine malaiische Sprache, die stark vom Thailändischen beeinflusst ist.

Eine einzige Straße umrundet die Insel. Sie führt an ein paar Villen, Garnelenfarmen, Kautschukplantagen, einem unberührten Waldstück und dem **Hat Teum Suk** (หาดเติมสุข) vorbei, einem Strand an der Ostküste. Gleich südlich davon macht die **Phuket Thai Cookery School** (Karte S. 660; ☎082 474 6592; www.phuketthaicookery.com; Ko Sireh; 1-tägiger Kochkurs 2900 B; ⌚8–15 Uhr, Mi geschl.) Besucher bei einem Kochkurs (bis zu 6 Std.) samt Marktbesuch mit thailändischen Gewürzen vertraut. Interessenten werden von den meisten Orten auf Phuket abgeholt und wieder zurückgebracht.

Es gibt zwar ein paar Hotels und Restaurants, die meisten Besucher kommen aber im Rahmen eines Tagesausflugs. Von der Th Ranong in Phuket (Stadt) fahren *sŏrng·tăa·ou* (7–17 Uhr, 20 B), die Taxifahrt aus Phuket (Stadt) kostet 300 B.

Rawai

ราไวย์

Rawai ist ein schöner Ort zum Übernachten und zum Wohnen, daher sieht man in diesem Abschnitt der Südküste von Phuket viele Pensionäre, Künstler, thailändische und ausländische Unternehmer, und der Dienstleistungssektor boomt.

Die Gegend ist nicht nur von ihren Stränden geprägt, sondern auch durch steil aufragende, in die Andamanensee abfallende, üppig grüne Küstenhügel, die Phukets schönen südlichsten Punkt **Laem Phromthep** (แหลมพรหมเทพ; Karte S. 674; Rte 4233) bilden. Wer eine abgeschiedenere Stelle sucht, um den Sonnenuntergang zu bewundern, findet 1,5 km weiter nördlich einen **einsamen Aussichtspunkt** (มุมมอง; Karte S. 674; Rte 4233). In den Hügeln finden sich kleine Wohnanlagen, die nur durch ein paar Straßen verbunden sind. Jedes Jahr kommen aber immer mehr hinzu, und man kann sich förmlich vorstellen, wie die Grundstücksspekulation auch noch den letzten Meeresfrüchtegrill und die letzte Tiki-Bar verdrängt. Man kann nur hoffen, dass bis dahin noch ein paar Jahrzehnte (oder zumindest einige Jahre) bleiben. Trotz dieser Entwicklungen ist die Natur immer noch spürbar, ganz besonders am Strand.

Aktivitäten

Rawai ist das Zentrum von Phukets wachsender Muay-Thai-Begeisterung. Es gibt ein halbes Dutzend Schulen, wo Schüler (beiderlei Geschlechts) in Trainingslagern mit professionellen Thai-Boxern die traditionelle Kampfkunst erlernen.

Hat Rawai ist ein ausgezeichneter Ort, um mit **Charterbooten** (Karte S. 674; Hat Rawai) zu benachbarten Inseln zu fahren. Zu den Zielen von Schnorchelausflügen gehören das ruhige Ko Bon (Langtail-Boot/Schnellboot 1200/2400 B) und Coral Island (1800/3500 B, max. 8 Pers.).

Kingka Supa Muay Thai GESUNDHEIT & FITNESS
(Karte S. 674; ☎076 226495; www.supamuaythaiphuket.com; 43/42 Mu 7, Th Viset; pro Veranstaltung/Woche 600/3000 B; ⌚Mo–Sa 7–19, So 9–18 Uhr) Diese Muay-Thai-Halle wurde von einem früheren Meister dieser Sportart eröffnet (der aber nicht hier lehrt). Aus aller Welt kommen die Leute, um von erfahrenen thailändischen Profis die Kunst des Thai-Boxens zu erlernen. In den Schlafsälen leben die thailändischen und ausländischen Teilnehmer der Trainingslager. Touristen können Schnupperkurse im Thai-Boxen sowie Taekwondo-Sitzungen (200 B) besuchen.

Sinbi Muay Thai GESUNDHEIT & FITNESS
(Karte S. 674; ☎083 391 5535; www.sinbi-muaythai.com; 100/15 Mu 7, Th Sai Yuan; pro Veranstaltung/Woche 400/3000 B; ⌚Mo–Sa 7.30–19 Uhr) Ein angesehenes *moo·ay tai*-Trainingslager, das Kurse für Männer und Frauen anbietet.

Bob's Kite School KITESURFEN
(Karte S. 660; ☎092 459 4191; www.kiteschoolphuket.com; Rte 4024; 1-stündiger Unterricht 1500 B, 3-tägiger Kurs 11 000 B; ⌚Nov.–April) Phukets älteste, von Deutschen geführte Kitesurfing-Schule ist mit eifrigem, freundlichem Personal immer noch sehr gut im Geschäft. Von Mai bis Mitte Oktober finden

Hat Nai Han & Hat Rawai

Hat Nai Han & Hat Rawai

Highlights
1 Laem Phromthep ... B4

Sehenswertes
2 Hat Nai Han ... B2
3 Hat Rawai ... C3
4 Einsamer Aussichtspunkt ... B3

Aktivitäten, Kurse & Touren
Charterboote ... (siehe 3)
5 Kingka Supa Muay Thai ... C1
6 Sinbi Muay Thai ... B1

Schlafen
7 Good 9 at Home ... C2
8 Phu Na Na ... D1
9 Sabai Corner ... A1
10 Vijitt ... D1

Essen
11 Flip Side ... C3
12 German Bakery ... C1
13 Rum Jungle ... C1

Ausgehen & Nachtleben
14 Laguna Rawai ... D2
15 Nikita's ... C3
16 Reggae Bar ... B2

die Kurse an der Nordwestseite der Insel am Hat Nai Yang (S. 692) statt. Ausrüstung wird verliehen (1000 B/Std.).

Atsumi SPA

(Karte S. 660; ☎081 272 0571; www.atsumihealing.com; 34/18 Soi Pattana, Th Sai Yuan; Massage 600–1000 B, Anwendungen 1200–1600 B, Detox-Pauschalangebot 5500–9100 B; ⊙9–17 Uhr) Auf Phuket dreht sich nicht alles um Alkohol und sahnige Currys, denn es gibt auch eine blühende Wellness-Szene. In diesem erdverbundenen Refugium des Fastens und Entgiftens kann man für eine viertägige Fastenkur mit Wasser, Säften und/oder Kräutern sowie Massagen einchecken. Aber auch wer nicht fasten will, ist zu den Spa-Sitzungen willkommen, wo einen traditionelle Thai-Massagen, Öl- und Tiefengewebs-Anwendungen sowie als Markenzeichen Thaiatsu- Massagen (ein Zwischending aus Thai- und Shiatsu-Massage) sowie Yogasitzungen (300 B) erwarten.

Schlafen

Good 9 at Home PENSION $

(Karte S. 674; 088 457 6969; www.facebook.com/good9athome; 62 Mu 6, Soi Wassana, Hat Rawai; DZ 900 B;) An einem niedlichen Hof vom **Hat Rawai** (หาดราไวย์; Karte S. 674) 300 m die Straße hinauf liegen die sieben frischen, glänzenden und zeitgemäß eingerichteten Zimmer mit farbenfroh dekorierten Wänden, gefliesten Badezimmern, ein paar Kunstwerken und gutem Preis-Leistungs-Verhältnis. Das limettengrün und grau angestrichene Haus ist sauber, gemütlich und freundlich; an der Ecke ist erfreulicherweise ein kleiner Kaffeeausschank untergebracht.

Phu Na Na BOUTIQUEHOTEL $$

(Karte S. 674; 076 226673; www.phunana-phuket.com; 43/234 Mu 7, Th Viset; DZ 1500–3900 B;) Die smarten Zimmer mit vernünftigem Preis-Leistungs-Verhältnis liegen rund um einen Pool und wirken mit komfortablen Betten, Kühlschrank, Mikrowelle, ordentlichem Bad und Terrasse wie kleine Apartments. Alle sind gepflegt, der **Hat Friendship** (Hat Mittraphap, หาดมิตรภาพ; Karte S. 674) liegt in Gehweite und die Restaurants am Hat Rawai sind nur eine kurze Motorrad- oder Túk-túk-Fahrt entfernt.

Vijitt RESORT $$$

(Karte S. 674; 076 363600; www.vijittresort.com; 16 Mu 2, Th Viset; Villen mit Frühstück 6700–26 000 B;) Die friedliche Anlage in einem Garten voller Frangipani ist wahrscheinlich die eleganteste in der Gegend. Die Luxusvillen prunken mit Kalksteinböden, großen Badewannen, Freiluftduschen und privaten Terrassen (teilweise mit eigenem Pool), von denen aus sich ein prächtiger Blick aufs Meer bietet. Der eindrucksvolle, mehrstufige Infinity Pool hat einen schwarzen Boden und schaut auf den Hat Friendship.

Essen & Ausgehen

Am Hat Rawai gibt es ein Dutzend, Einheimischen gehörende Meeresfrüchtegrills, die an der Straße den Fang des Tages zubereiten (Hauptgerichte 90–300 B) sowie ein paar internationale Restaurants.

German Bakery EUROPÄISCH $

(Karte S. 674; Th Viset; Hauptgerichte 80–200 B; 7.30–16.30 Uhr) Das von einem deutsch-thailändischen Paar geführte lustige und freundliche, halb offene Restaurant hat in der Gegend das beste Gebäck. Man bekommt gutes Schwarzbrot, ausgezeichnetes Frühstück (zu empfehlen sind die Ananas-Pfannkuchen) und prima Bratwurst mit Sauerkraut.

Som Tum Lanna THAILÄNDISCH $$

(Karte S. 660; 081 597 0569; 3/7 Th Sai Yuan, Hat Rawai; Hauptgerichte 80–250 B; Di–So 9–17 Uhr) Das *sôm·đam* (würziger grüner Papaya-Salat) sollte man mild bestellen – es ist immer noch scharf genug. Der Fisch ist in dieser Bude mit Isan-Küche durchaus gut, aber nicht besser als anderswo. Das Hähnchen ist dagegen einmalig.

Flip Side BURGER $$

(Karte S. 674; 090 869 5552; 469/4 Th Viset, Hat Rawai; Hauptgerichte 250–490 B; 11–22.30 Uhr, Di geschl.;) Dieser Strandtreff bietet allen, die Abwechslung von der thailändischen Küche suchen, westliche Speisen und Bier. Die saftigen und sättigenden Gourmet-Burger werden auf Holzplatten serviert. Es gibt auch Hühnerflügel, Fish & Chips, Salate, Sandwiches und andere Happen sowie ein großes Sortiment belgischer, deutscher und US-amerikanischer Biere. Der Service kann saumselig sein.

★ **Rum Jungle** INTERNATIONAL $$$

(Karte S. 674; 076 388153; www.facebook.com/Rum-Jungle-Cafe-Rawai-Phuket-173738946050909; 69/8 Mu 1, Th Sai Yuan; Hauptgerichte 280–620 B; Mo–Sa 15–23 Uhr;) Das halb offene, strohgedeckte Restaurant mit außergewöhnlicher Weltmusik als Soundtrack gehört zu den besten in Rawai und serviert tolle italienische und internationale Gericht in einem entspannten Ambiente. Die neuseeländische Lammkeule ist so ausgezeichnet wie die gedämpften Muscheln, und alle Pastasaucen werden frisch zubereitet. Zu den verführerischen vegetarischen Gerichten gehören Auberginen-Parmigiana und Pasta Gorgonzola. Im Voraus reservieren!

Nikita's BAR

(Karte S. 674; 076 288703; www.nikitas-phuket.com; Hat Rawai; Hauptgerichte 220–800 B;

⌚10–24 Uhr; 📶) Der beliebte Freilufttreff blickt gleich westlich des Piers von Rawai hinaus aufs Meer. Zu trinken gibt's preisgünstige Biere und Cocktails, Kaffee, grünen Tee und eine gute Auswahl an Shakes. Wie wär's etwa mit einer Mango-Margarita? Dank ordentlicher Holzoffenpizzas, westlicher Gerichte und vielen Meeresfrüchten ist auch für den Hunger gesorgt.

Reggae Bar BAR

(Karte S. 674; Th Viset; ⌚12 Uhr–open end, wechselnde Öffnungszeiten) Diese kreativ-chaotische, entspannte Lounge rund um einen alten Holzschuppen bietet klassische Roots-Musik. Tagsüber eine Lederschmiede, verwandelt sich der Laden abends in ein Lokal mit improvisierten Jam-Sessions, Konzerten, Barbecues und Partys, bei denen örtliche Reggaebands und manchmal einige der legendärsten thailändischen Rastas auftreten. Ledergürtel baumeln herunter, die Wände sind mit Kunst gepflastert, und Schwarzlicht-Graffiti bedecken alle offenen Flächen.

Laguna Rawai CLUB

(Karte S. 674; ☎098 031 2700; www.lagunarawai.com; 178/15 Th Viset; ⌚17–2 Uhr; 📶) Das Laguna ist eines der wenigen Nachtlokale im ruhigen Rawai und wird am Wochenende munter, wenn sich hier Thais, Ausländer und Bargirls drängen. Gegenüber dem Club finden sich eine Reihe von Bars, in denen man Poolbillard spielen kann. Der Club und die Bars sind bis 2 Uhr geöffnet, manchmal auch länger.

ℹ An- & Weiterreise

Rawai liegt 18 km südwestlich von Phuket (Stadt). *Sŏrng·tăa·ou* fahren von der Th Ranong in Phuket (Stadt) nach Rawai (30 B; 7–17 Uhr); einige fahren weiter zum Hat Nai Han (40 B), aber nicht alle – also unbedingt nachfragen! Ein Taxi von Rawai zum Nai Han kostet 200 B.

Taxis fahren von Rawai und vom Hat Nai Han zum Flughafen von Phuket (750 B), nach Patong (700 B) und nach Phuket (Stadt) (500 B).

Hat Patong หาดป่าตอง

☎07620.600 / 20600 EW.

Patong (ป่าตอง) ist offen für alles und das berüchtigtste Ziel auf Phuket, an dem sich die Geister scheiden. Fast alles gibt's hier für den richtigen Preis. Das gilt zwar auch für andere Orte in Thailand, aber Patong bekennt sich offen dazu – was natürlich nicht heißt, dass man das auch mögen muss. Doch trotz Beton, Silikon und zweifelhafter Moral ist dieser Ort irgendwie auch echt und ehrlich.

Blickt man auf den breiten, weißen Sandstrand und die prächtige halbmondförmige Bucht, versteht man, wie alles einmal anfing. Hier findet man jede Menge Tauchshops und Spas, gehobene Restaurants, Fischgrills am Straßenrand, extravagantes Cabaret, Thai-Boxen, staubige Antiquitätenläden und natürlich alle Möglichkeiten, bis in den Morgen zu feiern.

Mit krebsroten Russen in schlecht gefälschten Marken-T-Shirts, chinesischen Reisegruppen, dem völligen Fehlen von Stadtplanung und Landschaftspflege und dem ungezügelten Interesse, aus der Midlife-Crisis von Männern aus dem Westen ein Geschäft zu machen, ist Patong auch unfreiwillig komisch.

Sehenswertes & Aktivitäten

Der **Wat Suwan Khiri Wong** (วัดสุวรรณคีรีวงศ์; Karte S. 660; Ecke Th Phra Barami & Th Phisit Karani; ⌚tagsüber) GRATIS gleich abseits der Th Phra Barami am nordöstlichen Ende von Patong bietet willkommene Erholung vom draußen herrschenden Chaos. Weniger ruhig, aber einen Blick wert ist der **Good Luck Shrine** (ศาลเจ้าโชคดี; Ecke Th Tawiwong & Th Phra Barami), eine schöne goldene Bodhisattva-Statue inmitten eines Kreisverkehrs, die mit Bändern in Regenbogenfarben geschmückt ist und von steinernen Elefanten mit Blumenschmuck, Weihrauch und Kerzen bewacht wird.

★ Sea Fun Divers TAUCHEN

(Karte S. 660; ☎076 340480; www.seafundivers.com; 29 Soi Karon Nui; 2/3 Tauchgänge 3900/4400 B, Open-Water-Zertifikat 18 400 B; ⌚9–18 Uhr) Der ausgezeichnete, sehr professionelle Tauchveranstalter bietet ein hohes Niveau, tadellosen Service und engagierte, erfahrene Tauchlehrer (ist aber auch teurer als andere Tauchveranstalter). Das Unternehmen hat seinen Sitz im Resort Le Meridien am südlichen Ende von Patong; eine Filiale (S. 682) befindet sich in Kata Noi.

Nicky's Handlebar ABENTEUER

(☎076 343211; www.nickyhandlebars.com; 41 Th Rat Uthit; halb-/ganztägige Tour inkl. Motorrad ab 7000/9000 B) Die großen Bikes laden ein, eine Tour zu machen, sind aber nichts für Amateure. Nicky veranstaltet schon über ein Jahrzehnt Harley-Touren rund um Phuket. Ganztägige Touren führen durch die Provinz Phang-Nga; es gibt auch halbtägige Optionen und einen Motorradverleih für Erkundungsfahrten auf eigene Faust (ab 4800 B). Man braucht seinen heimischen Motorrad-Führerschein. Nach der Tour kann man sich an der Bar (S. 680) erfrischen.

Pum Thai Cooking School KOCHEN
(☎076 346269; www.pumthaifoodchain.com; 204/32 Th Rat Uthit; 3/5-stündiger Kurs 1700/3700 B; ⏰11–21 Uhr) Dieses Restaurant mit Kochschule (und Filialen in Thailand, Frankreich und Großbritannien) veranstaltet täglich Kurse. Der beliebte Kurs „Little Wok" (5 Std.) umfasst auch einen Marktbesuch, und die Teilnehmer erhalten ein Kochbuch.

Schlafen

Zwischen November und April wird es schwierig, in Patong eine Bleibe für unter 1000 B zu finden, wenn man nicht vorab ein Bett in einem Hostel reserviert hat. In der Nebensaison fallen die Preise aber um 40 bis 60 %.

★ **Wire Hostel** HOSTEL $
(☎076 604066; 66/10 Th Bangla; B 340–550 B; ❄@📶) Patongs derzeit angesagtestes Hostel residiert mitten im Bauch der Bestie: eine Gehminute entfernt vom Nachtleben der Th Bangla. Das Design ist recht stilvoll. Die Schlafsäle verteilen sich auf drei Etagen und haben keine Türen (man kann aber ein Doppelbett bekommen, wenn man unter aller Augen intim werden möchte). Im Erdgeschoss gibt's eine Bar, die Gemeinschaftsbäder sind sauber, aber es kann im Haus natürlich laut werden. Vorab reservieren!

Patong Backpacker Hostel HOSTEL $
(☎076 341196; 140 Th Thawiwong; B 300–550 B; ❄📶) Das immer gut besuchte Budget-Hostel hat eine tolle Lage gleich auf der anderen Seite der Strandstraße, eine einladende Gemeinschaftslounge und exzentrisches, aber freundliches Personal. Die bunt angestrichenen Schlafsäle bieten Platz für drei bis zehn Gäste, gute Matratzen und kleine Schließfächer. Im Obergeschoss ist es am hellsten, dafür haben die Schlafsäle in den unteren Etagen jeweils ein eigenes angeschlossenes Bad.

Lupta Hostel HOSTEL $
(☎076 602462, 092 934 6453; www.luptahostel.com; 138 Th Tawiwong; B/DZ 690/1390 B; ❄@📶) Nur 100 m abseits der Th Bangla bietet dieses gepflegte Hostel kompakte, komfortable Schlafsäle in Weiß und hellem Holz mit vier bis acht Betten, aber nicht alle haben ein Fenster. Zu jedem Bett gehören ein Schließfach, ein Stromanschluss und ein winziges Bord. Ein Schlafsaal ist Frauen vorbehalten. Es gibt noch ein Privatzimmer und eine gesellige Lobby mit Kissen, Barhockern und Rattanlampen.

Priew Wan Guesthouse PENSION $$
(☎076 344441; info@priewwanguesthouse.com; 83/9 Th Rat Uthit; DZ 1600 B; 📶) Das seit langem von einer Familie geführte verlässliche Gästehaus versteckt sich in einer Wohnstraße, die aber nur 10 Gehminuten vom Nordende des Hat Patong entfernt ist. Die sauberen, recht großen Zimmer haben Balkone, Safes, Kühlschränke, TVs und ein gutes Preis-Leistungs-Verhältnis. Das Personal ist freundlich, und in der Nebensaison (April–Okt.) gibt's beträchtlichen Rabatt.

★ **BYD Lofts** APARTMENTS $$$
(☎076 343024; www.bydlofts.com; 5/28 Th Hat Patong; Apt. 3600–9900 B; ❄📶🏊) Die über vier Gebäude verteilte Anlage wirkt wie einer noblen Innenarchitektur-Zeitschrift entsprungen. Die stilvoll-komfortablen Apart-

TIGER KINGDOM

An irgendeinem Punkt der Reise erhält man unvermeidlich eine Broschüre, in der Phukets umstrittenes Tiger Kingdom angepriesen wird. Das 2013 eröffnete Tiger Kingdom Phuket bietet (wie das Original in Chiang Mai) Hunderten von Besuchern täglich die Gelegenheit, die „zahmen" Tiger anzufassen, sie zu füttern und mit ihnen zu posieren.

Es gibt jede Menge Probleme mit dem Tierschutz, aber auch mit der Sicherheit der Besucher. Immer wieder sollen Tiere misshandelt, in zu enge Käfige gesperrt und mit Medikamenten ruhig gestellt worden sein, um sie fügsam zu machen. Wie der berühmt-berüchtigte **Tiger Temple** in Kanchanaburi weist Tiger Kingdom alle Vorwürfe, dass die Tiere misshandelt würden, entschieden zurück.

2014 wurde ein australischer Tourist beim Besuch des Tiger Kingdom schwer verletzt. Der Tiger, der ihm die Verletzung zugefügt hatte, wurde aus dem Verkehr gezogen.

Wegen der beträchtlichen Probleme mit dem Tierschutz rät Lonely Planet ausdrücklich von dem Besuch im Tiger Kingdom ab.

Hat Patong

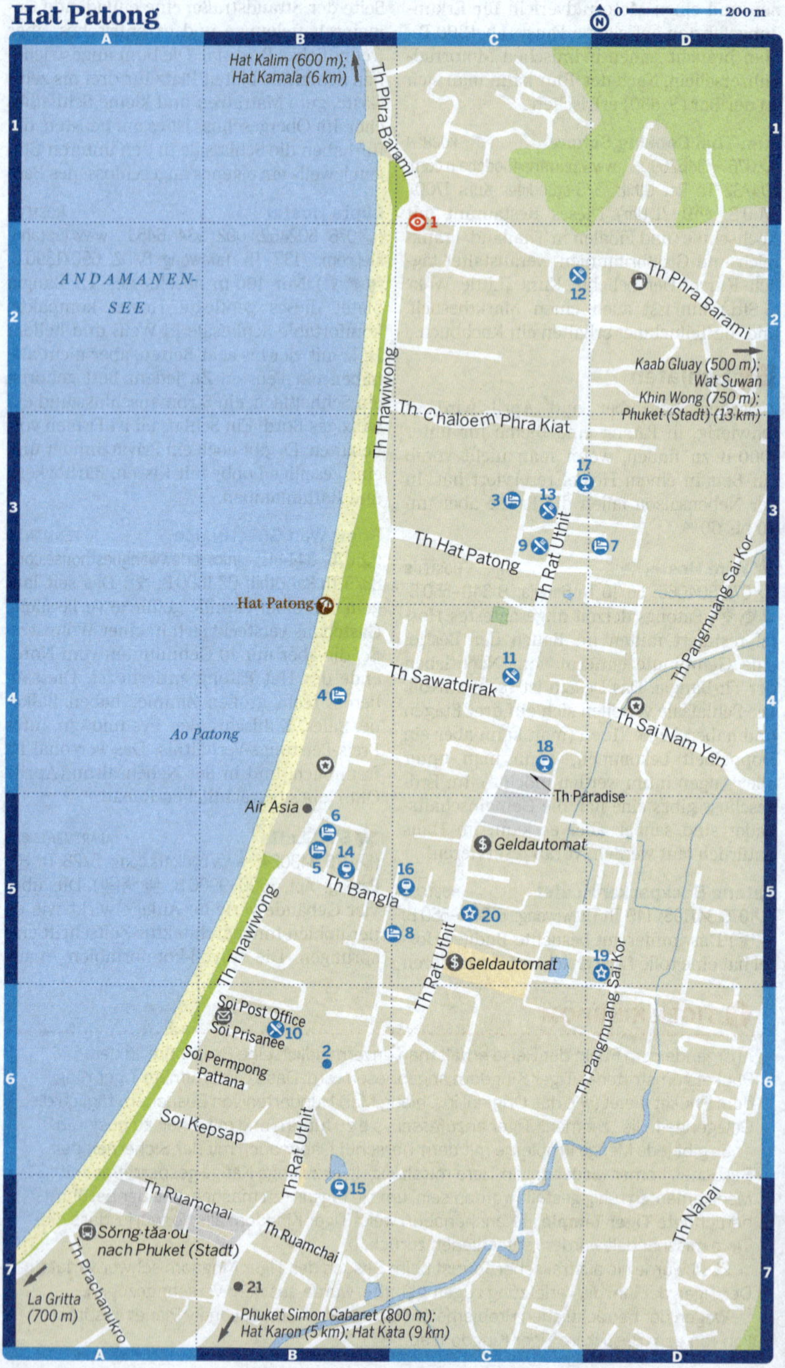

0
200 m
Hat Kalim (600 m); Hat Kamala (6 km)
Th Phra Barami
ANDAMANEN-SEE
Kaab Gluay (500 m); Wat Suwan Khin Wong (750 m); Phuket (Stadt) (13 km)
Th Thawiwong
Th Chaloem Phra Kiat
Th Hat Patong
Th Rat Uthit
Th Pangmuang Sai Kor
Hat Patong
Th Sawatdirak
Ao Patong
Th Sai Nam Yen
Th Paradise
Air Asia
Geldautomat
Th Bangla
Geldautomat
Soi Post Office
Soi Prisanee
Soi Permpong Pattana
Soi Kepsap
Th Nanai
Th Ruamchai
Sŏrng·tăa·ou nach Phuket (Stadt)
Th Prachanukro
La Gritta (700 m)
Phuket Simon Cabaret (800 m); Hat Karon (5 km); Hat Kata (9 km)

Hat Patong

Sehenswertes

Aktivitäten, Kurse & Touren

Schlafen

Essen

Ausgehen & Nachtleben

Unterhaltung

Transport

ments sind nur ein paar Gehminuten vom Strand entfernt und haben weiße Böden und Wände; klare Linien und farbenfrohe Kunst. Zu einigen Zimmern gehören eigene Pools. Ansonsten gibt es auch noch den türkisfarbenen Pool auf dem Dach.

Impiana Phuket Cabana HOTEL $$$
(☎076 340138; www.impiana.com; 41 Th Thawiwong; DZ 12 000–27 000 B; P ❄ 📶 🏊) Die Anlage im Stil eines Hüttendorfs steht am besten (dem nördlichen) Strandabschnitt nahe beim Geschehen. Die Zimmer bieten allen erdenklichen Komfort. Gute asiatisch-mediterrane Fusionküche gibt's im am Pool gelegenen Sala Bua (S. 680). Und im coolen Glaswürfel des **Swasana Spa** (Massage oder Anwendung 1500–5900 B; ⏰10–19 Uhr) kann man sich das ganze Wellnessprogramm gönnen und dabei aufs Meer blicken.

Essen

Abends gibt's überall im Ort günstige Verkaufsstände, die Meeresfrüchte und Nudelgerichte anbieten, besonders in den Gassen um die Th Bangla sowie im **Patong Food Park** (Th Rat Uthit; Hauptgerichte 50–200 B; ⏰16.30–24 Uhr). Die schicksten Restaurants findet man auf den Klippen am nördlichen Stadtrand.

Chicken Rice Briley THAILÄNDISCH $
(☎081 597 8380; Th Rat Uthit, Patong Food Park; Hauptgerichte 50–200 B; ⏰6–21 Uhr) Eines der wenigen Lokale im Patong Food Park (s. oben), in dem man auch tagsüber etwas zu essen bekommt. Die geschmorte Hähnchenbrust wird auf Reis mit einer Schale Hühnerbrühe und kleinen Fleischstücken serviert, die man in die fantastische Chili-Sauce stippen kann. Es gibt auch einen beliebten Schweinefleisch-Eintopf auf Reis sowie Mango mit Klebereis. Kein Wunder, dass das Restaurant immer voll ist.

★ **Ella** INTERNATIONAL $$
(☎076 344253; 100/19-20 Soi Post Office; Hauptgerichte 150–400 B; ⏰9–24 Uhr; 📶) Das Bistro-Café mit viel Beton und industriell anmutendem Ambiente ist eine nette Überraschung. Zu den ganztägig angebotenen einfallsreichen Frühstücksgerichten gehören scharf gewürztes Rührei à la Rajasthan, Massaman-Hähnchen-Tacos, mit Hühnchen und Gemüse gefüllte Omelettes sowie Arme Ritter aus Baguettes mit karamellisierten Bananen. Abends ist das Lokal auch eine coole Bar für ein paar Cocktails. Im Obergeschoss werden ähnlich gestaltete **Zimmer** (DZ 2200–4000 B; ❄📶) vermietet.

★ **No.9 2nd Restaurant** ASIATISCH $$
(☎076 624445; 143 Th Phra Barami; Hauptgerichte 165–800 B; ⏰11.30–23.30 Uhr, am 5. & 20. jedes Monats geschl.) Dank einer einfallsreichen Mischung leckerer thailändischer, japanischer und westlicher Gerichte ist dieses täuschend schlichte Restaurant mit Holztischen und Fotos an den Wänden eines der beliebtesten in Patong. Es ist selten, dass ein Lokal gleichzeitig authentisches Sushi, vegetarische Thai-Currys und Lammhachse anbieten kann, ohne dass es irgendwelche Einbußen an Qualität gibt.

★ **Georgia Restaurant** GEORGISCH $$
(☎ 076 390595; 19 Th Sawatdirak; Hauptgerichte 200–390 B; ⏲12–22 Uhr, So geschl.) Der Zustrom russischer Besucher nach Patong hat zum Aufblühen von Lokalen geführt, die auf sie ausgerichtet sind. Das Georgia ist das beste unter diesen Restaurants und serviert russische Salate und Klöße, leckeres *khachapuri* (mit Käse gefülltes Brot), *ajapsandali* (ein reichhaltiger Gemüseeintopf) und klassische osteuropäischer Gerichte wie Soljanka im Tontopf.

Kaab Gluay THAILÄNDISCH $$
(Karte S. 660; ☎ 076 346832; 58/3 Th Phra Barami; Hauptgerichte 135–250 B; ⏲11–2 Uhr; 📶) Das geschäftige, halb offene Straßenlokal wurde seit unserem letzten Besuch umgestaltet und zeichnet sich durch authentische, günstige Thai-Gerichte, aufmerksames Personal und richtig buchstabierte englische Speisekarten aus. Man speist unprätentiös unter einem hohen Dach mit Deckenventilatoren. Zu essen gibt's z. B. rotes Curry mit Garnelen, Hühnchen-Satay, Fisch süßsauer, frittiertes Huhn im Honigmantel, klassische Nudel- und Pfannengerichte sowie mehr als 30 würzige thailändische Salate.

Sala Bua FUSION $$$
(☎ 076 340138; www.impiana.com; 41 Th Thawiwong; Hauptgerichte 220–610 B; ⏲11–23 Uhr) Hier gibt's asiatisch-mediterrane Fusionküche im eleganten Ambiente eines Vier-Sterne-Resorts am Meer. Zum Auftakt gönnt man sich einen Caesar Salad mit Räucherlachs oder einen Salat mit Langusten, Avocados und gebratenem Gemüse und geht dann zu Holzofenpizza, Spaghetti mit Meeresfrüchten oder *pá·naang* Curry-Ossobuco über.

SCHWULENFEST IN PHUKET

Bangkok und Pattaya richten große Schwulenfeste aus, aber das **Phuket Gay Pride Festival** (www.phuket-pride.org; ⏲April) gilt weithin als das beste in Thailand und vielleicht sogar in ganz Südostasien. Seit dem Beginn im Jahr 1999 wurde der Termin mehrmals verlegt, fällt aber in der Regel auf Ende April. Zum Termin strömen (überwiegend männliche) Feierlustige zur viertägigen Wochenendparty aus aller Welt auf die Insel, vor allem nach Patong.

Aktuelle Infos zu kommenden Festivals und zur örtlichen Schwulenszene findet man unter Gay Patong (www.gaypatong.com).

In der übrigen Zeit findet sich der Mittelpunkt der homosexuellen (überwiegend männlichen) Szene auf Phuket in den Straßen, die das Royal Paradise Hotel mit der Th Rat Uthit in Patong verbinden.

Ausgehen & Nachtleben

Einige Besucher sind der Meinung, dass die Barszene in Patong einem selbst den Appetit auf *pàt tai* verdirbt. Wer aber Lust auf dröhnende Bässe, blinkende Neonreklamen und kurze Röcke hat, wird sich hier wohlfühlen.

Illuzion CLUB
(www.illuzionphuket.com; 31 Th Bangla; ⏲21 Uhr–Open End) Patongs immer noch angesagtester Megaclub bietet auf mehreren Ebenen ein Durcheinander von Dance- und Akrobatikshows, internationale DJs, regelmäßig Abende für Frauen, die ganze Nacht Electro-Rhythmen, LED-Bildschirme und unzählige Bars.

Craft Beer Lounge BAR
(www.grandmercurephuketpatong.com; Soi 1, Th Rat Uthit, Grand Mercure Phuket Patong; ⏲10–23 Uhr) Die schicke zeitgenössische Bierbar hat mehr als 100 internationale Fassbiere und Craft-Biere, hauptsächlich aus den USA, sowie einheimische Marken auf Lager. Für 500 B kann man eine Stunde lang so viel Singha-Bier trinken, wie man will, aber die Barkeeper bieten auch richtige Cocktails. Die Lounge versteckt sich hinten im Foyer des Grand Mercure.

Nicky's Handlebar BAR
(☎ 076 343211; www.nickyhandlebars.com; 41 Th Rat Uthit; ⏲7–1 Uhr; 📶) In der lustigen Biker-Kneipe sind alle willkommen. Die frühere Kaschemme sieht besser aus denn je. Es gibt ein gutes Bierangebot, und auf der Karte stehen westliche und thailändische Gerichte, darunter der nach eigener Aussage schärfste Burger in Thailand. Hier werden auch Harley-Touren (S. 676) veranstaltet und Maschinen vermietet (ab 4800 B).

Zag Club SCHWULE & LESBEN, BAR
(123/8-9 Royal Paradise Complex; ⏲21–3 Uhr) In diesem Favoriten der Schwulenszene gibt's jeden Abend drei glitzernde Cabaret-Vorstellungen (22.40, 23.40 & 1.20 Uhr). Dazwischen wird getrunken und zu Hits der Charts getanzt.

Aussie Bar PUB
(www.phuketaussiebar.com; Th Bangla; ⌚9 Uhr–open end; 📶) Der Laden hält, was er verspricht: Aussie-Sport auf vielen Bildschirmen, Aussie-Essen auf der Karte und jede Menge biertrinkende australische Touristen. Es gibt Poolbillard und Tischfußball. Die Bar ist ein schöner Kontrast zu den umliegenden Go-Go-Bars.

Unterhaltung

Travestieshows und Thai-Boxen stehen in Patong im Mittelpunkt.

Bangla Boxing Stadium SPORT
(☎076 273416; www.banglaboxingstadiumpatong.com; Th Pangmuang Sai Kor; Stadion/Platz am Ring 1700/2500 B; ⌚Mi, Fr & So 21 Uhr) Eine Runde Muay Thai nach der anderen, mit Boxern aus Thailand und dem Ausland.

Phuket Simon Cabaret CABARET
(Karte S. 660; ☎076 342114; www.phuket-simoncabaret.com; 8 Th Sirirach; Erw. 800–1000 B, Kind 600–800 B; ⌚Shows 18, 19.30 & 21 Uhr) Rund 500 m südlich der Stadt zeigt das Simon bunte, unterhaltsame Travestieshows, die bei asiatischen Touristen ungeheuer populär sind. Das Theater mit seinen 600 Plätzen ist großartig, die Kostüme sind prächtig und die Ladyboys überzeugend. Das Haus ist in der Regel ausgebucht – vorab reservieren!

Rock City LIVEMUSIK
(www.rockcitypatong.com; 169 Th Rat Uthit; ⌚20–2 Uhr) Die dunkle, verschwitzte Höhle des Rock lockt mit ihren AC/DC-, Metallica- und Guns N' Roses-Tributebands gleichermaßen Touristen und Einheimische an. Die Livemusik startet gegen 21 Uhr.

Praktische Informationen

Überall in der Stadt gibt's Geldautomaten, Wechselstuben und WLAN.

An- & Weiterreise

Sŏrng·tăa·ou fahren von der Th Ranong in Phuket (Stadt) zum südlichen Ende des Hat Patong (7–18 Uhr, 40 B). Von dort kann man laufen oder ein Motorradtaxi (einfache Strecke 30 B) oder *túk-túk* nehmen. Ein *túk-túk* nach Betriebsschluss für eine Fahrt ab Phuket (Stadt) zu chartern, kostet 500 B. Ein „Lokalbus" verkehrt von 7 bis 17 Uhr zwischen dem **Busbahnhof Phuket, Terminal 1** in Phuket (Stadt) und Patong (30 B), von dort aus fahren auch Minivans, die sich dann auf den Weg machen, wenn sie voll besetzt sind (50 B).

Taxis vom/zum Flughafen kosten 800 B. Ein Minibus fährt vom Flughafen nach Patong (180 B/Pers., mind. 10 Pers.).

Unterwegs vor Ort

Fahrten mit einem *túk-túk* kosten in Patong rund 200 B. Zahlreiche Läden vermieten Motorräder (250 B), **Nicky's Handlebar** vermietet Harleys (ab 4800 B). Die gesetzliche Helmpflicht wird in Patong strikt durchgesetzt; Kontrollen mit Straßensperren sind jederzeit möglich. Der Autovermieter **Avis** (☎062 604 0361; www.avisthailand.com; 239/1 Th Rat Uthit; ⌚7.30–19 Uhr) findet sich am südlichen Ende der Stadt.

Hat Kata หาดกะตะ

Mit seinem munteren Strand ist Kata (กะตะ) für Touristen jeden Alters reizvoll, die mehr Klasse als in Karon haben wollen und auf den Amüsierbetrieb in Patong lieber verzichten. Einsame Strandabschnitte sucht man hier vergebens, dafür kann man aber eine Menge unternehmen. In der Zwischensaison und der Regenzeit kann man surfen, und sonst gibt es wundervolle Tages-Spas, tolles Essen und ein erstklassiges Yogastudio.

Eine felsige Landzunge teilt den Strand mit dem goldenen Sand in zwei Hälften: **Hat Kata Yai** (หาดกะตะใหญ่; Karte S. 682) liegt im Norden, der ruhigere **Hat Kata Noi** (หาดกะตะน้อย; Karte S. 682) im Süden. An der Verbindungsstraße zwischen ihnen standen die ersten Villen der Reichen auf Phuket.

Die wichtigste Straße, die Th Kata, verläuft parallel zum Strand. Preiswertere Restaurants, Bars und Pensionen finden sich an der Th Thai Na, die gleich südlich der Stelle, wo die Th Kata über den Hügel nach Karon führt, ins Inselinnere abzweigt.

Sehenswertes & Aktivitäten

Die kleine Insel **Ko Pu** liegt gleich vor der Küste. Wegen starker Brandungsrückströmen muss man aber unbedingt die roten Flaggen beachten und darf sich in der Regenzeit nur ins offene Meer wagen, wenn man ein kräftiger und erfahrener Schwimmer ist.

An Katas beiden Stränden herrschen von April bis November gute Surfbedingungen. Stehpaddelausrüstung und Kajaks werden vermietet (300/900 B pro Std./Tag). Am Kata Noi gibt's eine Filiale des sehr gut bewerteten Veranstalters Sea Fun Divers.

Rumblefish Adventure TAUCHEN
(Karte S. 682; ☎095 441 8665; www.rumblefishadventure.com; 98/79 Beach Centre, Th Kata, Hat

Hat Karon & Hat Kata

Hat Karon & Hat Kata

Sehenswertes
1 Hat Kata Noi A5
2 Hat Kata Yai A4

Aktivitäten, Kurse & Touren
Baray Spa .... (siehe 17)
Boathouse Cooking Class .... (siehe 18)
3 Dino Park A3
4 Dive Asia A3
5 Dive Asia A3
Infinite Luxury Spa .... (siehe 14)
6 Kata Hot Yoga B5
Phuket Surf .... (siehe 22)
7 Rumblefish Adventure B4
8 Sea Fun Divers B5
9 Sunrise Divers A3

Schlafen
10 Doolay Hostel A3
11 Fantasy Hill Bungalow A3
12 Fin Hostel A4
13 In On The Beach A1
14 Kata Rocks A5
15 Marina Phuket A3
16 Pineapple Guesthouse A3
Rumblefish Adventure .... (siehe 7)
17 Sawasdee Village B4

Essen
18 Boathouse Wine & Grill B5
19 Eat Bar & Grill B3
20 Elephant Cafe A1
21 Istanbul Restaurant B5
22 Kata Mama A5
23 Pad Thai Shop B3
24 Red Duck B4

Ausgehen & Nachtleben
25 After Beach Bar B5
26 Art Space Cafe & Gallery B4
Ska Bar .... (siehe 22)

Kata; Tagestour mit 2/3 Tauchgängen 3500/3900 B; ⏲10–19 Uhr) Der schrecklich schicke Tauchveranstalter im Beach Centre in Kata bietet alle üblichen Kurse, Tagesausflüge sowie Tauchtouren mit Bordübernachtung. Der PADI-Open-Water-Kurs kostet 12 500 B. Zum Unternehmen gehört ein kleines **Hostel** (Karte S. 682; ☎076 330315; www.rumblefishadventure.com; 98/79 Th Kata, Hat Kata; B 300 B, DZ 400–950 B; ❄📶): Taucher erhalten kostenlos ein Bett, falls eines frei ist. Vorab reservieren!

Phuket Surf SURFEN
(Karte S. 682; ☎063 870280; www.phuketsurfing.com; Hat Kata Yai; Surfunterricht 1500 B, Surfbrettverleih 150/500 B pro Std./Tag; ⏲April–Ende Okt. 8–19 Uhr) Verleiht Surfbretter und bietet 1½-stündigen Einzelunterricht im Surfen. Auf der Webseite stehen Infos zu den örtlichen Surfwellen.

Sea Fun Divers TAUCHEN
(Karte S. 682; ☎076 330124; www.seafundivers.com; 14 Th Kata Noi, Katathani; Tagestour mit 2/3 Tauchgängen 3900/4400 B; ⏲9–18 Uhr) Der ausgezeichnete, sehr professionelle Tauchveranstalter bietet ein hohes Niveau, tadellosen Service und engagierte, erfahrene Tauchlehrer (ist aber auch teurer als andere Tauchveranstalter). Das Open-Water-Zertifikat kostet 18 400 B. Sea Fun hat auch eine Filiale (S. 676) im Resort Le Meridien am südlichen Ende von Patong.

Dive Asia TAUCHEN
(Karte S. 682; ☎076 330598; www.diveasia.com; 24 Th Karon, Hat Kata; Tagestour mit 2/3 Tauchgängen 3400/4900 B; ⊙10–21 Uhr) Dieser Veranstalter bietet eine ganze Palette von PADI-Zertifizierungskursen (Open-Water-Zertifikat 11 480 B), eintägige Tauchausflüge nach Ko Phi-Phi sowie Tauchtouren mit Übernachtung an Bord zu den Similan- und den Surin-Inseln (ab 21 000 B). Eine weitere Filiale (S. 685) befindet sich in Karon.

Kurse

Kala Hot Yoga YOGA
(Karte S. 682; ☎076 605950; www.katahotyoga.com; 217 Th Koktanod, Hat Kata; 550 B/Sitzung; ⊙9–10.30, 17.15–18.45, 19.15–20.45 Uhr) Noch mehr Hitze gefällig? Bei Kata Hot Yoga werden Bikrams Berühmte Asanas in 90-minütigen Sitzungen in einem glühend heißen Raum gelehrt. Neben dem erfahrenen Inhaber leiten ausländische Experten die Sitzungen. Teilnehmer aller Niveaus sind willkommen; eine Reservierung ist nicht erforderlich. Die mehrere Sitzungen umfassenden Pauschalangebote sind günstig.

Boathouse Cooking Class KOCHEN
(Karte S. 682; ☎076 330015; www.boathouse-phuket.com; 182 Th Koktanod, Hat Kata; Kurs 2570–4095 B; ⊙Kurse Mi, Sa & So 10 Uhr) Katas nobles **Spitzenrestaurant** (Karte S. 682; ☎076 330015; www.boathouse-phuket.com; 182 Th Koktanod, Hat Kata; Hauptgerichte 470–1750 B, Verkostungsmenüs 1800–2200 B; ⊙11–22.30 Uhr) bietet fantastische ein- und zweitägige Thai-Kochkurse, die von dem angesehenen Chefkoch geleitet werden.

Schlafen

Hostels und Pensionen ballen sich nahe dem Nordende des Hat Kata Yai; schickere Hotels und Resorts finden sich weiter südlich.

Wer ohne gebuchte Unterkunft hier hängenbleibt, findet wahrscheinlich im Beach Centre ein Zimmer. Dabei handelt es sich um einen Komplex aus neuen Reihenhäusern mit viel zu vielen Pensionen, als dass man sie hier auflisten könnte. Von der Th Kata biegt man gleich südlich der Kreuzung mit der Th Thai Na landeinwärts ab; die Zufahrt ist ausgeschildert.

★ **Fin Hostel** HOSTEL $
(Karte S. 682; ☎088 753 1162; www.finhostelphuket.com; 100/20 Th Kata/Patak West; B/Kapseln/DZ 400/600/2000 B; ❄📶🏊) Das gepflegte, effiziente Hostel verteilt sich auf zwei von der Straße zurückgesetzte Gebäude in Gehweite des Strandes von Kata. Die Schlafsäle sind blitzsauber und haben bequeme Matratzen. Die „Kapseln" sind etwas besser: mit Vorhängen abgetrennte Plätze mit einer Matratze für ein oder zwei Personen; die Privatzimmer sind mit ein wenig skurriler Deko, Sitzsäcken, TVs und Kühlschränken ausgestattet.

Es gibt einen ordentlichen Gemeinschaftsbereich und einen kleinen Pool auf der Dachterrasse.

Fantasy Hill Bungalow BUNGALOWS $
(Karte S. 682; ☎076 330106; fantasyhill@hotmail.com; 8/1 Th Kata, Hat Kata; DZ 600–1200 B; P❄📶) Versteckt in einem üppigen Garten an einem niedrigen Hügel liegt das lange bestehende, friedliche Fantasy Hill gleichwohl zentral. Die ältlichen, aber gepflegten Bungalows und Zimmer (die billigsten sind klein und haben nur Ventilator) bieten ein für die Lage tolles Preis-Leistungs-Verhältnis, und das Personal ist freundlich. Am besten nimmt man ein Eckzimmer mit Klimaanlage und Blick über Kata hinaus.

Sabai Corner BUNGALOWS $$
(Karte S. 674; ☎089 875 5525; www.facebook.com/Sabai-Corner-150517525037992; Hat Kata, abseits der Rte 4233; Chalets 2000 B; P📶) Kein anderes Zimmer auf der Insel kann mit dem sagenhaften, 270° weiten Blick aufs Meer prunken, der sich von diesen einsam an einem Hügel stehenden Chalets aus bietet. Bei allen handelt es sich um geräumige, freistehende Einraumwohnungen, die mit Bädern mit Terrazzoboden, Himmelbett, Kühlschrank, Sofa und Safe sowie einem an der Wand montierten TV und einer großen Außenterrasse mit Liegestühlen ausgestattet sind. Vorab reservieren!

★ **Kata Rocks** DESIGNHOTEL $$$
(Karte S. 682; ☎076 370777; www.katarocks.com; 186/22 Th Koktanod, Hat Kata; DZ 35 000–84 800 B; P❄📶🏊) Das schicke, zeitgenössische Luxushotel erstrahlt in reinem Weiß und thront auf den Klippen zwischen den beiden Stränden von Kata. Die Villen sind Apartments von minimalistischem Schick, ausgestattet mit iPad-gesteuerten Musikanlagen, komplett eingerichteten Küchen, Nespresso-Maschinen, eigenen Pools, hipper zeitgenössischer Kunst an den Wänden und Elektro-Jalousien. Halb versenkte Sonnenliegen säumen den blass türkisfarbenen Infinity Pool mit Meerblick.

Das innovative **Infinite Luxury Spa** (Anwendungen 3600–9500 B; ⌚10–22 Uhr) verbindet traditionelle Anwendungen mit hypermoderner Technologie, z. B. in Form von EnergyPods gegen den Jetlag.

★ Sawasdee Village BOUTIQUEHOTEL $$$
(Karte S. 682; ☎076 330979; www.phuketsawasdee.com; 38 Th Kade Kwan, Hat Kata; DZ 4800–15 000 B; ❄@☜≋) Das opulente Boutique-Resort verbindet klassischen thailändischen Stil mit marokkanisch anmutenden Zügen und liegt in einer üppigen tropischen Landschaft mit Kanälen, Wasserfällen, buddhistischer Kunst und einem hinreißenden **Spa** (Anwendungen 1100–5000 B; ⌚10–22 Uhr). Die verzierten Bungalows mit Spitzdach sind nicht groß, haben aber sehr bequeme Betten, Holzböden, Balkendecken und viel Flair. Die Villen sind exquisite, zweistöckige Häuser mit direktem Zugang zu einem der beiden romantischen Pools.

Essen

Kata Mama THAILÄNDISCH $
(Karte S. 682; ☎076 284006; Hat Kata Yai; Hauptgerichte 100–200 B; ⌚8–22 Uhr) Unser Favorit unter mehreren preiswerten Meeresfrüchtebuden am südlichen Ende des Hat Kata Yai: Dank freundlicher Bedienung, verlässlich schmackhaften Thaigerichten und dem entspannten Strand-Ambiente herrscht in diesem seit lange bestehenden Lokal immer großer Betrieb.

★ Red Duck THAILÄNDISCH $$
(Karte S. 682; ☎084 850 2929; 88/3 Th Koktanod, Hat Kata; Hauptgerichte 240–380 B; ⌚Di–So 12–23 Uhr; ☜✎) Die Gerichte sind teurer als in anderen Thai-Restaurants, aber lecker, frei von Glutamat und mit den frischesten Zutaten zubereitet. Besonders gut sind die Meeresfrüchte-Currys und Suppen. Es gibt auch eine große Auswahl veganer thailändischer Klassiker wie Ananas- oder Kokos-Curry oder ein Gemüse-*larb*.

Man speist drinnen oder auf der kleinen Außenterrasse. Der Service ist hervorragend.

★ Istanbul Restaurant TÜRKISCH $$
(Karte S. 682; ☎091 820 7173; www.istanbulrestaurantphuket.com; 100/87 Th Koktanod, Hat Kata; Hauptgerichte 210–320 B; ⌚8–22 Uhr) Das nette, von einer Familie geführte Lokal ist aus gutem Grund das beliebteste Restaurant mit ausländischer Küche in Kata. Das hervorragende Essen reicht von großem Frühstück europäischer und türkischer Art bis zu authentischen, sehr schmackhaften Hauptgerichten wie *hünkârbeğendi* (Auberginenpüree mit Rindfleisch), Kebab und Lahmacun. Hinzu kommen ausgezeichnete Suppen, Salate und leckere Desserts.

Ausgehen & Nachtleben

★ Art Space Cafe & Gallery BAR
(Karte S. 682; ☎090 156 0677; Th Kade Kwan, Hat Kata; ⌚11–1 Uhr) Dieser schräge Mehrzweckladen ist ohne jeden Zweifel die fabelhafteste und skurrilste Bar auf Phuket. Der bunte Laden ist mit Malereien und Skulpturen geschmückt, die vor allem die weibliche Form feiern. Geführt wird das Lokal von einem exzentrischen kreativen Kopf und dessen Frau, einer Tattoo-Künstlerin, die hier ordentliche Cocktails und vegetarische Gerichte (160–400 B) servieren. In der Regel gibt's gegen 20 Uhr Livemusik.

★ Ska Bar BAR
(Karte S. 682; www.skabar-phuket.com; 186/12 Th Koktanod; ⌚13–2 Uhr) Versteckt in den Felsen an der südlichsten Biegung des Hat Kata Yai und scheinbar mit dem Stamm eines großen, alten Banyan-Baums verwachsen, ist das Ska unsere Lieblingsbar für einen Drink zum Sonnenuntergang. Die thailändischen Barkeeper tragen zu dem entspannten Rasta-Flair bei; Bojen, Papierlaternen und Wimpel baumeln von der Decke. Freitagabends gibt's in der Regel eine Feuer-Show.

After Beach Bar BAR
(Karte S. 682; ☎081 894 3750; Rte 4233; ⌚9–23 Uhr) Der 180° weite Blick von dieser auf Stelzen stehenden strohgedeckten Reggaebar, die sich an eine Klippe über dem Strand von Kata klammert, ist wunderbar: Man blickt auf Meer und Wellen, felsige Halbinseln und von Palmen bedeckte Hügel. Man lauscht Bob Marley und genießt den Sonnenuntergang. Wenn der Feuerball schließlich versunken ist, leuchten bis zum Horizont die Lichter der Fischerboote. Man bekommt hier auch ein sehr aromatisches *pàt tai*.

ℹ Praktische Informationen

Es gibt viele Geldautomaten, und WLAN ist überall verfügbar.

ℹ Anreise & Unterwegs vor Ort

Sŏrng·tăa·ou fahren von der Th Ranong in Phuket (Stadt) nach Kata (40 B/, 7.30–18 Uhr). Sie halten an der Th Pak Bang (gegenüber dem Kata Beach Resort).

Von Kata gibt's Taxis zum Flughafen von Phuket (1200 B), nach Phuket (Stadt) (600 B), nach Patong (500 B) und Karon (300 B). Vom Flughafen verkehrt ein Minibus nach Kata (200 B/Pers., mind. 10 Pers.).

Motorräder werden überall vermietet (250 B/Tag).

Hat Karon หาดกะรน

Hat Karon wirkt wie ein Zwischending aus Hat Patong und Hat Kata: entspannt, ein bisschen glamourös und ein bisschen anrüchig. Trotz der Megaresorts findet man hier pro Kopf mehr Liegefläche am Strand als in Patong oder Kata. Je weiter nach Norden man kommt, desto schöner wird der breite, goldene Sandstrand; an der nördlichsten Ecke (erreichbar über eine raue Straße hinter dem Kreisverkehr) wirkt das Wasser wie türkisfarbenes Glas.

An den Straßen und Plätzen hinter dem Strand finden sich recht gute Thai-Restaurants, unglaublich viele russische Hinweisschilder, billige Go-Go-Bars, T-Shirt-Verkäufer und der hübsche Karon Park mit einem künstlichen See vor der Bergkulisse. Das nördliche Ende des Orts, nahe dem Kreisverkehr, ist von Pauschaltouristen geprägt; der südliche Ortsteil geht in das elegantere Kata über.

Aktivitäten

In der Nebensaison (April–Okt.) kann man am Südende des Hat Karon Surfunterricht nehmen (1200 B/Std.) und Surfbretter/Bodyboards (300/150 B pro Std.) ausleihen.

Das in Kata ansässige Dive Asia hat ein Büro im Süden von Karon.

Sunrise Divers TAUCHEN
(Karte S. 682; ☎084 626 4646, 076 398040; www.sunrise-divers.com; 269/24 Th Patak East; 3 Tauchgänge 3700–3900 B, Tauchausflug mit Bordübernachtung ab 12 900 B; ⏲9–17 Uhr) Phukets größter Veranstalter von Touren mit Übernachtung an Bord, wird von einem lange auf Phuket ansässigen Blogger geführt und organisiert mehrtägige Tauchtouren (von günstig bis luxuriös) zu den Similan- und Surin-Inseln, zum Mergui-Archipel in Myanmar sowie nach Ko Phi-Phi. Es gibt auch eintägige Tauchausflüge, u. a. nach Ko Phi-Phi und zu den Similan-Inseln.

Dive Asia TAUCHEN
(Karte S. 682; ☎076 396199; www.diveasia.com; Th Karon/Patak West; Tagestour 2950 B) Veranstaltet eine große Reihe von PADI-Zertifizierungskursen (Open-Water-Zertifikat 14 900 B) sowie eintägige Tauchausflüge nach Ko Phi-Phi und Ausflüge mit Bordübernachtung zu den Similan- und den Surin-Inseln (ab 21 000 B). Die Hauptfiliale (S. 683) befindet sich in Kata.

Dino Park MINIGOLF
(Karte S. 682; ☎076 330625; www.dinopark.com; Th Karon/Patak West; Erw./Kind 240/180 B; ⏲10–23 Uhr) In diesem bizarren Vergnügungspark am südlichen Ende des Hat Karon trifft *Jurassic Park* auf Minigolf. Die achtzehn Löcher verteilen sich über ein Labyrinth aus Höhlen, Wasserfällen, Lagunen, grünen Gärten und Dinosaurierfiguren. Kinder (aber auch alle anderen) werden hier ihren Spaß haben, zumal Erwachsene sich auch in die im Stil von *Familie Feuerstein* aufgemachte Bar am Eingang verdrücken können.

Schlafen

★ **Doolay Hostel** HOSTEL $
(Karte S. 682; ☎062 451 9546; www.doolayhostel.com; 164 Th Karon/Patak West; B 450–600 B; ❄📶) In diesem recht neuen Hostel, das gleich auf der anderen Straßenseite gegenüber dem Strand liegt, verteilen sich 40 Betten auf sechs kompakte Schlafsäle zu vier und acht Betten. Die Matratzen sind gut und die Badezimmer sauber; das Personal ist hilfsbereit. Es gibt einen netten Gemeinschaftsbereich und als Highlight im 2. Stock eine lange Terrasse mit Sitzsäcken, auf der man gut abhängen und aufs Meer blicken kann. Vorab reservieren!

Pineapple Guesthouse PENSION $
(Karte S. 682; ☎076 396223; www.pineapplephuket.com; 291/4 Karon Plaza; B/DZ 300/1100 B; ❄@📶) Versteckt rund 400 m hinter dem Hat Karon findet sich diese ordentliche Budgetunterkunft mit einem herzlichen thailändisch-englischen Management. Die altmodischen, aber sauberen und recht komfortablen Zimmer haben bunte Bildtapeten und Kühlschränke; manche verfügen auch über einen kleinen Balkon. Außerdem gibt's einen schlichten, sauberen Schlafsaal mit zehn Betten, eigenem Bad und großen Schließfächern (in der Nebensaison April–Okt. geschl.).

In On The Beach HOTEL $$
(Karte S. 682; ☎076 398220; www.karon-inonthebeach.com; 695-697 Mu 1, Th Patak West; DZ mit

Frühstück 3500–4800 B; P ❄ 📶 🏊) Das nur Schritte vom Nordende des Hat Karon entfernte, etwas betagte Hotel hat komfortable Zimmer mit cremefarbenen Wänden rund um einen tiefblauen Pool, die zum Zeitpunkt der Recherche gerade renoviert werden sollten. Viele haben Meerblick, das Personal ist freundlich, und das Frühstück wird auf der Dachterrasse serviert. Da es in der Nebensaison einen beträchtlichen Rabatt gibt, ist das Haus eine ideale Unterkunft für Surfer.

Marina Phuket RESORT $$$

(Karte S. 682; ☎076 330625; www.marinaphuket.com; 47 Th Karon; DZ mit Frühstück 6600–18 600 B; P ❄ 📶 🏊) Erhöhte Plankenwege führen durch den üppigen, ruhigen Garten zu den im klassischen Thai-Stil aufgemachten komfortablen und abgeschiedenen Zimmern mit Blick aufs Meer oder den Dschungel. Alle haben luftige Terrassen, ein Dekor aus warmem Holz, Teakmöbel und Seidenüberwürfe. In den Villen gibt es auch Whirlpools. Zur Anlage gehören ein großer Pool, ein Spa und nicht weniger als vier Restaurants.

Essen

Verlässliche Thai- und Meeresfrüchterestaurants gibt es am nördlichen Ende des Hat Karon sowie an der Hauptstraße nahe dem südlichen Abschnitt des Hat Karon.

★ Pad Thai Shop THAILÄNDISCH $

(Karte S. 682; Th Patak East; Hauptgerichte 50–80 B; ⏲8–19 Uhr, Fr geschl.) In dem wunderbaren Straßenimbiss gibt's sättigenden pikanten Hühnchen-Eintopf sowie geradezu absurd gutes *kôw pàt poo* (gebratener Reis mit Krabben), *pàt see·éw* (gebratene Nudeln) und Nudelsuppe. Ferner erhält man ein wirklich wundervolles *pàt tai*: süß und pikant, mit Tofu, Ei und Erdnüssen sowie einer Beilage aus Frühlingszwiebeln, Bohnensprossen und Limetten.

Elephant Cafe THAILÄNDISCH, INTERNATIONAL $$

(Karte S. 682; ☎076 398129; 489 Th Patak East; Hauptgerichte 80–390 B; ⏲10–23 Uhr; 🍷) Das verlässliche und beliebte Lokal mit thailändischen und westlichen Gerichten serviert in einem umschlossenen, gartenartigen Ambiente u. a. Currys und würzige Salate, Steaks, Koteletts und Pizzas, viele vegetarische Speisen sowie Kuchen und Cocktails.

★ Eat Bar & Grill GRILL $$$

(Karte S. 682; ☎085 292 5652; www.eatbargrill.com; 250/1 Th Patak East; Hauptgerichte 200–800 B; ⏲11–22 Uhr; 📶) Wunderbare Burger und hervorragende Steaks, die zu den besten auf Phuket gehören, hat dieses entspannte Restaurant mit Holztheke und begrenzten Plätzen (deshalb vorab reservieren!) zu bieten. Auf der Karte stehen auch andere Gerichte, darunter eine prima Lammkeule, aber Rindfleisch steht eindeutig im Mittelpunkt: nach Kundenwunsch zubereitet, stilvoll angerichtet und angesichts der Qualität auch durchaus günstig. Dazu gibt's ordentliche Cocktails.

Anreise & Unterwegs vor Ort

Sŏrng·tăa·ou fahren zwischen 7.30 und 18 Uhr häufig zwischen der Th Ranong in Phuket (Stadt) zum Hat Karon (30 B).

Die Taxifahrt von Karon zum Flughafen von Phuket kostet 1000 B, nach Phuket (Stadt) 550 B, nach Patong 400 B und nach Kata 200 B. Vom Flughafen fährt ein Minibus nach Karon (200 B, mind. 10 Pers.).

Motorräder werden vermietet (250 B/Tag).

Hat Kamala หาดกมลา

Als relaxtes Zwischending aus dem Hat Karon und dem Hat Surin lockt Kamala ungezwungene Langzeitgäste, Familien und junge Pärchen an. Die Bucht ist prachtvoll und ruhig. Palmen und Kiefern stehen am grünen, felsigen Nordende; dort ist das Wasser smaragdgrün, und rund um das Felsriff kann man einigermaßen ordentlich schnorcheln. Hinter dem Strand verläuft auf ganzer Länge ein gepflasterter Weg vor den üppigen grünen Hügeln, von denen man nur hoffen kann, dass sie nie bebaut werden. Schicke neue Resorts haben sich bereits in die südlichen Uferklippen hineingefressen, und auch Jetskis haben schon ihren Weg nach Kamala gefunden, aber für die Verhältnisse in Phuket ist der Ort recht ruhig und entspannt, und auch das Nachtleben hält sich in Grenzen.

Sehenswertes & Aktivitäten

Während des Monsuns (Mai–Okt.) kann man am südlichen Abschnitt des Hat Kamala Surfbretter (300 B/Std.) mieten und Surfunterricht (1500 B) nehmen.

Tsunami Memorial DENKMAL

(อนุสรณ์สถานสึนามิ; Karte S. 688) Kamala gehörte zu den Gebieten auf Phuket, die von dem Tsunami am 26. Dezember 2004 besonders schwer getroffen wurden. Das Denkmal „Heart of the Universe" gedenkt der Umgekommenen mit einem bewegenden, an eine Welle erinnernden Oval aus Metall, das von dem prominenten thailändischen Künstler Udon Jiraksa geschaffen wurde.

Schlafen

Baan Kamala PENSION $
(Karte S. 688; ☎076 279053; www.baankamalaphuket.com; 74/42 Mu 3; B 450–550 B, DZ 2000 B; ❄📶) Die einladende Unterkunft, ein Zwischending aus Pension und Hostel, bietet große, helle Schlafsäle mit sechs Betten für Backpacker und eine Reihe individuell gestalteter Privatzimmer für Anspruchsvollere. Die Betonwände der geräumigen Zimmer sind mit Malereien geschmückt, die Betten sind bequem, die Bäder aber etwas eng. Im Gemeinschaftsbereich findet sich ein Longtail-Boot.

Papa Crab BOUTIQUEHOTEL $$
(Karte S. 688; ☎076 385315; www.phuketpapacrab.com; 93/5 Mu 3; DZ 2300 B; ❄📶) Das elegante Gästehaus vereint anheimelnde Zimmer mit einer friedlichen Lage und diskretem, freundlichen Personal. Eine Holzbrücke führt von der Lobby über den Seerosenteich zu den geschmackvoll in ruhigen Farben (Limettengrün und Weiß) gestalteten Zimmern mit Terrakottaböden und Betten aus dunklem Holz. Das Hotel ist besser als viele teurere Optionen in der Nähe; im August ist es normalerweise geschlossen.

Cape Sienna HOTEL $$$
(Karte S. 688; ☎076 337300; www.capesienna.com; 18/40 Mu 6, Th Nakalay; DZ 4600–16 650 B; ❄📶🏊) Das schicke, romantische Hotel auf der südlichen Landzunge bietet von seiner Lobby, dem Pool und von allen Zimmern einen prächtigen Blick auf das türkisfarbene Meer. Die Zimmer sind mit allen Annehmlichkeiten ausgestattet und präsentieren sich hell, schick und modern. Orange- und türkisfarbene Farbtupfer sorgen für Auflockerung. Zu den Deluxe-Zimmern gehören Whirlpools auf dem Balkon. Über der Anlage befindet sich Kamalas luftigste Cocktailbar, das **Vanilla Sky** (Karte S. 688; 18/40 Mu 6, Th Nakalay, Cape Sienna; ⌚17–24 Uhr). Gute Steaks gibt's auf dem Gelände im Steakhaus Plum.

Essen

Meena Restaurant THAI $
(Karte S. 688; Hat Kamala; Hauptgerichte 80–150 B; ⌚9–17 Uhr; Mai–Okt. geschl.) Das von einer Familie geführte Lokal am Nordende des Strands, in dem Sarongs in Regenbogenfarben oder mit Leopardenmuster als Tischtücher dienen, ist eine echte Entdeckung. Die Inhaber sind superfreundlich, das authentische thailändische Essen und die frischen Frucht-Shakes außergewöhnlich gut. Das rustikale Ambiente ist genau das, was man in Kamala zu finden hofft.

Isaan Popeye Thai Food THAILÄNDISCH $
(Karte S. 688; ☎089 056 9605; 74/43 Mu 3; Hauptgerichte 100–200 B; ⌚9.30–22 Uhr) Dank der überzeugenden Kombination aus authentischen, würzigen Gerichten aus Nordostthailand, frischen Meeresfrüchten und klassischen Pfannen- und Nudelgerichten ist dies eines der wenigen Restaurants in Kamala, das auch Einheimische besuchen. Es gibt auch westliches Frühstück. Das Restaurant ist fünf Gehminuten vom Strand entfernt.

★ **Blue Manao** THAILÄNDISCH $$
(Karte S. 688; ☎076 385783; 93/13 Mu 3, Th Hat Kamala; Hauptgerichte 130–530 B; ⌚12–23 Uhr; 📶) Das relaxte, von Franzosen geführte Restaurant in Marineblau hat mehr Atmosphäre als die nahegelegene Konkurrenz und eine etwas interessantere Karte. Die Meeresfrüchte – Barrakuda, Tintenfisch mit gelbem Curry – sind die Hauptattraktion, es gibt aber auch ausgezeichnete traditionelle thailändische Currys (mit Fleisch, Fisch oder vegetarisch) und europäische Desserts sowie eine richtige Bar.

Plum INTERNATIONAL $$$
(Karte S. 688; ☎076 337300; 18/40 Mu 6, Th Nakalay, Cape Sienna; Hauptgerichte 500–5000 B; ⌚18–23 Uhr, Mo geschl.; ✎) Im Mittelpunkt die-

PHUKET FANTASEA

Die Broschüren und Schlepper, die Phuket Fantasea, einen 60 Mio. US$ teuren „Kultur-Themenpark" gleich östlich vom Hat Kamala als eine der besten „familienfreundlichen" Attraktionen anpreisen, sind gar nicht zu übersehen. Obwohl der Park bei asiatischen Touristen und auch einigen aus dem Westen sehr beliebt ist, empfehlen wir, sich genauer mit den vielen Fragen zum Tierschutz auseinanderzusetzen, die mit dieser an Las Vegas erinnernden Einrichtung verbunden sind, in der die Tiere gezwungen werden, täglich ihre „Vorstellung" zu geben. Danach kann man immer noch entscheiden, ob man sich das anschauen will.

Hat Kamala, Hat Surin & Ao Bang Thao

ses Lokals, das zum Teil Steakhaus, zum Teil Meeresfrüchterestaurant europäischer Art ist, steht der Holzkohlengrill, auf dem zarte importierte Steaks liebevoll zubereitet werden. Es gibt aber auch eine große Auswahl an Meeresfrüchten, Pastagerichten, Risottos und Salaten. Man isst mit einem herrlich weiten Blick hinunter auf den schönen Strand und die Bucht. Vorab reservieren, wenn man in einer Cabana am Pool speisen will.

ℹ An- & Weiterreise

Sŏrng·tăa·ou fahren von der Th Ranong in Phuket (Stadt) nach Kamala (40 B, 7–17 Uhr). *Sŏrng·tăa·ou* verbinden darüber hinaus Kamala mit Hat Surin (20 B). Ein Taxi vom/zum Flughafen kostet 700 B.

Hat Surin หาดสุรินทร์

Surin (สุรินทร์) mit seinem breiten, goldenen Strand, dem Wasser, dessen Färbung von türkis am seichten Ufer zu tiefblau am Horizont übergeht, sowie den üppig grünen, mit Felsbrocken übersäten Landzungen ist so schön wie nur irgendein Ort auf Phuket. Hinzu kommen auch noch hinreißende Galerien, fabelhafte Boutiquen und Fünf-Sterne-Resorts. Heutzutage ist Surin ein recht

Hat Kamala, Hat Surin & Ao Bang Thao

Sehenswertes
- 1 Laem Singh B3
- 2 Masjid Mukaram Bang Thao C2
- 3 Tsunami Memorial B5

Schlafen
- 4 Amanpuri Resort A2
- 5 Andaman Bangtao Bay Resort B2
- 6 Baan Kamala B5
- 7 Benyada Lodge C3
- 8 Cape Sienna A5
- 9 Papa Crab B5
- 10 Surin Phuket A2
- 11 Twin Palms C3

Essen
- Andaman Restaurant .... (siehe 5)
- 12 Bampot D1
- 13 Blue Lagoon D3
- 14 Blue Manao B5
- 15 Bocconcino D3
- 16 Isaan Popeye Thai Food B5
- 17 Meena Restaurant B4
- 18 Oriental Spoon C3
- 19 Pesto D1
- Plum .... (siehe 8)
- 20 Tatonka D1

Ausgehen & Nachtleben
- 21 9th Glass Wine Bar & Bistro C3
- Vanilla Sky .... (siehe 8)

exklusives Ziel für wohlhabende Ausländer und Thais.

Phukets Vorgehen gegen unlizenzierte Strandrestaurants und Bars hat Surin besonders hart getroffen. Alle Einrichtungen am Strand wurden abgerissen, einige Betreiber haben ihren Sitz weiter die Straße hinauf an die Ao Bang Thao (S. 690) verlegt, andere haben einfach zugemacht. Daher gibt es hier heute weniger Restaurants und Bars als irgendwo sonst an Phukets Westküste.

Trotzdem ist Hat Surin weiterhin einladend und schön. Nördlich schließt sich der kleine, abgeschlossene **Hat Pansea** (หาดพันซี) mit seinen exklusiven Resorts an.

Die gut besuchte **Masjid Mukaram Bang Thao** (มัสยิดมุการ์ร่ม บางเทา; Kart[illegible] 4025; tagsüber) GRATIS vermittelt [illegible]ten Einblick in das Dorfleben au[illegible] Die Moschee ist eine interessante Ab[illegible]lung zum Strandleben.

Schlafen

Am Hat Surin gibt's einige der schicksten Resorts auf Phuket, aber kaum Budgetunterkünfte.

Benyada Lodge HOTEL $$
(Karte S. 688; ☎076 271777; www.benyadalodge-phuket.com; 106/52 Mu 3, Hat Surin; DZ mit Frühstück 1500–3000 B;) Das Hotel ist eine Unterkunft mit vernünftigen Preisen in einem Viertel, das von gehobenen Resorts bestimmt wird, und liegt nur einige Minuten vom Strand entfernt. Das Benyada hat große, recht altmodische, aber komfortable Zimmer; die besten verfügen über kleine Balkone. Der Service ist freundlich. Von der Bar auf der Dachterrasse kann man den Sonnenuntergang genießen.

★ **Surin Phuket** RESORT $$$
(Karte S. 688; ☎076 621580; www.thesurinphuket.com; 118 Mu 3, Hat Pansea; Bungalows mit Frühstück 14 600–34 400 B; P) Fast jede Anlage an einem so wundervollen Strand wäre erste Wahl. Aber die Bungalows im Surin, die sich unter dem Blattwerk am Hang verstecken und auf den Hat Pansea blicken, bieten dazu noch anheimelnde, erdverbundene und luxuriöse Zimmer, und der sechseckige Pool mit Meerblick ist prächtig abstrakt. Zu vielen der „Cottages" muss man ein ganzes Stück hügelauf und über Holzstege laufen.

★ **Amanpuri Resort** RESORT $$$
(Karte S. 688; ☎076 324333; www.amanresorts.com; Hat Pansea; Villen 1000–3100 US$; P) Dezent, luxuriös und unglaublich friedlich: Das Amanpuri ist ein Promi-Magnet und eines der besten und exklusivsten Hotels auf Phuket. Bei den anmutigen Bungalows im traditionellen Design ist die Lage am ruhigen Hat Pansea das Entscheidende: Die Cabanas blicken aufs Meer, die Badezimmer sind riesig, und das Dekor wird von warmem Holz bestimmt; viele haben einen eigenen Pool. Aktivitäten aller Art (Yoga, Kajakfahren, Surfen) sind im Angebot, es gibt einen jetschwarzen Pool und erstklassigen Service.

Essen & Ausgehen

Die kulinarische Szene in Surin ist jetzt ziemlich verwaist, weil alle Strandlokale beseitigt wurden. Die meisten Restaurants liegen an der Th Srisoonthorn oder an der Soi gleich vor dem Strand.

Blue Lagoon THAILÄNDISCH $
(Karte S. 688; ☎087 923 8235; Th Srisoonthorn; Hauptgerichte 80–180 B; 7.30–23 Uhr) Das fa-

miliengeführte, halb offene Lokal gehört zu den wenigen Restaurants, die es in Surin nach dem Abriss der Strandlokale noch gibt. Es serviert leckere Versionen klassischer thailändischer Gerichte, Meeresfrüchte und westliches Frühstück. Das Restaurant ist bodenständiger als die meisten anderen vor Ort.

Bocconcino DELI, ITALIENISCH $$$
(Karte S. 688; ☎ 076 386531; www.bocconcinophuket.com; 8/71 Mu 3, Th Srisoonthorn; Hauptgerichte 320–520 B; ⊙ 9–22 Uhr; 📶) Ein italienisches Deli ist wohl kaum der Grund, nach Phuket zu reisen, aber das feine, erfrischende *gelato* des Bocconcino passt prima nach Surin. Das elegante, von ortsansässigen Ausländern frequentierte Speiselokal ist ein Traum für Italienfreunde mit Wein, Kaffee, Kuchen, Käse, Fleischwaren, hausgemachter Pasta, Pizza und wechselnden Spezialitäten. Als kleinere Mahlzeit bieten sich traditionelle Salate, z. B. mit Tomaten und Mozzarella an. Das Restaurant liegt 600 m östlich des Hat Surin.

Oriental Spoon THAILÄNDISCH, INTERNATIONAL $$$
(Karte S. 688; ☎ 076 316500; 106/46 Mu 3, Hat Surin; Hauptgerichte 350–1300 B; ⊙ 11–23 Uhr; 📶) Das große Restaurant im Resort **Twin Palms** (Karte S. 688; ☎ 076 316500; www.twinpalms-phuket.com; 106/46 Mu 3, Hat Surin; DZ mit Frühstück 8900–26 100 B; ❄@📶🏊) ist beim beliebten Sonntagsbrunch (1990 B) immer gut besucht. Lohnend ist aber auch das ungewöhnliche Angebot an Peranakan-Gerichten, einer Mischung aus thailändischer, chinesischer und malaiischer Küche: würzige, scharfe und saure Speisen mit viel Tamarinde und Zitronengras. Darüber hinaus gibt's westliche Gerichte und eine umfangreiche Weinkarte.

9th Glass Wine Bar & Bistro WEINBAR
(Karte S. 688; ☎ 076 068 0068; www.the9thglass.com; 106/16 Mu 3, Hat Surin; ⊙ Mo–Sa 16–24 Uhr) Die Bar hat die größte Weinauswahl in Surin, mit Tropfen aus Europa, Australien, Neuseeland und Südafrika, außerdem gute Cocktails und viele Spirituosen. Die elegante, intime Bar serviert Häppchen zu den Getränken und auch Hauptgerichte westlicher Art. Sie liegt dem Strand so nahe, wie das in Surin heute möglich ist.

ℹ Praktische Informationen

An der Th Srisoonthorn gibt's Geldautomaten. Alle Hotels haben WLAN.

ℹ An- & Weiterreise

Sŏrng·tăa·ou fahren von der Th Ranong in Phuket (Stadt) zum Hat Surin (40 B, 7–17 Uhr) und dann weiter zum Hat Kamala; ein gechartertes *túk-túk* und Taxis kosten 500 B. Für ein Taxi vom/zum Flughafen zahlt man 700 B.

Ao Bang Thao หาดบางเทา

Der hinreißende **Hat Bang Thao**, ein 8 km langer weißer Sandstrand, ist der Kitt, der die disparaten Elemente dieser Gegend zusammenhält. In der südlichen Hälfte der Region finden sich Drei- und Vier-Sterne-Resorts und ein schicker Strand. Weiter landeinwärts liegen ein altes, von Kanälen gesäumtes Fischerdorf, ein paar reiche Villensiedlungen und erstklassige Restaurants. Bauarbeiten sind im Gang; mehr als anderswo auf Phuket ist die Erschließung der Ao Bang Thao noch nicht abgeschlossen.

Direkt im Zentrum liegt der etwas bizarre Laguna-Phuket-Komplex, eine Reihe von Vier- und Fünf-Sterne-Resorts rund um einen asphaltierten Naturpfad und einen künstlichen See (auf dem Shuttleboote für die Touristen herumfahren). Am Nordende der Bucht kommt die Natur zu ihrem Recht: Hier erstrecken sich der weiße Strand und das tropische, blaue Meer in die Ferne und bieten jenseits des Betriebs jene friedsame Ruhe, wegen der man eigentlich gekommen war.

Schlafen

Der Laguna-Phuket-Komplex umfasst sieben Luxusresorts. Günstigere Strandresorts liegen im Süden der Ao Bang Thao.

★ Anantara Phuket Layan RESORT $$$
(Karte S. 660; ☎ 076 317200; www.anantara.com; 168 Mu 6, Soi 4, Hat Layan; DZ 14 000 B, Villen 16 500–81 500 B; P❄📶🏊) Der Neuzugang an seiner eigenen, unberührt anmutenden Bucht gleich nördlich des Hat Bang Thao ist eine exquisite Anlage der Spitzenklasse. Die schicken Zimmer im zeitgenössisch-thailändischen Stil sind mit dunklem Holz verkleidet und bieten Marmorböden, Keramik-Waschbecken und Apple-Gadgets. Zu den Villen gehören dunkel geflieste Pools und ein Butler-Service rund um die Uhr. Eine lässige Loungebar blickt hinunter auf den Pool am Strand. Speisen kann man in drei ausgezeichneten Restaurants oder in seiner eigenen Strandhütte.

Banyan Tree RESORT $$$
(Karte S. 660; ☎ 076 372400; www.banyantree.com; 33 Mu 4, Th Srisoonthorn, Laguna Phuket; DZ mit Frühstück 17900–31500 B; P ❄ @ ☎ ≋) Die große Anlage, die als erste Bungalows mit eigenem zugehörigen Pool baute, ist eines der feinsten Hotels auf Phuket, eine grüne, schattige Oase des dezenten Luxus. Man wohnt in eleganten Villen mit freistehenden, oben offenen Badehäusern und eigenem Pool; zudem gibt's einen Pool, der Erwachsenen vorbehalten ist.

Im zugehörigen **Spa** (Karte S. 660; www.banyantreespa.com; Massage oder Behandlung 3500–9500 B; ⌚10–22 Uhr) sollte man sich unbedingt verwöhnen lassen.

Essen

An der Ao Bang Thao ballen sich einige der besten internationalen Restaurants auf Phuket. Wer günstig essen will, besucht den neuen **Nachtmarkt** (Karte S. 660; Laguna Phuket, Ao Bang Thao; Hauptgerichte ab 40 B; ⌚17–22 Uhr).

★ **Pesto** THAILÄNDISCH, INTERNATIONAL $$
(Karte S. 688; ☎ 082 423 0184; Th Bandon-Cherngtalay; Hauptgerichte 135–530 B; ⌚12–23 Uhr; ✍) Ein in Paris ausgebildeter thailändischer Chefkoch und eine winzige Bude am Straßenrand ergeben zusammen ein fantastisches Lokal für köstliche, günstige Thai- und internationale Gerichte. Mediterran sind die leichte Pasta mit Pesto und die Hummer-Lasagne, thailändisch der gegrillte Thunfisch auf Andamanen-Seegras, das *đôm yam gûng* (sauer-scharfe Garnelensuppe), der frittierte und mit Kurkuma gewürzte Fisch und natürlich die Currys.

Andaman Restaurant THAILÄNDISCH $$
(Karte S. 688; 82/9 Mu 3, Hat Bang Thao; Hauptgerichte 195–325 B; ⌚8–22 Uhr; ☎) Das schlichte, zum **Andaman Bangtao Bay Resort** (Karte S. 688; ☎ 076 314290; www.andamanresort.com; DZ mit Frühstück 1900–5900 B; P ❄ ☎ ≋) gehörende Restaurant am Meer wirkt mit den rustikalen Bambuslaternen und den Treibholzmöbeln echt paradiesisch. Auf der über mehrere Ebenen bis zum Sand hinunterreichenden Plattform werden ganz ordentliche gegrillte Meeresfrüchte und thailändische Currys serviert.

★ **Bampot** INTERNATIONAL $$$
(Karte S. 688; ☎ 093 586 9828; www.bampot.co; 19/1 Mu 1, Th Laguna; Hauptgerichte 500–1200 B; ⌚18–24 Uhr) Eisblaue Sitznischen, herunterbaumelnde Pfannen, Tische mit schwarzer Oberfläche und weiße Ziegelwände, an denen Kunstwerke hängen, bilden die Kulisse für die ambitionierten, europäisch inspirierten Gerichte (Hummer-Käsemakkaroni, Seebarsch-Ceviche mit Pomelos) frisch aus der offenen Küche. Kreativ komponierte Cocktails und ausländische Weine runden das Angebot ab.

★ **Taste Bar & Grill** FUSION $$$
(Karte S. 660; ☎ 087 886 6401; www.tastebargrill.com; 3/2 Mu 5, Th Srisoonthorn, Ao Bang Thao; Hauptgerichte 390–990 B; ⌚Di–So 12–23 Uhr; ☎) Minimalistisch-moderne Gestaltung, erstklassiger Service, ungezwungene Eleganz und köstliche Fusion-Küche machen dieses Restaurant zu einer hervorragenden Option. Die Gerichte zeigen thailändische und mediterrane Einflüsse, und auch die Steaks sind prima. Mit den Meeresfrüchten kann man nichts falsch machen, und es gibt auch ausgezeichnete Salate und eine große Auswahl an Vorspeisen.

Tatonka INTERNATIONAL $$$
(Karte S. 688; ☎ 076 324349; 382/19 Mu 1, Th Laguna; Hauptgerichte 350–790 B; ⌚Mo–Sa 18–22 Uhr; ✍) Das Tatonka preist sich als Heimat der „Globetrotter-Küche" an, für die Inhaber und Eigentümer Harold Schwarz örtliche Produkte mit Kochtechniken verbindet, die er in Europa, Colorado und Hawaii erlernt hat. Das bunte, vorspeisenartige Angebot umfasst einfallsreiche vegetarische und Meeresfrüchtegerichte und leckere Sachen wie Peking-Enten-Pizza, Pasta mit grünem Curry oder Auberginen-„Plätzchen" mit Ziegenkäse. In der Hauptsaison sollte man vorab reservieren!

An- & Weiterreise

Sŏrng·tăa·ou verkehren zwischen der Th Ranong in Phuket (Stadt) und Ao Bang Thao (30 B, 7–17 Uhr). Ein *túk-túk* zu chartern kostet 400 B, ein Taxi vom/zum Flughafen 700 B.

Sirinat National Park
อุทยานแห่งชาติสิรินาถ

Der **Sirinat National Park** (Karte S. 660; ☎ 076 328226, 076 327152; www.dnp.go.th; 89/1 Mu 1, Hat Nai Yang; Erw./Kind 200/100 B; ⌚6–18 Uhr) setzt sich aus den einzigartigen Stränden von Nai Thon, Nai Yang und Mai Khao sowie dem ehemaligen Nai Yang National Park und dem Mai-Khao-Naturreservat zusammen. Insgesamt umfasst er 22 km² Küstengebiet sowie 68 km² offenes Meer und erstreckt sich vom Nordende von Ao Bang Thao bis zur nördlichsten Spitze Phukets. Dieses Gebiet gehört zu den schönsten Teilen der Insel. Hier ist der Andrang der Touristen etwas geringer als anderswo, insbesondere am **Hat Mai Khao** (หาดไม้ขาว; Karte S. 660), und die Stimmung ist entspannt. Kitesurfer strömen von Mai bis Oktober zum **Hat Nai Yang** (หาดในยาง; Karte S. 660), denen man beim Faulenzen auf dem Sand zuschauen kann. In der Nebensaison ist es in diesem Teil Phukets ziemlich ruhig.

Das gesamte Gebiet ist nicht mehr als 15 Minuten vom Phuket International Airport entfernt.

Aktivitäten

Während der Monsunzeit (Mai–Okt.) kann man am Hat Nai Yang prima kitesurfen. Mehrere Schulen sind hier vertreten, darunter **Kiteboarding Asia** (Karte S. 660; ☎ 081 591 4594; www.kiteboardingasia.com; 116 Mu 1, Hat Nai Yang; 1-stündiger Unterricht 2000 B, 3-tägiger Kurs 11 000 B; ⏱ April–Okt.), **Kite Zone** (☎ 083 395 2005; www.kitesurfthailand.com; Hat Nai Yang; 1-stündiger Unterricht 1100 B, 3-tägiger Kurs 10 000 B; ⏱ Mai–Ende Okt.) und Bob's Kite School (S. 673), deren Hauptsitz Rawai ist.

FREIWILLIGENARBEIT MIT TIEREN

Rund 2 km vom Hat Mai Khao entfernt schützt die gemeinnützige Stiftung **Soi Dog** (Karte S. 660; ☎ 081 788 4222; www.soidog.org; 167/9 Mu 4, Soi Mai Khao 10; Eintritt gegen Spende; ⏱ Mo–Fr 9–12 & 13–15.30 Uhr, Führungen 9.30, 11, 13.30 & 14.30 Uhr) Hunderte von Katzen und Hunden (einige wurden vor den illegalen Hundefleischhändlern gerettet). Die Tiere werden sterilisiert oder kastriert und danach an Besitzer vermittelt, außerdem setzt sich die Stiftung für die Stärkung des Tierschutzes ein. Besuchen kann man die Einrichtung im Rahmen einer gründlichen Führung. Die Anlage für „alte Hunde" kann etwas traurig stimmen, aber die Tiere haben hier ein gutes Zuhause. Besucher können mit den Tieren spielen, sie ausführen oder sich für längerfristige Mitarbeit verpflichten.

Phukets längster Strand, der Hat Mai Khao, ist ein 10 km langer schöner, umschlossener Sandstreifen, der sich von südlich des Flughafens bis zur nördlichsten Spitze der Insel erstreckt. Meeresschildkröten legen hier zwischen November und Februar ihre Eier ab. Das ganze Jahr über muss man sich vor starken Brandungsrückströmen hüten. Die Bucht von Hat Nai Yang, 3 km südlich des Flughafens, wird von einem Riff geschützt, das 20 m weit ins Meer abfällt und gute Bedingungen zum Schnorcheln (Hauptsaison) und fantastische zum Surfen und Kitesurfen (Monsunzeit) schafft. Der **Hat Nai Thon** (หาดในทอน; Karte S. 660) an der Westküste, 7 km südlich des Flughafens, ist ein halbmondförmiger goldener Sandstrand, der (außer auf dem Höhepunkt des Monsuns) gute Badebedingungen bietet und fern dem auf Phuket üblichen geschäftigen Gewimmel liegt.

Phuket Riding Club REITEN
(Karte S. 660; ☎ 081 787 2455; www.phuketriding club.com; 60/9 Th Thepkasattri, Mu 3, Mai Khao; 1-/2-stündiger Ausritt 1200/2200 B; ⏱ 7.30–18.30 Uhr) Hier kann man den Traum eines Ausritts in tropischen Gefilden verwirklichen. Der Phuket Riding Club veranstaltet lustige ein- oder zweistündige Ausritte an den Stränden und durchs Hinterland im Norden Phukets. Einen Tag im Voraus buchen!

Schlafen

Neben Spitzenresorts gibt's in dieser Gegend auch günstigere Unterkünfte. Für letztere sollte man weit im Voraus reservieren.

Pensiri House PENSION $
(Karte S. 660; ☎ 076 327683; www.pensirihouse.com; 112 Mu 5, Hat Nai Yang; DZ 800–1200 B; ❄📶) Diese freundliche Unterkunft, die sich 300 m landeinwärts vom Hat Nai Yang befindet, ist die beste Budgetoption in der Gegend. Die Zimmer verteilen sich auf zwei Gebäude. Die schönsten – im neuen Block – sind groß, hell, modern und haben Balkone. Alle Zimmer sind mit TV, Kühlschrank und Safe ausgestattet.

Unterkünfte im Sirinat National Park CAMPING, BUNGALOWS $
(Karte S. 660; ☎ 076 327152, in Bangkok 02 562 0760; www.dnp.go.th; 89/1 Mu 1, Hat Nai Yang; Stellplatz 30 B/Pers., Bungalows 700–1000 B) Bei der Parkverwaltung am nördlichen Ende des Hat Nai Yang gibt's Stellplätze (eigenes Zelt mitbringen!) und auf einem prächtigen,

ABSTECHER

KHAO PHRA THAEW ROYAL WILDLIFE & FOREST RESERVE อุทยานสัตว์ป่าเขาพระแทว

Das **Khao Phra Thaew Royal Wildlife & Forest Reserve** (Karte S. 660; abseits der Rte 4027 & Hwy 402; Erw./Kind 200/100 B) umfasst 23 km² unberührten Insel-Regenwald (immergrünen Monsunwald) im Norden von Phuket. Als Königsbesitz ist es besser geschützt als die meisten thailändischen Nationalparks, allerdings hat das Personal den Ruf, Besuchern gegenüber nicht besonders hilfreich zu sein. Die höchste Erhebung ist der 442 m hohe Khao Phra.

Einst tummelten sich hier Tiger, Malaienbären, Nashörner und Elefanten, aber heute beschränkt sich die Fauna auf Menschen, Wildschweine, Affen, Plumploris, Languren, Gibbons, Hirsche, Zibetkatzen, Flughunde, Kobras, Pythons, Hörnchen und andere kleinere Tiere.

Die Gibbon-Wilderei ist ein großes Problem auf Phuket, zu dem nicht zuletzt auch der Tourismus beiträgt: Gefangene Gibbons werden durch die Touristenbars geschleppt. Das aus Spenden finanzierte kleine **Phuket Gibbon Rehabilitation Project** (โครงการคืนชะนีสู่ป่า; Karte S. 660; ☎076 260492; www.gibbonproject.org; abseits der Rte 4027; Eintritt gegen Spende; ⏲9–16.30 Uhr, Sa bis 15 Uhr) nimmt Gibbons, die in Gefangenschaft gehalten wurden, in der Hoffnung auf, sie wieder auswildern zu können. Wenn man gegen 9 Uhr kommt, hört man den Morgengesang der Gibbons. Man kommt den Tieren übrigens nicht besonders nahe, was für Kinder vielleicht enttäuschend ist, aber die Freiwilligen hier leisten hervorragende Arbeit.

Es gibt auch schöne Hügelwanderungen und einige malerische Wasserfälle, darunter den **Nam Tok Ton Sai** (น้ำตกโตนไทร; Karte S. 660; ☎076 311998; abseits des Hwy 402; Erw./Kind 200/100 B) und den **Nam Tok Bang Pae** (น้ำตกบางแป; Karte S. 660; abseits der Rte 4027; Erw./Kind 200/100 B), der vom Gibbon Project über einen 300 m langen Weg durch den Dschungel zu erreichen ist. Die Wasserfälle sind besonders eindrucksvoll während der Monsunzeit von Juni bis November. Auf Anfrage sind Parkranger vielleicht bereit, Wanderer durch den Park zu führen; der Preis liegt bei rund 1500 B. Versteckt in den Hügeln findet sich hinter einer Zone von Ananas-, Kautschuk- und Mangoplantagen das **Cable Jungle Adventure Phuket** (Karte S. 660; ☎081 977 4904; www.cablejunglephuket.com; 232/17 Mu 8, Th Bansuanneramit; ohne/mit Abholung vom Hotel 2150/2300 B; ⏲9–17 Uhr), ein Labyrinth aus Seilrutschen zwischen alten Feigenbäumen. Die Seilrutschen verlaufen zwischen 6 und 50 m über dem Boden, die längste ist 300 m lang. Man braucht geschlossenes Schuhwerk. Die Abholung vom Hotel wird angeboten.

Im Park gibt's weder Unterkünfte noch Restaurants, man ist aber mit einem Taxi oder einem Motorrad schnell in anderen Gebieten von Phuket.

Um von Phuket (Stadt) zum Khao Phra Thaew Royal Wildlife & Forest Reserve zu gelangen, nimmt man die Th Thepkasattri 13 km nach Norden zum Distrikt Thalang. Am Heldinnendenkmal (S. 695) fährt man 9 km auf der Rte 4027 Richtung Nordosten, biegt dann nach links (Westen) in Richtung Nam Tok Bang Pae ab und erreicht nach einem Kilometer das Phuket Gibbon Rehabilitation Project. Die Taxifahrt kostet 800 B. Das Schutzgebiet ist auch über den Hwy 402 erreichbar, 6 km nordwestlich des Heldinnendenkmals.

schattigen Steilufer mit weißem Sand gleich hinter dem Strand große, mit Klimaanlagen ausgestattete Betonbungalows. Vorab online oder telefonisch reservieren!

Discovery Beach Resort PENSION $$

(Karte S. 660; ☎082 497 7500; discovery-phuket@hotmail.com; 90/34 Mu 5, Hat Nai Yang; DZ 1800–3200 B; ❄📶) Die Zimmer in dieser gut zugänglichen Anlage sind etwas altmodisch, aber makellos und mit Sofas, TVs, Kühlschränken und guten Betten ausgestattet. Die Unterkunft ist nicht besonders schick, bietet aber dank der Lage direkt am Strand ein prima Preis-Leistungs-Verhältnis.

★ **Slate** RESORT $$$

(Karte S. 660; ☎076 327006; www.theslatephuket.com; 116 Mu 1, Hat Nai Yang; DZ 7700–22 000 B, Villen 45 400–61 500 B; P❄📶🏊) Das Design dieser Anlage, die zu den einmaligen Megaresorts auf Phuket gehört, ist von der Geschichte des Zinnbergbaus auf der Insel inspiriert. Zum ausgesuchten Dekor gehö-

NICHT VERSÄUMEN

ELEFANTENASYL

Das **Phuket Elephant Sanctuary** (Karte S. 660; ☎094 990 3649; www.phuketelephantsanctuary.org; 100 Mu 2, Pa Klok, am 4027 Highway; Erw./Kind 3000/1500 B; ⏲9.30–13 & 14–17.30 Uhr; 👪) ist das einzige echte Refugium (Vorsicht vor Nachahmern!) für Dickhäuter, die beim Einsatz in der Tourismus- oder der Holzindustrie misshandelt wurden. Hier hat man die seltene Gelegenheit, den Tieren nahe zu kommen. Leider müssen Elefanten in Phuket und anderswo in Thailand immer noch als Reittiere für Touristen herhalten oder für sie Kunststücke vorführen.

Hier müssen alle Touren im Voraus gebucht werden. Wer längere Zeit mit den Tieren verbringen will, kann sich für eine Woche als freiwilliger Helfer verpflichten – gleichzeitig werden pro Woche nur sechs Freiwillige angenommen. Der Preis von 16 000 B, in dem die Unterkunft und drei vegetarische Mahlzeiten pro Tag enthalten sind, geht direkt in die Versorgung der Elefanten.

ren Schraubzwingen, Waagen und andere Bergbaugerätschaften; die Türen zu den schicken, stilvollen, luxuriösen Zimmern und Villen bestehen aus künstlich gealtertem Metall. Die besten Zimmer haben eigene Tauchbecken. Auf dem Gelände befinden sich drei Restaurants und das fantastische **Coqoon Spa** (Karte S. 660; Massage oder Anwendung 2000–8000 B; ⏲10–20 Uhr).

Pullman RESORT $$$
(Karte S. 660; ☎076 303299; www.pullmanphuketarcadia.com; 22/2 Mu 4, Hat Nai Thon; DZ 6500 B, Villen 24 400–32 400 B; P❄@🛜🏊) Dank der spektakulären Lage hoch auf den Klippen über dem nördlichen Abschnitt des Hat Nai Thon genießen Gäste hier von dem Augenblick, wo sie die Bogenbrücke zur Lobby überschreiten, einen herrlichen Ausblick aufs Meer. Traumhafte spiegelnde Pools erstrecken sich über dem Meer. Der Service ist hervorragend. Alle Zimmer und Villen sind großzügig, sehr komfortabel und haben Balkone.

Essen

Mr. Kobi THAILÄNDISCH $$
(Karte S. 660; Hat Nai Yang; Hauptgerichte 150–350 B; ⏲10–23 Uhr) Auf dem Schild steht: „Gebrochenes Englisch wird hier perfekt gesprochen", aber der allseits beliebte Mr. Kobi spricht sehr gut Englisch. Er kümmert sich um die Drinks, während Malee die Meeresfrüchte und beliebten Thai-Gerichte zubereitet, die in einem erfrischend unprätentiösen Ambiente serviert werden. An einer Wand wird die Geschichte des Tsunami von 2004 erzählt.

Coconut Tree THAILÄNDISCH $$
(Karte S. 660; ☎098 364 6366; Th Hat Nai Thon, Hat Nai Thon; Hauptgerichte 100–300 B; ⏲10–22 Uhr; 🛜) Das freundliche, relaxte Lokal nahe dem südlichen Ende des Strands bietet gute Meeresfrüchtegerichte wie in der Pfanne gebratene Krabben mit schwarzem Pfeffer oder Tigergarnelen, die mit allem Möglichen von gelben Curry bis zu Bitteringwer zubereitet werden, sowie beliebte westliche Gerichte. Von der rustikalen, halb offenen Veranda mit einigen Topfpflanzen blickt man über hohe Palmen und Kasuarinen hinaus auf die Andamanensee.

Elements THAILÄNDISCH $$$
(Karte S. 660; ☎076 303299; www.pullmanphuketarcadia.com; 22/2 Mu 4, Pullman, Hat Nai Thon; Hauptgerichte 270–1320 B; ⏲12–22.30 Uhr) Hoch auf den Klippen über dem nördlichsten Ende des Strands bietet Nai Thons schickstes Resort (s. linke Spalte) raffinierte Thai-Gerichte in einem geräumigen und noblen Speiseraum mit hohen Pfeilern, abstrakter moderner Kunst, Plätzen drinnen und draußen und schönem Ausblick auf die Bucht. Zum Mittagessen gibt's auch Burger und Sandwiches und freitags ein Meeresfrüchte-Barbecue.

ℹ An- & Weiterreise

Sŏrng·tăa·ou fahren von Phuket (Stadt) zum Hat Nai Yang (7–17 Uhr, 40 B). Ein Taxi von/zum Flughafen kostet je nach Strand zwischen 400 und 500 B.

Amphoe Thalang อำเภอถลาง

Fern den Stränden ist der untouristische Amphoe (Landkreis) Thalang (ถลาง) ein Gebiet, das Traveller eigentlich nur auf dem Weg zu irgendeinem anderen Ziel passieren. Das ist schade, weil es hier einige faszinierende kulturelle Attraktionen gibt, darunter das **Thalang National Museum** (พิพิธภัณฑสถานแห่งชาติ ถลาง; Karte S. 660; ☎076 379895; Th Srisoonthorn/Rte 4027; Erw./Kind 200/100 B; ⏲9–16 Uhr). Die meisten besuchen das Museum als Zwischenstation auf dem Weg zum lohnenden, zu Recht beliebten Phuket Elephant Sanctuary (S. 694).

Der Landkreis erstreckt sich um das **Heldinnendenkmal** (อนุสาวรีย์ท้าวเทพกษัตรีท้าวศรีสุนทร; Karte S. 660; Hwy 402) 13 km nördlich von Phuket (Stadt), das sich zwar nicht direkt in der Mitte von Phuket befindet, aber die zentrale Kreuzung bildet, wo die Straßen aus allen Richtungen zusammenkommen.

Schlafen & Essen

★ Point Yamu by Como RESORT $$$
(Karte S. 660; ☎076 360100; www.comohotels.com/pointyamu; 225 Mu 7, Pa Klok, Laem Yamu; DZ mit Frühstück 10 200–51 000 B; P ✻ ☎ ≋) In der hohen Eingangshalle umrahmen weiße Mosaikpfeiler Teiche, in denen sich die Palmen spiegeln. Die Fünf-Sterne-Anlage verbindet thailändische Elemente (Mönchsroben-Orange, Hummerfallen als Lampen) mit einem cool-zeitgenössischen, italienischen Entwurf. Die großen Zimmer (einige mit eigenem Pool) sind königsblau oder türkisfarben gehalten, und intensivieren so auf dem gesamten Anwesen den Blick auf das grenzenlose Meer und das Panorama von Ao Phang-Nga.

Bang Rong Seafood THAILÄNDISCH, SEAFOOD $$
(Karte S. 660; ☎081 370 3401, 093 737 9264; Tha Bang Rong, abseits der Rte 4027; Hauptgerichte 120–350 B; ⊙10–18 Uhr) Das rustikale Lokal, eine ehemalige Fischfarm, befindet sich auf einem schwimmenden Pier in den Mangroven und ist 750 m östlich der Rte 4027 über einen Plankenweg erreichbar. Die roten und weißen Schnapper, Krabben oder Muscheln wählt man selber und hat so die Garantie, dass alles frisch ist. Alles wird gedämpft, frittiert, gegrillt, gekocht oder gebacken, es gibt aber kein Bier, weil das Restaurant muslimisch ist.

★ Breeze Restaurant INTERNATIONAL $$$
(Karte S. 660; ☎081 271 2320; www.breezecapeyamu.com; Laem Yamu; Hauptgerichte ab 700 B, Verkostungsmenüs 2000–2150 B; ⊙Mi–So 12–22 Uhr; ☎✎) Das noble, aber dezente Restaurant gehört zu den besten auf Phuket und genießt eine herrliche Lage auf einem Hügel in meerumschlossener Abgeschiedenheit 20 km nordöstlich von Phuket (Stadt). Von dem mit Säulen verzierten offenen Speisesaal blickt man von blauen Sitzsäcken aus auf den Pool und das Meer. Auf der wöchentlich wechselnden Karte stehen wundervoll einfallsreiche europäische Gerichte aus regionalen Zutaten und klassische Cocktails in thailändischer Abwandlung. Vorab reservieren!

An- & Weiterreise

Sŏrng·tăa·ou auf dem Weg von Phuket-Stadt zum Hat Surin und zur Ao Bang Thao kommen am Heldinnendenkmal vorbei (7–17 Uhr, 30 B), das sich in Gehweite zum Thalang National Museum befindet. Um zu anderen Zielen im Landkreis zu gelangen, ist man aufs Auto oder Taxi angewiesen. Die Taxifahrt von Phuket (Stadt) zum Phuket Elephant Sanctuary kostet 700 B.

PROVINZ KRABI

Wenn Traveller von der traumhaften Andamanenküste schwärmen, meinen sie meist Krabi. Das Markenzeichen der Provinz sind die Kalksteinformationen, die sich wie eine riesige, zu Abenteuern einladende Festung an der Küste entlangziehen, aus Inseln emporragen und hinter idyllischen weißen Sandstränden erheben. Kletterer finden ihr Paradies in Railay, Möchtegern-Robinsons auf Ko Lanta, Ko Phi-Phi oder einer der anderen mehr als 150 Inseln vor dieser 120 km langen Küste.

Krabi (Stadt) กระบี่

☎075 / 31 475 EW.

Die geschäftige Stadt Krabi liegt majestätisch inmitten unglaublich kantig aus den Mangroven aufragenden Kalksteinfelsen, aber im Zentrum des quirligen, kompakten Ortes verblüfft vor allem die Menge der Pensionen und Reisebüros. Die Stadt ist ein wichtiger Verkehrsknoten, um den herum sich eine kräftige Traveller-Szene entwickelt. An Restaurants und Souvenirläden, die den üblichen Krimskrams verhökern, herrscht wirklich kein Mangel.

Wenn man aber eine Weile bleibt, entdeckt man hinter der touristischen Oberfläche doch das reale Provinzleben.

Sehenswertes & Aktivitäten

★ Wat Tham Seua BUDDHISTISCHER TEMPEL
(วัดถ้ำเสือ, Tigerhöhlentempel; ⊙Sonnenauf–Sonnenuntergang) Der weitläufige Hügel- und Höhlentempel-Komplex 9 km nordwestlich von Krabi (Stadt) ist ein lohnender, nicht allzu anstrengender Tagesausflug. Am Parkeingang beginnt der mörderisch steile Aufstieg, der über 1260 Stufen auf den 600 m hohen

Krabi (Stadt)

Karstgipfel führt. Die 30- bis 40-minütige Kraxelei wird mit dem Blick auf goldene Buddhastatuen, einen vergoldeten Stupa und spektakuläre Sicht auf das Meer hinter Ao Nang belohnt. Man sollte früh aufbrechen und Trinkwasser mitnehmen; auf dem Gipfel gibt es aber Zapfhähne.

Sea Kayak Krabi KAJAKFAHREN
(☎089 724 8579, 075 630270; www.seakayakkrabi.com) Dieser Veranstalter hat eine Reihe von zu empfehlenden Seekajaktouren im Programm, darunter zur Ao Tha Len (halber/ganzer Tag 900/1500 B) mit ihren hochragenden Meeresklippen, nach Ko Hong (ganzer Tag 2200 B), das für seine smaragdgrüne Lagune berühmt ist, und nach Ban Bho Tho (ganzer Tag 2200 B), wo es Karstformationen und Meereshöhlen mit 2000 bis 3000 Jahre alten Malereien gibt. In den genannten Preisen sind Führer, Abholung, Trinkwasser und ein Mittagessen enthalten.

Geführte Touren

Viele Unternehmen veranstalten Tagesausflüge nach Khlong Thom, das 45 km südöstlich von Krabi am Hwy 4 liegt. Dabei wird an Thermalquellen und Süßwasserteichen Halt gemacht. Der Preis liegt bei ca. 1200 bis 2000 B inklusive Transport, Führer, Mittagessen und Getränken. Ordentliches Schuhwerk anziehen! Darüber hinaus gibt's noch andere „Dschungeltouren", Inseltrips und Ausflüge in die Mangroven.

Schlafen

★ Pak-Up Hostel HOSTEL $
(☎075 611955; www.pakuphostel.com; 87 Th Utarakit; B/Zi. 380/850 B; ❄@📶) Das immer noch beste Hostel in Krabi hat moderne, klimatisierte Schlafsäle aus poliertem Beton. Die großen, aus Holz gezimmerten Stockbetten sind in die Wand eingebaut und bieten pro Bett ein eigenes Schließfach. Die großen, modernen Gemeinschaftsbäder haben Kabinen mit Kaltwasser und Regenduschen mit Warmwasser. Die beiden Doppelzimmer teilen sich ein Bad, und es gibt auch Schlafsäle nur für Frauen. Es gibt eine muntere Bar, und die Atmosphäre ist jugendlich und lustig.

Seacation HOSTEL $
(☎075 622828; www.seacationkrabi.com; 11/5 Soi 6 Th Maharat; B/Zi. 450/1200 B; ❄@📶) Das neue Hostel ist smart, auch wenn es durch seine Gestaltung und die langen Korridore etwas anstaltsartig wirkt. Die komfortablen Schlafsäle haben ordentliche Betten und große Schließfächer, und es gibt einen eindrucksvollen Gemeinschaftsbereich mit Billardtisch. Die Privatzimmer sind kompakt. Das Personal ist freundlich und die Lage ideal.

Krabi (Stadt)

Schlafen

1 Apo ... B1
2 Chan Cha Lay ... C3
3 Pak-Up Hostel ... C2
4 Seacation ... B2

Essen

5 Gecko Cabane ... A3
6 May & Mark's ... B1
7 Nachtmarkt ... C2

Ausgehen & Nachtleben

Playground ... (siehe 3)

Transport

8 Sŏrng·tăa·ou zur Ao Luk ... A1
9 Sŏrng·tăa·ou nach Ao Nang & Hat Noppharat Thara ... C3
10 Sŏrng·tăa·ou nach Ao Nang & Hat Noppharat Thara ... B2
11 Sŏrng·tăa·ou nach Ban Laem Kruat ... B1
12 Sŏrng·tăa·ou zum Busbahnhof Krabi ... B1
13 Tha Khong Kha ... C2

Apo HOTEL $$

(☎093 709 1811; www.apohotel.com; 189 Th Utarakit; Zi. 1000–1700 B; ❄📶) Die beste unter mehreren frischen, modernen Pensionen in einem sonst nicht weiter bemerkenswerten Block besitzt große, helle, glänzende, minimalistisch-schick eingerichtete Zimmer mit bunten Farben und an der Wand montierten TVs. Die Zimmer verteilen sich auf zwei Gebäude, einige haben kleine Balkone mit Blick auf den Fluss. Der einzige Nachteil ist, dass es keinen Aufzug gibt.

Chan Cha Lay PENSION $$

(☎075 620952; www.lovechanchalay.com; 55 Th Utarakit; Zi. mit Ventilator 400–1400 B; ❄@📶) Die Zimmer mit Klimaanlage und angeschlossenem Bad in dieser lange bestehenden Unterkunft sind in mediterranen Blau- und Weißtönen gestrichen; die Freiluftbäder sind aus weißen Kieseln und poliertem Beton gebaut. Die Unterkunft gehört vor Ort zu den komfortabelsten und stimmungsvollsten in dieser Preisklasse. Die Zimmer mit Gemeinschaftsbad und Ventilator oder Klimaanlage sind schlicht und klein, aber blitzsauber.

Essen & Ausgehen

Nachtmarkt MARKT, THAILÄNDISCH $

(Th Khong Kha; Hauptgerichte 30–70 B; ⊙16–22 Uhr) Der Markt neben der Tha Khong Kha ist ein beliebter Ort, um abends etwas zu essen. Man bekommt authentisches *sôm·đam* (scharfen grünen Papayasalat) gebratene Nudeln aus dem Wok, *đôm yam gûng* (Suppe mit Garnelen und Zitronengras), gegrillten Schnapper, Satays aller Art sowie cremige thailändische Desserts und frisch gepresste Säfte. Ein Vorteil ist, dass es auch englischsprachige Speisekarten gibt.

★ **May & Mark's** INTERNATIONAL, THAILÄNDISCH $$

(☎081 396 6114; 34 Th Sukhon; Hauptgerichte 75–250 B; ⊙7–22 Uhr; 📶) Ein typischer Traveller-Treff mit einer Kaffeetheke aus bunt lackiertem Beton, in dem immer viel los ist. Uns gefielen der ausgezeichnete Espresso und die große Auswahl an leckeren Omelettes, Pfannkuchen und hausgemachtem Brot. Darüber hinaus gibt es beliebte Thai-Gerichte und internationale Salate, Sandwiches und Hauptgerichte, darunter auch viele Optionen für Vegetarier.

Gecko Cabane THAILÄNDISCH, FUSION $$

(☎081 958 5945; 1/36-37 Soi Ruam Jit, Th Maharat; Hauptgerichte 70–550 B; ⊙11–23 Uhr; 📶) In diesem schmucken Gebäude, das aus zwei traditionellen Ladenhäusern entstand, gibt's Thai-Gerichte mit Pfiff und stilvoll angerichtete westliche Speisen. Gegessen wird auf einer Terrasse aus dunklem Holz oder in einem an ein Wohnzimmer erinnernden Innenraum. Besonders gut sind das langsam gegarte Massaman-Curry und die Lammkeule mit Stampfkartoffeln, aber alle Gerichte sind schmackhaft und günstig.

Playground BAR

(www.facebook.com/krabiplaygroundbar; 87 Th Utarakit; ⊙19–2 Uhr; 📶) Die Bar des Pak-Up Hostels mit großem Außenbereich hält mit Bier-Pong, Open-Mike-Abenden und gelegentlicher Livemusik die Inselbar-Tradition auf dem Festland am Leben. Die Happy Hour dauert bis 21.30 Uhr.

Praktische Informationen

Alle Pensionen und viele Restaurants bieten kostenloses WLAN.

Bangkok Bank (Th Utarakit; ⊙8.30–15.30 Uhr) Tauscht Bargeld, löst Reiseschecks ein und hat Geldautomaten.

Einreisebehörde Krabi (☎075 611097; 382 Mu 7, Saithai; ⊙Mo–Fr 8.30–16.30 Uhr) Das Büro rund 4 km südwestlich von Krabi nimmt Visaverlängerungen vor.

Krabi Nakharin International Hospital (☎075 626555; www.krabinakharin.co.th; 1 Th Pisanpob) Liegt 2 km nordwestlich der Stadt.

Post (Th Utarakit; ⌚ Mo–Fr 8.30–16.30, Sa & So 9–12 Uhr) Nimmt Postsendungen ins Ausland an.

ℹ An- & Weiterreise

BUS

Der **Busbahnhof Krabi** (☎ 075 663503; Ecke Th Utarakit & Hwy 4) liegt 4 km nördlich des Zentrums von Krabi in Talat Kao nahe der Kreuzung der Th Utarakit mit dem Hwy 4.

FLUGZEUG

Der Flughafen befindet sich 14 km nordöstlich von Krabi am Hwy 4. Die meisten Inlandsfluglinien bieten Flüge zwischen Bangkok und Krabi. Bangkok Air (www.bangkokair.com) fliegt täglich nach Ko Samui, Air Asia (www.airasia.com) nach Chiang Mai.

MINIVAN

Reisebüros fahren mit klimatisierten Minivans und VIP-Bussen zu beliebten Touristenzentren im Süden, aber in denen sitzt man dicht eingezwängt unter anderen Backpackern. Die meisten bieten kombinierte Tickets (Kleinbus und Fähre) nach Ko Samui (700 B, 5 Std.) und Ko Pha-Ngan (850 B, 7 Std.). Weitere (in der Regel preiswertere) Minivans fahren vom **Busbahnhof** ab. Von Krabi aus gibt es Verbindungen u. a. nach:

ZIEL	PREIS (B)	DAUER (STD.)
Hat Yai	230	4
Ko Lanta	250–300	2½
Phuket	140	2–3
Satun	200	4
Surat Thani	180	2½
Trang	100	2

SCHIFF/FÄHRE

Die Fähren nach Ko Phi-Phi und Ko Lanta legen am **Passagierpier Khlong Chilat** (Tha Khlong Chilat), 4 km südwestlich von Krabi ab. Wer seine Fahrkarte in einem Reisebüro kauft, wird kostenlos zum Pier gebracht.

Hat Railay Ost Longtail-Boote (150 B, 45 Min.) starten vom **Tha Khong Kha** in Krabi (7.45–18 Uhr). Die Schiffer warten mit dem Ablegen, bis acht Passagiere zusammengekommen sind, man kann aber auch das ganze Boot chartern (1200 B). Die Boote zum Hat Railay West starten in Ao Nang.

Ko Jum Von November bis Ende April machen die Boote nach Ko Lanta einen Halt bei Ko Jum (400 B, 1 Std.), wo einen Longtail-Boote an den Strand bringen.

Ko Lanta Von November bis Ende April legt täglich um 11.30 Uhr ein Boot ab (400 B, 2 Std.). In der Regenzeit kommt man nur mit den häufig verkehrenden, klimatisierten Minivans zur Ko Lanta (250–300 B, 2½ Std.). Diese Kleinbusse fahren auch in der Hauptsaison.

Ko Phi-Phi Die Boote fahren ganzjährig (300–350 B, 1½–2 Std.; 9, 10.30, 13.30 & 15 Uhr; Rückfahrten 9, 10, 13.30 & 15.30 Uhr). In der Nebensaison (Mai–Okt.) fahren die Boote nicht immer täglich.

Phuket & Ko-Yao-Inseln Die schnellste Verbindung sind Direktboote vom Pier am Hat Noppharat Thara (S. 706), 19 km südwestlich von Krabi. *Sŏrng·tăa·ou* (50 B) fahren zwischen dem Tha Khong Kha in Krabi und dem Pier am Hat Noppharat Thara; die Taxifahrt kostet 600 B. Mehrmals täglich fahren Boote von der Tha Len (150 B), 33 km nordwestlich von Krabi (Stadt) nach Ko Yao Noi.

SŎRNG·TĂA·OU

Sŏrng·tăa·ou fahren zwischen 6 und 19 Uhr vom Busbahnhof ins Zentrum von Krabi (Stadt) (30 B) und weiter zum Hat Noppharat Thara (50 B), nach Ao Nang (60 B) und zum Muschelfriedhof an der Ao Nam Mao (70 B); sie nehmen unterwegs Fahrgäste auf.

Die bequemsten Stellen, um sie in Krabi (Stadt) zu erwischen, sind die Th Utarakit und die Th Maharat. Von der Th Maharat fahren *sŏrng·tăa·ou* nach **Ao Luk** (80 B, 1 Std., 6–15 Uhr), nach Ao Nang und zum **Hat Noppharat Thara**. Von der Th Utarakit gibt's es ebenfalls eine Verbindung nach **Ao Nang** und zum **Hat Noppharat Thara**

BUSSE VON/NACH KRABI

ZIEL	PREIS (B)	DAUER (STD.)	HÄUFIGKEIT
Bangkok (VIP)	862	12	17 Uhr
Bangkok (mit Klimaanlage)	587	12	8, 8.20, 16, 17, 18 Uhr
Hat Yai	255	4½	8.30–19.20 Uhr ständl.
Phuket	140	3	8.30–19.20 Uhr alle 30 Min.
Ranong	210	5	8.30 & 12 Uhr
Satun	212	5	11, 13, 14 & 15 Uhr
Surat Thani	150	2½	4.30–16.30 Uhr ständl.
Trang	110	2	7.30–17 Uhr alle 30 Min.

sowie eine nach **Ban Laem Kruat**. In der Gegenrichtung ist die Th Utarakit die beste Stelle für *sŏrng·tăa·ou* zum **Busbahnhof**.

In der Hauptsaison fahren *sŏrng·tăa·ou* in ausgedünntem Takt und für einen etwas höheren Fahrpreis weiter bis 22 Uhr.

Unterwegs vor Ort

Das Zentrum von Krabi lässt sich zu Fuß erkunden. Die *Sŏrng·tăa·ou* vom Busbahnhof nach Krabi (30 B) halten in der Th Utarakit vor dem River View Hotel. Die meisten Reiseveranstalter und Pensionen, darunter das Pak-Up Hostel, vermieten Motorräder (200 B/Tag).

VOM/ZUM FLUGHAFEN

Ein Taxi vom Flughafen nach Krabi (Stadt) oder umgekehrt kostet 350 B, ein Motorradtaxi 200 B. Reisebüros und das **Pak-Up Hostel** (S. 696) können Plätze für den Flughafenbus (130 B) besorgen. Mehrere internationale Autovermietungen haben Büros am Flughafen (Auto ab 1100 B).

Railay

ไร่เล

Krabis märchenhafte Kalksteinfelsen sind in Railay (auch Rai Leh geschrieben), dem ultimativen Kletterparadies an der Andamanenküste, am spektakulärsten. Affen tummeln sich neben den Kletterern an den prächtigen Felswänden, während drunten einige der herrlichsten Strände Thailands vor einer echten Dschungelkulisse liegen.

Die am stärksten frequentierten Gebiete von Railay, das nur per Boot erreichbar aber nur eine 15-minütige Bootsfahrt von Ao Nang entfernt ist, liegen zwischen dem lückenhaften, zum Schwimmen ungeeigneten Strand von Hat Railay East und den Spitzenresorts und den schönen weißen Sandstränden von Hat Railay West und Hat Tham Phra Nang.

Railay ist heute stärker überlaufen als früher und sieht viele Tagesausflügler. Glücklicherweise ist die Gegend aber immer noch weniger erschlossen als Ko Phi-Phi. Außerhalb von Hat Railay West und Hat Railay East hören die Resorts auf, und es herrscht eine angenehm entspannte thailändische Rasta-Atmosphäre.

Sehenswertes

Tham Phra Nang HÖHLE

(ถ้ำพระนาง, Prinzessinnenhöhle; Hat Tham Phra Nang) Die Höhle am Ostende von Hat Tham Phra Nang ist ein wichtiger Schrein für die örtlichen (muslimischen und buddhistischen) Fischer, die geschnitzte Holzphalli in der Hoffnung opfern, der hier hausende Geist einer ertrunkenen indischen Prinzessin werde für guten Fang sorgen. Einer Legende zufolge scheiterte hier im 3. Jh. v. Chr. die Barke, die jene Prinzessin trug. Ihr Geist bezog die Höhle und erweist allen seine Gunst, die ihm Respekt bezeugen.

Sa Phra Nang LAGUNE

(See der heiligen Prinzessin) Etwa auf halber Strecke des Wegs vom Hat Railay Ost zum Hat Tham Phra Nang führt ein schwieriger Trampelpfad die bewaldete Klippenwand hinauf zu dieser versteckten Lagune. Zunächst klettert man steil den Hügel hinauf (mit unterstützenden Seilen). Oben geht's nach rechts weiter zur Lagune, zu der man den Hügel hinunterklettern muss. Geht man oben nach links, erreicht man schnell einen spektakulären **Aussichtspunkt** auf den Klippen. Das Ganze ist ein strapaziöses, aber durchaus machbares kurzes Abenteuer.

Aktivitäten

Klettern

Mit mehr als 1000 Routen in 51 Zonen (teils für Anfänger, teils für erfahrene Kletterer), die allesamt einen unvergleichlichen Ausblick von Klippenspitzen bieten, gehört Railay zu den besten Kletterzielen weltweit. Man kann hier Monate mit Kletter- und Erkundungstouren verbringen – und viele Leute tun das. Unglaublich populär ist „Deep-Water-Soloing": Dabei hangeln sich die Kletterer ohne jede Sicherung an Simsen hoch über dem Meer entlang. Wer abstürzt, fällt wahrscheinlich nur ins tiefe Wasser, ohne sich Blessuren zu holen. Auch wagemutige Anfänger können das probieren.

Die meisten Kletterer starten mit der **Muay Thai Wall** und der **One, Two, Three Wall** am südlichen Ende des Hat Railay East, denn dort gibt es mindestens 40 Routen der Schwierigkeitsgrade 4b bis 8b (französisches System). Die mächtige **Thaiwand Wall** am südlichen Ende des Hat Railay West ist eine nackte Kalksteinklippe mit einigen der anspruchsvollsten Kletterrouten (Schwierigkeitsgrad 6a bis 7c+).

Zu den weiteren erstklassigen Kletterstellen zählen **Hidden World** mit typischen mittelschweren Routen, das wenig bekannte 7c+-Juwel **Wee's Present Wall** (Hat Railay West) und **Diamond Cave** sowie der **Ao Nang Tower**, die gleichermaßen bei Kletterexperten beliebt sind. Ausgezeichnete Infos für Kletterer gibt's online unter www.railay.com.

Railay

0 500 m

Railay

Sehenswertes

1 Sa Phra Nang D4
2 Tham Phra Nang C4
3 Aussichtspunkt D3

Aktivitäten, Kurse & Touren

4 Ao Nang Tower A1
5 Basecamp Tonsai B1
6 Diamond Cave D2
7 Hidden World D4
8 Hot Rock C3
9 King Climbers C3
10 Muay Thai Wall D3
11 One, Two, Three Wall D3
12 Real Rocks D2
13 Thaiwand Wall C3
14 Wee's Present Wall C2

Schlafen

15 Anyavee Railay Resort D2
16 Chill Out B1
17 Forest Resort C1
18 Railay Cabana D2
19 Railei Beach Club C2
20 Rayavadee C3
21 Sand Sea Resort C3
22 Sunrise Tropical Resort C3

Essen

23 Mama's Chicken B1
Sunset Restaurant .... (siehe 21)

Ausgehen & Nachtleben

Chill Out .... (siehe 16)
24 Last Bar D2

Transport

25 Fähranleger D3
Longtail-Boote nach Ao Nam Mao .... (siehe 25)
26 Longtail-Boote nach Ao Nang C3
27 Longtail-Boote nach Ao Nang B1
Longtail-Boote nach Krabi .... (siehe 25)

Kletterkurse kosten 1000 B für einen halben und 1800 B für einen ganzen Tag. Privatunterricht kostet 3000 B für einen halben und 4500 B für einen ganzen Tag. Dreitägige Kurse (6000 B) beinhalten auch das Vorstiegklettern, bei der man sich mit Karabinern an Haken in der Felswand sichert. Von den Kletterschulen können erfahrene Kletterer die Ausrüstung für zwei Personen für rund 1200 B pro Tag ausleihen. (Die Qualität kann unterschiedlich sein.) Die Standardausrüstung besteht aus einem 60 m langen Seil, zwei Klettergurten und Kletterschuhen. Wer auf eigene Faust klettern will, bringt besser seine eigene Ausrüstung mit.

Basecamp Tonsai KLETTERN
(☎081 149 9745; www.tonsaibasecamp.com; Hat Ton Sai; halber/ganzer Tag 800/1500 B, 3-tägiger Kurs 6000 B; ⏲8–17 & 19–21 Uhr) Der seit langem bestehende, relaxte Kletterveranstalter ist mit Deep-Water Soloing (700 B) groß im Geschäft.

King Climbers KLETTERN
(☎081 797 8923; www.railay.com; Walking St; halber/ganzer Tag 1000/1800 B, 3-tägiger Kurs 6000 B; ⏲Mo–Fr 8.30–21, Sa & So bis 18 Uhr) Eine der größten, ältesten und angesehensten Kletterschulen.

Hot Rock KLETTERN
(☎085 641 9842; www.railayadventure.com; Hat Railay East; halber/ganzer Tag 1000/1800 B, 3-tägiger Kurs 6000 B; ⏲9–20 Uhr) Das Unternehmen gehört einem Pionier des Kletterns in Railay und hat einen guten Ruf.

Real Rocks KLETTERN
(☎080 718 1351; www.realrocksclimbing.com; Hat Railay East; halber/ganzer Tag 1000/1800 B, 3-tägiger Kurs 6000 B; ⏲8–22 Uhr) Ein effizienter thailändisch-US-amerikanischer Kletterveranstalter mit guter Bewertung.

Tauchen & Schnorcheln

Tauchveranstalter in Railay veranstalten Touren zu Tauchstätten in der Gegend, darunter nach Ko Poda. Zwei Tauchgänge kosten 3700 B, ein Open-Water-Tauchkurs 14 500 B. Angeboten werden auch Tauchausflüge nach Ko Phi-Phi und zum **Wrack der King Cruiser** (Ko Phi-Phi Don) für 4900 B. Die meisten Tauchveranstalter aus Ao Nang, wo es die größere Auswahl gibt, holen Teilnehmer auch in Railay ab.

Ganztägige Schnorcheltrips zu vielen Inseln, darunter nach Ko Poda, Ko Hong und Ko Kai, lassen sich über die Resorts und Tourveranstalter ab 1200 B vereinbaren, man kann aber auch Longtail-Boote (halber/ganzer Tag 1800/2800 B) am Hat Railay West chartern. Ein eintägiger Schnorchelausflug nach Ko Phi-Phi kostet 2400 B. Wer nur einfach etwas vor Railay schnorcheln will, kann in den meisten Resorts Taucherbrille und Schwimmflossen für jeweils rund 150 B ausleihen.

Kajakfahren

Kajaks kann man am Hat Railay West oder am Hat Ton Sai mieten (200/800 B pro Std./Tag).

Schlafen & Essen

Touren mit Übernachtung auf einsamen Inseln lassen sich mit örtlichen Bootseignern vereinbaren, man muss aber seine Campingausrüstung und Verpflegung selbst mitbringen.

LUXUS AM MEER

Das exklusive **Rayavadee** (☎075 620740; www.rayavadee.com; Hat Tham Phra Nang; Pavillon mit Frühstück 15 900–51 500 B, Villa mit Frühstück 58 500–138 000 B; ❄📶🏊) belegt eines der wohl schönsten Ufergrundstücke in Thailand. Die zweistöckigen Pavillons mit pilzförmigen Kuppeln stehen auf einem riesigen Gelände voller Banyan-Bäume, Blumen und unregelmäßiger Teiche und bieten tolle alte Möbel, regionale Wellnessprodukte, alle modernen Einrichtungen und sogar einen Butlerservice. Einigen Pavillons haben eigene Pools. Zur Anlage gehören ein erstklassiges Spa, ein Fitnesscenter und nicht weniger als vier Restaurants.

Hat Railay East หาดไร่เลย์ทิศตะวันออก

Rund um Hat Railay East gibt's viele Mittelklasseoptionen und landeinwärts eine ganze Menge Bars.

Anyavee Railay Resort RESORT $$
(☎075 819437; www.anyaveerailay.com; Hat Railay East; Zi. 3050–3600 B; ❄📶🏊) Diese Anlage gehört beständig zu den besten Mittelklasseoptionen auf dieser teuren Insel. Die Zimmer sind zwar nicht die neuesten, aber geräumig und sauber. Sie bieten große Balkone, Kühlschränke und Safes und verteilen sich um ei-

nen richtigen Dschungelgarten – in dem sich Affen tummeln – mit einem schönen Pool vor einer Kulisse von Karstfelsen.

Sunrise Tropical Resort RESORT $$$
(075 819418; www.sunrisetropical.com; Hat Railay East; Bungalow mit Frühstück 3900–6300 B;) Die schicken „Chalets" und „Villen" sind so schön wie die besten am Hat Railay West, aber die Preise entsprechen Hat Railay Ost – sie dürften also mit das beste Preis-Leistungs-Verhältnis in Railay bieten. Die Bungalows haben ein smartes, ruhiges Dekor, Hartholzböden, freistehende Betten oder Matratzen auf Holzplattformen, luxuriöse Badezimmer mit blau gefliesten Böden sowie private Balkone oder Terrassen.

Hat Railay West หาดไร่เลย์ทิศตะวัน

Am Hat Railay West finden sich Luxusresorts und die besten Strandrestaurants.

★ **Railei Beach Club** VILLEN $$$
(086 685 9359; www.raileibeachclub.com; Hat Railay West; Haus 2900–28 800 B;) Versteckt in einem bewaldeten Gelände, das sich nach hinten bis zu üppig bewachsenen Kalksteinklippen erstreckt liegen am nördlichen Ende des Strands diese Wohnhäuser im thailändischen Stil. Sie bieten Platz für sechs bis acht Personen und werden im Auftrag der abwesenden Eigentümer vermietet. Die Häuser verfügen über Terrassen, Küchen und alle Annehmlichkeiten. Hinzu kommen noch ein paar kleinere, aber sehr stilvoll mit dunklem Holz ausgekleidete Häuser für zwei Personen. Nur wenige bieten Klimaanlagen.

Sand Sea Resort RESORT $$$
(075 819463; www.krabisandsea.com; Hat Railay West; Bungalows mit Frühstück 3000–6500 B;) Das günstigste Resort an diesem herrlichen Strand bietet alles von ältlichen „Superior"-Bungalows über kürzlich renovierte Cottages bis hin zu smarten, funkelnden, topmodernen Zimmern mit allen Annehmlichkeiten. Das Gelände ist zwar nicht so schick wie bei den Nachbarn, aber die Zimmer sind komfortabel, und es gibt zwei friedliche Pools im Grünen; von einem hat man einen Ausblick in die Karstlandschaft. Insgesamt hat das Resort angesichts der Lage ein durchaus vernünftiges Preis-Leistungs-Verhältnis.

Im empfehlenswerten **Sunset Restaurant** (Hat Railay West; Hauptgerichte 180–400 B; 11–21 Uhr;) am Strand notieren die rot behemdeten Kellner die bestellten gegrillten Meeresfrüchte oder Thai-Currys auf ihren iPads.

Railay Highlands

Rund um die Railay Highlands gibt's viele Mittelklasseunterkünfte.

Railay Cabana BUNGALOWS $
(084 534 1928, 075 621733; Railay Highlands; Bungalows 800 B) Die Lage des tropischen Berg-Refugiums in einer von Karstklippen umgebenen Senke ist grandios. Mango- und Mangostanbäume, Bananenstauden und Guaven stehen um die knarrenden, aber sauberen strohgedeckten Bambusbungalows mit Strom rund um die Uhr. Die Anlage wurde zum Zeitpunkt der Recherche renoviert, man muss also mit gestiegenen Preisen rechnen. Sie befindet sich gleich nördlich von Tham Phra Nang Nai landeinwärts hinter dem Hat Railay East.

Hat Ton Sai หาดต้นไทร

Am Hat Ton Sai, dem abgelegensten Strand, finden sich die besten Budgetoptionen, viele preiswerte Restaurants und eine muntere Backpacker- und Kletterszene. Strom gibt's an diesem Strand nur abends.

Forest Resort BUNGALOWS $
(081 149 9745; www.basecamptonsai.com; Hat Ton Sai; B 200 B, Zi. & Bungalows 400–800 B) Die Bambusbungalows sind etwas weniger schmuddelig als die kahlen Zellen mit Betonboden für drei Personen, die hier als Schlafsäle dienen. Die beste Option sind die Bungalows aus Holz und Ziegeln mit Blechdach, gefliesten Böden, Bädern aus rotem Backstein und eigenen Veranden. Alle Zimmer sind mit Ventilatoren ausgestattet, die nur laufen, wenn es Strom gibt (18–1 Uhr). Falls niemand da ist, fragt man bei Basecamp Tonsai, das die Anlage verwaltet.

Chill Out BUNGALOWS $$
(087 699 4527, 084 186 8138; www.chilloutkrabi.com; Hat Ton Sai; B 300 B, Bungalows 600–1200 B;) Diese Anlage ist zwar nicht luxuriöser als die anderen in Ton Sai, zeichnet sich aber durch eine gesellige, entspannte Atmosphäre und etwas mehr Stil aus. Bunte ausländische Fahnen zieren die Türen der schlichten Hütten mit Blechdächern und Holzböden, die mit Terrassen, Badezimmern mit Kaltwasser sowie mit Moskitonetzen ausgestattet sind. Im funktionalen Schlafsaal stehen

Stockbetten. In der Bar (s. unten) herrscht großer Betrieb. Strom und WLAN gibt's nur abends.

Mama's Chicken THAI $
(Hat Ton Sai; Hauptgerichte 70–100 B; ⌚7–22 Uhr; ✎) Das Lokal ist zwar an den Dschungelpfad umgezogen, der landeinwärts zum Hat Railay Ost und West führt, gehört aber mit internationalem Frühstück, Frucht-Smoothies und einer reichen Palette günstiger Thai-Gerichte (darunter ein seltenes Massaman-Curry mit Tofu und andere vegetarische Abwandlungen) weiterhin zu den beliebtesten in Ton Sai.

Ausgehen & Nachtleben

Es gibt eine ganze Menge Bars landeinwärts hinter dem Hat Railay West und am Hat Railay East. Reggae-Bars finden sich am Hat Ton Sai.

★ **Last Bar** BAR
(Hat Railay East; ⌚11 Uhr–open end) Eine verlässliche, immer volle Tiki-Bar, die sich bis zum Rand der Mangroven ausbreitet. Auf der einen Ebene gibt's Wimpel, Ballons und Sitzecken mit Kissen, auf einer anderen eingedeckte Esstische mit Kerzenbeleuchtung. Hinten spielt Livemusik, und unten am Wasser sind Feuer-Shows zu sehen.

Chill Out BAR
(Hat Ton Sai; ⌚11 Uhr–open end; 📶) In Ton Sais bester Dschungel-Reggae-Bar entspannt man sich bei kaltem Bier, Livemusik, DJ-Rhythmen und wilden Feuer-Shows.

Praktische Informationen

Unter www.railay.com finden sich viele Infos zum Ort. Geldautomaten stehen am Hat Railay East und an den Pfaden zum Hat Railay West. Die größeren Resorts wechseln Bargeld. WLAN ist weithin verfügbar.

Die **Klinik** (☎084 378 3057; Railay Bay Resort, Hat Railay West; ⌚8–22 Uhr) behandelt kleinere Verletzungen. Bei ernsthaften Unfällen und Krankheiten, muss man nach Krabi oder Phuket fahren.

An- & Weiterreise

Longtail-Boote nach Railay fahren von der Tha Khong Kha in Krabi und vom Ufer in Ao Nang und Ao Nam Mao. Die **Longtail-Boote** (⌚7.45–18 Uhr) nach Krabi starten vom Hat Railay East. In beide Richtungen fahren die Boote zwischen 7.45 und 18 Uhr, sobald auch Passagiere gekommen sind (150 B, 45 Min.). Das ganze Boot zu chartern kostet 1200 B.

Die Fahrt mit den Booten vom südöstlichen Ende von Ao Nang zum Hat Railay West oder Hat Ton Sai (15 Min.) kostet zwischen 8 und 18 Uhr 100 B und von 18 bis 24 Uhr 150 B. Die Boote legen erst ab, wenn acht Passagiere gekommen sind. Private Charterboote fahren für 800 B. Von Mai bis Oktober endet der Betrieb schon um 17 Uhr. **Longtail-Boote** (⌚8–18 Uhr) fahren nach dem gleichen Fahrplan vom Hat Railay West zurück nach Ao Nang. Vom Hat Ton Sai fahren die **Boote** (⌚8–18 Uhr) seltener, weil die Verbindung von weniger Menschen genutzt wird. Daher geht es häufig schneller, wenn man zunächst nach Hat Railay West fährt.

Bei starkem Seegang stellen die Boote aus Ao Nang und Krabi den Betrieb ein. Man bekommt aber vielleicht noch ein **Longtail-Boot** (⌚8–18 Uhr) vom Hat Railay East nach Ao Nam Mao (100 B, 15 Min.), von wo aus man per *sŏrng·tăa·ou* (50 B) nach Krabi oder Ao Nang gelangt.

Ganzjährig fährt eine Fähre um 9.45 Uhr von der **Fähranlegestelle** am Hat Railay East nach Ko Phi-Phi (400 B, 1¼ Std.); Longtail-Boote fahren heran, um Passagiere in Empfang zu nehmen. Die Boote nach Ko Lanta (500 B, 2 Std., tgl. 10.45 Uhr) verkehren nur in der Hauptsaison (Okt.–April). Nach Phuket (650 B, 2¼ Std.) startet ganzjährig eine Fähre um 15.15 Uhr. Einige Fähren nehmen vor dem Hat Railay West Passagiere auf.

Ao Nang อ่าวนาง

Zunächst die traurige Wahrheit: Wegen der ungebremsten Erschließung und den unansehnlichen Neubauten, die sich im Schatten der atemberaubenden Karstlandschaft drängen, ist Ao Nang recht hässlich. Hinzu kommt eine stellenweise ziemlich anrüchige Halbwelt.

Doch wenn man über all das hinwegsieht und sich auf die von Kalksteinlandzungen eingerahmten goldenen Sandstrände konzentriert, gibt es hier auch vieles, das man mögen kann. In der Trockenzeit schimmert das Meer türkisfarben; in der Regenzeit wühlen Brandungsrückströme die kaffeebraunen Untiefen auf. Wer in klarerem Wasser schnorcheln will, bucht einfach eine Fahrt zu den kleinen Inseln am Horizont, wo das Wasser das ganze Jahr über weniger trübe ist. Taucher finden in der Nähe einige erstklassige Tauchstellen. Ao Nang ist kompakt und ein offen touristisches Reiseziel. Aber genau deswegen strömen auch die Besucher.

Sehenswertes

Muschelfriedhof NATURSCHUTZGEBIET
(สุสานหอย, Gastropod Fossil, Su-San Hoi; Erw./Kind 200/100 B; ⌚8–18 Uhr) Der Muschel-

friedhof liegt 8 km östlich von Ao Nang am Ostende der Ao Nam Mao: Hier kann man riesige Platten bewundern, die von Millionen winzigen, 75 Mio. Jahre alten Muscheln gebildet wurden. Es gibt ein staubiges **Besucherzentrum** (⌚8–16.30 Uhr) mit leidlich interessanten geologischen Exponaten und Stände, an denen Snacks verkauft werden. Die Fahrt mit dem *sŏrng·tăa·ou* kostet ab Krabi/Ao Nang 70/50 B.

Aktivitäten

Tauchen & Schnorcheln

In Ao Nang gibt's zahllose Tauchschulen, die Trips zu 15 Inseln in der Gegend anbieten, z. B. nach Ko Si, Ko Ha, Ko Poda, Yava Bon und Yava Son. Recht einmalig ist das Tauchgebiet vor Ko Mae Urai mit zwei Unterwassertunneln voller Hart- und Weichkorallen. Für einen Ausflug mit zwei Tauchgängen bezahlt man ca. 3200 B.

Andere Touren führen weiter hinaus: für 3500 bis 3900 B zum Wrack der King Cruiser (S. 701) oder nach Ko Phi-Phi sowie für 5700 bis 6000 B nach Hin Daeng, Hin Muang und **Ko Haa** südlich von Ko Lanta. Ein Open-Water-Kurs kostet 14 900 B. Die meisten Tauchveranstalter organisieren auch Schnorchelausflüge (ab 1800 B).

The Dive TAUCHEN
(☎082 282 2537; www.thediveaonang.com; 249/2 Mu 2; 2 Tauchgänge 3500 B; ⌚11–20 Uhr) Dieser engagierte Tauchveranstalter mit ausgezeichnetem Ruf bietet Ausflüge nach Ko Phi-Phi (3500 B), denen sich auch Schnorchler anschließen können (2500 B), und nach Ko Haa (6200 B). Open-Water-Zertifizierungskurse gibt's für 14 900 B.

Aqua Vision TAUCHEN
(☎086 944 4068; www.diving-krabi.com; 76/12 Mu 2; 2/3 Tauchgänge 3600/4500 B; ⌚9–19 Uhr) Die verlässliche, gut informierte Tauchschule veranstaltet Tauchausflüge in der Gegend, Trips mit zwei Tauchgängen nach Ko Phi-Phi, Open-Water-Tauchkurse (14 900 B) und „Safaris" nach Hin Daeng, Hin Muang und Ko Haa (5700–6600 B) sowie Schnorchelausflüge in der Gegend (1800 B).

Kon-Tiki TAUCHEN
(☎075 637 826; www.kontiki-krabi.com; 161/1 Mu 2; 2/3 Tauchgänge 3200/4000 B; ⌚9–21 Uhr) Der als gut bewertete, große Tauchanbieter veranstaltet lustige Tauchausflüge nach Ko Phi-Phi (3900 B) und Ko Haa (6300 B), abendliche Tauchgänge in der Gegend (4800 B) und Schnorchel-„Safaris" (2700 B) sowie Open-Water-Zertifizierungskurse (15 500 B).

Radfahren

Mit **Krabi Eco Cycle** (☎081 607 4162, 075 637250; www.krabiecocycle.com; 309/5 Mu 5; halb-/ganztägige Tour 1500/3000 B) kann man auf eine Tour de Krabi gehen. Bei der empfehlenswerten Tagestour radelt man 15,5 km weit durch Kautschukplantagen vorbei an kleinen Dörfern und Thermalquellen bis zum smaragdgrünen Emerald Pool. Das Mittagessen ist bei allen Touren außer der halbtägigen reinen Fahrradtour im Preis inbegriffen.

Kajakfahren

Mehrere Unternehmen veranstalten Kajaktouren zu umliegenden Mangroven und Inseln; die Preise variieren je nach Ziel und sind teurer, wenn Schnellboote eingesetzt werden. Zu den beliebten Zielen gehört die versteckte Lagune von Ko Hong, wo es Seeschwalbennester gibt (die – ökologisch fragwürdig – als Zutat zur Vogelnestersuppe gefragt sind). Angeboten werden auch Trips zu den hohen Meeresklippen von Ao Tha Len sowie zu den Meereshöhlen und den 2000 bis 3000 Jahre alten Malereien in Ban Bho Tho. Im Preis sind immer ein Mittagessen, Trinkwasser, Kajaks und Führer inbegriffen.

Geführte Touren

In allen Reisebüros kann man die beliebten Vier- oder Fünf-Insel-Touren buchen. Der Preis liegt zwischen 1400 und 2000 B, je nachdem, ob man sich für ein Longtail- oder ein Schnellboot entscheidet. Der **Ao Nang Long-Tail Boat Service** (Hat Ao Nang, nordwestliches Ende; ⌚8–16 Uhr, Mai–Okt. bis 14 Uhr) und der **Ao Nang Long-Tail Boat Service Club** (Hat Ao Nang, südöstliches Ende; ⌚8–24 Uhr, Mai–Okt. bis 20 Uhr) bieten private Chartertouren nach Hong Island (2400 B) und Bamboo Island (3800 B) sowie halbtägige Ausflüge nach Ko Kai (Chicken Island) und Ko Poda (1700 B); die maximale Teilnehmerzahl liegt bei sechs Personen.

Tourveranstalter bieten halbtägige Ausflüge nach Khlong Thom (Erw./Kind 1200/800 B), bei denen man auch Süßwasserbecken und Thermalquellen besucht.

Eine Schnellboottour nach Ko Phi-Phi mit einem Stopp auf Bamboo Island kostet 2800 B.

Schlafen

Ao Nang bietet eine gute Mischung aus Hostels, Pensionen, Hotels und Resorts, aber die beliebten Unterkünfte sind in der Hauptsaison schnell komplett belegt, daher stets im Voraus buchen! In der Nebensaison fallen die Preise um 50 %.

★ Glur HOSTEL $
(☎075 695297, 089 001 3343; www.krabiglurhostel.com; 22/2 Mu 2, Soi Ao Nang; B 600 B, DZ 1300–1500 B; P❄@📶🏊) Das fabelhafte Hostel-Refugium gehört einem talentierten thailändischen Architekten und seiner Frau, die es auch entworfen und gebaut haben und betreiben. Aus Schiffscontainern, Glas, Sicht- und poliertem Beton entstanden luxuriöse Schlafsäle mit durch Vorhänge abgeteilten, türkisfarbenen Stockbetten sowie (ebenfalls mit Stockbetten ausgestattete) Privatzimmer, die sich über den hübschen, mit einem kleinen Pool versehenen Garten verteilen.

Das Hostel liegt in fußläufiger Entfernung 1,5 km nordöstlich des Zentrums von Ao Nang.

Anawin BUNGALOWS $$
(☎075 637664, 081 677 9632; www.anawinbungalows.com; 263/1 Mu 2; Bungalows 1000–1600 B; ❄📶) Die zehn sauberen, kleinen, knallgelben Betonhütten mit TVs und kleinen Veranden verstecken sich in einer ruhigen, grünen Ecke rund 400 m nordöstlich des Strands von Ao Nang. Die Zimmer sind ein bisschen altmodisch, aber recht groß, und der Inhaber ist freundlich.

Phra Nang Inn HOTEL $$$
(☎075 637130; www.vacationvillage.co.th; Th Ao Nang; Zi. mit Frühstück 4000–8500 B; ❄📶🏊) Eine strohgedeckte Explosion aus rustikalem Kokosholz, Muschelvorhängen, leuchtend in Orange und Purpur gestrichenen Wänden und aufwändigen thailändischen Fliesen mit mexikanischer Anmutung. Die Anlage verteilt sich auf zwei Flügel und es gibt zwei Pools. Die Zimmer sind nicht groß und einige könnten eine Renovierung vertragen (die zum Zeitpunkt der Recherche gerade beginnen sollte), aber die Lage ist prima, und am Strand ist eine Bar.

Red Ginger Chic HOTEL $$$
(☎075 637999; www.redgingerchicresort.com; 168 Mu 3; Zi. 5500–12 350 B; ❄📶🏊) An einem Boulevard voller Hotels am äußersten Westende von Ao Nang liegt das modische und farbenfrohe Red Ginger mit verzierten Fliesen, roten Papierlaternen, drapierten Stoffen und einer Theke aus Milchglas im Foyer.

Die geräumigen, schicken Zimmer haben elegante Tapeten, moderne Möbel und große Balkone mit Blick auf einen ausgedehnten Pool. Effizientes Personal.

Essen & Ausgehen

In Ao Nang gibt's viele mittelmäßige Restaurants mit thailändischer, indischer, italienischer und skandinavischer Kost. Bei weitem am besten sind die Meeresfrüchtelokale. Preiswerte Mahlzeiten gibt's an den Imbissständen, die abends an der Straße nach Krabi (nahe dem McDonald's) aufgebaut werden.

Dort bekommt man *roti* (Pfannkuchen), *gài tôrt* (Brathähnchen), Hamburger und dergleichen. Mittags findet man Imbissstände gleich nördlich vom Krabi Resort.

Krua Ao Nang Cuisine SEAFOOD $$
(☎075 695260; Soi Sunset; Hauptgerichte 150–400 B; ⏲10–22 Uhr) Das Lokal ist eines der besten (und beliebtesten) von mehreren Meeresfrüchterestaurants mit herrlichem Meerblick an dieser Fußgängergasse am westlichen Ende des Strands. Am Eingang findet man den Fang des Tages in einer schiffsförmigen Eistheke – man zahlt für die Meeresfrüchte pro Kilo. Das Restaurant ist wegen der Aussicht etwas teurer als andere Optionen in Ao Nang.

Myeong Dong KOREANISCH $$
(☎075 813164; 345 Mu 2; Hauptgerichte 150–700 B; ⏲11–22 Uhr; 📶) Der koreanische Grill ist bei den vielen asiatischen Besuchern in Ao Nang beliebt und bietet Abwechslung von den Meeresfrüchten und den mittelmäßigen westlichen Gerichten. Die Grillspeisen stehen im Zentrum, es gibt aber auch klassische koreanische Suppen und Eintöpfe.

Der Grill steht auf dem Tisch, man bestellt das gewünschte Fleisch; Gemüse und Beilagen gibt's kostenlos dazu.

Last Fisherman BAR
(☎081 267 5338; 266 Mu 2; ⏲10–24 Uhr) Man sitzt an den luftigen Tischen mit Blick auf den Strand oder an der Theke in Form eines Longtail-Boots und genießt in diesem relaxten, beliebten Lokal am südlichen Ende von Ao Nang seinen Drink zum Sonnenuntergang.

Praktische Informationen

Bei den sogenannten „Touristeninformationen" an der Hauptstraße durch Ao Nang handelt es sich allesamt um private Reiseveranstalter.

Es gibt viele Geldautomaten und Wechselstuben (geöffnet ca. 10–20 Uhr).

An- & Weiterreise

AUTO & MOTORRAD

An der Hauptstraße vermieten Dutzende Läden Motorräder (200–250 B). Ein paar Shops vermieten Autos ab 1100 B pro Tag. Budget Car Hire (www.budget.co.th) hat einen Schalter am Flughafen von Krabi (Auto ab 1200 B/Tag).

VOM/ZUM FLUGHAFEN

Zwischen 9 und 17 Uhr fahren stündlich weiße Flughafenbusse (150 B), die vor dem McDonald's an der Straße nach Krabi halten. Private Taxis (500 B) und Minivans (150 B) fahren vom/zum Flughafen.

MINIVAN

Minivans (oft kombiniert mit Fähren) fahren täglich Ziele überall im Süden Thailands an.

ZIEL	PREIS (B)	DAUER (STD.)
Khao Sok	400	3
Ko Lanta	400	3
Ko Lipe	1000	6
Ko Samui	700	4
Ko Tao	1100	7
Ko Pha-Ngan	850	5
Phuket	450	3

SCHIFF/FÄHRE

Der Ao Nang Long-Tail Boat Service (S. 704) und der Ao Nang Long-Tail Boat Service Club (S. 704) betreiben Boote zum Hat Railay West (15 Min., 100–150 B/Pers.). Die Boote fahren, wenn acht Passagiere eingestiegen sind; man kann das ganze Boot für den Preis von acht Passagieren chartern.

SŎRNG·TĂA·OU

Sŏrng·tăa·ou fahren von/nach Krabi (60 B, 30 Min.). Die Strecke führt vom Busbahnhof in Krabi über die Th Maharat zum Tha Khong Kha in Krabi und weiter zum Hat Noppharat Thara, nach Ao Nang und zum Muschelfriedhof. Die Fahrt von Ao Nang zum Hat Noppharat Thara oder zum Muschelfriedhof kostet 30 B.

Hat Noppharat Thara

หาดนพรัตน์ธารา

Nördlich von Ao Nang ist der goldgelbe Strand noch etwas naturbelassener. Er zieht sich 4 km lang um eine wenig bebaute Landzunge, bis man schließlich an einer natürlichen Lagune anlangt, an der sich die Zentrale des **Hat Noppharat Thara-Mu Ko Phi-Phi National Park** (อุทยานแห่งชาติหาดนพรัตน์ธารา-หมู่เกาะพีพี; ☎075 661145; www.dnp.go.th; Erw./Kind Ko Phi-Phi 400/200 B, andere Inseln 200/100 B) befindet. Im Besucherzentrum gibt es thailändisch und englisch beschriftete Infos zur Ökologie der Korallenriffe und Mangroven.

Hat Noppharat Thara ist ruhiger und weniger bebaut als Ao Nang. Mehrere Resorts werben fälschlich mit einer „zentralen Lage in Ao Nang". Aber vermutlich wird man am Ende zufrieden sein, wenn man an diesem Strand landet.

Schlafen & Essen

Mehrere Restaurants mit typischen Thai-Snacks (Brathähnchen, Papaya-Salat, Nudeln & Pfannengerichte) sammeln sich nahe der Nationalparkzentrale und in einer kleinen Enklave nahe dem Sabai Resort. An der Uferstraße gibt's einige ordentliche Meeresfrüchterestaurants.

Sabai Resort HOTEL $$
(☎075 637791; www.sabairesort.com; 79/2 Mu 3; Bungalows 1300–3500 B; ❄@📶🏊) Dieses Hotel ist die am professionellsten geführte Bungalowanlage in der Gegend. Die gepflegten minzgrünen Bungalows mit Ziegeldach sind mit Ventilator oder Klimaanlage ausgestattet und haben Terrassen aus Kieseln und Beton, von denen aus man auf den unter Palmen liegenden Pool und Blumengärten blickt. Die Zimmer für vier Personen eignen sich für Familien.

Unterkunft im Hat Noppharat Thara-Mu Ko Phi-Phi National Park BUNGALOWS, CAMPING $$
(☎075 661145; www.dnp.go.th; Stellplatz 30 B/Pers., Bungalows 1000 B; ❄) Rustikale, aber gepflegte Betonbungalows mit Klimaanlagen und Strom rund um die Uhr finden sich gleich jenseits der Strandstraße (kein WLAN). Stellplätze gibt es direkt hinter der Parkzentrale, man braucht aber sein eigenes Zelt, weil Zelte nicht länger vermietet werden. Vorab online oder im Besucherzentrum reservieren!

★ **Krua Thara** SEAFOOD $$
(☎075 661166; 82 Mu 5; Hauptgerichte 150–250 B; ⏰11–22 Uhr) Das große Lokal unter dem Blechdach ist eines der besten Restaurants an der südlichen Andamanenküste und eines der besten Meeresfrüchterestaurants in Südthailand. Dabei ist es ganz bescheiden und verarbeitet einfach nur die frischsten Fische, Krabben, Muscheln, Austern, Hummer, Tintenfische und Garnelen zu den ver-

schiedensten Gerichten. Die gedämpften gelben Meeresschnecken (eine örtliche Delikatesse) und die mit gelbem Curry in der Pfanne gebratenen Krabben sind besonders denkwürdig.

Praktische Informationen

Hat Noppharat Thara-Mu Ko Phi-Phi National Park Visitors Centre (☎ 075 661145; www.dnp.go.th; ⏲ 8–16.30 Uhr) Das Büro informiert über den Nationalpark und bucht Unterkünfte im Park.

An- & Weiterreise

SCHIFF/FÄHRE

Boote fahren von der Anlegestelle am Hat Noppharat Thara zu folgenden Zielen:

Ko Phi-Phi *Ao Nang Princess* fährt zwischen ungefähr November und April täglich (450 B, 2 Std.) und zwischen Mai und Oktober mittwochs, freitags und sonntags. Die Boote legen um 9.30 Uhr ab und kehren um 15.30 über Railay von Ko Phi-Phi zurück.

Ko Lanta Um 10.30 Uhr fährt ein Boot von *Ao Nang Princess* nach Ko Lanta (550 B, 2¾ Std.).

Phuket Zwischen November und April ist die schnellste Verbindung nach Phuket das Schnellboot von **Green Planet** (☎ 075 637488; www.krabigreenplanet.com) nach Tha Bang Rong (1200 B, 1¼ Std.) über Ko Yao Noi und Ko Yao Yai (jeweils 650 B, 45 Min.). Das Boot legt vom Pier am Hat Noppharat Thara um 11 Uhr ab und kehrt um 15 Uhr aus Phuket zurück; der Transport zur Unterkunft in Phuket ist im Preis enthalten. Es gibt noch ein Boot von *Ao Nang Princess* nach Phuket (700 B, 3 Std., 16 Uhr, Mai–Okt. eingeschränkter Betrieb).

SŎRNG·TĂA·OU

Die *sŏrng·tăa·ou* zwischen Krabi (60 B) und Ao Nang (30 B) halten in Hat Noppharat Thara.

Ko Phi-Phi

เกาะพีพีดอน

Mit traumhaft geschwungenen, hellgelben Stränden und üppigem Urwald sind Phi-Phi Don und Phi-Phi Leh – die gemeinsam als Ko Phi-Phi bezeichnet werden– zu den beliebtesten Zielen an der Andamanenküste geworden. Ko Phi-Phi Don ist ein hedonistisches Paradies, wo Touristen im azurblauen Meer herumtollen und die ganze Nacht auf dem feinen Sand feiern. Das kleinere Ko Phi-Phi Leh ist unbebaut und frei von Hotels; hohe, zerklüftete Klippen blicken hinunter auf Korallenriffe und das kristallklare Wasser. Besucher kommen nur tagsüber oder mit Kreuzfahrten in den Sonnenuntergang.

Durch die ungezügelte Erschließung sind das Zentrum von Ko Phi-Phi Don und die beiden es einrahmenden Buchten zu einem lärmenden Chaos aus Hotels, Restaurants, Bars und Läden geworden. Wer es beschaulicher mag, begibt sich zu den hinreißenden weißen Buchten an der Ostküste oder an den weniger erschlossenen Hat Yao im Süden. Wer sich ökologisch rücksichtsvoll verhält und seine Erwartungen zügelt, kann sich von Ko Phi-Phi immer noch verführen lassen wie viele andere Traveller. Es kann aber auch sein, dass man es hier nicht aushält.

Sehenswertes

★ Aussichtspunkt von Phi-Phi

AUSSICHTSPUNKT

(จุดชมวิวเกาะพีพีดอน; Karte S. 708; Ko Phi-Phi Don; 30 B) Der anstrengende, aber lohnende Aufstieg zum Aussichtspunkt führt über Hunderte von Stufen und schmale, kurvenreiche Pfade steil hinauf und dauert etwa 20 bis 30 Minuten. Man folgt der Ausschilderung an der Straße, die Richtung Nordosten aus Ton Sai Village herausführt. Die meisten Besucher werden unterwegs eine Pause einlegen müssen – Wasserflasche nicht vergessen! Die Aussicht von oben ist herrlich: Man erblickt die üppige Berglandschaft von Phi-Phi in voller Pracht.

Aktivitäten

Watersports Experience

WASSERSPORT

(☎ 096 924 4043; www.watersportsexperience.com; Ko Phi-Phi Don; ohne/mit Sport 1500/2500 B pro Pers.; ⏲ Tour 10–18 Uhr) Mit einem Schnellboot geht's durch die Gewässer rund um Phi-Phi Don und Phi-Phi Leh. Dabei können die Teilnehmer sich im Stehpaddeln oder Wakeboarden versuchen, Wasserski fahren, von Klippen springen oder schnorcheln. Wer keine Lust auf sportliche Betätigung hat, kann zu einem günstigeren Preis mitfahren. Die Tour kann in jedem Reisebüro im Ton Sai Village gebucht werden. Das Bier ist im Preis enthalten.

Tauchen

Kristallklares Wasser und jede Menge Meereslebewesen sind das ideale Rezept für erstklassige Taucherlebnisse. Auf Phi-Phi herrschen inselweit feste Tauchpreise: Open-Water-Zertifizierungskurse kosten 13 800 B, die üblichen Touren mit zwei Tauchgängen schlagen mit 2500 bis 3500 B und ein „Discover Scuba"-Abenteuer mit 3400 B zu Buche. Ausflüge nach Hin Daeng und Hin

Ko Phi-Phi Don

Ko Phi-Phi Don

Highlights
1 Aussichtspunkt von Phi-Phi C3

Aktivitäten, Kurse & Touren
2 Blue View Divers C3
3 Hat Yao C4
4 Klettergebiet Hin Taak B4
5 Klettergebiet Ton Sai Tower B3

Schlafen
6 Paradise Pearl Bungalow C4
7 Phi-Phi Island Village B2
8 PP Erawan Palms Resort B1
9 Rantee View C3
10 Relax Beach Resort C2
11 Viking Natures Resort C4
12 Zeavola B1

Essen
13 Jasmin B1
Paradise Pearl Bungalow .... (siehe 6)
Relax Beach Resort .... (siehe 10)

Ausgehen & Nachtleben
14 Sunflower Bar C3

PHUKET & ANDAMANENKÜSTE PROVINZ KRABI

Muang, 60 km weiter südlich, sind ab Ko Phi-Phi ein teurer Spaß (5500 B) – etwas günstiger ist es, sich dafür einer Tauch-Crew auf Ko Lanta anzuschließen.

Blue View Divers TAUCHEN
(Karte S. 708; ☎094 592 0184; www.blueviewdivers.com; Phi Phi Viewpoint Resort, Ao Lo Dalam, Ko Phi-Phi Don; 2 Tauchgänge 2500 B; ⊙10–20 Uhr) Der professionelle, gut organisierte Veranstalter legt Wert auf die Beteiligung örtlicher Gemeinden, Strandsäuberungen und Umweltschutz. Geboten werden Touren mit zwei Tauchgängen (2500 B), abendliche Tauchgänge (1900 B), Open-Water-Kurse (13 800 B) und Discover Scuba (3400 B).

Princess Divers TAUCHEN
(Karte S. 711; ☎ 088 768 0984; www.princessdivers.com; Ton Sai Village, Ko Phi-Phi Don; ⌚ 9.30–22 Uhr) Der empfehlenswerte, mehrsprachige Tauchveranstalter setzt große Boote statt Longtail-Booten oder Schnellbooten ein. Angeboten werden „Discover Scuba"- (3400 B) und SSI/PADI-Open-Water-Kurse (12 900/13 800 B).

Schnorcheln

Ko Mai Phai (Bamboo Island; Ko Phi-Phi Don), 6 km nördlich von Phi-Phi Don, ist eine beliebtes, flaches Schnorchelgebiet, wo man kleine Haie sehen kann. Gut schnorcheln kann man längs der Ostküste von **Ko Nok** (nahe der Ao Ton Sai), an der Ostküste von **Ko Nai** sowie vor dem **Hat Yao**. Die meisten Resorts vermieten die Komplettausrüstung (Schnorchel, Brille und Flossen) für 200 B pro Tag.

Schnorchelausflüge kosten zwischen 600 und 1500 B (ohne Nationalparkgebühren); der Preis hängt davon ab, ob man mit einem Longtail- oder einem Schnellboot fährt. Schnorchler können sich auch Tauchtouren anschließen.

Klettern

Auf Ko Phi-Phi gibt's gute, zum Klettern geeignete Sandsteinklippen, und der Ausblick ist spektakulär. Die Hauptklettergebiete sind der **Ton Sai Tower** (Karte S. 708; Ko Phi-Phi Don) am westlichen Rand der Ao Ton Sai und das eine kurze Fahrt mit dem Longtail-Boot entfernte **Hin Taak** (Karte S. 708; Ko Phi-Phi Don) auf der anderen Seite der Bucht. Kletterveranstalter sind aber dünn gesät; die meisten sammeln sich im nahegelegenen Railay. Der **Adventure Club** (Karte S. 711; ☎ 081 895 1334; www.diving-in-thailand.net; 125/19 Mu 7, Ton Sai Village, Ko Phi-Phi Don; 2 Tauchgänge 2500 B; ⌚ 7–22 Uhr) kann Veranstalter empfehlen.

Kurse

Pum Restaurant & Cooking School KOCHEN
(Karte S. 711; ☎ 081 521 8904; www.pumthaifoodchain.com; 125/40 Mu 7, Ton Sai Village, Ko Phi-Phi Don; ⌚ Kurse 11, 16 & 18 Uhr) Fans der Thai-Küche können hier sehr zu empfehlende Kochkurse besuchen, von zweistündigen (1500 B) über fünfstündige Unternehmungen unter dem Motto „gesunder Lebensstil" bis zu – die teuerste Variante – einem ganztägigen Kurs mit Pum höchstpersönlich (7500 B). Man erfährt etwas über die Geheimnisse der Zubereitung einiger der ausgezeichneten Gerichte, die in Pums Restaurant im Ton Sai Village serviert werden, und nimmt ein Kochbuch mit nach Hause.

Geführte Touren

Seit Leonardo DiCaprio in der Verfilmung von Alex Garlands *Der Strand* hier einen Joint rauchte, ist Ko Phi-Phi Leh eine Pilgerstätte

DIE BESTEN TAUCHSSPOTS UM KO PHI-PHI

Leopardenhaie und Echte Karettschildkröten sind bei den Tauchstätten um Ko Phi-Phi ein vertrauter Anblick. Im Februar und März lassen sich rund um Hin Daeng, Hin Muang, Hin Bida und Ko Bida Nok manchmal auch Walhaie erspähen. Die besten Sichtverhältnisse herrschen zwischen November und Februar. Zu den besten Tauchspots um Ko Phi-Phi gehören:

TAUCHSPOT	TIEFE (M)	MERKMALE
Anemone Reef	17–26	Hartkorallenriff mit vielen Seeanemonen und Clownfischen
Hin Bida Phi-Phi (Ko Phi-Phi Don)	5–30	Unterirdische Felszinne mit Hartkorallen, Schildkröten und Leopardenhaien. Gelegentlich kann man auch Mantas und Walhaie beobachten
King Cruiser Wreck	12–30	Um die 1997 gesunkene Passagierfähre tummeln sich Schnapper, Leopardenhaie, Barrakudas, Skorpionfische, Feuerfische und Meeresschildkröten
Kledkaeo Wreck (Ko Phi-Phi Don)	14–26	Um das 2014 versenkte ausgemusterte Schiff der thailändischen Marine tummeln sich Feuerfische, Schnapper, Zackenbarsche und Barrakudas
Ko Bida Nok (Ko Phi-Phi Don)	18–22	Karstmassiv mit Gorgonien, Leopardenhaien und Barrakudas; gelgentlich lassen sich auch Walhaie und Mantarochen blicken
Phi-Phi Leh	5–18	Der Rand der Insel ist mit Korallen und Austern bedeckt. Man findet hier Muränen, Kraken, Seepferde und Felspassagen

geworden. Abgesehen von Longtail-Boot-Touren nach Phi-Phi Leh und Ko Mai Phai über Phi-Phi Don organisieren Tourveranstalter auch Sonnenuntergangsfahrten rund um Ko Phi-Phi Leh, die auch zur Monkey Bay und dem Strand bei Wang Long führen.

PP Original Sunset Tour BOOTSFAHREN
(Karte S. 711; Ton Sai Village, Ko Phi-Phi Don; 900 B/Pers.; ⌚Touren 13 Uhr) Bei der sensationellen Sonnenuntergangstour rund um Ko Phi-Phi Leh tanzt man auf dem Doppeldeckerboot zu sanften Rhythmen, fährt zwischen den schroffen Klippen von Ao Pi Leh Kajak, schnorchelt und isst schließlich abends vor dem Strand der Ao Maya gebratenen Reis. Ein engagiertes, gut organisiertes Team leitet den wundervollen Ausflug.

Maya Bay Sleepaboard BOOTFAHREN
(Karte S. 711; www.mayabaytours.com; Ton Sai Village, Ko Phi-Phi Don; 3500 B/Pers.) Campen am Maya Beach auf Ko Phi-Phi Leh ist nicht mehr erlaubt, man kann mit Maya Bay Sleepabord die Nacht aber gleich vor der Küste an Bord verbringen. Im Preis inbegriffen sind Verpflegung, Schlafsack und die Nationalpark-Eintrittsgebühr; die Touren starten um 15 Uhr und kehren am nächsten Vormittag um 10 Uhr zurück. Das gleiche Team veranstaltet auch die beliebte **Plankton Sunset Cruise** (www.mayabaytours.com; Ko Phi-Phi Leh; 1700 B/Pers.; ⌚15–20 Uhr) nach Ko Phi-Phi Leh.

Captain Bob's Booze Cruise BOOTFAHREN
(Karte S. 711; ☎094 464 9146; www.phiphibooze cruise.com; Ko Phi-Phi Don; Frauen/Männer 2500/3000 B; ⌚Touren 13–19 Uhr) Einer der beliebtesten Ausflüge auf Phi-Phi, warum auch immer. Mit alkoholischen Getränken geht's in die Gewässer rund um Phi-Phi Don und Phi-Phi Leh. Die Tage dieser Kreuzfahrten könnten gezählt sein, denn die Einheimischen ärgern sich über die betrunkenen *fa·ràng* (Leute aus dem Westen), die an Land torkeln, wenn nüchternere Reisende gerade zum Abendessen ausgehen.

Schlafen

Besonders in der Hauptferienzeit muss man auf Ko Phi-Phi Don mit einem Mangel an Unterkünften und Wucherpreisen rechnen, daher unbedingt vorab buchen! In der Nebensaison (Mai–Okt.) entspannt sich die Lage, und die Preise fallen dramatisch.

Auf Ko Phi-Phi Leh gibt's keine Unterkünfte, und man darf dort auch nicht mehr campen. Die einzige Option ist die Übernachtung in einem Boot vor der Küste mit Maya Bay Sleepaboard.

Ton Sai Village & Ao Lo Dalam บ้านต้นไทร/อ่าวโละดาลัม

Auf der flachen, zugebauten, stundenglasförmigen Landzunge zwischen der Ao Ton Sai und der Ao Lo Dalam drängen sich die Unterkünfte. Das zentrale Ton Sai wird auch das „Touristendorf" genannt.

Ao Lo Dalam ist der traditionelle Backpackerstrand mit vielen schlichten Hostels. Der von hinreißenden Karstklippen umrahmte Strand ist vielleicht der schönste auf Ko Phi-Phi. Er ist aber vollgestopft mit Menschen, Longtail-Booten, vielen Strandbars und Tagesausflüglern. Nach 21 Uhr verwandelt er sich in einzigen Freiluft-Nachtclub.

Rock Backpacker HOSTEL $
(Karte S. 711; ☎081 607 3897; Ton Sai Village, Ko Phi-Phi Don; B 300 B, Zi. mit Ventilator/Klimaanlage 900/2000 B; ❄@📶) Das ordentliche Hostel auf dem Hügel über dem Dorf hat saubere, große Schlafsäle mit Stockbetten, kleine Privatzimmer, ein einladendes Restaurant mit Bar und eine rustikale, mit Graffitis bedeckte Fassade. Das ist immer noch eine der günstigeren Unterkünfte in Ton Sai, und es gibt hier eine muntere Backpacker-Szene – nur einen überschwänglichen Empfang darf man im Rock Backpacker nicht erwarten. Keine Reservierung.

Ibiza House HOSTEL, HOTEL $$
(Karte S. 711; ☎080 537 1868, 075 601274; ibiza houseppth@gmail.com; Ao Lo Dalam, Ko Phi-Phi Don; B 1000–1500 B, Zi. mit Frühstück 3500 B, Villen 5000–15 000 B; ❄📶🏊) Die hiesigen Schlafsäle sind mit Stockbetten, abschließbaren Behältern statt Schließfächern und Gemeinschaftsbädern ihr Geld nicht wert, aber man kommt ja wegen des großen, ewig beliebten Pools, der an zwei Seiten von der strategisch platzierten Bar flankiert wird, in der regelmäßig Partys steigen. Die Zimmer und Villen sind groß, sauber und überteuert, auch wenn das Preis-Leistungs-Verhältnis immerhin besser ist. Dafür hat man aber den Strand direkt vor der Tür.

Tropical Garden Bungalows BUNGALOWS $$
(Karte S. 711; ☎089 729 1436; www.thailandphi phitravel.com; Ton Sai Village, Ko Phi-Phi Don; Zi. 1100–1800 B; ❄📶🏊) Wem es nichts ausmacht, zum Essen, Trinken oder Sonnenbaden zehn Minuten zu laufen, findet hier ein

Ton Sai Village

Ton Sai Village

Aktivitäten, Kurse & Touren

1 Adventure Club B3
2 Captain Bob's Booze Cruise A3
3 Maya Bay Sleepaboard C3
4 PP Original Sunset Tour B3
5 Princess Divers C2
6 Pum Restaurant & Cooking School B3

Schlafen

7 Ibiza House C1
8 Rock Backpacker C2
9 Tropical Garden Bungalows D1
10 Up Hill Cottage D1

Essen

11 Efe B3
12 Esan Ganeang B2
13 Lebensmittelmarkt B3
14 Papaya Restaurant C3
Unni's .... (siehe 11)

Ausgehen & Nachtleben

15 Banana Bar C2
16 Carlito's C4
17 Relax Bar B3
18 Slinky B1

Unterhaltung

19 Kong Siam C2

wenig Ruhe (obwohl die Bars in Hörweite liegen). Die schlichten Bungalows mit Balkonen und Hängematten stehen dicht beieinander in einem schattigen Garten nahe dem Pfad zum Aussichtspunkt. Die Billigsten sind nur mit Ventilatoren ausgestattet.

Es gibt einen kleinen, blumenumsäumten Pool mit einer schwimmenden Bar.

Up Hill Cottage BUNGALOWS $$$

(Karte S. 711; ☎075 601124; www.phiphiuphillcottage.com; 140 Mu 7, Ton Sai Village, Ko Phi-Phi

SCHLAFLOSE NÄCHTE AUF KO PHI-PHI

Die Lärmbelästigung ist auf Ko Phi-Phi ein echtes Problem. Am schlimmsten ist es an der zentralen Ao Ton Sai und der Ao Lo Dalam, aber auch am Hat Hin Khom kann man in den frühen Abendstunden nicht mit Ruhe rechnen. Die Bars in Dalam und Ton Sai haben eine Sperrstunde um 2 Uhr (die mehr oder weniger eingehalten wird), die stoppt aber keine privaten Partys und hindert angetrunkene Nachtschwärmer nicht daran, weiter Türen zu knallen, zu kotzen, hinzufallen oder um 4 Uhr orientierungslos durch einen voll besetzen Schlafsaal zu torkeln.

Die ruhigsten Unterkünfte auf Ko Phi-Phi finden Traveller:

- an der Ostküste der Insel
- an der Nebenstraße, die das südöstliche Ende der Ao Ton Sai mit der Ao Lo Dalam verbindet
- auf dem Hügel nahe der Straße zum Aussichtspunkt von Phi-Phi (S. 707)
- am **Hat Yao** (Long Beach; Karte S. 708; Ko Phi-Phi Don)

Ansonsten bleibt nur, sich ins Unvermeidliche zu fügen und mitzufeiern.

Don; Zi. 2000–2500 B; ❄📶🏊) Die Zimmer der cremefarben angestrichenen Holzbungalows sind in hübschen Pastelltönen gehalten, von denen sich die farbenfrohen Bettdecken und die launig gefliesten Bäder abheben. Die meisten haben eigene Balkone mit (unterschiedlich schönem) Blick auf die Insel. Die Anlage liegt *ein wenig* außerhalb des Trubels am östlichen Ende der Hauptstraße, die nordwärts aus Ton Sai Village hinausführt. Der Pool ist klein. Vorsicht mit den vielen Stufen!

Hat Hin Khom หาดหินคม

Das Gebiet liegt eine viertelstündige Strand- oder Dschungelwanderung östlich von Ao Ton Sai und wartet mit ein paar kleinen, weißen Sandstränden an felsigen Buchten sowie einigen Mittelklasseresorts auf.

Viking Natures Resort BUNGALOWS $$$
(Karte S. 708; ☎083 649 9492, 075 819399; www.vikingnaturesresort.com; Hat Hin Khom, Ko Phi-Phi Don; Bungalows 1500–4500 B; ❄📶) Wenn man nach Atmosphäre sucht, sind diese komfortablen Bungalows aus dunklem Holz, Stroh und Bambus genau das Richtige: Sie sind mit Treibholz, Muschelvorhängen, aus Stein gemeißelten Waschbecken und farbenfroher Kunst dekoriert und haben Lounge-Bereiche mit Hängematten, von denen aus man einen fabelhaften Ausblick auf Ko Phi-Phi Leh hat. Die Bungalows verteilen sich auf einen steilen Dschungelgarten (den man sich manchmal mit Affen teilen muss) und der bis zu einem kleinen Strand hinunterreicht.

Hat Yao หาดยาว

Der muntere, weiße Sandstrand an der Südküste ist ideal zum Baden, man darf aber nicht erwarten, ihn für sich zu haben. Von Ton Sai kommt man zu Fuß über den Hat Hin Khom in einer halben Stunde her oder nimmt vom Pier in Ton Sai ein Longtail-Boot (100–150 B).

Paradise Pearl Bungalow RESORT $$$
(Karte S. 708; ☎075 601248; www.phiphiparadisepearl.com; Hat Yao, Ko Phi-Phi Don; Zi. mit Frühstück 3000–5000 B; ❄📶) Der ausgedehnte Komplex aus dunklen thailändischen Holz-Chalets, die mit Kunst ausgestattet sind, versteckt sich auf der felsigen Landzunge an der nördlichen Biegung des Hat Yao. Die angenehm altmodischen Holzhütten am Strand haben freistehende Betten, Spitzenvorhänge und Tee-/Kaffeemaschinen. Das gemütliche **Restaurant** (Karte S. 708; Hat Yao, Ko Phi-Phi Don; Hauptgerichte 120–400 B; ⏰7.30–22 Uhr; 📶) wird gern von jungen Pärchen besucht und erstreckt sich bis zum Rand des Sands.

Hat Rantee หาดรันตี

An der entspannten, abgelegenen kleinen Bucht an der Ostküste gibt es grau-goldenen Strand, Familienbungalows der Mittelklasse und gute Schnorchelmöglichkeiten. Hin gelangt man per Longtail-Boot vom Pier in Ton Sai (700 B; hin & zurück 200 B/Pers., mind. 4 Pers.; Gäste, die reserviert haben, werden von den Resorts kostenlos abgeholt) oder durch eine anstrengende 45-minütige Wanderung über den Aussichtspunkt.

Rantee View BUNGALOWS $$
(Karte S. 708; ☎092 124 0599; Hat Rantee, Ko Phi-Phi Don; Bungalows mit Ventilator 1500 B, mit Klimaanlage 2500–4500 B;) Die Anlage umfasst schlichte, einigermaßen annehmbare Bambus-Bungalows und neuere, saubere, geflieste Betonbungalows mit Klimaanlage und breiten Veranden, die auf den gepflegten Gartenpfad hinunter zum Strand blicken. Kein Restaurant. Die Anlage ist in der Nebensaison geschlossen.

Hat Phak Nam หาดผักน้ำ

Der prächtige weiße Sandstrand teilt sich die Bucht mit einem kleinen Fischerdorf. Er ist ruhig und hat einige wenige Mittelklasseunterkünfte. Wer den schweißtreibenden einstündigen Anmarsch über den Aussichtspunkt scheut, chartert an der Ao Ton Sai ein Longtail-Boot (1000 B; per Sammel-Bootstaxi hin & zurück 200 B/Pers.).

Relax Beach Resort BUNGALOWS $$$
(Karte S. 708; ☎089 475 6536; www.phiphirelaxresort.com; Hat Phak Nam, Ko Phi-Phi Don; Bungalows 2100–4600 B;) Die 47, im thailändischen Stil lackierten Bungalows haben Holzböden, strohgedeckte Dächer, zweistufige Terrassen mit Sitzkissen sowie (bei den besten Zimmern) Bäder mit Mosaikboden. Sie sind von üppigem Dschungel umgeben. Es gibt ein gutes, auf Meeresfrüchte spezialisiertes **Restaurant** (Karte S. 708; Hauptgerichte 120–350 B; 7.30–21 Uhr;) mit thailändischen und internationalen Gerichten und eine luftige Bar. Die Anlage wird von charmantem Personal geführt, das die Gäste wie Familienmitglieder behandelt.

Ao Lo Bakao อ่าวโละบาเกา

Der von Palmen gesäumte und von spektakulären Hügeln umgebene feine Sandstrand in der im Nordosten der Insel gelegenen Ao Lo Bakao gehört zu den schönsten auf Ko Phi-Phi – über das blaue Meer blickt man hinüber auf die vorgelagerten Inselchen Ko Mai Phai (Bambusinsel) und Ko Mung (Moskito-Insel). Die Fahrt mit dem Longtail-Boot von der Ao Ton Sai kostet 1000 B.

Phi-Phi Island Village BUNGALOWS $$$
(Karte S. 708; ☎075 628900; www.phiphiislandvillage.com; Ao Lo Bakao, Ko Phi-Phi Don; Zi. mit Frühstück 7300–26 400 B;) Das riesige Resort mit 201 Bungalows aus Holz und Beton, die überwiegend gleich hinter dem Strand inmitten wogender Palmen stehen, ist eine abgeschlossene Welt für sich, in der alles gleich vor Ort ist, darunter zwei Pools, ein Restaurant, ein Café, ein Spa, ein Tauchveranstalter, Tennisplätze und sogar ein eigener Tsunami-Schutzraum. Das Resort arrangiert den Transfer seiner Gäste von/nach Ton Sai mit Longtail-Booten. Bei Online-Buchung gibt's Rabatt.

Hat Laem Thong หาดแหลมทอง

Die Resorts sind hier teuer, aber dieser weiße Sandstrand an der Nordostküste ist (als Stopp von Tagestouren aus Phuket) trotzdem voll, und am Nordende befindet sich zudem eine kleine, vermüllte Siedlung der Moken (Seenomaden). Die Fahrt mit einem an der Ao Ton Sai gecharterten Longtail-Boot kostet 1200 B; die Hotels kümmern sich um den An- und Abtransport ihrer Gäste.

★ **Zeavola** HOTEL $$$
(Karte S. 708; ☎075 627000; www.zeavola.com; Hat Laem Thong, Ko Phi-Phi Don; Bungalows mit Frühstück 11 100–22 100 B;) Von Hibiskussträuchern gesäumte Wege führen zu den schattigen Teak-Bungalows mit schicker, entschieden asiatischer Raumaufteilung drinnen und draußen. Alle haben Glaswände an drei Seiten, schöne Armaturen aus den 1940er-Jahren, alte Möbel, große Keramik-Waschbecken, Duschen drinnen und draußen sowie Tee- und Kaffeemaschinen auf der eigenen Terrasse. Der Service ist makellos. Die schönsten Villen bieten eigene Infinity Pools, und es gibt ein fabelhaftes, auf Paare ausgerichtetes Spa.

PP Erawan Palms Resort HOTEL $$$
(Karte S. 708; ☎075 627500; www.pperawanpalms.com; Hat Laem Thong, Ko Phi-Phi Don; Zi. mit Frühstück 4500–9000 B;) Auf dem Gelände ist aller Stress im Nu verschwunden. Durch Gartenanlagen gelangt man auf gewundenen Pfaden zu den hellen, geräumigen, modernen, aber doch traditionell anmutenden „Cottages" und den kleineren Zimmern, die alle mit Kunst und Kunsthandwerk aus Thailand ausstaffiert sind. Die Betten könnten größer und besser sein, aber es gibt eine einladende Pool-Bar, und der Service ist freundlich.

Essen

★ **Esan Ganeang** THAILÄNDISCH $
(Karte S. 711; Ton Sai Village, Ko Phi-Phi Don; Hauptgerichte 70–150 B; 10–24 Uhr) In einer Gasse mit vielen bei Einheimischen belieb-

ACHTUNG DIEBE!

Diebstahl ist auf Ko Phi-Phi Don ein Problem. Daher sollte man seine Sachen im Auge behalten, Fenster schließen und Türen absperren.

ten Ladenlokalen bietet das von einer Familie geführte Esan Ganeang fantastische, authentische Gerichte aus der Isan-Region im Nordosten Thailands. Hier erwarten einen feurige Salate und Suppen, mildere Currys und aromatische Nudelgerichte. Zu den Gerichten sollte man unbedingt auch Klebereis bestellen.

Lebensmittelmarkt MARKT, THAILÄNDISCH $

(Karte S. 711; Ton Sai Village, Ko Phi-Phi Don; Hauptgerichte 60–80 B; ⌚7–22 Uhr) Das preiswerteste und authentischste Essen auf Ko Phi-Phi gibt's auf diesem Markt nahe der Anlegestelle. Ein paar engagierte, örtliche Standinhaber bieten hier leckeres *pàt tai*, gebratenen Reis, *sôm·đam* (scharfen grünen Papaya-Salat) und geräucherten Wels.

★ **Unni's** INTERNATIONAL $$

(Karte S. 711; ☎091 837 5931; Ton Sai Village, Ko Phi-Phi Don; Hauptgerichte 140–600 B; ⌚8–23 Uhr; 📶) In dem bei hier lebenden Ausländern beliebten Lokal mit hellem, angenehmem Café-Ambiente gibt's hausgemachte Frühstücks-Bagel mit allem Möglichen von Räucherlachs bis Fleischbällchen, und Spezialitäten wie Toast mit Avocados und Feta. Zu den ausgezeichneten internationalen Angeboten gehören die großen griechischen Salate, die Pastagerichte, Burritos, Nachos, Burger, Tapas und Cocktails.

★ **Efe** TÜRKISCH $$

(Karte S. 711; ☎095 150 4434; Ton Sai Village, Ko Phi-Phi Don; Hauptgerichte 170–640 B; ⌚12–22.30 Uhr; 📶) Mit der tollen Auswahl von Kebabs auf brutzelnden Pfannen, von Salaten und Wraps ist dieser mediterrane Newcomer schnell zum Lieblingsrestaurant wählerischer Traveller und ortsansässiger Ausländer geworden. Es gibt hier auch prima Burger und Pizzas. Das gemütliche Lokal hat drinnen ein paar Tische sowie eine winzige Terrasse. In der Hauptzeit fürs Abendessen wird man auf einen Tisch warten müssen.

★ **Jasmin** SEAFOOD $$

(Karte S. 708; Hat Laem Thong, Ko Phi-Phi Don; Hauptgerichte 150–500 B; ⌚10–22 Uhr) Man sollte aus seinem Luxusresort ausbrechen, um einmal in diesem schönen und relaxten, halb offenen Meeresfrüchterestaurant mitten am idyllischen Strand von Laem Thong zu speisen. Der liebevoll gegrillte frische Fisch (zum Kilopreis) ist die Spezialität, aber es gibt auch alle typischen Thai-Gerichte, westliche Standardkost, Sandwiches und Frühstück sowie ordentliche Cocktails.

Papaya Restaurant THAILÄNDISCH $$

(Karte S. 711; ☎087 280 1719; Ton Sai Village, Ko Phi-Phi Don; Hauptgerichte 70–450 B; ⌚8.30–22 Uhr) Preiswert, schmackhaft, würzig: Die authentischen Thai-Gerichte mit viel Basilikum und Chili kommen in großen Portionen. Es gibt die üblichen Currys und auch *sôm·đam* (scharfen grünen Papaya-Salat) und *đôm yam*.

Ausgehen & Nachtleben

Billiger Whisky, Red Bull und scheußlich süße Cocktails machen Ko Phi-Phi zur Domäne wilden Feierns und schlimmer Kater. Vorsicht vor Leuten, die einem an den Stränden Drogen anbieten – es könnte sich um verdeckte Ermittler der örtlichen Polizei handeln.

Banana Bar BAR

(Karte S. 711; Ton Sai Village, Ko Phi-Phi Don; ⌚11–2 Uhr; 📶) *Das* alternative Bar-Ziel in Ton Sai Village für alle, die der House- und Techno-Beschallung am Strand entgehen wollen. Das Banana verteilt sich über mehrere Ebenen. Man sitzt auf dem Dach oder auf Kissen auf den erhöhten Decks rund um die Bar. Der Laden bietet starke Musik und ist bei Leuten beliebt, die sich ihre eigenen Zigaretten drehen. Es gibt hier auch mexikanisches Essen.

Slinky CLUB

(Karte S. 711; Ao Lo Dalam, Ko Phi-Phi Don; ⌚21–2 Uhr) Immer noch die beste Feuershow am Ao Lo Dalam und immer noch die angesagteste Stranddisco mit dröhnenden Bässen, eimerweise Cocktails (ab 350 B) und massenweise Touristen, die Kontakt suchen, flirten und zur Musik wild herumtanzen.

Relax Bar BAR

(Karte S. 711; Ton Sai Village, Ko Phi-Phi Don; ⌚12–1 Uhr) Die intime Bar wird ihrem Namen gerecht. Sie hat einen Kühlschrank, der auf arktische Temperaturen kühlt, und deshalb das kälteste Bier von Phi-Phi serviert, und unterscheidet sich von anderen auf der Insel darin, dass sie neben Travellern und Expats auch Einheimische anlockt.

Die Drinks haben vernünftige Preise. Es gibt kein WLAN – hier muss man sich also miteinander unterhalten.

Sunflower Bar BAR
(Karte S. 708; Ao Lo Dalam, Ko Phi-Phi Don; ⏲11–2 Uhr; 📶) Das klapprige Schmuckstück aus Treibholz gehört zu den entspanntesten Bars vor Ort. Hier kann man prima ein Bier trinken, während die Sonne im Meer versinkt. Durch den Tsunami von 2004 zerstört, wurde sie aus altem Holz wieder aufgebaut. Die Sitzecken aus Langbooten sind nach den vier Liebsten benannt, die der Inhaber durch die Fluten verloren hat.

Carlito's BAR
(Karte S. 711; Ao Ton Sai, Ko Phi-Phi Don; ⏲11–1 Uhr; 📶) Etwas weniger wild geht's in dieser Strandbar am Ao Lo Dalam mit Lichterketten, mit Kerzen geschmückten Tischen und Plastikstühlen auf dem Sand zu. Es gibt jeden Abend Feuer-Shows und Livemusik, aber der Treff ist eleganter und romantischer als die meisten Strandbars auf Ko Phi-Phi.

★ Unterhaltung

Kong Siam LIVEMUSIK
(Karte S. 711; Ton Sai Village, Ko Phi-Phi Don; ⏲18–2 Uhr) In diesem beliebten Lokal, das Thais und *fa·ràng* (westliche Ausländer) gleichermaßen anlockt, gibt's jeden Abend Livemusik. Der Inhaber ist ein talentierter Gitarrist, und seine Mitstreiter und die anderen hier auftretenden Musiker sind auch nicht schlecht.

ℹ Praktische Informationen

Geldautomaten gibt's überall im Tourist Village auf Ko Phi-Phi Don, aber nicht an den Stränden der Ostküste und nicht auf Ko Phi-Phi Leh. WLAN ist überall vorhanden.

Phi-Phi Island Hospital (Karte S. 708; ☎075 622151) Notfallversorgung am westlichen Ende der Ao Ton Sai. Ernste Fälle sollten umgehend per Boot nach Krabi oder (besser noch) Phuket gebracht werden.

Post (Karte S. 711; Ton Sai Village, Ko Phi-Phi Don; ⏲Mo–Fr 9–17 & Sa 9–13 Uhr) Verschickt Sendungen ins Ausland.

ℹ An- & Weiterreise

Ko Phi-Phi Don ist von **Ao Nang, Krabi, Phuket, Railay und Ko Lanta aus erreichbar**. Die meisten Boote legen an der **Ao Ton Sai** (Karte S. 711; Ton Sai Village, Ko Phi-Phi Don) an, einige wenige aus Phuket nutzen aber die isolierte Anlegestelle **Tha Laem Thong** (Karte S. 708) im Norden. Die Fähren verkehren ganzjährig, aber nicht unbedingt an jedem Tag.

Es gibt auch kombinierte Schiff-Minivan-Tickets zu Zielen in ganz Thailand, z. B. für Bangkok (850 B, 11 Std., 15.30 Uhr), Ko Samui (500 B, 6½ Std., 10.30 Uhr) und Ko Pha-Ngan (600 B, 7 Std., 10.30 Uhr).

Nach Ko Phi-Phi Leh gelangt man im Rahmen von Touren oder per Longtail- (600–800 B) oder Schnellboot (2500 B).

ℹ Unterwegs vor Ort

Auf Ko Phi-Phi Don gibt es keine richtigen Straßen. Einige Einheimische nutzen zwar Motorräder, aber Ausländer können nirgendwo welche mieten. Man geht überwiegend einfach zu Fuß, doch können in der Ao Ton Sai Langboote für kurze Fahrten zu anderen Stellen auf beiden Inseln gechartert werden.

Longtail-Boote fahren von der Ao Ton Sai zum Hat Yao (100–150 B), Hat Rantee (700 B), nach Hat Phak Nam und der Ao Lo Bakao (1000 B), nach Laem Thong (1200 B) und zur Wai-King-Höhle (auf Ko Phi-Phi Leh; 600 B).

Wer ein Longtail-Boot für drei oder sechs Stunden chartert, zahlt 1500 bzw. 3000 B; die Charter eines Schnellboots für einen halben Tag kostet 5000 B.

Ko Lanta เกาะลันตา

☎075 / 26 800 EW.

Die frühere Domäne von Seenomaden entwickelte sich vom einsamen thailändischen Hinterland zu einem Refugium für asiatische und europäische Traveller, vor allem für Skandinavier, die die herrlichen kilome-

SCHIFFE/FÄHREN VON/NACH KO PHI-PHI DON

ZIEL	PREIS (B)	DAUER (STD.)	NACH KO PHI-PHI	VON KO PHI-PHI
Ao Nang	450	1¾	9.30 Uhr	15.30 Uhr
Ko Lanta	350–600	1½	8, 11.30, 13 & 16 Uhr	11.30, 15 & 15.30 Uhr
Krabi	350	1½–2	9, 10.30, 13.30 & 15.30 Uhr	9, 10.30, 13.30 & 15.30 Uhr
Phuket	350	1¼–2	9, 11, 13, 13.30 & 15 Uhr	9, 11, 14, 14.30 & 15.30 Uhr
Railay	450	1¼	9.45 Uhr	15.30 Uhr

Ko Lanta

terlangen Strände (die im Norden allerdings unter alarmierender Erosion leiden) sowie die nahen Tauchspots von Hin Daeng, Hin Muang und Ko Haa erleben wollen.

Das charmante Ko Lanta ist ruhiger und authentischer als der laute Nachbar Ko Phi-Phi, allerdings wächst die Backpacker-Partyszene. Lanta ist flacher als umliegende Inseln und von guten Straßen durchzogen, die sich über 22 km vom Nord nach Süd erstrecken, sodass man Ko Lanta auch prima per Motorrad erkunden kann. Eine Rundfahrt enthüllt einen bunten Schmelztiegel der Kulturen: Brathähnchenstände stehen im Schatten schlanker Minarette, an der Ostküste drängen sich die Dörfer der Moken (Seenomaden) mit ihren auf Stelzen ruhenden Hütten, und im grün-braunen Gewirr der Mangroven verbergen sich kleine buddhistische Tempel.

Ko Lanta ist eine Doppelinsel, aber eigentlich meint man damit das südliche Ko Lanta Yai. Die Boote legen im staubigen Ban Sala Dan an der Nordspitze von Ko Lanta Yai an.

Sehenswertes

★ Ban Si Raya DORF
(บ้านศรีรายา, Altstadt von Lanta; Karte S. 720) Ban Si Raya liegt in der Mitte der Ostküste. Sie war der ursprüngliche Hafen der Insel und ihr Handelszentrum, weil arabische und chinesische Handelsschiffe, die zwischen Phuket, Penang und Singapur fuhren, hier einen sicheren Hafen fanden. Die Stimmung unterscheidet sich deutlich von anderen Orten auf der Insel. Einige der anmutigen, auf Stelzen stehenden, gut erhaltenen 100 Jahre alten Holzhäuser und Ladenzeilen wurden zu bezaubernden, stimmungsvollen Gästehäusern umgewandelt. In den Restaurants am Pier speist man frische Meeresfrüchte und blickt auf den Ozean. Drum herum finden sich einige nette unkonventionelle Läden.

Tham Khao Maikaeo HÖHLE
(ถ้ำเขาไม้แก้ว; Karte S. 720; ☎089 288 8954; Führungen 300 B) Dieser Komplex aus Höhlen und Tunneln wurde über Jahrmillionen vom Monsunregen aus den Kalksteinspalten herausgefräst. Die Säle voller Stalaktiten und Stalagmiten erreichen teilweise die Größe von Kathedralen, dann wieder gibt es winzige Durchgänge, durch die man sich auf allen Vieren zwängen muss, und schließlich erreicht man sogar einen unterirdischen See. Eine einheimische Familie veranstaltet stündlich Wanderungen zu den Höhlen (Stirnlampen werden gestellt). Das Ganze dauert insgesamt zwei Stunden, und angemessenes Schuhwerk ist für den Besuch unerlässlich. Die Höhle ist an der Hauptstraße ausgeschildert, die vom Hat Khlong Tob zur Ostküste führt. Wegen der Termine vorab anrufen.

Lanta Animal Welfare TIERSCHUTZZENTRUM, FREIWILLIGENARBEIT
(Karte S. 718; ☎084 304 4331; www.lantaanimalwelfare.com; 629 Mu 2, Ban Phra Ae; Besichtigung gegen Spende; ⌚10–16 Uhr) Das schon lange existierende Tierrettungszentrum kümmert sich um ca. 30 Hunde und 60 Katzen. Streunende Tiere werden gefüttert, sterilisiert und an Besitzer vermittelt, außerdem unternimmt das Zentrum Impfkampagnen und leistet Öffentlichkeitsarbeit in Sachen Tierschutz. Bei den stündlichen Führungen (40 Min.) können Besucher die Einrichtungen besichtigen und mit den Katzen spielen. Besucher, die Hunde ausführen wollen, sind willkommen, ebenso Freiwillige, die länger mitarbeiten wollen.

Aktivitäten

Tauchen & Schnorcheln

Einige der besten Tauchspot Thailands sind nur einen Katzensprung von Ko Lanta entfernt. Am besten taucht man bei den Unterwasserriffen Hin Muang und Hin Daeng, die man im Boot in zwei Stunden erreicht. Diese einsamen Korallenriffe mitten im Meer sind wichtige Weideplätze für große Meeresfische wie Haie, Thunfische, Barrakudas und gelegentlich auch Walhaie und Mantarochen. Hin Daeng gilt allgemein als Thailands zweitbester Tauchspot nach dem Richelieu Rock (S. 643) nahe der Grenze zu Myanmar.

Die Tauchspots um Ko Haa bieten bei einer Tiefe von 18 bis 34 m konstant gute Sichtverhältnisse, viele Meeresbewohner (darunter Schildkröten) und eine Höhle mit drei Kammern, die als „Kathedrale" bekannt ist. Die Tauchveranstalter auf Ko Lanta bieten auch Touren zum Wrack der *King Cruiser* (S. 701), zum **Anemonenriff** (Ko Phi-Phi Don) und nach einige andere Ko Phi-Phi Tauchplätze an.

Die Tauchsaison auf Ko Lanta dauert von November bis April, doch veranstalten einige Anbieter auch in der Nebensaison Tauchtouren, sofern das Wetter es zulässt. Trips nach Hin Daeng und Hin Muang kosten 3600 bis 4500 B, nach Ko Haa zahlt man 3100 bis 4000 B. PADI-Open-Water-Kurse gibt's für 13 700 bis 15 900 B. In den Preisen ist die Nationalparkgebühr in der Regel nicht enthalten.

Von Mitte Oktober bis April veranstalten Anbieter überall auf Ko Lanta vier Inseln einbeziehende Schnorchel- und Kajaktouren (1200–1900 B) nach Ko Rok Nok, den Trang-Inseln und zu anderen Inseln in der näheren Umgebung.

Scubafish TAUCHEN

(Karte S. 720; ☎075 665095; www.scubafish.com; Ao Kantiang; 2 Tauchgänge 3500 B; ⌚8–20 Uhr) Der alteingesessene Anbieter im Süden der Insel (näher bei den Tauchstellen) hat einen hervorragenden Ruf. Er bietet auf persönliche Interessen zugeschnittene Aktivitäten wie z. B. „Liquid Lense", einen Kurs in Unterwasser-Fotografie, ist aber teurer als andere Veranstalter. Beliebt sind die dreitägigen Tauch-Pauschaltouren (9975 B). Das eintägige „Discover Scuba" kostet 5200 B, der Open-Water-Zertifizierungskurs 15 900 B.

Lanta Diver TAUCHEN

(Karte S. 718; ☎075 668058; www.lantadiver.com; 197/3 Mu 1, Ban Sala Dan; 2 Tauchgänge 3600 B; ⌚10–18 Uhr) Der sehr professionelle skandinavische Anbieter hat seinen Sitz nahe dem Pier und kleinere Ableger in den Resorts. Tagestouren mit zwei Tauchgängen nach Hin Daeng und Hin Muang kosten 3600 bis 4100 B, „Discover Scuba" mit zwei Tauchgängen 4500 B und der Open-Water-Zertifizierungskurs 14 400 B.

Blue Planet Divers TAUCHEN

(Karte S. 718; ☎075 668165; www.divinglanta.com; 3 Mu 1, Ban Sala Dan; 2 Tauchgänge 3100 B; ⌚8.30–21 Uhr) Die erste Schule auf Ko Lanta, die sich auf Unterricht im Freitauchen (ab 2700 B) spezialisiert hat, bietet auch Open-Water-Zertifizierung (13 700 B), „Discover Scuba" (4300 B) und Schnorchelausflüge (1500 B).

Go Dive TAUCHEN

(Karte S. 718; ☎075 668320; www.godive-lanta.com; 6 Mu 1, Ban Sala Dan; 2 Tauchgänge 3300 B; ⌚Okt.–April) Eine der neueren Tauchschulen auf Ko Lanta. Angeboten werden Touren mit zwei Tauchgängen nach Hin Daeng/Hin Muang (4200 B), „Discover Scuba" mit zwei Tauchgängen (3900 B) und Open-Water-Zertifizierungen (PADI/SSI 13 900/12 900 B).

Yoga

In der Hauptsaison (Nov.–April) bieten **Oasis Yoga** (Karte S. 718; ☎085 115 4067; www.oasisyoga-lanta.com; Hat Khlong Dao) und **Relax Bay** (Karte S. 718; ☎075 684194; www.relaxbay.com; Ao Phra Ae; Zi. 1800–4900 B; ❄📶🏊) Kurse zum Vorbeikommen (250–400 B). Sri Lanta (S. 721) bietet ganzjährig Kurse (550 B).

Kurse

Time for Lime KOCHEN

(Karte S. 718; ☎075 684590; www.timeforlime.net; Hat Khlong Dao; ⌚Kurs 16 Uhr) Die beliebte Schule mit Restaurant liegt am südlichen Hat Khlong Dao und veranstaltet in der Hauptsaison ausgezeichnete Kochkurse (2000 B), die eine etwas interessantere Rezeptauswahl bieten als sonst in Thai-Kochschulen üblich. Die fünfstündigen Kurse gibt's auch für Vegetarier. Wer mehr als einen Kurs bucht, erhält Rabatt. Die Gewinne gehen an Lanta Animal Welfare. Vorab buchen! Im Restaurant vor Ort gibt's montags bis samstags ein Verkostungsmenü (540 B).

Schlafen

In der Nebensaison (Mai–Okt.) schließen manche Resorts, andere senken ihre Preise um 50 %. In der Hauptsaison ist Reservieren unerlässlich.

Hat Khlong Dao หาดคลองดาว

Costa Lanta HOTEL $$$

(Karte S. 718; ☎075 668186; www.costalanta.com; Hat Khlong Dao; Zi. mit Frühstück 7100–

Ko Lanta Nord

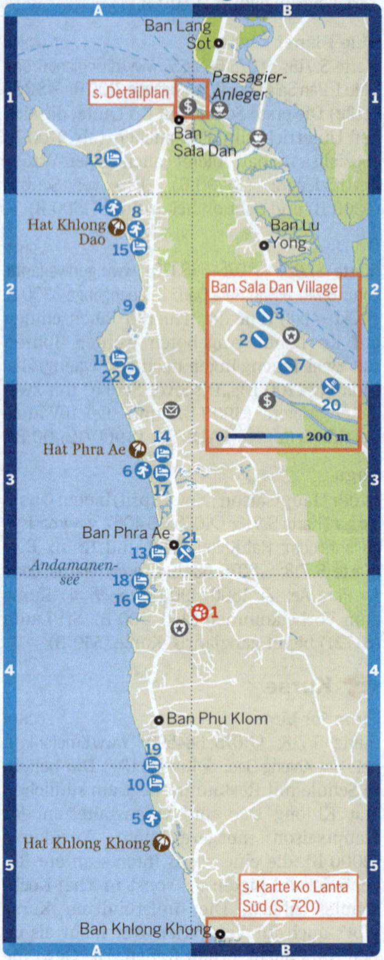

Ko Lanta Nord

Sehenswertes

1 Lanta Animal Welfare B4

Aktivitäten, Kurse & Touren

2 Blue Planet Divers B2
3 Go Dive B2
4 Hat Khlong Dao A2
5 Hat Khlong Khong A5
6 Hat Phra Ae A3
7 Lanta Diver B2
8 Oasis Yoga A2
9 Time for Lime A2

Schlafen

10 Bee Bee Bungalows A5
11 Chill Out House A2
12 Costa Lanta A1
13 Hutyee Boat A3
14 Lanta Baan Nok Resort A3
15 Lanta Island Resort A2
16 Lazy Days A4
17 Long Beach Chalet A3
18 Relax Bay A4
19 Where Else! A4

Essen

20 Kung Restaurant B3
21 Patty's Secret Garden A3

Ausgehen & Nachtleben

Feeling Bar .... (siehe 19)
22 Irie A2
Island Bar .... (siehe 15)

9700 B;) Die vom Zen-Buddhismus inspirierten freistehenden Hütten befinden sich in einem von Gezeitenkanälen durchzogenen Garten voller Kokospalmen am nördlichen Ende des Hat Khlong Dao. Alles – Boden, Wände, Waschbecken – besteht aus poliertem Beton, und die minimalistisch-schicken Hütten haben nach zwei Seiten große Tore, um keine Enge aufkommen zu lassen und für einen frischen Luftzug zu sorgen. Die Badezimmer sind riesig.

Lanta Island Resort BUNGALOWS $$$
(Karte S. 718; 075 684124; www.lantaislandresort.com; 10 Mu 3, Hat Khlong Dao; Bungalows 1800–5300 B;) Die ältlichen Betonbungalows mit weißen Fliesenböden sind recht groß und gepflegt und stehen ein paar Meter vom Strand in einem grünen Garten mit einem Pool. Die Bungalows halten etwas Abstand voneinander, sodass man seine Privatsphäre hat. Die **Island Bar** (Karte S. 718; 10 Mu 3, Hat Khlong Dao; 12 Uhr–open end;) der Anlage ist ein netter Ort für einen Drink zum Sonnenuntergang; in der Hauptsaison gibt's Livemusik.

Hat Phra Ae หาดพระแอ

Chill Out House HOSTEL $
(Karte S. 718; 082 183 2258; www.chillouthouselanta.com; Hat Phra Ae; B 220 B, DZ 280–320 B; Sept.–April;) Die geschäftige Backpacker-„Baumhaus-Gemeinschaft" abseits des Strandes hat drei unterschiedliche, schlichte Schlafsäle, Gemeinschaftsbäder, Türen aus Kreidetafeln und klapprige Doppelzimmer mit eigenen Bädern. Die Anlage ist schlicht, aber hinsichtlich Stimmung und Preis unschlagbar: Es gibt Schaukeln

an der Bar, einen Gemeinschafts- iPod-Anschluss und eine wunderbar entspannende Lounge voller Hängematten.

Lanta Baan Nok Resort BUNGALOWS $$
(Karte S. 718; ☎075 684459; lantabaannokresort@gmail.com; Hat Phra Ae; Bungalows 1500 B; ❄📶) Das neue Resort umfasst acht makellose, komfortable Bungalows mit modernen Bädern, Betten auf erhöhten Plattformen und Balkonen mit Hängematten. Die Stimmung ist angenehm entspannt; das Preis-Leistungs-Verhältnis ist ordentlich. Zum Strand läuft man ein kurzes Stück.

Hutyee Boat BUNGALOWS $$
(Karte S. 718; ☎083 633 9723; Hat Phra Ae; Bungalows 600–1200 B; 📶) Das Hippie-Paradies aus großen, schlichten Bungalows auf Stelzen (nur mit Ventilator) versteckt sich in einem Dickicht aus Palmen und Bambus gleich abseits vom Strand (hinter dem Nautilus Resort). Die Bungalows bieten geflieste Bäder, kleine Kühlschränke und schaukelnde Hängematten. Die Anlage wird von einer freundlichen muslimischen Familie geführt.

Long Beach Chalet BUNGALOWS $$$
(Karte S. 718; ☎075 695668; www.longbeachchalet.net; Hat Phra Ae; Bungalows 3000–9000 B; 📶🏊) Die großen Holzbungalows auf Betonstützen haben Balkone und liegen 200 m vom Strand in einem gepflegten Garten rund um einen kühlen Pool. Die Bungalows bestehen jeweils aus zwei Hälften: das Schlafzimmer befindet sich in der einen, das Bad in der anderen. Das Personal ist effizient.

Lazy Days BUNGALOWS $$$
(Karte S. 718; ☎075 656291; www.lantalazydays.com; Hat Phra Ae; Bungalows 4200–5000 B; ❄📶) Die neun komfortablen Bambusbungalows mit Strohdächern und Balkonen verstecken sich an einer lauschigen Stelle am Ende des Hat Phra Ae. Sie bieten tolle Betten, Bäder mit Warmwasser, TVs, Kühlschränke und Safes. Die Anlage hat ein Restaurant.

Hat Khlong Khong หาดคลองโขง

★ **Bee Bee Bungalows** BUNGALOWS $$
(Karte S. 718; ☎081 537 9932; Hat Khlong Khlong; Bungalow 700–1000 B; ⏲Okt.–April;

WO AUF KO LANTA ÜBERNACHTEN?

Ban Sala Dan In dem charaktervollen Ort gibt's ordentliche Budgetunterkünfte. Die Lage ist praktisch wegen der Meeresfrüchterestaurants mit Lokalkolorit und der Bootsanlegestelle, aber unpraktisch, wenn man an den Strand will.

Hat Khlong Dao (Karte S. 718) Der einst wunderbare, 2 km lange weiße Sandstrand, wo sich prima baden ließ, ist jetzt so erodiert, dass bei Flut gar kein Sand mehr übrig ist.

Hat Phra Ae (Langer Strand; Karte S. 718) Am sandigen Hat Phra Ae, 3 km südlich von Ban Sala Dan, ist ein großes Touristendorf entstanden. Der Strand beginnt zu erodieren, aber noch gibt es einen schönen Abschnitt an seiner Nordflanke.

Hat Khlong Khong (Karte S. 718) Hier erlebt man strohgedeckte Rasta-Bars, Strandvolleyball, Vollmondpartys und gelegentlich stark beworbene „Mushroom-Shakes". Der Strand liegt 9 km südlich von Ban Sala Dan.

Hat Khlong Nin (Karte S. 720) Die Hauptstraße Richtung Süden gabelt sich 13 km südlich von Ban Sala Dan (nach dem Hat Khlong Tob). Die rechte Abzweigung folgt auf 14 km der Küste bis zu Ko Lantas Südspitze. Der hübsche weiße Sandstrand von Hat Khlong Nin ist der erste; an seinem Nordende gibt es viele kleine Pensionen im Flashpacker-Stil. Einfach Vergleiche anstellen!

Ao Kantiang (Karte S. 720) Die herrliche Bucht mit Sandstränden vor einer Kulisse aus hohen Hügeln liegt im Südwesten und bildet ein eigenes Dorf mit Minimärkten, Motorradverleihern und Restaurants.

Ao Mai Pai (Karte S. 720) Die üppige, nahezu unbekannte Bucht an der südwestlichen Kurve direkt vor dem Kap bietet Strände, die zu den schönsten auf Ko Lanta zählen.

Laem Tanod (Karte S. 720) An der wilden, dschungelbedeckten und bergigen Südspitze gibt es schroffe Felshänge und eine atemberaubende Aussicht.

Ban Si Raya (S. 716) Es gibt einige Pensionen in Ko Lantas oft übersehener, wunderbar altmodischer und unglaublich reicher Altstadt an der Ostküste, die ihren eigenen Boheme-Charme besitzt.

Ko Lanta Süd

Ko Lanta Süd

Highlights
1 Ban Si Raya D2

Sehenswertes
2 Laem Tanod C4
3 Mu Ko Lanta National Park C4
4 Tham Khao Maikaeo B1

Aktivitäten, Kurse & Touren
5 Ao Kantiang A4
6 Ao Mai Pai C4
7 Hat Khlong Nin A1
Scubafish .... (siehe 8)

Schlafen
8 Baan Laanta Resort & Spa A4
9 Baan Phu Lae C4
10 La Laanta C4
11 Mango House D2
Unterkünfte im Mu Ko Lanta National Park .... (siehe 23)
12 Old Times D2
13 Phra Nang Lanta A4
14 Round House A1
15 Sri Lanta A2
16 Sriraya D2

Essen
17 Caoutchouc C2
18 Drunken Sailors A3
La Laanta .... (siehe 10)
19 Phad Thai Rock'n'Roll B3

Ausgehen & Nachtleben
20 Why Not Bar A4

Shoppen
21 Hammock House D2
22 Malee Malee D2

Praktisches
23 Mu Ko Lanta National Park (Verwaltung) C4
Mu Ko Lanta National Park (Besucherzentrum) .... (siehe 23)

(📶) Die Anlage besteht aus einem Dutzend kreativ gestalteter Bambushütten, die von superfreundlichen Leuten verwaltet werden. Jeder Bungalow ist einzigartig; einige stehen auf Stelzen inmitten der Bäume. Im Restaurant vor Ort gibt's eine Bibliothek mit zerlesenen Taschenbüchern, auf dass man sich nicht langweilt, während man auf die köstlichen Thai-Gerichte wartet.

Where Else! BUNGALOWS $$
(Karte S. 718; ☎092 942 6554, 093 293 6545; where-else-lanta@hotmail.com; Hat Khlong Khong; Bungalows 600–1500 B; 📶) Ein Stück Lanta-Boheme bestehend aus strohgedeckten Bungalows mit halb offenen Bädern mit Kaltwasser; wer nächtlichen Gelagen und tropischem Ungeziefer aus dem Weg gehen will, sucht besser woanders. Bei Backpackern ist die Anlage mit coolem Besitzer und ausgelassener Strandatmosphäre, deren Zentrum die beliebte Feeling Bar (S. 723) bildet, jedenfalls sehr beliebt. Die teureren Bungalows sind mehrstöckig und bieten Platz für bis zu vier Personen.

Hat Khlong Nin หาดคลองนิน

Round House PENSION $$
(Karte S. 720; ☎086 950 9424; www.lantaroundhouse.com; Hat Khlong Nin; Bungalows ohne/mit Bad 800/1500 B, Haus 3000 B; ❄📶) In der netten Pension am Nordende des Strands stehen mehrere Optionen zur Auswahl: Die auf Stelzen stehenden Bambus- und Holzbungalows mit Ventilator sind schlicht und die preiswertesten Unterkünfte haben Gemeinschaftsbäder mit Warmwasser. Sie stehen gleich hinter dem luftigen Strandrestaurant. Daneben gibt es ein cooles rundes Haus aus Lehmziegeln für zwei Personen, Zimmer aus Beton mit Veranden sowie ein ideal für Familien geeignetes Strandhaus mit Klimaanlage. Morgens gibt's Yogasitzungen (300 B).

Sri Lanta BOUTIQUEHOTEL $$$
(Karte S. 720; ☎075 662688; www.srilanta.com; Hat Khlong Nin; Zi. 3400–7400 B; ❄📶🏊) 🍃 Das bei asiatischen Touristen beliebte Öko-Hotel am südlichen Ende des Strands besteht aus komfortablen, sehr hellen Holzvillen in Gärten, die sich vom Strand bis zum Hang des Hügels erstrecken. In dem von Blumen gesäumten Strandbereich gibt's zwei Pools, ein Restaurant und Massagepavillons. Das Resort gibt sich mit biologisch abbaubaren Produkten, Müllvermeidung und sparsamem Energieverbrauch umweltbewusst.

Ao Kantiang อ่าวกันเตียง

Baan Laanta Resort & Spa HOTEL $$$
(Karte S. 720; ☎075 665091; www.baanlaanta.com; Ao Kantiang; Bungalows mit Frühstück 4500–5500 B; ❄📶🏊) Auf dem hübsch gestalteten Gelände hinter einem idyllischen weißen Sandstrand finden sich komfortable Holzbungalows mit Terrassen und ein von Frangipani-Bäumen umgebener dunkel-sinnlicher Infinity Pool, an dem Elefantenfiguren aus ihren Rüsseln erfrischende Fontänen ins Wasser speien. Die Einrichtung ist etwas altmodisch, aber die Bungalows sind recht groß und mit Sofas und Futon-Betten auf erhöhten Plattformen ausgestattet. Vor Ort befindet sich die Tauchschule Scubafish (S. 717).

Phra Nang Lanta HOTEL $$$
(Karte S. 720; ☎075 665025; www.vacationvillage.co.th; Ao Kantiang; Zi. 4250–5252 B; ❄📶🏊) Die 15 prächtigen Wohnstudios aus Beton, die wie mexikanische Lehmziegelbauten anmuten, könnten durchaus den Seiten einer Innenarchitekturzeitschrift entsprungen sein. In den Innenräumen finden sich klare Linien, viel Hartholz, viel Weiß, bunte Farbakzente, Sitzkissen und Keramik-Waschbecken. Draußen ranken sich Blüten und Blätter über die dem Sonnenschutz dienenden Spalierwände aus Bambus. Der Pool und das Restaurant mit Bar blicken auf den schönen Strand. In der Nebensaison gibt's tolle Angebote.

Ao Mai Pai อ่าวไม้ไผ่

★ La Laanta BOUTIQUEHOTEL $$$
(Karte S. 720; ☎087 883 9966, 087 883 9977; www.lalaanta.com; Ao Mai Pai; Bungalows mit Frühstück 2800–6200 B; ❄📶🏊) Die von einem jungen, auch Englisch sprechenden thailändisch-vietnamesischen Paar geführte Anlage ist eine der stimmungsvollsten auf Ko Lanta. Die strohgedeckten Bungalows haben polierte Betonböden, Hochbetten, gemalte Blumenmuster an den Wänden und Terrassen, von denen man auf einen sandigen Volleyballplatz blickt, der in den felsigen Strand übergeht. Das lässige **Restaurant** (Karte S. 720; Ao Mai Pai; Hauptgerichte 120–350 B; ⏰8–21 Uhr; 📶) bietet schmackhafte Thai-Gerichte, darunter auch viele vegetarische. Die Anlage befindet sich gleich vor dem Nationalpark, fernab von allem Anderen.

Baan Phu Lae BUNGALOWS $$$
(Karte S. 720; ☎085 474 0265, 075 665100; www.baanphulaeresort.com; Ao Mai Pai; Bungalow mit

Ventilator 1800 B, mit Klimaanlage 2000–2400 B; ⏲ Okt.–April; ❄📶) Auf den einsamen Felsen am Nordende des letzten Strands vor Lantas Südspitze stehen die netten, kanariengelben, strohgedeckten Betonbungalows mit Ventilator oder Klimaanlage, farbenfroher Kunst, Bambusbetten und eigenen Veranden. Gleich dahinter thronen klimatisierte Bungalows aus Holz auf Stelzen. Die Betreiber arrangieren Tauch- und Schnorchelausflüge, Kochkurse, Massagen und Verkehrsmittel.

Laem Tanod แหลมโตนด

Unterkünfte im Mu Ko Lanta National Park BUNGALOWS, CAMPING $

(Karte S. 720; ☎075 660711, in Bangkok 02 561 4292; www.dnp.go.th; Laem Tanod; Bungalows 1500–3000 B, Stellplatz 40 B/Pers., mit gemietetem Zelt 300 B) Inmitten zerklüfteter Felsvorsprünge und der tosenden Wogen ist das einsame Gelände rund um die Nationalparkverwaltung ein toller Ort, um hier in Zelten oder in schlichten Bungalows für vier bis acht Personen zu übernachten. Es gibt Toiletten, fließendes Wasser und auch einen Laden, aber sein Essen muss man selbst mitbringen. In der Verwaltung erhält man auch die Genehmigung fürs Campen auf Ko Rok.

Ban Si Raya บ้านศรีรายา

Sriraya PENSION $

(Karte S. 720; ☎075 697045; punpun_3377@hotmail.com; Ban Si Raya; Zi. mit Gemeinschaftsbad 600 B; 📶) In dem schlichten, aber schön restaurierten chinesischen Shophouse mit dicken Balken erwarten einen viel Stil und ein freundlicher Empfang. Die Wände sind in Erdtönen gestrichen, bunte Bettlaken setzen einen Farbakzent. Am besten nimmt man das Zimmer mit Balkon zur Straße mit Blick auf das malerische Zentrum der Altstadt. Das Restaurant bietet wunderbares Essen.

★ **Old Times** PENSION $$

(Karte S. 720; ☎075 697255, 075 697288; www.theoldtimeslanta.com; Ban Si Raya; Zi. 500–1700 B; ❄📶) Die ausgezeichnete Pension befindet sich in zwei stilvoll aufgemöbelten, 100 Jahre alten Gebäuden aus Teakholz, die sich an der Straße direkt gegenüberstehen. Die makellos stilvollen Zimmer von unterschiedlicher Größe und Preisklasse tragen von Musikstücken inspirierte Namen wie z. B. „Yellow Submarine". Das beste ist hell und mit Schwarzweißfotos geschmückt. Es springt über den Anlegesteg vor, wo es einen mit Sitzkissen ausgestatteten Gemeinschaftsbereich gibt. Das Haus ist lustig, frisch und freundlich.

★ **Mango House** PENSION $$$

(Karte S. 720; ☎095 014 0658; www.mangohouses.com; Ban Si Raya; Suite 2500–3000 B, Villen 4000–7000 B; 📶) Die 100 Jahre alten chinesischen Teakhäuser – frühere Opiumhöhlen – stehen auf Stelzen am Hafen. Die originalen, abgewetzten Holzböden sind erhalten, und die Decken sind hoch. Die drei Suiten sind

ABSTECHER

MU KO LANTA NATIONAL PARK

Der 1990 gegründete **Mu Ko Lanta National Park** (อุทยานแห่งชาติหมู่เกาะลันตา; Karte S. 720; ☎075 660711, in Bangkok 02 561 4292; www.dnp.go.th; Erw./Kind/Motorrad 200/100/20 B; ⏲8–18 Uhr) schützt 16 Inseln der Ko-Lanta-Gruppe, darunter auch die Südspitze von Ko Lanta Yai. Der Park wird aber zunehmend durch wildwuchernde Bauprojekte an der Westküste von Ko Lanta Yai bedroht. Und auch anderen Inseln in der Gruppe ergeht es nur wenig besser.

Ko Rok Nai (Ko Rok Nai) ist immer noch sehr schön: Klippen bilden die Kulisse einer sichelförmigen Bucht, es gibt einen weißen Sandstrand und schöne Korallenriffe. Mit einer bei der Parkverwaltung erhältlichen Genehmigung darf man auf dem benachbarten **Ko Rok Nok** campen. Östlich von Ko Lanta Yai liegt **Ko Talabeng** (Karte S. 716) mit spektakulären Kalksteinhöhlen, die man auf Seekajaktouren (1300 B) besuchen kann. Die Nationalparkgebühr wird beim Besuch jeder der Inseln fällig. Ko Rok Nai, Ko Rok Nok und Ko Haa (S. 704) sind vom 16. Mai bis zum 31. Oktober für Besucher gesperrt.

Die Nationalparkverwaltung und das Besucherzentrum befinden sich in Laem Tanod an der Südspitze von Ko Lanta Yai und sind über eine steile, asphaltierte Straße zu erreichen. Es gibt dort einige einfache Wanderwege, zwei benachbarte Strände und einen herrlich malerischen Leuchtturm, außerdem Stellplätze und Bungalows in einer wilden Naturlandschaft.

so groß wie Häuser und mit Einbauküchen, Satelliten-TV, DVD-Playern und Deckenventilator ausgestattet. Hinzu kommen die neuen, stilistisch an die Altstadt angepassten Villen am Ufer mit Platz für zwei bis sechs Personen. In der Nebensaison fallen die Preise um 50%.

Essen

Am günstigsten sind die Meeresfrüchterestaurants am Nordrand von Ban Sala Dan, wo auf Veranden über dem Wasser frische Meeresfrüchte nach Gewicht verkauft (inkl. der Zubereitungskosten) und zubereitet werden.

Phad Thai Rock'n'Roll THAI $

(Karte S. 720; ☎080 784 8729; www.facebook.com/phadthairock77; Ao Kantiang; Hauptgerichte 90–150 B; ⏲11–21 Uhr) Es passiert nicht alle Tage, dass das scharf-aromatische *pàt tai* am Straßenrand von einem Gitarristen aufgetischt wird. Hier gibt's nur sechs Gerichte („Jazz" – gebratener Reis –, „Blues" – gebratene Nudeln –, jeweils mit Hühnchen, Schwein, Meeresfrüchten oder Gemüse), die schnell und kunstgerecht in einem schlichten, modernen Ambiente zubereitet werden. Da der Laden beliebt ist, und es auch nur sechs Tische gibt, muss man sich auf Wartezeit einstellen.

★ **Drunken Sailors** INTERNATIONAL, THAILÄNDISCH $$

(Karte S. 720; ☎075 665076; www.facebook.com/drunkensailors; Ao Kantiang; Hauptgerichte 130–200 B; ⏲9–15 & 18–22 Uhr; 📶✍) Das entspannte Haus ist vollgestopft mit Sitzsäcken, Hängematten und niedrigen Tischen, die bis auf die Terrasse hinausquellen. Auf der Karte stehen leckere Gerichte aus aller Welt mit hochwertigen Zutaten, darunter hausgemachte Pasta, Baguettes, Burger und erstklassige Thai-Gerichte, u. a. perfekt mit Ingwer gewürzte Pfannengerichte und nach Gästewunsch zubereitetes rotes Curry. Der Kaffee, der Kuchen und die Säfte sind weitere Pluspunkte. In der Nebensaison ist das Restaurant ein paar Monate geschlossen.

★ **Kung Restaurant** SEAFOOD $$

(Karte S. 718; ☎075 656086; 413 Mu 1, Ban Sala Dan; Hauptgerichte 90–220 B; ⏲17–23 Uhr) Das von Einheimischen und thailändischen Reisenden sehr geschätzte thailändisch-chinesische Restaurant serviert in schlechtem Ambiente nahe der Anlegestelle in Sala Dan köstlichen frischen Fisch (Preis nach Gewicht). Wolfsbarsch, Schnapper und Barrakuda sind schnell ausverkauft, man sollte also früh am Abend kommen. Auf der Karte stehen auch viele typische Thai- und einige chinesische Gerichte.

Patty's Secret Garden THAILÄNDISCH $$

(Karte S. 718; ☎098 978 8909; 278 Mu 2, Hat Phra Ae; Hauptgerichte 120–320 B; ⏲9–23 Uhr; 📶👪) Das familienfreundliche Lokal in einem schönen, schattigen Garten voller Pflanzen und Blumen ist heute kein Geheimtipp mehr, da immer mehr Traveller es entdecken. Auf der Karte stehen thailändische und westliche Gerichte. Es gibt auch Speisen für Kinder und gutes Frühstück.

Caoutchouc INTERNATIONAL, THAILÄNDISCH $$

(Karte S. 720; ☎075 697060; Ban Si Raya; Hauptgerichte 150–300 B; ⏲10–21 Uhr) Thailändisch-internationale Aromen, verbunden zu köstlich-kreativen Schöpfungen genießt man in diesem rustikal-schicken, von einem exzentrischen, aber freundlichen Franzosen geführten Restaurant 800 m südlich des Piers der Altstadt. Die Karte ist kurz, aber die Spezialitäten wechseln ständig, z. B. gibt's frischen Feta mit Reis oder einen Shrimps-Curry-Salat und dazu einen Mango- oder Ananas-Lassi.

Ausgehen & Nachtleben

An den meisten Stränden, vor allem rund um den Hat Phra Ae finden sich lässige Bars mit sanfter Musik bis spät in die Nacht. Alles ist im Fluss, darum sollte man die Plakate überall auf der Insel studieren, wenn man erfahren will, wo gerade ein Event ansteht. In der Nebensaison (Mai–Okt.) ist es sehr ruhig.

★ **Why Not Bar** BAR

(Karte S. 720; Ao Kantiang; ⏲11–2 Uhr; 📶) In dem munteren, mit Treibholz verkleideten Strandtreff an der Ao Kantiang hält man sich an die schlichten Dinge: Feuertänzer, starke Cocktails, quirliges Barpersonal und abends fantastische Livemusik. Man setzt sich auf dem erhöhten Deck an einen der niedrigen Holztische.

Feeling Bar BAR

(Karte S. 718; Hat Khlong Khong; ⏲11 Uhr–open end; 📶) Das Anhängsel der klapprigen, aber geliebten Bungalows von Where Else! (S. 721) hält mit den „Friday Feeling"-Strandpartys das alte Hippie- und Backpacker-Flair von Ko Lanta am Leben. Es gibt drei verschiedene Theken und strohgedeckte Plattformen zum Zechen.

Irie BAR
(Karte S. 718; ☎084 170 6673; ⏲11 Uhr–Open End) Der Live-Reggae am Montagabend (in der Hauptsaison) dieses klapprigen Treffs ist auf ganz Lanta berühmt, manchmal treten auch Rockbands auf. Ansonsten ist das Irie jederzeit ein guter Ort für einen entspannten Drink. Es gibt auch ganz ordentliches thailändisches Essen.

Shoppen

★**Hammock House** HAUSHALTSWAREN
(Karte S. 720; ☎084 847 2012; www.jumbohammock.com; Ban Si Raya; ⏲10–18 Uhr) Einmalige, hochwertige, farbenfrohe Hängematten, hergestellt von Dorfbewohnern und Angehörigen des bedrohten Bergvolks der Mlabri aus dem Norden Thailands, erhält man in diesem Laden, der in der Nebensaison (Mai–Okt.) manchmal zeitweise geschlossen ist.

★**Malee Malee** MODE & ACCESSOIRES
(Karte S. 720; ☎075 697235; 55/3 Mu 2, Ban Si Raya; ⏲9–21 Uhr) Ein unkonventionelles Wunderland skurriler, handgemachter Dinge – von im Siebdruckverfahren bedruckten und von Hand bemalten T-Shirts und Seidenschals über Tagebücher, Spielsachen und Babykleidung bis hin zu Malereien, Schmuck und Handtaschen. Die Preise sind günstig, es macht Spaß zu stöbern, und vorn befindet sich ein niedliches Café (Kaffeespezialitäten ca. 80 B).

Praktische Informationen

Geldautomaten gibt's überall an der Westküste. Geldautomaten, die ausländische Karten akzeptieren, finden sich in **Ban Sala Dan** (Karte S. 718; Ban Sala Dan), **Ban Si Raya** (Karte S. 720; Ban Si Raya) und am **Hat Khlong Nin** (Karte S. 720; Hat Khlong Nin).

Polizeiwachen gibt's am **Hat Phra Ae** (Karte S. 718; Hat Phra Ae) und in **Ban Sala Dan** (Karte S. 718; ☎075 668192; Ban Sala Dan) sowie einen **Polizeiposten** (Karte S. 720; Ao Kantiang) im Süden der Insel.

Ko Lanta Hospital (Karte S. 720; ☎075 697017; Ban Si Raya) Rund 1 km südlich von Ban Si Raya (Altstadt).

Mu Ko Lanta National Park (Verwaltung) (Karte S. 720; ☎075 660711, in Bangkok 02 561 4292; Laem Tanod; ⏲8–16 Uhr) Die Hauptverwaltung des Nationalparks befindet sich im äußersten Süden von Lanta.

Mu Ko Lanta National Park (Besucherzentrum) (Karte S. 720; Laem Tanod; ⏲8–18 Uhr) Das Besucherzentrum des Nationalparks befindet sich im äußersten Süden von Lanta.

Nützliche Infos bietet der Lanta Pocket Guide (www.lantapocketguide.com)

Post (Karte S. 718; Hat Phra Ae)

An- & Weiterreise

Nach Ko Lanta kommt man mit dem Boot oder im klimatisierten Minivan. Wer auf eigene Faust anreist, muss eine der häufig verkehrenden **Autofähren** (Motorrad/Fußgänger/Auto 20/20/200 B; ⏲6–22 Uhr) von Ban Hua Hin nach Ban Khlong Mak (auf Ko Lanta Noi) nehmen und von dort nach Ko Lanta Yai weiterreisen.

MINIVAN

Minivans sind ganzjährig unterwegs und die einfachste Option, wenn man vom Festland kommt. Sie sind aber in dieser Region immer sehr voll, und Staus an den Autofähren können Verspätungen verursachen. Die meisten Minivans holen Passagiere von den Resorts ab. In der Nebensaison fahren weniger.

Minivans zum Flughafen von Krabi (300 B, 2½ Std.) und zur Stadt Krabi (300 B, 3 Std.) fahren zwischen 7 und 16 Uhr stündlich in beide Richtungen. In Krabi kann man zu anderen Zielen umsteigen, z. B. nach Khao Lak und Bangkok. Von Ko Lanta werden u. a. folgende Ziele angesteuert:

ZIEL	PREIS (B)	DAUER (STD.)	HÄUFIGKEIT
Ko Pha-Ngan	750	8½	8 Uhr
Ko Samui	550	6½	8 Uhr
Phuket	500	6	8 & 12 Uhr
Trang	450	3	8, 9, 10.30 & 13 Uhr

SCHIFF/FÄHRE

In Ban Sala Dan gibt's zwei Schiffsanlegestellen. Die der **Passagierfähren** (Karte S. 718; Ban Sala Dan) liegt 300 m von der Haupteinkaufsstraße entfernt, die Autofähren nutzen einen **Anleger** (Karte S. 718; Ban Sala Dan) 2 km weiter östlich.

Von Mitte Oktober bis Mitte April fährt die Hochgeschwindigkeitsfähre von **Tigerline** (☎075 590490, 081 358 8989; www.tigerlinetravel.com) zwischen Phuket (1500 B, 2 Std.) und Ban Sala Dan (Ko Lanta) und weiter nach Ko Lipe (1700 B, 5 Std.) über Ko Ngai (750 B, 1 Std.), Ko Kradan (850 B, 1½ Std.) und Ko Muk (850 B, 2 Std.). Die Fähre startet um 10 Uhr Richtung Süden, kehrt am Folgetag um 10 Uhr von Ko Lipe zurück, stoppt gegen 15 Uhr in Ko Lanta und fährt anschließend Richtung Norden weiter.

Ko Phi-Phi Fähren zwischen Ko Lanta und Ko Phi-Phi fahren ganzjährig. Die Boote legen in Ko Lanta um 8 und 13 Uhr ab (300 B, 1½ Std.) und fahren von Ko Phi-Phi um 11.30 und 15 Uhr zurück. In der Hauptsaison sind auch Schnellboote zwischen Ko Lanta und Ko Phi-Phi im Einsatz (700–800 B, 1 Std.).

Krabi Von November bis Ende April fahren Schiffe von Ko Lanta zur Anlegestelle Khlong Chilat in Krabi (400 B, 2 Std.; 8.30 & 23.30 Uhr, Rückfahrt ab Krabi 11.30 Uhr). In der Hauptsaison legen sie unterwegs in Ko Jum (400 B, 1 Std.) an.

Phuket Ganzjährig fahren Fähren nach Phuket (500 B, 8 & 13 Uhr), normalerweise muss man aber auf Ko Phi-Phi umsteigen.

Trang-Inseln Zwischen November und Anfang April brausen Schnellboote von Ko Lanta zu den Trang-Inseln; zu den Anbieter gehören der **Satun Pak Bara Speedboat Club** (Karte S. 740; ☎ 099 404 0409, 099 414 4994; www.spcthailand.com) und **Bundhaya Speedboat** (☎ 075 668043; www.bundhayaspeedboat.com). Sie legen u. a. in Ko Ngai (650 B, 30 Min.), Ko Muk (900 B, 1 Std.), Ko Kradan (1150 B, 1¼ Std.), Ko Bulon Leh (1600 B, 2 Std.) und Ko Lipe (1900 B, 3 Std.) an.

Ko Lanta Noi Eine **Autofähre** (Karte S. 716; Ko Lanta Noi) und eine **Passagierfähre** (Karte S. 716; Ko Lanta Noi) verbinden Ko Lanta Noi und Ko Lanta Yai.

Unterwegs vor Ort

Die meisten Resorts schicken Fahrzeuge zu den Fähren – die Fahrt zum Resort ist kostenlos, in umgekehrter Richtung zahlt man zwischen 100 und 400 B. Alternativ nimmt man ein Motorradtaxi vor dem 7-Eleven in Ban Sala Dan; der Preis liegt je nach Entfernung zwischen 50 und 400 B.

Motorräder (250 B/Tag) kann man überall (ohne enthaltene Versicherung) mieten, genau so wie Fahrräder (150 B/Tag). Anbieter in Ban Sala Dan vermieten kleine Geländewagen (1300 B/Tag).

Ko Jum & Ko Si Boya

เกาะจำ/เกาะศรีบอยา

Das gleich nördlich von Ko Lanta gelegene Ko Jum und seine niedrige Nachbarinsel Ko Si Boya sind noch erstaunlich wenig erschlossen, und die wenigen Neubauten verstecken sich unter den Bäumen. Man kann hier kaum etwas anderes tun als an den langen, breiten Stränden von Ko Jum zu wandern (der Strand von Ko Si Boya ist weniger eindrucksvoll) und die erfrischend rustikale Schönheit zu genießen.

Ko Jum war früher die ausschließliche Domäne der Moken (Seenomaden) auf Lanta, aber nach der kommunistischen Machtübernahme in China (1949) strömten ethnische Chinesen auf die Insel. Zu jener Zeit lebten hier überhaupt keine ethnischen Thai, schließlich aber verschmolzen die drei Kulturen zu einer Mischung, die man am besten morgens in dem stimmungsvoll verfallenen Fischerdorf Ban Ko Jum an der Südostküste der Insel erlebt.

Ko Jum ist eine Insel, aber die Einheimischen bezeichnen nur den flacheren südlichen Teil von Ko Jum mit diesem Namen, den hügeligen Nordteil hingegen als Ko Pu.

Schlafen & Essen

Ko Jum

Die Unterkünfte reihen sich an Ko Jums Westküste. Die meisten Resorts haben eigene Restaurants; manche sind in der Nebensaison (Mai–Okt.) geschlossen.

Bodaeng BUNGALOWS $

(☎ 081 494 8760; Hat Yao, Ko Jum; Bungalows 200–400 B) Eine altmodische Hippie-Bude mit sehr schlichten Bambusbungalows und ein paar neueren Holzhütten mit eigenem Bad, die sich unter den Bäumen hinter dem Hat Yao verteilen. Es gibt nur die Meeresbrise und keine Ventilatoren, kein WLAN und Hocktoiletten in den Gemeinschaftstoiletten. Manchmal ist auch der Strom nur eingeschränkt verfügbar. Aber die Inhaberin ist charmant, und man wohnt direkt am Strand.

★ **Woodland Lodge** BUNGALOWS $$

(☎ 081 893 5330; www.woodland-koh-jum.com; Hat Yao, Ko Jum; Bungalows 1300–1700 B; WLAN) Diese Anlage ist dank der geschmackvollen, sauberen Bambushütten mit Ventilator, ordentlichen Strohdächern, polierten Holzböden und Veranden, die sich großzügig über das schattige Gelände verteilen, unsere Lieblingsunterkunft auf Ko Jum. In den Familienbungalows aus Beton und Holz finden drei Personen Platz. Die freundlichen britisch-thailändischen Besitzer organisieren Bootsausflüge und führen vor Ort das ausgezeichnete **Fighting Fish Restaurant** (Hat Yao; Hauptgerichte 100–300 B; ⌚ 8–16 & 18–22 Uhr; WLAN).

★ **Koh Jum Beach Villas** VILLEN $$$

(☎ 086 184 0505; www.kohjumbeachvillas.com; Hat Yao, Ko Jum; Villa mit Frühstück 12 000–32 000 B; WLAN Pool) 🌿 Die schickste Unterkunft auf Ko Jum: die geräumigen, eleganten Wohnhäuser aus Holz mit Wohnzimmer, Küche und Meerblick (einige auch mit einem eigenem romantischen Infinity Pool) liegen in Gartenanlagen voller Frangipani-Bäume und Bougainvilleen vor dem herrlich goldenen Strand. Die Verwaltung legt Wert auf Umweltschutz und soziale Verträglichkeit. Das Personal ist nett, und das **Restaurant** (Hat Yao; Hauptgerichte 250–900 B; ⌚7.30–22 Uhr; 📶) und die Bar sind ausgezeichnet.

Koh Jum Lodge RESORT **$$$**
(☎089 921 1621; www.kohjumlodge.com; Hat Yao, Ko Jum; Bungalows mit Frühstück 4500–7000 B; ⌚Nov.–April; 📶❄) Bei der stilvollen Öko-Lodge mit 19 geräumigen Cottages prägen viel Hartholz und Bambus, hauchdünne Moskitonetze, Kokospalmen, thailändische Schnitzereien, Seidenüberwürfe, gepflegte Anlagen, Massagepavillons und vorn ein weißer, gebogener Sandstrand voller Hängematten das Bild. Hier findet man ein seltenes Gleichgewicht von Authentizität und Komfort.

Hong Yong Restaurant THAILÄNDISCH **$**
(Ban Ting Rai, Ko Jum; Hauptgerichte 70–100 B; ⌚7.30–21 Uhr) Wenn Einheimische etwas empfehlen sollen, schicken sie einen ins Hinterland zu diesem improvisierten Dorfrestaurant in Pastellrosa, in dem die quirlige Rosa große Portionen köstlicher Thai-Currys, Pfannengerichte und internationales Frühstück zu günstigen Preisen auftischt. Probieren sollte man das aromatische Massaman-Curry oder die saisonalen Meeresfrüchtespezialitäten. Der Laden ist auch als das Rosa's bekannt.

Ko Si Boya

Das niedrige, ländliche Ko Si Boya schöpft bislang nur einen kleinen Tropfen des jährlichen Touristenstroms ab – manche Besucher kommen aber gerade deswegen immer wieder.

Siboya Bungalows BUNGALOWS **$$**
(☎081 979 3344; www.siboyabungalows.com; Ko Si Boya; Bungalows 350 B, Haus 500–1800 B; 📶) Der Strand von Ko Si Boya ist nicht gerade spektakulär, aber die Mangroven sind unberührt und stecken voller Leben. Die Bungalows und Privathäuser sind groß, stilvoll und erschwinglich, und das ausgezeichnete Restaurant ist mit Highspeed-Internet ausgestattet. Kein Wunder, dass sich hier freundliche, verschwiegene Leute in ihren Fünfzigern wie in einer Rentner-Version von Alex Garlands *Der Strand* versammeln. In den familienfreundlichen Häusern finden vier Personen Platz.

An- & Weiterreise

Zwischen November und Mai setzt das Boot von Krabi nach Ko Lanta Passagiere zum vollen Fahrpreis auch in Ko Jum ab (400 B, 1 Std., 11.30 Uhr); das Boot kehrt um 8.30 Uhr von Ko Lanta zurück. In der Hauptsaison fahren täglich um 8.30 Uhr Boote von Ko Jum nach Ko Phi-Phi (600 B, 1½ Std.), die die Passagiere von den Resorts am Hat Yao einsammeln; die Boote fahren um 14Uhr von Ko Phi-Phi zurück.

Nach Ko Jum fahren ganzjährig Longtail-Boote (100 B, 30 Min.; 9, 10, 11.30, 12, 13, 14.30, 16, 17.30 & 18.15 Uhr, Rückfahrten 6.30, 7.15, 7.40, 8, 8.30, 10.30, 13.30, 14.30 & 16 Uhr) aus Ban Laem Kruat, das 38 km südöstlich von Krabi am Ende der Rte 4036, abseits des Hwy 4, liegt.

Wer von Laem Kruat nach Ko Jum übersetzt, muss beachten, dass die Boote drei verschiedene Piers anlaufen – die Anlegestellen von Ban Ko Jum und Mu Tu sind die praktischsten. Die Pensionen organisieren die Abholung von den Piers, wenn man vorab Bescheid gibt. Ansonsten ist man auf die Freundlichkeit von Fremden angewiesen.

Von Laem Kruat fahren täglich Boote nach Ko Si Boya (50 B, 15 Min.; stündl. 8–17.30 Uhr, Rückfahrten stündl. 6.15–17 Uhr). Für eine Abholung vom Pier bei **Siboya Bungalows** anrufen!

Sŏrng·tăa·ou warten in Laem Kruat auf die Boote und fahren über den Flughafen von Krabi und Nua Khlong (wo man Anschluss nach Ko Lanta hat) nach Krabi (100 B).

Unterwegs vor Ort

Mehrere Läden in Ban Ko Jum und einige Pensionen auf Ko Jum vermieten Fahrräder (100 B) und Motorräder (250 B).

PROVINZ TRANG

Die südlich von Krabi gelegene Provinz Trang hat einen von eindrucksvollen Kalksteinformationen geprägten Abschnitt der Andamanenküste. Auch mehrere herrliche Inseln gehören zu ihr, auf die etwas weniger Besucher kommen als auf die nahegelegenen, bekannteren Urlaubsziele. Abenteuerlustige können im üppigen Landesinneren eine eindrucksvolle Natur erleben, zu der Dutzende malerische Wasserfälle und Kalksteinhöhlen gehören. Da die Provinz als Reiseziel weit weniger bekannt ist als Krabi, erblickt man hier eher Kautschukplantagen als Herden von T-Shirt-Verkäufern. Die Verkehrsverbindungen sind gut; in der Hauptsaison (Nov.–April) gelangt man leicht von einer Insel zur nächsten bis hinunter nach Malaysia.

Trang (Stadt) ตรัง

☎075 / 60 000 EW.

Die meisten Reisenden nehmen Trang nur als Sprungbrett zu den nahen Inseln mit. Wer sich aber für Kultur, thailändisches Essen oder Märkte interessiert, sollte hier einen oder gar zwei Tage bleiben. In dieser typisch thailändischen Stadt findet man sich schnell zurecht. Hier vergisst man auf den sogenannten Nassmärkten (*wet markets*; Märkte, auf denen viel Wasser benutzt wird, zum Putzen wie auch zum Frischhalten der meist leicht verderblichen Waren) schnell die Zeit, bummelt an den Ständen der Straßenhändler vorbei oder genießt einen Kaffee in einem der chinesischen Kaffeehäuser. Und fast immer kann man hier auf irgendeinem Fest ein wenig Lokalkolorit schnuppern.

Die meisten für Traveller wichtigen Einrichtungen befinden sich an der Th Praram VI zwischen **Uhrturm** und Bahnhof.

Sehenswertes & Aktivitäten

Eine Erkundung lohnen die munteren, bunten **Nass- und Trockenmärkte** an der Th Ratchadamnoen und der Th Sathani.

Tourveranstalter rund um den Bahnhof und in der Th Praram VI bieten Bootsausflüge zum Hat Chao Mai National Park und zu den Trang-Inseln (850 B, zzgl. Parkgebühr), Schnorcheltrips nach Ko Rok (1700 B/Pers.) und private Autotouren zu örtlichen Höhlen und Wasserfällen (2000 B, max. 4 Pers.).

Wat Tantayaphirom BUDDHISTISCHER TEMPEL

(วัดตันตยาภิรม; Th Tha Klang) GRATIS Zum einigermaßen interessanten Wat Tantayaphirom gehört ein riesiger, weißer und goldener *chedi* (Stupa), in dem ein Fußabdruck Buddhas verehrt wird.

Feste & Events

★ Vegetarierfest KULTUR

(Okt.) Das buddhistische Fest ist zugleich ein kulinarisches Fest für Vegetarier – durch den Verzicht auf Fleisch erwerben die Teilnehmer sich Verdienst. Trang feiert das wunderbare neuntägige Fest stadtweit, gleichzeitig mit Phukets Vegetarierfest (S. 669) in den ersten beiden Oktoberwochen.

Schlafen & Essen

Die Stadt ist berühmt für sein *mŏo yâhng* (knusprig gegrilltes Schweinefleisch), Biskuitgebäck, sehr frühes *dim sum*-Frühstück und die *ráhn go·Ɓii* (Kaffeehäuser), in denen echter Filterkaffee ausgeschenkt wird. *Mŏo yâhng* bekommt man vormittags in einigen Kaffeehäusern oder auf dem Nassmarkt in der Th Ratchadamnoen, wo man das Fleisch nach Gewicht bezahlt.

Yamawa Guesthouse PENSION $

(☎099 402 0349, 075 290477; www.yamawaguesthouse.blog.com; 94 Th Visetkul; Zi. mit Ventilator/Klimaanlage 350/450 B; ❄📶) Die in der Hauptsaison (Nov.–April) oft ausgebuchte Budgetpension hat schlichte, saubere Zimmer mit Kühlschrank, Ventilator oder Klimaanlage und ordentlichem Preis-Leistungs-Verhältnis. Die netten, einheimischen Betreiber händigen einem detaillierte Karten von Trang aus, haben kluge Ratschläge parat und vermieten Motorräder (250 B/Tag). Vorab reservieren!

Mitree House PENSION $$

(☎075 212292; mitreehouse.trang@gmail.com; 6-8 Th Sathani; Zi. 750–1050 B; ❄📶) Die neuere Pension in guter Lage hat makellose, moderne Zimmer mit bequemen Betten und Bädern von ordentlicher Größe. Die billigsten haben kein Fenster, die teureren im Obergeschoss sind groß und hell. Auf beiden Etagen gibt's Gemeinschaftsbereiche, das Personal ist hilfsbereit, und das schlichte Frühstück ist im Preis enthalten. Motorräder werden für 250 B pro Tag vermietet. Gutes WLAN.

Rua Rasada Hotel HOTEL $$$

(☎075 214230; www.ruarasadahotel.com; 188 Th Phattalung; Zi. mit Frühstück 6000–60 000 B; ❄📶) Trangs schickstes Hotel, ein mächtiger Monolith, liegt praktisch gegenüber dem Busbahnhof, eine 10-minütige Motorradfahrt (40 B) nordöstlich vom Bahnhof. Von außen zeigt das Hotel sein Alter, und auch drinnen wirkt es ein wenig wie aus den 1980er-Jahren. Aber die Zimmer sind sehr groß und komfortabel, und der Pool ist riesig. In der Nebensaison darf man normalerweise einen Preisnachlass von 40 bis 50 % erwarten.

★ Nachtmarkt MARKT $

(zw. Th Praram VI & Th Ratchadamnoen; Hauptgerichte ab 40 B; 16–21 Uhr) Der schönste Nachtmarkt an der Andamanenküste macht einem mit blubbernden Currys, Brathähnchen, Fisch, frittiertem Tofu, *pàt tai* und diversen thailändischen Desserts den Mund wässrig. Man sollte mit leerem Bauch und Abenteuerlust hierher kommen. Am Wochenende gibt's einen zweiten, ähnlich wundervollen **Nachtmarkt** (Bahnhof; Hauptgerichte ab 40 B; Do–So 18–22 Uhr) gegenüber vom Bahnhof.

Trang

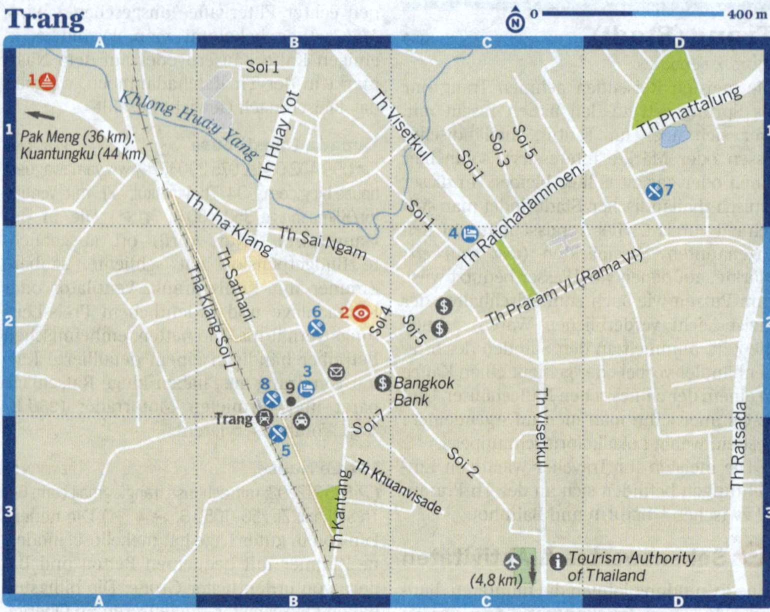

Trang

Sehenswertes
1 Wat Tantayaphirom A1
2 Nass- & Trockenmarkt B2

Schlafen
3 Mitree House B2
4 Yamawa Guesthouse C2

Essen
5 Asia Ocha B3
6 Khao Tom Kim B2
7 Nachtmarkt D1
8 Nachtmarkt B2

Praktisches
9 Trang Happy Trip & Tour B2

Asia Ocha THAILÄNDISCH $
(Th Kantang; Hauptgerichte 25–200 B; ⌚7–17 Uhr) Das seit mehr als 60 Jahren bestehende chinesisch-thailändische Café alter Schule mit alten Marmortischen und Deckenventilatoren serviert leckere Suppen, köstliche gebratene Ente und knuspriges Schweinefleisch. Es gibt auch ein paar westliche Gerichte.

Khao Tom Kim THAILÄNDISCH $$
(50 Th Kantang; Hauptgerichte 60–200 B; ⌚15.30–24 Uhr) Das bei den Einheimischen beliebte Lokal ist dank der soliden Auswahl an Currys und Meeresfrüchtegerichten immer gut besucht. Es ist länger geöffnet als die meisten Restaurants in Trang. Es gibt eine englische Speisekarte, aber viel Englisch verstehen die Kellner nicht.

Praktische Informationen

Geldautomaten und Wechselstuben finden sich an der Th Praram VI. Die folgenden akzeptieren ausländische Karten:

Geldautomat (Th Praram VI)

Bangkok Bank (Th Praram VI)

Es gibt auch einen **Geldautomaten in der Th Ratchadamnoen** (Th Ratchadamnoen), der ausländische Karten akzeptiert.

Post (Ecke Th Praram VI & Th Kantang; ⌚Mo–Fr 8.30–16.30, Sa 9–12 Uhr) Postsendungen ins Ausland.

Tourism Authority of Thailand (TAT; ☎075 211580, 075 215867; www.tourismthailand.org; 199/2 Th Visetkul; ⌚8.30–16.30 Uhr) Touristeninformation; besser wendet man sich aber an eines der vielen Reisebüros in der Nähe des Bahnhofs.

Trang Happy Trip & Tour (☎075 219757; www.facebook.com/tranghappytrip&tour; 22 Th Sathani; ⌚6.30–22 Uhr) Die kompetenten und verlässlichen Sai und Jip führen dieses Reisebüro nahe dem Bahnhof. Sie können Privatautos beschaffen und vermieten Motorräder, buchen Kleinbus- und Schiffstickets/Transfers und veranstalten Tagestouren um die Trang-Inseln.

An- & Weiterreise

BUS

Busse fahren von Trangs **Neuem Busbahnhof** (Th Phattalung) 3,5 km nordöstlich vom Bahnhof. Nach Bangkok fahren klimatisierte Busse 1. Klasse (583 B, 12 Std.; 9.30, 16.30, 17 & 17.30 Uhr) sowie komfortablere VIP-Busse mit 24 Plätzen (907 B; 17 & 17.30 Uhr). Von Bangkok starten VIP-Busse/klimatisierte Busse zwischen 18.30 und 19.30 Uhr.

FLUGZEUG

Der Flughafen ist 5 km südlich von Trang. Air Asia (www.airasia.com) und Nok Air (www.nokair.com) fliegen ihn täglich aus Bangkok (Don Mueang) an.

Minivans zur Stadt (90 B) stehen bei der Ankunft von Flügen bereit. In der Gegenrichtung kostet die Fahrt mit Taxi, Motorradtaxi oder *túk-túk* (ausgesprochen *đúk đúk*) 100 bis 120 B. Die Reisebüros im Ankunftsbereich des Flughafens verkaufen kombinierte Taxi-Fähre-Tickets zu den Trang-Inseln, z. B. nach Ko Ngai (1000 B).

MINIVAN & SAMMELTAXI

Minivans fahren von Trangs **Neuem Busbahnhof** aus. Die in Reisebüros verkauften Minivan-Tickets schließen den Transport aus der Stadt zum Busbahnhof ein.

Der örtliche Nahverkehr wird von klimatisierten Minivans bestritten. Vom Busbahnhof fahren sie zwischen 7.30 und 16 Uhr regelmäßig nach Pak Meng (80 B, 1 Std.), Hat Chao Mai (100 B, 1 Std.) und Kuantungku (100 B, 1 Std.). In der Stadt halten sie manchmal gleich östlich der Stelle, an der die Th Tha Klang die Bahngleise überquert.

ZUG

Nur zwei Züge fahren täglich von Bangkok nach Trang: der Express 83 und der Schnellzug 167, die von Bangkoks Bahnhof Hualamphong um 17.05 bzw. 18.30 Uhr abfahren und in Trang am nächsten Morgen um 8.05 bzw. 10.30 Uhr ankommen.

Von Trang fahren diese Züge um 13.30 bzw. 17.25 Uhr ab und kommen in Bangkok um 5.35 bzw. 8.35 Uhr des Folgetags an. Die Preise schwanken von 245 B für die 3. Klasse bis zu 1480 B für die 1. Klasse (klimatisierter Schlafwagen).

Unterwegs vor Ort

Túk-túk (ausgesprochen đúk đúks) und Motorradtaxis sammeln sich nahe dem Bahnhof; eine Stadtfahrt kostet 40 B. Reisebüros vermieten Motorräder (250 B/Tag). Die meisten Büros können auch einen Mietwagen organisieren (200 B/Tag). Autos kann man auch am Flughafen mieten.

Der blaufarbene „Stadtbus" fährt zwischen dem Bahnhof und dem Neuen Busbahnhof (12 B) via Th Sathani.

Strände von Trang

Trangs Strände sind überwiegend nur Sprungbretter zu den Trang-Inseln und recht schmuddelig. Aber die umliegende Landschaft ist eindrucksvoll: Kalksteinformationen steigen aus dampfenden Tälern voller Palmen und aus dem wogenden Meer. Große Teile gehören zum Hat Chao Mai National Park.

Der **Hat Pak Meng** ist wenig mehr als ein schmuddeliger Strand und die Anlaufstelle für die Boote vom und zum hübschen Ko Ngai, aber die Kalkstein-Karstlandschaft ist

TRANSPORT AB TRANG

Busse ab Trang

ZIEL	PREIS (B)	DAUER (STD.)	HÄUFIGKEIT
Hat Yai	120	3	5.30–17.30 Uhr alle 30 Min.
Krabi	110	2	5.30–18.30 Uhr stündl.
Phang-Nga	170	4	5.30–18.30 Uhr stündl.
Phuket	230	5	5.30–18.30 Uhr stündl.

Minivan & Sammeltaxi ab Trang

ZIEL	PREIS (B)	DAUER (STD.)	HÄUFIGKEIT
Hat Yai	120	2	6–18 Uhr stündl.
Ko Lanta	250	2½	9.50–16.30 Uhr 5-mal tgl.
Krabi	100	2	7–17 Uhr stündl.
Satun	120	2	6–18 Uhr alle 40 Min.
Surat Thani	160	3	7–17 Uhr stündl.

Trang (Provinz)

so spektakulär wie in Railay oder Ko Phi-Phi. Gleich südlich liegt vor einer Kulisse aus Kasuarinen der **Hat Chang Lang**, ein schönerer Strand, der aber auch nicht mit denen auf den Nachbarinseln mithalten kann. Die Zentrale des Hat Chao Mai National Park befindet sich am südlichen Ende des Strands.

Sehenswertes & Aktivitäten

Reiseveranstalter am Pak Meng organisieren eintägige Bootsausflüge nach Ko Muk, Ko Cheuk, Ko Ma und Ko Kradan sowie eintägige Schnorcheltouren. Im Preis (750 B/Pers., zzgl. Eintrittsgebühr in den Hat Chao Mai National Park) ist jeweils das Mittagessen enthalten. Taucherbrille, Schnorchel und Flossen kann man am Pier leihen (je 50 B).

Hat Chao Mai National Park NATIONALPARK

(อุทยานแห่งชาติหาดเจ้าไหม; ☎075 203308; www.dnp.go.th; Erw./Kind 200/100 B; ⏲9–16 Uhr) Der 231 km² große Park umfasst die Küste vom Hat Pak Meng bis nach Laem Chao Mai sowie (neben einer Vielzahl kleinerer Eilande) die Inseln Ko Muk, Ko Kradan und Ko Cheuk. Bei einer Tour längs der Küsten und zwischen den Inseln kann man eventuell gefährdete Dugongs und seltene Riesenstörche sowie häufigere Arten wie Muntjaks, Indische Fischotter, Makaken, Languren, Wildschweine, Schuppentiere, Mangrovereiher, Riffreiher, Weißbauchseeadler und Warane beobachten.

Die Parkverwaltung (☎075 210 099; www.dnp.go.th; Hat Chang Lang; ⏲8–16 Uhr) befindet sich am südlichen Ende des Hat Chang Lang, an dem die Uferstraße ins Landesinnere abschwenkt.

Schlafen & Essen

Mehrere Meeresfrüchterestaurants, die bei thailändischen Tagesausflüglern und Wochenendgästen beliebt sind, finden sich am Hat Pak Meng, wo die Rte 4162 auf die Küste trifft.

Unterkünfte im Hat Chao Mai National Park CAMPING, BUNGALOWS $
(☎075 203308; www.dnp.go.th; Hat Chang Lang; Bungalows 800 B, Stellplatz 30 B/Pers., mit gemietetem Zelt 225 B) Die schlichten Hütten mit Ventilator bieten ausreichend Platz für zwei bis sechs Personen. Man kann unter den Kasuarinen zelten, und es gibt ein Restaurant.

Anantara Si Kao HOTEL $$$
(☎075 205888; www.sikao.anantara.com; Hat Chang Lang; Zi. mit Frühstück 4080–13 680 B; P❄📶🏊) Mit Deluxe-Zimmern mit Meerblick, schönen Holzböden, großen Schreibtischen und herrlicher Sicht auf die Karstfelsen von Pak Meng bringt dieses Hotel trendigen Glamour an den nördlichen Abschnitt des Hat Chang Lang. Eindrucksvolle Holzsäulen und balinesische Möbel schmücken die Lobby, es gibt viele Aktivitäten, und der Blick aufs Meer vom italienischen Restaurant **Acqua** (Hauptgerichte 300–1050 B; ⏲6–22.30 Uhr; 🍷) ist atemberaubend.

An- & Weiterreise

Klimatisierte Minivans fahren zwischen 7.30 und 16 Uhr regelmäßig von Trangs Neuem Busbahnhof (S. 729) in Trang zum Hat Pak Meng (80 B, 1 Std.) und zum Hat Chao Mai (100 B, 1 Std.). Die Taxifahrt aus Trang kostet 1000 B.

Schiffe fahren täglich um 12 Uhr von Pak Meng nach Ko Ngai (350 B, 1 Std.) und kehren um 9 Uhr morgens nach Pak Meg zurück (350 B, 1 Std.). Ein gechartertes Longtail-Boot kostet 1500 B.

Die Verwaltung des Hat Chao Mai National Parks liegt 1 km abseits der Hauptstraße an einer deutlich ausgeschilderten Abzweigung.

Trang-Inseln

Die von üppigem Dschungel bedeckten und von weißen Sandstränden gesäumten Trang-Inseln sind weniger erschlossen als andere Inseln an der Andamanenküste und weit weniger bevölkert. Sie sind ein schönes Ziel für Flitterwöchner – es gibt kaum Nachtleben. Wer die ganze Nacht Party machen will, sollte woanders hinfahren.

An- & Weiterreise

Die Boote zu den Trang-Inseln fahren von drei verschiedenen Anlegestellen: Hat Yao, Kuantungku und Pak Meng, die sich alle eine Stunde südlich von Trang befinden. Kleinbusse fahren regelmäßig zu diesen Anlegestellen (80–100 B, 1 Std., 7.30–16 Uhr). Bucht man das Schiffsticket bei einer Reiseagentur in Trang, kümmert diese sich um den Transfer zum Boot.

Zwischen November und April verbinden Schnellboote von Tigerline (S. 724) und Satun Pak Bara (S. 725) Ko Muk, Ko Kradan und Ko Ngai mit Phuket, Ko Phi-Phi, Ko Lanta und Ko Lipe.

Minivans fahren regelmäßig von Trang zum Hat Chao Mai National Park (100 B, 1 Std., 7.30–16 Uhr).

Ko Ngai เกาะไหง (ไห)

Das von Korallen und klarem Meer umgebene, dicht bewaldete Ko Ngai (Ko Hai) ist zugleich die familienfreundlichste der Trang-Inseln und ein Paradies für Flitterwöchner. Der lange, hellgelbe, vom Wind zerzauste Strand an der Ostküste geht sacht und sandig in das türkisblaue Wasser über und ist daher prima für Kinder geeignet. Vorgelagert ist ein Riff, zu dem man gut schnorcheln kann. Eine einheimische Bevölkerung gibt es auf der hinreißenden Insel nicht, der gesamte Hauptstrand steht im Zeichen von Badespaß.

Ko Ngai ist zwar offiziell Teil der Provinz Krabi, aber vom Festland am einfachsten über das 16 km nordöstlich gelegene Pak Meng zu erreichen.

Aktivitäten

Auf Ko Ngai befinden sich einige Tauchzentren (Tauchgänge ab 1300 B). Die Resorts vermieten Schnorchel und Schwimmflossen (300 B/Tag) sowie Seekajaks (150 B/Std.). Man kann sich auch halbtägigen Schnorchelausflügen zu nahegelegenen Inseln anschließen (ab 600 B).

Schlafen & Essen

Thanya Resort BUNGALOWS $$$
(☎075 206 967, 086 950 7355; www.kohngaithanyaresort.com; Zi. mit Frühstück 3700–6900 B; ❄@📶🏊) Diese Anlage am südlichen Ende des Hauptstrands bietet balinesi-

DER 50-B-PREISAUFSCHLAG

Fähren und Schnellboote von Tigerline (S. 724) stoppen, statt anzulegen, oft im Meer vor den Trang- und Satun-Inseln. Für den An- und Abtransport zum Land wird ein Aufschlag von 50 B genommen, den die Bootsleute fordern, sobald man in das Longtail-Boot gestiegen ist. In der Regel tuckern sie erst los, wenn man bezahlt hat. Das Ganze ist etwas nervend, wird aber die Reise nicht ruinieren – einfach Kleingeld griffbereit haben!

schen Schick. Die Teakbungalows sind dunkel, aber stilvoll und geräumig. Sie haben Warmwasserduschen drinnen und draußen ländliche Duschen mit Wassereimern (erst mal ausprobieren!). Man entspannt an dem herrlichen Pool am Strand. Von seiner Terrasse blickt man über den Rasen voller Frangipanis bis hinunter zum Sandstrand. Vor Ort gibt es ein **Tauchzentrum** (☎085 056 3455; 1 Tauchgang 1300–1500 B) sowie ein **Thai-Restaurant** (Hauptgerichte 150–300 B; ⌚7–20 Uhr; 📶) mit vernünftigen Preisen.

Coco Cottage BUNGALOWS $$$
(☎089 724 9225; www.coco-cottage.com; Bungalows 3300–7900 B; ⌚Okt.–Mai; ❄📶) Bei den Cottages am Nordende des Hauptstrands handelt es sich um extravagante Kokospalmhütten mit Blätterdach, Wänden aus Stammholz und Laternen aus Kokosnussschalen, die in einem Dschungelgarten stehen. In den Bungalows mit Meerblick blickt man durch wandhohe Fenster auf die Andamanensee. Weitere Highlights sind Bambusliegen, Massagepavillons und ein ordentliches **Strandrestaurant mit Bar** (Hauptgerichte 170–260 B; ⌚7–10, 11–16 & 18–21.30 Uhr), das Gerichte der Thai- und der Fusionküche auftischt.

Ko Hai Fantasy Resort & Spa RESORT $$$
(☎075 210 317; www.kohhai.com; Zi. 3300–17 200 B; ❄📶🏊) Die gepflegten, komfortablen, modernen und recht großen Zimmer erstrecken sich hinter dem südlichen Ende des Hauptstrands über einen netten Garten bis hinauf zu dem umliegenden Hügel. Das Meeresfrüchterestaurant ist ordentlich, es gibt einen Minimarkt, und Schnorchel- und Inseltrips lassen sich vereinbaren.

Talay Lounge Restaurant THAILÄNDISCH, INTERNATIONAL $$
(Thapwarin Resort; Hauptgerichte 170–300 B; ⌚Mitte Juni–Mitte Mai 7–22 Uhr; 📶) In dieser Strandlounge mit Restaurant, in dem man alles von gegrilltem Schnapper bis zu Pizza und Pasta bekommt, kann man abends unter den Gummibäumen Feuershows erleben. Das Restaurant gehört zum **Thapwarin Resort** (☎081 894 3585; www.thapwarin.com; Nordende des Hauptstrands; Bungalow mit Frühstück und Garten-/Meerblick 4500/5500 B; ⌚Mitte Juni–Mitte Mai; ❄📶), am Nordende des Hauptstrands von Ko Ngai.

ℹ An- & Weiterreise

Täglich fährt ein Boot von Ko Ngai nach Pak Meng (350 B, 1 Std, 9 Uhr; Rückfahrt nach Ko Ngai 12 Uhr). Man kann auch Longtail-Boote von/nach Pak Meng (1500 B), Ko Muk (1500 B), Ko Kradan (1500 B) und Ko Lanta (2000 B) chartern – bei **Ko Ngai Seafood Bungalows** (☎095 014 1853; kob_1829@hotmail.com; mittlerer Abschnitt des Hauptstrands; Bungalow 1500–1800 B; ⌚ganzjährig; 📶) nachfragen! Die meisten Resorts arrangieren Transfers zum Festland.

Zwischen Mitte Oktober und Mitte April stoppen die Fähren von **Tigerline** (S. 724) auf der Route zwischen Phuket und Ko Lipe direkt vor der Küste von Ko Ngai. Zwischen November und Anfang April bieten die Schnellboote des **Satun Pak Bara Speedboat Club** (S. 725) und von **Bundhaya Speedboat** (☎074 750389, 074 750388; www.bundhayaspeedboat.com) einen schnelleren und komfortableren Transport von Insel zu Insel.

Die Anlegestelle befindet sich beim Koh Ngai Resort, aber Longtail-Boote setzen ihre Passagiere in der Regel an dem Resort ab, in dem sie wohnen.

SCHIFF/FÄHREN VON/NACH KO NGAI

ZIEL	UNTERNEHMEN	PREIS (B)	DAUER
Ko Lanta	Tigerline	750	1 Std.
	Speedboat	650	30 Min.
Ko Lipe	Tigerline	1600	4 Std.
	Speedboat	1300	2½ Std.
Ko Kradan	Tigerline	750	30 Min.
	Satun Pak Bara Speedboat Club	400	25 Min.
Ko Muk	Tigerline	750	1 Std.
	Speedboat	350	30 Min.
Ko Phi-Phi	Tigerline	1350	2½ Std.
	Satun Pak Bara Speedboat Club	1350	2 Std.
Phuket	Tigerline	1800	3½ Std.
	Satun Pak Bara Speedboat Club	2150	3 Std.

Ko Muk เกาะมุก

Die Ankunft auf dem mit Dschungel bedeckten Ko Muk ist unvergesslich, gleichgültig ob man an dem weißen Puderzuckerstrand von **Hat Sivalai** im Osten, an dem bescheidenen, Lokalkolorit bietenden **Hat Lodung** oder am **Hat Farang** (Hat Sai Yao, Charlie Beach) im Südwesten anlegt, wo jadegrünes Wasser an den wunderschönen Strand grenzt.

Das Unterkunftsangebot verbessert sich ständig, der Sonnenuntergang an der Westküste ist prachtvoll und die Hauptsiedlung an der größten Anlegestelle wirkt authentischer als jene auf vielen Touristeninseln. Man gelangt leicht zu den meisten anderen Inseln in der Provinz. Die Traveller, die hierher kommen, wollen vor allem die Ruhe genießen und keine wilden Partys feiern. Allerdings gibt es einen beständigen Strom von Pauschaltouristen, die den Hat Sivalai unsicher machen, und von Tagesausflüglern aus Ko Lanta, die die Tham Morakot sehen wollen.

Sehenswertes & Aktivitäten

Zwischen Ko Muk und Ko Ngai liegen die beiden Karst-Inselchen **Ko Cheuk** und **Ko Waen**, die beide kleine Sandstrände und gute Schnorchelmöglichkeiten bieten (die Korallen haben aber Schaden genommen).

Das Koh Mook Garden Beach Resort verleiht Fahrräder (150 B/Tag) und Karten für Radtouren; viele Resorts vermieten Kajaks (100–300 B/Std.) und Motorräder (250 B/Tag). Man kann stundenlang durch Kautschukplantagen und muslimische Fischerdörfer (angemessene Kleidung tragen!) wandern.

Tham Morakot HÖHLE
(ถ้ำมรกต, Emerald Cave) Ein schöner Kalksteintunnel führt an der Westküste von Ko Muk 80 m tief in eine Höhle hinein. Kein Wunder, dass hier einst Piraten ihre erbeuteten Schätze versteckten! Man muss durch den teilweise stockfinsteren Tunnel schwimmen, um zu einem kleinen, von hohen Kalksteinwänden umgebenen weißen Sandstrand zu gelangen. Gegen Mittag fällt ein Lichtstrahl von oben hinein. Zur Besichtigung muss man die Nationalparkgebühr (Erw./Kind 200/100 B) entrichten.

Schlafen & Essen

Die schicksten Unterkünfte sind am Hat Sivalai, der einen kurzen Fußmarsch von der Hauptanlegestelle an der Ostküste entfernt ist. Preiswertere Unterkünfte gibt's am Hat Lodung westlich der Anlegestelle hinter Mangroven und einem Dorf mit Stelzenhäusern, aber der Strand ist nicht annähernd so schön.

Das Meer ist am halbmondförmigen Hat Farang sauberer, wo preisgünstigere Resorts hinter dem Strand liegen. Von/zur Anlegestelle kann man ein Motorradtaxi nehmen (50 B, 10. Min.).

Koh Mook Hostel HOSTEL $
(☎089 724 4456; www.kohmookhostel.com; B 380 B; ❄📶) Das einzige Hostel auf den Trang-Inseln wird von einer freundlichen muslimischen Familie geführt und umfasst zwei recht große und saubere Schlafsäle, von denen einer Frauen vorbehalten ist. Sie sind – genauso wie der Gemeinschaftsbereich – in luftigen Pastelltönen gestaltet. Die angeschlossene Bäckerei mit Café serviert hausgemachtes Brot, Kuchen und Pizza. Das Hostel ist 10 Gehminuten vom schönen Hat Sivalai entfernt.

Koh Mook Garden Beach Resort PENSION $$
(☎081 748 3849; DaDakohmook@gmail.com; Hat Lodung; Zi. 1000–1500 B; ❄📶) Das bezaubernd verfallene und sehr entspannte Garden Beach Resort unterscheidet sich durch seine familiäre Atmosphäre von den anonymeren und professionelleren Resorts. Die Bungalows – ältere, schlichte aus Bambus und neuere, komfortablere aus Beton – verteilen sich über einen Garten, der zu einem eigenen kleinen Abschnitt des Hat Lodung führt. Das angeschlossene Restaurant serviert schmackhaftes thailändisches Essen.

Phusambig Resort HOTEL $$$
(☎09 1706 7727; cee210919@hotmail.com; Zi. mit Frühstück 1200–2700 B; ❄📶) Die Bungalows dieses entspannten, einladenden Resorts liegen in einem Garten 10 Gehminuten vom Hat Farang. Sie sind unterschiedlich ausgestattet und unterschiedlich groß. Die preiswertesten haben nur Ventilatoren, aber alle sind modern, haben ordentliche Bäder und sind insgesamt etwas besser als ähnlich ausgepreiste Bungalows anderswo. In der Nebensaison hört man nachts die Ochsenfrösche.

Sivalai HOTEL $$$
(☎089 723 3355; www.komooksivalai.com; Hat Sivalai; Bungalows mit Frühstück 5500–8500 B; ❄📶🏊) Auf einer pfeilförmigen, von weißem Sand bedeckten Halbinsel mit Blick auf Karstinseln und das Festland hat das Sivalai

die schönste Lage auf Ko Muk. Die eleganten Bungalows aus dunklem Holz sind recht groß und geschmackvoll, einige verfügen über umlaufende Veranden. Es gibt zwei Pools und ein praktisches Spa (Massagen ab 700 B). Das Restaurant befindet sich direkt an der Spitze der Halbinsel.

★ **Hilltop Restaurant** THAILÄNDISCH $$
(Hauptgerichte 100–300 B; ⌚9–22 Uhr) Das immer noch stimmungsvollste Restaurant auf Ko Muk wird von einer freundlichen Familie geführt und serviert in einem dschungelartigen Gartenambiente alle beliebten thailändischen Gerichte. Die Meeresfrüchtecurrys, deren Schärfe nach Gästewunsch angepasst wird, sind hervorragend und verlocken zum Wiederkommen. Aber alle Gerichte werden mit Liebe und Sorgfalt zubereitet. Das Restaurant befindet sich rund 800 m landeinwärts hinter dem Hat Farang.

An- & Weiterreise

Zwischen November und April fahren Schiffe und Longtail-Boote täglich um 12, 13 und 17 Uhr von der Anlegestelle in Kuantungku nach Ko Muk (120–250 B, 30 Min.) und kehren um 8, 9 und 14 Uhr zum Festland zurück. In den übrigen Monaten wird der Betrieb weitgehend eingestellt, aber das günstigste Longtail-Boot fährt ganzjährig um 13 Uhr. Mit kombinierten Kleinbus-Schiff-Tickets kommt man von/nach Trang (350 B, 1½ Std.) und vom/zum Flughafen von Trang (500 B, 1½ Std.). Man kann auch Longtail-Boote von/nach Kuantungku chartern (800 B, 30 Min.).

Zwischen November und Anfang April ist Ko Muk ein Zwischenstopp der Schnellboote von Tigerline (S. 724) und Satun Pak Bara (S. 725), die Ko Lanta (950 B, 1 Std.), Ko Ngai (350–B, 30 Min.) und Ko Lipe (1400–1600 B, 2 Std.) miteinander verbinden.

Longtail-Boote von Ko Muk nach Ko Kradan (800 B, 30 Min.), Ko Ngai (1000 B, 1 Std.) und Pak Meng (1500 B, 45–60 Min.) lassen sich leicht am Pier chartern oder auf Nachfrage von der Unterkunft beschaffen.

INSIDERWISSEN

FEUCHTE HOCHZEIT

An jedem Valentinstag ist Ko Kradan Schauplatz einer ungewöhnlichen Hochzeitszeremonie. Rund 40 Paare ziehen Taucheranzüge an und schwimmen hinunter zu einem Unterwasseraltar inmitten der Korallenriffe, um vor dem Standesbeamten des Bezirks Trang ihr Ehegelübde abzulegen. Wie es die Paare schaffen, unter Wasser „ich will" zu sagen, bleibt ihr Geheimnis, immerhin aber kam die Zeremonie 2000 ins *Guinness Buch der Rekorde* als größte Unterwasserhochzeit der Welt. Wer selber lieber statt Brautschleier den Taucherhelm aufsetzen will, findet Infos unter www.underwaterwedding.com.

Ko Kradan เกาะกระดาน

Das schöne Ko Kradan hat schmale, seidenweiche, weiße Sandstrände, badewannenwarmes seichtes Wasser und vom Hauptstrand an der Ostküste eine traumhafte Aussicht über das funkelnde, türkisblaue Meer hinüber nach Ko Muk, Ko Libong und zu den Kalksteinfelsen. Das Wasser ist sauber, klar und einladend; im Binnenland gibt es einen kleinen, aber üppigen Urwald.

Aktivitäten

Hat South SCHNORCHELN
Obwohl die Korallen vor Ko Kradan dezimiert sind, hat man bei ruhigem Wetter gute Schnorchelmöglichkeiten vor dem Südstrand, der von der Pension Paradise Lost am Südende des Hauptstrands aus leicht bei einer zehnminütigen Wanderung über einen ausgeschilderten Dschungelpfad zu erreichen ist.

Hat Sunset STRAND
Ein kurzer, ausgeschilderter Weg am Südende des Hauptstrands führt an der Pension Paradise Lost vorbei über den Hügelkamm zum Sunset Beach, einem überwiegend feuchten und felsigen Sandstrand am offenen Meer – ein schöner Ort, um in einiger Einsamkeit den leuchtend rosa Sonnenuntergang am Strand zu erleben.

Schlafen & Essen

Kalume HOTEL $$
(☎080 932 0029; www.kalumekradan.com; Zi. 1200–1800 B; 📶) Das billigste Strandresort besteht aus einer Reihe von Bambus- und Holzbungalows in einem Garten. Deren Einrichtung ist minimal, und sie sind weder besonders schön noch besonders geräumig, aber man ist nur Schritte vom besten Strand von Ko Kradan entfernt, das Personal ist freundlich, und das entspannte Barrestaurant ist ein netter Ort, um den Abend zu genießen.

Paradise Lost PENSION $$
(☎081 894 2874; www.kokradan.wordpress.com; B 300 B, Bungalows 700–1200 B) Das im Binnen-

SCHIFFE/FÄHREN VON/NACH KO KRADAN

ZIEL	UNTERNEHMEN	PREIS (B)	DAUER
Hat Yao (für Trang)	Tigerline	1050	1 Std.
Ko Lanta	Tigerline	950	1½ Std.
	Satun Pak Bara Speedboat Club	1150	1¼ Std.
Ko Lipe	Tigerline	1600	3½ Std.
	Satun Pak Bara Speedboat Club	1400	2 Std.
Ko Muk	Satun Pak Bara Speedboat Club	300	15 Min.
Ko Ngai	Tigerline	750	30 Min.
	Satun Pak Bara Speedboat Club	400	45 Min.

land liegende Anwesen war eine der ersten Unterkünfte auf Ko Kradan und liegt in Gehweite zu allen drei Hauptstränden von Ko Kradan. Es gibt einen luftigen Schlafsaal mit fünf Betten und Ventilator, aber die Bungalows sind schlicht, und die billigsten teilen sich das Bad. Die größeren und teureren Holzbungalows haben eigene Bäder, sind aber auch nur funktional. Die Anlage ist in der Nebensaison geschlossen.

Die offene **Küche** (Hauptgerichte 140–350 B; ⌚8–21 Uhr) tischt schmackhaftes Essen in großen Portionen auf.

Seven Seas Resort HOTEL **$$$**
(☎075 2033 8990; www.sevenseasresorts.com; Zi. mit Frühstück 6000–12 000 B; ❄📶🏊) Das Boutique-Resort ist die bei weitem eleganteste und beste Option auf Ko Kradan. Die superschicken Zimmer locken mit Terrazzoböden, in tropische Gärten übergehenden Badezimmern drinnen und draußen, riesigen, niedrigen Betten und in einigen Fällen auch eigenen Strandhütten viele skandinavische Traveller an. Am pechschwarzen Infinity Pool serviert das luftige **Restaurant** (Hauptgerichte 200–1000 B; ⌚7–22 Uhr; 📶) teure thailändische und internationale Gerichte. Das Resort liegt erstklassig in der Mitte des Hauptstrands von Ko Kradan.

An- & Weiterreise

Von November bis April fahren täglich um 8.30 und 13 Uhr Boote nach Kuantungku auf dem Festland; im Ticket ist die anschließende Kleinbusfahrt nach Trang (450 B) und zum Flughafen von Trang (550 B) inbegriffen. Ab Trang fahren Kleinbusse mit anschließender Fährfahrt nach Ko Kradan um 11 sowie um 16 Uhr. Für die Fahrt von/nach Kuantungku (1500 B, 45–60 Min.), Ko Muk (800 B, 30 Min.) und Ko Ngai (1500 B, 1 Std.) kann man Longtail-Boote chartern.

Von Mitte Oktober bis Mitte Mai legt die Fähre Phuket–Ko Lipe von Tigerline (S. 724) vor Ko Kradan einen Zwischenstopp ein. Von November bis Anfang April bietet der Satun Pak Bara Speedboat Club (S. 725) schnellere und günstigere Verbindungen.

Ko Libong เกาะลิบง

Die größte Trang-Insel ist mit einem Longtail-Boot nur 30 Minuten vom Hat Yao auf dem Festland entfernt. Das prächtige, dicht bewaldete Juwel voller Kautschukbäume und dichter Mangroven ist mehr wegen seiner spektakulären Tier- und Pflanzenwelt, zu der Dugongs und viele Zugvögel gehören, bekannt als wegen seiner schmalen, goldbraunen Strände. Auf der Insel lebt eine kleine muslimische Fischergemeinde, und an der Westküste gibt's ein paar Resorts. Die raue Schönheit und der gar nicht touristische Charme der Insel kann Besucher verzaubern.

Sehenswertes

Libong Archipelago Wildlife Reserve NATURSCHUTZGEBIET
Das große Mangrovengebiet bei Laem Ju Hoi an der Ostküste von Ko Libong steht unter dem Schutz der Botanischen Verwaltung. Die Meereskanäle sind eines der letzten Habitate des gefährdeten Dugongs: mehr als 100 dieser Seekühe weiden das Seegras, das in der Bucht wächst. Die meisten Resorts auf Ko Libong veranstalten mit Booten Dugong-Beobachtungstouren (1000–1500 B), die von Naturkundlern geführt werden.

Schlafen & Essen

Fast alle Unterkünfte von Ko Libong befinden sich an der Westküste, wo es die schönsten Strände gibt.

Libong Beach Resort BUNGALOWS **$$**
(☎084 849 0899; www.libongbeach-resort.com; Bungalows 1000–2500 B; ❄📶) In der niedlichen Anlage gibt's alles von kahlen Schup-

ABSEITS DER ÜBLICHEN PFADE

KO SUKORN เกาะสุกร

Das wenig besuchte Ko Sukorn ist ein Naturparadies mit dunkelgelben Stränden, hellgrünem Meer, von Dschungel überwucherten Landzungen aus schwarzen Felsen sowie Dörfern mit Pfahlbauten, in denen die 2600 muslimischen Einwohner hausen, deren Reis- und Wassermelonenfelder sowie Kautschukplantagen links und rechts der schmalen Asphaltstraßen liegen.

Wenige Hügel, ein tolles Panorama, viel Schatten – aus diesen Gründen lässt sich Ko Sukorn am besten mit einem gemieteten Fahrrad (200 B) erkunden, zumal man so auch Gelegenheit hat, mit Einheimischen ins Gespräch zu kommen. Am Hauptstrand an der Südwestküste der Insel befinden sich ein paar entspannte Resorts. Wenn man den Strand verlässt, unbedingt so kleiden, dass man die Gefühle der Einheimischen nicht verletzt!

Den leuchtend rosafarbenen Sonnenuntergang über den vorgelagerten Inseln kann man am herrlichen langen Strand vor dem **Yataa Island Resort** (☎ 089 647 5550; www.yataaresort.com; Ao Lo Yai; Bungalows mit Frühstück 1400–6500 B; ❄📶🏊) genießen, dessen klimatisierte Betonbungalows mit grünem Dach einen kühlen blauen Pool umrahmen. Auch das Restaurant ist ausgezeichnet. Eine Alternative ist **Sukorn Cabana** (☎ 089 724 2326; www.sukorncabana.com; Bungalows mit Frühstück 900–1500 B; ⏲ Mai geschl.; ❄📶); die Anlage verfügt über alte, aber saubere Bungalows mit Strohdach, Kühlschrank, polierter Holzverkleidung und gemütlicher Veranda.

Am einfachsten kommt man nach Ko Sukorn, wenn man das Resort seiner Wahl beauftragt, den Transport ab Trang zu organisieren (1900 B/Pers.) und am preiswertesten, wenn man ein *sŏrng·tăa·ou* von Trang nach Yan Ta Khao (80 B, 40 Min.) nimmt und dort nach Ban Ta Seh (50 B, 45 Min.) umsteigt, wo Longtail-Boote nach Ban Saimai (50 B), der Hauptsiedlung auf Ko Sukorn, ablegen, sobald sie voll besetzt sind. Die Pensionen und Reisebüros in Trang organisieren einen Transport per *sŏrng·tăa·ou* und Boot (250–350 B) über Ban Ta Seh nach Ban Saimai; die Fahrt startet in Trang täglich um 11 Uhr.

Alternativ kann man von Trang nach Ban Ta Seh auch ein Taxi nehmen (900 B). Die Resorts sind einen 3 km langen Fußmarsch von Ban Saimai entfernt; ein Motorradtaxi für die Strecke kostet 100 B. Man kann auch Longtail-Boote chartern, die einen direkt zu den Strandresorts bringen (400 B).

pen hinter einem trüben Bach bis zu komfortablen Chalets aus Holzfurnier mit Strohdach, die am Strand stehen und halb offene Bäder bieten. Tierbeobachtungstouren werden veranstaltet, man erhält Infos zu Verkehrsmitteln und kann Motorräder mieten (250 B/Tag). Uns gefiel das Restaurant; probieren sollte man das *pàt see·éw* (gebratene Nudeln) oder das *đôm yam kà-mîn* (Suppe aus Meeresfischen mit Kurkuma).

Libong Relax Beach Resort BUNGALOWS $$$
(☎ 094 582 5113, 091 825 4886; www.libongrelax.com; Zi. mit Frühstück 1600–3700 B; ❄📶) Die erste Wahl in diesem freundlichen und entspannten Resort sind die stilvollen Holzbungalows mit Terrakotta-Waschbecken, glänzenden Böden und Fenstertüren, die sich zum Meer hin öffnen. Die Bambushütten mit Ventilator sind rustikaler, schlicht und kompakt, aber gepflegt. Das Resort veranstaltet Touren zur Beobachtung von Vögeln und Dugongs, Schnorchelausflüge und vermietet Kajaks (200 B/Std.). Das **Strandrestaurant** (Hauptgerichte 120–350 B; ⏲ 7.30–15 & 17–21 Uhr; 📶) bietet gute thailändische Gerichte.

ℹ An- & Weiterreise

Tagsüber fahren Longtail-Boote, wenn sie voll sind, vom Hat Yao (100 B/Pers., 30 Min.) nach Ban Ma Phrao an Ko Libongs Ostküste. Auf Ko Libong bringen Motorradtaxis einen zu den Resorts an der Westküste (100 B/Pers.). Vom Hat Yao ein Longtail-Boot zu den Resorts zu chartern, kostet 900 B. Man kann Boote nach Ko Kradan (1800 B), Ko Muk (1800 B) und Ko Ngai (2300 B) chartern.

PROVINZ SATUN

Satun fristete touristisch bis vor Kurzem ein Schattendasein, aber das hat sich mit der zunehmenden Beliebtheit der weißen Sandstrände von Ko Lipe geändert – aus dem einstigen Backpacker-Geheimtipp wurde ein Strandparadies für die Massen. Der Rest der Provinz ist nach wie vor nur eine Durchgangsstation für Traveller auf dem Weg nach

Ko Lanta im Norden oder Pulau Langkawi (Malaysia) im Süden. Dabei verpassen sie die einsamen Strände und Meereshöhlen auf Ko Tarutao, die rauen Naturpfade und rauschenden Wasserfälle auf Ko Adang, die rustikale Schönheit von Ko Bulon Leh und schließlich die unbeschwerte Stadt Satun.

Zwar ist die Bevölkerung der Provinz Satun überwiegend muslimisch, sie blieb aber von den politischen Unruhen in den ebenfalls vorwiegend muslimischen Nachbarprovinzen Yala, Pattani und Narathiwat weitgehend verschont.

Satun

สตูล

☎ 074 / 23 800 EW.

Die abgelegene kleine Stadt in einem nebelverhangenen Dschungeltal, das von Kalksteinklippen und einem trüben Fluss eingerahmt wird, ist überraschend geschäftig; immerhin ist sie Hauptort und Mittelpunkt einer Provinz, in der mehr als 300 000 Menschen leben. Von den wenigen Besuchern, die hier durchkommen, sind die meisten auf dem Weg von oder nach Malaysia oder Segler, die ihre Jachten in der hoch angesehenen Werft von Satun preiswert reparieren lassen. Wer sich aber etwas umschaut, findet interessante chinesisch-portugiesische Architektur und Sakralbauten, köstliches Essen, freundlich lächelnde Einwohner und viel authentischen Charme. Das Umland ist schön und lädt zur Erkundung ein.

Sehenswertes & Aktivitäten

Satuns ausgezeichnetes kleines **Museum** (พิพิธภัณฑ์สถานแห่งชาติสตูล, Kuden Mansion; Soi 5, Th Satun Thanee; 50 B; ⏲ Mi–So 9–16 Uhr) residiert in einer restaurierten sino-portugiesischen Villa, die 1902 als Residenz für einen geplanten Besuch König Ramas V. erbaut wurde. Heute werden hier informative Ausstellungen zur Lokalgeschichte, zu den Sitten und Gebräuchen und dem muslimischen Leben im Süden Thailands gezeigt.

Satuns Schönheit erlebt man bei einem Spaziergang über den **Monkey Mountain**, einen dschungelbedeckten Kalksteinhügel, der von unzähligen Makaken bewohnt wird.

Schlafen & Essen

Preiswerte chinesische und muslimische Schnellrestaurants finden sich an der Th Burivanich und der Th Samanta Prasit. Die chinesischen Imbisse sind auf *kôw mŏo daang* (rotes Schweinefleisch mit Reis) spezialisiert, die muslimischen bieten Roti mit südthailändischem Hähnchen-Curry und die örtliche Version von Biryani. Es gibt auch einen ordentlichen Nachtmarkt.

Satun Tanee Hotel PENSION $
(☎ 074 711010, 074 712309; www.satuntaneehotel.com; 90 Th Satun Thanee; Zi. 300–570 B; ❄📶) Hinter der Fassade in Limettengrün und Orange finden sich recht große, moderne Zimmer mit bequemen Betten und Parkettböden sowie im obersten Stock (kein Fahrstuhl) schäbigere, billigere, nicht renovierte Zimmer nur mit Ventilator. Das Ganze wirkt etwas wie ein Wohnheim, aber die renovierten Zimmer haben ein gutes Preis-Leistungs-Verhältnis, und der Empfang ist freundlich.

★ **Nachtmarkt** MARKT $
(abseits der Th Satun Thanee; Hauptgerichte ab 40 B; ⏲ 17–21 Uhr) Satuns beliebter munterer Nachtmarkt sorgt mit aromatischem *pàt tai*, gebratenem Fisch, Hähnchen-Satay und ausgezeichneten scharfen südthailändischen Currys fürs leibliche Wohl. Samstags gibt's einen größeren Nachtmarkt in der Th Burivanich.

Ausgehen & Nachtleben

★ **On's Living Room** BAR
(☎ 074 724133; 36 Th Burivanich; ⏲ 17–2 Uhr; 📶) Satuns einzige Bar westlicher Art nimmt das Erdgeschoss eines stimmungsvollen, geschmackvoll umgebauten Ladenhauses im sino-portugiesischen Stil ein. Es gibt eine schöne lange Holztheke, einen Billardtisch und viel Raum zum Abhängen. Hier sammeln sich Satuns winzige Ausländergemeinde und alle *fa·ràng*, die durch die Stadt kommen. Im oberen Stockwerk finden sich Zimmer von On's Guesthouse.

Praktische Informationen

Bangkok Bank (Th Burivanich; ⏲ Mo–Fr 8.30–15.30 Uhr) Die Filiale hat einen Devisenschalter und einen Geldautomaten. Mehr Geldautomaten stehen an der Th Burivanich.

Einreisebehörde (☎ 074 711080; Th Burivanich; ⏲ Mo–Fr 8.30–16.30 Uhr) Das Büro gegenüber dem Uhrenturm bearbeitet Visaanträge und -verlängerungen. Für Traveller ist es einfacher, über den Grenzkontrollpunkt bei Tha Tammalang aus Thailand aus- und wieder einzureisen.

Polizei Satuns Hauptwache.

Post (Ecke Th Satun Thanee & Th Samanta Prasit; ⏲ Mo–Fr 8.30–16.30, Sa 9–12 Uhr) Satuns Hauptpost.

Satun

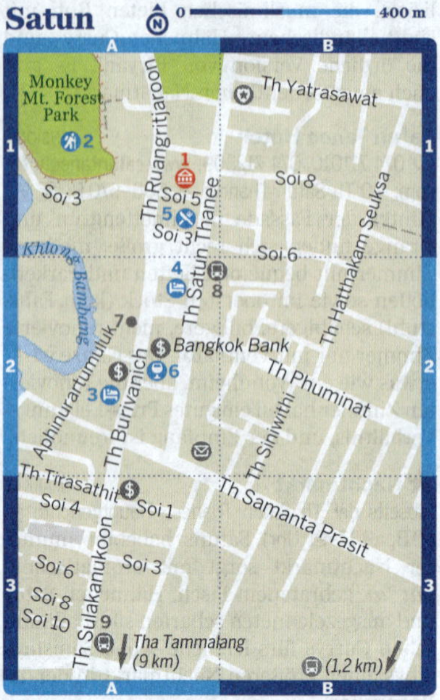

Satun

Sehenswertes
1 Satun National Museum A1

Aktivitäten, Kurse & Touren
2 Monkey Mountain A1

Schlafen
3 On's Guesthouse A2
4 Satun Tanee Hotel A2

Essen
5 Nachtmarkt A1

Ausgehen & Nachtleben
6 On's Living Room A2

Praktisches
7 Einreisebehörde A2

Transport
8 Buses nach Trang und Hat Yai A2
9 *Sŏrng·tăa·ou* nach Tha Tammalang . A3

An- & Weiterreise

Der Satun am nächsten gelegene Flughafen befindet sich zwei Fahrtstunden entfernt in Hat Yai.

BUS

Busse fahren vom Busbahnhof **Satun** 2 km südlich der Stadt. Die **Busse nach Trang** (100 B, 2 Std., 5–16.30 Uhr stündl.) nehmen auch am 7-Eleven an der Th Satun Thanee Fahrgäste auf. Die Busse nach Trang fahren über La-Ngu (50 B), wo man *sŏrng·tăa·ou* nach Pak Bara (20 B) nehmen kann, die einen zu den Booten nach Ko Lipe und zu anderen Inseln bringen.

Busse fahren u. a. nach:

Bangkok – VIP-Klasse (1042 B, 14 Std., 16 Uhr)

Bangkok – mit Klimaanlage (679 B, 14 Std., 7, 14.30, 15 & 16.30 Uhr)

Krabi (215 B, 5 Std., 8.15, 10.15, 12.15 & 20 Uhr)

Phuket (329 B, 8 Std., 8.15, 10.15, 12.15 & 20 Uhr)

MINIBUS & SAMMELTAXI

Kleinbusse fahren vom Busbahnhof Satun nach Krabi (200 B, 5 Std., 7 & 14 Uhr), Trang (120 B, 2 Std., 5–17 Uhr stündl.), Hat Yai (100 B, 2 Std., 6–17 Uhr) und zum Flughafen Hat Yai (300 B 2½ Std., 6–17 Uhr); die **Minivans nach Hat Yai** nehmen auch am 7-Eleven an der Th Satun Thanee Fahrgäste auf. Es fahren auch Minivans nach Kuala Perlis in Malaysia (400 B). Sie verkehren nicht täglich und holen die Passagiere von ihren Unterkünften ab. **On's Guesthouse** (☎074 724133; onmarch13@hotmail.com; 36 Th Burivanich; B 250 B, Zi. 350–600 B; ❄ 📶) kann Tickets besorgen.

SCHIFF/FÄHRE

Von Tha Tammalang (10 km südlich von Satun) fahren täglich zwei Fähren nach Pulau Langkawi (10 & 15 Uhr, 300 B) in Malaysia. In umgekehrter Richtung starten täglich um 10.30 Uhr und 17.15 Uhr Fähren von Pulau Langkawi nach Satun (36 RM).

Unterwegs vor Ort

Das Zentrum von Satun lässt sich leicht zu Fuß erkunden, man kann aber bei On's Guesthouse Fahrräder (150 B/Tag) und Motorräder (250 B/Tag) mieten.

Sŏrng·tăa·ou zum Busbahnhof kosten 40 B pro Person. Die orangefarbenen *sŏrng·tăa·ou* nach **Tha Tammalang** nehmen Fahrgäste am 7-Eleven an der Th Sulakanukoon auf. Stadtfahrten mit Motorradtaxis kosten 50 B.

Pak Bara ปากบารา

☎074 / 3000 EW.

Pak Bara, 60 km nordwestlich von Satun, ist das wichtigste Sprungbrett zu den bezaubernden Inseln des Ko Tarutao Marine National Park (S. 739). Die Einrichtungen in Pak Bara werden langsam besser, weil immer mehr Touristen kommen, wenn auch fast nur auf dem Weg zu den Inseln.

Die Hauptstraße aus La-Ngu (Rte 4052) endet am Pier, der eigentlich eine riesige

Wartehalle für die Passagiere der Schnellboote nach Ko Lipe und Ko Tarutao ist. Am Pier liegt auch das **Besucherzentrum** (Karte S. 740; ☎074 783485; Pak Bara Pier; ⏲8–17 Uhr) des Ko Tarutao Marine National Park. Reisebüros vor Ort arrangieren Tagestouren (2000 B) zu den Inseln des Parks.

ℹ An- & Weiterreise

BUS

In Satun nimmt man den normalen Bus nach Trang, steigt in La-Ngu (50 B, 30 Min.) aus und fährt dann von dort aus mit einem *sŏrng·tăa·ou* nach Pak Bara (20 B, 20 Min.). Täglich fahren auch ein paar Minivans diese Strecke (60 B). Die Haltestelle des Busses und der Minivans befindet sich vor dem 7-Eleven an der Th Satun Thanee.

MINIVANS VON/NACH PAK BARA

Klimatisierte Minivans fahren zwischen 7.30 und 18.30 Uhr alle 45 Minuten von Hat Yai zur Anlegestelle in Pak Bara (120 B, 2 Std.). Zwischen Mitte Mai und Mitte Oktober verkehren sie möglicherweise seltener.

SCHIFF/FÄHRE

Von Mitte Oktober bis Mitte Mai fahren um 11.30 Uhr **Schnellboote** (S. 725) vom **Fährhafen in Pak Bara** (Karte S. 740) zur Ao Pante Malacca auf Ko Tarutao (450 B, 30 Min.) und weiter nach Ko Lipe (650 B, 1½ Std.). Zwischen Oktober und Mai fahren um 11 und 14.30 Uhr Schnellboote nur nach Ko Tarutao (450 B). Weitere Schnellboote um 9.30, 12.30, 13.30 und 15.30 Uhr steuern direkt Ko Lipe an. Die Boote kehren von Ko Lipe um 9.30, 11.30, 12.30, 13 und 13.30 Uhr zurück.

Das Boot nach Ko Bulon Leh (450 B, 30 Min.) legt um 12.30 Uhr ab und fährt weiter nach Ko Li Pe. Wer das Boot nach Bulon verpasst, kann auch von den örtlichen Fischern ein Longtail-Boot chartern (2000 B, 1½ Std.). In der Nebensaison sind die Verbindungen nach Ko Lipe seltener, es fährt aber generell täglich ein Boot um 11.30 Uhr von Pak Bara nach Ko Lipe (Rückfahrt 9.30 Uhr), sofern das Wetter mitspielt.

Ko Tarutao Marine National Park อุทยานแห่งชาติหมู่เกาะตะรุเตา

Der **Ko Tarutao Marine National Park** (Karte S. 740; ☎074 783485; www.dnp.go.th; Erw./Kind 200/100 B; ⏲Mitte Okt.–Mitte Mai) ist eine der schönsten und ursprünglichsten Gegenden Thailands. Er umfasst 51 Inseln, die mit weitgehend intaktem, von Tieren wimmelndem Regenwald bedeckt und von gesunden Korallenriffen und leuchtend weißen Stränden umgeben sind. In ihm kann man Südliche Brillenlanguren, Javaneraffen, Kantschile, Wildschweine, Indische Fischotter, Fischkatzen, Pythons, Bindenwarane, Brahminenweihen, Weißbauchseeadler, Nashornvögel, Riffreiher und Eisvögel erspähen.

Ko Lipe ist zu einem bekannten Touristenziel geworden, und hier wohnen auch die meisten Traveller. Die Insel unterliegt nicht dem Bebauungsverbot, das sonst im Nationalpark gilt, weil es auf ihr Siedlungen der Urak Lawoi (einer Ethnie der Seenomaden) gibt.

Die einzigen weiteren Inseln, auf denen man übernachten kann, sind Ko Tarutao, die größte Insel und Sitz der Parkverwaltung (S. 742), und Ko Adang.

Müll ist ein Problem auf den Inseln. Als Besucher sollte man seinen Teil beitragen und Müll vermeiden. Abgesehen von Ko Lipe ist der Park offiziell von Mitte Oktober bis Mitte Mai geschlossen.

Ko Tarutao เกาะตะรุเตา

Der Großteil der stolzen 152 km² großen Insel ist mit Dschungel bedeckt, der sich steil bis zu dem 713 m hohen Gipfel, der höchsten Erhebung im Park hinaufzieht; so ist Ko Tarutao eine der urtümlichsten Inseln ganz Thailands. Sie ist zu großen Teilen von Mangrovensümpfen und Kalksteinklippen eingefasst und mit ihren steilen Trails und rauen Stra-

MINIVANS VON/NACH PAK BARA

ZIEL	PREIS (B)	DAUER (STD.)	HÄUFIGKEIT
Hat Yai	120	2	11.30, 13.30, 15.30 Uhr
Hat Yai Airport	200	2	11.30, 13.30, 15.30 Uhr
Ko Lanta	400	3	11.30 Uhr
Krabi	350	4	11.30 Uhr
Phuket	500	6	1.30, 13 Uhr
Trang	200	2	11.30, 13, 14, 15 Uhr

Ko Tarutao Marine National Park & Umgebung

Ko Tarutao Marine National Park & Umgebung

ßen im Inselinneren ein tolles Gefilde für fitte Wanderer und Mountainbiker. Die Strände von Ko Tarutao sind weniger einladend, weil das Wasser trüb ist und Müll angeschwemmt wird. Wer einen idyllischen Strand und gute Schnorchelbedingungen sucht, fährt besser nach Ko Adang oder Ko Rawi.

Ko Tarutao hat eine düstere Vergangenheit als Gefängnisinsel – einer der Gründe, warum es nicht erschlossen wurde.

Offiziell ist die Insel von Mitte Mai bis Mitte Oktober für Besucher geschlossen.

Sehenswertes & Aktivitäten

Mit einem befahrbaren Fluss und langen, asphaltierten Straßen lässt sich Ko Tarutao ideal auf eigene Faust erkunden. In der Parkverwaltung kann man Kajaks (200/500 B pro Std./Tag) und Mountainbikes (50/250 B) mieten.

Toe-Boo-Kliff AUSSICHTSPUNKT

(จุดชมวิวผาโต๊ะบู; Karte S. 740) Hinter der Parkverwaltung an der Ao Pante Malacca an der Nordwestküste der Insel führt ein steiler, 500 m (20 Min.) langer Pfad durch den Dschungel unter einem Kalksteinfelsen, von dem die Feuchtigkeit heruntertropft, entlang und dann über eine Reihe von in den Stein gehauenen Stufen hinauf auf die spektakuläre Felsspitze, von der man eine sagenhafte Aussicht über Ko Tarutao bis hinüber nach Ko Adang und zu den umliegenden Inseln genießt.

Tham Jara-Khe HÖHLE

(ถ้ำจระเข้, Krokodilhöhle; Karte S. 740) Folgt man dem Fluss, der an der **Ao Pante Malacca** (อ่าวพันเตมะละกา; Karte S. 740; Ko Tarutao) an der Nordwestküste von Ko Tarutao ins Meer mündet, ins Landesinnere, gelangt man zur Tham Jara-Khe, in der früher einmal gefährliche Leistenkrokodile gelebt haben. Bei Ebbe ist die Höhle 1 km weit schiffbar; sie kann im Rahmen von Longtail-Boot-Touren (500 B) besucht werden, die am Anleger an der Ao Pante Malacca starten.

Schlafen & Essen

Schlichte, staatlich verwaltete Bungalows finden sich an der **Ao Pante Malacca** (Karte S. 740; www.dnp.go.th; Ao Pante Malacca; Zi. 600–1200 B; ⏲ Mitte Okt.–Mitte Mai), der **Ao Molae** (Karte S. 740; www.dnp.go.th; Ao Molae; Zi. 600 B; ⏲ Mitte Okt.–Mitte Mai) und an der **Ao Son** (Karte S. 740; www.dnp.go.th; Ao Son; Zi. 350–550 B; ⏲ Nov.–Mitte Mai). Wasser ist rationiert, und Strom gibt's von 18.30 bis 6 Uhr. An der Ao Molae, der Ao Son, der Ao Makham, der Ao Taloh Waw und der Ao Taloh Udang kann man auch campen. Die Einrichtungen sind sehr schlicht; oft dringen Affen in die Zelte ein. Man sollte die Zelte also unbedingt gut schließen.

Die Unterkünfte können online oder einfacher beim Besucherzentrum des Parks (S. 739) in Pak Bara gebucht werden.

Schlichte Kantinen mit thailändischem Essen gibt's an der **Ao Pante Malacca**

POLITISCHE GEFANGENE

Zwischen 1938 und 1948 diente Ko Tarutao als Straflager für mehr als 3000 thailändische Kriminelle sowie 70 politische Gefangene. Dazu gehörten So Setabutra, der in seiner Haftzeit auf Ko Tarutao das erste thailändisch-englische Wörterbuch zusammenstellte, und Sittiporn Gridagon, ein Sohn Ramas VII.

Im Zweiten Weltkrieg versiegte der Nachschub an Lebensmitteln und Medikamenten; Hunderte Gefangene starben an Malaria, Hunger und Misshandlungen. Andere Gefangene und Wärter meuterten und betätigten sich als Piraten in der Straße von Malakka, bis britische Truppen 1946 dem Treiben ein Ende setzten.

Die Ruinen des Lagers für politische Gefangene sieht man an der Ao Taloh Udang. Man kann auch Ao Taloh Waw besuchen, die Stätte des Lagers der Kriminellen an der Ostküste, von dem aber keine Gebäude erhalten sind. Im Besucherzentrum von Ko Tarutao finden sich einige Exponate zur Vergangenheit von Ko Tarutao als Gefängnisinsel.

(Karte S. 740; Ao Pante Malacca; Hauptgerichte 80–180 B; ⏲7.45–14.30 & 17.30–20.30 Uhr), der **Ao Molae** (Karte S. 740; Ao Molae; Hauptgerichte 70–140 B; ⏲7–14 & 17–21 Uhr) und der **Ao Son** (Karte S. 740; Ao Son; Hauptgerichte 60–140 B; ⏲7–20 Uhr).

Praktische Informationen

Zentrale des Ko Tarutao Marine National Park (Karte S. 740; Ao Pante Malacca, Ko Tarutao; ⏲8–17 Uhr)

Ko Tarutao Visitors Centre (Karte S. 740; Ao Pante Malacca, Ko Tarutao; ⏲8–17 Uhr) Karten und Infos zur Gegend.

Rangerstationen gibt's auf der gesamten Insel, an der **Ao Molae** im Nordwesten, der **Ao Son** an der Westküste, der **Ao Taloh Udang** im Süden und der **Ao Taloh Waw** im Osten der Insel.

An- & Weiterreise

Zwischen Mitte Oktober und Mitte Mai fahren täglich drei Schnellboote von Pak Bara zum **Fährhafen** (Karte S. 740; Ao Pante Malacca, Ko Tarutao) an der Ao Pante Malacca auf Ko Tarutao (450 B, 30 Min.). Sie legen um 11, 11.30 und 14.30 Uhr ab. In der Hauptsaison werden auch Tagestouren zur Insel per Schnellboot ab Pak Bara (inkl. Parkgebühren, Mittagessen, Getränke & Schnorcheln ca. 2000 B) veranstaltet.

Wer an der Ao Molae wohnt, kommt dorthin von der Ao Pante Malacca mit einem Kleinbus, der bei Nachfrage täglich um 11 oder 13 Uhr fährt (50 B/Pers.).

Ko Lipe เกาะหลีเป๊ะ

Ko Lipe, früher ein beschauliches Tropenparadies, ist heute das Paradebeispiel für die ungezügelte Erschließung der thailändischen Inseln. Ko Lipe hat zwei schöne, weiße, breite Sandstrände, die von dschungelbedeckten Hügeln getrennt sind und liegt in der Nähe geschützter Korallenriffe. Aber das Zentrum hat sich in ein ständig wachsendes Labyrinth aus Hotels, Restaurants, Cafés, Reisebüros und Läden verwandelt. Die größten Verlierer dabei waren die 700 Einwohner des Urak-Lawoi-Dorfs, deren Vorfahren König Rama V. die Insel 1909 als Wohnsitz überlassen hatte. Die Seenomaden verkauften das Land aber in den 1970er-Jahren.

Trotz der Bautätigkeit gibt es immer noch viel Liebenswertes auf Ko Lipe: prächtige, halbmondförmige weiße Sandstrände, sensationelle Tauchspots, ein dschungelüberwuchertes Inselinneres, lässige Reggaebars, eine ansteckend freundliche Atmosphäre und eine ganze Reihe Einwohner, die auf Umweltschutz Wert legen. Man darf nur nicht erwarten, die Insel für sich allein zu haben.

Aktivitäten

Tauchen

Tauchen ist hervorragend, wenn die Unterwassersicht zu Beginn der Regenzeit (Mitte April–Mitte Juni) aufklart. Es gibt einige tolle Spots zum Strömungstauchen und zwei wirklich tolle Felsen.

Der **Eight Mile Rock** ist eine Felsnadel im tiefen Wasser, die Teufelsrochen und die sehr seltenen Walhaie anlockt. **Stonehenge** ist bekannt für die ortsansässigen Seepferdchen, seltene Zebrahaie und die Felsen. In **Ko Sarang** (Karte S. 740) gibt es prachtvolle Weichkorallen, die sich in der Strömung wiegen und zwischen denen eine derart große Zahl von leuchtend bunten Fischen hin und her flitzt, dass viele diesen Tauchspot für den schönsten rund um Ko Lipe halten.

Ko Lipe Diving TAUCHEN
(Karte S. 744; ☎088 397 7749, 087 622 6204; www.kolipediving.com; Walking St; 1/2 Tauchgänge 1700/2800 B; ⏲8–22 Uhr) Der gut organisierte, professionelle Tauchveranstalter erhält ständig glänzende Kritiken für seine spe-

ziellen Kurse und Tauchgänge, bei denen der Unterricht im Vordergrund steht. „Discover Scuba“ mit zwei Tauchgängen kostet 2800 B; PADI-Zertifizierungskurse belaufen sich auf 14 500 B.

Forra Dive TAUCHEN
(Karte S. 744; ☎084 407 5691; www.forradiving.com; Hat Sunrise; 1/2 Tauchgänge 1500/2800 B) Das von Franzosen geführte Unternehmen ist einer der ältesten Tauchveranstalter vor Ort. Angeboten werden „Discover Scuba“ (ab 1500 B) und Open-Water-Tauchkurse (14 500 B) sowie Qualifikationskurse für Fortgeschrittene.

Eine weitere Filiale befindet sich an der **Walking St** (Karte S. 744; ☎084 407 5691; www.forradiving.com; Walking St; 1/2 Tauchgänge 1500/2800 B).

Davy Jones' Locker TAUCHEN
(Karte S. 744; ☎085 361 7923; www.scubadivekohlipe.com; Hat Pattaya; Tauchgänge ab 2500 B) „Discover Scuba“ mit einem Tauchgang kostet 2500 B, die PADI Open Water-Zertifizierung 14 000 B (inkl. kostenloser Unterkunft im Ko Lipe Backpackers).

Schnorcheln

Gute Korallenbänke finden sich an der Südküste sowie rund um **Ko Kra** (Karte S. 744) und **Ko Usen** (Karte S. 744), die beiden Inselchen gegenüber dem Hat Sunrise (Vorsicht vor ankommenden Longtail-Booten!). Die meisten Resorts vermieten komplette Maske-Schnorchel-&-Schwimmflossen-Sets (200 B). Reisebüros und einige Tauchveranstalter organisieren Ausflüge nach Ko Adang, Ko Rawi und zu anderen, von Korallen gesäumten Inseln, bei denen die Teilnehmer an vier verschiedenen Stellen schnorcheln (ab 450 B/Pers.).

Kitesurfen

Man kann vor Ko Lipe kitesurfen, aber die Winde sind launisch. Forra Dive vermietet die erforderliche Ausrüstung.

Yoga

Im Castaway Resort gibt's Yoga am Strand (400 B; 7, 9 & 16.30 Uhr).

Schlafen

Immer mehr Resorts auf Ko Lipe bleiben ganzjährig geöffnet. Ein paar bescheidene Bambus-Bungalows halten noch durch, aber immer mehr Resorts machen sich vor allem am Hat Pattaya breit. Wer es ruhiger mag, sollte sich für den weniger überlaufenen Hat Sunset entscheiden. In der Hauptsaison und rund um Feiertage schnellen die Preise in die Höhe, und man sollte rechtzeitig vorab buchen.

GRENZÜBERGANG NACH MALAYSIA

Bei der Einreise nach Malaysia muss die Uhr um eine Stunde vorgestellt werden.

Von Ko Lipe nach Pulau Langkawi

Von Mitte Oktober bis Mitte April fahren Tigerline (S. 724), Bundhaya Speedboat (S. 725) und der Satun Pak Bara Speedboat Club (S. 725) täglich von Ko Lipe nach Pulau Langkawi in Malaysia (1000–1200 B, 2½ Std., Abfahrten 9.30, 10.30, 11 & 16 Uhr). 1½ Stunden vor der geplanten Abfahrt der Fähre holt man sich im Büro der **Einreisebehörde** (Karte S. 744; ⏲8–18 Uhr) im Zentrum des Hat Pattaya den Ausreisestempel. Im umgekehrter Richtung legen die Schiffe nach Ko Lipe um 9.30 und 14.30 Uhr malaysischer Zeit in Pulau Langkawi ab.

Von Satun nach Kuala Perlis oder Pulau Langkawi

Zur Zeit fahren keine Schnell- oder Longtail-Boote von Satun nach Pulau Langkawi in Malaysia.

Man kann aber in Satun einen Minivan nach Kuala Perlis (400 B) in Malaysia nehmen, der über den Grenzübergang Wang Prajan/Wang Kelian fährt. Die Kleinbusse fahren aber nicht täglich. Bustickets gibt's in On's Guesthouse (S. 738).

An der Grenze

Bürger der EU, der USA, Australiens, Kanadas und mehrerer anderer Länder können ohne vorab beantragtes Visum für bis zu 90 Tage nach Malaysia einreisen. Wer sich nicht sicher ist, unter diese Regelung zu fallen, erkundigt sich vorab bei der nächstgelegenen malaysischen Botschaft oder dem nächsten malaysischen Konsulat und beantragt dort sein Visum.

Ko Lipe

Ko Lipe

Sehenswertes
1 Ko Kra D1
2 Ko Usen D3

Aktivitäten, Kurse & Touren
Castaway Divers .... (siehe 8)
Davy Jones' Locker .... (siehe 9)
4 Forra Dive A1
3 Forra Dive D1
5 Ko Lipe Diving A1

Schlafen
6 Bila Beach B2
7 Blue Tribes A2
8 Castaway Resort D2
9 Koh Lipe Backpackers Hostel B2
10 Serendipity D3

Essen
11 Barracuda C2
12 Elephant Coffee House A1
13 Nee Papaya D2
14 Papaya Mom A1

Ausgehen & Nachtleben
15 Pooh's Bar C2

Praktisches
16 Einreisebehörde C2

Transport
17 Fähranleger C2

Koh Lipe Backpackers Hostel HOSTEL $$
(Karte S. 744; ☎085 361 7923; www.kohlipe-backpackers.com; Hat Pattaya; B 500 B, Zi. 2500–3000 B; ❄📶) Das einzige Hostel auf Ko Lipe macht einen etwas beliebigen Eindruck. Die Zimmer und der Schlafsaal sind in einem zeitgenössisch gestalteten Betonblock am westlichen Abschnitt des Hat Pattaya untergebracht. Es gibt nur Gemeinschaftsduschen, aber eigene Schließfächer und WLAN. Vor Ort befindet sich die Tauchschule Davy Jones' Locker (S. 743) (Taucher erhalten Rabatt), und die Lage am Strand ist toll. Im Obergeschoss befinden sich schlichte, aber recht komfortable Privatzimmer mit Klimaanlage.

Bila Beach BUNGALOWS $$
(Karte S. 744; ☎087 570 3684; www.bilabeach resort.com; Hat Sunset; Bungalows 1500 B) Die stilvollen Bungalows mit fransigem Strohdach stehen auf einer Klippe hoch über einer winzigen, abgeschiedenen Bucht, die an den Hat Sunset angrenzt und Felsen und einen weißen Privatstrand besitzt. Unten am Strand gibt's eine tolle Reggaebar aus

Bambus und ein Restaurant. Die Anlage ist ideal für Hippie-Flitterwochen. Ein kurzer, schweißtreibender Fußmarsch bringt einen vom Hat Pattaya über den Hügel hierher.

Blue Tribes BUNGALOWS $$$

(Karte S. 744; ☎080 546 9464, 083 654 0316; www.bluetribeslipe.com; Hat Pattaya; Bungalows 1800–3000 B; 📶) Das Blue Tribes versteckt sich in Gärten voller Blumen und gehört zu den entspannteren Resorts am Hat Pattaya. Die beste Option sind die zweistöckigen, strohgedeckten Holzbungalows mit Wohnzimmer im Erd- und Schlafzimmer mit Meerblick im Obergeschoss. Andere Bungalows sind schlicht und schmucklos, haben aber Balkone und sind nur Schritte vom Strand entfernt. Das angeschlossene Restaurant ist wirklich gut.

★ **Castaway Resort** HOTEL $$$

(Karte S. 744; ☎083 138 7472, 081 170 7605; www.castaway-resorts.com; Hat Sunrise; Bungalows 2700–4750 B; 📶) 🍃 Die geräumigen Bungalows aus dunklem Holz mit Hängematten auf den Terrassen, unzähligen Kissen, Ventilatoren und schicken Moderne-trifft-Natur-Bädern sind die besten, die Ko Lipe zu bieten hat. Das einladende Resort gehört auch zu den umweltfreundlichsten: Warmes Wasser und Licht – Klimaanlagen gibt es nicht – werden mit Solarstrom erzeugt. Es gibt ein lässiges Strandcafé, in der Hauptsaison Yogakurse (450 B) und eine gute Tauchschule.

★ **Serendipity** BUNGALOWS $$$

(Karte S. 744; ☎088 395 5158; www.serendipityresort-kohlipe.com; Hat Sunrise; Zi. 6720–14 400 B; ❄📶🏊) Die exquisit gestaltete Anlage steht einsam über dem mit Felsbrocken übersäten Südende des Hat Sunrise und ist über einen Plankenweg zu erreichen. Die geräumigen strohgedeckten Bungalows aus dunklem Holz haben eigene Terrassen mit herrlicher Aussicht, hervorragende Betten und stilvolle Bäder; die teuersten auch Tauchbecken. Wer ganz tief in die Tasche greifen will, mietet die üppige, 200 m² große Suite „Big Lebowski".

✖ Essen

Es gibt tolle Meeresfrüchte; die besten Restaurants liegen meist im Hinterland. Preiswert essen kann man an den Roti-Ständen und in den kleinen thailändischen Cafés an der Walking St. Man sollte das der Müllvermeidung dienende Angebot vieler Resorts und Restaurants nutzen, seine Wasserflasche bei ihnen aufzufüllen.

★ **Nee Papaya** THAI $

(Karte S. 744; Hauptgerichte 80–150 B; ⏲9–23 Uhr) In dem netten Lokal gibt's jeden Abend günstigen gegrillten Fisch, alle üblichen Currys (darunter auch ein umwerfendes *pá·naang* mit Rindfleisch), Nudeln und Pfannengerichte (vegetarisch oder mit Rindfleisch, Hühnchen oder Meeresfrüchten), dazu eine Auswahl an scharfen Isan-Gerichten. Die Köchin verwendet auf Wunsch weniger Chili, am besten schmeckt ihr Essen aber, wenn es nach örtlichem Geschmack gewürzt ist, und genau deshalb strömen viele thailändische Touristen hierher.

★ **Barracuda** SEAFOOD $$

(Karte S. 744; Hauptgerichte 80–250 B; ⏲9–22 Uhr) Jedes zweite Restaurant auf Ko Lipe bietet frische Meeresfrüchte vom Grill, aber dieses schätzen die Einheimischen am meisten. Die anderen Gerichte auf der Karte sind ebenfalls prima, vor allem die Salate. Das verfallene, etwas versteckte Ambiente trägt zu dem Eindruck bei, dass man in einem Laden ist, der auf Thais, nicht auf Ausländer ausgerichtet ist.

Elephant Coffee House INTERNATIONAL $$

(Karte S. 744; ☎089 657 2178; www.facebook.com/ElephantKohLipe; Walking St; Hauptgerichte 120–420 B; ⏲8–1 Uhr) Die Theke ist ein Long-

FREIWILLIGE AM STRAND

Trash Hero (www.trashhero.org), die Idee eines thailändisch-schweizerischen Duos, leistet mit zunehmendem Erfolg Pionierarbeit. Regelmäßig montags werden Reinigungsaktionen mit Freiwilligen durchgeführt, um die weißen Sandstrände auf Ko Lipe und weitere Strände im Ko Tarutao Marine National Park zu säubern und zu schützen. Das Programm startete im Dezember 2013 mit dem Ziel, für den Schutz der Strände nur vor Ort verfügbare Materialien und Menschen einzusetzen. Die örtlichen Unternehmen gelobten schnell Unterstützung und stellten Longtail-Boote, Essen, Getränke und Abfallbehälter zur Verfügung.

Mehr als 1000 freiwillige Helfer (Einheimische und Reisende) haben seither von den hiesigen Stränden 21 000 kg an Abfall fortgeschafft. An elf offiziellen Standorten in Thailand und Indonesien veranstaltet Trash Hero inzwischen wöchentliche Säuberungsaktionen.

SICHERHEIT AM STRAND

Beim Schwimmen sollte man, insbesondere in der Nebensaison, die Longtail-Boote genau im Auge behalten. Badende sind von ihnen schon überfahren worden. Man darf nicht davon ausgehen, dass die Bootsführer einen bemerken.

Zu keiner Jahreszeit sollte man in der schmalen Straße zwischen Ko Lipe und Ko Adang schwimmen – die Strömung ist reißend und kann tödlich sein.

tail-Boot, gebrauchte Bücher werden verkauft, und Schwarzweißfotos des örtlichen Alltagslebens schmücken die getünchten Betonwände. Das lässige zeitgemäße Café serviert den ganzen Tag fabelhaftes Frühstück, Arme Ritter, ausgezeichneten Kaffee und hausgemachtes Müsli mit tropischen Früchten. Darüber hinaus gibt's frische Salate, Sandwiches, Burger und Pizzas sowie gelegentlich Livemusik.

Papaya Mom THAILÄNDISCH **$$**
(Karte S. 744; Walking St; Hauptgerichte 90–500 B; ⌚8–22 Uhr; 📝) Die große Karte des freundlichen Lokals sprengt die Grenzen regionaler thailändischer Küchen und enthält auch einige westliche Gerichte, aber thailändische Touristen und viele Einheimische kommen vor allem wegen der feurigen, authentischen Isan-Gerichte aus dem Nordosten Thailands. Vegetarier können den üppigen Obststand plündern und schauen ansonsten in die gute vegetarische Karte, auf der z. B. ein köstliches Pfannengericht mit Tofu und Bohnensprossen steht.

Ausgehen & Nachtleben

Kaffeehäuser verteilen sich über die ganze Insel; besonders viele finden sich in der Walking St.

Ein paar mit Treibholz verkleidete Rasta-Bars sind immer noch an den Stränden zu finden, vor allem am Hat Pattaya und am Hat Sunset.

Pooh's Bar BAR
(Karte S. 744; ☎089 463 5099, 074 750345; www.poohlipe.com; Walking St; ⌚13–1 Uhr; 📶) Der weitläufige Komplex (zu dem Bungalows, eine Tauchschule und mehrere Restaurants gehören) wurde von einem Pionier des hiesigen Tourismus geschaffen und ist immer noch ein beliebter Treff hier lebender Ausländer. Abends gibt's Filme und Sportereignisse auf dem Großbildschirm und oft auch Livemusik.

Praktische Informationen

Einreisebehörde (S. 743) Die Behörde hat jetzt ihren eigenen offiziellen Kiosk am Strand neben dem Bundaya Resort.

An- & Weiterreise

Zwischen Mitte Oktober und Mitte Mai fahren Schnellboote von Pak Bara über Ko Tarutao oder Ko Bulon Leh nach Ko Lipe (650 B, 1½ Std.; 9.30, 11.30, 12.30, 13.30 & 15.30 Uhr, Rückfahrten nach Pak Bara 9.30, 11.30, 12.30, 13 & 13.30 Uhr). In der Nebensaison sind die Verkehrsverbindungen vom Wetter abhängig, aber in der Regel fährt täglich um 11.30 Uhr ein Boot direkt von Pak Bara nach Ko Lipe (Rückfahrt 9.30 Uhr).

Von November bis Ende April fährt um 10 Uhr eine Schnellfähre von Tigerline (S. 724) von Ko Lipe über Ko Phi-Phi (1750 B, 7 Std.), Ko Lanta (1500 B, 5 Std.), Ko Muk (1400 B, 3½ Std.), Ko Kradan (1600 B, 3½ Std.) und Ko Ngai (1400 B, 4½ Std.) nach Phuket (2100 B, 8 Std.).

Von Mitte November bis Ende März legen Boote von Bundhaya Speedboat (S. 725) und dem Satun Pak Bara Speedboat Club (S. 725) um 9 Uhr in Ko Lipe nach Ko Lanta (1900 B, 3 Std.) ab; sie fahren über Ko Bulon Leh (600 B, 1 Std.), Ko Kradan (1400 B, 2 Std.), Ko Muk (1400 B, 2 Std.) und Ko Ngai (1600 B, 2½ Std.). Die Schnellboote fahren um 10.30 Uhr von Ko Lanta zurück.

Von Mitte Oktober bis Mitte April fahren auch Boote von Ko Lipe nach Pulau Langkawi (1000–1200 B, 2½ Std.) in Malaysia.

Egal, mit welchem Boot man anreist, sie fahren alle von/zum **schwimmenden Fähranleger** (Karte S. 744) vor dem Hat Pattaya, wo man in ein Longtail-Boot (50 B) umsteigen und 20 B „Eintrittsgebühr" zahlen muss. Das ist Bestandteil einer örtlichen Vereinbarung, die Einheimischen an den Einkünften zu beteiligen. Schnellboote setzen einen *vielleicht* auch direkt am Hat Pattaya ab. In der Nebensaison (Mai–Okt.) legen die meisten Boote am Hat Sunrise an, und es fällt keine Gebühr für die Überfahrt mit einem Longtail-Boot an.

Unterwegs vor Ort

Es gibt wenig, was Entspannender ist, als zwischen den Dschungelparadiesen von Ko Rawi, Ko Adang und den umliegenden Inselchen herumzuschippern. Am besten heuert man am **Taxibootstand** (Karte S. 744; Hat Sunrise) am Hat Sunrise einen Kapitän an, der den hiesigen Seenomaden angehört. Kajaks (250 B/Std.) kann man überall auf der Insel mieten, darunter bei Daya's.

Ko Adang & Ko Rawi เกาะอาดัง/เกาะราวี

Ko Adang, die 30 km² große Insel unmittelbar nördlich von Ko Lipe, ist ein ehemaliges Piratenversteck und hat düstere, dicht bewaldete Hügel, weiße Sandstrände und gesunde Korallenriffe. Es gibt ein Seenomadendorf an der Ostküste und ein illegal errichtetes Resort, das noch eröffnet werden soll. Übernachten kann man in Nationalparkunterkünften, oder man kann zelten.

Ko Rawi, eine felsige, 29 km² lange dschungelbedeckte Ellipse 1 km westlich von Ko Adang, ist nahezu unbewohnt. Es gibt fantastische Strände im Norden und Süden der Insel und große Korallenriffe vor der Küste, die sich ausgezeichnet zum Schnorcheln eignen.

Beide Inseln sind beliebte Ziele von Schnorchel-Tagesausflügen ab Ko Lipe.

Sehenswertes & Aktivitäten

Auf Ko Adang gibt's ein paar kurze Dschungelpfade, die zu kleinen Wasserfällen führen. Einen wundervollen Ausblick hat man vom Chado-Kliff, einen halbstündigen Fußmarsch über dem Hauptstrand. Auch auf Ko Rawi finden sich ein paar Wanderwege.

Gute Schnorchelstellen gibt's es sowohl vor Ko Adang als auch vor Ko Rawi. Zu den besten Stellen zählen der Norden von Ko Yang, 1 km südlich des südöstlichen Endes von Ko Rawi, und das winzige Ko Hin Ngam 3 km weiter südlich mit Unterwasserfeldern aus Riesenmuscheln, leuchtenden Seeanemonen und streifenförmigen Kieselstränden.

Schlafen & Essen

Auf Ko Adang kann man zelten oder in schlichten Bungalows übernachten. Mit Parkgenehmigung ist das Zelten nahe der Rangerstation an der Ao Lik auf Ko Rawi (Stellplatz 30 B/Pers., mit gemietetem Zelt 200 B) erlaubt, aber die Einrichtungen sind sehr einfach.

An der Unterkunft auf Ko Adang gibt's ein Restaurant, und ein sehr schlichtes auf Ko Rawi an der Rangerstation an der Südostküste.

Unterkunft im Ko Tarutao Marine National Park BUNGALOWS $
(Karte S. 740; ☎089 736 9328; www.dnp.go.th; Ko Adang; DZ 600 B, Stellplatz 30 B/Pers., mit gemietetem Zelt 280 B; ⊙Mitte Okt.–Mitte Mai) Die Nationalpark-Unterkünfte auf Ko Adang befinden sich vom Strand zurückgesetzt nahe der Rangerstation Laem Son im Südosten der Insel. Es gibt hübsche, aber schlichte Doppelzimmer mit Ventilator und Familienbungalows für sechs Personen, jeweils mit angeschlossenem Bad und Kaltwasser (1800 B), sowie Stellplätze. Die Unterkünfte bucht man vorab online oder im Besucherzentrum des Parks in Pak Bara (S. 739). Ein kleines Restaurant bietet gute Thai-Gerichte.

Praktische Informationen

Auf Ko Adang und Ko Rawi gibt's weder Geldautomaten noch Läden. Unbedingt Bargeld und alles, was man so braucht, mitbringen!

Die Rangerstationen befinden sich nahe der Unterkunft auf **Ko Adang** (Karte S. 740) und auf Ko Rawi an der **Südost-** (Karte S. 740; Ko Rawi) und der **Südwestküste** (Karte S. 740; Ko Rawi).

An- & Weiterreise

Longtail-Boote bringen Besucher von Ko Lipe nach Ko Adang (ca. 400 B) oder Ko Rawi (600 B), der Preis hängt vom eigenen Verhandlungsgeschick ab. Schon bei einem kurzen Halt an den Inseln wird die Parkgebühr fällig.

Ko Bulon Leh เกาะบุโหลนเล

Das anmutige und beschauliche Ko Bulon Leh, 23 km westlich von Pak Bara, ist von dem für die Andamanensee typischen glasklaren Wasser umgeben und besitzt makellose weiße Strände mit hohen Kasuarinen. Die prächtige Insel befindet sich in jener wundervollen Phase, wo die Erschließung zwar so weit fortgeschritten ist, dass man einige Einrichtungen findet, aber noch nicht so weit, dass man Wochen im Voraus buchen müsste (obwohl die Zahl der Bungalows immer weiter zunimmt).

Der hinreißende weiße Hauptstrand erstreckt sich an der Ostküste vom Bulone Resort am nordöstlichen Kap bis zum Pansand Resort. An manchen Abschnitten wird er schmaler, vor allem dort, wo knorrige Mangroven angrenzen oder mächtige ausgebleichte Baumstämme an Land gespült wurden. Das macht es aber auch leicht, ein verstohlenes, schattiges Plätzchen mit traumhafter Aussicht zu finden.

Sehenswertes & Aktivitäten

Dagegen kann man die wilde Schönheit der Nordküste in der tiefblauen, mit Korallenresten durchsetzten Bucht von **Ao Panka Yai** bewundern, wo man auch gut schnorcheln kann. Die Bucht ist über einen kleinen, asphaltierten Weg mit **Ao Panka Noi** verbunden, einem Fischerdorf an der nordöstlichen Küste mit einer Reihe guter, einfacher Restaurants. In der Nähe führt ein ausgeschilderter Pfad nach Westen durch einen Rest von Dschungel und durch Kautschukplantagen schließlich südwärts zur **Ao Muang** (Mangobucht), an der eine Tintenfischersiedlung der Urak Lawoi (Seenomaden) liegt.

Vor **Laem Son** in der nordöstlichen Ecke der Insel und die Ostküste hinunter finden sich gute Korallen. Schnorchelausrüstung (200 B) und Kajaks kann man im Bulone Resort und im Pansand Resort mieten. Die besten Schnorchelbedingungen herrschen bei Ebbe.

Die Resorts organisieren geführte Schnorcheltrips (1700 B, 4 Std., max. 6 Pers.) zu anderen Inseln. Diese Trips führen meist auch zu dem kristallklaren Wasser um **Ko Gai**. Den schönsten Anblick bietet **White Rock**, wo Felsnadeln, auf denen Vögel sich niedergelassen haben, steil aus dem offenen Meer ragen. Unter der Wasseroberfläche liegt ein von Muscheln besetztes Felsenriff, um das unzählige bunte Fische schwimmen.

Schlafen & Essen

Die meisten Unterkünfte sind von Mitte April bis November geschlossen. Um etwas zu essen, lohnt sich der Weg hinüber zur Ao Panka Noi. Es gibt ein paar einheimische Restaurants und Läden in dem muslimischen Dorf zwischen der Ao Panka Noi und der Ao Panka Yai. Alle Resorts verfügen über ein eigenes Restaurant.

Chaolae Homestay BUNGALOWS **$**

(Karte S. 740; ☎086 290 2519, 086 967 0716; www.facebook.com/chaolae.homestay; Ao Panka Yai, Ko Bulon Leh; Bungalows 600 B; ⏲Dez.–April) Schlichte Bungalows aus Bambus und Holz mit Kaltwasserduschen und Hocktoiletten. Die herrlich ruhige, schattige Anlage wird von einer freundlichen Urak-Lawoi-Familie geführt und ist nur ein paar Schritte von den ordentlichen Schnorchelstellen der Ao Panka Yai entfernt.

Das Restaurant ist ebenfalls akzeptabel. Kein WLAN.

Bulone Resort HOTEL **$$$**

(Karte S. 740; ☎081 897 9084; www.bulone-resort.com; Main Beach; Bungalows mit Frühstück 3000–4500 B; ⏲Nov.–April; ❄📶) Das Resort sitzt auf dem Nordostkap mit Zugang zu zwei exquisiten weißen Stränden und hat damit die beste Lage auf der Insel. Die niedlichen, weißen Holzbungalows (mit Ventilator oder Klimaanlage) haben schmale Doppelbetten mit Eisengestell und werden gut von der Meeresbrise durchlüftet. Dahinter türmen sich die neuen, auf Stelzen stehenden Bungalows im Stil von Berghütten, die einen prächtigen Ausblick gewähren.

Es gibt Strom rund um die Uhr, ein **Restaurant** (Hauptgerichte 180–350 B; ⏲7.30–10 & 18–22 Uhr; 📶) mit thailändischer und internationaler Küche und einen Kaffeeausschank.

Su's Corner THAI, FRÜHSTÜCK **$**

(Karte S. 740; ☎081 189 7183; Ao Panka Noi, Ko Bulon Leh; Hauptgerichte 80–140 B; ⏲7–20 Uhr) Wer aus gebratenem Reis ohne Fleisch etwas Magisches zaubert, verdient hohes Lob. Dieses schlichte Freiluftcafé mit nur wenigen, unter Palmen stehenden Tischen gleich landeinwärts vom Ao Panka Noi ist zu Recht für seine Baguettes, Shakes, Kuchen und aromatischen Thai-Gerichte beliebt.

Praktische Informationen

Auf Ko Bulon Leh gibt's keine Geldautomaten, der nächstgelegene befindet sich in Pak Bara. Bargeld mitbringen! WLAN ist vorhanden, aber die Signalstärke ist nicht immer gut.

An- & Weiterreise

Von November bis April fährt täglich um 12.30 Uhr ein Schnellboot von Pak Bara nach Ko Bulon Leh (450 B, 30 Min.). Longtail-Boote bringen einen zu dem seinem Resort am nächsten liegenden Strand (50 B). Zurück nach Pak Bara startet das **Boot** (Karte S. 740) um 9 Uhr aus der Bucht vor dem Pansand Resort. Man kann auch Longtail-Boote von/nach Pak Bara (2000 B, 1½ Std.) chartern.

Von November bis April fährt täglich um 14 Uhr ein Schnellboot von Ko Bulon Leh nach Ko Lipe (600 B, 1 Std.), das vor dem Pansand Resort stoppt. Das Boot kommt aus Ko Lanta (1600 B, 2 Std.) und stoppt unterwegs in Ko Ngai (1050 B, 1½ Std.), Ko Muk (900 B, 1 Std.) und Ko Kradan (900 B, 1 Std.). Die Rückfahrt startet um 9 Uhr in Ko Lipe.

Thailand verstehen

Thailand aktuell

Viele der losen politischen Enden, die in Thailand seit fast einem Jahrzehnt für Instabilität und Unsicherheit sorgten, kamen 2016 zu einem Abschluss: Der Tod des verehrten Königs führte unter den Thailändern zu einem Gefühl nationaler Einheit. Die Übergabe der Krone vom Vater auf den Sohn erfolgte friedlich. Gleichzeitig festigte aber auch eine neue Verfassung die Rolle des Militärs in der Regierung. Diese Veränderungen beendeten sowohl die Ära der Demokratie in Thailand als auch die Herrschaft von Rama IX. Das Land schreibt die ersten Zeilen eines neuen Kapitels in seiner Geschichte...

Top-Bücher

Pisat (Seni Saowaphong; 1957) Handelt von Generationskonflikten.

Lai Chiwit (Kukrit Pramoj; engl. Übersetzung 1996) Kurzgeschichtensammlung über das Leben von 11 Thais.

A History of Thailand (Chris Baker & Pasuk Phongpaichit; 2009) Maßgeblicher, englischsprachiger Leitfaden zur thailändischen Geschichte.

Bangkok Days (Lawrence Osborne; 2010) Witziger und aufschlussreicher Bericht über das Leben in Bangkok.

Top-Filme

Mein Bruder, der Held (Josh Kim; 2015) Auf einer Kurzgeschichte von Rattawut Lapcharoensap beruhender Film über den 11-jährigen Oat und dem drohenden Wehrdienstes seines älteren (und schwulen) Bruders.

Tom-Yum-Goong (Prachya Pinkaew; 2005) Tony Jaa, Thailands Jackie Chan, brilliert in diesem Kampfkunstfilm, dem erfolgreichsten thailändischen Film, der je in den USA lief.

Leben nach dem Tod in Bangkok (Pen-ek Ratanaruang; 2003) Einfühlsame Liebesgeschichte, die das thailändische New-Wave-Kino etablierte.

Tropical Malady (Apichatpong Weerasethakul; 2004) Das auf dem Land spielende romantische Drama erhielt bei den Filmfestspielen von Cannes den Preis der Jury.

Ein Land in Trauer

Nach vielen Jahren gesundheitlicher Probleme verstarb am 13. Oktober 2016 der geliebte König Bhumibol Adulyadej (Rama IX.) im Alter von 88 Jahren. Mit einer 70-jährigen Herrschaft war König Bhumibol der am längsten dienende Monarch der Welt und der einzige König, den die Mehrheit der thailändischen Bevölkerung je gekannt hatte. Er galt als eine nationale Vaterfigur und als wohlwollender Herrscher, der zu seinen Lebzeiten viele Programme zur Armutsbekämpfung durchführte.

Das Land trat in eine vom Staat vorgegebene Trauerphase ein, die zugleich aber auch sehr persönlich war. Die Regierung forderte eine monatelange Unterbrechung „freudiger" Ereignisse (Konzerte, Partys, Festivals, Fußballspiele und dergleichen). Selbst Thailands Sextourismus-Industrie war betroffen: Die Arbeitszeiten wurden verkürzt und die spärlich bekleidete Animation verboten. Den Beamten wurde befohlen, ein Jahr lang schwarz zu tragen. Auf öffentlichen Plätzen und bei Prozessionen kamen große Menschenmengen zusammen, um gemeinsam ihre Trauer zum Ausdruck zu bringen. Trauerkleidung war vielerorts ausverkauft, was dazu führte, dass die Menschen beispielsweise in Bangkok ihre Kleidung in großen Bottichen färbten; acht Millionen schwarzer Hemden wurden zudem von der Regierung einkommensschwachen Bürgern kostenfrei überlassen.

Im Oktober 2017, nachdem der Leichnam von Rama IX. ein Jahr lang in Bangkoks Großem Palast aufgebahrt lag, wurde eine der aufwendigsten Beerdigungen der jüngeren Geschichte abgehalten. In Sanam Luang wurde ein 50 m hoher Scheiterhaufen errichtet, und schwarzgekleidete Trauernde aus dem ganzen Land säumten die Straßen der Hauptstadt bei verschiedenen Zeremonien, die angeblich rund 90 Mio. US$ gekostet haben sollen.

Ein neuer König

Nach einer kurzen Trauerperiode bestieg der Sohn des verstorbenen Königs am 1. Dezember 2016 als König Maha Vajiralongkorn (Rama X.) den Thron. In einer ersten Amtshandlung als Monarch begnadigte oder reduzierte er die Strafen von 100 000 Häftlingen. Unter der thailändischen konstitutionellen Monarchie hat der König Verfügungsgewalt über das Crown Property Bureau (CPB, Vermögensverwaltung der thailändischen Krone) mit einem Kapital von etwa 50 Mrd. US$ sowie über ein Regiment der Royal Guard. Darüber hinaus bestehen enge Verbindungen zwischen dem Palast und dem thailändischen Militär, das die Regierung kontrolliert.

Aufgrund einer Reihe von Skandalen, in die er persönlich verwickelt war, und seines Lebensstils (er verbrachte einen Großteil seiner Zeit mit seiner Freundin in Deutschland), genoss der dreifach geschiedene König vor seiner Krönung wenig Wertschätzung unter der thailändischen Bevölkerung. Derartiges Verhalten waren sie von einem König einfach nicht gewohnt. In Hinsicht auf die strengen Gesetze bezüglich Majestätsbeleidigung war die thailändische Öffentlichkeit allerdings mit Kritik extrem zurückhaltend. Sie hofften vielmehr auf Stabilität und darauf, dass ihr neuer König ein seiner Position angemessenes Verhalten an den Tag legen würde.

Eine neue Verfassung

Am 7. August 2016 wurde im Rahmen einer Volksabstimmung der Entwurf der 20. Verfassung ratifiziert. Die neue Verfassung verwässert die Demokratie im Königreich und überträgt dem Militär auch formell Regierungsgewalt. Die Mitglieder des 250-köpfigen Senats (Oberhaus) werden ausschließlich ohne direkte Wahlen ernannt, wobei bestimmte Sitze dem Militär vorbehalten sind. Weitere Bestimmung geben einem nicht gewählten Rat die Macht, eine gewählte Regierung abzusetzen, und dem Senat die Möglichkeit, einen Premierminister zu ernennen. Die vom Militär entworfene Verfassung wurde vom Regime als Fahrplan für Demokratie und als Grundlage einer stabilen, korruptionsfreien Regierung beschrieben.

Mit 55% war die Wahlbeteiligung niedrig; gleichwohl stimmte eine Mehrheit von 61% für die neue Verfassung. Informationen über ihren Inhalt waren nur begrenzt verfügbar gewesen, Kritik an ihr wurde von der herrschenden Militärjunta unterdrückt. Bei einer Umfrage gaben einige Wähler an, die Neuerungen zu unterstützen, weil das Militär zuvor die Straßenproteste in Bangkok beendet hatte.

Premierminister Prayuth Chan-o-cha deutete für 2018 oder 2019 Parlamentswahlen an – die ersten seit dem Militärputsch im Jahr 2014.

BEVÖLKERUNG: **68,4 MIO.**

BIP: **390,6 MRD. US$**

BIP PRO KOPF: **16 800 US$**

INFLATION: **0,2%**

ARBEITSLOSENRATE: **0,6%**

Gäbe es nur 100 Menschen in Thailand, ...

wären 94 Buddhisten

wären 5 Muslime

wäre 1 Christ

Flächennutzung (%)

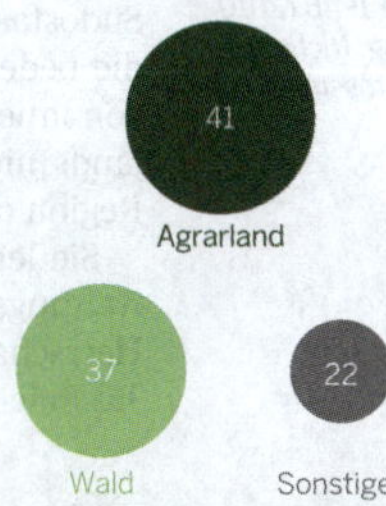

Einwohner pro km²

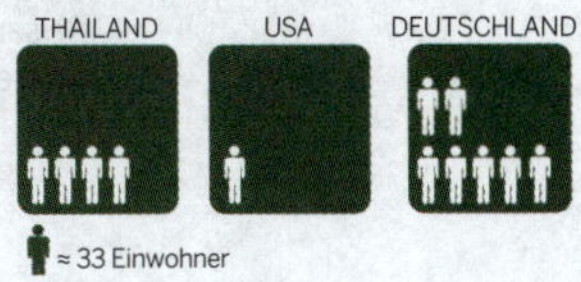

Geschichte

Thailands Geschichte beginnt mit der Ansiedlung von Einwanderern in einer Grenzregion, die Herrscher ferner Reiche wegen der Aussicht auf Sklaven, Landgewinn und lukrativen Handel für sich begehrten. Das so entstandene Land erlangte schließlich über Sprache, Religion und Monarchie eine nationale Identität. Thailands Könige konnten sich zwar gegenüber dem westlichen Kolonialismus behaupten, mussten ihre absolutistische Herrschaft dann aber wegen Widerstand im Inneren lockern. Seit der Einführung der konstitutionellen Monarchie im Jahr 1932 herrscht hier in erster Linie das Militär – mit einigen kurzen demokratischen Perioden dazwischen.

Beste Geschichtsbücher

Thailand: A Short History (2003, David K. Wyatt)

A History of Thailand (2009, Chris Baker & Pasuk Phongpaichit)

Chronicle of Thailand: Headlines Since 1946 (2010, Hrsg. Nicholas Grossman)

Frühgeschichte

Über die Kulturen, die in Thailand vor dem 5. und 6. Jh. existierten, ist wenig bekannt. Knochenreste des *Homo erectus*, die mindestens 500 000 Jahre alt sind, wurden in der Provinz Lampang im Norden Thailands gefunden. In Ban Chiang, der bedeutendsten Fundstätte des Landes unweit von Udon Thani, entdeckten Forscher Hinweise auf eine der ältesten Agrargesellschaften der Welt. Im Tal des Mekong sowie auf der Hochebene von Khorat lebten vermutlich schon vor 10 000 Jahren Menschen, die Bauern waren und Bronzewerkzeuge herstellten. Die Höhlenmalereien im Pha Taem National Park bei Ubon Ratchathani sind gut 3000 Jahre alt.

Die ersten Königreiche

Um das 10. Jh. n. Chr. herum wanderte das Volk der Tai, die als die Vorfahren der heutigen Thais gelten, aus dem Süden Chinas in das heutige Südostasien ein. Die Einwanderer sprachen Tai-Kadai und stellten wohl die bedeutendste ethnolinguistische Gruppe in Südostasien dar. Einige von ihnen ließen sich an den Flüssen auf dem Gebiet des heutigen Thailands nieder, andere siedelten in Teilen des heutigen Laos und in der Region des Shan-Staats im heutigen Myanmar.

Sie lebten als Bauern, Jäger und Händler in Dörfern, die sie zu Verwaltungseinheiten zusammenfassten. Diese *meu·ang,* die unter der Herrschaft eines Lehnsherrn standen, bildeten das Fundament des Tai-Reichs. Mit der Zeit breiteten sich die Tai von den Gebirgstälern im

ZEITLEISTE

4000–2500 v. Chr.

Prähistorische Siedler im Nordosten Thailands entwickeln die Töpferei, den Reisanbau und die Bronzeherstellung.

6.–11. Jh.

Die Stadtstaaten der Dvaravati-Kultur breiten sich in Zentralthailand aus, legen ein Netz von Handelsstraßen an, übernehmen die Kultur der Mon und praktizieren den Theravada-Buddhismus.

9.–13. Jh.

Die Khmer dehnen ihre Herrschaft von Angkor nach Thailand aus und errichten dort buddhistische und hinduistische Heiligtümer.

Norden in die zentrale Tiefebene und auf das Hochplateau im Nordosten aus. Dort gab es mehrere bedeutende Handelszentren, die von verschiedenen einheimischen und auswärtigen Machthabern wie den Mon-Dvaravati, den Khmer (aus Kambodscha) und den (malaiischen) Srivijaya beherrscht wurden.

Dvaravati

Das Volk der Mon beherrschte Teile von Birma (heute Myanmar) sowie das westliche Thailand bis in die zentrale Tiefebene. Mit den Mon eng verbunden ist die buddhistische Kultur der Dvaravati, die ihre Blütezeit im 6. bis 9. Jh. erlebte. Über diese Zeit ist aber nur wenig bekannt. Das Zentrum dieser Kultur war vermutlich Nakhon Pathom, von wo aus Handelsrouten nach Birma, Kambodscha, Chiang Mai und Laos führten. Dies belegen die dortigen Buddha-Darstellungen, Tempel und Steininschriften in der Sprache der Mon, die eindeutig der Dvaravati-Kultur zuzuordnen sind.

Die Dvaravati-Kultur war nur eine von vielen Kulturen, die von Indien beeinflusst waren, sich in Südostasien aber eigenständig weiterentwickelten. Für die Wissenschaftler ist sie aber einzigartig, hat sie doch einen Kunstschatz und ein Netz von Handelsstraßen hinterlassen, das die zentrale Basis des modernen thailändischen Staates werden sollte.

Khmer

Das Königreich der Khmer war das „Römische Reich" Südostasiens. Dieses Königreich, das für seine ausgefallene Architektur und Bildhauerei bekannt ist, hatte einen prägenden Einfluss auf die Kunst und Religion in dieser Region. Das im 9. Jh. begründete Khmer-Reich errichtete seine Hauptstadt in Angkor (im heutigen Kambodscha), von wo es bis in das heutige Zentrum und den Nordosten Thailands vordrang. Rund um Tempel im Stil von Angkor errichtete es Verwaltungszentren in Lopburi (damals Lavo), Sukhothai und Phimai (in der Nähe von Nakhon Ratchasima) und verband sie über Straßen mit ihrer Hauptstadt.

Die großen Bauprojekte der Khmer brachten ihre Macht im Grenzgebiet zum Ausdruck und sind beeindruckende Zeugnisse der fortschrittlichsten Techniken der damaligen Zeit. So ist diese Ära der thailändischen Geschichte stark von Elementen der Khmer-Kultur geprägt, z. B. dem Hinduismus, Brahmanismus, Theravada- und Mahayana-Buddhismus.

Srivijaya

Während das thailändische Festland von den Machtzentren im Norden und Westen beeinflusst wurde, war die malaiische Halbinsel wirtschaftlich und kulturell mit den Zivilisationen des Südens verbunden. Vom 8. bis zum 13. Jh. wurde die Halbinsel vom Staatenbund der Srivijaya

Antike Stätten

- *Geschichtspark Ayutthaya*
- *Geschichtspark Sukhothai*
- *Geschichtspark Chiang Saen*
- *Khmer-Ruinen in Lopburi*
- *Nationalmuseum Nakhon Si Thammarat*
- *Geschichtspark Phimai*

Steinreliefs in Angkor Wat belegen, dass Tais als Söldner in den Truppen der Khmer dienten. Die Khmer bezeichneten diese Tais als „Syam", was 1592 von dem englischen Kaufmann James Lancaster in „Siam" abgewandelt wurde.

Um 1000
Ungefähr zu dieser Zeit gelangen die ersten Thais von Südchina aus in das Gebiet des heutigen Thailands.

1240–1438
Die Herrscher von Sukhothai gründen das erste souveräne Königreich auf thailändischem Boden.

1283
König Ramkhamhaeng führt die erste Thai-Schrift ein.

1292
Chiang Mai wird zur Hauptstadt des Königreichs Lan Na, das über weite Teile Nordthailands herrscht.

beherrscht, die den Seehandel zwischen dem Südchinesischen Meer und dem Indischen Ozean kontrollierten. Die Hauptstadt der Srivijaya war vermutlich Palembang auf Sumatra.

Zu den Stadtstaaten von Srivijaya gehörte auch Tambralinga, dessen Hauptstadt sich nahe des heutigen Nakhon Si Thammarat befand. Im 13. Jh. wurde dieser Staat buddhistisch, während sich die anderen Staaten weiter im Süden dem Islam zuwandten und damit eine religiöse Grenze zogen, die bis heute besteht. Überreste der Srivijaya-Kultur sind noch rund um Chaiya und Nakhon Si Thammarat zu sehen. Auch viele Kunstformen der Srivijaya wie das Schattentheater *năng đà·lung* (Schattentheater) und das klassische Tanzdrama *lá·kon* werden heute noch gepflegt.

Entstehung der Tai-Königreiche

Im 13. Jh. begann der Niedergang der Großreiche. An ihre Stelle traten wohlhabende Stadtstaaten der Tai, deren politische und militärische Herrschaft auf kleine Gebiete begrenzt war. Schließlich gingen die miteinander rivalisierenden Stadtstaaten in mehreren Königreichen auf, in denen sich allmählich eine thailändische Identität entwickelte. Die für die Einigung des Landes bedeutsamsten Königreiche dieser Zeit sind nach heutigem Stand der Forschung Lan Na, Sukhothai und Ayutthaya.

Lan Na

Das Königreich Lan Na im Norden Thailands wurde Mitte des 13. Jhs. von König Mengrai in Chiang Saen am oberen Mekong gegründet. Er zog anschließend weiter nach Süden, wo er 1292 seine Hauptstadt Chiang Mai, „die neue Stadt", errichtete. Der König war ein geschickter Diplomat und schmiedete wichtige Bündnisse mit möglichen Rivalen wie König Muang von Phayao und König Ramkhamhaeng von Sukhothai. Das bronzene Denkmal zur Erinnerung an dieses Bündnis steht noch heute in Chiang Mai. Mengrai gelang es auch, Anfang des 14. Jhs. eine Invasion der Mongolen zu verhindern.

Die Könige von Lan Na werden dafür verehrt, dass sie die im heutigen Thailand weit verbreitete, singhalesische Tradition des Theravada-Buddhismus übernommen und die unverwechselbare Kultur des Nordens bewahrt haben. Allerdings litt das Königreich unter Intrigen im Herrscherhaus und kriegerischen Auseinandersetzungen mit rivalisierenden Mächten, sodass es zu keiner größeren Ausdehnung kam.

Sukhothai

Im 13. Jh. schlossen sich mehrere Thai-Fürsten zusammen und entrissen dem Khmer-Reich die Herrschaft über die zentrale Tiefebene. Ihre neue Hauptstadt nannten sie Sukhothai (Morgenröte der Glückseligkeit). In

1351–1767
Im Königreich Ayutthaya beginnt der Aufstieg der Siamesen.

1511
Portugal gründet die erste ausländische Handelsniederlassung in Ayutthaya, andere europäische Staaten folgen.

1556
Birmanen erobern die Lan-Na-Stadt Chiang Mai, die bis ins 18. Jh. unter ihrer Oberhoheit bleiben wird.

1688
Der Tod des prowestlichen Königs Narai führt zu einer Palastrevolte und zur Vertreibung der Franzosen. Danach existieren bis zu den 1800er-Jahren fast keine Verbindungen zwischen Thailand und dem Westen.

DES KÖNIGS STEINERNES VERMÄCHTNIS

In einer in Stein gemeißelten Inschrift aus dem Jahr 1292 beschreibt König Ramkhamhaeng sein Reich als idyllisch und frei von allen Zwängen und sich selbst als väterlichen Herrscher voller Güte:

> Zur Zeit des Königs Ramkhamhaeng ist Sukhothai ein Land des Wohlstands und des Überflusses. Die Gewässer sind voller Fische, auf den Feldern gedeiht der Reis. Wer mit Elefanten handeln will, tut dies. Wer mit Pferden handeln will, tut dies. Und wenn ein Bürger dieses Landes ein Anliegen hat, so kann er einfach die Glocke schlagen, die der König vor seinem Palast aufhängen ließ. Sobald König Ramkhamhaeng den Schlag der Glocke hört, kommt er heraus und fragt den Mann nach seinem Anliegen. Er hört sich den Fall an und trifft dann eine gerechte Entscheidung.

Nach der englischen Übersetzung von A. B. Griswold und Prasert Na Nagara im *Journal of the Siam Society*, Juli 1971.

den Augen der Thais war Sukhothai das erste wirklich thailändische Königreich und die Epoche gilt als eine Zeit des künstlerischen und kulturellen Aufbruchs.

Am meisten verehrt wird König Ramkhamhaeng, der aus den Schriften der Inder, Mon und Khmer die Thai-Schrift entwickeln ließ und den Theravada-Buddhismus zur Staatsreligion bestimmte.

In seiner Blüte erstreckte sich das Königreich Sukhothai im Süden bis nach Nakhon Si Thammarat, im Norden bis ins obere Mekong-Tal im heutigen Laos und bis nach Bago (Pegu) im Süden Birmas. Von 1448 bis 1486 befand sich Sukhothais Hauptstadt in Phitsanulok, doch zu dieser Zeit ging bereits ein neuer Stern an Thailands Himmel auf: Ayutthaya.

Ayutthaya

Als Mitte des 14. Jhs. die Ära der Khmer zu Ende ging, übernahm das Königreich Ayutthaya die Herrschaft über das Gebiet am Mae Nam Chao Phraya. Es sollte 416 Jahre lang bestehen und sich selbst als bedeutendstes der ersten Königreiche von Siam bezeichnen. Nicht zuletzt durch die Einverleibung großer Teile des Khmer-Reiches konnte es seinen Einflussbereich stark ausdehnen und eine wichtige Rolle beim Aufbau des modernen thailändischen Staates und seines Gesellschaftssystems spielen.

Die Lage auf einer Insel zwischen zwei Flussarmen begünstigte den internationalen Handel im Merkantilismus des 17. Jhs. und machte Ayutthaya reich. Zudem schützte sich das Königreich mit Söldnertruppen und hochwertigen Feuerwaffen aus Portugal. Die Flüsse gewährleisteten auch die Verbindung zum Golf von Thailand und ins Hinterland.

1700 Mit rund einer Million Einwohnern ist Ayutthaya damals die wohl größte Stadt der Welt.

1767 Ayutthaya wird von den Birmanen eingenommen.

1768 König Taksin erklärt Thonburi zur neuen Hauptstadt.

1782 Die Chakri-Dynastie wird begründet und Bangkok zur neuen Hauptstadt erklärt.

DES KÖNIGS FREUNDE

In den 1680er-Jahren lud König Narai viele ausländische Botschafter nach Ayutthaya ein, um fremde Kulturen, Ideen und Produkte kennenzulernen. Parallel importierte sein Hof z.B. Fernrohre, Sanduhren, Papier, Walnussbäume, Käse, Wein und ganze Marmorbrunnen. Narai bekam auch einen Globus von Ludwig XIV. geschenkt und beobachtete zusammen mit französischen Jesuiten eine Mondfinsternis in seinem Palast in Lopburi.

Als Narai schließlich erkrankte, witterten die rivalisierenden Thronaspiranten eine Chance, die Offenheit gegenüber dem Westen zu beenden: Einer von Narais engsten Ratgebern war der griechische Abenteurer Constantine Phaulkon, der später der Verschwörung zum Sturz des kranken Königs beschuldigt wurde. Doch dann putschten die Ankläger selbst, richteten Phaulkon hin und annullierten Siams Bande zu Europa.

Zur gleichen Zeit „entdeckten" die europäischen Kaufleute Südostasien und in Ayutthaya entstanden viele ausländische Niederlassungen. Die Besucher aus dem Westen berichten von den weltoffenen Märkten und dem kosmopolitischen Königshof in Ayutthaya. So erklärte der Wahl-Londoner Engelbert Kaempfer 1690: „Von den Ländern Asiens ist das Königreich von Siam das großartigste."

Von den Khmer hatten die Herrscher von Ayutthaya die höfischen Sitten, die Sprache und die Idee des Königtums übernommen. Der Monarch betrachtete sich selbst eher als den *devaraja* (Gottkönig) der Khmer denn als den gerechten König der Sukhothai *(dhammaraja)*. Das Königreich bezahlte weiterhin Tribut an den Kaiser von China, der diese rituelle Unterwerfung mit Geschenken und Handelsprivilegien belohnte.

Im Königreich galt eine strenge, vielschichtige hierarchische Rangordnung, die zum größten Teil von König Trailok (reg. 1448–1488) festgelegt worden war. Er entwickelte ein ausgeklügeltes System öffentlicher Ämter mit besonderen Titeln und Graden. Der soziale Status eines Bürgers richtete sich nach der Anzahl von Einheiten an Landbesitz, die er sein eigen nannte. Nach diesem Rang einer Person wurden auch Geldbußen und Strafen für Vergehen bemessen. Die Gesellschaft Ayutthayas setzte sich aus den Mitgliedern des Königshauses, dem Adel und den Bürgern zusammen, wobei die Bürger entweder Freie oder Sklaven waren. Freie Bürger unterstanden einem Aufseher aus dem Königshaus oder Adel, für den sie die Hälfte eines jeden Jahres arbeiten mussten. Dabei handelte es sich um persönliche Dienstleistungen, öffentliche Bauarbeiten oder Dienst an der Waffe. Trotz der strengen Ordnung war ein sozialer Aufstieg durchaus möglich, etwa aufgrund besonderer Fähigkeiten, guter Beziehungen (Heirat) oder königlicher Gunst. Diese Gesellschaftsordnung hat sich in bestimmten Elementen bis heute in Thailand gehalten.

1821

Das erste westliche Handelsschiff bringt eine Ladung Opium nach Bangkok; fast 20 Jahre später wird der Opiumhandel schließlich verboten.

1826

Thailand geht im Anglo-Birmanischen Krieg ein Bündnis mit Großbritannien ein.

1851–1868

König Mongkut (Rama IV.) öffnet sein Land westlichen Einflüssen.

1855

Der zwischen dem Königreich Siam und Großbritannien abgeschlossene Bowring-Vertrag fördert die thailändische Wirtschaft und sichert den Briten in Siam Extraterriorialität zu.

Doch der birmanische Expansionismus setzte der Blütezeit Ayutthayas ein Ende. 1569 eroberte König Bayinnaung die Stadt, die von König Naresuan nochmals zurückgewonnen werden konnte. Doch 1765 drang die ehrgeizige birmanische Dynastie der Kongbaung erneut nach Osten vor, um den politischen und wirtschaftlichen Rivalen endgültig zu beseitigen. Nachdem die birmanischen Truppen die Hauptstadt ein Jahr lang belagert hatten, wurde sie 1767 schließlich erobert und zerstört. Die Stadt wurde völlig verwüstet und die Bevölkerung ausgelöscht. Auch die Umgebung wurde entvölkert. Die Eroberung und Zerstörung Ayutthayas war so grauenhaft, dass viele Thais bis heute in ihren birmanischen Nachbarn nur erbarmungslose Feinde und Aggressoren sehen.

König Naresuan wird als Nationalheld verehrt. Als eine Art Kultfigur genießt er besonders bei der thailändischen Armee hohes Ansehen. Der kostspielige Dreiteiler *King Naresuan*, in dem seine Lebensgeschichte erzählt wird, ist ein Kassenschlager und wurde von der thailändischen Regierung mitfinanziert.

Die Bangkok-Periode

Mit der Zerstörung Ayutthayas erlosch die Königsdynastie, das Reich versank im Chaos. Der ehemalige General Taksin übernahm die Herrschaft, indem er mögliche Rivalen besiegte. Er verlegte die Hauptstadt nach Thonburi, einem kleinen Ort flussabwärts von Ayutthaya, der besser an die Handelswege angebunden war. Taksin, der Sohn eines Chinesen und einer Thai, festigte seine Macht, indem er den Handel mit China förderte. Nach 15 Jahren auf dem Thron wurde er 1782 vom Militär abgesetzt.

Einer der Putschisten, Chao Phraya Chakri, bestieg den Thron als König Yodfa (Rama I.) und begründete die bis heute regierende Chakri-Dynastie. Der neue König verlegte seine Hauptstadt auf die andere Seite des Mae Nam Chao Phraya, ins heutige Bangkok. In den ersten 100 Jahren der Bangkok-Periode konzentrierten sich die Herrscher auf die Wiederherstellung der kulturellen, politischen und militärischen Macht des zerstörten Ayutthayas. Gleichzeitig dehnten sie ihren Einflussbereich in alle Richtungen aus. Nach der Zerstörung der Hauptstädte von Laos und Kambodscha drängte das Königreich Siam die birmanischen Aggressoren zurück und machte Chiang Mai zum Vasallen. Die besiegten Völker wurden umgesiedelt und trugen beträchtlich zur Steigerung der Reisernte in Siam bei, die größtenteils nach China exportiert wurde.

Anders als die Herrscher Ayutthayas, die sich mit dem Hindu-Gott Vishnu identifiziert hatten, verstanden sich die Chakri-Könige als Verteidiger des Buddhismus. Sie ließen Textsammlungen zusammenstellen, wichtige buddhistische Texte ins Thai übersetzen und königliche Tempel bauen.

Etwa zur gleichen Zeit, Mitte des 19. Jhs., bildeten sich auch eine neue soziale Ordnung und ein marktwirtschaftliches System heraus. Siam öffnete sich dem Westen und übernahm von dort neue Ideen in Wissenschaft und Technik, reformierte sein Schulsystem, die Infrastruktur und die Gesetzgebung. Dabei sollte einer der größten Modernisierer, König Mongkut (Rama IV., reg. 1851–1868), eigentlich gar nicht König werden – 27 Jahre lang hatte er zuvor im Kloster gelebt und dort die

1868–1910
König Chulalongkorn (Rama V.) regiert: Der europäische Imperialismus gewinnt in Siams Nachbarländern zunehmend an Boden.

1874
Die Sklaverei wird abgeschafft.

1890
Die erste Eisenbahnstrecke des Königreichs führt von Bangkok nach Nakhon Ratchasima.

1893
Im Streit um Gebiete in Indochina blockiert Frankreich den Mae Nam Chao Phraya (Chao Phraya), die Angst vor der Kolonisierung steigt.

Thammayut-Sekte gegründet, die die strenge Disziplin der Mon-Mönche übernommen hatte.

Auf dem Thron gelangt, schloss er Verträge mit westlichen Staaten, die dem Königreich den Zugang zum Weltmarkt öffneten. Außerdem hob er königliche Monopole auf und verlieh den Briten extraterritoriale Rechte.

Mongkuts Sohn Chulalongkorn (Rama V.), der zwischen 1868 und 1910 regierte, unternahm noch wesentlich größere Anstrengungen, um die alte politische Ordnung durch einen modernen Nationalstaat zu ersetzen. Er schaffte die Sklaverei und den Frondienst ab, die es auch nach dem Untergang des Ayutthaya-Reiches noch gegeben hatte. König Chulalongkorn schuf das Berufsbeamtentum, eine Polizei und ein stehendes Heer und ließ Reformen zur Vereinheitlichung der Gesetze, Gerichte und Steuerbehörden durchführen. Mithilfe fortschrittlicher Bewässerungsanlagen und aufgrund des Wachstums der bäuerlichen Bevölkerung konnten die landwirtschaftlichen Erträge Siams gesteigert werden. Schulen nach europäischem Vorbild wurden eingerichtet.

1868 erließ König Mongkut (Rama IV.) ein Gesetz, das Ehemännern verbot, ihre Frauen oder Kinder ohne deren Zustimmung zu verkaufen. Nach dem alten Recht, so hieß es, hatte eine Frau „den Wert eines Wasserbüffels".

Chulalongkorn stützte sich auf ausländische, besonders britische, Berater. So wurde am Königshof auch viel vom jahrhundertealten Protokoll abgeschafft und durch westliche Gepflogenheiten ersetzt. Italienische Künstler gaben der Architektur des Landes ein neues Gesicht und entwarfen z. B. völlig neue Thronsäle.

Wie sein Vater galt auch Chulalongkorn als gewiefter Diplomat, dem es gelang, die europäischen Mächte perfekt gegeneinander auszuspielen und damit die Kolonialisierung seines Reiches zu verhindern. Als Preis für seine Unabhängigkeit musste Thailand jedoch Gebiete an Frankreich (Laos 1893, Kambodscha 1907) und an Großbritannien (drei malaiische Staaten in Birma 1909) abtreten. Auch das ehemalige Königreich Patani fiel 1902 an Großbritannien, das zu dieser Zeit über das heutige Malaysia herrschte, das hinzugewonnene Territorium aber schon fünf Jahre später wieder an Thailand verlor.

Entgegen der jahrhundertealten Traditionen zeigte sich König Chulalongkorn wie sein Vater in der Öffentlichkeit und ließ sich sogar in Bauernkleidung fotografieren. Außerdem war sein Konterfei auf Münzen, Briefmarken und Postkarten zu sehen. Chulalongkorn war auch weit gereist: So hatte er Europa, Singapur, Java, Malaysia, Birma und Indien besucht. Von der fremden Kunst und Architektur, die er auf diesen Reisen kennenlernte, ließ er sich beim Bau seiner fantastischen Paläste inspirieren.

Siam, das sich im Lauf des 19. Jhs. zu einem Staat im modernen Sinn mit klar definierten geografischen Grenzen entwickelt hatte, legte 1902 den Namen „Siam" ab und nannte sich fortan Prathet Thai (Land der Thai) oder Ratchaanachak Thai (Königreich der Thai). Schon ab 1913 galten alle Menschen, die innerhalb seiner Grenzen lebten, als „Thai".

Wahrzeichen aus der Bangkok-Periode

Wat Arun

Wat Phra Kaew & Großer Palast

Dusit Palace Park

1902

Siam annektiert die Provinzen Yala, Pattani und Narathiwat des ehemaligen Sultanats Patani.

1909

Ein Vertrag zwischen Großbritannien und Siam legt dessen Grenzen fest.

1913

König Vajiravudh ordnet an, dass alle Bürger Nachnamen tragen müssen.

1914

Offizielle Eröffnung des Don Mueang, dem ersten internationalen Flughafen des Landes. Dieser bleibt Thailands größte Drehscheibe für In- und Auslandsflüge, bis 2006 der Flughafen Suvarnabhumi den Betrieb aufnimmt.

Demokratie vs. Militär

1932 setzte eine Gruppe junger Offiziere und Beamter, die sich als Khana Ratsadon (Volkspartei) bezeichnete, der absoluten Monarchie ein unblutiges Ende und erwirkte die Einführung einer konstitutionellen Monarchie. Die Anführer der Gruppe hatten die demokratischen Prinzipien während ihres Studiums in Europa kennengelernt.

In den Jahren nach dem Umsturz versuchten verschiedene miteinander rivalisierende Gruppen – Royalisten, Militärs, Bürgerliche – die Oberhand im neuen Machtgefüge zu gewinnen. Selbst die Volkspartei hatte keine einheitliche Vorstellung von einem demokratischen Thailand. Kurz vor den Parlamentswahlen übernahm der militärische Flügel der Partei kurzerhand die Regierung. Sie zwang 1933 den Vorsitzenden

DIE THAILÄNDISCHE MONARCHIE

Der letzte absolute Herrscher Thailands war Prajadhipok (Rama VII.), der nach der Revolution von 1932 die neue Verfassung akzeptierte, abdankte und ins Exil ging. 1935 führte die nun demokratische Regierung die Monarchie jedoch wieder ein: Sie inthronisierte Prajadhipoks Neffen Ananda Mahidol (Rama VIII.), der damals erst zehn Jahre alt war und bis dahin in Europa gelebt hatte. 1946 starb Ananda unter mysteriösen Umständen an einer Schussverletzung. Neuer König wurde 1950 sein jüngerer Bruder Bhumibol (Rama IX.), der bis zu seinem Tod (2016) regierte.

Zu Beginn seiner Regentschaft war Bhumibol in erster Linie eine Galionsfigur der nationalen Einheit. Später unterstützte der Militärdiktator General Sarit (1958–1963) die Rolle des attraktiven Königspaars als Symbol des modernen Thailands. So trafen sich Bhumibol und Sirikit z. B. mit Elvis. Zudem ließen sie sich gezielt wie JFK und Jackie fotografieren – als elegante Vertreter der Nachkriegsgeneration. Durch ländliche Entwicklungsprojekte erlangte Bhumibol seinen Ruf als Held der Armen. 1969 gründete er die Royal Project Foundation, die seitdem u. a. sehr stark zur Reduktion des Schlafmohnanbaus im Gebiet der nördlichen Bergstämme beigetragen hat. Während der Proteste in den 1970er-Jahren vermittelte der König als Friedensstifter zwischen Militär und Demokratiebewegung. Anlässlich einer weiteren Krise im Jahr 1992 rief er außerdem die Führer aller politischen Fraktionen im Palast zusammen, um gewaltsame Straßenproteste zu verhindern.

Während Thailands letzter politischer Krise in den 2000er-Jahren konnte der Einfluss des alternden Bhumibol die Wogen jedoch weniger glätten: Königstreue Thaksin-Gegner ehrten damals die Monarchie mit gelber Kleidung, während prodemokratische Thaksin-Unterstützer den Thron mit Misstrauen beäugten. Bhumibol starb am 13. Oktober 2016. Überlebt wurde er von seiner Frau Sirikit und seinen erwachsenen Kindern – darunter der neue König Maha Vajiralongkorn, der viele Amtspflichten schon während der Krankheit seines Vaters übernommen hatte. Die beim Volk sehr beliebte Prinzessin Sirindhorn führt Bhumibols karitative Bemühungen weiter.

1916

Die Chulalongkorn-Universität wird als erste thailändische Universität gegründet.

1917

Siam entsendet Truppen zur Unterstützung der Alliierten im Ersten Weltkrieg.

1932

Ein unblutiger Staatsstreich beendet die absolute Monarchie.

1935

König Prajadhipok (Rama VII.) dankt als bislang einziger König in der thailändischen Geschichte ab. Die Regierung wählt Prinz Mahidol zu seinem Nachfolger.

des zivilen Flügels, den in Frankreich ausgebildeten Anwalt Pridi Phanomyong, ins Exil, nachdem er zum Ärger der Generäle einen am Sozialismus angelehnten Wirtschaftsplan eingeführt hatte. Bei den ersten allgemeinen Wahlen Thailands 1937 wurde nur über die Hälfte der Sitze in der neu geschaffenen gesetzgebenden Volksversammlung abgestimmt. General Phibul Songkhram, einer der militärischen Anführer, wurde Premierminister. Dieses Amt bekleidete er von 1938 bis 1944 und noch einmal von 1948 bis 1957.

Phibuls Amtszeit während des Zweiten Weltkriegs war gekennzeichnet von nationalistischen Tendenzen, in deren Mittelpunkt die „Nation" und das „Thai-Sein" standen. Er kollaborierte mit den Japanern und erlaubte ihnen, Thailand als Basis für die Invasion der Staaten in Südostasien zu nutzen. Die Regierung Phibuls hoffte, dadurch die Gebiete zurückzubekommen, die Thailand durch die französische Expansion in Indochina verloren hatte, und wollte dafür auch den USA und Großbritannien den Krieg erklären. Doch Seni Pramoj, der thailändische Botschafter in Washington und Mitglied von *Seri Thai*, der Bewegung zur Befreiung Thailands, weigerte sich, die offizielle Kriegserklärung zu übergeben. Damit bewahrte er sein Land vor den harten Konsequenzen, die die unterlegenen Nationen nach dem Zweiten Weltkrieg auf sich nehmen mussten. General Phibul musste 1944 zurücktreten und wurde als Kriegsverbrecher vor Gericht gestellt.

Nach dem Krieg kam es in Thailand zu einer kurzen demokratischen Blüte: In allgemeinen Wahlen wurde über die Verteilung aller Sitze in

DAS LIBERALE GEGENGEWICHT

Der Anwalt Pridi Phanomyong (1900–1983), der in Frankreich studiert hatte, war einer der bürgerlichen Anführer der Revolution von 1932 und Mitbegründer der Volkspartei. Durch eine Verfassung wollte er demokratische Reformen in Thailand einführen und das Eingreifen des Militärs in die Politik per Gesetz verhindern. Er trat für die Verstaatlichung von Land und Produktivkraft ein, wollte die Industrialisierung unter staatlicher Führung und mehr Schutz für Arbeiter. 1934 gründete er die Thammasat-Universität. Außerdem war er die Leitfigur von *Seri Thai*, der Widerstandsbewegung gegen die japanische Besetzung Thailands im Zweiten Weltkrieg, und für kurze Zeit Premierminister.

Obwohl Pridi Phanomyong durchaus als erfahrener Staatsmann anerkannt wurde, war er durchaus umstritten und den Militärs unter Phibul ein ständiger Dorn im Auge. So wurde er von seinen Kritikern als Kommunist beschimpft und unter dem Verdacht des Mordes an König Ananda ins Exil verbannt. Mit dem Ende des Kalten Krieges erscheint sein Vermächtnis in neuem Licht. Man hat die Bedeutung des Gegengewichts erkannt, das seine demokratischen Bemühungen zu den militärischen Interessen bildeten. Im Jahr 2000 ernannte ihn die UNESCO zu einer der großen Persönlichkeiten des 20. Jhs.

1939
Der englische Name des Landes wird offiziell von Siam in Thailand geändert.

1941
Im Zweiten Weltkrieg dringen japanische Truppen nach Thailand ein.

1945
Am Ende des Zweiten Weltkriegs verzichtet Thailand auf die eroberten Gebiete in Laos, Kambodscha und Malaysia.

1946
König Bhumibol Adulyadej (Rama IX.) besteigt den Thron, Thailand wird Mitglied der Vereinten Nationen.

der Volksversammlung abgestimmt, mithilfe der 1946 verabschiedeten Verfassung sollten die Militärs in die Schranken gewiesen und mehr demokratische Rechte gewährleistet werden. Doch der Tod von König Ananda setzte all dem ein Ende und lieferte dem Militär den Vorwand, mit General Phibul an der Spitze erneut die Regierung zu übernehmen.

Militärdiktatur

Als General Sarit Thanarat 1957 die Macht von Phibul übernahm, errichtete er eine Militärdiktatur: Er schaffte die Verfassung ab, löste das Parlament auf und verbot alle politischen Parteien. In den 1950er-Jahren unterstützten die USA sowohl General Sarit als auch die nachfolgenden Militärdiktatoren Thanom Kittikachorn und Praphat Charusathien, die das Land von 1964 bis 1973 beherrschten. Im Gegenzug dafür, dass die USA während des Vietnamkrieges Militärstützpunke in Thailand einrichten durfte, erhielt das Land umfangreiche Wirtschaftsleistungen.

Als Phibul Songkhram 1939 offiziell den Namen des Landes von „Siam" in „Prathet Thai" (dt. Thailand) änderte, sah man darin eine nationalistische Geste zur Einigung der Tai sprechenden Bevölkerung.

Bis 1973 hatten sich linke Aktivisten – vornehmlich Intellektuelle und Studenten – in einer Oppositionsbewegung zusammengefunden, die auf ihren politischen Kundgebungen von der Militärregierung schließlich die Verabschiedung einer Verfassung verlangten. Als das Militär am 14. Oktober eine große Demonstration in Bangkok brutal niederschlug, gab es 77 Tote und mehr als 800 Verletzte. Ein Denkmal in der Th Ratchadamnoen Klang in der Nähe des Demokratiedenkmals erinnert an dieses blutige Ereignis. König Bhumibol setzte dem Blutvergießen schließlich ein Ende und zwang Thanom und Praphat, das Land zu verlassen.

In den folgenden Jahren wurde die linksgerichtete Studentenbewegung zunehmend radikaler, weshalb unter Arbeitern und Angehörigen der Mittelschicht die Furcht vor einem hausgemachten Kommunismus um sich griff. Als Thanom 1976 nach Thailand zurückkehrte – angeblich um Mönch zu werden –, wurde er von der königlichen Familie herzlich empfangen. Prompt protestierten Demonstranten an der Thammasat-Universität gegen den in ihren Augen Verantwortlichen für das Massaker vom 14. Oktober 1973. Als rechtsgerichtete antikommunistische Gruppen des bürgerlichen Lagers die Studenten angriffen, kam es zu einem erneuten Blutbad. Daraufhin gingen viele Studenten und Intellektuelle in den Untergrund und schlossen sich den bewaffneten kommunistischen Rebellen an, die als Nationale Befreiungsarmee (People's Liberation Army of Thailand, PLAT) im Dschungel von Nord- und Südthailand kämpften.

Die 1946 gegründete Demokratische Partei (Phak Prachathipat) war die älteste bestehende politische Partei in Thailand.

Das Land blieb derweil bis Ende der 1980er-Jahre unter der Herrschaft der Militärs, erlebte unter der Regierung des „politischen Soldaten" und Generals Prem Tinsulanonda aber eine Periode politischer und wirtschaftlicher Stabilität. Mit militärischen Aktionen und Amnestieprogrammen gelang es ihm, die kommunistische Guerillabewegung zu zerschlagen. Doch der wirtschaftliche Erfolg hatte auch seine Schattenseite:

1957
Mit dem Staatsstreich von Sarit Thanarat beginnt die Herrschaft des Militärs, die bis 1973 andauern wird.

1959
Die erste thailändische Tourismusbehörde wird geschaffen.

1965
Im Vietnamkrieg erlaubt Thailand den USA die Einrichtung von Militärstützpunkten.

1968
Thailand ist Gründungsmitglied des Verbands Südostasiatischer Nationen (ASEAN).

Führende Geschäftsleute kritisierten zunehmend die Rolle der Militärs in der Regierung und prangerten ihre Mentalität des Kalten Krieges als mittlerweile überholt an. Ihrer Meinung nach sollte man Kommunisten als Geschäftspartner und nicht als Feinde betrachten.

Geschäftsinteressen

Bei den allgemeinen Parlamentswahlen 1988 unterlag Prem der Partei Chat Thai unter Chatichai Choonhavan. Dieser holte Geschäftsleute aus der Provinz, die über beste Verbindungen verfügten, in seine Regierung. Damit verlagerte er die Regierungsmacht weg von den Bürokraten und begann, Thailand in einen asiatischen Tigerstaat zu verwandeln. Doch die politischen Entscheidungen wurden oft wie eine Ware gekauft und verkauft, sodass Chatichai schließlich unter dem Vorwurf der Korruption vom Militär gestürzt wurde. Der Putsch bestätigte einen neuen Trend in der thailändischen Politik: nämlich dass sich Geschäftsleute und Bildungsbürger aus Bangkok mit dem Militär gegen geldgierigen Klüngel aus provinziellen Politikern und Unternehmern verbündeten.

Als sich nach den Parlamentswahlen von 1992 General Suchinda Kraprayoon selbst zum Ministerpräsidenten ernannte, stieß dies auf breiten Widerstand innerhalb der Bevölkerung. Die folgenden Zusammenstöße zwischen Demonstranten und dem Militär gingen als „Schwarzer Mai" in die thailändische Geschichte ein: Unter der Führung des ehemaligen Bürgermeisters von Bangkok, Chamlong Srimuang, protestierten rund 200 000 Menschen, die wegen ihres zunehmenden Wohlstands als „Handymob" bezeichnet wurden, in den Straßen von Bangkok. Die Massendemonstration eskalierten zu drei Nächte dauernden, gewaltsamen Auseinandersetzungen mit schwer bewaffneten Soldaten, die erst durch den Appell von König Bhumibol in der Nacht zum 20. Mai beendet wurden.

Nach dem „Schwarzen Mai" forderten die Anhänger der Demokratie erneut eine Verfassungsreform. In den 1990er-Jahren dominierte im thailändischen Parlament meist die Demokratische Partei, die die Interessen der städtischen Mittelschicht und der Geschäftsleute vertrat. Die größte Unterstützung fand sie in den Ballungsgebieten im Süden, wo die Bewohner der ehemaligen Fischerdörfer längst vom Tourismus und dem Export von Gummi, Zinn und Fisch lebten. Auf der anderen Seite des politischen Spektrums standen die ehemals mit dem Militär verbündeten Politiker in Zentralthailand und die Bewohner der neuen Provinzzentren im landwirtschaftlich geprägten Nordosten, die vor allem an den Finanzspritzen interessiert waren. Diese politischen Konfliktlinien bestehen bis heute.

1997 war es mit dem Wirtschafts-Boom vorbei, und ganz Asien befand sich in der Krise. Thailands Wirtschaft ächzte unter hohen Auslandsschulden, einer Überschuldung des Immobiliensektors und der Abwertung des Baht. In den ersten Monaten der Krise mussten für 1 US$ statt 25

1973

Thailändische Studenten, Arbeiter und Bauern demonstrieren gemeinsam für die Wiedereinsetzung einer demokratischen Regierung.

1976

Das Militär schlägt die Studentenproteste gewaltsam nieder.

1979

Nach drei Jahren Militärherrschaft werden wieder Parlamentswahlen durchgeführt.

1980

Die Regierung von Prem Tinsulanonda schwächt die Bewegung der aufständischen Kommunisten und findet schließlich eine politische Lösung.

bereits 56 B bezahlt werden. Der Internationale Währungsfonds sprang ein und stützte die thailändische Währung mit mehr als 17 Mrd. US$, verlangte im Gegenzug aber finanzpolitische und juristische Reformen sowie eine Liberalisierung der Märkte.

Nach der Krise war es für die Demokraten ein Leichtes, wieder an die Macht zu gelangen, doch erwiesen sie sich schnell als unfähig, den weiteren wirtschaftlichen Niedergang aufzuhalten.

Thaksin-Ära & der Coup von 2006

Im Jahr 2000 besserte sich die Wirtschaftslage ganz allmählich. Der ehemalige Polizist Thaksin Shinawatra, der mit seinen Telekommunikationsunternehmen ein Milliardenvermögen verdient hatte, gewann mit seiner TRT-Partei (für *Thai Rak Thai*, „Thais lieben Thais") die Parlamentswahlen von 2001. Der selbst ernannte Politikunternehmer löste umgehend seine Wahlversprechen für die ländliche Entwicklung ein, erließ den Bauern ihre Schulden, schuf Kapitalfonds für Dörfer und sorgte für eine günstige medizinische Versorgung.

Thaksin Shinawatra war der erste Premierminister in der thailändischen Geschichte, der eine volle Amtszeit von vier Jahren absolvierte. Seine Schwester Yingluck wurde nach drei Jahren abgesetzt.

Dank der Verfassungsreform von 1997, bei der die Position des Ministerpräsidenten deutlich gestärkt worden war, erwies sich seine Regierung als eine der stabilsten in Thailands neuerer Geschichte. Die sich erholende Wirtschaft und sein zupackender, wenn auch autoritärer Führungsstil bescherten ihm 2005 einen überwältigenden Wahlsieg und Thailand eine Einparteienregierung. Thaksins Beliebtheit bei den Arbeitern und der Landbevölkerung kannte keine Grenzen.

Doch nur ein Jahr später wurden Thaksin Machtmissbrauch und Interessenkonflikte vorgeworfen, besonders im Zusammenhang mit dem Verkauf seines Familienunternehmens Shin Corporation an die Regierung von Singapur. Den Deal im Wert von umgerechnet 1,88 Mrd. US$ musste er nicht versteuern – als Rechtsgrundlage diente ein neues Telekommunikationsgesetz, an dessen Ausarbeitung er maßgeblich beteiligt gewesen war. Nach Massenprotesten in Bangkok, bei denen seine Amtsenthebung gefordert wurde, setzte ihn das Militär am 19. September 2006 in einem unblutigen Staatsstreich ab, und Thaksin ging ins Exil. Bei den anschließenden Parlamentswahlen gewann die von Thaksins

GEMIETETE DEMONSTRANTEN

Bei politischen Krisen in Thailand heuern alle beteiligten Parteien oft Demonstranten an. Während der gewaltsamen Straßenproteste nach dem Putsch von 2006 waren die bezahlten Regierungsgegner (je nach momentanem Machthaber) entweder Thaksin-treue Arbeiter aus dem Norden und Nordosten oder Thais aus dem Thaksin-feindlichen Süden. Abends nach der Arbeit verstärkten zudem Einwohner von Bangkok die beiden Lager.

1984
Rote Khmer fliehen nach Thailand. An der Nordostgrenze kommt es in der Folge zu schweren Auseinandersetzungen mit kambodschanischen Truppen, die von Vietnam unterstützt werden.

1988
Chatichai Choonhavan wird der erste gewählte Premierminister seit 1976.

1991–1992
General Suchinda versucht sich an die Macht zu putschen, König Bhumibol interveniert, um nach den Protesten im „Schwarzen Mai" einen Bürgerkrieg zu verhindern.

1997
Die Wirtschaftskrise in den Tigerstaaten trifft auch Thailand. Die historische „Volksverfassung" wird verabschiedet.

DAS THAILÄNDISCHE PARLAMENT

Schon lange drehen sich die politischen Krisen in Thailand vor allem um die alte Frage zur genauen Struktur der Legislative – und wer dabei die übergeordnete Kontrolle haben soll. Jedes Verabschieden bzw. Aufheben einer Verfassung resultiert hier in einer Neuverteilung zwischen Direkt- und Listenmandaten. Seit dem Putsch von 2014 heißt das Parlament des Landes wieder Legislative Assembly of Thailand (NLA) und hat rund 200 Mitglieder (die genaue Zahl schwankt allerdings). Ein Großteil davon sind aktive und pensionierte Angehörige des Militärs. Der Rest besteht aus Rektoren von Universitäten, Polizisten, früheren Senatoren und Geschäftsleuten. Die Volksverfassung von 1997 verlangte, dass alle Sitze in beiden Kammern direkt vom Volk gewählt werden. Diese Machtübertragung an das Volk ebnete Thaksin und dessen Thai-Rak-Thai-Partei den Weg zur nahezu kompletten Kontrolle. Das Militär und die Elite haben seitdem die vollständige Demokratie in Thailand stark beschnitten.

Anhängern neu gegründete Partei der Volksmacht und bildete die neue Regierung unter Führung von Samak Sundaravej.

Gegen diese Regierung protestierte ein Bündnis aus Militär und Thaksin-Gegnern, die mittlerweile die Volksallianz für Demokratie (PAD) gegründet hatten. Sie bestand zumeist aus den städtischen Eliten, die bald als „Gelbhemden" bekannt wurden (Gelb ist die Farbe des Wochentags, an dem König Bhumibol geboren wurde). Man ging allgemein davon aus, dass Thaksin während seiner Amtszeit Ambitionen auf den Thron gehabt habe oder zumindest die königliche Erbfolge habe unterbrechen wollen.

In Thailand besteht für alle wahlberechtigten Bürger Wahlpflicht. Nicht wahlberechtigt sind Mönche und andere Mitglieder des Klerus.

Im September 2008 enthob das Verfassungsgericht Samak Sundaravej wegen eines Formfehlers seines Amtes: Als Amtsträger hatte er eine Kochsendung im Fernsehen moderiert, worin das Gericht einen Interessenkonflikt sah. Aus Angst, dass nach Neuwahlen wieder ein Thaksin-Anhänger die Regierung übernehmen würde, besetzten die Gelbhemden im November 2008 eine Woche lang die beiden größten Flughäfen Thailands, Suvarnabhumi und Don Meuang. Schließlich inszenierte das Militär stillschweigend einen Staatsstreich und erwirkte auch einen Gerichtsbeschluss, der Thaksins Marionetten weiter schwächte. Mit der Bildung von Koalitionen in letzter Minute schaffte es der Demokrat Abhisit Vejjajiva schließlich, die Mehrheit der Parlamentsabgeordneten auf sich zu vereinen und sich als 27. Premierminister Thailands vereidigen zu lassen.

Freilich dauerte es nicht lange, bis sich Thaksins Anhänger ihrerseits organisierten und die United Front for Democracy Against Dictatorship bildeten, besser bekannt als die „Rothemden". In ihren Reihen fanden sich vor allem Thais aus dem Norden und Nordosten, aber auch Gegner des Militärputsches, Aktivisten für die Demokratie, Gegner der Monarchie und eingefleischte Thaksin-Anhänger. Es herrschte eine Art Klas-

2001
Der in der Telekommunikationsbranche zum Milliardär aufgestiegene Thaksin Shinawatra wird zum Ministerpräsidenten gewählt.

2004
Ein verheerender Tsunami fordert in Thailand mehr als 5000 Todesopfer und zerstört Fischerei- und Tourismusindustrie. Im Süden kommt es wieder zu Aufständen der Muslime.

2006
König Bhumibol feiert sein 60-jähriges Thronjubiläum. Die Regierung von Ministerpräsident Thaksin wird gestürzt, er geht ins Exil.

2008
Als Kambodscha beantragt, den Khao Phra Wihan als Weltkulturerbe aufzunehmen, kommt es an der Grenze zu Spannungen.

senkampf, denn einige Rothemden bekannten sich offen zu ihrer totalen Ablehnung der Aristokratie.

Die heftigste Demonstration der Rothemden fand 2010 statt, als das höchste thailändische Gericht Thaksin des Machtmissbrauchs während seiner Regierungszeit für schuldig befunden und die Beschlagnahmung von 46 Mrd. US$ aus seinem Vermögen angeordnet hatte. Die Rothemden besetzten zwei Monate lang die zentralen Einkaufsstraßen in Bangkok. Sie forderten die Absetzung der Regierung und Neuwahlen. Da Opposition und Regierung keinen Kompromiss fanden, vertrieb das Militär die Demonstranten im Mai 2010 mit Gewalt. Bei den blutigen Zusammenstößen starben 91 Menschen, Teile der Innenstadt gingen in Flammen auf; der Schaden durch Brandstiftung wird auf 1,5 Mrd. US$ geschätzt.

Demokratie vs. Militär (erneut)

Bei den Parlamentswahlen 2011 gewann die Thaksin politisch nahe stehende Puea-Thai-Partei die Mehrheit der Mandate. Infolgedessen wurde Thaksins Schwester Yingluck Shinawatra zur ersten Premierministerin Thailands (und überhaupt zur jüngsten Person in diesem Amt) gewählt. Während ihrer gesamten Amtszeit wurde Yingluck jedoch vorgeworfen, nur eine Marionette ihres älteren Bruders Thaksin zu sein. Dieser war nach dem Militärputsch von 2006 ins Exil geflüchtet, um einer Anklage wegen Korruption zu entgehen. Über seinen Einfluss auf die Yingluck-Regierung kursierten in Bangkok diverse Gerüchte: Von seinen Häusern in London, Dubai und Hongkong aus soll sich Thaksin angeblich per Skype bei Kabinettstreffen zugeschaltet haben.

Das Ende der Yingluck-Regierung läutete schließlich die sogenannte Reispreis-Garantie ein, die ursprünglich das Einkommen der Kleinbauern aufbessern sollte: Die Regierung wollte den Bauern ihren Reis über Marktwert abnehmen, ihn dann zwecks Preissteigerung auf dem Weltmarkt zwischenlagern und letztlich mit Profit wieder verkaufen. Doch dieser Plan scheiterte komplett, als Indien sein Exportverbot für Reis aufhob und den Weltmarkt mit dem Getreide überschwemmte. Thailand, bis 2012 der weltgrößte Reisexporteur, konnte beim folgenden Preisverfall nur zusehen und erlitt enormen wirtschaftlichen Schaden. Parallel verschwanden angeblich Millionen Baht in den Taschen von Politikern und Beamten, die für das Umsetzen der Reispreis-Garantie verantwortlich waren. In diesem Zusammenhang wurde Yingluck im Mai 2014 wegen Korruption angeklagt und 2017 für schuldig befunden. Vor ihrer Verhaftung floh sie jedoch wie ihr Bruder außer Landes.

Gleichsam umstritten war Yinglucks missglückter Versuch, die Anklagen gegen diverse Politiker (darunter Thaksin) per Amnestieerlass aufzuheben: Dies wurde weithin als Auftakt für Thaksins Rückkehr nach Thailand gedeutet. Im Oktober 2013 demonstrierten Scharen von Regie-

2008	2009	2010	2011
„Gelbhemden" besetzen Flughäfen, die eine Woche lang geschlossen bleiben.	Die Proteste der thaksinfreundlichen „Rothemden" führen zur Absage des 4. Ostasiengipfels in Pattaya. In Bangkok wird der Ausnahmezustand erklärt.	Die „Rothemden" besetzen zwei Wochen lang die Innenstadt von Bangkok; bei der Niederschlagung durch das Militär kommen 91 Menschen ums Leben.	Thaksins Schwester Yingluck Shinawatra wird erste Premierministerin Thailands.

rungsgegnern unter der Führung des früheren stellvertretenden Premierministers Suthep Thaugsuban. Dessen regierungsfeindliche Koalition, das sogenannte „Volkskomitee für Demokratische Reformen", forderte die Yingluck-Regierung zum Rücktritt auf, während die Demonstranten weiterhin Bangkoks Straßen belagerten und Teile der Stadt besetzt hielten.

Nach sporadischen Zusammenstößen zwischen Regierungsanhängern und -gegnern enthob das Verfassungsgericht schließlich Yingluck und neun ihrer Minister am 7. Mai 2014 ihrer Ämter. Fünfzehn Tage später übernahm das Militär mit dem 13. Staatsstreich seit 1932 wieder einmal die Herrschaft über Thailand.

Thailand hatte schon 20 Verfassungen, die jeweils nach Staatsstreichen neu formuliert wurden. Der Entwurf für Nr. 20 trat 2016 per Volksentscheid in Kraft. Bei bislang allen Verfassungen wurde die Zahl der Direktmandate im Parlament neu festgelegt – ebenso die Regelung, wer genau auf welche Weise Premierminister werden kann.

Rückkehr zur Militärdiktatur

Am 22. Mai 2014 setzte das thailändische Militär unter General Prayuth Chan-o-cha die gewählte Regierung ab und beendete damit die monatelange politische Krise. Prayuth zufolge war der Putsch nötig, um die Stabilität im Land wiederherzustellen.

Seine Junta namens „Rat für Frieden und Ordnung" (National Council for Peace and Order; NCPO) verhängte sogleich den Ausnahmezustand und brachte ihre Kritiker zum Schweigen. So ordnete sie eine linientreue Berichterstattung in allen Medien an und befahl Internet-Providern, alle regimefeindlichen Inhalte zu blockieren. Bis heute sind bestimmte Websites (z. B. der landesspezifische Plattformbereich von Human Rights Watch) in Thailand gesperrt. Im März 2015 sagte Prayuth in einem Interview, dass Abweichler mit Hinrichtung rechnen müssten. Seitdem zensieren sich die thailändischen Medien selbst.

Das rigorose Vorgehen betrifft auch den zivilen Sektor: Bislang wurden über 1000 Oppositionelle (Politiker, Akademiker, Journalisten, Blogger und Studenten) von Militärgerichten festgesetzt oder verurteilt. Im März 2015 erklärte der UN-Hochkommissar für Menschenrechte, dass das thailändische Militär den Ausnahmezustand gezielt nutze, um jegliche Opposition zu unterdrücken. Gleichzeitig forderte er volle Meinungsfreiheit für eine echte Diskussionskultur im Land.

EINE EU FÜR SÜDOSTASIEN

Dem Verband Südostasiatischer Nationen (ASEAN Economic Community, AEC; gegründet Ende 2015) gehören insgesamt zehn Länder an. In diesem liberalisierten Wirtschaftsraum nach EU-Vorbild ist der grenzüberschreitende Handels-, Dienstleistungs-, Finanz- und Arbeitsmarkt kaum noch länderspezifisch reguliert. Innerhalb der ASEAN-Region sollen so u. a. Investitionen, der An- bzw. Verkauf von Waren und die Einstellung ausländischer Arbeitskräfte erleichtert werden. Die Umsetzung des Plans geht aber nur zäh voran, da Wirtschaftskraft und Eigeninteressen der Mitgliedsländer jeweils variieren.

2011
Ein verheerendes Hochwasser überschwemmt ganze Industrieregionen.

2012
Im März explodieren mehrere Autobomben im „Tiefen Süden" mit 16 Toten und mehr als 300 Verletzten.

2013
Mit den militanten Separatisten im Süden werden Friedensgespräche aufgenommen, aber bald wieder abgebrochen.

2013–2014
Regierungsfeindliche Demonstranten besetzen gewaltsam Teile von Bangkok; das Ergebnis sind 825 Verletzte und 28 Todesopfer.

IM ANDENKEN AN KÖNIG BHUMIBOL

König Bhumibol Adulyadej (1927–2016) wurde in den USA geboren, wo sein Vater Prinz Mahidol Medizin an der Harvard University studierte. 1946 bestieg Bhumibol als Rama IX. den thailändischen Thron. Der Regent sprach fließend Englisch, Französisch, Deutsch und Thailändisch. Als leidenschaftlicher Jazzkomponist und Saxofonist spielte er Jam-Sessions mit Jazzgrößen wie Woody Herman oder Benny Goodman. Zudem war Bhumibol ein Segler und Maler. Besonders verehrt wird er für seine umfangreichen Entwicklungsprojekte (vor allem im ländlichen Thailand). Seine offizielle Biografie trägt den Titel *King Bhumibol Adulyadej: A Life's Work* (2011; Hrsg. Nicholas Grossman & Dominic Faulder).

König Bhumibol und Königin Sirikit schenkten vier Kindern das Leben: Prinzessin Ubol Ratana (geb. 1951), König Maha Vajiralongkorn (geb. 1952), Prinzessin Mahachakri Sirindhorn (geb. 1955) und Prinzessin Chulabhorn (geb. 1957).

Zusammen mit Nation und Religion genießt die Monarchie in Thailand ein sehr hohes Ansehen. So sind hier negative Äußerungen über den König und/oder dessen Familienmitglieder nicht nur gesellschaftlich tabu, sondern sogar per Gesetz verboten.

Im Vorfeld der unausweichlichen Thronübergabe verschärfte die Junta auch die Verfolgung von Verstößen gegen die strengen Gesetze in puncto Majestätsbeleidigung. So wurde ein thailändischer Mann im August 2015 zu 30 Jahren Haft verurteilt, weil er auf seiner Facebook-Seite einen angeblich monarchiefeindlichen Artikel geteilt hatte.

Am 13. Oktober 2016 starb König Bhumibol mit 89 Jahren als amtsältester Monarch Thailands (und der Welt). Die einjährige Staatstrauer gipfelte in einer Bestattungszeremonie, die im Großen Palast zu Bangkok stattfand und 90 Mio. US$ kostete. Bereits während der Krankheit seines Vaters hatte Bhumibols Sohn und Nachfolger Maha Vajiralongkorn viele königliche Amtspflichten übernommen.

Trotz reibungsloser Thronübergabe ist es der Junta, die seit 2014 an der Macht ist, bislang nicht gelungen, Thailands angeschlagene Wirtschaft wieder anzukurbeln: Seit dem Militärputsch sind Exporte, Bruttoinlandsprodukt und ausländische Investitionen stark eingebrochen. Um dem entgegenzuwirken, wurde 2016 ein dringend benötigter Investitionsplan in Sachen Infrastruktur angekündigt. Thailands stärkster Wirtschaftsmotor ist aber weiterhin der Tourismus.

Thailands buddhistischer Klerus war schon in einige Skandale verwickelt. Bisheriger Höhepunkt ist dabei die Affäre um den Tempel Wat Phra Dhammakaya 2017. Anhänger verbarrikadierten sich im Tempel um den Abt, der wegen Geldwäscherei und Veruntreuung angeklagt wurde, um ihn so vor dem Eingreifen der Polizei zu schützen.

2014
Thailands 13. Militärputsch seit 1932 stürzt Yingluck Shinawatra und deren regierende Puea-Thai-Partei.

2015
Bei einem terroristischen Bombenattentat am beliebten Erawan-Schrein in Bangkok kommen 20 Menschen ums Leben.

2016
König Bhumibol Adulyadej (Rama IX.) stirbt, sein Sohn besteigt den Thron. Die vom Militär gestützte Verfassung wird erfolgreich per Volksentscheid ratifiziert.

2017
Yingluck Shinawatra, die letzte demokratisch gewählte Premierministerin Thailands, flieht vor der Urteilsverkündung in ihrem Korruptionsprozess ins Exil.

Bevölkerung & Kultur

Thailands nationale Identität legt sich wie ein alle vereinender Mantel über die ethnischen und regionalen Unterschiede, die durch eine lange Migrationsgeschichte und die geografische Nähe zu anderen ethnischen Gruppen entstanden sind.

Oben Akha-Mädchen

Volksgruppen

Etwa 75% der Bevölkerung Thailands gehören der Gruppe der Thais an. Bei oberflächlicher Betrachtung könnte man denken, es gäbe eine ethnische Homogenität, es existieren jedoch subtile regionale Unterschiede. In den zentralen Ebenen (Chao-Phraya-Tal) haben die Siam-Thais das Land durch ihre historischen Königreiche vereint und so ihre Sprache und Kultur verbreitet. Heute gilt der Dialekt Zentralthailands als „Hochthailändisch", und die Einheitskultur wird von Bangkok aus durch die Medien und das Bildungssystem in alle Teile des Landes getragen.

Der Nordosten (Isan) hebt sich seit jeher vom Rest des Landes ab. Hier bestehen engere ethnische und kulturelle Verbindungen zu Laos. In den nordöstlichen Provinzen, die an Kambodscha grenzen, ist der Einfluss der Khmer offensichtlich – in historisch turbulenten Zeiten flohen viele Familien über die Grenze. Die Suay, ein Stamm einer Minderheitsbevölkerung in der Nähe von Surin und Khorat (Nakhon Ratchasima), sind traditionell Elefantentreiber.

Das Volk der Thai Pak Tai übt den kulturell wichtigsten Einfluss im Süden aus. Ihre Sprache ist ein wenig schneller als Hochthailändisch, und dank der geografischen Nähe zu Malaysia und des – historisch bedingt – hohen muslimischen Bevölkerungsanteils ist hier auch der muslimische Glaube stärker in die regionale Kultur eingebettet.

Wenn man Thailands Grenzen anhand seiner ethnischen Gruppen und Kulturen neu ziehen müsste, würde sich Nordthailand mit Teilen Südchinas und des nördlichen Myanmars vereinen. Als ursprüngliche Heimat des Volkes der Tai gilt die Yúnnán-Region in China. Es existieren zudem viele Untergruppen, u. a. die Shan (ethnisch Cousins der Thais, die sich im Hochland Birmas ansiedelten) und die Tai Lü (die in den Provinzen Nan und Chiang Rai und im vietnamesischen Hochland leben).

Nach den Thai-Chinesen stellen die Malaien (4,6 %) mit einer Population von knapp unter 9,5 Mio. die zweitgrößte ethnische Minderheit dar und leben meist in den Provinzen im tiefen Süden. Zu den verbleibenden ethnischen Minderheiten, die nur einen sehr geringen Bevölkerungsanteil stellen, gehören auch die nicht thaisprachigen Gruppen der Vietnamesen, Khmer, Mon, Semang (Sakai), Moken (*chow lair*, auch *chao leh* geschrieben; „Menschen des Meeres" oder „Meereszigeuner"), Htin, Mabri und Khamu sowie verschiedene Bergstämme. In Bangkok und ei-

Gute Bücher

- *Being Dharma: The Essence of the Buddha's Teachings* (2001; Ajahn Chah)
- *Thai Folk Wisdom: Contemporary Takes on Traditional Proverbs* (2010; Tulaya Pornpiriyakulchai und Jane Vejjajiva)

MIGRANTEN & ASYLSUCHENDE

In Thailand leben und arbeiten schätzungsweise rund 3 Mio. Arbeitsmigranten, hauptsächlich aus Myanmar (etwa 2 Mio.) und in geringerem Maße aus Laos und Kambodscha. Die meisten von ihnen sind gering qualifizierte Arbeiter ohne oder mit schlechter Schulbildung aus wirtschaftlich schwachen oder politisch instabilen Gebieten. Viele kommen illegal ins Land, oft über Schleuser, haben keinen Arbeitsschutz, sondern sind vielmehr moderne Sklaven. Der Fischfang, die Textil- und Sexindustrie sowie die Baubranche sind stark von Arbeitsmigranten abhängig.

In den vergangenen 30 Jahren verließen mehr und mehr Birmanen ihre Heimat Richtung Thailand. Anfangs wurden in Myanmar lebende ethnische Gruppen aus ihren Gebieten nach Thailand vertrieben, wo derzeit mehr als 100 000 Menschen in einer Reihe von Flüchtlingslagern entlang der Grenze leben. Im Jahr 2016 startete die thailändische Regierung ein Pilotprogramm zur Rückführung dieser Familien nach Myanmar. Die Rohingya sind die jüngste ethnische Minderheit, die vor Verfolgung aus Myanmar flieht. Im Jahr 2015 erfuhr die Öffentlichkeit, dass Boote der verzweifelten Rohingya-Flüchtlinge von der Königlich-Thailändischen Marine zurück ins offene Meer gedrängt wurden. In Lagern, die von Menschenhändlern angeblich in Zusammenarbeit mit lokalen Behörden in Südthailalnd betrieben wurden, wurden Massengräber mit Rohingya-Opfern entdeckt.

Thailand ringt seit Langem mit Einwanderungsfragen und der Tatsache, dass viele Vertriebene im Königreich Zuflucht suchen. Aufgrund der nachlassenden Wirtschaftsleistung und der Law-and-Order-Politik der Militärjunta kommt es zunehmend zur Abschiebung undokumentierter Wanderarbeiter. Die thailändische Regierung hat zudem erklärt, bis 2020 alle undokumentierten Migrantenkinder aus dem Königreich abzuschieben – laut einer Schätzung der International Organisation for Migration leben in Thailand 375 000 Kinder mit Migrationshintergrund. 2014 wurden der Militärjunta in einem Human-Rights-Watch-Bericht, der die unmenschlichen Bedingungen in Internierungslagern für Kinder dokumentiert, Menschenrechtsverletzungen vorgeworfen.

nigen weiteren Provinzen lebt außerdem eine kleine Zahl europäischer und anderer nicht-asiatischer Ausländer.

Thai-Chinesen

Menschen chinesischer Abstammung – Hakka, Teochew, Han-Chinesen oder Kantonesen in der zweiten oder dritten Generation – machen bis zu 14 % der Gesamtbevölkerung aus und bilden die weltweit größte chinesische Bevölkerungsgruppe im Ausland. In Bangkok und den nahen Küstenregionen leben viele Einwanderer aus China, die von Anfang bis Mitte des 20. Jhs. aus wirtschaftlichen Gründen ins Land kamen. Im Verlauf der Geschichte brachten wohlhabende Chinesen ihre Töchter als Nebenfrauen am Königshof unter, knüpften so Verbindungen zum Herrscherhaus und begründeten eine chinesische Blutlinie in Thailand, die sich bis zur königlichen Familie erstreckt.

Die Handelszentren der meisten thailändischen Ortschaften werden von thai-chinesischen Familien betrieben, und vielerorts im Land werden auch chinesische Feste wie das alljährliche Vegetarierfest feierlich begangen.

Chinesisch-buddhistische, meist sehr bunte Tempel, die eine Verbindung zu Traditionen und Glauben der Südchinesen offenbaren, sind weit verbreitet – vor allem in Süd-Thailand. Überall findet man Tempel der Mazu (auch Tianhou oder Tienhau), der Himmelskönigin und Göttin der Fischer und aller, die ihr Leben aus dem Meer bestreiten – sie sind typisch für die am Meer gelegenen Provinzen Chinas, von woher die Vorfahren der meisten Thai-Chinesen stammen. Man trifft hier auch auf Tempel für den Kriegsgott Guandi, der häufig mit rotem Gesicht dargestellt wird, sowie für eine Menge anderer taoistischer Gottheiten, die teilweise kaum bekannt sind. Guanyin, die chinesisch-buddhistische Göttin der Barmherzigkeit, wird von den Thai-Chinesen ebenfalls sehr verehrt – ebenso wie andere, in ganz China gleichermaßen angebetete Bodhisattvas. Chinesische Zunfthäuser und Ahnenhallen sind reichlich vorhanden.

Thailändische Muslime

Viele NGOs in Chiang Mai und Chiang Rai arbeiten mit Bergvölkern zusammen, um deren Bildungsmöglichkeiten und medizinische Versorgung zu verbessern und um ihre Interessen zu vertreten.

Mit etwa 5 % der Bevölkerung stellen die Muslime die größte religiöse Minderheit in Thailand dar, die Seite an Seite mit der buddhistischen Mehrheit lebt. Viele der hiesigen Muslime leben im Süden Thailands; eine noch größere Zahl ist über das ganze Land verteilt. Die meisten Muslime im Süden des Landes sind ethnische Malaien und sprechen neben Thailändisch auch Malaiisch oder Yawi (einen malaiischen Dialekt mit arabischen Schriftzeichen). Im Norden Thailands leben auch ziemlich viele chinesische Muslime, die Ende des 19. Jhs. aus der chinesischen Provinz Yúnnán eingewandert sind.

Bergvölker

Die ethnischen Minderheiten in den Bergregionen Nordthailands werden oft als „Bergvölker" oder, in der thailändischen Umgangssprache, als *chow kŏw* (Bergmenschen) bezeichnet. Jeder Stamm hat eine eigene Sprache, eigene Bräuche und Trachten und einen eigenen Glauben.

Die meisten von ihnen haben halbnomadische Wurzeln und sind im Lauf der vergangenen 200 Jahre aus Tibet, Myanmar, China und Laos eingewandert oder wurden aufgrund von Konflikten mit lokalen Regierungen aus ihrer Heimat vertrieben. Da sie weder den Industriemächten noch den Entwicklungsländern angehören, werden sie als Menschen der „Vierten Welt" bezeichnet. Sprache und Kultur definieren die Grenzen ihrer Welt. Das Tribal Research Institute in Chiang Mai hat zehn verschiedene Bergvölker identifiziert, aber möglicherweise existieren bis zu 20. Die Bergvölker integrieren sich immer weiter in die thailändische Bevölkerung, und viele der alten Sitten und traditionellen Gebräuche

Thailändische Muslima

gehen allmählich verloren. Aufgrund zunehmender Verstädterung sind inzwischen Mitglieder diverser ethnischer Gruppen sowie birmanische Migranten Teil der Einwohner vieler Bergdörfer.

Akha (I-kaw)

Angehörige: 80 000
Herkunft: Tibet
Leben heute in: Thailand, Laos, Myanmar, Yúnnán (China)
Glaube: Animismus mit Schwerpunkt auf Ahnenkult; einige Gruppen sind Christen
Kulturelle Besonderheiten: Die Akha gehören zu den ärmsten ethnischen Minderheiten in Thailand. Die meisten leben in den Provinzen Chiang Mai und Chiang Rai, auf Bergkämmen oder an steilen Hängen in 1000 bis 1400 m Höhe. Sie gelten als geschickte Bauern, werden von der Regierung jedoch oft aus den landwirtschaftlich nutzbaren Gebieten umgesiedelt. Die berühmte Schaukelzeremonie findet zwischen Mitte August und Mitte September statt, also zwischen der Reispflanz- und der Erntezeit. Die Häuser werden aus Holz und Bambus gebaut, stehen oft auf kurzen Holzstelzen und sind dick mit Gras gedeckt. Am Eingang jedes traditionellen Akha-Dorfes steht ein schlichtes, hölzernes „Geister-Tor", an welches Schamanen Talismane aus Bambusstreifen hängen, um böse Geister fernzuhalten. Neben jedem Tor stehen die eher plumpen Figuren eines Mannes und einer Frau, die beide übertrieben große Sexualorgane haben – die Akha glauben, die menschliche Sexualität wirke auf die Geisterwelt abstoßend. Ihre Familiengeschichte ist für die Akha von großer Bedeutung, und wenn sie sich zum ersten Mal begegnen, folgt zuallererst ein Vortrag über ihre jeweilige persönliche Herkunft, um festzustellen, ob beide einen gemeinsamen Vorfahren haben. Traditionell tragen sie einen Kopfschmuck mit Perlen, Federn und baumelndem Silberornamenten. Mit ihren vielen Dialekten gehört die tonale Akha-Sprache zum Lolo-Zweig der tibetobirmanischen Sprachfamilie.

Akha-Frauen, Chiang Rai

Thailands Demografie

- Bevölkerung: 68 Mio.
- Geburtenrate: 1,41
- Bevölkerungsanteil der Menschen über 65: 10 %
- Urbanisierungsrate: 2,97 %
- Lebenserwartung: 74,7 Jahre

Hmong (Mong oder Maew)

Angehörige: 151 000
Herkunft: Südchina
Leben heute in: Südchina, Thailand, Laos, Vietnam
Glaube: Animismus
Kulturelle Besonderheiten: Die Hmong, aufgeteilt in die zwei Untergruppen der Weißen Hmong und der Blauen Hmong, stellen die zweitgrößte Gruppe unter den thailändischen Bergvölkern dar und sind in der Provinz Chiang Mai sehr zahlreich, aber auch in anderen nördlichen Provinzen bestehen kleinere Enklaven. Normalerweise leben sie auf Berggipfeln oder Plateaus über 1000 m Höhe. Das Verwandtschaftssystem ist patrilinear, Polygamie ist bei den Hmong erlaubt. Die Hmong tragen einfache schwarze Jacken und indigoblaue oder schwarze weite Hosen mit gestreiften Borten (Weiße Hmong) bzw. indigoblaue Röcke (Blaue Hmong) und Silberschmuck. Manchmal werden auch Schärpen um die Taille gebunden und bestickte Schürzen über Bauch und Rücken getragen. Die meisten Frauen binden ihr Haar zu einem Knoten zusammen.

Karen (Yang oder Kariang)

Angehörige: 500 000
Herkunft: Myanmar
Leben heute in: Thailand, Myanmar
Glaube: je nach Gruppe Animismus, Buddhismus oder Christentum
Kulturelle Besonderheiten: Die Karen sind eine der größten Bergvolkgruppen in Thailand. Sie leben meist in Tieflandtälern und betreiben als Ackerbauern eher Wechsel- als Brandwirtschaft. Dank ihrer großen Zahl und ihrer Nähe zur Mehrheitsgesellschaft haben sie sich zum am besten integrierten und wirtschaftlich erfolgreichsten Bergvolk entwickelt. Die Häuser der Karen stehen auf niedrigen Stelzen, die Dächer reichen oft sehr tief. Viele Karen leben seit ihrer Vertreibung

aus ihren Stammesdörfern in Myanmar in Flüchtlingslagern entlang der thailändisch-birmanischen Grenze. Unter den Karen gibt es vier Hauptgruppen: die Skaw (Weiße Karen), die Pwo, die Pa-O (Schwarze Karen) und die Kayah (Rote Karen). Traditionell tragen sie dick gewebte Tuniken mit V-Ausschnitt in verschiedenen Farben (unverheiratete Frauen tragen allerdings Weiß). Die Verwandtschaftsstruktur ist matrilinear, und Ehen sind monogam. Die Karen-Sprachen gehören zu den Tonsprachen und zur sinotibetischen Sprachfamilie.

Lahu (Musoe)

Angehörige: 100 000
Herkunft: Tibet
Leben heute in: Südchina, Thailand, Myanmar
Glaube: theistischer Animismus, polytheistisch, einige Gruppen sind Christen
Kulturelle Besonderheiten: Der thailändische Name des Volkes, *moo seu*, geht auf ein birmanisches Wort für „Jäger" zurück und bezieht sich auf ihre Tradition als Waldvolk. Die Lahu, vom tibetischen Plateau abstammend, leben meist auf etwa 1000 m und sind in abgelegenen Gegenden in Chiang Mai, Chiang Rai und Tak zu finden. Typischerweise leben sie in gemischt-ethnischen Dörfern. Es gibt fünf Hauptgruppen: die Roten Lahu (die zahlenmäßig stärkste Lahu-Gruppe in Thailand), Schwarzen Lahu, Weißen Lahu, Gelben Lahu und die Lahu-Sheleh. Ihre Häuser bestehen aus Holz, Bambus und Gras und stehen auf kurzen Pfählen. Das

DIE SITUATION DER BERGVÖLKER HEUTE

In der Regel gehört der Lebensstandard der Bergvölker zu den niedrigsten in Thailand. Auch wenn es verlockend wäre, dies mit ihrer traditionellen Lebensweise zu begründen, ist ihre Situation in den meisten Fällen jedoch darauf zurückzuführen, dass sie nicht im Besitz der thailändischen Staatsbürgerschaft sind. Ohne die gelten sie als illegale Bewohner der Landes, in dem sie geboren wurden, und haben nicht das Recht, Land zu besitzen, ihre Kinder zur Schule zu schicken, einen Mindestlohn zu verdienen oder die medizinische Versorgung in Anspruch zu nehmen.

In den zurückliegenden Jahrzehnten wurden an einige Mitglieder der Bergvölker thailändische Ausweiskarten vergeben, die ihnen den Zugang zu nationalen Programmen ermöglichen (zumindest theoretisch – öffentliche Schulen und eine medizinische Versorgung bleiben für viele Familien aufgrund zusätzlicher Gebühren trotzdem unerschwinglich). Andere Bergvolkfamilien haben Aufenthaltsbescheinigungen erhalten, die ihnen das Reisen außerhalb eines bestimmten Bereichs verbieten und damit den Zugang zu Jobs in der mobilen modernen Gesellschaft begrenzen. Im Jahr 2015 gewährte die thailändische Regierung 18 000 bislang staatenlosen Menschen die Staatsbürgerschaft, womit die Gesamtzahl derjenigen, die ohne Staatszugehörigkeit in Thailand leben, auf 443 862 zurückging. Die Maßnahme ist Teil der thailändischen Bemühungen, die Staatenlosigkeit im Land bis 2024 zu beenden.

Darüber hinaus hat die thailändische Regierung eine 30-Jahre-Politik zur Umsiedlung der Bergvölker beschlossen, durch die ganze Dörfer aus fruchtbaren Gegenden auf unfruchtbares Land ziehen müssen. Dadurch werden die Stämme von einem funktionierenden Selbstversorgungssystem abgetrennt, in dem sie ihre Sitten pflegen konnten, und in ein Marktsystem verpflanzt, mit dem sie nicht mithalten können.

In den vergangenen zehn Jahren hat sich auch die Ausweitung des Tourismus auf die Bergregionen im Norden zu einer immer größeren Bedrohung für die Unabhängigkeit der Bergvolkdörfer entwickelt. Spekulanten aus der Stadt kaufen den Bauern der Bergvölker Land zu meist niedrigen Preisen ab, nur um es dann wieder zu verkaufen – an Resorts und für sehr viel höhere Summen, sofern sie einen Eigentumsnachweis vorlegen können (in vielen Fällen besitzt der Bergbauer die Landrechte nicht und hat eine schlechte Verhandlungsposition). Oft zieht der umgesiedelte Farmer mit seiner Familie anschließend in die Stadt, verliert die Verbindung zur ländlichen Lebensweise seines Stammes und hat für ein erfolgreiches Leben im Tiefland nicht die nötigen Ressourcen.

Oben Kayan-Frau

Unten Hmong-Dorf

Essen ist wahrscheinlich das schärfste aller Bergstammküchen. Ihre traditionelle Kleidung besteht aus schwarz-roten Jacken mit engen Röcken (Frauen) bzw. grünen bzw. blau-grünen weiten Hosen (Männer). Die Tonsprache der Lahu gehört zum Lolo-Zweig der tibetobirmanischen Sprachfamilie.

Lisu (Lisaw)

Angehörige: 55 000
Herkunft: Tibet
Leben heute in: Thailand, Yúnnán (China)
Glaube: Animismus mit Ahnenkult und Geisterbesessenheit
Kulturelle Besonderheiten: Lisu-Dörfer liegen meist in den Bergen in einer Höhe von etwa 1000 m und sind in Thailand in acht Provinzen zu finden: in Chiang Mai, Chiang Rai, Mae Hong Son, Phayao, Tak, Kamphaeng Phet, Sukhothai und Lampang. Für die patrilinearen Clans gilt ein Rechtssystem, das die Lisu unter den Bergstämmen einzigartig macht (bei den meisten anderen liegt alle Macht entweder bei einem Schamanen oder dem Dorfvorsteher). Die Häuser werden am Boden errichtet und bestehen aus Bambus und Grasdächern. Die Frauen tragen lange bunte Tuniken über ihren Hosen, manchmal auch schwarze Turbane mit Quasten, die Männer weite grüne oder blaue Hosen, die an den Knöcheln festgebunden werden. Da sie eng verwandt sind mit den Akha und Lasu, gehört die Tonsprache der Lisu zum Lolo-Zweig der tibetobirmanischen Sprachfamilie.

Die Bergvolk-Gemeinschaften, die in Höhenlagen über 900 m leben, bauten einst Schlafmohn an. Dank eines königlichen Projekts, das erforscht, welche neuen Feldpflanzen kultiviert werden könnten, sowie verbesserter Infastruktur, ist es damit aber inzwischen weitgehend vorbei.

Mien (Yao)

Angehörige: 30 000
Herkunft: Zentralchina
Leben heute in: Thailand, Südchina, Laos, Myanmar, Vietnam
Glaube: Animismus mit Ahnenkult, Taoismus, Buddhismus, Christentum
Kulturelle Besonderheiten: Die Mien verstehen sich gut auf Kunsthandwerk, vor allem Stickereien und Silberarbeiten. Sie siedeln in der Nähe von Bergquellen, größtenteils in den Provinzen Nan, Phayao und Chiang Rai, aber auch in anderen Regionen. Während des Amerikakriegs arbeiteten die Mien mit der CIA im Kampf gegen die Pathet-Lao-Kräfte zusammen und flohen in größerer Zahl nach Thailand. Die Mien sind stark von chinesischen Traditionen beeinflusst und benutzen chinesische Zeichen zum Schreiben, obwohl in den 1980ern eine einheitliche Schrift entwickelt wurde. Die Verwandtschaftsstrukturen sind patrilinear, Ehen sind polygam. Die Häuser werden am Boden errichtet und bestehen aus Holz oder Bambus und Gras. Frauen tragen Hosen und schwarze, aufwendig bestickte Jacken mit roten Kragen und große dunkle Turbane. Männer tragen schwarze Tuniken und schwarze Hosen. Die Tonsprache Mien gehört zur Sprachfamilie der Hmong-Mien.

Thailändische Lebensart

Die individuelle Lebensart variiert je nach familiärem Hintergrund, Einkommen und geografischer Lage. In vielerlei Hinsicht ist Bangkok ein besonderes Phänomen: Hier leben wohlhabende Thais der Mittel- und Oberschicht mit allen modernen Errungenschaften wie Smartphones, Fast Food, US-Hip-Hop und Modetrends. Das verfügbare Einkommen ist in Bangkok größer als anderswo in Thailand, auch wenn der Wohlstand allgemein im ganzen Land steigt.

Thais wandern weiterhin wegen der besseren Jobaussichten aus ihren kleinen Dörfern und Städten in die urbanen Zentren ab. Es war lange üblich, dass die Thais einen Teil ihres Gehalts nach Hause zu ihren Eltern schicken oder zur Unterstützung ihrer Kinder einsetzen, die sie zurückgelassen hatten, damit sie im Dorf aufgezogen werden. In manchen sozioökonomischen Schichten ist das auch heute noch der Fall, aber immer mehr Eltern werden selbst wohlhabend und sind nicht mehr auf die Unterstützung ihrer erwachsenen Kinder angewiesen. Tatsächlich haben sich die Verhältnisse eher umgekehrt: Eltern helfen ihren erwachsenen

Geisterhaus

Kindern bei der Anschaffung teurer Autos und von Wohneigentum, das sich diese mit ihren Eingangsgehältern nicht leisten könnten. Als Folge kritisiert die ältere Generation die heutige Jugend häufig für ihr ausuferndes Anspruchsdenken.

Im Vergleich dazu gestaltet sich das Leben in den Provinzhauptstädten überall im Land eher traditionell. Beamte – Lehrer und Regierungsangestellte – bilden das Rückgrat der thailändischen Mittelklasse und leben in Kernfamilien in Reihenhaussiedlungen außerhalb der Stadtzentren. Einige von ihnen wohnen auch in den älteren Vierteln in der Innenstadt, in denen Papayas, Mangos und andere Obstbäume in den Vorgärten wachsen. Geschäftsleute leben im Stadtzentrum, normalerweise in Wohnungen über Ladenlokalen – dies erleichtert das Pendeln und ermöglicht einen recht urbanen Lebensstil.

Die Lahu sind für ihre strikte Einhaltung der Gleichberechtigung der Geschlechter bekannt, die ihrer dyadischen Weltanschauung geschuldet ist, welche auf Partnerschaft und Kooperation setzt.

Vielleicht die besten Orte, um die Lebensart der Thais kennenzulernen, sind die traditionellen Märkte. Tagesmärkte verkaufen Küchenzubehör sowie lokale Erzeugnisse und regionale Desserts. Auf den Nachtmärkten kann man sich ein Abendessen schmecken lassen und wunderbar das stets sehr rege Treiben beobachten, da sich nur wenige Thais die Mühe machen, selbst zu kochen.

Aus demografischer Sicht wird Thailand wie die meisten Teile Asiens immer älter. Inzwischen geht man davon aus, dass im Jahr 2040 25% der thailändischen Bevölkerung über 60 Jahre alt sein werden (derzeit 13%). Frauen konzentrieren sich zunehmend auf Karriere statt aufs Heiraten – der Anteil unverheirateter Frauen macht inzwischen 30% der Bevölkerung aus (und allmählich sind sie den Männern im vierten Lebensjahrzehnt auch zahlenmäßig überlegen). Mit derzeitigen 0,35% ist Thailands Bevölkerungswachstumsrate sehr niedrig. Von der Regierung finanzierte Familienplanungsprogramme und berufliche Chancen haben dazu beigetragen, die Geburtenrate derart zu reduzieren – in den 1960er-Jahren hatte eine Familie durchschnittlich sechs Kinder, heute gerade mal 1,41 –, dass Analysten bereits vor zukünftigem Arbeitskräftemangel und überlasteten Rentenkassen warnen.

Thailändische Mentalität

Ein großer Teil des kulturellen Wertesystems Thailands gründet auf dem Respekt gegenüber Familie, Religion und Monarchie. In diesem System kennt jeder Einzelne seinen Platz, und thailändische Kinder werden streng zur Anpassung an eine Gruppe und zur Unterdrückung „anstößiger" Ansichten erzogen. In den meisten sozialen Situationen steht das Schaffen einer harmonischen Atmosphäre an erster Stelle, und Thais sind sehr stolz darauf, wenn ihre Mitmenschen sich bei ihnen wohlfühlen.

Sà·nùk

Im Allgemeinen legen die Thais viel Wert auf *sà·nùk*, was „Spaß" bedeutet, und alles, was getan werden muss, sollte auf Spaß basieren. Selbst Arbeit und Studium müssen etwas *sà·nùk* mit sich bringen, sonst werden sie automatisch zur Fronarbeit. Das bedeutet nicht, dass Thais nicht arbeiten, sie arbeiten nur am besten in der Gruppe, um nicht zu vereinsamen und das Ganze ein wenig spielerisch anzugehen. Nichts ist für ein Vorhaben tödlicher, als *mâi sà·nùk* (keinen Spaß) zu machen. Thais mixen ihre Aufgaben oft mit einer gesunden Dosis Gemeinschaftlichkeit, die für den Rücken anstrengende Arbeit auf den Reisfeldern genauso wie die Eintönigkeit bei langen Überlandbusfahrten.

Das Gesicht wahren

Bei den Thais ist der Glaube an das Konzept, stets das Gesicht wahren zu müssen, tief verankert. Konfrontationen gehen sie beispielsweise aus dem Weg, und sie bemühen sich immer, sich und andere nicht zu blamieren (es sei denn, das wäre *sà·nùk*). Wer in dieser Kunst perfekt ist, bringt in Unterhaltungen keine negativen Themen zur Sprache, drückt seine Überzeugung oder Meinung nicht ungeniert aus und behauptet nicht, Experte auf einem bestimmten Gebiet zu sein. Zustimmung und Harmonie gelten als die wichtigsten sozialen Tugenden.

Während Menschen aus dem Westen häufig der Meinung sind, eine hitzige Diskussion sei o.k., empfinden Thais solche Personen, die laut werden, als unhöflich und launisch. Die Beherrschung zu verlieren, bedeutet für alle Anwesenden einen Gesichtsverlust, und Thais, die verärgert wurden, können sehr extrem reagieren. Kleinere Peinlichkeiten

Daten zum Lebensstil

- Durchschnittliches Heiratsalter von thailändischen Männern/Frauen: 27/24 Jahre
- Mindestlohn: 300–310 B/Tag
- Einstiegsgehalt: 9000–12 000 B/Monat

SCHUTZGEISTER

Vielen Wohnhäusern oder Behausungen in Thailand ist ein „Geisterhaus" angeschlossen, in dem sich der *prá poom* (Schutzgeist) des Grundstücks aufhalten kann. Schutzgeister gehen auf den animistischen Glauben vor der Zeit des Buddhismus zurück – sie leben in Flüssen, Bäumen und an anderen Orten in der Natur, und sie müssen geehrt (und besänftigt) werden. Der Schutzgeist eines bestimmten Grundstücks ist die übernatürliche Entsprechung einer Schwiegermutter: ein verehrtes, aber manchmal störendes Familienmitglied. Um die Geister fröhlich zu stimmen und sie abzulenken, bauen Thais auf ihrem Grundstück aufwendige Behausungen, die an Puppenhäuser erinnern und in denen die Geister komfortabel, aber abgetrennt von den Angelegenheiten der Menschen „leben" können. Um die guten Beziehungen und das persönliche Glück weiter zu fördern, werden täglich Opfergaben wie Reis, Obst, Blumen und Wasser am Geisterhaus dargebracht. Wenn das Haus der Menschen ausgebaut wird, muss auch das Geisterhaus vergrößert werden, um die Geister nicht zu beleidigen. Alle Geisterhäuser müssen von einem brahmanischen Priester geweiht werden.

Schwimmender Markt Amphawa (S. 157), Bangkok

wie ein Stolpern oder Hinfallen können eine Gruppe von Thais möglicherweise zum Kichern bringen. Das ist dann aber keine Schadenfreude über das Missgeschick, man will dem Betroffenen nur dabei helfen, sein Gesicht zu wahren, indem man den Zwischenfall einfach weglacht.

Das thailändische Jahr wird ab 543 v. Chr. errechnet, dem Beginn der buddhistischen Ära. Unser Jahr 2018 ist in der buddhistischen Zeitrechnung demnach 2561 BE (für „Buddhist Era"), das Jahr 2019 ist 2562 BE usw.

Soziale Stellung & Verpflichtungen

Alle Beziehungen in der traditionellen thailändischen Gesellschaft – und auch alle im modernen Thailand – richten sich nach der sozialen Stellung, die durch Alter, Vermögen, Status und die persönliche und politische Weltanschauung definiert ist. Der soziale Rang der Älteren wird *pôo yài* (wörtlich: „große Person") genannt und Eltern, Vorgesetzten, Dorfvorstehern oder Beamten zugeschrieben. Die Stellung der Jüngeren heißt *pôo nóy* („kleine Person"). Der Begriff beschreibt alle, die in der Rangfolge unterhalb einer *pôo yài* stehen. Diese Stufen sind bis zu einem gewissen Grad auch in vielen anderen Gesellschaften auf der Welt erkennbar, doch das Besondere an der thailändischen Form sind die gegenseitigen Verpflichtungen, die „Ältere" und „Jüngere" haben.

Pôo nóy sind verpflichtet, den Älteren Gehorsam und Respekt zu erweisen. Für Menschen mit einem niedrigeren Status geziemt es sich nicht, einen Älteren infrage zu stellen oder zu kritisieren. Für die Arbeitswelt bedeutet das, dass jüngere Mitarbeiter in Besprechungen nicht dazu ermutigt werden, etwas beizusteuern, und dass von ihnen erwartet wird, dass sie kommentarlos tun, was ihr Chef ihnen aufträgt.

Im Gegenzug verpflichten sich die *pôo yài*, sich um die *pôo nóy* zu kümmern und sie zu fördern. Es handelt sich also um eine patriarchale Beziehung, in der ein *pôo nóy* um einen Gefallen bitten kann in Bezug auf Geld oder eine Arbeitsstelle. *Pôo yài* bestätigen ihre Stellung, indem sie diese Bitten erfüllen, wenn es ihnen möglich ist; sie abzulehnen, würde einen Gesichts- und Statusverlust bedeuten.

Novizen im Wat Phra Puttachai (S. 190)

Das Protokoll, das durch die soziale Hierarchie vorgegeben ist, regelt so gut wie jeden Aspekt des Verhaltens der Thais in ihren Familien, Wirtschaftsunternehmen, Schulen und in der Regierung. Gewählte oder ernannte Vertreter stehen auf einer der höchsten Stufen der gesellschaftlichen Leiter und betrachten sich oft als alleinverantwortlich für ihre Mitmenschen – ein starker Widerspruch zum demokratischen Ideal, in dem sie nur das Sprachrohr ihrer Mitmenschen sind. Die komplizierte personelle Hierarchie in Thailand steht einer Zusammenarbeit oft im Weg, besonders, wenn nicht alle Beteiligten denselben Status haben. Dies ist vielleicht auch der Grund, warum es in Bangkok mehrere Museen mit moderner Kunst gibt, die jeweils über unvollständige Sammlungen verfügen, und nicht ein großes, wirklich herausragendes Haus.

Die meisten ausländischen Besucher werden in Form von *pêe* (ältere Geschwister) und *nórng* (jüngere Geschwister) mit einer vereinfachten Version dieser Beziehungsstruktur zu tun haben. Alle Thais sprechen voneinander, indem sie Verwandtschaftsgrade benutzen. Selbst bei Personen, mit denen man nicht blutsverwandt ist, legt man schnell fest, wer *pêe* und wer *nórng* ist. Das ist auch der Grund, weshalb Thais neue Bekannte gleich zu Beginn fragen: „Wie alt bist du?"

Religion in Thailand

Farbenprächtige Beispiele der täglichen Religionsausübung sieht man an fast jeder Ecke. Wenn man am frühen Morgen durch die Straßen läuft, kann man die kahlgeschorenen buddhistischen Mönche in orangefarbenen Roben beobachten, wie sie still von Haus zu Haus ziehen und beim *bin·tá·bàht* milde Essensgaben sammeln.

Obwohl das Land überwiegend buddhistisch ist, üben die Anhänger anderer Religionen oft Seite an Seite ihren Glauben aus. Neben einer nicht unerheblichen muslimischen Minderheit gibt es in Thailand auch

VERDIENSTE SAMMELN

Pilgerreisen zu berühmten Tempeln sind ein wichtiger Bestandteil des heimischen Tourismus. Das Sammeln von Verdiensten ist eher ein persönliches Ritual als eine Angelegenheit der gesamten Gemeinde. Gläubige kaufen symbolische Opfergaben wie Lotusknospen, Räucherstäbchen oder Kerzen und bringen diese an der wichtigsten Buddha-Abbildung des Tempels dar. Weitere Verdienste bringende Aktivitäten sind Lebensmittelspenden für den Tempel-*sangha*, Meditation (allein oder in Gruppen), den Mönchen beim Singen der *suttas* (buddhistischen Lehrreden) zuhören oder einen *têht*- oder *dhamma*-Vortrag eines Abtes oder eines anderen angesehenen Lehrers besuchen. Auch wenn die thailändische Gesellschaft sich zunehmend säkularisiert, bleibt das Verdienstesammeln doch eine wichtige kulturelle Tätigkeit – wenn sie auch häufiger mit der Erfüllung von Wünschen (etwa Liebe oder akademischen Erfolg zu finden) in Verbindung gebracht wird als mit religiöser Hingabe.

eine Gemeinde von rund 70 000 Sikhs. Einige urtümliche animistische Glaubensrichtungen, die viel älter sind als der Buddhismus oder der Hinduismus, sind ebenfalls anzutreffen – vor allem in sogenannten Geisterhäusern (S. 777), aber auch bei Festen, beispielsweise beim Tieropfer beim Pu-Sae-Ya-Sae-Fest in Chiang Mai. So hat auch das Lichterfest Loi Krathong seinen Ursprung im animistischen Glauben, denn es ehrt den Geist des Wassers.

Thais sind hinsichtlich ihres Erscheinungsbilds sehr penibel. Viele baden zweimal am Tag und wundern sich, wenn vermeintlich wohlhabende Ausländer ungepflegt herumlaufen.

Buddhismus

Etwa 95% der Thais sind Anhänger des Theravada-Buddhismus, eines Zweiges, der während der Sukhothai-Zeit aus Sri Lanka nach Thailand gekommen ist.

Das große Ziel des Theravada-Buddhismus ist *nibbana* („Nirwana" in Sanskrit), was wörtlich eigentlich „Ausblasen" oder „Auslöschen" aller Begierden und damit allen *dukkha* (Leidens) bedeutet. *Nibbana* ist das Ende des Kreislaufs der Wiedergeburten (sowohl von Augenblick zu Augenblick als auch von Leben zu Leben), der die Existenz bestimmt. In der Praxis streben die meisten Thai-Buddhisten allerdings eher nach einer Wiedergeburt in einer „besseren" Existenz als nach dem überirdischen Ziel des *nibbana*. Das Konzept der Wiedergeburt wird in Thailand beinahe universell anerkannt, sogar von Nicht-Buddhisten.

Die Vorstellung einer Wiedergeburt weckt bei den Thais auch einen ausgeprägten Sinn für Bescheidenheit und Zusammengehörigkeit. Wenn sie in einem Gebüsch irgendein Krabbeltier sehen, denken sie vielleicht daran, dass auch sie selbst einst ein solches Wesen waren oder dass ein verstorbener Verwandter in einem nicht-menschlichen Körper wiedergeboren wurde. Die Wiedergeburt spiegelt gewissermaßen Thailands gesellschaftliche Schichten wider – im Grunde genommen ist sie entweder eine Belohnung oder eine Bestrafung. Es ist essenziell in der buddhistische Karma-Lehre, die auch im thailändischen Sprichwort *tam dee, dâi dee; tam chôoa, dâi chôoa* („Aus guten Taten folgt Gutes, aus schlechten Taten Schlechtes") zum Ausdruck kommt. Ein guter Mensch kann das Schicksal seines gegenwärtigen und seiner zukünftigen Leben verbessern, indem er Verdienste sammelt *(tam bun)*.

Die buddhistische Hierarchie in Thailand folgt dem Triratana („Drei Juwelen") – dem Buddha, dem *dhamma* (Lehren) und dem *sangha* (buddhistische Gemeinde). Historisch gesehen nimmt der thailändische König seit jeher eine hochverehrte Stellung im Thai-Buddhismus ein und wird oft als halbgöttlich angesehen. Thailändische königliche Zeremonien werden nach wie vor fast ausschließlich von brahmanischen Priestern abgehalten, die die Pflicht haben, die drei Säulen der thailändischen Nation zu erhalten: die Souveränität, die Religion und die Monarchie.

Spende am Neujahrstag, Chiang Rai

Im Thai-Buddhsimus gibt es keinen bestimmten Sabbattag, aber es existieren *wan prá* (heilige Tage), die auf jeden siebten oder achten Tag fallen, abhängig von der Mondphase. Außerdem gibt es diverse religiöse Feiertage, die normalerweise wichtige Ereignisse im Leben Buddhas ehren.

Mönche & Nonnen

Die Gesellschaft erwartet von jedem thailändischen Mann, dass er eine kurze Zeit seines Lebens als Mönch (*bhikkhu* auf Pali; *prá* or *prá pík·sù* auf Thai) verbringt, idealerweise die Zeit nach seinem Schulabschluss, bevor er eine berufliche Laufbahn einschlägt. Es bedeutet große Verdienste für eine Familie, wenn einer ihrer Söhne „Robe und Schale annimmt“. Traditionell verbringen die Männer drei Monate während der *pan·săh* (buddhistische Fastenzeit) im Wat, die im Juli beginnt und mit der Regenzeit zusammenfällt. Heutzutage gehen die Männer allerdings oft nur noch eine Woche in den Tempel, um als Mönch Verdienste zu sammeln, und die meisten lassen sich heute vor ihrem 20. Lebensjahr vorübergehend zum Mönch weihen, da sie dann noch als Zehn-Gelübde-Novize *(nairn)* dem *sangha* beitreten können.

Als Zeichen dafür, dass sie allen weltlichen Dingen entsagen, müssen Mönche ihre Haare, Augenbrauen und sämtliche Gesichtsbehaarung abrasieren, solange sie im Kloster wohnen. Außerdem müssen sie ein asketisches Leben ohne Luxus führen und dürfen nur eine Mahlzeit am Tag essen (manchmal auch zwei, abhängig von den Traditionen des jeweiligen Tempels). Mönche, die in der Stadt leben, legen ihren Schwerpunkt für gewöhnlich eher auf die Meditation. Vollordinierte Mönche führen Beerdigungen und Hochzeitszeremonien durch, halten Predigten und unterrichten klösterliche Lehren.

Matsayit Klang (S. 628), Pattani

In ländlichen Gegenden sind die Klöster auch soziale Einrichtungen, die den Kranken und Armen helfen. Männliche Kinder können ins Kloster kommen und erhalten dort eine kostenlose Ausbildung, eine Tradition, die inzwischen durch das öffentliche Schulsystem abgelöst wurde.

Im Thai-Buddhismus fällt Frauen, die sich ein klösterliches Leben wünschen, nur eine untergeordnete Rolle im Tempel zu, die mit dem vollen Mönchtum nicht gleichzusetzen ist. Eine buddhistische Nonne wird *mâa chee* (Mutter Priesterin) genannt und lebt als *atthasila*- (Acht-Gebote-)Nonne – eine Stellung, die traditionell von Frauen bekleidet wird, die keinen anderen Platz in der Gesellschaft finden konnten. Thailändische Nonnen rasieren sich die Köpfe, tragen weiße Roben und kümmern sich um kleinere Alltagsarbeiten im Tempel. Allgemein gesagt genießen *mâa chee* nicht dasselbe Prestige wie Mönche, und sie spielen auch keine Rolle in den Verdienste bringenden Ritualen der Gläubigen. Immer mehr Ausländer kommen nach Thailand, um sich hier zum buddhistischen Mönch oder zur buddhistischen Nonne weihen zu lassen.

Islam

In Thailand gibt es ungefähr 3500 Moscheen – allein in Bangkok sind es über 200. 99% dieser Moscheen gehören dem sunnitischen Zweig des Islam an (bei dem die islamische Führung in der Einigkeit der Umma, der muslimischen Gemeinde, liegt), 1% gehört zum schiitischen Zweig (in dem die religiöse und politische Autorität den Nachkommen Mohammeds zusteht). Wie in anderen Teilen Asiens finden sich auch im Islam in Thailand sufistische Elemente.

Der Islam kam zwischen dem 13. und 16. Jh. durch den Einfluss der indischen und arabischen Händler und Lehrer nach Südthailand.

Kunst & Architektur

Thailand besitzt eine visuell orientierte Kultur, in der das Verständnis von Schönheit und Ästhetik alles prägt – von extravaganten Tempeln und schlichten altmodischen Häusern bis hin zu für das Königshaus geschaffenen Kunstwerken. Tempelbauten und buddhistische Bildhauerei bilden die Hauptformen der alten thailändischen Kunst. Doch auch in der Moderne findet die Kreativität unzählige Ausdrucksformen – von sozialkritischen zeitgenössischen Gemälden bis hin zu Wolkenkratzern in Bangkok. In Sachen Musik ist von Klassik bis Teenie-Pop mit Dance-Beats so ziemlich alles dabei.

Architektur

Am eindrucksvollsten offenbart sich Thailands architektonisches Erbe in den prächtigen buddhistischen Tempeln (Wats). Eines der charakteristischsten Elemente buddhistischer Tempelbauten ist der *chedi* (Stupa), der mit seiner Form die Dauerhaftigkeit des Buddhismus versinnbildli-

Oben Ornament in einem traditionellen thailändischen Tempel

chen soll. In vielen werden Reliquien bedeutender Könige oder des historischen Buddha oder auch Überreste ehrwürdiger Mönche oder Nonnen aufbewahrt. In der thailändischen Tempelarchitektur wurden verschiedene fremde Stile frei miteinander vermischt – vom maiskolbenförmigen Stupa des Khmer-Reichs bis zum glockenförmigen Stupa Sri Lankas ist alles vertreten.

Thailändische Tempel sind stark von der hinduistisch-buddhistischen Ikonografie geprägt. Darstellungen des mythischen Schlangenwesens *naga*, das über Buddha wachte, während dieser meditierte, sind oft an den Eingangsgeländern und Dachgiebeln zu sehen. Auf der Spitze des Tempeldachs befindet sich der *chôr fáh*, eine goldene Gestalt in Form eines fliegenden Vogels.

THAILANDS KUNSTPERIODEN

PERIODE	TEMPEL- & CHEDI-STILE	BUDDHA-STILE	BEISPIELE
Dvaravati (7.–11. Jh.)	Stufenförmige *chedi* (Stupa) mit rechteckigem Sockel	Indische Einflüsse; dicker Oberkörper, lange Locken, gebogene Augenbrauen (wie fliegende Vögel), hervorquellende Augen, dicke Lippen und flache Nase	Phra-Pathom-Chedi, Nakhon Pathom; Lopburi Museum, Lopburi; Wat Chama Thewi, Lamphun
Srivijaya (7.–13. Jh.)	Tempel im Stil des Mahayana-Buddhismus; *chedis* im javanischen Stil mit kunstvollen Bogen	Indische Einflüsse; reiche Verzierung, menschliche Züge und leicht verdrehte Taille	Wat Phra Mahathat Woramahawihaan und National Museum, Nakhon Si Thammarat
Khmer (9.–11. Jh.)	Hinduistisch-buddhistische Tempel; *prang* (*chedi* im Khmer-Stil) in Maiskolbenform	Buddha meditierend auf einem Lotuspodest, während die siebenköpfige *naga* für ihn ein Schutzdach formt	Phimai Historical Park, Nakhon Ratchasima; Phanom Rung Historical Park, Surin
Chiang Saen–Lan Na (11.–13. Jh.)	Tempel aus Teakholz; *chedis* mit quadratischem, manchmal achteckigem Sockel und einem vergoldeten Schirm auf der Spitze	Birmanische Einflüsse; mollige Figur, rundes, lächelndes Gesicht und nach oben weisende Fußsohlen, Meditationspose	Wat Phra Singh, Chiang Mai; Chiang Saen National Museum, Chiang Saen
Sukhothai (13.–15. Jh.)	Khmer-inspirierte Tempel; *chedis* mit schmalen Turmspitzen und einer Lotusknospe als Krone	Anmutige Posen, oft „gehend" dargestellt, keine anatomisch korrekten menschlichen Details	Sukhothai Historical Park, Sukhothai
Ayuthaya (14.–18. Jh.)	Klassische Thai-Tempel mit dreistufigem Dach und Ziergiebeln; glockenförmige chedis mit sich verjüngender Turmspitze	König der Ayutthaya-Ära mit juwelenbesetzter Krone und königlichen Insignien	Ayuthaya Historical Park, Ayutthaya
Bangkok-Ratanakosin (19. Jh.)	Bunte und vergoldete Tempel im westlich-thailändischen Stil; mosaikbesetzte *chedis*	Wiederbelebter Ayutthaya-Stil	Wat Phra Kaew, Wat Pho und Wat Arun, Bangkok

Wat Arun (S. 82), Bangkok

Die Lotusknospe ist ein weiteres heiliges Motiv unter den verehrten buddhistischen Symbolen und ziert oft die Spitze von Tempeltoren, Verandasäulen und *chedis* aus der Sukhothai-Zeit. Buddha wird häufig meditierend auf einem Podest aus Lotusblüten dargestellt, die an die buddhistischen Lehren erinnern sollen. Die Lotusblume kann selbst in einem fauligen Teich erblühen – eine Metapher dafür, dass religiöse Vollkommenheit auch in schändlichster Umgebung entstehen kann.

Im späten 19. und frühen 20. Jh. begann man in Thailand, traditionelle Architektur mit europäischen Formen zu verbinden. So sind in Hafenstädten wie Bangkok und Phuket schöne Beispiele chinesisch-portugiesischer Architektur entstanden: Gebäude aus stuckverzierten Backsteinen mit kunstvollen Fassaden. Dieser Stil folgte den Händlern der Kolonialzeit über die Meere und wird von den Einheimischen oft auch „Alt-Bangkok" oder „Ratanakosin" genannt.

Bildende Kunst

Der Großteil der schönsten antiken Kunst Thailands ist in den unzähligen berühmten Tempeln des Landes zu sehen. Die vielen staatlichen und privaten Museen Bangkoks konzentrieren sich eher auf moderne Kunst.

Traditionelle Malerei & Bildhauerei

Thailands frühes künstlerisches Schaffen hatte nahezu ausschließlich religiöse Bezüge, wobei Buddha-Skulpturen und Wandmalereien als kontinuierliches visuelles Zeugnis vom Glaubenssystem dienen.

Einen eigenen Kunststil zeigte das Land erstmals während der Sukhothai-Ära, die für ihre anmutigen, abgeklärten Buddha-Figuren berühmt ist. Die Wandmalereien in den Tempeln sind die Hauptform der alten thailändischen Kunst. Die Wandgemälde, die stets einen lehrenden Charakter haben, zeigen *Jataka* (Geschichten aus Buddhas früherem Leben)

Seidenweberin bei der Arbeit

und die thailändische Version des Hindu-Epos *Ramayana*. Da sie nicht so haltbar sind wie andere Kunstformen, konnten nur sehr wenige Beispiele religiöser Malerei aus der Zeit vor dem 20. Jh. bis heute überdauern. Die frühesten Werke sind im Wat Ratburana in Ayutthaya zu sehen, aber einige der besten können in Bangkok besichtigt werden.

Die Entwicklung der thailändischen religiösen Kunst und Architektur lässt sich in verschiedene Perioden unterteilen, die von der Gunst der herrschenden Hauptstadt geprägt waren. Am besten sind die Besonderheiten einer Periode an den unterschiedlichen *chedi*-Formen (Stupa) und den speziellen Merkmalen der Buddha-Statuen – Gesichtszüge, Verzierungen auf dem Kopf, Gewand und Stellung der Füße bei der Meditation – erkennbar.

Zeitgenössische Kunst

Die Übertragung traditioneller Themen auf die säkulare Leinwand begann Anfang des 20. Jhs., als sich westliche Einflüsse in der Region ausbreiteten. Im Allgemeinen gibt die thailändische Malerei dem Abstrakten den Vorzug vor dem Realismus und hält an der eindimensionalen Perspektive der traditionellen Wandgemälde fest. In der thailändischen Kunst gibt es zwei Haupttrends: die Aktualisierung religiöser Themen und ironisch-sozialkritische Arbeiten. Bei einigen Künstlern gehen diese beiden Trends ineinander über.

Der in Italien geborene Corrado Feroci wird oft als Vater der modernen thailändischen Kunst bezeichnet. 1923 wurde er von Rama VI. nach Thailand eingeladen und baute das Demokratiedenkmal und andere Denkmäler in der Stadt.

In den 1970er-Jahren widmeten sich thailändische Künstler mit abstraktem Expressionismus der Modernisierung buddhistischer Themen. Zu den bedeutendsten Arbeiten gehören der farbenfrohe Surrealismus von Pichai Nirand und die mystischen Bleistift- und Federzeichnungen von Thawan Duchanee. Der auch international bekannte Montien Boonma benutzt für seine Installationen Bestandteile des buddhistischen Verdienstesammelns wie Blattgold, Glocken und Kerzenwachs.

Politisch motivierte Kunst bildet eine Parallelbewegung der thailändischen zeitgenössischen Kunst. In Thailands sich rapide industrialisierender Gesellschaft mussten viele Künstler mit ansehen, wie auf Reisfeldern Fabriken entstanden, wie die Wälder zu Asphalt wurden und wie die Erträge in die Taschen derjenigen wanderten, die die richtigen politischen Verbindungen hatten. Manit Sriwanichpoom ist vor allem für seine Reihe *Pink Man on Tour* bekannt, in der er den Künstler Sompong Thawee in einem rosafarbenen Anzug mit rosafarbenem Einkaufswagen zwischen den bekanntesten Attraktionen Thailands zeigt. Der forsche Künstler und Lyriker Vasan Sitthiket, Absolvent des College of Fine Art in Bangkok, ist noch unverhohlener und setzt auf Kontroversen, während er mit Mixed-Media-Installationen die Ausbeutung und Korruption anklagt. Seine oft aussagekräftigen Arbeiten sind in Thailand verboten und werden als landesverräterisch verdammt.

In den 1990er-Jahren gab es Bestrebungen, die Kunst aus den Museen heraus in den öffentlichen Raum zu tragen. Navin Rawanchaikul begann in seiner Heimatstadt Chiang Mai mit seinem Gemeinschaftsprojekt „Kunst in die Straßen" und zog dann weiter nach Bangkok, wo er Taxis mit Kunstinstallationen ausstattete und damit ganz wörtlich die Kunst auf die Straßen brachte. Seine anderen Arbeiten sind Wortspiele, z. B. das Mixed-Media-Werk *We Are the Children of Rice (Wine)* von 2002 und sein episches Gemälde mit dem Titel *Super (M)art Bangkok Survivors* von 2004, in dem er seiner Wut gegen die Kommerzialisierung der Museen freien Lauf ließ.

Nachwuchskünstler nutzen die unterschiedlichsten Medien für ihre eher introspektiven Arbeiten. So versucht Maitree Siriboon mit Collagen und Fotos seine persönliche Identität, Sexualität und Transformation zu erklären. Die 1979 geborene thailändisch-japanische Künstlerin Yuree Kensaku erschafft allegorische, manchmal surreale cartoonartige Gemälde mit lebhaften Bezügen zur Popkultur.

Die thailändische Bildhauerei wird mit buddhistischen Statuen in Verbindung gebracht und gilt als stärkste der zeitgenössischen Künste. Beeinflusst von seinem Lehrer Henry Moore schuf der Bildhauer Khien Yimsiri elegante menschliche und mythische Bronzefiguren. Manop Su-

Top-Kunstbücher

- *The Thai House* (Ruethai Chaichongrak; 2002)
- *The Arts of Thailand* (Steve Van Beek; 1998)
- *Flavours: Thai Contemporary Art* (Steven Pettifor; 2005)
- *Bangkok Design: Thai Ideas in Textiles and Furniture* (Brian Mertens; 2006)
- *Buddhist Temples of Thailand* (Joe Cummings; 2010)

REGIONALES KUNSTHANDWERK

Thailand blickt auf eine lange Tradition des Kunsthandwerks zurück, das sich oft von Region zu Region und sogar von Dorf zu Dorf unterscheidet. Zu den thailändischen Töpferarbeiten gehören u. a. die grünlichen Seladon-Waren, die aus rotem Lehm gefertigten Tongefäße von Dan Kwian und die *ben-jà-rong*-Keramik im „Fünf-Farben-Stil" mit aufwendigen, bunten Glasuren auf weißem Porzellan aus Zentralthailand. Das ursprünglich ausschließlich nur für den Königshof hergestellte *ben-jà-rong*-Porzellan basiert auf chinesischen Mustern, Seladon hingegen ist thailändischen Ursprungs.

Aufgrund des Einflusses birmanischer Kunsthandwerker herrscht in Nordthailand eine lange Tradition zur Herstellung von Lackkunst, die eindeutig den verschiedenen Regionen zugeordnet werden kann.

Jede Region Thailands hat ihren eigenen Stil in der Seidenweberei. In alten Zeiten dürften die Webstoffe in etwa denselben Zweck erfüllt haben wie unsere heutigen Visitenkarten. An ihnen ließen sich Stammeszugehörigkeit und manchmal auch der Familienstand ablesen. Auch heute noch wird in den Dörfern die Tradition des Webens fortgesetzt, doch sind die Muster geografisch weniger spezifisch.

ITMAN_47 / SHUTTERSTOCK ©

Oben Demokratiedenkmal, Bangkok

Unten Traditionell-thailändische Musiker

Khön-Darstellerin

wanpinta verleiht der menschlichen Anatomie fantastische Formen, die oft auch technologische Aspekte enthalten, etwa aufklappbare Gesichter, die einen leblosen Inhalt enthüllen. Kamin Lertchaiprasert erforscht mit seinen Skulpturen spirituelle und Alltagsthemen. Seine Installation *Ngern Nang* (Sitzendes Geld), entstanden zwischen 2004 und 2006, zeigt eine Reihe von Figuren aus Banknoten (die von der Nationalbank ausgemustert wurden) mit poetischen Auslassungen über das Leben und die Liebe.

Während des vergangenen zehn Jahre, die politisch oft unruhig verliefen, verarbeiteten Künstler ihre persönlichen Erfahrungen in Multimedia-Installationen. Darstellungen von Panzern, Waffen, von Gewalt und Protest wurden miteinander verwoben, um Empörung, Trauer, Angst und sogar Apathie auszudrücken. Im Jahr 2012 schuf Vasan Sitthiket mit seiner Reihe *Hypocrisy* (Scheinheiligkeit) eine Sammlung farbenfroher, aber chaotischer Collagen. Chulayarnnons Siriphols Kurzfilm *A Brief History of Memory* (2010) erzählt von den Erfahrungen einer Frau mit gewalttätigen Straßenprotesten.

In den vergangenen Jahren hat sich das Gefühl verstärkt, dass Kunst sich aus rein intellektuellen, politischen oder sogar künstlerischen Kreisen hinaus in den Mainstream bewegt. Die Zahl der Galerien in Bangkok und anderswo hat enorm zugenommen. Im Jahr 2017 wurde Kamin Lertchaiprasert gebeten, Kunst zu schaffen, die die Züge des Skytrain/BTS-Netzes in Bangkok schmücken soll. Zudem bereitet sich Thailand auf seine erste Biennale, die Bangkok Art Biennale 2018, vor.

Musik

In Thailand trifft man auf eine reiche Vielfalt musikalischer Genres und Stile – von ruhiger Hofmusik als Begleitung klassischen Tanztheaters bis hin zu dröhnenden House-Beats in den Clubs.

Die in ihrer Funktion einem Xylophone ähnlichen Gongs des *kórng wong yài*

Thai-Hits

Auf Deungdutjai (http://deungdutjai.com) gibt's thailändische Pop-Hits mit thailändischen und übersetzten oder transkribierten Texten.

Klassische Musik

Das klassische Orchester, das *pèe pâht,* wurde ursprünglich zur Begleitung des klassischen Tanz- und Schattentheaters entwickelt. Heute kann man einfache Aufführungen aber auch bei Tempelfesten und an Touristenattraktionen erleben. Das Ensemble besteht aus fünf bis 20 Musikern, die vor jedem Auftritt der *đà·pohn* (oder *thon*), der doppelseitigen Handtrommel, die dem ganzen Ensemble das Tempo vorgibt, Räucherkerzen und Blumen darbieten.

Die thailändische Standardtonleiter unterteilt die Achttonoktave in sieben Ganztonintervalle ohne Halbtöne. Thailändische Tonleitern wurden erstmals von dem thailändisch-deutschen Komponisten Peter Veit (auch unter dem thailändischen Namen Phra Chen Duriyang bekannt) niedergeschrieben, der 1932 Thailands Nationalhymne komponierte.

Lôok Tûng & Mŏr Lam

Das sich am besten verkaufende Genre der modernen thailändischen Musik ist das aus den 1940er-Jahren stammende *lôok tûng* (wörtl. „Kinder der Felder"). Grob vergleichbar mit der Country- und Westernmusik in den US spricht diese Musikrichtung vor allem die thailändische Arbeiterklasse an. Traditionell handeln diese Lieder von verlorener Liebe, tragischem frühem Tod und den harten Lebensbedingungen der Bauern. Der traurige Gesangstil reicht von sentimental bis gequält. Oft werden die Sänger von Tänzerinnen im Las-Vegas-Stil begleitet.

Mŏr lam ist der thailändische Blues. Diese Volkstradition ist im Nordosten Thailands und in Laos tief verwurzelt. Die Lieder werden auf der *kaan* gespielt, einem Blasinstrument mit einer Doppelreihe von bambusartigen Röhren in einem Resonanzkörper aus Hartholz. Der älteste Stil ist hauptsächlich noch bei Dorfversammlungen zu hören und zeichnet sich durch einen einfachen, aber durchdringenden Bass-Rhythmus aus. Oft wird dazu im Isan-Dialekt gesungen. Da die Lieder häufig von unerwiderter Liebe und den Härten des Lebens handeln, hat sich *mŏr lam* in Elektro-Pop-Versionen und mit einer ernsthaft-albernen Seite auch bei der jüngeren Generation durchgesetzt.

Als Wirtschaftsmigranten aus allen Teilen des Landes nach Bangkok kamen, verschmolzen die beiden Genres miteinander und mit anderen Musikformen, was zur gegenseitigen Befruchtung beitrug. So singen die Interpreten heute, oft begleitet von Dance-Rhythmen, z. B. über das Leiden in der Stadt, über die Arbeit in der Fabrik oder auch über das Schicksal, zu dick zu sein.

Thailands berühmteste *lôok-tûng*-Sängerin war Pumpuang Duangjan, die 1992 im Alter von gerade mal 30 Jahren starb. Um sie zu ehren, finanzierte das Königshaus ihre Einäscherung und einen großen Schrein im Wat Thapkradan in Suphanburi. Siriporn Ampaipong führte mit ihrer rauen Stimme die Tradition weiter und ist noch immer sehr beliebt. Die neuen *lôok-tûng*-Prinzessinnen sind Yingli Sijumpon aus Buriram und Baitei R. Siam, die zum Sexy-Pop übergewechselt ist. Auch Pai Pongraton und Tai Orathai sind Publikumslieblinge. Auu Jeerawat hat dieses Genre akustisch aufgemischt.

Thailändischer Rock & Pop

In den 1970er-Jahren schwappte der politische Folk-Rock – von den Thais *pleng pêu·a chee·wít* (Lieder fürs Leben) genannt – aus den USA und Europa ins Land. Der bald vor allem mit der thailändischen Band Caravan assoziierte Stil steht für eine bedeutende Veränderung der zeitgenössischen thailändischen Musik, in der politische und ökologische Themen die üblichen Liebesgeschichten verdrängten. Während der autoritären Diktatur in den 1970er-Jahren waren viele der Caravan-Songs offiziell verboten. Ein weiterer langjähriger Vertreter dieser Musikrichtung ist Carabao, der mit seiner Mischung aus Rock und Heavy Metal eine ganze Generation von Nachahmern hervorbrachte.

Thailands boomender Teenie-Pop – manchmal auch nur T-Pop genannt – kam in den 1970er- und 1980er-Jahren auf. Hier dreht sich alles um Künstler, die aufgrund ihres guten Aussehens ausgesucht wurden, was oft bedeutet, dass sie halb Thai, halb *fa·ràng* sind und englische Namen haben. Thailands King of Pop ist Thongchai „Bird" Mcintyre (auch Pi Bird genannt). Sein erstes Album erschien 1986, und seitdem folgte fast jedes Jahr eine neue Platte. Mit seiner Mischung aus Elton Georges Durchhaltevermögen und dem Image als „netter Junge von nebenan" ist er vor allem bei den 30- bis 40-jährigen Thais sehr beliebt. Ein potenzieller Thronfolger ist Channakan Rattana-udom (Atom), ein Singer-Songwriter, der eine Reihe Hits vorzuweisen hat. Aktuelle Popstars setzen auf kräftige Dance-Beats oder widmen sich schmachtenden Herzen – die Charts werden entsprechend entweder von Balladen oder

Thailand-Playlist

- *That Song* (Modern Dog)
- *The Sound of Siam: Leftfield Luk Thung, Jazz & Molam in Thailand 1964–1975* (Soundway Records Compilation)
- *Made in Thailand* (Carabao)
- *Best* (Pumpuang Duangjan)
- *I Wanna Be Your Dog* (Futon)
- *Still Resisting* (Thaitanium)

TRADITIONELLE MUSIKINSTRUMENTE

Ъèe – hohes Holzblasinstrument, das oft bei Thai-Boxkämpfen zu hören ist

rá·nâht èhk – Schlaginstrument aus Bambus, das einem Xylophon ähnelt

kórng wong yài – in einem Halbkreis angeordnete Klangstäbe

đà·pohn (thon) – eine doppelte Schlagtrommel

Ъĭn – viersaitiges Instrument, das wie eine Gitarre gezupft wird

sor – schlankes Streichinstrument mit einer Kokosnussschale als Klangkörper

klòo·i – hölzerne Flöte

extrem Tanzbarem angeführt. Auch die aufstrebende Rap-Szene gewinnt zunehmend an Popularität.

Die 1990er-Jahre waren die Geburtsstunde einer alternativen Popszene – des Indie-Pop. Vorreiter war hier vor allem die unabhängige Plattenfirma Bakery Music. In der Hochphase des Indie-Pop begleitete Modern Dog, eine Band aus vier Absolventen der Chulalongkorn University, eine ganze Generation durch ihren musikalischen Reifeprozess. Eine weitere erfolgreiche Indie-Band war Loso (abgeleitet von *low society* – im Gegensatz zu *hi-so* bzw. Promis), die Carabaos Vorliebe für thailändische volkstümliche Melodien und Rhythmen noch einmal aufgepeppt hat. Im neuen Jahrtausend sind diese Bands auf der Classic-Rock-Schiene gelandet, während das Label Bakery Music inzwischen von einem Konzern aufgekauft wurde.

Die Alternativszene lebt in unterschiedlichen Formen weiter: als Lounge Pop, Garage Rock, Shoegazing oder Electronica. Ihre Protagonisten ändern sich fortwährend, neue Underground-Bands gelingt der Durchbruch – um sich dann, sobald ihre Mitglieder sich in Solokarrieren versuchen, etwas später wieder abzuschaffen. In den 2000er-Jahren schaffte es die aus Khon Kaen stammende Band Tattoo Colour dank eines kleinen Indie-Labels, mehrere Hits zu landen. Mit einer prägnanten Version von Iggy Pops *I Wanna Be Your Dog* läutete 2003 die Electro-Rock-Band Futon ihre Ankunft ein (deren Mitglieder sich später auf Solokarrieren konzentrierten). Die Band Endorphine um die süße Da (die später ebenfalls solo weitermachte), sorgte um die Jahrtausendwende mit ihren Hits fast zehn Jahre lang für Wohlfühlmusik. Die Hip-Hop-Band Thaitanium rappt seit der Jahrtausendwende.

In den vergangenen Jahren gab es eine zunehmend wahrnehmbare Abkehr von gitarrenbasiertem Rock hin zu elektronischer Musik, wobei Künstler wie Clokue, Morg, Koichi Shimizu und Gorn Clw für ihre Sounds mit Lob bedacht wurden.

Theater & Tanz

Thailands hohe Künste sind im Niedergang, seit sich der Palast von einer klösterlichen Gemeinschaft entfernt hat. Einige der bedrohten Kunstformen konnten jedoch gerettet und für die wachsende Touristengemeinde wiederbelebt werden. Volkstraditionen sind zwar weiter verbreitet, aber die Zeit des Dorftheaters ist längst vorbei.

Thailands berühmtestes Tanztheater ist das traditionelle Maskenspiel *kŏhn*, das auf dem *Ramakian* basiert, der thailändischen Version des indischen *Ramayana*. Die Geschichte handelt von Prinz Ramas Suche nach seiner geliebten Prinzessin Sita, die von dem zehnköpfigen bösen Dämon Ravana entführt und auf die Insel Lanka verschleppt wurde. Die Tänzer tragen kunstvolle Kostüme und einige der Charaktere Masken.

Jede Region hat ihren eigenen traditionellen Tanzstil, der bei Tempelfesten und Umzügen aufgeführt wird. Gelegentlich treten in Tempeln auch Schreintänzer auf, die von Gläubigen für eine Darbietung angeheuert werden. Schulkinder nehmen oft Tanzstunden im traditionellen thailändischen Tanz.

Das am häufigsten bei buddhistischen Festen vertretene *lí·gair* ist eine grelle, laute Theaterform, die vermutlich auf Bühnenrituale zurückgeht, die mit arabischen und malaiischen Händlern nach Südthailand kamen. Es ist eine teilweise improvisierte, bunte Mischung aus folkloristischer und klassischer Musik, ausgefallenen Kostümen, Melodrama, Slapstick-Comedy, sexuellen Anspielungen und topaktuellen Kommentaren.

Puppentheater war bei Königen und Untertanen gleichermaßen beliebt. Beim *lá·kon lék* (kleinen Theater) wurden Marionetten unterschiedlicher Größe für Aufführungen am Hof ähnlich wie beim *kŏhn*

Thailändisches Schattentheater

benutzt. Zwei bis drei Puppenspieler waren jeweils notwendig, um die metergroßen Puppen, die mit Drähten an langen Stäben befestigt waren, zu bewegen. Die Geschichten stammen meist aus thailändischen Volkssagen, vor allem aus dem *Phra Aphaimani,* gelegentlich auch aus dem *Ramakian.*

Das Schattenspiel, bei dem in nächtlichen Vorführungen zweidimensionale Figuren zwischen einer Leinwand und einer Lichtquelle bewegt werden, ist in Südostasien seit vielleicht schon fünf Jahrhunderten Tradition. Es kam mit nahöstlichen Händlern auf die Malaiische Halbinsel und ist in Thailand vor allem im Süden zu finden. Wie in Malaysia und Indonesien werden die Schattenspielfiguren auch in Thailand aus getrockneter Büffel- oder Kuhhaut *(năng)* hergestellt. Heute liegt die Hauptstadt des Schattenspiels in Nakhon Si Thammarat, wo es regelmäßig Vorführungen bei Festen gibt. Das Schattenspiel ist eine sterbende Kunstform, aber die Schattenspielfiguren sind heute beliebte Touristensouvenirs.

Kino

Im thailändischen Filmgeschäft gibt es zwei parallele Strömungen: finanziell erfolgreiche und cineastisch wertvolle Filme. Beides überschneidet sich so gut wie nie. Die zunehmende Verbreitung von Online-Streamingdiensten hat das einst florierende neue thailändische Kino verändert, ermöglicht allerdings gleichzeitig Kurzfilmern Zugang zu einem größeren Publikum.

Das populäre thailändische Kino boomte in den 1960er- und 1970er-Jahren, vor allem als der Staat eine Steuer auf Hollywood-Importe erhob und so für einen Wachstumsschub der heimischen Kinobranche sorgte. Die meisten Filme waren billige Actionstreifen mit Titeln wie *nám nôw* (Stinkendes Wasser), aber die unrealistischen (ja sogar unsinnigen) Sto-

KICK THE MACHINE: FILME VON APICHATPONG WEERASETHAKUL

Der unabhängige Filmregisseur Apichatpong Weerasethakul stammt aus Bangkok und wurde 2010 für seinen Film *Uncle Boonmee erinnert sich an seine früheren Leben* in Cannes mit der Goldenen Palme ausgezeichnet. Er hat es sich zum Prinzip gemacht, zur Verteidigung seiner Kunst keine Kontroversen zu scheuen. Das *enfant terrible* der thailändischen Filmemacher war Mitbegründer der Free Thai Cinema Movement, einer Widerstandsbewegung gegen das Gesetz von 2007, nach dem Filme vor dem Kinostart einer einstufenden Bewertung unterzogen werden müssen. Dieses Gesetz ermutigte die Zensoren, Kürzungen an Weerasethakuls Film *Syndromes and a Century* zu verlangen. Deshalb erklärt er jetzt, dass er eine Veröffentlichung seines neuesten Spielfilms *Cemetery of Splendour* (2015) in Thailand wegen der Zensur nicht wünsche. Der Film handelt von einer Gruppe von Soldaten, die in einer Klinik wegen einer mysteriösen Schlafkrankheit behandelt werden – das wurde weithin als eine Metapher für Thailands nicht funktionierendes politisches System verstanden.

Der Regisseur thai-chinesischer Abkunft hat viele Kurzfilme, Spielfilme und Installationen geschaffen. Internationale Aufmerksamkeit erlangte er 2002 mit seiner erotischen Romanze *Blissfully Yours*, für die er im gleichen Jahr bei den Filmfestspielen in Cannes den Prix Un Certain Regard erhielt, und zwei Jahre später mit seinem Film *Tropical Malady*, der, obwohl er sehr unterschiedlich aufgenommen wurde, den Jurypreis in Cannes einheimste. Weerasethakul widmet sich in seinen stets von seiner Firma Kick the Machine produzierten Filmen vor allem privaten und sozialen Themen, die oft hypnotisch, träumerisch und manchmal sogar surrealistisch mit viel Hintersinn aufbereitet werden.

Thailändische Filmklassiker

- *6ixtynin9* (1997)
- *Yam Yasothon* (2005)
- *Ruang Rak Noi Nid Mahasan (Leben nach dem Tod in Bangkok*; 2003)
- *Fah Talai Jone (Tears of the Black Tiger*; 2000)
- *Mekhong Sipha Kham Deuan Sip-et (Mekong Full Moon Party*; 2002)
- *Uncle Boonmee erinnert sich an seine früheren Leben* (2010)

rys und die prächtigen Farben hinterließen einen bleibenden Eindruck bei den thailändischen Filmemachern von heute.

Um die Jahrtausendwende schaffte das thailändische Kino den Sprung auf die internationalen Leinwände. Teilweise ist das dem Regisseur und Drehbuchautor Pen-Ek Ratanaruang, der am Pratt Institute studierte, und seinen wirklichkeitsnahen, fesselnden Filmen wie *Leben nach dem Tod in Bangkok* (2003) zu verdanken. Apichatpong Weerasethakul (s. oben), Thailands führender Regisseur des Cinèma vérité, hat bereits drei Preise in Cannes erhalten, darunter die Goldene Palme (die höchste Auszeichnung der Filmfestspiele) für seinen Film *Uncle Boonmee erinnert sich an seine früheren Leben* (2010).

Der moderne Alltag mit seinen unzähligen Problemen und Herausforderungen ist Thema vieler aktueller thailändischer Filme. Nawapol Thamrongrattanarit erntete viel Applaus für sein Drehbuch zu *Bangkok Traffic Love Story* (2009) über eine moderne, junge Frau in der Stadt. Sein Debüt als Regisseur feierte er 2012 mit dem Film *36*, in dem in 36 statischen Kameraeinstellungen die Themen verlorene Liebe und verlorene Erinnerungen behandelt werden. Sein *Mary is Happy, Mary is Happy* (2013) war ein Filmfestivalhit; für den Film adaptierte Thamrongrattanarit die Twitter-Feeds einer jungen Thailänderin. Im Jahr 2016 gab es mehrere koreanisch-thailändische Projekte, darunter *So Very, Very* (Park Jae-wook) und *Mein Bruder, der Held* (Josh Kim), die für eine neue pan-asiatische Zusammenarbeit stehen. Der zumal unter jungen Filmemachern besonders geschätzte Film *The Blue Hour* (2015) von Anucha Boonyawatana verbindet eine Coming-Out-Geschichte mit magischem Realismus.

Festivalfilme profitieren auch von unabhängigen Filmclubs und Online-Streaming-Anbietern. Auf diese Weise umgehen Low-Budget-Filmemacher die großen Studios, die stets wachsamen Zensoren und die ängstlichen, kontroversenscheuen Filmtheater. Zensiert zu werden klingt vielleicht wie das Aus für einen Film, doch oft befeuert gerade das den Indie-Erfolg und den Kultstatus. 2013 fühlten sich die Zensoren gleich bei zwei politischen Dokumentarfilmen zum Eingreifen bemüßigt: In Pen-Eks historischem Film *Paradoxocracy* mussten kritische Dialoge ausgeblendet werden. Nontawat Numbenchapols *Boundary* wurde anfangs sogar ganz verboten; das Verbot wurde aber nach einem Widerspruch aufgehoben. 2015 wurde der thailändische Horrorfilm *Arbat* verboten, weil er „unangebrachtes Fehlverhalten" thailändischer Mönche zeige, was als Beleidigung des Buddhismus gewertet wurde.

Die großen Studios mögen Geistergeschichten, Horrorstreifen, historische Epen, kitschige Liebesgeschichten und überdrehte Komödien. Aufwendige Historienschinken erfüllen gleich zwei Dienste: Sie bringen in der Regel Geld ein und sie fördern die nationale Identität. Die als Propaganda kritisierte Spielfilmreihe *King Naresuan – Der Herrscher von Siam* dreht sich um den König aus der Ayuthaya-Ära, der eine Invasion der Birmanen abwehrte. Jeder Teil – bislang gibt es fünf davon – war ein Riesenerfolg an den Kinokassen.

In jüngster Zeit, womöglich in Reaktion auf die das Land regierende Militärdiktatur, widmet sich eine zunehmende Anzahl Filme sozialen und politischen Themen. So folgt Pimpaka Towiras *The Island Funeral* (2016) einer muslimischen Frau auf der Reise durch das konfliktgeplagte Pattani. Anocha Suwichakornpongs *By the Time it Gets Dark* (2016) erzählt von den Auswirkungen des Massakers im Jahr 1976 an der Thammasat-Universität auf das Leben zweier Studenten.

Literatur

Das geschriebene Wort hat in Thailand eine lange Tradition, die bis ins 11. oder 12. Jh. zurückzuverfolgen ist, als das erste thailändische Schriftstück mithilfe des älteren Mon-Alphabets erstellt wurde. Das 30 000 Zeilen lange *Phra Aphaimani* wurde vom Dichter Sunthorn Phu Ende des 18. Jhs. geschrieben und ist das bekannteste Werk der klassischen Literatur Thailands. Wie viele seiner epischen Vorgänger auf der ganzen Welt erzählt es die Geschichte eines verbannten Prinzen, der erst eine Odyssee mit Liebeshändel und Kampfhandlungen hinter sich bringen muss, bevor er siegreich in sein Königreich zurückkehren kann.

In der gesamten klassischen Thai-Literatur ist jedoch kein anderes Werk so präsent und derart einflussreich in der thailändischen Kultur wie das *Ramakian*. Sein indischer Vorläufer, das *Ramayana*, kam vor 900 Jahren mit den Khmer nach Thailand und tauchte erstmals auf Steinreliefs am Prasat Hin Phimai und anderen Angkor-Tempeln im Nordosten auf. Schließlich entwickelten die Thais ihre eigene Version des Epos, die zum ersten Mal während der Regentschaft Rama I. (reg. 1782–1809) niedergeschrieben wurde. Sie umfasst 60 000 Strophen und ist um ein Viertel länger als das Original in Sanskrit.

Zwar blieben die Hauptthemen die gleichen, doch schmückten die Thais das *Ramayana* mit zahlreichen biografischen Details über den Erzbösewicht Ravana (im *Ramakian* Thotsakan oder „zehnhalsig" genannt) und seine Frau Montho aus. Hanuman, der Affengott, unterscheidet sich im thailändischen Epos erheblich durch seinen koketten Charakter (in der Hindu-Version folgt er strikt seinem Keuschheitsgelübde). Eines der klassischen *Ramakian*-Reliefs in Bangkoks Wat Pho zeigt Hanuman, wie er die entblößte Brust eines jungen Mädchens wie einen Apfel umfasst.

Top-Werke

- *The Lioness in Bloom: Modern Thai Fiction about Women* (übersetzt von Susan Fulop Kepner; 1996)
- *Four Reigns* (Kukrit Pramoj; 1991)
- *Der Jadereiter* (John Burdett; 2013)
- *Fieldwork: A Novel* (Mischa Berlinski; 2007)
- Bangkok Bound (Ellen Boccuzzi; 2012)

Natur & Umwelt

Thailand misst von seiner Nordspitze bis zum Südende 1650 km – eine Strecke, die 16 Breitengrade und eine Vielzahl von Ökozonen umfasst und das Land in ökologischer Hinsicht zu einem der vielfältigsten in Südostasien macht.

Geografie

Thailands seltsame Form wird oft mit einem Elefantenkopf verglichen: Der Rüssel ist die Malaiische Halbinsel, den Rest des Kopfes bilden die Berge im Norden. Von oben angefangen, wird Nordthailand von der Dawna-Tenasserim-Gebirgskette dominiert, einem Südostausläufer des Himalajas. In der Region Zentralthailand wird die Topografie flacher und besteht hauptsächlich aus weiten Ebenen mit Reisfeldern, die von verehrten Flüssen gespeist werden. Thailands ehrwürdigster Fluss ist der Chao Phraya, den die nördlichen Zuflüsse des Ping, Wang, Yom und Nan bilden – eine Abstammungslinie, die es locker mit jedem Aristokraten aufnehmen kann. Die frühen Königreiche des Landes entstanden rund um das Gebiet des Chao Phraya, das auch heute noch der Sitz der Monarchie ist. Das Flussdelta wird die meiste Zeit des Jahres bewirtschaftet.

Zahlen & Fakten

Mit einer Fläche von 514 000 km² ist Thailand etwas größer als Spanien.

Bangkok liegt auf dem 14 Grad nördlicher Breite auf einer Höhe mit Chennai (Madras), Manila, Guatemala-Stadt und Khartum.

Thailands Umrisse im Norden und Nordosten folgen einem weiteren imposanten Wasserlauf: dem Mekong. Von seiner Quelle im Hochland von Tibet fließt er als Láncāng Jiāng zunächst durch die chinesische Provinz Yúnnán und bahnt sich dann seinen Weg durch Myanmar, Laos, Thailand, Kambodscha und Vietnam ins Südchinesische Meer. In geografischer Hinsicht trennt der Mekong Thailand zwar von seinen Nachbarländern, kulturell gesehen verbindet er sie aber. Der Strom wird für die Energieerzeugung genutzt, und sein Pegel steigt und sinkt je nach saisonaler Niederschlagsmenge. In der Trockenzeit pflanzen die Bauern Gemüse in den sumpfigen Flussauen an und holen die Ernte ein, bevor der Fluss sich sein Territorium wieder zurückholt.

Die Landschaft an der Nordostgrenze Thailands wird vom trockenen Khorat-Plateau dominiert, das sich 300 m über die zentralen Ebenen erhebt. Es ist ein karger Landstrich, in dem es nur selten regnet, der Boden völlig „blutleer" ist und der rote Staub mit derselben Hartnäckigkeit, mit der die alten Großmütter ihre Betelnüsse kauen, an allem kleben bleibt.

Der durch sechs Länder fließende Mekong macht dem Amazonas in Bezug auf Artenvielfalt Konkurrenz und beherbergt bedrohte und neu entdeckte Arten wie den Khorat-Großmaulfrosch, der mit seinen Fangzähnen Beute schnappt.

Die Flüsse im Osten des Königreichs fließen in den Golf von Thailand, ein flaches Becken neben dem Südchinesischen Meer. Der warme, sanfte Golf bietet ideale Bedingungen für Korallen. Weiter im Süden erstreckt sich die Malaiische Halbinsel, eine lange, rüsselförmige Landmasse. Auf der Westseite liegt die Andamanensee, eine Tropenlandschaft mit blauem Gewässer und Kalksteininseln. An Land ist die Halbinsel von den verbliebenen Regenwaldresten und den Kautschuk- und Palmölplantagen geprägt, die sich immer weiter ausbreiten.

Einheimische Tierarten: Fantastische Vielfalt

Im nördlichen Teil Thailands werden die meisten einheimischen Spezies zoologisch als indochinesisch klassifiziert, d.h. sie stammen ursprünglich vom asiatischen Festland. Die Arten aus dem Süden gehören dagegen zur sundaischen Klasse, die auf der Malaiischen Halbinsel, auf Sumatra, Borneo und Java vorkommt. In einem Überschneidungsbereich haben Tiere beider Klassen ihre Heimat. Dieser Bereich beginnt in Uthai Thani und erstreckt sich bis in den Süden der Golfregion bei Prachuap Khiri Khan.

In Thailand leben vor allem sehr viele Vögel. Mehr als 1000 ziehende und nicht ziehende Arten wurden hier verzeichnet – das sind etwa 10 % aller Vogelarten weltweit. Die kühlen Berge im Norden sind Heimat von Berg- und Zugvögeln wie Fliegenschnäpper und Drosselarten, die sonst nur im Himalaja vorkommen; die trockenen Wälder im Khao Yai National Park im Nordosten werden von Nashornvögeln bewohnt; Sumpfvögel bevorzugen die Feuchtgebiete der Zentralregion, und sundaische Arten wie die Pittas lieben das nassere Klima im südlichen Landesteil.

Thailand beheimatet fünf Makakenarten, vier Spezies der kleineren Schlankaffen und drei Arten Gibbons. Auch wenn Affen genau wie andere einheimische Arten vom Verlust ihres Lebensraums bedroht sind, überleben diese Tiere manchmal, indem sie sich vom Menschen ein wenig (oder auch ein wenig mehr) domestizieren lassen. Die langarmigen Gibbons wurden früher in ländlichen Dörfern gemeinsam mit den Kindern aufgezogen, und Makaken trifft man in kleinen, bewaldeten Fleckchen oder unbenutzten Tempeln. Zu den weiteren Bewohnern der Schutzgebiete und Nationalparks Thailands gehören der Gaur und das Banteng (Rinderarten), der Serau (eine asiatische Ziege), der Sambar-Hirsch, das Muntjak, das Hirschferkel und der Tapir.

Sechs Giftschlangenarten gibt es im Land: die Gemeine Kobra, die Königskobra, die Krait, die gewöhnliche Bambusotter, die Malaien-Mokassinotter und die Kettenviper. Die relativ seltene Königskobra kann zwar bis zu 6 m lang werden, die größte Schlange des Landes aber ist der Python, eine Würgeschlange, die 10 m (!) Länge erreicht.

Unter den vielen Eidechsenarten findet man zwei Gattungen: den *đúk·gaa*, einen Gecko, der am frühen Abend seinen Namen „hustet", und den *jîng·jòk*, eine muntere Eidechse, die an Decken und Wänden Käfer jagt. In einigen Wäldern des Südens lebt auch der wie ein Mini-Dino aussehende Schwarze Raunackenwaran.

Die Meere sind Heimat für Hunderte Korallenarten. Die von diesen winzigen Lebewesen geschaffenen Riffe bieten wiederum Fischen, Scha-

ILLEGALER WILDTIERHANDEL

Auch Thailand hat das UN-Artenschutzabkommen (*Convention on International Trade in Endangered Species*; Cites) unterschrieben, aber das Land ist nach wie vor eine wichtige Transportverbindung und ein zentraler Handelsplatz des weltweiten Wildtierhandels, des drittgrößten Schwarzmarkts nach Drogen- und Waffenhandel. Bedrohte Tiere oder Teile von Tieren werden in den örtlichen Wäldern gewildert oder aus Nachbarländern auf dem Weg zu den lukrativen Märkten in China oder den USA auch durch Thailand geschmuggelt.

Obwohl das Land ernsthafter als seine Nachbarn versucht, diesen Handel zu stoppen, behindern Korruption und unzulängliche Gesetze die Strafverfolgung. Die thailändische Gesetzgebung erlaubt den Handel mit in Gefangenschaft gezüchteten Wildtieren, angeblich, um die wild lebenden Populationen zu entlasten. Das erweist sich besonders bei Elefanten als Problem. Kriminelle Banden stehlen Jungtiere aus wild lebenden Herden oder schmuggeln sie über die Grenze nach Birma, und fälschen dann die Papiere, um den Anschein zu erwecken, es handele sich um das Baby einer in Gefangenschaft lebenden Mutter. Auf diese Weise kann das Tier „legal" an Elefanten-Camps (S. 804) verkauft werden.

lentieren und winzigen Wirbellosen ideale Lebensbedingungen. Hier findet man z.B. einige der kleinsten Fische der Welt (die 1 cm lange Zwerggrundel) und den größten Knorpelfisch (den 12 m langen Walhai), zudem Riffbewohner wie den Clownfisch, den Papageifisch sowie Lippfische, Kaiserfische, Drücker- und Feuerfische; im tieferen Wasser sind Zackenbarsche, Barracudas, Haie, Mantarochen, Marline und Thunfische zu Hause. Auch auf Schildkröten, Wale und Delfine kann man treffen.

Der Western Forest Complex im Nordosten Thailands umfasst ca. 18 000 km² und 17 Schutzgebiete und gilt mit den hier lebenden 500 Tigern und anderen bedrohten Arten als Paradebeispiel für natürliche Lebensräume.

Bedrohte Tierarten

Thailands berühmteste Tiere sind auch die am stärksten gefährdeten. Der Asiatische Elefant, der kleinere Verwandte des afrikanischen Elefanten, durchstreifte einst in großen Herden die Wälder von Indochina. Doch wilde Elefanten sind wegen des Verlusts ihrer Lebensräume und aufgrund von Wilderei vom Aussterben bedroht. Laut Statistiken des Thai Elephant Conservation Center leben in Thailand heute nur noch ca. 2000 bis 3000 Elefanten in freier Wildbahn.

Scheue Tiger bejagen das Hinterland zwischen Thailand und Myanmar, doch es werden von Jahr zu Jahr weniger. Genaue Zahlen sind schwer zu ermitteln, doch Experten schätzen, dass in Thailand nur noch etwa 200 Exemplare existieren. Obwohl Tigerjagd und -fang verboten sind, töten Wilderer die Raubkatzen weiterhin für Abnehmer im Ausland.

Der seltene Dugong (auch Seekuh genannt), ein pflanzenfressendes Meeressäugetier, das in Thailand einst als ausgestorben galt, wiegt bis zu 1000 kg und lebt in einigen kleinen Gebieten um Trang herum. Auch diese Tiere leiden zunehmend unter Lebensraumverlust – und unter den tödlichen Propellern der Touristenboote.

Wälder & Flora

Thailands Dschungel lassen sich in zwei Waldtypen gliedern: Monsunwald (mit einer ausgeprägten Trockenzeit von mindestens drei Monaten) und Regenwald (in dem in über neun Monaten im Jahr Regen fällt). Die am dichtesten bewaldeten Provinzen sind Chiang Mai und Kanchanaburi.

Die Monsunwälder im nördlichen Teil des Landes bestehen aus Laubbäumen, die während der Regenzeit saftig grün sind, in der Trockenzeit jedoch staubig und kahl. Teakbäume gehören zu den wertvollsten Bäumen des Monsunwaldes. Ihre Abholzung ist seit 1989 verboten.

Meeresparks

- *Ko Tarutao*
- *Mu Ko Chang*
- *Mu Ko Surin Islands & Similan Islands*

In Südthailand, wo die Niederschläge reichlich und gleichmäßig über das ganze Jahr verteilt sind, werden die Wälder als Regenwald klassifiziert, aber vereinzelt sind auch Monsunwaldgebiete zu finden. Eine wirklich bemerkenswerte Pflanze in einigen südlichen Wäldern ist die *Rafflesia kerrii*, eine niedrig wachsende Pflanze mit riesiger Blüte, die einen Durchmesser von bis zu 80 cm haben kann.

Thailand ist Heimat von fast 75 Küstenmangrovenarten, kleinen, salztoleranten Bäumen, die zahlreichen Fisch- und anderen Tierarten an der Küste als Brutstätte dienen. Wiederaufforstungsprogramme in den Mangrovengebieten haben dank der Tatsache, dass die Bäume während des Tsunamis in Asien im Jahr 2004 einen wichtigen Schutz darstellten, an Popularität gewonnen.

Orchideen sind die exquisitesten einheimischen Pflanzen Thailands. Es gibt über 1100 einheimische Arten, und ihre Lebensräume sind vielfältig: Einige sind Bodengewächse, während andere hoch oben in den Bäumen wachsen.

Umweltprobleme

Küstenerosion & Überfischung

Laut dem Department of Mineral Resources verliert Thailand jedes Jahr 5 m seiner Küstenlinie, was auch teilweise auf die Küstenbebauung (Anlegestege, Hafendämme, Hotels und Straßen am Meeresufer), absinkende Landmassen (aufgrund von Grundwasserschwund) und den Anstieg des Meeresspiegels zurückzuführen ist. Genaue Daten zur Wasserqualität entlang der Küste fehlen zwar, aber Experten geben zu, dass die Kläranlagen mit der wachsenden Bevölkerung in diesen Regionen nicht mehr mithalten können und industrielle Abwässer oft nicht ausreichend gereinigt werden.

Der mit dem El-Niño-Phänomen im Zusammenhang stehende Anstieg der Meerestemperaturen ist eine weitere Belastung für Thailands Meeresökosysteme und, wegen der daraus resultierenden Bleiche und des Absterbens der Korallen, insbesondere für die artenreichen Riffe. Wegen der Korallenbleiche sperrte die thailändische Regierung im Jahr 2016 mehr als zehn Tauchgebiete. Zwischen 40 und 80 % der Riffe an der Golf- und Andamanenküste waren betroffen. Ein ähnliches mit El Niño zusammenhängendes Ereignis gab es im Jahr 2010. Basierend auf einem Umweltbericht der Weltbank aus dem Jahr 2006 wird geschätzt, dass etwa 50 % der thailändischen Korallenriffe als hochgefährdet einzustufen sind, was das Vorhandensein eines überproportional hohen Anteils toter Korallen nahelegt.

Die Meere sind ein Aktivposten der thailändischen Wirtschaft. Allerdings verzeichnet die Fischerei einen Rückgang des Fangs, weil die Fischbestände zusehends schwinden. Die Branche steht zudem wegen ihrer ausbeuterischen Arbeitspraktiken in der Kritik, im Raum steht der Verdacht auf Sklaven- und Kinderarbeit.

Abholzung

Der Weltbank zufolge waren 2016 etwa 32 % des Landes mit natürlichen Waldflächen bedeckt (im Vergleich zu 53,5 % im Jahr 1961). Der rapide Rückgang der Waldflächen stand in direktem Zusammenhang mit der Industrialisierung, der Verstädterung und der kommerziellen Abholzung. Der Verlust von Waldflächen hat sich seit der Jahrtausendwende auf etwa 0,6 % pro Jahr verlangsamt und der Waldbestand insgesamt hat sich verbessert – 1990 waren nur noch 27,4 % des Landes von Wald bedeckt.

Die thailändische Regierung hat seit den 1970er-Jahren zahlreiche Schutzgebiete geschaffen und es sich zum Ziel gesetzt, die Waldfläche des Landes bis zur Mitte dieses Jahrhunderts auf 40 % auszuweiten. 1989 wurde jegliche Art der Abholzung in Thailand nach verheerenden Erdrutschen in der Provinz Surat Thani, die ganze Dörfer unter sich begruben und über 100 Menschen das Leben kosteten, verboten. Heute ist es in ganz Thailand illegal, Bäume zu fällen, aber das Gesetz wird häufig missachtet.

Naturforscher sind sich darüber einig, dass die größte Bedrohung für die Flora und Fauna Thailands weder die Jagd noch der illegale Wildtierhandel ist, sondern der Verlust des Lebensraums. Zu den in Thailand praktisch bereits ausgestorbenen Arten gehören Koupreys (eine Wildrindart), Schomburgk-Hirsche und Java-Nashörner.

Ein Bericht im Jahr 2015 über die Luftqualität ergab, dass die Gegebenheiten in Bangkok besser sind als die in Washington, D.C., und San Francisco.

Energieverbrauch

Durch den zunehmenden Wohlstand seiner Bürger wird der Oxford Business Group zufolge der Energieverbrauch in Thailand in den nächsten Jahrzehnten um 75% ansteigen. Thailand versucht, seine Energieversorgung und -produktion auszubauen und zu diversifizieren, indem verstärkt Öl- und Gasreserven oder alternative Energiequellen – dazu gehört auch Atomstrom – erschlossen werden. Derzeit werden drei Viertel des thailändischen Energiebedarfs mit Erdgas gedeckt. Die meisten der bekannten Öl- und Gasfelder liegen im Golf von Thailand im Gebiet des sogenannten Pattani Trough. Zusammen mit Kambodscha arbeitet

Thailand zudem an der Erschließung der Ressourcen im nördlichen Golf von Thailand nahe der thailändisch-kambodschanischen Grenze.

Thailand stellt auch Biokraftstoffe her, darunter Ethanol aus Zuckerrüben und Maniok sowie Biodiesel aus Palmöl. Die Stromerzeugung, die Landwirtschaft und die Industrie verursachen den größten Teil der Treibhausgasemissionen des Landes. Während der Energiesektor zur Ankurbelung der Wirtschaft nach zusätzlichen Treibstoffen sucht, erhielt das Land Gelder der Weltbank zur Einrichtung eines nationalen CO_2-Emissionsrechtehandels mit verbindlichen Quoten.

Thailand will die Produktion erneuerbarer Energien verstärken, doch der Militärputsch hat diesbezügliche Entwicklungen in den hierfür wesentlichen Industrien zum Stillstand gebracht. Im Jahr 2011 ging in Lopburi der erste große Solarpark ans Netz und versorgt seitdem 70 000 Haushalte mit Strom.

Überflutung

Saisonale Überflutungen gehören in einigen Teilen Thailands aufgrund der Monsunregenfälle zur Normalität. Aber inzwischen gibt es nahezu jedes Jahr neue Höchstwasserstände. Die Rekordfluten von 2011 waren die schlimmsten, die Thailand je erlebt hatte. Tropische Stürme brachten Regenfälle im Überfluss, die fast drei Monate lang zu Überflutungen führten, welche sich gegenseitig verstärkten. Von den 77 Provinzen Thailands wurden 65 zu Katastrophengebieten erklärt, es gab 815 Tote und Sachschäden in Höhe von geschätzten 45,7 Mrd. US$ – eine der bis dahin kostspieligsten Naturkatastrophen weltweit.

Die Überflutung 2011 übertrumpfte damit die Rekordflut vom Vorjahr, als die Regenzeit erst mit Verspätung einsetzte und die Wasserreservoirs in der Provinz Nakhon Ratchasima von ausgetrockneten Gruben in überspülte Katastrophengebiete verwandelte. 2010 starben 177 Menschen, die anschließenden Katastrophenhilfemaßnahmen dauerten mehrere Monate an. Weitere Rekordfluten ereigneten sich 2006, als 46 Provinzen hauptsächlich im Norden betroffen waren, sowie 2008 entlang des Mekong.

Viele Umweltexperten machen die von Menschen zerstörten natürlichen Flutbarrieren, veränderte Wasserläufe und die Abholzung dafür verantwortlich. Die zunehmenden Überschwemmungen am Mekong werden oft mit Bauprojekten stromaufwärts in Verbindung gebracht, wo Dämme errichtet und Stromschnellen beseitigt werden, um die Schifffahrt zu erleichtern. Auch die wachsende Zahl von Menschen entlang des Flusses gilt als Ursache, da die Menschen immer weiter in bewaldete Überschwemmungs- und Feuchtgebiete eindringen. Eine weitere immer wichtigere Rolle bei den zunehmenden Regenfällen spielt natürlich auch der Klimawandel.

Praktische Informationen

Verantwortungsbewusst reisen

ETIKETTE

Der Monarchie und der Religion (die eng miteinander verbunden sind) wird in Thailand ein Höchstmaß an Achtung entgegengebracht. Aus Furcht, jemanden zu kränken, oder – schlimmer noch – wegen Missachtung der sehr strengen Gesetze des Landes wegen Majestätsbeleidigung ins Gefängnis zu wandern, vermeiden es die Thais strikt, die königliche Familie zu kritisieren oder zu verunglimpfen.

Bilder und Statuen des Buddha gelten als heilig. Daher gehört es sich absolut nicht, albern vor einer Buddha-Figur für ein Foto zu posieren oder gar darauf herumzuklettern, auch nicht in Tempelruinen. Die Thais bezeugen jeder Buddha-Statue, auch wenn sie noch so armselig ist, ihren Respekt mit dem *wâi*-Gruß, bei dem die Hände wie zum Gebet aneinandergelegt werden. Da die Mönche in Askese leben, dürfen sie Frauen weder berühren noch von ihnen berührt werden. Wenn eine Frau einem Mönch etwas geben möchte, stellt sie es in Reichweite des Mönchs ab oder platziert es auf seinem „Empfangstuch".

Aus religiösen Gründen betrachten die Thais den Kopf als höchsten und heiligsten Teil des menschlichen Körpers, während die Füße als niedrigste und schmutzigste Körperteile gelten. Dabei haben viele „Fußtabus" durchaus einen praktischen Sinn, denn traditionell essen, schlafen und leben die Thais auf dem Fußboden ihrer Wohnungen, in denen so gut wie keine Möbel stehen. Um die Wohnung und den „Esstisch" sauber zu halten, gilt für Füße (und Schuhe) eine Vielzahl von Regeln und Vorschriften.

Als Zeichen des Respekts, aber auch aus hygienischen Gründen, werden in Privatwohnungen und Tempeln grundsätzlich keine Schuhe getragen. Wer es wie die Thais machen möchte, schleudert jeden Schuh in einer einzigen, flüssigen Bewegung weg und verwandelt seine Schnürschuhe in praktischere Slipper. Man sollte auch niemals *auf*, sondern immer *über* die Türschwelle treten, denn dort lebt nach allgemeinem Glauben der „Geist" des Hauses. Wenn in Bussen und 3.-Klasse-Zügen die Thais dennoch manchmal die Füße hochlegen, ist das zwar nicht die feine englische Art, aber zumindest ziehen sie vorher immer ihre Schuhe aus. Dies gilt auch, wenn sie auf einem Stuhl oder Sitz stehen.

Thais berühren einander auch niemals am Kopf oder wuscheln sich gegenseitig als Zeichen der Zuneigung durch die Haare. Berühren sich junge Leute dennoch gegenseitig am Kopf, so handelt es sich um eine Neckerei unter Freunden.

Gesellschaftliche Konventionen & Gestik

Der traditionelle thailändische Gruß ist der *wâi*, bei dem die Handflächen wie zum Gebet aneinandergelegt werden. Wie tief man sich dabei verbeugt und wie hoch die Hände gehalten werden, ist abhängig vom Status der Person, die gerade gegrüßt wird. Kinder werden von Erwachsenen nicht mit dem *wâi* gegrüßt, ebensowenig das Servicepersonal, wenn es gerade „im Dienst" ist, wobei dies aber im eigenen Ermessen liegt.

In den traditionelleren Regionen Thailands gelten Berührungen zwischen Menschen unterschiedlichen Geschlechts, sei es von Liebespärchen oder Freunden, als unschicklich. Selbst Händchenhalten ist außerhalb der großen Städte wie Bangkok völlig undenkbar. Dagegen sind Berührungen unter Frauen bzw. Männern durchaus üblich: Sie gelten als Zeichen von Freundschaft, nicht von sexueller Anziehung. So wie sich gute Kumpels gegenseitig auf den Rücken klopfen, fassen ältere Thais jüngeren Männern häufig an den Oberschenkel. Thai-Frauen sind liebenswürdig zueinander, sie sitzen oft nah beisammen oder gehen Arm in Arm.

Im Allgemeinen legen die Thais großen Wert auf Sitt-

VERHALTENSREGELN

Auf jeden Fall!

Eine respektvolle Haltung einnehmen, wenn die Nationalhymne erklingt! Sie wird um 8 und 18 Uhr im Fernsehen und Radio sowie in öffentlichen Einrichtungen gespielt.

Aufstehen, wenn die Königshymne gespielt wird – im Kino vor jedem Film!

Immer nett lächeln. Macht alles einfacher.

Wer bei Thais zu Hause eingeladen ist, bringt ein Gastgeschenk mit. Hier bieten sich Obst, Getränke oder Snacks an. Blumen dienen in der Regel als Opfergaben, nicht zur Dekoration.

Die Schuhe ausziehen! In Wohnungen, Tempeln oder anderen Gebäuden stapeln sich Sandalen vor der Tür.

Den Kopf leicht senken, wenn man an Leuten, die eine Unterhaltung führen, oder an einem Mönch vorbeigeht. Dies gilt als ein Zeichen von Respekt.

Tempel in angemessener Bekleidung besuchen, d.h. Ellbogen und Knöchel bedecken und vor dem Betreten eines Gebäudes mit Buddha-Abbild immer die Schuhe ausziehen!

Die rechte Hand auszustrecken und mit der linken Hand den rechten Ellbogen zu umfassen gilt als höfliches Verhalten, wenn man einer anderen Person einen Gegenstand überreicht oder etwas entgegennimmt.

Abbildungen von Buddha oder Angehörigen des Königshauses mit Respekt begegnen – respektloses Verhalten kann ernsthafte Konsequenzen haben!

Wer sich in einem Tempel hinsetzt, sollte dies wie die „kleine Meerjungfrau" tun. Die geschlossenen Beine werden so angewinkelt, dass die Füße nicht auf ein Abbild Buddhas zeigen.

Bloß nicht!

Sich ein Buddha-Tattoo stechen lassen (oder ein schon bestehendes zeigen). Das gilt als Sakrileg.

Die Monarchie kritisieren. Die Königsfamilie wird sehr verehrt und ist zudem durch das Majestätsbeleidigungsgesetz geschützt – jetzt mehr denn je.

Füße auf den Tisch oder Stuhl legen. Die Füße gelten als unrein, und auf Stühlen sitzen die Menschen.

Auf einen am Boden liegenden Geldschein treten, damit er nicht wegfliegt. Auf den thailändischen Banknoten ist das Antlitz des Königs zu sehen. Füße + Monarchie = schweres Vergehen.

Über andere Personen oder ihre Habseligkeiten hinwegsteigen. Auweia – Angriff mit den Füßen!

Seine Schuhe außen an den Rucksack binden. Sie könnten versehentlich jemanden berühren. Eine Katastrophe!

Einen Thailänder am Kopf berühren. Das wirkt nicht etwa freundlich, sondern gilt als unhöflich.

Mönche und ihre Habseligkeiten berühren. Frauen sollten einen gebührenden Abstand halten, wenn sie an einem Mönch vorbeigehen, und sich außerdem in öffentlichen Verkehrsmitteln niemals neben sie setzen.

samkeit, nur bei den Jüngeren ändert sich dies ganz allmählich. Auch am Strand ist angemessene Bekleidung absolutes Muss. Mit Ausnahme der Stadtbewohner baden die Thais aus der Provinz immer in voller Montur. Deshalb sind hüllenloses Sonnenbaden und „oben ohne" völlig inakzeptabel und mancherorts auch verboten. Nicht vergessen, dass Badeanzüge nur am Strand die geeignete Bekleidung sind; etwas überziehen auf dem Weg vom Strand zum Hotel!

VERANTWORTUNGSBEWUSSTER TOURISMUS

Trotz der allgemein verbreiteten Vorurteile hat der Tourismus im Großen und Ganzen einen positiven Effekt auf die thailändische Wirtschaft, denn er schafft Arbeitsplätze für junge Leute und sorgt für gute Geschäfte bei den Unternehmern. Doch viele Reisende wollen nicht nur konsumieren – sie wollen ihr Geld möglichst dort ausgeben, wo es wirklich gebraucht wird, sei es für wohltätige Zwecke oder für Projekte, die dazu beitragen, die traditionelle Lebensweise der Menschen zu erhalten. Mit der Förderung des Kunsthandwerks in den Dörfern und der Homestay-Programme hat sich Thailand gut an diesen Trend angepasst. Leider sprechen die Initiativen eher thailändische als ausländische Besucher an. Doch immer öfter stehen kleine Tourismusprojekte auch Ausländern offen, die einen Einblick in die traditionelle Lebensweise gewinnen wollen.

Tauchen & Schnorcheln

Die thailändische Tauchindustrie stellt eine immense Gefahr für die empfindlichen Korallenriffe dar. Um dieses Ökosystem zu schützen und zu bewahren, sollten ein paar Regeln befolgt werden.

- Keine lebenden Meeresorganismen berühren, nicht auf Korallen treten oder Ausrüstungsgegenstände wie Flossen oder Ähnliches über die Riffe ziehen! Die Polypen der Korallen können schon bei der sanftesten Berührung zerstört werden.
- Im seichten Wasser des Korallenmeers keinen Sand aufwirbeln, da die empfindlichen Organismen des Riffs daran ersticken können!
- Mit Vorsicht in Unterwasserhöhlen tauchen, da sich die Luftblasen an der Decke sammeln können. Dadurch werden Organismen, die sich zuvor im Wasser befanden, plötzlich trockengelegt und sterben ab.
- Bei den von Tauchschulen unterstützten Aktionen zur Säuberung der Korallen mitmachen!
- Die Fische nicht füttern und auch nicht zulassen, dass der Tauchveranstalter Essensreste im Meer entsorgt.

Korrekte Begegnungen mit Elefanten

Elefanten wurden in Thailand schon immer wegen ihrer Stärke, Ausdauer und Intelligenz verehrt. Unter Aufsicht ihrer Mahuts schleppten sie Teakholzstämme aus dem Urwald, transportierten Güter durch unwegsames Gelände und zogen sogar in den Krieg.

Als dann viele der traditionellen Aufgaben der Elefanten von Maschinen übernommen oder gesetzlich verboten wurden, waren die grauen Riesen und ihre Betreuer plötzlich arbeitslos. Einige Mahuts verlegten sich aufs Betteln in den Straßen Bangkoks und anderen Touristenzentren, die meisten Elefanten kamen jedoch in der Tourismusbranche unter, wo sie diverse Arbeiten verrichten müssen: So geben sie u.a. zirkusartige Vorstellungen, lassen in sogenannten Elefantencamps Touristen auf sich reiten oder dienen in sogenannten Mahut-Kursen dem Amüsement von Touristen. Dickhäuter, die für ihre Besitzer keinen Profit mehr einbringen, verleben in Schutzgebieten und Rettungszentren einen bescheidenen Lebensabend.

Einen Elefanten artgerecht zu halten, kostet im Monat etwa 30 000 B (1000 US$); das entspricht dem Monatsgehalt eines Thailänders in der oberen Mittelschicht. In der Tourismusbranche gibt es zudem keine standardisierten bzw. gesetzlich geregelten Vorschriften zur Haltung von Elefanten. So liegt es in den Händen bewusster Konsumenten, die Branche dazu zu ermutigen, gute Lebensbedingungen für die Tiere zur Norm und nicht zur Ausnahme zu machen.

Für die Behauptung von Tierschützern, dass Elefantenritte und Shows den sanften Riesen schaden, liegen immer mehr Beweise vor. Oft werden sie regelrecht misshandelt, damit sie für das Publikum Kunststücke machen. Doch es gibt Hoffnung: Eine kleine, aber wachsende Zahl von Schutzgebieten bietet einen nachhaltigeren Umgang mit Elefanten an, z. B. Wanderungen in Begleitung von ausgemusterten oder geretteten Elefanten oder das Baden der Tiere.

Lonely Planet rät von Elefantenritten und -shows in Thailand ab. Touristen sollten zudem nicht auf angebliche Schutzzentren hereinfallen, die in Wirklichkeit Ritte bzw. Shows veranstalten.

Wandern zu den Bergdörfern

Obwohl die Bergvölker als ethnische Minderheiten am Rande der thailändischen Gesellschaft stehen, gehören sie zu den größten touristischen Attraktionen des Landes. Viele große und kleine Veranstalter organisieren Trekkingtouren (die Palette reicht von gemütlichen Spaziergängen bis hin zu richtigen Wanderungen) zu den Dörfern, um ihre Kultur und Lebensweise vorzustellen. Dabei ist nicht ganz klar, ob diese Touren in wirtschaftlicher Hinsicht dazu beitragen, die Armut der Bergvölker zu lindern, sodass sie ihre ethnische Identität bewahren können. Einigkeit besteht aber zumeist darin, dass ein kleiner Teil der Gewinne aus den Touren zu den Familien in den Dörfern gelangt und ihnen ein kleines Einkommen verschafft, sodass sie vielleicht nicht in die Städte abwandern.

Im Allgemeinen hat das Trekkinggeschäft in den letzten Jahrzehnten eine größere Sensibilität für die Bergvölker entwickelt. Die meisten Veranstalter beschränken jetzt die Anzahl der Besuche in einem bestimmten Gebiet, um den Einfluss von Außenstehenden auf den Alltag der Menschen im Dorf zu minimieren. Doch die Branche hat noch einen weiten Weg vor sich. So sind all diese Trekking-Unternehmen im Besitz von Thais, die wiederum nur Thai-Führer beschäftigen. Angehörige ethnischer Minderheiten haben praktisch keine Chance auf eine Anstellung, denn ohne thailändischen Personalausweis erhalten sie von der Tourist Authority of Thailand (TAT) keine Lizenz als Tourenführer.

Wanderer sollten sich bewusst sein, dass die ethnischen Minderheiten Thailands ihre eigene kulturelle Identität pflegen und viele an ihren animistischen Traditionen mit den damit verbundenen gesellschaftlichen Tabus und Konventionen festhalten. Wer im Rahmen einer organisierten Tour Dörfer der Bergvölker besuchen will, sollte seinen Reiseleiter fragen, welches Verhalten angemessen ist und welches nicht.

DIE BESTEN HOMESTAY-PROGRAMME

Muang Pon Homestay Program (☎084 485 5937; inkl. Frühstück & Abendessen 350 B/Übern.) Zauberhaftes Dorf in der Provinz Mae Hong Son, das einen tief in die Shan-Kultur eintauchen lässt.

Mae Kampong Homestay Program (☎089 559 4797; Zi. 600 B) Bei thailändischen Travellern am beliebtesten.

Bunloed's Huts (☎087 861 0601; www.bunloedhuts.jimdo.com; Bungalow EZ/DZ 300/360 B, ohne Bad 200/260 B, Zelt EZ/DZ 80/100 B, Gerichte 60–100 B; P 📶) Kombiniert Kultur- und Naturerlebnis nahe dem Phu Wua Wildlife Sanctuary.

Ban Na Ton Chan Homestay (☎089 885 1639; http://homestaynatonchan.blogspot.com; inkl. Frühstück & Mittagessen 700 B/Pers.) Neues Programm in diesem Bilderbuchdorf im Norden.

Dan Sai Homestay (☎042 892339, 086 862 4812; B 200 B, 2BZ & DZ 550 B; P) Übernachten bei freundlichen Einheimischen während des berühmten Dorffests.

FREIWILLIGENARBEIT

Es gibt unzählige Hilfsorganisationen in Thailand, die sich um bedürftige Einheimische kümmern und gern die Unterstützung von Besuchern annehmen. Eine regelmäßig aktualisierte Infoquelle für Freiwilligenjobs ist Volunteer Work Thailand (www.volunteerworkthailand.org). Allerdings sollte man bedenken, dass sich der sogenannte „Volontourismus" zu einem veritablen Geschäft entwickelt hat und nicht jede Organisation die Erwartungen erfüllt, mit denen sie Interessierte anlockt. Bevor man sich also für ein Projekt entscheidet, sollte man sich gründlich über die jeweilige Organisation informieren.

Humanitäre Arbeit & Unterricht

Wer sich ehrenamtlich engagieren möchte, findet in Nordthailand, insbesondere in Chiang Mai und Chiang Rai verschiedene Projekte zur Unterstützung benachteiligter Bergvölker. In Chiang Mai, Mae Sot und Sangkhlaburi gibt es Not leidende Gemeinden mit Flüchtlingen und Einwanderern aus Myanmar. Im Nordosten Thailands, dem landwirtschaftlichen Zentrum des Landes, gibt es ebenfalls viele Beschäftigungsmöglichkeiten für ehrenamtliche Lehrer.

Wer nach einem Freiwilligenjob sucht, sollte sich unbedingt im Vorfeld über das Tätigkeitsfeld der jeweiligen Organisation und – was vielleicht noch wichtiger ist – ihre Arbeitsweise informieren. Wird beim Bewerbungsgespräch nicht in erster Linie darauf eingegangen, welche Fähigkeiten der Bewerber mitbringt, und wie man diese zu Gunsten der Einheimischen am besten einsetzen könnte, sollten sofort alle Alarmglocken schrillen. Jede Organisation, die einem verspricht, man könne bei ihr arbeiten, was man will, wo man will und wie lange man will, wird wohl kaum in erster Linie die Bedürfnisse der Einheimischen im Auge haben.

Bei allen Organisationen, die mit Kindern arbeiten, sollte der Schutz der Kinder im Vordergrund stehen. Überprüft die Organisation vor der Anstellung angehende Mitarbeiter nicht gründlich, ist absolute Vorsicht geboten.

Die folgenden Organisationen sind verlässlich und/oder alteingesessen:

Baan Unrak (บ้านอุ่นรัก; www.baanunrak.org) 🍃 Das Heim mit Schule kümmert sich um mehr als 150 verwaiste oder ausgesetzte Kinder. Ungeachtet ihrer Religion werden die Kinder im neohumanistischen Sinn in vegetarischer Lebensweise (das gilt auch für die Freiwilligen für den Zeitraum ihres Aufenthalts), Meditation und universeller Liebe erzogen.

Cultural Canvas Thailand (www.culturalcanvas.com; Chiang Mai University) Vermittelt Freiwilligen Jobs im Norden Thailands in Lern- und Ausbildungszentren für Einwanderer sowie in künstlerischen und anderen Projekten für mehr soziale Gerechtigkeit.

Open Mind Projects (☎042 413578; www.openmindprojects.org) Vermittelt Freiwilligen Jobs überall in Thailand in der IT-Branche, im Gesundheitswesen, in der Bildung und im gemeindeorientierten Ökotourismus.

Starfish Ventures (www.starfish-adventure.com) Vermittelt Freiwilligen Jobs in der Baubranche, im Gesundheitswesen und in Bildungsprogrammen überall in Thailand.

Volunthai (www.volunthai.com) Das familienbetriebene Unternehmen setzt Freiwillige auf dem Land als Lehrer an Schulen ein und bringt sie in Gastfamilien unter.

Tier-, Natur- & Umweltschutz

Diverse NGOs betreiben in Thailand u. a. Naturschutzprojekte oder Auffangzentren bzw. Reservate für Wildtiere, die als Haustiere gehalten wurden. Mithelfen kann man vor Ort auch in Tierkliniken, die sich um zahme Hunde und Katzen kümmern.

Elephant Nature Park (Karte S. 332; ☎053 818754, 053 272850; www.elephantnaturepark.org; 1 Th Ratchamankha, Chiang Mai; 1-/2-tägige Touren 2500/5800 B) Das beliebte und gut geführte Elefantenreservat vermittelt siebentägige Engagements bei diversen Partnerorganisationen (z. B. beim Surin Project in der Region Isan oder beim Elephant Haven in Kanchanaburi).

Highland Farm Gibbon Sanctuary (☎081 727 1364; www.gibbonathighlandfarm.org; Mae Sot) Nimmt verwaiste, ausgesetzte und misshandelte Gibbons auf. Freiwillige müssen sich hier für einen Monat verpflichten und bei der Arbeit auf der Farm helfen.

Koh Chang Animal Project (Karte S. 502; ☎089 042 2347; www.kohchanganimalproject.org; Ban Khlong Son) Tierärzte und Tierarztpfleger auf Reisen kommen oft vorbei, um hier freiwillig zu arbeiten. Aber auch alle anderen können mithelfen. Telefonisch einen Termin vereinbaren!

Lanta Animal Welfare (Karte S. 718; ☎084 304 4331; www.lantaanimalwelfare.com; 629 Mu 2, Ban Phra Ae; Führungen gegen Spende; ⌚10–16 Uhr) Das Center auf Ko Lanta nimmt sowohl Besucher zum zwanglosen Hundeausführen als auch Langzeitfreiwillige an.

Phuket Elephant Sanctuary (Karte S. 660; ☎094 990 3649; www.phuketelephantsanctuary.org; 100 Mu 2, Pa Klok am Hwy 4027; Erw./Kind 3000/1500 B; ⌚9.30–13 & 14–17.30 Uhr) Einwöchige Engagements für bis zu sechs Freiwillige auf einmal.

Samui Dog & Cat Rescue Centre (Karte S. 564; ☎081 893 9443; www.samuidog.org; Soi 3, Chaweng Beach Rd; ⌚9–18 Uhr) Das Center nimmt Geld- und Zeit-Spenden gerne an. Freiwillige werden in der Pflegeklinik in Ban Taling Ngam immer gebraucht (aber nicht in der kleineren Filiale in Hat Chaweng). Infos über die Freiwilligenjobs erhält man telefonisch, oder man schaut einfach vorbei. Die Anfahrtsbeschreibung findet man auf der Website.

Soi Dog (Karte S. 660; ☎081 788 4222; www.soidog.org; 167/9 Mu 4, Soi Mai Khao 10; Eintritt gegen Spende; ⌚Mo–Fr 9–12 & 13–15.30 Uhr, Führung 9.30, 11, 13.30 & 14.30 Uhr) In dem Center in Phuket können Besucher mit den Tieren spielen, die Hunde ausführen oder auch längere Zeit freiwillig arbeiten.

Trash Hero (www.trashhero.org) An elf bekannten Orten überall in Thailand führt diese Freiwilligenorganisation einmal die Woche Reinigungsaktionen durch.

Wild Animal Rescue Foundation (WARF; ☎02 712 9715; www.warthai.org) Betreibt in Thailand u. a. das Phuket Gibbon Rehabilitation Project, bei dem Freiwillige u. a. die Gehege säubern, die Gibbons füttern und die Spuren ausgewilderter Exemplare verfolgen.

Wildlife Friends Foundation Thailand Rescue Centre & Elephant Refuge (มูลนิธิเพื่อนสัตว์ป่า; ☎032 458135; www.wfft.org; Führungen mit Komplettzugang inkl. Mittagessen halber/ganzer Tag 1100/1800 B) Die hauseigene Tierauffangstation in Phetchaburi (45 km nordwestlich von Hua Hin) kümmert sich mithilfe von Freiwilligen um Malaienbären, Makaken, Gibbons und Elefanten.

Allgemeine Informationen

Arbeiten in Thailand

Thailand bietet zahllose Möglichkeiten, einen befristeten Job zu ergattern (vor allem als Englischlehrer bzw. -lehrerin). Wer hier legal arbeiten will, benötigt neben einem Non-Immigrant-Visum (S. 817) auch eine offizielle Arbeitsgenehmigung. Eine solche kann im Voraus bei den diplomatischen Vertretungen Thailands beantragt werden. Ajarn.com (www.ajarn.com) liefert extrem nützliche Hintergrundinfos zum Unterrichten vor Ort und betreibt sogar eine Online-Jobbörse.

Botschaften & Konsulate

Neben ihren Botschaften in Bangkok (s. unten) unterhalten einige Länder zusätzlich Konsulate in Chiang Mai, Pattaya, Phuket und Songkhla.

Deutschland (Karte S. 94; ☎02 287 9000; www.bangkok.diplo.de; 9 Th Sathon Tai/South; ⊙Mo–Fr 7.30–11.30 Uhr; Ⓜ Lumphini, Ausgang 2)

Kambodscha (Karte S. 78; ☎02 957 5851; 518/4 Soi Ramkhamhaeng 39, Th Pracha Uthit; ⊙Mo–Fr 8.30–12 & 14–17 Uhr; Ⓜ Phra Ram 9, Ausgang 3, dann Taxi) Hat auch ein Konsulat in Sa Kaew.

Laos (Karte S. 78; ☎02 539 6667; 502/1–3 Soi Sahakarnpramoon, Th Pracha Uthit/Soi Ramkhamhaeng 39; ⊙Mo–Fr 8–12 & 13–16 Uhr; Ⓜ Phra Ram 9, Ausgang 3, dann Taxi)

Malaysia (Karte S. 94; ☎02 629 6800; www.kln.gov.my/web/tha_bangkok/home; 33–35 Th Sathon Tai/South; ⊙Mo–Fr 8–16 Uhr; Ⓜ Lumphini, Ausgang 2) Verfügt zusätzlich über ein Konsulat in Songkhla.

Myanmar (Karte S. 102; ☎02 233 7250; www.myanmarembassybkk.com; 132 Th Sathon Neua/North; ⊙Mo–Fr 9–12 & 13–15 Uhr; Ⓢ Surasak, Ausgang 3)

Österreich (☎02 105 6710; www.bmeia.gv.at/oeb-bangkok/; No. 14 Soi Nantha-Mozart, Sathorn Soi 1, South Sathorn Rd, Thungmahamek, Sathorn)

Schweiz (☎02 674 6900; www.eda.admin.ch/countries/thailand/de/home/vertretungen/botschaft.html; 35 Th Witthayu Nuea/North Wireless Rd, Lumphini, Pathum Wan; ⊙Mo–Fr 9–11.30 Uhr)

Essen

Viele Ausländer zählen die lokale Küche zu den

PRAKTISCH & KONKRET

Maße & Gewichte Thailand verwendet das metrische System. Gold und Silber werden in *bàat* (15 g/Einheit) abgewogen.

Radio Landesweit sind über 400 Programme auf AM und FM verfügbar. Zudem sind viele kleinere Stationen und internationale Sender per Online-Stream empfangbar.

Rauchen Das Rauchen ist seit 2008 in Restaurants und Bars verboten.

TV Die sechs terrestrischen TV-Netzwerke Thailands werden durch internationales TrueVision-Kabelfernsehen und immer mehr digitale Kanäle ergänzt.

Zeitungen & Zeitschriften Unter den englischsprachigen Publikationen sind die *Bangkok Post* (www.bangkokpost.com), die wirtschaftslastige *Nation* (www.nationmultimedia.com) und die *KhaoSod English* (www.khaosodenglish.com), die als Parallelausgabe eines thailändischen Mainstream-Blattes erscheint. Zeitungsstände verkaufen auch Wochenmagazine wie *Economist* und *Time*.

PREISKATEGORIEN: ESSEN

Die folgenden Angaben gelten jeweils für ein normales Hauptgericht.

$ unter 150 B

$$ 150–350 B

$$$ über 350 B

Hauptargumenten für einen Thailand-Trip. Bemerkenswert ist aber auch die kulinarische Passion der Einheimischen: Diese lassen sich wie auch die Traveller von perfekten Nudeln oder berühmten Straßenständen in Verzückung versetzen. Das Kapitel *Essen & Trinken wie die Thais* (S. 43) informiert über die Spezialitäten der Landesküche.

Feiertage & Ferien

An den im Folgenden genannten Feiertagen haben thailändische Behörden und Banken geschlossen. Termine, die nach dem Mondkalender berechnet werden, variieren dabei jedes Jahr; über die genauen Daten informiert die Website der Tourism Authority of Thailand (TAT; www.tourismthailand.org/Events-and-Festivals) unter Events & Festivals.

1. Januar Neujahr

Februar (Datum variiert) Makha Bucha (buddhistisch)

6. April Chakri-Tag zum Gedenken an Rama I., den Gründer der Chakri-Dynastie

13.–15. April Songkran-Fest

1. Mai Tag der Arbeit

5. Mai Ehrentag der Königskrönung von Bhumibol und Sirikit (1950)

Mai/Juni (Datum variiert) Visakha Bucha (buddhistisch)

28. Juli Geburtstag von König Maha Vajiralongkorn

Juli/August (Datum variiert) Asanha Bucha (buddhistisch)

12. August Geburtstag von Königin Sirikit (Muttertag)

23. Oktober Chulalongkorn-Tag

5. Dezember Geburtstag des verstorbenen Königs Bhumibol (Vatertag)

10. Dezember Verfassungstag

31. Dezember Silvester

Fotos & Video

Bei Personenaufnahmen ist eine angemessene Zurückhaltung angebracht – soll heißen: Man sollte stets höflich auf Thai um Erlaubnis bitten (die Sätze rechtzeitig und richtig lernen!) und dann auf das verlegene Kopfnicken warten, bevor man fotografiert oder filmt! In regelmäßig besuchten Bergregionen verlangen Stammesangehörige oft Geld als Gegenleistung für Fotos. Die Angehörigen anderer Bergstämme erlauben es dagegen wiederum grundsätzlich nicht, dass Kameras auf sie gerichtet werden.

Frauen unterwegs

Weibliche Alleinreisende sehen sich in Thailand meist nur mit wenigen Problemen konfrontiert. Weit draußen auf dem Land, bei Tempelbesuchen und auf dem Weg zum/vom Strand sollten sich Touristinnen stets respektvoll verhüllen. Vor allem in Großstädten tragen die Thailänderinnen selbst aber alle möglichen Outfits. So können auch weibliche Traveller nun vielerorts kurze Röcke oder Tops mit Spaghettiträgern anziehen, ohne den örtlichen Sittsamkeitsanspruch herauszufordern.

Wie überall sonst auf der Welt können Übergriffe und Vergewaltigungen auch in Thailand vorkommen – vor allem, wenn die Täter „leichte Beute" in Form von alleinreisenden und/oder betrunkenen Frauen wittern. Auf dem Heimweg von Bars sollten Touristinnen ohne Begleitung ihre Sinne daher unbedingt noch beisammen haben! Weibliche Traveller tun außerdem gut daran, einsame Gegenden nie allein zu erkunden und niemals nachts bei irgendwelchen Fremden mitzufahren.

Bei Kontakten mit männlichen Einheimischen sollten Frauen immer die örtliche Etikette beachten: Damen ohne Interesse an romantischen Techtelmechteln sollten keinesfalls denken, dass männliche Thais hauptsächlich platonisch veranlagt sind. Wer leichtfertig flirtet und sich dann jemand anderem zuwendet, kann in thailändischen Männern unbeabsichtigt das Gefühl des Gesichtsverlustes auslösen – der Verschmähte wird dann eventuell unangenehm oder sogar gewalttätig (vor allem wenn er unter Alkoholeinfluss steht).

Freiwilligenarbeit

In Thailand gibt es viele hervorragende Organisationen, bei denen gemeinnützige Freiwilligenarbeit mit kulturellen Erlebnissen kombiniert wird. Die Online-Datenbank von Volunteer Work Thailand (www.volunteerworkthailand.org) führt entsprechende Möglichkeiten auf. In dem Kapitel *Verantwortungsbewusst reisen* (S. 802) findet man weitere Informationen zu ehrenamtlichen Engagements vor Ort.

Gefahren & Ärgernisse

Thailand ist allgemein ein recht sicheres Reiseziel. Dennoch sollten Traveller hier stets angemessene Vorsicht walten lassen – vor allem wenn sie Kontakt zu Fremden (Thais oder Ausländern) aufnehmen und/oder sich auf Solotrips begeben.

Abzocke

Thais können so freundlich und entspannt wirken, dass bei Ausländern mitunter schnell ein falsches Sicherheitsgefühl entsteht. Dies öffnet Abzocke aller Art dann Tür und Tor. Vor allem Bangkok ist bekannt für Betrugsmaschen (S. 162), bei denen sich falsche Freunde über längere Zeit hinweg das persönliche Vertrauen ihrer Opfer erschleichen und diese dann mit vermeintlichen Schnäppchen kräftig abzocken.

Von Fremden angebotene Hilfe beim Shoppen oder Sightseeing sollten Traveller grundsätzlich ignorieren: Andernfalls wird unweigerlich eine Provision fällig!

Diebstahl & Betrug

Auf persönliche Besitztümer sollte man besonders gut aufpassen. Daher unbedingt immer das Hotelzimmer gut abschließen und die wichtigsten Wertgegenstände (Reisepass, Bargeld, Kreditkarten) stets direkt am Körper tragen! Hotelsafes sind leider nicht in jedem Fall sicher.

Dieselben Vorsichtsmaßnahmen gelten auch unterwegs. Mit einem Schloss versehenes Gepäck schreckt Diebe in Fernreisebussen kaum ab.

Um nicht die ganze Reisekasse auf einen Schlag einzubüßen, sollten Kreditkartenzahlungen nie direkt aufs Bankkonto zugreifen. So wird Betrügern der ungehinderte Zugriff verwehrt.

Drogenbesitz

Trotz der scheinbar regellosen, lässigen Atmosphäre vor Ort sind jeglicher Besitz, Konsum, Kauf, Verkauf und Schmuggel von Drogen (u. a. Opium, Heroin, Kokain, Amphetamine, Marihuana, halluzinogene Pilze) in Thailand strengstens verboten. Bei Drogenbesitz, -konsum oder -handel müssen auch Ausländer mit sehr unangenehmen Konsequenzen und mindestens einem Jahr Gefängnis rechnen. Drogenschmuggel (offiziell „Grenzübertritt mit illegalen Betäubungsmitteln“) wird noch deutlich härter und eventuell sogar mit der Todesstrafe geahndet.

STAATLICHE REISEINFORMATIONEN

Staatliche Reise-Websites mit nützlichen Infos und aktuellen Warnhinweisen:

Deutschland (www.auswaertiges-amt.de/de/thailand sicherheit/201558)

Österreich (www.bmeia.gv.at/reise-aufenthalt/reise information/land/thailand/)

Schweiz (www.eda.admin.ch/countries/thailand/de/home.html)

Grenzgebiete

Da Thailand mittlerweile freundliche Beziehungen zu seinen Nachbarländern pflegt, ist der Personen- und Warenverkehr an den meisten Grenzübergängen uneingeschränkt möglich. Aufgrund anhaltender Ausschreitungen im äußersten Süden ist der Grenzübergang zwischen Sungai Kolok und Malaysia gefährlich. Gelegenheitsbesucher sollten zudem die meisten Provinzen mit muslimischer Bevölkerungsmehrheit (Yala, Pattani, Narathiwat und Songkhla) unbedingt meiden.

Zudem ist es auf jedem Fall ratsam, auf die jeweils aktuellen Reisewarnungen des Außenministeriums in der Heimat zu achten (s. oben).

Körperliche Angriffe

Körperliche Angriffe auf Traveller sind in Thailand zwar äußerst selten, können aber dennoch vorkommen. „Gesichtsverlust“ (z. B. durch öffentliche Bloßstellung oder Demütigung) kann Thais zu unerklärlich heftigen und gewalttätigen Reaktionen veranlassen. Nicht selten ist dabei auch Alkohol mit im Spiel.

Schlepper & Provisionshaie

Schlepper und Provisionshaie haben in Asien eine lange Tradition. In Thailand sind sie zwar nicht so zahlreich zu finden wie beispielsweise in Indien, treiben aber dennoch ihr Unwesen. In Bangkok werden Neuankömmlinge häufig von *túk-túk*-Fahrern oder anderen „neuen Freunden“ zu Stadttouren überredet. Diese enden fast immer in Seiden-, Schmuck- oder Kunsthandwerksläden mit einer extrem aggressiven Verkaufspolitik.

Schlepper bringen Traveller auch zu bestimmten Unterkünften und kassieren dafür von denen eine Provision. Reisebüros sind berüchtigt dafür, frisch eingetroffene Traveller so lange zu bequatschen, bis sie einer Übernachtung in überteuerten, ungünstig gelegenen Hotels zustimmen – und sie selbst dafür eine Provision einstecken.

Manche Reiseagenturen tarnen sich als Vertretungen der staatlichen Tourismusbehörde TAT (Tourism Authority of Thailand).

Geld

Thailands Währung ist der Baht (B). Ein Baht entspricht 100 Satang. Münzen gibt's zu 25 und 50 Satang sowie zu 1, 2, 5 und 10 B. Ältere Geldstücke sind nur auf Thai beschriftet, neuere zusätzlich mit arabischen Ziffern. Die 2-B-Münze ist genau so groß wie die 1-B-Variante, aber goldfarben. Satang-Münzen verwenden die Thais fast nur in Supermärkten, wo die Preise nicht auf den nächsten vollen Baht aufgerundet werden.

Die Geldscheine haben einen Wert von 20 (grün), 50 (blau), 100 (rot), 500 (violett) oder 1000 B (beige).

In Thailand gilt größtenteils „nur Bares ist Wahres": Nur im Spitzenklassebereich kann man hier eventuell mal mit einigen wenigen ausländischen Kreditkarten bezahlen.

Devisenbestimmungen

Barbeträge ab einem Wert von 20 000 US$ sind bei der Ein- und Ausreise stets dem Zoll zu melden. Offiziell müssen Ausländer außerdem ausreichende finanzielle Mittel für die gesamte Aufenthaltsdauer nachweisen können. Die genaue Höhe variiert je nach Visumtyp, liegt aber meist nicht über den veranschlagten Gesamtkosten für die Reise. Achtung: Obwohl ein solcher Nachweis in der Praxis nur sehr selten verlangt wird, können die Einwanderungsbeamten jederzeit darauf bestehen! Weitere Details zu diesem Thema liefert das **thailändische Außenministerium** (☎02 203 5000; www.mfa.go.th).

Geld wechseln

Banken und private Wechselstuben bieten normalerweise die besten Wechselkurse. Beim Umtausch in Baht sind US-Dollar die am häufigsten akzeptierte Währung (gefolgt vom britischen Pfund und dem Euro). Für das Einlösen von Reiseschecks verlangen die meisten Banken eine Provision und zusätzlich eine Bearbeitungsgebühr. Die aktuellen Wechselkurse sind jeweils am Devisenschalter angegeben.

Geldautomaten, Kredit- & Lastschriftkarten

Mit Bank- und Kreditkarten aus der Heimat kann man an Geldautomaten landesweit Bares vom eigenen Konto abheben (allerdings nur in Baht). Geldautomaten sind in ganz Thailand zu finden und eine verlässliche Quelle für Bargeld.

Allerdings berechnen die Banken, zu denen die Geräte gehören, für jede internationale Transaktion eine Gebühr von 200 B. Hinzu kommen dann noch die Umtausch- und Fremdnetz- bzw. Auslandsgebühren der eigenen Bank. Vor der Anreise nach Thailand empfiehlt es sich daher, ein spezielles Bankkonto zu eröffnen, mit dem Geldautomaten im Ausland kostenlos genutzt werden dürfen (inkl. Rückerstattung von Gebühren, die an Fremdgeräten anfallen).

In manchen Geschäften, Hotels und Restaurants kann man mit Kredit- und Bankkarten zahlen. Die am häufigsten akzeptierten Karten sind Visa und MasterCard. American Express wird meist nur in Hotels und Restaurants der Spitzenklasse angenommen.

Vor der Reise sollte man unbedingt seine Bank und das Kreditkartenunternehmen über den geplanten Auslandsaufenthalt informieren, um Kontosperrungen wegen verdächtiger Auslandsaktivitäten zu verhindern.

Steuern & Erstattungen

In Thailand wird auf viele Waren und Dienstleistungen eine Umsatzsteuer von 7 % erhoben. Hotels und Restaurants der Mittel- und der Spitzenklasse berechnen zusätzlich einen Serviceaufschlag von 10 %. Kombiniert tauchen die 17 % auf den Rechnungen als „Plus Plus" bzw. „++" auf.

Bei der Ausreise kann man sich die Umsatzsteuer auf Einkäufe, jedoch nicht die auf Lebensmittel oder Hotelübernachtungen, rückerstatten lassen. Wie man das anstellt, erfährt man unter www.rd.go.th.

Trinkgelder

Trinkgelder werden in Thailand zwar gern akzeptiert, aber nicht unbedingt erwartet. Eine gewisse Ausnahme bilden kleinere Beträge bei hohen Restaurantrechnungen, bei denen thailändische Gäste mitunter auf das Wechselgeld verzichten (beispielsweise 12 B bei einer Rechnung von 488 B und Bezahlung per 500-B-Schein). Doch mit echter Spendierlaune hat das nicht viel zu tun; vielmehr soll gezeigt werden: „Ich bin nicht so geldgierig, dass es mir auf jeden einzelnen Baht ankommt." Viele Hotelrestaurants und bessere Lokale erheben eine Servicegebühr (10 %) auf den Rechnungsbetrag.

Internetzugang

In Thailands Hotels, Pensionen und Cafés ist WLAN mittlerweile fast schon Standard. In den oberen Stockwerken von mehrstöckigen Gebäuden ist die Signalqualität aber meist schlechter. Für verlässliches Drahtlos-Surfen empfehlen sich daher Zimmer in der Nähe des bzw. eines Routers. Zudem werden auch Thailands internetfähige Mobilfunknetze immer größer und performanter.

Kinder

Kinder sind fast überall in Thailand herzlich willkommen und ernten hier kaum einmal ein verärgertes Augenrollen (wie es so oft im Westen der Fall ist). Das Kapitel *Reisen mit Kindern* (S. 60) liefert weitere Infos zu Familientrips vor Ort.

Klima

Bangkok

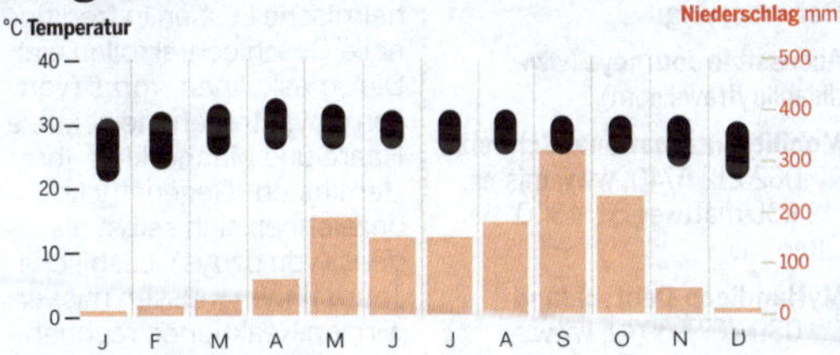

Chiang Mai

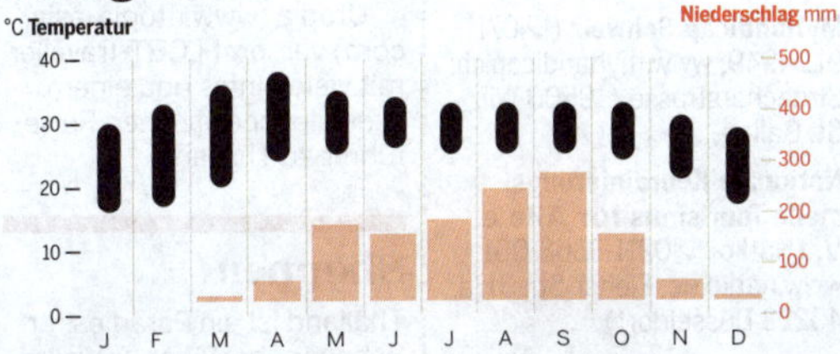

Phuket

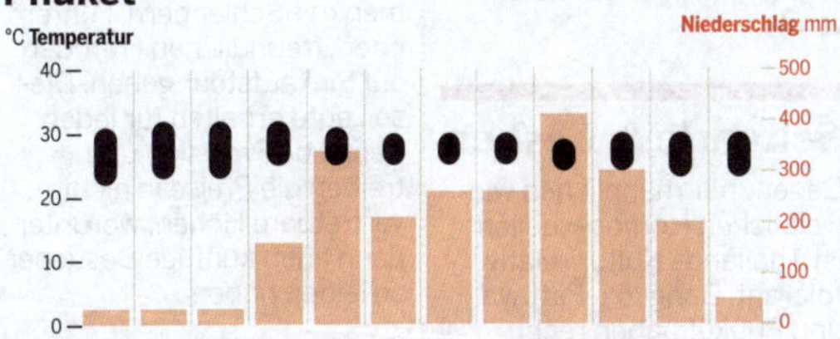

Öffnungszeiten

An allgemeinen Feiertagen sind Thailands öffentliche Behörden und Banken normalerweise nicht besetzt. Manche Bars bzw. Clubs haben während der Wahlperioden und an bestimmten Feiertagen, an denen Alkoholverbot herrscht, ganz geschlossen. Viele Bankfilialen in Einkaufszentren haben vergleichsweise längere Öffnungszeiten.

Banken 8.30–16.30 Uhr, Geldautomaten 24 Std.

Bars 18–24 oder 1 Uhr

Behörden Mo–Fr 8.30–16.30 Uhr (teilweise mit Mittagspause 12–13 Uhr)

Clubs 20–2 Uhr

Läden & Geschäfte 10–19 Uhr

Restaurants 8–22 Uhr

Post

Die thailändische Post arbeitet sehr effektiv und verlangt für Inlandssendungen nur wenig Porto. Die meisten Postfilialen auf dem Land sind werktags von 8.30 bis 16.30 Uhr und samstags von 9 bis 12 Uhr geöffnet. Die größeren Hauptfilialen in den Provinzhauptstädten haben teilweise auch den halben Sonntag geöffnet.

Die meisten Postfilialen in den Provinzen verkaufen Versandkartons. Achtung: Niemals Bargeld oder andere Wertsachen auf dem Postweg verschicken!

Der Service für postlagernde Sendungen funktioniert allgemein sehr zuverlässig, auch wenn nur wenige Traveller davon Gebrauch machen. Wer seine Post abholen möchte, muss seinen Reisepass vorlegen und etwas Papierkram erledigen.

Rechtsfragen

Thailands Polizei lässt Ausländer (vor allem Traveller) normalerweise in Ruhe. Die Beamten gehen einem meist aus dem Weg, um nicht Englisch mit Fremden sprechen zu müssen. Besonders bei Bagatellvergehen im Straßenverkehr drücken sie so auch einmal ein Auge zu. Jegliche Drogendelikte werden jedoch rigoros verfolgt. Achtung: Vor allem auf Thailands Inseln sehen manche Polizisten in Gesetzesverstößen von Ausländern mitunter eine Chance, sich mittels Schmiergeldforderung steuerfrei zu bereichern!

Wer wegen irgendeiner Straftat verhaftet wird, darf bei der eigenen Botschaft oder einem Konsulat in Thailand anrufen. Es gibt eine ganze Reihe von Gesetzen, die Dauer und Umstände der Inhaftierung regeln. Die Entscheidungsbefugnis liegt allerdings oft im Ermessen der Polizei. Im Falle von Ausländern fällt dies oft zugunsten des Inhaftierten aus. Trotzdem gilt, wie überall sonst auf der Welt: Wer Polizisten beleidigt oder ihnen anderweitig dumm kommt, macht die Sache nur noch schlimmer.

Das thailändische Gesetz kennt keine Unschuldsvermutung im engeren Sinn. Stattdessen werden Angeklagte als Verdächtige behandelt, über deren Schuld oder Unschuld vor Gericht entschieden wird. Die Prozesse werden meistens schnell in Angriff genommen.

Bei Verhaftungen kann die **Touristenpolizei** (☎24 Std. 1155) äußerst hilfreich sein. Die Beamten haben aber keinerlei Entscheidungsgewalt bei Fällen, die in den Zuständigkeitsbereich der regulären Polizei fallen. Dennoch kann die Touristenpolizei bei Verständigungsproblemen helfen und den Kontakt zur eigenen Botschaft erleichtern. Die Telefon-Hotline der Touristenpolizei nimmt alle möglichen Beschwerden und Notrufe entgegen.

Reisen mit Behinderung

Für Traveller mit körperlichem Handicap ist Thailand immer noch ein gigantischer Hindernisparcours. Das gilt vor allem für Thailands Städte mit ihren hohen Bordsteinen, holperigen Bürgersteigen und dem hektischen Verkehr. Viele Straßen in Bangkok können nur auf Fußgängerbrücken überquert werden, zu denen steile Treppen hinaufführen. Busse und Boote halten nur so kurz, dass selbst Menschen ohne Behinderung kaum ein- oder aussteigen können. Rampen oder andere Zugangsmöglichkeiten für Rollstuhlfahrer sind selten.

Einige teurere Spitzenklassehotels geben sich Mühe, den Zugang zu ihren Räumlichkeiten für Gäste mit Behinderungen zu erleichtern. Luxushotels, bei denen genügend Angestellte pro Gast tätig sind, empfehlen sich, weil hier das Personal helfen kann, Barrieren zu überwinden. Sonst ist man ziemlich auf sich allein gestellt.

Informationen gibt's im englischsprachigen *Accessible Travel Guide* von Lonely Planet, kostenlos downloadbar unter http://lptravel.to/accessibletravel. Weitere nützliche Adressen für allgemeine Infos zum Reisen mit Behinderung:

Accessible Journeys (www.disabilitytravel.com)

Mobility International Schweiz (☎062 212 6740; www.mis-ch.ch; Rötzmattweg 51, 4600 Olten)

MyHandicap Deutschland (☎089-7677-6970; www.myhandicap.de; Sperberstraße 23, 81827 München)

MyHandicap Schweiz (☎071 911 4949; www.myhandicap.ch; Sirnacherstrasse 1, 9500 Wil/St. Gallen)

Nationale Koordinierungsstelle Tourismus für Alle e. V. (Natko; ☎0211-3368-001; www.natko.de; Fleher Str. 317a, 40223 Düsseldorf)

Wheelchair Holidays @ Thailand (www.wheelchairtours.com)

Schwule & Lesben

Gegenüber männlichen wie weiblichen Homosexuellen ist Thailands Kultur relativ tolerant. Bangkok, Pattaya und Phuket haben recht bekannte LGBT-Szenen. In puncto Kleidung oder Verhalten werden Schwule und Lesben generell kommentarlos akzeptiert. Öffentliche Zärtlichkeitsbekundungen (egal ob homo- oder heterosexuell) sind jedoch strikt verpönt.

Allgemein ist Thailands Kultur immer noch recht konservativ geprägt. Eventuell deshalb fügen sich einheimische Lesben in traditionelle Geschlechterrollen ein: Die „maskulinen" *toms* (von Tomboys) tragen meist kurze Haare und Männerkluft. Ihre „femininen" Gegenstücke bezeichnen sich selbst als *dêes* (von Ladys). Lesbische Touristinnen müssen mit verwirrten Reaktionen rechnen, wenn sie nicht klar in eine der beiden Kategorien passen.

Utopia (www.utopia-asia.com) versorgt LGBT-Traveller mit vielen Infos und einem schwulenspezifischen Reiseführer zu Thailand.

Shoppen

Thailand ist ein Paradies für Schnäppchenjäger. Traveller sollten aber niemals zusammen mit Schleppern, Führern oder „freundlichen Fremden" auf Einkaufstour gehen. Diese Leute erhalten für jeden Kauf eine Provision und treiben die Preise in nicht vertretbare Höhen, worunter dann auch künftige Besucher zu leiden haben.

Antiquitäten

Authentische thailändische Antiquitäten werden immer rarer. Die meisten Händler verkaufen heutzutage Reproduktionen oder Stücke aus Myanmar. Bangkok und Chiang Mai sind die Zentren des Antiquitäten- bzw. Replikenhandels.

Die Ausfuhr echter Antiquitäten ist genehmigungspflichtig. Zudem dürfen alte und neue Buddha-Darstellungen nur mit Erlaubnis der thailändischen Kunstbehörde **Office of the National Museum** (Karte S. 84; ☎02 224 1370; National Museum, 4 Th Na Phra That, Bangkok; ⊙Di–Fr 9–16 Uhr; Chang Pier, Maharaj Pier, Phra Chan Tai Pier) exportiert werden.

Bekleidung

Bekleidung ist in Thailand zwar generell recht günstig,

FEILSCHEN

Thais respektieren gewiefte Feilscher. Man lässt immer den Verkäufer das erste Angebot machen und fragt dann, ob er mit dem Preis nicht etwas runtergehen könne. In der Regel gewährt er dann einen Nachlass. Jetzt macht man ein Gegenangebot. Immer mit einem niedrigen Angebot beginnen! Wer allerdings nicht wirklich an dem Kauf interessiert ist, sollte auch nicht anfangen zu feilschen. Wer von einem Artikel mehrere Exemplare kaufen will, hat einen größeren Spielraum und kann einen größeren Rabatt aushandeln. Auf jeden Fall ist es hilfreich, bei Preisverhandlungen immer entspannt und freundlich zu bleiben.

fällt als Stangenware für europäische Träger aber meist zu klein aus. Ebenso rar sind hier Schuhe für größere Füße. In Touristenhochburgen und großstädtischen Einkaufszentren sind jedoch zunehmend auch größere Konfektionsgrößen erhältlich. Auf vielen Märkten gibt's günstige Alltagskluft, und Bangkok ist landesweit führend in puncto Designermode. Wichtig: Umtauschen ist in Thailand unüblich – daher vor dem Verlassen eines Klamottenladens stets sichergehen, dass alles passt!

Thailändisch-indische Sikh-Familien sind seit jeher die Hauptträger von Thailands langer Schneidertradition. In dieser Branche sind Ramschware und provisionsgierige Abzocker aber keine Seltenheit. Vorsicht vor „Schnellschneidereien" mit Abholung am nächsten Tag: Solche Shops lassen in Sachen Material- und Fertigungsqualität sehr oft stark zu wünschen übrig. Am besten lässt man sich daher eine gute Schneiderei von langjährig vor Ort lebenden Ausländern empfehlen und absolviert dort zwei bis drei Anproben.

Edelsteine & Schmuck

Thailand ist führender Exporteur von Schmuck und Edelsteinen – nur Indien und Sri Lanka können da noch mithalten. Die nationalen Rohedelsteinvorkommen sind jedoch fast erschöpft. So werden in Thailand heute hauptsächlich importierte Steine (z. B. aus Myanmar, Sri Lanka) geschliffen, poliert und verkauft.

Landesweit gibt's jede Menge Edelstein- und Schmuckläden. Doch gleichzeitig leidet diese Branche inzwischen unter Fälschern und Abzockern – so vielen, dass man in Thailand nun nicht mehr sicher und angenehm Schmuck erwerben kann. Am besten nur gucken, nicht kaufen!

Gefälschte Produkte

Auf den Straßen von Bangkok, Chiang Mai und anderen Touristenhochburgen floriert der Schwarzmarkthandel mit gefälschten Designerwaren. Diese stammen teils auch aus China oder aus thailändischen Fabriken mit abgelaufener Herstellungslizenz. Niemand behauptet, dass es sich dabei um echte Markenware handelt – zumindest die Verkäufer nicht. Herstellung und Verkauf solcher Artikel sind in Thailand eigentlich offiziell verboten. Internationale Copyright-Schutzorganisationen üben immer wieder Druck auf die Regierung aus, den Produktfälschern das Handwerk zu legen. Doch zu Razzien kommt es nur gelegentlich bei Druck von oben – oder bei ausbleibenden Schmiergeldzahlungen der Händler. Diese praktizieren oft auch zwielichtige Verkaufsmaschen. Beispielsweise auf dem Patpong-Markt in Bangkok zeigen einem Einheimische mitunter Bilder von gefälschten Markenuhren, anhand derer man seine Wahl trifft. Dann heißt's vorab bezahlen und eine Weile auf den Händler warten, der die Uhr aus einem Versteck um die Ecke holt. Das klappt normalerweise wie vereinbart, dauert aber oft beunruhigend lange.

Keramik

Landesweit werden alle Arten von handgemachten Tonwaren (alt und neu) verkauft. In Bangkok gibt's massenhaft moderne Keramik, während Chiang Mai für althergebrachte Designs steht. Traditionell getöpfert wird heute z. B. noch in den Dörfern Ko Kret (Großraum Bangkok) und Dan Kwian (Provinz Nakhon Ratchasima).

Lackarbeiten

Chiang Mai ist bekannt für goldfarbene Lackarbeiten auf schwarzem Untergrund (u. a. Möbel, Ziergegenstände). Diese wurden einst traditionell aus Bambus und Teakholz hergestellt, sind aber heute oft aus Mangoholz. Stücke von höchster Qualität haben einen Bambusrahmen, der mit Esels- oder Rosshaar umwickelt ist. Exemplare von minderer Qualität bestehen dagegen komplett aus Bambus.

Bei der Produktion werden jeweils mehrere Lackschichten (bei hochwertigen Stücken bis zu sieben) nacheinander auf den Rahmen aufgetragen und nach mehrtägigem Trocknen mit Reisschalenasche (biogener Kieselsäure) abgeschliffen. Anschließend wird die Oberfläche graviert und bemalt. Beim finalen Polieren bleibt dann nur die Farbe in den vertieften Gravuren erhalten. Bei mehrfarbigen Lackarbeiten werden Bemalen und Polieren mehrmals wiederholt.

Hochwertige Stücke mit bis zu fünf Farbtönen sind teils erst nach fünf oder sechs Monaten fertig. Ein wichtiges Qualitätsmerkmal ist die Flexibilität: Bei gut gefertigten Lackschüsseln lassen sich die gegenüberliegenden Ränder aneinanderpressen, ohne dass Schäden entstehen. Ebenfalls relevant sind Qualität und Präzision der Gravierung.

Möbel

Rattan- und Hartholzmöbel sind häufig günstig zu haben, auch maßgefertigt. Die meisten Möbel werden in Chiang Mai produziert, es gibt aber auch viele Filialen in Bangkok. Da das Fällen von Teakbäumen verboten ist und die Bestände an recyceltem Teakholz nahezu erschöpft sind, bestehen heute 70 % der in Thailand für den Export produzierten Möbel aus dem Holz alter Kautschukbäume, die gefällt werden, weil sie kein Latex mehr abgeben.

Stoffe

Nordostthailand ist für *mát·mèe*-Tuch berühmt – die dicken Baumwoll- oder Seidenstoffe ähneln dem indonesischen *ikat* und werden mittels Knüpfbatiktechnik gefärbt. Die *mát·mèe*-Seide aus der Provinz Surin zeigt häufig Farben und geometrische Muster, die auf Khmer-Traditionen beruhen.

In Nordthailand zeigt sich an der Seide der Einfluss der Lanna-Traditionen, die von Thai-Stämmen nach Chiang Mai und in die umliegenden Berge gebracht wurden.

Recht schöne Batik gibt es dagegen in Südthailand. Mustermäßig ähnelt sie mehr malaysischer als indonesischer Batik.

In stilisierter Form zieren die traditionellen Stickereien der einzelnen Bergstämme z. B. moderne Taschen oder Schmuckstücke. Der Großteil der vor Ort angebotenen Stickwaren ist allerdings industriell hergestellt. Parallel helfen viele nichtstaatliche Kooperativen den Bergstämmen beim Vermarkten ihres authentischen Kunsthandwerks. Besonders viele solcher Outlets gibt's in Chiang Mai und Chiang Rai.

Strom

Thailand verwendet 220 V Wechselstrom. In die meisten Steckdosen passen zweipolige Rund- oder Flachstecker.

Typ A
120 V/60 Hz

Typ C
220 V/50 Hz

Telefon

Wer aus Übersee nach Thailand telefonieren will, muss zuerst dessen Ländercode ☎66 wählen.

Handys

Am einfachsten telefoniert es sich in Thailand mit einem vor Ort erworbenen Handy nebst lokaler SIM-Karte. Prepaid-SIM-Karten inklusive Gesprächsguthaben und Datenvolumen sind hier an jeder Ecke erhältlich – ebenso Prepaid-Karten zum nachträglichen Aufstocken.

Inlandsgespräche

Alle thailändischen Telefonnummern beginnen mit 0, gefolgt von Ortsvorwahl und Anschlussnummer. Bei Handynummern steht hinter der 0 eine 6, 8 oder 9. Die anfängliche 0 ist bei allen Inlandsgesprächen mitzuwählen, muss bei Anrufen aus dem Ausland aber immer weggelassen werden.

Auslandsgespräche

Wer von Thailand aus im Ausland anrufen möchte, wählt nach einem internationalen Zugangscode den jeweiligen Ländercode (beispielsweise ☎49 für Deutschland, ☎43 für Österreich, ☎41 für die Schweiz) und die eigentliche Anschlussnummer (inkl. Ortsvorwahl).

Vor Ort gibt's mehrere internationale Zugangscodes mit unterschiedlichen Minutentarifen. Die Standard-Direktvorwahl der CAT (☎001) gilt in puncto Gesprächsqualität als am besten. Sie ermöglicht Verbindungen in die allermeisten Länder, kostet jedoch auch am meisten. Am zweitbesten ist die etwas günstigere TOT-Vorwahl ☎007. Hierbei hat man noch eine recht verlässliche Gesprächsqualität. Diverse Anbieter offerieren immer wieder Sparpreise; diesbezüglich lohnt es sich, das Internet nach Werbeaktionen mit Zugangscodes zu durchforsten.

Toiletten

Typisch asiatische Hocktoiletten werden in Thailand zwar immer seltener, man findet sie jedoch immer noch in älteren Wohnhäusern, schlichten Restaurants, in ländlichen Gegenden oder Busbahnhöfen vor. Gleichzeitig nehmen westliche Sitztoiletten zahlenmäßig zu und sind überall dort vorhanden, wo sich ausländische Traveller tummeln.

Hocktoiletten werden folgendermaßen benutzt: Mit dem Gesicht zur Tür stellt man die Füße auf die Standflächen rechts und links und kauert sich dann über die Bodenöffnung. Zum Säubern des Allerwertesten liegt mancherorts ein wenig Toilettenpapier (5 B) am Toiletteneingang bereit. Wenn das nicht der Fall ist, muss man sich selbst welches mitbringen oder sich eben traditionell mit der Hand und etwas Wasser säubern, das man mit der Plastikkelle oder einer Schüssel aus dem Becken neben der Toilette schöpfen muss. Zum Spülen dann einfach eine ausreichende Menge in den Abfluss nachgießen.

NÜTZLICHE TELEFONNUMMERN

Notruf ☎66

Touristenpolizei ☎1155

Landesvorwahl Thailand ☎66

Ortsvorwahl Bangkok ☎02

Handy-Vorwahlen ☎06, ☎08, ☎ 09

Zugangscodes für Auslandsgespräche je nach Anbieter z. B. ☎001, ☎007, ☎008 oder ☎009

Vermittlung für Auslandsgespräche ☎100

Kostenlose Auskunft (national) ☎1133

Selbst wenn es Sitztoiletten gibt, verkraften die Rohre eventuell kein Toilettenpapier. In diesem Fall ist ein extra Abfalleimer für benutztes Toilettenpapier und gebrauchte Damenhygieneartikel vorhanden. Manchmal sind auch kleine Wasserschläuche vorhanden – diese Toiletten sind dann sozusagen die thailändische Version eines Bidets.

Touristeninformation

Die **Tourism Authority of Thailand** (TAT; ☎thailandweit 1672; www.tourismthailand.org) fungiert als staatliche Tourismusbehörde und Werbeagentur. Seit 1960 gibt sie hervorragende Broschüren zu Sehenswürdigkeiten heraus. Ihr Hauptsitz in Bangkok wird durch 35 Regionalvertretungen im ganzen Land ergänzt; Kontaktinformationen findet man auf der Website.

Unterkunft

Die Unterkunftssuche ohne Reservierung gestaltet sich in Thailand generell recht einfach. Dennoch sollte man zumindest für den Ankunftstag per Vorausbuchung auf Nummer sicher gehen. Gleiches gilt für Spitzenzeiten mit Zimmermangel (z. B. Feiertage, typische Urlaubsperioden).

Homestays

Homestays (Übernachtungen in Privatunterkünften) zählen zu den besten Optionen für Traveller, die tief in Thailands ländliche Kultur eintauchen wollen. Zudem geht in diesem Fall jeder bezahlte Baht garantiert direkt an Einheimische. Homestays sind vor allem bei thailändischen Touristen beliebt. Von Pensionen unterscheiden sie sich darin, dass Gäste wie Familienmitglieder im Wohnhaus der Betreiber übernachten – und das meist in einem kleinen Dorf, das abseits der üblichen Touristenpfade liegt. Als schlichte Bettstatt dient dabei meist eine Matte oder Faltmatratze auf dem Fußboden. Ansonsten beinhaltet der Preis auch Mahlzeiten mit der Gastfamilie und kulturelle Aktivitäten, bei denen die traditionelle Lebensart der jeweiligen Region (z. B. Reisanbau, Seidenweberei) im Mittelpunkt steht. Die Englisch-Kompetenz von Homestay-Familien variiert – was andererseits prima Gelegenheiten bietet, um sich in Kommunikation auf Thai zu üben.

Hostels & Pensionen

In Großstädten und auf teuren Inseln sind Hostels im europäischen Stil die beste Budgetoption für Thailand-Traveller. Hierfür sorgt meist eine Kombination aus Schlafsälen, Privatzimmern, diversen Einrichtungen und locker-lässiger Gemeinschaftsatmosphäre.

Zum Synonym für Budget-Quartiere in Thailand wurde irgendwann die Pension *(guesthouse)*. Dieser ziemlich weit gefächerte Begriff bezog sich ursprünglich auf schlichte Zimmer mit Gemeinschaftsbädern, die sich in den Privathäusern von geschäftstüchtigen Familien befanden. Pensionen in Touristenhochburgen (z. B. Bangkok, diverse Inseln) sind aber heute meist Minihotels oder „Flashpacker-Hostels", die mit vergleichsweise mehr Stil und Komfort in den Mittelklassebereich fallen.

In kleinen Provinzstädten sind traditionelle Pensionen nach wie vor die Norm. Bis heute sind darunter auch echte Billigbleiben mit Gemeinschaftsbädern und ratternden Ventilatoren. Gleichzeitig gibt's aber auch immer mehr bessere Adressen mit eigenen Bädern, Klimaanlage und TV. Viele Budget-Pensionen machen ihren Hauptumsatz mit ihren Hausrestaurants, die klassische Backpacker-Kost (Bananenpfannkuchen, Fruchtshakes) servieren.

Hotels

Mit der Zunahme des einheimischen Tourismus und den wachsenden Budgets ausländischer Besucher haben sich viele thailändische Hotels von muffigen Betonbunkern

UNTERKÜNFTE ONLINE BUCHEN

Unter http://lonelyplanet.com/hotels/gibt's weitere Unterkunftsbewertungen und unabhängig recherchierte Infos von Lonely Planet Autoren – inklusive Empfehlungen zu den besten Adressen. Zudem kann online gebucht werden.

PREISKATEGORIEN: SCHLAFEN

Die folgenden Angaben gelten jeweils für ein nicht reserviertes Doppelzimmer mit eigenem Bad in der Hauptsaison.

Großstädte & Strandorte

$ unter 1000 B

$$ 1000–4000 B

$$$ über 4000 B

Kleinstädte

$ unter 600 B

$$ 600–1500 B

$$$ über 1500 B

hin zu „Design-Erlebnissen" gemausert. Solche Boutique-Bleiben bieten Komfort und Charakter und haben ein gutes Preis-Leistungs-Verhältnis. Die meisten Mittelklassezimmer warten standardmäßig mit Klimaanlage, Kühlschrank, Warmwasser, TV und WLAN auf. Unter den Extras ist meist Frühstück, wobei das Spektrum von „Büfetts" mit Toast und fettigen Spiegeleiern (oft American Breakfast bzw. ABF genannt) bis hin zu etwas gesünderen Angeboten mit Joghurt oder Tropenfrüchten reicht.

Mittelklasse- und Kettenhotels akzeptieren Reservierungen (vor allem in Touristenhochburgen). Zudem offerieren sie oft Sonderangebote über Buchungsportale oder direkt auf ihren Websites.

Hotels internationaler Ketten gibt's in Bangkok, Chiang Mai, Phuket und anderen Nobelstrandorten. Die besseren Adressen davon punkten mit Annehmlichkeiten wie Zimmercomputern und Gratis-WLAN; ansonsten ist der Drahtloszugang aber sehr oft kostenpflichtig. Ab Mittelklasse aufwärts gehören auch Pools, Fitnessräume, Business-Zentren, Restaurants, Bars und ein Frühstücksbüfett zum Hausstandard. Die meisten Spitzenklassehotels und manche Mittelklassehotels erheben zusätzlich die staatliche Mehrwertsteuer (7 %) sowie einen Service-Zuschlag (10 %). Diese Extrabeträge sind auf den Rechnungen oft unter „Plus Plus" vermerkt.

In Provinzhauptstädten und Kleinstädten gibt's häufig nur betagte Hotels im thailändisch-chinesischen Stil (einst landesweit die Norm). Die meisten davon zielen auf einheimische Gäste ab; das Personal spricht oft nur begrenzt Englisch. In den meist mehrstöckigen Gebäuden reicht das Unterkunftsspektrum generell von spartanischen Billigquartieren mit Ventilatoren bis hin zu klimatisierten Zimmern mit TV und eigenen Bädern. Thailändisch-chinesische Hotels locken manchmal mit Retro-Charme. Sofern nicht kürzlich renoviert, sind sie aber allgemein zu alt und abgenutzt – Pensionen bieten da vergleichsweise mehr fürs Geld.

Unterkünfte in Nationalparks

In den meisten Nationalparks gibt's Bungalows (meist 2000–300 B, max. 10 Pers.), deren Preise je nach Park und Größe variieren. Darin quartieren sich gern thailändische Großfamilien ein, deren mitgebrachte Vorräte problemlos zum Überleben der Apokalypse reichen würden.

In vielen Nationalparks kann auch gezeltet werden (ca. 150 B/Nacht). Hinweis: Eventuell vor Ort erhältliche Leihausrüstung (z. B. Zelte, Schlafsäcke) ist sehr wahrscheinlich in schlechtem Zustand.

Alle Unterkünfte in Nationalparks erfordern rechtzeitige Online-Reservierung bei der **thailändischen Nationalparkbehörde** (National Park Office; ☎02 562 0760; http://nps.dnp.go.th; 61 Th Phahonyothin, Bangkok).

Versicherung

Es ist keine schlechte Investition, eine Kasko-Reiseversicherung abzuschließen, um sich im Falle von Diebstahl, Verlust oder gesundheitlichen Problemen abzusichern. Wichtig ist, dass die Versicherung im Notfall den Rücktransport in die Heimat bezahlt. Einige Versicherungsunternehmen schließen gefährliche Aktivitäten wie Gerätetauchen, Motorradfahren und sogar Trekken aus. Einen vor Ort erworbenen Motorradführerschein erkennen manche Versicherungen nicht an. Eine Versicherung, die die Arztkosten und den Krankenhausaufenthalt sofort bezahlt statt im Nachhinein, kann sehr nützlich sein. Um Ansprüche später geltend machen zu können, müssen sämtliche Unterlagen eingereicht werden.

Weltweiter Reiseversicherungsschutz wird auch unter www.lonelyplanet.com/travel-insurance angeboten. Man kann online Versicherungen abschließen, den Schutz erweitern oder einen Schadensfall geltend machen – und all das, wenn man bereits unterwegs ist.

Visa

Besucher aus den meisten Ländern brauchen für maximal 30-tägige Aufenthalte in Thailand generell kein Visum.

Das **thailändische Außenministerium** (Ministry of Foreign Affairs; ☎02 203 5000; www.mfa.go.th) ist für alle Angelegenheiten in Sachen Einreise und Visa zuständig. Achtung: Die Bestimmungen ändern sich regelmäßig. Daher den aktuellen Stand unbedingt rechtzeitig über die Website des MFA oder bei einer diplomatischen Vertretung Thailands ermitteln! Dort gibt's auch jeweils alle Details zum momentanen Prozedere bei Visumanträgen (inkl. Angaben zu Gebühren). Im Internet fasst Thaivisa (www.thaivisa.com) den aktuellen Stand am besten zusammen.

Non-Immigrant-Visa

Sogenannte Non-Immigrant-Visa haben eine Gültigkeit von 90 Tagen und sind für Ausländer vorgesehen, die in Thailand Geschäfte tätigen, studieren, im Ruhestand einen längeren Urlaub machen oder Familienangehörigen einen ausgedehnten Besuch abstatten wollen. In dieser Visumskategorie gibt es vielfältige Einreisevisa. Wer eine thailändische Arbeitsgenehmigung beantragen will, muss bereits ein Non-Immigrant-Visum besitzen.

Touristenvisa & Visafreiheit

Dank bilateraler Abkommen können Bürger der meisten Länder (u. a. Deutschland, Österreich, Schweiz) gebühren- und visumfrei nach Thailand einreisen. Direkt bei Ankunft gibt's dabei ein Visum, dessen Gültigkeitsdauer von Staatsangehörigkeit und Art der Einreise abhängt: Flugpassagiere bekommen 15 bis 90 (meist 30) Tage bewilligt, während sich Überlandreisende mit 15 bis 30 Tagen (je nach Nationalität eher Ersteres) begnügen müssen. Aktuelle Details hierzu liefert die Website des **thailändischen Außenministeriums** (Ministry of Foreign Affairs; ☎02 203 5000; www.mfa.go.th).

Offiziell verlangen die Einreisebestimmungen auch ein gültiges Anschluss- bzw. Rückflugticket und den Nachweis ausreichender Finanzmittel für die ganze Aufenthaltsdauer – wer eines oder beides davon nicht vorlegen kann, kann theoretisch abgewiesen werden. In der Praxis kommt dies jedoch kaum vor.

Bei geplanten Aufenthalten von über 30 Tagen beantragt man am besten rechtzeitig vor dem Start ein 60-Tage-Touristenvisum (neuerdings mit möglicher Mehrfacheinreise innerhalb von sechs Monaten). Entsprechende Anträge sind bei diplomatischen Vertretungen Thailands in der Heimat zu stellen. Diese erteilen auch Infos zum genauen Prozedere (inkl. aktuelle Gebühren).

Visa verlängern & erneuern

Wer über den genehmigten Zeitraum hinaus in Thailand bleiben will, kann bei allen örtlichen Einreisebüros in Thailand einen Antrag zur Verlängerung seines Visums stellen. Die Gebühr für eine Visumsverlängerung beträgt normalerweise 1900 B. Ein normales Visum für 15 oder 30 Tage kann vor Ablauf des Visums um 30 Tage verlängert werden. Ein 60-tägiges Touristenvisum kann nach Ermessen der thailändischen Einreisebehörde um bis zu 30 Tage verlängert werden.

Eine weitere Option für das Erlangen eines neuen Visums (Gültigkeit je nach Nationalität 15–30 Tage) ist kurzfristige Aus- und Wiedereinreise auf dem Landweg. Achtung: Die thailändischen Grenzer haben etwas gegen wiederholte *visa runs* und können stets nach eigenem Ermessen verfahren! Ohnehin ist Visaverlängerung bzw. -erneuerung per Grenzübertritt seit dem Militärputsch von 2014 offiziell nicht mehr möglich (auf unbestimmte Zeit). Interessenten sollten daher den aktuellen Stand unbedingt rechtzeitig ermitteln.

Das Bußgeld bei Überziehen der Aufenthaltsdauer beträgt standardmäßig 500 B pro Tag (insg. max. 20 000 B). Bezahlt werden kann es entweder direkt bei Ausreise am Flughafen oder schon vorab bei einem Büro der thailändischen Einwanderungsbehörde. Wer nur einen Tag überzieht, muss aber nichts bezahlen. Von der

BÜROS DER THAILÄNDISCHEN EINWANDERUNGSBEHÖRDE

Die staatlichen Einwanderungsbüros in **Bangkok** (Karte S. 168; ☎02 141 9889; www.bangkok.immigration.go.th; Gebäude B, Government Centre, Soi 7, Th Chaeng Watthana; ⏲Mo–Fr 8.30–12 & 13–16.30 Uhr; Ⓜ Chatuchak Park, Ausgang 2, dann Taxi; Ⓢ Mo Chit, Ausgang 3, dann Taxi) und **Chiang Mai** (☎053 142788; EG, Gebäude A, Promenada Resort Mall, 192–193 Tambon Tasala; ⏲Mo–Fr 8.30–16.30 Uhr) bearbeiten Visaverlängerungen und andere Formalitäten. Das Büro in Chiang Mai befand sich zum Recherchezeitpunkt vorübergehend in der Promenada Mall, während die ursprünglichen Räumlichkeiten (Rte 1141/Th Mahidol) renoviert wurden.

Ganz wichtig: Bei Behördengängen in Thailand immer formelle Kleidung tragen und alle Visumsangelegenheiten persönlich erledigen (d. h. niemals Dritte damit beauftragen)! Sämtliche Visaverlängerungen erfordern zwei Passfotos sowie je eine Fotokopie der Foto- und Visumsseite des Reisepasses.

Bußgeldregelung ganz ausgenommen sind Kinder unter 15 Jahren, die in Begleitung eines Erwachsenen reisen.

In Thailand ansässige Ausländer verlängern ihr Visum am besten bei dem Einwanderungsbüro, das ihrer örtlichen Wohnadresse am nächsten liegt.

Zeit

Thailand liegt sechs Stunden vor der Mitteleuropäischen Zeit. Zeitangaben erfolgen in der Regel gemäß der 24-Stunden-Skala.

Zoll

Die **thailändische Zollbehörde** (landesweit 02 667 6000; www.customs.go.th) betreibt eine nützliche Website mit exakten Angaben zu allen Einfuhrbestimmungen für Traveller. An allen Einreisepunkten gibt sie auch offizielle Meldeformulare für zollpflichtige Waren aus. Erlaubte Freimengen pro Person:

- Persönliche Gebrauchsgegenstände (Bekleidung und Hygieneartikel) in angemessener Menge
- Professionelle Berufsausrüstung
- 200 Zigaretten
- 1 l Wein oder Spirituosen

Strikt verboten ist die Einfuhr von:

- Feuerwaffen und Munition (sofern sie nicht vorab bei der Polizeibehörde angemeldet sind)
- Illegalen Drogen
- Pornografischen Medien

Bei Ausreise ist eine Exportgenehmigung für alle Repliken und neu gegossenen Buddha-Figuren erforderlich. Bei der Beantragung der Lizenz muss man das bzw. die Objekt(e) zusammen mit jeweils zwei Fotos, der Kaufquittung und einer Fotokopie des Reisepasses beim **Office of the National Museum** (Karte S. 84; 02 224 1370; National Museum, 4 Th Na Phra That, Bangkok; Di–Fr 9–16 Uhr; Chang Pier, Maharaj Pier, Phra Chan Tai Pier) einreichen. Die Bearbeitung des Antrags kann bis zu vier Tage dauern.

Verkehrsmittel & -wege

AN- & WEITERREISE

Flüge und geführte Touren lassen sich online unter www.lonelyplanet.com/bookings buchen.

Einreise

Ob per Flugzeug oder auf dem Landweg: Die Einreise nach Thailand geht recht stressfrei vonstatten. Vorzulegen sind ein gültiger Reisepass, die Bordkarte sowie die ausgefüllten Karten für die Ein- und Ausreise. Das Ausfüllen einer Zollerklärung entfällt bei der Einreise, sofern keine deklarationspflichtigen Waren eingeführt werden.

Flugzeug

Hinweis: In der Hauptsaison (Dez.–März) sind Flüge nach/ab Thailand teilweise teuer und schnell ausgebucht.

Flughäfen

Thai Airways ist Thailands nationale Fluglinie, Bangkok die landesweit größte Drehscheibe für In- und Auslandsflüge. Doch auch die Flughäfen der einzelnen Provinzen wickeln viele nationale und immer mehr internationale Flüge ab. Auslandsverbindung besteht u. a. hier:

Suvarnabhumi International Airport (Karte S. 168; ☎02 132 1888; www.suvarnabhumiairport.com) Thailands größter Flughafen (sprich: *sù·wán·na·puhm*) befindet sich in Samut Prakan, das 30 km östlich von Bangkok und 110 km von Pattaya entfernt liegt.

Don Mueang International Airport (Karte S. 168; ☎02 535 2111; www.donmueang

---

REISEN & KLIMAWANDEL

Der Klimawandel stellt eine ernste Bedrohung für unsere Ökosysteme dar. Zu diesem Problem tragen Flugreisen immer stärker bei. Lonely Planet sieht im Reisen grundsätzlich einen Gewinn, ist sich aber der Tatsache bewusst, dass jeder seinen Teil dazu beitragen muss, die globale Erwärmung zu verringern.

Fast jede Art der motorisierten Fortbewegung erzeugt CO_2 (die Hauptursache für die globale Erwärmung), doch Flugzeuge sind mit Abstand die schlimmsten Klimakiller – nicht nur wegen der großen Entfernungen und der entsprechend großen CO_2-Mengen, sondern auch, weil sie diese Treibhausgase direkt in hohen Schichten der Atmosphäre freisetzen. Die Zahlen sind erschreckend: Zwei Personen, die von Europa in die USA und wieder zurück fliegen, erhöhen den Treibhauseffekt in demselben Maße wie ein durchschnittlicher Haushalt in einem ganzen Jahr.

Die englische Website www.climatecare.org und die deutsche Internetseite www.atmosfair.de bieten sogenannte CO_2-Rechner. Damit kann jeder ermitteln, wie viele Treibhausgase seine Reise produziert. Das Programm errechnet den zum Ausgleich erforderlichen Betrag, mit dem der Reisende nachhaltige Projekte zur Reduzierung der globalen Erwärmung unterstützen kann, beispielsweise Projekte in Indien, Honduras, Kasachstan und Uganda.

Lonely Planet unterstützt gemeinsam mit Rough Guides und anderen Partnern aus der Reisebranche das CO_2-Ausgleichs-Programm von climatecare.org. Alle Reisen von Mitarbeitern und Autoren von Lonely Planet werden ausgeglichen. Weitere Informationen gibt's auf www.lonelyplanet.com.

REISEBÜROS

Thailändische Reisebüros können bei bestimmten In- und Auslandstrips nach wie vor sehr hilfreich sein. Da ihre Provisionen individuell variieren, empfiehlt sich vorab ein sorgfältiger Angebotsvergleich. Wichtig: Falls ein Reisebüro nur Bargeld akzeptiert, unbedingt alle gebuchten Tickets direkt bei Bezahlung aushändigen lassen und ein Abholen am nächsten Tag kategorisch ablehnen!

airportthai.com) Liegt 25 km nördlich von Bangkoks Zentrum und wurde 2006 stillgelegt, dann aber als hauptstädtische Drehscheibe für Billig- und Inlandflüge wiedereröffnet.

Phuket International Airport (☎076 632 7230; www.phuketairportthai.com) Bedient diverse Ziele im In- und Ausland.

Chiang Mai International Airport (Karte S. 326; ☎05 327 0222; www.chiangmaiairportthai.com) Auslandsverbindungen (u. a. zu vielen Großstädten in (Südost-)asien).

Chiang Rai International Airport (Mae Fah Luang International Airport; ☎053 798 000; http://chiangraiairportthai.com) Diverse Auslandsverbindungen (u. a. nach Kunming in China).

Hat Yai International Airport (☎074 227131; www.hatyaiairportthai.com) Stark beschränkte Auslandsverbindungen (nur nach Kuala Lumpur und Singapur).

Ko Samui Airport (Karte S. 560; www.samuiairportonline.com) Diverse Auslandsverbindungen (z. B. nach Singapur).

Krabi International Airport Diverse Auslandsverbindungen (u. a. nach Doha, Kuala Lumpur, Singapur und zu ein paar chinesischen Großstädten).

U-Tapao Airport (UTP; ☎038 245595; www.utapao.com) Diverse Auslandsverbindungen (z. B. nach Singapur und Kuala Lumpur sowie zu ein paar russischen und chinesischen Großstädten).

Ausreisesteuer

Die Steuer ist stets schon im Ticketpreis enthalten.

Auf dem Landweg

Thailand grenzt an Kambodscha, Laos, Malaysia und Myanmar. Offizielle Grenzübergänge ermöglichen Überlandreisen in alle Nachbarländer (sowie zwischen diesen). Dank immer besser ausgebauter Fernstraßen und neuer Brücken wird es auch zunehmend einfacher, von Thailand über Laos nach China zu fahren.

Bus, Auto & Motorrad

In alle Nachbarländer Thailands führen Straßen, die sich mit Bussen, Sammeltaxis oder einem eigenen Fahrzeug nutzen lassen. In manchen Fällen fährt man per Bus zur Grenze, durchquert die Einreisestelle zu Fuß und nimmt dann zur Weiterfahrt einen anderen Bus oder ein Sammeltaxi. Ansonsten (vor allem bei Trips nach Malaysia) hält der Bus zwecks Einreiseformalitäten an der Grenze und setzt dann seinen Weg zum jeweiligen Ziel fort.

Grenzübertritte mit einem eigenen Vehikel erfordern immer einen gewissen Papierkram. Auslandsfahrten mit Mietfahrzeugen sind allgemein nicht gestattet.

Man braucht keine Genehmigungen, um ein Fahrrad nach Thailand einzuführen. Es ist aber ratsam, geeignetes Werkzeug und genügend Ersatzteile mitzubringen.

Grenzübergänge

KAMBODSCHA

Direkt an der Grenze gibt's kambodschanische Touristenvisa (30 US$). Man muss ein Passfoto mitbringen und sollte möglichst den Kerlen aus dem Weg gehen, die gegen eine Zusatzgebühr Gesundheitszertifikate oder andere Dokumente anfertigen wollen.

Aranya Prathet–Poipet Direkteste Überlandroute zwischen Bangkok und Siem Reap (nach Angkor Wat), mit einem staatlichen Bus direkt angebunden.

Hat Lek–Krong Koh Kong Küstenübergang bei Touren nach/ab Ko Chang/Sihanoukville.

Ban Pakard–Psar Pruhm Schleichweg ab Ko Chang, der über Chanthaburi nach Battambang und Angkor Wat führt.

Abgeschiedener liegen z. B. die Grenzübergänge Choam–Chong Sa-Ngam oder O Smach–Chong Chom (Achtung: wegen Kämpfen im Gebiet Khao Phra Wihan vorübergehend geschlossen!). Sie sind aber nicht sonderlich praktisch, da drüben in Kambodscha nur mietbare Privatfahrzeuge zur Verfügung stehen.

LAOS

Von Thailands Norden und Nordosten aus geht's recht stressfrei hinüber nach Laos. Entsprechende Touristenvisa (30–42 US$; idealerweise in sauberen, nicht zerknitterten Scheinen) gibt's direkt an der Grenze. Der Antrag erfordert jeweils ein Passfoto. Gelegentlich verlangen die laotischen Grenzer (nach eigenem Ermessen) überhöhte Visumgebühren. Direktbusse verkehren zwischen Großstädten auf beiden Seiten der Grenze, was den Zwischenstopp an dieser jeweils zur reinen Formalität ohne einen Übernachtungsbedarf macht.

Nong Khai–Vientiane Die erste thailändisch-laotische Freundschaftsbrücke über den Mekong gehört zu den Hauptverbindungen von/nach Laos. Von Bangkok aus ist Nong Khai leicht per Bus oder Zug oder per Flugzeug über Udon Thani erreichbar.

Chiang Khong–Huay Xai Dieser Grenzübergang wird von den meisten Direktbussen zwischen Chiang Mai und Chiang Rai nach Laos genutzt. Die vierte thailändisch-laotische Freundschaftsbrücke hat seine Popularität stark gesteigert. Außerdem verkehren hier auch Boote zwischen Nordthailand und Luang Prabang.

Mukdahan–Savannakhet Die zweite thailändisch-laotische Freundschaftsbrücke vernetzt Thailand, Laos und Vietnam.

Nakhon Phanom–Tha Khaek Die dritte thailändisch-laotische Freundschaftsbrücke verbindet den Nordosten Thailands mit dem südlichen Laos.

Chong Mek–Vangtao Dieser Grenzübergang ist am besten über Ubon Ratchathani (Thailand) erreichbar und eine gute Transitoption in Richtung Pakse (Laos).

Zu den entlegenen Grenzübergängen im Nordosten Thailands gehören Bueng Kan–Paksan (Visa für Laos sind im Voraus zu organisieren!) und Tha Li–Kaen Thao (Mietverkehrsmittel erforderlich). Unter den abgeschiedenen Optionen in Nordthailand ist z. B. Ban Huay Kon in Nan und Muang Ngeun.

MALAYSIA

Vor allem die Westküste Malaysias ist leicht per Bus, Zug oder sogar Boot erreichbar.

Hat Yai–Butterworth Das Westgleis der Bahnlinie ab Bangkok endet in Butterworth (Festlandszugang nach Penang).

Hat Yai–Padang Besar Auf dem Weg zu verschiedenen Zielen in Malaysia starten Busse und Züge im südthailändischen Transitort Hat Yai. Die Grenzformalitäten werden in Padang Besar erledigt.

Sungai Kolok–Rantau Panjang Obwohl sie theoretisch eine weitere Möglichkeit ist, muss aufgrund der anhaltenden Gewalt in Thailands tiefem Süden dringend von dieser Route abgeraten werden.

Ko Lipe–Langkawi In der Hauptsaison besteht eine praktische Bootsverbindung zwischen den beiden Andamaneninseln. Es gibt einen Bootsdienst vom/zum Festlandshafen Satun (Thailand) mit der Insel Langkawi (Malaysia) und der Stadt Kuala Perlis (malaysisches Festland) verbindet.

Hinüber nach Malaysia geht's zudem über ein paar kleinere Grenzübergänge. Dafür ist aber jeweils ein eigenes Fahrzeug erforderlich.

MYANMAR

Zwischen Thailand und Myanmar gibt's aktuell vier Grenzübergänge:

Mae Sai–Tachileik Beliebt bei Travellern, die ihr Visum für Thailand erneuern wollen. Ohne vorab erlangtes Visum kann man hier auf birmanischem Boden einen belebten Grenzmarkt besuchen und maximal bis Kyaing Tong weiterreisen. Achtung: Alle längeren Überlandtrips durch Myanmar erfordern zwingend eine separate und vorab zu beantragende Genehmigung! Alternativ kann man ab Tachileik nach Mandalay oder Yangon weiterfliegen.

Ranong–Kawthoung Ist u. a. für „Visa Runs" zwischen dem Süden Thailands und Myanmars beliebt.

Mae Sot–Myawaddy Einer der am besten erreichbaren Übergänge bei Überlandreisen zu Zielen im Inneren Myanmars.

Phu Nam Ron–Htee Khee Abgelegener und selten benutzter Übergang, an dem per E-Visum momentan nur die Ausreise aus Myanmar möglich ist. Thailand verhandelt aber gerade mit seinem Nachbarn darüber, hier zukünftig Trips zwischen Bangkok und dem birmanischen Hafen Dawei an der Andamanensee zu erlauben.

Zug

Thailands und Malaysias staatliche Bahnnetze treffen bei Butterworth aufeinander. Dort, rund 93 km südlich der thailändischen Grenze, kann man Boote nach Penang nehmen oder mit der Malaysian Railway nach Kuala Lumpur und Singapur weiterfahren.

Mehrere Grenzübergänge bieten die Möglichkeit, mit dem Zug anzureisen und dann drüben im anderen Land direkt auf Autos umzusteigen. Beispiele hierfür sind die Übergänge Aranya Prathet–Poipet (Thailand–Kambodscha) und Nong Khai–Vientiane (Thailand–Laos).

Eine weitere Bahnlinie führt von Malaysias Ostküste zur Thai-Grenzstadt Sungai Kolok. Wegen der anhaltenden Gewalt in Thailands tiefem Süden raten wir Travellern von dieser Route aber dringend ab!

Übers Meer

Öffentliche Boote verkehren zwischen Thailands Andamanenküste und der malaysischen Insel Langkawi.

UNTERWEGS VOR ORT

Auto & Motorrad

In den meisten Großstädten sowie an Flughäfen findet man thailändische und internationale Autovermieter, die neben normalen Autos auch Geländewagen und Vans verleihen. Einheimische Anbieter sind oft günstiger, haben aber teils Fuhrparks von schwankender Qualität. Vor dem Unterschreiben des Vertrags daher das ganze Vehikel (inkl. Reifenprofil) unbedingt sorgfältig unter die Lupe nehmen!

In größeren Städten und Touristenzentren gibt's Mietmotorräder bei Pensionen und kleinen Familienbetrieben. Feuerstühle lassen sich landesweit relativ einfach ausleihen und sind super für Erkundungen auf eigene Faust geeignet. Bei tageweiser Ausleihe genügt zumeist der Reisepass als Pfand. Auch Mietmotorräder sollten vorab immer genau inspiziert werden. Und man sollte beim Verleiher grundsätzlich nach einem Schutzhelm fragen – in Thailand herrscht Helmpflicht!

Benzin & Ersatzteile

Thailand hat viele moderne Tankstellen. In ländlicheren Gegenden gibt's *ben·sin/nám·man rót yon* (Benzin; landesweit überall bleifrei) normalerweise am Straßenrand oder bei kleinen Ständen in Dörfern. Lastwagen und teilweise auch normale Autos fahren mit Diesel. Zudem werden vor Ort auch mehrere alternative Kraftstoffe verwendet. Darunter sind Gasohol (Mix aus Benzin und Äthanol; 91 od. 95 Oktan) und durch Kompression verflüssigtes Erdgas. Letzteres treibt die thailändischen Taxis mit Hybridmotoren an.

Führerschein

Wer als Traveller in Thailand ein Kraftfahrzeug (inkl. Motorrad) bewegen will, braucht dafür theoretisch eine internationale Fahrerlaubnis (International Driving Permit, IDP; Achtung: grundsätzlich nur zusammen mit einem nationalen Führerschein gültig!). In der Praxis wird darauf jedoch nicht immer bestanden.

Verkehrsregeln & Gefahren

In Thailand herrscht Linksverkehr – jedenfalls prinzipiell. Abgesehen davon werden Verkehrsschilder und Tempolimits in aller Regel nicht weiter beachtet.

Verkehrsregel Nummer eins: Das größere Fahrzeug hat stets Vorfahrt. So steht es zwar nicht in der thailändischen Straßenverkehrsordnung, aber im ungeschriebenen Gesetz der Straße. Die erlaubte Geschwindigkeit liegt innerorts bei 50 km/h und auf den meisten Fernstraßen bei 80 bis 100 km/h, doch überall auf den Schnellstraßen trifft man auch Schnecken mit 30 km/h und Raser mit 150 km/h.

Man hupt, um das Überholen anzukündigen. Blinker werden gern benutzt, um vor entgegenkommendem Verkehr zu warnen: Ein Blinken nach links bedeutet, man kann überholen, ein Blinken nach rechts warnt vor Gegenverkehr. Wenn der Fahrer vor einem das Rücklicht aufblitzen lässt, heißt das ebenfalls, dass man nicht überholen soll.

Der Verkehr in Bangkok ist chaotisch. Die Straßen sind schlecht ausgeschildert, und überall können einem plötzlich Motorräder oder auch ganze Autolawinen auf der eigenen Fahrspur entgegenkommen.

Abgesehen vom thaitypischen Missachten der Verkehrsregeln besteht die größte Schwierigkeit beim Fahren außerhalb Bangkoks darin, mit den vielen verschiedenen Vehikeltypen auf derselben Straße klarzukommen. So begegnet man beispielsweise Lastwagen, Fahrrädern, Motorrädern und *túk-túks*, deren Lichter obendrein oft nicht funktionieren. Im ländlichen Raum ist der Fahrzeugverkehr zwar geringer, die Gefahr durch freilaufende Hühner, Hunde und Wasserbüffel aber umso größer.

GEFAHREN IM STRASSENVERKEHR

Thailands Straßen sind gefährlich: Laut Weltgesundheitsorganisation belegte das Königreich im Jahr 2015 weltweit den zweiten Platz bei tödlichen Verkehrsunfällen. Ausländische Touristen wurden hier schon mehrmals Opfer von schlimmen Busunglücken. Dies hat einige westliche Länder dazu veranlasst, offizielle Hinweise zu Überlandreisen in Thailand herauszugeben. Unter den dabei genannten Gefahren sind z. B. nicht angepasste Geschwindigkeit, rücksichtslose Fahrweise und Fernbus-Chauffeure unter dem Einfluss von Aufputschmitteln.

Obwohl tragische Busunglücke die meisten Schlagzeilen machen, sind Motorräder an fast 75 % aller örtlichen Verkehrsunfälle beteiligt. Trotz offizieller Helmpflicht trägt nicht einmal die Hälfte aller thailändischen Motorradfahrer einen Schutzhelm. Viele Touristen werden verletzt, weil sie unerfahren im Umgang mit Motorrädern und zudem den lokalen Verkehr nicht gewohnt sind. Das britische Außenministerium zählt Thailand weltweit zu den Regionen, in denen britische Staatsbürger am häufigsten einen Verkehrsunfall erleiden (oft im Zusammenhang mit Motorrädern).

Motorradneulinge sollten sich stets in verkehrsarmen Ecken mit dem Fahrzeug vertraut machen und sich an kleinere Maschinen (max. 100 cm^3 Hubraum) mit Automatikgetriebe halten. Unbedingt immer mit angepasster Geschwindigkeit fahren – vor allem auf rutschigen Straßen oder lockerem Schotter! Für bessere Fahrzeugkontrolle ist es zudem ratsam, die Zuladung so gleichmäßig wie möglich entlang des Rahmens zu verteilen. Und bitte niemals mit der Rücksicht anderer Verkehrsteilnehmer rechnen: Motorräder rangieren in Thailands „Verkehrshierarchie" sehr weit unten!

Versicherung

Alle registrierten Fahrzeuge, die auf Thailands Straßen unterwegs sind, müssen zumindest haftpflichtversichert sein. Die besseren Verleiher bieten Vollkaskoversicherungen für ihre Vehikel an. Bevor man den Mietvertrag unterschreibt, erkundigt man sich am besten genauestens nach der Haftpflichtversicherung und lässt sich die Originaldokumente inklusive Ausstellungsdatum zeigen, denn wer mit einem nicht versicherten Fahrzeug in einen Unfall gerät, hat ein richtiges Problem.

RADFAHREN IN THAILAND

Leihfahrräder von mitunter minderer Qualität gibt's in Thailand vielerorts schon für 50 B pro Tag (vor allem bei Pensionen).

Ländlichere bzw. verkehrsärmere Ecken (z. B. der Ayutthaya und der Sukhothai Historical Park oder Pai) lassen sich prima per Drahtesel erkunden. Überall sonst sollte Otto Normaltraveller wegen der schlechten Infrastruktur und der gefährlichen Straßen aber generell aufs Radfahren verzichten (vor allem in Großstädten wie Bangkok) – außer im Rahmen von geführten Touren, die sich an Routen mit wenig Kraftfahrzeugverkehr halten.

Nichtsdestotrotz werden Radtouren durch Thailand immer beliebter. Dies liegt wohl auch daran, dass die meisten Straßen asphaltiert sind und breite Seitenstreifen haben. Bicycle Thailand (www.bicyclethailand.com) liefert gute Infos zum Radeln vor Ort.

Bus & Minivan

Das thailändische Busnetz ist gut ausgebaut und zuverlässig. Die thailändische Regierung finanziert die Transportgesellschaft (*bò·rí·sàt kŏn sòng*), die üblicherweise als Baw Khaw Saw (BKS) abgekürzt wird. Jede Stadt und jeder Ort im Land mit Busanschluss hat eine BKS-Haltestelle, wenn auch vielleicht nur in Form einer unbefestigten Haltebucht irgendwo am Straßenrand.

Am verlässlichsten sind in Thailand die Busgesellschaften, die die BKS-Haltestellen benutzen. Diese Gesellschaften sind teilweise staatlich und teilweise private Unternehmen mit Konzession.

Um Busfirmen, die direkt von Touristenzentren (z. B. der Th Khao San in Bangkok) aus operieren, macht man besser einen großen Bogen: Bei solchen Fahrten kommt es immer wieder zu Diebstählen und Provisionspausen. Man muss gut aufpassen, um Bus-Kundenfängern und anderen Problemen zu entgehen.

Bei einer steigenden Anzahl von Zielen verdrängen die Minivans die Busse. Aufgrund ihrer kleineren Dimensionen können sie statt an auswärtig gelegenen Busbahnhöfen gleich am Markt starten. In einigen Fällen bringen sie Passagiere direkt zum Hotel. Ein Tipp noch: Wer die Tollkühnheit der Fahrer nicht unmittelbar miterleben möchte, steigt besser hinten ein!

Busklassen

Am günstigsten und langsamsten sind *rót tam·má·dah* (normale Busse ohne Ventilator), die in jedem Nest halten – ebenso überall, wo jemand ein Handzeichen am Straßenrand gibt. Diese Fahrzeuge existieren noch, verkehren aber nur vereinzelt im ländlichen Raum oder im Nahverkehr.

Bei *rót aa* (klimatisierten Bussen) gibt's entfernungsabhängig verschiedene Klassen: Auf Kurzstrecken sind normalerweise einfache 2.-Klasse-Vehikel ohne Bordtoilette unterwegs. Bei längeren Strecken nehmen Komfort und Extras entsprechend zu. Dies reicht von der 1. Klasse bis hin zu „VIP" oder „Super VIP"; in den letzteren beiden Fällen sind zwecks Liegesitzoption insgesamt weniger Bordplätze vorhanden. Darum wird dann mitunter auch von *rót norn* (Schlafbussen) gesprochen.

Für Fernstrecken empfiehlt sich eine Jacke, da es in den klimatisierten Innenräumen oft arktisch kalt ist. Solche Busse bieten normalerweise einen recht guten Service; auf bestimmten Strecken gibt's sogar eine uniformierte „Stewardess", die Gratis-Getränke verteilt und Videos einlegt.

Die meisten Nachtbusse halten irgendwo unterwegs für eine mitternächtliche Mahlzeit.

Busreservierungen

Fahrten mit klimatisierten BKS-Bussen lassen sich an allen BKS-Busbahnhöfen buchen; alternativ kann man solche Tickets telefonisch reservieren und bei Filialen von 7-Eleven bezahlen. Für normale Busse mit Bordventilatoren sind Reservierungen allerdings nicht möglich. Plätze bei privaten Busunternehmen können über die meisten Hotels und alle Reisebüros gebucht werden.

Flugzeug

Thailändische Inlandsflüge sind weiterhin erschwinglich und starten zumeist vom Don Mueang oder Suvarnabhumi International Airport in Bangkok. Doch auch ab Chiang Mai, Hat Yai, Ko Samui, Phuket und Udon Thani geht's (wenn auch weniger häufig) zu Zielen in Thailand.

Fluglinien

Viele Inlandsflüge verbinden Bangkok mit den Provinzhauptstädten. Zu den renommiertesten Anbietern zählen dabei **Thai Airways** (www.thaiairways.com) und **Bangkok Air** (www.bangkokair.com). Im Billigsektor decken **Air Asia** (www.airasia.com) und **NokAir** (www.nokair.com) den Großteil des Landes ab.

Weitere empfehlenswerte Inlandsgesellschaften:

Orient Thai (☎landesweit 02 229 4100; www.flyorientthai.com) Fliegt ab Don Mueang nach Phuket.

Thai Lion Air (☎landesweit 02 529 9999; www.lionairthai.com) Fliegt ab Don Mueang nach Chiang Mai, Chiang Rai, Hat Yai, Khon Kaen, Krabi, Nakhon Si Thammarat, Phitsanulok, Phuket, Surat Thani, Trang und Ubon Ratchathani. Bedient auch die Route Hat Yai–Udon Thani sowie Hat Yai und Surat Thani ab Chiang Mai.

Thai Smile (☎landesweit 02 118 8888; www.thaismileair.com) Fliegt ab Suvarnabhumi nach Chiang Mai, Chiang Rai, Hat Yai, Phuket, Khon Kaen, Krabi, Narathiwat, Surat Thani und Udon Thani. Verbindet zudem Chiang Mai mit Phuket.

Billiggesellschaften (vor allem Air Asia) geben mitunter Inseln ohne eigene Flughäfen (z. B. Ko Phi Phi, Lanta oder Ngai) als Ziele an. In solchen Fällen fliegt man zum nächstgelegenen Flughafen; von dort aus geht's dann per Bus und Boot (im Ticketpreis enthalten) zum jeweiligen Eiland. Sofern beengte Bordverhältnisse kein Problem darstellen, ist dies eine ganz gute Option: Die Kombitickets kosten etwa so viel wie ein komplett selbst arrangierter Trip, ersparen einem aber den damit verbundenen Organisationsstress.

Achtung: Derlei Kombis verstecken sich gelegentlich auch hinter angeblichen Direktflügen zu Inseln mit eigenen Flughäfen (z. B. Ko Samui oder Pha-Ngan) – daher beim Buchen immer nach dem genauen Reiseablauf fragen! Im Vergleich zu echten Direktflügen bezahlt man dann meist weniger, ist aber auch deutlich länger unterwegs.

Nahverkehr

Motorradtaxi

In vielen thailändischen Städten können *mor·đeu·sai ráp jâhng* (Motorradtaxis) für Kurzstrecken gemietet werden. Wenn man kein Gepäck oder nur eine kleine Tasche dabei hat, sind diese Motorräder einfach unschlagbar für eilige Trips durch den Straßendschungel.

In den meisten Städten versammeln sich Motorradtaxis zwecks Passagiersuche in der Nähe von Straßenkreuzungen. Normalerweise tragen die Chauffeure nummerierte Oberteile. Man sollte den Preis im Voraus aushandeln.

Skytrain & Metro

Bangkok ist Thailands einzige Stadt, in der Nahverkehrszüge über (BTS) und unter der Erde (MRT) verkehren.

Stadtbusse & *sŏrng·tăa·ou*

Bangkok besitzt Thailands größtes Stadtbusnetz. Auch in Udon Thani und ein paar anderen Provinzhauptstädten fahren Stadtbusse. Am besten macht man es wie die Einheimischen: Thais stoppen öffentliche Busse, indem sie an einer Haltestelle mit der Handfläche nach unten eine Winkbewegung vollführen. Dann suchen sie sich einen Platz und bezahlen den Fahrtpreis meist gleich oder auch teilweise erst später beim Aussteigen.

Anderswo wird der Nahverkehr von *sŏrng·tăa·ou* gewährleistet. Die kleinen Pick-ups tragen auf ihren Ladeflächen zwei einander gegenüberstehende Passagierbänke. Wie Busse sind sie manchmal auf festen Routen unterwegs. Gelegentlich dienen sie aber auch als Sammeltaxis für Fahrgäste mit derselben Reiserichtung. In Touristenzentren lassen sich *sŏrng·tăa·ou* wie normale Taxis mieten – dann aber unbedingt den Fahrtpreis im Voraus aushandeln! Normalerweise kann man *sŏrng·tăa·ou* überall entlang ihrer Routen heranwinken und später beim Aussteigen bezahlen.

Je nach Region folgen *sŏrng·tăa·ou* eventuell auch festen Routen ab dem Stadtzentrum, die außerstädtische Gebiete oder sogar Ziele innerhalb der Provinz bedienen.

Taxi

Taxis mit Gebührenzählern sind in Bangkok am besten

SĂHM·LÓR & TÚK-TÚK

Săhm·lór (dreirädrige Fahrradrikschas; auch säamláw buchstabiert) findet man meist in Kleinstädten mit wenig Verkehr und bis heute altmodischer Lebensart.

Die moderne Version der mit Wadenkraft betriebenen *săhm·lór* ist das motorisierte *túk-túk* (sprich: đúk dúk). Die laut knatternden Motoren dieser kleinen Nutzfahrzeuge werden meist mit Autogas betrieben und spucken jede Menge Funken.

Wie bei allen anderen Verkehrsmitteln muss der Preis vor dem Start ausgehandelt werden. In Touristenzentren verlangen *túk-túk*-Chauffeure oft übertrieben hohe Summen von Ausländern. Somit sollte man bereits vor Fahrtbeginn ein Gespür für angemessene Tarife entwickeln. Hotelangestellte helfen hierbei mit realistischen Angaben.

Wer mehr über Fahrradrikschas und deren Design erfahren möchte, wirft am besten einen Blick in den Lonely Planet Hardcover-Bildband *Chasing Rickshaws* von unserem Verlagsgründer Tony Wheeler.

einheitlich organisiert. Doch auch anderswo gibt's nun immer mehr Firmen, die standardmäßig Taxameter verwenden. Trotzdem muss man mancherorts noch einen Festpreis bezahlen oder den Tarif vorab aushandeln.

In größeren Städten stehen zudem traditionelle Alternativen und (teils inoffizielle) Taxidienste auf App-Basis zur Verfügung.

2014 wurde Uber (www.uber.com) auch in Thailand eingeführt und hier sehr schnell zur beliebten Option – vor allem bei Leuten ohne Lust auf den üblichen Stress mit Bangkoks Taxis (z. B. Verständigungsprobleme, ständiger Wechselgeldmangel, komplette Ausbuchung zu Spitzenzeiten). Doch schon Ende 2014 erklärte das thailändische Verkehrsministerium den Dienst für illegal und begründete dies u. a. damit, dass Fahrer und Bezahlsystem nicht den staatlichen Standards entsprächen. Uber ist seitdem immer noch vor Ort aktiv, geht aber inzwischen heimlicher vor.

Kein staatliches Verbot gilt bislang für andere App-basierte Dienste wie GrabTaxi (www.grabtaxi.com/th), All Thai Taxi (www.allthaitaxi.com) und Easy Taxi (www.easytaxi.com).

Schiff/Fähre

Thailands typische *reu·a hăhng yow* (Longtail-Boote) heißen so, weil ihre Schrauben am Ende von langen Außenborder-Antriebswellen montiert sind, die weit über das Heck hinausragen. In Bangkok und dessen Nachbarprovinzen fungieren sie als Haupttransportmittel auf Flüssen bzw. Kanälen – ebenso zwischen bestimmten Inseln.

Zwischen dem Festland und kleinen, wenig besuchten Eilanden verkehren zumeist 8 bis 10 m lange Holzboote mit Innenbordmotor und Steuerhaus; ein einfaches Dach schützt unterwegs Passagiere und Fracht. Beliebtere Ziele werden standardmäßig von schnelleren Luftkissen-, Tragflügel- oder Speedbooten bedient.

Trampen

Trampen ist nirgendwo auf der Welt vollkommen sicher und daher grundsätzlich nicht zu empfehlen. Per Anhalter reisende Traveller sollten sich bewusst sein, dass sie ein kleines, aber ernst zu nehmendes Risiko eingehen. Heutzutage sieht man Tramper in Thailand am häufigsten in Nationalparks ohne öffentliche Verkehrsanbindung – ansonsten aber kaum noch. So werden die meisten einheimischen Autofahrer nicht verstehen, was der Ausländer mit seinem ausgestreckten Daumen da am Straßenrand eigentlich will. Denn Thais bitten nicht per Daumen um eine Mitfahrgelegenheit, sondern strecken den Arm aus und winken mit nach unten zeigender Handfläche. Mit derselben Geste winken sie auch Busse und Taxis heran. So kann es passieren, dass jemand anhält und auf eine Bushaltestelle hinweist, wenn sich eine solche in der Nähe befindet.

Zug

Thailands Schienennetz verbindet alle vier Ecken des Landes miteinander. Für die lange Reise nach Chiang Mai (Norden) oder Surat Thani (Süden) ist der Zug eine malerische, wenn auch langsame Alternative zum Bus. Die Bahn eignet sich auch super, um vom verkehrsreichen Bangkok aus Kurztrips nach Ayutthaya und Lopburi zu unternehmen.

Das 4500 km lange Gleisnetz der **State Railway of Thailand** (SRT; ☎landesweit 1690; www.railway.co.th) umfasst auch vier Hauptlinien in Richtung Norden, Süden, Osten und Nordosten. Alle Fernzüge starten am Bangkoker Bahnhof Hualamphong.

An den meisten Bahnhöfen gibt's englischsprachige Fahrplanausdrucke (bei kleineren Stationen allerdings nicht immer).

Bahnhofsservice

Alle thailändischen Bahnhöfe haben eine Gepäckaufbewahrung bzw. einen „Cloak Room". Bei den meisten gibt's auch einen Ticketschalter, der 15 bis 30 Minuten vor Einfahrt des jeweiligen Zuges öffnet. Hinzu kommen Zeitungshändler, Imbissstände und einige richtige Restaurants.

Klassen

Bei der 1., 2. und 3. Bordklasse der SRT bestehen je nach Zugtyp (Ordinary, Rapid oder Express) erhebliche Unterschiede. 2016 gab die SRT den Kauf von 115 neuen Bahnwaggons mit modernen Toiletten und TV am Platz bekannt. Deren Einsatz beschränkt sich bislang auf die Hauptrouten gen Norden und Nordosten.

1. Klasse – Privatabteile mit zwei Schlafliegen; nur in Zügen der Kategorien Rapid, Express und Special Express.

2. Klasse – Die gepolsterten, meist ausklappbaren Sitze von 2.-Klasse-Großraumabteilen ohne Schlafmöglichkeiten sind ähnlich wie in Bussen paarweise in Fahrtrichtung montiert. Schlafwagen der 2. Klasse haben einander gegenüber angeordnete Sitzpaare. Wenn diese nach vorn gezogen werden, entstehen zwei übereinander liegende Kojen. Die untere bietet mehr Kopffreiheit und ist darum teurer. Kinder bekommen immer diesen Schlafplatz. 2.-Klasse-Waggons (klimatisiert oder ventilatorgekühlt) hängen nur an Schnell- und Expresszügen.

3. Klasse – Normale 3.-Klasse-Wagen haben zwei Bankreihen mit gegenüberliegenden Sitzpaaren. Jede Einzelbank ist eigentlich für zwei bis drei Personen vorgesehen. In überfüllten Zügen auf dem Land scheint das aber niemanden zu kümmern. Die 3. Klasse ist in Expresszügen nicht und in allen Pendlerbahnen des Großraums Bangkok ausschließlich vorhanden.

Preise

Die Zugpreise berechnen sich aus einem Grundtarif und diversen Zuschlägen. Letztere hängen von jeweiligem Zugtyp (Special Express, Express, Rapid oder Ordinary), der Zugklasse und der Entfernung ab. Klimaanlage und Schlafkojen (unten teurer) schlagen dabei mit separaten Extrabeträgen zu Buche.

Reservierungen

Reservierungen sind bis zu 60 Tage vor geplanter Abfahrt möglich – entweder persönlich an allen Bahnhöfen oder gegen Aufpreis über Agenturen. Für Vorausbuchungen aus dem Ausland am besten auf ein lizenziertes und renommiertes Reisebüro zurückgreifen: Die SRT hat ihren Online-Ticketservice inzwischen eingestellt.

Schlafwagenplätze auf den Fernstrecken Bangkok–Chiang Mai und Bangkok–Surat Thani sind immer schnell ausgebucht – daher unbedingt rechtzeitig sichern!

Anders als Schlafkojen sollten Sitzplätze für Kurzstreckentrips mindestens einen Tag im Voraus gebucht werden.

Bei Reiserücktritt gibt's einen Teil des Ticketpreises zurück. Die Höhe der Erstattung berechnet sich nach den verbliebenen Tagen zwischen Stornierung und vorgesehenem Abfahrtstermin. Alle diesbezüglichen Einzelheiten lassen sich im Reisezentrum des Bahnhofs klären

Gesundheit

Die Gesundheitsrisiken und der Standard medizinischer Einrichtungen hängen vom Aufenthaltsort und von der Art des Reisens ab. Die meisten größeren Städte und die Haupttouristenziele verfügen über eine angemessene bis exzellente medizinische Versorgung. Je weiter man aber in abgeschiedene ländliche Gegenden vordringt, desto größer sind die Gesundheitsrisiken, und desto dünner gesät sind die medizinischen Versorgungseinrichtungen.

Viele Traveller befürchten, sich exotische Viruserkrankungen einzufangen, wenn sie in tropische Breitengrade reisen – dabei bereiten bereits bestehende Krankheiten (z. B. des Herzens) und Unfälle (z. B. im Straßenverkehr) viel häufiger Probleme.

Davon abgesehen sind Atemwegsinfektionen, Durchfall und Denguefieber die größten Gesundheitsrisiken. Zum Glück können die meisten Krankheiten aber relativ leicht vermieden oder behandelt werden.

Diese allgemeinen Informationen können den Rat eines ausgebildeten Reise- oder Tropenmediziners natürlich nicht ersetzen.

VOR DER REISE

Arzneimittel

Medikamente sollten in ihren eindeutig beschrifteten Originalverpackungen mitgeführt werden. Der eigene Arzt sollte eventuelle Erkrankungen in einem unterschriebenen und mit Datum versehenen Brief genau beschreiben, ebenso notwendige Medikamente und Zubehör wie Spritzen etc. Herzkranke sollten eine Kopie des aktuellsten EKGs mitnehmen.

Wer Medikamente nehmen muss, packt besser einen Extravorrat ein – für den Fall, dass Gepäck abhanden kommt. In Thailand sind viele Medikamente nicht verschreibungspflichtig und können in der Apotheke gekauft werden, manchmal ist es aber schwierig, ein Medikament zu finden, das dieselben Inhaltsstoffe hat wie das Präparat von daheim.

Impfungen

Die einzige Impfung, die verlangt wird, ist die gegen Gelbfieber. Der Impfstatus wird aber nur geprüft, wenn man sich sechs Tage vor der Einreise nach Thailand in einem Land aufgehalten hat, das zur Gelbfieberrisikozone gehört. Wer von Afrika oder Südamerika nach Thailand fliegt, sollte vorab klären, ob das ohne Impfnachweis geht.

Idealerweise lässt man sich sechs bis acht Wochen vor der Abreise in speziellen Kliniken für Reisemedizin, Tropeninstituten etc. beraten.

Die Centers for Disease Control and Prevention (www.cdc.gov) bieten Infos zum Thema Gesundheit auf Reisen und empfehlen Impfungen.

Krankenversicherung

Wenn die heimische Krankenversicherung die Kosten für Behandlungen im Ausland nicht übernimmt, sollte man eine spezielle Reiseversicherung abschließen – auch dann, wenn man gesund und fit ist, denn Unvorhergesehenes passiert eben immer wieder. Eventuell muss man für risikoreichere Aktivitäten wie Klettern oder Tauchen eine Zusatzversicherung abschließen. Gleiches gilt, wenn man Roller oder Motorrad fahren möchte. In den meisten Krankenhäusern muss man noch vor der Aufnahme „beweisen" (z. B. mit einer Versicherungspolice), dass man die Behandlung bezahlen kann. Am besten erkundigt man sich vor der Reise, wie die Abrechnung abläuft, und bewahrt sämtliche Unterlagen (Arztberichte, Rechnungen etc.) gut auf.

Reiseapotheke

Die persönliche Reiseapotheke sollte die folgenden Dinge beinhalten (die meisten dieser Medikamente kann man auch in Thailand bekommen):

- Abführmittel (Lactulose)
- Abschwellmittel
- Alkoholbasierte Handgels oder Tücher
- Antibakterielle Salbe, z. B. Tyrosur
- Antibiotika gegen Entzündungen der Haut, z. B. Amoxicillin mit Clavulansäure oder Cefalexin
- Antibiotika gegen Reisedurchfall (etwa Norfloxacin oder Ciprofloxacin, auch z. B. Azithromycin) und gegen Giardiasis oder Tropenruhr (z. B. Tinidazol)
- Antihistaminika – es gibt mehrere Alternativen, z. B. Cetirizin bzw. Loratadin für tagsüber und Promethazin für nachts
- Antiseptika, z. B. Jod-Salbe
- Antispasmika gegen Magenkrämpfe, z. B. Buscopan
- bei Neigung zu Blasenentzündung entsprechende Antibiotika
- DEET-haltiges Insektenschutzmittel
- Durchfallmedikamente wie Rehydrationslösungen (z. B. Elotrans), „Stopper" (z. B. Loperamid) und Medikamente gegen Übelkeit
- Erste-Hilfe-Bedarf wie Schere, Pflaster, Verbände, Gaze, Thermometer (ohne Quecksilber!), sterile Nadeln und Spritzen (inkl. Arztbrief), Sicherheitsnadeln, Pinzette
- Fungizidsalbe, z. B. Clotrimazol
- Halstabletten
- Ibuprofen oder andere Entzündungshemmer
- Mittel gegen Magenverstimmung, z. B. Maaloxan
- Migränemittel
- Paracetamol
- Permethrin zur Imprägnierung von Kleidung und Moskitonetzen
- Medikamente gegen Pilzbefall oder Candidose (vaginaler Pilzbefall), z. B. Clotrimazoltabletten oder Diflucankapseln
- Steroidhaltige Salbe gegen allergische Ausschläge, z. B. 1- bis 2 %iges Hydrocortison
- Sonnencreme, Sonnenbrille und Hut
- Verhütungsmittel

IN THAILAND

Thailand verfügt über ein gutes Gesundheitssystem. Bangkok ist ein wichtiges Ziel für Medizintouristen und hat mehrere international anerkannte Krankenhäuser. Krankenhäuser und Gesundheitszentren gibt es im ganzen Land, sogar in kleinen Städten und Dörfern.

Frauen & Gesundheit

- Im Jahr 2016 wurde das Zika-Virus auch in Thailand nachgewiesen, und zwei Fälle von Geburtsschäden wurden gemeldet, die mit dem Virus in Verbindung stehen. Auf der Website der International Association for Medical Assistance for Travellers (www.iamat.org) gibt es aktuelle Informationen zur Zika-Situation.
- Damenhygieneartikel sind in den städtischen Zentren Thailands leicht erhältlich.
- Es empfiehlt sich, ausreichende Vorräte der persönlichen Verhütungsmethode einzupacken, da die möglicherweise vor Ort nicht verfügbar sein kann.
- Hitze, Luftfeuchtigkeit und Antibiotika begünstigen Candidosen. Diese Pilzerkrankungen können mit Salben und Clotrimazol behandelt werden. Eine praktische Alternative ist eine Tablette Fluconazol (Diflucan).
- Dehydrierung und lange Busreisen ohne Toilettenpause können zu Blasenentzündungen führen; am besten entsprechende Antibiotika von zu Hause mitbringen!

Infektionskrankheiten

Denguefieber

Diese durch Moskitos übertragene Krankheit breitet sich in Thailand verstärkt aus, vor allem in den Städten. Da es keinen Impfstoff gibt, kann man sich nur schützen, indem man Moskitostiche verhindert. Die Moskitoart, die das Fieber überträgt, ist tagsüber unterwegs – also zu jeder Tageszeit auf der Hut sein! Symptome sind hohes Fieber, starke Kopfschmerzen (vor allem hinter den Augen), Übelkeit und Gliederschmerzen (das Denguefieber hieß einst „Knochenbrecherfieber"), manche Patienten bekommen auch Ausschlag (der sehr stark jucken kann) und Durchfall. In Chiang Mai und auf den südlichen Inseln ist das Risiko besonders hoch. Es gibt keine Behandlungsmöglichkeiten außer Ruhe und Paracetamol. Kein Aspirin oder Ibuprofen nehmen – sie begünstigen etwaige Blutungen! Unbedingt einen Arzt aufsuchen, der die Diagnose stellen und einen überwachen kann!

Das Denguefieber kann sich zum lebensbedrohlichen hämorrhagischen Denguefieber entwickeln, was bei Travellern aber sehr selten

INFOS IM INTERNET

International Travel & Health (www.who.int/ith) Informationen der Weltgesundheitsorganisation (WHO).

Centers for Disease Control & Prevention (www.cdc.gov) Länderspezifische Informationen.

Travelling Well (von Dr. Deborah Mills) Gesundheitsleitfaden mit Website (www.travellingwell.com.au).

SELTEN, ABER ERNST ZU NEHMEN

Filariose Moskitos übertragen die Fadenwurmkrankheit, von der viele Einheimische betroffen sind; am besten alles tun, um Mückenstiche zu vermeiden!

Hepatitis E Wird durch verunreinigtes Essen oder Wasser übertragen und verursacht ähnliche Symptome wie die Hepatitis A; kann bei schwangeren Frauen einen ungünstigen Verlauf nehmen. Beim Essen und Trinken sollte man also entsprechende Hygieneregeln beachten!

Japanische Enzephalitis Viruserkrankung; wird durch Mückenstiche übertragen und kommt besonders oft in ländlichen Gegenden vor; eine Impfung ist sinnvoll, wenn man mehr als einen Monat außerhalb der Städte verbringt bzw. sich in Thailand niederlässt.

Melioidose Wird beim Kontakt zwischen Haut und erregerhaltigem Boden übertragen. Bis zu 30 % der Bevölkerung im Nordosten Thailands sind infiziert. Die Symptome ähneln denen der Tuberkulose (TB). Es gibt keine Impfung, aber Medikamente.

Strongyloidiasis Beim Kontakt zwischen Haut und verunreinigtem Boden wird ein Parasit, der Zwergfadenwurm, übertragen; in der Lokalbevölkerung sieht man das Krankheitsbild häufig. Charakteristisch ist ein strichförmiger Ausschlag am Oberkörper, der kommt und geht. Daran kann sich eine starke Infektion anschließen. Die Krankheit wird medikamentös behandelt.

Tuberkulose Ärzte, Entwicklungshelfer und Langzeitreisende, die viel Kontakt mit Einheimischen haben, sollten Vorkehrungen gegen diese Krankheit treffen. Impfungen für Kinder werden empfohlen, wenn ein Aufenthalt von mehr als drei Monaten geplant ist. Die Hauptsymptome sind Fieber, Husten, Gewichtsverlust, starker Nachtschweiß sowie Müdigkeit. Die Behandlung ist langwierig und beinhaltet diverse Medikationen.

Typhus Das Flohfleckfieber wird, wie der Name sagt, durch einen Flohbiss übertragen, das Milbenfleckfieber entsprechend durch Milben. Die Symptome reichen von Fieber und Muskelkrämpfen bis hin zu Hautausschlägen. Maßnahmen zur Vermeidung von Insektenstichen ergreifen und Doxycyclin (ein Antibiotikum) einnehmen!

Vogelgrippe Viele Infizierte hatten zuvor Kontakt mit erkrankten oder toten Vögeln.

vorkommt. Das Risiko steigt, wenn man sich zunächst mit Denguefieber infiziert und dann ein weiterer Virus hinzukommt.

Geschlechtskrankheiten

Die in Thailand am häufigsten durch sexuelle Kontakte übertragenen Krankheiten sind Herpes, Warzen, Syphilis, Tripper und Chlamydien. Menschen, die diese Krankheiten in sich tragen, haben oft keine Symptome. Kondome können Tripper und Chlamydieninfektionen verhindern, nicht aber Warzen oder Herpes. Wer nach einem sexuellen Kontakt Ausschlag, Schwellungen, Ausfluss oder Schmerzen beim Wasserlassen feststellt, sollte zum Arzt gehen. Wenn man während der Reise sexuell aktiv war, sollte man sich zu Hause auf Geschlechtskrankheiten untersuchen lassen.

Hepatitis A

Das Risiko, sich mit Hepatitis A zu infizieren, ist in Bangkok mittlerweile nicht mehr so groß, im Rest des Landes aber unverändert hoch. Das Virus wird durch Lebensmittel oder Wasser übertragen und befällt die Leber. Zu den Symptomen zählen Gelbsucht (Gelbfärbung der Haut und der Augäpfel), Übelkeit und Teilnahmslosigkeit. Es gibt keine Therapie. In seltenen Fällen kann die Krankheit bei Infizierten über 40 Jahren tödlich verlaufen. Wer Thailand bereist, sollte gegen Hepatitis A geimpft sein.

Hepatitis B

Dies ist die einzige durch Geschlechtsverkehr übertragbare Krankheit, die durch eine Impfung vermieden werden kann. Hepatitis B überträgt sich über Körperflüssigkeiten. In einigen Teilen Thailands sind bis zu 20 % der Bevölkerung mit Hepatitis B infiziert, meist ohne davon zu wissen. Zu den Spätfolgen dieser Krankheit gehören Leberzirrhose, Leberkrebs und Tod.

HIV

In Thailand ist HIV mittlerweile eine der häufigsten Todesursachen bei Menschen unter 50 Jahren. Deshalb gilt: Niemals ungeschützten Sex mit Einheimischen haben, ausschließlich sterile Spritzen/Nadeln verwenden und sich besser kein Tattoo stechen lassen!

Influenza

Influenza (Grippe) ist in den Tropen das ganze Jahr über

präsent. Die Symptome sind hohes Fieber, Muskelschmerzen, eine laufende Nase, Husten und Halsschmerzen. Grippe ist die am besten durch Impfung vermeidbare Krankheit, die sich Traveller zuziehen könnten, darum sollte jeder über eine Impfung nachdenken. Es gibt keine spezielle Behandlung außer Ruhe und Paracetamol. Komplikationen wie Bronchitis oder eine Mittelohrentzündung können Antibiotikagaben nötig machen.

Larva Migrans cutanea

Diese Krankheit, verursacht durch die Larve des Hakenwurms, tritt besonders oft an Thailands Stränden auf. Der Ausschlag beginnt mit einer kleinen Schwellung und breitet sich linienförmig aus. Der damit verbundene Juckreiz ist besonders nachts sehr stark. Die Krankheit ist medikamentös einfach zu behandeln; der Ausschlag sollte nicht herausgeschnitten oder vereist werden!

Leptospirose

Mit Leptospirose kann man sich durch den Kontakt mit verseuchtem Süßwasser infizieren – häufig tritt die Krankheit nach Rafting- oder Kajaktouren auf. Erstsymptome wie Kopfschmerzen und Fieber sind denen einer Grippe sehr ähnlich. Der Krankheitsverlauf variiert von leichten Beschwerden bis hin zur lebensgefährlichen Erkrankung. Die Diagnose erfolgt durch einen Bluttest. Leptospirose kann mit Doxycyclin behandelt werden.

Malaria

Über diese Krankheit kursieren viele Fehlinformationen. Malaria wird durch einen Parasiten ausgelöst, der durch den Stich einer infizierten Mücke übertragen wird. Fieber ist das Hauptsymptom, doch die Erkrankung kann auch mit Kopfschmerzen, Durchfall, Husten und Schüttelfrost einhergehen – also mit für viele Infektionskrankheiten typischen Symptomen. Eine verlässliche Diagnose ist nur durch einen Bluttest möglich.

In den meisten touristischen Gegenden Thailands, vor allem in Städten oder Badeorten, ist das Malaria-Risiko minimal bis nicht vorhanden – angesichts dessen sollte man sich überlegen, ob man die eventuellen Nebenwirkungen der Malariaprophylaxe in Kauf nehmen will. Wer in ländliche Regionen mit hohem Malariarisiko reisen will (beim Durchschnittstraveller eher unüblich), sollte einen Arzt konsultieren und sich über das passende Medikament und die richtige Dosis informieren.

Masern

Diese hoch ansteckende Virusinfektion wird durch Tröpfcheninfektion (Husten und Niesen) oder direkten Kontakt übertragen und ist nach wie vor in Thailand weit verbreitet. Masern beginnen mit hohem Fieber und Ausschlag. Sie können von Komplikationen wie Lungenentzündungen oder Hirnerkrankungen begleitet werden. Es gibt keine spezielle Behandlung. Unbedingt impfen lassen!

Tollwut

Diese unbehandelt immer tödlich verlaufende Krankheit wird durch den Biss oder den Speichel eines infizierten Tieres übertragen. Meist handelt es sich um Hunde oder Affen, aber man sollte nach jedem Tierbiss unverzüglich einen Arzt aufsuchen, um mit der Behandlung zu beginnen. Wenn man sich vor der Reise gegen Tollwut hat impfen lassen, erleichtert das die Behandlung nach dem Biss erheblich.

Die Bisswunde sollte zunächst vorsichtig mit Wasser und Seife ausgewaschen und dann mit einem jodhaltigen Antiseptikum gereinigt werden. Wer keine Tollwutimpfung hat, muss sich so schnell wie möglich Tollwut-Immunglobulin spritzen lassen, gefolgt von fünf Dosen Impfstoff in den folgenden 28 Tagen. Wer geimpft ist, benötigt nur zwei nachträgliche Dosen Impfstoff in einem Abstand von drei Tagen.

Typhus

Diese ernsthafte bakterielle Infektion verbreitet sich durch Essen und Wasser. Sie führt zu hohem und immer weiter steigendem Fieber und Kopfschmerzen. Sie kann von trockenem Husten und Magenschmerzen begleitet werden. Typhus

DAS HILFT GEGEN MOSKITOS

Wer folgende Ratschläge befolgt, wird nicht so schnell von Mücken gestochen:

- DEET-haltige Insektenschutzmittel auf die nackte Haut auftragen
- Unter einem Moskitonetz schlafen, das mit Permethrin imprägniert ist
- Unterkünfte mit Trennwänden und Ventilatoren aussuchen
- In Gegenden mit hohem Malariarisiko die Kleidung mit Permethrin einsprühen
- Langärmlige Oberteile und lange Hosen in hellen Farben tragen
- Mückenspiralen benutzen
- Insektenschutzmittel im Zimmer versprühen, bevor man das Zimmer verlässt

wird durch Bluttests nachgewiesen und mit Antibiotika behandelt. Die Impfung wird für alle empfohlen, die länger als eine Woche in Thailand bleiben wollen. Achtung: Die Impfung gewährt keinen 100 %igen Schutz, Vorsicht bei allem, was man isst und trinkt, ist trotzdem geboten!

Mit Kindern reisen

Thailand ist ein relativ unbedenkliches Reiseland für Kinder. Vor der Reise können Eltern sich mit einem Spezialisten für Reisemedizin kurzschließen, um abzuklären, ob der Nachwuchs bereit ist für einen Trip nach Thailand. In eine Reiseapotheke speziell für Kinder gehören flüssige Medikamente, da Kinder oft Probleme beim Schlucken von Tabletten haben. Azithromycin ist für Kinder gut verträglich und hilft bei bakteriell verursachtem Durchfall sowie Ohr-, Atemwegs- und Halsentzündungen.

Lesenswert sind u. a. *Travel with Children* von Lonely Planet und *Your Child's Health Abroad* von Jane Wilson-Howarth, besonders für diejenigen, die voraussichtlich längere Zeit unterwegs sein werden.

Medizinische Versorgung & Kosten

Bangkok gilt in den südostasiatischen Ländern als Ort mit erstklassiger medizinischer Versorgung. Privatkrankenhäuser sind teurer als andere Einrichtungen, bieten aber auch einen höheren Standard, und das Personal spricht Englisch. Die Kosten sind im Vergleich zu denen in den meisten westlichen Ländern niedrig.

Reisedurchfall

Durchfall ist die am weitesten verbreitete Erkrankung bei Travellern. In mehr als 80 % der Fälle ist ein Bakterium der Auslöser (es gibt diverse Übeltäter), sodass ein Antibiotikum schnell Abhilfe schaffen kann.

Man spricht von akuter Diarrhö, wenn man innerhalb von 24 Stunden mehr als dreimal wässerigen Stuhl hatte und noch mindestens ein weiteres Symptom hinzukommt, z. B. Erbrechen, Fieber, Krämpfe, Übelkeit oder allgemeines Unwohlsein.

Die Behandlung besteht darin, einer Dehydrierung entgegenzuwirken. Rehydrationsflüssigkeiten sind dafür am besten geeignet. Antibiotika wie Norfloxacin, Ciprofloxacin oder Azithromycin töten die Bakterien schnell. Medizinische Hilfe sollte beansprucht werden, falls ein herkömmliches Antibiotikum nicht anschlägt.

Loperamid stoppt nur den Durchfall, beseitigt aber nicht die Ursache. Es kann trotzdem nützlich sein (z. B. wenn eine lange Busreise ansteht). Bei Fieber oder Blut im Stuhl besser nicht nehmen!

Giardia lamblia ist ein Parasit, der relativ häufig vorkommt. Symptome sind Übelkeit, Aufgedunsenheit, starke Blähungen, Müdigkeit und zeitweise auftretender Durchfall. Der Parasit verlässt den Körper möglicherweise ohne Behandlung, aber das kann Monate dauern. Gut geeignet ist das Medikament Tinidazol; Metronidazol ist eine weitere Option.

Die Amöbenruhr kommt unter Travellern sehr selten vor, kann aber von weniger zuverlässigen Laboren falsch diagnostiziert werden. Die Symptome – Fieber, blutiger Stuhl und allgemeines Unwohlsein – ähneln denen des bakteriell verursachten Durchfalls. Bei Blut im Stuhl sofort einen Arzt aufsuchen! Die Behandlung erfolgt mit zwei Medikamenten: Tinidazol oder Metronidazol töten die Parasiten im Darm, und ein weiteres Medikament tötet die Zysten. Bleibt die Krankheit unbehandelt, können Leberabszesse entstehen.

LEITUNGSWASSER

Obwohl es laut Behörden als trinkbar gilt, trinken die Thais kein Leitungswasser, und Traveller sollten das ebenfalls nicht tun. Während des Thailandaufenthalts hält man sich besser an in Flaschen abgefülltes oder gefiltertes Wasser.

Umweltrisiken

Essen

Die meisten Durchfallerkrankungen entstehen durch das Essen im Restaurant. Um sie zu vermeiden, sollte man nur frisch zubereitetes Essen zu sich nehmen und generell Speisen meiden, die schon eine Weile auf dem Buffet liegen; Obst sollte geschält und Gemüse gekocht werden. Und am besten isst man in gut besuchten Restaurants.

Hautprobleme

Hitzepocken sieht man in tropischen Regionen häufig. Sie entstehen, wenn sich Schweiß unter der Hautoberfläche staut. Kalte Duschen und Körperpuder helfen.

Dann gibt es noch zwei Pilze, mit denen Reisende oft zu kämpfen haben. Einer befällt die Leistengegend, die Achselhöhlen und die Zehenzwischenräume. Zunächst sieht man nichts weiter als einen roten Fleck, dann kommen langsam immer mehr dazu. Normalerweise jucken diese Stellen. Man sollte sie trocken halten, zusehen, dass die Kleidung nicht an ihnen reibt, und ein Antimykotikum wie Clotrimazol oder Lamisil auftragen. Der Pilz *Tinea versicolor* verursacht kleine, helle Flecken, zumeist auf dem Rücken, der Brust und den Schultern (am besten einen Arzt aufsuchen!).

Wenn das Klima feucht ist, entzünden sich Schnitte und Kratzer leicht (passiert z. B. gern, wenn man sich an einer Koralle geschnitten hat). Man sollte Wunden sofort mit sauberem Wasser reinigen und ein Antiseptikum auftragen. Bei eindeutigen Anzeichen für eine Entzündung sofort einen Arzt aufsuchen!

Hitze

Die meisten Reisenden brauchen mindestens zwei Wochen, um sich an die Hitze zu gewöhnen. Am besten beugt man angeschwollenen Füßen und Fußgelenken sowie auf extremes Schwitzen zurückzuführenden Muskelkrämpfen vor, indem man ausreichend viel trinkt und körperliche Anstrengungen um die Mittagszeit vermeidet.

Ein Hitzschlag muss sofort durch einen Arzt behandelt werden. Die Symptome treten ganz plötzlich auf und umfassen Schwächeanfälle, Übelkeit, eine Körpertemperatur von mehr als 41 °C (ohne dass der Patient dabei schwitzt), Schwindel, Verwirrungszustände, den Verlust der Koordinationsfähigkeiten, Anfälle und eventuell sogar Zusammenbrüche und Bewusstlosigkeit.

Insektenstiche & -bisse

Wanzen leben in den Ritzen der Möbel oder Wände und kriechen nachts in die Betten, um sich an Menschen gütlich zu tun. Bisse können mit Antihistaminika behandelt werden.

Zecken bekommt man in ländlichen Gegenden schnell. Im Allgemeinen machen sie es sich hinter den Ohren, auf dem Bauch und in den Armbeugen gemütlich. Wer einen Zeckenbiss hat und Symptome wie Schwellungen an der Bissstelle, Fieber oder Muskelschmerzen beobachtet, sollte einen Arzt aufsuchen. Doxycyclin wirkt gegen durch Zecken übertragene Krankheiten.

Blutegel finden sich in feuchten Regenwaldgebieten. Sie übertragen keine Krankheiten, aber ihre Bisse jucken meist heftig und wochenlang und können sich leicht entzünden. Ein jodhaltiges Antiseptikum, das auf den Biss aufgetragen wird, hilft Infektionen zu vermeiden.

Bienen- und Wespenstiche stellen eigentlich nur eine Gefahr für Menschen dar, die allergisch darauf reagieren. Wer eine ausgeprägte Allergie hat, sollte für den Notfall eine Adrenalinspritze mit sich führen. Für alle anderen ist der Schmerz nach dem Stich das Hauptproblem – am besten kühlt man die Stichstelle und nimmt bei Bedarf ein Schmerzmittel.

Parasiten

Unter der einheimischen Bevölkerung sind zahlreiche Parasiten verbreitet, aber Reisende sind eher selten von ihnen betroffen. Um Infektionen durch Parasiten zu vermeiden, sollte man immer Schuhe tragen und nichts Rohes essen, vor allem keinen rohen Fisch, kein rohes Schweinefleisch und kein ungekochtes Gemüse.

Quallen

Wer mit einer Würfelqualle in Berührung kommt, kann mit einer kleineren – aber gleichwohl schmerzhaften! – Blessur davonkommen, schlimmstenfalls jedoch sterben.
Es gibt zwei Arten: Manche haben viele Tentakel, andere nur einen.

In thailändischen Gewässern treibt sich auch die gefährlichere der beiden herum – die mit mehreren Tentakeln ausgestattete –, und zwar zumeist während der warmen Monate an sandigen Stränden in der Nähe von Flussmündungen oder in Mangrovenwäldern. Bei einer starken Vergiftung kann ein Erwachsener innerhalb von zwei Minuten sterben.

Es gibt verschiedene Würfelquallen mit nur einem Tentakel. Manche können schwerwiegende Symptome hervorrufen, die als Irukandji-Syndrom bekannt sind. Auch wenn die Wunde harmlos aussieht, können schon fünf bis 40 Minuten später Beschwerden wie Rückenschmerzen, Übelkeit, Erbrechen, Schweißausbrüche und Atemnot auftreten.

Es gibt noch weitere Quallenarten in Thailand, deren Tentakel unangenehme

ERSTE HILFE BEI SCHWEREN QUALLENVERGIFTUNGEN

Bei starken, lebensbedrohlichen Vergiftungen muss jemand bei dem Verletzten bleiben, während ein anderer den Notarzt holt. Sollte das Opfer bewusstlos sein, muss man umgehend mit der Reanimation beginnen. Ist der Verletzte bei Bewusstsein, müssen die Stellen, an denen die Tentakel die Haut berührt hat/haben, 30 Sekunden lang mit Essig übergossen werden.

Essig hilft auch gegen Stiche von kleineren Quallen. Am besten sofort einen Arzt aufsuchen für den Fall, dass innerhalb der nächsten 40 Minuten weitere Symptome auftreten.

Australien und Thailand arbeiten gemeinsam an einer besseren Klassifizierung der verschiedenen Quallenarten und ihrer Lebensräume. Man hofft, dass sie so zukünftig besser lokalisiert und Unfälle vermieden werden können.

Hautirritationen, aber keine schlimmen Symptome hervorrufen. Schützen kann man sich eigentlich nur, indem man spezielle Kleidung trägt, z. B. Neoprenanzüge.

Schlangen

Es passiert zwar nur selten, dass Reisende von einer Schlange gebissen werden, aber es gibt immerhin mehr als 85 giftige Schlangenarten in Thailand. In Gegenden, in denen Schlangen vorkommen, sollte man deshalb sicherheitshalber immer geschlossene Schuhe und lange Hosen tragen.

Das thailändische Rote Kreuz hat diverse Gegengifte zur Behandlung von Schlangenbissen vorrätig.

Sonnenbrand

Selbst an einem wolkenverhangenen Tag holt man sich unter Umständen rasch einen Sonnenbrand. Man sollte Sonnenmilch mit einem hohen Lichtschutzfaktor benutzen (min. Schutzfaktor 30), nach dem Schwimmen sorgfältig nachcremen und stets einen Hut mit breiter Krempe sowie eine Sonnenbrille tragen. Wer dennoch einen Sonnenbrand abgekriegt hat, sollte die Sonne meiden, bis sich die Haut vollständig erholt hat, kühlende Kompressen auflegen und gegebenenfalls Schmerztabletten einnehmen. Auch Cremes mit 1 % Hydrokortison helfen mitunter (diese sollte man dann zweimal täglich auftragen).

Sprache

Die offizielle Sprache Thailands ist eigentlich der Dialekt, der in Zentralthailand gesprochen und geschrieben wird. Er hat sich als Lingua franca aller thailändischen und nichtthailändischen Bevölkerungsgruppen im Königreich etabliert.

Thai ist eine Tonsprache, d. h., dass die Bedeutung einer einzelnen Silbe durch unterschiedliche Stimmlage (Ton) bei der Aussprache verändert werden kann. Standard-Thai verfügt über fünf Töne: tief, mittel, fallend, hoch und steigend. Die Begriffe hoch, tief und mittel sind relativ; die Tonhöhe hängt immer vom Stimmumfang des Sprechers ab – die Töne sind also nicht festgelegt wie bei einer Notenpartitur.

➡ **tiefer Ton** – „Flach" wie der mittlere Ton. Er wird relativ tief ausgesprochen (bezogen auf den jeweiligen Stimmumfang), unbetont und gleichmäßig, z. B. bei bàht (Baht, die thailändische Währung).

➡ **mittlerer Ton** – Wird ebenfalls „flach" ausgesprochen, der Ton befindet sich in der Mitte des Stimmumfangs des Sprechers wie in di („gut"). Es wird kein Akzent auf den Buchstaben gesetzt.

➡ **fallender Ton** – Beginnt hoch und fällt schnell ab. Die Tonlage ähnelt der deutschen, wenn man jemanden von Weitem ruft, z. B. mâi („nein"/„nicht").

➡ **hoher Ton** – Fällt Ausländern meist am schwersten. Die Tonlage ist am oberen Ende des Stimmspektrums angesiedelt, der Ton wird so flach gesprochen wie möglich. Ein Beispiel ist máh (Pferd).

➡ **steigender Ton** – Beginnt tief und steigt dann gleichmäßig an. Erinnert an die Betonung im Fragesatz („Ja?"), z. B. in săhm („drei").

Die thailändische Regierung hat ein Transkriptionssystem eingeführt, das Royal Thai General Transcription System (RTGS), mit dem Thai mit den Buchstaben des lateinischen Alphabets geschrieben werden kann. Es wird für offizielle Dokumente, Straßenschilder und auf Karten verwendet. Dennoch wird man auf Schildern und Speisekarten auch lokale Varianten entdecken. Im Allgemeinen haben wir uns in diesem Band an den am weitesten verbreiteten Schreibweisen orientiert. Achtung: Das Transkriptionssystem orientiert sich am Englischen, weshalb insbesondere auf die unten erläuterte Aussprache der Vokale geachtet werden muss!

Bei den farbig unterlegten Aussprachehilfen trennen die Bindestriche Silben innerhalb eines Wortes voneinander. Manche Silben werden mittels eines Punktes noch weiter unterteilt, um die Aussprache von Mehrfachvokalen zu erleichtern, z. B. mêu·a-rai („als").

Der Vokal a wird wie das erste „e" in „Wecker" gesprochen, das aa wie das „ä" in „mähen"; das ah erinnert an das „a" in „Vater", das ai wird wie „ei" ausgesprochen, air wie in „Flair" ohne „r", eu spricht man wie das „ö" in „Töpfe". Der Laut ew erinnert an ein „ü" und wird mit runden Lippen gesprochen, das oh klingt wie in „ou" (Vokale einzeln sprechen), or wie das „o" in „Horn" und ow wie „au".

Die meisten Konsonanten werden wie im Deutschen gesprochen. Ausnahmen sind das ƅ (ein harter Plosiv, ausgesprochen wie eine Mischung aus „b" und „p"), das đ, ein harter „t"-Laut wie in „Bett", das ng (wie in „Klinge"), das in Thai anders als im Deutschen auch am Wortanfang stehen kann, und das r wie im englischen Wort „run". In der Alltagssprache klingt dieser gerollte Laut häufig wie ein „l".

NOCH MEHR GEFÄLLIG?

Wer noch mehr über die Sprache erfahren und ein paar praktische Wendungen für seine Reise lernen möchte, sollte sich den *Sprachführer Thai* von Lonely Planet zulegen. Man findet den Titel unter **http://shop.lonelyplanet.de** und im Buchhandel.

GRUNDBEGRIFFE

Die thailändische Gesellschaftsstruktur gebietet, dass man sich verschiedener Register bedient, abhängig davon, mit wem man spricht. Wir haben hier die dem Kontext entsprechende Form verwendet.

Wer höflich sein will, beendet seinen Satz mit kráp (für Männer) oder kâ (für Frauen). Das bezieht sich auf das Geschlecht des Sprechers; üblicherweise bejaht man so auch Fragen oder drückt Zustimmung aus.

Die männliche bzw. weibliche Form haben wir an den jeweils relevanten Stellen mit den Abkürzungen „m./f." bei der Transkription kenntlich gemacht.

Hallo.	สวัสดี	sà-wàt-di
Tschüss.	ลาก่อน	lah gòrn
Ja.	ใช่	tschâi
Nein.	ไม่	mâi
Bitte.	ขอ	kŏr
Danke.	ขอบคุณ	kòrp kun
Gern geschehen.	ยินดี	yin di
Entschuldigen Sie.	ขออภัย	kŏr à-pai
Entschuldigung.	ขอโทษ	kŏr tôht

Wie geht es Ihnen?
สบายดีไหม — sà-bai di măi

Gut. Und Ihnen?
สบายดีครับ/ค่า แล้วคุณล่ะ — sà-bai di kráp/kâ láa-ou kun lâ (m./f.)

Wie ist Ihr Name?
คุณชื่ออะไร — kun tschêu à-rai

Mein Name ist …
ผม/ดิฉันชื่อ … — pŏm/dì-tschăn tschêu … (m./f.)

Sprechen Sie Englisch?
คุณพูดภาษาอังกฤษได้ไหม — kun pôot pah-săh ang-grìt dâi măi

Ich verstehe nicht.
ผม/ดิฉันไม่เข้าใจ — pŏm/dì-chăn mâi kôw jai (m./f.)

ESSEN & TRINKEN

Ich hätte gern (die Speisekarte).
ขอ (รายการอาหาร) หน่อย — kŏr (rai gahn ah-hăhn) nòy

Was würden Sie empfehlen?
คุณแนะนำอะไรบ้าง — kun náa-nam à-rai bâhng

Das war köstlich!
อร่อยมาก — à-ròy mâhk

FRAGEWÖRTER

Wann?	เมื่อไร	mêu·a-rai
Warum?	ทำไม	tam-mai
Was?	อะไร	à-rai
Wer?	ใคร	krai
Wo?	ที่ไหน	têe năi

Prost!
ไชโย — tschai-yoh

Die Rechnung, bitte.
ขอบิลหน่อย — kŏr bin nòy

Ich esse kein/e/n …	ผม/ดิฉันไม่กิน …	pŏm/dì-tschăn mâi dschin … (m./f.)
Eier	ไข่	kài
Fisch	ปลา	blah
Nüsse	ถั่ว	tòo·a
rotes Fleisch	เนื้อแดง	néu·a daang

Wichtige Begriffe

Abendessen	อาหารเย็น	ah-hăhn yen
Bar	บาร์	bah
Café	ร้านกาแฟ	ráhn gah-faa
Dessert	ของหวาน	kŏrng wăhn
Essstäbchen	ไม้ตะเกียบ	mái dà-dschèe·ap
Flasche	ขวด	kòo·at
Frühstück	อาหารเช้า	ah-hăhn tschów
Gabel	ส้อม	sôrm
Getränkekarte	รายการเครื่องดื่ม	rai gahn krêu·ang dèum
Glas	แก้ว	gâa·ou
heiß	ร้อน	rórn
kalt	เย็น	yen
Löffel	ช้อน	tschórn
Markt	ตลาด	dà-làht
Messer	มีด	mêet
mit	มี	mi
Mittagessen	อาหารกลางวัน	ah-hăhn glahng wan
ohne	ไม่มี	mâi mi
Restaurant	ร้านอาหาร	ráhn ah-hăhn
scharf	เผ็ด	pèt
Schüssel	ชาม	tschahm

ZAHLEN

1	หนึ่ง	nèung
2	สอง	sŏrng
3	สาม	săhm
4	สี่	sèe
5	ห้า	hâh
6	หก	hòk
7	เจ็ด	jèt
8	แปด	ɓàat
9	เก้า	gôw
10	สิบ	sìp
11	สิบเอ็ด	sìp-èt
20	ยี่สิบ	yêe-sìp
21	ยี่สิบเอ็ด	yêe-sìp-èt
30	สามสิบ	săhm-sìp
40	สี่สิบ	sèe-sìp
50	ห้าสิบ	hâh-sìp
60	หกสิบ	hòk-sìp
70	เจ็ดสิบ	jèt-sìp
80	แปดสิบ	ɓàat-sìp
90	เก้าสิบ	gôw-sìp
100	หนึ่งร้อย	nèung róy
1000	หนึ่งพัน	nèung pan
10 000	หนึ่งหมื่น	nèung mèun
100 000	หนึ่งแสน	nèung săan
1 000 000	หนึ่งล้าน	nèung láhn

Speisekarte	รายการอาหาร	rai gahn ah-hăhn
Tasse, Becher	ถ้วย	tôo·ay
Teller	จาน	jahn
Vegetarier	คนกินเจ	kon dschin jair

Fleisch & Fisch

Ente	เป็ด	ɓèt
Fisch	ปลา	ɓlah
Fleisch	เนื้อ	néu·a
Huhn	ไก่	gài
Krebs	ปู	ɓu
Meeresfrüchte	อาหารทะเล	ah-hăhn tá-lair
Rind	เนื้อ	néu·a
Schwein	หมู	mŏo
Tintenfisch	ปลาหมึก	ɓlah mèuk

Obst & Gemüse

Aubergine	มะเขือ	má-kĕu·a
Banane	กล้วย	glôo·ay
Bohnen	ถั่ว	tòo·a
Gemüse	ผัก	pàk
Guave	ฝรั่ง	fa-ràng
Kartoffeln	มันฝรั่ง	man fa-ràng
Kokosnuss	มะพร้าว	má-prów
Limette	มะนาว	má-now
Mango	มะม่วง	má-môo·ang
Mangostane	มังคุด	mang-kút
Nüsse	ถั่ว	tòo·a
Obst	ผลไม้	pŏn-lá-mái
Papaya	มะละกอ	má-lá-gor
Pilze	เห็ด	hèt
Rambutan	เงาะ	ngó
Tamarind	มะขาม	má-kăhm
Tomaten	มะเขือเทศ	má-kĕu·a têt
Wassermelone	แตงโม	đaang moh

Sonstiges

Chilli	พริก	prík
Ei	ไข่	kài
Eis	น้ำแข็ง	nám kăang
Fischsauce	น้ำปลา	nám ɓlah
Nudeln	เส้น	sên
Öl	น้ำมัน	nám man
Pfeffer	พริกไทย	prík tai
Reis	ข้าว	kôw
Salat	ผักสด	pàk sòt
Salz	เกลือ	gleu·a
Sojasauce	น้ำซีอิ๊ว	nám si-éw
Suppe	น้ำซุป	nám súp
Tofu	เต้าหู้	đôw hôo
Zucker	น้ำตาล	nám đahn

Getränke

Bier	เบียร์	bi·a
Kaffee	กาแฟ	gah-faa
Milch	นมจืด	nom jèut
Orangensaft	น้ำส้ม	nám sôm
Sojamilch	น้ำเต้าหู้	nám đôw hôo
Tee	ชา	chah
Wasser	น้ำดื่ม	nám dèum
Zuckerrohrsaft	น้ำอ้อย	nám ôy

NOTFALL

Hilfe!	ช่วยด้วย	tschôo·ay dôo·ay
Hauen Sie ab!	ไปให้พ้น	ɓai hâi pón

Rufen Sie einen Arzt!
เรียกหมอหนอย — rêe·ak mŏr nòy

Rufen Sie die Polizei!
เรียกตำรวจหนอย — rêe·ak đam·ròo·at nòy

Ich bin krank.
ผม/ดิฉันป่วย — pŏm/dì-tschăn ɓòo·ay (m./f.)

Ich habe mich verlaufen.
ผม/ดิฉัน หลงทาง — pŏm/dì-tschăn lŏng tahng (m./f.)

Wo sind die Toiletten?
ห้องน้ำอยู่ที่ไหน — hôrng nám yòo têe năi

SHOPPEN & SERVICE

Ich hätte gern ...
อยากจะซื้อ ... — yàhk jà séu ...

Ich sehe mich nur um.
ดูเฉย ๆ — du tschĕu·i tschĕu·i

Kann ich mir das genauer ansehen?
ขอดูไดไหม — kŏr du dâi măi

Wie viel kostet das?
เทาไร — tôw-rai

Das ist zu teuer.
แพงไป — paang ɓai

Können Sie den Preis senken?
ลดราคาได้ไหม — lót rah-kah dâi măi

Da ist ein Fehler auf der Rechnung.
บิลใบนี้ผิด นะครับ/คะ — bin bai née pìt ná kráp/kâ (m./f.)

UHRZEIT & DATUM

Wie viel Uhr ist es?
กี่โมงแล้ว — gèe mohng láa·ou

Morgen	เช้า	tschów
Nachmittag	บ่าย	bài
Abend	เย็น	yen
gestern	เมื่อวาน	mêu·a wahn
heute	วันนี้	wan née
morgen	พรุ่งนี้	prûng née
Montag	วันจันทร์	wan jan
Dienstag	วันอังคาร	wan ang-kahn
Mittwoch	วันพุธ	wan pút
Donnerstag	วันพฤหัสฯ	wan pá-réu-hàt
Freitag	วันศุกร์	wan sùk
Samstag	วันเสาร์	wan sŏw
Sonntag	วันอาทิตย์	wan ah-tít

UNTERKUNFT

Wo ist ein/e ...?	... อยู่ที่ไหน	... yòo têe năi
Hotel	โรงแรม	rohng raam
Jugendherberge	บ้านเยาวชน	bâhn yow-wá-tschon
Pension	บ้านพัก	bâhn pák
Zeltplatz	ค่ายพักแรม	kâi pák raam

Haben Sie ein ... Zimmer?	มีห้อง ... ไหม	mi hôrng ... măi
Doppelzimmer	เตียงคู่	đi·ang kôo
Einzelzimmer	เดี่ยว	dèe·o
Zweierzimmer	สองเตียง	sŏrng đi·ang

Bad	ห้องน้ำ	hôrng nám
Fenster	หน้าต่าง	nâh đàhng
Klimaanlage	แอร์	aa
Moskitonetz	มุ้ง	múng
Wäscherei	ห้องซักผ้า	hôrng sák pâh

VERKEHRSMITTEL & -WEGE

Öffentliche Verkehrsmittel

Auto	รถเก๋ง	rót gĕng
Boot	เรือ	reu·a

SCHILDER

ทางเข้า	Eingang
ทางออก	Ausgang
เปิด	Offen
ปิด	Geschlossen
ที่ติดต่อสอบถาม	Information
ห้าม	Verboten
ห้องสุขา	Toiletten
ชาย	Männer
หยิง	Frauen

Bus	รถเมล์	rót mair
Fahrradrikscha	สามล้อ	săhm lór
Flugzeug	เครื่องบิน	krêu·ang bin
Motorrad	มอเตอร์ไซค์	mor-đeu-sai
Taxi	รับจ้าง	ráp jâhng
Túk-Túk	ตุ๊กๆ	dúk dúk
Zug	รถไฟ	rót fai
Wann fährt der ... Bus?	รถเมล์คัน ... มาเมื่อไร	rót mair kan ... mah mêu·a rai
erste	แรก	râak
letzte	สุดท้าย	sùt tái
nächste	ต่อไป	đòr ɓai
Eine ... Fahrkarte, bitte.	ขอตั๋ว ...	kŏr đŏo·a ...
einfache	เที่ยวเดียว	têe·o di·o
Hin- & Rückfahrt	ไปกลับ	ɓai glàp
Ich hätte gern einen ... Platz.	ต้องการที่นั่ง ...	đôrng gahn têe nâng ...
Gang	ติดทางเดิน	đìt tahng deun
Fenster	ติดหน้าต่าง	đìt nâh đàhng
Bahnsteig	ชานชาลา	chan-chah-lah
Ticketschalter	ช่องขายตั๋ว	tschôrng kăi đŏo·a
Fahrplan	ตารางเวลา	đah-rahng wair-lah

Wann ist die Ankunft in (Chiang Mai)?
ถึง (เชียงใหม่) กี่โมง — tĕung (tschi·ang mài) dschèe mohng

Hält er in (Saraburi)?
รถจอดที่ (สระบุรี) ไหม — rót jòrt têe (sà-rà-bù-ree) măi

Bitte sagen Sie mir Bescheid, wenn wir (Chiang Mai) erreichen.
เมื่อถึง (เชียงใหม่) กรุณาบอกด้วย — mêu·a tĕung (tschi·ang mài) gà-rú-nah bòrk dôo·ay

Ich möchte in (Saraburi) aussteigen.
ขอลงที่(สระบุรี) — kŏr long têe (sà-rà-bù-ree)

Auto- & Radfahren

Ich möchte ein/einen ... mieten.	อยากจะเช่า ...	yàhk jà tschôw ...
Auto	รถเก๋ง	rót gĕng
Motorrad	รถ มอร์เตอร์ไซค์	rót mor-đeu-sai
Ich möchte ...	ต้องการ ...	đôrng gahn ...
Mein Rad reparieren lassen.	ซ่อมรถจักรยาน	sôrm rót jàk-gà-yahn
ein Rad leihen.	เช่ารถจักรยาน	tschôw rót dschàk-gà-yahn

Ist dies die Straße nach (Ban Bung Wai)?
ทางนี้ไป (บ้านบุ่งหวาย) ไหม — tahng née ɓai (bâhn bùng wăi) măi

Wo ist eine Tankstelle?
ปั๊มน้ำมันอยู่ที่ไหน — ɓâm nám man yòo têe năi

Kann ich hier parken?
จอดที่นี้ได้ไหม — jòrt têe née dâi măi

Wie lange kann ich hier parken?
จอดที่นี้ได้นานเท่าไร — jòrt têe née dâi nahn tôw-rai

Ich brauche einen Mechaniker.
ต้องการช่างรถ — đôrng gahn tschâhng rót

Ich habe einen Platten.
ยางแบน — yahng baan

Ich habe kein Benzin mehr.
หมดน้ำมัน — mòt nám man

Brauche ich einen Helm?
ต้องใช้หมวกกันนอกไหม — đôrng tschái mòo·ak gan nórk măi

WEGBESCHREIBUNGEN

Wo ist ...?
... อยู่ที่ไหน — ... yòo têe năi

Wie lautet die Adresse?
ที่อยู่คืออะไร — têe yòo keu à-rai

Könnten Sie das bitte aufschreiben?
เขียนลงให้ได้ไหม — kĕe·an long hâi dâi măi

Können Sie mir (das auf der Karte) zeigen?
ให้ดู (ในแผนที่) ได้ไหม — hâi doo (nai păan têe) dâi măi

Links/rechts abbiegen.
เลี้ยวซ้าย/ขวา — lée·o sái/kwăh

Es ist ...	อยู่ ...	yòo ...
geradeaus	ตรงไป	đrong ɓai
hinter	ที่หลัง	têe lăng
neben	ข้างๆ	kâhng kâhng
vor	ตรงหน้า	đrong nâh

GLOSSAR

Das Glossar beinhaltet Begriffe aus dem Thai, dem Pali (P) und dem Sanskrit (S), die in diesem Guide verwendet werden. Erläuterungen zu Wörtern aus dem Bereich Essen & Trinken stehen auf S. 835.

ajahn – *(aajaan)* respektvolle Bezeichnung für einen Lehrer; von *acarya* (Sanskrit)

amphoe – *(amphur)* Distrikt, kleinere Gliederungseinheit als Provinz

AUA – American University Alumni

bâhn – *(ban)* Haus; Dorf

Baht – *(bàat)* thailändische Währung

bàht – Gewichtseinheit (15 g); runde Schüssel, in der Mönche Lebensmittelspenden sammeln

BKS – Baw Khaw Saw (thailändisches Akronym für den Verkehrsbetrieb)

bodhisattva (S) – im Theravada-Buddhismus Bezeichnung für die Leben Buddhas vor seiner Erleuchtung

bòht – zentrales Heiligtum in einem Tempel, das für offizielle Zeremonien der Mönche genutzt wird (z. B. Weihen); geht auf den Pali-Begriff *uposatha (ubohsòt)* zurück; s. auch *wí·hăhn*

bòr nám rórn – Thermalquellen

Brahman – gehört zum Brahmanismus, einer alten religiösen Tradition in Indien, dem Vorläufer des Hinduismus; nicht zu verwechseln mit „Brahmane" (Angehöriger der indischen Priesterkaste)

BTS – kurz für Bangkok Transit System (Skytrain), auf Thai: *rót fai fáh*

ɓah·đé – Batik

CAT – Staatliche Telefongesellschaft

chedi – s. *stupa*

chow – Volk

chow lair – *(chow nám)* halbnomadisches Fischervolk

CPT – Kommunistische Partei Thailands

doy – „Berg" im nordthailändischen Dialekt; in Eigennamen „Doi"

đròrk – *(trok)* Gasse, enger als eine *soi*

fa·ràng – Ausländer aus dem Westen (europäische Wurzeln); auch: Guave

gà·teu·i – *(kàthoey)* das „dritte Geschlecht" in Thailand, gewöhnlich männliche Transvestiten oder Transsexuelle; auch *ladyboys*

gopura (S) – Eingangspavillon in der traditionellen Hindu-Tempelarchitektur, ist häufig bei Tempelanlagen aus der Angkor-Zeit zu erkennen

hàht – Strand; in Eigennamen „Hat" geschrieben

hŏr đrai – eine Tripitaka-Halle (Saal mit buddhistischen Schriften)

hôrng – *(hong)* Raum; in Südthailand sind Inselhöhlen gemeint, die zur Hälfte unter Wasser liegen

Isaan – *(i·săhn)* bezeichnet den Nordosten Thailands

jataka (P) – *(chah·dòk)* Geschichte über Buddhas frühere Leben

jin – Chinese

jin hor – wörtlich „galoppierender Chinese", gemeint sind die berittenen yunannesischen Händler

kàthoey – s. *gà·teu·i*

klorng – Kanal; in Eigennamen „Khlong" geschrieben

kŏhn – Tanztheater mit Masken; basiert auf den Ramakian-Erzählungen

kŏw – Hügel oder Berg; in Eigennamen „Khao"

KMT – Kuomintang (chinesische Nationalpartei)

KNU – Karen National Union, politischer Arm der Karen-Volksgruppe

ku – kleiner Stupa, der teilweise hohl und offen ist

kùtì – Wohnstätte von Mönchen

lăam – Kap; in Eigennamen „Laem"

Ladenhaus – meist zweistöckiges Gebäude: Im Erdgeschoss ist ein Geschäft, oben wird gewohnt; auch *shophouse*

làk meu·ang – Stadtsäule

lék – klein; s. auch *noi*

longyi – birmanischer Sarong

lôok tûng – thailändische Countrymusik

lôw kŏw – weißer Whisky, häufig ein selbst gebrannter Reisschnaps

mâa chi – thailändische buddhistische Nonne

mâa nám – Fluss; in Eigennamen „Mae Nam"

mahathat – *(má·hăh tâht)* Sammelbezeichnung für Tempel, in denen Buddha-Reliquien aufbewahrt werden; vom Sanskrit-Pali-Begriff *mahadhatu*

masjid – *(mát·sà·yít)* Moschee

mát·mèe – Technik zum Batiken von Seiden- und Baumwollfäden und zum Weben komplexer Muster ähnlich dem indonesischen *ikat*; der Ausdruck bezeichnet auch die Muster selbst

meu·ang – Stadt oder Fürstentum

mon·dòp – kleiner Platz, Bauwerk mit Turm in einem wát; vom Sanskrit-Begriff *mandapa* abstammend

mu·ay tai – *(muay thai)* Thaiboxen

mŏr lam – eine Musiktradition aus dem Isaan, ähnlich dem *lôok tûng*

naga (P/S) – *(nâhk)* ein mythisches, schlangenähnliches Wesen mit magischen Kräften

ná·kon – Stadt; vom Sanskrit-Pali-Ausdruck *nagara;* in Eigennamen „Nakhon"

nám – Wasser

nám đòk – Wasserfall; in Eigennamen „Nam Tok" geschrieben

neun – Hügel; in Eigennamen „Noen“ geschrieben

nibbana (P/S) – Nirvana; in der buddhistischen Lehre der Zustand der Erleuchtung; die Flucht aus dem Wiedergeburtszyklus; auf Thai: *níp·pahn*

noi – *(nóy)* klein, gering (bei Mengen); s. auch *lék*

nôrk – draußen, außerhalb; in Eigennamen „Nok“

ow – Bucht oder Golf; in Eigennamen „Ao“

pâh mát·mèe – *mát·mèe* Stoff

pěe – Geist

pík·sù – ein buddhistischer Mönch; vom Sanskrit-Begriff *bhikshu* und vom Pali-Begriff *bhikkhu*

PLAT – People's Liberation Army of Thailand, thailändische Volksbefreiungsarmee

prá – ein ehrfurchtsvoller Terminus für Mönche, Adelige und Buddha-Statuen; „Phra“ in Eigennamen

prá krêu·ang – Amulette von Mönchen, Buddhas oder Gottheiten, die zum Schutz durch die Geister um den Hals getragen werden; auch *prá pim* genannt

prá pum – Erdgeister oder Wächter

prang – *(ɓrahng)* Tempeltürme im Khmer-Stil

prasat – *(ɓrah·sàht)* kleines, reich verziertes Gebäude, das religiösen Zwecken dient – es befindet sich auf dem Tempelgelände, hat einen kreuzförmigen Grundriss und einen spitzen, dünnen Turm; jede Halle in einem Gebäudekomplex, die religiösen Zwecken dient bzw. von Bedeutung für die Monarchie ist

rót aa – blauweißer, klimatisierter Bus

rót norn – Schlafbus

săh·lah – überdachter Saal, an den Seiten offen, für Zusammenkünfte oder auch als Ruhestätte genutzt; vom portugiesischen *sala*, wörtlich übersetzt „Zimmer“

săhm·lór – dreirädrige Fahrradrikscha

samsara (P) – in der buddhistischen Lehre das Reich der Wiedergeburt und Verwirrung

sangha – (P) die buddhistische Gemeinde

Satang – *(sà·đahng)* thailändische Währungseinheit; 100 Satang sind 1 Baht

serow – asiatische Bergziege

sêua môr hôrm – Bauernhemd aus blauer Baumwolle

soi – schmale Straße

Songkran – thailändisches Neujahr, findet Mitte April statt

sŏrng·tăa·ou – (wörtlich „zwei Reihen“) Sammelbezeichnung für kleine Transporter mit zwei Sitzreihen hinten, die als Busse/Taxis eingesetzt werden; auch *săwngthăew* geschrieben

SRT – staatliche Eisenbahn Thailands

stupa – konisch geformtes buddhistisches Monument, in dem heilige buddhistische Gegenstände aufbewahrt werden

tâh – Pier, Bootslandesteg; in Eigennamen „Tha“ geschrieben

tâht – vierseitiges Buddhareliquium, kommt häufig im Nordosten vor; in Eigennamen „That“ geschrieben

tâm – Höhle; in Eigennamen „Tham“ geschrieben

tam bun – sich religiösen Verdienst erwerben

tambon – s. *đam·bon*

TAT – Tourism Authority of Thailand, thailändische Tourismusbehörde

Thammayut – eine der beiden Sekten des Theravada-Buddhismus in Thailand; gegründet von König Rama IV. während seiner Zeit als Mönch

thanŏn – *(tà·nŏn)* Straße; in Eigennamen „Thanon“ geschrieben, abgekürzt „Th“

T-pop –Teenie-Popmusik

tràwk – s. *đròrk*

trimurti (S) – Dreieinigkeit der Hauptgottheiten des Hinduismus: Brahma, Shiva und Vishnu

Tripitaka (S) – Schriften des Theravada-Buddhismus (Pali: *Tipitaka*)

túk–túk – *(đúk–đúk)* motorisiertes *săhm·lór*

vipassana (P) – *(wí·bàt·sà·nah)* bedeutet „Einsicht“; buddhistische Meditationstechnik

wâi – thailändische Begrüßungsgeste: Handflächen gegeneinander drücken

wan prá – im Buddhismus die heiligen Tage im Monatsverlauf; sie orientieren sich an den Hauptmondphasen (Vollmond, Neumond, Halbmond)

wang – Palast

wát – Tempel–Kloster; kommt vom Pali-Ausdruck *avasa* („Mönchsbehausung“); in Eigennamen „Wat“ geschrieben

wí·hăhn – *(wihan, viharn)* jede große Halle in einem thailändischen Tempel, häufig auch für Nichtbuddhisten zugänglich; kommt aus dem Sanskrit: *Vihara* heißt „Behausung, Wohnstatt“

Yawi – traditionelle Sprache in den malaiischen Gebieten auf Java, Sumatra und der malaiischen Halbinsel, weit verbreitet in den meisten südlichen Provinzen Thailands. Die Schrift basiert auf dem klassischen arabischen Alphabet (mit fünf zusätzlichen Buchstaben)

yài – groß

Hinter den Kulissen

WIR FREUEN UNS ÜBER EIN FEEDBACK

Post von Travellern zu bekommen, ist für uns ungemein hilfreich – Kritik und Anregungen halten uns auf dem Laufenden und helfen, unsere Bücher zu verbessern. Unser reiseerfahrenes Team liest alle Zuschriften ganz genau, um zu erfahren, was an unseren Reiseführern gut und was schlecht ist. Wir können solche Post zwar nicht individuell beantworten, aber jedes Feedback wird garantiert schnurstracks an die jeweiligen Autoren weitergeleitet, rechtzeitig vor der nächsten Nachauflage.

Wer Ideen, Erfahrungen und Korrekturhinweise zum Reiseführer mitteilen möchte, hat die Möglichkeit dazu auf **www.lonelyplanet.com/contact/guidebook_feedback/new**. Anmerkungen speziell zur deutschen Ausgabe erreichen uns über **www.lonelyplanet.de/kontakt**.

Hinweis: Da wir Beiträge möglicherweise in Lonely Planet Produkten (Reiseführer, Websites, digitale Medien) veröffentlichen, ggf. auch in gekürzter Form, bitten wir um Mitteilung, falls ein Kommentar nicht veröffentlicht oder ein Name nicht genannt werden soll. Wer Näheres über unsere Datenschutzpolitik wissen will, erfährt das unter www.lonelyplanet.com/privacy.

DANK VON LONELY PLANET

Vielen Dank den Reisenden, die uns nach der letzten Auflage des Reiseführers hilfreiche Hinweise, nützliche Ratschläge und interessante Anekdoten schickten: Isla Abel, Sahar Aminipour, Victoria Bailey, Werner Bruyninx, Phil Cawley, Bob De Raeve, Di Devi, Sarah Heffernan, Josh Jones, David Kabath, Magda Kwiatkowska, Jerker Lundberg, Frank McKee, Drew McMillan, Tim Mills, Eline Schoumans, Merette Schuurman, Jeremie Szeftel, Barbara Terzopoulos, Nele Van Muylder, Bryan Walker.

DANK DER AUTOREN

Anita Isalska

Vielen Dank an alle, die mir auf meinen Reisen durch Thailand geholfen haben. Danke Sai und Anna für den herzlichen Empfang und die Einblicke in den wilden Westen. Bedanken möchte ich mich auch bei dem thailändischen Team der Tourismusbehörde in Kanchanaburi und bei Tim Brewer für seine hilfreichen Empfehlungen. Außerdem möchte ich mich bei den Kindern in Lopburi bedanken, die dieser verwirrten Reiseschriftstellerin geholfen haben, sich aus einem vorzeitig abgeriegelten Tempelgelände zu befreien. Wie immer danke ich des Weiteren Normal Matt für abgehackte Skype-Anrufe und seine Unterstützung.

Tim Bewer

Ein herzliches *kòrp jai lăi lăi dêu* all den durchgehend freundlichen Leute in Isan, die trotz meiner unzähligen Fragen eigentlich immer ihrem Ruf als wohlwollende und gastfreundliche Menschen gerecht wurden, speziell gilt das für Prapaporn Sompakdee (vor allem für ihr Wissen um knusprig gebratenes Schweinefleisch) sowie für Julian Wright. Ein besonderer Dank geht an meine Frau Suttawan – für alles.

Celeste Brash

Ich bedanke mich bei der Chiang Mai University und bei meinen geliebten Professoren sowie bei Samui Steve, Iain Leonard, Frans Betgem, Lee bei Akha Ama und bei Catherine Bodry. Ein dickes Dankeschön geht an Janine Brown vom Smithsonian Conservation Biology Institute für ihre Leidenschaft und ihr Wissen in einer heiklen Angelegenheit. Danke auch an meine Familie – Josh, Jasmine und Tevai! Ich wünschte, ihr könntet mich auf jeder meiner Reisen begleiten.

Austin Bush

Ein großes Dankeschön geht an die für Thailand zuständigen Redakteure Dora Ball und Clifton Wilkinson sowie an alle Menschen vor Ort in Bangkok und Nordthailand.

David Eimer

Vielen Dank an meine „Inselmitautoren“ und das gesamte Lonely Planet-Team in London. Danke Alex und

Co. für die Abende in Phuket. Und wie immer danke ich all jenen, die mich mit Infos versorgt haben, ob wissentlich oder unwissentlich.

Damian Harper

Vielen Dank an den verstorbenen Neil Bambridge, aufrichtigen Dank für alles, mögest du in Frieden ruhen. Ich bedanke mich außerdem bei Neils Frau Ratchi, bei Maurice Senseit, bei den netten Mitarbeiter von Nira in Thong Sala, bei Piotr, Gemma, James Horton, George W., Celeste Brash und bei allen anderen, die mir unterwegs geholfen haben, egal auf welche Weise.

Andy Symington

Ich wurde bei meiner Arbeit von sehr vielen Leuten – von Taxifahrern bis hin zu den Mitarbeitern in den Besucherzentren – mit großartigen Ratschlägen und auf andere Arten unterstützt, und bei allen möchte ich mich herzlich bedanken! Ein besonderer Dank geht zudem an Siriporn Chiangpoon, Ian auf Koh Chang, Maitri in Si Racha, Chayanan in Chanthaburi und an die freundlichen Freiwilligen in Ang Sila.

QUELLENNACHWEIS

Die Klimakartendaten stammen von Peel MC, Finlayson BL & McMahon TA (2007) *Updated World Map of the Koppen-Geiger Climate Classification*, erschienen in der Zeitschrift *Hydrology and Earth System Sciences*, Ausgabe 11, 1633–44.

Abbildungen S. 72 und S. 74 von Michael Weldon.

Titelfoto: Maskierter Thai-Tänzer, sutipond somnam/500px ©.

ÜBER DIESES BUCH

Dies ist die 7. deutschsprachige Auflage von *Thailand*, basierend auf der 17. englischsprachigen Auflage von *Thailand*, die von Anita Isalska, Tim Bewer, Celeste Brash, Austin Bush, David Eimer, Damian Harper und Andy Symington recherchiert und geschrieben wurde. Die vorangegangene Auflage wurde von Mark Beales, Tim Bewer, Joe Bindloss, Austin Bush, David Eimer, Bruce Evans, Damian Harper und Isabella Noble geschrieben.

Dieser Reiseführer wurde von folgenden Mitarbeitern betreut:

Projektredakteure
Tanya Parker, Dora Ball, Clifton Wilkinson

Produktredakteure
Ross Taylor, Vicky Smith, Kate Chapman

Leitende Kartografin
Diana Von Holdt

Layoutdesign Wibowo Rusli

Redaktionsassistenz
Judith Bamber, Imogen Bannister, Melanie Dankel, Andrea Dobbin, Grace Dobell, Bruce Evans, Jennifer Hattam, Gabby Innes, Lou McGregor, Rosie Nicholson, Rachel Rawling, Tamara Sheward, Gabrielle Stefanos, Sam Wheeler, Amanda Williamson

Kartografieassistenz
Anita Banh

Layoutassistenz
Virgina Moreno

Umschlagrecherche
Naomi Parker

Dank an Hannah Cartmel, Kate Kiely, Charlotte Orr, Alison Ridgway, Maureen Wheeler

Register

Verweise auf Karten **000**
Verweise auf Fotos **000**

Verweise auf Karten **000**
Verweise auf Fotos **000**

REGISTER K–M

Verweise auf Karten **000**
Verweise auf Fotos **000**

Verweise auf Karten **000**
Verweise auf Fotos 000

Verweise auf Karten **000**
Verweise auf Fotos **000**

Y

Z

Kartenlegende

Sehenswertes
- Strand
- Vogelschutzgebiet
- buddhistisch
- Schloss/Palast
- christlich
- konfuzianisch
- hinduistisch
- islamisch
- jainistisch
- jüdisch
- Denkmal
- Museum/Galerie/historisches Gebäude
- Ruine
- schintoistisch
- sikhistisch
- taoistisch
- Weingut/Weinberg
- Zoo/Tierschutzgebiet
- andere Sehenswürdigkeit

Aktivitäten, Kurse & Touren
- bodysurfen
- tauchen
- Kanu/Kajak fahren
- Kurs/Tour
- Sento-Bad/Onsen
- Ski fahren
- schnorcheln
- surfen
- Schwimmbecken
- wandern
- windsurfen
- andere Aktivität

Schlafen
- Unterkunft
- Camping

Essen
- Lokal

Ausgehen & Nachtleben
- Bar/Kneipe
- Café

Unterhaltung
- Unterhaltung

Shoppen
- Shoppen

Praktisches
- Bank
- Botschaft/Konsulat
- Krankenhaus/Arzt
- Internetzugang
- Polizei
- Post
- Telefon
- Toilette
- Touristeninformation
- andere Einrichtung

Geografisches
- Strand
- Tor
- Hütte/Unterstand
- Leuchtturm
- Aussichtspunkt
- Berg/Vulkan
- Oase
- Park
- Pass
- Picknickplatz
- Wasserfall

Städte
- Hauptstadt (Staat)
- Hauptstadt (Bundesland/Provinz)
- Großstadt
- Kleinstadt/Ort

Verkehrsmittel
- Flughafen
- Grenzübergang
- Bus
- Seilbahn/Gondelbahn
- Fahrrad
- Fähre
- Metro/Muni-Station
- Einschienenbahn
- Parkplatz
- Tankstelle
- U-Bahn/SkyTrain-Station
- Taxi
- Bahnhof/Zug
- Straßenbahn
- U-Bahnhof
- anderes Verkehrsmittel

Achtung: Nicht alle der abgebildeten Symbole werden auf den Karten im Buch verwendet

Verkehrswege
- Mautstraße
- Autobahn
- Hauptstraße
- Landstraße
- Verbindungsstraße
- sonstige Straße
- unbefestigte Straße
- Straße im Bau
- Platz/Promenade
- Treppe
- Tunnel
- Fußgänger-Überführung
- Stadtspaziergang
- Abstecher (Stadtspaziergang)
- Pfad/Wanderweg

Grenzen
- Internationale Grenze
- Bundesstaat/Provinz
- umstrittene Grenze
- Region/Vorort
- Meerespark
- Klippen
- Mauer

Gewässer
- Fluss/Bach
- periodischer Fluss
- Kanal
- Wasser
- Trocken-/Salz-/periodischer See
- Riff

Gebietsformen
- Flughafen/Startbahn
- Strand/Wüste
- Friedhof (christlich)
- Friedhof
- Gletscher
- Watt
- Park/Wald
- Sehenswürdigkeit (Gebäude)
- Sportgelände
- Sumpf/Mangrove

DIE AUTOREN

Anita Isalska

Gesamtleitung; Zentralthailand Anita ist Reisejournalistin, Redakteurin und Texterin. Ihre Arbeit für Lonely Planet hat sie von griechischen Küstenorten bis in die malaysischen Urwälder und zu vielen weiteren Orten geführt. Nach einer Reihe aufregender Jahre als Redakteurin und Autorin – darunter einige im Londoner Büro von Lonely Planet – arbeitet Anita inzwischen freiberuflich in Großbritannien, Australien und in jedem Gästehaus auf dem Balkan mit gutem WLAN. Anita schreibt über Reisen, Essen und Kultur für zahlreiche Websites und Magazine. Unter www.anitaisalska.com gibt's Lesestoff.

Austin Bush

Bangkok; Nordthailand Austin kam ursprünglich 1999 mit einem Sprachstipendium, das die Universität von Chiang Mai vergab, nach Thailand. Die Kombination aus Stadtleben, scharfem Essen und einer Arbeitsstelle lockte ihn schließlich nach Bangkok – und seitdem hat es ihn in der Hauptstadt Thailands gehalten.

Austin hat auch zu den Kapiteln *Reiseplanung*, *Thailand verstehen* und *Allgemeine Informationen* dieses Bandes beigetragen.

Tim Bewer

Nordostthailand; Hua Hin & Nördliche Golfregion Tim beendete seine Tätigkeit als Rechtsreferent schon nach kurzer Zeit – er kam zu der Einsicht, dass er nicht über die Art Ego verfügte, die man braucht, um in der politischen Welt erfolgreich zu sein (oder die Nerven, um mit Menschen zu arbeiten, die über ein derartiges Ego verfügen). Er kündigte seinen Job in der Hauptstadt und machte sich anschließend daran, Westafrika zu erkunden. Während dieser Zeit überlegte er, was er als nächstes tun sollte. Seine Antwort war, einen Reiseführer über die Parks, Wälder und Wildtiere im wunderschönen Bundesstaat Wisconsin zu schreiben, und seitdem arbeitet Tim als freier Reiseschriftsteller und Fotograf.

Celeste Brash

Provinz Chiang Mai Wie viele Kalifornier lebt Celeste inzwischen in Portland, Oregon. Vorher verbrachte sie (unter anderem) 15 Jahre in Französisch-Polynesien, 18 Monate in Südostasien und einige Zeit als Lehrerin für Englisch als Zweitsprache (mit amerikanischem Akzent) in Brighton, England. Seit 2005 schreibt sie Reiseführer für Lonely Planet und ihre Reiseartikel sind in Publikationen wie *BBC Travel* und *National Geographic* erschienen.

David Eimer

Phuket & Andamanenküste Nachdem David 1990 die Idee von einer Anwaltskarriere aufgab, begann er als Journalist und Schriftsteller zu arbeiten, zunächst in seiner Heimatstadt London, später dann in Los Angeles. 2005 zog er nach Peking um, wo er für eine Vielzahl von englischen Zeitungen und Magazinen Berichte schrieb. Seither wohnte David an verschiedenen Orten in China, hat das ganze Land bereist und zahllose Städte Südostasiens besucht, unter anderem Bangkok, Phnom Penh und Yangon. Seit 2006 schreibt er für Lonely Planet über China, Myanmar und Thailand.

Damian Harper

Ko Samui & Südwestliche Golfregion Damian hat zwei Hochschulabschlüsse (einen in modernem sowie einen in klassischem Chinesisch der SOAS University of London) und schreibt seit mehr als zwei Jahrzehnten für Lonely Planet. Er hat zu Bänden über so unterschiedliche Destinationen wie China, Vietnam, Thailand, Irland, London, Mallorca, Malaysia, Singapur, Brunei, Hongkong und Großbritannien beigetragen. Als erfahrener Autor für Reiseführer verfasste Damian außerdem Artikel für zahlreiche Zeitungen und Zeitschriften, darunter *The Guardian* und *The Daily Telegraph*. Derzeit ist Surrey in England Damians Heimat. Auf Instagram ist er unter damian.harper zu finden.

DIE LONELY PLANET STORY

Ein ziemlich mitgenommenes, altes Auto, ein paar Dollar in der Tasche und eine Vorliebe für Abenteuer – 1972 war das alles, was Tony und Maureen Wheeler für die Reise ihres Lebens brauchten, die sie durch Europa und Asien bis nach Australien führte. Die Tour dauerte einige Monate, und am Ende saßen die beiden – pleite, aber voller Inspiration – an ihrem Küchentisch und schrieben ihren ersten Reiseführer *Across Asia on the Cheap*. Innerhalb einer Woche hatten sie 1500 Exemplare verkauft. Lonely Planet war geboren.

Heute hat der Verlag Büros in Melbourne, London und Oakland und mehr als 600 Mitarbeiter und Autoren. Und alle teilen Tonys Überzeugung: „Ein guter Reiseführer sollte drei Dinge tun: informieren, bilden und unterhalten."

Andy Symington

Ko Chang & Ostküste Andy hat mehr als hundert Bücher sowie Aktualisierungen für Lonely Planet (insbesondere über Europa und Lateinamerika) und andere Verlage geschrieben oder bearbeitet. Seine Artikel zu zahlreichen Themen wurden von einer Vielzahl von Zeitungen, Zeitschriften und Websites veröffentlicht. Er betreibt eine Rock-Bar, an der auch beteiligt ist, hat einen Roman geschrieben und arbeitet derzeit an mehreren Belletristik- und Sachbuch-Projekten. Der gebürtige Australier zog vor vielen Jahren nach Nordspanien. Wenn er nicht mit dem Rucksack in irgendeiner abgelegenen Ecke der Welt unterwegs ist, unterstützt er wahrscheinlich seinen wenig erfolgreichen Fußballverein oder verkostet Weine aus der Region nach einem langen Spaziergang in den nahe gelegenen Bergen.

Lonely Planet Global Limited

Digital Depot
The Digital Hub
Dublin D08 TCV4
Ireland

Verlag der deutschen Ausgabe:
MAIRDUMONT, Marco-Polo-Str. 1, 73760 Ostfildern,
www.lonelyplanet.de, www.mairdumont.com
lonelyplanet-online@mairdumont.com

Chefredakteurin deutsche Ausgabe: Birgit Borowski

Übersetzung: Berna Ercan, Tobias Ewert, Derek Frey, Stefanie Gross, Gabriela Huber Martins, Britt Maaß, Marion Matthäus, Dr. Christian Rochow

An früheren Auflagen haben außerdem mitgewirkt: Julie Bacher, Dorothee Büttgen, Anne Cappel, Karen Gerwig, Marion Gref-Timm, Eva-Maria Hilble, Christina Jacobs, Claudia Keilig, Anna Kranz, Jürgen Kucklinski, Laura Leibold, Thomas Pampuch, Ute Perchtold, Marion Reuter, Claudia Riefert, Andrea Schleipen, Dr. Frauke Sonnabend, Erwin Tivig, Katja Weber

Redaktion: Olaf Rappold, Katrin Schmelzle, Julia Wilhelm, Stephanie Ziegler (red.sign, Stuttgart), Birgit Gläser

Redaktionsassistenz: Helin Dag, Annika Häfner, Sara Kimmich, Sylvia Scheider-Schopf (red.sign, Stuttgart)

Satz: Gerhard Junker, Sylvia Scheider-Schopf (red.sign, Stuttgart)

FSC® www.fsc.org
MIX
Papier aus verantwortungsvollen Quellen
FSC® C018236

Thailand

7. deutsche Auflage Oktober 2018, übersetzt von *Thailand, 17th edition*, Juli 2018, Lonely Planet Global Limited

Printed in Poland